Henrike Junge-Gent

ALFRED LICHTWARK

Zwischen den Zeiten

DKV

Henrike Junge-Gent

ALFRED LICHTWARK

Zwischen den Zeiten

Forschungen zur Geschichte der Hamburger Kunsthalle
Band III

Herausgegeben von der Hamburger Kunsthalle
und der Hermann Reemtsma Stiftung

DEUTSCHER KUNSTVERLAG

HAMBURGER KUNSTHALLE

HERMANN REEMTSMA STIFTUNG

Bibliografische Information der Deutschen Nationalbibliothek
Die Deutsche Nationalbibliothek verzeichnet diese Publikation in der Deutschen Nationalbibliografie; detaillierte bibliografische Daten sind im Internet über http://dnb.d-nb.de abrufbar.

Lektorat: Jasmin Fröhlich, Deutscher Kunstverlag
Umschlaggestaltung: Angelika Bardou, Deutscher Kunstverlag
Layout und Satz: Anika Hain, Deutscher Kunstverlag
Reproduktion: Birgit Gric, Deutscher Kunstverlag
Druck und Bindung: Beltz Bad Langensalza GmbH, Bad Langensalza

Paul-Lincke-Ufer 34
D-10999 Berlin

www.deutscherkunstverlag.de
ISBN 978-3-422-07142-1

Inhaltsverzeichnis

3. LICHTWARK ETABLIERT SICH

4. IN HAMBURG UND IM REICH

5. AM ZENITH

6. BILDER ÜBER BILDER

7. LEBENSENDE UND REZEPTION

ANHANG

VORWORT

In seinem unpublizierten Lichtwark-Tagebuch notiert der Hamburger Jurist und Kunstsammler Gustav Schiefler, der früh schon zu denen in der Hansestadt zählt, die Alfred Lichtwarks kontinuierliches Bemühen um die Kunst und deren Vermittlung begleiten – ja, er wird von ihm überhaupt erst an die Kunst herangeführt: »Auf einer Juristentour erzählt mir Senator von Melle, Bürgermeister Burchard habe den Kaiser gefragt, ob er nicht auch mal die Kunsthalle sehen wolle. Der Kaiser habe geantwortet: ›Mit Lichtwark? Nur mit einem Revolver.‹«[1]

Diese Anekdote ist bezeichnend für das Wirken von Alfred Lichtwark für die Kunst und die Hamburger Kunsthalle. Sie zeigt die Wirkung seines Einsatzes für die Moderne seiner Zeit, der sich nicht nur auf die bildende Kunst und Architektur beschränkte, sondern auch auf die allgemeine Geschmacksbildung der Bevölkerung zielte. Die gesellschaftspolitische Brisanz wurde von der Spitze des deutschen Kaiserreichs wahrgenommen, erkannt – und vehement abgelehnt. Dabei ist diese Situation grotesk. Auf der einen Seite ein Kaiser, der als Zeichner dilettiert, und auf der anderen Seite der Museumsmann, für den der künstlerische Dilettantismus einen wichtigen Bestandteil seiner Bemühungen um die ästhetische Erziehung breiterer Bevölkerungsschichten darstellt.

Vielfach, bereits wenige Jahre nach seinem Tod im Januar 1914, ist über Lichtwark und viele seiner zahlreichen Überlegungen und Aktivitäten geschrieben worden. Seine Bedeutung für die Vermittlung der Kunst, die Begründung einer Museumspädagogik, stehen dabei ebenso im Vordergrund, wie sein Ringen um den Aufbau eines modernen Museums mit klaren Sammlungen. In der nun von Henrike Junge-Gent vorgelegten Biographie Lichtwarks erscheint sein Wirken in einem vollkommen neuen Licht. Durch jahrelange Recherchen und das Auffinden neuer Quellen, vor allem aus der Kindheit und Jugend sowie der Zeit als Student in Leipzig und junger Kunsthistoriker in Berlin, gelingt es der Autorin, Lichtwarks Denken und Handeln neu zu verorten, nämlich in seiner Herkunft und seiner familiären Situation. Hier liegt die Grundlage für vieles, was später Lichtwarks Wirken beeinflussen wird und ihn zu einer einzigartigen Persönlichkeit in der europäischen Museumswelt werden lässt. Obwohl er die ersten zehn Jahre seiner Hamburger Tätigkeit als das »verlorene Jahrzehnt« bezeichnet, ändert dies nichts daran, dass er gerade in jener Zeit die Basis für das moderne Museum legt. Für eine Institution, die dem Überkommenen das Neue vor Augen führt.

Die Herausgeber danken Henrike Junge-Gent, dass sie sich aus freiem Antrieb, und ohne zunächst eine Vorstellung davon zu haben, wie umfangreich die Quellen, Dokumente und Forschungen zu Lichtwark sind, die es zu sichten und konsultieren gilt, dieser enormen Arbeit angenommen hat. Das Ergebnis ist eine beeindruckende Forschungsleistung, die Maßstäbe setzt. Nach den Biographien zu Gustav Pauli von Christian Ring, erschienen 2010, und zu Georg Ernst Harzen, erschienen 2011, von Silke Reuther, ist nun mit der Lichtwark-Biographie von Henrike Junge-Gent ein weiterer wichtiger Baustein der Geschichte der Hamburger Kunsthalle, aber auch der Entwicklung des Museums allgemein gelegt.

Dass die Veröffentlichung dieser Forschungsarbeit möglich wird, verdanken wir der HERMANN REEMTSMA STIFTUNG, die als Mitherausgeber auch diesmal wieder die Finanzierung der Druckkosten großzügig übernommen hat. Die Stiftung steht damit in einer bemerkenswerten Traditionslinie, ist es doch bereits Hermann F. Reemtsma, der 1952 die damals in seinem Besitz befindlichen Briefe Alfred Lichtwarks an seinen Freund, den Juristen Wolf Mannhardt, als Privatdruck herausgibt, und so eine der vielen Quellen der Forschung zugänglich macht.

»Wir wollen nicht ein Museum, das dasteht und wartet, sondern ein Institut, das thätig in die künstlerische Erziehung eingreift«, formuliert Alfred Lichtwark am 9. Dezember 1886 in seiner Antrittsrede in der Hamburger Kunsthalle. Er begründet damit das moderne Museum, wie es noch heute von seinen Nachfolgern geführt wird.

Ulrich Luckhardt

1 Eintrag vom 21.6.1903; Staats- und Universitätsbibliothek Hamburg, Handschriftenabteilung, NGS:Acb:2:174.

»Lieber Lichtwark, Sie sind wirklich ein höllischer Kerl
wenn alle leitenden Persönlichkeiten so wären stünde es anders um die Kunst
in Deutschland.«

Der Maler Thomas Herbst an Lichtwark, um 1894[1]

»Vieles Lesen macht stolz und pedantisch; viel sehen macht weise, verträglich
und nützlich. Der Leser baut eine einzige Idee zu sehr aus; der andere
(der Weltseher) nimmt von allen Ständen etwas an, modelliert sich nach allen,
sieht, wie wenig man sich in der Welt um den abstrakten Gelehrten bekümmert,
und wird ein Weltbürger.«

Georg Christoph Lichtenberg[2]

»Es sind kleine Löcher in der großen Planke, die uns vom Gestern trennt.«

Brief Alfred Lichtwark an Max Liebermann, 5. Dezember 1902[3]

1. BEHARRLICHKEIT UND GLÜCK

»Was Du Dir nur für Sorgen um Dein Französisch machst! Ist es denn Deine Schuld, daß unsere Verhältnisse es nicht möglich machten, daß wir was Rechtes lernen konnten? Müssen wir es nicht als ein halbes Wunder ansehen, daß wir überhaupt soweit gekommen sind?«

Alfred Lichtwark an seine Schwester Marianne, 1880[4]

AUF SCHWANKENDEM GRUND: FAMILIE UND KINDHEIT

Als »Vierländer Müllerssohn« stellt der Kunsthistoriker und langjährige Direktor der Dresdner Gemäldesammlung Karl Woermann in seinen *Lebenserinnerungen eines Achtzigjährigen* den acht Jahre jüngeren und weitaus berühmteren Hamburger Kollegen Alfred Lichtwark vor.[5] Er umreißt damit zugleich dessen ungewöhnlichen Aufstieg im Kulturleben der Wilhelminischen Ära, denn die Kunsthistoriker dieser Epoche entstammen überwiegend dem Bürger- oder Großbürgertum, wie Wilhelm (von) Bode und Gustav Pauli, und gelegentlich, wie Woldemar von Seidlitz oder Hugo von Tschudi, auch dem Adel. Woermann selbst mag als Spross einer bekannten Hamburger Reederfamilie in Lichtwarks Aufstieg zum Praeceptor Germaniae[6] eine besondere Auszeichnung sehen. Die Auswirkungen des Familienschicksals auf Lichtwarks Persönlichkeit, seinen Lebensweg und sein Wirken sind derart nachhaltig, dass sich eine genaue Darstellung dieser weitgehend unbekannt gebliebenen Zusammenhänge empfiehlt. Erst dadurch wird seine Stärke und Widerstandskraft gegenüber schwierigen Lebenssituationen einschätzbar.

Der Vater, Friedrich Johann Carl Ernst Lichtwark, genannt Carl Friedrich, wird am 18. November 1806 als Sohn des Jägers oder Försters Johann Christian Lichtwark, gestorben vor 1857, und seiner Ehefrau Maria Juliane Carstens in Ravenhorst im Bezirk Stralsund geboren (Abb. 1). Er ist das fünfte von sechs Kindern. Der Familienname Lichtwark ist damals dort verbreitet und kommt auch heute noch öfter vor.[7] Wann Carl Friedrich Lichtwark Vorpommern verlässt, ist nicht bekannt, sicherlich geht er für längere Zeit auf Wanderschaft. Mit 22 Jahren jedenfalls tritt er als Geselle in den Dienst des Mühlenbesitzers Burmeister in Schönwalde, nordöstlich von Eutin. Mit dessen Sohn Friedrich, genannt Fritz, verbindet ihn fortan eine langjährige Freundschaft; an die Familie Burmeister schließt er sich so stark an, dass die Müllerin ihn wie ihren Sohn behandelt und als solchen bezeichnet. Er seinerseits verehrt die Müllerin mit tiefer Aufrichtigkeit als seine zweite Mutter. Carl Friedrich Lichtwark soll ein sanguinisches Naturell besessen haben, stets vergnügt und lebensfroh gewesen sein.

1 Brief Thomas Herbst an Alfred Lichtwark, undatiert, um 1894, HKH, AdB 76.
2 Lichtenberg (1976), S. 153.
3 Br. Lichtwark-Liebermann, S. 141.
4 Br. Familie, S. 63.
5 Vgl. Woermann (1924), Bd. 2, S. 40.
6 Vgl. Liebermann (1978, Lichtwark), S. 123 (Wiederabdruck des Nachrufes auf Alfred Lichtwark, erschienen in: Der Tag, 1914).
7 Vermutlich ist der Name skandinavischen Urspungs. Siegfried Lichtwarck teilte mir auf Nachfrage am 6.3.2003 telefonisch mit, dass sein Urgroßvater aus Schweden nach Mecklenburg eingewandert sei. Laut telefonischer Auslandsauskunft im Jahre 2003 ist der Name in Schweden jedoch nur einmal vertreten, in Dänemark gar nicht, während in Norwegen 25 Einträge unter dem Namen Lichtwarck und einer unter dem Namen Lichtwark vorhanden sind. Das Internet verzeichnet zahlreiche Titel von verschiedenen Autoren unter dem Namen Lichtwarck in skandinavischen Sprachen. – Vgl. hier und im Folgenden: StA HH, 741-2 Genealog. Slgen. 1, Lichtwark. – Zu den Vorfahren in Vorpommern danke ich für die telefonische Auskunft von Pastor Michael Mahlberg, Pfarramt Semlow, im Februar 1999. – Wilhelm Leonhardt, Schwere Schicksalsschläge führten Lichtwarks Vater in die Trunksucht. Neue Aufzeichnungen über die Familie Lichtwark entdeckt, in: Bergedorfer Zeitung, 20.4.1963

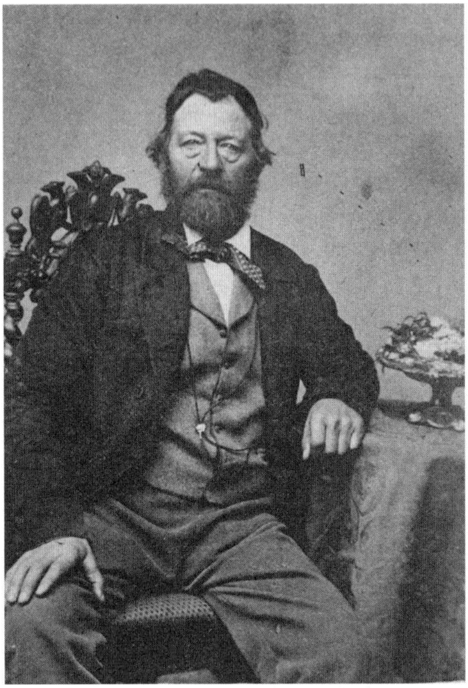

Abb. 1 Friedrich Johann Carl Ernst Lichtwark, undatiert, Aufnahme: Fritz Burmeister

(StA HH, A 761, Lichtwark, Alfred). Die in diesem Artikel genannten neu aufgefundenen Quellen befinden sich heute wie folgt: 7 Briefe Carl Friedrich Lichtwarks an Fritz Burmeister: HKH, AdB 165; ein Tagebuch Fritz Burmeisters im Familienbesitz von Richard Sahmkow jun. (†), Reinbek; ferner ein Typoskript Richard Sahmkows sen. von 1965 als Resümee des Tagebuchs unter Einarbeitung und Transkription der sieben Briefe, die sich heute im Archiv der Bibliothek der HKH befinden (Typoskript jetzt im Archiv der Verfasserin). Es ist unklar, ob dieses Typoskript möglicherweise von Carl Schellenberg stammt; vgl. StA HH, 622-1 Familie Schellenberg, A 48. Das authentische Tagebuch Burmeisters wurde mir leider nicht zugänglich gemacht; möglicherweise existiert es nicht mehr. – Carl Friedrich Lichtwark hatte fünf Geschwister: Henriette Marie Sophie, geboren 5.4.1800; Carl Friedrich Wilhelm Gildebert, geboren 18.10.1801; Diderich Heinrich Carl Theodor, geboren 2.11.1803; Amalia Dorothea Christiana Frederica, geboren 28.9.1804; Friedrich Christopher Carl Leopold, geboren 17.12.1808; vgl. handschriftliche Aufstellung von Dr. Willy Lichtwarck, undatiert, FKL. – Als weitere Quelle für Lichtwarks Herkunft und Kindheit vgl. Zeromski (1924), S. 5–13. Zeromskis Darstellung beruht vor allem auf mündlichen Informationen von Alfred Lichtwarks Schwester Marianne und der älteren Halbschwester Dorette, was aber nicht in jedem Fall belegt ist. Zeromski stützte sich aber offensichtlich auch auf die Dokumente der Familie Lichtwark, die sich zu dieser Zeit noch in Marianne und Hans Lichtwarks Besitz befanden und erst nach Marianne Lichtwarks Tod 1931 durch die Freundin und Mitbewohnerin Johanne Kalkmann an Dr. Willy Lichtwarck in Hamburg-Blankenese übergeben wurden (FKL). Zeromskis Angaben werden durch die Familiendokumente weitgehend bestätigt und präzisiert. Lichtwarks Vorfahren sind auch erwähnt bei Hentzen (1985), S. 467.

8 Schriftliche Auskunft des Kirchenkreisverbands Evangelisches Zentrum Rissen vom 19.11.2002, Auszug aus dem Trauregister der Hauptkirche Altona, Jg. 1798, S. 16, Nr. 21; die Hochzeit fand am 23.3.1798 statt; siehe auch Anm. 49.

9 Vgl. Land-Bürger-Eid, 1837, FKL. – Schwietert (1964), S. 12, 55. – Vgl. die Gedenktafel an der heutigen Mühle, die nach 1870 errichtet wurde, nachdem der Vorgängerbau abgebrannt war. Das Müllerhaus ist erhalten und vom privaten Besitzer restauriert worden.

10 Vgl. die Taufbescheinigung der drei Kinder, datiert 18.11.1851, FKL. Dies ist nicht der einzige Hinweis darauf, dass sich dieser Bruder Friedrich Johann Carl Lichtwarks in Pattensen bei Winsen/Luhe ansiedelte, siehe Anm. 7 und 45.

Als Burmeister seine Mühle wegen mangelnder Rentabilität veräußern muss und sich auf einer Landstelle im lauenburgischen Sandesneben zwischen Oldesloe und Mölln ansiedelt, findet Carl Friedrich Lichtwark einen neuen Arbeitsplatz in einer Mühle im damals dänischen Altona. Die freundschaftlichen Bande zur Familie Burmeister bleiben bestehen. Der Freund besucht ihn oftmals in Altona, wo Carl Friedrich Lichtwark seine erste Frau kennenlernt: Henriette Christiane Margarethe Goldmann, geboren ebendort im April 1805 als wohl jüngste Tochter des Geneverfabrikanten Carl Peter Goldmann und seiner Frau Anna Sophie Mette, geborene Tiedemann. Henriette Goldmann – das weist auf ihre Persönlichkeit und Qualifikation hin – steht bis zu ihrer Eheschließung am 16. April 1837 im Dienst des berühmten Hamburger Bankiers Salomon Heine, Heinrich Heines ungeliebtem Onkel, als Kammerfrau seiner Gattin Betty. Ihr Name und ihre Position erlauben die Vermutung, dass sie jüdischen Glaubens gewesen sein könnte, ihre Eltern sind jedoch protestantisch getraut, was bei einer Mischehe nicht möglich gewesen wäre.[8] Diese Jahre scheinen die beste Zeit im Leben von Lichtwarks Vater gewesen zu sein. Seit dem 21. März 1837 ist er Landbürger und erwirbt von dem Landvogt Gustav Odemann dessen Schrotmühle in Reitbrook, ein Gebäude von 1773 mit zugehörigem Müllerhaus,[9] gleich an der Dove-Elbe gelegen, wo der Vorderdeich und der Neuengammer Hausdeich an der Reitbrooker Mühlenbrücke zusammentreffen (Abb. 2). Salomon Heine gewährt seiner ehemaligen Bediensteten Henriette Goldmann einen beträchtlichen Kredit zum Erwerb der Mühle. Als selbständiger Müller führt Carl Friedrich Lichtwark seinen Betrieb; Carl Burmeister, der Bruder seines Freundes Fritz, ist bei ihm angestellt. Aus der Ehe mit Henriette Goldmann gehen drei Kinder hervor: Theodor Wilhelm, geboren am 10. Februar 1838, Henriette Dorette Wilhelmine, geboren am 15. Mai 1841, schließlich Carl Johann Friedrich, geboren am 13. April 1847. Dessen Paten sind Fritz Burmeister und Carl Friedrich Wilhelm Gildebert Lichtwark, der älteste Bruder des Vaters.[10]

Sieben Jahre nach der Existenzgründung nimmt das familiäre Unglück seinen Lauf. 1844 stirbt Salomon Heine. In seinem Testament hat er die Rückzahlung des Kredites großzügig geregelt. Er erlässt Henriette Lichtwark einen persönlichen Kredit in ungenannter Höhe, zurückzahlen soll sie lediglich die 8.000 Courant-Mark, die allein in die Mühle investiert sind, und das unter sehr moderaten Bedingungen.[11]

11 Im Wortlaut: »§ 14. Der Jette Lichtwarck zu Reitbrock, welche früher bei meiner seligen Frau als Kammermädchen konditionirt hat, erlasse ich dasjenige, was sie oder ihr Ehemann mir bei meinem Ableben schuldig sein wird, mit Ausnahme derjenigen [Kürzel für Courant-Mark] 8.000,– welche nur in ihres Ehemannes Kornmühle cum pertinentiis in Reitbrock versichert sind. Jedoch soll sie dieses Capital während der ersten 4 Jahre nach meinem Tode zinsenfrei behalten; meinem Erben empfehle ich es, falls er nach Verlauf dieser Zeit ihre Umstände von der Art finden sollte, daß ihr diese Verzinsung auch dann noch zu beschwerlich fiele, ihr die Verzinsung noch längere Zeit zu erlassen.« Vgl. Wiborg (1994), S. 108f. – Testament Salomon Heine vom 4.12.1844, StA HH, 522-1 Jüdische Gemeinden. Die Akten über die Testamentsvollstreckung betreffen nicht den für C. F. Lichtwark infrage kommenden Zeitraum, sondern beginnen erst bei 1893. – Courant-Mark (Kurantmark), eine Zahlungseinheit als vollgewichtig ausgeprägte Landesmünze, bei der Nennwert, aufgeprägte Wertangabe und Metallwert übereinstimmten; vgl. Hamburg Lexikon (2000), S. 292.

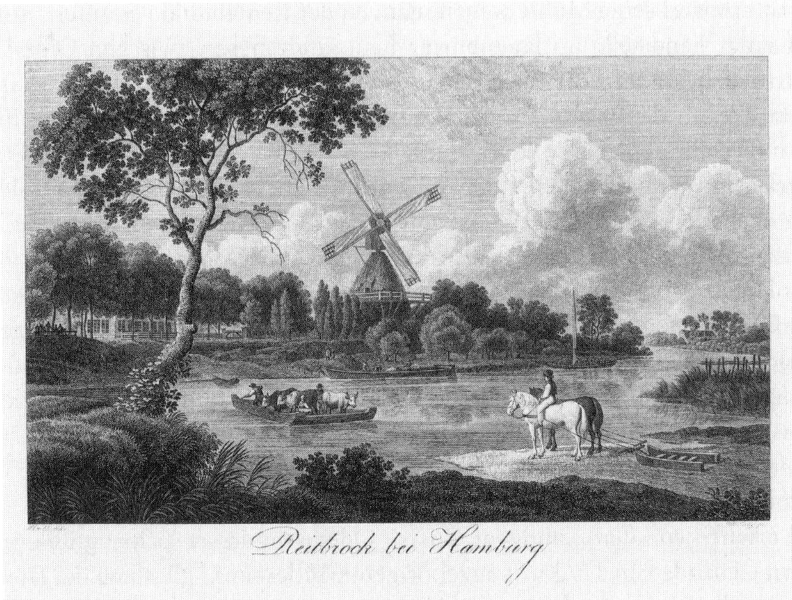

Abb. 2 Die Mühle von Reitbrook, Stich, bez. W. Jury fec.

Carl Friedrich Lichtwark hat also Schulden abzutragen, und womöglich gehen die Mühlengeschäfte auch nicht gut. Am 23. Juli 1851 stirbt Henriette Lichtwark, die eigentliche Begünstigte des Kredites. Schon während ihrer monatelangen Krankheit ist ihre 21jährige Nichte Helena Johanna Henriette Bach, genannt Helene, die Tochter ihrer zweitältesten Schwester und gleichzeitig ihr Patenkind, ins Haus gekommen, um die Kranke während ihrer letzten acht Lebenswochen zu pflegen und die Familie tatkräftig zu unterstützen. Carl Friedrich Lichtwark hilft sich, wie er an Fritz Burmeister schreibt, mit der Arbeit und der Fürsorge um die drei Kinder über den Verlust hinweg.[12] Bereits vor Ablauf des Trauerjahres, am 25. April 1852, heiratet er Helene, die Nichte seiner ersten Frau; die Braut ist schwanger. Die Ehe war allerdings schon länger geplant, wie ein erhaltener Ehekontrakt und ein Einkindschafts-Vertrag vom 21. Januar 1852 beweisen.[13] Ihre beiden Vettern, vierzehn und fünf Jahre alt, sowie die elfjährige Kusine werden nun zugleich ihre Stiefkinder.

Am 14. November 1852 erblickt Friedrich Christian Danger Alfred Lichtwark als erstes Kind dieser Ehe das Licht der Welt. Den auf dem Lande ungewöhnlichen Vornamen Alfred soll er auf Rat des entbindenden Arztes Dr. Klöpper aus Bergedorf erhalten haben, der sich intensiv mit der Schädellehre befasst und prophezeit haben soll, es werde etwas ganz Besonderes aus diesem Kind werden. Klöpper heilt den Neugebo-

12 Vgl. Brief Carl Friedrich Lichtwark an Fritz Burmeister, 22.8.1851, HKH, AdB 165.
13 Vgl. Ehekontrakt und Einkindschafts-Vertrag, 21.1.1852, FKL.

renen von einer lebensbedrohlichen Bronchitis.[14] Alfred wird am 8. Mai 1853 in der schönen alten, typisch marschländischen Dreieinigkeitskirche zu Allermöhe getauft.[15] Carl Friedrich Lichtwark gehört anscheinend zu den angesehenen Persönlichkeiten der Ortschaft Reitbrook, denn unter den Paten des Kindes ist auch Danger Stubbe, ein Schwager des Vogtes Gustav Odemann und später selber Vogt.[16]

Schon im Jahr darauf, 1853, veräußert Lichtwarks Vater seine Mühle, vielleicht, um mit seinem ältesten Sohn Theodor auszuwandern; eine schwere Lungenentzündung vereitelt allerdings dieses Vorhaben.[17] Mit der Aufhebung des Mahlzwanges im Jahre 1848 könnte sich aber auch die Situation der kleineren Mühlen zunehmend verschlechtert haben, so dass viele Müller zur Aufgabe ihres Betriebes gezwungen sind.[18] Ganz sicher jedoch liegt in der Rückzahlung jenes Kredites, mit dem er die Mühle einst erworben hat, eine Ursache dieser Veräußerung. Die bisher kolportierte Version, Lichtwarks Vater habe für einen Freund gebürgt und dabei sein Eigentum verloren,[19] ist nicht zu belegen.

In seinem Geburtshaus, dem Müllerhaus in Reitbrook,[20] verbringt das Kind Alfred nur ein Jahr. Der Vater erwirbt nun im Alsterberg im Fuhlsbütteler Geestland einen stattlichen, 1767 erbauten Hof, den er jedoch aufgrund mangelnder Rentabilität schon zwei Jahre später, im Mai 1855, für 24.500 Courant-Mark an einen Berend Goos verkauft. Die Landwirtschaft und die dort betriebene Schankwirtschaft warfen nicht genügend Gewinn ab.[21] An seinen Freund Burmeister schreibt er: »[...] habe ich abgesen von den Lasten die so eine jedesmalige Tradirung mit sich führt nichts gewonnen, so hab ich doch auch nichts verwohnt. Jetzt wohne ich in Fuhlsbüttel, sehe schon manches aber imer noch nichts was mir zu meinen weiteren Zwecke konvenirte. Vorsicht ist zu allen Dingen nöthig und vorzüglich gilt es von der lebens Frage, wen es denn nichts weiter gibt so habe ich gesunde Kräfte, und einen Nothschilling so nehme ich Arbeit wo ich sie finde [...].«[22] Schließlich siedelt sich Carl Friedrich Lichtwark mit seiner Familie in Reitbrook als Obst- und Gemüsegärtner wieder an. Dieses Mal erwirbt er eine Landstelle gegenüber der Allermöher Kirche; der Garten soll mehr als dreihundert Obstbäume umfasst und bis an den Fluss gereicht haben.[23]

14 Vgl. Zeromski (1924), S. 7. Diese Information dürfte Zeromski von Marianne oder Dorette Lichtwark erhalten haben.

15 Vgl. den Interims-Taufschein für Alfred, Hans und Marianne Lichtwark, datiert 15.5.1866, FKL. – Pfingsthorn (1928), S. 219.

16 Vgl. StA HH, 741-2, Genealog. Slgen. 1, Lichtwark. – Vgl. Schwietert (1964), S. 13.

17 Vgl. Zeromski (1924), S. 8.

18 Vgl. Leonhardt, Schicksalsschläge (wie Anm. 7).

19 Vgl. Zeromski (1924), S. 8. – In den Briefen an den Freund Fritz Burmeister aus dieser Zeit (siehe Anm. 7) ist kein Hinweis auf den Mühlenverkauf zu finden.

20 Das Haus blieb lange vernachlässigt und wurde erst durch Klaus Luckey restauriert; vgl. gs, Lichtwarks Geburtshaus ist gerettet, in: Die Welt, 22.9.1978, in: StA HH, ZAS, A 761.

21 Vgl. den Vertrag vom 4.5.1855, FKL.

22 Brief Carl Friedrich Lichtwark an Fritz Burmeister, 30.5.1855, HKH, AdB 165.

23 Vgl. Zeromski (1924), S. 8. Es handelt sich vermutlich um eine mündliche Information der Geschwister Lichtwark, denn Dokumente sind nicht vorhanden. Reste eines alten Obstgartens sind an dieser Stelle noch erhalten, das Haus ist stark verändert. Die Gemüsegärtnerei begann in Reitbrook, als mit der Verschmutzung des Dove-Elbewassers der Fischfang zurückging; vgl. Schwietert (1964), S. 20.

Alfred Lichtwark kommt demnach als Dreijähriger in diese Obst- und Gemüsebaugegend zurück.[24] Hier wird am 15. November 1855 als zweites Kind dieser Ehe Johann Matthias, genannt Hans, geboren; es folgen die Tochter Marianne Alwine Johanna am 12. April 1857 und schließlich am 19. August 1859 Ernst Georg Ferdinand, der bereits am 20. Mai 1860 im Alter von neun Monaten stirbt.[25]

Ende des Jahres 1856 befindet sich Carl Friedrich Lichtwark in Geldnöten und bittet seinen Freund Fritz Burmeister um Hilfe, die dieser ihm trotz erheblichem eigenem Schaden großzügig gewährt.[26] Aus den Briefen Carl Friedrich Lichtwarks an Burmeister wird der verzweifelte Kampf um die Rückzahlung dieses Darlehens deutlich und zum ersten Mal auch Carl Friedrich Lichtwarks »alte Krankheit« erwähnt, eine unüberwindbare Trunksucht. Von seinem Versuch, sie zu bekämpfen, berichtet er dem Freund am 2. Februar 1857: »Denk Dir, bald nach dem wie Du von hier gingst bekam ich meine alte Krankheit wieder, so rasch und so heftig das wenig Hoffnung zum beßer werden vorhanden, zu mal ich mit aller gewalt den Doctore der Allöpathie wiederstrebte und keinen Aderlas dulden wolte, – ich nahm rasch von den Arthur Lutze's Medicamenten, Schrieb [sic] oder meine Frau Schreib [sic] an Dr. Krüger Homöapath, in Hamburg der den Stuhl das mörderische Blut abzapfen, kalte Wasser Tücher und imer kalte Waßer – bis die Krankheit gehoben anwenden ließ – ich kämpfte 8 Tage in diese Angst – und spätere 8 Tage machten mich wieder so kräftig, das ich so ziemlich in meinem Häuslichen Geschäften wieder Schaffen kan [...], jetzt hoffe ich durch diese bestimmte Wißenschaft in der Medicin, von grund auf geheilt zu werden, worin auch der humane Artzt mit sicherheit zu hoffen berechtiget [...].«[27] In diesem Alkoholismus liegt wohl der Grund für den unaufhaltsamen Niedergang der Vermögensverhältnisse; Schulden wurden offensichtlich auch gemacht, denn noch 1894 trägt Alfred Lichtwark eine von seinem Vater 1857 eingegangene Obligation über insgesamt 254 Mark für Kolonialwaren und eine Barvorlage ab.[28] Am 26. Januar 1860 berichtet Carl Friedrich Lichtwark nach verschiedenen Vertröstungen seinem Freund Burmeister schließlich vom Verkauf seines Besitzes in Reitbrook; nach vier Jahren erhält nun Fritz sein Darlehen zurück und kann daraufhin endlich heiraten.[29]

24 Der Ort prägt ihn: Mehrfach geht es in den Briefen an die Familie um Früchte, Obstrezepte usw.; auch auf seiner Italienreise schwärmt er für das Obst, besonders für die Trauben; vgl. Br. Familie, S. 645.

25 Vgl. Zeromski (1924), S. 6f. – Vgl. StA HH, 741-2 Genealog. Slgen. 1, Lichtwark. In den Familienpapieren hat sich kein Hinweis auf dieses Kind erhalten.

26 Burmeister hatte sich verlobt und von seinem Schwiegervater, dem ambulanten Brothändler Joachim Dühren aus Schiphorst, 2.000 Taler zum Bau eines Wohnhauses und einer Scheune erhalten. Von diesem Geld gab er das Darlehen; er überwarf sich mit seinem Schwiegervater und musste die Hochzeit hinausschieben. Vgl. Sahmkow, Typoskript (wie Anm. 7). Die folgenden Ausführungen beruhen ebenfalls auf dieser Quelle.

27 Vgl. die Briefe Carl Friedrich Lichtwark an Fritz Burmeister, HKH, AdB 165, Abschriften im FKL und StA HH, 622-1, Familie Schellenberg, A 48. – Zitat: Brief Carl Friedrich Lichtwark an Fritz Burmeister, 2.2.1857, ebd.

28 Vgl. die Obligation, datiert Reitbrook, 16.11.1857, mit Zinsen auf 306 Mark erhöht, von Lichtwark bei den Erben beglichen am 19.5.1894, FKL.

29 Vgl. Brief Carl Friedrich Lichtwark an Fritz Burmeister, 26.1.1860, HKH, AdB 165.

Spätestens im Frühling desselben Jahres siedelt die Familie Lichtwark nach Hamburg über, wo Carl Friedrich Lichtwark im berüchtigten Gängeviertel der Neustadt, im Rademachergang 5, den Gasthof »Müller Verkehr« erwirbt.[30] Wiederum ist die Lebenssituation der Familie, wenn überhaupt, nur für kurze Zeit stabil. Schon zwei Jahre später muss er den Gasthof wieder verkaufen; durch seinen Alkoholismus wird er schließlich bettlägerig und pflegebedürftig. Die Familie wechselt 1863 erneut die Wohnung, diesmal in die nahegelegene Fuhlentwiete, wo auch Helene Lichtwarks sieben Jahre jüngerer Bruder Carl Georg Johannes Bach als Schiffsmakler mit seiner Familie lebt.[31] Helene Lichtwark ernährt die Familie weitgehend allein, ist bis tief in die Nacht mit Haus-, Näh- und Flickarbeiten beschäftigt.[32] Der Freund Fritz Burmeister steht der Familie Lichtwark bei und nimmt den Vater, wenn es dessen Zustand erlaubt, wochen- und monatelang bei sich in Bullenhorst zur Erholung auf. Auch Helene Lichtwark und die Kinder verbringen die Ferienzeit bei den Freunden,[33] und wenn Burmeisters Tochter Elisabeth nach Hamburg kommt, besucht sie Helene Lichtwark und deren Kinder, um ihnen Mut zuzusprechen.[34] Burmeister ist Amateurphotograph; bei diesen Besuchen dürfte der junge Alfred schon früh Bekanntschaft mit dem Medium Photographie, sowohl der Aufnahme- als auch der Labortechnik, gemacht haben.

Von etwa 1864 bis 1867 lebt die Familie Lichtwark in der Bartelsstraße 51 in »Wulffs Terrasse« im Haus Nr. 3, einem jener typischen Hamburger Elendsquartiere, die als mehrgeschossige Reihenhausbauten um einen langen schmalen Innenhof oder Durchgang gruppiert sind.[35] Die Wohnungsmiete beträgt 160 Florin; Carl Friedrich Lichtwark ist selbständig und im Besitz eines Gewerbescheins; sein Beruf wird mit Makler, an anderer Stelle mit Kommissionär angegeben.[36] Als Kinder sind vier Söhne, korrigiert in drei, und zwei Töchter unter 18 Jahren verzeichnet, doch Theodor und Carl sind zu dieser Zeit schon ausgewandert und auch die nunmehr 23jährige Dorette dürfte kaum noch im selben Haushalt gelebt haben.

In diesem Zeitraum wird die Familie Lichtwark im Patronat St. Pauli zweimal aktenkundig. Im Oktober 1864 bricht ein Feuer auf dem Dachboden der Nachbarfamilie aus, und die Söhne wie auch die Eltern werden im Patronat befragt.[37] Die Vernehmung

30 Vgl. hier und im Folgenden: Zeromski (1924), S. 15. – StA HH, 741-2 Genealog. Slgen. 1, Lichtwark; dort ist schon für 1859/60 die Adresse Rademachergang angegeben.

31 Vgl. StA HH, 741-2 Genealog. Slgen., Bach.

32 Helene Lichtwark arbeitete vermutlich für alteingesessene Hamburger Kaufmannsfamilien; damit ließe sich erklären, weshalb Lichtwark eine derart detaillierte Kenntnis vom Typus des traditionellen Kaufmannshauses besaß, siehe dazu das Kapitel »Architektur: Haus und Heimat« in Teil 3.

33 Vgl. Leonhardt, Schicksalsschläge (wie Anm. 7).

34 Mündliche Mitteilung von Richard Sahmkow jun., dem Enkel Elisabeth Burmeisters, am 19.10.1998.

35 Vgl. Stichwort »Terrasse/Passage«, in: Hamburg Lexikon (2002), S. 484.

36 Vgl. hier und im Folgenden: StA HH, 741-2 Genealog. Slgen. 1, Lichtwark.

37 Vgl. hier und im Folgenden: Abschrift »Patronat St. Pauli, Hamburg, 1864, October 5« (15 S.), Typoskript, StA HH, 622-1 Familie Schellenberg, A 51 (Standort der Quelle: A.o 1865 G. No. 6771 V. St. P., Acte in Sachen W. Gries / Fam. Lichtwark). – Zur sozialen Problematik der Hygiene in den Hamburger Armenvierteln im 19. Jahrhundert vgl. Evans (1991), S. 505–520.

zeitigt zwar kein eindeutiges Ergebnis, bringt jedoch Deatils über die Lebensverhältnisse zutage: Helene Lichtwark weiß die Familie in hausfraulicher Umsicht gegen die hygienischen Risiken eines Massenquartiers wirksam zu schützen, denn sie benutzen nicht die gemeinschaftlichen Aborte, sondern einen Nachtstuhl, der auf dem ihnen zugeteilten Dachboden steht. Gerade in diesen Massenquartieren für Arme wüten die Hamburger Cholera-Epidemien und andere Seuchen des 19. Jahrhunderts am heftigsten, weil viele Bewohner die Vorsichtsmaßnahmen vernachlässigen oder gar nicht kennen. Doch in allen ihren Wohnungen scheinen die Lichtwarks von dieser Gefahr verschont geblieben zu sein, was vor allem auf die kenntnisreiche und sorgfältige Haushaltsführung und Kinderpflege der Mutter hinweist.

Im Jahr darauf, am 6. November 1865, erstattet Carl Friedrich Lichtwark Anzeige gegen den Nachbarn W. Gries, der in einem Anfall rasender Wut das Glas in der Wohnungstür eingeschlagen und den Türriegel geöffnet hat.[38] Gries gibt an, Helene Lichtwark habe sich beleidigend über ihn geäußert und ihren Kindern verboten, sich mit den seinigen abzugeben. »Lichtwark, Spitzbube, Bandit, Schleicher ich kene dich Bandit von der Sternschanze Her« und »kum Herut ich schlag di den Brägen in«, hat Gries nach Angabe Carl Friedrich Lichtwarks gerufen. Seine Frau sei in fürchterliche Krämpfe verfallen, die Kinder hätten geweint und zu all diesem Spektakel habe sich kein Konstabler blicken lassen. Sie seien leider dann den ganzen Sommer »molestirt« worden, Blumentöpfe seien oben aus dem Fenster geworfen worden; sie hätten Gries gebeten, man möchte sich doch vor derartigen Vorkommnissen in Acht nehmen, worauf erwidert worden sei: »Datt kriek is ja noch nich af.«[39] Die Gries-Kinder hätten aus dem Fenster gespuckt, wenn Lichtwarks in ihrem kleinen Garten gesessen hätten, auch mit Schmutz geworfen, »und alles dies ohne dass ich je mit den Leuten in den 1 1/2 Jahren die wir hier wohnen, gesprochen, noch viel weniger sie beleidigt habe.« Der geständige Gries erhält daraufhin eine Geldstrafe von 27 Mark und 80 Schillingen, die er in Raten abzahlt. Aber auch Helene Lichtwark muss wegen übler Nachrede eine Verwarnung von 12 Schillingen zahlen. Drei Jahre später, im Jahr 1868, wohnt die Familie Lichtwark in der Mathildenstraße, hinter dem Haus Nr. 11 – und dieses Quartier wird kaum komfortabler gewesen sein. Vier verschiedene Wohnungen in acht Jahren bedeuten für eine Familie vermutlich, dass man die Miete zu zahlen nicht imstande ist.

Am 20. Juni 1868, der älteste Sohn Alfred ist noch nicht sechzehn Jahre alt, stirbt Carl Friedrich Lichtwark in seinem 62. Lebensjahr im Allgemeinen Krankenhaus.[40] Er scheint – seinen wenigen erhaltenen Briefen nach zu urteilen – ein gefühl- und liebevoller, durchaus auch optimistischer Mann gewesen zu sein, ein »warmherziger

38 Vgl. StA HH, A.o 1865 G. No. 6771 V. St. P., Acte in Sachen W. Gries / Fam. Lichtwark, Typoskript; Abschrift in: StA HH, 622-1 Familie Schellenberg, A 51.
39 Plattdeutsch für: Der Krieg ist ja noch nicht aus.
40 Vgl. Auszug aus dem Sterbe-Register, datiert 1.3.1890, FKL. – StA HH, 741-2 Genealog. Slgen. 1, Lichtwark.

Kinderfreund«, der schöne Dinge, vor allem aber Blumen und Gärten liebte.[41] Besondere Sorgfalt soll er auf seinen Garten mit den geschorenen Hecken und der weißen Gartenbank in schattiger Laubnische vor dem großen Rasenplatz mit Monatsrosenbeet verwandt und für das »Lusthaus« zierliche gelbe Korbmöbel angeschafft haben. Der Vater muss eher fortschrittlich als konservativ gedacht haben; Lichtwark berichtet gegen Ende seines Lebens, seine Eltern seien weit und breit die einzigen gewesen, die schon einmal mit der Eisenbahn gefahren seien.[42]

Über die Kinder aus der ersten Ehe des Vaters lässt sich nur wenig eruieren. Theodor, der Erstgeborene, wandert 1861 über Australien nach Amerika aus; er lässt erst 1882 noch einmal von sich hören.[43] Henriette Dorette, genannt Dorette, zu der die zweite Familie Carl Friedrich Lichtwarks später wohl nur wenig Kontakt hat, überlebt die drei Halbgeschwister und stirbt 1935 im Stift Salem, einem von Salomon Heine für seine Angestellten begründeten Altersheim.[44] Alfred Lichtwarks fünf Jahre älterer Halbbruder Carl wird lediglich ein einziges Mal in den nur äußerst sporadisch überlieferten Kindheitserinnerungen erwähnt und galt bisher als verschollen. Helene Lichtwarks Vater ermöglicht dem zehnjährigen Carl den Besuch der Navigationsschule in Hamburg. 1860 verlässt der kaum Vierzehnjährige, etwa als die Familie in den Rademachergang zieht, Deutschland als Besatzungsmitglied eines deutschen Schiffs nach Neuseeland, wo er sich niederlässt. Er erwirbt sehr schnell englische Sprachkenntnisse. Später heiratet er eine Bauerntochter namens Maria Rush und zieht mit ihr elf gemeinsame Kinder auf; eine seiner Töchter nennt er im Andenken an die Kusine und Stiefmutter Helena, ein Sohn heißt Theodore wie sein Bruder. Im August 1887 erwirbt er die neuseeländische Staatbürgerschaft. Er beschäftigt sich vor allem mit Pferden, die ihn von Kindheit an interessieren; schon in seiner Jugend soll er viel Zeit mit den dressierten Tieren im Zirkus seines Onkels verbracht haben. Charles Frederick Lichtwark, wie er später heißt, veröffentlicht 1896 ein Buch über das Abrichten von Pferden, betitelt *Educating The Horse by Professor C. F. Lichtwark*, und lässt sich verschiedene Pferdegeschirre und Zaumzeuge patentieren. 1904 stirbt er 57jährig an einem typhusähnlichen Fieber im neuseeländischen Gisborne, ohne noch

41 Vgl. Zeromski (1924), S. 7, wohl mündlich mitgeteilt von Dorette oder Marianne Lichtwark. Vermutlich bezieht sich diese Aussage auf die Zeit vor dem Umzug nach Hamburg.

42 Vgl. Alfred Lichtwark, Mit der »Hansa« nach Braunschweig, in: AL, Schriften, Bd. II, S. 366.

43 Vgl. StA HH, 741-2 Genealog. Slgen. 1, Lichtwark. Bisher galt dieser Bruder als verschollen, doch ist seine Adresse noch 1863 bekannt, vgl. undatiertes Brieffragment Carl Lichtwark an seine Schwester Henriette Dorette, genannt Jette, FKL. Der Halbbruder Theodor wird in Lichtwarks Familienbriefen einmal flüchtig erwähnt: »Er ist also doch zur Ruhe gekommen.« (ebd., S. 358); Theodors Briefe kursieren in der Familie, vgl. ebd., S. 364. Seine Nachkommen leben heute in den USA, u.a. im Staat Indiana. Mein schriftlicher Versuch, dort etwas über Theodor Lichtwark zu erfahren, schlug fehl, mein Brief blieb unbeantwortet.

44 In den Briefen an die Familie ist Henriette Dorette Lichtwark nur einmal genannt; vgl. Br. Familie, S. 81. Lichtwark äußert sich nicht ohne Warmherzigkeit über diese Halbschwester gegenüber seinem Freund Leopold von Kalckreuth; vgl. Br. Kalckreuth, S. 212, 233.

einmal Kontakt zu seinen Verwandten in Hamburg aufgenommen zu haben.[45] 1931, nach Marianne Lichtwarks Tod, werden die seit Jahrzehnten verschollenen Halbbrüder Theodor und Carl im Zuge der Testamentseröffnung auf den 31. Dezember 1871 beziehungsweise den 31. Januar 1878 rückwirkend für tot erklärt.[46]

Das Schicksal der Familie Lichtwark hängt schon lange vor dem Tod ihres Mannes an Helene Johanna Henriette Bach, der zweiten Ehefrau von Carl Friedrich Lichtwark (Abb. 3, siehe auch 48). Sie wurde am 26. Juni 1829 in Hamburg geboren. Die Familienüberlieferung und der Lichtwark-Mythos der 1920er Jahre verklärten sie zur Nachfahrin Johann Sebastian Bachs. Alfred Lichtwark hat vermutlich in dem Bewusstsein gelebt, ein Nachkomme des »alten Bach« zu sein.[47] Diese Tatsache darf nicht unterschätzt werden, da sich die Wiederentdeckung Bachs gerade in diesen Jahrzehnten durch die 1850 gegründete Bach-Gesellschaft vollzog. Vielleicht war Helenes Urahn der bedeutendste unter Johann Sebastian Bachs Vorfahren, nämlich dessen Onkel Johann Christoph (1642–1703), der hervorragendste Orgelspieler und Kontrapunktist seiner Zeit. Mit größter Wahrscheinlichkeit jedoch handelt es sich bei dem ältesten überlieferten Vorfahren Helene Bachs um den aus Lebendorf im Saalkreis stammenden Kätner Hermann Bach, der sich 1685 verheiratete. Sein Sohn Christoph II., genannt Christoffer, geboren am 1. März 1697, wurde als Tischler am 10. März 1730 Hamburger Bürger. Er ließ am 10. September 1730 in St. Katharinen seinen Sohn auf den Namen Johann Joachim taufen, der später Wollkämmer wurde. Von ihm lassen sich die Vorfahren bis zu Lichtwarks Mutter lückenlos verfolgen, »drei Generationen ehrsamer Hamburger Gewerbetreibender«: Helene Lichtwarks Großvater wäre demnach der Garnhändler Christoffer Nicolaus Bach (1759–1849), ihr Vater der Lohndiener Johannes Matthias Bach (1796–1870), Bürger am 16. September 1825. Er ehelicht, wie bereits oben ausgeführt, 1825 Wilhelmine Friederike Caroline Goldmann, geboren am 7. März 1800 in Altona als zweites Kind des Geneverfabrikanten Carl Peter Goldmann und seiner Frau Anna Sophie Mette, geborene Tiedemann, aus Altona.[48] Es ist ihre jüngste Schwester Henriette, Patin von Wilhelmines Tochter Helene, mit der sich 1837 Carl Friedrich Lichtwark in erster Ehe verheiratet.

45 Vgl. Br. Familie, S. 30 und Anm. 28. – Brief Carl Lichtwark an seinen Vater, 19.5.1860, FKL. – Brief Carl Friedrich Lichtwark an Fritz Burmeister, 4.4.1858, HKH, AdB 165. – Typoskript »Professor Charles Frederick Lichtwark«, verfasst von Ruth Adler-Lichtwark, HKH, AdB 249. – Dokument der Lichtwark Reunion, datiert 19.1.1985, HKH, Archiv B 4532, hier wird die umfangreiche Nachkommenschaft der ersten Ehe Charles Frederick Lichtwarks dokumentiert. Über eine weitläufig verwandte Nachfahrin der Lichtwarks, Ruth Adler-Lichtwark, gibt es Informationen über Carl Lichtwarks Leben; vgl. HKH, AdB 249. – Nach telefonischer Auskunft am 10.2.1998 von Marianne Fuhse, Ahrensburg, einer Verwandten von Ruth Adler-Lichtwark, haben sich Nachfahren des ausgewanderten Charles Frederick Lichtwark bei ihr gemeldet und sie besucht, darunter auch eine Nachfahrin namens Jackie Phipps. Es ist wahrscheinlich, dass Charles Frederick Lichtwark zusammen mit seinem Vetter Goldmann ausgewandert ist; im Telefonbuch von Auckland sind eine Reihe Teilnehmer des Namens Lichtwark wie auch des Namens Goldmann eingetragen (Stand 1998). Marianne Fuhse ist die Nachfahrin einer anderen Linie der Lichtwarkschen Familie. Ihre Großmutter Charlotte, die aus Pattensen bei Winsen/Luhe stammte, und Alfred Lichtwark waren Vetter und Kusine. Demnach muss sich ein Bruder von Carl Friedrich Lichtwark in der Nähe von Reitbrook, eben in Pattensen, niedergelassen haben. Nach telefonischer Auskunft von M. und F. Lichtwarck aus

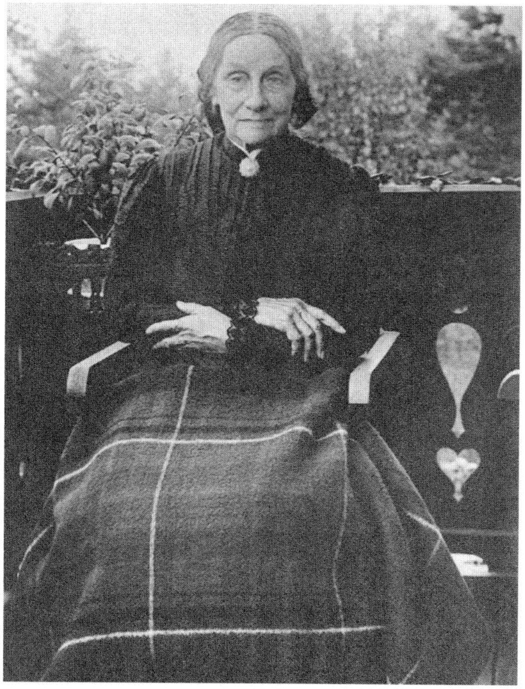

Abb. 3 Helene Lichtwark, undatiert, Aufnahme: Fritz Burmeister

Pattensen-Wulfen am 3.4.2000 kam ihr Vorfahr Wilhelm (Carl Friedrich Wilhelm Gildebert) Lichtwark 1832 aus Mecklenburg. Er steht in der Geschwisterreihe von C. F. Lichtwark an zweiter Stelle (geboren 18.10.1801, siehe die Aufstellung in Anm. 7) und muss identisch mit dem Paten von dessen drittem Kind Carl sein (siehe Anm. 10). Der Familienüberlieferung zufolge soll dieser Pattensener Lichtwark Wilderer gewesen sein. – Marianne Fuhse ist der Meinung, dass die Familie Goldmann jüdischen Glaubens war, was durch die schriftlichen Quellen nicht bestätigt werden kann (siehe Anm. 49). – Meine Recherchen über Hamburger Zirkusse haben keinen Anhaltspunkt ergeben; womöglich ist dieser Onkel im Umkreis des Zirkus Renz zu suchen, der regelmäßig in Hamburg gastierte; das Zirkusgebäude befand sich in St. Pauli; vgl. Circus in Hamburg, hrsg. von der Sektion Hamburg der Gesellschaft der Circusfreunde e.V. (GCD) aus Anlass ihres 25jährigen Bestehens, Hamburg: Selbstverlag, 1982, S. 134ff. (StA HH). – Charles Frederick Lichtwarks Buch *Educating The Horse* erschien 1896 im Verlag Normanby, Taranaki. Zur Familienforschung der Familie Rush mit Angaben zu Charles Frederick Lichtwark und den Kindern vgl. als wichtige Quelle: webgirl.co.nz/RushFamily/maria.html. Die beigefügte Photographie zeigt die große Ähnlichkeit von Charles Frederick Lichtwark mit seinem Vater. – Educating The Horse by Professor C. F. Lichtwark, Taranaki: Normanby, 1896; Bibliotheksstandort: National Library of New Zealand, Standort Wellington. Neuausgabe hrsg. von Kate Robinson, Te Anau: Mahoe Books, 1998.

46 Vgl. das Testament Marianna Alwine Johanna Lichtwark, Amtsgericht Hamburg, 72 VI L 112/33.

47 In einem undatierten Brief aus Leipzig an Emma Bernheim im Frühjahr 1880 spricht Lichtwark über den »alten Bach« und mokiert sich über das ihm komisch erscheinende Denkmal, das ihn an eine englische Dielenuhr erinnert; HKH, AdB 82.

48 Vgl. Zeromski (1924), S. 6. Die genealogische Untersuchung für ihre Biographie führte der Senatssekretär Dr. Hagedorn, Vorsitzender des Hamburger Staatsarchivs, durch. Vgl. hier und im Folgenden: StA HH, 741-2 Genealog. Slgen., Bach. Diese Recherche wurde bisher in der Lichtwark-Literatur nicht beachtet. Vgl. vor allem auch Pfingsthorn (1928), S. 219. – Hentzen (1985), S. 467, ersetzt hier den Geburtsnamen Goldmann von Lichtwarks Großmutter mütterlicherseits durch N. N., vermutlich des jüdisch klingenden Familiennamens wegen.

Alfred Lichtwarks Urgroßvater mütterlicherseits, Carl Peter Goldmann, am 26. Juli 1776 geboren und in der Hauptkirche von Altona evangelisch getauft, starb 1812 im Alter von 35 Jahren und hinterließ seine Frau und fünf Kinder.[49] Alle diese Vorfahren Lichtwarks waren evangelisch, dennoch soll die Familie Goldmann ursprünglich jüdischer Glaubenszugehörigkeit gewesen sein.[50] In seinen Briefen erwähnt Lichtwark manchmal Ereignisse im Zusammenhang mit Juden, denen er begegnet, etwa in den Familienbriefen, aber auch in Briefen an andere Adressaten. Pauli gegenüber spricht er einmal von seinem »Schabbes«.[51] Bemerkenswert sind auch Lichtwarks Dankbarkeit gegenüber der Familie Bernheim, spätere freundschaftliche und gesellschaftliche Kontakte zu jüdischen Kollegen wie Julius Lessing, Max Jordan, Max Lehrs und Adolph Goldschmidt sowie seine jahrzehntelange Freundschaft mit dem jüdischen Maler Max Liebermann.

Lichtwarks Mutter zeichnet sich »durch ihren scharfen Verstand, praktischen, energischen Sinn und kindliche Lauterkeit und Liebenswürdigkeit« aus.[52] Ihre drei Kinder fallen auch in den schwierigsten Zeiten der Familie als gepflegt, verständig und wohlerzogen höchst angenehm auf. Schon in Reitbrook sind sie wegen ihres »bescheidenen, artigen Benehmens [...] überall wohlgelitten und werden andern oft als Vorbild hingestellt«.[53] Wie ihre Tante Henriette als Kammerfrau von Salomon Heines Gattin verfügt Helene Lichtwark über fundierte Kenntnisse in Hauswirtschaft und Kinderpflege. Noch als Erwachsener schwärmt Lichtwark für das Brot seiner Mutter und schenkt es gelegentlich Freunden als besondere Aufmerksamkeit.[54] Diesen Standard gibt Helene Lichtwark auch an ihre Tochter Marianne weiter, die vom Ende der 1870er Jahre bis 1888 in Berlin als Erzieherin in der Familie des Bankdirektors Bodenstedt ebenso erfolgreich wie beliebt ist.[55] Der Tüchtigkeit ihrer Mutter verdanken die drei

49 Alfred Lichtwarks Ururgroßeltern waren der Altonaer Bürger und Stellmacher Peter Friederich Goldmann, geboren am 12. November 1728, gestorben am 22. März 1795, und dessen zweite Ehefrau Anna Elisabeth, geborene Appeln. Schriftliche Auskunft des Kirchenkreisverbands Evangelisches Zentrum Rissen vom 19.11.2002, Auszüge aus der Hauptkirche Altona: Trauregister Jg. 1771, S. 114, Nr. 69; Taufregister Jg. 1776, S. 710, Nr. 200; Sterberegister Jg. 1795, S. 24, Nr. 146; Sterberegister Jg. 1777, S. 289, Nr. 83; Sterberegister Jg. 1812, S. 386, Nr. 47; Sterberegister Jg. 1795, S. 24, Nr. 146.

50 Telefonische Mitteilung am 10.2.1998 von Marianne Fuhse, Ahrensburg (siehe Anm. 45), sie habe von Jackie Phipps erfahren, dass die Familie Goldmann ursprünglich jüdisch gewesen, später aber konvertiert sei. Diese Konversion müsste dann spätestens in der Generation von Alfred Lichtwarks Ururgroßvater stattgefunden haben.

51 Br. Pauli, S. 12: »Wie die Juden feiern wir zu Hause den Sonnabend, aber von anderen Ausgangspunkten, nämlich als Vorfreude für den freien Sonntag (der für mich nun schon lange nicht mehr frei ist).« – Brosius (1997), S. 109, Anm. 50, rückt Lichtwark in die Nähe des Antisemitismus, was sich aus dem gesamten von mir gesichteten Material nicht belegen lässt. Aus den Familienbriefen wurden auf Anregung des Verlegers einige Male die Begriffe »jüdisch« bzw. »Jude« vor der Veröffentlichung gestrichen, eine Maßnahme, die dem Geist der Nachkriegszeit geschuldet sein dürfte. Lichtwark beschreibt z.B. Alphonse Rothschild mit »ein kleiner skrophulöser Jude«, wobei im Druck das Wort »Jude« mit »Herr« ersetzt wurde (vgl. Br. Familie, S. 433, Zeile 6) oder »reichen jüdischen Baron«, ebenfalls zu Rothschild (ebd., S. 444); vgl. StA HH, 622-1 Familie Schellenberg, B 1, 2 Notizzettel. – Zur Familie Bernheim siehe auch das folgende Kapitel.

52 Vgl. Zeromski (1924), S. 6.

53 Vgl. ebd., S. 9.

54 Vgl. Br. Familie, S. 99, 276.

Kinder ihre Chancen; der Familienzusammenhalt bleibt ungewöhnlich fest. Zu ihrem 52. Geburtstag am 26. Juni 1881 schreibt der 29jährige Alfred seiner Mutter aus Berlin: »Wenn ich Dir zu Deinem Geburtstage diesmal etwas ganz Besonderes wünschen soll, so ist es, daß Du uns herzlich und aufrichtig glauben mögest, daß wir uns bei allen Wünschen und Hoffnungen Dich als Mittelpunkt denken, daß uns die glücklichste Zukunft leer sein würde, wenn Du Dich nicht mit uns freuen könntest. Wir wissen und fühlen nur zu gut, was wir Dir zu danken haben und wie nötig wir Dich bei allem brauchen, was uns kommen mag. [...] Du mußt Dich frisch und heiter halten, um, so Gott will, mit uns genießen zu können, was wir uns schaffen werden!«[56] Bis zu ihrem Tode am 29. September 1909[57] bildet Helene Lichtwark den Mittelpunkt der Familie, geliebt, hochgeachtet und insbesondere von ihrem ältesten Sohn Alfred aufmerksam umsorgt.

Alfred Lichtwark ist noch nicht acht Jahre alt, als er mit der Familie das Dorf Reitbrook verlässt und nach Hamburg übersiedelt. Die Umgebung seiner frühen Kindheit mit Gärten, Tieren und der Dove-Elbe mag ihm später wie ein verlorenes Paradies erschienen sein. Der Vater vermittelt den Kindern die Liebe zur Natur; Lichtwark wird später zu einem geschätzten Gartenkenner. In vielerlei Bemerkungen in seinen Briefen und Aufsätzen über Blumen und Gärten gilt seine Aufmerksamkeit insbesondere den einfachen, natürlichen Gartenblumen, eher den Wildformen als den auffallenden Züchtungen. »Solange ich denken kann, habe ich die Blumen geliebt und beobachtet. Es gehört zu meinen frühesten Erinnerungen, dass ich im Vorfrühling auf die Schneeglöckchen und Leberblumen wartete, die auf den Beeten nahe am Haus standen, und ich habe seither nie aufgehört, auf die Blumen acht zu geben und auf alles, was mit ihnen vorgeht«, schreibt der 42Jährige rückblickend.[58]

Aber ein für seine Entwicklung noch entscheidenderes Interesse wird schon in dieser Zeit geweckt. Bei einer Nachbarin namens Sophia Margaretha Dorothea Mendt,[59] die anscheinend die Kinder zuweilen betreut, gibt es vielerlei Objekte mit Kunstcharakter zu sehen: allem voran einen blau gekachelten Ofen mit biblischen Szenen, die Sophia Mendt zu erklären weiß und noch der erwachsene Lichtwark detailliert erinnert. Auch die Stühle der Marschbauern mit intarsierten Vögeln und Blumen gefallen dem Kind. Frau Mendt besitzt zudem Neuruppiner Bilderbögen, populäre Druckgraphik mit Märchen und Geschichten von Napoleon, sowie Nippesfiguren aus Porzellan, die sie zum Teil auf naive Weise restauriert und ergänzt hat. An diesen volks-

55 Bodenstedt, Fr., Direktor der Bank für Handel und Industrie, Berlin, Leipziger Platz 11, II. Vgl. Berliner Adreß-Buch für das Jahr 1880, hrsg. unter Mitwirkung von H. Schwabe, Berlin 1880, S. 81.

56 Br. Familie, S. 174.

57 Vgl. Br. Kalckreuth, S. 69, Anm. 20.

58 AL, Makartbouquet und Blumenstrauß, zit. aus (2)1905, S. 2.

59 Vgl. Br. Familie, S. 33, Anm. 31; Schellenberg identifiziert sie hier als Dorothea Mendt. – Zeromski (1924), S. 10–13. Zeromski spricht von »Frau Menck«, S. 11. – Lichtwark nennt sie »Menth« und spricht von diesen Erinnerungen u.a. im Brief an seine Schwester zu deren 21. Geburtstag. Vgl. Br. Familie, S. 31f. Die Darstellungen in diesen beiden Quellen ähneln und ergänzen sich. In seinem Text *Mit der »Hansa« nach Braunschweig* von 1912 berichtet Lichtwark hingegen wieder von »Frau Menck« und ihren Besitztümern. Vgl. AL, Schriften, Bd. II, S. 367. Dieser Text dürfte Zeromski als Quelle gedient haben, da sein Brief an die Schwester 1924 noch nicht veröffentlicht war.

tümlichen Gegenständen bildet das Kind frühe Kunstvorstellungen aus. Lichtwark bezeichnet Sophia Mendt später als seinen ersten »Lehrer der Kunstbetrachtung«: hier habe seine kindliche Seele zuerst Kunstwerke sehen gelernt. Er entwickelt großes Interesse an diesen Dingen und den dazugehörigen Erzählungen – im Gegensatz zu seinem drei Jahre jüngeren Bruder Hans, der Schlaf vortäuscht, wenn der ältere davon spricht.[60] Diese Episode ist sehr bezeichnend für die unterschiedliche Begabung und Veranlagung der beiden Brüder: Alfred, wach und unablässig aufmerksam, die Eindrücke begierig aufnehmend und ständig geistig beschäftigt; Hans dagegen ist, nach den Familienbriefen zu schließen, weniger begabt und interessiert.

Die genaue Erinnerungsfähigkeit, die bis ins junge Kindesalter zurückreicht und sich besonders in dem außerordentlich einfühlsamen Brief des 25jährigen Lichtwark an seine Schwester zu ihrem 21. Geburtstag manifestiert, verrät den Eidetiker: sein visuelles Gedächtnis ermöglicht, den Tag ihrer Geburt mit photographischer Detailtreue wiederzugeben und mit Wärme und tiefer Empfindung zu schildern.[61] Auffallend sind das intensive Erleben und die warmherzige Anteilnahme für alle Erscheinungen seiner Umgebung; auffallend muss auch sein früh einsetzendes Bedürfnis nach Schönheit und adretter Sauberkeit gewesen sein. Hässlichkeit, Unordnung, Unreinlichkeit, auch die Berührung unsauberer und schlecht gekleideter Personen hätten ihn heftig abgestoßen, er sei sehr eigen gewesen und habe sich auch nicht gern anfassen lassen.[62] Das Bedürfnis nach guter und dem Anlass angemessener Kleidung begleitet Lichtwark sein Leben lang, selbst mit seinen knappen finanziellen Mitteln als Student sorgt er für ein elegantes und gepflegtes Äußeres.

Alfred ist offensichtlich ein stilles Kind, das sich über vielerlei Dinge Gedanken macht, nicht nur über Naturerscheinungen wie den Wind, sondern auch über die Eisenbahn, die er vom Baum aus in der Ferne fahren sehen kann – und ob der Dampf, der sie antreibt, derselbe Dampf sei, der aus dem Küchenkessel strömt.[63] Schon früh scheint er gerne gefahren zu sein, weniger der zahlreichen Eindrücke als der imposanten Technik der Fortbewegungsmittel wegen, wie er als 60Jähriger erzählt: Als Vorschulkind erlebt er die erste Eisenbahnfahrt; der Blick aus dem Fenster habe ihn nicht sehr überrascht, da ihm das Phänomen, das ihn am meisten beschäftigt habe, von Segelbootfahrten bekannt gewesen sei und ihn bereits als ganz kleinen Jungen verwundert habe: »der Eindruck, daß die Häuser und Bäume im Vordergrund vorübersausten, während die im Hintergrund an ihrem Platz blieben.« Besonders gefällt dem Kind der Dampfer mit seinem »endlosen Schauspiel der zur Seite gestoßenen Wassermassen und hinten das ewige Strudeln des Kielwassers«, aber auch wegen der kinderfreundlichen, alle Fragen beant-

60 Vgl. Br. Familie, S. 32.
61 Vgl. ebd., S. 30–33. Auch hier wird die Neigung des Kindes zu Blumen evident. Zu seinem eidetischen Gedächtnis vgl. z.B. auch ebd., S. 640, 656.
62 Vgl. Zeromski (1924), S. 10f. – Kay (1994), S. 28, interpretiert den Wunsch nach Sauberkeit als Reaktion auf den suchtkranken Vater; mir scheint eine Verknüpfung mit Lichtwarks generell stark ausgeprägtem ästhetischen Bedürfnis und seinen Fähigkeiten näherliegend.
63 Alfred Lichtwark, Mit der »Hansa« nach Braunschweig, in: AL, Schriften, Bd. II, S. 366f.

wortenden Schiffsmannschaft. Noch als Erwachsener genießt er das Reisen, die Fahrten in Bahnen, Wagen und schließlich Autos, »pfeilschnellen« Dampfbarkassen und Rennjachten und hat ein »ganz fremdartiges Glücksgefühl« beim Aufstieg im Ballon.[64] Ebenso aber hat er das Bedürfnis nach sportlicher Betätigung, Sport und Bewegung hält er lebenslang für wichtig. Viele Jahre wird er beim sommerlichen Wandern im Harz oder beim Radfahren Erholung suchen.[65]

Die zunehmende Verarmung der Familie verhindert eine angemessene schulische Förderung dieses ungewöhnlich begabten Kindes. Lichtwark bahnt sich seinen Weg aus eigener Kraft und mit Unterstützung anderer Personen. Später, in Berlin, erscheint es ihm wie ein Wunder, trotz der widrigen Umstände eine derartige berufliche Position erreicht zu haben.[66] Der Vater, verantwortlich für die Schwierigkeiten der Familie, kommt folgerichtig in Lichtwarks wenigen, die Kindheit und Familie betreffenden Textpassagen niemals vor, auch in den erhaltenen Familienbriefen wird er an keiner Stelle erwähnt.[67] Offenbar haben sich die Kinder ganz auf die Seite der Mutter gestellt. Sie hat in Lichtwarks späterem Leben ihren festen und bedeutenden Platz; zwischen ihr, auch der Schwester und Lichtwarks freundschaftlich verbundenen Briefpartnern werden verbindliche Grüße ausgetauscht. Mit seiner Mutter und den Geschwistern soll Lichtwark über die schweren Zeiten der Familie nicht mehr gesprochen haben, ebenso wie er seine ursprünglich vorhandenen autobiographischen Aufzeichnungen vor seiner Operation im Sommer 1913 vernichtet zu haben scheint, wohl um seine Angehörigen vor der Öffentlichkeit zu schützen.[68]

Durch die frühe Übersiedlung der Familie von Reitbrook in die Stadt verliert Lichtwark zwar das dörfliche Idyll an der Dove-Elbe, doch die Hafenstadt bietet mit ihrer Geschäftigkeit dem intelligenten Jungen weitaus mehr Anregungen, auch wenn er oder vielleicht gerade weil er in Armenvierteln aufwächst. Seine Vorliebe für Blumen, Früchte und Gärten ist ein Relikt aus seiner Kindheit in Reitbrook, ebenso die subtile Beobachtung von Landschaft, Atmosphäre und des Verhaltens von Tieren, die sich in zahlreichen seiner Aufzeichnungen spiegelt. Auch die Kenntnis der Vierländer und Marschländer Kultur, von Möbeln, Hausrat und einfachem, funktionalem Gerät, liegt als lebhafte und prägende Erinnerung vor. In der Großstadt findet er zusätzlich vieles, was seinen Geist anregt und der vielseitig Begabte auf dem Lande nicht gefunden hätte. Daher erscheint dieser Ortswechsel für Lichtwarks Entwicklung rückblickend als außerordentlich günstig.

64 Ebd., S. 368f.
65 Zum Radfahren vgl. Zeromski (1924), S. 88. – Zum Sommeraufenthalt im Harz vgl. z.B. Br. Kommission (1896), Bd. II: 1893, S. 28; (1896), Bd. III: 1894/95, S. 348f.; (1902), Bd. IX: 1901, S. 169; (1904), Bd. X: 1902, S. 67.
66 Vgl. Br. Familie, S. 63. – Heute würde Lichtwark wahrscheinlich als hochbegabt bezeichnet.
67 Manche Familienbriefe sind allerdings nur als Fragmente vorhanden; Marianne Lichtwark hat vermutlich Teile herausgeschnitten, bevor sie die Briefe der Hamburger Kunsthalle übergab. Eine gänzliche Vernichtung von einzelnen Briefen vor dieser Übergabe ist zudem als sicher anzunehmen.
68 Vgl. Zeromski (1924), S. 15. – Bei meinen Recherchen habe ich autobiographisches Material sonst nirgends gefunden, es existieren jedoch eine von Lichtwark verfasste Liebesgeschichte und ein retrospektives Liebesgedicht, die autobiographisch motiviert wirken (FKL).

DER WEG HINAUS

Nach der Übersiedlung von Reitbrook nach Hamburg ist Carl Friedrich Lichtwark noch nicht mittellos. Er schickt seine Söhne Alfred und Hans in die »Erziehungsanstalt« von Eduard Albrecht an der Eimsbütteler Chaussee bei Belle Alliance. Als 1864 die Lichtwarks beim Patronat St. Pauli zum ersten Mal aktenkundig werden, haben die beiden Jungen allerdings von Mai bis Oktober keine Schule mehr besucht, angeblich auf Anraten des Arztes zur Erholung von einer Blattern-Erkrankung. Helene Lichtwark trägt vor, sie unterrichte ihre beiden Knaben zu Hause und hoffe, sie zu Herrn Dr. Rée in die Schule geben zu können. Sie meint damit die in dieser Zeit von Dr. Anton Rée geleitete Isrealitische Freischule am Zeughausmarkt, die neben den jüdischen auch viele christliche Schüler aufnimmt und zahlreiche Freiplätze vergibt. Alfred und Hans Lichtwark sind jedoch für die infrage kommende Zeit weder in den Aufnahme- noch in den Schülerverzeichnissen dieser Schule dokumentiert;[69] vielleicht ist kein Freiplatz verfügbar. So besuchen die drei Lichtwark-Kinder nach 1865 die 1862 gegründete Zweite Armenschule von St. Pauli, die sogenannte Freischule in der Laeiszstraße, benannt nach dem reichen Reeder und Kaufmann Ferdinand Laeisz, der hier eine Stiftung errichtete (Abb. 4). Zu den Lehrern des Gründungskollegiums, und das ist für Alfred Lichtwarks Werdegang von wesentlicher Bedeutung, gehört auch Joh. Heinr. Chr. Grabo, von den Schülern liebevoll »Onkel Grabo« genannt.[70]

Die Lichtwark-Kinder werden also trotz der sich immer weiter verschlechternden Familiensituation noch vor der gesetzlichen Schulpflicht, die erst im November 1870 in Hamburg eingeführt wird,[71] in eine Schule geschickt. Lichtwarks Vater besitzt selbst Kenntnisse im Schreiben und Lesen, was zu seiner Zeit nicht selbstverständlich ist; seine Briefe an den Freund Fritz Burmeister sind zwar grammatikalisch fehlerhaft, insbesondere fällt die Verwechslung von Dativ und Akkusativ auf, was auf eine ungewohnte Verwendung des Hochdeutschen hindeutet, denn seine Muttersprache ist das Mecklenburger Platt. Doch seine kleine Handschrift wirkt flüssig und keineswegs ungeübt.[72] Lichtwarks Mutter ist ihrem Mann im Lesen und Schreiben allerdings überlegen. Obwohl Lichtwark mit ihr während seiner Berliner Zeit in lebhaftestem

69 Vgl. StA HH, 622-1 Familie Schellenberg, A 51. – StA HH, 362-6/8 Anton-Rée-Realschule/Israelitische Freischule, 1815–1920, Bestandsverzeichnis und I c 14, I c 15, I B; die Schule hieß ab 1869 Israelitische Stiftungsschule von 1815. – Zur Schule siehe auch Studemund-Halévy (2011), S. 88f.

70 Vgl. Wiepking (1960), S. 38. – 1860 wurde das Grundstück in der locker bebauten Gegend, in der die Grundstückspreise niedrig waren, für das Laeisz-Stift angekauft. Als Gründer der Schule gilt Johannes Halben, der später in Hamburg Seminarleiter war. Die Schule wurde 1871 eine öffentliche Volksschule. Die heute sogenannte Schule Laeiszstraße erwähnt diesen Schulbesuch der Lichtwark-Kinder ohne Quellenangabe in ihrer Jubiläumsbroschüre: 125 Jahre Schule Laeiszstraße (1987), S. 3f. – Blinckmann (1930), S. 28, 31, teilt mit, mittellose Eltern hätten sich gescheut, ihre Kinder in Armenschulen zu schicken, weil sie dadurch den Anschein erweckten, in Armenpflege zu sein. Die erste Hamburger Armenschule wurde 1834 gegründet.

71 Vgl. Blinckmann (1930), S. 40ff. 1871 übernahm die Oberschulbehörde die Armenschulen und führte sie in die Volksschulen über; vgl. ebd., S. 33.

72 Vgl. F. C. Lichtwarks Briefe an Burmeister, HKH, AdB 165.

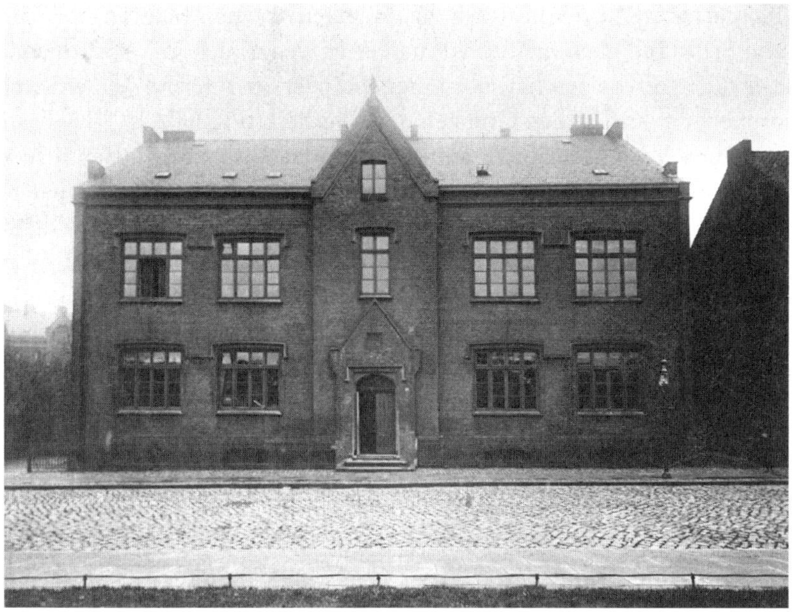

Abb. 4 Zweite Armenschule von St. Pauli, Laeiszstraße, Zustand 1862–1907, Aufnahme: unbekannt

Briefwechsel steht, hat sich keiner dieser Briefe erhalten; lediglich eine Gratulation, verfasst in mittelgroßen, steilen Buchstaben, ist aus dem Freundeskreis überliefert.[73] Die Umgangssprache der Familie ist das allgemein verbreitete Hamburger Plattdeutsch, das für Lichtwark zeitlebens die »niedersächsische Heldensprache« bleibt; später bekennt er, alles stets zuerst in Platt zu denken.[74]

Der vor allem auf Reproduktion angelegte Schulunterricht um 1860 ist insbesondere einem sehr begabten Kind wenig angemessen. »Alles Fertige langweilt ihn, und was ihm pedantisch, unlebendig oder unsachlich entgegengebracht wird, stößt ihn ab«, führt Lichtwark 1902 in seiner Rede auf Justus Brinckmann aus, seinen frühen Förderer und späteren Kollegen als Direktor des Hamburger Museum für Kunst und Gewerbe – eine Rede, die immer wieder auf ihn selbst rückbezogen worden ist. »Pioniernaturen«, wie Lichtwark sie nennt, pflegen »jede Vermittlung beiseite zu schieben und den Dingen selber auf den Leib zu rücken.« Einem Lehrer jedoch, der ihn zu den Dingen hinführe, »giebt er sich hin, am rückhaltlosesten, wo ihm selbständige Arbeit überwiesen wird.« Die Selbständigkeit definiert er als grundsätzlichen Charakterzug

73 Ehemals im Besitz von Cornelia Bacmeister (†), Hamburg, einer Nachfahrin der Familie Vivié; wahrscheinlich 2003 bei der Auflösung des Nachlasses vernichtet. Meine Recherchen blieben ergebnislos.

74 Vgl. Br. Pauli, S. 82. – Br. Lichtwark-Liebermann, S. 227. – Zeromski (1924), S. 278. – Hochdeutsch erscheint Lichtwark noch 1904 als tote Sprache; vgl. Schiefler, LAZ, 26.1.1904, S. 294, HH, SUB, HSS. – Zur Familie Vivié siehe im Folgenden.

dieser »Pioniernaturen«: »Von unbändigem, eigenwilligem Streben nach Unabhängigkeit und Selbständigkeit erfüllt, vermag er es weder, sich in Verhältnisse zu schicken, die er nicht geschaffen hat, noch dienend oder ausführend sich einem anderen unterzuordnen, der sich in den Grenzen der Überlieferung hält. [...] Die bestimmenden Kräfte seines Wesens, Wille, Instinkt, Intuition, Witterung, haben ihre Wurzeln in einem gesunden, mit scharfen Sinneswerkzeugen ausgerüsteten Körper, der nicht zu ermüden ist, und aus dessen Lebensfülle eine gegen jede Belastung widerstandsfähige Heiterkeit und Gelassenheit entspringt.« Von solchen Kräften bestimmt sieht er diese »Pioniernaturen« als Wegbereiter mit der Gabe, sich in großen Zusammenhängen nie zu irren, Wegbereiter, die mit ihren Taten der Einsicht, auch der eigenen, um Jahrzehnte voraus seien und oft genug von sich selber nur begreifen würden, was ein halbes Menschenalter hinter ihnen liege. Dieser Typus beginne meist als schlechter Schüler; sein Lebensweg verlaufe nicht gerade, sondern in einer »Zickzacklinie«.[75]

Diesen Ausführungen liegt gewiss Lichtwarks eigene Jugend- und Schulerfahrung zugrunde, wie auch später des Öfteren in seinen Texten die traurige Gestalt des Schulmeisters und der betrübliche Zustand des Schulunterrichts angeprangert werden. Ein schlechter Schüler ist der junge Lichtwark allerdings nicht; seine elf Jahre ältere Halbschwester Dorette hat ihn als ernstes, stilles Kind in Erinnerung, das wenig gespielt und sich bevorzugt mit Tieren, Blumen, Büchern und Bildern beschäftigt hat. Er liest Daniel Defoes *Robinson* und Jonathan Swifts *Gulliver*; zu seinen Lieblingsbüchern gehören die Schriften des Vogelforschers Johann Friedrich Naumann. Als »halber Knabe« studiert er »in heller Begeisterung« Emile Augiers *Effrontés* auf Französisch, als Jugendlicher die Novellen und Gedichte des späteren Literatur-Nobelpreisträgers Paul Heyse.[76] Hier kommt er wohl erstmalig mit dem literarischen Naturalismus in Berührung.[77]

Häufig streift er an der Elbe und in der Stadt umher, um das Leben und Treiben dort zu beobachten.[78] Diese Studien und sein photographisches Gedächtnis führen schließlich zu einer genauen Kenntnis der alten Hamburger Architektur. Lichtwarks spätere Schriften enthalten zahlreiche in der Jugend aufgenommen Eindrücke – und ohne Zweifel greifen seine eigenen späteren Vorstellungen und Vorschläge auf diese durch biedermeierliche Strenge und frühbürgerlichen Funktionalismus gekennzeich-

75 AL, Brinckmann (1978) , S. 7–9.

76 Vgl. Zeromski (1924), S. 16f. – Br. Kommission (1896), Bd. II: 1893, S. 131. – Zu Naumann vgl. Br. Kommission (1917), Bd. XVII: 1909, S. 39. – Zu Heyse: In der BSB München (HSS, Heyse-Archiv V, 103a, Bl. 172) befindet sich folgende Widmung Lichtwarks, vermutlich als Gratulation zum 1910 verliehenen Nobelpreis: »Der Name Paul Heyse trifft mein Ohr mit anderem Laut als der irgendeines anderen Dichters. Voll und zart ein Cello- und Harfenton klingt er zu mir herüber aus den Tagen meiner Jugend, da ich zum literarischen Bewußtsein erwachte und in Paul Heyses Gedichten und Novellen die ersten Erzeugnisse der Mitwelt in die Hände bekam, die ich als Kunstwerke empfand und genoß wie Früchte frisch vom Baum gepflückt. Ich habe dem Dichter die herzliche Dankbarkeit durch alle langen Jahre bewahrt und greife immer auch von Zeit zu Zeit nach den alten Lieblingen und freue mich, daß sie ihren ersten Reiz bewahrt haben. Hamburg, im Januar 1910, Alfred Lichtwark«.

77 Vgl. Brandes (1901), S. 1–56.

78 Vgl. Zeromski (1924), S. 16.

neten Details zurück. Sonntagsspaziergänge in die Umgebung Hamburgs, an die Elbufer mit ihren Parks und Gärten vertiefen die Naturerlebnisse; Sich-Tummeln auf der Moorweide und Baden im Rosenteich gehören zu den unbeschwerteren Seiten dieser Jugend.[79]

Die Freischule in der Laeiszstraße umfasst nur drei Klassen für Jungen und Mädchen (Abb. 4). Lichtwarks Lehrer Wilhelm Crull hat noch fünfzig Jahre später eine lebhafte Erinnerung an die »feinen, höflichen und bescheidenen« Lichtwark-Kinder bewahrt: »wie aus einer anderen Welt«. Auch den Mitschülern sei Alfred als etwas Besonderes erschienen, er habe ihnen durch sein Wissen und seinen Charakter ganz ungewohnten Respekt eingeflößt. Obwohl er sofort zum Primus seiner Klasse avanciert sei, habe er nie seine Überlegenheit hervorgekehrt, sei ein guter Kamerad, friedfertig und immer gefällig gewesen. Anscheinend hat er das eigentlich heitere Naturell seines Vaters geerbt: er sei stets frohsinnig und zu Scherzen aufgelegt gewesen, »eine sonnige Natur«. Allein durch die schwierige Familiensituation und seine Position als Ältester der Geschwister ist bereits der Dreizehnjährige sehr reif für sein Alter, mit der Begabung, sich treffend, »ja, glänzend«, wie Crull bezeugt, auszudrücken. Selbständig bildet er sich schon in diesem Alter in der deutschen Literatur, in Englisch und Botanik weiter. Seine Sprachbegabung lässt sich nicht nur an seinen Schriftstücken und seiner Begeisterung für Literatur ablesen; durch einen Lehrer, bei dem er verkehrt, lernt er dessen ausländische Pensionsgäste kennen, unternimmt mit ihnen Spaziergänge und lässt sich die Dinge in deren Sprache benennen.[80] So erwirbt er einen Großteil seiner fremdsprachlichen Kenntnisse als Autodidakt.

Bis zur Konfirmation besucht Lichtwark ein Jahr lang die Freischule. Die Armenschule bereitet jedoch nur auf ein Leben als Arbeiter vor; eine Teilhabe am kulturellen Leben wird nicht angestrebt. Religion ist mit drei bis fünf Wochenstunden Hauptfach, der Schwerpunkt liegt außerdem auf Rechnen und Schreiben. In den 1860er Jahren wurde in Hamburg auch Englisch eingeführt sowie Zeichnen nach der Methode Stuhlmann als Vorbereitung auf das gewerbliche Zeichnen.[81] Um Weihnachten 1866 überträgt Grabo seinem nunmehr vierzehnjährigen Schüler die dreimonatige Vertretung für einen erkrankten Lehrer in einer der unteren Klassen, so dass er bis zum Abschluss seiner eigenen Schulzeit zu Ostern 1867 als Hilfslehrer tätig ist, wofür er von Grabo eine silberne Uhr als Geschenk erhält. Der Bruder Hans kommt auf dieselbe Weise vorzeitig zu einem Lehrerposten.

Zu dieser Zeit wohnen die Lichtwarks noch in »Wulffs Terrasse« in der Bartelsstraße, erst 1868, wohl nach dem Tod des Vaters, ziehen sie in das Hinterhaus der Mathildenstraße 11. Ostern 1867 wird Lichtwark in der Kirche St. Pauli von Pastor Carl Hein-

79 Vgl. ebd., S. 17f. Als Quelle dienten hier wohl durchgängig mündliche Informationen des Bruders Hans (Johann) Lichtwark.

80 Vgl. hier und im Folgenden: ebd., S. 18f.

81 Vgl. Blinckmann (1930), S. 33, 35.

rich Behrens konfirmiert. Für einen Aufsatz, den er für den Pastor zu schreiben hat, soll er die freisinnige Kirchengeschichte von Heribert Rau benutzt haben.[82]

Nach Aussage des jungen Lehrers und Freundes Wilhelm Crull soll Lichtwark auf seinen Rat hin die Lehrerlaufbahn eingeschlagen haben, »dies bot sich als der einzige Weg ins Freie.«[83] Doch es wirkt übertrieben prophetisch, wenn sich Crull zu dieser Zeit schon sicher gewesen sein will, dass es bei diesem Beruf nicht bleiben würde. Grabo behält seinen ehemaligen Schüler als Lehrergehilfen bis zum Oktober 1867. Mit seinem Klassenkameraden Wilhelm Brinckmann, den er seinerzeit als Primus abgelöst hat, teilt sich Lichtwark den Unterricht der untersten Klasse mit 134 Schülern.[84] »Gut vorbereitet und eifrig strebend leistete er Tüchtiges«, bescheinigt ihm später Grabo. »Lichtwark ist ein geweckter, strebsamer Mensch, der von allen, die Gelegenheit hatten ihn kennen zu lernen, als tüchtiger Lehrer geachtet wird.«[85] Beide Jungen unterstehen dem erst siebzehnjährigen Lehrer Hecht. Damit haben sie den Status eines unteren Gehilfen und leben mit minimalem Gehalt beim Oberlehrer in Kost und Logis wie Dienstboten. Sie bewohnen eine Dachkammer im Schulhaus, besitzen jedoch keinen eigenen Haustürschlüssel und sind somit völlig abhängig von Grabo. Lichtwark, Zeit seines Lebens Frühaufsteher,[86] verschätzt sich eines schönen Sommermorgens beim Verlassen des Schulhauses durch ein Treppenhausfenster in der Höhe und wird im letzten Augenblick durch Brinckmann vor dem Absturz gerettet.[87]

In ihrer Freizeit unternehmen die vier jungen Lehrer Crull, Hecht, Brinckmann und Lichtwark Spaziergänge in das damals noch vor der Stadt gelegene Eimsbütteler Gehölz oder den Botanischen Garten. Lichtwark kennt alle Pflanzen, und bei den Gängen durch die Stadt übt er Architekturkritik, die den anderen merkwürdig erscheint – etwa über die Stellung von Säulen oder die Anlage von Türen und Fenstern. Die jungen Lehrer besuchen die Stadtbibliothek, wo Lichtwark sich Bücher zu leihen pflegt, und er führt durch die Bildersammlung der Hamburgischen städtischen öffentlichen Gemälde-Gallerie in den Börsensälen. Auch zu einem Lesezirkel findet man sich zusammen; mit verteilten Rollen werden Goethes und Schillers Dramen gelesen. Lichtwark liebt das Schillersche Pathos nicht, auch in seinen Briefen und Schriften wird er später immer nur Goethe erwähnen. Siebzehnjährig steht er ganz im Bann

82 Vgl. Zeromski (1924), S. 20; es handelt sich um: Heribert Rau, Allgemeine Geschichte der christlichen Kirche von ihrem Entstehen bis auf die Gegenwart: für das deutsche Volk, Frankfurt/M.: Literarische Anstalt, 1846. – C. H. Behrens war von 1849 bis zu seinem Tod im Jahre 1883 als Pastor an der Kirche St. Pauli tätig (Mitteilung vom 13.9.2005 von Oliver Duddeck, Kirchengemeinde St. Pauli, Hamburg). – Vgl. Br. Familie, S. 215f. – Zu Lichtwarks religiöser Gesinnung siehe auch das Kapitel »Berlin als Paradies: Menschen« in Teil 1. – Die klassizistische Kirche St. Pauli wurde 1819/20 von dem ersten Hamburger Stadtbaumeister Carl Ludwig Wimmel (1786–1845) erbaut; vgl. Hannmann (2006), S. 24–45.

83 Vgl. Zeromski (1924), S. 20f., Zitat S. 21.

84 Vgl. das Zeugnis Grabos für Lichtwark, datiert 20.6.1871, FKL. – Zeromski (1924), S. 18, 21f. Als Quelle dienten hier die mündlichen Informationen von Brinckmann und Hecht.

85 Vgl. das Zeugnis Grabos für Lichtwark, datiert 20.6.1871, FKL.

86 Vgl. z.B. Br. Familie, S. 644. In zahlreichen Briefen berichtet Lichtwark von frühmorgendlichen Unternehmungen.

87 Vgl. Zeromski (1924), S. 21f. – Zum Status der Gehilfen vgl. Blinckmann (1930), S. 32.

Shakespeares und schreibt als erste größere Arbeit eine Untersuchung der künstlerischen Technik dieses Dichters, die sich jedoch nicht erhalten hat.[88]

Lichtwark ist früh erwachsen und ernst, zugleich ganz unkompliziert und natürlich. Die jungen Kollegen aus dieser Zeit rühmen seine Unterhaltungsgabe und »ungezwungene Liebenswürdigkeit«.[89] Naheliegend erscheint, dass der charakteristische Plauderton seiner Briefe und späterer feuilletonistischer Betrachtungen seinem Naturell entspricht und nicht als schriftstellerische Technik angeeignet wurde.

Schon als Jugendlicher stöbert Lichtwark bei allen Altwarenhändlern. Seine feste Anlaufstelle ist die Antiquitätenhändlerin Dorothea Kofahl am Schaarsteinweg; ihren Laden erwähnt er in einem Brief an die Mutter noch 1883 als Vergleich, um den »erbärmlichsten Trödel« auf dem Schreibtisch Königs Friedrich Wilhelm IV. im Charlottenburger Schloss zu charakterisieren.[90] Dorothea Kofahl hat Freude an seinem Interesse, gibt Erläuterungen und leiht ihm Bücher aus.[91] Auf diese Weise erwirbt er bereits in jungen Jahren beträchtliche Kenntnisse über Möbel und Gerät.

Von 1867 bis 1874 unterrichtet Lichtwark (Abb. 5), anfangs als Hilfslehrer mit einem Jahresgehalt von 500 Courant-Mark, an der St. Jacobi-Kirchenschule unter deren Leiter Oberlehrer Heinrich Duncker,[92] wohin ihm sein Bruder Hans 1872 nachfolgt und bis 1888 verbleibt. Lichtwark steigt in der Lehrerhierarchie zügig auf. 1869 erhält er eine Extravergütung von 50 Courant-Mark, 1870 bereits ein Jahresgehalt von 600 Courant-Mark. Ostern 1872 wird er 4. Lehrer mit 800, Ostern 1873 3. Lehrer mit 1.000 Courant-Mark Jahresgehalt. Er unterrichtet in der Prima Französisch, Geschichte und Naturgeschichte, in der Sekunda dazu auch noch Englisch, in der Tertia Englisch und Naturgeschichte und in der Quarta Englisch, Deutsch und Religion. Aus welchem Grund er Ostern 1874 die Schule verlässt, ist nicht zu ermitteln. Duncker bescheinigt ihm in seinem Zeugnis eine große natürliche pädagogische Begabung, »regsten Eifer, seine Kenntnisse und Erfahrungen zu erweitern«, außerdem »Pünktlichkeit, Pflichttreue, und ein liebevolles Benehmen gegen Kollegen und Schüler« und beurteilt seine

88 Vgl. Zeromski (1924), S. 22–24. Zeromski stützt sich hier wiederum auf mündliche Aussagen der ehemaligen Kollegen Lichtwarks. – Die Gemäldesammlung in den Börsensälen war mittwochs und samstags von 12 bis 15 Uhr »jedem anständig Gekleideten« unentgeltlich zugänglich; im August 1869 wurde der Altbau der heutigen Kunsthalle eröffnet; vgl. Luckhardt (1994), S. 6f., 12.

89 Vgl. Zeromski (1924), S. 22, 21.

90 Vgl. Br. Familie, S. 417 und Anm. 518.

91 Vgl. Wiepking (1960), S. 22f.

92 Für seine im Juli 1867 erfolgende Bewerbung als Hilfslehrer an der St. Jacobi-Kirchenschule erhält Lichtwark von Oberlehrer Grabo eine Referenz mit folgendem Wortlaut: »Vorzeiger dieses Alfred Lichtwark besuchte ein Jahr bis zu seiner Confirmation, Ostern d.J., meine Schule, nachdem er vorher recht gute Schulen besucht und Tüchtiges gelernt hatte. Seine besondere geistige Befähigung, sein Fleiß und sein gesittetes Betragen veranlassten mich, ihn aufzufordern, sich dem Schulfache zu widmen. Seit Michaelis v.J. schon vertritt er gemeinsam mit einem anderen jungen Menschen die Stelle eines jüngsten Gehilfen in meiner Schule und berechtigt zu den schönsten Hoffnungen. Der Dürftigkeit der Eltern wegen würde ich ihn gern entlassen, wenn er an einer anderen guten Schule eine Stellung erhalten würde, die ihn in pecuniärer Beziehung günstiger stellte. Wenn an ihn nicht zu große Forderungen gestellt werden, so bin ich fest überzeugt, daß er denselben genügt.« Stange (1934), S. 135.

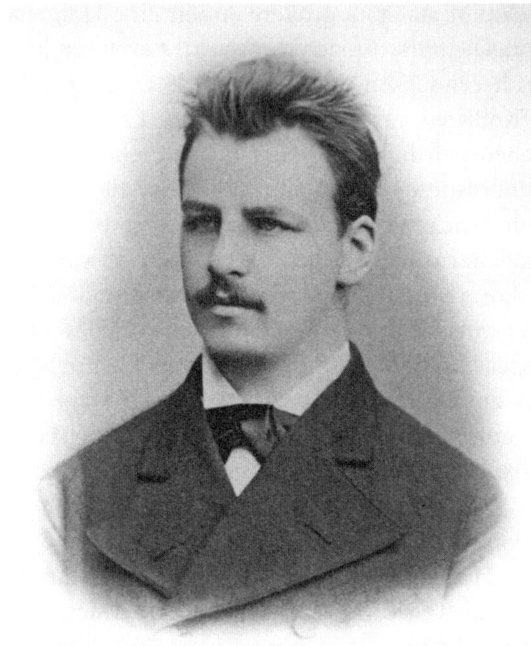

Abb. 5 Alfred Lichtwark als junger Lehrer, undatiert, Aufnahme: unbekannt

Tätigkeit an der Schule als sehr befriedigend und erfolgreich.[93] In einem anderen Zeugnis bestätigt Duncker die Erteilung von Turnunterricht in den Klassen 1 bis 5 sowie aller üblichen Fächer. Auch hier betont er Lichtwarks anregenden Unterricht und seine »Pflichttreue, Ordnungsliebe u. Pünktlichkeit«, stellt ihn als »leuchtendes Beispiel für s. Zöglinge« heraus und lobt seinen Charakter: »[...] durch s. freundliches u. zuvorkommendes Wesen hat er sich die Achtung u. Liebe s. Kollegen u. Schüler erworben.«[94]

Vor 1870 ist die Ausbildung der Volksschullehrer nicht staatlich geregelt; Lehrerseminare existieren noch nicht.[95] Lichtwark besucht neben seinem Unterricht an der St. Jacobi-Kirchenschule drei Jahre lang, von Oktober 1867 bis Oktober 1870, die der Nicolai-Kirchenschule angegliederte Fortbildungsschule für Lehrer.[96] In dieser vom

93 Vgl. das Zeugnis des Schulleiters H. C. D. Duncker, datiert Februar 1877, FKL. – Stange (1934), S. 134f., 138; die Einstufung der Lehrer erfolgt nach den Kategorien I bis VII und Hilfslehrer. – Hier und im Folgenden vgl. auch Zeromski (1924), S. 23.

94 Vgl. das Zeugnis von Duncker, datiert 6.12.1882, FKL. Bei der Jahreszahl 1882 könnte es sich um ein nachträglich ausgestelltes Zeugnis handeln, da für seine Tätigkeit der Zeitraum seit Ostern 1872 angegeben ist und Lichtwark im Jahre 1882 längst studiert.

95 Vgl. Zeromski (1924), S. 23. – Zur hamburgischen Schulgeschichte vgl. auch Blinckmann (1930).

96 Vgl. Wiepking (1960), S. 38. Wiepking teilt mit, sie habe dieses Zeugnis 1936 in der Schulgeschichtlichen Sammlung in Hamburg abgeschrieben, das Original sei sieben Jahre später mit der gesamten Schulgeschichtlichen Sammlung in der Freiligrathstraße verbrannt. Eine Abschrift dieses Zeugnisses habe sie an die Licht-

Schulwissenschaftlichen Verein und der Gesellschaft der Freunde des vaterländischen Schul- und Erziehungswesens begründeten Lehrerbildungsanstalt erfolgt zweimal wöchentlich nachmittags die fachliche Ausbildung der jungen Lehrer. Lichtwarks Förderer Grabo hat einen Freiplatz für ihn erwirkt. Ein viertes Jahr besteht im Besuch der Abendkurse des Akademischen und Real-Gymnasiums, Abteilung für Lehrerbildung, im Johanneum und endet mit einer Prüfung, die zur Führung einer Schule berechtigt.[97]

Lichtwark befindet sich in dieser Ausbildung, als 1868 sein Vater nach langer Krankheit stirbt. Das Abschlusszeugnis ist auf den 8. Oktober 1870 datiert. Darin wird ihm attestiert, »sich durch ganz regelmäßige Benutzung des Unterrichts, wie durch den regsten Eifer für seine Ausbildung die besondere Zufriedenheit der Lehrer erworben« zu haben. Seine Leistungen sind überwiegend mit »sehr gut« beurteilt – nur »vorzüglich« wäre noch besser. »Sehr gut« erhält er in den Fächern Religionslehre, Allgemeine Pädagogik, Methodik, Praktische Übungen, Deutsche Sprache, Geographie, Geschichte, Zoologie, Botanik, Physik; in Arithmetik und Geometrie erzielt er die nächst niedrigere Note »recht gut« und nur in Algebra die nun folgende Note »gut«.[98]

Vom 25. bis 28. September 1871 legt er die Abschlussprüfung am Hamburgischen Akademischen und Real-Gymnasium ab, das er vom 8. Oktober 1870 im Anschluss an die Lehrerbildungsanstalt besucht hat; damit qualifiziert er sich für das Elementar-Schulamt.[99] Er ist nun fast 19 Jahre alt. Als Ernährer seiner Mutter ist er vom Militärdienst befreit; 1872 wird er jedoch in einer Superrevision gemustert und wegen starker Krampfadern der Ersatz-Reserve II zugeteilt.[100] Solche Dienstuntauglichkeit muss einem jungen Mann der Wilhelminischen Ära unehrenhaft erschienen sein. Seine spätere bewundernde Neigung zum Offizierswesen mag auch auf dieser Tatsache beruhen.

Lichtwarks Familienbriefe geben beredte Auskunft über die Liebe zu seiner Mutter und die Sorge um ihr Wohlergehen. Zu Beginn ihrer Witwenschaft befindet sie sich in einer schwierigen Situation. Nach dem Tod des Vaters ist die Familie von 1869 bis 1877 nicht mehr im Adressbuch verzeichnet. Helene Lichtwark wohnt ab etwa 1872/73 für einige Jahre in dem von Salomon Heines Tochter Therese, verheiratete Halle, gegründeten Heine'schen Asyl, Jungfernstieg 34. Sie ist unter der Nummer 158 im Protokoll der Aspirantinnen des Heine'schen Asyls von 1866 verzeichnet, eingetreten im Alter von 43 Jahren, obwohl die untere Altersgrenze bei fünfzig Jahren liegt. Laut Protokoll wurde sie von Emilie Wüstenfeld, Madame Gossler, geborene Hüffel, und Fräulein Schaedtler empfohlen. Erstere ist eine bekannte Armenpflegerin, letztere

warkschule in Hamburg-Winterhude für die Lichtwark-Akte gesandt. Im FKL befindet sich allerdings kein entsprechendes Dokument. Auch in den aus der Lichtwarkschule überlieferten Dokumenten ist anscheinend nichts Derartiges erhalten (StA HH, 362-2/20 Best. Verz. Lichtwarkschule).

97 Vgl. Wiepking (1960), S. 38. Wiepking bezeichnet hier das Ehepaar Grabo als Verwandte ihrer Mutter, so dass sie diese Information mündlich erhalten haben könnte.

98 Vgl. ebd., S. 38.

99 Vgl. Bescheinigung der Oberschulbehörde über die bestandene Prüfung, datiert 29.9.1871, FKL; Noten sind nicht angegeben.

100 Vgl. Zeromski (1924), S. 24. – Ersatz-Reserveschein II, datiert 25.9.1872, FKL.

eine enge Freundin von Therese Halle.[101] Wo sich die Kinder in diesen Jahren aufhalten, lässt sich nicht sicher feststellen. Alfred und Hans wohnen, wie bereits erwähnt, in einer Dachkammer der Armenschule und später vermutlich im Lehrerwohngebäude der St. Jacobi-Kirchenschule. Marianne könnte zunächst bei Verwandten untergebracht worden sein. Wann sie nach Berlin als Kindermädchen oder Erzieherin in die Familie Bodenstedt geht, ist unbekannt. Erst 1877 ist Helene Lichtwark als »Witwe C. F.« wieder im Adressbuch verzeichnet, wohnhaft »beim kleinen Schäferkamp 36a I«. Von 1878 bis 1881 wohnt sie offensichtlich wieder zusammen mit ihren Söhnen »beim kleinen Schäferkamp 28 III«, bis zum ihrem Umzug mit Hans nach Eimsbüttel in die Tornquiststraße 66 im Jahre 1882.[102]

Im Anschluss an seine Tätigkeit an der St. Jacobi-Kirchenschule muss Lichtwark von Ostern 1874 an als Privatlehrer tätig gewesen sein. In der Familie des jüdischen Bankiers Louis Bernheim (Abb. 6) unterrichtet er die jüngeren Geschwister des späteren Historikers Ernst Bernheim,[103] der zu diesem Zeitpunkt bereits an der Gelehrtenschule Johanneum das Abitur abgelegt hat und in Göttingen studiert. Die Tochter Rosa Bernheim beschreibt in einem Brief an ihren Bruder Oscar Lichtwarks anregenden Unterricht: »[...] der Lichtwark ist auch ein vorzüglicher Führer: hier entdeckt er eine Eidechse, dort eine seltene Blume, plötzlich bringt er Himbeeren oder Brombeeren herbei, zeigt nie gekannte Vögel, fängt Grasmücken, bereitet von Laub und Blättern bequeme Lager, kurz, ist fortwährend thätig, sich und andere zu belehren und zu ergötzen [...].« Sie lerne bei ihm französische Lieder. »Der Lichtwark fördert mich wirklich, er hat solche eifrige anregende Weise. Kannst Du nicht in Berlin jemand für ihn interessieren, ich meine natürlich bezahlender Weise, da für seine Studierzeit recht viel Geld wünschenswerth wäre.«[104]

Die Mutter Emma Bernheim, geboren 1831 in Kolberg als Tochter des Arztes Dr. Aaron Simon und seit 1848 mit dem Hamburger Bankier Louis Bernheim verheiratet, bildet den geistigen Mittelpunkt des Hauses und veröffenlicht auch literarische Übersetzungen aus dem Englischen.[105] Lichtwark könnte im Hause Bernheim auch

101 Für diese Mitteilung im Juni 2012 danke ich Sylvia Steckmest, Hamburg, die über die Familie Heine recherchiert. Die Vornamen sind nicht zu ermitteln. – Zum Heine'schen Asyl vgl. Studemund-Halévy (2011), S. 77.

102 Vgl. Hamburgisches Adressbuch für 1877ff., Personen- und Firmenverzeichnis, zweiter Abschnitt, Hamburg: Hermann, 1877ff.

103 Vgl. Br. Familie, S. 23, Anm. 12; Louis Bernheim ist 1875 wohnhaft in der Bismarckstraße 2, Ecke Hoheluftchaussee; seine Firmenbezeichnung lautet Siegmund und Louis Bernheim, BCto. Bernheim & Co., Deichstraße 14; vgl. Hamburgisches Adressbuch für 1875, Personen- und Firmenverzeichnis, zweiter Abschnitt, Hamburg: Hermann, 1875, S. II, 37. – Als ihn später Ernst Bernheim, der auf seine Berufung wartet, in Berlin besucht, schreibt Lichtwark seiner Mutter: »Wenn er doch nur bald berufen würde! Aber die verfl. Antisemitengeschichten.« (Br. Familie, S. 326). Bernheim wird später Professor in Greifswald.

104 Vgl. Brief Rosa Bernheim an Oscar [Bernheim], 24.9.1874, und Brieffragment Rosa Bernheim an einen ungenannten Adressaten, wohl Oscar Bernheim, von fremder Hand, datiert 20.12.74, HKH, AdB 82.

105 Vgl. StA HH, 741–2 Genealog. Slgen., Bernheim. – Moeller (1950), S. 122. Emma Bernheim übersetzte zusammen mit ihrem Sohn Ernst Walter Scotts *Die Jungfrau vom See*, diese Arbeit wurde unter dem Pseudonym Emma Ernst um 1894 bei Reclam in Leipzig veröffentlicht. Lichtwarks Briefe an Ernst und Emma Bernheim befinden sich in der Hamburger Kunsthalle, AdB 82.

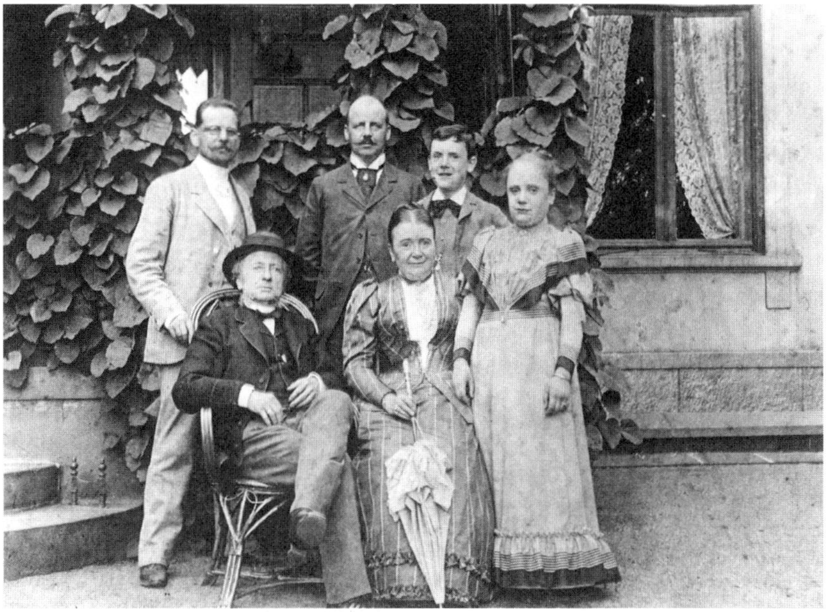

Abb. 6 Familie Bernheim mit Alfred Lichtwark, undatiert, um 1874, Aufnahme: unbekannt

gewohnt haben; nach seinem Weggang aus Hamburg werden bis zu Emma Bernheims durch einen Narkosezwischenfall verursachten frühen Tod am 31. Juli 1881 auch Briefe gewechselt. Dass er aus beruflichen Gründen zu ihrer Beisetzung nicht nach Hamburg kommen kann, bekümmert ihn zutiefst: »Ich weiß, daß ich ihr, solange ich lebe, Dank schulde für das, was sie mir gewesen ist«, schreibt er an seine Mutter. »Ich denke dabei nicht an ihre Hilfe, sondern an die Teilnahme, die wirklich herzliche und mütterliche Teilnahme an meiner Bildung. Erst jetzt, wo ich mich in der Welt bewege, merke ich, was ich von ihr gelernt habe. [...] Mir blutet das Herz.«[106]

Während seiner gesamten Jugend erwirbt Lichtwark autodidaktisch ein großes Repertoire an Kenntnissen; nachts studiert er beim Tranlicht oft bis in den frühen Morgen.[107] Nach der Überlieferung seines Bruders Hans eignet er sich allmählich zwölf Sprachen an: Griechisch, Latein, Englisch, Französisch, Spanisch, Italienisch, Holländisch, Dänisch, Norwegisch, Schwedisch, Isländisch, Alt- und Mittelhochdeutsch.[108] Er bildet sich an Goethe, Lessing und Lichtenberg und wird heimisch in der Weltliteratur. Darwin wird ihm zum großen Erlebnis. Bei dem Direktor des Bo-

106 Br. Familie, S. 184f.
107 Vgl. Zeromski (1924), S. 20.
108 Vgl. hier und im Folgenden: Zeromski (1924), S. 25. An seinen norwegischen Kollegen Andreas Aubert schreibt Lichtwark am 9. Januar 1896: »Ich lese immer wieder ein Stück Ihres Briefes während ich schreibe, und ich muss mir Gewalt anthun, nicht norwegisch zu antworten. Denn ich bin nun so gewohnt in fremden Sprachen zu denken, dass ich manchmal nicht weiss, welche ich schreibe.« Oslo, NB, Brevsamling 32.

tanischen Gartens, Heinrich Gustav Reichenbach, hört er Vorträge und bringt ihm Pflanzen, die selbst der Fachmann noch nicht kennt.[109]

In diesen Jahren trifft Lichtwark mit verschiedenen Menschen zusammen, die seinen weiteren Lebensweg entscheidend beeinflussen, indem sie ihm, dessen besondere Begabung niemandem verborgen bleibt, Tore öffnen und Wege weisen. Durch die Tätigkeit an der St. Jacobi-Kirchenschule kommt er in das Haus des Pastors Vett; dieser erteilt ihm Latein- und Griechischstunden als Vorbereitung für den Besuch des Königlichen Christianeums in Altona, an dem er die Reifeprüfung ablegen will. Dafür unterbricht Lichtwark im Jahre 1875 als bereits 23Jähriger seine Tätigkeit als Lehrer. Der Plan zu studieren dürfte im Kontakt mit der Familie Bernheim entstanden sein, zumindest bemühen sich die Bernheims, Lichtwark auf seinem Weg weiterzuhelfen. Zunächst scheint er allerdings das Abitur nicht angestrebt zu haben. Gegenüber Ernst Bernheim, der nun schon als Privatdozent an der Universität Göttingen tätig ist, formuliert er in einem Brief aus dieser Zeit seinen Plan. Hier werden seine Lebenssituation und sein Dilemma evident:

»Bei meiner bisherigen Thätigkeit an der Schule bleibt mir nicht die Zeit und Kraft, mich auf ein Examen vorzubereiten, wenn dies nicht auf Kosten meiner Gesundheit geschehen soll. Ich gehe bald nach 7 Uhr morgens aus dem Hause und kehre erst gegen 5 Uhr nachmittags zurück. In der Zwischenzeit habe ich mit Unterrichten, Corigiren und Beaufsichtigen ununterbrochen zu thun. Dabei sind die Extraarbeiten des Präparirens, der Zeugnisse und Conferenzen nicht gerechnet. Eine leichtere Stellung zu suchen ist mir aus pecuniären Gründen unmöglich. Ich würde mit niedrigerem Gehalte eintreten müssen und hätte mich überdies noch in einen neuen Organismus hineinzuarbeiten. Um von diesen Verhältnissen aus zum Ziele zu gelangen, habe ich mir folgenden Weg gedacht. Mit Hülfe dessen, was ich in den neueren Sprachen gearbeitet habe, glaube ich ohne übermässige Anstrengung in 2–3 Semestern promoviren zu können, nachdem ich vorher das Abiturium an der Universität gemacht. Wenn ich promoviert habe, wird es nicht schwer halten, in England eine Stelle als Haus- oder Pensionatslehrer zu erhalten, die bei freier Station soviel einbrächte, dass ich in der Zeit von etwa zwei Jahren die Schulden, die ich zur Bestreitung des Studiums machen müsste, abzutragen [sic]. Dabei würde mir, namentlich in einem Privathause, hinreichend Zeit bleiben zu einem tieferen Studium der englischen Sprache und Literatur, sodass ich nach meiner Rückkehr oder vielleicht nach einem Aufenthalt unter ähnlichen Bedingungen in Frankreich, das Oberlehrerexamen machen könnte.« Vor allem hofft er, Bernheim könne ihm Auskunft geben über das Abitur an der Universität.[110]

1876 heißt es in einem Brief an seine Schwester: »Wann ich zur Univers. gehe, weiß ich noch nicht. Zu Herbst oder Ostern. Es kommt darauf an, wann ich mein Ex. machen kann. Bernheims stehen jetzt mit Prof. Knust in Verhandlung, ob ich nicht

109 Vgl. Zeromski (1924), S. 25. – Zu Reichenbach vgl. Poppendieck (2006), S. 223f.
110 Brief Alfred Lichtwark an Ernst Bernheim, undatiert, HKH, AdB 82.

etwa suchen soll, mein Ex. in einer anderen Stadt zu machen. Es ist dies eine höchst unangenehme Zeit für mich.«[111] In einem weiteren, wahrscheinlich kurz darauf verfassten Brief an Ernst Bernheim schreibt er: »Die Ursachen der abermaligen Verzögerung meines Eintritts liegen theils darin, dass es mir noch immer an Sicherheit und Gewandtheit des Ausdrucks in den alten Sprachen mangelt, theils darin, dass sich die Verhältnisse am Gymnasium sehr zu meinem Nachtheile verändert haben, sodass ich auf Rücksichtnahme nicht rechnen könnte. Ostern hoffe ich jedoch bestimmt in Oberprima eintreten zu können. Zu dem Zwecke mache ich diesen Winter auf Anrathen Prof. Wagner's die Arbeiten für Unterprima mit und arbeite Merge's Repetitorium für die lat. Grammatik und Stilistik durch. Für Dr. Bubendey arbeite ich diesen Winter vorzüglich griechische Exercitien. Prof. Reinstorff liest jetzt Tacitus mit mir. In der Mathematik bin ich Unterprima voraus. Was die pecuniäre Schwierigkeit anbelangt, so habe ich darüber eingehend mit Prof. Reinstorff gesprochen. Er sagte mir, dass er selbst bei weit ungünstigeren Verhältnissen sich zwei Jahre lang bequem durch Privatstunden erhalten habe. Ich würde natürlich nur solche Stunden ertheilen dürfen, die für mich selbst als Wiederholungen Werth hätten. Dabei würde sich ein sehr geringer Zeitverlust herausstellen. Schon jetzt ertheile ich auf Anrathen Prof. Reinstorff's einem jungen Manne Lateinstunden, die nebenbei gesagt, den Ausfall für die Mathematikstunden decken. Dabei sehe ich an ihnen, wie viel eine solche Wiederholung werth ist.«[112]

Lichtwark kann jedoch nicht in die Prima, sondern nur in die Obersekunda des traditionsreichen, 1738 zum Gymnasium erhobenen Königlichen Christianeums in Altona eintreten. Zwei Zeugnisse haben sich erhalten, aus dem vierten Quartal 1876 sowie dem ersten Quartal 1877. Beide beweisen einen ähnlichen, sich jedoch noch verbessernden Leistungsstand. Das letztere verzeichnet »sehr gut« in Deutsch, Französisch, Englisch, Geschichte/Geographie, Physik und Religion, »gut« in Mathematik und lateinischer, »befriedigend« in griechischer Übersetzung. Seine schriftlichen Leistungen in Latein und Griechisch sind jedoch »nicht völlig befriedigend«. Als »1b.« der Klasse wird Lichtwark nach Prima versetzt (Abb. 7).[113]

Doch zu diesem Zeitpunkt begreift er, dass seine berufliche Entwicklung für den Schulbesuch schon zu weit vorangeschritten ist, und gibt nach einer heftigen persönlichen Krise diesen Plan auf. Mit der Primareife verlässt er das Gymnasium. Sein gescheiterter Versuch, in die reguläre humanistische höhere Bildungslaufbahn ein-

111 Br. Familie, S. 21. Schellenberg datiert diesen Brief »1876?«; er ist offensichtlich vor dem kurzen erneuten Schulbesuch verfasst. Lichtwark verspricht, im nächsten Brief mehr darüber zu schreiben, doch scheint dieser nicht erhalten zu sein.

112 Brief Alfred Lichtwark an Ernst Bernheim, undatiert, HKH, AdB 82. – Der Kontakt zu den Privatlehrern dürfte Lichtwark durch die Familie Bernheim vermittelt worden sein, deren ältester Sohn Ernst die Gelehrtenschule des Johanneums besucht hatte. Zur Geschichte des Johanneums vgl. Hamburg Lexikon (2000), S. 258.

113 Vgl. beide Zeugnisse im FKL. – Materialien, die Auskunft geben könnten über das schulische Umfeld Lichtwarks, etwa Klassenlisten o.ä., haben sich nach Auskunft des das Archiv betreuenden Lehrers im Christianeum nicht erhalten. – Zur Geschichte des Christianeums vgl. Hamburg Lexikon (2000), S. 107.

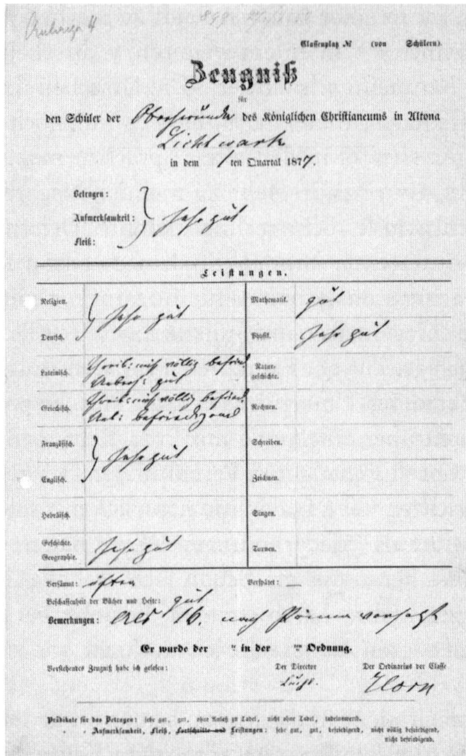

Classenplatz № (von Schülern).

Zeugniß

für

den Schüler der Obersecunda des Königlichen Christianeums in Altona

Lichtwark

in dem 1ten Quartal 1877.

Betragen:
Aufmerksamkeit: } sehr gut
Fleiß:

Leistungen.

Religion.	sehr gut	Mathematik.	gut
Deutsch.	sehr gut	Physik.	sehr gut
Lateinisch.		Naturgeschichte.	
Griechisch.		Rechnen.	
Französisch.	sehr gut	Schreiben.	
Englisch.	sehr gut	Zeichnen.	
Hebräisch.		Singen.	
Geschichte. Geographie.	sehr gut	Turnen.	

Versäumt: | Verspätet: —

Beschaffenheit der Bücher und Hefte: gut

Bemerkungen:

Er wurde der in der Ordnung.

Vorstehendes Zeugniß habe ich gelesen: | Der Director | Der Ordinarius der Classe

Prädikate für das Betragen: sehr gut, gut, ohne Anlaß zu Tadel, nicht ohne Tadel, tadelnswerth.
" Aufmerksamkeit, Fleiß, ~~Fortschritte und~~ Leistungen: sehr gut, gut, befriedigend, nicht völlig befriedigend, nicht befriedigend.

Abb. 7 Zeugnis des Königlichen Christianeums für Alfred Lichtwark, 1877

zuschwenken, wird für ihn lebenslang bestimmend sein: der Bezug zum Neuhumanismus, zur Tradition des Klassischen und das konventionelle Gelehrtentum sollen seine Sache nicht werden. Er nimmt den Lehrerberuf wieder auf, arbeitet zunächst ein halbes Jahr an der Dr. Schierenbergschen Privatschule in der Weidenallee und wechselt dann an die Gottschalcksche höhere Bürgerschule für Jungen im Stadtteil St. Georg, Lange Reihe 33a/b. Dort unterrichtet er vom 8. Oktober 1877 bis zum April 1880 als Klassenlehrer die Sexta.[114] In seinem Zeugnis lobt Gottschalck den scheidenden

114 Vgl. StA HH 361-2 II Oberschulbehörde II (Höheres Schulwesen), B 230 Nr. 1, Gottschalck und Bornemann, S. 1/4. 92. Gottschalcksche höhere Bürgerschule, allgemeine Schulakte, Lehrer-Anmeldungen u. dergleichen. Anmeldung Lichtwark: Blatt 9 der Akte, Eintritt 8.10.1877 (Name, Adresse, Geburtsdatum, Geburtsort, Konfession lutherisch, Klassenlehrer für Sexta); Bl. 21: Anmeldung Chr. Ernst v. Howe als Ersatz für Lichtwark, Eintritt am 5.4.1880, eine Abmeldung Lichtwarks ist nicht vorhanden. Der Schulprospekt von 1876 stellt die Schule wie folgt dar: allgemeine Schulzeit von 9–15 Uhr, Schulgeld 1/1 jährlich je nach Klasse zwischen 20 und 45 Mark, Fächer: Religion und biblische Geschichte, deutsche Sprache, Stilübung, Literaturgeschichte, Englisch, Französisch, Geschichte, Geographie, Naturkunde (Physik, Chemie, Botanik, Zoologie, Mineralogie), Kaufmännisches Rechnen, Algebra, Geometrie, Schreiben, Zeichnen, Singen, Turnen und Exerzieren.

Lichtwark: er habe mit »vorzüglicher, eigenartiger Geschicklichkeit u. seltener Treue unterrichtet«, besitze »eine gediegene allseitige Bildung« und hervorragende Kenntnisse in Deutsch, Englisch und Französisch sowie in den »beschreibenden Naturwissenschaften« und der Geographie.[115]

In diesen Jahren empfängt Lichtwark den entscheidenden Anstoß für seine weitere Entwicklung. Schon um 1875/76 beginnt er selbsttätig mit einer Systematik der griechischen Ornamentik, deren Anfänge er in einem Brief an seine Schwester darlegt.[116] Er lernt nun auch die Hamburger Sammlungen genauer kennen, darunter die seit den 1870er Jahren entstandene Privatsammlung des Bankiers und Generalkonsuls Eduard L. Behrens, bei deren Aufbau der Hamburger Maler Thomas Herbst und der Kunstschriftsteller Emil Heilbuth beratend tätig sind. Die Sammlung schmückt die Konferenzräume des Bankhauses in der Hermannstraße. Im Empfangszimmer befindet sich eine Anzahl kleiner Gemälde von Menzel, der Sitzungssaal ist den Werken der Meister von Barbizon, Corot, Rousseau, Daubigny, Díaz, Dupré und Descamps vorbehalten; in einem Gesellschaftssaal hängen größere Gemälde damals geschätzter Maler wie Ludwig Knaus, Benjamin Vautier und Franz von Defregger.[117] Auch die Sammlung Sthamer in dessen großer Villa am Harvestehuder Weg besichtigt er um diese Zeit, vom Besitzer selbst geführt: etwa 250 Gemälde von Tizian, Peter Paul Rubens, Diego Velásquez, Rembrandt, David Teniers, Jan Steen, Isaac van Ostade und anderen.[118]

Wichtiger jedoch werden für Lichtwark die Vorlesungen Justus Brinckmanns im Museum für Kunst und Gewerbe, die er neben seiner Berufstätigkeit von der Museumseröffnung 1877 bis 1880 besucht (Abb. 53).[119] Lichtwark hat großes Glück: Mit diesem von Justus Brinckmann gegründeten Museum lernt er eine der modernsten Institutionen dieser Art auf dem europäischen Kontinent kennen. Die neue Museumsauffassung mit der Erschließung der Bestände durch öffentliche Vorträge geht vom damaligen South Kensington Museum, dem heutigen Victoria and Albert Museum, in London aus. Es folgt 1864 das Museum für Kunst und Industrie in Wien, begründet von Rudolf von Eitelberger, mit dem Brinckmann in engem Kontakt steht.[120] Im Museum für Kunst und Gewerbe hält Lichtwark sich häufig auf. Er kennt die Sammlung genau, vermag die Objekte exakt zuzuordnen und zu datieren. Brinckmann wird auf den begabten Zuhörer aufmerksam und fördert ihn nach Kräften. Er nimmt ihn mit auf seine Ankaufsreisen nach Norwegen, da Lichtwark mit den Bauern auf Norwegisch

115 Vgl. die schriftliche Bestätigung Gustav Schierenbergs über den Zeitraum der Tätigkeit, datiert Ende September 1877, FKL. – Zeugnis von C. Gottschalck, datiert 19.2.1880, FKL. – Br. Familie, S. 38, Anm. 43. – Zeromski (1924), S. 27.

116 Vgl. Br. Familie, S. 3–7; Schellenberg datiert diesen Brief nach Zeromski (1924), S. 28, auf 1876. – 1898 erläutert Lichtwark seine Systematik, in der er alles auf die verschiedenen Formen der Spirale zurückführt, auch Harry Graf Kessler; vgl. Kessler (2004), Bd. 3, S. 141f.

117 Vgl. Zeromski (1924), S. 27. – Zur Beschreibung der Sammlung Behrens vgl. Schiefler (1985), S. 131f. – Luckhardt (2001, Behrens), S. 35–43.

118 Vgl. Br. Familie, S. 36.

119 Hier und im Folgenden: vgl. Zeromski (1924), S. 27–29.

120 Näheres dazu siehe das Kapitel »Berlin als Paradies: Karriere« in Teil 1.

geschickt verhandelt. Lichtwark scheint schließlich in Brinckmanns Museum geradezu heimisch gewesen zu sein. Im Bericht über seine Assistenz bei der Dritten Deutschen Kochkunst-Ausstellung ist er begeistert von den italienischen Majoliken und amüsiert vom essbaren Tafelschmuck der Restaurateure.[121] Eines Tages wendet sich Lichtwark mit der Anfrage nach einer Tätigkeit im Museum an Brinckmann, dann sei er entschlossen umzusatteln.[122] Ein solcher Berufswechsel setzt jedoch ein Studium voraus, an das in Lichtwarks finanzieller Lage nicht zu denken ist. Brinckmann unterstützt Lichtwarks Vorhaben nach Kräften und wird sein Mentor.

Es gibt noch einen weiteren wichtigen Förderer in Lichtwarks Jugend. Zur Kommission des Museums für Kunst und Gewerbe gehört von 1875 bis 1897 der Bildhauer und Politiker Ernst Gottfried Vivié (Abb. 8), der mit der Familie Lichtwark seit langem bekannt ist und auf den begabten Sohn längst aufmerksam geworden sein dürfte.[123] Er könnte durchaus auch Brinckmanns Augenmerk ursprünglich auf den jungen Lehrer gelenkt haben. Sein Vater Wilhelm Daniel Vivié war mehr als vierzig Jahre lang als Buchhalter des Bankiers Salomon Heine tätig; durch ihn muss er vom Familienschicksal der Lichtwarks und dem Kredit für die Mühle gewusst haben. Eine Beteiligung Viviés bei der Unterbringung von Helene Lichtwark im Heine'schen Asyl ist nicht ausgeschlossen, zumal sein Bruder Hermann dort als Buchhalter amtiert. Über drei Generationen hinweg bleibt der Kontakt zwischen den beiden Familien bestehen. Nach seiner Lehre bei dem Hamburger Bildhauer Otto Sigismund Runge, dem Sohn des Malers Philipp Otto Runge, begleitete Ernst Gottfried Vivié seinen Lehrherrn nach Russland, half dort noch vier Monate nach dessen Tod bei der Vollendung seiner Arbeiten und war anschließend eineinviertel Jahre unter dem Architekten August Julius Streichenberg im russischen Kaiserpalast tätig. Zur weiteren Ausbildung besuchte er die Münchner Akademie und das Atelier Professor Ludwig Schwanthalers. Nach kurzen Aufenthalten in Dresden und Berlin kehrte Vivié 1845 nach Hamburg zurück. Er spielte beim Aufbau und der Verwaltung des Hamburger Gewerbewesens eine maßgebliche Rolle, war Mitbegründer des Hamburger Gewerbevereins im Jahre 1867 und die ersten zehn Jahre dessen erster Vorsitzender. Seine politische Laufbahn begann er 1851 als ehrenamtlicher Armenpfleger, schon deshalb dürfte er am Schicksal der Lichtwarks Anteil genommen haben. Daher ist auch anzunehmen, dass er Lichtwarks Schwester Marianne die Stelle als Erzieherin in der Berliner Bankiersfamilie Bodenstedt vermittelte. Bodenstedts Vater, den Dichter Friedrich von Bodenstedt, könnte er bei seinem Aufenthalt in Russland kennengelernt haben.[124]

121 Vgl. Br. Familie, S. 34f., Anm. 32.
122 Vgl. Zeromski (1924), S. 29.
123 Nur in den Familienbriefen Lichtwarks taucht Vivié auf, selten genannt, noch versteckter dessen Vater, der Buchhalter Salomon Heines; vgl. Br. Familie, S. 83. Zu den folgenden Ausführungen über E. G. Vivié vgl. Heyden (1909), Nr. 181. – Menzel (1907), S. 6ff. – Denkschrift Gewerbeverein (1927), S. 8f., 44f. – Rump (1912), S. 274f. – Lichtwark bezeichnet Vivié als »Onkel Ernst«; vgl. Brief Alfred Lichtwark an Ernst Vivié, 3.10.1894, HKH, DK. – Für die Information über den Bruder von Ernst Gottfried Vivié danke ich Sylvia Steckmest, Hamburg.
124 Bodenstedt verkehrte in Russland fast ausschließlich mit Deutschen; vgl. Bodenstedt (1888), Bd. I, S. 49.

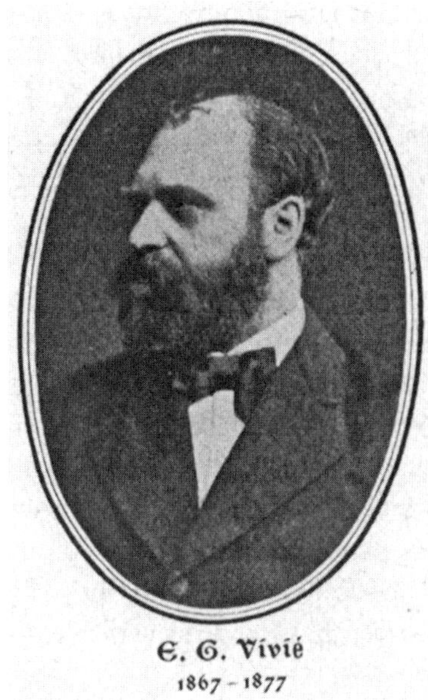

Abb. 8 Ernst Gottfried Vivié, undatiert, Aufnahme: unbekannt

Ob die weitere Entwicklung einen Glücksfall darstellt oder doch eher die gezielte Einflussnahme wohlwollender Personen, insbesondere von Brinckmann und Vivié, bleibt offen. Lichtwark hält auf Pastor Vetts Anregung bei dessen Schwiegervater einen Vortrag in einem kleinen Kreis von Kunstfreunden, darunter auch der Hamburger Kaufmann Carl Kall. Dieser ist zweimal verwitwet und in dritter Ehe verheiratet mit Clara Zipperling, einer Schwester oder Kusine von Frau Vett.[125] Sie könnte diese für Lichtwark so folgenreiche Begegnung also auch arrangiert haben.

Carl Joseph Georg Kall, 1834 in Pforzheim geboren und seit 1859 Hamburger Bürger, handelt mit Stearinkerzen (Abb. 9). Von 1880 an ist er wie Vivié Mitglied der Bürgerschaft und gehört von 1887 bis 1895 der Finanzdeputation und anderen Ausschüssen an. Darüber hinaus amtiert er als Gemeindeältester der Kirche St. Gertrud und bekleidet verschiedene weitere Ehrenämter, darunter die Verwaltungsleitung der Schule des Paulsen-Stiftes.[126] 1895 tritt er von allen diesen Ämtern zurück und gibt auch

125 Vgl. Zeromski (1924), S. 29f. Zeromski stützt sich hier auf die mündliche Information von Kalls Tochter Alma, verheiratete Zipperling; sie gibt Kall als Schwager von Frau Vett an; vgl. auch Br. Familie, S. 74, Anm. 73, 90. Schellenberg bezeichnet hier Kall als Vetter von Frau Vett. Wahrscheinlich waren Clara Charlotte Zipperling, verheiratete Kall, und Emma Caroline Zipperling, verheiratete Vett, jedoch Kusinen. – Zu den Familien Kall und Zipperling vgl. StA HH, 741-2 Genealog. Slgen. 1, Kall, Zipperling.

126 Das Paulsen-Stift war eine von Charlotte Paulsen 1866 gegründete Einrichtung zur Armenpflege in Hamburg-Hammerbrook, die bis 1943 bestand; vgl. Hamburg Lexikon (2000), S. 369.

sein eigenes Geschäft auf, um die kaufmännische Direktion der Hamburger Elektrizitätswerke zu übernehmen.[127] Carl Kall wird lebenslang Lichtwarks väterlicher Freund. 1903 betont Lichtwark in seiner Grabrede für ihn, Kall habe zuerst alles mit dem Herzen erfasst und sich stets zu helfen und zu fördern gedrängt gefühlt.[128] Er selbst erfährt diese Großherzigkeit als bahnbrechende Intervention in die eigene berufliche Entwicklung: Kall, ebenso »kunstsinnig wie warmherzig und begeisterungsfähig«, wird Lichtwarks Mäzen und fördert dessen Studium durch ein privates Stipendium. Lichtwark soll promovieren; aber zunächst wirkt es, als habe der nun schon 27Jährige nicht die rechte Lust, in seinem Alter als Student von vorn anzufangen. Kall scheint ihn in einer dramatischen Aussprache von der Richtigkeit dieses Planes überzeugt zu haben.[129] Seine Motivation mag nicht zuletzt darin begründet liegen, dass er vier Töchter, aber keinen Sohn hat. In den ersten Semesterferien des Sommers 1880 lädt Kall ihn sogar ein, vorübergehend bei ihm zu wohnen, was Lichtwark zunächst gegenüber der Mutter weit von sich weist. Schließlich kommt er dieser Einladung nach, womöglich nur der finanziellen Ersparnis halber. Doch anschließend berichtet er seiner Mutter, Kall, der ihn gebeten habe, ihn als seinen Vater zu betrachten, durchaus liebgewonnen zu haben.[130]

Bei Beendigung seiner Tätigkeit als Lehrer erhält Lichtwark von seinem Schulleiter Gottschalck die denkbar beste Empfehlung: »Wenn es je ein junger Mann verdient, ihm behülflich zu sein, daß er auf Hochschulen den Kreis seiner Kenntnisse erweitern kann, so darf man Herrn Lichtwark von ganzem Herzen oben anstellen.«[131] Lichtwark ist vor allem Praktiker und Positivist. In seiner eigenen autodidaktisch erworbenen naturwissenschaftlichen Beobachtungsfähigkeit und Bildung mag er auch von seinem Mentor Justus Brinckmann beeinflusst worden sein. Sein naturwissenschaftliches Interesse ist derart ausgeprägt, dass er bei Studienantritt noch unschlüssig ist, ob er Kunstgeschichte oder eine Naturwissenschaft als Fach wählen soll. Anfangs ist nur ein Studienjahr geplant; doch durch »Herrn Kalls unermüdliche Ausdauer« stehen nun drei Jahre Studium und anschließend noch ein Reise nach Italien oder Paris in Aussicht.[132]

Als Lichtwark im April 1880 sein Studium in Leipzig antritt – nur in Sachsen kann er mit der Primareife studieren – lebt er seit zwei Jahren mit Mutter und Bruder Hans Beim kleinen Schäferkamp 28 in der dritten Etage, immer noch im proletarisch-kleinbürgerlichen Schanzenviertel. »Lichtwark, A. u. J. [Johann = Hans], Leh-

127 Vgl. StA HH, 741–2 Geneal. Slgen., Kall. – Herr C. J. G. Kall..., in: Hamburgischer Korrespondent, 29.5.1903, Abendausgabe, StA HH, ZAS A 760.

128 Vgl. ebd.

129 Vgl. Zeromski (1924), S. 30. Zeromski stützt sich hier auf die mündliche Mitteilung der zweiten Tochter Kalls, Emma, verheiratete Wulff.

130 Vgl. Br. Familie, S. 48, 51, 86.

131 Vgl. Zeugnis von C. Gottschalck, datiert 19.2.1880, FKL; auch erwähnt bei Gebhard (1947), S. 379 und Anm. 45. Das Dokument befand sich zu jener Zeit im Besitz von Dr. Willy Lichtwarck in Hamburg-Blankenese.

132 Vgl. Br. Familie, S. 43.

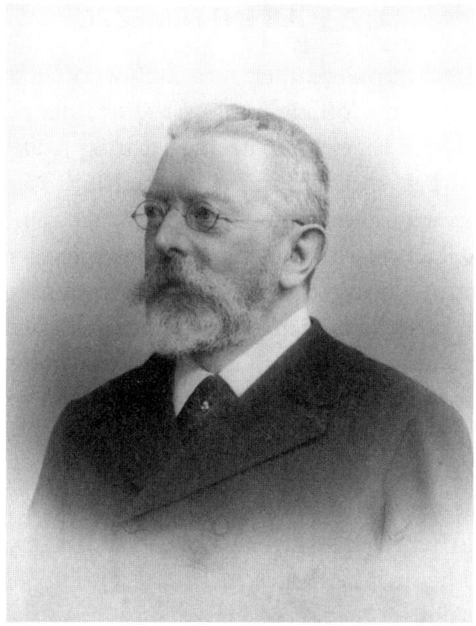

Abb. 9 Carl Kall, undatiert, Aufnahme: unbekannt

rer« verzeichnet das Hamburger Adressbuch. Die nun 22jährige Schwester Marianne ist schon länger in Berlin als Erzieherin bei der Familie Bodenstedt tätig. Auch sie muss über ihre Schulbildung hinaus beträchtliche Fähigkeiten und Kenntnisse erworben haben. Hans Lichtwark, der an Begabung und Bildung seinem älteren Bruder nachsteht, kurzzeitig Auswanderungspläne hegt und sich als Kaufmann in Venezuela niederlassen will, ist zu dieser Zeit noch als Lehrer tätig, denn in einem Brief an die Schwester teilt Lichtwark Hans' Plan mit, das Lehrerseminar von Tondern zu besuchen.[133] Vor allem aber hat Lichtwark eines im Sinn: Sie alle sollen, wenn sie ihr eigenes Ziel erreicht haben, wieder in Hamburg zusammenkommen und »ein glückliches und gemütliches Leben führen, daß es eine Art hat.«[134] Über die schwierigen Umstände seiner Kindheit und Jugend, die zum späteren auffallend festen Zusammenhalt der Familie beitragen, bewahrt Lichtwark lebenslang Schweigen.

133 Vgl. ebd., S. 37. Hans Lichtwark ist von 1872 bis 1888 Lehrer an der St. Jacobi-Kirchenschule; vgl. Stange (1934), S. 138.
134 Vgl. ebd., S. 38.

LEIPZIGER INTERMEZZO

Im Sommersemester 1880 immatrikuliert sich Lichtwark an der Universität Leipzig, beeinflusst durch Brinckmann, offiziell zum Studium der Cameralwissenschaften, heute als Nationalökonomie bezeichnet; nachweisbar ist jedoch nur das Studium des Faches Kunstgeschichte bei Anton Springer (Abb. 10).[135] Lichtwark hätte sich keinen passenderen Lehrer wünschen können. Springer, geboren 1825 in Prag und früh verwaist, stammte wie Lichtwark aus einfachen Verhältnissen und schlug sich als Schüler und Student mühsam durch.[136] Neben dem Studium der Philosophie erwarb er autodidaktisch seine kunsthistorische Bildung durch Reisen. Er bildete sich durch unermüdliche Studien weiter, war jedoch daneben noch lange Zeit zu einem Broterwerb als Journalist gezwungen. Seine Dissertation über Hegel legte er in Tübingen vor, später habilitierte er sich zunächst in Prag, ein weiteres Mal in Bonn mit einem historischen Thema. Die Kunstgeschichte bildete zu dieser Zeit unter den historischen Wissenschaften noch kein autonomes Fach; Springer verfasste immer wieder auch allgemeinhistorische Schriften. Erst 1852, in Lichtwarks Geburtsjahr, begann er in Bonn als Privatdozent ausschließlich Kunstgeschichte zu lehren. Nach einjähriger Lehrtätigkeit 1872/73 an der neu gegründeten Universität Straßburg erhielt Springer den Ruf nach Leipzig, wo er bis zu seinem Tode 1891 wirkte.

Springers Persönlichkeit und seine Art zu lehren begeisterte viele Zeitgenossen. »Ein schlanker Mann, über Mittelgröße, ein edles vergeistigtes Antlitz und reiches dunkles Haupthaar, strahlende Augen mit schnell wechselndem Glanze, in Haltung und Geberde der Ausdruck einer holden Lebendigkeit des Geistes, welche reichlich den eigenen Inhalt auszugeben weiß, und mit schneller Empfindung der Seele des andern entgegen kommt. Er war der beste Kamerad bei ernstem Gespräch und sorglosem Plaudern, immer von starker sich fröhlich regender Lebenskraft, so fesselte er und so schloß er sich an«, beschreibt ihn Gustav Freytag und lobt die »seltene Verbindung von gehobener Begeisterung und scharfem Urteil«: »einer unserer besten Universitätslehrer« und »für die Kunstgeschichte einer unserer gründlichsten Forscher«.[137] Auch im Temperament passen der Lehrer und sein Student ideal zusammen.

Über seine Studien bei Springer teilt Lichtwark in den Briefen an seine Familie nichts Wesentliches mit, nur einmal sein Bedauern darüber, dass Springer erkrankt sei und die Veranstaltung ausfallen muss.[138] Wie es in den Vorlesungen zugeht, überliefert Harry Graf Kessler, der einige Jahre später in Leipzig Kunstgeschichte studiert:

135 Vgl. Collegien-Buch für den stud. cam. Herrn Danger Alfred Lichtwark aus Hamburg auf der Universität Leipzig sowie die Immatrikulationsbescheinigung, FKL. – Auch Brinckmann hörte bei Roscher in Leipzig Nationalökonomie; vgl. AL, Brinckmann, S. 28. – histvv.uni-leipzig.de/dozenten/springer_a.html.

136 Vgl. hier und im Folgenden: Springer (1892).

137 Freytag (1892), S. 354f., 347.

138 Springer war chronisch krank; er führte einen zwanzigjährigen Kampf gegen seine letztlich unheilbare Krankheit, darunter gab es jedoch Jahre, in denen er auf Genesung hoffte und ohne Einschränkungen arbeiten konnte. Seine wichtigsten kunsthistorischen Werke stammen aus dieser Zeit. Keiner ahnte das Ausmaß seines Leidens; vgl. Freytag (1892), S. 356f.

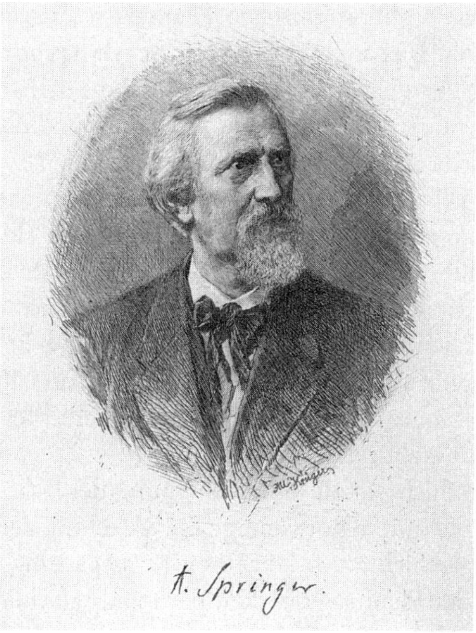

Abb. 10 Anton Springer, undatiert, Radierung von Albert Krüger

»Springer, der ein alter Demokrat und Feuerkopf war, hatte sich aus der Politik in die Kunstgeschichte zurückgezogen, aber sein Temperament in die Fachwissenschaft mitgebracht. Seine Vorträge waren Reden. Er behandelte uns wie ein Parlament. Er fühlte sich als Parteiführer und kämpfte leidenschaftlich gegen die feindliche Fraktion, als deren Oberhaupt er Herman Grimm in Berlin anprangerte. Was dieser seinen Schülern und Leserinnen (er betonte Leserinnen) vortrage – dabei schmiß er Grimms Raphael und Michelangelo knallend aufs Katheder –, sei Geschwätz, mißglückter historischer Roman, Kolportage. Genau das Gegenteil tue not: die Kunstgeschichte zu einer Wissenschaft zu erheben, die in Laboratorien Tatsachen ebenso einwandfrei registriere wie die Biologie und Chemie. [...] An einem Kunstwerk diese einmaligen Formen (die wie ein persönlicher Fingerabdruck von jedem Künstler individuell gestaltet werden) herausziehen, die wie Fingerabdrücke seinen Urheber, den Ort und die Zeit seiner Entstehung anzeigten, sie zu Steckbriefen zusammenstellen und an ihrer Hand die Überlieferung nachprüfen, das war für ihn Ausgangspunkt und sichere Grundlage der Kunstwissenschaft. Alles andere: die Einfühlung in die Kunst als solche, die Bewertung des einzelnen Kunstwerks nach ästhetischen und weltanschaulichen Gesichtspunkten, kam hinterher und lag außerhalb der Wissenschaft.«[139] Kessler erscheint Springers Methode zunächst pedantisch, später begreift er, dass sie dazu zwingt, »die Aufmerksamkeit auf die Form zu konzentrieren und nicht an sogenannten ›Inhalten‹ kleben-

139 Kessler (1988), S. 192.

zubleiben oder in luftigen philosophischen Phantasien zu schwelgen.« Springer und seiner unbeirrbaren Fokussierung auf die Form sei es hauptsächlich zu danken, dass die deutschen Kunstgelehrten dieser Zeit, von denen die meisten seine Schüler waren, jahrzehntelang als die zuverlässigsten Experten galten und die deutschen Museumsdirektoren als die für jede echte Kunst aufgeschlossensten.[140]

Im Kampf um die Wissenschaftlichkeit der Kunstgeschichte und ihre Etablierung an den Universitäten, so urteilt Springers jüngerer Kollege Hubert Janitschek, nehme Anton Springer eine führende Position ein. Sein Wirken als Lehrer und Forscher sei unlöslich verbunden mit der Entwicklung der Kunstgeschichte aus tastenden Anfängen zu einer methodischen Wissenschaft.[141] Auf Springer geht die Auffassung zurück, dass erst durch die Kenntnis von Staat, Wissenschaft und Kunst ein Volk und ein Zeitalter geschichtlich zu begreifen sind; die Kunstgeschichte als ein Teil der Geistesgeschichte wurde damit etabliert.

»Sie [die Kunstgeschichte] soll die Erscheinung des Schönen in ihrer zeitlichen Bewegung darstellen, die innere notwendige Entwickelung des künstlerischen Ideales schildern, die Lebensgeschichte der einzelnen Kunstgattungen liefern, sie soll aber auch gleichzeitig von der Phantasietätigkeit der mannigfachen Völker ein anschauliches Bild entwerfen und den Zusammenhang derselben mit den übrigen geschichtlichen Lebenskreisen aufweisen.«[142] Auf seiner Italienreise, die zur endgültigen Hinwendung zu den Geschichtswissenschaften führte, lernte Springer, »die größere Aufmerksamkeit den Formen und nicht mehr vorwiegend dem Inhalt zuzuwenden«.[143] Janitschek resümiert schließlich Springers Auffassung von seinem Fachgebiet mit einem Satz: »Springer faßte die knappe Forderung in Worte: die Kunstgeschichte ist eine Wissenschaft, von den anderen historischen Disziplinen durch den Gegenstand, aber nicht durch die Methode unterschieden.«[144] Springer war ein erfolgreicher Lehrer; namhafte Kunsthistoriker und Museumsleiter gingen aus seiner Schule hervor, darunter Richard Muther, Adolph Goldschmidt und Gustav Pauli; auch Wilhelm Vöge begann sein Studium bei Springer in Leipzig.[145] Die von ihm betreuten Doktorarbeiten, urteilt Janitschek, hätten deshalb auch immer die Lösung oder mindestens die Förderung einer besonderen kunstgeschichtlichen Fragestellung gebracht. Jede von

140 Vgl. ebd., S. 193.

141 Vgl. hier und im Folgenden: Janitschek (1892), S. 359.

142 Anton Springer, Handbuch der Kunstgeschichte, Stuttgart: Rieger, 1855, S. 13, zit. bei Janitschek (1892), S. 360.

143 Vgl. Springer (1892), S. 97f., Zitat S. 97.

144 Janitschek (1892), S. 362.

145 Zu Pauli vgl. Kultermann (1990), S. 117. – Muther wurde 1881 mit 21 Jahren bei Springer mit einer Arbeit über Anton Graff promoviert; vgl. ebd., S. 129; Adolph Goldschmidt studierte von 1886 bis 1889 bei Springer und wurde 1889 mit einer Arbeit über Lübecker Malerei und Plastik promoviert; vgl. ebd., S. 184; zu Vöge vgl. ebd., S. 186. – »Springer occupies a central position in the historiography of art history in late nineteenth-century Germany. His importance can be attributed in large part to his success as a teacher, especially during his years in Leipzig. Indeed Springer, more than any other professor of art history in Germanspeaking Europe during the 1870s and 1880s, can be said to have produced a ›school‹. Among those attending Springer's courses prior to

ihnen sei ein Gewinn für die Kunstwissenschaft, denn Springer habe einen wahren, oberflächliche Lösungen verschmähenden wissenschaftlichen Stolz zu entwickeln gesucht.[146] Springer beschäftigte sich besonders mit dem Mittelalter, aber auch mit der Renaissance. Die Bearbeitung der mittelalterlichen Ikonographie lag bis dahin in den Händen der Theologen; Springers unanfechtbares Verdienst ist es, die Ikonographie zu einer Hilfsdisziplin der mittelalterlichen Kunstgeschichte ausgeweitet zu haben. Rätselbilder zu schaffen, so meinte er, liege nicht in der Absicht der mittelalterlichen Kunst, der »Anschauungskreis des Zeitalters« enthalte die Quelle und den Zugang.[147] Nach eigener Mitteilung war Springer in Bonn im Haus des Architekten und Sammlers Sulpiz Boisserée heimisch und erwarb dort seine Kenntnisse über die alte rheinische Kunst.[148] Er betrieb keine biographische Kunstgeschichte wie sein Antipode Herman Grimm in Berlin, sondern bemühte sich um das Verständnis für die Besonderheit und Eigenart der einzelnen Meister[149] und vertrat beziehungsweise vermittelte damit einen kennerschaftlichen kunsthistorischen Ansatz.

Ob Lichtwark die genaue Beobachtung der Form erst bei Springer lernt oder nicht doch bereits ins Studium mitbringt, lässt sich nicht eindeutig klären. Aber seine Neigung zur genauen Beobachtung von Naturerscheinungen dürfte sich mit Springers Ansatz besonders glücklich verbunden haben. Die in einem Brief an seine Schwester niedergeschriebenen Kindheitserinnerungen belegen die ausgezeichnete und detailfreudige Beobachtungsfähigkeit des damals fünfjährigen Kindes; viele Briefe des jungen Mannes an die Mutter zeugen ebenfalls von seiner Beoachtungslust und seinem Interesse am Verhalten von Menschen und Tieren.[150] Springer seinerseits legt bei seinen Studenten den Schwerpunkt auf die »möglichste Ausbildung des Auges«. Und auch an die Graphik dürfte Lichtwark von Springer herangeführt worden sein: Er begeistert sich schon hier in Leipzig für Holbeins »Totentanz«.[151] Engagiert tritt Springer auch für die zeitgemäße Erneuerung der Kupferstechkunst ein und befasst sich intensiv mit der Kunst der eigenen Zeit, was Lichtwark stark beeinflusst. Springers *Geschichte der bildenden Künste im neunzehnten Jahrhundert* erscheint in zweiter, überarbeiteter Auflage 1881, so dass sich Lichtwark mit Sicherheit schon zu dieser Zeit über dieses Thema informiert.[152] Für Lichtwark dürfte es zudem besonders

1885 who went on to careers in universities, museums or art-related fields were Heinrich Brockhaus, Alphons Dürr, Julius Lessing, Alfred Lichtwark, Richard Muther and Woldemar von Seidlitz; among his students in the second half of the 1880s were Gustav Pauli, Harry Graf Kessler, Friedrich Sarre, Max J. Friedländer, Paul Clemen, Cornelius Gurlitt, Adolph Goldschmidt and Wilhelm Vöge.« Brush (1996), S. 26.

146 Janitschek (1892), S. 366.

147 Ebd., S. 370f.

148 Vgl. Springer (1892), S. 217f.

149 Springer (1892), S. 147. – »›Herr Herman Grimm, der die Kunstwerke mit dem Rücken zu betrachten pflegt‹, wurde im Kolleg nur erwähnt, um vor ihm zu warnen.« Vgl. Pauli (1936), S. 75f.

150 Vgl. Br. Familie, S. 30–33, 44f., 57–60 u.a.

151 Vgl. ebd., S. 52f.

152 Vgl. Seidlitz (1892), S. 27, 31. – Anton Springer, Geschichte der bildenden Künste im neunzehnten Jahrhundert, Leipzig: Brockhaus, (2)1881 (Erstauflage 1858).

wichtig gewesen sein, dass Springer ein glühender Liberaler und Demokrat war; vor allem sein Rationalismus und seine positivistische Haltung sind grundlegend für seine kunsthistorische Lehre.

Lichtwark hört bei Springer im Sommersemester 1880 die Vorlesung »Kunstgeschichte des Mittelalters«, ferner belegt er die Seminare »Anleitung zum kunsthistorischen Arbeiten« und »Erklärung kunsthistorischer Quellenschriften«. Im Wintersemester 1880/81 folgen »Geschichte der italienischen Renaissance« sowie die Fortsetzung der Übung »Erklärung kunsthistorischer Quellenschriften«. Außerdem weist er für das Sommersemester die »Einleitung in das Nibelungenlied« bei Professor Zarnke nach und bei Professor Wülcker »Neuenglische Literaturgeschichte«, die jedoch nicht bescheinigt ist.[153] Zu den nationalökonomischen Studien, die Lichtwark in Leipzig bei Wilhelm Roscher betrieben haben soll, dürfte abgesehen von Brinckmann auch Springer angeregt haben, der selbst bei einem Pariser Aufenthalt die »gangbaren französischen Lehrbücher der Nationalökononmie« studierte.[154] Lichtwark ist zwar als Student der Cameralwissenschaften eingeschrieben, auch Philosophie soll er in Leipzig gehört haben, doch seine Studiennachweise bestätigen dies nicht.[155] Angeblich vervollständigt er seine Ausbildung durch das gründliche Studium nationalökonomischer Werke wie Roschers *Geschichte der Nationalökonomik in Deutschland* sowie sämtlicher sozial- und kulturpolitischer Aufsätze und Broschüren der 1880er Jahre.[156] Roscher – geboren 1817, als Historiker Schüler von Leopold Ranke, schon 1840 Privatdozent der Geschichte und Staatswissenschaften in Göttingen und von 1848 bis 1894 Inhaber des Lehrstuhls in Leipzig – ist zu dieser Zeit das gefeierte Haupt der deutschen Nationalökonomie, dessen Rat in akademischen, wirtschaftlichen, sozialen und politischen Belangen sehr gefragt ist.[157] In seine Leipziger Zeit fällt die Ausarbeitung und Vollendung des Publikationsvorhabens *System der Volkswirtschaft* in insgesamt fünf Bänden. Lichtwark könnte sich damit befasst haben; seine häufige volkswirtschaftliche Argumentation mag also auf Roschers Einfluss zurückgehen.

Lichtwarks Mitteilungen an seine Familie schildern in erster Linie sein bescheidenes Leben in Leipzig. Er bezieht eine »Bude« in der Elisenstraße 8 und richtet sich mit einfachsten Mitteln ein.[158] In einer humorvollen »Voyage autour de ma chambre« schildert er Emma Bernheim sein Zimmer: Von der Wirtin bekommt er »eine wahre Musterkarte aller seit Anfang des Jahrhunderts begangenen Stillosigkeiten«. Besondere Freude bereitet ihm deshalb sein neues Teebrett mit zwei Tassen und Zuckerdose; nun kann er den Tisch »mit allem Comfort wie aus einem Guss«

153 Vgl. Collegien-Buch für den stud. cam. Herrn Danger Alfred Lichtwark aus Hamburg auf der Universität Leipzig sowie die Immatrikulationsbescheinigung, FKL.

154 Vgl. Springer (1892), S. 144. Zu Lichtwarks nationalökonomischen Studien vgl. Zeromski (1924), S. 32.

155 Vgl. die Urkunde von dem Universitäts-Gerichte zu Leipzig, datiert 6.5.1881, FKL. – Zeromski (1924), S. 32.

156 Vgl. dazu Zeromski (1924), S. 32. – Uhde-Bernays (1948), S. 139; beide Autoren belegen diese Aussage nicht, können jedoch darüber von Lichtwark mündlich Mitteilung erhalten haben.

157 Vgl. Biermann (1917), S. 1ff.

158 Vgl. Br. Familie, S. 42.

decken. In der Wahl des einfachen weißen Meißener Porzellans könnte sich bereits seine Neigung zu schlichter, funktionaler Gestaltung spiegeln; zudem handelt es sich bei undekoriertem Porzellan zu jener Zeit um preiswerte Ausschussware. Er erwirbt eine moderne Kaffeemaschine, auch eine Pfeifengarnitur stellt er entsprechend einfach und geschmackvoll zusammen, stolz auf seine Sparsamkeit.[159] In auffallender Weise ist er bemüht, Mutter und Schwester seine Genügsamkeit und Anspruchslosigkeit mitzuteilen; häufig sorgt er sich um die finanzielle Lage der Mutter und nach Möglichkeit gibt er von seinem Wechsel noch etwas an sie ab.[160] In seinen regelmäßigen Briefen unterhält er seine Mutter mit anekdotischen Schilderungen, beschreibt die Menschen seiner neuen Umgebung und berichtet von seinem Studentenleben, stets mit ausgeprägtem Sinn für Humor. Nach kurzer Zeit der Eingewöhnung nimmt er an Geselligkeiten teil und zieht bei Kneipereien in gemäßigter Weise mit, doch fühlt er sich verantwortlich für die Jüngeren, damit sie keinen Unsinn anstellen. Aber das Burschenschaftstreiben interessiert ihn nicht.[161] Gelegentlich geht er mit Kommilitonen im Rosenthal spazieren oder lädt einige Bekannte zu Kaffee und Pfeife in sein Zimmer ein. Seine Gäste sind beeindruckt von der Gemütlichkeit, doch es dürfe kein Redseliger anwesend sein, da sonst nicht »die notwendige Ruhe aufkommen« kann.[162] Einmal wird er zum Abendessen bei der Familie des 1870 von Hamburg nach Leipzig übergesiedelten ehemaligen hamburgischen Hauptpastors Gustav Baur, nun Professor für Theologie, eingeladen und fühlt sich gleich wie zu Hause.[163] Sein geselliges Talent wird hier bereits deutlich, er ist ein gern gesehener Gast. Bei Baur beeindruckt ihn ein dicker Band mit Photographien aus Hamburg, den dieser beim Umzug als Abschiedsgeschenk erhalten hat.[164]

Lichtwark legt Wert auf gesellschaftliche Verbindlichkeit. So besteht er auf Besuchen seiner Mutter bei seinen Förderern, auch bei Frau Bernheim, die es um seinetwillen verdient habe und ihm so schöne Briefe schreibe. In seinem Auftrag soll sie ihr auch kleine Aufmerksamkeiten zukommen lassen.[165] So fordert er von seiner Mutter die Pflege bestimmter Kontakte, etwa zur Familie des Bildhauer-Politikers Ernst Gottfried Vivié und zu Kall. Anfangs fühlt sie sich noch unsicher, weil sie für den Unterhalt ihrer Familie gearbeitet hat und damit in bürgerliche Verhältnisse nicht zu passen glaubt. »Zu keinem Menschen wollte sie gehen, vor Niemandem sich sehen lassen«, schreibt Lichtwark der Schwester aus den ersten Semesterferien. »Aber

159 Vgl. Br. Familie, S. 45, 54f., 57. – Brief Alfred Lichtwark an Emma Bernheim, undatiert, HKH, AdB 82. Französisch für: Rundreise in meinem Zimmer.
160 Vgl. Br. Familie, z.B. S. 48, 181.
161 Vgl. ebd., S. 54–57.
162 Vgl. ebd., S. 55–57, 67.
163 Der Theologe Dr. Gustav Baur (1816–1889) war von 1861 bis 1870 Hauptpastor an der St. Jakobi-Kirche in Hamburg und Lichtwark damit wohlbekannt. Seit 1870 war er Professor, 1874 Rektor der Universität Leipzig vgl. Deutsche Biographische Enzyklopädie, Bd. 1, München: Saur, (2)2005, S. 439. Lichtwark wurde von ihm vor dem Eintritt als Hilfslehrer in die St. Jakobi-Kirchenschule geprüft und dann empfohlen; vgl. Stange (1934), S. 135.
164 Vgl. Br. Familie, S. 66.
165 Ebd., S. 49.

jetzt hat Mutter Courage. Du solltest mal sehen, wie schön sie sich in allen Formen bewegen kann. Natürlich kommt ihr dabei auch ihr angeborener Takt sehr zustatten.«[166] Er wacht über die Außenwirkung seiner Mutter, berät sie in vielem, auch in Kleiderfragen.[167] So selbstverständlich er sich bereits zu Beginn des Studiums in den neuen Verhältnissen und in der ungewohnten Umgebung zurechtfindet, so sehr hängt er doch auch an Mutter, Geschwistern und seinem Zuhause. Veränderungen in der Wohnung nach seinem Weggang bedauert er sehr.[168] Die anderen Familienmitglieder stellen immer wieder einmal Überlegungen über die Verbesserung ihrer Lage an. Andeutungen lassen darauf schließen, dass Mutter und Tochter die Eröffnung einer Pension mit Schulunterricht in Erwägung ziehen, oder dass Marianne Lichtwark das Angebot erhalten hat, ihrerseits an der Gottschalckschen höheren Schule zu unterrichten.[169] Durch seine Sensibilität, seine Empathie und seinen Gerechtigkeitssinn entsteht jedenfalls für Lichtwark mit Beginn seines Studiums ein Konflikt aus der familiären Situation. Immer wieder sucht er brieflich die Nähe des Bruders, dem sich vergleichbare Entwicklungsmöglichkeiten nicht eröffnet haben. Lichtwark versichert ihn seiner Solidarität, bittet ihn um Briefe, und als er bei der Mutter einen warmen Schlafrock für den Winter bestellt, versäumt er nicht den Nachsatz, Hans solle aber auch einen bekommen.[170] Lichtwark bleibt auch aus der Ferne das Familienoberhaupt, vermittelt hier und tröstet dort. »Nur eine kurze Spanne gedulde Dich, liebe Schwester«, schreibt er in den ersten Semesterferien an Marianne, »dann bin ich soweit, frei über meine Zukunft disponieren zu können, und dann sind wir Alle wieder vereint. [...] Dann sollst Du genießen, was Dir die erste Jugend nicht geboten hat. Ich mag gar nicht daran denken, so freue ich mich im Herzen darauf. Und haben wir so Schweres überstanden, so werden wir wohl auch die kurze Zeit überwinden.« Er sorgt für seine Angehörigen, bittet die Schwester um aufmunternde Briefe an die Mutter und bietet ihr Trost und Beistand an.[171] In einigen Briefen berichtet Lichtwark auch seiner Mäzenin Emma Bernheim von seiner neuen Situation in Leipzig, sucht ihren Rat und schildert humorvoll seinen Antrittsbesuch bei einem Professor.[172]

Lichtwark beginnt sein Studium mit beträchtlichen Vorkenntnissen. Er ist stolz darauf, bei einer gemeinsamen Besichtigung der Universitätskirche mit einem Kommilitonen – es handelt sich um Richard Muther – jedes Denkmal und jeden Epitaph bis ins Jahrzehnt richtig bestimmen zu können, was seinem in der universitären Ausbildung viel fortgeschritteneren Begleiter nicht möglich ist.[173] Muther hat Lichtwarks Studienbeginn später in seinen Erinnerungen beschrieben. Er sei als ein »großer,

166 Ebd., S. 83; zu Kall mehrfach, z.B., S. 94.
167 Vgl. ebd., S. 51.
168 Ebd., S. 63f.
169 Vgl. ebd., S. 71, 73, 75. Genaueres ist den Andeutungen nicht zu entnehmen.
170 Vgl. ebd., S. 69.
171 Ebd., S. 81.
172 Vgl. Briefe Alfred Lichtwark an Emma Bernheim, HKH, AdB 82.
173 Vgl. Br. Familie, S. 47.

schlankgewachsener Herr mit blondem Schnurrbart und interessanter, schon ein wenig gelichteter Stirn« in den Kreis der Studenten eingetreten. »Wir behandelten ihn anfangs mit einer gewissen Zurückhaltung, denn er hatte so gar nichts vom deutschen Studenten. Einige Jahre älter als wir und von einem anderen Berufe kommend, war er weder für die obligaten Kneipereien zu haben, noch besaß er die ›Fachkenntnisse‹, auf die wir älteren Semester stolz waren. Ich selbst kam gerade aus Italien zurück, kannte Crowe und Cavalcaselle auswendig und Burckhardt und Schnaase. Und da ärgerte es mich oft, dass Lichtwark diese Wissensschätze nicht nur selbst nicht hatte, sondern obendrein sehr wenig davon zu halten schien. [...] Wir bummelten oft zusammen im Rosenthal, durchstreiften die Friedhöfe und Kirchen, und nach ein paar Wochen fiel es mir wie Schuppen von den Augen, dass, wenn ich geglaubt hatte, in der Kunstgeschichte meinen Beruf entdeckt zu haben, daran eigentlich nur die Bewunderung schuld war, die ich für Springer als Redner hegte, während mir im übrigen alle Eigenschaften, die der Kunsthistoriker haben sollte, vollständig mangelten: die Schulung des Auges, das eigene Urtheil, der selbständige Geschmack, überhaupt jede Fähigkeit, Kunst zu empfinden. Ich kam mir plötzlich so dumm vor, als ob ich taub gewesen wäre und Musikgeschichte studiert hätte. Und wenn ich heute zurückdenke, wer mich allmählich sehen lehrte, wer mich ermuthigte, in allen Dingen nicht Bücher zuerst, sondern den gesunden Menschenverstand um Rath zu fragen, wer mich anleitete, auch bei der Kunstbetrachtung als Mensch Menschenwerk, nicht als Gelehrter Fachobjecten gegenüberzutreten, so erinnere ich mich dankbar der Abende bei Lichtwark. Mein ganzes früheres Wissen war ein Makart-Bouquet, eine öde Aneinanderreihung todter, verstaubter, da und dort zusammengelesener Fragmente. Lichtwark gab mir einen Strauss lebendiger Blumen dafür.«[174] »Dir verdanke ich – persönlich und literarisch – so viel, dass ich mich fast Deinen Schüler nennen möchte«, schreibt Muther 1893 an Lichtwark, begleitend zur Übersendung seiner *Geschichte der Malerei im XIX. Jahrhundert*.[175] Lichtwark selbst bezeichnet seine Studien an den in situ befindlichen Kunstwerken gegenüber Ernst Bernheim als außerordentlich lehrreich. Mit seinen Kommilitonen interpretiert er historische Inschriften alter Leipziger Friedhöfe. Aus der stilistischen Betrachtung wird ihm ersichtlich, »was für eine Barbarei eigentlich unsere Museen sind, wieviel schwerer ein Kunstwerk zu verstehen ist, wenn

174 Muther (1900), Bd. I, S. 167f., auch zit. bei Zeromski (1924), S. 32f. Muther bedient sich hier eines Vergleichs, bezogen auf Lichtwarks Aufsatz *Makartbouquet und Blumenstrauß*, erschienen 1894; siehe dazu das Kapitel »Blumencultus« in Teil 2. – Giovanni Battista Cavalcaselle (1820–1897), italienischer Kunsthistoriker, lebte 1850–1857 in London, wo er zusammen mit dem Kollegen Joseph Arthur Crowe publizierte. Er war ein Kenner insbesondere der älteren flämischen und vor allem der italienischen Malerei, seit 1867 Inspektor des Bargello in Florenz; vgl. Justi (2000), Bd. II, S. 101f. – Zu Lichtwarks Freundschaft mit Muther in Leipzig vgl. auch Br. Familie, S. 148.

175 Brief Muther an Alfred Lichtwark, 20.2.1893, HKH, AdB 76. Er habe sich anhand von Lichtwarks Kunstberichten in der *Gegenwart* in das Verständnis der modernen Kunst hineingearbeitet, schreibt er und bittet um eine wohlwollende Rezension in den *Hamburger Nachrichten*, denn er weiß um das riskante Thema und die zu erwartenden abweisenden Kritiken. – Nicht bei Kayser (1977). – Zu Muthers Veröffentlichung, seiner Beschäftigung mit dem Stilpluralismus und seinem Einsatz für die internationale Kunst seiner Zeit vgl. Schleinitz (1993).

es aus der Umgebung, für die es bestimmt war, herausgerissen.« Vielleicht wisse er noch nicht recht ein Museum zu benutzen, aber ein Gang über einen alten Friedhof, durch eine alte Kirche oder ein altes Schloss lehre ihn mehr.[176] Seiner Mäzenin Emma Bernheim schildert er sehr humorvoll, wie Springer ihm die Kenntnis der wichtigsten Künstler vermittelt, etwa Dürer und Michelangelo, und wie er im Kunstverein den fast achtzigjährigen Ludwig Richter persönlich kennenlernt und nun mit dessen Augen das Leipziger Volksleben studiert. Er bedauert von ganzem Herzen, nicht zeichnen zu können; hier ließen sich überall die köstlichsten Genrestücke fixieren.[177]

So leicht sich Lichtwark in seine neuen Lebensumstände fügt, im Studium und bei den Geselligkeiten, zu denen er geladen ist, mühelos den richtigen Ton findet, so klar bleibt ihm jetzt und auch später bewusst, wie viel Glück er bei der Entwicklung seines Werdegangs gehabt hat. Als die Schwester sich während seines ersten Semesters über ihre mangelnden Französischkenntnisse beklagt, hält er ihr vor: »Was Du Dir nur für Sorgen um Dein Französisch machst! Ist es denn deine Schuld, daß unsere Verhältnisse es nicht möglich machten, daß wir was Rechtes lernen konnten? Müssen wir es nicht als halbes Wunder ansehen, daß wir überhaupt soweit gekommen sind?«[178]

Noch während seines ersten Semesters, im Juli 1880, erfährt Lichtwark aus einem Brief von Carl Kall, welche Möglichkeiten sich in Hamburg für ihn abzeichnen könnten. Brinckmann habe Kall mitgeteilt, der Inspektor der Kunsthalle würde langsam alt und müsse pensioniert werden. »Das wäre eine Stellung für mich, wenn ich meine Studien absolviert«, schreibt Lichtwark an seine Schwester, »er [Brinckmann] hätte auch auf dem Posten gern jemand zur Seite, auf den er sich stützen könnte! Es wäre ein ganz unsägliches Glück, dann wären wir alle im ruhigen Hafen angelangt! Aber auch da heißt es, Geduld haben.«[179]

In den ersten Semesterferien bietet sich Lichtwark die Gelegenheit, zwei bedeutende Hamburger Privatsammlungen kennenzulernen. Zunächst besichtigt er die in den 1860er Jahren begründete Sammlung des Generalconsuls Eduard Friedrich Weber mit Werken alter Meister, »Kartons erster Meister« in den Garderobezimmern und Salons mit von Lichtwark als »herrlich« bezeichneten Bildern von Knaus, Vautier, Meyerheim, Achenbach, Munkácsy und anderen, ferner einen von zwei Weimarer Professoren mit Ornamenten dekorierten Speisesaal. Webers Neffe, der in Dresden als Direktor der Gemäldesammlung tätige Kunsthistoriker Karl Woermann, den Lichtwark einige Zeit später persönlich kennenlernen wird, erarbeitet für diese Sammlung den etwa dreihundert Nummern umfassenden, 1892 erscheinenden Katalog. Des Weiteren besucht Lichtwark die Sammlung Wesselhoeft, eine der »köstlichsten Sammlungen alter Meister«, überwiegend Holländer des 17. Jahrhunderts, die er acht

176 Vgl. Brief Alfred Lichtwark an Ernst Bernheim, 8.1.1881, HKH, AdB 82.
177 Vgl. Brief Alfred Lichtwark an Emma Bernheim, undatiert, HKH, AdB 82.
178 Br. Familie, S. 63.
179 Ebd., S. 72.

Jahre später, nämlich 1888, für die Hamburger Kunsthalle erwerben wird.[180] Auf der Rückreise nach Leipzig nutzt er im September 1880 die Gelegenheit, Braunschweig zu besichtigen. Vom Direktor des Herzoglichen Museums, Professor Herman Riegel, erhält er umgehend die Erlaubnis, die für das allgemeine Publikum geschlossene Sammlung zu besichtigen. Sein Urteilsvermögen bildet sich: Das Museum, zu dieser Zeit noch in einer alten Kirche untergebracht,[181] enthalte eine »Zahl ganz vorzüglicher Dinge, aber unter den Bildern ist viel Schund. Man merkt da recht, welch' eine Perle die kleine Galerie Wesselhöft [sic] ist.« Die Besichtigung mittelalterlicher Wohnhäuser in Braunschweig ist ihm ein großes Erlebnis; die Restaurierung der frühgotischen Abteikirche in Riddagshausen betrachtet er kritisch; auch Marienkirche, Schloss und Bibliothek in Wolfenbüttel besucht er, und auf der weiteren Rückreise nach Leipzig studiert er die Kirchen in Halberstadt.[182]

Schon bald nach Studienbeginn begreift Lichtwark, dass diese Art des Studiums seine Ansprüche nicht befriedigt. Er werde jedenfalls nicht in Leipzig bleiben, schreibt er an seine Schwester noch vor Ablauf des ersten Semesters, und wolle vielleicht schon im folgenden Jahr an eine andere Universität wechseln, möglicherweise sogar in Paris oder London.[183] Springer bemerkt sehr bald die ungewöhnliche Erfahrenheit und Begabung dieses Studenten, insbesondere, nachdem dieser ihm einen Irrtum in der Ornamentik nachweist. Zwar reagiert er zunächst ungehalten, fühlt sich jedoch durch dessen bescheidene Art und sein Engagement diesem Studenten sehr zugetan.[184] Springer versucht ihn zu fördern, beauftragt ihn mit der Übersetzung eines schwedischen Buches und rät ihm, zu Ostern nach Berlin zu gehen. Er könne aus einem Vortrag nicht mehr genügend lernen und müsse nun sehen.[185] Kaum ein Vierteljahr nach seinem Studienbeginn zeichnet sich für Lichtwark im Juni 1880 die Möglichkeit ab, im folgenden Winter einen Katalog für die Ornamentstichsammlung des Leipziger Kunstgewerbemuseums zu erarbeiten. Dieser Auftrag soll von einer bei Springer anzufertigenden Probearbeit abhängen. Er betrachtet den Auftrag als großes Glück, zweifelt nicht an seiner Eignung und erhofft sich davon einen wichtigen Karriereschritt.[186] Doch dazu kommt es nicht mehr: Ende November erhält Lichtwark einen Brief von Brinckmann mit der Aufforde-

180 Vgl. ebd., S. 76f. und Anm. 77f. – Siehe das Kapitel »Die Erwerbung der Sammlung Hudtwalcker-Wesselhoeft« in Teil 2.

181 Vor der Errichtung des heute noch bestehenden, 1887 eröffneten Museumsgebäudes war das Museum im ehemaligen, 1902/03 abgerissenen Paulinerkloster am Bohlweg untergebracht; vgl. Luckhardt (2004), S. 149–151, 215f., 223–228.

182 Vgl. ebd., S. 78–82, 84, 88–91. – AL, Beleuchtung der Innenräume, S. 54f.

183 Vgl. Br. Familie, S. 64.

184 Vgl. Zeromski (1924) S. 32. Dieses Detail beruht auf einer mündlichen Information von Wilhelm Crull, der sie wiederum von Lichtwark persönlich erfahren haben will.

185 Vgl. Br. Familie, S. 86. Verfasser des schwedischen Buches ist ein Dr. Rüdiger; um welches Buch es sich handelt, ist nicht feststellbar. Die Übersetzung scheint nicht zustandegekommen zu sein.

186 Br. Familie, S. 65 und Anm. 64a. – Bereits bei Brinckmann kommt Lichtwark mit jener Ornamentstichsammlung in Berührung, die dieser als Student angelegt hat und die später in den Besitz des Leipziger Museums übergeht; vgl. AL, Brinckmann, S. 36.

rung, schnellstmöglich nach Berlin zu gehen, um sich dem ihm befreundeten Direktor des Berliner Kunstgewerbemuseums, Julius Lessing, vorzustellen, der für den bevorstehenden Umzug des Museums in den gerade entstehenden Neubau einen Assistenten sucht. Er würde die Stelle selbst übernehmen, wenn er nicht sechsfacher Familienvater wäre, so viel sei dabei zu lernen; das Gehalt betrage monatlich 50 Taler. Am nächsten Morgen folgt ein Telegramm von Kall mit der Anweisung zu packen. Lessing stellt ihn umgehend ein; trotzdem muss er sich zuvor noch offiziell bewerben. Auch Springer ist sofort einverstanden und gibt ihm viele gute Ratschläge mit auf den Weg.[187]

Zu diesem Zeitpunkt hat Lichtwark in Leipzig gerade richtig Fuß gefasst. Die neuen Bekannten und Freunde erweisen ihm zu seinem 28. Geburtstag viele Freundlichkeiten und Überraschungen; man hat sich auf dem Universitätsgericht eigens nach seinem Geburtsdatum erkundigt. Zu seinen Freunden gehört auch der Jurastudent Oscar von Chelius aus Kassel, der wegen seines hohen Wechsels allgemein sehr bewundert wird: »Ich kümmere mich natürlich nicht darum«, schreibt Lichtwark selbstbewusst seiner Mutter. Chelius wird ihm in den Leipziger Monaten »Führer und Anreger in Sachen Musik«. Die Freundschaft kühlt im Jahr darauf jedoch ab, als Chelius von Lichtwark vergeblich ein religiöses Bekenntnis verlangt.[188]

Lichtwark scheidet aus Leipzig nicht ohne Bedauern. Hier, so schreibt er an Emma Bernheim, habe er die vielleicht glücklichste Zeit seines bisherigen Lebens verbracht.[189] Lichtwarks Studium bei Anton Springer beschränkt sich damit auf insgesamt anderthalb Semester, erweist sich aber als grundlegend: »Er wird immer mein Leitstern bleiben.«[190] Als dauerhafte Anregungen durch Springers Lehre und Werk nimmt Lichtwark vieles mit: Holbein, Rembrandt und seine Zeitgenossen, die Kunst des 19. Jahrhunderts und die historisch-kritische Methode des Themen- und Quellenstudiums, daraus resultierend das besondere Interesse für Handzeichnungen und Graphik, außerdem die Überzeugung vom Verlust der Beziehung zwischen Kunst und Volksgeist.[191]

187 Vgl. Typoskript Abschrift vom Brief Alfred Lichtwark an Emma Bernheim, 8.12.1880, HKH, AdB 82. – Vgl. Br. Familie, S. 96. – Brinckmann und Lessing waren »sehr befreundet«; vgl. Br. Kommission (1896), Bd. III: 1894/95, S. 378.

188 Vgl. Br. Familie, S. 67. – Br. Kommission (1902), Bd. IX: 1901, S. 158. – Zeromski (1924), S. 33. – Briefe Chelius an Alfred Lichtwark, 11.1., 24.1., 11.7., 9.8.1881, 19.3.1886, 17.3.1886 sowie 12.4. o.J. und ein undatierter Brief, HKH, AdB 76. Chelius wird später Flügeladjutant Kaiser Wilhelms II.

189 Brief Alfred Lichtwark an Emma Bernheim, 8.12.1880, HKH, AdB 82.

190 Brief Alfred Lichtwark an Emma Bernheim, 8.12.1880, HKH, AdB 82.

191 Vgl. Metzler Kunsthistoriker Lexikon (1999), S. 391–394, »Springer«.

Karriere

Lichtwark bezieht ein »schönes Zimmer« im dritten Stock der Kurfürstenstraße 10 und stürzt sich sofort in die Arbeit. Der Mutter berichtet er im Dezember 1880: »Morgens gehe ich ins Museum, grüße auf dem Weg Sanni, die mich am Fenster erwartet, arbeite im Museum bis drei, gehe zu Tisch, nach Hause und abends in die Bibliothek. Um zehn bin ich dann wieder zu Hause, mache mir Abendbrot und gehe zu Bett; so einen Tag wie alle. Sonntags bin ich morgens zu Hause, gehe dann in die Gemäldegalerie und darauf zu Tisch.«[192]

Zu Beginn des Jahres 1881 besucht Kall Lichtwark in Berlin und erkundigt sich bei Lessing väterlich nach dessen Leistungen, wie Lichtwark seiner Mutter mitteilt: »[...] er hätte von Tag zu Tag mehr Ursache, Dr. Br.[Brinckmann] dankbar zu sein, daß er mich ihm empfohlen. [...] Er hält mich für berufen, einen großen Einfluß in praktischer Beziehung auszuüben, etwa als Professor an einer technischen Hochschule. Auf einem Lehrstuhl an einer Universität meint er, würde ich weniger Befriedigung finden, da sich von ihm aus nichts direkt Praktisches erreichen lasse.«[193] Kall ist von seinem Schützling derart begeistert, dass er ihn belohnen möchte: »Ich soll, wo ich was Gutes an Altertümern kunstgewerblicher Art finde, kaufen u. ihm zur Aufbewahrung schicken. Er will es mir schenken, wenn ich heimkomme. Es ist wirklich zuviel des Guten.«[194] Zu seinem Förderer, »der sehr einflußreich ist«, fasst Lichtwark nun zunehmend Vertrauen; Kall habe jetzt schon 1.250 Mark für ihn auf der Sparkasse, auf die er allerdings nur im Notfall zurückgreifen würde, denn er hoffe, durch Lessings Hilfe demnächst über literarischen Nebenverdienst zu verfügen. Er ist sicher, dass auch sein Bruder Hans durch Kalls Hilfe eine andere Arbeit finden wird: »Ich bin überzeugt, er sieht [sic] schon um. Mir sagte er, [...] er würde es als seine größte Freude betrachten, wenn er uns nocheinmal [sic] in angesehener Stellung und sorgenfrei sehen könnte.«[195] Alfred Lichtwarks Förderer Kall und Vivié treffen sich auch in Hamburg im Bürgerausschuss und beraten über dessen Fortkommen und Pläne.[196]

Julius Lessing und das Berliner Kunstgewerbemuseum erweisen sich für Lichtwark als ideal gewählt (Abb. 11). Der neun Jahre ältere Lessing, am 20. September 1843 in Stettin geboren, ist noch jung genug für eine freundschaftliche Verständigung. In Bonn wurde er schon 1865 bei Otto Jahn in Klassischer Archäologie promoviert, seine mündliche Prüfung legte er jedoch bei Anton Springer als dessen erster Doktorand auch in neuerer Kunstgeschichte ab – »der erste Mann in deutschen Landen, der in moderner Kunstgeschichte promoviert hat.« Zum Kunstgewerbe kam er

192 Br. Familie, S. 98. Lichtwarks Schwester Marianne wird familiär Sanni genannt.
193 Ebd., S. 120.
194 Ebd., S. 121.
195 Ebd., S. 124.
196 Vgl. ebd., S. 173.

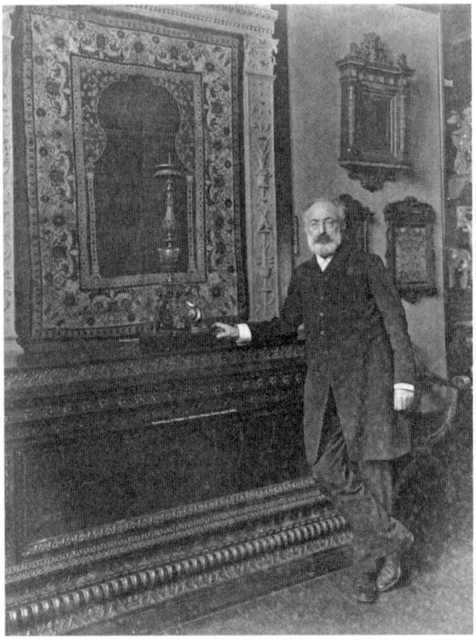

Abb. 11 Julius Lessing, undatiert, Aufnahme: Hans Franke

durch persönliche Neigung, denn studieren konnte man dieses Fach zu jener Zeit noch nicht. Schon als Neunzehnjähriger besuchte er 1862 die Weltausstellung in London, von der Weltausstellung 1867 in Paris berichtete er wochenlang als offizieller Korrespondent für die in Berlin erscheinende *Nationalzeitung*. Aus dieser Zeit stammte sein lebhaftes Interesse für Kunstgewerbe und Kunstindustrie. Zunächst wollte er nach München zurückkehren, um sich wieder der Archäologie zuzuwenden. Er wurde jedoch von dem Initiator, dem Architekten Martin Gropius, als Dozent an das Deutsche Gewerbe-Museum nach Berlin berufen, das kurz zuvor zunächst als Unterrichtsanstalt gegründet worden war. Das preußische Handelsministerium als Träger dieser Schule war bereits dabei, ihr eine Sammlung anzugliedern. Julius Lessing baute somit als erster deutscher Museumsmann ein modernes Kunstgewerbemuseum auf und amtierte von 1872 bis 1908 als dessen Direktor.[197] Aber nicht nur das Studium bei Anton Springer wirkt als verbindendes Element zwischen den beiden Männern; Lessing stammte wie Lichtwark aus schwierigen familiären Verhältnissen. Auch sein Vater war früh gestorben, wie Lichtwark verdankte er vieles der Stärke seiner Mutter und auch er hatte sein Studium durch Unterrichten verdienen müssen. Wie Lichtwark war er auffallend sprachbegabt und beherrschte sieben Sprachen. Nicht nur in Deutsch, sondern auch in Latein war er ein glänzender Stegreifdichter. Er dürfte auch Lichtwarks Neigung zur

197 Vgl. Mundt (1990), S. 383 und Anm. 2. – Zitat: Schönberger (1967), S. 26.

Natur geteilt haben; in einem späteren Aufsatz berichtet dieser über den besonderen Tafelschmuck aus alten Tulpensorten, mit denen Lessing seine Gäste zu überraschen liebte.[198] Lessing suchte die Gesellschaft von Freunden, die seine Interessen teilten, Fachkollegen und Künstlern: »Es zog ihn zu denen, die ihm Anregung gaben und denen er wiedergeben konnte; nur das platte Philistertum war ihm verhaßt«, führt Peter Jessen 1908 im Nachruf aus. »Allem seinem Umgang mit Menschen, mit Freunden wie mit Fernerstehenden, lag ein unverfälschter Zug echter Herzensgüte zugrunde. Er war unermüdlich in den scheinbar kleinen Aufmerksamkeiten des täglichen Lebens ebenso wie in stiller menschlicher Fürsorge, wo ihm fremde Not begegnete.« Dieses Wohlwollen lässt Lessing auch in seinem Amt walten: zu seinen Mitarbeitern pflegt er ein persönlich-freundschaftliches Verhältnis und sucht jeden selbstlos zu fördern.[199] Lessing, so schreibt Lichtwark an Emma Bernheim, imponiere ihm gewaltig durch die Abwesenheit jedes Versuches zu imponieren, sein Verhalten sei durchweg kollegial.[200]

Lessing nimmt alsbald sehr aufmerksam Anteil an Lichtwarks Beschäftigung mit der Ornamentik, da er selbst eingehend auf diesem Gebiet geforscht hat. Lichtwarks Ornamentstudien beurteilt er »als bahnbrechende Arbeit«: »Er hat mir die allergenauesten Ratschläge gegeben, wie ich nun mit allem wissenschaftl. Material die Sache zu belegen habe u. wird mich in allem unterstützen. Er habe, sagt er, immer gewünscht, entweder selber auf dem Gebiete der Ornamentik mal aufzuräumen oder einen anderen dazu anzuregen gesucht. Jetzt sähe er mit Freude die Sache in den besten Händen.« Lessing erwähnt die aus Lichtwarks Arbeit erworbenen Kenntnisse gleich in seiner nächsten Vorlesung unter Nennung des Urhebers. Lichtwark wiederum ist begeistert von Lessings Interesse und hofft, durch dessen Vermittlung später einen Verleger für seine Untersuchung zu finden.[201] Im März 1881 stattet er Springer in Leipzig einen Besuch ab, der seinerseits noch einmal auf die früher schon angesprochene Katalogisierung einer in Berlin befindlichen großen Sammlung von Ornamentstichen, der Sammlung Destailleur, zurückkommt. Diese Sammlung erwarb der Staat für eine halbe Million Mark in Frankreich; sie soll nun zum Winter geordnet werden und nach Springers Vorstellung soll Lichtwark dabei assistieren.[202] Der weitere Verlauf seiner Ausbildung ist jedoch noch unbestimmt. Die einjährige Tätigkeit im Kunstgewerbemuseum, aus heutiger Sicht am ehesten als Praktikum zu bezeichnen, soll am 1. Dezember 1881 auslaufen; Lessing plant, Lichtwark in ähnlicher Position am Königlichen Museum unterzubringen, damit er den Winter noch in Berlin verbringen kann. Vermutlich ohne Kenntnis von Springers Idee erwägt auch Lessing, ob

198 Vgl. Schönberger (1967), S. 26. – AL, Makartbouquet und Blumenstrauß, S. 69.

199 Vgl. Schönberger (1967), S. 27f.; die von Schönberger als Quelle verwendeten autobiographischen Aufzeichnungen Lessings für seine Familie erwähnen Lichtwark nicht mehr, da sie 1867/68 enden; schriftliche Mitteilung der Enkelin Lessings, Marianne Feilchenfeldt, Zürich, 27.4.1998.

200 Brief Alfred Lichtwark an Emma Bernheim, 8.12.1880, Abschrift (vermutlich von Schellenberg), Typoskript, HKH, AdB 82.

201 Vgl. Br. Familie, S. 129f.

202 Vgl. ebd., S. 139.

Lichtwark nicht als Assistent bei der Katalogisierung der Sammlung Destailleur eine bezahlte Stelle finden könnte. Außerdem verspricht sich Lichtwark selbst viel von dem Kontakt mit dem Leiter des Kupferstichkabinetts, Friedrich Lippmann, »von dem mir alle Welt sagt, er könne mich fördern wie kein Anderer. Denn keiner kennt wie er alle Finessen des Fachs.«[203]

Lichtwark entwickelt sich im Museum stetig weiter; Lessing überträgt ihm allerlei verantwortungsvolle, auch administrative Aufgaben.[204] Mit den verschiedenen Abteilungen der Sammlung macht er sich nach und nach vertraut. Die Sonntage nutzt er, um bei dem Lehrer für dekorative Plastik an der Bauakademie, Professor Eduard August Lührssen, jeweils vier Stunden zu modellieren, mit beachtlichem Erfolg: »Das letzte Mal sagte er zu mir, ich sattele wohl noch um, so schnell komme ich vorwärts.«[205] Im April 1881 schreibt Lessing an Brinckmann: »Lichtwark ist ein prächtiger Mensch der mir viel Freude macht und der alles Zeug hat etwas tüchtiges zu lernen [...].«[206] Er stellt Lichtwark zu dieser Zeit bereits ein »sehr günstiges Prognostikum«. Da er um dessen Lage weiß, versucht er wo immer möglich zu helfen, auch pekuniäre Hilfe bietet er für den Notfall an. »Er weiß«, schreibt Lichtwark seiner Mutter, »wie lieb es mir ist, daß ich jetzt keine Stipendien brauche u. meint, es müsse sich ermöglichen, daß ich die ganze Studienzeit über so auskäme. Dann hätte ich fast ein kleines Vermögen erspart. Er will dafür sorgen, daß ich mit den bedeutendsten wissensch. Blättern in Verb.[Verbindung] trete und auch mit den großen Revuen. Das würde ein gutes Stück Geld bringen, meinte er.« Schon bald darauf vermittelt Lessing unter Nutzung seiner alten Kontakte Lichtwark als Rezensenten an die *Nationalzeitung* und leistet ihm Unterstützung, indem er anfangs die Texte redigiert, bevor er sie an die Redaktion weiterleitet. Lessing findet Lichtwarks ersten journalistischen Versuch »charmant, sehr frisch und geschickt arrangiert«. Auch das Honorar handelt er für ihn aus. Lichtwark ist glücklich: »Jetzt könnte ich jeden Augenblick soviel verdienen, wie ich brauche u. das in meinen Mußestunden. [...] Erstens werde ich in den zwei Jahren, die ich nun noch in B. bleibe, mir eine volle journalistische Sicherheit erwerben können, u. das ganz nebenbei. [...] Dann habe ich die Verbindung mit der Redaktion eines der geachtesten Blätter. [...] Wenn ich nun nachher reise, kann ich einen großen Teil umsonst machen u. namentlich Spanien sehr sorgsam durchwandern. Ganz abgesehen von der pekuniären Erleichterung.«[207] In der folgenden Zeit geht er dieser Tätigkeit immer intensiver nach. Schon bald wird über seine Kritiken gesprochen und für den Winter 1881/82 erhält er vom Redakteur der *Nationalzeitung*, Karl Frenzel, den Auftrag, alle Kunstberichte zu schreiben.[208]

203 Vgl. ebd., S. 146f., Zitat S. 147.
204 Vgl. ebd., S. 153.
205 Ebd., S. 162.
206 Brief Lessing an Brinckmann, 21.4.1881, HH, MKG, Archiv.
207 Br. Familie, S. 164, 167.
208 Ebd., S. 186f.

Auch von anderer Seite wird Lichtwark gefördert und gefordert. Hans Otto Jessen, der Direktor der Berliner Handwerkerschule, in dessen Haus Lichtwark, eingeführt durch den Sohn Peter Jessen, bereits seit einer Weile verkehrt, bietet ihm an, zur Übung Vorträge im Berliner Handwerkerverein zu halten; und mit gutem Erfolg beginnt er sein Vortragstätigkeit bei den Lehrern der Gewerbeschule im Oktober 1881.[209] Zudem hält er für einen engeren Kreis von jungen Architekten, »um es einmal zu probiren«, ein Kolleg über die »Formenentwicklung seit der Gothik«. Der spätere Berliner Stadtbaurat Ludwig Hoffmann, der Baumeister und spätere Hofbaurat Eberhard (von) Ihne befinden sich unter den Hörern, ebenso der renommierte Architekt Hans Grisebach, möglicherweise auch Alfred Messel, den Lichtwark zumindest von privaten Veranstaltungen her kennt.[210]

Den Höhepunkt von Lichtwarks Tätigkeit am Kunstgewerbemuseum bildet der Ende Mai 1881 beginnende Umzug in das neue, von Martin Gropius entworfene Gebäude in der Nähe des Anhalter Bahnhofs. Dabei werden ihm Arbeiten übertragen, die seinen Status als Volontär weit überragen. Er ordnet zu Lessings höchster Zufriedenheit den Schmuck und das Schmiedeeisen neu und in wenigen Tagen muss er die gesamte Textilsammlung in das neue Gebäude bringen, mehr als 15.000 Stücke, die einzeln durch seine Hände gehen. Auch das Goldzimmer, »Schätze von mindestens 2–3 Millionen«, hat er beim Umzug zeitweise in seiner Obhut.[211] Beim Auspacken des berühmten Pommerschen Kunstschrankes, der 1617 für Herzog Philipp II. von Pommern in Augsburg hergestellt und zuvor noch nie genau untersucht wurde, erlebt er ungeahnte Überraschungen, unter anderem entdeckt er ein Geheimfach mit Gift.[212] Bei der Untersuchung des Dachbodens in Schinkels Altem Museum findet er die herrlichsten Porzellane, Gläser und Fayencen und eine ganze Sammlung zerlegter antiker Kachelöfen. Alles wird ins Gewerbemuseum verbracht.[213] Die feierliche Eröffnung des neuen Hauses erfolgt in Anwesenheit des Kaisers am 20. November 1881. »Die Ausstellung ist herrlich«, schreibt Lichtwark der Mutter. »Es erfüllt mich mit inniger Freude, daß ich auch daran mitgearbeitet habe. Die Schmucksachen, eine wunderbare Kollektion, die getriebenen Platten und feinen Emaillen habe ich ganz allein geordnet; fast hundert Sammettafeln voll. Außerdem habe ich die Eisenabteilung ganz selbständig eingerichtet und das Kupfer- und Zinnzimmer. Überdies in fast allen Sälen Hand angelegt. Es ist keiner, in dem ich nicht einen Schrank gebaut hätte.«[214] Über die Eröffnungsausstellung mit indischer Kunst darf er einen Beitrag für das Jahrbuch der Königlich Preußischen Kunstsammlungen verfassen.[215]

209 Ebd., S. 169, 209, 195. – Briefe O. Jessen an Alfred Lichtwark, 19.9.1881, 25.6.1883, HKH, AdB 76.
210 Vgl. Br. Kommission (1896), Bd. III: 1894/95, S. 292f. – Br. Familie, S. 594, 605. – Br. Kommission (1896), Bd. I: 1891/92, S. 235. – Mit Messel ist Lichtwark ebenfalls seit dieser Zeit bekannt; vgl. Br. Familie, S. 602.
211 Vgl. Br. Familie, S. 167, 172, 184, 191.
212 Ebd., S. 197f.
213 Ebd., S. 206.
214 Ebd., S. 211f.
215 Kayser (1977), Nr. 17, hier: AL, Erziehung des Auges, S. 29–36. – Br. Familie, S. 210.

Lessing fördert Lichtwark nicht nur nach seinen Möglichkeiten, auch das Interesse für die zeitgenössische Produktion und die Funktionalität von Gebrauchsgegenständen dürfte er bei seinem Schützling geweckt haben. Im Jahr 1867 hat Lessing vom Kunstgewerbe »Brauchbarkeit« gefordert und erwirbt 1876 für sein Museum amerikanische Gebrauchsgläser aus dickem Pressglas ohne Dekor von der Weltausstellung in Philadelphia.[216] Und 1878 berichtet er von der Londoner Weltausstellung, besonders beeindruckt von funktionalen Gegenständen von einfacher Konstruktion und Materialgerechtigkeit – aus der modernen Konstruktion heraus entstehe die Kunstform bei den Engländern, diese Umbildung sei beim Schiffs- und Wagenbau bereits vollzogen und die Tendenz zeichne sich nun auch bei den Möbeln ab.[217]

Mit Sicherheit hat Lessing auch Gottfried Sempers wegweisenden Text *Wissenschaft, Industrie und Kunst* gekannt, den auch Lichtwark bereits bei Brinckmann kennengelernt haben könnte. Hier werden »das Bedürfnis«, also Funktionalität, außerdem Materialechtheit und -gerechtigkeit, angemessene Proportion, die Natur als Vorbild und das Problem der Anonymisierung der Kunst thematisiert, außerdem die ästhetische Bildung des Konsumenten gefordert und dabei die Museen als die Lehrer der Volkes definiert.[218] Diese Aspekte werden Lichtwark lebenslang beschäftigen.

Im Spätsommer 1881 schlägt Lessing Lichtwark als Assistenten für die Katalogisierung der zwei Jahre zuvor erworbenen Ornamentstichsammlung Destailleur vor, wenn er ihn auch gerne am Museum behalten hätte.[219] Da es dort jedoch nicht mehr viel für ihn zu lernen gebe, sei es für sein späteres Fortkommen besser, die Studienzeit anders auszunutzen. Überdies erwartet er von Lichtwark eine grundlegende Studie zu diesem Thema.[220] So wechselt Lichtwark am 1. Dezember 1881 in die Anstellung als Assistent Robert Dohmes. Der sieben Jahre ältere Dohme, eigentlich Architekturhistoriker, ist zu dieser Zeit Hausbibliothekar Kaiser Wilhelms I.; er wohnt im Schloss und unterhält gute Beziehungen zum Kaiserhaus. Seine Mitarbeit in verschiedenen Gremien fundamentiert zudem seine wichtige Stellung im Berliner Kunstleben. Dohme zeichnet zusätzlich für die 1879 gegründeten *Jahrbücher der Königlich Preußischen Kunstsammlungen* verantwortlich. Durch ihn lernt Lichtwark nach und nach die Berliner Schlösser kennen und ist häufig bei ihm eingeladen.[221]

Gleich zu Beginn studiert er mit Begeisterung Rembrandts Graphik. Am liebsten möchte er auf die gleiche Weise einen Meister nach dem anderen erkunden, doch er erhält die Aufgabe, die Dubletten der Sammlung Destailleur mit dem Bestand des

216 Vgl. Mundt (1990), S. 388.

217 Vgl. Waentig (1909), S. 162f.

218 Vgl. Gottfried Semper, Wissenschaft, Industrie und Kunst, in: Wingler (1966), S. 24f.

219 Große Teile der Sammlung des französischen Architekten, Kunstschriftstellers und Sammlers Gabriel-Hippolyte Destailleur (1822–1893) wurden 1879 vom Berliner Kunstgewerbemuseum erworben und befinden sich heute in der Kunstbibliothek; vgl. Bode (1997), Bd. II, S. 141.

220 Vgl. Br. Familie, S. 185f., 196.

221 Vgl. ebd., S. 203, 132f., 147, 186, 218, 222, 318f., 346, 362f., 412, 415, 417. – Zu Dohmes Vita vgl. Bode (1997), Bd. II, S. 150.

Kupferstichkabinetts qualitativ abzugleichen.[222] Lichtwark ist glücklich: »Meine Arbeiten befriedigen mich sehr«, schreibt er an seinen Bruder. »Wenn sich jemand hingesetzt und einen Plan ersonnen, wie ich wohl am besten und schnellsten in mein neues Fach hineinkäme, er hätte keine glücklicheren Mittel ersinnen können. Zuerst beim Springer, die gründlichste und begeisterndste Einführung. Dann der Sprung in die Praxis und am Kabinett die Beschäftigung mit den Quellen der Dinge.«[223] Dabei erhofft er sich Kontakte durch Dohme und den höchst kompetenten Direktor des Kupferstichkabinetts, Friedrich Lippmann.[224] Im nächsten Brief heißt es: »Lessing sagte mir, so gut hätte es keiner von ihnen gehabt [...].« Auch Lippmann ist mit Lichtwark zufrieden und möchte ihn als Mitarbeiter halten.[225] Im Juli 1882 fährt Lichtwark noch einmal nach Leipzig zu Springer, der ihn bei dieser Gelegenheit, da er selbst nicht aktiv an der geplanten Geschichte der Künste in Einzeldarstellungen mitarbeiten möchte, an den Verlag Grote in Berlin vermittelt; dort hat er Lichtwark für die Geschichte des Kunstgewerbes empfohlen. Auch Springers Sohn Jaroslav, der bereits promovierter Kunsthistoriker ist, soll er in Berlin auf Wunsch des Vaters betreuen und mit ihm forschen wie mit seinen Leipziger Kommilitonen zwei Jahre zuvor. Lichtwark nutzt noch einmal die Möglichkeit, Springers Kolleg zu besuchen, wo er sich »all die schönen Tage« ins Gedächtnis zurückruft. »Wenn Spr. doch in Berlin wäre!«, schreibt er wehmütig der Mutter.[226] Denn an seinem Studium in Berlin dürfte er wohl weniger Freude haben.

Lichtwarks Berliner Studiennachweis enthält für das Wintersemester 1881/82 drei archäologische Veranstaltungen bei Professor Carl Robert, zwei zu den Themengebieten Troja und Pompeji, außerdem archäologische Übungen; im Wintersemester darauf belegt er bei Robert die »Einleitung in die Klassische Archäologie«. Im Sommersemester 1882 hört er bei ihm die »Geschichte der Griechischen Plastik« und die »Geschichte des Portraits« und im folgenden Sommer bei dem nur zwei Jahre älteren Privatdozenten Hermann Ebbinghaus »Geschichte der Erkenntnistheorie und Psychologie«.[227] Ob Lichtwark neben seiner Tätigkeit im Kupferstichkabinett bei Anton Springers Antipoden Herman Grimm, dem Sohn Wilhelm Grimms, an der Berliner Universität überhaupt kunstgeschichtliche Vorlesungen hört, lässt sich nicht nach-

222 Vgl. Br. Familie, S. 212f.
223 Ebd., S. 218.
224 Generaldirektor Richard Schöne lernte Friedrich Lippmann 1873 beim Kunsthistorischen Kongress in Wien kennen; Lippmann war seit 1867 Kustos am Österreichischen Museum für Kunst und Industrie und mit den graphischen Verfahren vertraut. 1876 wurde er mit Vorbehalt, 1878 endgültig mit der Leitung des Berliner Kupferstichkabinetts betraut und entwickelte das vorher rückständige Kabinett zu einem der führendsten der Welt. Vgl. Pallat (1959), S. 135f. – Bode (1997), Bd. II, S. 22.
225 Vgl. Br. Familie, S. 218f., 222.
226 Ebd., S. 329f., Zitat S. 330.
227 Vgl. Abgangszeugnis der Königlichen Friedrich-Wilhelms-Universität für Alfred Lichtwark, datiert 26.1.1884, FKL. – Hermann Ebbinghaus (1850–1909) wirkte später als Professor in Breslau und Halle; er gilt als Mitbegründer der experimentellen Gedächtnis- und Lernpsychologie; vgl. Deutsche Biographische Enzyklopädie, Bd. 2, München u.a.: Saur, 1995, S. 663.

weisen. Angesichts der Abneigung Springers gegen die Lehre des Kollegen mag Lichtwark hier nur Stippvisiten vorgenommen haben. Grimm hat den Lehrstuhl seit 1873 inne und vertritt eine Kunstgeschichte der großen Künstler, losgelöst von den historischen Zusammenhängen und sogar ihrem eigenen Werk, was ihm berechtigte Kritik einbringt. In seinen Vorlesungen arbeitet er bevorzugt mit der modernen Technik des Lichtbildes, wie er ohnehin wenig Wert auf Originale legt und die Museen mit Kopien füllen möchte.[228] Lichtwark übernimmt diese Ansichten nicht. Überhaupt scheinen ihm zumindest die archäologischen Vorlesungen wenig zu bedeuten, denn seiner Mutter teilt er lediglich kurz mit, wieder Vorlesungen hören zu wollen, erwähnt jedoch in seinen späteren Briefen nichts. Wohl aber erzählt er von Grimm Anekdotisches und wird auch später zu dessen Jour fixe eingeladen, wo ihm Grimms emanzipierte Frau Gisela, eine Sängerin und Tochter Bettina von Arnims, exaltiert und abstoßend erscheint.[229] Sehr originell berichtet er von einem gemeinsamen Besuch in der Nationalgalerie, wo Entwürfe für das Treppenhaus der Düsseldorfer Kunsthalle mit Idealportraits berühmter Künstler wie Raffael, Dürer und Michelangelo ausgestellt sind, die Grimm in berlinischer Schnodderigkeit nach Herzenslust persifliert.[230] Lichtwark setzt vor allem seine praktischen Studien im Kupferstichkabinett fort, die seinen geistigen Werdegang neben dem Umgang mit den jungen Künstlern und der zeitgenössischen Kunst im Kunsthandel am stärksten prägen. Seine Ausbildung lässt sich im strengen Sinne kaum als Studium bezeichnen, vielmehr handelt es sich im Wesentlichen um autodidaktisch angeeignete Kenntnisse und Fähigkeiten, die er mit der Unterstützung von Fachleuten in den Museen erwirbt – begleitet von Vorlesungen, die ihn wenig beeinflussen. Die Ausbildung ist jedoch noch nicht so fest reguliert. Viele der Kollegen in den Museen sind in ihrem speziellen Fach Autodidakten; Wilhelm Bode als gelernter Jurist erscheint als Paradebeispiel dafür.

Schnell gewinnt Lichtwark Sicherheit und hat Erfolg bei seiner journalistischen Tätigkeit; von den Kollegen wird er auf seine Kritiken angesprochen, die er nur mit »-k« unterzeichnet. Auch Bode lobt ihn, die *Nationalzeitung* habe seit Jahren kein so gutes Feuilleton gehabt. Dieses Lob erfreut Lichtwark besonders. Seiner Mutter schreibt er: »Daß sich Bode so energisch für mich erklärt, hat mehr zu bedeuten, als es scheinen mag. Man sieht es im allgemeinen von oben nicht gern, wenn man schreibt. Und im Interesse meiner künftigen Karriere würde ich es nicht tun dürfen, wenn ich nicht in meiner Stellung u. meinen persönlichen Beziehungen zu den ›Spitzen‹ die gediegene Grundlage hätte. Jetzt sehen sie es als einen Vorzug an.«[231] An seine journalistische Tätigkeit knüpft Lichtwark einige Hoffnungen; bei seinen späteren Studienreisen werde es viel Stoff geben, so dass er sich »eine schöne Einrichtung zusam-

228 Vgl. Paul (1993), S. 136. – Bode (1997), Bd. II, S. 134f. – Zu Grimms Bevorzugung des Skioptikums vgl. Ullrich (2009), S. 95–104.
229 Vgl. Br. Familie, S. 208, 381, 424f.
230 Vgl. ebd., S. 397f.
231 Vgl. ebd., S. 223, 225, 227, Zitat S. 227f.

menschreiben« könne und »auch manches gute Stück kaufen«. »Sie raten mir hier, so lange wie möglich unabhängig zu bleiben, die Karriere ist dann viel angenehmer und schneller.«[232] Im April 1882, kaum ein halbes Jahr nach seinen journalistischen Anfängen, schreibt er bereits routiniert: Er sei sich jetzt in der Schriftstellerei für die Tagespresse völlig sicher und von Stimmungen unabhängig, anders als die Gelehrten könne er sich jeden Augenblick hinsetzen und schreiben.[233] Richard Muther würdigt später Lichtwarks Feuilletons und besonders seinen leichten Stil: »[...] wenn ich die Berichte, die er für die Gegenwart und Nationalzeitung schrieb, damals nicht recht verstand (es klang darin alles so natürlich und selbstverständlich, dass ich meinte, es gehöre keine ›Kunst‹ dazu, sie zu schreiben), so merkte ich später, dass Lichtwark darin schon damals – will sagen vor 12 Jahren – die Basis geschaffen hatte, auf der heute unsere Kunstkritik steht.«[234] Er habe sich anhand von Lichtwarks Kunstberichten in das Verständnis der modernen Kunst eingearbeitet, schreibt er ihm 1893, er verdanke ihm viel und fühle sich fast als sein Schüler.[235] Auch zum Erfolg von Muthers Dissertation über Anton Graff hat Lichtwark beigetragen: Muther übernimmt darin mit dessen Erlaubnis eine Passage aus einem Brief Lichtwarks mit einer Charakteristik Graffs im Verhältnis zu seiner Zeit und der Generation vor ihm, und gerade diese Passage wird zu Lichtwarks Vergnügen in den Rezensionen besonders gelobt.[236] Für Dohme redigiert Lichtwark vertretungsweise das *Jahrbuch der Königlich Preußischen Kunstsammlungen* und betätigt sich als Ghostwriter für Lippmann, als dieser ihm nur Zettel und Notizen zu einem Aufsatz bringt. In seiner bescheidenen Art staunt er über die Anerkennung seiner Leistungen: »Es kommt mir ganz sonderbar vor.«[237]

Lichtwark will praktisch wirken; der Gelehrte ist ihm schon jetzt ein eher bedauerliches, weltfremdes Wesen. »Ich habe keinen Gelehrtenruf zu schonen«, schreibt er bei Gelegenheit an seine Mutter, »und würde es auch nicht tun, wenn ich ihn hätte.« Dazu gehört auch seine Überzeugung, sich nichts zu vergeben, wenn er einen Spezialisten um Rat angehen würde.[238] Als er mit dem stillen und in Gesellschaft unbeholfenen Kunsthistoriker August Schmarsow ein Gespräch beginnen will und dabei

232 Ebd., S. 232f.
233 Vgl. ebd., S. 285.
234 Muther (1900), Bd. I, S. 168f.
235 Brief Muther an Alfred Lichtwark, 20.2.1893, HKH, AdB 76. Muther sendet Lichtwark hier seine Geschichte der modernen Malerei mit der Bitte um eine wohlwollende Rezension in den *Hamburger Nachrichten*. Er wisse, wie riskant das Thema sei, das Rosenberg, Pecht und Lübke »zerzausen« würden; die Mehrzahl der Kritiken würde abweisend sein, sie beide stünden jedoch auf gemeinsamem Boden.
236 Vgl. Br. Familie, S. 214, 230. – Brief Muther an Alfred Lichtwark, 30.12.1880, HKH, AdB 76. – Muther wurde 1881 mit summa cum laude bei Springer promoviert; vgl. Schleinitz (1993), S. 20. Entscheidenden Einfluss auf Muther hatte nach Meinung von John Schikowski Lichtwark, der hier als der beste deutsche Kunstschriftsteller neben Muther bezeichnet wird; vgl. John Schikowski, Richard Muther, in: Die Gesellschaft, Halbmonatsschrift für Litteratur, Kunst und Sozialpolitik, 11. Jg., 1895, 3. Quartal, S. 1160–1168, hier S. 1164; zit. bei Schleinitz (1993), S. 99.
237 Vgl. Br. Familie, S. 294f.
238 Ebd., S. 481.

scheitert, fühlt er sich bestätigt.[239] Für die Zukunft kann er sich auch eine Tätigkeit als Privatdozent am neu gegründeten Berliner Polytechnikum vorstellen, das dem Ressort von Geheimrat Wilhelm Wehrenpfennig unterstellt ist. Wehrenpfennig kennt und schätzt ihn, so dass er sich einige Chancen erhofft.[240]

Auch wenn er kein Gelehrter sein möchte, so hat Lichtwark dennoch Interesse am Publizieren. Mit der Leipziger Verlagsbuchhandlung Wiegand korrespondiert er über eine kunsthistorische Veröffentlichung, für die auch andere Autoren herangezogen werden sollen; er selbst ist dem Verleger empfohlen worden. »Fünfzig berühmte Maler der Vergangenheit«, so der Arbeitstitel, sollen in Bildern und Biographien populär vorgestellt werden, als Handbuch für »jeden Gebildeten«. Lichtwark wird auch um Vorschläge für andere Mitarbeiter gebeten. Er zieht allerdings eine Reihe kleiner Bände einem umfangreichen Einzelband vor,[241] eine Lösung, die er auch später in der Hamburger Kunsthalle favorisiert. Das Projekt scheint jedoch nicht zustande gekommen zu sein.

Nach Abschluss der Katalogisierung der Sammlung Destailleur gelingt es Lippmann, für Lichtwark noch einen Monat freie Beschäftigung auszuhandeln. »Was kann ich in dem Monat noch alles durchgehen«, schreibt er glücklich seiner Mutter.[242] Gerne hätte Lippmann von ihm einen großen Katalog der Portraits erarbeiten lassen,[243] wozu es jedoch ebenfalls nicht kommt. Neben dem Kunstgewerbe, von dem ihm insbesondere die asiatischen Arbeiten gefallen, beschäftigt sich Lichtwark seit langem mit der Graphik. In seinem ersten Semester in Leipzig hat er Holbeins »Totentanz« studiert, nun sichtet er die Graphik Dürers. Vor allem hat es ihm Rembrandt angetan: »Rembrandt ist aber noch reicher. Nie vor und nach ihm ist das Leben so gewaltig gepackt, zum wenigsten nicht von einem Maler. Shakespeare ist der einzige, den man zum Vergleich heranziehen kann«, schreibt er und will nun die übrigen Holländer untersuchen. »Ein unendlicher Reichtum. Und wunderbar, am Anfang des siebzehnten Jahrhunderts hatten sie noch nichts wirklich Eigenartiges, in der Mitte standen sie auf der Höhe der originellsten Kunstentwicklung, die wir kennen.«[244] Lichtwark tut hier den ersten Schritt zu einer Veröffentlichung, die er selbst vorschlägt. Im Mai 1883 schließt er einen Vertrag ab mit dem bedeutendsten Berliner Kunstverlag R. Schuster für eine Publikation mit Heliogravüren von Kupferstichen Dürers und Radierungen Rembrandts. Die beigefügten Texte stammen von ihm selbst und seinem Kollegen Julius Janitsch. Die beiden arbeiten

239 Vgl. ebd., S. 362

240 Vgl. ebd., S. 559. Die Gründung des Berliner Polytechnikums zur Förderung der Baukunst und künstlerischen Ausbildung der Architekten wurde von Richard Schöne in seiner Funktion als Vortragender Rat 1874 angeregt, die Umsetzung zog sich jedoch jahrelang hin. Im Grunde ging es dabei um eine organisatorische Zusammenlegung der Bauakademie mit der Gewerbeakademie zu einer Technischen Hochschule (Polytechnikum). Der Handelsminister, dem die Entscheidung vorbehalten war, verzögerte sie jedoch; vgl. Pallat (1959), S. 58f.

241 Vgl. zwei Briefe Wiegand an Alfred Lichtwark, undatiert sowie 16.11.1882, HKH, AdB 76.

242 Br. Familie, S. 238.

243 Vgl. ebd., S. 222. Vermutlich handelt es sich um das von Woldemar von Seidlitz erarbeitete Portraitwerk; Seidlitz (1884–1890).

244 Br. Familie, S. 52f., 238f.

schon seit längerer Zeit jeden Sonntagabend daran. An solche Faksimiles hat zuvor noch niemand gedacht. Lichtwark begeistert sich für »dieses neue Werk, daß die herrlichsten aller Schöpfungen der größten Meister vereint. Denn was Rembrandt radiert hat, ist so wunderbar, daß sich kein Kunstwerk an Gewalt und innerer Schönheit mit ihm messen kann. Ich glaube, daß ich mir durch die Publikation ein ähnliches Verdienst erwerben kann, wie wenn einer Shakespeare herausgibt, wo ihn noch keiner kennt. Der Gedanke zu dieser Publikation ist nämlich von mir.«[245] Sein Mitherausgeber bestätigt Lichtwarks Urheberschaft und dessen Anteil an dem Werk. Demnach hat Lichtwark sowohl den ganzen Rembrandt-Teil als auch zwei Blätter von Schongauer bearbeitet. Seine Einleitung zu dieser Publikation gehört zu den ersten erschienenen Texten zu diesem Thema.[246] Auch Herman Grimm, der sich ganz der italienischen Kunst verschrieben und von Rembrandts Radierungen noch keine Kenntnis hat, kann er von seinen Entdeckungen im Berliner Kupferstichkabinett überzeugen. Grimm soll betroffen reagiert haben mit der Aussage: »Sie haben recht, das müßte man eigentlich auch kennen.«[247] Bei der Wiederentdeckung Rembrandts gehört Lichtwark also zur Avantgarde. Er dürfte die Rembrandt-Blätter im Kupferstichkabinett selbst gefunden haben, doch einer der wenigen frühen Rembrandt-Kenner ist ganz in seiner Nähe ansässig. Wilhelm Bode begeistert sich als Jurastudent auf seinen Reisen in den Galerien von Kassel, Berlin, München und Dresden für Rembrandts Gemälde und entwickelt Verständnis für dessen Kunst, das er später anlässlich seiner Referendarzeit in Braunschweig im dortigen großherzoglichen Museum noch vertieft. Obwohl er über Frans Hals promoviert, beschäftigt er sich doch viel intensiver mit Rembrandt und erwirbt im Laufe seiner Tätigkeit von 1874 an für die Berliner Sammlung insgesamt 24 Rembrandt-Bilder, die allerdings heute nicht mehr durchweg als eigenhändig gelten.[248] Gleichzeitig treibt Lichtwark seine Studien über den Ornamentstich voran. Das Themengebiet erforscht er nun seit Jahren; 1882 hält er in Dohmes Wohnung darüber ein einführendes Privatissimum für den Hausherrn, seine Freunde Seidlitz und Janitsch sowie den Baumeister Paul Kurr, mit dem er am Katalog der Sammlung Destailleur arbeitet, und erfreut sich des Staunens der Kollegen.[249] Einen Teil dieser Studien veröffentlicht er 1884 vorab im *Jahrbuch der Königlich Preußischen Kunstsammlungen*, 1885 erscheint dann ein Teildruck als Dissertation unter dem Titel *Die Kleinmeister als Ornamentisten*.[250]

245 Ebd., S. 416f., 389.
246 Vgl. Zeromksi (1924), S. 42. – Alfred Lichtwark (Hrsg.), Schongauer, Dürer, Rembrandt. Stiche und Radierungen. In heliographischer Nachbildung nach Originalen des Königlichen Kupferstichkabinetts zu Berlin. Mit begleitendem Text von Julius Janitsch und Alfred Lichtwark, Berlin: Grote, 1885/86; Kayser (1977), Nr. 166. Wiederabdruck: AL, Rembrandt und die holländische Kunst, S. 114–133.
247 Vgl. Zeromski (1924), S. 41; es ist anzunehmen, dass Zeromski diese Episode von Lichtwark mündlich erfahren hat.
248 Vgl. Stückelberger (1996), S. 40–47.
249 Vgl. Br. Familie, S. 359f.
250 Kayser (1977), Nr. 114, 121. Lichtwark glaubt zunächst, noch Jahre an diesem Thema zu tun zu haben; vgl. Brief E. Bernheim an Alfred Lichtwark, 11.6.1884, HKH, AdB 76. So publiziert er seine gesamten Studien zum Thema Ornament erst 1888 bei Weidmann in Berlin; Kayser (1977), Nr. 168.

Am 28. März 1885 wird Lichtwark in Leipzig promoviert. Schon einige Tage zuvor hat er seiner Mutter mitgeteilt: »[...] gestern schrieb mir Prof. Springer, meine Angelegenheit sei glänzend durch die Fakultät gegangen, ich sei promoviert. [...] Ich hatte Spr. mein Buch geschickt, das nun bald erscheinen wird, er fand die Arbeit so bahnbrechend, daß er und zu meiner Freude auch Prof. Overbeck, sonst sein bitterster Gegner, befürwortete, man solle mir auf Grund der Arbeit das mündliche Examen schenken. Das ist nun auch geschehen. [...] Meine Arbeit ist fertig gedruckt, ein ganz ordentliches Buch. Lessing ist sehr glücklich darüber. Sie wird Grund legen. Er sagt, ich würde nun bald so bekannt wie ein bunter Hund.«[251] Er habe von dieser Arbeit viel gelernt, schreibt Springer an Lichtwark, sie sei grundlegend und werde ihm zum Ruhm gereichen. Die Beziehung ist freundschaftlich geworden, Springer redet seinen ehemaligen Studenten brieflich mit »Freund« an, lädt ihn zum Essen ein und fühlt sich geehrt von Lichtwarks Wunsch, ihm die Dissertation zu widmen.[252]

Eigentlich habe er gar nicht promovieren wollen, schreibt er viele Jahre später an den norwegischen Kollegen Andreas Aubert anlässlich dessen Promotion. Schöne habe ihm jedoch dazu geraten; dann frage niemand mehr, wo man herkomme und was man gelernt habe. Und er bereue nicht, es getan zu haben.[253] Als Nebenprodukt seiner graphischen Studien entsteht ein kleiner Aufsatz über das Modelbuch des Peter Quentel für die Festschrift für Anton Springer zum 25jährigen Jubiläum seiner Tätigkeit als Professor der Kunstgeschichte, zu der neben anderen auch Julius Lessing, Richard Muther und Woldemar von Seidlitz beitragen.[254] Patriotischer Stolz auf die Bedeutung der frühen deutschen Graphik und deren Verbreitung auch in Italien klingt in Lichtwarks Einleitung zu seinem Text an.

Für seine Forschungen zur Graphik besichtigt er verschiedene Sammlungen, in Frankfurt am Main, Wien und schließlich Paris, wohin er im September 1883 mit Robert Dohme auf Staatskosten reist.[255] Beide steigen im Hotel Suisse, Rue Lafayette 5, ab. Mit Dohme besucht er unter anderem die Sammlung des Bankiers Alphonse Rothschild.[256] Der Aufenthalt in Paris erweitert Lichtwarks Erfahrungsschatz in vielerlei Hinsicht. Angesichts der Pariser Architektur aus Sandstein mit wenig Schmuck erkennt er beim Vergleich mit den »Gesimsen, Gebälken, Säulen, Karyatiden, Girlanden etc. in Zink und Stuck« in den neuen Straßen Berlins: »[...] wir seien doch rechte Barbaren gegenüber der vornehmen Einfachheit der Franzosen. Nur Balkons verschwenden sie über die ganze Fassade [...].«[257] Neben seinen sechs Arbeitstagen in der Pariser Bibliothek begleitet Lichtwark verschiedentlich Justus Brinckmann, den er zufällig getroffen hat, bei ver-

251 Br. Familie, S. 581 (Zitat), 583.

252 Vgl. Springer an Alfred Lichtwark, Karte vom 31.[13.?]2.1884, Briefe vom 21.4.1884 und 11.3. o.J., HKH, AdB 76.

253 Vgl. Brief Alfred Lichtwark an Aubert, 29.6.1896, Oslo, NB, Brevsamling 32.

254 Alfred Lichtwark, Das Modelbuch des Peter Quentel, in: Gesammelte Studien zur Kunstgeschichte. Eine Festgabe zum 4. Mai 1885 für Anton Springer, Leipzig: Seemann, 1885, S. 143–150; Kayser (1977), Nr. 143.

255 Vgl. Br. Familie, S. 428, 434–472.

256 Ebd., S. 443f.

257 Ebd., S. 442.

schiedenen Einkäufen für dessen im Aufbau begriffene japanische Museumsabteilung, darunter Schwertstichblätter »allerersten Ranges«, die wie Kartoffeln in einem Sack aus Japan verschickt wurden. Seit den ersten Erwerbungen japanischer Exponate für das Museum im Jahre 1873 hat Brinckmann die junge Generation für diese Objekte begeistert, darunter auch Lichtwark, der in seinen Briefen aus Berlin mehrfach die japanischen und chinesischen Werke im Museum wie auch in den kostbar und raffiniert eingerichteten Wohnungen der Berliner Museumsleute hervorhebt.[258] Nun gelangt er mit Brinckmann zu dem Japanhändler Siegfried (Samuel) Bing, einem gebürtigen Hamburger. Hier macht er die Bekanntschaft des japanischen Gelehrten Tadamasa Hayashi und erfährt von ihm ein Märchen, das er für die *Gegenwart* journalistisch aufbereitet.[259] In Paris entdeckt Lichtwark außerdem die Ornamentstichsammlung Forli; deren Auswertung würde jedoch eine weitere Reise nach Paris erforderlich machen, die er anscheinend nicht realisieren kann.[260] Anschließend reist er sofort zu weiteren Forschungen nach Wien, wo er den Dürer-Forscher Moritz Thausing kennenlernt.[261] Als nach seiner Rückkehr Dohme krankheitsbedingt für längere Zeit in den Süden reisen muss, werden Lichtwark dessen Amtsgeschäfte übertragen. Er ist auch an einer offiziellen Vorlagen-Publikation der Museen beteiligt und darf sogar seinen Beitrag namentlich kennzeichnen.[262] Er hält weiterhin Vorträge – diesmal im Museum für die Damen der Gesellschaft, darunter Schönes Gattin und einige andere Damen »mit großem Titel« – unter anderem über Raffael, Tizian, Dürer, Rubens und Rembrandt; später bietet ihm Bode auch Vorträge über die italienische Renaissance im Victoria-Lyzeum an.[263]

So hat sich Lichtwarks Lebenssituation in Berlin vorzüglich entwickelt: Die Arbeit begeistert ihn; seine Vorträge sind beliebt; er verzeichnet überall Erfolge; und die feuilletonistische Tätigkeit sichert ihm Anerkennung und Geld, so dass er sich auch etwas Luxus gönnen und eine bessere Wohnung leisten kann. Nachdem er zweimal ein möbliertes Zimmer bewohnt hat, bezieht er daher schließlich zum 1. April 1884 ein Domizil im Eckhaus Magdeburger Platz Nr. 9, mit Badezimmer und prächtiger Aussicht über den Platz. In der Nähe wohnen alle seine Bekannten und Freunde (Abb. 12).[264] Die beiden neuen Zimmer stattet er mit Antiquitäten aus: Er liebt bürgerliche Rokokomöbel und erwirbt einen Schreibtisch mit Intarsien, einen barocken Schrank, dazu noch einen Orientteppich sowie einen Kelim und als Dekoration lässt er sich eine Büste nach

258 Vgl. ebd., S. 452. – AL, Brinckmann, S. 20.

259 Vgl. Br. Familie, S. 457–459; Kayser (1977), Nr. 101. – Zu Bing vgl. Weisberg (1986), S. 16ff.

260 Vgl. Br. Familie, S. 470.

261 Vgl. Br. Familie, S. 472–477.

262 Vgl. Br. Familie, S. 478f. – Zu den Amtsgeschäften gehört auch die Redaktion des Jahrbuchs. Lichtwark hat seine liebe Not mit der Säumigkeit Mommsens bei der Lieferung seines Beitrages; vgl. neun Briefe Alfred Lichtwark an Mommsen, Berlin, Staatsbibliothek, HSS, NL Mommsen, 78, 1883–84.

263 Vgl. Br. Familie, S. 494, 498, 500f., 509, 515, 521, 523.

264 Vgl. Br. Familie, S. 500, 508, Lageplan S. 508; zum zweiten möblierten Zimmer vgl. ebd., S. 288, 297, dorthin zieht Lichtwark 1882. Diese Adresse lautet Potsdamer Straße 94; Seidlitz wohnt, wie erwähnt, drei Häuser weiter und Lessing schräg gegenüber. Im Plan ist die Nummer 94 ohne Zusatz eingezeichnet.

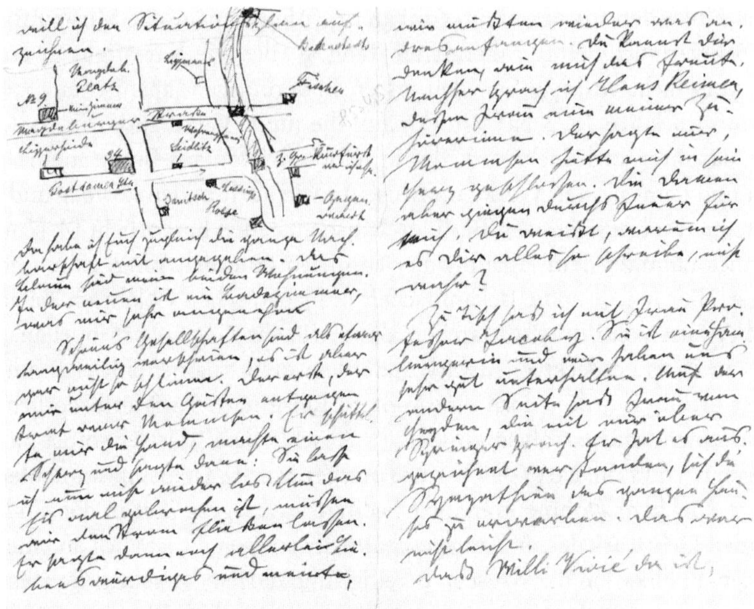

Abb. 12 Lageplan seiner Wohnung am Magdeburger Platz, Skizze von Alfred Lichtwark, 1884

einem alten Original gießen (Abb. 13a, b).[265] Lichtwarks Studienfreund Richard Muther, der zu dieser Zeit in Berlin als Einjähriger dient, beschreibt dessen Wohnsituation so: »Seine Wohnung am Magdeburger Platz füllte sich mit erlesenen Stücken, Möbeln in jenem gediegenen, bürgerlichen Rococostil, der so ›modern‹ war und an den – vielleicht deshalb – unser hilfloses Kunstgewerbe noch nicht anknüpfte. An den Wänden hiengen [sic] Radierungen von Schongauer, Dürer und Rembrandt in jenen fein profilierten schmalen schwarzen Rahmen, die man aus Whistlers Bildnissen kennt. Während der Kunstgelehrte gemeinhin sich nur amtlich mit Kunst beschäftigt und ausserhalb des Collegs oder Museums ungern an diese amtliche Beschäftigung erinnert sein will, steckte in Lichtwark ein bisschen von jenen vornehmen Amateurs à la Goncourt, die, da sie nicht durch die Philologie, sondern durch die sinnliche Freude am Schönen zu ihrem ›Fach‹ geführt wurden, auch das Bedürfnis fühlen, ihre eigene Umgebung zum Kunstwerk zu gestalten. Eine ganz kindliche Freude hatte er manchmal, wenn ihm ein Buchbinder nach seinen Angaben einen geschmackvollen Einband herstellte.«[266]

Ludwig Gurlitt, ein Bruder des Kunsthändlers Fritz Gurlitt, der im selben Haus am Magdeburger Platz wohnt, erinnert sich des »stets sehr eiligen« Lichtwark: »Es war

265 Vgl. Br. Familie, S. 516, 518, 526, 534, 575, 583, 585, 588. – Sylvia Steckmest, Hamburg, vermutet, dass Henriette Lichtwark, geborene Goldmann, Carl Friedrich Lichtwarks erste Ehefrau, bei ihrer Eheschließung gehobenes Mobilar aus dem Haushalt von Salomon Heine erhalten habe, das nach Betty Heines Tod im Jahr 1837 überzählig war. Lichtwarks Möbelvorlieben könnten dadurch beeinflusst worden sein.
266 Muther (1900), Bd. I, S. 169.

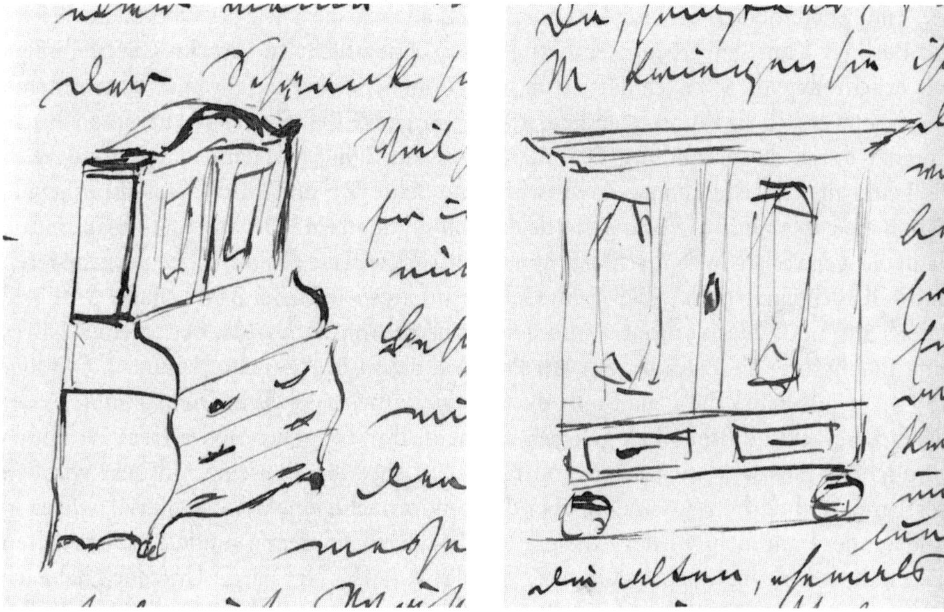

Abb. 13 a + b Lichtwarks Skizzen seiner Möbel in Berlin, 1885

für ihn eine Zeit des fieberhaften Schaffens. Dann traf ich ihn oft in der Behrenstrasse in der Kunsthandlung meines Bruders Fritz, wenn neue Böcklin, Thoma, Mardrées [Marées], Leibl, von Uhde, französische Impressionisten und sonst etwas Schönes zu sehen war. Dann war Lichtwark einer der ersten und einer der verständnisvollsten, an dem der Aussteller seinen Trost und seine Freude fand. Wo fast die ganze – oder besser gesagt – wo die ganze Berliner Presse elendiglich versagte, da war er einer der wenigen, der mit sicherem Blicke die neuen Werte richtig einschätzte. Es bildete sich deshalb zwischen ihm und meinem Bruder Fritz schnell ein freundschaftliches Verhältnis heraus, das auf gleichen künstlerischen Bedürfnissen und einer Harmonie des Strebens begründet war. Lichtwark hat sich später wiederholt an die Verdienste meines Bruders dankbar erinnert, der auch ihm ›so reiche Anregung gegeben habe.«[267]

Lichtwarks Erfolge wecken allerdings gelegentlich auch Neid. Rudolph, der Bibliothekar am Gewerbemuseum, spricht ihn direkt auf seine »Taktik im Verkehr mit den Leuten« an; er komme erst jetzt zu der Einsicht, wie viel klüger Lichtwark aufgetreten sei als sie alle. Lichtwark weist diese Unterstellung empört und entschieden zurück, er habe sich weder Taktik noch Plan zurechtgelegt, sei nur zurückhaltend gewesen und habe sich trotzdem nichts gefallen lassen.[268]

267 Gurlitt (1914), S. 89.

268 Br. Familie, S. 419. Das Berliner Adressbuch von 1884 verzeichnet E. Rudolph, Bibliothekar des Kunstgewerbemuseums, W, Bülowstr. 74, IV; vgl. Berliner Adreß-Buch für das Jahr 1884, hrsg. unter Mitwirkung von W. & S. Loewenthal, Berlin 1884, S. 832. Lichtwark schreibt »Rudolf«.

Ende September 1884 wird dem nun fast 32Jährigen die Stelle des Oberbibliothekars am Berliner Kunstgewerbemuseum angeboten, eine »nicht zu verachtende Stellung«, wie er schreibt, »die ich auch hätte froh sein können, nach zehn Jahren zu bekommen.« Dabei setzt er sich als Wunschkandidat gegen eine ganze Reihe von Konkurrenten durch. Ergänzt durch die Sammlung Destailleur soll die Bibliothek dann außer ihm selbst als Leiter drei Assistenten sowie verschiedene Sekretäre und Hilfspersonal umfassen. Durch die geplante Erweiterung werde die von ihm betreute Ornamentstichsammlung dann die wertvollste in Deutschland sein. Lichtwark will die Bibliothek neu organisieren und soll auch Unterricht geben. Sein Gehalt, anfangs wie bisher 3.000 Mark, wird bald jedoch auf 4.000 Mark erhöht. Außerdem stehe für ihn nach Ablauf etwa eines Jahres eine Etablierung als Privatdozent am Polytechnikum in Aussicht.[269] Zum 1. Oktober 1884 tritt Lichtwark die neue Stelle als Oberbibliothekar an. Sein Dienstzimmer, zwischen Lesesaal und Bibliothek gelegen, erscheint ihm behaglich und erfreut ihn durch eine schöne Aussicht auf Garten und Himmel (Abb. 14). Er ist beeindruckt von den kostbaren und reichen Beständen, über die er nun wacht, ein Arbeitsmaterial, wie es so bald auf der Welt nicht wieder existiere: »Es ist doch sonderbar«, sinniert er, »wie ich in die Stellung hineingewachsen bin. Wer mir das vorausgesagt hätte! Und doch habe ich schon seit Jahren, lange ehe ich an diesen Studiengang denken konnte, die Vorarbeiten getan, als hätte ich gewußt, wie es kommen könnte.«[270]

Lichtwark ist derart zufrieden mit seinen Lebensumständen, dass er ablehnt, als der Feuilletonist Ludwig Pietsch ihm eine Stelle als Museumsdirektor in Breslau vermitteln will, trotz der in Aussicht gestellten 10.000 Mark Gehalt.[271] In viereinhalb Jahren hat er die Entwicklung vom Lehrer an der Gottschalckschen höheren Schule in Hamburg zum promovierten Oberbibliothekar eines der drei modernsten Kunstgewerbemuseen des europäischen Kontinents absolviert.[272] Trotz dieser raschen Karriere verliert er nicht seinen Realitätssinn. In seinen Familienbriefen erinnert er sich gelegentlich seiner Vergangenheit und staunt: »Wer mir früher gesagt [hätte], daß ich die Reisen machen sollte, die ich hinter mir habe«, schreibt er etwa im Sommer 1884 aus Dresden, wo er auch den Direktor der Dresdner Galerie, Karl Woermann, aufgesucht hat. Woermann wird für seine künftige Laufbahn noch wichtig werden; offensichtlich hat er an dem jungen Kollegen Freude, denn er trifft ihn kurz darauf in Berlin wieder.[273]

Aus seinen Selbstaussagen lässt sich schließen, dass Lichtwark in jeder Hinsicht mit seinem Dasein in Berlin zufrieden ist: Er hat Erfolg im Beruf und ist nicht nur in das soziale Leben eingebunden, sondern ausgesprochen beliebt. Kollegen, Freunde und Bekannte pflegen ständigen Umgang mit ihm, laden ihn häufig zu Tisch und ihren Gesellschaften. Aber sie sollen sich nichts einbilden, er selbst tue es auch nicht, schreibt er an Mutter und Bruder schon 1882 anlässlich seines wachsenden Erfolges, »denn ich

269 Vgl. Br. Familie, S. 558f. – Brief Lessing an Alfred Lichtwark, 1.6.1884, HKH, AdB 76.
270 Br. Familie, S. 566.
271 Vgl. ebd., S. 568.
272 In chronologischer Folge der Gründung: Wien, Berlin, Hamburg.
273 Vgl. Br. Familie, S. 550f., S. 555–557, Zitat S. 551.

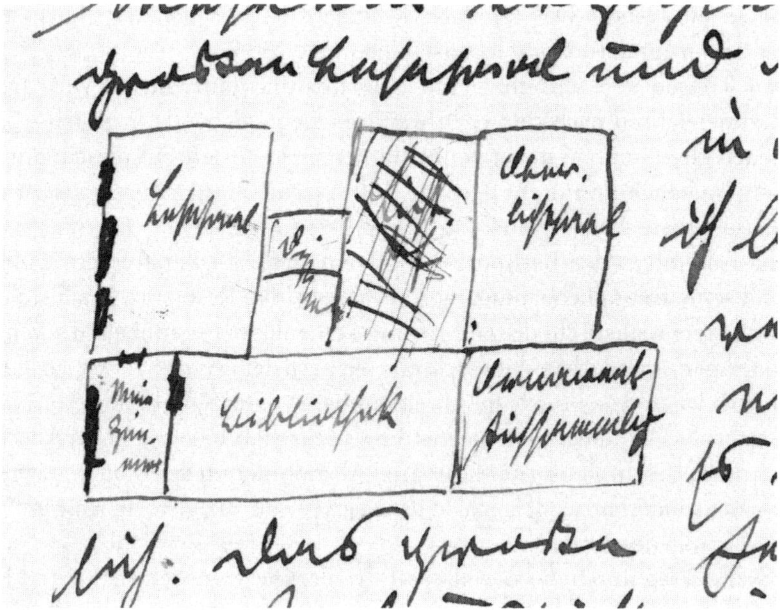

Abb. 14 Lichtwarks Skizze seines Arbeitsplatzes im Berliner Kunstgewerbemuseum, 1884

weiß zu gut, was ich wert bin und nicht. Aber freuen könnt Ihr Euch sogut [sic] wie ich darüber.«[274] Lichtwarks Bewusstsein von seiner Begabung und seinem Können, das fernab von Eitelkeit besteht, wird auch später von Zeitgenossen konstatiert.[275] Darin liegen unter anderem sein Charisma und die Größe seiner Persönlichkeit begründet.

Menschen

Lichtwark wird in Berlin mit offenen Armen empfangen. Private Kontakte entstehen umgehend. Bei der Familie Bodenstedt ist er stets willkommen, verbringt dort auch den Heiligen Abend 1880 und avanciert bald zum ›Freund des Hauses‹. Lichtwark ist den Kindern, besonders Waldemar, dem Jüngsten, liebevoll zugetan. Auch bei der in Braunschweig ansässigen Familie Meyer, aus der Bodenstedts Gattin stammt, ist Lichtwarks Besuch willkommen. Nach dem frühen Tod des Bankiers wird Lichtwark Vormund der Bodenstedtschen Kinder, die an seiner Schwester Marianne und ihm mit Liebe hängen. Der schwierige Älteste, Arthur, wird einige Jahre später zu Lichtwarks Mutter und Bruder nach Hamburg in Pension gegeben und bleibt dort auch über Lichtwarks Rückkehr nach Hamburg hinaus. Lichtwarks Mutter begleitet in den Ferien gelegentlich die noch junge Witwe Hanna Bodenstedt mit ihren Kindern und

274 Ebd., S. 230.
275 Vgl. Schiefler (1985), S. 66.

Marianne an die Ostsee. Der familiäre Kontakt zwischen den Lichtwarks und den Bodenstedtschen Kindern bleibt lebenslang bestehen.[276]

In den Kreisen der Museumsleute, Künstler und Journalisten wird Lichtwark in den Berliner Jahren nach und nach weitergereicht, als wolle man den wärmstens Empfohlenen gleich einmal näher kennenlernen. Seine Briefe aus diesen Jahren lesen sich wie ein Vademekum für die Berliner Kulturszene. Binnen kurzem ist er zu einer großen Gesellschaft in das Haus von Julius Lessing geladen.[277] Ein junger Kollege nimmt ihn bald mit in den Berliner Architektenverein.[278] Überall findet sein heiteres Wesen und seine freundliche, umgängliche Art positive Resonanz. Doch steht er seiner Umwelt stets realistisch, distanziert und kontrolliert gegenüber. »Es kommt mir noch immer ganz sonderbar vor«, schreibt er nach Hause, als er wieder einmal zu Lessings eingeladen war, »mich so mit einem halben Dutzend berühmter Namen zu Tisch zu setzen.«[279] Und nach einer illustren Gesellschaft bemerkt er im Anschluss an die ausführliche Beschreibung der kostbaren Abendtoiletten der Damen: »Wißt Ihr, es kam mir ganz sonderbar vor, als ich so dazwischen saß, als gehörte ich hinein u. mir plötzlich Vergangenes einfiel.«[280]

Lichtwarks Weg durch die Gesellschaft der Berliner Museumsleute und Ministerialen beginnt im Umkreis des Kunstgewerbemuseums und weitet sich sukzessive aus. Bei Lessing ist er bald häufig zu Gast; aber auch zum Ball des Direktors Carl Grunow vom Kunstgewerbemuseum und in die Familie des Leiters der dem Kunstgewerbemuseum angegliederten Unterrichtsanstalten, des Malers Professor Ernst Ewald, wird er eingeladen.[281] Ein halbes Jahr nach seinem Eintreffen in Berlin wird er dem Geheimrat des Preußischen Unterrichtsministeriums, Wilhelm Wehrenpfennig, vorgestellt, der die *Preußischen Jahrbücher* redigiert. Auch Wehrenpfennig schätzt Lichtwark sehr, er lässt sich von ihm im Kunstgewerbemuseum führen und besucht ihn auch öfter im Kupferstichkabinett. Von dieser Zeit an bittet er ihn häufig zum gemeinsamen Essen in sein Haus und wird ihm mit der Zeit ein väterlicher Freund. 1882 nimmt er auch Lichtwarks Aufsatz über die Ausstellung indischer Kunst in die *Preußischen Jahrbücher* auf.[282] Rührig und stetig kümmern sich die Berliner Museumsleute um Lichtwark: Friedrich Lippmann lädt ihn zum Stammtisch der »Spitzen der Kunstbehörden« ein.[283] Dohme, bei dem er fortan ein häufiger Gast ist, gibt anlässlich des Privatissimums Lichtwarks über seine Ornamentstudien eine kleinen Herrengesellschaft, in

276 Vgl. Br. Familie, S. 100f., 82. – Zu Bodenstedts Tod ebd., S. 212f. – Zeromski (1924), S. 161–164. – Arthur: Br. Familie, S. 504, 525, 624. – Ferien: z.B. ebd., S. 607. – Die Kinder Bodenstedt waren Elsa, Arthur, Kurt, Friedrich (später Mitinhaber bei Mannesmann) und Waldemar (als Husarenoffizier im Ersten Weltkrieg gefallen); vgl. Br. Kommission (1920), Bd. XX: 1912/13, S. 14f.; Br. Mannhardt, S. 89, Anm. 3.

277 Vgl. Br. Familie, S. 97.

278 Vgl. ebd., S. 99.

279 Ebd., S. 100.

280 Ebd., S. 131.

281 Vgl. ebd., S. 117, 143.

282 Vgl. ebd., S. 173, 209f., 248, 286, 482f., 493; Kayser (1977), Nr. 17.

283 Vgl. ebd., S. 225.

deren Rahmen dieser in vollen Zügen die Bildung und die Freundlichkeit der Kollegen genießt: »Was für liebenswürdige Menschen sind sie alle!«, schreibt er. »Nachher arrangierte Dohme in der berühmten Nische ein gemeinsames Ruhezelt. Ich lag auf einer orientalischen Causeuse, mir gegenüber auf der anderen Dohme, auf einer dritten Janitsch, die übrigen hatten sich in die unergründlichen Lehnstühle geworfen. Nun wurde geschwatzt und gelacht in allen möglichen Sprachen. Kurr hat vier Jahre in Florenz gelebt, Springer, der Berliner Kunsthistoriker, [...] hat den Orient bereist, Seidlitz kennt ebenso wie Dohme Europa wie seine Westentasche. Was wurde da alles zur Sprache gebracht. In buntestem Wechsel alle denkbaren Themata angeschlagen, und mit einem Geist!« Dieser Abend, so deutet Seidlitz Lichtwark gegenüber an, sei entscheidend gewesen für seine Stellung in den Kreisen des Königlichen Museums.[284]

Lichtwark avanciert bald zum überaus beliebten Gast: »Sie sind der Netteste von allen.«[285] Im kleinen freundschaftlichen Kreis verschiedener Familien, vor allem bei Lessing und von Seidlitz, verkehrt er ebenso wie auf großen Bällen und Gesellschaften. Er besticht durch sein gesellschaftlich einwandfreies Auftreten, ist stets gut gelaunt, liebt behagliches Plaudern, tanzt eifrig, auch mit den Ballmüttern; er unterstützt Unbeholfene und gibt den maître de plaisir.[286] Sein menschenfreundliches Wesen, die im Lehrerberuf trainierten sozialen Fähigkeiten und ein ausgeprägter Sinn für Humor wirken auf das Glücklichste zusammen. Er weiß um sein gutes Aussehen: Er ist hochgewachsen, von sportlicher Figur und legt stets Wert auf elegante Kleidung.[287] Auf dem großbürgerlichen Parkett seiner zumeist wohlhabenden Gastgeber begegnet er höchst kultivierter und raffinierter Lebensart, nicht nur, was die Speisen anbelangt, auch den großartigen Toiletten und dem reichen Schmuck der Damen, die er seiner Mutter so detailliert beschreibt, als handele es sich um die Portraitmalerei, deren Geschichte er an der Universität hört. Höhepunkte der Raffinesse sind Abendroben aus antiken chinesischen Kaisergewändern oder japanischer Schmuck. Lichtwark perfektioniert seine gesellschaftliche Gewandtheit, erlernt selbständig die Technik des Krebsessens und begeistert sich für manches feine Menü. Er bewundert die geschmackvollen Einrichtungen seiner Gastgeber und entwickelt sich dabei selbst zu einem ›Mann von Welt‹.[288] Gegen Ende seiner Berliner Jahre begleitet er Lippmann mehrfach beim Segeln.[289] Insbesondere auch der Generaldirektor der Königlichen Museen, Richard Schöne, zeigt seine Sympathie für Lichtwark durch Einladungen in sein Haus und seine Gattin Helene gehört zum begeisterten Damenpublikum

284 Ebd., S. 225, Zitat S. 360. – Der Baumeister Paul Kurr, mit dem Lichtwark an der Katalogisierung der Sammlung Destailleur arbeitet, gehörte in Florenz der Künstlergesellschaft San Giorgio an. Lichtwark erwähnt 1884, dass Kurr in Falkenstein bei Frankfurt krank liege, vermutlich in der dortigen bekannten Lungenheilanstalt. Andere Quellen erwähnen Kurrs Krankheit und frühen Tod, seine Lebensdaten sind nicht zu ermitteln; vgl. Br. Familie, S. 242, 328, 359, 568. – Ploder (1998), S. 51. – Germann (2009), S. 156.

285 Vgl. Br. Familie, S. 517; dieses Kompliment erhält Lichtwark von der Gattin des Bildhauers Louis Sussmann-Hellborn, der zu dieser Zeit die Berliner Porzellanmanufaktur leitet.

286 Vgl. Br. Familie, S. 386, 507, 514, 516f., 523.

287 Vgl. ebd., S. 230, Kleidung: S. 60, 257, 542.

288 Vgl. ebd., z.B. Einrichtungen: S. 256, 301; Damenkleidung: S. 97,104, 235, 255, 279; Speisen: S. 232, 260.

289 Vgl. ebd., S. 536, 540, 543.

seiner Vorträge.[290] Noch viele Jahre später stattet Lichtwark anlässlich seiner Aufenthalte in Berlin der Familie Schöne seinen Besuch ab. So berichtet Schönes Biograph Ludwig Pallat: »Seine gelösten und dabei sicheren Umgangsformen im Verein mit der Gabe, über Dinge von Bedeutung meist auf Grund eigener Beobachtungen und Erlebnisse fesselnd zu plaudern, hatten ihm damals viel Sympathien erworben. Schöne schätzte an ihm besonders den hellen Verstand, das sichere Urteil und die Unternehmungslust.«[291] Seine Ehefrau nimmt an Lichtwarks Leben und Geschick mitfühlend Anteil; sie sei »von wahrhaft mütterlicher Freundlichkeit« gegen ihn, teilt er seiner Mutter mit.[292]

Im Verlauf der Berliner Jahre häufen sich die Einladungen, manche Woche verbringt er keinen Abend zu Hause und gelegentlich erhält er verschiedene Einladungen für denselben Tag. »Wundert Euch nicht, daß ich soviel von Einladungen schreibe«, heißt es in einem Brief an die Mutter schon 1882. »Sie sind unser aller Kalamität. Mir ist ganz unbegreiflich, warum soviel Zeit mit Geselligkeit totgeschlagen wird.«[293] Zuweilen sagt er im Überdruss alle Einladungen ab,[294] doch auch für ihn dreht sich das Karussell der Gesellschaften bald weiter. Er lernt die Historiker Theodor Mommsen und Heinrich von Treitschke, das Ehepaar Lipperheide, die Architekten Alfred Messel und Ernst Eberhard (von) Ihne, den künstlerischen Leiter der Berliner Porzellanmanufaktur Louis Sussmann-Hellborn und zahlreiche Personen von Adel und Militär kennen. Bei der Sängerin Desirée Artôt-Padilla begegnet er der Tochter des Hamburger Bürgermeisters Carl Petersen.[295] Eine beträchtliche Rolle spielen dabei die Damen, doch erwähnt Lichtwark sie niemals anders als freundschaftlich interessiert. Auch wenn er jugendliche Anmut und hübsches Aussehen durchaus bemerkt, unterhält er sich doch lieber mit älteren, interessanten und gebildeten Frauen. Viel später erwähnt Lichtwarks Freund Gustav Pauli, es gebe bekanntlich Damen-Herren und Herren-Herren, Herren-Damen und Damen-Damen; Lichtwark sei ein Herren-Herr gewesen und hätte trotz seiner bemerkenswerten Erfolge als Tänzer und Plauderer bei den Frauen seine Gaben erst in der Gesellschaft von Männern wirklich entfaltet.[296] Die in den Familienpapieren überlieferte Liebesdichtung schließt jedoch zumindest die Möglichkeit nicht aus, dass Lichtwark in Hamburg eine Jugendliebe hatte, der er in den Berliner Jahren noch nachtrauert.[297]

290 Vgl. Br. Familie, S. 508, 514, 530, 514f., 527f.
291 Pallat (1959), S. 350.
292 Vgl. Br. Familie, S. 514f.
293 Ebd., S. 344.
294 Vgl. ebd., S. 140, 168f., 274, 344, 346, 368, 493.
295 Vgl. ebd., S. 564.
296 Vgl. Pauli (1924, Lichtwark), S. 23; nicht ausgeschlossen ist aber auch, dass Marianne Lichtwark vor Übergabe der Familienbriefe an die Hamburger Kunsthalle sehr private Mitteilungen vernichtet hat.
297 In den Familienpapieren (FLK) befinden sich ein melancholisches Naturgedicht mit dem Hinweis auf eine vergangene Liebe und eine Erzählung, in der ein junger Mann einem Mädchen die Schönheiten von Natur und Landschaft eröffnet und diese Liebe schließlich kurz vor ihrer endgültigen Abreise mit ihrem Vater durch Tod verliert. Diese Mädchenfigur erinnert an die Darstellungen der jungen Martha von Heinrich Vogeler.

Zu Lichtwarks engerem Freundeskreis von Junggesellen gehört der Archäologe Otto Puchstein, der 1885 den ursprünglichen Zusammenhang des Pergamon-Frieses wiederherstellt.[298] Eine besondere Freundschaft jedoch entwickelt sich zu dem zwei Jahre älteren Kollegen Woldemar von Seidlitz.[299] Er ist bereits seit 1878 als Direktorialassistent am Kupferstichkabinett tätig, wo Lichtwark ihn kennenlernt. Lichtwark wird als Freund auch in die junge Familie aufgenommen und verehrt Constance von Seidlitz, eine zunächst zurückhaltend und aristokratisch wirkende Dame, deren Diners Lichtwark besonders gefallen. Töchterchen Mary wird Lichtwarks Patenkind.[300] Begeistert berichtet er von einer gemeinsamen Reise nach Nürnberg, München und an den Chiemsee, auf der die beiden Freunde und Kollegen »schwelgen«. Lichtwark genießt das familiäre Miteinander und ist durchaus stolz darauf, da Junggesellen sonst kaum in den häuslichen Kreis einbezogen werden.[301] 1885 wird Seidlitz als Referent für Kunstangelegenheiten ins Ministerium nach Dresden berufen, doch besteht die Freundschaft der beiden Kollegen ein Leben lang: Es ist Seidlitz, der im Januar 1914 die Trauerrede auf Lichtwark hält.

Lichtwark kommt den meisten Einladungen gerne nach und bedankt sich mit kleinen Artigkeiten und Aufmerksamkeiten bei den Damen. Gelegentlich führt er als Dank die Kinder seiner Gastgeber zu einer Vergnügung, einer Wagenfahrt oder zum Ostereiersuchen aus, soweit es seine vor allem anfangs sehr begrenzten finanziellen Mittel erlauben.[302] Er veranstaltet zuweilen bescheidene, aber behagliche Abende für seine engsten Freunde, zunächst in seinem möblierten Zimmer, nach 1884 dann in seiner kleinen Wohnung.[303] Richard Muther erinnert sich dieser Einladungen: »Aus dem bescheidenen Leipziger Studenten war [...] ein eleganter Weltmann geworden, der mit beiden Füssen in der Berliner Gesellschaft stand und bei einem englischen Schneider arbeiten ließ. [...] Wenn wir zum Thee bei ihm waren, war vom Service bis zu den Cigaretten und Schnäpsen alles first rate. Die ausgedehnte schriftstellerische Thätigkeit, die er in Berlin begonnen hatte, gestattete ihm den Luxus [...].«[304]

Wie er bereits als Kind im Umgang mit seiner Kleidung als eigen beschrieben wird, so liebt Lichtwark als Erwachsener Eleganz. Schon gleich zu Beginn der Berliner Zeit

298 Vgl. Br. Familie, S. 529. – Zu Puchstein vgl. Lullies / Schiering (1988), S. 118f.; Pallat (1959), S. 168. Der Architekt und Archäologe Robert Koldewey ist in den Familienbriefen Lichtwarks nicht erwähnt, hat in den 1890er Jahren jedoch Kontakt zu Lichtwark.

299 Vgl. hier und im Folgenden u.a.: Br. Familie, S. 256, 260, 302, 330f., 484 und Anm. 554, 581. Seidlitz gehört zu den meistgenannten Personen im Register der Familienbriefe; vgl. ebd., S. 774. Aus dem Nachlass der Mary von Seidlitz (verheiratete Schöne) hat sich nichts Lichtwark Betreffendes erhalten (telefonische Auskunft von Roland Schöne, Hamburg, im Herbst 2000).

300 Konstanze von Seidlitz, geborene von Schwebs (1849–1920), Marie (Mary) von Seidlitz (*1883), die zweite von fünf Töchtern. Die verstorbene erste Tochter Ada wurde von Arthur Volkmann 1884 in einer Büste portraitiert; vgl. Br. Familie, S. 568. – Siehe auch saebi.isgv.de/biografie/Woldemar_von_Seidlitz_(1850–1922).

301 Vgl. Br. Familie, S. 552.

302 Vgl. ebd., S. 302, 382f., 522.

303 Vgl. ebd., S. 207, 238, 529, 570.

304 Muther (1900), Bd. I, S. 168f.

bringt er seine Kleidung auf einen gesellschaftsfähigen Stand – langer Rock, weiße Weste und Frack. Er legt größten Wert darauf, gut angezogen zu sein, obwohl er jahrelang höchst sparsam leben muss und manches Kleidungsstück vom Schneider nur auffrischen lassen kann. Während seiner späteren Tätigkeit am Kupferstichkabinett vermehrt er noch die Sorgfalt gegenüber seinem Äußeren: »Ich muß überhaupt meine Garderobe jetzt gründlich reformieren, denn am Museum geht es sehr nobel her, und ich muß mit den Wölfen heulen.«[305] Zu Lichtwarks Erscheinung gehört jedoch nicht nur seine äußere Ausstattung, auch seine Disziplin, Selbstbeherrschung und Reflexion dürften sich in diesen Jahren des gesellschaftlichen Umgangs noch gesteigert haben. Max Liebermann betont noch im Nachruf auf Lichtwark, niemals sei er einem Menschen begegnet, der sich mehr in der Gewalt gehabt habe.[306]

Hand in Hand mit den privaten Einladungen in die Häuser der Berliner Museumsbeamten gehen Lichtwarks Kontakte in den Museen selbst. Während er Hugo von Tschudi, der seit Herbst 1883 Assistent an der Gemäldegalerie ist, in dieser Zeit nur flüchtig zu begegnen scheint,[307] nimmt Wilhelm Bode intensiveren Anteil an der Entwicklung des jungen Hamburgers, der die interessanten Feuilletons schreibt. Im Januar 1882 erwähnt Lichtwark seiner Mutter gegenüber Bode zum ersten Mal. Dessen Lob für seine Feuilletons bedeutet Lichtwark viel, denn Bode »gilt für die erste Autorität und ist als schroff und abweisend verrufen.«[308] Dass er auf die Honorare aus seinen Feuilletons angewiesen ist, dürfte sich in Museumskreisen rasch herumgesprochen haben. Auch Bode, der seit 1883 als Direktor der Gemäldegalerie im Amt ist, lädt ihn zu seinen Diners ein, für Lichtwark ein nachhaltiges Erlebnis. »[...] Bodes kleine Herrendiners waren mit das Angeregteste, was man in Berlin erleben konnte«, erinnert sich Lichtwark noch 1912.[309] Bode berät und fördert ihn, indem er ihn mit den wichtigen Berliner Sammlern bekanntmacht.[310] Zunächst stellt er ihn dem Bankier Oscar Hainauer vor, der das Bankhaus Rothschild in Berlin repräsentiert und dessen sonst schwer zugängliche Sammlung von Werken der italienischen Renaissance sich für Lichtwark sofort öffnet. Später wird er mehrfach auch zu Festen in das Haus Hainauer eingeladen.[311] Ebenfalls durch Bode lernt Lichtwark den Makler und bedeu-

305 Vgl. Br. Familie, S. 97, 144, 147, 153, 200, 276, 542, Zitat S. 257. Scheffler (1946), S. 244, berichtet in seinen Erinnerungen, in Lichtwarks Amtszimmer in der Hamburger Kunsthalle habe ein Kleiderschrank gestanden, damit er sich gegebenenfalls umkleiden konnte. »In seiner Kleidung war er peinlich.« – Henny Wiepking schildert, wie sie 1906 als junge Lehrerin in der Kunsthalle Lichtwark mit einem Engländer die Treppe herabkommen erlebt: hochgewachsen, elegant, mit spitzen Lackschuhen, in fließendem Englisch auf seinen Besucher einredend; vgl. Wiepking (o.J.), o.P. [S. 3].

306 Vgl. Liebermann (1978, Lichtwark), S. 117.

307 Vgl. Br. Familie, S. 432, 475, 586; einmal jedoch lädt Lichtwark ihn zu sich ein; vgl. ebd., S. 529.

308 Ebd., S. 223, 225, 227 (Zitat).

309 Br. Kommission (1920), Bd. XX:1912/13, S. 224.

310 Vgl. Br. Familie, S. 303f., 305, 328, 391, 506. Zu Bodes Kontakten zu den Berliner Sammlern vgl. auch Gaethgens (1993b), S. 151–172.

311 Vgl. Br. Familie, S. 227f., 374f., 384, 387, 390, 493, 496f., Beschreibung des Hauses Hainauer ebd., S. 375. – Zu Hainauer vgl. Bode (1997), Bd. II, S. 154 und Kuhrau (2005), S. 39–45, 275.

tenden Berliner Sammler Adolph Thiem kennen. In dessen Villa sieht er Bilder aus der Schule von Barbizon, die er in seinem Brief nur pauschal als französische Kunst erwähnt, ferner Familienportraits von Karl Gussow und Ludwig Knaus sowie einige alte Meister. Vor allem aber begeistern ihn dort die Bilder Adolph Menzels, insbesondere das »Ballsouper«. Auch Originalzeichnungen zu Klingers neuestem Werk, der Ausgestaltung des Vestibüls der Villa Albers, das Lichtwark besprechen möchte, sind in der Sammlung Thiem vorhanden.[312] Lichtwark seinerseits interessiert sich für Bodes Lebensstil, dessen Rokokomöbel, nicht zuletzt auch für die sonderbaren Umstände seiner Promotion und die Tatsache, dass Bode als Jurist im Fach Kunstgeschichte ein Autodidakt ist. »Was lernt man von solch einem Manne!«, schreibt er seiner Mutter bewundernd.[313] Noch lange wird Bode für ihn eine unangefochtene Autorität sein.

Im Frühjahr 1881 begegnet Lichtwark erstmalig dem fünf Jahre jüngeren Max Klinger. Seiner Mutter gegenüber bezeichnet er ihn als berühmten Maler und Radierer. Klinger regt ihn zur Beschäftigung mit den Büchern des dänischen Philosophen Georg Brandes an, der in Berlin lebt und mit dem Klinger gut bekannt ist.[314] In seinem Band *Moderne Geister* hat Brandes schon 1882 den ersten Text über den 25jährigen Max Klinger veröffentlicht.[315] Aber auch andere Essays in dieser Anthologie haben ihren Wirkung auf Lichtwark nicht verfehlt. In seiner Betrachtung über Hans Christian Andersen philosophiert Brandes über Talent und Genie; letzteres definiert er als das von einem kompromisslosen Charakter bestimmte, sich konsequent durchsetzende Talent.[316] Zu diesem Thema wird sich Lichtwark später verschiedentlich äußern. Zunächst setzt er Talent und Charakter gleich,[317] differenziert dann jedoch zwischen Talent und Genie als mindere beziehungsweise besondere Erscheinung von Begabung: »Wer mit der Masse die grosse Heerstrasse wandert«, schreibt Lichtwark 1895, »hat es bequemer, aber es wird ihm nicht angerechnet. In der Musik, der Litteratur [sic], der bildenden Kunst, der Wissenschaft, der Politik ist es immer nur auf die angekommen, die sich – und damit den andern – eine neue Bahn gebrochen haben, und der Vorgang ist immer derselbe. Sobald es bemerkt wird, dass einer den Weg verlässt, den alle wandeln und der bequem breit und festgetreten ist, erhebt sich der Widerspruch. Lässt sich der Kühne nicht beirren, so wirkt sein Beispiel. Erst folgen die, die nach ihm am meisten Muth haben und die Unbequemlichkeiten des neuen Pfades und das Geschrei im Rücken nicht scheuen. Dann, nachdem der Pfad durch sie geebnet ist, schliessen sich viele an und am Ende schwenkt die ganze Masse beruhigt ein, hat den alten Weg ganz vergessen und behandelt jeden, der von der neuen Allerweltsstrasse abweicht, genau

312 Vgl. Br. Familie, S. 306f. – Zur Sammlung Thiem vgl. Bode (1997), Bd. II, S. 164f. und Kuhrau (2005), S. 134f., 287.

313 Vgl. Br. Familie, S. 231f., 358, Zitat S. 306.

314 Br. Familie, S. 159, 367.

315 Erstmals erschienen in Frankfurt/M. 1882, siehe Brandes (1901), S. 57–72.

316 Vgl. ebd., S. 274–332.

317 Vgl. Liebermann (1978, Lichtwark), S. 116. – Br. Liebermann an Eduard Arnhold, 31.7.1917: »Lichtwark meinte sogar, daß Talent und Charakter dasselbe sei.« Liebermann (1994), S. 47.

wie den, der sie zuerst auf diesen nunmehr breit getretenen Weg geführt hat. Verdienst im höchsten Sinne haben immer nur die Bahnbrecher und wenn man discutirt, sollte man nur von ihnen als den notwendigen Künstlern reden, nicht von denen, die ihnen nachfolgen, und die man als Richtung bezeichnet.«[318]

Klinger stellt für Lichtwark von Anfang an eine wichtige Künstlerpersönlichkeit dar. Er geht gerne mit ihm um und trifft ihn bei Geselligkeiten verschiedenster Art, am Künstlerstammtisch und -kostümfest, beim Kegeln, auch im privaten Kreis.[319] Eingehend beschäftigt er sich mit dessen Arbeiten. Die Originalzeichnungen zu Klingers neuestem Werk, die Bilder für das Vestibül der Villa Albers in Berlin-Steglitz, kennt er aus der Sammlung Thiem, die Entwürfe muss er ebenfalls kennengelernt haben. Mehrfach schreibt er über Klingers Radierungen für das Feuilleton und 1885 auch über die kurz zuvor fertiggestellten Wandmalereien in der Villa Albers.[320] Im September 1885 bedankt sich Klinger in einem Brief aus Paris für die »nur zu liebenswürdige Kritik über die Sache«: »In Ihrer Definition oder allegorischen Deutung der Welle haben Sie meiner durchaus gedankenlosen nur amusanten [sic] (für mich) Arbeit einen unerwartet glücklichen Sinn untergelegt.«[321] Klinger gehört Lichtwarks ganze Sympathie: Dieser sei ein »überaus angenehmer Mensch«, berichtet Lichtwark seiner Mutter. »Keine Spur von Einbildung und Bewußtsein. Noch nie habe ich ihn ein Wort von seinen Werken reden hören, wenn ich nicht gefragt. Er steckt voll Laune und Ausgelassenheit, wenn er nicht gerade einen moralischen Katzenjammer hat, was nicht selten ist, denn er tut sich nie genug. Sein Interesse für Literatur ist sehr bedeutend. Ich verkehre mit ihm lieber als mit den meisten anderen.«[322] Und Klinger ist in seiner Kunstauffassung sehr fortschrittlich, als einer der ersten in Berlin schwärmt er für Manet und die französischen Impressionisten.[323]

1881 radiert Klinger für die Festschrift zur Eröffnung des Königlichen Kunst-Gewerbemuseums eine Folge von vierzehn Blättern, die leicht verändert in Buchform herausgebracht wird. Aus diesem Zusammenhang dürfte sich Lichtwarks Bekanntschaft mit dem Künstler ergeben haben. Schon 1879 hat Klinger sein Opus I, »Radierte Skizzen«, die erste der Radierfolgen mit acht Blättern veröffentlicht.[324] Lichtwark hat das Interesse an der alten Graphik schon aus Leipzig mitgebracht; Klinger weckt nun seine Begeisterung für die zeitgenössische, sich immer breiter entwickelnde Originalgraphik. Dieses Interesse begleitet Lichtwark sein Leben lang und steht in Einklang mit einer der wichtigen künstlerischen Tendenzen der Zeit.

318 Jahresbericht [Bd. 9], 1895, S. 53f.
319 Br. Familie, S. 263, 328, 342, 375, 500.
320 Vgl. ebd., S. 307, 578; Kayser (1977), Nr. 52, 61, 95, 142. – Brief Klinger an Albers, 27.11.1883, in: Klinger (1985), S. 101.
321 HKH, Archiv 76, datiert September 1885. Klinger und Prell hatten gehofft, Lichtwark in Paris zu sehen und daher oft seiner gedacht. Es freue ihn sehr, dass seine Arbeit in der Steglitzer Villa Albers Lichtwark bislang gefallen habe, sie sei ja noch nicht abgeschlossen.
322 Br. Familie, S. 368.
323 Vgl. Brief Alfred Lichtwark an Prinz Eugen, 17.1.1909, Stockholm, PEW, Archiv. – Vgl. Klinger (1985), S. 64f. – Zu den französischen Impressionisten siehe auch das Kapitel »Berlin als Paradies: Feuilleton« in Teil 1.
324 Vgl. Ausst.Kat. Klinger (1984), S. 273f.

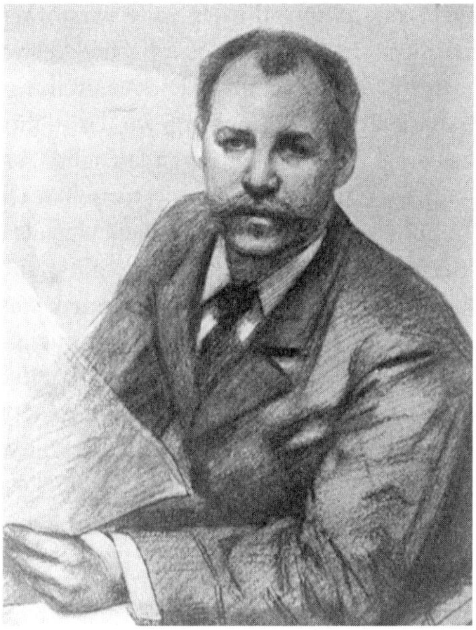

Abb. 15 Hermann Prell, Alfred Lichtwark, Zeichnung, 1884

Der zweite von Lichtwark freundschaftlich geschätzte junge Künstler ist Hermann Prell, mit dem er etwa zur selben Zeit bekannt wird und der ihn 1884 in einer Zeichnung portraitiert (Abb. 15). Prell freskiert 1881/82 im Auftrag des preußischen Staates den Festsaal des Berliner Architektenhauses mit Historienbildern zur Geschichte der Baukunst, über die Lichtwark im Oktober 1882 in einem Artikel in der *Nationalzeitung* und in der *Gegenwart* berichtet.[325] Prell und Klinger treffen häufig mit Lichtwark in geselliger Runde zusammen; beide gehören zu dessen engen Freunden, die er gelegentlich auch zu sich nach Hause einlädt.[326] Die jungen Künstler sind begeistert von Lichtwarks Artikeln über ihre Werke und fühlen sich in hohem Maße verstanden.[327]

Diesem Kreis gehört auch der Maler und Radierer Karl Stauffer-Bern an.[328] Lichtwark lernt ihn 1881 kennen; in einem Ausstellungsbericht befindet er ein Portrait Stauffers als die beste Arbeit. Stauffer stammt aus schwierigen Verhältnissen; doch nachdem Karl Gussow, Anton von Werner und Adolph Menzel den jungen Künstler im Atelier besucht haben, wird er mit einem Schlage berühmt.[329] 1891 schildert Lichtwark nach

325 Vgl. Br. Familie, S. 187 und Anm. 224, 286, 343, 361; Kayser (1977), Nr. 42, 43. – Zu Prell vgl. Rosenberg (1901), S. 15ff.
326 Vgl. Br. Familie, S. 299, 339, 375, 500, 502f., 514, 529.
327 Vgl. ebd., S. 513f.
328 Vgl. ebd., S. 502, 505, 597.
329 Vgl. ebd., S. 188.

dem Besuch der Gedächtnisausstellung für den jung verstorbenen Karl Stauffer-Bern in der Berliner Nationalgalerie in einem Brief an seine Verwaltungskommission die geselligen Abende mit den jungen Künstlern: »Die Ausstellung seiner nachgelassenen Werke brachte mir lebhaft die Zeit in Erinnerung, wo wir in ihm nicht nur den mit der Kraft eines Riesen – aber eines Einarms – Ringenden sahen, sondern – und vielleicht noch stärker ergriffen – unter dem Zauber eines oratorischen Temperaments von seltener Wucht standen. Kein höherer Genuß auf diesem Gebiet, als ihn über Gottfried Keller sprechen zu hören, für den er durch dick und dünn ging, und den er mir gegenüber mit besonderer Heftigkeit commentirte, da ich Keller nur bedingt gelten lassen wollte und ihm, wie noch heute, als phänomenale Begabung Jeremias Gotthelf bei weitem vorzog. Klinger saß dann dabei und lächelte in seinen roten Bart, den Kopf weit vornüber gebeugt und warf dann und wann ein feines Wort ein, bis sich die Gelegenheit gab, in seinen heimlichen Garten, die Musik einzutreten. Das waren Stunden einer heftigen Geistesgymnastik, die uns allen Muskeln entwickelt hat.«[330]

Auch den Radierer Peter Halm muss er in dieser Zeit kennengelernt haben, denn Halm lässt sich im Juni 1883 von Stauffer nach Berlin locken, um mit ihm zu malen; Stauffer seinerseits lernt die Radiertechnik von Peter Halm. Zuvor schon führte der versierte Reproduktionsradierer Halm im Auftrag Wilhelm Bodes die Galeriewerke von Schwerin und Oldenburg aus. Im Juni 1885 lässt er sich endgültig in München als Graphiker nieder. Er gründet dort 1892 den Verein für Originalradierung und entwickelt sich zu einem der bekanntesten Radierer seiner Zeit. 1894 wird Lichtwark Halm einige Aufträge vermitteln.[331]

Zu Lichtwarks Künstlerfreunden der Berliner Zeit gehören auch die Brüder Conrad und Heinrich Lessing, Söhne des damals berühmten Landschafts- und Historienmalers Karl Friedrich Lessing. Lichtwark pflegt geselligen Umgang mit ihnen, er trifft sie beim Künstlerstammtisch im Hofbräu und auf ihren Festen. Auch wenn er lange Zeit sparsam leben muss, kann er sich die kleinen Freuden der Kostümfeste und Kneipereien mit den höchst anregenden jungen Künstlern nicht ganz versagen. So lernt er auch Hans von Marées und Arnold Böcklin beim Künstlerstammtisch kennen. Die Bilder des noch stark umstrittenen Böcklin faszinieren ihn um diese Zeit schon so sehr, dass er mehrfach für die *Gegenwart* darüber schreibt.[332]

Lichtwarks besondere Verehrung gilt Adolph Menzel, dessen Gemälde er in der Hamburger Sammlung Behrens schon als junger Lehrer studiert hat. In der Sammlung Thiem sieht er Menzels Aquarelle und das Ölgemälde »Ballsouper«.[333] Mit Menzel und Knaus die Ausstellung älterer Meister in der Kunstakademie zu besichtigen, ist ihm ein herausragendes Erlebnis. Der Mutter erzählt er in seinen Briefen von der

330 Br. Kommission (1896), Bd. I: 1891/92, S. 75.
331 Vgl. Junge (1989), S. 264, Anm. 245. – Bißwurm (1993), S. 20f., 448. – Junge (1989), S. 46–56; zu den Aufträgen vgl. Bißwurm (1993), S. 169–172.
332 Vgl. Br. Familie, S. 218, 238, 308, 339. – Kayser (1977), Nr. 162.
333 Vgl. ebd., S. 307.

enormen Wertsteigerung des »Flötenkonzertes« sowie manche Menzel-Anekdote, etwa, dass Menzel nicht gerne schöne junge, unausgeprägte Frauen malt.[334] Lichtwark kennt Menzel als großen Bewunderer ostasiatischer Zeichenkunst, der bei einem Händler stundenlang chinesische Tierzeichnungen studiert.[335] Als frischgebackener Bibliothekar des Kunstgewerbemuseums genießt Lichtwark es, Menzel die soeben erworbenen, eindrucksvollen japanischen Naturstudien vorzuführen. »Denkt Euch nur«, schreibt er an Mutter und Bruder, »dabei zu sein, wie ein solcher zum ersten Mal in Berührung kommt mit den Werken eines verwandten Genies [...]. Er bezeugte in einem fort seinen höchsten Respekt. [...]. Er konnte sich gar nicht satt sehen und dankte mir einmal über das andere. [...] An den Besuch werde ich mein Leben lang denken. Ich kannte Menzel ja schon, war aber noch nie so nahe mit ihm in Berührung gekommen.«[336] Beim Jour fixe seines Lehrers Herman Grimm hat Lichtwark einige Zeit zuvor schon ein eindrucksvolles Menzel-Erlebnis gehabt: Als die Gesellschaft auf dem Balkon im letzten Abendlicht weilt, erhebt sich Grimm, um für Menzel in dessen schräg gegenüberliegendem Atelier sichtbar zu werden und damit dessen Gruß zu provozieren. »Und richtig«, erzählt er, »es dauerte nicht lange, so erschien die glänzende Kugel [Menzels Kopf] in dem dunklen Fenster und die berühmte Hand, die er selber so oft gemalt, gezeichnet und aquarelliert hat, immer die Rechte mit der Linken, denn er kann mit beiden zugleich malen, und die Hand winkte mit etwas heftiger Gebärde.«[337] Ausführlich schildert er auch die Menzel-Feier zum fünfzigjährigen Jubiläum als Erinnerung an die Lithographienfolge »Künstlers Erdenwallen«, ein Ereignis, das Lichtwark, wie auch andere Menzel-Themen, mit einem Artikel in der *Gegenwart* vom 3. Mai 1884 würdigt.[338] Später wird er sich um Menzels Werke besonders bemühen.

Spätestens 1883 lernt Lichtwark den ein Jahr älteren »Rembrandtdeutschen«, den Archäologen Julius Langbehn, kennen und verhilft ihm zu einem kostenlosen Quartier in einem leerstehenden Haus des Konsuls Carstens in Dockenhuden bei Blankenese. Dort findet Langbehn Ruhe zum Schreiben. Der Austausch zwischen den beiden muss jedoch intensiver gewesen sein. Langbehn macht Lichtwark auf den ihm noch unbekannten Nietzsche aufmerksam, der im Konversationslexikon dieser Zeit noch nicht zu finden ist. Lichtwark notiert sich zwar den Namen,[339] doch deutet hier nichts auf eine Beschäftigung mit Nietzsche hin; er lernt dessen Schriften wohl erst in der *Pan*-Episode in den neunziger Jahren kennen. Im Gegenzug aber dürfte Lichtwark über Rembrandt gesprochen haben, dem zu dieser Zeit schon seine ganze Begeisterung gehört: seit 1881 befasst er sich mit den Radierungen im Berliner Kupferstichkabinett, im Mai 1883 beginnt er mit dem Projekt der Rembrandt-Faksimiles,

334 Vgl. ebd., S. 380, 237, 358f., 505, 365. Die Briefe an die Familie stellen wie auch die Briefe an die Kommission eine interessante Quelle zu Menzel dar.
335 Vgl. ebd., S. 140.
336 Ebd., S. 560–562.
337 Ebd., S. 425.
338 Vgl. ebd., S. 520, Anm. 595 und Kayser (1977), Nr. 104–106, 163.
339 Vgl. Nissen (1926), S. 60.

die 1886 in dem gemeinsam mit Julius Janitsch herausgegebenen Band *Schongauer, Dürer, Rembrandt* erscheinen.[340] Lichtwark könnte also nicht nur Grimm, sondern auch Langbehn den Weg zu Rembrandt gewiesen haben.

Ein anderes Kapitel seines geselligen Lebens spielt sich bei den Offizieren ab, von denen sich Lichtwark sehr angezogen fühlt. Sein Kommilitone und Freund aus der Leipziger Zeit Oscar von Chelius kommt nach Berlin, um die Offiziersprüfung abzulegen; Richard Muther dient als Einjähriger ebenfalls in Berlin. Auch auf den Gesellschaften trifft er immer wieder junge Offiziere; einmal geht er Arm in Arm mit einem Hauptmann durch den Tiergarten.[341] Angesichts des gesellschaftlichen Ansehens des Militärs ist dessen Attraktivität nicht erstaunlich.

In seinen Berichten über die Bekannten und Freunde der Berliner Jahre wirkt Lichtwarks warmherzige, temperamentvolle Erzählweise und Schilderung von Personen, Beziehungen und Ereignissen oftmals weniger distanziert als in der Realität, wie aus den Briefen ersichtlich ist. Bode gegenüber bleibt er zeitlebens förmlich und korrekt, auch mit Seidlitz und Klinger siezt er sich, mit Lehrs und Prell hingegen verkehrt er mit freundschaftlichem Du.[342]

Der Kehrseite des geselligen und anregenden Berliner Lebens begegnet er in den regelmäßigen Briefen von der Mutter aus Hamburg. Sie hält ihn hinsichtlich der häuslichen Probleme auf dem Laufenden, er berät sie und legt ihr Rechenschaft ab über seine Lebensweise. Mit der Schilderung der Gesellschaften, der großartigen Abendtoiletten der Damen, der Speisen und Büfetts, mit Döntjes und Anekdoten unterhält Lichtwark seine Mutter detailliert, mit Humor und Ironie. Der Bruder bleibt dabei eher im Hintergrund. Vor allem in den Leipziger Monaten und der ersten Berliner Zeit versucht Lichtwark noch, den inneren Kontakt zum Bruder zu halten. Ihm gegenüber geht er auch einmal auf das Thema des christlichen Glaubens ein, beide scheinen sich einig in einer freisinnigen religiösen Auffassung. Er fertigt für Hans eine Abschrift aus dem Verhör der Maler-Brüder Beham und ihres Kollegen Pencz an, in dem die drei zwar ihren Glauben an Gott bekennen, den an Christus, die Eucharistie, die Taufe und die Heilige Schrift als Wort Gottes jedoch negieren.[343] Nirgendwo sonst in Lichtwarks Schriften oder Briefen gibt es einen weiteren Hinweis auf seine Religiosität. So ist er wohl am ehesten als gottgläubig, jedoch antiklerikal einzuschätzen.

Lichtwarks erfreulicher Situation in Berlin steht die Familie in Hamburg in ihrer Problematik gegenüber: Mutter und Bruder sind nicht gerade üppig versorgt; zeitweise vermietet Helene Lichtwark ein Zimmer unter. Später nimmt sie mit ihrem Sohn Hans Mariannes ältesten Berliner Zögling Arthur Bodenstedt wegen seiner schulischen Probleme in Pension.[344] Im Laufe der Jahre haben Helene und Hans Lichtwark

340 Vgl. Br. Familie, S. 212, 238, 416f.; Kayser (1977), Nr. 166.

341 Vgl. ebd., S. 338, 268, 424.

342 Vgl. zu Bode: SMB-ZA, NL Bode, 3309; zu Seidlitz: HKH, DK; zu Lehrs: HKH, AdB 166; zu Klinger: HKH, AdB 1; zu Prell: HKH, AdB 76.

343 Vgl. Br. Familie, S. 215f.

344 Vgl. ebd., S. 504, 624.

jedoch ihre Wohnsituation stetig verbessern können. Als Lichtwark 1880 nach Leipzig geht, wohnt die Familie noch Beim kleinen Schäferkamp 28 III, nördlich von St. Pauli nahe der Sternschanze. 1882 ziehen Mutter und Bruder in eine offensichtlich bessere Wohnung in das noch ländliche Eimsbüttel in die Tornquiststraße 66. Doch wohl schon 1883 verlegen sie ihren Wohnsitz in ein gehobeneres Viertel östlich der Außenalster in die Nähe von Carl Kall, der in der Uhlandstraße lebt. Möglicherweise handelt es sich bereits um die Obere Querstraße 3, wo Lichtwark nach seinem Amtsantritt in Hamburg ebenfalls einzieht.[345]

Von seinem anfangs geringen Wechsel, später von den Einkünften aus seiner journalistischen Tätigkeit, zweigt Lichtwark regelmäßig etwas für Mutter und Bruder ab. Er kümmert sich um ihr Wohlergehen und sorgt sich um ihre Gesundheit. Die Mutter solle sich schonen und in Acht nehmen: »Dann wird Dir der Lebensabend Ersatz bieten für das, was Dir die Jugend versagt und das Frauenalter entzogen.«[346] Andererseits besteht er aber durchaus auf eigenen unumgänglichen Bedürfnissen. Als seinen einzigen Luxus bezeichnet er den Tee, den er über die Mutter von seinem Förderer Ernst Gottfried Vivié bezieht.[347] »Ihr wißt gar nicht, wie ängstlich ich mich einrichten muß«, schreibt er 1881 seiner Familie, als er einmal nichts abgeben kann; mit 100 Mark monatlich kommt er in Berlin nicht aus.[348]

Während Lichtwarks Leipziger und Berliner Zeit sind Vivié und Kall Mitglieder des Bürgerausschusses und verständigen sich gelegentlich über die Ausbildung ihres Schützlings. Vivié rät ihm von Vorträgen in Jessens Gewerbeschule ab und empfiehlt Reisen nach Paris und Italien zum Abrundung seines Studiums. Lichtwark seinerseits schickt Vivié schöne und zugleich sehr preiswerte Porzellanvasen.[349] Mutter und Bruder erwägen 1882 anscheinend sogar einen Umzug zu Viviés, was Lichtwark jedoch nicht behagt.[350] Dennoch gestaltet sich der Kontakt zwischen den beiden Familien im Laufe der Zeit immer intensiver, insbesondere in Lichtwarks Generation. Viviés Sohn Ernst studiert gleichzeitig mit ihm in Leipzig,[351] auch in den Berliner Jahren dauert der Kontakt an, und Ernst Gottfried Vivié erhält wie auch der Schulleiter Gottschalck Lichtwarks Feuilletons zur Lektüre.[352] Ernsts Bruder Wilhelm Daniel Vivié besucht Lichtwark in Berlin; später wird er als Baurat in Hamburg zum engsten Freundeskreis der Lichtwarks gehören. Seine Tochter Marianne wird Marianne Lichtwarks Patenkind.[353]

Trotz seiner fortbestehenden familiären und freundschaftlichen Beziehungen nach Hamburg richtet sich Lichtwark mit dem Beginn seiner Tätigkeit als Oberbiblio-

345 Vgl. Br. Familie, S. 152, 170, 413f. – StA HH, 622-1, Familie Schellenberg, B 1–3, Notizzettel mit Adressen.
346 Ebd., S. 396.
347 Vgl. ebd., S. 103, 106, 107.
348 Ebd., S. 176, 289.
349 Vgl. ebd., S. 173, 170.
350 Vgl. ebd., S. 234.
351 Vgl. ebd., S. 92, 94, 138.
352 Vgl. ebd., S. 296, 310.
353 Vgl. ebd., S. 509 und Anm. 584.

thekar am Kunstgewerbemuseum endgültig in Berlin ein. Eine Rückkehr nach Hamburg würde zumindest eine starke Einschränkung, wenn nicht einen Abbruch seiner zahlreichen beruflichen und privaten, intellektuell adäquaten Beziehungen bedeuten, zudem eine deutliche Zäsur in seinem aussichtsreichen beruflichen Werdegang. Als ihn schließlich der Ruf nach Hamburg erreicht, weiß er: Die Hamburger Kunsthalle stellt im Vergleich mit den Berliner Sammlungen nicht nur eine ärmliche Institution dar, auch anregende Kollegen sind außer Brinckmann nicht zu erwarten. Der Liebling der Berliner Gesellschaft der Museums- und Kulturszene nimmt aus Verantwortungsbewusstsein den Weg zurück nach Hamburg und zu seiner Familie.

Feuilleton

Mit der Hilfestellung Lessings beginnt Lichtwark ein Jahr nach seiner Ankunft in Berlin seine Feuilletons zu verfassen; er schreibt leicht, flüssig und oft. Was er von seinem Fach in dessen ganzer Bandbreite schon zu dieser Zeit versteht, zeigt ein Blick auf die Themen, die er in seinen journalistischen Texten behandelt. Sie beweisen in hohem Maße das vielseitige kulturelle Interesse ihres Verfassers, seine große Aufmerksamkeit gegenüber dem aktuellen Kulturleben der Reichshauptstadt, der Stadtentwicklung, der neuen Architektur, Innenraumgestaltung und Gartenkunst, wie sie sich bis zu seinem Lebensende in seinen Briefen an die Kommission zur Verwaltung der Hamburger Kunsthalle in lebendigen Schilderungen und Kritiken fortsetzt. Zwischen Herbst 1881 und Sommer 1886 erscheinen insgesamt 161 feuilletonistische Arbeiten in der Berliner *Nationalzeitung* und der *Gegenwart*, einer Wochenschrift für Literatur, Kunst und öffentliches Leben.[354] Er beschränkt sich auf diese beiden Zeitungen, andere Anfragen lehnt er ab, um auch noch Zeit für die kunstwissenschaftliche Forschung zu haben.[355] Einen Teil dieser Berliner Texte stellt Lichtwark 1896 in zwei neu redigierten Bänden zusammen – seiner Mutter gewidmet als Zeichen seiner Verehrung und seines Dankes. Mit diesen beiden Bänden beginnt die Gesellschaft Hamburgischer Kunstfreunde ihre Reihe der *Hamburgischen Liebhaberbibliothek*.[356] Lichtwark versammelt hier, ein wenig aufgearbeitet, manchmal auch gekürzt und neu kombiniert, die ihm nach nunmehr über zehn Jahren noch gültig erscheinenden Artikel, »die ein Bild der Zustände und Stimmungen [im damaligen Berlin] geben.«[357]

354 Vgl. Kayser (1977), Nr. 1–165. Darunter sind nur fünf Beiträge, keine journalistischen Arbeiten. Lichtwarks Feuilletons sind bisher von der Forschung noch kaum beachtet worden. Lediglich Präffke widmet dieser journalistischen Tätigkeit einige Seiten in seiner Dissertation; vgl. Präffke (1986), S. 29–43.

355 Ludwig Bernauer bittet Lichtwark in einem Brief vom 15.4.1884 um einen Artikel für die Zeitschrift *Über Land und Meer* zu einem kunstgewerblichen Thema; auf der Rückseite befindet sich Lichtwarks Notiz, er habe natürlich nicht angenommen, er dürfe sich nicht zuviel aufladen, *Gegenwart* und *Nationalzeitung* seien genug. Er schränkt sich bewusst ein, für den Sommer habe er schon wieder eine neue gelehrte Arbeit vor, über die er schon mit Prof. Robert konferiert habe (HKH, AdB 76).

356 Siehe dazu das Kapitel »Ein Schritt voran: Die Gesellschaft Hamburgischer Kunstfreunde« in Teil 2.

357 AL, Studien, Bd. I, Vorwort, o.P. [S. 6].

Ein bestimmtes Prinzip der Anordnung verfolgt er nicht; die Themen erscheinen bunt gemischt und auch nicht chronologisch geordnet, ein getreues Bild der bleibenden und formenden Eindrücke seiner Berliner Zeit.[358] Was Lichtwark beschäftigt, findet seinen Niederschlag in diesen journalistischen Texten ebenso wie in den Briefen an die Mutter und den Bruder: Tagesereignisse, die Entwicklung persönlicher Vorlieben und die grundlegenden Einsichten, die er im intensiven Umgang mit Kunstwerken, Kunstinstitutionen und dem Publikum gewinnt. Den Titel *Studien* wählt Lichtwark für den späteren Wiederabdruck seiner Artikel zur Vermeidung des ihm schon früh verhassten Begriffes »Kritik«. Er verwendet damit, wie er in einem dieser Beiträge ausführlich darlegt, die direkte Übersetzung der französischen Bezeichnung für diese Textform. Er will gerade nicht kritisieren, sondern bemüht sich stets um eine möglichst vorurteilslose Herangehensweise.[359]

Nicht nur die Feuilletons, auch Lichtwarks spätere Essays sind geprägt von einem zu dieser Zeit ungewöhnlichen, leichtgängigen Ton, der die gesprochene Sprache nachempfindet, wie Muther in seiner Beschreibung Lichtwarks bemerkt.[360] Lichtwark könnte durch die von Max Klinger empfohlene Lektüre des kurz zuvor erschienenen Buches *Moderne Geister* von Georg Brandes dazu angeregt worden sein. In dem darin enthaltenen Essay über Hans Christian Andersen heißt es, dieser schreibe im Plauderton, wie man spricht, gemäß dem Fassungsvermögen des Kindes: »Er hat die kühne Absicht, sich bei einem Druckwerke der mündlichen Rede zu bedienen, er will nicht schreiben, sondern sprechen [...]. Das geschriebene Wort ist arm und verlassen, das mündliche hat ein Heer von Verbündeten in dem Zuge des Mundes, welcher den Gegenstand, von dem die Rede ist, nachahmt, in der Handbewegung, welche ihn malt, in der Länge oder Kürze des Tones, seinem scharfen oder milden Charakter, im ganzen Mienenspiel und in der ganzen Haltung.«[361] Lebenslang behält Lichtwark diese Diktion bei und je nach Situation und Empfänglichkeit vermag er damit bei seinen Vorträgen das Publikum zu gewinnen oder zu verstören.

Wie Lichtwark die Berliner Gegebenheiten in der ersten Hälfte der achtziger Jahre erlebt hat, schildert er im Vorwort zu den *Studien*: »Mit der breiten Entfaltung zu unseren Tagen verglichen, erscheinen die künstlerischen Zustände jener Epoche ärmlich und der politischen Hauptstadt Europas unangemessen.«[362] Berlin besitze mit mehr als einer Million Einwohner nur eine einzige permanente Kunstausstellung, zudem in abgelegener Gegend, im Spätsommer und Herbst geschlossen. Die großen Kunstausstellungen der Akademie fänden lediglich alle zwei Jahre statt und seien von Süddeutschland nur wenig, vom Ausland kaum beachtet. Ein Ausstellungsgebäude wie

358 Dass Lichtwark diese Artikel bereits in Hinsicht auf eine Stelle an der Hamburger Kunsthalle verfasst hätte, wie Präffke meint (1986, S. 37), erscheint doch eher unwahrscheinlich; siehe dazu das folgende Kapitel.
359 Vgl. AL, Studien, Bd. I, S. 4. – Vgl. auch Präffke (1986), S. 29–33.
360 Siehe das Kapitel »Berlin als Paradies: Karriere« in Teil 1.
361 Brandes (1901), S. 275f.
362 Vgl. hier und im Folgenden: AL, Studien, Bd. I, Vorwort, o.P. [S. 6].

den 1854 errichteten Münchner Glaspalast besitze Berlin als Hauptstadt des jungen Deutschen Reiches nicht. Obwohl es in der Stadt einzelne Kunsthändler von großem Ruf gebe, könne sie als Markt für moderne Kunst nicht neben München, als Markt für alte Kunst nicht neben Köln bestehen. Kunstauktionen von Niveau seien selten und die Berliner Gesellschaft sei »mit dem Vergnügen, das der Besuch hervorragender Auktionen gewährt« wenig vertraut. Gesammelt werde nicht sehr viel – zumindest nicht im Vergleich zu Paris oder London. Bis 1886 habe es in Berlin keine Kunstzeitschrift gegeben; die Jahrbücher der Königlichen Museen seien eine interne Angelegenheit der Kunstverwaltung gewesen. Der erste Versuch, im modernen Berlin ein Kunstblatt für das Publikum zu gründen, sei alsbald wieder eingeschlafen. So erlebt Lichtwark – 29jährig bei seiner Ankunft und nahezu 34jährig, als er Berlin verlässt – die Berliner Kunstwelt; so stellen sich seine Erfahrungen mit dem Publikum dar, an das er seine Feuilletons richtet. Als bleibenden Eindruck für sein weiteres Leben und Wirken nimmt er mit: Ein bürgerliches Publikum muss überhaupt erst herangebildet und erzogen werden. Habe es erst einmal Ansprüche an die Kunst entwickelt, dann werde sich dies auf andere, verwandte Gebiete auswirken. Der volkswirtschaftliche Aspekt dieser ›gehobenen‹ Nachfrage im künstlerischen Bereich sei bisher noch nicht erkannt worden.

Mit seinen Artikeln beginnt Lichtwark dieses Erziehungsvorhaben. Mit seinen Texten begleitet er die neuen Entwicklungen in Berlin, die er als »Keimzeit« bezeichnet: die Spanne von der Eröffnung des Kunstgewerbemuseums, einer »Prachtausgabe« von Schinkels Bauakademie, im Jahre 1881 bis zur Eröffnung der Jubiläumsausstellung 1886. »Die königlichen Museen waren unter Schöne's Leitung in eine neue und glänzende Epoche eingetreten. Ganz Europa und in Folge dessen auch Berlin begann, die Wirksamkeit Bodes's und Lippmann's, Lessing's, Curtius', Conze's, Bastian's und Humann's zu verfolgen.« Im modernen Kunsthandel habe sich die Galerie Fritz Gurlitt als »außerordentlich einflußreich« erwiesen: »Er wagte es, dem hohnlachenden Publicum Jahr für Jahr die neuen Werke Böcklin's vorzuführen, er machte die Berliner mit Thoma, Liebermann, Uhde, A. Hildebrand und Volkmann bekannt und besaß die Kühnheit, die Sammlung französischer Impressionisten des Prof. Bernstein dem durchweg entrüsteten Publicum vorzuführen.«[363] Die hier genannten Künstler sind es, die Lichtwark am stärksten beeindrucken; sie bleiben über einen langen Zeitraum hinweg seine Favoriten.

Anfangs erscheinen Lichtwarks Beiträge, von Lessing vermittelt, in der *Nationalzeitung*. Von Ende Oktober bis zum Jahresende 1881 sind es schon sieben, beginnend mit zwei Berichten von Ausstellungen in der Galerie Fritz Gurlitt.[364] Bereits im folgenden Jahr gelingt ihm die Veröffentlichung seiner Artikel auch in der Wochenzeitschrift *Die Gegenwart*; manchmal sogar stehen Artikel zum selben Thema in beiden Blättern. Als er nach Hamburg zurückkehrt und die journalistische Arbeit aufgeben

363 AL, Studien, Bd. I, Vorwort, o.P. [S. 6]
364 Vgl. hier und im Folgenden: Kayser (1977), Nr. 1–165.

muss, halten sich die Beiträge für die beiden Zeitungen nahezu die Waage, anfangs erscheinen zeitweilig mehr in der *Nationalzeitung*, zu anderen Zeiten konzentriert sich seine Tätigkeit stärker auf die *Gegenwart*.

Der größte Teil dieser Texte besteht aus Ausstellungsberichten. Lichtwark informiert regelmäßig über die Galerien Fritz Gurlitt und Philipp Meyer, über die Veranstaltungen der Berliner Museen, des Künstlervereins sowie über Neuerwerbungen in der Königlichen Gemäldegalerie. Er schreibt aber auch über einzelne Kunstwerke, die ihn besonders interessieren, 1882 etwa über Menzels Aquarellalbum »Das Fest der Rose« und 1884 über die im selben Jahr entstandene »Piazza d'Erbe in Verona«.[365] Verschiedentlich verfasst er Texte über ausgestellte Gemälde von Böcklin, darunter den »Drachentöter«, den »Eremit«, »Das Spiel der Wellen«, den »Prometheus«, das »Selbstportrait mit dem fiedelnden Tod«, eine »Frühlingslandschaft« und eine Fassung der »Toteninsel«.[366]

Ausführlich widmet er sich 1882 der Darstellung einer Retrospektive des auch den Fachleuten noch wenig bekannten Malers Carl Blechen. Allein aus der Sammlung des verstorbenen Bankiers Brose, wo Lichtwark sie bereits gesehen hat, gelangen 64 Werke des Künstlers an die Öffentlichkeit. Lichtwark stellt den Künstler mit seinem Werdegang und seinem Werk ausführlich vor und betont dessen künstlerische Modernität als zunehmend naturalistischer Landschaftsmaler und »Vorläufer unserer modernen Landschafterei«.[367] Später wird er Bilder von Blechen für die Hamburger Kunsthalle erwerben.

Besonders bedeutsam sind für Lichtwark die etwa gleichaltrigen Künstler. Die Werke des fünf Jahre jüngeren Max Klinger beschäftigen ihn mehrfach: 1883 stellt er die Radierfolge »Dramen« vor, 1884 schreibt er Ein *Gedenkblatt von Max Klinger*, ein Festblatt zu Menzels Jubiläum, im selben Jahr über Klingers Beitrag zur Wanddekoration für das Künstlerfest. Im Jahr darauf erscheint als wichtigster Beitrag zu dem befreundeten Künstler der ausführliche Artikel Max Klinger als Wandmaler. Hier begeistert er sich für dessen Gestaltung des Vestibüls in der Steglitzer Villa Albers, ein Gesamtkunstwerk, dessen komplexe Farbigkeit er detailliert schildert.[368] Diese Bilder werden auch künftig für ihn bedeutsam bleiben; an ihnen gewinnt er grundlegende Erkenntnisse über die zeitgenössische Malerei, etwa den Naturalismus und die Aufhellung der Farbpalette. Über die Fresken seines Freundes Hermann Prell

365 Vgl. Kayser (1977), Nr. 24, 106, 105. – AL, Menzel, S. 186–193, 194–201; Erstveröffentlichung 1882, Kayser (1977), Nr. 24; Erstveröffentlichung 1884, Kayser (1977), Nr. 106.

366 Vgl. Kayser (1977), Nr. 38, 61, 71, 77, 94, 98. – AL, Böcklin, S. 151–181; Neufassung aus verschiedenen Texten, Kayser (1977), Nr. 212. – Zu Böcklin vgl. WV Andree 351, 384, 375, 370, 259, 359, 343–347.

367 Vgl. AL, Blechen, S. 134–150, Zitat S. 150; Erstveröffentlichung 1882, Kayser (1977), Nr. 44. – Zu Broses Bildern von Blechen vgl. Fontane (1970), S. 540f. Auf die Aufstellung der Sammlung mit Angabe von Kaufpreis und Verkäufer ist bei der Veröffentlichung leider verzichtet worden.

368 Vgl. AL, Ausstellung in der Akademie, Kayser (1977), Nr. 52 (Dramen). – AL, Gedenkblatt, Kayser (1977), Nr. 95. – AL, Festdecoration, S. 141f.; Erstveröffentlichung 1884, Kayser (1977), Nr. 94. – AL, Klinger, S. 209–218; Erstveröffentlichung 1885, Kayser (1977), Nr. 142. – Zur Villa Albers vgl. Gayk (2011), S. 37–48. – Abbildungen in: Ausst.Kat. Klinger (1984), S. 54–63.

für das Berliner Architektenhaus berichtet Lichtwark schon 1882 in der *Nationalzeitung* und erwähnt später auch dessen Wandmalerei für das Künstlerfest von 1884, schalkhaft dargestellte Krieger als Akt mit aufgemalten Litzen und Knöpfen der preußischen Garde.[369] Später wird Lichtwark Prell sehr kritisch als Repräsentanten einer überwundenen Phase betrachten.

Dem fünf Jahre älteren Bildhauer Adolf Hildebrand widmet Lichtwark 1884 einen ausführlichen Ausstellungsbericht in der *Gegenwart*; er würdigt darin die Einfachheit und schlichte Gebärde seiner Gestalten; es sei erstaunlich, mit welch »geringen Mitteln er zu einer fast erschreckenden Lebenswahrheit« gelange. »Er sucht eben überall das Charakteristische, und das liegt nicht im Detail.«[370] Auch später wird er den Künstler unverändert schätzen und empfehlen.

Besonders interessant ist aus heutiger Sicht, welche Position Lichtwark 1883 in seiner Rezension gegenüber den französischen Impressionisten bezieht, die in Form der Sammlung des Juraprofessors Carl Bernstein und seiner Frau Felicie temporär im Kunstsalon Fritz Gurlitt ausgestellt sind.[371] Dazu gehören Manets »Le départ du bateau de Folkstone« von 1869 und »Bateau de pêche vent arrière« von 1864 sowie drei Blumenstillleben, Monets »L'été, Champ de coquelicots« von 1875 und eine oder zwei weitere Landschaften, »La Seine d'Argenteuil« von Sisley, gemalt 1872, und eine Gouache von Pissarro, »Paysannes travaillant dans le champs, Pontoise« von 1881. Darüber hinaus besitzen sie Bilder von Mary Cassatt, Marie Cazin, Edgar Degas, Eva Gonzalès, Berthe Morisot und Giuseppe de Nittis. Ergänzt wird die Ausstellung durch impressionistische Werke aus dem Besitz des Pariser Kunsthändlers Paul Durand-Ruel, darunter Manets »Le chemin de fer« von 1873, mehrere Badende von Renoir sowie Landschaften von Monet, Pissarro und Sisley.[372] Eingangs äußert Lichtwark die darwinistisch anmutende These, dass »die Ausbildung der ganzen Gattung und die des Individuums die gleiche Bahn wandeln«, nämlich in der Ausbildung der malerischen Technik. Man kön-

369 Vgl. Kayser (1977), Nr. 9, 94. – AL, Festdecoration, S. 221; Erstveröffentlichung 1884, Kayser (1977), Nr. 94. Zur Zeit der Edition der Studien hat sich Lichtwark von Prell bereits distanziert. – Br. Kommission (1899), Bd. VI: 1898, S. 220.

370 AL, Hildebrand, S. 202–208, Zitat S. 207; Erstveröffentlichung 1884, Kayser (1977), Nr. 84.

371 Vgl. hier und im Folgenden: AL, Impressionisten, S. 400f., Kayser (1977), Nr. 73. – Carl Bernstein (1842–1894), Berlin, war ein Vetter mütterlicherseits von Charles Ephrussi (1849–1905), beide waren gebürtig aus Odessa. Ephrussi (1849–1905), Bankier, Kunstpublizist, schließlich Herausgeber und Besitzer der *Gazette des Beaux-Arts*, selbst Impressionistensammler, regte Bernstein zu diesen Erwerbungen an; vgl. Paul (1988), S. 11–15. Zum Stammbaum der Familie Ephrussi und Charles Ephrussi vgl. de Waal (2011). – Zu Bernstein vgl. außerdem Kuhrau (2005), S. 223–228. – Bernsteins besaßen WV Rouart / Wildenstein zufolge von Manet: Bateau de pêche arrivant arrière, 1864, WV Rouart / Wildenstein 77; Le départ du bateau de Folkstone, 1869, WV Rouart / Wildenstein 147; Roses, tulipes et lilas blancs dans un vase de cristal, 1881, WV Rouart / Wildenstein 381, heute Privatsammlung New York; Bouquet de pivoines, 1882, WV Rouart / Wildenstein 426, das Bernstein mit Liebermann gegen sein Bernstein-Portrait tauschte, WV Eberle, 1892/2; Lilas blancs dans une vase de verre, 1882/83, WV Rouart / Wildenstein 427, heute Nationalgalerie Berlin. Von Monet: L'été, champ de coquelicots, um 1882, von Felicie Bernstein 1908 an Liebermann vererbt, WV Wildenstein 377; L'allée, um 1882, WV Wildenstein 464. – Aus Durand-Ruels Besitz war u.a. ausgestellt: Manet, Le chemin de fer, 1873, WV Rouart / Wildenstein 207.

372 Vgl. Paul (1988), S. 12–14. Siehe auch das Kapitel »Die Frühjahrausstellungen« in Teil 2.

ne bei jedem großen Meister – er nennt Tizian, Rubens, Rembrandt, Hals – verfolgen, wie er »von ängstlichen, sorgfältig verarbeitenden Anfängen ausgehend, mit der Zeit bei wachsender Herrschaft über die Mittel und steigender Sicherheit der Intentionen immer kühner die Einzelheiten vernachlässigt, um [...] zuletzt nichts als das Unentbehrliche zu geben.« Aber es sei dem modernen französischen »Impressionalismus« [sic] vorbehalten, den natürlichen Verlauf der Dinge auf den Kopf zu stellen und »mit dem allerletzten Ende anzufangen«. Lichtwark erkennt scharfsinnig die künstlerische Zielsetzung der Impressionisten, er erfasst die ganzheitliche Wahrnehmung und Wiedergabe der Erscheinungen, sieht, dass die deutsche Kunstentwicklung dieser Stilerscheinung gänzlich fern steht und der Impressionismus auf der französischen Tradition eines Daubigny, Millet und Rousseau beruht. Er genießt geradezu die künstlerische Wiedergabe der Atmosphäre, die Illusion von duftigem Himmel, dunstiger Ferne und zitternder heißer Sommerluft: »der Eindruck erreicht nahezu die Intensität des Lebens«. Und Lichtwark weiß ebenso, dass auch in Frankreich die Impressionisten keine große Popularität genießen. »Doch läßt sich nicht leugnen, daß die allgemeine Kunstbewegung energische Antriebe einer Richtung verdankt, die auf eine unverfälschte, nach seiner Ueberlieferung gemodelte Wiedergabe des Eindrucks ausgeht. In dieser seiner Tendenz müssen wir den Impressionalismus als Symptom unserer Cultur ansehen, die experimentierend und forschend nach allen Seiten selbständig die Natur und die Ueberlieferung untersucht.« Seine feine Beobachtung der künstlerischen Absicht der Impressionisten führt jedoch nicht dazu, dass Lichtwark diese Bilder als vollgültige Kunstwerke akzeptiert, er kann sich damit zwar »unschwer befreunden«, »sie würden uns sogar zum Teil außerordentlich gefallen, wenn wir sie als Skizzen auffassen dürften. Doch sie sind als fertige Bilder beabsichtigt [...].« Diese Meinung kann er in der Neuausgabe seiner *Studien* in der Mitte der 1890er Jahre, als er längst einen Ankauf von Werken des französischen Impressionismus wünscht, nicht mehr aufrechterhalten.

Auffallend engagiert sich Lichtwark für die farbige Skulptur, die er 1885 in vier Ausstellungsberichten behandelt. Hier wird ein Interesse erkennbar, das sich von der antiken, für unfarbig gehaltenen Skulptur abwendet.[373] Im Jahr zuvor ist Gottfried Sempers 1834 erstmalig in Altona veröffentlichte Programmschrift *Vorläufige Bemerkungen über bemalte Architektur und Plastik bei den Alten* in seinem Band *Kleine Schriften* erneut erschienen. Das wiedererwachte Interesse an diesem Thema spiegelt sich in dieser Neuauflage und Lichtwark wird sie als Bibliothekar mit Sicherheit gekannt haben.[374] Auch Klingers farbige Büsten für das zur gleichen Zeit von ihm gestaltete Vestibül der Villa Albers dürften in diesen Zusammenhang gehören. In seinem Artikel bereitet Lichtwark seine späteren Ansichten über die Erziehung des Publikums vor; zu dieser Zeit befasst er sich bereits mit kunstsoziologischen Fragen, etwa Struktur und Verhalten des Publikums, ganz besonders auch dem oftmals dogmatischen

373 Vgl. hier und im Folgenden: AL, Farbige Skulptur, S. 87–131; Erstveröffentlichung 1885, Kayser (1977), Nr. 127, 132 (Gegenwart); 133, 149 (Nationalzeitung).
374 Vgl. Zeitler (1976), S. 13.

Beharren auf traditionellen Vorstellungen und Festhalten am literarischen Inhalt von Bildern. Ein Schlüsselsatz findet sich am Ende des zweiten Abschnitts, bevor sich Lichtwark den einzelnen Exponaten zuwendet: »Unsere Aufgabe ist, ruhig und ohne Vorurtheil die Entwickelung [sic] zu verfolgen, dem Neuen mit empfänglichen, durch keine ästhetischen Regeln behinderten Sinnen gegenüber zu treten.«[375]

Mehrfach beschäftigt ihn die so unterschiedlich intensive Rezeption von Musik und bildender Kunst. Bereits 1883 bemerkt er die Verschiebung des öffentlichen Interesses von der bildenden Kunst, die »gleich Schneewittchen in Schlaf sank«, auf die Musik: »Es sind nicht mehr Malerei, Plastik und Architektur, die uns ins Innerste treffen, nicht Maler und Bildhauer sprechen zum Herzen des ganzen Volkes. Die Musik ist die Kunst unserer Zeit geworden, der Musiker müßte der Künstler an sich sein.«[376] Dazu stellt er fest: »Das Musikleben fließt seit Wochen in breiten Wogen, und trotzdem ist die Höhe der Fluth noch lange nicht erreicht.« Der Künstlerverein hingegen habe seine viereinhalb Räume in der Commandantenstraße erst Mitte November mit »einer kleinen Anzahl Bilder« eröffnen können. Dieses sei die einzige permanente Kunstausstellung einer Residenzstadt mit mehr als einer Million Einwohnern.[377] Dabei vergleicht Lichtwark noch die Kosten für den Konzert- mit dem kostenlosen Museumsbesuch; wie würde es wohl um die Ausstellungen stehen, wenn auch noch Eintrittsgeld erhoben würde?

Und doch glaubt Lichtwark an eine Wende: Allmählich werde auch das Auge gegenüber dem so lange bevorzugten und einseitig ausgebildeten Ohr sein Recht verlangen: »Die Anfänge sind schon erkennbar, es fehlt dem Publikum nur an Erziehung.« Diese Vorstellung äußert er erstmalig 1883 in der *Gegenwart* in einem Artikel über die Ausstellung im Künstlerverein.[378] Zwei Jahre später greift er das Thema »Musik und bildende Kunst« noch einmal und wiederum in der *Gegenwart* auf.[379] »Noch hat kein Wanderbild die Reclame in Bewegung gesetzt, und weder die Ausstellung bei Gurlitt, noch die im Künstlerverein machte von sich reden. Die Plastik hat gänzlich versagt. Musik in allen Höfen, Musik in allen Häusern, Musik und wieder Musik in einem Dutzend Concerte und Concertchen an jedem Abend, während die bildende Kunst einsam steht wie ein Stiefkind im Winkel. Unsere Maler und Bildhauer könnten [...] ein Jahr lang die Production ein[...]stellen, und man würde es erst bemerken, wenn sie wieder zu arbeiten anfingen, oder überhaupt nicht.« Man könnte Musikfeind werden, meint er, angesichts der großen Summen, die für den Musikgenuss ausgegeben würden, für eine Kunst, die für den nationalen Wohlstand viel weniger bewirke als die bildende Kunst, die er volkswirtschaftlich für viel produktiver hält. Er glaubt jedoch zu bemerken, dass es wie in einer Landschaft unter der Schneedecke schwelle

375 AL, Farbige Skulptur, S. 113; Erstveröffentlichung 1885, Kayser (1977), Nr. 127, 132 (Gegenwart); 133, 149 (Nationalzeitung).
376 Alfred Lichtwark, Musik und bildende Kunst, in: AL, Studien, Bd. I, S. 1f.; Kayser (1977), Nr. 212.
377 Hier und im Folgenden: ebd., S. 2f.
378 Vgl. ebd., S. 3.
379 Vgl. Alfred Lichtwark, Musik und bildende Kunst, in: AL, Studien, Bd. I, S. 4f.; Kayser (1977), Nr. 212.

und treibe: »Was würden ein paar sonnige Tage für Wunder wirken!« So lässt er die Hoffnung nicht sinken: Der »Acker der bildende Künste« stecke »voller Keime, die auf den Frühling warten.«[380] Lichtwarks Hoffnung ist nicht unbegründet, betrachtet er doch die Berliner Kunstszene von innen, kennt die Veränderungen in den Museen und das Wachstum der Sammlungen. Er hat die privaten Sammler getroffen und ihre Schätze besichtigt. Und natürlich kennt er die jungen Künstler, Stauffer, Klinger, Prell, die Brüder Lessing, er verehrt Menzel und bespricht die Werke von Künstlern, die heute oft niemand mehr nennt. Schon in die beiden Bände der *Studien* nimmt er diese mittlerweile hinfälligen Texte nicht mehr auf.

Ganz allgemein geht Lichtwark davon aus, dass die bildende Kunst irgendwann einmal »zum Volke« gesprochen habe: »Wir dürfen nie vergessen, daß die bildende Kunst in unseren Tagen ein Leben für sich führt, von keiner Strömung im Volk getragen und deshalb in ihren Aeußerungen nicht unmittelbar verstanden, wie ehemals.« Durch die Arbeitsteilung sei die Gesellschaft auch auf geistigem Gebiet zersetzt, jede Gruppe bilde gleichsam ein »Volk im Volk« und führe ein »Sonderleben«. Wer die Werke nicht nur inhaltlich rezipieren wolle, »wie ein Bilderbogen«, müsse sich zuerst um die Absichten und Ziele »des dem übrigen Volk weit vorausgeeilten Künstlervolkes kümmern.« Sonst liefe das Publikum Gefahr, »gerade das Beste, was sie zu geben haben, zu übersehen oder mißzuverstehen«. Folgerichtig lehnt er die Kunstkritik, die öffentliche Besprechung »dessen, was die moderne Kunst bietet«, ab und will sie durch den Kunstbericht als Studie ersetzt wissen.[381]

Die Begeisterung für außereuropäische, besonders für die asiatische Kunst ergreift auch Lichtwark und schlägt sich in seinen Feuilletons nieder. Sein Bericht über die indische Ausstellung anlässlich der Einweihung des neuen Kunstgewerbemuseums erscheint 1882 in den *Preußischen Jahrbüchern*, die japanische Gemäldeausstellung bespricht er im selben Jahr für die *Gegenwart*. Insbesondere für die japanische Kunst erwärmt er sich, auch für die Skizzen und das Kunstgewerbe; das japanische Märchen, das er in Paris bei dem Händler Siegfried Bing erfahren hat, bereitet er 1884 für die *Gegenwart* auf.[382]

Seltener schreibt er über neue Architektur, 1884 etwa über das Leipziger Gewandhaus und 1885 sehr kritisch über das Rijksmuseum in Amsterdam, vor allem aber über die zeitgenössische Berliner Architektur. Seine Texte handeln 1882 vom Wettbewerb für den Reichstagsbau, im Jahre 1883 von Berliner Neubauten von Franz Schwechten und Hermann von der Hude, von der Kirche am Gendarmenmarkt, der Marschallbrücke und dem wiedereröffneten Zeughaus. Den Neubau der Technischen Hochschule würdigt er im Jahr darauf, ebenso die Bebauung der Museumsinsel, ein

380 AL, Musik und bildende Kunst, S. 5.
381 Ebd., S. 5. – AL, Publicum, S. 6; Neufassung, Erstveröffentlichung 1886, Kayser (1977), Nr. 164.
382 Vgl. Kayser (1977), Nr. 17. – AL, Indische Kunst, S. 9–42; Erstveröffentlichung Kayser (1977), Nr. 18. – AL, Japanische Gemäldesammlung, S. 43–56; Erstveröffentlichung Kayser (1977), Nr. 101. – AL, Ein japanisches Märchen; Kayser (1977), Nr. 101. – Br. Familie, S. 139, 456f., 560.

langwieriges Berliner Thema, das er wie einige andere dieser Architekturberichte später in die *Studien* aufnimmt.[383]

Bei der Innenraumgestaltung interessieren ihn besonders die Möbel; er schätzt die zu jener Zeit noch wenig beachteten intarsierten Rokokomöbel.[384] Auch wenn er selbst für seine letzte Berliner Wohnung solches Mobiliar erwirbt, kümmert er sich doch auch 1884 in einem Bericht für die *Gegenwart* um die Ausstellung billiger Möbel.[385] Trotz seiner Ornamentstudien plädiert er in diesem Artikel dringend für die Ornamentlosigkeit solcher Massenware, Jahrzehnte bevor der nahezu eine Generation jüngere Wiener Architekt Adolf Loos seine Kampfschrift *Ornament als Verbrechen* publiziert.[386] »Das einfache Gebrauchsgeräth hat sich vernutzt oder ist durch Unachtsamkeit zu Grunde gegangen. Erhalten blieb vorzugsweise das Prachtmöbel, weil es nicht in täglichen Gebrauch kam und respectvoll behandelt wurde. Auch die Vorlagen in den Ornamentstichen bieten fast ausnahmslos Prunkstücke, weil für die schlichten Geräthe des täglichen Bedürfnisses die Erfindungskraft des Handwerkers ausreichte.«[387] Die Produktion sei durch das Missverstehen der alten Kunst auf »bedauerliche Abwege« geraten und habe den Geschmack des Käufers mit sich gerissen: »Das ganze Gewerbe liegt krank an der Ornamentensucht und dem Verzierungsfieber. Sogar die Architektur ist angesteckt und phantasiert ganze Façaden aus Fensterlöchern und Ornament zusammen. Wer [wie Lichtwark selbst] in seinem Beruf die moderne Entwikkelung zu verfolgen Gelegenheit hat, empfindet allgemach einen wahren Abscheu vor allem, was Ornament und Profil heißt.« Und so führt er eine Reihe von Gegenbeispielen an: einen japanischen Holzkasten ohne jeden anderen Schmuck »als das köstliche Material«, einen »modernen französischen Bucheinband ohne jegliche Verzierung«. Ein aufmerksamer Kenner suche »unter der Hinterlassenschaft vergangener Kunstperioden nach dem schmucklosen Möbel und Geräth, das nicht mehr scheinen will als es ist.« Lichtwark weiß genau, dass die ornamentale Überladenheit nicht aus einem »historischen Mißverständnis« resultiert, »und auch nicht etwa blos [sic] ein schnell verfliegender Rausch, der einer langen Periode der Nüchternheit als nothwendiger Rückschlag folgte.« Er erkennt das soziologisch-ästhetische Phänomen und definiert das »mit überflüssigem Ornament beladene Möbel [...] als Product derselben socialen

383 Vgl. AL, Das neue Gewandhaus in Leipzig; Kayser (1977), Nr. 110. – AL, Das neue Reichsmuseum in Amsterdam; Kayser (1977), Nr. 147. – AL, Die Konkurrenz-Entwürfe für den Reichstagsbau; Kayser (1977), Nr. 21. – AL, Berliner Neubauten; Kayser (1977), Nr. 55, 212 (Auszüge). – AL, Die neue Kirche am Gendarmenmarkt; Kayser (1977), Nr. 76. – AL, Die neue Marschallbrücke; Kayser (1977), Nr. 79. – AL, Das neueröffnete Zeughaus; Kayser (1977), Nr. 81, 212. – AL, Der Neubau der Technischen Hochschule, Kayser (1977), Nr. 109, 212. – AL, Die Bebauung der Museumsinsel; Kayser (1977), Nr. 91, 212. Gleichzeitig berichtet Julius Lessing für Westermanns Monats-Hefte, 55. Bd., 1883/84, S. 800–815, über das Zeughaus.

384 Vgl. AL, Rococomöbel, S. 74–82; der Text scheint auf dem Artikel *Moderne Möbel* zu beruhen; Erstveröffentlichung: Kayser (1977), Nr. 107. Hier erläutert Lichtwark den technischen Aspekt von Schichtholz, Furnier, Formgebung und Oberflächenbehandlung und bezeichnet diese Möbel als die am höchsten entwickelten und dem zeitgenössischen Bedürfnis am nächsten stehenden.

385 Vgl. AL, Billige Einrichtungen, S. 83–93; Erstveröffentlichung: Kayser (1977), Nr. 89.

386 Loos kannte offensichtlich Lichtwarks *Studien*, siehe dazu das Kapitel »Kunsterziehung II: Die Erziehung des Farbensinns« in Teil 3.

Uebergangscalamität [...], die den Arbeiter treibt, in seinem Sonntagsanzug das Costüm des vornehmen Stutzers nach Schnitt und Stoff aber im billigsten Materiale zu imitiren. So will er auch in seiner Wohnung sich nicht mit dem einfachen gediegenen Möbel begnügen, wie es seine Casse bezahlen kann, sondern sein Schrank muß einen durchbrochen geschnitzten Aufsatz herweisen, sein Tisch auf Löwentatzen ruhen.« Er begrüßt die schlichten, preiswerten Möbel der Ausstellung als einen Fortschritt; doch könnten die billigen Möbel noch viel einfacher sein, ohne an Schönheit einzubüßen. Er weiß aber auch, dass die Produktion »nie einen anderen Willen haben« kann »als den des Abnehmers«. Von der Erziehung des Konsumenten spricht er hier noch nicht.

Unter Lichtwarks Feuilletons bildet ein weiteres Thema einen Schwerpunkt, ein 1885 in der *Gegenwart* veröffentlichter Aufsatz über die moderne Gartenkunst, mit dem Lichtwark sich an die Spitze der Entwicklung auf diesem Gebiet setzt. Er plädiert darin als einer der Ersten nach einer langen Phase landschaftsimitierender Gartengestaltung nach englischem Vorbild nunmehr für den architektonischen Garten, zumindest dort, wo sich »die Illusion einer freien Landschaft auf engem Raum zwischen großartiger Architektur nicht erreichen« lässt. Im Jahr zuvor, 1884, ist Jacob von Falkes Gartenbuch mit einem Plädoyer für die regelmäßige, architektonische Gartengestaltung erschienen, die der Verfasser für kleinere Gärten, für Gartenteile in Hausnähe und für öffentliche städtische Anlagen fordert. Lichtwark mag dieses Buch gekannt haben; er könnte aber auch von Lessing angeregt worden sein, sich mit diesem Thema zu beschäftigen, da er Lichtwarks besonderes Interesse für Pflanzen und Gärten geteilt hat. Falke verweist in seinem Buch auf die neue Entwicklung in England, wo Lichtwark bislang noch nicht gewesen ist, wohl aber Lessing, der schon als junger Mann anlässlich der Weltausstellung in London den architektonischen Park am Kristallpalast von Sydenham gesehen hat. In diesem Aufsatz verlangt Lichtwark Grundzüge der Gestaltung, die ihn später immer wieder beschäftigen werden: Zweckmäßigkeit und Brauchbarkeit, also Funktionalität, und speziell auf die Gartengestaltung bezogen die regelmäßige Form als ausschließliches Gestaltungsprinzip, eine Gartengestaltung unter dem Aspekt der Raumkunst und den öffentlichen Park als Erholungsraum für die Stadtbevölkerung.[388]

Im Juli 1885 berichtet Lichtwark für die *Gegenwart* auch von der Weltausstellung in Antwerpen, die für ihn zu einem Schlüsselerlebnis wird.[389] Er gibt jedoch keine sachliche, objektive Darstellung, sondern schreibt seine kulturpolitische Entrüstung nieder. Der deutsche Beitrag, der nicht von offizieller staatlicher Seite, sondern von Privatfirmen gestaltet worden ist, erscheint ihm von derartiger Erbärmlichkeit, dass er

387 Vgl. hier und im Folgenden: AL, Billige Einrichtungen, S. 83–93.
388 Vgl. AL, Moderne Gartenkunst, S. 326–328, Kayser (1977), Nr. 144 sowie Klausch (1971), S. 16ff. Den Zusammenhang mit Lessing erwähnt Klausch nicht. – Schon Jacob Burckhardt lobt im *Cicerone* den architektonischen Garten gegenüber dem englischen; vgl. Buddensieg (2002), S. 38f., worin sich bereits die beginnende Barockrezeption spiegelt. – Jacob von Falke, Der Garten: seine Kunst und Kunstgeschichte, Berlin u.a.: Spemann, [1884].
389 Vgl. hier und im Folgenden: AL, Weltausstellung, S. 158–190, vor allem S. 172–177; Erstveröffentlichung: Kayser (1977), Nr. 122.

sich geradezu gedemütigt fühlt. Seine Kritik ist vernichtend: Die Exponate ließen sich von der ärmlichen, geschmacklosen, volks- und deutschtümelnden Dekoration kaum unterscheiden, durch kleinliche Verzettelung entstehe keine geschlossene Wirkung, und der ungünstige Gesamteindruck werde noch gesteigert durch die Nachbarschaft der französischen Säle, denen Lichtwark willig hohe Anerkennung und Bewunderung zollt. Hier gebe es kein Kokettieren mit einem nationalen Stil, sondern Einheitlichkeit, Schlichtheit, sicheren und vornehmen Geschmack, »Abscheu vor banalem billigem Prunk«, Sachlichkeit und maßvolle Dekoration. Daraus kann Lichtwark nur einen Schluss ziehen: im eigenen Lande müsse der kunstsinnige Käufer erzogen werden, der durch seine Ansprüche die Produktion der Luxusindustrie heben und dadurch auch den Export positiv beeinflussen würde. Der inländische Markt erscheint ihm somit als Hauptaspekt; der Konsument müsse mittels ästhetischer Bildung Selbständigkeit und Urteilsfähigkeit gewinnen. Die aktuelle Situation in Deutschland definiert er als Sackgasse: »Vor uns haben wir jetzt das Schauspiel eines erfinderischen, gebildeten Producenten, der in fiebernder Hast sich selbst überbietet, gegenüber einem vollkommen rath- und hülflosen Consumenten, dem die Geschichte über den Kopf gewachsen ist.«[390] Der gebildete Franzose und der gebildete Engländer würden nicht vom Verkäufer beschwatzt wie der ästhetisch unmündige Deutsche, dem außerdem alles zu teuer sei, während Franzosen und Engländer die Preiswürdigkeit von Kunstgegenständen beurteilen könnten. Zudem fehle auch dem reichen Deutschen das Bedürfnis nach Kunstbesitz. Hier sieht Lichtwark als ›Entwicklungshilfe‹ nur das Erwerben ästhetischer Bildung durch den Umgang mit den Gegenständen selbst, nicht etwa durch gelehrte Bildung, die er als schädlich betrachtet.

Mit Vorträgen und Zeitschriftenartikeln sei hier nicht viel auszurichten; es erscheint ihm »ungemein schwer, Mittel und Wege zu finden, den besitzenden Classen Kunstbedürfniß und Kunstverständniß beizubringen. Wichtiger wäre der unmittelbare Einfluß des Producenten, wenn der nur immer selber eine Ahnung hätte, worauf es ankommt.« So denkt Lichtwark auch an die schulische Vermittlung: »Durch die Hände der Lehrer gehen alle kommenden Geschlechter.« In der Lehrerbildung müsse jedoch erst einmal »das künstlerische Moment« eine Rolle spielen.[391] An dieser Stelle äußert Lichtwark zum ersten Mal grundlegende kulturpolitische Gedankengänge, die jedoch nicht allein seine eigenen, sondern längst im Gespräch sind. In seinen ersten beiden Programmschriften von 1886 und 1887 wird er sie weiter ausbauen und als hochwirksamer Multiplikator zu ihrer Etablierung beitragen.[392]

So enthalten Lichtwarks Feuilletons neben ihrer Aktualität bereits die Grundzüge seines späteren kulturpolitischen Programms: den ökonomischen Aspekt sowohl allgemein als auch hinsichtlich der Konkurrenzfähigkeit Deutschlands auf dem internationalen Markt, die Hebung des Publikumsgeschmacks, Plädoyers für die moderne,

390 Ebd., S. 183f.
391 Ebd., S. 187f.
392 Siehe dazu die Kapitel »Die Reorganisation der Kunsthalle« und »Kunsterziehung I: ›Die Kunst in der Schule‹ in Teil 2.

funktionale Form und eine unermüdliche Vorarbeit für die Rezeption der progressiven Kunst – verbunden mit der Abkehr von der akademischen idealistischen und klassischen Tradition.

DIE BERUFUNG NACH HAMBURG

Schon während der Berliner Jahre erhält Lichtwark zwei Stellenangebote als Museumsdirektor: 1882 für Kaiserslautern mit 3.000 Mark Gehalt, freier Wohnung, Nebeneinnahmen und Reisespesen; 1884 wird ihm durch den Feuilletonisten Ludwig Pietsch eine mit 10.000 Mark hochdotierte Stelle in Breslau angetragen (Abb. 16). Die erste Position kommt nicht infrage, die zweite lehnt er ebenfalls ab: »Schöne, mit dem ich darüber sprach, bloß um ihm zu sagen, es gehe nicht von mir aus, war nicht dagegen, obgleich er meinte, es wäre schade fürs Museum, wenn ich jetzt ginge«, teilt er seiner Mutter mit. »Sie können mir das ja nicht bieten.« Daher schlägt er mit Erfolg für Breslau seinen Kollegen Julius Janitsch vor. »Wißt Ihr«, setzt er als Erklärung hinzu, »ich darf hier jetzt nicht fort, jetzt erst habe ich die volle Möglichkeit, was zu lernen und mir eine einflußreiche Stellung zu machen. Was werde ich in den wenigen Jahren lernen können, wenn es so weiter geht!«[393] Anscheinend hätte sich noch im Herbst 1885 eine Möglichkeit für ihn ergeben, zusammen mit Justus Brinckmann nach Wien an das Museum für Kunst und Industrie zu gehen, doch Brinckmann nimmt den Ruf als Nachfolger Rudolf von Eitelbergers nicht an. Wiederum ist Lichtwark froh über die Entscheidung: Er müsse noch einige Jahre lernen, außerdem biete gerade jetzt Berlin so unendlich viel. »Vielleicht bekomme ich mal die Kunsthalle in Hamburg«, tröstet er Mutter und Bruder, »was auch nicht zu verachten und mir wegen des schönen Kupferstichkabinetts noch lieber ist. Da ließe sich was draus machen! So brauchen wir die Hoffnung, bald wieder alle vereint zu sein, nicht aufzugeben. Denkt Euch, wie schön das wäre, in einem hübschen Gartenhaus in Eppendorf behaglich eingerichtet und mit behaglichem Einkommen. Nicht zu üppig und nicht zu knapp!«[394] An Berlin hält er jedoch aus mehreren Gründen fest, nicht zuletzt wegen seiner Forschungen: »Ich muß jetzt einige größere Arbeiten abschließen, die mir einen Namen machen. Das Ornament ist ein ganz unbearbeitetes Gebiet. Was ich bisher angebaut habe, genügt gerade, daß andre bequem weiter arbeiten können. Warum soll ich nicht auch ernten? Und mit der übrigen Schriftstellerei komme ich auch erst jetzt recht in Schuß. [...] Dann kommen noch die Vorträge hinzu. [...] Auch in öffentlichen Vorträgen muß ich mich noch üben. Da fange ich ja auch erst an. [...] Ihr seht, es tut mir ganz gut, wenn ich noch ein paar Berliner Jahre durchmachen kann. Es wäre gut, wenn ich erst mit einem allgemein bekannten Namen nach Hamburg käme.«[395]

393 Vgl. Br. Familie, S. 261, 568f.
394 Ebd., S. 593f.
395 Ebd., S. 594.

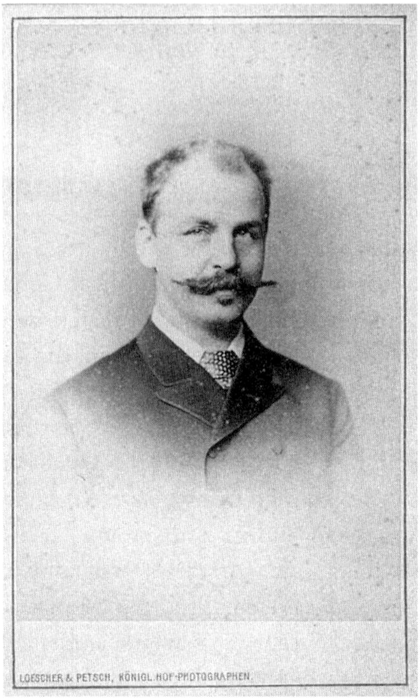

Abb. 16 Lichtwark als Bibliothekar, um 1884, Aufnahme: Loescher & Petsch, Königliche Hof-Photographen, Berlin

Kaum ein halbes Jahr später, am 6. März 1886, berichtet Lichtwark fast beiläufig seiner Mutter den Tod des Inspektors Christian Meyer, der bis dahin die Hamburger Kunsthalle verwaltet hat. »Jetzt wird an mich die Frage herantreten, ob ich kommen soll. Lessing riet entschieden ab. Mit Kall habe ich schon korrespondiert. Er möchte es gern. Wenn es ginge, wäre es zu schön. Wir können ja davon träumen, wenn auch nichts draus wird. Dann kommt Sanni, und wir mieten uns ein gemütliches Haus in Eppendorf oder Eimsbüttel. Ja, ja!«[396] Doch am 24. März formuliert er deutlich seine Bedenken: »Ohne weiteres zugreifen kann ich nicht. Zunächst muß ich pekuniär auskömmlich gestellt sein. Ich habe 4.500 M fixum; kann in wenigen Jahren mit Vorträgen mehr als 2.000 M hinzuerwerben. Meine literarischen Einnahmen werden ebenfalls steigen. Da begreift Ihr, daß 8–10.000 M. (unter uns) das Gehalt in Hamburg betragen muß, wenn ich hingehen soll. Es ist für die Stellung nicht zuviel. Lessing rät unter allen Umständen ab. Er sagt, das sei etwas für Leute wie Janitsch, die nicht produzieren, die einen Ruheposten brauchen. Ich sei hier in Berlin durch ausgesuchte Glücksumstände in die Stellung gekommen, für die ich durch meine Anlage und meinen Bildungsgang vorherbestimmt erscheine; literarisch hätte ich eine schöne Zukunft vor mir; meine

396 Ebd., S. 604.

Lehrtätigkeit würde mir binnen kurzem einen Rang und Namen geben; meine wissenschaftliche Tätigkeit sei die denkbar günstigste auf einem Gebiet, das ganz brach liegt, und von dem alle Früchte erwarten. Was ich eben angebahnt, würde auf Jahre hinaus zurücksinken. [...] Wenn ich nach H. ginge, müßte man mir volle Freiheit lassen, auch an der Kunsthalle einen Unterrichtsapparat auszubilden. Ich müßte jedes Jahr nach Paris und London, um in der großen Anregung zu bleiben, müßte mit den Zuständen in Düsseldorf, München und Berlin genau bekannt sein, usw. Kurz, meine Stellung ist hier eine solche geworden, daß ich sie so leicht nicht aufgeben kann. Das sehe ich jetzt, wo ich zusammenzähle, erst recht klar.« Und etwas lahm einlenkend fügt er an, damit sei aber nicht ausgeschlossen, dass er doch nach Hamburg gehe. »Das wäre herrlich für uns alle. Doch ich mag es mir gar nicht ausmalen.«[397]

In seinen Erinnerungen hält Karl Woermann sich zugute, zu Lichtwarks Berufung an die Hamburger Kunsthalle bedeutend beigetragen zu haben.[398] Tatsächlich empfiehlt er den jungen Kollegen geradezu emphatisch seinem Onkel, dem Vorsitzenden der Kommission für die Verwaltung der Kunsthalle, Bürgermeister Hermann Weber.[399] Doch zuerst, als Weber noch gar nichts von Lichtwark weiß und seinen Neffen Woermann um Empfehlungen bittet, schlägt dieser ihm in einem Brief vom 27. März 1886 zunächst seinen Freund, den Kunsthistoriker Dr. Ludwig Scheibler, außerdem den Kunsthistoriker Dr. Henry Thode vor, vor allem jedoch den Assistenten am Breslauer Museum, Dr. Robert Kahl. Weber wird nahezu gleichzeitig von anderer Seite auf Lichtwark hingewiesen, man höre so viel Gutes über ihn. Weber soll nun bei seinem Neffen Auskunft einholen. In einem Schreiben vom 10. April empfiehlt Woermann Lichtwark auf das Wärmste: Ja, Lichtwark, an den habe er gar nicht gedacht, weil er nicht glaubte, daß dieser ernstlich bereit wäre, die Stelle zu übernehmen. »Will Lichtwark sie haben, so empfehle ich dringend, gib sie ihm, die Stelle, keinem anderen.« Er zählt Lichtwarks Vorzüge auf: dieser sei geborener Hamburger und bereits promoviert. »Sodann ist er auf dem Gebiete der Kupferstich-Kunde einer der ersten Kenner Deutschlands; und auf dem Gebiete der modernen Malerei hat er sich durch viele äußerst feinsinnige Kritiken in der ›Gegenwart‹, in der ›Nationalzeitung‹ u.s.f. schon einen sehr guten Namen gemacht.« Außerdem sei er Assistent am Berliner Museum gewesen und kein Anfänger mehr. Er kenne Lichtwark aber auch als Menschen: »Er ist ein vortrefflicher Mensch, einer der Menschen, die ich, nach meinen Angehörigen, persönlich am meisten verehre und liebe, eine allgemein beliebte Persönlichkeit und liebenswerthe Persönlichkeit. Brinckmann muß auch mit ihm befreundet sein.« Er betont noch einmal, wenn Lichtwark wolle, so sollen sie ihm die Stelle geben und

397 Ebd., S. 604f.
398 Vgl. Woermann (1924), Bd. 2, S. 40f.
399 Vgl. hier und im Folgenden: Brief Hayn an Bürgermeister Weber, 21.3.1886. – Brief Woermann an »Onkel Hermann« [Weber], 27.3.1886. – Briefe Woermann an Weber, 10.4.1886, 12.4.1886, alles in: StA HH, Kunsthalle III 31 d, Bewerbungen. – Woermanns Mutter war eine Schwester des Bürgermeisters Weber, vgl. Woermann (1924), Bd. 2, S. 41. – Dass auch Schöne Lichtwark empfohlen hat, wie Liebermann mitteilt, ist möglich, jedoch nicht zu belegen. Vgl. Liebermann (1978, Lichtwark), S. 118.

keinem anderen. Zwei Tage später, denn der erste Brief hätte womöglich in der Post verlorengehen können, folgt eine weitere dringende Empfehlung mit denselben Argumenten. Es wäre ihm »eine ewige Gewissenbedrängniß«, wenn er durch die Empfehlung anderer die Berücksichtigung Lichtwarks verhindert hätte. Er habe ihn nur deshalb nicht genannt, weil er auf seine Akzeptanz nicht vorbereitet gewesen sei. Neben Lichtwark könne keiner der anderen Bewerber ernstlich infrage kommen.

Am 3. April schreibt Lichtwark an seine Familie, über die Kunsthalle sei er »ganz ruhig. Entweder – oder.« Hoffentlich begreife Kall, dass er selbst nicht intervenieren dürfe. Fast scheint Fatalismus in dieser Aussage zu liegen, als wollte er dem Geschehen seinen Lauf lassen. Auch wenn er zu Beginn des Studiums auf die Direktorenstelle der Hamburger Kunsthalle noch gehofft hat, behagt ihm seine Lebenssituation in Berlin sehr. »Im Grunde bliebe ich wohl besser hier«, fährt er fort, »aber wenn mir die Stellung in Hamburg sonst gut zugeschnitten wird, so habe ich ja auch dort ein schönes Wirkungsfeld.« Und dann wiederholt er wie beschwörend noch einmal alles, was er sich für die Zusammenführung der Familie in Hamburg ausmalt.[400] Auch wenn Lichtwark hadert, die Entwicklung schreitet voran. In einem Brief vom 19. Mai lädt Bürgermeister Weber Lichtwark zusammen mit Kall, Brinckmann und einigen Herren von der Kommission zum Essen ein.[401] Auch Carl Kall, der zu dieser Zeit als Bürgerschaftsmitglied der Kommission für die Verwaltung der Kunsthalle angehört, verwendet sich für seinen Schützling. Er übersendet eine Reihe der Feuilletons und teilt schließlich mit, Lichtwark stünde am 27. Mai für ein Gespräch zur Verfügung.[402]

Aber enthusiastisch wirkt Lichtwark nicht. Am 1. Juni schreibt er seinem väterlichen Freund: »Daß mir der Inhalt Deines Briefes eine herzliche Freude gewesen ist, brauche ich Dir nicht zu versichern. Prof. Woermann bin ich für die gute Meinung und für die ehrenvolle Weise, sie zu äußern, von Herzen dankbar. Ich bin noch einmal mit mir zu rathe gegangen. Es wird mir nicht leicht, mich hier zu lösen, denn ich stehe am Anfang einer Thätigkeit, die mir viel Freude verspricht. Aber die Aussicht auf einen Wirkungskreis in der Heimath, wie ich dies früher anzudeuten versucht, giebt den Ausschlag. Ich bin entschlossen, zu kommen unter den Bedingungen, die Du mir mitgetheilt hast, wenn sie gleich eine wesentliche materielle Verbesserung nicht enthalten. Nur müßte ich vorher nach Italien und, wenn auch nur kurze Zeit, nach England. Denn einen längeren Urlaub nach Antritt des Amtes würde ich sobald selber nicht wünschen.«[403] Lichtwarks Jahresgehalt soll 8.000 Mark betragen, mit zwei Stei-

400 Br. Familie, S. 606 und Anm. 683.

401 Vgl. Brief Weber an Alfred Lichtwark, 19.5.1886, HKH, AdB 76.

402 Brief Kall an Weber, 6.5.1886. – Brief Kall an Weber, 17.5.1886, in: StA HH, Kunsthalle III 31 d, Bewerbungen. Zu Kall als Kommissionsmitglied vgl. StA HH, 111–1 Senat, Cl. VII Lit. H e Nr. 6, Vol. 25. – Werner von Melle glaubt, durch den Zeitungsartikel *Die Zukunft unserer Kunsthalle*, der im März 1886 in den *Hamburger Nachrichten* erschien, dabei mitgewirkt zu haben, dass noch im selben Jahr die von ihm gewünschte Direktorstelle bewilligt wurde, worauf dann die für Hamburgs geistige Interessen so bedeutsame Wahl von Lichtwark erfolgt sei. Vgl. Melle (1928), S. 208.

403 Brief Alfred Lichtwark an Kall, 1.6.1886, in: StA HH, Kunsthalle III 31 d, Bewerbungen.

gerungen im Abstand von jeweils fünf Jahren um je 500 Mark.[404] Im Juni scheinen »die Sachen in Hamburg [...] im besten Gange zu sein«. Eine verfrühte Notiz in der *Nationalzeitung* muss Lichtwark dementieren lassen, die Nachricht hat sich in Berlin bereits herumgesprochen. Höflich entschuldigt er sich dafür bei Weber; er wisse nicht, warum man in Berlin bereits unterrichtet sei.[405]

Ende Juni 1886 ist alles beschlossen. Lichtwark schreibt noch einmal an Bürgermeister Weber: »Obgleich Ihre liebenswürdige Mitteilung mich über den Ausgang der Verhandlungen völlig beruhigte, hat mich ihre Depesche heute doch tief bewegt. Noch kann ich mich nicht zu ruhiger Sammlung zwingen. Alles, was ich ausdrücken kann ist das Gefühl des Dankes, daß mir so viel beschieden ist. Sie wissen, ich habe manchen Umweg machen müssen ehe ich in die richtige Bahn einlenken konnte. Jetzt habe ich die Empfindung, es wären alle nothwendig gewesen, um mich für dieses Amt würdig vorzubereiten. Vor allem denke ich dabei an meine langjährige Lehrthätigkeit in der Schule, die ich so oft als Verzögerung und Hemmung auf mir lasten fühlte. Es war die beste Vorbereitung für meine Schriftstellerei und für die geregelte Wirksamkeit, die sich mir jetzt in meiner Vaterstadt aufthut. Möge mir die Kraft und Einsicht beschieden sein, deren ich bedarf, um das Vertrauen, welches mir entgegengetragen wird, völlig zu rechtfertigen; ich unterschätze die Aufgabe, welche mir gestellt ist, keinen Augenblick.« Er habe sogleich sein Entlassungsgesuch eingereicht und wolle nun noch einmal nach Dresden, um sich mit Woermann zu beraten. Gleichzeitig bietet er an, in Abständen auf einige Tage nach Hamburg zu kommen, wenn seine Anwesenheit vonnöten wäre. »Ihnen, hochverehrter Herr Bürgermeister, möchte ich in diesem Augenblick die Hand drücken können, um Ihnen für Ihre Güte herzlich zu danken; ich hoffe, daß ich unter Ihrer Aegide das Institut, das Sie mir anvertrauen, den hohen Zielen entgegenführen werde, welche Sie im Auge haben! Ich schließe mit dem innigsten Wunsche, daß mir Ihre Theilnahme möge erhalten bleiben.«[406]

Zwanzig Jahre später schildert Lichtwark selbst in einem Brief vom Januar 1906 an Marie von Bunsen die Ereignisse der Monate vor seinem Amtsantritt: »Eines Tages war ich Museumsdirektor und wunderte mich selbst darüber. Meine Absicht war die Lehrtätigkeit an einem Polytechnikum gewesen. Als die Kunsthalle reorganisiert werden sollte, veranlaßte ich meinen Freund Janitsch nach Hamburg zu fahren. Ihm gefiels nicht. Dann wünschte mein verstorbener Freund Bürgermeister Weber eine Darlegung von mir, was er wohl mit dem Institut anfangen könnte. Ich schrieb ihm einen längeren Brief darüber. Er bat mich, nach Hamburg zu kommen, um die Pläne zu besprechen. Und als ich in sein Zimmer trat, kam er mir mit beiden Händen entgegen und sagte: Sie sollen es selber machen. Ich fiel aus den Wolken und lehnte nur deshalb

404 Vgl. Drucksache für die Senats-Sitzung, Nr. 77, 16.6.1886, in: StA HH, Kunsthalle III 31 d, Bewerbungen.
405 Vgl. Br. Familie, S. 608.
406 Brief Alfred Lichtwark an Weber, 30.6.1886, in: StA HH, Kunsthalle III 31 d, Bewerbungen. Tatsächlich ist Lichtwarks Anwesenheit bei der Sitzung der Kommission zur Verwaltung der Kunsthalle im Protokoll vermerkt, er entscheidet mit über die Einstellung von Aufsehern und wird auch schon als Direktor benannt; vgl. P2, 7.8.1886.

nicht ab, weil ich es ihm nicht anthun mochte, auf seine gute Absicht mit einem aus der Pistole geschossenen Nein zu antworten. Wir verhandelten, ich legte ihm alle meine Bedenken vor, meine Jugend – ich war knapp dreißig –, meine Unerfahrenheit, meine unzureichende Bildung usw. Aber wer verhandelt ist schon geschwächt, ich versprach, mirs zu überlegen. Meine Berliner Freunde riethen ab. Sie kommen vom Wasser auf den Sand, sagte Treitschke, der Hamburg haßte. Einer aber sagte mir, wenn man Sie als Hamburger in Hamburg braucht, müssen Sie hin. Das gab mir zu denken. Und als Dr. Weber mich in Berlin aufsuchte, ließ ich Träume Träume sein und sagte zu.«[407]

Anscheinend trügt Lichtwark die Erinnerung, denn als Bürgermeister Weber, Senator von Melle und Carl Kall ihn im Sommer 1886 in Berlin besuchen, hat er seine Zusage schon gegeben; Woermann kommt ebenfalls aus Dresden, und der Sekretär des Kunstvereins, August Müller, hat sich bereits für die Sekretärstelle an der Kunsthalle beworben. Lichtwark äußert noch am 3. Juli in einem Brief an Weber seine große Freude, nun in unmittelbarer dienstlicher Beziehung zu ihm das Amt verwalten zu dürfen: »Eine glücklichere Aussicht könnte sich mir nicht aufthun.«[408] Doch am 9. September erliegt Weber ganz plötzlich einem Krebsleiden; Lichtwark verliert einen wohlwollenden, ihm freundschaftlich gesonnenen Kommissionsvorsitzenden.

In Berlin hinterlässt er eine Lücke und einen traurigen Freund: Peter Jessen, der dann sein Nachfolger wird, schreibt am 6. Mai, er verstehe Lichtwarks Entscheidung, der missvergnügt über die augenblickliche Tätigkeit – die Katalogisierung der Sammlung Destailleur – sei und dabei die Aussicht habe, auf nicht ungünstigem Boden etwas Originelles zu schaffen, und zwar bald. »Den stärksten Halt, die beste Hoffnung giebt man nicht ganz leichten Herzens dran. Ich habe nie tiefer empfunden, wie ärmlich es um uns steht, als in diesen zwei Wochen. Und nun gerade auf den einzigen zu verzichten, der die Misere noch viel besser kennt und tiefer fühlt und der Mann wäre, uns ein Stück herauszuholen.« Aber das habe sich Lichtwark schon selbst gesagt. Auch er werde sich vergeblich gefragt haben, was aus der Sammlung und den neuen Aussichten, die sie zu eröffnen schien, nun werden solle. Lichtwark notiert auf der Rückseite dieses Briefes: Mit dem Missvergnügen an der Arbeit meine Jessen den Unmut über die vielen Verwaltungsaufgaben und das entsetzliche Verzögern aller Arbeiten an der Ornamentstichsammlung. »Sonst habe ich ja Gott sei Dank nicht zu klagen.«[409]

407 Hentzen (1958), S. 9f.; Lichtwark dürfte Marie von Bunsen bereits in seiner Berliner Studienzeit begegnet sein. Sie verkehrte als junge, unverheiratete Frau in der Berliner Gesellschaft, z.B. kannte sie den Kunsthistoriker Herman Grimm, die Archäologen Ernst Curtius und August Kalkmann, in deren Häusern auch Lichtwark verkehrte; vgl. Bunsen (1929), S. 41, 56f., 154, 139. Lichtwark kommt jedoch in ihren Lebenserinnerungen, Bunsen (1929), nicht vor. Siehe zu weiteren Passagen dieses Briefes auch das Kapitel »Kunsterziehung V: Weimar 1903 und Hamburg 1905« in Teil 4. – Lichtwark pflegt häufig ihm wohlwollende Menschen als Freunde zu bezeichnen. Der erwähnte Brief an Weber scheint nicht erhalten zu sein.

408 Vgl. Br. Kommission (1896), Bd. III, 1894/95, S. 148. – Brief Alfred Lichtwark an Weber, 3.7.1886, in: StA HH, Kunsthalle III 31 d, Bewerbungen.

Am 1. Oktober 1886, sechs Wochen vor seinem 34. Geburtstag, tritt Lichtwark die Stelle des Direktors der Hamburger Kunsthalle an. Familien- und Heimatliebe und nicht zuletzt Loyalität gegenüber seinen Förderern setzen sich in diesem Konflikt gegenüber seinen persönlichen Karrierewünschen durch. Sechs Jahre später überdenkt er anlässlich der Teilnahme an einem offiziellen Ereignis im Berliner Kunstgewerbemuseum das durch den Tod Kaiser Friedrichs III. völlig veränderte Kulturleben der Reichshauptstadt. »Die Begegnung mit Ihne liess mich besonders stark empfinden, wie viel Ereignisse sich in die kurze Spanne Zeit gedrängt haben. [...] Er hatte mir damals, als ich nach Hamburg ging, sehr energisch abgerathen, weil er für die Kunst ein reiches Arbeitsfeld nahe wusste. Ich war etwas skeptisch gewesen, freilich ohne zu ahnen, wie jäh die Generation, die all ihr Hoffen auf die Aera Friedrich-Victoria gesetzt hatte, in der Versenkung verschwinden würde. Man macht sich bei uns keine Vorstellung, wie viele Existenzen hier geknickt am Wege trauern, den die triumphierende Jugend schreitet. Eine überschlagene Generation.«[410] Der Gefahr dieses Schicksals entkommt Lichtwark durch den Wechsel nach Hamburg.

409 Brief Jessen an Alfred Lichtwark, 6.5.1886, HKH, AdB 76. Jessen wird Lichtwarks Nachfolger als Bibliothekar des Berliner Kunstgewerbemuseums; vgl. Pallat (1959), S. 199. Bode schreibt in *Mein Leben*: »Um die gleiche Zeit waren aus dem Kreise der jüngeren Kunsthistoriker an unseren Museen oder derer, die mit uns verkehrten, verschiedene der tüchtigsten ausgeschieden. Dr. Lichtwark, Assistent am Kunstgewerbemuseum, war 1886 als Direktor an die Hamburger Kunsthalle berufen.« Bode (1997), Bd. I, S. 237f.; Bode erinnert also Lichtwarks Position als Oberbibliothekar nicht genau.
410 Br. Kommission (1896), Bd. I: 1891/92, S. 234.

2. DIE VERLORENEN JAHRE

»[Ich] habe volle zehn Jahre nur Bäume gerodet und Sümpfe trocken gelegt (oder es doch wenigstens versucht).«

Lichtwark an Richard Dehmel, 1897[1]

»[...] die ersten zehn Jahre sind in rein äusserlichen Kämpfen ganz verloren gegangen. Ich konnte für die spätere Entwicklung nur den Grund legen.«

Lichtwark an Prinz Eugen von Schweden, 1912[2]

»Zehn Jahre meines Lebens habe ich in Hamburg vollkommen verloren.«

Lichtwark mündlich zu Hans Börger, undatiert[3]

DIE REORGANISATION DER KUNSTHALLE

Als Lichtwark das Direktorat der Hamburger Kunsthalle antritt, findet er eine zufällig zusammengewürfelte Sammlung vor. Jahrzehntelang kamen Werke in Form von Geschenken und Nachlässen in die Kunsthalle, wie sie dem ganz persönlichen Geschmack kunstliebender Hamburger Bürger entsprachen. Ein Sammlungskonzept existierte nicht; ebensowenig trug der Hamburger Staat zu dieser Sammlung bei. Die bedeutendste Abteilung aus Lichtwarks Sicht ist das Kupferstichkabinett mit der Sammlung des Mitbegründers der Kunsthandlung Commeter, Georg Ernst Harzen.[4] Lichtwark kennt die Bestände dieses vom Kunstverein gegründeten Museums seit seiner Jugend, da er schon als junger Lehrer mit seinen Kollegen die Bildersammlung der Städtischen Gemälde-Galerie in den damaligen Ausstellungssälen im Börsengebäude besuchte, noch vor der von 1863 bis 1869 erfolgten Errichtung des Museumsbaus im Stil der Neorenaissance auf der ehemaligen Bastion Vincent durch die beiden jungen Berliner Architekten Hermann von der Hude und Georg Theodor Schirrmacher (Abb. 17).[5] Lichtwark weiß also längst, was ihn erwartet und warum er dieser Aufgabe eigentlich lieber hat ausweichen wollen.

Neben den privaten Geschenken und Vermächtnissen kommt aber auch Zuwachs an Kunstwerken durch einen Verein wohlhabender, kunstinteressierter Bürger, der sich mehr oder weniger uneigennützig die Förderung der Hamburger Kunstsammlung auf seine Fahnen geschrieben hat. Dieser sogenannte Verein von Kunstfreunden von 1870 sieht als erster Museumsförderverein Deutschlands seine Aufgabe in einem aktiven Beitrag zum Ausbau der Sammlungen und vereinigt eine Reihe wohlsituierter Herren.[6] Zu seinen Gründungs- und Vorstandsmitgliedern gehört als prominenteste Person und Kunstsammler großen Stils der Bankier und Generalkonsul Eduard Ludewig Behrens. Geboren 1824, und damit eine Generation älter als Lichtwark, ist sein Einfluss auf das lokale Kunstleben langjährig und beträchtlich. Von 1863 bis 1889 amtiert er als Mitglied des Kunstvereinsvorstandes; als Delegierter der Bürgerschaft wirkt er außerdem von 1869 an bis zu seinem Tod im Jahre 1895 in der Kommission zur Verwaltung der Kunsthalle.[7] Für Lichtwark wichtiger, da ihm näherstehend, ist ein anderes Vorstandsmitglied des Vereins, dessen Initiator Friedrich Freiherr von Westenholz, ebenfalls Bankier und Kunstsammler, wenn auch in weit geringerem Maß als Behrens. Seine kleine Bildersammlung ist mit Werken von August von Petten-

1 Brief Alfred Lichtwark an Dehmel, 6.4.1897, HH, SUB, HSS, DA 285.

2 Brief Alfred Lichtwark an Prinz Eugen von Schweden, 1.1.1912, Stockholm, PEW.

3 Lichtwark mündlich zu seinem Assistenten Dr. Hans Börger, vgl. Hans Börger, Alfred Lichtwark, der Museumsmann, Vortrag im Hamburger Rundfunk, 1932, Typoskript, Bremen, SUB, BA 5811.

4 Zu Harzen siehe die Forschungsarbeit von Silke Reuther (2011).

5 Vgl. Luckhardt (1994), S. 10–14.

6 Vgl. Pauli (1917), S. 231–236. Bisher erschien über diesen Verein lediglich dieser Aufsatz. Den Berliner Museumsverein gründet Bode erst 1896; vgl. Br. Kommission (1899), Bd. IV: 1896, S. 157; der Hamburger Verein bestand also schon mehr als 25 Jahre früher.

7 Vgl. Luckhardt (2001, Behrens), S. 215.

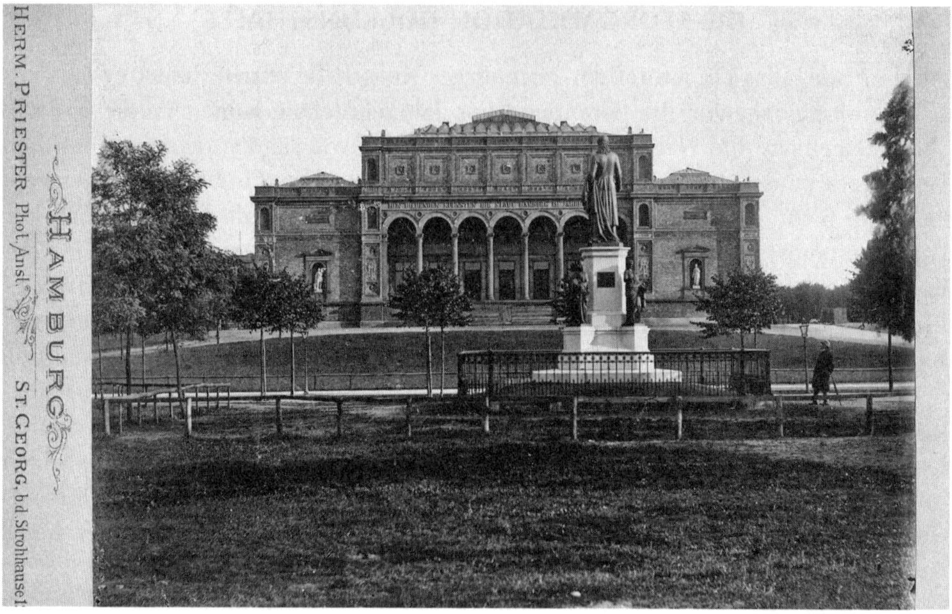

Abb. 17 Die Hamburger Kunsthalle, um 1886, Aufnahme: Hermann Priester

kofen, Rosa Bonheur, Hermann Kauffmann, Ludwig Passini und Oswald Achenbach traditioneller ausgerichtet, auch Jean Louis Ernest Meissonier und Hans Makart sind vertreten. Westenholz ist nahezu gleichaltrig mit Behrens, 1825 in Breslau geboren, in Wien erzogen und seit 1850 in Hamburg ansässig, wo er im selben Jahr eine Firma gründete und als k. u. k. österreichischer Generalkonsul tätig ist. Mehrsprachig und kulturell interessiert, Theater- und Literaturfreund, scheint er kosmopolitischer als die anderen beteiligten Herren.[8] Ferner amtiert im Vorstand der Kaufmann Ludwig Erdwin Amsinck; er besitzt in seiner großen Kunstsammlung unter anderem Bilder von Courbet, Rousseau, Millet und Corot, aber auch neuere deutsche Kunst, etwa der beiden Achenbachs, von Benjamin Vautier, Gabriel Max und Adolph Menzel.[9] Genannt werden 1891 als weitere Vorstandsmitglieder noch Otto Berkefeld, Besitzer einer kleineren Sammlung mit Werken der Achenbachs, von Defregger, Jutz, Valentin Ruths, Knaus und Lessing,[10] und schließlich der 1832 geborene William Henry O'Swald, der jedoch als Sammler nicht weiter hervortritt. Der Verein von Kunstfreunden von 1870 stiftet im Laufe seines Bestehens der Kunsthalle zahlreiche Bilder;

8 Vgl. Jahresbericht [Bd. 12], 1898, S. 17f. Ihm verdanke die Kunsthalle Menzels »Im Opernhaus« und das »Nymphenbad«, Böcklins »Feueranbeter (Heiliger Hain)« und Meissoniers »Reiters Rast«, führt Lichtwark hier aus; vgl. Best.Kat. Hamburg, 19. Jh., S. 137f., 14, 134. – Luckhardt (2001, Kleines Lexikon), S. 251. – Bode gegenüber bezeichnet Lichtwark Westenholz als seinen Freund; vgl. Brief Alfred Lichtwark an Bode, 7.2.1891, Berlin, SMB-ZA, NL Bode, 3309.
9 Vgl. Bastek (2001), S. 48f.
10 Vgl. ebd.

nicht alle diese Geschenke machen Lichtwark Freude, denn die älteren Herren wählen entsprechend ihrer eigenen Vorstellung und ihrem persönlichen Geschmack.

Verwaltet wird die Kunsthalle seit ihrem Bestehen durch eine Kommission aus zwei Senatsmitgliedern, zwei Delegierten der Bürgerschaft und einem Vertreter des Kunstvereins. Lichtwark hat offensichtlich bei den Verhandlungen um die Direktorenstelle erstmalig Sitz und Stimme in der Kommission für den Direktor erreicht, was seinem Vorgänger Inspektor Meyer noch nicht vergönnt war. Als Nachfolger von Bürgermeister Weber hat nun Senator Möring den Vorsitz in der Kommission; bis zu seinem Tod im Jahre 1900 bleibt er in diesem Amt.[11] Der zweite Delegierte des Senats ist bei Lichtwarks Amtsantritt noch nicht neu benannt. Als Vertreter der Bürgerschaft sind Behrens und Hastedt entsandt, während der Kunstverein nun durch den Bildhauer Engelbert Peiffer und zusätzlich den Maler Ascan Lutteroth vertreten wird.[12] Lichtwark ist mit Abstand der Jüngste in diesem Kreis; die Herren sind durchweg eine Generation älter, was seine Lage nicht vereinfacht.

Bis zu Lichtwarks Amtsantritt wurde die Kunsthalle noch nicht von einem ausgebildeten Fachmann geleitet. Sein Vorgänger, der im Februar 1886 verstorbene Inspektor Christian Meyer, war jedoch versierter als sein Ruf vermuten lässt und keineswegs nur bürokratischer Verwalter. Am 16. März 1811 in Bremen geboren, siedelte er später nach Hamburg über, wo er zunächst als Lehrer tätig war und sich nebenbei autodidaktisch mit dem Aufbau einer Kunstsammlung und kunstgeschichtlichen Studien befaßte. Hamburg besaß zu dieser Zeit den bedeutendsten Kunstmarkt Deutschlands; Meyer wurde 1845 zum Kunstmakler gewählt und hielt die letzten Hamburger Kunstauktionen ab. Als schließlich der lokale Kunstmarkt im Niedergang begriffen war, trat er bei Gründung der Kunsthalle im Jahre 1869 als deren beamteter Leiter in den Staatsdienst ein. Ein kenntnisreicher Fachmann inbesondere auf dem Gebiet der Numismatik war er weit über die Region hinaus bekannt und wurde infolge seines untrüglichen Gedächtnisses auch von auswärtigen Forschern konsultiert.[13] Als fast 75Jähriger war er zum Zeitpunkt seines Todes immer noch im Amt.

1883 erfolgt die umfangreiche Schenkung des in London ansässigen Hamburger Wollhändlers Gustav Christian Schwabe an die Kunsthalle. Sie besteht aus 128 Bildern, darunter 104 englische, zwei niederländische, zwölf deutsche und zehn französische.[14] Vor allem diese seinerzeit als wertvoll erachtete Schwabe-Sammlung bewirkt bei der Hamburger Regierung die Forderung nach einem kunstwissenschaftlich ausgebildeten Nachfolger Meyers. Damit haben die fünf Bewerbungen auf die Inspektorenstelle – neben anderen ein Museumsbeamter aus Braunschweig, ein Architekt,

11 Vgl. Handakte Möring, StA HH, Kunsthalle III 7a.

12 Vgl. Gemeinnützigkeit von Kunstsammlungen, in: Beilage zu Nr. 52 des Nordwest, Sonntag, 26.12.1886, und weitere Zeitungsartikel, z.T. unbezeichnet, z.T. undatiert oder als Fragmente, in: StA HH, Kunsthalle III 31 b.

13 Vgl. Jahresbericht [Bd. 1], 1886/87, S. 55ff.

14 Vgl. ebd., S. 41.

ein Antiquar, ein Buchhalter und ein Bildhauer, alle aus Hamburg – von vorneherein keine Aussicht auf Erfolg.[15] Im Juni 1886 beschließen Senat und Bürgerschaft über eine Vorlage zur Besetzung des Amtes des Kunsthallendirektors, in der dieser neuen Situation durch eine nunmehr geforderte Professionalisierung Rechnung getragen wird. Denn der Gesamtversicherungswert der Sammlungsbestände liegt, nachdem die Sammlung Schwabe mit einem Zeitwert von 1,25 Millionen Mark Einzug gehalten hat, bei etwa 3,5 Millionen Mark.[16] In die Senatsvorlage für die Beschlussfassung der Bürgerschaft dürften jene Vorschläge zur Reorganisation der Kunsthalle bereits eingegangen sein, die Lichtwark vor Amtsantritt eingereicht hat, auch wenn dieses Konzept sich anscheinend nicht erhalten hat. So heißt es in der Senatsvorlage: »Es ist klar, daß die Kunsthalle in ihrer gegenwärtigen Bedeutung nach mehr als einer Richtung der ständig leitenden, kundigen Hand und Aufsicht bedarf, und daß die Anstellung eines kunstwissenschaftlichen Direktors angezeigt ist, dem die laufende Verwaltung sowie die Fürsorge für Erhaltung, Vermehrung und Popularisierung der Kunstsammlungen obliegen muß. Das Kupferstichkabinett ist anerkanntermaßen eins der vorzüglichsten Deutschlands, aber es werden anderswo schon bewährte neue Einrichtungen wegen Conservirung und wegen Erleichterungen der Besichtigung und anleitender Belehrung für das Publikum zu treffen sein. Die Conservirung der Gemälde und der plastischen Werke wird wohl weniger Mühe bereiten, [im Folgenden gestrichen:] als die Ordnung, Katalogisierung u.s.f. der [handschriftlicher Zusatz: Gemälde zuzüglich der Schwabeschen Galerie] Münzen und Kupferstiche, die auf Jahre hinaus eine laufende Arbeit bieten werden. In Betreff der Vermehrung der Sammlungen wird auf systematische Vervollständigung und auf richtige Wahl auch in der Weise, wie das schon seit längerer Zeit das Bestreben der Verwaltung gewesen ist, Bedacht zu nehmen sein, daß auch Nachlässen oder von Schenkern nur die ihrem Werthe nach für die Kunsthalle sich eignenden Kunstgegenstände aufgenommen werde, welche ihre Absicht von Legaten oder Schenkungen zu erkennen geben, damit das Geeignete dargeboten werde.

Als eine Hauptaufgabe des Directors ist ferner anzusehen, daß derselbe, wie das von dem Vorstande des Kunst- und Gewerbe-Museums bereits seit Jahren mit so trefflichem Erfolge geschieht, durch mündliche Erläuterungen, durch Besprechung der älteren und neu hinzugekommenen Erwerbungen in der Tagespresse, durch anregende öffentliche Vorträge u.s.f. auf die künstlerische Erziehung des Volkes und die

15 Vgl. StA HH, 364-2/1 Kunsthalle, III 2, Protokolle, Teil 2, im Folgenden P2, 17.4.1886. – Mitbewerber um die Direktorenstelle soll u.a. auch der Hamburger Maler Martin Feddersen gewesen sein; vgl. Luckhardt (1997), S. 20–24. – In einem Rundschreiben der Verwaltungskommission werden fünfzehn Namen aufgeführt, die jedoch nicht mit Berufsangaben versehen sind: August W. F. Müller, Emil Reynier, Hans Speckter, Martin Feddersen, J. Wedde, M. Delfs, Dr. Portig, L. H. Philippi, K. Pölitz, Otto Becker, H. Bruns, L. Martin Eiffe, Arnold Drewer, Walter Hübbe und Robert Kahl, der Kunsthistoriker ist; vgl. Schreiben an die Herren Collegen in der Verwaltung der Kunsthalle, 3.5.1886, HKH, Archiv 117-001). Für den Hinweis auf dieses Dokument danke ich Ute Haug.

16 Vgl. hier und im Folgenden: StA HH, 111-1 Senat, Cl. VII. Lit. H e Nr. 6 Vol. 23, Kunsthalle.

Hebung des Sinns für das Schöne Einfluß gewinne. Einem Director, an den dergleichen nicht nur zur Verwaltung der Kunstsammlungen, sondern auch zu deren Nutzbarmachung als ästhetisches Gemeingut gerichteten Ansprüche gemacht werden, ist eine höhere Stellung als die seitherige eines Inspektors zu geben.«

Das Gehalt des neuen Direktors wird auf 8.000 Mark jährlich festgelegt, mit der Option einer Steigerung auf 9.000 Mark. Lichtwarks Gehaltsvorstellung ist damit im Wesentlichen erreicht. Als weitere Forderungen, die ihm letztlich erfüllt werden, muss er einerseits auf Sitz und Stimme in der Verwaltungskommission bestanden haben, andererseits auch auf der Anstellung eines Sekretärs. Vergeblich protestiert der Vorsitzende des Kunstvereins, Arnold Otto Meyer, selbst ein bedeutender Hamburger Sammler,[17] gegen Lichtwarks Sitz in der Kommission. Diese Veränderung gegenüber der Übereinkunft von 1849 ist ohne vorherige Absprache vorgenommen worden, wobei sich damit das Stimmenverhältnis zu Ungunsten des Kunstvereins verschiebt. Der Kunstverein versteht sich als Vater der Kunsthalle; der Senat nimmt das Protestschreiben zwar unbeantwortet zu den Akten, doch fortan entsendet der Kunstverein wunschgemäß zwei Delegierte.[18] Lichtwark steht damit in der siebenköpfigen Verwaltungskommission allein neben je zwei Senatoren, Bürgerschaftsmitgliedern und Kunstvereinsdelegierten.

Am 1. Oktober 1886 werden Lichtwark und sein Sekretär August Müller vereidigt; Lichtwark erhält zugleich das Hamburger Bürger- und damit auch das Wahlrecht.[19] Sein Amtsantritt ist überschattet durch den plötzlichen Tod des Bürgermeisters Weber, der als Vorsitzender der Kommission für die Verwaltung der Kunsthalle deren Belange stets mit besonderem Nachdruck vertrat und auf dessen Initiative die wichtigsten Grundsätze zur Ausgestaltung dieses Museums beruhen.[20] Mit ihm verliert Lichtwark gleich zu Beginn seiner Tätigkeit einen wohlgesonnenen Kommissionsvorsitzenden, dessen Bruder eine der bedeutendsten Privatsammlungen Hamburgs besitzt und dessen Neffe, der Dresdner Museumsdirektor Karl Woermann, ihn überschwänglich gelobt und empfohlen hat.

Das dringlichste Anliegen nach Lichtwarks Amtsantritt ist jedoch die Eingliederung der Sammlung Schwabe. Im August und September 1886 sind die Bilder, mit 57.000 Pfund Sterling versichert, in Hamburg eingetroffen.[21] Lichtwarks erste Amtshandlung ist die adäquate Präsentation dieser Bilder, die nun laut Vertrag für 25 Jahre ausgestellt werden müssen. Schwabes Sammlung, vorwiegend englische Gemälde des 19. Jahrhunderts, repräsentiert insbesondere den Zeitgeschmack der sogenannten Salonkunst. Aus späterer Sicht ist sie zum größten Teil von zweifelhaftem Wert; man-

17 Vgl. Luckhardt (2001, Kleines Lexikon), S. 235.

18 Vgl. StA HH, 111-1 Senat Cl. VII Lit. H e Nr. 6, Vol. 24.

19 Vgl. Anstellungs-Urkunde für Beamte des Hamburgischen Staates, datiert 1.10.1886, Eid des Directors der Kunsthalle, undatiert, und Bürgereid, datiert 1.10.1886, FKL.

20 Vgl. Jahresbericht [Bd. 1], 1886/87, S. 9f.

21 Vgl. Borstel (1994), S. 62f. – Vgl. zur Schwabe-Sammlung Hofmann / Osterwold (1970).

ches Stück wird nach Lichtwarks Amtszeit und Ablauf der festgelegten Frist verkauft.[22] Denn Gustav Christian Schwabe, geboren 1813 in Eppendorf bei Hamburg, stiftete 1883 der Kunsthalle seine Gemäldesammlung unter bestimmten Bedingungen, darunter die Gewährleistung der abgeschlossenen Präsentation seiner Sammlung unter der Bezeichnung »Vermächtnis von G. C. Schwabe«, Unantastbarkeit und Hängung auf 25 Jahre nach seinen eigenen Vorstellungen, bestimmte Beleuchtungverhältnisse und eintrittsfreier Zugang.[23] Er schenkte auch 6.000 Pfund Sterling zur Herrichtung der dazu benötigten Räumlichkeiten, da die Kunsthalle für die Schwabe-Sammlung eigens erweitert werden muss. Im Spätsommer 1886 wird gerade noch rechtzeitig zu Lichtwarks Amtsantritt der Um- und Erweiterungsbau fertiggestellt. Zu diesem Zeitpunkt ist die Hängung nach Schwabes Vorstellungen, die durch drei von ihm gesandte Künstler, Philip Calderon sowie Frank und W. F. James, ausgeführt wird, noch nicht ganz beendet. Da Schwabes Hängeplan nicht aufgeht, stellt Lichtwark zu den bewilligten vier Räumen im Obergeschoss einen weiteren zur Verfügung, notgedrungen vermutlich, denn ob er selbst diese Sammlung als Ganzes für die Kunsthalle akzeptiert hätte, darf bezweifelt werden. 1883 sandte die Kommission den Hamburger Maler Ascan Lutteroth als Delegierten des Kunstvereins nach London zur Begutachtung der angebotenen Sammlung – er wurde noch vor der endgültigen Entscheidung mit einem Auftrag Schwabes in Höhe von 7.000 Mark bedacht. Lutteroth zögerte nicht, die Schenkung Schwabes als eine wirklich großartige zu bezeichnen. Lichtwark hingegen äußert sich lange Zeit nicht wertend darüber; er erwähnt sie überhaupt kaum einmal. Bemerkenswert ist zudem, dass das beschreibende und erläuternde Verzeichnis der Sammlung Schwabe nicht von Lichtwark selbst, sondern von J. Theodor Schultz herausgegeben wird.[24] Anfangs denkt er noch an eine Erweiterung der englischen Abteilung, etwa mit Werken von George Frederick Watts, Edward Burne-Jones oder Walter Crane, dessen Berliner Ausstellung er auch nach Hamburg holen möchte. Erst 1912 spricht er offen über das Schwabe-Konvolut: als Ganzes sei es nicht gut, auch wenn es eine ganze Reihe wertvoller Bilder enthalte.[25] Für Lichtwarks Konzept spielt die Schwabe-Sammlung eine untergeordnete Rolle. Dass seine Sammlungspolitik in andere Richtungen weisen wird, zeigt sich schon in den ersten Jahren seiner Tätigkeit.

Die feierliche Wiedereröffnung der Kunsthalle findet am 9. Dezember 1886 statt. Sie beginnt mit den Nachrufen auf Bürgermeister Weber und Inspektor Meyer, gefolgt vom Dank an die Beteiligten: an Baudirektor Carl Johann Christian Zimmermann, die Berliner Architekten Hermann von der Hude und Baurat Professor Her-

22 Vgl. ebd., S. 33, 27f. Die Themen werden hier pointiert vorgestellt: »Seelenbande«, »Mädchenblüte«, »Kleines Glück«, »Jung und alt«, »Mit schwieligen Händen«, »Der entscheidende Augenblick«, »Orientalisches«, »An Fels und Strand«, »Aus Wald und Flur«; vgl. ebd., S. 37.

23 Vgl. hier und im Folgenden: Borstel (1994), S. 62f. – Hofmann / Osterwold (1970), S. 27f.

24 J. Theodor Schultz, Die Gemälde der Schwabe-Stiftung in der Hamburger Kunsthalle. Erste größere Sammlung englischer Oelbilder auf dem Continent, in Verbindung mit Werken von ausgewählten deutschen, französischen und belgischen Meistern. Ein historisch-kritischer Gang, Hamburg: Boysen, 1888.

25 Vgl. Br. Kommission (1896), Bd. II: 1893, S. 141. – Br. Kommission (1920), Bd. XX: 1912/13, S. 326.

mann Ende, an die Maler Arthur Fitger und Valentin Ruths für die neuen Gemälde im Treppenhaus, an Schwabe und alle Stifter, darunter den Reeder Carl Laeisz, der aus seiner Münzsammlung die der Kunsthalle fehlenden Exemplare zu schenken versprochen hat. Nach der Ansprache des Kunstvereinsvorsitzenden Arnold Otto Meyer, der die Rolle des Kunstvereins bei der Gründung der Kunsthalle betont, woraus er das Recht auf nunmehr zwei Mitglieder in der Verwaltungskommission ableitet, wird schließlich Dr. Alfred Lichtwark als neuer Direktor vorgestellt.[26]

In seiner Antrittsrede über die Aufgaben der Kunsthalle, dem ersten seiner später berühmt gewordenen *Drei Programme*, legt Lichtwark seine Vorstellungen vom zukünftigen Ausbau der Kunsthalle vor.[27] Zwar hat er noch keine Zeit zur Erarbeitung eines vollständigen Konzeptes gefunden, doch für das Kupferstichkabinett, die Bibliothek, die Photographiensammlung und das Münzkabinett kann er seine Vorstellungen bereits genauer umreißen. Zunächst einmal konstatiert er, dass ein Museum nicht dilettantisch, sondern wie bei jedem anderen Verwaltungszweig nur von einem einschlägig ausgebildeten Fachmann geleitet werden könne. In London, Paris und Wien, seit einem Jahrzehnt auch in Berlin, habe sich die Museumspraxis so vielfältig und intensiv etabliert, dass man nun auf eigene kostspielige Experimente verzichten könne, ein Museum als Vorbild für die Hamburger Kunsthalle existiere aber noch nicht. Das moderne Museum sei in den großen Hauptstädten ausgebildet worden. In Hamburg lägen die Verhältnisse jedoch ganz anders als im Falle der großen Museen oder Museen der kleinen Residenzen, da in der Hansestadt die verschiedenen Bildungsinstitute wie Universität, Polytechnikum und Akademie fehlen würden. Wenn die Kunsthalle ihre Aufgabe recht verstehe, so habe sie nicht nur zu sammeln, ihre Schätze zugänglich zu machen und mit ihnen »im vornehmsten Sinne« zu repräsentieren, sie werde vielmehr einen »vielseitig anregenden Unterrichtsorganismus« ausbilden müssen. Auch habe sie ihren Anteil am Erbe der alten Hamburger Bildungsanstalt, dem Akademischen Gymnasium, anzutreten, das zuvor im geistigen Leben Hamburgs die Stelle einer Hochschule eingenommen habe.[28] Lichtwark fordert damit für seine zukünftigen Vorlesungen den Status von Universitätsveranstaltungen.

Die Museumsverwaltung – wie Lichtwark auch künftig stets unpersönlich zu formulieren pflegt – müsse unter drei Aspekten tätig sein: der Erhaltung, Vermehrung und »Nutzbarmachung« der Sammlungen. Für besonders wichtig hält er das wertvolle Kupferstichkabinett, das sich jedoch noch auf dem Stand einer Privatsammlung befinde und deshalb für die öffentliche Benutzung aufbereitet werden müsse. Man

26 Vgl. Jahresbericht [Bd. 1], 1886/87, S. 10ff.
27 Vgl. hier und im Folgenden: ebd., S. 15–37; Kayser (1977), Nr. 169. Außerdem abgedruckt in: Zur Organisation der Kunsthalle. Die Aufgaben der Kunsthalle. Die Kunst in der Schule, Hamburg: Meißner, 1887; Kayser (1977), Nr. 167.
28 Das Akademische Gymnasium wurde 1883, also drei Jahre vor Lichtwarks Amtsantritt, aufgehoben; vgl. Hamburg Lexikon (2002), S. 20.

habe in Hamburg keine Ahnung, welche »Quelle künstlerischen Genusses« bisher verschlossen geblieben sei. Die Erweiterung der Bestände soll insbesondere im Bereich der Originalgraphik forciert werden, womit Lichtwark seine Kenntnis der aktuellen Entwicklung auf diesen Gebiet beweist. Die Reproduktionsgraphik hat in den Jahren zuvor kontinuierlich an Relevanz verloren, während die Künstlergraphik, die Umsetzung originaler Bildvorwürfe in die graphischen Techniken, bereits hoch im Kurs steht.[29] Die »Grossmeister selber« will Lichtwark für die Kunsthalle sammeln, jedoch nur Dürer, Schongauer und Rembrandt auf Vollständigkeit hin anlegen. Eine besondere Verpflichtung sieht Lichtwark hinsichtlich der Graphik des eigenen Jahrhunderts: Alles, was in den vervielfältigenden Techniken künstlerischen Wert beansprucht, will er sammeln, abgesehen von Reproduktionen und Wandschmuck. Bei den Holzschnitten denkt er an Ludwig Richter, Alfred Rethel, Joseph von Führich, Julius Schnorr von Carolsfeld und Adolph Menzel. »Alles dies annähernd vollständig zu besitzen und jeden Augenblick dem Publikum zur Verfügung stellen zu können, ist die Pflicht eines Kupferstich-Cabinets, das sich einer modernen Galerie anschliesst.« Die Radierung sei weniger gepflegt worden, aber Adolf Schrödter, Eugen Napoleon Neureuther, Adolph Menzel und Nachfolger müsse man aufzuweisen haben. Und als notwendige Ergänzung zur englischen Abteilung benötige man auch den englischen Holzschnitt, der ein Vorbild für die Produktion in ganz Europa sei, ferner die wichtigsten illustrierten englischen Bücher und die bedeutendsten illustrierten Zeitschriften, ebenso eine Sammlung englischer Künstlerradierungen. Lichtwark hofft, hier einmal eine Ausstellung aus Privatbesitz zeigen zu können. Offensichtlich ist er auf dem Gebiet der alten und neuen Druckgraphik ganz zu Hause. So denkt er auch an eine Sammlung moderner deutscher Radierungen: es gebe in Deutschland noch keine systematisch gepflegte Sammlung, man habe auch nirgends so wie in Hamburg Anlass, sie zu gründen, wobei er die Legitimation dafür in der bedeutenden Sammlung Harzen sehen dürfte. Und eine öffentliche Sammlung der modernen französischen Druckgraphik fehle in Deutschland ebenfalls. In der Hamburger Kunsthalle mit ihrem vorzüglichen Kupferstichkabinett würde sie schon allein der »Charakter des Cabinets« als selbstverständliche Ergänzung fordern. Eine derart umfassende moderne Graphiksammlung erscheint ihm ohne allzu großen Aufwand erreichbar und »würde der Physiognomie unserer Kunsthalle einen eigenartigen Zug verleihen.«

Dass die Kunstbibliothek als reichhaltiger Handapparat dem Publikum in einem Lesezimmer zugänglich sein soll, ist für den ehemaligen Bibliothekar des Berliner Kunstgewerbemuseums selbstverständlich. Die Erweiterung zu einer Fachbibliothek verstehe sich von selbst. Lichtwark betrachtet es als Verpflichtung, im anglophilen Hamburg auch die englische Fachliteratur bereitzustellen und damit in Hamburg ein »in Deutschland ganz einzig dastehendes Material für das Studium der englischen Kunst« zu bieten. Das sei kein phantastisches Projekt, sondern die »sachliche Ent-

29 Vgl. zum Aufstieg der Originalgraphik: Junge (1989), S. 27–81.

wicklung gegebener Bedingungen« als Ergänzung der Sammlung Schwabe. Ähnliches führt er für die Sammlung von Photographien aus, die dem Kupferstichkabinett zugeordnet werden und als Studienmaterial die Geschichte der Malerei dokumentieren soll. In Lichtwarks Verständnis wurde also die Reproduktionsgraphik bereits von der photographische Reproduktion abgelöst.

Mit der komplexen Konzeption der Gemäldesammlung hingegen hat er sich zu dieser Zeit noch kaum befasst. Das Niveau der Galerie älterer Meister erscheint ihm verglichen mit der englischen Abteilung sehr niedrig, doch hier können die Bestände nur ausnahmsweise um einen Ankauf erweitert werden. Denn zum Ausbau der Galerie gehören Mittel, auf deren Gewährung man nicht ohne weiteres hoffen dürfe und die man auf wenige bedeutende Werke konzentrieren müsse. »Ein Bild ersten Ranges bedeutet mehr als eine ganze Galerie mässiger Durchschnittsleistungen.« Und hier weist Lichtwark schon auf seine wichtigste Zielsetzung hin: auf der »vorsichtigen Ausbildung unserer modernen Galerie« soll der Schwerpunkt liegen.

Unbestimmter äußert er sich hingegen zur bis dahin gänzlich vernachlässigten Skulpturensammlung. Er plant eine maßgebliche Erweiterung bei der Plastik. Dreidimensionale Originalwerke wurden bisher überhaupt nicht erworben, lediglich ein geringer und unbedeutender Bestand ist durch unsystematische Schenkungen vorhanden. Künftig will er gelegentlich hervorragende Bronze- oder Marmorarbeiten erwerben, denn: »Es wäre einer Stadt wie Hamburg auf die Dauer nicht würdig, dass sie sich zu arm erklärt, in ihrer öffentlichen Sammlung auch die Sculptur zu berücksichtigen. Der erziehliche Werth einiger moderner Marmor- und Bronzesculpturen ersten Ranges läßt sich kaum zu hoch veranschlagen. Eine einzige Bildsäule, an die ein grosser Meister sein ganzes Können gesetzt, vermag der ganzen Bevölkerung den Massstab zu geben.« Generell strebt er Erwerbungen von höchster künstlerischer Qualität an, bei den Hamburgensien ist er hingegen auf Vollständigkeit bedacht. Nur wenn mangelnde finanzielle Mittel eine Beschaffung von Originalen nicht zulassen, will er sich mit galvanoplastischen Reproduktionen zufriedengeben.

Als grundlegende Aufgabe betrachtet Lichtwark die auf den Bestand der Kunsthalle bezogene Lehrtätigkeit; ein Hörsaal ist bereits eingerichtet. Vor den Werken selbst will er seine Vorlesungen halten, »denn wir wollen nicht sowohl auf kunstgeschichtliches Wissen, auf Kunstphilosophie oder Aesthetik, als auf Kunstanschauung hinaus. Wir wollen nicht über die Dinge, sondern von den Dingen und vor den Dingen reden.« Ältere Werke sollen dabei auch als Vorbereitung auf die Begegnung mit der Kunst der eigenen Zeit dienen. Unter diesen geplanten Vorträgen stellt die Einführung in die englische Abteilung noch einen weiteren Schwerpunkt dar. Lichtwark strebt dabei für sich selbst das vorbereitende Studium vor Ort sowie den jährlichen Besuch der großen englischen Ausstellung der Royal Academy als steten Kontakt mit der englischen Produktion an. Er will an festen Terminen und in sich geschlossenen Themen vier bis acht Vorlesungen halten, etwa über die Geschichte der protestantischen Kunst, die Geschichte des Genrebildes, Rembrandt, das holländische Portrait und in ähnlicher Weise die italienische, spanische und französische Kunst behandeln.

Außerdem gedenkt er aus angrenzenden Disziplinen, aus Architekten- und Gelehrtenkreisen Fachkräfte für Vorträge zu gewinnen. Wünschenswert erscheint ihm eine Einführung in die Geschichte der Architektur mit einer Sammlung von Photographien als Anschauungsmaterial.

Für das reisefreudige hamburgische Publikum plant Lichtwark eine entsprechende Materialsammlung, auch dies gehört für ihn zur Dienstleistung des Museums. Dem Publikum sollen in der Kunsthalle Photographien der Sehenswürdigkeiten und einschlägige Literatur zur Reisevorbereitung zur Verfügung stehen. Auch Vorlesungen über den Kunstbesitz der Hauptstädte will Lichtwark anbieten, etwa über die Museen und Bauten Berlins, über Dresden und seine Sammlungen, die deutschen Galerien sowie die Kunstdenkmäler und Sammlungen Hollands.

Schließlich nennt Lichtwark als weiteres wichtiges Vorhaben, die Schulen an die Kunstbetrachtung heranzuführen. Von der Tertia, der heutigen achten Klasse, an aufwärts sollen die Lehrer ihre Schüler ganz selbstverständlich in die Kunsthalle führen, um die »hingebende Betrachtung aller Einzelheiten der Darstellung« zu trainieren und die bedeutendsten Bilder wie Gedichte auswendig zu lernen. Zur entsprechenden Anleitung der Lehrer möchte er besondere Einführungskurse geben. Lichtwark, so idealistisch wie optimistisch, ist fest davon überzeugt, auf diesem Wege auch die Erwachsenen aus den kunstfernen Schichten zu erreichen: »Die Kinder, denen die Augen geöffnet sind, bringen uns die Eltern in's Haus.« Diese Darstellung seiner Pläne und Vorstellungen schließt er mit den berühmt gewordenen und später immer wieder zitierten Sätzen: »Wir wollen nicht ein Museum, das dasteht und wartet, sondern ein Institut, das thätig in die künstlerische Erziehung unserer Bevölkerung eingreift. Und das ist ja keine lediglich sittlich-aesthetische, sondern eine ganz hervorragend social-oeconomische Frage. Die Zukunft unserer Kunst wie unserer Industrie hängt davon ab, ob wir uns den prüfenden, grosse und strenge Anforderungen stellenden Käufer im eigenen Land zu erziehen wissen. Dafür ist aber noch so gut wie nichts geschehen.«[30]

Am Ende dieser Rede fordert er die hamburgische Regierung auf, ihn beim Ausbau der Kunsthalle zu unterstützen. Es könne nicht alles auf einmal verwirklicht werden, Jahre würden über der Umsetzung dieses Programms vergehen. Er habe, wenngleich nur andeutungsweise, seine Vorstellungen dennoch insgesamt darstellen wollen. Die Praxis werde manches hinzufügen, wegstreichen jedoch nach seiner Überzeugung nur weniges: »Wir wollen unsere ganze Kraft an die Arbeit setzen.«

Er beschwört die bedeutsame kulturelle Vergangenheit Hamburgs und schließt mit dem Wunsch, die Kunsthalle möge sich den älteren Hamburger Institutionen als ebenbürtig anschließen. Doch für die Umsetzung seines Konzeptes reiche private Hilfe nicht aus. So fordert er die Unterstützung seiner Pläne und Tätigkeit durch Regierung und Verwaltungskommission ein: »Der Organismus, den ich in knappen

30 Jahresbericht [Bd. 1], 1886/87, S. 35.

Umrissen vor Ihr Auge gestellt habe, kann nicht ins Leben treten, es sei denn, dass Sie es wollen.«

Weit schwieriger steht es allerdings, wie Lichtwark bald bemerkt, mit den anderen Beständen. Darüber spricht er sich in seinem ersten Jahresbericht aus. Was mit der Gemälde- und Skulpturensammlung geschehen soll, muss er nach und nach durch Prüfung des Bestandes erst festlegen. Vor allem aber will er die Kunsthalle zu einem »Hamburgischen Museum« ausbauen; der Charakter der Sammlungen in anderen Städten kann und soll nicht maßgebend sein für sein Konzept. Nur dann werde »die Kunsthalle den festen Boden in der Bevölkerung finden, dessen sie zu ihrem Gedeihen braucht.« Gerade Hamburg hält er für »vor vielen anderen Städten berechtigt durch die Theilnahme, welche seine Bevölkerung aus alter Ueberlieferung allen öffentlichen Dingen entgegenträgt.« Residenzmuseen müssten sich nicht wesentlich voneinander unterscheiden, die hamburgischen Kunstsammlungen jedoch haben nach seiner Auffassung für die Interessen einer Bevölkerung zu sorgen, die mit der Kultur aller »stammverwandten« nordeuropäischen Völker in unmittelbarer Verbindung steht. Daher könne am streng nationalen Standpunkt auch nicht ohne Schaden für die Entwicklung des Museums und die Erziehung der Hamburger Bevölkerung festgehalten werden.[31]

Die Gemäldesammlung der Kunsthalle umfasst zu dieser Zeit bereits rund neunhundert Bilder in einem heterogenen Bestand von allgemein höchstens durchschnittlicher Qualität, der überwiegend aus Geschenken und Stiftungen der bürgerlichen Bevölkerung hervorgegangen ist.[32] In ihrem zufälligen Charakter spiegelt sie die lokalen Sammelneigungen. Vorhanden sind eine kleine Sammlung fast ausschließlich niederländischer alter Meister, bei einem weiteren Drittel etwa handelt es sich um zu Lichtwarks Zeit als ›modern‹ bezeichnete Werke von englischen, niederländischen und skandinavischen Künstlern. Er plant nun, die skandinavischen, holländischen und belgischen Gemälde nach dem Vorbild der englischen als jeweils eigene Abteilung zusammenzufassen, um die Einzelwirkung durch die Verbindung mit gleichartigen Werken zu verdeutlichen und durch die Präsentation nach Malerschulen eine strukturierte Aufteilung der Schenkungen und Stiftungen zu ermöglichen. Bei seinen Erwerbungen strebt er eine Abrundung des Bestandes an, denn hervorragende Bilder der soeben vergangenen Epoche seien gegenwärtig unschwer zu erwerben und würden damit die Bestände zu einem Überblick ergänzen. Dabei betont er noch einmal, dass aus Staatsmitteln stets nur hervorragende Werke anzuschaffen seien. Der Privatmann pflege nur bis zu einer gewissen Grenze Aufwendungen zu machen, der Staat jedoch solle auch die Ausgabe erheblicher finanzieller Mittel nicht scheuen, wenn es sich um eine Erwerbung ersten Ranges handele. »Mässige oder wohlfeile Werke«, so warnt Lichtwark, »sind aber die kostspieligsten, weil sie in wenigen Jahren nahezu wertlos werden.«[33] Auch wenn die nach Schulen geordnete Galerie lehrreich sei, werde

31 Ebd., S. 2.
32 Vgl. hier und im Folgenden: Ebd., S. 3ff. – Dibbern (1974), S. 18.
33 Jahresbericht [Bd. 1], 1886/87, S. 5. – Im Folgenden vgl. ebd., S. 5ff.

die Anziehungskraft doch von den großen Kunstwerken abhängen: Der Wert einer Galerie richte sich nach der Vertretung »der Rembrandt, Hals, Rubens, Tizian«, nicht danach, ob ein kleinerer Meister mit vielen Werken repräsentiert sei. Dasselbe gelte für die modernen Meister. Bei der deutschen Kunst fehlen bisher die bedeutenden Maler des 19. Jahrhunderts wie Richter, Overbeck, Schwind, Cornelius, Rethel, Steinle und Führich, und die Verwaltung habe zusätzlich die Produktion der Gegenwartskunst zu verfolgen. Lichtwarks Devise lautet auch hier: »nicht viel, aber nur das Allerbeste.« Wenn möglich, soll vereinzelt auch ein ausgezeichnetes englisches oder französisches Werk erworben werden, um die Sammlung vor Eintönigkeit zu bewahren und den Blick der Bevölkerung über die Grenzen der Heimat hinaus zu öffnen.

In seinem ersten Jahresbericht formuliert Lichtwark erstmalig deutlich den Gedanken an eine lokal orientierte hamburgische Sammlung. Für den »Anschluß der Kunsthalle an das Volksleben« sei die Gründung einer Galerie Hamburgischer Meister des 17. und 18. Jahrhunderts »in hohem Grade wünschenswerth«. Durch Oscar Cipriano Gaedechens *Hamburgisches Künstlerlexikon*[34] hält er neben der bedeutenden literarischen und musikalischen auch eine künstlerische Vergangenheit Hamburgs für nachgewiesen. Nun hofft er, mit Unterstützung der Bevölkerung noch für das Museum zu sichern, was die Zeiten überdauert hat, und will dabei besondere Aufmerksamkeit auf die Bildnisse berühmter Hamburger richten. Grundsatz für die Auswahl der Künstler soll nicht die Herkunft aus, sondern die Tätigkeit in Hamburg sein. Als thematische Attraktion für die Bevölkerung will Lichtwark auch eine neue Spezialabteilung des Kupferstichkabinetts mit Hamburger Genre- und Landschaftsbildern begründen.

Ähnliche Vorstellungen äußert er auch für die Skulpturenabteilung, doch müsse hier ganz von vorn begonnen werden, denn eine Skulptur »ersten Ranges« aus Marmor oder Bronze sei noch nicht vorhanden. Diesen Zustand betrachtet er als besonders nachteilig für die Entwicklung der Kunstvorstellungen des Publikums. Die Bevölkerung könne auf diese Weise nicht lernen, »was gute Skulptur heisst«: »dem Producenten wie dem Consumenten fehlt der Massstab.«[35] Erstmalig konzentriert damit ein Museum sein Augenmerk auf die Konservierung und Erforschung der regionalen Kunstproduktion; eine nicht unbedeutende Rolle mag dabei spielen, dass Lichtwark durch seinen Lehrer Anton Springer von den Rettungsleistungen der Brüder Sulpiz und Melchior Boisserée und des Domherren Wallraf erfahren hat, deren beherztem Zugreifen sich die Erhaltung von Werken der altdeutschen Kunst und der mittelalterlichen Sakralkunst in Köln verdankt.[36]

Lichtwarks Konzept eines Museums, das nicht »dasteht und wartet«, ist zu seiner Zeit zukunftsweisend, jedoch durchaus nicht seine eigene Erfindung. In Hamburg hat Brinckmann am Museum für Kunst und Gewerbe längst museumspädagogische Maßnahmen eingeleitet; Lichtwark selbst hat schließlich von Brinckmanns Vorträgen entscheidend profitiert. Auch wenn dieser zu den fortschrittlichsten Museumsleuten

34 Gaedechens (1854).
35 Vgl. Jahresbericht [Bd. 1], 1886/87, S. 7f.
36 Vgl. Calov (1969), S. 57.

in Europa zählt, folgt auch er nur einem Leitbild, das sich in England schon in der Mitte des 19. Jahrhunderts formierte. Erfinder und Vorreiter der modernen Museumsbewegung war das von Victoria und Albert gegründete Kunstgewerbemuseum in London, anfangs South Kensington Museum, später nach den Gründern benannt, bei dessen Entstehung der aus Hamburg stammende Architekt Gottfried Semper eine bedeutenden Anteil hatte.[37] Die Erkenntnis des Tiefstandes von Geschmack und Produktion war zwar in England bereits zuvor schon ein wichtiges Thema, Semper wartete jedoch, ausgehend von der Londoner Weltausstellung 1851, mit mehreren Vorschlägen zur Hebung des Niveaus auf. In seiner berühmt gewordenen, im selben Jahr verfassten Schrift *Wissenschaft, Industrie und Kunst. Vorschläge zur Anregung eines nationalen Kunstgefühls*, die schon 1852 in Braunschweig bei Vieweg verlegt wurde, formulierte er mehrere Forderungen: einen »zweckmäßigen und möglichst allgemeinen Volksunterricht des Geschmacks«, die Gründung von Sammlungen als die »wahren Lehrer eines freien Volkes«, die Einrichtung von Vorträgen über Kunst und Industrie als Erläuterung dieser Sammlungen sowie die Einrichtung von modellhaften Werkstätten. Vom South Kensington Museum ausgehend, erreichte die neue Bewegung zuerst Wien. Dort regte Rudolf Eitelberger von Edelberg, auf der Basis der auf der Londoner Weltausstellung 1862 präsentierten Erfolge der englischen Unterrichtstätigkeit, schon im Jahr darauf nach diesem Vorbild die Gründung des Kaiserlich Königlich Österreichischen Museums für Kunst und Industrie mit angegliederter Kunstgewerbeschule an.[38] Justus Brinckmann, zu dieser Zeit noch Anwalt in Hamburg, war Korrespondent dieses Museums[39] und orientierte sich daher bei seiner Gründung des Hamburger Kunstgewerbemuseums entsprechend nach Wien. Lichtwark ist also durch den persönlichen Kontakt zu Brinckmann sehr früh über die Bewegung informiert.[40] Andererseits erlebt er in seiner Berliner Zeit die Tätigkeit des von Julius Lessing geleiteten Kunstgewerbemuseums in gleicher Weise. Er ist beteiligt an dieser neuen Bewegung, hält selbst Vorträge und leitet schließlich die Museumsbibliothek. In Hamburg nun überträgt er erstmals diese neue Auffassung vom Museum, in der die pädagogische Dienstleistung einen hohen Stellenwert besitzt, auf ein Kunstmuseum. Durch seine öffentlichen und kostenlosen Vorträge ermöglicht er dem bald zahlreich erscheinenden Publikum den Zugang zur Hochkultur und trägt damit zur Bildung und autonomen Persönlichkeitsentwicklung bei, die Demokratisierungsprozesse beschleunigt. Seine eigene Biographie enthält bereits exemplarisch diesen Weg. Sein Denken und Handeln erweist sich als nicht primär kunstpädagogisch, sondern, wie zu zeigen sein wird, kulturpolitisch motiviert.

37 Vgl. dazu Lankheit (1976), bes. S. 46f. – Waentig (1909), S. 111f.

38 Vgl. ebd. (1909), S. 245f.

39 Vgl. Festschrift Wien (1873), S. 8.

40 »Semper hat die Ideen erzeugt, aus denen das Southkensingtonmuseum [sic] entstanden ist«, schreibt Lichtwark 1893 seiner Kommission; vgl. Br. Kommission (1896), Bd. II: 1893, S. 242.

Über Lichtwarks Rede anlässlich der Wiedereröffnung der Kunsthalle berichtet die Hamburger Presse ausführlich. In der Weihnachtsausgabe des *Nordwest* wird über seine Amtseinführung informiert und sein ausführlich wiedergegebenes Konzept als »Verwaltungsplan« referiert.[41] Nichts läge Lichtwark allerdings ferner als die Tätigkeit des Verwaltens.

KUNSTERZIEHUNG I: »DIE KUNST IN DER SCHULE«

Ein halbes Jahr nach seinem Amtsantritt, am 12. März 1887, hält Lichtwark seinen legendären Vortrag vor dem Schulwissenschaftlichen Bildungsverein in Hamburg, die programmatische Rede »Die Kunst in der Schule«. Im selben Jahr noch erscheint der Text gedruckt, zusammen mit seiner Antrittsrede in der Kunsthalle.[42]

Der Schwerpunkt der deutschen Bildung, so führt Lichtwark aus, liege auf dem Wissen, das jedoch mit Bildung synonym verwendet werde; das Ausland sei allerdings der Ansicht, der Deutsche sei unterrichtet, aber nicht erzogen. Lichtwark argumentiert des Öfteren mit der Ansicht des Auslandes; und mit dem Vergleich zu Frankreich und England, die er als die »höher gesitteten Nationen« bezeichnet, untermauert er die Dringlichkeit seines patriotischen Anliegens. Hier geht es ihm um die Position und das Ansehen des aufgestiegenen Deutschland im Kreise der wichtigen europäischen Mächte fünfzehn Jahre nach der Reichsgründung. Zwar sei der Deutsche im Schulwissen dem Engländer und Franzosen gleichen Standes überlegen, stehe jedoch an »formaler Bildung« beträchtlich zurück: Der Mangel an Gepflegtheit und peinlicher Sauberkeit, die auffällige Vernachlässigung des Äußeren bewirke im Ausland nicht nur gutmütigen Spott, sondern lasse den Deutschen barbarisch erscheinen: »Er wirkt mit seiner mangelhaften Erscheinung, seinem lauten Wesen, seinen unsicheren Manieren in der Gesellschaft und namentlich bei Tisch oft geradezu abstoßend und fällt der Verachtung von Menschen anheim, die vielleicht im Wissen tief unter ihm stehen.«[43] Lichtwarks Argumentation verharrt jedoch nicht auf rein ästhetischen Gesichtspunkten, sie umfasst mehr und greift tiefer; es ist ihm an der Erhaltung des deutschen Volkstums gelegen, das er als kulturelle Einheit versteht. Sein nationales Denken, das an Umfang und Intensität das Maß des damals Üblichen keineswegs übersteigt, ist durch Ehrgeiz geprägt: Da der Deutsche keine eigenen Sitten entwickelt habe, könne er im Ausland den festen Lebensformen der anderen Völker nichts entgegensetzen. Wenn er eine Ausländerin heirate, setze diese fortan ihre eigenen Sitten und Gebräuche durch. Infolge der »geringen Widerstandsfähigkeit« seines Charakters bleibe der Deutsche seinem Volkstum nicht erhalten – er »geht im Ausland seinem

41 Vgl. Beilage zu Nr. 52 des Nordwest, Sonntag, 26.12.1886, in: StA HH, Kunsthalle III 31b, Presseausschnitte.
42 »Die Kunst in der Schule« wird 1902 noch einmal publiziert als zweites seiner *Drei Programme* und erfährt posthum noch drei Wiederabdrucke; vgl. Kayser (1977), Nr. 167, 342, 556, 573, 588.
43 Hier in: AL, Schriften, Bd. I, S. 32.

Volk verloren«. Der »Mangel an Erziehung und festen nationalen Lebensformen sind die Bresche, durch welche das fremde Wesen siegreich eindringt.«[44] Mit solchen Vorstellungen und Aufrufen lässt sich eine Nation erreichen, die ihr Nationalgefühl erst entwickelt und im Kreis der europäischen Völker ihre Position noch sucht. Lichtwark tritt ebenso ambitioniert für sein Vaterland ein wie für seine eigene Person – und wie er es für seine Vaterstadt Hamburg tun wird. Im Vergleich zur Musik und Literatur wird ihm klar: »Am tiefsten steht unser Bildungsniveau [...] in den bildenden Künsten.«

Der Dilettantismus spiegelt dieses Verhältnis nach Lichtwarks Ansicht genau wider. Deshalb plädiert er nicht nur für eine höhere Bewertung der ernsthaften dilettantischen Betätigung, sondern explizit für die Förderung des Dilettantismus auf dem Gebiet der bildenden Kunst. Erst der Dilettant verstehe den Künstler: »was für ein ganz anderes Publikum würde unsere Ausstellungen besuchen! Es herrscht ein ungeheurer Abstand zwischen den [verständigen] Konzert- und den Ausstellungsbesuchern. [...] in der Ausstellung lauter halbblinde kleinliche Nörgler mit ungeheuren Ansprüchen, vollkommen unfähig und immer zuallererst zur Kritik aufgelegt.«[45] Auch in der bildenden Kunst würde der Dilettant das »hingebenste Publikum ausmachen«, aber im Gegensatz zur musikalischen Erziehung kann Lichtwark eine vergleichbare Bemühung für die bildende Kunst nicht erkennen. In England, wo man auf die dilettantische Ausbildung in der bildenden Kunst größeren Wert lege, könne jeder Gebildete zeichnen, der Künstlerstand hänge unmittelbar mit dem Dilettantismus zusammen und einer der hervorragendsten Radierer habe sich aus dem Dilettantismus entwickelt. Im Folgenden ermutigt nun Lichtwark als geübter Redner, der er längst ist, sein Publikum, in Deutschland beginne das Niveau im Verständnis der bildenden Kunst langsam zu »schwellen«. Tatsächlich wurde die populäre Kunstzeitschrift mit dem programmatischen Titel *Die Kunst für Alle* erst im Jahr vor dieser Rede gegründet. So kann nun Lichtwark seine Vorschläge psychologisch geschickt einleiten: »Wir haben folglich alle Aussicht, mit dem Strom zu schwimmen, wenn wir in diese Phase durch die Erziehung fördernd eingreifen.«[46]

Sempers Gedanken folgend, hofft Lichtwark nun nicht mehr nur auf die Wirkung einer Ausbildung der Produzenten, sondern setzt ganz auf die Bildung des Konsumenten. Spätestens seit seiner Berliner Zeit und jenem Beitrag für die *Gegenwart*, in dem er bereits für schmucklose preiswerte Möbel plädiert, weiß er, dass die Nachfrage die Qualität des Angebotes bestimmt: »[...] unsere Produktion steht in der Luft, solange uns im eigenen Lande der Käufer von selbständigem Geschmack fehlt.« Der Deutsche falle in englischer und französischer Gesellschaft sofort durch seinen Mangel an Anschauungsvermögen auf. Dazu zitiert er Paul Meyerheim: »Der Deutsche sieht mit den Ohren.« So könne man dem Deutschen auch etwas aufschwatzen, was

44 Ebd., S. 32f.
45 Ebd., S. 34.
46 Ebd., S. 37. – Mit dem hier erwähnten Radierer dürfte Francis Seymour Haden (1818–1910) gemeint sein, er war Arzt und als Künstler Autodidakt; vgl. WV Schneiderman.

dem Verkäufer bei einem Franzosen oder Engländer gar nicht einfalle. Während jeder einigermaßen wohlhabende Franzose das Bedürfnis nach Kunstbesitz hege, fühle sich in Deutschland eine Millionärin, die Tausende für ein Diner ausgebe, zu arm für den Erwerb einer Bronze für 200 Mark. In Frankreich sei man zwar reicher, doch auch in Deutschland sei man nicht mehr so mittellos, nur fehle dem Reichtum die Überlieferung. Ebendieses beklagt Lichtwark auch in vielen anderen Passagen in seinen Texten und Briefen: das Fehlen von Tradition, Anciennität und Ehrfurcht vor dem Überlieferten. In diesen Aussagen liegt die politisch-ökonomische Basis für sein Programm der ästhetischen Erziehung durch Museum und Schule: Ein anspruchsvolles Publikum hebt das Niveau der nationalen Produktion und damit der gesamten Kultur. Lichtwark formuliert hier ein Programm, dessen Ursprünge in England zu finden sind und das nahezu zwei Jahrzehnte später in der Rede des Architekten Hermann Muthesius, gehalten 1907 in der Berliner Handelshochschule, erneut aufgegriffen und mit der Gründung des Deutschen Werkbundes konkrete Auswirkungen zeitigen wird.[47]

Lichtwark knüpft jedoch nicht unmittelbar an Semper an. Schon in den 1880er Jahren wird die Konsumentenerziehung – als Rezeption dieser Gedanken des allerdings hier ungenannt bleibenden Semper – vom Verein deutscher Zeichenlehrer als Leitziel formuliert. In der 1874 gegründeten *Zeitschrift des Vereins deutscher Zeichenlehrer* erscheint bereits 1885 ein Artikel von P. Stade, in dem der erfolgreiche Zeichenunterricht als einer der Hauptfaktoren bei der Hebung des deutschen Kunstgewerbes gewürdigt wird, zusammen mit der Feststellung, dass die Geschmacksbildung des breiten Publikums mit der nunmehr erfreulichen Entwicklung des Kunsthandwerks nicht Schritt gehalten habe. Daher fehle es am Absatz der guten Erzeugnisse, nicht jedoch bei den geschmacklosen Produkten und solchen, die »nicht auf ein feinsinniges Publikum berechnet« seien. Die *Zeitschrift des Vereins deutscher Zeichenlehrer* wurde in der Bibliothek des Kunstgewerbemuseums im Abonnement gehalten;[48] Lichtwark als Bibliothekar muss sie gekannt haben. Die Ausbildung des guten und sicheren Geschmacks durch den Zeichenunterricht mit dem Ziel der Konsumentenerziehung bleibt fortan für den Verein deutscher Zeichenlehrer verbindlich. Gerade die nationalökonomische Komponente in dieser Argumentation ist von besonderer Bedeutung, wenn auch schon lange nicht mehr neu. Im amtlichen Bericht über die Pariser Weltausstellung von 1867 ist die Wechselwirkung zwischen der Qualität des Kunstgewerbes und der Nachfrage eines anspruchsvollen Publikums bereits thematisiert.[49] Dabei geht es nicht zuletzt um den deutschen Export: 1888 wird in der *Zeitschrift des Vereins deutscher Zeichenlehrer* auf die gestiegene Bedeutung Deutschlands als exportierende Nation hingewiesen; im Jahr zuvor wurde

47 Vgl. Muthesius (1975), S. 39–50.
48 In der Kunstbibliothek Berlin, SMB, in deren Bestand die einstige Bibliothek des Kunstgewerbemuseums eingegangen ist, befindet sich die Zeitschrift unter der Signatur A 2910 kl vollständig. Für schriftliche Auskunft vom 25.4.2001 danke ich dem Direktor der Bibliothek, Jürgen Zimmer.
49 Vgl. Joerissen (1979), S. 23–29, hier S. 26.

Lichtwarks einschlägiger Vortrag publiziert.[50] Lichtwark trägt somit diese kunstpädagogischen Zielsetzungen in die Hamburger Kunsthalle und damit zum ersten Mal in ein Kunstmuseum. Während seiner Tätigkeit als junger Lehrer war er nicht mit dem Zeichenunterricht betraut, sondern unterrichtete alle anderen Fächer. Konsequenterweise überträgt er nun den Gedanken an die Konsumentenerziehung in seinem Vortrag auf den gesamten Schulunterricht. Er will den Lehrern kein weiteres spezielles Stoffgebiet aufbürden und denkt deshalb an die sinnvolle Integration ästhetischer Inhalte in das gesamte Curriculum. Spezielles Material stellt er allerdings nicht zur Verfügung; hier ist die Kreativität der Lehrer gefragt.[51]

Unter den Zuhörern dieses Vortrages befindet sich der am Thema stark interessierte Hamburger Volksschullehrer Carl Götze, ein gestalterisch begabter Tischlersohn, der sich zum führenden Hamburger Kunstpädagogen entwickelt und später sogar sein eigenes Haus entwirft. Bei ihm wirkt die Veranstaltung als Erweckungserlebnis.[52] Hier entzündet sich das kunstpädagogische Interesse jener aufgeschlossenen Hamburger Lehrer, die als Reformpädagogen von nun an Lichtwarks begeisterte Gefolgschaft und die Vorhut in Deutschland bilden werden. Mit seinen Fortbildungsveranstaltungen in Form von speziellen Vorträgen für Lehrerinnen und Lehrer bietet er ihnen von Anfang an Unterstützung und bindet sie an die Kunsthalle. Götze begründet unter Lichtwarks Einfluss und »im Anschluss an die Kunsthalle« 1896 die »Lehrervereinigung für die Pflege der künstlerischen Bildung«, in der sich die kunstinteressierten Reformpädagogen sammeln.[53] Lichtwarks Vortrag wird zum Meilenstein in der Geschichte der Kunstpädagogik.

DIE ERWERBUNG DER SAMMLUNG HUDTWALCKER-WESSELHOEFT[54]

Anfang April 1888 verbringt Lichtwark zwei Tage in Schwerin und besichtigt die Gemäldegalerie, die er sehr bewundert: »Hätten wir die Galerie!« Besonders begeistern ihn die holländischen Bilder des 17. Jahrhunderts, darunter die reichhaltige Stilllebensammlung.[55] Aktueller Anlass dieser Reise ist der von ihm forcierte Ankauf der Hamburger Privatsammlung Hudtwalcker-Wesselhoeft für die Kunsthalle, eine schwierige und zeitraubende Angelegenheit, die »mit der Gesetzmässigkeit eines Gesellschaftsspiels« fortschreite, wie er in einem Brief schreibt: »Man weiss nie, wem im nächsten

50 Vgl. ebd., S. 19, 63f. – Alfred Lichtwark, Zur Organisation der Hamburger Kunsthalle. Die Aufgaben der Kunsthalle. Die Kunst in der Schule (1887); Kayser (1977), Nr. 167.

51 Beispielsweise wurden später in die Lesebücher der allgemeinbildenden Schulen Reproduktionen von Kunstwerken als Material für die Kunstbetrachtung eingefügt.

52 Vgl. Schiefler (1985), S. 77f.

53 Vgl. Junge (1989), S. 159f. – Siehe auch das Kapitel »Kunsterziehung II: Lichtwark und die Hamburger Lehrer« in Teil 3.

54 Die Magisterarbeit von Johanna Mahnkopf (2007) über den Ankauf der Sammlung Hudtwalcker-Wesselhoeft wurde hier nicht mehr einbezogen.

55 Die holländische Sammlung in der Schweriner Galerie stammt bereits aus dem 18. Jahrhundert. Für diese telefonische Auskunft am 20.6.2002 danke ich Gerhard Graulich.

Moment der Ball zufliegt. Nach der Probe in der vergangenen Woche bin ich wirklich nicht sicher, ob ich noch diesen Frühling nach Italien komme.«[56] Schon im Juni des Vorjahres hat er seiner Kommission von der Unmöglichkeit einer Finanzierung dieses offensichtlich länger geplanten Ankaufs aus Privatmitteln berichtet, so dass er im Herbst des Jahres schließlich eine Eingabe an den Staat vornimmt.[57] In Schwerin bietet sich wegen der reichhaltigen Sammlung holländischer Barockmalerei die passende Gelegenheit für Studien und Vergleiche. Der Schweriner Museumsdirektor Hofrat Friedrich Schlie befasst sich seinerseits gerade mit Ornamentstudien, daher kommt ihm Lichtwark als ausgewiesener Kenner dieses Gebietes gelegen. Abends ist er bei Schlie in kleiner Runde eingeladen und lernt dort auch den ihm sehr sympathischen Hamburger Oberlehrer Hans Brauneck kennen, der später zum Kreis der besonders motivierten Kunsthallenbesucher gehören wird.[58]

Infolge der noch in der Schwebe befindlichen Anlegenheit Hudtwalcker-Wesselhoeft muss Lichtwark seine zunächst für das Frühjahr 1888 geplante Studienreise nach Italien noch einmal aufschieben.[59] Nach »unendlichen Plackereien« sei es ihm gelungen, sein Vorhaben in den Senat zu bringen, schreibt er an Bode; viel Hoffnung auf Erfolg habe er allerdings wegen des »Millionenproblems« des Hamburger Zollanschlusses nicht.[60] Die Sammlung umfasst 98 Gemälde, abgesehen von zwei Bildern ausschließlich holländische Malerei des Barock, und eben darin liegt für Lichtwark der besondere Grund für ihre Erwerbung: die traditionelle Beziehung Hamburgs zur holländischen Kultur. Zu einer Zeit, da im übrigen Deutschland Privatleute umfangreiche Galerien nicht erwerben konnten, hätten Hamburger Bürger eifrig gesammelt, und es sei kein Zufall, dass es sich dabei vor allem um holländische Kunst gehandelt habe infolge der alten Kulturgemeinschaft der Hamburger »mit dem grossen selbständig entwickelten niederdeutschen Stamme der Holländer.« Noch im 18. Jahrhundert hätten Hamburg und seine ländliche Umgebung mit ihrer bildenden Kunst und Architektur zur Kultursphäre Hollands gehört und die Werke der Hamburger Künstler dieser Zeit als holländisch gegolten. Der Kunstbesitz der Hamburger Familien könne dem einer holländischen Stadt nicht viel nachgestanden haben, vermutet er, und noch einige Jahrzehnte zuvor sei Hamburg der wichtigste deutsche Markt für holländische Bilder gewesen. Aus dieser Argumentation leitet er sein Plädoyer für den Ankauf ab; einer Sammlung italienischer Werke hätte er entschieden gleichgültiger gegenübergestanden.

56 Brief Alfred Lichtwark an Brauneck, 10.4.1888, HKH, AdB 97.

57 Vgl. P2, 16.6., 3.11.1887.

58 Vgl. Br. Familie, S. 623.

59 Vgl. ebd., S. 623f.

60 Vgl. Briefe Alfred Lichtwark an Bode, 6.5.1887 und 17.3.1888, Berlin, SMB-ZA, NL Bode, 3309. – Der Zollanschluss und der damit verbundene Bau des Freihafens von 1883 an, ein gigantisches Projekt, bindet die finanziellen Mittel Hamburgs auf Jahre.

Die Sammlung Hudtwalcker-Wesselhoeft ist nicht unbekannt. Der erste Direktor der Berliner Gemäldegalerie, Gustav Waagen, ein gebürtiger Hamburger, erarbeitete seinerzeit den von der Gesellschaft für vervielfältigende Kunst in Wien veröffentlichten Katalog. Lichtwark holt für den geplanten Ankauf Gutachten von Wilhelm Bode, dem Reproduktionsstecher William Unger und dem holländischen Sammler Abraham Bredius ein;[61] der Wert der Bilder wird übereinstimmend auf 300.000 bis 400.000 Mark geschätzt. Dass Lichtwark selbst für den Ankauf plädiert, versteht sich durch seine eigenen Studien. Erst wenige Jahre zuvor hat er sich mit Rembrandt und der holländischen Kunst befasst und die Faksimiles der Rembrandt-Radierungen herausgegeben.

Er nutzt aber auch die Gelegenheit, in einem Promemoria mit der ökonomischen Relevanz dieses Ankaufs zu argumentieren und damit die beträchtlichen Kosten zu rechtfertigen.[62] Im Zollanschluss müsse Hamburg seine eigene Kunstindustrie stärken und in Konkurrenz zur Produktion Berlins und Münchens treten. Auch auf die Konsumentenerziehung verweist er dabei. Die Entwicklung des kulturellen Niveaus sei nicht allein abhängig von der Ausbildung der Produzenten, sondern auch von den Ansprüchen des Konsumenten. Er führt als Beispiel die deutschen Kunsthandwerker in Frankreich an: »Der deutsche Arbeiter ist dem französischen überlegen und hat seit dem siebzehnten Jahrhundert in Paris eine Reihe der hervorragendsten Kunsthandwerker geliefert, die in der ganzen Welt als Franzosen gelten. Aber sein Bestes hat seit jener Zeit der deutsche Handwerker nur in der Berührung mit dem künstlerisch so hoch entwickelten Geschmack der Pariser Consumenten geleistet. Die Hoffnungen, welche sich in England und Deutschland an die Aufnahme der 1870 aus Paris ausgewiesenen deutschen Kunsthandwerker knüpften, sind unerfüllt geblieben. Derselbe Handwerker, der in Paris Meisterwerke lieferte, sank in Deutschland sehr bald auf das allgemeine Niveau der Production herab. Die Ursache lag nicht an ihm, sondern in seiner Umgebung, die keine Anforderungen zu stellen, ja nicht einmal seine Leistungen zu beurtheilen vermochte.«[63]

Für Hamburg verspricht sich Lichtwark besondere Resultate von der Erziehung des Publikums, da die Bevölkerung wohlhabend sei und den Hang zur Schaffung eines behaglichen Heims besitze; so gute Voraussetzungen finde man weder in München noch in Berlin. Die Erziehung des Publikums dürfe jedoch nicht allein dem Museum für Kunst und Gewerbe überlassen werden, vielmehr sei von der Anschauung der hohen Kunst auszugehen, und bei der Sammlung Hudtwalcker-Wesselhoeft handele es sich um einen Zuwachs ersten Ranges. »Die rationelle Pflege des einzigen der höheren Kunst gewidmeten Instituts in Hamburg ist um so dringender geboten, da die

61 Vgl. P2, 17.9.1887.
62 Vgl. hier und im Folgenden: Jahresbericht [Bd. 2], 1888, S. 1–19, Promemoria: S. 14–19; dieses Promemoria erscheint 1889 auch in: Kunst für Alle, 4. Jg., 1888/89, S. 101–103, Kayser (1977), Nr. 173, jemand hat die Redaktion darauf aufmerksam gemacht; vgl. Br. Familie, S. 630; vermutlich handelt es sich um Bode, der damit Lichtwarks Anliegen zu unterstützen versucht.
63 Jahresbericht [Bd. 2], 1888, S. 14f.

künstlerische Anregung in unserer Vaterstadt im Uebrigen sehr gering ist.«[64] Den umliegenden Städten attestiert Lichtwark einen weiten Vorsprung und zählt die vorhandenen Sammlungen und neuen Museen auf. Hamburg könne nicht umhin, so versucht er die Regierung zu motivieren, mit diesen Bestrebungen Schritt zu halten, wenn es die zentrale Stellung, welche ihm als zweite Stadt des Reichs gebühre, nicht einbüßen wolle. Bei dem bevorstehenden neuen Abschnitt der Entwicklung werde die Entfaltung der Hamburger Luxusindustrie nicht zum geringsten Teil davon abhängen, wie weit die Stadt Käufer und Liebhaber aus den umliegenden Provinzen anziehen und binden könne. Bedeutende Sammlungen seien aber erfahrungsgemäß der sicherste Anreiz. Gerade in diesem Augenblick, der eine ganz ernsthafte Durchbildung der Hamburger Luxusindustrie einleite, sei die Erwerbung von bedeutendem Kunstbesitz schon allein im Hinblick auf eine vornehme Repräsentation von kulturpolitischer Bedeutung. Auch wenn gegenwärtig die Aufwendung einer solchen Summe für Kunstzwecke nicht besonders naheliegend erscheine, sollte doch eine solche unwiederbringliche Gelegenheit nicht verpasst werden, was andernfalls von nachfolgenden Generationen beklagt werden würde. Auch von Berlin, so führt er als Beispiel an, seien köstliche Schätze erworben worden, als es politisch und finanziell schwer daniederlag; heute wäre dies nicht mehr nachzuholen. Noch immer erkenne der preußische Staat seine politische Repräsentationspflicht durch großartigste Aufwendungen für seine Museen an. Lichtwark sieht auch keinen Widerspruch zur Tendenz der Kunsthalle, vorrangig moderne Kunst zu sammeln, sondern vielmehr die Abrundung der durch Vermächtnisse und Geschenke in bescheidenden Anfängen bereits bestehenden holländischen Abteilung, »deren Schätze zugleich ein Denkmal alter Hamburgischer Kultur bilden.«

Bode rät in seinem Gutachten zur Erwerbung mit der Begründung des geschlossenen Charakters dieser Sammlung von Kleinmeistern, die er zuvor in einer Publikation bereits einzeln besprochen hat. Dabei spielen der sehr gute Erhaltungszustand und die Zahl »kleiner Perlen« eine Rolle. Den Marktwert nach Pariser und Londoner Maßstab schätzt Bode mit Spesen und Taxe auf 250.000 bis 300.000 Mark, verglichen mit dem Ankauf der Sammlung Suermondt eher letzteres. Man könnte sogar noch höher gehen, »um eine solche Sammlung der Vaterstadt zu erhalten«, umso mehr, als die Anfänge der Hamburger Galerie noch sehr mäßig seien und die »Zusammenbringung von guten alten Gemälden« täglich größere Schwierigkeiten bereite. Auch Abraham Bredius hält die Sammlung für eine der besten Privatsammlungen Deutschlands, vermutet, eine ähnliche Gelegenheit werde sich so leicht nicht wieder bieten, und bezeichnet eine Ausgabe von 300.000 bis 325.000 Mark als durchaus angemessen. Unger

64 Ebd., S. 16. – Zur Sammlung von Barthold Suermondt, einem Unternehmer und Bankier, vgl. Calov (1969), S. 140f. Suermondt verkaufte seine aus etwa 150 niederländischen und spanischen Gemälden alter Meister bestehende Sammlung 1874 teilweise an das Berliner Museum, das dadurch seine Lücken füllen konnte. Weitere Erwerbungen übergab er 1882 dem Museumsverein in Aachen. Das Städtische Museum Aachen wurde daraufhin nach ihm benannt. Vgl. auch Böhmer, Sylvia / Schneider, Ulrich u.a., Suermondt Ludwig Museum Aachen, München: Deutscher Kunstverlag, 1994.

schätzt die Sammlung ihrer Bedeutung nach ebenso ein und taxiert den Wert sogar auf 340.000 bis 400.000 Mark.[65]

Schließlich kann Lichtwark die Erwerbung der Sammlung Hudtwalcker-Wesselhoeft als großen Erfolg verbuchen und im Jahresbericht 1888 wertet er sie als neuen Abschnitt in der Entwicklung des Museums. Diplomatisch räumt er dabei ein, dass angesichts der Lasten des Zollanschlusses die Finanzierung ein erhebliches Opfer darstellt.[66]

So gelangen die 98 Gemälde der Sammlung Hudtwalcker-Wesselhoeft als erste Erwerbung des hamburgischen Staates zu einem Preis von 300.000 Mark in die Kunsthalle. Das Verzeichnis der Sammlung enthält Namen wie Cuyp, Dou, van Dyck, van Goyen, Hals, Heda, Pieter de Hoogh, Kalf, Metsu, Rembrandt, Ruisdael, van Ruysdael, Jan Steen, Terborch, Vermeer und viele Kleinmeister. Auch ein Murillo, ein Poussin und zwei Bilder von Denner gehen damit in die Kunsthalle ein.[67] Dieser Ankauf verhilft der niederländischen Abteilung zu einiger Bedeutung, da bisher die Mehrzahl der Werke der sogenannten modernen Galerie zuzurechnen waren; auch fehlten bis dahin die meisten hier vertretenen Künstler in der Kunsthalle. Nicht zuletzt sieht Lichtwark in der Sammlung eine willkommene Studienmöglichkeit im Sinne der ästhetischen Bildung: »Diese Erziehung zunächst der wohlhabenden Bevölkerung zur Fähigkeit, Kunst zu verstehen und zu geniessen, erscheint der Verwaltung der Kunsthalle als eine Aufgabe von grosser ökonomischer Tragweite.« Der große Nachteil dieser Erwerbung liegt in der Streckung der Ankaufssumme auf sechs Jahre. Bis 1893 also werden die staatlichen Mittel gebunden, abgesehen von den Etatposten für Bibliothek und Kupferstichkabinett.[68] Für die ihm so wichtigen Erwerbungen zeitgenössischer Kunst muss Lichtwark deshalb in den folgenden Jahren sämtliche Mittel von privaten Spendern einwerben.

ERSTE REISEN: ENGLAND – KOPENHAGEN – ITALIEN

Entsprechend der Vorstellung, der Besitz der Sammlung Schwabe verleihe der Hamburger Kunsthalle eine besondere Stellung unter den deutschen Gemäldegalerien, ehrt der Hamburger Staat im Herbst 1886 den Stifter mit der Ehrenbürgerschaft.[69] Lichtwark erhält nun die Gelegenheit zu einer Englandreise mit dem Zweck, Schwabe diese Auszeichnung im Auftrag der Regierung zu überbringen. Für die Gestaltung des

65 Vgl. die Abschriften der Gutachten von W. Bode, A. Bredius und W. Unger, in: StA HH, 111-1, Senat, Cl. VII Lit. H e Nr. 6, Vol. 27.

66 Vgl. Jahresbericht [Bd. 2], 1888, S. 1–18, Zitat S. 14.

67 Vgl. ebd., S. 21ff., Verzeichnis der Sammlung.

68 Vgl. StA HH, 111-1 Senat, Cl. VII Lit. A a Nr. 2 Vol. 8 o fasc. 13 a Nr. 111 (Senatsdrucksache vom 30.6.1888, Mitteilung des Senats an die Bürgerschaft: Antrag, betreffend Ankauf einer Gemäldesammlung für die Kunsthalle). – Vgl. auch Borstel (1994), S. 82.

69 Vgl. hier und im Folgenden: StA HH, Schwabe-Stiftung und Schwabe-Ehrung, Kunsthalle III 31c, Drucksache für die Senatssitzung Nr. 124, 18.10.1886 betr. Verleihung des Ehrenbürgerrechts an Herrn Gustav Christian Schwabe in London und Drucksache betr. Kommission für die Schwabe-Büste.

Ehrenbürgerbriefes schlägt Eduard L. Behrens den Hamburger Maler Carl Gehrts vor, der jedoch aus Zeitgründen ablehnt. Lichtwark bringt daraufhin Menzel als bedeutenden deutschen Künstler ins Spiel und wird nach Berlin gesandt. Menzel akzeptiert den Auftrag über ein Unikat in Aquarelltechnik nach anfänglicher Ablehnung und gibt zunächst eine nach seinen Erfahrungen bemessene Honorarforderung von mindestens 3.000, dann 4.000 Mark an. Er will eine Hammonia gestalten und benötigt dafür eine Photographie der Stadt zur Ansicht, dazu erbittet er brieflich bei Lichtwark noch eine Vorlage. In einem Brief an den Kommissionsvorsitzenden Ferdinand Möring vom 30. Mai 1887 teilt Menzel mit, die Frist nicht einhalten zu können; Lichtwark habe seine Zusage zu einer »Vignette« durch seine Beredsamkeit erreicht, nun aber wachse die Arbeit darüber hinaus. Nach Fertigstellung fordert Menzel jedoch überraschend ein Honorar von 18.000 Mark, das er schließlich auch erhält. Eine passende Ledermappe fertigt der Hamburger Kunstgewerbler Georg Hulbe für ein Honorar von 2.000 Mark.[70] Launig kommentiert Menzel aus Marienbad sein soeben fertiggestelltes Werk, er freue sich, dass es ihm gelungen scheine, »den Vorstellungen der Hamburger über die Person ihrer Landesgöttin mit meiner Darstellung annähernd zu entsprechen. Ich hatte Selbige anfänglich als alt aufgefaßt, und gab diese Intention nur auf in Rücksicht der allgemein herrschenden [...] Meinung von der bekannten ›ewigen Jugend‹ der Göttinnen. [...] Die Dame mit einer Vergangenheit – im besten Sinne! – hinter sich aber völlig in eine Beauté des Pfeifenkopfstadiums aufzulösen, konnte ich mich doch nicht entschließen; eine herzhafte Zwanzigerin – ist noch jung genug.«[71] Menzels Werk (Abb. 18) wird allseits bewundert; nach dreitägiger Ausstellung in der Kunsthalle exklusiv für die Mitglieder der Bürgerschaft und ihre Familien ist es vom 17. Juli an auch dem allgemeinen Publikum zugänglich und stets umlagert. Lichtwark ist begeistert, die Hammonia erscheint ihm als »wohl die herrlichste Frauengestalt, die Menzel geschaffen hat.«[72]

Vom 30. Juli bis zum 21. August 1887 unternimmt Lichtwark nun seine erste große Dienstreise nach Amtsantritt und betritt erstmalig englischen Boden.[73] Der Eindruck von London bei seiner Ankunft gegenüber dem Tower berührt ihn »sonderbar« ob des Anblicks »all des lungernden Elends«. Doch die Fahrt zu Schwabe hinaus in die vornehmste Gegend bei den Kensington Palace Gardens gewährt ihm den »über die Maßen« großartigen Eindruck von der Stadt, die mit ihren Palästen und Clubhäusern, Brücken, Riesenhotels und »Parks in langer Reihe« Paris übertreffe. Mit dem Maler Philip Hermogenes Calderon, der das Ehepaar Schwabe als Stifter der Sammlung für

70 Vgl. P2, 25.10., 20.11., 27.11.1886, 4.1., 22.1., 9.7., 14.7., 6.8.1887. – Menzel (2009), Bd. III, S. 996, Brief Nr. 1319, 15.12.1886; S. 1006, Nr. 1345, 30.5.1887; S. 1007, Nr. 1351, 9.7.1887. – Brief Menzel an Alfred Lichtwark, 27.5.1887, HKH, AdB 76; in einem weiteren Brief an Lichtwark vom 7.3.1888, ebd., bittet Menzel ihn um Vermittlung bei Schwabe wegen einer Ausstellung in Glasgow.

71 Menzel (2009), Bd. III, S. 1008, Nr. 1353, 22.7.1887.

72 Vgl. ebd., Bd. III, S. 1009, Nr. 1354, Brief Möring an Menzel, 23.7.1887. – Ebd., S. 1312, Anm. 1 zu Nr. 1353.

73 Hier und im Folgenden vgl. P2, 17.9.1887. – Br. Familie, S. 609–620.

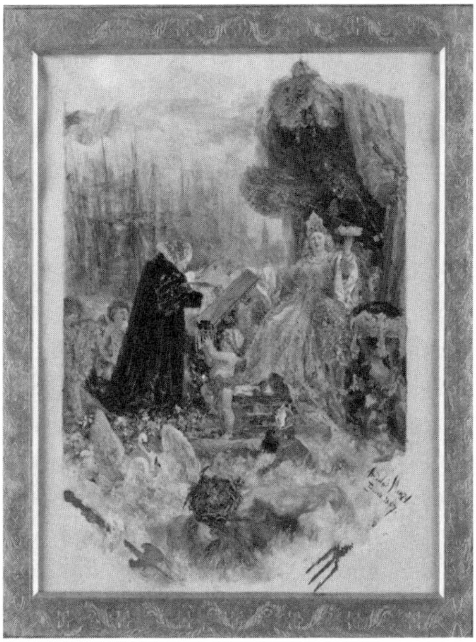

Abb. 18 Adolph Menzel, Widmungsblatt des Ehrenbürgerbriefes für Gustav Christian Schwabe, 1887, Aquarell und Gouache, Hamburger Kunsthalle

die Kunsthalle portraitiert hat, ist Lichtwark täglich in den Museen unterwegs.[74] Endlich kann er auch das berühmte South Kensington Museum besuchen. Lichtwark kritisiert es als zu überladen und weniger übersichtlich disponiert als das Berliner Kunstgewerbemuseum; die Exponate scheinen ihm bei weitem nicht so gut zur Geltung zu kommen. Die Nationalgalerie erlebt er als überreich; die Fülle der Eindrücke bedrängt ihn: »ich weiß nicht, wo mir der Kopf steht.« Mit Calderon gelangt er auch in das am Holland Park gelegene Haus des Präsidenten der Akademie, des Malers Sir Samuel Luke Fildes – »Ein Wunderwerk!« –, über das schon eine Publikation erschienen ist. Wie stets nimmt Lichtwark durch seine sympathische Art auch den Präsidenten für sich ein; Fildes spricht ihm für die Dauer seines Aufenthalts und spätere Londonreisen ein für allemal eine Einladung zu seinem Jour fixe aus.

Schwabe ist erfreut über Lichtwarks Geschenke, ein Exemplar der 1885 gemeinsam mit Janitsch herausgegebenen Stiche und Radierungen Schongauers, Dürers und Rembrandts sowie das Aquarell Menzels. Der junge Direktor gewinnt sogleich sein Wohlwollen und wird aufgefordert, als Gast bei ihm zu wohnen. Er erlebt Schwabe als sehr freundlich, gewinnt ihn und auch Calderon »sehr lieb« und erhält erwartungsgemäß schließlich auch die Menzel-Urkunde als späteres Geschenk für die Kunsthalle in

74 Inv.Nr. 2273, Best.Kat. Hamburg, 19. Jh., S. 21.

Aussicht gestellt. Wie einst in Berlin wird er auch hier in die Gesellschaft eingeführt. Schwabe besucht mit ihm einen Brauereibesitzer, dessen exquisite Sammlung unter anderem einen bemerkenswerten Reynolds enthält; und der berühmte Club Athenäum lädt ihn als Ehrenmitglied für die Zeit seines Aufenthalts in seine Räumlichkeiten ein, was ihm »riesig angenehm« ist. So erscheint ihm das Athenäum mit seinen Lesezimmern in diesen Tagen als »gemütliches Heim«.[75] Von dem Hamburger Sammler Theodor E. Behrens, dem Sohn des Kommissionsmitgliedes Eduard L. Behrens, erhält Lichtwark eine »schmeichelhafte« Einführung bei Baronet Sir John Henry Schröder, dem Inhaber des Bankhauses Henry Schröder & Co. in London.[76] London begeistert Lichtwark: »Ich schwelge hier!«, schreibt er überschwänglich den Seinen.

Schließlich nutzt er die Zeit auch noch für einen Ausflug nach Manchester zur Besichtigung der Herbstausstellung. Wie stets interessiert sich Lichtwark intensiv für alles in seiner Umgebung, für Architektur und Stadtentwicklung, Gartengestaltung und Landschaft. London erscheint ihm keineswegs als Metropole; nach einer viertelstündigen Eisenbahnfahrt sei man schon auf dem Lande. Vororte gebe es nicht; die letzten kleinen Häuser bilden, anders als in Berlin, wo die »Häuserkatakomben direkt an die Wüste« stoßen, einen sanften Übergang in die Landschaft. Lichtwarks Schilderung, ein Text wie ein kleines Feuilleton, hält fest, wie sehr ihm die Gegend gefällt: »ich glaube, es gibt auf der Welt keine schönere Landschaft wie diese.«[77]

Die Ausstellung in Manchester präsentiert unter anderem auch Bilder der in der Sammlung Schwabe vertretenen Maler. »Unsere Meister« nennt Lichtwark sie loyal und freut sich »unendlich«. Ein weiterer Ausflug führt ihn von Manchester nach Birmingham, dessen Industriewüste aus schwarzen Schlackenfeldern mit kümmerlichster Vegetation ihn deprimiert. Auch hier schildert er seine Eindrücke mit naturalistischer Detailtreue. Er ist entsetzt über die furchtbare Lebenssituation der Menschen, vor allem der schmutzigen, zerlumpten, in der Schuttlandschaft spielenden Kinder. Voller Empathie schreibt der ehemalige Lehrer und große Kinderfreund an seine Familie: »Wie muß einem Kinde, das in dieser Wüstenei aufwächst, die Welt erscheinen?« Aus diesen Eindrücken entsteht später ein Märchen, *Das Paradies*, das er mit einer Illustration von Paul Düyffke im *Hamburger Weihnachtsbuch* von 1892 veröffentlicht.[78] Auf der Rückfahrt erlebt er in der Eisenbahn eine gegenteilige Kindheit und schließt Freundschaft mit einem zweijährigen wohlgepflegten, »engelhaften« Mädchen, das ihn an seinen kleinen Berliner Liebling Waldemar Bodenstedt erinnert.

75 Vgl. Einladung des Athenaeum, Pall Mall, S. W., datiert 26.8.1887, FKL.

76 Hier vermittelt zu haben, nimmt allerdings auch Lichtwarks neuer Freund Franz Ferdinand Eiffe für sich in Anspruch; vgl. Eiffe (1935), S. 141. Eiffes Großvater gründete mit dem Oberalten Octavio Rudolf Schröder die Firma Schröder & Eiffe; vgl. ebd., S. 2. – Zu Eiffe siehe auch das Kapitel »Lichtwark privat« in Teil 2. Der Kontakt wird sich Jahrzehnte später für die Hamburger Kunsthalle als vorteilhaft erweisen, siehe dazu das Kapitel »Sammeln IV: Schröder – Weber – Carstanjen – Friedmann« in Teil 6.

77 Br. Familie, S. 614.

78 Kayser (1977), Nr. 184; der Erlös dieses Buches war für die Hinterbliebenen der Opfer der Cholera-Epidemie von 1892 bestimmt. Lichtwark schreibt hier über einen einsamen Jungen, der sein Lieblingstier, ein Kaninchen, verliert. Das Motiv des Jungen mit Kaninchen taucht mehrfach bei ihm auf; es dürfte sich um eine Kindheitserinnerung handeln.

Einen Tag reserviert er für die Herbstausstellung in Liverpool.[79] Überall sammelt er neue Themen für seine Vorlesungen; Lernen und neue Eindrücke sind für Lichtwark stets von immenser Bedeutung. Erst die Erweiterung seiner Kenntnisse und Erfahrungen lässt ihm seine Reisen zum Genuss gereichen und verschafft ihm die höchste Befriedigung. Sein rastloser Geist bedarf keiner Pausen oder Mußestunden. Auch kleine Ereignisse genügen: Noch die Unterhaltung mit zwei französischen Damen im englischen Abteil begeistert ihn.

Bei der Dokumentation der Ehrenbürgerschaft Schwabes mit der Urkunde allein bleibt es nicht, eine Portraitbüste in der Kunsthalle soll den Stifter vergegenwärtigen. Der Hamburger Bildhauer Bruno Kruse erhält den Auftrag für eine Marmorskulptur; die eigens gebildete Kommission besteht aus Eduard L. Behrens, Senator Burchard, Bürgermeister Siegmund Hinrichsen, Carl Kall und G. R. Richter. 6.000 Mark sind veranschlagt, die Liste der Spender verzeichnet Beträge von meistens 50, eher noch 25 Mark, nur Kall gibt 100 Mark dazu. Die Büste mit einem Sockel von Baudirektor Zimmermann wird im Jahr darauf, am 26. September 1888, aufgestellt, Kall hält die feierliche Ansprache.[80]

Noch einige Jahre lang denkt Lichtwark an einen Ausbau der englischen Abteilung durch Werke der Präraffaeliten, die Schwabe nicht gefielen und somit in seiner Sammlung fehlen. Seiner Kommission nennt er Ford Madox Brown, William Holman Hunt, George Frederick Watts, Edward Burne-Jones, Dante Gabriel Rossetti sowie »die ganz einzigen Meister Mason und F. Walker« als langfristig notwendige Ergänzungen. Gerade die Naturstudien dieser Künstler dürften ihn interessiert haben.[81] Dieses Vorhaben lässt sich jedoch nicht verwirklichen. Erst viele Jahre später äußert Lichtwark retrospektiv, aus dieser Abteilung der Kunsthalle hätte etwas werden können, wenn die Mittel dazu vorhanden gewesen wären.[82]

Ende August 1888 befindet sich Lichtwark zur Fortbildung und Orientierung wiederum auf Reisen. Zunächst besucht er Ausstellungen in Berlin und ist wenig angetan: Man scheine sich vorgenommen zu haben, so viel Schund wie möglich zusammenzubringen. Unter den zahlreichen Portraits habe er vergebens nach einem germanischen Gesicht gesucht, da sei es aber doch nur eine blonde Semitin gewesen. »Ist das nicht ein Zeichen der Zeit?«, schreibt Lichtwark ironisch an Baron Westenholz. Die Germanen würden zu arm. Hier mag durchaus auch Enttäuschung beteiligt sein, dass vor allem diese gesellschaftliche Gruppe Aufträge für Portraits vergibt.[83]

79 In der Walker Art Gallery in Liverpool wurden von 1871 bis 1939 regelmäßig Herbstausstellungen gezeigt; vgl. Informationstafel zur Geschichte des Museums in der Walker Art Gallery.

80 Vgl. Jahresbericht [Bd. 2], 1888, S. 41–47.

81 Zum Naturstudium der Präraffaeliten vgl. Ausst.Kat. Präraffaeliten (2004).

82 Vgl. Brief Alfred Lichtwark an Peder Severin Krøyer, 24.12.1893, Kopenhagen, Slg. Hirschsprung; für die Photokopie dieses Briefes danke ich Cecilia Lengefeld, Frederiksberg/Dänemark. – Schiefler, LAZ, 24.4.1907, HH, SUB, HSS. – P2, 17.9.1887.

83 Vgl. Brief Alfred Lichtwark an Westenholz, 29.8.1888, HH, SUB, HSS, LA 21.

Für einige Tage reist er weiter nach Kopenhagen, um die »Nordiske Industri og Kunst-Udstilling« zu besuchen.[84] Diese Ausstellung beeindruckt ihn: Zum ersten Mal, schreibt er, findet er eine deutsche Abteilung »allen anderen an geschlossener und geschmackvoller Wirkung überlegen«, was ihn in seinem patriotischen Ehrgeiz große Freude bereitet. Ebenso bewundert er jedoch die Leistungen anderer Nationen, insbesondere ein schlichtes englisches Mahagonizimmer mit »wohltuend und behaglich« wirkenden einfachen Formen, das er am liebsten erwerben würde: »Aber teuer.« Die Exponate der dänischen Malerei gefallen ihm sehr, vor allem die Bilder von Jens Juel, von dem er noch einmal ein gutes Portrait für sein Museum zu finden hofft. Außerdem denkt er an den Aufbau einer dänischen Abteilung der Kunsthalle in der Hoffnung, durch private Stiftungen Bilder von den besten dänischen Künstlern kaufen zu können. Lichtwark äußert hier erstmalig sein Interesse an skandinavischer Kunst und gehört damit zu den frühen Rezipienten der nordischen naturalistischen Malerei in Deutschland. Vermutlich sah er schon 1886 die skandinavischen Maler auf der Internationalen Kunstausstellung in Berlin.[85]

Den tiefsten Eindruck hinterlässt bei ihm die Abteilung französischer Kunst: »[...] dieselbe Ehrlichkeit, derselbe Ernst gegen die Natur« wie bei den Dänen »und dieselben Stoffe, aber [dort] ohne die Noblesse, die bei dem Franzosen selbst dem Talent emporhilft.« Hier differenziert Lichtwark bereits zwischen Talent und Genie, worüber er sich später häufiger äußern wird. Die französische Abteilung besucht er täglich: In der Ny Carlsberg Glyptothek faszinieren ihn die französischen Medaillen; jeder dieser Rahmen mit Medaillen erscheint ihm wie eine kleine Gemäldegalerie. »So viel Kopfseiten, so viele lebendige Bildnisse oft wahrhaft monumentalen Charakters, so viele Rückseiten, so viele reizvolle Bilder«, führt er später rückblickend aus. Wenn er Geld haben werde, so schreibt er an Baron Westenholz, kaufe er französische Plastik, »das gibt es gegenwärtig in keiner anderen Kunst.«[86] Dieser Eindruck motiviert Lichtwark nachhaltig, doch werden bis zur Verwirklichung dieses Wunsches noch einige Jahre vergehen.

Bald nach seiner Rückkehr Mitte September 1888 kann Lichtwark endlich zu jener Italienreise aufbrechen, die er sich schon Jahre zuvor als Abschluss seines Studiums vorgestellt hat. Sie ist als Dienstreise genehmigt und zum Studium der italienischen Kunst in Hinsicht auf seine Vorlesungen im Wintersemester »dringend erforderlich«.[87] Auf der Hinreise verweilt er einige Tage in München, nicht zuletzt, um mit der Bruckmann'schen Verlagsanstalt über den Katalog der englischen Abteilung zu verhandeln, der im folgenden Winter erscheinen soll. Er besucht das schöne Rokokothea-

84 Nordische Industrie- und Kunstausstellung. Vgl. hier und im Folgenden: Br. Familie, S. 628–631; sein kleinbürgerliches, farbenfrohes Privatquartier schildert er seiner Familie mit großem Humor. – AL, Wiedererweckung der Medaille, S. 36.

85 Vgl. Paul (1994), S. 89.

86 Vgl. AL, Wiedererweckung der Medaille (1897), S. 18. – Brief Alfred Lichtwark an Westenholz, 29.8.1888, HH, SUB, HSS, LA 21.

87 Vgl. P2, 25.2.1888; zur Italienreise hier und im Folgenden: Br. Familie, S. 632–671.

ter, besichtigt mit dem Radierer Wilhelm Rohr die Schleissheimer Galerie und lernt bei dieser Gelegenheit den berühmten und von ihm sehr verehrten Karikaturisten Adolf Oberländer kennen. Als Lichtwark ihm zufällig am Tag darauf noch einmal begegnet, legt er ihm seinen Plan für eine Ausstellung in der Kunsthalle dar. Oberländer willigt ein und ist auch bereit, sein von Lenbach gemaltes Portrait dazu auszuleihen.[88] Auch in der Redaktion der *Fliegenden Blätter* hat Lichtwark Erfolg; man wird ihm Oberländers Handzeichnungen aus ihrem Besitz zur Verfügung stellen und für eine weitere Ausstellung nach Weihnachten noch Handzeichnungen anderer Mitarbeiter der *Fliegenden* wie Edmund Harburger, Adolf Hengeler, Hermann Schlittgen, »Nagler [Ludwig von Nagel]«, Max Flashaar, vielleicht auch weiteres Ausstellungsmaterial von Eduard Ille, Moritz von Schwind, Carl Spitzweg und anderen Künstlern.

Lichtwark genießt die ereignisreichen Tage in München umso mehr, als er auch noch Adolph Menzel begegnet und mit ihm die Internationale Ausstellung besucht. »Ihr könnt Euch denken, was ich dabei lerne«, schreibt er an seine Familie. Von Menzel erhält er Informationen über die Kunst und Künstler des 19. Jahrhunderts: »Er hat alle die Alten, die jetzt in der historischen Abteilung hängen, noch selber gekannt und ist seinem Jahrhundert stets um einige Jahrzehnte voran gewesen, so dass er selbst die jüngsten noch versteht. Mich wundert immer wieder, mit welcher Hingabe er Bilder besieht. An keinem kann er vorbeifinden, aber seine Kritik kennt keine Gnade. Und er macht so charmante Exkurse: über die Sentimentalität des Hundes, über Gemüt und Fleiß in der Kunst u. dergl.«[89]

Auf der Internationalen Ausstellung sieht Lichtwark nicht nur das zu jener Zeit Übliche: Bilder der arrivierten Künstler deutscher Kunstzentren wie Oswald Achenbach aus Düsseldorf, von Berliner Malern wie Anton von Werner, Otto von Kameke, Hubert von Heyden, von Münchner Künstlern wie Franz von Lenbach, Bruno Piglhein, Gabriel von Max, Ernst Zimmermann, Franz von Defregger und Eduard von Grützner und Karlsruher Landschaftern wie Gustav Schönleber, Hermann Baisch und Friedrich Kallmorgen. Er sieht auch Werke von Arnold Böcklin und Max Klinger, und die ›neue Richtung‹ ist vertreten durch Max Liebermann, Hugo von Habermann, Fritz von Uhde, Leopold von Kalckreuth, Franz Skarbina und Gotthardt Kuehl. Aus der Schule von Barbizon sind Werke von Theodore Rousseau, Narcisse Díaz, Charles-François Daubigny, Jules Dupré und Constant Troyon zu sehen, als weitere Franzosen Jean-François Raffaelli und Henri Fantin-Latour.[90] So bietet ihm diese Ausstellung einen repräsentativen Querschnitt der zeitgenössischen Kunst.

88 Lichtwarks Haltung gegenüber Oberländer ist nicht ganz klar. Die Ausstellungsidee hängt sicherlich zusammen mit seiner Vorliebe für die *Fliegenden Blätter*, die jedoch die moderne und realistische Kunst persiflieren. Oberländer ist ein konventioneller Genremaler, der sich mit seinen Zeichnungen über die moderne Malerei, vor allem den Realismus und die Freilichtmalerei, lustig macht; vgl. Stielau (1976), S. 87–90. Unklar bleibt, ob Lichtwark 1887 die neue Richtung noch nicht wirklich völlig anerkennt und 1889 Liebermanns »Netzflickerinnen« erwirbt, weil Bode es ihm rät. Siehe dazu das Kapitel »Lichtwarks neue Sammelpolitik: Der Sprung in die Moderne« in Teil 2. Oder aber Lichtwark bejaht die neue Richtung und amüsiert sich deshalb besonders über Oberländers Satire.
89 Br. Familie, S. 635.
90 Vgl. dazu Muther (1887/88), S. 284–292, 308–314, 329–339.

Von Schloss Nymphenburg ist Lichtwark tief beeindruckt. Vor allem die Gartenanlagen mit den Alleen und Kanälen begeistern ihn so sehr, dass er beschließt, noch einmal wiederzukommen. Die Radierer William Unger und Wilhelm Rohr führen ihn auch in die Künstlergesellschaft Allotria ein. In deren Räumlichkeiten mit ihrer einfachen Ausstattung aus Föhrenholz und weißen Wänden sowie einer Anzahl schöner alter Bilder, die Lenbach zur Verfügung gestellt hat, gefallen Lichtwark besonders die Karikaturen von Friedrich August Kaulbach. Er trifft dort außer Oberländer auch Lenbach, mit dem er eine Retrospektive seiner Portraits verabredet. Der Prinz von Weimar erlernt in München ebenso die Malerei wie Wilhelm Graf Bismarck; und auch Arthur Graf Seckendorff, den er aus Berlin als Kammerherrn der Kronprinzessin und späteren Kaiserin Friedrich bereits kennt,[91] trifft er hier wieder. Kaiser Friedrich III. und seine kunstinteressierte Gattin Victoria beziehungsweise Kaiserin Friedrich, Tochter der englischen Königin Victoria und ihres Prinzgemahls Albert von Sachsen-Coburg, sind Lichtwark in seinen Berliner Jahren als Protektoren der Künste begegnet. Seckendorffs Schicksal bewegt ihn: Er sei ein Mann mit Zukunft gewesen und der Aussicht, unter Kaiser Friedrich III. Kunstminister zu werden, doch dessen Tod habe diese Karriere vereitelt.

Große Freude hat Lichtwark an den schönen Münchner Kirchen und der volkstümlichen Religionsausübung. Die Katholiken hätten doch etwas von ihrer Religion, meint er voll distanzierten Mitgefühls beim Anblick der pittoresken Volksfrömmigkeit und der einfachen, ärmlichen Votivgaben – auch diese Schilderung in seinem Bericht erscheint wie ein kleines Feuilleton.[92]

Am 19. September 1888 führt Lichtwarks Reise weiter nach Italien.[93] In Venedig sieht er sich, trotz seiner Vorkenntnisse durch Photographien und Literatur, »einer ungeahnten, ungeheuren Wirklichkeit gegenüber«.[94] Schon von der Alpenlandschaft ist er tief beeindruckt. Die »staunende Überraschung« beim »Anblick der plötzlich wie ungeheure Wellen aufschlagenden Berge« weicht einer sensiblen, fast demütigen Betrachtung: »Man sitzt nur still in seiner Ecke und staunt und fühlt die Seele sich ausweiten. [...] immer großartiger wurden die Formen, immer bedeutender gab sich alles Menschenwerk. Man fühlte sich mit jedem Umschwung des Rades der großen Kunstwelt Italiens näher gerückt.« Seine vermutlich eidetische Begabung gräbt die Eindrücke der Fahrt durch die Alpen tief in sein Gedächtnis; er glaubt, ein Panorama davon malen zu können: »[...] alle Farbentöne [sic] sind mir so gegenwärtig, als ob ich ein Bild ansähe.«[95]

Verona besichtigt er bei Nacht und erreicht im Morgengrauen Venedig. Die »märchenhafte Schönheit« der Stadt erlebt er bei prächtigem Herbstwetter; morgens zwischen sechs und sieben Uhr beginnt der Frühaufsteher seine Streifzüge und Besich-

91 Vgl. Br. Familie, S. 496.
92 Vgl. ebd., S. 637f.
93 Zur Italienreise vgl. ebd., S. 638–671.
94 Vgl. ebd., S. 638.
95 Ebd., S. 639f.

tigungen. An den Italienern bemerkt er insbesondere das theatralische, laute Verhalten, das vielfältige Volksleben, aber auch die vielen armen, abgemagerten Menschen, deren »schöne und vornehme Rasse« er bewundert. Lichtwark ist voller Mitgefühl, vor allem für die Kinder.[96] »Wäre nur nicht diese furchtbare Armut so erbarmungslos ausgesprochen. Venedig ist nur noch ein Wrack, oder besser, es ist eine glänzende Muschel, vom Sturm auf den Strand geworfen. Das Tier, welches sich aus den reichen Säften des Meeres die schimmernde Hülle gebaut [hat], lebt noch, aber es ist am Verhungern.« Die Ruinen inmitten der Stadt, ganze Häuserblocks in Trümmern, berühren ihn. »Es muß sehr schnell über die Stadt hereingebrochen sein. Am Ende des vergangenen Jahrhunderts fing man noch neue Kirchen und Paläste an, aber wenn der Rohbau auch fertig wurde, die Verkleidung der Fassade blieb in den Grundmauern stecken, und höchstens erheben sich einige Säulen ohne Kapitell und Gebälk an den öden Steinmauern ohne Bewurf oder Steinbelag.« Die herrlichen Marmorpaläste seien entweder Hotels oder von fremden Besitzern hergerichtet worden.[97] Eine amerikanische Familie führt er in die venezianische Malerei ein, allerdings eher die Herren, da die redseligen Damen ihm zu oberflächlich erscheinen.[98]

Den märchenhaften Eindruck von Venedig – »nicht Okzident, nicht Orient und doch beides« – kann das anschließend besuchte Florenz nicht verdrängen, »es ist kein Vergnügungsort«. Dort gehört Lichtwarks Zeit den Sammlungen und Kirchen. »Der Fremde kommt nicht hierher, sich zu amüsieren [...], sondern um zu lernen und einen Teil des starken, herben Florentiner Geistes in sich aufzunehmen.« In Fiesole besucht er das soeben ausgegrabene antike Theater und vom Piazzale Michelangelo genießt er bei klarem Wetter das Panorama und die besonnte, in allen Details erkennbare Stadt.

Anfang Oktober 1888 reist er weiter nach Rom. Die Fahrt durch die Toskana und an Orvieto, »dem interessantesten der Bergnester«, vorbei durch die Campagna mit ihren Herden halbwilder Pferde und Büffel ist verbunden mit vielerlei Eindrücken, doch mag er nicht glauben, dass diese Einöde einmal »der Garten der Welt« war. In ganz Rom wird gebaut, aber »so ein albernes dummes Zeug wie die Hauptpost« werde selbst von den deutschen Architekten nicht geleistet. Er wohnt im dritten Stock des Hotels d'Orient, in der gesündesten Gegend der Stadt, und staunt, »wenn man nicht gerade vor dem Pantheon oder Colosseum steht«, über die barocken Bauten. Sie erinnern ihn an Wien; Florenz wirkte auf ihn weitaus altertümlicher. »In wenigen Jahren wird Rom ganz modern sein.« Das Pantheon gewährt ihm höchsten Genuss; die gotische Kirche Santa Maria sopra Minerva hingegen erscheint ihm so scheußlich restauriert, als hätte der Besitzer eines großen modernen Karussells die Leitung dabei gehabt. Der Petersdom gerät ihm zur Enttäuschung, erst nach längerem Aufenthalt vermag er über die ihn störenden Details hinwegzusehen und die Raumwirkung zu erleben. »Freilich«, meint Lichtwark als Purist, »darf man nicht erst im Pantheon ge-

96 Vgl. ebd., S. 645f.
97 Ebd., S. 646.
98 Vgl. ebd., S. 648f.

wesen sein.« Während ihm Würzburg, München, Dresden dem römischen Barock überlegen erscheinen, imponieren ihm die frühmittelalterlichen und vor allem die antiken Bauten.

Auf dem Corso erkennt Lichtwark plötzlich ein rothaariges Haupt: Max Klinger taucht vor ihm auf. Er hat in einem neuen Haus beim Colosseum sein Atelier, auch Stauffer weilt in Rom. Lichtwark muss hier schon Klingers Vedute des Colosseums und die »Kreuzigung Christi« kennengelernt haben, da beide Werke in diesem Jahr entstanden sind; das »Colosseum« liegt im Herbstlicht da.[99] In Erwartung des neuen deutschen Kaisers Wilhelm II. schmückt sich die Stadt; alle Ruinen werden zu Klingers großem Bedauern gesäubert. Rom unternimmt gewaltige Anstrengungen für den Besuch des Monarchen. Die Künstler spotten: Stauffer will dem *Berliner Tageblatt* telegraphieren, zu Ehren des Kaisers würde das Albanergebirge schwarz-weiß-rot gestrichen. Klingers Atelier, acht Treppen hoch, eröffnet eine wunderbare Aussicht über das Colosseum hinweg auf die Umgebung. Gemeinsam verbringen sie heitere wie besinnliche Stunden: Klinger, der große Musikfreund, spielt für die Freunde Bachs Messe in h-Moll, für Lichtwark ein ganz besonderer Genuss. »Ich glaube«, schreibt er nach Hause, »Klinger hat hier in Rom seinen Weg gefunden. Zunächst wird er die Welt noch einige Male entsetzen, dann aber klarer und reiner in seiner großen Bedeutung heraustreten.« Auch Stauffer gehe es so, er sei Bildhauer geworden und habe eine große Figur beendet. Das Zusammentreffen mit den beiden Künstlerfreunden bedeutet Lichtwark viel. In den letzten Tagen vor seiner Abreise am 8. Oktober trifft er noch den Feuilletonisten Ludwig Pietsch und andere Bekannte aus den Berliner Jahren, die dem Kaiser vorausgereist sind. Zum schönsten Eindruck auf dieser Italienreise wird eine fünfstündige Fußwanderung mit Stauffer über die Via Appia, vorbei an den Grabmälern und mit Blick auf die Albaner- und die fernen Sabinerberge. »Man muß diese Farben gesehen haben, um das Kolorit der italienischen Künstler zu begreifen«, schreibt Lichtwark seiner Mutter und lässt auch die Schilderung einer Trattoria mit ihrem schwarzen Fliegengewimmel nicht aus. Die beiden Wanderer kehren stündlich auf einen halben Liter Landwein ein, »was immer gut bekommt.«[100]

Lichtwarks Heimreise führt über Pisa, Genua und Mailand.[101] In Pisa beeindrucken ihn der Dom, der Schiefe Turm und das Baptisterium; insbesondere wird sein sensibler Farbensinn durch den leuchtenden Marmor gegen den »prachtvollen je nach Tageszeit oder dem Wetter grünen, roten, blauen oder violetten Hintergrund der Berge« stimuliert. Die Fahrt bei Mondschein entlang der Riviera über La Spezia nach Genua, Tunnel und Ausblick alternierend, bietet ihm ein großartiges Landschaftserlebnis. »[...] ein großer Genuß. [...] noch dazu Sturm [...], so daß bei völlig klarem Himmel

99 Vgl. Ausst.Kat. Klinger (1984), S. 268; die »Kreuzigung« wurde erst im Frühjahr 1891 vollendet. – Klinger, Colosseum, 1888, Öl/Lwd., 77 × 102 cm, Dresden, Gemäldegalerie Neuer Meister; vgl. Ausst.Kat. Klinger (1992), S. 246, 352.

100 Vgl. Br. Familie, S. 667f., Zitat S. 668.

101 Vgl. hier und im Folgenden: ebd., S. 663–672.

das Meer in die Buchten hineinbrandete, wie ich noch nichts gesehen, alles weiß. Dazu das herrliche Mondlicht.« An Genua bewundert er das Gesamtbild: »eine der ältesten und modernsten Städte Italiens«, gelegen, »als hätte Doré den Platz ausgesucht«, die Stadt »wie ein Wasserfall die Berge herabquellend«, der große alte Reichtum, die weißen Marmorpaläste, der Camposanto mit den vielen kostbaren Denkmälern, die vor allem auf den Effekt angelegt sind, wie er erkennt – all dies imponiert ihm. »Die Gesamtanlage ist unbeschreiblich großartig.« Auch Mailand gefällt ihm sehr. Das Innere des Domes erscheint ihm wie ein Wald mit dem farbigen Feuerwerk der magisch wirkenden Glasfenster im fernen Chor. Die merkwürdige Fassade aus schmalen gotischen Lisenen mit barocken Türen und Fenstern und überbordendem Skulpturenschmuck kann Lichtwark akzeptieren, skeptisch ist er allerdings gegenüber der geplanten neugotischen Fassade: »Mag schön werden!«, kommentiert er kritisch das Projekt.

Die Verarbeitung dieser Eindrücke werde lange dauern, schreibt er den Seinen, aber der Ertrag der Reise erscheine ihm groß, »denn nun weiß ich, worauf es bei der Arbeit über italienische Kunst ankommt.« Viel besser als vermutet habe ihm die kahle, ernste, stille italienische Landschaft gefallen, trotz der kärglichen Fauna. Der Verzehr von Singvögeln und die mitleidslose Behandlung von Tieren empören ihn. »Ja, wenn die Tiere getauft wären!«, schreibt er ironisch. »Aber es sind ja keine Christen.« Auch mit den Bäumen verführen die Hirten so grausam, »daß sich einem das Herz umdrehen möchte.« Aber das sei romanisch: »Alle Romanen haben im Charakter einen Zug der Grausamkeit.« Seine scharfe, aber empathische Beobachtungsgabe beweist Lichtwark in seinen Briefen immer wieder. Die Schönheit der italienischen Menschen bewundert er, allein die Kopfhaltung der Frauen und Mädchen von der Gewohnheit, jede Last auf den Kopf zu tragen. Reinlich seien allerdings lediglich die Vornehmen und auch nur bis zu einem gewissen Grade. »Wer die Kinder wäscht, weiß Gott. Ich glaube, dafür ist der Regen angestellt, aber sie lassen sich nicht so leicht von ihm fangen.« Auch viele Blinde fallen ihm auf. Lichtwark ist unermüdlich, neugierig und aufmerksam; er reist vorurteilslos, mit offenem Blick, großer Sensibilität, Heiterkeit und Humor.

Über den Gotthard fährt er nach Hamburg zurück. Die Berge der Schweiz erscheinen ihm öde, Tirol »tausendmal schöner.« In Basel genießt er in einer bayrischen Bierhalle bei gutem Trunk und Braten das Gefühl, wieder zu Hause zu sein.

Trotz seiner Begeisterung für die Eindrücke und Erlebnisse in Italien reist Lichtwark später nie wieder in den europäischen Süden.[102] Seine Zeit und Mittel sind zu begrenzt, auch gilt der italienischen Kunst nicht seine Aufmerksamkeit, die er ausschließlich auf Mitteleuropa und den Norden ausrichtet, denn hier entwickelt sich das moderne Leben der Industriegesellschaft. Abgesehen von Deutschland interessieren ihn Frankreich, vor

102 1896 schreibt er allerdings an den befreundeten norwegischen Kollegen Andreas Aubert nach Florenz: »Wie gern wäre ich mit Ihnen in Italien. Ihr Brief hat alle Sehnsucht in mir entfacht. Mögen Sie das schöne Jahr geniessen. Es wird eins der schönsten Ihres Lebens.« (Brief Alfred Lichtwark an Aubert, 31.12.1896, Oslo, NB, Brevsamling 32).

allem Paris, und England, daneben noch Skandinavien, zunehmend auch die USA. Lichtwark hat sich längst auf die Seite des Fortschritts gestellt; er konzentriert sich auf die modernen Zentren, während in Italien für ihn vor allem das Antike zählt. Die Aktualität und Attraktivität Italiens und der italienischen Kunst ist für die Kunstschaffenden jedoch auch allgemein rückläufig. Deutsche und nordische Künstler ziehen nicht mehr in großer Zahl dorthin wie in der ersten Hälfte und noch der Mitte des 19. Jahrhunderts, als sie sich ihre künstlerische Vervollkommnung von einem Italienaufenthalt erhofften.[103]

Der Antike wie auch dem Klassizismus gilt nur sehr begrenzt Lichtwarks Interesse. In der Kunst ist es der Realismus des Nordens, der seine Einfühlung stimuliert und auf den sich zeitlebens seine Aufmerksamkeit konzentriert. Über einen gemeinsamen Museumsbesuch in Berlin mit Lichtwark schreibt Harry Graf Kessler 1901: »Lichtwark empfindet die niederländische Kunst [Kessler nennt zuvor van Eyck und van Dyck] stark und tief und zeigt sie wunderbar; er weiss mit Einem [sic] Wort oder blos einer Gebärde den künstlerischen Kernpunkt des Bilds zu zeigen; in die psychologische Phantasie und die Landschafts- oder Milieu-Stimmung des Künstlers dringt er blitzartig ein; auch die Farbe fühlt er noch. Weit weniger unmittelbar die Vorzüge der Griechen; Licht und Linienfeinheit. Im Pergamonmuseum seine Bemerkungen blos rationalistisch und hausbacken.«[104] Griechischen Boden betritt Lichtwark niemals in seinem Leben; keine Quelle belegt eine Sehnsucht dorthin.

In Lichtwarks Abwesenheit während der Italienreise findet in der Kunsthalle die Aufstellung der Schwabe-Büste des Bildhauers Bruno Kruse statt. Die feierliche Rede hält als Vorsitzender Carl Kall. Lichtwark ist nicht Mitglied des Komitees, man mag sich deshalb vom Direktor unabhängig fühlen. Doch könnte Lichtwark auch auf seine Anwesenheit verzichtet und damit einen nonverbalen Kommentar zu diesem Werk beziehungsweise der Sammlung Schwabe geliefert haben; dann dürfte seine Abwesenheit bei der Aufstellung der Schwabe-Büste als Desinteresse gedeutet werden. Wohl aber ist Lichtwark neben den Senatoren Möring, Burchard und von Melle, Ernst Gottfried Vivié, Dr. Sieveking, dem Kunstvereinsvorsitzenden Arnold Otto Meyer und anderen beteiligt am Komitee für die Büste des Bürgermeisters Weber.[105] Hier muss er allein schon aus Gründen der Diplomatie Interesse beweisen, denn Weber war noch Kommissionsvorsitzender bei seiner Berufung. Doch dürfte ihm diese Art der Erinnerungskultur in diesem Fall auch akzeptabler erschienen sein.

Ein weiteres Ereignis hat sich in der Zwischenzeit angebahnt: In Ermangelung eines repräsentativen Rathauses, denn das neue ist noch nicht fertiggestellt, erfolgt in der Kunsthalle auf Senatsbeschluss hin die Bewirtung eines höchsten Monarchen, als am 29. Oktober 1888 Kaiser Wilhelm II. anlässlich der offiziellen Eröffnung des Freihafens Hamburg besucht.[106] Umfangreiche Vorbereitungen sind dazu nötig: Auf der

103 Vgl. dazu auch Bringmann (1987), S. 146ff.
104 Kessler (2004), Bd. 3, S. 396.
105 Vgl. Jahresbericht [Bd. 2], 1888, S. 49ff., 46f.
106 Vgl. P2, 2.10.1888, Lichtwark ist infolge seiner Italienreise bei dieser Sitzung nicht anwesend.

Nordseite des Walls wird ein Maschinenhaus für die elektrische Beleuchtung errichtet und im feuersicheren Kellergeschoss eine Küche eingebaut. Die Gemäldegalerie dient als Speisesaal, der Makart-Saal nimmt die Kaisertafel auf, die Marschalltafel wird im Hausmann-Saal aufgebaut, und die Schwabe-Galerie wird vorübergehend zum Salon. Baudirektor Carl Johann Christian Zimmermann leitet die Dekorationsarbeiten. Zur Erinnerung an das Ereignis erhält die Münzsammlung der Kunsthalle sechs anonyme Festmedaillen auf den Besuch des Kaisers vom Senat als Geschenk.[107] Lichtwark dürfte für die beiden Ereignisse wenig Begeisterung empfunden haben; Wilhelm II. gehört im Gegensatz zu Wilhelm I., den er in seiner Berliner Zeit noch amtierend erlebte, keineswegs seine Sympathie. Schon als Prinz Wilhelm fiel er Lichtwark unangenehm auf.[108] Schwerer ins Gewicht fällt für Lichtwark sicherlich die grundlegende Veränderung, die der Bau des Freihafens nach dem Zollanschluss Hamburgs für seine geliebte Vaterstadt bedeutet. Der Abriss von etwa tausend historischen Bauten, vorwiegend Fachwerkbauten im hamburgischen Lokalstil, Veränderungen der Wasserwege durch Verfüllung von Kanälen und der Bau der riesigen Speicherstadt im Stil der Hannoverschen Architekturschule dürfte ihn mit Ingrimm erfüllt und seine Abneigung gegen diese Bauweise begründet haben. Gegenüber Oberingenieur Franz Andreas Meyer, der an der Polytechnischen Schule in Hannover ausgebildet wurde, und Baudirektor Zimmermann, die zusammen mit dem Wasserbaudirektor Nehls maßgeblich an der Planung und Entstehung der Speicherstadt beteiligt sind, bleibt Lichtwark auch künftig unversöhnlich kritisch eingestellt.[109]

LICHTWARKS NEUE SAMMLUNGSPOLITIK

Die Sammlungen zur hamburgischen Kunst

Als *Perlen der Hamburger Kunsthalle* versammelt eine Publikation von Originalphotographien von Conrad Döring aus dem Jahr 1888 ganz nach dem Geschmack der Zeit Feuerbachs »Urteil des Paris«, Knaus' »Sic transit gloria mundi«, Makarts »Einzug Kaiser Karls V. in Antwerpen«, auch mit Details, Anton von Werners »Moltke in Versailles«, dazu Werke von Franz Defregger, Carl Herpfer, Gabriel Max, Eduard von Gebhardt, Karl Gebhardt, Benjamin Vautier und Hugo Vogel.[110] Lichtwark hat jedoch andere Pläne, als die Sammlung der Historienmalerei fortzusetzen. Wie in seiner Antrittsrede angekündigt, beginnt er 1889 mit dem Ausbau der Sammlungen entsprechend seinem Konzept eines hamburgischen Museums in zwei Richtungen: zum einen durch weitere Erwerbungen älterer hamburgischer Malerei, zum anderen durch Aufträge an zeitgenössische

107 Vgl. Jahresbericht [Bd. 2], 1888, S. 62f., 57.
108 Vgl. z.B. Br. Familie, S. 546. – Br. Kommission (1908), Bd. XIV: 1906, S. 227f.
109 Zur Speicherstadt vgl. Braun / Engel (2010). – Zu Zimmermann vgl. Schädel (2006), S. 46–63. – Zu Meyer vgl. Popowski (2006), S. 64–79.
110 Vgl. Perlen der Kunsthalle (1888).

Künstler für Aquarelle mit Motiven der hamburgischen Landschaft.[111] All dies geschehe mit der Hilfe von Freunden des Museums, so betont er, staatliche Mittel würden dafür nicht verwandt. Keine seiner Anfragen sei bisher abgelehnt worden.

Sein Plan einer Sammlung älterer Hamburger Meister ist nicht zuletzt durch die Unterstützung des Vereins der Kunstfreunde von 1870 von Erfolg gekrönt. Es sind Senator Möring, ferner der Verfasser des *Hamburgischen Künstlerlexikons*, Hauptmann Oscar Cipriano Gaedechens, ein Sohn des Sammlers und Kaufmanns Otto Christian Gaedechens, der Industrielle und Sammler Adolf Glüenstein, der Weinhändler und Sammler Hermann Sthamer, Otto Böhme und die Ehefrau von F. Vorwald, die Lichtwark in diesem Anliegen unterstützen. Er hofft, den Grundstock dieser Sammlung schon im folgenden Jahr ausstellen zu können.[112]

Die Sammlung älterer Meister soll möglichst sämtliche in Hamburg geborenen oder nachweisbar ansässig gewesenen Künstler umfassen. Als obere Zeitgrenze setzt Lichtwark dabei das Jahr 1825, weil nach allgemeiner Erfahrung eine Periode erst nach Ablauf zweier Generationen historisch zu werden pflege. Allerdings hat er anfangs kaum Hoffnung auf Funde älterer Hamburger Kunst, die weiter als bis ins 16. Jahrhundert zurückreichen könnten, »denn die Schätze der abgebrochenen Kirchen sind in alle Winde zerstreut und nur zum Theil noch nachweisbar.« Lichtwark verwendet für seine Recherchen das Künstlerlexikon des Vereins für Hamburgische Geschichte und stellt fest, dass vom Anfang des 17. bis zum Ende des 18. Jahrhunderts die Leistungen der hamburgischen Kunst denen der Literatur und Musik nicht nachstehen. Sie sei beeinflusst durch die nahestehende holländische Kunst, doch ebenso deutsch wie die hamburgische Literatur und Musik.

Eine ganze Reihe von Bildern hamburgischer Kleinmeister erhält die Gemäldegalerie bereits durch Schenkungen, darunter mehrere Werke als Gabe von Hauptmann Gaedechens, der damit ein Versprechen vom Vorjahr einlöst. Senator Möring stiftet ein Fruchtstück von Werner Tamm sowie ein Werk von Antonie Waterloo, Eduard L. Behrens spendiert ein Frauenbildnis von Ottmar Elliger.[113]

Als Geschenk des Kunstvereins findet ein Gesellschaftstück von Matthias Scheits in die Kunsthalle, und von diesem für Lichtwark sehr wichtigen Künstler folgen eine ganze Reihe weiterer Werke als Spenden: zwei Gemälde, eines davon aus der Sammlung Schubart in Dresden, das Kommerzienrat Heye stiftet, ein weiteres hat Lichtwark unter anderem Künstlernamen beim Antiquitätenhändler Hecht in Hamburg entdeckt und identifiziert. 27 Handzeichnungen schenkt Glüenstein; Gaedechens Stiftung enthält ein weiteres Gemälde, und schon im vorangegangenen Jahr wurde der Kunsthalle von dem Rechtsanwalt Friedrich Sthamer ein Bild dieses Meisters über-

111 Vgl. hier und im Folgenden: Jahresbericht [Bd. 3], 1889, S. 3–10, Zitate S. 5, 9.

112 Vgl. Jahresbericht [Bd. 2], 1888, S. 19. – Zu Gaedechens, Glüenstein, Sthamer vgl. Luckhardt (2001, Kleines Lexikon), S. 225f., 247.

113 Vgl. Best.Kat. Alte Meister, S. 156 (Tamm); S. 59 (Elliger); hier Erratum in der Jahreszahl der Schenkung. – Zu Waterloo vgl. Jahresbericht [Bd. 3], 1889, S. 21ff.

geben.[114] Die Anregung durch die holländische Kunst hat nach Lichtwarks Auffassung in kaum einer anderen deutschen Stadt einen so selbständigen, auf das lokale Leben eingehenden Meister hervorgebracht wie eben Matthias Scheits. Diesmal will Lichtwark jedoch die Geschenke nicht einzeln ausstellen, sondern die Sammlung älterer Hamburger Kunst als Ganzes eröffnen. Gerade von ihr erhofft er sich Publikumsgunst und -verständnis: »Man wird sie liebevoller betrachten als vielleicht die anderen Abtheilungen des Museums, weil sie die Vergangenheit der Vaterstadt lebendig macht, die Menschen, die hier einst gewandelt, in Tracht und Geberde, die Ideen, welche sie erfüllte, die Dinge, die ihnen theuer waren.« Vielen werde sie den Schlüssel zu Verständnis und Genuss der holländischen Meister bieten, da das künstlerische Leben in Hamburg von Holland beeinflusst gewesen sei. 1890 kommen als Geschenke wiederum zwei Werke von Scheits hinzu, »Christus und die Samariterin« sowie ein »Spaziergang« aus der Sammlung des Hauptpastors Adolf Glitza. Ferner werden aus der von Lichtwark gesichteten Sammlung Hamburgischer Altertümer an die Kunsthalle fünf Bilder überwiesen, darunter ein Bürgermeisterportrait von Balthasar Denner.[115] Als Spende von Pius Warburg kann Lichtwark für 1.400 Mark im selben Jahr das barocke Stillleben eines Kleinodienschrankes von Johann Georg Hainz für die Kunsthalle erwerben.[116]

Schon 1888 berichtet Lichtwark Bode, er habe sich in den letzten Monaten einige dreißig, zum Teil ganz gute Bilder schenken lassen, und bittet ihn gleichzeitig, in den Auktionskatalogen auf alte Hamburger Künstler zu achten; Stifter für Werke dieser Abteilung finde er immer.[117] Bode hält sich in seinen Erinnerungen zugute, Lichtwark auf die Idee zu dieser Sammlung gebracht zu haben: »So freue ich mich, [...] daß ich [...] Lichtwark auf die Chance für die Bildung einer Sammlung Althamburgischer Kunst hinweisen und ihm dabei wesentliche Dienste leisten konnte.«[118] Mehrfach ist er Lichtwark auch als Fürsprecher und Berater bei den Erwerbungen und beim Bildertausch mit anderen Museen behilflich.

Das vorerst älteste Bild dieser Sammlung, »Christus als Schmerzensmann«, gewinnt Lichtwark im Jahre 1890 aus der Hamburger Petrikirche, allerdings lediglich als Leihgabe. Es ist von einem sogenannten Hamburgischen Meister von 1440 gemalt, dessen Namen – Meister Francke – er zu dieser Zeit noch nicht kennt. Doch weiß er bereits, dass es sich um ein einst weithin berühmtes Andachtsbild handelt, das aus dem 1804 bis 1807 abgebrochenen Hamburger Dom stammt; und ebenso weiß er, dass von demselben Meister Werke in den Museen von Schwerin und Leipzig verwahrt werden.[119] Später differenziert Lichtwark diese Abteilung noch nach älterer Hamburger Kunst und lokalen Werken aus der ersten Hälfte des 19. Jahrhunderts.

114 Vgl. ebd., S. 141–144.
115 Vgl. Jahresbericht [Bd. 4], 1890, S. 17–19. – Best.Kat. Hamburg, Alte Meister, S. 142f., 51.
116 Vgl. ebd., S. 75. – Vgl. P2, 15.2.1890.
117 Vgl. Brief Alfred Lichtwark an Bode, 19.7.1888, Berlin, SMB-ZA, NL Bode, 3309.
118 Bode (1997), Bd. I, S. 160. – Bode schreibt zum Aspekt seiner Unterstützung Lichtwarks einen längeren, aber pauschal dargestellten Abschnitt; vgl. ebd., S. 201.
119 Vgl. Jahresbericht [Bd. 4], 1890, S. 19.

Das Kupferstichkabinett erhält einen bedeutenden Zuwachs in der Abteilung hamburgischer älterer Kunst durch den Ankauf des Nachlasses des 1889 verstorbenen Malers Herrmann Kauffmann, der aus 220 Blättern Studien und Entwürfen in Blei, Feder, Kreide, Tusche, Aquarell und Öl besteht.[120] Kauffmann wird der erste Künstler der lokalen Kunstgeschichte sein, den Lichtwark zusammen mit dessen Zeitgenossen in einer Studie behandelt: 1893 erscheint in der Verlagsanstalt für Kunst und Wissenschaft in München sein Buch *Herrmann Kaufmann und die Kunst in Hamburg von 1800–1850* als Jahresgabe des Hamburger Kunstvereins für die Jahre 1891/92.[121] Manches für diese Sammlung findet Lichtwark auch in der »Todtenkammer« im zweiten Stock der Kunsthalle, wohin die bis dahin noch wenig geschätzten Werke aus der ersten Hälfte des 19. Jahrhunderts verbannt worden sind.[122]

Der Sprung in die Moderne

Im Mai 1888 schreibt Lichtwark an seinen neuen Bekannten Hans Brauneck: »Im Ganzen thue ich besser, mir gar nicht klar zu machen, wie schwierig eigentlich meine Stellung ist. Man geht viel sicherer auf dem schwankenden Brett, wenn man weder links noch rechts sieht. Ich thue es nie, obgleich ich mich schwindelfrei fühle.«[123] Von kleineren Alltagsproblemen, wie der Forderung zum Pistolenduell durch einen alten Kopisten, dem er das Kopieren verbietet,[124] einmal abgesehen, hat er zu dieser Zeit sein wichtigstes und zugleich problematischstes Anliegen, die Förderung und den Ankauf von Werken der zeitgenössischen Kunst, noch gar nicht begonnen. Schon in seiner Berliner Zeit fordert Lichtwark die Beschäftigung der Bevölkerung mit der zeitgenössischen Kunst; 1889 nun beginnt er kühn, diese Maxime zu realisieren. Einer Empfehlung Wilhelm Bodes folgend, erwirbt er telegraphisch aus der Pariser Weltausstellung von 1889 Max Liebermanns von 1887 bis 1889 gemalte »Netzflickerinnen« zu dem äußerst niedrigen Preis von 970 Mark (Abb. 19).[125] Um seine Verwaltungskommission zu umgehen, lässt er der Kunsthalle das Bild von privater Seite

120 Vgl. ebd., S. 31.

121 Kayser (1977), Nr. 186. Siehe dazu das Kapitel »Die jungen Hamburger Künstler des 19. Jahrhunderts« in Teil 2.

122 Diese Bezeichnung verwendet Lichtwark in einem Brief an Hans Brauneck vom 10.4.1888, HKH, Archiv 97. Sie befindet sich in einem Inventar von 1877, das ein Vorwort von E. Johns beinhaltet. Dort wird gleich die erste Abteilung betitelt mit: »Oelgemälde / welche sich in zweiten Stocke der Kunsthalle (:Todtenkammer:) befinden.« Für diese Mitteilung danke ich Ute Haug, HKH.

123 Brief Alfred Lichtwark an Brauneck, 2.5.1888, HKH, AdB 97.

124 Vgl. Briefe Alfred Lichtwark an Brauneck, 11.5., 13.5.1888, HKH, AdB 97.

125 WV Eberle 1889/1. – Best.Kat. Hamburg, 19. Jh., S. 118f. – Vgl. hier und im Folgenden: Br. Lichtwark-Liebermann, S. 23–25. – Bode (1997), Bd. I, S. 243. – Bode (1997), Bd. II, S. 222. – Wesenberg (1995), S. 45–54. Liebermann malte die Studien zu diesem Bild 1887 in Katwijk; vgl. ebd., S. 47. Bode ist auch später von diesem Gemälde unverändert überzeugt, zweimal erwähnt er es allein in seinem Artikel zu Liebermanns 60. Geburtstag; vgl. Bode (1907, Liebermann), S. 381, 389. – Brief Alfred Lichtwark an Bode, 12.7.1889, Berlin, SMB-ZA, NL Bode, 3309. – Liebermann bestätigt die Zahlung im Brief vom 7.12.1889, HKH, Archiv 76.

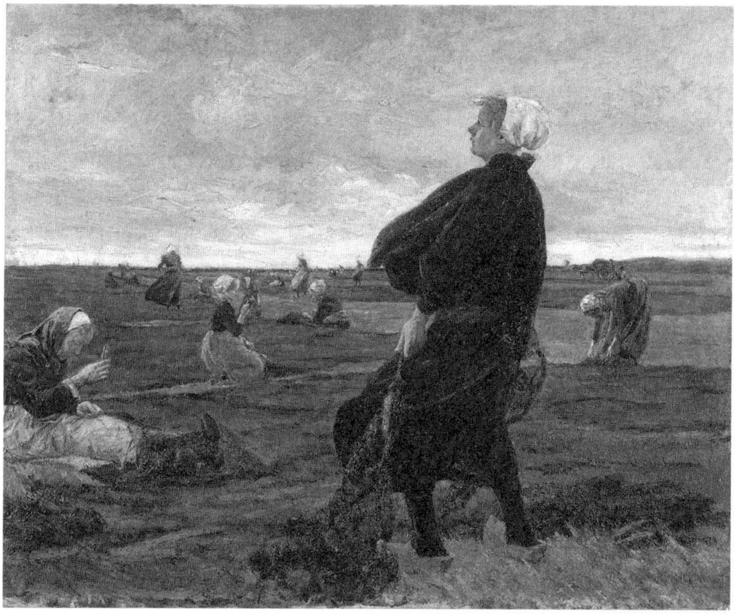

Abb. 19 Max Liebermann, Die Netzflickerinnen, 1887–1889, Öl auf Leinwand, Hamburger Kunsthalle

schenken und deklariert es als »Spende von Hörerinnen und Kunstfreundinnen des Direktors«. Unter diesen Mäzeninnen dürften sich die Damen des engsten Kreises um Lichtwark und die Kunsthalle befunden haben: die Malerinnen Marie Zacharias und Mary Hertz, die spätere Ehefrau Aby Warburgs, die Zeichnerin Ebba Tesdorpf, die Baronin Julie Westenholz; auch die ebenfalls als Dilettantin tätige Marie Woermann wird beteiligt gewesen sein. Den tatsächlichen Preis soll die Kommission nicht erfahren; Lichtwark vermerkt deshalb einen Preis von 18.000 Mark im Inventarbuch und will die Kommission gewinnen, die Provision an den Pariser Salon zu übernehmen. Er hat das Bild zuvor bereits in Berlin ausgestellt gesehen, vertraut aber auch auf die Kennerschaft Bodes, der sich schon früh für Liebermann einsetzt. Wie Lichtwark erst viel später erfährt, hat Bode Liebermann zum Verkauf des Bildes zu jeglichem der Kunsthalle zur Verfügung stehenden Betrag geraten.[126] In einem Brief vom 7. Juni 1889 dankt Liebermann Bode, dass seine »Netzeflickerinnen [sic] einen so anständigen Platz gefunden haben.« Nun hat er zwar Sorge, dass Lichtwark enttäuscht sein könnte, aber der Ankauf erscheint ihm die beste Antwort auf die Gemeinheiten, die die Berliner Zeitungen »nicht müde werden über mich zu verbreiten.«[127]

126 Das Bild war im Januar 1889 in Fritz Gurlitts Kunstsalon ausgestellt; vgl. WV Eberle (1995), Bd. 1, Nr. 1889/1, S. 333f. – Vgl. Brief Alfred Lichtwark an Bode, 22.11.1907, Berlin, SMB-ZA, NL Bode, 3309.

127 Vgl. Liebermann-Br., S. 93, Nr. 71. – In seinem Brief vom 13. Januar 1889 bittet Liebermann Bode, sich bei Gurlitt seine ausgestellten »Netzflickerinnen« anzusehen, er will dessen Meinung einholen, weil die Presse in Gestalt von Rosenberg ihn »förmlich zerfleischt« habe; vgl. Liebermann–Br., S. 77, Nr. 58.

In seinen Berliner Jahren hat Lichtwark im Umgang mit Bode sicherlich von dessen Vorliebe für Liebermanns Kunst erfahren, denn die Freundschaft zwischen Bode und dem Künstler reicht bis in die 1880er Jahre zurück. Beiden ist eine ähnliche Lebenshaltung gemein, die Passion und Nüchternheit vereint; beiden geht es um den Realismus, und sie treffen sich in der Vorliebe für Holland und die holländische Kunst des 17. Jahrhunderts, insbesondere von Frans Hals. Liebermann kopierte in den 1870er Jahren nach Bildern von Hals; Bode wurde 1870 mit einer Arbeit über Hals promoviert.[128] Im Jahr vor Lichtwarks Ankauf der »Netzflickerinnen« schenkt Liebermann der Berliner Nationalgalerie sein erstes Bild für ein Museum, die »Flachsscheuer in Laren« von 1887.[129] Es wird allerdings nicht in der Ausstellung gezeigt, so dass Lichtwarks Erwerbung als die erste eines Museum gilt. Auch Emil Heilbuth begeistert sich gegenüber Lichtwark als ein früher Kenner für die »Netzflickerinnen«, schrieb er doch bereits über Liebermann im zweiten Jahrgang 1887 der Zeitschrift *Die Kunst für Alle*.[130]

Als Lichtwark im September 1889 auf der Weltausstellung in Paris die bereits erworbenen »Netzflickerinnen« sieht, berichtet er sehr angetan seiner Mutter: »Gestern habe ich auch unsern Liebermann gesehen. Er ist ganz großartig in Raum und Ton, ich freue mich jedesmal mehr, wenn ich ihn sehe. Ob er aber den Hamburgern Spaß machen wird, ist für den Anfang sehr die Frage. Er bietet zu wenig Süßliches und Entgegenkommendes, ist auch in der Komposition so neu und ungewohnt, daß man sich erst hineinfinden muß. Ich freue mich riesig, daß wir ihn haben. Er soll an einen der schönsten Plätze, da wo jetzt der Rembrandt hängt, dann hat man die Perspektive.« Der von Lichtwark hochgeschätzte Rembrandt, das Bildnis des Maurits Huygens von 1632, erworben 1888 aus der Sammlung Hudtwalcker-Wesselhoeft, soll nun sogar dem Werk Liebermanns weichen.[131]

Die Erwerbung der »Netzflickerinnen« hat aber noch eine politische Dimension. Offiziell beteiligt sich das Deutsche Reich wegen der antimonarchistischen Tendenz nicht an der Weltausstellung von 1889, die zum hundertjährigen Jubiläum der Französischen Revolution veranstaltet wird. Liebermann als unabhängiger Künstler initiiert jedoch die inoffizielle Teilnahme der führenden deutschen Künstler wie Kuehl, Leibl, Menzel, Trübner und Uhde und gehört der Jury an. Er wird mit der Ehrenmedaille und der Ernennung zum Ritter der französischen Ehrenlegion ausgezeichnet, die er jedoch auf Anordnung der preußischen Regierung nicht annehmen darf. Die Auszeichnung für Liebermann zieht chauvinistische Äußerungen einiger französischer Blätter nach sich, in deren Folge in Deutschland eine Zeitungskampagne gegen

128 Vgl. Bode (1997), Bd. I, S. 29.

129 Vgl. WV Eberle 1887/1.

130 Vgl. Hermann Helferich (= Emil Heilbuth), Studie über den Naturalismus und Max Liebermann, in: Kunst für Alle, 2. Jg., 1887, Heft 14, S. 209–214; Heft 15, S. 225–229.

131 Mit Rücksicht auf ein vertrauliches Schreiben des Reichskanzlers hinsichtlich der Reisen von Staatsbeamten nach Paris bewilligt die Kommission Lichtwarks Reise nach Paris zur Weltausstellung nur als Privatreise, damit auf eigene Kosten. Er erhält Urlaub bis zum 1.11.1889; vgl. P2, 14.9.1889. – Br. Familie, undatiert, S. 672. – Best.Kat. Hamburg, Alte Meister, S. 129.

den Künstler entbrennt.[132] Und von diesem umstrittenen Maler erwirbt Lichtwark das erste moderne Bild für die Kunsthalle – ein Affront gegen Kaiser und Reich und demonstrativer hamburgischer Partikularismus.

Die Erwerbung der »Netzflickerinnen« stellt den Anfang zu einer lebenslangen, respektvoll-distanzierten Freundschaft zwischen Liebermann und Lichtwark dar. Schon im Herbst 1889 verwenden beide in ihrem Briefwechsel, von Liebermann ausgehend, die Anrede »verehrtester Freund« als Sympathiebeweis. Liebermann weiß Lichtwarks Einsatz für seine Kunst in Hamburg wohl zu schätzen: »[...] ich weiß, wie schwer es Ihnen wird, den Hamburgern meine Kunst näher zu bringen.«[133] Tatsächlich hat Lichtwark keinen leichten Stand mit seiner neuen Erwerbung; die Lokalpresse reagiert keineswegs tolerant auf das Werk. J. Theodor Schultz kritisiert es ausführlich nach einer lobenden Erwähnung von Frank Kirchbachs Historiengemälde »Christus treibt die Händler aus dem Tempel«,[134] das eines von Kirchbachs Hauptwerken sei und in »unserer Kunsthalle ganz am rechten Ort«. Liebermanns Bild hingegen fehle der »Zauber der Schönheit«; dem Rezensenten missfallen die kalten, grauen Töne, die schwarzgekleidete, freudlose Protagonistin und die an die Arbeit gebundenen Gestalten; durch das Wetter könne nirgends ein Gefühl des Wohlbehagens aufkommen. »Wir räumen ein, daß die Schilderung wahr sein kann, aber die Wahrheit allein füllt den Rahmen der Kunst nicht aus. Man wird den Gedanken nicht los, daß es dem Maler nur darauf ankam, ein recht armseliges Menschendasein darzustellen. Wie ganz anders würde sich das Bild gestalten, wenn über einem Teil desselben die Sonne lachte und die Jugend sich nicht in das Schwarz der Trauer, sondern in die heiteren Farben der Lebenslust gekleidet hätte? Wir können es nur beklagen, daß ein begabter Künstler einen Weg beschritten hat, der an den hohen Zielen der Kunst vorbeiführt.«[135]

Lichtwark hält jedoch an Liebermann fest. 1890 befindet sich dessen Pastell »Kirchenallee« in der Kunsthalle zur Ansicht, im Juli desselben Jahres hat er es auf Lichtwarks Anregung hin gemalt. Eduard L. Behrens sieht es dort und hätte es gern für seine private Sammlung. Lichtwark ist von heller Begeisterung für Liebermanns Bilder erfüllt; als er entdeckt, dass Liebermanns Pastell »Holländische Dorfecke« noch zu haben ist, schreibt er dem Künstler: »Nun hat sich meine Begehrlichkeit so heftig entzündet, daß ich sie nicht mehr auslöschen kann.« 400 Mark, einen Rest aus der Stiftung des Bankiers und Kunstfreundes Pius Warburg, könne er dafür noch aufbringen. Liebermann findet es »in der That zu liebenswürdig«, dass Lichtwark auch dieses Pastell erwerben möchte.[136] Tatsächlich gelangt es 1890 als zweites Werk

132 Vgl. Ausst.Kat. Liebermann (1979), darin: Michael Ratchnevsky, Zeittafel, S. 127.
133 Kern (1986), S. 151. – Br. Lichtwark-Liebermann, S. 26, 30.
134 Best.Kat. Hamburg, 19. Jh., S. 98.
135 J. Theodor Schultz, Die Kunsthalle nach ihrer Wiedereröffnung am 23. Dezember 1890, II., unbezeichneter Zeitungsartikel, in: StA HH, Kunsthalle III 31b, Presseausschnitte.
136 Vgl. Br. Liebermann, S. 79f. – Kern (1986), S. 151. – Br. Lichtwark-Liebermann, S. 28–30.

des Künstlers in die Kunsthalle.[137] Auch dieses Bild kann die Gunst des Rezensenten Schultz nicht erringen: »Wie wenig die äußerliche Abschilderung der Wahrheit als Kunst gelten kann, das ist uns noch viel mehr in dem Pastellbilde desselben Meisters ›Eine Dorfecke‹ entgegen getreten. Eine langweilige Häuserreihe im Hintergrunde, ärmliche Verhältnisse, die sich sogar in den eingeschränkten Kohlgärten erkennen lassen, eine Frau, Zeug an die Leine hängend, ein rauchender Mann, beide ohne Beziehung zu einander, was kann drin künstlerisch Anregendes liegen? Und wie mattfarbig erscheint dieses Bild, wenn der Blick zu den benachbarten fliegt und dann, etwa von Achenbach's ›Westphälischer Mühle‹, zu ihm zurückkehrt. Es liegt eben eine Alltagsstimmung darin, und die ist nicht malerisch.«[138]

Dagegen lobt er die »splendide Wasserfarbentechnik« in Corellis »Verschiedene Accorde«, einem Genrebild mit erotischem Akzent, dem Lichtwarks tiefe Abneigung gehört. Gegenüber einer Vertrauten aus seinem engeren Kreis der Kunsthallenbesucher, der Baronin Julie von Westenholz, äußert er sich darüber ganz offen. Eduard L. Behrens habe im Berliner Kunsthandel ohne Rücksprache mit ihm den Corelli für die Galerie erworben: »Das Bild ist canaille und weiter nichts. Dabei ein Blender für den süßen Pöbel.« Ihm sei den ganzen Tag »zum Kopfstehen« zumute gewesen, und abends hätten ihn die ersten heftigen Kopfschmerzen seines Lebens »beglückt«. Dem Vorstand der Kunstfreunde billige er selbstverständlich freie Wahl und Entscheidung zu, glaube aber nicht, dass es im Sinne der Kontribuenten gehandelt sei, wenn nicht einmal aus Höflichkeit dem Direktor der Kunsthalle ein Wort gesagt werde und auch nicht erfragt, ob die Verwaltung Ziele hätte, denen man gemeinsam zustreben könnte. Herr Behrens gehe nach Berlin, sehe bei einem Händler dritten Ranges ein Bild, das ihm gefällt, rufe bei seiner Rückkehr die Mitglieder des Vereins von 1870 zusammen, das Bild werde gekauft und doppelt mit dem gesunkenen Marktpreis des Corelli, dreifach mit dem Einkaufspreis bezahlt. Woher solle Herr Behrens wissen, dass Corelli nur noch durch die Händler goutiert wird, nachdem ihm sein großer Erfolg zu Kopf gestiegen? Er, Lichtwark, sei nun in der unangenehmen Lage, entweder den Vorstand zu desavouieren oder seine eigene Überzeugung verschleiern zu müssen. »Es ist als wäre ich amtlich und persönlich überhaupt nicht vorhanden.« Es koche in ihm, wenn er daran denke, das Bild ausstellen zu müssen.[139]

Die Wertschätzung der Bilder zeigt sich auch in den Versicherungssummen: Mit 20.000 Mark ist der von der Presse so hochgelobte Kirchbach versichert, mit 7.000 Mark das Aquarell von Corelli, Liebermanns »Netzflickerinnen« hingegen mit 500 Mark.[140]

137 Best.Kat. Hamburg, 19. Jh., S. 119.
138 Vgl. J. Theodor Schultz, Die Kunsthalle nach ihrer Wiedereröffnung am 23. Dezember 1890, II., unbezeichneter Zeitungsartikel, in: StA HH, Kunsthalle III 31b, Presseausschnitte.
139 Vgl. Brief Alfred Lichtwark an Baronin Westenholz, 11.8.1890, HH, SUB, HSS, LA 3. – Br. Liebermann, S. 79 und Anm. 3, es wurde 1919 verkauft. – Br. Lichtwark-Liebermann, S. 28.
140 Vgl. P2, 19.4., 13.9.1890.

Zu dieser Zeit verfolgt Lichtwark offensichtlich noch ohne eine spezielle Strategie den Plan, die Besucher in der Kunsthalle mit zeitgenössischer Kunst zu konfrontieren; bisher hofft er auf ein aufgeschlossenes Publikum. Um nun dessen Interesse und Verständnis für die schwierig zu rezipierenden avantgardistischen Bilder zu wecken, die zu sammeln ihm vorschwebt, ersinnt er 1890 eine gezielte Strategie. Seit seinen Berliner Jahren weiß er, dass das Publikum Kunstwerke vor allem unter dem Aspekt des Motivs betrachtet; nun will er mit einem lokalen semantischen Bezug die engstirnige Kritik unterlaufen. Nachdem er zuvor schon mit einer anfangs noch etwas unbestimmten Sammlung von Aquarellen der hamburgischen Landschaft als Anregung für die künstlerischen Dilettanten seines engeren Besucherkreises begonnen hat, gründet er nun die sogenannte Sammlung von Bildern aus Hamburg.

Das Publikum ködern: Die Sammlung von Bildern aus Hamburg

Im Jahr 1888 schenkt der Kunstverein der Kunsthalle eine kleine Sammlung von Aquarellen; dabei dürfte es sich um einen besonderen Wunsch Lichtwarks gehandelt haben. Er erkennt das Aquarell als eine wichtige Spezialität der Malerei des 19. Jahrhunderts und vertritt die Meinung, Aquarelle dienten als Motivation für die Dilettanten und seien als Vorbilder in der Kunsthalle bisher noch nicht vorhanden. Diese Abteilung will er deshalb besonders pflegen und in speziellen Räumen zugänglich machen.[141]

1889 äußert er im Jahresbericht das Vorhaben, neben den etwa zeitgleich initiierten Sammlungen alter und älterer Hamburgischer Meister eine Sammlung von zeitgenössischen Bildern der hamburgischen Landschaft anzulegen, beides mithilfe von »Freunden des Instituts«.[142] Es habe bereits einen Aufruf einiger im Kunstleben Hamburgs wohlbekannter Herren an die Öffentlichkeit gegeben. Diese Sammlung hamburgischer Landschaften »soll den unerschöpflich reichen malerischen Charakter der Stadt und ihrer Umgebung in der Kunsthalle zur Anschauung bringen«, und eine ständige Ausstellung von Aquarellen, »dieser von den deutschen Museen bisher kaum ernsthaft berücksichtigten Lieblingstechnik unseres Jahrhunderts«, ermöglichen. Die Verwaltung der Kunsthalle – und damit meint Lichtwark insbesondere sich selbst – erhofft sich von dieser Abteilung einen Einfluss auf die künstlerische Bildung der Besucher. Kaum ein anderes Mittel hält er für so geeignet, »weiteren Kreisen die malerische Schönheit der Heimath zu Bewusstsein zu bringen«, vor allem die noch vor hundert Jahren hochgeschätzte Marsch, die früher nicht nur ein Ausflugziel darstellte, sondern auch von den Wohlhabenden für ihre Sommersitze bevorzugt wurde. Die Marsch sei aber nur noch wenigen bekannt und werde fast nur noch von den Künstlern als Landschaft geschätzt. Die ältere regionale Architektur wie Kirchen, Stadt- und Landhäuser soll in den Aquarellen ebenfalls dargestellt wer-

141 Vgl. Jahresbericht [Bd. 2], 1888, S. 20.
142 Vgl. hier und im Folgenden: Jahresbericht [Bd. 3], 1889, S. 3, 10–15.

den. »Es fehlt leider noch bei uns die rechte Auffassung für das Wesen des Jahrhunderts nach dem dreissigjährigen Krieg, dass [sic] in Sachen der Kunst die eigentliche Blüthezeit unseres Staates gewesen, und der Wunsch, im Kirchen- und Profanbau auf die Formen dieser Epoche zurückzugreifen, begegnet einem entmuthigenden Mangel an Verständnis.« Lichtwark hofft, dass die Künstler die Aufmerksamkeit der Bevölkerung anregen würden, denn für Verständnis und Genuss gerade der modernen Kunst hält er die unablässige Beobachtung der Natur für unbedingt notwendig. Ein dieser Gattung gewidmeter Saal soll »in weiten Kreisen« den Sinn für die Beobachtung der Landschaft wecken.

Die Sammlung der Aquarelle soll, wie bereits angedeutet, auch den Dilettanten zugute kommen, da bisher Vorbilder für die Techniken von Aquarell, Gouache und Pastell in der Kunsthalle noch nicht vorhanden sind. Hier wiederholt Lichtwark mit dem Vergleich zur Musik noch einmal seine optimistische Auffassung vom Dilettantismus: Wie hoch für die allgemeine Kunstbildung ein »energischer Dilettantismus« zu veranschlagen sei, beweise auf verwandtem Gebiet die durch dilettantische Betätigung weit verbreitete Fähigkeit, Musik zu verstehen und zu beurteilen. Mit den Landschaften sollen aber auch fremde Besucher und bei Ausstellungen in anderen Städten das dortige Publikum und andere Künstler auf die Schönheit der Hamburger Landschaft hingewiesen werden: Lichtwark beabsichtigt damit eine Art Tourismuswerbung für seine Vaterstadt. 1889 werden nun acht größere Aquarelle und Gouachen unter anderem mithilfe des Kunstvereins erworben: je eines von Ludwig Dettmann und Ascan Lutteroth, je zwei von Valentin Ruths und Carl Rodek; zwei Gouachen von Thomas Herbst werden von privaten Spendern geschenkt. Dabei tritt erstmalig der aus Hamburg stammende, in London ansässige Diamantenhändler Sir Alfred Beit als Stifter für die Kunsthalle auf.[143] Die Idee dieser neuen Abteilung konkretisiert sich damit und entwickelt sich zu einem der dringlichsten Anliegen Lichtwarks.

Im Frühjahr 1890 entsteht im Rahmen dieser neuen Abteilung ein erstes Pastell Liebermanns, die bereits erwähnte »Kirchenallee«. Lichtwark nutzt Liebermanns Arbeitsaufenthalt in Hamburg zu Besichtigungsfahrten in die Umgebung und traditionellen Marsch- und Vierländer Dörfer, wofür Baron von Westenholz seinen Wagen zur Verfügung stellt. Als Geschenk von Jacob Nordheim hält das Pastell dann Einzug in die Kunsthalle.[144] Angesichts der Sitzung des Landschaft-Comités teilt Lichtwark dem Künstler mit, die Herren hätten sich »mit seltener Einmüthigkeit« über seine »Kirchenallee« geäußert, es müsse ihm doch Freude bereiten, »von Laien jetzt schon verstanden zu werden.« Er selbst jedenfalls hält es für ein gutes Zeichen, dass bisher alle Betrachter »einen hohen Genuß davon gehabt haben. Ich habe, aufrichtig gestan-

143 Vgl. zu allen im Folgenden genannten Bildern: Ausst.Kat. Bilder aus Hamburg (2002), S. 91–118. – Zu Beit vgl. Albrecht (2011). – Kalckreuth portraitierte die Mutter, Laura Beit, im Jahre 1905; vgl. Abb. in: Br. Kalckreuth, vor S. 137; WV Brachert IV, 16.

144 Vgl. Brief Alfred Lichtwark an Baronin Westenholz, 15.7.1890, HH, SUB, HSS, LA 2. – Jahresbericht [Bd. 4], 1890, S. 25f. – Br. Lichtwark-Liebermann, S. 28. – Ausst.Kat. Bilder aus Hamburg (2002), S. 94, 33. – Br. Liebermann, S. 79–81, laut S. 80, Anm. 2, kommt das Pastell erst 1893 in die Sammlung.

den, kaum gedacht, daß wir schon so weit wären.«[145] Liebermann hingegen zeigt sich ironisch-distanziert. Seinem Malerfreund Thomas Herbst schreibt er im September 1890 über Lichtwark: »Vor etwa 8 Tagen zeigte er mir freude- und wonnetrunken an, daß die hochlöbliche Commission in H.[Hamburg] mein Pastell begutachtet u höchst zufrieden damit gewesen wäre. L. ist ein guter Kerl; er freut sich ordentlich, wenn er die Kaffe u Zuckerhändler zu modernen plein air-Anbetern umwandeln kann.«[146]

1890 lädt Lichtwark den aus Lübeck stammenden Maler Gotthardt Kuehl ein, in Hamburg für das neue Sammlungskonzept tätig zu werden. Die Kirchenvorstände will er zur Stiftung einiger pittoresker Interieurs der alten Kirchen anregen: »Sie beißen schon am Köder herum«, schreibt Lichtwark salopp an Liebermann.[147] Die Herren besinnen sich aber doch eines anderen, denn insgesamt sechs Pastelle Kuehls mit Motiven von Hamburger Kirchen gelangen 1890 teils als Geschenk von anderen Stiftern, teils als Ankauf in die Sammlung: ein Interieur der Michaeliskirche schenkt die Kellinghusen-Stiftung, zwei weitere aus St. Jakobi und St. Katharinen erwirbt die Kunsthalle selbst; der später für diese Sammlung immer wichtiger werdende Mäzen Sir Alfred Beit spendet eine Vedute von St. Michaelis; Ebba Tesdorpf und Henry Schmid geben die Mittel für zwei Motive aus dem Gängeviertel, in dem Lichtwark einige Jahre seiner Kindheit verbrachte. 1890 ist für Lichtwark ein erfolgreiches Jahr, denn die Sammlung wird um nicht weniger als 22 Arbeiten bereichert. Im Jahr darauf erwirbt er aus dem Heine-Legat noch ein in Öl gemaltes Interieur von Gotthardt Kuehl, ein Motiv aus der alten Essigfabrik bei den Mühren.[148]

Alle diese Werke sind in der Ausstellung anlässlich der Wiedereröffnung der Kunsthalle im Dezember 1890 zu sehen, und die Presse in Gestalt des sonst so konservativen und krittelnden J. Theodor Schultz, der gleichzeitig Liebermanns »Netzflickerinnen« den Rang eines Kunstwerkes abspricht, verlangt nach einer Fortsetzung dieser Hamburger Landschaften.[149] Damit erhält Lichtwark einen Beweis für die Richtigkeit und Wirksamkeit seiner psychologischen Überlegungen. Für die Fortsetzung der Sammlung im folgenden Sommer entwickelt er bereits konkrete Pläne; er rechnet stark auf Liebermann, will vom Hamburger Rennclub die Mittel »zu einer großen Sache vom Rennplatz (Volksfest wie in England)« einwerben und der Alsterclub soll ein Sportbild von der Alster stiften.[150] Zu diesen Aufträgen an Liebermann kommt es jedoch nicht mehr, denn der Künstler fällt infolge eines anderen Gemäldes für die Kunsthalle im Jahr darauf beim Publikum und der Kommission in Ungnade. Lichtwark muss damit seinen avantgardistischen Anspruch zurücknehmen und gemäßigtere Künstler einladen – was

145 Br. Lichtwark-Liebermann, S. 31.
146 Liebermann-Br., Bd. 1, S. 122, Nr. 96, Liebermann an Thomas Herbst, 20.9.1890.
147 Br. Lichtwark-Liebermann, S. 29.
148 Vgl. Best.Kat. Hamburg, 19. Jh., S. 107f. – Ausst.Kat. Bilder aus Hamburg (2002), S. 93, 30f., 40. – Best.Kat. Hamburg, 19. Jh., S. 108.
149 Vgl. Schultz, Zur Wiedereröffnung am 23.12.1890, in: Hamburgischer Correspondent, 3.1.1891, in: StA HH, A 521, ZAS Kunsthalle Bd. I.
150 Vgl. Br. Lichtwark-Liebermann, S. 29.

er in den folgenden Jahren auch tut, um sein Konzept nicht zu gefährden. Über die Vertrautheit mit den lokalen Motiven sollen sich die Betrachter mit der Darstellungsweise unterschiedlicher zeitgenössischer Künstler auseinandersetzen. Liebermanns »Netzflickerinnen«, so hat Lichtwark aus der Ablehnung dieses Werkes erfahren, überfordert das Publikum in zweierlei Hinsicht: durch das realistische Motiv und seine raue Malweise. Die hamburgischen Sujets hingegen müssen nicht mehr diskutiert werden, sie appellieren an den Lokalpatriotismus. So wird die zeitgenössische Kunst für die konservativen Rezipienten geschickt verpackt präsentiert.

Lichtwark verfolgt den Ausbau dieser Sammlung konsequent über seine gesamte Amtszeit. Jährlich kommen einige Werke in verschiedener Technik und Größe hinzu. Alle Bilder entstehen durch gezielte Aufträge, bereits vollendete, thematisch mehr oder weniger passende Werke kommen nicht infrage.[151] Als Techniken stehen Aquarell und Pastell zunächst im Vordergrund; er betrachtet sie infolge ihrer optischen Leichtigkeit und der Nähe zum Naturalismus und Impressionismus als »Befreier des modernen Auges«.[152]

Diese Sammlung von Bildern aus Hamburg wird sich später jedoch nicht nur auf landschaftliche Motive beschränken, vielmehr auch Portraits bedeutender Hamburger Persönlichkeiten einbeziehen. Lichtwarks Freund Woldemar von Seidlitz hat schon in den Jahren zuvor ein vierbändiges *Allgemeines historisches Portraitwerk* herausgegeben, das Lichtwark auch für das Kupferstichkabinett der Kunsthalle erwirbt.[153] Mit dieser Sammlung geht es jedoch nicht ganz so schnell voran, wie Lichtwark es sich wünscht und wie er es durch seine Kontakte zu Künstlern erreichen könnte. Anfang der neunziger Jahre versucht er, Max Klinger für eine Auftragsarbeit zu gewinnen. Im Herbst 1888 hat er in Rom bereits Klingers an Corot erinnernde Vedute vom Colosseum[154] gesehen, die den Gedanken an eine Hamburger Stadt- oder Landschaftsstudie nahelegt. Der Künstler nimmt die Idee positiv auf, doch kann Lichtwark für diesen Auftrag keine finanziellen Mittel akquirieren, und so scheitert dieser Plan am Mangel an Mäzenen.[155] Die Situation ist schwierig, überdies herrscht zwischen Lichtwark und Eduard L. Behrens 1890 als zentraler Figur noch ein gespanntes Verhältnis wegen des ohne Rücksprache erworbenen Corelli-Aquarells.[156]

In der Anfangszeit der Sammlung von Bildern aus Hamburg werden abgesehen von Thomas Herbst, Ascan Lutteroth und Valentin Ruths überwiegend nicht-hamburgische Künstler beauftragt. Nach dem in Dresden ansässigen Gotthardt Kuehl kommt der Berliner Franz Skarbina nach Hamburg und malt 1891/92 drei Straßenansichten des Gängeviertels sowie den »Hafen in Hamburg von Wiezels Hotel aus

151 So lehnt die Kommission das von dem in Hamburg aufgewachsenen Maler Carlos Grethe, Karlsruhe, angebotene Ölbild »Seeleute auf einem Walfänger« ab; vgl. P2, 22.6.1889.

152 Vgl. Br. Lichtwark-Liebermann, S. 32.

153 Vgl. Seidlitz (1884–1890).

154 Abb. in: Neidhardt (1997), S. 225, heute in Dresden.

155 Vgl. Brief Alfred Lichtwark an die Kommission, 22.4.1909, HKH, AdB 124.

156 Vgl. Br. Liebermann, S. 79 und Anm. 3. – Br. Lichtwark-Liebermann, S. 28.

gesehen«.[157] Als erster ausländischer Maler erhält 1892 der Norweger Frits Thaulow einen Auftrag. Er malt ein Motiv aus dem Elbpark und »Treibeis im Zollkanal« in Pastell.[158] Der Däne Laurits Tuxen folgt zwei Jahre später mit dem Portrait des dänischen Generalkonsuls Hendrik Pontoppidan, einem Geschenk von den in Hamburg ansässigen Dänen anlässlich des 80. Geburtstags des Dargestellten.[159]

1894 tritt erstmalig Lichtwarks späterer Freund Leopold von Kalckreuth auf den Plan. Er malt zwei Hafenmotive für die Bilder aus Hamburg, von denen laut Kommissionsbeschluss letztlich nur die »Ducdalben« angekauft werden, obwohl der Preis pro Bild lediglich 500 Mark beträgt und die Mittel vorhanden sind.[160] 1897 schreibt Lichtwark seiner Kommission aus München rückblickend und nicht ohne Vorwurf über das zeitgleich entstandene zweite Gemälde: »Kalckreuth's Gewitter im Hamburger Hafen hängt im Ehrensaal [der Ausstellung] und wird allgemein bewundert. Es ist dasselbe, das wir geschenkt haben sollten und zurückgewiesen haben.«[161] Dieses »Heimkehrende Werftarbeiter auf der Elbe« betitelte Bild wird noch bis 1901 im Depot der Kunsthalle verwahrt und schließlich mit Staatsmitteln zu einem weit höheren Preis erworben.[162]

Lichtwark lädt in den folgenden Jahren möglichst viele der modernen deutschen Maler nach Hamburg zur Darstellung lokaler Motive ein. Hans Olde pastelliert 1894 die »Diele des Herrenhauses von Waltershof« im Gegenlicht und erhält zur selben Zeit den Auftrag für ein Portrait der beliebten Schriftstellerin Elise Averdieck, das jedoch erst 1897 von ihren Verehrern anlässlich ihres 90. Geburtstags gestiftet wird. Auch für Landschaftsmotive hat Lichtwark Olde auf dem Plan. Von Otto Eckmann, einem gebürtigen Hamburger und Mitbegründer der Münchner Sezession, bietet Lichtwark der Kommission ein Werk mit einem Motiv aus Schulau als Geschenk an; es wird jedoch abgelehnt. Der Künstler nimmt dies durchaus nicht als schlechtes Zeichen, kommt

157 Vgl. Ausst.Kat. Bilder aus Hamburg (2002), S. 96f. In P3 sind unter dem Datum 16.1.1892 folgende Versicherungswerte in Mark angegeben: für drei Bilder von Herbst 2.700; G. Marx, »Süllberg« 500; Kuehl, Pastelle St. Michaelis je 2.000, »Gang beim Teilfeld« 600, »Gang bei der Kräte« 600, »St. Jacobi« 1.000, »St. Katharinen« 1.000, »Essigfabrik« 3.500; Bartels, »Segelschiffhafen« 1.200; Nissen, »Diele in den Vierlanden« 1.000; Dettmann, »Fischmarkt« 1.200; Skarbina, »Hof« 600, »Bäckergang« 1.000, »Matthiasstraße« 1.000; vgl. dazu Ausst. Kat. Bilder aus Hamburg (2002), S. 91–95.

158 Vgl. ebd., S. 96.

159 Vgl. ebd., S. 98.

160 Vgl. ebd., S. 42. – Best.Kat. Hamburg, 19. Jh., S. 89. – Schiefler teilt 1905 mit, 1894 hätte Kalckreuth seine Hafenbilder für 500 Mark pro Stück gemalt. Das Geld sei dagewesen, aber die Kommission habe den Erwerb abgelehnt; vgl. Schiefler, LAZ, 4.1.1905, HH, SUB, HSS.

161 Br. Kommission (1899), Bd. V: 1897, S. 123.

162 WV Brachert 189. Siehe dazu auch das Kapitel »Neue Impulse: Kalckreuth« in Teil 4. Am 26. April 1894 schreibt Lichtwark an Kalckreuth, der Plan sei genehmigt, Kalckreuth kenne ja die Scheu der deutschen Museen, mit den Künstlern direkt in Beziehung zu treten. Die Geldgeber wünschten drei Bilder zur Auswahl. Lichtwark will nicht, dass es bei dem einem Ankauf bleibt, zumal Mittel für mehrere Bilder vorhanden seien. Seine Freunde, wie er seine Mäzene bezeichnet, wollten sich aber nicht binden. Kalckreuth werde es, wenn er die Geschäftsleute kenne, nicht unnatürlich finden. Aus dem Kinderbildnis, das er Kalckreuth als privaten Auftrag vermitteln will, könne nun doch nichts werden, da die Familie schon fortgereist sei. Er soll aber auch Landschaften malen. Lichtwark möchte die Stimmung für Kalckreuths Kunst in Hamburg nicht ungenützt lassen. Es würden sich überall junge Sammlerkräfte regen, teilt er mit; vgl. HKH, DK, Bd. 2. – Den Preis von 500 Mark je Bild vermerkt Gustav Schiefler 1905 nach einem Gespräch mit Lichtwark in seinen Aufzeichnungen; LAZ, 4.1.1905, HH, SUB, HSS.

allerdings in eine unglückliche Lage, weil er die Presse nach der ersten Anzahlung bereits über den Ankauf informiert hat und sich nun mit dem Bild nicht mehr zeigen zu können glaubt. Lichtwark soll deshalb einen anderen Abnehmer dafür finden. Der Berliner Walter Leistikow, spezialisiert auf Waldlandschaften, malt 1896 als Geschenk des Kunstvereins den Buchenwald bei Bismarcks Besitztum Friedrichsruh.[163] Mitte der neunziger Jahre werden des Öfteren die jungen Maler des soeben gegründeten Hamburgischen Künstlerclubs berücksichtigt, auch sie malen überwiegend Landschaften und Genrebilder.[164] 1897, im Jahr der ersten Ausstellung dieser Sammlung von Bildern aus Hamburg, sind bereits 59 Werke vorhanden, acht weitere kommen im selben Jahr noch hinzu.[165] Zur Ergänzung erweitert Lichtwark seit Anfang der 1890er Jahre die Sammlung von Bildern aus Hamburg durch eine hamburgische Portraitgalerie, die gleich einen Skandal provoziert.[166]

ERWERBUNGEN I: ANDERE ERWERBUNGEN SEIT 1887

Die anderen Erwerbungen für die Kunsthalle stagnieren noch. Unter den Zugängen des Jahres 1887 befindet sich das genrehafte Portrait »Der Starost« von Ludwig Knaus; es wird für 18.000 Mark nicht beim Künstler, sondern dem Kunsthändler Eduard Schulte in Düsseldorf erworben. Auf den Ankauf des ebenfalls von Schulte angebotenen Knaus-Bildes »Caritas« für 75.000 Mark verzichtet man hingegen. Im Jahresbericht 1887 vermerkt Lichtwark, um sich zu distanzieren, zum Ankauf des »Starost« den Zusatz »neben der Verwaltung«,[167] denn diese Erwerbung passt nicht in sein Konzept. Auch wenn sie ohne Zutun Lichtwarks vor sich gegangen ist, muss er sich doch einen am 4. August 1887 verfassten Brief des Künstlers gefallen lassen, in dem dieser sich über die Erwerbungspraxis beschwert. Laut Presse habe die Kunsthalle 60.000 Mark für das Bild bezahlt, 14.000 Mark habe er selbst bekommen. Knaus ist unbegreiflich, dass eine öffentliche Galerie trotz doppelter oder dreifacher Preise lieber vom Kunsthändler kauft. Fünf bis sechs Jahre zuvor habe Eduard L. Behrens der Kommission vergeblich die Bestellung eines größeren Bildes vorgeschlagen, das er als Entwurfszeichnung bei Knaus gesehen habe, ein Werk mit mindestens fünfzig Figuren zum Preise von 45.000 Mark. Er, Knaus, habe auch andere zur Verfügung

163 Vgl. zu Olde: Ausst.Kat. Bilder aus Hamburg (2002), S. 98, 100. – Olde male an einem sehr schönen Bildnis einer alten Dame, Elise Averdieck, sie sehe wundervoll aus und genieße in Hamburg hohes Ansehen. Er werde auch Landschaften malen, schreibt Lichtwark am 26. April 1894 an Kalckreuth; vgl. HKH, DK, Bd. 2. – Zu Eckmann: vgl. Brief Alfred Lichtwark an Eckmann, 28.2.1894, Brief Eckmann an Alfred Lichtwark, 2.3.1894, HKH, DK, Bd. 2. – Zu Leistikow: Ausst.Kat. Bilder aus Hamburg (2002), S. 98, Verbleib unbekannt.

164 Siehe dazu das Kapitel »Hamburgische Kunst: Die jungen Hamburger Künstler« in Teil 3.

165 Vgl. Ausst.Kat. Bilder aus Hamburg (2002), S. 91–100.

166 Siehe dazu das Kapitel »Liebermanns Petersen-Portrait als Beginn einer Portraitgalerie« in Teil 2.

167 Vgl. P2, 31.7., 6.8.1887. – Best.Kat. Hamburg, 19. Jh., S. 101f. – Jahresbericht [Bd. 1], 1886/87, S. 41. – Schon ein halbes Jahr zuvor wird in der Kommission über einen Ankauf von zwei durch Schulte angebotenen Bildern von Knaus beraten: »In der Schmiede«, 1851, und »In tausend Ängsten«, 1872; letzteres gefällt besonders, der Preis von 40.000 Mark ist jedoch zu hoch; vgl. P2, 8.1.1887.

stehende Bilder angeboten. Nun zeigt sich der Künstler verletzt, dass dieselben Herren, die seine Preise zu teuer fanden, beim Kunsthändler das Dreifache zahlen.[168] Offensichtlich schickt Lichtwark ihm daraufhin eine Broschüre, für die sich Knaus am 14. August schriftlich bedankt. Er habe sie mit dem größten Interesse gelesen; die darin fixierte »allgemeine Richtschnur in Betreff städtischer Museen« scheine ihm mustergültig und könne wohl zum guten Ziele führen. Leicht erscheint ihm die Aufgabe freilich nicht, denn wie er aus eigener Erfahrung wisse, werden oft die besten Prinzipien durch Verhältnisse, gegen welche man machtlos sei, sowie durch persönliche Abhängigkeiten »lahm gelegt«. Knaus beendet seinen Brief mit dem folgenden Wunsch: »Mögen Ihre vortrefflichen Absichten in Hamburg nicht auf ernstlichen Widerstand stoßen.«[169] Mit Knaus hat Lichtwark nun nichts mehr im Sinn. Als die Firma Schulte 1892 für 45.000 Mark das Gemälde »Zigeuner vor dem Ortsrat« anbietet, lehnt die Kommission sicherlich nicht nur aufgrund des Preises ab.[170] 1900 übt Lichtwark gegenüber seiner Kommission anlässlich einer Ausstellung offene Kritik an Knaus' Arbeiten und begründet sie mit mangelnder Originalität.[171] Tatsächlich kommen nur 1910 zwei weitere Bilder von Knaus als Geschenke aus der Sammlung Schröder in den Bestand der Kunsthalle.[172]

Lichtwark weiß längst selbst, dass die Erwerbung von Bildern durch den direkten Ankauf beim Künstler wesentlich kostengünstiger ausfällt. Doch stellt der Verein von Kunstfreunden von 1870 noch jahrelang eine einflussreiche und eigenwillige Kraft neben ihm dar, die seine Autorität und Position als Direktor nicht immer angemessen respektiert. In diesem Machtgefüge ist Lichtwark der Willkür bestimmter Personen ausgeliefert. Der Verein von Kunstfreunden von 1870 verfolgt eine andere Sammlungspolitik als der junge Direktor. Als zentrale Figur wirkt Eduard L. Behrens in seiner Doppelfunktion im Verein und in der Verwaltungskommission als starker Gegner der Bestrebungen Lichtwarks, der in der Kommission nur eine von sieben Stimmen besitzt.[173] Als schwierig erweist sich auch die grundsätzlich konservative Haltung der Kommissionsmitglieder, die den weniger gefälligen, vor allem aber den realistischen Werken des 19. Jahrhunderts eher ablehnend gegenüberstehen. Vor Lichtwarks Dienstantritt wurde beispielsweise der Ankauf eines Bildes von Ludwig Richter abgelehnt; Zeichnungen von Overbeck, Veit und anderen sowie die Schenkung zweier Familienbilder des Hamburger Malers Friedrich Carl Gröger aus dem Besitz von

168 Vgl. Brief Knaus an Alfred Lichtwark, 4.8.1887, HKH, AdB 76.

169 Vgl. Brief Knaus an Alfred Lichtwark, 14.8.1887, HKH, AdB 76. – Kayser (1977), Nr. 167.

170 Vgl. P3, 16.1.1892.

171 Vgl. Br. Kommission (1901), Bd. VIII: 1900, S. 35–40; Lichtwark befasst sich hier sehr differenziert mit den ausgestellten Werken.

172 Vgl. Best.Kat. Hamburg, 19. Jh., S. 101. – Zur Sammlung Schröder siehe das Kapitel »Sammeln VI: Schröder – Weber – Carstanjen – Friedmann: Sammlung Schröder« in Teil 6.

173 Vgl. Wahl der Kommissionsmitglieder, StA HH 364-2/1, Kunsthalle III 10. Die Kommission setzt sich aus zwei Senatsmitgliedern, zwei Bürgerschaftsmitgliedern, zwei Mitgliedern des Kunstvereins und dem Direktor der Kunsthalle zusammen.

Oberstleutnant Thomton waren ebenfalls nicht willkommen. Hingegen wird das von Knaus in einem Gutachten positiv beurteilte Historiengemälde »Barbarossas Tod«, ein Werk des spätromantisch-historistischen Malers Hermann Freihold Plüddemann aus dem Jahr 1845, von der Kommission als Geschenk akzeptiert.[174] Lichtwark versucht nun wenigstens seine persönliche Bewertung durch die Hängung der Werke zu vermitteln: Nach Dienstantritt hat er sich umgehend die Erlaubnis der Kommission eingeholt, die Bilder gruppenweise anzuordnen und die minderwertigen Werke in der oberen Reihe zu platzieren.[175]

Aktiv wird Lichtwark nun beim Aufbau einer Sammlung der von ihm geschätzten Werke des 19. Jahrhunderts. Schon im Dezember 1886 denkt er an eine Ausstellung der Graphiken Ludwig Richters; im Februar 1888 besichtigt er auf dem Weg nach München die Ludwig-Richter-Sammlung des Richter-Schülers Friedrich Hoff in Frankfurt am Main. Hier erst lernt er Richters Œuvre genauer kennen. Die Sammlung ist Hoffs Lebenswerk; in öffentlichem Besitz kennt Lichtwark nichts Vergleichbares. Kein Museumsbeamter könnte auf einen Künstler derart viel Zeit verwenden, schreibt er an seine Familie. Hoff hat nicht nur die späten Luxusausgaben, sondern vor allem die Erstausgaben, alten Kalender, Volks- und Liederbücher zusammengetragen. Begabt mit großem Gespür für Materialästhetik, erkennt Lichtwark die Holzschnitte auf dem alten Papier als viel besser und dem naiven Inhalt angemessener gedruckt als die Luxusausgaben mit ihrem weißen, glatten Papier unter Verwendung von abgenutzten Druckstöcken. Die Sammlung umfasst mehr als 3.000 Blätter und soll nur 3.000 Mark kosten, was Lichtwark als niedrigen Preis betrachtet, zumal Richter die Sammlung selbst gesichtet und viele Blätter mit eigenhändigen Bemerkungen versehen hat. Lichtwark ist der einzige Interessent und ein anderes Museum als Konkurrent nicht in Sicht. Der Berliner Nationalgalerie wurde sie bereits vergeblich angeboten und vielleicht hat Lichtwark von dort den Hinweis auf den beabsichtigten Verkauf erhalten. Doch habe diese »in gewohnter Nachlässigkeit« nicht darauf geantwortet. Dresden und Leipzig stehen andere Richter-Kollektionen in Aussicht. Lichtwark ist zuversichtlich, diesen Schatz für die Kunsthalle erwerben zu können und seine Hoffnung trügt ihn nicht. Der Ankauf kommt im Jahr darauf, 1889, nicht zuletzt durch Mittel der Harzen-Stiftung zustande.[176]

1888 schenken die Kunstfreunde von 1870 auf Anregung Lichtwarks der Kunsthalle ein Gemälde von Arnold Böcklin und damit eines Künstlers, der zu dieser Zeit noch erheblich umstritten und in kaum einem Museum vertreten ist. Dies passt durchaus zu Lichtwarks Absicht, das Publikum mit der zeitgenössischen Kunst zu

174 Vgl. P2, 16.3., 6.4., 17.4.1886. Zu Plüddemann vgl. Mai (2004), S. 14, 180; Geschenk aus Familienbesitz Giese, Berlin, 1945 als Leihgabe im Städtischen Museum Kolberg zerstört.

175 Vgl. P2, 13.11.1886.

176 Vgl. Br. Familie, S. 621f. – P2, 14.12.1886, 1.9.1888. – Jahresbericht [Bd. 3], 1889, S. 31. Den Protokollen der Verwaltungskommission zufolge schenkt Eduard L. Behrens der Kunsthalle eine Landschaft mit Staffage von Richter; vgl. P2, 16.6.1887; Jahresbericht [Bd. 1], 1886/87, S. 41, die jedoch im Best.Kat. Hamburg, 19. Jh. (S. 166f.) nicht verzeichnet ist.

konfrontieren. Böcklin beschäftigte ihn bereits in seinen Berliner Jahren; verschiedentlich äußerte er sich im Feuilleton positiv über die in der Berliner Kunsthandlung Schulte ausgestellten Bilder des Künstlers. Die Chance dieser Erwerbung der »Feueranbeter«, heute »Heiliger Hain« betitelt, erkennt er sofort, weil er den progressiven Berliner Kunsthandel stetig verfolgt. Dem Bild eignet eine besondere Entstehungsgeschichte, die Lichtwark später anekdotenhaft erzählt: Der Händler habe als Finte seine Tante als Auftraggeber vorgeschickt, um eine zweite Fassung des Bildes zu erhalten.[177] So folgen hier die Kunstfreunde von 1870 Lichtwarks Wunsch sicherlich umso lieber, als sich in den Privatsammlungen von Behrens und Westenholz Bilder von Böcklin befinden,[178] auch wenn die Akzeptanz seiner Kunst noch keineswegs selbstverständlich ist.

In das Kupferstichkabinett, das durch allerlei Geschenke, darunter Hamburgensien und Radierungen des Weimarer Künstlers Ludwig von Gleichen-Russwurm, vermehrt wird, bringt Lichtwark Neues durch seinen Ankauf aus den Mitteln der Harzen-Stiftung. Er greift hier gleichfalls auf seine Berliner Erfahrungen zurück und erwirbt neben den zur Eröffnung des Berliner Kunstgewerbemuseums geschaffenen Radierungen Max Klingers auch dessen Radierzyklen »Der Handschuh«, »Eva und die Zukunft«, »Dramen«, »Brahmsphantasie«, »Amor und Psyche« und sieben Blätter aus dem »Todtentanz«, den Klinger erst im Jahr darauf, 1889, unter dem Titel »Vom Tode I« in Rom erstmals erscheinen lässt. Weitere Blätter folgen; weit mehr als 1.500 Mark werden in diesen Jahren für die Graphik des Künstlers aufgewandt.[179] Der Klinger-Bestand wird 1889 durch fünf Blätter aus dem Zyklus »Ein Leben« erweitert, 1884 in Berlin erschienen und dem Kritiker Georg Brandes gewidmet. Lichtwark kennt sie seit langem.[180] Es ist die erste Erwerbung von Klingers Graphik durch ein Museum; üblicherweise sind für zeitgenössische Graphik noch keine Mittel vorgesehen.[181] Ferner erwirbt Lichtwark dreizehn Radierungen von Karl Stauffer-Bern.[182] Damit legt er den Grundstein zu einer höchst aktuellen Sammlung neuer »Griffelkunst«, wie Klinger dieses von ihm besonders geschätzte Medium nennt, dessen rapide Verbreitung in diesen Jahren nicht zuletzt auf sein Radierwerk zurückzuführen ist. Lichtwark kennt Klingers eminente Bedeutung für die Entwicklung der Künstlergraphik und die Wiederentdeckung der Radierung schon seit den gemeinsamen Berliner Jahren und

177 Vgl. Jahresbericht [Bd. 2], 1888, S. 21. – Best.Kat. Hamburg, 19. Jh., S. 14, WV Andree 398. – Zur Entstehungsgeschichte vgl. Br. Kommission (1896), Bd. II: 1893, S. 57f. Die erste Fassung, WV Andree 363, befindet sich im Kunstmuseum Basel.

178 E. L. Behrens besitzt den »Faun, einer Amsel zupfeifend«, WV Andree 159, S. 272, Westenholz eine Variante dazu, WV Andree 160, S. 273.

179 Vgl. Jahresbericht [Bd. 2], 1888, S. 48ff., 60f., Kupferstichkabinett. – Zu den Ausgaben für Radierungen Klingers: P2, 3.4.1888: ohne Angabe des Betrages, 9.3.1889: 600–800 Mark, 31.3.1890: 520 Mark, 5.11.1891: 356 Mark. – Ausst.Kat. Klinger (1984), S. 282.

180 Vgl. Jahresbericht [Bd. 3], 1889, S. 30–34; Ausst.Kat. Klinger (1984), S. 280f.

181 Vgl. Alfred Lichtwark, Ansprache an Max Klinger, in: AL, Hamburgische Aufsätze, S. 115, 117; Kayser (1977), Nr. 460, 557.

182 Vgl. Jahresbericht [Bd. 2], 1888, S. 48–52, Kupferstichkabinett.

trägt hier der Position des Künstlers auf diesem Gebiet frühzeitig Rechnung. Schon im April 1888 zeigt er in der Kunsthalle eine Ausstellung von Klingers graphischem Werk, das bis auf »Vom Tode II« bereits alle großen graphischen Zyklen umfasst. Auch Stauffers Blätter sind in dieser Ausstellung zu sehen.[183] Der Künstlergraphik ist Lichtwark nach wie vor besonders zugeneigt; auch andere Ausstellungen während des Jahres 1888 präsentieren ausschnitthaft den Zuwachs des Kupferstichkabinetts.

Daneben erhält die Sammlung zahlreiche kleinere Geschenke aus Privatbesitz, Hamburgensien von lokalen Kleinmeistern etwa oder Werke von Künstlern deutscher Schulen des 19. Jahrhunderts wie Düsseldorf und München, deren Aktualität jedoch bereits zu verblassen begonnen hat und an denen Lichtwark wenig Interesse bekundet.[184] Anders allerdings verhält es sich bei den Geschenken von Bildern hamburgischer Meister der ersten Hälfte und Mitte des 19. Jahrhunderts, etwa der Brüder Gensler und Speckter; sie sind hocherwünscht für die Sammlung zur Rekonstruktion der hamburgischen Kunstgeschichte. Ebenso steht es mit Geschenken alter Hamburger Meister: Senator Möring stiftet der Kunsthalle ein Werk von Antonie Waterloo und ein Fruchtstück von Werner Tamm; die Schenkung Gaedechens enthält weitere alte Hamburger Meister wie Dominicus van der Smissen, Jurian Jacobsen, Johann Sebastian Bach, den Sohn Philipp Emanuel Bachs, Hendrich Dittmars und Ottmar Elliger d.J.[185] 1890 erhält das Kupferstichkabinett aus Mitteln der Harzen-Stiftung wiederum bedeutenden Zuwachs an alter Kunst: eine Federzeichnung von Albrecht Dürer und eine Zeichnung von Albert Cuyp; siebzehn Blätter Druckgraphik von Heinrich Aldegrever, drei von Albrecht Altdorfer, zwei von Hans Sebald Beham ergänzen die altdeutschen Meister, ferner erwirbt Lichtwark eine Landschaftsradierung von Rembrandt.

Neben der modernen Künstlergraphik als besonderem Anliegen forciert Lichtwark den Aufbau der Bibliothek. Sein Ziel ist eine ansehnliche öffentliche Fachbibliothek, die er schon 1889 dem Publikum in Form eines Lesezimmers zugänglich zu machen beabsichtigt. Er plant einen Handapparat für seine Vorlesungen sowie die Anschaffung von Werken für allgemeine Kunststudien und besonders für die ihm so wichtigen Reisevorbereitungen. Dazu zählen nicht nur Bücher, sondern auch Anschauungsmaterial in Form einer Sammlung von Originalphotographien, für die er von der Averhoff-Stiftung bereits 1.000 Mark zugesagt bekommen hat. Lichtwark bietet damit dem Publikum das neueste und modernste Reproduktionsmaterial. 1888 erwirbt er die Braunschen Photographien nach Gemälden und Handzeichnungen aus dem Basler Museum,[186] die ihm für die Kenntnis der alten deutschen Meister unverzichtbar erscheinen, denn eines seiner wichtigsten Vorhaben ist die Förderung der Kenntnis altdeutscher Kunst. 1889 werden Photographien von der Architektur und Bildkunst Venedigs sowie

183 Vgl. ebd., S. 60f.

184 Z.B. kommen aus dem Vermächtnis des Senators Tesdorpf drei Gemälde von 1872 in die Kunsthalle: Voltz (München), »Kühe am See«; Ernst Bosch (Düsseldorf), »Am Waldrand«; Hubert Salentin (Düsseldorf), »Kirchgang«; vgl. ebd., S. 18–30, Gemäldegalerie.

185 Vgl. Jahresbericht [Bd. 3], 1889, S. 7ff., 21ff.

186 Vgl. Jahresbericht [Bd. 2], 1888, S. 51ff., zu den Photographien der Firma Braun vgl. Peters (2000), S. 3–32.

sechshundert Aufnahmen aus der Dresdner Galerie mit einem Text von Karl Woermann angekauft, produziert von der Firma Braun in Dornach, zum Preis von nahezu 5.400 Mark. Es folgen 1891 die Aufnahmen der Münchner Gemäldesammlung für mehr als 5.000 Mark, und im selben Jahr gehen für Photographien von Berlin und Umgebung fast 750 Mark an die Berliner Firma Amsler & Ruthardt.[187] 1890 baut er die Bibliothek weiter aus mit zusätzlichen 270 Bänden und der Bestellung von rund dreißig der wichtigsten Kunst- und illustrierten Zeitschriften Deutschlands, Frankreichs, Englands, Spaniens, Italiens und Nordamerikas.[188]

Bald nach Gründung der Sammlung von Lokalkunst beginnt Lichtwark mit der Suche nach Werken von älteren Hamburger Künstlern in anderen Museen. 1890 nimmt er seine Verhandlungen mit dem Direktor der Kasseler Galerie, Oskar Eisenmann, auf, um drei Werke von Andreas Scheits, Johann Georg Stuhr und Christian Berentz für die Kunsthalle zu gewinnen. Bode unterstützt sein Anliegen und berät ihn hinsichtlich der Zuschreibungen, doch zieht sich die Korrespondenz über Monate hin. Die Zeit drängt; zur geplanten Wiedereröffnung der Kunsthalle Ende des Jahres 1890 möchte Lichtwark die Angelegenheit abgeschlossen haben, nicht zuletzt, um sich dem schon betagten Stifter dieser Werke für seine Generosität dankbar zu erweisen. Dieses Anliegen ist umso verständlicher, als es sich bei diesem Stifter um den Vorsitzenden der Kunsthallenkommission, Senator Möring, handelt.[189]

Auf der Suche nach Skulpturen ist Lichtwark am 1. September 1891 in Dresden, wo er den Nachlass des Bildhauers Ernst Julius Hähnel besichtigt.[190] Obwohl er keine großen Erwartungen gehegt hat, ist er enttäuscht; höchstens einige Bronzen oder ein in Marmor ausgeführter Michelangelo kämen in Betracht. Auch die Jugendwerke erscheinen ihm ohne Bedeutung. Lichtwark bemerkt, wie weit sich die Dresdner Schule von der Natur entfernt habe. Obwohl er schon entschieden auf der Seite des Naturalismus und Realismus steht, fasst er den Spätklassizismus und Idealismus hier zunächst noch ins Auge. Unter den von Hähnel gesammelten Zeichnungen entdeckt Lichtwark dagegen Blätter von Moritz von Schwind, Eduard Steinle und Peter Cornelius. Im Kupferstichkabinett sieht er seltene Blätter des soeben 34jährig verstorbenen Karl Stauffer, die sein Dresdner Kollege Max Lehrs durch Zufall erworben hat, und hofft, davon auch im Nachlass etwas zu finden. Außerdem besucht er eine Ausstellung des kurz zuvor nach Berlin berufenen Radierers Karl Köpping und will beim Künstler eine Ansichtssendung ordern. Höchst interessiert ist er an den Blättern von Martin Schongauer und den Meistern des 15. Jahrhunderts. Auch Lehrs ist auf der Höhe der Zeit: Das Kupferstichkabinett besitzt Photographien von allen in europä-

187 Vgl. P2, 2.6.1888 ohne nähere Angabe, wahrscheinlich Venedig; 12.10.1889, Dresden: 5.382,30 Mark; 4.6.1891, München: 5.015 Mark; 5.11.1891, Berlin usw.: 745,90 Mark.

188 Vgl. Jahresbericht [Bd. 4], 1890, S. 40.

189 Vgl. Briefe Alfred Lichtwark an Bode, 17.2. bis 30.10.1890, SMB-ZA, NL Bode, 3309. – Briefe Alfred Lichtwark an Eisenmann, 15.3.1890 bis 14.4.1891, HH, SUB, HSS, LA 92–100, 104–108. – Best.Kat. Hamburg, Alte Meister, Nr. 351, 264, 489.

190 Vgl. Br. Kommission (1896), Bd. I: 1891/92, S. 55–60.

ischen Sammlungen vorhandenen Blättern. Aus dem Dresdner Kunsthandel lässt sich Lichtwark einiges zur Ansicht senden. Abends pflegt er mit einem privaten Besuch den Kontakt zu seinem Kollegen und Fürsprecher Karl Woermann.

Lichtwark mag zwar überall nach Bildern für Ankäufe entsprechend seinen Sammelplänen suchen, doch nicht alles gelingt ihm. So spendet der Kunstverein im Jahr 1887 2.000 Mark für Ankäufe aus der Auktion des Nachlasses von Eduard Steinle, wo Lichtwark ein Aquarell und drei Zeichnungen des Künstlers, ferner eine Radierung von Wilhelm Rohr und Overbecks Gemälde »Der Triumph der Religion in den Künsten« erwerben kann.[191] 1889 werden jedoch von der Kommission die Menzel-Aquarelle »Kriegscontribution« und »Vorbereitungen zur Reise« für 14.000 beziehungsweise 13.000 Mark sowie dessen Ölbild »Auf dem Hofball« für 25.000 Mark abgelehnt.[192] Trotz gelegentlicher Abweichungen sind Lichtwarks Vorstellungen klar: neben dem Aufbau eines kunsthistorischen Überblicks legt er sein Augenmerk auf die Werke des Naturalismus und Realismus. Ankäufe von beliebten Genrebildern, etwa von Eduard von Gebhardt und Eduard Grützner, werden schon in den Jahren 1888/89 nicht mehr getätigt.[193]

ERSTE AKTIVITÄTEN

Lichtwarks Ausstellungsprogramm der ersten Jahre rekrutiert sich fast ausschließlich aus dem eigenen Bestand der Kunsthalle und dem noch geringen Zuwachs; es beginnt auch erst 1888. Bedeutend sind die Ausstellungen von Holz- und Kupferstichen Dürers im Januar und die Ausstellung von Radierungen Klingers und Stauffers im April, die er alle im selben Jahr erworben hat. Aus der Berliner Nationalgalerie entleiht Lichtwark Aquarelle von Albert Hertel für eine Ausstellung im Februar; sie soll den Dilettanten als Anregung dienen. Auch die wichtigsten Geschenke und Stiftungen stellt er öffentlich aus. Im November ist die private Kollektion alter Meister des Antwerpener Großkaufmanns und Sammlers J. L. Menke zu sehen. Durch sein starkes Interesse an der Kunstvermittlung scheut Lichtwark sich nicht, die Fortschritte moderner Gemäldereproduktionstechnik vorzuführen. Das erste größere Ausstellungsunternehmen von Hamburger Kunst des 19. Jahrhunderts zeigt Werke von Hans Speckter. Lichtwark eröffnet die Ausstellung, wie auch später häufig, am 23. Dezember 1888 als Weihnachtsgeschenk an das hamburgische Publikum.[194]

Als Ergebnis des Münchenaufenthaltes im September 1888 veranstaltet Lichtwark in der Kunsthalle im Folgejahr zwei Ausstellungen mit Zeichnungen bekannter deut-

191 Vgl. P2, 3.11.1887, 28.1.1888. – Best.Kat. Hamburg, 19. Jh., S. 156, im Protokoll betitelt »Kunst im Dienste der Religion«.

192 Vgl. P2, 22.6.1889, ersteres angeboten von Gustav Levy, Berlin, letzteres von Paechter und Wagner, Berlin.

193 Vgl. P2, 1.9.1888, 1.2.1889.

194 Vgl. Jahresbericht [Bd. 2], 1888, S. 59ff.

scher Humoristen.[195] Gleich im Januar sind die Zeichnungen von Adolf Oberländer zu sehen, die Lichtwark aus dem Besitz von Braun & Schneider entliehen hat, und im April folgt der zweite Teil mit Zeichnungen von Hermann Schlittgen, Max Flashar, Ludwig von Nagel und Adolf Hengeler aus selbiger Provenienz. Selbst mit Humor begabt, kennt Lichtwark ihre Werke seit langem aus den *Fliegenden Blättern*; es bleibt fraglich, ob zuvor ein deutsches Museum dieses Medium schon einmal vorgeführt hat. Nur wer wie Lichtwark keinen Gelehrtenruf meint schonen zu müssen, kann Ausstellungen mit derart populärem Bildmaterial wagen; auch hier bewegt er sich aufgrund seines ungewöhnlichen Werdegangs freier als ein konventioneller Fachmann.

Die restlichen Ausstellungen des Jahres sind Einzelwerken, Neuerwerbungen oder Tagesaktualitäten gewidmet, abgesehen von der großen Ludwig-Richter-Ausstellung Ende April. Hier präsentiert Lichtwark die im Frühjahr 1889 erworbene Sammlung Hoff mit Originalradierungen, Bildnissen und Holzschnitten nach Zeichnungen des Meisters, ferner Reproduktionsgraphik nach Werken Richters und als Dreingabe des Sammlers eine Gipsbüste mit Richters Portrait. Die Einnahmen spendet er zugunsten des geplanten Richter-Denkmals in Dresden; er ist Mitglied im Komitee zur Erstellung des Denkmals für den Künstler, der 1884 im Alter von 81 Jahren verstarb, an der Brühlschen Terrasse in Dresden.[196] Lichtwark zeigt auch Werke deutscher Kupferstecher des 15. und 16. Jahrhunderts, Kohlezeichnungen des Marinemalers Anton Melbye aus Privatbesitz, Werke der Malers Carl Gottfried Pfannschmidt, den Entwurf zum Hamburger Kaiser-Wilhelm-Denkmal des Berliner Bildhauers Professor Fritz Schaper, Modelle der beiden Statuen für die Brooksbrücke von Alois Denoth, eine Erinnerungsmedaille an den 1888 verstorbenen Kaiser Friedrich III., die Urkunde des Ehrenbürgerbriefes für Johannes Brahms mit einem Widmungsblatt des Hamburger Künstlers Paul Düyffke, die Photographien nach Werken im Basler Museum, vier Aquarelle von Hans Bartels mit Hamburger Hafenansichten sowie die Marmorbüste »Nymphe« von Bruno Kruse aus Berlin und schließlich auch die geschenkten Originalradierungen des Weimarer Künstlers Ludwig von Gleichen-Russwurm – ein buntes Programm, das jedes Interessengebiet abdeckt und die Belange Hamburgs, des Deutschen Reichs und der bildenden Kunst miteinander verknüpft. In ähnlicher Wei-

195 Vgl. Jahresbericht [Bd. 3], 1889, S. 47ff.

196 Vgl. ebd., S. 39f. – Brief des Vorsitzenden Hermann Hultzsch von der Dresdner Kunstgenossenschaft an Lichtwark mit der Aufforderung zum Beitritt vom 29.12.1887; StA HH, 364-2/1, Kunsthalle III 8, Handakte Lichtwark. Richter sei ein in Dresden und ganz Deutschland beliebter Künstler, deshalb hegen die Dresdner schon lange den Wunsch nach einem Denkmal. Durch den Neubau der Königlichen Akademie und des Ausstellungsgebäudes an der Brühlschen Terrasse sei ein selten günstiger Aufstellungsplatz geschaffen. Sobald sich das Komitee über die Form des Denkmals und die Finanzierung einig sei, könnten die Bildhauer zur Einsendung von Skizzen aufgefordert werden. Da Lichtwark ihnen »als Förderer alles Edlen bekannt« sei, hoffen sie auf freundliche Zusage. 1898 kritisiert Lichtwark das Richter-Denkmal als völlig misslungen, da »unglaublich viel zu gross« und »im Massstab völlig vergriffen«; vgl. Br. Kommission (1899), Bd. VI: 1898, S. 234. Es wurde von Eugen Viktor Kircheisen geschaffen, 1898 auf der Brühlschen Terrasse errichtet und 1943 eingeschmolzen. Abb. in: Ausst.Kat. Richter (2004), S. 300. – Zur Rekonstruktion des Denkmals auf der Brühlschen Terrasse vgl. www.schloesserverein.sandstein.de.

se setzen sich die Ausstellungen auch später fort.[197] 1890 zeigt Lichtwark Bildmaterial im thematischen Zusammenhang mit seinen Vorlesungen, vielfach Photographien oder Reproduktionsgraphik, außerdem Blätter aus der Berliner Reichsdruckerei, Entwürfe und Modelle zu geplanten Werken, Münzen, Neuzugänge in der Kunsthalle, aber doch auch Gemälde und Graphik von Hermann Kauffmann, Handzeichnungen italienischer, holländischer, deutscher und französischer Meister aus dem Besitz der Kunsthalle und zu Weihnachten schließlich noch zwölf neu aufgelegte Radierungen Rembrandts. Seit Mai 1889 ist nämlich der im Berliner Kupferstichkabinett ausgebildete Restaurator Carl Ewerth in der Kunsthalle angestellt, um den Graphikbestand für die Öffentlichkeit aufzubereiten.[198]

Einen elementaren Part in Lichtwarks museumspädagogischem Programm nehmen die gleich 1887 beginnenden Vorträge ein. Er ist der Erste in Deutschland, der in einem Kunstmuseum regelmäßig und unentgeltlich öffentliche Vorlesungen hält. Noch vor der Erwerbung der Sammlung Hudtwalcker-Wesselhoeft befasst er sich in einer Vortragsreihe mit der Geschichte der holländischen Malerei, einem durchaus aktuellen Thema angesichts der Neubewertung der holländischen Kunst des 17. Jahrhunderts in den Jahrzehnten zuvor. Ausführungen über die Geschichte der englischen Malerei schließen sich bis Ostern 1888 an, eine Verpflichtung, die Lichtwark aus der Schwabe-Sammlung erwächst. Konsequent in seiner Planung bietet er auch als erster Museumsmann eine gezielte Lehrerfortbildung an: Ab dem Sommer 1887 veranstaltet er Übungen in der Betrachtung von Kunstwerken, ferner eine Einführung in das Kupferstichkabinett und befasst sich dann mit dem altdeutschen Kupferstich und Holzschnitt in einer wöchentlichen Vorlesung vom Winterhalbjahr bis ins Jahr 1888 hinein. Im Herbst hält er Vorlesungen zu Einzelthemen, die auf unerwartet starke Teilnahme stoßen.[199] Im Jahr 1888 behält er die Einführung in das Kupferstichkabinett für Lehrer und Lehrerinnen bei, behandelt Schongauer, Dürer und Holbein und bietet im Sommerhalbjahr wiederum die Übungen in der Betrachtung von Kunstwerken an. Im Winterhalbjahr 1888 folgen sonntags vormittags von 11 bis 12 Uhr wiederum Abhandlungen zu Einzelthemen.[200] Im Jahre 1889 beschäftigt sich Lichtwark in seinen Vorlesungen mit dem altdeutschen Kupferstich und Holzschnitt, einem seiner bevorzugten Themen und angesichts des steigenden allgemeinen Interesses am Œuvre Dürers von großem Erfolg gekrönt.[201] Lichtwark hält die Vorlesungen im größten Saal, dem Makarts Riesenwerk »Einzug Karls V.« seinen Namen verleiht und der nun schon langsam zu klein wird. So wäre nach diesen wenigen Jahren bereits ein großer Hörsaal notwendig. Die Übungen in der Betrachtung von Kunstwerken setzt er speziell für Lehrerinnen fort, und für diejenigen Hörer, deren beständiges Kunstinteresse

197 Vgl. Jahresbericht [Bd. 4], 1890, S. 41ff.
198 Vgl. Jahresbericht [Bd. 3], 1889, S. 52.
199 Vgl. Jahresbericht [Bd. 1], 1886/87, S. 54f.
200 Vgl. ebd., S. 61f.
201 Vgl. Jahresbericht [Bd. 3], 1889, S. 50f.

sie als »kritische Elite«[202] ausweist, gibt Lichtwark fortlaufend eine Einführung in das Kupferstichkabinett. Auffällig ist, wie gleichwertig er weiterhin die Druckgraphik behandelt, begründet durch seinen Werdegang und seine praktische Ausbildung in der Berliner Zeit. Seit 1888 hat er im Kupferstichkabinett auch Unterstützung durch einen Volontär, der die Zettelkataloge erarbeitet.[203]

1890, vier Jahre nach seinem Amtsantritt, wird Lichtwark der Professorentitel verliehen.[204] Die Zahl seiner Vorlesungen hat stetig zugenommen; seine beliebten öffentlichen Vorträge hält er sonntags und dienstags; der größte Raum reicht nun für den Andrang nicht mehr aus. Lichtwark behandelt insbesondere die Werke der »grossen germanischen Meister«, weil sie seiner Meinung nach unmittelbar zum Volke sprechen; auch Lehrern und Schülern vermittelt er nun versuchsweise die Bekanntschaft »mit den höchsten Schöpfungen der bildenden Kunst des eigenen Stammes«. Doch wendet er sich im Jahr 1890 auch neuen Themen zu. So liest er über die Geschichte der venezianischen Malerei, die Entwicklung der Landschaftsmalerei, die Geschichte des Genrebildes, Genremalerei im 19. Jahrhundert und über die bedeutendsten lebenden Künstler. Die Veranstaltungen für Lehrer setzt er regelmäßig fort.

1891 behandelt Lichtwark in seinen Vorlesungen Stoffgebiete, die er in der Folge teilweise auch in Buchform veröffentlicht. Er liest über die Erziehung des Farbensinns, ferner über die pädagogische Bedeutung der Blumenkultur, den Dilettantismus, die Techniken Aquarell und Pastell, zeitgenössische Kunst, die Sammlung von Bildern aus Hamburg und ältere hamburgische Künstler.[205] Im Jahr darauf spricht er über die Skulpturensammlung und die französischen Medaille, die Kunst als wirtschaftliche Macht und im Rahmen der mit »Reisevorbereitungen« betitelten Vorträge über Berlin, ein Thema, das er auch 1893 noch fortsetzt.[206] Im Allgemeinen beschäftigt sich Lichtwark in seinen Vorlesungen stets mit für ihn aktuellen Themen, wie sie sich aus besonderen Ankäufen, etwa von zeitgenössischer Graphik, oder seinen Forschungen nach Bildern und Veröffentlichungen ergeben. Deutsche Kunstgeschichte bleibt dabei immer Schwerpunkt; so liest er 1893 auch über »Die führenden Meister der germanischen Kunst vom 15. bis 19. Jahrhundert«.[207]

In den ersten Jahren nach seinem Amtsantritt publiziert Lichtwark kaum. Neuordnung und Aufbau der Sammlungen, auch die regelmäßigen Vorlesungen lassen ihm keine Zeit zur Produktion von kunsthistorischer Literatur. 1887 gibt es nur eine einzige Veröffentlichung: es erscheinen bei Meißner in Hamburg seine ersten beiden *Programme*, die Antrittsrede in der Kunsthalle und der Vortrag »Die Kunst in der

202 Dieser Begriff wurde 1963 von Bruce E. Watson geprägt für diejenigen Teile des Publikums, deren beständiges Interesse an der bildenden Kunst sich als ein das Kunstleben mitbestimmender Faktor auswirkt; vgl. Watson (1961), S. 70–73.
203 Vgl. Jahresbericht [Bd. 2], 1888, S. 62.
204 Vgl. Jahresbericht [Bd. 4], 1890, S. 45f. – P2, 19.4.1890.
205 Vgl. Jahresbericht [Bd. 5], 1891, S. 47f.
206 Vgl. Jahresbericht [Bd. 6], 1892, S. 69–71.
207 Vgl. Jahresbericht [Bd. 7], 1893, S. 59f.

Schule«. Das Buch wird von Reinhart von Seydlitz und Friedrich Pecht in der *Kunst für Alle*, der populärsten Kunstzeitschrift dieser Jahre, rezensiert. Der Vortrag »Die Kunst in der Schule« wird 1888 in der *Zeitschrift für gewerblichen Unterricht* gleich noch einmal gedruckt und erscheint in Auszügen im folgenden Jahr zwei weitere Male, in der *Badischen Gewerbezeitung* in Karlsruhe und der *Neuen Tischler-Zeitung* in Hamburg.[208] Lichtwarks Antrittsrede erfährt ohnehin einen Abdruck im Jahresbericht der Kunsthalle für 1886/87,[209] hier allerdings eher für die fachlichen Kreise. Diese von Lichtwark verfassten Jahresberichte folgen nun jährlich bis 1909. Endlich aber kann er 1888 auch seine vollständige Arbeit über den Ornamentstich der deutschen Frührenaissance publizieren, von der ein Teil schon 1885 als Dissertation im Druck bei Weidmann in Berlin erschien.[210] Die ersten Amtsjahre fordern sein ganzes Engagement für die Neuorganisation der Kunsthalle; erst nach und nach wird er sich neuen Bereichen widmen. Das Gutachten für die Erwerbung der Sammlung Hudtwalcker-Wesselhoeft erscheint im Jahresbericht für 1888 und in der *Kunst für Alle* des Jahrgangs 1888/89.[211] Auch das Jahr 1890 lässt ihm noch keine Zeit für neue Publikationen, denn er ist mit der Wiedereröffnung der Kunsthalle vollauf ausgelastet. Erst anschließend gewinnt Lichtwark langsam Raum und Zeit für neue Pläne und Gedanken.

Mit der Neugestaltung der Museumsräume hat Lichtwark reichlich zu tun. Beginnend im Oktober 1889 werden bauliche Veränderungen ausgeführt, Eingangshalle und Treppenhaus erhalten eine neue Dekoration. Das Vestibül wird ganz mit Stuckmarmor gestaltet, die Wände in Hellgelb, Säulen und Pilaster schwarz, die Flurwände in sattem Serpentingrün mit dunklen Wandsockeln, weißen Decken, Gipsreliefs und vergoldeten Dekorationen im Vestibül und Treppenhaus.[212] Auch eine Veränderung dreier Säle der Gemäldegalerie wird notwendig, doch reicht der Raum nicht für die Vereinigung der alten Meister, so dass im ersten Geschoss eine Konfrontation von alter und moderner Kunst unvermeidbar ist. Die bisher weitläufig aufgestellten Gipsabgüsse sollen platzsparend zusammengedrängt werden; von den Gipsen hält Lichtwark ohnehin nicht viel. In die dunklen Seitenlichtkabinette spannt er nach Berliner Vorbild schräge Wände ein.[213] Ende des Jahres 1890 schließt er die Umgestaltung ab; am 23. Dezember findet die feierliche Neueröffnung statt. Dazu erarbeitet Lichtwark auch seinen ersten Ausstellungskatalog, »Zur Wiedereröffnung am 23. Dezember 1890«, einen 61seitigen *Führer durch die Geschenke und Erwerbungen 1889–1890* mit Erläuterungen zu Künstlern und Werken, Bilddaten und Stiftern, der in München in der Verlagsanstalt für Kunst und Wissenschaft bei Bruckmann erscheint und

208 Vgl. Kayser (1977), Nr. 167, 169, 170, 175.
209 Vgl. ebd., Nr. 169.
210 Vgl. ebd., Nr. 168, 121.
211 Vgl. ebd., Nr. 173, 176.
212 Vgl. Jahresbericht [Bd. 3], 1889, S. 17f.
213 Vgl. ebd., S. 19f.

in der *Kunst für Alle* rezensiert wird.[214] Seit seinem Amtsantritt sind die Sammlungen bereits reich vermehrt, seit 1888 allein drei neue Abteilungen begründet worden: die Eingliederung der Sammlung Hudtwalcker-Wesselhoeft, die Sammlung zur Geschichte der Malerei in Hamburg und die Sammlung von Bildern aus Hamburg. An der Südseite sind nun fünf Säle für die graphische Abteilung aufbereitet, da Kupferstichkabinett, Photographiensammlung, Bibliothek und neues Lesezimmer mehr als das Dreifache an Raum als zuvor erfordern. Sechs Säle und acht Kabinette im Erdgeschoss sind für die älteren Werke der Gemäldegalerie eingerichtet, die Gipsabgüsse im Treppenhaus, in den Bildersälen und an der Rückseite des Säulensaals dekorativ aufgestellt worden. Die moderne Galerie hat im ersten und zweiten Stock ihren Platz gefunden. Senator Möring als Präses der Kommission lobt in seiner Ansprache die konsequente Ausbildung des Museums, nicht eine der seinerzeit erhobenen Anforderungen habe aufgegeben werden müssen. Im Gegenteil seien die Pläne erweitert und die Hoffnungen der Kommission von der Entwicklung weit überstiegen worden. Darin offenbart sich hohe Wertschätzung für Lichtwark, dessen Auffassungen und Grundsätze er im Übrigen in dieser Rede noch einmal wiedergibt, als hätte dieser sie für ihn verfasst. Als Besonderheit ist der Kaisersaal eingerichtet: Er enthält Lenbachs Portrait Wilhelms I., das von den Zinsen der Heine-Stiftung angekauft wurde, und des Feldmarschalls Graf Moltke als Geschenk des hamburgischen Senats. Ein Reiterbildnis Wilhelms I. von Gustav Marx ist schon im Dezember 1888 auf Senatsbeschluss erworben worden. In diesem patriotisch anmutenden Saal hängt außerdem zwischen Bismarck und Moltke ein »Luther auf der Wartburg«, und gegenüber dem Kaiserbildnis befinden sich »die bekannten Darstellungen aus dem Befreiungskriege und den Kämpfen von 1870/71«.[215]

Nach diesem Erfolg fordert Lichtwark nun auch mehr finanzielle Unterstützung vom Staat, von dessen Beteiligung er die zukünftige Entwicklung der Kunsthalle abhängig sieht. Der Ausbau als moderne Galerie bedürfe größerer Aufwendungen, da die wenigen hervorragenden Werke in der Masse des Mittelgutes verschwinden. Immer noch besitzt die Kunsthalle auf dem Gebiet der Plastik kein erstrangiges Werk, so plant er für die Zukunft die Erwerbung guter dreidimensionaler Arbeiten. Außerdem schwebt ihm eine Sammlung von alten und modernen Medaillen als Anregung für Künstler und Publikum vor. Er legt Nachdruck auf die pädagogische Arbeit, auf wechselnde Ausstellungen als Mittel der Erziehung und Anregung, auf Ausstellungen zu den Tagesereignissen, etwa Jubiläen oder Gedenkveranstaltungen beim Ableben deut-

214 Vgl. P2, 13.9.1890. – Kayser (1977), Nr. 178. – Hier und im Folgenden: Jahresbericht [Bd. 4], 1890, S. 3–15, 23. – Kunsthalle zu Hamburg. Zur Wiedereröffnung am 23. Dezember 1890, Führer durch die Geschenke und Erwerbungen 1889–1890, besonders die Sammlung älterer hamburgischer Meister und die Sammlung hamburgischer Landschaften von Alfred Lichtwark. – Kunst für Alle, 6. Jg., 1890/91, S. 160.

215 Vgl. P2, 6.12.1888. Der Best.Kat. Hamburg, 19. Jh., S. 132, verzeichnet das Bild von Marx irrtümlich als Portrait Wilhelms II. – Der Auftrag für das Moltke-Portrait ergeht am 20.10. an Lenbach, das Bild wird für 12.000 Mark erworben, vgl. P2., 15.11.1890. – Das Kaiserportrait von Lenbach ist zunächst im Hause Eduard L. Behrens ausgestellt, der Verein von 1870 lehnt den Ankauf für 20.000 Mark jedoch ab. Es wird für 10.000 Mark dann aus dem Heine-Legat erworben; vgl. P2, 15.2., 19.4.1890. – Best.Kat. Hamburg, 19. Jh., S. 114.

scher Meister und wichtige Versteigerungen, auf Ausstellungen zur Erläuterung moderner Kunstentwicklungen sowie auf neue Publikationen. Das interessierte Publikum soll sich in der Kunsthalle auf dem Laufenden halten können. So weisen Tafeln am Eingang auf die aktuellen Veranstaltungen hin. Als modernste Dienstleistung ist der Lesesaal vom 18. Oktober 1891 an auch abends von 19 bis 22 Uhr zugänglich. Das ist eine kostenintensive Angelegenheit: für Reinigungspersonal beantragt Lichtwark 600, für Öllampen 500 Mark, und einen speziellen Beamten dafür betrachtet er als wünschenswert.[216] Die Besucher sollen sich behaglich fühlen. Als nächstes plant er die Ausstattung der Galerieräume mit bequemen und geschmackvollen Sitzmöbeln, ein Anfang dazu ist bei der althamburgischen Sammlung schon gemacht.[217]

LICHTWARK PRIVAT

Mit seiner Rückkehr nach Hamburg zieht Lichtwark wieder in die Wohnung der Familie ein. Mutter und Bruder wohnen seit 1882 in der Tornquiststraße 66 im Stadtteil Eimsbüttel, der 1884 nach Hamburg eingemeindet wird.[218] Die Rückkehr aus der eigenen und mit ausgewählten Stücken eingerichteten, wenn auch kleinen Wohnung am Magdeburger Platz in Berlin, aus der Geselligkeit der Berliner Museumsleute und Ministerialen, aus seiner Rolle als beliebter Gast und Kollege zurück in das Umfeld der Herkunftsfamilie, wenn auch als Familienvorstand, muss für ihn auch Einschränkung bedeutet haben. Seit dem frühen Tod des Bankiers Bodenstedt ist Lichtwark Vormund der fünf Kinder. Er hat den Ältesten schon längere Zeit zuvor in die Obhut von Mutter und Bruder gegeben, damit er in Hamburg das Abitur ablegen kann. Er ist streng mit Arthur, als ehemaliger Lehrer möchte er ihn zu besseren Leistungen motivieren, betrachtet den selbstzufriedenen, wenig fleißigen und auch unbotmäßigen Jungen jedoch mit Empathie.[219] Marianne Lichtwark bleibt bis zum Sommer 1888 in Berlin bei den Bodenstedts als Erzieherin, dann kehrt auch sie in die eigene Familie zurück.[220] Sie ist nun 31 Jahre alt und unverheiratet, übernimmt die Haushaltsführung und widmet ihr Leben den Angehörigen. Doch bleiben der Kontakt zur Familie Bodenstedt und die gegenseitige liebevolle Anhänglichkeit, in die auch Lichtwark einbezogen ist, lebenslang bestehen.[221] 1888, sicherlich bedingt durch Mariannes Rückkehr, ziehen die Lichtwarks

216 Vgl. P2, 16.12.1890, 4.6., 8.10., 5.11.1891.
217 Vgl. Jahresbericht [Bd. 4], 1890, S. 14.
218 Für die Adressen vgl. hier und im Folgenden: Schellenberg, Notizzettel mit Lichtwarks Adressen, StA HH, 622-1, Familie Schellenberg, B 1–3. Meine Überprüfung anhand der Hamburger Adressbücher bestätigt die Angaben. – Helene und Hans Lichtwark scheinen noch mehr Pensionsgäste gehabt zu haben: 1886 rät Lichtwark von einem ihm ungeeignet erscheinenden Jungen aus seiner Bekanntschaft, den er als »Trauerkräusel« bezeichnet, dringend ab; vgl. Br. Familie, S. 600. Die Betreuung solcher Jungen dürfte einen wichtigen Beitrag zu den Familieneinkünften dargestellt haben.
219 Vgl. Br. Familie, S. 624–626.
220 Vgl. ebd., S. 626f.; im August 1888 scheint Marianne Lichtwark bereits in Hamburg zu leben.
221 Vgl. ebd., S. 625f., 631, 751.

aus der Tornquiststraße in den damaligen Vorort Hamm, Obere Querstraße 3, später in Marienthaler Straße umbenannt. Die Straße verläuft parallel zur Strecke der Hamburg-Lübecker Eisenbahn und stellt noch nicht das passende Quartier für den Direktor der Kunsthalle dar. Ende 1889 wird die Wohnung erneut gewechselt, diesmal für viele Jahre. Die neue Adresse liegt standesgemäß auf der Uhlenhorst nahe der Außenalster, Bassinstraße 10, später in Nr. 1 umbenannt. Lichtwark gestaltet eine behagliche, geschmackvolle und großzügige »Wohnung als Kunstwerk«: »Hier ordneten sich alte und neue, zum Teil nach eigenen Entwürfen ausgeführte Möbel mit glücklich gewählten Stoffen, Bronzen, Vasen und Gemälden ohne Überfüllung und ohne Leere zu farbig fein gestimmten Bildern. Blumen fehlten nie. Es war die Behausung eines guten Europäers, in deren vier Pfählen man sich ebensowohl in Wien oder Paris wie in Hamburg wähnen konnte«, erinnert sich Gustav Pauli.[222]

Aus dem pulsierenden Leben in Berlin kehrt Lichtwark nach Hamburg in eine große persönliche Einsamkeit zurück. Abgesehen von seinem Mentor Justus Brinckmann und dem väterlichen Freund Carl Kall, auch der zunehmend enger werdenden Freundschaft mit der Familie Vivié, hat er zunächst kaum Freunde, ein harter Kontrast zu den überaus geselligen Berliner Jahren. Ende Dezember 1886, zwei Monate nach seinem Amtsantritt, trifft er auf einer Soiree bei Senator O'Swald Franz Ferdinand Eiffe wieder.[223] Beide haben sich 1883 in Berlin kennengelernt anlässlich einer Ausstellung, die zur Erinnerung an die zuvor stattgefundene Reise des Kronprinzenpaares nach Spanien veranstaltet wurde. Der stets gefällige Lichtwark fand sich damals bereit, Eiffe durch die noch im Aufbau befindliche Ausstellung zu führen, und gab ihm beim Abschied seine Karte: »Alfred Lichtwark, Assistent am Alten Museum«. Nach der Soiree bei Senator O'Swald gehen die beiden Männer ins Wiener Café und schließen eine Freundschaft, die für beide gleichermaßen bedeutungsvoll wird. Eiffe ist ein Hamburger Kaufmann und Sohn eines Senators, dessen Großvater mit dem Oberalten Octavio Rudolf Schröder die Firma Schröder & Eiffe gründete und der 1889 die eigene Firma F. F. Eiffe und Co. eröffnet. Seine in London geborene Mutter entstammt der reichen Hamburger Familie Godeffroy. In ihre enge Freundschaft werden im Laufe der Jahre die beiderseitigen Verwandten, Bekannten und Freunde einbezogen. Mit Eiffes Vetter Oskar von Chelius ist Lichtwark schon seit den gemeinsamen Studientagen in Leipzig bekannt. Auch mit dem Fürstenhaus Reuß unterhält Eiffe freundschaftliche Beziehungen; die von ihnen sehr bewunderte Elisabeth Prinzessin Reuß lernen die Lichtwarks während deren Ausbildung zur Krankenschwester am Eppendorfer Krankenhaus kennen.[224] Andere Kontakte ergeben sich für Lichtwark über Eiffe erst Jahre später. Au-

222 Vgl. Pauli, Vorwort, in: Reisebriefe I, S. 14f.

223 Vgl. Eiffe (1935), S. 1f., 139, 158, 183. – Br. Familie, S. 532.

224 Elisabeth Prinzessin Reuß, mit Marianne und Alfred Lichtwark befreundet, erinnert sich der unvergesslichen Hamburger Zeit und der Elbfahrten, bedankt sich aus Hannover für Lichtwarks Buch über die Autofahrt mit Prinz Eugen (siehe das Kapitel »Fahren und Fliegen« in Teil 5) und berichtet über die Situation in Bulgarien; ihre Schwester Eleonore (1860–1917) heiratet König Ferdinand I. von Bulgarien (1861–1948); vgl. Briefe vom 18.12.1904, 15.1.1908, 31.12.1912, HKH, AdB 76.

ßer den freundschaftlichen gibt es später auch nachbarschaftliche Beziehungen: Eiffe wohnt ab 1893 in der Adolphstraße 51, ab 1898 in der Adolphstraße 45. Morgens pflegen die beiden Herren gemeinsam zur Stadt zu gehen und dabei über politische und hamburgische Themen zu sprechen. Es habe kein Gebiet gegeben, berichtet Eiffe später in seinen *Lebenserinnerungen*, auf dem man nicht von Lichtwark Anregungen hätte empfangen können.[225]

Ebenfalls als Freund Lichtwarks tritt in den ersten Jahren nach der Rückkehr der promovierte Jurist Wolf Mannhardt auf. Lichtwarks erster erhaltener Brief an ihn stammt vom November 1889.[226] Mannhardt, Sohn eines Hamburger Augenarztes und zunächst noch Junggeselle, ist als Anwalt tätig und kunstinteressiert, ohne jedoch dem engeren Kreis des interessierten Publikums in der Kunsthalle fest anzugehören. Lichtwark bietet dem zwölf Jahre Jüngeren bald das Du an.[227] Die lebenslange Freundschaft mit Mannhardt ist rein persönlicher Natur. Zwar versucht Lichtwark Mannhardt an Werke der Kunsthalle heranzuführen, doch spielen Kunstthemen in dieser Freundschaft eine untergeordnete Rolle. Gemeinsam sind beide mit dem Juristen Dr. Magnus von Wedderkop befreundet, der zwar nicht in Hamburg lebt, aber als Dritter im Bunde erscheint. Auch diese Freundschaft ist eine sehr persönliche, sie endet erst mit dem Tode Lichtwarks.[228]

In diesen ersten Jahren kommt Lichtwark, vermittelt durch den ihm aus Berlin bekannten Kunsthistoriker Dr. August Kalkmann, mit dessen Bruder in Kontakt, dem Hamburger Kaufmann Ernst Kalkmann.[229] Er wird in Lichtwarks Kreis zu einer wichtigen Figur werden, besonders intensiv dessen Ideen und Zielen folgen und seine Pläne unterstützen. Auch hier entsteht eine lebenslange Freundschaft, die beide Familien einbezieht. Von stetig wachsender persönlicher Bedeutung ist für Lichtwark eine andere Begegnung: 1890 lernt er den Maler Leopold Graf von Kalckreuth kennen, der mit seinem aus Nordfriesland stammenden Künstlerfreund Hans Peter Feddersen auf dem Weg an die Nordsee in Hamburg Station macht.[230] Kalckreuth dürfte mit der Absicht gekommen sein, Liebermanns im Jahr zuvor angekaufte »Netzflickerinnen« zu sehen, das modernste Werk in einem deutschen Museum zu dieser Zeit. Liebermann und Kalckreuth sind nicht nur progressive Künstler dieser Epoche, sie haben auch, wenn auch nicht zeitgleich, an der damals fortschrittlichsten deutschen Akademie in Weimar studiert. Sie kennen sich, seit Liebermann 1868 als Student im Elternhaus

225 Vgl. Eiffe (1935), S. 139, 183.
226 Vgl. Br. Mannhardt, S. 45; zu Mannhardts Biographie vgl. Schellenberg, Vorwort, in: ebd., S. 15–17.
227 Vgl. ebd., S. 17, 46f.
228 Vgl. Alfred Lichtwark, Briefe an Wedderkop, HKH, AdB 112. – Br. Mannhardt, S. 45f., Anm. 4. – Lichtwarks Anreden für Wedderkop sind oft besonders humorvoll freundschaftlich wie »altes Haus, dear boy, old man« (Brief vom 14.11.1897, HKH, AdB 112). Lichtwark bittet in vielen seiner Briefe Wedderkop, ihm zu schreiben.
229 Vgl. Br. Familie, S. 627; am 21.4.1888 ist Kalkmann erstmalig erwähnt. Lichtwark wird ihn aber schon bald nach seiner Rückkehr nach Hamburg, wenn nicht schon vorher, kennengelernt haben, vgl. AL, Vorwort, in: Voss (1909), S. V–VII; Kayser (1977), Nr. 470; Lichtwark beschreibt ihn, seine Arbeit, Persönlichkeit und Herkunft sehr freundschaftlich und empathisch.
230 Vgl. Brachert (1958), Bd. 1, S. 20.

Kalckreuths in Weimar verkehrte, während der Vater Stanislaus Graf von Kalckreuth als Direktor der Akademie amtierte. Seit ihrem gleichzeitigen Münchner Aufenthalt im Jahre 1878 sind sie befreundet.[231] Durch die Erwerbung der »Netzflickerinnen« beginnt Liebermanns wichtige Rolle als Künstler für Lichtwark noch vor Kalckreuth. Dieser erhält den ersten Auftrag von der Kunsthalle hingegen erst 1894, als Lichtwarks Kontakt zu Liebermann vorübergehend etwas abflaut. Lichtwark wird vor allem nach 1900 zu einem wichtigen Förderer, Berater und engen Freund Kalckreuths.[232]

Bei seinem kurzen Aufenthalt in Schwerin zur Besichtigung der dortigen Gemäldesammlung lernt Lichtwark bei seinem Kollegen Friedrich Schlie den Hamburger Gymnasiallehrer Hans Brauneck kennen. Er freut sich über die Begegnung mit diesem gebildeten jungen Mann, auch darüber, »unter den Lehrern so tüchtige Menschen« getroffen zu haben, »denn manchmal war mir doch etwas leer zumut in der Hamburger Gesellschaft.« Er hoffe, Brauneck im Sommer näher kennenzulernen.[233] So beginnt diese Begegnung schon gleich mit großer gegenseitiger Sympathie. In dem umgehend einsetzenden Briefwechsel teilt Lichtwark Brauneck freimütig auch ganz Persönliches mit: »Kannst Du Dir eine Vorstellung machen von der Leere, die einen in Berlin an intimen fruchtbaren Verkehr mit Strebenden jedes Alters Gewöhnten umfängt, wenn er im Handumdrehen nach Hamburg geschleudert wird? Vom Wasser auf den Sand, wie mir Mommsen sagte. Freundliche Mienen überall, aber, wo ich die Hand ausstrecke, eine hochachtungsvolle Verbeugung als Antwort. In Schwerin habe ich wieder den Kiel im Wasser gefühlt, um mit vollen Segeln auf neue Entdeckungen zu steuern. Wenn ich nun meine sinnende Seele sich selbst überlasse, so fängt sie wieder an, Pläne zu spinnen und überrascht mich, wenn ich zu Bewußtsein komme, mit köstlichen Geweben.«

Er schlägt Brauneck vor, an jedem Sonnabend bei ihm draußen zusammenzutreffen, »um etwas Meerfahrt zu treiben«, nur im engsten Kreis mit ihm und seinen Geschwistern Shakespeares *Macbeth* zu lesen. »Ich kann Dir allerlei unbetretene Pfade zu weitschauenden Aussichtspunkten zu zeigen versprechen.«[234] Auch seine Abneigung gegen das Heiraten schildert und begründet Lichtwark Brauneck gegenüber ausführlich: »Es ist kein Plaisir für die Unbetheiligten und ein sehr geringes für die Activen. So denke ich mir nach den Erfahrungen bei manchen, die ich mitgemacht. Nichts Ungeschickteres und Unbehaglicheres als der Zustand des Bräutigams am Hochzeitstage. Ihr hilft die Angst und eine gewisse heroische soll ich sagen Schamlosigkeit, die dem Weibe, wenn es liebt, eigen ist, über die Klippen und Sandbänke hinweg. In mancher Braut habe ich am Hochzeitstage schon einen Zug von dem unverschämten glücklichen Stolz gesehen, mit dem die Gesegnete nachher ihre geschwollene Taille vor sich herschiebt. Er aber, der viel mehr weiss, der viel mehr merkt – Lächeln, Flüstern,

231 Vgl. ebd., S. 5f. – Ausst.Kat. Liebermann (1997), S. 237. – Liebermann (1978, Kalckreuth), S. 260.
232 Vgl. Briefe Kalckreuth an Alfred Lichtwark, 17.8.1894, 27.12.1894, München, BSB, HSS, Kalckreuthiana II.
233 Vgl. Br. Familie, S. 623.
234 Brief Alfred Lichtwark an Brauneck, 10.4.1888, HKH, AdB 97.

Zwinkern – pflegt sich nackend in seinen Kleidern zu fühlen. Wenn ich heirathete, würde ich mir vor allem den Polterabend schenken. Barbarischeren Brauch kenne ich nicht. Assez.«[235] Lichtwark ändert seine Meinung nicht, auch wenn sein Freund Puchstein ihm bereits zu Neujahr 1887 gewünscht hat, dass Aphrodite ihm hold sein möge, bleibt er zeitlebens unverheiratet.[236]

Zu Brauneck spricht er auch offen über seine schwierige Position in der Kunsthalle: »Es ist schwer, in meiner Stellung mit Künstlern zu verkehren, da sie einen im Grunde doch nicht gelten lassen. Einer von ihnen müsste das alles viel besser können. Ich habe mich deshalb prinzipiell nicht um ihren Umgang oder gar ihre Freundschaft bemüht, so gern ich mit Künstlern verkehre. [...] Im Ganzen thue ich besser, mir gar nicht klar zu machen, wie schwierig eigentlich meine Stellung ist.«[237] Brauneck gehört von dieser Zeit an zu Lichtwarks Bekanntenkreis, ab 1893 wird er auch in der soeben gegründeten Gesellschaft Hamburgischer Kunstfreunde aktiv. Er oder auch Eiffe könnten als Mitglieder des 1890/91 gegründeten national-konservativen Alldeutschen Verbandes, der in Hamburg seit 1891 seine zweitgrößte Ortsgruppe besitzt, Lichtwark zum Beitritt bewogen haben. Sein Eintritt in diese Vereinigung ist nicht genau datierbar, dürfte jedoch mit diesen beiden Freunden zusammenhängen und daher in diese Zeit fallen. Sein Austritt erfolgt zwischen 1897 und 1901.[238] Die deutsch-nationalen chauvinistischen und imperialistischen Zielsetzungen des Alldeutschen Verbandes passen jedoch weder zu Lichtwarks eher liberalem und tolerantem Denken und Charakter noch zu seinem Interesse an den kulturellen Leistungen anderer Nationen. So verfolgt er auch die archäologische Tätigkeit seines Freundes Otto Puchstein und dessen in Altona aufgewachsenen Kollegen Robert Koldewey, den er wohl schon vom Christianeum her kennt, mit großem Interesse. Koldeweys Briefe mit seinen Tätigkeitsberichten gibt er an den *Hamburgischen Correspondenten* und erwägt auch eine Buchveröffentlichung, die möglichst in Hamburg erfolgen soll.[239]

Zu den eigenartigsten Begegnungen Lichtwarks in diesen ersten Hamburger Jahren gehört diejenige mit Julius Langbehn, den er gleichwohl bereits aus Berlin persönlich kennt. 1890 erscheint das Buch *Rembrandt als Erzieher* von einem anonymen Verfasser, der sich als einen Deutschen bezeichnet; es begeistert die Nation. Der aus Holstein stammende promovierte Archäologe Julius Langbehn, anderthalb Jahre älter als Lichtwark, gibt sich erst nach dem großen Erfolg seines Werkes als dessen

235 Vgl. Brief Alfred Lichtwark an Brauneck, 11.5.1888, HKH, AdB 97. In diesem Brief erwähnt Lichtwark ein einziges Mal direkt Mommsens Metapher vom Wasser und dem Sand; sonst wird sie stets nur von anderen Personen überliefert, die sie von Lichtwark mündlich erfahren haben müssen. – Französisch für: genug davon.
236 Vgl. Brief Puchstein an Alfred Lichtwark, 30.12.86, HKH, AdB 76. Puchstein schreibt, er würde Lichtwark eine Vorlesung über die Notwendigkeit und die Vorzüge der Ehe gehalten und den Mund wässerig gemacht haben, sei aber so gehetzt gewesen.
237 Brief Alfred Lichtwark an Brauneck, 2.5.1888, HKH, AdB 97.
238 Vgl. Hering (2003), S. 179, 293f., 301f., 309.
239 Vgl. Briefe Alfred Lichtwark an Koldewey, 1.12.1887, 9.4., 16.12.1892, 12.6., 24.12.1893, sowie Koldewey und Puchstein, 15.2.1893, Berlin, Staatsbibliothek, HSS, NL Koldewey: Lichtwark, Alfred. Koldewey legt 1875 am Christianeum die Reifeprüfung ab, als Lichtwark dort eintritt.

Urheber zu erkennen. Viele Jahre und die Unterstützung mehrerer Personen hat er für die Abfassung gebraucht. Lichtwark hat ihm noch als Student in Berlin 1883 zu einem kostenlosen Quartier in dem leerstehenden Landhaus des Konsuls Carstens in Dockenhuden bei Blankenese verholfen, doch scheint er Langbehn, im Gegensatz zu seinem Freund Seidlitz, niemals finanziell unterstützt zu haben.[240] Auch Lichtwark wird in den Jahren, in denen Langbehn an seinem Werk arbeitet, von diesem um Geld angegangen. Langbehn bittet um Hilfe, er brauche drei bis vier Monate völlig freie Zeit und mindestens 300 Mark, die Lichtwark ihm zinsfrei zur Verfügung stellen soll. Er, Langbehn, verbürge sich dafür, dass eine Ablehnung Lichtwark immer gereuen werde. »Versuchen wir beide unser Möglichstes; die Vernunft ist Vielem gewachsen; auch solchen Dingen, die bisher noch nicht dagewesen sind.« Wortreich und schwülstig versucht Langbehn, Lichtwark zu überreden. Ob Lichtwarks künstlerische Überzeugung mit der eigenen übereinstimme, stehe dabei nicht zur Debatte. »[...] wenn Sie mir eine geistige Bedeutung zuerkennen, wird es doch wohl nicht gerade diejenige sein, Deutschland zu Grunde zu richten.« Langbehn hat ihn schon zuvor in einem langen Brief gebeten, nicht jedes Wort von ihm auf die Waagschale zu legen, nun bittet er ihn, dies gerade doch zu tun, denn es sei ihm lieber, dass Lichtwark ihm zuerst unrecht und dann recht gebe. Lichtwark soll jedes Wort und jede Silbe Langbehns bedenken, soll sich Zeit dazu nehmen, soviel er braucht, »und dann antworten Sie mir.« Sie beide könnten einander ergänzen, beschwört Langbehn ihn, Mond und Erde ergänzten sich auch, und doch sei der Mond nur ein Trabant der Erde. Er wolle damit nicht sagen, dass Lichtwark ein Trabant sein soll, jeder Vergleich hinke. Aber er solle bedenken, dass der Mond sein Licht von der Sonne empfange, wiederum die Erde beleuchte, wenn es ihr an Licht fehle. Langbehn ist das Mondlicht lieber als das Sonnenlicht. »Sorgen Sie – vorläufig – für mein Leben und lassen Sie mich – immer – für tausend Menschenkräfte sorgen; dann ist dasjenige gegeben, was Sie selbst zur Erfüllung meiner Aufgaben für nöthig erklärt haben. Sie werden mir sagen, es sei viel, daß ich eine Welt gebären wolle, und ich sage Ihnen: ich habe sie schon geboren. Das walte Gott! Ihr Langbehn.«[241] Langbehn dürfte noch in Lichtwarks Berliner Zeit auf dessen Veröffentlichung über Rembrandt aufmerksam geworden sein. Er könnte also durch Lichtwark überhaupt erst von Rembrandt erfahren haben, so wie er umgekehrt versucht, Lichtwark Nietzsche nahezubringen, der zu dieser Zeit noch in keinem Konversationslexikon verzeichnet ist. Lichtwark notiert sich den Namen, doch scheint er sich mit dem Philosophen bis dahin noch nicht befasst zu haben. Dass Lichtwark und Langbehn aneinander vorbeiredeten, stellt später der Adlatus des »Rembrandtdeutschen«, der Maler Momme Nissen, fest: Lichtwark sei gegenüber den »letzten Problemen der deutschen Seele unberührt geblieben«, während es Langbehn »auch in den Künsten, auf das heiligste Erb- und Herzensgut ankam.« Damit ist Langbehn

240 Vgl. hier und im Folgenden: Nissen (1926), S. 60. – Nissen (1922), S. 4.
241 Brieffragment Langbehn an Alfred Lichtwark, undatiert, 8 S., HKH, AdB 76. Der darin erwähnte Brief hat sich anscheinend nicht erhalten.

allerdings bei dem realistischen, nüchternen und unsentimentalen Lichtwark fehl am Platz, denn dieser will aus ökonomischen, politischen und sozialen Gründen den Geschmack der Deutschen bilden und damit das ästhetische Niveau des ganzen Volkes heben. Darin folgt er schließlich, wie in seinem Vortrag »Die Kunst in der Schule« dargelegt, der durch die Zeichenlehrer längst verbreiteten Vorstellung von der Notwendigkeit der Erziehung des Konsumenten. Langbehn habe in den ersten Jahren nach Lichtwarks Amtsantritt mit ihm in regem Austausch gestanden, hat Marianne Lichtwark später mitgeteilt. Er habe ihren Bruder in Hamburg aufgesucht, um ihm seine Ideen zu entwickeln, für die Lichtwark Feuer und Flamme gewesen sei.[242] Dies erscheint allerdings wenig wahrscheinlich, denn die klare Zielsetzung und Gedankenführung in Lichtwarks Texten, die konkrete, pragmatische Beziehung zu seinen Gegenständen und Langbehns irrationales, krauses, antimodernes kulturphilosophisches Werk haben nichts miteinander gemein. Fast wahnhaft wirkt die Gleichsetzung von Rembrandt als dem nach seiner Meinung individualistischsten Künstler und den Deutschen als individualistischem Volk.[243] Die Begeisterung für Rembrandt teilen zu dieser Zeit auch andere Kunsthistoriker und Künstler; es ist die Phase seiner Wiederentdeckung. Lichtwark bekennt sich in seinen Schriften und Briefen nirgends direkt und ausdrücklich zu Langbehn, 1902 vertritt er sogar die ironische Meinung, in der nächsten Generation würden »wohl viele in Schleswig-Holstein überschnappen.«[244] Auch Nissen selbst formuliert eindeutig, Lichtwark sei nach seinem Amtsantritt in Hamburg »abhold und stumm gegenüber der weltweiten niederdeutschen Perspektive des Rembrandtbuches« gewesen, dessen »Betrachtungsart ihm für seine lokale Reform zu unwirklich« erschienen sei. Lichtwarks Verhalten gegenüber Langbehn spricht für eine Distanzierung. Im Gegensatz zu Langbehn instrumentalisiert er die Kunst nicht für ideologische Zwecke.[245] Auch dem Werk Nietzsches nähert Lichtwark sich nicht. Harry Graf Kessler notiert im April 1898 ein Gespräch mit Lichtwark über die von Elisabeth Förster-Nietzsche geplante Stiftung des Nietzsche-Archivs nach Hamburg.[246] Lichtwarks Haltung gegenüber diesem Vorhaben bleibt jedoch unbe-

242 Vgl. Zeromski (1924), S. 59. Zeromski bezieht sich hier auf eine Mitteilung Marianne Lichtwarks, die mit dieser Aussage bezweckt haben könnte, ihren Bruder als Befürworter des Buches herauszustellen, denn es entsteht der Eindruck, als habe Lichtwark Langbehn Impulse zu seinem damals berühmten Buch gegeben.

243 Mit dem Verhältnis Lichtwark–Langbehn beschäftigt sich Nobumasa Kiyonaga ausführlich in seiner Dissertation (2008), S. 125–222.

244 Vgl. Br. Pauli, S. 23, im Zusammenhang mit Theodor Brodersen, dem späteren Leiter des Hamburger Kunstvereins.

245 Vgl. Nissen (1926), S. 60. Mit dieser Quelle geht Gerhard Kaldewei in seiner Dissertation *Museumspädagogik und Reformpädagogische Bewegung 1900–1933* nicht ganz korrekt um. Eine finanzielle Unterstützung Langbehns durch Lichtwark geht daraus keineswegs hervor, lediglich vermittelt Lichtwark ein Quartier; vgl. Kaldewei (1990), S. 86. Kaldewei rückt Lichtwark durch seine einseitige und verkürzte Sicht zu Unrecht in die Nähe Langbehns und der konservativen Kulturkritik und kann dann Nissens Aussage über Lichtwarks Verhältnis zu Langbehns Rembrandtbuch nicht zuordnen, weil er an der These der Nähe von Langbehn und Lichtwark festhält. So scheint auch Kaldeweis Kritik an Gisela Wilkendings Negation einer engen Verbindung der beiden als »sachlich fahrlässig und nicht haltbar« und aufgrund der Lichtwark betreffenden Quellen nicht akzeptabel; Kaldewei (1990), S. 87. – Vgl. auch Koltermann (1967). – Kiyonaga (2008), S. 218–222.

stimmt. Persönlich fühlt er sich von Nietzsches Werk nicht angesprochen; für Hamburg mag er jedoch einen bedeutenden Zuwachs darin gesehen haben.

Sein Amt beansprucht Lichtwark völlig. Die vielfältigen Aufgaben hat er viele Jahre allein, lediglich unterstützt durch seinen Sekretär August Müller, zu bewältigen. Erst 1909 wird ein kunsthistorisch ausgebildeter Assistent, Dr. Hans Börger, eingestellt.[247] Auf Reisen sind Lichtwarks Tage überfüllt mit Terminen und Programm, für private Treffen mit den alten Bekannten und Freunden bleibt kaum noch Zeit. Im November 1892 schreibt er aus Berlin an seine Kommission: »Diesmal habe ich sehr empfunden, dass ich die Fühlung mit der Berliner Gesellschaft zu verlieren anfange. Ich habe mir, seit ich in Hamburg bin, nicht die Zeit genommen, Einladungen zu folgen. Unterdess ist eine neue Welt aufgestanden.«[248]

LIEBERMANNS PETERSEN-PORTRAIT ALS BEGINN EINER PORTRAITGALERIE

Mit der Reorganisation und Wiedereröffnung der Kunsthalle Ende des Jahres 1890 hat Lichtwark eine bedeutende Hürde bewältigt; der Weg scheint nun für die Verwirklichung seiner speziellen Wünsche und Pläne gebahnt. Trotz der Schwierigkeiten mit den »Netzflickerinnen« will Lichtwark in seine Sammlung moderner Kunst mit hamburgischen Motiven besonders Liebermann einbeziehen. Daher kommt er im Februar 1891 brieflich auf seinen schon zuvor geäußerten Wunsch zu sprechen, der Künstler möge ein Portrait des Bürgermeisters Carl Friedrich Petersen für die Kunsthalle malen. Lichtwark hat jedoch zunächst noch Probleme mit der Beschaffung der erforderlichen Mittel, da bisher nur Hamburger Landschaften finanziert wurden. Erst durch einen von dem Fabrikanten und Kunstliebhaber Reinhold Hermann Kaemp zur Verfügung gestellten Garantiefonds kann er seine endgültige Anfrage an Liebermann richten.[249] Mit diesem Auftrag regt er den Maler zu einem ersten offiziellen Bildnis an und befördert dessen Entwicklung zum Portraitmaler. Das Werk bewirkt einen beträchtlichen Skandal, in dessen Verlauf Lichtwark sogar an einen Rücktritt denkt.[250]

246 Vgl. Kessler (2004), Bd. 3, S. 140f.
247 Börger wird am 22.7.1909 vereidigt; vgl. P5, 14.9.1909. Meine Versuche, Nachfahren oder Erben des als Pensionär in Bückeburg lebenden und dort auch verstorbenen Börger zu finden, blieben erfolglos. Durch einen Aufruf in den *Schaumburger Nachrichten* erhielt ich im April 2002 einen Anruf von Frau Bernhard, Obernkirchen, mit der Information, dass Börger im Hause ihrer Schwiegereltern in der Marienstraße gelebt und ein im Rheinland ansässiger Neffe anderen Namens nach dem Tod der Witwe Börger den Nachlass geerbt habe. Es befinden sich keine Börger betreffenden Dokumente im Niedersächsischen Staatsarchiv Bückeburg; für seine schriftliche Mitteilung vom 11.2.2002 danke ich Martin Fimpel. In der SUB Bremen ist das Typoskript eines 1932 im Hamburger Rundfunk gehaltenen Vortrages von Börger über Lichtwark vorhanden: »Alfred Lichtwark, der Museumsmann«, BA 5811.
248 Br. Kommission (1896), Bd. I: 1891/92, S. 230.
249 Br. Liebermann, S. 84f. – Br. Lichtwark-Liebermann, S. 34f.
250 Vgl. Ausst.Kat. Dreimal Deutschland (1981), S. 58.

Liebermann reagiert bereits begeistert auf eine Photographie von Petersen: »Das ist in der That ein ausgezeichneter Kopf«, schreibt er am 27. Januar 1891 launig an Lichtwark, »u Franz Hals würde daraus einen eminenten – Hals gemacht haben. Das Costüm – obgleich es in der Photographie etwas nach Theater aussieht – ist ebenfalls riesig malerisch u auf seine Beine hat der Herr ganz Recht, stolz zu sein. En somme, an dem Modelle liegt es nicht, wen[n] der Maler nichts vorzügliches [sic] im Portrait herausbringt. Der Man[n] sieht energisch aus, kön[n]te auch ein General sein, fürchtet sich, glaub' ich, vor Gott und die [sic] Welt nicht, ein famoser Kerl, der müßte stark und einfach groß, wie F. Hals seine Leute in den Gildebildern contrefait hat, herunter gestrichen werden, ohne Wippchen u ohne Lasuren. [...] Jedenfalls ist's mit das reizvollste an Aufgabe, was Einem geboten werden kann.«[251] Ein paar Wochen später bedankt er sich bei Lichtwark für weitere Photographien und einen Brief: »Ach! ich bin Ihnen soviel von dieser Waare, die wie der alte Göthe behauptet, nicht wie die Häringe eingepöckelt werden darf, bereits schuldig, daß ich fürchte, selbst wenn ich Methusalems Alter erreichen sollte, kaum imstande zu sein, meine Schuld Ihnen begleichen zu kön[n]en. Doch, ich bin ein naives Gemüt und werde vorerst – Ihren Bürgermeister malen.«[252]

Carl Friedrich Petersen, zu diesem Zeitpunkt 82 Jahre alt und von mittelgroßer, gut proportionierter Statur, jugendlich-elastischer, sehr gepflegter Erscheinung, charakteristischer Physiognomie und aristokratisch geformter Stirn, gehört als Erster Bürgermeister zu den angesehensten Persönlichkeiten Hamburgs.[253] Er ist kunst- und kulturinteressiert, schätzt besonders die italienische Renaissance und hat die Ehrenbürgerschaft von Johannes Brahms durchgesetzt. Lichtwark kennt ihn und seine Familie, das Verhältnis zu Petersen ist gut. Im Jahr 1889 sind dessen Portraitphotographie aus dem Atelier von Emil – eigentlich Emilie – Bieber und 1890 das Petersen-Portrait der Hamburger Portraitistin Julie de Boor in der Kunsthalle ausgestellt.[254]

Liebermann verspürt große Vorfreude auf den Auftrag: »[...] daß mir Lichtwark dazu verholfen, werde ich ihm nie vergessen«, schreibt er am 20. April 1891 an Albert Kollmann.[255] Das Resultat, Liebermanns erstes offizielles Portrait mit ersichtlichen starken Anleihen bei der Malerei von Frans Hals, ist ein merkwürdiger Zwitter: Ein historisch gekleideter Mann im Habit eines hamburgischen Senators, ein Grande – damit ein Motiv, das eher nach akademischer Historienmalerei zu verlangen scheint – wird hier portraitiert in einem naturalistisch-impressiven Stil von nicht-repräsenta-

251 Kern (1986), S. 152. – Br. Lichtwark-Liebermann, S. 32f. Im Original mit Konsonanten-Verdoppelungszeichen. – Liebermann beschäftigte sich in seiner Frühzeit ausführlich mit dem Werk von Frans Hals.
252 Kern (1986), S. 152. – Br. Lichtwark-Liebermann, S. 35.
253 Hier und im Folgenden zum Petersen-Skandal: Kay (1994), S. 102–127. – Ausst.Kat. Dreimal Deutschland (1981), S. 58–60.
254 Vgl. Jahresbericht [Bd. 3], 1889, S. 47ff., Ausstellungen, 14.10.1889. – Jahresbericht [Bd. 4], 1890, S. 41f., Ausstellungen, 27.7.1890. Anlass dieser Ausstellung ist offensichtlich das Geschenk von Zeichnungen alter und neuer Meister aus dem Nachlass von Claus Hermann de Boor. Sie kann auch ohne Lichtwarks Stimme von der Verwaltungskommission beschlossen worden sein. Siehe auch Anm. 252. – Zu Emilie Bieber, die 1852 in der Großen Bäckerstraße 26 das Daguerreotypie-Atelier E. Bieber eröffnete, vgl. Kempe (1977), S. 151f.
255 Liebermann-Br., S. 154, Nr. 119, 20.4.1891.

tiver Privatheit, der realistisch das Erscheinungsbild erfasst.[256] Noch ist Liebermanns Mühe mit diesem Portraiterstling zu spüren; verglichen mit seinen bravourösen späteren Hamburger Portraits wirkt es fast uninspiriert (Abb. 20). Lichtwark ist begeistert, als er das Bild im Juli 1891 zur Ansicht in der Kunsthalle hat. Der Erfolg scheine ihm sicher, wie er an Bode schreibt, das Bild werde sogar auf seine erklärten Feinde umstimmend wirken. Er träumt bereits von einem Staatsauftrag an Liebermann für ein Gruppenportrait des Senats, im Ornat in einer Prozession zum neuen Rathaus ziehend.[257]

Statt der erhofften Akzeptanz erlebt Lichtwark jedoch einen Skandal. Die raue Malerei erregt heftige und allgemeine Abwehr, obwohl das Portrait Petersen und seiner Familie anfangs gefallen und auch sonst in Hamburg Freunde gefunden haben soll. Seine heftigste Widersacherin jedoch ist die Portraitmalerin Julie de Boor, eine Freundin des Hauses Petersen. Sie soll auf den Dargestellten eingewirkt haben, das Bild abzulehnen, und schickt Lichtwark, um ihn zum Aufgeben zu bewegen, eine Freundin »über den Hals«, die er »abgefertigt« hat.[258]

Liebermann zeigt sich wenig berührt von der ablehnenden Reaktion auf sein Portrait. Selbstbewusst dankt er im Februar 1892 Lichtwark für den mit dieser Aufgabe erwiesenen Dienst. Er werde nicht aufhören, sich ihm gegenüber als Schuldner zu fühlen, schreibt er und fährt dann fort: »Die Aufnahme, die das Porträt in Hamburg gefunden, tangirt mich wenig: ein 83jähriger Greis, der fast blind, ein Banquir, dito beinahe blind und einige Kaffeemackler, die Frau de Boor und Vilma Parlaghy als höchsterachten [sic], scheinen mir nicht der competente Gerichtshof über meine Fähigkeiten zu sein. Und wenn ich noch bedenke, daß hinter den Kulissen Herr Heilbuth [sic] (in meinem Interesse natürlich!) thätig war, orbi et urbi die Vorzüge des Porträts auseinanderzusetzen, so begreife ich die Wuth der Greise. Wie gesagt, ich bin frech genug, mich drüber fortzusetzen; was mich aber schmerzt: daß der Bürgermeister seinen Ärger Sie fühlen läßt. [...] Und so nehme ich von Hamburg als Künstler Abschied; anders, als Sie u ich hofften, ist's leider geworden. Aber hoffentlich bleiben uns're Beziehungen die alten, ebenso freundschaftlich als bisher.«[259] Lichtwark versucht seinerseits, Liebermann zu beschwichtigen und schreibt ihm am Tag darauf: »[...] lassen Sie mich nun, nachdem ich weiß, daß Sie es nicht bedauern, noch einmal danken für das, was Sie für uns gethan haben. Möge es Ihnen vergolten werden durch die Jugend, die durch Ihre Kunst bei uns erzogen wird. Beurtheilen Sie unsere Zustände nicht nach Ihren persönlichen Erfahrungen, der Kern ist gut. Daß sich von früher her noch einige Autoritäten auf dem Thron finden, die ganz wo anders sitzen müßten, ist

256 WV Eberle 1891/3.
257 Vgl. Brief Alfred Lichtwark an Bode, 27.7.1891, SMB-ZA, NL Bode, 3309.
258 Brief Alfred Lichtwark an Baronin Julie Westenholz, 9.8.1891, HH, SUB, HSS, LA Nr. 5. – Julie de Boor schenkt der Kunsthalle 1889 ein Konvolut an Zeichnungen älterer Meister des 17. bis 19. Jahrhunderts, vermutlich aus dem Nachlass ihres Mannes, des im selben Jahr verstorbenen Schlachtenmalers Claus Hermann de Boor; vgl. Jahresbericht [Bd. 3], 1889, S. 34f.
259 Kern (1986), S. 153. – Br. Lichtwark-Liebermann, S. 37f.

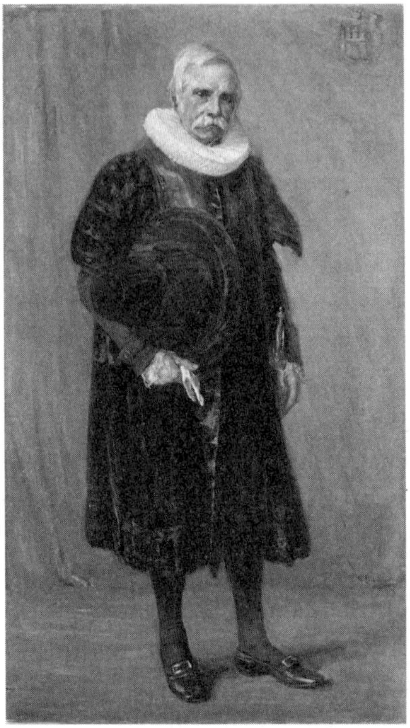

Abb. 20 Max Liebermann, Bürgermeister Carl Friedrich Petersen, 1891, Öl auf Leinwand, Hamburger Kunsthalle

ein Uebelstand, mit dem die Zeit aufräumen wird. Uns gehört die Jugend. Die Lage im Hause des alten Herrn beurteilen Sie richtig. [...] Daß mir die Opposition lieb ist, wissen Sie.«[260]

Im April 1892 stellt Liebermann das Portrait in Berlin gemeinsam mit Werken der Gruppe der Elf aus. Der Berliner Kritiker Franz Servaes, verwundert über die ablehnenden Reaktionen, hält das Bildnis für ein Meisterwerk; zwar kennt er den Dargestellten nicht, doch gewinnt er aus dem Portrait einen Eindruck von Lebendigkeit und Individualität. Er lobt Liebermanns Fähigkeit in der authentischen und natürlichen Wiedergabe der Person. Diese Kritik wird vom Lichtwark überwiegend positiv gegenüberstehenden *Hamburgischen Correspondenten* übernommen und erscheint am 11. April 1892. Das Lob bleibt nicht unwidersprochen, insbesondere unter Zuhilfenahme des Arguments, der Autor kenne Petersen gar nicht. Nur wenige Leute indessen haben bisher das Gemälde im Original gesehen; doch zu Weihnachten 1892 ist in der Kunsthandlung Commeter in Hamburg eine Reproduktionsradierung von Albert Krüger erhältlich. Der Kritiker Adolf Rosenberg rezensiert in der *Kunstchronik* das

260 Br. Liebermann, S. 87. – Br. Lichtwark-Liebermann, S. 39.

Portrait vernichtend, nicht zuletzt mit einem Seitenhieb auf Lichtwark: die Auftraggeber hätten Liebermanns Fähigkeiten falsch eingeschätzt, insbesondere, da es sich nicht um ein privates, sondern ein repräsentatives Bildnis handele. Auch Friedrich Pecht erhebt in der *Kunst für Alle* die Stimme: Eine Verleugnung der »Kunstgesetze« könne am wenigsten das Bildnis vertragen, da von der eigentlichen Aufgabe der Schilderung des Menschen als Persönlichkeit nicht abgesehen werden könne. »Ganz schlimm aber ist es, wenn der Künstler eine der dargestellten Persönlichkeit geradezu entgegengesetzte Wirkung erstrebt.« Wer den Bürgermeister gekannt habe, werde sich von Liebermanns Werk beleidigt abwenden, nicht einmal der Kopf sei ähnlich; Petersen erscheine als »haltloser Greis«, wo er doch Jugendfrische, Elastizität und elegante Haltung bis ins hohe Alter bewahrt habe.[261] Seiner Kommission gegenüber verteidigt sich Lichtwark: Über Liebermanns Petersen-Portrait höre er überall in Berlin viel Lob, und der Reproduktionsradierer sei hellauf begeistert.[262]

1892 wird ein von dem Wiener Bildhauer Victor Tilgner im Stil der Zeit geschaffenes Bronzedenkmal Petersens auf dem ehemaligen Stadthausplatz am Neuen Wall aufgestellt. Es bedient die Vorstellung der Hamburger von ihrem verehrten und volkstümlichen Bürgermeister zuverlässig und ist durch freiwillige Beiträge finanziert.[263] Lichtwark hat das Denkmal selbst angeregt, um die Wogen zu glätten, obwohl das umstrittene Portrait nicht an die Öffentlichkeit gelangt, denn in die Schausammlung der Kunsthalle kommt Liebermanns Bild für viele Jahre noch nicht, zu stark ist der Widerstand vor allem innerhalb der Familie des Dargestellten. Während des Sommers 1892 hält der Ärger um das Portrait weiter an. Die Kommission beschließt am 7. Juni entsprechend Petersens Wunsch, das Bild nicht auszustellen.[264] Für Liebermann liege der Fall ja ganz klar, schreibt Lichtwark dem Künstler, ihm könne es doch wirklich einerlei sein, »ob einem alten Herrn, der sich um die bildende Kunst so wenig gekümmert habe wie die ganze Generation«, das Werk gefalle. »Gefiele es ihm so dürften Sie eher mißtrauisch gegen Sich und Ihre Kunst werden, das ist doch ganz natürlich.« Aber für sich selbst sieht er in der Angelegenheit einen Präzedenzfall für seine zukünftige Arbeit. Es handele sich ja nicht um eine Ausnahme, »sondern um die Stellung unserer Anstalt in der Gesellschaft, die zur Kunst erzogen und für die Kunst gewonnen werden soll. Lasse ich mich jetzt verbittern und in den Kampf zerren, so schiebe ich den Prozeß auf lange Sicht hinaus; gelingt es, den Gegner nicht nur durch die Leistung, sondern auch durch eine völlig loyale Behandlung der Angelegenheit zu beschämen, so haben wir gewonnen Spiel. Darauf gehe ich hinaus.« Um diese Strategie nicht zu gefährden, bittet er Liebermann um Geduld und Unterstützung, denn er sieht sich gezwungen, ihm den Wunsch nach einer anderweitigen Ausstellung des Bildnisses im Sommer 1892 abzuschlagen. Selbst die Fürsprecher würden es ange-

261 Vgl. Ausst.Kat. Dreimal Deutschland (1981), S. 58f.
262 Vgl. Br. Kommission (1896), Bd. I: 1891/92, S. 80.
263 Vgl. Plagemann (1986), S. 109.
264 Vgl. P3, 7.6.1892.

sichts des Zustandes des alten Herrn als Rücksichtslosigkeit betrachten. Lichtwark will und muss unnötige Aufregung und Parteinahme für den in Hamburg sehr populären Petersen vermeiden. »Daß meine Situation nicht leicht ist, wissen Sie, ich stehe vor der Eingabe um eine große und dauernde Bewilligung für moderne Kunst. Ob sie Erfolg hat weiß ich nicht, aber das hängt sehr von Stimmungen ab. Thue ich das Richtige, so gehe ich stärker aus der Krisis hervor, greife ich fehl, so hängt es mir lange Zeit nach und lähmt meine besten Versuche.«[265] Im März 1893 bittet Liebermann, das Bild für den Pariser Salon ausleihen zu dürfen;[266] Lichtwark jedoch fürchtet politische Komplikationen wegen der Amtstracht des Bürgermeisters; ob Liebermann sich nicht mit München begnügen könne. Doch ist der Kommission München nicht genehm, sie entscheidet für Paris, und die Familie Petersen – der alte Herr ist inzwischen verstorben – erklärt sich einverstanden. Im Pariser Salon erhält das Werk sogar einen Ehrenplatz, was Lichtwark mit Stolz erfüllt. Mit dem von Liebermann vorgeschlagenen französischen Titel »Portrait d'homme, costume des sénateurs de la ville libre de Hambourg«[267] ist Lichtwark einverstanden, will die Kunsthalle jedoch nicht als Besitzer genannt wissen und untersagt jegliche Reproduktion. Er möchte die Sache so unauffällig wie möglich behandeln. Um ihn selbst solle sich Liebermann bei den ganzen Querelen nicht sorgen: »Ich ärgere mich durchaus nicht über Hindernisse, im Gegentheil. Nur muß ich ruhig Blut behalten, nicht mit dem Kopf durch die Wand wollen und unsere Gegner durch Sachlichkeit ins Unrecht setzen. Für Sie hat das Bildniß in Deutschland seine Wirkung gethan, indem es die vorurtheilslosen Kunstfreunde von Ihrer Capacität als Bildnißmaler überzeugt hat.« Nun komme es darauf an, dass die Direktion der Kunsthalle keinen Fauxpas begehe. »Sie müßten Sich über den Widerstand ebensosehr freuen wie ich. Gegen ein Dutzendbild würde kein Mensch etwas einzuwenden gehabt haben. Man hätte sich überlegen gefühlt und wäre großmüthig gewesen. Jetzt fühlt man die Überlegenheit und sträubt sich, voilà tout.«[268]

Doch noch immer befindet sich das umstrittene Werk offiziell nicht in der Kunsthalle; erst in den Jahresbericht von 1893 nimmt Lichtwark die Erwerbung auf.[269] Liebermann scheint unzufrieden mit dem Zustand, denn Lichtwark legt ihm am 28. November 1893 brieflich in straffem Ton noch einmal seinen Standpunkt dar. Dass das Werk beim Dargestellten und seiner Familie einen Erfolg haben könnte wie ein traditionelles Portrait, habe er gar nicht erst erwartet, sei aber dennoch »nicht um Haarsbreite« von seinem Standpunkt gewichen. Er empfinde auch keinerlei Bitterkeit gegenüber dem alten Herrn, der ihm immer wohlgesonnen gewesen sei, und auch am Verhältnis zur Familie Petersen habe sich für ihn nichts geändert. Um jedoch in

265 Vgl. Br. Lichtwark-Liebermann, S. 41f.

266 Hier und im Folgenden: Br. Liebermann, S. 90–96. – Br. Lichtwark-Liebermann, S. 42–46. Bürgermeister Petersen stirbt am 14.11.1892, Lichtwarks 40. Geburtstag.

267 Französisch für: Männerportrait, Senatorentracht der Freien Hansestadt Hamburg.

268 Br. Liebermann, S. 94f. – Br. Lichtwark-Liebermann, S. 45f. – Französisch für: das ist alles.

269 Vgl. Jahresbericht [Bd. 7], 1893, S. 19.

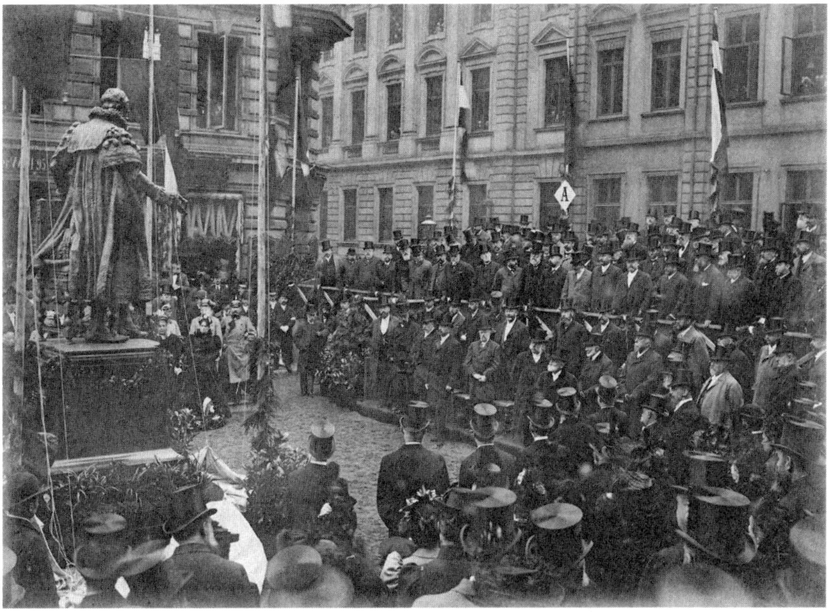

Abb. 21 Die Einweihung des Petersen-Denkmals, 22.10.1897, Aufnahme: unbekannt

der Öffentlichkeit zu zeigen, dass er sich nicht ärgern lasse, habe er die Anregung zu einem öffentlichen Petersen-Denkmal gegeben (Abb. 21). Dass ein Werk der jungen Kunst in einer Kommission aus alten Herren nicht mit Begeisterung aufgenommen würde, dürfe weder den Künstler noch ihn selbst kränken. Lichtwark hält es allerdings nicht für angemessen, Druck auszuüben; er habe sich mit Liebermanns Petersen-Portrait viele einflussreiche Feinde gemacht und müsse vorsichtig taktieren, um nicht andere Projekte zu gefährden. Zur praktischen Lösung der Frage habe er den Vorschlag gemacht, auf Kosten der Widersacher ein Petersen-Portrait bei Hubert von Herkomer zu bestellen und dann beide Bilder in der Gemäldegalerie zu präsentieren. Dieser Vorschlag sei von den erbitterten Gegnern akzeptiert worden, doch die Cholera-Epidemie von 1892 und Petersens Tod hätten sein Vorhaben vereitelt. Auch in Zukunft werde Liebermann das Gemälde für Ausstellungen ausleihen können. Ein Ultimatum, entweder das Bild käme in die Galerie oder er selbst quittiere seine Stellung, sei nutzlos, denn wegen des Versprechens gegenüber Petersen könne man das Bild nicht ausstellen und er müsse dann schließlich im Stich lassen, was er begonnen habe. »Ist denn die Sache gar so schlimm?«, fragt er diplomatisch und besänftigend den ungeduldigen Künstler. Das Bild sei in Berlin und Paris ausgestellt, sei radiert worden und erhalte nun einen Platz in der Kunsthalle mit Seitenlicht, das viel besser wirke als Oberlicht. Es komme nur eben nicht als repräsentatives Bildnis in die Galerie; doch werde es jedem, der es zu sehen wünsche, zugänglich sein. »Für Sie hat es seine Wirkung gethan, Sie sind als Bildnißmaler der Nation erst durch dieses Bild aufgegangen. Wenn ich nicht mit Absicht jede Versuchung, mich ärgern zu lassen, niederzwänge, so könnte es mir Stellung und noch mehr verbittern, daß das Bild den alten Herrn und seinen Kreis nicht befriedigt hat. Aber was wäre damit gewonnen? [...] Wir haben ja beide in uneigennützigstem Sinne gehandelt.« Liebermann solle nun nicht aus »geärgertem Gemüt« handeln.[270]

Liebermann scheint jedoch mit dieser Lösung immer noch nicht zufrieden zu sein, er könnte sogar die Rückgabe des Bildes verlangt haben, denn am 27. Dezember 1893 muss Lichtwark sich ein weiteres Mal erklären. Er werde in den nächsten Tagen einen Saal im Parterre herrichten für das Petersen-Portrait, wo es jeder auf Anfrage sehen könne. Die Kommission dürfe nun nach dem Übergang des Werkes in Staatsbesitz nicht mehr darüber verfügen. Liebermann solle es im folgenden Jahr in Berlin ausstellen. Ihm habe das Bild Ruhm und Ehre gebracht, für ihn bilde es den Ausgangspunkt einer neuen Epoche. Lichtwark selbst jedoch hat das Werk eine starke Opposition beschert; »eine Reihe wohlgesonnener Freunde« – potentielle Mäzene – hätten sich abgewandt. Indirekt ermahnt er den Künstler zur Ruhe: »[...] ein Interesse, mir meine schwierige Lage noch unbehaglicher zu machen, haben Sie ja nicht.«[271]

Schließlich wird 1894 das umstrittene Werk im großen Saal des Kupferstichkabinetts hinter einem Schiebevorhang aufgestellt. Zwar ist das Kommissionsmitglied Eduard L. Behrens mit dieser Lösung nicht einverstanden, die anderen Mitglieder betrachten jedoch die Positionierung in diesem Saal nicht als öffentliche Aufstellung, und Senator Burchard motiviert seine Zusage mit der in Zukunft vermutlich steigenden Wertschätzung des Werkes.[272] In der Hoffnung, dass damit die Angelegenheit zwischen Liebermann und ihm zur Ruhe käme, will sich Lichtwark über die »unerhörten Plackereien«, die dieses Portrait bewirkte, nicht weiter ärgern. Schließlich habe er das Unternehmen nicht um seiner selbst willen durchgeführt, sondern für Liebermanns Kunst. »Ich muß hier abbrechen, denn es könnte sonst überkochen, was ich so lange heruntergedrängt habe. Sie haben gar keine Ahnung, was mich dies Unternehmen gekostet hat und noch kosten kann, denn ich habe Sie damit verschont.«[273] Als wenige Monate später der älteste Sohn Petersens das Portrait betrachtet, erlebt er es plötzlich als erschreckend ähnlich. Auch die Senatoren erscheinen nun nach und nach zur Besichtigung des umstrittenen Werkes. Senator O'Swald habe es wohl zehn Minuten betrachtet, berichtet Lichtwark dem Maler, um dann festzustellen, er begreife die Opposition nicht, man sehe sich in das Bild hinein.[274] Von Tag zu Tag steigere sich sein Erfolg, teilt Lichtwark Liebermann an anderer Stelle mit, man wisse nun nicht mehr, warum man das Portrait vorher nicht verstanden habe. Und als Probe aufs

270 Vgl. Br. Liebermann, S. 102–105, Zitat S. 104f. – Br. Lichtwark-Liebermann, S. 55–58, Zitat S. 57. – Das sehr traditionelle Petersen-Denkmal, von dem Wiener Bildhauer Victor Tilgner geschaffen und 1897 enthüllt, wurde am Neuen Wall aufgestellt, wo es sich auch heute noch befindet.

271 Vgl. Br. Liebermann, S. 106f. – Br. Lichtwark-Liebermann, S. 59.

272 Vgl. P3, 16.1.1894.

273 Br. Liebermann, S. 110. – Br. Lichtwark-Liebermann, S. 61.

274 Vgl. Br. Liebermann, S. 111. – Br. Lichtwark-Liebermann, S. 63.

Exempel, als »Zucker für die Fliegen«, stellt er ein Gemälde von Ludwig Knaus aus, auf das die Besucher jedoch kaum reagieren, das Bild sei nicht mehr attraktiv.[275]

Viel später, erst im Jahr 1900, erfährt Lichtwark von Liebermann, der es seinerseits bei einem zufälligen Zusammentreffen von Senator Burchard gehört hat, dass sowohl Petersen als den übrigen Herren das Portrait anfangs »ausnehmend« gut gefallen habe, sie erst nachträglich den »perfiden Einflüsterungen« der Malerin Julie de Boor geglaubt hätten und so die ganze Affäre ins Rollen gekommen sei.[276] Doch Liebermanns Position in der Kunsthalle erstarkt schon bald nach dem Portraitskandal. Die zunächst noch kleine Liebermann-Sammlung erhält 1894, im Jahr der Petersen-Aufstellung, mit einem Schlag beträchtlichen Zuwachs, als der dänische Konsul und Sammler Carl Christian Heerup fünf Gemälde zunächst leihweise zur Verfügung stellt und dem Museum schließlich vermacht. Angeregt wohl durch den Förderer avantgardistischer Kunst Albert Kollmann wandte Heerup sein Interesse noch im Alter Liebermanns Malerei zu. Alle von Heerup gestifteten Bilder zeigen holländische Motive. Drei Gemälde, »Eine holländische Klöpplerin« (1881), »Amsterdamer Waisenmädchen im Garten« (1885), »Wagen in den Dünen bei Katwijk« (1889), sind heute noch vorhanden, zwei weitere Bilder werden später von der Kunsthalle verkauft.[277]

In einer etwas weniger kühnen Form setzt nun Lichtwark den Aufbau der hamburgischen Ruhmeshalle fort. In der Idee einer Sammlung hamburgischer Portraits steckt nicht nur Lichtwarks Strategie, das Publikum über das Bildmotiv in die Kunsthalle zu locken. Durchaus ist darin auch jener Aspekt von Denkmalkultur zu erkennen, aus dem zahlreiche Denkmäler allerorten bis hin zu Riesenmonumenten wie etwa dem Hamburger Bismarck-Denkmal entstanden sind.[278] Lichtwark hat jedoch für seine Portraitgalerie ein viel näherliegendes Vorbild. In seinen Berliner Jahren lernte er die 1872 ins Leben gerufene sogenannte Portraitsammlung bedeutender preußischer Männer in der Nationalgalerie kennen. Hier wurden vor allem wichtige Militärs und Politiker versammelt. Viele Bildnisse entstanden erst posthum; die beteiligten Künstler sind überwiegend – aus heutiger Sicht betrachtet – als minder bedeutende konservative Maler einzuschätzen. Die von Leopold von Ranke in einem Gutachten von 1874 erstellte Liste umfasst 57 Namen, darunter preußische Prinzen, viele Militärs und Minister; Gelehrte und Künstler bilden die Minderheit. Zwischen 1879 und 1910 kommen 33 weitere Portraits hinzu, dabei handelt es sich überwie-

275 Vgl. Br. Liebermann, S. 113f. – Br. Lichtwark-Liebermann, S. 67f.; bei dem Knaus-Gemälde dürfte es sich um den »Starost« handeln, siehe dazu das Kapitel »Erwerbungen I: Andere Erwerbungen seit 1887« in Teil 2.

276 Vgl. Br. Lichtwark-Liebermann, S. 127f.

277 Vgl. Br. Liebermann, S. 112, Anm. 3, S. 121. – Br. Lichtwark-Liebermann, S. 80. – Best.Kat. Hamburg, 19. Jh., S. 118f., WV Eberle 1881/28, 1885/7, 1889/5; verkauft wurden »Das Tischgebet«, WV Eberle 1886/1, und »Holländische Dorfecke«, WV Eberle 1891/12[?]. – Zu Kollmann vgl. Pucks (1992, Kollmann), S. 200. – Zu den verkauften Bildern vgl. Haug (2005), S. 69f.

278 Vgl. Schlie (2002), u.a. S. 28–30, 48–51. – Siehe dazu das Kapitel »Denkmäler für Hamburg und Bremen« in Teil 4.

gend um Aufträge, vereinzelt um Ankäufe und nur um zwei Geschenke.[279] Lichtwarks Freund Woldemar von Seidlitz veröffentlichte schon in den 1880er Jahren ein großes Portraitwerk, das er 1890 abschloss und das ursprünglich Lichtwark selbst erarbeiten sollte.[280] Die Gattung interessiert ihn; 1881 schreibt er für die *Nationalzeitung* einen Artikel *Das Portrait auf der Kunstausstellung*, und 1882 nimmt er als Student in Berlin an einem Seminar über das Thema teil.[281] Überall entstehen in dieser Zeit bürgerliche Portraits: Die aufgewertete Gattung besitzt erhebliche Aktualität. 1881 veröffentlicht Georg Brandes in seiner Anthologie *Moderne Geister* auch einen Essay über den schon von dem jungen Lichtwark geschätzten Dichter Paul Heyse und äußert sich darin eingangs über das Portrait als die Studie eines Dinges, das nie vorher dagewesen sei und niemals wiederkommen werde, wie er anonym einen »ausgezeichneten« Portraitmaler zitiert. Darin liegt für Brandes die Attraktion der Persönlichkeit, der inneren wie der äußeren. Auch für den Kritiker, dessen Mittel allerdings sehr hinter denen des Malers zurückstünden, sei das Portrait eine seltsam fesselnde Beschäftigung.[282] Lichtwark kennt diesen Text bereits seit 1881 durch den mit Brandes befreundeten Max Klinger.[283] Auch in seinen Briefen finden sich zahlreiche lebendige Personenschilderungen; er hat Freude an Menschen, beobachtet gerne und ist an deren Phänotypus, Habitus und Verhalten sehr interessiert.

Lichtwarks Unternehmung unterscheidet sich jedoch insofern von der Berliner Portraitgalerie, als er das Thema der verdienten Persönlichkeit benutzt, um zugleich zeitgenössische Kunst publikumsgerecht aufzubereiten. Zwar beginnt er die Galerie mit einem Bürgermeister als ranghöchstem hamburgischen Politiker, doch wählt er für das Portrait einen modernen, noch nicht allgemein akzeptierten Maler und schafft damit eine ganz andere und viel komplexere Rezeptionssituation, die zur Auseinandersetzung auffordert.

Drei Jahre nach dem Petersen-Portrait, 1894, bedenkt er sogar die Möglichkeit einer Art norddeutscher Ruhmeshalle. So fragt er bei Liebermann an, ob dieser nicht ein Portrait des Historikers Theodor Mommsen, den Lichtwark persönlich aus seinen Berliner Jahren kennt, in Pastell malen möchte, und wünscht sich außerdem von ihm noch ein Portrait des Archäologen Ernst Curtius für die Kunsthalle.[284] Er möchte die »Bildnisse der führenden Geister« seiner eigenen Generation in Auftrag geben, die jedoch nicht von professionellen Portraitmalern geschaffen sein sollen, »die wohl oder übel schließlich immer auf den sichern Photographenstandpunkt« und damit

279 Vgl. Muysers (2001), S. 23–62, 377f.

280 Seidlitz (1884–1890); Lichtwark erwirbt dieses Werk für die Bibliothek der Kunsthalle. Zu Lichtwarks zunächst in Aussicht stehender Autorenschaft vgl. Br. Familie, S. 222 und das Kapitel »Berlin als Paradies: Karriere« in Teil 1.

281 Vgl. Kayser (1977), Nr. 4. – Abgangszeugniß der Königlichen Friedrich-Wilhelms-Universität zu Berlin, 26.1.1884, FKL.

282 Vgl. Brandes (1901), S. 1.

283 Siehe dazu die Kapitel »Berlin als Paradies: Menschen« und »Feuilleton« in Teil 1.

284 Hier und im Folgenden vgl. Br. Liebermann, S. 113–121. – Br. Lichtwark-Liebermann, S. 65–78.

die konventionelle Lösung »kommen müssen«.[285] Lichtwark hat ein wenig Geld zur Verfügung, nur 1.000 Mark, falls die Kommission nicht mitzieht; er lockt Liebermann mit der zukünftigen Hängung seiner Bildnisse im Kaisersaal der Kunsthalle. Mommsen ist Holsteiner und besuchte wie Lichtwark selbst die Altonaer Gelehrtenschule Christianeum, Curtius als Lübecker ist Hanseat, womit auch der lokale Bezug zu dieser Portraitsammlung gegeben ist. Beide Bilder stellt Lichtwark sich als Kniestücke vor. Doch der Plan misslingt. Mommsen lehnt ab, zudem wurde er bereits 1881 für die Berliner Bildnisgalerie von Knaus portraitiert.[286] Curtius lässt sich auch von Lichtwarks Freund, dem Archäologen Otto Puchstein, den Lichtwark mit der Anfrage betraut hat, nicht umstimmen.[287] In Lübeck, wo Lichtwark sich vorsichtshalber erkundigt, befürchtet man einen ähnlichen Skandal wie beim Petersen-Portrait: »[...] die Lübecker, die unsere Ausstellung besucht haben, finden allzumal, ›daß es so nicht weitergehen kann.‹«[288] Auch Lichtwark scheint diese Aussicht gefährlich, doch kann er sich von der Idee nur allmählich distanzieren. Liebermann teilt er allerdings eine allmähliche Veränderung der Stimmung und Rezeption seiner Bilder mit: Senator Möring statte als Vorsitzender der Kommission dem alten Heerup wegen der Schenkung seiner Liebermann-Bilder sogar einen Dankesbesuch ab. »Ich spreche hier noch nicht davon, denn für Alles, was Sie angeht, haben die Zeitungen eine magnetische Anziehungskraft.«[289] Auch wenn Lichtwark eine Wende zu erkennen glaubt, zieht sich Liebermann, vorsichtig geworden durch den Skandal um das Petersen-Portrait, von dem neuen Vorhaben zurück. Er schlägt Lichtwark das Ansinnen, Mommsen selbst um das Portrait zu bitten, rundweg ab. Mommsens Weigerung habe ihren alleinigen Grund in der Unsicherheit der Bestimmung des Portraits. Liebermann könne ihm nicht zumuten, »so ins Blaue hinein zu sitzen«, und müsse daher auf das Vergnügen, »einen so vortrefflichen Kopf zu malen,« verzichten. Albert Kollmann berichtet er, von Lichtwark verlangt zu haben, dass er »die Sache nicht wieder hinter dem Rücken seiner Kommission unternähme u da ging's in die Brüche, was mir natürlich sehr leid that. Aber immerhin ist's besser so als hinterher der Ärger.«[290] Über Jahre hinaus sieht Lichtwark nun von weiteren Aufträgen an Liebermann ab, denn die Akzeptanz des Künstlers entwickelt sich nur langsam. 1895 schreibt Woldemar von Seidlitz werbend in einem Aufsatz über Liebermann: »Während das deutsche Publikum beginnt, sich an Böcklin, Klinger, Uhde zu gewöhnen, wie es sich in seiner Zeit auch an Menzel hat gewöhnen müssen, bleibt Liebermann in der Regel der Schrecken aller Ausstellungs-

285 Ebd., S. 67.
286 Vgl. Muysers (2001), S. 377.
287 Vgl. Briefe Puchstein an Alfred Lichtwark, 14.5. und 21.5.1894, HKH, DK, Bd. 2; die Sitzungen wären Curtius lästig.
288 Vgl. Br. Lichtwark-Liebermann, S. 70.
289 Br. Liebermann, S. 118. – Br. Lichtwark-Liebermann, S. 71.
290 Vgl. Br. Lichtwark-Liebermann, S. 78; Brief an Kollmann zit. ebd., Anm. 115.

und Galeriebesucher und wird es wohl auch noch für längere Zeit bleiben. Dabei ist er aber – freilich zunächst mehr im Auslande, denn bei uns selbst – als einer unserer ersten Künstler anerkannt. [...] Leben ist es, was er darstellen will, nicht starre Ruhe; seine Menschen zeigt er mit Vorliebe in geschäftiger Bewegung; durch seine Landschaften zieht stets ein frischer Lufthauch.«[291]

Lichtwark entwickelt jedoch die Portraitgalerie langsam und zunächst mit konservativeren Malern weiter, nunmehr lokal begrenzt und eingegliedert in die Sammlung von Bildern aus Hamburg. So malt 1894 Laurits Tuxen das Portrait des dänischen Generalkonsuls Hendrik Pontoppidan im Auftrag der in Hamburg ansässigen Dänen. Im selben Jahr stiften Freunde und Verehrer das Portrait der beliebten Schriftstellerin Elise Averdieck von Hans Olde, das jedoch erst 1897 in die Sammlung aufgenommen wird. Lichtwark plant auch ein Portrait der Mäzenin und Wohltäterin Mathilde Arnemann, einer Tochter des Hamburger Architekten Stammann, die Samariterdienste in den Deutsch-Dänischen Kriegen und den Kriegen von 1866 und 1870/71 leistete. Er fragt diesbezüglich bei Kalckreuth an, muss jedoch zunächst die Mittel dafür beschaffen. Dieses Portrait kann zwar nicht realisiert werden, im selben Jahr jedoch wird Mathilde Arnemann von dem jungen Julius Wohlers in einer von der Gesellschaft zur Förderung der Amateur-Photographie edierten Radierung dargestellt, die sicherlich von Lichtwark initiiert ist.[292] Ebenfalls im Jahr 1894 entsteht ein ganzfiguriges, lebensgroßes Portrait des Bürgermeisters Johannes Versmann von dem konservativen Berliner Maler Hugo Vogel, einem Mitglied der Gruppe der Elf, als Auftrag und Geschenk des Hamburger Kunstvereins für die Kunsthalle. Lichtwark betrachtet das Werk als »das frappanteste Kunstwerk« im Kaisersaal der Kunsthalle und glaubt, dass »nach Liebermann's und Vogel's Leistungen das Bildniss eines Hamburger Bürgermeisters in ganzer Figur zu den Träumen der besten deutschen Künstler gehören wird.« Damit nicht genug: »Die großartigste Bildnisaufgabe, die ich in Deutschland kenne, wäre etwa ein Aufzug unseres Senats bei der Einweihung des neuen Rathhauses.«[293]

Bis 1899 stagnieren die Portraitaufträge.[294] Andere Projekte schieben sich nun in den Vordergrund. Vor allem die Förderung lokaler junger Künstler und die Erforschung der hamburgischen Kunstgeschichte erhalten neben der Heranbildung des hamburgischen Publikums für Lichtwark zunächst Vorrang. Trotzdem entsteht lang-

291 Seidlitz (1895; Liebermann 2), S. 56f. Liebermann suche das treueste Abbild der Natur zu liefern, aber keine photographische Wiedergabe und kein gedankenloses Nachmalen der Natur. Die üblichen Vorurteile, Liebermann habe seine Darstellungsmittel nicht in der Hand und beherrsche sein Handwerk nicht, beschreibt Seidlitz hier: »So patzen wie er, meint man, könne ein Jeder; das sei leicht; da brauche man nur einen Dienstmann für so und so viel Pfennig die Stunde anzunehmen und ihn mit Pinsel und Farbe zu versehen: dessen Werk werde ungefähr so aussehen wie eine Liebermannsche unbeholfene, rohe, kindische, scheußliche Malerei.« (Ebd., S. 57).
292 Briefe Alfred Lichtwark an Kalckreuth, 31.3., 3.4.1894, HKH, DK, Bd. 3. – Lichtwark versucht außerdem, Kalckreuth einen privaten Portraitauftrag zu vermitteln; es handelt sich um die Gattin eines Offiziers der Wandsbeker Husaren, den er als Freund bezeichnet; vgl. ebd., 12.3.1894. – Zu Mathilde Arnemann vgl. Hamburgische Biographie (2001), Bd. 1, S. 29. – Junge (1989), S. 441.
293 Br. Kommission (1896), Bd. III: 1894/95, S. 46.
294 Vgl. Ausst.Kat. Bilder aus Hamburg (2002), S. 98–100.

sam und fast beiläufig im Laufe der beiden folgenden Jahrzehnte in der Kunsthalle eine Portraitgalerie, deren Charakter sich später zumindest in der Planung von der lokalen Bindung löst.[295]

REISEBRIEFE

»Vieles Lesen macht stolz und pedantisch; viel sehen [sic] macht weise, verträglich und nützlich. Der Leser baut eine einzige Idee zu sehr aus; der andere (der Weltseher) nimmt von allen Ständen etwas an, modelliert sich nach allen, sieht, wie wenig man sich in der Welt um den abstrakten Gelehrten bekümmert, und wird ein Weltbürger.«[296] Dieser Aphorismus Lichtenbergs trifft auf Lichtwark in hohem Maße zu; er liest viel, besonders französische Autoren, wie Pauli berichtet,[297] anscheinend aber kaum Fachliteratur, denn davon berichtet Lichtwark nie. Seine vielen Briefe mit ihren Schilderungen aller Art beweisen eindringlich sein hohes Anschauungsvermögen, seine Aufmerksamkeitsbreite und seine authentische ästhetische Bildung, die sich insbesondere in seinen vielen Reiseberichten dokumentiert.

Nach der Neuordnung und Wiedereröffnung der Kunsthalle kann sich Lichtwark nun dem Aufbau der Sammlungen entsprechend seinen Vorstellungen zuwenden. Er beginnt, sich durch häufige Reisen in die deutschen »Kunststädte«, besonders nach Berlin und regelmäßig auch nach Paris, auf dem Laufenden zu halten und nach Kunstwerken für potentielle Ankäufe zu suchen. Dabei reaktiviert er die alten Kontakte, besonders aus der Berliner Zeit. Die Kommission zur Verwaltung der Kunsthalle scheint ihm hinsichtlich seiner Reisepläne unbürokratisch entgegenzukommen; häufig jedenfalls teilt er kurzfristige Terminänderungen in seinen Briefen an die Kommission mit.[298] Seine regelmäßigen, ausführlichen Briefe von diesen Reisen, adressiert an den Vorsitzenden der Verwaltungskommission, stellen eine höchst ungewöhnliche Quelle dar. Vermutlich hat Lichtwark auch schon vor 1891 von den zunächst noch seltenen Reisen solche Briefe an den Vorsitzenden der Kommission, Senator Möring, gerichtet; sie scheinen jedoch im Archiv der Hamburger Kunsthalle nicht erhalten zu sein. Erst 1896 beginnt er seine Briefe an die Kommission zu veröffentlichen. Der erste Band umfasst die Briefe von 1891/92, der letzte die Briefe der Jahre 1912/13. Die Briefbände werden aus Mitteln der Kunsthalle in einer Kleinstauflage von 25 Exemplaren

295 Muysers, die den Vorgang um das Petersen-Portrait in einem eigenen Kapitel darstellt, hält Lichtwarks Vorhaben einer Portraitgalerie mit dem Scheitern der Portraits von Mommsen und Curtius für aufgegeben. Zwar weiß sie von Portraits, die Lichtwark später bei Olde, Kalckreuth, Liebermann und Slevogt in Auftrag gibt, stellt jedoch keinen Zusammenhang her und erwähnt auch nicht Liebermanns spätere Portraits für die Kunsthalle. Muysers (2001), S. 112–117.

296 Lichtenberg (1976), S. 153.

297 Vgl. Pauli, Vorwort, in: Pauli (1924), Bd. I, S. 19.

298 Auch in den Protokollen der Kommissionssitzungen werden Lichtwarks Reisen nur sporadisch erwähnt.

gedruckt, die ersten drei Bände erscheinen zusammen im Jahr 1896.[299] Die Bände der Jahre 1908 bis 1912/13 ediert posthum Lichtwarks Nachfolger Gustav Pauli in höherer Auflage; 1923 gibt er eine zweibändige Auswahl dieser *Reisebriefe* in der von Lichtwark initiierten *Hamburgischen Hausbibliothek* heraus, die 1924 eine zweite Auflage erfahren.[300] »Sehr wesentlich gehörte zu Lichtwarks Bildung das Reisen«, schreibt Pauli in seiner Einleitung. »Er war der eifrigste, empfänglichste, erfolgreichste Reisende, überall und beständig beobachtend, alles neue, ihm irgendwie Wertvolle mit durstigen Organen einsaugend, um es seinem geistigen Haushalt einzufügen. Die Ökonomie seines Sehens war erstaunlich. Er nahm an, was er gebrauchen konnte, nichts um der bloßen Kuriosität willen oder um spielende Kritik daran zu üben, und so blieb alles in ihm lebendig. Daher ist denn auch Reisen für ihn gleichbedeutend mit einem Dauerzustand gesteigerten Lebens.«[301] Lichtwark ist ein leidenschaftlicher Reisender: Er berichtet von ganzen Nächten, die er am Fenster des Zuges oder an Deck eines Schiffes verbringt, wo er sich dem Fahrtwind und der Lust des Schauens überlässt, etwa auf der Fähre über den Ärmelkanal oder bei einer nächtlichen Fahrt durch das Rheintal.[302]

Lichtwark verwendet jede freie Minute auf diese Briefe an seine Kommission. Gerne schreibt er während des Wartens auf Bahnhöfen oder im Zug; dort hat er Muße zum Nachdenken, da eine Eisenbahnreise für ihn »eine Art archimedischer Punkt ausserhalb der Welt« ist: »Man befindet sich nirgends und fühlt sich über den Dingen.«[303] Oft unter abenteuerlichen Bedingungen bei Auktionen, in Theatern, Restaurants, Cafés und in der Gesellschaft von Freunden in Bierpalästen abgefasst,[304] stellen diese Briefe ein Konglomerat verschiedenster Textsorten dar. Sie informieren die Kommission über dienstliche Angelegenheiten, schildern psychologisch einfühlsam und mit großer Menschenkenntnis Personen wie Künstler und Museumsleute, enthalten häufig feuilletonistische Schilderungen, Berichte aus Künstlerateliers, Personennachrichten, Kritiken von Ausstellungen und Einzelwerken, Beschreibungen von Städten und Werken der Architektur. Zudem sind auch tagebuchartige Passagen und nicht selten humoristische Einlagen und Anekdoten vorhanden. Seine Amtsgeschäfte werden dabei fast beiläufig eingeflochten. Lichtwark weiß selbst, dass die Umstände der Abfassung Einheitlichkeit und formale Durchbildung ausschließen, sieht jedoch in der größeren Unmittelbarkeit gleichwertigen Ersatz: »In der That waren mir die

299 Lichtwark kann jedoch nicht selbst über diese Auflage verfügen, vgl. Brief Alfred Lichtwark an Aubert, 29.6.1896, Oslo, NB, Brevsamling. – Lediglich in der Bibliothek der Hamburger Kunsthalle ist ein von Annemarie Schellenberg begonnenes und Gisela Hopp ergänztes und überarbeitetes Register als Typoskript vorhanden. – Finanzierung: P3, 7.1.1896.

300 Vgl. Kayser (1977), Nr. 589, 600, 602.

301 Pauli, Lichtwark, in: AL, Reisebriefe I, S. 40f.

302 Siehe das Kapitel »Erste Reisen: England – Kopenhagen – Italien« in Teil 2. – Br. Kommission (1899), Bd. VI: 1898, S. 182.

303 Br. Kommission (1896), Bd. II: 1893, S. 118.

304 Vgl. z.B. Br. Kommission (1896), Bd. I: 1891/92, S. 83, 88.

Aufzeichnungen als Niederschlag noch nicht verblasster Stimmungen und frischer Eindrücke späterhin zur Ergänzung der nebenherlaufenden Notizen oft willkommen. Der mannigfachen Unzulänglichkeiten, die dieser Art Mitteilungen naturgemäss anhaften, bin ich mir wohl bewusst, und ich würde kaum in der Lage sein, alle Urtheile und Ansichten nachträglich aufrecht zu halten.« Zahlreiche Mitteilungen intimerer Natur habe er streichen müssen und auf Ausstellungsberichte oft »aus naheliegenden Gründen« verzichtet.[305]

Gelegentlich dienen die Briefe auch der Klärung von Gedanken, Erlebnissen und der Ordnung von überfüllten Tagesprogrammen: »Ich lebe in solchem Trubel«, schreibt Lichtwark 1896, »dass ich wieder auf einen flüchtigen Moment und eine Tischkante angewiesen bin, um mir mit der Feder in der Hand klar zu werden über das, was eigentlich vorgeht.«[306] Manchmal verfasst er seine Briefe noch trotz großer Müdigkeit: so entschuldigt er sich 1891 aus München für die mögliche Konfusion in seinen Zeilen, all das Neue, das auf ihn eingestürmt sei, habe ihn so stumpf gemacht, »dass ich meinem Nervensystem einen fühlbaren Rück geben muss und mich trotzdem nicht mehr für fähig halte, in [sic] Paradeschritt vorbeizudefiliren.«[307] Und nach ausgefüllten Tagen schreibt er 1895 an einem Sonntagabend, nun wieder allein, an seine Kommission: »[...] Lehrs, Treu, Seidlitz in Dresden, Bodenhausen, Kessler, Puchstein, Bode und alle die andern in Berlin, es war als ob in dem Uhrwerk ihres Geistes die Hemmung ausgelöst wäre.«[308] Und im November 1895 schreibt er aus Berlin: »Eigentlich weiss ich kaum noch, wo mir der Kopf steht. In Dresden bin ich nicht mehr zum Schreiben gekommen, hier in Berlin werde ich wie von einem Wirbelsturm umhergetrieben. Es ist fast wie ein Roman.«[309] Über öde Stunden, etwa in Auktionen, hilft er sich mit dem Schreiben hinweg, mit einer Reportage des Geschehens oder der Erledigung seiner Korrespondenz.[310] Aber auch die Einsamkeit der Abende auf Reisen ist weniger fühlbar durch das Schreiben: »Das ist wieder ein langer Monolog geworden«, schließt er 1893 einen Brief an seine Kommission. »Aber was soll ich machen gegen die nun einmal bestehende Gewohnheit und gegen einen Abend in blanco?«[311] An solchen Abenden auf Reisen will er alles, was ihn beschäftigt, seiner Kommission mitteilen. Gelegentlich werden die Nachrichten dabei sprunghaft und schwierig nachzuverfolgen.[312] Lichtwark verfasst besonders in den Wartesituationen sehr lange

305 Alfred Lichtwark, Vorwort, in: ebd., o.P. Eine Auswertung der gestrichenen Passagen war im Rahmen dieser Arbeit nicht möglich. Siehe auch Anm. 322. – An seine Familie schreibt er 1891: »Ich möchte die Herren so gern lebhaft für die Sache interessieren, deshalb schreibe ich auch nicht offizielle Berichte, die ihnen einen Schrecken einjagen würden sondern ganz zwanglose Briefe, nicht viel anders als Euch.« Br. Familie, S. 725f.
306 Br. Kommission (1899), Bd. IV: 1896, S. 38.
307 Br. Kommission (1896), Bd. I: 1891/92, S. 61.
308 Br. Kommission (1896), Bd. III: 1894/95, S. 292.
309 Ebd., S. 358.
310 Vgl. Br. Kommission (1899), Bd. VI: 1898, S. 44; (1920), Bd. XX: 1912/13, S. 40, 42–45.
311 Br. Kommission (1896), Bd. II: 1893, S. 258.
312 Vgl. Br. Kommission (1901), Bd. VIII: 1900, S. 243. Manchmal wundert er sich, dass sein reichlich mitgenommenes Papier bereits aufgebraucht ist; vgl. Br. Kommission (1896), Bd. II: 1893, S. 102.

Briefe an seine Kommission, manchmal geht ihm das Papier unterwegs aus.[313] Doch diese Form der Mitteilung ist ihm auch ein starkes Bedürfnis. An seinen Freund Hans Brauneck schreibt er 1888 entschuldigend: »Seit ich keine Feuilletons mehr schreibe, fehlt mir eine Handarbeit, und ich weiss nie, wenn ich einmal einen Brief anfange, wie lang der Strumpf wird.«[314] Lichtwark berichtet auf Reisen jedoch nicht nur ständig ausführlich seiner Kommission, sondern erhält die laufende, geradezu als Plage empfundene Korrespondenz von seinem Sekretär nachgesandt. In Paris serviert ihm der Ober in seinem Stammcafé, dem Café de la Régence, mit der abendlichen Bestellung schon gleich das Schreibzeug mit.[315]

Lichtwark schreibt schnell und flüssig, wie Gustav Pauli konstatiert: »Er schrieb so leicht wie er sprach. Man hat seinen Stil wohl impressionistisch genannt. [...] Er schrieb den Stil seiner Zeit, wie andere ihn malten. Das rasche Tempo, der Ausdruck des Improvisierten sind impressionistisch.« Passend dazu charakterisiert Pauli Lichtwarks Bewegungstil als »leicht und rasch.«[316] In seinen Briefen komme sein Naturell am stärksten zum Ausdruck; auch Harry Graf Kessler formuliert in diesem Sinne: »Seine Force ist die Beobachtung des Geschehens, des Fliessenden, des Moments, also des Lebens; aus der Masse des Werdenden und Vergehenden weiss er wunderbar einzelne wesentliche Teile herauszugreifen und zu einem Begriff oder einem Bild zu krystallisieren er ist Momentphotograph; er gehört zu Denen, die für die Andren, für die Masse der Blinden u. Schwerfälligen die Geschichte aber auch die »Historie« machen. Aus dieser Beobachtung des Lebens – des Lebens im weitesten Sinne, auch von Tieren und Pflanzen und Licht und Landschaft – ist ihm sein Kunstverständnis, <u>seine</u> Art Kunstwerke zu geniessen, erwachsen. Das erklärt Manches, an Vorzügen wie an Beschränktheiten.«[317] In der Tat wirkt Lichtwarks Erleben in diesen Briefen positivistisch; mit metaphysischen Gedanken befasst er sich kaum. Menschen betrachtet er mit Empathie und Humor, niemals mit Neid oder Häme; die ästhetische Seite seines Erlebens, insbesondere die Landschaftsschilderung, ist vor allem in den späteren Jahren ausgeprägt impressionistisch und stark durch die Wahrnehmung von Farbe und Atmosphäre geprägt. Zeitlebens bleibt Lichtwark eine Art Flaneur, hungrig nach Augenerlebnissen, Kenntnissen und Erkenntnissen, die er in analysierenden Schilderungen verarbeitet. Ein vergleichbarer Stil kennzeichnet auch seine vielen Texte, leicht und flüssig, aber sachlich. Das ist zu dieser Zeit ungewöhnlich und wirkt auf manche Leser unseriös. »Plauderei, Plauderei«, das müsse er sich immer über seine Bücher anhören, schreibt Lichtwark 1901 an Kalckreuth. »Es ist mir sehr eklig, denn was man sonst darunter versteht, ist leeres Gefasel, und ich gebe mir Mühe, kein Wort zu sagen, das nicht nötig ist, und in einem Ton zu schreiben, der nach Sprechen klingt.

313 Vgl. z.B. Br. Kommission (1896), Bd. III: 1894/95, S. 338.

314 Brief Alfred Lichtwark an Brauneck, 2.5.1888, HKH, AdB 97.

315 Vgl. Br. Kommission (1896), Bd. III: 1894/95, S. 338; (1899), Bd. VI:1898, S. 127.

316 Pauli, Lichtwark, in: AL, Reisebriefe I, S. 65, 13.

317 Kessler (2004), Bd. 2, S. 442f.

So ist der Deutsche schlecht gewöhnt. Ihm erscheint nur das ernst gemeint, was dickflüssig ist und gegen den Atem angeht, das Schwerfällige, Plumpe, das mühselig zu verstehen ist.«[318]

Lichtwarks Briefe an seine Verwaltungskommission dienen aber zugleich auch der Erziehung der Mitglieder in seinem Sinne, enthalten sie doch oftmals unverhohlene bis heftige Kritik an den Hamburger Zuständen, die er mit seinem patriotischen Anliegen zum Besseren wenden möchte. So schreibt er 1892 aus Antwerpen angesichts der neuen, zukunftsweisenden Straßenzüge, wohl wissend, dass diese Briefe nicht nur den Vorsitzenden, Senator Möring, erreichen, sondern auch zirkulieren: »Man fühlt sich in Antwerpen überhaupt in einem Gemeinwesen, das sich seiner selbst bewusst ist und mit Stolz bewusst ist. Wenn man als Hamburger die neuen Prachtbauten der Stadt sieht, die neuen und alten Denkmäler grosser Antwerpener, so muss man sich gestehen, die Leute haben ihre Stadt lieb, sie suchen sie schön und herrlich vor allen Städten zu machen. Sogar der Fremde, der hier zu Wohlhabenheit kommt, drückt seine Zugehörigkeit durch verschönernde Stiftungen aus, während die grossen Vermögen, die bei uns gemacht werden, an die Angehörigen des Erblassers in die Provinz zurück zu fliessen pflegen. [...] Ich kann nicht anders, ich muss alles als Hamburger ansehen und empfinden. Was könnte Hamburg sein, wenn die Hamburger ihrer Liebe zur Vaterstadt thatkräftigen Ausdruck geben wollten? Daran trägt der Staat, der sich nicht ausdrückt, die Hauptschuld. Wie grossartig sieht Leipzig aus, wie dicht schliessen sich die mächtigen Stiftungen nicht nur zum Wohl, sondern auch zur Freude der ganzen Bevölkerung an einander. Opfermuth«, lenkt er nun ein, »haben unsre Landsleute gewiss, aber sie fassen die Wohlthätigkeit im alten ängstlichen Sinn der Heilung des Uebels. Wenn wir es dahin bringen könnten, die unermüdliche Wohlthätigkeit in die Bahnen der Fürsorge, der Vorsorge zu lenken, so wäre schon viel gebessert. Immer wieder müsste der Staat die Directive geben. Bildung und Einsicht sind bei uns nicht mächtig genug, deshalb werden Millionen und über Millionen für Verband und Heftpflaster ausgegeben, ohne dass damit nur eine vorübergehende Heilung erzielt würde.«[319] An anderer Stelle schreibt er an die Kommission anlässlich seines Aufenthaltes in Köln: »Als Hamburger kann ich mich des wehmütigen Gefühls nicht erwehren, wenn ich sehe, wie man überall nach Gediegenheit, Geschmack und Kunst ringt, und wie bei uns Alles zurückgeblieben ist. Ich habe früher nicht so begriffen, wie es kam, dass man mitleidig lächelte, wenn von Hamburg die Rede war. Und Hamburg könnte ein Riese sein, Hamburg könnte voranleuchten. Die Schuld liegt zunächst am Staat. Ist es zu rechtfertigen, wenn ein Vater seinen Kindern eine gute Erziehung vorenthält, um ein paar Thaler baar weniger auszugeben? Nicht anders liegt es, wenn der Staat nur für die Elementarbildung sorgt und die höhere Bildung, schliesslich die einzig productive, ausser Augen lässt, namentlich die Erziehung der Talente. Ich komme

318 Br. Kalckreuth, S, 85.
319 Br. Kommission (1896), Bd. I: 1891/92, S. 208f.

vom Standpunkt der Kunst zu denselben Forderungen einer vernünftigen Direction der ökonomischen Zustände, zu der von jeder andern Fachseite jeder andere kommen muss. – Nicht sparen ist das erste, sondern erwerben und erwerbsfähig machen. – Aber wir kaufen Chinin statt den Sumpf auszutrocknen.«[320]

Die Regierenden Hamburgs dürften solch harscher Kritik des nunmehr vierzigjährigen Kunsthallendirektors, der aus einfachen Verhältnissen stammt, nicht sonderlich aufgeschlossen gegenüberstehen, zumal derartige Ausführungen keinen Einzelfall darstellen und Lichtwark immer wieder auf marode oder in seinen Augen ungünstige Hamburger Verhältnisse zu sprechen kommt. Bei allem diplomatischen Geschick verliert er in solchen Fällen jegliche Hemmung und bricht in Schimpfen aus, ohne jedoch konkrete Erfolge zu erzielen. Vor allem prangert er dabei häufig die fehlende Kompetenz der Entscheidungträger an. Auch wenn er häufig mit den Hamburger Zuständen vergleicht, erweist sich Lichtwark in diesen mannigfaltigen und umfangreichen Texten als Bewunderer der kulturellen Vielfalt Europas. Seine Offenheit für die regionalen und lokalen Besonderheiten ist überall präsent, auch wenn sein Denken ehrgeizig und patriotisch auf Deutschland gerichtet ist. So nimmt er gerade die kulturelle Überlegenheit anderer Länder, besonders Frankreichs, zum Anlass, um die Entwicklung in Deutschland zu aktivieren. Aus seinen Beobachtungen des vermeintlich deutschen Einflusses in Holland, Flandern und Böhmen spricht ein gewisser Nationalstolz, andererseits bewundert er den Lebensstil Frankreichs und vor allem auch Englands. Doch steht er damit nicht allein in seiner Zeit; auch Harry Graf Kessler konstatiert bewundernd den aristokratisch geprägten Nationalstil der Engländer in seinem Tagebuch.

Aus heutiger Sicht dienen Lichtwarks zwanzig Bände *Briefe an die Kommission zur Verwaltung der Kunsthalle* als wichtige Quelle zur Erforschung der Kunst- und Kulturgeschichte der Wilhelminischen Zeit, als ein Vademekum für die Kunstszene Deutschlands und partiell auch Frankreichs zur Zeit der Jahrhundertwende. Allein die Schilderungen der Begegnungen mit Künstlern, ihren Werken und von ihren Ateliers ergäben eine interessante Anthologie.[321]

320 Ebd., S. 218f.
321 Eine neue textkritische und kommentierte Ausgabe dieser Briefe Lichtwarks erscheint in Anbetracht ihrer Bedeutung als Quelle zur Kultur der Wilhelminischen Epoche als dringliches Desiderat.

»SAUERTEIG FÜR DAS SCHWERE BROT. ANREGUNGSCENTRUM, WARTTHURM UND DIE NEUEN IDEEN.«[322]

Nachdem Lessing im Oktober 1887, ein Jahr nach Lichtwarks Amtsantritt, einen Artikel über Hamburg und Lichtwarks erste Tätigkeit in der Kunsthalle veröffentlicht hat, nicht ohne die nachhaltige Wirkung seiner Programmschriften vorauszusagen,[323] will nun auch Bode nicht nachstehen. Im Herbst 1891 wird Lichtwark fünf Jahre im Amt sein. Am 22. Februar 1891 versieht Lichtwark ihn wunschgemäß brieflich für einen Vortrag in der Berliner Kunsthistorischen Gesellschaft mit Material über seine Pläne und Vorstellungen.[324] Er tue dies eigentlich ungern, denn bisher sei er damit – abgesehen von der hamburgischen – nicht an die Presse herangetreten; er zweifele, ob die Entwicklung schon weit genug gediehen sei. In einem Jahr werde das Konzept ganz klar herausgearbeitet sein, doch bis dahin wolle er alles einem »Posaunenstoß« Ähnliche vermeiden. Sein oberstes Prinzip sei das Bedürfnis, schreibt er, damit Semper folgend. Daraus ergebe sich eine gehaltvolle und abwechslungsreiche Lehrtätigkeit, die sich an das vorliegende Material und Tagesfragen zu halten habe, in Hamburg also die Holländer, die Engländer, germanische und protestantische Kunst, Erziehung des Farbensinns, Blumenluxus und sein Einfluss auf die Erziehung des Auges, die Ausstattung des Rathauses, Meissonier, Oberländer und anderes mehr. Dazu komme die Anleitung zur Bildbetrachtung für Lehrer, Lehrerinnen und Schulen mit dem Ziel der Einführung der Kunstbetrachtung an den höheren Schulen. Außerdem strebe er eine möglichst reichhaltige Ausstellungstätigkeit an, die auch die Lehrtätigkeit begleiten soll. »Actualität!« sei das Motto. Seit diesem Monat sei auch das Lesezimmer zu den Museumsstunden und jeden Abend von 20.30 bis 21.30 Uhr geöffnet; es enthalte Kunstzeitschriften, Broschüren, erlaube die Benutzung der Bibliothek und der Photographiensammlung. Die graphische Abteilung, Bibliothek und Photographiensammlung seien bereits gegründet, er biete nun einen Reiseapparat und Vorlesungszyklus über Berlin. Soweit wie möglich habe er die alte Galerie gefördert, die Sammlung Hudtwalcker-Wesselhoeft erworben und die Sammlung zur Geschichte der Malerei in Hamburg gegründet. Um der modernen Kunst und den modernen Techniken Eingang in die Kunsthalle zu verschaffen, sei die Sammlung von Bildern aus Hamburg entstanden, dies alles finanziert mit Privatmitteln, abgesehen von der Wesselhoeft-Sammlung. Der nächste wichtige Schritt bestehe in der Gründung der Skulpturenabteilung. Er plane eine vollständige Sammlung an modernen französischen Plaketten und Medaillen und danach eine Sammlung von ausgewählten Statuen, Büsten, Plaketten und Medaillen. Zur Gewöhnung an das Neue habe er Liebermanns Bildnis Petersens in Auftrag gegeben. Der Staat soll erst um Zuschuss angegangen werden, wenn ein kräftiger Grundbestand vorhanden sei. Skulpturen von »modernen Metallen« seien fast überall vernachlässigt, dabei jedoch von höchstem Wert. Als nächste Schritte

322 Brief Alfred Lichtwark an Bode, 23.2.1891, Berlin, SMB-ZA, NL Bode, 3309.
323 Vgl. J. L. [Julius Lessing], Aus den Hamburger Kunstsammlungen, Nationalzeitung Berlin, 14.10.1887.
324 Hier und im Folgenden vgl. Brief Alfred Lichtwark an Bode, 22.2.1891, Berlin, SMB-ZA, NL Bode, 3309.

plane er die Wiederbelebung der Portraitradierung in Hamburg, einen Reproduktionsstich von Krüger nach dem Petersen-Portrait sowie Landschaftsradierungen mit hamburgischen Motiven für Wand und Mappe; ein Verleger sei schon gefunden. Die geplante Sammlung von Stillleben soll klein, aber exquisit sein, sowohl »breiteste Basis«, als auch Spezialitäten enthalten. Er wünsche sich eine Gesellschaft für alle hamburgischen Kunstangelegenheiten, einen Dilettantenverein und eine Münzgesellschaft. Vielleicht jedoch sage man besser noch nichts von diesen Plänen. Denn die hochmütigen jungen Leute in der Kunsthistorischen Gesellschaft würden schon die Nase rümpfen, wenn vom Publikum und von praktischen Dingen die Rede sei. Am Tag darauf schreibt Lichtwark ein weiteres Mal an Bode, er hat noch Ergänzungen mitzuteilen.[325] Seine große Hoffnung liege auf der Aquarell- und Pastellsammlung, der Sammlung von Bildern aus Hamburg also, doch erfahre er namentlich von Eduard L. Behrens viel Anfechtung, dem die Werke von Kuehl und Liebermann ein Gräuel seien. Behrens lege ihm überhaupt viele Steine in den Weg, natürlich, denn er sei vorher der »Herrscher« gewesen und habe nun die Empfindung, dass die Kunsthändler ihn nicht mehr recht für voll nähmen. Er, Lichtwark, tue sein Möglichstes, um es ihn nicht spüren zu lassen, aber »Dreinreden« gelte nicht mehr. Lichtwark hofft darauf, dass das Publikum leicht den Schritt von den Medaillen und Plaketten zur großen Skulptur vollziehen werde, infolge ihres bildhaften Charakters. Die Summen dafür seien ihm bereits zugeflossen, ohne dass er vorher das Geringste habe zeigen können. Lichtwark erklärt in diesem Brief ausdrücklich seine Absicht, insbesondere die Skulptur fördern zu wollen; alle von Privatleuten fließenden Mittel sollen dieser Abteilung zugute kommen. In den Vorlesungen soll sie die Hauptrolle spielen. Es rühre ihn täglich, mit welcher Liebenswürdigkeit ihm die französischen Künstler beistünden. Ohne ihre Teilnahme hätte er nichts anfangen können, wenigstens nichts Ganzes erhoffen können. Dabei betont er den großen Umfang der nötigen Korrespondenz.[326] Die noch zu gründende Kunstgesellschaft soll die neuen Erwerbungen und hamburgische Tagesfragen erörtern und Persönlichkeiten für die Portraitradierung anwerben. Später soll die Landschaftsradierung folgen. Für Galerie und Skulpturensammlung will Lichtwark 60.000 Mark vom Staat beantragen, was er als mäßig betrachtet. Anschließend gehe er an eine Reform des Ausstellungswesens. Zusammen mit den Vereinen will er, mit einigem Druck, den Staat für den Bau eines Ausstellungspalastes gewinnen. Dann gebe es dort jährlich stattfindende internationale Elite-Ausstellungen von 200 bis 300 Bildern und Skulpturen, nur für die Hamburger Käufer arrangiert. Lichtwark will kein Schaumuseum, sondern einen lebendigen Organismus: »Sauerteig für das schwere Brot. Anregungscentrum, Wartthurm und die neuen Ideen.« Die Kunsthalle sei jetzt fast eher Unterrichtsanstalt als Sammlung. Die Vorlesungen seien zweimal die Woche bis auf die Stehplätze voll, 500 bis 600 Personen, und alle Leistungen der Kunsthalle seien unentgeltlich. Damit könne er jederzeit auftrumpfen.

325 Hier und im Folgenden vgl. Brief Alfred Lichtwark an Bode, 23.2.1891, Berlin, SMB-ZA, NL Bode, 3309.
326 Es geht hier um den Aufbau der Sammlung französischer Medaillen, siehe dazu das folgende Kapitel.

Im Dezember 1891 schreibt Lichtwark ein weiteres Mal in dieser Angelegenheit an Bode. Es gehe ihm nicht um persönliche Reklame, da er bisher nach Kräften verhindert habe, dass von der Kunsthalle gesprochen werde. Jedes Wort von Bode werde jedoch in Hamburg kommentiert werden, und deshalb gibt Lichtwark ihm hier ausführliche Informationen über verdiente Stifter. Carl Beer Heine habe der Kunsthalle 300.000 Mark hinterlassen, Amsinck seine 100 Holländer, und wenn Bode noch die Familie Sillem erwähnen würde, könne es nur nützen. Ein anderer Amsinck sammele Corot, Daubigny, Millet, Rousseau, besitze vier Menzel, er sei kinderlos und ein guter Freund der Kunsthalle. Der Verein von Kunstfreunden von 1870 habe die wertvollsten Bilder geschenkt, darunter einen Meissonnier. Bodes Urteil über den alten Bestand – »meist nicht günstig« – sei sehr gerecht, doch hätten die Käufer nur den Hamburger Kunstmarkt gekannt; diese Milderung wäre Lichtwark nicht unlieb. Sie könne ihm viel nützen, da die Käufer noch lebten und gerade jetzt für seine Pläne gewonnen seien. Schwabe habe mehr als eine halbe Million selber bezahlt. Außerdem möchte Bode die Sammlung von Bildern aus Hamburg mit einem freundlichen Wort bedenken. Lichtwark habe zu kämpfen, denn man begreife Kuehl und Liebermann nicht. Die Sammlung sei gegründet worden, um dem gänzlich rückständigen hamburgischen Publikum dauerhaft Gelegenheit zu geben, das Modernste zu sehen, deshalb Bilder in Aquarell und Pastell als Träger der neuen Ideen. Ein positives Wort von Bode könne seine Position gegenüber Behrens sehr stärken, der Lichtwark Ankäufe bei Kuehl und Liebermann nicht verzeihen könne. Lichtwark bittet, einige Schärfen gegen die Kunstfreunde von 1870 zu mildern; sie hätten sich zwar manchmal geirrt, wie das nicht anders möglich gewesen sei, aber dass sie überhaupt Werke von Meissonier und Troyon gekauft hätten, sei schon ein Verdienst, abgesehen davon, dass ohne sie überhaupt nichts stattgefunden hätte. Die neue Entwickung hätte ihnen nun bereits die Einsicht aufgenötigt, dass andere Wege eingeschlagen werden müssten. Es soll auch nicht so wirken, als stecke Lichtwark selbst hinter Bodes Vortrag, um Tabula rasa für seine Position zu machen. Woanders sei es ja im Ganzen auch nicht besser gewesen. So erbittet er mildernde Umstände für die Kunstfreunde von 1870, sie hätten es verdient. Ein hartes Wort von Bode könne jetzt den Verein, der ohnehin an Publizität eingebüßt habe, zur Auflösung bringen; Lichtwark möchte ihn jedoch gern als Mäzen bewahren. Die Quellen der Vermächtnisse an die Kunsthalle hätten sich deutlich reduziert; man merke, dass ihm als Direktor an den Nachlässen aus Privatbesitz nicht allzuviel gelegen sei, und dass die alte Generation, die die Testamente mache, sich für die neue Kunst auch nicht interessiere. Die Geschenke würden aber schon wieder eintreffen, nun jedoch in bar, nicht mehr in Form von Bildern wie früher. Schließlich bittet Lichtwark Bode, mit einem Lob auf die Hamburger Bevölkerung zu schließen.[327]

327 Briefe Alfred Lichtwark an Bode, 12.12. und 19.12.1891, 20.1.1892, Berlin, SMB-ZA, NL Bode, 3309.

Seinen Vortrag über die Entwicklung der Hamburger Kunsthalle seit 1886 hält Bode am 18. Dezember 1891 in der Kunstgeschichtlichen Gesellschaft; er will »einigen Anstalten den Spiegel vorhalten«. Obwohl Lichtwark sonst verhüten möchte, dass von der Hamburger Kunsthalle gesprochen wird, ist es ihm angenehm, wenn das Publikum einmal »das unbefangene Urtheil eines Fachmannes« erfährt.[328]

Bode spricht nüchtern und unmissverständlich über sein Thema.[329] Einleitend würdigt er die patriotisch gesonnenen Stifter der ersten Bestände, danach aber habe die Kunsthalle etwa vierzig Jahre lang »ein stilles Leben« geführt, abgesehen von den Ankäufen des Kunstvereins und dem Verein von 1870. Sodann geht er kurz auf Lichtwarks Werdegang in Berlin ein und formuliert eine erste allgemeine Anerkennung seiner Leistung: »Trotz der ungünstigen Verhältnisse hat er es verstanden, in wenigen Jahren eine vollständige Veränderung zu Wege zu bringen: nicht nur in der Kunsthalle selbst, sondern im ganzen künstlerischen Leben von Hamburg. In dieser kurzen Zeit wurde das Museum verdoppelt und verdreifacht in seinem Bestande an Kunstwerken, in seinen Aufgaben und seinen Räumen, und was wichtiger ist, es wurde zugleich ein lebendiger Faktor im geistigen und sozialen Leben der Stadt.« Er habe sich selbst bei mehreren Besuchen in der Kunsthalle überzeugt: Was sich hier vollzogen habe, sei weit über Hamburg hinaus von Relevanz. Er würdigt sodann die Schwabe-Stiftung und den Ankauf der Wesselhoeft-Sammlung, durch den die Kunsthalle erst in die Reihe der nennenswerten deutschen Galerien alter Meister eingetreten sei. Er bestätigt Lichtwarks Anknüpfen an die lokalen Traditionen in Form der neu begründeten Sammlungen, lobt die Sammlung der Hamburger Motive in Aquarell und Pastell, die erste Abteilung dieser Art mit Schwerpunkt auf diesen modernen Techniken, als sehr ansehnlich und auch die Auswahl der jungen beteiligten Künstler. »Denn nur so kann in Hamburg ein Bild von der Entwickelung und dem Fortschritt in der Kunst unserer Zeit gegeben werden, die auf den Ausstellungen durch die Masse von altmodischem und kunstlosem Machwerk nicht zur Geltung kommen.« Bode befürwortet auch den Anfang der Portraitgalerie in Bild und Stich als richtig und die weiteren Abteilungen als »mit glücklichstem Erfolg ausgebaut.« Positiv erwähnt er Lichtwarks Vorhaben zum Aufbau der Sammlung von Plastiken und Skulpturen, die in Deutschland überhaupt nur schwach vertreten seien, und geht dabei auf die Anfänge der französischen Medaillensammlung ein, die erste ihrer Art in Deutschland, wobei gerade erst im Musée du Luxembourg mit einer derartigen Sammlung begonnen worden sei. Entsprechend ihrer unbestreitbaren Stellung innerhalb der modernen Bildhauerkunst werde die französische Plastik hier eine große Rolle spielen, und an ihren Vorzügen könnten die Deutschen ihre eigenen Schwächen am besten erkennen und überwinden. Die Pflege der außerdeutschen Kunst werde überhaupt eine

328 Vgl. Br. Kommission (1896), Bd. I: 1891/92, S. 77f.

329 Vgl. hier und im Folgenden: Sitzungsbericht VIII, 1891, in: Sitzungsberichte der Kunstgeschichtlichen Gesellschaft zu Berlin, 1891, S. 42–46. Für die Übersendung der Kopie dieses Berichtes danke ich Joachim Brand, SMB, Kunstbibliothek.

der wichtigsten und nutzbringendsten Aufgaben der Kunsthalle werden, die in den englischen Gemälden der Schwabe-Stiftung schon den Anstoß dazu erhalten habe. Weiterhin würdigt Bode Lichtwarks museumspädagogische Aktivitäten; er bezeichnet die Kunsthalle als »eine Lehranstalt ersten Ranges für Hamburg« und geht abschließend noch auf die Ausstellungen und Lichtwarks Bemühungen um die Förderung des lokalen Kunstgewerbes ein. Im Schlusssatz lobt er die große Opferbereitschaft und den Kunstsinn der Hamburger Bürger bezüglich der neuen Leistung der Kunsthalle; so blicke er auf eine Erfolg versprechende Zukunft für die neuen großen Aufgaben.

Bode spricht pro domo. Doch keine Fürsprache kann Lichtwark in diesen Jahren wirklich helfen; solange die alte Generation noch an den entscheidenden Stellen in der Kommission und im Verein der Kunstfreunde von 1870 sitzt, hat er Mühe, seine Pläne umzusetzen. Erst mit der Gründung seines eigenen Museumsvereins, der Gesellschaft Hamburgischer Kunstfreunde, im Jahre 1893 gelingt Lichtwark ein erster Fortschritt.

PARIS 1891: ROTY UND DIE SUCHE NACH DEN FRANZÖSISCHEN MEDAILLEN

Auf der Kopenhagener Ausstellung von 1888 ist Lichtwarks Interesse an der französischen Medaillenkunst geweckt worden; nach der Wiedereröffnung der Kunsthalle geht er nun auf die Suche nach Stücken für den Aufbau einer Skulpturensammlung an der Hamburger Kunsthalle. Im Juni 1890 hat er in Paris eine Wand voll Medaillen in einem Kabinett des Salons gesehen und zum ersten Mal den Medailleur Oscar Roty getroffen;[330] Ende Juni 1891 fährt Lichtwark nun für etwa zehn Tage nach Paris, vor allem der Medaillenkunst wegen. In Köln unterbricht er die Reise für einen Besuch bei dem Kollegen Carl Aldenhoven und das Studium der mittelalterlicher Skulpturen, die Aldenhoven von Speichern und Dachböden zusammengetragen hat. Dort trifft er auch den Kunsthistoriker Dr. Ludwig Scheibler, den derzeit größten Kenner der altdeutschen Kunst. Scheibler sagt zu, zur wissenschaftlichen Begutachtung der Bestände in Kirchen und Sammlungen nach Hamburg zu kommen. Lichtwarks Interesse ist konkret: Er kennt bereits die spätmittelalterlichen Altäre im Schweriner Museum, und seit 1890 bewahrt er Meister Franckes »Christus als Schmerzensmann« als Leihgabe in der Kunsthalle, weiß jedoch den Namen des Künstlers noch nicht und bezeichnet ihn als »Hamburgischen Meister um 1440«.[331] Hier bleibt für ihn noch viel Forschungsarbeit zu leisten.[332]

330 Vgl. hier und im Folgenden: Br. Kommission (1896), Bd. I: 1891/92, S. 3–39, 113. – Über Lichtwarks Aufenthalt in Paris im Juni und Juli 1890 mit Abstechern nach Orleans und Rouen geben nur die Briefe an seine Familien Auskunft, wobei Roty lediglich kurz erwähnt ist; vgl. Br. Familie, S. 710–736.

331 Vgl. Br. Kommission (1896), Bd. I: 1891/92, S. 10. Ein Aufenthalt Scheiblers in Hamburg lässt sich bisher nicht nachweisen. Siehe das Kapitel »Meister Francke« in Teil 4.

332 Siehe hierzu das Kapitel »Meister Francke« in Teil 4.

Die Tage in Paris nutzt Lichtwark intensiv zu Besuchen bei Künstlern und Besichtigungen von Ausstellungen. Trotz der brütenden Hitze arbeitet er sich mühevoll durch die Salons und leidet unter dem vielen ihm gleichgültig erscheinenden »Zeug«. »Das wenige wirklich Gute geht ganz unter.«[333] In den Ausstellungen erprobt er seine qualitative Einschätzung, nicht zuletzt, um die Masse der Exponate zu bewältigen; er stellt sich eine Auswahl von etwa zwanzig Bildern für die Kunsthalle vor. Bei seiner Preisanfrage erfährt er mit Genugtuung, dass alle von ihm herausgefilterten Werke verkauft seien. Insgesamt bereiten ihm die Ausstellungen jedoch wenig Freude. Der Kommission schreibt er: »Die Berliner Ausstellung ist eigentlich amüsanter, freilich nicht durch die Berliner Kunst.«[334] Wichtiger noch ist eine andere Aussage, die Lichtwark hier über Ausstellungen allgemein tätigt. Bei der Eröffnung des Salons von 1891, so schreibt er seiner Kommission, habe der Minister Léon Bourgeois die Ausschließung von Werken gefordert, die nicht genügend Interesse und Bestätigung beim Publikum hervorrufen würden. Dieser Meinung folgt Lichtwark: »Die Ausstellungen sind, wie sie sich heute entwickelt haben, der Mord des feineren Verständnisses im Publikum. Wie viele Pariser, Berliner, Münchner haben wohl die Kraft, sich durch ihre Ausstellungen hindurch zu arbeiten?«[335] Damit wirkt Lichtwark merkwürdig inkonsequent: Einerseits erwirbt er für die Kunsthalle wider den allgemeinen Geschmack avantgardistische Bilder wie Liebermanns »Netzflickerinnen« oder dessen Petersen-Portrait, andererseits scheint ihm nicht bewusst zu sein, dass bei zu großer Rücksicht auf die Interessen des breiteren Publikums die Qualität der Ausstellungen sinken würde.

Der Hauptgrund für diese Parisreise liegt jedoch in Lichtwarks lebhaftem Interesse an den modernen französischen Medaillen begründet. Was er bisher in Kopenhagen und den Pariser Salons gesehen hat, brachte ihn zur Überzeugung, »dass seit den Tagen der Alten und seit der Renaissance nirgend in der Welt etwas so Originelles und Künstlerisches gemacht worden« sei. Literatur darüber kann er bisher nicht finden, und seine Berliner Freunde wissen auch nicht mehr.[336] Diese Suche stellt einen Teil seiner Bemühungen um die Gründung einer Skulpturensammlung dar, wobei die Medaille eine Sonderform der Reliefplastik bildet. Mit der modernen Medaillenkunst glaubt er den schwierigeren Teil in Angriff zu nehmen. Da er auch in Paris weder Literatur noch Privatsammlungen findet, begreift er schließlich, dass es sich um eine ganz neue Entwicklung handelt. Im Münzkabinett des Staates findet er fast nur »Schund, kein Haar besser als in Deutschland«; nur wenige Stücke scheinen ihm ausgezeichnet. Dabei stößt er immer wieder auf die ihm bereits wohlbekannten Namen Jules Clément Chaplain, Oscar Roty und Daniel Dupuis. Die schönen Gussmedaillen, die ihm aus den Ausstellungen in Erinnerung sind, hat er noch nicht gefunden, da sie bisher

333 Vgl. Br. Kommission (1896), Bd. I: 1891/92, S. 11, 23, Zitate S. 9, 23.
334 Ebd., S. 23.
335 Vgl. ebd., S. 23f.
336 Vgl. hier und im Folgenden: ebd., S. 3f.

weder vom Staat gesammelt werden noch im Handel zu entdecken sind. Mit Interesse stellt er bei seinen Recherchen jedoch fest, dass die Neubelebung von Medaillenkunst und Radierung parallel vor sich geht.

In diesen Tagen erfährt Lichtwark aber doch einiges über die Entwicklung des neuen französischen Medaillenwesens. Hubert Ponscarme ließ als erster den Rand weg, bildete die Schrift künstlerisch aus und verzichtete auf die Politur des Grundes. Chaplain und Roty folgten ihm. Die alten Techniken und künstlerischen Formen wurden wiederbelebt und die Schrift ornamental ausgestaltet wie bei arabischen und japanischen Kunsterzeugnissen. Im Musée du Luxembourg findet Lichtwark zwei soeben erst aufgestellte Vitrinen mit Werken beider Künstler.

So geht er ohne Vermittlung oder Empfehlungen direkt zu den Künstlern. Als ersten sucht er Oscar Roty auf, »der als Mitglied des Instituts [de France] schon ein grosses Thier ist«, ungeachtet dessen aber in bescheidenen Verhältnissen in der Rue de l'université wohnt. Auf diplomatische Weise und mit dem Ausdruck seiner großen Anerkennung bringt Lichtwark sein Anliegen vor und nimmt Roty sogleich für sich ein. Dieser bietet ihm »ganz andere Preise« als einem Privatmann und will ihm Dinge zeigen, die er ohne seine Hilfe nicht zu sehen bekäme.[337] Den Medailleur Jules Chaplain besucht Lichtwark in der Akademie; auch er ist erfreut über den Plan einer Medaillensammlung für die Hamburger Kunsthalle und gibt manchen »feinen Fingerzeig«. Die Verhandlungen sind derart erfolgreich, dass die Hamburger Kunsthalle Chaplains ganzes Lebenswerk – Medaillen, Plaketten, Portraitmedaillons und -tafeln – erwerben kann.[338] Lichtwark erhofft sich die Averhoff-Stiftung dafür als Spender, denn »die Herren unterstützen [...] besonders gern hamburgische Interessen«.[339] Diese liegen hier seiner Meinung nach in hohem Grade vor, denn die alte hamburgische Sitte, Erinnerungsmedaillen prägen zu lassen, könnte hier erneut künstlerische Anregung erfahren. Er ist von einem ungewöhnlichen Erfolg einer Sammlung moderner französischer Medaillen in Hamburg und darüber hinaus überzeugt. Den Stücken, die alle denkbaren Formate angenommen haben, traut er außerdem große Wertsteigerungen zu. Als Dritten hat Lichtwark Daniel Dupuis im Auge, doch trifft er ihn nicht an.[340] Er hat sich bereits notiert, was er von diesem Medailleur für die Sammlung der Kunsthalle erwerben möchte und will schriftlich mit ihm verhandeln.

Lichtwark besucht bei diesem Parisaufenthalt auch die eigentlichen Bildhauer, darunter Alexandre Falguières und den Tierbildhauer Emmanuel Frémiet, dessen berühmten »Verwundeten Hund« er am liebsten für die Kunsthalle als Abguss hätte. Er ist zuversichtlich, vom französischen Staat eine Erlaubnis für den Guss einzelner Hauptwerke der modernen Plastik aus den Originalformen für die Hamburger

337 Vgl. ebd., S. 6–8. – Rotys berühmte »La semeuse« (die Säerin) bildete seit 1916 den Revers des französischen Ein-Franc-Stücks.
338 Vgl. ebd., S. 8f., 19f.
339 Vgl. ebd., S. 19f.
340 Vgl. ebd., S. 27.

Kunsthalle zu erlangen. Louis-Ernest Barrias, Antonin Carlès und Laurent Honoré Marqueste zieht er ebenfalls in Betracht, meint sie aber zunächst noch entbehren zu können. Er bedauert jedoch sehr, dass Henri Chapu und Eugène Delaplanche gerade verstorben sind. Bei den Kunsthändlern Goupil, Barbedienne und Thiébaut will er sich noch die Bronzen zeigen lassen.[341] Einer dieser Bildhauerbesuche führt Lichtwark als ersten deutschen Museumsdirektor zu Auguste Rodin: »[...] das ist ein sehr sonderbarer Mensch. [...] Rodin gilt als der Eigenartigste der modernen französischen Bildhauer.«[342] Dieses Erlebnis verwirrt ihn fast: »[...] seine Kunst verblüffte mich dermassen«, schreibt er an seine Kommission, »dass ich nicht viel zu sagen imstande war.« Von Rodins großer Bronzetür habe er überall sprechen hören. Doch scheint ihm, dass die Tür – in der Art Ghibertis, »wie man eine Vase mit figürlichem Schmuck versieht und damit dem Gebrauch entrückt« – niemals fertig werden kann. Er hält diese Idee für neu und sehr schön, aber: »diese Masslosigkeit hätte ich bei einem Franzosen nicht erwartet.« Unter den Marmorarbeiten findet Lichtwark »sehr feine, üppige Figuren in unbeschreiblichen Bewegungen, zum Theil so französisch oder besser gallisch, dass unsre Sprache nicht einmal andeutungsweise ihren Inhalt wiedergeben könnte.« Er fühlt sich an Kaulbachs Fieberphantasien zur »Sündfluth« erinnert und berichtet, Rodin habe dazu geäußert: »et il y a des gens qui trouvent ça indécent. Und dabei sah er mich aus seinem Esaukopf mit der aufrichtigsten Verwunderung an.«[343] Lichtwark unterscheidet kennerhaft zwischen kleinen Gelegenheitswerken – »Nippsachen in Marmor« – und »der wirklich ungemeinen Begabung« und schließt seinen Bericht mit dem Satz, er sei gespannt, wie Rodin ihm in einigen Jahren erscheinen werde. Vom Wunsch nach einem Ankauf für die Kunsthalle schreibt er zwar nichts, doch viel später, als Brinckmann auf der Centennale 1900 eine Büste von Rodin und »Sachen« von Dalou erwirbt, erinnert er sich, mit Rodin Kontakt geknüpft als auch Dalou besucht zu haben. Als Folge der Cholera-Epidemie habe er jedoch auf seine Erwerbungswünsche verzichten müssen. Auch würde er gerne ein gutes, eigenhändig ziseliertes Werk »von dem genialen Barye« ankaufen, doch sei fast alles in Amerika. Er plant außerdem einen Besuch bei dem »grossen Portraitmaler« Léon Bonnat, der zusammen mit dem amerikanischen Sammler M. Lucas die besten Arbeiten Baryes besitze, und will dessen Sammlung besichtigen, denkt aber auch an Erwerbungen bei Falguière und Frémiet. Die Künstler wollen ihm mit den Preisen entgegenkommen, weil es sich nicht um ein staatlich initiiertes Unternehmen handelt. Lichtwark denkt auch an die noch lebenden Bildhauer Barrias, Carlès, Marqueste und den Tierbildhauer Cain. Hinsichtlich der Werke der gerade verstorbenen Künstler Chapu und Delaplanche will er später einmal Auktionen aus Pariser Privatbesitz beobachten.[344]

341 Vgl. ebd., S. 26f., 31.

342 Vgl. hier und im Folgenden: ebd., S. 21–23. – Keisch (1979), S. 22.

343 Br. Kommission (1896), Bd. I: 1891/92, S. 22. – Französisch für: und es gibt Leute, die finden das nicht dezent.

344 Vgl. Br. Kommission (1896), Bd. I: 1891/92, S. 31. – Br. Kommission (1901), Bd. VIII: 1900, S. 176.

Lichtwark, an allem und immer auch an der Alltagsästhetik interessiert, achtet bei seinen Wanderungen durch Paris insbesondere auf die Plakate.[345] Ständig vergleicht er dabei mit den englischen und deutschen Leistungen auf diesem Gebiet. Unter den Schriftmalern glaubt er den Hamburger Herlitz überlegen; die englischen »Affichen« erscheinen ihm aber insgesamt höherwertig. Für ein großes, ganz ungewöhnliches Talent hält Lichtwark den Plakatkünstler Jules Chéret, dessen Werke gerade nicht aussähen wie schlechte Öldrucke. Neben dem Pariser Chic findet er in Chérets Plakaten etwas von der Originalität des japanischen Druckverfahrens, wie ihm die Kunst der Japaner eben stets gefällt. »Ganz gut und zweckentsprechend« erscheinen ihm nur die »einfachen Affichen der Liqueure, des Byrrh z.B., mit sehr weit lesbarer, ruhiger Schrift auf verschiedenfarbigem, aber immer überaus fein getöntem Grund.« Auch die neue französische Keramik gefällt ihm sehr; sie ist orientiert an der alten chinesischen und japanischen Keramik mit ihren Laufglasuren, und der Erfolg, auch der geschäftliche, sei großartig. Warum in Deutschland niemand auf diese Idee komme, fragt sich der stets vergleichende Lichtwark.[346] Er favorisiert damit das modernste Kunsthandwerk dieser Epoche. Im Trocadéro bewundert er beim Besuch der ethnographischen Sammlung die Abstraktion, er nennt sie »Verzichtleistung auf Details«, bei den Köpfen von Buddhastatuen. Sie erinnert ihn an die »Stilprincipien« frühgriechischer Bildnisse, er kommentiert sie: »Alle Achtung!«[347] Auch hier offenbart sich seine Vorliebe für die Einfachheit, Schmucklosigkeit, Abstraktion und Reduktion.

Auf einem Ausflug zum Montmartre – für den Pariser schon aus der Welt – besichtigt Lichtwark die im Bau befindliche Sühnekirche Sacre Cœur, die dem »radicalen Paris« wie ein »Fuß im Nacken oder ein Knie auf der Brust«, ein Zwingbau, vorkomme, was Lichtwark durchaus nachvollziehen kann. »Es ist die gelungenste Centralkirche aufgrund des katholischen Langhauses«, die er gesehen habe, »dazu eine echte Wallfahrtskirche mit riesenbreitem Chorumgang für Prozessionen.« Man nehme jetzt schon den Eindruck von etwas Großem und Originellem mit; wie werde es erst, wenn man aus dem hellen Tageslicht in den dämmerigen Raum mit Goldmosaiken, farbigen Heiligen, Prunkaltären und Weihrauchdunst trete. Lichtwark, obwohl eher wenig religiös, ist schon in der Vorstellung beeindruckt von der katholischen Sinnlichkeit. Den Montmartre mit seiner pittoresken verfallenen dörflichen Erscheinung sieht Lichtwark ganz impressionistisch: den feinen grauen Staub aus dem Steinbruch und das graue dunstige Paris, die graugrünen Steinbrüche und verblassten Buntfarben der kleinen Häuser vollzieht er als jene Welt nach, deren malerischen Reiz René Billotte entdeckt habe: »ein Stück Italien in Paris«.[348] Die Lichtverhältnisse beobachtet er bei einem Ausflug nach Rouen, erkennt die Ähnlichkeit mit Norddeutschland

345 Vgl. Br. Kommission (1896), Bd. I: 1891/92, S. 28.
346 Vgl. ebd., S. 31. – Laufglasuren: Glasuren, deren tropfenförmige Verläufe als Dekoration verwendet werden.
347 Ebd., S, 30f.
348 Zum Montmartre vgl. ebd., S. 12–16.

und den Unterschied zu Paris, beobachtet den »starken germanischen Zusatz im Blut der Bevölkerung« und in der Architektur der Stadt und glaubt sich nicht in demselben Land, dessen Hauptstadt Paris sei. Lichtwark nimmt wie ein Impressionist Farbe und Atmosphäre intensiv wahr: »Ich habe Rouen im Sonnenschein und in grauer Stimmung gesehen, es hat auch das mit unserer Gegend gemein, dass der helle Sonnenschein (z.B. im Hafen) die Dinge hart erscheinen lässt. Die Umgegend von Paris kommt dagegen, wie die Stadt selbst, erst zu ihrem Recht, wenn sie in Sonnenlicht gebadet ist. Von Härte keine Spur, nichts von den gewaltigen Contrasten in der italienischen Landschaft, es fluthet ein weiches, zartes, silbernes Licht durch den Raum. Die Bäume stehen als weiche Massen und aus ihrem Grün leuchten die mildrothen Ziegeldächer der Häuser mit einer zarten Nuance, die ich sonst nicht gesehen habe. Sechs- oder siebenhundert Jahre besitzen die Franzosen eine nationale Kunst, die nie ganz aufgehört hat, und erst in unserem Jahrhundert haben die Landschafter die Lieblichkeit der eigenen Heimath entdeckt.« So beurteilt er in treffender Weise die zeitgenössische französische Malerei. Angesichts der neuen Medaillen jedoch glaubt er, dass die Franzosen neben den Italienern – »und heute vor ihnen« – »das Volk der Plastik« seien.[349]

Schon lange hat Lichtwark vorgehabt, durch einen Ausflug nach Barbizon die Maler Millet, Díaz und Rousseau besser verstehen zu lernen. Es gelingt ihm nun, einen Tag für den Aufenthalt in Barbizon und Fontainebleau aufzuwenden. Das Schloss mit dem Beutemuseum interessiert ihn sehr. Er muss schon durch Lessing und Ewald in Berlin davon gehört haben, die die jungen Künstler zum Studium der Möbel und Dekorationen mit Vorliebe dorthin senden; junge Münchner Künstler gehen zu diesem Zweck ebenfalls dorthin. Der Wald von Fontainebleau und Barbizon, so meint Lichtwark, würde den Hamburger Sammler Behrens, in dessen Sammlung er als junger Mann die Bilder der Schule von Barbizon zum ersten Mal sah, sehr interessieren, aber auch der Hamburger Maler Valentin Ruths würde »von der merkwürdigen Erscheinung sobald nicht loskommen.« Er entwickelt Verständnis für die Künstler von Barbizon und Fontainebleau; es bewahrheite sich das Wort Goethes, wer den Künstler verstehen wolle, müsse in dessen Land gehen. Seine visuelle Veranlagung projiziert die Malerei gewissermaßen auf die Landschaft und der wohlbehütete Urwald kommt ihm »wie eine Traumerscheinung« vor.[350]

Zu den beiden großen Kupferstichhändlern Morgand und Danlos kommt er während dieses Aufenthalts in Paris nicht mehr, doch ist er mit dem Ertrag seiner Reise durchaus zufrieden. Überall hat er freundliches Entgegenkommen und Unterstützung erfahren und die »aufrichtige Freude, dass man von Deutschland aus keine Rancune hat.« Die Zeitungen würden hetzen, wie Lichtwark feststellt, der auch politischen Gesprächen nicht ausweicht und den Franzosen gegenüber seine Meinung äußert, dass die Folgen des Krieges für sie mindestens so günstig gewesen seien wie für die Deutschen,

349 Ebd., S. 16f., 20.
350 Vgl. ebd., S. 33–38.

»denn der Krieg hätte sie regenerirt, das gaben sie gerne zu.« Für die Kunsthalle glaubt er an einen großen Erfolg seiner Reise. »Wenn wir mit all unsern Vorschlägen Erfolg haben (beim Kunstverein, bei den Stiftungen und Vereinen), können wir in einem Jahr etwas so Schönes zu Stande bringen, wie kein deutsches Museum besitzt. Was Frankreich angeht, ist es höchste Zeit, dass man zugreift.« Im Ganzen werde man für die französische Abteilung der Skulpturen in der Kunsthalle sehr wenig Geld aufzuwenden haben, »verschwindend wenig für den Schatz, den wir erhalten.«[351]

Im September 1891 erhält Lichtwark von Roty die Nachricht, er wolle der Hamburger Kunsthalle sein ganzes Werk überlassen und dafür nicht mehr fordern als der französische Staat zahlen würde, und der »zahlt sehr schlecht«. Roty nimmt trotz anfänglicher Bedenken nun auch Lichtwarks Einladung an, ihn nach München zu begleiten, das er für die wohl amüsanteste Stadt des europäischen Nordens abgesehen von Paris hält, »Kunst in allen Formen, Theater, Architektur, Gärten, die schönsten Kirchen nördlich der Alpen, ein frisches, energisches Volksleben. Roty wird die ganze Akademie rebellisch machen.« Die Wirkung Münchens hat er schon im Jahr zuvor an Mr. Reid vom Londoner South Kensington Museum, dem heutigen Victoria and Albert Museum, gesehen, »der geradezu erschüttert war.« Diese Aussicht erscheint Lichtwark als die vielversprechendste der Pariser Reise.[352] Er will exemplarisch Deutschlands Ruf in Frankreich aufbessern, was ihm auch gelingt.

Anfang September 1891 ist Lichtwark mit Roty in München verabredet. Zunächst besucht er allein die große Kunstausstellung im Glaspalast, deren Ausstattung mit schlichten, in feinster Farbabstimmung gewählten Wanddekorationen ihm überaus gefällt.[353] Auch hinsichtlich der Exponate erscheint ihm die Ausstellung denjenigen in Berlin und Paris weit überlegen. Roty trifft erst nach ihm in München ein; beide verbringen etwa eine Woche mit der unausgesetzten Besichtigung von Ausstellungen, Museen und Kirchen; abends studieren sie das Volksleben. Der Zweck dieser Zusammenkunft liegt für Lichtwark nicht nur in der Information über Rotys Werk und die französische Medaillenkunst, sie tauschen sich auch über künstlerische und politische Fragen aus. Vor allem will Lichtwark dem Franzosen einen Eindruck des deutschen Kulturlebens verschaffen. Und der Eindruck geht wirklich tief: Roty, anfangs wie im Fieber und unersättlich, muss das durch die französische Presse vermittelte Bild eines hässlichen Deutschland und der Deutschen als »traurige, plumpe, verkommene Rasse« korrigieren. Er sieht schöne, elegante, gesittete Menschen und erkennt: »On nous trompe, on nous trompe!«[354] So wünscht er sich, »hundert führende Männer aus Paris« könnten seine Erfahrungen teilen. Als Folge der intensiven Eindrücke erleidet

351 Ebd., S. 39.

352 Vgl. ebd., S. 44f. – Bei Mr. Reid handelt es sich um einen Mitarbeiter des Museums, der nicht genauer zu identifizieren ist. Lichtwark hat noch einmal Kontakt mit ihm im Zusammenhang mit dem Altar von Meister Bertram, den er aus dem Museum für Hamburg erwerben möchte; vgl. Br. Kommission (1902), Bd. IX: 1901, S. 290, (1904), Bd. X: 1902, S. 172. Siehe dazu das Kapitel »Meister Bertram und die Gewinnung seiner Altäre für Hamburg« in Teil 4.

353 Vgl. hier und im Folgenden: Br. Kommission (1896), Bd. I: 1891/92, S. 65–70. – Br. Familie, S. 740–743.

354 Französisch für: Man täuscht uns, man täuscht uns!

er in München einen Nervenzusammenbruch. Auch Lichtwark glaubt sich von ihm beobachtet als ein »Exemplar des gebildeten Deutschen« und muss Roty versprechen, dass ihre persönlichen Beziehungen, »was auch geschehen möge, keine Veränderungen erleiden würden.« Lichtwark empfindet Rotys Wissbegier und das unaufhörliche Gespräch auf Französisch zwar als Anstrengung, doch profitiert auch er von den gemeinsamen Besichtigungen durch die rasche Auffassungsgabe und das sichere Urteilsvermögen des Künstlers. Große Freude und Bestätigung bereitet es ihm, dass Roty Liebermanns Gemälde »Altes Weib mit Ziegen« in der Neuen Pinakothek »mit einem kleinen Schrei« begrüßt; er kennt es bereits aus Brüssel, wo er es gerne erworben hätte, doch den Preis nicht erfahren konnte.[355] Für Lichtwarks Sachkenntnisse erweist sich der gemeinsame Münchenaufenthalt sehr vorteilhaft; er erfährt alles Wissenswerte über die Entwicklung der französischen Medaille, und Roty verspricht ihm nicht nur sein eigenes gesamtes Werk günstig für 7.400 Mark, sondern will sich auch bei den anderen Medaillenkünstlern für Lichtwark verwenden. Lichtwark hofft inständig, dass sich die Verwaltung der Kellinghusen-Stiftung zu einer entsprechenden Zuwendung entschließt, nicht zuletzt zu ihrer eigenen Freude. Seine Verhandlungen verlaufen positiv: Roty lässt nichts mehr in Privatbesitz gelangen, auch die anderen deutschen Museen, inzwischen aufmerksam geworden, sind im Hintertreffen.[356]

Lichtwark legt den Grundstein für die Rezeption französischer Medaillenkunst in Deutschland, seine Begeisterung wirkt ansteckend. Im Sommer 1891 sieht der Generaldirektor der Berliner Museen, Richard Schöne, auf der Kunstausstellung in München die französischen Medaillen, schreibt ebenfalls an Roty und orientiert sich an Lichtwarks Funden und Erwerbungen. Schöne erreicht, dass der preußische Kultusminister 8.000 Francs zur Verfügung stellt; in Berlin gelangen die Medaillen jedoch ins Kunstgewerbemuseum.[357] Treu in Dresden hat von Roty ebenfalls einige Medaillen über private freundschaftliche Kontakte erhalten, und auch Benndorf in Wien möchte Rotys ganzes Werk erwerben.[358] An Lichtwarks Leistungen reicht jedoch keiner heran; er ist der Entdecker dieser neuen Kunstwerke für Deutschland und regt die anderen Museumsleute zu eigenen Anschaffungen an.[359]

Bei diesem gemeinsamen Münchner Aufenthalt entsteht eine persönliche Freundschaft zwischen Lichtwark und Roty. Er würde die Tage mit Lichtwark in München nie vergessen, schreibt Roty am 18. Dezember 1891 an Senator Möring als Vorsitzenden der Kommission in einem offiziellen Brief mit dem Zusatz »Institut de France«. Die Begeisterung Lichtwarks vor den Werken der großen Meister und vor allem die Wärme, mit der er seine Projekte darlegte, haben ihn tief beeindruckt: »On peut être grand artiste et ne point manier pinceau et ciseau. M. Lichtwark est artiste, il a la foi,

355 Vgl. Br. Lichtwark-Liebermann, S. 36. – Br. Liebermann, S. 85. – »Alte Frau mit Ziegen«, WV Eberle 1890/1.
356 Vgl. Br. Kommission (1896), Bd. I: 1891/92, S. 69f.
357 Vgl. Pallat (1959), S. 274. – Br. Kommission (1896), Bd. I: 1891/92, S. 79f. – 1891 teilt Lichtwark Liebermann mit, dass Schöne ebenfalls Rotys Werk bestellt hat; vgl. Br. Liebermann, S. 86. – Br. Lichtwark-Liebermann, S. 37.
358 Vgl. Br. Kommission (1896), Bd. I: 1891/92, S. 60, 65.
359 Vgl. Heidemann (1998), S. 11.

il rêve une œuvre parfaite, un Musée dont Hambourg ait le droit d'être fière.« Roty spricht von einem gegenseitigen Kennen- und Schätzenlernen, das allen Nationalitätsstreit vergessen lasse. Lichtwark habe ihn um Zusammenarbeit gebeten, was er ihm von ganzen Herzen zugesagt habe. Jemand, der nur das Gute für sein Vaterland erträume, habe Anrecht auf Respekt.[360]

PARIS – ANTWERPEN 1892

Ende Juni 1892 ist Lichtwark erneut in Paris, sein erster Besuch gilt den Salons.[361] Das Niveau der Exponate erscheint ihm höher als in Deutschland, wenn auch unter dem »Wust des Alten das Neue gesucht werden musste«, »aber es betrübt einen, als Deutscher zu sehen, wie frisch und fröhlich hier Alles voranstrebt, wie es kein Gebiet mehr giebt, auf dem die Kunst nicht eingesetzt hat und Frisches und Neues schafft.«[362] Vor allem jedoch recherchiert Lichtwark für die Medaillensammlung. 20.000 Mark hat ihm die Kommission zugesagt; diese Summe würde, soweit sie nicht aus Schenkungen aufgebracht werden kann, aus Mitteln der Kunsthalle zu decken sein.[363] Das allgemeine Interesse wächst: Inzwischen besetzt die Medaillenkunst auf der Ausstellung in Paris schon zahlreiche Kabinette, während sie im Jahr zuvor noch mit einem Kabinett auskam und 1890 nur eine Wand einnahm. Lichtwark sieht viele Nachahmer am Werk und drohenden Verfall: »[...] erst macht ein originelles Genie aus seinem Herzblut neue Kunst, dann kommen die Skandinaven, die Amerikaner und Slaven, beuten sie aus und verekeln sie der Welt eine Weile. Schliesslich fallen die Damen über die Reste her.« Diesen Zustand sieht er schon fast erreicht; das meiste sei bereits nicht mehr sehenswert.[364]

In diesem Jahr spricht Lichtwark auch bei der Direktion des Musée du Luxembourg vor, was er im Jahr zuvor noch vermied, weil er ein neues Projekt lieber ohne die Unterstützung von Fachgenossen beginnen will. Ihn treibt der Ehrgeiz, zur Avantgarde zu gehören; nun sieht er sich ausreichend vorbereitet und hat einen »ehrenvollen Anschluß«. Er wird wie ein alter Bekannter begrüßt: Roty und seine Kollegen haben bereits viel von ihm berichtet, so dass Léonce Bénédite, einer der beiden neuen Direktoren des Museums, über Lichtwarks Ziele und Pläne in der offiziellen Publikation des Ministeriums berichten möchte. »Unsere Operationspläne«, schreibt Lichtwark seiner Kommission, »erhalten nun eine breitere Basis, auf die ich nicht von vorneherein zu rechnen wagte, denn die Herren hätten auch eifersüchtig sein können.«[365]

360 Vgl. Brief Roty an Senator Möring, 18.12.1891, StA HH, 364-2/1 Kunsthalle III 31f. – Französisch für: Man kann ein großer Künstler sein, ohne Pinsel und Meißel zu benutzen. Herr Lichtwark ist Künstler, er hat den Glauben, er erträumt ein perfektes Werk, ein Museum, auf das Hamburg das Recht hätte, stolz zu sein.
361 Vgl. hier und im Folgenden: Br. Kommission (1896), Bd. I: 1891/1892, S. 111–195.
362 Ebd., S. 111.
363 Vgl. P3, 7.6.1892.
364 Br. Kommission (1896), Bd. I: 1891/92, S. 113.
365 Ebd., S. 115.

In Bezug auf Frankreich würdigt Lichtwark besonders »die Stabilität aller bürgerlichen Verhältnisse«: in seinem Hotel wird er bereits als Stammgast empfangen, im Café bringt der Kellner ihm unaufgefordert die Schreibmaterialien, auch in der Weinhandlung serviert ihm die Wirtin den bevorzugten Chablis, setzt sich zu ihm und berichtet familiär vom Tod ihrer Katze. Lichtwarks freundliches und warmherziges Naturell befördert diese Kontakte, doch bemerkt er auch mit Nachdruck die Bedeutung der Tradition im Alltagsleben: »Man hat überall den Eindruck des Ständigen, Bleibenden, und viele Charakterzüge der französischen Geschichte werden einem deutlich erleuchtet im Verkehr mit den dienenden Klassen. Was will dieser Sicherheit des Bürgerthums gegenüber ein Regierungswechsel sagen.«[366] Diese Beobachtung dient Lichtwark als Anregung einer bürgerlichen Kulturtradition in Deutschland. Auch in der französischen Architektur findet er diese Konstanz, eine nur allmähliche Veränderung der Detailformen. »Von dem Hexensabbath, den die moderne Architectur Berlins aufführt, ist nicht die Rede, von Reclamethürmen und Spektakelerkern keine Spur.« Was sich bewährt habe, werde festgehalten, das verleihe den Straßenbildern Ruhe und Charakter; die vornehmeren Quartiere würden sich lediglich durch größere Wandflächen unterscheiden. Überall in den Künsten stellt er diese Vorherrschaft der Tradition fest, »die den Wasserstand auf hohem Niveau hält.« In Deutschland hingegen müsse jeder von vorn anfangen, was im Leben und in der Kunst hemmend wirke. Große pekuniäre und geistige Vermögen würden auch in Deutschland gemacht, doch ebenso schnell zersplittert. Daraus leitet er die Forderung ab, Traditionen zu schaffen. Besonders in Hamburg soll alle Kraft darauf gerichtet sein: »Ohne sie kommen wir zu keiner Cultur und müssen immer wieder erleben, dass die besten Anläufe im Treibsand der Gleichgiltigkeit [sic] steckenbleiben.«[367]

In den Pariser Salons ist Lichtwark besonders auf Stillleben, vor allem Blumenstücke, konzentriert, da er für den Herbst 1892 eine Stilllebenausstellung plant. Besonders interessiert ihn das französische Kunstgewerbe, dessen Originalität durch intensives Studium der Natur zustandekomme. Beschämt denkt er dabei an die mangelhafte Qualität des deutschen Kunstgewerbes, das nur auf historisierender Nachahmung beruht. Lichtwark lernt nun die Künstler, mit denen er bislang korrespondiert hat, persönlich kennen und erhält in kollegialer Weise von der Direktion des Musée du Luxembourg die Zusage, von allen neuen Medaillen, die sie auffindet, Nachricht zu erhalten. Vom Louvre soll er Bronzen von David d'Angers für die reinen Gusskosten erhalten, darunter die Portraits von Goethe, Rauch, Schelling und Chamisso. Chaplain und Roty besucht er ebenso wie Victor Peter, erfährt von jedem Neues und fühlt sich beglückt über den Zuwachs an Kenntnissen: »Was nützen alle Bücher, die aus anderen compilirt sind? Werth hat nur, was man selber an der Quelle schöpft.«[368] Beim Besuch der Händler stellt er allerdings fest, dass sie noch keine Kenntnis von der ganzen mo-

366 Ebd., S. 117.
367 Ebd., S. 117f.
368 Ebd., S. 131.

dernen Medaillenbewegung haben und auch die privaten Sammler noch fehlen. Der Gießer Siot-Decouville hat bereits von Lichtwark gehört und will ihm seine Gießerei zeigen.

Erstaunt ist er von der Vorbildfunktion der neuen deutschen Kunst mit christlichen Motiven – Menzel, Liebermann und Uhde –, der nun schon einige französische Maler folgen würden. Anlässlich dieser Beobachtung wünscht er sich, stets bildungshungrig, ganz modern, eine systematische Geschichte der künstlerischen Ideen, einen historischen Längsschnitt, eine monographische Darstellung der Gattungsgeschichte. Er genießt die Einsamkeit der Tage, ganz seiner Forschung und Arbeit hingegeben, besichtigt das neue Musée Galliera, die Bauten des Trocadéro und des Marsfeldes. In der Galerie Georges Petit sieht er die Ausstellung der »100 chefs-d'œuvre«,[369] Bilder von Millet und Prud'hon, einige »herrliche Corots«, Werke von Daubigny, Dupré, Constable und Bonington. Impressionistische Bilder begegnen ihm auf dieser Reise offensichtlich nicht. Er besucht den Bildhauer Emanuel Frémiet in Passy, betrachtet begeistert dessen Kohlezeichnungen von Tiermotiven, seine Ölgemälde sowie Pastelle und möchte ein Stillleben erwerben. Frémiet will speziell etwas für Hamburg fertigen, vielleicht einen toten Pfau. Dazu kommt es jedoch nicht.

Vor allem aber ist Lichtwark auf der Suche nach den Medailleuren und ihren Arbeiten. Roty hat vorgearbeitet: Überall wird er freundlich empfangen und erlebt rückhaltloses Entgegenkommen.[370] Roty hat in einer »Genoveva«[371] Anregungen aus der Sammlung des Stiftspropsts von Türk, München, verarbeitet; Lichtwark erwartet einen großartigen populären Erfolg des Werkes. Roty macht ihm auch eine schöne Plakette von Degeorge zum Geschenk. Lichtwark besucht Victor Peter, der Kontakte zur älteren Künstlergeneration haben soll, wie zu Henri Dubois, den Bildhauern Antonin Mercié und Alexandre Falguière. Er sucht Dubois ebenfalls auf, außerdem Auguste Patey, den Tierbildhauer Georges Gardet, die Bildhauer Jules Dalou und Jean Escula, den Medailleur Louis Mouchon, den Plakettisten Frédéric Vernon, ferner den alten, verbitterten Bildhauer und Medailleur Jean Lagrange, den er mit seiner Liebenswürdigkeit für sich gewinnt. Auch die Pariser Münze besichtigt er und erhält im Louvre eine Genehmigung, dass der Vorsteher der Gießerei alles für ihn formt, was er wünscht. Mit dem Bildhauer Alexandre Falguière verhandelt er über den »Knaben mit dem Hahn«, auch führt ihn sein Weg zu den Medailleuren und Stempelschneidern Emile Tasset und Alphonse Lechevrel und zu dem Radierer Henri Guérard, dem Gründer und Vorsitzenden des Pariser Radiervereins, der sich um die Wiederbelebung des Kupferfarbdrucks verdient gemacht hat. Lichtwark beobachtet ihn schon lange wegen seiner Radierungen und Holzschnitte und bestellt eine Ansichtssendung. Chaplain will von seinen frühen Werken keines abgeben, die Lichtwark zum besseren

369 Französisch für: Meisterwerke.

370 Vgl. hier und im Folgenden: ebd., S. 127–129, 136, 154–157, 160–165, 167–191; Lichtwark schildert die Welt der Pariser Bildhauer und Medailleure höchst lebendig.

371 Genoveva ist die Schutzheilige von Paris.

Verständnis der gesamten Bewegung ebenfalls erwerben möchte; auch dessen Handzeichnungen schätzt er sehr. Ponscarme sucht er in Malakoff auf und bekommt dessen ganzes Werk für die Gusskosten; nicht einmal das Musée du Luxembourg besitze es, schreibt er an seine Kommission. Schließlich bestellt er bei Henri Dubois noch Photographien zur Ansicht. Paul Dubois, den Direktor der École des Beaux Arts, und Antonin Mercié erreicht er nicht mehr, bei beiden hofft er auf Peters Vermittlung. Doch trifft er den Bildhauer Georges Gardet, bei dem er sich für ein Modell mit zwei Hunden interessiert. Auffallend ist überhaupt sein Interesse an Tiermotiven, die er immer wieder erwähnt. Der Bildhauer Laurent-Honoré Marqueste würde für Hamburg von seiner »Galathea« im Musée du Luxembourg eine Variante schaffen; seine finanzielle Forderung ist bescheiden.[372] Von dem Bildhauer Ringel d'Illzach könnte Lichtwark ebenfalls preiswert Abgüsse erwerben. Der Goldschmied Lucien Falize hat für Hamburg von der Familie Pereire eine Plakette von Eugène Delaplanche besorgt, so wird Lichtwark gelegentlich auch ein Stück für sein Museum geschenkt. Falize ist ein Historist, und jede Form von Historismus bleibt Lichtwark unverständlich: »[...] die Werke unserer Zeit wird man ansehen, wie wir die Uebungen im ciceronianischen Latein«, schreibt er seiner Kommission. Lichtwark lernt auf dieser Reise auch den Inspecteur des Beaux Arts, Roger Marx, kennen, der als wirklicher Kenner der Medaillenkunst gilt, und besichtigt dessen Sammlung.[373] Die Freundschaft zu Roty vertieft sich; sein Œuvre interessiert Lichtwark besonders. Einmal speisen sie zusammen in einem uralten, »drolligen«, aber sehr feinen Restaurant am Quai des Grands Augustins und sprechen sich noch gründlicher aus als im Jahr zuvor in München. Von Roty erhält er auch ein nicht näher bezeichnetes Wachsmodell von bedeutendem Wert.[374]

Die Maler besucht Lichtwark auf dieser Reise nicht. Die Franzosen seien die reinen Orientalen mit ihren Salâmaleikums, die den Eiligen zur Verzweiflung brächten, ihre Sprache ein furchtbares Instrument in der Hand des Unentschlossenen. Doch besucht er noch Jean-François Raffaelli, der lange Jahre durch seine Eigenart die Pariser entsetzt habe, nun aber sogar von den Museen begriffen werde, was Lichtwark ironisch kommentiert: »Diese pflegen bekanntlich in der ganzen Welt am spätesten aufzustehen.« Er selbst gehört allerdings nicht zu diesen Spätaufstehern; es ist vor allem seine eigene Generation, die er hier aufsucht und deren Werke er für die Hamburger Sammlung begutachtet. Raffaelli will für die Hamburger Stilllebenausstellung im Herbst einige Bilder schicken.

Im Hinblick auf die Innenausstattung des Hamburger Rathauses besichtigt Lichtwark auch den Rathausneubau in Paris.[375] Besonders interessieren ihn die Wandmalereien, bei denen die achtzehn beteiligten Künstler, darunter Paul Albert Besnard, Eugène Carrière, Henry Lerolle und Pierre Puvis de Chavannes, arbeiten, ohne die

372 Best.Kat. Hamburg, Dritte Dimension, S. 295f., als Geschenk von den Kunstfreunden von 1870.
373 Vgl. Br. Kommission (1896), Bd. I: 1891/92, S. 133, 157f., 165f.
374 Vgl. ebd., S. 192f.
375 Vgl. ebd., S. 148–152.

Werke der Kollegen zu berücksichtigen; insgesamt gewinnt er den Eindruck »grosser Zerfahrenheit«. Aber dass man sich hier mit der Innengestaltung des Rathauses Zeit lässt, hält er für vorbildhaft und, wie er der Kommission schreibt, ein »gutes Beispiel für die Hitzköpfe in Hamburg, die das Rathhaus schnell fertig haben wollen.« Während das Pariser Rathaus aber ein typisches Pariser Bauwerk sei, vermisst Lichtwark beim Hamburger Rathaus einen Bezug zur lokalen architektonischen Vergangenheit. Ihn interessieren aber auch kommunale Einrichtungen wie Stadtreinigung, Haustechnik und Wasserversorgung in Paris, zumal in diesem Jahr das Risiko einer Cholera-Epidemie besonders groß ist. Kurze Zeit darauf bricht sie in Hamburg als letzte einer langen Reihe von Epidemien aus.[376]

Mit dem Erfolg seiner Reise ist er zufrieden: In Paris vermittelt Paul Dubois allen anderen Künstlern Lichtwarks Wünsche, die Sammlung der Plaketten ist damit vorläufig fertig. Für die Beschaffung des noch ungedeckten Finanzbedarfs hat Lichtwark bereits Pläne. Die angesprochenen Vereine haben sämtlich gestiftet, und das Übrige möchte er durch Familien stiften lassen. Es mache sich auf den Schränken, im Katalog und »der Welt gegenüber« vortrefflich, wenn es heiße: »Gestiftet von der Familie X etc. mit allen schönen alten Hamburger Namen.«[377]

Von Paris aus fährt Lichtwark nach Brüssel, um sich auch dort nach Medaillen, Plastik und Stillleben umzuschauen.[378] Er beginnt mit der Besichtigung in der Münze, wo er jedoch nur technische Informationen erhält. Mit Vergnügen studiert er die Sammlung alter Medaillen. Die beiden jungen belgischen Bildhauer Edouard Geerts und Fernand Dubois befassen sich seit kurzem mit dem Medium der Medaille; an den Werken des Letzteren ist Lichtwark durchaus interessiert, verfehlt ihn jedoch ebenso wie Charles van der Stappen. An die Bildhauer Constantin Meunier, Paul de Vigne und Josef Lambeaux könne man noch lange nicht denken, schreibt er der Kommission; dabei geht es vor allem wohl um die Finanzierung.

Der stets und überall an Architektur interessierte Lichtwark besucht auch das neue Antwerpener Museum und ist von der Innengestaltung enttäuscht. Dem repräsentativen Eingang und einem ungeheuren Treppenhaus würden unbrauchbare Ausstellungsräume folgen, schreibt er, meist zu schmal und zu hoch. Von der Gemäldesammlung jedoch fühlt er sich entschädigt. Das Rathaus mit seiner neuen Dekoration begutachtet er ebenfalls, man habe edles Material verwendet und sich »vor blödem billigem Ornament gescheut.« Lichtwark ist angetan, der Bau erscheint ihm ernst, würdig und gediegen.

In Antwerpen fahndet Lichtwark auch nach Stilllebenmalerei für die geplante Ausstellung, er besucht Eugène Joors und gewinnt ihn für sein Ausstellungsprojekt. Außerdem sucht er den dort ansässigen holländischen Maler Floris Verster auf, be-

376 Vgl. ebd., S. 195. – Zur Cholera in Hamburg vgl. Evans (1991).
377 Vgl. ebd., S. 194.
378 Vgl. Br. Kommission (1896), Bd. I: 1891/92, S. 196–215, bes. S. 204–215.

zieht ihn jedoch ohne weitere Erklärung in seine Planung nicht ein; vielleicht ist ihm dessen Malerei doch zu modern. In Deutschland kann er keine passenden Beispiele für die neue Stilllebenkunst finden, das Gebiet sei ein »Brachfeld«, auf dem unter dem Unkraut nur hier und da eine Pflanze kümmerlich wachse, schreibt er im April 1892 an seinen Freund, den Archäologen Robert Koldewey. Belgier, Franzosen und Engländer hingegen würden ganz neuartig vorgehen, ohne Reminiszenzen an die alte Stilllebenmalerei, während die deutschen Gemälde aussähen wie Kopien nach alten Bildern. Er braucht diese neuen Stillleben als Anregung für die Dilettantinnen, die schlechte Landschaften und noch schlechtere Figuren malen würden. Und vor allem sollen die Kunsthandwerker davon lernen. Wenn er in der Kunsthalle ein Dutzend dieser »herrlichen Sachen« habe, dann könne er den Dekorationsmalern sagen, »schüttet eure Sauce weg«, dann hole er sich die Ofenfabrikanten und »Majolicafritzen« und sage ihnen, »seht, das wird in zehn Jahren auch in Deutschland allgemein gelten.« In Belgien und Frankreich hätten diese Entwicklungen die ganze Seidenindustrie und die Keramik verändert. Er will die führenden Meister selber aufsuchen, Irons etwa, und die gelegentliche Wiederholung solcher Ausstellungen soll das Publikum auf dem Laufenden halten. Neue Talente will er durch Erwerbungen in der Kunsthalle dauerhaft zeigen.[379] Im April 1892 genehmigt die Kommission eine gemeinsame Stilllebenausstellung von Kunsthalle und Kunstverein, nachdem im März eine Ausstellung von Stillleben von Eugène Joors aus dem Besitz der Hamburger Stilllebenmalerin Helene Cramer stattgefunden hat.[380] Die geplante große internationale Ausstellung von Stillleben scheint jedoch infolge der erforderlichen umfangreichen Organisation oder der letzten Hamburger Cholera-Epidemie nicht zustandegekommen zu sein.

1893: IN PARIS FÜR DIE SKULPTURENSAMMLUNG

Für den Aufbau der Skulpturensammlung reist Lichtwark im Mai 1893 noch einmal dienstlich nach Paris.[381] Wiederum unterbricht er seine Reise in Köln, dieses Mal, um eine Reihe von historischen Musikinstrumenten zu begutachten.[382] Denn kurz zuvor hat der Händel-Forscher Dr. Chrysander ihn um Unterstützung gebeten bei dem Erwerb der kostbaren alten Hamburger Musikinstrumente, die in Köln zur Versteigerung kommen. Die von Joachim Tielcke um 1670 gebauten Instrumente stammen aus der Sammlung Hammer in Stockholm und sollen nach Chrysanders Wunsch der im Aufbau befindlichen Musikinstrumentensammlung im Museum für Kunst und Gewerbe eingegliedert werden. Lichtwark sucht mit Chrysander – »unserem alten Freunde« – Eduard L. Behrens auf, der die voraussichtlich erforderliche Summe bereit-

379 Brief Alfred Lichtwark an Koldewey, 9.4.1892, Berlin, Staatsbibliothek, HSS, NL Koldewey: Lichtwark, Alfred. – Irons war bisher nicht identifzierbar.
380 Vgl. P3, 5.4.1892. – Jahresbericht [Bd. 6], 1892, S. 66.
381 Vgl. P3, 16.5.1893.
382 Vgl. Br. Kommission (1896), Bd. II: 1893, S. 113f.

willig vorstreckt. Er »habe selten erlebt«, schreibt Lichtwark der Kommission, »dass eine so wichtige Sache sich so im Handumdrehen erledigt hat.« Aber wieder einmal ist es die Musik, für die unvoreingenommen und bereitwillig gesorgt wird, während sich für ihn die Akquisition von Spendengeldern weitaus schwieriger gestaltet.

Lichtwark fühlt sich in Paris fast schon heimisch; im Café de la Régence, seinem Stammcafé, begrüßen ihn die Kellner »wie einen alten Bekannten«, wie er an Baron Westenholz schreibt. Auch Brinckmann, dessen Ankäufe aus der Auktion Spitzer Lichtwark sehr begeistern, befindet sich in Paris. Freilich, so fürchtet er, würden in Hamburg nur wenige Brinckmanns Leistung begreifen.[383] Beide gehen bereits um acht Uhr morgens in den Salon, wo sie sich ausführlich vor den Bildern und Skulpturen austauschen. Keiner von ihnen erwartet generelles Einvernehmen, dennoch, »es hat uns beide von Herzen gefreut.«[384] Brinckmann zählt nach wie vor zu den wenigen Menschen in Hamburg, die ihm uneingeschränkt freundschaftlich zugetan sind. Lichtwark besucht auch den Louvre und das Museum in Lille, doch liegt der Fokus seines Aufenthalts auch diesmal auf dem Aufbau der Skulpturensammlung der Kunsthalle. Anlässlich der Neuaufstellung der Skulpturen im Musée du Luxembourg kommen ihm viele Ideen und Überlegungen für die eigene Konzeption in den Sinn.[385] Als wichtigsten Schritt betrachtet er die Einfügung kunstgewerblicher Erzeugnisse, wobei er das Wort Kunstgewerbe als scheußlich empfindet und vermeiden möchte. Den keramischen Vasen der Künstler gehört seine uneingeschränkte Bewunderung wegen der »herrlichen einfachen Formen« und »wunderschönen Glasuren«; was in Sèvres »mit ungeheuren Kosten« gefertigt würde, sei geradezu elend dagegen. Überhaupt kommt er hier wieder auf eine seiner Zielsetzungen zurück: nicht die Gewerbeschulen, sondern die Künstler müssten die Entwürfe liefern. Er führt als Beispiel das hohe Niveau der deutschen porzellanen Kleinplastik des 18. Jahrhunderts an, denn in Deutschland gebe es nirgends bessere Plastik um die Mitte des Jahrhunderts. Und er endet mit dem Stoßseufzer: »Wenn wir in Deutschland doch endlich die Augen aufthun wollten.«

Die meiste Zeit seines Pariser Aufenthaltes nehmen die nun wieder aufgenommene Recherche nach den Medaillen, Plaketten und Plastiken ein sowie die damit verbundenen Besuche bei den Künstlern, auch verschiedenen Malern.[386] Er besucht den Landschaftsmaler Jean Charles Cazin, dessen Sohn Plakettenschneider ist und auf Briefe nicht reagiert, den Tierbildner Georges Gardet, den Medaillenschneider Emile Tasset, die Medailleure Jules Clément Chaplain, Alphée und Henri Dubois, Alphonse Lechevrel, Laurent Honoré Marqueste, Victor Peter, Hubert Ponscarme, den Medail-

383 Brief Alfred Lichtwark an Westenholz, 25.5.1893, HH, SUB, HSS, LA 28. – Vgl. Br. Kommission (1896), Bd. II: 1893, S. 121. – Die Gültigkeit dieser Aussage zeigt sich noch heute in der relativ geringen Zahl der Forschungsarbeiten über Brinckmann.

384 Vgl. ebd., S. 198.

385 Vgl. hier und im Folgenden: ebd., S. 122f.

386 Vgl. hier und im Folgenden: ebd., S. 123–159, 166, 184–187, 192f., 196, 203f., 207–209, 216f.

leur und Bildhauer Daniel Dupuis, die Bildhauer Louis Alexandre Bottée und Jean Dampt, den Maler Ernest Duez, den Maler und Radierer Marcellin-Gilbert Desboutin und schließlich den Maler Henri Fantin-Latour, der aber von seinen Blumenbildern gerade keines zum Verkauf zur Verfügung hat.

Überall sammelt Lichtwark Material und Daten zur Entwicklung der französischen Medaillenkunst; überall kommen ihm die Künstler freundschaftlich entgegen. Den Direktor der École des Beaux Arts, Paul Dubois, besucht er auf dessen Einladung hin in seinem Atelier; seinen »Florentiner Lautenspieler« will der Künstler der Kunsthalle günstig überlassen. Lichtwark möchte ihn dem Kunstverein für eine Stiftung Warburgs vorschlagen, zu einem Ankauf kommt es jedoch nicht.[387] Rodin sucht er nicht noch einmal auf. Sein Talent werde in Paris zwar sehr bewundert, seine Tätigkeit allerdings kritisch betrachtet, denn er sei Mode geworden und vertreibe nun einzelne in Marmor ausgeführte Motive seiner Tür zu Dutzenden. Man finde die »kleinen Sünderinnen«, die Geld bringen sollen, schlechthin anstößig, wie sie das Gesicht auf den Stein drücken, »dafür aber einen andern Theil des Körpers den Blicken preis geben, der im allgemeinen als weniger berufen gilt, das Leid der Seele zu spiegeln.«[388]

Auch im Salon auf den Champs Elysées sucht Lichtwark die Abteilung der Medailleure auf. Schon im Jahr zuvor wusste er, dass man bei der Avantgarde suchen müsse: »Energie«, schreibt er an die Kommission, »bedeutet Alles. Und diese wird nur von denen entwickelt, die eine Bewegung anfangen oder auf den Gipfel führen, was nahe bei einander liegt. Nachher ist es sofort aus. So geht es in der Politik, in der Wissenschaft, in der Literatur nicht minder wie in der bildenden Kunst. Immer neue Aufgaben stellen, immer von vorn anfangen, sollte deshalb die Losung sein.«[389] Diesmal stellt er fest, dass die Zahl der Aussteller gestiegen, das Niveau jedoch allgemein gesunken sei: »Die Erben sind meist schlechte Haushalter.« Er habe gut daran getan, sich an die Begründer der Bewegung und ihren Umkreis zu halten. »In Paris weiß man schon, wer die Leute sind.« Der Wert ihrer Produktion steige bereits.[390] Mit Roty frischt er die schönen Erinnerungen an die gemeinsame Münchner Reise auf und wird von ihm zu einem Jahresdiner eingeladen, das Roty zusammen mit Roger Marx initiiert hat und alle für das Kunstgewerbe schaffenden Künstler zusammenbringen soll.[391] Er freut sich auf die Gelegenheit, viele Leute »behaglich« kennenzulernen, doch scheint dieses Diner während der Zeit seines Aufenthaltes nicht zustandezukommen. Lichtwark nutzt die Zeit auch für seine Ausstellungsbesuche.[392] Der Salon der freien Künstler erscheint ihm als »das zahmste«, in jeder Beziehung Dilettantismus. Als er die tausend Bilder schließlich gesichtet hat, ist ihm jeder Geschmack an der Malerei vergangen; er kann sich zu einem Besuch des eigentlichen Salons nicht

387 Heute im Musée d'Orsay, Paris.
388 Vgl. Br. Kommission (1896), Bd. II: 1893, S. 210f.
389 Br. Kommission (1896), Bd. I: 1891/92, S. 132.
390 Vgl. Br. Kommission (1896), Bd. II: 1893, S. 127
391 Vgl. ebd., S. 126.
392 Vgl. hier und im Folgenden: ebd., S. 128f., 139, 142.

mehr entschließen. Die Besichtigungen zermürben ihn: Wenn man nicht wüsste, dass trotz der Salons gute Kunst geschaffen wird, fände er es zum Verzweifeln.

Die Ausstellung auf dem Champ de Mars interessiert Lichtwark am meisten. Hier hat Liebermanns Bildnis des Bürgermeisters Petersen einen Ehrenplatz. In dieser ganz fremden Umgebung beeindruckt es ihn aufs Neue: »Das Werk wirkt auf mich«, schreibt er seiner Kommission, »als etwas sehr Ernstes, Energisches. Sie können sich denken, wie gespannt ich war, es wieder zu sehen und wie froh ich bin, dass es sich so gut macht.«[393] Im Champ de Mars, wo die fortschrittlichen Künstler ausstellen, auf deren Seite auch Lichtwark sich positioniert, sind Historienbilder schon nicht mehr zu finden, wohl aber noch im traditionellen Salon, wo an allen Wänden noch lebensgroße und patriotische Moritaten hängen, »ein Lachkabinett für die respektlose Jugend.«[394] Vor diesem Salon resigniert er: »Wenn man sich fragt, was man etwa für eine Galerie wünschen möchte, so kann man vor fünfzig Bildern einmal stillstehen.« Den üblichen Inhalt der Historienbilder, Mord und Totschlag, ebenso plattes Liebesgenre findet er schauderhaft.[395]

Stets an der neuen Graphik interessiert, versucht Lichtwark zwar vergebens, den Farbholzschneider Henri Rivière zu treffen, hat aber Glück bei dessen Mitarbeiter Georges Auriol, besucht außerdem Auguste Lepère und Paul Helleu und besichtigt die Radierung- und Lithographieausstellung bei Durand-Ruel, wo er das Meiste allerdings schon kennt. Für Radierungen würden sich die französischen Sammler aus Prestigegründen nicht interessieren, weil es so aussähe, als könnten sie sich keine Ölbilder leisten. Lichtwark plant nun für den folgenden Winter eine Ausstellung der französischen Druckgraphik, ganz aus dem eigenem Bestand der Kunsthalle, wie man sie nirgends sonst in Deutschland fertigbringen könne. Die geringen Kosten beim Aufbau dieser Sammlung erfreuen ihn dabei besonders. Durand-Ruel zeigt ihm außerdem einige sehr schöne Werke von Courbet, Corot und Delacroix, darunter dessen »Löwenjagd« zum Preise von 100.000 Francs.[396] Auch Durand-Ruels Privatsammlung kann Lichtwark bei dieser Gelegenheit besichtigen; der Berliner Bildhauer Fritz Schaper begleitet ihn.[397] Dort finden sich sehr viele Monets, einige »famose« Manets, Werke von Degas, Desboutin, Pissarro, Sisley, Renoir, Forain und John Lewis Brown, auch einige Corots. Alle diese Künstler könne man gegenwärtig nur in dieser Sammlung kennenlernen, berichtet er seiner Kommission. Renoir kannte er bislang am wenigsten. Am meisten imponiert ihm eine venezianische Vedute von Manet. »Das hätte Runge erleben müssen.« Denn Runge würde »dies alles« nach Lichtwarks Vorstellung wohl erreicht haben, wenn ihm noch zehn Lebensjahre mehr vergönnt gewesen wären. In einem Saal bei Durand-Ruel hat Monet alle Türfelder mit Blumen- und Frucht-

393 Ebd., S. 125.
394 Vgl. ebd., S. 128.
395 Vgl. ebd., S. 129f.
396 Vgl. ebd., S. 152f., 158, zu Rivière und Auriol S. 188–191, zu Lepère S. 211f. – Etwa 80.000 Mark.
397 Fritz Schaper (1841–1919) gewann 1878 den ersten Preis im Wettbewerb für das Hamburger Lessing-Denkmal; die sitzende Bronzefigur wurde 1881 auf dem Gänsemarkt aufgestellt; vgl. Ausst.Kat. Schaper (2000), S. 54f.

stücken bemalt. Inzwischen zieht Lichtwark diese impressionistischen Bilder schon für die Kunsthalle in Betracht: »Das wäre etwas für uns, genau, was wir brauchen.«[398]

Im Musée du Luxembourg trifft er die Kollegen Léonce Bénédite und Adrien Leprieur; die Aufnahme ist herzlich. Sie sind gerade dabei, ein neu erworbenes Gemälde von Uhde aufzuhängen. Die Plakettensammlung findet Lichtwark noch auf demselben Stand wie zwei Jahre zuvor.[399] Er weiß jedoch genau und hält es auch seiner Kommission vor am Beispiel der Berliner Sammlung von Renaissanceskulpturen, die Gustav Waagen und vor allem Wilhelm Bode zusammengetragen haben, und gegen die die Sammlung des Louvre nicht aufkomme: wie wichtig es sei, nicht stehenzubleiben, und was sich erreichen lasse, wenn ein Gebiet von der Museumsverwaltung gründlich und ernsthaft gepflegt werde.[400]

Eindrucksvoll sind für Lichtwark auch die Besuche und Einladungen bei verschiedenen Künstlern, ihre Wohnungen und ihre Geselligkeit. Bénédite lädt Lichtwark zusammen mit Marcellin-Gilbert Desboutin, dem Orientmaler Paul Alexandre Leroy, dem Lithographen Henri Patrice Dillon und dem Landschafter Auguste Emanuel Pointelin zum Frühstück ein. Die Einrichtung gefällt ihm: ansprechende Farben der Überzüge, heitere Töne an der Wand, einfache, zierliche Möbelformen von solider Konstruktion; er fühlt sich behaglich und genießt diese Gesellschaft sehr. Sachverständig wird von Literatur gesprochen, »das Gespräch schwirrte und blitzte nach allen Richtungen«. Lichtwark verbringt auch einen anregenden Abend bei Roty in dessen hoch gelegenem Landhaus mit herrlicher Aussicht, und dieser Besuch gehört zum Heitersten und Angenehmsten dieser Parisreise. Er genießt die Rückfahrt entlang der Seine in der wunderbaren Sommernacht, ganz allein auf dem Verdeck des Wagens.[401]

Paris, am Ende des 19. Jahrhunderts Hauptstadt der bildenden Kunst, so stellt Lichtwark fest, werde von fremden Künstlern überlaufen, die dort studieren und dann ausstellen wollen. Wer als französischer Künstler jetzt Erfolg habe, sehe sich von Schülern aus aller Welt so belagert, dass er an Händen und Füßen gebunden sei. Nur die Bildhauer könnten von Schülern unbelästigt ihre Ideen ausreifen.[402] Seine Abneigung gegen die auswärtige Ausbildung der jungen Hamburger Künstler, die er in den folgenden Jahren mit allen Mitteln vor Ort halten möchte, dürfte hier schon beginnen.

Bei seinen Streifzügen durch Paris nimmt er wiederum die Entwicklung der lokalen Architektur in Augenschein. Die Tendenz zum funktionsorientierten Bauen überzeugt ihn: die einfachen Straßen und großen Häuser – »gediegen, aus dem köstlichen Stein, den der Boden liefert, ohne Ornament« – nimmt er mit Interesse zur Kenntnis, und wenn Ornament vorhanden sei, habe ein Künstler hohen Ranges den Auftrag. Die Architekten würden Maß halten, auch beim Einzelhaus: »Wie in der Sprache und

398 Vgl. Br. Kommission (1896), Bd. II: 1893, S. 167f.
399 Vgl. ebd., S. 148.
400 Vgl. ebd., S. 148, 141.
401 Vgl. ebd., S. 161–163, 168f.
402 Vgl. ebd., S. 130.

in der Decoration begnügt sich der Franzose in der Architektur mit dem wirklich Notwendigen; Bombast, Prunk ohne Inhalt und Nothwendigkeit sind ihm zuwider.«[403] Das trifft Lichtwarks Geschmack, seinen Sinn für die schlicht und funktional gestaltete Form, aber auch für Monumentalität, wie er immer wieder in seinen Äußerungen zur Formgestaltung deutlich formuliert.

Da Lichtwark die modernen französischen Provinzialmuseen als von größtem Interesse erachtet, besichtigt er auch in Lille sowohl Gebäude als auch Sammlung.[404] Der Staat schenkte bisher großformatige Bilder – »die grössten Maschinen« –, was zu entsprechenden Neubauten führte: »auch in Frankreich haben die Historienbilder die Museumsarchitektur verdorben.« Doch die Privatleute spendeten und vermachten kleinere Werke von Corot, Daubigny und Millet, diejenigen also, die für Lichtwark zählen. Im Vergleich erscheinen ihm die Hamburger Kunsthalle und die deutschen Museumsbauten von Schinkel, Klenze und Semper, auch die Nachfolgebauten, nicht übel. Um die bisherigen Erfahrungen beim Museumsbau zu nutzen, hätte er sich eine Bestandsaufnahme der modernen europäischen Museumsarchitektur vor zwanzig Jahren gewünscht, Grundriss und Haustechnik betreffend; dann hätte man viele Millionen eingespart und zahlreiche Kunstwerke vor dem Verfall gerettet. Man wäre nicht immer wieder hinter dem Erreichten zurückgeblieben und hätte sich dem jetzt schon bestimmbaren Ideal des modernen Museums genähert. Wie Lichtwark jedoch aus eigener Erfahrung weiß: Die »Beschäftigung mit der Gegenwart gilt als untergeordnet. Erst wenn das Wichtigste nicht mehr zu erfahren ist, darf der Historiker seine geweihten Hände an den Cadaver der Ereignisse legen.« Er plädiert dringend für eine Forschung über Museumsbau und -einrichtung, besonders unter Berücksichtigung der Entwicklungen in England.

Mit der jungen Generation der Franzosen kommt Lichtwark in Gestalt des Bildhauers und Medailleurs Alexandre Charpentier in Kontakt.[405] Durch Briefe bereits eingestimmt, begegnen sich beide bei einem Treffen wie alte Bekannte; Charpentier ist begeistert von deutscher Kultur, von Bach, Wagner, Goethes *Werther*, von Nietzsche und Hauptmanns Drama *Die Weber*. Von ihm erfährt Lichtwark zu seinem Erstaunen von der großen Verehrung des jungen Frankreich für Deutschland.[406] Lichtwark verlässt Paris nicht, ohne die Chansonette Yvette Guilbert erlebt zu haben. Über die Freizügigkeit der Lieder ist er zwar förmlich bestürzt, ihre Erscheinung und Stimme gefallen ihm aber durchaus; sie »spreche« ihre Gesänge wundervoll, und die Bewegungen ihrer Hände findet er diskret.[407]

Mit den Ergebnissen seiner Reise ist Lichtwark schließlich sehr zufrieden, sechzehn Tage hat er in Paris mit harter Arbeit zugebracht. Die französische Graphik, so

403 Vgl. ebd., S. 153f.
404 Vgl. ebd., S. 181–183, Zitat S. 183.
405 Vgl. hier und im Folgenden: ebd., S. 201f.
406 Vgl. ebd., S. 198f., 201f.
407 Vgl. ebd., S. 193f.

schreibt er der Kommission, könne man mit guten Gewissen sammeln, da die Kunsthalle an junger deutscher Schule inzwischen einen umfassenden Bestand besitze. Dass er die Vermittlung des Kunsthandels umgehe, erscheine ihm für seine Vorlesungen unerlässlich, so erhalte er einen Einblick in die Eigenart und Arbeitsweise der Künstler. Die Medaillensammlung hat er durch Handzeichnungen auf das Wünschenwerteste ergänzt, einige »Capitalstücke« gewonnen und die Informationen für die Einleitung des Kataloges beisammen. Außerdem kann er Vorschläge für die Verwendung der Warburgschen Erbschaft machen. »Alles Dinge, die sich schriftlich nicht erreichen lassen.«[408]

Im Jahr darauf, Ende August 1894, kommt Roty zum zweiten Mal nach Deutschland, diesmal begleitet von Léonce Bénédite.[409] In Hamburg empfängt der Senat die Franzosen als Ehrengäste, stellt seine Equipage samt Livree und Kokarde zur Verfügung und lädt am letzten Abend ihres Aufenthaltes zum festlichen Diner ins beste Restaurant der Stadt, zu »Pfordte«, ein. Lichtwark, patriotisch auf guten Eindruck bedacht, ist zufrieden mit den gemeinsamen Hamburger Tagen, die in den beiden französischen Familien und in ihrem Freundeskreis zur Legende werden sollen.

Die drei Herren beginnen ihre anschließende Reise in Lübeck. Lichtwark labt sich an dem Erstaunen der beiden Franzosen über die Marienkirche mit ihrer vollständig erhaltenen alten Einrichtung. Er fährt mit ihnen weiter nach Berlin, wobei er vorher in Potsdam den Anfang macht: »In Frankreich ist dergleichen Culturensemble nicht erhalten.« Beobachtet wird auch die Reitstunde der kleinen Prinzen, ein Blick ins Leben der kaiserlichen Familie, den die Franzosen als Glücksfall betrachten. Berlin erscheint ihnen wie ein unbekanntes Quartier von Paris. Am besten gefallen ihnen das Schloss und der Portikus des Alten Museums, das Leben in der Friedrichstraße überrascht sie. Lichtwark empfindet ihre Kommentare als lehrreich für sich selbst; zur Unterhaltung führt er sie in einige große Bierlokale und ins »Pschorr«, wohin er auch einige seiner Freunde vom Offizierscorps bestellt. Deren kameradschaftlicher Verkehrston gefällt, sie wissen die ausgefallensten französischen Späße zu erzählen; so legt Lichtwark Ehre mit ihnen ein. Er besichtigt mit den französischen Gästen das Kunstgewerbemuseum; sie suchen Schöne auf, der zu Tisch lädt, und Roty begeistert sich außerordentlich für die Berliner Sammlung alter deutscher und niederländischer Meister. Die Skulpturen imponieren ihm weniger, sie erscheinen ihm italienisch. Im Kontext der neuen Malerei teilt er Lichtwarks Wertschätzung der Bilder Menzels, Böcklins, Feuerbachs und Liebermanns. Beide Franzosen sind von diesen Eindrücken stark ergriffen. Lichtwark stellt fest, Gutes würden sie mit »einer gewissen Wärme« empfinden, doch unbarmherzig gegen »allen wilden Stuck und gegen die banale akademische Architektur« ohne lokalen Bezug und damit ganz in Lichtwarks Sinne urteilen.

408 Vgl. ebd., S. 217f., Zitat S. 218.
409 Vgl. hier und im Folgenden: Br. Kommission (1896), Bd. III: 1894/95, S. 69–90.

Die Reise führt weiter nach Dresden, wo die beiden Gäste vom Zwinger regelrecht bezaubert sind und in dem Theaterbau erstaunt den Typus aller modernen Opernhäuser erkennen; Lichtwark nutzt die Gelegenheit, von der Bedeutung Sempers zu berichten. Sie besichtigen die beeindruckenden Bauten Dresdens, und Roty findet von sich aus den Vergleich zu Florenz. Die Dresdner Jubiläumskunstausstellung enttäuscht und bekümmert alle drei, vor allem, weil sich die lokale Künstlerschule in keiner Weise auf die ihnen »herrlich« erscheinende Stadt bezieht. Bei Lehrs im Kupferstichkabinett macht Lichtwark Bénédite mit den Handzeichnungen und Radierungen Max Klingers vertraut, er selbst notiert sich ihm bisher unbekannte, jedoch wichtig erscheinende belgische Graphiker.[410] Schließlich besucht man noch die Gemäldegalerie, von der Roty hingerissen ist, besonders von den Werken Holbeins, van Eycks, Dürers und Rembrandts. Sie bewundern Canaletto wegen der Fülle von Farbe, Licht und Luft, die sie an die eigenen Impressionisten erinnert. An zeitgenössischer Kunst beeindrucken sie Uhdes »Heilige Nacht«, Böcklins »Quelle« und Robert von Haugs »Im Morgenrot«.[411] Lichtwark ist überrascht, wie sehr sich das Urteil der beiden Franzosen mit dem eigenen deckt; es spiegelt offensichtlich der Zeitgeist, den alle drei gleichermaßen empfinden.

Bei Seidlitz in Dresden-Blasewitz werden die Eindrücke gemeinsam rekapituliert. Roty fühlt sich wie im Traum. Soviel Kunst allerersten Ranges in solch einer kleinen Stadt zu finden, überrascht die Franzosen. Am Rande dieser Zusammenkunft hat Lichtwark eine vertrauliche Unterredung mit Seidlitz in dessen Funktion als Dezernent für Kunstangelegenheiten im sächsischen Ministerium. Wie überall sperrt sich auch hier die ältere Generation gegen das moderne Leben, dabei wüssten sich die Vertreter der Kunstwissenschaft, wie Woermann, Seidlitz, Lehrs, Gurlitt und Treu, einmütig in der Verteidigung der ›Verfolgten‹. Wie Lichtwark es in Hamburg hält, so erscheint ihm auch hier in Dresden die einzige Lösung für dieses Problem ein Ausgehen von der »Localfrage« zu sein. Seidlitz habe sich nun auch zu diesem Weg entschlossen, finde jedoch keine Hilfe von privater Seite, die ihm, Lichtwark, in Hamburg manches ermögliche.

Weiter führt die Reise nach Nürnberg. Die alte rote Stadt überwältigt die beiden Franzosen geradezu, ebenso das schöne Hotel »Bayerischer Hof« aus dem 16. Jahrhundert. Sie besuchen das Germanische Nationalmuseum und den Johanniskirchhof, wo Roty die Bronzeplaketten auf den Steinblöcken bewundert. In München, der letzten Station ihrer Reise, möchte Roty die Bronzeportale und das Grabmal in der Frauenkirche gerne wiedersehen. Bénédite ist beeindruckt von Lenbachs »Hirtenknaben«;[412] viele deutsche Kunstwerke der Gegenwart lernt er erst auf dieser Reise kennen. Vor allem imponiert den Franzosen die Selbständigkeit der einzelnen Zentren, der Gegen-

410 Darunter dürften sich auch die Blätter von James Ensor befinden, die Max Lehrs bereits 1894 erworben hat.
411 Uhde, Heilige Nacht, 1889; Böcklin, Die Quelle, möglicherweise Am Quell, WV Andree 334; von Haug, Im Morgenrot, 1893.
412 Lenbach, Hirtenknabe, 1860, München, Schackgalerie.

satz zwischen Bürger- und Fürstenstädten; Berlin als Metropole erscheint ihnen am wenigsten profiliert. Der Deutsche, wie er in der französischen Karikatur dargestellt wird, begegnet ihnen allerdings nirgends. Hier müssen die beiden ihr Deutschlandbild revidieren, und darin liegt für Lichtwark schließlich auch ein Zweck dieser Reise. Während Roty von München aus nach Paris zurückkehrt, fährt Lichtwark mit Bénédite noch weiter nach Würzburg, Frankfurt und Köln, wo dieser bei seiner Abreise auf dem Bahnsteig bekennt, es habe sich ihm eine neue Welt eröffnet. »Was wir ihm gewährt hätten«, schreibt Lichtwark seiner Kommission, »würde ihn uns für immer verpflichten und mit ihm seine Collegen. [...] Was uns diese nun festgeschürzte Verbindung bringen wird, muss die Zukunft lehren.« Er hofft auf diesen Kontakt in Paris als sichere Basis für die Entwicklung der Kunsthalle, vor allem, wenn sie erst Staatsmittel zum weiteren Ausbau erhalten würde. Die gemeinsamen Tage ermüden Lichtwark durch die intensiven Gespräche, doch erlebt er die Reise als ungemein lehrreich für sich selbst.

ERWERBUNGEN II

Ankäufe für die Skulpturensammlung

Die Ankäufe für die Skulpturensammlung ziehen sich insgesamt über mehrere Jahre hin. Generell ist Lichtwarks Erfolg bei der Erwerbung der französischen Medaillen nicht unbeträchtlich. Schon unmittelbar nach seiner Parisreise kommen 1891 sämtliche Werke Oscar Rotys als Geschenk der Kellinghusen-Stiftung in die Kunsthalle, 35 gegossene Plaketten und Medaillons, teilweise beidseitig gestaltete Stücke, darunter viele Portraits, sowie dreißig geprägte Plaketten und Medaillen. Die Verwaltung der 1808 begründeten Averhoff-Stiftung schenkt der Kunsthalle zur Gründung der Skulpturensammlung das gesamte damalige Œuvre des französischen Medailleurs Jules-Clément Chaplain: 39 gegossene Medaillons, weit überwiegend Portraits, und sechzehn geprägte Medaillen. Senator Möring stiftet zusätzlich zwei Medaillons von Bertrand Andrieu, Freiherr von Westenholz sorgt für weiteren Zuwachs durch fünf Medaillen, unter anderem von dem Wiener Medailleur Anton Scharff.[413] Das Interesse des Publikums an den gleich nach dem Eintreffen ausgestellten Stücken ist groß, von vielen Seiten wird Beihilfe zugesichert. Lichtwark beantragt, die Werke aller Künstler dieser Bewegung zu bestellen, was die Kommission auch beschließt. So wird die Kunsthalle als Grundlage der Skulpturenabteilung eine einzigartige Sammlung des nach Lichtwarks Meinung »originellsten Zweiges der modernen Plastik« besitzen. Lange Zeit, schreibt er im Jahresbericht von 1891, habe keine Erwerbung der Kunsthalle so freudige Zustimmung erfahren; er schließt daraus, dass die geplante Erwerbung großer Statuen in gleicher Weise Aufnahme erfahren werde.[414] Doch mag er dabei die Nähe

413 Vgl. Jahresbericht [Bd. 5], 1891, S. 9–12, 25–30; Br. Mannhardt, 8.8.1891, S. 47. – Zu allen erwähnten Medaillen und Plaketten der Hamburger Kunsthalle vgl. Best.Kat. Hamburg, Medaillen und Plaketten.
414 Vgl. Jahresbericht [Bd. 5], 1891, S. 11.

der Medaille zur Münze unterschätzen: so mancher Betrachter in der großen Handelsstadt dürfte den Zugang zum Kunstwerk vom Geldstück her gefunden haben.

Die Skulpturensammlung wird in diesem Jahr außerdem bereichert durch die Marmorskulptur »Der Helot« von Wilhelm Kumm, ein Geschenk der Kunstfreunde von 1870, sowie drei Bronzen des Bildhauers und Politikers Ernst Gottfried Vivié, »Bacchant und Bacchantin«, »Todesengel« und »St. Petrus«, vom Künstler aus Anlass der Gründung der Skulpturensammlung gestiftet. Die Sammlung erhält als Geschenke auch private Hamburger Medaillen, etwa zu Jubiläen; gerade diese lokale Produktion möchte Lichtwark mithilfe des französischen Vorbilds wieder anregen.[415]

Nach Lichtwarks Parisreise des Jahres 1892 setzt sich der Aufbau der Skulpturensammlung fort. Bürgermeister Mönckeberg stiftet Medaillons und Medaillen von Bertrand Andrieu, dem Hauptmeister der Zeit Napoleons I.; als Geschenk des Senators Gottfried Holthusen und seines Schwiegersohns, des Lübecker Augenarztes und Sammlers Dr. Max Linde, kommen 26 Arbeiten von Henri Michel Chapu in die Sammlung. Baron von Westenholz stiftet weitere Bronzemedaillons des Wiener Künstlers Anton Scharff, dem in den deutschsprachigen Ländern bedeutendsten zeitgenössischen Medailleur, darunter viele Portraits. Sieben Medaillons von Alphonse Legros, auch diese meist Portraits, schenkt der Verein für Kunst und Wissenschaft. Der Kunstgewerbeverein stiftet elf Plaketten und Medaillen von Frédéric Vernon, und weitere elf dieses Künstlers kommen als Geschenk von Marie Oppenheim in die Kunsthalle. Der Gewerbeverein steuert Plaketten, Medaillons und Medaillen von Alphée Dubois bei, elf Bronzereliefs, neunzehn geprägte Medaillen und Plaketten, auch hier viele Portraits berühmter Zeitgenossen. Einzelstücke werden von privaten Spendern geschenkt, darunter eine Plakette von Antoine Louis Barye mit dem Motiv eines Adlers im Kampf mit einer Schlange. Die Ehefrau von Gustave Pereire, ansässig in Paris, stiftet die einzige Plakette von Eugène Delaplanche. Durch Überlastung des Gießers infolge der vielen Bestellungen für Hamburg steht bei Jahresende allerdings noch einiges aus.[416] Lichtwark nimmt die öffentliche Wirkung der Plaketten- und Medaillensammlung aber bereits wahr: das Publikum wünsche sich ähnliche Werke für bestimmte Anlässe wie Jubiläen und Ehrungen, und die jungen Künstler würden bereits anfangen, sich in der neuen Kunstgattung zu versuchen.[417] Mehrere Bronzegüsse größerer Werke werden ebenfalls gestiftet: von Senator Möring Emanuel Frémiets »Verwundeter Jagdhund an seinem Verbande zerrend« zum Preise von 2.500 Francs, vom Freiherrn von Westenholz eine Bronzebüste des Komponisten Johannes Brahms

415 Vgl. ebd., S. 24, 32–34. – Vgl. die gedruckte Einladung von Ende Dezember 1891 zur Besichtigung der in der Kunsthalle aufgestellten Marmorstatue von W. Kumm, »Helot«, in Carrara-Marmor, Geschenk des Vereins als Grundlage zu einer Sammlung moderner Skulptur; StA HH, 364-2/1, Kunsthalle III 31f, Mitteilungen über Sonderausstellungen. – Best.Kat. Hamburg, Dritte Dimension, S. 253, Kumm; S. 436f., Vivié, »St. Petrus« ist hier nicht aufgeführt.

416 Lichtwark erhält Abgüsse der bestellten Werke, d.h. es handelt sich um unlimitierte Auflagen, während heute die Auflagen limitiert sind.

417 Vgl. Jahresbericht [Bd. 6], 1892, S. 30–42, 25–29.

von Victor Tilgner, vom Architekten- und Ingenieurverein die Büste des Malers Jean Léon Gérôme von Jean-Baptiste Carpeaux.[418] Ernst Gottfried Vivié schenkt noch einmal zwei eigene Werke, ein Marmorrelief der Heiligen Jungfrau und das Zinkgussportrait des Grafen Adolf VI. von Schauenburg.[419]

Auch 1893 setzt sich der Aufbau der Skulpturensammlung fort.[420] Baudirektor Zimmermann entwirft für die Medaillen und Plaketten einen Spezialschrank und der Vorsitzende der Kommission zur Verwaltung der Münzstätte, Senator Roscher, wendet der Reform des Hamburger Medaillenwesens sein Interesse zu. Die Krankenhauskommission hat einen Wettbewerb für eine erste Medaille ausgeschrieben; Lichtwark ist neben Kall, Peiffer und Gaedechens Mitglied der Jury. Das umfangreichste Geschenk kommt von Gustav Amsinck aus New York: sieben Plaketten und fünfzehn Medaillons mit Allegorien, sechzehn Bildnisplaketten und 25 Bildnismedaillons von Jean Baptiste Daniel Dupuis. Drei seiner Werke schenkt Laurent Honoré Marqueste selbst; die Kunstfreunde von 1870 stiften von diesem Künstler die Marmorstatue »Galathea« als eigenhändige Kopie des Originals im Musée du Luxembourg.[421] Eduard L. Behrens schenkt zwei Bronzemedaillons von Paul Dubois, Marie Woermann zwei Medaillons von Carpeaux, Baron von Westenholz noch einmal drei Werke von Scharff, von dem die Musikfreunde in Wien auch eine Medaille auf Johannes Brahms stiften, und Dr. G. Heylbuth eine weitere Medaille. Senator Möring schenkt in diesem Jahr eine vergoldete Bronzestatuette des Heiligen Georg von Emanuel Frémiet.[422] Der soeben gegründete Verein der Amateurphotographen stiftet ein Exemplar des Ehrenpreises für die Internationale Amateurphotographen-Ausstellung in Hamburg 1893, eine Bronzeplakette von Paul Düyffke.[423] 1894 wird auch Sir Alfred Beit hier mäzenatisch tätig, erstmalig in größerem Stil: Er schenkt dreißig Arbeiten von Alexandre Charpentier,[424] und Westenholz stiftet Scharffs Medaille auf den 60. Geburtstag von Johannes Brahms. Die Medaille der Krankenhausverwaltung für die während der Cholera-Epidemie tätigen Ärzte, von August Vogel modelliert, liegt nun vor, eine neue mit lokalem Charakter und einem Bildnis des Bürgermeisters Versmann befindet sich in Arbeit. Auch die Spezialschränke werden eingeweiht.[425]

Im Jahr darauf folgen weitere Zuwendungen: Beit schenkt 47 Medaillen und Plaketten von Ferdinand Levillain; Westenholz vervollständigt den Bestand der Scharff-Medaillen um weitere zehn Stücke. Einige neue, lokal bedeutsame Werke kommen

418 Vgl. zu Möring P2, 16.1.1892. – Brief Alfred Lichtwark an Bode, 9.1.1892: Möring habe den »chien blessé« von Frémiet geschenkt, ganz aus freien Stücken; Berlin, SMB-ZA, NL Bode, 3309. – Best.Kat. Hamburg, Dritte Dimension, S. 166, Frémiet; S. 428, Tilgner; S. 139f., Carpeaux.
419 Nicht im Best.Kat. Hamburg, Dritte Dimension.
420 Vgl. hier und im Folgenden: Jahresbericht [Bd. 7], 1893, S. 25–35.
421 Vgl. zum Geschenk des Vereins von 1870: P3, 8.8., 28.11.1893. – Best.Kat. Hamburg, Dritte Dimension, S. 296.
422 Nicht im Best.Kat. Hamburg, Dritte Dimension.
423 Zum Verein der Amateurphotographen siehe das Kapitel »Amateurphotographie« in Teil 2.
424 Best.Kat. Hamburg, Dritte Dimension, S. 143f.
425 Vgl. Jahresbericht [Bd. 8], 1894, S. 53–59.

hinzu: drei Medaillen vom Senat, darunter ein Portugalöser auf Bismarcks 80. Geburtstag von dem Berliner Bildhauer Fritz Schaper und ähnliche Gelegenheitswerke. Aus den spärlichen Staatsmitteln erwirbt Lichtwark zwei Medaillen von Auguste Barre, zwei von Fernand Dubois und zwei weitere von Scharff. Teure Erwerbungen kann er nicht tätigen; die Begeisterung privater Spender für die Medaillensammlung scheint schließlich ausgereizt. Die Familie Petersen gibt ein Exemplar der Silbermedaille auf den Tod des Bürgermeisters Carl Friedrich Petersen in die Kunsthalle,[426] was Lichtwark als versöhnliche Geste betrachtet haben dürfte angesichts des Skandals um das Portrait von Liebermann. Alfred Beit schenkt 1894 zwei Bronzereliefs von Alexandre Charpentier, »Mutter und Kind« von 1883 und »Louise Charpentier«, Mutter und Tochter musizierend, von 1891, und Marie Meyer, Lichtwark bereits als Sammlerin bekannt, spendet 1895 zwei Kinder-Marmorbüsten des damals bekannten Bildhauers und Schilling-Schülers Adolf Breymann.[427]

Die Patriotische Gesellschaft wendet der Skulpturensammlung der Kunsthalle schließlich 1896 noch ein bedeutendes Geschenk zu: 23 Medaillons, Medaillen und Plaketten von Victor Peter, darunter einige Portraits und eine Reihe von Tiermotiven; auch Baron Westenholz schenkt unter anderem noch einmal elf Medaillen von Anton Scharff. Einige wenige private Spender übergeben der Kunsthalle aus persönlichen Anlässen entstandene Stücke untergeordneter Bedeutung, doch kommt auch eine Plakette von Chaplain auf das Jubiläum der Ny-Carlsberg-Brauerei in Kopenhagen als Geschenk von C. Jacobsen aus Kopenhagen, und Lichtwark erwirbt aus Staatsmitteln die Medaille auf die französische Demokratie aus dem Jahr 1846 von David d'Angers.

Damit ebbt die Bewegung langsam ab. Aus der Zusammenstellung wird sichtbar, dass in der Hauptsache immer dieselben wenigen Personen der Skulpturen- und Medaillensammlung der Kunsthalle etwas zuwenden: nämlich diejenigen, die ohnehin zu ihrem Umkreis gehören, etwa zum Verein von 1870, zur Verwaltungskommission oder zu Lichtwarks engerem Hörerkreis. Seine Vorstellung, an den Schaukästen die Namen der alten Hamburger Familien als Stifter verzeichnen zu können, lässt sich keineswegs verwirklichen; nur wenige der reichen Hamburger unterstützen sein Vorhaben des Aufbaus einer Sammlung französischer Bildhauerkunst. Seine Hoffnungen auf die Anregung einer lokalen Medaillenproduktion seien hingegen »über Erwarten rasch« in Erfüllung gegangen, schreibt Lichtwark 1895.[428] Doch für das wohlhabende Hamburg, die zweitgrößte Stadt des Deutschen Reiches, bleibt diese Ausbeute – gemessen an Lichtwarks Einsatz und dem Entgegenkommen der französischen Künstler – als ein eher zur Resignation berechtigendes Ergebnis.

Auch die lokalen Privataufträge florieren keineswegs. 1898 erreicht ihn eine private Anfrage hinsichtlich eines Künstlers für eine Plakette auf den Hamburger Pastor

426 Vgl. hier und im Folgenden: Jahresbericht [Bd. 9], 1895, S. 82–90.
427 Best.Kat. Hamburg, Dritte Dimension, S. 143f., Charpentier; S. 126, Breymann; hier ist nur eines der beiden Werke und ohne Angabe der Stifterin verzeichnet.
428 Vgl. Jahresbericht [Bd. 8], 1894, S. 55.

Hermann Spörri. Es gebe einige hamburgische Künstler, die sich eingearbeitet hätten, antwortet er unter Veranschlagung von 1.000 bis 1.200 Mark für die Herstellung einer Bronzeplakette. Die Gemeindemitglieder könnten sich dann eine beliebige Anzahl von Exemplaren in verkleinerter Form herstellen lassen. Beim Vorhandensein größerer finanzieller Mittel empfiehlt Lichtwark angesichts des sehr lebhaften Kunstsinnes des Pastors, einen großen Meister dafür ins Auge zu fassen, etwa Adolf Hildebrand. Er werde in absehbarer Zeit wegen eines Auftrages für das Bülow-Grabmal nach Hamburg kommen. Sollte er die Plakette gestalten, wäre das eine hohe Ehre für den Dargestellten. Lichtwark vermutet, die Arbeit könne den Künstler wohl locken, der Preis würde sich jedoch mindestens um 2.000 Mark erhöhen. Er verweist als Anschauungsobjekt auf Hildebrands Bismarck-Plakette in der Kunsthalle. Lichtwarks Interesse an Hildebrand ist dauerhaft: Schon 1884 hat er für die *Gegenwart* über eine Ausstellung des Künstlers berichtet und diesen Text in die *Studien* wieder aufgenommen. 1902 wird eine versilberte Bronzeplakette mit dem Portrait Bodes, 1906 eine weitere Bismarck-Plakette von Hildebrand angekauft.[429] Zur Erwerbung eines größeren bildhauerischen Werkes dieses Künstlers kommt es jedoch nicht.

Seine Recherchen über die französische Medaillenkunst verarbeitet Lichtwark in einem Text, den er 1895 auszugsweise im ersten Heft der Zeitschrift *Pan* veröffentlicht.[430] 1897 erscheint dann bei Kühtmann in Dresden sein Buch *Die Wiedererweckung der Medaille.*[431] Mit seinem Einsatz für die Erneuerung der Medaillenkunst gelingt es ihm, in Deutschland eine neue Medaillenproduktion und temporär auch entsprechende Sammlungstätigkeit anzuregen. So berichtet er Liebermann schon 1891, dass auch Schöne Rotys Medaillenwerk für Berlin bestellt habe, und 1896 folgt Theodor Volbehr als Direktor des Museums in Magdeburg durch Lichtwarks Vermittlung mit einer Medaillensammlung nach und erwirbt ebenfalls Werke von Chaplain und Roty. Noch im Mai 1904 vermerkt Gustav Schiefler in seinen Aufzeichnungen, der Hildesheimer Bürgermeister Struckmann habe sich an Lichtwark um sachverständigen Rat hinsichtlich des Aufbaus einer Medaillensammlung im dortigen Museum gewandt. Die Preise seien inzwischen stark gestiegen und Lichtwark könne nur anhand des Kataloges der Pariser Münze Empfehlungen aussprechen. Aus Mitteln der Struckmann-Stiftung wird dort im Jahre 1905 eine 106 Stücke umfassende Medaillen- und Plakettensammlung angelegt, darunter 33 französische,

429 Vgl. Brief Alfred Lichtwark an Dr. Schaalach, 19.4.1898, Privatbesitz. Hildebrands Bismarck-Plakette bezeichnet Lichtwark schon im April 1895 anlässlich der Besichtigung des Exemplars in der Berliner Nationalgalerie als »ein schönes Stück«; Br. Kommission (1896), Bd. III: 1894/95, S. 170f. Zu Lichtwarks Veröffentlichungen über Hildebrand vgl. Kayser (1977), Nr. 84, 212. – Pastor Dr. habil. Hermann Spoerri (1838–1904) betreute die Deutsche Evangelische Reformierte Gemeinde in Hamburg; er galt als charismatisch und wirkte weit über seine Gemeinde hinaus; vgl. Biographisch-bibliographisches Kirchenlexikon, Verlag Traugott Bautz, 1999, Bd. XVI, Sp. 276–320, Stichwort »Walt(h)er Classen« (www.bautz.de/bbkl). – Zu Hildebrand vgl. Best.Kat. Hamburg, Medaillen und Plaketten, S. 175–177.

430 Siehe dazu das Kapitel »Der Medaillenaufsatz im Pan« in Teil 3.

431 Kayser (1977), Nr. 206, 238, 249.

24 österreichische, drei schweizerische und 42 deutsche Stücke, die vorwiegend dem Jugendstil angehören.[432] Theodor Volbehr in Magdeburg erwirbt außerdem Stücke von David d'Angers, Jules Clement, Chaplain und Oscar Roty sowie vielen anderen französischen Bildhauern und Medailleuren.[433] Deutlich später beginnt in Bremen Gustav Pauli mit dem Aufbau einer Sammlung an französischen und deutschen Medaillen. Zwar gibt es auch einen geringen alten Bestand, doch wird Pauli schon bald nach der Begegnung und beginnenden Freundschaft mit Lichtwark nach 1902 auf diesem Gebiet aktiv. Die in der Hamburger Kunsthalle vertretenen Medaillenkünstler werden auch für die Bremer Sammlung maßgebend.[434]

Hamburger Dilettanten lassen sich allerdings kaum von den neuen Medaillen anregen; nicht zuletzt, weil der Bronzeguss eine kostspieliger technischer Prozess ist. Nur die Malerin Mary Hertz, die 1897 den Kunsthistoriker Aby Warburg heiratet,[435] gestaltet schon 1892, bald nach dem Beginn der Medaillensammlung, ein Bildnismedaillon.[436] 1898 kommen noch verschiedene Erinnerungsmedaillen in die Sammlung: neben Lichtwarks Erwerbung von Hildebrands Portrait Bismarcks zum 80. Geburtstag sind ferner zwei Plaketten von Ernst Wilhelm Geyger, Berlin, sowie von dem gebürtigen Hamburger Wilhelm Kumm, Berlin, und Joseph Kowarzik, Frankfurt, je eine Medaille auf den 80. Geburtstag von Adolph Menzel, von Hugo Kaufmann und Hans Sandreuther je eine Medaille auf den 70. Geburtstag von Arnold Böcklin verzeichnet. Lichtwarks Freund Fritz Bronsart von Schellendorf schenkt außerdem eine 1898 geschaffene Bronzeplakette mit dem Bildnis des Generalobersten Alfred Graf Waldersee von Bruno Kruse.[437]

Im Jahr 1898 reist Lichtwark nochmals nach Paris zur Erweiterung der Plakettensammlung, wozu ihm 5.000 Mark bewilligt werden. So wird die französische Sammlung im Jahre 1900 noch einmal um 98 Medaillen und Medaillons von Hubert Ponscarme erweitert, von Lichtwark für 3.270 Mark aus Museumsmitteln erworben.[438]

432 Vgl. Br. Lichtwark-Liebermann, S. 37. – Heidemann (1998), S. 19f. – Schiefler, LAZ, 12., 15. und 18.5.1904, SUB, HH, HSS. – Zum Museum Magdeburg vgl. Br. Kommission (1899), Bd. IV: 1896, S. 58; dort amtiert Theodor Volbehr (1862–1931) seit 1892 als Vorsteher der Sammlungen des Kunstgewerbevereins, seit 1895 als Direktor. Materialien zum Thema Medaille haben sich jedoch im Museum in Magdeburg nicht erhalten. Für seine Auskunft vom 17.4.2006 danke ich Karlheinz Kärgling, Kulturhistorisches Museum Magdeburg. – Zu Struckmann und Hildesheim vgl. Döry (1978), S. 5–32; auf Lichtwark als Anreger der Medaillenrezeption wird hier hingewiesen, Einzelheiten der Erwerbungsgeschichte finden sich jedoch nicht und sind auch im Roemer-Pelizaeus-Museum nicht vorhanden. Für diese Auskunft und den Literaturhinweis im April 2006 danke ich Manfred Boetzkes, Roemer-Pelizaeus-Museum, Hildesheim.

433 Vgl. Volbehr (1907), S. 137. – Jahresberichte der Kunsthalle zu Hamburg 1891ff.

434 Vgl. Best.Kat. Hamburg, Medaillen und Plaketten in der Kunsthalle Bremen. Pauli veröffentlichte eine Übersicht über die Sammlung; vgl. Pauli (1908).

435 Zu Warburg siehe das Kapitel »Kollegen« in Teil 5.

436 Vgl. Best.Kat. Hamburg, Dritte Dimension, S. 441f. – Best.Kat. Hamburg, Medaillen und Plaketten, Nr. 715; als Dauerleihgabe in der HKH. – Zu Mary Hertz siehe Haug (2006), S. 29–49.

437 Vgl. Jahresbericht [Bd. 12], 1898, S. 60–62.

438 Vgl. P3, 7.6.1898; Jahresbericht [Bd. 14], 1900, S. 20ff. – P4, 27.10.1900, hier ist von 109 Medaillen die Rede, die bereits zehn Jahre zuvor bestellt und nun auf Bitten und Drängen endlich der Kunsthalle überwiesen wurden.

Auch viele andere Geschenke von Hamburger Bürgern, die Lichtwark weniger wichtig erscheinen dürften, kommen hinzu, so ein Bronzerelief mit dem Portrait von Johannes Brahms von Paul Düyffke, 1899 geschenkt von Senator Holthusen, und siebzehn Medaillen von Scharff als Geschenk von Julie Freifrau von Westenholz.[439]

Die französischen Medaillen und Plaketten bleiben für Lichtwark die bedeutendsten Produkte dieses künstlerischen Mediums. Über die moderne Medaille hält er auch Vorträge, beispielsweise im März 1893 in Lübeck, im November 1895 in Dresden und im Februar 1896 im Berliner Architektenhaus.[440] Die französischen Künstler danken ihm sein Interesse mit bereitwilligem Entgegenkommen, und Alphonse Lechevrel portraitiert den vier Jahre jüngeren Lichtwark schon 1892 im Alter von vierzig Jahren auf einer Plakette (Abb. 22).[441]

Beim Aufbau der Skulpturensammlung muss Lichtwark jedoch auch Enttäuschungen hinnehmen. Gerne hätte er eine Tierbronze von Ernst Moritz Geyger erworben, deren Ziselierung er aufs Höchste bewundert. Die Ziselierungen des »großen Barye« seien ein Kinderspiel dagegen, schreibt er 1891 an die Kommission, er möchte Geygers Werke einmal in Hamburg ausstellen. Auch dessen Arbeiten als Stecher schätzt er. Leider habe die Nationalgalerie schon Kenntnis durch Bode und wolle 10.000 Mark für eine Anschaffung aufwenden, »eine Summe, die Geyger als Maurerhandlanger in derselben Zeit reichlich verdient haben würde.«[442] Mit Klinger geht es ihm ähnlich. 1893 sieht er bei einem Besuch in Leipzig dessen soeben entstandene, doch schon langfristig vorbereitete Marmorskulptur »Salome«; er beschreibt sie seiner Kommission mit Begeisterung für Klingers Idee und die verwendeten Materialien bis ins Detail. Die gleiche Beschreibung der »Salome« ist, nachdem er im vorhergehenden Brief dessen Aufsatz über Klinger gelobt hat, in einem Schreiben Lichtwarks an seinen norwegischen Kollegen Andreas Aubert enthalten, mit der Bemerkung: »Das wäre was für unsere Sammlung!« Bereits etliche Jahre zuvor habe er die Überzeugung ausgesprochen, schreibt er an die Kommission, die nächste Aufgabe der Plastik werde die Wiederentdeckung der Farbe sein.[443] Schon in seiner Berliner Zeit interessiert er sich für die farbigen Marmorarbeiten, die von Artur Volkmann nach den farbig gefassten Gipsbüsten Klingers für das Vestibül der Villa Albers ausgeführt wurden. Zur gleichen Zeit erwähnt Lichtwark Klinger in seinem Feuilletonartikel über die farbige Skulptur, und im November 1885 spricht er in einem Kolleg

439 Vgl. Jahresbericht [Bd. 13], 1899, S. 34f.

440 Vgl. Br. Kommission (1896), Bd. II: 1893, S. 25; (1896), Bd. III: 1894/95, S. 357; (1899), Bd. IV: 1896, S. 17.

441 Vgl. Dibbern (1974), Abb. S. 5, 159.

442 Vgl. Br. Kommission (1896), Bd. I: 1891/92, S. 86f.

443 Vgl. Br. Kommission (1896), Bd. II: 1893, S. 50f. – Briefe Alfred Lichtwark an Aubert, 25.1., 26.4.1893, Oslo, NB, Brevsamling 32. – »Die neue Salome« befindet sich seit 1894 im Museum der bildenden Künste Leipzig; vgl. Ausst.Kat. Klinger (1992), S. 282, Abb. S. 110. Klinger befasste sich mit dem Thema erstmals im Skizzenbuch 1874/77, seit 1886/87 intensiv; Lichtwark könnte also bereits die Vorstudien gekannt haben.

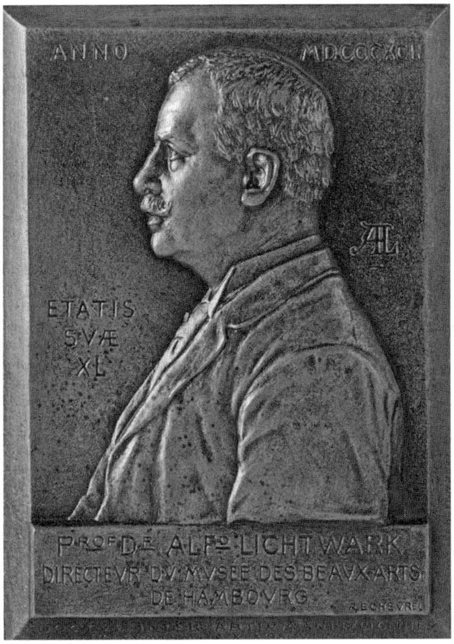

Abb. 22 Alfred Lichtwark, Plakette von Alphonse Eugène Lechevrel, 1892, Hamburger Kunsthalle

ebenfalls über dieses Thema.[444] Bei allem Interesse gelingt es ihm jedoch während seiner gesamten Amtszeit nicht, eine Skulptur seines langjährigen Künstlerfreundes Max Klinger für die Sammlung der Kunsthalle anzukaufen. 1897 fragt er bei Klinger an, ob dieser verkäufliche Arbeiten vorrätig habe; einige Kunstfreunde würden der Kunsthalle gerne ein Werk schenken. Klinger sendet Photographien und Preisangaben von zwei weiblichen Marmorskulpturen, die wohl infrage kämen, doch scheint dieser Ankauf entweder nicht erschwinglich oder nicht erwünscht zu sein. Die »Kassandra« kommt erst 1980 in die Kunsthalle; das Brahms-Denkmal für die Hamburger Musikhalle wäre allerdings ohne Mitwirkung Lichtwarks nicht entstanden.[445]

Anfang der neunziger Jahre verhandelt Lichtwark auch mit Constantin Meunier, dessen Werke Jahre später, in der Frühjahrsausstellung 1898, eine eigene Abteilung einnehmen, doch kommt diese Verhandlung zu keinem Ergebnis. Lichtwark hat Meuniers Werke von der Berliner Kunsthandlung Keller & Reiner ausgeliehen, die den Bildhauer

444 1884 hält Georg Treu im Kunstverein Leipzig einen Vortrag »Sollen wir unsere Statuen bemalen?«, der auch gedruckt erscheint und Klinger zur farbigen Skulptur anregt. Er bemalt daraufhin die Gipsmodelle zu den von Artur Volkmann ausgeführten Marmorbüsten für die Villa Albers; vgl. Best.Kat. Leipzig, Klinger, S. 35, heute in Dresden. – Siehe auch das Kapitel »Berlin als Paradies: Feuilleton« in Teil 1 sowie Kayser (1977), Nr. 127, 132, 133. – Br. Familie, S. 594.

445 Vgl. Briefe Alfred Lichtwark an Klinger, 9.19., 16.10., 11.12.1897, HKH, AdB 1. – Best.Kat. Hamburg, Dritte Dimension, S. 238–241. – Siehe das Kapitel »Klingers Brahms-Denkmal« in Teil 5.

in Deutschland vertritt. 1899 erwirbt er schließlich aus Staatsmitteln Meuniers Relief mit dem Bildnis eines Kindes, und 1901 schenkt Generalkonsul Eduard Behrens, der Sohn von Eduard L. Behrens, der Kunsthalle Meuniers Bronze »Grubengas«.[446]

Abgesehen von den Medaillen und Plaketten kommt jedoch die Skulpturensammlung nicht recht voran, auch wenn die Kunstfreunde von 1870 im Jahre 1896 zwei Holzstatuetten des drei Jahre zuvor verstorbenen bekannten Hamburger Bildhauers Alois Denoth schenken, der maßgeblich am Figurenschmuck des neuen Hamburger Rathauses beteiligt ist.[447] Mit reproduzierenden Abgüssen will sich Lichtwark nicht zufriedengeben. Der Kollege Georg Treu in Dresden habe durch Gipsabgüsse von Skulpturen der Antike, der christlichen Zeit und von den Dresdner Bildhauern wie Rietschel, Hähnel und Schilling eine große Sammlung zusammengebracht, schreibt Lichtwark 1893 seiner Kommission. Er selbst hält diese Sammlung jedoch nur für das Studium geeignet, »nichts Lebendiges«. Treu habe auch einige Werke von Roty angeschafft, aber ein Plan zu einer Plakettensammlung wie die der Kunsthalle ließe sich in Dresden nicht durchführen. Auch über das Hamburger Werk von Marqueste wundere Treu sich sehr. Treu bemühe sich um Gipsabgüsse nach modernen Franzosen, die 1.000 bis 1.500 Francs kosten. Lichtwark ist jedoch gegen die Abgüsse eingestellt, für ihn wiegt eine Marmorfigur mehr als sechs Gipse auf.[448] So macht er auch von dem Angebot französischer Bildhauer, manche ihrer Werke als Abguss zu erhalten, keinen Gebrauch. Die in der Kunsthalle befindlichen Gipsabgüsse werden schließlich 1909 zum Aufbau einer archäologischen Lehrsammlung an die Oberschulbehörde überwiesen.[449]

Die neue Graphik

Zu Lichtwarks Plänen gehört auch die Anregung des privaten Sammelns von Druckgraphik in Hamburg. Die Wiederbelebung der graphischen Künste durch einzelne wichtige Künstler, darunter Lichtwarks Freunde wie Klinger, Stauffer-Bern und Halm, aber auch ganze Vereine von Künstlern, die sich um diese Zeit zusammenfinden, um ihre graphischen Blätter gemeinsam in Mappen zu vermarkten, ist längst in vollem Gange. Es ist keine genuin deutsche Bewegung; ein ähnliches Anliegen haben Künstler in Frankreich, England und den USA.[450] Lichtwark sammelt bereits seit Jahren das

446 Vgl. Zeromski (1924), S. 72. – Ausst.Kat. Frühjahrsausstellung (1898), loses Beiblatt »Ausstellung Constantin Meunier (Brüssel)«. Hier sind unter den Nr. 1–11 Gemälde, Pastelle und Zeichnungen aufgeführt, unter den Nrn. 12–27 Bronzen, darunter »Das Grubengas« für 1.050 Mark. – Jahresbericht [Bd. 13], 1899, S. 34. – Best.Kat. Hamburg, Dritte Dimension, S. 305–307. – 1898 verabredet Lichtwark in Berlin mit der Kunsthandlung Keller & Reiner die Zusendung der Photos von allen noch verfügbaren Statuetten Meuniers; vgl. Br. Kommission (1899), Bd. VI: 1898, S. 32.

447 Vgl. zu Denoth Best.Kat. Hamburg, Dritte Dimension, S. 150; die beiden Statuetten stellen »Die Malerei« und »Die Architektur« dar. – Jahresbericht [Bd. 10], 1896, S. 53.

448 Vgl. Br. Kommission (1896), Bd. II: 1893, S. 253f.

449 Vgl. P5, 6.7.1909.

450 Vgl. dazu Junge (1989), S. 27–81.

Wichtigste auf diesem Gebiet für die Kunsthalle und bringt seine Kenntnisse schon bei Amtsamtritt mit. Die privaten Gemäldesammlungen in Hamburg weiß er der Gemäldegalerie der Kunsthalle überlegen; private Graphiksammlungen hingegen seien kaum vorhanden, dabei sind sie nach seiner Ansicht »von je her die vornehmsten Träger einer gediegenen Kunstbildung«[451] und nicht zuletzt von erheblicher ökonomischer Bedeutung. Dass sich die Liebe der Sammler noch einmal der alten Graphik zuwenden könnte, hält er aufgrund der hohen Preise für unmöglich, zudem wünscht er sich ja gerade ein zeitgenössische Kunst sammelndes Publikum. Die moderne europäische Künstlergraphik könnte nun also den Grundstock neuer Privatsammlungen an Druckgraphik bilden, und insbesondere Hamburg scheint ihm als Ort für solche Aktivitäten besonders geeignet wegen der Wohlhabenheit der Bevölkerung und des stark entwickelten Familiensinns. Lichtwark denkt dabei vor allem an die von ihm als herrlich empfundene hamburgische Landschaft, an Portraits und die »mannichfachen Volkstypen«, die den Radierern ein weites Betätigungsfeld bieten könnten. So zielt er darauf ab, die Vorherrschaft der Photographie im Portraitfach zurückzudrängen und die Portraitgraphik wieder zur Geltung zu bringen.[452] Doch die Wiederbelebung des Graphiksammelns bleibt zunächst ein Wunsch, ein Plan für die Zukunft, bis zu dessen Verwirklichung noch Jahre vergehen werden.

Lichtwark verfolgt trotzdem aufmerksam die Entwicklung und erwirbt weiterhin unbeirrt zahlreiche Werke der neuen Graphik für das Kupferstichkabinett: Blätter von Ernst Moritz Geyger, Peter Halm, Max Klinger, Karl Koepping, Albert Krüger, Adolph Menzel, Karl Stauffer-Bern, dem Schweden Anders Zorn, den Franzosen Jean Louis Ernest Meissonier, Alphonse Legros, Jules Jacquemart, Félix Braquemond, Charles Méryon, dem Engländer Francis Seymour Haden und dem Amerikaner James McNeill Whistler.[453] Die Protokolle der Kommissionssitzungen geben darüber und auch über die Preise genaue Auskunft. Im März 1890 werden erneut für 520 Mark Radierungen von Klinger erworben, im Dezember für 150 Mark Radierungen von Wilhelm Rohr.[454] Im selben Jahr werden 172 Mark für Radierungen von Menzel aus dem Harzen-Fonds bereitgestellt, ein weiterer ungenannter Betrag wird im November 1890 für Menzel-Radierungen bewilligt.[455] Für Radierungen von Klinger stehen 1891 wiederum 356 Mark zur Verfügung.[456] Im Sommer dieses Jahres will Lichtwark auf der Versteigerung der Sammlung Haden Erwerbungen tätigen; er lässt sich dafür 2.000 Mark bewilligen und im November für englische Radierungen erneut 1.500 Mark.[457] Ebenfalls 1891 erwirbt er für 760 Mark Radierungen von Anders Zorn, der im selben Jahr in der Münchner Jahresausstellung drei Gemälde und drei Radierungen ausgestellt hat

451 Vgl. dazu auch Ullrich (2009), S. 35–45.
452 Vgl. hier und im Folgenden: Jahresbericht [Bd. 5], 1891, S. 36–38.
453 Vgl. ebd., S. 40.
454 Vgl. P2, 31.3.1890 (Klinger); ebd., 16.12.1890 (Rohr).
455 Vgl. ebd., 19.4., 15.11.1890.
456 Vgl. ebd., 5.11.1891.
457 Vgl. ebd., 4.6., 5.11.1891

und für eines seiner Gemälde mit der »Goldenen Medaille II. Classe« ausgezeichnet wird.[458] Im Januar sind die Radierungen Zorns zusammen mit Werken von Francis Seymour Haden und Charles Méryon in der Kunsthalle zu sehen. Gemeinsam mit dem Kunstverein zeigt Lichtwark, beginnend am 28. März 1892, die fünfte Ausstellung des Künstlers in Deutschland: »Gemälde, Zeichnungen und Radierungen von A. Zorn«.[459] 1892 folgen Ankäufe von Geyger für 1.300 Mark, von Halm in Höhe von 730 Mark und Köpping für 1.400 Mark.[460]

1893 setzt Lichtwark die Erwerbungen moderner Druckgraphik aus Staatsmitteln mit großem Nachdruck fort. 803 Blätter deutscher Künstler, darunter Klinger, Stauffer sowie Otto Greiner, und erstmalig Lithographien von Hans Thoma; 242 Blätter Druckgraphik aller Techniken, auch Buntdrucke, von französischen Künstlern wie Marcellin-Gilbert Desboutin, Alexandre Lunois, Auguste Lepère; wiederum Blätter von Francis Seymour Haden, James McNeill Whistler und Hubert Herkomer sowie zwölf weitere Radierungen von Anders Zorn erwirbt er für das Kupferstichkabinett. Wer die zeitgenössische Radierung in qualitätvollen Beispielen sehen will, hat dazu in der Hamburger Kunsthalle als erstem Museum in Deutschland Gelegenheit.

1893 berichtet Lichtwark, in Berlin seien die »Anstrengungen der Franzosen, den Farbendruck zu erneuern, ganz unbekannt.« Lippmann, der Direktor des Berliner Kupferstichkabinetts, mache »große Augen«; er habe sogar französische Farbendrucke zur Ansicht erbeten und über die unglaublich niedrigen Preise gestaunt, die Lichtwark bei den Künstlern selbst gezahlt hat. Lippmann erwerbe teure englische Reproduktionsgraphik in Mezzotintotechnik, die gerade aktuell sei und von Lichtwark abgelehnt wird. »Wenn wir ruhig fortfahren, unsere moderne Sammlung auszubilden, schaffen wir uns einen Schatz lebendiger Kunst, gegen den alle Schabkunstblätter der Welt nicht aufkommen. Und was können wir für zweitausend Mark kaufen?«, schreibt er seiner Kommission.[461] Er ist stolz auf seine neue Abteilung: »Wir sind dabei, unsere modernen Radirer abzurunden«, schreibt er an Andreas Aubert nach Oslo. »Es gibt eine hübsche Sammlung, die ich im Herbst ausstellen will. Mit großer Freude habe ich die Werke des alten Desboutin angekauft, den ich auch persönlich kennengelernt habe.« Er fragt Aubert auch nach skandinavischen Radierern, Zorn habe er schon; wenn dort etwas besonders Gutes gemacht werde, wolle er es seiner Kommission zum Ankauf vorschlagen.[462]

Im Januar 1893 beantragt Lichtwark für zwei Radierungen von Arthur Kampf 550 Mark, für drei Radierungen von Franz Stuck 300 Mark und für Druckgraphik von Henri Guérard 1.000 Mark.[463] Schon im Februar folgt sein Antrag über 6.000 Francs, um-

458 Vgl. ebd., 5.12.1891. – Lengefeld (2000, Zorn), S. 34–40, 336.
459 Vgl. P3, 3.3.1892. – Lengefeld (2000, Zorn), S. 336.
460 Vgl. P2, 16.1.1892, P3, 30.8.1892.
461 Vgl. Br. Kommission (1896), Bd. II: 1893, S. 5, 40f.
462 Vgl. Brief Alfred Lichtwark an Aubert, 23.6.1893, Oslo, NB, Brevsamling 32.
463 Vgl. P3, 24.1.1893.

gerechnet 4.860 Mark, für französische Radierungen, die Blätter werden besichtigt und genehmigt.[464] Im August desselben Jahres tätigt Lichtwark wiederum ausgiebige Ankäufe für das Kupferstichkabinett: Lithographien von Alexandre Lunois für 640 Francs und von Henri Dillon für 315 Francs; Radierungen von Marcellin-Gilbert Desboutin für 3.350 Francs und von Bajou in der Galerie Commeter für 560 Francs; Holzschnitte und Radierungen von Auguste Lepère für 1.300 Francs; Handzeichnungen von Daniel Dupuis für 700 Francs, außerdem Radierungen von Stauffer bei Commeter für 910 Mark, Radierungen vom selben Künstler bei Amsler & Ruthardt für 945 Mark sowie Radierungen von Zorn bei Littauer für 1.000 Mark.[465] Nur eine Woche später wird der Ankauf einer Ansichtssendung mit Blättern von Klinger ohne Preisangabe bewilligt, außerdem 150 Mark für eine Radierung von Halm und 600 Mark für Farblithographien von Hans Thoma bei Arnold in Dresden; von Thoma wurden bereits im April des Jahres vier Blätter zu je 300 Mark erworben.[466]

1894 liegt wiederum besonderes Gewicht auf der Erweiterung des Kupferstichkabinetts mit Graphik des 19. Jahrhunderts. Für die Holzschnittsammlung Bürkner aus der Zeit Richters beantragt Lichtwark 600 Mark, bewilligt werden jedoch nur 400 bis 500 Mark.[467] Ferner erwirbt er französische Druckgraphik: Lithographien von Norbert Goeneutte für 180 Mark, Radierungen von Paul Helleu für 360 Mark, die Radierung »A l'opéra« von Paul-Marie Lapierre-Renouard für 240 Francs, Buntdrucke von Alexandre Lunois für 590 Mark und Zeichnungen von Chaplain für 1.600 Mark, außerdem Radierungen für 80 Mark von dem Spanier Rogelio de Egusquiza. Von Anders Zorn kauft er Radierungen für 74, etwas später noch einmal für 120 Mark. Bei der Galerie Arnold in Dresden werden für 60 Mark Farblithographien erworben, bei Littauer Radierungen von Wativ für eine Summe von 180 Mark, bei Commeter Radierungen von Geyger für 280 Mark, bei Amsler & Ruthardt Radierungen von Klinger für 477 Mark, außerdem – wohl bei den Künstlern selbst – ein Buntdruck von Eckmann für 90 Mark und Radierungen von Halm für 180 Mark. Zusätzlich werden 3.000 bis 4.000 Mark für zur Auswahl vorliegende Radierungen von Whistler bewilligt.[468]

Im selben Jahr erwirbt Lichtwark mit seinem Sinn für das Skurrile und Humoristische Wilhelm Buschs Zeichnungen der Bildergeschichte *Herr und Frau Knopp* zu 10 Mark pro Blatt, bei 101 Blättern also für insgesamt 1.010 Mark.[469] Im Herbst des Jahres beantragt er 750 Mark für Klingers Brahms-Zyklus in Drucken von den un-

464 Vgl. ebd., 4.2.1893, der über viele Jahre hinweg stabile Kurs geht aus P3, 24.1.1893 hervor, umgerechnet: 1 Franc = 0,81 Mark.

465 Vgl. ebd., 8.8.1893.

466 Vgl. ebd., 15.8.1893. – Lichtwark führt im Januar 1893 der Kommission Aquarelle und Buntdrucke von Thoma vor, ein Beschluss wird jedoch ausgesetzt; vgl. ebd., 24.1.1893, im April erfolgt dann ein Ankauf: »Großmutter und Kind«, »Drei Köpfe«, »Wächter vor dem Liebesgarten«, »Adam und Eva«; vgl. ebd., 1.4.1893.

467 Vgl. ebd., 19.12.1893, 16.1.1894.

468 Vgl. ebd., 16.8., 2.10., 23.10.1894. – Der Name Wativ lässt sich nicht verifizieren. Es kann sich hier um einen Lesefehler der Autorin handeln, da die Protokolle in Handschrift verfasst sind.

469 Vgl. ebd., 14.6., 16.8.1894.

verstählten Platten bei Amsler & Ruthardt, das letzte erhältliche Exemplar, weshalb ein rascher Entschluss erforderlich ist; im Mai 1895 erwirbt er Klingers Zyklen »Eine Liebe« für 700 und »Vom Tode« für 550 Mark.[470] Im Jahr 1894 folgen noch einmal Radierungen von Whistler für 1.500 Mark, erworben in der Galerie Commeter, ferner Radierungen von Whistler, Méryon und Legros für zusammen 1.900 Mark, und sieben Radierungen von Wilhelm Rohr für 200 Mark.[471]

Nach 1895 werden in den Kommissionssitzungen die Beträge zum Ankauf von Graphik nur noch pauschal angegeben, doch nennt Lichtwark in den Jahresberichten unter der Überschrift »Kupferstichkabinett« stets die Künstlernamen und auch die Anzahl der angekauften Blätter. Allgemein tritt nun die Druckgraphik etwas in den Hintergrund. Den bisher gesammelten Künstlern bleibt Lichtwark aber weiterhin verbunden. Klinger findet stets Berücksichtigung, ebenso damals wichtige deutsche Maler und Graphiker wie Fritz Boehle, Ernst Moritz Geyger, Otto Greiner, Carlos Grethe, Peter Halm, Gotthardt Kuehl, Wilhelm Leibl, Max Liebermann, Albert Krüger, Leopold von Kalckreuth, Walter Leistikow, Fritz Mackensen, Hans Olde, Emil Orlik, Hans Thoma, Wilhelm Trübner, 1909 auch Emil Nolde, und die Österreicher Carl Moll und Ferdinand Schmutzer wie auch die Schweizer Karl Stauffer und Albert Welti. 1908/09 kommen auch vierzehn Blätter von Lovis Corinth hinzu. Von den jungen Hamburgern erwirbt Lichtwark seit Mitte der 1890er Jahre immer wieder Druckgraphik, später auch von Wilhelm Laage, außerdem von den aus Hamburg gebürtigen, deutschlandweit bekannten Künstlern Otto Eckmann und Peter Behrens. Der Höhepunkt der Ankäufe von französischer Graphik liegt zwar in den Jahren 1891 bis 1895, doch auch später erfolgen noch Erwerbungen, u.a. von Eugène Carrière, Edgar Degas, Henri Fantin-Latour, Alphonse Legros, Alexandre Lunois, Edouard Manet, Charles Méryon, Jean-François Millet, Jean-François Raffaelli, Auguste Raffet, Henri Rivière, von Holländern wie Jozef Israels, Anton Mauve, Jan Toorop und Carel Storm van S'Gravensande, dessen 1898 erworbene dreißig Lithographien mit Ansichten des Hamburger Hafens auf einen Aufenthalt in Hamburg hinweisen; außerdem von Belgiern wie Frank Brangwyn, Ferdinand Khnopff, Jan Veth und Armand Rassenfosse. Auch von Engländern und Amerikanern sammelt Lichtwark Druckgraphik, so von Francis Seymour Haden, W. Nicholsen, James McNeill Whistler und Joseph Pennell, 1896 auch Radierungen von William Morris. Mehrfach kommen Arbeiten des Schweden Anders Zorn in den Bestand der Kunsthalle.[472] Von James Ensor kauft Lichtwark zunächst nichts, obwohl Max Lehrs für das Dresdner Kupferstichkabinett

470 Vgl. ebd., 23.10.1894, 7.5.1895.

471 Vgl. ebd.

472 Vgl. dazu die Jahresberichte der Kunsthalle zu Hamburg bis 1909, Abschnitt Kupferstichkabinett. Nach 1909 sind keine Jahresberichte mehr erschienen. – Zu Noldes Graphik siehe auch das Kapitel »Avantgarde: Expressionismus« in Teil 6.

473 Lehrs erwirbt 1894 bei Ensor sechzehn Blätter: Delteil 31, 51, 7 II, 11 II, 13, 14, 17, 23, 33 III, 40 II, 44, 47 II, 71 II, 78 I, 81, 82; für diese schriftliche Auskunft vom 2.8.2004 danke ich Juliane Wolschina, Kupferstich-Kabinett Dresden. Ensor ist auch im Register der Briefe an die Kommission für die Verwaltung der Kunsthalle nicht enthalten.

schon 1894 Blätter direkt bei diesem Künstler erwirbt.[473] Im September 1894 notiert sich Lichtwark jedoch bei Lehrs einige »amüsante und technisch wichtige, belgische Künstler«, die Lehrs bei seinem letzten Aufenthalt in Brüssel kennengelernt habe. Dabei wird es sich auch um Ensor gehandelt haben, dessen Graphik Lichtwark jedoch erst 1903 erwirbt.[474] 1895 sieht er in München-Bogenhausen in der Privatsammlung des Schriftstellers Wilhelm Weigand erstmalig graphische Arbeiten von Félicien Rops, von dem er bereits aus der Literatur und von seinem Kollegen Henri Hymans, dem Direktor des Brüsseler Kupferstichkabinetts, weiß. Lichtwark betrachtet ihn als bedeutenden Künstler und würdigt dessen besondere Technik: »Man sieht wieder einmal, kein grosser Künstler ohne ganz grosse und selbstgemachte Technik.« Eingehend äußert er sich zu Rops' Thema, dem Weib, es handele sich jedoch nicht um das frierende Modell des Akademieprofessors. »Das Weib, das er beobachtet hat, ist wieder ganz ungenirt, wenn es im Naturzustand auftritt.« Aus Rops' Schaffen entspringe die Quelle, aus der Rodin seine Kunst geschöpft habe, meint Lichtwark. »Wenn einmal die Geschichte der Ideen geschrieben wird, muss Rops ein eigenes Kapitel haben.« 1896 erwirbt er ebenfalls Blätter dieses Künstlers.[475] Im Hinblick auf die neue Graphik nimmt Lichtwark auch Einfluss auf die Jahresgabenproduktion des Hamburger Kunstvereins. 1894, zu einer Zeit, als die meisten Kunstvereine noch Reproduktionsgraphik an ihre Mitglieder verteilen, vermittelt er dem Hamburger Verein durch seinen Kontakt zu dem inzwischen in München ansässigen Radierer Peter Halm, den er noch aus seiner Berliner Zeit kennt und der zwei Jahre zuvor den Verein für Originalradierung München gegründet hat, drei Radierungen. Halm radiert, ganz im Sinne der Sammlung von Bildern aus Hamburg, eine Ansicht der Stadt von der Alster aus, die Katharinenkirche und eine Außenansicht der Michaeliskirche.[476] So verhilft Lichtwark dem Kunstverein zu einer hochaktuellen Mitgliedergabe und verfolgt gleichzeitig seine Strategie der Integration zeitgenössischer Kunst in das Hamburger Kulturleben. Dazu soll auch eine von der Dresdner Galerie Arnold kuratierte Ausstellung von Handzeichnungen beitragen, die 1896 in der Kunsthalle stattfindet; Veranstalter ist der Kunstverein. Sie umfasst konservativere neben fortschrittlicheren Arbeiten, unter anderem von Fritz Burger, Ludwig Dill, Otto Eckmann, Ernst Eitner, Fritz Erler, Eduard von Gebhard, Ernst Moritz Geyger, Ludwig von Gleichen-Russwurm, Otto Greiner, Hugo von Habermann, Halm, Robert Haug, von Hofmann, Arthur Kampf, Gustav Kampmann, Eugen Kirchner, Karl Köpping, Wilhelm Leibl, Walter Leistikow, Richard Müller, Dresden, Emil Orlik, Franz Stuck, Thoma, Hans von Volkmann, Wilhelm Volz. Herauszuheben sind Max Liebermann und Wilhelm Steinhausen mit je

474 Vgl. Br. Kommission (1896), Bd. III: 1894/95, S. 78. – Jahresbericht [Bd. 17], 1903, S. 80.

475 Br. Kommission (1896), Bd. III: 1894/95, S. 312f. – Jahresbericht [Bd. 10], 1896, S. 67.

476 Vgl. dazu WV Bißwurm (1993), S. 170.; es handelt sich um die Blätter: Hamburg, Ansicht der Stadt von der Alster, 1894, 45,5 × 64,6 cm (Bildgröße), WV Bißwurm 120; Hamburg, Katharinenkirche, 1894, 45,7 × 32 cm (Bildgröße), WV Bißwurm 121; Hamburg, St. Michaelis, Außenansicht, 1894, 45,8 × 31,9 cm (Bildgröße), WV Bißwurm 122; alle Blätter gedruckt bei A. Wetterroth, München. Zu Halm und dem Verein für Originalradierung München vgl. Junge (1989), S. 46–58.

sechzehn, Max Klinger mit dreizehn, Fritz Mackensen und Adolph Menzel mit je zwölf und Franz Skarbina und Karl Stauffer-Bern mit je neun Arbeiten. Dazu kommen verschiedene Originale für die *Jugend* von Fritz Erler, Wilhelm Diez, Bernhard Pankok, Bruno Paul und Rudolf Wilke.[477]

DIE GROSSE WIEDERENTDECKUNG: PHILIPP OTTO RUNGE

Im Juni 1891 besucht Lichtwark in Berlin Paul Runge, einen Enkel des Malers Philipp Otto und Sohn von Otto Sigismund Runge, und sieht dort Bilder aus dem Nachlass des Künstlers.[478] Runge ist Lichtwark keineswegs unbekannt, besitzt doch die Kunsthalle in ihrem alten Bestand nicht nur 154 Zeichnungen, die 1856 von Runges Witwe Pauline, geborene Bassenge, dem Kunstverein geschenkt wurden und später in den Besitz der Kunsthalle übergingen. 1862 stiftete Rudolf Hülsenbeck dem Kunstverein für seine Sammlung das Gemälde »Die Hülsenbeckschen Kinder« und 1872, drei Jahre nach seiner Eröffnung, erhielt das Museum mit den Gemälden »Lehrstunde der Nachtigall« in der ersten Fassung, »Ruhe auf der Flucht« und »Petrus auf dem Meer« eine weitere Stiftung von Pauline Runge. Zum alten Bestand der Kunsthalle gehört auch das Portrait des Bruders des Künstlers, Daniel Runge.[479] Bei Lichtwarks Amtsantritt befanden sich diese als altmodisch geltenden Bilder in der »Todtenkammer«; 1892 ist jedenfalls Runges »Lehrstunde der Nachtigall« noch im Depot.[480]

Bei Paul Runge nun sieht Lichtwark das Bildnis des erstgeborenen Sohnes Otto Sigismund Runge als Kleinkind und eine Ölskizze des Doppelbildnisses der Eltern des Künstlers mit den beiden Enkeln,[481] bei dem er sich insbesondere von der Darstellung der alten Frau bewegt zeigt: »Die Bewegung der Frau hat etwas rührend Ergreifendes. Wie kann es der Künstler machen, dass einem auf einen Schlag alle die tiefen Associationen lebendig werden, die sich um das Wort Mutter weben?« Ferner gibt es dort eine zweite Fassung der »Lehrstunde der Nachtigall«.[482] Besonders frappiert ist Lichtwark von der farbigen Ausführung des »Morgen«, von dem er bereits einen Konturenstich kennt. Er erfasst auf den ersten Blick, »dass das Bild als Licht und Farbe und nicht als Linie« konzipiert sei. Der Besitzer verspricht ihm aus freien Stücken dieses Bild für die Kunsthalle, das Babyportrait von Otto Sigismund jedoch will er zu Lebzeiten seiner Mutter, die Lichtwark ebenfalls aufsucht, noch nicht weggeben.[483]

477 Vgl. Ausst.Kat. Handzeichnungen deutscher Künstler (1896). Kirchner ist als Ernst Kirchner verzeichnet, es muss sich jedoch um Eugen Kirchner handeln.

478 Hier und im Folgenden vgl. Br. Kommission (1896), Bd. I: 1891/92, S. 100–102, 105f. – Zu den Bildern vgl. Best.Kat. Hamburg, 19. Jh., S. 172–179. – Best.Kat. Hamburg, Neuere Meister (1910), S. 144f.

479 Vgl. Ausst.Kat. Runge (1977), Vorwort, S. 7. – Best.Kat. Hamburg, 19. Jh., S. 173. – WV Traeger 312, 248, 322, 369.

480 Vgl. Br. Kommission (1896), Bd. I: 1891/92, S. 101.

481 WV Traeger 313, 351.

482 Ebd., S. 301.

483 WV Traeger 414, 313.– Vgl. WV Traeger (1975), S. 433: Stubbe und Schümann haben recht mit der Angabe der Schenkung für das Jahr 1891, Traeger gibt 1893 an. Tatsächlich erhält Lichtwark den »Morgen« endgültig erst 1893; vgl. Br. Kommission (1896), Bd. II: 1893, S. 14.

Lichtwark darf auch die Mappen durchsehen und findet ein vollständiges Exemplar von Runges überaus seltenem Kartenspiel, das ihm ebenfalls versprochen wird. Von der alten Frau Runge erhält er Hinweise auf weitere Bilder des Künstlers in Hamburger Privatbesitz und bei Bürgermeister Georgi in Leipzig.

Dass der »Morgen« kein Bild für das Publikum sei, ist Lichtwark zwar bewusst; aber er geduldet sich: »Mit der Zeit wollen wir mal weiter sehen.« Womöglich findet Lichtwark hier 1892 die Scherenschnitt-Naturstudien des Künstlers, die er einer Hamburger Stickerin namens Wichmann 1892 als Vorlage für farbig auszuführende Stickereien vorschlägt.[484] Lichtwark folgt hier dem englischen Vorbild der Nadelmalerei, sieht in Runges Scherenschnitten aber den idealen Ausgangspunkt, der den Engländern fehle; er will sie deshalb publizieren und hofft außerdem, einer großen Damenschneiderin in Hamburg diese Stickereien zur Weiterverarbeitung nahebringen zu können. Schon 1892 gehen laut Jahresbericht die ersten Bilder Runges in der Ära Lichtwark in die Kunsthalle ein.[485] Anna Behrmann schenkt 1892 das Doppelportrait von Runges Kindern, »Maria Dorothea und Otto Sigismund«; sie ist eine Tochter der 1881 verstorbenen, mit ihrem Bruder gemeinsam Dargestellten. Auf Kalls Antrag, er ist Mitglied des Armen-Collegiums, erhält die in Hamburg lebende bedürftige Enkelin des Künstlers als Gegenleistung 500 Mark.[486] 1891 hat der Kunstverein bereits das »Nachtigallengebüsch« gestiftet, und Paul Runge überlässt 1893 schließlich der Kunsthalle den zuvor schon versprochenen »Morgen« und ein Familienbildnis.[487] Im Februar 1893 sieht Lichtwark bei Paul Runge ein weiteres Bild »des alten Bahnbrechers«, das auf dem Dachboden abgestellt ist: eine junge Mutter mit nacktem Kleinkind am Rand einer Quelle.[488] Die erste Fassung der »Nachtigall« hat Lichtwark inzwischen reinigen lassen und betrachtet nun die zweite mit neuen Augen, sie erscheint ihm konventioneller in der Auffassung. Lichtwark vermutet als Ursache dafür eine Kritik am kühnen Kolorit der ersten Fassung.[489] Von Paul Runges Mutter erfährt er einiges aus ihren Erinnerungen, etwa von einem Bronzerelief Runges für den Grabstein des Malers Oldach auf dem Friedhof der Petrikirche.

Lichtwark bewundert an Runges Malerei die kühne Aufassung von Licht und Farbe, die ihm avantgardistisch erscheint, und 1893 formuliert er angesichts der impressionistischen Bilder in der Pariser Sammlung Durand-Ruel den Wunsch, dass Runge

484 Vgl. Br. Kommission (1896), Bd. I: 1891/92, S. 241f. – Lichtwark bittet seine Kommission um Genehmigung zum Erwerb der Blumenschnitte; Eduard L. Behrens findet die Arbeiten für das Gewerbemuseum geeigneter, hat jedoch nichts einzuwenden; vgl. P3, 20.12.1892.

485 Vgl. Jahresbericht [Bd. 6], 1892, S. 22; das Familienbildnis ist in der Aufstellung im Vorwort zum Ausst.Kat. Runge (1977), S. 7, nicht genannt. – Vgl. P3, 20.12.1892, hier ist das Gruppenbild als Geschenk von Philipp Otto Runge erwähnt.

486 WV Traeger 433. – P3, 1.4.1893.

487 WV Traeger 535; bei dem Familienbildnis handelt es sich vermutlich um die in Lichtwarks Hamburger Portraitwerk abgebildete Vorstudie zum Bildnis der Eltern des Künstlers; vgl. AL, Bildnis in Hamburg, Bd. 2, S. 117.

488 WV Traeger 298.

489 Vgl. hier und im Folgenden: Br. Kommission (1896), Bd. II: 1893, S. 14–16.

dies alles noch hätte sehen können. »Freilich würde er wohl alles dies erreicht haben«, glaubt Lichtwark, »wenn ihm nur noch zehn Jahre mehr vergönnt gewesen wären.«[490] Beim Anblick moderner farbiger Malerei der innovativen Künstler seiner eigenen Zeit denkt Lichtwark des Öfteren an Runge, und stellt sich vor, dass dieser wohl seine Freude daran gehabt oder was er dazu gesagt hätte. Er habe als Erster wieder verlangt, dass die Kunst eine starke Empfindung ausdrücken solle, eine Empfindung, die mit anderen als malerischen Mitteln nicht dargestellt werden könne: »Wenn ich es sagen könnte, brauchte ich es nicht zu malen«. Licht und Farbe, wie sie die »jungen Kräfte« malen würden, Klinger, Degas, Besnard, Harrison, Stott of Oldham, »es ist wie eine Verabredung. [...] Sind das nicht alles Rungesche Ideen?«[491] Das 19. Jahrhundert habe zweifellos eine neue, eigene Anschauung gewonnen; Runge habe sie vorausgesagt mit dem Hinweis, nun müsse gemalt werden, was noch nicht ernstlich dargestellt worden sei, nämlich Licht und Farbe. Auch mit seiner Vermutung, dass wohl in der Landschaftsmalerei der künstlerische Höhepunkt erreicht werde, habe er Recht behalten. Runge sei zu solcher Prophezeiung imstande gewesen, weil er »die neue Welt« in sich gefühlt habe und sie selber hätte ans Licht bringen können.[492] Dennoch glaubt Lichtwark nicht, dass sich die Stilentwicklung grundsätzlich vorhersagen lässt, auch wenn mit Runge die Hinwendung zu Farbe und Licht schon begonnen hat.[493]

In der Dresdner Galerie vergleicht Lichtwark Caspar David Friedrichs Bilder mit jenen von Runge, wundert sich über die plötzliche Wiederentdeckung dieser bisher übersehenen Künstler und wertet Runge als den weitaus bedeutendsten: »Wenn wir erst unsern Runge, Oldach, Speckter, Morgenstern, Gensler, Kauffmann, Gurlitt [...], Steinfurth etc., von den Lebenden gar nicht zu reden, in einem Saal vereinigt haben, dann wird man überall den Hut ziehen. Die Gewissheit, dass bei uns ganz in der Stille die frischesten und kräftigsten Leute gewirkt haben, macht mich sehr glücklich. Ich habe es mir zuerst gar nicht eingestehen mögen aus Furcht, über das Ziel hinaus zu schiessen, aber je mehr ich vergleiche, was anderswo zur selben Zeit waltete, desto höher trage ich als Hamburger den Kopf.«[494]

Dennoch kommt es Lichtwark nicht in den Sinn, über den Runge-Bestand der Kunsthalle eine etwas größere Abhandlung zu publizieren. Es ist vielmehr Andreas Aubert, Direktor des Museums in Christiania, dem heutigen Oslo, der 1894 eine Studie über Runge veröffentlicht.[495] In diesem Jahr kommen eine Reihe weiterer Werke des Künstlers in die Kunsthalle, zwei Federzeichnungen, außerdem eine Federzeichnung von Runges Sohn Otto nach dem Doppelportrait seiner Großeltern väterlicherseits, einem großen Gemälde, das Lichtwark 1904 erwerben kann. Es handelt sich hier

490 Ebd., S. 167f.
491 Vgl. ebd., S. 231, 238–240.
492 Vgl. ebd., S. 277f..
493 Vgl. ebd.
494 Vgl. ebd., S. 249, 253, Zitat S. 253.
495 Vgl. Br. Kommission (1896), Bd. III: 1894/95, S. 124.

um Geschenke des Urenkels von Philipp Otto Runge, Conrad Meissner, der vor allem noch drei weitere Gemälde schenkt: die Fragmente der zweiten, zerschnittenen Fassung des »Morgen«, das wichtige Gruppenportrait »Wir Drei« und die »Amaryllis formosissima«. Danach tritt beim Aufbau der Runge-Sammlung für längere Zeit eine Pause ein. Lichtwarks Interesse an diesem Künstler bleibt dennoch unverändert.[496]

Um 1892 reist der norwegische Kunstforscher Andreas Aubert nach Hamburg, um Runges Bilder in der Kunsthalle in Augenschein zu nehmen. Zuvor hat er den Künstler nur als Schriftsteller gekannt. Durch Aubert erfährt Lichtwark wiederum mehr über Caspar David Friedrich. Bisher kennt er lediglich zwei Bilder dieses vergessenen Künstlers aus der Dresdner Galerie, die »Heuernte« und den »Mondschein«; er hat allerdings Friedrichs Bedeutung zu diesem Zeitpunkt noch nicht erfasst.[497] Bis zum Tode Auberts im Jahre 1913 bleibt der Kontakt zwischen den Forschern bestehen; beide unterstützen sich gegenseitig durch Informationen und Hilfestellungen bei ihren theoretischen und praktischen Recherchen zu Runge und Friedrich. Lichtwark muss nicht mehr erleben, wie drei wichtige Bilder dieses von ihm so hochgeschätzten Künstlers, die erste Fassung der »Lehrstunde der Nachtigall«, das Gruppenportrait »Wir Drei« und auch die »Mutter an der Quelle«, die 1913 als Leihgabe von Oberst George Runge in die Kunsthalle kommt, 1931 beim Brand des Münchner Glaspalastes vernichtet werden.

DIE JUNGEN HAMBURGER KÜNSTLER DES 19. JAHRHUNDERTS

Als Lichtwark 1893 in Stuttgart eine Ausstellung von Handzeichnungen des 19. Jahrhunderts sieht, denkt er unmittelbar an die zeitgleich entstandenen Werke der Hamburger Künstler in der Kunsthalle und stellt sich zwischen den Zeichnungen von Cornelius die ihm zeitlich nahestehenden Künstler Runge, Morgenstern und Oldach vor. »Je mehr ich die Zeit kennenlerne«, schreibt er an seine Kommission, »desto höher steigt meine Achtung vor dem, was bei uns geleistet worden ist. Wenn wir einmal dazu gelangen, in besonderen Räumen die Geschichte der Malerei in Hamburg seit dem 15. Jahrhundert aufzubauen und dazu einen Saal für die Handzeichnungen und Cartons unserer Künstler gewinnen, so können wir unser Eigentum mit Stolz zeigen. Namentlich, wenn es gelingt, die Bilder aus Schwerin und Braunschweig zu erringen.«[498] 1894 gewinnt dieser Teil der Sammlung durch das Schleidensche Vermächtnis bedeutend und diesmal auch in Lichtwarks Sinne hinzu – durch einige wertvolle Gemälde und eine Sammlung von Handzeichnungen der zumeist jung verstorbenen Hambur-

496 Vgl. Ausst.Kat. Runge (1977), S. 7. – Best.Kat. Hamburg, 19. Jh., S. 176f. – Jahresbericht [Bd. 8], 1894, S. 27f., 47f. – WV Traeger 396, 306, 497. – Siehe auch das Kapitel »Die Suche nach den Hauptmeistern der Romantik: Philipp Otto Runge« in Teil 4.
497 Vgl. AL, Aubert, S. 475.
498 Br. Kommission (1896), Bd. II: 1893, S. 65f.

ger Künstler. Schleidens Ehefrau stammt aus der Familie Speckter, daher kommen alle diese Werke aus erster Hand. Bisher besaß die Kunsthalle von Erwin Speckter, Julius Oldach und Carl Julius Milde nur verschwindend wenig, nun finden unter anderem ein Studienkopf und weiteres Material von Erwin Speckter, eine Mondscheinlandschaft des Strandes von Scheveningen von Jacob Gensler und eine Marine von Anton Melbye ihren Weg in die Kunsthalle.[499] Erwin Speckters Vater, Michael Speckter, war in Hamburg eine Institution, einer der bedeutendsten Kupferstichsammler und ein Freund des Sammlers Georg Ernst Harzen, Begründer der ersten Hamburger Steindruckerei und Mittelpunkt eines Kreises von Künstlern und Kunstfreunden. Philipp Otto Runge stand ihm nahe, zum Freundeskreis gehörten auch Milde, Oldach und Nerlich.[500] Das biedermeierlich-realistische Frühwerk dieser Künstler ist es, das Lichtwark besonders interessiert. Darin beobachtet er ihre ausgeprägte Originalität, die schließlich durch den Besuch von Akademien in anderen Regionen Deutschlands verlorengegangen sei. Diese Feststellung notiert er im Jahresbericht: »Zum ersten Mal zeigt sich hier an dem Beispiel ungewöhnlicher Begabungen, was für ein Verhängnis es für die Hamburgische und damit für die deutsche Kunst werden sollte, dass in unserem Jahrhundert die in unserem Gebiet geborenen Talente in der Heimath ihre höchste Ausbildung nicht erhalten konnten, sondern im Inland oder gar in der Fremde sich ungewohnten Verhältnissen anpassen und die widerstrebendsten Einflüsse erleiden mussten.«[501] Diese Aussage gehört zu Lichtwarks Themenkomplex um Hamburg als zweitgrößte Stadt des Reiches und enthält die Forderung nach einer lokalen künstlerischen Ausbildungsstätte.

Verschiedene Bilder dieser Hamburger Maler befinden sich schon bei Lichtwarks Amtsantritt im alten Bestand der Kunsthalle; immer wieder kommen aus Privatbesitz bisher unbekannte Werke ans Tageslicht und in die Sammlung. So schenkt auch Lichtwarks Förderer Ernst Gottfried Vivié 1894 dem Museum das Gemälde »Küstenlandschaft« von Hermann Soltau.[502]

Schon länger hat sich Lichtwark mit diesen Hamburger Biedermeierkünstlern beschäftigt. Da alles Akademische ihm unlebendig und wegen mangelnder Selbständigkeit suspekt erscheint, sind es, wie bereits erwähnt, besonders die Frühwerke mit ihrer realistischen Auffassung, die ihn interessieren. Er publiziert über diese Künstler und ihre Bilder, aber auch zu ihrem soziologischen Umfeld 1893 eine erste, ausführliche und von längerer Hand vorbereitete Studie: *Herrmann Kauffmann und die Kunst in Hamburg von 1800–1850* (Abb. 23). Der Hamburger Kunstverein gibt sie rückwirkend als Jahresgabe für 1891/92 heraus.[503] Hier behandelt Lichtwark den Zeitraum,

499 Vgl. Best.Kat. Hamburg, 19. Jh.: Jacob Gensler, Strand bei Scheveningen, S. 58; Erwin Speckter, Der Maler Heinrich Herterich, S. 197; ders., La Primavera, S. 198. Die Marine von Melbye ist nicht identifizierbar.

500 Vgl. Jahresbericht [Bd. 8], 1894, S. 9–14.

501 Ebd., S. 14f.

502 Best.Kat. Hamburg, 19. Jh., S. 196. Am 3.10.1894 bedankt sich Lichtwark brieflich für dieses Geschenk (HKH, DK, Bd. 4).

503 München: Verlaganstalt für Kunst und Wissenschaft, 1893; Kayser (1977), Nr. 186.

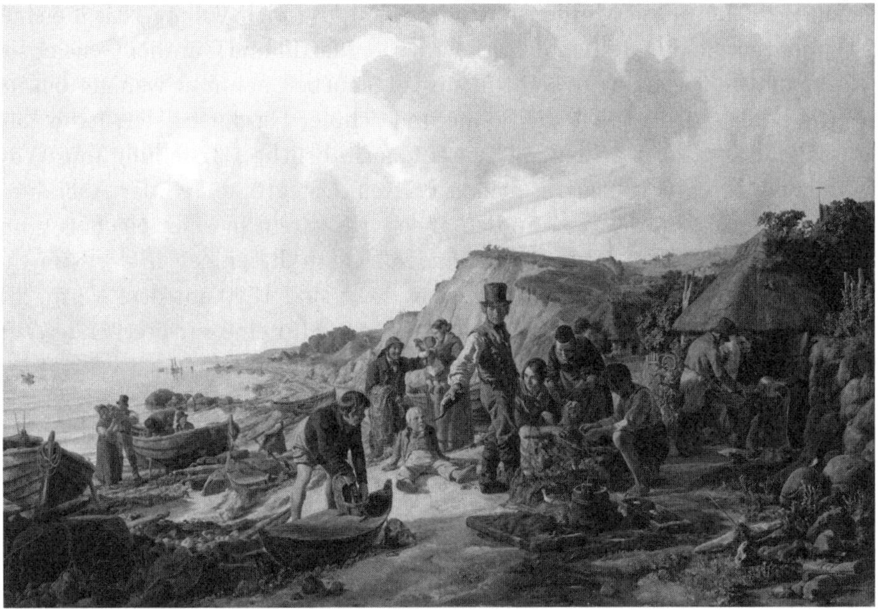

Abb. 23 Herrmann Kauffmann, Die Heimkehr der Propsteier Fischer, 1837, Öl auf Leinwand, Hamburger Kunsthalle

der mit dem Tod der letzten Augenzeugen in Vergessenheit zu geraten droht. Der Text ist populär abgefasst und enthält keine Kataloge, etwa der Werke in der Kunsthalle. Lichtwark etabliert damit nicht nur die in Deutschland weitgehend unbekannte hamburgische Kunst, sondern beweist, dass es in der ersten Hälfte des 19. Jahrhunderts in Hamburg ein reges Kunstleben gegeben hat. Im ersten Kapitel behandelt er die Vereine, Stiftungen und Kunstfreunde und legt damit den Kunstsinn der wohlhabenden Hamburger Bürger dar. Dieser Abschnitt umfasst nicht nur die verschiedenen Medien wie Malerei, Bildhauerei, Medaille, sondern auch die Architektur und Gartenkunst. Im zweiten Kapitel wendet er sich der lokalen Kunstpflege zu, der Patriotischen Gesellschaft, dem Kunstverein und seiner Geschichte, dem Künstlerverein, dem Verein für Hamburgische Geschichte, um anschließend die Averhoff- und Kellinghusen-Stiftung vorzustellen. Den Kunstfreunden, -sammlern und -händlern gilt der folgende Abschnitt. Aus diesen Kapiteln lässt sich manche Information zur Vorgeschichte der Hamburger Kunsthalle entnehmen. Der Hauptteil des Werkes ist den Künstlern dieser Epoche gewidmet, zunächst der älteren Generation der Zeit von 1800 bis 1830, Wilhelm Tischbein, den Brüdern Christoffer und Peter Suhr, Heinrich Jacob Aldenrath, Friedrich Carl Gröger, Leo Lehmann, Siegfried Bendixen, Jeß Bundsen, Gerdt Hardorff, Georg Ernst Harzen und schließlich Philipp Otto Runge, dem bei weitem der größte Raum gewidmet ist. Sodann führt Lichtwark die junge Generation auf, die »Präraffaeliten« Erwin und Otto Speckter, Louis Asher, Carl Julius Milde und Julius Oldach. Unter der Überschrift »Die Anfänge der Stimmungslandschaft« behandelt er

Christian Ernst Bernhard Morgenstern und Adolf Friedrich Vollmer. Als die eigentliche Hamburger Schule stellt er die Brüder Jacob, Martin und Günther Gensler sowie den ›Protagonisten‹ Herrmann Kauffmann vor, daneben nennt er weniger bekannte Maler wie Louis Gurlitt sowie die Söhne und Schüler Hardorffs. Herrmann Kauffmann schließlich erfährt im letzten Teil eine ausführliche Darstellung und Würdigung, ergänzt durch Auszüge aus seinen Briefen. Der größte Teil der Abbildungen reproduziert dessen Werke, auch in den anderen Kapiteln in einer eigenartig unlogischen Anordnung. Von Kauffmann befinden sich zu dieser Zeit in der Kunsthalle sieben Gemälde aus altem Bestand, sieben weitere sind 1890 aus dem Vermächtnis des Künstlers in die Sammlung gelangt, Anlass genug für eine entsprechende Würdigung.[504] Diese Abteilung verfolgt Lichtwark als Sammelgebiet ständig weiter.

DAS DRITTE PROGRAMM: DIE DENKSCHRIFT ZUM HAMBURGER RATHAUS

In den ersten Jahren nach Amtsantritt läuft Lichtwarks literarische Produktion erst langsam an. 1891 greift er ein Thema wieder auf, zu dem er sich schon 1889 in einer Schrift mit kleiner Auflage geäußert hat: die Ausstattung des im Bau befindlichen neuen Hamburger Rathauses. Dieser Text erscheint nun als Denkschrift und wird einem Hohen Senat überreicht von Ernst Gottfried Vivié, Carl Kall, der auch das Vorwort verfasst hat, Justus Brinckmann und vielen anderen. Vivié dürfte als am Aufbau des Hamburger Gewerbeschulwesens unmittelbar Beteiligter und als langjähriges Mitglied der Kommission des Museums für Kunst und Gewerbe an diesem Thema stark interessiert sein.[505] Das Rathaus, ein repräsentatives Gebäude im Stil der Neorenaissance, dessen Planung und Errichtung durch eine von Martin Haller gegründete Arbeitsgemeinschaft Hamburger Privatarchitekten nach 1880 begann, wird erst 1897 eingeweiht; noch bedürfen seine 647 Räume einer umfangreichen Ausstattung. Hier eröffnet sich Lichtwark die Möglichkeit einer Umsetzung seiner Überlegungen. Seine Denkschrift wächst in dieser neuen, in Hamburg bei Meißner verlegten Ausgabe nun über eine lokale Wirksamkeit hinaus und findet auch nationale Beachtung. *Die Kunst für Alle* bringt eine Besprechung, und auch in Berlin wird die Denkschrift zur Kenntnis genommen. Lichtwark kommt über Bekannte in den Besitz vertraulichen Materials aus dem Ministerium, das die Verhandlungen über die Ausstattung öffentlicher Gebäude betrifft. Erfreut erkennt er darin den Einfluss seiner Denkschrift.[506]

504 Vgl. Best.Kat. Hamburg, 19. Jh., S. 94–96.

505 Alfred Lichtwark, Die Ausstattung des Hamburger Rathhauses, Hamburg 1889, Kayser (1977), Nr. 172; Alfred Lichtwark, Denkschrift über die innere Ausstattung des Hamburger Rathhauses. Einem Hohen Senat überreicht im März 1889 überreicht von E[rnst] Vivié [u.a.], Hamburg: Meißner, 1891, Kayser (1977), Nr. 179.

506 Vgl. Kayser (1977), Nr. 179. – Kunst für Alle, 7. Jg., 1891/92, S. 29. – Br. Kommission (1896), Bd. I: 1891/92, S. 45.

Schon 1887 hat er begonnen, über die künstlerische und gewerbliche Ausstattung des neuen Rathauses nachzudenken. Die Ausgangslage ist ihm zu dieser Zeit schon klar, sowohl die Gestaltungsaufgaben als auch die Chance zu einer repräsentativen, vorbildhaften Lösung neuen Stils stehen ihm bereits vor Augen, denn dass hier keine historisierende Dekoration mehr verwendet werden darf, steht für ihn fest. Zunächst gewinnt er Kall als damaligen Finanzdeputierten und Vivié als Vizepräsidenten der Bürgerschaft für seine Überlegungen; sie kommen gemeinsam zu dem Entschluss, die »Instanzen, die über die Ausstattung des Rathauses zu beschließen hatten, für die umsichtige Ausbeutung der Sachlage zu gewinnen.«[507] Die Rathausbaumeister stimmten bereits 1888 den Grundzügen der noch unveröffentlichten Denkschrift begeistert zu. Eingehende Vorbereitungen bestanden in der Information der wichtigen politischen und gesellschaftlichen Gruppen Hamburgs und bezogen bereits einzelne Mitglieder des Senats ein. Doch nach der Überreichung der immer noch unveröffentlichten Denkschrift an den Senat 1889 geschah zwei Jahre lang gar nichts. Erst 1891 genehmigt der Senat die Veröffentlichung. In dieser Denkschrift plädiert Lichtwark dafür, die Innenausstattung des neuen Rathausgebäudes als Vorbild des neuen Kunstgewerbes und Designs anzulegen, das in seiner Qualität beispielhaft für Hamburg und darüber hinaus Deutschland werden könne.[508] Er hofft, dass die Leistungen der beteiligten Kunsthandwerker auch Aufträge aus dem wohlhabenden Bürgertum nach sich zu ziehen und damit auch die hamburgische Produktion anzukurbeln vermöchten; gleichzeitig würde sich damit auch das Niveau der Nachfrage erhöhen, womit dann Produzenten- und Konsumentenerziehung Hand in Hand gingen. Lichtwarks Zielsetzung seiner Arbeit in der Kunsthalle fände hiermit eine adäquate Ergänzung, ein Musterbeispiel dessen, was er seit seinem Amtsantritt in Hamburg anstrebt. Nachdrücklich weist er darauf hin, dass es sich nicht um die Fortsetzung historisierender Gestaltung handeln könne; es geht ihm um die Überwindung der »Epoche der billigen Überladung und des Schwulstes« und die Durchsetzung der »Tendenz nach gediegener Einfachheit«. Er betrachtet diese Entscheidungsphase hinsichtlich der Innenausstattung des Rathauses als den geeigneten Moment, um einer neuen und konkurrenzfähigen hamburgischen Produktion die Bahn zu brechen – und dieses an einem Bau von höchster Bedeutung für das Gemeinwesen. Was versäumt werde, sei nicht mehr nachzuholen. Deshalb legt er die wirtschaftliche Tragweite dieser Entscheidungen ausführlich dar: Nach dem Zollanschluss Hamburgs im Jahre 1888 stehe der hamburgischen Produktion der deutsche Markt offen. Hamburg erscheint ihm durch seine überdurchschnittliche Einkommenshöhe und die Tendenz zum Bewohnen von Einzelhäusern als passende Voraussetzung für die Entfaltung einer »gediegenen heimischen Luxus- und Komfortindustrie«. Er verweist auf die nach dem großen Brand von 1842 immer noch in Bruchstücken erkennbare Tradition einer alten, reichen Kultur der Stadt sowie der wohlhabenden Marschdörfer, wie sie im Museum für Kunst und

507 Vgl. AL, Drei Programme, S. 98–103.
508 Vgl. hier und im Folgenden: ebd., S. 65–91.

Gewerbe zu besichtigen ist. Das Gelingen einer neuen Produktion stellt für Lichtwark auch die natürliche Basis eines florierenden Exports dar. Oberstes Gebot ist ihm Einfachheit und praktische Brauchbarkeit und damit auch die Funktionalität. Staatliche Fabriken anzulegen, wie es früher die Fürsten für die Porzellanherstellung taten, will Lichtwark dem hamburgischen Staat jedoch nicht zumuten; er soll mit großen Aufträgen exemplarisch vorangehen und die Ausführung sorgfältig überwachen. Lichtwark legt damit am Beispiel des neuen Rathauses seine kunstpolitische Zielsetzung differenziert dar und propagiert diese Bauaufgabe als Motor für die kunstgewerbliche und ökonomische Entwicklung in Hamburg. Das Rathaus werde dann künftig den höchsten Maßstab für die künstlerische Ausstattung von Innenräumen in Hamburg setzen. So formuliert er den Ehrgeiz, »dass hier das Beste entsteht, was Deutschland zur Zeit vermag.« Eben daraus zieht er die Konsequenz, »mit vorsichtiger Wahl unter den lebenden deutschen Künstlern diejenigen in Betracht zu ziehen, von denen wir die höchste Leistung zu erwarten berechtigt sind.« Die Natur soll als Vorbild dienen und nicht die historischen Stile; so betrachtet er es als verhängnisvoll für die gesamte künftige Produktion, sich hier mit konservativen, historisch orientierten Kräften zu begnügen. Beispiele führt er für die Tischlerei und die Metallgestaltung an: Beim Holz plädiert er für Politur und Intarsien, beim Metall für Messing bei Gittern, Balustraden, Geländern, Beleuchtungskörpern und für Bronze bei Türgriffen, Beschlägen und Kandelabern. Damit zeigt er sich ganz auf der Höhe der modernen Innenausstattung dieser Zeit.[509] Besonders die Intarsien sind ihm wichtig, da ein bedeutender deutscher Intarsienkünstler, Julius Rudolf Lohse, in Hamburg ansässig sei, dessen Musterstücke von dreißig Museen in Deutschland, Österreich, der Schweiz, Holland und Russland bestellt worden seien. Den kritischen Punkt sieht er in der Beschaffung von zeitgemäßen Vorlagen, wozu er nur hochqualifizierte Künstler beauftragen würde. Wäre Adolph Menzel, »einer der genialsten Ornamentisten des Jahrhunderts«, noch ein junger Mann, so würde er ihm einen entsprechenden Saal zur Verfügung stellen.[510]

Abschließend mahnt Lichtwark, nichts zu überstürzen und lieber Provisorien in Betracht zu ziehen als den hohen Anspruch aufzugeben. Den Etat möchte er einer speziellen Kommission unterstellen, die auch entscheidungsbefugt hinsichtlich der Entwürfe sein sollte. Das oberste Ziel und Resümee seiner Darlegung lautet: Zunächst den Markt in der Heimat zu erschließen »und damit unserer Luxus- und Komfortindustrie die Stellung, welche ihr nach der günstigen Lage aller Bedingungen gebührt, im Weltmarkt zu sichern.«

In dieser Denkschrift ist wiederum Lichtwarks gesamtes Programm enthalten: seine kunstpolitischen wie -pädagogischen Zielsetzungen verbinden sich untrennbar mit ökonomischen. Doch erst mit der späteren Veröffentlichung dieser Denkschrift als drittes seiner *Programme* bei Cassirer im Jahre 1902 erreicht Lichtwark eine brei-

509 Vgl. auch Br. Kommission (1896), Bd. III: 1894/95, S. 52; hier verweist Lichtwark noch einmal auf seine Aussage in der Denkschrift, dass der Umschwung vom Eichenholz zu Mahagoni, vom Schnitzwerk zur Politur stattfinde.

tere Öffentlichkeit. Um seinen Überlegungen Nachdruck zu verleihen, fügt er als Anhang schon 1891 Kritiken der wichtigsten Fachleute Deutschlands bei: unter anderen äußern sich Wilhelm Bode, der Architekt Hans Grisebach, Julius Lessing, Friedrich Lippmann, Franz von Reber, Richard Schöne und Karl Woermann zustimmend bis begeistert; das *Centralblatt der Bauverwaltung* findet zwar den hamburgischen Aspekt etwas zu selbstbewusst, sieht aber doch viel »Beherzigenswertes« und wünscht mehr Erfolg als bei den Diskussionen um die Innenausstattung des Berliner Reichstagsgebäudes.[511] Lichtwark unterstützt sein Rathausprogramm in den Jahren 1892/93 mit einer Reihe von Vorträgen in der Kunsthalle zu diesem Themenkomplex: die Kunst als wirtschaftliche Macht, das Ausstellungswesen, der Auftraggeber, der Staat und die Kunst, die Ausstattung des Hamburger Rathauses. Hier erörtert er die Details unter Betonung der Notwendigkeit, für alle Aufgaben erstklassige Künstler zu gewinnen.[512]

Doch letztlich führen Lichtwarks Bemühungen um eine vorbildliche Innengestaltung des Hamburger Rathauses zu keinem konkreten Ergebnis. Es gelingt ihm immerhin, ein von dem Berliner Maler Professor Otto Knille für das Rathaus angebotenes Historienbild abzuwehren, eine Allegorie des Dreibundes: Germania, mit den Zügen Kaiser Wilhelms II., schlägt mit einem Palmzweig auf die wütenden Dämonen des Umsturzes ein. Lichtwark besichtigt im Auftrag der Kommission das Bild in Berlin; er hält es für künstlerisch schwach, kaum für eine »Festnummer der Gartenlaube« geeignet, in höflicher Formulierung: das Werk als Ganzes sei schwer zu integrieren. Der Senat lehnt daraufhin ab.[513]

Der Misserfolg seines Programms bleibt in Lichtwarks Erinnerung haften als ein wesentlicher Aspekt der »verlorenen Jahre«. 1902 schreibt er dazu: »Wir haben unsere Hoffnungen endgültig begraben.«[514] In diesem Jahr erscheint eine zweite Auflage der *Drei Programme*, in der er in einem Nachwort nicht nur erneut die anerkennenden und bestätigenden Meinungen der bekannten Kollegen und Architekten sowie die Rezension des *Centralblattes der Bauverwaltung* zitiert, sondern auch einen Brief des Hamburger Architekten und federführenden Rathausbaumeisters Martin Haller. Dieser erklärt, die Rathausbaumeister seien von der »kunstsinnigen und patriotischen Tendenz der Denkschrift aufs Angenehmste berührt« gewesen und hätten sich »oftmals und eingehend bemüht, den Grundgedanken derselben in eine lebensfähige Form zu bringen.« Es sei ihnen nicht gelungen, die »gesetzgebenden Körperschaften zur Bewilligung von Jahresraten ohne feste Begrenzung der Leistung und ohne vorherige Schätzung der Gesamtkosten zu bewegen, welche in der Gefahr gipfelten, es möchten sich die hohen Behörden in ihren Provisorien allmählich einwohnen

510 AL, Drei Programme, S. 113f.

511 Vgl. ebd., S. 103–111.

512 Vgl. Jahresbericht [Bd. 6], 1892, S. 69, 71f.; [Bd. 7], 1893, S. 59.

513 Vgl. Brief Knille an den Bürgermeister [Carl August Schröder], 20.5.1896, StA HH, 364-2/1, Kunsthalle III 31a, Korrespondenz Erwerbungen. – Br. Kommission (1899), Bd. IV: 1896, S. 99, 103f. – Brief Alfred Lichtwark an Möring, 14.7.1896, StA HH, 364-2/1, Kunsthalle III 31a, Korrespondenz Erwerbungen. – P3, 31.7.1896.

514 AL, Drei Programme, S. 118.

und behaglich fühlen und dann auf den ihre Ruhe bedrohenden künstlerischen und kunstgewerblichen Schmuck ganz und gar verzichten.« Deshalb hätte das Architektenkonsortium die Vollendung des Gebäudes nicht von der Zustimmung der Behörden zu den Vorschlägen der Denkschrift abhängig machen wollen. Die Hamburger Kunsthandwerker und Künstler, ursprünglich ebenso einverstanden mit dem Inhalt der Denkschrift, fürchteten nun um das Wohlwollen der Auftraggeber, wenn sie sich öffentlich für deren Umsetzung erklärt hätten.[515]

1904 bedauert rückblickend Woldemar von Seidlitz dieses Misslingen in einem Text mit dem Titel *Die Fürsorge für die Kunst*. Er berichtet hier von Lichtwarks Rathausprogramm im Zusammenhang mit dem Bedarf an Kunstgewerbe, Gedenktafeln und -münzen durch private und öffentliche Auftraggeber. Lichtwark habe im Namen zahlreicher Hamburger Bürger aus den verschiedensten Berufskreisen dem Senat vorgeschlagen, die Gelegenheit für Aufträge an heimische Kunsthandwerker zu nutzen, Neues und Mustergültiges zu schaffen, zum einen als gutes Beispiel für die Bürgerschaft, zum anderen als Werbung für das hamburgische Kunsthandwerk. Dazu brauche es jedoch Zeit, denn hier gelte es eine Tat wohlüberlegter und weitblickender Kunstpolitik zu vollbringen, die erst in einer späteren Zukunft Früchte trage. Daher habe Lichtwark empfohlen, einen Teil der Räume provisorisch und einfach auszustatten. Seidlitz bedauert, dass diese Vorschläge damals nicht die ihnen gebührende Beachtung gefunden hätten. Wo aber wirklich die Absicht bestünde, etwas Überzeugendes zu schaffen, käme man nicht umhin, seinem Vorschlag zu folgen. Auch die historischen Einrichtungen hätten nur hergestellt werden können, indem man die tüchtigsten Kräfte herangezogen und ihnen Zeit gelassen hätte, etwas in seiner Art Vollendetes zu schaffen.[516]

1893 schreibt Lichtwark, immer wieder den Ausbau einer autonomen hamburgischen Produktion anmahnend, als Warnung an seine Kommission, das große Berliner Einrichtungshaus Stobwasser habe »eine neue Einfallspforte für die englische Kunstindustrie eröffnet«. Deren enormer Erfolg werde »der Berliner Luxusindustrie den Boden unter den Füßen wegziehen«. Stobwasser richte schon die Landhäuser der großen Bankiers ein. Besonders gefallen Lichtwark die englischen Blumenmuster nach der Natur auf den bedruckten Baumwollstoffen. Angesichts dieser Produkte vergleicht er wieder einmal die Qualität des deutschen Kunstgewerbes, denn parallel sind im Berliner Gewerbemuseum die deutschen Produkte ausgestellt, »die uns auf Staatskosten in Chicago blamiren sollen. Mir graut davor [...].« Bei der Besichtigung werden seine Befürchtungen noch übertroffen; zum Teil handele es sich um direkte Nachahmungen des französischen Goldschmiedes Germain: »Ob man glaubt, die Franzosen würden das nicht merken?«[517]

515 Vgl. ebd., S. 103–117.
516 Vgl. Seidlitz (1904), S. 18.
517 Vgl. Br. Kommission (1896), Bd. II: 1893, S. 6f. Gemeint ist vermutlich Thomas Germain (1673–1748).

MEHR GELD! – DIE DENKSCHRIFT VON 1893

Die Hamburger Kunsthalle stehe als einziges ihm bekanntes deutsches Museum in gutem Kontakt zur einheimischen Bevölkerung und existiere nicht nur für die auswärtigen Besucher, schreibt Lichtwark 1893 an die Kommission. Daher hält er es für den »einzig angemessenen Grundsatz«, die Sammlungen vorrangig für den einheimischen Besucher auszubilden. Er will die Ziele noch höher stecken und glaubt zuversichtlich, mit Glück »noch ganz Anderes« zu erreichen.[518] Dazu benötigt er natürlich mehr Geld.

Im Namen der Kommission für die Verwaltung der Kunsthalle verfasst Lichtwark 1893 eine Denkschrift zur Budgetplanung der Kunsthalle für 1894, um den Staat nunmehr zu einer kontinuierlichen Unterstützung des Museums zu motivieren.[519] Die letzte Rate des Kaufpreises der Wesselhoeft-Sammlung ist in diesem Jahr beglichen, nun geht es um eine zukünftige regelmäßige Zuwendung in gleicher Höhe für die Kunsthalle. Lichtwark beginnt mit einem Rückblick auf den Aufbau der Sammlungen seit seinem Amtsantritt und die Vorträge zur Erschließung der Sammlungen, wobei die Bevölkerung auch eine Vorstellung vom volkwirtschaftlichen Wert der Kunstwerke erhalten soll. Die Kunsthalle soll dadurch einen Stellenwert als höhere Bildungsanstalt im geistigen Leben der Bevölkerung Hamburgs erhalten, wobei Lichtwark die Unentgeltlichkeit aller museumspädagogischen Leistungen betont. Die Kommission ist überzeugt, dass dieses Ziel nun erreicht sei, die Sammlungen seien so weit fortgeführt wie mit privaten Zuwendungen möglich; es bestünden ausgezeichnete Verbindungen nach allen Seiten. Auf Repräsentation und Kunstgenuss will Lichtwark an dieser Stelle nicht eingehen, da diese Aspekte überall relevant sind. Seine Argumentation basiert auf dem wirtschaftlichen Aspekt der Kunst, so kann er sich in einer auf Handel und Ökonomie ausgerichteten Stadt am ehesten Gehör verschaffen. Er führt den großen wirtschaftlichen Wert der künstlerischen Bildung ins Feld und argumentiert, die Überlegenheit der englischen und französischen Produktion sei wesentlich auf die Ansprüche des Konsumenten zurückzuführen. So postuliert er die Notwendigkeit der ästhetischen Erziehung der Bevölkerung aus nationalökonomischen Gründen und beruft sich dabei auf alle »Einsichtigen«, die diese Aufgabe für die nächste Zukunft erkannt hätten. In Hamburg müsse die Kunsthalle den Mittelpunkt dieser Bestrebungen darstellen, indem die künstlerische Bildung an die lebende Kunst anknüpfe, nicht an die alte, wie man früher geglaubt habe. Wenn Anschauung und Geschmack nicht an den Werken moderner Kunst gebildet würden, seien die Vorlesungen nur »höherer Zeitvertreib«. Eine gute moderne Sammlung in Verbindung mit den Vorlesungen des Direktors gehöre zu den notwendigsten Bildungsanstalten in Hamburg; der Einfluss würde sich schnell geltend machen, prophezeit Lichtwark, eine neue Generation wachse in zehn bis fünfzehn Jahren heran, mit oder ohne Erziehung.

518 Vgl. ebd., S. 291.
519 Gedruckte Fassung: HKH, AdB; vgl. auch P3, 11.3.1893.

Lichtwark verweist ebenso auf die Bedeutung der modernen Sammlung als Anregung für das Kunstgewerbe; auch hier erinnert er an die mangelnde deutsche Konkurrenzfähigkeit auf dem internationalen Markt; der deutschen Industrie falle wesentlich nur die Produktion von billiger Verschleißware zu. Historische Vorbilder in den Museen führten lediglich zur Nachahmung; das Kunstgewerbe müsse an die große lebende Kunst angeschlossen werden. Lichtwark verweist auf Gespräche mit dem Museum für Kunst und Gewerbe sowie der Gewerbeschule über die Einbeziehung der Sammlung moderner Plastik und Malerei in den Unterricht. Außerdem sieht er eine Möglichkeit, durch die Anregung der modernen Sammlung die jungen Talente in Hamburg zu halten, denn ihre Abwanderung sei ein ökonomischer Verlust, der Staat büße das auf die Ausbildung verwandte Kapital ein und die Zahl der Fachleute verringere sich. Die Zurückkehrenden stellen für Lichtwark eine Gefahr für die eigenständige Entwicklung in Hamburg dar, da sich ihre Anschauungen, Ansprüche und Gewohnheiten mit dem Wesen der Bevölkerung nicht mehr vertrügen. Für die Verhinderung einer autonomen Entwicklung führt er Italien als Beispiel an; Frankreich wolle deshalb seine Akademie in Rom aufgeben. Die hamburgischen Staatssammlungen moderner Kunst, so plädiert Lichtwark, müssten einen qualitativen Standard entwickeln, dass man eher zum Studium nach Hamburg komme. Er betont, wie sehr es in den deutschen öffentlichen Sammlungen an gutem Studienmaterial moderner Kunst fehle; zum Studium der Hamburger Plakettensammlung hingegen seien schon Bildhauer aus Berlin und Süddeutschland angereist. Die meisten Museen hätten, wenn überhaupt, nur ein sehr viel engeres Sammlungskonzept, moderne Kunst werde kaum irgendwo gepflegt, man sehe sie als Luxus an. Zur Verstärkung seiner Argumentation verweist Lichtwark auf Bodes Vortrag über die Hamburger Kunsthalle und ihre Sammlungskonzepte. Dabei akzentuiert er die Bedeutung einer international angelegten Sammlung: die Hamburger Gemäldegalerie unterscheide sich von allen anderen deutschen Galerien in ihrer Zusammensetzung; durch ein reichliches Drittel an Werken ausländischer Schulen sei sie die internationalste. Lichtwark will den internationalen Charakter weiter pflegen wegen der starken Beziehungen Hamburgs nach England und Skandinavien und betont, eine wirklich bedeutende moderne Galerie lasse sich heute nur auf internationaler Grundlage schaffen. In Hamburg komme noch hinzu, dass sich die großen modernen Privatsammlungen ebenfalls nicht nur auf die deutsche Kunst beschränken. Außerdem weist er auf die Bedeutung führender Meister in jeder Sammlung hin. Das Gemälde eines großen Genius unterscheide sich von dem eines Nachahmers, indem es die akkumulierte Lebensenergie eines starken Geistes enthalte. Diese Energie wirke aus dem Bild und mache seinen künstlerischen und erzieherischen Wert aus, das Werk eines Nachahmers hingegen sei in zehn Jahren kraftlos und veraltet. Abschließend legt Lichtwark noch einmal die Grundzüge seines Sammlungskonzeptes dar, betont die Notwendigkeit, die Werke beim Künstler direkt zu erwerben, und beruft sich wiederum auf die Autorität Bodes, in Hamburg würden Kunst und Kunstgewerbe großen Nutzen aus der Skulpturensammlung ziehen. Dann stellt er seinen Antrag auf jährlich 50.000 Mark für den weiteren Ausbau der Gemälde- und Skulpturensammlung. Zum Schluss formuliert er diplomatisch seine Überzeugung, dass in Hamburg, wo eine wohlhabende Bevölkerung seit alter Zeit an allen öffentlichen Dingen Anteil nimmt, eine aus Staatsmitteln umsichtig gepflegte öffentliche Sammlung in Verbindung mit der Lehrtätigkeit sich einen Wirkungskreis erwerben könne, wie ihn kein anderes deutsches Museum besitze.

Dem Antrag wird jedoch nicht stattgegeben, es bleibt bei 20.000 Mark Jahresbudget für Ankäufe. Zwar erhält die Kunsthalle für Bibliothek und Kupferstichkabinett, wie schon in den Jahren zuvor, separate Mittel, doch umfasst der Etat insgesamt nur 30.000 Mark. Für den Ausbau von Gemälde- und Skulpturensammlung steht von staatlicher Seite kein zusätzlicher Posten zur Verfügung. Erst 1902 wird der Ankaufsetat auf 50.000 Mark angehoben.[520] Damit ist Lichtwark weiterhin auf private Spender und Mäzene angewiesen. Das bedeutet stetige Sorgen um die Beschaffung von Mitteln, denn die Zahl der Spender ist trotz des von Lichtwark immer wieder beschworenen Reichtums in Hamburg begrenzt. Sein Streben nach einem zügigen Ausbau der modernen Galerie wird dadurch besonders behindert und bringt ihn auch in persönliche Problemsituationen. So kommt es zu einem irreparablen Zerwürfnis, als er 1894 ein Bild bei Thomas Herbst bestellt und es mangels Spendengeldern nicht abnehmen kann. Der Künstler sendet Lichtwark einen Zahlungsbefehl über 500 Mark; nach Rücksprache mit Senator Burchard soll Lichtwark die Zahlung anweisen unter dem Vorbehalt der Lieferung eines Ersatzbildes. Doch Herbst bleibt offensichtlich unversöhnlich, denn bis zu Lichtwarks Tod gelangen keine weiteren Bilder des Künstlers in die Sammlung.[521]

BESITZSTANDSWAHRUNG

Aus welcher Quelle die Nachricht kommt, die Lichtwark in höchste Erregung versetzt, ist unbekannt; möglicherweise erfährt er durch Brinckmann von einer ihnen beiden drohenden Gehaltsregulierung. Lichtwark wurde bei den Verhandlungen um die Konditionen seiner Stelle ein frei ausgehandeltes, nicht fest eingestuftes Jahresgehalt angeboten. Nun droht eine Senkung, gegen die er sich brieflich vehement beim Vorsitzenden der Kommission, Senator Möring, zur Wehr setzt.[522] Sechzehn eng beschriebene Seiten verfasst er in seinem Zorn. Die Angelegenheit betrifft jedoch nicht nur ihn selbst, sondern die Leiter aller Wissenschaftlichen Anstalten Hamburgs. Sie alle sollen in Zukunft wie die Realschuldirektoren[523] besoldet werden und damit eine Gehaltsstufe unter den Direktoren der traditionellen humanistischen Gymnasien ste-

520 Vgl. Borstel (1994), S. 34, 82f. – Luckhardt (1994), S. 27.

521 Vgl. Ahlers-Hestermann (1939), S. 82ff. – P3, 16.1.1894. – Erst nach seinem Tod 1915 schenken Meta und Gertrud Herbst der Kunsthalle zwei Bilder, denen weitere Geschenke von Theodor E. Behrens und anderen Stiftern folgen; vgl. Best.Kat. Hamburg, 19. Jh., S. 79f.

522 Vgl. hier und im Folgenden: Brief Alfred Lichtwark an Senator [Möring], 5.8.1893, HKH, AdB 124.

523 Gemeint ist die später sogenannte Oberrealschule, d.h. das moderne, mathematisch-naturwissenschaftlich-neusprachliche Gymnasium.

hen. Damit wird ein brisanter Punkt von Lichtwarks Einstellungen berührt, nicht nur wegen seines Werdeganges, auch hinsichtlich der öffentlichen Wertschätzung der von ihm verfochtenen modernen Bildung. Ohnehin sind bisher die Direktoren der Wissenschaftlichen Anstalten Hamburgs schlechter gestellt als die Gymnasialdirektoren, doch meint Lichtwark, dies habe ihrem gesellschaftlichen Ansehen bisher nicht geschadet. Bei seinem Dienstantritt sei das angebotene Gehalt »auskömmlich« gewesen. Im allgemeinen erhielten die Museumsdirektoren 6.000 Mark und eine geräumige Dienstwohnung; verglichen mit den ungleich günstigeren Lebenshaltungskosten in den Mittel- und Kleinstädten sei der Direktor der Hamburger Kunsthalle jedoch im Nachteil, da eine vergleichbare Wohnung in Hamburg 2.000 bis 2.400 Mark koste und außerdem die repräsentativen Anforderungen wesentlich höher seien, selbst wenn nicht daran gedacht würde, »ein Haus zu machen«. Sein Schweriner Kollege Schlie habe geäußert, er könne einem Ruf nach Hamburg nur folgen bei einem Gehalt von mindestens 12.000 Mark – darin liege keine Verbesserung für ihn, er kenne die Hamburger Verhältnisse. Hinzu komme, dass man in Hamburg stillschweigend davon ausgehe, der Direktor einer Wissenschaftlichen Anstalt verzichte auf Nebenerwerb, etwa aus Vorlesungen oder literarischer Tätigkeit, im Gegensatz zu den Kollegen in Berlin, und die einträgliche Ämterakkumulation kenne man in Hamburg ebenfalls nicht. Man sei also auf sein Gehalt angewiesen. Lichtwark will offensichtlich auch etwas Positives anführen: Der einzige Vorzug Hamburgs liege im Rückhalt bei der Bevölkerung, so könne man sich einen größeren Wirkungskreis schaffen. Den meisten Direktoren der Wissenschaftlichen Anstalten sei es auch gelungen, diese günstigen Bedingungen für ihr Institut zu nutzen. Als einzigartiges Beispiel stellt er die Entwicklung des Museums für Kunst und Gewerbe heraus. Die Kunsthalle, führt er selbstbewusst aus, sei seit ihrer Reorganisation ähnliche Wege gegangen. »Beide Institute stehen gegenwärtig unbestritten an der Spitze der Bewegung in Deutschland. So jung unsere Entwicklung in der Kunsthalle ist, wenn ich morgen abberufen würde, hinterlasse ich eine Stellung, für die eine Kraft ersten Ranges berufen werden müßte, wenn Hamburg nicht schweren Schaden leiden sollte. Einen Nachfolger, der Brinckmanns Stellung ausfüllen könnte, wüßte ich überhaupt nicht zu nennen.« Und genau in diesem Augenblick, empört sich Lichtwark, solle die Stellung der Direktoren der Wissenschaftlichen Anstalten den humanistischen Gymnasialdirektoren untergeordnet werden. Als Grund für diese Maßregelung werde angegeben, dass Hamburg, um die tüchtigsten Lehrkräfte zu locken, in diesem Falle besondere Aufwendungen tätigen müsse, um das Ansehen des Hamburger Schulwesens gegenüber Preußen zu wahren. Diese Ansicht möge für die Gymnasialdirektoren durchaus begründet sein. Ob jedoch nicht dasselbe für sie selbst gelten müsse, fragt er; ob die Behörde nicht auch ihnen gegenüber verpflichtet sei, die Stellung zu wahren, die sie sich unter persönlichen Opfern geschaffen hätten. Sie setzten ihre Kraft darein, ihre Institute nach neuen Prinzipien zu organisieren und ihnen einen lebendigen Einfluss auf die Bildung der Mitbürger zu sichern; was werde man in den Kreisen der Kollegen im Inlande, wo der Kastengeist wichtig sei, dazu sagen, wenn ihre Eingruppierung publiziert würde.

Man werde es nicht begreifen, dass die Gymnasialdirektoren höher gestellt würden, denn im restlichen Land sei es umgekehrt. In Berlin habe er in der Gesellschaft nicht ein einziges Mal einen Gymnasialdirektor zu Gesicht bekommen.

»Über diese Kränkung hinwegzukommen«, fährt Lichtwark fort, »wird nun freilich den Directoren der wissenschaftlichen Anstalten in Hamburg möglich sein, weil ihre persönliche Stellung, wenn sie die Chancen des Milieus ausnutzen, eine schließlich sehr einflußreiche sein könnte, und weil sie neben ihrer äußeren Rangstellung eine literarische und wissenschaftliche Position machen können.« Aber für den Staat entstehe bei Neubesetzung einer Stelle eine sehr große Schwierigkeit: Wenn man dann einen Universitätsprofessor beriefe, würde er sich einem Gymnasialdirektor wohl kaum unterordnen. Ohne eine Rangordnung sei der Gehaltsunterschied nicht so schwerwiegend, fest aufgeteilte Kategorien würden jedoch ihren Zwang ausüben. Darin sieht Lichtwark die Hauptgefahr; es scheint ihm, dass eine »rationelle Ausbildung« der wissenschaftlichen Anstalten für Hamburg eine zwingende Notwendigkeit darstelle. Eine Universität zu gründen, solange es möglich war, habe man in Hamburg nicht für tunlich erachtet.[524] Das Akademische Gymnasium, das sich sehr wohl zu einem modernen Lehrkörper hätte umgestalten lassen, sei eingeschlafen. Da sei den neuen Gedanken der unmittelbare Zugang nach Hamburg verwehrt. Es genüge nicht, dass die jungen Hamburger durch die deutschen Universitäten gingen; wie viel von dem, was sie anschließend mitbringen, könne man gebrauchen, und wie gering sei das Quantum neuer Gedanken, die ein Student aufnehme, vor allem bei dem gegenwärtigen Zustand des deutschen Universitätsunterrichts. Die einzige Möglichkeit, eine große Bildung im modernen Sinne zu »pflanzen«, liegt laut Lichtwark bei den Wissenschaftlichen Anstalten. Ihre Wirksamkeit sei heute schon keine hypothetische mehr. Das Gewerbemuseum habe hundertfache Anregung gegeben. Was wüssten die Hamburger Kunstgewerbler, was wüssten die Gebildeten, wenn sich eine Kraft wie Direktor Brinckmann der Sache nicht angenommen hätte? Professor Voll habe weite Hamburger Kreise über die neuen Entdeckungen der Physik unterrichtet, die Wirkung hat Lichtwark selbst bei den Vorträgen im Architekten- und Ingenieurverein erfahren. Auch die Kunsthalle habe nach Kräften »Sauerteig in das Brot unserer Bildung« gegeben. Und alle diese Anstalten stünden erst am Anfang der Entwicklung. Wie so oft versucht er, den Ehrgeiz der Regierenden zu wecken: Wenn der Staat erst ihre Funktion erkannt habe und für ihre Pflege eintrete, könne man in Hamburg Bildungswege bahnen, die man anderswo nicht kenne. Die größere Bewegungsfreiheit allein biete schon Gewähr dafür. Lichtwark ist optimistisch: Die Wissenschaftlichen Anstalten würden dann dem Gymnasium gegenüber, das sich der alternden Bildung verschrieben habe, eine neue Bildung verbreiten helfen. Und sie würden die einzigen Stätten dieser Bildung in Hamburg sein. Bei deren Verkümmerung werde es eine moderne Bildung in Hamburg nicht geben, und damit eigentlich gar keine, denn dass die

524 Zur Universitätsfrage siehe das Kapitel »Hamburg im Wandel« in Teil 5.

klassische Bildung heute nur eine halbe sei, müssten auch ihre begeisterten Anhänger einräumen. Diese Sachlage scheine man in der Kommission bei der Behandlung der Gehaltsfrage sowie der damit verbundenen Rangfrage zu sehr unter dem Gesichtswinkel des Gymnasiums betrachtet zu haben. Lichtwark sei mitgeteilt worden, die Gymnasialdirektoren wären die wichtigen Männer, die die Jugend erzögen, deshalb wolle man die Tüchtigsten nach Hamburg ziehen. Aber wieweit erzögen sie die Jugend für das moderne Leben? »Wo sie, wo die Universitäten aufhören, fängt unsere Wirksamkeit erst an.«

Es sei seitens der Prüfungskommission schon geltend gemacht worden, dass auch das Personal für die Wissenschaftlichen Anstalten schon zu kostspielig wäre. Deshalb müsste man sich von vorneherein mit niedrigeren Gehältern begnügen und danach die Entscheidungen treffen. Lichtwark hält diese Überlegung allerdings für nicht angezeigt; Kräfte ersten Ranges, die sich andernorts bewährt hätten, solle man nicht ohne Not verpflanzen, das sei gegen das Naturgesetz. Aber jungen Fachkräften die Möglichkeit der Entfaltung geben, nachdem man eine strenge Wahl getroffen habe, das verspreche gerade in Hamburg reiche Erfolge. Besser die Anstalten aufgeben, als sie prinzipiell von minderwertigen Leuten leiten lassen. Die pekuniäre Seite der Frage wolle er nur andeuten. Einerseits mache der Staat mit der Anstellung eines tüchtigen Direktors ein gutes Geschäft, von dem realen Wert der neuen Ideen ganz abgesehen, die er in Umlauf setzt. Das Gewerbemuseum repräsentiere mindestens den zehnfachen Wert dessen, was der Staat bisher hineingesteckt habe. Der vom Museum ausgebildete Kunsthandwerker Hulbe beschäftige zweihundert Arbeiter. Ähnliche Werte würden die Gymnasien für den Staat nicht generieren. Andererseits bedinge die Stellung der Direktoren der Wissenschaftlichen Anstalten höhere und andere Verpflichtungen als die der Gymnasialdirektoren.

Da es die Aufgabe der Wissenschaftlichen Anstalten sei, »Hamburg an den Strom des modernen Gedankens anzuschließen«, hält Lichtwark die Pflege persönlicher Kontakte zu renommierten Kollegen für unumgänglich. Von den deutschen Museumsdirektoren habe Brinckmann zuerst erkannt, wo im japanischen Kunstgewerbe Markt- und Exportware sich von der künstlerischen Produktion scheiden, die dem ästhetisch unendlich verfeinerten Bedürfnis der japanischen Aristokratie entspricht. Er habe infolgedessen eine Sammlung japanischer Erzeugnisse geschaffen, die in Deutschland unerreicht sei, und da die günstigste Zeit vorüber sei, wohl auch künftig unerreichbar bliebe. Man kenne freilich in Hamburg die Bedeutung dieser Sammlung nicht. Aber weshalb sollte das Hamburger Publikum klüger sein als alle deutschen Museumsdirektoren? Englische, französische und amerikanische Kenner kämen zum Studium der Sammlung nach Hamburg. Brinckmann würde sie nicht habe planen können, wenn er nicht bei einem Aufenthalt in Paris die gewähltesten Sammlungen hätte studieren können und dabei von französischen Forschern, Händlern und Sammlern in die Spezialkenntnisse eingeweiht worden wäre. Dadurch sei eine große Zahl persönlicher Verbindungen entstanden, die ihm die Verpflichtung regelmäßiger Besuche und Kontaktpflege auferlege. Auf anderen Sammelgebieten sehe es ähnlich aus. Für die Kunsthalle träten noch die Beziehungen zu den lebenden Künstlern hinzu. Das alles falle gegenüber den Gymnasialdirektoren als zusätzliche Leistung ins Gewicht. Gesetzt also, ihre eigene Position würde geschwächt, so könnte er sich den Fall sehr wohl denken, dass bei einer künftigen Besetzung der Direktor, vielleicht infolge der Verpflichtungen gegenüber seiner Familie, sich auf diejenigen beruflichen Leistungen beschränken würde, die man in Anbetracht seiner Einkünfte von ihm verlangen könne. Das Institut würde dadurch jedoch sofort auf den Rang der meisten übrigen Museen in Deutschland zurücksinken, die schlicht verwaltet würden. Lichtwark bittet um Verzeihung für die lange Epistel, mit der er den Adressaten nicht belästigt haben würde, wenn er nicht, wie der Senator bereits wisse, in ihm den berufenen Mann sähe, die lebendigen Bildungsinteressen Hamburgs zu wahren.

Nach der Absendung dieses emphatischen Briefes muss sich Lichtwark jedoch besonnen haben, denn er lässt einen weiteren folgen, in dem er allerdings nichts revidiert oder zurücknimmt, sondern lediglich erklärt, beim Verfassen erregt gewesen zu sein. Es gehe ihm um »die Zukunft der höheren Bildungsinteressen in Hamburg, die aufs engste mit der Stellung und der Argumentation der Wissenschaftlichen Anstalten verbunden sind.« Erst am Tag zuvor seien ihm Mitteilungen über die Erwägungen einer Prüfungskommission gemacht worden, die ihn mit Entsetzen über die herrschende Gleichgültigkeit erfüllten; das könne er so bald nicht verwinden.[525] Lichtwark verleiht seiner Frustration über die hamburgischen Verhältnisse, die Rückständigkeit, die mangelnde Wertschätzung von Bildung und die fehlende Anerkennung sowohl seiner als auch Brinckmanns werteschaffenden Tätigkeit und Erfolge Ausdruck. Zum ersten Mal äußert er sich auch über die Notwendigkeit einer hamburgischen Universität, über den Fehler, die nachwachsende hamburgische Elite andernorts ausbilden zu lassen, anstatt diese wichtige Aufgabe selbst in der Hand zu behalten. Später wird er zu den vehementesten Fürsprechern der Universitätsgründung zählen.

Am 29. August 1893 schreibt Lichtwark noch einmal zum Thema des Dienstranges an Möring als Vorsitzenden seiner Kommission, Hofrat Schlie in Schwerin trüge nach der Mecklenburger Rangordnung die Uniform der fünften Rangklasse und werde zu Hofe geladen, die Gymnasialdirektoren hingegen würden der sechsten Rangklasse angehören und nicht zu Hof gehen. Das Gehalt betrage 6.600 Mark bei freier Wohnung. Verglichen mit den Lebensbedingungen in Hamburg entspräche dieses Gehalt hier 12.000 Mark, die Stellung der Museumsdirektoren zu den Gymnasialdirektoren sei also mindestens gleich und im Verhältnis zum Hof eine höhere.[526] Sonderlich beliebt dürfte sich Lichtwark mit seiner Intervention nicht gemacht haben, aber die drohende Rückstufung wird offensichtlich damit abgewendet.

Mit der Reisekostenregelung ist Lichtwark jedoch ebenfalls unzufrieden. Anlässlich seines Vortrages in Dresden über die moderne Medaille kommt es 1896 erneut zu Differenzen. »Angesichts der gesellschaftlichen Stellung und Verpflichtungen des

525 Vgl. Brief Alfred Lichtwark an Senator [Möring], 5.8.1893, HKH, AdB 124.
526 Vgl. Br. Kommission (1896), Bd. II: 1893, S. 270.

Directors der Kunsthalle erscheint der vereinbarte Satz kaum ausreichend, zumal, da der Director bisher für Reisen ins Ausland auf die den preußischen und den Reichsbeamten zugebilligte Erhöhung der Tagegelder keinen Anspruch erhoben hat.«[527] Seine Kollegen der anderen Wissenschaftlichen Anstalten Hamburgs haben ähnliche Erfahrungen zu berichten. Lichtwark vermisst die Anerkennung seines Engagements durch großzügige Übernahme von Reisekosten durch den Staat, zumal er für seine auswärtigen Vorträge kein Honorar verlangt.

EIN SCHRITT VORAN: DIE GESELLSCHAFT HAMBURGISCHER KUNSTFREUNDE

Im Februar 1891 teilt Lichtwark seiner Verwaltungskommission mit, die Gründung eines Dilettantenvereins und eines kunstgeschichtlichen Vereins ins Auge gefasst zu haben, und ersucht um Bewilligung und Förderung, damit der Kunsthalle ihr Recht auf Einsprache bei der Abfassung der Statuten und der Wahl der Vorstände bewahrt bleibe. Die Unterstützung der Kunsthalle soll in der Bereitstellung eines Raumes für die Sitzungen und eventuellen Ausstellungen bestehen. Die Kommission genehmigt dieses Vorhaben,[528] dessen Verwirklichung jedoch noch einige Zeit auf sich warten lässt. Erst zwei Jahre später gibt Lichtwark dem Kreis der Kunstfreunde, die seine Ziele unterstützen und seine Arbeit interessiert verfolgen, eine feste Form: er gründet die Gesellschaft Hamburgischer Kunstfreunde. War der Verein der Kunstfreunde von 1870 ein Zusammenschluss der vorangegangenen Generation, so fungiert diese Gesellschaft vor allem als Museumsverein für seine eigene Altersgruppe und wirkt sich in der Folge als stabilisierendes Element für seine Position aus. Ihre Rolle für seine Stärkung und weitere Etablierung ist nicht zu unterschätzen.

Am 27. Oktober 1893 lädt Lichtwark neun dieser als lockerer Kreis schon vorhandenen Kunstfreunde zu einer Besprechung in die Kunsthalle, darunter den Oberlehrer Dr. Hans Brauneck, Eduard Lorenz Meyer, Baudirektor Carl Johann Christian Zimmermann, Landgerichtsrat Dr. Gustav Schiefler, dessen Kollegen Dr. Otto Brandis sowie den Kunstschriftsteller Emil Heilbuth.[529] Lichtwark schlägt die Gründung einer Gesellschaft vor, die Dilettanten, Sammler und Kunstfreunde vereinigt, dilettantische Kunstübung fördert, Sammlern Gelegenheit zum Gedankenaustausch gibt und die Kunstfreunde über die Erwerbungen des Museums unterrichtet. Monatlich soll eine Versammlung in der Kunsthalle stattfinden und alljährlich eine Dilettantenausstellung veranstaltet werden. Lichtwark stellt sich eine auf hundert Mitglieder begrenzte Vereinigung vor, damit der intime Charakter gewahrt bleibt. Die Kunsthalle soll als Magnet alle Kunstinteressenten anziehen und sie zu Lichtwarks Multiplikatoren werden lassen. Seine rhetorische Darlegung ist fesselnd, wie Schiefler später berichtet,

527 P3, 7.1.1896.
528 Vgl. P2, 7.2.1891.
529 Vgl. hier und im Folgenden: Woesthoff (1996), S. 86–94. – Junge (1989), S. 147–152. – Kay (1994), S. 178–210.

und seine Überzeugungskraft führt zur Gründung dieser Gesellschaft am 18. Dezember 1893. Laut Satzung liegt ihr Zweck darin, »das Verständnis für alle Zweige der bildenden Kunst und für deren volkswirtschaftliche Bedeutung in Hamburg verbreiten zu helfen.«[530]

Eduard Lorenz Meyer, später Lorenz-Meyer, der Sohn des Kaufmanns, Kunstsammlers und zeitweiligen Kunstvereinsvorsitzenden Arnold Otto Meyer, wird zum Vorsitzenden gewählt, er amtiert bis 1920. Ebenfalls Kaufmann und in Lichtwarks Alter beschäftigt sich Lorenz-Meyer als Dilettant mit dem Holzschnitt. Laut Satzung sind nur zwei weibliche Mitglieder im Vorstand zugelassen; eine der Damen ist Marie Zacharias, begabte Malerin und motiviertes Mitglied des Kreises um Lichtwark (Abb. 38). Sie amtiert von 1895 bis 1906. 1828 als Tochter des jüdischen Kaufmanns Carl Friedrich Langhans im Hamburger Stadtteil St. Georg geboren und damit der Generation Helene Lichtwarks angehörend, wird sie eine Art mütterliche Freundin.[531] Marie Zacharias ist eine ungewöhnliche, temperamentvolle und begabte Frau, aristokratisch in Gesinnung und Gebaren, wie Pastor Cordes bei der Begräbnisfeier formuliert, bis ins hohe Alter entwicklungsfähig und lernend, von großer Natürlichkeit, mit ausgeprägter Neigung für das Feine, Geistreiche, Ästhetische. Folgerichtig muss sie zu Lichtwarks begeisterter Anhängerin und neben ihm die am häufigsten vertretene Autorin des *Jahrbuchs der Gesellschaft Hamburgischer Kunstfreunde* werden. Mit »Leib und Seele« habe sie die moderne Kunst, die Lichtwark für die Kunsthalle erwarb, unterstützt. Ihr Sohn Eduard, im gleichen Alter wie Lichtwark, ist Direktor des botanischen Staatsinstituts; auch seine Frau ist Mitglied der Kunstfreunde. Der Jurist und Sammler Gustav Schiefler, fünf Jahre jünger als Lichtwark, amtiert als Schriftführer der Gesellschaft Hamburgischer Kunstfreunde bis 1905 (Abb. 37). Er folgt Lichtwarks Vorträgen schon seit 1888 und gehört zu dessen Anhängerschar. Eigentlich aus Hildesheim stammend und fremd in der Hamburger Gesellschaft, findet er bei Lichtwark freundliche Aufnahme und Anleitung zum eigenen Sammeln und wird damit für viele Jahre dessen loyaler Multiplikator.[532] Neben dem fünfköpfigen Vorstand der Gesellschaft existiert gemäß Satzung eine Prüfungskommission mit ebenso vielen Mitgliedern; Lichtwark gehört ihr an. Neue Mitglieder können nur durch Vorschlag und einstimmiges Votum dieses Gremiums in die Gesellschaft aufgenommen werden, doch muss die vorgeschlagene Person zusätzlich noch von zwei Dritteln der Mitglieder akzeptiert werden. Lichtwark ist damit die Möglichkeit eines Vetos eingeräumt, denn für ihn ist die Zusammensetzung dieser Gesellschaft besonders wichtig. Sein Ansinnen geht dahin, die jüngeren Angehörigen der wohlhabenden und einflussreichen Ge-

530 Woesthoff (1996), S. 86.

531 Zu Marie Zacharias vgl. Bake / Reimers (1997), S. 133–139. – Kay (1994), S. 182f. – Mitgliederverzeichnisse der Jahrbücher der GHK. – Die Reproduktion eines jugendlichen Portraits von Marie Zacharias, gemalt von Ernst August Becker, findet sich in: Hamburger Bildnisse (1983), S. 67. Siehe auch das Kapitel »Neue Impulse: Kalckreuth« in Teil 4.

532 Vgl. Woesthoff (1996), S. 59–61, 69f.

sellschaftsschicht Hamburgs zur Festigung seiner Position heranzuziehen. Die Volksschullehrer sind von der Gesellschaft ausgeschlossen; sie mögen als Persönlichkeiten noch so interessiert sein, ihr Einfluss ist zu gering.[533]

Von 1894 bis 1913 verzeichnet die Gesellschaft insgesamt 250 Mitglieder, Lichtwark selbst und die Patriotische Gesellschaft eingeschlossen. Bis 1900 wächst sie von 58 auf 96 Mitglieder; bis 1912/13 steigt die Zahl auf 148. Die Fluktuation ist relativ gering; 96 Mitglieder verbleiben mehr als zehn Jahre, 34 sogar von der Gründung bis zu Lichtwarks Tod.[534]

Jahrelang finden sich die weiblichen Mitglieder in der Überzahl, doch ist 1912 der Geschlechterproporz ausgeglichen. Hier sammeln sich die Gattinnen von Senatoren und Kaufleuten, Damen der feinen Gesellschaft; Ehrenmitglied ist Ebba Tesdorpf. Mitglieder sind ferner die Malerin Mary Hertz, die spätere Ehefrau des Kunsthistorikers Aby Warburg;[535] Marie Woermann, die Lichtwarks Pläne auch finanziell unterstützt; die Senatorengattin Olga Schramm; Toni O'Swald, Tochter des Architekten Martin Haller. Später kommen auch kunsttheoretisch interessierte und versierte Frauen dazu, etwa die Sammlerin Martha Rauert und die Kunsthistorikerin Dr. Rosa Schapire. Lichtwarks erste Biographin, die Oberlehrerin Anna von Zeromski, ist später ebenfalls Mitglied der Gesellschaft. Lichtwark erwartet durchaus auch finanzielle Unterstützung für die Kunsthalle, doch in diesem Punkt täuscht er sich: Die allermeisten dieser klingenden Namen tauchen in den Bestandskatalogen der Kunsthalle als Stifter nicht auf. Zu den Ausnahmen gehört der Sammler Eduard L. Behrens, im Vorstand der Kunstfreunde von 1870 tätig, Mitglied der Verwaltungskommission und eines der frühesten Mitglieder der Gesellschaft Hamburgischer Kunstfreunde. 1894 wendet er der Kunsthalle 15.000 Mark zu und nach seinem Tode im Jahr 1895 erhält sie eine weitere Zahlung von 150.000 Mark. Auch seine Söhne Eduard und Theodor sind als Sammler Mitglieder der Gesellschaft. Als weitere Sammler und Mitglieder der Gesellschaft sind neben Arnold Otto Meyer noch Henry P. Newman, Henry B. Simms sowie Lichtwarks Freund Ernst Kalkmann zu nennen. Weitere seiner Freunde treten bei, etwa Wolf Mannhardt, dessen Schwiegermutter Dora Klöpper, ferner Magnus von Wedderkop, Oberstleutnant Fritz Bronsart von Schellendorf und dessen Frau Veronika, eine Amateurphotographin. Später lässt sich vorübergehend auch Harry Graf Kessler, den Lichtwark durch die gemeinsame Tätigkeit für die Zeitschrift *Pan* kennenlernt, zum Beitritt gewinnen.[536]

Ästhetische Bildung durch die Beschäftigung mit Kunst will Lichtwark vermitteln, Hebung des kulturellen Niveaus: Das Bürgertum soll zur kulturtragenden

533 Siehe zu den Lehrern das Kapitel »Kunsterziehung II: Lichtwark und die Hamburger Lehrer« in Teil 3.

534 Vgl. Kay (1994), S. 185.

535 Vgl. Gombrich (1981), S. 125–128. – Zu Warburg siehe auch das Kapitel »Kollegen: Brinckmann und Warburg« in Teil 5.

536 Eine detaillierte kunstsoziologische Studie über die Gesellschaft Hamburgischer Kunstfreunde und die gesellschaftliche Position ihrer Mitglieder, auch im Vergleich zu den Stiftungen und Zuwendungen, kann im Rahmen dieser Biographie nicht geleistet werden, stellt jedoch ein Desiderat dar. – Zum *Pan* siehe die entsprechenden Kapitel in Teil 3.

Schicht werden. Aus einfachen Verhältnissen stammend, kann er angesichts seiner eigenen ästhetischen Bedürfnisse und seiner Anforderungen an die visuelle Qualität seiner Umgebung nicht glauben, dass die Wohlhabenden diesen Anspruch nicht teilen. Zumindest im kleinen lokalen Kreis will er sie dazu erziehen; durch eigene dilettantische Betätigung und durch das Sammeln von Kunstwerken sollen sie wenigstens in Hamburg zur kulturtragenden Schicht heranwachsen. »Dann die ökonomische Seite«, schreibt Lichtwark an seinen Freund Koldewey. »Solange die Leute sich selbst überlassen bleiben, machen sie zuviel Unsinn. Und es ist ein Niagara von Volkskraft, der da nutzlos und oft sogar zerstörend in der Tiefe braust.« Dabei legt Lichtwark auch auf ein eigenes Periodikum der Gesellschaft Hamburgischer Kunstfreunde Wert. Im ersten Jahrgang erscheint das Jahrbuch gemeinsam für die Kunstfreunde und die fast zeitgleich gegründete Gesellschaft der Amateurphotographen; es dient außerdem als Katalog der ersten Dilettantenausstellung. Später wandelt es sich zum reinen Aufsatzband mit moderner Typographie in Antiqua und Holzschnittillustrationen. Regelmäßige Beiträger zum Jahrbuch sind Marie Woermann, Lulu Bohlen, Marie Zacharias, Eduard L. Lorenz-Meyer, Mary Hertz, Frau Dr. Engel-Reimers[537] und wenige andere mehr.

Über Jahre hinweg finden neben den Ausstellungen der Amateurphotographen in der Kunsthalle auch die Dilettantenausstellungen statt, für ein deutsches Museum einmalig und daher kontrovers diskutiert.[538] Durch zahlreiche kleine Aufsätze im *Jahrbuch der Gesellschaft* versucht Lichtwark, die Dilettantentätigkeit anzuregen und informiert über Neuigkeiten in der Kunsthalle. Besonders viel ist ihm selbst an schön gestalteten Büchern gelegen; so schreibt er 1896 über *Die Buchausstattung, Bucheinbände, Bücherzeichen* und *Das Lesezeichen*, im Jahr darauf über *Liebhaberbuchbinder* und 1899 im Katalog zur V. Jahresausstellung der Gesellschaft Hamburgischer Kunstfreunde noch einmal über *Buntpapiere*.[539] In allen diesen Aufsätzen geht es ihm darum, den Anspruch des Publikums an die Buchgestaltung zu erhöhen, auch das Jahrbuch soll mit Buchschmuck in Form von Holzschnitten und sorgfältig gewählter Typographie den höchsten Ansprüchen genügen (Abb. 24). Die viel später, seit 1912 erscheinenden Bände der Insel-Bücherei mit ihren in Holzschnitttechnik bedruckten kleingemusterten Einbandpapieren wirken wie eine Umsetzung der Anregungen Lichtwarks.[540] In der Gesellschaft Hamburgischer Kunstfreunde finden sich

537 Amalie Engel-Reimers ist stets ohne ihren Vornamen in den Mitgliederverzeichnissen der Jahrbücher aufgeführt.

538 Vgl. AL, Aufleben des Dilettantismus, S. 38. – Über die Dilettantenausstellung rege man sich auf und schüttele den Kopf, viele seien aber auch »Feuer und Flamme«, schreibt Lichtwark an Koldewey. Die photographische Ausstellung habe viele Besucher gebracht; vgl. Brief Alfred Lichtwark an Koldewey vom 24.12.1893, Berlin, Staatsbibliothek, HSS, NL Koldewey: Lichtwark, Alfred.

539 Kayser (1977), Nr. 219, 220, 221, 230, 258, 297; alle genannten Texte sind enthalten in AL, Hamburgische Aufsätze, S. 17–21, 26f., 50–52; Kayser (1977), Nr. 557.

540 Zur Geschichte der Insel-Bücherei vgl. Sarkowski (1999). Das Einbandpapier, Carta di Varese, stammte aus Varese, Italien.

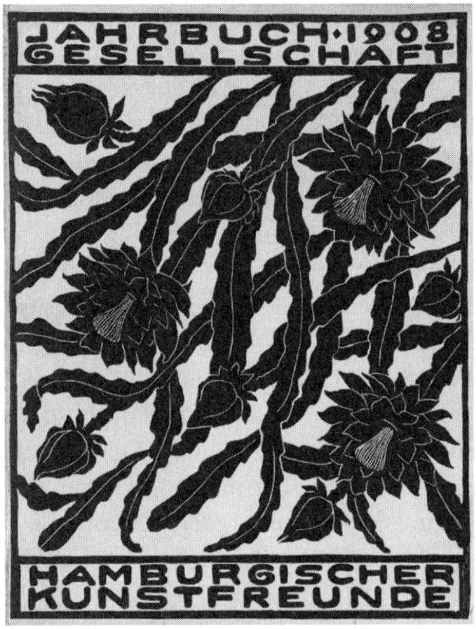

Abb. 24 Titelblatt des Jahrbuchs der Gesellschaft Hamburgischer Kunstfreunde, 1908, Holzschnitt, Entwurf: Elsbeth Mahraun

einige Holzschneider zusammen; sie entwerfen und schneiden Kopf- und Fußleisten, Vignetten und Illustrationen. Lichtwark möchte ihnen auch Aufträge vermitteln; so bietet er Liebermann an, sich ein Exlibris zu entwerfen, seine Dilettanten würden ihm den Druckstock schneiden.[541] Andere Texte des Jahrbuches beschäftigen sich mit einem ebenfalls von Lichtwark stark geförderten Gebiet, der Erfassung und Erhaltung der rasant der Vernichtung anheimfallenden lokalen Architektur- und Kulturtradition, sowie mit heimischer Kunstgeschichte. Lichtwark schreibt hier außerdem über seine Entdeckungen und Ankäufe, die zunächst einmal dem hamburgischen Publikum vorgestellt werden sollen. Das Jahrbuch bildet die Plattform zur Veröffentlichung aller dieser ihm am Herzen liegenden Themen.

Demselben buchgestalterischen und bibliophilen Ziel wie das *Jahrbuch der Gesellschaft* dient auch die 1895 von Lichtwark initiierte Buchreihe der Gesellschaft, die *Hamburgische Liebhaberbibliothek*, als deren ersten Band Lichtwark im selben Jahr Philipp Otto Runges *Pflanzenstudien mit Scheere* [sic] *und Papier* herausgibt.[542] Schon im Jahr darauf ediert er in dieser Reihe den ersten von insgesamt zwei Bänden einer Auswahl seiner Berliner Feuilletons; er redigiert, was ihm noch gültig erscheint, und belegt damit die Aktualität und Progressivität seiner Aufsätze im Berlin der 1880er Jahre. Die Texte

541 Vgl. Br. Liebermann, S. 123. – Br. Lichtwark-Liebermann, S. 91.
542 Kayser (1977), Nr. 211.

behandeln Bilder, Ausstellungen, Kunstgewerbe, Architektur und eine Reihe von zu jener Zeit noch nicht allgemein anerkannten Künstlern, die Lichtwark bereits damals favorisierte: Blechen, Böcklin, Hildebrand, Klinger, Menzel und Thoma.[543] Seinen kritischen Artikel über die Impressionistensammlung Bernstein nimmt er jedoch nicht auf; er hat seine Meinung über diese Bilder inzwischen differenziert, damals wertete er sie lediglich als Skizzen. Diese beiden Bände mögen auf Anregung von Mitgliedern erschienen sein, thematisieren jedoch auch den latenten volkswirtschaftlichen Charakter der frühen Texte Lichtwarks. In erster Linie sollen jedoch spezifisch hamburgische Familienthemen in dieser Reihe verlegt werden, Autobiographisches oder Familiengeschichte, historische Lebensbilder, Texte, die sonst in den Familien überliefert, aber nicht veröffentlicht werden. Allerdings stehen sie mit der *Liebhaberbibliothek* auch nur einem begrenzten Kreis zur Verfügung, da die Bände im Buchhandel nicht erhältlich sind.[544] Für eine bibliophile Ausstattung plädiert Lichtwark auch bei den Privatdrucken wohlhabender Hamburger Familien; in schöner Ausstattung würden diese Drucke nicht alsbald weggeworfen, sondern sorgfältig aufbewahrt. Als Beispiel beschreibt er einen Privatdruck der Familie Mutzenbecher, in dem die Taufansprache auf ein neugeborenes Kind mit der Trauerrede auf den Tod der jungen Mutter kombiniert ist, in reicher Ausstattung von der in Hamburg ansässigen Holzschnittkünstlerin Henriette Hahn gestaltet.[545]

Die Gesellschaft trifft sich einmal wöchentlich nachmittags in einer Sitzung, die von etwa einem Drittel der Mitglieder besucht wird;[546] Lichtwark referiert zu aktuellen Themen oder betrachtet mit ihnen neue Erwerbungen. Während manche Mitglieder einen vorbereiteten Vortrag von ihm erwarten, ist für Gustav Schiefler gerade der Einblick in Lichtwarks Gedankenwerkstatt interessant; er schätzt dessen spontane, lebendige Äußerungen. Ebenso akzeptiert er lange Zeit in loyaler Verbundenheit Lichtwarks Dominanz, dessen Nutzung der Gesellschaft als Instrument zur Durchsetzung seiner Interessen und die eigenmächtige, nicht satzungsgemäße Handlungsweise, die bei anderen Mitgliedern Unmut und Widerstand auslösen. Aber auch für Schiefler gibt es Grenzen. Als er Lichtwarks Alleingang bei einem Preisausschreiben für die Hamburger Architekten über Entwürfe für Landhäuser aus der Zeitung entnimmt, will er sein Amt niederlegen. Lichtwark besänftigt ihn und räumt die Berechtigung seiner Beschwerde ein; Schiefler zieht damit die Niederlegung seines Amtes zurück.[547] Auch er schreibt für das Jahrbuch und Hamburger Tageszeitungen Aufsätze als Verteidiger von Lichtwarks Strategien als sein verlängertes Sprachrohr.[548]

543 Kayser (1977), Nr. 212. Der zweite Band erscheint 1897.

544 Vgl. Alfred Lichtwark, Die Hamburger Liebhaberbibliothek, in: Jb. GHK, 3. Jg., 1897, S. 39–42, Kayser (1977), Nr. 255, hier zit. aus AL, Hamburgische Aufsätze, S. 22–26, Kayser (1977), Nr. 557.

545 Vgl. Alfred Lichtwark, Privatdrucke, in: Katalog der IV. Jahresausstellung der Gesellschaft Hamburgischer Kunstfreunde, 1898, S. 9–14, (Kayser (1977), Nr. 281), hier zit. aus AL, Hamburgische Aufsätze, S. 39–42; Kayser (1977), Nr. 557. Henriette Hahn wurde die dritte Ehefrau Justus Brinckmanns und stellte damit ihre künstlerische Tätigkeit ein; vgl. Schiefler (1985), S. 157.

546 Vgl. Kay (1994), S. 193.

547 Vgl. Schiefler, LAZ, 20.4.1899, S. 70ff., HH, SUB, HSS.

548 Vgl. dazu die Schiefler-Bibliographie in: Woesthoff (1996), S. 368–380.

Lichtwark betrachtet die Gesellschaft und ihr Jahrbuch als den Auftakt zu einer hamburgischen Kulturtradition, wie er sie bei der französischen bewundert. Hier konstatiert er schon 1892 in allen Künsten die Herrschaft der Tradition, die »den Wasserstand auf hohem Niveau« halte. »Das ist es, was bei uns im Leben und in der Kunst als Hemmung wirkt, daß jeder von uns von vorn anfangen muß. Es werden auch bei uns große pecuniäre und geistige Vermögen gemacht, aber eben so schnell zersplittert. Besonders bei uns in Hamburg sollte alle unsre Kraft darauf gerichtet sein, Traditionen zu schaffen. Ohne die kommen wir zu keiner Kultur und müssen immer wieder erleben, daß die besten Anläufe im Treibsand der Gleichgültigkeit stecken bleiben.«[549]

DEN BÜRGER ERZIEHEN: ÄSTHETISCHE BILDUNG ZUR HEBUNG DES KULTURNIVEAUS

Seit seiner Berliner Zeit weiß Lichtwark um den bedenklichen Zustand von Geschmack und ästhetischem Verständnis im Bürgertum. In seinen Berliner Feuilletons ist das Thema bereits vorgeprägt. Der bildenden Kunst fehle im Gegensatz zur Musik das Publikum, konstatiert er und weiß um ein Mittel zur Abhilfe. Denn eigenes Musizieren fördere bei den Musikfreunden das Verständnis für die Leistung der Künstler, und ebenso stellt er sich auch eine Förderung des Publikums auf dem Gebiet der bildenden Kunst vor. Bürger und Bürgerin sollen sich im besten Sinne dilettantisch betätigen, und wer das praktische Tun nicht schätzt oder vermag, kann sein ästhetisches Empfinden durch das Sammeln von Kunstwerken ausbilden. Lichtwark will den Besitzbürger zum Bildungsbürger fortentwickeln.[550] Das Ziel dieser Anstrengungen liegt aber auch hier keineswegs nur im persönlichkeitsbildenden Aspekt. In letzter Konsequenz geht es ihm wie stets um die Stellung der deutschen Produktion in der Konkurrenz zu den anderen Industrienationen. Es sei notwendig, alle Kräfte für die »Hebung der Qualität und der Originalität unserer künstlerischen und kunstgewerblichen Produktion« zu mobilisieren. Jeder, der den Weltmarkt beobachte, wisse, der deutsche Export bestehe aus billiger Verschleißware oder Waren, die unabhängig von der künstlerischen Erziehung des Auges funktionieren. Dieser Zustand könne jedoch nur so lange bestehen, wie die importierenden Länder solche Produkte nicht selbst herstellen könnten. Er prophezeit: In einer Generation werde die Lage sich deutlich verschlechtert haben, wenn keine künstlerische Erziehung stattfände. Dass Deutschland den Franzosen und Engländern bei den Leistungen des höchsten Geschmacks nicht ebenbürtig sei, liege nicht etwa an der geringeren Qualität der künstlerischen Talente, sondern am niedrigen Niveau der allgemeinen Bildung. »Kein Volk erhält von seinen Architekten und Kunsthandwerkern auf die Dauer mehr, als es zu begreifen und zu verlangen

549 Br. Kommission (1896), Bd. I: 1891/92, S. 118.
550 Der Kontrast zwischen diesen beiden Bürgertypen stellt ein wichtiges Thema der Romane Theodor Fontanes dar, in Reinform ausgebildet in *Frau Jenny Treibel* (1892). Lichtwark kennt Fontane und mit Sicherheit auch dessen Romane.

imstande ist. Die heißesten Bemühungen eines begabten und kultivierten Baumeisters pflegen bei uns, wenige Ausnahmen abgerechnet, an dem passiven oder aktiven Widerstande der unerzogenen Auftraggeber zu scheitern.« Die Konkurrenz mit dem Ausland, formuliert Lichtwark pointiert, erfordere diese ästhetische Bildung. »Aber während der Deutsche schläft, wachen und arbeiten seine Nachbarn.«[551]

In allen gestalterischen dilettantischen Betätigungen sieht Lichtwark eine Möglichkeit der ästhetischen Bildung, vor allem im Malen und Zeichnen, besonders auch im Aquarellieren, aber ebenso im Photographieren und in der Beschäftigung mit Blumen und Pflanzen. Als rezeptive Auseinandersetzung mit künstlerischen Themen propagiert er das Sammeln von Originalen. Mit gleicher Zielsetzung entsteht im selben Jahr wie die Gesellschaft Hamburgischer Kunstfreunde die Gesellschaft zur Förderung der Amateurphotographie als überaus moderne Idee der Einflussnahme auf die Bildproduktion durch ein neues Medium. Beide Gesellschaften befinden sich im »Anschluß an die Kunsthalle«, das bedeutet, dass sie von Lichtwark initiiert und betreut werden.

DILETTANTISMUS

In den ersten Jahren der Gesellschaft Hamburgischer Kunstfreunde steht der Dilettantismus im Fokus der Aktivitäten. Zwar betrachtet Lichtwark den Dilettantismus als die Volkskunst seiner Zeit, doch glaubt er, nur in den Kreisen der Wohlhabenden fänden sich die Bedingungen seines Gedeihens, nämlich Muße, Mittel und Bedürfnis. So konzentriert er sich mit seinen Bemühungen um den Dilettantismus auf die soziale Mittel- und Oberschicht. »Aller Fortschritt besteht darin, daß Einzelne einen höheren Typus vorleben und die Massen ihnen nachstreben.«[552] 1895 schreibt Harry Graf Kessler über Lichtwark in sein Tagebuch: »An eine Volkskunst, d.h. an die Möglichkeit einer allgemeinen künstlerischen Bildung glaubt er nicht, was mich von ihm etwas wunderte.«[553] Den wirtschaftlichen Aspekt des Dilettantismus gesteht Lichtwark als unbedeutend zu; es geht ihm ausschließlich um die »Erziehung des Auges«, etwa durch geschmackvolle Bucheinbände, durch Stickerei nach lebenden Blumen sowie durch Naturstudien beim Malen und Modellieren. Der Dilettantismus im weitesten Sinne könne von der Routine befreien helfen, zu einer »gesunden Kritik auf dem Gebiet der hohen und der angewandten Kritik führen und dadurch einen wichtigen Hebel für die künstlerische und kunstgewerbliche Entwicklung bilden.« Lichtwark betont, wie notwendig es für die Deutschen sei, »alle, aber auch alle Kräfte anzuspannen«, um die Qualität und Originalität der künstlerischen und kunstgewerblichen Produktion anzuheben. Wenn der ästhetisch ungebildete Bürger dann erwache, kaufe er die schönen Produkte der Engländer, Franzosen

551 Alfred Lichtwark, Dilettantismus und Volkskunst, in: Schaar (1991), S. 86–89, hier S. 89; Erstveröffentlichung in: Jb. GHK, 2. Jg., 1896, S. 53–55, hier S. 54f.
552 Vgl. hier und im Folgenden: Alfred Lichtwark, Dilettantismus und Volkskunst, in: Schaar (1991), S. 86–89.
553 Kessler (2004), Bd. 2, S. 389.

und Amerikaner und ignoriere die eigenen Kunsthandwerker. Das sei die furchtbare Niederlage, die sich jetzt in den größeren deutschen Städten vorbereite oder schon vollzogen habe. Das Publikum soll nun zur selbstverständlichen Kunstrezeption erzogen werden, und in der Kunsthalle will Lichtwark damit beginnen. Liebermann gegenüber beklagt er die »verlotterte deutsche Gesellschaft, die in cultureller Beziehung die bornierteste in Westeuropa geblieben oder geworden ist [...]. Und wenn der Künstler [...] auch der alleinige Erzeuger und Träger des Tons ist, was wäre das für eine Musik, wenn das ganze Volk als Resonanzboden hinter ihm stände!«[554]

Neben dem Dilettantismus sieht Lichtwark als sichersten Weg der ästhetischen Selbsterziehung die Tätigkeit des Sammlers.[555] Er versteht darunter speziell den Sammler zeitgenössischer Kunst, denn erst die »innige Berührung« mit der Produktion der Gegenwart schaffe Sammler, wie sie zur Förderung einer lebendigen Kunst fast noch nötiger gebraucht würden als Künstler. Auch eine Trennung zwischen Kunst und Kunstgewerbe will er für seine Generation nicht mehr akzeptieren und zielt damit auf den Diskurs um das Gesamtkunstwerk, in dem alle gestalterischen Elemente gleichrangig integriert sind. Lichtwark schließt seinen Aufsatz zum Thema *Selbsterziehung*: »Wer es mit seiner Selbsterziehung ernst nimmt, mag als ausübender, als sammelnder, als bestellender Kunstliebhaber verfahren je nach Neigung und Vermögen: er wird sich und seinem Volk am besten dienen, wenn er sein Ziel hoch steckt und es mit ernstem Bemühen zu erreichen sucht.« Hier geht es also nicht nur um die eigene Bildung, sondern wiederum auch um nationales Bewusstsein und letztlich um internationale Konkurrenzfähigkeit bei Warenproduktion und Kulturniveau.

Auf der ersten Ausstellung 1894, die als Wohltätigkeitsveranstaltung mit großem Komitee deklariert ist, werden die Dilettantenarbeiten unjuriert ausgestellt; die besten Produzenten sollen dann als Mitglieder zur Gesellschaft Hamburgischer Kunstfreunde hinzugewählt werden.[556] Die Ausstellungsräume sind übervoll mit Mittelgut, was Lichtwark jedoch verteidigt: Die Ausstellung habe auch die Aufgabe, Torheiten und Irrtümer des Dilettantismus zu bekämpfen, und der Dilettant könne sich nicht entwickeln ohne Kritik, vor allem auch Selbstkritik. Ein Verkauf dieser Arbeiten ist ausgeschlossen; die Eintrittsgelder werden in der Folge zur Produktion von Graphikblättern Hamburger Künstler verwendet, durch die wiederum das Sammeln angeregt werden soll.[557] Zu dieser ersten Ausstellung hält Lichtwark einen Vortrag mit dem Titel »Das Aufleben des Dilettantismus«, in dem er den Dilettantismus als Anzeichen für das Erwachen künstlerischer Bedürfnisse wertet, das mit anderen verwandten Erscheinungen in engem Zusammenhang stehe, etwa mit dem künstlerischen Tanz, dem

554 Br. Lichtwark-Liebermann, S. 87.
555 Vgl. AL, Selbsterziehung, S. 50f.; Kayser (1977), Nr. 236.
556 Vgl. Brief Alfred Lichtwark an Koldewey, 24.12.1893, Berlin, Staatsbibliothek, HSS, NL Koldewey: Lichtwark, Alfred. Im Komitee seien die Gräfin Waldersee, Hauptpastor Behrmann und »die ganze große Gesellschaft«. Den Dilettantenverein habe er schon »vom Stapel gelassen«.
557 Vgl. Woesthoff (1996), S. 87.

Spiel als künstlerische Beherrschung des Körpers, dem Handfertigkeitsunterricht, der weiblichen Handarbeit, der Amateurphotographie.[558] Er legt hier eine kurze Sozialgeschichte der Bildung dar; beginnend mit dem allseitig gebildeten Aristokraten des 18. Jahrhunderts, der sein Ideal darstellt. Kernstück seiner Aussage ist jedoch die Wandlung des dem Arbeitsethos verpflichteten Bürgers, dem in der zweiten Hälfte des 19. Jahrhunderts bewusst werde, nur ein »unterrichteter Barbar« zu sein: »Alles war der das Leben beherrschenden Wissenschaft untergeordnet.« Nun erfülle »eine tiefe Sehnsucht nach Erneuerung der Bildung auf künstlerischer Grundlage« die Gemüter. Seit etwa zehn Jahren finde dieses Gefühl in Deutschland kräftigen Ausdruck, am lautesten in dem beispiellosen Erfolg eines Buches, »das dem weitverbreiteten Bedürfnis beredten Ausdruck« verliehen habe. Langbehns *Rembrandt als Erzieher* meint Lichtwark damit, ohne jedoch auf das Buch weiter einzugehen. Vielmehr thematisiert er das Unvermögen der Deutschen, zu sehen und zu beobachten, die Fähigkeit des Auges sei nicht ausgebildet. Trostlos wirke das Publikum in den Augen eines Künstlers; es sei ein furchtbares Schicksal, in Deutschland ein großer Künstler zu sein, denn der Tadel des Unverstandes treffe mit doppelter Härte. Wie schon in den Berliner Studien, zieht Lichtwark auch hier den Vergleich zur Musik. »Die ungeheure Anzahl der Analphabeten der bildenden Kunst pflegt nun gar nicht zu ahnen, daß ihnen etwas fehlt, und sie dürfen reden und sich entrüsten soviel sie wollen, weil die Schar der mit ihnen Ausgeschlossenen so unendlich groß ist.« Es existiere nicht einmal ein Wort, um die angeborene Unempfänglichkeit für Farbe und Form zu bezeichnen.[559] Die Ausbildung der Empfindungskraft durch den Dilettantismus, der sich etymologisch von »liebhaben« ableite und »die Kunst mit der tiefen Neigung des Herzens erfassen lehrt«, sei daher wichtig für diese Zeit. Denn »die leidenschaftliche Liebe zu schönen Werken der Menschenseele und Menschenhand«, die einst bis zu den Bauern hin das ganze Volk erfüllt habe, sei in breiten gesellschaftlichen Schichten fast ausgestorben. Lichtwark glaubt, erst wenn die Herzensfreude an der Kunst und das Bedürfnis, Kunst in allen Äußerungen zu genießen, wieder erwacht seien, kämen in Deutschland für die bildenden Künste bessere Tage – und wenn das Glück in der Fähigkeit zu genießen bestehe, so sei der Dilettantismus ein rechter Lehrmeister des Glücks.[560]

Lichtwark betrachtet jedoch den Dilettantismus auch aus der Perspektive des Volkswirtschaftlers und stellt fest, dass der Dilettantismus eine öffentliche Meinung zu schaffen imstande sei, da der Dilettant sich durch sein Interesse am technischen Aspekt der Kunst zum ruhigen Beurteiler und Sachverständigen entwickele.[561] Lichtwark erwartet bei der heranwachsenden, dann durch den Dilettantismus aufgerüttelten Generation, dass die kunstgewerbliche Produktion einen schwereren Stand haben dürfte als bei der jetzt führenden, die allzu leicht zufriedenzustellen sei. Zudem betrachtet

558 Vgl. AL, Aufleben des Dilettantismus, S. 22–40.
559 Ebd., S. 30.
560 Vgl. ebd., S. 30f.
561 Vgl. ebd., S. 34–36.

er den Dilettantismus als eine Möglichkeit zur Vermeidung des Künstlerproletariats: Tausende könnten nun einem bürgerlichen Lebensberuf nachgehen, ihre Fähigkeiten zur eigenen und anderer Freude und Nutzen verwerten, dabei noch als Sachverständige bei der Aufwertung der nationalen Produktion mitwirken. Und schließlich reflektiert er das Thema auch aus dem nationalen und politischen Blickwinkel. »Im Innern müssen wir trachten, das Individuum zu stärken, selbständig und seiner selbst bewußt und froh zu machen, um den Tendenzen der Gleichmacherei zu begegnen. Ein Stamm selbstbewußter, kräftig in ihrer Eigenart entwickelter Individuen wird die sicherste Bürgschaft für das Bestehen der drohenden sozialen Stürme werden.«[562] Lichtwark will also an der Schwelle zur Massengesellschaft, am Beginn des Aufstiegs der Arbeiterschaft ins Kleinbürgermilieu durch die Beschäftigung mit bildender Kunst die bürgerliche Ausprägung des innen-, das heißt durch eigene Vorstellungen geleiteten Menschen nicht nur bewahren, sondern sogar noch verbreiten.[563] Aber es geht ihm ebenso um den patriotischen Aspekt. Nach außen gelte es, das eigene Volkstum zu verteidigen, das er an vielen Stellen durch die Internationalisierung schwer bedroht glaubt. »Das einzige, was ein Volk zusammenhält, ist eine starke gemeinsame Bildung. Sie ist auch das sicherste Bollwerk gegen das Eindringen fremder Einfüsse.« Schon in dem Vortrag »Die Kunst in der Schule« hat Lichtwark die mangelnde Festigkeit deutscher Kultur und Lebensweise beklagt. Eine Stärkung glaubt er nun auch im Dilettantismus zu finden. Jegliche Förderung der formalen Bildung müsse in Deutschland mit besonderer Aufmerksamkeit gepflegt werden. »Denn hier liegt der schwache Punkt unserer Kultur und unseres Volkstums. Daß wir als Volk sogar an der Barbarengrenze im Osten gefährdet sind, macht uns den Wert einer geschlossenen nationalen Bildung handgreiflich klar. Wir sind zu lange vorwiegend unterrichtet worden. An Wissen besiegen wir alle unsere Nachbarn. Aber so nützlich es im Lebenskampfe dem Einzelnen ist: für die Feststellung eines kraftvollen, widerstandsfähigen Nationaltypus hat sich das Prinzip der formalen Bildung, das bei unseren westlichen Nachbarn herrscht, ungleich geeigneter erwiesen. Am widerstandsfähigsten und sieghaftesten bewährt sich die strenge äußere Zucht, die sich das englische Volk auferlegt hat; wo die Engländer sich niederlassen, assimilieren sie, während die deutschen Elemente von den fremden aufgesogen werden. Bildung ist Gewöhnung. Unsere nächste Aufgabe ist, eine zwingende nationale Gewöhnung zu schaffen. Zu dem Zweck haben wir alle Keime sorgfältig zu pflegen, deren Entwicklung den Bestand an eigenartiger Volkskraft zu mehren verspricht. Dazu gehört auch der Dilettantismus in den Künsten.«[564] Sein Wirken beschränkt Lichtwark zunächst nur auf lokale Kreise. Er glaubt, dass Hamburg aufgrund seiner demokratischen Struktur, mit der Gewohnheit, sich zur Bewäl-

562 Ebd., S. 36.
563 Zum innen- beziehungsweise außengeleiteten Menschen vgl. Riesman (1958), S. 31–33 bzw. 35–38, Riesman setzt jeweils mit dem »alten Mittelstand« beziehungsweise »neuen Mittelstand« gleich. Ein Transfer von amerikanischen auf europäische Verhältnisse erscheint ohne Weiteres möglich.
564 AL, Aufleben des Dilettantismus, S. 36f.

tigung neuer Aufgaben selbst zu organisieren und auch Opfer zu bringen, bevorzugt zu neuen Taten berufen sei. Die Dilettanten selbst sollen sich bewusst werden, dass sie durch ernste Arbeit nicht nur Befriedigung und ihr eigenes Glück fördern, sondern auch für die Stärkung der lokalen Kultur wirken.[565]

Es sind in erster Linie die weiblichen Mitglieder der Gesellschaft Hamburgischer Kunstfreunde, die Lichtwark vorbehaltlos folgen. Ihre dilettantische Tätigkeit erstreckt sich zumeist auf Zeichnungen und Holzschnitt, weniger auf Textilarbeiten, die Lichtwark in ihrer ganzen Unnützheit wenig schätzt. Es werde viel zu viel gestickt, gehäkelt, geklöppelt, das meiste stehe »im Dienst eines furchtbar verkommenen Geschmacks und des völligen Unvermögens, einen Unterschied zu erkennen zwischen albernen Überflüssigkeiten und dem, was das Leben nötig hat.« Er hält es für geschmacklos, Dinge herzustellen, die niemand braucht, die das einigermaßen erzogene Auge beleidigen und Nationalvermögen vergeuden, denn Zeit, Kraft und Liebe bedeuten ihm das wertvollste Besitztum eines Volkes. »Sollen die deutschen Frauen und Jungfrauen nicht lieber Sport treiben, als nach alter Sitte bei den Handarbeiten hocken?«, fragt Lichtwark, der sich gern auf langen Wanderungen erholt und Rad fährt. Aber die kurz zuvor wiederentdeckte Hausweberei wertet er doch als eine nützliche dilettantische Tätigkeit, es fehle an geschmackvollen Tischtüchern und Möbelstoffen – hier könnten die Frauen dazu beitragen, dass die Produktion neue Bahnen einschlage. Die Nachahmung der Muster der alten Bauernweberei allerdings lehnt er, wie jede Form der Nachahmung, ab. Er hofft auf den praktischen Sinn der Hamburgerin, ihren künstlerischen Geschmack und ihre zeichnerische und malerische Ausbildung.[566] Die Stickerei nach der Natur mit ihrer Nähe zur Malerei, die »Nadelmalerei« und Blumenstickerei, lässt er dennoch gelten, er fördert sie sogar in einzelnen Fällen.[567]

In froher Hoffnung auf eine Entwicklung in seinem Sinne schreibt Lichtwark in der Mitte und der zweiten Hälfte der neunziger Jahre seine Aufsätze über den Dilettantismus. 1894 erscheint *Wege und Ziele des Dilettantismus* bei der Verlags-Anstalt für Kunst und Wissenschaft Bruckmann in München, nach einem Abdruck aus dem

565 Vgl. ebd., S. 40.

566 Vgl. Alfred Lichtwark, Hausweberei, in: Katalog der 4. Jahresausstellung der Gesellschaft Hamburgischer Kunstfreunde, 1899, hier zit. aus AL, Hamburgische Aufsätze, S. 44–46. – Webarbeiten waren in bäuerlichen Haushalten noch üblich; Lichtwarks Aussagen lassen aber auch an die berühmte Weberei des Staatlichen Bauhauses Weimar/Dessau denken, in der zu arbeiten für die weiblichen Studierenden obligatorisch war.

567 1890 sei ein Fräulein Wichmann, die Tochter eines hamburgischen Lokalforschers, zu ihm gekommen mit einer technisch versierten, aber geschmacklosen Stickerei. Lichtwark berichtet, sie mit einer Empfehlung nach London zur South-Kensington-Schule geschickt zu haben, »wo ein frischer Zug nach der Natur« herrsche. Man habe ihr dort anschließend eine Stelle als Lehrerin angeboten, was noch nie vorgekommen sei. Lichtwark habe ihr dann ein Motiv von Runges Pflanzensilhouetten vorgelegt und vorgeschlagen, es nach der Natur zu sticken. »Der Versuch gelang glänzend. Wir haben nun in diesen Silhouetten von Runge das Material unserer Stickerei eine ganz neue und freudige Richtung zu geben. [...] Es muß wieder nach der Natur gestickt werden.« Runge erscheint ihm ein passender Ausgangspunkt dafür; vgl. Br. Kommission (1896), Bd. I: 1891/92, S. 241f. – Die Blumenstickerei als Kunst thematisiert Lichtwark auch in seinem Aufsatz *Makartbouquet und Blumenstrauß* im *Hamburger Weihnachtsbuch* 1892, der zwei Jahre später als eigenständiges Buch erscheint und 1905 noch einmal aufgelegt wird; Kayser (1977), Nr. 183, 192, 404.

Hamburgischen Correspondenten. Einen der beiden darin enthaltenen Aufsätze, *Das Aufleben des Dilettantismus*, lässt er im selben Jahr auch im *Kunstwart* erscheinen. Neben den vielen Einzelthemen, die vor allem im *Jahrbuch der Gesellschaft* vor Ort Anregungen geben sollen, äußert er sich dort 1896 auch noch einmal allgemeiner mit *Dilettantismus und Volkskunst*, einer Art Programmschrift. Auch seine Aufsätze über die Amateurphotographie haben mit dilettantischer Tätigkeit zu tun, er betrachtet schließlich den künstlerischen, nicht den massenmedialen Aspekt der Photographie. Deshalb bezieht er in die Anthologie *Vom Arbeitsfeld des Dilettantismus*, die 1897 bei Kühtmann in Dresden erscheint, auch einen Text zu diesem Thema mit ein. Schließlich stellt er im Hamburg-Heft der Zeitschrift *Pan* im zweiten Jahrgang 1896/97 mit einem ausführlichen Beitrag Dilettanten aus dem Umfeld der Kunsthalle vor, einleitend auch seine Aufsätze *Selbsterziehung* und *Zur Organisation des Dilettantismus*. Damit erreicht er das avancierte und interessierte Publikum im ganzen deutschsprachigen Raum, während zuvor seine Bemühungen auf die Entwicklung in Hamburg beschränkt sind. *Die Erziehung des Farbensinns*, hervorgegangen aus seinen Vorlesungen an der Kunsthalle, folgt im vierten Jahrgang des *Pan* 1898/99. Auch dieser Text muss zu Lichtwarks Schriften über den Dilettantismus gezählt werden, geht es doch hier ebenfalls um die Entwicklung des künstlerischen Vermögens der Laien. Während Lichtwark die Themenkomplexe wie Bücher, Blumen und Gärten auch später noch fortsetzt, schließlich repräsentieren sie alle auch sein starkes persönliches Interesse, erscheinen um die Jahrhundertwende keine neue Schriften mehr über den Dilettantismus und seine Rolle bei der ästhetischen Bildung. Im *Lotsen*, der neuen *Hamburgischen Wochenschrift für deutsche Kultur*, lässt er gleich im ersten Jahrgang 1900 den Artikel *Der Dilettantismus im In- und Auslande* noch einmal erscheinen. Anschließend kommen nur noch Wiederabdrucke vor. 1902 bezieht er in dem nunmehr bei Cassirer in Berlin erscheinenden Sammelband *Aus der Praxis* wiederum einige der älteren Aufsätze zum Thema mit ein; hier kommt im selben Jahr auch *Vom Arbeitsfeld des Dilettantismus* in zweiter Auflage heraus und 1907 davon noch eine Volksausgabe.[568] Deutlich wird sein ökonomisches Vorgehen sichtbar: Lichtwark verwertet seine Texte mehrfach, Nachfrage ist offensichtlich vorhanden, dadurch ziehen seine Themen Kreise. Doch ist sein eigenes Interesse an der ästhetischen Erziehung und Selbsterziehung im Grunde um 1900 weitgehend erloschen. Längst haben andere Themen für ihn an Aktualität gewonnen, geradezu von ihm Besitz ergriffen; aber inzwischen haben sich auch andere Personen das Thema der ästhetischen Erziehung angeeignet und konkret auf die Arbeit in der Schule ausgerichtet: die Kunstpädagogen.[569]

568 Kayser (1977), Nr. 193, 194, 222, 248, 299, 312, 340, 347, 440.
569 Siehe dazu das Kapitel »Kunsterziehung II: Lichtwark und die Hamburger Lehrer« in Teil 3.

SAMMELN ALS SELBSTERZIEHUNG

Die Anregung der Sammeltätigkeit stellt das zweite zentrale Anliegen der Gesellschaft Hamburgischer Kunstfreunde dar, doch ist es Lichtwark selbst, der dieses Ziel gesetzt hat, da ihm eine ästhetische Bildung des Erwachsenen ohne das Sammeln ausgeschlossen erscheint. Dazu soll die aktuelle Situation des neu erwachten Interesses der Künstler an der Druckgraphik genutzt werden.[570] »Als erstes Ziel«, schreibt Lichtwark über die Gesellschaft Hamburgischer Kunstfreunde in *Das Aufleben des Dilettantismus*, »hat sie sich die Hebung der Originalradierung und der Lithographie gesetzt. Nach Maßgabe der Mittel sollen die bedeutendsten lebenden Radierer eingeladen werden, Hamburgische Landschaften, Architekturen festzuhalten und die Züge verdienter Frauen und Männer aus der nächsten Heimat aufzubewahren. Die Gesellschaft erwirbt die Platten, läßt die Drucke herstellen und gibt sie an hamburgische Sammler für die Herstellungskosten ab. Auf diesem Wege hofft die Gesellschaft, daß wieder Sammlungen moderner Radierungen und Grabstichelarbeiten in Hamburg entstehen. Die Anknüpfung an hamburgische Stoffe scheint dabei von ausschlaggebender Bedeutung, da gerade diese den Kunstwerken eine besondere Anziehungskraft am Orte der Entstehung verleihen.« Lichtwark stellt diese Beschäftigung der Gesellschaft mit der Graphik in eine ältere hamburgische Tradition, die nun wiederbelebt werden soll. Es fehle gegenwärtig in Hamburg – im übrigen Deutschland kaum minder – an Sammlern, besonders an Sammlern von Graphik. Wenn es gelinge, von hervorragenden deutschen Künstlern Radierungen und Lithographien hamburgischer Persönlichkeiten und Landschaften zu erhalten, dann dürfte, schätzt Lichtwark die Lage ein, dieses Material besser als irgendein anderes geeignet sein, gerade in Hamburg zum Sammeln anzuregen.[571] So plant er auch in diesem Kontext eine Sammlung von Bildern aus Hamburg. Seiner Vorstellung nach sollen die besten Künstler aus Deutschland, England und Frankreich eingeladen werden und ihre Druckplatten für weitere Auflagen im Besitz der Gesellschaft verbleiben; davon erhofft er sich einen guten Profit.[572] Doch geht die Verwirklichung dieses Zieles eher schleppend voran und das Projekt entwickelt sich nur im kleinen Rahmen. Als erstes stellt Arnold Otto Meyer Mittel für ein Bildnis der Schriftstellerin Elise Averdieck zur Verfügung, das jedoch erst 1898 von Paul Kayser radiert wird.[573] Bald nach ihrer Gründung, im Jahr 1894, verliert die Gesellschaft durch Tod eines ihrer Mitglieder, den Hauptpastor Adolf Glitza, dessen umfangreiche Gemäldesammlung 1896 dem hamburgischen Publikum in einer Ausstellung zugänglich gemacht wird. Auch die aus Eintrittskarten und Katalogverkauf der Dilettantenausstellungen erzielten Mittel verwendet die Gesellschaft für Graphikaufträge an junge Hamburger Künstler, die

570 Zum Aufstieg der Druckgraphik am Ende des 19. Jahrhunderts vgl. Junge (1989), S. 27–87.

571 Vgl. Alfred Lichtwark, Einleitung, in: Jb. GHK, 1. Jg., 1895, S. 3–9, Zitat S. 7. – Vgl. zu diesem Kapitel: Junge (1989), S. 147–154, 442f., hier sind auch die im Folgenden genannten Graphikblätter zusammenstellt.

572 Vgl. Brief Alfred Lichtwark an Koldewey, 24.12.1893, Berlin, Staatsbibliothek, HSS, NL Koldewey: Lichtwark, Alfred.

573 Vgl. AL, Aufleben des Dilettantismus, S. 39.

sich zum Hamburgischen Künstlerclub zusammenschließen und von Lichtwark schon länger gefördert werden.[574] So entstehen acht Graphikblätter in loser Folge, »Glitza-Blätter« genannt, in Auflagen von meist fünfzig Exemplaren. Es sind also nicht, wie zunächst geplant, bekannte deutsche Künstler, die für die Gesellschaft tätig werden; Lichtwark hätte hier durchaus Aufträge an Klinger, Liebermann, Greiner oder sogar französische Graphiker vermitteln können. Er will in Hamburg eine eigene junge Künstlerschaft aufbauen und die wenigen infrage Kommenden nach Kräften fördern. 1896 erscheinen in der Edition Julius Wohlers' »Hühnerhof«, Julius von Ehrens farbige Zinkätzung »Enten« und als bedeutendstes Blatt die farbige Zinkätzung »Ährenfeld am Abend« von Arthur Illies in einer Auflage von 145 Exemplaren (Abb. 25). 1897 folgt ein lithographiertes Mädchenportrait von Ernst Eitner, 1898 Illies' »Jacobikirchhof im Schnee« sowie die farbige Zinkätzung »Mondschein auf der Elbe«. 1899 kommt noch ein »Kuhjunge« von Julius von Ehren heraus, und erst nach Lichtwarks Tod folgt 1915 als letztes Blatt aus dem Glitza-Fonds Franz Nölkens Radierung »Wallstraße«.[575] Auch der Freiherr von Westenholz vermacht der Gesellschaft einen Betrag, von dem 1902 als einziges »Westenholz-Blatt« Ernst Eitners Farblithographie »Ostwind« produziert wird. Gustav Schiefler, selbst mit dem Aufbau einer Graphiksammlung befasst, wobei er von Lichtwarks Ansichtssendungen für die Kunsthalle profitiert, verwaltet die Gelder. Doch die Abnahme durch die Mitglieder verläuft offensichtlich nur schleppend, sonst hätten sehr viel mehr Blätter produziert werden können. Illies' farbige Zinkätzungen, spätromantische hamburgische Landschaften und andere Motive, angesiedelt zwischen Impressionismus und Jugendstil, sind durchaus bemerkenswert und für ihre Zeit wegen der komplizierten graphischen Technik auch ungewöhnlich, doch dürften diese ländlichen Motive dem urbanen, überwiegend großbürgerlichen Publikum eher unwesentlich erschienen sein. Auch die Unbekanntheit der jungen Künstler stellt einen einschränkenden Faktor bei die Nachfrage dar.

Nach 1898 wagt die Gesellschaft einen weiteren Versuch, Blätter zu edieren; diesmal handelt es sich um Portraits. Insgesamt erscheinen elf Blätter in verschiedenen druckgraphischen Techniken, darunter mehrere Lithographien. Die bedeutendsten sind Max Liebermanns Portrait von Justus Brinckmann in Radierung und Kalter Nadel, 1906, das von Peter Behrens 1907 als Farbholzschnitt geschaffene Bildnis des Dichters Richard Dehmel, der sich einige Jahre zuvor in Hamburg niedergelassen hat, und Hans Oldes Portrait des zweiten in Hamburg lebenden bekannten Dichters, Detlev von Liliencron. Die anderen Blätter stammen fast ausschließlich von den Künstlern des Hamburgischen Künstlerclubs und stellen Hamburger Persönlichkeiten, darunter drei Pastoren, dar.[576] Ein Auftrag über ein graphisches Portrait des Dichters Detlev von Liliencron an Momme Nissen kommt nicht zur Ausführung.[577]

574 Siehe dazu das Kapitel »Hamburgische Kunst: Die jungen Hamburger Künstler« in Teil 3.
575 Vgl. Junge (1989), S. 149f., 442.
576 Vgl. ebd., S. 442. – Ebd., S. 93–103, 184f.
577 Vgl. Schiefler (1985), S. 201.

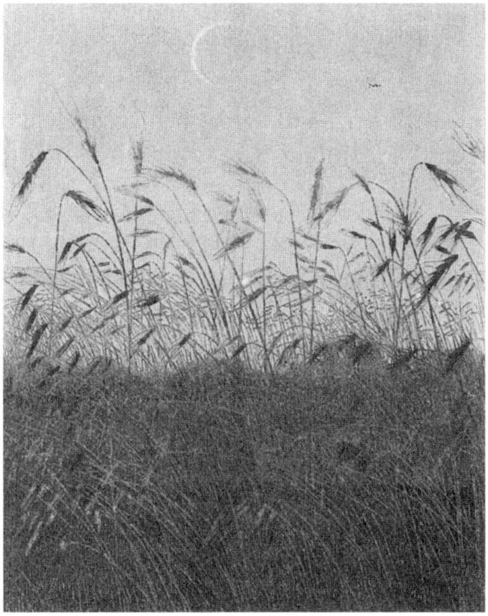

Abb. 25 Arthur Illies, Ährenfeld am Abend, Radierung und Hochdruck, 1896, Hamburger Kunsthalle

Während die Worpsweder Künstler mit ihrer Graphik die ihnen fremde, raue, fast exotische Welt eines einsamen Moor- und Geestdorfes thematisieren, befassen sich die Hamburger mit lokalen Landschaftsmotiven und Portraits aus dem vertrauten Umfeld. Lichtwark hat zwar Recht, wenn er auf die Schönheit und Vielgestaltigkeit dieser Landschaft hinweist, doch haftet dem ganzen Unternehmen die Heimeligkeit des Kleinbürgerlichen an. Damit folgt Lichtwark zwar dem zum Einfachen und Ländlichen tendierenden Zeitgeist, zugleich schätzt er jedoch die Bedürfnisse und Vorlieben des sammelnden Publikums falsch ein und provoziert einen Misserfolg. Seinem Freund Gustav Pauli, dem Direktor der Bremer Kunsthalle, gesteht er 1904 unumwunden in einem Brief, bei seinen Bemühungen, in Hamburg dem Portrait Bahn zu brechen, habe es sich durchweg um Fehlschläge gehandelt: »Wir hatten Mittel, gaben Aufträge, wiesen auf die enormen Summen hin, die das Pastorenbild den Photographen alljährlich einbringt, malten an den Horizont die für eine dauernd zu ergänzende Serie bereitliegende Aufgabe des Senatorenbildnisses. Ein Fehlschlag. Die Leute, die es gekonnt hätten, sahen nicht ein, was sie mit der Portraitlithographie oder Radirung an Chancen gewinnen mußten.«[578] Da die Gesellschaft Hamburgischer Kunstfreunde ihre Edition nicht im Handel vertreibt, ist die geringe Nachfrage in den eigenen Reihen unübersehbar. Letztlich lassen sich lediglich wenige Mitglieder motivieren,

578 Br. Pauli, S. 35 (14.11.1904).

Lichtwarks Ziele zu unterstützen, sei es auch nur aus idealistischen Motiven. Er hält jedoch unbeirrt an seiner Propaganda für das Sammeln fest. »Ich stehe nicht an, mich zu dem Glauben zu bekennen, dass für den Nichtkünstler eine wirkliche künstlerische Bildung ohne die Gymnastik der Sammeltätigkeit nicht denkbar ist«, wird er 1911 diese Überzeugung in seiner Eröffnungsrede zu einer Ausstellung von Exponaten aus Privatbesitz formulieren.[579]

»BLUMENCULTUS«

»Für die künstlerische Erziehung ist es eine Cardinalfrage«, schreibt Lichtwark 1894 an seine Kommission, »dass wir den Blumencultus haben.« Anlass ist ein Besuch bei dem Maler Friedrich Stahl in Berlin, der schöne Vasen produziert, für die er jedoch keine Abnehmer findet; Lichtwark überlegt, ihn nach Hamburg zu ziehen. Dass in Hamburg die Kenntnisse und Ansprüche der Pflanzenkenner höher seien als anderswo, betont er des Öfteren. Überall erregen Blumen, die Schaufenster von Blumenhändlern und Pflanzenausstellungen sein Interesse. Blumenläden gelten ihm als Gradmesser der Kultur, »Thermometer der aesthetischen Empfindung«.[580] Von Kindheit an Blumenliebhaber und besonders begeistert von den einfachen Garten- und Wildblumen, schreibt er einen ersten Aufsatz mit dem Titel *Makartbouquet und Blumenstrauß* schon für das *Hamburger Weihnachtsbuch* 1892.[581] Er sei im »Ton der Erzählung geschrieben«, um den Ideen in Hamburg den Boden zu bereiten, teilt Lichtwark seinem Osloer Kollegen Andreas Aubert mit und berichtet ihm optimistisch von seinem Plan, den Straßenhandel mit Wild- und Bauernblumen in Hamburg zu organisieren: »Wie ich die Hamburger kenne, wird sich ein Bedürfnis nach frischen Blumen sehr kräftig fühlbar machen.«[582] 1894 gibt er, was er zum Thema Blumenkultur zu sagen hat, unter demselben Titel als Band von 64 Seiten bei Bruckmanns Verlagsanstalt für Kunst und Wissenschaft in München heraus. Damit erreicht Lichtwarks Schrift zur Blumenkultur nun eine Leserschaft in ganz Deutschland. 1905 erscheint eine zweite Auflage bei Cassirer in Berlin.[583] Hier versammelt Lichtwark seine Beobachtungen zur Geschichte des Blumengebindes vom spätbiedermeierlichen Radbouquet über den unnatürlichen Strauß mit angedrahteten echten, schnell dahinsterbenden Blüten und Blättern bis zum pomphaften Makartbouquet aus Trockenmaterialien in müden, staubigen Farben, die zu den dunklen Zimmern im altdeutschen Stil gehören. 1890

579 Alfred Lichtwark, Der Sammler, in: Schaar (1991), S. 166–186, Zitat S. 183. Erstdruck in: Jb. GHK, 17. Jg., 1911, S. 17f.; Kayser (1977), Nr. 507. Siehe dazu auch das Kapitel »Sammeln IV: Sammler, Auftraggeber und Mäzene im Sinne Lichtwarks« in Teil 5.

580 Vgl. z.B. Br. Kommission (1896), Bd. III: 1894/95, S. 225f., Zitat ebd., S. 315.

581 Kayser (1977), Nr. 183. Mehr als 2.000 Exemplare davon seien verkauft, schreibt Lichtwark an Andreas Aubert; vgl. Brief Alfred Lichtwark an Aubert, 30.12.1892, Oslo, NB, Brevsamling 32.

582 Brief Alfred Lichtwark an Aubert, 30.12.1892, Oslo, NB, Brevsamling 32.

583 Kayser (1977), Nr. 183, 192, 404.

sieht Lichtwark auf dem Potsdamer Platz in Berlin die ersten Verkäufer mit Körben wilder Blumen aus den märkischen Wiesen und Wäldern, was er als historischen Wendepunkt interpretiert: »Erste Regung eines neuen Geschmacks. Beginn des Handels mit wilden Blumen in Berlin.«[584] Das Bedürfnis nach den einfachen wilden Blumen wurde nach Lichtwarks Beobachtung geweckt durch die winterlichen Sendungen von Narzissen und Anemonen aus Italien,[585] die zuerst von den Künstlern und ihren Frauen gekauft worden seien. Sie hätten auch als erste nach den einfachen und ornamentlosen Vasen und Töpfen auf den Märkten für Bauerngeschirr gesucht; oder aber die Leute mit ausgebildetem Geschmack hätten englisches Steingut mit schlichten Formen und »einfacher vornehmer Glasur« nach chinesischer Tradition erworben. Hier verweist Lichtwark wieder einmal auf das englische Vorbild, das jedes Jahr beträchtliche Summen aus Deutschland an sich ziehe, weil die deutsche Produktion mit der Geschmacksentwicklung nicht mithalten könne. Er beschreibt, wie die ersten wilden Blumen entdeckt und gewürdigt werden, wie Julius Lessing in Berlin die alten Gärtnereien nach verschollenen Blumen durchstöberte, wie insbesondere die Kinder als vorurteilslose Betrachter die Wildblumen bewundern und wie die Blumenstickerei sich ihrer annehmen und durch dieses Naturstudium wieder zur Kunst werden könnte. Lichtwark vergisst auch nicht die Besonderheit der Behandlung der Blumen in Japan zu erwähnen, weist auf die von Brinckmann zusammengetragene Sammlung japanischer Blumenkörbe aus Bambus[586] hin und die japanische Art, die Pflanzen oder ihre Teile einzeln und in asymmetrischer Komposition zur Wirkung zu bringen. Er schildert, wie die Veränderungen beim Blumenkonsum auch dem Verständnis für die neue Kunst den Weg bereiten: »[...] ganz langsam fangen die Augen, die sich an der Betrachtung der Blume ihre Gesundheit wieder erworben haben, nun auch an, in der Kunst edle Farbe und frische Anschauung zu verstehen und gar zu verlangen. Aber dieser Vorgang ist eben erst im Werden, und ein alter Aberglaube verlangt, daß man keine Knospen zählen soll.«[587] Mit »Gesundheit« meint er hier das Verständnis für die naturalistische Auffassung von Licht und Farbe; als Frevel betrachtet er hingegen bestimmte überladene Züchtungen, insbesondere gefüllte, die Form verunstaltende Blüten. Er wettert gegen den englischen Gartenstil, vor allem bei kleinen Gärten, und dieses Thema wird ihn sein ganzes Leben lang begleiten, solange die neue architektonische Gartenkunst, die er schon 1884 im Berliner Feuilleton propagiert hat, noch nicht etabliert ist. Mit einem Berliner Künstlerfreund unternimmt er einen Ausflug im Pferdewagen des Barons Westenholz in die Hamburger Marsch und führt ihm

584 Vgl. AL, Makartbouquet und Blumenstrauß, Einleitung, S. 1. Die folgenden Ausführungen beruhen auf dieser Ausgabe, S. 5ff.

585 Die Blumenproduktion an der westlichen italienischen Riviera, der Blumenriviera, Riviera dei Fiori, beginnt im ausgehenden 19. Jahrhundert, angeregt durch den in Nizza ansässigen französischen Schriftsteller Alphonse Karr (1808–1890).

586 Vgl. Ausstellung im Museum für Kunst und Gewerbe, Hamburg, 2010 (Flyer).

587 AL, Makartbouquet und Blumenstrauß, S. 35.

die wohlgepflegte, durch die Schere bestimmte Bauerngartenkultur vor. Das Erlebnis wühlt den Künstler – es ist Liebermann – förmlich auf; er äußert den Wunsch, einmal für sich selbst einen solchen Garten anzulegen.[588] Lichtwark berichtet auch von der jahrhundertealten Blumenleidenschaft in Hamburg, von der barocken Hamburger Blumenmalerei und der Dichtung des Hamburger Ratsherren Barthold Heinrich Brockes, der seine Blumen und seinen Garten besang.[589] Und schließlich vergisst er auch nicht den Hamburger Maler, der hundert Jahre später die Blumen in seiner Malerei zu Ehren brachte und während des Klassizismus »den neuen Stil der Dekoration aus der Natur holte«: Philipp Otto Runge. Damit sieht Lichtwark in Hamburg auf dem Gebiet der Blumenkultur eine Tradition fortzuführen und ein Erbe zu wahren, »das reichste in Deutschland«. Unter den Städten der Blumen stehe es in erster Reihe, nirgends würden in den Wintergärten der Wohlhabenden, in den Treibhäusern und auch vor den Fenstern der einfachen Leute so viele Blumen gezogen; die Hamburger Blumenbinder seien in der ganzen Welt berühmt und könnten fast noch mehr ›Kunststücke‹ als die Berliner. Aber bei der Behandlung der losen Blumen sei man noch nicht auf der Höhe des Geschmacks, spornt Lichtwark seine Landsleute an, man könne in Hamburg noch keine wilden Blumen kaufen. Möchte sich das Verständnis für die großen Freuden des frischen Blumenschmuckes durch das ganze Volk verbreiten, wünscht er sich, dann werde die Blume ihre kunstpädagogische Macht entfalten, wie in China und Japan, in Indien, Persien, Frankreich und England, wo das »Studium der Blume« auch einen Teil des nationalen Wohlstandes geschaffen habe. Auch auf diesem Gebiet also verbindet Lichtwark das Schöne mit dem Ökonomischen. Erziehung zur Blumenkultur bedeutet ihm eben auch einen ökonomischen Fortschritt.

In Lichtwarks Schriften folgen noch eine ganze Reihe kleiner Aufsätze über Blumen, meist verfasst für das *Jahrbuch der Gesellschaft Hamburgischer Kunstfreunde*. So schreibt er 1896 noch einmal über wilde Blumen, 1898 folgt *Der wilde Garten*, 1900 *Der Wiesenklee* und *Die wilde Rose*, 1902 *Unsere Azaleen* und 1910 *Kalla und Aronstab*.[590] Lichtwark publiziert dort aber auch über Gegenstände der Blumenkultur wie Vasen und andere Gefäße, wie etwa 1896 im *Jahrbuch der Gesellschaft* über Blumenvasen, im 1897 in Dresden bei Kühtmann erschienenen *Blumenkultus*. Gartengestaltung gehört für Lichtwark ebenfalls zu dieser Thematik, wie etwa im Jahrbuch von 1900 *Hecke und Gitter* belegt, 1904 ersinnt er einen ökologischen *Heidegarten* und 1907 plädiert er *Gegen Alleen, Bäume, Büsche*. Er informiert die Mitglieder der Gesellschaft über neue Gartenbücher,

588 Vgl. ebd., S. 38–46. Lichtwark unternahm mit Liebermann schon 1890, als dieser die »Kirchenallee« malte, und auch später Ausflüge in die Hamburger Marsch, um ihm die regionale Bauernkultur vorzuführen. Brinckmann und Liebermann schlossen um diese Zeit Freundschaft durch die gemeinsame Begeisterung für japanische Kunst und Kultur. Das Ehepaar Westenholz stellte für die Ausflüge seinen Wagen zur Verfügung; vgl. z.B. Alfred Lichtwark, Briefe an Baronin Westenholz, 15.7.1890 und 9.8.1891, HH, SUB, HSS, LA 2 und 5.

589 Das Thema wurde 2005 in einer Ausstellung im Museum für Hamburgische Geschichte aufbereitet; vgl. Ausst.Kat. Hamburger Gartenlust (2006).

590 Hier und im Folgenden: Kayser (1977), Nr. 239, 288, 323, 324, 361, 481, 218, 243, 314, 389, 442, 363, 400, 436.

beispielsweise 1902 über das Buch *Wall and Water Gardens* der berühmten englischen Gartengestalterin Gertrude Jekyll; 1904 bespricht er Camillo Karl Schneiders *Deutsche Gartengestaltung und Kunst*, 1906 Willy Langes *Gartengestaltung der Neuzeit*. Vermutlich kennt er auch William Robinsons 1870 in England erschienenes Buch über den Naturgarten, sein Interesse an Wildblumen deutet jedenfalls darauf hin.[591]

Eine von Lichtwark initiierte praktische Förderung der Blumenkultur durch die Gesellschaft Hamburgischer Kunstfreunde besteht in der Verbreitung einfacher Vasen in schlichter Formgebung. Schon 1892 versucht er selbst, einen großen Glasfabrikanten für die Produktion von Blumengefäßen zu gewinnen, Tongefäße sollen folgen.[592] Einige Mitglieder der Gesellschaft zeichnen die Entwürfe; Marie Zacharias nimmt sich der Vasenproduktion und -verbreitung besonders an. Problematisch ist allerdings die Verpflichtung von geeigneten Töpfern für diese Produktion.[593]

1897 lässt Lichtwark noch eine Anthologie mit dem Titel *Blumenkultus. Wilde Blumen* bei Kühtmann in Dresden erscheinen, sie ist Marie Zacharias gewidmet.[594] Er thematisiert hier die Blumenkultur und Gefäße für Blumen, für die er sich einfache, aber von Künstlerhand entworfene, auf bestimmte Blumentypen spezialisierte Formen in Glas und Keramik wünscht. Als preiswerte ornamentlose Gebrauchsware in edler Form und Farbe stellt er sich diese neuen Vasen vor: eine einfache, sachliche Silhouette, ein einzelner starker und passender Farbton der Glasur, das genügt ihm. »Die Vase verhält sich zum Strauss wie der Rahmen zum Bilde oder das Postament zur Statue.«[595] Einfachheit ist auch hier seine Devise. Blumenkörben und -gittern, Blumen am Fenster und Blumenläden gilt ebenfalls sein Interesse; aber auch Texte über einzelne Blumenarten aus den Jahrbüchern sind wieder abgedruckt, vor allem *Wilde Blumen*. Neu behandelt er die mit der Japanmode einhergehende Vorliebe für die Chrysanthemen und plädiert auch hier für die einfache, ungefüllte Blüte.[596] Den Garten am Haus als Blumengarten – im Gegensatz zum englischen Garten – behandelt er ebenso wie den Wintergarten, eine zu jener Zeit beliebte architektonische Kleinform.

1898 veröffentlicht Lichtwark im Jahrbuch den Aufsatz *Eine Hamburgische Gesellschaft zur Förderung der Blumenpflege*,[597] deren Gründung allerdings zu dieser

591 Vgl. William Robinson, The Wild Garden, London: John Murray, (1)1870.
592 Vgl. Brief Alfred Lichtwark an Aubert, 30.12.1892, Oslo, NB, Brevsamling 32. Der Name ist hier nicht erwähnt.
593 Vgl. Zacharias (1905), S. 79–86. Hier stellt Marie Zacharias selbst die Bemühungen um die Vasenproduktion dar.
594 Kayser (1977), Nr. 243.
595 Zit. nach AL, Wilde Blumen, S. 52.
596 In seiner Ausbildungszeit in den 1930er Jahren, so die telefonische Mitteilung des Essener Gartendirektors Helmut Klausch am 22.7.2003 im Zusammenhang mit seiner Dissertation, sei die Züchtung ungefüllter Blumen üblich gewesen. Diese Mode geht wahrscheinlich auch auf Lichtwarks verbreitete Schriften zum Thema Garten zurück. Nachweisbar ist, dass der berühmte Staudenzüchter Karl Foerster in Potsdam-Bornim Lichtwarks einschlägige Schriften kannte (siehe dazu den Schluss dieses Kapitels). Foerster gab seinen Züchtungen auch poetische Namen, wie von Lichtwark vorgeschlagen. Siehe auch Anm. 599.
597 Kayser (1977), Nr. 276. Vgl. hier und im Folgenden: AL, Hamburgische Aufsätze, S. 29–38; Kayser (1977), Nr. 557.

Zeit noch aussteht und die als Lichtwarks Wunsch zu betrachten ist. Hier verweist er auf mehrere bereits verwirklichte Ansätze: die Vasen der Kunstfreunde, die erfolgreiche Aktion der Patriotischen Gesellschaft im Jahr 1897, Privatleute im Rahmen der großen Hamburger Gartenbauausstellung zur Präsentation ihrer langgehegten Pflanzen zu bewegen, und schließlich die 1897 in der Lehrervereinigung zur Pflege der künstlerischen Bildung eingerichtete Abteilung für Blumenpflege. Dort werden den Schulkindern Sämereien ausgehändigt, und die Gesellschaft Hamburgischer Kunstfreunde stiftet ihre Vasen den Schulen, besonders den Mädchenschulen. Lichtwarks Bestreben – von ihm stets unpersönlich formuliert – zielt darauf, diese verschiedenen Aktivitäten in einer Gesellschaft zu bündeln und an den Staatlichen Botanischen Garten anzuschließen, ebenso wie die Gesellschaft Hamburgischer Kunstfreunde, der Verein der Amateurphotographen, die Lehrervereinigung und seit Anbeginn auch der Kunstverein an die Kunsthalle angeschlossen sind. Mit dem »Nächstliegenden« und »Nächstwichtigen« soll begonnen werden. Wiederum kreist sein Bemühen nicht nur um den verfeinernden Einfluss der Blumenpflege auf Empfindung und Gemüt, sondern um ästhetische Bildung: »Wenn eine der großen Aufgaben unserer nationalen Erziehung darin besteht, die Freude an der Beschäftigung mit edlen Dingen zu entwickeln, damit das Zeittotschlagen, das in der Ausfüllung der wachen Stunden von Millionen die oberste Rolle spielt, menschenwürdiger Beschäftigung weicht, dann wird der Pflege der Blumen im deutschen Hause eine wichtige Rolle zufallen.« Lichtwark engagiert sich dabei für die ›koloristische Bildung‹; mit der Erziehung des Farbensinns beschäftigt er sich bereits in den Vorlesungen, hier soll sie mit praktischen Mitteln betrieben werden. Auch aus volkwirtschaftlicher Sicht gehöre die künstlerische Erziehung des Farbensinnes zu den sachlich absolut notwendigen Forderungen an den Inhalt der neuen, in der Entstehung begriffenen Bildung. Und deshalb sollen sich die Bemühungen dieser projektierten Gesellschaft auch auf alle sozialen Schichten erstrecken.[598]

Lichtwark wünscht sich eine neue Verbreitung der Zimmerpflanzen, wie es auf dem Lande noch üblich ist, auch ein Handbuch dazu, ferner die Verteilung von kostenlosen Stecklingen wie in England, die Verbreitung von Blumenkörben, -gittern, -kübeln und anderen Objekten zur Aufstellung der Pflanzen, außerdem Preisausschreiben, Spezialausstellungen und monatlich abzuhaltende Spezialmärkte, also Ausschöpfung der vielseitigen Möglichkeiten der Werbung. Bei den Schnittblumen begrüßt er das Angebot von Blumen als Material statt fertiger Sträuße und die aus Italien importierte Pflanzenware, doch verlangt er noch mehr »Pastorsblumen« und wilde Blumen. Dafür soll die Gesellschaft den Massenanbau in Stadtnähe anregen; an Knicks, Rainen und auf Ödland könnten wilde Blumen gesät und von Pflückern geerntet werden; über Pastoren und Lehrer denkt er sich die Einwirkung auf diese Bereiche. Zur Vermarktung wünscht er sich einen Straßenverkauf solcher Blumenware

598 AL, Hamburgische Aufsätze, S. 32.

wie in London oder Berlin. Der Begriff »Ware« findet sich in Lichtwarks Texten nicht, wohl aber spricht er von »Material« im Gegensatz zum gebundenen Strauß. Mit diesen Maßnahmen will er die vorhandenen Tendenzen verstärken, denn man habe in Hamburg viel nachzuholen, um die Berliner Verhältnisse von 1890 zu erreichen – und von den Gärtnern und Blumenhändlern sei keine Initiative zu erwarten. Eine weitere Strömung möchte Lichtwark unterstützen: in den Gärten solle man sich wieder den Stauden zuwenden, die alten vergessenen Arten ziehen,[599] und in der Verbreitung der fast gänzlich vernachlässigten Frühblüher sieht Lichtwark eine weitere Aufgabe dieser Gesellschaft. Auch Hamburgs Umgebung könnte zur Kultivierung der noch viel zu seltenen Frühblüher als Schnittblumen angeregt werden mit besonderem Nachdruck auf den Zwiebelpflanzen und Iris. Er wünscht sich auch bei diesen einfachen Gartenblumen zahlreiche wetteifernde Liebhaber-Spezialisten, um die Züchtungsleistungen zu steigern; große Finanzmittel seien dazu nicht nötig. Und die Stadt, die den Anfang mache, werde in Deutschland die Führung auf diesem Gebiet übernehmen. Deshalb sollen Vasen und Blumengeräte auch die Bezeichnung »Hamburg« tragen.[600]

Gefäßformen interessieren Lichtwark nicht nur im Zusammenhang mit der praktischen Umsetzung in der Gesellschaft Hamburgischer Kunstfreunde, sondern dauerhaft. Überall erregen sie, insbesondere als Vasen und aus fernöstlicher Herkunft, seine Aufmerksamkeit. Noch 1910 begeistert er sich für die archaischen Gefäße der Funde Schliemanns im Berliner Völkerkundemuseum und ihre funktionale, auf der handwerklich-technischen Basis beruhende Formgebung. Am liebsten würde er ein Buch über Gefäßformen, Ausgüsse und Henkel schreiben, um darzulegen, was an »Gedanken und praktischen Erfindungen da ist und nur abgemodelt zu werden braucht.« Doch lässt seine Zeit dies nicht zu. »Die Künstler sollten Augen machen«, schreibt er an die Kommission. »Was hat z.B. van de Velde erfunden, das nicht viel besser schon da ist?«[601] Überzeugend bleibt für ihn immer die schlichte, funktionale Form, die qualitätvolle handwerkliche Gediegenheit ohne überflüssiges Ornament.

Lichtwark prophezeit außerdem einen Stimmungsumschwung hinsichtlich des kleinen Gartens im englischen Stil, dessen Tage er als gezählt betrachtet. Noch pflege der gebildete Deutsche zu erschrecken, wenn ihm gesagt würde, der Bauerngarten mit geradem Weg sei pittoresker als sein Vorgarten mit gewundenen Wegen, glattem Rasen und Teppichbeeten. Die zu gründende Gesellschaft soll nach Lichtwarks Plan diese Veränderung forcieren. Und noch weiter soll diese Veränderung reichen: Die Architektur des Hauses, zu dem der Garten passen soll, müsse sich in Anknüpfung an die alte heimische Architektur zu einer dem Klima und der lokalen Tradition angepassten neuen Architektur wandeln, die er in mehreren anderen Aufsätzen erläutert.[602] Eine Gesellschaft zur Förderung der Blumenpflege, so glaubt Lichtwark

599 Auch hier ist der Einfluss auf den Staudenzüchter Karl Foerster anzunehmen, siehe Anm. 596.
600 Vgl. Br. Kommission (1899), Bd. VI: 1898, S. 13.
601 Vgl. Br. Kommission (1918), Bd. XVIII: 1910, S. 289f.
602 Siehe das Kapitel »Architektur: Die drei Pan-Aufsätze zur Architektur« in Teil 3.

anlässlich der Erfolge der anderen in diesen Jahren im Umfeld der Kunsthalle entstandenen Gesellschaften, würde in allen sozialen Schichten »auf sympathische Teilnahme« rechnen können und auf dieser Basis über Hamburg hinaus in ganz Deutschland wirken. Tatsächlich erreicht ihn eine interessierte Anfrage aus Berlin von Carl Busse, dem Chefredakteur des *Deutschen Wochenblattes*, der 1899 Lichtwarks Aufsatz *Die Aufgaben einer Gesellschaft zur Förderung der Blumenpflege* aus dem Jahrbuch der Kunstfreunde 1898 abdruckt und außerdem um seine ständige Mitarbeit bittet, was Lichtwark jedoch ablehnt.[603]

Zwar wird die Gesellschaft zur Förderung der Blumenpflege nicht gegründet, doch erhält Lichtwark von Professor Eduard Zacharias, dem Sohn von Marie Zacharias, 1897 den Vorschlag zur Gründung eines Vereins zur Pflege der Zimmerblumen.[604] Damit kommt Zacharias durchaus einem der Ziele Lichtwarks entgegen. Er will jedoch nicht allein die Zimmerblumenpflege fördern, sondern eine Hamburgische Gesellschaft – er spricht sich sehr gegen Wort und Sache »Verein« aus – zur Förderung der Blumenpflege ins Leben rufen, das entspreche anderen Zielsetzungen. Sogleich entwickelt der pragmatisch veranlagte Lichtwark ein ganzes Programm: In den Mädchenschulen sollen Stecklinge verteilt werden, verbunden mit späteren Ausstellungen der Resultate. Überdies plant er die rationelle Pflege des ganzen Zubehörs, auch Gefäße und Körbe, da hier bisher nichts Vernünftiges produziert worden sei. Die Gesellschaft könne auch direkte Anregung und Aufträge für die Industrie geben. Anschließend führt er wiederum seine Vorstellungen von der Produktion und Verteilung der Blumen, des Zubehörs, und der Einbeziehung von Lehrern und Schulen auf. Vielleicht ließen sich auch in Harvestehude und auf der Uhlenhorst, den wohlhabenden Stadtteilen, Blumenmärkte für den Sonnabend einrichten, wo die Kundschaft billig reiches Material kaufen und die signierten Gefäße der Gesellschaft vorfinden könnte. Schließlich käme der Blumengarten an die Reihe. In Hamburg vermisst Lichtwark die Frühblüher; die Gärten könnten aber schon ab Februar bunt sein. Für die Anlage des Blumengartens müssten neue Pläne geschaffen werden, und man müsse sich auch für eine Weiterentwicklung des Stils der alten Hamburger Gartenhäuser einsetzen. Nur wenn dieses oder ein ähnliches Programm angenommen werde, könne die Kunsthalle für die Bewegung, die letztlich von ihr ausgehe, eintreten. Denn wie vom künstlerischen Dilettantismus erwartet sich Lichtwark von einem »feinsinnigen Blumenkultus« eine Vertiefung und Sensibilisierung des ästhetischen Empfindens: Der Blumenkultus gehört zu seinen Vorstellungen von ästhetischer Bildung und damit zu seiner Kunstpolitik.

603 Vgl. Briefe Alfred Lichtwark an Dr. Carl Busse, 12.1., 17.1.1899, Berlin, Staatsbibliothek, HSS, NL Busse VIII: Lichtwark, Alfred. Am 17. Januar schreibt Lichtwark, er habe Verpflichtungen für die laufenden Hamburger Publikationen und die Mitarbeit derart oft ablehnen müssen, dass er sich nicht mehr als Mitarbeiter aufführen lassen könne, ohne gute Freunde und Bekannte zu beleidigen.

604 Vgl. Br. Kommission (1899), Bd. V: 1897, S. 168–170.

Nur langsam setzt sich in der deutschen künstlerischen Keramik die von Lichtwark geforderte Schlichtheit der Gefäße für Blumen und Pflanzen durch, obwohl sich in Europa um die Jahrhundertwende eine Erneuerung durch den Einfluss vor allem der japanischen Töpferei vollzieht.[605] Immerhin stellt Lichtwark 1907 anlässlich einer deutschen zeitgenössischen Keramikausstellung im Berliner Kunstgewerbemuseum einen Fortschritt fest. Seit er sich für die Wiederbelebung der einfachen Formen eingesetzt habe, sei viel erreicht, doch handele es sich zumeist um die von ihm abgelehnten Dekorationsobjekte. Die Gefäße, die Fräulein Jenner für die Gesellschaft Hamburgischer Kunstfreunde hergestellt habe, seien sehr viel besser als neun Zehntel der Ausstellung. Der Bedarf verlange so viele Dinge, die man nirgends bekomme, dass im Handumdrehen »Anschluß an das Leben« zu gewinnen wäre. Man habe es in der Gesellschaft Hamburgischer Kunstfreunde gesehen: Marie Zacharias und Marianne Lichtwark hätten auf einem Basar lauter praktische Objekte zusammengestellt: Brotbehälter, Behälter für trockene Waren und Vasen. Schon am ersten Tag sei »die Verkaufsbude gestürmt« gewesen.[606]

Die zahlreichen Ausgaben der Blumen- und Gartenschriften Lichtwarks zeitigen beträchtlichen Erfolg. Mit diesem Thema trifft er den Geist seiner Zeit, denn auch die Gartenkunst ist Bestandteil von Gesamtkunstwerken der Jahrhundertwende, und Blumenmotive sind allgegenwärtig bei den Dekorationen des Jugendstils. Doch lässt sich Lichtwarks Einfluss auch direkt belegen: Durch seine Bücher wird der berühmte Staudenzüchter Karl Foerster unmittelbar angeregt, der auch für die architektonisch gestalteten Gärten von Peter Behrens, Hermann Muthesius und Karl Ernst Osthaus Aufträge erhält. Und über die Vasen schreibt Foerster in einem Text aus dem Jahr 1917, dreißig bis fünfzig erlesene verschiedenartige Stücke müssten in einem Haushalt mit Blumengarten schon vorhanden sein: Es sind genau die von Lichtwark propagierten Vasen und Gefäße, die Foerster damit meint.[607]

605 Vgl. dazu Bernard Leach, Das Töpferbuch, Bonn: Hörnemann, 1971.
606 Vgl. Br. Kommission (1908), Bd. XV: 1907, S. 58.
607 Vgl. Foerster / Rostin (2001), S. 126f., 159–161. Foersters Kenntnis der Schriften Lichtwarks zum Thema Garten dürfte aus privaten Zusammenhängen resultieren, da seine Schwester mit dem Hamburger Juristen und Publizisten Dr. Siegfried Heckscher verheiratet war. Heckscher begründete gemeinsam mit Dr. Carl Mönckeberg die Hamburgischer Wochenschrift *Der Lotse*, die im ersten Jahrgang auch Beiträge von Lichtwark brachte und in dem progressiven Hamburger Verlag Alfred Janßen erschien; vgl. Pieler (1994), S. 59. – Zum *Lotsen* siehe das Kapitel »Hamburg im Wandel« in Teil 5. – Die Korrespondenz von Osthaus mit Foerster aus dem Jahr 1914 betreffend die Bestellungen für seinen Garten des Hohenhofs in Hagen hat sich einschließlich des Gartenplans im Foerster-Archiv erhalten; für diese telefonische Auskunft im August 2003 danke ich Marianne Foerster, Potsdam-Bornim.

AMATEURPHOTOGRAPHIE

1893 beginnt Lichtwark mit einem absoluten Novum: Er stellt die Kunsthalle für eine internationale Ausstellung von Amateurphotographie zur Verfügung (Abb. 26).[608] Bisher sind in Deutschland die Amateurphotographen noch nicht organisiert; die etwas ältere Bewegung in Wien kennt man nach Lichtwarks Aussage zu dieser Zeit in Deutschland noch nicht. Den allgemeinen Zusammenschluss für Deutschland habe erst diese Ausstellung von Amateurphotographien 1893 in der Hamburger Kunsthalle gebracht.[609] Vertreter dreier Interessengruppen schließen sich zur Verwirklichung des Projektes zusammen: Amateurphotographen, Museumsvorstand und Berufsphotographen. Auf den ersten Blick erscheine diese Verbindung zu gemeinsamer Arbeit kaum verständlich, Liebhaber- und Berufsphotographen hätten sich bisher mindestens kühl gegenübergestanden.[610] Die Museumsverwaltung habe sich gegenüber der Tätigkeit der Berufsphotographen sehr distanziert verhalten müssen. Und wenn sie auch in den Arbeiten der Amateurphotographen »allerlei erfreuliche Versuche anerkennen konnte«, so sei es doch von da bis zu dem Entschluss, der Liebhaberphotographie die Museumsräume zur Verfügung zu stellen, ein großer Schritt gewesen. »Dem Publikum kam es vor, als wollte ein Naturforscherkongress als Sitzungssaal eine Kirche benutzen.« Das Bindeglied zwischen diesen auseinanderstrebenden Gruppen sei die Museumsverwaltung gewesen – Lichtwark selbst. Auch die Verwaltungskommission kann sich zunächst nicht recht zu dieser Veranstaltung entschließen. Die Kommission trägt zwar als Gremium diese Entscheidung mit, doch stimmt Eduard L. Behrens dagegen und Senator Burchard lässt sich erst spät überzeugen. Die Kommission betont jedoch, dass diese Zusage keinen Präzedenzfall für kommende Ausstellungen des Vereins darstellen soll.[611]

Lichtwarks Interesse an der Photographie ist weder neu noch zufällig: Fritz Burmeister, der Freund seines Vaters, war Amateurphotograph. Von ihm stammen die einzigen existierenden Aufnahmen von Lichtwarks Eltern (Abb. 1 und 3), und bei ihm muss Lichtwark schon als Junge während seiner Ferienaufenthalte den Aufnahme- und Entwicklungsprozess kennengelernt haben.[612] Auch bei anderer Gelegenheit, als Student in Leipzig, zeigt er sich angesichts eines opulenten Albums von Aufnahmen aus Hamburg begeistert,[613] und die große photographische Ausstellung des Jah-

608 Vgl. Alfred Lichtwark, Vorwort, in: Matthies-Masuren (1907), S. 2f.; Kayser (1977), Nr. 450.

609 1896 hat die Hamburger Vereinigung der Amateurphotographen 91 ordentliche Mitglieder, 47 korrespondierende Mitglieder, Lichtwark ist Ehrenmitglied; vgl. Jahrbuch der Gesellschaft Hamburgischer Kunstfreunde und Gesellschaft zur Förderung der Amateur-Photographie, 1896, Mitgliederverzeichnis.

610 Lichtwark meint hier die traditionelle Berufsphotographie seiner Zeit, die beim Portrait mit gemalten Kulissen und unpersönlichen Requisiten arbeitet.

611 Vgl. P3, 2.10.1894. – Alfred Lichtwark, Bürgermeister D. Dr. Burchard †, in: Jb. GHK, 18. Jg., 1912, S. 2.

612 Vgl. den photographischen Nachlass Burmeisters bei seinem Urenkel Richard Sahmkow (†), Reinbek.

613 Vgl. Br. Familie, S. 66; das erwähnte Album ist ein Abschiedsgeschenk an den Konsistorialrat Baur bei Übersiedlung von Hamburg nach Leipzig; es handelt sich um mehrere hundert Photographien mit Veduten Hamburgs, für diesen Zweck eigens aufgenommen und jedes Blatt von einer anderen Person geschenkt und gewidmet: die bekannten Hamburger Familien, Hafen- und Fleetansichten, Ansichten der Villen usw. Siehe dazu das Kapitel »Leipziger Intermezzo« in Teil 1. – Zur Ausstellung von 1868 vgl. Kloth (1965), S. 9.

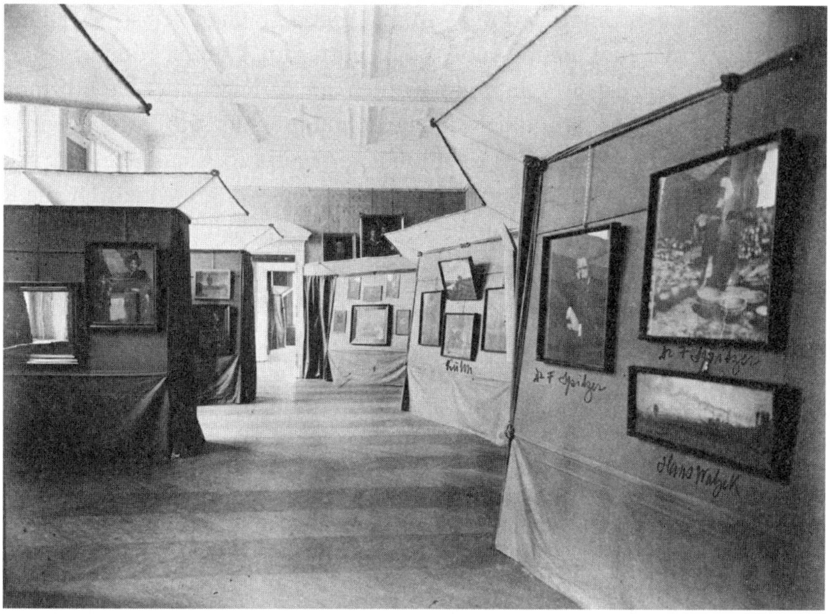

Abb. 26 Blick in die Ausstellung zur Amateurphotographie, undatiert, Aufnahme: unbekannt

res 1868 in Hamburg dürfte der interessierte junge Lehrer ebenfalls gesehen haben. Doch eine eigene Tätigkeit als Amateurphotograph strebt er offensichtlich niemals an – zu dieser Zeit handelt es sich um eine Liebhaberei für Wohlhabende oder Tüftler. Ob die Photographie zur Kunst zu rechnen sei, stellt für Lichtwark gar keine wichtige Frage dar: »Mich hat das Theoretische immer kalt gelassen. Das war nie zweifelhaft, daß die Photographie ein Ausdrucksmittel persönlicher Empfindung, persönlichen Geschmacks, persönlicher Überzeugung sein konnte und daß sie genau so viel wert war wie der Mann, der sie machte. Die technischen Mittel der Photographie sind so reich, daß sie alles ausdrücken kann, und daß sich noch kein Ende der Möglichkeiten absehen läßt. Ob die Leistung ganz, halb oder zum geringen Teil zur Kunst gerechnet wurde, konnte man denen zur Entscheidung überlassen, deren Herz an solchen Dingen hängt. Wenn überhaupt photographiert wurde [...], so verlangte schon unser Ehrgefühl und die Volkswirtschaft, daß es so gut wie irgend denkbar geschah.«[614]

Schon die erste internationale Ausstellung von Amateurphotographie 1893 in der Kunsthalle zeitigt einen Erfolg, der alle Erwartungen übertrifft und in Deutschland die internationale Entwicklung, vor allem in England und Amerika, vorstellt. Da die Mitglieder des Amateurphotographenvereins dem gehobenen Bürgertum oder dem Adel angehören, fehlt es nicht an Mitteln für mehrsprachige Prospekte und Einladungen. Lichtwark ist in mehrfacher Hinsicht an dieser Veranstaltung beteiligt.[615] Zwar

614 Alfred Lichtwark, Vorwort, in: Matthies-Masuren (1907), S. 12f., Kayser (1977), Nr. 450.
615 Vgl. hier und im Folgenden: Kloth (1965), S. 9–12.

wird das Ausstellungskomitee von den Amateurphotographen selbst gestellt,[616] doch gehört er neben Ernst Juhl, dem Maler Ascan Lutteroth, Conrad Kindermann[617] und dem Maler Hugo Vogel der Jury an und hält auch am 30. September die Eröffnungsrede. Er spricht über die Bedeutung der Amateurphotographie; sein Vortrag wird in der Morgenausgabe des *Hamburgischen Correspondenten* des 15. Oktober abgedruckt. Am 7. und 8. Oktober 1893 findet in Hamburg außerdem ein Kongress zum Thema Kunstphotographie statt. Während der Laufzeit der Ausstellung hält Lichtwark an zwei weiteren Sonntagvormittagen in der Kunsthalle einen Vortrag zum Thema Photographie, am 15. und 22. Oktober. Auch sein zweiter Vortrag, betitelt »Der Amateur-Photograph und die Natur«, wird am folgenden Sonntag in der Morgenausgabe des ihm wohlgesonnenen *Correspondeten* abgedruckt, erscheint außerdem als Sonderdruck und wird überdies in der *Photographischen Rundschau* veröffentlicht.[618] Dem Amateurphotographen bescheinigt Lichtwark darin eine gute Ausgangssituation: er habe keine Vorbilder, sein Publikum verlange nicht die Bedienung von Klischees, »er hat nichts als sich selbst, und die Natur, und das ist wiederum ein großes Glück.« Dies sei eine gute Voraussetzung für die Entfaltung des Persönlichen, eine bessere Ausgangslage als bei den Malern. Der Amateur müsse nun aber selbst seine Erziehung »nach festem Plan in die Hand nehmen.« Den technischen Aspekt übergeht Lichtwark, er befasst sich lediglich mit der künstlerischen Bildung. Seinen Geschmack soll der Amateur an bedeutenden Kunstwerken schulen, möglichst im Original; er empfiehlt die Sammlungen der Kunsthalle und in Privatbesitz und als Künstler Dürer, Rembrandt und einige moderne Meister im Kupferstichkabinett sowie die Plaketten und Sammlungen des Gewerbemuseums. Hauptsächlich rät er zum Studium der führenden Meister des eigenen Jahrhunderts, da deren Ideen unmittelbarer anregen würden. Er warnt auch in diesem Zusammenhang vor Nachahmung; die Kunst solle nur anregen und den Geschmack bilden. Die Natur hingegen soll das unmittelbare Studienfeld darstellen, bei ihrem Anblick müsse alle Erinnerung an die Kunst verschwinden. Unablässig soll der Amateur seine Umgebung auf das potentielle Bild hin betrachten. Lichtwark schlägt vor, stets ein Stück dunklen Karton mit rechteckigem Ausschnitt als Sucher in der Tasche zu tragen, wie der Maler sich der Hände als Ausschnittsucher bediene. Er empfiehlt die sorgfältige Vorbereitung

616 Mitglieder sind Ernst Juhl, Dr. med. Eduard Arning, Friedrich Loesener-Sloman, Dr. phil. Walter Heinrich von Ohlendorff, Dr. jur. M. Schäffer, Ad. Schmidt und E. Westerich.

617 Conrad Kindermann, ein Bruder des Lübecker Malers Adolph Diedrich Kindermann (1823–1892), Mitbegründer des Hamburger photographischen Ateliers Benque und Kindermann, das von 1869 bis 1909 bestand. Geschäftsführer war Hermann Widensohler, der sich später mit einem Photoatelier in Stuttgart niederließ. Die Firma Benque und Kindermann war 1898 zum ersten Mal als einheimische Fachfirma an der Amateurphotographen-Ausstellung beteiligt; vgl. Ausst.Kat. Amateurphotographie (1898), S. 6. Widensohler betrieb von 1900 bis 1910 ein photographisches Atelier in Stuttgart. Anschließend wurde er Geschäftsführer des Württembergischen Kunstvereins. Seine Ernennung zum Hofrat lässt sich zeitlich nicht bestimmen. Das Archiv des Kunstvereins wurde durch Kriegseinwirkung vernichtet. Meine Suche nach seinem Nachlass blieb bisher ergebnislos. Für ihre Mitteilungen vom November 2011 danke ich Heike van der Horst, Stadtarchiv Stuttgart; Jens Kräubig, Württembergischer Kunstverein, Stuttgart; Andreas Pischel, Staatliche Kunstsammlungen, Dresden, Kupferstich-Kabinett. – Vgl. auch Württembergischer Kunstverein (1977), S. 39f.

618 Vgl. Kayser (1977), Nr. 187, 188. – Im Folgenden vgl. AL, Amateurphotograph und Natur.

jeder einzelnen Aufnahme zur Vermeidung von Plattenverschwendung und das genaue Studium von Silhouette und Kontur des Motivs. Mit Silhouette meint Lichtwark die Massenkomposition, wobei er »Klarheit und Selbstverständlichkeit des Motivs« fordert, auch in der räumlichen Organisation. Zudem befasst er sich mit der Rolle des Lichts und der Wirkung unterschiedlicher Beleuchtungen; nur das unermüdliche Studium der Natur könne »darüber zur Klarheit führen.« Schließlich spricht er auch von den Gattungen: der Landschaft, dem Portrait und dem Genremotiv. Auch die Ausstellung zeige, dass die Landschaft das »künstlerische Lieblingsfeld« des Jahrhunderts bilde, sie sei zugleich das dankbarste Objekt des Mediums, da sie stillhält. Lichtwark befasst sich mit den Wirkungen von Gebirge und Ebene; der Amateur soll durch das Studium von Gemälden lernen und sein Aktionsfeld lieber eng begrenzen und dabei besser durchkomponieren. Eingehend verweist er auf die vielfältigen Landschaften von Hamburgs Stadt und Umgebung, wie auch die nahe gelegenen pittoresken alten Städte. Er lobt den malerischen Reichtum der Region mit ihrer Atmosphäre und ihrem Klima; seine Beispiele belegen seine eigenen intensiven Beobachtungen. Beim Bildnis hebt er vor allem die Wichtigkeit der unretuschierten Aufnahme in realer Umgebung hervor, die Wahrheit ausdrücke und auf diese Weise im Publikum für das Verständnis des Charakteristischen und Wahren werbe. Der Hamburgische Amateurphotographenverein habe sich als besonderes Ziel die Arbeit auf diesem Gebiet gesetzt. Da die Photoamateure meist kein eigenes Atelier hätten, müssten sie ihre Freunde in ihrer täglichen Umgebung oder im Freien aufnehmen; damit werde die »banale Gleichförmigkeit« überwunden, welche die Berufsphotographen dem Publikum aufzwängen. Beim Genre rät Lichtwark, das Leben zu studieren. An den ausgestellten Amateuraufnahmen sei nichts Arrangiertes oder Gestelltes; Lichtwark konstatiert eine Natürlichkeit und Eigenständigkeit der Auffassung wie beim Künstler und beweist damit seine sehr moderne Ansicht. Bei der Bildgestaltung solle man Beschränkung walten lassen; Hamburg biete Motive in »Hülle und Fülle«: Spielplätze, Wassersport, Pferderennen, Jagden, Landpartien, Märkte, das Treiben in St. Pauli und im Hafen, das Leben der Fischer, Schiffer und der Bauern auf den Elbinseln. Eigenständige Beobachtungen würden die Nachahmung von alten Rezepten ohnehin verbieten. Aber er verweist auch auf das Studium der Genrebilder von Hermann Kauffmann oder Photographien nach Millet und Bastien-Lepage in der Kunsthalle, wolle man den Blick »für die Aeußerungen des Lebens schärfen«. Seinen Vortrag bezeichnet Lichtwark schließlich als »Umrißzeichnung« eines Nicht-Fachmanns, in dem er gleichwohl brauchbare und treffende Ratschläge gibt. Seine Argumentationsbasis bildet eine der Realität zugewandte Kunst, deren Prinzipien auch für die neue künstlerische Photographie tragfähig sind.

Im folgenden Jahr, 1894, werden Lichtwarks drei Vorträge über die Amateurphotographie sowie ein Text über die *Geschichte der Ausstellung* auf Anregung des Hamburger Amateurphotographenvereins in Buchform publiziert und in dem auf Photographie spezialisierten Verlag Knapp in Halle/Saale herausgegeben.[619] Darin zeigt sich

619 Kayser (1977), Nr. 191.

die spektakuläre Bedeutung dieser Nobilitierung der Amateurphotographie durch Ausstellung und Vorträge. Das Buch gilt als eine Art Manifest der deutschen Kunstphotographie; das Echo der Presse und die Reaktion der Fachkreise sind überwältigend. Durch die Hamburger Ausstellungen entwickelt sich in Deutschland erst eine nennenswerte künstlerische Photographie.[620] So lässt sich beispielsweise der Hamburger Kaufmann Rudolph Dührkoop, zunächst Amateurphotograph, angeregt durch die Ausstellung von 1893 und durch Ernst Juhl, als moderner Berufsphotograph nieder und spezialisiert sich auf möglichst naturnahe Darstellungen. Er hört Lichtwarks Vorträge in der Kunsthalle und verdankt vieles in seiner Entwicklung dem Einfluss von Juhl. Als ehemaliger Amateur hält er an der modernen Bildgestaltung und der natürlichen Darstellung fest, arbeitet ohne Requisiten, Kostüme und gemalte Kulissen. Er avanciert zu Hamburgs wichtigstem Berufsphotographen und seine Tochter Minya zu seiner Mitarbeiterin und Nachfolgerin. 1904 wird als treffende Bezeichnung für die neue Richtung der Photographie von den »Lichtwark-Juhl-Dührkoopschen Ideen« gesprochen.[621] Lichtwark gibt den Anstoß zu den Ausstellungen, doch sind Ausstellungsarbeit und -erfolg stark an die Persönlichkeit Ernst Juhls gebunden, der um 1891 den Zusammenschluss der Hamburger Amateurphotographen ins Leben rief. Lichtwark, vermutlich von Anfang an Ehrenmitglied, nimmt lebhaften Anteil an der Entwicklung der Gesellschaft. 1893 räumt er ihr auch im *Jahrbuch der Gesellschaft Hamburgischer Kunstfreunde* entsprechenden Raum ein, doch zu Beginn des Jahres 1894 wird die *Photographische Rundschau* ein eigenes, von Juhl herausgegebenes Vereinsorgan, für das 1896 auch Lichtwarks ständige Mitarbeit angekündigt wird. Es erscheint noch eine Reihe von Beiträgen Lichtwarks zum Thema Photographie, die sein fortbestehendes Interesse an diesem Medium dokumentieren: die Vorworte zu den Ausstellungskatalogen der Amateurphotographen von 1894 und 1895 sowie zwei in englischer Sprache verfasste Beiträge in der Zeitschrift *The Photographic Review* des Jahres 1896, über *National Art* und *National Tendencies in Amateur Photography*. Der letztere thematisiert die Amateurphotographen-Ausstellung von 1895 und erscheint im Wortlaut auch im *Jahrbuch der Gesellschaft Hamburgischer Kunstfreunde* 1897.[622] Die fünfte Ausstellung der Amateurphotographen bespricht Lichtwark ausführlich in der *Kunst für Alle* des Jahrgangs 1897/98. Und ein älteres Thema, *Bildniskunst und Bildnisphotographie*, greift er noch einmal anlässlich der Ausstellung von 1900 im ersten Jahrgang der neuen hamburgischen Kulturzeitschrift *Der Lotse* auf. Im selben Jahr erscheint in der *Photographischen Rundschau* sein Aufsatz über die *Incunabeln der Bildnisphotographie*, und 1902 nimmt er den Aufsatz über *Bildniskunst und Bildnisphotographie* auch in seine wichtige Anthologie *Aus der Praxis* auf, in der er Rechenschaft über seine Aktivitäten zur Anregung von Geschmack und ästhetischer Bildung in Hamburg ablegt. Danach meldet er sich nicht

620 Vgl. Kloth (1965), S. 11.
621 Vgl. ebd., S. 18. – Ausst.Kat. Kunstphotographie (1989), S. 208. – Wolf-Czapek (1908), S. 13.
622 Alfred Lichtwark, National Tendencies in amateur photography, in: Jb. GHK, 3. Jg. 1897, S. 69–75.

mehr zu inhaltlichen Fragen, sondern nur noch mit Rückblicken zu Wort. *Zehn Jahre* erscheint als Würdigung der Gesellschaft zur Förderung der Amateurphotographie 1907 in der von Louis Sanne und Erich Schröder herausgegebenen Anthologie *Dilettantismus und Amateurphotographie*, und Vorwort sowie Einleitung verfasst Lichtwark für den Band *Künstlerische Photographie* von Fritz Matthies-Masuren.[623] Es ist seine letzte Äußerung zu diesem Thema.

Der sogenannte hamburgische Piktorialismus[624] wirkt in großem Umfang stilbildend. Cornelius Gurlitt würdigt ihn in seiner Geschichte der deutschen Kunst des 19. Jahrhunderts ausführlich: »Es ist erstaunlich, was die Photographie unter solcher Führung zu leisten beginnt. Wo sind die Zeiten, in denen man fürchtete, sie werde die Kunst durch Realismus überwinden, sie ersetzen! Im Hamburger Museum, in den Photographie-Ausstellungen, sah ich Aufnahmen, die den umgekehrten Weg zeigen: Sorgfältig suchen die Photographen von der Naturabbildung, wie sie der Apparat ohne weiteres gab, zu einem Gestalten des Darzustellenden zu gelangen, ihr Gewerbe zur Kunst zu erheben. Benutzt der Maler jetzt die Photographie als Unterlage zum Arbeiten, lehrte sie ihm [sic!] die vollkommene Sachlichkeit des Beobachtens, und trachtete er daher über diese hinaus in das photographisch Undarstellbare, nämlich in die Stimmung einzudringen, so folgt ihm jetzt der Photograph auf sein Gebiet. Er bringt auf seinen Platten Bilder zuwege, von denen man glauben könne, sie seien nach der Leinwand, nicht nach der Natur aufgenommen. Er zwingt in seinen ›Kasten‹ den Malergeist hinein und lässt diesen in der Natur menschlich Empfundenes finden. Ganz unzweifelhaft ist das Übergewicht der Kunst über die Maschine festgehalten. Diese scheint berufen, die Wahrheit künstlerischer Gesichte zu bestätigen: Der Maler malt nicht Photographien, sondern die Photographie bringt Bilder hervor. Sie setzt ihre Realität beiseite, um Stimmung zu erzeugen.«[625] Die Hamburger Amateurphotographie der Jahrhundertwende ist beispielgebend, ebenso Lichtwarks Öffnung des Museums für dieses Medium. Theodor Volbehr zieht in dem von ihm geleiteten Museum in Magdeburg entsprechend dem Hamburger Beispiel ebenfalls die Amateurphotographen heran.[626] 1901 sieht Lichtwark in Berlin die Ausstellung des Vereins zur Förderung der Amateurphotographie und stellt fest, was gut ist, komme direkt aus oder über Hamburg. Das Bedeutendste seien einige Bildnisaufnahmen von Frau Staatsminister von Bronsart, die sich in den letzten Jahren an die Spitze der deutschen Bildnisphotographen gestellt habe, noch komme ihr kein Berufsphotograph nahe. Alles sei ganz ernst und schlicht, bis zu dem in Berlin noch geltenden Vorbild gähne ein Abgrund.

623 Vgl. Kayser (1977), Nr. 196, 208, 233, 234, 260, 274, 307, 315, 340, 448, 450. – AL, Vorwort Photographie, S. 2f.
624 Gemeint ist die bildmäßige, stimmungstragende Komposition des Motivs.
625 Gurlitt (1900), S. 700f.
626 Vgl. Br. Kommission (1899), Bd. IV: 1896, S. 58. Der zehn Jahre jüngere Volbehr orientiert sich auch auf anderen Gebieten der Museumstätigkeit an Lichtwark; vgl. Junge-Gent (2006), S. 141f. Siehe dazu auch das Kapitel »Kollegen: Dresden und andernorts« in Teil 5.

Auch Veronika Bronsart von Schellendorf, die Ehefrau seines Freundes Fritz, gehört zu den Amateurphotographen.[627]

Dennoch bleibt Lichtwarks Verhältnis zur Photographie zwiespältig. Er betrachtet sie nicht als modernes, zukunftweisendes Bildmedium, sondern vorrangig als Mittel der ästhetischen Selbsterziehung der Amateurphotographen, die den Berufsphotographen schließlich den Weg weisen sollen. Immer noch schätzt er das gezeichnete oder gemalte Bild höher. An den Hamburger Amateurphotographen Hauptmann A. Böhmer schreibt er begeistert über dessen Aufnahmen vom Hafen, er hätte Maler werden sollen.[628] So verteilen auch die Amateurphotographen ihre von Hamburger Künstlern gestalteten druckgraphischen Ausstellungsplakate und Diplome, etwa 1893 eine Farblithographie von Paul Düyffke, ein Plakat mit einem Putto auf einer Kamera, oder 1896 ein farbig radiertes Diplom von Arthur Illies mit Blumenbordüren und einer Darstellung von Schwänen auf der Alster, das geradezu als Kuriosum erscheint.[629]

Auch auf dem Gebiet der Photographie wirkt Lichtwark durch seine Schriften. Der aus Hamburg gebürtige Künstler, Designer und Architekt Peter Behrens versucht 1903 als Direktor der Düsseldorfer Kunstgewerbeschule, eine Fachklasse für Künstlerische Photographie einzurichten, und beruft sich dabei auf Lichtwarks Schriften zur Amateurphotographie als theoretische Basis. Doch dieser frühe Versuch einer Installation der Photographie als künstlerisches Lehrfach misslingt, ebenso 1905 sein zweiter.[630] »Weniger ist mehr [...].« So kommentiert Lichtwark 1893 in seinem dritten Vortrag eine seiner Meinung nach zu komplex gestaltete Photographie.[631] Diese Formulierung passt zu seiner stetigen Forderung nach dem Einfachen, Reduzierten; sie könnte von Peter Behrens, der Lichtwarks Schriften zur Photographie mit Sicherheit gelesen hat, übernommen worden sein. Die Mahnung zieht später ihre Kreise: Behrens gibt sie bei der Planung seiner berühmten Berliner Turbinenhalle von 1907 an seinen jungen Assistenten Ludwig Mies van der Rohe weiter, der sie schließlich zum weltweit fortwirkenden Motto seines architektonischen Schaffens werden lässt. Es entwickelt sich zur omnipräsenten griffigen Formel der Moderne. Tatsächlich jedoch lässt sich die Entstehung dieser Formulierung viel weiter zurückverfolgen, nämlich bis zu einem Gedicht des englischen Dichters und Dramatikers Robert Browning aus dem Jahre 1855.[632]

627 Vgl. Br. Kommission (1902), Bd. IX: 1901, S. 82f. Angesichts dieses Lobes ist es besonders bedauerlich, dass Veronika Bronsart von Schellendorfs Portraitaufnahmen von Lichtwark nicht erhalten sind. Die Aufnahmen sind erwähnt im Brief Bronsart an Alfred Lichtwark, 30.8.1898, HKH, AdB 76. Meine Nachforschungen bei den Nachfahren der Familie Bronsart blieben ergebnislos. – Beteiligt waren Frau Staatsminister von Bronsart und Fräulein von Bronsart, Marienhof bei Krakow/Mecklenburg, mit sieben Aufnahmen, sowie Frau Fritz (= Veronika) von Bronsart, GzF (Gesellschaft zur Förderung), Altona, Rainville-Terrasse 7, Haus 3, mit sechs Portraitstudien; vgl. Ausst.Kat. Amateurphotographie (1898), S. 72.

628 Vgl. Brief Alfred Lichtwark an Hauptmann A. Böhmer, 18.11.1894, HH, SUB, HSS, LA 14/15. – Vgl. die Abb. in: Ausst.Kat. Kunstphotographie (1989), S. 120.

629 Vgl. Kloth (1965), S. 9f., 19f. – Junge (1989), S. 143 und Abb. VII.

630 Vgl. Moeller (1991), S. 72.

631 Vgl. Alfred Lichtwark, Die Nationen und ihre Vertreter auf der Ausstellung, in: AL, Amateurphotographie, S. 56.

632 Vgl. David McElroy, The Master Builder. Mies van der Rohe, Videofilm, Ross-McElroy Production, um 1969, Bauhaus-Archiv Berlin, Video-Archiv, M 1999/7.1–2. Für diesen Quellennachweis danke ich Christian

DIE FRÜHJAHRSAUSSTELLUNGEN

Bereits seit 1887 besteht eine Vereinbarung zwischen Kunsthalle und Kunstverein über gemeinsam organisierte Sonderausstellungen, wobei der Kunsthalle ein Teil des Erlöses zufallen soll.[633] Diese Regelung gewinnt mit der Wiederaufnahme der kooperativen Frühjahrsausstellungen in der Kunsthalle besondere Bedeutung. Mit der ersten Frühjahrsausstellung im April und Mai 1894 wird auf Vorschlag des Vorsitzenden, des Syndikus der Oberschulbehörde Dr. Werner von Melle, an die seit 1888 unterbrochene Tradition der großen Kunstausstellungen des Kunstvereins wieder angeknüpft, nun jedoch unter neuem Vorzeichen. War bis dahin die Auswahl der Exponate ganz traditionell und unter kommerziellem Aspekt vor sich gegangen, so will Lichtwark mit seiner Einflussnahme auch hier eine Präsentation neuer Kunst durchsetzen. Der Kunstverein wählt ein Ausstellungskomitee, dem unter dem Vorsitz von Dr. Matthias Mutzenbecher Mitglieder des Vereinsvorstandes, Delegierte des Künstlervereins und Lichtwark selbst angehören. Das moderne Gepräge, so Lichtwark im Jahresbericht, sei durch Absagen oder unzulängliche Beschickung der älteren Künstler zustandegekommen.[634] Das klingt beschwichtigend angesichts des großen Widerstandes gegen bestimmte moderne Werke der Ausstellung. Gustav Schiefler, in Lichtwarks Sinne eingestellt, betrachtet die Folge der Frühjahrsausstellungen bis 1899 allerdings als Ereignisse ersten Ranges für das Kunstleben Hamburgs infolge der Beziehungen Lichtwarks »zu den lebenden Künstlern aller Länder und zu vielen Sammlern«. Sein Einfluss überwiegt »durch eine ausgewählte Zusammenstellung dessen, was in den verschiedenen Mittelpunkten künstlerischen Schaffens« entstanden sei; dadurch erhalte nun das Hamburger Publikum eine Vorstellung vom aktuellen Kunstschaffen in Deutschland und Europa.[635]

1894 präsentiert die Ausstellung neben Künstlern der etablierten deutschen Schulen, wie Berlin, Düsseldorf, Karlsruhe, München und Weimar, ältere Hamburger Künstler, etwa Paul Düyffke, Ascan Lutteroth, Valentin Ruths, Thomas Herbst und die Stilllebenmalerinnen Molly und Helene Kramer. Die jungen Hamburger Maler Julius von Ehren, Ernst Eitner, Julius Wohlers, insbesondere jedoch Arthur Illies sind ebenfalls mit einigen Werken vertreten. Eine stolze Phalanx hingegen bilden die neueren und neuen deutschen Maler, für die sich Lichtwark bevorzugt einsetzt: Peter Behrens, Böcklin, Eckmann, Thomas Theodor Heine, Ludwig von Hofmann, Kalckreuth, Klinger, Kuehl, Leistikow, Liebermann, Menzel, Modersohn, Olde, Skarbina

Wolsdorff, Bauhaus-Archiv, Berlin. Das Video war im Winter 2002 im Rahmen der Ausstellung »Mehr als der bloße Zweck. Mies van der Rohe« zu sehen. Mies erzählt hier, wie Behrens ihn wegen seiner vielen Entwürfe im Rahmen dieser Planungsmitarbeit humorvoll mit dem Ausspruch »weniger ist mehr« tadelt. – Zum Ursprung des Mottos in Brownings fiktiven Monolog des Malers Andrea del Sarto vgl. Woolford u.a. (2007), S. 302, »Well, less is more, Lucrezia!«

633 Vgl. P2, 22.1.1887.

634 Vgl. Jahresbericht [Bd. 8], 1894, S. 15f. – Baudirektor Zimmermann, Vorwort, in: AL, Hamburgische Kunst, o.P. [S. 5f.].

635 Vgl. Schiefler (1985), S. 104f.

und Thoma, viele darunter mit einer ganzen Reihe von Bildern, an der Spitze Leistikow und Thoma mit je sechs, Liebermann und Skarbina sogar mit acht Werken. Auch aus dem europäischen Ausland hat Lichtwark zahlreiche Werke entliehen: unter anderem aus Dänemark von Anna und Michael Ancher sowie Laurits Tuxen, aus Holland von Willem Maris, James McNeill Whistler vertritt England, für Frankreich steht stellvertretend Jules Bastien-Lepage und für die Schweiz Giovanni Segantini.[636]

Für große Aufregung sorgt dabei Max Klingers »Kreuzigung Christi«. Brinckmanns Assistent Dr. Friedrich Deneken wendet sich als Vorsitzender des Kirchenrates empört an Lichtwark, das Bild habe ihn als Christen dermaßen verletzt, dass er es aus der Ausstellung zu entfernen fordert, worauf Lichtwark ihn zu einem Gespräch einlädt und sich über die Heftigkeit des Briefes beschwert. Der Protest zieht jedoch Kreise: »[...] in einem Tageblatt erscheint mit denselben Wendungen ein heftiger Angriff, unterzeichnet von einem Kritiker, mit dem sich Deneken angefreundet hatte, obgleich es eine absolute Null oder eigentlich eine non-valeur als Kapazität und als Charakter. Auch die Polizeibehörde hatte eine ähnliche Eingabe erhalten, und zu gleicher Zeit erschienen bei mir der Senior der Landeskirche und der Chef der Polizeibehörde.« Aber auch Brinckmann, der im Übrigen an der Ausstellung nichts zu beanstanden weiß, hält die »Kreuzigung« für das »non plus ultra der Geschmacklosigkeit«. Die Situation beruhigt sich erst, als das Bild bei Verlängerung der Ausstellung bis zum 15. Mai 1894 entfernt wird.[637]

Besser ist es um ein anderes Werk Klingers bestellt: Schon im August 1893 hat Lichtwark in Berlin »L'heure bleue«, »Die Blaue Stunde«, gesehen, ein Gemälde, das ihm »mehr im innersten Gedanken schön« erscheint und das er vermutlich schon in Rom in Klingers Atelier kennengelernt hat. Der im Katalog verzeichnete Preis beträgt 8.000 Mark, er bietet dafür der Kunsthandlung Gurlitt 4.000 Mark, doch wahrscheinlich kann er keinen Stifter dafür finden. Daher wird es für 2.000 Mark aus der Frühjahrsausstellung 1894 an einen Sammler Wertheim verkauft.[638] Bemerkenswert ist, dass die Kunsthalle selbst aus dieser Ausstellung nur vergleichsweise Unbedeu-

636 Vgl. Ausst.Kat. Frühjahrsausstellung (1894).

637 Vgl. Br. Kalckreuth, S. 84; der Senior der Landeskirche ist der Älteste der Hauptpastoren in Hamburg; vgl. ebd., Anm. 64a. – Vgl. Brief F. Deneken an Alfred Lichtwark, 29.3.1894; Brief Brinckmann an Alfred Lichtwark, 19.4.1894, HKH, DK, Mappe 1. – Klinger übermalte 1894 den ursprünglich ohne Lendentuch dargestellten Christus, vermutlich wurde in Hamburg das Bild noch ohne diese Veränderung gezeigt; vgl. Ausst.Kat. Klinger (1984), S. 268, Nr. 21. – Vgl. P3, 14.4.1894.

638 Vgl. Br. Kommission (1896), Bd. II: 1893, S. 239f. – Ausst.Kat. Klinger (1984), S. 269, Kat.Nr. 23. – Best. Kat. Leipzig, Klinger, S. 100f. – Brief Kunsthandlung Fritz Gurlitt an Alfred Lichtwark, 30.3.1894, HKH, DK, Bd. 1. – In der Kommission (P4, 1894) wird der Ankauf nicht verhandelt, Lichtwark versucht offensichtlich zuerst die Ankaufsmöglichkeit zu eruieren. Über den Sammler Wertheim ist anscheinend bisher nichts Näheres bekannt, er wird auch bei Luckhardt (2001, Kleines Lexikon) sowie Schiefler (1985) nicht erwähnt. Das Bild ist in der Großen Kunstausstellung 1898 im Zusammenhang mit Leihgaben aus Hamburger Privatbesitz wieder ausgestellt, Besitzer ist S. Wertheim, Hamburg. Das Hamburger Adressbuch von 1894 verzeichnet Sally Wertheim, Hamburg, wohnhaft Welckerstraße 3, Inhaber der Firma Wertheim, A. & Co., Ex- und Import von Rohmaterial für Papierfabriken, Sonninstraße 6; vgl. Ausst.Kat. Frühjahrsausstellung (1898), S. 58. – Hamburger Adressbuch, Hamburg: Hermann, 1894, S. 584. – Zehn Jahre später geht das Werk für 60.000 Mark in den Besitz des Museums in Leipzig über.

tendes erwirbt: für 4.500 Mark ein Gemälde des Holländers Willem Maris, »Enten am Wasser«, und der Kunstverein schenkt der Kunsthalle das ebenfalls eher marginale Bild »Feierabend« des Dänen Hans Ole Brasen zum Preise von 2.300 Mark sowie das Gemälde »Hühner« von Hubert von Heyden. Lichtwarks Wunsch, Menzels »Atelierwand« anzukaufen, wird nicht erfüllt; das Bild ist mit 18.000 Mark zu teuer, und der Berliner Kunsthändler Schulte will das von der Kommission beschlossene Gebot von lediglich 12.000 Mark nicht akzeptieren. Auch Lichtwarks Vorschlag, »Ernte« von Hans Olde für 6.000 Mark zu erwerben, wird von der Kommission abgelehnt. Das Bild »Zur Zeit der Weinernte« von Bastien-Lepage, das Lichtwark gefällt, hat bei einem Preis von 24.000 Mark ohnehin keine Aussicht auf einen Ankauf.[639]

Zum ersten Male erlebt das Hamburger Publikum hier neben der etablierten Kunst der verschiedenen deutschen Malerschulen in ansehnlicher Auswahl, was in der modernen Kunstwelt zählt. Die Lokalpresse reagiert ausführlich. Der Lichtwark freundlich gesonnene *Hamburgische Correspondent* bringt zwischen dem 15. März und dem 22. Mai 1894 zehn Folgen über die Ausstellung. Er begrüßt sie nicht nur wegen des öffentlichen Ansehens des Kunstvereins, sondern auch unter volkswirtschaftlichem Aspekt. Insgesamt herrscht eine positive Resonanz, erwähnt sind Künstler wie Hofmann, Kalckreuth, Klinger, Kuehl, Maris, Menzel, Olde, Segantini, Thoma, Uhde und die Hamburger, auch der junge Arthur Illies. Der Kunstverein veranstaltet sogar eine Verlosung.

Der progressive Kritiker Emil Heilbuth rezensiert in vier Folgen Künstler und Bilder überwiegend neutral und durchaus zustimmend, nur Segantinis Gemälde »Die zwei Mütter« von 1889 findet weniger sein Gefallen.[640] Er fragt sich, ob es die Mühe lohne, Heu lebensgroß zu malen, wie die Nachwelt sich zu derart großen Darstellungen von Holzbrettern verhalten und ob sie sich überhaupt mit so wenigen visuellen Reizen zufriedengeben werde. Er anerkennt allerdings den exquisit schönen graubräunlichen Gesamtton und die trockene Feinheit der Malerei sowie die Komposition, beurteilt Segantini jedoch nicht als »weitreichendes Temperament«. An Liebermann habe man sich jetzt gewöhnt, er sei ein Maler von »Race«. Heilbuth erklärt das nun bestehende neue Verständnis mit dem allmählichen Begreifen der holländischen Malerei etwa eines Frans Hals; er sichert Liebermann schon einen dauerhaften Platz im Gedächtnis des Publikums zu. Ausführlich behandelt er die »Waisenmädchen in Amsterdam«, kritisiert dieses Bild jedoch in Teilen als nicht gelungen und bemängelt zu steile Kompositionslinien, flache Gesichter, misslungene Sperlinge. Wundervoll getroffen jedoch sei die Lichtwirkung, ebenso das Kind, das Schwarz ergebe kein Loch im Bild und das Rot sei mit »dem feinen Gefühl eines holländischen alten Coloristen

639 Vgl. Jahresbericht [Bd. 8], 1894, S. 21, Best.Kat. Hamburg, 19. Jh., S. 17, 82; Maris ist nicht verzeichnet. – P3, 24. 3., 14. 4., 22.5.1894. – Ausst.Kat. Frühjahrsausstellung (1894), S. 24. – Bastien-Lepage, Au temps des vendanges, 1880, Öl auf Leinwand, WV Aubrun 270, heutiger Standort unbekannt.

640 Segantini, Le due madri, siehe dazu auch das Kapitel »Erwerbungen III: Sezessionisten und andere Erwerbungen« in Teil 3.

vorgetragen«.[641] Er betont den künstlerischen Zusammenhang Liebermanns mit der alten holländischen Malerei und formuliert als Fazit, dieser stehe schon jetzt in würdiger Nähe zur besten Kunst. »Dort ist sein Platz auch für den, der den Unterschied sieht, der ihn vom Ideale trennt.« Er sei ein Lehrer, noch unfertig, aber dadurch von besonderer Wirkung auf seine Eleven, »und wir wollen der deutschen Kunst der Zukunft vertrauen und ihrem wichtigsten Lehrer, dem charaktervollen Liebermann, unsere Achtung stets bewahren.« Klinger kürt er in einer ausführlichen Würdigung zu einem der begabtesten Künstler nicht allein Deutschlands, die »Kreuzigung« nennt er ein gewagtes Werk, behandelt es jedoch weniger ausführlich im Vergleich zur »Blauen Stunde«. Die anderen Künstler streift er nur kurz, außer Menzel, dessen Position außer Frage steht.

H. E. Wallsee, der zwischen dem 14. März und dem 7. Mai die Ausstellung in sehr ausführlichen Artikeln darstellt, widmet Klinger in den *Hamburger Nachrichten* des 3. April einen ganzen Artikel. »Die Blaue Stunde« ist bereits verkauft; wie Wallsee hofft, aus ehrlicher Überzeugung und nicht aus Sensationslust hinsichtlich der Aktfiguren. Klingers Radierungen zu Brahms finden seine Zustimmung, doch auch er lehnt die »Kreuzigung« ab. Er konstatiert den Bezug zum Römischen, vielleicht weil das Bild in Rom gemalt wurde, und gesteht dem Werk im Detail viel Schönes, sogar Hervorragendes zu. Die Darstellung bleibt ihm jedoch zu offen und vor allem die Ungeniertheit der beiden männlichen Aktfiguren erscheint ihm bei aller exzellenten bildhauerischen Durchbildung das Verwegenste, was auf diesem Gebiet geboten werden könne. Das Bild habe viele Menschen in ihrem religiösen und moralischen Gefühl wie ein Faustschlag getroffen. Sehr ausführlich berichtet er auch über die Hamburger Künstler. Arthur Illies wird durchaus positiv gesehen: »[...] er malt vielfach darauf los, daß die Farben nur so knallen, aber im Fond dieser Lärmnatur steckt doch ein urgesundes Talent [...].«[642]

Das in dieser ersten Frühjahrsausstellung von Lichtwark durchgesetzte Ausstellungskonzept mit seiner Mischung aus konservativen und modernen künstlerischen Positionen wird nun bis 1897 beibehalten. Er selbst ist im Komitee und organisiert zumindest die modernen Anteile der Ausstellungen. Die Struktur bleibt jeweils gleich: Der Grundstock besteht aus etablierten deutschen Malern der verschiedenen Kunstzentren wie Berlin, Düsseldorf, Karlsruhe, München und Weimar. Dazu kommen wichtige sezessionistische deutsche Künstler, etwa Hofmann, Kalckreuth, Leibl, Leistikow und Liebermann. 1895 leiht Lichtwark in Berlin auch Menzels »Kinderalbum« für die Ausstellung aus. Eine kühne Besonderheit für Hamburg bilden in derselben Ausstellung die impressionistischen Leihgaben aus der Berliner Privatsammlung Bernstein, ebenjene Bilder, die

641 Heute: »Amsterdamer Waisenmädchen im Garten«, 1885, Best.Kat. Hamburg, 19. Jh., S. 188, Heerup-Stiftung, WV Eberle 1885/7. – Weitere Bilder von Liebermann in dieser Ausstellung sind laut Katalog: Kuhhirtin, WV Eberle 1884/16 oder 1888/8, 4.000 Mark; Schafherde, Eberle 1888/2, 1.500 Mark; Netzflickerinnen, infrage kommen Eberle 1887/9–11, 850 Mark; fünf Pastelle: Kopf eines alten Mannes, 1.000 Mark; Am Abend, Schafherde, 600 Mark; Im Park, 600 Mark, Portrait Eduard Grisebach, Privatbesitz; Portrait Gerhart Hauptmann, Privatbesitz.

642 Vgl. StA HH, A 521, ZAS, Kunsthalle, Bd. I.

Lichtwark schon 1885 in Berlin gesehen und im Feuilleton rezensiert hat. In der Hamburger Ausstellung sind nun jeweils drei Bilder von Manet und Monet, je eines von Pissarro, Sisley, Berthe Morisot, Mary Cassatt und Jean-Charles Cazin zu sehen.[643] Zahlreiche weitere käufliche französische Gemälde ergänzen die Exponate: drei von Monet zwischen 5.000 und 8.000 Francs, vier von Pissarro zwischen 2.500 und 3.500 Francs, drei von Renoir zwischen 2.500 und 3.000 Francs, drei von Courbet zwischen 5.000 und 20.000 Francs, drei von Boudin zwischen 1.500 und 2.500 Francs. Außerdem sind käufliche Bilder einiger unbekannterer konservativer französischer Maler wie Léon de Bellée, Paul Albert Besnard, Victor Binet, Maurice Bompard, Pierre Brouillet, Charles Cottet, Louis Auguste Girardot, Victor Huguet, Jules Emanuel Valadon und Graphik von Alexandre Lunois vorhanden. James McNeill Whistler und Walter Crane vertreten die englischsprachigen Länder; Anna und Michael Ancher, Peder Severin Krøyer und Laurits Tuxen die skandinavischen. Von dem holländischen Maler Floris Verster sind drei Blumenstücke ausgestellt. An progressiven deutschen Künstlern sind außerdem Kalckreuth mit drei Bildern, Liebermann mit drei Gemälden sowie Zeichnungen und Radierungen und Hans Thoma mit einer Landschaft vertreten. Von Ernst Barlach sind drei Skulpturen ausgestellt. Auch die älteren und die jungen Hamburger sind dabei sowie der bereits erfolgreiche gebürtige Hamburger Otto Eckmann. Außerdem zeigt die Ausstellung das 1893 entstandene Portrait des Bürgermeisters Dr. Johannes Versmann von Hugo Vogel, ein Geschenk des Kunstvereins für die Sammlung von Bildern aus Hamburg.[644]

Die Presse befasst sich insbesondere mit den französischen Impressionisten. H. E. Wallsee stellt in den *Hamburger Nachrichten* fest, unter den ausgestellten Künstlern sei nicht ein führender Name, unter dem Gebrachten nicht ein Gemälde, das man gesehen haben müsse, wenn man nicht gegen seine künstlerische Erziehung sündigen wolle. »Manches Anziehende, viel Eigenartiges, einiges Liebenswürdige und ein bißchen Verrücktes, – das ist so der Durchschnitt des Gebotenen.« Einen gewissen Wert räumt Wallsee den Bildern dennoch ein. Pissarro ist für ihn eine der am stärksten ausgeprägten Individualitäten. Angesichts der Gemälde von Courbet fragt er sich allerdings, ob die Mode von heute in der Kunst Aussicht habe, auch noch die Mode von morgen zu sein. Manet befindet er aus mancherlei Gründen für interessant; er zitiert Zola, der für Manets Farbflecken den Begriff »Patzen« verwendet habe und empfiehlt, die Werke mit genügend Abstand zu betrachten, was man überhaupt tun müsse, um bei den »Hervorbringungen des Impressionismus« einen rechten Genuss zu erfahren.[645] Der Kunsthistoriker und -publizist Emil Heilbuth betrachtet die französische Kunst mit ungleich größerem Sachverstand. Insgesamt zeigt er sich von der Ausstellung etwas enttäuscht,

643 Cazin, Frauenbildnis; Cassatt, Mutter und Kind; Manet, zwei Blumenstücke, Hafenmotiv (Boulogne), (WV Rouart / Wildenstein 381, 427, 147); Monet, Mohnfeld (WV Wildenstein 377), Stillleben (WV Wildenstein 70), Vor dem Sturm; Morisot, Im Ballkleid; Pissarro, Landschaft; Sisley, Am Fluss; vgl. Ausst.Kat. Frühjahrsausstellung (1895). Siehe dazu das Kapitel »Berlin als Paradies: Feuilleton« in Teil 1.

644 Vgl. Ausst.Kat. Frühjahrsausstellung (1895). – Ausst.Kat. Bilder aus Hamburg (2002), S. 97.

645 Vgl. H. E. Wallsee, Französische Gäste, in: Hamburger Nachrichten, 28.4.1895, in: StA HH, A 521, ZAS, Kunsthalle, Bd. I.

er findet sie teilweise sogar geringwertig, partiell auch schlecht gehängt. Zudem stören ihn die ungeübten Betrachter mit ihrer Bemerkung, das könne ihr dreijähriger Junge gemalt haben. »Die Sicherheit, mit der sie hier urtheilen, ist ganz erstaunlich. Während sie im Concertsaal Sorge tragen, sich durch keine freie Meinungsäußerung eine Blöße zu geben, scheuen sie in Kunstausstellungen es nicht, durch das Entzücken, mit dem sie einer Trivialität huldigen, die Ahnungslosigkeit kundzugeben, in der sie sich befinden. Es müßte aber für alle Gebildeten zur Regel werden, nicht etwa immer nachreden zu wollen, was die Sachverständigen sagen, wohl aber, es als Grundsatz anzusehen, daß wie für alle Dinge, so auch für die Malerei Vorkenntnisse nöthig sind. Wir kommen nicht mit bereits gebildeten Augen auf die Welt, unsere Augen müssen erst erzogen werden.« Damit folgt Heilbuth gänzlich Lichtwarks Meinung über das Publikum. Bescheidenheit und Zurückhaltung fordert er insbesondere für die ausländische Kunst ein. Die Fremden seien nicht mehr diskutierbar, ihr Ruhm längst verbrieft und festgestellt. Heilbuth führt Kapazitäten wie Muther, Woermann, Bode und Bayersdorfer an, die sich einig darüber seien, dass diese französischen Künstler die Richtung für die weitere Entwicklung der Kunst eröffnet haben. Er vergleicht, speziell für die Hamburger, mit kleinen und großen Kaufleuten, daher könne man auch die kleinen Hamburger Maler nicht um Auskunft über diese Großen bitten. »Es ist die natürliche Aufgabe der vergleichenden Kunstautoritäten, hierüber zu Gericht zu sitzen, aber die einzelnen Künstler, die auf ihrer Scholle sitzen, wissen hierüber nichts.« Damit stellt Heilbuth Lichtwark, der diese maßgebenden Bilder beschafft hat, in die Reihe mit den zuvor genannten Autoritäten. Er beschreibt nun die Entwicklungsreihe Courbet–Manet–Monet, kritisiert aber zugleich, dass die vorhandenen Werke von Courbet ebendies nicht zeigen. Manets »Fliederstrauß« und Monets »Stillleben mit Pfirsichen im Glasgefäß auf Marmorplatte« lobt er als Meisterwerke, kritisiert hingegen Berthe Morisots »Im Ballkleide« als weniger gelungen. Von Renoir sei kein Meisterstück in der Ausstellung. Pissarro bewundert er, Sisley findet Gnade, Monets »Brücke bei Argenteuil« hält er für ziemlich unbedeutend. Von ihm lässt er nur das Stillleben als Kunstwerk ersten Ranges gelten und rühmt das »Mohnfeld«. Andere hier vertretene französische Künstler wertet er als Marktware ab, duldet sie jedoch als nützlichen Kontrast zu den guten Bildern.[646]

Die Frühjahrsausstellung 1896 hat ein vergleichbares Niveau. Wiederum bilden die etablierten deutschen Künstler der verschiedenen Kunstzentren den Fond, von dem sich die von Lichtwark organisierten fortschrittlichen Erscheinungen abheben. Neben drei Gemälden von Corot aus Hamburger Privatbesitz sind einige unbekannte Franzosen zu sehen sowie französische Druckgraphik von Delâtre, Forain, Helleu, Legrand, Lunois, Rops und anderen. An holländischen Künstlern zeigt Lichtwark George Hendrik Breitner, Jozef Israels sowie Willem Maris. Die vertretenen neueren und neu-

646 Vgl. Carl Rotte und Emil Heilbuth, Die große Kunst-Ausstellung in der Kunsthalle, in: Hamburgischer Correspondent, 19.3.1895, 5.5.1895, I–VII, in: StA HH, A 521, ZAS, Kunsthalle, Bd. I. Heilbuth behandelt in Teil V und VI die französischen Impressionisten. – Manet, Der Fliederstrauß, WV Rouart / Wildenstein 427, seit 1908 als Vermächtnis von Felicie Bernstein in der Nationalgalerie Berlin; Monet, Das Pfirsichglas, 1866, WV Wildenstein 70, Gemäldesammlung Dresden.

en deutschen Maler sind Lenbach, Liebermann, Leibl, Leistikow, Menzel, Modersohn, Slevogt, Ubbelohde, Vogeler und Uhde; mit zahlreichen Arbeiten ist auch Olde ausgestellt. Daneben stehen auch diesmal die älteren und jungen Hamburger.[647] In dieser Weise setzt sich auch 1897 die Tendenz der Auswahl fort. Neben einigen unbekannten französischen Künstlern finden sich die Holländer Breitner, Israels, Jacob und Willem Maris, der Däne Viggo Johannsen und der Schwede Anders Zorn. Als Graphiker stellt die Ausstellung neben Zorn auch Felix Hollenberg und Max Klinger vor, den Engländer Francis Seymour Haden, die Franzosen Helleu und Lunois sowie den Norweger Edvard Munch mit zwei Portraits. Neben den üblichen Etablierten der traditionellen deutschen Malerschulen sind Hans am Ende, Leistikow, Liebermann, Menzel und Vogeler zu sehen. Die jungen Hamburger bilden einen Schwerpunkt, vor allem mit ihrer Druckgraphik, bei der die Farbdrucke von Illies besonders umfassend vorgestellt werden. Gemälde von Momme Nissen und Hans Olde sind ebenfalls vertreten.[648]

Im Jahr darauf gelingt es, einen in Deutschland aktuellen belgischen Bildhauer, Constantin Meunier, auch in Hamburg zu zeigen, indem der Frühjahrsausstellung 1898 eine eigene Abteilung von Gemälden, Zeichnungen und Pastellen sowie sechzehn Bronzen angefügt wird. Meunier hatte 1896 bei Bing in Paris eine sehr erfolgreiche Ausstellung und fand in Deutschland durch die Dresdner Internationale Ausstellung von 1897 enthusiastische Aufnahme. Die Präsentation in der Kunsthalle ist damit auf der Höhe der Zeit. 1901 stiftet Generalkonsul Eduard Behrens der Skulpturensammlung Meuniers Bronze »Grubengas«.[649]

So hätte sich dieses Ausstellungskonzept von Lichtwarks Seite her leicht fortsetzen lassen, doch fällt 1898 die Frühjahrsausstellung insgesamt deutlich aus dem bisherigen Rahmen durch ihre starke Betonung der lokalen Hamburger Kunst. Sie markiert einen Bruch; Grund genug für Lichtwark, sein Engagement in dieser Angelegenheit zu beenden. Anschließend sinken die Ausstellungen abgesehen von nur wenigen Ausnahmen auf das Niveau der üblichen Publikumskunst zurück. 1900 schreibt Lichtwark angesichts der Sezessionsausstellung in München an seine Kommission: »So wie die Secession jetzt im Princip wählt, möchte ich wohl Ausstellungen in Hamburg sehen. Keine Marktwaare [sic], nicht zu viel, Alles gut gehängt. Aber wer soll sie machen? Die Kunsthalle kann es nicht. Der Kunstverein – da genügt schon ein Fragezeichen nicht. Wir werden wohl ein besonderes Comitée bilden müssen, wenn wir eine Ausstellung haben wollen, die uns wirklich nur das zuführt, worauf es ankommt.«[650] Große Ausstellungen von dieser Qualität erlebt Lichtwark jedoch zeitlebens in Hamburg nicht mehr.

647 Vgl. Ausst.Kat. Frühjahrsausstellung (1896).
648 Vgl. Ausst.Kat. Frühjahrsausstellung (1897).
649 Vgl. Ausst.Kat. Frühjahrsausstellung (1898), loses Beiblatt »Ausstellung Constantin Meunier (Brüssel)«. Hier sind unter Nr. 1–11 Gemälde, Pastelle und Zeichnungen aufgeführt, unter Nr. 12–27 Bronzen. – 1898 verabredet Lichtwark in Berlin mit der Kunsthandlung Keller & Reiner eine Sendung Photographien von allen noch verfügbaren Statuetten Meuniers; vgl. Br. Kommission (1899), Bd. VI: 1898, S. 32. – Hoffmeister (1991), S. 29. – Best.Kat. Hamburg, Dritte Dimension, S. 305–307.
650 Br. Kommission (1901), Bd. VIII: 1900, S. 122.

3. LICHTWARK ETABLIERT SICH

»Da sitzt in Hamburg Alfred Lichtwark und predigt. In allen Tonarten sagt er den Leuten, was für gebildete Barbaren wir sind und wie verlogen alle Kunstpflege bleibt, wenn die Ästhetik nicht beim Nächstliegenden anfängt: unserem eigenen Körper, unserer eigenen Kleidung, bei dem Stuhl, auf dem wir sitzen, und dem Bett, wo wir schlafen. Mit allen Mitteln versucht er künstlerischen Sinn zu wecken, das Auge vor Dingen zu schützen, die den Geschmack verderben. Denn mit dieser Ausrottung der Geschmacklosigkeit muß begonnen werden. Getreide gedeiht nicht, solange Unkraut wuchert. Die Freude am Echten kann erst kommen, wenn wir das Scheußliche als physischen Schmerz empfinden. Und Lichtwarks Schriften werden viel gelesen. Werden seine Anweisungen befolgt? Verstopfen nicht gerade die sich die Ohren, deren Pflicht es wäre, die guten Worte zu schönen Taten zu machen? Von der staatlichen Unkunstpflege soll nicht die Rede sein. Mein Freund Rosenhagen sprach schon oft von all den Briefmarken, Denkmünzen und Statuen, die nur da zu sein scheinen, um zu verhöhnen, was Lichtwark Schönes über die Medaille und über Denkmalskunst schrieb.«

Richard Muther, Geschmacksverbildung[1]

JUBILÄUM, NEUE PLÄNE UND GENERATIONENWECHSEL

»Aber ich fange doch erst an und habe zehn volle Jahre nur Bäume gerodet und Sümpfe trocken gelegt (oder es doch versucht)«, schreibt Lichtwark im April 1897 in einem Brief an Richard Dehmel.[2] Tatsächlich tritt er nach etwa zehn Jahren in eine neue Arbeitsphase ein.

Mit Jahresbeginn 1896 lässt nun die Neuordnung der Sammlungen Lichtwarks Tätigkeit der zurückliegenden zehn Jahre sichtbar werden. Im Jahresbericht von 1896 gibt er eine Übersicht über seine bisherigen Leistungen.[3] Er ruft sein Sammlungskonzept in Erinnerung, die Betonung der lokalen Kunstgeschichte und des hamburgischen Charakters der Sammlung von Kunstwerken der eigenen Zeit. Ebenso erwähnt er die Bevorzugung von Qualität vor der Quantität, dabei aber auch die Vorläufigkeit des ständig im Fluss befindlichen Aufbaus der Schausammlung. Ausführlich geht er auf die Sammlung von Bildern aus Hamburg ein, an der nicht nur hamburgische, sondern bereits auch eine Reihe hervorragender deutscher Künstler mitgearbeitet haben. Auch die Ablösung der Vorliebe für die Kunst der Antike und der italienischen Renaissance durch ein umfassenderes Kunstverständnis, etwa für Schongauer, Dürer, Rembrandt und die Holländer des 17. Jahrhunderts, die wachsende Einsicht in die zeitliche und geschichtliche Bedingtheit von Kunstwerken und für ein selbständiges Naturstudium thematisiert er. Er hebt die Bedeutung der Sammlung von französischen Medaillen, der größten in Deutschland, hervor, geht auf die auf die Kunsthalle bezogenen Gesellschaften und ihre Publikationen ein und listet seine Vorträge und Schriften auf. Er versäumt nicht zu betonen, dass allen diesen Ergebnissen seiner Bestrebungen auch ein ökonomischer Vorteil eignet. Abschließend erinnert er an seine Zielsetzung in der Antrittsrede: »Wir wollen nicht ein Museum, das dasteht und wartet, sondern ein Institut, das thätig in die künstlerische Erziehung unserer Bevölkerung eingreift. Und das ist ja keine lediglich sittlich-ästhetische, sondern eine ganz hervorragende volkswirthschaftliche Angelegenheit. Die Zukunft unserer Kunst, wie unserer Kunstindustrie wird davon abhängen, ob wir uns den prüfenden, grosse und strenge Anforderungen stellenden Käufer im eigenen Lande zu erziehen wissen.«[4]

Als besondere Veranstaltung im Jubiläumsjahr 1896 zeigen Kunsthalle und Kunstverein gemeinsam vom 31. Januar bis zum 6. April eine große Ausstellung mit Werken Adolph Menzels. Im Herbst zuvor beging der Künstler seinen 80. Geburtstag. Die Ausstellung umfasst Leihgaben Kaiser Wilhelms II., der Kaiserin Auguste Viktoria, der Kaiserin Friedrich,[5] fast aller Berliner Sammler und aus der Nationalgalerie. Ihr Umfang ist beeindruckend: rund hundert Gemälde in Öl, Gouache und Aquarell,

1 Muther (1914, Bd. 2), S. 139f.

2 Brief Alfred Lichtwark an Dehmel, 6.4.1897, HH, SUB, HSS, DA 285.

3 Vgl. hier und im Folgenden: Jahresbericht [Bd. 10], 1896, S. 7–42.

4 Ebd., S. 41f.

5 Die damals übliche Bezeichnung für Victoria, die Gattin Kaiser Friedrichs III.; das Kornprinzenpaar hatte vor der Thronbesteigung Friedrichs III. im Jahre 1888 die Protektion der bildenden Kunst in Berlin inne.

rund zweihundert Zeichnungen, dazu sämtliche Lithographien, Holzschnitte und Radierungen Menzels sind zu sehen. In dieser Ausstellung manifestiert sich Lichtwarks Verbeugung vor dem seit langem verehrten Künstler.[6]

Im Anschluss an das Jubiläumsjahr 1896 denkt Lichtwark über Inhalt und Gestaltung eines neuen Bestandskataloges nach.[7] Ein wissenschaftlicher Bestandskatalog, wie ihn Friedrich Schlie für die Schweriner Galerie nach seiner Meinung vorbildlich erarbeitet hat, darf auch für die Hamburger Kunsthalle nicht fehlen. Doch Lichtwark kennt inzwischen die Gegebenheiten; er weiß, dass Fachleute nur selten unter den Besuchern sind und das Gros des Publikums einen wissenschaftlichen Katalog kaum nutzt. Da das Nachschlagen und Vergleichen vor den Bildern die Besucher ermüdet, hält er Kataloge eigentlich für entbehrlich. Er versucht die Vermittlung praktisch zu gestalten und die Besucher optimal und schonend zugleich mit Information zu versorgen. Jedes Bild besitzt ein goldenes Lederschild mit aufgedruckten Bildinformationen. Für die zahlreichen einheimischen Besucher, denn Fremde kommen kaum, hält er Führungen und Einführungen trotzdem für nötig, damit will er den wissenschaftlichen Katalog nicht belasten. Zudem müssen Kataloge ständig überarbeitet werden, denn das Wissen wächst stetig; jeder Generation gesteht er andere Bedürfnisse zu. Kataloge betrachtet Lichtwark nur als Hilfsapparate, die dem praktischen Bedürfnis zu entsprechen haben. Bei einem Bestand von tausend Werken dürfe es sich also nicht um einen teuren, schweren und unhandlichen Band inklusive Beschreibungen und Biographien handeln; der Besucher würde ihn auch nicht jedes Mal mitnehmen. Daher gibt Lichtwark den Gedanken an einen Gesamtkatalog auf und entscheidet sich für Teilkataloge im Taschenformat für die einzelnen Abteilungen. Die Besucher sollen sich immer nur auf den »behaglichen Genuss« eines Saals konzentrieren und nicht bei jedem Besuch die ganze Galerie durchwandern. »Gern spräche ich einmal mit Ihnen über meine Kataloge«, schreibt Lichtwark an Andreas Aubert. »Erst wollte ich sie nach dem wissenschaftlichen Schema machen. Jetzt habe ich mich entschieden, dass sie persönlicher werden sollen. Denn was geht uns in Hamburg die Wissenschaft an? Wir brauchen ein lebendiges Erfassen und Eindringen, das erreicht man nicht durch kühle Objectivität der Wissenschaftlichkeit. Die ist nur bei grossen und fertigen Sammlungen am Platz.«[8] Besonders erhofft sich Lichtwark die »notwendige intimere Vertrautheit« des Publikums mit den Werken, deshalb will er die preiswerten Taschenkataloge der Gliederung der Galerie genau anpassen. So kann der Besucher mit jener Abteilung beginnen, die ihn besonders interessiert, und mit wachsenden Kenntnissen zu den anderen fortschreiten. Im Taschenkatalog könne sehr viel mehr Information und Anleitung als in einem großen Gesamtkatalog geboten werden. Lichtwark will die Abteilungen nach unterschiedlichen Grundsätzen behandeln: bei den Bildern

6 Vgl. P3, 7.1.1896. – Jahresbericht [Bd. 10], 1896, S. 82, 78f. – Siehe auch das Kapitel »Erwerbungen III: Die Menzel-Sammlung« in Teil 3.

7 Vgl. hier und im Folgenden: Jahresbericht [Bd. 11], 1897, S. 13–21.

8 Vgl. Brief Alfred Lichtwark an Aubert, 9.1.1896, Oslo, NB, Brevsamling 32.

aus Hamburg sei eine Einleitung zur Entstehung der Sammlung nötig und bei der Sammlung der Hamburger Meister sollen auch Graphik und Handzeichnungen einbezogen werden, da sie wichtiger seien als manche Gemälde. Überdies plant Lichtwark eine Serie kleiner Monographien, die auch Reproduktionen von Bildern aus Privatbesitz zeigen, etwa über Runge, Kauffmann, Ruths, Günther Gensler, Oldach, die Brüder Speckter, Milde, ähnlich die älteren Hamburger Meister wie Scheits, Denner und Schüler, auch die Stilllebenmaler. Die holländischen Meister würde er nach Gattungen gliedern, bei allen die historische Einschätzung und qualitative Wertung einbeziehen. Für die meisten dieser Bände hat Lichtwark das Material schon gesammelt; den Auftakt soll die Geschichte der Malerei in Hamburg bilden.[9] So erscheint 1897 der Katalog der Sammlung von Bildern aus Hamburg, die zu dieser Zeit überwiegend Pastelle und Aquarelle umfasst.[10] Im selben Jahr gibt Lichtwark auch das *Verzeichnis der Gemälde neuerer Meister* heraus.[11] Er beginnt also mit den jüngsten Abteilungen im Bestand der Galerie, konsequent seinem Ziel folgend, das Publikum an die neue Kunst heranzuführen.

Die Hamburger Presse zeigt sich jedoch mit Lichtwarks Verfahren unzufrieden. In seinem Artikel über die neuen Kataloge der Kunsthalle übt Martin Feddersen in den *Hamburger Nachrichten* im Sommer 1897 in ironischem Ton rücksichtslose Kritik. Er bemängelt, dass nach zehn Jahren noch kein Gesamtkatalog vorhanden sei und unterstellt Lichtwark damit indirekt Faulheit und Unfähigkeit. Er mokiert sich über dessen vorsichtige Formulierung, der zufolge manche später nicht mehr als genügend befundenen zeitgenössischen Werke wieder ausgesondert werden könnten, und fordert für alle angekauften Werke einen Kunstwert, so dass sie für alle Zeiten in der Galerie bleiben können. »Und wer sich nicht getraut eine derartige Auswahl zu treffen und für dieselbe einzustehen, der sollte sich mit einer derartigen Aufgabe, welcher er nicht gewachsen ist, nicht abgeben. [...] der Herr Direktor hat doch in seiner Antrittsrede, so viel ich erinnere, und auch bei anderen Gelegenheiten betont, daß nur das Beste für die Gallerie zu erwerben sei, wie kommt er jetzt dazu, jenen Maßnahmen das Wort zu reden?« Feddersen kritisiert überdies die Beschreibung der einzelnen Bilder der Sammlung aus Hamburg als ungeeignet, besonderes Interesse zu wecken und zu einem tieferen Verständnis von Kunst zu verhelfen, und bemängelt die Reproduktionen als schädlich, durch sie werde der Eindruck des Originals nur verwischt. Viel besser sei es, sich anhand einer Bildbeschreibung aus der Phantasie zu erinnern. Aus diesem Widerspruch wird deutlich, dass es dem Verfasser dieses Artikels vor allem um einen Angriff auf Lichtwark geht. Sein Motiv erscheint durchsichtig, schließlich hat er sich selbst 1886 auf die Direktorstelle der Kunsthalle beworben. Feddersen wiederholt nun

9 Auch heute veröffentlicht die Kunsthalle kleine Bände zu Einzelthemen, Künstler und Sammlungsgeschichte betreffend.
10 Vgl. Ausst.Kat. Sammlung von Bildern aus Hamburg (1897); Kayser (1977), Nr. 245. – Ausst.Kat. Bilder aus Hamburg (2002), S. 91–98.
11 Vgl. Best.Kat. Hamburg, Neuere Meister (1897); Kayser (1977), Nr. 247.

seinen angeblich schon fünfzehn Jahre zuvor geäußerten Vorschlag, zur bequemeren Fortschreibung den Gesamtkatalog chronologisch nach dem Erwerbungsdatum aufzubauen, so dass er nicht veraltet.[12] Er versteht also Lichtwarks museumspädagogische Überlegungen gar nicht; der Artikel soll offensichtlich den Museumleiter diffamieren und entlarvt seinen Verfasser als bösartigen Besserwisser.

Die ersten der geplanten Monographien in Form kleiner Bände erscheinen zwei Jahre später, 1899, als Veröffentlichungen der Kunsthalle. Julius Oldach, Matthias Scheits und Meister Francke sind die ersten drei Ausgaben gewidmet, und *Otto Speckters Katzenbuch* mit vierzehn Blättern und Gedichten von Gustav Falke, erste und zweite Auflage 1900, dürfte ebenfalls auf eine Idee Lichtwarks zurückgehen, der das Vorwort dazu verfasst hat.[13] Das *Verzeichnis der Gemälde neuerer Meister* erscheint bereits 1901 in zweiter Auflage, doch stocken die geplanten monographischen Publikationen bis 1905. Lichtwark schreibt zwar kleinere Aufsätze zu Einzelaspekten der ihm wichtigen Künstler, meist für das *Jahrbuch der Gesellschaft Hamburgischer Kunstfreunde*, andere Aufgaben und Projekte treten jedoch zu dieser Zeit in den Vordergrund. Das systematische Abfassen solcher Monographien scheint nicht unbedingt Lichtwarks Neigungen zu entsprechen. Dass ihm das Gelehrtendasein keine Freude bereiten würde, hat er bereits in den Berliner Studienjahren erkannt. »Schreiben!«, äußert sich Lichtwark im Januar 1900 in einem Brief gegenüber dem Schriftsteller und Journalisten Franz Servaes. »Wenn Sie wüßten, wie es mir zuwider ist. Vielleicht kommt noch eine andere Zeit, aber vorläufig kann ich nur machen, was ich muß, was auf meinem Wege liegt.«[14] Für seine Motivation benötigt er zumindest den unmittelbaren Anstoß durch eine aktuelle Begebenheit.

Überregional jedoch ist die Reaktion auf Lichtwarks Tätigkeit positiv. Der einstige Leipziger Studienfreund Richard Muther rezensiert 1895 in der *Neuen deutschen Rundschau* Lichtwarks *Makartbouquet und Blumenstrauss*, geht aber eigentlich gar nicht auf das Buch ein, sondern formuliert ein Loblied auf Lichtwark.[15] Zunächst legt er seine Erinnerungen an die gemeinsame Studienzeit dar, an Lichtwarks Reife und Kennerschaft schon während der kurzen Leipziger Zeit, an seine Führungsrolle unter Springers Studenten. Er schildert die kultivierte Einrichtung seiner Wohnung am Magdeburger Platz, die Bucheinbände und die eleganten Teeeinladungen; Lichtwark, seine Feuilletons und sein Lebensstil haben Muther tief beeindruckt. Anschließend lobt er ausführlich Lichtwarks Leistung für die Hamburger Kunsthalle. Wiederum fühlt sich Muther, inzwischen selbst Museumsleiter geworden, Lichtwark unterlegen, und gegenüber dessen Leistung empfindet er einen »moralischen Katzenjammer«: »Was war in wenigen Jahren unter Lichtwarks Händen aus dieser Sammlung gewor-

12 Vgl. Martin Feddersen, Ueber die neuen Kataloge der Hamburger Kunsthalle, in: Hamburger Nachrichten, 30.7.1897, StA HH, A 521, ZAS Kunsthalle, Bd. I. – Zu Feddersens Bewerbung siehe Teil 2, Anm. 15.

13 Kayser (1977), Nr. 290, 291, 292, 327.

14 Brief Alfred Lichtwark an Franz Servaes, 31.1.1900, Wien, Österreichische Nationalbibliothek, 1253/72-4.

15 Vgl. hier und im Folgenden: Muther (1895), S. 192–194. – Zu Muther vgl. Metzler Kunsthistoriker Lexikon, S. 277–279.

den! Eine jener seltenen Naturen, die wie Bode in Berlin mit einem erstaunlichen, nicht angelernten, sondern Fleisch und Blut gewordenen Wissen, zugleich den Geist der Initiative und weltmännischen Gewandtheit vereinen, hat er es fertiggebracht, aus einem Bildermagazin zweifelhaften Kunstwerts eine der schönsten Galerien Deutschlands zu machen. Man kennt das Renommée, das ›Geheimrat Bode‹ in Italien genießt. Er ist für den dortigen Kunsthändler ein Begriff, der Gottseibeiuns, der nirgend und überall ist, der Mann, der alles kennt, alles zu finden weiss, alles aufkauft. Im französischen und englischen Kunsthandel hat der Name Lichtwark einen ähnlichen Klang. Mit einem ruhigen überlegenen Geschmack kauft er überall vom Guten das Beste – kauft es oder lässt es sich schenken. Denn auch das ist ja eine – und nicht die letzte – Eigenschaft des Museumsdirektors, wie er sein soll, dass er Andere für seine Pläne zu interessieren weiss, Mittel flüssig macht, frei werdendes an sich zieht. Ich weiss nicht, wie viele Hamburger Privatsammlungen während seines Direktoriums schon an die Kunsthalle übergingen. Aber was ich weiss, ist, dass man, um die moderne Kunst von ihrer besten Seite kennen zu lernen, nicht in die Münchner neue Pinakothek oder in die Berliner Nationalgalerie, sondern in die Hamburger Kunsthalle gehen muss, und dass man auch den riesenhaften Aufschwung, den die graphischen Künste in der Gegenwart genommen, nicht im Münchner Kupferstichkabinett, wohl aber in der Hamburger Kunsthalle kennen lernt.« Muther, der von 1885 an als zweiter Konservator im Münchner Kupferstichkabinett tätig war und seit 1895 Professor in Breslau ist, hebt den besonderen Charakter hervor, den die Kunsthalle durch Lichtwarks Wirken erhalten habe: Man genieße dort »Stunden angeregter, intimer Kunstfreude in der Gesellschaft eines feinsinnigen Amateurs« im Gegensatz zu anderen Galerien, die durch »Museumsgeruch, ein mechanisches Aneinanderreihen toter Kunstwerke nach gelehrten Gesichtspunkten« gekennzeichnet seien, »ohne Zusammenhang mit dem Leben.« Muthers Fazit lautet: »Hier alles beseelt, alles lebendig geworden durch den Geist des Direktors. Dort Makartbouquet, hier Blumenstrauss.« Die kleinen Schriften Lichtwarks betrachtet Muther keineswegs als etwas besonders Wichtiges in dessen Wirken. »Lichtwark gehört nicht zu den Leuten, die viel schreiben, da er in der Regel besseres zu thun hat. Von dem Gedanken ausgehend, dass das Niveau der Kunst vom Kunstgeschmack des Publikums bestimmt wird, hat er seit Jahren in öffentlichen Vorträgen und im Privatgespräch sich bemüht, eine künstlerisch empfängliche Generation heranzuziehen. Schillers Idee von der ästhetischen Erziehung des Menschen ist in ihm lebendig geworden, und auch die drei Schriften vom Makartbouquet, vom Dilettantismus und der Amateurphotographie sind nur Ausstrahlungen dieses Gedankens, zufällig abgeschnittene Coupons von dem Riesenkapital, das der Verfasser unveröffentlicht in sich trägt.« Wenn man Hamburger wäre, schließt Muther seine Ausführungen, hätte man den Vorzug, im persönlichen Kontakt mit Lichtwark aus dem Vollen zu schöpfen; so aber könne man sich freuen, wenigstens einen Teil seiner Gedanken »durch Gutenbergs löbliche Erfindung« zu erfahren.

Bemerkenswerterweise unterstellt Muther hier Lichtwark eine ganz andere Motivation für sein Wirken als dieser in seiner eigenen Argumentation verwendet, die bisher vor allem ökonomisch geprägt gewesen ist. Nirgendwo bezieht sich Lichtwark explizit auf Schillers idealistische Vorstellung von der ästhetischen Erziehung des Menschen; sein Ziel ist die Hebung des allgemeinen Geschmacksniveaus durch die fortwährende Beschäftigung mit Kunst, um dadurch schließlich auf eine qualitative Verbesserung der Produktion hinzuwirken. Das Publikum soll die Künstler verstehen lernen, um ihrer Tätigkeit auf diese Weise Fundament zu verleihen. Muther verknüpft diese Verschiebung der Motivation zugleich mit einer Lobeshymne auf Lichtwarks Wirken und erreicht durch den Ort dieser Veröffentlichung eine breite Leserschaft.

Der Herausgeber der *Neuen deutschen Rundschau*, Oscar Bie, tut im Anschluss an Muthers Lobpreisung noch ein Übriges. Er bezeichnet Lichtwark und Muther als die beiden besten deutschen Kunstschriftsteller dieser Zeit und führt nun selbst noch einmal ausführlich die besonderen Verdienste Lichtwarks als Museumsdirektor auf. Nachdrücklich empfiehlt er seinen Lesern die Lektüre von dessen Schriften: »Es sind Juwelen, die dieser reichbegabte Mann aneinanderreiht. Es strotzt alles von sprühenden Anregungen und geordnetem Reichtum der Erfahrungen. Und doch ist er beneidenswerter noch um seinen praktischen Schaffenskreis, in dem er bis zur Selbstaufgabe seiner Persönlichkeit untertaucht. In Hamburg konnte man seit geraumer Zeit einen vom ›Volksboden‹ ausgehenden Aufschwung des Kunstinteresses, eine planmäßige Verteilung der Kräfte und zielbewusste Lenkung beobachten, wie sie keine zweite deutsche Stadt aufwies. Es geht da eine Organisation vor sich, die man mustergiltig [sic] nennen kann. Bereits beginnt man von außerhalb darauf zu achten, Hamburg fängt an eine Art Musteranstalt für volkswirtschaftliche Nutzbarmachung schlummernder Kunstkräfte und Kunstinterressen [sic] zu werden.« Hier wird in treffender Weise Lichtwarks ökonomische Motivation vermittelt, zugleich auf seine Bemühungen um den Dilettantismus eingegangen, doch das Volk, wie der Autor meint, sei von dieser Bewegung nicht ergriffen, Lichtwark sei daran ja auch gar nicht gelegen. Die *Jahresberichte der Kunsthalle* bezeichnet der Autor als lebendig und frisch. Ausführlich legt er Lichtwarks Entdeckung der modernen französischen Medaillen und die von ihm angelegte Medaillensammlung dar. Vor allem jedoch lobt er die Neuorganisation des Museums mit seinem Angebot: »Man nehme das Museum mit seiner so schnell und so reich vermehrten Sammlung an alten und neuen Schätzen, seinem guten Lehrmaterial zu den Vorträgen, die sich um seine Zwecke gruppieren, und zu eigenem Bibliotheksstudium; man beachte dabei immer die speziellen lokalen Gesichtspunkte, wie trefflich sie ausgenutzt sind. Die alten Holländer sind nun um mehr als hundert gute Bilder vermehrt; eine Sammlung alter Hamburger Meister (XV. bis XVIII. Jh.) von etwa 120 Bildern ist eingerichtet; die Hamburger des 19. Jahrhunderts füllen einen grossen Saal und fünf Kabinete [sic]; dazu kommt eine Sammlung von 50 Bildern aus Hamburg (Liebermann, Kuehl, Kalckreuth jun., Olde, Skarbina, H. Hermann [Hans Herrmann], Thaulow, Ruths, Herbst, Lutterroth etc.), der Beginn einer neuen deutschen Skulpturensammlung, die vielleicht in ihrer Art einzig wird; die Sammlung moderner Radirungen (Whistler, Herkomer, treffliche Franzosen) und eine sehr gute Collektion von Handzeichnungen Hamburger Meister. Man sieht, wie die Interessen in der Stadt gehalten werden. Das macht Sammler, und die Sammler wirken wieder auf die Kunst.« Der Text schließt mit der Wiedergabe von Lichtwarks Auffassung, dass die dekorativen Künste nicht nur auf die Vorbilder alter Kunst in den Gewerbemuseen angewiesen sein dürften, sondern für ihr Gedeihen »der Anschluss an die grossen Bewegungen auf dem Gebiet der hohen Kunst der Gegenwart eine Lebensbedingung« sei. Die hohe Kunst bilde die Voraussetzung des Kunstgewerbes; und die Erkenntnis, dass das Studium alter Vorbilder nicht zu den höchsten Leistungen des Kunsthandwerks führe, sei nun Allgemeingut geworden. Deshalb hätten auch die modernen Kunstmuseen neben den Gewerbemuseen die wichtigsten Vorbilder für das Kunstgewerbe zu bieten.[16]

Auch andere Ehrungen erfolgen in der Mitte der neunziger Jahre. 1895 wird Lichtwark, nun fast 43jährig, vom Reichskanzler, dem Fürsten Chlodwig zu Hohenlohe-Schillingsfürst, zum Mitglied des Verwaltungsausschusses des Germanischen Nationalmuseums in Nürnberg ernannt, dem er bis zu seinem Lebensende angehört.[17] Die jährlichen Sitzungen finden stets zu Pfingsten statt. Im Ausschuss befinden sich zur Zeit dieser Berufung unter anderen der preußische Kultusminister Gustav von Gossler, Geheimrat Wilhelm Bode, der Reichstagsabgeordnete Freiherr Klement Heereman von Zuydtwyk, Geheimrat Jacob Heinrich Hefner von Alteneck, Direktor des Nationalmuseums in München, der Maler Prof. August von Heyden, Berlin, Geheimrat Franz von Reber, Direktor der Pinakotheken in München, und der Historiker Geheimrat Wilhelm von Wattenbach. Anfangs hat er Angst vor den vielen Sitzungen »mit lauter uralten Herren«, doch am 29. Mai 1896 berichtet er erstaunt seiner Kommission von der vergnügten, geradezu ausgelassenen Sitzung in Nürnberg. Die alten Herren seien zum Teil »seit einem Menschenalter« Mitglieder der Kommission: »[...] wer neu in diesen Kreis tritt, fühlt sich von einem Geist umweht, der nicht mehr unserer Zeit angehört.« Lichtwark wird das Referat für das Kupferstichkabinett übertragen.[18] Schöne mag einerseits bei dieser Berufung mitgewirkt haben; andererseits vertritt Lichtwark in diesem Kreis Hamburg als Stadtstaat und zweitgrößte Stadt im Reich. Brinckmann hätte die alternative Besetzung sein können, doch deutet die Berufung Lichtwarks bereits auf seine größere Popularität hin. Schon 1897 gelingt es ihm, sein Konzept der Aufarbeitung der deutschen Kunstgeschichte des 19. Jahrhunderts auch hier durchzusetzen; folgerichtig wird die Sammlungsgrenze bis 1850 hinaufgesetzt.[19]

Kurz darauf erreicht Lichtwark eine zweite bedeutende Würdigung, diesmal aus dem Ausland. Am 20. Juli 1896 erhält er ein Telegramm von dem befreundeten Medaillenkünstler Oscar Roty aus Paris, der ihm in wenigen Worten die Ernennung zum

16 Bie (1895), S. 194f.

17 Vgl. P3, 2.7., 5.11.1895.

18 Vgl. hier und im Folgenden: Ausschnitt aus dem Hamburgischen Korrespondenten, Nr. 724, 16.10.1895, Abendausgabe, StA HH, 111-1 Senat, CL. VII. Lit. H e Nr. 6 Vol. 23 (Lichtwarks Berufung). – Br. Kommission (1899), Bd. IV: 1896, S. 73–80, Zitat S. 73. Lichtwark nennt in seinem Bericht noch weitere Namen von Anwesenden. – Zum Reichskanzler Hohenlohe-Schillingsfürst vgl. Feldkamp (2002), S. 391.

19 Vgl. Br. Kommission (1899), Bd. V: 1897, S. 99f.

Chevalier de la Légion d'honneur mitteilt – und der Hamburger Senat gestattet ihm, diese Ehrung anzunehmen.[20] Roty als Mitglied der Akademie dürfte hier beteiligt gewesen sein, denn als Begründung für die Ernennung zum Ritter der Ehrenlegion ist Lichtwarks Verdienst um die Verbreitung der französischen Medaillenkunst in Deutschland genannt. Erst im Jahr zuvor, 1895, ist sein Aufsatz über die Wiedererweckung der Medaille im ersten Heft der Zeitschrift *Pan* erschienen, und im Jahr der Verleihung der französischen Auszeichnung veröffentlicht Lichtwark, wiederum im ersten Jahrgang des *Pan*, einen weiteren Aufsatz, den er später bei einem Wiederabdruck *Die Technik der Medaille* betitelt. Die gesammelten Aufsätze zu diesem Thema fasst er mit dem ihm eigenen Geschick in der Verwertung seiner Texte dann in einer Anthologie zusammen, die unter dem Titel *Die Wiedererweckung der Medaille* 1897 bei Kühtmann in Dresden erscheint. Damit ist das Thema für ihn beendet.[21] Der Erfolg der Medaillen missfällt ihm,[22] denn längst weiß er, dass die breite Akzeptanz bei den qualitätvolleren Werken eher auszubleiben pflegt. Vielleicht resultiert der relativ große Anklang der Medaillen beim Publikum aus der Nähe dieser Kleinplastik zur Münze und damit auch zum Geld.

Von großer Bedeutung für Lichtwarks Tätigkeit ist ein Wechsel in der Kommission. Am 18. April 1895 stirbt 71jährig Eduard L. Behrens. Im Jahresbericht von 1895 widmet Lichtwark ihm einen Nachruf.[23] Am Hamburger Kunstleben hatte er höchst lebhaften Anteil: von 1869 an wirkte er in der Kommission zur Verwaltung der Kunsthalle, war von 1863 bis 1889 im Vorstand des Kunstvereins tätig, Mitbegründer des Vereins von Kunstfreunden von 1870, ein frühes Mitglied der Gesellschaft Hamburgischer Kunstfreunde, einer der tatkräftigsten Gönner des Museums für Kunst und Gewerbe, aber auch in anderen Kulturangelegenheiten aktiv. Anlässlich seines 70. Geburtstages 1894 schenkte Behrens der Kunsthalle 15.000 Mark. Bei der Gedächtnisfeier für Behrens hält Lichtwark eine Ansprache; er würdigt dessen Sammlung als ebenso bedeutend wie die Schackgalerie, wenn auch weniger bekannt, da die Hamburger Angelegenheiten im Reich gemeinhin auch weniger bekannt seien. Lichtwark unterstreicht den Wert der Sammlung für Knaus und Menzel; vor allem aber mit ihren zahlreichen französischen Werken suche die Sammlung in Deutschland ihresgleichen. Er selbst hat als junger Mann in dieser Sammlung die Bekanntschaft mit Werken von Menzel, Knaus, Corot, Rousseau, Daubigny, Díaz, Dupré und Troyon machen können, so dass er später nicht unvorbereitet in die deutschen Kunststädte und nach Paris kam. Diese Würdigung nutzt Lichtwark aber auch, um intensiv auf die

20 Vgl. Roty, Telegramm aus Paris, HKH, AdB 76. – Ausschnitt aus dem Hamburger Fremdenblatt, August 1896, StA HH, 111-1 Senat, Cl. VII. Lit. H e Nr. 6 Vol. 23. – P3, 29.9.1896.

21 Kayser (1977), Nr. 286, 238, 248.

22 »Daß mir die Opposition lieb ist, wissen Sie. Es war mir im Grunde nicht ganz Recht, daß die Medaillen so durchschlugen«, schreibt Lichtwark am 5. Februar 1892 an Liebermann; Br. Lichtwark-Liebermann, S. 39. – 1898 wurden in Berlin bei Keller & Reiner für 100.000 Mark französische Medaillen für Broschen und »Busennadeln« verkauft; vgl. Br. Kommission (1899), Bd. VI: 1898, S. 313.

23 Vgl. hier und im Folgenden: Jahresbericht [Bd. 9], 1895, S. 26f.

Bedeutung des privaten Sammelns zu sprechen zu kommen, auf die Bedeutung des Sammlers für den Künstler: »Wohl bringt der Künstler die Kunst hervor, aber etwa wie die Saite den Ton. Kraft giebt ihm erst der Resonanzboden, der ihn aufnimmt, in Mitschwingung geräth und ihn dem Ohr in weicher Fülle zuströmt. Zu oft waren die grossen Künstler in unserem Jahrhundert einsam schwingende Saiten.«[24] Er verweist überdies auf den Kunstbesitz der »Familie als nationale Schatzkammer, als Reservoir für die Zukunft.« Zugleich betont er aber auch die Verpflichtung des Staates: »Den Pflegern der öffentlichen Sammlungen moderner Kunst predigen die vornehmen Privatgalerien am Ende unseres Jahrhunderts eine sehr ernste Mahnung und halten ihnen ein leuchtendes Vorbild vor Augen, das sie zurückführt auf Grundsätze, nach denen im sechzehnten, siebzehnten und achtzehnten Jahrhundert die grossen historischen Galerien angelegt sind. Nicht die öffentlichen Galerien haben in unserem Jahrhundert die großen historischen Traditionen der kunstliebenden Fürsten fortgeführt, sondern die Privatsammler, und ihnen wird deshalb die Nachwelt denselben Rang in der Geschichte der Kunst unserer Zeit anweisen wie den fürstlichen Pflegern der Kunst in vergangenen Zeitaltern.« Die Hamburger könnten stolz sein, dass sie einen der bedeutendsten deutschen Sammler einen Mitbürger nennen durften.[25]

Die Behrens-Stiftung befördert nun endlich Lichtwarks Pläne beim Ausbau der modernen Galerie. Es handelt sich um ein Legat von 150.000 Mark, dessen Zinsen zur Anschaffung von Ölgemälden ersten Ranges verwendet werden sollen; dafür darf auch mehrere Jahre angespart werden. Dass die Kunsthalle von Behrens außerdem zwei Marmorstatuen von Reinhold Begas und nach dem Ableben seiner Ehefrau eine Sammlung der damals hochgeschätzten Stiche nach Raffael erhält, fällt dagegen weniger ins Gewicht.[26] Behrens' Sohn Eduard, auch er Kunstsammler, in Lichtwarks Alter, folgt seinem Vater als Mitglied der Verwaltungskommission der Kunsthalle.[27] Am 9. Oktober 1898 stirbt im Alter von 73 Jahren ein für Lichtwarks Arbeit auch persönlich wichtiger Mann: Carl Friedrich Ludwig Freiherr von Westenholz.[28] Aus Breslau stammend und in Wien erzogen, war er seit 1850 in Hamburg ansässig, wo er eine Firma gründete; er war k. u. k. österreichischer Generalkonsul, mehrsprachig, Theater- und Literaturfreund, ein Mann, wie ihn sich Lichtwark in seinem Umkreis zur Unterstützung seiner Vorhaben nur wünschen konnte. Vor allem aber war er einer der ältesten Freunde und Gönner der Kunsthalle, er gründete mit Eduard L. Behrens den Verein von Kunstfreunden von 1870 und war bis zu seinem Tod in diesem Verein maßgeblich tätig. Durch seinen Einfluss stiftete der Verein schon 1878 Ernest Meissoniers

24 Ebd., S. 36f.
25 Ebd., S. 37.
26 Vgl. ebd., S. 38. – Vgl. Best.Kat. Hamburg, Dritte Dimension, S. 97f. Es handelt sich um die Marmore »Nach dem Bade« und »Mutter und Kind«.
27 Vgl. P3, 7.5., 2.7.1895. – Best.Kat. Hamburg, Dritte Dimension, S. 98.
28 Vgl. Nachruf in: Jahresbericht [Bd. 12], 1898, S. 17–19. – Best.Kat. Hamburg, 19. Jh., S. 134, 14, 137.

»Reiters Rast«, viel wichtiger für Lichtwark aber Böcklins »Feueranbeter« im Jahre 1888, außerdem 1895 Menzels Gemälde »Die Ruinen des Nymphenbades im Dresdner Zwinger«, 1898 gefolgt von dessen Bild »Im Opernhaus«.[29] Er selbst schenkte für die Skulpturensammlung die Werke des Wiener Medailleurs Anton Scharff sowie Victor Tilgners Büste von Brahms. Westenholz besaß eine eigene, wenn auch nicht sehr große Kunstsammlung mit Werken von Meissonier und Böcklins Gemälde »Pan mit der Amsel«. Zu seinem Andenken stiften Mitglieder der Gesellschaft Hamburgischer Kunstfreunde Mittel für eine Graphikedition, die »Westenholz-Blätter«. Ein großer Erfolg wird daraus jedoch nicht: nur ein einziges Blatt wird aus diesen Mitteln produziert, Ernst Eitners große Farblithographie »Ostwind«, sie erscheint erst 1902.[30]

Nach und nach scheiden auch die anderen Kommissionsmitglieder dahin. 1897 stirbt 67jährig der Bildhauer Engelbert Peiffer. Fünfzehn Jahre lang war er Deputierter des Kunstvereins in der Verwaltungskommission der Kunsthalle, ebenso Vorstandsmitglied des Künstlervereins. Er richtete die Feste für den Verein für Wissenschaft und Kunst aus und bildete das anerkannte Haupt der Hamburger Künstlerschaft. Mit ihm verliert auch der Verein von Kunstfreunden von 1870 ein wichtiges Mitglied.[31] Drei Jahre später, im Jahr 1900, stirbt als letzter der alten Generation Senator Ferdinand Möring, der vierzehn Jahre lang als Vorsitzender der Kommission zur Verwaltung der Kunsthalle amtierte. Trotz des großen Unterschiedes in Alter und Kunstauffassung hat sich Lichtwark im Laufe der langen Zusammenarbeit an Möring gewöhnt. 1898 portraitiert der aus Hamburg gebürtige konservativ-impressionistische Maler Ferdinand Brütt den achtzigjährigen Möring, der seit 1861 als Senator amtierte, für die Portraitgalerie der Kunsthalle, gestiftet von einem ungenannten Kunstfreund.[32] Sensibel, geradezu gefühlvoll äußert sich Lichtwark im ersten Brief nach Mörings Tod gegenüber seiner Kommission über die langjährige Korrespondenz. Die Briefe seien ihm eine liebgewordene Aussprache geworden, nachdem die ersten nur »in die blaue Luft geschrieben« gewesen seien. Er habe nicht gewusst, wie der alte Herr sie aufnehmen würde, da sie ja von einer anderen Generation kamen, mit deren Gedanken und Empfindungen er sonst keine Berührung gehabt habe. Er habe sie jedoch zu Lichtwarks großer Freude mit wirklicher Teilnahme gelesen, und so sei mit der Zeit ein gutes Verhältnis zwischen ihnen entstanden. Seinem »liebevolle[n] Eingehen auf die Intentionen des Direktors« sei es zu verdanken, dass die Kunsthalle im Geistesleben der Stadt einen so wichtigen Faktor bilde, heißt es im Protokoll der Kommissionssitzung.[33] Aber nicht immer ist das Einvernehmen vorhanden: Als Lichtwark im Jahr 1900 das fünfzigjährige Bestehen der städtischen Gemäldesammlung begehen

29 Best.Kat. Hamburg, 19. Jh.: S. 134 (Meissonier); S. 14 (Böcklin), heute: »Heiliger Hain«, WV Andree 398; S. 136f. (Menzel).

30 Zu Scharff: Best.Kat. Hamburg, Medaillen und Plaketten, S. 350–382; Tilgner: Best.Kat. Hamburg, Dritte Dimension, S. 428; Böcklin: WV Andree 398; Eitner: Junge (1989), S. 442.

31 Vgl. Jahresbericht [Bd. 11], 1897, S. 7–12.

32 Vgl. Best.Kat. Hamburg, 19. Jh., S. 18. – Ausst.Kat. Bilder aus Hamburg (2002), S. 100.

33 Vgl. Br. Kommission (1901), Bd. VIII: 1900, S. 33. – P3, 1.4.1900.

möchte, blockt Möring ab, da die Kunsthalle erst neunzehn Jahre später eröffnet wurde.[34] Auf diese Weise versäumt Lichtwark eine gute Möglichkeit der Werbung für die Kunsthalle. Senator Johann Heinrich Burchard, ein Jurist in Lichtwarks Alter, tritt nun Mörings Nachfolge als Präses der Kommission an. Als zweiter Vertreter des Senats kommt Dr. Max Predöhl hinzu, zwei Jahre jünger als Lichtwark.[35] Mit diesem Generationswechsel beginnt eine neue Phase der Zusammenarbeit.

»EINE NEUE DEUTSCHE BOMBENKUNSTZEITSCHRIFT«: PAN

Lichtwarks Mitarbeit

Am 12. Dezember 1894 äußert sich Lichtwark zum ersten Mal über die Zeitschrift *Pan*, die heute als die berühmteste deutsche Kulturzeitschrift der Jahrhundertwende gilt.[36] Im Rahmen des sogenannten Böcklin-Banketts am 11. Juli 1894 in Berlin wird er in den Aufsichtsrat des *Pan* berufen; er soll mit anderen bekannten Persönlichkeiten des Kulturlebens, wie Bode und Seidlitz, dem Dichter Detlev von Liliencron, dem Architekten Hans Grisebach, den Malern Böcklin, Klinger und Skarbina, das Renommee der Zeitschrift stützen. Deren eigentliche Gründer sind jedoch der Schriftsteller Otto Julius Bierbaum sowie die Kunsthistoriker Julius Meier-Graefe und Eberhard von Bodenhausen.[37] Angesichts der unsicheren Anfänge des *Pan* soll die Berufung der »Geheimräte«, wie Meier-Graefe die etablierten Persönlichkeiten bezeichnet, der Stabilisierung dienen. Lichtwark ist sich jedoch zunächst seiner Bereitschaft zur Mitarbeit noch nicht sicher; er zeigt sich skeptisch und macht seine Beteiligung von einem detailliert ausgeführten Programm abhängig. Mit den Kollegen Seidlitz und Lippmann, mit Theodor Fontane und anderen Beteiligten, die er als bewährte und gleichgesinnte Männer kennt, kann er den Redaktionsausschuss zwar gutheißen, doch betrachtet er die Sparte Literatur als wunden Punkt des Unternehmens. Auch die zweimonatige Erscheinungsweise hält er für bedenklich. »Soviel gute Kunst und gute Literatur, wie man dafür braucht, wird in der ganzen Welt nicht gemacht«, schreibt er seinem Kollegen Andreas Aubert nach Oslo.[38] Eine Vierteljahreszeitschrift lasse sich reifer ausbilden, äußert er gegenüber seiner Kommission. Immerhin zeigt er sich mit den Beiträgen für das erste Heft zufrieden. Von Dürer werde eine Seltenheit reproduziert, der Literaturteil brächte unter anderen Bode, Fontane, Liliencron, und als »pièce de résistance« werde eine Arbeit von Nietzsche mit Illustration von Klinger veröffentlicht. »Damit kann man schon zufrieden sein.« Nun scheint ihm doch eine

34 Vgl. P3, 27.1.1900.
35 Vgl. P3, 1.4.1900.
36 Vgl. hier und im Folgenden: Br. Kommission (1896), Bd. III: 1894/95, S. 121–123. – Zum Böcklin-Bankett siehe Henze (1974), S. 59f., 116; Lichtwark berichtet darüber seiner Kommission nichts.
37 Vgl. Henze (1974), S. 81.
38 Brief Alfred Lichtwark an Aubert, 26.6.1895, Oslo, NB, Brevsamling 32.

feste Grundlage geschaffen; wenn nicht noch etwas dazwischenkomme, »werden wir in einem Jahre besitzen, wonach wir uns lange gesehnt haben, ein vornehmes, von der Speculation und der Beschränkheit des Buchhändlers unabhängiges Organ, das die Bestrebungen in Kunst und Literatur zusammenfasst.«[39]

Wenige Wochen später erwähnt Lichtwark seinem Freund Mannhardt gegenüber den *Pan* als »die in Berlin erscheinende neue deutsche Bombenkunstzeitschrift«, die einen Eröffnungsartikel von ihm wolle.[40] Lichtwark schreibt den Artikel *Zur Einführung*, der jedoch erst im zweiten Heft erscheint, und nutzt die Gelegenheit, damit einer deutschsprachigen gebildeten Öffentlichkeit aus Großbürgertum und Adel ein seiner Auffassung nach notwendiges kulturpolitisches Programm darzulegen.[41] Zunächst benennt er den Status quo: die neue Schulung der jungen Künstler durch Künstler statt durch die rückständigen Akademien, die Belebung der Produktion und Rezeption von Originalgraphik, die Hinwendung mancher Museen zur zeitgenössischen Kunst, die Erneuerung des Kunstgewerbes durch die Hochkunst und die Bedeutung der Konsumentenerziehung. Doch alle diese Erscheinungen vollzögen sich bisher noch abseits der Öffentlichkeit; die Kunstzeitschriften wiesen bisher noch nicht auf sie hin. Nun identifiziert Lichtwark jedoch einen Feind im Lande, der für diese neue deutsche Entwicklung verhängnisvoll werden könne: die englische Invasion. Mit einem kurzen Abriss der Entwicklung in England seit 1851, als Gottfried Semper den Engländern half, eine neue Situation in Kunstgewerbe und ästhetischer Lehre zu schaffen, führt Lichtwark die Rückständigkeit der deutschen kunstgewerblichen Produktion mit ihrer historisierenden Orientierung vor, nicht ohne die lokalpatriotische Bemerkung, dass der Hamburger Semper seinerseits durch den Hamburgischen Künstlerverein beeinflusst wurde. Die deutschen Kunsthandwerker mit ihrer »zusammengemausten« Ornamentik, ihrem »Schwelgen in überflüssiger äusserlicher Decoration« hätten durch die Konsumenten keine Regulierung erfahren, da der Käufer oder Besteller kein Bedürfnis nach Bequemlichkeit und Behagen gehabt habe. In England hingegen habe eine originelle nationale Künstlergruppe, die Präraffaeliten, und eine gleichgesinnte artistisch gebildete Architektenschar eine neue Kunst geschaffen. »Wer heute ein englisches Haus betritt, fühlt sich wie von einem sanften Zauber umfangen.« Produzenten und Konsumenten hätten Hand in Hand diesen blühenden Stil kreiert. Nun drohe der heimischen Produktion in Deutschland und sogar in Frankreich eine Niederlage angesichts der englischen Konkurrenz. Die Kunstgewerbemuseen würden englische Produkte kaufen, die Einrichtungsgeschäfte seien ohnehin schon voll davon. Lichtwark betont die Notwendigkeit einer eigenen nationalen Entwicklung ohne die Nachahmung englischer Entwürfe und empfiehlt, vom »siegreichen Gegner« zu lernen, wie er sich erzogen habe. Nach seiner Vorstel-

39 Henze (1974), S. 123. – Französisch für: großes Fleischstück beim Essen.
40 Vgl. Br. Mannhardt, 29.1.1895, S. 52.
41 Vgl. hier und im Folgenden: Alfred Lichtwark, Zur Einführung, in: Pan, 1. Jg., 1895/96, Heft 2, S. 97–100.

lung soll für alle »edleren Erzeugnisse« zuerst die ausländische Konkurrenz in der Heimat eliminiert, sodann die »Waffen ins Ausland« getragen werden. *Pan* wolle das Seinige dazu beitragen, »dass die Gebildeten fortlaufend über den Stand der Dinge unterrichtet bleiben und an ihre nationale Pflicht und Schuldigkeit gemahnt werden«. Er wolle »diesen wichtigen Dingen« eine ständige Rubrik einräumen, stets in einem sich an die Tagesereignisse anschließenden Leitartikel »eine der brennenden Fragen untersuchen und im Anschluß daran über den Stand der Dinge in den einzelnen Zentren informieren.« Lichtwark thematisiert hier wiederum die ihn nach wie vor stark interessierenden Fragen nach dem Kosten-Nutzen-Verhältnis von Akademien, Kunst- und Gewerbeschulen, nach der Architektenausbildung, dem Stipendienwesen, der Leistung der öffentlichen Sammlungen, dem Stand der Privatsammlungen, dem Sinn des Dilettantismus. Er bereitet hier bereits das Thema des lokalen und regionalen Berichtes vor, das er später propagieren wird. Man werde dies alles mit Vorsicht umzusetzen haben; es sollen keine Satiren und Strafpredigten entstehen, die *Pan*-Leser jedoch angeregt werden, »sich daheim und draussen umzuschauen« und vor allem »mit den localen Kräften« rechnen zu lernen. Lichtwark schließt mit seiner Überzeugung, es sei in Deutschland notwendig, an jedem Ort, wo Kunst möglich sei – »bis in die Mittelstädte hinab« –, alle lebendigen Kräfte zu entwickeln. »Wenn wir Kunst wollen, muss es deutsche Kunst, in Deutschland mögliche Kunst sein, nicht englische, französische oder in England und Frankreich mögliche. Und deutsche Kunst ist abhängig von den Bedingungen, unter denen wir leben. Vorläufig kann es bei uns eine einheitliche hauptstädtische Kunst nicht geben, gesund kann in Deutschland die Kunst nur gedeihen, wenn sie eine Heimath in den alten Stammeshauptstädten findet.« Die Akzentuierung des deutschen Elements formuliert Lichtwark nachdrücklich auch an Bierbaum am 11. Juli 1895, wobei er durchaus sein eigenes Interesse an ausländischer Kunst und Kultur mitteilt. »Die Internationalität halte ich für ein großes Unglück. [...] Wir müssen unser Publikum für das gesunde Deutsche in Literatur und Kunst erziehen. In der Literatur herrschen in Deutschland geradezu die Franzosen und Engländer. Ich trage, wie Hunderttausende, die Mitschuld, denn in der schönen Litteratur las ich bisher fast nur Ausländer. Mir scheint es die allerhöchste Zeit, daß wir reagiren. Haut nun der Pan auch noch in die Kerbe des Auslands, so ist eine Chance verspielt, auf die Hoffnungen zu setzen waren. Auch im Interesse der Jüngsten, die es mit sich und ihrer Kunst ehrlich meinen, protestire ich gegen die Internationalität, was hier gleich Ausländerei ist.« Für die bildende Kunst gelte dasselbe: Die deutschen Liebhaber zahlten für französische und englische Kunst enorme Summen und bekämen doch nicht das Beste. Für die 50.000 bis 100.000 Mark könnte man die wirklichen Talente einer ganzen deutschen Akademie entwickeln. »Kampf dem Ausländerthum in der Form des Dilettantismus.« Und diese Form habe das internationale Element im *Pan* bisher gehabt. Weder Bierbaum noch Meier-Graefe könnten die Erfahrung haben, die dazu gehöre, mit kritischem Blick das »Gesunde« in der ausländischen Produktion herauszugreifen. Diese Fähigkeit dürften sie gar nicht von sich verlangen. Schließlich habe auch der Aufsichtsrat zu entscheiden. Er verlange von Bierbaum nicht, dass er seine Ansicht teile, jeder nach seiner Überzeugung. »Soweit das Ausland uns nützen kann, uns selber zu finden, unsere Schwächen und Stärken zu erkennen, bin ich der erste, es anzuerkennen und heranzuziehen. Aber dem verfluchten Triebe der Ausländerei durch allerlei pikante Hors d'œuvres und entre-mets Nahrung zu geben, soll uns Gott bewahren.«[42]

Diese Ausführungen verdeutlichen, dass Lichtwark trotz eigenem Interesse an der modernen europäischen Malerei und Druckgraphik, an den französischen Medaillen und Impressionisten Meier-Graefes Urteilsvermögen nicht zu folgen vermag. Dieser erwirbt 1895 eigenmächtig in Paris Toulouse-Lautrecs Farblithographie »Mademoiselle Lender«, vielleicht erhält er sie auch als Geschenk vom Künstler, und publiziert sie im dritten Heft des ersten Jahrgangs als Beispiel neuer Kunst, was vom Aufsichtsrat scharf kritisiert wird und zu seiner Entlassung beiträgt.[43] Von der historisch bedingten Entwicklung des Geschmacks eingeholt, wird dieses Graphikblatt später als eine wahre Ruhmestat des *Pan* gewertet. Vor seiner Entlassung jedoch versucht Meier-Graefe noch in einem langen Brief, Lichtwark mit dem Argument zu überzeugen, eine ausreichende Menge an guter deutscher Kunst für eine rein inländisch orientierte Zeitschrift sei nicht zu finden. Auch verweist er auf die Anregungen, die zeitgenössische deutsche Künstler, wie der von Lichtwark hochgeschätzte Liebermann, von ausländischen Künstlern erfahren haben.[44]

Lichtwark ist also keineswegs an der prinzipiellen Ablehnung ausländischer Kunst gelegen, er überträgt vielmehr sein Bildungsprogramm in erweiterter Form auf die Zeitschrift und wünscht sich den *Pan* als Erziehungsorgan für das deutsche Publikum.[45] Otto Julius Bierbaum, der zusammen mit Julius Meier-Graefe die erste Redaktion des *Pan* bildet, belustigt sich denn auch öffentlich über Lichtwarks pädagogischen Impetus. Er habe sich mit einem geistreichen Herrn, der zugleich Doktor, Professor, gar Museumsdirektor sei, über Kunstangelegenheiten unterhalten, schreibt Bierbaum in einem Artikel in der Wiener *Zeit*, und er habe von dieser Unterhaltung trotzdem profitiert: »Ein deutscher Professor, der die Kunst als einen Faktor für das Leben, als einen wichtigen socialen Faktor betrachtet und nicht als ein Präparat für historische Stocherungen, ein Beamter der staatlichen Kunstpflege, der nicht bloß Kunstregistrator sein will, sondern es für seine Pflicht und für keinen Raub an seiner Würde hält, eingreifend praktischer Kunstförderer zu sein, – à la bonheur!«[46] Bierbaum vertritt hingegen die Ansicht,

42 Zit. bei Henze (1974), S. 379; DLAM, A:Flaischlen/PAN, Zugangsnummer 31814. – Französisch für: Vorspeisen und Zwischengerichte.

43 Vgl. ebd., S. 353–361. – Toulouse-Lautrec, Mademoiselle Lender en buste, 1895, WV Adriani 118.

44 Vgl. Krahmer (2002), S. 33–38.

45 Zu Meier-Graefe als Verfechter der französischen Kunst vgl. Krahmer (2002). Lichtwark erscheint hier als reiner Nationalist; es wird nicht gleichzeitig deutlich, dass er selbst französische Kunst, Medaillen usw. für die Kunsthalle erworben hat und auch gerne Impressionisten kaufen würde und dass es hier vorrangig um Lichtwarks kulturpolitische Einstellung hinsichtlich des Aufbaus eines deutschen Kunstpublikums geht. Gleiches gilt für Sørensens Aufsatz *Der skandinavische Kontext der Zeitschrift ›PAN‹*, auch hier wird Lichtwarks moderat-moderne Einstellung zugleich mit seinem Plädoyer für eine in erster Linie nationale Zeitschrift gekoppelt. Warum Lichtwark für eine gehobene national betonte Zeitschrift plädiert, wird jeweils nicht weiter untersucht.

46 Vgl. hier und im Folgenden: Bierbaum (1895), S. 74f. – Französisch für: viel Glück dabei.

eine Kunstzeitschrift müsse von der Kunst ausgehen, von der »Fülle des schaffenden Lebens«, auch wenn dieses Rezept nicht in die Zeit der Majoritätsbeschlüsse passe: es sei zu lyrisch, zu subjektiv, es beleidige die Menge. Es setze zu viel Kunstinstinkt voraus und zu viel Duldsamkeit. Es fehle ihm an Erlernbarkeit, und es sei anarchistisch. Ein wissenschaftliches Rezept erscheint ihm als das fatalste für eine Kunstzeitschrift, das pädagogische als das schwierigste. Letzteres stehe zwischen dem künstlerischen und dem wissenschaftlichen Vorgehen, zwischen Katheder und Staffelei. Wenn es die Kunst betone, nehme das Publikum gleich Reißaus, wenn es aber um Belehrung gehe, schlafe das Publikum ein. Es müsse unweigerlich ein Brei zusammengerührt werden »nach dem Prinzip der Bekömmlichkeit für den Allerweltsmagen«. Aber da es ein künstlerischer Brei sein solle, müsse auch etwas Kunst hineingerührt werden, gelindert durch wissenschaftliche Ingredienzien, somit ein Brei, der erfahrungsgemäß für die deutsche Verdauung am zuträglichsten sei. Das Publikum sei hier der »Gebieter« – ob es nicht schwer sei, einen Gebieter zu erziehen? Er bewundere rückhaltlos weniger die Klugheit als die Courage der Leute, die hier nicht verzagen: Es gehöre entweder jene Naivität dazu, »die nur der glühend gläubigen und selbst noch erziehungsbedürftigen Jugend eigen« sei, »oder ein völlig heroischer Muth, der nahe an Selbstüberhebung streift, während diese Thätigkeit andererseits ein hohes Maß an Selbstlosigkeit« erfordere. Wie heikel sei doch die Aufgabe derer, die mit dem Material der immer noch gärenden Kunst und der schon wieder unzufriedenen Gelehrsamkeit vor das verwirrte Publikum hintreten wollen: »Sie thun mir wirklich leid, die Naiven sowohl wie die Heroischen.« Dies sind arrogante Seitenhiebe aus der Richtung der reinen Kunst, während Lichtwark seinerseits Bierbaum zum Durchhalten ermutigt: Er habe eine kühne und famose Idee gehabt, habe sie gegen alle Wahrscheinlichkeit ins Leben gerufen – nun müsse er sie am Leben halten, was ohne Kampf nicht möglich sei. Er selbst fühlt sich mitverantwortlich, dass diese neue, unabhängige Zeitschrift bestehen bleibt.[47]

Aber nicht nur Bierbaum belustigt sich über Lichtwarks kulturpolitischen Impetus, den er als rein pädagogisch betrachtet, auch Meier-Graefe persifliert ihn in seinem autobiographischen Roman *Der Vater* als den Kunstprofessor aus Hamburg und verleiht der Figur den kleinbürgerlich-krämerisch wirkenden Namen Krasbeck. Versteckt hinter den fiktiven Namen teilt er überdies die Abneigung Bodes gegenüber Lichtwark mit: »Donner [= Bode] haßte Krasbeck«. Über ihn sei man sich einig gewesen, jeder Kompromiss ausgeschlossen, »entweder oder«.[48] Lichtwarks kulturpolitische und -pädagogische Absicht für den *Pan* entspricht genau seinem Gesamtkonzept: Die sozial gehobene Leserschaft des *Pan* soll für die zeitgenössische Kultur Interesse und Toleranz entwickeln. »Standpunkt vor allen Dingen. Unsere Leserschaft soll sehen lernen«, schreibt er an Bierbaum, »und groß sehen lernen, Methode lernen, die Dinge anzusehen.« Und an Meier-Graefe formuliert er kurz darauf: »Wie unendlich schwer

47 Vgl. Henze (1974), S. 128, 48.
48 Vgl. ebd., S. 61, 83.

es ist, für die lebendige Welt Standpunkt zu gewinnen, weiß ich aus Erfahrung und Beobachtung.«14

Während im ersten Jahr des *Pan* die bohemehafte redaktionelle Arbeit Bierbaums und Meier-Graefes manche Unsicherheit heraufbeschwört, ist Lichtwark daran gelegen, zu einer Stabilisierung des Unternehmens beizutragen; er bedauert des Öfteren, von Hamburg aus nicht mündlich mit den beiden Redakteuren verkehren zu können.[49] Auch die Gestaltung des *Pan* bedenkt er mit, macht sich Gedanken über die Umrahmungen und Gedichtillustrationen und findet die Vorstellung von drei Jahrgängen des *Pan* mit illustrativ umrahmten Gedichten »schrecklich«. Er plädiert dafür, dass auch die berichtenden Aufsätze ansprechend formuliert sein müssten und befürwortet eine Trennung von Belletristik und Wissenschaft.

Die im *Pan* veröffentlichte zeitgenössische Literatur lehnt Lichtwark ab, besonders die Lyrik erscheint ihm überflüssig. Die sehr hohen Honorare für »die fürchterlichen Gedichte und die anderen literarischen Dummheiten« bewegen ihn fast zum Austritt aus dem Redaktionskomitee. Auch Bodenhausen gegenüber äußert er sich kritisch über die Dichtung, er will sich als Mitglied der Redaktionskommission damit nicht befassen.[50] Im ersten Heft des *Pan* erscheint Richard Dehmels bacchantisch-erotisches *Trinklied*, das auch manchem der anderen Beteiligten nicht gefällt.[51] Lichtwark nutzt anlässlich eines späteren Gedichtes die Gelegenheit zu einem Brief an Dehmel und legt hier seine Auffassung vom diplomatischen Umgang mit einem noch zu gewinnenden Publikum dar. Dehmel wisse selbst, dass sein *Trinklied* die wenigsten Leser des *Pan* für ihn eingenommen habe. So rät er ihm, ein Werk zu verfassen, das bei hoher literarischer Qualität zugleich dem Durchschnittsmenschen verständlich bleibe. Dann werde er mit einem Schlage eine Gemeinde erobern, die sich nun umgehend in seine Gedichte vertiefen werde. »Ist aber ein Gedicht bei allem Schwung, allem Rausch und Rhythmus von so übermenschlicher Kraft condensirt wie ›Eines Tages‹ – dann vermögen wir Armen nicht zu fassen und es wird die Folge sein, daß ein drittes und der Versuch, sich in Dehmel zu vertiefen von den allermeisten Besitzern und Lesern unseres Pan nicht mehr gemacht werden.« Deshalb schlägt Lichtwark vor, in das erste, speziell Berlin gewidmete *Pan*-Heft ein Gedicht von Dehmel aufzunehmen, das ihm Freunde wirbt. »Wie die Dinge einmal liegen, kommt es in Deutschland auf jedes einzelne Gedicht an, das durchschlägt. Denken Sie, was es heißt, wenn in einer Sache fünf oder sechstausend Deutsche, denn soviel sinds die den Pan lesen, von neuem durch ein lyrisches Gedicht hingerissen werden. Das kann schon fast eine literarische Revolution einleiten. Und wenn diese fünftausend kummervoll dasitzen und sich verschwören, es künftig zu lassen, so ist eine Schlacht verloren.«[52] In diese Aussage ist Lichtwarks

49 Vgl. hier und im Folgenden: ebd., S. 88, 109, 270, 309.

50 Vgl. Bodenhausen-Degener (1955), S. 68f. – Br. Kommission (1896), Bd. III: 1894/95, S. 273.

51 Richard Dehmel, Trinklied, Pan, 1. Jg., 1895/96, Heft 1, o.P., nach S. 14.

52 Brief Alfred Lichtwark an Dehmel, 28.2.1896, HH, SUB, HSS, DA 281. – Kessler und Bodenhausen versuchen vergeblich, Lichtwark von Dehmels Gedicht *Eines Tages* zu überzeugen; Lichtwark will nicht, dass es im *Pan* erscheint; vgl. Kessler (2004), Bd. 2, S. 432.

eigene Erfahrung mit der Einführung moderner Kunst in Hamburg, und nicht zuletzt der Petersen-Skandal, mit eingeflossen. Anders verhält es sich mit dem Schriftsteller Georg von Ompteda. Lichtwark lernt ihn durch die Mitarbeit am *Pan* kennen; Ompteda widmet ihm sein Buch *Männliche, weibliche, sächliche Geschichten*. Lichtwark findet auch Omptedas Roman *Der Zeremonienmeister* »sehr fein«.[53]

Am 17. September 1895 trennt sich der Aufsichtsrat von den beiden ersten Redakteuren, die zur Anregung der deutschen Kultur vor allem auf ausländischer Kunst und Literatur beharren, während Lichtwark für das umgekehrte Vorgehen eintritt. Er will durch eine Beschränkung der Zeitschrift auf die deutsche Kultur auch mithilfe des *Pan* eine kulturtragende Schicht heranbilden; ausländische Themen sollen lediglich ergänzen. »Den Pan sollen die deutschen [sic] nicht nur einmal durchblättern und weglegen, den sollen sie durchbuchstabieren, Vater, Mutter und Kinder, den sollen sie sich vorlesen, seine Worte sollen in ihr Blut und ihre Lebenssäfte übergehen«, schreibt Lichtwark am 17. Februar 1895 pathetisch an Andreas Aubert.[54] Eberhard von Bodenhausen folgt Lichtwark in der Forderung nach der Herausbildung einer nationalen Kultur, plädiert sogar für eine Orientierung an der älteren deutschen Kunst.[55] Lichtwarks Idee der Lokalhefte, einzelnen Regionen gewidmeten Ausgaben des *Pan*, stellt er sich »schwer ausführbar« vor, »aber glücklich«, wie er an Lichtwark bestätigend schreibt: »Der Pan steht auf nationalem Boden und setzt sich zur Aufgabe, der Entwicklung der inländischen Kunst fördernd zur Seite zu stehen.«[56]

Der noch nicht einmal dreißigjährige Eberhard Freiherr von Bodenhausen hinterlässt von Anbeginn bei Lichtwark den »günstigsten Eindruck«. Er erscheint ihm sogar als künftiger Minister, im Gespräch sehr gewandt und energisch. Als Bodenhausen später gegen den Willen seiner Familie eine Industrie- statt einer Regierungskarriere einschlägt, ergreift Lichtwark seine Partei: Sein Schritt gehöre zu den beachtenswerten Symptomen, dass es in der jungen Generation des preußischen Adels »zu tagen« beginne.[57] Bodenhausen seinerseits verehrt Lichtwark sehr und bewundert dessen Verdienste für Hamburg, wo er ihn auch besucht. »Er ist ohne jede Übertreibung«, schreibt Bodenhausen am 14. August 1895 begeistert an seine Schwester, »der interessanteste und geistreichste, vielleicht auch der gebildetste Mensch, den ich bisher kennengelernt, dabei von einer ganz besonderen Liebenswürdigkeit. Er ist in den drei Tagen nicht von meiner Seite gewichen und hat mich in der denkbar angenehmsten und belehrendsten Weise durch die Sehenswürdigkeiten und Kunstschätze von Hamburg geführt. Zuerst kam natürlich seine Kunsthalle an die Reihe; er hat

53 Vgl. Brief Alfred Lichtwark an Wedderkop, 14.11.1897, HKH, AdB 112. Lichtwark widmet Ompteda sein Buch *Königsstädte*.
54 Brief Alfred Lichtwark an Aubert, 17.2.1895, Oslo, NB, Brevsamling 32. Lichtwark begeistert sich hier, ganz »hingerissen«, über die Stringenz und Frische von Auberts Aufsatz über die Kunst Munthes.
55 Vgl. hier und im Folgenden: Henze (1974), S. 111, 329, 357.
56 Vgl. Briefe Bodenhausen an Alfred Lichtwark, 5.7.1895, 16.7.1895, Abschriften als Typoskript, DLAM, A: Bodenhausen 57.6345.
57 Vgl. Br. Kommission (1896), Bd. III: 1894/95, S. 148f.; (1899), Bd. VI: 1898, S. 12.

offenbar einen ungeheuren Einfluß in Hamburg und hat die Gelder locker zu machen gewußt, um verschiedene der besten Maler, wenigstens zeitweise, nach dort zu ziehen und ihre Werke anzukaufen. Kalckreuth hat einige vortreffliche Hafenbilder gemalt, Liebermann hat einen großen Zyklus Hamburger Portraits begonnen, an dem mit der Zeit die verschiedensten Künstler arbeiten werden. Sonst sind noch Kuehl und Thaulow, auch Hans Olde, besonders gut vertreten. Von alter Kunst ist wenig da; dieses wenige aber von erster Klasse. Am interessantesten und bedeutendsten erscheint Runge, Anfang des Jahrhunderts, den man außerhalb der Mutherschen Geschichte kaum kennt. [...] Lichtwark hat seine vielen Gemälde und Zeichnungen in den letzten Jahren aus den Häusern der Hamburger geholt und hat damit einen der größten deutschen Künstler der Vergessenheit und Unbekanntheit entrissen. [...] Lichtwarks Einfluß hat es schon erreicht, daß die Hamburger im 19ten Jahrhundert leben und nicht phantastische Preise für alte Kunst, sondern bescheidene Preise für die Kunst der Mitlebenden ausgeben.«[58]

Bodenhausen ist unglücklich, als Lichtwark seine Gedichtauswahl für den *Pan* verwirft, und fühlt sich getadelt. »Sehen Sie«, schreibt er am 29. Oktober 1895 an Lichtwark, »wenn ich König wäre, gäbe ich Ihnen heute den schwarzen Adlerorden und machte Sie zum Kunstkönig: ich habe eine geradezu enorme Hochachtung (abgesehen von anderen Gefühlen) vor Ihnen; und wenn Sie da derartig vor unserer Literatur ausbrechen, so sage ich mir eben: es ist etwas faul daran. Aber was? [...] Denken Sie einfach immer wieder, dass ich ein unbegrenztes Vertrauen zu Ihnen habe und erlauben Sie mir schon, Ihnen alles schreiben zu können glatt vom Herzen runter ohne dass je ein Moment gerunzelter Stirne auch nur denkbar wäre. Und laufen Sie um Gottes willen nicht etwa raus aus dem Pan; dann ist es aus.« Bodenhausen ist es auch, der noch einmal versucht, Lichtwark Nietzsche nahezubringen; er hat einen Text von Nietzsche für den *Pan* ausgesucht, einen Hymnus an die Freundschaft, Klinger werde wahrscheinlich eine Radierung dazu anfertigen. Er bittet Lichtwark, Nietzsche nicht deshalb abzulehnen, weil er den *Antichrist* geschrieben habe: »Wir brauchen Nietzsche; er ist wirklich unser Goethe, und für mich ist er mehr.«[59] Nietzsches Text *Der Riese* und Klingers Radierung »Der Philosoph« erscheinen im zweiten Heft des ersten Jahrgangs. Im Oktoberheft des zweiten Jahrganges 1896 folgen Nietzsche-Verse aus den Sprüchen Zarathustras, wiederum kombiniert mit einer Radierung von Klinger: »Krumm gehn grosse Menschen und Ströme, / krumm, aber zu ihrem Ziele: / das ist ihr bester Mut, / sie fürchten sich vor krummen Wegen nicht.«[60] Lichtwark dürften sie gefallen haben, thematisieren sie indirekt auch seinen eigenen Lebensweg. Doch mit Nietzsche mag er sich nicht befassen, er liest nur wenig von ihm. An Ernst Eitner schreibt er am 30. Juli 1895: »Natürlich

58 Bodenhausen-Degener (1955), S. 116f.

59 Vgl. Brief Bodenhausen an Alfred Lichtwark, 15.8.1895, Abschrift als Typoskript. Zitat: Brief Bodenhausen an Alfred Lichtwark, 29.10.1895, Abschrift als Typoskript, DLAM, A: Bodenhausen 57.6345. Vgl. Henze (1974), Anm. 12, nach S. 88 bzw. nach S. 96.

60 In: Pan, 2. Jg., 1896/97, Heft 2, S. 85.

schätze ich an Nietzsche nicht nur den Künstler. Aber ich glaube, der Künstler sollte ihn wesentlich als solchen betrachten. Wer als Denker sich zu sehr hingiebt, den lähmt er leicht. Denken Sie an den armen Momme Nissen, dem er doch wohl das Gleichgewicht geraubt hat. Es gehört sehr viel Gesundheit dazu, seine Luft atmen zu können.«[61] 1901 äußert er auch gegenüber Schiefler seine Aversion gegen das »Wortgeklingel« im *Zarathustra*, es sei darin auch kaum etwas Neues. Michel de Montaigne und François de La Rochefoucault hält er für viel innovativer und persönlicher.[62]

Lichtwark ist also keineswegs kategorisch gegen Ausländisches im *Pan*, es soll nur nicht im Vordergrund stehen. Er plädiert sogar dafür, ausländische Literatur in der Originalsprache abzudrucken.[63] Lichtwark will zunächst eine autonome kulturelle Entwicklung in Deutschland in Gang setzen, der *Pan* soll dabei unterstützend wirken. Diese Gedanken legt er in dem programmatischen Aufsatz *Die Entwickelung des Pan* nieder, der ursprünglich im ersten Heft des ersten Jahrgangs erscheinen soll, jedoch erst im zweiten Heft gedruckt wird. Der Tenor dieses Textes ist durch Lichtwarks Sorge um die Kulturentwicklung im noch jungen Deutschen Kaiserreich bedingt: Der *Pan* müsse ein deutsches Kunstblatt werden, und die Gebildeten sollen die deutschen Künstler ebenso kennen wie die Dichter, denn die Kulturgemeinschaft halte das Volk zusammen: »Die grossen Dichter und Künstler; die grossen Neuerer der Wissenschaft und der Politik – auch sie sind Künstler –, die das Wesen der Rasse in sich am stärksten in ihren Werken zum Ausdruck bringen, das sind die Gründer und Erhalter der Nationalität. Erst die Vertiefung in ihr Wesen, der Anschluß an ihre Energie verleiht die Stammeszugehörigkeit.«[64] Das Echo auf diesen Beitrag ist geteilt. »Mein Plan ist sehr verschieden beurteilt worden«, schreibt Lichtwark am 9. Januar 1896 an Aubert, »sehr freundlich und ganz abfällig. Ich sehe noch keinen bessern, und so lange halte ich fest. Man schüttet natürlich das Kind mit dem Bade aus, indem man mir Chauvinismus vorwirft. Davon bin ich so fern wie einer.«[65]

Bei aller Sorge um die nationale Kulturentwicklung ist Deutschtümelei Lichtwarks Sache nicht. Doch kaum jemand weiß, dass er für die Kunsthalle Werke aus Frankreich, Skandinavien und anderen europäischen Ländern erwirbt, die englische Sammlung ausbauen möchte und seit 1894 in den Frühjahrsausstellungen regelmäßig moderne Werke aus ganz Europa zeigt. Als Hugo von Tschudis Kritiker dessen Neuordnung der Berliner Nationalgalerie und Einsatz für die französische Kunst monieren, wird Lichtwark »beinahe unbehaglich«, weil er mit seinem Artikel über die Entwicklung des *Pan* im Sinne eines nationalen Organs scheinbar für dieselbe Sache gekämpft hat, wenn auch aus anderen Gründen und für ein anderes Ziel.[66]

61 Brief Alfred Lichtwark an Eitner, 30.7.1895, HKH, AdB 270 I.

62 Vgl. Schiefler, LAZ, 1901, S. 139f., SUB, HH, HSS.

63 Vgl. Henze (1974), S. 336. – Sonnet de Stephane Mallarmé, gedruckt als Reproduktion seiner Handschrift in französischer Sprache, in: Pan, 1. Jg., 1895/96, Heft 1, o.P., nach S. 14.

64 Vgl. AL, Entwickelung des Pan, S. 173–176, Zitat S. 176.

65 Brief Alfred Lichtwark an Aubert, 9.1.1896, Oslo, NB, Brevsamling 32.

66 Vgl. Br. Kommission (1899), Bd. V: 1897, S. 33f.

Lichtwarks erster gedruckter Beitrag im *Pan*, den er gewissermaßen fertig aus der Tasche zieht, ist der bereits erwähnte Aufsatz *Die Wiedererweckung der Medaille*, der gleich im ersten Heft erscheint. Hier beweist er nun einer breiteren Öffentlichkeit seinen Einsatz für die französischen Medaillenkunst. Geplant ist ursprünglich auch, Lichtwarks Buch über die Wiedererweckung der Medaille in einem noch zu gründenden *Pan*-Verlag herauszubringen, doch kommt es zu dieser Verlagsgründung nicht.[67]

Im *Pan* kommt Lichtwark regelmäßig und ausführlich zu Wort. Hat er bisher nur für Hamburg geschrieben, so finden seine Gedanken nun reichsweit Verbreitung. Im ersten Jahrgang des *Pan* veröffentlicht er vier Beiträge; im zweiten 1896/97 trägt er das Maximum von sieben Aufsätzen bei, da hier seinem Vorschlag der Themenhefte über deutsche Kunstzentren gefolgt wird. Im dritten Jahrgang 1897/98 erscheinen vier Beiträge, darunter der Aufsatz *Denkmäler* und seine wichtigen Aufsätze über Architektur.[68] Für den vierten Jahrgang 1898/99 verfasst Lichtwark nur noch zwei Beiträge, einen für das Böcklin gewidmete Heft über dessen Ausstellungen in Berlin und Hamburg, ferner *Die Erziehung des Farbensinns*.[69] Aber schon länger hat sich sein Engagement für den *Pan* gelegt, nachdem sein Konzept der Themenhefte sich nicht konsequent durchsetzen lässt. Im letzten Jahrgang 1899/1900 findet sich kein Beitrag Lichtwarks mehr. Für seine Aufsätze verlangt er bewusst kein Honorar. Er will nicht durch persönliches Interesse beteiligt sein und hält die Honorare auch für viel zu hoch; die Kosten seien unglaublich, schreibt er seiner Kommission bereits im ersten Erscheinungsjahr der Zeitschrift.[70]

Neben Bodenhausen und Meier-Graefe lernt Lichtwark beim *Pan* auch den Kunsthistoriker, Schriftsteller und Mäzen Harry Graf Kessler kennen. Seit November 1894 gehört Kessler zunächst informell zum *Pan*-Kreis und wird am 15. März 1895 als offizielles Mitglied der Genossenschaft registriert.[71] Er engagiert sich zwar für das Projekt, will jedoch keine zentrale oder leitende Position übernehmen und übt seinen Einfluss im Hintergrund aus. Ihm geht es um eine »vorurteilslose, geschmackvolle und nicht philiströse Zeitschrift« für Deutschland. Kessler, sechzehn Jahre jünger als Lichtwark, ist mit dessen Art zu schreiben vollauf einverstanden: »[...] uns fehlt es«, schreibt er am 26. Oktober 1896 an Bodenhausen als den Aufsichtsratsvorsitzenden des *Pan*, »und nicht nur beim Pan sondern überhaupt in Deutschland, an Leuten, die interessant schreiben können ohne in den Feuilletonstil zu verfallen, die ihren Ernst heiter und ohne Grimasse tragen können; fast alles was schreiben und nicht blos denken kann hat von den Juden das Gestikulieren angenommen. Lichtwark ist eine Ausnahme.«[72] Mehrfach beraten Bodenhausen und Kessler über eine stärkere

67 Vgl. Henze (1974), S. 67. Das Medaillenbuch erscheint 1897 in Dresden bei Kühtmann; Kayser (1977), Nr. 249.

68 Siehe dazu das Kapitel »Architektur: Die drei Pan-Aufsätze zur Architektur« in Teil 3.

69 Siehe dazu das Kapitel »Kunsterziehung II: Die Erziehung des Farbensinns« in Teil 3.

70 Vgl. Br. Kommission (1896), Bd. III: 1894/95, S. 271.

71 Vgl. hier und im Folgenden: Grupp (1995), S. 61f., zu Kesslers Studium bei Anton Springer vgl. ebd., S. 37. – Siehe auch das Kapitel »Leipziger Intermezzo« in Teil 1.

72 Simon (1978), S. 24.

Einbindung Lichtwarks in die *Pan*-Arbeit; noch 1900 soll er den Teil »inländische Kunst« selbständig übernehmen, doch kommt es dazu nicht mehr. Schon bald nach der Einstellung der beiden neuen Redakteure ist Lichtwark enttäuscht, sie erscheinen ihm lahm und ziellos. An Andreas Aubert schreibt er im Februar 1895: »Ich hatte gehofft, die beiden neuen Redacteure sollten wie junge Pferde unseres Zaumes bedürfen, und nun scheint es als müssten wir sie wie alte am Zügel führen. Wo soll das hinaus? Mit den alten habe ich gebrochen nicht weil sie zu wild und unbändig waren sondern weil sie absolut internationale Tendenzen bekannten. Wildheit legt sich beim Wagenpferd von selbst. Aber es muss Gefühl für den Weg haben und darf nicht einen Kutscher brauchen, der es in jedem Moment mit gespannter Aufmerksamkeit und unter Einsatz seiner ganzen Kraft vom Graben und von den Feldern zurückhalten muss.«[73] Lichtwark seinerseits trägt Kessler über Bodenhausen die Direktion des *Pan* an, was dieser jedoch entschieden ablehnt.[74] Lichtwark scheint diesen weltläufigen und reichen jungen Adeligen zu bewundern, und Kessler fühlt sich von ihm umschmeichelt. »Lichtwark ein stämmiger, liebenswürdiger Mann«, notiert er 1895 in seinem Tagebuch, »der in unaufdringlicher Weise im Laufe des Abends eine grosse Anzahl typischer und unterhaltender Geschichten und Bemerkungen vorzubringen weiß; man bemerkt erst nachträglich, dass es so viele gewesen sind. Er besitzt auch die Kunst, dadurch zu komplimentieren, dass er die Gedankenkörnchen, die es allenfalls möglich ist, aus der Konversation der Andren herauszupicken, Diesen [sic] hübsch aufgeputzt als Perlen ihres eigenen Gewächses wieder überreicht; d.h. er gehört zu den Zauberkünstlern der Schmeichelei, die es schließlich fertigbringen, Einen glauben zu machen, dass ihr Glanz nur der Widerschein des Lichtes ist, das man ihnen spendet.«[75] Kessler empfindet Lichtwarks starke Persönlichkeit jedoch durchaus auch als Beeinträchtigung, als im Mai 1896 beide gemeinsam Potsdam und seine Schlösser besichtigen. »Es wird mir schwer«, formuliert er in seinem Tagebuch, »Kunst unter dem Einfluss einer andren Individualität, namentlich einer so starken wie Lichtwark, zu geniessen, aber von ihm viel Anregung, namentlich in historischer Beziehung, für späteren Genuss erhalten.«[76] Lichtwarks Gespür für ästhetische Zusammenhänge erkennt Kessler genau, die »Fähigkeit, im Sein das Werden zu beobachten, die ihm beim Erfassen einer Pflanzenform wie bei der eines Stils zugutekommt; er versteht immer wieder die Muschel aus der Schnecke heraus.«[77]

Nach der Einstellung der Themenhefte im Jahr 1899 ist Lichtwark nicht mehr zur Mitarbeit am *Pan* bereit. Die Zeitschrift erscheint ihm nur noch als Berliner Lokalan-

73 Vgl. Bodenhausen-Degener (1955), S. 52, Brief Kessler an Bodenhausen, 9.1.1900; S. 54, Brief Bodenhausen an Kessler, 6.4.1900. – Brief Alfred Lichtwark an Aubert, 17.2.1895, Oslo, NB, Brevsamling 32.

74 Vgl. Kessler (2004), Bd. 2, S. 388.

75 Ebd., S. 89. – Kessler empfindet zuweilen Lichtwarks Verhalten ihm gegenüber als Schmeichelei; vgl. ebd., S. 395, 434.

76 Vgl. ebd., S. 443.

77 Ebd., S. 444. Lichtwark und Kessler besuchen mehrfach in dieser Zeit gemeinsam Ausstellungen und Museen; vgl. ebd., S. 457, 465.

gelegenheit, die er überhaupt nicht mehr fortsetzen möchte. »Pan ist todt, Pan ist todt, wenn ich auch den Todtenschein noch nicht in der Hand habe«, schreibt er im April 1900 an seinen Freund Magnus von Wedderkop.[78] Dennoch äußert er Zufriedenheit über die immerhin vierjährige Existenz des *Pan*: »Er hat unendlich viel Anregung gegeben, man spürt das auf Schritt und Tritt.«[79]

Der Medaillenaufsatz

Gleich im ersten Heft des *Pan* erscheint Lichtwarks Aufsatz *Die Wiedererweckung der Medaille*.[80] Er springt damit für Bode ein, der infolge einer ernsten Erkrankung den eigentlich geplanten Programmartikel nicht schreiben kann.[81] Eingangs stellt Lichtwark die aktuelle Situation auf dem Gebiet der Medaillenkunst dar: Heruntergekommen und gering geschätzt wie die Briefmarken, teile sie in Deutschland das Ansehen und die gleichgültige und oberflächliche Behandlung mit der Skulptur, die in Deutschland ein vernachlässigtes Gebiet darstelle, obwohl man im Ausland die Deutschen mehr als Bildhauer denn als Maler betrachte angesichts der bedeutenden alten Bildhauerwerke etwa in Bremen, Lübeck, München, Nürnberg und Würzburg. Lichtwark fordert eine Neubesinnung, jedoch nicht durch eine Reorganisation der Akademien und Kunstgewerbeschulen, denen er schon lange nichts mehr zutraut. »Jede Kunstpflege sollte an Ort und Stelle anknüpfen«, formuliert er und plädiert dafür, alle möglichen lokalen Aufgaben zu untersuchen und gezielt zu fördern. Eine »gesunde« lokale Plastik würde zahlreiche Zweige der angewandten Kunst befruchten. Über die Medaille soll nun nach seiner Vorstellung das Gefühl für die Bildhauerkunst erweckt werden. Die Medaille wolle in der Hand betrachtet werden und sei wie der Kupferstich für den »intimen Genuß« gedacht; das Gebiet der Plastik erfahre einerseits eine Erweiterung durch die Medaille, andererseits ähnele die feine Technik der Zeichnung. Beim Medium der Medaille sei wie bei der Druckgraphik die Vervielfältigung gegeben; die geprägte Medaille stehe dem Holzschnitt nahe, der Guss sei jedoch beschränkt wie bei der Radierung. Allein diese Möglichkeit der Verbreitung von Auflagen wie bei der Druckgraphik ist für Lichtwarks Bestrebungen schon von besonderer Relevanz; sie verleiht ihr Bedeutung im Kontext der künstlerischen Erziehung. Zugleich sei die Medaille aber auch ein tragbares Denkmal, das einst staatliche, gesellschaftliche und familiäre Ereignisse widerspiegelte. Das Volk habe die Medaille schon immer geschätzt; Lichtwark erinnert an verschiedene populäre Medaillen, die »Pfennige« mit ihrer Nähe zur Münze, die Lichtwark allerdings nicht besonders betont. Davon übrig geblieben seien nur Jubiläumsmedaillen oder Ausstellungsprämien, banale Leistungen, während schöne Münzen sofort als Schmuck konsumiert würden.

78 Brief Alfred Lichtwark an Wedderkop, 10.4.1900, HKH, AdB 112.
79 Br. Kommission (1901), Bd. VII: 1899, S. 28f.
80 Vgl. Pan, 1. Jg., 1895/96, Heft 1, S. 34–39.
81 Vgl. Br. Kommission (1896), Bd. III: 1894/95, S. 149.

Schon in der 1891 erschienenen *Münzkunde* von Dannenberg[82] werde der Verfall des Medaillenwesens beklagt und der Wunsch nach einer Wiederbelebung geäußert, die allerdings zu dieser Zeit in Frankreich schon begonnen hätte. Und nun schildert Lichtwark seine eigene Begegnung mit den neuen französischen Medaillen, die Eindrücke in Kopenhagen im Jahr 1888, seine Bewunderung für diese neue Originalität und ihre Merkmale: Gussmedaillen ohne Spiegelglanz, mit unebenem Grund und ohne erhöhten Rand – also die deutliche Entfernung von der konventionellen Münze. Alte Ideen verbänden sich hier mit einer modernem Auffassung, nicht die mageren allegorischen Motive, sondern das ganze moderne Leben, alle Gattungen, auch Stillleben und lebendige Bildnisse spiegeln sich in den neuen Werken. Jeder Rahmen mit Medaillen habe den Charakter einer ganzen Gemäldegalerie besessen. Lichtwark habe in Deutschland nichts erfahren können, daher sei die Weltausstellung in Paris eine günstige Gelegenheit für Recherchen gewesen. Doch auch die Pariser Museen besaßen noch nichts von den neuen Stücken, und die Kunsthändler kannten nicht einmal die Namen der ersten Meister dieses Fachs. Die Medaillen sollen nach Lichtwarks Wunsch den Grundstock für den Aufbau der Skulpturensammlung der Kunsthalle bilden und für den Aufbau einer lokalen Produktion als Anschauung dienen. In einem Aufsatz aus dem Jahre 1880 habe sich Roger Marx mit der Medaillenkunst befasst. Die Bewegung sei noch sehr jung; am 2. Mai 1868 habe der Chemiker Dumas als Präsident in einem Vortrag vor dem Comité consultatif des graveurs den alten Medaillenstil gegeißelt, was zu einem heftigen Disput zwischen konservativen und neuen Medailleuren geführt habe, Hubert Ponscarme an der Spitze. Lichtwark zählt sie nun alle auf: die erste Generation mit David d'Angers seit 1830, Dubois um 1860, Chapus neuer Typus des Portraitmedaillons. Eine neue Bildhauerschule sprenge nunmehr die Fesseln der Tradition, und Ponscarme habe die Entwicklung auf die Medaille übertragen. Von 1870 an sei die zweite Generation tätig geworden, Degeorge, Dupuis, Chaplain, Roty; die beiden letzten als Mitglieder der Académie seit Jahren. Nun sei schon die dritte Generation nachgerückt; aus aller Welt – nur nicht aus Deutschland – gehe man als Schüler nach Paris, um die Medaille zu studieren. Von seinen eigenen Bemühungen und Begegnungen beim Aufbau einer Sammlung für die Hamburger Kunsthalle spricht Lichtwark in seiner zurückhaltenden Art nicht, auch stellt er nicht besonders heraus, dass er selbst als Wiederentdecker der Medaillenkunst für Deutschland hier die erste Sammlung französischer Medaillen aufgebaut hat. Eher beiläufig teilt er mit, die Ausstellung in der Hamburger Kunsthalle habe begeisterte Aufnahme »in allen Kreisen« gefunden, und die Medaille werde nun wieder populär. Aber unter den Scheffel stellt er sein Licht keineswegs, wenn er mitteilt, dass die Stadt Hamburg schon 1892 beschlossen habe, ihr Medaillenwesen im künstlerischen Sinne zu reorganisieren, und Wettbewerbe ausgeschrieben habe. Seit kurzem gebe es auch in anderen deutschen Städten den Versuch, vorbildhafte Medaillen aus Paris zu erwerben. So hofft Lichtwark auf

82 Hermann Dannenberg, Grundzüge der Münzkunde, Leipzig: Weber, 1891.

eine weite Verbreitung, warnt jedoch vor Epigonentum und fordert eine vielseitige Ausbildung für die Talente, denn die französischen Bildhauer seien auch als Maler und Zeichner erzogen. Die Fürsorge des Staates und die bewusste Kunstpflege der Gesellschaft könnten aber nur fördern, nicht schaffen; daher hofft er, die deutschen Künstler möchten in den französischen ein Vorbild der Gesinnung erkennen. Sie hätten nicht auf die Initiative des Staates gewartet, nicht »äußeres Wohlleben« und »Besitz von Glücksgütern« sei ihr Ziel gewesen, sondern in selbstloser Hingebung hätten sie ein bescheidenes, einsames Leben geführt, um ihr Werk ungestört entwickeln zu können, und sich selbst Aufgaben gestellt mit den Bildnissen ihrer Familien und Freunde; Staatsaufträge und reiche Mäzene habe es nicht gegeben.

Seine Rolle als Erster in Deutschland, der die Bedeutung der neuen französischen Medaillenkunst erkennt und eine Sammlung für die Kunsthalle zusammenträgt, um die Entwicklung zu verdeutlichen und als Vorbild für andere Museen zu dienen, stellt Lichtwark nicht besonders heraus, vielmehr erscheint die Erwähnung dieses Sachverhaltes unvermeidlich. Sein Werben für die Erneuerung der Medaillenkunst findet auch durch Vorträge statt, etwa Anfang November 1895 in Dresden. Anlass ist das Vorhaben der Stadt Dresden, nach dem Hamburger Vorbild eine Medaille prägen zu lassen und dazu einen Wettbewerb auszuschreiben.[83] Lichtwark dürfte von seinen Freunden Woermann und Seidlitz als erster Spezialist für die moderne Medaille im Reich zu diesem Vortrag eingeladen worden sein.

Lichtwarks Beiträge zu den lokalen Themenheften

Lichtwarks Position in der Redaktionskommission und dem Aufsichtsrat des *Pan* ist offensichtlich derart stark, dass er sich zunächst mit seiner Idee der den verschiedenen deutschen Kunststädten gewidmeten Themenheften durchzusetzen vermag. Die »Rundschau«, der jeweils zweite Heftteil, soll nach Lichtwarks Vorschlag anders gestaltet werden. Für den ersten Teil hofft er Wesentliches zu erreichen in der Betonung der kulturellen Besonderheiten, der »Selbständigkeit der Centren«. Aber der »Standpunkt ist immer: Deutschland.«[84]

»Nun wird der Pan deutsch. [...] Wenn der Pan nicht ein Berliner, sondern ein wirklich deutsches Organ wird«, schreibt Lichtwark seiner Kommission, »dann haben wir damit ein grosses Machtmittel gewonnen.«[85] Schon am 4. Juli 1895 legt er Meier-Graefe seine Vorstellung dezidiert dar; es müsse einmal gesagt werden: »was ist Berlin«. Wer es tun soll, wisse er nicht, er selbst möge »nicht immer vor die Rampe«. Der *Pan* soll ein Ausdruck deutschen Lebens sein, und da sich dies nicht auf einen Mittelpunkt konzentriere, sondern sich an den alten Stammeszentren sammele, müs-

83 Vgl. Br. Kommission (1896), Bd. III: 1894/95, S. 357. – P3, 7.1.1896.
84 Br. Kalckreuth, S. 69.
85 Br. Kommission (1896), Bd. III: 1894/95, S. 346f.

se man in jedem Jahr ein Berliner und ein Münchner Heft haben, denen sich je nach Bedürfnis ein Dresdner, ein rheinisches, ein Südwest-, ein Nordwest-Heft abwechselnd anschlössen. Die beiden übrigen Ausgaben blieben für das Allgemeine und für das Ausland. »Auf diesem Wege darf Pan hoffen, daß überall das Beste, was in Kunst und Literatur entsteht, für ihn gespart wird, und er kann jedem Centrum Aufgaben stellen.«[86] Vier Themenhefte erscheinen konsequent entsprechend diesem Vorschlag, doch dann verwässert diese Struktur wieder. Mit den Themen trägt Lichtwark der föderalistischen Struktur des Deutschen Reiches Rechnung; als Hamburger denkt er jedoch außerdem partikularistisch. Er erkennt auch jene Zentren künstlerischen Lebens an, die durch ihre Akademie schon lange – und oft länger als die Reichshauptstadt Berlin – ein eigenes und typisches Kulturleben besitzen. Die vier Themenhefte erscheinen im zweiten Jahrgang 1896/97, das erste ist Berlin gewidmet, das zweite Dresden, das dritte München und das vierte Hamburg. Alle diese Texte, ergänzt durch Aufsätze über Potsdam aus dem *Pan*-Jahrgang 1897/98 und über Stuttgart aus einem Brief Lichtwarks an seine Kommission, nimmt er in seine Anthologie *Deutsche Königsstädte* wieder auf, die 1898 wiederum bei Kühtmann in Dresden erscheint, dem Schriftsteller Georg von Ompteda gewidmet.[87] Lichtwark will einen Beitrag zur ›Einübung‹ der Bildungsreise leisten; »die Fähigkeit, sich vorzubereiten, zu sehen, zu unterscheiden, zu erkennen und die mannigfaltigen Eindrücke zu einem ganzen, vereinfachten Bilde zusammenzufassen« müsse besonders geübt werden.[88]

Das Berlin gewidmete *Pan*-Heft enthält einen fünfteiligen Beitrag Lichtwarks zur Stadt Berlin.[89] Zum Teil kann er dabei auf frühere Studien im Rahmen seiner Reisevorbereitungen zurückgreifen. In dem Abschnitt »Aus Berlin« befasst er sich mit der zur Fürsten- mutierten Bürgerstadt im Vergleich zu der großartigen Residenzstadt Paris. Doch eine Kulturmacht wie Paris sei Berlin dennoch nicht geworden, stellt Lichtwark fest, wenn auch die Leistungen Berlins auf technischem, wissenschaftlichem und industriellem Gebiet überall beeindrucken. Auch in diesem Kontext äußert er sich wieder einmal zur kulturellen Bildung des Bürgers: Solange das Bürgertum sich nicht in den Besitz eigener und tiefer Kultur und künstlerischer Bildung setze, werde es »das Erbe des Fürstentums nur in dem Bruchstück des Materiellen inne haben.«[90] Über die Dezentralisation der Berliner Stadtverwaltung in selbständige Bürgermeistereien in den Bezirken nach Pariser Muster reflektiert er in einem weiteren kurzen Text. Von Denkmälern und ihrer Aufstellung im Freien handelt der darauf folgende kritische Beitrag. Er hofft auf einen durch die Riesendenkmäler des Bildhauers Reinhold Begas bewirkten Wendepunkt in der Denkmalskunst und eine beginnende Entwicklung zur naturalistischen Darstellungsweise; dabei denkt er an »bescheidenere und

86 Brief Alfred Lichtwark an Meier-Graefe, 4.7.1895, DLAM, A: Flaischlen/Pan, 31814; zit. bei Henze (1974), S. 522f.
87 Zu allen genannten Texten vgl. Kayser (1977), Nr. 213, 214, 215, 268. – Als Quelle dient im Folgenden AL, Königsstädte.
88 Vgl. AL, Königsstädte, S. 48.
89 Kayser (1977), Nr. 213, hier und im Folgenden zit. nach AL, Königsstädte, S. 13–44.
90 Ebd., S. 26.

von grossen Künstlern als selbständige Kunstwerke höchster Gattung ausgebildete Reiterstatuen« auf niedrigen und schlichten Sockeln an sorgfältig gewählten Plätzen. Auch die unterschiedlichen Maßstäbe der einzelnen Figurengruppen von Denkmälern mit ihrer Bedeutungsperspektive missfallen ihm.[91] Dem Denkmal des Großen Kurfürsten von Schlüter widmet er einen eigenen Aufsatz, ebenso der neuen Aufstellung des Kaiserin-Augusta-Denkmals auf dem Berliner Opernplatz. Mit Potsdam als Residenzstadt schließt er an die Reihe der Berliner Texte an, behandelt die Bauten der verschiedenen Herrscher sowie die holländischen und französischen Einflüsse. Er mahnt neue Forschungen an, etwa Studien über Friedrich den Großen oder Georg Wenzeslaus von Knobelsdorff, und versucht die Bauten aus dem Wesen des Auftraggebers zu begreifen. Solche Studien müssten nicht von den Dingen ausgehen, sondern von den Menschen, Auskunft geben über die Männer und ihre Ideen, »ein Stück Psychologie der Rasse und der Epochen, die Potsdam erbaut haben.«[92]

Dresden stellt er als lebendige Kunstszene mit ihren wichtigen Persönlichkeiten vor, die sich der neuen Kunst verschrieben haben: den seit 1883 tätigen Feuilletonredakteur des *Dresdner Anzeigers*, Paul Schumann, sodann Ferdinand Avenarius als Begründer der 1887 ins Leben gerufenen modernen, der Reformbewegung nahestehenden Zeitschrift *Der Kunstwart*, ferner Karl Woermann und seine Neuordnung der alten und der modernen Dresdner Galerie, letztere mit Werken von Böcklin, Klinger und Uhde.[93] Den Direktor des Kupferstichkabinetts, Max Lehrs, würdigt er als Reorganisator der Dresdner Sammlungen und einen der frühesten Forscher zur altdeutschen Graphik wie auch als Sammler der modernen Meister, die der Dresdner Künstlerschaft neue Anregungen geben könnten. Georg Treu lobt er für die Einrichtung des neuen Gipsmuseums und die Aufstellung des Antikenkabinetts, für die Gründung einer Abteilung für moderne Plastik und seinen Einsatz für die Wiederbelebung der farbigen Skulptur. Von Treus 1884 verfasster Broschüre über die Frage nach einer farbigen Fassung der antiken Statuen ist der Hinweis auf Max Klingers »Salome« und »Kassandra« im Leipziger Museum naheliegend; Lichtwark beweist damit seine Kenntnisse und sein permanentes Interesse an diesen Themen seit seiner Berliner Zeit. Neben dem am Polytechnikum lehrenden Cornelius Gurlitt, der für eine Durchsetzung moderner Ideen in der Baukunst kämpft, und dem Architekten Rettich, der eine Erneuerung auf der Basis der lokalen Architekturtradition fordert, erwähnt Lichtwark auch seinen Freund Woldemar von Seidlitz. Dieser betrachte seine frühen Studien zu Schongauer und Rembrandt als eine ebenso wichtige Aufgabe wie die Förderung der zeitgenössischen Kunst. Lichtwark erwähnt den Bildhauer Robert Diez und den Historienmaler Hermann Prell, den Freund aus Berliner Tagen, thematisiert heftig umstrittene neue Ankäufe der Galerie, etwa Klingers »Pietà«, und stellt die

91 Ebd., S. 39. – In diesem Sinne gestaltet z.B. Hermann Hahn das Moltke-Denkmal am Bremer Dom; Lichtwark ist als Juror am Wettbewerb beteiligt. Siehe dazu die Kapitel »Reisen: Wieder einmal: Paris« in Teil 3 sowie »Denkmäler für Hamburg und Bremen« in Teil 4.
92 Vgl. AL, Königsstädte, S. 77.

langsam sich entwickelnde Anerkennung der neuen sezessionistischen Kunst auch für Dresden fest. Er würdigt die Arnoldsche Hofkunsthandlung von Ludwig Gutbier, deren aktuelles Programm Lichtwarks Interessensgebieten genau entspricht: moderne englische Radierer, englische Buchausstattung, japanische Holzschnitte und anderes mehr. Der Salon Lichtenberg des Kunsthändlers Morave, der neben den Künstlern der Dresdner Sezession auch Klinger, Ludwig von Hofmann und skandinavische Maler vorstellt, scheint ihm seiner Zeit ein wenig voraus und deshalb auch weniger erfolgreich zu sein. Zusammenfassend hält Lichtwark Dresden für eine Stadt, die eine moderne lebensfähige Lokalkunst alleine tragen könnte und auf den Export nicht angewiesen sei. Was bisher geschehen ist, erscheint ihm »als Ganzes für viele andere deutsche Städte ganz einfach vorbildlich.«

Sein nächster Text über Dresden ist kunsthistorisch-denkmalpflegerischer Natur; er behandelt die kurz vor dem Abriss stehende alte Elbbrücke. Schließlich folgt noch ein Aufsatz zu einem seiner bevorzugten Themen im Bereich der Kunst, *Lokalisierung der Landschaftsmalerei* betitelt; hier fordert er eine Beschäftigung der Dresdner Malerei mit regionalen Motiven, ein Anknüpfen an die Dresdner Tradition etwa eines Caspar David Friedrich oder Gustav Carus. In Gotthardt Kuehl und seinen Schülern sieht er eine neue Hinwendung zum modern behandelten lokalen Sujet. Die Art, wie etwa gleichzeitig die französischen Impressionisten Paris und seine Umgebung darstellen, mag ihm dabei vorschweben, obwohl er sie nicht explizit erwähnt.

München hält Lichtwark für die deutscheste Stadt: Es sei die heiterste deutsche Großstadt, hier lache alles, hier offenbare sich die Kraft religiösen Lebens; das Bier erscheint ihm als Verbindung der sozialen Schichten und Überbrückung der Unterschiede.[94] Um einem Engländer oder Franzosen die Eigenart des ursprünglich deutschen Wesens zu verdeutlichen, habe er ihn nach München geführt, und das fühle auch der Deutsche, wenn er an München denkt. Es sei eines der Tore nach Süden und der erste Gruß heimatlichen Lebens bei der Rückkehr. Der Fürst habe den unmittelbaren Einfluss auf die Ausgestaltung seiner Residenz noch nicht aufgegeben; die Stadtgemeinde verstehe sich als Wächter und Mehrer der künstlerischen Schönheit des Stadtbildes wie in keiner anderen Stadt des Reiches. Die Pflege der Kunst habe in keinem anderen europäischen Herrscherhaus eine solche Kontinuität erfahren. Lichtwark verweist auf die Münchner Malerei, die Architektur, die Karikatur »grossen Stils, die in keiner anderen deutschen Stadt hat gedeihen wollen«; besonders betont er das Ausstellungswesen, den schon 1854 erbauten Glaspalast, mit dem München vor allen anderen Großstädten ein großes Ausstellungshaus besaß – das er für Hamburg ja immer wieder fordert und auch an dieser Stelle wieder anmahnt. Dem Glaspalast verdanke München seine führende Position auf dem Kunstmarkt und die Piloty-Schule ihre Entwicklung. Seit der Einführung der jährlichen internationalen Ausstellungen im Glaspalast, die München neben Paris zum Kunstmarkt der Moderne avancieren

93 Vgl. hier und im Folgenden: ebd., S. 81–99.
94 Vgl. hier und im Folgenden: ebd., S. 103–120.

ließ, habe der Staat durch reichliche Bewilligung von monetären Mitteln seine Würdigung des volkswirtschaftlichen Wertes der Kunst und des Kunsthandels bewiesen – und mit dem Staat wetteifere noch immer der Fürst als Mäzen und Käufer. Mit diesen günstigen Ausstellungs- und Verkaufsverhältnissen hänge auch die erstaunliche Entwicklung der Münchner Künstlerschaft zusammen. In keiner anderen deutschen Stadt habe der Künstlerstand seine Interessen so energisch vertreten und eine so bedeutende Rolle gespielt wie in München. Der Schriftsteller, der Musiker, der Forscher träten an Einfluss und Popularität deutlich hinter ihn zurück. Weiterhin widmet sich Lichtwark ausführlich dem Münchner Stadtplan, der Fürsten- und der Bürgerstadt, den Grünanlagen, den Bauten Ludwigs I., Maximilians, Ludwigs II. und des gegenwärtigen Prinzregenten, den Aktivitäten der den Magistrat beratenden Schönheitskommission, der neben anderen der Architekt Professor Friedrich von Thiersch angehört. Die süddeutsche Schule der Neorenaissance habe sich in Berlin stärker entfaltet als in München selbst; unter der Führung künstlerischer Architekten sei früh ein »edlerer Ton« etabliert worden, indem man sich dem Baumeisterstil des heimischen Barock zugewandt habe. Für die Entwicklung in München ist Lichtwark zuversichtlich, Fürst und Magistrat würden in ihrem Wirken fortfahren. Nun gelte es, in dem wohlhabenden Münchner Bürger das Bewusstsein zu wecken, dass es seine Pflicht und Schuldigkeit sei, entsprechend seinen Möglichkeiten für die lokale Kunst einzutreten. Diese Unterstützung fehle bisher in München wie in allen anderen Städten; die Münchner seien am Kunstmarkt ihrer Stadt am wenigsten beteiligt. Das reiche Münchner Bürgertum sei jedoch in der Lage, eine große lokale Kunst zu tragen. Lichtwark betrachtet die Grundlage dafür als äußerst günstig. In der folgenden Generation dürfte sich nach seiner Ansicht auch in der Münchner Bevölkerung ein Umschwung vollziehen von der modernen, kunst- und kulturfeindlichen, materialistisch orientierten Bourgeoisie zu einem idealistischen Bürgertum, das »seine Mittel grossen Kulturaufgaben widmet.« In der heranwachsenden Generation erblickt er hoffnungsvoll eine Jugend, »die eine neue, künstlerische Bildung einsaugt, und die nach Kunst und Kultur Hunger fühlt wie nach leiblicher Nahrung.« Und dieses Geschlecht werde »die großen Traditionen seines Fürstenhauses freudigen Herzens« aufnehmen. Hier erscheint wieder Lichtwarks großes Thema, die Erziehung des kulturlosen, materialistischen Bourgeois zum kulturtragenden, mäzenatischen Bürger.

In die Anthologie *Deutsche Königsstädte* nimmt Lichtwark 1898 noch einen Text über Stuttgart auf, der jedoch einem Brief an die Kommission vom 14. Mai 1895 entnommen ist.[95] Bei einem Aufenthalt anlässlich einer Auktion erlebt er Stuttgart mit seinen repräsentativen Bauten als Königsstadt.[96] Diesen Text hätte er sicherlich für ein *Pan*-Heft über Stuttgart als Kunststadt zur Verfügung stellen wollen, wenn es denn noch zu einem solchen Themenheft gekommen wäre.

95 Vgl. Br. Kommission (1896), Bd. III: 1894/95, S. 185–190. – AL, Königsstädte, S. 121–132; Kayser (1977), Nr. 268.
96 Vgl. Br. Kommission (1896), Bd. III: 1894/95, S. 121–132. – Ebd., S. 185–190.

Auch an das um diese Zeit kulturell aufstrebende Karlsruhe mit seiner modernen Akademie denkt Lichtwark. Nach der Besichtigung von Kalckreuth-Gemälden in der Großen Berliner Kunstausstellung schreibt er dem Künstler begeistert: Er habe sofort der *Pan*-Redaktion eine Ausgabe über Karlsruhe empfohlen, es soll das dritte Heft des Jahrgangs werden und Kalckreuth soll es übernehmen. Die Studie über Karlsruhe beabsichtigt er selbst zu verfassen, denn das Heft soll dem Interesse der ganzen Sache dienen, nicht als Propaganda für eine einzelne Persönlichkeit.[97] Zu diesem Themenheft kommt es jedoch ebenfalls nicht mehr.

Aus Lichtwarks Städtedarstellungen wird deutlich, dass er das erfolgreiche Buch des Wieners Camillo Sitte, eines Schülers von Eitelberger, kennt und von dessen städtebaulichen Analysen zu eigenen Betrachtungen angeregt wurde. Sitte veröffentlichte *Der Städtebau nach seinen künstlerischen Grundsätzen* Anfang Mai 1889 in Wien, die zweite Auflage erschien schon Ende Juni desselben Jahres, die dritte im August 1900 und eine vierte im Jahr 1909. Spätestens 1892 muss Lichtwark das »köstliche Buch«, wie er es in seinem *Pan*-Aufsatz *Denkmäler* bezeichnet, gekannt haben, denn er beginnt seine Vorlesungen in der Kunsthalle über Reisevorbereitungen mit Berlin, und zwar mit der Entwicklung der Stadtanlage.[98] Ganz in seinem Element ist Lichtwark im vierten Themenheft, das Hamburg und dem deutschen Nordwesten gewidmet ist.

Das Pan-Heft über Hamburg

Schon im ersten Jahrgang des *Pan* stellt Lichtwark die Region »Nordwest« vor;[99] Dreh- und Angelpunkt der Themenhefte ist für ihn jedoch das Hamburg-Heft, mit dem er sich als verantwortlicher Redakteur in die Reihe der ersten deutschen »Kunststädte« stellt, wenn auch bescheiden an vierter Stelle. Hier führt er vor, was er in den zehn Jahren in Hamburg entwickelt hat. Selbstbewusst beginnt das Heft mit Versen des Dichters Klaus Groth, die auf Plattdeutsch hamburgischen Partikularismus demonstrieren: »Am besten is dat ut de Feern / Mit König un Dichter, / Neeg bi könnt se Een arg verfeern / Mit ehr Gesichter. // Man dacht, he seeg na Wunder ut, / Recht as to'n Wünschen, / Ụn endlich süht ut't Bild herut / En stackels Minschen.« Ein von Hans Olde radiertes Portrait des Dichters begleitet den demonstrativen Text.[100] »Im

97 Vgl. Br. Kalckreuth, S. 68f.

98 Vgl. Denkmäler, in: Pan, 2. Jg., 1897/98, Heft 2, S. 105–107, Kayser (1977), Nr. 253. – Jahresbericht [Bd. 10], 1896, S. 31. – Camillo Sitte, Der Städtebau nach seinen künstlerischen Grundsätzen, vermehrt um Grossstadtgrün, Reprint der 4. Auflage von 1909, Braunschweig, Wiesbaden: Vieweg, 1983. – Zu Sitte vgl. Mönninger (1998).

99 Kayser (1977), Nr. 204; wiederveröffentlicht in: AL, Hamburg. Niedersachsen, Dresden: Kühtmann, 1897, Kayser (1977), Nr. 244.

100 Pan, 2. Jg., 1896/97, Heft 4, S. 269, Abb. Olde, Klaus Groth, Radierung, vor S. 269. Zunächst sagt Olde eine Portrait-Lithographie von Klaus Groth für das Hamburg-Heft zu; vgl. Brief Olde an Alfred Lichtwark, 8.3.1896, HKH, AdB 76. – Hamburger Platt für: Am besten ist das aus der Ferne / Mit König und Dichter. / Nahebei könnten sie einen arg erschrecken (verwirren) / Mit ihren Gesichtern. // Man dachte, sie sähen nach Wunder aus, / Richtig zum Wünschen, / Und schließlich sieht aus dem Bild heraus / Ein schwacher Mensch.

Nordwest fasse ich meine engere Heimath ins Auge«, schreibt Lichtwark schon 1895 erläuternd an Andreas Aubert, »den Theil Norddeutschlands, wo es nie den Fürsten gelungen ist, sich zu Herren zu machen.«[101] Von allen deutschen Großstädten sei keine nach ihrer Erscheinung und ihrem Wesen so unbekannt wie Hamburg, beginnt Lichtwark seinen Aufsatz, es sei bislang kein Reiseziel. Alte malerische Architektur, Kunstsammlungen, ein leichtes, anheimelndes öffentliches Leben besitze Hamburg kaum; Literatur und bildende Kunst hätten Hamburg noch unberührt gelassen, keine illustrierten Wochen- und Monatsblätter würden in Hamburg erscheinen, die das Reich mit den hamburgischen Vorgängen bekanntmachen könnten. Insgesamt zehn Seiten widmet er seinem Thema, schreibt über die Stadtentwicklung, das Stadtbild, die ökonomische Geschichte, den Beruf des Kaufmanns, die fördernden Gesellschaften, die Kunstpflege, den Kunstverein, die Kunsthalle und ihre Reorganisation, seine eigenen Bestrebungen und Sammlungskonzepte, die Gesellschaft Hamburgischer Kunstfreunde. Lichtwark erwähnt die Weiterbildung der Zeichenlehrer, das Vorlesungswesen und zieht das Fazit, die jüngere Generation – seine eigene – betrachte die Blüte der einheimischen Kunst und Wissenschaft als eine politische Angelegenheit, bei der es um das Ansehen im Staat gehe. Zwangsläufig muss er sich auf die Seite derer stellen, die sich für eine moderne Bildung in Hamburg engagieren gegenüber einer konservativen Kaufmannschaft mit ihrem auf den Handel konzentrierten Blick. Lichtwark schließt: »Hamburg wird im Verzeichnis der deutschen Staaten an allerletzter Stelle aufgeführt, als wirtschaftliche Macht hat es seinen Platz gleich nach den Königreichen. Daß es auch als Pflegerin deutscher Bildung, Kunst und Wissenschaft denselben Rang erlangen möge, den es in der Oekonomie der Nation innehält, das ist der Wunsch und das Streben der ›Jungen‹ in Hamburg.« Reproduzierte Zeichnungen von Arthur Siebelist und Marie Zacharias (Abb. 27), die den Hafen und die Fuhlentwiete, eine Adresse aus Lichtwarks Kindheit, zeigen, begleiten seinen Aufsatz.[102]

Lichtwarks zweiter großer Beitrag zu dieser *Pan*-Ausgabe beschäftigt sich in zwei Abhandlungen mit dem Dilettantismus, einem Wiederabdruck der Texte *Selbsterziehung* aus dem *Jahrbuch der Gesellschaft Hamburgischer Kunstfreunde* 1896 und *Zur Organisation des Dilettantismus*, der auch in seiner Dilettantismus-Anthologie von 1897 enthalten ist.[103] Vermutlich ebenfalls von Lichtwark stammt der anonym publizierte Aufsatz über die Wandteppiche der Webschule zu Scherrebeck, begleitet von Abbildungen der Entwürfe des Hamburger Malers Alfred Mohrbutter. Lichtwark veröffentlicht noch einen weiteren Beitrag über das *Burgthor in Lübeck*; hier formuliert er seine Sorge, dass die Restaurierung das Gebäude entstellen könnte.

Über Lichtwark und das Hamburger Kunstleben schreibt wiederum der Dichter und Lehrer Otto Ernst. Er lobt ihn, das Kunstleben in Hamburg belebt zu haben;

101 Brief Alfred Lichtwark an Aubert, 5.8.1895, Oslo, NB, Brevsamling 32.
102 Vgl. Alfred Lichtwark, Hamburg, in: Pan, 2. Jg., 1896/97, Heft 4, S. 313–323, Zitat S. 323; Kayser (1977), Nr. 254.
103 Vgl. Alfred Lichtwark, Vom Dilettantismus, in: Pan, 2. Jg., 1896/97, Heft 4, S. 301–308, Kayser (1977), Nr. 264.

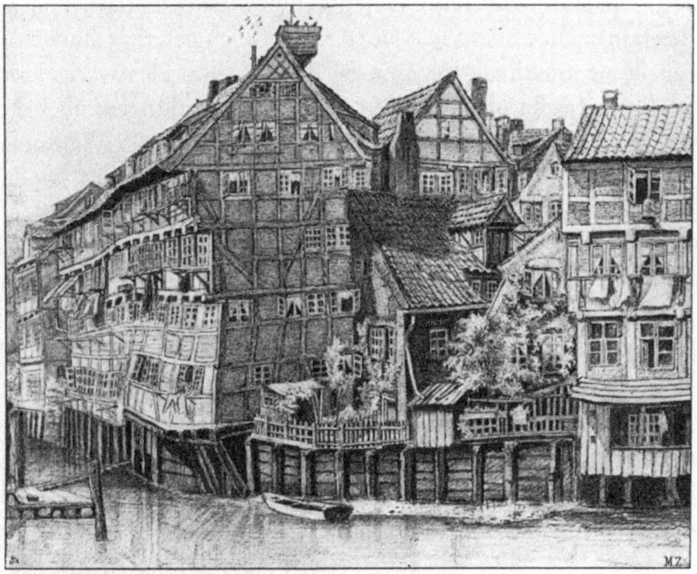

FRAU MARIE ZACHARIAS, FUHLENTWIETE

Abb. 27 Marie Zacharias, Fuhlentwiete, Zeichnung, undatiert

es liege ihm daran, dass die Geister in selbständige Bewegung gerieten, doch nicht, dass sie seiner Meinung auf Treu und Glauben folgen würden. Jetzt spreche man jede Woche von der Kunsthalle, früher habe man sich alle paar Jahre gelegentlich einmal erinnert, dass Hamburg auch eine Kunsthalle besitze. Lichtwarks Vorträge seien bis auf den letzten Platz besucht, immer anspruchsvoll und verständlich. Denn er gehe stets von der Anschauung aus, spreche immer konkret, verliere sich nicht in Allgemeinheiten, er spreche also, wie nur Leute von reicher Bildung sprechen könnten.[104]

Insbesondere Lichtwarks Beiträge werden illustrativ ergänzt von Reproduktionen der Arbeiten seiner Dilettanten. Da finden sich neben Buchschmuck von einem Fräulein E. Ferber und einem Holzschnittplakat für die Ausstellung der Gesellschaft 1896 von Mary Hertz vor allem Zeichnungen mit Motiven »des untergegangenen alten Hamburg«, Hausansichten, Interieurs und topographische Darstellungen von Ebba Tesdorpf und Marie Zacharias. Deren Schwiegertochter, die Frau des Direktors des Botanischen Gartens Prof. Eduard Zacharias, hat mit Amalie Engel-Reimers[105] Philipp Otto Runges *Pflanzenstudien mit Scheere und Papier* umgesetzt, herausgegeben von der Gesellschaft als erster Band ihrer *Hamburgischen Liebhaberbibliothek* und hier reproduziert. Eduard Lorenz Meyer hat die Zeichnung eines Fachwerkbaus beigetra-

104 Vgl. Ernst, Die Kunst und die Massen, in: Pan, 2. Jg., 1896/97, Heft 4, S. 309–312.
105 Der Name wird stets als »Frau Dr. Engel-Reimers« geführt wie auch bei »Frau Prof. Zacharias«, die Schwiegertochter von Marie Zacharias.
106 Vgl. Seidlitz, Hamburger Privatsammlungen, in: Pan, 2. Jg., 1896/97, Heft 4, S. 297–298.

gen. Es handelt sich damit jedoch um diejenigen wenigen Dilettanten, die auch bei der Gestaltung des Jahrbuches über viele Jahre maßgeblich beteiligt sind.

In der Rubrik »Rundschau« folgen zwei Beiträge von Lichtwarks Freunden. Woldemar von Seidlitz schreibt über Hamburger Privatsammlungen, über die Sammlungen Behrens, Amsinck und Westenholz, und über die neue Art des Sammelns. Man frage nicht danach, ob ein Werk schon anerkannt oder geschätzt wird, sondern sammele im Gegensatz zum herrschenden Geschmack und erwäge lediglich, ob die Erwerbung wohl zur Anerkennung gelangen werde.[106] Ein anderer langjähriger Freund Lichtwarks, Magnus von Wedderkop, verfasst einen Aufsatz über Karl Friedrich von Rumohr.[107] Einiges an Lyrik von Gustav Falke, Otto Ernst, Hans Bethge, Erich Hartleben und anderen heute nahezu in Vergessenheit geratenen Dichtern findet sich außerdem in diesem Heft. Die Bebilderung besteht zum überwiegenden Teil aus Reproduktionen von Arbeiten sowie Originalgraphik moderner älterer und jüngerer Hamburger Künstler, die ebenfalls unter Lichtwarks Obhut stehen: Thomas Herbst, Valentin Ruths und Arthur Siebelist einerseits, die jungen Hamburger Arthur Illies, Paul Kayser, Julius von Ehren andererseits. Illies darf seine später in Hamburg berühmt gewordene Farbradierung »Ährenfeld« beisteuern (siehe Abb. 25), deren Auflage er auf einer eigens von Lichtwark für die Kunsthalle angeschafften Druckpresse von vier Plattensätzen druckt. Ein Teil der Auflage wird den Mitgliedern der Gesellschaft im Jahr darauf auch als »Glitza-Blatt« angeboten. Mit der Veröffentlichung dieses Blattes präsentiert Lichtwark die Qualität der neuen Hamburger Graphik, denn es handelt sich um eine Kombination aus Hoch- und Tiefdruck in einem selbst entwickelten experimentellen Verfahren. Motivisch und stilistisch steht es zwischen Impressionismus und Jugendstil und darf als besondere Leistung auf dem Gebiet der Künstlergraphik in seiner Zeit betrachtet werden.[108] Lichtwark wirft auch einen Blick über Hamburg hinaus in die Künstlerkolonie Worpswede. Er bringt eine Vignette von Heinrich Vogeler und eine Zeichnung von Fritz Mackensen, haben doch die Worpsweder 1895 im Glaspalast in München erst kurz zuvor reüssiert.[109]

Der Auslandsteil des Hamburg-Heftes sichert sich Bedeutendes: England und Amerika. Allein schon die vielfältigen traditionellen Beziehungen der Hamburger Kaufmannschaft nach England und in die USA rechtfertigen diese Wahl. Der Lichtwark sehr sympathische junge *Pan*-Mitbegründer Eberhard von Bodenhausen trägt einen Aufsatz mit dem Titel *Englische Kunst im Hause* bei. Zwei tief im englischen Charakter wurzelnde Eigenschaften hätten die neue Bewegung hervorgerufen, führt er aus, die Liebe zu Heim und Familie sowie die Liebe zur Natur. Er schreibt über Ruskin und dessen Lehre, wahre Kunst umfasse das ganze Leben; über Morris als seinen größten Schüler; über die Präraffaeliten; die Errichtung von Kunstschulen als

107 Vgl. Wedderkop, Karl Friedrich von Rumohr. 1775–1865, in: Pan, 2. Jg., 1896/97, Heft 4, S. 292–296.
108 Vgl. Pan, 2. Jg., 1896/97, Heft 4, nach S. 280. – Junge (1989), S. 149, 442, Abb. X und XI. – Meyer-Tönnesmann (1985), S. 215f.
109 Vgl. Junge (1989), S. 72.

Wirtschaftsfaktor; die Dilettantenbewegung und das englische Kunsthandwerk – und den Versuch der Deutschen, ihre eigenen Wege zu finden, mit Eckmann, Hofmann, Köpping und Obrist als Vorreiter.[110] In einem zweiten Beitrag stellt Bodenhausen im Vergleich mit dem englischen Buch den Nachholbedarf der deutschen Buchgestaltung fest, und Archibald Charteris macht mit den zeitgenössischen englischen Novellisten' bekannt.[111] Schließlich trägt der Hamburger Kunsthistoriker Aby Warburg, der gerade von seiner Amerikareise zurückgekehrt ist, einen Aufsatz über amerikanische Chapbooks bei, »Kobold-Litteratur«, Bücher von bekannten englischen und amerikanischen Schriftstellern in der Art des Volksbuchs. Er will seinen Leserkreis mit den international modernsten Tendenzen in Berührung bringen.[112] Illustriert ist dieser englisch-amerikanische Teil mit einem Portrait des Künstlers Walter Crane, lithographiert von William Rothenstein; von Crane selbst ist die Tapetenvorlage »The Paecock-Garden« als Netzätzung wiedergegeben, von William Morris ein Buchschmuck in Form einer Titelseite, von Joseph Pennell die Lithographie »Küstenlandschaft« und von William Strang ein radiertes Selbstportrait.

Für das Hamburg-Heft habe er von den Kunstfreunden von 1870 einen Zuschuss bekommen, schreibt Lichtwark im April 1897 an Bode, doch für die Weiterführung des *Pan* Mittel zu gewinnen, sei unmöglich gewesen, der Name wirke wie ein Schreckschuss. Nun hofft er, dass wenigstens das eigene Heft vor Ort Erfolg habe.[113]

Mit diesem Heft des *Pan* gelingt Lichtwark ein wirklicher Coup: Es wird im ganzen deutschsprachigen Raum von den progressiv eingestellten Gebildeten gelesen und verhilft damit Lichtwark und seinen Bestrebungen mit einem Schlage zu Berühmtheit. So ist seinen anderen Beiträgen zum *Pan* wesentlich mehr Aufmerksamkeit gesichert. Anders steht es in Hamburg selbst: Hier werden seine Bemühungen um die Einbürgerung der modernen Kunst heftig befehdet. Gerade um 1897/98 erreichen diese Anfeindungen einen Höhepunkt.

Gustav Schiefler, der Schriftführer der Gesellschaft Hamburgischer Kunstfreunde, kommt dem bewunderten Mentor mit einem Beitrag im *Jahrbuch der Gesellschaft* zu Hilfe, betitelt *Der Hamburger Pan. Ein Gespräch zwischen Künstler und Kunstfreund im Restaurant.* Schiefler unterstützt mit diesem fiktiven Dialog auf loyale, geradezu rührende Weise Lichtwarks Bemühungen. Er bezeichnet darin das Hamburg-Heft als ersten Schritt der »jungen Hamburgischen Kultur in der Oeffentlichkeit«; es soll zeigen, dass die moderne geistige Bewegung in Deutschland mit Hamburg als wesentlichem Faktor zu rechnen habe. Aber für den Künstler sei die Lage schwierig, denn wer in Hamburg für das moderne geistige Leben eintrete, habe einen schweren Stand. Jeder, der über Besitz und Einfluss verfügt, stelle sich

110 Vgl. Bodenhausen, Englische Kunst im Hause, in: Pan, 2. Jg., 1896/97, Heft 4, S. 329–336.

111 Vgl. Bodenhausen, Das englische Buch, in: Pan, 2. Jg., 1896/97, Heft 4, S. 337–340. – A. Charteris, Zeitgenössische englische Novellisten, in: Pan, 2. Jg., 1896/97, Heft 4, S. 341ff.

112 Zu Warburgs Amerikareise vgl. Warburg (1988) und Gombrich (1981), S. 117–123. – Zu Warburgs Artikel *Amerikanische Chapbooks* vgl. Pan, 2. Jg., 1896/97, Heft 4, S. 123–125.

113 Brief Alfred Lichtwark an Bode, 19.4.1897, Berlin, SMB-ZA, NL Bode, 3309.

ihm entgegen. Doch der Kunstfreund ist sicher, den Sieg auf der Seite der Moderne zu erringen. »In dem Wettstreit, den der Pan inauguriert, mögen die anderen Städte, Berlin nicht ausgenommen, ihre Kräfte zusammennehmen, wenn sie nicht im nächsten Menschenalter von Hamburg geschlagen werden wollen.«[114] Lichtwark schätzt Schieflers Unterstützung sehr. 1898 lässt dieser als der begeistertste Dilettant und Multiplikator in Lichtwarks Sinne im *Jahrbuch der Gesellschaft Hamburgischer Kunstfreunde* den Aufsatz *Die hamburgische Landschaft als Kulturelement* folgen. Hier propagiert er dessen Gedanken über die Notwendigkeit einer ausgeprägten Lokalkultur, lange nachdem Lichtwark selbst begonnen hat, unablässig darüber zu schreiben und zu sprechen.[115]

ARCHITEKTUR

Die drei Pan-Aufsätze zur Architektur

In der Ausgabe vom Mai 1896 der Zeitschrift *Pan* bringt Lichtwark seinen zweiten großen Beitrag, diesmal zu einem seiner wichtigsten Fachgebiete, der Architektur. Auch hier findet sich sein pädagogischer Anspruch. Er will mit seinen Ansichten und Vorschlägen zur Verbesserung von Architektur und Innenraumgestaltung beitragen, und er weiß, mit dem *Pan* trifft er nicht nur auf eine über den gesamten deutschsprachigen Raum verteilte ausgewählte Leserschaft, sondern ebenso auf eine aufgeschlossene Bewusstseinslage. Die Architektur ist ihm schon lange ein wichtiges Anliegen; auch in den Berliner Feuilletons befasste er sich mehrfach mit den neuen Bauten der Hauptstadt. Die Verortung der Architektur in der Hierarchie der Künste formuliert er 1893 gegenüber seiner Kommission: »Noch immer steht die Architektur im Mittelpunkt alles Kunstschaffens. Deshalb kommt jeder, der die Pflege der Kunst zu seiner Lebensaufgabe gemacht hat, zu einer leidenschaftlichen Liebe und Hingebung an die Architektur. Von mir selber könnte ich es mir gar nicht vorstellen, dass ich mich auf die Malerei, die graphischen Künste und die Sculptur beschränken könnte.«[116] Walter Gropius wird später in der Programmgestaltung des Weimarer Bauhauses dieser zentralen Bedeutung der Architektur Rechnung tragen.[117]

Lichtwark betitelt seinen Beitrag, indem er das zu Verbessernde geradewegs beim Namen nennt: *Palastfenster und Flügelthür.*[118] Er wendet sich darin gegen die Gestaltung der bürgerlichen Wohnräume durch typische historisierende Elemente des Adelspalastes, insbesondere die von der Fassade des italienischen Renaissancepalastes

114 Jb. GHK, 4. Jg., 1898, S. 9–15, Zitat S. 15.
115 Vgl. Woesthoff (1996), S. 75f. – Schiefler (1898, Pan), S. 9–15.
116 Br. Kommission (1896), Bd. II: 1893, S. 257f.
117 Vgl. Wingler (1968), S. 62f.
118 In: Pan, 2. Jg.,1896/97, Heft 1, S. 57–60; Kayser (1977), Nr. 235, hier: AL, Schriften, Bd. I, S. 229–241.

übernommenen Fensterreihen und die der Enfilade von Schlossbauten entlehnten zweiflügeligen Türen in der Mitte der Zimmerwände. Oberstes Gebot ist ihm eine ausreichende Belichtung der Wohnräume, die von den hohen, womöglich noch als französische Fenstertür ausgebildeten Fenstern nicht erreicht werden könne. Daher plädiert er zu einer Rückkehr zum Breitfenster nordeuropäischer Art mit hoher Fensterbank und einem behaglichen Sitzplatz davor. Hier ergäben sich zudem durch die Art der Fensterteilung, der Lüftung mithilfe kleiner Klappen und der Ausrüstung mit Schlagläden nicht nur vielfältigere Möglichkeiten der Benutzung, sondern durch eine farbige Gestaltung auch ein besonderer Schmuck des Hauses mit Wirkung für innen und außen. Nur dieses Breitfenster entspreche dem Klima und den Lebensgewohnheiten der nördlichen Region. Sobald man die Palastfenster ihrer textilen Dekoration entkleide, sei außerdem die Langeweile und Schablonenhaftigkeit unerträglich; erst mit dieser Entkleidung sei das Problem der Form des Fensters und seiner Gestaltung evident. Lichtwark erinnert an die variantenreichen Stützen der historischen Lübecker, Lüneburger und Hamburger Breitfenster, an die kräftige Farbgestaltung der Fenster in den Häusern einfacher Leute wie Schiffer und Fischer. Diese Beispiele gelten ihm als vorbildlich. Er prophezeit, ein breites unverhülltes Fenster mit origineller Ausbildung der Stützen und Laibungen, mit weißem oder farbigem Anstrich des Rahmens und der Fensterbank werde in Zukunft den Bezugspunkt für die Farbgestaltung des Innenraums abgeben. Die farbigen Fensterläden würden sich auch auf die koloristische Gestaltung der Fassaden auswirken; auch hier schweben ihm die Fischer- und Schifferhäuser an der Unterelbe als Beispiel vor, ebenso die farbigen holzverschalten Fassaden der Harzer Häuser. Auf diese Relikte der im Untergang befindlichen heimischen Architektur müsse immer wieder hingewiesen werden. Die Engländer dienen ihm hier erneut als Leitbild: sie hätten ihr bürgerliches Wohnhaus auf der Basis ihrer einfachen Landhäuser, der Cottages, aufgebaut und mit höchstem Geschmack entwickelt. Alles muss in Lichtwarks Augen vorrangig der Behaglichkeit und der Funktion genügen; folglich lehnt er reine Dekorationselemente wie unbenutzbare Erker geradezu leidenschaftlich ab.

Die Unbewohnbarkeit der bürgerlichen Zimmer führt Lichtwark vor allem auf die fehlenden ungestörten Wandflächen und ungünstig platzierten Türen zurück. Die Nachahmung des fürstlichen Zuschnitts der Räume als Enfilade mit Flügeltüren rügt er als unwohnlich; der Durchgang lasse Behaglichkeit nicht aufkommen. Zudem müsse ein Wohnraum nicht über zwei Türen verfügen, der Bewohner solle sich stets in einem gesellschaftsfähigen Zustand befinden, so dass eine Fluchttür unnötig sei. Damit kommt er wieder einmal auf den »traurigen Kulturzustand des Sichgehenlassens« zu sprechen, der ihm stets ein Dorn im Auge ist. Und da der Fensterplatz benutzbar sein soll, dürften sich nicht auch noch zwei Türen in dessen Nähe befinden, es sollte stattdessen eine einzige einflügelige Tür so weit wie möglich davon entfernt liegen. Sogar die Tapetentür erscheint ihm möglich und ganz zu unrecht verpönt, während er die Schiebetür aus hygienischen Gründen ablehnt. Das englische Haus empfiehlt er als Vorbild, in dem es sich angenehm hausen lasse: ein Ineinanderübergehen der

Räume sei dort unbekannt, Wohn- und Esszimmer liegen getrennt und für große Gesellschaften eigne sich die zum Wohnraum ausgebildete Halle. Für das tägliche Leben und die intimere Gesellschaft habe diese Anordnung »unendliche Annehmlichkeit«. Lichtwark schließt mit dem Fazit, das Ideal für einen behaglichen Wohnraum sei ein einziges Fenster, so groß wie möglich, und eine Tür, so klein wie möglich und weit vom Fenster entfernt.

Auf das Breitfenster und seine vorteilhafte Belichtung des Raumes in nordeuropäischen Zonen kommt Lichtwark 1906 noch einmal in einem Vorwort für den von der Gesellschaft Hamburgischer Kunstfreunde herausgegebenen Bildband mit historischen Hamburger Beispielen, betitelt *Breitfenster und Hecke*, zu sprechen. Auch hier will er den einsichtigen Bauherrn gewinnen und von der Funktionalität des im Norden traditionellen breiten Fensters überzeugen. Schließlich habe auch die englische Architektur das nordische Fenster »unbekümmert um akademische Forderungen« beibehalten.[119]

Seinen zweiten Beitrag zur Architektur lässt Lichtwark im Novemberheft 1897 des *Pan* folgen. Er plädiert hier ausführlich für die Erhaltung einer heimischen Bauweise, wie die Engländer sie ebenfalls verfolgen, und beklagt sich über das ständige Experiment in Deutschland. *Bürgerliche Baukunst* betitelt er diesen Beitrag,[120] der wichtige Gedanken zum Denkmalschutz der älteren Wohnhausarchitektur enthält. Dass die Bauschulen, in denen die Maurermeister ausgebildet werden, ihre Schüler nicht zum Respekt vor den tradierten Formen anhalten, sondern »überall mit derselben zeitlosen Kunst« füttern würden, erbittert ihn geradezu. »Architekten und Maurermeister haben anstelle der wundervollen, malerischen Schiffer- und Fischerhäuschen die ödesten, plattesten Ausgeburten jeglicher Art von Akademismus gesetzt.« Der Hauptteil dieses Aufsatzes besteht in einer feuilletonartigen Darstellung der eigentümlichen Bürgerhäuser von Clausthal und Zellerfeld im Harz, wie Lichtwark sie bei verschiedenen Ferienaufenthalten ausgiebig studieren konnte. Er schildert die Charakteristika dieser Bauten sehr differenziert, nicht zuletzt, um in dieser Phase ihres Verschwindens und des gleichzeitigen Entstehens gesichtsloser Neubauten einen Eindruck von der Vielfalt und Schönheit der regionalen Bauweise zu vermitteln. Seine Beobachtung und Materialkenntnis sind bemerkenswert; mit Hingabe widmet er sich der Beschreibung der Funktionalität dieser Bauten sowie der Farbgestaltung, dem Schutz der Wände durch die traditionellen Verschalungen und Verkleidungen, den Dächern, den Haustüren mit ihren Oberlichtern, sogar den Blumengittern vor den Fenstern. Seine Ausführungen bilden großenteils eine Illustration und thematische Vertiefung des im Jahrgang zuvor veröffentlichten Textes über das Breitfenster und seine farbige Behandlung; alle diese Beobachtungen sind in seinem ersten Architektur-Aufsatz bereits zu erkennen. Lichtwarks Neigung gilt der monumentalen

119 Vgl. AL, Breitfenster und Hecke, S. 7–24; Kayser (1977), Nr. 437, Wiederabdruck in: AL, Hamburgische Aufsätze, S. 108–110, Zitat S. 110; Kayser (1977), Nr. 557.

120 In: Pan, 3. Jg., 1897/98, Heft 3, S. 169–173, Kayser (1977), Nr. 251; hier: AL, Schriften, Bd. I, S. 242–257.

Wirkung, die sich aus Schmucklosigkeit und ungestörten großen Flächen ergibt. Die kleinste alte Hütte wirke monumentaler als ein überladener großstädtischer Prachtbau im Stil der Neorenaissance oder des Neobarock.[121] Drastisch beschreibt er den Wandel, der mit der Verbreitung der akademischen Bauweise schon eingesetzt hat, deren Fenstergestaltung sich mit holzfarbenen Anstrichen und dem Verlust der traditionellen Farbgebung verbindet. Die Lehren der Bauschulen beginnen das traditionelle Bürgerhaus zu verdrängen, wie Lichtwark besorgt konstatiert. Die »deutsche Renaissance« sei schon sichtbar, und wenn erst die Bergleute sich Häuser mit historisierenden Elementen bauen würden, scheint ihm die Tradition verloren. So fürchtet Lichtwark für die architektonische Zukunft, wenn die beiden Bergstädte Clausthal und Zellerfeld erst zu Winterkurorten würden.

Sein abschließender Appell richtet sich an diejenigen, die mit ihrem Einfluss noch etwas retten könnten, Pastoren und Lehrer, denen die Bildung der Einwohner obliegt. Ihnen müsse verdeutlicht werden, welchen kostbaren Besitz sie aufgeben. Der Landrat habe bereits ein Lokalmuseum gegründet, die Behörden müssten nun ihre Bauweise der örtlichen Tradition anpassen. Mit dem einfachen farbigen, vom Bewohner eigenhändig gepflegten Haus schwinde der letzte Rest künstlerischer Kultur; mit der Freude am Hause und an der Lichtwark so wichtigen Blumenzucht, die hinter holzfarbenen Fenstern erfahrungsgemäß zurückgehe, schwinde »auch ein Stück Aufrichtigkeit und Ehrlichkeit der Lebensführung«. Den Verlust der regionalen Besonderheiten durch Historismus und »Schwulst« beklagt Lichtwark schon 1893, ebenso, dass sich die Architektur »im Schlepptau von Berlin« befinde: »[...] für Dresden, für Nürnberg, München, Augsburg, Hamburg müsste man doch wünschen, dass, da doch einmal absolut nichts Neues erfunden werden kann, bei allen Neubildungen die Elemente der Heimath zu Rathe gezogen werden. Dann würde in der Architektur Hamburg Hamburg bleiben, Frankfurt Frankfurt und Dresden Dresden.«[122] Auch diese Aussage betrifft sein großes allgemeines Thema: Authentizität.

In seinem dritten *Pan*-Aufsatz zur Architektur widmet sich Lichtwark im Februarheft 1898 dem funktionalen Bauen.[123] Der Beitrag *Realistische Architektur* nimmt den aufsehenerregenden neuen Bau des Warenhauses Wertheim in Berlin als Anlass zu seinen Betrachtungen; gemeint ist das Warenhaus von 1896/97 an der Leipziger Straße. Der Architekt dieses Baus, Alfred Messel, hat nach Lichtwarks Aussage in den gemeinsamen Berliner Jahren seine Vorträge gehört, zusammen mit Ernst Ihne, Ludwig Hoffmann und anderen jungen Architekten. Seither hat Lichtwark ihre Bautätigkeit mit besonderem Interesse verfolgt. Messels schlichte, aufstrebende – Lichtwark nennt sie »gotisierende« – Fassade, ohne Pilaster, Säulen, Karyatiden, Gebälk und ähnliche antikisierende Elemente, die er als »Befreiung« empfindet, sei jedoch auch nicht

121 Siehe dazu das Kapitel »Monumentalität: Die Massen zusammenhalten« in Teil 5.

122 Br. Kommission (1896), Bd. II: 1893, S. 257.

123 In: Pan, 3. Jg., 1897/98, Heft 4, S. 229–234, Kayser (1977), Nr. 284; unter dem Titel *Sachliche Baukunst* in: AL, Schriften, Bd. I, S. 257–273.

ohne Vorläufer entstanden, die Lichtwark in vorangegangenen Berliner Geschäftshäusern ausmacht. So weise Schäfers Equitable-Versicherungshaus, Friedrichstraße Ecke Leipziger Straße, bereits ähnliche Glaswände, jedoch auch noch historisierende Formen auf. Lichtwark bezieht sich hier auf ein aktuelles Vergleichsbeispiel, da das Geschäftshaus der New Yorker Versicherungsgesellschaft Equitable erst wenige Jahre zuvor fertiggestellt wurde. Er würdigt Messels Bauten am Werderschen Markt als Vorformen zum Wertheim-Bau, der jedoch die stützenden Steinpfeiler wie gotische Dienste durch alle Stockwerke aufführe. Die letzten Reste von Ornament, auf die auch Messel nicht gänzlich verzichten konnte, betrachtet Lichtwark mit Nachsicht angesichts des Willens, ein »streng sachliches unakademisches Bauwerk« zu schaffen, das auch für den Laien einen neuen Standpunkt zur Betrachtung der modernen deutschen Architektur darstelle.[124]

Verglichen mit der neuen Malerei, Plastik und Literatur, die schon eine Epoche des Realismus hinter sich hätten, diagnostiziert Lichtwark einen Rückstand der zeitgenössischen Architektur. Sie stecke noch »bis über die Ohren in der Romantik und im Akademismus«. Er kritisiert unfunktionale, rein dekorative Elemente wie Erker, Türme, Giebel und Mansarden, die Überfülle an plastischem Schmuck, den Vorrang der Fassadengestaltung vor den funktionalen Aspekten: »Es ist nichts als Romantik, von außen anzufangen: man scheut sich, entschieden auf den Boden der eigenen Zeit zu treten und vom Bedürfnis auszugehen.« Nur wo der Bauherr genaue Wünsche formuliere, so bei den großen Kaufhäusern und den neuen Hamburger Kontorhäusern, entstünden Bauten, »die eine Seite unserer Kultur ausdrücken.« Es folgt nun eine Reihe von Beispielen, die nicht zur »realistischen Architektur« zu zählen seien, weil sie entweder als unfunktionale Repräsentationsbauten oder unter unverantwortlicher Verschwendung von finanziellen Mitteln errichtet würden. Lichtwark kritisiert die falsche Planung, schlechte Belichtung, Materialverschwendung, ungünstig konstruierte Treppen oder andere erhebliche funktionale Mängel, die durch bessere Analyse der Bedürfnisse und Planung hätten vermieden werden können. Auch beim Privatbau findet er solche Mängel, die durch »oft albernen äußeren Schmuck« und eine »verzwickte Gestalt des Baukörpers« romantisch zu wirken versuchten. Lichtwark hingegen fordert große, ruhige Formen, Betonung der Masse des Baukörpers und kräftige farbige Gestaltung. »Vom Standpunkt realistischer Baugesinnung ist [...] der Stil Nebensache«, schreibt Lichtwark hier als wichtiges Bekenntnis zur Funktion eines Baus. Schon 1892 lehnt er das Ornament vehement ab: »Wenn man doch endlich einsehen wollte, dass wir das Ornament nur nachmachen, nicht neu schaffen können. Aber Kunst kann immer gemacht werden. Statt der Verschwendung von Ornament sollte man ruhige Architektur bauen und hie und da, an der Thürumrahmung, am Giebel,

124 Zum Equitable-Bau: Berlin, Friedrichstraße 59/60, erbaut um 1886–1890 von dem neogotischen Architekten Carl Schäfer (1844–1908), Kriegsverlust, vgl. Schuchard (1979), S. 263–266, Abb. 133–136. – Zu Messels Bauten am Werderschen Markt von 1887 vgl. Habel (2009), Nr. 9, S. 578–580, zum Warenhaus Wertheim ebd., S. 121ff., Nr. 37, S. 630f.

wirkliche Kunst sich leisten. Das wäre eine Erquickung und käme billiger.«[125] Und im Jahr 1893 plädierte Lichtwark bereits für eine Planung vom Grundriss her; das ergebe die »energisch ausgeprägten neuen Bauorganismen«, die sich auch im Äußeren als »Kinder unserer Bedürfnisse« erweisen: »Beim Grundriß läßt sich nicht nachahmen, weil die Bedürfnisse sich mit jeder ganzen oder halben Generation verschieben.«[126] Hinsichtlich der farbigen Gestaltung schätzt Lichtwark kräftige Akzente und wird zunehmend kühner: 1900 denkt er bei seinem Aufenthalt in Paris sogar an eine leuchtend farbige Fassung von Eisenkonstruktionen: »Warum sie nicht roth, gelb, violett, orange, lila, apfelgrün oder irgend was sein könnte, nur nicht grau, lässt sich nicht einsehen.«[127]

Die Grundzüge seiner modernen und pragmatischen Architekturauffassung formuliert Lichtwark damit schon früh, und dieser Aufsatz ist ihm anscheinend so wichtig, dass er ihn in das *Jahrbuch der Gesellschaft Hamburgischer Kunstfreunde* 1898 aufnimmt, um ihn insbesondere seinem Hamburger Kreis zugänglich werden zu lassen.[128] Damit düpiert er aber auch einen der prominentesten Architekten Hamburgs, Martin Haller, der für viele reiche Hamburger repräsentative Villen baut. Nicht zuletzt ist er federführend beim Bau des neuen Rathauses, das infolge seines historistischen Stils Lichtwark ohnehin als anachronistisches und völlig verfehltes Projekt erscheint.[129] Die Gegnerschaft zu Haller wird erst im September 1903 auf einer gemeinsamen Fahrt zum Denkmaltag in Erfurt beigelegt, als Haller Lichtwark näher kennenlernt, als »gewandten Lebenskünstler, dessen große Erfahrungen auf culinarischem und sonstigem Gebiet mein Staunen u. meinen Neid erregten. Diese Erfurter Reise hat unsre bis dahin ziemlich kühlen Beziehungen sehr günstig beeinflußt [...].«[130] Haller setzt sich jedoch schon 1895/96 auf Wunsch seines Bauherrn Eduard L. Lorenz-Meyer mit dem von Lichtwark propagierten reformerischen, regional orientierten Baustil auseinander, denn Lorenz-Meyer unterstützt als Mitglied der Gesellschaft Hamburgischer Kunstfreunde Lichtwarks Ideen. Haller errichtet ihm ein Haus, das in seiner Fassade über einem ersten Geschoss in Backstein ein Obergeschoss in hell gestrichenem Fachwerk mit verschaltem Giebel aufweist. Obergeschoss und Giebel entsprechen somit dem Typus des niedersächsischen Bauernhauses mit Pferdeköpfen. Lichtwark würdigt das Bauwerk in seinem Aufsatz *Palastfenster und Flügelthür*.[131]

1899 berät er in einem achtseitigen Schreiben den Staatssekretär im Reichsschatzamt, Max Freiherrn von Thielmann, bei der Planung seiner Villa. Die Architekten verstünden nichts vom Wohnen, warnt er ihn einleitend und kommentiert dann detailliert und kompetent den Bauplan: nur kein Gegenlicht am Esstisch, das verursache manchen Damen Migräne; keine Fenster am Sitzplatz auf der Veranda, das

125 Br. Kommission (1896), Bd. I: 1891/92, S. 243.
126 Br. Kommission (1896), Bd. II: 1893, S. 105.
127 Vgl. Br. Kommission (1901), Bd. VIII: 1900, S. 172.
128 Kayser (1977), Nr. 283.
129 Vgl. dazu Ausst.Kat. Haller (1997), S. 78.
130 Zit. bei ebd., S. 93f., Anm. 180.
131 Vgl. ebd., S. 202f.

wirke unbehaglich, denn die Veranda sei das eigentliche Wohnzimmer des Landhauses; einen Ausgang zum Garten beim Kinderzimmer findet er praktisch; für Salon und Kinderzimmer schlägt er große Breitfenster vor, das beruhige die Fassade. Im Übrigen gefalle ihm das äußere Erscheinungsbild des Gebäudes ungemein. Er fragt sogar nach einem eigenen Platz für die Hausfrau. Dafür würde er den Turmanbau opfern.[132]

Haus und Heimat

Im *Jahrbuch der Gesellschaft Hamburgischer Kunstfreunde* von 1897 präsentiert Lichtwark erstmals eine Folge von kleineren Aufsätzen zur traditionellen hamburgischen Architektur unter dem Titel *Haus und Heimath*.[133] Sie enthalten reichlich denkmalpflegerisches und architekturhistorisches Gedankengut durch ihre genauen Beschreibungen von Bauweisen, Materialien und Funktionen; offensichtlich sind sie mit der Absicht verfasst, als Grundlage für eine Fortentwicklung der Hamburger Bauweise auf traditioneller Basis zu dienen. Diese Absicht formuliert Lichtwark hier noch nicht, wohl aber zwei Jahre später in einer Neuauflage. Zunächst behandelt er den so gut wie ausgestorbenen Beischlag, eine volkstümliche, mit den Wangen der Eingangstreppe verbundene Sitzgelegenheit, die er aus seiner Jugend noch kennt. Sie war noch im 19. Jahrhundert in Norddeutschland verbreitet und wurde im Zuge von Straßenregulierungen ausgemerzt. Für das städtische Haus kann Lichtwark sich den Beischlag zwar nicht mehr vorstellen, wohl aber als ungedeckte Terrasse für das kleine Landhaus; er stellt sogar genaue Überlegungen zur Gestaltung eines Freisitzes an, der im 20. Jahrhundert zum unentbehrlichen Bestandteil des Einfamilienhauses wird.

Konsequent ist deshalb auch Lichtwarks Fortsetzung dieser Überlegungen hinsichtlich Veranda, Balkon und Erker.[134] Er erörtert dieses Thema ebenfalls zunächst historisch, zieht bei der Veranda auch einen Vergleich zur Bremer Version, wo sie mit Glas gedeckt ist, gibt praktische Ratschläge und wettert wieder einmal gegen die »Parasiten unserer Architektur«, nämlich »Pfeiler oder gar Säulen«. Sein Vorschlag besteht in einer Veranda, die ein Zimmer ersetzt, an einer fensterlosen Wand gelegen und mit abgeschlossener Rückwand, am besten als Holz- oder Eisenkonstruktion. Der offene Balkon erscheint ihm für das Hamburger Klima ungeeignet, nur gedeckt und windgeschützt zieht er ihn überhaupt in Betracht, oder er kann – pragmatisch betrachtet – hygienischen Hausarbeiten dienen. Aus seiner Berliner Zeit kennt Lichtwark jedoch den Balkon als Familienaufenthaltsort für milde Sommerabende, als blu-

132 Vgl. Brief Alfred Lichtwark an Excellenz von Thielmann, 3.11.1899, Berlin, Staatsbibliothek, HSS, Slg. Darmstaedter, 2i 1867: Lichtwark, Alfred. – Lichtwark hat offensichtlich eine Begabung für Inneneinrichtung. Mannhardt erinnert sich, er habe oft bei Besuchen die Möbel umgestellt, um die Wohnlichkeit zu verbessern; vgl. Wolf Mannhardt, Alfred Lichtwark zu seinem 80. Geburtstag, unbezeichneter Zeitungsausschnitt, 14.11.1932, HKH, AdB 98.

133 In: Jb. GHK, 3. Jg., 1897, S. 47–68, Kayser (1977), Nr. 256, 293; hier: AL, Schriften, Bd. I, S. 294–299.

134 Vgl. ebd., hier in: AL, Schriften, Bd. I, S. 301–306.

menumranktes und mit Lampen bestücktes Sommerwohnzimmer, ein Architekturdetail, das erst nach 1870 in Gebrauch gekommen sei.

Dem Erker widmet Lichtwark nur eine kurze Bemerkung.[135] Er stecke noch in den Kinderschuhen, dürfe nicht zur reinen Dekoration verkommen und müsse zur Vermeidung einer kleinlichen Fensterbildung groß genug ausfallen. Die trapezförmige Grundfläche betrachtet er als »schlimm«, da unruhige Winkel entstünden; von der städtischen Bauweise und den Engländern könne man hingegen lernen, wie er im Halbkreis oder -oval dem Zimmer vorgelagert sein müsse – ohne Säulen und Pilaster, aber mit hoher Fensterbank. Er müsse mehreren Personen zum Aufenthalt dienen können, freien Ausblick auf den Garten bieten und als freundliches Element des »bow-window« die Fassade beleben. Sein Ursprung allerdings sei keineswegs englisch, sondern er stamme von der heimischen Bauweise des »Ausluchtes«, zum Beispiel an alten hamburgischen Stadthäusern, ab. Solche traditionellen regionalen Motive sollten laut Lichtwarks Meinung nicht in Vergessenheit geraten.

Sodann wendet er sich dem Hamburger Wohnhaus zu, sowohl der traditionellen städtischen Bauform als auch dem modernen Wohnhaus und den einfachen Fischer- und Schifferhäusern.[136] Er liefert eine ausführliche Beschreibung des meist dreiachsigen Kaufmannshauses aus Backstein mit weißen Fensterrahmen, wie es sich im 17. und 18. Jahrhundert entwickelte und auf die Kombination von Leben und Kaufmannsberuf ausgerichtet war. Am charakteristischsten erscheint ihm die Ausprägung dieses Typus durch das sogenannte Sonnin'sche Haus gegen Ende des 18. Jahrhunderts. Lichtwark beschreibt, ganz als Architekturhistoriker, das Äußere wie das Innere und seine Funktionalität. Vor allem die pittoreske Wirkung der großen Diele begeistert ihn; die Dilettanten haben diese Räume in genauen, aber doch stimmungshaften Zeichnungen wiedergegeben: »[...] wir würden [sonst] gar nicht wissen, was wir verloren haben, ehe wir es recht erkannt hatten.« Dreißig Jahre zuvor wurden solche Häuser gepflegt und im Winter noch bewohnt; nun gebe es kaum mehr als ein halbes Dutzend, zudem in schlechtem Zustand. Lichtwark mutmaßt, dass in anderen deutschen Städten eine solche architektonische Schönheit in Gemälden, Zeichnungen und Photographien festgehalten worden wäre – in Hamburg hätten nur die Dilettanten gewirkt, die er selbst darauf angesetzt hat. Er fragt sich, ob die Architektur in Hamburg sich später noch einmal an diese Bauten erinnern werde. Imitation hält er wiederum für ausgeschlossen, da das Leben andere Formen angenommen habe; aber auch die neuen Bedürfnisse könnten seiner Auffassung nach »ebenso schön und hamburgisch« ausgedrückt werden.

Auch für das moderne Wohnhaus des 19. Jahrhunderts stellt Lichtwark hamburgische Eigentümlichkeiten fest. Er umreißt die funktionale Struktur des Stadthauses mit den üblichen drei Geschossen über einem Souterrain, das allen bürgerlichen

135 Vgl. ebd., S. 305f.
136 Vgl. ebd., hier: AL, Schriften, Bd. I, S. 282–286.

Ansprüchen genügt, gleichwohl nicht repräsentativ sei. Diesem Abschnitt widmet er jedoch vergleichsweise wenig Aufmerksamkeit, während dem alten Landhaus, dessen Gestaltung viel mehr Freiraum zuließ, wiederum sein denkmalpflegerisches Interesse gehört.[137] Aus dem 18. Jahrhundert existieren infolge der Verluste während der Franzosenzeit nur noch wenige Landhäuser, für die Lichtwark dringend eine Bauaufnahme empfiehlt. Einiges ist schon durch die Sammlung von Bildern aus Hamburg geschehen; Max Liebermann habe das schönste Landhaus des 18. Jahrhunderts am Kirchweg in Teufelsbrück und Hans Olde die Diele des Herrenhauses auf der Elbinsel Waltershof gemalt.[138] Lichtwark betont eigens die aus einer großen Diele entwickelte Halle, denn er sieht in ihr auch eine Funktion als Wohn- und Gesellschaftsraum für die moderne Zeit, sogar in einem bescheidenen Wochenendhaus. Sein Wunsch richtet sich insbesondere auf eine eingehendere Kenntnis der noch vorhandenen alten Hamburger Landhäuser; daher hofft er auf eine Materialsammlung für eine genauere Überblicksdarstellung in den folgenden Jahren. Eine Nachahmung kann er jedoch nicht empfehlen; er lehnt das Kopieren von historischen Formen ab, auch wenn dabei das Stadtbild einheitlich bleibt. »So war es nicht gemeint, wenn für die Wiederbelebung der heimischen Bauweise gefochten wurde«, schreibt er noch 1903 in seinem Aufsatz *Nachahmung*.[139] Das neue Wohnhaus soll aus den aktuellen Bedürfnissen heraus geschaffen werden.

Lichtwarks größte Sympathie gehört jedoch den Schiffer- und Fischerhäusern. Die etwas vornehmeren Schifferhäuser knüpfen an die städtische Architektur des 18. Jahrhunderts an. Alle besitzen jedoch Gemeinsamkeiten: die einfachen Backsteinwände, das Fehlen von Ornamenten und Schmuckformen, außer an der Haustür und ihrem Oberlicht, dazu weiße Fensterrahmen und eine grüne Tür. Der Garten wird geprägt durch weiße Bänke und geschorene Bäume und Hecken. Lichtwark ist es unbegreiflich, wie so viel Kultur und Vornehmheit aufgegeben werden konnten. Das einfachere, geputzte Fischerhaus mit Stroh- oder Ziegeldach, weißen oder pastellfarbenen Wänden, mit geteertem Sockel, Türen, Fensterrahmen und -läden in Dunkelgrün, Dunkelblau oder Ochsenblutrot erscheint ihm so wirkungsvoll, »daß keinerlei moderne Architektur dagegen aufkommt«. Es ist die alte ländliche Wohnhausarchitektur, wie er sie noch aus seiner Jugend kennt, die einfache kleinbürgerliche oder bäuerliche Lebensweise, bei der die Renovierungsarbeiten von den Bewohnern eigenhändig ausgeführt werden können. Diese Architektur steht ihm als Ideal für eine Erneuerung des lokalen Landhauses vor Augen, entsprechend dem englischen Cottage, das er in seiner Einfachheit für vorbildlich hält. Keine Säulen, keine Palastfenster und das Dach als monumentale Masse: diese Gestaltung erscheint ihm auch für das große städtische Mietshaus als gute Lösung, und er schließt mit dem Appell an eine selbstbewusste Bescheidung: »Im Grunde wollen wir doch gar nicht scheinen, was wir nicht sind.«[140]

137 Vgl. ebd., hier: AL, Schriften, Bd. I, S. 288–290.

138 Liebermann, Das Godeffroysche Landhaus im Hirschpark von Nienstedten an der Elbe, 1902, Pastell, Best.Kat. Hamburg, 19. Jh., S. 120; Olde, Die Diele des Herrenhauses in Waltershof, 1894, Best.Kat. Hamburg, 19. Jh., S. 153.

139 AL, Nachahmung, in: Jb. GHK, 9. Jg., 1903, S. 97f.; Kayser (1977), Nr. 373, Zitat S. 98.

140 Vgl. ebd., hier: AL, Schriften, Bd. I, S. 290–292, Zitat S. 292.

Im Jahr darauf, 1898, lässt Lichtwark einen zweiten Teil von *Haus und Heimath* im *Jahrbuch der Gesellschaft Hamburgischer Kunstfreunde* folgen. Hier arbeitet er einen schon 1894 im Grundeigentümerverein gehaltenen Vortrag über Möbel und Innenarchitektur auf.[141] Auch in diesem Text geht er in der bewährten Form vor: zunächst ein historischer Rückblick auf die Entwicklung von Möbeln und Innenraumgestaltung mit Akzent auf dem 19. Jahrhundert, Lob der präfunktionalen Stile des Empire und Biedermeier, vehemente Ablehnung des Historismus, Befreiung des ästhetischen Empfindens durch Licht und Farbe, Primat des Pragmatischen durch Betonung der Funktion. Dazu kommt die Klage über die Borniertheit der Gewerbemuseen, die nur historistische Beispiele sammelten, dabei jedoch die mustergültigen Rokoko- und Biedermeiermöbel, insbesondere die der ersten drei Jahrzehnte des 19. Jahrhunderts, also der »Keimperiode des modernen bürgerlichen Möbels«, unbeachtet ließen. Dadurch wanderten diese Möbel ins Ausland ab und seien wegen ihrer horrenden Preise auf dem Londoner oder Pariser Antiquitätenmarkt nicht mehr zurückzugewinnen. Vor allem den Möbeln der Epoche von 1790 bis 1830 gilt Lichtwarks Begeisterung: »Wo wir hamburger [sic] Möbel aus dieser Epoche antreffen, machen sie uns in ihrer Einfachheit und Zweckdienlichkeit, in der Schönheit ihrer Linien, Silhouetten und Verhältnisse den Eindruck, als seien sie ganz modern und englischen Ursprunges. In der Tat gehen alljährlich viele Tausende von Stühlen, Tischen, Kommoden und Schränken dieser Epoche nach England und Amerika, um dort als alte Erzeugnisse des heimischen Gewerbes verkauft zu werden.« Denn was diese Möbel auszeichne, sei eben dasjenige, was man an den modernen amerikanischen und englischen Möbeln bewundere, »die Stillosigkeit«. Es sei »das Möbel an sich, das konstruktiv mit äußerstem Feingefühl dem Zweck angemessen war, und dessen Schmuck in der deutlichen, einfachen Ausprägung dieses Zweckes lag.« In dieser Epoche hätten sich die Möbelformen in Varianten für alle Bedürfnisse gebildet – wenn man das früher beachtet hätte, wäre es nicht nötig gewesen, »das neue Evangelium aus England zu holen.« Seine eigene, gemeinsam mit Mutter und Geschwistern genutzte Wohnung ist mit Hamburger Biedermeiermöbeln »mit ausgesuchtem Geschmack behaglich« eingerichtet.[142]

Auch in diesem Aufsatz legt Lichtwark seine ökonomischen und pädagogischen Ansichten dar: die Verbesserung und Verselbständigung der deutschen Produktion, den Aufbau einer Tradition und die Verwendung einheimischer Materialien, die Hebung des allgemeinen Geschmacks durch die Überwindung des Historismus und die Besinnung auf Funktionalität. Seine eigene Kindheitserinnerung spielt hier keine unwesentliche Rolle. Das Zimmer des Biedermeier hat Lichtwark aus seiner Jugend, zumindest in Reitbrook, noch gekannt, und in der Bemerkung, der schönste Schmuck dieser einfachen Zimmer sei die Sauberkeit gewesen und die Poesie der großen Jah-

141 Alfred Lichtwark, Haus und Heimath, II, in: Jb. GHK, 4. Jg., 1898, S. 49–82; Kayser (1977), Nr. 278; hier: AL, Schriften, Bd. I, S. 306–351. – Die nach 1920 gebaute funktionale Mietshausarchitektur in Deutschland, u.a. von Bruno Taut, kommt offensichtlich Lichtwarks Vorstellung sehr nahe.

142 Alfred Lichtwark, Haus und Heimath, II, in: AL, Schriften, Bd. I, S. 313. – Vgl. Wolf Mannhardt, Alfred Lichtwark zu seinem 80. Geburtstag, unbezeichneter Zeitungsausschnitt, 14.11.1932, HKH, AdB 98.

res- und Familienfeste habe den Raum durchweht, liegt auch Wehmut angesichts eines verlorenen Idylls. Der darauffolgende Stil des dunklen, eichenen altdeutschen Zimmers in »Wurst-, Erbsen- und Sauerkrauttönen« sei bei der geschmacklich führenden Berliner Gesellschaft, »die Künstler voran«, nun auch schon wieder passé; alles ist licht, einfach und farbig – und alles englisch. Dennoch sei die Vorherrschaft der alten Ideen noch nicht gebrochen. Georg Hirths populäre Publikation *Das Deutsche Zimmer* mit seinem Plädoyer für den Historismus, in dritter Auflage im Umlauf, sei ungebrochen wirksam, in den Anfängen hingegen stehe erst die neue Erkenntnis, »die von der frischen Empfindung für Form und Farbe ausgehen« wolle und aus dem Studium der Natur gewonnen sei. Erst die hohe Kunst und damit der schaffende Künstler hätten sich schon befreit und lachten über das Kunstgewerbe – und umgekehrt: »Sie verstehen sich nicht.«[143]

Zu Lichtwarks denkmalpflegerischen Texten gehört auch der kleine Aufsatz *Hausthüren*, den er 1899 im *Jahrbuch der Gesellschaft Hamburgischer Kunstfreunde* veröffentlicht.[144] Seine aus den Streifzügen der Kindheit stammende Erinnerung an historische Haustüren in Hamburg ist lebhaft und intensiv; Türen und Portale bezeichnet er als seine ersten Lehrer der Kunstgeschichte, da er den jeweiligen Stil mit der häufig vorhandenen Datierung verknüpfen lernte, so dass er die Moden bald unterscheiden konnte. Da Haustüren kaum mehr als hundert bis hundertfünfzig Jahre Lebensdauer beschieden seien, wünscht er sich eine Bestandsaufnahme durch die Dilettanten, am besten ein ganzes »Hamburger Türbuch« – ob durch Zeichnung oder Photographie, bleibt dabei offen. Muster zur Nachahmung soll diese Sammlung allerdings nicht bieten, vielmehr »ein Stück Poesie aus dem Leben unserer Vorfahren retten«. Eine Sammlung der Schmuckmotive von Haustüren würde einen Blick in die »Seele unserer Vorfahren« ermöglichen, die gewiss nicht reicher gewesen seien, aber den schönen Dingen größere Liebe entgegengebracht hätten. Die Haustüren seiner eigenen Zeit hält er mit wenigen Ausnahmen für armselig, für billigen äußeren Prunk mit Säulen und Ornament. Daher weist er auf zahlreiche historische Türen in Ottensen hin, wie er auch in Altona noch Beispiele der in den Marschen verbreiteten quergeteilten Haustür kennt, die er zur Wiederverwendung vorschlägt. Historische Motive direkt nachzuahmen, liegt Lichtwark wie stets fern und erscheint ihm schon deshalb unnötig, weil der neue Stil [der Jugendstil] jedem jungen Künstler und Handwerker unbewusst »in den Fingern« liege, wie einst beim Rokoko.

143 Alfred Lichtwark, Haus und Heimath, II, in: AL, Schriften, Bd. I, S. 319.
144 Alfred Lichtwark, Hausthüren, in: Jb. GHK, 5. Jg., 1899, S. 75–77, Kayser (1977), Nr. 300; hier: AL, Schriften, Bd. I, S. 299–301.

Lichtwarks Architektur-Anthologie und der Verlag Cassirer

Seine Aufsätze zur Architektur möchte Lichtwark ebenfalls zu einer Anthologie zusammenfassen, doch weigert sich sein derzeitiger Verleger, Gerhard Kühtmann in Dresden, das finanzielle Risiko auf sich zu nehmen.[145] Die seit 1897 von ihm verlegten Bände Lichtwarks haben keine besonders hohen Verkaufszahlen erzielt; die Auslagen des Verlages für Lichtwarks Bücher hingegen belaufen sich im September 1898 bereits auf 4.394 Mark. Kühtmann führt im Einzelnen die Absatzzahlen auf: für die *Königsstädte* nennt er 246 verkaufte Exemplare, für die *Medaille* 278, für den *Dilettantismus* 297, für *Hamburg. Niedersachsen* 501, für den *Blumenkultus* 546 und für die *Übungen in der Betrachtung von Kunstwerken*, die 1898 schon in zweiter Auflage erscheinen, immerhin 824 Exemplare.[146] Auch ein geplantes Werk Lichtwarks zu Böcklins 70. Geburtstag glaubt Kühtmann nicht publizieren zu können. Doch geht es Lichtwark vor allem um seine Aufsätze zur Architektur. Kühtmann bietet ihm an, sich dieses Themas anzunehmen, wenn Lichtwark seinerseits ihm die Rechte an den lukrativ erscheinenden *Übungen* überlässt. Dieser verliert jedoch damit ersichtlich das Interesse an dieser Verlagsverbindung. 1897 berichtet er in einem Brief an Aubert vom Vorhaben eines anderen Verlegers, seine Aufsätze in einem Band zu drucken, was er selbst abgelehnt habe. Er habe ihm jedoch die Publikation kleiner Einzelbände vorgeschlagen, wie das *Makartbouquet*, die Städtestudien, die *Wiedererweckung der Medaille*, das *Arbeitsfeld des Dilettantismus*, *Blumenkultus* und dergleichen. Es scheint sich dabei um einen anderen Verlag zu handeln, denn die Verbindung zum Verlag Cassirer kommt wohl erst 1898 durch eine Anfrage der Vettern Bruno und Paul Cassirer zustande, die Lichtwark von der gemeinsamen Tätigkeit beim *Pan* kennen. Am 3. November 1898 erbitten sie brieflich Lichtwarks Interesse für ihr Unternehmen, die Eröffnung ihrer Galerie und den Verlag. Sie wären dankbar, wenn er ihrem Verlag seine literarischen Arbeiten anvertrauen würde: »Wir wissen, dass Sie als Leiter eines Museums, als Schriftsteller für eine Sache thätig sind, die auch wir lieben, und, wenn Sie es uns zu sagen gestatten, in demselben Sinne wie Sie.« Ein von Bruno Cassirer unterzeichneter Verlagsvertrag ist allerdings nur aus dem Jahr 1901 erhalten.[147]

145 Vgl. hier und im Folgenden: Briefe Kühtmann an Alfred Lichtwark, 4.10., 13.10.1897, 8.9., 17.10.1898, FKL. – Vgl. Kayser (1977), Nr. 243, 244, 246, 248, 249, 268, 270.

146 Vgl. Brief Kühtmann an Alfred Lichtwark, 8.9.1898, FKL. – Siehe auch das Kapitel »Kunsterziehung II: Die Übungen in der Betrachtung von Kunstwerken« in Teil 3.

147 Brief Bruno und Paul Cassirer an Alfred Lichtwark, 3.11.1898, HKH, DK, Bd. 30, zit. in Feilchenfeldt (2006), S. 365. – Vertrag vom 18.9.1901, HKH, AdB 44. Laut Vertrag soll sich Lichtwark für zehn Jahre verpflichten, alle Arbeiten, deren Drucklegung er wünscht, ausschließlich im Verlag Bruno Cassirer erscheinen zu lassen, unter folgenden Bedingungen: Er erhält für den Druckbogen à 16 Seiten im Format seiner bisher im Verlag Bruno Cassirer erschienenen Bücher 100 Mark vom ersten bis zum sechsten Bogen und 60 Mark für jeden folgenden Bogen für die erste Auflage von tausend Exemplaren. Für jedes folgende Tausend wird die Hälfte des genannten Honorars, als Mindesthonorar 500 Mark, festgesetzt. Nach Ablauf des Vertrages hat Lichtwark das jederzeitige Recht zu einer Kündigung mit fünfjähriger Frist. Anschließend wird er wieder Besitzer aller von ihm im Verlag erschienenen Bücher unter der Bedingung, dass er sie zum Nettopreis erwirbt und dass seit dem Erscheinen des Buches fünf Jahre verstrichen sind. In einem vermutlich folgenden Brief vom 12.11. o.J. [1901?] äußert Cassirer

Im April 1899 erwähnt Lichtwark in einem Brief an die Kommission, die Cassirers wollten gerne seine Essays »in geschmackvoller Ausstattung billig« anbieten; sein Dresdner Verleger hingegen meine, Bücher müssten so teuer wie möglich sein. »Ein Buch ist doch heute etwas anderes als vor hundert Jahren«, kommentiert Lichtwark im Sinne der Volksbildung.[148] 1899 erscheinen die ersten beiden Bände Lichtwarks in Berlin im Verlag Bruno & Paul Cassirer, später in Bruno Cassirer Verlag umbenannt. Damit endet die ungünstige, zerstreute publizistische Situation Lichtwarks und die Zusammenarbeit mit verschiedenen Verlagen in München, Halle, Dresden und Hamburg. Finanziell ist dieser Wechsel kaum rentabel, denn Lichtwark erhält für die schmalen Bände je 500, die starken je 1.000 Mark Honorar.[149] Doch trägt diese neue Verlagsverbindung bedeutend zu Lichtwarks publizistischer Etablierung bei. Sie hält bis zu seinem Tod und umfasst zwölf verschiedene Veröffentlichungen in mehreren Auflagen mit insgesamt 24 Bänden; Lichtwark wird zum meistverlegten Autor des Verlages Cassirer.[150] Chronologisch folgt er an zweiter Stelle nach Liebermann, der die Verbindung auch hergestellt haben könnte.[151]

Damit wird Lichtwarks Wunsch erfüllt: Unter dem Titel *Palastfenster und Flügelthür* erscheinen, dem befreundeten Ehepaar Ernst und Elisabeth Kalkmann gewidmet, bei Cassirer seine Aufsätze zur Architektur, in drei jeweils mit einer Einleitung versehene Teile gruppiert.[152] Den ersten Abschnitt bilden die drei wichtigen Aufsätze aus dem *Pan*; sie erlangen auf diese Weise weitere Verbreitung. Im zweiten Teil versammelt er die Aufsätze zur Hamburger Architekturtradition, die er 1897 unter dem Titel *Haus und Heimath I* im *Jahrbuch der Gesellschaft Hamburgischer Kunstfreunde* veröffentlicht hat. Dazu gehört auch der Architekturwettbewerb der Gesellschaft, mit

seinen Eindruck, Lichtwark sei jegliche Art von Vertragsbindung unangenehm, und schlägt deshalb vor, darauf zu verzichten. Für dessen Versprechen, Cassirer, wenn nicht anderweitig verpflichtet, von nun an seine Bücher zum Verlag zu übergeben, erklärt sich dieser dankbar und hält auch die Verlagsbestimmungen diesbezüglich für überflüssig. Die Honorarfrage sei nach Lichtwarks Wünschen einheitlich geregelt. Cassirer verpflichtet sich, bei einem Verkauf seines Verlages Lichtwarks Bücher auszuschließen unter der Bedingung, dass dieser die vorhandenen Exemplare zum Nettopreis übernimmt. Im selben Brief fragt Cassirer nach Lichtwarks Bereitschaft, die Redaktion einer Monographiensammlung zu übernehmen, eventuell mit Hugo von Tschudi als zweitem Redakteur. Diese Anfrage muss Lichtwark abgelehnt haben. – 1910 erwirbt Cassirer Restauflagen von Lichtwarks Büchern aus dem Verlag Kühtmann mitsamt den Rechten für folgende Auflagen; vgl. Brief Cassirer an Alfred Lichtwark, 7.4.1910, HKH, AdB 44.

148 Vgl. Brief Alfred Lichtwark an Aubert, 28.5.1897, UB Oslo, Brevsamling 32. – Br. Kommission (1901), Bd. VII: 1899, S. 50f.

149 Vgl. Brief Alfred Lichtwark an Bode, 6.10.1900, SMB-ZA, NL Bode, 3309; Lichtwark schreibt, er hätte seine Bücher Hamburger Verlegern zwar honorarfrei angeboten, sie hätten jedoch abgelehnt; er habe daraufhin das Anerbieten Paechters angenommen, dann von Bruckmann, anschließend Kühtmann, sei aber mit beiden nicht ausgekommen, schließlich Cassirers und habe mit ihnen die besten Erfahrungen gemacht. Das Honorar sei freilich minimal. Er habe keinen höheren Anspruch gestellt, weil es ihm nur um die Publikation zu tun sei.

150 Vgl. Feilchenfeldt / Brandis (2002), S. 41, 310–313 sowie Kayser (1977), Nr. 293, 294, 328, 330, 340, 342, 343, 345, 346, 347, 381, 402–404, 406, 424, 438, 458, 459, 493, 514, 548, 549. Bei Feilchenfeldt / Brandis sind lediglich fünf Ausgaben verzeichnet: Kayser (1977), Nr. 293, 329, 294, 330, 328. Lichtwark war Cassirers meistverlegter Autor.

151 Vgl. Feilchenfeldt / Brandis (2002), S. 310.

152 Kayser (1977), Nr. 293. – Neuausgabe mit einem Nachwort von Manfred F. Fischer, Berlin: Mann, 2000.

dem Lichtwark infolge seiner Eigenmächtigkeit den Unmut ihres Vorstandes geweckt hat. Der dritte Teil der Publikation besteht aus mehreren Kapiteln zur Innenarchitektur; sie erschienen zuvor im *Jahrbuch der Gesellschaft Hamburgischer Kunstfreunde* von 1898, beruhen jedoch auf einem bereits 1894 gehaltenen Vortrag im Hamburger Haus- und Grundeigentümerverein. Lichtwark weiß also seine Texte und Vorarbeiten ökonomisch zu nutzen und erhält nun die vorzügliche Gelegenheit, über den Verlag Cassirer ein aufgeschlossenes Publikum zu erreichen.

Die Umschlaggestaltung für Lichtwarks Bücher liegt bei Otto Eckmann. Er entwirft ein schlichtes Gittermotiv in mattgoldenem Hochdruck auf schwach geprägtem mattbraunem oder mattblauem Grund, die Felder mit einem einfachen kleinen Blumenbouquet verziert.[153] Auf diese Weise erhalten die kleinen Bände einen hohen Wiedererkennungswert. Der Erfolg gibt der Sache recht: 1901 und 1905 erscheinen weitere, nur wenig veränderte Auflagen dieser zentralen Publikation Lichtwarks zur Architektur. In der Verlagswerbung zur ersten Auflage heißt es: »Dieses neue Buch des als volksthümlicher Aesthetiker bekannten Hamburger Galeriedirektors wendet sich nicht nur an die Kreise der Berufsarchitekten und Innendekorateure, sondern auch an alle diejenigen, die für eine moderne Umgestaltung unseres Wohnhauses und unserer Zimmereinrichtung Interesse haben. Es eignet sich auch in hervorragender Weise für kunstsinnige Frauen.«[154]

Die Rezension in der Zeitschrift *Dekorative Kunst* aus dem Jahr 1900 lobt den Geist des Buches als maßvoll; das Langbewährte soll im Sinne der eigenen Zeit frisch gestaltet und das Neue aus den zeitgenössischen Bedürfnissen abgeleitet werden. Lichtwark als »der erste und unermüdlichste Vorkämpfer des modernen deutschen Kunstlebens« lege den Finger in manche offene Wunde. Die einfachsten und nächstliegenden Dinge sollen am Praktischen und Vernünftigen gemessen werden. Lichtwarks Beispiele werden als meisterhaft beschrieben gelobt, die Betrachtung der lokalen Tradition als vorbildlich für das Verständnis der »Stammesunterschiede« und als Bereicherung der nationalen Kultur. *Bürgerliche Baukunst* wird als einer der reizvollsten Aufsätze hervorgehoben, »warme duftige Stimmung« liege in diesen Seiten, der Verfasser sei empfänglich für schlichte, echte Poesie. Der »ein wenig nüchterne, protestantisch-verständige Geist des Nordens« bilde den Grundzug des Buches, will »uns Süddeutschen« manchmal etwas zu streng und kühl erscheinen. Der Rezensent schließt mit dem Wunsch, Lichtwarks Aufsätze möchten die Verbreitung finden, die ihnen den »ausgedehntesten Einfluß« sichere.[155]

Dass Lichtwarks Auffassung dennoch lange Zeit sogar den Künstlern des Baufaches unverständlich bleibt und »daß er seiner Zeit vorauseilend als gewaltiger Ketzer auftrat«, formuliert der Hamburger Architekt G. Henry Grell 1914 in seinem Nachruf auf Lichtwark in der *Norddeutschen Bauzeitung*.[156] Lichtwarks »innerstes Evangelium«, das er jedem zu bringen versucht habe, sei die große Forderung gewesen, die so leicht scheine,

153 Vgl. Br. Kommission (1901), Bd. VIII: 1900, S. 231.
154 Vgl. Feilchenfeldt / Brandis (2002), S. 310.
155 Vgl. Kayser (1977), Nr. 293. – Rezension in: Dekorative Kunst, 5, 1900, S. 87f.
156 Vgl. hier und im Folgenden: Grell (1914), S. 62.

deren Erfüllung jedoch zum Allerschwersten gehöre: »die Forderung nach Einfachheit, Natürlichkeit und Wahrheit in der Kunst.« Die Baukunst habe ihm am Anfang seines Wirkens reichlicher als manches andere Gebiet Gelegenheit gegeben, gegen alle eingewurzelten Traditionen seine Waffen zu richten. Oft habe er es ausgesprochen, »daß das ganze Sodom und Gomorra des Architektenbildes jener Zeit der von ihm aufs Heftigste, ja sogar mit einer gewissen Einseitigkeit als falsch und verderblich bekämpften akademischen Bildung zu verdanken sei. Über das Formale der Architektur, den Stilgedanken eines Bauwerkes« habe er selten gesprochen, für ihn sei die wesentliche Aufgabe des Bauwerkes, die Forderungen des Wahren und Zweckmäßigen zu erfüllen. »Ich bin ja so unendlich unromantisch und praktisch, das glauben Sie garnicht, und geradezu grausam nüchtern bin ich auch.« Diesen Ausspruch Lichtwarks überliefert Grell in seinem Nachruf. Die meisten der kritischen Betrachtungen Lichtwarks seien »bare Werte für die Baukunst« geworden; seine auch unter Fachleuten umstrittenen Forderungen könne man noch 1914 nicht alle unterschreiben. Auf der ganzen Linie sei Lichtwark jedoch Sieger geblieben: Die heimische Bauweise, die er habe stützen wollen, soweit er die Wahrheit des Materials und die Erfüllung des Zweckgedankens an ihr schätzte, habe sich durchgesetzt, die gekünstelte Dekoration und die Koketterie allzu bewegter Grundrisse und Baumassen sei der Erkenntnis der Wirkung »sorgfältig ausgeglichener Ruhe« gewichen.

Lichtwark kann auch selbst schon bald feststellen, dass seine Anregungen zu wirken beginnen. 1900 lernt er den Maler Paul Schultze-Naumburg kennen und besucht ihn in Berlin-Schöneberg. Dieser gebe ein Buch heraus, schreibt Lichtwark an seine Kommission, das eine Ergänzung zu seinem eigenen *Palastfenster* bilden werde und dafür habe Schultze-Naumburg in seiner Heimat alle schönen alten und einfachen Bürger- und Bauernhäuser, Gitter, Pforten, Treppen, Brunnen und Weinbergshäuschen photographiert und scheußliche moderne Seitenstücke dazu kombiniert, so dass immer »ein vernünftiges, schönes, trauliches Gebilde der alten Zeit dem entsprechenden gottverlassenen unserer Tage gegenüber steht.« Lichtwark steht diesem Vorgehen sehr aufgeschlossen gegenüber und kommentiert: »Das wird sehr lehrreich und überzeugend für Alle, in denen die Empfindung noch nicht ganz todt ist.«[157] 1904 gesteht der nunmehr zum Schriftsteller und Architekten gewordene Schultze-Naumburg Lichtwark ganz offen ein, dass seine eigenen Bücher auf Lichtwarks Anregung zurückgehen.[158]

157 Vgl. Br. Kommission (1901), Bd. VIII: 1900, S. 246f., Zitat S. 247.

158 Im September 1904 begegnet Lichtwark in Düsseldorf Paul Schultze-Naumburg, der als aufstrebender Architekt und Gartengestalter von seiner in den Jahren zuvor aufgebauten Künstlerkolonie Saaleck aus wirkt und seine Bücher auf Lichtwarks Anregung zurückführt. Vierzehn Häuser und Schlösser habe Schultze-Naumburg in Arbeit; van de Velde sei »giftig auf ihn«; vgl. Br. Kommission (1905), Bd. XII: 1904, S. 196–200. – Paul Schultze-Naumburg, Kulturarbeiten, 9 Bde., München: Callwey, 1902ff. Die Kulturarbeiten bestehen aus Text und eigenhändigen Photographien; einfache funktionale Beispiele aus der Zeit um 1800 werden mit späteren historistischen verglichen, wobei Schultze-Naumburg die ersteren als positives Beispiel hinstellt. Mit dieser Bevorzugung stellt er sich wie Lichtwark einerseits in die Reihe der Fürsprecher eines Neobiedermeier, zugleich besinnt er sich damit aber auch auf einen historischen Funktionalismus. Es sind die schlichten, authentischen, von fähigen und formsicheren Handwerkern geschaffenen Formen, die er als vorbildhaft bewertet. Er behandelt nicht nur Gebäude verschiedenster Art, sondern auch Dörfer, Wege, Straßen und Landschaften. Erste Aufsätze der Kulturarbei-

Zu dieser Zeit nun arbeitet in Schultze-Naumburgs Kunstschule und Werkstatt in Saaleck als Mitarbeiter ein junger Baumeister, der 28jährige Heinrich Tessenow, wenn auch nicht lange, da beide sich auf Dauer nicht verstehen. Tessenow rezensiert 1908 Schultze-Naumburgs *Kulturarbeiten*; 1909 schreibt er selbst *Das alte Handwerk, sein Untergang und neues Leben*.[159] Schon länger beschäftigt er sich mit dem Studium der traditionellen bäuerlichen Architektur, die für eine Erneuerung im Wohnhausbau als Anregung dienen könnte. So äußert er sich 1906 in der *Leipziger Bauzeitung*: »Wenn wir heute solche alten Bauereien wie die des hannoverschen Dorfes betrachten, und wenn wir sie lieben lernen, so wollen wir sie doch nicht ohne weiteres als Vorbilder für unser heutiges Bauen nehmen, sie sollten uns vielmehr Zeichen sein, die uns sagen, daß unsere alten Baumeister viel Großes, Lebensvolles schufen, weil sie einen gesunden Körper, ein warmes Herz und einen offenen Kopf zusammen hatten, daß sie nicht krankhaft Autorstolz liebten, sondern das Gute nahmen, wo sie es fanden, was sie aber darum nicht zu Sklaven machte, sondern ihnen durchaus den Stolz ließ, der das eigene Leben schätzt und liebt und dies offen bekennt.«[160] An Tessenows eigenen Kleinhäusern für die Landhauskolonie Neu-Dölau bei Halle wird deutlich, dass er bereits von 1905 an genau so entwirft, wie Lichtwark sich die architektonische Erneuerung des kleinen Wohnhauses vorgestellt hat. Dem schlichten, funktionalen Kleinhaus wird fortan die besondere Aufmerksamkeit Tessenows zuteil, Ornamente hält er für nebensächlich, auch der von Lichtwark favorisierten Verwendung von Farben folgt er.[161] In der Siedlung Hellerau verwirklicht er später auch Reihenhäuser für Arbeiter in ähnlicher Art, teilweise mit dem von Lichtwark schon so früh geforderten Breitfenster.[162]

Aber auch Lichtwarks denkmalpflegerische Veröffentlichungen zeigen Wirkung. 1904 will sein Verleger Cassirer Modellbaubögen von pittoresken alten deutschen Bauten herausgeben; da er die Anregung aus Lichtwarks Schriften geschöpft hat, soll dieser nun auch das Vorwort verfassen. Doch lehnt er eine derartige Popularisierung ab mit dem deklassierenden Argument, das sei eher etwas für Schultze-Naumburg.[163] Als Autor hat Lichtwark nun sowohl Leser als auch an Einfluss gewonnen. Rückblickend schreibt Karl Scheffler in seinen Lebenserinnerungen über die Rolle und Verbreitung seiner Aufsätze: »Lichtwark wirkte in den neunziger Jahren stark auf die Jugend durch seine Schriften, weil er stets vom Nächsten und ganz Konkreten ausging. Seine Bücher

ten sind ab 1900 zunächst im *Kunstwart* abgedruckt, neun Bände und ein Ergänzungsband erscheinen zwischen 1901 und 1917 mit späteren Auflagen bei Callwey; sein Ziel ist es, »der entsetzlichen Verheerung unseres Landes auf allen Gebieten sichtbarer Kultur entgegenzuarbeiten.« Mit dem Begriff »Kulturarbeiten« ist die Arbeit jedes Einzelnen gemeint, indem er gestalterischen Einfluss auf die Umwelt ausübt, wie auch Lichtwark das Kulturniveau des Einzelnen heben will; vgl. Borrmann (1989), S. 25ff. Borrmann weist hier nicht auf Lichtwarks Einfluss hin.

159 In: Trierisches Jahrbuch für ästhetische Kultur 1908, S. 202f. – In: Das Werk, Jg. 1909, Heft 1, S. 2–4; vgl. Wangerin / Weiss (1976), S. 158.

160 Tessenow (1906), S. 85–88, Zitat S. 88.

161 Vgl. Wangerin / Weiss (1976), S. 14f., 21f., 34, 158, Abb. S. 181f., 188f. u.a.

162 Vgl. dazu die Abbildungen in: Scheffler (1912/13, Tessenow), S. 41–53.

163 Vgl. Br. Kommission (1905), Bd. XII: 1904, S. 250.

und Aufsätze waren wie Atemzüge frischer Luft, weil sie das Einfache und Selbstverständliche wieder in Erinnerung riefen, weil die Gedanken aus erlebten Erfahrungen abgeleitet waren. Auf eine solche Stimme schien die Zeit gewartet zu haben.«[164]

ERWERBUNGEN III

Die Menzel-Sammlung

Dem großen Interesse Lichtwarks an der Kunst Adolph Menzels trägt 1896 ein bedeutender Ankauf aus einer Zuwendung von Eduard L. Behrens anlässlich seines 70. Geburtstages Rechnung. Er handelt sich um das Gemälde »Die Atelierwand« von 1872.[165] Seit seinem Amtsantritt ist Lichtwark an den Werken Menzels stark interessiert. 1888 entleiht er die Menzel-Aquarelle der Berliner Nationalgalerie für eine Ausstellung in Hamburg.[166] 1889 versucht er, die zwei Aquarelle »Kriegcontribution« und »Vorbereitungen zur Reise« sowie das Ölbild »Auf dem Hofball« zu erwerben, doch wird alles von der Verwaltungskommission abgelehnt.[167] Daher besitzt die Kunsthalle zunächst nur zwei Bilder Menzels, die Gouache »Rüstungen«, 1892 für 4.050 Mark von dem »Menzelhändler« Paechter in Berlin erworben,[168] ferner das Ölgemälde »Die Ruinen des Nymphenbades im Dresdner Zwinger«, 1895 vom Verein der Kunstfreunde von 1870 geschenkt, nachdem Lichtwark es im selben Jahr in der akademischen Ausstellung in Dresden sah.[169] Auch »Die Aufbahrung der Märzgefallenen«, »ein ergreifendes Bild«, sieht er bereits 1895 bei Paechter, kann das Bild jedoch erst 1902 ankaufen.[170]

Mit der »Atelierwand« erwirbt Lichtwark nach langen Verhandlungen mit Paechter ein Werk Menzels, das er bereits seit seinem ersten Besuch im Atelier des Künstlers kennt (Abb. 28). Dieses Werk, das Gipsabgüsse und Totenmasken unter anderem von Dante, Goethe und Schiller zeigt, bezeichnet Lichtwark schon 1892 als »wundervolle Studie«. Es besitzt besondere Bedeutung für ihn, nicht zuletzt, weil der Künstler dieses Wandstück seines früheren Ateliers in der Potsdamer Straße nicht für das Publikum malte und sich bislang nicht davon trennen mochte. Paechter verzichtet auf jegliche Provision, dennoch bewilligt die Kommission für das Bild nur 12.000 anstatt der geforderten 18.000 Mark: Paechter lehnt ab. Lichtwark fürchtet nun einen Ankauf durch das konkurrierende Leipziger Museum, der jedoch nicht erfolgt.[171] Es

164 Scheffler (1946), S. 241.
165 Zu allen Bildern Menzels vgl. Best.Kat. Hamburg, 19. Jh., S. 135–138.
166 Vgl. Br. Familie, S. 623.
167 Vgl. P2, 22.6.1889. »Kriegscontribution« (14.000 Mark) und »Vorbereitungen zur Reise« (13.000 Mark) wurden von Gustav Levy, »Auf dem Hofball« (25.000 Mark) von Paechter und Wagner angeboten.
168 Vgl. P3, 20.12.1892.
169 Vgl. Br. Kommission (1896), Bd. III: 1894/95, S. 362.
170 Vgl. ebd., S. 281. – Best.Kat. Hamburg, 19. Jh., S. 135.
171 Vgl. P3, 24.3., 14.4.1894. – Br. Kommission (1896), Bd. III: 1894/95, S. 41, 47.

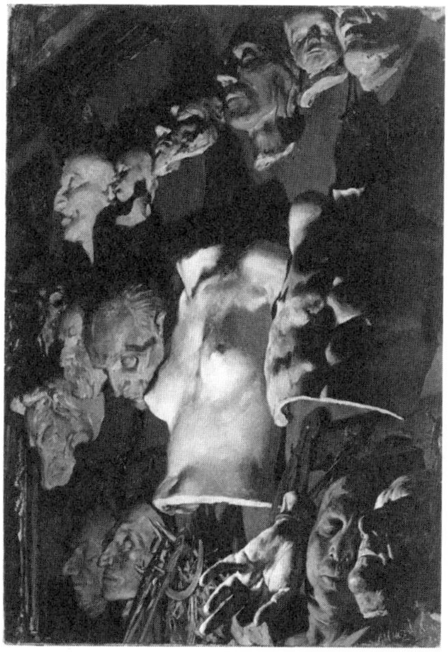

Abb. 28 Adolph Menzel, Atelierwand, 1872, Öl auf Leinwand, Hamburger Kunsthalle

spricht für das besondere Verhältnis zwischen Lichtwark und dem Künstler, die sich seit nunmehr zehn Jahren kennen,[172] dass gerade die »Atelierwand« schließlich doch an die Hamburger Kunsthalle geht. Lichtwark verehrt den Künstler seit langem; er weiß um Menzels künstlerische Bedeutung. Der Künstler erscheint ihm als »classisches« Beispiel dafür, dass die bahnbrechenden Talente stets »Outsider« sind. Überdies ist er sehr interessiert an dessen Erzählungen und erfährt »viele wichtige Dinge, die man nur von ihm hören kann [...].«[173] Den von ihm hochgeschätzten Künstler will Lichtwark auch in seine Sammlung von Bildern aus Hamburg einbeziehen. 1894 will Menzel nach Hamburg kommen und den Rödingsmarkt malen. Lichtwark hofft, dieses Vorhaben für die Kunsthalle nutzen zu können,[174] es scheitert jedoch vermutlich aus finanziellen Gründen. Ebensowenig kommt Menzels Studie eines alten Rabbiners für das Bild »Christus im Tempel« in die Kunsthalle, die Lichtwark bei Paechter »losgeeist« hat.[175] Im selben Jahr bezeichnet er Menzel als den größten Graphiker in der Graphischen Ausstellung der Berliner Akademie.[176]

172 Vgl. z.B. Br. Familie, S. 560f. – Br. Kommission (1896), Bd. I: 1891/92, S. 234.
173 Vgl. ebd., S. 245. – Br. Kommission (1896), Bd. II: 1893, S. 42, 167.
174 Vgl. Br. Kommission (1896), Bd. III: 1894/95, S. 38.
175 Vgl. ebd., S. 40.
176 Vgl. ebd., S. 135.

Es ist Lichtwark, der in der Redaktion des *Pan* an Menzels 80. Geburtstag erinnert und eine entsprechende Würdigung vorschlägt. Zunächst denkt er an Heinrich von Treitschke als Autor und soll bei Menzel infolge seiner guten Beziehung zum Künstler den Kontakt stiften, obwohl dieser die neue Zeitschrift nicht schätzt. Doch vermag Lichtwark ihn zu überzeugen, so dass er auch Illustrationsmaterial zu liefern verspricht. Treitschke hingegen, der als Historiker die Positionierung des *Pan* befördern soll, versagt seinen Beitrag, weil auch ihm der *Pan* missfällt. Schließlich liefert Hugo von Tschudi einen Menzel-Aufsatz für das erste Heft des zweiten Jahrgangs.[177] Lichtwark besucht auch die Menzel-Feier in der Berliner Akademie im Dezember 1895 und schildert brieflich seiner Kommission den Ablauf.[178] Anlässlich des Jubiläums plant er ebenfalls eine Ausstellung von Werken des Künstlers in der Kunsthalle, die vom 31. Januar bis zum 6. April 1896 als gemeinsame Veranstaltung mit dem Kunstverein stattfindet.[179] Für den Katalog verfasst er einen Aufsatz über Menzels Entwicklung, der ebenso wie sein Text über Menzels *Kinderalbum* im Jahre 1902 in seiner Anthologie *Aus der Praxis* noch einmal abgedruckt wird.[180] Während der Laufzeit der Ausstellung schlägt Lichtwark seiner Kommission nun noch einmal den Ankauf der »Atelierwand« für 15.000 Mark vor, der dank der Schenkung von Eduard L. Behrens nun im zweiten Anlauf auch gelingt.[181] Außerdem stiftet der Hamburger Kunstverein aus dem Überschuss der Ausstellungseinnahmen das von Lichtwark ausgewählte Pastell Menzels mit dem Portrait des in Altona geborenen Schriftstellers Heinrich Smidt. Es befand sich zuvor in Privatbesitz und gelangt im Rahmen der Menzel-Ausstellung erstmalig an die Öffentlichkeit.[182] Nach dem Ende der Ausstellung besucht Lichtwark Menzel wiederum im Atelier und berichtet ihm von dem großen Publikumserfolg.[183] 1897 kann er Einblick in die aktuell auf dem Markt befindliche Sammlung Dorgerloh nehmen, die fast vollständig Menzels druckgraphisches Œuvre umfasst, und will sie im September seiner Kommission vorlegen.[184] 1898 schließlich schenkt der Verein von Kunstfreunden von 1870 ein weiteres Gemälde des Künstlers, »Im Opernhaus«, und das Aquarell »Der erste Subscriptionsball«. Die Erinnerungsmedaillen von Joseph

177 Vgl. Briefe Alfred Lichtwark an Treitschke, 16.11., 19.11.1895, Berlin, Staatsbibliothek, HSS, NL Treitschke, K.7, 96. – Tschudi (1896/97), S. 41–44.

178 Vgl. Br. Kommission (1896), Bd. III: 1894/95, S. 374f.

179 Vgl. ebd., S. 359–361; Lichtwark gibt eine Schilderung der Menzel-Feier am 8.12.1895 in der Berliner Akademie; vgl. Br. Kommission (1896), Bd. III: 1894/95, S. 374f., 377f., 382–385. – Jahresbericht [Bd. 10], 1896, S. 82.

180 Kayser (1977), Nr. 232, 340. – Menzels Kinderalbum, Erstveröffentlichung 1892 sowie drei weitere Abdrucke; Kayser (1977), Nr. 181, 225, 340, 556.

181 Vgl. P3, 24.3.1896. – Best.Kat. Hamburg, 19. Jh., S. 138.

182 Vgl. P3, 23.4., 16.5.1896. – Best.Kat. Hamburg, 19. Jh., S. 136–138. – Br. Kommission (1899), Bd. IV: 1896, S. 17. – Zu Smidt vgl. Jahresbericht [Bd. 10], 1896, S. 46. – Zur Ausstellung ebd., S. 82. – Br. Kommission (1896), Bd. I: 1891/92, S. 99, 142. – Zu Paechter ebd., S. 243, 247. – Br. Kommission (1896), Bd. III: 1894/95, S. 36, 41, 47, 284. – Jahresbericht [Bd. 10], 1896, S. 44f.

183 Vgl. Br. Kommission (1899), Bd. IV: 1896, S. 51–57, bes. S. 55. Lichtwark schildert hier den Besuch bei Menzel sowie dessen Räumlichkeiten.

184 Vgl. Br. Kommission (1899), Bd. V: 1897, S. 164; August Dorgerloh ist der Verfasser des Verzeichnisses der durch Reproduktionsgraphik vervielfältigten Werke Menzels, erschienen in Leipzig: Seemann, 1896.

Kowarzik und Wilhelm Kumm auf den 80. Geburtstag Menzels erwirbt Lichtwark im selben Jahr.[185]

Bis zu diesem Zeitpunkt befinden sich in der Kunsthalle ausschließlich frühe, zwischen 1850 und 1870 entstandene Werke Menzels. Nun tritt bei den Erwerbungen seiner Werke eine Pause von einigen Jahren ein, in denen Lichtwark sich überwiegend anderen Themen und Aufgaben zuwendet, ohne dabei die von ihm favorisierten Künstler aus den Augen zu verlieren. Zusammen mit Liebermann und Böcklin gehört Menzel zu den in Lichtwarks Briefen an die Kommission am häufigsten genannten Künstlern, dicht gefolgt von Kalckreuth und Klinger.

Böcklin

Schon in seiner Berliner Zeit beschäftigt sich Lichtwark in seinen Feuilletons mehrfach mit den Werken Arnold Böcklins. Als erstes Bild des Künstlers gelangte 1888 der »Heilige Hain« in die Kunsthalle, ein Geschenk des Vereins von Kunstfreunden von 1870.[186] 1897 gelingt Lichtwark der Ankauf zweier weiterer Gemälde. Mit Mitteln aus dem Heine-Legat erwirbt er das Portrait des Augusto Fratelli und die »Büßende Magdalena«, ersteres ein realistisches Portrait von 1864, wie Lichtwark es besonders schätzt, letzteres ein neobarockes Werk aus dem Jahr 1873. Beide Bilder entdeckt er während eines Berlinaufenthaltes im Februar 1897, den »Fratelli« bei Gurlitt: »[...] ein Portrait, früh, sehr ernst, mit Augen so voll Leben wie bei einem Rembrandt.« Die »Magdalena« findet er bei Paechter, das Werk packe ihn sehr, wie er seiner Kommission schreibt: »In der Farbe, namentlich im Fleischton, sehr stark und selbständig, hat es im seelischen Ausdruck etwas Ueberwältigendes. Die Heilige weint wirklich, nicht mit den Augen allein und der Haltung, ihre Seele weint.« Lichtwark lässt es umgehend nach Hamburg schicken; der Ankauf beider Bilder gelingt für 7.500 Mark.[187] Kurz darauf wird Böcklins »Schweigen im Walde« von der Berliner Kunsthandlung W. Wagner zum Preis von 18.000 Mark offeriert; die Kommission bietet nur 15.000, der Ankauf wird für diesen Betrag aus den Zinsen des Carl-Heine-Vermächtnisses getätigt.[188] Bald danach hat Lichtwark eine aquarellierte Studie des Künstlers zu einem Glasfenster an der Hand; ferner bieten Schneider & Co. in Frankfurt die »Flora« von 1876 zum Preis von 15.000 Mark an. Diesmal lehnt die Verwaltung gleich gänzlich

185 Vgl. Br. Kommission (1899), Bd. VI: 1898, S. 313. – P3, 27.12.1898. – Best.Kat. Hamburg, 19. Jh., S. 137. – Jahresbericht [Bd. 12], 1898, S. 62. – Best.Kat. Hamburg, Medaillen und Plaketten, S. 197, Kumm: nicht im Best. Kat. Hamburg, Medaillen und Plaketten. – Das Aquarell ist heute verschollen; für diese Mitteilung im Juni 2007 danke ich Ulrich Luckhardt, HKH. – Jahresbericht [Bd. 12], 1898, S. 62.

186 Vgl. zu allen hier genannten Werken Böcklins Best.Kat. Hamburg, 19. Jh., S. 13f.; WV Andree 398, zunächst betitelt »Die Feueranbeter«.

187 Vgl. Best.Kat. Hamburg, 19. Jh., S. 14, WV Andree 166, 277. – Br. Kommission (1899), Bd. V: 1897, S. 11. – P3, 22.2., 24.2., 13.3.1897.

188 Vgl. P3, 13.4.1897. – Heute betitelt »Das Schweigen des Waldes«, 1885, eine zweite Version zu WV Andree 388, nicht verzeichnet. Für diese Auskunft danke ich Ute Haug, HKH.

ab.[189] Ein weiteres Gemälde Böcklins, die »Apokalyptischen Reiter«, versucht Lichtwark über seinen Münchner Kollegen Adolf Bayersdorfer zu erwerben. Doch hat der Künstler das Bild bereits Hugo von Tschudi versprochen, dessen Kommission den Ankauf allerdings ablehnt. Lichtwark hat dennoch keine Gelegenheit mehr nachzufassen, da es umgehend von einem Privatsammler erworben wird. Kurz darauf besichtigt er das Bild bei seinem neuen Besitzer, dem Berliner Nationalökonomen Professor Richard von Kaufmann; es erscheint ihm wie eine »grandiose Phantasie«. In der Berliner Nationalgalerie sieht er Böcklins »Gefilde der Seligen« mit einem »Gefühl des Glücks, zu empfinden wie schön das Bild ist [...]«.[190]

Zu dieser Zeit steigt das allgemeine Interesse an Böcklins Werken stetig. Der Künstler gilt Lichtwark als einer der möglichen Anreger für die Erneuerung der dekorativen Kunst, was ihn zu der immer wiederkehrenden Klage über die verpassten Gelegenheiten veranlasst: »Unser alter Fluch, wir folgen den Moden statt sie zu machen. Phänomenale Kräfte wie Böcklin, die unsere gesamte decorative Kunst seit Jahrzehnten hätten in die Bahn leiten können, auf der wir nun den Engländern und Amerikanern nachlaufen, sind vom Banausenthum an die Wand gedrückt worden. Es gibt keine Stetigkeit in der Entwicklung. Bei jeder Mode fangen wir von vorn an und werfen Alles über Bord, was wir schon im Besitz haben. Die Begeisterung für Böcklin, die sich jetzt entzündet, ist so recht ein Beispiel für unsere unverantwortliche Gleichgültigkeit in Kulturfragen. Wir kommen immer zu spät.«[191]

Ende 1897 besucht Lichtwark in Berlin die große Böcklin-Ausstellung, die erstmalig in Deutschland einen Überblick über das Œuvre des Künstlers gibt. Er kann sich kaum von den Exponaten lösen. Von der Wirkung der Hamburger »Feueranbeter« ist er zwar sehr angetan, hält jedoch den Künstler für einen der größten Bildnismaler des Jahrhunderts. Das Selbstbildnis von 1873 allerdings, das er schon einmal zur Ansicht in der Kunsthalle hatte und zurückgeben musste, weil Böcklins Gattin Angela es dann doch nicht verkaufen wollte, befindet sich nicht in der Ausstellung. Lichtwark hofft erneut auf eine Möglichkeit zu dieser Erwerbung, die ihm im Jahr darauf, 1898, für 25.000 Mark mit Mitteln aus dem Heine-Legat gelingt. Tschudi sei sehr unglücklich über diesen Ankauf, teilt Lichtwark seiner Kommission zufrieden mit, er hätte das Bild gerne in die Nationalgalerie eingegliedert. Stattdessen erwirbt er im selben Jahr für 50.000 Mark Böcklins aus Basler Privatbesitz stammendes »Selbstbildnis mit geigendem Tod«; zehn Jahre zuvor kostete es noch 3.000 Mark.[192]

189 Vgl. P3, 13.7.1897. – Unklar: WV Andree 306–308.

190 Vgl. Br. Kommission (1899), Bd. V: 1897, S. 165, 266. Böcklin hat den Preis auf 20.000 Mark gesenkt, vgl. ebd., S. 165. – Br. Kommission (1899), Bd. V: 1897, S. 269. – Heute betitelt »Der Krieg«, Dresden, WV Andree 457; WV Andree 320, verschollen.

191 Ebd., S. 281f.

192 Vgl. Best.Kat. Hamburg, 19. Jh., S. 14; WV Andree 267. – P3, 29.3.1898. – Br. Kommission (1899), Bd. VI: 1898, S. 22. – Ebd., S. 29. – Ausst.Kat. Böcklin (2001), S. 234. – WV Andree 259.

Lichtwark plant nun auch eine Böcklin-Ausstellung in Hamburg, wobei der Kunstverein als Veranstalter auftreten soll. Dafür will er Bilder bei Simrock entleihen, insbesondere »Triton und Nereide«; seit 1894 versucht er bereits, dieses Werk aus Sussmann-Hellborns ehemaligem Besitz zu erlangen. Ihm wird auch die Skizze zu Böcklins »Insel der Seligen« aus der Nationalgalerie für die Ausstellung zugesagt.[193] Das Angebot Paechters, einen »Pan« mit lauschenden Nymphen, kann Lichtwark nicht einmal in Erwägung ziehen; der Preis von 35.000 Mark ist für die Kunsthalle unerschwinglich.[194] Für Bilder von Böcklin drängt nun die Zeit; die ablehnende Haltung des Publikums ist in Wandlung begriffen, der Zuspruch wächst. Zum 70. Geburtstag am 16. Oktober 1897 ehrt auch der *Pan* den Künstler mit einem Beitrag.[195]

Zu diesem Anlass finden zwei große Böcklin-Ausstellungen statt, 1897 in Berlin und im Februar/März 1898 in der Hamburger Kunsthalle.[196] Beide resümiert Lichtwark in einem Artikel im *Pan*. Man habe mit lebhafter Neugier rechnen dürfen, stellt er fest, doch an beiden Orten habe man noch bei keiner Ausstellung einen solchen Andrang und eine solche allgemeine Begeisterung und Hingabe erlebt. Die alten Verehrer Böcklins hätten an einen solchen Umschwung innerhalb von wenigen Jahren nicht glauben können. Es schien ihnen nicht mit rechten Dingen zuzugehen, »daß innerhalb eines halben Jahrzehnts die allgemeine künstlerische Bildung einen so ungeheuren Schritt vorwärts getan haben sollte.« Dabei sei wohl die Macht der Mode oder Suggestion anzunehmen, da das Vermögen, Kunst zu erkennen, nicht so erheblich gestiegen sein könne. Denn wenn heute ein neuer Böcklin aufträte, würde es ihm wahrscheinlich nicht besser ergehen als dem Künstler damals.

Lichtwark hat in Berlin und Hamburg die Besucher beobachtet: Er habe dieselben Menschen, die noch vor einem Jahrzehnt bei der Nennung Böcklins »fauchten«, mit leuchtenden Augen in Anschauung versunken gesehen. In Hamburg sei das Publikum durchschnittlich jünger gewesen. Lichtwark hat den Oberklassen der Schulen günstigen Eintritt in Form von Dauerkarten zur Verfügung gestellt, so dass zahlreiche Schüler nach Schulschluss und an den Sonntagen in die Ausstellung geströmt seien. Sie hätten die Ölbilder und die historisch geordneten Reproduktionen mit dem Katalog in der Hand betrachtet, einzeln oder gruppenweise, im intensiven Gespräch. Aus allen Familien habe man von der auffallenden Begeisterung der jungen Leute hören können. »Was den Eltern [sic] Kampf kostet, das eignet sich die Jugend wie ein bereitetes Erbe an.« Lichtwark ist sich jedoch sicher, auch auf diese Jugend kämen Dinge zu, die ihr schwer zugänglich seien.

193 Vgl. Br. Kommission (1896), Bd. III: 1894/95, S. 61, 74, hier als für 35.000 Mark als verkauft angegeben. – Br. Kommission (1899), Bd. VI: 1898, S. 4, 6, 9f.; ebd., S. 9, auch Näheres zur Entstehungsgeschichte der »Insel der Seligen« und zur Preissteigerung. – WV Andree 294, eine Neufassung von 284; 1875 von Sussmann-Hellborn für 10.000 Mark erworben, 1876 zum Ankauf für die Berliner Nationalgalerie vorgesehen, 1877 von der Landeskunstkommission abgelehnt, 1897 an den Musikverleger Fritz August Simrock verkauft, 1911 von der Nationalgalerie für 200.000 Mark erworben; seit 1945 verschollen; vgl. auch Ausst.Kat. Böcklin (1977), S. 193. – Gefilde der Seligen, WV Andree 320, verschollen.
194 Vgl. Br. Kommission (1899), Bd. VI: 1898, S. 31; vermutlich WV Andree 463.
195 Vgl. Pan, 3. Jg., 1897/98, Heft 2.
196 Vgl. Jahresbericht [Bd. 12], 1898, S. 80.

In der Berliner Ausstellung habe er einen Farbenrausch, ein »Fortissimo der koloristischen Instrumentation« erwartet, doch sei diese Wirkung nicht eingetreten; das Auge müsse eine Gewöhnung durchlaufen haben. Sie alle hätten im letzten Jahrzehnt mehr Farbe zu ertragen und zu verlangen gelernt. Böcklin erscheine nun nicht mehr wie in den siebziger Jahren »als der einzige originelle Farbenbringer«; er stehe nun nicht mehr »allein allen voraus auf einem Vorposten des Kolorismus«. Das Gros der Jugend sei in alle Richtungen nach- und vorausgeschwärmt und empfinde sogar auch mit der von Böcklin an südlicher Farbenpracht entwickelten Intensität die Eigenart der nordischen Landschaft. Auch Böcklins Anschauung der Farbe erscheine dem heutigen Betrachter schon historisch. Sie sei in den siebziger Jahren als Novum empfunden und abgelehnt worden, als die Masse der Künstler, das gesamte Kunstgewerbe und das ganze Publikum sich dem Stern Makarts zugewandt hätten. Böcklin und Makart seien damals widerstreitende Pole der Entwicklung gewesen, Böcklin einsam, verlassen und verspottet, Makart hingegen umlagert und umjubelt. Heute könne man nicht mehr verstehen, dass Makart damals ein Jüngling und Böcklin ein Mann von fast fünfzig Jahren gewesen sei. Makart habe der Masse geboten, was sie schon habe begreifen können, in einer Form, die durch das Riesenmaß imponierte, als sie damals noch nicht durch das Panorama abgestumpft gewesen sei. Die dankbare Masse habe ihm auf den Knien gehuldigt, ihn zum Künstlerfürsten gekürt, und die Herrschaft seiner Farbe habe bis in jede Tapezierwerkstatt gereicht. Seine Bilder, nun fast vergessen, hätten keine lebendige Wirkung mehr. Sein Andenken wirke zwar in den dekorativen Künsten noch nach, erfahre aber heftige Gegnerschaft durch die neuen Strömungen. Die Entwicklung Böcklins sei heute noch nicht ganz erforscht, schreibt Lichtwark; er selbst betrachtet ihn als großen Bildnismaler und schätzt vor allem seine frühen Bildnisse. Doch habe der Künstler Portraits nur von sich selbst und seiner Familie gemalt, Aufträge seien selten und zu spät an ihn herangetragen worden. Überraschend findet Lichtwark auch seine Entwicklung als Monumentalmaler und Bildhauer, und die Masken in Basel erscheinen ihm von überwältigender Charakteristik und Komik. Man werde durch Vergleiche versuchen, Böcklins Eigenart und zeittypische Erscheinungen des 19. Jahrhunderts zu analysieren. Er habe seine Gegner besiegt, und sein Leben schließe »in der glänzenden Dekoration einer Apotheose«. Beim Rückblick werde man Begabung und Leistung getrennt betrachten und ihm zugute halten müssen, dass er unter so ungünstigen Umständen schaffen musste.

Wie so oft erklärt Lichtwark den mittelmäßigen Geschmack des bürgerlichen Rezipienten für verantwortlich, der das Besondere nicht zu erkennen vermag. Er kritisiert die inkompetenten Kommissionen und betrachtet die vielen ausländischen Einflüsse als Ursache dafür, dass die eigene Kraft nicht entwickelt und nicht erkannt werde: »Das Genie überwindet sie, aber für die Mehrzahl unserer Talente ist es der Tod.« Für die Kunstschaffenden wie für die Rezipienten fordert er eine optimale per-

197 Vgl. Alfred Lichtwark, Die Boecklin-Ausstellungen in Berlin und Hamburg, in: Pan, 4. Jg., 1898/99, Heft 1, S. 49–54; Kayser (1977), Nr. 272.

sönliche Bildung. Er nennt diese Bildung »Form«. Der Künstler erreiche sie in dieser Zeit selten, der Rezipient noch seltener, und an letzterem kritisiert Lichtwark noch die geistige Trägheit und Krittelei: »Er macht in seiner stetigen Bereitschaft, ohne Arbeit, Studien und Selbstzucht erkennen und beurteilen zu wollen, alle Gesetze der Dynamik der empfindenden Seele und des erkennenden Verstandes zu Schanden und handelt, als ob er überzeugt wäre, ohne jegliche Vorbereitung so viel begreifen zu können, wie ein Künstler schaffen kann – und eher noch etwas mehr.«[197]

Das Thema der mangelnden Kunstrezeption hat Lichtwark schon 1897 in einem Artikel in der *Zukunft* behandelt, mit einem *Nachwort zu Boecklins siebenzigstem Geburtstag*, betitelt *Die Seele und das Kunstwerk*, einem Aufsatz, der mehrfach wiederabgedruckt wird.[198] Weniger sachliche Aussagen zum Werk Böcklins als vielmehr Kritik am Publikum kennzeichnen diesen Text.[199] Die vielen Veranstaltungen zu Ehren des lange verkannten Böcklin hätten ihn wenig erfreut; er äußert den Verdacht, die meisten nun Mitjubelnden seien erst durch die steigenden Preise überzeugt worden. So befasst er sich mit dem Problem der verzögerten Rezeption zeitgenössischer Kunst und der Tatsache, dass die besten Künstler vom eigenen Volk erst spät und widerwillig anerkannt werden. Hier postuliert er wiederum die kulturelle Bildung des Bürgers, dessen Mittel zum gesellschaftlichen Aufstieg, »die einseitige und beschränkte Intelligenz«, nicht gleichzeitig auch kulturelle Kompetenz bedeute, da sie eben nicht so schnell erworben werden könne wie Wissen. »Kultur ist eine Pflanze, die langsam wächst und zarter Pflege bedarf.« Den Maler Philipp Otto Runge bezeichnet er als das erste Opfer dieser Verständnis- und Kulturlosigkeit. Er sei von seiner Umwelt nicht verstanden worden, denn der bloßen Intelligenz stehe vom weiten Reich der Kunst nur eine enge Vorhalle offen. Die Sprache der Dichtkunst, die Musik, die bildende Kunst seien nicht Ausdrucksmittel des Verstandes, »sondern einer starken, besonders gearteten menschlichen Seele. Es kommt in der Kunst nicht darauf an, daß etwas gemacht, sondern daß etwas ausgedrückt wird. [...] Von Kunst aber darf erst die Rede sein, wenn eine neue und eigene Empfindung Gestalt gewonnen hat. [...] Wer die eigene und starke Empfindung nicht hat, kann nicht Künstler werden, und wer sie besitzt, dem wird selbst einmal eine Unzulänglichkeit des technischen Ausdrucksvermögens übersehen.« Lichtwark spricht vom Bedürfnis des Künstlers nach Expression in Malerei, Dichtung und Musik; der Gedanke an die Mitteilung, an die Wirkung auf andere gehöre dem Vorgang des Schaffens nicht an. »Der göttliche Augenblick ist vorüber, sobald sie sich einstellen, und wer von ihnen ausgeht, dem kommt er nie.« Unter diesem Gesichtspunkt müsse das »Erzeugnis der bewegten Menschenseele« zuerst betrachtet werden. »Es ist als Produkt einer Empfindung das Echo eines Eindruckes, den die Welt auf ein Menschengemüt von starker Empfindung gemacht hat, ganz auf sich gestellt.« Das habe mit dem Publikum gar nichts zu tun, es habe weder Anspruch noch Anrecht darauf. »Wer die bekannten und oft gehörten Wendungen in den Mund

198 In: Die Zukunft 21, 1897, S. 192–198; Kayser (1977), Nr. 262, 285, 294, 556, 576.
199 Vgl. hier und im Folgenden: zit. nach AL, Schriften, Bd. I, S. 62–71.

nimmt: Vom Künstler verlange ich, der Künstler soll, der Künstler muß, – der beweist damit nur, daß er keine Ahnung hat, wie das Kunstwerk entsteht.« Mit solchen Forderungen könne er an Handwerker oder Marktware herantreten, die einem vorhandenen Bedürfnis entgegenkomme. »Nach der Kunst des Genies hat kein Mensch auf der Welt Bedürfnis, ehe sie da ist, außer dem einen, der sie erzeugt. [...] Das Kunstwerk ist Selbstzweck für den, der es schafft, für die anderen existiert es erst, wenn es in ihrer Seele auflebt. Dazwischen ist es im Grunde gar nicht vorhanden.« Anschließend wendet er sich der rezeptiven Seite zu: Wenn das Werk in einem anderen Menschen wieder lebendig werden solle, müsse dessen Seele verwandt gestimmt sein. »Je näher die nachschaffende Seele der des Schaffenden steht, desto näher kommt ihr Genuß am Kunstwerk dem des Urhebers.« Und wenn die Seele nicht vorhanden sei, in der es aufleben könne, dann sei das Bild nur bemalte Leinwand, die Statue ein behauener Stein etc. »Das Kunstwerk geht als Realität zugrunde«, fährt er fort, »wenn die Seelen nicht mehr da sind, die es aufnehmen können, und kann ebenso leicht verschwinden, wenn sie noch nicht da sind.« Die Geschichte beweise es auf Schritt und Tritt. Lichtwark nennt eine Reihe historischer Beispiele der mangelnden Rezeption und kommt damit auf Böcklin zurück. In seinem Jahrhundert sei es das Schicksal vieler der größten Künstler gewesen, dass die Seelen noch nicht empfänglich waren, als sie ihre Werke schufen. Keiner habe darunter wohl mehr gelitten als Böcklin. Gurlitts Galerie, deren Verdienst es gewesen sei, Berlin mit Böcklin vertraut zu machen, sei für viele ein Lachkabinett gewesen. Man habe ihn, als es Zeit war, nicht zugelassen und stattdessen Millionen in Dekorationen investiert, die nun wertlos, wenn nicht gar schädlich seien. Dem Dichter Jeremias Gotthelf sei es ähnlich ergangen. Für schuldig befindet Lichtwark die Neigung, das Eigene geringzuschätzen und sich die Idole von weither zu holen. So gehe es auch bei Holbein, wer kenne schon sein Hauptwerk, die Bilder des Todes; alle Madonnen Raffaels würden dies Werk nicht aufwiegen, und es stehe dem Publikum immer noch so fern wie Dürer, Schongauer und Rembrandt. »Denn der Bildungsgang, den unsere Gesellschaft zurücklegt, führt nirgends über die Flur der bildenden Kunst, höchstens eine Strecke durch das Gestrüpp des kunstgeschichtlichen Unterrichts.« Lichtwark schließt mit einem Plädoyer für eine national ausgerichtete Bildung: »Wenn ein Deutscher nur der ist, der ein persönliches und herzliches Verhältnis zu den großen Dichtern und Künstlern der Nation gewonnen und sich mit ihrer Lebensenergie, ihrem Geist gefüllt hat, dann dürfen nicht viele, die unsere Sprache reden, die Zugehörigkeit beanspruchen.« Die Pflege müsse beim heranwachsenden Geschlecht beginnen. Hier müsse die Kraft der Empfindung geweckt werden, damit für alle große Kunst die Seelen da seien, in denen sie lebendig werden könne – und damit die neuen Genies ein Echo fänden, bevor das Alter sie gebeugt oder der Tod sie vernichtet habe. Als Abschluss zitiert er den Hamburger Barockdichter Heinrich Brockes, der von der Seele Augen spricht, die durch die Augen des Leibes »erst recht zu sehen taugen.«

Die zunehmende Böcklin-Begeisterung führt zu einer eingehenden Würdigung des Künstlers anlässlich seines Todes im Januar 1901. Am 5. Februar dieses Jahres schreibt Lichtwark an Kalckreuth, er sei in Berlin im letzten Augenblick zu einer Festrede auf Böcklin gezwungen worden. »Das Publikum war auf äußere Stimmung aus. Dunkler Saal, auf der Tribüne ein Lorbeerhain und die Toteninsel als Wandbild, davor zwei Altäre mit Flammen, Musik: In questa tomba [Beethoven] von einer sehr schönen Altstimme, Chopins Trauermarsch, sehr gut gespielt, und ein Versuch zu klatschen beide Male niedergezischt. Man wollte aus der Stimmung nicht heraus, die doch keiner im Herzen hatte. Mir paßte es gar nicht, und in den ersten fünf Minuten wollte das Publikum bei meiner Rede nicht mit. Aber ich bekam es doch bald in die Hand, und dann wurde es sehr nett. Nachher wollte es aber wieder Stimmung.«[200] Diese Passage veranschaulicht Lichtwarks realistische und distanzierte, psychologisch überlegene Haltung gegenüber der Situation und dem Publikum. Lichtwarks Wunsch, die Böcklin-Sammlung der Kunsthalle weiter auszubauen, bleibt auf lange Zeit unerfüllt. Erst 1909 gelingt ihm noch einmal eine Erwerbung.

Monets Stillleben

Im Dezember 1896 erhält Lichtwark vom Verein von Kunstfreunden von 1870 ein bahnbrechendes Stück für die Gemäldesammlung: das Stillleben »Birnen und Trauben« von Claude Monet aus dem Jahr 1880 (Abb. 29), den zweiten Monet in einem deutschen Museum neben der »Ansicht von Vétheuil«, die Karl von der Heydt etwa zeitgleich auf Initiative Hugo von Tschudis der Berliner Nationalgalerie stiftet. Das Bild befindet sich jedoch schon seit 1895 als Leihgabe in der Kunsthalle, bis Lichtwark es mithilfe des Vereins von Kunstfreunden von 1870 bei Durand-Ruel erwerben kann.[201] Dass der Verein sich überhaupt für dieses Werk entscheidet, dürfte nicht zuletzt auf die neue Generation im Vorstand zurückzuführen sein. Eduard L. Behrens' Sohn Theodor, Bankier und selbst Kunstsammler, ist in die Fußstapfen seines Vaters getreten. Interessiert an der neuen Kunst, erwirbt er auch selbst unter anderem französische und deutsche Impressionisten.[202]

Schon lange zuvor hat Lichtwark sich dem französischen Impressionismus zugewandt. 1883 veröffentlichte er die Rezension der wenig besuchten und polarisierenden Ausstellung der Sammlung Bernstein in der Berliner Galerie Gurlitt; damals ließ er den impressionistischen Stil nur als Skizze gelten, auch wenn ihm die Werke durchaus gefielen. Mit Klinger und anderen Künstlerfreunden diskutierte er heftig über diese neue Kunst.[203] Zehn Jahre später besichtigt er in Paris Durand-Ruels pri-

200 Br. Kalckreuth, S. 85 und Anm. 62g.
201 Vgl. Best.Kat. Hamburg, 19. Jh., S. 141, WV Wildenstein 631, von Durand-Ruel erworben. – P3, 16.1.1897, geschenkt wurde das Bild am 7.12.1896. Im Protokoll ist kein Händler vermerkt. – Leppien (1997, Lichtwark), S. 73. – Zu Monets »Ansicht von Vétheuil« (WV Wildenstein 609) in Berlin, ebenfalls 1896 von Durand-Ruel erworben, vgl. Ausst.Kat. Manet bis van Gogh (1996), S. 100. – Best.Kat. Berlin, Nationalgalerie, S. 309f.
202 Vgl. P3, 2.7.1895. – Vgl. Luckhardt (2001, Behrens), S. 39–43.
203 Vgl. Br. Kommission (1899), Bd. IV: 1896, S. 156.

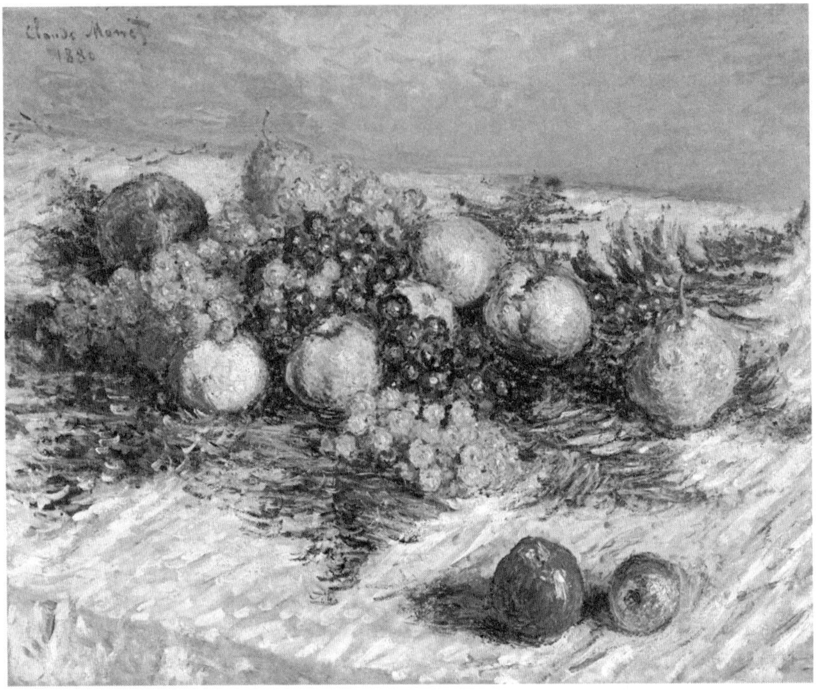

Abb. 29 Claude Monet, Birnen und Trauben, 1880, Öl auf Leinwand, Hamburger Kunsthalle

vaten Besitz an impressionistischen Bildern mit großer Begeisterung, und angesichts der Stillleben Monets kommentiert er: »Das wäre etwas für uns, genau, was wir brauchen.« Doch steht Durand-Ruel in dem Ruf, nichts zu verkaufen.[204] 1894 verhandelt Lichtwark für die im nächsten Jahr stattfindende Hamburger Frühjahrsausstellung mit Felicie Bernstein über die Leihgabe einer Reihe ihrer impressionistischen Werke. Als sie einige davon veräußern will, um eine Stiftung für Juristen ins Leben zu rufen, rät Lichtwark ihr ab. Er empfiehlt vielmehr, noch einige gute Franzosen hinzuzukaufen und ihre Sammlung dann zum Andenken an ihren Mann einem deutschen Museum zu stiften. Am liebsten hätte er eine solche Sammlung für die Kunsthalle, und zur Frühjahrsausstellung 1895 gelingt es ihm tatsächlich, »die Sachen« nach Hamburg zu bekommen.[205] Gleichzeitig sichert er sich bei Felicie Bernstein das Vorkaufsrecht für ihr verbliebenes Stillleben von Édouard Manet; wenn nicht der Kunsthalle, dann soll es wenigstens Eduard L. Behrens zugute kommen, der jedoch im Monat darauf verstirbt. Der »Fliederstrauß« gelangt jedoch nicht in die Kunsthalle, Felicie Bernstein vermacht

204 Vgl. Br. Kommission (1896), Bd. II: 1893, S. 167f. Es ist nicht ausgeschlossen, dass Lichtwark das Stillleben von Monet bereits zu dieser Zeit stillschweigend auf eigene Kosten erwirbt und später einen Stifter dafür findet. Dafür gibt es jedoch keinen konkreten Hinweis.

205 Vgl. Br. Kommission (1896), Bd. III: 1894/95, S. 117, 136f. – Siehe auch das Kapitel »Die Frühjahrsausstellungen« in Teil 2.

ihn bei ihrem Tod 1908 der Berliner Nationalgalerie, und »Rosen, Tulpen und Flieder« befindet sich ohnehin schon seit 1892 in der Sammlung Max Liebermanns.[206]

Nach Tschudis Amtsantritt als neuer Direktor der Nationalgalerie bewundert Lichtwark 1896 dessen Hängung seiner neuen Schätze, darunter die Bilder von Manet und Monet, die in Berlin geteilte Aufnahme finden.[207] Im Jahr darauf, 1897, sieht er in Stockholm »einige sehr schöne Monet« und im Herbst desselben Jahres wiederum die Werke von Manet und Monet in der Berliner Nationalgalerie, wobei er die Reaktion des Kaisers fürchtet.[208] Auch weiterhin verfolgt Lichtwark die Entwicklung der französischen Impressionisten. 1898 findet er in Paris in der Galerie Georges Petit neueste Arbeiten Monets, die Bilder der Kathedrale von Rouen, große Stillleben und Landschaften. »Mit Worten läßt sich nicht andeuten«, schreibt er der Kommission, »wie schön eine Reihe Stimmungen ausgefallen ist, die er an einem Teiche studirt hat.« Zwar hält er bei Durand-Ruel die Bilder von Renoir für die stärksten, doch legt er besonderen Wert darauf, die Monet-Retrospektive mit Werken seit 1860 zu sehen. »Immer derselbe und immer ein anderer«, schreibt er, »nie auf eine Formel eingeschworen, immer gleich ausgezeichnet und doch fortschreitend. Mit Manet zusammen bilden diese Künstler die stetig verhöhnten und refüsirten, bis sie sich von den öffentlichen Ausstellungen ganz zurückgezogen haben. Und wie Millet und die Schule von Barbizon aus der Mitte des Jahrhunderts, so werden sie aus der französischen Kunst der zweiten Hälfte das grosse bleibende [sic] sein.« Es sei »Jubel« in den Teichgemälden Monets, dass es so viel Schönheit auf der Welt gebe und »eine Glückseligkeit, die Kraft zu haben, es fühlen und ausdrücken zu können.«[209] Die Bedeutung des Impressionismus ist Lichtwark also seit langem bewusst. In einem Brief vom 11. November 1898 fragen Bruno und Paul Cassirer an, ob Lichtwark in ihrer bis zum 1. Dezember laufenden, 27 Bilder umfassenden Degas-Ausstellung einen Vortrag über den Künstler halten würde, der den Einblick für diese »noch so fremde Kunst« fördern soll: »Der Boden ist für das Verständnis der Sammlung leider unvorbereiteter, als wir glaubten, und wir fürchten, daß die Sammlung, die so imposant vielleicht nicht mehr in Deutschland sein wird, eine tiefergehende Wirkung und so erwünschte Förderung nicht haben wird.«[210] Ein solcher Vortrag lässt sich jedoch nicht nachweisen. Die Anfrage kommt allerdings nicht überraschend, denn schon zuvor hat Lichtwark sich für Bilder von Degas interessiert. Er bestellt zwei Werke des Künstlers zur Ansicht in die Kunsthalle, eine »Büglerin« und »Chevaux de Course«, die er am 18. Februar 1898 an Durand-Ruel zurücksendet, vermutlich, weil er keinen Stifter

206 Vgl. Br. Kommission (1896), Bd. III: 1894/95, S. 173. – Manet: Lilas blancs dans un vase de verre, WV Rouart / Wildenstein 427, Berlin; Roses, tulipes et lilas blancs dans un vase de cristal, WV Rouart / Wildenstein 381, heute Privatsammlung, New York. – Ausst.Kat. Manet bis van Gogh (1996), S. 86. – Best.Kat. Nationalgalerie Berlin, S. 248. – Lichtwarks Beziehung zum französischen Impressionismus scheint mir bei Kern (1989), S. 198–205, bes. S. 201, zu negativ dargestellt.

207 Vgl. Br. Kommission (1899), Bd. IV: 1896, S. 155f. – Br. Kommission (1899), Bd. V: 1897, S. 6.

208 Vgl. ebd., S. 222, 269.

209 Vgl. Br. Kommission (1899), Bd. VI: 1898, S. 105f., 122; eine ausführliche Schilderung der Teichmotive in der Ausstellung bei George Petit gibt Lichtwark ebd., S. 121f.

210 Brief Bruno und Paul Cassirer an Alfred Lichtwark, 3.11.1898; HKH, DK, Bd. 30, zit. bei Feilchenfeldt (2006), S. 365.

dafür findet.[211] Die Preise sind beträchtlich: für einen »sehr schönen Degas – Jockeys« im kleinen Format von 34 × 42 Zentimetern werden bei Cassirer 50.000 Francs gefordert, berichtet Lichtwark im April 1900 seiner Kommission. Und in Paris, so teilt er im selben Jahr mit, bestehe schon eine Hausse für Bilder von Manet und Monet; für Bildnisse von Manet würden bereits 40.000 Mark gezahlt. Im Jahr darauf ist im Kunstsalon Cassirer in der Renoir-Ausstellung das Bild einer kleinen Tänzerin mit 100.000 Mark versichert.[212] Der Impressionismus hat sich durchgesetzt, auch wenn ein alter Künstler wie Jean-Léon Gérôme diese Bilder als »cochonneries« bezeichnet. 1899 schreibt Lichtwark anlässlich einer Ausstellung bei Cassirer an seine Kommission: »Ganz Europa und Amerika sind heute von der Empfindung abhängig, die Manet und Monet zuerst gehabt haben, das ist eine Thatsache, die absolut nicht geleugnet werden kann. Aber es gibt Tausende von Künstlern und Laien, die diese Empfindung Manets und Monets, die sich so sieghaft bewiesen hat, verdammen und bekämpfen.«[213] Im März dieses Jahres sieht Lichtwark die Ausstellung von Monet und Manet und im Herbst besucht er im Kunstsalon Cassirer die Ausstellung zu Manet, Degas, Puvis de Chavannes und Slevogt. Er wundert sich über den »furchtbaren Sturm der Entrüstung«, den Manets »Frühstück im Grünen«, das »Zugbild« der Ausstellung, seinerzeit 1866 in Paris ausgelöst hat: Es sei nichts als »eine Umdichtung«, eine »Uebersetzung ins Moderne des vielbewunderten Giorgione im Ehrensaal des Louvre«, und auch bei Giorgione sei es nur »eine neue Umschreibung der Phantasie vom Liebesgarten.« Er besucht die Ausstellung noch einmal mit den Senatoren Burchard und O'Swald und berichtet angelegentlich über die Hängung der modernen Franzosen in der Nationalgalerie. Auf Anraten Anton von Werners habe Tschudi den kaiserlichen Befehl erhalten, sie in den zweiten Stock zu hängen; nun werde das »gleichgültige Publikum« hinströmen, um »das Gute in ihnen zu erkennen.« Auch die Cassirers berichten Durand-Ruel enttäuscht über das geringe Interesse an den französischen Impressionisten in Deutschland und die erzwungene schlechte Hängung der Bilder in der Nationalgalerie.[214]

So stellt Lichtwark bei seinem Besuch der Centennale in Paris enttäuscht fest, dass in Frankreich, »wo seit dreißig Jahren das Centrum der coloristischen Bewegung der ganzen Welt liegt«, diese bedeutenden Künstler auf der großen Ausstellung völlig unterrepräsentiert seien. Überall sei die Konvention die eigentliche Herrscherin, nur die Frauentoilette habe aus der Malerei wirklichen Vorteil gezogen.[215]

211 Vgl. Kern (1989), S. 203.

212 Br. Kommission (1901), Bd. VIII: 1900, S. 53, 55; Br. Kommission (1902), Bd. IX: 1901, S. 313.

213 Französisch für: Schweinereien. – Vgl. Br. Kommission (1902), Bd. IX: 1901, S. 47. – Br. Kommission (1901), Bd. VII: 1899, S. 25f., Zitat S. 28. Anlässlich einer Thoma-Ausstellung bei Cassirer lässt sich Lichtwark Bilder von Monet und Manet aus dem Magazin zeigen; vgl. Echte / Feilchenfeldt (2011), S. 105–122.

214 Vgl. Echte / Feilchenfeldt (2011), S. 177–214. – Br. Kommission (1901), Bd. VII: 1899, S. 43, 149f., 160–162. – Echte / Feilchenfeldt (2011), S. 164.

215 Vgl. Br. Kommission (1901), Bd. VIII: 1900, S. 53, 55. S. 186f. – Abb. bei Echte / Feilchenfeldt (2011), S. 286. – Degas: Kern (1989), S. 203. – Br. Kommission (1902), Bd. IX: 1901, S. 313, die wichtigsten Bilder der Ausstellung kenne er bereits aus Paris. Renoir: nicht mehr bei Echte / Feilchenfeldt (2011). – Siehe das Kapitel »Die Centennale in Paris und die geplante Jahrhundertausstellung« in Teil 4.

Sezessionisten und andere Erwerbungen

Zu den zeitgenössischen deutschen Künstlern, die Lichtwark schon in den 1890er Jahren besonders interessieren, gehört auch Hans Thoma. 1894 lässt Schiefler Lichtwark an einer Ansichtssendung von Graphikblättern in lithographischer Technik teilhaben, die zu dieser Zeit und gerade auch durch Thoma stark an Aktualität gewinnt.[216] Im selben Jahr stellt Lichtwark seiner Kommission ein Landschaftsbild des Künstlers vor, jedoch ohne Kaufantrag,[217] lediglich zur Information und Gewöhnung. Gleichzeitig sind in der ersten Frühjahrsausstellung von 1894 erstmalig sechs Gemälde des Künstlers zu sehen.[218] Erst drei Jahre später, 1897, lässt Lichtwark einige »sehr hübsche« Werke von Thoma zur Ansicht senden. Es handelt sich um eine Landschaft für 4.000 und ein Interieur für 5.000 Mark; die Verwaltungskommission bietet 3.400 für das letztere und lehnt die Landschaft ab. Bei diesem Interieur handelt es sich um das Bild »Sonntagsfrieden«, das 1898 in die Sammlung eingeht.[219] Im Herbst desselben Jahres werden für Thomas »Cronberg« 6.000 Mark gefordert; Lichtwark darf bis zu 5.000 aus dem Heine-Fonds bieten. Der Ankauf gelingt ebenfalls im folgenden Jahr.[220] In diesem Jahr 1898 erwirbt Lichtwark außerdem das Selbstbildnis des Künstlers mit seiner Frau für 10.000 Mark.[221] 1899 ist er angetan von der Thoma-Ausstellung bei Cassirer; die meisten Bilder kenne er allerdings schon, schreibt er an die Kommission. Im Jahre darauf, 1900, schenkt Ernst Juhl der Kunsthalle Thomas »Ziegen im Stall«.[222]

Lichtwark sei der Erste gewesen, der seine Bilder für ein Museum angekauft habe, schreibt Thoma 1917 an Lichtwarks Biographin Anna von Zeromski. So sei in Hamburg eine Sammlung seiner Werke entstanden zu einer Zeit, als sie auf deutschen Kunstausstellungen zurückgewiesen worden seien.[223] Auch andere fortschrittliche Männer in der Kunstszene wenden sich um diese Zeit Thoma zu. Eberhard von Bodenhausen, der zu dieser Zeit mit Lichtwark gemeinsam in der Redaktion der Zeitschrift *Pan* tätig ist und zu dessen Bewunderern zählt, möchte 1896 seiner zukünftigen Frau Dora die Werke dieses Künstlers nahebringen. Über Thoma schreibt er ihr: »[...] er ist so bodenwüchsig; aus dem Schwarzwald stammend, hat er sein Lebtag in dieser mitteldeutschen Landschaft gelebt mit den weiten, flachen Hügeln, hie und da etwas Wald, meist Feld und Wiese; und er ist der erste Künstler, der diese Landschaft gesehen hat. Nun hat er sie uns allen gezeigt, und wenn ich nach Bayern hineinkomme, so sehe ich nur Thoma-Landschaften und mein Genuß an der Natur ist durch

216 Vgl. Schiefler, LAZ, 20.8.1894, S. 4f., HH, SUB, HSS.
217 Vgl. P3, 24.3.1894.
218 Vgl. Ausst.Kat. Frühjahrsausstellung (1894), S. 36.
219 Vgl. Br. Kommission (1899), Bd. V: 1897, S. 132. – P3, 13.7.1897. – Best.Kat. Hamburg, 19. Jh., S. 210.
220 Vgl. P3, 15.10.1897. – Best.Kat. Hamburg, 19. Jh., S. 210.
221 Vgl. P3, 22.1., 29.3.1898. – Best.Kat. Hamburg, 19. Jh., S. 211.
222 Vgl. Br. Kommission (1901), Bd. VII: 1899, S. 25. – Echte / Feilchenfeldt (2011), S. 105–122. – Vgl. P3, 1.4.1900. – Best.Kat. Hamburg, 19. Jh., S. 211.
223 Vgl. Zeromski (1924), S. 72.

diese neuen Augen mir verzehnfacht worden. [...] Und so werden auch Ihnen die Augen aufgehen und Sie werden einen großen Genuß mehr im Leben haben.«[224] Später wendet sich Bodenhausen als Sammler allerdings vor allem den Neoimpressionisten zu.[225] Auch der ebenfalls am *Pan* beteiligte Harry Graf Kessler beurteilt Thomas Kunst 1897 als »schöner, wahrer, erlebter« als so manche Franzosen.[226] Nicht zuletzt die Druckgraphik des Künstlers ist im Zuge des Aufschwungs der Originalgraphik hochaktuell. Der *Pan* veröffentlicht einen Holzschnitt von Thoma im zweiten Heft des ersten Jahrgangs und eine Farblithographie im dritten Heft des zweiten Jahrgangs im Zusammenhang mit einem Aufsatz von Max Lehrs, betitelt *Die Kunst des Steindrucks*. Aktueller Anlass dafür sind das hundertjährige Jubiläum der Lithographie im Jahre 1896 und die Wiederbelebung dieser Drucktechnik, insbesondere in der Karlsruher Künstlerschaft.[227] 1899 besichtigt er in Berlin die Sammlung Dorgerloh, frühe Lithographien, Inkunabeln, zum Teil große Seltenheiten. Er will mit diesem Ankauf die »nothwendige Sammlung von Lithographien des neunzehnten Jahrhunderts« in der Kunsthalle gründen, nachdem durch das Jubiläum diese Drucktechnik auch für das Sammeln neu entdeckt wurde.[228] 1902 erwirbt er tatsächlich 517 Lithographien von überwiegend deutschen Künstlern des 19. Jahrhunderts, aber auch von Richard Parkes Bonington, Eugène Delacroix und Théodore Géricault.[229] Damit ist er ganz auf der Höhe seiner Zeit.

In diesen Jahren beschäftigt sich Lichtwark jedoch auch mit anderen sezessionistischen oder den Sezessionen nahestehenden Künstlern. Eine »Schafherde« von Heinrich von Zügel kommt 1895 als Geschenk des Kunstvereins in die Kunsthalle, 1902 folgt die »Heidschnuckenherde in der Lüneburger Heide«, gestiftet von der Familie Westphal für die Sammlung von Bildern aus Hamburg. 1904 gelangt noch die »Schafherde im Stall« aus dem Nachlass Popert in die Sammlung.[230] Für die Bilder von Giovanni Segantini interessiert sich Lichtwark erstmalig 1893. Er würde am liebsten ein Bild mit lebensgroßer Kuh und eingeschlafener Frau mit Kind, »Le due

224 Bodenhausen-Degener (1955), S. 103. – Zit. bei Billeter (2001), S. 137f.

225 Vgl. ebd., S. 131–139.

226 Kessler (2004), Bd. 3, S. 60.

227 Vgl. Pan, 1. Jg., 1895/96, Heft 2, nach S. 100. – Pan, 2. Jg., 1896/97, Heft 3, S. 233–236. – Zur Karlsruher Lithographie vgl. auch Junge (1989), S. 66–71.

228 Max Lehrs veröffentlicht zeitgleich den Aufsatz *Die Kunst des Steindrucks* (in: Pan, 2. Jg., 1896/97, Heft 3, S. 233–235). Er bezeichnet die Lithographie als eine bis vor kurzem vergessene Kunst, nennt neben wenigen anderen Künstlern wie Karl von Pidoll, Otto Greiner, Maximilian Dasio, Hans Thoma, Wilhelm Steinhausen, Otto Fischer und den Karlsruhern auch Ernst Eitner, Arthur Illies und Adolf Vollmer (ebd., S. 235). Der Karlsruher Radierverein veröffentlichte in seinen Mappen Lithographien ab 1898; vgl. Junge (1989), S. 374–390. Siehe auch das Kapitel »Kunsterziehung II: Lichtwark und die Hamburger Lehrer« in Teil 3. Thoma entwickelte die Algraphie, einen Flachdruck auf Aluminiumplatte, die in ihrer Fortsetzung zum Offsetdruck führt. Zu den Karlsruher Künstlerlithographien vgl. Schlünder (1973).

229 U.a. von Achenbach, Blechen, Bonington, Delacroix, Géricault, Hasenclever, Hosemann, Lecomte, Menzel, Neureuther, Pettenkofen, Raffet, Schadow, Schroeter, A. Senefelder, Th. & Cl. Senefelder, Vernet, Veth, Wagenbauer, Wisniewski; vgl. Jahresbericht [Bd. 16], 1902, S. 43.

230 Vgl. P3, 5.11.1895, nicht im Best.Kat. Hamburg, 19. Jh. – Best.Kat. Hamburg, 19. Jh., S. 232; Ausst.Kat. Bilder aus Hamburg (2002), S. 104. – P4, 27.2.1904, nicht im Best.Kat. Hamburg, 19. Jh.

madri«, »Die beiden Mütter«, von 1889, aus der Sezessionsausstellung in München erwerben, das Format ist ihm jedoch zu groß. »Segantini ist der Originellste aller Italiener«, schreibt er im August des Jahres an seine Kommission. »Ich möchte ihn wohl kennen, um ihn zu fragen, wie er sich entwickelt hat. So wie er, malt niemand und hat niemand je gemalt. Seine Bilder sehen aus wie eine Art Plattstickerei aus derben Wollfäden, die senkrecht nebeneinander liegen. Man würde denken können, dass er, als er seine ersten Malversuche gemacht, noch nie ein Bild gesehen und von keinem Maler Unterricht gehabt hätte.« »Le due madri« zeigt er in der ersten Frühjahrsausstellung 1894.[231] Zwei Jahre später sieht Lichtwark bei Schulte in Berlin weitere Arbeiten von Segantini, die ihm ebenso qualitätvoll erscheinen; 1897 besichtigt er in der Berliner Sammlung Felix Koenigs dessen Bilder des Künstlers und schreibt: »Die Segantinis gewinnt man immer lieber. [...] Ernste, unakademische, ich möchte sagen, unstädtische Kunst, wie die Kaufmann's und Millet's [sic].« Lichtwark erwirbt 1898 zwei Bilder beim Künstler: »Glaubenstrost« von 1896, zu 16.000 und »Pascoli Engadin« von 1895, heute betitelt »Maloja«, zu 3.000 Mark, zusammen jedoch für nur 18.500 Mark. Bei dem letzteren handelt es sich um eine Vorstudie zu dem Gemälde »Rückkehr in die Heimat« beziehungsweise »Die letzte Reise«, jedoch ohne das Gefährt mit dem Sarg; Lichtwark muss das Letztgenannte schon in der Sammlung Koenigs gesehen haben. Diese von Lichtwark erworbene Vorstudie wird 1923 von seinem Nachfolger Gustav Pauli verkauft und befindet sich heute in der Galleria d'Arte Moderna, Mailand.[232] Auch Lichtwarks Freund Kalkmann besitzt einen Segantini: »Ruhe im Schatten« von 1892.[233] Warum Lichtwark auch eines der allerherrlichsten Werke des Meisters besitze, schreibt Carl Moll im Dezember 1900, als er »Glaubenstrost« für eine Ausstellung in Wien ausleihen möchte. »Kaufen Sie Ihrer Galerie nur Schmarn – dann werden Sie gewiß mit solchen Anliegen nie behelligt werden. Da Sie aber nun mit Konsequenz aus der Kunsthalle eine der schönsten deutschen Galerien machen – so hat das eben Unannehmlichkeiten im Gefolge, welche Sie also selbst verschulden.«[234]

Im selben Jahr 1898 gelingt die Erwerbung des Bildes »Junge Liebe« des gebürtigen Hamburgers Otto Eckmann mit Mitteln aus dem Heine-Legat.[235] Ebenfalls 1898 versucht Lichtwark bereits einen Trübner anzukaufen; er präsentiert seiner Kommis-

231 Segantini, Le due madri, 157 × 280 cm, Galleria d'Arte Moderna, Mailand; WV Servaes 84; WV Gozzoli 294; WV Quinsac 557A. – Vgl. Br. Kommission (1896), Bd. II: 1893, S. 267f., Lichtwark erkennt die textilartige Faktur sehr genau; Segantini stammte aus einer Seidenweberfamilie. – Br. Kommission (1901), Bd. VIII: 1900, S. 55, 186f., 201. – Siehe das Kapitel »Die Frühjahrsausstellungen« in Teil 2.

232 Br. Kommission (1899), Bd. IV: 1896, S. 162. – Br. Kommission (1899), Bd. V: 1897, S. 12f. – P3, 22.1., 29.3.1898. – Best.Kat. Hamburg, 19. Jh., S. 194. – Glaubenstrost: WV Servaes 115; WV Gozzoli 374; WV Quinsac 525 A+B. Maloja: WV Servaes 111; WV Gozzoli 358; WV Quinsac 584. – Koenigs erwarb »Rückkehr in die Heimat«, das 1895 auf der Biennale in Venedig mit dem Ersten Preis ausgezeichnet wurde, bei diesem Anlass. Seit 1901 befindet sich das Bild aus dem Nachlass Koenigs in der Nationalgalerie Berlin; vgl. Best.Kat. Berlin, S. 394f.; WV Servaes 112; WV Gozzoli 357; WV Quinsac 583.

233 Vgl. Brief Alfred Lichtwark an Franz Hancke, 21.3.1901, Wien, Österreichische Nationalbibliothek, HSS, 462/43–1. – WV Servaes 99; WV Gozzoli 326; WV Quinsac 468, heute Privatbesitz.

234 Brief Moll an Alfred Lichtwark, 26.12.1900, HKH, AdB 76.

235 Vgl. Best.Kat. Hamburg, 19. Jh., S. 38.

sion das Bild »Kartoffelfeld«, und erhält den Auftrag, mit Trübner zu verhandeln, hat jedoch keinen Erfolg.[236] Für die Sammlung von Bildern aus Hamburg erwirbt Lichtwark weiterhin Werke von bekannten progressiven Künstlern. Der Hamburger Kunstverein schenkt 1896 den im selben Jahr gemalten »Buchenwald bei Friedrichsruh« von dem Berliner Landschaftsmaler und Sezessionisten Walter Leistikow.[237] Im Jahr darauf sucht Lichtwark den aus Hamburg stammenden, in Karlsruhe lehrenden Landschaftsmaler Gustav Schönleber auf, der nun endlich einige seiner Studien aus Cuxhaven schicken soll, damit der Kunstverein davon etwas aussuchen kann.[238] Die Unternehmung scheitert allerdings. Ferner möchte Lichtwark ein Portrait des plattdeutschen Dichters Klaus Groth von Hans Olde erwerben, der ebenfalls zu den im *Pan* vertretenen Künstlern zählt. Er bestellt es zur Ansicht und findet es besser als dessen Portrait von Elise Averdieck; es erscheint ihm sogar als eines der »geschlossensten und originellsten Bildnisse die seit langer Zeit gemalt sind.« Es soll 6.000 Mark kosten; 1899 kauft er es tatsächlich an.[239] Später tätigt er allerdings keine Erwerbungen mehr von diesem Künstler.

Lichtwark baut jedoch auch die Sammlung deutscher Kunst des 19. Jahrhunderts weiter aus. So erwirbt er 1897 aus dem Heine-Legat für 800 Mark das Doppelportrait zweier Kinder von Ferdinand Waldmüller und zwei Jahre später vom selbem Künstler aus einer Auktion in Graz das Genrebild »Der Heimkehrende aus dem Kriege«, für das die Kommission 5.000 Mark bewilligt hat.[240] Von dem in Hamburg geborenen Maler Louis Spangenberg erwirbt Lichtwark 1896 ein Landschaftsbild, nachdem seine Witwe der Kunsthalle zwei Jahre zuvor bereits eine Landschaft überlassen hat; im Jahre 1900 bietet sie einen »Rattenfänger« für 6.000 Mark an, der jedoch von der Kommission abgelehnt wird.[241] Die Portraitabteilung möchte Lichtwark ebenfalls fortführen und präsentiert der Kommission im März 1898 zur Ansicht die Bildnisse der Sammlung des Grafen Adolf Friedrich von Schack. Diese Sammlung, 1876 Kaiser Wilhelm I. von Schack testamentarisch vermacht gegen die Verleihung der Grafenwürde, verbunden mit der Hoffnung auf die Eingliederung seiner Bilder in die Nationalgalerie, wird nach Schacks Tod 1894 vom aktuellen Besitzer, Kaiser Wilhelm II., in München belassen. Ihre Zukunft ist zu dieser Zeit noch ungeregelt. Die Hamburger Kunsthalle hätte sich bei einem Teilankauf einige Portraits von Lenbach und Feuerbach sichern, möglicherweise aber auch andere wichtige Werke des 19. Jahrhunderts erwerben können. Die Kommission zeigt allerdings daran kein Interesse.[242]

236 Vgl. P3, 22.1.1898.
237 Vgl. Ausst.Kat. Bilder aus Hamburg (2002), S. 98, Verbleib unbekannt. – P3, 30.6.1896.
238 Vgl. Br. Kommission (1899), Bd. V: 1897, S. 131.
239 Br. Kommission (1901), Bd. VII: 1899, S. 117f. – Best.Kat. Hamburg, 19. Jh., S. 153. – Ausst.Kat. Bilder aus Hamburg (2002), S. 101. – Brief Olde an Alfred Lichtwark, 25.7. o.J., HKH, AdB 76.
240 Vgl. P3, 15.10.1897. – P3, 22.4.1899. – Best.Kat. Hamburg, 19. Jh., S. 222.
241 Vgl. Best.Kat. Hamburg, 19. Jh., S. 197. – P3, 21.4.1900.
242 Vgl. P3, 29.3.1898. – Pophanken (1995), S. 181–183. – Rott (2009), S. 78, 118f., 123.

Schon im Jahr zuvor hat Lichtwark in einem Brief an den Kritiker Hans Rosenhagen seine Enttäuschung über die rückständige Kunstauffassung der Kommission formuliert: »Mir sinkt manchmal der Muth. Wenn ich es allein zu machen hätte und keinen Menschen zu fragen brauchte, würde es glaube ich, besser werden, oder wenn überhaupt nur ein einzelner zu entscheiden hätte. Aber die Kommission.«[243] Und 1904 schreibt Lichtwark an den Kommissionsvorsitzenden Burchard sehr direkt und mahnend: »Die ersten Freunde aber müssen in der Kommission sitzen. Wenn die Kommission nicht überzeugt werden kann, ist alle Mühe umsonst. [...] Ist die Kommission überzeugt, wird sie auch die Verantwortung übernehmen.«[244]

Für die Sammlung holländischer alter Meister erwirbt Lichtwark 1897 von Wilhelm Bode das Genrebild »Der Brief« des Barockmalers Quiringh Gerritsz. Brekelenkam; auch diese nun schon reichhaltige Abteilung baut Lichtwark weiterhin aus.[245]

REISEN

Reisen des Jahres 1897: Wien – Prag – Brüssel

Ende April 1897 ist Lichtwark in Wien, um dort ein bei dem Kunsthändler Artaria zur Versteigerung anstehendes Tierstück von Teutwart Schmitson aus dem Nachlass des Grafen Hoya zu begutachten, das er als mögliche Bereicherung der Hamburger Sammlung einschätzt. Bis 20.000 Mark stehen dafür zur Verfügung. In der Auktion ersteigert jedoch die Galerie Miethke das Bild zu etwa dem Lichtwark gesetzten Limit. Er selbst verzichtet, da er das Werk zwar gut, aber nicht erstklassig findet. Tschudi erwirbt es anschließend mit geringem Aufschlag für die Nationalgalerie.[246] Geschäftsführer der Kunsthandlung Miethke ist der Maler Carl Moll, den Lichtwark spätestens bei dieser Gelegenheit kennenlernt und mit dem er bis 1912 in brieflichem und persönlichem Kontakt bleibt.[247] Nach einem Tierstück von Schmitson steht Lichtwark offenbar weiterhin der Sinn, denn 1899 erwirbt er ein von dem Frankfurter Händler Andreas Schneider angebotenes »Durchgehendes Ochsengespann« des Künstlers für 11.000 Mark aus den Zinsen des Behrens-Legats.[248]

Erstmalig besucht er auf dieser Reise das neue Wiener Hofmuseum, das für seine Empfindung viel zu viel Prunk und Pracht aufweist. Doch lobt er das Treppenhaus, die Aufstellung der Skulpturensammlung und der ägyptischen Abteilung sowie der

243 Brief Alfred Lichtwark an Rosenhagen, 2.2.1897, München, BSB, HSS, Rosenhageniana II,1. Lichtwark, Alfred.

244 Br. Kommission (1905), Bd. XII: 1904, S. 266. Hier geht es um den Ankauf der drei Bildnisse der Marie Zacharias von Kalckreuth, siehe das Kapitel »Neue Impulse: Kalckreuth« in Teil 4.

245 Vgl. Best.Kat. Hamburg, Alte Meister, S. 37. – Br. Kommission (1899), Bd. V: 1897, S. 262.

246 Vgl. hier und im Folgenden: ebd., S. 42–66. – P3, 13.4., 5.6.1897.

247 Vgl. Schweiger (1998); die Bibliothek der HKH (AdB) verwahrt unter der Archiv-Nr. 178 Lichtwarks Briefe an Carl Moll.

248 Vgl. P3, 26.8.1899.

Münzen und Medaillen im Erdgeschoss, ferner die Beleuchtung der Oberlichtsäle, während die Fensterlösungen, insbesondere das Kreuzlicht im Erdgeschoss, ihm höchst bedenklich erscheinen. »Wir im Norden brauchen Licht und immer wieder Licht«, schreibt er an seine Kommission, »und das italienische Palastfenster, von dem unsere Fassaden abhängen, ist ein ganz unberechtigter Eindringling.«[249] Die moderne Abteilung hingegen sei bekanntlich sehr schlecht bestückt, auch wenn einige gute Waldmüller hinzugekommen seien. Wie stets zieht Lichtwark Vergleiche mit Hamburg und gelangt zu der Überzeugung, dass sich die Sammlung Hamburgischer Meister des 19. Jahrhunderts durchaus sehen lassen kann. Angesichts des Museums für die Geschichte der Stadt Wien wünscht er sich einen Mann, der in Hamburg Entsprechendes in Gang setzen könnte. Dafür stellt er sich das Alte Rathaus als Museumsgebäude vor, wo die reiche Bibliothek des Vereins für Hamburgische Geschichte, dessen Hamburgensiensammlung und die Sammlung hamburgischer Münzen vereinigt werden könnten. An Vorträge über die Geschichte Hamburgs, die Hanse, die deutsche Städtekultur denkt er ebenso wie an Publikationen zu regionalen Themen. Der geeignete Mann sei jedoch nicht in Sicht.[250]

Die Galerie der Akademie, die bedeutendste Staatsgalerie Österreichs, ist nach Lichtwarks Meinung schlecht untergebracht und in haarsträubendem Zustand. Architektonisch gut erscheint ihm hingegen Heinrich von Ferstels Universitätsgebäude, abgesehen von den Festsälen, und sehr interessant das von demselben Architekten entworfene Museum für Kunst und Industrie, das heutige Museum für Angewandte Kunst, das für das Kunstgewerbemuseum Berlin als Vorbild diente. Diesem Museum gilt naturgemäß seine besondere Aufmerksamkeit; möglicherweise überreicht er bei dieser Gelegenheit der Museumsbibliothek auch seine beiden Bände der *Studien*.[251] Er hat jedoch den Eindruck, dass dieses Museum, das unter der Leitung Rudolf von Eitelbergers einmal avantgardistisch als erstes auf dem Kontinent dem Vorbild des Victoria and Albert Museums folgte, nun seit Jahren stagniert. »Alle Tochteranstalten in Deutschland«, schreibt Lichtwark an die Kommission, »haben sich grossartig entwickelt, vor Allem das Hamburger Museum. Da stimmt es traurig an dem Ort, wo die ersten Ideen Form gewonnen, Verkümmerung zu sehen.«[252] Insbesondere die chaotische Präsentation kritisiert er: Man glaube an vielen Stellen, auf einem »Fünfgroschen-Bazar« zu sein. Der Einfluss Englands und Japans sei bis hierher noch nicht gedrungen.

249 Br. Kommission (1899), Bd. V: 1897, S. 49.

250 Die Anfänge des Museums für Hamburgische Geschichte gehen auf den 1839 gegründeten Verein für Hamburgische Geschichte zurück. 1886 wurde der Museumsverein gegründet, doch erst 1908 erfolgte die Umwandlung der Altertumssammlung in eine staatliche Einrichtung. Erster Museumsdirektor wurde der Volkskundler Otto Lauffer (1874–1949). Er konzipierte das Museum, das von 1914–1922 sein von Fritz Schumacher entworfenes Gebäude erhielt; vgl. Hamburg Lexikon (2002), S. 334, 565. Lichtwark hat die Verwirklichung der von ihm so dringend gewünschten Institution also noch teilweise erlebt.

251 Schriftliche Auskunft von Rainald Franz, MAK, Wien, am 27.4.2001. Die beiden Bände kamen nach seiner Mitteilung erst 1898 als Geschenk Lichtwarks in die Bibliothek des Museums. Sie wurden möglicherweise aber auch erst später inventarisiert oder nach seiner Reise per Post geschickt.

252 Br. Kommission (1899), Bd. V: 1897, S. 54.

»Das Wiener Museum für Kunst und Industrie mit seinem Einfluss liefert, wenn man ihn noch brauchen sollte, den unwiderlegbaren Beweis, dass es ein unrichtiger Weg war, den Producenten zu erziehen und nicht den Consumenten, und den Producenten im Anschluss an alte Kunst statt an die lebendige. Die Engländer haben eben so gut die Alten studirt, aber sie haben zugleich in der nicht producirenden Gesellschaft eine Passion für die Kunst zu entfachen gewusst. Ehe ich die englische Bewegung kannte, als ich noch unter der uns auf der Universität anfliegenden Vorstellung der Minderwerthigkeit aller ausländischen Wissenschaft stand und von Ruskin keine Ahnung hatte, war mir in Berlin die verlorene Liebesmüh der ausschliesslichen Fürsorge für die Erziehung des Handwerkers durch den Augenschein klar geworden. Die Engländer ernten jetzt die Früchte ihrer praktischen Thätigkeit.« Paris gestehe nun sogar zu, den falschen Weg eingeschlagen zu haben; ein neues Pariser Journal ahme die modernsten englischen Blätter nach und Bings Ausstellung »L'Art Nouveau« sei im Grunde englisch. Überall werde jetzt alles englisch. Denn nirgends verfüge man zur Zeit über die einzige Kraft, mit der man sich des Fremden erwehren könne, nämlich die selbständige Produktion.[253] Diese Beobachtung wertet er als Bestätigung seines eingeschlagenen Weges der Konsumentenbildung.

Wie stets forscht er auch in Wien nach versprengter hamburgischer Kunst; findet in Privatbesitz ein Werk vom »alten Kriegsmaler« Jacob Weyer und eines des Bildnismalers David Kindt; doch stehen diese Bilder nicht zum Verkauf. Weitere Studien treibt er in der Privatsammlung von F. X. Mayer, nun im Besitz der Witwe, vor allem wegen der Bilder von Ferdinand Waldmüller und August von Pettenkofen.

Im Rahmen seiner Stadtbegehung besichtigt Lichtwark auch die neue Ringstraßen-Architektur, beurteilt sie als grundsätzlich verfehlt und vollzieht Camillo Sittes Ansatz nach, den die »Beobachtung dieser Missgeburt« »auf das Studium der alten Strassen und Plätze geführt habe.« Er erwähnt Sitte hier zum ersten Mal, doch lässt sich aus seinen vorangegangenen Städteschilderungen schließen, dass er dessen Werk über den Städtebau kennt.[254] Vor einer Stadtbesichtigung versucht er stets die städtebauliche Struktur mithilfe des Plans zu klären und geht dann auf die Wanderung, ohne einen Plan zu benötigen, ein weiterer Beweis für seine visuelle und räumliche Begabung. Am eindrucksvollsten findet er solche Spaziergänge abends nach neun Uhr, dann seien die Straßen leer und die Erscheinungen im Laternenlicht phantastisch.

Auf der Rückreise verbringt Lichtwark einen Tag in Prag, das er noch nicht kennt und ihn als alte Kaiserstadt sehr beeindruckt.[255] In der Gemäldegalerie des Rudolfinums entdeckt er eine »sehr ansehnliche« deutsche Abteilung und darin ein Werk des Hamburgers Herrmann Kauffmann auf einem Ehrenplatz. Wie immer vergleicht er mit der Kunsthalle und bewertet die Hamburger Abteilung als reicher und bedeuten-

253 Ebd., S. 54–56, Zitat S. 55f.
254 Ebd., S. 57, zur Stadtbeschreibung vgl. S. 58–64. – Sitte (1998).
255 Vgl. hier und im Folgenden: Br. Kommission (1899), Bd. V: 1897, S. 66–80.

der. Er sucht nicht nur die Hauptsehenswürdigkeiten auf, er nimmt auch die Läden als wenig originell und die Blumengeschäfte als rückständig wahr, und wie überall beobachtet er in Wien wie in Prag aufmerksam die Reste der deutschen Kultureinflüsse. Die Besichtigungen eines einzigen Tages empfindet er rückblickend so umfangreich wie ein Monatspensum. Nunmehr Mitte Vierzig besitzt er immer noch eine unermüdliche Kondition und schier unerschöpfliche Energie.

Ende Juni 1897 reist Lichtwark zur Weltausstellung nach Brüssel.[256] Die unfertigen Gebäude in den ungepflegten, verwahrlosten Anlagen fallen ihm unangenehm auf. Frankreich dominiert mit geschmackvoller Ausstattung, während Deutschland nur einen einzigen dunklen Saal zur Verfügung hat. »Die Wanddekoration«, teilt Lichtwark der Kommission mit, »ist reich, schmutzig und dumm, als hätte der Schüler einer deutschen Kunstgewerbeschule sie entworfen.« Die deutsche Ausstellung sei verbaut und voller Fahnen, die Exponate kaum zu erkennen. Stellenweise sehe die Ausstellung aus wie eine Filiale der deutschen Fünfgroschenbasare. Die riesige Überschrift »Deutschland-Allemagne« empfindet Lichtwark wie eine Ohrfeige: »Und dazu giebt das Reich Geld her.« Neues endeckt er kaum, außer den Produkten der belgischen Glasfabriken. In der Kunstausstellung dominieren ebenfalls die Franzosen, auch England sei gut vertreten, Belgien rangiere gleich nach Frankreich. Das Publikum erlebt er als das übliche, mit den gewohnten Meinungen und Gemeinplätzen. Der Zustand der Ausstellung gibt ihm zu denken: »Es ist nicht viel anders als in München«, schreibt er der Kommission, »überall scheint die hohe Kunst auf sich selbst angewiesen und in einem Reich für sich zu leben, in das nur dann und wann ein Kritiker mit frevelnder Hand eindringt, das Publikum aber weder Zutritt hat noch will. Dies gilt natürlich von den einsamen Meistern, die wirklich Kunst machen, nicht von den Herstellern von Bilderbogen. Diese haben ein Publikum. Früher hatten es die ganz grossen, und die das nicht waren, wurden Gesellen.« Man wundere sich, berichtet Lichtwark, dass er ganz unterschiedliche Meister schätze, wie man auch in Hamburg über seine gleichzeitige Begeisterung für Tizian, Dürer, Monet, Böcklin, Runge und Oldach staune. »Wie lange wird es dauern«, schreibt er kommentierend, »bis das Publikum einsehen gelernt hat, dass wir für einen Künstler n u r dann schwärmen, wenn er anders ist als alle andern, die es je gegeben hat und die heute leben, dass wir ihn lieben nur wenn er und soweit er ein neuer Mensch ist?« Auf der Weltausstellung herrsche jedoch wieder einmal diejenige Art Kunst, die Lichtwark als »Ausstellungskunst« bezeichnet: eine Kunst »ohne Heimath, ohne Anschluss, nur auf den vorübergehenden Effect gerichtet, für den an sich abstracten Raum der Ausstellung berechnet, nicht für den concreten Raum der Kirche, des Palastes, des Bürgerhauses.« Die meisten Werke würden nur im »abstracten Raum des modernen Museums Platz finden«; man sehe es ihnen an, dass die Urheber keine »seelischen Erschütterungen erlebt« hätten. Der ganzen Kunst des Jahrhunderts fehle »dieses Fluidum, das die von gleicher Leidenschaft durchbebte Masse an die Seele derer abgibt, die das Gefühl der Gesammtheit aussprechen sollen.« Auch wo ein Genie die Kunst schaffe, habe sie

256 Vgl. ebd., S. 133–155, bes. S. 139–142 (Zitate).

nur so viel Emotion, wie ein auf sich allein gestelltes Individuum erzeugen könne. Für die Ausstellungen müssten Emotion und Leidenschaft »erheuchelt« werden, das ergebe »eine affectierte Kunst«. Habe es so etwas jemals vor dem 19. Jahrhundert gegeben? Ohne Ausstellungen würden viele dieser Bilder nicht entstanden sein, manche sähen ganz anders aus, wenn die Künstler sie für sich oder eine reale Verwendung geschaffen hätten. Wenn es möglich wäre, würde er den jungen Künstlern raten, gar nicht an Ausstellungen zu denken, sondern an den zukünftigen Ort, wo das Werk seine Wirkung am besten entfalten könnte. »Was wäre gewonnen, wenn es an einem Ort in Deutschland ein Publikum für die heimische Kunst gäbe und eine Künstlerschaar, die sich von ihm getragen fühlte, schaffen könnte allein im Hinblick auf diese Resonanz.«[257]

Auch von dem neu eingerichteten Museum moderner Kunst ist er enttäuscht. Von der Ausstattung ließe sich nichts lernen; er hätte sie in Brüssel moderner und frischer erwartet. Die neue Hängung im alten Museum gefällt ihm ebenfalls nicht.

Auf dem Rückweg besichtigt Lichtwark das kurz zuvor enthüllte Kaiserdenkmal von Richard Anders auf dem Kaiser-Wilhelm-Ring in Köln. Es überzeugen ihn jedoch weder das Werk noch der Aufstellungsort. Nach seiner Vorstellung sollte die Hamburger Denkmalkommission die wichtigsten Kaiserdenkmäler vor Ort studieren, um aus den Fehlern zu lernen. Aktueller Anlass ist der Wettbewerb um das Kaiserdenkmal auf dem Rathausplatz in Hamburg; Lichtwark gehört der Jury an.[258]

Berlin – Dresden – Stockholm – Kopenhagen

In der zweiten Julihälfte 1897 tritt Lichtwark eine längere Reise an, die ihn zunächst wegen einer anstehenden Vorlesung der Reihe »Reisevorbereitungen« nach Berlin führt. Über Potsdam soll außerdem im dritten Heft des *Pan* 1897/98 ein Beitrag Lichtwarks erscheinen.[259] In Berlin sind in diesem Sommer zahlreiche alte Pläne der Gartenanlagen Friedrichs des Großen aufgefunden worden, zu seinem Bedauern kann Lichtwark sie jedoch nicht einsehen. Die neue Bautätigkeit in Potsdam bemängelt er sehr, die Blickachsen seien völlig verdorben. In Berlin besichtigt er zwecks Ankauf von Menzels Graphik, die bereits erwähnte Sammlung Dorgerloh. Bei Tschudi in der Nationalgalerie begutachtet er die Einrichtung des ersten Stockwerks und findet die Wanddekoration in Creme und Grün für die modernen Franzosen sehr gut gewählt. Wieder einmal zeigt sich, wie ähnlich die Neigungen der beiden Kollegen gelagert sind: Tschudi habe einen der schönsten Leibl gekauft, die beiden Bäuerinnen, ohne seine Kommission um Erlaubnis zu bitten. Leibl, für den auch Lichtwark sich sehr interessiert, nicht zuletzt

257 Ebd., S. 151–154.
258 Vgl. ebd., S. 156–158. – Siehe dazu das Kapitel »Denkmäler für Hamburg und Bremen« in Teil 4.
259 Vgl. Br. Kommission (1899), Bd. V: 1897, S. 163–165; Kayser (1977), Nr. 261. – Richard Anders (1853–1917) war u.a. Schüler von Fritz Schaper an der Berliner Akademie und Mitarbeiter von Emil Hundrieser, München. Er gewann die beiden Wettbewerbe um das Denkmal 1890 und 1891, es wurde 1943 eingeschmolzen. Für diese Information danke ich Johannes Ralf Beines, Köln (Mitteilung vom 25.7.2011). – Vgl. Vomm (1979), Kat.Nr. 104.

hinsichtlich der Bilder aus Hamburg, habe sich einem Kunsthändler verkauft. »Eine neue Form der Sklaverei: der Künstler als Haussklave des Kunsthändlers.« Tschudi habe kurz zuvor Böcklins »Apokalyptische Reiter« erwerben wollen, die der Künstler durch den Münchner Kollegen Bayersdorfer auch Lichtwark zur Ansicht versprochen hatte, die Berliner Kommission habe jedoch fast geschlossen abgelehnt. Nun geht das Bild an Professor von Kaufmann, und Lichtwark hat das Nachsehen. Die Probleme der beiden Museumsleiter mit ihren Kommissionen gleichen sich: Abgelehnt hat Tschudis Kommission auch die kleine Skizze eines Damenbildnisses von Manet, »mit das feinste«, was Lichtwark von diesem Künstler bislang kennt.

In Dresden, wohin er zum Besuch der Kunstausstellung weiterreist,[260] trifft er einige Künstler, darunter Gotthardt Kuehl, die ihn zu einem Vortrag in der Ausstellung drängen. Das aus Sandstein errichtete Ausstellungsgebäude[261] findet, da fast ohne ornamentalen Schmuck, insgesamt seine Zustimmung, auch wenn es im Detail an andere lokale Bauten erinnere, vor allem an die Frauenkirche; er begrüßt die Bereitschaft, sich von Berlin zu emanzipieren. Das Innere allerdings weist für sein Verständnis zu viel Dekoration auf, die der Wirkung der Exponate schade, das sei in der Münchner Sezession besser gelungen. Die von Kuehl kuratierte Ausstellung hält er jedoch für die beste deutsche des Jahres, alle wichtigen Künstler seien vertreten: Andreas Achenbach, Böcklin, Defregger, Knaus und Lenbach mit Ehrenplätzen, aber auch Degas und Monet, Liebermann, Olde, Trübner, Uhde und Zügel. Als bedeutendster der Worpsweder Maler erscheint ihm Vinnen, auch Mackensen findet er interessant und Vogeler erinnert ihn an Brueghel. Direktor Woermann habe als Hamburger für die Galerie ein Familienbild des jungen Hamburgers Ernst Eitner erworben, das von der Kommission der Kunsthalle abgelehnt worden sei.

Auch den Werken von Constantin Meunier begegnet er hier wieder und erinnert sich, 1892 schon mit dem Künstler Verbindung aufgenommen zu haben; weitergehende Verhandlungen wurden durch die Hamburger Cholera-Epidemie jedoch vereitelt. Angesichts eines Bildnisses seiner Eltern von Liebermann erwägt Lichtwark eine Ausstellung moderner Bildnisses oder von Portraits des 19. Jahrhunderts. Die Zeit der retrospektiven Ausstellungen sei gekommen, meint er, Landschaft, Historienbild und Genre, aber für die Gegenwart erscheint ihm die Gattung des Portraits vordringlich.

In der Ausstellung begutachtet er auch die von Henry van de Velde für die Kunsthandlung des Hamburgers Bing in Paris gefertigten Zimmereinrichtungen, die für Dresden erworben worden sind. Er kritisiert allerdings die mangelnde Funktionalität in der künstlerischen Gestaltung der Möbel. Hinsichtlich der Formen und Farben findet er van de Veldes Entwürfe aber großartig: »Ein Belgier, der für einen Deutschen in Paris Möbel in englisch-amerikanischem Stil bildet: wenn das nicht Internationalismus ist!«[262]

260 Vgl. hier und im Folgenden: Br. Kommission (1899), Bd. V: 1897, S. 166–168, 171–180, 183.
261 Lichtwark schreibt das Dresdner Ausstellungsgebäude der Kunstakademie auf der Brühlschen Terrasse dem Architekten Rettich zu, es wurde jedoch 1891–1895 von Konstantin Lipsius (1832–1894) erbaut.
262 Br. Kommission (1899), Bd. V: 1897, S. 173.

Während seines Dresdner Aufenthaltes hält Lichtwark einen Vortrag, vermutlich über den Farbensinn, da ihm Geheimrat Meyer, der Direktor der anthropologischen und zoologischen Sammlungen, dazu eine »ganz wunderbare Ausstellung« zusammenstellt.[263] Dieser Vortrag wird auch vom Dezernenten des Höheren und Gewerbe-Schulwesens, Geheimrat Roscher, besucht, mit dem Lichtwark anschließend eine anregende Unterhaltung führt. Und im Museum erfreut er sich »an den schönen Landschaften von Friedrich, dem Freunde Runge's«. Er kennt Werke des Künstlers bereits seit einigen Jahren, zieht sie jedoch für Hamburg noch nicht in Betracht.[264] In Dresden verhandelt Lichtwark auch mit dem Kunsthändler Meyer über den Verkauf einer Sammlung von Kupferstichen, die der Kunstverein der Kunsthalle geschenkt hat, allerdings vergebens; er denkt nun an eine Auktion in Berlin oder Leipzig.

Leipzig ist Lichtwarks nächste Reisestation; er sieht vor allem Klingers Werke, die in der Kunstausstellung einen großen Saal für sich haben. Die »Kreuzigung« und der »Christus im Olymp« scheinen ihm hier jedoch nicht genügend Wirkung zu entfalten. Auch sein Jugendfreund Hermann Prell hat seine Kartons für die Fresken in Breslau ausgestellt. Lichtwark hat allerdings das Interesse an Prells traditioneller Historienmalerei inzwischen verloren und die übrige akademische Kunst erachtet er ohnehin als überflüssig. »Es ist alles da«, schreibt er an seine Kommission, »was nicht mehr gilt, was noch gilt, was um Geltung ringt, was nie gegolten hat und nie gelten wird. Sogar die Symbolisten, die man in Berlin Simpelisten zu nennen pflegt, erheben ihr Haupt.« Bei seinem kurzen Aufenthalt in Leipzig versucht er erneut, Erwin Speckters Gemälde »Simson« aus dem Leipziger Museum für die Kunsthalle zu gewinnen, da seine schriftliche Anfrage unbeantwortet geblieben ist; doch verfehlt er den Kollegen und reist unverrichteter Dinge weiter.[265]

Über Berlin, wo er mit dem *Pan*-Redakteur Cäsar Flaischlen verhandelt und seinen Aufsatz über Potsdam einreicht,[266] fährt Lichtwark nun zur großen Kunst- und Industrie-Ausstellung, der »Allmänna Konst- och Industriutställningen«, nach Stockholm.[267] Dorthin ist nach langen Verhandlungen Liebermanns Petersen-Bildnis ausgeliehen worden. Da das Portrait in der Kunsthalle immer noch nicht öffentlich gezeigt werden darf, versucht die Kommission zunächst, die Entleihung konsequent zu verhindern. Erst durch die Intervention des schwedischen Prinzen Eugen, des jüngsten Bruders des regierenden schwedischen Königs Oskar, der selbst auf der Ausstellung als Maler vertreten ist, wird schließlich der Anfrage stattgegeben. Das ebenfalls erbetene Bild der »Netzflickerinnen« von Liebermann wird hingegen verweigert.[268]

263 Lichtwark behandelt das Thema Farbe unter anderem auch im zoologischen Bereich, siehe das Kapitel »Kunsterziehung II: Die Erziehung des Farbensinns« in Teil 3.
264 Siehe dazu das Kapitel »Die Suche nach den Hauptmeistern der Romantik: Caspar David Friedrich« in Teil 4.
265 Vgl. Br. Kommission (1899), Bd. V: 1897, S. 180–182, Zitat S. 181.
266 Vgl. ebd., S. 183.
267 Zur Ausstellung vgl. Walton (1994), S. 34–48.
268 Vgl. Lengefeld (1998), S. 161–173. – Br. Lichtwark-Liebermann, S. 82–85. – Br. Kommission (1899), Bd. V: 1897, S. 11.

Es ist Lichtwarks erste Reise nach Schweden, und zur Verständigung muss er seine Sprachkenntnisse reaktivieren.[269] Er reist als scharfer Beobachter, dem kein Detail entgeht. In der Moränenlandschaft erkennt er den Typus des Waldes von Fontainebleau; besondere Beachtung schenkt er der Architektur, dem Stadtbild und der Bauweise Stockholms. Er kritisiert die architektonische Entwicklung, die Einflüsse der Hannoverschen Schule des Backsteinbaus und die Schweizer Motive bei den Landhäusern der Städter. In Stockholm versucht er insbesondere die ältere lokale Architektur zu erkennen, denn die Wurzeln für die moderne Architektur lägen in Berlin und – »horribile dictu« – in Hannover. Der neue »Wallotismus« sei bereits eingeführt und die »neueste Wendung des Berliner Stils in's Gothische schon mitgemacht. Wenn man das Alles sieht«, schreibt er seiner Kommission, »begreift man, warum überall die Einsichtigen den deutschen Einfluss hassen.«[270] Doch das Nationalmuseum des Berliner Architekten August Stüler, der auch das Neue Museum auf der Museumsinsel errichtet hat, erscheint ihm nach dem Schloss und dem Ritterhaus immer noch am besten in Stockholm. Die deutsche Enklave mit ihrem das Stadtbild beherrschenden Kirchturm beschäftigt sein nationales Bewusstsein, sie bilde eine Erinnerung an die Zeit, da die Deutschen in allen nordischen Städten die Hälfte aller Ratsleute gestellt hätten.

In der Ausstellung missfällt ihm besonders die Abteilung mit dem ungeheuren Material an historisierendem schwedischem Hausfleiß als »ungemein geschmacklos«. Auch Gewebe in traditioneller Technik mit neuen Motiven lehnt er kategorisch ab. Angesichts dieser Exponate bekennt sich Lichtwark wiederum zur Funktionalität: »Ueber die Zeit der Dekoration sind wir doch hinaus. Wir wollen keine Sachen mehr im Hause haben, die keinem praktischen Zweck dienen.«[271] Nur die Keramik findet seine Zustimmung, die wieder aufgelebte alte Produktionsstätte Rörstrand ebenso wie Gustavsberg, sodann die Kopenhagener Porzellanmanufaktur. Berlin und Meißen stünden dagegen weit zurück. Im Schloss besichtigt er die Wohn- und Festräume; er moniert die Möbel und die Tatsache, dass der schwedische König Photographien als Wandschmuck besitzt, und bekennt damit sein keineswegs eindeutig fortschrittliches Verhältnis zur Photographie. In der Einrichtung dieses hochgebildeten Mannes glaubt er die Bourgeoisierung des modernen Fürsten zu erkennen. Darin dürfte sich ihm wieder einmal seine Auffassung von der Notwendigkeit ästhetischer Bildung bestätigen.

Ein Ausflug nach Uppsala beweist ihm wiederum die Leitfunktion der deutschen Architektur: Es sehe dort aus wie in Spandau, Brandenburg oder Perleberg. Doch der Tiergarten mit seinem historischen Freilichtmuseum als Ausflugsziel für das Volk imponiert ihm. Die Möglichkeit des freien Lagerns und Picknickens erscheint ihm ideal; im Vergleich zu den Hamburger Verhältnissen kommt ihn »etwas wie Zorn« an, »dass

269 Vgl. hier und im Folgenden: ebd., S. 184–224.

270 Ebd., S. 192. Mit dem Begriff »gothisch« sind die aufstrebenden Formen des Architekten Alfred Messel gemeint, etwa am Warenhaus Wertheim. Lichtwarks Kritik am »Gothischen« erscheint hier merkwürdig, da er Messel doch sonst sehr schätzt. – Der »Wallotismus« ist eine Anspielung auf das von Wallot entworfene und 1894 fertiggestellte Gebäude des Reichstags in Berlin.

271 Ebd., S. 196.

die weniger bemittelte Bevölkerung durch einen kurzsichtigen Staat in die Wirthschaften getrieben wird.«[272] Auch die technische Entwicklung beobachtet er aufmerksam, wie überall auf Reisen. So lobt er den Komfort der schwedischen Eisenbahn und bemerkt erstaunt die auffallende Verbreitung des Telefons.

Täglich geht Lichtwark ins Nationalmuseum, wo er eine lokal bezogene Kunst vermisst. Er konferiert mit dem dortigen Kollegen Georg Göthe und studiert im Kupferstichkabinett die Werke der lebenden schwedischen Künstler, wobei er kleine Blätter mit Stockholmer Motiven des Architekten Ferdinand Boberg findet. Dieser Name begegnet ihm mehrfach beim Studium der modernen Architektur Stockholms, Boberg ist außerdem wesentlich an den Entwürfen der Ausstellungsgebäude beteiligt.[273] Kurz vor seiner Abreise lernt er den Architekten durch den Vertreter und Freund des Prinzen Eugen, den Intendanten der Königlichen Rüstkammer, Carl Anton Ossbahr, sogar noch persönlich kennen. In ihm glaubt Lichtwark den Repräsentanten einer neuen, von Chicago beeinflussten schwedischen Architektur zu erkennen. In der Kunstausstellung fällt ihm auf, dass die Skulptur eine für die Gesellschaft seiner Zeit entbehrliche Kunst sei; bei der Malerei interessieren ihn am meisten Whistlers »Dame am Kamin« von 1864, einige gute Werke von George Frederick Watts und Monet sowie die neue schwedische Malerei mit Werken von Anders Zorn, Bruno Liljefors, Johan Larssen und Prinz Eugen, gerade letzterer erscheint ihm besonders eigenständig schwedisch.[274] Noch wird es einige Jahre dauern, bis Lichtwark den Prinzen persönlich trifft. »Lübeck und Stockholm« zieht er als geeignetes Thema für einen neuen Vortragszyklus in Betracht; zur Beschaffung der nötigen Informationen sucht er den besten Kenner der lokalen Verhältnisse, den Literaturhistoriker Dr. Erik Dahlgren, auf.

Den Rückweg nimmt er über Kopenhagen, wo er unter anderem das neue Kunstmuseum studiert, dessen Architektur er als sehr ungeeignet beurteilt.[275] »Von Verhältnissen in Last und Stütze, in Masse und Bewegung nicht die blasse Idee.« Das Museum scheine von einem Töpfer herzurühren, der eine deutsche Kunstgewerbeschule besucht hat. Die Räume erlebt er jedoch als durchweg gut beleuchtet.[276] Auch ein Ausflug nach Roskilde dient in erster Linie der Betrachtung der Architektur. Im Dom entdeckt er ein Gemälde, das in seine Studien der hamburgischen Kunstgeschichte passt, König Friedrich III. auf dem Totenbett, 1670 von Heinrich Dittmars gemalt. Diesen Künstler hält er für talentierter als den berühmten Landsmann und Zeitgenossen David Klöcker Ehrenstral, der in Stockholm alle Schlösser ausgemalt und alle großen Herren portraitiert hat. Heftige Kritik übt Lichtwark an der Architektur des großen Museums, das der Braumeister Carl Jacobsen seiner Vaterstadt gestif-

272 Ebd., S. 204.
273 Vgl. Walton (1994), S. 281–302 (u.a. Skizzen, Aquarelle), S. 103–181 (Öffentliche Gebäude), 34–48 (Ausstellungsgebäude).
274 Vgl. dazu Ausst.Kat. Eugen (2006). – Whistler, Symphonie in Weiß Nr. 2, 1864, heute in London, Tate Gallery.
275 Vgl. hier und im Folgenden: Br. Kommission (1899), Bd. V: 1897, S. 224–252. – Das Gebäude wurden von Vilhelm Dahlerup (1836–1907) entworfen und 1897 eröffnet.
276 Vgl. ebd., S. 224f., Zitat S. 224.

tet hat. In der Gemäldesammlung ist das Niveau nach Lichtwarks Ansicht mangelhaft, und die französische Skulptur gefiel ihm früher besser. Insgesamt ist er enttäuscht. Das Gewerbemuseum ist nach dem Vorbild des Hamburger Museums für Kunst und Gewerbe eingerichtet; den Direktor, Pietro Krohn, trifft Lichtwark nicht an. Ein Saal mit dänischen Biedermeiermöbeln gefällt ihm besonders, und die Landschaften von Christen Købke scheinen ihm zum Besten zu gehören, was die dänische Malerei des 19. Jahrhunderts hervorgebracht hat. Er besucht außerdem die neue Glyptothek, das altnordische Museum und das von Bindesböll entworfene Thorwaldsen-Museum, dessen Gebäude er für das beste ihm bekannte Museum hält: einfach und zweckmäßig, mit klarem Grundriss, mustergültiger Beleuchtung und passender farbiger Ausstattung. Lichtwark versteht angesichts dieser überzeugenden Lösung die Anlage der Glyptothek schon gar nicht, »wo die Statuen Regimenter bilden wie im Gipsmuseum«. Thorwaldsen erscheint ihm als Erquickung nach so viel moderner Skulptur, darunter »sehr viel affectirte Ausstellungskunst«.[277] Auch hier findet er ein interessantes Beispiel für die hamburgische Kunstgeschichte, gemalt von dem Dänen Wilhelm Ferdinand Bendz: eine Künstlergesellschaft in München um 1831 mit den Portraits der Hamburger Maler Kauffmann, Haeselich und Morgenstern. Den Besuch der antiken Skulpturensammlung im Privathaus von Jacobsen in Ny Carlsberg verbucht Lichtwark ebenfalls als lohnend, und der Tabakhändler Hirschsprung führt ihn selbst durch seine Privatsammlung mit dänischen Meistern des 19. Jahrhunderts. Hier bestätigt sich ihm die Erfahrung aus Hamburg, dass nur ausnahmsweise einer Begabung das Studium in der Fremde gut bekomme. Die »ganz unberührt dänischen Werke« sprechen ihn am meisten an, und auch Krøyers frühe Arbeiten wertet er als dessen interessanteste. Im Gegensatz zu den von Paris beeinflussten Schweden stellen sich ihm die dänischen Künstler als viel eigenständiger dar. In der Staatsgalerie betreibt Lichtwark Studien für seinen Katalog, dabei konzentriert er sich auf Jens Juel, Christoffer Vilhelm Eckersberg, Vilhelm Marstrand, Carl Bloch, Peter Severin Krøyer und Laurits Tuxen. Die jüngste Entwicklung lernt er durch die Sammlung des Zahnarztes Bramsen kennen. In dessen altes vornehmes, mit dänischen Biedermeiermöbeln ausgestattetes Haus führt ihn der Kunstschriftsteller Karl Madsen, und von diesem Besuch fühlt sich Lichtwark »sehr beglückt«. Die Sammlung besteht aus Werken der jüngsten Epoche, »Paulsen, der Architekturmaler Jensen und vor Allem der durch den Delftschen Vandermeer beeinflusste Hammershöy [Hammershøj] bilden den Grundstock.« Letzteren habe er erst hier als ungewöhnlich vielseitigen Meister begriffen.[278] Die Sammlung Moltke, alte Niederländer, kann er wegen eines Brandes nicht sehen, doch trifft er den bedeutendsten dänischen Xylographen F. Hendriksen, der ihn über die dänische Buchausstattung informiert.

Die dänische Keramik ist ihm zu stark von der Malerei geprägt; meist handelt es sich um hübsche und dekorative Teller, doch dies lehnt Lichtwark, der schon lange die

277 Ebd., S. 237.
278 Ebd., S. 244.

schlichten Glasuren der Japaner schätzt, ab: »Wir wollen nicht mehr decoriren.«[279] Die Läden, stellt er fest, seien weniger elegant als in Stockholm und Hamburg. Wie immer interessiert er sich für das Alltagsleben, nicht zuletzt für die Blumenläden, die jedoch weniger Material enthalten gegenüber dem sehr reichen Blumenmarkt. Und in Dänemark, bemerkt er, herrsche das Fahrrad wie in Schweden das Telefon.

Im Übrigen studiert Lichtwark für seine Vorlesungen das Stadtbild hinsichtlich der Entwicklung Kopenhagens und informiert sich über die Literatur und die erhältlichen Photographien. Diese Vorlesungen über die wichtigsten Reiseziele erscheinen ihm immer bedeutender für seinen kunstgeschichtlichen Unterricht an der Kunsthalle. Die neue Architektur Kopenhagens erkennt er als vom Berliner Stil dominiert, mit Stuck und Schieferdach, das er neben dem Typus des italienischen Palastfensters für den »Krebsschaden unserer Architektur« hält. Wenn das Ziegeldach auftrete, meint er, müsse sofort alles anders, nämlich national und lokal werden; in der Landschaft vor allem bringe der violette Schiefer »alle coloristische Poesie« um.

Wieder einmal: Paris

Im Juni 1898 fährt Lichtwark nach zweijähriger Pause vor allem wegen des Salons nach Paris.[280] Er stöhnt über den riesigen Umfang der Ausstellung, der alte Salon umfasse dem Katalog nach mehr als fünftausend Exponate, der neue könne kaum weniger enthalten. Die Unmöglichkeit, das alles aufzunehmen, lege sich ihm wie eine physische Last auf die Schultern, dabei komme es auf neunzig Prozent der Werke gar nicht an. Er schildert der Kommission lediglich Rodins im Vorjahr fertiggestellte Statue des Schriftstellers Honoré de Balzac, über die nicht nur das Publikum geteilter Meinung sei, sondern auch er selbst. Er könne sie sich nicht auf einem öffentlichen Platz vorstellen und findet doch durch seine Empathie die treffende Interpretation: Man sehe gleich, der Dargestellte sei kein Mann des öffentlichen Lebens gewesen, »kein Kriegsheld [...], kein Redner, kein Politiker, kein Lehrer, kein Mann des Salons und der Unterhaltung. Es war ein Einsamer, der weiter sah, als seine Zeitgenossen, der sein äusseres Leben dem inneren opferte, aber einer, der sein Ziel erreicht hat, nicht auf Königswegen, nicht unter dem Jubel und Beifall derer, die ihn unter sich hatten.« Seine Haltung, die den Körper und seine Bewegung eben nur erahnen lasse, in Stellung und Ausdruck des Kopfes nur angedeutet seien, befindet er als meisterhaft. Er täuscht sich dennoch gänzlich in seinem abschließenden Urteil, wenn er schreibt, er glaube nicht, dass die Zukunft in diesem Werk etwas anderes sehen werde als die ungeheure Anstrengung, der Konvention zu entkommen, und dies werde man wohl achten müssen. Daneben akzeptiert Lichtwark jedoch den viel traditionelleren »Kuss« Rodins aus dem Jahr 1888.[281]

279 Ebd., S. 245.
280 Vgl. hier und im Folgenden: Br. Kommission (1899), Bd. VI: 1898, S. 85–170, Zitat S. 87.
281 Ebd., S. 85–88, Zitat S. 87. – Ausst.Kat. Exposition Paris (1898), Kat.Nr. 151. – Vgl. Best.Kat. Paris, Musée Rodin, S. 184–187.

Die Bildersäle des Salons machen ihn »fast blind«: »Die ganze Ausstellerei«, schreibt er seiner Kommission, »ist eine Landplage und beweist nur das eine, dass die bildende Kunst in unserer Gesellschaft heimathslos [sic] ist. Niemand braucht sie. Sie ist ein Ueberrest vergangener Zeiten. Das neunzehnte Jahrhundert hätte sie sicher nicht erfunden, aber sie war aus alter Zeit eben noch da, und der neue unpersönliche Staat übernahm mit andern Traditionen die Pflege der Kunst. Er konnte nur die unpersönliche Kunst der Akademien als solche anerkennen, das liegt im Wesen der Dinge. Die persönliche Kunst, die eigentliche, musste wild wachsen. Sie war eine Privatangelegenheit der mit dem Fluche der Persönlichkeit belasteten Individuen. Ausstellungen hätten nun eigentlich den Zweck gehabt, diesen Unglücklichen, deren Vorhandensein nicht abzuleugnen ist und deren Werth, nachdem sie sich durchgesetzt, ebensowenig, freie Bahn zu schaffen. Aber da der Staat das Local gab, wachten vor der Pforte die Vertreter des Dagewesenen und Anerkannten und liessen Niemand hinein, der das akademische, staatlich anerkannte Durchschnittsmass überragte.« Dies habe sich ein wenig geändert, aber noch würden Künstler leben, »die in den Jahren ihrer Kraft ausgeschlossen wurden.«[282]

Der Pariser Salon wirkt als Anziehungspunkt für die Kunstwelt: Durch Zufall trifft Lichtwark seinen Freund Woldemar von Seidlitz in seinem Hotel, wo Lichtwark jedes Mal dasselbe Zimmer nach der Seine hinaus bewohnt, sowie den ihm befreundeten Maler Leopold von Kalckreuth, den er zu dem Malerlithographen Alexandre Lunois begleitet, wo Kalckreuth bereitwillig erteilten technischen Rat erhält. Lichtwark nutzt die Zeit in Paris; er findet den Louvre neu geordnet und bemerkt, man solle Buch führen über die Ab- und Neuzugänge, diese Daten würden schon allein eine Geschichte des Geschmacks ergeben, man werde, gesteht er ein, eine endgültige Wahl nicht zu treffen vermögen. Die Medaille interessiert ihn nun kaum noch. Zwar verabredet er sich mit dem Kollegen Léonce Bénédite und einigen Freunden, sucht den sehr erfolgreich gewordenen Oscar Roty auf und besichtigt mit ihm Versailles, doch kümmert er sich nicht mehr um weitere Ankäufe für die Kunsthalle. Erfreut nimmt er zur Kenntnis, dass Roty einige seiner Anregungen aufgegriffen hat, nennt jedoch keine Beispiele. Auf der Ausstellung verfolgt er die weitere Entwicklung der Medaillen, doch er weiß genau, dass es auf die Inkunabeln ankommt, welche die Kunsthalle bereits besitzt. Lichtwark hält die neue Plakatkunst für miserabel, kritisiert das monotone Sortiment der Blumenläden, bemerkt in der Schaufenstergestaltung sehr große Fortschritte und bewundert in einer Goldschmiede wie auch im Salon bei René Lalique die ersten modernen, nicht mehr historisierenden Schmuckstücke. In seinem Bericht betont er die Gleichwertigkeit des Kunsthandwerks mit der freien Kunst: »Coloristische Erfindung ist coloristische Erfindung, ob man sich ihrer bedient, eine Landschaft zu malen, wenn sie weiter keinen Werth hat als die Farbe, ob man sie auf einem Erzeugnis der Töpferei, einer Damentoilette, einer Herrencravatte in Anwendung bringt. Es gehört ebensoviel Formensinn dazu, eine höchste Leistung in der Damentoilette hervorzubringen wie eine Fassade zu entwerfen, unter Umständen

282 Br. Kommission (1899), Bd. VI: 1898, S. 150f.

– und in der Regel – mehr.« Denn über eine Fassade werde kaum geurteilt, während die Leistungen der »Bekleidungskünstler« der schärfsten und sachlichsten Prüfung unterzogen würden.[283] Die Architektur sei immer noch akademisch. Es müsse wohl einmal eine Kultur existiert haben, in der sich die Kritik und die Mitarbeit auch auf Haus und Garten erstreckt hätten, während heute in Paris ein Schusterladen – »(englisch natürlich)« – mit seinen ausgesuchtesten Ledertönen ein wesentlich höheres Interesse erwecke als die Fassade eines Bahnhofs und auch viel mehr Geschmack, Intelligenz und Erfindungsgabe voraussetze.

Lichtwark besucht auch die Ausstellungen der großen Kunsthändler und die Sammlung Kann mit ihren kostbaren Rembrandts. Hier hebt er als »unerhört« Ghirlandaios Bildnis der Giovanna Tornabuoni hervor, ferner Rubens' »Meleager und Atalante« und einige van Dycks »ersten Ranges«, von den ausgesuchten Werken von Ruisdael, Wouwermans, Goyen, Hals, Vermeer [»van der Meer«, »van Delft«], Hobbema, Fragonard gar nicht zu reden. »Wie Herr Kann müßten wir sammeln können, immer auf dem Platze sein, nur das allerbeste zulassen. Aber das kann man nur in London und Paris, wo für den, der es zahlen kann, auch heute noch alles zu haben ist.«[284] Bei Georges Petit und Durand-Ruel sieht er Bilder der Impressionisten, die er als das Bleibende erkennt, und geht schließlich noch zu Bing, der sein Haus für die neue Kunst eingerichtet hat: Hier könne man sich eine ganze Einrichtung zusammenstellen. Wie bei Durand-Ruel ist alles leer, kein Publikum anwesend; Lichtwark wünscht ihm im Stillen Erfolg.

Auf dieser Reise besucht Lichtwark neben Versailles auch Vincennes und Chantilly und besichtigt in dessen Schlosspark ein Hauptwerk Henri Michel Chapus, eine Proserpina mit einem Pendant in Form eines sich heranschleichenden Pluto. Es sei das mythologische Thema des 17. Jahrhunderts, bemerkt er treffend, »aber vertieft durch eine sinnigere Auslegung des Mythus [sic] und durch ein wehmütiges Gefühl, das unserem Jahrhundert angehört.«[285] Den stärksten Eindruck hinterlassen einige nordische und italienische Meister des 15. Jahrhunderts, eine Madonna von Raffael, Filippino Lippis »Esther« sowie einige weitere Gemälde und ein aus ehemaligem Brentanoschem Besitz stammendes Stundenbuch von Jean Fouquet. Besonders gefallen ihm die Möbel des 18. Jahrhunderts, die er immer schon geschätzt hat. Detailliert schildert Lichtwark seiner Kommission die ebenso raffinierte wie kritische Rhetorik der Redner bei der Eröffnung des Städtischen Museums im Hôtel Carnavalet, zu der er geladen ist und von der er sich sehr angeregt fühlt. Noch einmal betrachtet er Bronzen von Antoine Barye und im Louvre eine neu erworbene Kinderbüste von Jean-Antoine Houdon; Weiteres zur französischen Plastik erwähnt er nicht mehr. Abends sitzt er für gewöhnlich vor dem Café de la Régence und erledigt seine Korrespondenz; er geht auch gerne ins Theater, um bekannte Schauspieler zu sehen.

283 Vgl. ebd., S. 98.
284 Ebd., S. 104f. – Zur Sammlung Kann siehe auch das Kapitel »Sammeln III: Kann – Die ›Pariser Sache, die mich unsagbar hin und her wirft‹« in Teil 5.
285 Br. Kommission (1899), Bd. VI: 1898, S. 112.

Von Paris aus reist Lichtwark nach Amiens, dessen Kathedrale ihn tief beeindruckt. Beim Museumsbesuch revidiert er seine Meinung über die französische Ankaufspolitik. Bisher bewunderte er die »französische Staatsweisheit«, die zur Kunstpflege jährlich eine halbe Million für Ankäufe ausgebe und die Werke auf die Provinzmuseen verteile. Nun jedoch erkennt er, dass die Provinzialstädte, die auf diese Weise alljährlich einen großen »Schinken« erhalten, selbst nichts erwerben und sich kaum verantwortlich fühlen.[286] Dieses Thema betrifft ihn als Direktor, der viele Mittel selbst einwerben muss, ganz besonders. Und angesichts der Läden in Amiens stellt er fest, dass der Bildungsstand des Philisters überall in Europa auf dem tiefsten Niveau verharre, und führt als Beweis die Steinzeughandlungen an. Sein Interesse an der Alltagskultur regt Lichtwark auch dazu an, seiner Kommission das bei Hachette verlegte Jahrbuch über Paris zu empfehlen, das kurz und bündig über Stadt und Verhältnisse informiert.[287]

Lichtwark ist auf seinem Gebiet nun auf dem Wege zur bekannten Fachgröße; verschiedene Leute wollten ihn sprechen, berichtet er der Kommission. »Ich soll für französische Blätter schreiben und Gott weiß, was Alles.«[288] Doch zu einer Mitarbeit Lichtwarks bei französischen Publikationen kommt es anscheinend nicht, weder erwähnt er selbst eine solche Tätigkeit noch ist Entsprechendes in seiner Bibliographie verzeichnet.

Über Laon, Reims, Nancy und Metz reist Lichtwark zurück.[289] Das Band der Ehrenlegion empfindet er, der sonst auf Ehrungen keinen Wert legt, in der Provinz als angenehm, denn es verschaffe Respekt, während man in Paris aufpassen müsse, zu dem scharfen Rot die richtige Krawatte anzulegen. Auch scheine man mit der Verleihung der Ehrenlegion nach Deutschland »sehr kitzlich« zu sein, schreibt er der Kommission.

Wie stets erkundet er die Stadtanlagen und die architektonischen Sehenswürdigkeiten, betrachtet kritisch die Denkmäler, besucht die Museen und vergleicht mit ihm bekannten Sammlungen und Werken. Sein Augenmerk liegt auch auf den versprengten Werken deutscher Malerei, etwa von Cranach und Holbein in Reims. In Nancy fällt ihm die große Sauberkeit der Straßen und der gute Zustand der Häuser auf, was er auf den deutschen Einfluss zurückführt. Auch Metz erscheint ihm schon ziemlich deutsch. Trier beeindruckt ihn allerdings stärker und kommt ihm deutscher vor, als er vermutet hätte. Alles sei individualisiert, Schablone wie in Frankreich gebe es nicht. Die antiken Reste beweisen ihm die große Bedeutung der Stadt als »nordische Nebenbuhlerin Roms«, sie sei »das Paris ihrer Zeit« gewesen.[290]

Lichtwark ist generell interessiert an historischen Zusammenhängen, die erst das Verständnis für Land und Kultur erschlössen. Er denkt dabei an seine Vorlesungen über Reisevorbereitungen und wünscht sich eine historische »Darstellung der gesellschaftlichen Organismen, innerhalb derer die begabten Individuen die Hirnmasse bil-

286 Vgl. ebd., S. 128f.
287 Ebd., S. 143f.
288 Ebd., S. 136.
289 Vgl. hier und im Folgenden: Br. Kommission (1899), Bd. VI: 1898, S. 154–195.
290 Ebd., S. 180–182.

den.« Das einzelne Faktum der Geschichte tangiere ihn gar nicht, schreibt er seiner Kommission, er möchte vielmehr wissen, wie sich die staatlichen und gesellschaftlichen Organismen bilden und wie sie sich auflösen. In diesem Kontext erscheine ihm das Statut eines Clubs ebenso interessant wie die Verteilung der Macht in einer Stadt oder einem Staat, und wenn er eine deutsche Geschichte zu schreiben hätte, würde er die Wandlungen der Vereinssatzungen sehr sorgfältig beachten.[291] Sein Interesse liegt also, wie auch hinsichtlich des Kunstpublikums, deutlich auf den soziologischen Zusammenhängen.

Die Besichtigung des Koblenzer Schlosses, in dem der von ihm verehrte Kaiser Wilhelm I. als Gouverneur der Rheinprovinz von 1850 bis 1858 residierte, lässt er sich nicht entgehen. Überall entdeckt er Indizien des bürgerlichen Familiensinns des Kaisers und starker literarischer, wissenschaftlicher und religiöser Interessen, andererseits aber auch die Grenzen der kaiserlichen ästhetischen Bedürfnisse in Form von kitschigen Briefbeschwerern, Vasen und sentimentalen Genrebildern. Die Städtische Galerie besucht Lichtwark eigentlich nur aus Gewissensgründen, doch findet er unter anderem »sehr ansehnliche Sachen«, einen Altdorfer, einen Scorel, einige »nette Holländer«, vor allem jedoch die rheinischen Meister des vergangenen Jahrhunderts wie Januarius Zick und Christian Georg Schütz.

Das im Jahr zuvor eingeweihte Denkmal Kaiser Wilhelms I. auf dem Deutschen Eck besichtigt Lichtwark wegen des in der Entstehung begriffenen Kaiserdenkmals von Johannes Schilling auf dem Hamburger Rathausplatz. Bruno Schmitz als Architekt hat die hohe Sockelarchitektur geschaffen, Emil Hundrieser die Reiterstatue. »Es ist sehr gross, steht auf hohem, ziemlich schlichten Sockel und legt sich einem in seiner banalen Brutalität wie ein persönliches Missgeschick auf die Brust. Armer Kaiser, dem in u n s e r n Tagen die Denkmäler gesetzt werden.« Auf der ganzen Frankreichreise habe er auf die Postamente der Denkmäler geachtet und sie angemessen gestaltet gefunden. Er sei jetzt so weit, sich über die hohen deutschen Sockel zu freuen, mit denen die Künstler ihre »Fabrikate oder vielmehr die ihrer Gehülfen [sic] nach Möglichkeit den Blicken entziehen.« Es sei eine »imposante Dekoration«, befindet er. »Man denkt an die große Oper.« Wenn man vor diesen Denkmälern stehe, so quellten »die Warum und Wozu wie Gasperlen in Sauerbrunnen auf.« Vom Dampfer zurückblickend sieht er die Reiterfigur gegen den Himmel alle Türme der Stadt überragen: »Die Stadt sah aus wie eine ausgepackte Spielzeugschachtel.«[292] Über Königswinter mit einer Besteigung des Drachenfelsens kehrt Lichtwark mit einem einstündigen Studienaufenthalt im Kölner Dom nach Hamburg zurück, nach fast dreiwöchiger, mit vielen Eindrücken gefüllter Reisezeit.

291 Ebd., S. 184.
292 Ebd., S. 178–180. Zerstört, vgl. Reclams Kunstführer Deutschland VI, Stuttgart: Reclam, 1980, S. 210. – Siehe dazu auch das Kapitel »Denkmäler für Hamburg und Bremen« in Teil 4.

Die Rembrandt-Ausstellung in Amsterdam

Am 24. Oktober 1898 trifft Lichtwark in Amsterdam ein, um die Rembrandt-Ausstellung zu sehen, auf die er sich wie auf ein Fest freut.[293] »Wunderbar«, schreibt er an seine Kommission, »welche Anziehungskraft Rembrandt heute ausübt.« Zu Anfang der achtziger Jahre habe er herausgefunden, dass einer der namhaftesten deutschen Kunsthistoriker der älteren Generation Rembrandts Radierungen nicht kannte. Lichtwark erzählt, wie er ihn – Herman Grimm nämlich – ins Berliner Kupferstichkabinett führte, durch Rembrandt »in seiner italienischen Aesthetik nicht wenig« beunruhigte und ihn schließlich überzeugte, ein großes Erlebnis für Lichtwark, der zu jener Zeit bereits Rembrandt für sich entdeckt hatte. »Für unser Geschlecht«, schreibt er an die Kommission, »ist nun Rembrandt der Künstler an sich geworden. Er steht unserm Herzen näher als alle andern. Neben ihm scheint allen etwas zu fehlen. Er drückt auf seine engere und weitere Umgebung. Was für Kerls wären die Hals und Helst, wenn er nicht über sie hinausragend dastände, ihr Landsmann und doch aus einer andern Welt. Wir lieben ihn, weil er tieferes Mitgefühl hat als die andern, weil er es nicht macht, wie es andere vor ihm gemacht haben, weil er nicht die Melodie eines Vorgängers ausspinnt, sondern sich selber giebt, und in den Dingen doch sich allein. Seine Signatur ist die Unabhängigkeit und die Selbstherrlichkeit. Sein Inhalt ist die Welt. Es gilt von ihm, was man auf Shakespeare gemünzt hat: er besass the most comprehensive soul. Es ist ihm deshalb ergangen wie Shakespeare, den man vergass, hundert Jahre nach seinem Tode verspottete und verläumdete, wieder entdeckte, langsam begreifen und lieben lernte und schließlich vergötterte.«[294]

Die Ausstellung umfasst mehr als hundert Bilder, die Lichtwark sehr ungleich erscheinen, neben den »ringenden Versuchen der Jugend« hängen »die Meisterwerke des Alters, neben zweifelhaften Sachen und verfehlten Experimenten die wenigen Bilder, in denen der ganze Rembrandt steckt.«[295] Die Ausstellung ist überfüllt, nur vormittags kann er arbeiten, trifft überdies viele Bekannte, Kunsthistoriker, dänische Maler, darunter Krøyer, und Max Liebermann, der ihn zu Rembrandts Haus am Eingang des Judenviertels führt. Hier vollzieht er den Ausblick nach und glaubt die wohlbekannten Menschentypen aus den Bildern, Radierungen und Skizzen zu identifizieren. Das Volksleben im Judenviertel erscheint ihm quirlig und südländisch unbekümmert: »Und ob sie hier holländisch sprechen und seit Jahrhunderten heimisch sind, nirgend in Amsterdam ist das Leben so intensiv lebendig wie hier. Und was das Sonderbarste ist, dieses Ghetto, das keine Schranken hatte und auch heute nicht hat, quillt nicht über. Die unsichtbare Mauer der Andersheit hält es eingeschlossen.« Er empfindet Dankbarkeit gegenüber Liebermann, der hier längere Studienzeiten verbrachte, ihn zu diesem Ort geführt zu haben. Zwar stehe von Rembrandts Haus nur

293 Vgl. hier und im Folgenden: Br. Kommission (1899), Bd. VI: 1898, S. 277–299.
294 Ebd., S. 285.
295 Ebd.

noch die Fassade, innen sei alles verändert, und sein Leben lasse sich nicht mehr rekonstruieren. Doch könne man von einem Gang zu seinem Hause aus empfinden, was Rembrandt suchte, als er sich in dieser abgelegenen Gegend ansiedelte. Und das Haus selbst sei eines der seltenen, die in Amsterdam Architekturqualität besäßen.[296]

Rembrandt sei »immer von Neuem Problem«, es falle ihm schwer, sich loszureißen. Was Rembrandt bedeute, könne man nicht allein an seinen Werken ablesen. »Er hatte die Kraft, mehr Bilder zu erdenken, als er malen konnte. Das unterscheidet sein Genie von dem aller andern grossen Begabungen, die sich um ihn herum entwickelten.« Lichtwark meint damit den holländischen Realismus: Die gestaltende Phantasie der holländischen Künstler sei im Allgemeinen nur gering ausgebildet, weder bei Hals noch bei van der Helst noch van der Neer stehe sie im Mittelpunkt des Schaffens. Die großen Regentenstücke seien selbst bei Hals nur »gelinde Umformungen« der tradierten Typen. Angesichts dieser Überlegungen erachtet Lichtwark eine Geschichte des holländischen Portraits als Desiderat. Erst Rembrandt habe das Gruppenbildnis zur vollen künstlerischen Freiheit geführt, und zu dieser gewaltigen gestaltenden Kraft der Phantasie geselle sich die unerhörte Kraft seines Mitgefühls, die Lichtwark am unmittelbarsten in den »flüchtig hingeworfenen Handzeichnungen« findet. »Mit dieser Kraft der Empfindung hat Rembrandt den tiefsten menschlichen Lebensinhalt in der Bibel entdeckt. Er allein unter seinen Zeitgenossen.«[297] Sie sei ihm nicht Quelle des Sujets, sondern er entdecke die großen typischen Vorgänge der biblischen Geschichte im Leben um sich herum. Und er sei, entgegen der allgemeinen Ansicht, kein Kolorist, sondern gehe vom Licht aus. Auch über seine Verwendung der Farbe fehle bislang eine eingehende Untersuchung.

Das Rijksmuseum betrachtet Lichtwark mit den Augen des Fachmanns; darin sei »ein furchtbarer Zustand von Durcheinander«. Ein Drittel des Bestands, das er zu den Besitztümern der Menschheit rechnet, würde er in schönen Sälen gut aufstellen, das Übrige als kunsthistorische Galerie jedoch dem großen Publikum nicht zugänglich machen. Im Innern hält er den Bau für verfehlt; die großen Regentenstücke von Rembrandt, Hals, van der Helst, de Keyser und all den anderen Künstlern ließen sich nicht adäquat unterbringen. Die durch das Gebäude führende große Straße verhindere ein angemessenes Treppenhaus, dem stets Lichtwarks besondere Aufmerksamkeit gilt, die Treppen findet er steil und unbequem. Die großen Meisterwerke seien außerdem in schlechtem Licht gehängt; leer würde das Gebäude am besten wirken. Die Rückfront des Rijksmuseums kritisiert Lichtwark besonders scharf, »grosse historische Bilder von unsagbarer Brutalität.«[298] Das neue Postgebäude, »in der allerkleinlichsten Gothik aufgeführt«, findet ebensowenig seinen Beifall wie ein neues Geschäftshaus von Hendrik Berlage, dem bekanntesten der jüngeren, mit Lichtwark fast gleichaltrigen

296 Vgl. ebd., S. 287.
297 Ebd., S. 297.
298 Der Entwurf des 1885 eröffneten Rijksmuseums stammt von dem holländischen Architekten Petrus Cuypers, die Historienmalerei auf den Fassaden von G. Sturm. Sie ist heute durch moderne Gestaltungen überdeckt.

Architekten, der auch die neue Börse entworfen hat; viel Bildhauerei, aber überall verzettelt, überall ein bisschen Dekor, meint Lichtwark und stellt sich vor, wenn der Urheber den typischen Amsterdamer Stil konsultiert hätte, so hätte er sich auf Giebel und Portal beschränken müssen. Auch hier urteilt Lichtwark vom Lokalstil aus, den er weiterentwickelt sehen möchte. In den ärmeren Stadtvierteln findet er Häuser mit »viel mehr Charakter«, die sich auch die »schönen alten nordischen Querfenster« bewahrt hätten und auch für die neue hamburgische Architektur Vorbild sein könnten.

Ganz besonders genießt Lichtwark das Amsterdamer Stadtbild in der Dämmerung, die historische Architektur, vor allem die Giebel, das wuchtige und prächtige Straßenbild, das in der ganzen Welt nicht seinesgleichen habe, was er auf die Verwendung der Farbe zurückführt. Er schildert die Stadt mit seinem ausgeprägtem Farbensinn: die roten Dächer, die dunkelbraunen Wände, die grünen Türen, die sahnefarbenen Giebel, dazu das spiegelnde Wasser und die üppigen Bäume mit gelblichem oder goldbraunem Laub, über den Kanälen die glänzend weißen Möwen. Die Auslagen der Schaufenster erscheinen ihm allerdings »dumm«, lediglich die Antiquitätenläden seien gut bestückt.

Die Begegnung mit Liebermann in Amsterdam dürfte den Kontakt wieder aufgefrischt haben, nachdem er zuvor etwas zurückhaltender geworden war. Im darauffolgenden Februar schenkt Liebermann Lichtwark sein kleines Gemälde »Ansicht eines holländischen Bauernhauses«, nachdem dieser es bei ihm bewundert hat. Entgegen seinem Grundsatz, ein Museumsdirektor dürfe privat nicht sammeln, wagt Lichtwark jedoch nicht, das Geschenk des Künstlers abzulehnen, zumal das Werk ihm durch die Ländlichkeit des Motivs und die Farben ausnehmend gut gefällt.[299]

KUNSTERZIEHUNG II

Lichtwark und die Hamburger Lehrer

»Wenn bisher in Deutschland von künstlerischer Bildung gesprochen wurde, so wurde dabei in erster Linie an die grossen italienischen Meister gedacht, die deutschen Großmeister der Renaissance folgten in erheblichem Abstand, die lokale Kunst wurde stillschweigend übergangen. Wir urteilen heute umgekehrt. Auch in der Kunst streben wir vom Nahen zum Fernen. Den Wert der künstlerischen Bildung schätzen wir nicht nach der Masse der historischen Kenntnisse, sondern nach der Entwickelung des künstlerischen Anschauungsvermögens, nicht nach dem Umfang des Wissens, sondern nach der Kraft des Urteils. Denn wir haben einsehen gelernt, dass eine für das Leben wertvolle künstlerische Bildung auf der Pflege der Empfindung beruht. Und wir stellen die Forderung, dass überall, wo es möglich ist, mit der Vertiefung in die bedeutendsten Werke der heimischen Kunst begonnen wird. Wer in Hamburg aufwächst, soll nicht zuerst

299 Br. Liebermann, S. 127. – Br. Lichtwark-Liebermann, S. 123. – Privatbesitz, nicht im WV Eberle, Leihgabe im Landesmuseum Mainz; vgl. Ausst.Kat. Liebermann (2011), S. 213, Kat.Nr. 58.

Raffael und Michelangelo kennen lernen, sondern Herrmann Kauffmann, die Speckter, die Gensler, Oldach, Runge, Scheits, Meister Francke, und daneben die deutschen Grossmeister der Reformationsepoche, die Schongauer, Dürer und Holbein, sowie die Fortführer ihres Werkes, die grossen Holländer des 17. Jahrhunderts, die sich um Rembrandt gruppieren. Und es soll nicht an Photographien und Stichen ein oberflächliches Wissen, sondern an Originalen die Kraft der Empfindung erzogen werden.«[300] So formuliert Lichtwark 1899 noch einmal bündig seine kunstpädagogische Zielsetzung, und am uneingeschränktesten folgen ihm diejenigen, die er von der Gesellschaft Hamburgischer Kunstfreunde ausgeschlossen hat: die Hamburger Lehrer.

Von Anfang an befinden sich in Lichtwarks Sonntagsvorlesungen viele kulturell interessierte Lehrer; manche von ihnen haben später darüber berichtet. Der wichtigste Vermittler zwischen Lichtwark und der reformfreudigen Hamburger Lehrerschaft, die einen großen Teil der Kunsterziehungsbewegung stellt, ist Carl Götze, Volksschullehrer und Tischlersohn aus Pinneberg.[301] Dreizehn Jahre jünger als Lichtwark erlebt er 1887 22jährig dessen Vortrag »Die Kunst in der Schule« als Erweckungserlebnis. Wie viele seiner jungen Kollegen ist er bildungshungrig und fortschrittlich orientiert. Die Reformbewegung ist auf das Ende des sturen Paukens und Nachahmens und einen freien Ausdruck der Persönlichkeit ausgerichtet. Damit muss er zwangsläufig in Lichtwarks Fahrwasser geraten. Zusammen mit gleichgesinnten Kollegen gründet er 1896 die zunächst als Geheimbund geltende Lehrervereinigung für die Pflege der künstlerischen Bildung, die sich in verschiedenen Ausschüssen den Themen Bildende Kunst, Literatur, Musik, Gymnastik und dem Schulwandschmuck widmet.[302] Götze ist mit der Reform des Zeichenunterrichtes befasst, sein Kollege Gustav Weihrauch mit dem Schulwandschmuck, beide stehen damit Lichtwarks Bestrebungen am nächsten. Die Verbindung zu Lichtwark wird jedoch von Götze gesucht, nicht umgekehrt, wie auch die Gründung der Lehrervereinigung ohne den direkten Einfluss Lichtwarks vonstatten gegangen ist.[303] Lichtwark würdigt die Lehrervereinigung bald nach ihrer Gründung bereits im Hamburg-Heft des *Pan* und betont in der Folge stets ihren »Anschluß« an die Kunsthalle, wie auch bei der Gesellschaft Hamburgischer Kunstfreunde und der Gesellschaft der Amateurphotographen. Auf der Großen Deutschen Lehrerversammlung im Jahr 1896 in Hamburg bietet sich die Gelegenheit, die gesamte deutsche Lehrerschaft mit den neuen Gedanken vertraut zu machen, dazu zeigt eine Ausstellung in der Kunsthalle Bilderbücher und illustrierte Jugendschriften.[304]

300 AL, Meister Francke, S. 17.
301 Vgl. hier und im Folgenden: Götze (1944, Erinnerungen). – Schiefler (1985), S. 76–80. – Junge (1989), S. 159–167.
302 Götze betont in seinen *Erinnerungen,* dass diese Gründung von den Lehrern, nicht von Lichtwark ausgegangen sei.
303 Vgl. Götze (1944, Erinnerungen), Bd. I, S. 66f. Diese Tatsache wird ebenfalls herausgestellt von Pieler (1994), S. 141f.
304 Ausst.Kat. Historische Ausstellung von Bilderbüchern und illustrierten Jugendschriften, Deutsche Lehrerversammlung, Hamburg 1896.

Im September 1898 stellt Lichtwark, höchst ungewöhnlich in einem Kunstmuseum, der Lehrervereinigung für die Pflege der künstlerischen Bildung für eine Ausstellung von Kinderzeichnungen beträchtlichen Raum in der Kunsthalle zur Verfügung.[305]

Vor allem übernehmen die engagierten Lehrer Lichtwarks Vorstellung von der Gewöhnung der Schulkinder an die Hochkunst mittels einer entsprechend gestalteten Umgebung. Mit dem Bilderschmuck soll nicht Kunstgeschichte gelehrt werden, sondern eine Geschmackskultur entstehen, »Kunstgeschehen« stattfinden.[306] Lichtwarks Beispiel folgend, planen die Lehrer schon 1897 die Serie »Bilder aus Hamburg für Schule und Haus«: »Wenn solche Bilder im Unterricht und als Wandschmuck der Schulräume verwandt werden, so werden sie mithelfen, das Ziel, das die Kunsthalle sich mit der Sammlung von Bildern aus Hamburg gesteckt hat, zu erreichen.«[307] Die lokale Kunst soll also auch hier maßgebend sein und bei der Jugend »Freude und Stolz« bewirken.[308] Acht Entwürfe werden der Wandschmuckkommission von den jungen Hamburger Künstlern eingereicht; gewählt wird Paul Kaysers »Am Kaiserquai«, ein Genremotiv, das er als großformatige Farblithographie mit sieben Steinen erarbeitet hat. Zur Finanzierung dieser Produktion spendet die Averhoff-Stiftung die Hälfte, nämlich 1.000 Mark, sicherlich durch Lichtwark vermittelt. Lichtwark ist begeistert: »Kayser hat das erste Bild eben vollendet. Es ist eine ganz vorzügliche Aussicht aus dem Schuppen des Kaiserquais mit ganz famos charakterisierten Figuren. Wirklich ein Kunstwerk.«[309] Doch bleibt es bei diesem einen Blatt der »Bilder für Schule und Haus«; das Projekt scheitert am mangelnden Interesse der Oberschulbehörde. Dass es sich gerade um eine Lithographie handelt, muss Lichtwark besonders interessieren; er versucht selbst zu dieser Zeit, die Förderung dieser Drucktechnik zu intensivieren, und begeht 1896 das hundertjährige Jubiläum der Erfindung der Lithographie mit einer Ausstellung in der Kunsthalle.[310] Schon 1892 hat er in Berlin den »Veteranen der deutschen Lithographie« Professor Gustav Feckert aufgesucht und angeboten, eine Auswahl seiner Werke zum Ankauf für die Kunsthalle vorzuschlagen. Von Feckert erfährt Lichtwark die Geschichte des Niedergangs der Berliner Lithographie nach 1848, die bis dahin noch nicht schriftlich festgehalten ist.[311]

Auch in Berlin regt sich 1896 neues Interesse an der Lithographie. Julius Lessing veranstaltet im Kunstgewerbemuseum eine Lithographieausstellung, die ein junger

305 Vgl. dazu Tschierschke (1998).

306 Vgl. hier und im Folgenden: Junge (1989), S. 160f. Meine damalige Darstellung des Zusammenhanges von Hamburger und Karlsruher Lithographien muss ich hier korrigieren: Die durch Lichtwark motivierte Bemühung um Steinzeichnungen für Schule und Haus in Hamburg ist als primär zu betrachten. – Meyer-Tönnesmann (1985), S. 226–228.

307 Weihrauch (1901), S. 63, zit. bei Junge (1989), S. 161.

308 So formuliert Lichtwark seine Zielsetzung im Zusammenhang mit den geplanten kleinen Monographien über Hamburger Künstler, die nach seiner Vorstellung in den Schulen auch als Handbücher benutzt werden könnten; vgl. Br. Kommission (1901), Bd. VII: 1899, S. 24.

309 Zit. bei Meyer-Tönnesmann (1985), S. 228.

310 Vgl. Zimmermann (1896).

311 Vgl. Br. Kommission (1896), Bd. I: 1891/92, S. 237f.

Hamburger namens Dr. E. Zimmermann arrangiert. Dies geschieht sicherlich durch Lichtwarks Vermittlung, denn Zimmermann verfasst auch die Festschrift zu Lichtwarks Lithographieausstellung, einer Schau mit Maschinen und Beispielen neuester Fortentwicklung dieser durch ihre hohen Auflagen zukunftsweisenden Drucktechnik.[312]

Gleichzeitig gibt Lichtwarks Freund Leopold von Kalckreuth an der Karlsruher Akademie den Anstoß, sich intensiv mit der Lithographie zu befassen. Kalckreuth hat an der Akademie ein größeres Künstlerpotential hinter sich, und als versierter Drucker ist der Künstler Carl Langhein dort tätig, ein gebürtiger Hamburger. Der Karlsruher Verein für Originalradierung ediert die ersten Lithographien im Mappenjahrgang 1898.[313] Dies ist der Beginn der später so erfolgreichen Karlsruher Steinzeichnungen, die durch den Leipziger Verlag Voigtländer und Teubner nach 1901 weite Verbreitung finden,[314] während in Hamburg das Unternehmen ohne Rückhalt bei der Behörde, dem Publikum und wohl auch den Künstlern misslingt. Lichtwark äußert sich dazu resigniert im Jahre 1901 anlässlich der Ausstellung »Die Kunst im Leben des Kindes« in Berlin-Charlottenburg: »Dort [in Karlsruhe] hat Kalckreuth den grossen Anstoß gegeben, die Gedanken auszuführen, für die unsere sogenannten jungen Hamburger nicht recht zu haben waren. Eine ganze Wand ist mit farbigen Lithographien bedeckt, einfachen Bildern für den Wandschmuck, nicht für die Mappe. In jüngster Zeit ist dann noch die Idee der grösseren Bilder für den Schmuck der Schulzimmer aufgenommen, und nachdem die ersten Entwürfe (von den Hamburgern Kallmorgen und Langhein) vorlagen, hat die badische Regierung die Mittel für die Reproduction in grossem Stil, und die Einführung in den Schulen bewilligt. Wie haben wir uns quälen müssen, das erste derartige deutsche Bild, Kaisers [sic] Hafenansicht, herauszubringen (1898). Kallmorgens grosses Wandbild stellt eine holsteinische Dorfstrasse dar, sonderbarer Weise.«[315] Lichtwark fährt fort, ohne seine Abneigung gegen die Lehrer im Allgemeinen zu verhehlen: »Man ist sich übrigens in Berlin durchaus bewusst, dass die Gedanken aus unserer Lehrervereinigung stammen. Dass sie sich so rasch verbreiten, sehe ich nicht ohne Bedenken. Wir hätten sie hier erst sollen ausreifen lassen und sie, wenn es möglich gewesen wäre, vor dem Eifer der Unberufenen verbergen. Es ist unglaublich, wie viele Hände nun danach langen, weil die Formel da ist. Gott schütze uns vor allem vor den Schulmeistern. Es wird nicht lange dauern, so wird man wieder warnen müssen, dass nicht zu rasch akademisiert wird. Denn wenn die richtigen Schulmeister die Sache in die Hand nehmen, verekeln sie den kommenden Geschlechtern die Kunst wie sie den lebenden die Religion oder kurz gefasst Christus vermauert haben.«[316]

312 Vgl. Brief Alfred Lichtwark an Olde, 30.7.1896, Schleswig, SHLM, NL Olde. – Br. Kommission (1899), Bd. IV: 1896, S. 111. – Zimmermann (1896). – Zur Karlsruher Lithographie ausführlicher bei Junge (1989), S. 60f. – Aus der Lithographie entwickelt sich die Algraphie und später der Offsetdruck.
313 Vgl. Junge (1989), S. 376.
314 Vgl. Schlünder (1973).
315 Br. Kommission (1902), Bd. IX: 1901, S. 81f. – Mit Abweichungen auch zit. bei Meyer-Tönnesmann (1985), S. 228.
316 Br. Kommission (1902), Bd. IX: 1901, S. 82.

Doch die Motivation der progressiven Hamburger Lehrer erweist sich als nachhaltig.[317] Da Lichtwark sie zu der exklusiven Gesellschaft Hamburgischer Kunstfreunde nicht zugelassen hat, haben sie keinen Zugang zur von ihnen begehrten Graphikedition der Gesellschaft und müssen sich selbst eine Möglichkeit der Erwerbung von Graphikblättern schaffen. Dies geschieht sehr zögerlich, sicherlich nicht zuletzt aus Mangel an finanziellen Mitteln. Erst 1912 unternimmt die Lehrervereinigung einen zweiten Versuch zur Produktion von Wandschmuck. Im Anschluss an eine Wandschmuckausstellung, auf der Kaysers Lithographie »Kaiserquai« rege verkauft worden ist, veranstaltet sie 1913 einen Wettbewerb für Künstler aus Hamburg und Umgebung. Lichtwark ist, wohl infolge seiner zu diesem Zeitpunkt bereits bestehenden ernsthaften Erkrankung, nicht in der Jury, wohl aber Justus Brinckmann. Die 104 eingereichten Arbeiten werden im Museum für Kunst und Gewerbe ausgestellt. Produktion und Vertrieb sollen beim Verlag Georg Westermann liegen. Doch wird keines dieser Blätter als Auflage produziert. Möglicherweise verhindert der Erste Weltkrieg die Durchführung dieses Projektes; die hohe Zeit der Künstlersteinzeichnungen ist jedoch vorüber. Eine breite Rezeption des Wandschmuckgedankens erfolgt erst 1919, als sich auch das parallel verlaufende Interesse der Lehrer an der Künstlergraphik manifestiert. Bereits 1912 präsentierte eine graphische Ausstellung der Lehrer mit Unterstützung der Hamburger Künstler Originalblätter. In den folgenden Jahren bilden sich bescheidene Graphiksammlungen im Besitz einiger Hamburger Lehrer, doch erst um 1920 herum entsteht aus den Reihen der Lehrervereinigung eine Vereinigung zur Förderung der graphischen Kunst. Um 1922 wird eine spezielle Vereinigung für Griffelkunst in der im selben Jahr gegründeten *Hamburger Lehrerzeitung* sichtbar, die von dem Lehrer Otto Reumann geleitet wird. In dieser Vereinigung verbinden sich zwei Leitmotive der Zielsetzung Lichtwarks: ästhetische Selbsterziehung und Künstlerhilfe, beides bewirkt durch das private Sammeln. Auf diesem Vorbild basiert die 1925 von dem Lehrer Johannes Böse gegründete Griffelkunst-Vereinigung Hamburg-Langenhorn, gemeinnützig und ehrenamtlich geleitet, die sich nach 1945 über ganz Deutschland verbreitet und bis heute als Erbe Lichtwarks diesen kunstpädagogischen und kulturpolitischen Gedanken weiterträgt.[318]

317 Vgl. hier und im Folgenden: Junge (1989), S. 162–167.
318 Zur Arbeitsweise, Geschichte, Mitgliederschaft und Edition dieser Vereinigung vgl. Junge (1989), S. 170–255.

Die Übungen in der Betrachtung von Kunstwerken

Seine Auffassungen von der Behandlung der bildenden Kunst in der Schule legte Lichtwark erstmalig in seinem berühmten Vortrag vor dem Schulwissenschaftlichen Verein im März 1887 dar, also schon ein halbes Jahr nach seinem Amtsantritt.[319] Für die Schüler sollte der Umgang mit Kunst in der Schule zu etwas Selbstverständlichem werden. Hier sollte nicht kunsthistorisches Wissen erworben, sondern durch stete Präsenz von Kunstwerken Auge und Geschmack gebildet werden. Die Schüler sollten auch die lokale und regionale Kunst kennenlernen, als Gegengewicht zu der zunehmenden Internationalisierung der Kunstwelt. In diesem Vortrag versprach Lichtwark, zugleich für die künstlerische Lehrerbildung zu wirken, und dazu gehörten spezielle Übungen für Lehrer, mit denen er im Sommer 1887 in der Kunsthalle begann. Zudem hielt er Übungen in der Kunstbetrachtung für Schulklassen ab, um die Lehrerinnen und Lehrer anzuleiten. Es sind die ersten Demonstrationen dieser Art durch einen ausgebildeten Kunsthistoriker und es ist mit Sicherheit anzunehmen, dass Lichtwark hier die moderne Methode anwendete, die er in seiner Ausbildung vor allem durch Anton Springer erfahren hatte. Springer, so berichtet Woldemar von Seidlitz im Nachruf auf seinen verehrten Lehrer an der Universität Leipzig, sei nicht müde geworden, »auf die möglichste Ausbildung des Auges hinzuwirken.« Er forderte eine minutiöse Beschreibung der Kunstwerke.[320]

Die praktischen Übungen führt Lichtwark mit einer Klasse von etwa fünfzehnjährigen Mädchen einer höheren Schule durch, Schülerinnen des Paulsen-Stiftes, also einer elitären Auswahl, unter Verwendung von zehn verschiedenen Bildern der Kunsthalle, ausschließlich Werke aus dem 19. Jahrhundert. Die begleitende Lehrerin ist Anna von Zeromski, später auch Mitglied der Gesellschaft Hamburgischer Kunstfreunde, die 1924 eine erste Biographie Lichtwarks publizieren wird. Bei den betrachteten Werken handelt es sich um den »Verlorenen Sohn« von Benjamin Vautier, Philipp Otto Runges Gruppenbildnis der »Hülsenbeckschen Kinder«, Adolph Menzels »Rüstungen«, Axel Helsteds »Der Stadtrat hält Sitzung«, Siebelists Genrebild »Bei der Schularbeit«, die beiden Portraits der Eltern von Günther Gensler, die »Propsteier Fischer« von Herrmann Kauffmann, das »Baumhaus« von Valentin Ruths, die »Straße [heute: Gang] beim Teilfeld« von Gotthardt Kuehl und Franz von Lenbachs Portrait Kaiser Wilhelms I.[321] Siebelist und Kuehl vertreten den Impressionismus und repräsentieren Lichtwarks Versuch, das Publikum über das bekannte lokale Motiv an den neuen Stil heranzuführen. Wohl aus dieser Erfahrung heraus wird er 1909 seiner Kommission

319 Siehe das Kapitel »Kunsterziehung I: ›Die Kunst in der Schule‹« in Teil 2. – Vgl. AL, Übungen; Kayser (1977), Nr. 246.

320 Vgl. Seidlitz (1892), S. 27. – Grupp (1995), S. 37. – Kessler, der ebenfalls Springer-Schüler war, füllt seine Tagebücher mit ausführlichen Beschreibungen von Kunstwerken.

321 Vgl. AL, Übungen, Inhaltsverzeichnis. – Best.Kat. Hamburg, 19. Jh., S. 174, 137, 77, 54, 94, 179, 108, 114; das Bild von Vautier ist nicht enthalten. Zu Siebelist: Best.Kat. Hamburg, 20. Jh., S. 117.

mitteilen: »Das Kind und der junge Mensch sind mit der impressionistischen Formel nicht zu gewinnen, sie wollen sich bis in das Letzte vertiefen und werden abgestoßen, wenn ihnen dieser Wunsch versagt wird.«[322]

Bei diesen Kunstbetrachtungen geht es vor allem um zwei Aspekte: Zum einen genau hinsehen zu lernen und nicht vor Bildern zu raten oder Kenntnisse hineinzudeuten, also zu beobachten statt im Voraus zu wissen. Zum anderen nicht Kenntnisse zu vermitteln, sondern »Kräfte« zu entwickeln, also Fähigkeiten, die heute als Kompetenzen bezeichnet werden. Damit ist Lichtwark ein moderner Pädagoge, denn nach wie vor wird gerade das Entwickeln von Fähigkeiten als vorrangiges Ziel des Unterrichtes gewertet. Für Lichtwark gehört dazu, die Anschauungsfähigkeit zu fördern, Farbe, Form und Komposition zu erfassen und Wahrgenommenes zu deuten. Lexikalisches Wissen entfällt nicht ganz, bleibt jedoch nebensächlich. Die Persönlichkeit des Kindes soll gestärkt werden durch diese zu gewinnenden »Kräfte«. Damit zielt Lichtwark, weit entfernt vom reproduzierenden Unterricht, auf die Entwicklung von Eigenständigkeit. Er geht bei diesen Betrachtungen wie bei allen anderen eher kleinschrittig vor, führt die Schülerinnen durch das Bild, gibt Beobachtungshilfen und lässt so das Werk lebendig werden, ohne die Interpretation zu vernachlässigen. Das Neue daran ist, dass keine Erzählungen hinzugefügt werden; es geht geradezu positivistisch um das reine Erfassen des Bildbestands, nicht um Assoziationen und kreative Abschweifungen der Phantasie. Aber er gibt damit die Betrachtungsweise vor, wodurch die Spontaneität und Entdeckungslust der jugendlichen Betrachter stark eingeschränkt werden: dem Realisten bleibt hier wie auch im Bereich der Kunstproduktion das Reich des Phantastischen weitgehend verschlossen.

1897 erscheinen diese *Übungen* erstmalig in Buchform bei Lütcke & Wulff in Hamburg, Carl Kall gewidmet, auf Wunsch der Lehrervereinigung für die Pflege der künstlerischen Bildung. Der Erfolg ist riesig, die erste Auflage alsbald vergriffen. Lichtwark äußert in einem Brief an den Kunstpublizisten Hans Rosenhagen für den Fall einer Rezension die dringende Bitte, das Buch wie auch die von ihm herausgegebenen Publikationen der Gesellschaft Hamburgischer Kunstfreunde als nicht erhältlich zu bezeichnen.[323] 1898 wird die zweite Auflage, 1900 die dritte bei Kühtmann in Dresden verlegt. Von der vierten Auflage 1902 an erscheinen alle weiteren sowie sämtliche wiederaufgelegten Schriften Lichtwarks bei Cassirer in Berlin unter dem Reihentitel *Die Grundlagen der künstlerischen Bildung*. Die *Übungen*, Lichtwarks erfolgreichstes Buch, erleben bei Cassirer noch sechs weitere Auflagen: 1904, 1906, 1909, 1914, 1918 und 1922; schließlich werden sie 1926 auch ins Finnische übersetzt.[324]

Lichtwarks Kunstbetrachtungen in der Kunsthalle finden stets vor den Originalen statt, wie er auch sonst auf die Beschäftigung mit dem Original dringt. Für die

322 Br. Kommission (1917), Bd. XVII: 1909, S. 214.

323 Vgl. Brief Alfred Lichtwark an Rosenhagen, 8.8.1897, München, BSB, HSS, Rosenhageniana II,1. Lichtwark, Alfred.

324 Kayser (1977), Nr. 246, 270, 305, 346, 381, 424, 459, 549, 561, 566, 568.

Betrachtungen, die er in Vorträgen außerhalb der Kunsthalle demonstriert, ediert die Gesellschaft Hamburgischer Kunstfreunde in ihrer *Liebhaberbibliothek* Bildmaterial. Als erstes erscheinen 1897 die *Bilder des Todes* von Hans Holbein mit Drucken in Originalgröße, nur in der Commeterschen Kunsthandlung, nicht im Buchhandel erhältlich. Im Vorwort geht Lichtwark auf die Vorgeschichte ein. Seit einem Jahrzehnt veranstaltet er regelmäßige Einführungen in die Kunst der deutschen Meister der Reformationszeit, die Teilnehmerzahl sei stetig gewachsen, daher habe es immer mehr Schwierigkeiten bei der Veranschaulichung gegeben. Nach und vor den Vorträgen sei die Ausstellung belagert worden, man konnte sogar am nächsten Tage die Bilder noch ausgestellt finden. Eine Benutzung des Skioptikons hält er für ausgeschlossen, da die Vorträge bei Tageslicht stattfinden. So erfolgt nun die Veröffentlichung in der *Liebhaberbibliothek* mit kurzer orientierender Einleitung, zusätzlich eine preiswerte Ausgabe ohne Text für Schul- und Vorlesungszwecke. Er erwähnt die besondere Beihilfe der Herren Generalconsul Behrens und Theodor E. Behrens. Die erste Ausgabe bedenkt zugleich das vierhundertjährige Jubiläum des Künstlers. 1898 erscheint in gleicher Weise eine Ausgabe von Dürers *Marienleben* im Folioformat mit einer Einleitung und einem Text von Lichtwark. Er erläutert den Inhalt, gibt methodische Ratschläge und fordert Gründlichkeit. Zuerst solle man versuchen, wie weit die eigenen Möglichkeiten führen.[325]

Noch 1911 erinnert der Direktor der Höheren Mädchenschule und Fortbildungsklasse, Dr. Jakob Löwenberg, in seiner Gratulation zu Lichtwarks 25jährigem Dienstjubiläum an die allwöchentlichen Übungen, die eine Mädchenklasse seiner Schule absolvierte: Eine große Anzahl Hamburger Lehrer habe Lichtwark damals mit freudiger Bewunderung zugehört und »erquickte sich« an einer »feinsinnigen Pädagogik«.[326]

Die Erziehung des Farbensinns

Als letzter Beitrag Lichtwarks im *Pan* erscheint im Novemberheft 1898 ein kunstpädagogischer Aufsatz, in dem seine Vorlesungen für Lehrer aus dem Jahr 1891 verarbeitet sind. Überarbeitet publiziert er ihn 1901 bei Cassirer in Berlin in seiner Reihe *Die Grundlagen der künstlerischen Bildung*. Der Band erlebt drei weitere Auflagen zwischen 1902 und 1914; schließlich wird dieser wichtige Text auch in die 1917 posthum erschienene Auswahl der Schriften Lichtwarks aufgenommen. 1912 erreicht Lichtwark der Brief eines Prager Redakteurs, der zugleich Assistent am Museum des

325 Hans Holbein, Bilder des Todes. Reproducirt nach den Probedrucken und der Lyonner Ausgabe von 1547 in der Kunsthalle Hamburg, hrsg. von Alfred Lichtwark, Hamburg: Commeter, 1897; Kayser (1977), Nr. 266. – Albrecht Dürer, Das Leben der Jungfrau Maria. Nach Probedrucken im Kupferstichkabinett der Kunsthalle zu Hamburg, Hamburg: Commeter, 1898, S. VII–XIII, Einleitung, Lichtwark; S. XV–XXIII, Das Marienleben, Lichtwark; hier u.a. S. XXI; Kayser (1977), Nr. 289.
326 Brief Löwenberg an Alfred Lichtwark, 1.10.1911, HKH, AdB 76.

Königreichs Böhmen in Prag ist. Er möchte den Text für die Kunstzeitschrift *Dila* ins Tschechische übertragen.[327]

Die Beobachtung von Farben spielt für Lichtwark stets eine wichtige Rolle. Die Schilderungen von Farbenerlebnissen in seinen Briefen weisen ihn vorrangig als Farbenseher aus, der die Farbeindrücke intensiv und primär vor der Form empfindet. Folglich liegt dem langen und ausgefeilten Aufsatz, der 1901 auf Anregung der Lehrervereinigung für die Pflege der künstlerischen Bildung erscheint, eine ausführliche Beschäftigung mit dem Phänomen Farbe in Natur und Kunst zugrunde. Lichtwark nennt einleitend andere Autoren, die sich kurz zuvor mit diesem Thema auseinandergesetzt haben: Muther, Seidlitz, verstreute Untersuchungen bei Bode, Gurlitt, Wölfflin und anderen sind genannt, auch eine Abhandlung des norwegischen Kunsthistorikers Andreas Aubert. Doch habe die deutsche Kunstgeschichte das Problem der »Farbenbewegung«, wie Lichtwark es nach Arnold Ewald formuliert,[328] bis dahin noch nicht erschöpfend behandelt. Auch Lichtwark strebt keine theoretische Vollständigkeit oder Systematik an, seine Betrachtungen sind aus der Praxis hervorgegangen und berücksichtigen wie stets die hamburgischen Verhältnisse. Sie sollen nichts Endgültiges, sondern vor allem Anregungen bieten.

Zuerst erklärt Lichtwark die Empfindung für Farbe als nicht erlernbar, jedoch ausbildungsfähig; er verweist dabei auf die künstlerischen Berufe, in denen der stete Umgang mit Farben den Blick und die Treffsicherheit in hohem Maße schult. Unter den Nichtkünstlern gesteht er den Frauen aufgrund ihrer Beschäftigung mit Kleidungs- und Wohnungsfragen mehr Sinn für die Farbe zu als den Männern. Er erklärt er das Thema zur nationalen Aufgabe mit dem Ziel der Hebung des Konsumentengeschmacks entsprechend seiner nationalökonomischen Argumentation. Die Ausbildung des Farbensinnes gehöre zu den Grundlagen der materiellen Wohlfahrt und stehe in Verbindung mit der Zukunft der Industrie. Er erwähnt die anatomisch-psychologischen Grundlagen des Farbensehens und erklärt dabei offenherzig, seine beiden Augen nähmen die Farbtemperatur unterschiedlich wahr, was ihm kurz darauf seine Gegner als Sehfehler auslegen.[329] Die Deutschen, so habe er beobachtet, könnten vielfach mit den Farbbezeichnungen nicht richtig umgehen; die deutsche Sprache habe außerdem viel weniger treffende Begriffe für Farben als etwa die französische. Daraus möchte er allerdings nicht schließen, dass die Deutschen weniger für die Farbe begabt wären. Er führt hier die »Wilden« als Beispiel an, die ohne Farbbezeichnungen

327 Vgl. Alfred Lichtwark, Die Erziehung des Farbensinns, in: Pan, 4. Jg., 1898/99, Heft 3, S. 183–188, Kayser (1977), Nr. 299; ferner Kayser (1977), Nr. 328, 343, 403, 548, 556; hier zit. im Folgenden nach AL, Schriften, Bd. I, S. 102–139; Kayser (1977), Nr. 556. – Auf die Vorankündigung hin wurde im Jahre 1900 schon ein Viertel der Auflage von 1901 subskribiert; vgl. Br. Kommission (1901), Bd. VIII: 1900, S. 232. – Vgl. Brief Ant. Dolensky an Alfred Lichtwark, 7.5.1912, FKL.

328 Lichtwark bezieht sich hier auf Arnold Ewald, Farbenbewegung: Kulturgeschichtliche Untersuchungen: erste Abteilung Gelb, Berlin: Weidmann, 1876.

329 Vgl. AL, Schriften, Bd. I, S. 107. – Siehe die Kapitel »Hamburgische Kunst: Feinde« sowie »Hamburgische Kunst: ... und Freunde« in Teil 3.

doch die gleiche Begabung in der Unterscheidung von Farben aufweisen würden wie der durchschnittliche Europäer. Sodann analysiert er die Hierarchie der Farben im Altertum und in der christlichen Kultur, erwähnt die favorisierten Farben der verschiedenen historischen Epochen und wünscht sich Studien über den Kolorismus bei Rembrandt, Rubens, Tizian, Holbein und die Ursachen seiner Wandlungen. Er vermisst außerdem Untersuchungen über die Beeinflussung des Farbensinnes durch lokale Unterschiede und Besonderheiten wie Klima und Belastung der Luft durch Staub. Längst hat er beobachtet, dass Maler durch Gewöhnung an ihre eigene farbige Umgebung die Besonderheiten der Farberscheinung an fremden Orten oftmals nicht zu erfassen vermögen. Als Beispiel dafür führt er Monet an, der »das farbige Wesen« der Seineufer auf seine holländischen Motive übertragen habe. Er behandelt den Einfluss, den die großen Maler auf die Personen ihrer Umgebung und damit auf ihre Epoche ausübten. So betont er die Bedeutung der selbständigen Empfindung für die Farbe und formuliert auch hier wieder seine Ablehnung des Akademismus als »unkoloristisch oder antikoloristisch«. Stärkere zwängen ihre schwächeren Nachbarn in ihren Bann, so meint er, deren eigene Fähigkeiten dann darunter leiden würden. Diese Betrachtungen führen ihn zu der Forderung nach einer selbstkritischen Untersuchung des Betrachters, ob er infolge seiner unerzogenen Augen überhaupt das Recht auf eine Aburteilung von koloristischen Leistungen begabter und erzogener Augen habe. Bei dieser Aussage spielt seine Erfahrung der ständigen Kritik an den modernen Bildern in der Kunsthalle eine Schlüsselrolle.

Im Folgenden formuliert Lichtwark konkrete didaktische und methodische Überlegungen zur Entwicklung der Fähigkeit, Farben zu genießen. Dieses Training soll schon in den ersten Lebensjahren beginnen und in der Schule nicht etwa als besonderer Unterrichtsgegenstand verankert werden, sondern in Fächern wie Kunst, Biologie und im Anschauungsunterricht stattfinden. Systematisierende Schulmeisterei lehnt Lichtwark ab. Schule und Elternhaus sollen Anregungen geben und die kindlichen Begabungen fördern, vor allem die rezeptiven Begabungen. Die Frauen sieht Lichtwark, wie bereits erwähnt, ohnehin im Vorteil, da sie sich ständig mit den Farben ihrer Toilette beschäftigen, und diese ästhetische Arbeit wertet er als volkswirtschaftlich wichtig. Auch die Männer sollen ihren Farbensinn schulen, dabei Vorurteil und falsche Scham überwinden, um ihren Geschmack zu bilden.

Die vorrangige Rolle der Farberziehung in der Schule ordnet Lichtwark dem Zeichenunterricht und der Mädchen-Handarbeit zu. Er schlägt Naturstudien vor, wie sie in England gang und gäbe seien, für die Mädchen auch Stickerei nach Naturvorbildern als »Nadelmalerei«. Beim Zeichenunterricht denkt er sich Treffübungen in der Wiedergabe von Farbtönen, am besten in Aquarelltechnik. Das Auge soll »hingebend« beobachten lernen. Mit »Natur« meint er jedoch nicht die Landschaft, da die Erscheinungsfarbe – diesen Begriff verwendet er allerdings nicht – schwer zu fassen sei; vielmehr denkt er an die Gegenstandsfarbe: die Farben von Flora und Fauna, besonders von Schmetterlings- und Käferflügeln, Vogelfedern und Blumenblättern, wie sie auch in Zoologischen Gärten und Naturhistorischen Museen zu betrachten sind.

Bei den Tierfarben unterscheidet er zwischen »Harmonisten« und »Koloristen« und gesteht Tieren wie Käfern, Schmetterlingen und Vögeln eine Begabung für die Farbe zu, die den Säugetieren zu fehlen scheine. Ferner spricht er über die Bedeutung der Blumenkultur für die Farberziehung, hebt die Wichtigkeit traditioneller Garten- und Wildblumen hervor, die in großer Fülle angeboten werden sollten, ergänzt durch einfache, funktionale Vasen und Gefäße. Die Eltern seien geradezu verpflichtet, sich und ihre Kinder in diese Art Blumenschmuck einzuführen, und im Klassenzimmer sollte er auch stets vorhanden sein.

Weiterhin wendet er sich der Funktion der Farbe bei der historischen Kleidung zu und wünscht sich eine eingehende Studie über die »Farbenbewegung« in der Tracht der europäischen Völker. Beginnen sollte man mit Erzeugnissen in frischen, reinen Farben, nicht sofort mit den gebrochenen Tönen gealterter Materialien, die Lichtwark an anderer Stelle mit Sauerkraut und Erbsen vergleicht und denen seine Neigung ohnehin nicht gilt. Die ersten Übungen sollen schriftlich vor den Dingen erfolgen und anschließend aus dem Gedächtnis wiederholt werden. Auch methodische Fragestellungen erörtert er als geübter Pädagoge, etwa an Gruppenarbeit zu zweit. Dadurch würden diese Studien an Reiz gewinnen. Die keramischen Farben will er ebenfalls studiert wissen, insbesondere die japanischen. Die Japaner erscheinen ihm als ein koloristisch besonders begabtes Volk; mit seiner Begeisterung für die japanische Kunst befindet sich Lichtwark ganz im Einklang mit den Strömungen seiner Zeit. Mit den anderen Gebieten des Kunsthandwerks soll dann das Farbenstudium fortgesetzt werden.

Erst zum Schluss kommt die Malerei als Studiengebiet an die Reihe. Wer es sich nicht selbst zutraue herauszufinden, welcher der koloristisch führende Meister einer Epoche ist, sollte sich vorher informieren und anschließend die ganze Epoche untersuchen. Rembrandt liefere den Schlüssel zu seiner ganzen Umgebung; von den zeitgenössischen Künstlern übe keiner auf die Jugend so großen Einfluss aus wie Böcklin; andere Zentren sieht er bei Klinger, Thoma, Leibl, Liebermann; von Paris aus würden Manet, Monet und Degas die ganze Welt dominieren. Sie würden sogar den koloristischen Geschmack bei Personen beeinflussen, die ihre Bilder ablehnen. Wie stets bei Lichtwark soll jedoch die Betrachtung mit der lokalen Kunst beginnen. Hier weist er dezidiert auf die Hamburger Maler aller Epochen hin, hebt ihre Ursprünglichkeit und Originalität vor dem Beginn ihres akademischen Studiums hervor, betont die Besonderheit der Palette Philipp Otto Runges und beweist bei seinen Ausführungen zu den Hamburger Künstlern der ersten Hälfte des 19. Jahrhunderts selbst große Farbsensibilität. Schließlich wendet er sich der Landschaftsmalerei zu und empfiehlt die Sammlung von Bildern aus Hamburg als Lehrmeisterin beim Studium der Landschaftsfarben. Das künstlerische Auge sei der Entdecker der Welt. An Kalckreuths Hafenbild und Liebermanns, Grethes und Hofmanns Elbmotiven etwa könne der Betrachter eine Ahnung gewinnen von der Eigenart des künstlerischen Auges.

Auch den Dilettantismus als höchste Stufe der Selbsterziehung vergisst er nicht. Den ernsthaften Dilettanten wertet er als wertvollen Faktor im Geistes- und Wirtschaftsleben. Dem Maler erkennt er die zentrale Position zu; von der Malerei würden die angewandten Künste beeinflusst. Als Beispiel nennt er Makart und seine Epoche; aber auch die gegen die Tradition rebellierende Jugend werde von einigen Malern geleitet. Für Hamburg betrachtet er es von ausschlaggebender Bedeutung, dass die lokalen malerischen Begabungen ihre Ausbildung in der Heimat erfahren und erst dann andere Kunstäußerungen kennenlernen, wenn sie widerstandsfähig geworden sind. Auch für die Architekten verlangt er eine solche gründliche Schulung vor Ort, als verwandte Kulturen erachtet er höchstens Amsterdam oder London. Holland könne am besten lehren, worauf es in der hamburgischen Landschaft ankomme: »die unakademische Kühnheit und Unerschrockenheit«. Erst auf der Basis einer lokalen Tradition, die für ihn die stete Abwandlung und Anpassung nicht ausschließt, könnten neue Einflüsse ohne Störung verarbeitet werden. Dann könnten sich auch Künstler und Architekten zu Schulen zusammenschließen, um den wegweisenden malerischen Begabungen zu folgen, in denen die typische Farbempfindung »der Rasse und des Ortes« am deutlichsten sichtbar würde. Aber möglich sei dies nur, wenn die Konsumenten dabei durch Anregung und schöpferische Kritik mitwirkten. In einer unerzogenen oder verbildeten Umgebung könne sich selbst das schöpferische Genie nicht entwickeln, und so trete dann ein Import aus der höher entwickelten koloristischen Nachbarkultur ein. Damit würden ausländische Produkte konsumiert und die eigene Tradition abgebrochen, vielleicht auch die ausländische nachgeahmt. Und wenn diese Mode vorüber sei, fürchtet Lichtwark, hätten die Nachahmenden nichts erreicht als die Zerstörung der heimischen Überlieferung. Damit ist er wieder bei seinem zentralen Thema, dem Aufbau einer hochstehenden nationalen Kultur. So schließt er seinen Aufsatz zur Farberziehung mit dem Appell: »Wie oft haben wir Deutschen diese typische Situation schon durchgemacht? Wie oft soll sie sich noch wiederholen?«

Am 3. November 1898, kurz nach der Veröffentlichung dieses Aufsatzes im *Pan*, erscheint in Wien in der *Neuen Freien Presse* ein Beitrag des jungen, kurz zuvor aus den USA zurückgekehrten Architekten Adolf Loos. In seinem *Die Frau und das Haus* betitelten Beitrag beschreibt Loos die Eigenständigkeit der amerikanischen Hausfrau bei der farbigen Ausgestaltung ihres Heims. Im pathetischen Nietzsche-Ton[330] ironisiert Loos die fleißige und sparsame, auf die *Gartenlaube* abonnierte deutsche Hausfrau und antizipiert die Vorurteile gegenüber der als nachlässig verrufenen amerikanischen. Letztere jedoch stellt er nun als keineswegs faul, sondern in Kunst- und Einrichtungsfragen kundig und beschlagen dar. Während die deutsche Hausfrau in all ihrer hauswirtschaftlichen Tüchtigkeit keinerlei eigenständigen Geschmack besitze und sich auf den professionellen Inneneinrichter verlassen müsse, habe die amerikanische Frau durch Dilettantismus ästhetische Bildung erworben und vermöge ihre Zimmer selbst zu gestalten. Sie habe die Farbe in der Natur studieren gelernt und ein sicheres Farbgefühl entwickelt. So könnte die Mithilfe der Frau in der Wohnungseinrichtung nur bereichernd sein. Loos plädiert hier für den Dilettantismus, insbesondere für die Schulung

330 Loos war stark durch das Werk Nietzsches beeinflusst, seine Sprache ist z.T. deutlich messianisch, vgl. dazu: Boose (1999), S. 213–230. – Loos' erste Frau Lina besaß elf Bände von Nietzsche; vgl. Schachel (1989), S. 29–31.

des Farbgeschmacks; die Frau habe mehr mit Farbe umzugehen als der Mann, bei ihrer Kleidung und in der Wohnung. Er plädiert auch für die reine Farbe, schimpft auf Olivgrün und Braunrot und wie Lichtwark auf die Makart-, Erbsengrün- und Sauerkrauttöne. Während die Österreicherin ihren Mann durch die gute Küche zu fesseln suche, so die Engländerin und die Amerikanerin durch ein gemütliches Heim. Loos empfiehlt die Zeitschrift *Wiener Mode* als einziges der modernen Kunstgewerbebewegung nahestehendes Blatt und verweist auf das in gleicher Richtung arbeitende Wiener Tapisseriegeschäft Ludwig Novotny. Familienräume sollten Loos zufolge femininen Charakter besitzen, was der Tapezierer nicht leisten könne. Den englischen Stil der Nadelarbeit empfiehlt er als Vorbild, den orientalischen Teppich als Bodenbelag par excellence, an dem sich der Knüpfteppich der Dilettantin orientieren könne. Das deutsche Heim sei noch weit entfernt vom »herrlichen englischen Ideal«, das er sich auch für die deutsche Wohnung wünscht. Die Sehnsucht nach dem eigenen Heim, so wirbt er um die Leserin, sei die einzige Triebfeder für den Junggesellen zur Ehe. Alles andere könne ihm gegenwärtig geboten werden.[331]

Vermutlich ist Loos durch Lichtwarks Beitrag im *Pan* zu seinem Text angeregt worden. In diesem Jahr 1898 nimmt er seine feuilletonistische Tätigkeit erst richtig auf.[332] Er hat verschiedentlich Zugang zum *Pan*, im Museum für Kunst und Industrie ebenso wie im Sezessionsgebäude. So dürfte Loos auch die anderen Schriften Lichtwarks kennen, sowohl die *Pan*-Aufsätze zur Architektur als auch die beiden Bände der *Studien*, die Lichtwark dem Museum für Kunst und Industrie schenkte und in denen er bereits Mitte der 1880er Jahre die Reduktion des Ornaments forderte. Loos veröffentlicht seinen berühmt gewordenen Aufsatz *Ornament als Verbrechen* im Jahre 1908, nachdem er sich schon bei seinem Aufenthalt in den USA mit den neuen architektonischen Vorstellungen auseinandergesetzt hat. Der Chicagoer Architekt Louis Sullivan, vier Jahre jünger als Lichtwark, schlug bereits 1892 vor, einige Jahre lang auf jegliches Ornament zu verzichten und sich ausschließlich auf die Baukonstruktion zu konzentrieren. Die Abwendung vom Ornament liegt den fortschrittlichen Köpfen dieser Generation bereits im Sinn.[333]

Lichtwarks Aufsatz über die Erziehung des Farbensinns könnte aber auch den Direktor des Kaiser-Wilhelm-Museums in Krefeld, Friedrich Deneken, zu einer Ausstellung zum Themenkomplex Farbe angeregt haben, zumal die Publikation bei Cassirer im Jahr zuvor, 1901, erschien. Deneken war bis zu seiner Berufung nach Krefeld Justus Brinckmanns Assistent im Hamburger Museum für Kunst und Gewerbe und kennt

331 Vgl. Loos (1983), S. 69–74.

332 Vgl. Eckel (1996), S. 180–187, bes. S. 186.

333 Für seine Auskünfte zu den Standorten der Veröffentlichungen Lichtwarks in Wien im Frühjahr 2002 danke ich Rainald Franz, MAK, Wien. Loos hat die Quellen seiner Anregungen sorgfältig geheimgehalten. In den überkommenen Resten seiner Bibliothek haben sich Werke jener Schriftsteller und Architekten überhaupt nicht erhalten, die sein Denken und seine Arbeit beeinflusst oder bestätigt haben. Es wirkt, als wären sie bewusst entfernt worden, um alle möglichen Vorbilder und Einflüsse zu vernichten; vgl. Koller (1989), S. 299. Eingehende Forschungen zu dem Aspekt Lichtwark als Anreger der modernen Architektur stellen ein Desiderat dar.

daher Lichtwark und seine Bemühungen um die ästhetische Bildung sehr genau. Im April 1902 zeigt er seine »Farbenschau«, die sich mit Farbstoffen und ihrer Verwendung in der Färberei ebenso befasst wie mit Farbharmonien in der Natur, dekorativer Farbenwahl und schließlich der Farbauffassung moderner Künstler.[334] Insbesondere der Aspekt der Farben in der Natur weist in auffälliger Weise auf Lichtwarks Aufsatz zurück. Neu ist der breit gefächerte Ansatz der Thematik bei Lichtwark, der sich auch eine Betonung der Farbe in der Architektur vorstellt, nicht zuletzt in Form von leuchtend farbig gefassten Eisenkonstruktionen. Und 1902 teilt er provokant mit, die Vogelsammlung im Berliner Zoo habe bei ihm mehr Eindruck hinterlassen als die meisten Kunstausstellungen.[335]

Kunstgeschichte und Kunstanschauung

Am 27. September 1899 hält Lichtwark in Bremen einen Vortrag mit dem Titel »Kunstgeschichte und Kunstanschauung« im Rahmen der 45. Versammlung deutscher Philologen und Schulmänner.[336] Die Einladung dazu erfolgt nicht zufällig. Im Jahr zuvor sind seine *Übungen* zur Kunstbetrachtung in zweiter Auflage bei Kühtmann in Dresden erschienen, nachdem die erste Auflage, 1897 herausgegeben von der Lehrervereinigung zur Pflege der künstlerischen Bildung, überwiegend regionale Verbreitung fand. Einleitend unterstreicht Lichtwark die wichtige Rolle des deutschen Lehrers bei der Entwicklung der Nation bis hin zur Gründung des Deutschen Reiches. Der deutsche Schulmeister stehe hinter den Siegen, die die nationale Einheit bewirkt hätten; es sei ein stolzes Bewusstsein, dass die Lehrer auch die künftigen Siege und Schlachten mit vorzubereiten berufen seien. Er spricht in der ersten Person Plural und schließt sich damit geschickt ein, als ob er selbst noch als Lehrer tätig wäre. Doch beweist er hier lediglich rhetorisches Geschick, denn niemals sonst rührt er direkt an seine Vergangenheit als Lehrer. Schnell wendet er sich dann auch dem eigentlichen Anliegen seines Vortrages, der Didaktik der Kunstbetrachtung, zu und beginnt mit dem Appell, dass die philologische Energie, nachdem sie sich erst in kriegerische, dann in technische und kaufmännische Energie verwandelt habe, nun in der kommenden Generation die Gestalt ästhetischer Energie anzunehmen habe. Kulturelle Selbständigkeit bezeichnet er als nationales Ziel, nachdem die politische und wirtschaftliche Selbständigkeit nun errungen sei. Darin sieht er die große Aufgabe der Zukunft, die aus Unkenntnis und Selbstüberschätzung vielfach verkannt und unterschätzt werde. Solange die Gebildeten ihre Muttersprache nur in Ausnahmen wirklich lieben und be-

334 Vgl. Ausst.Kat. Farbenschau (1902). – Lampugnani (1983), S. 173, 306.
335 Vgl. Br. Kommission (1901), Bd. VIII: 1900, S. 172. Die 1891–1893 gebaute Dresdner Eisenbrücke über die Elbe, im Volksmund »Blaues Wunder« genannt, ist Lichtwark durch seine zahlreichen Aufenthalte in dieser Stadt mit Sicherheit bekannt und mag ihm hier als Beispiel vorgeschwebt haben. – Br. Kommission (1904), Bd. X: 1902, S. 41.
336 Vgl. AL, Kunstgeschichte und Kunstanschauung, S. 69–73; Kayser (1977), Nr. 318.

herrschen würden, die Deutschen in ihrer Kleidung und Einrichtung von England und Frankreich abhängig seien, die deutsche industrielle Produktion auf allen Gebieten, in denen es auf ein ästhetisch erzogenes Auge ankomme, derjenigen der Nachbarn nachstehe, dürfe man den Blick von diesem dunklen Punkt der deutschen Existenz nicht abwenden. Auch die Schule soll nun ihren Beitrag leisten, fordert er und lobt, es sei eine Freude, zu beobachten, wie begeistert die Lehrerschaft diese große Aufgabe annehme. Es gelte nun, in der Praxis den richtigen Weg einzuschlagen. Zu Äußerungen über den Zeichenunterricht fühle er sich nicht berufen; seine Domäne sei die Kunstanschauung. Lichtwark rät davon ab, Kunstgeschichte in den Unterricht einzuführen, weil dazu eine Elementarbildung notwendig sei, die das Kind nicht besitze. Wenn ein Kind von zwölf bis vierzehn Jahren vor eine Sammlung von Photographien nach Raffael oder Michelangelo gestellt würde, sei es nicht fähig, den Kunstwert darin zu erfassen. Vor den Originalen würde es ihm nicht besser ergehen und den Lehrern auch nicht. So komme nur »Wort- und Meinungswissen« dabei heraus, »das Traurigste, Thörichtste und Schädlichste, was die Pädagogik kennt.« Es werde allgemein unterschätzt, wie lange und unermüdlich das Auge Natur und Kunst gesehen haben müsse, um ein großes Kunstwerk aufnehmen zu können. Lichtwark spricht sich stattdessen dafür aus, dass jede künstlerische Bildung mit der elementaren Erziehung des Auges einsetzen müsse. Ziel sei die größtmögliche Entfaltung der Beobachtungsfähigkeit. Er beklagt die rasche Ermüdung des Auges beim durchschnittlich Gebildeten, das wenig bei der Betrachtung auszuharren vermöge. Selbst die Lehrer seien nicht wie die Naturwissenschaftler gewöhnt, mit den Augen zu arbeiten, und hätten nur selten eine Ahnung, wie viel Geduld, Mühe, Energie und Zeit dazu gehöre, das Auge zu den einfachsten Leistungen zu bringen. Die Grundlagen der Elementarbildung könnten jedoch nicht nur in einem einzigen Fach gelegt werden; neben dem Zeichenunterricht will er für die künstlerische Erziehung des Auges auch die Naturwissenschaften heranziehen. Hier könne die Beobachtung trainiert werden, etwa in der Botanik und Zoologie. Lichtwark tritt damit, ganz modern, für eine interdisziplinäre Zusammenarbeit der Schulfächer ein. Wenn das Auge geübt sei, soll, statt wie üblich mit der italienischen Kunst, die Betrachtung mit den heimischen Originalen begonnen werden. Das Kind könne nur exemplarisch erfassen, nicht die Kunst einer Epoche. Reproduktionen schließt er ohnehin aus. Das Ausländische sei ihm fern und fremd. Wie stets propagiert Lichtwark also das Nächstliegende. Das Kind soll vom Nahen zum Fernen geführt und auf die bedeutendsten Werke der nächsten Umgebung hingewiesen werden. Wenn es darüber hinaus die Antike oder die italienische Kunst nicht kennenlerne, so sei dies weniger schädlich, als wenn es durch den Umweg über Italien und Griechenland nicht in die Heimat gelange. Für die höhere Bildung allerdings hält er die Beschäftigung mit der italienischen und antiken Kunst für unerlässlich. Neben der heimatlichen Kunst soll dann auch die deutsche stehen; Schongauer, Dürer und Holbein müssen den Deutschen so vertraut sein wie die großen deutschen Musiker und Dichter. Er verweist dabei auf seine Versuche mit Schulklassen in der Kunsthalle, die von der Gesellschaft Hamburgischer Kunstfreunde zu Betrachtungszwecken herausgegebenen druckgraphischen Reproduktionswerke[337] und die illustrierten Monographien der Hamburger Kunsthalle.

Zum Schluss spricht Lichtwark über die Pflicht, angesichts der zunehmenden internationalen Angleichung und des Austausches innerhalb des Volkes das Eigene zu suchen und zu stärken. Hier sieht er eine besondere Aufgabe für die Deutschen, da sie ihre eigene Kultur seit Jahrhunderten geringgeschätzt hätten. Die Strafe sei nicht ausgeblieben: Wo die Kunst des Auslandes nachgeahmt würde, könnten sich die eigenen Genies und Talente nicht entwickeln. Dies bezeichnet er als ideellen und wirtschaftlichen Verlust; nichts sei so wertvoll wie das Genie, das sein Volk auf eine höhere Stufe des Geschmacks und der künstlerischen Bedürfnisse hebe. So schließt er mit seiner üblichen nationalökonomischen Argumentation, mit der er sich letztlich mehr als Kulturpolitiker denn als Kunstpädagoge positioniert. Im Anschluss an seinen Vortrag bietet Lichtwark als praktisches Beispiel ein Unterrichtsgespräch mit Schülern der 10. Klasse der Bremer Oberrealschule. Dabei werden mehrere Blätter aus Dürers »Marienleben« in der Schulausgabe der Gesellschaft Hamburgischer Kunstfreunde behandelt. Beides, Schüler wie auch didaktisches Material, ist bezeichnend gewählt: Das humanistische Gymnasium hält Lichtwark für überholt und die Bildauswahl repräsentiert paradigmatisch seine zuvor dargelegte Zielsetzung.

Lichtwarks immer wieder formulierte Vorstellung von der nationalökonomischen Funktion der Kunst wird von niemand anderem in dieser Form vertreten. Seine Herkunft aus einer Stadt, in der das ökonomische Denken im Vordergrund steht, dürfte dabei eine wichtige Rolle spielen. Jahrelang argumentiert er auf diese Weise kulturpolitisch, dennoch steht er im Umkreis der idealistisch eingestellten Kulturschaffenden und -vermittler auf einsamem Posten. Im Februar 1900 notiert Harry Graf Kessler als grandseigneuraler Kunstliebhaber gewissermaßen kopfschüttelnd in seinem Tagebuch: »Lichtwark: der <u>Nutzen</u> der Kunst für ihn ein <u>kommerzieller</u>!«[338]

LICHTWARKS IDEE DER JAHRHUNDERTAUSSTELLUNG

Ende 1895 quittiert Max Jordan sein Amt als Direktor der Berliner Nationalgalerie, und eine neue Berufung steht bevor. Lichtwark ist für diesen Posten im Gespräch neben Woldemar von Seidlitz, der als Generaldirektor der Dresdner Museen amtiert, und Richard Muther, der zwar kein Museumsfachmann ist, sich jedoch bisher am ausführlichsten zur neuen Kunst geäußert hat. Doch wünscht Richard Schöne als Generaldirektor der Berliner Museen bei aller persönlichen Sympathie Lichtwarks

337 Hans Holbeins Bilder des Todes, reproducirt nach den Probedrucken und der Lyonner Ausgabe von 1547 in der Kunsthalle zu Hamburg, Einleitung von Alfred Lichtwark, 49 Tafeln, Hamburgische Liebhaberbibliothek, Hamburg: Commeter, 1897. – Das Leben der Jungfrau Maria, nach Probedrucken im Kupferstichkabinett der Kunsthalle zu Hamburg, Einleitung von Alfred Lichtwark, 20 Tafeln, Hamburgische Liebhaberbibliothek, Hamburg: Commeter, 1898.
338 Kessler (2004), Bd. 3, S. 289.

Verbleiben in Hamburg; dieser würde vermutlich die Stelle auch nicht übernehmen wollen. Wilhelm Bode vertritt überdies die Ansicht, Lichtwarks »schulmeisterliche Art« passe nicht nach Berlin, abgesehen davon, dass er nicht käme.[339] Lichtwark ist tatsächlich an diesem Amt nicht interessiert. Zwar wird er von vielen Seiten daraufhin angesprochen, doch liegt ein derartiger Wechsel nicht in seiner Absicht: »Natürlich gehe ich nicht«, schreibt er dem befreundeten Maler Hans Olde, »die Sache muß in Hamburg erst durch sein, ehe ich an so etwas denken kann. Und dann Berlin, wer die Verhältnisse kennt, die Intriguen derer, die von den 300 000 Mark p.a. der Nationalgalerie profitiren wollen, die Protection von Oben, von links und rechts und vorn und hinten, die Wühlarbeit von unten – danke.«[340]

Schon 1894 kann er sich kaum vorstellen, dass jemand diesen Posten haben möchte; er unterlässt bewusst Besuche im Ministerium und sucht in Berlin jeden Anschein eines Auftritts als Kandidat zu vermeiden.[341] Im Februar 1896 wird ihm bei einem Aufenthalt in Berlin von seinem Freund Seidlitz der Assistent Bodes, Hugo von Tschudi, als designierter Nachfolger Jordans genannt. Da Schöne zuvor schon die Nationalgalerie als Abteilung den Königlichen Museen angliederte, wäre eine Berufung Woermanns, Seidlitz' oder Lichtwarks schon aus Gründen der niedrigeren Gehaltseinstufung gar nicht infrage gekommen. Darin sieht Lichtwark auch einen Vorteil, denn jeder von ihnen dreien hätte ein Programm repräsentiert, doch ohne die Freiheit, es auch durchzuführen. Lichtwark hält die Berufung Tschudis für denkbar günstig. Er kennt ihn als gebildeten, liebenswürdigen Menschen, für ihn bedeute die Stelle »Avancement und Zulage«. Schöne verkörpere überdies in der achtzehnköpfigen Kommission große Autorität; nach Lichtwarks Ansicht wird er infolge seines besonderen Interesses an der Kunst des 19. Jahrhunderts der eigentliche Direktor der Nationalgalerie sein.[342] Lichtwark schätzt die Lage sehr richtig ein: Bis zu seiner Pensionierung im Jahre 1905 lässt sich Schöne von Tschudi über die zur Erwerbung vorgesehenen Werke unterrichten. Auch für sich selbst überblickt Lichtwark die Lage treffend. Tschudi hat in der Landeskunstkommission beträchtliche Schwierigkeiten zu überwinden, da sie infolge ihrer akademischen Ausrichtung seine Erwerbungswünsche immer wieder ablehnt. Zwar stehen ihm jährlich 300.000 Mark zur Verfügung, doch vermag Lichtwark in Hamburg mit der überschaubaren Verwaltungskommission unter Führung des Senators Möring wesentlich leichter zu verhandeln. Wie Lichtwark ist Tschudi darauf angewiesen, für seine Ankäufe moderner Bilder private Mäzene zu finden.

339 Vgl. Paul (1993), S. 67 und Anm. 11. – Der Kaiser genehmigte die Eingliederung der Nationalgalerie in die Generalverwaltung per Erlass vom 29.1.1896. Schöne dachte zunächst an Seidlitz als Direktor, der jedoch absagte, aber Woermann, Thode, Tschudi, Lehrs und Lange vorschlug; bei Lichtwark war er schon sicher, dass er nicht kommen würde. Bode hatte gegen jeden der Genannten etwas einzuwenden, zu Tschudi nahm er nicht Stellung. Schöne sei, so Pallat, wohl von selbst auf Tschudi gekommen; vgl. Pallat (1959), S. 249–253, besonders S. 250f., 252f.

340 Brief Alfred Lichtwark an Olde, 16.10.1895, Schleswig, SHLM, NL Olde.

341 Vgl. Br. Kommission (1896), Bd. III: 1894/95, S. 108, 379.

342 Vgl. Br. Kommission (1899), Bd. IV: 1896, S. 11–13. Richard Schöne sammelte Material für eine Erforschung der deutschen Kunst seit dem Ende des 18. Jahrhunderts und interessierte sich zeitlebens für die Kunst seiner Zeit; vgl. Pallat (1959), S. 21f., 366f.

Tschudi beginnt die Nationalgalerie im Laufe des Jahres 1896 zu modernisieren, lässt die Räume teilweise neu dekorieren und holt deutsche Meister wie Blechen und Tischbein aus dem Depot.[343] Zum Ende des Jahres zeigt er hauptsächlich deutsche Werke der zweiten Hälfte des 19. Jahrhunderts, von Feuerbach, Lenbach, Leibl, Liebermann, Marées und Skarbina, jeweils ein Saal ist Böcklin und Menzel gewidmet. Kurz vor Weihnachten 1896 ist Lichtwark in Berlin und sieht Tschudis Ausstellung. Vor allem die Werke von Manet und Monet, die er als die französischen Erneuerer der Farbe bezeichnet, sind nun für Berlin eine Offenbarung, während Lichtwark sich an die Ausstellung der Impressionisten der Sammlung Bernstein im Jahre 1883, über die er selbst für die *Gegenwart* berichtete, noch als Misserfolg erinnert. Er versäumt jedoch nicht, gegenüber seiner Kommission anzumerken, dass die Franzosen sich neuerdings für Böcklin interessierten, und, den Schweizer Böcklin gleich als deutschen Künstler vereinnahmend, schreibt er: »[...] und wenn wir [bei der Weltausstellung] 1900 einen Eindruck machen wollen in Paris, so müssen wir eine Auswahl unserer besten Böcklin hinsenden. Der ist denn aber doch noch ein anderer Kerl als Manet.« Auch Constable, Degas, Fantin-Latour, Segantini und andere führe Tschudi nun in den Bestand der deutschen Museen ein, er müsse sich dafür an Privatleute wenden, die vorurteilslos und kühn genug seien, sich dem Hohn und Spott auszusetzen, der nicht ausbleiben könne. Diese Betätigung von Kunstfreunden sei, stellt Lichtwark mit einer gewissen Zufriedenheit fest, in Berlin etwas Neues; Bode sei es sogar gelungen, einen Verein von Kunstfreunden zu gründen, freilich erst 1896, während in Hamburg ein solcher Verein bereits seit 1870 existiere und nicht erst auf eine Anregung durch das Museums gewartet habe. In Berlin werde der Ehrgeiz erwachen und die Museen hätten dort »gewonnen Spiel«, denn der Reichtum sei in Berlin nicht so stark festgelegt wie in Hamburg und die Zahl der erheblichen Vermögen größer.[344] Lichtwark denkt hier als Konkurrent; in den folgenden Jahren wird er mehr als einmal mit Tschudi um Bilder ringen müssen.

Tschudis Reform der Nationalgalerie zielt also von Anfang an auf eine Öffnung zur internationalen Moderne, hauptsächlich zum französischen Impressionismus, um einen Überblick über die europäische Malerei des 19. Jahrhunderts zu leisten und Wechselwirkungen, insbesondere auf die deutsche Moderne, darzustellen. Von der akademischen, patriotischen und historisierenden Kunst wendet er sich ab. Diese Haltung kann Lichtwark angesichts seiner eigenen Bestrebungen in Hamburg nur begrüßen: »Dass sich Tschudi sofort und unumwunden auf den modernen Standpunkt gestellt hat, ist wichtig für das ganze Reich. Es war nicht anders zu erwarten von einem Mann, der ein hervorragender Kenner alter Kunst ist. Aber es hätte ihm

343 Vgl. hier und im Folgenden zu Tschudi: Beneke (1999), S. 62–75. Beneke stellt als Erste treffend und angemessen Lichtwarks Rolle als Initiator der Jahrhundertausstellung dar. Zuvor wurde die Idee zu dieser Ausstellung sowohl Tschudi als auch Meier-Graefe durch ihn selbst zugeschrieben; vgl. ebd., S. 86.
344 Br. Kommission (1899), Bd. IV: 1896, S. 156f.

doch an Muth fehlen können, oder er hätte sich auf die Diplomatie legen können.«[345] Tschudi vertritt allerdings eine andere Museumstheorie als Lichtwark. Er versteht das Museum als Institution für eine ästhetisch gebildete Gesellschaftsschicht und setzt eine entsprechende Kultiviertheit des Publikums voraus. Die große Masse hält er – im Gegensatz zu Lichtwark und Seidlitz – für ästhetisch nicht bildungsfähig und stellt sich damit, seiner Herkunft gemäß, betont auf die Seite der alten Eliten.

Kurz nach Amtsantritt im Februar 1896 gratuliert Lichtwark Tschudi zu seiner Ernennung und schlägt ihm das Projekt einer Jahrhundertausstellung vor, in der eine Revision der deutschen Kunst des 19. Jahrhunderts vorgenommen werden soll. Diese Notwendigkeit steht Lichtwark schon länger vor Augen. In einem Brief an Andreas Aubert, in dem er den norwegischen Kollegen hinsichtlich der Veröffentlichung seines Buches über Johan Christian Dahl und die Rezeption seiner Bilder in Deutschland berät, schreibt er bereits 1893: »Es wird Ihnen einige Mühe kosten, die Schwierigkeiten, die sich jeder neuen Sache entgegensetzen, zu überwinden. Aber lassen Sie Sich nur ja nicht abschrecken. Sie leisten unserer Generation einen großen Dienst, wenn Sie sie anregen, sich nach Ihrem Vorbilde eingehend mit der wirklichen Geschichte der modernen Kunstbewegung zu beschäftigen. Denn das ist ja auch die nächste Aufgabe, nun einmal zu sichten und die Spreu vom Weizen des seinem Abschluß nahen Jahrhunderts zu sondern. In den hiesigen Kunstgeschichten unserer Zeit steckt ja fast gar keine Quellenforschung, und die oberflächlichen Urtheile der Feuilletonisten werden von den sogenannten Geschäftsschreibern immer wieder aufs neue aufgewärmt und aufgetischt.«[346] Vermutlich hat Lichtwark die aktuelle Anregung zu diesem Ausstellungsprojekt von der für 1900 geplanten französischen Centennale erhalten, doch befasst er sich andererseits seit seinem Amtsantritt intensiv mit der deutschen Malerei der ersten Hälfte des 19. Jahrhunderts. Während Tschudi nicht reagiert, da er sich bisher im Gegensatz zu Lichtwark mit der Kunst des 19. Jahrhunderts nur wenig beschäftigt hat, zeigt sich der von Lichtwark gleichzeitig kontaktierte Generaldirektor Schöne »sehr warm für das Unternehmen«.[347] Dennoch stagniert Lichtwarks Bemühung, Tschudi für das Projekt der Jahrhundertausstellung zu gewinnen, auf Jahre hinaus.

Im Jahre 1898 intensiviert Lichtwark noch einmal seinen Einsatz für die Revisionsausstellung.[348] Am 10. Januar sucht er in Berlin den Dezernenten, Geheimrat Müller, im Ministerium auf. Auf die Frage, ob bereits Ausstellungspläne für 1900 vorlägen, verneint Müller, so dass Lichtwark ihm eine Serie von Einzelausstellungen vorschlägt, in denen die »künstlerische Bewegung in den einzelnen Centren« vorgestellt werden soll – unter besonderer Berücksichtigung derjenigen Künstler, »die uns heute

345 Ebd., S. 158.

346 Brief Alfred Lichtwark an Aubert, 23.6.1893, Oslo, NB, Brevsamling 32.

347 Vgl. Beneke (1999), S. 76, 249f., Anm. 3. – Lichtwark berichtet in Br. Kommission (1899), Bd. IV: 1896, S. 18, vermerkt mit dem Datum des 27.2., von seiner längeren Unterredung mit dem neuen Direktor der Nationalgalerie.

348 Vgl. Wege zur deutschen Jahrhundertausstellung, in: Ausst.Kat. Kunst ins Leben (1986), S. 132f. Für alle dort zitierten Passagen gelten als Fundstelle die Briefe an die Kommission; Br. Kommission. – Vgl. im Folgenden: Br. Kommission (1899), Bd. VI: 1898, S. 61, 77f., 312f.

als die eigentlichen Träger neuer und selbständiger Ideen erscheinen«. Von Berlin aus müsse ein Komitee berufen werden, in dem alle Kunstzentren vertreten wären, »und dann frisch an die Arbeit gehen.«[349] An diesem Ausstellungskonzept manifestiert sich Lichtwarks besonderes Interesse für die föderale Struktur der historischen kulturellen Entwicklung in Deutschland, das auch seiner Idee der Themenhefte des *Pan* zugrunde liegt. Am 16. Mai schreibt er seiner Kommission, die Berliner ließen sich Zeit; man hätte schon vor einem Jahr anfangen müssen. Vorausschauend denkt er bereits an eine ähnliche Ausstellung für die deutsche Kunst des 17. und 18. Jahrhunderts, ein Gebiet, das eigentlich auch noch »terra incognita« sei.[350] Für den 25. Mai ist noch eine Konferenz wegen der Revisionsausstellung angesetzt, an der Geheimrat Müller allerdings nicht teilnehmen kann; das Ergebnis überliefern Lichtwarks Aufzeichnungen nicht. Unablässig beschäftigt er sich mit diesem Projekt, etwa mit der Notwendigkeit von besonderen Abteilungen für das Panorama und das Aquarell von 1800 bis 1830. »Hier liegen die Ansätze zu einer wirklichen Erneuerung der deutschen Landschaftsmalerei, die dann an den Akademien für Jahrzehnte gehemmt wurde.« Er habe es, gestützt auf die Kenntnis einiger weniger Dokumente, schon vor fünfzehn Jahren geäußert und sei damals mit dieser Ansicht geradezu verhöhnt worden. Kenner französischer Malerei hätten ihm vorgehalten, erst mit Manet begänne die Freiheit des Auges: »Was werden dieselben Leute 1900 für Augen machen.«[351]

Am Ende des Jahres ist Lichtwark in der Angelegenheit um nichts weitergekommen. Ein Gespräch mit Schöne am 29. Dezember führt zu keinem Ergebnis. Schöne sei angetan, teilt Lichtwark seiner Kommission mit, Tschudi im Prinzip auch, aber ohne Enthusiasmus. Es gehöre Liebe dazu, meine Schöne, der sich für die Hamburger Versuche sehr interessiere. Diese Liebe hat Lichtwark selbst ohne Frage, er vermag sie jedoch nicht bei den entscheidenden anderen Personen zu wecken. Tschudi legt zu wenig Wert auf die Erforschung der deutschen Kunst des 19. Jahrhunderts, während Schöne selbst zu Lichtwarks Freude die ersten drei Jahrzehnte »für die Epoche der eigentlich deutschen Kunst des neunzehnten Jahrhunderts hält.« Schöne seinerseits beklagt, dass sich zu wenige Forscher mit der deutschen Kunst des 19. Jahrhunderts beschäftigen, eigentlich keiner außer Lichtwark, der sich bestätigt fühlt in seiner Wertschätzung der biedermeierlichen Realisten. Er selbst fördert das Projekt jedoch auch nicht.[352]

Erst Ende des Jahres 1899 gelingt Lichtwark mit dem Plan der Revisionsausstellung ein Fortschritt. Am 20. November schreibt er noch seiner Kommission, es sei kläglich, dass die Ausstellung nicht stattfinden solle. Sie würde für das deutsche Volk eine »Herzstärkung« sein beim Übertritt ins neue Jahrhundert. Aber schon eine Wo-

349 Vgl. ebd., S. 14f.
350 Diese Ausstellung findet im Sommer 1914 in Darmstadt statt, siehe dazu das Kapitel »Krankheit und Tod« in Teil 7.
351 Ebd., S. 77f.
352 Vgl. ebd., S. 312f.

che später, am 27. November, berichtet er von einer eingehenden Erörterung des alten Ausstellungsplanes mit Tschudi, der nun geneigt sei, an die Ausführung zu gehen. »Das ist ein grosser Gewinn, ich freue mich darauf. Wenn diese Ausstellung zu Stande kommt, so giebt das einen Markstein nicht nur in der Entwicklung des Urtheils.«[353] Infolge seiner vergleichsweise beträchtlichen Kenntnisse über die deutsche Kunst des 19. Jahrhunderts beurteilt Lichtwark die kunsthistorische Bedeutung dieser Ausstellung völlig richtig. Zudem betrachtet er Deutschland stets im Vergleich mit den anderen »älteren« Kulturnationen und weiß um die laufenden Vorbereitungen für die Centennale in Frankreich. Aber dass die Vorbereitung einer deutschen Revisionsausstellung innerhalb eines Jahres vor der Jahrhundertwende nicht mehr zu leisten wäre, liegt auf der Hand.

HAMBURGISCHE KUNST

Die jungen Hamburger Künstler

»Es ist gewiß ein kluges Vorgehen des Leiters der Hamburger Kunsthalle, Alfred Lichtwark, daß er realistische Maler berief, damit sie dort Hamburg für die Hamburger malen, diesen vor Augen führen, daß der Realismus durch Wahrheit schön sei und die Wahrheit durch Realismus schön wirke. Er wollte zum Vergleich zwischen Natur und Kunst anregen und dadurch zum Kunstverständnis führen. Es haben sich die Hamburger selbst gegen diese Zumutung wacker gesträubt. Aber es vollzogen sich doch gleichzeitig im örtlichen Sinne Neugestaltungen. Das, was er für die Stadt wünschte, vollzog sich auf dem Lande. Die Heimat wurde wiedererobert. Aus den Darstellungen der Kampfrealisten ist eine Errungenschaft zurückgeblieben: Das Darstellen der langweiligsten Winkel der Welt, des Nichts, des Geringeren als Nichts hat die Welt gelehrt, welche Fülle der Schönheit rings um uns blüht. Der Maler geht nicht mehr auf weite Reisen, um sich Vorwürfe zusammenzusuchen; denn der Gegenstand ist gründlich entwertet. Das Sehen der Dinge mit offenem Auge und mit inniger Freude an der Gotteswelt beherrscht die Werkstätten. Da regt sich überall der Sinn für das Nahe, für das Alltägliche. Wer's nur recht versteht, wer es nur in seiner Macht zu packen weiß.« So charakterisiert Cornelius Gurlitt in seiner *Deutschen Kunst des 19. Jahrhunderts*[354] die neue Lokalkunst, wie sie etwa in Worpswede entstanden ist und wie Lichtwark sie in Hamburg seit Beginn der neunziger Jahre zu fördern versucht. Um in Hamburg ein Kunstpublikum heranzuziehen, braucht er als Komplement auch eine moderne Künstlerschaft, die zugleich auch als Anreger für das Kunstgewerbe fungieren soll. Doch es kommen in Hamburg nur wenige junge Maler für diese Aufgabe infrage. Lichtwark versucht sie nach Kräften zu unterstützen und

353 Vgl. Br. Kommission (1901), Bd. VII: 1899, S. 152.
354 Gurlitt (1900), S. 588f.

ihre Arbeitsbedingungen zu verbessern. »Wir haben hier in Hamburg bei üppigem Boden eigentlich nichts,« schreibt er an Andreas Aubert. »Lauter Unkraut hie und da von einer einsamen Kulturpflanze edeler Art überragt, die aber kümmerlich um ihr nacktes Dasein zu kämpfen hat, und deren Früchte nicht aufgehen. Seit Jahren versuche ich, den Staat zu überzeugen, dass es seine Pflicht ist, einen Aktsaal für Künstler einzurichten. Mehr brauchen wir nicht. Bisher wars ohne Erfolg.«[355]

Als ersten sucht Lichtwark Ernst Eitner aufzubauen, indem er ihm 1887 ein Stipendium für die Karlsruher Akademie vermittelt.[356] Anfang der neunziger Jahre beschäftigt sich Eitner mit dem Aquarell, einer Technik, die Lichtwark besonders interessiert. Er weist ihn auf die lokalen Motive hin, berät ihn hinsichtlich der Farbkomposition und will ihm helfen, die letzten Reste der Karlsruher Schule abzustreifen.[357] Er rückt dem fünfzehn Jahre jüngeren Maler auch den Kopf zurecht wegen seiner überhöhten Preisforderungen, das Publikum müsse für sein Geld auch fertige Kunstwerke erhalten. Dennoch versucht er Eitners Bilder an Freunde und Bekannte zu vermitteln, etwa, wenn ein Geschenk gesucht wird. Lichtwark ist es auch, der Eitner zu der aufkommenden starken Farbigkeit rät und damit entscheidenden Einfluss auf ihn ausübt (Abb. 30). Nachdrücklich weist er ihn auf die Gattung des Stilllebens hin und versucht ihm sogar eine an die Stillleben von Paula Modersohn-Becker erinnernde Bildgestaltung nahezulegen: »Wir müßten zunächst die allereinfachsten Vorwürfe wählen, weil nur von da aus weiter zu kommen ist, dazu einfachen, discreten, aber <u>energisch</u> <u>farbigen</u> Hintergrund, nichts vag halbdunkles. Der Hintergrund muß sich fest und einheitlich an seinem Platz halten, in derselben Fläche durchgezogen. Das allein kann uns jetzt dazu führen, Stilleben mit Luft zu erhalten, mögen sie auch erst häßlicher [unleserlich] als uns erwünscht ist ausfallen.« Wenn Eitner im Frühjahr auf dem Land sei, empfiehlt Lichtwark, die Dotterblumen gegen eine Bauerntür in exquisiten Tönen zu malen, möglichst groß, nicht in Pastell, als Vase ein Glas, einen irdenen Milchtopf, einen grauen Steingut- oder Schmalztopf. »Unerbittlichkeit in Farbe und Zeichnung ist das erste. Doch wohin gerate ich? Das alles müssen Sie Selbst am besten wissen.«[358] Lichtwark will ganz offen mit Eitner sprechen und bietet seinerseits Gesprächsbereitschaft an, nur verbittert über den mangelnden Erfolg dürfe er nicht reagieren: »Es kommt nichts dabei heraus, fürs Leben nichts und für die Kunst nichts. Keiner von uns hat ein Recht, vom Leben etwas zu verlangen. Sobald Sie überhaupt mit den Ideen von Recht und Unrecht an menschliche Zustände herangehen, in der Absicht, ihnen auf den Grund zu kommen, sind Sie verloren, wenn Sie nicht in der Religion eine Stütze haben.« Aus eigener Lebenserfahrung rät Lichtwark, die Dinge zu nehmen, wie sie sind, und sich möglichst bald »zu ihrem Herrn« zu machen durch »siegende Leistung«. »Glück haben zu wollen werden Sie doch wohl zu stolz sein. Die

355 Brief Alfred Lichtwark an Aubert, 5.8.1895, UB Oslo, Brevsamling 32.
356 Vgl. hier und im Folgenden: Meyer-Tönnesmann (1985), S. 49–53.
357 Zu Lichtwarks Ratschlägen an Eitner vgl. seine Briefe an den Künstler von 1890ff., HKH, AdB 270 I.
358 Brief Alfred Lichtwark an Eitner, 10.1.1893, HKH, AdB 270 I.

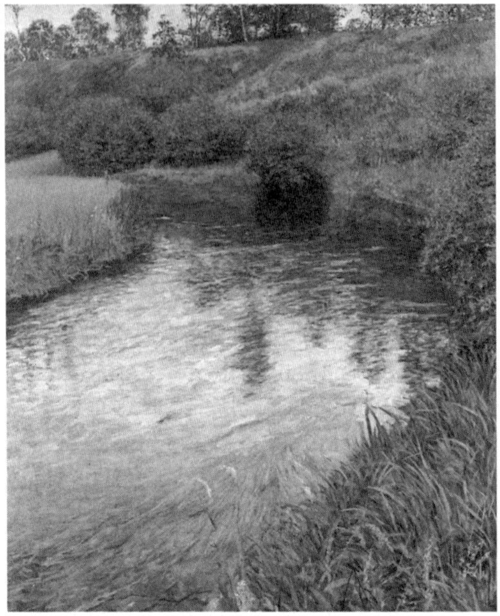

Abb. 30 Ernst Eitner, Das Alstertal bei Wellingsbüttel, 1894, Öl auf Leinwand, Hamburger Kunsthalle

Thatsache Ihres Talents und die Möglichkeit der Ausbildung, die tägliche Arbeit daran sind eine so hohe Gunst des Schicksals, daß Sie dafür manches Harte und Schwere in den Kauf nehmen können.« Ob Eitner denn mit einem wohlhabenden Geldverdiener ohne Sinn und geistige Neigungen tauschen möchte, der Eitner dessen Geld und »bêtise«, jenem Eitners Talent und die »Seligkeit der künstlerischen Arbeit« einbrächte. »Wir haben nichts umsonst.«[359] So ist Lichtwark Berater, Anreger und Stütze, sicherlich nicht nur für Eitner; doch als der dankbare junge Künstler ihm ein Werk dedizieren will, lehnt Lichtwark mit der Begründung ab, ein Museumsdirektor dürfe keine eigene Sammlung besitzen.[360] Zur Unterstützung der jungen Künstler versucht Lichtwark auch, Verkäufe zu arrangieren. Schon 1890 will er zwei Aquarelle Eitners für die Sammlung von Bildern aus Hamburg ankaufen, scheitert jedoch am Widerstand der Kommission.[361] Wohl aber hat er Erfolg mit der Vermittlung von Eitners Bildern an Freunde und Bekannte, darunter Ernst Kalkmann, der sich in den 1890er Jahren eine Sammlung von Werken der jungen Hamburger Maler aufbaut.

Der zweite junge Künstler, dem Lichtwark sich zuwendet, ist Arthur Illies, drei Jahre jünger als Eitner und Hamburger von Geburt und Neigung. Nach seinem Studium an der Münchner Kunstgewerbeschule und Akademie kehrt er 1892 nach Hamburg

359 Brief Alfred Lichtwark an Eitner, 18.1.1893, HKH, AdB 270 I. – Französisch für: Dummheit, Unverstand.
360 Brief Alfred Lichtwark an Eitner, 30.3.1894, HKH, AdB 270 I.
361 Vgl. Brief Alfred Lichtwark an Eitner, 3.11.1890, HKH, AdB 270 I.

zurück, da er sich seiner Heimat untrennbar verbunden fühlt.[362] Anfangs versucht Lichtwark, Illies ebenfalls durch die Vermittlung von Bildnisaufträgen zu fördern.[363] So soll er 1895 ein Portrait des Gelehrten und Händelforschers Dr. Friedrich Chrysander malen, wobei er zwar durch eine Intrige wegen seines neuen Stils ausgebootet wird, in Chrysanders Druckerei jedoch die Technik der Zinkätzung erlernt.[364] Auf die Dauer ist er jedoch weniger als seine Kollegen bereit, sich von Lichtwark leiten zu lassen. In der Mitte der neunziger Jahre lässt er sich Lichtwarks Förderung aber noch gerne gefallen, etwa die Graphikaufträge für die Gesellschaft Hamburgischer Kunstfreunde, die Möglichkeit zur Benutzung der in der Kunsthalle aufgestellten Druckpresse und die Bevorzugung durch den farbigen Originalbeitrag zum Hamburg-Heft des *Pan*.

Eitner und Illies gründen zusammen mit den zumeist gleichaltrigen Hamburger Malern Julius von Ehren, Paul Kayser, Fritz Schaper, Arthur Siebelist, Julius Wohlers und Alfred Mohrbutter im Jahre 1897 den Hamburgischen Künstlerclub, außerdem ist Thomas Herbst dabei, ein Studienkollege Liebermanns an der Weimarer Kunstschule und einige Jahre älter als die anderen.[365] Lichtwark versucht sie alle in seine Vorstellungen einzubinden; er regt die Produktion von Künstlergraphik an und sorgt für Graphikaufträge der Gesellschaft Hamburgischer Kunstfreunde, damit Sammelgut für die ästhetische Bildung entsteht und die jungen Künstler integriert werden.[366] Andere Vereine folgen diesem Vorbild mit einigen Jahren Verzögerung, etwa der im Bereich der Hamburger Arbeiterkulturbewegung anzusiedelnde Verein für Kunstpflege und die parallel entstandene Vereinigung für Kunstpflege, die zusammen zwischen 1904 und 1919 jedoch nur elf Blätter edieren.[367] Lichtwark ist überzeugt von den Hamburger Anfängen auf druckgraphischem Gebiet. Er bewegt sogar die Gesellschaft der Amateurphotographen dazu, ein von Julius Wohlers radiertes Portrait der Schriftstellerin Mathilde Arnemann herauszugeben und ihre Diplome von Illies als dekorative Farbradierung gestalten zu lassen, für die Photographen ein Paradoxon. Insbesondere die technisch komplexen Farbradierungen von Arthur Illies nehmen in der deutschen Graphik der Jahrhundertwende einen bemerkenswerten Platz ein. Lichtwarks Bemühungen um die Förderung der Hamburger Künstlergraphik und die Entwicklung in Karlsruhe verlaufen parallel; sein Freund Leopold von Kalckreuth fühlt sich angeregt, sein 1894 im Hamburger Hafen gemaltes Motiv der Dückdalben in eine Radierung umzusetzen, die 1897 in der Jahresmappe des Vereins für Originalradierung Karlsruhe erscheint.[368] Kalckreuth ist in Hamburg jedoch anscheinend noch zu wenig anerkannt, als dass seine Radierung schon in der Edition der Gesellschaft Hamburgischer Kunstfreunde angeboten werden könnte.

362 Vgl. Meyer-Tönnesmann (1985), S. 53–59.
363 Vgl. Brief Alfred Lichtwark an Illies (D), 2.3.1894, HKH, DK, Bd. I.
364 Vgl. Illies (1981), S. 77f.
365 Vgl. Meyer-Tönnesmann (1985), S. 47–95.
366 Vgl. Junge (1989), S. 147–152, 441f., Abb. VII–XI, S. 157–162.
367 Vgl. ebd., S. 154–159, 443f., Abb. 160, 168–170.
368 Vgl. ebd., S. 376, WV Brachert IV, 33.

Lichtwark erwirbt für die Kunsthalle jedes Blatt, das auf der dort aufgestellten Druckpresse entsteht, und die jungen Künstler fühlen sich weit genug fortgeschritten, um zwei Graphikmappen nach dem Vorbild der Radiervereine vorzulegen, 1897 und 1898.[369] Der Graphiksammler und -liebhaber Gustav Schiefler erarbeitet 1904 im Fahrwasser Lichtwarks und mit dessen Ermutigung einen Katalog der Druckgraphik dieser jungen Hamburger bis 1904 als erstes seiner acht graphischen Verzeichnisse.[370]

Anfangs vertrauen sich die jungen Hamburger Maler Lichtwarks Führung noch an. »Lieber Lichtwark«, schreibt Thomas Herbst um 1894 dem Berater und Förderer, »Sie sind wirklich ein höllischer Kerl wenn alle leitenden Persönlichkeiten so wären stünde es anders um die Kunst in Deutschland.«[371] Entgegen Lichtwarks Rat, der eine solche Schau für verfrüht hält, veranstaltet der Künstlerclub jedoch 1897 im Berliner Kunstsalon Fritz Gurlitt eine Ausstellung überwiegend mit Landschaftsbildern, die auf wenig Gegenliebe bei der Presse stößt. Den Malern wird ihr impressionistischer Stil vorgehalten und ihre Eigenständigkeit angezweifelt, indem Lichtwarks Einfluss betont und außerdem geschmäht wird. Die jungen Leute hätten gegen seinen Rat in Berlin ausgestellt, schreibt er an seinen Freund Wedderkop, dazu lauter Studien des letzten Sommers. Er habe ihnen vorgerechnet, wie es kommen würde (Abb. 31). Es sei natürlich ein Reinfall geworden, der ihnen die Situation in Hamburg erschweren werde. Von ihm selbst wolle er nicht reden, denn in Berlin und Hamburg denke man, es wäre ein Trumpf, den er selbst ausspiele.[372] Lichtwark, dem die dadurch entstandene Lage kritisch erscheint, betrachtet diese eigenmächtige Handlung des Künstlerclubs zwar als einen Vertrauensbruch, stellt sich jedoch den jungen Leuten weiterhin zur Verfügung,[373] schließlich bilden sie weitgehend sein Hamburger Künstlerkapital. Eitner jedenfalls ist begeistert von Lichtwarks Fürsorge: »So wie in Worpswede«, schreibt er rückblickend, »war auch in Hamburg, aber unabhängig davon, so auffallend tätiges frisches Leben, daß man sogar in München den Ausspruch tat: Ja, ihr in Hamburg! Ihr habt ja einen Lichtwark! ... Was hätte man Besseres haben können als in Hamburg: eine höchst anregende Heimat, wo gab es soviel Chance für uns: Nein, wir wußten wohl, was wir hatten: Fördernde Kreise, Käufer, unsere Werke in der Kunsthalle. Das Gebiet der Künstlergraphik wurde neu beackert. Die Kunsthalle stellte eine große Kupferdruckpresse auf, das beste Druckmaterial stand zur Verfügung, Platten waren billig, so warfen die jungen Künstler sich mit Begeisterung auf die Radierung.«[374] Die Kupferdruckpresse wird allerdings nicht auf Lichtwarks Vorschlag hin in der Kunsthalle aufgestellt, sondern auf Anregung des Kommissionsmitgliedes Peiffer. Die jungen Künstler sollen damit einen Beweis ihrer Tüchtigkeit liefern.[375] Lichtwark glaubt noch viele Jahre lang fest an seine

369 Vgl. Meyer-Tönnesmann (1985), S. 218f. – Zu den deutschen Radiervereinen vgl. Junge (1989), S. 27–81.
370 Schiefler (1905); dazu auch Woesthoff (1996), S. 199–202.
371 Brief Herbst an Alfred Lichtwark, undatiert [wohl 1894], HKH, AdB 76.
372 Vgl. Brief Alfred Lichtwark an M. v. Wedderkop, 11.11.1897, HKH, AdB 112.
373 Vgl. Meyer-Tönnesmann (1985), S. 116–122.
374 Eitner, Pflege der Graphik, Typoskript, Nachlass Eitner bei Anne-Gabriele Ther, Hamburg. – Vgl. Junge (1989), S. 146.

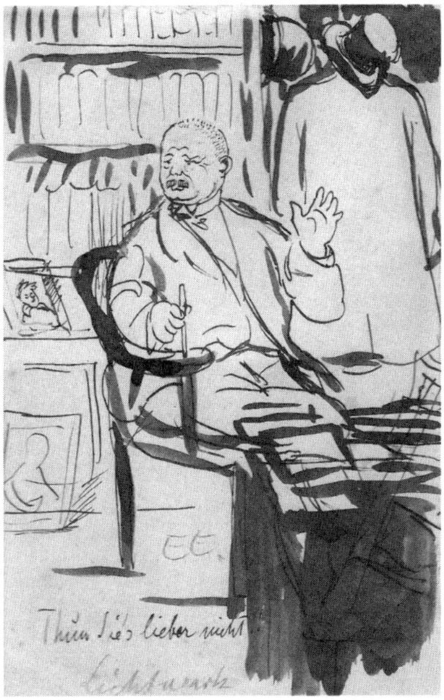

Abb. 31 Ernst Eitner, Karikatur, um 1905, Feder und Tusche, laviert, Privatbesitz

jungen Hamburger Künstler. Auf der großen Norddeutschen Ausstellung in Oldenburg 1905 besichtigt er auch die dort ausgestellten Bilder der nun nicht mehr ganz so jungen Hamburger und findet sie unterrepräsentiert: »Ich wollte«, schreibt er an seine Kommission, »sie hätten einen Saal erbeten und mit guter Wahl gefüllt.«[376]

... und ihre Sammler

Lichtwarks Ratschlag, sich um Aufträge für Portraits und andere lokale Motive zu bemühen, befolgen die jungen Hamburger Künstler ebenfalls gar nicht oder nur widerwillig. Doch scheint von privater Seite auch kaum Nachfrage vorhanden zu sein. Einer der wenigen, der Lichtwarks unermüdlichen Aufforderungen, als Sammler tätig zu werden, folgt, ist sein Freund Ernst Kalkmann (Abb. 32). Er nimmt sich der Schützlinge Lichtwarks an, erwirbt 1894 Arbeiten von Illies und Eitner, besitzt um diese Zeit bereits Werke von Ludwig von Hofmann, Herrmann Kauffmann und Hans Olde, einem Verwandten seiner Frau Elisabeth, den Lichtwark vermutlich hier kennenlernt. Kalkmann lässt sich 1895 von Illies zwei Supraporten für seine Wohnung und außerdem Bilder seines nach Lichtwarks Vorschlägen umgestalteten Gartens malen; er wird

375 Vgl. P3, 9.12.1894.
376 Br. Kommission (1908), Bd. XIII: 1905, S. 114.

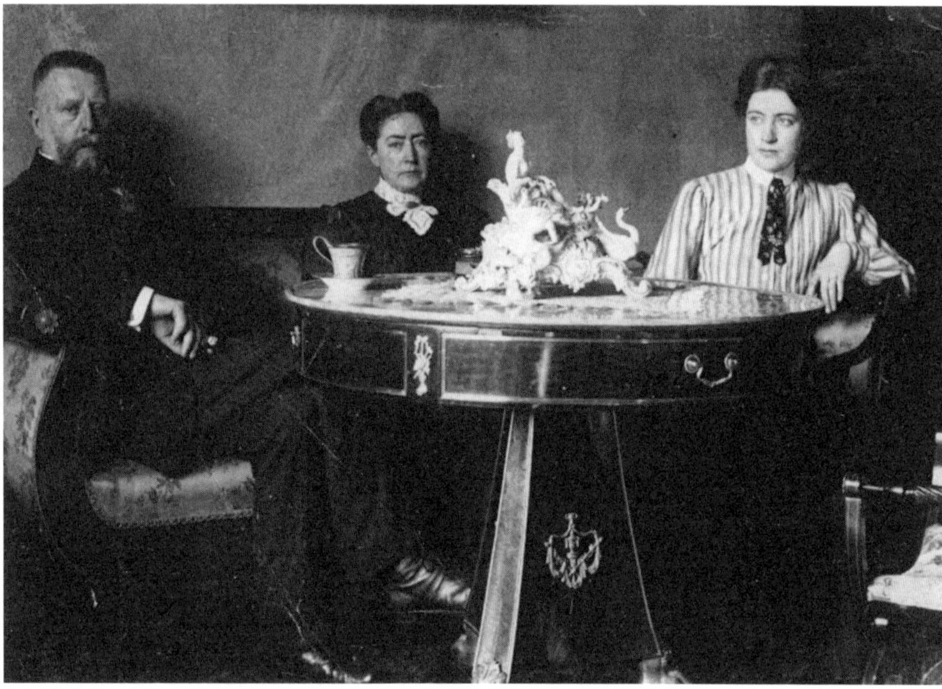

Abb. 32 Ernst und Elisabeth Kalkmann mit ihrer Tochter Johanne, undatiert, Aufnahme: unbekannt

damit zum Auftraggeber in Lichtwarks Sinn. Kalkmann besitzt schließlich eine stattliche Sammlung lokaler Malerei: von Julius von Ehren vier Gemälde, von Ernst Eitner sogar zwölf, von Arthur Illies acht, von Paul Kayser fünf, von Fritz Schaper neun, von Arthur Siebelist sieben, von Julius Wohlers drei, von Alfred Mohrbutter und Thomas Herbst jeweils eines. Mit zwölf Bildern ist der dem Künstlerclub nahestehende Sophus Hansen neben Eitner am häufigsten in der Sammlung vertreten, die auch Bilder der jungen Hamburger Maler des 19. Jahrhunderts, jenen Lichtwark so wichtigen biedermeierlichen Realisten, enthält. Werke von Herrmann Kauffmann, Martin Gensler, Carl Rodeck, Valentin Ruths, Adolf Vollmer, aber auch von den Blumenmalerinnen Molly und Helene Cramer und den Holsteiner Malern Momme Nissen und Hans Olde befinden sich in seinem Besitz. 1929, beim Konkurs der Firma Kalkmann, gehen 110 Gemälde in die Konkursmasse ein und werden versteigert; die im Familienbesitz verbleibenden werden 1943 beim Bombenangriff auf Hamburg zerstört.[377] Kalkmanns Wohnung entspricht ganz Lichtwarks Geschmack: Sie enthält die von ihm geschätzten Hamburger Biedermeiermöbel aus Mahagoniholz und passend dazu die von Lichtwark propagierte Malerei. Sophus Hansen zeigt 1912 Kalkmanns Speisezimmer als pointillistisches Interieur; Pauli erwirbt es 1916 für die Kunsthalle.[378]

377 Vgl. Meyer-Tönnesmann (1985), S. 142–144.
378 Abb. ebd., S. 136. – Best.Kat. Hamburg, 20. Jh., S. 50.

Ein weiterer Freund Lichtwarks begründet zu dieser Zeit seine Sammlung junger Hamburger: Angeregt durch die kulturellen Abende bei den Kalkmanns erwirbt der Kaufmann Hugo Steffens, dessen Frau Anna auch als Dilettantin der Gesellschaft Hamburgischer Kunstfreunde angehört, ein erstes Gemälde von Illies.[379] Bei seinem Umzug in die Schillerstraße überlässt Steffens Illies und seinen Schülerinnen an der Malschule Valesca Röver die dekorative Ausgestaltung seines neuen Domizils einschließlich Wand- und Deckenmalerei sowie der Gardinenstoffe. Hier verwirklicht Illies 1896 Lichtwarks Vorstellungen von einer floralen Ornamentik, wie dieser sie 1894 in seiner Schrift *Makartbouquet und Blumenstrauß* darlegt und auch für die Stickerei empfiehlt. Illies entwirft auch das Signet für die Geschäftspapiere der Firma Schütze, Steffens & Co. und portraitiert die Kinder, Steffens selbst und dessen Frau Anna.[380] Letzteres misslingt wie auch bei Eitner, der 1898 daran scheitert. Die Sammlung Steffens umfasst neben den Werken von Illies und Eitner auch Bilder und Graphik aus der nachfolgenden Hamburger Künstlergeneration, die bei Arthur Siebelist ihre erste Ausbildung erfährt, von Franz Nölken und Friedrich Ahlers-Hestermann, außerdem von der Blumenmalerin Molly Cramer und von Lichtwarks Freund Leopold von Kalckreuth. Lichtwark selbst leitet die Gartengestaltung auch bei Steffens nach seinen Vorstellungen, wobei ein architektonisch gestalteter Garten entstanden sein dürfte.

Der Hamburger Kaufmann Henry B. Simms ist ein ebenfalls von Lichtwark beeinflusster Förderer der Künstlerclubmitglieder.[381] Wohnhaft im selben Haus Bassinstraße 10, kommt Simms mit Lichtwark und dessen Vorstellungen in direkten Kontakt. Als Mitglied der Gesellschaft Hamburgischer Kunstfreunde und des Kunstvereins sucht Simms die Kunst ebenso zu fördern wie die ästhetische Selbsterziehung durch den Aufbau einer eigenen Sammlung. Er folgt – neben seinen Kunstkäufen in Italien, München und später bei Künstlern wie Lovis Corinth, Max Slevogt, Max Liebermann, Edvard Munch, Albert Weisgerber und Max Beckmann – vor allem Lichtwarks Devise der Unterstützung der lokalen Künstlerschaft. Von Valentin Ruths besitzt er neunzehn Bilder aus seiner Junggesellenzeit; nun vermittelt ihm Lichtwark die Kontakte zu den jungen Hamburger Malern. Arthur Illies schreibt in seinen Erinnerungen, wie ihn das Ehepaar Simms um 1901 aufsucht: »Herr Simms erzählt, daß er mit Lichtwark in demselben Haus wohnt und von dessen Ideen begeistert ist. Er will anfangen, Kunstwerke zu sammeln und lädt mich zu einem Besuche ein. Ich sage gern zu und gehe an dem verabredeten Tage in die Ecke Hofweg und Carlstraße auf der Uhlenhorst gelegene Simms'sche Wohnung. Er hat den ersten Stock, Lichtwark wohnt im Erdgeschoß. Die Wohnung ist sehr kostbar eingerichtet; zwischen all seinen Kostbarkeiten aber fehlen Bilder, und Bilder will er jetzt sammeln. Seine Frau teilt sein Kunstinteresse in vollem Maße und ist vielleicht sogar die treibende

379 Vgl. hier und im Folgenden: Meyer-Tönnesmann (1985), S. 145; zu den Siebelist-Schülern vgl. ebd., Kap. VI.
380 Vgl. ebd., Abb. 35, 36.
381 Vgl. Lott-Reschke (2001), S. 62–68. – Meyer-Tönnesmann (1985), S. 146–148, Abb. 173. – Simms (1910).

Kraft dabei.«[382] Als Simms sich 1906 für seine große Sammlung eine repräsentative Villa in der Heilwigstraße bauen lässt, erhält Illies den Auftrag zur Ausstattung des Treppenhauses mit Wandgemälden, die er 1907 ausführt. Von Schaper besitzt Simms schließlich sechzehn, von Illies im Jahre 1910 schon zwölf Bilder, außerdem ein Stillleben von Julius von Ehren. In diesem Sammlerverhalten verkörpert sich Lichtwarks Idealvorstellung vom mäzenatisch tätigen Bürger, der an der Kultur seiner Zeit und seiner Stadt rege teilnimmt. Simms zeigt sich auch in seinen Äußerungen stark von Lichtwark beeinflusst; so wendet er sich gegen das vorschnelle Kritisieren von unverstandenen Bildern: »Es ist überhaupt erstaunlich, wie schnell über Kunstwerke zu Gericht gesessen und wie schnell das Urteil, besonders das ungünstige, gefällt wird.« Er bekennt, früher genauso gehandelt zu haben und zählt Beispiele auf. Dann jedoch fährt er einsichtig fort: »Daß sie aber nicht dem Künstler und seinem Kunstwerk, sondern nur sich selbst schadeten – denn sie brachten sich um den Genuß des Kunstwerkes – bedachten die Leute derzeit wohl ebensowenig wie die Nörgler von heute.« Simms folgt Lichtwark auch in dessen Vorlieben für bestimmte Künstler: Allmählich sei es ihm gelungen, auch gegensätzliche Künstler wie Böcklin und Monet, Thoma, Klinger und Liebermann, Feuerbach und Leibl, Fritz Friedrichs und Slevogt, Habermann und Putz »jeden durch seine eigene Kraft und voll genießen zu können.«[383] Lichtwark könnte auch den bis 1896 in Hamburg ansässigen Arzt Paul Wassily angeregt haben, Bilder der jungen Hamburger zu erwerben. Seine Vermittlungstätigkeit in der Kunsthalle, verbunden mit steter Werbung für die jungen Künstler, bringt schließlich doch manches Bild in Privatbesitz unter. Dabei ist er stets darauf bedacht, die Maler zur Verbesserung ihres Umsatzes zu moderaten Preisen zu ermahnen.[384]

Mit den Jahren gelangen, meistens als Geschenk, eine Reihe von Gemälden der jungen Hamburger Künstler auch in die Sammlung der Hamburger Kunsthalle, vor allem zwischen 1896 und 1900. Von Julius von Ehren sind es zu Lichtwarks Lebzeiten sieben Gemälde, davon drei mit Finkenwerder Motiven, die in die Sammlung von Bildern aus Hamburg eingehen.[385] Von Ernst Eitner werden nur fünf Gemälde als Geschenk oder Erwerbung in die Kunsthalle eingegliedert, darunter zwei Hamburger Landschaften und ein Portrait des Dichters Gustav Falke. 1897 allerdings wird ein Ankauf von Eitners Bildern zunächst durch die Kommission abgelehnt, nachträglich jedoch noch bewilligt.[386] Vier Landschaftsgemälde von Arthur Illies werden geschenkt oder von Lichtwark erworben.[387] Sein Portrait des Dichters Detlev von Liliencron, entstanden 1906, passt derart bündig in Lichtwarks Konzept der hamburgischen Su-

382 Illies (1981), S. 112.
383 Simms (1910), S. 15f.
384 Vgl. Meyer-Tönnesmann (1985), S. 148–150. – Briefe Alfred Lichtwark an Eitner, HKH, AdB 270 I.
385 Vgl. Best.Kat. Hamburg, 20. Jh., S. 31f. – P3, 13.4.1897, 2.11.1899.
386 Vgl. Best.Kat. Hamburg, 20. Jh., S. 33f. – P3, 22.1.1897.
387 Ein ungenannter Kunstfreund schenkt 1899 der Kunsthalle im Rahmen der Eröffnung der Ausstellung des Kunstvereins die »Alsterlandschaft mit Regenbogen« von Arthur Illies. Lichtwark bezeichnet es als Geschenk eines Freundes; vgl. Brief Alfred Lichtwark an Möring, 15.11.99, StA HH, 364-2/1, Kunsthalle III 31a.

jets, dass es sicherlich einmal für die lokale Portraitgalerie gedacht war; doch kommt das Bild erst 1941 aus der Sammlung Simms in die Kunsthalle.[388] Von Paul Kayser gelangen ebenfalls fünf Gemälde während Lichtwarks Amtszeit in die Kunsthalle, drei davon als Geschenke. Das Portrait des Senators Gustav Hertz von 1906 erweitert erst nach Lichtwarks Tod den Bestand dieser Abteilung, womöglich war es ursprünglich dafür vorgesehen, aber nicht bezahlbar.[389] Von Fritz Schaper werden während Lichtwarks Amtszeit vier Gemälde als Geschenke verschiedener Mäzene der Sammlung eingegliedert, darunter zwei bäuerliche Interieurs aus Finkenwerder.[390] Eduard L. und Theodor E. Behrens stiften der Kunsthalle 1897 das Genrebild »Mädchen bei der Schularbeit« von Arthur Siebelist, nachdem bereits im Vorjahr eine Arbeit dieses Künstlers von der Kommission abgelehnt wurde. Das Selbstbildnis des Künstlers mit seinen Schülern von 1902 wird im Folgejahr aus dem Legat des Sammlers Marcus Nordheim erworben.[391] Alle diese Werke bilden die kleine lokale Welt der Sammlung von Bildern aus Hamburg: die Landschaft mit ihren Stimmungen, die Darstellung des bäuerlichen und kleinbürgerlichen Lebens, der ländlichen Interieurs, die bereits dem Untergang geweiht sind und die Heimatschützer auf den Plan rufen. Die Sujets sind vielfach auch Relikte aus Lichtwarks früher Kindheit, sie rühren versteckt an seine Biographie, wie Alfred Mohrbutters Interieur aus der Kirche von Allermöhe, in der Lichtwark getauft wurde.[392] Die reiche Oberschicht Hamburgs ist für diese bescheidene Motivik nicht zu begeistern, aber auch die Hamburger Landschaften finden nur begrenzt Liebhaber. Sie sind dem konservativen Publikum zu starkfarbig und wirken nicht konventionell »künstlerisch« genug. Ernst Eitner schreibt in seinen Erinnerungen: »Anfang der neunziger Jahre entstand nun allmählich das schöne einzigartige Verhältnis Alfred Lichtwarks zu den ›jungen‹ Hamburgern, welche in ihrer Heimatstadt und ihrer nächsten Umgebung eifrig arbeiteten. Sehr verschieden in den Temperamenten, suchten sie alles Schöne und Originelle in ihren Bildern festzuhalten, was sich auch in der ›Sammlung von Bildern aus Hamburg‹, die Lichtwark anlegte, klar ausdrückte. Seinem Einfluß war es hauptsächlich zuzuschreiben, daß sich weitere Kreise Hamburger Kunstfreunde für die ›Jungen‹ erwärmten. Doch nicht ohne heftigen Abscheu solcher, die einen Abscheu vor deren Arbeiten, vor deren kräftiger Farbenauffassung empfanden.«[393]

Zu den Hamburger Künstlern im weiteren Sinne zählen für Lichtwark aber auch die aus Schleswig-Holstein gebürtigen wie Hans Olde und Momme Nissen. Lichtwarks Kontakt zu Olde, einem Gründungsmitglied der Münchner Sezession, geht auf

388 Vgl. Best.Kat. Hamburg, 20. Jh., S. 59. – Meyer-Tönnesmann (1985), S. 148.
389 Vgl. Best.Kat. Hamburg, 20. Jh., S. 62f. – Kaysers »Mondnacht« wird hier als 1890 erworben verzeichnet, wurde jedoch erst 1899 für 800 Mark auf Vorschlag von Senator Burchard angekauft; vgl. P3, 22.4.1899.
390 Vgl. Best.Kat. Hamburg, 20. Jh., S. 110f.
391 Vgl. ebd., S. 117f. – P3, 24.3.1896.
392 Vgl. Best.Kat. Hamburg, 19. Jh., S. 141. – Meyer-Tönnesmann (1985), Abb. 124. – Lichtwark scheitert bei dem Versuch, das Bild zu erwerben; vgl. P3, 24.3.1896. Es wird dann von Senator Hachmann gestiftet.
393 Eitner (2004), S. 73.

das Jahr 1893 zurück, als Lichtwark bereits eines seiner Werke, das er in Berlin gesehen hat, für die Kunsthalle ankaufen möchte; er schreibt ihm auch von dem Plan einer Einzelausstellung in der Kunsthalle.[394] 1894 besucht er den Künstler auf seinem Gut Seekamp bei Kiel.[395] In diesem Jahr malt Olde in Hamburg das Portrait der Schriftstellerin Elise Averdieck, das Lichtwark für die Sammlung von Bildern aus Hamburg in Auftrag gibt, aus Mangel an Mitteln dann jedoch nicht ankaufen kann. Mehr als 3.000 Mark kann er dem Künstler nicht bieten, so dass es erst 1898 als Geschenk in die Kunsthalle gelangt. Gerne hätte er ihm schon 1896 einen Auftrag für ein radiertes Portrait der Elise Averdieck vermittelt, doch ist Olde wohl nicht mit dem niedrigen Honorar von 250 Mark und einer Beteiligung am Verkauf einverstanden, so dass dieses Motiv 1898 von Paul Kayser ausgeführt wird.[396] Lichtwark vergibt auch den Auftrag für ein graphisches Portrait des Dichters Klaus Groth für das Hamburg-Heft des *Pan* an Olde; 1899 malt dieser außerdem ein Portrait des Dichters für die Kunsthalle, das Lichtwark im selben Jahr ankauft.[397] Im *Pan* 1898/99 erscheint ferner Oldes Portraitlithographie von dem in Hamburg ansässigen Dichter Detlev von Liliencron; auch dieses Werk wird auf Wunsch des Dichters von Lichtwark vermittelt.[398] Und schließlich legt Lichtwark Olde ein radiertes Portrait Nietzsches im *Pan* nahe, das im Februarheft 1900 als Einschalttafel enthalten ist.[399] Alle diese Portraits entstanden nach vom Künstler selbst aufgenommenen Photographien.[400]

Beim Hamburger Publikum wird Olde ebenso abgelehnt wie Liebermann, wie der verzögerte Ankauf des Averdieck-Portraits beweist. »Es ist eigentlich scheußlich«, schreibt Lichtwark 1898 an Olde, »daß man sich so schinden muß, um eine vernünftige Sache in die Wege zu leiten. Die Leute sehen leider immer nur den einzelnen Fall, und es muß ihnen nach meinen Erfahrungen unendlich schwer fallen, werdende Dinge zu begreifen. Sie sehen nur, daß ich Bildnisse von Liebermann und von Dir haben möchte, deren Kunst ihnen fremd und schwer verständlich ist. Sie sehen nicht, daß das der Anfang einer großen Sache ist, zu der sie ja zu sagen haben, der Wieder-

394 Zu Oldes Biographie vgl. Gabriele Bremer, Biographie Hans Oldes, in: Best.Kat. Schleswig, Landesmuseum, S. 84–87. – Spielmann (1991), S. 8–21. – Vgl. Briefe Alfred Lichtwark an Olde, 24.10., 1.12.1893, Schleswig, SHLM, NL Olde.

395 Vgl. Brief Alfred Lichtwark an Baron Westenholz, 24.7.1894, HH, SUB, HSS, LA 32.

396 Vgl. Best.Kat. Hamburg, 19. Jh., S. 153, hier ist das Geschenk auf 1897 datiert. – Briefe Alfred Lichtwark an Olde, 14.2.1896, 15.1., 29.1., 23.3.1898, Schleswig, SHLM, NL Olde. – Junge (1989), S. 442. – 1894 versucht Lichtwark außerdem, Olde einen Auftrag für ein Pastorenportrait zu erteilen, was jedoch nicht gelingt; vgl. Brief Alfred Lichtwark an Olde, 13.3.1894, Schleswig, SHLM, NL Olde.

397 Vgl. Pan, 2. Jg., 1896/97, Heft 4, vor S. 269. – Best.Kat. Hamburg, 19. Jh., S. 153. – Briefe Alfred Lichtwark an Olde, 28.2.1896, 30.7.1896, 22.7.1899, 15.11.1899, Schleswig, SHLM, NL Olde.

398 Pan, 4. Jg., 1898/99, Heft 2, nach S. 76, in Verbindung mit Gedichten Liliencrons; vgl. Brief Alfred Lichtwark an Olde, 2.5.1898, Schleswig, SHLM, NL Olde.

399 Vgl. Pan, 5. Jg., 1899/1900, Heft 4, nach S. 232. – Brief Alfred Lichtwark an Olde, 2.5.1898, Schleswig, SHLM, NL Olde. Flaischlen fragt schon am 11.8.1897 deshalb brieflich bei Olde an. Olde fotografiert Nietzsche und fertigt mehrere Skizzen an; die Radierung entsteht in mehreren Zuständen. Max Klinger verwendet für seine Nietzsche-Büste ebenfalls die Photographien Oldes; vgl. Best.Kat. Schleswig, Landesmuseum, Abb. 10, S. 46–49.

400 Vgl. dazu Ausst.Kat. Realistische Kunst (1973), Abb. 182.

belebung des Bildnisses im monumentalen Stil.«[401] Der Künstler wird bekannt als Portraitist, doch ist er auch ein Neuerer der deutschen Landschaftsmalerei, und damit wäre er auch ein Kandidat für ein Landschaftsgemälde in der Sammlung von Bildern aus Hamburg. Lichtwark beauftragt ihn jedoch mit einem Werk in der aktuellen Pastelltechnik, einem Interieur des Herrenhauses auf der Elbinsel Waltershof, das der Hamburger Kunstverein 1894 für die Sammlung von Bildern aus Hamburg stiftet.[402]

Von dem 1877 geborenen, an der Weimarer Kunstschule ausgebildeten Momme Nissen gelangt schon 1891 die große Gouache eines Vierländer Interieurs als Geschenk in die Sammlung von Bildern aus Hamburg; Nissen ist auch in der Sammlung Kalkmann vertreten.[403] 1902 kommt es zu einer Auseinandersetzung zwischen Lichtwark und Nissen, da dieser einen Ankauf zu erzwingen versucht. Zunächst bietet er den Kunstfreunden von 1870 sein Bild »Die Sonne scheint ins Fenster« für 6.700 Mark an, was Lichtwark und der Kommission zu teuer erscheint. Nissen versucht nun, wie Lichtwark Olde im Januar 1902 brieflich mitteilt, für 4.000 Mark einen Ankauf durchzusetzen, macht Besuche bei den Kommissionsmitgliedern und intrigiert dabei gegen den widerstrebenden Lichtwark, der zunächst dem reduzierten Preis noch gutwillig gegenübersteht, nun jedoch von einer Erwerbung absieht. Er agiert bei der Kommission gegen Lichtwark unter anderem in Form eines Briefes mit schweren Beleidigungen, der angeblich zwölf anderen Adressaten in Abschriften zur Kenntnis gegeben worden sein soll. Daraufhin geht Lichtwark, dem ein derart dreistes Vorgehen erstmals begegnet, juristisch gegen den ihm »krank« erscheinenden Nissen vor. Schließlich kommt es zu einem Vergleich. In Anbetracht der Energie, mit der Lichtwark sich zur Wehr setzt, hält Gustav Schiefler es keineswegs für ein Vergnügen, diesen Mann zum Feind zu haben.[404] Doch muss Lichtwark angesichts vieler bedürftiger Künstler zur Vermeidung eines Präzedenzfalles klare Verhältnisse schaffen.

Die Frühjahrsausstellung von 1898

Als im Hamburger Kunstverein ein neu gewähltes Vorstandsmitglied die Frühjahrsausstellung des Jahres 1898 organisieren soll und nach Meinung Lichtwarks damit überfordert ist, nutzt er die Gunst der Stunde und führt einen Beschluss herbei, in diesem Jahr die Ausstellung auf hamburgische Künstler und Sammler zu beschränken.[405] Nachdem die ersten vier Frühjahrsausstellungen seit 1894 dem Hamburger

401 Brief Alfred Lichtwark an Olde, 9.1.1898, Schleswig, SHLM, NL Olde.
402 Vgl. Best.Kat. Hamburg, 19. Jh., S. 153. – Ausst.Kat. Bilder aus Hamburg (2002), S. 98.
403 Vgl. ebd., S. 95. – H. Kohn, Eine Hamburger Privat-Galerie, in: Hamburger Fremdenblatt, Nr. 33, 9.2.1912, StA HH, A 760, ZAS.
404 Vgl. Best.Kat. Hamburg, 19. Jh., S. 149. – Zu Kalkmanns Sammlung vgl. Meyer-Tönnesmann (1985), S. 144. – Zum Streit zwischen Lichtwark und Nissen vgl. Brief Alfred Lichtwark an Olde, 7.1.1902, Schleswig, SHLM, NL Olde. Nissens Versuch, Lichtwark zum Ankauf zu zwingen, wird hier nicht näher erläutert. – P4, 23.11., 20.12.1901, 23.1., 24.5.1902. – Schiefler, LAZ, 4.1.1902, S. 147; 1.2.1902, S. 161f., HH, SUB, HSS.
405 Vgl. Brief Alfred Lichtwark an Dr. Crasemann, 10.7.1900, HKH, AdB 70.

Publikum einen Überblick über die Kunstentwicklung im Deutschen Reich und Europa, auf die »herrschenden oder ringenden Ideen« ermöglichen sollten, führt diese Ausstellung nun einen Ausschnitt aus der lokalen Kunstproduktion sowie Bilder aus Privatbesitz vor,[406] konform mit Lichtwarks Präferenzen. Eine Abteilung der Ausstellung besteht aus etablierten, jungen sowie außerhalb Hamburgs lebenden, aber dort geborenen Künstlern, darunter die von Lichtwark geförderten Mitglieder des Künstlerclubs. Eine zweite Abteilung stellt Werke aus dem Besitz hamburgischer Sammler vor. Die Sammlung Antoine-Feill umfasst sehr verschiedene Künstler, vieles im Geschmack der Zeit, Münchner und Düsseldorfer, Eduard Grützner, aber auch Menzel, Herrmann Kauffmann, den Dänen Anton Melbye und sogar Eugène Delacroix. Die Sammlung von Eduard L. Behrens zeigt unter anderen Antoine Louis Barye, Anton Mauve und Ludwig Knaus, die von Theodor E. Behrens enthält Bilder von Böcklin, Leibl und Lenbach sowie den Franzosen Camille Corot, Narcisse Díaz, Eugène Delacroix, Charles-François Daubigny, Constantin Troyon. Senator Holthusen hat aus seinem Besitz eine Schneelandschaft von Monet und eine »Bleiche« von Liebermann hergeliehen.[407] Häufig werden zwei Werke aus einer Sammlung präsentiert, wobei nicht zu entscheiden ist, ob es sich um einen Ausschnitt aus der Sammlung oder den gesamten Kunstbesitz des Leihgebers handelt. Die von Lichtwark favorisierten Künstler, etwa die jungen Hamburger, dazu Valentin Ruths und Sezessionisten wie Kalckreuth, Liebermann, Olde, Uhde, auch Zügel, Otto Modersohn oder sogar Meunier kommen nur vereinzelt vor. Lichtwarks Vorstellung vom Sammeln wird am stärksten von seinem Freund Ernst Kalkmann verwirklicht, der in erster Linie junge Hamburger Künstler zur Verfügung gestellt hat, aber auch Werke von Hans Olde und Momme Nissen, sieben Liebermann-Gemälde sowie einzelne Bilder von Segantini, Raffaelli, Tuxen und Krøyer aus seiner Sammlung zeigt. Auch Dr. Albert Wolffson besitzt neben konventionelleren Werken Bilder älterer und junger Hamburger Künstler, außerdem Arbeiten von Liebermann, Lenbach, Raffaelli, Menzel, Fritz von Uhde und Jozef Israels.[408]

In seinem Vortrag über diese Frühjahrsausstellung, der unter dem Titel *Hamburgische Kunst*[409] gedruckt erscheint, erinnert Lichtwark zugleich auch an seine lokal bezogenen Sammlungskonzepte in der Kunsthalle, also die alte Hamburger Kunst und die Kunst der ersten Hälfte des 19. Jahrhunderts, mit denen er den Beweis an-

406 Vgl. AL, Hamburgische Kunst, S. 7–9.

407 Liebermann, Bleiche, WV Eberle 1889/16. – Monet, La Mare, effet de neige (Der Tümpel im Schnee), 1875, WV Wildenstein 350, erworben 1898, verkauft 1933, heute Privatbesitz.

408 Vgl. Ausst.Kat. Frühjahrsausstellung (1898). – Luckhardt (2001, Kleines Lexikon), S. 232, 253. – Kalkmann besitzt von Liebermann: Mutter und Kind (WV Eberle 1877/1); Eva (WV Eberle 1882/12); Alter Jude (WV Eberle 1878/23 oder 24); Savoyardenknabe (WV Eberle 1869/1); Schusterwerkstatt (WV Eberle 1881/19), heute Nationalgalerie Berlin; Dorfstraße in Holland (WV Eberle 1882/16?); Weidende Schafe (WV Eberle 1888/2); von Raffaelli: Nelken; von Segantini: Ruhe im Schatten (WV Servaes 99, WV Gozzoli 326, WV Quinsac 468).

409 Kayser (1977), Nr. 269, 340. – Vgl. hier und im Folgenden: Ausst.Kat. Frühjahrsausstellung (1898), S. 7–63.

getreten hat, dass es in Hamburg eine kontinuierliche Kunstproduktion seit dem 15. Jahrhundert gab; ältere Funde sind ihm zu dieser Zeit noch nicht gelungen. Lichtwark legt im Vergleich zu den vorangegangenen Frühjahrsausstellungen den Fortschritt in der lokalen Entwicklung dar. Wagte man damals noch nicht, die Hamburger in einem speziellen Saal zu vereinigen, so ist dieses Mal die gesamte Ausstellung der hamburgischen Kunst gewidmet. Musste er damals in seinem Zeitungsartikel noch nachdrücklich zum Sammeln aufrufen und die Sammlungstätigkeit als mäzenatische Bürgerpflicht propagieren, so könne in dieser Ausstellung bereits ein Erfolg vorgeführt werden. Ausführlich zitiert er jedoch seine damaligen Ausführungen zum Sammeln: Die Aufgabe des Kunstfreundes, seine Lieblinge unter den heimischen Künstlern zu wählen und sein privates Haus für die lokale Produktion zu öffnen, damit, anders als in München oder Berlin, keine Ausstellungs- und Händlerkunst entstehe, sondern die Produktion auf eine festere Basis als in den meisten Kunststädten Deutschlands baue. Er betrachtet hier erneut auch das Sammeln unter volkswirtschaftlichem Aspekt und leitet davon die Pflicht zum Erwerben von Kunstwerken als »Pflicht gegen die nationale Arbeit« ab. »Aus diesem Bewußtsein hört man die Frage aufwerfen: Was sollen wir thun? Kann der Einzelne fördern, und wie soll er es anfangen? – Die Antwort darauf ist: Sammeln; das Werk, das man auf der Ausstellung lieb gewonnen, an sich nehmen, es in seinem Hause, an seinem Herde als Freund behandeln und im beständigen Verkehr mit ihm seine Empfindung läutern, sein Vermögen, Kunst zu erkennen und zu geniessen, steigern und stärken. Denn das ist die Wirkung, die das Kunstwerk im täglichen Verkehr ausübt. Es ist ja kein todter Schmuck, dessen Werth in der Materie steckt, sondern ein lebendiges Wesen, das Lebenskraft enthält und ausströmt. Wer die Wirkung des Kunstwerks zu Hause an sich erfahren hat, dem ist auch die Ueberzeugung gekommen, dass er die Pflicht hat, seinen Kindern diesen liebenswürdigen Hausgenossen zu gewähren, in dessen täglichem Umgang sie befähigt werden, die Natur und die Kunst mit aufgeschlossenen Sinnen und empfänglichem Gemüth auf sich wirken zu lassen.« Dass dieses Verhalten der nationalen Produktion diene, werde heute mit Recht von allen Seiten betont. Es sei mithin eine sehr ernste Sache, welches Bild man als Freund zu sich ins Haus nehme; man sollte es nicht in einer müßigen Stunde tun, sondern vorher mit sich zu Rate gehen. »Und dann sollte man sich auch fragen: kann ich durch die Aufwendung auch andern als mir nützen? Oder, als Hamburger: kann ich der Kunst meiner Heimath dienen? Denn heute hängt das Gedeihen der Kunst nicht von der Kirche und vom Fürsten ab, die einst den Künstler in ihre Dienste nahmen, nicht vom Staat, der ein unpersönliches, in höheren Culturdingen bedürfnissloses Wesen geworden ist, sondern in erster Linie vom einsichtigen Bürger. Wenn dieser in einer Stadt wie Hamburg blindlings auf Schleuderauctionen kauft, wo man eigentlich mehr auf die Rahmen als auf die Bilder giebt, so vergeudet er nicht nur seine eigenen Mittel, sondern legt der heimischen Entwickelung schwere Hindernisse in den Weg. Das Ideal wäre, wenn sich in Hamburg eine Anzahl von Männern und Frauen fände, die sich vornehmen, alljährlich für eine bestimmte Summe von unsern einheimischen Künstlern zu erwerben; es bedarf gar keines irgendwie fühlbaren Aufwandes, um nicht nur zu seiner eigenen Freude eine kleine Galerie anzulegen, sondern auch zugleich in vornehmstem Sinne für die Leistungsfähigkeit und für die Ehre der Heimath einzutreten.« Lichtwark will schon die ersten Anzeichen für eine Verwirklichung dieses Wunsches erkennen; zugleich betont er, diese Wünsche würden nicht »von einem exclusiv localpatriotischen Standpunkt« diktiert, denn der Hamburger sei immer bereit, auch das Fremde wertzuschätzen: »Unsere hamburgischen Privatsammlungen enthalten mehr gute ausländische Bilder, als irgendwo in Deutschland zu finden sind: aber gerade deshalb bedürfen wir als eines Gegengewichtes der besonderen Pflege der heimischen Production.«[410]

Lichtwark zitiert hier ausführlich diejenigen Passagen von 1895, die auch diesmal als Appell fungieren sollen, denn erst im Jahr zuvor hat er in München bemerkt, wie schlimm es selbst in einer großen Kunststadt um das Publikum steht.[411] Diese Erfahrung motiviert ihn erneut bei seinen Bemühungen um den Aufbau eines gebildeten Publikums in Hamburg.

Nirgendwo, führt Lichtwark nun zur Ausstellung von 1898 aus, habe man sich in den letzten Jahren so »entschieden auf den Boden der Heimath« gestellt wie in Hamburg. Und die Sammler seien gefolgt. Darin sieht er die »gesunde Entwicklung« der Kunst in Hamburg, denn alle gesunde Kunst im Bürgertum sei von jeher Lokalkunst gewesen. Nur dann finde sie in breiteren Schichten der Bevölkerung Rückhalt. Alles atme nun Verjüngung und Jugend, auch über die älteren Künstler sei eine Art Jugendfrische gekommen, seit »die dunklen Tage der Ausstellungslosigkeit« gewichen seien. Ein Vergleich der Gattungen von 1894 und 1898 veranschauliche ebenfalls die Entwicklung; damals habe es vor allem die Landschaft gegeben, wenige Stillleben und einige vielbeschäftigte Künstlerinnen im Bildnisfach, Figurenbilder hingegen kaum. Nun durfte jeder eingeladene Künstler unjuriert sechs Gemälde einreichen. In diesen wenigen Jahren erweise sich die Motivik der lokalen Kunst als überraschend erweitert: hamburgische Landschaften, Architekturstücke, Interieurs, Marinen, Tierstücke und Genremotive haben in die Sammlung von Bildern aus Hamburg Einzug gehalten; bei den Bildnissen sieht Lichtwark höchst ansehnliche Leistungen. Potentiellen Kritikern, die etwa das Historienbild, die Ideallandschaft und den Neuidealismus vermissen könnten, entgegnet Lichtwark prophylaktisch, eine gesunde Entwicklung könne nur vom Boden der Wirklichkeit ausgehen, es wäre ein Unglück, wenn beim Ende angefangen würde. Alle Nachahmung produziere nur Totgeborenes. Den üblichen Kritteleien begegnet er mit der Bemerkung, der Kunstverein habe sich neutral zu verhalten, und was das Publikum nicht möge, solle es einfach nicht beachten. Es liege in der Natur der Dinge begründet, dass nur das in sich Gesunde und Starke auf die Dauer zur Geltung gelange. Schlechte und niedrige Kunst könne nur gedeihen, wenn sie von einer verwandten Gesinnung breiter gesellschaftlicher Schichten getragen würde. Lichtwark formuliert noch einmal seinen Wunsch, die heimischen Kunstfreunde und Sammler möchten sich der lokalen Produk-

410 Ausst.Kat. Frühjahrsausstellung (1898), S. 20–23.
411 Vgl. Br. Kommission (1899), Bd. V: 1897, S. 108f.

tion annehmen, wie auch schon in der ersten Hälfte des 19. Jahrhunderts, als die Werke der Gensler, von Kauffmann und Ruths in Privatbesitz eingingen, während die Bilder aus den deutschen Kunstzentren in alle Winde verstreut worden seien. An den meisten dieser Orte sei die wirtschaftliche Möglichkeit gar nicht vorhanden gewesen, eine eigene Kunst zu tragen. In Hamburg hingegen müsse die verbreitete Wohlhabenheit bewusst zum Beginn einer neuen Entwicklung genommen werden. Man dürfe jedoch noch nicht behaupten, dass die in Hamburg für Kunstkäufe aufgewendeten Mittel im hamburgischen Sinne wirtschaftlich sinnvoll angelegt worden seien. Hier thematisiert er wiederum den unguten Einfluss der Akademieausbildung für die hamburgischen Talente und fordert von den hamburgischen Kunstfreunden und dem Staat, sich bewusst »auf hamburgischen Boden« zu stellen. Niemand werde beklagen, wenn hervorragende Kunstwerke aus dem Inland oder Ausland in hamburgischen Besitz übergingen, alle seien stolz auf die Sammlungen Behrens und Amsinck, aber es müsse sich eben um wirkliche Kunst handeln, sonst sei das Geld verschwendet. Ein kleiner Teil jener Finanzmittel, die für absolut wertlose Kunst aus Hamburg abgezogen würden, genüge schon, die ernsthaften Hamburger Talente zu Entfaltung zu bringen. Wenn sich nur zwanzig bis dreißig Kunstfreunde fänden, die jährlich 1.000 bis 2.000 Mark für Gemälde einheimischer Künstler ausgäben, dann wäre die lokale Entwicklung auf absehbare Zeit gesichert. Die Gesellschaft Hamburgischer Kunstfreunde habe dies schon bewiesen und durch ihre tätige Teilnahme die jungen Künstler gefördert. Als ersten Hamburger Sammler, der sich eine Gemäldesammlung mit der ausgesprochenen Absicht angelegt habe, eine Übersicht über die hamburgischen Künstler des 19. Jahrhunderts zu schaffen, nennt er Ernst Kalkmann. Seine gesamte sechzig Jahre umspannende Galerie habe er für einige Wochen dem Kunstverein überlassen.[412] Damit habe jeder Gelegenheit, sich ein Urteil zu bilden. Man könne in dieser Sammlung skandinavische Künstler wie Krøyer, Tuxen und Brasen kennenlernen wie auch Max Liebermann, Ludwig von Hofmann und Walter Crane.

Zum Schluss proklamiert Lichtwark so diplomatisch wie ermutigend noch einmal den Hamburger Bürgersinn: »[...] dass, wo in Hamburg ernstlich zugegriffen wird, die Leistungen auch auf culturellen Gebiet in kurzer Zeit vorbildlich werden.« Er erwähnt die Erfolge der Amateurphotographen, der Dilettanten, des Vorlesungswesens, der Lehrervereinigung für die Pflege der künstlerischen Bildung und schließt daraus auf ein weiteres Potential der lokalen Kunstentwicklung. Dafür werde jedoch auch eine gewisse Beschränkung vonnöten sein; es genüge, wenn auf die lokalen Ausstellungen alle drei oder vier Jahre eine internationale folge. Nur auf diesem Wege lasse sich erreichen, dass ungestört wachse, was bereits Wurzeln geschlagen habe. Eine große Gefahr sieht er allerdings darin, dass die lokalen Künstler ausweichen könnten »in das Oedland der Nachahmung, auf dem seit einem Jahrhundert so viele unserer grossen Begabungen verkümmert sind.« Der Befürchtung, die Kunst solle einer parti-

412 Zur Sammlung Kalkmann vgl. H. Kohn, Eine Hamburger Privat-Galerie, in: Hamburger Fremdenblatt, Nr. 33, 9.2.1912, StA HH, A 760, ZAS. – Luckhardt (2001, Kleines Lexikon), S. 232.

kularistischen Strömung oder einer »wirthschaftlichen Kirchturmspolitik« dienstbar gemacht werden, wendet er sich entgegen mit den Argumenten der Mannigfaltigkeit hamburgischer Motive, der Eigenart der Bevölkerung, des intensiven Heimatgefühls; alles dies, glaubt er, sei nicht so leicht an einem anderen Ort Deutschlands als Grundlage für eine lokale Kunstentwicklung vorhanden. Die großen Bürgerstädte wie Frankfurt, Leipzig, Bremen und Hamburg hätten mit ihrer Freiheit und ihren finanziellen Möglichkeiten mehr leisten können als alle mittleren und kleinen Akademien zusammen. Diese Städte müssen nach Lichtwarks Meinung, wenn die Zustände sich bessern sollten, im 20. Jahrhundert in künstlerischen Dingen führend und selbständig werden. Hamburg sei am ehesten dazu berufen, und das werde nicht von den Künstlern allein abhängen.

Auch bei diesem Vortrag handelt es sich um eine von Lichtwarks Predigten, wie Muther sie nennt, zur Verbesserung der bürgerlichen Kunstrezeption. Noch hat Lichtwark die Hoffnung nicht aufgegeben, der wohlhabende Bürger könne auf diesem Wege kulturelle Bildung erwerben. Doch wird das reiche Privatkapital Hamburgs keineswegs mäzenatisch für die von Lichtwark propagierten Künstler verwendet, sonst könnte er auch aus Spenden für die Kunsthalle reichlich neue Kunst erwerben. Im Gegenteil hat sich die Opposition schon längst formiert. Sie zeigt sich subtil im Kontext der Frühjahrsausstellung 1899, wo die Lichtwark so wichtigen Bilder im Saal der Hamburger Künstler ungünstig gehängt sind. Das Verhalten des Kunstvereins erregt im höchsten Grade sein Befremden. In der Jury dieser Ausstellung befindet sich kein Vertreter der Kunsthallenkommission, folglich lässt die Qualität der Ausstellung nach seiner Meinung zu wünschen übrig. Insofern erscheint die Kunsthalle in den Augen der Öffentlichkeit verantwortlich für Dinge, auf die sie keinerlei Einfluss besitzt, da der Kunstverein sich ihrem Rat entzieht.[413] Schwerwiegenderes hat sich allerdings schon zuvor ereignet.

Feinde

»Hier ist es trüb und sonnenlos. Das Wetter weiss nicht, was es will, bald ist es mild, eine Stunde darauf friert es, zehn Minuten später kommt Thauwetter. Nur die Menschen bleiben sich gleich mit ihren Herzen, die stets die gleiche Temperatur unter Null bewahren.«[414] Dies schreibt Lichtwark am 31. Dezember 1896 an Andreas Aubert; in der Tat liegt ein besonders schwieriges Jahr hinter ihm. Seine Bestrebungen, die progressive zeitgenössische Kunst in Hamburg zu etablieren, das Publikum auf dem Laufenden zu halten und in der Kunsthalle eine Sammlung zeitgenössischer Kunst aufzubauen, werden ständig von feindseligen Reaktionen begleitet. Schon am 5. Februar 1896 berichtet Lichtwark seinem Freund Hans Olde von einem Plakat des jungen Hamburgers

413 Vgl. P3, 22.4.1899.
414 Brief Alfred Lichtwark an Aubert, 31.12.1896, Oslo, NB, Brevsamling 32.

Ernst Eitner für die anstehende Frühjahrsausstellung, das heftige Proteste auslöst. Die Leserbriefe, Eingesandts genannt, würden vom Himmel hageln; nun breche der Sturm gegen »die Moderne« los und alle »Windgötter – schmutzige Kerls meistens –« bliesen gegen ihn.[415] Ende März 1896 ereignet sich dann im Hamburger Kunstverein ein tumultartiger Aufstand gegen Lichtwark persönlich, seine Präferenzen, Ankaufspolitik und Bevorzugung der jungen Künstler des Hamburgischen Künstlerclubs. In einer Mitgliederversammlung von etwa 1.500 Personen im großen Saal des »Hamburger Hofes« am Jungfernstieg spielen sich chaotische Szenen ab, in denen sich die Redner gegenseitig niederschreien. Kernpunkt der Debatte ist der Protest gegen die von Lichtwark vertretene »neue Richtung«. Gustav Schiefler versucht vergeblich, seinem Mentor beizustehen; Brinckmann gelingt es nur vorübergehend, Ruhe zu schaffen. Lichtwark bleibt wortlos und steht dem Treiben scheinbar hilflos gegenüber. Die Versammlung endet mit einem allgemeinen Beschluss der Ablehnung aller modernen Kulturbestrebungen in Hamburg durch den Kunstverein. Anlass dieser Veranstaltung ist ein kurz zuvor erschienener Zeitungsartikel des Hamburger Süßwarenkaufmanns Robert Wichmann, der sich gegen »die neue Richtung« wendet und das Plakatmotiv, einen unbekleideten, hageren jugendlichen Künstler in Halbfigur als »einfach unglaublich«, »geschmacklos« und »das aesthetische Gefühl in hohem Maße verletzend« befindet und sich dabei einer Meinung mit tausenden anderen Bürgern glaubt. Verbreitet wird dieser Artikel gleich darauf als Sonderdruck in Form einer enormes Aufsehen erregenden Broschüre; der Verfasser wendet sich gegen die farbige Freilichtmalerei der jungen Hamburger Maler und macht Lichtwark für diese neue Kunst verantwortlich. Der Auslöser des Protestes ist ebenjenes in den provozierenden Farben Orange und Violett entworfene Ausstellungsplakat Ernst Eitners für die Frühjahrsausstellung 1896. Wichmann aktiviert den Rechtsanwalt Dr. Eduard Brackenhoeft und den Sohn des Kaufmanns und Sammlers Arnold Otto Meyer, Eduard Lorenz Meyer, der eigentlich Lichtwarks Anhänger und in der Gesellschaft Hamburgischer Kunstfreunde als Dilettant tätig ist. Diese drei Herren mobilisieren die rechtschaffene, sonst jedoch gegenüber dem Kunstverein durchaus gleichgültig eingestellte Kaufmannschaft. Senator Dr. von Melle zieht sich anschließend aus dem Vorstand des Kunstvereins zurück, an seiner statt wird der konservative Dr. Paul Crasemann gewählt. Auch der progressiv eingestellte Geschäftsführer des Kunstvereins, Ernst Juhl, zugleich Vorsitzender der Gesellschaft zur Förderung der Amateur-Photographie, gibt seinen Posten auf. Dieser Wechsel in der Kunstvereinsleitung bewirkt schließlich einen langsamen Rückzug Lichtwarks aus dieser Zusammenarbeit; die von ihm initiierten und mit modernen Werken bestückten Frühjahrsausstellungen schlafen gegen Ende des Jahrhunderts ein. Wichmann sucht allerdings nach der Versammlung Lichtwark auf, um sich mit ihm auszusprechen. Dabei wird seine mangelnde Kenntnis der Schriften Lichtwarks evident, was diesen gegenüber seiner Kommission zu der Äußerung bewegt, man müsse den Gegner schließlich doch erst

415 Vgl. Brief Alfred Lichtwark an Olde, 5.2.1896, Schleswig, SHLM, NL Olde.

einmal kennen, um ihn bekämpfen zu können. Lichtwark gewinnt von Wichmann den Eindruck eines ehrlichen Fanatikers, der sich in »einem bedauernswerten Zustand der Unbewusstheit« befinde, und schenkt ihm erst einmal seine Schriften.[416]

Gegenüber dem Berliner Kunstkritiker Hans Rosenhagen stellt Lichtwark brieflich im April 1896 die ganze Affäre unverhohlen deutlich dar: »Sie sind recht berichtet, der Philister empört sich. Ich kann es ihm nicht mal übel nehmen, er weiß nicht, was er thut. Im Gegenteil, ich freue mich, daß endlich eine kräftige Opposition sich regt. Das ist ein unbedingtes Erforderniß. Noch nie ist so viel und so heftig bei uns über Kunst gesprochen wie jetzt. Natürlich geht die Sache nicht so reinlich zu, wie es wünschenswerth wäre. Es mischen sich überall persönliche Interessen ein. Wer eine neue Idee vertritt, muß im Gedränge Menschen mit dem Fuß treten, er mag wollen oder nicht. Da ist der Künstler, der für den Absatz fürchtet und eine Verschwörung gegen die Jugend anstiftet, die ihm das Wasser abzugraben droht. Da ist der Journalist, der sich seinen Lesern angenehm machen möchte und zugleich an mir, von dem er weiß, dass ich seine Schwafelei verachte, sein Mütchen kühlen will. Da sind gewisse Gruppen sogenannter Architekten, die hier, wie überall, die erbittertsten Feinde der Kunst bilden, und dann die Kunstgewerbler, die mehr auch als gewisse Künstler jeden frischen Luftstrom zu fürchten haben. Mir schien es am zweckdienlichsten den Sturm tosen zu lassen und nicht gegenanzubrüllen. Ich habe mich in den Streit nicht hineingemischt und habe die Zeitungen gebeten, alle Einsendungen, die mich verteidigten zu unterdrücken, was auch gewährt wurde. Meine Gegner haben auch das Mögliche gethan, sich und Hamburg zu blamiren, – natürlich nicht in ihren Augen und denen ihrer Freunde. Die meisten sind aber *de bonne foi* [lateinisch geschrieben], und ich hoffe, daß sie noch mal meine Freunde werden. Nur von den Künstlern und dem Hauptrecensenten müßte ich's mir ein für alle Mal verbitten. Das Ziel der Opposition ist, meine Thätigkeit im Kunstverein lahm zu legen, von der sie sich eine ganz verkehrte Vorstellung machen. Als ich mein Amt antrat, mußte ich damit rechnen, daß die Vertreter der bestehenden Institutionen mißtrauisch auf mich sehen würden. Ich habe sie [unleserlich] lassen, mich nicht eingemischt und gewartet, bis sie mir kamen. Als dies eintrat, habe ich mich ebenso sorgsam gehütet, einen persönlichen Einfluß zu erstreben. Die Sache ist aber so stark, daß sie sich selber zwingt. In der That hat der Kunstverein jeden Schritt aus freien Stücken gethan. Es wurde nichts dabei überstürzt. Denn wenn man eine gute Sache führt, muß man den Gegner, wenn man ihn nicht kräftigen will, schonlich behandeln. Aber schließlich hat es nichts genutzt. Man will überall meine Hand sehen und macht mich für alles verantwortlich.«[417]

416 Vgl. hier und im Folgenden: Meyer-Tönnesmann (1985), S. 105–109, 212. – Schiefler (1985), S. 105f. Schiefler bezeichnet Wichmann irrtümlich als Werftbesitzer. – Ernst Eitner erinnert sich des Ereignisses wie folgt: »Diese Gegner hatten die Geschmacklosigkeit, Redner wie Landgerichtsdirektor Schiefler, der für die junge Kunst eintrat, einfach niederzuschreien und zu toben, so daß eine angesehene Hamburger Dame sagte: ›Ja, meine Herren, da gibt es nur noch Stuhlbeine!‹« Eitner (2004), S. 73.

417 Brief Alfred Lichtwark an Rosenhagen, 21.4.1896, München, BSB, HSS, Rosenhageniana II,1. Lichtwark, Alfred. – Französisch für: guten Glaubens.

Aus diesem Vorfall zieht Lichtwark seiner Kommission gegenüber die Schlussfolgerung, bis dahin zu wenig geschrieben zu haben, somit in den nächsten Jahren »publicistisch angespornt tätig« werden zu müssen: »Die Menschen mögen immer noch lieber lesen als sehen.« Er hätte vielleicht mehr geschrieben, wenn er bei den Hamburger Verlegern auf Entgegenkommen gestoßen wäre. Entsprechend seiner festen Überzeugung, dass in Deutschland nur »eine energische Pflege der localen Bestrebungen aus dem internationalen Sumpf retten« könne, habe er seine Schriften den Hamburger Verlegern honorarfrei angeboten, sie seien jedoch abgelehnt worden, obgleich von auswärts Bewerbungen vorgelegen hätten. Nun habe sich wieder ein auswärtiger Verleger gemeldet, der seine Schriften in Einzelbänden veröffentlichen wolle. Als erstes sollen die deutschen Städte berücksichtigt werden.[418]

Lichtwarks getreuer Anhänger Gustav Schiefler reagiert auf dieses Ereignis mit dem Aufsatz *Die Bewegung gegen die neue Richtung in der Kunst* für das *Jahrbuch der Gesellschaft Hamburgischer Kunstfreunde* 1897.[419] An dieser Stelle erreicht er jedoch nur die ohnehin interessierten Anhänger Lichtwarks. 1897 gewinnt Lichtwark zudem den Eindruck, dass der von Kaiser Wilhelm II. protegierte Berliner Historienmaler Anton von Werner durch Helfershelfer in Hamburg ein Pamphlet gegen ihn verbreiten lasse; er vermutet, in Berlin wachse eine neue, ihm nicht freundlich gesonnene Generation heran.[420]

Der Protest gegen Lichtwark und sein Sammlungskonzept ist damit keineswegs ausgestanden, sondern erreicht 1898 anlässlich der Frühjahrsausstellung hamburgischer Kunst einen weiteren Höhepunkt. Besonders Lichtwarks Vortrag erregt Anstoß. Joseph Michael, ein von Lichtwark abgewiesener konservativer Hamburger Maler, erklärt in einem als Broschüre veröffentlichten *Protest Hamburger Künstler* gegen Lichtwarks Vortrag,[421] der Kunstverein beabsichtige nicht, »Schleppenträger« Lichtwarks zu sein, außerdem lege Lichtwark »den wirklich guten Bestrebungen des Kunstvereins« häufiger ein Hindernis in den Weg als dass er denselben unterstütze. Lichtwark wird vorgeworfen, nicht wirklich modern zu sein, er beharre nach wie vor auf der »Nachäffung der Aeusserlichkeiten, der oberflächlichsten Mätzchen, der manirirten Kunststückchen einer französischen, in Frankreich selbst aber längst überwundenen Modekunst«. Anknüpfungspunkt ist Lichtwarks Hinweis auf die jungen hamburgischen Künstler, wie sie in der Sammlung seines Freundes Ernst Kalkmann zu finden sind. Michael erklärt sich zum Repräsentanten vieler Gleichgesinnter und bezichtigt Lichtwark, die Begabung der jungen Künstler nachteilig zu beeinflussen und »total irrige Anschauungen« zu verbreiten, Hamburger Sammler zu bevormunden, durch Manipulation der Verkaufszahlen den Eindruck eines Aufschwunges der lokalen

418 Vgl. Br. Kommission (1899), Bd. V: 1897, S. 35–37. Lichtwarks *Deutsche Königsstädte* erscheint 1898 noch bei Kühtmann in Dresden, erst 1899 kommt der erste Band bei Cassirer in Berlin heraus, siehe das Kapitel »Architektur: Lichtwarks Architektur-Anthologie und der Verlag Cassirer« in Teil 3.
419 Vgl. Schiefler (1897), S. 30–36.
420 Vgl. Br. Kommission (1899), Bd. V: 1897, S. 79. Um was es sich hier genau handelt, hat sich nicht feststellen lassen.
421 Vgl. hier und im Folgenden: Michael (1898). – Meyer-Tönnesmann (1985), S. 122–128.

Kunstproduktion vorzugaukeln, während der Verfasser der Broschüre einen Rückgang der Verkaufszahlen nachzuweisen vorgibt. Ferner wirft Michael Lichtwark eine unrechtmäßige Beeinflussung der Jury vor sowie dessen Einsatz für die jungen Hamburger, deren Ausstellungsraum er als »Lachkabinett« bezeichnet, das die hamburgische Kunst lächerlich mache. Als Beweis zitiert er ausführlich alle negativen Kritiken der Berliner Ausstellung des Künstlerclubs im Jahr 1896 und thematisiert Lichtwarks angeblich selbstherrliches Verhalten gegenüber den jungen Künstlern und seine Thesen. Besonders unfair wirkt Michaels Angriff als Diffamierung eines Bekenntnisses Lichtwarks hinsichtlich der eigenen Farbwahrnehmung in seinem Text über den Farbensinn; die dort erwähnte ungleiche Wahrnehmung der Farbtemperatur seiner beiden Augen schlachtet Michael als Farbenblindheit Lichtwarks aus.[422] Mit einem Seitenhieb auf seine Vergangenheit als Lehrer der modernen Sprachen wird Lichtwarks Kompetenz schließlich vollends infrage gestellt, da diese Position zum einen weniger gilt als Lehrer der alten Sprachen und zum anderen mit der bildenden Kunst nichts zu tun hat. Weitere Angriffe komplettieren das Pamphlet: gegen Lichtwarks Bevorzugung der Kunst Liebermanns, gegen seine Kunstbetrachtungen, gegen seine Kritik an der Wirkung akademischer Künstlerausbildung; häufig fallen dabei die Adjektive »gesund« und »krank«. Lichtwarks Interesse an der Meinung anderer Personen über die umstrittenen Kunstwerke wird ihm hier als mangelnde eigene Kompetenz ausgelegt.[423] Insgesamt handelt es sich bei diesem Pamphlet um einen Schlag, der die komplette Vernichtung der Position und Person Lichtwarks beabsichtigt. Auch wenn Lichtwarks Freund und Verehrer seiner Bestrebungen, der Offizier und spätere General Fritz Bronsart von Schellendorf, die Protestschrift, die kein anständiger Mensch ernst nehme, als dumm, gehässig und auf den Urheber zurückfallend abtut,[424] so weiß Lichtwark doch genau, dass hier die Stimme der Mehrheit laut geworden ist. Ende Oktober 1898 schreibt er an Schiefler: »Die Affäre rührt mich nicht. Dagegen ist niemand sicher, der im Leben steht. Man muss es hinnehmen und sich hüten, gegen den Stachel zu löcken. Jedes Wort dagegen wäre zu viel.«[425]

Im Augustheft 1898 der Zeitschrift *Die Kunst für Alle* erscheint in der Rubrik »Vermischte Nachrichten« ein Auszug aus dem *Hamburgischen Correspondenten*, betitelt *Kurzgefaßte Phraseologie zum Gebrauch in der modernen Abteilung der heutigen Kunst-Ausstellungen*. Diese Sammlung von Publikumsäußerungen muss von Lichtwark selbst oder aus seinem unmittelbaren Umkreis stammen und dürfte in der Frühjahrsausstellung 1898 gesammelt worden sein. Hier werden die kräftigen Farben der Bilder, insbesondere die leuchtenden Grüntöne, die als hässlich empfundene moderne Darstellungsweise, die fehlende Idealisierung, veränderte Perspektiven

422 Diese ungleiche Farbwahrnehmung thematisiert Lichtwark in seinem Aufsatz *Die Erziehung des Farbensinns*, siehe das Kapitel »Kunsterziehung II: Die Erziehung des Farbensinns« in Teil 3.

423 Lichtwark sieht sich selbst in Gefahr, einseitig zu überschätzen, was er liebt, z.B. die alten Hamburger Meister, deshalb möchte er andere Urteile hören; vgl. Br. Kommission (1899), Bd. VI: 1898, S. 309.

424 Vgl. Brief Bronsart von Schellendorf an Alfred Lichtwark, 23.10.1898, HKH, AdB 76.

425 Schiefler, LAZ, 1898, S. 55, Ende Oktober, HH, SUB, HSS.

und manches andere, das den Sehgewohnheiten eines konservativen Publikums nicht entspricht, unsachlich und aggressiv kritisiert. Schließlich fallen auch Begriffe wie »Saal der Verrückten« und »Schreckenskammer«.[426] Diese Art Publikum hat Adolph Menzel 1847 in einer Gouache treffend dargestellt: eine raumgreifend breitbeinig stehende männliche Rückenfigur, die übertrieben selbstbewusst ein in der Darstellung nicht sichtbares Bild betrachtet.[427]

Lichtwarks Position in Hamburg ändert sich auch auf lange Sicht kaum. Der Kunstverein versucht überdies, seinen Einfluss auf die Frühjahrsausstellungen auszuschalten. 1899 tadelt Burchard die Annahme von ungeeigneten Gemälden und die schlechte Hängung; Lichtwark teilt diese Meinung; er ist als Vertreter der Kunsthalle nicht hinzugezogen worden, trägt in den Augen der Öffentlichkeit jedoch die Verantwortung.[428] Auch in den privaten Zirkeln wird die Abneigung gegenüber Lichtwark laut. Schiefler berichtet im Jahr 1900, dass ein Professor Eissenhart sich auf einer Abendgesellschaft bei der mit Lichtwark befreundeten Marie Zacharias anlässlich der Erwähnung von dessen Namen laute Ekelgeräusche geleistet habe.[429] 1901 erwähnt Lichtwark in einem Brief als Beispiel für die Rückständigkeit in Hamburg, aufgrund der Eingliederung von fünf gestifteten Gemälden Kalckreuths würden die »Alten« in den Zeitungen nach einem Wechsel in der Museumsleitung verlangen.[430]

Lichtwark hält diesen Anfeindungen ohne Gegenwehr stand. Von Liebermann weiß er, dass auf dem Schreibtisch des Berliner Kultusministers seine kleinen Schriften liegen und sein Einfluss im Deutschen Reich wächst. Doch in Hamburg machen ihm neben den Anfeindungen Kühle und Gleichgültigkeit zu schaffen, ebenjene »Herzen, die stets die gleiche Temperatur unter Null bewahren.«[431]

426 Vgl. Kurzgefaßte Phraseologie zum Gebrauch in der modernen Abteilung der heutigen Kunst-Ausstellungen, in: Kunst für Alle, 13. Jg., 1898/99, S. 333f. (Vermischte Nachrichten). – Mit der Forderung, das Publikum solle sich der Kritik enthalten und von den erzogenen Augen des Künstlers lernen, folgt Lichtwark einem Postulat des Philosophen Arthur Schopenhauer, die dieser 1844 in seiner Schrift *Die Welt als Wille und Vorstellung* formulierte. Schopenhauer verlangte hier als Erster die Unterwerfung des Rezipienten unter das Kunstwerk: »Vor ein Bild hat jeder sich hinzustellen wie vor einen Fürsten, ob und was es zu ihm sprechen werde; und wie jenen auch dieses nicht selbst anzureden: denn da würde er nur sich selbst vernehmen.« Vgl. Ullrich (2003), S. 13f. Fraglich ist, wie breit zu Lichtwarks Amtszeit, vor allem in den 1890er Jahren, als er sich am intensivsten um die Bildung des Publikums kümmerte, die Rezeption dieses Gedankens bereits war, ob also Lichtwark diesen Text Schopenhauers selbst gelesen hatte beziehungsweise diese Forderung, zumindest unter Fachleuten, schon bekannt war. Durch die Verbreitung seiner Schriften und seine Popularität dürfte Lichtwark hier jedenfalls ein wichtiger Multiplikator gewesen sein. Ullrich nennt keinen anderen Multiplikator in Lichtwarks Zeit, betreffend also das Kunstpublikum um 1900; es könnte sich auch kaum um jemand anderen handeln, außer vielleicht noch um den zwölf Jahre jüngeren Heinrich Wölfflin, dessen Wirken jedoch erst später beginnt. Vgl. dazu auch Kemp (1989).

427 Vgl. Ausst.Kat. Menzel (1981), Abb. III, S. 30, Slg. Schäfer, Schweinfurt.

428 Vgl. P3, 22.4.1899.

429 Vgl. Schiefler, LAZ, 19.1.1900, S. 87, HH, SUB, HSS. Der Familienname ist bei Schiefler vermutlich falsch geschrieben.

430 Vgl. Brief Alfred Lichtwark an Frau [Toni] Neisser, 20.12.1901, Berlin, Staatsbibliothek, HSS, Slg. Darmstaedter, 2i 1896: Lichtwark, Alfred.

431 Vgl. Br. Kommission (1901), Bd. VII: 1899, S. 37. – Zitat: siehe Anm. 414.

... und Freunde

In diesem Klima der Antipathien gibt es nur wenige Menschen, die Lichtwark als Ausgleich dienen können. Das Zusammenleben mit Mutter, Schwester und Bruder bringt nicht nur Verantwortung und stete Rücksichtnahme mit sich, sondern durch die ausgeprägte Familienliebe auch Geborgenheit und Freude.[432] Kalkmann, Mannhardt und Wedderkop sind seine engsten Freunde; Wilhelm Daniel Vivié, genannt Willi, lebt zu dieser Zeit noch nicht in Hamburg.[433] Eine sehr persönliche Freundschaft entwickelt sich auch zu dem zwölf Jahre jüngeren Offizier Fritz Bronsart von Schellendorf, dessen Mutter und Ehefrau Amateurphotographinnen sind. Bronsart wendet sich 1896 an Lichtwark mit der Bitte, einen Künstler für ein Portrait zu empfehlen. Daraus entwickelt sich eine Bekanntschaft und schließlich Freundschaft. Bronsart bewundert Lichtwarks kulturelle Kompetenz, während dieser den Status, die Lebensart und die Gesellschaft des adligen gebildeten Ehepaares genießt.[434] Am 27. August 1899 schreibt Bronsart an Lichtwark: »Am meisten bewundere ich, daß Du als Mann der Öffentlichkeit, der Du nach Deinem ganzen Beruf zur Einwirkung auf die Massen Dich verpflichtet fühlst, Dir soviel persönliche Freundlichkeit und Liebenswürdigkeit bewahrt hast. Ich halte es für sehr schwer, Grossist und Detaillist in einer Person zu sein; Dir wird dies durch Deine angeborene Liebenswürdigkeit des Herzens erleichtert. Ich glaube sogar, daß selbst die große Masse, die Dich nur aus Deinen Vorträgen und Büchern kennt, doch eine Ahnung von Deiner eigenen Persönlichkeit bekommt u. hierin liegt das Geheimnis der Anziehungskraft Deines Wissens und des Gelingens Deiner Absichten, ganz abgesehen von der Wahrheit und der Selbstständigkeit Deiner Leistungen.« Und im Dezember 1902 formuliert Bronsart im selben Sinne: »Die Hamburger können Dir wirklich aufrichtig dankbar sein, daß Du ihnen jetzt, so lange es noch möglich war, diese Schätze [die mittelalterlichen Altäre[435]] wieder erworben hast. Ich meine, sie können ihrer Dankbarkeit keinen besseren Ausdruck geben, als indem sie Dir jährlich und gelegentlich noch größere Summen wie bisher zur Verfügung stellen; damit erweisen sie sich außerdem selbst den größten Dienst u. machen Dir eine Freude!«[436] Bronsarts Vertrauen in Lichtwark ist derart gefestigt, dass er ihm die Vormundschaft über seine Kinder anträgt, als er 1904 den Prinzen Carl von Hohenzollern nach Japan in den Krieg begleiten muss.[437]

432 Vgl. Brief Bronsart an Alfred Lichtwark, 13.11.1899, HKH Archiv 76; er habe viel von Lichtwark gelernt. »Denn Du bist der beste Sohn, der zärtlichste Bruder und der beste Freund.« Im Jahr zuvor schreibt er, Lichtwark habe ein so ideales Heim bei seinen Damen, wie es wenigen beschieden sei; vgl. ebd., 16.10.1898.

433 Vgl. Br. Familie, S. 509.

434 Vgl. Briefe Ehepaar Bronsart von Schellendorf an Alfred Lichtwark, HKH, AdB 76. Im Brief vom 30.8.1898 ist auch von Photographien die Rede, die Veronika Bronsart von Schellendorf von Lichtwark aufgenommen hat. Leider scheint sich davon nichts erhalten zu haben. Meine telefonischen Recherchen bei Hinrich Bronsart von Schellendorf, Hannover, im Herbst 2001 verliefen ergebnislos.

435 Siehe die Kapitel »Meister Francke« sowie »Meister Bertram und die Gewinnung seiner Altäre für Hamburg« in Teil 4.

436 Brief Bronsart an Alfred Lichtwark, 3.12.1902, HKH, AdB 76.

437 Vgl. Brief Bronsart an Alfred Lichtwark, 7.7.1904, HKH, AdB 76.

Sein großer Coup besteht darin, Lichtwark anlässlich eines Diners bei Metternich ohne vorherige Ankündigung dem Kaiser vorzustellen, eine gelungene Überraschung, da Lichtwark nicht wie gewöhnlich im letzten Moment absagen kann. Es sei sein größter Wunsch, schreibt Bronsart, dass sich zwischen dem Kaiser und Lichtwark eine Annäherung entwickeln möge; der Kunst könne dies nur zum Vorteil gereichen, und die Kunst habe dies nötig. Seine Majestät stehe leider noch etwas unter dem Einfluss von Anton von Werner, wenn er es auch nicht eingestehe, doch bei seinem natürlichen Verstand und Geschmack werde er sich wohl bald ganz von Werner lossagen. Bronsart hofft, dass Lichtwarks Worte dazu beitragen werden. Ganz Hamburg scheine über Lichtwarks Erscheinen beim kaiserlichen Diner Kopf zu stehen, und das gönne er den »hochnäsigen Menschen von ganzem Herzen«.[438]

Durch Lichtwark wird Bronsart mit den Schriften Paul Lagardes bekannt, die ihn sehr interessieren. Er könne sich vorstellen, dass der Kaiser den Ideen einer so umwälzenden Unterrichtsreform aufgeschlossen gegenüberstehen würde, wenn sie ihm von einer Persönlichkeit nahegebracht würden, welche die Energie hätte, »dem geschlossenen Ansturm der Schwarzröcke aller Bekenntnisse« Widerstand zu leisten. Er denkt da, wie er andeutet, an Lichtwark, den »Bismarck des guten Geschmacks«. Allerdings fürchtet er, der Kaiser hätte nicht die Nerven, bei Lichtwark mitzuhalten.[439] In der Tat sind Wilhelm II. und Lichtwark nicht gut aufeinander zu sprechen. 1899 witzelt Lichtwark gegenüber seinem Freund Wedderkop, als der Kaiser die Berliner Nationalgalerie besucht, über den bekanntermaßen rückständigen kaiserlichen Kunstgeschmack: »Herr Lehmann in der Nationalgalerie!« Und Senator von Melle berichtet 1903 Gustav Schiefler von der Aversion des Kaisers gegenüber Lichtwark: Nur mit einem Revolver würde er die Hamburger Kunsthalle besuchen.[440] Zu dieser Zeit ist Lichtwarks unerschütterliche Position auf Seiten der sezessionistischen Kunst schon so bekannt, dass seine Gesinnung auch dem Kaiser nicht entgehen kann.

Doch ist Lichtwark trotz seiner Freunde im Grunde in Hamburg allein, auch seinen Urlaub verbringt er manchmal ohne Begleitung. Anfang September 1897 weilt er zur Erholung in Bockswiese im Harz.[441] Er lebe sehr einsam, schreibt er, die erste

438 Vgl. Brief Bronsart an Alfred Lichtwark, 19.6.1899, HKH, AdB 76.

439 Vgl. Brief Bronsart an Alfred Lichtwark, 25.3.1900, HKH, AdB 76. – Möglicherweise ist Lichtwarks Beschäftigung mit Lagarde bedingt durch seine zeitweilige Mitgliedschaft im Alldeutschen Verband. Antisemitismus, wie Liebermann ihm 1927 gegenüber Pauli zu dessen Erstaunen nachsagt, wird jedoch in den schriftlichen Quellen nicht deutlich; vgl. Ring (2010), Bd. 1, S. 715. 1901 vergleicht er Messel und Liebermann als unterschiedliche Typen von Juden: »Er [Messel] ist einer der feinsinnigsten, tüchtigsten und lautersten Menschen, die ich kenne. Wie Liebermann ist er Jude, aber er gehört einem ganz verschiedenen Typus an, dem ruhigen und gemessenen, während Liebermann zu den aufgeregten gehört.« Mit Messel sei er in seiner Berliner Zeit »sehr viel zusammengekommen« und nahe befreundet gewesen; vgl. Br. Kommission (1902), Bd. IX: 1901, S. 84. An anderer Stelle, im Februar 1907, berichtet er von einer Gesellschaft bei Liebermann, auf der Felicie Bernstein als Jüdin eine »gloriose Judengeschichte« erzählt, die er in seinem Brief an die Kommission wiedergibt. In diesem Judenwitz wird die geistige Überlegenheit eines gedemütigten Juden thematisiert; vgl. Br. Kommission (1908), Bd. XV: 1907, S. 33.

440 Br. Mannhardt, S. 57. – Vgl. Schiefler, LAZ, 21.6.1903, S. 239, HH, SUB, HSS.

441 Vgl. Brief Alfred Lichtwark an Mannhardt und Wedderkop, 4.9.1897, HKH, AdB 112. – Zum Fahrradunfall vgl. Zeromski (1924), S. 122.

Woche sei wie im Traum verflogen, vierzehn Tage sollen noch folgen. Zweimal am Tag macht er eine längere Kletterpartie und fühlt schon die positive Wirkung. Sein seit Monaten lädierter rechter Arm, die Folge eines Fahrradunfalls, »rebellirt jedesmal durch eine Art Zahnschmerz«, aber er könne schon wieder werfen und sich nachts zumindest vorübergehend auf die rechte Seite legen. Bockswiese ist als Erholungsort wie für ihn geschaffen, nach allen Seiten gibt es die schönsten Wege für den begeisterten Wanderer und überall die sehr eigenartige und liebliche Landschaft. Wie immer interessiert ihn die lokale Architektur, die er mit den Augen eines Denkmalschützers betrachtet. Bislang seien die Städtchen und Dörfer noch unberührt gewesen, kein Architekt habe durch neue Bauten das reizvolle Bild angetastet, alles sei auf die Farbe gestellt gewesen: rote Dächer, die Wände mit Holz verschalt und weiß, grün oder auch ockerfarben gestrichen, die Wetterseiten mit schwarzem Schiefer bekleidet, mit weiß gerahmten Fenstern darin. Das einzige Schmuckstück sei die Haustür mit ihrem Oberlicht und den Beischlägen, die Fenster mit grünen Blumengittern und üppigen Geranien und Begonien geschmückt. Alles erscheint ihm originell und einfach in seiner Frische und Sauberkeit. Er bewundert die vielfältig variierten schlichten Einzelformen, allein schon den Reichtum an Wandlungen bei den Türen. Nun komme aber der Architekt und baue in die schlichte Schönheit seine brutalen Rohbauten, die ihren Namen mit Recht führen. Es sei ein Jammer, denn das üble Beispiel wirke: »Sie haben schon gelernt, die Fensterrahmen holzfarben zu streichen.« Er will sich nicht erbittern, aber: »Es ist eine Schande und Schmach. Diese Architekten! Erzschelme sind sie in unserer Kultur.«[442]

Nicht nur seine Ferien verbringt Lichtwark allein, er fühlt sich auch sonst einsam. Es liegt ihm schwer auf der Seele, auch seinen Freund Wolf Mannhardt derart selten zu sehen. »[...] ich habe im Gedränge die Fähigkeit der Initiative fast eingebüßt«, schreibt er 1897 an seinen Freund Magnus von Wedderkop. »Kaum weiß ich noch aus und ein. Was ich machen müßte, kann ich doch nicht bewältigen, ein furchtbarer Zustand.« Er lese fast nichts mehr und sehe kaum noch einen Menschen. »Wie kommt es, daß man in einer Großstadt ärmer an persönlichem Verkehr ist als im kleinsten Nest?« Er habe tatsächlich niemanden. Aber er spüre es kaum, nur wenn er mal die Freude habe, mit Mannhardt zusammen zu sein. Magnus möchte Mannhardt schreiben, er müsse sich Lichtwarks annehmen, beide würden es gleichermaßen brauchen.[443] Drei Tage später erscheint Mannhardt mit seiner Schwester Panchita zu Lichtwarks Geburtstag, an dem sonst »nicht mit der Wimper geklimpert werden« darf. Lichtwark erlebt den Freund lebendiger und vergnügter als bei den vergangenen Begegnungen; er habe sich unsäglich darüber gefreut, und der unverhoffte Besuch habe ihn ganz glücklich gemacht, schreibt er an Wedderkop, auf dessen angekündigten Besuch zu Weihnachten er sich ebenso freue: »Ich brauche so etwas, um über die öden Wege, die ich gehen muß, ein schönes Ziel leuchten zu haben. Du glaubst

442 Brief Alfred Lichtwark an Mannhardt und Wedderkop, 4.9.1897, HKH, AdB 112.
443 Brief Alfred Lichtwark an Wedderkop, 11.11.1897, HKH, AdB 112.

nicht, wie ich manchmal down bin. Was habe ich beschickt in all der Zeit. Freilich ist es eine Anmaßung, den Anspruch zu stellen. Il faut que le crem [sic] se brise ou se bronze, und meins will weder das eine noch das andere.« Die Stunden mit Wolf hätten ihn sehr aufgefrischt. Und er bittet Wedderkop, ihm zu schreiben; er könne es brauchen.[444] Erstmals verleiht Lichtwark solcher depressiven Stimmung Ausdruck. Auch seine alten Berliner Freunde kann er bei seinen dortigen Aufenthalten kaum noch besuchen; aufgrund seines vollen Programms muss er auf Einladungen um vier oder fünf Uhr zu Tisch verzichten. So beginnt er den Kontakt zu verlieren, und seine Freunde seien über diese Vernachlässigung ungehalten.[445] Seine Verbindungen in Hamburg beschränken sich neben der Freundschaft zu Mannhardt, der sich jedoch 1899 mit Hedwig Klöpper verlobt und damit für Lichtwark noch weniger erreichbar ist, vor allem auf die Familien Kalkmann und Steffens. Hier sind, besonders bei Kalkmanns, deren Wohn- und Lebenskultur ihm besonders behagt, auch seine Mutter und Schwester einbezogen.[446] Annäherungsversuchen Schieflers, besonders im Jahre 1903, widersteht Lichtwark, auch wenn Luise Schiefler höflich und artig zuerst bei Lichtwarks »Damen« vorfühlt.[447] Mit der Zeit kristallisiert sich Schieflers Neigung zur Avantgarde deutlich heraus; darin mag der Grund für die Ablehnung durch Lichtwark liegen, der sich von diesen Kreisen aus kulturpolitischen Gründen fernhalten muss, im Übrigen aber auch sehr zurückgezogen lebt und mit aufgezwungener Geselligkeit keine Zeit verlieren möchte.

Zu Lichtwarks Unterstützern seitens der Regierung in Hamburg gehört vor allem Dr. jur. Werner von Melle, ein Jahr jünger als Lichtwark, zunächst Syndikus, dann Präsidialmitglied der Oberschulbehörde, ab 1900 Senator, seit 1904 Präses der Oberschulbehörde und maßgeblich beteiligt an der Gründung der Hamburger Universität. Von ihm erfährt Lichtwark Ermutigung. Am 19. April 1900 antwortet er auf einen Brief mit den Worten: »Wenn es mir manchmal vorkommt, als stünde ich auf verlorenem Posten, dann brauche ich nur daran zu denken, dass ich das Glück habe, in den mir als wesentlich erscheinenden Dingen die Zustimmung der Männer zu haben, auf deren Urtheil es mir allein ankommt. Nehmen Sie meinen herzlichsten Dank für diese Herzstärkung.« Und in einem weiteren Brief bedankt sich Lichtwark im Juni 1902 für die »Stärkung«, die ihn belebe: »Es soll mir über Vieles hinweghelfen. Daß ich über manche Dinge in Hamburg und manche Menschen ohne Enthusiasmus und vielleicht nicht ohne Bitterkeit spreche, hat wohl einigen Grund. Aber Sie haben recht, man soll es besser unterdrücken. Es nützt nie und schadet nicht nur einem selbst [...], sondern auch der Sache.«[448]

444 Vgl. Brief Alfred Lichtwark an Wedderkop, 14.11.1897, HKH, AdB 112. – Französisch für: Die Creme muss aufgehen oder bräunen.
445 Vgl. Br. Kommission (1899), Bd. V: 1897, S. 267.
446 Vgl. Br. Mannhardt, S. 56f. – Meyer-Tönnesmann (1985), S. 143, 145.
447 Vgl. Schiefler, LAZ, S. 42, 21.11.1897; S. 253, 7. 10.1903; S. 254, 17.10.1903, HH, SUB, HSS.
448 Zu von Melle vgl. Hamburg Lexikon (2002), S. 319f. – Briefe Alfred Lichtwark an von Melle, 19.4.1900, 19.6.1902, HH, SUB, HSS, NvM: HG: Lichtwark, Alfred.

1899 erreicht Lichtwark eine Ehrung besonderer Art. Am 27. Oktober wird ihm von König Albert von Sachsen das Ritterkreuz I. Klasse des Albrechtsordens verliehen.[449] Der Vorschlag dazu könnte von zwei ihm besonders freundschaftlich gesonnenen Männern gekommen sein, den beiden Kollegen in Dresden: von seinem langjährigen Freund Woldemar von Seidlitz und von Karl Woermann, der ihn schon 1886 für das Amt in Hamburg so dringend empfohlen hat.

Hamburgische Portraits

Zu Weihnachten 1897 beabsichtigt der Hamburger Kunstverein, als Jahresgabe für seine Mitglieder ein Werk Lichtwarks über das hamburgische Portrait herauszugeben; vermutlich stammt dieser Vorschlag von Lichtwark selbst, denn seine Beschäftigung mit dem Thema Portrait in der Kunsthalle währt nun schon einige Jahre. Begonnen hat sie 1891 mit dem skandalträchtigen Auftrag an Max Liebermann für das Bildnis des Bürgermeisters Petersen. Auch wenn Lichtwark anschließend den Gedanken an weitere Portraits von Liebermanns Hand über lange Zeit nicht weiterverfolgen kann, bleibt doch die Bedeutung des Bildnisses als besonders wichtige Gattung für die bürgerliche Kunstrezeption unvermindert in seinem Blickfeld. Zwar hat es bereits in der bürgerlichen Kunst des 19. Jahrhunderts seinen Stellenwert, doch fällt Lichtwarks intensives Interesse am Menschenbild auf. Auch in zahlreichen Briefpassagen formuliert er seine einfühlsamen, treffenden und humorvollen Beobachtungen von Personen. Sein Sinn für die Eigenarten und das Verhalten von Menschen resultiert nicht nur aus seiner früheren Tätigkeit als Lehrer, vielmehr setzt dieser Beruf menschliche Anteilnahme und psychologisches Interesse voraus.

Zu den wenigen Veranstaltungen, die Lichtwark nachweislich an der Berliner Universität belegt hat, gehört die Geschichte des Portraits; das Thema muss ihn nachhaltig beeindruckt haben. Aber er hört im Jahr darauf ebendort auch nicht zufällig eine Vorlesung über Psychologie bei Ebbinghaus.[450] Während dieser Zeit liest er auf Empfehlung Max Klingers auch die Anthologie *Moderne Geister* von Georg Brandes, *Literarische Bildnisse aus dem XIX. Jahrhundert*. Der erste Essay behandelt Paul Heyse, den Lichtwark nach eigenem Bekunden in seiner Jugend gerne las, und das literarische Portrait.[451] Es sei, führt Brandes einen namentlich nicht genannten, vorgeblich ausgezeichneten Portraitmaler an, die Studie eines Dinges, das nie vorher dagewesen sei und nie wiederkommen werde. Und darin sieht er das Interesse an der einzelnen Persönlichkeit, der inneren wie der äußeren, treffend formuliert. Auch

449 Vgl. Dekret vom 27.10.1899, FKL.

450 Vgl. Abgangszeugnis der Königlichen Friedrich Wilhelms Universität zu Berlin, 26.1.1884, FKL. – Siehe dazu die Kapitel »Berlin als Paradies: Karriere« in Teil 1 und »Liebermanns Petersen-Portrait als Beginn einer Portraitgalerie« in Teil 2.

451 Vgl. Brandes (1901), S. 1. Die erste Auflage des Werkes erschien bereits im Oktober 1881. Zu Lichtwarks Verhältnis zu Heyse siehe das Kapitel »Der Weg hinaus« in Teil 1.

für den Literaten sei das Portrait eine seltsam fesselnde Beschäftigung; dessen Mittel stünden allerdings sehr hinter denjenigen des Malers zurück. So manifestiert sich hier ein epochales Thema, das Lichtwark auf seine Art mitvollzieht.

Seine Forschungen zur hamburgischen Portraitkunst legt Lichtwark nun in zwei gewichtigen Bänden dar, die der Kunstverein seinen Mitgliedern überreicht. Zunächst hat Lichtwark vor, zu den jeweiligen Abbildungen einen erläuternden Text zu schreiben; doch führt er schließlich alles aus, was er zum Thema des hamburgischen Portraits bis dahin zusammengetragen hat. Er widmet das Werk seinen beiden maßgeblichen fachlichen Förderern, denen er in langjähriger Freundschaft verbunden ist, Justus Brinckmann und Julius Lessing.[452] Lichtwark beabsichtigt jedoch keine kunstwissenschaftliche Geschichte des Portraits, sondern möchte zum Genießen anregen. Es sei eine Arbeit von propagandistischem Charakter, schreibt er an seinen Freund, den Literaturwissenschaftler Berthold Litzmann, nach Bonn.[453]

Es dürfte wohl nur den Verzögerungen im Publikationsprozess zuzuschreiben sein, dass der Kunstverein nach den Vorfällen des Jahres 1897 noch dieses Werk Lichtwarks herausgibt. Nahezu 28.000 Mark hat die Produktion gekostet, dennoch sollen die Bände nur in Hamburg verbreitet und vor Ort wirksam werden. Lediglich an wenige Bibliotheken sendet Lichtwark es selbst. Der Kunstverein muss jedoch in seinem Jahresbericht Urteile von Autoritäten veröffentlichen, daher wendet sich Lichtwark an Litzmann mit der Bitte um eine Bewertung. Dieser möge seine »paar anerkennenden Zeilen« an den Vorsitzenden Baudirektor Zimmermann senden. Es sei von größtem Wert, wenn die Anerkennung von Leuten komme, die kein fachliches Interesse an dem Werk hätten, sondern vom allgemeinen kulturellen oder vom historischen beziehungsweise patriotischen Standpunkt her urteilten. Es sei eine lokale Angelegenheit und nicht nötig, dass der Kunstverein in der *Kölnischen* gelobt werde. Er selbst will dabei aus dem Spiel gelassen werden. »Der Kunstverein, der ja eigentlich mein Feind ist, hat das pekuniäre Opfer gebracht, um das Ziel, das mir vorschwebte, erreichen zu helfen. Es wird darauf ankommen, die Gesinnung des K.V. zu loben, die solche Unternehmungen möglich macht. [...] Mir hat vorgeschwebt, ein Familienbuch zu schreiben, in dem die eine Sache: Bildniß von tausend Seiten angesehen wird. Es soll ein starker Vorstoß für das Bildniß gemacht werden, und da dies für ganz Deutschland auf einmal nicht geht, habe ich mich auf Hamburg beschränkt.« Prinzipiell bitte er niemals einen Fachgenossen, sich um seine »Sachen« zu kümmern, nie schicke er eine Notiz an die Kunstzeitschriften, aber mit dem Bildniswerk liege es diesmal anders.[454] Die eingegangenen Urteile über die Vereinsgabe veröffentlicht der Kunstverein in seinem Jahresbericht von 1899, Stellungnahmen von Karl Woermann, Franz von Reber, Ernst Bernheim, Carl Neumann, Woldemar von Seidlitz und Berthold Litzmann, also von Kollegen, zugleich auch Freunden und Bekannten des Verfassers.[455]

452 Vgl. Alfred Lichtwark, Das Bildnis in Hamburg, 2 Bde., Hamburg: Verlags-Anstalt und Druckerei A.-G., 1898; Kayser (1977), Nr. 267.
453 Brief Alfred Lichtwark an Litzmann, 18.11.07, HH, SUB, HSS, LA 81.
454 Vgl. Briefe Alfred Lichtwark an Litzmann, 7.12. und 9.12.1898, HH, SUB, HSS, LA 51, 52.
455 Vgl. Br. Liebermann, S. 129, Anm. 2.

Lichtwarks verdienstvolles Bildniswerk, ein Beitrag zur hamburgischen Kunstgeschichte, wenn er auch angeblich als solcher nicht beabsichtigt war, wird den Mitgliedern des Kunstvereins kostenlos überreicht. Es stößt aber trotz der positiven Rezensionen keineswegs auf die angemessene Anerkennung. Sechs Jahre später bezeichnet Lichtwark in niedergeschlagener Stimmung gegenüber seinem Freund Gustav Pauli das Bildniswerk als Fehlschlag, und zum Zeitpunkt seines Todes 1914 befinden sich noch 150 Exemplare in seinem eigenen Besitz.[456] Doch Lichtwarks besondere Neigung zum Bildnis hält nicht nur unvermindert an, sie steigert sich noch. Fortlaufend sammelt er Portraits, soweit die Kommission ihr Einverständnis gibt, wobei ältere Werke nicht immer durch Spenden finanziert werden müssen.[457] Umfangreich und bedeutend sind die Bildnisaufträge, die er nach 1904 an Kalckreuth, vor allem jedoch an Liebermann vergibt. Und seine Beharrlichkeit zeigt Wirkung. Noch 1912 veranstaltet der Kunstverein in der Kunsthalle eine Ausstellung von älteren Portraits aus Hamburger Privatbesitz. Lichtwark gehört nicht dem Gremium an, dennoch ist die Ausstellung ganz in seinem Sinne gestaltet, da es sich um lokale Motive und lokale Künstler handelt, und zweifellos ist die Ausstellung als Erfolg seiner Bemühungen um ein neues Interesse am Bildnis zu werten.[458]

BÜCHER FÜR ALLE: DIE HAMBURGISCHE HAUSBIBLIOTHEK

In einem Brief vom 2. September 1899 an den Vorsitzenden der Patriotischen Gesellschaft plädiert Lichtwark (Abb. 33) für die Gründung einer lokalen Haus- und Jugendbibliothek, die er, stets bedacht auf die Verbreitung von Bildung, für dringend nötig hält.[459] Er vergleicht Hamburg mit einem gerodeten Land, in dem der Wind die trocken gewordene Humuserde abgetragen habe. Hamburg müsse sich auf eine eigene Entwicklung besinnen. »Weiß Hamburg, wozu es auf der Welt ist? Und es ist ja nicht nur für Hamburg selbst nötig, daß es sich besinnt. Deutschland braucht Hamburg, ein Hamburg, das die Erziehung seiner Kräfte in die Hand nimmt. Je energischer wir uns auf uns beschränken, desto wichtiger werden unsere Leistungen für Deutschland. Überdies müssen wir uns wehren, sonst verbureaukratisieren wir. Die Tendenz ist schon da. Wenn wir eine Presse hätten, die ihre besonderen hamburgischen Aufgaben verstände, so wären viele andere Dinge überflüssig. [...] Die Monat-

456 Vgl. Br. Pauli, S. 36. – Brief Alfred Lichtwark an Hans Lichtwark, 12.7.1913, Abschrift im FKL.

457 Der deutschstämmige, in Dänemark aufgewachsene Maler Willy Grétor (1868–1923) bietet Lichtwark 1898 ein Portrait der hundertjährigen Charlotte Embden, einer Schwester Heinrich Heines an, das in die Sammlung von Bildern aus Hamburg passen würde. Obwohl Grétor den Preis eigens für die Kunsthalle von 1.000 auf 500 Mark senkt, vermag Lichtwark die Kommission nicht für das Bild zu interessieren. Der Künstler fertigt noch eine Kopie für die Familie Embden an; vgl. den Briefwechsel zwischen Lichtwark und Grétor, in: Wolff-Thomsen (2006), S. 227–232; die Originale der Briefe befinden sich in der HKH, DK.

458 Vgl. Ausst.Kat. Ausstellung von älteren Bildnissen aus Hamburger Privatbesitz im Kunstverein in Hamburg, Hamburg: Kunstverein, 1912.

459 Vgl. Schiefler (1917), S. 217–228. – Schiefler, LAZ, 1899, S. 78, 81, Dezember 1899, HH, SUB, HHS.

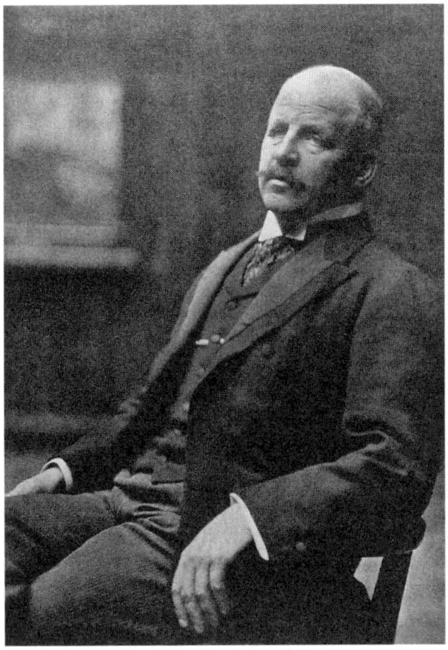

Abb. 33 Alfred Lichtwark, 1899,
Aufnahme: Rudolph Dührkoop

schrift, das Denkorgan für die Stadt bekommen wir noch nicht, so nötig sie uns ist.« So stellt sich Lichtwark eine Hausbibliothek mit lokalem Charakter »als rechten Sauerteig« vor. Als nationales Unternehmen würde sie ihn allerdings nicht reizen; sein Vorhaben soll sich ausschließlich auf einen wertvollen Besitz an hamburgischer und deutscher Literatur in guten und zugleich preiswerten Ausgaben als lokale Publikationsreihe in Buchform konzentrieren. Zeitungen und Zeitschriften hält er für »große Gedankenfriedhöfe«, das Buch jedoch sei immer präsent. Er entwirft gleich ein ganzes Programm für diese Reihe: anregende und unterhaltende Jugend- und Volksschriften, die man für das Hamburger Haus wünschen müsse, Material liege für Jahre aus der deutschen Literatur bereit. Dann das Beste aus der älteren Hamburger Literatur; jedes Jahr müsse ein Buch zu einer besonderen Hamburger Fragestellung von allgemeinem Interesse erscheinen, so zum Thema Parkgestaltung mit Beispielen aus der Parkpolitik von Berlin, Dresden, Paris usw., ferner einzelne Kapitel aus der Hamburger Kultur-, Kunst-, Musik- und Literaturgeschichte, über die Fauna Hamburgs, eine Hamburger Topographie und eine lokale Chronik, »amüsant bei allem Ernst«. Der Typus des populären Sachbuchs schwebt ihm vor, das eine breite Leserschaft anspricht. Außerdem soll ein Preis ausgesetzt werden für ein Buch »über die naturgeschichtliche Basis der Gesellschaftsordnung à la Ammon«, für den einfachen Verstand aufbereitet und ohne Polemik gegen die Sozialdemokratie, denn viele Gedanken würden heute nicht mehr ins Volk dringen, wenn Polemik im Spiel sei. Die Kosten betrachtet er als minimal, ein Risiko als nicht vorhanden. Die Form soll einfach sein, der Preis des Bandes lediglich fünfzig Pfennig oder eine Mark betragen. Vier Bände jährlich stellt er sich vor, zwei zu Weihnachten und zwei zu Ostern. Die Lehrer sollen mitarbeiten und der Sortimenter ruhig gut daran verdienen. Der Deutsche müsse wieder daran gewöhnt werden, Bücher zu kaufen, meint Lichtwark, doch irrt er hier: Die ins Auge gefasste breite Zielgruppe ist bisher keineswegs an die Erwerbung von Büchern gewöhnt; sie hat erst eine Generation zuvor mit der Einführung der allgemeinen Schulpflicht in Hamburg lesen gelernt. Von seinen eigenen Büchern will Lichtwark noch nicht reden, wäre jedoch einverstanden, wenn die Redaktionskommission später eine seiner drei Monographien über Meister Francke, Matthias Scheits und Julius Oldach akzeptierte. Als Herausgeber schlägt er fünf Personen aus verschiedenen Berufszweigen vor. Um die Nennung der Jugendschriftenkommission zu vermeiden, möge man einen Volksschullehrer namentlich als Herausgeber bestimmen. Lichtwark drängt: Wenn die Redaktionskommission in der folgenden Woche gewählt würde, könnten die ersten beiden Bände schon zu Weihnachten erscheinen. Zunächst kommt die Sache jedoch nicht voran; am 9. Dezember 1899 rät Lichtwark, eine einfache Leitung als Redaktion durchzusetzen, die bei ihren Unternehmungen nicht erst an einen »Hofkriegsrat« zu appellieren brauche: »Freudigkeit und Selbstvertrauen müssen überwiegen.« Von der Patriotischen Gesellschaft werde nichts verlangt, als dass sie in ihrem Namen das Gute geschehen lasse, weder Geld noch Arbeit seien erforderlich, abgesehen von deputierten Mitgliedern in der Redaktion. Aber ohne die Mitarbeit der Volksschullehrer gehe es nicht. Die Beschaffung der geringen Mittel erscheint ihm problemlos; es sei eine Ehre, dafür spenden zu können. Eigene Interessen verfolgt Lichtwark dabei nicht. Seine geplanten zehn oder zwölf Hamburger Künstlermonographien kann er für die Hausbibliothek nicht zur Verfügung stellen, vielmehr denkt er an eine kleine, von der Kunsthalle herausgegebene Hamburger Kunstbibliothek.

Doch vergeht die Zeit ohne weitere Aktivitäten. Die erste Sitzung einer nunmehr gebildeten Kommission findet nur lustlos statt, Lichtwarks idealistische Begeisterung überträgt sich nicht. Es herrscht Skepsis hinsichtlich der Zielgruppe; hier handele es sich wieder um eines jener utopischen Vorhaben dieses verstiegenen Mannes. Lichtwark und der Lehrer Friedrich von Borstel werden einzeln als Sachverständige gehört. Diese Art der Behandlung verdrießt Lichtwark so sehr, dass er laut Schieflers Bericht kein Blatt vor den Mund genommen und die guten Gründe seines Plans dargelegt habe: »ohne die Unfähigkeit derjenigen, die sie nicht begriffen hatten, zu schonen, monierte er die mangelnde Höflichkeit des Verfahrens und verliess die Sitzung, ohne seine Entlassung abzuwarten.« Seine deutliche und zugleich vornehme Art zeitigt jedoch Wirkung, der Widerspruch verstummt, wenn auch nicht ohne Murren. Lichtwark hat, um seinen Ausführungen mehr Nachdruck zu verleihen, auch fachlichen Rat eingeholt: Der Leipziger Verleger Teubner und der Historiker Ernst Lamprecht hätten den Plan nachdrücklich gebilligt.[460] Schiefler ist über die Ungeschicklichkeit entrüstet,

460 Vgl. Schiefler, LAZ, S. 81f., 84, Dezember 1899, HH, SUB, HSS.

betrachtet sie aber nicht als Bosheit. »Aber kann diesem Manne«, fragt er sich, »der Hamburg aus der Fülle seiner Ideen beschenken will, ein Gefühl der Bitterkeit verdacht werden, wenn eingebildeter Stumpfsinn seine wohldurchdachten Vorschläge nur als lästige Beunruhigung des satten Gehabens [sic] ablehnen möchte?«[461] »Was unsere Hausbibliothek anlangt, so schlummert die Idee in den langsamen Hirnen der Greise (von dreißig aufwärts) unserer Patriotischen Gesellschaft, der ich die Sache zugeschoben. Ich habe schon gedrängt, sie quiekt, aber rührt sich nicht. Nächstens nehme ich ihrs wieder weg«, schreibt Lichtwark am 15. Mai 1900 an Berthold Litzmann.[462]

Nun beschließt man einen Unterausschuss, dem Crasemann und Schiefler sowie Lichtwark und von Borstel angehören, zur Ausarbeitung von Vorschlägen. In wenigen abendlichen Sitzungen wird in der Kunsthalle ein Konzept erarbeitet und der Kommission als Denkschrift oktroyiert. Doch der Vorsitzende der Patriotischen Gesellschaft hat inzwischen gewechselt, ein weiteres Jahr vergeht ungenutzt. Lichtwark mobilisiert schließlich die Gesellschaft Hamburgischer Kunstfreunde, die in dieser Angelegenheit erneut Einladungen an die Patriotische Gesellschaft und die Lehrervereinigung zur Pflege der künstlerischen Bildung ergehen lässt. Jede der Gesellschaften entsendet drei Mitglieder, ein siebtes wird als Vorsitzender der Hausbibliothekskommission hinzugewählt, und der Hamburger Verleger Alfred Janßen übernimmt Verlag und Vertrieb. Nach fast zwei Jahren erscheinen im Sommer 1901 endlich die ersten beiden Bände, *Die deutschen Sagen* der Brüder Grimm und *Unser Elternhaus* von Paul Hertz. Lichtwark behält recht, was das Bedürfnis nach preiswerten Büchern und den Erfolg der *Hamburgischen Hausbibliothek* betrifft: Bis 1916 erscheinen 34 »schön gebundene Bände«, bis Ende 1917 sind 275.000 Bände verkauft.[463]

461 Schiefler, LAZ, S. 85, 2.1.1900, HH, SUB, HSS.
462 Brief Alfred Lichtwark an Litzmann, 15.5.1900, HH, SUB, HSS, LA 56.
463 Vgl. Pieler (1994), S. 127–129. Pieler hält Schieflers Darstellung in seiner *Kulturgeschichte* (1985), Lichtwark sei der Gründer der Hausbibliothek gewesen, für falsch. Lichtwark sei nach außen hin als solcher hingestellt worden unter dem Aspekt der Finanzierung; der Verleger Janßen als eigentlicher Gründer sei in den Hintergrund getreten, um nicht den Anschein eigennütziger Interessen zu erwecken. Pielers Aussage fußt auf einem Nachruf von 1935 und berücksichtigt weder die hier herangezogenen Aufzeichnungen Schieflers noch dessen Aufsatz *Alfred Lichtwark und die Hamburgische Hausbibliothek* (1917).

4. IN HAMBURG UND IM REICH

»Sehr geehrter Herr Professor, ich wende mich an Sie als einen Mann von großem Einfluß und bitte Sie inständig meinem Buche förderlich zu sein. Ein Wort von Ihnen würde genügen, meine Arbeit in ganz Deutschland bekannt zu machen.«

Lothar von Kunowski an Alfred Lichtwark, 24. April 1901[1]

»Jede meiner Stunden hat ihren Herrn.«

Alfred Lichtwark an Paul Blumenreich, 24. April 1902[2]

»Es drückt mich nicht mehr, wie früher, seit ich die bittere Erkenntnis gewonnen habe, daß in unserm Leben keine Rechnung aufgeht, und daß man nur sehen muß, den Bruch auf eine möglichst unschädliche Dezimalstelle hinaus zu schieben.«

Alfred Lichtwark an seine Kommission, 21. Oktober 1904[3]

MEISTER FRANCKE

Im Jahr 1898 erhält die Sammlung alter Hamburger Kunst in der Kunsthalle einen Zuwachs von etwa fünfzig Gemälden. Neun davon stellen ein besonderes Konvolut dar; sie sind von dem nach 1400 in Hamburg tätigen Meister Francke geschaffen und gelangen durch zähes Ringen Lichtwarks aus dem Großherzoglichen Museum Schwerin in die Hamburger Kunsthalle.[4] Durch einen Glücksfall wurden sie identifiziert: Schon 1889 sieht Lichtwarks Schweriner Kollege Friedrich Schlie in Hamburg den von Lichtwark in der Petrikirche entdeckten »Christus als Schmerzensmann«. Lichtwark hält ihn für den ehemaligen Besitz des 1806 abgebrochenen Hamburger Doms und gewinnt ihn dann 1890 für die Kunsthalle als Leihgabe, ein Bild, das nun von den Fachleuten als eines der wichtigsten deutschen Kunstwerke vom Anfang des 15. Jahrhunderts gewürdigt wird. Schlie erkennt bei dieser Gelegenheit sofort, dass das Bild von demselben ihm zunächst noch nicht namentlich bekannten Meister eines im Schweriner Museum befindlichen Altarwerks stammen muss. Es wird daraufhin als der Thomas-Altar der Hamburger Englandfahrer aus ihrer Kapelle in der abgebrochenen St. Johanniskirche identifiziert. Schlie weiß noch um ein weiteres Werk des Meisters, eine kleine Darstellung des Schmerzensmannes im Leipziger Museum.

Während sich Lichtwark um das Leipziger Bild sofort und in der Folge viele Jahre lang, aber schließlich vergebens bemüht, will er die »gothischen Hamburger« in Schwerin noch nicht für die Kunsthalle gewinnen, wie er 1889 an Bode schreibt. Schlie werde sie wohl auch nicht so leicht loslassen. Lichtwark kann sie in diesen ersten Amtsjahren noch nicht brauchen, da er die zu erwartende verständnislose Kritik nicht unnötig herausfordern will. Erst einmal hofft er zu diesem Zeitpunkt noch, aus der Petrikirche den Hamburger »Schmerzensmann« zu erhalten.[5]

Im April 1892 schreibt Lichtwark an seinen Freund Robert Koldewey, er wolle nach Schwerin reisen, wo sich ein Hamburger Altar aus dem 15. Jahrhundert vom Meister des Schmerzensmannes befinde, den er dem Museum »abknöpfen« will. Der Direktor sei noch nicht mürbe, aber es werde schon funktionieren.[6] Fast zehn Jahre nach ihrer Entdeckung unternimmt Lichtwark nun den Versuch, die neun Schweriner Altarbilder in die Kunsthalle zu holen. Bode, den er aus diesem Grunde im Januar 1898 aufsucht, billigt den Plan;[7] damit erhält Lichtwark wichtigen Rückhalt. In Schlies

1 Briefentwurf Kunowski an Alfred Lichtwark, 24.4.1901, Nürnberg, GNM, DKA, NL Kunowski, I,C-28.

2 Brief Alfred Lichtwark an Blumenreich, Wien, 24.4.1902, Berlin, Staatsbibliothek, HSS, NL 141, Slg. Adam: Lichtwark, Alfred.

3 Br. Kommission (1905), Bd. VII: 1904, S. 251.

4 Vgl. hier und im Folgenden: Jahresbericht [Bd. 12], 1898, S. 20–24. – Br. Kommission (1899), Bd. VI: 1898, S. 5, 55f. – AL, Meister Francke, S. 21–31. – Jahresbericht [Bd. 14], 1900, S. 19. – Best.Kat. Hamburg, Alte Meister, S. 66, demnach befand sich das Werk vermutlich früher im Besitz der ehemaligen St. Johanniskirche. – Zum Thomas-Altar vgl. Leppien (1992, Thomas-Altar).

5 Brief Alfred Lichtwark an Bode, 12.7.1889, Berlin, SMB-ZA, NL Bode, 3309.

6 Vgl. Brief Alfred Lichtwark an Koldewey, 9.4.1892, Berlin, Staatsbibliothek, HSS, NL Koldewey: Lichtwark, Alfred.

7 Vgl. Br. Kommission (1899), Bd. VI: 1898, S. 3, 5.

Lage kann er sich sehr wohl einfühlen. Er versteht dessen Skrupel, ein so bedeutendes und unersetzliches Werk abzugeben, bei der Vorstellung eines Triumphgeschreis der Hamburger und von Hohn und Unverständnis der Fachgenossen. Daher akzeptiert er auch Schlies Bedingung, die Erwerbung über seinen Kopf hinweg von Souverän zu Souverän durchzuführen. Lichtwark versucht Schlie die Situation zu erleichtern, indem gegenüber der Presse vor allem auf die ideellen Gründe für diese Erwerbung hingewiesen werden soll.[8]

Bei den Verhandlungen um das Altarwerk geht es zunächst um einen Betrag von 50.000 Mark. Schlies Widerstand formuliert sich jedoch auch über den Preis, indem er plötzlich die doppelte Forderung stellt. Auf 100.000 Mark hat Lichtwark sich bereits eingestellt, endgültig werden es jedoch 120.000 Mark, die schließlich aus dem Legat von Beer Carl Heines Testament entnommen werden, ein Betrag, der vier Jahresgehältern von Senatoren entspricht. Ungeachtet des hohen Preises empfehlen die beiden Gutachter, die Museumsdirektoren Wilhelm Bode und Karl Woermann, den Ankauf dringend. Bode billigt von Anbeginn das Vorhaben dieses Ankaufs, und über den Preis sind Bode und Lichtwark sich problemlos einig. Zahlung und Übernahme der Bilder erfolgen im Januar 1899. So wird in Lichtwarks Formulierung ein »bisher unbekannter Großmeister dieser Epoche« erst der Öffentlichkeit »geschenkt« und dadurch Hamburg plötzlich neben Köln und Nürnberg ein wichtiger Ort für die altdeutsche Kunst, nicht zuletzt, nachdem der Künstlername bekannt ist. Doch die Identifizierung des Künstlers im Jahr 1899 gelingt schließlich nicht Lichtwark selbst, sondern dem Hamburger Staatsarchivar Anton Hagedorn.[9]

Zehn Bilder Meister Franckes befinden sich nun in der Hamburger Kunsthalle; auf den Leipziger »Schmerzensmann« hofft Lichtwark auch weiterhin. Die Erwerbung der Bilder Franckes, in deren Verlauf Lichtwark auch mit dem Herzog-Regenten Johann Albrecht von Mecklenburg in Kontakt tritt, da dieser seine Zustimmung geben muss, bezeichnet Lichtwark als ein Ereignis von enormer Bedeutung, als einen Grundstein der Galerie alter hamburgischer Kunst. Das Werk erregt großes Erstaunen, weil man bisher an eine eigene Kunst in Hamburg nicht glaubte. Lichtwark beweist der Öffentlichkeit nun das Gegenteil. »Wir haben nach langen Verhandlungen vom Großherzog von Mecklenburg neun (9) Bilder eines Hamburger Meisters von 1424 gekauft«, schreibt er an seinen Freund Kalckreuth. »Sie sind schön, wirklich wunderschön. Ich freue mich sehr dazu, muß aber nun eine Publikation darüber machen.«[10] Mit der Entdeckung der Altarbilder entsteht für Lichtwark eben auch die Notwendigkeit kunsthistorischer Forschung, und da das Abbildungsmaterial im Allgemeinen noch fehlt,

8 Vgl. ebd., S. 5, 55f.
9 Vgl. P3, 22.1., 29.3., 15.9., 27.12.1898. – Br. Kommission (1899), Bd. VI: 1898, S. 133. – Leppien (1992, Thomas-Altar), S. 49. – Als Preisvergleich: Die Baukosten für ein vierachsiges Zweifamilienhaus mit Werkstattanbau als Fachwerkkonstruktion, zweigeschossig mit Keller und ausgebautem Dach, schieferverkleidet im bergischen Stil, betrugen 1902 rund 20.000 Mark; vgl. Unterlagen im Archiv der Verfasserin. Von dem Betrag für den Altar hätte man demnach sechs derartige Wohnhäuser bauen können. – P3, 15.10.1898, 21.1.1899.
10 Br. Kalckreuth, S. 70.

bedeutet diese Tatsache Reisen und Austausch mit spezialisierten Kollegen. Im Oktober 1898 macht er auf dem Weg zur Rembrandt-Ausstellung in Amsterdam Station in Köln bei seinem Kollegen Carl Aldenhoven, um mit ihm dessen Photomaterial von Werken der Kölner und der westfälischen Schule zu studieren.[11] Doch keiner der beiden Forscher findet eine Parallele oder stilistische Verwandtschaft zu dem Hamburger Meister, dessen Name zu dieser Zeit noch nicht bekannt ist. Lichtwark schildert seine Bemühungen in Köln ausführlich gegenüber seiner Kommission, kann jedoch nichts davon direkt verwerten. Auch muss er sich erst in die spätmittelalterliche Bildsprache einarbeiten. Als er im Mai 1899 in den Sammlungen in Darmstadt und Frankfurt nach Vergleichswerken fahndet, schreibt er seiner Kommission: »In Darmstadt habe ich wieder erlebt, welch einen Einfluß der Besitz der Bilder unseres Meister Francke auf mich ausgeübt hat. Mir ist, als hätte ich eine neue Sprache gelernt, seit ich täglich mit ihnen lebe. Wie vielen Hamburgern wird es von nun an Generationen hindurch so gehen. Wir können über den Besitz nicht glücklich genug sein.«[12]

1899 erscheint Lichtwarks Buch *Meister Francke. 1424* als erster Band in der Reihe hamburgischer Künstler als Publikation der Kunsthalle, von der Verwaltungskommission dem »Kirchenvorstand zu St. Petri zum fünfzigsten Jahrestage zur Einweihung des neu erstandenen Gotteshauses am VII. Mai MDCCCLXXXXIX« gewidmet.[13] An Max von Thielmann schreibt er im November 1899, als er ihm seine Publikationen sendet, sie würden von ganz großen, aber völlig vergessenen Künstlern handeln: »Es ist ungefähr, wie wenn in unseren Wäldern unbeachtet das Mammuth noch vorkäme und würde plötzlich entdeckt. Verzeihen Sie diese Uebertreibung, aber sie liegt nahe genug, wo soviel deutsche Arbeit auf die Erforschung der italienischen Kunst verwandt wird.«[14] Zu dieser Zeit erkennt er schon die Nähe zu einem anderen, etwas älteren hamburgischen Meister, den er noch für Hinrich Funhof hält. Er weiß aus der Literatur bereits von einem Meister Bertram als noch älterem Künstler vor Meister Francke und glaubt, geleitet vom Wunsch nach einer lückenlosen hamburgischen Kunstgeschichte, in ihm Franckes Lehrer vor sich zu haben.[15] Aber Lichtwark ist bewusst, wie unvollständig seine Kenntnisse noch sind. Im Januar 1902 dankt er dem Göttinger Mediävisten Prof. Wilhelm Meyer für seinen Brief: »Sie können sich kaum denken, wie mich Ihre Ausführungen interessieren. Das ist es gerade, was mir gefehlt hat. Ich bin als Laie an den Stoff herangegangen, dessen Gebiet mir eigentlich fremd war. Und hätte ich nicht die Pflicht empfunden, meinen Freunden den Künstler näher zu bringen, ich würde sicher die Hand davon gelassen haben. Beim Studium der Fachliteratur fand ich freilich, daß für eine wirklich wissenschaftliche Behandlung alle

11 Vgl. Br. Kommission (1899), Bd. VI: 1898, S. 271–276.
12 Vgl. Br. Kommission (1901), Bd. VII: 1899, S. 80f.
13 Kayser (1977), Nr. 292.
14 Vgl. Schreiben Alfred Lichtwark an M. v. Thielmann, 3.11.1899, Berlin, Staatsbibliothek, HSS, Slg. Darmstaedter, 2i 1867: Lichtwark, Alfred. Unter diesen übersandten Publikationen muss sich auch sein im selben Jahr erschienenes Buch *Meister Francke. 1424* befinden.
15 Vgl. AL, Meister Francke, S. 43, 46. – Leppien (1992, Thomas-Altar), S. 49.

Voraussetzungen fehlen. Das wenigste von dem, was über die älteste deutsche Kunst geschrieben ist, kann als Grundlage gelten. Ihre Arbeit ist eine Erlösung. Ich als überbürdeter Verwaltungsbeamter mußte mich beschränken, auszuführen, was innerhalb der festumrissenen Grenzen meiner Kraft und Einsicht möglich war. Und schon stehe ich vor neuen Räthseln. Von Franckes Lehrer habe ich Namen, zwei Testamente, zahlreiche Notizen und mehr als 80 Skulpturen und mehr als 90 Bildkompositionen beieinander. Und alle sicher! Wenn ich da solche Grundarbeiten benutzen könnte!«[16]

In den folgenden Jahren entdeckt Lichtwark auf verschiedenen Forschungsreisen im norddeutschen Raum viele Hinweise auf den Einfluss Franckes. So stellt er 1901 beim Altar von St. Jürgen, der Georgenkirche, in Wismar Franckes Werke und nicht die Lübecker Kunst als Vorbild fest. Dem Hinweis eines jungen Künstlers folgend, sucht er im selben Jahr in der Kirche von Undeloh in der Lüneburger Heide einen Hostienschrein auf, den er Francke oder seinem nächsten Umkreis zuschreibt. Doch ist an eine Erwerbung zunächst nicht zu denken, auch später gelingt sie nicht. Den Preetzer Altar im Kopenhagener Nationalmuseum bestimmt Lichtwark als Kopie nach Francke. Auch in Rostock folgt er den Spuren des Künstlers. In den Resten des Hauptaltars der Marienkirche scheint die »Anbetung der Könige« mit der Komposition Franckes identisch; in der Nicolaikirche entdeckt er ebenfalls Motive Franckes, und auf der Predella in der Bad Doberaner Kirche findet er den Christus Franckes, wie er in St. Nicolai zu Rostock auftritt.[17] Alle diese Motive führt er auf Franckes Urheberschaft zurück; und es erfüllt ihn mit patriotischem Stolz, wie dessen »Gedanken von Hamburg aus über das hanseatische Gebiet im Osten ausstrahlen. Es knüpft sich dadurch an ihn ein ganzes Stück hanseatischer Kunstgeschichte.«[18] 1906 verarbeitet Lichtwark in einem kurzen Beitrag zur Freundschaftsgabe an Friedrich Schneider zu dessen 70. Geburtstag, *Meister Franckes Einfluß*, seine bisherigen Forschungsergebnisse in Mecklenburger Kirchen. Erst 1927 befasst sich die an der Kunsthalle unter Gustav Paulis Direktorat tätige Kunsthistorikerin Bella Martens ausführlich mit Meister Francke und legt eine neue, korrigierende Untersuchung über den Künstler vor.[19]

Lichtwark ist stolz auf den Rang Hamburgs als nordwestdeutsche Kunststadt. Keine andere habe »fünfhundert Jahre lang ununterbrochen deutsche Kunst hervorgebracht.«[20] Er beginnt in seiner Begeisterung über die Erwerbung des Francke-Altars im Jahr 1900 seine öffentlichen Vorlesungen mit dem Thema »Meister Francke und seine Bedeutung für Hamburg«, stellt ihn sodann in seinen historischen Kontext und lässt die gesamte Hamburger Kunstgeschichte folgen: die Meister des 15. bis 18. Jahrhunderts, den barocken Maler Matthias Scheits und schließlich die Hamburger Künstler der ersten Hälfte des 19. Jahrhunderts.[21] Eine derart vollständige Über-

16 Brief Alfred Lichtwark an Prof. Wilhelm Meyer, 20.1.1902, Göttingen, SUB, Cod. Ms. W. Meyer III, 50 A–B.
17 Vgl. Br. Kommission (1902), Bd. IX: 1901, S. 143–151, 236f., 263f.
18 Ebd., S. 264.
19 Martens (1927).
20 Br. Kommission (1899), Bd. VI: 1898, S. 206.
21 Vgl. Jahresbericht [Bd. 14], 1900, S. 55.

sicht über die lokale Kunstgeschichte wird dem Publikum zu dieser Zeit wohl in keinem anderen deutschen Museum geboten.

Zudem ist Lichtwarks Präsentation der Werke Franckes auch ästhetisch höchst eindrucksvoll. Der junge Hamburger Maler Friedrich Ahlers-Hestermann, den Lichtwark hoch verehrt, gibt eine Schilderung seines Eindrucks von dieser ihm noch ganz unbekannten spätmittelalterlichen Kunst: »Das dumpfe Museumsrot oder Oliv der Wände hatte er [Lichtwark] mit strahlendem Weiß überstreichen lassen – ein damals unerhörter Versuch –, und in dem leeren Raum hingen nur die Tafeln des Meisters Francke und leuchteten in tiefer Glut.«[22]

MEISTER BERTRAM UND DIE GEWINNUNG SEINER ALTÄRE FÜR HAMBURG

Wenige Jahre nach dem Einzug des Altars von Meister Francke in die Hamburger Kunsthalle ist Lichtwark das Glück noch einmal hold. Entgegen seiner ursprünglichen Absicht besucht er im September 1900 den Kunsthistorikerkongress in Lübeck. Sein Kollege Adolph Goldschmidt, Spezialist für die alte Lübecker Kunst, hat ihn brieflich zu seinem dortigen Vortrag eingeladen.[23] Im Anschluss daran äußert sich der Schweriner Museumsdirektor Friedrich Schlie, der gegenüber Lichtwark zuvor bereits geheimnisvolle Andeutungen gemacht hat, zu dem großen Altar in der Stadtkirche von Grabow in Mecklenburg. Er gilt bis dahin als ältestes Kunstwerk aus Lübeck. Doch die vom Grabower Archivar aufgefundenen Dokumente aus dem Jahr 1379 belegen die Provenienz dieses Altarwerkes aus der Petrikirche in Hamburg. Diese Nachricht trifft Lichtwark überraschend, konnte er doch kaum hoffen, ein noch älteres Werk als den Thomas-Altar von Meister Francke zu finden. Lichtwark kennt zwar bereits den Namen des Meisters Bertram als bedeutendsten unter den alten Hamburger Malern und die Abbildungen aus Goldschmidts Publikation, hat bisher jedoch keines seiner Werke im Original gesehen.[24] Wenige Tage später besichtigt er den Altar in Grabow und vermutet bereits Bertram von Minden als dessen Urheber. Die Verwandtschaft mit westfälischen Werken erscheint ihm evident. Goldschmidt und Lichtwark erachten den Grabower Altar als das älteste in Norddeutschland erhaltene Kunstwerk seiner Art. Wie ein Adelsbrief für die Stadt Hamburg kommen Lichtwark der Thomas-Altar von Francke und dieser Hauptaltar von St. Petri vor; doch weiß er auch, dass der Weg zur Erwerbung beschwerlich sein wird. Zunächst muss der zuständige Pastor zustimmen, dann der Bürgermeister der Stadt Grabow als Eigentümerin und schließlich Schlie, mit dem auch der Preis zu vereinbaren ist. Friedrich Schlie verspricht ihm, die Rückgewinnung für Hamburg zu unterstützen.

22 Ahlers-Hestermann (1949), S. 33.
23 Vgl. hier und im Folgenden: Br. Kommission (1901), Bd. VIII: 1900, S. 152–159. – Briefe Alfred Lichtwark an Goldschmidt, 29.8., 15.9.1900, Basel, UB.
24 Vgl. AL, Meister Francke, S. 43.

Kurz nach dieser Entdeckung begegnet Lichtwark auf dem Weg zur Centennale nach Paris Adolph Goldschmidt, mit dem er in Köln einen Zug überschlägt, um die alten Kölner Altäre mit dem Grabower zu vergleichen. Er vermutet zu diesem Zeitpunkt bereits, dass ein noch gänzlich unbekannter Altar in Buxtehude ebenfalls von Meister Bertram stammt. Dieses Werk, das er nach eigener Aussage bereits seit seiner Kindheit kennt,[25] hat er für vergleichende Studien schon nach der Erwerbung des Francke-Altars aufgesucht, dem er allerdings stilistisch nicht ähnelt. Lichtwarks Zuschreibung wird durch Goldschmidt bestätigt.[26] Ein drittes Werk, das bisher als Arbeit von Hinrich Funhof durch die Literatur ging und von Lichtwark als dem Meister Bertram nahestehend vermutet wurde, wird nun von Goldschmidt und Lichtwark endgültig mit dem Grabower Altar in Verbindung gebracht und Bertram zugeschrieben: Es ist der kleine Altar aus dem Besitz des Zisterzienserinnenklosters Harvestehude, dessen Bildtafeln Lichtwark bereits 1899 aus dem Museum für Kunst und Gewerbe in die Kunsthalle übernommen hat.[27] Während er durch die Entdeckung des Grabower Altars diese Zuschreibung vornehmen kann, befindet sich der Harvestehuder Altar zur Restaurierung bei Professor Alois Hauser in Berlin; Ende des Jahres 1901 kehrt er in die Kunsthalle zurück.[28]

Da Lichtwark sich nicht als Gelehrter versteht, sieht er in der sich bereits abzeichnenden Aufgabe einer Bertram-Publikation eine ausgesprochene Last: Bertram stehe dem Publikum noch ferner als Francke.[29] Doch das Ereignis der Entdeckung eines Hauptwerkes von Meister Bertram und die daraus folgende Zuschreibung weiterer Werke teilt Lichtwark schon 1901 im *Jahrbuch der Gesellschaft Hamburgischer Kunstfreunde* durch einen Aufsatz mit.[30]

Auch Bode ist ausgesprochen interessiert und bestärkt Lichtwark, die Altäre aus Grabow und Buxtehude um jeden Preis zurückzugewinnen.[31] In diesem und im folgenden Jahr ringt Lichtwark um die Rückführung beider Werke nach Hamburg. Es ist ein Kampf an zwei Fronten, in dem er jedoch sowohl Generaldirektor Schöne als auch Bode hinter sich weiß und mit Friedrich Schlie eine Einigung im Rahmen des von Bode geschätzten Preises erzielt. So hält Bode 15.000 Mark als Gebot für den Buxtehuder Altar für nicht hoch, vom preußischen Standpunkt aus jedoch annehmbar. Die Verhandlungen um den Grabower Altar finden im Verlaufe eines von Herzog Johann Albrecht von Mecklenburg arrangierten gemeinsamen Aufenthaltes am 24. und 25. Mai 1901 auf Schloss Wiligrad statt. Die Anregung dazu mag der Regent von Licht-

25 Vgl. ebd., S. 25.
26 Vgl. Br. Kommission (1901), Bd. VIII: 1900, S. 163f. – Brief Alfred Lichtwark an Goldschmidt, 26.10.1900, Basel, UB.
27 Vgl. AL, Meister Francke, S. 43. – Best.Kat. Hamburg, Alte Meister, S. 31, Nr. 502. – Ausst.Kat. Goldgrund und Himmelslicht (1999), S. 130–132. – Die leihweise Übernahme in die Kunsthalle wird erst 1905 geregelt; vgl. P4, 8.8.1905.
28 Vgl. Br. Kommission (1901), Bd. VIII: 1900, S. 340.
29 Vgl. Brief Alfred Lichtwark an Goldschmidt, 26.10.1900, Basel, UB. – Br. Kommission (1901), Bd. VIII: 1900, S. 14f.
30 Vgl. Alfred Lichtwark, Meister Bertram, in: Jb. GHK, 7. Jg., 1901, S. 81–84; Kayser (1977), Nr. 334.
31 Vgl. Br. Kommission (1901), Bd. VIII: 1900, S. 247f.

warks Freund Fritz Bronsart von Schellendorf erhalten haben, der im März 1900 nach Schwerin versetzt wurde.[32] Schlie gibt sein Einverständnis; im Dezember 1901 lässt sich Bode aus Krankheitsgründen durch seinen Assistenten Max Friedländer bei der Untersuchung des Grabower Altars vertreten und erstellt dann ein Gutachten.[33] Fest steht, dass es in ganz Deutschland keinen Schnitzaltar aus dieser Zeit von solcher Monumentalität und Bedeutung gibt. Es erweist sich als Segen für Hamburg, dass die Forschung zu dieser Zeit einsetzt, denn bisher wurde diesen spätmittelalterlichen Werken nur wenig Aufmerksamkeit zuteil. Auch im Schweriner Museum war die Sammlung niederdeutscher Altäre im Keller magaziniert; Lichtwark kannte sie gar nicht. Mit der beginnenden Forschung entsteht auch ein Marktwert; in der Folge wird die Schweriner Altar-Sammlung rehabilitiert und erhält eine angemessene Aufstellung.[34]

Im Mai 1902 endlich zeigt sich Pastor Jahn in Grabow mit dem Verkauf einverstanden; er stimmt auch dem von Schlie und Lichtwark ausgehandelten und von Bode auf 65.000 Mark taxierten Preis zu.[35] Weitere Verhandlungen führt Lichtwark mit dem Präsidenten des Kirchenrates, dem mecklenburgischen Ministerpräsidenten Karl Graf Bassewitz und im Finanzministerium. Schlie stirbt noch vor dem Abschluss der Rückerwerbung, legt jedoch seine Direktiven vorher schriftlich nieder.[36] Trotz Bodes Rückendeckung ziehen sich die Verhandlungen weiter hin. Inzwischen sickern bereits Informationen über den beabsichtigten Ankauf durch. Ein jüngerer Kunsthistoriker namens Wilhelm Schölermann, der Lichtwarks veröffentlichte Nürnberger Rede gelesen und den Grabower Altar besichtigt hat, schreibt ihm begeistert in der Absicht, in einem Artikel für den Ankauf zu plädieren. Lichtwark kann ihn gerade noch daran hindern, denn die Kunsthalle soll nicht in den Ruf kommen, über große finanzielle Mittel zu verfügen.[37] Ebendiese Aufwendung wäre nicht einmal bei den älteren Hamburger Kunstwerken zu leisten; Lichtwark vermutet bereits, dass der Staat für die Finanzierung wohl ausscheiden werde, infolgedessen für einzelne Teile des Altars verschiedene Stifter gefunden werden müssen, wobei er auf die Unterstützung der Kommission hofft.[38] Anfang Dezember ist der Ankauf endgültig geklärt; die Kommission bewilligt 65.000 Mark aus dem Heine-Legat. 1903 erwirbt Lichtwark den Altar und versichert ihn umgehend mit 100.000 Mark. Die Zahlung aus dem Heine-Legat, den er für die größten Ankäufe in Reserve halten möchte, soll eigentlich nur als Zwischenfinanzierung dienen; er hofft, allerdings vergebens, noch auf endgültige Stifter, da es sich um alte Hamburger Kunst handelt.[39] An Liebermann schreibt er am

32 Vgl. ebd., S. 20f., 23f., 135, 153–155.
33 Vgl. ebd., S. 323, 333. – Brief Bronsart an Alfred Lichtwark, 25.3.1900, HKH, AdB 76.
34 Vgl. Br. Kommission (1901), Bd. VIII: 1900, S. 323f. – Br. Kommission (1904), Bd. X: 1902, S. 61f.
35 Vgl. Briefe Alfred Lichtwark an Bode, 5.6.1905 und 28.11.1902, Berlin, SMB-ZA, NL Bode, 3309.
36 Vgl. Br. Kommission (1904), Bd. X: 1902, S. 135.
37 Vgl. ebd., S. 191, 199, 211. – Die Rede hält Lichtwark 1902 anlässlich des Jubiläums des Germanischen Nationalmuseums, siehe dazu das Ende dieses Kapitels.
38 Vgl. ebd., S. 191, 199, 211, 213f.
39 Vgl. P4, 13.12.1902, 24.1.1903. – Br. Kommission (1904), Bd. X: 1902, S. 213f. – Best.Kat. Hamburg, Alte Meister, Nr. 500.

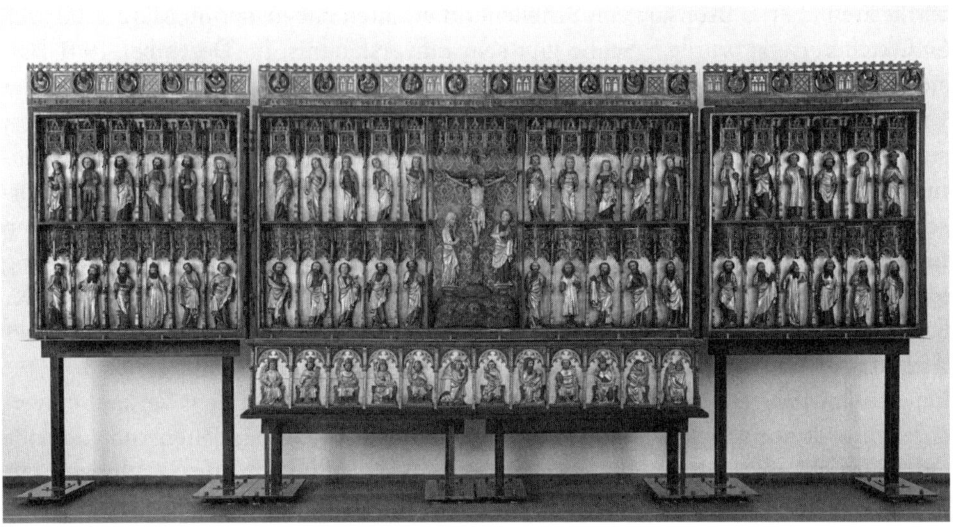

Abb. 34 Meister Bertram, Der Hauptaltar von St. Petri in Hamburg, Ende 14. Jahrhundert, Hamburger Kunsthalle

5. Dezember 1902: »Den Grabower Altar von Meister Bertram (Hamburg 1379) bekommen wir. Ich bin sehr glücklich darüber.«[40] Die Restaurierung erfolgt umgehend in Berlin durch Professor Hauser (Abb. 34).[41]

Als »Zeichen und Wunder« erscheint Lichtwark im Herbst 1904 eine weitere bedeutende Entdeckung.[42] Dem in Grabow aufgefundenen Altar Meister Bertrams fehlten bisher noch die Flügel, nun findet sich einer dieser fehlenden Teile an. In Lappenbergs *Beiträgen zur Kunstgeschichte Hamburgs* hat Lichtwark die entscheidende Notiz gefunden: In der Jakobikirche befinde sich eine »Auferstehung« des Antwerpener Malers Gillis Coignet, unter der die ältere Bemalung mit dem Motiv des dritten Schöpfungstages erkennbar sei. Dieses Motiv fehlt noch in der Bildfolge der Schöpfungsgeschichte am Grabower Altar, so dass Lichtwark in den Hamburger Kirchen, auch auf deren Dachböden, Nachforschungen anstellt. Am 11. Oktober 1904 überbringt ihm ein Beamter von der Sammlung Hamburgischer Altertümer, dem Vorläufer des Museums für Hamburgische Geschichte, die Nachricht, sie hätten von einem Mitglied des Vorstandes von St. Gertrud ein Auferstehungsbild des Malers Coignet als Geschenk erhalten.[43] Lichtwark begutachtet es am Tag darauf und identifiziert es sofort als die gesuchte Altartafel. Er vermutet, dass gegen Ende des sechzehnten Jahr-

40 Vgl. Br. Liebermann, S. 133. – Br. Lichtwark-Liebermann, S. 142. – Vgl. auch Br. Kommission (1904), Bd. X: 1902, S. 218.

41 Vgl. Br. Kommission (1904), Bd. XI: 1903, S. 59.

42 Vgl. Br. Kommission (1905), Bd. XII: 1904, S. 231–233, 239, 248, 254, 294. – Vgl. auch Ketelsen (1999), S. 83–89.

43 Lichtwarks väterlicher Freund Carl Kall gehört zumindest zeitweise zum Vorstand von St. Gertrud und könnte an der Wiederauffindung beteiligt gewesen sein; er stirbt allerdings bereits 1903 (siehe das Kapitel »Der Weg hinaus« in Teil 1).

hunderts der Altar restauriert wurde und damals die Flügel aufgegeben wurden. Noch im Oktober 1904 reist er nach Berlin, um mit Hauser über die Entfernung und eine mögliche Rettung des Bildes von Coignet zu beraten, da ihm dieses Gemälde als das beste dieses Künstlers erscheint. Nur ein einziger Restaurator in ganz Europa, ein Italiener, ist laut Hauser technisch versiert genug, auch den Coignet zu erhalten. Durch Gutachten von Bode und Friedländer sichert sich Lichtwark ab, ob es sich empfiehlt, bei gutem Zustand des Bertram-Werkes den Coignet zu opfern. Diese Vorbereitungen ziehen sich nun weit in das Jahr 1905 hinein.

Gleichzeitig sind die Skulpturen des Grabower Altars in der Werkstatt der Königlichen Museen zu Berlin in Arbeit. Die abgelaugten Skulpturen lässt Lichtwark nach dem Vorbild der komplett erhaltenen Skulpturen des Harvestehuder Altars von dem Berliner Maler Böhnke, betreut durch Friedländer und Hauser, neu fassen. Die Figuren stecken unter einer dicken Kreideschicht; Kruzifix und Köpfe wie auch die Architektur des Altars sind jedoch in alter Bemalung überwiegend ausgezeichnet erhalten. Die Vergoldung der Gewänder wird erneuert. Lichtwark weiß, dass er eigentlich jede Figur vor der Neuvergoldung selbst untersuchen müsste, da verschiedene Hände der Werkstatt daran tätig gewesen sind und die Qualität stark schwankt, doch ist daran zeitlich gar nicht zu denken.[44] Hauser überwacht diese Restaurierung in seinem Auftrag. Im Dezember des Jahres 1904 sind zwanzig Statuetten fertiggestellt, und Hauser selbst hat eine meisterhafte Leistung vollbracht. Am liebsten würde Lichtwark dem Historiker und Hamburger Stadtarchivar Johann Martin Lappenberg, dessen *Kunstgeschichte Hamburgs* ihm schon mehrfach als wichtige Quelle diente, in der Kunsthalle ein Denkmal errichten. Ohne dessen Vorarbeit wäre es nicht möglich gewesen, die hamburgische Sammlung zu einer Zeit auszubilden, als die Werke noch erhältlich und erschwinglich sind.

Im März 1905 findet Lichtwark den immer noch fehlenden rechten Flügel des in Grabow entdeckten Bertram-Altars; auch dieser ist mit einem Werk Coignets übermalt, einer »Ausgießung des Heiligen Geistes«.[45] Das Bild befindet sich in der Petri-Kirche; die Beede von St. Petri[46] als Besitzerin überlässt die Tafel der Kunsthalle als Leihgabe mit der Erlaubnis, die Malerei Coignets zu entfernen. Hauser restauriert auch diese Tafel, deren Originalmalerei und Goldgrund vorzüglich erhalten sind, da der alte Firnis die Malerei geschützt hat. Mit Bode und Friedländer berät sich Lichtwark, ob diese neue Tafel Bertrams ganz bleiben oder zur besseren Betrachtung in sechs Bilder zerlegt werden sollte. Gemeinsam halten sie die Betrachtung infolge der besonders guten Erhaltung aus der Nähe für wünschenswert.[47] Nach der Aufstellung ergibt sich »eine Bilderwand auf Goldgrund von zweiundzwanzig Fuß Breite, genau

44 Vgl. Br. Kommission (1901), Bd. VIII: 1900, S. 246f., S. 284. – Br. Kommission (1904), Bd. XI: 1903, S. 59. – Jahresbericht [Bd. 18], 1904, S. 24–27.

45 Vgl. im Folgenden: Ketelsen (1999), S. 87. – Jahresbericht [Bd. 19], 1905, S. 23f. – Br. Kommission (1908), Bd. XIII: 1905, S. 53f., 63f., 85f. – P4, 21.3.1905.

46 Als Beede wird der Finanz- und Verwaltungsausschuss einer Hamburger Kirche bezeichnet.

47 Vgl. Br. Kommission (1908), Bd. XIII: 1905, S. 9.

entsprechend der Wandarchitektur und Statuetten. Es ist ein ganz unfaßbares Glück«, schreibt Lichtwark seiner Kommission.[48]

Die Verhandlungen um den Buxtehuder Marien-Altar sind ungleich langwieriger und komplizierter als die Rückgewinnung des Grabower Altarwerkes.[49] Generaldirektor Schöne ist für Hannover als preußische Provinz und damit das linkselbische Buxtehude zuständig. Er zögert, obwohl mit Lichtwark seit vielen Jahren bekannt und ihm immer schon gewogen, sein Einverständnis ungeachtet dessen diplomatischer Argumentation hinaus. Bei einer Exkursion nach Buxtehude mit den Geheimen Räten Egon von Bremen und Hans Lutsch, dem Konservator der preußischen Kunstdenkmäler, sowie dem hannoverschen Museumsdirektor und Provinzialkonservator Jacobus Reimers am 1. April 1902 kann Lichtwark die Herren zumindest von seiner seriösen Absicht überzeugen, indem er sie anschließend in die Kunsthalle zur Besichtigung der Sammlung zur hamburgischen Kunstgeschichte führt.[50] Die Geheimräte sind nun geneigt zuzustimmen, Geheimrat Müller ist sogar günstig gestimmt, Schöne sieht wohlwollend zu.[51] Später zeigt er sich jedoch wieder zögerlich. Lichtwark argumentiert mit der Zusammenführung der Werke Bertrams, der Vergleichsmöglichkeit, der lebendigen Wirkung am Ort der Entstehung, so dass Schöne schließlich verspricht, für Lichtwarks Wünsche einzutreten, insbesondere da Geheimrat Lutsch den Altar für Buxtehude erhalten und mit einem Verkauf keinen Präzedenzfall schaffen möchte. Geheimrat Müller hingegen will den Kollegen Lutsch ins Gebet nehmen, damit er der Form eines Verkaufs mit Rückkaufsrecht zustimmt.[52] Nach weiteren Verhandlungen mit allen Beteiligten in Buxtehude und Berlin erreicht Lichtwark eine Dauerleihgabe bei Zahlung von 15.000 Mark Kaution, die im Falle einer Vernichtung des Werkes als Kaufpreis gelten soll. Am 13. August 1903 kann er seiner Kommission endlich vom Einverständnis des Kirchenvorstands und dem bevorstehenden Abtransport aus Buxtehude berichten; der Betrag kommt von einem Kapitalkonto der Kunsthalle, dem Lüderschen Testament. Der Kirchenvorstand muss die Summe mündelsicher anlegen und die Zinsen auszahlen.[53] Bis zu dieser Zeit stand der Altar auf dem Dachboden des Buxtehuder Rathauses, nun wird auch er nach Berlin gesandt, wo wiederum Hauser unter Aufsicht von Bode und Friedländer die Restaurierung vornimmt.[54]

Ebenfalls 1901, gleichzeitig mit dem Beginn der Verhandlungen um den Grabower und den Buxtehuder Altar, hat Lichtwark bei seiner Englandreise im damaligen South Kensington Museum, dem heutigen Victoria and Albert Museum, einen weiteren Altar entdeckt, der dort als altflämisch bezeichnet ist.[55] Er hingegen schreibt ihn

48 Ebd., S. 54.
49 Vgl. Br. Kommission (1901), Bd. VIII: 1900, S. 314.
50 Zu Reimers vgl. Lindemeier (2009), S. 320f.
51 Vgl. Br. Kommission (1904), Bd. X: 1902, S. 45–47, 53f.
52 Vgl. ebd., S. 218–220, 224, 234, 242, 252. – P4, 17.10.1903.
53 Vgl. Br. Kommission (1904), Bd. X: 1902, S. 109f.
54 Vgl. ebd., S. 119, 126f., 129f. – P4, 17.10.1903.
55 Vgl. Brief Alfred Lichtwark an Aubert, 4.9.1904, Oslo, NB, Brevsamling 32.

Bertram zu, da einige Szenen identisch, zumindest jedoch dem Buxtehuder Altar ähnlich sind; Goldschmidt bestätigt seine Zuschreibung.[56] Lichtwark sinnt sofort auf eine Erwerbung dieses Apokalypsen-Altars für die Kunsthalle, den Wert setzt er bei 10.000 Mark an. Doch ist anfangs der Widerstand in England sehr groß, man spricht sogar von einem notwendigen Act of Parliament. Später rückt die Möglichkeit eines Tausches ins Blickfeld, für den Lichtwark auf einen Schnitzaltar von Michael Pacher bei dem Wiener Kunsthändler Fritz Schwartz hofft; die Galerie Einstein in der Münchner Maximilianstraße biete außerdem einen Schnitzaltar für 5.000 Mark an, an dem jedoch Berlin möglicherweise interessiert sei, da dort nun verstärkt altdeutsche Kunst gesammelt werde.[57] Diese Möglichkeit des Tauschs scheitert, auch weitere Vorschläge zeitigen keinen Erfolg. Die Gewinnung dieses Bertram-Werkes für Hamburg gelingt Lichtwark nicht.

Die Jahre zwischen Herbst 1900 und Herbst 1905 stehen für Lichtwark stark unter dem Zeichen Bertrams. Gleichzeitig beginnt in dieser Phase in der deutschen kunsthistorischen Forschung die Hinwendung zum Mittelalter. 1902 schreibt Lichtwark anlässlich der Besichtigung eines großen Schnitzaltars zu einem Preis von 50.000 Mark an seine Kommission, es setze gerade »ein großer boom« bei alten Altären ein.[58] Gerade rechtzeitig ist es ihm also durch Beharrlichkeit und Geschick noch gelungen, die drei Werke Bertrams in die Kunsthalle zu bringen.

Als Lichtwark 1902 für die Feier des fünfzigjährigen Bestehens des Germanischen Nationalmuseums in Nürnberg als Festredner ausersehen ist, wählt er nach längerem Abwägen seine neueste Entdeckung, Meister Bertram, zum Gegenstand.[59] Zunächst schweben ihm Themen wie »Nürnberg und die deutsche Romantik«, »Tradition als Kraft und als Schwäche« und »Das Museum im neunzehnten Jahrhundert« vor.[60] Schließlich

56 Vgl. hier und im Folgenden: Br. Kommission (1901), Bd. VIII: 1900, S. 108f., 121, 284f., 289, 302f., 332f., 340. – Schiefler, LAZ, 1901, 12.10.1901, S. 135, HH, SUB, HSS: In London habe Lichtwark vergeblich wegen eines Ankaufs des Apokalypsenaltars von Bertram verhandelt. Zu Goldschmidts Expertise vgl. Brief Alfred Lichtwark an Bode, 27.8.1901, Berlin, SMB-ZA, NL Bode, 3309.

57 Lichtwark kommt gerade aus London; das South Kensington Museum habe sich schließlich einverstanden erklärt, den Tausch beim Ministerium zu befürworten. Sie wünschen sich einen süddeutschen Schnitzaltar. Lessing habe ihm gesagt, bei Einstein in München, Maximilianstraße, stünde ein guter Altar für 5.000 Mark, der aber vielleicht für Berlin ins Auge gefasst sei, er habe Friedländer darauf aufmerksam gemacht. Ob Bode davon wisse und darauf reflektiere, fragt Lichtwark an; vgl. Brief Alfred Lichtwark an Bode, 12.10.1901, Berlin, SMB-ZA, NL Bode, 3309. – Br. Kommission (1901), Bd. VIII: 1900, S. 222.

58 Vgl. Br. Kommission (1904), Bd. X: 1902, S. 58.

59 Am 1. Juni 1901 schreibt Lichtwark seiner Kommission von der alljährlichen Sitzung des Verwaltungsrates des Germanischen Nationalmuseums, er sei von Geheimrat von Heigel als Redner vorgeschlagen und von der Versammlung geradezu gezwungen worden, was ihm besonders peinlich sei, da man eine Jubiläumsveranstaltung zum fünfzigjährigen Bestehen der Kunsthalle versäumt habe. Zwar habe der Tod des Vorsitzenden Senator Möring den äußeren Anlass für die Unterlassung gebildet, aber man hätte es nachholen müssen. »Dass es nicht geschehen ist, habe ich auf dem Gewissen. Es wäre meine Pflicht gewesen, darauf zu drängen und ich hätte die Regungen persönlicher Antipathie gegen Festfeiern unterdrücken müssen. Wir sind es denen, die die Kunsthalle geschaffen haben, schuldig, dass wir uns ihrer bei solcher Gelegenheit erinnern. Außerdem wäre das Jubelfest des fünfzigjährigen Bestehens der willkommene Anlaß zu einer principiellen Aussprache, die sehr nützlich wirken könnte.« Br. Kommission (1901), Bd. VIII: 1900, S. 163f.

60 Vgl. Brief Alfred Lichtwark an Prof. Dr. Karl von Heigel, München, 4.11.1901, HKH, AdB 64.

entscheidet er sich jedoch für Bertram als den nunmehr ältesten namentlich bekannten deutschen Künstler, den er für den Lehrer Meister Franckes hält. Er entspricht damit der Tradition, zu einem bedeutenden Anlass eine Neuentdeckung zu präsentieren, auch wenn die Kunsthalle zu diesem Zeitpunkt noch nicht im Besitz der Altäre ist. Lichtwark hat allerdings infolge der überaus zahlreichen Grußworte zum Jubelfest des Germanischen Nationalmuseums kaum Gelegenheit, seine Rede in geplanter Ausführlichkeit zu halten; ihm verbleiben nur 20 Minuten, in denen er die Zuhörer »auf Schrittsteinen« durch seinen Text führt. Seine Darstellung der Auffindung des Meisters Bertram und seiner Werke ist, seinem Kenntnisstand entsprechend, sachlich und historisch präzise; nirgends versucht er eine Leistung für sich zu reklamieren, die nicht wirklich von ihm erbracht ist. Den zweiten Teil seiner Rede rückt er dann näher an den Anlass der Feier. In eleganter Überleitung auf die wissenschaftliche Leistung der Museen äußert er sich zu dieser Institution und deren neuer Funktion als Bildungsinstitut im 19. Jahrhundert. Diesen Teil seiner Rede kürzt er im Vortrag und führt ihn erst für die Drucklegung weiter aus.[61] Seine Rede wird nicht nur in den *Mitteilungen aus dem Germanischen Nationalmuseum*, im *Hamburgischen Correspondenten*, in Auszügen auch im *Berliner Tageblatt* veröffentlicht; sie erscheint auch in der Kunstzeitschrift der Gebildeten-Reformbewegung, dem *Kunstwart*, und schließlich noch einmal 1905 bei Cassirer in Lichtwarks Anthologie *Der Deutsche der Zukunft*.[62]

Lichtwark ist so begeistert von Bertrams beiden großen Altären, dass er in Berlin gern Kollegen in Hausers Werkstatt führt, um mit ihnen über diese bedeutende Entdeckung zu diskutieren, ihre Bewunderung und die Bestätigung seiner Einschätzung zu hören. Niemand kennt auch nur Vergleichbares.[63] In Dresden betrachtet er den Bestand an Zeichnungen und Stichen aus dem 15. Jahrhundert und die Photographien der Bertram-Altäre gemeinsam mit dem besten Kenner dieser Materie, Max Lehrs. Mit Carl Aldenhoven, dem Direktor des Kölner Museums, bespricht Lichtwark die Photographien des Œuvres von Meister Bertram, da das soeben erschienene Buch dieses Forschers über die Kölner Malerschule ihm dabei hilfreich zu werden verspricht. Beide sind voller Erstaunen, zumal über die gesicherten Daten, was Lichtwark mit Befriedigung erfüllt.[64] Angesichts der Bedeutung dieser neuen Erwerbungen denkt er nun entgegen seiner Neigung doch an die Abfassung einer Geschichte der hamburgischen Kunst; die einzelnen Monographien genügen ihm nicht mehr.[65] Es kommt jedoch in der Folge weder zu weiteren Monographien über hamburgische Künstler noch zu der nun in Betracht gezogenen hamburgischen Kunstgeschichte. Lediglich das umfangreiche

61 Vgl. Br. Kommission (1904), Bd. X: 1902, S. 71–76. – Alfred Lichtwark, Meister Bertram. Festrede bei der Jubelfeier des Germanischen Museums, in: AL, Der Deutsche der Zukunft, S. 65–87. – Deneke / Kahsnitz (1978), S. 52.

62 Kayser (1977), Nr. 352, 353, 358, 402.

63 Z.B. Hugo von Tschudi, Jaro Springer und Adolph Goldschmidt am 20.8.1903; vgl. Br. Kommission (1904), Bd. XI: 1903, S. 124.

64 Vgl. ebd., S. 134f. – Vgl. Hauschildt (2002), S. 12f. . – Lichtwark reist im Februar 1902 nach Minden und findet dort eine Bertram betreffende Urkunde; vgl. Br. Kommission (1904), Bd. X: 1902, S. 8.

65 Vgl. ebd., S. 120.

Buch über Bertram, für das er unter anderem auch den Altar in Tempzin besichtigt,[66] erscheint schließlich zur Ausstellung der Altäre in der Kunsthalle. Lichtwark hat keine Neigung zur Wissenschaft und strebt auch schon in der Berliner Zeit diese Tätigkeit nicht an. Das Recherchieren und Auffinden von zum Ankauf geeigneten Werken in Privatbesitz, die detektivische Suche nach Bildern, entspricht seinem pragmatischen Wesen mehr. Bei der Abfassung kunsthistorischer Texte möchte er zudem originär und gründlich sein. »Spotte nur über meine Wendung zum Kunsthistoriker«, schreibt er 1904 an seinen Freund Wedderkop. »Wat möt, dat möt. Es ist ja nicht, als ob man's nicht könnte. Ich habe nur einen solchen Widerwillen dagegen. Das meiste ist doch ein gar zu dünner Aufguß auf Ideen von andern oder auf Surrogaten, der Verfasser tut aus eigenem nur das Wasser hinzu, davon aber reichlich. Ich denke immer, wenn ichs lesen muß, Extract, Extract, ein Königreich für Extract.«[67]

Die spätmittelalterlichen Werke mit ihren kräftigen Farben, die Lichtwark auf weißen Wänden präsentiert, wirken auch auf die jüngeren Künstler. Theodor Dill und Adolf Hölzel, »die großen Theoretiker«, sind bei der Besichtigung im Jahre 1909 begeistert von Bertrams und Franckes Altären. »Es scheint«, schreibt Lichtwark an seine Kommission, »sie kommen gerade recht, die beiden Alten, uns an verlorene Kräfte zu erinnern.«[68]

HAMBURG UND WIEN

Auf seinen zahlreichen Reisen hat Lichtwark oft genug die Möglichkeit, Hamburger Verhältnisse mit Situationen und gesellschaftlichen Gegebenheiten andernorts zu vergleichen. Im Jahr 1900 äußert er eine besonders harte Kritik. Am 15. Mai schreibt er an seine Kommission, von Frankfurt aus auf Hamburg zu sehen, habe etwas sehr Entmutigendes. Dort habe sich ein Museumsverein gegründet, der jährlich 20.000 Mark für Anschaffungen aufbringe und soeben Liebermanns »Waisenmädchen«[69] für 25.000 Mark erworben habe, während der Hamburger Verein der Kunstfreunde von 1870 als ältester seiner Art im besten Fall jährlich 6.000 Mark aufbringen könne. Und seine Klage über die Zustände in der Kunsthalle ist ebenso eindringlich wie deprimierend: »Unsere Sammlungen wachsen beständig an Umfang, und wie niedrig ist das Niveau. Wäre es nur eine Frage der Repräsentation, so könnte man sagen, es ist Geschmackssache, ob eine Dame sich mit falschem Schmuck beladet [sic]. Aber es ist in erster Linie Sache der Volkswirthschaft und der Bildung. Solange das Museum

66 Vgl. Br. Kalckreuth, S. 136.
67 Brief Alfred Lichtwark an Wedderkop, 22.11.04, HKH, AdB 112. – Plattdeutsch für: Was sein muss, das muss sein.
68 Br. Kommission (1917), Bd. XVII: 1909, S. 91. – Vgl. Br. Kommission (1919), Bd. XIX: 1911, S. 231; Lichtwark berichtet hier, dass auch Tschudi bei den altdeutschen Bildern nun zu weißen Wänden übergegangen sei. Konrad von Lange hingegen gesteht Weiß als Wandfarbe nur im Ausnahmefall zu oder um in dunklen Räumen die Reflexwirkung zu nutzen; vgl. Lange (2010), S. 125–130. Koloman Moser, Mitbegründer der Wiener Sezession und der Wiener Werkstätten, hat im Auftrag des Geschäftsführers Carl Moll bereits 1904 die Wände des großen Ausstellungssaals der Wiener Galerie Miethke weiß gestaltet; vgl. Ausst.Kat. Galerie Miethke (2003), S. 69.
69 Liebermann, Freistunde im Amsterdamer Waisenhaus, WV Eberle 1882/1.

schlecht ist, können Privatsammlungen, die das Mittelmaß überragen, nur Erzeugnisse zufälliger Glücksumstände sein. Der Durchschnitt bleibt niedrig, und wer für den Schmuck seines Hauses einzelne Bilder kauft, wählt Schund, den er hoch bezahlt. So geht das Geld aus der Stadt und der Staat erbt nachher werthloses Zeug.« Lichtwark weiß nur zu genau, wovon er spricht. In den Jahresberichten muss er die unbedeutenden Geschenke und Nachlässe Hamburger Bürger aufführen; kaum etwas fügt sich in sein Konzept, und zur Verwirklichung seiner Pläne stehen ihm nur wenig Mittel zur Verfügung. Seit Jahren, so fährt er fort, dränge er auf einen Zuschuss vom Staat, der für die verhältnismäßig »werthlose niedere Bildung« ungeheure Opfer bringe – »im Grunde zur Unterstützung der Socialdemokratie, der die schreibens- und lesenskundigen bildungsbedürftigen Massen als breitestes Erbe zufallen [...].« Immer werde die Kunsthalle in der ersten Instanz bereits abgewiesen, obgleich man ihn von vielen Seiten in der Bürgerschaft zu Anträgen ermuntere.[70] Lichtwarks bedrückte Stimmung wird besonders deutlich in der nun folgenden Aussage, zugleich zeigt sich aber auch seine sachliche, von persönlichen Eitelkeiten freie Motivation: »Mir kommt es manchmal vor, als müßte ich jetzt abtreten, wo auf vielen Gebieten der Grund gelegt ist, damit mein Nachfolger sofort mit einer großen Forderung auftreten und sie durchsetzen kann; denn in der Psychologie des Hamburgers steht geschrieben, daß er neue Leute gern sieht und ihnen das Erste, das sie verlangen, nicht gern abschlägt.«[71] Es ist das erste Mal, dass Lichtwark davon spricht, aus Resignation sein Amt aufzugeben, was sich in der folgenden Zeit gelegentlich wiederholt. Es ist aber auch das erste Mal, dass er als ehemaliger Lehrer sich derart negativ über die Volksbildung äußert und die Erfordernisse einer sich rapide entwickelnden Industriegesellschaft offensichtlich wenig übersieht. Seine Abneigung gegenüber der Sozialdemokratie und seine Furcht vor gesellschaftlichen Veränderungen kommen zuweilen auch an anderer Stelle zum Ausdruck. Anscheinend ist ihm nicht mehr so deutlich wie in den Berliner Jahren bewusst, dass ihm durch die persönliche Förderung sein eigener Aufstieg vergönnt war. Mit weniger Glück wäre er in seinem Idealismus wie viele Hamburger Lehrer womöglich sogar selbst ein Anhänger der Sozialdemokratie geworden.

In diesem Brief äußert Lichtwark aber noch Weiteres, das ihm unvollkommen oder verbesserungswürdig erscheint. Es geniere ihn oft, unterwegs zu hören, wie rosig man die Zustände in Hamburg sieht. »Die Leute lesen und meinen, es steht bei uns ganz großartig. Sie sehen, was die Lehrervereinigung durchsetzt, was die Kunstfreunde und Amateurphotographen erreichen und staunen über den Ertrag des alten Kulturbodens. Wenn sie hinter die Kulissen gucken könnten.« In Hamburg fehle außer der Sammeltätigkeit des Staates ein »Organ für die Beobachtung und Pflege der Keime, die zur Entwicklung drängen.« Diese Aufgabe vermöge der Staat nicht zu übernehmen, auch nicht ein Verein mit vielen Spendern kleiner Beiträge, denn ein solcher Verein sei seiner Natur nach unintelligent. Lichtwark stellt sich vielmehr

70 Vgl. Br. Kommission (1901), Bd. VIII: 1900, S. 72.
71 Ebd., S. 73.

eine Gruppierung einsichtiger und opferbereiter Männer vor, die jeweils 1.000 bis 1.500 Mark im Jahr beisteuern und damit die kulturelle Entwicklung in Hamburg unterstützen, vor allem im Bereich der künstlerischen Produktion, wo man »dem Nichts« gegenüberstehe. Dass Talente vorhanden seien, beweise die Sammlung Hamburger Maler in der Kunsthalle. Als Beispiel für die Leistungsfähigkeit junger Hamburger Künstler führt er die Ausmalung der Aula des Paulsen-Stifts durch Paul Kayser an, denn solche großen Aufgaben wünscht er sich zur Förderung der künstlerischen Talente. Auf diese Weise könnte eine solche Gesellschaft eingreifen, mit 10.000 Mark jährlich wäre das »Wichtigste vom Nötigen« zu leisten, denn mit 2.000 Mark ließe sich eine Künstlerexistenz ein Jahr erhalten. »Was es heißt, als junger Künstler auf Hamburg angewiesen zu sein, kann ich Jedem, der es wissen will, mit furchtbaren Einzelheiten belegen.« An Aufgaben mangelt es seiner Meinung nach nicht: Er stellt sich gebundene Aufgabestellungen vor, »das Große, das einem bestimmten Zweck dient«, das Gegenteil von Ausstellungskunst, denn die Künstler hätten das Dienen verlernt. Wie viele Räume gebe es dafür in staatlichen Gebäuden. Neben Bildern stellt er sich ornamentale Ausmalungen oder einfache farbige Dekorationen vor. Und natürlich denkt Lichtwark auch hier wieder an das Bildnisfach. Die Künstler sollten sich auch mit einem Entwurf bewerben dürfen und die Kunsthalle könnte dann aus den Ergebnissen wählen. Schließlich verweist Lichtwark auch noch auf die Möglichkeiten im Bereich der angewandten Kunst, auf allen Gebieten würden sich zahlreiche Aufgaben ergeben. Mit diesen konstruktiven Ideen spornt er sich als eine im Grunde optimistische Natur selbst wieder an. »Dies Alles«, schließt er seine Ausführungen, »sind nicht die Wünsche eines verstiegenen Ideologen, sondern Bedürfnisse unseres praktischen Lebens.« Aber es sind die Bedürfnisse eines Ästheten und Idealisten; Menschen, in deren Leben die Kunst keinen Stellenwert besitzt, kann Lichtwark nicht verstehen.[72]

Einige Monate vorher, im Januar 1900, hat er bei einem Vortrag in Wien eine ganz andere Situation erlebt.[73] Der Schriftsteller Hermann Bahr hat ihn zuvor in der Zeitschrift *Secession* schon angekündigt, nachdem am selben Ort und vom selben Verfasser 1897 über die hamburgische Reformpädagogik berichtet wurde, was in dem Ausruf gipfelt: »Wenn wir in Wien einen Lichtwark hätten!« Im Jahr darauf erwähnt Bahr Lichtwarks Beteiligung am *Pan* und seine Erzählungen über den siegreichen Einzug des hellen, behaglichen englischen Stils in die modernen Berliner Wohnungen. In der Ankündigung von Lichtwarks Vortrag nun würdigt er dessen Tätigkeit und Bestrebungen allgemein und ausführlich, er betont dabei auch »die ruhige, ja oft fast nüchterne Art Lichtwarks, jede Sache aus der Nähe mit dem Verstande zu prüfen«.[74] Lichtwarks Vortragsthema lautet »Über Kunstpflege«; 370 Besucher sind anwesend.[75] Nicht nur der Vortragsabend, auch der gesamte Wiener Aufenthalt gelingt zu einem triumphalen Erfolg, den Lichtwark umso

72 Vgl. ebd., S. 74–77.
73 Zur Wienreise vgl. Br. Kommission (1901), Bd. VIII: 1900, S. 3–28.
74 Vgl. Bahr (2007, Secession), S. 38, 43, 112–117, Zitat S. 112, 187–195, Zitat S. 194.
75 Vgl. Fabiankowitsch (2000), S. 188.

mehr genießt, als er ihn die ständige Hamburger Mühsal für einige Tage vergessen lässt. Das kultivierte Publikum, in dem eine Fülle von Orden funkelt, huldigt ihm. Lichtwark hat das übliche Vortragspublikum aus Kunstfreunden erwartet und findet nun eine elegante, aristokratische Gesellschaft vor, auch Mitglieder der Ministerien sind zugegen. Schon die Toiletten der Damen und »eine Gruppe baumlanger Rassearistokraten« erregen seine Begeisterung. Und die liebenswürdige Hörerschaft behandelt ihn, als habe er schon öfter auf diesem Podium gestanden. »Ueberall wo es möglich ist und auch, wo es nach unserem Gefühl kaum noch angeht, wird hier die Persönlichkeit vorgeschoben«, schreibt er am 20. Januar seiner Kommission. Die Presse habe sich mit Tricks seiner zu bemächtigen versucht. »Das ist Wien. Auf deutschem Sprachgebiet ist das der einzige Ort, wo jeder, der irgendwie in die Oeffentlichkeit tritt, wie ein Tenor behandelt wird.«[76]

Hofrat Arthur von Scala, der Leiter des Museums für Kunst und Industrie, betreut Lichtwark während seines Aufenthalts; durch den Grafen Lanckoronski sieht er Schätze, die dem Touristen üblicherweise verborgen bleiben. Er lernt die vielfältigen Sammlungen des Grafen Harrach und die Galerie Liechtenstein kennen; mit den Künstlern besichtigt er die Wiener Neubauten. Auf den Gesellschaften, wo er die Menschen und die allgemeine Kultiviertheit in vollen Zügen genießt, wird er weitergereicht, im Hotel erwarten ihn neben den Redakteuren auch Architekten, Maler und Bildhauer. Die Tage sind gänzlich ausgefüllt, kaum im Fiaker, sinkt er in den Schlaf. Von den Besichtigungen interessiert ihn besonders eine Wettbewerbsschau für einfache Tafelgläser und die Ausstattung einer Arbeiterwohnung, die den Preis von 250 Gulden nicht übersteigen darf. Die Preisgekrönten – so bemerkt er eigens – hätten sehr einfache Möbel in schlichten geschmackvollen Konstruktionen ausgeführt: Hier sieht er seine stete Forderung nach funkioneller Gestaltung bestätigt und erfüllt. Die daneben ausgestellten kostbaren Zimmereinrichtungen bezeugen eine hohe Leistungsfähigkeit der Kunsthandwerker. Lichtwark bezweifelt, ob dies alles in Berlin so gut hergestellt werden könnte – an Hamburg will er dabei gar nicht erst denken. Und speziell an die Adresse seiner Kommission richtet er die Bemerkung, Hofrat von Scala sehe seine Aufgabe in der Erziehung des Publikums und in der Anregung der Produzenten, womit er die Aktualität seiner eigenen Bestrebungen beweist. Nicht nur Wien ist für Lichtwark ein Erlebnis, auch umgekehrt: Mit Stolz berichtet er, dass ihn alle Leute auf »unsere kleinen Bücher«, seine eigenen Publikationen also, angesprochen hätten. Nun hat er »mit einem Schlage Anschluss nach allen Seiten.« Er lernt auch den Medailleur Anton Scharff persönlich kennen; vor allem aber pflegt er privaten Kontakt zur Familie des Malers und Galeristen Carl Moll, der die sezessionistische Galerie Miethke leitet und mit dem er seit 1898 bereits korrespondiert. In dessen altwienerisch eingerichtetem Atelier findet ein Künstlerfest zu Ehren Lichtwarks statt. Moll scheint es auch gewesen zu sein, der Lichtwark in seinen Kreis eingeladen und den Vortrag vermittelt hat.[77]

76 Br. Kommission (1901), Bd. VIII: 1900, S. 4.

77 Moll ist verheiratet mit Anna, verwitwete Schindler, geborene Bergen, einer gebürtigen Hamburgerin. Sie ist die Mutter von Alma Schindler, die 1902 den Komponisten Gustav Mahler, 1915 den Architekten Walter Gropius und schließlich den Dichter Franz Werfel heiratet. Die Familie Schindler-Moll ist bei Lichtwarks Vortrag anwesend; vgl. Mahler-Werfel (1997), S. 424, 430, 435. Alma Schindler(-Mahler-Werfel) fühlt sich gekränkt, dass sie

Aber auch andernorts wird Lichtwark zu Vorträgen eingeladen und findet dabei großen Zuspruch. Im Dezember 1900 schreibt er seiner Kommission, im Herbst sehr viele Anfragen wegen Vorträgen erhalten, aber nur einen in Frankfurt angenommen zu haben; er will sich in seiner Arbeit nicht stören lassen. Er hält letztlich jedoch nicht nur diesen Vortrag, sondern spricht auch in Darmstadt und in Stuttgart bei Kalckreuth, im letzteren Fall ohne Honorar, über Holbeins Bilder des Todes. Inzwischen hat er Interesse an den Volksunterhaltungsabenden entwickelt und das Arbeiterpublikum beeindruckt ihn durch Motivation und Aufmerksamkeit.[78]

Als sich Lichtwark im März 1901 in Breslau aufhält und anlässlich seines Vortrages über deutsche Kunst und Bildung bei der Ortsgruppe des Goethe-Bundes die Stadt und das Museum besichtigt, findet er dort auch seine Bücher ausgelegt. »Um unsere Versuche in Hamburg kümmert man sich sehr genau«, berichtet er seiner Kommission. »Was von unsern Publikationen zu haben ist, liegt bei allen Buchhändlern. Eine Zeitung wünschte am Tag des Vortrages mein Bild zu bringen. Wenn die Leute ahnten, wie wenig ich in Hamburg ausrichten kann.«[79] In ähnlichem Sinne hat er schon 1899 an den Altphilologen Ulrich von Wilamowitz-Moellendorff geschrieben, den er seit seinen Berliner Jahren kennt: »Wenn ich so das Leben und Schaffen des Gelehrten ansehe, kommt mir die Sehnsucht nach solcher Insel der Glückseligkeit, auf die mich weder Schiff noch Brücke trägt. Was hilfts. Ich muß mich schon mit meinem Beruf des Heidenmissionars zufrieden geben.«[80]

DIE CENTENNALE IN PARIS UND DIE GEPLANTE JAHRHUNDERTAUSSTELLUNG

Mitte Oktober des Jahres 1900 ist Lichtwark in Paris, um im Rahmen der Weltausstellung die Centennale, die große Retrospektive auf die französische Kunst des 19. Jahrhunderts, zu besichtigen.[81] Eine Kontaktaufnahme zu Pariser Kollegen wagt er aus Zeitgründen nicht, da die Reise ihm einerseits nicht als Dienstreise anerkannt worden ist und andererseits die zur Verfügung stehende Zeit zur Erschließung der großen Ausstellung sehr beschränkt erscheint. Bei der deutschen Revisionsausstellung, an deren Verwirklichung er nach wie vor glaubt, werde man anders vorgehen müssen. Lichtwark kritisiert Auswahl und Vermittlung bei der Centennale als unzureichend, obwohl die französische Kunst des 19. Jahrhunderts wesentlich besser bekannt sei als die deutsche. Ohne Vorkenntnisse sei man jedoch überall verloren. Vor allem ist Licht-

Lichtwark nicht besonders gefällt, er sei nur höflich zu ihr gewesen, aber nicht mehr; vgl. ebd., S. 435. – Zu Moll und der Galerie Miethke vgl. Ausst.Kat. Galerie Miethke (2003), bes. S. 62–74. – Vgl. Brief Alfred Lichtwark an Moll, 8.1.1900, HKH, AdB 178.

78 Vgl. Br. Kommission (1901), Bd. VIII: 1900, S. 242. – Br. Kalckreuth, S. 77–79.

79 Br. Kommission (1902), Bd. IX: 1901, S. 60, Zitat S. 71.

80 Brief Alfred Lichtwark an Wilamowitz-Moellendorff, 19.3.1899, Göttingen, SUB, HSS, Cod. Ms. Wilamowitz 805.

81 Vgl. hier und im Folgenden: Br. Kommission (1901), Bd. VIII: 1900, S. 163–225. – P3, 1.4.1900.

wark über die Vernachlässigung der neuen Entwicklung enttäuscht: »Die Welt durfte erwarten, bei dieser Gelegenheit gerade diejenigen Meister, von denen seit einem Menschenalter eine Umgestaltung der Kunst aller Kulturländer, Japan eingeschlossen ausgegangen ist, mit einer Fülle bedeutender Bilder charakterisirt zu sehen. Das ist jedoch nicht beliebt [sic] worden.«[82] Da er selbst die Kunst der französischen Impressionisten seit der Ausstellung der Sammlung Bernstein in Berlin 1885 stetig verfolgt, Felicie Bernstein sogar 1894 geraten hat, die Sammlung noch auszubauen und zum Andenken an ihren Mann einem deutschen Museum zu stiften,[83] muss ihm diese Auslassung als gravierender Fehler erscheinen. Schon 1898 hat er seiner Kommission aus Paris seine Einschätzung geschrieben, die Werke der Impressionisten würden »das große bleibende [sic]« der französischen Kunst sein,[84] umso härter tadelt er nun, wie hier mit ihnen verfahren worden sei: »Von Manet, Monet, Renoir, Sisley, Pissarro hat man erst im letzten Augenblick anderthalb kleine Säle zusammen gebracht. Die Veranstalter lieben sie nicht. Will man sie sehen, muß man die Sonderausstellung von Durand-Ruel und die großen Privatsammlungen aufsuchen. Dabei enthält die Centennal- und namentlich die Decennalausstellung eine ungeheure Masse absolut gleichgültiger Dinge, die kein Mensch auf der Welt außer ihren Urhebern ernst nehmen kann. Dies Taschenspielerkunststück, das eine der wichtigsten Phasen der französischen Kunst bei Seite schafft, nützt den tüchtigen Leuten, die es ausgeführt haben, nicht so viel, wie es nach der anderen Seite schadet. Denn die paar armseligen Wände schlagen so ziemlich alles, was sonst noch aus den letzten dreißig Jahren da ist, mit Ausnahme Millets und der Leute von Barbizon natürlich, und Puvis de Chavannes, der ihnen nahe steht. Der Schade [sic] liegt in der Unmöglichkeit, nach den drei Dutzend kleinen Bildern zu beurteilen, was an dem Impressionismus dran war. Das hätten wir, jetzt wo seine Formel nach allen Richtungen entwickelt scheint, lieber als irgend etwas anderes auf der Jubelausstellung erfahren. Es wäre ein Act der Gerechtigkeit gewesen, lediglich aus der Absicht, nichts zu verschweigen oder zu unterdrücken, das Lebenswerk Manets, Monets, Degas und der andern um sie herum zu einem großen Bilde zusammenzustellen.« Dass der Nachwuchs nicht mehr zu Wort kommt, sei erkennbar. »Die Neueren sind Ausgestossene.« In den Staatsbehörden und der Akademie hätten sie keine Verfechter, da weder sie selbst noch ihnen Nahestehende in die durch »Cooptation« ergänzten Körperschaften aufgenommen würden. Es sei ein edler Grundsatz, dass die aus den hervorragendsten Künstlern der Zeit bestehende Körperschaft das oberste Gericht über den Wert der künstlerischen Persönlichkeit bilde, doch nur »in abstracto«. In der Realität habe sie sich »als der stärkste Hemmschuh« erwiesen. Diese jüngeren Künstler würden einmal zum größten Ruhm Frankreichs gehören. Lichtwark vermag nachzuvollziehen, dass die »akademisch angelegten Begabungen«, »die vor keiner mechanischen Arbeit zurückschrecken, die

82 Br. Kommission (1901), Bd. VIII: 1900, S. 201.
83 Vgl. Br. Kommission (1896), Bd. III: 1894/95, S. 136f.
84 Vgl. Br. Kommission (1899), Bd. VI: 1898, S. 106. – Siehe auch das Kapitel »Erwerbungen III: Monets Stillleben« in Teil 3.

ein Bild von einem Ende zum anderen sorgfältig durchstricken, die Zeichenlehrer« das Neue unleidlich finden, fordert jedoch von ihnen soviel Gerechtigkeitssinn, dass sie eine »augenfällige Tatsache« anerkennen. »Und diese liegt in dem ungeheuren Einfluß des Impressionismus unleugbar vor.« Wie ein Sturmwind habe die neue Anschauung des Lichtes und der Farbe in den letzten beiden Jahrzehnten »die Welt umkreist«. Zu Anfang der achtziger Jahre habe in Berlin kaum eine Handvoll Menschen eine Ahnung von den Vorgängen in Paris gehabt, kaum ein Jahrzehnt später sei überall in Deutschland das Publikum gegen die neue Lehre aufgestanden, wie Lichtwark aus eigener Erfahrung zu berichten weiß. Und dabei reagiere in Frankreich bereits eine neue Jugend, die nicht den natürlichen, sondern den dekorativen Wert der Farbe erstrebe, während »die ersten und alten Gegner noch am Leben« seien: Charles Cottet, Emile-René Ménard, Lucien Simon. Zweifellos seien sie Talente, doch nicht die neuen, ernstzunehmenden Gegenspieler des Impressionismus.[85]

Über van Gogh, Gauguin und Cézanne weiß Lichtwark um diese Zeit anscheinend wenig und kann es auch kaum: der Nachlass van Goghs befindet sich verborgen im Besitz der Familie, Gauguin lebt in der Südsee, Cézanne zurückgezogen in Aix-en-Provence, nur mit wenigen Kennern in Kontakt.[86] In der weiteren Entwicklung meint Lichtwark jedoch eine Hinwendung von der Farbe zum Ton auszumachen, Eugène Carrière sei der bekannteste Vertreter dieser Richtung und durch die »lebenskräftigen Schulen«, wie in Dänemark durch Vilhelm Hammershøj und Johan Rohde repräsentiert, glaubt er diese Entwicklung bestätigt. Natürlich bietet ihm die Ausstellung auch die Möglichkeit zur Erweiterung seiner Kenntnisse über bereits bekannte Künstler, mehr jedoch erstaunen ihn bisher unbekannte, früh Verstorbene wie Félix Trutat und Théodore Chassériau. Besonders die Bildnisse sprechen ihn an. In Daumier erkennt er einen Maler »hohen Ranges«, würdigt die »Sicherheit des Wurfs« und dabei eine »eigene Herbigkeit«. Besonders das heute berühmte Motiv der Frau mit Kind auf der Seinetreppe, »Die Wäscherin«, begeistert ihn. »Daumier fühlt immer, was das Bild macht. Das haben so sehr wenige.« Bei Daumier kann er im Gegensatz zu vielen anderen Künstlern »von Herzen [...] ja sagen«.[87]

Bei Lichtwarks Ausstellungsberichten und Urteilen über Bilder erscheint seine Einschätzung aus heutiger kunsthistorischer Sicht oft als zutreffend, zumal bei Werken, die noch immer zum Kanon gehören. Lichtwarks Kenntnis der französischen Malerei erscheint profund und souverän, etwa wenn er Millets Pastelle von Heuschobern auf beschneitem Feld mit der Heuschober-Serie von Monet vergleicht.[88]

85 Br. Kommission (1901), Bd. VIII: 1900, S. 201–204. – Es handelt sich um drei naturalistische Maler, die ihrer eher traditionellen Malerei in gedeckten Farben Elemente des Impressionismus, Realismus und Symbolismus hinzugefügt haben.

86 Bilder von Cézanne hat Lichtwark aber bereits zwei Jahre zuvor gesehen, »umsonst zu haben«; im September 1900 kostet ein kleines Stillleben bei Cassirer 5.000 Mark; vgl. Br. Kommission (1901), Bd. VIII: 1900, S. 152. Van Gogh und Gauguin erwähnt er in seinen Briefen an die Kommission erstmalig 1906 beziehungsweise 1910; vgl. Br. Kommission (1908), Bd. XIV: 1906, S. 71; Br. Kommission (1918), Bd. XVIII: 1910, S. 208.

87 Vgl. Br. Kommission (1901), Bd. VIII: 1900, S. 208f. – H. Daumier, Die Wäscherin, um 1863, Paris, Musée d'Orsay.

88 Vgl. ebd., S. 212.

»Was einem Deutschen bei der französischen Centennale ans Herz greift«, schreibt er in seinem Bericht an die Kommission, »ist die Beobachtung des engen Zusammenhanges aller großen Erscheinungen. Einer führt das begonnene oder angedeutete Werk des andern fort. Und alle haben eine tüchtige Schulung. Das ist der große Vorteil der Centralisation aller Kräfte des Landes. Und wo diese feste Schule und Überlieferung vorhanden ist, kann jeder Einzelne sich ausleben, ohne daß das Ganze zu Schaden kommt.« Darin liege eben doch der Segen der »Zeichenlehrer«, die in Deutschland fehlten oder selten seien. Für Hamburg zieht Lichtwark daraus die Lehre, dass dort eine feste Kontinuität in der technischen Ausbildung zu schaffen sei: »Denn bei uns, wie in ganz Deutschland, muß jeder von vorn anfangen um, wenn er zum Bewußtsein gekommen ist, sein eigener Lehrer zu werden. Damit geht, wenn es nicht zu spät ist, die beste Zeit und Kraft darauf.«[89] Dass die modernen künstlerischen Leistungen in Europa jedoch außerhalb solcher Schulen entstanden sind, ist Lichtwark, der die Akademien schon lange skeptisch betrachtet, durchaus auch bewusst. Seine Haltung zu diesem Thema scheint jedenfalls ambivalent.

Rodins Ausstellung besucht Lichtwark mehrfach; er bewertet sie als eine der interessantesten. Jedes Mal empfindet er mehr Freude an den Hauptwerken, und neben Rodins Marmorgruppe »Der Kuss« können die akademischen Bildhauerarbeiten zwar als handwerklich tüchtig ausgeführt gelten, jedoch ohne Kunstwert. Es bestürzen ihn allerdings an Rodins Arbeiten »Nachlässigkeiten«, die er »über all der Schönheit der Erfindung« und der »erstaunlichen Durchbildung einzelner Theile« aber wieder vergisst. »Ich habe die Empfindung, es ist eine halbe Perle, bestimmt gewesen, die schönste der Welt zu werden, aber festgewachsen und zur Hälfte barock geworden: eine Natur wie vielleicht Manet in der Malerei.« Ungeheuer groß erscheint ihm Rodins Einfluss auf die Jugend der ganzen Welt, die seine »Sonderbarkeiten« nachahmen würde. Er fürchtet, Rodin könnte in Deutschland wie ein Halbgott verehrt werden: »Wenn es irgendwo die jungen Talente nicht vertragen können, ist es in Deutschland.«[90] Denn dort soll ja nach seiner Vorstellung qualitätvolles Eigenes entwickelt werden, und auf dieser Pariser Ausstellung sieht Lichtwark wieder einmal das Gegenteil bestätigt. Von allem, was die Deutschen ausgeführt hätten, so konstatiert er, sei ihre Kunstausstellung das Schwächste, auch wenn die Münchner ihr Gebäude mit gutem Geschmack ausgestattet und ihre Exponate gut gehängt hätten. Er vergleicht die Ausstattungen der verschiedenen Länder und plädiert wie immer für die schlichte, zurückhaltende Gestaltung, lobt farbige Grautöne, einfache bequeme Sitzmöbel, qualitätvolle Bilder; dieser Stil gefällt ihm bei den Dänen und den Amerikanern. Am »behaglichsten« wirkt auf ihn das mit »sehr zurückhaltendem Geschmack« eingerichtete englische Haus. Die höchste Vollendung an edler Einfachheit jedoch bewundert er bei den Japanern.[91]

89 Vgl. ebd., S. 212f.
90 Ebd., S. 219f.
91 Vgl. ebd., S. 177, 194, 215, 217.

Aus den Eindrücken vom neuen Schmuck, besonders von Laliques Arbeiten, geht später Lichtwarks Aufsatz *Der Schmuck* hervor, den er 1902 im ersten Jahrgang der modernen, den Sezessionen nahestehenden Kunstzeitschrift *Kunst und Künstler* veröffentlicht.[92]

Das wenig ansprechende Aussehen und Verhalten seiner deutschen Landsleute im Rahmen der Weltausstellung bringt Lichtwark wieder einmal in Harnisch. Er formuliert eine vernichtende, fast hasserfüllte Kritik, die auch die gebildete Schicht nicht ausnimmt. Dicke und aufgeschwemmte Körper, schlechte, unfarbene, zu enge Kleidung, ungeschliffenes und lautes Betragen erbosen ihn: »Was der Deutsche braucht, ist Tanzunterricht statt des Turnens vom ersten Schuljahre an, und grosse Spiegel bis zum Fussboden in allen Cafés und Bierpalästen, damit er sich überall von seiner Hässlichkeit ein Bild machen kann.«[93]

Der Text über den deutschen Beitrag auf der Pariser Weltausstellung von 1900 im offiziellen Katalog des Deutschen Reiches wurde Lichtwark übertragen, ein Zeichen für seine feste Etablierung in der deutschen Kunstlandschaft. Er betitelt seinen Beitrag schlicht *Deutsche Kunst*.[94] Seine Ausführungen zur deutschen Kunstgeschichte sind kunstsoziologisch untermauert. Er beginnt mit der Kunst der deutschen Renaissance, behandelt die am Ausland orientierte Fürstenkunst des Barock und Rokoko und wendet sich dann dem neuen bürgerlichen Kunstinteresse des frühen 19. Jahrhunderts und der Gründung der Kunstvereine zu. Hier geht er insbesondere auf sein Spezialgebiet ein, den neuen bürgerlichen Realismus, der in Vergessenheit geraten sei und rehabilitiert werden müsse, ferner auf die isolierte Existenz der Akademien. Schließlich nennt er vorrangig diejenigen unter den lebenden Künstlern, denen sein besonderes Interesse gilt: Böcklin, von Hofmann, Kalckreuth, Klinger, Kuehl, Leibl, Liebermann, Menzel, Oberländer, Olde, Stuck, Thoma und Uhde. Er erwähnt jedoch auch einige bekannte konservative Maler und Bildhauer, darunter den unumgänglichen, von höchster Instanz protegierten Anton von Werner sowie die Architekten Paul Wallot und Alfred Messel. Doch im Vergleich zum sich anschließenden Katalog der deutschen Ausstellung, in dem die Etablierten der verschiedenen Kunstzentren die große Mehrheit und die sezessionistischen Künstler nur eine Minderheit darstellen,[95] fällt Lichtwarks Auswahl deutlich aus dem Rahmen. Sie wirkt mutig angesichts des offiziellen Charakters dieses Beitrages, auch wenn Liebermann bereits seit 1898 als Präsident der Berliner Sezession amtiert. Lichtwarks Aufsatz erfährt im selben Jahr mehrere Abdrucke: im *Kunstwart*, in der Zeitschrift *Deutsche Heimat* und in der *Umschau*,[96] wodurch die von ihm erwähnten und protegierten Künstler schließlich weitere Bekanntheit erlangen.

92 Vgl. ebd., S. 189–191. – Kayser (1977), Nr. 359.
93 Br. Kommission (1901), Bd. VIII: 1900, S. 218f.
94 Vgl. hier und im Folgenden: Alfred Lichtwark, Deutsche Kunst, in: Weltausstellung in Paris 1900. Amtlicher Katalog der Ausstellung des Deutschen Reichs, S. 122–128; Kayser (1977), Nr. 308.
95 Vgl. Weltausstellung in Paris 1900. Amtlicher Katalog der Ausstellung des Deutschen Reichs, S. 129–137.
96 Kayser (1977), Nr. 309, 310, 321.

In Deutschland scheinen die Vorbereitungen für die Revisionsausstellung nun langsam in Gang zu kommen. Am 22. Februar 1900 berichtet Lichtwark seiner Kommission aus Berlin von Tschudis Vorhaben, demnächst eine Konferenz zur Besprechung des Ausstellungsvorhabens einzuberufen.[97] Zwei Monate später weilt er wiederum in Berlin; Tschudi ist verreist, aber mit Generaldirektor Schöne kann er das Projekt eingehend erörtern. »Er war gleich bei der ersten Andeutung, die ich damals machte, als Tschudi berufen wurde, sehr warm für das Unternehmen gewesen, hätte Tschudi zugegriffen, würden wir dieses Jahr eröffnet haben.«[98] Damit spricht Lichtwark unverhohlen aus, dass Tschudi bisher das Vorhaben vereitelte. Er weiß, dass die Hamburger Kunsthalle bei dieser Ausstellung glänzend dastünde und er selbst als Anreger des Projektes seinen Beitrag an Vorkenntnissen und potentiellen Exponaten genau übersieht. Nun sollen aus Berlin Tschudi und der Kunsthistoriker Wolfgang von Oettingen, vielleicht auch Schöne selbst dem Komitee angehören, aus Dresden Seidlitz und Woermann, aus München Franz von Reber und Adolf Bayersdorfer, aus Frankfurt Heinrich Weizsäcker, für Köln und Düsseldorf der Provinzialkonservator Paul Clemen, Lichtwark selbst für Hamburg und Schleswig-Holstein. Auch die Schweiz und Österreich sollen berücksichtigt werden, damit ein Überblick über die Kunst des deutschsprachigen Kulturraumes entsteht. Jeder Beteiligte soll sein Gebiet durchforschen und Vorschläge für Gemälde und Handzeichnungen einbringen, die das Komitee dann prüft. Das Projekt soll der wissenschaftlichen Aufarbeitung dieser Epoche dienen; diese Funktion wird allein schon an dem sicherlich von Lichtwark stammenden Vorschlag deutlich, zum Studium der simultanen Entwicklung eine Hängung in Querschnitten zu schaffen. Auf Lichtwarks Wunsch könnten auch die bisher wenig beachteten Panoramen einbezogen werden. Wie er es in Hamburg versucht habe, soll überall nach den Werken aus der naiven, vorakademischen Schaffensphase der Künstler Ausschau gehalten werden. Für die Finanzierung der Abbildungen im Katalog will man sich um einen Zuschuss an das Reich wenden. Mit diesem durchaus schon konkreter werdenden Ergebnis scheinen sich Lichtwarks Hoffnungen nun zu erfüllen und die Planungen zu konkretisieren. Am 20. August trifft er Tschudi; beide sehen für November oder Dezember 1900 eine Besprechung mit Schöne, Seidlitz, Woermann, Reber und Weizsäcker über die wichtigen Punkte des Ausstellungskonzeptes vor, zum Beispiel über die Gliederung nach lokalen Aspekten oder zeitlichen Querschnitten und die Berücksichtigung der Graphik. Lichtwark beabsichtigt, mit dieser Ausstellung »den grossen Schlag gegen den akademischen Unterricht« zu führen, weshalb auch die Jugendwerke der »akademisch entgleisten grossen Begabungen wie Cornelius, Kaulbach u.s.w.« in die Ausstellung einbezogen werden sollen. Tschudi habe sich erst gesträubt, dann sei er lange Zeit »lau« gewesen, »jetzt geht er fest hinein. Ein Jammer, dass wir es nicht, wie ich ursprünglich gehofft, 1900 oder 1901 haben machen kön-

97 Vgl. Br. Kommission (1901), Bd. VIII: 1900, S. 42. – Vgl. auch Wege zur deutschen Jahrhundertausstellung, in: Ausst.Kat. Kunst ins Leben (1986), S. 133.
98 Vgl. hier und im Folgenden: Br. Kommission (1901), Bd. VIII: 1900, S. 45f.

nen.«[99] Am 1. Dezember 1900 wird schließlich unter sechs Augen – Schöne, Tschudi und Lichtwark – in Berlin konferiert.[100] Seidlitz, Tschudi und Lichtwark sollen sich um Bayern bemühen, zunächst das Interesse des bayrischen Gesandten Hugo Graf Lerchenfeld gewinnen, dem der Vorsitz des Arbeitskomitees zugedacht ist, und sich dann um Unterstützung an den preußischen Staatsminister Arthur Graf von Posadowsky-Wehner wenden. Schöne will das Amt des Stellvertreters übernehmen; dem Kaiser soll das Protektorat angetragen werden. Lichtwarks Idee, den Umzug der alten Gemäldegalerie zu nutzen, die alle ihre Räume für ein halbes Jahr zur Verfügung stellen könnte, findet Schönes Beifall.

Lerchenfeld gibt sich in einem Gespräch am 6. Dezember mit Seidlitz, Tschudi und Lichtwark als Wortführer wohlwollend und sagt wunschgemäß die Befürwortung des Projektes bei seiner Regierung sowie die Übernahme des Komiteevorsitzes zu; auch findet Seidlitz beim Grafen Posadowsky-Wehner, der sich eine Denkschrift wünscht, freundliches Gehör.[101] Lichtwark erhält bei weiterer interner Beratung den Auftrag, die Hauptpunkte der Denkschrift zu verfassen, was er umgehend erledigt, um in einer letzten Sitzung mit Schöne zum Abschluss der Planung zu kommen. Die Abschrift will er schon in der folgenden Woche seiner Kommission unterbreiten; ihm fällt »eine Last von der Seele.« Nun geht alles rasch: In einer weiteren Besprechung mit Schöne wird die Ausstellung beschlossen; Seidlitz, Tschudi und Lichtwark sollen alle Entscheidungen in letzter Instanz treffen und die Publikationen leiten. Für den Katalog verfolgt Lichtwark jedoch nicht das Konzept einer »monumentalen Publikation« im Folioformat mit Heliogravüren, sondern zieht mehrere, reich illustrierte Bände im Oktavformat ohne kostspielige Abbildungen vor. Daneben plant er einen Bildband der Hauptwerke in großen Photographien für Bibliotheken und Liebhaber. Eine solche Publikation erscheint ihm auch für die Handzeichnungen dringend nötig. Er hält eine anschließende Verarbeitung des Materials zu einer deutschen Kunstgeschichte für denkbar, doch wäre dies vermutlich nur durch einen einzelnen Autor zu verwirklichen und damit Lichtwark unsympathisch. Er denkt hier kollegial: Eine mehrbändige Version ließe jeden der Beteiligten sein Spezialgebiet bearbeiten und ergäbe ein lebendiges, lesbares und attraktives Gesamtwerk. Weitere Besprechungen finden in Berlin mit dem Minister statt, der sich lebhaft interessiert und die Beihilfe Preußens gewinnen will, sowie mit Schöne und Geheimrat Müller. Anscheinend erhält das Ausstellungsvorhaben nun Kontur; doch fürchtet Lichtwark um die Bereitschaft Bayerns und hofft auf die Unterstützung Graf Lerchenfelds.

Trotz dieser Konkretisierung entwickelt sich das Ausstellungsprojekt in den folgenden Jahren nicht weiter. Anfang Juni 1902 ist Lichtwark in München und studiert Bilder aus der ersten Hälfte des 19. Jahrhunderts. Er vergleicht die Münchner Biedermeiermaler mit den jungen Hamburgern derselben Epoche, denen er wie stets den

99 Vgl. ebd., S. 141f.
100 Vgl. ebd., S. 243.
101 Vgl. hier und im Folgenden: ebd., S. 251–261.

Vorzug gibt. Dies verdeutlichlicht, dass er die Jahrhundertausstellung nicht zuletzt als Podium für die Hamburger Malerei des 19. Jahrhunderts benutzen will; allerdings scheint er schon alle Hoffnung begraben zu haben: »Wäre die Revisionsausstellung zustandegekommen, so würden unsere jungen Hamburger der zwanziger und dreißiger Jahre neben den Münchner Lehrern als ein neues und höheres Geschlecht gestanden haben.«[102] Um das Vorhaben wenigstens teilweise zu retten, rät er zu einer speziellen Münchner Ausstellung, doch hält er dazu noch Forschungen für nötig, denn wie überall ist hier die lokale Kunstgeschichte vernachlässigt worden.[103] Im Herbst 1904 reist Lichtwark wiederum nach München, um Ausstellungen zu besichtigen und für die Revisionsausstellung zu »fouragieren«, vor allem jedoch um das Ministerium, die Stadtverwaltung und die Kunstfreunde für eine lokale Version der Jahrhundertausstellung zu gewinnen.[104]

ERWERBUNGEN IV: UM 1900

1898 stellt für Lichtwarks Erwerbungen ein ganz besonderes Jahr dar. Nicht nur gelangen nun die Bilder des Englandfahrer-Altars von Meister Francke in die Kunsthalle, auch eine Reihe anderer Werke für die Sammlung zur Geschichte der Hamburger Kunst erwirbt Lichtwark aus dem Schweriner Museum. Die Bertram-Altäre folgen. So werden die Jahre um 1900 und danach stark geprägt von Lichtwarks Bemühungen um die alte Hamburger Malerei. Auch aus anderen Sammlungen versucht er alte Hamburger Kunst für die Kunsthalle zu gewinnen. Wilhelm Bode unterstützt sein Anliegen, hamburgische Kunst aus dem Herzoglichen Museum in Braunschweig zu erhalten. Er rät Lichtwark zu Verhandlungen mit dem neuen Direktor und arbeitet als Braunschweiger selbst beim Ministerium und dem Ministerpräsidenten vor. Das Museum sei knapp an Mitteln, die Staatsfinanzen stünden schlecht. Lichtwarks Wünsche zielen auf zwei Portraits des Barockmalers Joachim Luhn, ein Familienbild und eine Darstellung des Hans Georg Hertel, ferner auf ein Bildnis des Philosophen Gottfried Wilhelm Leibniz, das zu dieser Zeit noch Andreas Scheits zugeschrieben wird, sowie ein Damenbildnis von Matthias Scheits. 1897 hat Lichtwark bereits mit dem damaligen Direktor Herman Riegel korrespondiert; 1902 erreicht er nun ein etwas günstigeres Verhandlungsergebnis bei dessen Nachfolger, Paul Jonas Meier, der aber die Verantwortung nicht auf sich nehmen mag, weil er sich zu neu im Amt fühlt. Bode will jedoch nicht so leicht aufgeben und rät, den gebotenen Betrag bedenkenlos von 30.000 auf 40.000 Mark zu erhöhen. Meier leistet Widerstand, behauptet Eigentumsunklarheiten und entzieht sich mit Ausreden; er ist der zäheste Verhandlungspartner, auf den Lichtwark bisher gestoßen ist. Bode soll zwar helfen, die Besitzrechte zu klären, vermag ihn hier jedoch nicht zu unterstützen. Nebenbei wäre auch anderes

102 Vgl. Br. Kommission (1904), Bd. XI: 1903, S. 75.
103 Vgl. ebd., S. 86–89.
104 Vgl. Br. Kommission (1905), Bd. XII: 1904, S. 200–215.

für Lichtwark von Interesse: In Schloss Salzdahlum seien nach alten Beschreibungen zahlreiche Säle von Hamburger Meistern ausgestattet gewesen, hier liege Material für eine Monographie, aber er will sie nicht schreiben. Noch 1904 stehen die Verhandlungen um die Bilder nicht gut und kommen schließlich zum Erliegen.[105]

Auch in Leipzig kommen die Entscheidungen nur scheinbar weiter. Bode hat den kleinen »Schmerzensmann« von Meister Francke auf 10.000 Mark geschätzt, Erwin Speckters »Simson und Dalila« soll 5.000 Mark kosten, den Galli, für den Direktor Schreiber 1.000 Mark fordert, erwartet Lichtwark als Zugabe. Zwei weitere Bilder von Gensler und Tamm glaubt er nicht unbedingt zu benötigen. Schreiber erklärt sich einverstanden; es soll eine Eingabe an den Oberbürgermeister erfolgen.[106] Doch die Leipziger Verhandlungen scheitern schließlich ebenso wie die Braunschweiger.

In München forscht Lichtwark ebenfalls nach hamburgischer Kunst. In Schloss Schleißheim finden sich fünf Bilder von Tamm, weitere Werke von Carlo Maratta und Scheits. Immerhin scheint eine Überlassung nicht ausgeschlossen.[107] Von dem Wiener Händler Artaria kann er ein Stillleben des Hamburger Malers Balthasar Denner für rund 1.600 Mark erwerben; es bereichert zugleich die im Aufbau befindliche Stilllebensammlung.[108] Auf diese Gattung, die ihn schon seit seinen frühen Amtsjahren beschäftigt, legt Lichtwark beim Ausbau der Sammlung alter Kunst einen Schwerpunkt. Im Jahr 1900 werden von der Kommission 1.100 Mark für ein Stillleben von Nicolas Maes genehmigt, das wohl doch nicht erworben wird. Ebenso werden 1902 für ein Blumenstück von Willem van Aelst 2.500 Mark bewilligt, doch auch dieses Gemälde wird schließlich nicht angekauft. Im selben Jahr entdeckt Bode beim Prinzen Hohenlohe ein großes Stillleben mit Früchten, Wild und Geflügel von Jan Fyt, das er für Hamburg »loseist«, ein Hauptstück für die niederländische Abteilung, das tatsächlich 1903 für 15.000 Mark erworben wird.[109] Außerdem kommen 1901 ein Jagdstillleben von Jan Weenix für 2.000 Mark und ein Stillleben mit Blumen und Früchten von Jan Davidsz. de Heem für 2.500 Mark in die Sammlung, ein weiteres dieser Art von Cornelis de Heem folgt 1904.[110] Zehn Jahre glaubt Lichtwark noch zur Verfügung zu haben, um die wesentlichen Lücken der holländischen Abteilung zu füllen.[111]

105 Vgl. Br. Kommission (1902), Bd. IX: 1901, S. 71, 341. – Br. Kommission (1904), Bd. X: 1902, S. 38, 67, 191, 212, 215f. – Br. Kommission (1905), Bd. XII: 1904, S. 71. – Brief Alfred Lichtwark an Riegel, 18.5.1897; Brief Alfred Lichtwark an Meier, 7.1.1902, HAUM, Archiv 300, 333. – Best.Kat. Braunschweig, Herzog Anton Ulrich-Museum (1989), S. 169f., 121f., 218f. – Die Bildersammlung des Herzog Anton Ulrich-Museums stammt teilweise ursprünglich aus dem abgebrochenen Fachwerkschloss Salzdahlum bei Wolfenbüttel, das ein eigenes Galeriegebäude besaß; vgl. Luckhardt (2004), S. 51–58.

106 Vgl. Br. Kommission (1905), Bd. XII: 1904, S. 84; Br. Kommission (1908), Bd. XIII: 1905, 29f.

107 Vgl. Br. Kommission (1902), Bd. IX: 1901, S. 172, 174.

108 1.590,58 Mark, vgl. P4, 27.2.1904.

109 Vgl. P3, 27.10.1900, nicht im Best.Kat. Hamburg, Alte Meister. – P4, 5.7.1902, nicht im Best.Kat. Hamburg, Alte Meister, ein Stillleben von van Aelst kommt erst 1912 als Geschenk in die HKH. – Br. Kommission (1904), Bd. X: 1902, S. 220; Br. Kommission (1904), Bd. XI: 1903, S. 35; P4, 24.1., 25.4.1903; Best.Kat. Hamburg, Alte Meister, S. 68.

110 Vgl. P4, 23.11.1901. – Best.Kat. Hamburg, Alte Meister, S. 176, 78.

111 Vgl. Br. Kommission (1904), Bd. XI: 1903, S. 123.

Um die spanische Kunst hingegen bemüht sich Lichtwark wenig. So lehnt die Kommission den Ankauf eines Bildes von Murillo ab, das in Paris für 15.000 Francs aus dem Legat von Marcus Nordheim erworben werden könnte; Louis Nordheim erklärt sich sogar bereit, einen möglichen Mehrbetrag aufzubringen. Doch Lichtwark ist von der Qualität des Bildes nicht überzeugt, zudem passt es nicht in sein Sammlungskonzept.[112] 1903 werden zwei von einem Herrn des Arts angebotene Bildnisse von Jacob Tischbein durch die Kommission abgelehnt.[113] Unklar bleibt dabei, ob Lichtwark überstimmt worden ist.

Die Hamburger Malerei des 19. Jahrhunderts wird erweitert um die einzigen bekannten beiden Hamburger Landschaften von Adolph Kiste sowie vier Gemälde von Julius Oldach, von dem im Jahr darauf noch zwei weitere Bilder die Sammlung ergänzen.[114] 1901 lernt Lichtwark anlässlich eines Vortrages in Stuttgart Oberstleutnant Bieber kennen, einen gebürtigen Hamburger, von Beruf Flügeladjutant des Königs von Württemberg, der ihm eine ererbte Landschaft von Jacob Gensler zeigt. Es handelt sich um die verschollenen und vielgesuchten »Propsteier Fischer«, laut Lichtwark Genslers bedeutendstes Werk, das der Besitzer ihm als Reaktion auf seine Begeisterung zusagt. Noch im selben Jahr gelangt es in die Kunsthalle.[115] 1902 kommt eine »Sägemühle in Norwegen« von Carl Ernst Morgenstern als Geschenk von Wilhelm Rée in die Sammlung.[116] Im selben Jahr sichtet Lichtwark in Speyer den Nachlass des aus Hamburg stammenden Malers und Zeichenlehrers Carl Koch, erwirbt jedoch nichts, obwohl ihm dies wünschenswert erscheint.[117] Und im Jahr darauf verzichtet er aufgrund der Begutachtung von Photographien auf die Fresken Julius Mildes im zum Abbruch vorgesehenen Nöltingschen Haus in Lübeck.[118] In diesem Jahr 1903 beginnt Lichtwarks langwierige Suche nach den Bildern des gebürtigen Hamburgers Friedrich Wasmann.[119]

Auch die Sammlung deutscher Kunst des 19. Jahrhunderts wird weiter ausgebaut. In diesen Jahren gelingen einige Ankäufe bedeutender deutscher Künstler dieser Epoche. Schon als Student in Berlin wird Lichtwark mit dem Werk Carl Blechens bekannt, als er 1881 Gelegenheit zur Besichtigung der Sammlung Brose hat, und 1882 berichtet er in der *Nationalzeitung* über die Blechen-Ausstellung in der Nationalgalerie.[120] Daher ist er sehr interessiert, als eine Reihe seiner Gemälde 1898 in Berlin

112 Vgl. P3, 27.10.1900.

113 Vgl. P4, 25.4.1903. – Louis des Arts (1836–?) oder Henry des Arts (1850–1911), beide Hamburger Kaufleute; vgl. Sloman (1957), S. 107.

114 Vgl. Jahresbericht [Bd. 12], 1898, S. 20. – Best.Kat. Hamburg, 19. Jh., S. 99, 150–153.

115 Vgl. Br. Kommission (1902), Bd. IX: 1901, S. 11f. – P4, 19.1.1901. – Best.Kat. Hamburg, 19. Jh., S. 57.

116 Vgl. P4, 5.7.1902. – Best.Kat. Hamburg, 19. Jh., S. 143.

117 Vgl. Br. Kommission (1904), Bd. X: 1902, S. 110–114. – P4, 25.4.1903. – Carl Koch ist im Register zu den Briefen an die Kommission nicht von Josef Anton Koch differenziert.

118 Vgl. P4, 14.3.1903.

119 Siehe dazu das Kapitel »Verschollener Hamburger: Wasmann« in Teil 4.

120 Vgl. Br. Familie, S. 214f., anscheinend hatte Lichtwark vor, etwas über Blechen zu schreiben. – Kayser (1977), Nr. 44, Wiederabdrucke: 212 (Studien), 578 (WV Rave 1940).

in der Auktion der Blechen-Sammlung des Apothekers Carl Ludwig Kuhtz auf den Markt kommt, darunter die beiden Interieurs aus dem Palmenhaus.[121] Lichtwark betrachtet den Künstler als einen der wenigen unabhängigen Geister des 19. Jahrhunderts, die Bilder aus dem Palmenhaus gehören seiner Meinung nach zu dessen selbständigsten Werken. Schon zu dieser Zeit ist er interessiert an einem Bild für Hamburg, doch gelingt erst 1901 die Erwerbung einer der beiden Ölskizzen vom Palmenhaus. 2.000 Mark hat die Kommission für dieses Bild bewilligt. Später folgen weitere Werke von Blechen: 1906 die »Stürmische See mit Leuchtturm« und 1913 das »Mühlental bei Amalfi«, ebenfalls aus der ehemaligen Sammlung Kuhtz.[122] Von den Berliner Künstlern des 19. Jahrhunderts will Lichtwark abgesehen von Menzel und Blechen auch Bilder des Pferdemalers Franz Krüger in die Sammlung bringen. Doch erst 1908 und 1909 erwirbt er zwei seiner Gemälde.[123]

Im Sommer 1901 bietet die Münchner Kunsthandlung Heinemann zwei Bilder von Carl Spitzweg an: »Der Urlauber« soll 3.300 Mark, »In der Schlucht« 2.800 Mark kosten. Das Gebot der Kommission von 1.800 Mark auf letzteres wird von Heinemann abgelehnt. Der erste Spitzweg, »Der Sterndeuter«, gelangt zum Preis von 3.000 Mark erst 1903 in die Kunsthalle. 1908 folgen drei weitere Gemälde Spitzwegs: »Touristen in den Bergen«, »Alter Herr auf der Terrasse« und »Einsiedler im Gebirge«.[124]

Lichtwarks Hauptinteresse gilt jedoch vor allem seinen Zeitgenossen. 1901 bietet der Münchner Kunsthändler Heinemann zwei Bilder von Wilhelm Leibl und ein Bild von Rudolf Hirth du Frênes an. Die Kommission möchte letzteres reservieren, Lichtwark soll verhandeln. Leibls Bildnis der Tante Helene Leibl, zuerst für seine Mutter gehalten, wird daraufhin für 8.000 Mark angekauft, das Werk von Hirth hingegen nicht. Lichtwarks Hinweis auf ein Damenportrait, das Cassirer ebenfalls für 8.000 Mark anbietet, zeitigt keinen Erfolg. Im Oktober 1903 lässt Lichtwark noch einmal zwei Bilder Leibls aus der Sammlung von Kommerzienrat Ernst Seeger aus Berlin zur Ansicht schicken, das Brustbild eines Wilderers und Hand- und Kniestücke, zusammen für 45.000 Mark. Die Kommission möchte bis Ende Januar 1904 reservieren, aber vor der endgültigen Entscheidung noch die anderen Bilder des Besitzers sehen. Zu diesen Erwerbungen kommt es jedoch nicht.[125]

Zwei bereits erwähnte bedeutende Gemälde der Sammlung neuerer deutscher Kunst werden in diesem Jahr erstanden: das Selbstbildnis von Arnold Böcklin und

121 Vgl. Fontane (1970), S. 538, diese Liste der Sammlung Kuhtz verzeichnet zwölf Bilder, darunter als Nr. 5 und 6: »Sehr ausgeführte Skizzen zu den beiden Palmenhaus-Bildern. Gleiche Größe wie die des Kaisers, [...].« – Vgl. auch Streiter-Buscher (2010), S. 133, Anm. 5.

122 Vgl. Br. Kommission (1899), Bd. VI: 1898, S. 21–23. – Best.Kat. Hamburg, 19. Jh., S. 12f. – P4, 23.11.1901.

123 Vgl. Br. Kommission (1899), Bd. VI: 1898, S. 23. – Best.Kat. Hamburg, 19. Jh., S. 106. – P5, 15.12.1908: Krüger, maximal 1.000 Mark bewilligt; P5, 28.12.1909: Krüger, Hunde im Stall, 10.000 Mark von Lichtwark beantragt, 8.900 Mark bewilligt. Siehe dazu das Kapitel »Ankäufe 1907–1913: Deutsche Ergänzungen« in Teil 6.

124 Vgl. P4, 29.6., 17.8.1901. – Beschluss Ankauf 1903: P4, 17.10.1903. – Best.Kat. Hamburg, 19. Jh., S. 201f. – P5, 15.12.1908. Erworben von Schulte, Berlin. Die Preise liegen inzwischen bei 6.500, 5.000 und 2.000 Mark.

125 Vgl. P4, 9.2.1901, 23.1.1902. – Jahresbericht [Bd. 15], 1901, S. 21. – Best.Kat. Hamburg, 19. Jh., S. 112. – Hirth ist nicht im Best.Kat. Hamburg, 19. Jh. enthalten. – P4, 23.11.1901. – P4, 17.10.1903.

das »Opernhaus« von Adolph Menzel, dem 1902 die »Aufbahrung der Märzgefallenen« folgt. Lichtwark hat letzteres schon 1895 in Berlin bei Paechter gesehen und bezeichnet es als »ergreifendes Bild«. Es wird nun von dem Züricher Sammler G. Henneberg erworben, der zunächst 100.000 bis 110.000 Mark fordert. Der Preis sinkt jedoch auf 90.000 Mark, davon 50.000 sofort und 40.000 Mark im Jahr 1903 zahlbar. Auch der Ankauf von Menzels »Friedrich der Große in Lissa« gelingt in diesem Jahr; ursprünglich für den Herzog von Ratibor bestimmt, fand das Bild jedoch dort keinen Beifall, da der Herzogin das wüste Treiben missfiel. Anlässlich dieser beiden wichtigen Erwerbungen verfasst Lichtwark eine kleine Broschüre, in der er die beiden Werke betrachtet und über die von Menzel persönlich erfahrenen Hintergründe berichtet. Abgesehen von der Berliner Nationalgalerie besitzt die Kunsthalle nun mehr Werke Menzels als alle anderen deutschen Museen zusammen, nach Berlin auch die bedeutendsten, wie er stolz betont. »Wenn die Kunsthalle bei künftigen Gelegenheiten in der Lage sein wird, zuzugreifen, so wird sie auch andere deutsche Großmeister so glänzend zur Vertretung zu bringen haben, wie es jetzt mit Menzel gelungen ist«, resümiert Lichtwark abschließend zu diesem Erfolg. [126]

1898 erwirbt Lichtwark auch die ersten Arbeiten von Hans Thoma. Auch dessen Werk hat er bereits seit Jahren verfolgt. 1892 schon äußert er die Absicht, von diesem ihm sehr eigenartig erscheinenden Künstler etwas zu erwerben. Besonders gefallen ihm die mitteldeutschen Landschaften und deren »tiefe süsse Romantik«. Gleich zwei oder drei Bilder würde er kaufen, damit das Publikum den Künstler besser versteht.[127] Im April 1893 besucht er den Sammler und Kunstschriftsteller Conrad Fiedler, dem Thoma die erste große Anerkennung verdankt, wie Lichtwark seiner Kommission berichtet. Fiedler erwarb das von der Berliner Jury zurückgewiesene »herrliche Oelbild« mit dem Titel »Adam und Eva«; außerdem besitzt er von Thoma die »Bogenschützen«, »Adam mit dem Löwen allein im Paradies« und zwei weitere Aquarelle.[128] Kurz danach, noch im April 1893, besucht Lichtwark Thoma in Frankfurt, wo sein Werk noch wenig geschätzt wird. Lichtwark empfindet den Künstler als ganz naiven Menschen mit der herzlichsten Freude an der Natur, sich selbst und seinen Werken, wie er der Kommission berichtet. Er schätzt Thoma insbesondere als Schilderer der mitteldeutschen Landschaft. Erst in den letzten Jahren ist der nun schon fast sechzigjährige Künstler zu Erfolg gelangt, endlich haben die Museen in München und Dresden Gemälde von ihm angekauft. Lichtwark, der zuvor schon Druckgraphik von Thoma erworben hat, plant mit ihm für den Winter 1893/94 eine Ausstellung in der Kunsthalle, mit dem Kunstverein als Veranstalter.[129] Doch dazu kommt es nicht. An-

126 Siehe auch das Kapitel »Erwerbungen III: Die Menzel-Sammlung«. – Vgl. Br. Kommission (1896), Bd. III: 1894/95, S. 281, 362. – P4, 15.11., 13.12.1902. – AL, Menzels Gensdarmenmarkt, S. 12, 3, 13; Kayser (1977), Nr. 344.

127 Vgl. Br. Kommission (1896), Bd. I: 1891/92, S. 99f.

128 Vgl. Br. Kommission (1896), Bd. II: 1893, S. 83–85.

129 Vgl. ebd., S. 96–102. Lichtwark gibt an dieser Stelle eine eingehende Darstellung der Thoma-Rezeption zu dessen Lebzeiten. Er spricht (S. 102) von einer langen Korrespondenz mit Thoma, die diesem Besuch vorange-

scheinend hat Lichtwark schon Ende 1895 geplant, Bilder von Thoma zu erwerben, denn er lässt von der Berliner Galerie Gurlitt Werke nach Hamburg senden.[130] In der großen Kunstausstellung im Münchner Glaspalast sieht er auch 1896 wieder Bilder des Künstlers; seine frühen realistischen Werke bevorzugt er und kauft 1898 auch zwei Bilder aus dieser frühen Zeit: das bäuerliche Genrebild »Sonntagsfrieden« von 1876 und eine Taunuslandschaft von 1879, dazu noch das Doppelportrait des Malers mit seiner Frau Bonicella von 1887. Zuvor lehnte Thoma es ab, dieses Doppelportrait dem Frankfurter Städel zu verkaufen, weil man ihn dort so lange nicht beachtete.[131] Hier bewährt sich erneut Lichtwarks Vorgehen, mit den ihn interessierenden Künstlern selbst in Kontakt zu treten. Thomas Werke beachtet er auch lange über diesen Ankauf hinaus. Als die Berliner Galerie Cassirer 1899 eine Ausstellung mit fünfzig Bildern von Thoma eröffnet, kennt er die meisten bereits. 1900 sieht er in Frankfurt Bilder des Künstlers, die aus Privatbesitz stammen, und 1903 stellt Lichtwark seiner Kommission noch einmal einen Thoma vor, »Nach dem Regen«. Das Bild befindet sich im Besitz der Münchner Kunsthandlung Heinemann und soll 10.000 Mark kosten. Lichtwark stellt jedoch letztlich keinen Antrag auf Erwerbung.[132]

1902 werden Max Klingers Wandbilder der Villa Albers als Stiftung des Vereins von Kunstfreunden von 1870 erworben. Schon im August 1900 berichtet Lichtwark über die Besichtigung von Klingers Bildern aus der Villa Albers in der Berliner Galerie Schulte, die 50.000 Mark dafür verlangt. Lichtwark wundert sich, dass ihm die frischen Farben damals schon gefielen: »Es ist helle, freudige Kunst von heute.« Er will Klinger fragen, ob er damals Manet schon gekannt hat; offensichtlich hat er die Begeisterung des Freundes für die Franzosen der Sammlung Bernstein vergessen. »Manet könnte es nicht lichter und sonniger gemacht haben und überdies ist das Deutsche drin, das Manet nicht haben konnte, die Poesie und Gestaltungskraft Schwinds und Böcklins, die in Klinger lebt. Die Bilder sind eine Reise werth. Hätten wir Geld! Es ist ein Jammer um Klinger. Auch ihn hat sein Volk um sein Bestes betrogen, die Entwicklung als Monumentalmaler.« Schon 1893 erwägt Lichtwark die Einrichtung eines Klinger-Saals mit Wandmalerei und Statuen. Im Dezember 1900 findet er in Berlin bei Gurlitt weitere Arbeiten des Künstlers aus der Villa Albers, eine große grüne Landschaft zum Preis von 24.000 Mark, außerdem die beiden bemalten Marmorbüsten, ausgeführt nach Klingers Entwürfen von Artur Volkmann. Gurlitt besitzt auch Klingers Originale in Gips, »sie sind viel schöner und von grossem Interesse als

gangen sei. Bisher war nichts davon aufzufinden, weder im Vortaunus-Museum, Oberursel, noch in der Karlsruher Kunsthalle noch im Generallandesarchiv Karlsruhe. Joachim Scherzer, Oberursel, der an einer Dissertation über Thoma arbeitet, teilte mir im August 2002 telefonisch mit, bisher keine Briefe Lichtwarks an Thoma gefunden zu haben.

130 Vgl. Br. Kommission (1896), Bd. III: 1894/95, S. 361. Möglicherweise stammen die 1898 angekauften Bilder aus dieser Ansichtssendung, allerdings lässt Lichtwark 1897 auch aus Frankfurt Bilder zur Ansicht senden; vgl. Br. Kommission (1899), Bd. V: 1897, S. 132.

131 Vgl. Best.Kat. Hamburg, 19. Jh., S. 210f. – Br. Kommission (1899), Bd. VI: 1898, S. 76f.

132 Vgl. Br. Kommission (1901), Bd. VII: 1899, S. 12, 25. – Br. Kommission (1901), Bd. VIII: 1900, S. 133. – P4, 17.10.1903.

der Ursprung der farbigen Skulptur von Klinger«. Ein Jahr später, im Dezember 1901, wird von den Kunstfreunden von 1870 die Erwerbung der Bilder beschlossen, nachdem Tschudi bereits die Hälfte angekauft hat. Dessen Absicht, das gesamte Werk als Rekonstruktion des Vestibüls der Villa Albers in der Nationalgalerie zu präsentieren, wurde vom Kaiser durchkreuzt, dem die grüne »toskanische« Landschaft nicht gefiel. Lichtwark hält gerade dieses Bild für das qualitätvollste (Abb. 35). »Meines Erachtens kann danach Hamburg die sieben Bilder erwerben, ohne sich dem Vorwurf auszusetzen, dass es mit dem Rest fürlieb genommen hat.«[133] Im Januar 1902, die Bilder befinden sich bereits in der Kunsthalle, beschließt die Kommission endlich, das Geschenk des Vereins anzunehmen.[134]

Lichtwark hat genaue Vorstellungen, welche Künstler er in der Kunsthalle repräsentiert sehen möchte. So rät er von einem Pastell des gebürtigen Hamburgers Bruno Piglhein ab, dessen stolzer Preis von 11.000 Mark die Ausgabe nicht lohne, zudem ist bereits 1895 ein Piglhein-Gemälde »Ruhe auf der Flucht nach Ägypten« angekauft worden.[135] Hingegen folgt die Kommission dem Vorschlag Lichtwarks, erstmalig drei Bilder von Wilhelm Trübner zu erwerben. Der »Zimmerplatz am Weßlinger See«, »Chiemsee« und »Kloster Seeon in Oberbayern« werden zusammen für 5.000 Mark aus dem Warburg-Legat erworben. Weitere Bilder dieses Malers folgen einige Jahre später.[136] Auch Fritz von Uhde soll in der Kunsthalle vertreten sein. 1891 wird die von ihm vorgeschlagene »Kinderprozession in Dresden«, für die 4.500 Mark verlangt werden, von der Kommission abgelehnt, ebenso 1896 Uhdes »Abendmahl«, angeboten von Neumann in München zum stolzen Preis von 35.000 Mark. 1900 denkt Lichtwark angesichts des Bildes »Herr, bleibe bei uns« bei Cassirer, das er für Hamburg zumindest in Betracht zieht, auch an eine Ausstellung mit Uhde. Die »Kinderstube«, angeboten für zunächst 6.000, schließlich 7.000 Mark Forderung, wird im Jahr 1901 von Sir Alfred Beit geschenkt. Das Bild »In der Laube« hingegen wird in derselben Sitzung abgelehnt. Lichtwark hat Uhde noch im Sinn für einen Portraitauftrag, 7.000 Mark verlangt der Künstler dafür. Lichtwark erteilt ihn jedoch erst 1906. 1912 gelangen zwei weitere Bilder Uhdes, »Der Leierkastenmann kommt« und »Das Bilderbuch«, als Geschenk beziehungsweise Ankauf in die Kunsthalle.[137]

Die für Lichtwark wichtigste Abteilung bleibt wie stets die Sammlung von Bildern aus Hamburg. Die hamburgische Bildnisgalerie ergänzt er ständig durch neue Werke, meist als Auftragsarbeiten. 1898 malt Ferdinand Brütt den Kommissionsvorsitzenden Senator Möring, ein ungenannter Kunstfreund stiftet das Bild der Kunsthalle.[138] Die

133 Vgl. Best.Kat. Hamburg, 19. Jh., S. 99–101. – Br. Kommission (1901), Bd. VIII: 1900, S. 144f. – Ebd., S. 261. – Br. Kommission (1902), Bd. IX: 1901, S. 331f. – Br. Kommission (1896), Bd. II: 1893, S. 232.

134 Vgl. P4, 23.1.1902. – Br. Kommission (1902), Bd. IX: 1901, S. 331.

135 Vgl. P4, 17.8.1901. – Best.Kat. Hamburg, 19. Jh., S. 159.

136 Vgl. P3, 16.6., 27.10.1900. – Best.Kat. Hamburg, 19. Jh., S. 214.

137 Vgl. P2, 8.10.1891. – P3, 24.3., 23.4.1896. – P4, 30.3.1901. – Br. Kommission (1901), Bd. VIII: 1900, S. 152. – Echte / Feilchenfeldt (2011), S. 332. – Brief Uhde an Alfred Lichtwark, 11.4.1901, HKH, AdB 76. – Best.Kat. Hamburg, 19. Jh., S. 216f.

138 Vgl. P3, 22.4.1899. – Best.Kat. Hamburg, 19. Jh., S. 18. – Ausst.Kat. Bilder aus Hamburg (2002), S. 100.

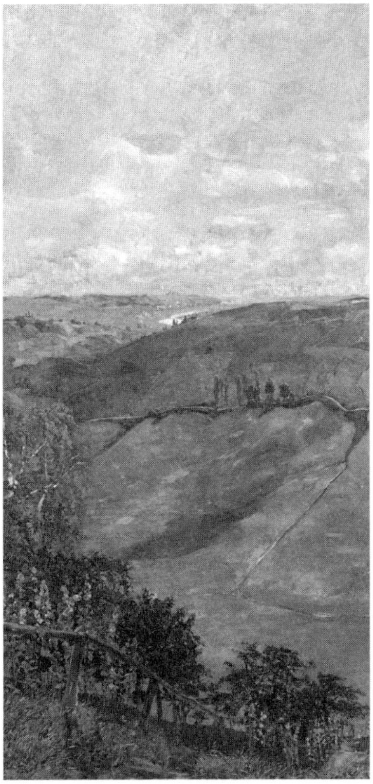

Abb. 35 Klinger, Sommerlandschaft, aus der Villa Albers, Berlin, 1884/85, Öl auf Leinwand, Hamburger Kunsthalle

Kunstfreunde von 1870 schenken im Jahr 1900 das Portrait des 75jährigen verdienten Hamburger Malers Valentin Ruths von Hubert von Herkomer.[139] 1901 erwirbt Lichtwark das Gemälde »Frühling«, ein Selbstbildnis von Ernst Eitner mit seiner Familie im Garten, aus dem Vermächtnis Nordheim; der Künstler fordert 5.000, Lichtwark bietet jedoch nur 3.500 Mark.[140] Ebenfalls aus dem Vermächtnis Nordheim kann er 1903 für 5.000 Mark Arthur Siebelists Selbstbildnis mit seinen Schülern erwerben, heute »Der Künstler und seine Schüler« betitelt, das Hamburgs künstlerischen Nachwuchs als smarte junge Männer mit modischer Kopfbedeckung zeigt.[141] Für einen Portraitauftrag an Fritz von Uhde werden zwar im Jahr 1902 8.000 Mark bewilligt, der Künstler zeigt sich jedoch noch nicht bereit, nach Hamburg zu kommen. Erst 1906 malt er das Doppelportrait des Senators Gustav Hertz mit seiner Frau, den Eltern des bereits verstorbenen Physikers Heinrich Hertz, das Sir Alfred Beit der Kunsthalle

139 Vgl. Best.Kat. Hamburg, 19. Jh., S. 80. – Ausst.Kat. Bilder aus Hamburg (2002), S. 101.
140 Vgl. P4, 23.11.1901. – Best.Kat. Hamburg, 20. Jh., S. 33. – Ausst.Kat. Bilder aus Hamburg (2002), S. 102.
141 Vgl. P4, 25.4.1903. – Best.Kat. Hamburg, 20. Jh., S. 118. – Ausst.Kat. Bilder aus Hamburg (2002), S. 104.

zum Geschenk macht.[142] Beit als wichtigster Mäzen für diese Sammlung schenkt der Kunsthalle in den Jahren 1905/06 vier große Portraits. 1905 malt Max Slevogt, der zum ersten Mal eingeladen ist, den Senator William Henry O'Swald im Halbprofil als lebensgroße Ganzfigur stehend im Säulensaal der Kunsthalle. Im selben Jahr portraitiert Wilhelm Trübner Bürgermeister Dr. Johann Georg Mönckeberg, ebenfalls in Lebensgröße, als im Halbprofil dargestellte, sitzende Ganzfigur im Ornat vor dem ornamentalen Hintergrund eines Raumes mit Tapete und Teppich. Einen aktuellen Anlass gibt es für ein Portrait von Sophie Christine Laeisz: Zusammen mit ihrem Mann, einem reichen Reeder und Mäzen, stiftet sie die von 1904 bis 1908 nach Plänen von Martin Haller und Emil Meerwein errichtete Musikhalle, Laeiszhalle genannt. Der junge aus Hamburg stammende, in München tätige Portraitmaler Walter Geffken malt die 74jährige Dame en face als sitzende Dreiviertelfigur konventionell-naturalistisch.[143]

Die wichtigsten Beiträge zur hamburgischen Portraitsammlung liefern in den folgenden Jahren Leopold von Kalckreuth und Max Liebermann gleich mit einer ganzen Reihe von Auftragsarbeiten.[144] 1906 stiftet Beit auch ein Selbstbildnis Kalckreuths, das erste einer offensichtlich geplanten Sammlung von Selbstbildnissen, die Lichtwark als Ergänzung zu den Bildern seiner bevorzugten Künstler in der Kunsthalle zeigen will. Kalckreuth stellt sich im Halbprofil als Ganzfigur in Lebensgröße stehend in seinem Atelier dar, mit der Palette auf dem linken Arm. Lichtwark schwebt um diese Zeit noch ein ganz großes, saalbeherrschendes Elbmotiv des Künstlers vor, das jedoch nicht verwirklicht wird, vermutlich kann er die Mittel dafür nicht einwerben. Er will Kalckreuth unterstützen; eine negative Kritik über dessen in Berlin ausgestellte Werke wird ihm überall in Hamburg vorgehalten. »Sie wissen, wie ich zu kämpfen habe und wie einflußreich meine Feinde sind«, schreibt er im Februar 1906 an Liebermann. Zur gleichen Zeit bittet er aber auch Liebermann um ein Selbstbildnis.[145]

Die Landschaftssammlung erfährt dagegen stärkere Betonung. Endlich wird im Jahr 1900, neun Jahre nach seiner Entstehung, Zorns japonistisch komponiertes Aquarell »Hafenbild« von 1891, angesetzt mit 1.500, für 1.000 Mark aus Lüders Testament erworben.[146] Den aus Altona stammenden, in Karlsruhe lebenden Maler Friedrich Kallmorgen fasst Lichtwark schon 1900 für einen Auftrag ins Auge; sein Hafenbild »An die Arbeit« wird jedoch 1901 von der Kommission wegen der zu ho-

142 Vgl. P4, 15.3.1902. – Best.Kat. Hamburg, 19. Jh., S. 217. – Ausst.Kat. Bilder aus Hamburg (2002), S. 109.
143 Slevogt: vgl. Best.Kat. Hamburg, 20. Jh., S. 121; Ausst.Kat. Bilder aus Hamburg (2002), S. 107. – Trübner: vgl. Best.Kat. Hamburg, 19. Jh., S. 215; Ausst.Kat. Bilder aus Hamburg (2002), S. 107. – Geffken: Best.Kat. Hamburg, 20. Jh., S. 43; Ausst.Kat. Bilder aus Hamburg (2002), S. 106. – Zur Musikhalle vgl. Hamburg Lexikon (2002), S. 336.
144 Siehe die Kapitel »Neue Impulse« in Teil 4 sowie »Ankäufe 1907–1913: Portraits«, »Ankäufe 1907–1913: Die Künstlergalerie: Selbstbildnisse und Künstlerportraits« und »Ankäufe 1907–1913: Dreigestirn: Slevogt – Liebermann – Corinth« in Teil 6.
145 Vgl. Best.Kat. Hamburg, 19. Jh., S. 91. – Ausst.Kat. Bilder aus Hamburg (2002), S. 107. – Br. Kalckreuth, S. 170f. – Br. Lichtwark-Liebermann, S. 221, 240. – Br. Kommission (1908), Bd. XIV: 1906, S. 231. – Zu Liebermanns Selbstbildnis siehe das Kapitel »Ankäufe 1907–1913: Dreigestirn: Slevogt – Liebermann – Corinth« in Teil 6.
146 Vgl. P3, 1.4.1900. – Ausst.Kat. Bilder aus Hamburg (2002), S. 103.

hen Forderung von 6.000 Mark abgelehnt. Ein anderes Hafenmotiv des Künstlers aus dem Jahr 1904 kommt erst 1938 als Geschenk in die Kunsthalle.[147] 1903 stehen für den Ankauf eines Hafenbildes des in Hamburg aufgewachsenen, an der Akademie in Stuttgart lehrenden Carlos Grethe 2.500 Mark zur Verfügung, aber erst 1916 wird von Lichtwarks Nachfolger Gustav Pauli das 1898 gemalte Bild »Hamburger Hafen beim Kaiserkai« erworben; möglicherweise handelt es sich dabei um einen zwar erteilten, von der Kommission unter Möring jedoch abgelehnten Auftrag.[148] 1903 wird Ludwig Dettmanns 1890 erworbenes Aquarell »Aus Friedrichsruh« gegen das Pastell »Wirtshausgarten an der Bille« ausgetauscht.[149] Im Jahr darauf lädt Lichtwark Ludwig von Hofmann, der an der Kunstschule in Weimar lehrt, nach Hamburg ein. Es entstehen fünf Pastelle mit Motiven aus den Elbvororten; sie erscheinen durch Liebermanns Pastelle aus den Jahren 1902/03 beeinflusst, die zu den bedeutendsten Landschaftsbildern in der Sammlung von Bildern aus Hamburg gehören.[150] Ältere Bilder Kalckreuths vom Hafen, Varianten zu früheren Aufträgen, möchte Lichtwark nun nicht mehr erwerben, lieber neue in Auftrag geben. Der Hafen wird nun zum wichtigen Sujet der nächsten Arbeiten von Kalckreuth.[151]

Lichtwark verfolgt auch weiterhin den Plan, ausländische Künstler für seine Aufträge heranzuziehen. Schon 1900 kommt Jean-François Raffaelli nach Hamburg, der dort über die Zeichnungen von Erwin Speckter, Oldach und Wasmann staunt: »Ingres n'a pas fait mieux.« Auch Runge beeindruckt ihn: »Nous n'avons pas eu ça.« 1902 genehmigt die Kommission einen Auftrag, der jedoch nicht verwirklicht wird.[152] Als Lichtwark im Oktober 1904 bei Cassirer in Berlin neue Gemälde von Claude Monet sieht, darunter auch vier Beispiele aus der Werkgruppe der Waterloo-Brücke in London, hat er sogleich die Sammlung von Bildern aus Hamburg im Sinn. »Das wäre immer noch eine Kraft für unseren Hafen«, schreibt er an seine Kommission. Doch liegt ein Auftrag an den ohne Frage besonders geeigneten Künstler wohl außerhalb seiner Möglichkeiten; Lichtwark scheint nicht einmal Kontakt zu ihm aufgenommen zu haben. Der Hamburger Sammler Dr. Albert Wolffson, Jurist, Abgeordneter der Bürgerschaft und seit 1898 Mitglied der Kunsthallenkommission, erwirbt »Waterloo Bridge, matin brumeux« von 1902, vielleicht unter Lichtwarks Einfluss, bei Cassirer. Aus dem Besitz der Familie

147 Vgl. Br. Kommission (1901), Bd. VIII: 1900, S. 117. – P4, 30.3.1901. – Best.Kat. Hamburg, 19. Jh., S. 93.
148 Vgl. P4, 25.4.1903. – Ausst.Kat. Bilder aus Hamburg (2002), S. 103, 1937 an den Reichsminister des Innern, Dr. Frick, verschenkt. – Best.Kat. Hamburg, 20. Jh., S. 46.
149 Vgl. P4, 25.4.1903. – Ausst.Kat. Bilder aus Hamburg (2002), S. 92, betitelt »Arbeiterwohnungen in Friedrichsruh«, Verbleib unbekannt. – Best.Kat. Hamburg, 19. Jh., S. 33, nicht im Ausst.Kat. Bilder aus Hamburg (2002).
150 Vgl. P4, 16.7.1904; die Zahlung erfolgt im Vorgriff auf das Stukenbrokscher Testament.– Best.Kat. Hamburg, 20. Jh., S. 56. – Ausst.Kat. Bilder aus Hamburg (2002), S. 104f. – Zu den Bildern von Liebermann siehe das Kapitel »Neue Impulse: Liebermann« in Teil 4.
151 Vgl. Jahresbericht [Bd. 15], 1901, S. 20, 21. – Br. Kommission (1904), Bd. XI: 1903, S. 11. – Siehe auch das Kapitel »Neue Impulse. Kalckreuth« in Teil 4.
152 Vgl. Br. Kommission (1901), Bd. VIII: 1900, S. 192. Französisch für: Ingres hat es nicht besser gemacht. – Br. Kommission (1908), Bd. XIV: 1906, S. 92; Französisch für: Wir haben so etwas nicht gehabt. – P4, 15.3.1902.

gelangt es durch Ankauf 1924 in die Kunsthalle.[153] 1905 erhält die Kunsthalle jedoch zwei Stadtlandschaften des Dänen Laurits Tuxen mit Motiven von der Binnenalster geschenkt; eines davon ist 1894 datiert, als der Künstler den Generalkonsul Hendrik Pontoppidan portraitierte, das andere, undatiert, ist jedoch nicht gleichzeitig entstanden.[154] Es ist nicht unwahrscheinlich, dass Lichtwark das Honorar für den Künstler aus eigener Tasche vorgelegt hat, bis er schließlich einen Spender für die Bilder findet.

Als bedeutendste Erwerbung für das Kupferstichkabinett in diesen Jahren gelangen 1902 Goyas Capriccios für 750 Mark in die Kunsthalle.[155] Auch die Skulpturensammlung wird weiter ausgebaut. Die Medaillensammlung erfährt im Jahr 1900 noch einmal die bedeutende Ergänzung von 109 Medaillen von Ponscarme, die schon zehn Jahre zuvor bestellt wurden und nun nach Bitten und Drängen endlich geliefert werden. 3.270 Mark werden dafür aufgewendet, und in der Kommission wird Lichtwark für diesen Erfolg lebhaft gedankt.[156] Wichtiger erscheint allerdings ein anderer Zuwachs: Das Kommissionsmitglied Generalkonsul Eduard Behrens schenkt im Jahr 1901 die Bronzeplastik »Grubengas« von Constantin Meunier aus dem Jahr 1893.[157] Eine Centaurengruppe des Bildhauers August Herzig und drei Marmorskulpturen aus dem Nachlass von Dr. Paul Abendroth lehnt Lichtwark hingegen im Februar und März 1901 ab.[158]

Die Kommission beschließt nun, vom systematischen Ausbau der englischen und der Skulpturenabteilung abzusehen, für die holländische Abteilung die Erwerbung guter Stillleben und Bildnisse ins Auge zu fassen und die Verhandlungen der von Lichtwark empfohlenen Bilder von Tamm und Luhn im Braunschweiger Herzoglichen Museum weiter zu verfolgen.[159]

153 Vgl. Br. Kommission (1905), Bd. XII: 1904, S. 251. – Zu Cassirer: vgl. Hoffmeister (1991), S. 72. – WV Wildenstein, Catalogue raisonné, Tome V, Index par destinataire des lettres de l'artiste, S. 347. – WV Wildenstein 1560, als weitere Bilder der Waterloo Bridge waren WV Wildenstein 1557, 1558 und 1559 ausgestellt. In der DK befindet sich kein Brief Lichtwarks an Monet; für diese Auskunft danke ich Ute Haug, HKH. – Zu Wolffson vgl. Luckhardt (2001, Kleines Lexikon), S. 253.

154 Vgl. Ausst.Kat. Bilder aus Hamburg (2002), S. 107, 98. – Best.Kat. Hamburg, 19. Jh., S. 215f. Es sind unterschiedliche Jahreszeiten dargestellt.

155 Vgl. P4, 13.12.1902.

156 Vgl. P3, 27.10.1900.

157 Vgl. P4, 19.1.1901, hier »Der Schmerz« betitelt. – Best.Kat. Hamburg, Dritte Dimension, S. 305–307.

158 Vgl. P4, 9.2., 30.3.1901.

159 Vgl. P4, 29.6.1901.

KUNSTERZIEHUNG III: ERZIEHUNG DES VOLKES AUF DEM GEBIETE DER BILDENDEN KUNST

Zur IX. Konferenz der Centralstelle für Arbeiter-Wohlfahrtseinrichtungen, die am 23. und 24. April 1900 in Berlin stattfindet, ist Lichtwark, nun schon als Kunstpolitiker und -pädagoge berühmt, als Referent geladen.[160] Die Vorbesprechung bei Geheimrat Post wegen dieser Vorträge hat bereits im November 1899 in Berlin stattgefunden. Lichtwark soll mit den Arbeitern Holbeins Bilder des Todes betrachten, wie es bereits in der Kunsthalle geschieht. »Soweit die Sache praktisch angefasst wird«, schreibt er seiner Kommission, »ist sie mir sehr sympathisch, denn wir müssen nichts unversucht lassen, das einer Annäherung und Verständigung der Klassen vorarbeitet. Wenn auf unserer Seite mit Ernst gearbeitet und nichts überhastet und durch falsche Form gestört wird, sind Erfolge sehr wohl denkbar.«[161]

Das Thema der Tagung ist die Erziehung des Volkes auf den Gebieten der Kunst und der Wissenschaft. Weitere Anwesende sind der Direktor des Berliner Kunstgewerbemuseums Peter Jessen und der Lehrer Carl Götze aus Hamburg als Vorsitzender der Lehrervereinigung für die Pflege der künstlerischen Bildung. Zwar hat Lichtwark in seinen Berliner Jahren schon im Arbeiterverein referiert,[162] erhält jedoch vor der Tagung die Möglichkeit, probehalber in der Aula des Französischen Gymnasiums in Berlin vor einem Arbeiterpublikum zu sprechen, worüber er seiner Kommission am 22. Februar 1900 geradezu erstaunt berichtet. Lauter gut angezogene Herren und Damen hätten vor ihm gesessen, die Professoren und Räte in der ersten Bank hätten auch nicht besser ausgesehen. Als Reaktion auf seine Begrüßung sei das Publikum aufgestanden und habe sich verneigt; später erfährt er, seine Höflichkeit habe die Leute überrascht. Er sei mit großem Misstrauen an die Sache herangegangen und habe sie als Experiment angesehen. Nun sei er entwaffnet, gibt er Geheimrat Post Recht, man könne die Leute noch ergreifen. Auf der Konferenz bekennt er, nie eine aufmerksamere und teilnahmsvollere Zuhörerschaft erlebt zu haben.

Sein Vortrag befasst sich mit Holbeins Bildern des Todes, wobei jeder Zuhörer die Reproduktionen als Anschauungsmaterial in der Hand hält. Lichtwark zielt vor allem auf die Vermittlung »des deutschen Wesens dieser Kunst« und schließt mit »einem kräftigen Appell an das deutsche Nationalgefühl, absichtlich, um sie herauszufordern. Das Echo klang wie Jubel in mein Ohr.«[163] Auf diesen Eindrücken basieren nun seine Leitsätze zur ästhetischen Erziehung des Arbeiters. Die Erfahrung habe bewiesen, dass der Arbeiter den Wunsch verspüre, seine angeborene Befähigung zum Kunstge-

160 Vgl. hier und im Folgenden: AL, Erziehung des Volkes, S. 86–88. – Bericht über den ersten Verhandlungstag, in: Die Erziehung des Volkes auf den Gebieten der Kunst und Wissenschaft. Vorberichte und Verhandlungen der IX. Konferenz vom 23. und 24. April 1900 in Berlin, Schriften der Centralstelle für Arbeiterwohlfahrts-Einrichtungen Nr. 18, Berlin 1900, S. 120f., 158f.

161 Br. Kommission (1901), Bd. VII: 1899, S. 152–154, Zitat S. 153f.

162 Vgl. Br. Familie, S. 230.

163 Vgl. Br. Kommission (1901), Bd. VIII: 1900, S. 34f.

nuss auszubilden, und dass er jedem ernst gemeinten Versuch, ihm den Weg zur Kunst zu ebnen, entgegenkomme. Einen Wesensunterschied im Empfindungsvermögen zwischen Arbeitern und Gebildeten kann Lichtwark nicht feststellen, daher dürfe ein Lehrgang auch nicht von einer vermeintlich geringeren Befähigung ausgehen. Im Gegenteil sei beim Arbeiter wie bei der heranwachsenden Jugend mit geringeren Vorurteilen zu rechnen. Lichtwark legt auch hier sein übliches Programm dar. Er besteht wie stets auf der bevorzugten Auseinandersetzung mit Originalwerken; Reproduktionen sollen so wenig wie möglich verwendet werden. Kunstgeschichtliche Betrachtung dürfe nirgends den Ausgangspunkt bilden, sondern erst später herangezogen werden, wenn die eigene Anschauungsfähigkeit ausgebildet sei. Kern dieser Leitsätze ist die Entwicklung von Fähigkeiten der Anschauung aus eigener Kraft ohne lehrhafte Wissensvermittlung. Unterricht soll vielmehr in der Anleitung zur selbständigen Betrachtung bestehen und vorrangig die Methode vermitteln. Dabei setzt Lichtwark auf die Vertiefung in das Einzelwerk und will ältere wie auch neuere Kunst behandelt wissen. Grundlage ist für ihn wie stets die deutsche Kunst, darüber hinaus die der germanischen Völker. Die Auswahl soll von den lokalen Gegebenheiten ausgehen, an jedem Ort die öffentlichen Sammlungen, Denkmäler und Bauten behandeln. Für die Einführung in die ältere germanische Kunst können Reproduktionen verwendet werden, wie Lichtwark es selbst zu tun pflegt, und anschließend in den Besitz der Hörer übergehen. Er empfiehlt einige Beispiele für die Lehrtätigkeit in Berlin: Druckgraphik von Schongauer, Dürer, Holbein, Rembrandt in sorgfältigen Reproduktionen; ferner Chodowiecki, Menzel, Rethel, Schwind, Richter, Thoma, Busch und Oberländer – alle Künstler also, die ihn selbst interessieren. Auch bei der Einführung in die zeitgenössische Kunst rät er, von lokalen Beispielen auszugehen, wie er es in der Hamburger Kunsthalle zu tun pflegt. Von der außerdeutschen Kunst will er zum Schluss nur die Werke höchsten Ranges heranziehen. Wenn die Einführung in die Kunst als Geschmacksbildung dienen solle, so hält er auch eine Einführung in das künstlerische Verständnis von Flora und Fauna sowie der lokalen Landschaft für nötig bei besonderem Nachdruck auf der Pflege und Verwendung der Blumen. Lichtwark legt hier also sein Hamburger Programm dar, das er auf die Arbeiterbildung übertragen möchte. Er schließt: »Daß das Gefühl für die Schönheit in der Natur und in der Kunst auch im Arbeiterstande geweckt und gepflegt wird, ist vom Standpunkt der Menschlichkeit, der nationalen Erziehung und der Volkswirthschaft geboten.«

Die Veröffentlichung seiner Leitsätze im Kongressbericht in den Schriften der Centralstelle für Arbeiter-Wohlfahrtseinrichtungen 1900 stellt eine weitere Etappe in Lichtwarks zunehmender Bekanntheit dar. Seine Etablierung als nationaler Kunstpolitiker und -pädagoge schreitet weiter voran. Im Jahr darauf, beim ersten deutschen Kunsterziehungstag, wird Lichtwark den nationalen Aspekt für die Erziehung noch prägnanter formulieren. Immer jedoch geht es ihm weniger um die allgemeinbildende Schule als um die ästhetische Erziehung zunächst der Gebildeten, nun aber auch des Arbeiterstandes als Mittel zur Hebung der nationalen Kultur.

Lichtwark, der durch die Gunst seiner Förderer sein Leben ganz in bürgerliche Bahnen und Vorstellungen lenken konnte, ist zögerlich bei der Entdeckung und Akzeptanz des Bildungswillens der unteren gesellschaftlichen Schichten; doch steht er mit dieser Haltung durchaus im Kontext der bürgerlichen Abwehr gegenüber sozialistischen Tendenzen. Allen der Sozialdemokratie nahestehenden Gruppierungen mit dem Wunsch der Teilhabe an Kultur und Kunst steht er grundsätzlich distanziert gegenüber. Im Verein für Kunstpflege und in der Vereinigung für Kunstpflege, stark motivierten Hamburger Gruppierungen überwiegend von Handwerkern und Kleinhändlern, die von den progressiven Volksschullehrern Carl Götze und Gustav Weihrauch beraten und betreut werden, tritt er niemals auf, tätige Unterstützung gewährt er diesen Vereinen nicht.[164] Doch besuchen Menschen aus allen Schichten der Bevölkerung seit Anbeginn seine Sonntagsvorträge; die Lehrerbildung und die Bildbetrachtung mit Schulklassen betreibt er seit seinem Amtsantritt in Hamburg, und an seinen Freund Leopold von Kalckreuth schreibt er im Dezember 1900 über seine Vortragserfahrung bei Volksunterhaltungsabenden: »Ich [...] muß sagen, es hat mich gepackt, daß Leute, die den Tag schwer gearbeitet hatten, abends um zehn, nachdem ich anderthalb Stunden gesprochen hatte und eine Pause machte, um ihnen zu sagen, ich wolle den Rest kurz abmachen, von allen Seiten nein nein riefen und noch eine halbe Stunde frisch blieben wie in der ersten Minute.«[165]

Im März 1901 notiert Harry Graf Kessler über ein Gespräch mit Lichtwark: »Über seine Wirksamkeit in Hamburg: sein Weg, um die künstlerische Empfänglichkeit des Volkes zu heben, jetzt der, dass er zunächst die Lehrer ausbildet; besonders die Volksschullehrer. Er habe früher geglaubt, man könne schneller vorgehen, gleich die reifen Männer der höheren Stände gewinnen; darin habe er sich aber geirrt. Jetzt baue er von unten auf. Über die praktischen Erfolge spricht er sehr befriedigt; Kinder u Arbeiter seien überraschend empfänglich für Kunst, Litteratur, Musik. Es sei wunderbar, wenn so ein Arbeiter, der musikalisch sei, zum ersten Mal Haydn oder Händel höre.«[166] Auch Kessler selbst ist für den Gedanken der Arbeiterbildung empfänglich. Schon 1897 hat er einen ähnlichen Eindruck formuliert: »Ich weiss nicht, ob nicht das Volk weil naiver ästhetisch viel empfänglicher ist als unsere sog. Gebildeten und ob sich nicht auf die Empfindungen, die jetzt zu Schauerstücken und Kolportageromanen verbraucht werden, die grosse Kunst bauen ließe, die alle Künstler seit vierhundert Jahren vergeblich auf die Gefühle der künstlich entästhetisierten Gebildeten zu bauen versuchen. Natürlich nicht unmittelbar, sondern durch langsame Entwicklung. Aber nur im Volk findet man z.B. diese Einheit der Empfindung einem Reiz gegenüber in grossen Massen, auch die unmittelbare Hingebung u.s.w. Es erscheint mir ein wunderbares, seit der Renaissance vernachlässigtes Material, der edle Naturmarmor für den die Künstler jetzt lieber in künstlichem, rasch vergehenden Stuck arbeiten.«[167] Lichtwark setzt jedoch die Vorträge zur Arbeiterbildung nicht gezielt fort. Es bleibt bei dieser einmaligen Erfahrung.

164 Vgl. Junge (1989), S. 154–159.
165 Br. Kalckreuth, S. 79.
166 Kessler (2004), Bd. 3, S. 396.
167 Ebd., S. 57f. Nach dem Wort »Kolportageromanen« hat Kessler nachträglich ergänzt: »auch politische u Zeitungsagitation«.

LOB FÜR DIE KUNSTHALLE

Zum Jahresbeginn 1900 entspinnt sich ein Briefwechsel zwischen Rainer Maria Rilke und Lichtwark, in dem dieser zu seinem Erstaunen und seiner Freude eine Reaktion Rilkes auf die Werke Oldachs erhält.[168] Rilkes erster Brief ist am 30. Dezember 1899 in Schmargendorf bei Berlin datiert; er spricht hier von seinem Besuch in der Kunsthalle – eine »unsagbar reiche Überraschung«, die ihm bei der Betrachtung der Sammlung von Runge bis Böcklin und Liebermann »geschehen« sei. »Stark war für mich der Eindruck einzelner Bilder«, schreibt der 24jährige Dichter, »aber über allem blieb das Gefühl, daß ein wundersam wählendes Gesetz gerade diese Bilder, sammelnd, an einem Orte vereint hat, nicht zu einem zufälligen Nebeneinander, sondern zu einer fortschreitenden Notwendigkeit: In Hamburg habe ich zuerst die Melodie der neuen Schönheit vernommen.« Als Dank sendet Rilke sein neues Buch *Mir zur Feier*, woraufhin sich Lichtwark seinerseits mit seinem Buch über Julius Oldach bedankt. Auf Oldach nun geht Rilke in seinem Antwortschreiben vom 8. Januar 1900 ein, indem er aus seinem Reisetagebuch über dessen Bilder zitiert, die er darin voller Empathie betrachtet. Lichtwark ist »förmlich bestürzt«, dass ein Außenstehender schon »im Stande ist, Oldachs Kunst zu empfinden«, das hätte er bei einem Deutschen nicht für möglich gehalten. Das Buch habe er für seine Hamburger Freunde geschrieben, auch, weil er im Reich kein Interesse für Oldach voraussetzen dürfe. »Schließlich, warum sollen Alle von Allem erfahren? Ich finde es viel werthvoller, wenn es Orte giebt, die ihre unbeschrieenen Heiligtümer haben (und vielleicht überschätzen).« Da Rilke diese »freundliche Theilnahme« geäußert habe, sendet Lichtwark ihm gleich noch seine Bücher über Meister Francke und Matthias Scheits. Im folgenden Brief vom 12. Januar teilt Rilke seine Überraschung darüber mit, dass es im 15. Jahrhundert einen deutschen Meister von solcher Vorurteilslosigkeit, Selbständigkeit und Sicherheit wie Meister Francke gegeben habe. Scheits erscheint ihm weniger bedeutend, eher als Beispiel seiner Epoche. Rilke betrachtet es nun als Versäumnis, sich in München, Nürnberg und Böhmen keine alte deutsche Kunst angesehen zu haben; er erzählt von sich, seinem Bildungsgang und seiner jüngsten Vorliebe für die Russen und ihre Kultur. »In der Art, wie Sie den Deutschen sehen und lieben«, schreibt Rilke vergleichend, »kommt mir zum erstenmal etwas Ähnliches entgegen inbezug auf die deutsche Art. Nicht von den heutigen Deutschen ausgehend, darf man diese also (wie ich es gethan habe) abschätzen, tief in der deutschen Kunst liegen viele unbenützte Tugenden seines Herzens, allerdings so tief, daß die meisten jetzigen Deutschen diesen ihren Erbbesitz in den Tafeln alter Meister gar nicht einmal erkennen. Indessen, wenn jemand etwas dazu thut, diesem traurigen Zustand abzuhelfen, so sind Sie es, verehrter Herr Direktor!« Durch Lichtwarks Bücher, notiert Rilke am selben Abend in seinem *Schmargendorfer Tagebuch*, kämen eine Menge neue Interessen in seine Tage, es scheine, dass ihm das Buch über Meister Francke den Weg zum Empfinden

168 Vgl. Hentzen (1960), S. 69–86.

deutscher Kunst eröffnet habe. Wiederum zwei Tage später antwortet Lichtwark, der sich durch Rilkes hohe Meinung beschämt fühlt und sich bescheiden auf seine begrenzten Möglichkeiten zurückzieht. Aber die Deutschen seien noch nicht verloren: »Daß der heutige Zustand der Deutschen ziemlich trostlos ist, wenn Kultur gemessen wird, muß uns ein Sporn sein, immer wieder auf die guten Kräfte hinzuweisen, die vorhanden sind und der Entwicklung harren.«

Lichtwark äußert den Wunsch, einmal in Berlin einen Abend mit Rilke zu verbringen; Rilke seinerseits lädt ihn nach Schmargendorf ein. Doch zu diesem Treffen kommt es anscheinend nicht. Lichtwark sendet nun weiteres Material, woraufhin Rilke von einem Besuch mit dem Dichterkollegen Gustav Falke bei dem Maler Arthur Illies erzählt; Rilke lobt ihn, seine Skizzen und einfachen Landschaften. Von Worpswede aus unternimmt der Dichter im September 1900 mit der Künstlergruppe und seiner zukünftigen Frau, der Bildhauerin Clara Westhoff, eine Reise nach Hamburg, wo die Sammlung Behrens und die Kunsthalle besucht werden;[169] doch scheint eine persönliche Begegnung mit Lichtwark selbst auch bei dieser Gelegenheit nicht stattgefunden zu haben. 1902 korrespondieren Rilke und Lichtwark erneut; wiederum ist es Rilke, der sich an den Älteren wendet. Er bittet nun für seine Frau um Lichtwarks Rat, spricht aber auch von seinen eigenen Plänen. Clara Rilke-Westhoff, 1900 Schülerin bei Rodin in Paris, benötigt ein Stipendium für eine Romreise. Rilke kündigt zugleich ihre Ausstellung im Herbst in der Hamburger Galerie Commeter und die Beteiligung an der großen Ausstellung des Kunstvereins für 1903 an. Er sendet seinen im Frühjahr 1902 verfassten Worpswede-Aufsatz[170] und lädt Lichtwark nach Worpswede ein. Dorthin käme er gerne einmal, solange Rilke mit seiner Frau dort sei, antwortet dieser, er habe längst Pläne geschmiedet, aber so ein »geplagter Museumsdirector« könne nur selten tun, was ihm gefiele. Niemals jedoch scheint Lichtwark in Worpswede gewesen zu sein, auch wenn sein Freund Gustav Pauli schon früh zu den besonderen Förderern dieser Künstler und vor allem Paula Modersohn-Beckers gehört.[171] Vielleicht möchte er sich nicht konfrontieren mit dem wachsenden Erfolg der Künstlergruppe, die genau das erreicht hat, was er selber in den 1890er Jahren den jungen Hamburger Künstlern als Zielvorstellung nahezubringen versuchte: aus eigener Kraft ein besonderes, unverwechselbares Stück Landschaft und Leben in Kunstwerke umzusetzen. Jedenfalls gefällt ihm persönlich die Worpsweder Heimatkunst nicht, denn schon 1895 schreibt er an den Redakteur des *Pan*, Otto Julius Bierbaum,

169 Vgl. Buschhoff (2003), S. 161.

170 Vgl. Rilke (1996). – Erstausgabe: Rainer Maria Rilke, Worpswede. Fritz Mackensen, Otto Modersohn, Fritz Overbeck, Hans am Ende, Heinrich Vogeler, Bielefeld u.a.: Velhagen & Klasing, 1903.

171 Carl Vinnens Landschaft »Ruhe« von 1893 wird bereits 1899 für die Bremer Kunsthalle erworben; vgl. Best.Kat. Bremen, Kunsthalle (1939), S. 156. Die Bronzebüste Heinrich Vogelers von Clara Rilke-Westhoff gelangt 1902 als Geschenk der Vereinigung von Freunden der Kunsthalle in die Sammlung; vgl. ebd., S. 182. Heinrich Vogelers Portrait »Erster Sommer« wird vom Galerie-Verein 1906 geschenkt; vgl. ebd., S. 157. Paula Modersohn-Beckers »Stillleben mit Krug« und »Stillleben mit Früchten« kommen als Ankauf beziehungsweise Geschenk des Galerie-Vereins 1908 in die Bremer Kunsthalle; vgl. ebd., S. 104f.

er fände, es sei nicht Sache des *Pan*, Reklame für die Worpsweder zu machen; er sei von der letzten Ausstellung enttäuscht. »Wenn man sich denkt, fünf Leute sitzen drei Jahre außerhalb der Welt in der kulturlosen Einsamkeit, dann sollte man meinen, es bliebe ihnen, um nicht zu verkommen, keine Wahl als intim zu werden. Das ist nur einer, Mackensen. Die andern duseln à la München.« Die höchst erfolgreiche Schau der Worpsweder im Glaspalast 1895 in München hat er zwar gesehen, in seinen Briefen an die Kommission jedoch nicht erwähnt. 1910 schließlich bekennt Lichtwark ganz offen, die Worpsweder hätten ihn immer kalt, zumindest aber kühl gelassen.[172]

Mitte Oktober des Jahres 1903 lässt sich in Berlin ein schwedischer Gelehrter, ein Dr. Boetticher, mit Lichtwark bekannt machen und überbringt ihm Grüße des Malers Prinz Eugen von Schweden. Lichtwark erfährt von Boetticher, was er jedoch schon aus der Presse weiß, dass man sich in Schweden sehr für seine Bestrebungen und Publikationen interessiert. Prinz Eugen würde ihn gerne einmal sprechen und beabsichtigt, auf der Rückreise aus Italien in Hamburg Station zu machen.[173] Tatsächlich findet am 6. Dezember 1903 dieser Besuch des Prinzen statt, durch den Lichtwark eine große Bestätigung seiner Arbeit erfährt. Prinz Eugen, der jüngste Sohn König Oscars II., dreizehn Jahre jünger als Lichtwark, ist bereits seit Mitte der 1890er Jahre als Maler hervorgetreten. Nach genauem Naturstudium stellt er vor allem die mittelschwedische Landschaft in subjektiver, stimmungshafter Weise mit einer Palette klarer, leuchtender Farben dar. Unter den jüngeren schwedischen Künstlern hat er einen anerkannten Platz und steht in der Auseinandersetzung um die neue Kunst inoffiziell auf der Seite der Neuerer. Er ist stark an der Kunstentwicklung in Deutschland interessiert, nicht nur, weil seine Mutter, Königin Sophia, eine geborene Prinzessin von Nassau, ihren Söhnen eine emotionale Beziehung zu Deutschland vermittelte, wenn sie auch gegen Kaiser Wilhelm II. eine tiefe Abneigung hegt. Prinz Eugen verfolgt die progressive deutsche Kunstliteratur sowie die Sezessionskunst und bezieht die Berliner Avantgarde-Zeitschrift *Pan* vom ersten Heft an. Spätestens durch diese Zeitschrift muss Prinz Eugen Kenntnis von Lichtwarks Bestrebungen erhalten haben; später abonniert er die sezessionistische Zeitschrift *Kunst und Künstler*. Als Anreger, Berater und Koordinator hatte Eugen beträchtlichen Anteil an der Stockholmer Industrie- und Kunstausstellung von 1897, einer Art kleiner Weltausstellung; er amtierte dabei als Vorsitzender der Abteilung des Zentralkomitees für die Kunstausstellung. In dieser Ausstellung waren siebzehn deutsche Künstler vertreten, darunter viele der von Lichtwark für die Sammlung von Bildern aus Hamburg eingeladenen oder stark beachteten wie Klinger, Kuehl, Liebermann, Stuck, Thoma und Uhde. Mit Liebermann korrespondiert Prinz Eugen während der Vorbereitung der Ausstellung und sucht ihn 1896 in Berlin selbst auf. Liebermanns umstrittenes Bildnis des Bür-

172 Brief Alfred Lichtwark an Bierbaum, 3.5.1895, DLAM, A:Flaischlen/PAN, Zugangsnummer 31814; zit. bei Henze (1974), S. 352. – Vgl. Junge (1989), S. 72. – Br. Kommission (1896), Bd. III: 1894/95, S. 308–311. – Br. Kommission (1918), Bd. XVIII: 1910, S. 305.
173 Vgl. Br. Kommission (1904), Bd. XI: 1903, S. 194.

germeisters Petersen wird erst durch Prinz Eugens Nachdruck in der Stockholmer Ausstellung gezeigt. Im selben Jahr erwirbt das Nationalmuseum Stockholm vier Radierungen von Liebermann, sicherlich nicht ohne die Fürsprache Prinz Eugens als Mitglied der Ankaufskommission.[174] Daher nimmt es nicht wunder, dass Prinz Eugen bei nächster Gelegenheit Lichtwarks Wirken in der Hamburger Kunsthalle persönlich in Augenschein nehmen möchte.

Kurz nach Prinz Eugens Besuch in Hamburg schreibt Lichtwark, wenig verwöhnt von interessierten Besuchern: »Die Gedanken an die anregenden Stunden des vergangenen Sonntags lassen mich nicht los und werden mir immer wiederkehren. Es ist mir, als hätte mich einer der führenden Künstler meines eigenen Volkes besucht, Kalckreuth, Klinger, Liebermann, Menzel, Thoma oder Uhde, und ich hätte mit ihm die Kunstwerke betrachtet, die ich so sehr liebe. Der schöne Tag hat mir eine rechte Herzstärkung gebracht, und zu der Verehrung, die ich seit vielen Jahren für den Künstler gehegt, kommt nun noch das Gefühl einer persönlichen Dankbarkeit.« Zur Unterstützung des Prinzen bei seinem Versuch, das künstlerische Leben in Schweden neu zu organisieren, sendet er ihm seine Publikationen.[175] Prinz Eugens Interesse an seinem Wirken dürfte Lichtwark umso wertvoller sein, als er überwiegend Kritik an seiner Sammlung gewöhnt ist. Einige Monate zuvor hat auch Harry Graf Kessler an Lichtwarks Lieblingen gemäkelt. In seinem Tagebuch notiert Kessler unter dem 6. Februar 1903 ebenso arrogant wie unzutreffend: »Früh in der Kunsthalle, wo die Franckes und Runges zum ersten Mal gesehen. Beides ganz undeutsche Erscheinungen, oder wenigstens Erscheinungen, die sonst in der deutschen Kunst keine Analoga haben und auch keinen Nachklang gehabt haben, Francke als breiter, gross dekorativer Colorist, Runge als früher Vorahner des Neoimpressionismus, sowohl in der Linie wie in der Farbe. Seine Linie ist in den Reizen unmittelbar verwandt mit der Loie Fuller. Beide zusammen grenzen, so paradox es klingt, eher an Poë als an irgendetwas Deutsches. Das Übrige, was Lichtwark gesammelt hat, hat doch schliesslich nur provinzialen Wert, im Vergleich zu den gleichzeitigen Engländern und Franzosen, die ganz dasselbe wie die Kaufmann, Oldach usw, nur viel erfolgreicher, gewollt haben. Lichtwark, der mich führte, war etwas betrübt, als ich ihm dieses sagte. Bei seinem öffentlichen Reden und Schreiben verschweigt er diese unbequemen englischen und französischen Zeitgenossen immer sorgfältig. Verdienstlich ist diese Rekonstruktion der Hamburger Vergangenheit trotzdem. Es giebt den Leuten den nötigen Ahnenstolz, auf dem die Sicherheit wächst.«[176]

174 Vgl. Lengefeld (2000), S. 143–156. – Brummer / Lengefeld (1998), S. 76–85.
175 Vgl. Brief Alfred Lichtwark an Prinz Eugen, 10.12.1903, Stockholm, PEW.
176 Kessler (2004), Bd. 3, S. 543f. – Der Vergleich zu Loie Fuller bezieht sich auf die Darstellungen der Tänzerin von Henri de Toulouse-Lautrec und lässt sich lediglich im Hinblick auf die stilisierte Linienführung aufrechterhalten, aus heutiger Sicht erscheint er abwegig.

KUNSTERZIEHUNG IV: DER ERSTE KUNSTERZIEHUNGSTAG 1901

Immer wieder wird Lichtwark für den Initiator der Kunsterziehungstage gehalten, doch deren Vorgeschichte beginnt im Jahr 1898 mit der Ausstellung »Das Kind als Künstler«, die von der Lehrervereinigung für die Pflege der künstlerischen Bildung in der Hamburger Kunsthalle veranstaltet wird.[177] Generaldirektor Schöne in Berlin beruft einen jungen Archäologen, Ludwig Pallat aus Wiesbaden, als Hilfsarbeiter ins Ministerium; Lichtwark begegnet ihm dort und berichtet von den Reformbestrebungen der Hamburger Lehrer. Pallat besucht daraufhin die Ausstellung »Das Kind als Künstler«, lernt durch Lichtwark den Vorsitzenden der Lehrervereinigung, Carl Götze, kennen, der ihn durch die Ausstellung führt, und freundet sich mit ihm an. Lichtwark lädt sodann beide zu einem ausführlichen Gespräch in das Traditionslokal »Cöllns Austernstuben« ein. Vermutlich ist er es auch, der Götze die Einladung seines Nachfolgers als Bibliothekar des Berliner Kunstgewerbemuseums, Peter Jessen, zu einem Vortrag übermittelt. Götze spricht im Berliner Kunstgewerbeverein, als dessen Vorsitzender Jessen amtiert, vor zahlreichem Publikum sehr erfolgreich über den neuen Zeichenunterricht, mit der Aussage, man gehe einer neuen künstlerischen Epoche entgegen. Mehrfach bestehen Beziehungen dieses Kreises nach Hamburg. Jessens Vater baute zunächst in Hamburg das Gewerbeschulwesen auf, bevor er für die gleiche Aufgabe nach Berlin berufen wurde, wo Lichtwark bereits als Student in seinem Hause verkehrte. Geheimrat Wilhelm Waetzoldt, der im Berliner Ministerium das Referat für das Höhere Mädchenschulwesen innehat, war zu Beginn seiner Laufbahn als Lehrer an der Hamburger Klosterschule tätig. Peter Jessen und Carl Götze planen nun zusammen eine Tagung; ihre Suche nach potentiellen Rednern führt Götze zu Lichtwark. Am 4. Dezember 1900 findet eine erste Besprechung zwischen Lichtwark, Götze, Jessen, Pallat und dem Kunsthistoriker Konrad Lange im Berliner Kunstgewerbemuseum statt. Die geplante Tagung soll Kunsterziehungstag heißen und die Leitung Woldemar von Seidlitz übernehmen, der im Gegensatz zu Bode und Tschudi ebenfalls für eine ästhetische Erziehung des Konsumenten eintritt.[178] Als Referenten sind Lichtwark, Jessen, Lange und Götze vorgesehen. Gustav Pauli, der Direktor der Bremer Kunsthalle, dürfte über Seidlitz in das Team einbezogen worden sein, da er seine Laufbahn in Dresden begann.[179] Er soll über das Thema »Kinderbuch« sprechen, der Hamburger Lehrer Rudolf Roß über »Kind und Kunst«. Lichtwark geht, wie er seiner Kommission schreibt, mit Widerstreben an die Sache heran, er hält den Zeitpunkt für verfrüht, doch tauchen »schon überall Marodeure auf, die das Korn im

177 Vgl. hier und im Folgenden: Götze (1944, Erinnerungen), S. 72–74. – Ausst.Kat. Das Kind als Künstler. Ausstellung von freien Kinderzeichnungen in der Kunsthalle zu Hamburg, 1898, Text von Carl Götze, (Einführung), S. 3–31. Es geht hier um das Studium der Entwicklung von freien Kinderzeichnungen, die Motivwahl und Formen der Darstellung mit dem Tenor: Das Kind soll keine guten Zeichnungen anfertigen, die Frage lautet vielmehr, ob es seine Anlagen entwickelt.

178 Vgl. Br. Kommission (1901), Bd. VIII: 1900, S. 249–251. Zu Seidlitz vgl. Beneke (1999), S. 53f.

179 Vgl. Salzmann (1992), S. 235.

Halm schneiden wollen« und denen man das Handwerk legen müsse. In Dresden sollen die Museen, Ministerien, die Universitäts- und Schullehrer zusammenkommen, um die neue Initiative kennenzulernen und darüber zu beraten.

Lichtwark, der nun die Aktualität des Vorhabens und den Handlungsbedarf erkennt, soll das Thema der Museen und ihrer Wirksamkeit übernehmen sowie eine Einführung zu den alten deutschen Meistern anhand ausgeteilter Reproduktionen halten, damit auch ein Blick in die Praxis erfolgt. Außerdem soll er die künftigen Pläne darlegen; dafür schlägt er den Titel »Der Deutsche der Zukunft« vor, um auf diese Weise die Aufmerksamkeit vom Gebiet der Kunst auf die großen Zusammenhänge und nationalen Ziele zu lenken. »Bei den Berathungen über den Kunsterziehungstag«, schreibt er abschließend an seine Kommission, »habe ich mit Vergnügen beobachtet, wie die von Hamburg ausgehenden Ideen überall Wurzel fassen.«[180] Dazu gehört auch die Idee des Bilderbuches für die Schule. Seidlitz möchte das Referat übernehmen und vor dem Kongress noch zwei Beispiele produzieren. Lichtwark schlägt ihm eine Auswahl aus Ludwig Richters Œuvre und ein Bilderbuch über Dresden vor. Er hofft auf die Möglichkeit, anschließend in Hamburg Ähnliches zu verwirklichen, denn seit Jahren habe er den jungen Hamburger Künstlern den Plan immer wieder nahegelegt. Nun jedoch akzeptiert er die Vorreiterstellung einer anderen Stadt.[181]

Im Vorfeld des ersten Kunsterziehungstages wird zu Lichtwarks Freude schon die Publikation *Versuche und Ergebnisse der Lehrervereinigung* verbreitet. Lichtwark ist stolz darauf, ebenso auf den Erfolg der Planungen für den Kunsterziehungstag. Nach seiner Meinung können die Lehrer die neue Aufgabe allein nicht bewältigen, schreibt er seiner Kommission, sie bedürften der Fachleute; überhaupt müsse die Schulreform bei den Lehrern anfangen. Die Umgestaltung der Stundenpläne nütze nicht viel.[182] Schon im Januar 1901 hätte Lichtwark im Frankfurter Städel gerne seinen offensichtlich bereits konzipierten Vortrag »Der Deutsche der Zukunft« gehalten, doch zieht der Kollege Heinrich Weizsäcker als Veranstalter das Thema »Die künstlerische und sociale Function des Bildnisses« vor.[183] Im Sommer folgt Lichtwark der Einladung von Ernst Bernheim nach Greifswald, wo er im Rahmen eines Ferienkurses für Lehrer an der Universität verschiedene Vorträge hält und mit zwei Schulklassen exemplarische Kunstbetrachtungen anhand von Blättern aus Holbeins »Totentanz« und Dürers »Marienleben« vorführt. In seinem Vortrag über »Die Grundlagen der künstlerischen Bildung« legt er kurz gefasst sein gesamtes Programm dar.[184]

Am 28. und 29. September 1901 findet in Dresden wie geplant der erste Kunsterziehungstag statt. Es wurde nur gezielt eingeladen, die Presse ist nicht offiziell in-

180 Br. Kommission (1901), Bd. VIII: 1900, S. 251.
181 Vgl. ebd., S. 259f.
182 Br. Kommission (1902), Bd. IX: 1901, S. 56.
183 Vgl. Briefe Alfred Lichtwark an Weizsäcker, 12.10., 3.11., 11.11., 14.12.1900, in: Dibbern (1974), S. 50–53.
184 Vgl. Briefe Alfred Lichtwark an Ernst Bernheim, 12.6., 16.6., 2.7., 9.7., 10.7.1901 sowie die unbezeichneten Presseausschnitte »Vorträge von Professor Lichtwark im Greifswalder Ferienkurs«, HKH, AdB 82.

formiert. Dennoch reichen die verfügbaren einigen hundert Sitzplätze nicht aus. Die meisten deutschen Regierungen haben ihre Vertreter gesandt. Lichtwark begreift angesichts dieser Resonanz nun endgültig die Aktualität des Themas; von Hamburg aus sei die Sachlage nicht einzuschätzen gewesen. Am zweiten Tag hält er als bekanntester Redner der Veranstaltung seinen Vortrag über den »Deutschen der Zukunft«, wegen der vielen Vorredner jedoch auf die Leitgedanken reduziert und in freier Rede. Mit der Aufnahme ist er sehr zufrieden, fürchtet jedoch die Kritik der Zeitungen an seinem »Plauderton«. Geradezu glücklich ist er über den eleganten Auftritt Gustav Paulis, der für ihn bereits das angestrebte Kulturideal verkörpert. Die Hamburger Lehrer Götze und Roß gäben am Vorstandstisch ein gutes Bild ab; das Referat von Roß über das Kinderzimmer sei so ausgezeichnet gewesen, dass gar keine Diskussion darüber entstanden sei, berichtet Lichtwark seiner Kommission.[185]

In seinem Vortrag über den »Deutschen der Zukunft« befasst sich Lichtwark mit der Frage, auf welchem Wege die Erziehung des deutschen Menschen, des Volkes, am schnellsten und sichersten verlaufen könne.[186] Die künstlerische Erziehung sieht er nur als eine »Provinz im großen Reich der Gesamterziehung des Volkes überhaupt«. Seit der Mitte der achtziger Jahre beobachtet er die Tendenz zu einer fortschrittlichen Erziehung und sittlichen Erneuerung des Lebens. Die beklagenswerten, dem deutschen Volk noch anhaftenden Züge aus der Zeit der Armut und Beschränktheit, der Hörigkeit und Knechtschaft müssten durch pädagogisches Handeln nun eliminiert und die zurückgebliebenen edlen Kräfte entwickelt werden. Das Streben nach neuer Bildung im Volk sei nicht zu verkennen. Es sei einer der Grundzüge beim Aufstieg des vierten Standes und bewege die Frauenwelt, nur die oberen Schichten des Bürgertums seien davon noch nicht ergriffen worden. Lichtwark stellt die Bedeutung dreier ihm für die Bildung des Volkes vorbildhaft erscheinender Berufsstände heraus: der Professor, der Lehrer und der Offizier. Bei jedem dieser Berufe geht er auf die spezielle Vorgeschichte und die berufstypische Situation ein. Beim Professorenstand erwähnt er die neue Realitätsbezogenheit der wissenschaftlichen Forschung, etwa auf politischem, wirtschaftlichem und literarischem Gebiet. Der deutsche Professor begebe sich in Lebensnähe durch Aufgabe einer barbarischen Praxis des Gelehrtenstreits, durch Teilnahme am modernen Leben und mehr Aufmerksamkeit für die Selbstdarstellung. Auch er sei damit vom »Strom künstlerischer und ethischer Bewegung ergriffen«, die das ganze deutsche Volk mit sich zu reißen beginne. Vom Professor wie vom Lehrer verlangt Lichtwark, durch ihre persönliche Kultiviertheit sichtbar werden zu lassen, was sie lehren wollen. Für die Bildung fordert er eine »feste nationale Grundlage«: die Kenntnis der großen deutschen Dichtung ebenso wie der bedeutenden Künstler,

185 Vgl. Br. Kommission (1902), Bd. IX: 1901, S. 279–284. – Götze referiert über »Zeichnen und Formen«; vgl. Kunsterziehung (1902), S. 141–175. Das Referat des Lehrers Rudolf Roß (1872–1951) thematisiert »Das Kinderzimmer«; vgl. ebd., S. 66–75. Roß wird später Bürgerschaftspräsident und Bürgermeister und gehört zu den führenden Hamburger Politikern der Weimarer Zeit; vgl. Hamburg Lexikon (2002), S. 406.
186 Vgl. hier und im Folgenden: AL, Der Deutsche der Zukunft, in: AL, Schriften, Bd. I, S. 3–18, Erstdruck in: Kunsterziehung (1902), S. 39–57; Kayser (1977), Nr. 350.

zudem sprachliche Gestaltungskraft, die Fähigkeit, sich »einfach, klar und geschmackvoll« auszudrücken. Er verlangt als Ausdruck von Bildung eine gepflegte, kultivierte Erscheinung und Umgebung und bedauert, dass immer noch das Ungeschlachte, Derbe und Ungepflegte beim Deutschen Vertrauen wecke.

Den idealen Lehrer sieht er mit einer heiteren, starken und überlegenen Männlichkeit ausgestattet, die als Vorbild wirken könne und die Schüler ihre Schule als angenehmen Ort wahrnehmen lasse. Jede Schulreform stehe und falle mit dem Lehrer. Wenn er als freier und begeisterter Mann den Schulmeister in sich unterdrückt habe, wenn er nicht nur Stunden gebe, sondern erziehe und Kräfte entwickele, dann werde sich von selbst seine wirtschaftliche Lage bessern und seine Anerkennung und Gleichberechtigung in der Gesellschaft einstellen. Bei der Lehrerpersönlichkeit, nicht bei der Regierung müsse die treibende Kraft für die Weiterentwicklung der Schule liegen.

Beim Offizier schließlich tritt nach Lichtwarks Ansicht eine Reihe von Eigenschaften schärfer hervor, die auch für Professor und Lehrer gelten können: die Ausbildung des Körpers, Erziehung des Willens und die formale Bildung. Lichtwark betrachtet diese Aspekte auch von ihrer ästhetischen Seite. Es ist eine gleichwertige Bildung von Körper, Geist und Psyche, die er besonders hervorhebt. Sie habe den Offizier als Typus derart stark geformt, dass er sich durch die Wehrpflicht dem ganzen Volk aufzuprägen beginne. Mit einem Rückblick auf die Entwicklung des Deutschen vom Jäger und Krieger über den Ackerbauern zum Hörigen und weiter zum engherzigen, kurzsichtigen, kleinlichen Spießbürger kommt Lichtwark zur Forderung nach einer pädagogischen Erneuerung, um »die beklagenswerten Folgen der Jahrhunderte der nationalen Schmach« auszumerzen: »Wir haben zu lange wesentlich der Intelligenz gelebt. Es ist Zeit, daß nun die sittlich religiösen und künstlerischen Kräfte zur Entfaltung kommen.« Lichtwark schließt mit einer Metapher vom gefällten Stamm, dessen verbleibende Wurzeln in Symbiose mit den Nachbarstämmen überleben. Die deutsche Nation habe über Jahrhunderte nur als ein solcher Baumstumpf existiert und treibe nun aufs Neue einen Stamm empor, der jedoch von den alten Mächten immer noch bedroht sei. Schutz vor einer erneuten Vernichtung dieses Stammes würden weder die Einrichtungen des Volkslebens noch die Bündnisse gewähren. Nur aus der höchsten Entfaltung des Willens und der Kraft jedes Individuums erwächst nach Lichtwarks Vorstellung die Unbesiegbarkeit des deutschen Volkes. Niemand könne stärker, stetiger und unmittelbarer darauf hinwirken als diese drei Vorbilder: der deutsche Professor, der deutsche Lehrer und der deutsche Offizier.

Alle drei Berufe kennt er schließlich auch selbst: Lehrer war er als junger Mann, den Professorentypus aus seiner Erfahrung als Student und durch seine eigenen Vorlesungen; den Offizierstypus einerseits durch seine Freundschaft mit Bronsart von Schellendorf, andererseits infolge weiterer Freunde und ihrer gelegentlichen Einladungen bei dem vom Adel dominierten Wandsbeker Husarenregiment, in dem 1904/05 auch der junge Walter Gropius als Einjähriger dient. Der erste Kontakt mit diesem Regiment lässt sich durch eine Anfrage im Jahre 1891 belegen; möglicherweise wurde Lichtwark bei dessen erstem Aufenthalt in Hamburg 1890 oder dem ersten Auftrag 1894 durch Leopold von Kalckreuth dort persönlich eingeführt.[187]

Lichtwarks Einstellung muss keineswegs als militaristisch gewertet werden, wenn er im Offizier den allseitig erzogenen Gentleman sieht. Gegenüber Graf Kessler äußert er sich 1896 begeistert über den Offiziersstand, er sei schon lange der Meinung, es sei das Verdienst der Hohenzollern, dass der preußische Offizierstypus zum Königstypus der ganzen Welt avanciert sei. Mit der Auffassung vom Offizier als Kulturträger steht Lichtwark, vermutlich ohne es zu wissen, Nietzsche nahe.[188] Für die Bevorzugung des Militärs vor dem Zivilisten hat er jedoch keinerlei Verständnis. Als im Jahre 1902 beim Jubiläum des Germanischen Nationalmuseums in Nürnberg das Militär an der Kaisertafel dem Rang nach, der Direktor des Museums hingegen am unteren Tischende platziert ist und der Aufsichtsrat als Hausherr nicht einmal vorgestellt wird, beanstandet Lichtwark diese Bevorzugung ebenso wie den gesamten militärischen Charakter des Festes mit seiner Parade und den allgegenwärtigen Uniformen.[189]

187 Vgl. P2, 8.10.1891; Lichtwark ersucht hier die Kommission um Ausleihung von Staffeleien anlässlich der Jubiläumsfeierlichkeiten des Wandsbeker Husarenregiments, offizielle Bezeichnung: Königin Wilhelmina der Niederlande (Hannoversches) Nr. 15, leichte Kavallerie. – Br. Kalckreuth, S. 68. Lichtwark schreibt am 6. April 1895: »Wenn Du heute abend zu den Wandsbekern gehst, grüß, bitte, Burt und Graf Schack. Ich wäre gern dabei.« Dazu merkt Schellenberg als Herausgeber an, Burt sei nicht zu identifizieren, bei Graf Schack handele es sich um Richard Graf Schack von Wittenau (1848–1923). – Victor von König, Rittmeister und Escadrons-Chef im Hannoverschen Husarenregiment Nr. 15, Wandsbek, lädt Lichtwark mehrfach ins Kasino der Wandsbeker Husaren ein; vgl. Briefe vom 5.1.1893, 29.5.1894, 4.4.1897, 10.3.1899, sowie undatiert, HKH, AdB 76. Lichtwark erwähnt einen weiteren »alten Freund« in diesem Regiment, Jobst von Oldershausen, der 1904 sein Jubiläum feiert; vgl. Br. Pauli, S. 30. – Bei den Wandsbeker Husaren diente Walter Gropius als einer der wenigen bürgerlichen Einjährig-Freiwilligen 1904/05. Nach einer Einladung schreibt er an seinen Vater: »Gestern kam ich zum ersten Mal in die große Hamburger Gesellschaft: 90 Personen (bei Senator Westphal), musikalischer Abend, Gesang mäßig; sehr gutes Klavierspiel, nachher Tanz. Eine Italienerin sang caro mio ben; sehr schön. Sonst wahnsinnig kalte, oberflächliche Formenmenschen ... ferner Hamburger beaus, typische Salonlöwen, aber Reserveoffiziere und reich an Geld, wie an Phrasen. Sehr schöne Mädchen, aber alle kaltes Hanseatenblut.« Isaacs (1985), Bd. I, S. 58–66, Zitat S. 61. – Zur Eröffnung der Graphischen Ausstellung 1903/04 möchte Lichtwark das ganze Offizierskorps eingeladen wissen; vgl. Schiefler, LAZ, 10.11.1903, S. 261, SUB HH, HSS. Als Beispiel für den gut erzogenen Offizier erwähnt Mannhardt auch die jungen Offiziere, die Lichtwark gerne zu sich nach Hause eingeladen habe (W. Mannhardt, Alfred Lichtwark zum 80. Geburtstag, unbezeichneter Zeitungsausschnitt, 14.11.1932, HKH, AdB 98). Als Beispiel mag ihm auch der Schwager seines Freundes Henry P. Newman vorgeschwebt haben. Newman lädt Lichtwark brieflich am 28. Dezember 1894 zum Essen ein mit dem Hinweis, auch sein »Günstling Leutnant von Düring« werde anwesend sein; vgl. Brief Newman an Alfred Lichtwark, HKH, AdB 76. Mary Sloman beschreibt ihn in ihren Erinnerungen: »Carlitos von Düring war Leutnant bei den Bismarck-Kürassieren in Halberstadt. Die große, schlanke Figur in der weißen Uniform mit den hohen Reiterstiefeln, den goldenen Helm auf dem Kopf, so habe ich ihn gesehen bei den Hochzeiten seiner Schwestern, bei Mariechen Newman [...]. Er war ein Liebling der Götter, und sie nahmen ihn früh zu sich.« Vgl. Sloman (1957), S. 73f. Karl August von Düring (1865–1902) war Hauptmann im Kürassier-Regiment Seydlitz in Halberstadt; vgl. Institut Deutsche Adelsforschung, www.home.foni.net/adelsforschung2/seydlitz.htm.

188 Vgl. Kostka (1999), S. 47, Anm. 35.

189 Vgl. Br. Kommission (1904), Bd. X: 1902, S. 75, 77. An Bode, der nicht anwesend war, schreibt Lichtwark, der Aufsichtsrat sei bei der ganzen Affäre ausgeschaltet gewesen, weder sei er genannt worden noch, wie es sich gehört hätte, irgendwo in corpore in Erscheinung getreten; vgl. Brief Alfred Lichtwark an Bode, 12.7.1902, Berlin, SMB-ZA, NL Bode, 3309.

Die Betonung des nationalen Aspektes in Lichtwarks Vortrag entspricht seiner patriotischen und zukunftsorientierten Einstellung, sie ist jedoch in keiner Weise chauvinistisch oder imperialistisch. Als weltunerfahrener Student notierte er 1883 bei seinem ersten Besuch in Versailles in einem Brief an seine Familie noch die Bemerkung, der Glanzpunkt sei der Spiegelsaal, in dem das deutsche Kaiserreich proklamiert wurde, das könnten die Franzosen nicht wieder auslöschen, so gern sie es täten.[190] Gleichzeitig erkennt er jedoch uneingeschränkt die Bedeutung anderer Kulturen an. Zehn Jahre später findet es der stets taktvolle Lichtwark wenig geschmackvoll, dass man für die Weltausstellung in Chicago Erinnerungen an den Krieg 1870/71, unter anderem Bismarcks und Moltkes Ehrenbürgerbriefe, zusammengestellt hat. Ob es wohl politisch richtig sei, »auf einer friedlichen Ausstellung mit diesem Apparat zu erscheinen?«[191] 1894 erhält Lichtwark ein Schreiben von Dr. Ernst Hasse, dem Vorsitzenden des nationalistisch gesinnten Alldeutschen Verbandes, er soll auf Wunsch von Dr. Rudolf Mönckeberg als erstem und dem Kaufmann Otto H. Hansing als zweitem Vorsitzenden in den Vorstand der Hamburger Ortsgruppe berufen werden. Lichtwark entzieht sich jedoch und schlägt vor, sich ganz auf »localen Boden« zu stellen. Ihm erscheine die deutsche Frage in erster Linie als eine Erziehungsangelegenheit. 1897 noch als Mitglied nachweisbar, ist Lichtwark 1901 jedoch bereits aus dem Alldeutschen Verband ausgetreten.[192] Sein Interesse an der Kultur und Kunst anderer Länder, vor allem Frankreichs und Englands, ist viel zu ausgeprägt, als dass er ein bornierter Chauvinist sein könnte. Patriotisch ist er allerdings insofern, als sein nationaler Ehrgeiz auf eine noch zu entwickelnde Gleichstellung des immer noch jungen Deutschen Kaiserreiches mit den nach seiner Auffassung »älteren Kulturnationen« ausgerichtet ist. Dazu zählt für ihn besonders die formale und ästhetische Kultivierung des Individuums.[193] Obwohl Lichtwark mit der Resonanz auf seinen Vortrag zunächst sehr

190 Vgl. Br. Familie, S. 463.

191 Vgl. Br. Kommission (1896), Bd. II: 1893, S. 12.

192 Brief Alfred Lichtwark an Prof. Dr. Ernst Hasse, M.d.R, undatiert [März 1894], HKH, DK, Bd. 2. »Was kann in Hamburg zur Hebung des deutschen Wesens und der deutschen Gesinnung geschehen? Was anderen gut und nöthig ist, mag an Ort und Stelle entschieden werden. Die deutsche Frage erscheint mir in erster Linie als Erziehungsangelegenheit. Soll das Deutschthum widerstandsfähig gemacht werden, so bedarf es gar nicht einer besonderen deutschen Bildung im Gegensatz zur französischen und englischen. Diese Bildung hat nicht nur ihrem Wesen nach in die Tiefe zu gehen, sondern nur allem eine straffe äußere Zucht zu schaffen, da die schwache Seite des Deutschthums gerade in der laxen Auffassung alles Formalen besteht (Manieren, Tracht, peinliche Sauberkeit, Sicherheit im Auftreten, Beherrschung des Wortes und Willens).« Deshalb habe er in der Sitzung bereits auf die Jugendspiele hingewiesen, keine Verschulung, lieber ein Verein zur Schulung der Spielfreude. Lichtwark will nächstens einen Vortrag darüber halten, hat aber keine Zeit für eine schriftliche Formulierung. Er plant drei Vorträge: Formale Bildung, der Offizier usw. Im folgenden Brief kündigt Lichtwark Hasse an, einige Vorträge zu senden, in denen das Thema der nächsten Zukunft angeschnitten würde, die nationale Erziehung. Hasse würde daraus ersehen können, ob Lichtwark dem Verband nützen könne (Brief Alfred Lichtwark an Hasse, 25.2.1894, ebd.). – Vgl. Hering (2003), S. 179, 223, 301f. – Siehe dazu auch das Kapitel »Denkmäler für Hamburg und Bremen« in Teil 4.

193 Kiyonaga (2008) widmet diesem Vortrag ein ausführliches Kapitel (S. 223–241). Auch er kann bei Lichtwark keinen Militarismus feststellen; dieser sei von den kultivierenden und veredelnden Auswirkungen des Militärs überzeugt gewesen. Seine Haltung sei eher idealistisch als gesellschaftskritisch zu bewerten.

zufrieden ist, muss er kurze Zeit später erstaunt feststellen, dass seine Ausführungen »viele Kreise verschnupft« zu haben scheinen, dabei enthalte der Vortrag doch lauter Selbstverständlichkeiten. Auch Lessing bewertet ihn als harmlos.[194] Harry Graf Kessler, sonst stets kritisch und arrogant, kommentiert in seinem Tagebuch: »Sehr tüchtige und inhaltsreiche Rede Lichtwarks über den ›Deutschen der Zukunft.‹«[195] In gedruckter Version ist Lichtwarks Vortrag durchaus erfolgreich: 1902 erscheint er erstmalig im Tagungsbericht des ersten Kunsterziehungstages bei Voigtländer in Leipzig; 1905 leitet er eine nach ihm betitelte Anthologie von wichtigen neueren Texten Lichtwarks ein, verlegt bei Cassirer in Berlin. 1917 nimmt Wolf Mannhardt ihn in die zweibändige Auswahl der Schriften Lichtwarks auf; 1929 ist er in der Zusammenfassung der Berichte über die drei Kunsterziehungstage enthalten; 1930 wählt der Pädagoge Julius Gebhard ihn noch einmal für die Lichtwark-Anthologie *Das Bild des Deutschen* aus. Zum letzten Mal erscheint er schließlich 1966 titelgebend in einer Anthologie über die Kunsterziehungsbewegung.[196]

Lichtwarks zweiter Beitrag auf dem ersten Kunsterziehungstag ist bei weitem nicht so erfolgreich, obwohl er hier seine Vorstellungen von ästhetischer Erziehung und sein gesamtes Programm dezidiert darlegt. »Die Anleitung zum Genuß der Kunstwerke« folgt knapp und thesenartig seinem Vortrag in Bremen aus dem Jahre 1899.[197] Lichtwark spricht darin von der Stärkung der Beobachtungskraft und des Empfindungsvermögens durch die Kunstanschauung. Die Empfindung für Werte soll trainiert werden, vor alten und neuen Originalwerken, fächerübergreifend, am ungezwungensten in einer Art künstlerischer Heimatkunde. Es soll das Verständnis dafür geweckt werden, dass die Kunstwerke den Ausdruck des Lebens versinnbildlichen. Lichtwark mahnt zur Beschränkung und warnt vor Weitschweifigkeit. Im Zeichen- und Biologieunterricht soll das Anschauungsvermögen trainiert werden. Den Anfang bilden nach seiner Vorstellung die lokal bedeutenden Werke, dann folgen die wichtigen deutschen Meister wie Dürer, Schongauer, Holbein, Rembrandt, den Lichtwark ja zum niederdeutschen Kulturkreis zählt, und schließlich als neuere Künstler dann Richter, Schwind und Menzel. Er verweist auf die »Nutzbarmachung der Museen«, die Erschließung der Bestände durch Beschriftungen, Kataloge und monographische Darstellungen der wichtigen regionalen Künstler, auch thematische Einführungen in die Sammlungen. Die mündliche Einführung müsse sich stets den jeweiligen Umständen anpassen. Der Direktor soll den Lehrern eine Anleitung in der Betrachtung geben, so wie er selbst es in Hamburg seit vielen Jahren zu tun pflegt. Bei kunstgeschichtlichen Vorträgen rät Lichtwark zur Vorsicht. Kinder wie meist auch Erwachsenen böten sie keinen Nutzen, das Angelesene trübe die Unbefangenheit. Lichtwark rät daher zur intensiven Betrachtung von einzelnen Werken. Für die Erwachsenen propagiert er eine künstlerische Heimatkunde ebenso wie die bewährten Reisevorbereitun-

194 Vgl. Br. Kommission (1902), Bd. IX: 1901, S. 282, 286.
195 Kessler (2004), Bd. 3, S. 438.
196 Vgl. Kayser (1977), Nr. 350, 402, 556, 570, 573, 587.

gen. Führungen von Arbeitern durch das Museum würden auf große Schwierigkeiten stoßen, führt er aus, die Behandlung von Einzelwerken der Sammlung hält er für günstiger. Zur Einführung in das Kupferstichkabinett möchte er Schongauer, Dürer, Holbein, Rembrandt und die »großen Griffelkünstler des neunzehnten Jahrhunderts« behandelt wissen. Dazu sollen wie in Hamburg Reproduktionen als Faksimiles hergestellt werden, die jedem Hörer beziehungsweise in der Schule jedem Schüler an die Hand gegeben werden können. Photographien lehnt er zu diesem Zweck ab. Lichtwark betrachtet die Bearbeitung des kulturellen Feldes als Aufforstung eines abgeholzten Waldlandes, wie das öde liegende Gelände der künstlerischen Kultur auf ihn wirkt: »Sie erfordert sehr viel Mühe, sehr viel Sorgfalt, sehr viel Arbeit, die als solche kaum in Erscheinung tritt, die aber doch geleistet werden muß und bei der wir alle Hand anzulegen haben. Denn die Erneuerung der künstlerischen Bildung unseres Volkes ist in sittlicher, politischer und wirtschaftlicher Hinsicht eine der Lebensfragen unseres Volkes.«[198]

Lichtwarks Programm der mit dem Naheliegenden beginnenden Kunstbetrachtung bleibt in der Diskussion jedoch nicht unwidersprochen. Der Geheime Schulrat Dr. Menge, Oldenburg, hält es trotz Lichtwarks Ausführungen für angezeigt, am Gymnasium mit antiker Kunst zu beginnen. »Vielleicht kommen die Schüler dann doch auch zum Verständnis der modernen Kunst.« Nach seiner dreißigjährigen Erfahrung müssen die Werke unterrichtlich behandelt werden mit Fragen wie: »Was siehst du?«, »Was denkst du dir dabei?« und »Was gefällt Dir daran?« Auf diese Weise glaubt er induktiv zu ästhetischen Gesetzen zu finden. Nach dem persönlichen Gefallen will Menge allerdings nicht fragen, um die Jugend nicht zu vorschneller Kritik anzuleiten.[199] Lichtwarks Methode stößt offenbar nicht überall auf Verständnis.

Schon während den Vorbereitungen zum Kunsterziehungstag lernt Lichtwark den Direktor der Bremer Kunsthalle, Gustav Pauli, kennen. Seit 1898 bekleidet Pauli, geboren 1868 und damit sechzehn Jahre jünger als Lichtwark, in Bremen das Amt des Direktors. Zuvor war er als Assistent von Max Lehrs am Kupferstichkabinett Dresden tätig. Auch er glaubt an die Möglichkeit der ästhetischen Erziehung, sonst hätte er sich nicht aktiv an der Veranstaltung beteiligt. Im März 1901 beginnt die Korrespondenz Lichtwarks mit Pauli, die sich nach dem Kunsterziehungstag stetig intensiviert.[200] Es entsteht eine enge Freundschaft, die auf Paulis Vorschlag mit dem Austausch einer Portraitphotographie besiegelt werden soll. Lichtwark nimmt jedoch sogleich wieder davon Abstand. Er mag sich zu bäurisch und ungeschlacht vorkommen neben dem eleganten und distinguierten Pauli, dessen Vornehmheit er bewundert.[201] Dieser neue

197 Vgl. AL, Anleitung zum Genuß der Kunstwerke, S. 183–199; Kayser (1977), Nr. 349.
198 Ebd., S. 187f.
199 Vgl. ebd., S. 190.
200 Vgl. hier und im Folgenden: Br. Pauli, S. 11–14.
201 Vgl. ebd., S. 61. – Pauli schlägt vor, dass sie sich ihre Photographien dedizieren wie zwei Studenten, die sie ja auch noch seien; er will sich von seiner Frau aufnehmen lassen. Er berichtet zugleich über einen »kleinen Tanz« mit dem Maler Arthur Fitger, der sich in einem Feuilleton über die neue Gruppe von Tuaillon ausgelassen habe; vgl. Brief Pauli an Alfred Lichtwark, 15.10.1901, HKH, AdB 76.

Freund erscheint Lichtwark als eine Verkörperung des Deutschen der Zukunft, wie er ihn auf dem ersten Kunsterziehungstag beschworen hat. Von Paulis Vortrag ist er sehr angetan,[202] mit dem gesamten Verlauf der Veranstaltung und der Anwesenheit der Länderrepräsentanten zufrieden. Nur auf die Volksschullehrer schimpft er, die nichts verstanden hätten und den Zusammenhang seines Vortrages über den Deutschen der Zukunft mit dem Thema des Kongresses nicht herstellen könnten.[203]

Obwohl Lichtwark den ersten Kunsterziehungstag nicht geplant hat, profitiert er davon am meisten, indem sein Ruf sich weiterhin festigt und mehrt. Pauli berichtet in seinen Erinnerungen, die Veranstaltung sei geprägt gewesen von Lichtwarks Persönlichkeit: »In der Tat durfte Lichtwark hier in Dresden sein Lebenswerk gekrönt sehen. Was er in Hamburg begonnen und verkündet hatte, war Gemeingut vieler im Reiche geworden und kehrte nun von allen Seiten zu ihm als Echo zurück. – Für mich persönlich brachte die Tagung den Gewinn seiner Freundschaft. Auf einem Nachmittagsempfang bei Karl Woermann kam er mit einem Glas Wein auf mich zu, gab mir die Hand und sagte: ›Kommen Sie, Pauli, wir wollen uns Du nennen.‹ So wurde ein Bund besiegelt, der nie gestört worden ist.«[204] Pauli betrachtet den älteren Kollegen als Leitfigur und wird in seinen Unternehmungen von ihm unterstützt; er gewinnt ihn 1904 auch als Juror für den Wettbewerb um ein Moltke-Denkmal für Bremen.[205] Lichtwarks aufschlussreiche Briefe an Gustav Pauli erscheinen 1946 als erste von Carl Schellenberg herausgegebene Briefausgabe im Auftrag der Lichtwark-Stiftung.

DENKMÄLER FÜR HAMBURG UND BREMEN

Mehrfach wird Lichtwark in Komitees zur Errichtung von Denkmälern berufen, 1897 beispielsweise für ein Kaiserdenkmal zu Ehren Wilhelms I. auf dem Hamburger Rathausmarkt. Der Dresdner Bildhauer Johannes Schilling hat in dem Wettbewerb um dieses Denkmal zwar keinen Preis errungen, wohl aber den Auftrag zur Ausführung eines weiterentwickelten Entwurfs von 1889 für sein Berliner Kaiserdenkmal erhalten. Dieser trug seinerzeit einen Preis davon, musste hinter dem ausgeführten Entwurf von Reinhold Begas jedoch zurückstehen.[206] Begas' 1897 fertiggestelltes Werk stellt den Anlass für den Aufsatz *Denkmäler* im dritten Jahrgang der Zeitschrift *Pan* 1897/98 dar, in dem Lichtwark die übliche zeitgenössische Denkmalkunst und die Stadtmöblierung durch zahlreiche Denkmäler an oft ungünstig gewählten Standorten kritisiert. An den Werken missfallen ihm die zu hohen Sockel und die kolossalen Ausmaße, vor allem jedoch die ungleichen Proportionen von Haupt- und Assistenzfiguren und die

202 Paulis Vortrag ist betitelt: »Das Bilderbuch«; vgl. Kunsterziehung (1902), S. 130–140.
203 Vgl. Schiefler, LAZ, 12.10.1901, S. 134, HH, SUB, HSS.
204 Pauli (1936), S. 192f., Zitat S. 193.
205 Br. Pauli, S. 36f.
206 Vgl. Plagemann (1986), S. 98–101. – Stephan (1996), S. 247–251, Kat.Nr. 245, A bis U.

sich daraus ergebende Bedeutungsperspektive, zum Beispiel die Inkongruenz der Maßstäbe am Berliner Kaiserdenkmal für Wilhelm I. von Begas. Auch auf die notwendige gestalterische Optimierung von Denkmal und Umgebung weist er dabei hin. Dieses Werk könnte als Kulminationspunkt wirken und eine neue Entwicklung einleiten, so hofft er, »bescheidenere und von grossen Künstlern als selbständige Kunstwerke höchster Gattung ausgebildete Reiterstatuen auf niedrige schlichte Sockel an sorgfältig ausgewählte Plätze zu stellen.«[207]

Auch Schillings Entwurf weist einen hohen Sockel auf, den Lichtwark an anderer Stelle moniert: Auf der Rückreise aus Paris besichtigt er 1898 das riesige Kaiserdenkmal von Schmitz/Hundrieser in Koblenz und äußert sich ironisch über Denkmals- und Sockelfragen. Er habe sich an dem bescheidenen Denkmal der Jeanne d'Arc von Paul Dubois in Reims »die Augen verdorben«, freue sich aber nun über die hohen Sockel. Er gibt den Künstlern recht, »dass sie ihre Fabrikate oder vielmehr die ihrer Gehülfen nach Möglichkeit den Blicken entziehen. Was würde man sagen, wenn man sie so nahe vor Augen hätte wie die Jeanne von Dubois? Brrr!« Auf Hamburg bezogen fährt er fort: »Wenn es doch möglich wäre, Schilling zu überzeugen, dass er seinen Sockel fallen lassen muss. Es giebt ein Unglück. Er hat gar keine Ahnung von dem, was er anrichtet.«[208]

1903 wird das Denkmal feierlich in Anwesenheit des Kaisers enthüllt. Es erhebt sich gegenüber dem Rathaus insgesamt auf 11,5 Meter, der Granitsockel allein weist eine Höhe von 6 Metern auf. Die flankierenden mächtigen Fahnenmasten mit Fußreliefs, 30 Meter hoch, sind begleitet von vier allegorischen Bronzegruppen von je 2,5 Metern Höhe auf Sandsteinpostamenten. Die gesamte halbkreisförmige Anlage, begrenzt von polierten Granitbänken, umfasst eine Fläche von 1.800 Quadratmetern; die Kosten von 750.000 Mark trägt die Staatskasse. Dieses Herrschaftsmonument stellt genau das Gegenteil von Lichtwarks Forderung nach Bescheidenheit und Schlichtheit dar.

Zeitweise parallel mit dem Kaiserdenkmal läuft die Projektierung eines Denkmals für Bismarck in Hamburg. Bereits drei Tage nach dem Tod des Reichskanzlers erfolgt im Juli 1898 durch die Hamburger Ortsgruppe des Alldeutschen Verbandes ein Aufruf zur Errichtung eines Denkmals für den Hamburger Ehrenbürger, unterzeichnet von 114 Mitgliedern. Darunter befinden sich auch Lichtwark und der Kunstvereinsvorsitzende Rudolf Crasemann, die beide im Vorstand des entsprechenden, anfangs 33köpfigen Komitees amtieren.[209] Im Juni 1901 schreibt das Komitee einen Wettbewerb zur Errichtung des Bismarck-Denkmals in Hamburg aus. Der Erfolg dieses Planes

207 Vgl. Alfred Lichtwark, Denkmäler, in: Pan, 3. Jg., 1897/98, S. 105–107, Kayser (1977), Nr. 253; hier: AL, Königsstädte, S. 29–39, Kayser (1977), Nr. 268, Zitat S. 39. – Zum Kaiserdenkmal von Begas vgl. Klebs (2010), S. 89–101.

208 Br. Kommission (1899), Bd. VI: 1898, S. 179. – Zum Kaiserdenkmal in Koblenz siehe das Kapitel »Wieder einmal: Paris« in Teil 3, Anm. 292. – Vgl. Ausst.Kat. Dubois (2005), S. 42–50, Jeanne d'Arc, 1889, S. 44: der erste Guss wurde am 15.6.1896 vor der Kathedrale von Reims aufgestellt. – Auch am Ludwig-Richter-Denkmal von Eugen Kircheisen in Dresden übt Lichtwark harte Kritik; vgl. Br. Kommission (1899), Bd. VI: 1898, S. 234.

209 Vgl. hier und im Folgenden: Hering (2003), S. 232. – Plagemann (1986), S. 102–106. – Jochum-Bohrmann (1990), S. 48f. – Schlie (2002), S. 62–65. – Vgl. Schillings Dissertation *Distanz halten* (2006).

ist groß: Nach einem pathetisch-sentimentalen Aufruf in der Presse finden sich mit Bürgermeister Versmann an der Spitze 855 Mitglieder zu einem weiteren Ausschuss zusammen. In kaum acht Wochen werden 400.000 Mark für das Projekt gespendet. Zu den Jurymitgliedern zählen der Dresdner Museumsdirektor Georg Treu als Skulpturenspezialist, der auch die Publikation der Entwürfe besorgt, der Architekturtheoretiker Camillo Sitte, der Bildhauer Rudolf Maison und der Berliner Architekt Paul Wallot, ferner die beiden Hamburger Bürgermeister, als Mitglieder der Bürgerschaft deren Präsident Siegmund Hinrichsen und der Hamburger Architekt Martin Haller. Auch Lichtwark gehört der Jury an, will jedoch später unter Protest gegen den gewählten Entwurf austreten. In der Öffentlichkeit hält er sich resigniert mit Aussagen zum Bismarck-Denkmal zurück.[210]

Als Standort wird nach anfänglichem Widerstand die Anhöhe des Elbpavillons in der Nähe des Hafens gewählt. Entgegen anderen Stimmen, die ein eindrucksvolles Werk von besonderer Großartigkeit wünschen, plädieren die Ausschussmitglieder Lichtwark und Haller für eine in Abmessung und architektonischem Schmuck maßvoll gehaltene Lösung. Lichtwarks Ablehnung alles Pathetischen kommt darin deutlich zum Ausdruck. An seine Kommission schreibt er im selben Jahr angesichts des Reiterdenkmals von König Johann in Dresden, »Semper würde einen Schmerzensschrei ausstossen, wenn er dies Ungeheuer vor seiner zierlichen Säulenarchitektur sähe.«[211] Der Roland-Bismarck von Hugo Lederer und Emil Schaudt, der im Hamburger Bismarck-Wettbewerb schließlich den ersten Preis erhält, scheint Lichtwark zwar als beste Lösung der eingereichten 239 Wettbewerbsbeiträge, lieber jedoch hätte er ein Werk von Adolf von Hildebrand gesehen. Klinger hingegen gehe manchmal das Gefühl für Monumentalität ab, wie er sich Gustav Schiefler gegenüber äußert.[212] Den Entwurf von Lederer nimmt er als Turm ohne Silhouette wahr, das Gesicht infolge der Ausrichtung nach Nordwesten ungünstigerweise nur abends beleuchtet. Lichtwark hätte sich allerdings, im Einklang mit seiner Zeit, einen Platz für Bismarck-Feiern gewünscht: Solch ein Platz könne zum Feiern von Festen »erziehen«, nicht aber bei einem derartigen Denkmal. Verschiedene alternative Standorte haben ihm zunächst vorgeschwebt: an der Binnenalster, der Kunsthallenecke oder an der Auguststraße. Doch Oberingenieur F. Andreas Meyer habe sich dagegen ausgesprochen. Lichtwark

210 Vgl. Treu (1902). – Lichtwark erklärt Burchard brieflich am 12. Oktober 1899 wegen der Beschlüsse, die er nicht mittragen könne und die seiner Überzeugung völlig zuwiderliefen, aus dem Komitee austreten zu wollen, räumt aber eine vorherige Rücksprache ein. Brinckmann versucht Lichtwark zu beruhigen; HKH, DK, Bd. 35; vgl. Schilling (2006), S. 71f., 115. Im Juli 1906 nimmt Lichtwark im Auftrag des Komitees in Berlin Lederers fünf fertige Sockelreliefs ab, die bei der Einweihung noch nicht angebracht sind; vgl. Br. Kommission (1908), Bd. XIV: 1906, S. 189. Er scheint also nicht aus der Jury ausgetreten zu sein. – Plagemann (1986), S. 102, Abb. 159.

211 Vgl. Br. Kommission (1899), Bd. VI: 1898, S. 249. – Das Reiterdenkmal König Johanns von Sachsen, Gesamthöhe 13,5 Meter, wurde 1882–1889 von Johannes Schilling gestaltet; vgl. Stephan (1996), S. 214–218, Kat.Nr. 166.

212 Vgl. Schiefler, LAZ, 16.1.1902, S. 154f., HH, SUB, HSS. – Über Hildebrand hat Lichtwark bereits in seiner Berliner Zeit geschrieben: Die Adolf Hildebrand Ausstellung, in: Die Gegenwart 26, 1884, S. 347f.; Kayser (1977), Nr. 84. – Wiederabdruck in: AL, Studien, Bd. II; Kayser (1977), Nr. 212.

empfindet wieder einmal Missmut über die in Hamburg herrschende Kleinlichkeit in allen Dingen. Er erklärt seine grundsätzliche Aversion gegen Wettbewerbe; sie verschlängen zu viel Nationalvermögen, wie er Schiefler gegenüber äußert. Dieser habe annähernd eine Million gekostet. Dabei betrachtet er auch empathisch die Situation der Künstler. Eine ganze Anzahl von ihnen habe den letzten Rest ihrer finanziellen Mittel geopfert und alles auf diese eine Karte gesetzt. Die Republik sei diejenige Staatsform, in welcher die Chance des Unsinns am größten sei, und Hamburg sei die Stadt des Klatsches. Wenn man in einer geheimen Kommissionssitzung etwas sage, wisse es am nächsten Tag die Börse. Er habe dieses Mittel des Öfteren bewusst angewandt. Brinckmann und er hätten die Kolossalfigur ausgeschlossen sehen wollen, seien aber nicht durchgedrungen.[213] Auch seinem Freund und Kollegen Gustav Pauli gegenüber nimmt Lichtwark kein Blatt vor den Mund mit seiner Kritik am Bismarck-Projekt. Am 10. Januar 1901, etwa ein halbes Jahr vor der Ausschreibung, klagt er: »Die Bismarckconkurrenz drückt sehr auf meine Stimmung. Denkmäler müssen ja wohl sein nach dem Axiom, das [sic] was ist, vernünftig ist. Sonst wüßte ich keinen zureichenden Grund. Für solche imaginären Sachen, die erfahrungsgemäß schlecht werden, ist Geld die Hülle und Fülle. Für eine so concrete Sache wie die Erwerbung der Werke Meister Bertrams, fehlt es an allen Ecken und Enden. Was könnte mit einer halben Million gemacht werden, würde sie vernünftig angewandt.«[214] Und gegenüber dem Maler Hans Olde wird er noch deutlicher, bezeichnet das Denkmal als eine »dekorative Sache«; ihm sei es »eklig«, solche »Quackelei machen« zu müssen.[215]

Die Kosten für den Entwurf von Lederer und Schaudt betragen schließlich 503.000 Mark, dafür erscheint der reckenhafte Roland-Bismarck dem Bürgermeister Dr. Burchard aber auch als »wahrhaft und stolz, als ein Wahrzeichen von Hamburg«, wie er in seiner Rede bei der feierlichen Enthüllung am 2. Juni 1906 formuliert.[216] Lichtwarks wie auch Brinckmanns Einstellung zu diesem Denkmal ist bürgerlich-modern und entspricht vermutlich eher der des heutigen Betrachters. Obwohl sein Nationalgefühl in vielen Belangen lebhaft wirkt, so beweist er doch große Sensibilität in seiner Ablehnung von Schwulst und Pathos. Als Honoratioren müssen die beiden Museumsdirektoren jedoch an der feierlichen Einweihung des Bismarck-Denkmals teilnehmen und in der ersten Reihe neben den Ehrengästen, den Angehörigen der Familie Bismarck, sitzen.[217]

Anfang Juli 1905 nimmt Lichtwark in Bremen an der Jurysitzung für ein Moltke-Denkmal teil, mit Arthur Fitger und dem Bremer Architekten Johann Georg Pop-

213 Vgl. Schiefler, LAZ, 29.1.1902, S. 158f., HH, SUB, HSS.
214 Br. Pauli, S. 20f.
215 Vgl. Brief Alfred Lichtwark an Olde, 11.8.1902, SHLM, Schleswig, NL Olde, Archiv.
216 Vgl. Plagemann (1986), S. 106.
217 Die Einweihung ist filmisch dokumentiert; es handelt sich dabei um den ältesten Film in der Hamburger Mediensammlung; Einweihung des Bismarckdenkmals, 1906, Landesinstitut für Lehrerbildung und Schulentwicklung, Hamburg, Historisches Filmarchiv, Nr. 3004214. – Schilling (2006), S. 165, Abb. 54.

pe als Konservative, der zehn Jahre jüngere Bildhauer Louis Tuaillon und er selbst vertreten die Moderne. Der 37jährige Münchner Bildhauer Hermann Hahn erhält überraschend den Zuschlag. Lichtwark besucht anschließend mit Tuaillon dessen kurz zuvor aufgestelltes Denkmal Kaiser Friedrichs III., welches er als besonders gelungen lobt: »Beim Bremer Kaiserdenkmal sind nicht nur die Seitenansichten glücklich, die Rückansicht ist fast die schönste; von allen Seiten hat es Silhouetten und Überschneidungen, die dem Auge unendliche Überraschungen bereiten.«[218] Lichtwark akzeptiert damit gleichermaßen Tuaillons naturalistisch-überhöhte heroische Darstellung des Kaisers und Hahns schlichte Reiterfigur Helmuth von Moltkes als in Muschelkalk gearbeitete Architekturskulptur, die an den Bamberger Reiter erinnert. 1909 wird sie an der Westfassade des Turms der Liebfrauenkirche aufgestellt.[219]

Bereits 1901 hat Lichtwark sich gegenüber seiner Kommission lobend über die von dem Berliner Bildhauer und Rauch-Schüler August Kiß modellierten, relativ schlichten Reiterdenkmäler von Friedrich II. und Friedrich Wilhelm III. in Breslau geäußert, die ohne den ihm verhassten »Ballast der Rekeltanten« auskämen.[220] Die beiden Bremer Denkmäler müssen ihm also im Gegensatz zu den Denkmälern des späten 19. Jahrhunderts im Geschmack der Wilhelminischen Zeit geradezu modern erscheinen. Das Hamburger Bismarck-Denkmal hingegen führt das kolossale Format fort und missfällt Lichtwark wegen seiner klotzig-brutalen Formensprache.

DER MUSEUMSTAG IN MANNHEIM

Im Herbst 1903 ist Lichtwark gleich zweimal bei reichsweiten Veranstaltungen als Redner eingeladen. Im September dieses Jahres reist er nach Mannheim, wo der jährliche Kongress der Centralstelle für Arbeiter-Wohlfahrtseinrichtungen stattfindet, diesmal zum Thema Museen.[221] »Als Geheimrat Post mit der Sache zu mir kam«, schreibt Lichtwark 1903 an seine Kommission, »riet ich ab, und ich habe schließlich nur deshalb mitgemacht, damit die Sache nicht in falsche Hände kam.« In mehrfachen Konferenzen mit Professor Robert von Erdberg wird das Programm festgelegt. Lichtwark gewinnt Peter Jessen für einen Vortrag über die Entwicklung der Museen; er selbst hat die Einführung zum Thema »Museen als Bildungsstätten« zugesagt. Der Kongress ist stark besucht, Museumsleute und Delegierte der Regierungen aus Deutschland, Österreich und England sind zusammengekommen. Lichtwark lernt zu seiner Freude den Kollegen F. A. Bather vom British Museum, mit dem er schon mehr-

218 Br. Kommission (1908), Bd. XIII: 1905, S. 167f., Zitat S. 168.

219 Zu den Denkmälern vgl. Ulferts (1993), S. 181–193. – Zu Hahn vgl. Volwahsen (1987), S. 356–358. – Zur nationalen und ethischen Konnotation in der Rezeptionsgeschichte des Bamberger Reiters vgl. Hinz (1970), S. 26–44.

220 Vgl. Br. Kommission (1902), Bd. IX: 1901, S. 64. – Zu den beiden Denkmälern in Breslau vgl. Bauski (1913), S. 38f. Bei dem Standbild Friedrichs des Großen ist fälschlich der Name Viss angegeben, es handelt sich um einen Druckfehler. Zu Kiß vgl. Bimler (1915), Abb. S. 43, 50.

221 Vgl. hier und im Folgenden: Br. Kommission (1904), Bd. XI: 1903, S. 161–163.

fach korrespondiert hat, persönlich kennen.[222] Auch das Ruskin Museum in Sheffield hat einen Delegierten gesandt. Die meiste Zeit jedoch verbringt Lichtwark mit Gustav Pauli. Bei seiner Ankunft in Mannheim erfährt er überraschend, noch einen zweiten Vortrag halten zu müssen, den zugesagt zu haben er sich nicht entsinnen kann. Gerade dieser Beitrag fällt nun besonders zu seiner Zufriedenheit aus.

Lichtwarks erster Vortrag mit dem Titel »Museen als Bildungsstätten« leitet die Konferenz ein; die Wiener *Neue Freie Presse* bringt ihn im Morgenblatt vom 4. Dezember, die Centralstelle für Arbeiter-Wohlfahrtseinrichtungen veröffentlicht den Text 1904 im Kongressbericht, und drei Wiederabdrucke erfolgen in Lichtwarks Anthologien.[223] In dieser Einleitung greift Lichtwark auf Semper zurück und erklärt die Museen als eine Folge demokratischen Denkens, nachdem die Universitäten mittelalterlichen Ursprungs und die Idee der Akademie Ausdruck eines absolutistischen Geistes seien.[224] Während Universität und Akademie jedoch als festgefügte Institutionen dastünden, betrachtet er die Entwicklung der Museen als noch nicht abgeschlossen; ihr Ursprung liege nicht in den Schatzkammern von Kirchen und Rathäusern, sondern in den Sammlungen der Fürsten, den Kunst- und Schatzkammern, den historischen und ethnographischen Sammlungen und eigentlich auch den botanischen und zoologischen Gärten. Zum ersten Mal seien nun – soweit ihm bekannt – in Mannheim die Vertreter verschiedenartiger Museen zusammengekommen. Diesen Umstand wertet Lichtwark als Beleg für die fortschreitende Entwicklung des Museumswesens. So gebe es bisher weder eine Zeitschrift noch eine Vereinigung, die sich mit Fragen des Museumswesens befassen würden; die Entwicklungszustände der einzelnen Museumsgattungen würden um Menschenalter voneinander abweichen. Wo sich die Wissenschaft erst im 19. Jahrhundert gebildet und zum Teil an den Museen selbst entwickelt habe, wie auf dem Gebiet der Kunst- und Kulturgeschichte, herrsche noch das Chaos. Die Ansichten über den Wirkungskreis der Museen seien noch nicht geklärt und würden von den Fachleuten kontrovers diskutiert. Die gleichgültige, wenn nicht ablehnende Haltung, mit der das deutsche Volk seine Museen betrachte oder ignoriere, beeinflusse heute noch die Auffassung der Museumsleiter. Diesen Ausführungen liegen Lichtwarks eigene Ziele und seine Bemühungen um das Publikum zugrunde, ebenso seine kunstsoziologischen Interessen und nicht zuletzt auch die leidvollen Erfahrungen mit dem konservativen Hamburger Publikum, das er zur kulturtragenden Schicht heranbilden möchte. Zwangsläufig taucht dieser Aspekt auch in seiner Mannheimer Rede auf: Ohne das künstlerische und wissenschaftliche Bedürfnis der aristokratischen Ge-

222 Nach Auskunft von Christopher Marsden, Victoria and Albert Museum, London, und von Zoë Stansell, British Library, sind dort keine Briefe von Lichtwark vorhanden. Ich danke für die Mitteilungen vom 6.10. bzw. 26.9.2003.

223 Vgl. Kayser (1977), Nr. 372, 393, 402, 556, 562.

224 Vgl. AL, Museen als Bildungsstätten; Kayser (1977), Nr. 556. – Wiederabdruck in: AL, Erziehung des Auges, S. 43–47.

sellschaft wären die Museen niemals entstanden, führt Lichtwark aus. »Unser Volk besitzt jedoch seine Museen heute noch nicht in derselben Form und aus demselben Recht. Es gibt in Deutschland große Städte und Staaten, die ihre wertvollen Galerien aus dem absolutistischen Zeitalter genau auf dem Standpunkt verharren lassen, wo der Fürst ihre Vermehrung aufgeben musste, also mehr als ein Jahrhundert hinter der eigenen Zeit. Da Mangel an Mitteln nicht vorgeschützt werden kann, bleibt zur Erklärung nur Mangel an Teilnahme. Es wurde kein Bedürfnis empfunden, mit der Kunst der eigenen Zeit zu leben, und wo dies nicht der Fall war, konnte auch keine Rede von einem innerlichen Verhältnis zum alten Kunstbesitze sein.«[225] Nur die Gemäldegalerie in Berlin sei nach umfassendem Plan weiter ausgebaut worden. Hätte das deutsche Volk ein Bedürfnis nach Kunstbesitz gehabt, stünde es um die Museen anders. In den meisten Fällen hätten sie dem Staat und den Stadtgemeinden geradezu aufgedrängt werden müssen. Die Zahl der Touristen einer Woche übersteige in den Großstädten die der Galeriebesucher eines Jahres. Lichtwarks zukunftsweisender Ausblick lautet: In der kommenden Zeit würden die Museen, großstädtische und kleinere, entsprechend ihren Aufgaben Typen herausbilden und differenzieren und sich mit den neuen Aufgaben und Leistungen jeder Generation wandeln. Zu den musealen Zielen gehören für ihn vor allem die erweiterte Erschließung und Vermittlung sowie der möglichst unmittelbare Einfluss auf die Erziehung breiterer Schichten. Aus dieser Vorstellung spricht wiederum Gottfried Sempers Satz von den Museen als den eigentlichen Lehrern des Volkes.

Lichtwarks zweiter, zwangsläufig improvisierter Beitrag trägt den Titel »Museumsbauten« und ist in der schriftlichen Fassung für den Kongressbericht erst nachträglich entstanden.[226] Nach einem kurzen Rundblick auf bestehende Museumsbauten und ihre meist noch wenig ausgeprägte Funktionalität, vor allem ihren Mangel an Hängeflächen, formuliert Lichtwark einen mit den zunehmend vielfältig sich entwickelnden Aufgaben, vor allem den Lehr- und Erziehungsaufgaben, besetzten Katalog von Anforderungen. Voran steht sein grundsätzlicher Anspruch an die Architektur, eine vom Grundriss ausgehende Gestaltung, bei der die Fassaden zunächst gar nicht berücksichtigt werden sollten. Der Grundriss soll überdies aus Vorsorge für zukünftige Bedürfnisse ausbaufähig sein. Er müsse das beste Licht und ein Maximum an Wandfläche, ferner Bewegungsfreiheit, Ruhe und damit »Wohlbehagen« für die Besucher sichern. Als beste Lösung betrachtet Lichtwark breite, unverstellte Korridore und von diesen her erschlossene, untereinander nicht verbundene Schausäle. Vor einem Bild soll dem Besucher ungestörte Betrachtung zugesichert sein, vom Laufbetrieb soll er möglichst wenig spüren. Lichtwark betrachtet es als ideal, wenn der Besucher eines einzigen Saales wegen kommt, und nicht, um das ganze Museum zu durchlaufen, wie

225 AL, Schriften, Bd. II, S. 187f.
226 Vgl. Alfred Lichtwark, Museumsbauten, in: Die Museen als Volksbildungsstätten. Ergebnisse der 12. Konferenz der Centralstelle für Arbeiter-Wohlfahrtseinrichtungen, Schriften der Centralstelle für Arbeiter-Wohlfahrtseinrichtungen, Nr. 25, Berlin: Heymann, 1904, S. 113–121, Kayser (1977), Nr. 393; hier: Wiederabdruck in: AL, Schriften, Bd. II, S. 178–184; Kayser (1977), Nr. 556.

es selbst Gebildete täten. Wo kein Korridor möglich sei, sollen die Durchgänge durch die Kabinette wenigstens nicht in der Mitte der Wandflächen liegen, sondern in Tür- oder Fensternähe. Für die Treppenhäuser wünscht er sich – ohnehin verärgert über die Raumverschwendung für das Treppenhaus in seiner Kunsthalle – einen Verzicht auf die Prachtentfaltung einer repräsentativen Anlage. Die Maße der Fenster sollten sich nach den zu belichtenden Räumen richten, und die Fassadengestaltung müsse sich diesen praktischen Anforderungen unterwerfen: »Wenn man sich entschließt, den Götzen der monumentalern Fassade zu zertrümmern – und wer möchte nicht einmal ein Museum ohne Fassade erleben? – so wird mit dem einen Schlage eine neue Art von Nutzbauten entstehen, die, wie es sich gehört, auf die Brauchbarkeit des Innern angelegt ist und wesentlich wohlfeiler zu stehen kommt als das jetzt herrschende System kostspieliger Fassaden, die hohe Erwartungen erwecken, und enttäuschender, armseliger Innenräume, die zu nichts zu brauchen sind. Neunzig Prozent unserer Museumsbauten sind auf dem bisherigen Wege verunglückt.«[227]

Vom »Wandel der Seele, der das Museum als Hülle dient«, so schließt Lichtwark seinen Beitrag, hänge es in Zukunft ab, welches Schicksal die Museumsbauten nähmen. Verkümmere sie, so verkümmere auch deren äußere Gestalt, weite sie sich an neuen Aufgaben aus, so werde sich auch das Museum entfalten. So hofft er, dass die Entwicklung auch neben den Riesensammlungen in den Großstädten, die mehr für den Reisenden als den Einwohner da seien, in jedem Stadtteil kleinere Museen entstünden, »die sich dem Leben enger anschließen als große, feierliche Sammlungen großer Reiche es vermögen.« Solche kleinen, von den Gemeinden und Kunstfreunden gepflegten Sammlungen sollen nach seiner Vorstellung mit anderen Kultur- und Sportstätten zusammengefasste Komplexe bilden; dann könnten sie eine Wirksamkeit ausüben, »von der man sich beim heutigen Zustande der Museen, die immer noch über dem Leben stehen, nichts träumen läßt.«[228] Lichtwark bleibt hier in seinen Ausführungen sehr allgemein, doch lässt sich seine Vorstellung nachvollziehen: Er redet hier nicht dem später sogenannten Heimatmuseum das Wort, vielmehr sollen die Museen als Erzieher des Volkes überall leicht erreichbar und gegenwärtig sein, um damit ganz selbstverständlich die Begegnung mit Kunstwerken in den Alltag zu integrieren. Heute tragen viele Museen diesem Gedanken durch Sonderveranstaltungen für das Publikum Rechnung.

Bei diesem Museumstag hat Robert von Erdberg ein Referat über die englischen Volksmuseen übernommen, in dem er speziell auf Ruskins Lehre und das Ruskin Museum in Sheffield eingeht, in dem zum ersten Mal ein Institut für die ästhetische Erziehung geschaffen sei, »nach einem wohldurchdachten System, auf Grund eingehender Studien über das Wesen der Kunst und die Voraussetzungen ihrer Wirkung.«

227 Ebd., S. 182.
228 Ebd., S. 183f. Die Metapher »Wandel der Seele« führt Lichtwark nicht weiter aus. Sie lässt sich vielleicht mit dem Stellenwert der Kunst in der Gesellschaft erläutern.

Er zitiert Ruskins Äußerung aus dem Jahre 1859: »Die schönen Künste können nur von einem Volke hervorgebracht werden, das umringt ist von schönen Dingen und Muße hat, sie anzusehen. Wenn ihr eure Arbeiter nicht mit schönen Dingen umgeben wollt, dann werden sie keine schönen Dinge ersinnen.« Erdberg versäumt es nicht, in diesem Zusammenhang Lichtwarks Wirken zu würdigen: »Erst in neuerer Zeit haben wir in Deutschland durch die Anregungen Lichtwarks gelernt, das Problem im Geiste Ruskins aufzufassen. Es ist bekannt, eine wie weit verzweigte praktische Arbeit diesen Anregungen gefolgt ist.«[229] Lichtwark bezieht sich jedoch nirgendwo direkt auf Ruskin, vielmehr folgen beide parallel den Gedanken Sempers.

Sehr viel sei nicht bei dem Kongress herausgekommen, schreibt Lichtwark seiner Kommission, doch habe man immerhin die Einsicht gewonnen, dass die Entwicklung der »erziehlichen Funktion« der Museen nicht mehr zu hemmen sei. Seine beiden Vorträge erscheinen in den Schriften der Centralstelle für Arbeiterwohlfahrts-Einrichtungen im Jahr darauf. Dieser zweite Text erfährt, wie auch der erste, zwei Wiederabdrucke, 1905 in der Anthologie *Der Deutsche der Zukunft* bei Cassirer und in der posthum 1917 erschienenen zweibändigen Auswahl seiner Schriften.[230]

Am 20. Februar 1904 berichtet Lichtwark seiner Kommission, er sei von dem amerikanischen Kollegen Edward Robinson aus Boston wegen des dortigen neuen Museumsbaus konsultiert worden und zu einer Reihe von sechs bis acht Vorträgen nach Boston eingeladen, da Robinson seine Schriften kenne. Interessiert sei er wohl, doch habe er nicht das notwendige halbe Jahr Zeit für die Vorbereitung seiner Vorträge in englischer Sprache. Daher verzichtet er schweren Herzens.[231] Sein Text über Museumsbauten wird, sicherlich von Lichtwark selbst ins Englische übertragen, 1904 vom Museum of Fine Arts in Boston veröffentlicht.[232] Fortan gehört Lichtwark zu den deutschen Museumsfachleuten, deren Rat gesucht wird. So wird er im Zusammenhang mit dem Neubau der Kunsthalle mehrfach konsultiert und bei der Erweiterung des Germanischen Nationalmuseums Nürnberg im Jahr 1913 als Mitglied des Verwaltungsrats zusammen mit den Kollegen Wilhelm von Bode und Gustav von Bezold beauftragt, die Pläne zu prüfen.[233]

Außer Lichtwarks Freund Pauli sind beim Museumskongress auch Lessing und Jessen, ferner Karl Ernst Osthaus, der Schöpfer des »Folkwang« in Hagen, Julius Lei-

229 Vgl. Erdberg (1904), S. 86.
230 Kayser (1977), Nr. 393, 395, 396, 402, 556.
231 Vgl. Br. Kommission (1905), Bd. XII: 1904, S. 36f. – Der Archäologe Edward Robinson (1858–1931) war von 1902–1905 Direktor des Kunstmuseums in Boston und bereitete mit dem Architekten Guy Lowell (1870–1927) den Neubau an der Huntingdon Avenue vor. Von 1910–1931 war er Direktor des Metropolitan Museums in New York. Nach seinem Studienabschluss in Harvard 1879 setzte er sein Studium der Archäologie in Berlin fort. Lichtwark dürfte ihn also bereits aus seiner Berliner Zeit gekannt haben, da er selbst dort Vorlesungen der Archäologie hörte. Für ihre Informationen zu Robinson und Lowell vom 7. und 12.9.2005 danke ich Maureen Melton, Museum of Fine Arts, Boston.
232 Alfred Lichtwark, Museum Buildings, in: Museum of Fine Arts, Boston, Communication to the Trustees, 2, Boston 1904, S. 76–86; Kayser (1977), Nr. 395.
233 Siehe das Kapitel »Der Neubau der Kunsthalle« in Teil 5.

sching, der Direktor des K. K. Österreichischen Museums für Kunst und Industrie in Wien, sowie viele heute weniger bekannte Persönlichkeiten aus den Museen versammelt. Am Rande der Veranstaltung begegnet Lichtwark auch dem Leipziger Direktor Professor Schreiber, der seinen schriftlichen Verhandlungsversuchen um die Überlassung der in seiner Galerie befindlichen Werke Hamburger Künstler, des »Schmerzensmanns« von Meister Francke und des »Simson« von Erwin Speckter, schon seit vielen Jahren standhaft widersteht. Er sei »gemütlich« geworden, berichtet Lichtwark seiner Kommission und erwartet nun eine positive Wendung.[234] Doch erfüllt sich seine Hoffnung auch diesmal nicht.

Zu den Lichtwark in dieser Zeit unablässig beschäftigenden Bertram-Forschungen trägt der Aufenthalt in Mannheim ebenfalls bei. Den Grazer Kenner byzantinischer Kunst, Professor Joseph Strzygovski, befragt er hinsichtlich möglicher byzantinischer Einflüsse bei Meister Bertram, und mit Pauli unternimmt er einen Ausflug nach Worms, um dort im Paulus-Museum eines der ältesten deutschen Tafelbilder zu betrachten, ein Triptychon, das er auf etwa 1300 datiert. Das Bild repräsentiert jedoch einen gänzlich anderen Stil. Mit Pauli besucht Lichtwark auch die Witwe des Sammlers Julius Schön, Tina Schön-Renz, in Worms,[235] in deren »köstliche[r]« kleiner Sammlung sich Leibls Gemälde der drei Frauen in der Kirche (»mit 200 000 Mark versichert«), eine Fassung der »Toteninsel« Böcklins und ein kleines Genrebild Menzels von zwei jungen Damen mit einem Kanarienvogel in einem Interieur befinden, für das er sich begeistert. Auch Menzels »Hofball« mit dem Bildnis Kaiser Wilhelms I., das Lichtwark als »unbeschreiblich wahr« bezeichnet, kannte er bisher noch nicht.

Mannheim bietet Lichtwark jedoch noch eine weitere Anregung: den soeben fertiggestellten Friedrichsplatz, »wohl die gewaltigste und einheitlichste Platzanlage des neuen Deutschlands«, umgeben von sechs mächtigen neuen Palästen, von denen sich das Museum noch in der Planungsphase befindet. Lichtwark kann sich nicht enthalten, es seiner Kommission als Wink mitzuteilen: ein einziger Bürger hat für diesen Bau eine Million gestiftet. Die Leistung dieser Gartenanlage, von dem Architekten Bruno Schmitz entworfen, überzeugt ihn: Schmitz gehöre zu den wenigen Architekten, die für den Plan des neuen Hamburger Parks in Betracht kämen. »Als Wurf ist sie [die Anlage] einfach famos, großzügig, sehr gut gefühlt in allem, was flach ist und ragt, bei sehr weiser Beherrschung des Materials, aus dem ein Garten gebaut werden kann.«[236] In den folgenden Jahren wird das Thema Hamburger Stadtpark für Lichtwark an Dringlichkeit gewinnen.[237]

234 Vgl. Best.Kat. Hamburg, 19. Jh., S. 197–199. – Ausst.Kat. Goldgrund und Himmelslicht (1999), S. 152.
235 Vgl. Br. Kommission (1904), Bd. XI: 1903, S. 164f. – Lichtwark gibt den Namen in dieser Form an.
236 Vgl. Br. Kommission (1904), Bd. XI: 1903, S. 165.
237 Siehe das Kapitel »Der Hamburger Stadtpark« in Teil 5.

KUNSTERZIEHUNG V: WEIMAR 1903 UND HAMBURG 1905

Obwohl Lichtwark den Begriff »Kunsterziehungstag« ablehnt, nimmt er auch an den Vorbereitungen für die nächste Veranstaltung teil. Sie findet vom 9. bis zum 11. Oktober 1903 in Weimar als zweiter Kunsterziehungstag mit dem Thema »Sprache und Dichtung« statt.[238] Lichtwark hält den abschließenden Vortrag,[239] der nicht nur das Rahmenthema aufgreift, sondern den ersten Kunsterziehungstag 1901 zum Thema »Bildende Kunst« und den für das übernächste Jahr geplanten Kongress über Musik und Tanz mit einbezieht. Der Titel seines Vortrages lautet »Die Einheit der künstlerischen Erziehung«; sein Ausgangspunkt ist die Reformbedürftigkeit der Institution Schule, die nun, zwanzig Jahre nach der Einführung der allgemeinen Schulpflicht, zu verknöchern drohe. »Wir haben Tierschutzvereine bis in die Dörfer«, führt Lichtwark klarsichtig als zukunftsweisenden Gedanken aus, »aber wer hat von einem Elternverein für Schulreform gehört?« Die Schule überlasse man den reglementierenden Behörden und den Lehrern, als ob das Schicksal der Jugend niemanden sonst etwas anginge. Was eine gutwillige und verständige Mitarbeit der Laien zu bieten habe, sei der Schule bislang noch nicht zugute gekommen. Die Behörden arbeiteten für sich, die Lehrer ebenso und oft im Gegensatz zu den Behörden. Der Lehrerstand zerfalle nach Schultypen in sich gegenseitig nicht respektierende Gruppen, die Unterrichtsgegenstände seien separiert, als ob der menschliche Geist von Natur aus in Fächer aufgeteilt wäre. Das Höhere sei aber nicht Wissenschaft, nicht Lehrstoff, sondern die Seele. Die schärfste Kritik an diesen Übelständen gehe von den Lehrern selbst aus und darin liege gerade das Neue und die innere Notwendigkeit der Kunsterziehungstage, dass sich zum ersten Mal Lehrer, Vertreter der Behörden und Laien zu einer Beratung über die Probleme der Erziehung vereinigten. Man habe hier die Schule in ihrer Gesamtheit im Auge, nicht neue Lehrstoffe, sondern ein neues Unterrichtsprinzip, das für die gesamte Erziehung gelte. Lichtwarks Hauptkritikpunkt betrifft die Art des Unterrichts: die Schule gehe vom Stoff aus und bleibe am Stoff kleben. Nur einzelnen hervorragenden Lehrerpersönlichkeiten gelinge es, durch ihre eigene lebendige Kraft bei den Schülern »Kräfte«, also Fähigkeiten, zu wecken. Die Schule sollte also von der Kraft ausgehen und Kräfte entwickeln, dann würde sie viel mehr Stoff als derzeit bewältigen und zwar spielend. Das Ziel der Schule sollte Qualität sein, nicht allein die Richtigkeit der Kenntnisse. »Mit ihrer ausschließlichen Sorge um den Lehrstoff hat die Schule satt gemacht. Sie sollte hungrig machen.« Die Einheit der künstlerischen Erziehung, die als eine das Leben gestaltende Entwicklung der künstlerischen Anlagen zu betrachten sei, liege vor allem in der Persönlichkeit des Lehrers, der als Künstler aufzufassen ist. Nur der Lehrer könne die Schule retten, führt Lichtwark aus, dazu gehöre aber auch, dass ihm die soziale Stellung bereitet werde, die ihm gebührt. Wer

238 Vgl. Br. Kommission (1904), Bd. X: 1902, S. 244. – Kunsterziehung (1929), S. 65–127.

239 Vgl. hier und im Folgenden: Alfred Lichtwark, Die Einheit der künstlerischen Erziehung. Ansprache am zweiten Kunsterziehungstage 1903, in: AL, Schriften, Bd. I, S. 49–61.

von denen, auf die es ankomme, möchte wohl Lehrer werden wollen, wenn er auch bei hoher Begabung und Leistung hinter dem Ungebildetsten und Unfähigsten »einer der anderen herrschenden Kasten, deren zünftlerische Organisation und Macht alle ihre Mitglieder trägt«, zurücktreten müsse.

Die Entwicklung der Fähigkeiten steht für Lichtwark im Mittelpunkt des gesamten Erziehungswesens, nicht etwa die bloße Vermittlung von Lehrstoff. Die Gebiete, die auf den drei Kunsterziehungstagen behandelt worden sind und noch behandelt werden, stellen seiner Meinung nach den Ausgangspunkt in der Entwicklung der Ausdrucksfähigkeit dar. Deren Förderung als natürliche Kraft und Gabe des Kindes dürfe in der Schule nicht behindert oder zerstört werden, sonst gelinge es nicht, »den Typus des freien, freudigen, aufgeweckten Menschen zu erziehen, über den Philistertum und Duckmäusertum keine Macht haben.«[240] In dieser Aussage liegt ein modernes pädagogisches Ziel: die Erziehung des mündigen demokratischen Bürgers anstelle eines Untertanen. Lichtwark plädiert dafür, das natürliche sprachliche, zeichnerische und sportliche Können des Kindes beim Schuleintritt zu erhalten, zu pflegen und nicht durch den Unterricht zu zerstören, etwa durch die »Nachtfröste der verfrühten Grammatik und einer erbarmungslosen Orthographie« oder beim Zeichnen etwa durch Gewöhnung an Ordnung, Sauberkeit und mechanische Beharrlichkeit. Der Zeichenunterricht steht für ihn im Zentrum der Erziehung der künstlerischen Fähigkeiten, gemeint als Entwicklung der Auffassungs- und Ausdrucksfähigkeit. Es ist bemerkenswert, dass diese pädagogischen Überlegungen auf das Expressive setzen, zeitgleich mit den Anfängen des Expressionismus in der bildenden Kunst und Literatur. Aber es handelt sich um die Entwicklung eines Ausdrucks, auch beim Tanz, der noch vorwiegend auf die Schönheit ausgerichtet ist. Tanz und Gymnastik, führt Lichtwark schon prospektiv aus, seien dem deutschen Turnen, das in der ödesten Schulmeisterei zu erstarren drohe, völlig konträr; auf die Körperbeherrschung komme es an und auch der Gesang könne der »unbefangenen Selbstdarstellung« dienen. Lichtwark hat noch keine detaillierten Vorstellungen davon, in welchem Umfang bildende Kunst, Literatur und Musik in der Schule umgesetzt werden sollen, doch glaubt er, dass sie nicht aus der Schule verbannt werden könnten. Die Erfahrung müsse lehren, was ohne Schaden zugelassen werden könne und in welcher Form es zu bieten sei. Hier betrachtet er die Persönlichkeit des Lehrers als entscheidenden Faktor. Er plädiert für ein Beginnen beim »Nahen« und Fortschreiten »zum Ferneren und Fernen«, dies entspreche den ältesten Grundsätzen der theoretischen Pädagogik: »Wir wollen zuerst der Kunst des eigenen Volkes, den Kunstwerken, die der Heimat entsprossen sind oder angehören, die Seelen bereiten.« Den Gegnern, die etwa befürchten, er wolle »die Kunst zu einem Genußmittel unter anderen« machen, erläutert Lichtwark die Intention der Kunsterziehung: »Die Grundlage für jeglichen gesunden und stärken-

240 Dieser Satz wird auch in einer Rezension als Quintessenz zitiert; vgl. E. (1906), S. 1115.

den Genuß am Kunstwerk bildet das eigene Vermögen des Aufnehmenden. Nur wenn die eigenen Kräfte das höchste in ihnen ruhende Maß der Ausbildung erfahren haben, wirkt die Aufnahme des Kunstwerks belebend und stärkend. [...] Wo die Kunst einem kraftlosen Geschlecht als Reizmittel dient, wirkt sie zersetzend, und wer der schon allzu großen Neigung unseres Geschlechts, es gut haben zu wollen und in Bequemlichkeit zu genießen, Vorschub leistet, begeht ein Verbrechen. Wir sind dem Popularisieren der Kunstwerke todfeind. Die Seelen emporreißen, nicht aber die Kunstwerke herabziehen!« Der zweite Kunsterziehungstag habe die Absicht stärker als der erste verdeutlicht; denn auf dem Gebiet der Sprache und Dichtung sei länger und intensiver gearbeitet worden als auf dem der bildenden Kunst. Allgemein sei die Hoffnung erwacht, dass die Schule organisch aus dem Leben des Kindes heraus entstehe, organisch in das spätere Leben des Kindes hineinwachse und nicht wie bisher als fremdartiges Einschiebsel die natürliche Entwicklung unterbreche. Die Schule müsse sich der Fähigkeiten annehmen, nur die Kraft könne das Leben meistern, das Wissen nur dann, wenn es im Dienste der Kraft stehe.

Lichtwarks Vortrag zerfällt damit in verschiedene sich nicht ganz bündig zusammenschließende Einzelaspekte. Obwohl er seinen Text detailliert ausgearbeitet hat, hält er den Vortrag frei und ist mit dem Verlauf wenig zufrieden. Selbstkritisch empfindet er seinen Auftritt als Misserfolg und leidet tagelang darunter. Er ist voller Lob über die Reden von Wilhelm Waetzoldt, des Pfarrers Albert Hackenberg, der als der Matador des preußischen Abgeordnetenhauses gelte, und des Hamburger Schriftstellers und Lehrers Otto Ernst. Neben diesen Rednern hätte er gerade in Weimar gerne besser abgeschnitten. Nur durch den Gedanken an den Buxtehuder Altar kann er sich von der unangenehmen Erinnerung zeitweise befreien. Lichtwark beurteilt seine Leistung offensichtlich zutreffend, denn Harry Graf Kessler, zu dieser Zeit Museumsleiter in Weimar, kritisiert den Vortrag in seinem Tagebuch tatsächlich als »sehr, sehr schwach.«[241] Aus heutiger Sicht sind Lichtwarks die Schule betreffende Gedanken jedoch zukunftsweisend. In der Hamburger Lichtwarkschule wird in den 1920er Jahren der Versuch unternommen, sie zu verwirklichen.[242] Das Ergebnis der Tagung habe jedoch allgemein befriedigt, mehr als das des ersten Kunsterziehungstages, denn 1901 sei der Gedanke den meisten noch zu neu und zu wenig vertraut gewesen. Für den dritten Kunsterziehungstag 1905 wird bereits als Thema »Musik und Gymnastik« und als Veranstaltungsort Hamburg anvisiert.

Der Aufenthalt in Weimar hat jedoch auch angenehme Seiten. Die Erbgroßherzogin lädt im kleinen Kreis für den Abend ein.[243] Der Kollege Karl Ruland zeigt ihm im Museum die Handzeichnungen; und Lichtwark – immer auf der Suche nach der Kunst des 19. Jahrhunderts – ist begeistert von zwei Werken in der Sammlung, einer Ostsee-

241 Vgl. hier und im Folgenden: Br. Kommission (1904), Bd. XI: 1903, S. 188f., 198. – Schiefler, LAZ, 20.10.1903, S. 254f., HH, SUB, HSS. – Kessler (2004), Bd. 3, S. 611.

242 Siehe dazu das Kapitel »Nachleben« in Teil 7.

243 Pauline, Erbgroßherzogin von Sachsen-Weimar-Eisenach (1852–1904), geborene Prinzessin von Sachsen-Weimar-Eisenach.

landschaft von Caspar David Friedrich und einer Jagdgesellschaft von Wilhelm Kobell. Das sei von einer Kraft, Klarheit und Delikatesse, dabei von einer Eindringlichkeit der Durchbildung, dass man Meissonier vergesse. Einen weiteren tiefen Eindruck hinterlässt bei Lichtwark die Weimarer Bibliothek, die heutige Anna Amalia Bibliothek, deren Grundriss ihn an den alten herzoglichen Wolfenbütteler Bibliotheksbau erinnert, den er schon 1880 bei seinem ersten Aufenthalt dort besichtigt hat.[244]

Mitte Oktober 1905 hat Lichtwark auf seiner Vorbereitungsreise für die Jahrhundertausstellung in Frankfurt eine Berührung mit der Massenkultur, die ihn erschreckt und seinem eigenen Geschmack und Bedürfnis wenig entspricht. Zum einen findet er in den Auslagen der von Menschen umlagerten Postkartenhandlungen »unsagbare Gemeinheit und Geschmacklosigkeit« und glaubt, in Hamburg würde so etwas nicht geduldet. Noch mehr jedoch stört ihn eine Variété-Vorstellung, die ähnliche Neigungen offenbart. Die Anzüglich- und Zweideutigkeiten, das wiehernde Publikum, die »grenzenlose Plattheit und uferlose Gemeinheit« und deren Wirkung auf die Zuschauer empfindet Lichtwark, der nun seit Jahrzehnten schon das kulturelle Niveau durch ästhetische Bildung heben möchte, als deprimierend. »Das ist das Niveau unserer Massen. Oder ist es in alle Ewigkeit das der Massen überhaupt, sobald sie nicht durch die Macht einer religiösen Empfindung hingerissen werden?«, schreibt er an seine Kommission.[245] »Die Seelen emporreißen«, hat er in Weimar gefordert, »nicht aber die Kunstwerke herabziehen!«[246]

Es ist das Jahr des nunmehr dritten Kunsterziehungstages, der vom 13. bis zum 15. Oktober 1905 in Hamburg stattfindet und sich mit dem Themenkomplex »Musik und Gymnastik« befasst. Doch Lichtwark hat schon seit längerem das Interesse an der Kunsterziehung verloren. Zu dieser Zeit sind seine Gedanken bei Meister Bertram, seiner eigenen großen Ausstellung in der Kunsthalle und bei der Jahrhundertausstellung, die gleich nach Neujahr 1906 aufgebaut werden soll. So hält er im Rahmen dieser letzten Veranstaltung nur noch ein kurzes einleitendes Referat mit dem Titel »Musik und Gymnastik« und begibt sich unmittelbar danach auf die Reise zur Vorbereitung der großen Revisionsausstellung.[247]

Im Jahr darauf weist Lichtwark in einem Brief vom 4. Januar 1906 an die Berliner Schriftstellerin und Malerin Marie von Bunsen sogar das Etikett des Kunsterziehers

244 Vgl. Br. Familie, S. 85. Lichtwark erwähnt hier die Bibliothek zwar nicht, doch vermutlich, weil er seiner Mutter Details erzählen möchte, für die sie sich interessiert. Aus späteren Zusammenhängen wird seine Kenntnis dieses Gebäudes jedoch deutlich. 1907 kommt Lichtwark noch einmal auf den inzwischen abgerissenen Wolfenbütteler Bibliotheksbau zurück; siehe dazu das Kapitel »Der Neubau der Kunsthalle« in Teil 5. Anna Amalia (1739–1807) war eine Prinzessin von Braunschweig-Wolfenbüttel, daher resultiert der architektonische Zusammenhang der beiden Bibliotheksgebäude.

245 Br. Kommission (1908), Bd. XIII: 1905, S. 187f. – Zu dieser Reise siehe das Kapitel »Die Jahrhundertausstellung« in Teil 4.

246 Vgl. Alfred Lichtwark, Die Einheit der künstlerischen Erziehung. Ansprache am zweiten Kunsterziehungstage 1903, in: AL, Schriften, Bd. I, S. 49–61, Zitat S. 60.

247 Abgedruckt in: Der Säemann, 1905, S. 366–368; Kayser (1977), Nr. 417.

energisch von sich.[248] Bisher habe er sich daran gewöhnen müssen, von seinen Gegnern als Kunstpädagoge bezeichnet zu werden. »Nun höre ich von Ihnen, die ich doch nicht zu meinen Feinden rechne, meine Auffassung von Kunst sei ethisch-pädagogischen Charakters. Da muß ich den Athem anhalten. Haben Sie recht? Mit einem kurzen Schlagwort recht? Oder habe ich es, wenn ich mich bisher gar nicht gefragt habe, in welche Kategorie ich gehöre und auf die Errichtung pädagogischer Zäune nur ein Lächeln hatte. Was bin ich? Zu allernächst Verwaltungsbeamter. Ich habe ein Museum auszubilden, habe es so gut zu machen wie ich es mit meinen Fähigkeiten leisten kann.« Diese Funktion habe nicht in seinen Jugendträumen gelegen, seine Absicht sei eine Lehrtätigkeit in einem Polytechnikum gewesen. Im Folgenden legt er dar, wie er zu der Position des Direktors der Kunsthalle gekommen ist: »Von nun an gab es für mich den Dingen gegenüber nur einen Standpunkt, den des Directors der Hamburger Galerie. Ich habe an mir zu entwickeln gesucht, was ich in diesem Amt brauchte. Von diesem festen Standpunkt aus erscheint die Welt – auch die Kunst – in anderen Zusammenhängen als etwa von dem des hedonistisch Genießenden, um den Ihren mit Ihrem Wort zu nennen, als von dem des Professors der Kunstgeschichte oder von dem des Kunstschriftstellers oder des Amateurs. Der Kunstbeamte einer Stadt ist gezwungen, alles auf seinen praktischen Werth zu prüfen und lange Perspectiven zu ende zu denken, die den Liebhaber nicht zu beunruhigen brauchen. Er hat mehr Verantwortung als die anderen. Von dem, was er thut oder läßt hängen mittelbar oder wohl auch unmittelbar Schicksale ab. Es kann nicht ausbleiben, daß er Zusammenhänge wahrnimmt, die von anderen Standpunkten nicht ohne Weiteres in die Augen springen, die anderen gar nicht einmal einzuleuchten brauchen. Er hat es eben nicht ausschließlich mit der Kunst sondern auch und vielleicht gar zuerst mit dem Leben zu thun. Jeder andere würde an meiner Stelle andere und aus seiner Natur entspringende Maßnahmen getroffen haben. Aber ich kann mir nicht denken, daß er grundsätzlich einen anderen Weg eingeschlagen hätte. Und wenn mir nun das Ethisch-Pädagogische als Marke aufgeklebt wird, so weiß ich, das haftet nicht. Ich habe in erster Linie eine Sammlung gemacht, und die Sammlung soll, soviel an mir liegt, mein letztes sein. Von der Sammlung aus in Leistung und Verfehlung beurtheile ich mich. Alles andere ist Mittel zum Zweck, wenn ich auch gestehen muß, daß Gottes Mühlen langsam mahlen und erst meinem Nachfolger Mehl geben. Und dann steckt doch das ethische und pädagogische Element in jedem Kunstwerk, ob es Rembrandts Hundertguldenblatt oder Manets Spargelbund ist. Wer sich ihm hingiebt, wird erhöht um soviel wie er von dem Wesen des Schöpfers in sich aufzunehmen im Stande ist. Mit dem hedonistischen Standpunkt kann ich den Hund nicht vom Ofen locken. Den faßt die Generation nicht, auf die zu wirken mein Beruf ist. Will ich sie für die Ziele meiner Museumsthätigkeit für mich und meine Nachfolger gewinnen, muß ich sie

248 Vgl. hier und im Folgenden: Hentzen (1958), S. 9–12. Am 30. Januar 1906, etwa vier Wochen nach Abfassung dieses Briefes, erwähnt er einen Besuch bei Marie von Bunsen; vgl. Br. Kommission (1908), Bd. XIV: 1906, S. 33. – Siehe zu diesem Brief auch das Kapitel »Die Berufung nach Hamburg« in Teil 1.

Wege führen, die sie gehen wollen und können. Deshalb die Pflege des Dilettantismus, der Augen und Sinne öffnet, deshalb die Reform der Bildnißphotographie, die dem künstlerischen Bildwerk die Wege bahnt, deshalb die Propaganda für das Bildniß als einzige Gattung großer Kunst, deren Pflege bewußt geschehen kann, deshalb die Belebung der Blumen- und Gartenfreude, der Kampf gegen die Verblödung der Landschaftsgärtner und der Architekten, deshalb auch die Pflege der örtlichen Sammlungen, die das Selbstbewußtsein geben sollen, das Selbstvertrauen und den Ehrgeiz, ohne die das Große weder jetzt noch künftig geschehen kann.«

Lichtwark schickt Marie von Bunsen sein *Makartbouquet*, das die Erkenntnisse seiner Hamburger Anfänge enthalte: »Wollen Sie den Inhalt als ethisch-pädagogisch bezeichnen, meinetwegen. Mir ist es nichts als eine Folge der Besinnung auf die Grundlagen. Und so alle anderen Bücher, die ihm gefolgt sind. Am einzelnen Kunstwerk, an der Kunst der einzelnen Zeit ethisch-pädagogische Grundforderungen zu erheben, liegt mir meilenfern. Für mich fragt es sich: braucht das Museum einer Stadt zu seiner Entwicklung und Wirksamkeit den Rückhalt einer künstlerischen Bildung seiner Gemeinde? Wenn ja – und ja! –, worin besteht sie? Das ist der Ausgangspunkt.«[249]

Doch Marie von Bunsens Formulierung könnte auch schon eine Reaktion auf einen Artikel von Arthur Konrad Müller in der Monatsschrift *Nord und Süd* darstellen.[250] Hier äußert sich der Verfasser 1905 unter dem Titel *Alfred Lichtwark* in bewusst ungenauer und andeutungsvoller Diktion über Lichtwark als Erzieher: »[...] es ergäbe schon ein primitiver Einblick in die Ökonomik der Seele, daß der überragende Mensch kaum Zeit findet, sich an das Betreuen, an die Windeldienste der Inferiorität zu machen. Die geniale Individualität wird mit sich nicht fertig und niemals geht die Kurve ihrer Bemühung unter ihr Niveau herab, der erzieherische Einfluß, der ihr dennoch zugeschrieben werden muß, ist ihr nicht bewußt und entspringt nicht ihrem Willen, er liegt in der seltenen Geste, mit der sie sich offenbart und wirkt aus den Formen ihrer Entwickelung [...]«. Das »ähnlich Geartete« werde dadurch angezogen und bilde sich nach diesem Vorbild. Hier gebe es keine kleinliche Schule, keine Dogmen und Methoden. Die Quintessenz dieser Ausführungen über das geniale Vorbild zielt dahin, die zahlreichen, »hübsch, ja verschwenderisch gedruckten Bändchen« Lichtwarks zu kritisieren, die er trotz der allgemeinen Zustimmung nicht schätzen kann: »[...] seine praktische Kunsterziehung kommt über ein gewisses Lesenlernen der Volksschule nicht hinaus«. Es fehle hier die Hochschule, ohne die man auch auf die niedere Erziehung (»Klippschule«) verzichten könne. Müller geht nun die *Erziehung des Farbensinnes* kritisch und ironisch durch; bemängelt an den Böcklin-Studien, in denen sich Lichtwark hauptsächlich über die sich wandelnde Böcklin-Rezeption äußert,

249 Ähnlich formuliert Lichtwark die Situation gegenüber Harry Graf Kessler beim Kunsterziehungstag 1903, wie Kessler es in seinem Tagebuch wiedergibt: »Er sagt, was ihn auf die Kunst Erziehung geworfen habe, sei, dass die älteren, einflussreichen Leute heute kein Kunst Bedürfnis und daher kein Kunst Interesse hätten. Er habe gesehen, dass man sich erst eine Generation erziehen müsse.« Kessler (2004), Bd. 3, S. 610.

250 Vgl. hier und im Folgenden: Müller (1905), S. 183–193; Kayser (1977), Nr. 637.

den fehlenden Bezug auf den Künstler selbst. Er lobt hingegen das Buch über Böcklin von Julius Meier-Graefe, der kein erzieherisches Werk wie Lichtwark geschrieben habe; er drücke seine Empfindungen aus und begründe sie. Am heftigsten wendet sich Müller gegen den Dilettantismus, den er nicht ganz zu Unrecht als Hemmnis für die Entwicklung von Kunstverständnis betrachtet: »Der Dilettant wird immer dazu neigen, an echten Künstlern kleinlich Ausstellungen zu machen, und er wird aus dem Maße der Schwierigkeit, die ihm die primitivsten Dinge des Handwerks bereiten, gerade den am höchsten loben, bei dem die Bewältigung dieses Handwerklichen das Augenfälligste ist, das heißt, er wird das Künstlerische, wo es vorhanden ist, gar nicht bemerken, und wo es sich nicht findet, kaum vermissen. Der Dilettant ist der schlechteste Ästhetiker; man trifft ihn fast immer im Gefolge der Künstler mittleren Grades, die er als seine begabteren Gesinnungsgenossen wohl auch gebührend würdigen mag. Würde es Lichtwark wirklich um die künstlerische Kultur seines Volkes zu tun sein, das heißt, wollte er es lehren, die Kunst so intensiv zu betrachten, daß dem Gefühl das Organisch-Beseelte des Kunstwerks eingeht, die durch- und ineinanderwirkende Kraft, sein Sinn und sein Leben – er dürfte nicht einen Schritt mit dem Dilettantismus gehen. Lichtwark hätte nichts zu tun als zu zeigen, wie er es machte, um zum Verständnis der Kunst zu kommen, müßte zeigen, wie er urteilt und sieht. Sein Beispiel, soweit es mustergültig ist, würde aus sich heraus locken, aufklären und Nacheiferer fesseln – die Straße zur Kunst bahnte sich von selbst.« So mache es Meier-Graefe.

So macht es auch Lichtwark in der Kunsthalle bei seinen Führungen, wie Augenzeugen berichtet haben, doch davon hat Müller anscheinend keine Kenntnis. »Vormittags«, berichtet Ludwig Justi in seinen Lebenserinnerungen, »stand er, im Zylinder, am Eingang seiner Galerie, redete Besucher an und führte sie. Solche Gänge habe ich zuweilen begleitet, habe die Feinheit und Unermüdlichkeit bewundert, mit der er zwischen Betrachtern und Betrachtetem lebendige Beziehungen herzustellen suchte.«[251] Schriftlich niedergelegt hat Lichtwark solche Begebenheiten jedoch nicht.

Lichtwarks Kunstanschauung sei nicht rein und frei von verwirrenden Elementen, schreibt Müller. Er charakterisiert damit Lichtwarks nicht eindeutige Position zur Entwicklung des Naturalismus und Ablehnung des Akademischen. Während jedoch andere ihre früheren Einstellungen revidierten, beharre Lichtwark auf seiner Position, und so müsse man wohl seine zum Teil in dritter Auflage vorliegenden Werke als seine immer noch gültige Kunstanschauung betrachten. Müller erwähnt schließlich einige Schriften Lichtwarks, die sich mit bildender Kunst gar nicht befassen, *Deutsche Königsstädte* etwa, als gute Unterhaltung und lobt ihn als Schriftsteller. Er verfüge über ein klares, sachliches, anschauliches und treffendes Vokabular; seine Prosa fließe leicht und bewegt, man habe das Gefühl, als lächelten die Zeilen. Unter den deutschen Museumsleitern sei Lichtwark die feinste schriftstellerische Natur. Er verweist auf die ausschließlich in der *Hamburger Liebhaberbibliothek* erschienenen Bände Lichtwarks, die er als wahren Schatz bezeichnet, wenn sie auch nur annähernd dem so-

251 Justi (2000), Bd. I, S. 175.

eben erschienenen Bändchen *Eine Sommerfahrt auf der Jacht Hamburg* entsprächen, das er im Folgenden ausführlicher würdigt. Im letzten Abschnitt geht Müller noch auf Lichtwarks Leistungen beim »rühmlichen Ausbau« der Hamburger Sammlungen ein: »Seine nicht einwandfreie Ästhetik verhinderte nicht, daß er praktisch im Sinne der besten Ästhetik wirkte, denn er ist ein Kopf voller Anregungen, und seine Liebe zur Kunst ist über allem Zweifel.« Er stellt zudem Lichtwarks Fürsorge um die Hamburger Malerei und die frühen Werke Böcklins sowie die ambitionierte Verbindung von lebender Kunst und Kunstgewerbe heraus: »Der verwahrloste Geschmack des Bürgertums, das nach der Gründerzeit und der Altdeutschbiederei jeden Sinn für Zucht und Natürlichkeit verloren hatte, dankt ihm vor allen andern eine gewisse Läuterung, soweit er sich auf Nutzgegenstände bezieht; er griff die Idee des Praktisch-Zweckgemäßen, die vor allem in der Möbelkonstruktion eine gesunde Neugestaltung hervorrief, mit Eifer auf und propagierte sie kräftig genug, indem er geschickt auf die Traditionsreste zurückgriff, die aus alten kulturreicheren Zeiten die zersetzende Industrialisierung überdauert hatten.« Lichtwarks Bemühungen um die Medaille und seine Ratschläge für die Erhaltung und Neubelebung guter alter Bräuche, für Heimatschutz und Heimatkunst bleiben ebenfalls nicht unerwähnt. Damit werde man kein Kunsterzieher, wohl aber ein verdienter Kunstpfleger. Dieser Titel dürfe kaum als bescheidener gelten, schließt Müller, in jedem Falle sei er rein und ohne jenen am Anfang gerügten Beigeschmack: »[...] und er macht es, daß wir Lichtwarks, dieses fröhlichen und zuversichtlichen Namens, trotz allem mit fröhlicher Zuversicht gedenken.«

DIE GRÜNDUNG DES DEUTSCHEN KÜNSTLERBUNDES

1903 ist Lichtwark in zwei eigentümlich miteinander verquickte Geschehnisse eingebunden. Entsprechend seinem Ruf und seinem Ansehen im Deutschen Reich wird er in die Kommission zur Vorbereitung der deutschen Kunstausstellung auf der Weltausstellung berufen, die 1904 in St. Louis stattfindet.[252] Anfang April 1903 beginnen die Besprechungen; es geht dabei um nichts Geringeres als die Rückeroberung des amerikanischen Marktes für den deutschen Kunstexport. Das Thema erregt Lichtwarks Zorn, betrachtet er doch schon seit langem den Export als sekundär neben der Steigerung einer originären deutschen Kunstproduktion. Er hält den Export von Kunstwerken sogar für schädlich, verweist auf das Beispiel Frankreichs, und die Amerikaner seien durchaus nicht mehr die mit dem »Abhub« zufriedenen Barbaren; man müsse eifersüchtig darüber wachen, dass die qualitätvollen Werke das Land nicht verließen. Damit ist die Export-Debatte beendet. Im zu wählenden Komitee sollen sich auch ein Museumsdirektor und ein Kunsthändler befinden, Lichtwarks Name steht auf der Liste und der Reichskommissar Otto Lewald hat Lichtwark schon im voraus den Platz neben sich reserviert. Er wird mit 24 von 30 Stimmen in das kleine Ar-

252 Vgl. hier und im Folgenden: Br. Kommission (1904), Bd. XI: 1903, S. 35, 38–42, 50–52.

beitskomitee gewählt. Auch seine guten Englischkenntnisse spielen dabei eine Rolle. Die Tätigkeit im Komitee ist ihm jedoch »eine widerwärtige Sache, für die man nicht ein halbes Herz hat.« Er will endlich mit der Arbeit über Meister Bertram beginnen, die für ihn absoluten Vorrang besitzt. Sein Versuch, sich mit dem Vorschlag herauszuwinden, statt seiner solle Tschudi in das siebenköpfige Komitee gehen, scheitert, da sonst ein Eingreifen des Kaisers provoziert würde. Das Arbeitskomitee wird sich seiner Vermutung nach aus folgenden Personen zusammensetzen: Arthur Kampf und Walter Leistikow für Berlin, Gotthard Kuehl für Dresden, für München Hugo von Habermann und Wilhelm von Ruemann, für die Rheinlande Ludwig Dill, vielleicht auch Fritz Roeber, außerdem einen Museumsmann, also ihn selbst, da Tschudi nicht durchzusetzen ist. In der Morgenausgabe der *Nationalzeitung* schlägt der Kollege Max Osborn sogar vor, die gesamte Organisation der Kunstausstellung in St. Louis einfach in Lichtwarks Hände zu legen, eine Idee, die den Verdacht erregt, von ihm selbst inspiriert zu sein. Lichtwark bekennt seiner Verwaltungskommission gegenüber einen unüberwindlichen Widerwillen gegen die Aufgabe, er betrachte sie als verlorene Sache: Nach seiner Einschätzung werde es »ein totes Rennen« sein. Aus patriotischen Gründen sieht er sich jedoch in der Pflicht.

Um die Ausstellung von St. Louis entstehen heftige Querelen.[253] Zwischen den konventionellen und den progressiven deutschen Künstlern beginnt das Ringen um die Zulassung zu dieser Ausstellung. Nachdem anfangs die Situation noch ausgewogen erschien, gewinnen im Laufe des Jahres 1903 die konservative Allgemeine Deutsche Kunstgenossenschaft und Anton von Werner, Direktor der Berliner Akademie und künstlerischer Intimus von Wilhelm II., die Oberhand. Die Lage spitzt sich zu. Unter den modernen, sezessionistischen Künstlern regt sich bereits Widerstand. Im Oktober fordert Liebermann brieflich Leopold von Kalckreuth auf, einem Komitee beizutreten, das Walter Leistikow, Ludwig von Hofmann, Louis Tuaillon und er selbst schon seit längerer Zeit ventilieren. »Die Vorkommnisse der jüngsten Zeit, vor allem die Vorbereitungen der Ausstellung für St. Louis, haben gezeigt, daß uns're Kunstzustände dringend einer Abhilfe bedürfen.« Liebermann hält die Regelung der Angelegenheiten ausschließlich für eine Sache der Künstler und deren Selbstverwaltung, zu der sich alle unabhängigen Künstler fest zusammenschließen sollen. Man denkt an gemeinsame Ausstellungen der Mitglieder in den Hauptstädten Deutschlands und im Ausland sowie an die Gründung einer Galerie für die bedeutendsten Werke der zeitgenössischen Produktion. Die federführenden Künstler haben bereits mit Klinger und Kampf gesprochen, ebenso mit Habermann, Hildebrand, Kuehl, Mackensen, Thoma, Trübner, Uhde, Vinnen und Zügel, außerdem sollen Graf Kessler, Lichtwark, Tschudi und Wölfflin eingebunden werden – die Liste ist noch nicht vollständig.[254] Die Formation wächst weiter; schon im Vorfeld möchte Olde Lichtwark als Vorsitzenden dieser neuen Künstlervereinigung gewinnen, doch dieser lehnt ab: Es müsse ein Künstler

253 Vgl. dazu auch Bollenbeck (1999), S. 99–110.
254 Brief Liebermann an Kalckreuth, 11.10.1903, BSB München, HSS, Kalckreuthiana II.B.2 Liebermann, Max.

sein und wegen der Konkurrenz zwischen Bayern und Preußen ein neutraler, Kalckreuth oder Olde selbst kämen in Betracht.[255]

Lichtwark stellt für die sezessionistischen Künstler, unter denen viele zu seinen persönlichen Bekannten, einige zu seinen Freunden zählen, eine Vertrauensperson dar und wird in ihre Pläne einbezogen. Liebermann stellt ihm Graf Kesslers Einladung zu einem Treffen in Weimar für den 15. Dezember in Aussicht, nennt die bis dahin beteiligten Künstler und bittet ihn, vorher noch zur Besprechung zu ihm nach Berlin zu kommen.[256] Lichtwark berät Liebermann zuvor jedoch auch schon brieflich; vor allem liegt ihm daran, die Leidenschaft der aktuellen Debatte zu entschärfen und dem geplanten Bund Dauerhaftigkeit zu verleihen, da das Problem der mangelnden Beachtung der Sezessionisten als ein allgemeineres zu betrachten sei. Deshalb mahnt er an, kein Wort über die Kunstgenossenschaft, die Kunstpolitik des Kaisers oder Anton von Werner zu verlieren: »Sie werden umso stärker sein, je weniger Sie dem Gegner Gelegenheit geben zu kleinen Anzapfungen. Sie werden sie umso tiefer kränken, je mehr Sie sie ignorieren.« Vor allem plädiert er dafür, Bode und Tschudi zu gewinnen, doch schlägt er auch als Museumsleute Geheimrat von Reber aus München, Weizsäcker aus Frankfurt, Pauli aus Bremen und den Tübinger Kunstgeschichtsprofessor Konrad Lange vor; er zieht außerdem Richard Muther in Betracht, äußert jedoch »gewisse Bedenken«.[257] Liebermann berät sich auch mit Kessler über die Liste der Einzuladenden.[258]

Dem geplanten Zusammenschluss der sezessionistischen Künstler aus allen Teilen Deutschlands sollen nun also auch Nicht-Künstler angehören, insbesondere die progressiven Museumsleute als deren Förderer. Die Aufnahme von Kunstfreunden oder -vermittlern in Künstlerverbände ist im 19. und noch im frühen 20. Jahrhundert nicht ungewöhnlich. In den frühen Kunstvereinen waren beide Gruppen vereint. Den deutschen Radiervereinen in der zweiten Hälfte des 19. Jahrhunderts gehörten Produzenten und Sammler an, und noch in der 1905 und damit zwei Jahre nach dem Deutschen Künstlerbund gegründeten Künstlervereinigung Die Brücke sind passive Mitglieder als Sammler hochwillkommen.

Die eingeladenen Museumsleute hingegen sind bei der Gründung des Deutschen Künstlerbundes, dessen Name auf einen Vorschlag von Franz von Stuck hin gewählt wird, am 16./17. Dezember 1903 ganz andere, außer Lichtwark, dessen Teilnahme völlig außer Zweifel gestanden haben muss. Bode und Tschudi haben abgesagt, letzterer schweren Herzens; anwesend sind zwei wichtige Männer des *Pan*-Kreises, Harry Graf Kessler als Gastgeber und Eberhard von Bodenhausen, dazu der progressive Direktor

255 Brief Alfred Lichtwark an Olde, 29.11.1903, Schleswig, SHLM, NL Olde. Lichtwark möchte außerdem nicht den Anschein erwecken, die Initiative ginge von den Museumsleuten aus.
256 Vgl. Br. Lichtwark-Liebermann, S. 154.
257 Vgl. zur Vorbereitung der Gründung Br. Lichtwark-Liebermann, S. 155–168, Zitat S. 156.
258 Vgl. Kessler (2004), Bd. 3, S. 534. Hier sind neben Lichtwark auch Bode und Seidlitz, ferner moderne Dichter wie Hauptmann, Dehmel und Liliencron, außerdem Wissenschaftler wie Mommsen, Wilamowitz-Moellendorff und Simmel verzeichnet.

der Bremer Kunsthalle, Gustav Pauli. Kessler, der sich vor seinem Amtsantritt als ehrenamtlicher Direktor des Großherzoglichen Museums in Weimar von Lichtwark beraten ließ,[259] Lichtwarks Künstlerfreund Hans Olde als Direktor der Großherzoglichen Akademie und Henry van de Velde als Direktor der Großherzoglichen Kunstgewerbeschule sind die lokalen Größen, diejenigen, deren zukunftsorientierte Tätigkeit die Kunststadt Weimar in ein neues glänzendes Zeitalter führen soll. Kalckreuth, der sich zunächst hat entziehen wollen und von Lichtwark zur Teilnahme beschworen wurde, wird im Verlauf der Verhandlungen zum Vorsitzenden gewählt (Abb. 36).[260] Lichtwark ist damit im Vorfeld der Gründung rege beteiligt, seine intensiven Überlegungen zu Sinn und Zweck dieser neuen Vereinigung zielen vor allem auf eine Verbesserung des Ausstellungswesens in Deutschland im Sinne einer Etablierung der sezessionistischen Kunst. So denkt er auch an eine »Evangelisation« der reichen Städte ohne eigene künstlerische Tradition: Chemnitz, Augsburg, Nürnberg, Mannheim, Leipzig, »die rheinisch-westphälische Constellation« und die großen nordischen Städte, die von den Stammsitzen der Sezessionen aus systematisch »besiedelt« werden könnten. Er schlägt einen »losen Aggregatzustand« vor und eine möglichst weitreichende Autonomie der lokalen Gruppen, um einen guten Zusammenhalt zu erreichen.[261] Hier drückt sich Lichtwarks demokratisches Denken aus, das auch seiner Idee der regional gewidmeten *Pan*-Hefte zugrunde liegt und auf die Darstellung kultureller Eigenständigkeit im Rahmen der föderalistischen Struktur Deutschlands zielt.

Bei den Sitzungen hält sich Lichtwark jedoch zurück, mahnt lediglich eine gute Pressearbeit an und wird dann als Unterhändler für eine Teilnahme des soeben gegründeten Künstlerbundes an der Kunstausstellung in St. Louis gewählt.[262] Damit gerät er in eine bedenkliche Doppelrolle, denn seine Mitarbeit an dem kleinen Arbeitsausschuss für St. Louis ist bisher nicht beendet. So ist er hier diplomatisch tätig, denn Reichskommissar Lewald hat von Lichtwarks Teilnahme an der Künstlerbund-Gründung zuvor schon erfahren und ihn vertraulich gebeten, die Anwesenden für eine Beteiligung in St. Louis zu gewinnen. Lichtwark reist am Tag nach der Gründung als Mitglied der Abordnung nach Berlin, obwohl er lieber mit Klinger nach Leipzig gefahren wäre, um dessen Brahms-Denkmal für Hamburg zu besichtigen.[263] Die

259 Vgl. Kessler (2004), Bd. 3, S. 488.

260 Vgl. Br. Kalckreuth, S. 100f., 10.12.1903.

261 Vgl. dazu Br. Lichtwark-Liebermann, S. 162–166, 5.12.1903. Diesen Brief sendet vermutlich Liebermann an Kalckreuth weiter; vgl. Br. Kalckreuth, S. 101–106.

262 Vgl. Gründungsprotokoll des Deutschen Künstlerbundes, in: Ausst.Kat. Deutscher Künstlerbund (1988), S. 34–39. – Kessler berichtet für den zweiten Sitzungstag in seinem Tagebuch von einer thematisch nicht näher bezeichneten scharfen Debatte zwischen Lichtwark und ihm selbst, wobei Lichtwark den Kürzeren gezogen habe: »Er ist unpraktisch und doktrinär, Beides bei Gelegenheiten wie heute bis zur Unfähigkeit. Die Versammlung klatschte und rief bei meinen Erwiderungen und Anträgen immer heftiger Beifall, so daß Lichtwark schließlich selbst erklärte, er habe Unrecht gehabt. [...] Trübner, Mackensen u.s.w. wiederholten mir ihre Befriedigung über mein Auftreten gegen Lichtwark.« Kessler (2004), Bd. 3, S. 658. Es folgt jedoch keine Verstimmung. Im darauf folgenden Mai treffen beide in München bei der Eröffnung der ersten Künstlerbund-Ausstellung und nachher beim Diner des Prinzregenten zusammen. »Gemütlich«. Ebd., S. 677, 31.5.1904.

263 Siehe dazu das Kapitel »Klingers Brahms-Denkmal« in Teil 5.

Berliner Verhandlungen mit Lewald verlaufen jedoch unbefriedigend; die Forderung nach eigenen Räumen und eine eigene Hängekommission kann Lewald nicht erfüllen. Doch der dreißigjährige Architekt Wilhelm Kreis ist als unvoreingenommene Person bereits mit der Ausstellungsgestaltung beauftragt, er könnte auch für eine angemessene Hängung der Werke der Künstlerbundmitglieder sorgen, auf dieser Basis soll daher von der Abordnung eine Eingabe an den Reichskanzler erfolgen, die wiederum Lichtwark verfasst: eine Denkschrift, so kurz und sachlich wie möglich, damit auch der Kaiser sie lesen könne.[264] »Die preußischen Behörden haben bisher nicht erkannt, daß ihnen die neue Vereinigung goldene Brücken baut«, schreibt Lichtwark an seine Kommission, als die Antwort auf sich warten lässt. Er habe den Eindruck, der Reichskanzler sei schließlich dem Bürgermeister als Vorsitzendem der Hamburger Kunsthallenkommission zu Dank verpflichtet, dass er, Lichtwark, in Weimar das Interesse des Reichs vertreten und mit durchgesetzt habe. Kesslers Wunsch, der Großherzog von Weimar möge das Protektorat des Künstlerbundes übernehmen, wird von Lichtwark abgelehnt; es sei zwar der Reichsregierung gegenüber ein »Coup«, da sie dann alles bewilligen müsste, vermindere aber auch die Eigenständigkeit der neuen Vereinigung. Ihm erscheint auch im Gegensatz zu den Künstlern die Beteiligung an der Ausstellung in St. Louis von höchster politischer Priorität.[265] Als noch am Jahresende die Reichsvertretung eine solche Beteiligung ablehnt, ist Lichtwark zutiefst besorgt, zum einem weil er in St. Louis eine nationale Blamage fürchtet, zum anderen aber, weil nun der Künstlerbund in eine oppositionelle Stellung gedrängt worden ist, die er ursprünglich gar nicht angestrebt hat. Und wenn der Angriff von den Sozialisten ausgehe, »dann wären alle Lichter erloschen.«[266] Lichtwark setzt sich auch in diesem Fall – reichsweit – nachdrücklich für die progressive Kunst seiner eigenen Zeit und ihre offizielle Anerkennung ein, während ebendiese Kunst von der konservativen, ja, reaktionären Seite als ausländisch, insbesondere französisch beeinflusst und auch »jüdisch« geschmäht wird. Die Reichstagsdebatte im Februar 1904 fördert das Problem dieser umstrittenen fortschrittlichen Kunst noch einmal klar zutage.[267]

Auch die Hamburger Kunsthalle soll sich an der Weltausstellung mit Leihgaben beteiligen. Gewünscht werden Hugo Vogels Gruppenportrait des Senats aus dem Rathaus, Meyerheims »Kohlenmeiler«, Menzels »Bonsoir, Messieurs« und Eduard Gebhardts »Kreuzigung«. Doch lehnt der Senat das Ausleihen des Werkes von Vogel ab, Menzels Bild ist Düsseldorf als Leihgabe versprochen und den Gebhardt will Lichtwark vermutlich wegen des großen Formats nicht zur Reise freigeben. Daher werden nur die ebenfalls gewünschten Entwürfe von Friedrich Geselschap auf Senatsbeschluss ausgeliehen.[268] Lichtwark löst parallel seine Aufgabe, für den deutschen

264 Vgl. Br. Kommission (1904), Bd. XI: 1903, S. 211–213.
265 Vgl. ebd., S. 214–218.
266 Ebd., S. 224f.
267 Vgl. Bollenbeck (1999), S. 99–110.
268 Vgl. P4, 22.12.1903, 27.2., 10.5.1904. – Best.Kat. Hamburg, 19. Jh., S. 137 (Menzel), S. 53 (Gebhardt); Meyerheim nicht im Best.Kat. Hamburg, 19. Jh.

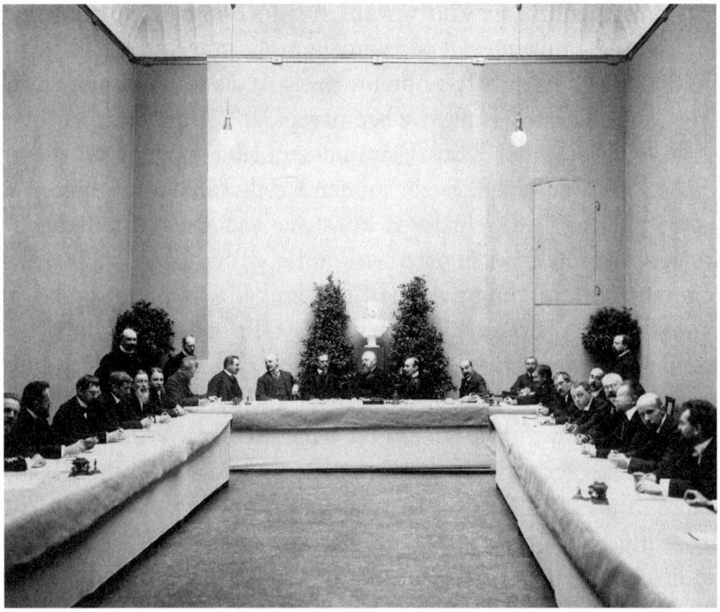

Abb. 36 Die Gründung des Deutschen Künstlerbundes (Lichtwark sitzt auf der Stirnseite, 2. von links), 1903, Aufnahme: Louis Held

Katalog zur Weltausstellung 1904 in St. Louis einen Text über den Kunstbeitrag des Reiches zu verfassen, diplomatisch und dürfte auch die Anregung gegeben haben, den von ihm hochgeschätzten Peter Behrens als Buchgestalter für diesen Katalog zu gewinnen. Behrens, Direktor der Düsseldorfer Kunstgewerbeschule seit 1903, liefert einen für seine typographische und buchgestalterische Arbeit dieser Phase charakteristischen Entwurf. Lichtwark entzieht sich mit seinem *Deutsche Kunst* betitelten Beitrag dem aktuellen Problem der widerstreitenden Künstlergruppierungen.[269] Er beweist hier seinen genauen Blick für die Struktur und Bewertung der zeitgenössischen Kunst und führt die ihm wichtigen Künstler in diesem Meisterstück an Unerschrockenheit ganz selbstverständlich vor. In einem historischen Abriss legt er zu Beginn die Entwicklung der deutschen Kunst in den großen alten Bürgerstädten dar, umreißt die Situation in den Residenzen der absolutistischen Epoche mit der Entstehung der fürstlichen Kunstschulen, handelt sie kurz einzeln ab, würdigt die daraus entstandenen Kunststädte und wendet sich dann der Situation im 19. Jahrhundert zu, als mit den Kunstvereinen der Kunstimport beginnt und der Niedergang der Akademien einsetzt. Die neuen Aktivitäten in den von ihm sogenannten Stammeszentren, darunter auch Hamburg, führt er kurz mit dem Hinweis an, die Regierungen würden mit Umsicht die »künstlerische Erziehung des Volkes und der Künstler« fördern. Er

269 Alfred Lichtwark, Deutsche Kunst, in: Weltausstellung St. Louis 1904. Amtlicher Katalog der Ausstellung des Deutschen Reichs, hrsg. vom Reichskommissar Lewald, Berlin: Stilke, 1904, S. 151–158; Kayser (1977), Nr. 384.

streift den Gegensatz München–Berlin und nennt die wichtigsten lebenden Künstler, die er schon lange zu fördern oder für die Kunsthalle zu erwerben sucht. Mancher, der bei der Gründungsversammlung des Deutschen Künstlerbundes anwesend war, findet hier Erwähnung: Kalckreuth, Klinger, Liebermann, Olde, Stuck, Tuaillon, Uhde, aber auch Böcklin, Menzel und Thoma. Die Kunstpflege des Kaisers konzentriere sich insbesondere auf die Plastik, Begas und Schilling sind hier genannt; und die repräsentativen Aufgaben der Malerei, so zieht er sich elegant aus der Affäre, seien Anton von Werner zugefallen. Lichtwark schließt mit der Bemerkung, fast alle Kräfte, die in der Zukunft vielfach als Träger der deutschen Kunst des 19. Jahrhunderts angesehen werden dürften, hätten außerhalb der öffentlichen Kunstpflege geschaffen. Die noch immer nicht zustande gekommene Jahrhundertausstellung, zu diesem Zeitpunkt von ihm praktisch aufgegeben, erwähnt er nicht, lediglich, die Zeit sei für einen derartigen Überblick noch nicht reif. Der Deutsche sei immer noch viel zu sehr mit der Kunst des Auslandes beschäftigt, so dass ihm vieles und oft sehr Bedeutendes in der nächsten Heimat entgehe. Wenn erst das weite kunsthistorische Gebiet durchforscht sei, prophezeit er treffend, werde die Kunstgeschichte des 19. Jahrhunderts von anderen Menschen und Werken handeln als bisher. Sie werde dadurch nicht ärmer, und wenn erst die Leistungen der ganz Großen zusammengerechnet würden, könne die deutsche Kunst selbstbewusst ihr Haupt neben der französischen und englischen erheben.

Hinsichtlich der Entwicklung des Künstlerbundes fürchtet Lichtwark in dessen Vorstand einen einseitigen »Block«, bestehend aus Bodenhausen, Kessler und van de Velde, falls letzterer einbezogen würde. Die beiden Jüngeren stehen in enger Verbindung zu dem Architekten, den Kessler 1897 kennengelernt und mit der Einrichtung seiner Berliner Wohnung beauftragt hat. Lichtwark ist der Ansicht, es bestehe die allgemeine Auffassung, diese Dreiergruppe habe »etwas krankhaft, dekadent, hypermodernes«, während Bodenhausen dies für Lichtwarks private Meinung hält.[270] In der Folgezeit unterstützt Lichtwark jedoch die Vereinsarbeit nach Kräften. Für 1905 schlägt er dem Hamburger Kunstverein eine Ausstellung des Künstlerbundes in der Kunsthalle vor, die dieser jedoch ablehnt. Anscheinend zeigt er sich wenig kooperativ, denn auch auf den Vorschlag einer skandinavischen Ausstellung geht er nicht ein. Eine holländische Ausstellung würde er akzeptieren, doch bezweifelt Lichtwark das Zustandekommen einer wirklich guten Veranstaltung; er will die Künstlernamen vorher wissen, wogegen der Kunstverein seinerseits Bedenken äußert. Letztlich kommt es zu gar keinem Beschluss.[271]

270 Vgl. Simon (1978), S. 72, Brief Bodenhausen an Kessler, 23.12.1903. – Vgl. Grupp (1995), S. 87. – Als Schriftführer wird der Maler Theodor Hagen gewählt; vgl. Br. Kommission (1904), Bd. XI: 1903, S. 216.
271 Vgl. P4, 16.7.1904.

SAMMELN II: SCHIEFLERS GRAPHIKAUSSTELLUNG

Das Jahr 1903 schließt für die Kunsthalle mit einer gut besuchten Ausstellung, deren Urheber allerdings nicht Lichtwark selbst ist.[272] Gustav Schiefler initiiert und organisiert diese Schau zeitgenössischer Druckgraphik als Reverenz an Lichtwark, den er lange Zeit verehrt und von dessen Großzügigkeit er mit seiner eigenen Graphiksammlung im Laufe der Jahre oft genug profitiert hat (Abb. 37). Seit seiner Übersiedlung nach Hamburg gehört er zu Lichtwarks engerem Kreis von Kunstfreunden. Im Laufe der Jahre, in denen er anfangs stark unter Lichtwarks Einfluss gestanden und sich schließlich stetig emanzipiert hat, entwickelt sich Schiefler vom Schüler zum selbständigen Sammler, der sich bald nach 1900 auch der Avantgarde zuwendet, vor allem der Kunst Edvard Munchs und Emil Noldes.

Schiefler beabsichtigt mit der Internationalen Graphischen Ausstellung aber nicht nur, Lichtwark seinen Dank abzustatten, sondern auch in dessen Sinne zum Sammeln anzuregen und dabei zu präsentieren, was er selbst für sammelnswert hält. Erstmalig im Sommer 1902 befasst er sich mit der Idee zu dieser Graphikausstellung, die er sich anfangs noch als jährlich wiederkehrendes Ereignis vorstellt, bei dem die eingeladenen Künstler ihre jeweils neuesten Werke präsentieren können. Lichtwark begrüßt dieses Vorhaben, weist jedoch zugleich auf den organisatorischen Aufwand und die hohen Versicherungskosten als Probleme hin. Schließlich kommt es doch nur zu einer einmaligen Veranstaltung der Gesellschaft Hamburgischer Kunstfreunde. Sie soll nun den Beweis liefern, dass Lichtwarks Arbeit wenigstens in seinem Umfeld auf fruchtbaren Boden gefallen und man willens und in der Lage ist, auch seitens der Gesellschaft etwas zu leisten. Dem Komitee gehören neben anderen Hamburger Sammlern wie Eduard Behrens und Arnold Otto Meyer auch Lichtwarks Sammlerfreunde Ernst Kalkmann und Henry P. Newman an, ferner Justus Brinckmann und Bürgermeister Burchard, der Graphiksammler Richard Robinow und die getreue Marie Zacharias, Schiefler selbst sowie Lichtwark. Die Ankündigung der Veranstaltung erfolgt schon im Juli 1903 im *Hamburgischen Correspondenten*. Schiefler leistet Beachtliches und trägt die organisatorische Verantwortung, er unternimmt sogar vorbereitende Reisen nach London und Paris. Lichtwark lässt ihm dabei Hilfe angedeihen, indem er ihm seine Kontakte zur Verfügung stellt und ihn mit Empfehlungsschreiben an Museumsleute und Kunsthändler ausstattet. Rund 160 Künstler werden eingeladen, darunter die ehemals jungen Hamburger; sie enttäuschen jedoch Lichtwarks Erwartungen, da sie abgesehen von Arthur Illies wenig Interesse zeigen. Paul Kayser gestaltet ein uninspiriert wirkendes Ausstellungsplakat. 1.668 Nummern verzeichnet der Katalog. Den größten Teil der Ausstellung bestreiten Künstler aus Deutschland, Österreich und der Schweiz, darunter stellt Liebermann mit 42 Blättern das größte Einzelkontingent, die französische Graphik das zweitgrößte, England folgt an dritter Stelle. Das entspricht der Zusammensetzung von

272 Vgl. hier und im Folgenden: Schiefler, LAZ, 1.5.1902, S. 170f., HH, SUB, HSS. – Woesthoff (1996), S. 167–175, 195. – Junge (1989), S. 152f. – Ausst.Kat. Graphische Ausstellung GHK (1903/04).

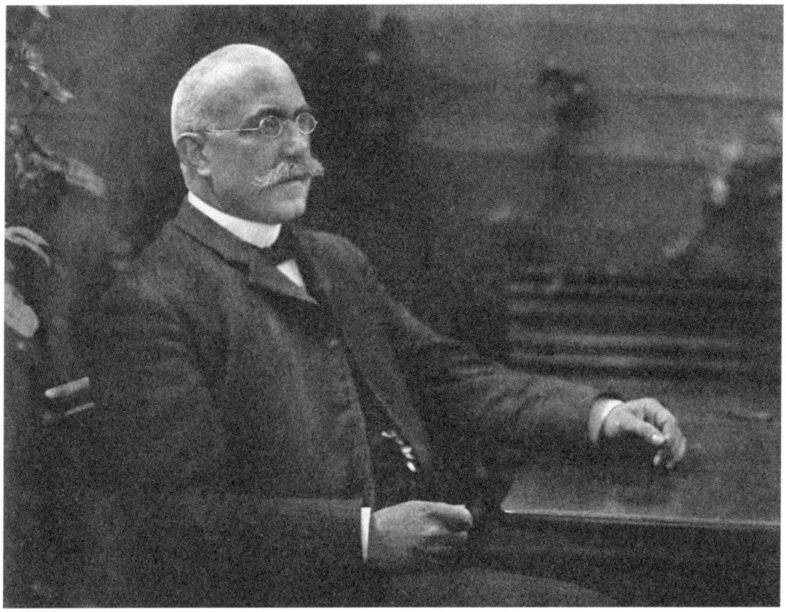

Abb. 37 Gustav Schiefler, undatiert, Aufnahme: unbekannt

Lichtwarks Erwerbungen im Kupferstichkabinett; doch finden sich auch einige Blätter von belgischen, holländischen, skandinavischen, sogar amerikanischen Künstlern. Die Hamburger stehen mit ihrem Beitrag quantitativ erst an fünfter Stelle.[273]

Zum Streitpunkt zwischen Schiefler und Lichtwark entwickeln sich die Exponate von Edvard Munch, der ursprünglich mit 45 Blättern der meistpräsentierte Künstler sein sollte. Er ist Lichtwark schon seit dem Berliner Munch-Skandal im Herbst 1892 bekannt, wenn auch nicht persönlich. Die umstrittenen Bilder hat er nicht selbst gesehen, hält die Qualität jedoch vom Hörensagen für »wirklich schlecht, zumindest sehr ungleich«.[274] Lichtwark hat sich durchaus schon zuvor mit Munch beschäftigt. Im August 1893 sieht er dessen Arbeiten in Berlin in einer Ausstellung der Freien Vereinigung, deren Adeptentum seinen Spott provoziert. In dieser Gesellschaft finden sich neben Bildern von August Strindberg auch solche von Munch – »zwei wilde Männer aus dem Norden«, nach Lichtwarks Dafürhalten »ziemlich zahm«.[275] In der Hamburger Frühjahrsausstellung von 1897 zeigt er selbst bereits Graphik des

273 Vgl. ebd.
274 1892 wurde Munch zu einer Einzelausstellung im Verein Berliner Künstler eingeladen, die bei Kritikern und Publikum auf völliges Unverständnis stieß, so dass sie nach einer Woche bereits geschlossen wurde. Eine Reihe von oppositionellen Künstlern spaltete sich daraufhin ab und bildete die Freie Künstlervereinigung; vgl. Kampf (1994/95), S. 82–84. Munch zeigte hier impressionistische Bilder wie »Morgen auf der Promenade des Anglais«, 1891, WV Woll 221; »Rue Lafayette«, 1891, WV Woll 232, und »Sommertag in Åsgårdstrand«, 1891, WV Woll 234. – Vgl. Br. Kommission (1896), Bd. I: 1891/92, S. 245.
275 Vgl. Br. Kommission (1896), Bd. II: 1893, S. 225f.

Künstlers.[276] Eine große Ausstellung von Munch, »dem vielverspotteten«, besucht er im Jahr darauf in Berlin in der Galerie Keller & Reiner; sie ruft eine sehr gemischte Reaktion bei ihm hervor. Die Mehrzahl der Lithographien seien ihm ein Buch mit sieben Siegeln, »sehr fein« findet er dagegen die radierten Bildnisse und kommt zu dem Urteil: »Der Künstler macht den Eindruck, als wandele seine Phantasie an der Grenze des Wahnsinns, als machte sie hie und da weite Excursionen in das furchtbare Gebiet des Albdrückens und der schreckhaften Träume, und als kehre sie nur vor einer realen Aufgabe wie dem Bildniss in bewohnbare Gegenden zurück.«[277] Lichtwark erfasst die Eigenart der Kunst Munchs damit ganz genau und betrachtet ihn einige Jahre später, 1902, schon als Vorbild für die Jüngeren, etwa für Emil Rudolf Weiss: Munch und Blake würden »das Thema für all das verrückte und überverrückte Zeug« liefern. Im September 1902 jedoch gefällt ihm in der Berliner Sezession eine »große Sommernacht« Munchs sehr gut.[278] Im April 1903 ist der Künstler an der Berliner Sezessionsausstellung beteiligt, Lichtwark akzeptiert ihn nun bereits kommentarlos. Die ganze Ausstellung allerdings erscheint ihm, von den führenden Künstlern abgesehen, marginal und veranlasst ihn zu der lokalpatriotischen Bemerkung, die werdende Kunst in Hamburg erscheine ihm »gesünder«.[279] Bei der Vorbereitung der Graphischen Ausstellung äußert er sich zwar Schiefler gegenüber keineswegs abfällig über den Künstler, doch empfindet Schiefler deutlich seine Zurückhaltung, auch wenn Lichtwark Munch als »größtes nordisches Talent in der Kunst« bezeichnet. 1905 wird er sich sogar anerkennend über dessen Werke äußern.[280] Zum Konflikt kommt es erst durch die Details. Als sich der Erfolg der Ausstellung bereits abzeichnet, will Schiefler die von Lichtwark abgelehnten Munch-Blätter schließlich doch noch durchsetzen. Aufgeschlossener als Lichtwark, erfreut sich Schiefler besonders an einer Wand mit Munch-Blättern, darunter die »Madonna« und der »Kuss«, die durch ihre erotische Darstellung Lichtwarks Missfallen erregen.[281] Er fordert die Entfernung einiger dieser Blätter mit dem Argument, die Ausstellung solle die Menschen für Munch einnehmen und nicht abschrecken, weist auf die mangelnde Popularität der Kunsthalle hin und darauf, dass die Ausstellung ein Erfolg werden soll. Lichtwark hat auch den Schutz der Jugend vor einem erotisch wirkenden Blatt wie dem »Kuss« im Sinn. Eine Gruppe von Soldaten sei in der Ausstellung zunächst stumpfsinnig gewesen, bis einer nach »Nuditäten« geschnüffelt habe. Er bekennt aber auf Schieflers Beharren hin offen, die mit einem Rahmen von Spermien und einem Embryo umgebene Madonna als »geschmacklos« zu empfinden; jeder habe seine Altersgrenze, an der er nicht weiterkönne.[282] Lichtwark hat auch Bedenken wegen der Presse, wenn sie sich gegen die

276 Vgl. Ausst.Kat. Frühjahrsausstellung (1897), S. 39, Nr. 559, 560.
277 Vgl. Br. Kommission (1899), Bd. VI: 1898, S. 32.
278 Vgl. Br. Kommission (1904), Bd. X: 1902, S. 34, 182f. – Munch, Sommernacht, WV Woll 536.
279 Vgl. Br. Kommission (1904), Bd. XI: 1903, S. 44.
280 Vgl. Woesthoff (1996), S. 194. – Schiefler, LAZ, 10.3.1905, o.P., HH, SUB, HSS.
281 WV Woll 39 (Madonna), Nr. 114, 115, 124, 204 (Der Kuss).
282 Vgl. Schiefler, LAZ, 20.1.1904, S. 291–293, HH, SUB, HSS.

Spermatozoen und den Embryo ausspreche, könne man nichts erwidern, argumentiert er.[283] Schiefler bleibt nichts übrig, als dem Wunsch des Hausherrn zu folgen; er vermag jedoch für Lichtwarks Argumentation kein rechtes Verständnis aufzubringen. Historisch gesehen muss dessen Meinung jedoch als völlig normal betrachtet werden, eher erstaunt Schieflers ungewöhnliche Offenheit. Zu Lichtwarks Aufgaben gehört es überdies, Schaden von seinem Museum abzuwenden; er kämpft schwer genug mit der geringen Akzeptanz der Bilder von Liebermann, Kalckreuth und den anderen sezessionistischen Malern.

Die Presse berichtet wohlwollend. Im *Hamburger Echo* leistet ein Artikel Rezeptionshilfe im Sinne Lichtwarks: Bei der Betrachtung komme es zunächst nicht darauf an, aus welchem Land der Künstler stammt; man versuche vielmehr herauszufinden, was das einzelne Kunstwerk Schönes und Wertvolles enthält, und gelinge das nicht, so soll man nicht gleich verurteilen, denn es seien nur Werke ausgestellt, die für die Entwicklung der Graphik, der Griffelkunst, von Bedeutung sind. Man solle es dann mit einem anderen Werk probieren, es würden für jeden genug übrigbleiben, die ihm Freude machen. Auch im *Hamburgischen Correspondenten* erscheint eine ausführliche Darstellung mit der Vorbeugung gegenüber Kritik. Es gebe eben, »wie ein vielgeschmähter Engländer sagt, Künstler, die auf Fragen antworten, die noch nicht gestellt sind«, heißt es im Schlusssatz.[284]

Lichtwark würdigt die Graphische Ausstellung von 1903/04 in den *Hamburger Nachrichten* vom 2. Februar 1904 als Veranstaltung von Gustav Schiefler, Henry P. Newman, Richard Robinow und Geert Seelig. Er dankt Sidney Colvin vom British Museum, Léon Bénédite vom Musée du Luxembourg in Paris, Henri Hymans vom Kupferstichkabinett Brüssel und Max Lehrs vom Kupferstichkabinett Dresden für ihre Unterstützung. Die Herren dürften mit einem Gefühl der Befriedigung auf das Ergebnis blicken, sie hätten den Besuchern großen Genuss und dauernde Anregung beschert und dem Hamburger Kunsthandel nachhaltige Impulse gegeben, schreibt er, nicht ohne erneut auf die Bedeutung des Sammelns einzugehen.

Dass die von Schiefler arrangierte Graphische Ausstellung der Gesellschaft Hamburgischer Kunstfreunde für die Kunsthalle ein großer Erfolg wird, nicht zuletzt dank der im Meister-Francke-Saal eingerichteten, »Thee, Kuchen und kleine Butterbrödchen« anbietenden Restauration als Vorläufer des Museumscafés, nützt schließlich auch Lichtwark. Er erwirbt aus der Ausstellung für die Kunsthalle hundert Blätter im Wert von 3.900 Mark.[285] Doch Schieflers Erfolg erregt andererseits auch Lichtwarks Eifersucht. Er lässt sich zu Unfreundlichkeiten, sogar Beleidigungen gegenüber Luise Schiefler hinreißen, die als kompetente Assistentin ihren Mann unterstützt. Schiefler ist, trotz allem Kunstverständnis und seinen unbestreitbaren Fähigkeiten, dennoch Laie und Amateur;

283 Vgl. Schiefler, LAZ, 20.1.1904, S. 291, HH, SUB, HSS.
284 Vgl. Graphische Ausstellung in der Kunsthalle, in: Hamburger Echo, 25.12.1903; J. C., Die graphische Ausstellung in der Kunsthalle, in: Hamburgischer Correspondent, 17.1.1904; StA HH, A 521, ZAS Kunsthalle, Bd. I.
285 Vgl. Schiefler, LAZ, 20.2.1904, S. 303, HH, SUB, HSS. – P4, 27.2.1904.

Lichtwark vermag ihn nicht als ebenbürtigen Partner zu akzeptieren. Doch Schiefler pflegt Kontakte zu verschiedenen Künstlern, zu den jungen Hamburgern sowie zu Liebermann und Munch sind sie ausgezeichnet, wie seine späteren Graphikverzeichnisse dieser Künstler beweisen. Nicht zuletzt Lichtwark zuliebe katalogisiert er als erstes die Graphik des Hamburgischen Künstlerclubs bis 1904 in einem 1905 erscheinenden Verzeichnis.[286] Sein Werben um Lichtwarks private Zuwendung, das der Graphischen Ausstellung unmittelbar vorausgegangen ist, findet keinen Anklang. Auch einer Einladung in Schieflers Haus folgen Lichtwark und seine Schwester nicht, trotz Luise Schieflers eingehendem Bemühen in Form eines Besuches bei Helene und Marianne Lichtwark.[287] Vielleicht möchte er nicht in Schieflers unorthodoxem, eher linksliberal eingestelltem Kreis bei den häuslichen Kulturabenden gesehen werden; sicherlich aber fürchtet er auch einen Rivalen bei der Lenkung des Kunstlebens in Hamburg, die er sich selbst vorbehalten möchte. So wächst Schieflers Enttäuschung, auch wenn Lichtwark sich in der Ausstellung gegenüber dem Kreis der Gesellschaft Hamburgischer Kunstfreunde lobend über Schiefler äußert, was dieser am nächsten Tag der Presse entnimmt.[288] Das Verhältnis beginnt sich zu trüben. 1905 legt Schiefler sein Amt als Schriftführer der Gesellschaft Hamburgischer Kunstfreunde nieder.[289] Er respektiert Lichtwark weiterhin, akzeptiert auch dessen Dominanz, doch emanzipiert er sich zunehmend, vor allem durch seine Hinwendung zur künstlerischen Avantgarde.[290] 1907 veröffentlicht er die Werkverzeichnisse der Graphik Max Liebermanns und Edvard Munchs, 1911 folgt das Werkverzeichnis der Graphik Emil Noldes.[291] Außerdem schreibt er von 1893 an, meist im *Hamburgischen Correspondenten*, Aufsätze über die Graphik anderer Künstler wie Louis-Auguste Lepère, Paul Helleu und Marcellin-Gilbert Desputin, Max Klinger, Hans Thoma, Henri Guérard, Anders Zorn, Alexandre Lunois und Henri Dillon, Karl Stauffer-Bern, Wilhelm Laage und Emil Nolde.[292] Auch damit unterstützt er Lichtwarks Arbeit auf loyale Weise.

286 Vgl. Schiefler (1905). Im April 1904 spricht Schiefler mit Lichtwark erstmalig über seinen Plan zu einem graphischen Verzeichnis der ehemals jungen Hamburger Künstler. Lichtwark stellt in Aussicht, den Band in der *Liebhaberbibliothek der Gesellschaft Hamburgischer Kunstfreunde* zu veröffentlichen; er lobt die frühen Drucke der Künstler und betont die Notwendigkeit, die Inkunabeln einer Bewegung zu sammeln; vgl. Schiefler, LAZ, 13.4.1904, o.P., HH, SUB, HSS.

287 Vgl. Schiefler, LAZ, 7.10.1903, S. 253, 17.10.1903, S. 254, HH, SUB, HSS.

288 Vgl. Schiefler, LAZ, 5.1.1904, S. 289, HH, SUB, HSS. – Vgl. Woesthoff (1996), S. 174.

289 Vgl. ebd., S. 93f.

290 Schiefler notiert in seinen Lichtwark-Aufzeichnungen (LAZ), er möchte sein Amt als Schriftführer der Gesellschaft Hamburgischer Kunstfreunde niederlegen wegen der Widerstände bei den Damen. Lichtwark wolle ihn jedoch nicht gehen lassen, dann könne er nicht mehr so oft zu ihm kommen. Bei zuviel Arbeit müsse man ihn entlasten, an den kleinen Nörgeleien läge doch nichts. Schiefler, LAZ, 11.2.1905, o.P., HH, SUB, HSS.

291 Gustav Schiefler, Das graphische Werk von Max Liebermann, Berlin: Cassirer, 1907; ders., Verzeichnis des graphischen Werks von Edvard Munch bis 1906, Bd. 1, Berlin: Cassirer, 1907, Bd. 2: 1906–1926, Berlin: Euphorion, 1928; ders., Das graphische Werk Emil Noldes bis 1910, Berlin: Bard, 1911, Bd. 2: 1910–1925, Berlin: Euphorion, 1926.

292 Vgl. Woesthoff (1996), S. 368–372.

NEUE IMPULSE

Kalckreuth

»Die Stimmung ist besser geworden«, schreibt Lichtwark am 28. Oktober 1899 an seinen Freund Leopold von Kalckreuth, den er kurz zuvor anlässlich eines in Dresden ausgestellten Bildnisses seiner Tochter Etta als Portraitmaler schätzen gelernt hat. Zuvor malte Kalckreuth in Hamburg nur 1894 zwei Hafenmotive, wovon die »Dückdalben« für die Sammlung von Bildern aus Hamburg angekauft, das andere Bild in der Kunsthalle für günstigere Zeiten deponiert wurde. Schon um diese Zeit glaubt Lichtwark, Kalckreuth oder auch Hans Olde könnten dauerhaft in Hamburg Fuß fassen,[293] als Zentrum einer modernen hamburgischen Künstlerschaft. Doch tritt vorerst bei der Auftragsvergabe an Kalckreuth eine Pause ein, während Olde mit drei Bildern in die Sammlung von Bildern aus Hamburg eingeht, dem Interieur »Diele des Herrenhauses auf Waltershof« und den Portraits von Elise Averdieck, das erst drei Jahre nach seiner Entstehung angekauft werden kann, sowie von Claus Groth.[294] Lichtwarks Kontakt zu Olde ist ebenfalls freundschaftlich; 1894 besucht er den Künstler auf seinem Gut Seekamp bei Kiel und hat wegen der Nietzsche-Radierung für den *Pan* erneut mit ihm Kontakt. 1899 erwirbt Lichtwark dann Oldes Portrait des Dichters Klaus Groth aus der Ausstellung der Berliner Sezession für die Hamburger Portraitgalerie.[295] Doch ergeht später an den Künstler kein weiterer Auftrag für die Sammlung von Bildern aus Hamburg. Kalckreuth rückt nun in den Vordergrund. 1899 sieht Lichtwark eine neue Aufgabe für den Freund. Da der Rathausbau nunmehr abgeschlossen ist, soll für das Gebäude ein Gruppenportrait des aus achtzehn Herren bestehenden Senats gestiftet werden; 30.000 Mark wurden für diesen Auftrag gezeichnet. Das genannte Motiv, »etwa ein Aufzug unseres Senats bei der Einweihung des neuen Rathauses«, ist Lichtwark schon 1894 als die großartigste Bildnisaufgabe erschienen, die er sich für Deutschland vorstellen kann.[296] Doch geht dieser Auftrag schließlich nicht an Kalckreuth, sondern an den Berliner Maler Hugo Vogel.[297] Eine »ganze Ausstellung Kalckreuth«, die ihn »sehr erquickt« habe, sieht Lichtwark im April 1900 in der Kunsthandlung Cassirer, darunter Genrebilder, Landschaften und Portraits. »Ist das ein ernster, lieber Mensch.«[298] 1901 wird endlich das seit 1894 in der Kunsthalle deponierte Hafenbild »Heimkehrende Werftarbeiter auf der Elbe« mithilfe einer Spende von Lulu Bohlen, geborene Woermann, einem sehr aktiven Mitglied der Gesellschaft Hamburgischer Kunstfreunde, zum Andenken ihres Mannes ange-

293 Vgl. Br. Kalckreuth, S. 67.

294 Vgl. Ausst.Kat. Bilder aus Hamburg (2002), S. 98, 100. – Best.Kat. Hamburg, 19. Jh., S. 153.

295 Zu Olde siehe das Kapitel »Hamburgische Kunst: ... und ihre Sammler« in Teil 3. – Best.Kat. Hamburg, 19. Jh., S. 153.

296 Vgl. Br. Kommission (1896), Bd. III: 1894/95, S. 46.

297 Vgl. Br. Kalckreuth, S. 71f. – Die Kunsthalle besitzt Vogels Kompositionsskizze zu diesem Bild, betitelt: Der Einzug des Senats im Hamburger Rathaus, 1897, Best.Kat. Hamburg, 19. Jh., S. 219.

298 Br. Kommission (1901), Bd. VIII: 1900, S. 53f. – Echte / Feilchenfeldt (2011), S. 285–294.

kauft; sie ermöglicht außerdem zwei neue Hafenmotive von Kalckreuth, die »Sonntagsstimmung auf der Elbe« und den »Hamburger Hafen beim Grasbrook«. Lichtwark kann außerdem noch eine Studie zur »Sonntagsstimmung« hinzu erwerben.[299] So ist Kalckreuth schon mehrfach mit Hafenbildern in der Kunsthalle vertreten, als Lichtwark ihm 1901 die beiden ersten Portraitaufträge anvertraut. Während eines Besuches bei dem Künstler in Stuttgart sieht er unter anderem das Bildnis des am Boden hockenden Sohnes Wolf, das sich seit dem Jahr 1949 in der Kunsthalle befindet, und ist begeistert von Kalckreuth und seiner Portraitkunst: »[...] die Erde hat mich wieder. Aber die Erinnerungen an die schönen Tage in Stuttgart haben mich auch noch und werden mich nicht verlassen.« Und unter dem Eindruck von Kalckreuths Familienportraits schwärmt er: »[...] wenn ich das Bild mit all seinen Einzelheiten [...] vor Augen habe und an die anderen Bildnisse der Deinen denke, dann bin ich voll von einem Gefühl des Glücks, daß Du das geschaffen hast, und ich werde nicht müde mir auszumalen, was Du einmal in den Augen der Besten sein wirst, der große menschliche Bildnismaler unseres Volkes, auf den wir alle hoffen und warten.« Allerdings weiß Lichtwark auch, dass Kalckreuths realistische Auffassung nicht gleich viele Anhänger finden wird: »Du wirst es nicht leicht haben, mit dieser Kunst durchzudringen, aber laß Dich das nicht schrecken. Es wird mit einem Male da sein, denn was Du schaffst, ist die Gesundheit und Ehrlichkeit selbst, und es ist nicht mit den Händen gemacht, sondern mit dem Herzen, kein Abklatsch, sondern eine Wiedergeburt der Natur. Auf die beiden Bildnisse, die wir haben sollen, freue ich mich riesig.«[300]

Diese beiden geplanten Bildnisse sollen nun die Entwicklung der Hamburger Portraitgalerie voranbringen. Nach den Portraits von Hans Olde und dem Bildnis des Kommissionsvorsitzenden Senator Ferdinand Möhring von Ferdinand Brütt als Geschenk eines Kunstfreundes,[301] kommt das im Sommer 1900 von Hubert von Herkomer gemalte Portrait des nunmehr 75jährigen Hamburger Malers Valentin Ruths in die Sammlung, der reichlich, beispielsweise mit den großen Bildern im Treppenhaus, in der Kunsthalle vertreten ist. Dieses Portrait wird als Beitrag des Kunstvereins und der Kunstfreunde von 1870 gestiftet.[302] 1901 entstehen nun die nächsten Bildnisse zweier wichtiger Persönlichkeiten des Hamburger Kulturlebens: Kalckreuth malt den Händel-Forscher, Begründer der Händel-Gesellschaft und Herausgeber der Händel-Gesamtausgabe Dr. Friedrich Chrysander, der noch im September desselben Jahres 75jährig verstirbt, in seiner Druckwerkstatt; dabei wird die genaue Wiedergabe der Noten vom Dargestellten gefordert. »Director Professor Dr. Justus Brinckmann« wird im Rahmen seines bevorstehenden 25jährigen Amtsjubiläums im Jahre 1902 portraitiert, als Hinweis auf seine Verdienste als Japansammler vor einer Vitrine mit japani-

299 Vgl. Best.Kat. Hamburg, 19. Jh., S. 88f. – Br. Kalckreuth, S. 89f., WV Brachert 189, 192, 191. – Ausst.Kat. Bilder aus Hamburg (2002), S. 102. – Die »Werftarbeiter« kosten 1.500 Mark (P4, 23.11.1901).
300 Br. Kalckreuth, S. 81f. – Best.Kat. Hamburg, 19. Jh., S. 89, WV Brachert 142.
301 Best.Kat. Hamburg, 19. Jh., S. 18. – Ausst.Kat. Bilder aus Hamburg (2002), S. 100.
302 Vgl. Ausst.Kat. Bilder aus Hamburg (2002), S. 100f. – Best.Kat. Hamburg, 19. Jh., S. 80 (Ruths).

schen Sammlungsobjekten und mit einem zur Tuschemalerei benötigten Wassertropfer in seiner rechten Hand. Beide Bilder werden mit Mitteln aus dem Warburg-Legat erworben.[303] Gleichzeitig plant Lichtwark aber auch ein Bildnis der für ihn wichtigsten Figur in der Gesellschaft Hamburgischer Kunstfreunde, Marie Zacharias. Die mütterliche Freundin und motivierteste Mitarbeiterin des Jahrbuchs unterstützt ihn und seine Ziele seit Gründung der Gesellschaft unermüdlich. Am 14. Januar 1901 versucht er, Kalckreuth für das Motiv zu gewinnen: »Es ist eins der großartigsten Bildnisse, die meiner Empfindung nach möglich sind. Die alte Dame ist sehr groß, sehr schlank, ein wenig geneigt, beim Sitzen und Stehen gleich ausgezeichnet in Charakter und Eleganz der Silhouette. Dabei zieht sie sich so gut an, wie ich in Deutschland noch nie eine alte Dame gesehen habe, durchaus ihrem Alter angemessen und doch von der höchsten Eleganz und dem sichersten Gefühl für das, was gerade ihrer Gestalt zuträglich ist. Und doch habe ich sie nie von Toilette sprechen hören. Von ihrem Kopf will ich nichts sagen. Das Gesicht ist Leben und Intelligenz selber. Sie muß in ganzer Figur gemalt werden, wie sie Blumen pflückt oder am Fenster steht oder in ihrer Bibliothek – die sehr schön ist – vor dem Bücherbort in einem Buch nachschlägt oder wie sie draußen zeichnet. Sie hat seit Jahren die ganze alte Hamburger Architektur aufgenommen. Doch Du mußt selber sehen. Wenn Du sie erst kennst, mußt Du ihre Lebenserinnerungen lesen. Es ist wirklich ganz eine Aufgabe für Dich, wie gemacht für Dich. Vorläufig sind das noch Träume. Aber nur was schon lange als Wunsch und Traum existiert hat, kann ein ganz großes Kunstwerk werden, und hier leben Wunsch und Traum, dies Bildnis mit Augen zu sehen, nicht nur in meinem Herzen.«[304]

Lichtwark, der Kalckreuth offensichtlich stärker an Hamburg binden möchte, denkt im Jahr 1902 zwar daran, den Freund in die Jury eines Plakatwettbewerbes der Hamburg-Amerika-Linie zu berufen,[305] doch erst zwei Jahre danach werden seine Bemühungen konkreter. Er braucht den bekannten Künstler neben Liebermann als Portraitisten, denn die jungen Hamburger liefern noch nicht die gewünschte Qualität. Paul Kayser hat 1903 einen Misserfolg mit dem Portrait der Gattin des Senators Max Predöhl erzielt; Lichtwark hatte ihm vorgeschlagen, die Dame erst zu zeichnen. Er habe aber gleich losgemalt und das Bild sei misslungen, berichtet Schiefler. Doch im Vergleich zu den deutschen Malern auf der großen Berliner Ausstellung, meint Lichtwark begütigend, müsse man das, was die jungen Hamburger Künstler anstrebten, respektieren.[306] Über die herrschende Meinung hinsichtlich der neuen Kunst muss

303 Vgl. Ausst.Kat. Bilder aus Hamburg (2002), S. 102, Abb. S. 56f. – Best.Kat. Hamburg, 19. Jh., S. 90, WV Brachert 147, 146. – Maltzahn-Redling (2005), S. 29. – Im August besichtigt die Kommission die beiden fertiggestellten Portraits; P4, 17.8.1901. – Das Portrait von Brinckmann befindet sich seit 1991 als Leihgabe im MKG, Hamburg, im Raum der Justus-Brinckmann-Gesellschaft. Zu Brinckmann siehe auch das Kapitel »Kollegen: Brinckmann und Warburg« in Teil 5.

304 Br. Kalckreuth, S. 82f. – Marie Zacharias, Familien-, Stadt- und Kindergeschichten, Hamburg: Gesellschaft der Bücherfreunde, 1954.

305 Vgl. Br. Kalckreuth, S. 94.

306 Vgl. Schiefler, LAZ, 23.7./29.7.1903, S. 246, HH, SUB, HSS.

er sich ständig hinwegsetzen: Der Architekt Haller hat ihm in seiner Eigenschaft als Mitglied der Kunsthallenkommission geschrieben, die Leute möchten solche Schmiererei nicht leiden.[307]

Im Januar 1904 vermittelt Lichtwark Kalckreuth zunächst den Auftrag des Kunstvereins über eine Tiefdruckarbeit im Wandschmuckformat und versucht ihn dabei zu einem Mezzotinto mit einem Hafen- oder Technikmotiv anzuregen, da diese Art des Tiefdrucks seines Wissens noch nicht zu einer größeren Landschaft verwendet worden ist. Als Impuls für die lokale Künstlerschaft hat er zehn Jahre zuvor ein kleines Blatt des englischen Radierers Francis Seymour Haden in dieser Technik erworben, bisher jedoch ohne Erfolg. In fürsorglicher Weise will er sich um eine bequeme Arbeitssituation für den Freund kümmern, auch eine Staatsbarkasse besorgen und mahnt warme Kleidung an; doch kommt der Auftrag schließlich nicht zur Ausführung.[308] Nun setzt er erneut bei der hamburgischen Portraitgalerie an, über die er rückblickend im Jahresbericht 1904 schreibt: »Schon bei ihrer Gründung war betont worden, daß sie bestimmt sei, die bedeutendsten deutschen Bildnismaler nach Hamburg einzuladen, um verdiente Männer und Frauen für die Nachwelt festzuhalten und zugleich die Grundlage zu einer Sammlung der hervorragendsten deutschen Bildnismaler zu legen. Bisher konnte diese Absicht noch nicht mit dem nötigen Nachdruck durchgeführt werden.«[309] Als Fortsetzung der Bildnisserie plant er bereits Ende 1903 ein Portrait des Hauptpastors von St. Michaelis, Senior Georg Behrmann, anlässlich dessen Amtsjubiläums. Zwar richtet sich die Vorstellung der Gemeindemitglieder nicht gerade auf Kalckreuth, doch gewinnt Lichtwark schließlich ihre Zustimmung und das Portrait gelangt 1904 zur Ausführung, ein Geschenk von Freunden und Verehrern des Dargestellten, der Architekt Martin Haller ist hier federführend. Zwei Jahre später schenkt der Künstler noch eine Detailstudie dazu, den »Altar von St. Michaelis«.[310] Gleichzeitig vermittelt Lichtwark dem Freund einen Medaillenauftrag: Die Vorsteherin und Gründerin der Schule des Paulsen-Stiftes, Anna Wohlwill, soll damit geehrt werden. Für die Rückseite entwickelt Lichtwark einen Vorschlag, den Kalckreuth aufgreift, eine Allegorie für Wohlwills pädagogisches Wirken: Eine Frau führt ein Kind auf Schrittsteinen durchs Wasser.[311] Erst kurz zuvor hat Lichtwark in Bremen Bilder des Freundes in einer Ausstellung gesehen und schreibt ihm überschwänglich: »Es ist ein Glück zu leben, wenn solche Dinge neu entstehen.«[312] Gleichzeitig treibt er einen noch größeren Portraitauftrag an Kalckreuth voran, die fünf Gerichtspräsidenten als Anleihe an holländische Gruppenbildnisse des 17. Jahrhunderts, von ihm als »Regen-

307 Vgl. Schiefler, LAZ, 24.12.1903, S. 284, HH, SUB, HSS.
308 Vgl.ebd., S. 109f.
309 Vgl. Jahresbericht [Bd. 18], 1904, S. 15.
310 Vgl. ebd., S. 98. – Best.Kat. Hamburg, 19. Jh., S. 90, WV Brachert 204. – Zu Behrmann vgl. Lohse (1986), S. 96–99.
311 Vgl. Br. Kalckreuth, S. 113f. Die Plakette befindet sich in mehreren Ausführungen in der HKH; vgl. Best.Kat. Hamburg, Medaillen und Plaketten, Nr. 761–764. – Zu Anna Wohlwill vgl. Studemund-Halévy (2011), S. 167.
312 Br. Kalckreuth, S. 116.

tenstück« und »Deine künftigen Staalmeesters« bezeichnet.[313] Dieser Plan ist jedoch einstweilen noch nicht spruchreif.

Im Sommer 1904 kommt der avisierte Portraitauftrag der Marie Zacharias zur Ausführung: Kalckreuth malt die alte Dame in drei Varianten.[314] Lichtwark hat dafür eine besondere und höchst persönliche Umgebung ausgewählt, ihr selbst entworfenes kleines Holzhaus in der Art eines traditionellen Hamburger Gartensaales. Sie ließ es als ihr Ferien-Tagesquartier nach eigenem Entwurf auf einem Wiesengrundstück in Bockswiese im Harz errichten, einem Ort, der seit Jahren auch Lichtwarks bevorzugtes Ferienziel ist. Er schwärmt von den Farben und dem Licht in diesem kleinen Haus und seiner Umgebung; wieder einmal kommt sein eigener sensibler Farbensinn zum Ausdruck. Kalckreuth soll wegen des besonderen Ortes, des guten Klimas und der eigenartigen, von Maleraugen noch nicht wahrgenommenen Landschaft dorthin gelockt werden. Um dieses Domizil von Marie Zacharias hat sich eine kleine Ferienkolonie entwickelt: neben Lichtwark mit Mutter und Schwester finden sich noch andere Mitglieder des Freundeskreises ein, Anna Steffens spielt Klavier, sogar Bach, und Lichtwark genießt die gepflegte, behagliche Atmosphäre.

Zwei Bildnisse Kalckreuths stellen die schmale alte Dame im schwarzen Kleid stehend, umgeben vom schlichten Interieur, im Halbprofil beziehungsweise Profil vor dem Fenster dar, das dritte zeigt sie als Sitzfigur zeichnend auf der Veranda (Abb. 38). Lichtwark möchte am liebsten alle drei Bilder ankaufen, die zusammen 19.000 Mark kosten sollen, die Kommission lehnt jedoch ab. Er soll entweder die stehende Marie Zacharias für 5.000 oder die auf dem Balkon Sitzende für 3.400 Mark aus privaten Mitteln erwerben,[315] dennoch formuliert Burchard als Präses der Kommission den ausdrücklichen Wunsch, alle drei Bilder für die Gemäldegalerie zu erhalten. Schließlich wird ersteres aus dem Lüders-Testament angekauft, die beiden anderen gelangen als Geschenk einer ungenannten Kunstfreundin in die Sammlung.

Der Weg zu diesem Ergebnis ist allerdings nicht einfach. Die Kommission lehnt zunächst glatt ab: »Eins gern – à mon choix [lateinisch geschrieben] – drei nein«, schreibt Lichtwark am 31. Dezember 1904 an seinen Freund Magnus von Wedderkop. »Auf eine Promemoria war sie mit Stiftung der anderen zwei einverstanden. Ich hatte alles vorbereitet 1., 2., 3., 4. Stifter u.s.w. eine Reihe. Einer mußte glücken. Der erste, den ich um 12 schon in der Kunsthalle hatte, nachdem ich um halb zwölf den Bescheid in Händen hatte, meinte, was wohl die Leute sagen würden, wenn er zwei Bilder von Frau Zacharias schenken wollte. – Besinnen gilt nicht, sagte ich ihm, Sie haben diese Chance verspielt, aber Sie sollen eine andere haben. – Ich schreibe Ihnen zu morgen früh, sagte er, etwas betroffen. – Vielen Dank, ich nahms für ge[unleserlich]. So komplimentirte ich ihn hinaus. Eine Stunde später schickte ich ihm durch Boten einen

313 Vgl. ebd., S. 118f.
314 Vgl. hier und im Folgenden: ebd., S. 119–121, 126–130, 145f. – Best.Kat. Hamburg, 19. Jh., S. 90, WV Brachert 206, 207, 208. – Ausst.Kat. Bilder aus Hamburg (2002), S. 105f. – P4, 3.12.1904.
315 Vgl. P4, 3.12.1904.

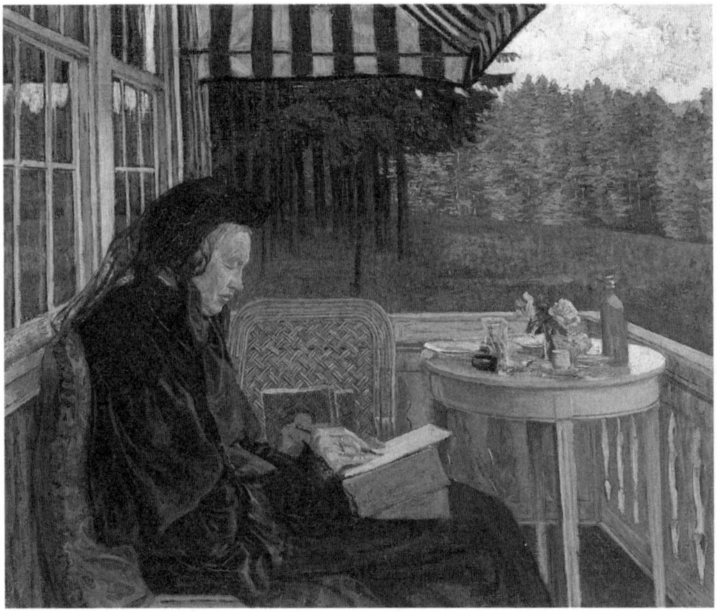

Abb. 38 Leopold von Kalckreuth, Marie Zacharias, 1904, Öl auf Leinwand, Hamburger Kunsthalle

Brief, die Stiftung wäre vollzogen, er solle eine nächste Chance besser ausnutzen. Aber natürlich alles lachend und sehr aimable, un peu trop même [lat. geschrieben]. Aber bei der ganzen Sache sah ich, wie nötig eine Einführung, deshalb der Katalog mit dem Aufsatz über Bildniskunst.«[316] Beim Eintreffen der Zacharias-Portraits in der Kunsthalle wird Lichtwark auf fast hektische Weise pathetisch, geradezu berauscht von der Kunst des Freundes, die er deutlich überschätzt.[317] Eine zunächst vorgesehene, unangemessen aufwendige Rahmung als Triptychon samt Schrifttafel mit Goldgrund wäre ihm sonst sicherlich nicht in den Sinn gekommen. Er verwirft sie auch bald darauf.

Unterdessen ist die Genehmigung für das Gruppenportrait der Gerichtspräsidenten erteilt worden. Gestiftet wird das Werk zum Preise von 22.000 Mark vom Verein von Kunstfreunden von 1870.[318] Doch wirkt das Bild eher uninspiriert durch die monotone Aufreihung der lebensgroß und im Talar dargestellten Figuren in nahezu symmetrischer Komposition. Ernst Friedrich Sieveking, den Gründungspräsidenten des Oberlandesgerichts, malt Kalckreuth noch einmal 1908 als Einzelportrait, das den 72jährigen im Jahr

316 Brief Alfred Lichtwark an Wedderkop, 31.12.1904, HKH, AdB 112. – Alfred Lichtwark, Bildniskunst. Einführung in die neuen Erwerbungen des Jahres 1904, Hamburg: Lütcke & Wulff, 1904; Kayser (1977), Nr. 379. – Französisch für: liebenswürdig, ein bisschen zuviel sogar.

317 Vgl. Br. Kalckreuth, S. 139f.

318 Vgl. ebd., S. 132. – Kalckreuth verlangt zunächst 20.000 Mark, deutet aber Konzessionen an; vgl. Brief Kalckreuth an Alfred Lichtwark, 19.3.1904, BSB, München, HSS, Kalckreuthiana II.B.1 Lichtwark, Alfred.

vor dessen Tod zeigt, ebenfalls für die Portraitsammlung der Kunsthalle und finanziert durch die Beit-Stiftung.[319] Für den Ausbau der Portraitgalerie rechnet Lichtwark mit Kalckreuth als fester Größe. Er plant eine Kalckreuth-Portraitwand mit dem »Regentenstück« in der Mitte und je einem Bildnis von Marie Zacharias und dem Senior Behrmann als Seitenstücken. Gerne hätte er in den Zwischenräumen noch Marinen im Hochformat; auch wenn er dieses Format für das Sujet eher unpassend nennt, so weiß er in der Hamburger Landschaft doch Fundorte dafür. Die schwarz gekleideten Figuren bereiten ihm allerdings Kopfzerbrechen hinsichtlich des Wandtons.

Die Ausstellung der neuen Erwerbungen am Jahresende 1904 weckt den Widerstand des Publikums. »Es nutzt alles nichts, die Bilder von Kalckreuth werden uns nun wohl um zehn Jahre wieder zurückbringen. Sie sind zu einfach, zu sachlich, ohne Mätzchen vorgetragen, daß eine gewisse Gesinnung dazugehört, nicht chokirt zu sein, das gebe ich zu. Aber diese Gesinnung sollte nicht so gar selten sein, wie sie sich zeigt. Das Präsidentenbild wirkt wie ein rothes Tuch: Das ist kein Bild, das ist Panoptikumskunst, wenn ich das sehen will, gehe ich zu [unleserlich], u.s.w. Du kennst die Leier und die Musikanten. Aber mich ficht es nicht an. Ich muß nur an mich halten, daß ich dem dickbäuchigen Pöbel die Verachtung nicht zu deutlich zeige. Das mögen sie wieder nicht gern. Aber ich kann darin schon mit einer gewissen Technik spielen und begreife allerlei Feinheiten, die mir früher eklig waren, die Freude des Priesters, etwas zu verbergen oder bei sich zu behalten, blos um es nicht zu sagen, das diplomatische ne se brouille pas avec moi qui veut [lat. geschrieben], von dem ich Dir neulich schrieb, das es mir plötzlich als Lebensweisheit aufgegangen sei. Der Runge [das im selben Jahr erworbene Elternportrait] macht aber doch einigen Eindruck, und die Jugend fühlt mit Kalckreuth. Dazu tragen die drei Bildnisse von Frau Zacharias besonders bei.«[320]

Im April 1905 stehen Lichtwark erneut 4.000 Mark aus einer privaten Quelle in Aussicht, so dass er wiederum Kalckreuth mit einem Auftrag bedenkt. Dieses Mal sucht sich der Künstler selbst ein Motiv: den Blick vom Restaurant Jacob in Nienstedten auf die Elbe, betitelt »Kreuzende Ewer vor Finkenwerder«, ein fast quadratisches Ölbild. Als Geschenk der Kommissionsmitglieder Bürgermeister Burchard und Senator Predöhl gelangt es 1906 in die Kunsthalle und komplettiert die bereits vorhandene Serie von Elbmotiven des Künstlers.[321]

Als Bildnismaler erscheint Kalckreuth Lichtwark wie ein »Messias«.[322] Die bemerkenswerte Häufung von fünf Bildern dieses Künstlers für die Kunsthalle innerhalb einer

319 Vgl. Ausst.Kat. Bilder aus Hamburg (2002), S. 105. – Best.Kat. Hamburg, 19. Jh., S. 91f., WV Brachert 205, 245.

320 Brief Alfred Lichtwark an Wedderkop, 31.12.1904, HKH, AdB 112. – Französisch für: man verderbe es nicht mit mir. – Zu Runge siehe das Kapitel »Die Suche nach den Hauptmeistern der Romantik: Philipp Otto Runge« in Teil 4.

321 Vgl. Br. Kalckreuth, S. 150. – P4, 8.12.1906. – Ausst.Kat. Bilder aus Hamburg (2002), S. 107; WV Brachert IV, 46, hier betitelt »Segelboote auf der Elbe bei Finkenwärder«. Möglicherweise handelt es sich um eine Spende der beiden Kommissionsmitglieder als Ersatz für die durch seinen Tod ausgefallene Zuwendung von Sir Alfred Beit. Das Bild wurde 1927 abgegeben.

322 Vgl. Br. Kalckreuth, S. 82.

Jahresfrist mag auch auf dessen Bekanntheit als Präsident des Deutschen Künstlerbundes zurückzuführen sein, vor allem aber wirkt sich die besondere freundschaftliche Beziehung zwischen den beiden Männern fördernd aus, die nicht lange darauf die nächste Phase erreicht: Kalckreuth denkt an eine Übersiedlung in die Nähe Hamburgs, sicherlich nicht zuletzt in der Hoffnung auf weitere Auftraggeber. Die bevorzugte Vermittlung von Aufträgen an Kalckreuth setzt Lichtwark in den folgenden Jahren fort, trotz der ständigen Mühe um die Beschaffung der finanziellen Mittel. »Man kann sich bei uns nur schwer entschliessen, sich grossen Künstlern anzuvertrauen«, schreibt Lichtwark im Januar 1905 an Prinz Eugen von Schweden.[323] Kalckreuths Bronzeplakette für das Paulsen-Stift liegt im April 1905 vor, gegossen bei der Berliner Medaillenmünze, und schon sinnt Lichtwark auf neue Aufgaben für den Freund.[324] Kurze Zeit später meldet er sich mit dem Vorschlag für ein Doppelportrait des ihm befreundeten Ehepaares Gustav und Charlot Tietgens, die auf dem Balkon ihres Hauses, Bellevue, mit dem schönsten Blick auf die Alster gemalt werden könnten. Dieses Bild wird zwar nicht realisiert, doch im Juli 1905 drängt Lichtwark erneut. Er wolle schon lange eine Landschaft von Kalckreuth haben; 4.000 Mark seien bereits als Stiftung vorhanden, die Stifter wünschen jedoch Mitsprache, so dass die Entscheidung nicht von Lichtwark allein abhängt.[325] Im gleichen Atemzuge erkundigt er sich nach der Bereitschaft des Freundes, eine sehr liebenswürdige alte Dame als Privatauftrag zu malen. 8.000 Mark nennt Kalckreuth als Honorarforderung für ein Portrait von Laura Beit, der Mutter des großzügigen Stifters Sir Alfred Beit, der Lichtwark schon mehrfach bei der Verwirklichung seiner Wünsche geholfen hat. Kalckreuth gelingt ein sehr lebendiges Bildnis der alten Dame.[326]

Ende Dezember 1905 zeigt die Galerie Commeter eine Einzelausstellung von Gemälden, Zeichnungen und Radierungen des Künstlers.[327] Lichtwark regelt persönlich verschiedene Probleme der Hängung; vermutlich hat er die Ausstellung in Hamburg auch vermittelt als Werbung für die Kunst seines Freundes. Doch erweist sich Kalckreuths Ausstellung als wenig erfolgreich. Es wird nur ein einziges Bild an eine Freundin von Lichtwark verkauft. Grund dafür ist die schlechte Kritik, die Kalckreuths Bilder in der Berliner Sezession erfahren haben. Karl Scheffler bemerkt dazu vernichtend: Kalckreuth sei kein Maler, also auch kein Künstler. Für Lichtwark wirkt sich diese Kritik ebenfalls sehr negativ aus: »Sie wissen«, schreibt er an Liebermann, »wie ich zu kämpfen habe, und wie einflußreich meine Feinde sind. Jede solche Katastrophe wirft alle meine Bemühungen zurück. Kalckreuth hätte bei uns eine ganze Reihe von Bildnissen malen können, wenn Scheffler, Heilbut etc. nicht so über ein Achtel von ihm gesprochen hätten.«[328]

323 Vgl. Brief Alfred Lichtwark an Prinz Eugen, 9.1.1905, Stockholm, PEW, Archiv. »Am meisten Mühe aber machten die Mittel für die Bilder von Kalckreuth.« Ebd.

324 Vgl. hier und im Folgenden: Br. Kalckreuth, S. 149–153.

325 Vgl. ebd., S. 155.

326 Vgl. ebd., Abb. vor S. 137. – Portrait Laura Beit, geborene Hahn (1824–1918), Privatbesitz, WV Brachert IV, 16.

327 Vgl. Br. Kalckreuth, S. 158f.

328 Br. Lichtwark-Liebermann, S. 221.

Dennoch plant Kalckreuth um diese Zeit bereits konkret die Übersiedlung in den Hamburger Raum; sie beginnt schon im Jahr darauf. In der Folge wird er zu einer wichtigen Figur in der hamburgischen Kunstszene. Schiefler strebt sogar die Erarbeitung eines Verzeichnisses seiner Graphik an, aber trotz Lichtwarks wohlwollender Zustimmung kommt es nicht dazu. Später gelingt es Lichtwark, den Künstler als Freundschaftsdienst zum Eintritt in den Hamburger Kunstverein zu bewegen. 1910 erhält Kalckreuth als Delegierter des Kunstvereins Sitz und Stimme in der Kunsthallenkommission und vermag nun Lichtwark bei seinen Vorhaben zu unterstützen.[329]

Liebermann

Wie im Falle Kalckreuths nutzt Lichtwark nach 1900 und dem Wechsel im Vorsitz der Kommission auch die Gelegenheit für neue Aufträge an Max Liebermann. Seit dem Petersen-Skandal und den darauf folgenden misslungenen Plänen für die Portraits von Mommsen und Curtius hat Lichtwark den Kontakt zu Liebermann aufrechterhalten. Er hat ihn regelmäßig in seinem Berliner Atelier aufgesucht und einen Briefwechsel gepflegt, in dem beide die Anrede »Verehrtester Freund« verwenden und zeitlebens mit dem höflichen »Sie« verkehren. In der Kommission des *Pan* waren beide gemeinsam tätig, und 1899 hat Lichtwark auch bei der Überarbeitung von Liebermanns Aufsatz über Degas mitgewirkt, resultierend aus seinem Rat, von kunstwissenschaftlicher Gelehrsamkeit Abstand zu nehmen.[330] Im Jahr zuvor, 1898, lehnt er es schweren Herzens, aber nachdrücklich ab, Liebermanns Biographie zu verfassen: »Ich thäte Ihnen gern jeden Gefallen, über Ihre Biographie zu schreiben, geht über mein Vermögen. Ich kann es einfach nicht. Und thäte ich es würde es sehr schlecht.« Er empfiehlt Cornelius Gurlitt, falls Bode zu krank sein sollte.[331] Liebermann nimmt die Absage weder übel noch persönlich, vielmehr beweist er seine Wertschätzung und Freundschaft im Februar 1899 durch das Geschenk seines Bildes »Ansicht eines holländischen Bauernhauses«. Lichtwark nimmt trotz seiner Überzeugung, als Museumsleiter privatim nicht sammeln zu dürfen, dieses Geschenk an. Er findet es »wunderschön«: »[...] es steckt ein Stück köstlicher Kultur in dem Object allein.« Besonders die Farbwahl spricht ihn an: »Das Fenster weiß und haifischblau im Grün, der Blumenbort mit rothen Geranien und die Bank daneben, das drückt alle Liebe einer sinnigen Seele, eines begabten Stammes aus.«[332] Im Hintergrund steht jedoch immer noch das Problem des nicht öffentlich ausgestellten, sondern durch einen Vorhang verborgenen Petersen-

329 Vgl. Br. Kalckreuth, S. 240. – Schiefler, LAZ, 30.9.1910, o.P., HH, SUB, HSS.
330 Vgl. Br. Lichtwark-Liebermann, S. 121; die erste Fassung dieses Aufsatzes ist erschienen in: Pan, 4. Jg., 1898/99, Heft 3, S. 193–196. – Vgl. auch Liebermann (1978, Degas), S. 55–63.
331 Br. Lichtwark-Liebermann, S. 118.
332 Br. ebd., S. 123. – Privatbesitz, nicht im WV Eberle; siehe dazu das Kapitel »Reisen: Die Rembrandt-Ausstellung in Amsterdam« in Teil 3.

Portraits. Liebermann fordert denn auch ein Konvolut von 26 Radierungen zurück, das Lichtwark zu einem geeigneten Zeitpunkt ankaufen möchte. Dem Maler ist es peinlich, unter diesen Umständen der Kunsthalle, wenn auch indirekt, seine Arbeiten zum Kauf anzubieten. Lichtwark jedoch besteht darauf, die Radierungen weiterhin in Hamburg zu behalten, und kann sie 1901 tatsächlich zum Preis von 1.500 Mark erwerben. Zudem stellt er eine baldige Lösung für die permanente Ausstellung des Petersen-Portraits in Aussicht. Inzwischen hat Liebermann selbst von Senator Burchard Komplimente für seine Bilder in der Kunsthalle erhalten, die in dessen Augen den wertvollsten Besitz des Museums darstellen.[333] Der mit Lichtwark gleichaltrige Burchard versteht diese neue Kunst nicht nur besser als der betagte Möring, sondern Liebermann ist inzwischen auch längst avanciert. In den späten 1890er Jahren wuchs seine Anerkennung rasch: 1895 erhielt er auf der Internationalen Ausstellung in Venedig den ersten Preis für sein Pastellportrait des Dichters Gerhart Hauptmann, 1896 wurde seine erste Einzelausstellung gezeigt, 1897 errang er auf der Ausstellung in Berlin die Große Goldene Medaille und erhielt im selben Jahr den Professorentitel. Seit 1898 ist er Mitglied der Berliner Akademie und amtiert, Mitbegründer der Berliner Sezession, kurz darauf schon als ihr Präsident.[334]

Nach den Aufträgen für Kalckreuth im Jahr 1901 kann Lichtwark nun im März 1902 auch Liebermann nach Hamburg einladen. Diesmal hat er landschaftliche Motive im Sinn. Schon 1891 sollte Liebermann Pastelle in Hamburg-Flottbek zeichnen, doch damals ließ sich dieser Plan noch nicht verwirklichen.[335] Am 3. Juli 1902 trifft Liebermann in Hamburg ein und bezieht im Gasthaus Jacob in Nienstedten an der Elbe Quartier. Lichtwark verzichtet auf Vorschläge oder Anregungen hinsichtlich der neuen Sujets. Besonders Jacobs Terrasse hat es Liebermann angetan; doch auch die umliegenden Landhäuser reizen ihn, denkt er doch selbst zeitweilig an eine Übersiedlung in den Hamburger Raum.

Liebermann malt und zeichnet im Sommer 1902 eine Reihe von Bildern und Studien, die Lichtwark für insgesamt 15.400 Mark aus Mitteln des Lüders-Testaments für die Sammlung von Bildern aus Hamburg ankauft: die Terrasse des Restaurants Jacob in Öl und mehrere Pastellstudien, Liebermanns Zimmer bei Jacob und drei verschiedene Blicke auf die Elbe mit unterschiedlicher Stimmung. Außerdem malt er »Das Polospiel in Jenischs Park«, ebenfalls mit einer zusätzlichen Pastellstudie. Er besichtigt die Landhäuser der Umgebung, malt ein »Altes Landhaus bei Teufelsbrück« und zeichnet ein Pastell vom Godeffroyschen Landhaus in Nienstedten, dem sogenannten Wriedtschen Haus, das ihm besonders gefällt und einige Jahre später als Anregung zu seiner eigenen Villa am Berliner Wannsee dienen wird. Lichtwark zeigt alle diese Werke sogleich als stolzen Besitz der Kunsthalle in der Hamburger Frühjahrsausstellung von 1903.[336]

333 Vgl. ebd., S.125, 127f., 133. – Zu den Radierungen Liebermanns vgl. P4, 23.11.1901.
334 Vgl. zur Biographie Liebermanns Dickel (2011), S. 195–209.
335 Vgl. Br. Lichtwark-Liebermann, S. 133. – Howoldt, »Kaviar für Hamburg«, in: Howoldt / Baur (1994), S. 7.
336 Vgl. P4, 15.3.1902; 10.000 Mark hat Lichtwark beantragt. Die Preise in Mark sind wie folgt: Terrasse bei Jacob in Nienstedten, VW Eberle 1902/9, 5.500 Mark; Polospiel in Jenischs Park, WV Eberle 1903/1, bis 1941 in der HKH, heute Privatbesitz Hamburg, 4.500 Mark; Altes Landhaus bei Teufelsbrück, WV Eberle 1902/10, 2.000 Mark, heute

Im Jahre 1905 folgen weitere Portraitaufträge an Liebermann. Schon bald nach Kalckreuths Gruppenportrait der fünf Gerichtspräsidenten sinnt Lichtwark auf ein weiteres großes Gruppenbild: den Hamburger »Professorenkonvent«. Bereits Anfang des Jahres 1901 durch Senator Werner von Melle ins Leben gerufen, besteht dieses Gremium aus den neun Direktoren der Hamburger Wissenschaftlichen Anstalten.[337] Alle tragen den Professorentitel: Justus Brinckmann amtiert als Vorsitzender des Konvents und vertritt das Museum für Kunst und Gewerbe, Max Eugen Hermann Dennstedt das Chemische Staatslaboratorium, Karl Kraepelin das Naturhistorische Museum, Robert Münzel die Stadtbibliothek, Richard Schorr die Sternwarte, Georg Thilenius das Museum für Völkerkunde, August Voller das Physikalische Staatslaboratorium, Adolf Wohlwill die Sammlung Hamburgischer Altertümer, Eduard Zacharias das Botanische Staatsinstitut. Dieses Gremium bestand als inoffizielle Einrichtung auch schon zuvor; nun jedoch wird zur Bündelung der verschiedenen wissenschaftlichen Bestrebungen in Hamburg, die sich aus dem Ausbau des Allgemeinen Vorlesungswesens entwickelt haben, ein gemeinsamer Vorlesungsplan aufgestellt und ein wissenschaftliches Jahrbuch herausgegeben. Bis zur Gründung der Universität im Jahre 1919 ist der Professorenkonvent in dieser Weise tätig. Dass auch die Kunstgeschichte längst eine etablierte akademische Disziplin ist, scheint dem hamburgischen Staat bei der Gründung des Gremiums entgangen zu sein, jedenfalls gehört Lichtwark nicht zu seinen Mitgliedern, auch wenn er eine akademische Ausbildung mit Doktortitel hat, ihm schon 1890 der Professorentitel verliehen wurden und er seit seinem Amtsantritt regelmäßig Vorlesungen hält. Als er 1896 auf Wunsch der Oberschulbehörde seinen Vorlesungsplan gemeinsam mit den Veranstaltungen der anderen wissenschaftlichen Einrichtungen veröffentlichen soll, lehnt die Kommission dies zunächst ab und besteht bis 1898 noch auf einer gesonderten Ankündigung.[338] Damit wird Lichtwark von den wissenschaftlichen Kollegen separiert, seine Erfolge bei der Erforschung der hamburgischen Kunstgeschichte bleiben ebenfalls unbeachtet. Darin liegt eine Deklassierung seiner Person und Tätigkeit; die Kunsthalle als wissenschaftlich betreutes Museum ist damit aus der Reihe der anderen Institute ausgegrenzt.

Möglicherweise reflektiert Lichtwark auch deshalb schon im Jahr nach der Gründung des Konvents, 1902, einen Positionswechsel in eine andere Stadt. Schiefler berichtet unter dem Datum des 19. Juli 1902, Lichtwark sei sehr deprimiert gewesen, weil er einen Ruf nach Stuttgart unter besseren Gehaltsbedingungen ausgeschlagen

Privatbesitz Hamburg; sieben Pastelle: Landhaus Blankenese, heute: Das Godeffroysche Landhaus im Hirschpark von Nienstedten an der Elbe, 600 Mark; Terrasse bei Jacob in Nienstedten, 600 Mark; Die Polowiese in Jenischs Park, 500 Mark; Das Zimmer des Künstlers bei Jacob in Nienstedten, 500 Mark; Nach dem Regen, 400 Mark; Regenstimmung auf der Elbe, 400 Mark; Regenstimmung auf der Elbe, 400 Mark, zusammen 15.400 Mark, dazu Zeichnungen Liebermanns für insgesamt 850 Mark. – Best.Kat. Hamburg, 19. Jh., S. 120f. – Ausst.Kat. Frühjahrausstellung (1903), S. 35.

337 Vgl. hier und im Folgenden: Schreiber (2000), S. 59f. – Schiefler (1985), S. 355f. – Best.Kat. Hamburg, 19. Jh., S. 122f. – Hohl (1981, Liebermann), S. 75–77.

338 Vgl. P3, 16.5.1896, 15.9.1898.

habe. Das sei nun sicher eine Dummheit, habe Lichtwark gemeint, denn er hätte es dort, insbesondere durch das Zusammensein mit Kalckreuth besser als in Hamburg. Er habe sich jedoch in Hamburg zu sehr festgelegt. Aber es gehe alles den Krebsgang, an Burchard habe er auch keine Stütze, dieser habe keinen Mut. Der einfühlsame Schiefler versucht daraufhin, Lichtwark mit einem Brief aufzurichten; er betont darin, »was sie alle an ihm haben«. Die beabsichtigte Ermutigung gelingt zumindest teilweise, denn Lichtwark antwortet: »Tausend Dank für den freundlichen Zuruf. Es hat wirklich etwas Stärkendes, wenn einmal einer zu dem, was man anstrebt, schlankweg ja sagt, und dafür ist man wirklich dankbar. Wenn die Pläne, deren Durchführung mich jetzt beschäftigen, gelingen, werden vielleicht noch einige andere aufhören. Aber im Ganzen muß man sich bequemen zu verzichten. Die Bourgeoisie ist wirklich kein guter Boden. Es lebe, was kommt, denn schlimmer kann es nicht werden.«[339]

Bürgermeister Burchard muss er als dem Vorsitzenden der Kunsthallenkommission aber doch von der Angelegenheit berichtet haben, denn in einem Brief an die Kommission vom 28. Juni 1902 schreibt er aus Stuttgart, Professor Lange, der an der Universität Tübingen die Kunstgeschichte vertritt, sei mit der Sichtung und Neuaufstellung der Stuttgarter Galerie betraut; Lange habe ihn den ganzen Tag durch die Sammlungen geführt. Selber wolle Lange den Posten nicht, da er sich in Tübingen von Pankok ein Haus habe bauen lassen, und die Tätigkeit an der Universität behage ihm so sehr, dass er dort seine Zelte nicht abbrechen wolle. Durch Lange erfährt Lichtwark von der geplanten Ernennung eines Generaldirektors aller Stuttgarter Sammlungen, der zugleich auch vortragender Rat und Professor am Polytechnikum sein soll. Auf diese Weise ließe sich diese Position auch finanziell angemessen aufbauen. Man suche nach einer geeigneten Persönlichkeit. Lange habe ihn direkt gefragt, ob er, Lichtwark, den Ruf annähme. »Einen Moment tauchte diese großzügige Wirksamkeit, das Leben in einer Stadt mit reichen Bildungsmitteln und in einem Kreis anziehender Menschen als lockendes Bild vor mir auf. Aber dann versank es wieder.« Resignation klingt im abschließenden Satz mit: »Es ist doch nichts für mich.«[340] Vielleicht fühlt er sich mit seinen fast fünfzig Jahren schon zu alt für einen solchen Wechsel, zudem weiß er sich verantwortlich für seine Angehörigen, denen der Ortswechsel kaum zuzumuten wäre. Sein Freund Kalckreuth ist jedoch ebenfalls eingeweiht, denn an ihn schreibt Lichtwark schon am 2. Juni [vermutlich Juli] 1902: »Es hat mir [sic] einen Entschluß gekostet, nicht nach Stuttgart zu gehen. Aber ich stecke in so vielen Unternehmungen, daß ich die Chance fahren lassen mußte.«[341]

339 Vgl. Schiefler, LAZ, 19.7.1902, S. 181–183, HH, SUB, HSS.

340 Br. Kommission (1904), Bd. X: 1902, S. 95–98. – Lichtwark ist spätestens seit dem ersten Kunsterziehungstag 1901 mit Konrad Lange bekannt, der dort den ersten Einführungsvortrag hält.

341 Vgl. Br. Kalckreuth, S. 94. Dieser Brief dürfte falsch datiert sein oder Erratum bei Schellenberg.

Als Lichtwark am 7. Januar 1905 bei Liebermann anfragt,[342] ob er den Hamburger Professorenkonvent portraitieren wolle, weiß er, dass sich sein Bildnis nicht unter den Dargestellten befinden wird. Aber er weiß natürlich ebenso, dass seine Abwesenheit genau diese Frage aufwerfen muss und damit auch seine Ausgrenzung offensichtlich wird. Womöglich will er jedoch auf diese Weise indirekt in die Debatte um die Gründung einer Hamburger Universität eingreifen, die sich seit 1904 deutlich belebt hat; er selbst befürwortet die Universitätsgründung dringend.[343] Im Übrigen spricht er im selben Brief an Liebermann von einem Traum, einem noch größeren Gruppenportrait mit den 24 Herren der Handelskammer, der »Elite der Kaufmannschaft«. Diese Idee bleibt tatsächlich ein Traum; doch ist Liebermann von der Aufgabe des Professorenportraits, des sogenannten »Regentenstücks«, begeistert, wie er überhaupt im Portraitfach das Schönste sieht, was die Malerei hervorgebracht hat. Seine Honorarforderung ist mit 12.000 bis 15.000 Mark, je nach Gelingen des Werkes, vergleichsweise niedrig; die Aufgabe reizt ihn offensichtlich derart, dass er sie nicht vom Honorar abhängig machen will. Im April hat Lichtwark bereits die Finanzierung gesichert und wiederum Sir Alfred Beit als Mäzen für dieses Werk gewonnen.[344]

Das Gruppenbildnis des Professorenkonvents kann jedoch erst im Herbst 1905 begonnen werden. Zuvor malt Liebermann im Auftrag Lichtwarks noch zwei Einzelportraits für die Sammlung von Bildern aus Hamburg, die gleichfalls seit Jahresbeginn 1905 bestellt sind. Seiner Galerie bedeutender Hamburger Persönlichkeiten will Lichtwark den Kaufmann, Naturforscher und Privatgelehrten Dr. Hermann Strebel und den seit 1900 amtierenden ersten Direktor des neugegründeten Deutschen Schauspielhauses in Hamburg, Dr. jur. Alfred Freiherr von Berger, eingliedern. Beide reisen im Laufe des Winters zu Liebermann nach Berlin, um ihm dort für die Portraits zu sitzen, denn der stets rücksichtsvolle Lichtwark möchte Liebermann seine Arbeit möglichst erleichtern.[345] Liebermanns Forderung ist mit 3.000 Mark je Bild sehr moderat; er dankt von Herzen für »das hingebende Interesse« Lichtwarks, »welches Sie mir im[m]er wieder von Neuem er- u beweisen. Hoffentlich gelingts mir, Ihnen auf die einzig richtige Weise dafür zu danken, indem ich Ihnen etwas anständiges male. Das walte Gott!« Lichtwark hat eine genaue Vorstellung von der Hängung der drei Werke – das große in der Mitte –, so dass er sich gar nicht mehr vorstellen kann, sie kämen nicht zustande: »Ich bin glücklich in dem Gedanken. Donner und Doria!« Liebermann habe zwar »einen Choc bekommen«, als Berger bei ihm eintrat, berichtet Lichtwark seiner Kommission, doch sei er bald Feuer und Flamme gewesen. Mit dem ersten Portrait von Berger sei er trotz des Zuredens von Tschudi und Kollegen nicht zufrieden gewesen, habe ein zweites angefangen, und dieses nun solle die Kunsthalle erhalten.[346] Bergers Portrait ist im Juni fertig, die Arbeit

342 Vgl. Schreiber (2000), S. 61f. – Br. Lichtwark-Liebermann, S. 178f.
343 Vgl. hier und im Folgenden: Hohl (1981, Liebermann), S. 75–77. – Schiefler (1985), S. 357f.
344 Vgl. Br. Lichtwark-Liebermann, S. 181, 185. – Best.Kat. Hamburg, 19. Jh., S. 122.
345 Vgl. hier und im Folgenden: Br. Lichtwark-Liebermann, S. 176–204, 210, Zitate S. 186.
346 Vgl. Br. Kommission (1908), Bd. XIII: 1905, S. 155.

hat Liebermann »riesigen Spaß« gemacht und gelingt als Meisterwerk, wie Lichtwark es voraussah. Das Portrait Strebels kann Liebermann erst im September malen.[347]

Während dieser Zeit korrespondieren Lichtwark und Liebermann in launiger Weise über das geplante Gruppenportrait des Professorenkonvents, das Liebermann Bode gegenüber als »Portrait-Massen-Mord« und »Doelenstück« bezeichnet, während Bode von einer »modernen Nachtwache« und Tschudi von den »Syndics« spricht.[348] Lichtwark erscheint dieses Gruppenbildnis von allergrößter Wichtigkeit; er bangt, es könnte etwas dazwischenkommen, denkt »Tag und Nacht« daran und will dem Maler alle Wünsche für seine Arbeit erfüllen: verschiedene Möglichkeiten der Ateliersituation, Möbel und Umgebung. Eine Liebermann-Wand mit dem »Professorenkonvent« und den beiden Einzelportraits von Berger und Strebel in der Kunsthalle ist sein Ziel. Doch im Sommer reist Liebermann erst einmal nach Holland zur Erholung und um sich bei Rembrandt und Hals, der ihm immer noch als der beste »Malklassen-professor« erscheint, neu zu stärken.[349] Zudem sind die zu portraitierenden Herren verreist. Beiden, Liebermann wie Lichtwark, bereiten die Anspielungen auf die holländische Malerei und die beiden großen Künstler sichtlich Vergnügen, was nicht erstaunt angesichts der ausgeprägten Neigung Liebermanns zu Holland und seiner Kunst sowie Lichtwarks sehr frühem Interesse an Rembrandt und der allgemeinen Wiederentdeckung der holländischen Barockkunst. Am 14. September nimmt Liebermann schließlich als Beobachter an einer Sitzung des Professorenkonvents teil und beginnt im Herbst mit der Arbeit an den Studien.[350] Die Kunsthalle erhält nicht nur das 1906 entstandene Gruppenportrait im selben Jahr als Geschenk von Alfred Beit, sondern mit 5.000 Mark aus dem Lüders-Testament auch die dreizehn Studien dazu, außerdem die Portraits von Berger und Strebel.[351] 1905 endet nach vierzehn Jahren schließlich auch die Petersen-Affäre. Nachdem Liebermann das Bild im Sommer 1902 auf seine Wirkung bei Oberlicht geprüft und pro forma einige Pinselstriche hinzugefügt hat, findet es schließlich seinen endgültigen Platz in der Schausammlung der Kunsthalle.[352]

So vertieft Lichtwark in diesen Jahren die Beziehung zu seinen beiden wichtigsten sezessionistischen Künstlern; er hat sie für die Kunsthalle gewonnen und kann ihr Schaffen ansehnlich präsentieren. Er steht damit an der Spitze der Rezeption moderner zeitgenössischer Kunst in Deutschland. Gustav Schiefler, der progressivste

347 Vgl. Best.Kat. Hamburg, 19. Jh., S. 121, WV Eberle 1905/2 und 1905/5. – Ausst.Kat. Bilder aus Hamburg (2002), S. 106. – Hermann Struck radierte ein Blatt nach Liebermanns Portrait von Berger, vermutlich weil dieses Werk als überaus gelungen galt, denn eigentlich war die Reproduktionsradierung um diese Zeit schon altmodisch; vgl. G. K., Zu der Radierung von Hermann Struck nach Max Liebermann, in: ZS BK, N.F., 17. Jg., 1906, S. 314, Abb. nach S. 292.

348 Vgl. Hohl (1981, Liebermann), S. 77. – Br. Lichtwark-Liebermann, S. 211, 214.

349 Vgl. ebd., S. 204.

350 Vgl. ebd., S. 187.

351 Vgl. Best.Kat. Hamburg, 19. Jh., S. 122f., WV Eberle 1906/1, 1905/29–41. – Ausst.Kat. Bilder aus Hamburg (2002), S. 107–109. – P4, 14.8., 8.12.1906.

352 Vgl. P4, 19.6.1902. – P4, 28.1.1905. – Br. Lichtwark-Liebermann, S. 177. – Kay (1994), S. 124.

Sammler in Lichtwarks Umgebung, notiert am 22. September 1905 in sein Tagebuch über den Stand der Hamburger Kunsthalle: »Vergegenwärtigt man sich die Stellung Lichtwarks zur deutschen Kunst in dieser Zeit, so erkennt man, dass er – als Direktor seines Instituts – ihr größter Förderer und Mäzen geworden war. Man kann sagen: der Senat, als Vertreter des Hamburger Bürgertums wurde durch ihn – gewissermassen wider seinen Willen – in diese Rolle hineingezwungen. Kalckreuth hatte Brinckmann und Chrysander, die drei Bilder der Frau Zacharias, das grosse Gemälde der Oberlandesgerichts-Präsidenten, den Senior Behrmann und ein Einzelbildnis des Präsidenten Sieveking gemalt; von Liebermann besitzen wir – ausser dem früher entstandenen Bürgermeister Petersen, die Portraits Berger und Strebel und er hat den grossen Auftrag, den Professorenkonvent zu malen; Wilhelm Trübner hat den Bürgermeister Mönckeberg und Slevogt den Bürgermeister O'Swald portraitiert; [...] Liebermann hat schon recht, wenn er sagte, dass zur Zeit der Jungfernstieg der Rendezvousplatz der bedeutendsten deutschen Maler sei. Wo in ganz Deutschland werden den Künstlern solche Aufgaben gestellt?«[353]

Am 18. Dezember 1901 feiert Kaiser Wilhelm II. die Vollendung der Siegesallee im Berliner Tiergarten, einer Aufreihung von 33 Denkmälern brandenburgischer und preußischer Herrscher, geschaffen von den konservativ-akademischen Bildhauern der Berliner Schule, darunter als bekannteste Vertreter Reinhold Begas, Fritz Schaper, Gustav Eberlein und Otto Lessing. Die Festrede des Kaisers würdigt nicht nur dieses Ensemble, sie nutzt auch die Gelegenheit zur Darlegung des höchsteigenen Kunstbegriffs, dessen Ablehnung der progressiven Kunst anschließend im Volksmund prägnant auf den Begriff »Rinnsteinkunst« verkürzt wird. Der Kaiser fordert die versammelten Bildhauer auf, sich der »sogenannten modernen Richtungen« zu versagen und damit die Kunst »hoch und hehr« zu erhalten: »Eine Kunst, die sich über die von mir bezeichneten Gesetze und Schranken hinwegsetzt, ist keine Kunst mehr, ist Fabrikat, ist Gewerbe, und das darf die Kunst nie werden. Mit dem viel mißbrauchten Wort Freiheit und unter seiner Flagge verfällt man gar oft in die Grenzenlosigkeit, Schrankenlosigkeit und Selbsterhebung. Wer sich aber von dem Gesetz der Schönheit, dem Gefühl für Aesthetik und Harmonie, die jedes Menschen Brust fühlt, ob er sie auch nicht ausdrücken kann, loslöst und in dem Gedanken einer besonderen Richtung, einer bestimmten Lösung mehr technischer Aufgaben die Hauptsache erblickt, der versündigt sich an den Urquellen der Kunst.« Wilhelm II. fordert sodann die Mithilfe der Kunst bei der Erziehung des Volkes, sie soll auch auf die unteren Stände einwirken und ihnen helfen, »nach harter Mühe und Arbeit [...] sich an den Idealen wieder aufzurichten.« Während sie den anderen Völkern mehr oder weniger verlorengegangen wären, seien dem deutschen Volke die großen Ideale zu dauernden Gütern geworden: »Es bleibt nur noch das deutsche Volk übrig, das an erster Stelle berufen ist, diese großen Ideen zu hüten, zu pflegen und fortzusetzen [...].« Die »Pflege der Ideale« betrachtet er als »die größte Kulturarbeit«; das ganze Volk müsse daran mitarbeiten,

353 Schiefler, LAZ, 22.9.1905, o.P., HH, SUB, HSS.

wenn Deutschland hier für andere Völker »ein Muster sein und bleiben« wolle. Zur Erfüllung dieser Aufgabe müsse die Kultur bis in die untersten Schichten des Volkes »hindurchgedrungen« sein. »Das kann sie nur, wenn die Kunst die Hand dazu bietet, wenn sie erhebt, statt daß sie in den Rinnstein niedersteigt.« Wilhelm II. räumt ein, auch Strebsamkeit und beste Absichten könnten bei manchem Angehörigen »solcher Richtungen« festzustellen sein, doch befinde er sich auf dem falschen Wege.[354]

Lichtwark nun fördert durch seine Aufträge gerade in diesen Jahren wieder besonders diejenigen Künstler, die der Kaiser auf Abwegen sieht. 1899 hat Fritz Bronsart von Schellendorf in einem Überraschungscoup seinen Freund Lichtwark dem Kaiser vorgestellt, den er zwar für von Anton von Werner beeinflusst, aber doch belehrbar glaubt; er hofft, Lichtwarks Worte möchten dazu beigetragen haben. Doch geht diese Erwartung keineswegs in Erfüllung.[355] Lichtwark seinerseits legt auf eine Begegnung mit dem Kaiser ebenfalls keinen Wert. Während der Jubiläumsveranstaltung zum fünfzigjährigen Bestehen des Germanischen Nationalmuseums im Jahr 1902 vermeidet er die persönliche Begegnung mit den hohen Herrschaften und lässt sich lieber in den Verwaltungsräumen einen Tee anrichten.[356]

Die Anerkennung des Impressionismus ist jedoch auch unter Fachleuten noch immer nicht allgemein verbreitet. 1905 wendet sich der Kunsthistoriker Henry Thode, Professor in Heidelberg, in einem Vortrag gegen diese Stilrichtung: Sie passt für ihn nicht in die deutsche Tradition. Seine Kritik schließt einen Angriff auf einen nicht namentlich genannten Berliner Kunsthändler und dessen Umfeld ein und unterstellt dabei reine Marktinteressen. Liebermann fühlt sich angegriffen und veröffentlicht eine scharfe Erwiderung mit dem Titel *Der Fall Thode*, in der er diesem jegliche Kompetenz abspricht. Gleich am Anfang erwähnt er dessen Irrtümer bei Zuschreibungen und schließt daraus, Thode verstehe von der neuen Kunst ebenso wenig wie von der alten. In seiner Erwiderung wendet sich Liebermann gegen den nationalistischen Tenor und fordert Freiheit: »Die Kraft der Darstellung, nicht die Wahl des Stoffes macht den Künstler.« In ihrer beider Korrespondenz über den Vorfall mutmaßt Lichtwark, Thode werde nun »ein Fieber bekommen und zu Bett oder ins Bad gehen. Wenn Sie Sich einen Teufel aus der Hölle bestellt hatten [hätten], um sich von einem Fachmann über die Art der Marter für diesen Sünder berathen zu lassen, es hätte nicht grausamer ausfallen können.« Er vergleicht Thodes Vorgehen mit einer Skalpierung und fährt fort: »Ich sehe solche Indianertänze und Skalpgänge seit Jahren um mich her und wäre nicht unglücklich, wenn einer käme und die ganze rückständige Gesellschaft vernichtete.« Durch seine Lebenserfahrung und Menschenkenntnis weiß Lichtwark, dass man sich um Meinungen nicht »ernstlich kümmern« müsse: »Wo sind die Meinungen der M.[Meier]-Graefe und Thode, die sich 1830 bekämpft haben? Die Kunst-

354 Vgl. Lehnert (1998), S. 249.
355 Vgl. Brief Bronsart an Alfred Lichtwark, 19.6.99, HKH, AdB 76. – Schiefler, LAZ, 21.6.1903, S. 239, HH, SUB, HSS. – Siehe dazu das Kapitel »Hamburgische Kunst: ... und Freunde« in Teil 3.
356 Vgl. Br. Kommission (1904), Bd. X: 1902, S. 78.

werke von 1830 sind geblieben, so weit sie mehr werth sind als die Meinungen.«[357] Als 1907 die Berliner Sezession Liebermanns 60. Geburtstag mit einer Ausstellung begeht, steht die Hamburger Liebermann-Kollektion im Mittelpunkt, vor allem der »Professorenkonvent«. Liebermann bittet Lichtwark eindringlich, die Hängung selbst vorzunehmen, Tschudi verleiht dieser Bitte Nachdruck: So könne doch den Leuten in Berlin einmal klar gezeigt werden, »wie man die Aufgaben die uns hier in ähnlicher Weise gestellt sind auch wirklich künstlerisch lösen kann.« Lichtwark werde sicherlich einen großen Erfolg verbuchen, der nicht ohne Einfluss auf die maßgebenden Stellen in Berlin bleiben dürfte. Doch Lichtwark lehnt entschieden ab, er will nicht persönlich mit einer Idee oder einem eigenen Programm auftreten; vor allem will er seine Arbeit nicht gestört wissen und um den Ruhm geht es ihm nicht. Im Gegenteil soll gerade das »Programmatische«, Überpersönliche der neuen Kunst hervorgehoben werden, »die Sache« in Hamburg unbeschrieen in der Stille wachsen, bis man ja oder nein dazu sagen könne.[358] Lichtwarks Befürchtungen sind durchaus angebracht. Die *Hamburger Nachrichten* zitieren ausgiebig die Reaktionen anderer Zeitungen auf den in dieser Ausstellung gezeigten »Professorenkonvent« und andere Werke der Hamburger Portraitgalerie. In der *Frankfurter Zeitung* wird auf die Nähe des »Professorenkonvents« zu den Doelenstücken von Hals und Rembrandt hingewiesen und die Unaffektiertheit gelobt; das *Berliner Tageblatt* vermisst an dem Bild einige elementare Qualitäten, zum Beispiel die Sicherheit der Perspektive. Die *Tägliche Rundschau* konstatiert die seelische Armut der Kunst Liebermanns, und rechnet gleichfalls mit dem Impressionismus ab, der den Sinneseindruck nicht Erinnerung werden lasse. »Wie völlig auch die größten ›Scharfschützen‹ der Beobachtung des Augenblicks versagen, wenn sie vor wirklich große Aufgaben gestellt sind, zeigt mit erschreckender Deutlichkeit Liebermanns Monumentalgemälde ›Der Hamburger Professorenkonvent‹.« Bemängelt wird unter anderem, wie wenig sich von den Skizzen und Studien bis zum endgültigen Bild verändert. Der Künstler könne nichts mehr zusammenhalten, nichts gliedere sich ein, weder im Licht noch im Ton. Die Portraits des Senators O'Swald von Slevogt und Trübners Mönckeberg werden in der Ähnlichkeit bezweifelt: »Wer sind die Abkonterfeiten?« An Liebermanns Professorenportrait wird kritisiert, keines der Gesichter habe wirkliches Leben, die Gesten seien konventionell. Mit Rembrandt und Hals hätten die Bilder nur die Darstellung einer Gruppe von Männern gemeinsam. Liebermanns Kraft habe nicht ausgereicht, die Aufgabe zu lösen. Das Bildnis Petersens sei zwar eine interessante Arbeit, aber in dem alten Gesicht zeige sich kein Leben.[359]

Von dieser Reaktion zeigt sich Liebermann nicht überrascht. »So alt ich bin u so viel Bilder ich schon gemalt habe: jedesmal bin ich von neuem derartig erstaunt, was das Publicum sich über das Bild ereifert. Daß es meine Kunst nicht mag, begreife ich.

357 Zu Thode vgl. Metzler Kunsthistoriker Lexikon, S. 413–415. – Liebermann (1978, Thode), S. 159–164. – Br. Lichtwark-Liebermann, S. 206f.
358 Vgl. ebd., S. 260–265.
359 Vgl. Kunstnachrichten, in: Hamburger Nachrichten, 24.4.1907, StA HH, A 521, ZAS Kunsthalle, Bd. I.

(freue mich sogar darüber, wenn ich bedenke, was das Publicum schön findet.) Daß man sich aber darüber aufregt, ist mir unbegreiflich: mir scheint, daß meine Bilder ganz harmlos wären. Sie sind auch ganz harmlos und in 10 oder 15 Jahren beurtheilt sie das Publicum ebenso wie ich und zwar von dem Augenblick an, wo es sich an meine Ausdrucksweise gewöhnt hat. Denn das Publicum ahnt nicht, daß die Form, in der sich der Künstler äußert, die Kunst selbst ist.«[360]

Doch nicht überall stoßen Lichtwarks Tätigkeit und seine Sammelpolitik auf Ablehnung. In der vergleichenden Studie von Otto Grautoff über Hamburg und Frankfurt als Kunststädte wird die Kunsthalle mit dem Frankfurter Städel verglichen und als vorbildlich herausgestellt; Liebermanns »Professorenkonvent« mitsamt den Studien erfahren hier Lob, da eine vergleichende Betrachtung möglich sei und damit auch höherer Genuss.[361]

Und in Hamburg selbst widmet der Journalist Henry Cohn in einer Beilage des *Hamburgischen Correspondenten* den zeitgenössischen Portraits ausführliche Betrachtungen und wertet Liebermanns Portraits von Petersen, Strebel und Berger als »Dokumente höchster Meisterschaft.« Kalckreuths Portraits erscheinen ihm nicht ebenbürtig.[362] 1907 schreibt Lichtwark selbst an Liebermann über den »Professorenkonvent«, er wirke »durch die fünf Säle der Schwabestiftung gesehen, wie Leben.«[363]

KRITIK AN LICHTWARK

Kritik an Lichtwark, die auch einen selbstbewussten Museumsdirektor zur Verzweiflung bringen kann, kursiert reichlich. Das kritische Publikum äußert sich gern in den Eingesandts, den Leserbriefen in den Zeitungen. Ein anonymer Leserbrief vom 11. November 1899 im *Hamburgischen Correspondenten*, verfasst von einem »Apoll von Belvedere«, der damit bereits seine Nähe zur klassischen Kunst betont, klagt über die Vernachlässigung der Sammlung von Gipsabgüssen in der Kunsthalle, die nirgends auf der Welt derart schlecht behandelt würden. Er fordert für sie mehr Platz und eine Reinigung, außerdem Zuwachs und eine Aufstellung mit Oberlicht. Die Antwort eines anonymen Verfassers »C.« am folgenden Tag versucht hingegen Lichtwarks Position zu stärken mit dem Vorschlag, die Gipse sollten am besten zur Ausfüllung der Baugruben bei den Bahnhofsbauarbeiten verwendet werden.[364] Das nachlassende Interesse an den Gipsen verbindet sich jedoch folgerichtig mit dem Abklingen des

360 Br. Lichtwark-Liebermann, S. 255f.

361 Vgl. Hamburg und Frankfurt als Kunststädte, in: Hamburger Nachrichten, 19.4.1907, StA HH, A 521, ZAS Kunsthalle, Bd. I.

362 Vgl. Henry Cohn, Die Kunsthalle zu Hamburg, Eine Monographie von Henry Cohn, 3. Bildnisse von Zeitgenossen, in: Zeitung für Literatur, Kunst und Wissenschaft, Beilage des Hamburgischen Correspondenten, 21.1.1906, in: StA HH, A 521, ZAS Kunsthalle, Bd. I.

363 Br. Lichtwark-Liebermann, S. 254.

364 Vgl. StA HH, A 521, ZAS Kunsthalle, Bd. I.

Spätklassizismus und der Hinwendung zum Naturalismus und Realismus; Lichtwark entspricht damit ganz der künstlerischen Entwicklung seiner Zeit, was das konservative Publikum nicht nachvollziehen kann.

Ebensowenig gefällt dem Publikum die Magazinierung der Salonkunst und anderer konservativer Werke der Kunsthalle. Ein Eingesandt in den *Hamburger Nachrichten* vom 7. April 1901 beklagt die Vielzahl von magazinierten Kunstwerken und fordert, den Direktor einem Generaldirektor zu unterstellen, der sachkundig, vorurteilsfrei und unparteiisch den Einkauf und das »Placement« leiten soll.[365] August Graupenstein, der Sohn des einheimischen Portraitmalers Friedrich Wilhelm Graupenstein, schimpft in den *Hamburger Nachrichten* vom 28. Dezember 1901 über die Kunsthalle anlässlich der diffamierenden Kaiserrede über moderne Kunst, die »Rinnsteinkunst«, und wirft Lichtwark vor, Werke berühmter Meister wie Carracci, Fetti, Cranach, Reni, Murillo, Velásquez und Angelika Kauffmann seit Jahren in Kellerräumen »aufgestapelt« zu lagern. Wahrscheinlich hätten sie schon derart gelitten, dass er es nicht mehr wage, sie aus dem Keller hervorzuholen. Wenn es so weitergehe, droht er, werde kein Stifter mehr Interesse an Schenkungen haben. Der Verfasser fordert eine Erweiterung der Räume und Dankbarkeit ein. Der Privatbesitz von Bolten sei als große Sammlung in der Kunsthalle, sein Portrait seit zwei Jahren ebenfalls im Keller. Lichtwark verteidigt sich am 1. Januar 1902 in derselben Zeitung gegen diese »handgreiflichsten Ungeheuerlichkeiten«; es seien schon Zitate aus solchen Eingesandts in gegen die Kunsthalle gerichteten Druckschriften erschienen. Es stünden andere Beweggründe dahinter, deutet er lediglich an, die ihm in den meisten Fällen genau bekannt seien und wenig mit Fragen der Kunst zu tun hätten. Professor Dr. Gustav Leithäuser und ein anonymer Kunstfreund »H.« verteidigen Lichtwark und seine Kunstpolitik am 3. Januar 1902 ebenfalls in dieser Zeitung.[366]

Wiederum in den *Hamburger Nachrichten* geht es am 3. März 1907 um das spurlose Verschwinden der Schwabe-Stiftung und die Vermutung, im Depot könnte der Wert vieler ihrer Werke bedeutend gesunken sein. Zwar wird eingeräumt, dass mit der Zeit die Werke anders bewertet würden, es wird aber auch die Frage aufgeworfen, wer denn garantieren könne, dass nicht ein Nachfolger Lichtwarks ebenfalls dessen mit Liebe und nach spezifischen Gesichtspunkten angelegte Sammlungen magaziniere. Es seien doch Millionen in die Ankäufe geflossen. Wie ermutigend, heißt es ironisch, sei es für die Amsincks, Weber, Behrens, Wolffson, wenn sie sehen, wie die dankbare Vaterstadt die Gaben einstiger Ehrenbürger pflege.[367]

365 Vgl. StA HH, A 521, ZAS Kunsthalle, Bd. I.
366 Vgl. StA HH, A 521, ZAS Kunsthalle, Bd. I. – Von F. W. Graupenstein (1828–1897) wurden der Kunsthalle 1939 drei Bilder geschenkt; vgl. Best.Kat. Hamburg, 19. Jh., S. 63. – Zum Vermächtnis August Bolten im Jahre 1900 vgl. ebd., S. 259. – Leithäuser war Kunsthistoriker und Professor an der Gelehrtenschule des Johanneums in Hamburg.
367 Vgl. StA HH, A 521, ZAS Kunsthalle, Bd. I.

Unzufrieden sind auch die ehemals jungen Hamburger, die Künstlergruppe also, die Lichtwark zu einer jungen Hamburger Schule auszubauen versuchte. Sie wehren sich zunehmend gegen seine Bevormundung, insbesondere Arthur Illies, und die nachfolgenden Künstlergenerationen wenden sich gänzlich von ihm ab. Lichtwark will ihnen helfen, Fuß zu fassen und Geld zu verdienen, ohne dabei die Kunst aufzugeben. So erfährt Schiefler von Carl Mönckeberg, den er im Rahmen seiner Katalogisierung der jungen Hamburger Graphik wegen seiner Illies-Blätter aufsucht, von den Differenzen zwischen dem Künstler und Lichtwark. Dieser dränge Illies, Portraits zu malen, dann erhielte er sicherlich auch Aufträge – als ob Illies der Aufträge wegen malte.[368] Illies scheitert nach eigener Aussage am Portrait des Händel-Forschers Chrysander, er wendet sich später anderen Themen zu. Anlässlich seiner Ausstellung in der Galerie Commeter im Jahr 1904 moniert Lichtwark einen Akt in einer Landschaft mit der Bemerkung, Illies hätte da einen strengen Berater gebraucht.[369] Ihr Verhältnis zu Lichtwark aus der Sicht der jungen Künstler ist 1911 in einer Karikatur von Fred Hendrich in der *Hamburger Woche* dargestellt, betitelt »Der Hüter und Förderer hamburgischer Kunst«. Hier beschützt oder deckelt, je nach Lesart, der elegant gekleidete gigantische Lichtwark in eitler Pose die kleinfigurige Künstlerschar mit ausgebreiteten Händen (Abb. 39).[370]

Erst nach Lichtwarks Tod wird Illies klar, dass dessen Vorstellungen nicht ganz abwegig waren, er selbst sie jedoch noch nicht zu würdigen wusste.[371] Auch Ernst Eitner wertet aus der Erinnerung Lichtwarks Einfluss positiv: »Das war das Große an Lichtwark, daß er jeden nach seiner Art schaffen ließ, sie aber doch um sich sammelte, ihnen die Wege ebnete, ihnen Käufer zuführte, die sich damit ganz bewußt gute Privatsammlungen anlegen konnten, ohne bedeutende Mittel aufwenden zu müssen. Die Künstler konnten frei arbeiten, das Publikum wurde für gute Kunst frei erzogen, niemand wurde gezwungen, gegen seine Überzeugung zu handeln. Es kam nur auf Qualität an. Die großen Bildnisaufträge von Hamburger Persönlichkeiten konnte Lichtwark noch nicht den jungen Künstlern zuwenden, wie er uns einmal auseinander setzte. Es sei für ihn leichter, der Kunsthallenkommission einen auswärtigen Künstler mit Titel und Medaille für solche Aufgabe vorzuschlagen, als einen jungen Hamburger, was diese natürlich nicht immer einsehen konnten und dadurch manche Verstimmung entstand. Leider war es auch nicht möglich für diese ›Jungen‹ im neuen Rathause Wandflächen zur Ausschmückung freizugeben, hier versagte der Einfluß Lichtwarks, so daß man heute im hamburger Rathaus [sic] die damalige junge Generation nicht vertreten findet.«[372]

Die nachfolgende Generation, die Siebelist-Schüler, wendet sich noch weiter ab. Sie verweigern sich auch Lichtwarks Versuch, sie an Hamburg zu binden, und orien-

368 Vgl. Schiefler, LAZ, 22.6.1904, o.P., HH, SUB, HSS.

369 Vgl. Schiefler, LAZ, 25.10.1904, o.P., HH, SUB, HSS.

370 In: Die Hamburger Woche, VI, 1911, Nr. 41, S. 7. Für diesen Hinweis danke ich Ulrich Luckhardt, Hamburger Kunsthalle.

371 Vgl. Illies (1981), S. 77f. – Meyer-Tönnesmann (1985), S. 336.

372 Eitner (2004), S. 72–74, Zitat S. 74.

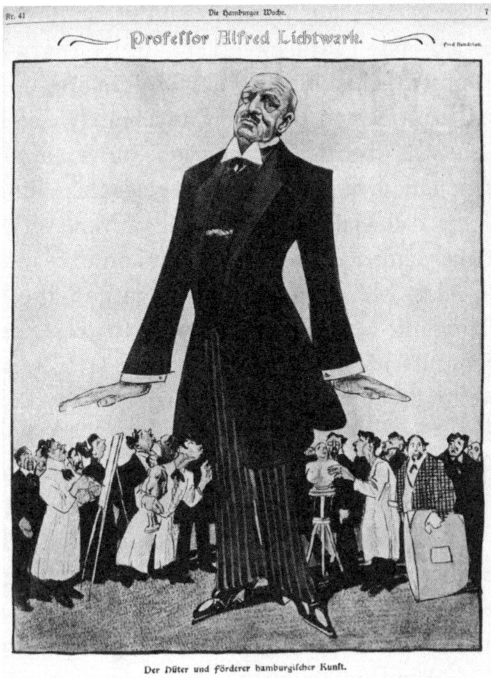

Abb. 39 Fred Hendrich, Karikatur Lichtwark, 1911

tieren sich an der französischen Moderne. Friedrich Ahlers-Hestermann besucht auf Lichtwarks Rat zwar zunächst Siebelists Schule. Später jedoch sucht er mit seinen jungen Künstlerfreunden entgegen Lichtwarks Rat in Berlin Julius Meier-Graefe auf, der sich den jungen Leuten gegenüber jovial gibt und ihnen dringend zu einem Parisaufenthalt rät. Als er hört, dass ihnen Bonnard gefällt, schenkt er ihnen auch noch dessen lithographiertes Illustrationswerk »Daphnis und Chloe«. Die jungen Leute haben zwar eigentlich keine Lust zum Studium in Paris,[373] doch misslingt auf diese Weise Lichtwarks Versuch, sie unter Abschirmung von fremden Einflüssen in ihrer persönlichen authentischen Entwicklungslinie zu bestärken.

Lichtwarks vielbesuchte Sonntagsvorträge in der Kunsthalle werden von Hans Leip in seinen Erinnerungen pointiert geschildert: »Man saß ziemlich dicht gedrängt; die künstlerische Geneigtheit namentlich älterer Hamburger Damen war durch die berückenden Umgangsformen des jovialen Galeriedirektors aufs schönste angeregt, indem er den Dilettantismus, die Eigenbastelei, das private Skizzen- und Tagebuch und einen selbstgefertigten Buchschmuck als für jedermann möglich empfohlen hatte.« Der Vortrag an jenem Morgen habe den Städtebau behandelt, besonders Bremen. Lichtwark sei verspätet eingetroffen, habe die Handschuhe abgestreift und »erklär-

373 Vgl. Ahlers-Hestermann (1949), S. 32f., 92f.

te scharmant, er komme gerade von London, und es sei doch bemerkenswert, wie reibunglos sich der bedeutende Fahrzeugverkehr in der engen Bond Street abwickle. Disziplin sei alles, namentlich außerhalb des Militärs. Und sei überall von Vorteil und müsste endlich auch in der so überbreit angelegten neuen Mönckebergstraße sein. Und er verfinsterte sich über den Hamburger Rathausmarkt und über die Straßenbahnunglücksgalgen auf dem immerhin gutgelegenen Jungfernstieg und pries den Londoner Strand, die Pall Mall und den Trafalgar Square. Wo in Hamburg wäre dem etwas Gleichwertiges entgegenzuhalten? Man könne es nicht. Man müßte dann schon nach Bremen.«[374] Das von Leip so ironisch dargestellte Interesse der Damen dient aber auch als Lichtwarks Gegengewicht. Deren Interesse habe Lichtwark für die heftigen Anfeindungen entschädigt, denen er ausgesetzt gewesen sei, erinnert sich Mary Sloman; die Spaltung sei durch die Familien gegangen, die Männer konservativ, die Frauen auf Lichtwarks Seite.[375]

Lichtwarks Erziehungsversuche in den von ihm initiierten Gesellschaften stoßen keineswegs überall auf Gegenliebe. So beklagt sich Ernst Juhl, der Vorsitzende der Gesellschaft zur Förderung der Amateurphotographie, Lichtwark wolle immer erziehen[376] und seine Alleingänge in der Gesellschaft Hamburgischer Kunstfreunde unter Umgehung des Vorstandes erregen Ärger. Gustav Schiefler akzeptiert zwar die Gesellschaft Hamburgischer Kunstfreunde als Lichtwarks Instrument, gleichsam unpersönlich seine Vorhaben durchzusetzen, doch will er bereits 1899 sein Amt als Schriftführer niederlegen. Lichtwark besänftigt ihn noch einmal, aber 1905 bleibt er bei seinem Entschluss. Erhöhte berufliche Belastung scheint nicht der einzige Grund dafür zu sein; einige unzufriedene weibliche Mitglieder der Gesellschaft Hamburgischer Kunstfreunde, die eine Opposition bilden, verdrießen ihn.[377] Wo Lichtwark die Mittel für ein Projekt einwirbt, etwa bei seinem Bertram-Buch, das in der *Liebhaberbibliothek* erscheint, glaubt er sich allein entscheidungsberechtigt.[378] Auch seine nonchalante Vortragsweise missfällt, vor allem jedoch, dass er diese Vorträge unvorbereitet hält, wohingegen Schiefler den Einblick in Lichtwarks »Werkstatt der inneren Arbeit« durchaus schätzt. Lichtwarks kleine Aufsätze in den Dilettanten-Katalogen gefallen ebenfalls nicht allen Mitgliedern.[379]

Ausgeprägt ist die Feindschaft gegenüber Lichtwark in der Hamburger Gesellschaft. »Kann es wundernehmen«, schreibt Schiefler in seiner *Hamburgischen Kulturgeschichte*, »daß in seiner Brust oft eine große Bitterkeit aufstieg? Mehr als einmal

374 Leip (1969), S. 83f.

375 Vgl. Sloman (1957), S. 39f.; Großmütter hätten sogar an eine Verheiratung von Enkelinnen mit Lichtwark gedacht.

376 Vgl. Schiefler, LAZ, 25.10.1904, o.P., HH, SUB, HSS.

377 Beispielsweise verärgert ihn die Ausschreibung des Architekten-Wettbewerbes für Landhäuser, die Schiefler aus der Presse erfährt; vgl. Schiefler, LAZ, 20.4.1899, S. 70–72, HH, SUB, HSS. – Schiefler, LAZ, 1.2.1902, S. 160, HH, SUB, HSS. – Woesthoff (1996), S. 93f. – Siehe dazu auch das Kapitel »Ein Schritt voran: Die Gesellschaft Hamburgischer Kunstfreunde« in Teil 2.

378 Vgl. Schiefler, LAZ, 31.10.1906, o.P., HH, SUB, HSS.

379 Vgl. Schiefler, LAZ, 10.1.1901, S. 117f., HH, SUB, HSS. – Schiefler, LAZ, 19.2.1903, S. 221f., HH, SUB, HSS.

hat er mir gesagt, daß er einer Sache, die er gefördert zu sehen wünsche, den besten Dienst tue, wenn er sich von ihr zurückhalte. Man muß dabei gewesen sein, wie in Gesellschaften einfältige Kofmichs und aufgeblasene Juristen sich über diesen Mann lustig machten; ihre einzige Entschuldigung ist, daß er sie zu weit überragte, um von ihnen begriffen zu werden.«[380]

VERZWEIFLUNG

An seinem 52. Geburtstag, dem 14. November 1904, äußert sich der bis dahin in seiner Grundstimmung überwiegend stabile und optimistische Lichtwark seinem Freund Gustav Pauli gegenüber erstmals offen über den mangelnden Erfolg seiner Bemühungen in Hamburg.[381] Im Reich gehört er längst zu den führenden Persönlichkeiten des deutschen Kulturlebens, seine Situation in Hamburg hingegen empfindet er als Niederlage. Schon 1902 offenbart er Liebermann seine Enttäuschung, dass die Hamburger Künstler seinen Dilettanten-Holzschneidern keine Aufträge gäben: »Alle Versuche, mit den Künstlern in Hamburg Bücher zu gestalten, sind gescheitert. Ich habe ein Heer von tüchtigen Holzschneidern (Dilettanten) zur Verfügung, eine ganze Anzahl passabler Zeichner, es giebt nichts, das ein Künstler sich ausdenken könnte an Reichthum, Ueppigkeit, Fülle der Erfindungen, daß wir es nicht ausführen könnten, und niemand will sich all der Chancen bemächtigen. Dazu sind Mittel vorhanden. Ich hoffe immer noch, es kommt einmal einer und spielt auf diesem Instrument, das bereitsteht. Bis dahin muß es gehen, wie es kann, plus tôt mal que bien.«[382] Liebermann stellt die richtige Adresse für diese Klage dar: Bereits 1895 berichtete Lichtwark seiner Kommission, der Künstler habe sich ein Exlibris gezeichnet, das nun einer der Dilettanten für ihn schneiden solle.[383]

Aber auch andere Anzeichen von Enttäuschung sind feststellbar. Am 9. Juli 1903 verleiht Lichtwark gegenüber dem befreundeten Wiener Maler und Galeristen Carl Moll im Anschluss an dessen anregenden Besuch in Hamburg seiner Resignation brieflichen Ausdruck: »Wenn mir jemand sagte, nun wird überhaupt nichts mehr passieren, würde ich ihm glauben.«[384] Auch Schiefler gegenüber äußert er sich in diesem Jahr 1903 niedergeschlagen. Es sei schwer, kinderlos alt zu werden, weil das Geschlecht

380 Schiefler (1985), S. 63.
381 Vgl. hier und im Folgenden: Br. Pauli, S. 35f.
382 Br. Lichtwark-Liebermann, S. 141. – Französisch für: mehr schlecht als recht.
383 Vgl. Br. Kommission (1896), Bd. III: 1894/95, S. 171.
384 Brief Alfred Lichtwark an Moll, 9.7.1903, HKH, AdB 178; Moll war in Hamburg zu Besuch, vermutlich mit seiner Frau, der aus Hamburg stammenden Soubrette Anna, geborene Bergen, der Witwe des Wiener Malers Emil Jakob Schindler und Mutter der Alma Mahler-Gropius-Werfel. Der gemeinsam mit der aus Wien stammenden Schauspielerin Adele Doré bei den Lichtwarks verbrachte gesellige Abend habe seine einzige Abwechslung dargestellt, wie Lichtwark Moll gegenüber äußert. Die Korrespondenz mit Moll beginnt bereits 1898. Siehe auch das Kapitel »Hamburg und Wien« in Teil 4.

nicht fortgesetzt werde, eigentlich habe der Junggeselle dafür keine Entschuldigung, zitiert ihn Schiefler in seinen Aufzeichnungen. Lichtwark empfindet auch deutlich seine Einsamkeit, er hat »Menschenhunger«. Er erlebt es als höchst anregend, auf einer Abendgesellschaft beim Kulturminister in Berlin so viele interessante und bedeutende Menschen »im Fluge zu berühren«, wie er an seine Kommission schreibt. »Aber es ist wieder sehr trist. Wie wenig geht in den Menschenleben hinein, wie wenige Freunde darf man haben, wie muß man sich vor Bekanntschaften hüten.« Immer wieder fällt ihm auf die Seele, was er versäumt, weil der Umgang mit Künstlern und Forschern fehlt; das merkt er auf seinen Reisen. Vieles, so meint er, bleibe dadurch in ihm selbst unentwickelt. Er tröstet sich damit, dass bei den kurzen Begegnungen während der Reise »die Entladungen« umso kräftiger seien und durch Intensität ausgleichen würden, was ihnen an Dauer fehle.[385]

Deutlich, aber auch ebenso einseitig, bekennt Lichtwark nun auch gegenüber Pauli seine Misserfolge. Ausgangspunkt ist seine zweibändige Publikation *Das Bildnis in Hamburg*.[386] Sie sei der »point de départ« als Zielsetzung für die jungen Talente in Hamburg gedacht gewesen, sich dem Bildnis zuzuwenden. In der Sammlung von Bildern aus Hamburg wollte Lichtwark den Anfang machen: mit Liebermanns Portrait des Bürgermeisters Petersen, Oldes Bildnis der Elise Averdieck, Kalckreuths Bildnissen von Brinckmann und Chrysander. Sie alle betrachtet er nun als Fehlschläge, ebenso die Portraitradierungen und -stiche der Gesellschaft Hamburgischer Kunstfreunde. Es seien Mittel dafür vorhanden gewesen, Aufträge erteilt worden, und auf die Möglichkeit der Pastoren- und Senatorenbildnisse habe er hingewiesen: »Die Leute, die es gekonnt hätten, sahen nicht ein, was sie mit der Portraitlithographie oder Radierung an Chancen gewinnen mußten.« Gegen den anfänglichen Rat und Wunsch der leitenden Senatsmitglieder beschloss der Senat dennoch auf Lichtwarks Eingabe hin, dass die Staatsmedaillen das Bildnis der regierenden Bürgermeister tragen sollten. Die Plakettensammlung sollte der Anregung dienen, auch sie wertet Lichtwark retrospektiv als Fehlschlag. Die ersten Bildnisse wurden von lokalen Künstlern gemalt; nun habe man ihre mangelnde Qualität begriffen. Lichtwarks Freunde ließen sich ihm zuliebe von den jüngeren Hamburger Künstlern malen, doch diese hätten nur den Auftrag und nicht die Aufgabe gesehen. Auch hier also muss sich Lichtwark den Misserfolg seiner Bemühungen eingestehen. Sein erfolgloses zweibändiges Bildniswerk wird von einem Antiquar mittels eines Agenten von den meisten Kunstvereinsmitgliedern gegen zehn Mark Bargeld aufgekauft, ebenfalls ein Zeichen für das fehlende Interesse seitens der Besitzer am Thema Portrait. Nur die Bemühungen um die Amateurphotographie wertet Lichtwark zu Recht als erfolgreich. »Und vielleicht wird sie allein machen, was alles andere bisher nicht gekonnt hat.« Immerhin sieht er auch die Bilder von Oldach, Speckter und Wasmann langsam ihre Wirkung entfalten. Hoffnung setzt

385 Vgl. Schiefler, LAZ, 25.4., 30.11.1903, S. 237, HH, SUB, HSS. – Br. Kommission (1905), Bd. XII: 1904, S. 241; (1908), Bd. XIII: 1905, S. 140.

386 AL, Bildnis in Hamburg; siehe dazu auch das Kapitel »Hamburgische Portraits« in Teil 3.

er zudem in Kalckreuths neue Bilder, die Portraits des Jahres 1904. »Warten wir ab. Ich gebe nichts auf.«[387] So schließt er seinen negatives Resümee mit wiederkehrender Energie und Beharrlichkeit.

Dazu besteht durchaus auch Grund, denn seine Bestrebungen sind längst in einem viel größeren kulturellen Umfeld rezipiert worden. So schreibt Eugen Kalkschmidt 1901 im *Kunstwart*, der Zeitschrift der Gebildeten-Reformbewegung: »Nicht selten hört man das Absterben der Holzschnitt-, der Kupferstich-Technik beklagen und die Photographie ein verderbliches Surrogat für diese altmeisterlichen Darstellungsmittel nennen. Gewiß ist zuzugeben, daß durch die rein technische Ausbeutung dieser genialen Erfindung eine Unkultur großgezogen ist, die uns beschämen muß. Andererseits aber können und wollen wir die Photographie doch nicht aus der Welt schaffen, und wenn sie durch die Anwendung eigener Gesetze zur Lichtbildkunst geläutert werden kann, sollen wir da nicht fleißig an die fruchtbare Arbeit gehen?«[388] Hier wird, wenn auch ohne Namensnennung, nicht nur Lichtwarks Klage über den Verlust der Druckgraphik, sondern ebenso seine Förderung der künstlerischen Photographie thematisiert.

Es mag jedoch dieser enttäuschten Grundstimmung geschuldet sein, dass Lichtwark sich zu mancher scharfen Äußerung hinreißen lässt. Im Sommer 1904 wird er von dem Großkaufmann und Reeder Edmund J. A. Siemers zu einer Kreuzfahrt in der Ostsee auf die Yacht »Hamburg« eingeladen, zu einer »reinen Genuß-Reise«, wie Lichtwark sie bisher noch nie unternommen hat.[389] Hier herrscht keinerlei Notwendigkeit zum Sehen und Studieren, so dass er durch diese lockere Berührung mit den Dingen und ohne Verpflichtungen einen leichteren und unbefangeneren Eindruck gewinnt. Das Erlebnis dieser Schiffsreise verarbeitet er in einem kritischen Aufsatz, erschienen 1904 als Bändchen in der *Hamburgischen Liebhaberbibliothek*, »Herrn und Frau Edmund J. A. Siemers gewidmet«, in zweiter Auflage 1905 bei Cassirer in Berlin.[390] Der Aufsatz entsteht nicht nur, um seine Städteschilderungen im Stil eines Camillo Sitte als Feuilleton niederzuschreiben, sondern vor allem, wie er in einem Brief an seinen Freund Magnus von Wedderkop andeutet, um den Hamburgern wieder einmal gründlich die Leviten zu lesen.[391] Nach einer ausführlichen Beschreibung der in England nach Plänen von Charles Lindsay gebauten Yacht mit ihrer ebenso funktionalen wie eleganten und behaglichen Einrichtung, nach einer Würdigung der Disziplin von Kapitän und Mannschaft, in der sich Lichtwarks Begeisterung für Technik, Schiffe und die Autorität des Kapitäns manifestiert, erntet Hamburg im Vergleich mit dem etwa nur halb so großen Kopenhagen bittere Kritik: »Es [Kopenhagen] kann sich an wirtschaftlicher Macht mit Hamburg nicht messen.

387 Br. Pauli, S. 35f. – Französisch für: Ausgangspunkt.
388 Kalkschmidt (1901), S. 391f.
389 Vgl. Br. Kalckreuth., S. 133.
390 Vgl. Alfred Lichtwark, Eine Sommerfahrt auf der Yacht Hamburg, Hamburg: Lütcke & Wulff, 1904, hier in: AL, Schriften, Bd. II, S. 378–450; Kayser (1977), Nr. 380, 407, 556.
391 Vgl. Brief Alfred Lichtwark an Wedderkop, 11.8.1904, HKH, AdB 112.

Aber während die behäbige Hansastadt in Wissenschaft, in Literatur, Malerei und Skulptur noch nicht den Rang einnimmt, auf den sie nach Maßgabe ihrer materiellen Mittel Anspruch erheben könnte, in der Architektur den Weisungen aller Akademien der Welt gehorcht und in den dekorativen Künsten nur dadurch auffällt, daß sie eine Reihe der führenden Männer an die übrigen deutschen Städte abgegeben hat, ohne den Versuch zu machen, einen davon an sich zu fesseln, – strahlt die nicht sehr wohlhabende nordische Residenz im Lichte einer eigenartigen Kultur, die sich nicht wegdenken läßt, ohne daß Europa eine Lücke spüren würde.«[392] Die »führenden Männer« sind Persönlichkeiten wie Gottfried Semper, Peter Behrens und Otto Eckmann; auch ohne Auflistung der Namen muss Lichtwark diesen Verlust andeuten. Er nutzt die Gelegenheit zu umfassender Kritik, um viele der steten Klagen in seinen Briefen an die Kommission erneut und konzentriert zu formulieren: das mangelnde Gedenken an historische Persönlichkeiten im Stadtstaat Hamburg; die fehlenden Qualitäten eines aristokratischen Hintergrundes mit einem Bedürfnis nach Kultur; »formlos und namenlos« untergegangene Geschlechter ohne lokale Überlieferung; die satte Zufriedenheit einer überwiegend ökonomisch und materialistisch orientierten Bevölkerung mit »den niederen Genüssen des Daseins« und »den ungeheuren Luxus der schließlich von allen beseufzten Geselligkeit«; den Wunsch nach Wohlleben und das fehlende Bedürfnis nach einer höheren Kultur; das mangelnde Bewusstsein einer Verpflichtung für die Zukunft. Besänftigend fügt er hinzu, im Reich habe man nicht vergessen, welche wichtigen kulturellen Impulse von Hamburg ausgegangen seien, doch fährt er mit seiner scharfen Kritik noch fort. Die überwiegende Verwendung der großen finanziellen Mittel auf die äußere Lebenshaltung und Wohltätigkeit erscheint ihm als hamburgisches Lebensgesetz. Er befürchtet sogar eine Beeinträchtigung der wirtschaftlichen Bedeutung der Stadt und ihrer Wohlhabenheit durch mangelnde Tradition, so dass die Entstehung wirklich bedeutender Vermögen verhindert würde. Jedes Geschlecht müsse von vorn anfangen, eine Familientradition über mehr als drei Generationen könne nicht aufkommen. Wie würde es in Hamburg stehen, wenn sich die Deutschen in den übrigen Zentren, wo man heute – hier wird er begütigend – noch materieller gesonnen sei als in Hamburg, eine neue Bildung und Überlieferung schaffen würde, während die Hamburger blieben, wie sie sind. »Oder wohl gar sinken, denn es gibt ja nur die eine Wahl: hinauf oder hinab.«[393] Und dann folgen, immer im Vergleich zu Kopenhagen, alle Aspekte, die ihn seit seinem Amtsantritt beschäftigen: die mangelnde Sammlungstätigkeit, die fehlende Akademie als Ausgangspunkt einer soliden Künstlerausbildung, der große, früh verstorbene Runge in Hamburg und der Weggang der nachfolgenden Talente, damit verbunden die fehlende Tradition einer lokalen Künstlerschaft als Anregung nicht zuletzt für die kunsthandwerkliche Produktion. Versöhnlicher lenkt Lichtwark ein, aus langer Erfahrung vermöge man – »wir« – in Hamburg die Qualität im kaufmännischen Betrieb zu würdigen, und jeder

392 Alfred Lichtwark, Eine Sommerfahrt auf der Yacht Hamburg, in: AL, Schriften, Bd. II, S. 394.
393 Ebd., S. 410–412.

Kaufmann wisse, dass ihm keine Aufwendung zu hoch sein dürfe, wenn es gelte, einen Menschen zu binden, der Ideen und Energie entwickele. Der Rückschluss auf andere Gebiete dürfe nicht schwer fallen. Das Niveau einer Hauptstadt wie Kopenhagen fehle Hamburg, Kräfte aller Art flössen solchen Städten zu. Noch einmal greift er auf den Zustand im ganzen Deutschen Reich aus, denn Hamburg erscheint ihm kein Einzelfall: Welche Mittel bei der Errichtung von Denkmälern und großen Bauwerken – zwischen den Zeilen zu lesen: Bismarck-Denkmal und Hamburger Rathaus – verschwendet würden, während sich die Generation, die sie errichtet hat, schon schäme; wie viele Chancen bei Bau und Ausstattung öffentlicher Gebäude durch die Unkenntnis und den Unverstand von Behörden und Architekten vertan würden. Ob bloße Verwaltung oder Regierung, Hamburg habe wie vergleichbare deutsche Großstädte Anlass, sich der Frage nach der »kulturellen Erziehung leitender Kräfte« zuzuwenden und Möglichkeiten für die fachliche Bildung der Leitenden und Regierenden zu schaffen. »Damit es nicht ganz vom Zufall abhängig bleibt, ob der einzelne, der mitbestimmen soll, Zeit und Gelegenheit gehabt hat, sich die Einsicht zu erwerben.«[394]

Angesichts der neuen konkurrierenden »Villenstädte« – gemeint sind die florierenden Badeorte an der Ostsee – mit ihrem individualisierten Erscheinungsbild folgt dann noch Lichtwarks Architekturkritik. Er plädiert für eine neue Typenbildung für die bürgerliche Baukunst, wie sie schon im Berliner Geschäftshaus und im Hamburger Kontorhaus auftrete. Auch bei der Villa, beim Einzelwohn- und Mietshaus wünscht er sich solche Typen. Sie sollen sich vor allem an lokalen Bedingungen, nicht etwa am englischen Vorbild orientieren. Cuxhaven erscheint ihm als Beispiel für die niederdrückende Barbarei der neuen, das Stadtbild an vielen Stellen verunstaltenden Architektur: »Gibt es innerhalb der bestehenden Einrichtungen keine Möglichkeit, dem gröbsten Unfug zu steuern?«

Als Folge des gepflegten Umgangs an Bord und des Erholungs- und Entspannungseffekts der Reise in Gesellschaft von guten Bekannten kommt Lichtwark auch noch auf ein weiteres seiner Standardthemen zurück, auf die deutsche »Unkultur«. Das deutsche Leben sei noch arm an solchen Freuden; man habe noch keine Übung in den modernen Formen der Erholung. Es herrsche noch das mittelalterlich-zünftlerische Leben in der Kneipe, was Gesundheitsstörungen und allerlei schlechte Angewohnheiten und unangenehme deutsche Charaktereigenschaften mit sich bringe. Dazu die schlechte Luft: Das Bedürfnis nach reiner Luft müsse erst noch geweckt werden. Er fragt nach einer Statistik, was das deutsche Volk seine Unkultur koste, wie viel Geld in der Kneipe ausgegeben würde; was die »bestöhnten Diners«, die »grauenhafte Bildnisphotographie«, die »schlechten Denkmäler«, der Überfluss an unnützem und widerwärtigem Schmuck der Architektur kosteten und wie viel schlechte, wertlose Bilder gekauft würden. Im Gegensatz dazu zählt er die Freizeitvergnügungen der Engländer »in freier Luft« auf, die Fortbewegungsmittel für die Freizeit, Dampfboote, Yachten, Hausboote, Postkut-

394 Vgl. ebd., S. 424.

schen, komfortable Hauswagen mit ihrem »Zigeunerreiz«. Dennoch solle man das alles als Deutscher nicht nachahmen, nur in der Absicht studieren, »von einer anders gearteten Lebensfreude unseres Volkes zu träumen, die unsern anders gearteten – ich möchte glauben tieferen – Ansprüchen genug tun.«[395] Die Überheblichkeit des »tiefen« Deutschtums deutet sich hier bei Lichtwark an; zugleich wird ein Konkurrenzdenken gerade gegenüber England, dem er in vieler Hinsicht Bewunderung entgegenbringt und eine Vorreiterstellung einräumt, auch bei ihm offenbar.

Man finde die Sommerfahrt »zu starken Toback«, schreibt Lichtwark an seinen Freund Magnus von Wedderkop, dem er das Buch im November 1904 schickt; ein wohlmeinender Freund habe ihm geraten, die Auflage wegen einiger Schroffheiten zu makulieren. Es würde sich lohnen. Er sei sprachlos gewesen, habe zwar für eine Stelle zugestehen müssen, eine mildere Formulierung wäre besser gewesen, aber im Ganzen findet Lichtwark das Buch doch eher harmlos.[396] Und am 9. Januar 1905 bekennt er gegenüber Prinz Eugen von Schweden, er habe das Buch über die Yachtreise schreiben müssen, obwohl es nicht mehr in sein Pensum hineingepasst habe – denn er habe zwar vier ältere Bücher für neue Auflagen umzuarbeiten, ein neues zusammenzustellen und zwei Bände Briefe an die Kommission zu drucken, aber dennoch seine Kritik an Hamburg schriftlich niederlegen müssen. »Es ist eine etwas bittere Pille geworden, und ich habe bisher vermieden, ein Exemplar über unsere Grenzen gehen zu lassen, weil manches darin gesagt ist, das man eigentlich seinen Landsleuten nur unter vier Augen bieten darf. Aber ich bin jetzt froh, dass ich es mir von der Seele geschrieben habe.«[397]

Lichtwark denkt zu dieser Zeit bereits über die Gestaltung eines Hamburger Stadtparks nach; zumindest spricht er im vertrauten Kreis der Gesellschaft Hamburgischer Kunstfreunde über seine Ideen für einen Stadtpark, über Rasenplätze, Windschutz und botanische Fragestellungen.[398] Alles Mögliche deutet sich in dieser Schlusspassage an: Lichtwark ist selbst ein begeisterter Wanderer, jährlich sucht er im Harz auf langen Ausflügen allein oder in Gesellschaft Erholung. Von einer Wanderbewegung der Jahrhundertwende als Teil einer neuen Körperkultur spricht er jedoch nie. Mit seiner Schwester unternimmt er schon morgens vor Dienstantritt Fahrradtouren; und schließlich gewährt ihm sein winziges Heidehaus im Sunder nicht nur frische Luft und bewegende Landschafts- und Natureindrücke,[399] sondern Entlastung vom Leben in der Großstadt.

Lichtwarks Buch über die *Sommerfahrt auf der Yacht Hamburg* wird jedoch sehr unterschiedlich rezipiert. Ein Rezensent betont die wundervollen Stadtschilderungen und bezieht sich auf die dargestellten Museen. Lichtwarks Kritik an Hamburg und seinen Zuständen übergeht er gänzlich.[400] Im Reich wird Lichtwark anders wahrge-

395 Vgl. ebd., S. 450.
396 Vgl. Briefe Alfred Lichtwark an Wedderkop, 21.11., 22.11.1904, HKH, AdB 112.
397 Brief Alfred Lichtwark an Prinz Eugen, 9.1.1905, Stockholm, PEW, Archiv.
398 Vgl. Schiefler, LAZ, 27.1.1904, S. 296, HH, SUB, HSS.
399 Vgl. Zeromski (1924), S. 88. – Siehe z.B. Br. Kalckreuth, S. 154. Siehe auch das Kapitel »Die Hittfelder Kolonie« in Teil 4.

nommen als in seiner Vaterstadt, wo seine Arbeit und Person vor allem von Krittelei und Hohn begleitet werden. Dementsprechend heißt es 1907 in den ihm stets distanziert gegenüberstehenden *Hamburger Nachrichten*: »Die Kunsthalle ist wie die Mode: Immer das Neueste. Alles ist nur der Vorwand, um eine Persönlichkeit ins rechte Licht zu setzen. Als beispielsweise die Schwabesammlung hier neu war, wurde sie als das A und O aller Kunst in den nun einmal zum Relief der Person nötig scheinenden Vorträgen gepriesen. Doch die Zeiten ändern sich – heute ist eben etwas anderes das ›Wahre‹. – Wenn es bekannt wäre, wie wenig dieses Gebahren mit Kunst überhaupt zu tun hat, würde man schneller darüber hinweggehen, allerdings tief, sehr tief bedauernd, daß die Kunst solch eitlen Zwecken dienen muß.«[401]

An den wenigen wirklich interessierten und verständnisvollen Besuchern, die Bedeutung und Qualität seiner Arbeit einzuschätzen vermögen, muss Lichtwark sich trösten. Anfang Dezember 1903 sucht ihn der Maler Prinz Eugen von Schweden auf. Lichtwark schreibt ihm nach diesem Besuch: »[...] die Gedanken an die anregenden Stunden des vergangenen Sonntags lassen mich nicht los und werden mir immer wiederkehren. Es ist mir, als hätte mich einer der führenden Künstler meines eigenen Volkes besucht, Kalckreuth, Klinger, Liebermann, Menzel, Thoma oder Uhde, und ich hätte mit ihm die Kunstwerke betrachtet, die ich so sehr liebe. Der schöne Tag hat mir eine rechte Herzstärkung gebracht, und zu der Verehrung, die ich seit vielen Jahren für den Künstler gehegt, kommt nun noch das Gefühl einer persönlichen Dankbarkeit.«[402]

Lichtwarks Stimmungsschwankungen sind jedoch in seiner Umgebung bekannt. Schiefler notiert 1905 nach einem Neujahrsbesuch bei Bürgermeister Burchard in seinen Lichtwark-Aufzeichnungen, Burchard habe sich anerkennend über Lichtwarks erfolgreiche Bemühungen um die Förderung der hamburgischen Kultur geäußert und bedauert, dass dieser trotzdem gelegentlich so unzufrieden mit der Gefolgschaft sei, die er dabei vermisse.[403] In der Tat fühlt Lichtwark sich in seiner Situation festgefahren und schreibt wenige Tage später, am 9. Januar 1905, im Zusammenhang mit den geplanten neuen Aufträgen an Liebermann: »Ich wollte, ich könnte in diesen Fragen so glatt und large verfahren, wie es meinen Neigungen entspricht. Doch sind mir, Sie wissen es, Hände und Füße gebunden. Es ist sehr schwer, im Publikum verlorenes Vertrauen wieder zu erobern. Und die Leute, die in Hamburg könnten und müßten, halten mich nach wie vor für einen ›ganz erbärmlichen Angeber der neuen Richtung‹. Doch habe ich jetzt einige Jugend für mich, wenn sie auch nicht viel mehr hat als sich selbst.«[404] In den folgenden Jahren setzt sich Lichtwarks Resignation noch fort. Als Gustav Schiefler im Januar 1908 einen Artikel über die Kunsthalle in der *Seemannschen Zeitung* veröffentlicht, wird in Lichtwarks Dankesbrief sein grundlegender

400 Vgl. Wendland (1905), S. 266.
401 Hamburger Nachrichten, 6.3.1907, in: StA HH, A 521, ZAS Kunsthalle, Bd. I.
402 Vgl. Brief Alfred Lichtwark an Prinz Eugen, 10.12.1903, Stockholm, PEW, Archiv.
403 Vgl. Schiefler, LAZ, Januar 1905, unpaginiert, HH, SUB, HSS.
404 Br. Lichtwark-Liebermann, S. 184.

Zweifel spürbar: »Zwanzig Jahre sind ja fast ein Menschenalter. Jetzt vor dem Abschluss liegt für mich die Frage vor, ob ich nicht auf den falschen Strang geraten bin. Ich hätte dem guten Rat meines Freundes Dernburg/Vater! folgen sollen, der mich auf den Journalismus wies. Ich wäre mit mir selbst sicherlich weiter gekommen. Aber schliesslich, was liegt daran. So fünf und so fünf, sagt das Volk. Haben Sie herzlichen Dank. Ich wollte es hätte in Hamburg mehr Männer Ihres Kalibers gegeben.«[405] Und 1909 heißt es in einem Brief an Liebermann: »Es würde mich jucken, über die ›Erzieher‹ zu schreiben, wenn ich nicht als gefressener und täglich gefressen werdender [sic] schon längst aufgegeben hätte, mich jucken zu lassen von irgend was.«[406] Bei besserer Stimmungslage jedoch fühlt sich Lichtwark in seiner Position stark und sicher, durchschaut er doch längst das Rezeptionsverhalten von Publikum und Presse: »Eine schlechte Presse ist im allgemeinen gesünder als eine gute«, schreibt er 1908 an seine Kommission.[407] Dabei meint er sicherlich nicht solcherart Presseorgane wie die *Neue Deutsche Rundschau* des Berliner Fischer Verlages, in der 1906 der Kunsthistoriker Oscar Bie Lichtwarks Lob uneingeschränkt formuliert: »Die Hamburger Kunsthalle, die Lichtwark mit einem Glück leitet, dem nur seine Bescheidenheit gleichkommt, ist insofern das merkwürdigste Museum der Welt, als es die besten Werke des ältesten und die besten des jüngsten deutschen Meisters enthält: Bertram und Liebermann. Fünfhundert Jahre sind dazwischen. Nirgends ist Liebermann so zu studieren in Portraits, holländer [sic] Szenen und Pastellen, nirgends gibt es aber auch eine solche Überraschung, als Meister Bertram, der erste deutsche Maler, den wir kennen, und dessen Entdeckungsgeschichte zu schön und sonderbar ist, als daß ich sie jetzt so schnell erzählen möchte.«[408]

MALER ALS DESIGNER UND ARCHITEKTEN: BEHRENS – VAN DE VELDE – RIEMERSCHMID

Spätestens im Jahr 1900 beginnt bei einem Besuch in der Darmstädter Künstlerkolonie Lichtwarks Bekanntschaft mit dem 1868 in Hamburg geborenen Maler, Designer und Architekten Peter Behrens. Allein schon durch die Beziehung zu Hamburg ist Behrens für Lichtwark von Interesse, gehört er doch zu denjenigen fortschrittlichen Künstlern, die Lichtwark gerne für Hamburg gewinnen würde. Vor seiner Verpflichtung durch Ernst Ludwig, Großherzog von Hessen-Darmstadt, soll Behrens vergeblich versucht haben, in seiner Heimatstadt tätig zu werden.[409] In der Darmstädter Künstlerkolonie

405 Schiefler, LAZ, 16.1.1908, o.P., HH, SUB, HSS. – Gustav Schiefler, Die Hamburger Kunsthalle, in: ZS BK, N.F., 19. Jg., Januar 1908, S. 73–81; vgl. Woesthoff (1996), S. 370. – Friedrich Dernburg (1833–1911), Redakteur der Nationalzeitung, für die Lichtwark in seiner Berliner Zeit Feuilletons schrieb.

406 Br. Lichtwark-Liebermann, S. 296.

407 Br. Kommission (1916), Bd. XVI: 1908, S. 50.

408 Bie (1906), S. 1407.

409 Vgl. Schiefler, LAZ, 9.5.1900, S. 109f., HH, SUB, HSS. Schiefler übermittelt dazu hier Lichtwarks bitteren Kommentar, Hamburg lasse ja seine Talente gewohnheitsmäßig nach außen ziehen, ohne sie für sich nutzbar zu

Mathildenhöhe tritt er nun erstmalig als Architekt auf, er baut sein eigenes Haus mit Gartenanlage. Fritz Schumacher wertet diese Erstlingsleistung von Behrens höher als die sieben Bauten des bereits arrivierten Architekten Josef Maria Olbrich. Lichtwark wird von Behrens durch die im Entstehen begriffene Künstlerkolonie geführt und entdeckt dabei die unverkennbaren Spuren eines älteren, regelmäßig angelegten Gartens mit Baumreihen von hohem Alter. Er entwickelt nicht nur sogleich die Idee von einem Baumhof für Gartenkonzerte und einer künstlerisch ausgestalteten Spielwiese als architektonischer Anlage, er könnte hier den jungen Behrens von der neuen Bedeutung dieser Gartenform überzeugt haben.[410]

1902 gestaltet Behrens, vermittelt und unterstützt durch Justus Brinckmann, die Hamburger Vorhalle auf der Prima Esposizione Internazionale d'Arte Decorativa Moderna, der Ersten Internationalen Ausstellung für moderne dekorative Kunst in Turin, die vom 10. Mai bis in den Oktober des Jahres stattfindet. Brinckmann gehört als Arbeitskommissar für die Hansestädte und Hessen zu dem vom Verband der deutschen Kunstgewerbevereine eingesetzten deutschen Arbeitsausschuss für die Ausstellung. Die Ausstattung der Halle wird von verschiedenen Hamburger Firmen nach Behrens' Entwürfen ausgeführt: die Vitrinenschränke von der Möbelfabrik Wilhelm Bannier; die Vitrinenpulte von der Möbelfabrik G. Süss; die Wappen an der Decke und auf dem Brunnenboden von dem Maler Gustav Dorén; die Verglasung der Oberlichter von der Kunstglaserei Carl Engelbrecht; Türen, Brunnengitter und Beschläge von der Kunstschmiede H. C. E. Eggers & Cie; lederbezogene Bänke und lederne Wandpaneele von der kunstgewerblichen Firma Georg Hulbe. In den Vitrinen sind von Behrens entworfene und von hamburgischen Kunsthandwerkern ausgeführte Arbeiten ausgestellt: Kerzenleuchter von Eggers, Lederschnitt- und Punzarbeiten von Hulbe, Bucheinbände von Gustav Jebsen und Wilhelm Rauch, Silbergefäße und Schmuck von der Silberwarenfabrik A. Schönauer und weitere Arbeiten von Oskar Schwindrazheim, dem Juwelier M. H. Wilkens & Söhnen, ferner Blumenkörbe von Henning Ahrens. In der Vorhalle befinden sich ein Bildteppich von Ida und Charlotte Brinckmann und Keramik von Richard Mutz, Altona, sowie eine von der Arbeiterschaft gestiftete und Ernst Barlach gestaltete Widmungstafel zum 25jährigen Jubiläum der Werft Blohm & Voss.[411] Auf dieser Leistungsschau wird genau dasjenige vorgestellt, was Lichtwark in den 1890er Jahren für die Innenausgestaltung des Hamburger Rathauses vorschlug: qualitätvolle Arbeiten einheimischer Kunsthandwerker, die den lokalen Leistungsstand dokumentieren und weitere Aufträge nach sich ziehen sollen.

machen. Behrens besucht von 1877–1882 das Königliche Christianeum in Altona, muss dort jedoch Lichtwark, der es nach dem ersten Quartal 1877 verlässt, nicht zwangsläufig begegnet sein; vgl. christianeum.org, Geschichte der Schule.

410 Vgl. Klausch (1971), S. 133f.

411 Vgl. StA HH, CI.VI. Nr. 8b Vol. 7 Fasc. I Inv. 41. – Moeller (1991), S. 408–411.

Behrens in Hamburg zu etablieren, gelingt jedoch weder zu diesem Zeitpunkt noch später. Lichtwark versucht sein Möglichstes für Behrens, der nun in der Folge rasch in Deutschland Renommee erwirbt. Am 1. April 1904 siedelt Lichtwarks enger Freund, der Jurist Wolf Mannhardt, mit seiner Familie vom Klosterstern 5 in seine neue Wohnung Blumenstraße 15 über. Das Herrenzimmer dieser Wohnung wird komplett von Behrens gestaltet: Möbel, Täfelung, Kamin und Teppich[412] – ein Auftrag, den mit Sicherheit Lichtwark vermittelt hat. Der lange schmale Raum ist gerahmt von hohen Bücherregalen mit integriertem Schreibtisch, die Deckentäfelung jochartig gegliedert. Nicht nur Mannhardt folgt Lichtwarks Rat; auch sein Schwager, der Kaufmann Heinrich Adolf Klöpper, erteilt Behrens einen Auftrag. Lichtwark kennt den siebzehn Jahre jüngeren Klöpper schon seit mehreren Jahren, da dessen Schwester Hedwig seit 1899 mit Mannhardt verheiratet ist.[413] Für den in den Jahren 1902 bis 1904 von dem Hamburger Architektenbüro Lundt & Kallmorgen errichteten Neubau der Firma Klöpper am Rödingsmarkt 4–9 entwirft Behrens im Herbst 1904 die Innenausstattung des Direktorenbüros und vermutlich auch die Ausstattung anderer Büroräume.[414] Hier ist die Atmosphäre lichter als bei Mannhardt; Behrens verwendet eine einfache lineare Wandgliederung, die schon auf die Bauten des folgenden Jahres, etwa die der Oldenburger Landesausstellung von 1905, vorausweist.

Im Herbst dieses Jahres, am 22. September 1904, besucht Lichtwark in Düsseldorf die Gartenanlage, die Peter Behrens, seit dem Vorjahr Direktor der Düsseldorfer Kunstgewerbeschule, im Rahmen der Gartenbauausstellung geschaffen hat.[415] Die Möglichkeit der Teilnahme an der Düsseldorfer Gartenbauausstellung eröffnete sich Behrens durch den Direktor des Krefelder Kaiser-Friedrich-Museums, Friedrich Deneken, der zuvor Justus Brinckmanns Assistent am Hamburger Museum für Kunst und Gewerbe war.[416]

Lichtwark ist verwundert über das Zustandekommen dieses modernen Gartens: »Er schlägt allem gärtnerischen Herkommen ins Gesicht.«[417] Allerdings bezweifelt er die Überzeugungskraft der Anlage; er hält sie für zu überladen mit Ideen, mit Lauben und Laubengang, Rasenflächen, Promenade, Grottenanlage mit Marmorbassin, Treppen und Säulen, Heckenlabyrinthen und Blumenbeeten: »Erfindung genug für Marly oder Trianon«. Die Fülle der Ideen steht konträr zu Lichtwarks Sinn für Einfachheit und Reduktion, und dahingehend äußert er auch seine Kritik. Das grüne Marmorbassin mit Statue und Pergola betrachtet er als das Hauptelement der Anlage; er selbst hätte es als Abschluss einer Sichtachse zum Hauptelement der Gestaltung werden lassen. Alles andere hätte er untergeordnet, besser noch das meiste weggelassen: »Ruhe, Sammlung, Vorbereitung für das Hauptstück, das hätte einen Garten gege-

412 Vgl. ebd., S. 426f.
413 Vgl. Br. Mannhardt, S. 54f., Anm. 3
414 Vgl. Moeller (1991), S. 430f.
415 Zu Behrens vgl. Ausst.Kat. Behrens (1980), S. 276. – Moeller (1991), S. 132f., 322–337.
416 Vgl. ebd., S. 425.
417 Vgl. hier und im Folgenden: Br. Kommission (1905), Bd. XII: 1904, S. 195f.

ben!« Aber grundsätzlich kann er nur einverstanden gewesen sein mit dem ersten architektonischen Garten, der in Deutschland angelegt wurde, auch wenn die Meinung der Fachwelt, schon gar die allgemeine Meinung, noch weit von einem Einverständnis mit Behrens' »Balkengarten« entfernt ist. Wenn die Gärten, »wie sie sich die Herren Lichtwark, Schultze-Naumburg und Landbauinspektor Muthesius vorstellen«, ähnlich ausfielen wie Behrens' »Machwerk in Düsseldorf«, habe man freilich nicht zu befürchten, dass die neue Richtung auf Kosten des deutschen Landschaftsgartens festen Fuß fassen würde, heißt es in der Rezension der *Gartenwelt*.[418]

Noch ein weiterer Teil der Düsseldorfer Ausstellung dürfte Lichtwarks Zustimmung gefunden haben: Behrens entwarf ein Gestell für die von Deneken zusammengestellte Vasenausstellung auf der Internationalen Kunstausstellung in Düsseldorf, für Vasen, wie sie die Gesellschaft Hamburgischer Kunstfreunde nun schon seit zehn Jahren propagiert: einfach, funktional, meist ohne Dekor und häufig auf Grundformen bäuerlicher Gefäße beruhend.

Anfang Juni 1905 fährt Lichtwark kurzentschlossen zur Eröffnung der Oldenburgischen Landes-, Industrie- und Kunstgewerbeausstellung und nimmt am Abend auch, liebenswürdig begrüßt vom großherzoglichen Paar, an der Eröffnungsfeier und Hoftafel teil.[419] Nicht nur die mit der Gesamtveranstaltung verbundene Kunstausstellung zieht ihn dorthin, ebenso interessieren ihn die Bauten von Peter Behrens. Dessen Entwicklung verfolgt er mit lebhaftem Interesse, verkörpert er doch als herausragendes Beispiel jene Befruchtung des Kunstgewerbes durch die bildende Kunst, auf die Lichtwark schon fast zwei Jahrzehnte lang hofft. Behrens hat für die Oldenburger Landesausstellung den neopalladianisch anmutenden Komplex mit Ausstellungsgebäude und zwei Annexen entworfen, dazu eine architektonische Gartenanlage einschließlich Skulpturengarten; zentral vor dem Ausstellungsgebäude noch einen Musikpavillon und weitere kleine Pavillons als Ausstellungsräume, darunter denjenigen der Anker-Linoleumwerke Delmenhorst. Die gestreute Anordnung der übrigen Gebäude und gärtnerischen Anlagen sind dem Zeitgeist geschuldet, nur Behrens gestaltet in einer Weise, wie sie Lichtwark schon lange befürwortet, und nur auf dessen gestalterische Arbeit geht er in seinem Bericht an die Kommission auch ein. Wäre er nicht gefahren, schreibt er, so wäre ihm etwas sehr Schönes und Anregendes entgangen. Er bedauert, dass Behrens nicht die gesamte Anlage entworfen habe, denn ehe er nicht Gelegenheit erhalte, etwas ganz Großes zu schaffen, wisse niemand recht, was er könne. Seine Berufung zeuge von sehr viel Mut und Tatkraft; Lichtwark führt sie auf die vorangegangene Tätigkeit des Künstlers für die Linoleumwerke in Delmenhorst zurück. Verglichen mit seinen früheren Arbeiten, etwa dem eigenen Wohnhaus in Darmstadt

418 Vgl. Moeller (1991), S. 337.
419 Vgl. hier und im Folgenden: Br. Kommission (1908), Bd. XIII: 1905, S. 107–115. – Asche (1992), bes. S. 74f. Die Verhandlungen mit Behrens führte sehr geschickt der Maler Wilhelm Otto, Vorsitzender der Vereinigung nordwestdeutscher Künstler; er besaß selbst Möbel aktueller Künstler-Kunstgewerbler wie Bruno Paul, Richard Riemerschmid und Bernhard Pankok; vgl. ebd., S. 28.

und der Gartenanlage in Düsseldorf, sei seine Gestaltung noch einfacher geworden, er verschmähe jegliches Ornament. An Formen verwende er nur Quadrat und Kreis, höchstens noch Ellipse und Rechteck; Säulen, Gebälke und Friese gebe es für ihn nicht. Die stereometrische Einfachheit seiner Bauten auf dieser Ausstellung kommentiert Lichtwark: »Es wird viele geben, die ihn jetzt zu einfach oder gar nüchtern finden. Ich nicht. Es mußte einmal einer kommen, der allen Ballast über Bord zu werfen genug Mut besaß. Er selber und seine Nachfolger werden von dieser Einfachheit zu reichern [sic] Mitteln fortschreiten.«[420] Dass auch Behrens hier schließlich historische Elemente anklingen lässt wie palladianische Grundformen und die geometrische Ornamentik florentinischer Renaissance, spielt für Lichtwark offensichtlich keine Rolle, er nimmt vor allem die monumentalen Grundformen wahr. Er bemängelt zu Recht, dass der im Zentrum der Platzanlage vor dem Ausstellungsgebäude angeordnete Musikpavillon den Gesamteindruck stört und die Kunsthalle verdeckt; die Gartenanlage mit den weißen Lattengerüsten als Laubengänge und speziell die »vornehme« Farbwirkung der dazu kombinierten Blutbuchenhecken und Bänke finden jedoch seine ungeteilte Zustimmung. Dies alles, so wünscht er, »möchte noch größer sein, damit der bauende Künstler die Ellenbogen frei hätte.«[421] Im Ausstellungsgebäude selbst beachtet er besonders neben anderen Formen der Beleuchtung das von Behrens verwendete basilikale Licht. Behrens ist persönlich anwesend; beide begegnen sich spätestens beim Festbankett.[422] »Er fühlt, daß er wirkt. Was braucht der Mann mehr?«[423]

Die Kunstausstellung hingegen ist für Lichtwark weniger interessant; sie bietet ihm nichts Neues, aber immerhin die Freude, dass einer seiner Hamburger Schützlinge, Paul Kayser, neben Otto Modersohn und Ludwig Dettmann für sein Portrait des Senators Dr. Hertz die silberne Medaille erhalten hat.[424] Die Hamburger Künstler erscheinen ihm nicht gut genug vertreten, obwohl alle ehemals jungen Hamburger dabei sind. Von den Worpsweder Künstlern erwähnt er nur Heinrich Vogeler, dem ein eigener Raum gewidmet ist. Den Oldenburger Bauernmaler Bernhard Winter hält Lichtwark für wichtig und überzeugend. Er erkennt ihm sogar einen Einschlag von Rembrandt zu, hält ihn für »die markigste Persönlichkeit des Kreises« und wünscht sich eines seiner großen Bauernbilder für die Kunsthalle. In dieser Auffassung offenbart wiederum der die Lokalkunst pflegende Lichtwark seine Vorliebe für Ländliches und Anheimelndes, die in krassem, fast unvereinbarem Kontrast zu seiner Begeisterung für die Bauten und Anlagen von Peter Behrens steht.

Lichtwarks Verbindung mit Behrens bleibt locker, aber beständig. In seiner Einschätzung der Bedeutung des Mediums Photographie folgt Behrens Lichtwarks Auffassung, wenn auch anfangs ohne praktische Konsequenzen. Seine Kenntnis der An-

420 Br. Kommission (1908), Bd. XIII: 1905, S.109.
421 Ebd., S. 112.
422 Vgl. die Photographie des Banketts in: Geschichte der Stadt Oldenburg, Bd. 2, S. 269, Abb. 111.
423 Br. Kommission (1908), Bd. XIII: 1905, S. 113.
424 Vgl. Schaefer (1905/06), S. 1–21, Bildteil S. 22–68.

sichten Lichtwarks zur Formgestaltung und Funktionalität dürfte er auch noch als Designer der AEG an seine jungen Mitarbeiter weitergegeben haben: Ludwig Mies van der Rohe und Walter Gropius.[425] Gropius muss in seiner Hamburger Militärzeit beim Wandsbeker Husarenregiment in den Jahren 1904/05 ohnehin mit Lichtwarks Ideen in Berührung gekommen sein, nicht zuletzt, da er in Mutzenbechers Haus verkehrt.[426] Dieser, zeitweilig Vorsitzender des Hamburger Kunstvereins, unternimmt häufig den morgendlichen Fußweg in die Stadt mit Lichtwark gemeinsam. Die ersten Gebäude des jungen Architekten Gropius weisen unter anderem das Breitfenster und ebenjene Eigenschaften der Einfachheit und Funktionalität auf, die Lichtwark in seinen Aufsätzen zur Architektur fordert. Seine Architektur-Anthologie *Palastfenster und Flügeltür* erscheint zeitgleich 1905 in dritter Auflage im Verlag Cassirer.[427]

Als Behrens 1902 in Nürnberg einen wichtigen Lehrauftrag erhält und als Direktor der Kunstgewerbeschule Düsseldorf gewonnen ist, schreibt Lichtwark sarkastisch an seine Kommission: »Daß ihm als Hamburger bei uns eine Wirksamkeit bereitet würde oder werden könnte, kommt nicht in Frage: Gott segne die Gewerbeschule und die für ihre Leitung die Verantwortung tragen. Aber in Hamburg fragt kein Mensch, wieviel Uhr es ist, wenn es sich um solche Dinge handelt.«[428] Nachdem also für Behrens in Hamburg zu Lichtwarks Erbitterung keine Tätigkeit oder Position gefunden werden kann, Hamburg damit seinen bedeutenden Sohn nicht nötig zu haben scheint, erteilt Lichtwark dem nun schon reichsweit bekannten Künstler einen Graphikauftrag für die Gesellschaft Hamburgischer Kunstfreunde. Behrens führt einen großformatigen zweifarbigen Holzschnitt mit dem Portrait des Dichters Richard Dehmel aus.[429] Dieser Auftrag wird vermutlich am 1. Mai 1907 im Rahmen der Internationalen Kunstausstellung in Mannheim verhandelt, wo Behrens den Raum Nr. 15 und den Garten gestaltet hat. Lichtwark gehört mit Peter Behrens, Maximilian Harden, Richard Dehmel und Hermann Muthesius zu den Festrednern der Eröffnungsveranstaltung.[430]

Auch wenn Lichtwark etwa die beiden Villen von Behrens für Karl Ernst Osthaus in Hagen nicht unkritisch betrachtet, bleibt der Künstler für ihn doch eine der wichtigsten Figuren seiner Zeit.[431] Da er zusätzlich noch gebürtiger Hamburger ist, wünscht er Behrens' Portrait für seine Sammlung von Bildern aus Hamburg. Liebermann erhält den Auftrag jedoch erst 1911 und vollendet das Bild 1913; den Einzug des Portraits in die Kunsthalle erlebt Lichtwark nicht mehr.[432]

425 Siehe dazu auch das Kapitel »Amateurphotographie« in Teil 2.
426 Vgl. hier und im Folgenden: Isaacs (1985), Bd. 1, S. 58–66 und Abb. 22. – Für die Kopien der Tagebuchblätter von Mutzenbecher danke ich Hellmut Saucke, Wienhausen.
427 Kayser (1977), Nr. 406.
428 Br. Kommission (1904), Bd. X: 1902, S. 242.
429 Vgl. Junge (1989), S. 442.
430 Vgl. Moeller (1991), S. 494–496.
431 Vgl. Br. Kommission (1918), Bd. XVIII: 1910, S. 210, 218.
432 Vgl. Best.Kat. Hamburg, 19. Jh., S. 125. – Siehe dazu das Kapitel »Ankäufe 1907–1913: Dreigestirn: Slevogt – Liebermann – Corinth« in Teil 6.

Zeitlebens stellt Lichtwark das Einfache über das Artifizielle; seine Haltung gegenüber dem Werk Henry van de Veldes ist deshalb wesentlich komplizierter. Dessen Design gefällt Lichtwark nur bei den Beispielen mit beruhigter und sachlicher Form. Ende Juli 1897 sieht er erstmalig Möbel des Künstlers auf einer Ausstellung in Dresden, präsentiert von der Pariser Firma des Hamburgers Siegfried Bing. Sie interessieren ihn wesentlich mehr als die ausgestellten Bilder, da er sie in Paris nicht gesehen hat. Der Stil erscheint ihm vollkommen englisch-amerikanisch und damit allein schon dem in Paris immer noch herrschenden historisierenden Geschmack überlegen. Bei der Betrachtung der Details jedoch wird Lichtwark kritischer, denn hier wird seiner Ansicht nach den Bedürfnissen nicht immer genügt. Die Lehnen der Esszimmerstühle erscheinen ihm zu hoch für den Serviervorgang, außerdem zu stark vorgeneigt und ohne Stütze im Kreuz. Er tadelt den Überfluss an Messing und staubfangender Ornamentik, lobt jedoch den Verzicht auf überflüssige Aufbewahrungsmöbel. Bezüglich der Formen und Farben hingegen hält er van de Veldes Leistung für gelungen und sehr nobel. Auch die Internationalität der Zusammenarbeit erfreut ihn: »Ein Belgier, der für einen Deutschen in Paris Möbel in englisch-amerikanischem Stil bildet: wenn das nicht Internationalismus ist!«[433]

Lichtwark verfolgt van de Veldes Wirken weiterhin, aber durchaus mit Distanz. Die Nachricht, der Künstler werde in Berlin von reichen Leuten mit Aufträgen überhäuft, er studiere die altmärkische Bauernkunst und wolle in Hamburg auf den Glaser Engelbrecht und die Lederfabrik Hulbe Einfluss nehmen, motiviert ihn jedenfalls nicht zu einer persönlichen Kontaktaufnahme. Im Januar 1898 besichtigt Lichtwark in Berlin die von van de Velde eingerichtete Wohnung Bodenhausens, der bereits 1897 einen Aufsatz über den Künstler im *Pan* veröffentlicht hat.[434] »Moderner englisch-amerikanischer Stil durch ein derberes belgisches Gemüth umgeformt«, kommentiert Lichtwark, sehr originell, zum Teil auch praktisch, aber doch auch wieder ohne Berücksichtigung der Funktion entwickelt. Das Schönste in der Einrichtung seien zwei Hamburger Silberleuchter und die amerikanischen Lehnstühle.[435] Auch die von van de Velde, dem Dresdner Willy Oskar Dressler und dem Münchner Designer Richard Riemerschmid eingerichtete Berliner Galerie Schulte akzeptiert Lichtwark und findet es bezeichnend, dass »diese findigen Leute, die eine scharfe Witterung haben«, sich alle Kräfte außerhalb der Stadt suchen mussten. Infolge der großen Nachfrage siedelt van de Velde jedoch nach Berlin über. Lichtwark hingegen bedauert, dass die lokale Entwicklung, abgesehen von der Massenproduktion, in Berlin nicht vorankomme.[436]

Vorläufig bleibt van de Velde für Lichtwark zwar noch ein »dark horse«, doch betrachtet er die Entwicklung in Berlin mit der von van de Velde gegründeten Gesellschaft mit einem Hamburger als Geschäftsführer als gefährliche Konkurrenz und

433 Vgl. Br. Kommission (1899), Bd. V: 1897, S. 171–173, Zitat S. 173.
434 Vgl. Bodenhausen (1897/98), S. 121f.
435 Vgl. Br. Kommission (1899), Bd. VI: 1898, S. 4, 11f. – Ausst.Kat. Van de Velde (1992), S. 180.
436 Vgl. Br. Kommission (1899), Bd. VI: 1898, S. 211, 313.

mahnt seine Kommission, bald würden die Berliner Kunstgeschäfte in Hamburg Filialen eröffnen.[437]

Erstmalig trifft Lichtwark van de Velde persönlich im Dezember 1900 im Kunstgewerbehaus Hirschwald in Berlin. Die Betonung der Linie bei van de Veldes Werken missfällt ihm; er habe etwas vom Fanatiker, die Linie sei sein Gott und er selbst sein Prophet. Er komme von der Gotik her. Während van de Velde vehement seine Betonung von Form und Linie verteidigt, stellt Lichtwark provozierende Fragen nach der Reinigung und anderen funktionalen Aspekten. Er bleibt bodenständig: Zuerst wolle er Sauberkeit und Wohlbehagen in seiner Wohnung und nicht zwei Dienstboten mehr für die Säuberung komplizierter Möbel. »Man braucht doch keinen Stuhl zu erfinden. [...] Was man thun kann, beschränkt sich darauf, ihn bequem, einladend, solid, von edlen Verhältnissen zu bilden und sachgemäss zu schmücken. Innerhalb dieser Grenzen sind die Möglichkeiten Legion.« Van de Velde jedoch konstruiere seine Stühle wie einen Dachstuhl über verzwicktem Grundriss. Er könne es in einem solchen Raum van de Veldes nicht aushalten. Immer jedoch entscheidet Lichtwark im Einzelfall, nie verurteilt er pauschal.[438] So schreibt er 1902 an seine Kommission, van de Velde komme voran. Von ihm angeleitete Töpfer würden schon ganz geschmackvolle, wenn auch nicht übermäßig originelle Sachen produzieren, seine Goldschmiedearbeiten würden nun menschlicher, die Farbe nobler. Die Möbel betrachtet er nach wie vor ambivalent und vergleicht den Designer mit einem Ballettmeister, der seine Eleven mit gebundenen Händen und Füßen tanzen lasse. Lichtwark akzeptiert also die modernen Jugendstilelemente in van de Veldes Möbelgestaltung nicht und bemängelt den Verzicht auf alle gedrehten Formen und edle Hölzer. Immerhin gesteht er ihm innerhalb der selbst gezogenen Grenzen Originalität zu.[439]

Als 1902 van de Veldes Gesellschaft liquidieren muss, urteilt Lichtwark durchaus fair: Dieses Unglück sage nichts über die Qualität der Dinge selbst aus. Bei aller Zurückhaltung gegenüber dem einzelnen Werk würdigt er van de Veldes anregende Wirkung und hält ihn bei aller Begrenztheit für ein starkes Talent, dem nur zu viel Theorie und Schrullen die Wege verbauen würden. In Weimar, fügt er hinzu, solle es um ihn her schon brennen.[440] Dort sieht Lichtwark im Oktober 1903 anlässlich des zweiten Kunsterziehungstages Harry Graf Kesslers Wohnungseinrichtung und die neuen Räume des Nietzsche-Archivs. Er könne nun wirklich bewundern, schreibt er, van de Velde habe unendliche Fortschritte gemacht. Sein Material sei jetzt das Buchenholz des Landes und er wisse es in Form und Farbe derart zu verwenden, so dass es wie etwas ganz Kostbares aussehe. Darin findet Lichtwark exakt seine Auffassung von Produktgestaltung wieder, nämlich die Verwendung bodenständiger Materialien

437 Vgl. Br. Kommission (1901), Bd. VII: 1899, S. 12, 33.
438 Vgl. Br. Kommission (1901), Bd. VIII: 1900, S. 234–239.
439 Vgl. Br. Kommission (1904), Bd. X: 1902, S. 142. – Vgl. auch Kessler (2004), Bd. 3, S. 397, 7.3.1901. Van de Velde gibt Kessler nahezu wörtlich in französischer Sprache Lichtwarks Kritik an seinen Möbeln wieder, am nächsten Tage sei er aber wiedergekommen »und habe ihm über seinen Schmuck viel Anerkennendes gesagt.«
440 Vgl. Br. Kommission (1904), Bd. X: 1902, S. 246.

in einfacher, aber hochwertiger Verarbeitung. Auch van de Veldes Ausstellungssaal im Kunstgewerbemuseum lobt er. Der Großherzog habe mit ihm, Kessler und Olde die richtigen Griffe getan. Und an die Adresse der Hamburger Obrigkeit gerichtet, fährt er fort: »Ich wollte, wir hätten sie bei uns.«[441] Van de Veldes Kleinarbeiten im Weimarer Gewerbemuseum wiederum gefallen Lichtwark gar nicht: die Keramik erscheint ihm »bösartig«, das Silber folge dem Ideal der Kohlenschaufel, eine Küchenausstattung aus Eisenblech erscheint ihm nicht schlicht genug. Jede Ahnung von Natur werde mit tödlichem Hasse ausgemerzt, alles Ornament sei »leise Schwellung, Dehnung, Streckung, Wellung.« Hier und da entdeckt er jedoch einzelne Stücke »von großer Kraft des Rhythmus und der Verhältnisse.« Dennoch kann er sich nicht vorstellen, in einer von van de Velde gestalteten Umgebung zu leben. Zudem glaubt er um die rasche Vergänglichkeit dieses Stils zu wissen: »Die Jugend aber versteht den Vandevelde [sic]. Sie wird recht behalten, solange dies Recht dauert: bis das Gefühl, auf das es sich gründet, weggeebbt ist.«[442]

Es ist vor allem die fehlende Funktionalität, die Lichtwark an van de Veldes Möbeln feststellt: Etwa einen Rasierstuhl in der Form des gewöhnlichen Lehnstuhls mit schräger Rückenlehne, die an der Stelle, wo der Kopf liegen soll, einen Ausschnitt aufweist. Für seine eigene große Körperlänge ist die Lehne überdies zu kurz und erweist sich als ungeeignet. Van de Velde, ein kleiner Mann von noch nicht fünf Fuß, passe vielleicht hinein.[443] 1906 sieht Lichtwark dann in Dresden einen großen Raum des Künstlers, den er protzig findet: van de Velde habe weder Gefühl für das Material noch für die Konstruktion, an der Wand befinde sich unten eine hölzerne Fußleiste, darüber eine Marmorverkleidung, in die von oben Gipsornamente mit hölzernen Zungen schnitten. Aus dem Gips würden unmotivierte Messingbänder entspringen, und die Bilder von Hofmann versänken in dem furchtbaren Ornament. So stellt Lichtwark mit seinem Sinn für Schlichtheit pointiert seinen Eindruck dar. Auch Liebermann, der den alten anglisierenden Hamburger Möbelstil schätzt und für seine Tochter Käthe eine Aussteuer in diesem Stil beschafft,[444] lehnt van de Veldes Möbel ab, obwohl er den Designer als Person durchaus schätzt. Für Lichtwark sind diese Arbeiten vergleichbar mit einer Dichtung, die die Sprache neu zu erschaffen versuche.[445] In einer sehr bezeichnenden Anekdote zur Rezeption der Arbeiten van de Veldes teilt Lichtwark auch die Weigerung des Künstlers mit, sich auf die Vorgaben eines Auftrages einzulassen.[446]

1909 entdeckt Lichtwark bei seinem Aufenthalt in Weimar von van de Veldes Einfluss noch keine Spur, doch sieht er im Jahr darauf bei dem eine Generation jüngeren

441 Vgl. Br. Kommission (1904), Bd. XI: 1903, S. 189. – Zu Kesslers Wohnung und dem Nietzsche-Archiv in Weimar vgl. Ausst.Kat. Van de Velde (1992), S. 253–259, 260–265. – Großherzog Wilhelm Ernst (1876–1923), der Schöpfer des »Neuen Weimar«, Regent seit 1901.

442 Vgl. ebd., S. 219.

443 Vgl. Br. Kommission (1905), Bd. XII: 1904, S. 173f.

444 Vgl. Br. Lichtwark-Liebermann, S. 332.

445 Vgl. Br. Kommission (1908), Bd. XIV: 1906, S. 229.

446 Vgl. Br. Kommission (1916), Bd. XVI: 1908, S. 195f.

Alfred von Nostitz-Wallwitz eine komplette Einrichtung des Designers im Gebrauch: Er würde sie nicht haben wollen, doch sei es scheinbar möglich, damit zu leben.[447] 1910 besichtigt er das von Karl Ernst Osthaus begründete Museum in Hagen, in dem van de Velde als eine seiner frühesten Arbeiten das Interieur der Sammlungsräume entworfen hat. Wie üblich gefällt ihm einiges, anderes nicht, doch gesteht er zu, jeder beliebige Architekt würde es wohl schlimmer gemacht haben.[448] Osthaus' eigene Villa, »in göttlicher Lage« von van de Velde errichtet, erscheint Lichtwark als ein eigentlich kleines Haus, dabei massig und mit Mauern- und Holzverschwendung im Garten, im Innern aber maßvoll und vernünftig. Dennoch wirkt die Anlage auf ihn falsch und bombastisch; viele Details empfindet er als ungereimt.[449] Aber angesichts der Ausstellungssäle van de Veldes bei den Cassirers in Berlin hält er dessen Entwurf für immer noch besser als eine bloße Nachahmung,[450] die sich ihm stets als die verwerflichste Lösung darstellt.

Im November 1910 lobt Lichtwark anlässlich einer Ausstellung im Berliner Kunstgewerbemuseum das zeitgenössische dänische Kunsthandwerk als qualitätvoll und vorbildhaft: »In allem Kunstgewerbe sind sie origineller und gesunder [sic] als wir. Die Dänischen, nicht die Berliner, Meißner oder Pariser Staatsfabriken haben den Stil des modernen Porzellans geschaffen. Nun machen es die andern nach.« Das dänische Silber und der Schmuck stünden auf gleich hohem Niveau. »Man wird es natürlich wiederum bei uns kopieren.« Die Kopenhagener hätten es besser als die Deutschen: »Ein kleiner Staat, eine wirkliche Hauptstadt, eine künstlerische Tradition und sehr viele Künstler.« Auch die Architektur imponiert ihm sehr. Am liebsten würde er die Ausstellung nach Hamburg holen, so formuliert er gegenüber dem Veranstalter, seinem Kopenhagener Kollegen Emil Hannover, dem Leiter der Sammlung Hirschsprung. Gleich wird er zu einem Vortrag in Kopenhagen geladen, dort über die Ausstellung zu sprechen. Das lehnt er jedoch ab, denn es könne nicht nur gelobt werden. So will er Emil Hannover einen Brief schreiben, der veröffentlicht werden kann. Zum Vortrag müsse er wohl hinüber, schreibt er seiner Kommission, so ungern er es tue. »Gott sende mir eine Ausrede, daß ich es noch aufschieben kann.«[451]

Auch bei der Betrachtung von prähistorischer Keramik der Schliemann-Funde in Berlin Ende Dezember 1910 fühlt er sich sehr angeregt: »Solchen Dingen gegenüber kommt mir immer der Wunsch, als Universitätsprofessor wissenschaftliche (und praktische) Arbeit organisiren zu können. Was quälen sich unsere Maler- und Bildhauerkeramiker mit der Grammatik der Formen. Sie steckt im praehistorischen Material so wie die reich entwickelte Grammatik der Sprache im Sprachbau derselben Epoche. Derselbe Geist hat die unsagbar mannichfaltigen Bildungen der Sprache und die ebenso vielgestaltigen Umrisse, Henkel und Ausgüsse der vorgeschichtlichen Töp-

447 Vgl. Br. Kommission (1917), Bd. XVII: 1909, S. 250. – Br. Kommission (1918), Bd. XVIII: 1910, S. 60.
448 Vgl. ebd., S. 207f.
449 Vgl. ebd., S. 210f., 218.
450 Vgl. Br. Kommission (1919), Bd. XIX: 1911, S. 198.
451 Br. Kommission (1918), Bd. XVIII: 1910, S. 278f. Ein derartiger Vortrag Lichtwarks ist nicht nachzuweisen.

fereien erfunden. Ich möchte ein Buch über Gefäßformen, Güsse und Henkel schreiben, um darzulegen, was an Gedanken und praktischen Erfindungen da ist und nur abgemodelt zu werden braucht. Was hat z. B. van de Velde erfunden, das nicht viel besser schon da ist?«[452]

Auch Richard Riemerschmid gehört zu Lichtwarks bevorzugten Designern. Ein sehr praktisches, schönes und einfaches Buffet aus Eibenholz und Riemerschmids Glasfenster lobt Lichtwark schon 1897 sehr. Im Juni 1900 sucht er ihn in Pasing bei München auf und ist begeistert von dem für die eigenen familiären Bedürfnisse entworfenen funktionalen Mobiliar. Er attestiert ihm Instinkt und Materialgefühl. Auch hier bestätigt sich ihm, dass der wie Behrens und van de Velde von der Malerei herkommende Künstler das fortschrittlichste Design entwirft und ein besonderes Materialempfinden erkennen lässt. 1901 erlebt er den Künstler als Architekten und nimmt sein Schauspielhaus in der Münchner Maximilianstraße in Augenschein. Er findet es »bequem angelegt, klein, gemüthlich, luftig und sehr originell. Das schönste sind die grünen Corridore mit elektrischen Lampen in der Decke.« Auch Riemerschmids Gestaltung von Außenanlagen findet Lichtwarks Plazet. Sehr kritisch hingegen betrachtet er dessen Bauten für Karl Ernst Osthaus in Hagen: »Riemerschmid, der Schöpfer von Hellerau, baut die Arbeiterstadt auf bayerisch und mit viel Romantik. Arbeiterhäuser in echter Rustika. Sie verzinsen sich denn auch nur mit drei Prozent. Sonderbar. Riemerschmid ist sonst so praktisch.«[453] Immer wieder verfolgt Lichtwark mit seinem ständigen Plädoyer für Formreduktion und Originalität mit wachem und kritischem Interesse die zeitgenössische Formgebung.

DIE SUCHE NACH DEN HAUPTMEISTERN DER ROMANTIK

Philipp Otto Runge

1904 gelingt es Lichtwark, ein großes und bedeutendes Gemälde von Philipp Otto Runge zu erwerben, das Portrait der Eltern des Künstlers mit zwei Enkeln (Abb. 40). Seit den ersten Schenkungen von Bildern des Künstlers durch Paul Runge im Jahr 1891 bleibt Lichtwark an Runges Werk weiterhin interessiert. Denn hier vereinigen sich neben seiner persönlichen Vorliebe gleich zwei seiner Sammlungsziele: die Suche nach der Geschichte der hamburgischen Malerei ebenso wie die nach den neueren deutschen Meistern, den Künstlern des 19. Jahrhunderts. Lichtwark vermutet, dass sich noch vieles im Familienbesitz befinden muss; er hält Kontakt zur Familie Runge und trifft 1896 in Berlin auch Runges Enkel und Urenkel.[454] Manchen Rat bei der Suche nach dem

452 Ebd., S. 289f.
453 Vgl. Br. Kommission (1899), Bd. V: 1897, S. 110. – Br. Kommission (1901), Bd. VIII: 1900, S. 130f. – Br. Kommission (1902), Bd. IX: 1901, Zitat S. 176. – Vgl. Br. Kommission (1916), Bd. XVI: 1908, S. 151f. – Br. Kommission (1918), Bd. XVIII: 1910, Zitat S. 210. – Zu Riemerschmid vgl. Ausst.Kat. Riemerschmid (1983).
454 Vgl. Br. Kommission (1899), Bd. IV: 1896, S. 104, 106.

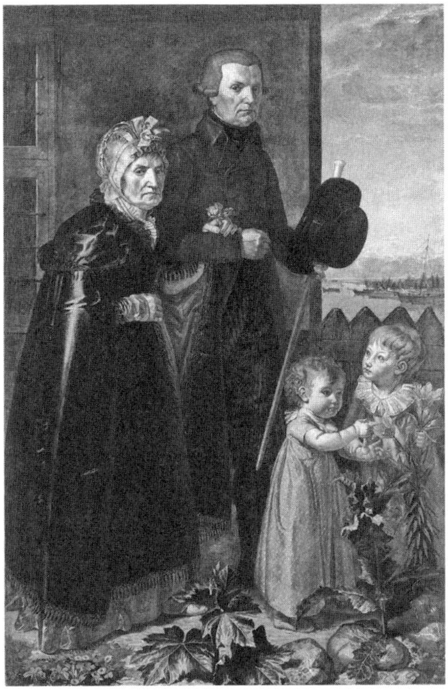

Abb. 40 Philipp Otto Runge, Die Eltern des Künstlers, 1806, Öl auf Leinwand, Hamburger Kunsthalle

Werk des Künstlers mag er auch von seinem norwegischen Kollegen Aubert erhalten haben, der schon 1896 über Runge geforscht und publiziert hat und dem er kostenlos Abbildungen für seine Buchpublikation zur Verfügung stellt.[455]

Häufig setzt er bei seiner Betrachtung andere Künstler zu Runge in Beziehung. Er scheint Lichtwark besser als etwa drei kleine Bilder von Constable in der Berliner Nationalgalerie und in der Farbe heller und moderner als Manet. Im Vergleich zu den »Hülsenbeckschen Kindern« erscheine der »berühmte bahnbrechende Manet« schwarz und schwer, schreibt er 1899 an seine Kommission. »Und das Gefühl für die Eigenart der Farbe hält bei Manet keinen Vergleich aus mit der neuen Leistung Runges. Auch andere deutsche Künstler waren früher als Manet zu neuen Zielen vorgedrungen.« Carl Blechen etwa mit seinem »Palmenhaus« und den italienischen Landschaften, der Hamburger Herrmann Kauffmann mit der »Heimkehr der Propsteier Fischer« und Teutwart Schmitson mit dem »Marmor-Transport in Carrara« kommen ihm dabei in den Sinn. Als Landschafter hält er Runge für weiter entwickelt als Constable und Gainsborough.[456] Lichtwarks Suche nach Runges Bildern, die sich,

455 Vgl. Brief Alfred Lichtwark an Aubert, 29.6.1896, Oslo, NB, Brevsamling 32.
456 Vgl. Br. Kommission (1899), Bd. V: 1897, S. 269. – Br. Kommission (1901), Bd. VII: 1899, Zitat S. 151. – Br. Kommission (1901), Bd. VIII: 1900, S. 40.

abgesehen von den Werken in der Hamburger Kunsthalle, ausschließlich in Privatbesitz befinden, erhält neue Motivation, als er zufällig bei dem Restaurator Hauser in Berlin Runges »Quelle« und ein Selbstbildnis im blauen Rock entdeckt, die dem Reichsgerichtsrat Dr. Alfred Agricola in Eisenach gehören. In dessen Besitz befindet sich außerdem das Portrait der kleinen Luise Perthes. Kurz darauf, Anfang Juni 1900, reist Lichtwark zur Besichtigung dieses Bildes nach Eisenach. Bei dem Kind handelt es sich um Agricolas Mutter, das Bildnis ist somit unverkäuflich.[457] Noch um diese Zeit hat Lichtwark vor, eine der geplanten kleinen Monographien Runge zu widmen. 1901 besucht er in Berlin den Kunsthistoriker Erich Schmidt, der in Hamburg auch Vorlesungen hält und einen seiner Schüler über Runges Verbindungen und literarische Arbeiten forschen lässt. Von diesem Dr. Schultz erhält Lichtwark verschiedene Hinweise.[458] 1903 trifft er in Berlin einen Verleger, der eine Auswahl von Runges Briefen neu herausgeben möchte.[459] Er wird hier allerdings nicht tätig; seine bereits begonnene Suche nach den Bildern dürfte ihm wichtiger sein. Schon 1901 befand sich unter den Hörern seiner Vorträge in der Universität Greifswald eine Urenkelin Runges, die ihm Informationen über die im Besitz pommerscher Verwandter befindlichen Gemälde versprach. Seine parallel betriebenen Nachforschungen über Caspar David Friedrich führten ihn zu einer Frau Konsul Schmidt nach Greifswald. Von ihr wiederum erfuhr er, dass bei einer Familie Neumann in Wolgast ein großes Bild von Runge existiere, »Amors Triumph«. Im Jahr 1904 kumulieren nun die Ereignisse. Bei einer Seitenverwandten Runges namens Berlin in Friedland findet Lichtwark zahlreiche Silhouetten und erhält sie als Stiftung, da sie in der Kunsthalle am besten aufgehoben seien: »allerlei Figuren aus Runges Kinderzeit, Menschen, Tiere, Bilder aus dem täglichen Leben, das Merkwürdigste ein Hund, der den Mond anbellt.« Als Wertvollstes nennt sie eine große Pflanzenstudie. Zudem erhält er hier die Information, das von ihm lange gesuchte Elternportrait befinde sich im Besitz eines Neffen des Künstlers, Hauptmann Runge in Alt-Damerow bei Stargard.[460]

Die Reise dorthin unternimmt Lichtwark kurz darauf, am 28. April 1904. Schon seit langem kennt er eine kleine Farbenskizze zu diesem Elternbild sowie eine Umrisszeichnung, die Otto Sigismund Runge nach seines Vaters Zeichnung vom Elternbild angefertigt hat. Beides hat er bereits 1898 in einem ausführlichen Kapitel über Runge in seinem Bildniswerk veröffentlicht.[461] Das sehr gut erhaltene Original, das beinahe bei einem Brand zugrunde gegangen wäre, wirkt nun dunkler und ernster als alles,

457 Vgl. ebd., S. 101, 104f. – »Die Quelle« (»Die Mutter an der Quelle), WV Traeger 298, »Selbstbildnis im blauen Rock«, WV Traeger 302, als Leihgabe in der HKH, »Die kleine Perthes«, WV Traeger 310, befindet sich heute in den Staatlichen Kunstsammlungen Weimar. Dr. jur. Alfred Agricola (1824–1901) war ein Enkel des Buchhändlers und Verlegers Friedrich Christoph Perthes (1771–1843), Luise Caroline Henriette Perthes, verheiratete Agricola, (1802–1880) seine Mutter.

458 Vgl. Br. Kommission (1902), Bd. IX: 1901, S. 75.

459 Kayser (1977), Nr. 192, 211; wiederabgedruckt in: Der Säemann, 3. Jg., 1907, S. 57–60; Kayser (1977), Nr. 446. – Br. Kommission (1904), Bd. XI: 1903, S. 95.

460 Vgl. Br. Kommission (1905), Bd. XII: 1904, S. 67f.

461 Vgl. AL, Bildnis in Hamburg, Bd. 2, S. 117, 119.

was die Kunsthalle bislang von Runge besitzt. Lichtwark findet dort außerdem ein frühes Selbstbildnis in Kreide und eine Variante zu dem Projekt eines großen Familienbildes, eine Heimkunft der Söhne. Die Kunsthalle besitzt bereits eine sehr viel größere und reifere Zeichnung dazu.

Erst das große Elternportrait würde Runges in der Kunsthalle versammeltes Werk abrunden. Doch die Familie ist wohlhabend und nicht auf einen Verkauf angewiesen, zudem gehört das Gemälde fünfzehn Geschwistern gemeinsam. Lichtwark argumentiert mit dem Andenken an den großen Künstler. Ehrfürchtig erlebt er die Familienumgebung: Beim Kaffee steht eine schöne silberne Zuckerdose mit Rokokoornamenten auf dem Tisch, aus der bereits der Künstler seinen Zucker nahm. Durch sie fühlt sich Lichtwark dessen Persönlichkeit viel näher als durch das große Bild, das eben für sich lebe. Hauptmann Runge macht ihm immerhin Hoffnung auf das Elternbild und verweist ihn für weitere Nachforschungen an eine neunzigjährige Verwandte in Neubrandenburg.[462]

Als Lichtwark bereits die schriftliche Zusage für die Überlassung des Elternbildes erhalten hat, bringt eine unvorhergesehene Wendung den Ankauf in Gefahr. Lichtwark stellt seiner Kommission die Lage ausführlich dar: 5.000 Mark sowie eine Kopie des Bildes habe er geboten, doch wollen die Erben das Bild zur Schätzung durch Tschudi an die Nationalgalerie senden. Obwohl Lichtwark das Bild entdeckt hat und gegenüber Tschudi auf seinem Recht besteht, versucht dieser, ihm das Bild vorzuenthalten. Er verlangt es für die Nationalgalerie, die Kunsthalle hätte Runges genug; es sei ihm von der Familie angeboten worden. Die Familie ihrerseits fühlt sich geschmeichelt und teilt Lichtwark Tschudis Bereitschaft zu einem höheren Gebot mit. Lichtwark besteht jedoch auf seinem Gebot als hinreichend. Sie brauchten sich nicht gegenseitig zu überbieten, erklärt er, seine Kommission würde auch auf Tschudis Gebot erhöhen. Vor allem argumentiert er mit seinem moralischen Anspruch auf das nach langer Suche von ihm aufgefundene Werk; sie wollten doch lieber eine solche Praktik nicht einführen. Lichtwark fürchtet aber auch die Begehrlichkeit des tief beeindruckten Generaldirektors Schöne und weiht ihn deshalb vorsorglich in seine Ankaufspläne ein. Das Ringen um das Bild endet zunächst scheinbar mit Tschudis Versprechen auf einen Rückzug; Lichtwark bietet ihm dafür seine Hilfe bei der Erwerbung eines anderen Bildes von Runge an, etwa ein Portrait des kleinen Sohnes, das er schon im Portraitwerk veröffentlicht hat. Für die Kunsthalle hält er es für vorteilhaft, wenn die Nationalgalerie ebenfalls ein Bild von Runge besitze. Tschudi sei unwirsch und fühle sich überrumpelt, schreibt Lichtwark seiner Kommission, aber er selbst beharrt auf Fairness: »[...] wir müssen eine Überlieferung der Loyalität zu schaffen suchen, was den Verkehr der Museen angeht.«[463] Lichtwark betont gegenüber seiner Kommission, es handele sich bei dem Elternportrait Runges um eine der bedeutendsten Erwerbun-

462 Vgl. Br. Kommission (1905), Bd. XII: 1904, S. 73–75, 78, 99.
463 Vgl. ebd., S. 234, 238f., 248, 251. – Zum Kinderportrait vgl. AL, Bildnis in Hamburg, Bd. 2, nach S. 104; Otto Sigismund, der Sohn des Künstlers, 1805, WV Traeger 313, Best.Kat. Hamburg, 19. Jh., S. 174.

gen, die von der Kunsthalle überhaupt getätigt werden könnte. Immer schon hält er den Künstler »für eine der seltenen (sehr seltenen) Manifestationen des deutschen Wesens, nichts Französisches, nichts Englisches oder Italienisches hat ihn zu dem gemacht, was er ist. Er ist ganz allein aufgeschossen und so hoch empor, daß wir heute das Größte an ihm, die Monumentalität, aus uns heraus noch nicht wieder erreicht haben.«[464] Als sich das Bild in Berlin befindet, führt Lichtwark nicht nur Schöne dorthin, der tief berührt ist, auch die anderen von Lichtwark davorgestellten Betrachter zeigen sich beeindruckt. Hans Thoma, der Runge aus Goethes *Farbenlehre* kennt, bewundert es mit der Feststellung, das sei noch nicht wieder erreicht. Adolph Goldschmidt ist entzückt und findet, Runge habe als Maler seine neue Auffassung ebenso gut ausgedrückt wie als Schriftsteller. Eisenmann, der nicht einmal den Namen des Künstlers kannte, steht überwältigt. »Das war eine Stunde Glück«, schreibt Lichtwark seiner Kommission. Die Urteile Thomas, Schönes und Goldschmidts bringen ihm zwar keine neuen Erkenntnisse, doch sieht er seine Überzeugung bestätigt. So sehr er auf die Entscheidung brennt, will er doch nun die Sache »kühl« behandeln. In einem sehr vorsichtig abgefassten Brief an das Familienoberhaupt will er noch einmal darlegen, wie nötig für die Kunsthalle die Vereinigung dieses Bildes mit den anderen Werken des Künstlers für das Verständnis des Meisters sei.[465]

Lichtwark benötigt das Bild jedoch auch für den Ausbau seiner Portraitsammlung. Diese Gattung erscheint ihm so bedeutend für die bürgerliche Kunst, dass er seiner Kommission zur Untermauerung eines anderen Bildnisankaufs im selben Jahr ausführlich seine Ansicht darlegt: »Seit Anfang der neunziger Jahre sind wir für die Wiederbelebung des Bildnisses eingetreten. Die verschiedenen und nicht immer ganz geglückten Versuche in der Sammlung von Bildern aus Hamburg, die Neubildung der hamburgischen Staatsmedaille, die durch die namentlich der Bildnisse wegen interessanten Plakettensammlung eingeleitet wurde, die Versuche mit dem radierten oder lithographierten Bildnisse [sic] durch die Gesellschaft der Kunstfreunde (bisher stets gescheitert), das Bildniswerk des Kunstvereins, die große und glücklich durchgesetzte Reform des photographischen Bildnisses durch die hamburgische Gesellschaft zur Förderung der Amateur-Photographie – das alles hatte nur das eine Ziel, für Hamburg (und in weiterer Folge für die deutsche Kunst) das Bildnis zurückzuerobern als den festen Punkt, dessen unsere Kunst zu einer gesunden Entwicklung bedarf. Daß uns das Bildnis fehlt, ist doch augenscheinlich. Um 1890 gab es in Hamburg und der zugehörigen Umgebung keinen wirklichen Bildnismaler mehr, wenigstens keinen, der von seiner Kunst hätte leben können. Es ist das wohl der tiefste Stand, den ein wohlhabendes Gemeindewesen erreichen konnte. Wir sind noch heute nicht viel weiter, wenn auch der neue Weg beschritten ist. Aber die Erkenntnis, daß, wo die Historienmalerei wie die Genremalerei verdorrt sind und in Deutschland an synthetischer Kunst großen Stils nur noch die Karikatur gedeiht (und nur in ihrem einen alten Zentrum

464 Br. Kommission (1905), Bd. XII: 1904, S. 244.

München), das Bildnis im Sinne Runges die Zukunft des höchsten Zweiges der Kunst, der Menschendarstellung bedeutet, fängt an, sich Bahn zu brechen.«[466]

Lichtwark erwirbt das Gemälde schließlich im Glauben, Tschudi habe ihm den Vortritt gelassen. Viele Jahre später jedoch erfährt er, dass Tschudi sich keineswegs korrekt verhielt, indem er nicht etwa auf das Bild verzichtete, sondern seine Kommission den Ankauf ablehnte.[467] An seine Kommission schreibt Lichtwark über das soeben für 5.000 Mark erworbene Elternbild,[468] es ergreife ihn, an die Gestalt der Mutter zu denken. »Sie ist für mich Wirklichkeit, nicht mehr der Schein eines Kunstwerks. Hätte ich dies Bild in meinem Hause erlebt, es wäre für mich eine sittliche Macht geworden. Ich empfinde den ethischen Inhalt so stark, daß ich glauben möchte, es wäre unbehaglich, mit dem Bilde zu leben, ich weiß wirklich nicht, ob man es aushalten könnte, soviel Willen, soviel Intensität immer auf sich herabblicken zu sehen. Wenn es auf andere wirkt, wie auf mich, müßte man dem Bild eine Kapelle bauen. Es würde dann nichts anderes neben sich dulden. Ich mag immer noch nicht glauben, daß wir es besitzen.«[469] Im Jahresbericht von 1904 würdigt Lichtwark das Bild wie folgt: »Ohne dieses Werk würde alles andere uns immer als unzulänglich erschienen sein, die eigentliche Größe des früh verstorbenen Meisters zu ermessen. Das Elternbildnis gehört zu den eigenartigsten Erscheinungen in der deutschen Kunst des neunzehnten Jahrhunderts. Weder französische, englische noch altmeisterliche Einflüsse haben sein Wesen mitbestimmt. Die neuen Ausdrucksmittel, die sich der Künstler erworben, gehören ausschließlich ihm selbst. Nach den Vorstudien mit dem ersten Gruppenbilde erreicht der Meister hier mit einem Schlage, was Generationen deutscher Künstler nach ihm im Bildnis nicht einmal ernstlich angestrebt haben: die Monumentalität der Form auf der Grundlage der eindringlichsten Charakteristik und eine erstaunliche Kraft und Ursprünglichkeit der Farbe. Erst der Besitz des Hauptwerks fügt die Gruppe der Bilder des Meisters in der Kunsthalle zu einer geschlossenen Einheit zusammen.«[470]

Lichtwarks Recherchen zum Werk Runges werden nun intensiver. Im November fragt er bei Aubert um Rat, wie er in Herrestad in Schweden Erkundigungen nach einem Bildnis von Runges Freund Johann Philipp Petersen einziehen kann, das ihm sehr gerühmt worden ist.[471] Doch kommt er auf diese Angelegenheit nie wieder zurück. Am 17. Dezember 1904 erwartet Frau Konsul Neumann Lichtwark in Wolgast wegen des »Triumph des Amor«. Er rechnet sich diesmal nicht viel Erfolg aus, will aber nichts unversucht lassen. Nun findet er alles herbeigeschafft, was dort noch

465 Vgl. Br. Kommission (1905), Bd. XII: 1904, S. 244, 248, 252–254.

466 Ebd., S. 267f. Lichtwark kämpft hier um den Ankauf der drei Portraits der Marie Zacharias von Kalckreuth, siehe dazu das Kapitel »Neue Impulse: Kalckreuth« in Teil 4.

467 Vgl. Br. Kommission (1905), Bd. XII: 1904, S. 251. – Zu Tschudi vgl. Br. Kommission (1918), Bd. XVIII: 1910, S. 85f.

468 Vgl. P4, 3.12.1904; für die Kopie kommen 1.000 Mark Kosten hinzu. – Best.Kat. Hamburg, 19. Jh., S. 175.

469 Br. Kommission (1905), Bd. XII: 1904, S. 283.

470 Jahresbericht [Bd. 18], 1904, S. 13f.

471 Brief Alfred Lichtwark an Aubert, 6.11.1904, Oslo, NB, Brevsamling 32.

an Werken Runges existiert. Die Grisaille »Triumph des Amor« ist als Besitz einer Erbengemeinschaft nicht verhandelbar; auch die Nationalgalerie war zwanzig Jahre zuvor mit einem Gebot von 6.000 Mark nicht erfolgreich.[472] Die »Nachtigall« findet er vergleichsweise reifer und reizvoller. Frau Neumann verspricht, ihn bei einer Verkaufsabsicht zu benachrichtigen. Eine Vorstudie zum Kopf der Mutter erhält er als Geschenk. Ganz altertümlich und untypisch erscheint ihm ein für einen Orgelprospekt gemalter König David. Auch ein Bildnis der Braut Pauline Bassenge als Bleistiftzeichnung betrachtet er, außerdem Photographien von zwei schönen Kreidestudien mit Bildnissen der Eltern. Er soll die Adresse der Besitzer erhalten und hört vom Verbleib eines großen Frauenbildnisses bei einem Enkel der dargestellten Baronin Langermann, einer Nichte Runges, bei Baron Kirchbach im pommerschen Patrow. Überdies existiert noch ein nicht auffindbares Selbstbildnis, dem die Lehrlinge allerdings die Augen ausgestochen hätten.

Während seines Aufenthaltes erfährt Lichtwark manches über Haus, Familiengeschichte und Biographie des Künstlers, etwa, wie Runge die Zustimmung zur Künstlerlaufbahn erhielt: Er bemalte eine Galionsfigur an einem väterlichen Schiff, die in Holland so sehr bewundert wurde, dass ein holländischer Kaufmann dem alten Runge davon berichtete. Lichtwark notiert die Geschichte, sie könne einmal unerwartet das fehlende Glied werden. Runges Mutter, selbst künstlerisch begabt, ist in der Familie noch unvergessen: Sie beobachtete die Kirchgänger vom Fenster aus, um anschließend deren Silhouetten als Scherenschnitt aus dem Gedächtnis festzuhalten. So erscheint ihm Runge als ein Muttersohn, wie er selbst es bestens nachfühlen kann. Voller Andacht besichtigt er das schöne alte Elternhaus des Künstlers. Original erhalten, gleicht es in der Anlage dem Typus der norddeutschen Kaufmannshäuser. Lichtwark kennt nun aus eigener Anschauung, was Runges Vaterstadt noch von ihm besitzt und auch die Orte seiner Bilder in situ. Wenn er alles hätte mitnehmen können, sinnt er als Erforscher der eignen lokalen Kunstgeschichte mitfühlend, dann wäre dort keine Spur mehr von dem Künstler geblieben.[473]

Am ersten Weihnachtstag 1904 eröffnet Lichtwark mit dem bei Hauser in Berlin restaurierten Elternportrait seine Ausstellung der neuen Erwerbungen. Schon 1903 hat er gegenüber seiner Kommission die Befürchtung formuliert, es sei in Hamburg noch kein Publikum mit dem Bewusstsein dafür vorhanden, dass Runge und dessen für die Kunsthalle gewonnenen Bilder etwas Großartiges seien.[474] Wie zur Verteidigung teilt Lichtwark in der Folge immer wieder die positiven Reaktionen der Kollegen und Künstler auf die Malerei Runges seiner Kommission mit: Karl Woermann und Pietro Krohn seien tief beeindruckt, berichtet er; Emil Orlik habe angesichts des

472 WV Traeger 233. Das Bild kommt erst 1937 durch Ankauf in die Kunsthalle; Best.Kat. Hamburg, 19. Jh., S. 172.

473 Vgl. Br. Kommission (1905), Bd. XII: 1904, S. 287–291. – Das Runge-Haus in Wolgast, Kronwiekstraße 45, ist erst seit 1997 ein Museum. Durch Restaurierung wurden die Reste des ursprünglichen Zustandes konserviert; www.museum.wolgast.de.

474 Vgl. Br. Kommission (1904), Bd. XI: 1903, S. 120.

Elternbildes seine Blasiertheit abgelegt; Liebermann schwärme für Runge; Corinth nenne ihn genial; Goldschmidt wundere sich, dass man in Berlin derart blind für ihn gewesen sein könne; Thoma begeistere sich, die Berliner Gnade brauche Runge nicht; und Prinz Eugen von Schweden liebe das Bild sehr.[475]

In den folgenden Jahren versucht Lichtwark, weitere der ihm bekannten Werke des Künstlers anzukaufen. Doch wollen sich die Erben von Agricola von dem Portrait der kleinen Perthes 1908 noch immer nicht trennen. Allerdings soll Lichtwark das Vorkaufsrecht erhalten.[476] 1910 findet Lichtwark in Basel bei Philipp Otto Runge ein Selbstportrait und ein Portrait der Pauline Runge, die der Besitzer zunächst nicht veräußern will, da seine Familie rein schweizerisch sei und an Hamburg kein Interesse habe. Doch noch im selben Jahr setzt Lichtwark sich durch und die Bilder gelangen gegen Kopien von Julius von Ehren als Geschenke des Besitzers in die Kunsthalle.[477]

Ein weiteres Bild lässt Lichtwark sich bewusst entgehen. Ebenfalls im Jahr 1910 erhält er von Professor Otto Krüger, dem Direktor der Vereinigten Werkstätten in München, Nachricht von der Entdeckung eines weiteren großen Bildnisses von Runge. Lichtwark weiß seit 1904 von der Existenz dieses Bildes auf einem Gut in Mecklenburg und nahm bereits brieflichen Kontakt auf. Bei der Dargestellten handelt es sich um eine Nichte Runges, Wilhelmine Helwig, spätere Baronin Langermann. Das Bild sei 1807 bei Runges Aufenthalt in Wolgast entstanden. Da es nicht zur Ansicht nach Hamburg geschickt wird, fährt Lichtwark nach Berlin zu seinem Besitzer. Er findet es zwar untypisch, doch zusammen mit den bereits vorhandenen Werken für die Kunsthalle wünschenswert. Die Besitzerin ist eine Frau von Kirchbach; sie verlangt 30.000 Mark, da ihr ein Händler schon 28.000 Mark geboten habe. Lichtwark bittet Justi als neuen Direktor der Nationalgalerie um eine Besichtigung; er würde ihm das Bildnis auch überlassen, da er es für Hamburg entbehrlich findet. Er könne es kühl nehmen, weil kein Museum außer Hamburg es brauchen könne.[478] 1912 schenkt Anna Brettschneider, Runges Enkelin, zwei aquarellierte Federzeichnungen, »Die Freuden der Jagd« sowie »Arions Meerfahrt«, und 1913 gelangt eine Reihe von Werken aus dem Besitz von Oberst George Runge als Leihgabe in die Kunsthalle: »Mutter Erde mit ihren Kindern«, das »Selbstbildnis im blauen Rock«, ein Bildnis Pauline Runges, das Portrait von Sigismund Runge als Kleinkind und eine kleine Fassung des Elternbildes. Die Grisaille »Triumph des Amor« jedoch wird erst 1937 von der Kunsthalle erworben.[479] Lichtwark besitzt detaillierte Kenntnisse über Runge, dessen Biographie und Werk; er hat auch bereits einige Aufsätze über ihn verfasst. Ein erster Text über

475 Vgl. Br. Kommission (1908), Bd. XIII: 1905, S. 81, 121. – Br. Kommission (1908), Bd. XIV: 1906, S. 29, 92, 109, 121; – Br. Kommission (1920), Bd. XX: 1912/13, S. 64.

476 Vgl. Br. Kommission (1917), Bd. XVII: 1909, S. 69. – Brief Alfred Lichtwark an Aubert, 8.3.1909, Oslo, NB, Brevsamling 32. – 1941 gelangt das Bild in die Kunstsammlungen zu Weimar, WV Traeger 310.

477 Vgl. Br. Kommission (1918), Bd. XVIII: 1910, S. 53. – Best.Kat. Hamburg, 19. Jh., S. 178, WV Traeger 523, 524. – P5, 12.7.1910.

478 Vgl. Br. Kommission (1918), Bd. XVIII: 1910, S. 283–285; das Bildnis Wilhelmine Helwig (WV Traeger 375) befindet sich heute in Kiel, Gemäldegalerie; vgl. Jensen (1978), S. 223.

479 Vgl. WV Traeger 432, 443, 285, 302, 291, 313, 351, 233; Best.Kat. Hamburg, 19. Jh., S. 172–178.

Philipp Otto Runge ist 1894 in seiner Anthologie *Makartbouquet und Blumenstrauß* erschienen, der Band erfährt 1905 eine weitere Auflage. 1895 folgen in der *Liebhaberbibliothek der Gesellschaft Hamburgischer Kunstfreunde* Runges *Pflanzenstudien mit Scheere und Papier* mit einem Vorwort Lichtwarks über den Künstler als Silhouettisten; diese Arbeiten besitzt die Kunsthalle schon lange im Nachlass des Künstlers. Ein Wiederabdruck erfolgt 1907 in der pädagogischen Zeitschrift *Der Säemann*. Den Aufsatz *Aus Philipp Otto Runges Jugend* veröffentlicht er 1903 im *Jahrbuch der Gesellschaft Hamburgischer Kunstfreunde*; er wird 1912 in der Zeitschrift *Der Hamburger* ein weiteres Mal abgedruckt. In diesem schlicht und populär gehaltenen Text teilt er wie auch zuvor keine Quellen seiner Kenntnisse mit. 1910 schreibt Lichtwark über Runges Kartenspiel im *Jahrbuch der Gesellschaft Hamburgischer Kunstfreunde*.[480] Dennoch denkt Lichtwark nicht an eine größere Publikation über den Künstler, da er um 1908 an ganz anderen Aktivitäten interessiert ist: »Ob ich überhaupt noch an Runge herangehe«, schreibt er an Aubert, »ist mir sehr fraglich. Ich habe den großen Kampf um den Hamburger Park vor mir, habe den Neubau des Museums und bin von aller literarischen Arbeit degoûtiert.« Daher ermuntert er Aubert zu dieser Publikation: »Lassen Sie uns nicht zu lange warten. Sonderbar, dass das Buch in Berlin erscheinen soll, wo man sich so unfähig gezeigt hat, ihn zu begreifen, und bei Cassirer, der mehr als einer dazu beigetragen hat, den Berlinern die Empfindung für Runge, soweit sie etwa dagewesen wäre, auszurotten.«[481] Die erste Monographie Runges erarbeitet somit der norwegische Kunsthistoriker Andreas Aubert, und Lichtwark stellt ihm dafür Photographien der Werke in der Kunsthalle zur Verfügung. Auch hinsichtlich des Verlages berät er den Kollegen. Cassirer sei ebenso gut wie ein anderer Verleger, schreibt Lichtwark an Aubert auf dessen Anfrage hin. Alle Verleger wollten in jedem einzelnen Falle soviel Vorteile für sich herausschlagen, dass für den Autor nichts bleibe. Eine finanzielle Förderung der Publikation durch die Kunsthalle verneint Lichtwark rundheraus. »Mir stehen die großen Mittel nicht zur Verfügung, die Commission hat sie auch nicht. Vom Staat ist jetzt nur was für den offenbaren Hunger zu kriegen.«[482] Lichtwark rät, den Text nicht als Einleitung zum Werk über Caspar David Friedrich, sondern als selbständiges Buch anzugehen. Es erscheint 1909 bei Cassirer, Woldemar und Constance von Seidlitz gewidmet. Zahlreiche der abgebildeten Werke gehören bereits der Hamburger Kunsthalle oder befinden sich dort als Leihgabe. Aubert schließt sein Buch: »Der Wiederentdecker Runges in unserer Zeit, der sein Lebenswerk für immer aus der Vergessenheit gerettet hat, Alfred Lichtwark, sagt von ihm: ›Die Schüler, die er im neunzehnten Jahrhundert nicht bilden konnte, wird ihm das zwanzigste zuführen.‹«[483]

480 Kayser (1977), Nr. 183, 192, 211, 365, 404, 446, 485, 517.
481 Vgl. Brief Alfred Lichtwark an Aubert, 27.9.1908, Oslo, NB, Brevsamling 32.
482 Brief Alfred Lichtwark an Aubert, 18.7.1908, Oslo, NB, Brevsamling 32.
483 Aubert (1909), S. 127.

Caspar David Friedrich[484]

»Für Ihren Aufsatz bin ich Ihnen sehr dankbar. Sie müssen ihn in Deutschland erscheinen lassen, es thut uns zwingend noth, einmal so einfach und schlagend die modernen Probleme dargestellt zu sehen. Unsern deutschen Kunstschriftstellern stehen diese Fragen, wie Sie wissen meist ganz fern. Es ist überhaupt manches zum Verzweifeln bei uns«, schreibt Lichtwark im September 1892 nach Oslo an Andreas Aubert, den er erst kurz zuvor persönlich kennengelernt. Schon länger zuvor hat er in Gesprächen mit seinem Dresdner Freund und Kollegen Woldemar von Seidlitz jedoch von ihm erfahren.[485] Bei dem erwähnten Aufsatz in norwegischer Sprache – Lichtwark spricht fließend Norwegisch – dürfte es sich um ein Manuskript über Caspar David Friedrich gehandelt haben, denn 1894 erscheint im damaligen Kristiania, dem heutigen Oslo, Auberts zweiter Band über den Maler Johann Christian Claussen Dahl mit einem Caspar David Friedrich gewidmeten Kapitel.[486] Es ist die erste Forschungsliteratur zu Friedrich; im März 1896 wird dieser Aufsatz in der Zeitschrift *Kunstchronik* unter dem Titel *Der Landschaftsmaler Friedrich* als erste deutschsprachige Publikation über den vergessenen Künstler veröffentlicht.[487] Seit dieser ersten Anregung beginnt Lichtwark Friedrichs Bilder mit gesteigerter Aufmerksamkeit zu betrachten, zunächst in der Dresdner Gemäldesammlung. Der schon im alten Bestand der Kunsthalle vertretene Philipp Otto Runge erscheint ihm allerdings anfangs noch bedeutender.[488] Er ahnt nicht, dass 1874, zwölf Jahre vor seinem Amtsantritt, ein Gemälde Friedrichs mit dem Titel »Felsen mit Kreuz« als Vermächtnis des Physikus Dr. H. W. Buek in die Kunsthalle kam, infolge mangelnder Wertschätzung jedoch spurlos verschwand.[489]

In einem Brief vom 9. Januar 1896 bittet Lichtwark Aubert, für das Dresden gewidmete Heft der Zeitschrift *Pan*, das zweite Heft des zweiten Jahrgangs, Aufsätze über Friedrich und Dahl zur Verfügung zu stellen. Beides wird jedoch nicht veröffentlicht. In diesem selben Jahr 1896 äußert Lichtwark erstmalig den Wunsch, ein Bild Friedrichs für die Kunsthalle zu erwerben. Im August schreibt er in dieser Angelegenheit an Aubert als den derzeit besten Kenner des Künstlers: »Gern möchte ich für unsere Galerie ein gutes Bild von Friedrich haben. Da Sie ihn am genauesten kennen, gestatte ich mir die Anfrage, ob Sie eins wissen, das man durch Geld und gute Worte bekommen kann. Als Ergänzung zu Runge scheint es mir absolut nöthig für unsere Galerie.«[490] Doch wird es bis zum ersten Ankauf noch Jahre dauern. Lichtwark erwirbt

484 Auf diesem Text beruht mit geringfügigen Veränderungen mein Vortrag beim Caspar-David-Friedrich-Symposium in der Hamburger Kunsthalle im Herbst 2006.
485 Brief Alfred Lichtwark an Aubert, 15.9.1892, Oslo, NB, Brevsamling 32.
486 Andreas Aubert, Professor Dahl. Et stykke av aarhunderets kunst – kulturhistorie, Kristiania 1893, als erster Band.
487 Andreas Aubert, Der Landschaftsmaler Friedrich, in: Kunstchronik, N.F., 1895/96, S. 283ff. – Vgl. dazu auch Leppien (1993), S. 50. – Brief Alfred Lichtwark an Aubert, 9.1.1896, Oslo, NB, Brevsamling 32.
488 Vgl. Br. Kommission (1896), Bd. II: 1893, S. 249, 252.
489 Vgl. Luckhardt (1997, Sammeln), S. 21f. Für diesen Hinweis danke ich Ulrich Luckhardt, HKH.
490 Brief Alfred Lichtwark an Aubert, 9.8.1896, Oslo, NB, Brevsamling 32.

zwischen 1904 und 1913 zwölf Bilder Caspar David Friedrichs, später kommen nur noch drei hinzu, wobei für eines davon die Urheberschaft Friedrichs zweifelhaft bleibt.

Die verschiedenen Ankaufsmöglichkeiten, die Lichtwark für den Aufbau seiner Sammlungen nutzt, bestehen in Erwerbungen aus dem Kunsthandel, das heißt von Kunsthändlern und aus Auktionen, in Bestellungen sowie Ankäufen bei den lebenden Künstlern selbst und Recherchen bei privaten Sammlern oder Besitzern von Künstlernachlässen. Letzteres ist das Aufwendigste, zum einen wegen nur kompliziert zu beschaffender Informationen, denn das Wissen darüber beruht auf einem langwierigen Zuwachs, insbesondere durch den Austausch mit Kollegen, zum anderen wegen der Notwendigkeit des eigenen Augenscheins und damit verbundenem Reisen. Die Umstände dieses Reisens sind keineswegs immer erfreulich. Lichtwark berichtet in den Briefen an seine Verwaltungskommission oftmals von unbequemen, schlecht gewarteten Bummelzügen in abgelegenen Gegenden Deutschlands und ergänzenden Fahrten mit dem Pferdewagen oder sogar Fußmärschen. Die in Privatbesitz befindlichen Werke erweisen sich als mehr oder weniger liebevoll gepflegtes und geschätztes Eigentum, bestenfalls hochgehalten, manchmal vergessen, durch Ofenheizung verschmutzt und schwankendes Raumklima beschädigt im Winkel eines schlecht beleuchteten Raumes versteckt. Lichtwark erkennt den Erhaltungszustand häufig erst nach der Säuberung durch einen Restaurator. Will er es erwerben, so hat er mit dem Besitzer um Bild und Preis zu ringen. In Hamburg ringt er dann nochmals an drei Fronten. Das überwiegend konservative Publikum verlangt nach akademischer Kunst oder Salonkunst. Die kaum avanciertere Verwaltungskommission, in der er selbst nur eine von sieben Stimmen hat, ist bis 1900 besetzt von durchweg einer Generation älteren Männern; erst nach 1900 entwickelt sich hier durch den gleichaltrigen Bürgermeister Burchard als Vorsitzenden ein günstigeres Klima. Bedingt durch diese beiden Faktoren besteht die dritte Front im Kampf um die Beschaffung finanzieller Mittel. Wo die Einsicht fehlt, fließen weder Geld aus dem Museumsetat noch private Zuwendungen.

Nach Tschudis Amtsantritt als Direktor der Berliner Nationalgalerie bewundert Lichtwark dort 1897 die vorhandenen Werke Friedrichs in neuer Hängung, und im Jahr darauf beobachtet er die starke Wirkung von Friedrichs Malerei auf das Publikum, das mit aufgerissenen Augen davor stehe, wie er seiner Kommission berichtet.[491] Trotz seiner Bewunderung beginnt Lichtwark jedoch erst im Juli 1901 mit der Suche nach Friedrichs in Greifswalder Privatbesitz verbliebenen Bildern, als er in der dortigen Universität einen Vortrag hält und eine Kunstbetrachtung mit einer Schulklasse demonstriert. Er findet verschiedene mit großer Pietät behandelte Werke, abgesehen von einer Ausnahme, ausschließlich bei Nachkommen der Geschwister des Künstlers. Zwar besteht kaum Aussicht auf eine Ankaufsmöglichkeit, doch will Lichtwark die Bilder im Auge behalten. Als das auffallendste Werk erscheint ihm eine »Stim-

491 Vgl. Br. Kommission (1899), Bd. V: 1897, S. 260. – Vgl. Br. Kommission (1899), Bd. VI: 1898, S. 7. – Auf jeden Fall sind in der Nationalgalerie bereits vorhanden: »Der einsame Baum« WV Börsch-Supan / Jähnig 298, »Mondaufgang am Meer«, WV Börsch-Supan / Jähnig 299, beide 1861 erworben.

mungslandschaft« mit einer weit sich erstreckenden baumlosen Flur und einem blauen Bergzug. Ganz eigen sei es, »Farbe und Stimmung in einfachem Aufbau.« Ein jugendliches Selbstbildnis erinnert ihn an Runges Auffassung. Originelle Innenräume bleiben ihm in Erinnerung. Um die Kollektion von Werken Runges zu ergänzen, will er das Selbstbildnis und zwei oder drei Landschaften erwerben. Nach dieser Besichtigung ist ihm bereits klar: »In zwanzig Jahren wird der Künstler einen sehr grossen Namen haben.«[492] Daher ist es ihm auch sehr recht, dass 1904 in einer Dresdner Ausstellung Friedrich nur schwach vertreten ist, dadurch würden die Kunsthändler nicht aufmerksam, und Lichtwark hat noch Aussicht, die Greifswalder Hauptwerke zu erwerben. Eine ganze Reihe davon, »zum Glück nicht die besten«, schreibt er an seine Kommission, sind ohnehin bereits verloren, zwölf Bilder aus der Greifswalder Sammlung von Adolph Wilhelm Langguth, dem Enkel von Friedrichs Bruder Adolf. Ein halbes Jahr nach der ersten Besichtigung sieht Lichtwark die Gemälde im April 1902 wieder, durch einen Hausbrand im Elternhaus des Künstlers anscheinend unwiderruflich ruiniert: »Der Anblick bewegte mich sehr. Rahmen und Leinwand waren unberührt, nur die Farbschicht hatte die Hitze nicht aushalten können.« Besitzer und Besucher brechen in Tränen aus bei diesem Anblick.[493] Erst viel später werden die Bilder teilweise restauriert.[494] In Greifswald sucht er eine Konsulin Schmidt auf, die Besitzerin eines größeren »Stimmungsbildes«, Abendnebel aus Gebirgstälern aufsteigend. Lichtwark schätzt den Preis auf etwa 800 Mark, doch zögert sie noch, zu verkaufen. Die Greifswalderin Johanna Friedrich, hier handelt es sich um Nachfahren eines Bruders des Künstlers, erinnert sich nun an weitere Bilder: Lichtwark erhält den Hinweis auf eine große Winterlandschaft in Stralsund, auf ein Selbstbildnis Friedrichs und eine Winterlandschaft bei einer Frau Vandrey in Barth. Besonders wichtig ist der Hinweis auf einen Enkel des Künstlers, den Portraitmaler Harald Friedrich, Professor an der Königlich Technischen Hochschule in Hannover, der möglicherweise Bilder besitzt und mit Informationen weiterhelfen kann. Lichtwark ist optimistisch: »Nun brauchen wir hoffentlich nicht mehr lange zu warten, um Friedrich bei uns einziehen zu sehen. Irgendeine der Spuren wird wohl zum Ziel führen.«[495]

Doch erst 1904 gelingen ihm die ersten beiden Ankäufe. Aus Greifswalder Privatbesitz erwirbt er bei Anna Siemssen, der Tochter der dortig ansässigen Johanna Friedrich, die »Wiesen bei Greifswald« und die ihm so ungewöhnlich erscheinende »Berglandschaft in Böhmen«, die er zu dieser Zeit noch für eine Harzlandschaft hält, zusammen für 3.500 Mark.[496] Wie nur wenige Wochen zuvor bei Runges Elternportrait hätte Tschudi ihm beinahe als Konkurrent den Rang abgelaufen, da der Familie

492 Vgl. Br. Kommission (1902), Bd. IX: 1901, S. 225, 226.
493 Vgl. Br. Kommission (1904), Bd. X: 1902, S. 225. – Br. Kommission (1908), Bd. XIV: 1906, S. 52. – Vgl. Zeromski (1924), S. 239.
494 Vgl. WV Börsch-Supan / Jähnig Nr. 3, 98, 100, 117, 118, 178, 179, 180. – C. D. Friedrich, Zum Licht aufsteigende Frau (Frau auf der Treppe), WV Börsch-Supan / Jähnig 334.
495 Vgl. Br. Kommission (1904), Bd. X: 1902, S. 56–58.
496 Vgl. P4, 28.1.1905. – Best.Kat. Hamburg, 19. Jh., S. 48, 50; WV Börsch-Supan / Jähnig 285, 304.

geraten wurde, die Berliner Nationalgalerie würde ein höheres Gebot abgeben. Lichtwark jedoch ist fest überzeugt, durch seine Bemühungen die vorrangigen Rechte an den Werken zu besitzen. Es gelingt ihm, Tschudi zum Verzicht zu bewegen: »Es hat einen harten Kampf gesetzt – toujours à l'aimable, natürlich. Tschudi plädierte, er habe als Museumsdirektor kein Gewissen, er stände über der einfachen Spießermoral usw. Zuletzt wurde er nett und verzichtete. Aber ich muß gestehen, ich weiß nicht, ob ich solange [sic] Widerstand geleistet hätte.«[497]

Die konkurrierenden Direktoren verwenden in ihrem Schriftwechsel zwar die Anrede »lieber Freund«, doch entspinnt sich ein Ringen um die Bilder, in dem Lichtwark zunächst sein Gebot an die sich händlerisch gebärdende Familie verärgert zurückzieht. Professor Seeck als Vermittler der Familie erhält eine verbale Zurechtweisung; er gibt schließlich brieflich klein bei und bittet Lichtwark, die Gemälde dennoch zu erwerben, da Johanna Friedrich sie ihrer verwitweten und unversorgten Tochter Anna Siemssen inzwischen vermacht habe. Tschudi wirft Lichtwark vor, die Preise in die Höhe zu treiben, während dieser sich lediglich korrekt verhalten will. Er hat sich an den Marktpreisen für Spitzwegs Werke orientiert und davon ausgehend 2.500 Mark für beide geboten.[498] Er schlägt vor, das Los um eines oder beide zu ziehen, doch gibt Tschudi schließlich nach. Lichtwark verrät ihm als Gegenleistung eine Adresse in Barth, wo er zwei Bilder Friedrichs vorfinden könne, die Lichtwark jedoch nur aus Photographien kennt, unter anderem ein Selbstbildnis, das seiner Meinung nach eher in die Nationalgalerie gehört als nach Hamburg. Nachher gereut es ihn fast, Tschudi habe es jedoch verdient, weil er sich selbst überwunden habe, schreibt er an seine Kommission.[499]

Bei Aubert fragt Lichtwark nach weiteren Werken an, die in nächster Zeit zu erwerben wären, oder ob Cassirer die Hand darauf gelegt habe.[500] Noch ist Friedrich ein Fall für nur wenige Kenner; zur Zeit seiner beiden ersten Erwerbungen für die Hamburger Kunsthalle seien kaum zwanzig Ölgemälde dieses Künstlers bekannt, schreibt Lichtwark im Jahresbericht von 1904. Muther erwähne ihn in seiner Geschichte der Malerei des 19. Jahrhunderts nicht. Lichtwark würdigt Aubert hier als ersten, der in seiner Monographie über Dahl wieder auf die Bedeutung Friedrichs hingewiesen habe, der seinerseits starken Einfluss auf Dahl ausübte. Friedrichs Bilder seien nicht nur Offenbarungen eines Träumers, »sondern zugleich die Taten eines ebenso großen und unabhängigen Realisten. Friedrich ist darin seinem Freund Runge aufs engste

497 Br. Kommission (1905), Bd. XII: 1904, S. 277. – Ute Haug hat im Archiv der HKH die noch nicht inventarisierten Abschriften der Korrespondenz zwischen Lichtwark, Tschudi und dem von Johanna Friedrich zu Rate gezogenen Historiker Otto Seeck im Oktober 2006 aufgefunden und mir zur Verfügung gestellt, wofür ich ihr herzlich danke.

498 Zur Währung um 1905: ein guter Facharbeiter, etwa im Bergbau, verdiente jährlich etwa 1.000 Goldmark, für einen höheren Beamten waren 3.000 Mark Jahresgehalt genug für ein auskömmliches Leben. Für diese Information danke ich Hans-Peter Ullmann, Köln.

499 Vgl. Br. Kommission (1905), Bd. XII: 1904, S. 79f., 277f., 282. – Best.Kat. Hamburg, 19. Jh., S. 48, 50. – Leppien (1993), S. 50f. – Die Bilder sind nicht identifizierbar.

500 Vgl. Brief Alfred Lichtwark an Aubert, 20.6.1905, Oslo, NB, Brevsamling 32.

verwandt. Sie beide stehen als ein uns noch unfaßbares Wunder am Anfang unserer künstlerischen Entwicklung im neunzehnten Jahrhundert. Und während Engländer und Franzosen Vorbilder und Anregungen nachweisen können, sind diese beiden Meister vollkommen unabhängig von alter oder ausländischer Kunst. Wenn ihre Werke Erinnerungen an andere Kunstwerke wecken, so stammen diese nicht aus der Zeit vorher, sondern aus der späteren Entwicklung des neunzehnten Jahrhunderts, Aubert nennt Millet für Friedrich, wir denken bei Runge an das beste, das seither in Deutschland geschaffen ist.«[501] Damit erkennt Lichtwark als einer der ersten die Besonderheit und Eigenständigkeit dieser Künstler, die ihm neben seinen modernen Zeitgenossen besonders am Herzen liegen. Diese ungewöhnliche Verbindung von charakterlichen Gegensätzen erschließt sich Lichtwark durch Empathie und Geistesverwandtschaft.

Nur in drei deutschen Museen sind zu dieser Zeit Bilder Friedrichs vorhanden. Im Jahresbericht von 1904 nennt Lichtwark für die Berliner Nationalgalerie und für Dresden je drei Bilder, für Weimar eines. Die Nationalgalerie besitzt zu dieser Zeit bereits den »Einsamen Baum« und »Mondaufgang am Meer«, beide 1861 aus dem Vermächtnis des Bankiers Johann Heinrich Wagner erworben, sowie die 1903 angekaufte »Meeresküste bei Mondschein«. In der Dresdner Gemäldegalerie befinden sich das »Hünengrab im Herbst«, 1860 von der Kunstakademie geschenkt, »Zwei Männer in Betrachtung des Mondes«, 1840 von Dahl erworben, »Rast bei der Heuernte«, 1840 aus dem Nachlass Friedrichs angekauft. Eine unvollendete »Riesengebirgslandschaft«, 1903/04 aus dem Nachlass von Sigwald Dahl übernommen, scheint Lichtwark nicht gekannt zu haben. In den Weimarer Kunstsammlungen ist die »Landschaft mit Regenbogen« vorhanden, die sich heute in Essen befindet.[502]

Lichtwark schließt nun schnell auf. 1905 erfährt seine Suche einen starken Impuls durch den Kontakt zu Friedrichs Enkel Harald Friedrich in Hannover. Glücklich über das Interesse an den Werken seines Großvaters stellt er die Studien aus seinem Besitz zusammen, etwa 100 bis 150 Zeichnungen, außerdem zwei kleine Landschaftsgemälde, wie er schreibt, und versucht von seiner namentlich nicht genannten Cousine ein kleines Bild mit einem Fenstermotiv zu vermitteln, doch will die Besitzerin nicht verkaufen.[503] Er verweist Lichtwark auch an seine in Dresden lebende Mutter, die Schwiegertochter des Künstlers, eine Blumenmalerin. Mutter und Sohn wollen nicht, dass etwas aus ihrem Besitz in Dresden bleibt, da man sich dort ohnehin nie um Friedrich, seinen Sohn Adolph und den Enkel Harald gekümmert habe. Hier er-

501 Jahresbericht [Bd. 18], 1904, S. 16.

502 Vgl. ebd., S. 19. – Best.Kat. Berlin, Nationalgalerie (2001), S. 140–142, 148f., WV Börsch-Supan / Jähnig 298, 299, 392. – Best.Kat. Dresden, Gemäldegalerie, Neue Meister, S. 140f., WV Börsch-Supan / Jähnig 271, 261, 426 (seit 1945 verschollen), 419. – Br. Kommission (1908), Bd. XIII: 1905, S. 147. – Best.Kat. Weimar, Großherzogliches Museum, S. 46, WV Börsch-Supan / Jähnig 183.

503 Vgl. Briefe Harald Friedrich an Alfred Lichtwark, 20.9., 30.9., 5.10., 8.10.1905, HKH, AdB 107. –»Abendstunde«, WV Börsch-Supan / Jähnig 331, damalige Besitzerin war Pauline Brau, geborene Friedrich, in Neubrandenburg, ehemals Berlin; das Bild ist 1931 im Münchner Glaspalast verbrannt.

wirbt Lichtwark »Das brennende Neubrandenburg« und kommentiert: »Wäre es das Werk eines Franzosen, man würde Kotau machen in Deutschland.« Adolph Friedrichs Witwe besitzt auch Kerstings Portrait von Caspar David Friedrich in seinem Atelier, das auf Lichtwark genauso wirkt, wie Wilhelm von Kügelgen es in seinen Jugenderinnerungen geschildert hat.[504] Lichtwark erwähnt noch zwei Bildniszeichnungen Friedrichs – er schreibt: »Rassige – niederdeutsche – Zeichnungen, die Innigkeit und großen Stil vereinigen« – und einige Holzschnitte nach seinen Zeichnungen, die von einem seiner Brüder, einem Tischler, geschnitten wurden. Lichtwarks Auftreten überzeugt; er erhält alles Gewünschte als große Ansichtssendung nach Hamburg, obwohl die alte Dame zuvor schon Sammler und Händler abgewiesen hat. Auch von Friedrichs Sohn Adolph sendet sie etwas mit, das Lichtwark aber nicht erwirbt. 3.000 Mark stellt die Kommission für Friedrichs »Brennendes Neubrandenburg« sowie seine und des Enkels Studien und Skizzen bereit; Lichtwark will jedoch lieber von Harald Friedrichs Werken absehen und lediglich 2.000 Mark bieten. Die Kommission ermächtigt ihn zur Umsetzung beider Varianten. Aus Harald Friedrichs Besitz kommt 1905 offensichtlich auch die kleine Landschaft »Sturzacker« in die Kunsthalle.[505] Im März 1905 schreibt Lichtwark an Harald Friedrich. »Seit ich die Sache mit den verbrannten Bildern in Greifswald gesehen habe, bangt mir. Wie vieles mag schon in Privatbesitz oder im Trödel bei Nachlässen zugrundegegangen sein. Was nun noch in Privatbesitz ist, sollte sichergestellt werden.«[506]

Im April 1905 macht Harald Friedrich Lichtwark darauf aufmerksam, dass sich in Lütschena bei Leipzig auf dem Gut Speck von Sternburg zwei kleine Ölbilder seines Großvaters befinden, die jedoch nicht erhältlich seien. Es handelt sich um den im Auftrag Specks gemalten »Friedhof im Schnee« von 1826/27 und ein »Seestück im Mondschein« von 1827/28; beide Bilder verbleiben im Besitz des Sammlers.[507]

Weitere Erfolge verzeichnet Lichtwark jedoch in Dresden. Durch die Mutter Harald Friedrichs gelangt er zu Catharina Dahl, der Witwe von Johann Christian Dahls

504 Vgl. hier und im Folgenden: Br. Kommission (1908), Bd. XIII: 1905, S. 23f., 31–34, Zitate S. 32. – WV Börsch-Supan / Jähnig 427. – Lichtwark verweist hier auf Wilhelm von Kügelgens »Jugenderinnerungen eines alten Mannes«, vgl. die Ausgabe Zürich: Manesse-Verlag, (2)1984, S. 155–157. Der Ballenstedter Hofmaler Wilhelm von Kügelgen teilt hier Verschiedenes über Friedrich mit: Sein Vater Gerhard von Kügelgen, Professor an der Dresdner Akademie, hat Friedrich nicht nur portraitiert, sondern regelmäßig seine eigene Klientel auf den in finanzieller Bedrängnis lebenden Kollegen verwiesen. Nach dem Tode Gerhard von Kügelgens habe sich Friedrichs Leben immer trüber gestaltet, der »Adel seiner Seele« sei jedoch ungebrochen geblieben. In diesem Zusammenhang ist auch Friedrichs Gemälde »Kügelgens Grab« von Bedeutung. Friedrich entstammte laut Kügelgens Mitteilung einem alten schlesischen Grafengeschlecht, das vor langer Zeit aufgrund seines evangelischen Bekenntnisses von seinem Stammsitz Friedrichsdorf verwiesen worden sei und sich in Pommern der Seifensiederei zugewandt habe. Kügelgen schreibt: »[...] von den Eigenschaften seiner Ahnen hatten sich nur die inneren Werte tapferer Wahrheitsliebe, stolzen Freiheitssinnes und einer hohen moralischen Selbständigkeit auf ihn vererbt.« – Kersting in Best.Kat. Hamburg, 19. Jh., S. 98.

505 Vgl. P4, 21.3.1905. – WV Börsch-Supan / Jähnig 390.

506 Brief Alfred Lichtwark an Harald Friedrich, 26.3.1905, HKH, AdB 107.

507 Vgl. Brief Harald Friedrich an Alfred Lichtwark, 27.4.1905, HKH, AdB 107. – WV Börsch-Supan / Jähnig 353, 358, heute in Leipzig beziehungsweise Dresden. – Vgl. Guratzsch (1998), S. 219–224.

Sohn Sigwald. Sie besitzt vier Arbeiten von Friedrich, zwei unvollendete, ein Nordlicht und einen Friedhof,[508] und zwei vollendete, ein Hünengrab und eine Nordpolexpedition. Beide gefallen Lichtwark sehr; er bewundert die Eichen, die Luft sowie die »Luftlichter« auf den Stämmen. Das Polareis sei beim Eisgang auf der Elbe studiert. »Auch dies ein großes Kunstwerk. Sehr nobel im Ton. Der Himmel wie immer unbegreiflich gut.« Diese Bilder seien von der Ausstellung in Dresden 1904 zurückgewiesen worden. Lichtwark ist zunächst zurückhaltend; er weiß um das Interesse seines Freundes Seidlitz und teilt ihm auch seine eigenen Erwerbungsabsichten mit. Außerdem intrigiert Catharina Dahl, indem sie beide Bilder der Dresdner Galerie anbietet.[509] Tatsächlich erwirbt diese das »Hünengrab im Schnee« für 2.500 Mark,[510] auch Lichtwark hätte es gerne für Hamburg gehabt. Auf das »Nordpolbild« hingegen verzichtet Dresden.

Harald Friedrich steht Lichtwark bei. Er versucht, das »Hünengrab« und das »Eisbild« beziehungsweise »Nordpolbild« an sich zu bringen, um es für ihn zu sichern. Er kauft es bei Catharina Dahl, die auf einen Verkauf absolut nicht angewiesen sei und es bereits für 100 Mark einem anderen Interessenten versprochen habe. Schließlich erhält Lichtwark für 2.000 Mark das große »Eismeer« aus dem Nachlass von Sigward Dahl als viertes Gemälde des Künstlers (Abb. 41).[511] Das ihm entgangene »Hünengrab im Schnee« in der Dresdner Galerie zu sehen, gibt Lichtwark, wie er schreibt, einen »Stich ins Herz«: »Es ist ein großartiges Bild, nichts fürs Publikum, nicht mal für die Mehrzahl der heutigen Künstler.«[512]

Harald Friedrich handelt nicht ganz uneigennützig, er will zwar weder Honorar noch eine andere Vergütung, als Gegenleistung soll die Kunsthalle ihm jedoch ein Bild, zum Beispiel vom Hamburger Hafen, abkaufen.[513] Er sucht weiterhin für Lichtwark in Greifswald und Stralsund nach Bildern seines Großvaters, vor allem nach dem Gemälde einer Eiche in weiter Schneelandschaft, dessen Spur Lichtwark verloren hat. Möglicherweise handelt es sich dabei um die heute in Köln befindliche »Eiche im Schnee«.[514] In einem Brief vom 16. September 1905, der die Übersendung einiger Studien von Eisschollen begleitet, die sein Großvater für das »Eismeer« gemalt hat, skizziert Harald Friedrich das Motiv eines Gemäldes mit zwei weiblichen Figuren am

508 Nordlicht, ehemals Nationalgalerie Berlin, 1945 zerstört, WV Börsch-Supan / Jähnig 409; Friedhofseingang, heute Dresden, WV Börsch-Supan / Jähnig 335.

509 Vgl. Brief Harald Friedrich an Alfred Lichtwark, 9.4.1905, Anlage: zwei Postkarten von Catharina Dahl, HKH, AdB 107. – Br. Kommission (1908), Bd. XIII: 1905, S. 35f., Zitat S. 35.

510 WV Börsch-Supan / Jähnig 162.

511 Best.Kat. Hamburg, 19. Jh., S. 49, WV Börsch-Supan / Jähnig 311.

512 Br. Kommission (1908), Bd. XIII: 1905, S. 148.

513 Vgl. P4, 8.8.1905, Ankauf ohne Preisangabe. – Brief Harald Friedrich an Alfred Lichtwark, 13.7., 1.5., 4.5., 20.4., 25.3., 3.4.1905, HKH, Archiv 107.

514 Vgl. Br. Kommission (1908), Bd. XIII: 1905, S. 35–37, 80f., 145, 147f. – Best.Kat. Hamburg, 19. Jh., S. 49. – »Hünengrab im Schnee«, vgl. Ausst.Kat. Friedrich (1974), S. 156. – WV Börsch-Supan / Jähnig 364, ursprünglich aus Schloss Basedow, Mecklenburg, stammend. – Brief Harald Friedrich an Alfred Lichtwark, 22.4.1905, Brief Alfred Lichtwark an Harald Friedrich, 9.5.1905, HKH, AdB 107.

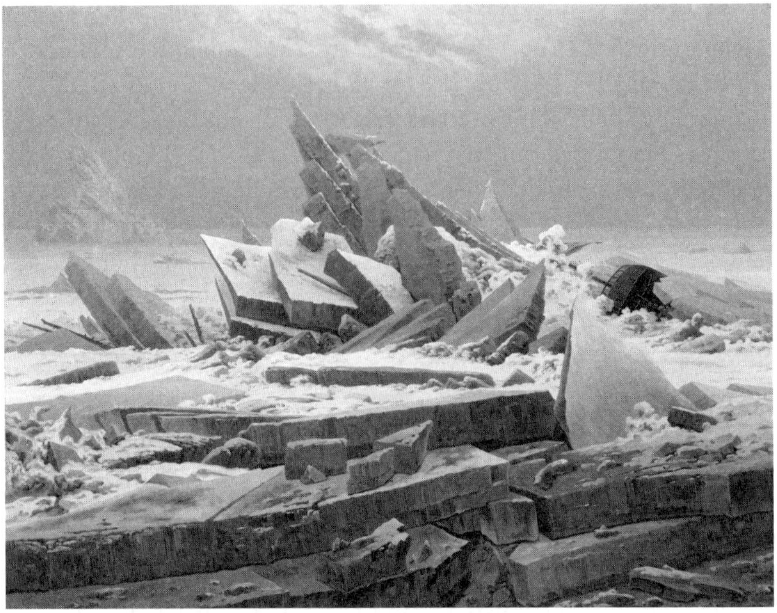

Abb. 41 Caspar David Friedrich, Das Eismeer, um 1823/24, Öl auf Leinwand, Hamburger Kunsthalle

Fenster einer Ruine, das die Cousine nun doch zu einem guten Preis verkaufen würde. Lichtwark geht auf dieses Angebot offensichtlich nicht ein. Das Bild fällt 1931 dem Brand im Münchner Glaspalast zum Opfer.[515]

Noch im selben Jahr 1905 besichtigt Lichtwark, einem Hinweis Harald Friedrichs folgend, in Berlin-Wilmersdorf bei Adolf Bechly, einem Großneffen des Künstlers, weitere Werke und erfährt außerdem von einem Bild der Dresdner Augustusbrücke; er hört ferner, dass eine Gemäldesammlung aus Adelsbesitz unter der Hand zum Verkauf stehe, was jedoch in Dresden nicht öffentlich bekannt werden soll.[516]

36 Gemälde Friedrichs sind auf der von Lichtwark initiierten Jahrhundertausstellung 1906 zu sehen, darunter die fünf Bilder, die sich zu dieser Zeit bereits in der Hamburger Kunsthalle befinden.[517] Die Friedrich-Kabinette hält Lichtwark für das »Frappanteste« der gesamten Ausstellung. Von den dort gezeigten Bildern des Künstlers gehören drei Andreas Aubert; eines davon hat dieser auf einer Dresdner Auktion für fünf Mark erworben.[518] Lichtwark ist fasziniert und erstaunt über die Entwicklung des Künstlers zum großen Koloristen und vergleicht die Gemälde mit den Entwürfen.

515 Vgl. Brief Friedrich an Alfred Lichtwark, 16.9.1905, HKH, AdB 107. – WV Börsch-Supan / Jähnig 331.
516 Vgl. Br. Kommission (1908), Bd. XIII: 1905, S. 156, 163, 281. – »Augustusbrücke«, WV Börsch-Supan / Jähnig 384.
517 Vgl. Leppien (1993), S. 51.
518 »Felsenschlucht«, von Aubert vermutlich aus der Nachlassauktion von Carl Gustav Carus 1891 erworben, WV Börsch-Supan / Jähnig 277, heute in Kiel; »Wald im Spätherbst«, WV Börsch-Supan / Jähnig 423.

Bei Harald Friedrich sichert er sich das Vorkaufsrecht, um der nach der Ausstellung zu erwartenden großen Konkurrenz zuvorzukommen. Mit der Absicht, die Künstlergruppe um Friedrich, die er als eine der wichtigsten und geschlossensten der deutschen Kunst des 19. Jahrhunderts betrachtet, weiter auszubauen, reserviert er sich auch ein kleines Bild von Adolph Friedrich aus dem Jahr 1875. Kerstings Portrait von Caspar David Friedrich im Atelier will die alte Frau Friedrich allerdings noch nicht hergeben. Erst 1923 kann die Kunsthalle dieses Bild erwerben.[519]

Mehrfach spürt Lichtwark Zeichnungen Friedrichs auf, etwa bei der aus Greifswald stammenden alten Witwe des Geheimrats von Urlichs, Louise, geborene Quistorp, in Würzburg eine große Tuschmalerei der Ruine von Eldena, die jedoch nicht erhältlich ist.[520] In der Kunsthandlung Prestel in Frankfurt am Main findet er drei »köstliche« Zeichnungen, zwei davon erscheinen ihm ersten Ranges, die seit Jahren niemand interessierten und er nun nach Hamburg zur Ansicht senden lässt.[521] 1906 kann er den gesamten zeichnerischen Nachlass Caspar David Friedrichs von Harald Friedrich erwerben. Er empfiehlt seiner Kommission dringend, dieses finanzielle Opfer zu bringen, da sich auch Runges Nachlass in der Kunsthalle befinde und sich beide als Hauptmeister der Romantik ergänzen. 1.500 Mark werden für diesen Ankauf bewilligt.[522] Aus der Jahrhundertausstellung erwirbt Lichtwark 1906 schließlich zwanzig Zeichnungen und Aquarelle, ferner drei Ölstudien zum »Eismeer« und zwei Gemälde.[523] »Ziehende Wolken«, das er nach der Jahrhundertausstellung in mühsamer Suche aufgefunden hat, stammt aus dem Besitz von Bertha Schütz, der Tochter des Landschaftsmalers Gustav Friedrich Papperitz in Dresden. »Frühschnee« gelangt aus dem Nachlass W. Wegeners in die Kunsthalle; bis 500 Mark hat die Kommission dafür bewilligt.[524] »[Das Gemälde Friedrichs] von Frl. Wegener hat wieder einen ganz neuen Bildgedanken und neue Anschauung«, schreibt Lichtwark 1906 an Aubert über das soeben erworbene Bild »Frühschnee«. »Jedes Bild von Friedrich hat eine neue Bildform. Ich weiss keinen Landschafter, bei dem das so zutrifft. In der Bildform würde man ihn nur deshalb erkennen, weil sie so vollendet und originell ist. Er kennt kein Schema.«[525]

519 Vgl. Br. Kommission (1908), Bd. XIV: 1906, S. 4, 10f., 12f., 14, 26, 28. – Zu Kersting siehe Best.Kat. Hamburg, 19. Jh., S. 98.

520 Vgl. ebd., S. 53. – Ruine Eldena bei Nacht, Sepia, 62 × 100 cm, WV Börsch-Supan / Jähnig 89, 1944 verbrannt. Louise von Urlichs besaß außerdem Blick auf Arkona bei aufgehender Sonne, Sepia, 65 × 98 cm, WV Börsch-Supan / Jähnig 96, 1968 von der HKH erworben. Wie die Sepia-Blätter (WV Börsch-Supan / Jähnig 90, 94 und 95) stammen diese beiden aus der Familie Quistorp in Greifswald. Johann Gottfried Quistorp war Universitätsbaumeister und akademischer Zeichenlehrer in Greifswald. C. D. Friedrich war sein Schüler.

521 Vgl. Br. Kommission (1908), Bd. XIV: 1906, S. 53. – Br. Kommission (1908), Bd. XIII: 1905, S. 122.

522 Vgl. ebd., S. 136. – P4, 6.2.1906.

523 Vgl. Leppien (1993), S. 51.

524 Vgl. Br. Kommission (1908), Bd. XIV: 1906, S. 205, 10f. – Best.Kat. Hamburg, 19. Jh., S. 49f., WV Börsch-Supan / Jähnig 276, 363. – Brief Alfred Lichtwark an Aubert, 11.12.1906, Oslo, NB, Brevsamling 32. – P4, 8.12.1906.

525 Brief Alfred Lichtwark an Aubert, 11.12.1906, Oslo, NB, Brevsamling 32.

Nach der Jahrhundertausstellung wächst wie erwartet die Konkurrenz um Friedrichs Werke. Ein namentlich nicht genannter Kunsthändler sammelt Material für eine Ausstellung.[526] Lichtwark bleibt weiterhin auf der Suche nach in Privatbesitz befindlichen Bildern. Im Dezember 1906 bittet er Aubert, an den Besitzer der Werke von Friedrichs Bruder zu vermitteln, und räumt dem Kollegen gleichzeitig alle Publikationsrechte für die Abbildungen ein.[527] 1907 will er schließlich auch den Nachlass von Friedrichs Bruder erwerben, bei dem Aubert vermittelt hat.[528] Er führt seiner Kommission zwei kleine Bilder vor, allerdings ohne einen Antrag zu stellen. Die Kommission ist nicht interessiert, zu einem Ankauf kommt es nicht.[529]

Im Januar 1908 sieht Lichtwark bei Familie Bechly in Neubrandenburg ein ihm unbedeutend erscheinendes kleines, schlecht erhaltenes Bild, ein Segelschiff im Eis, womöglich eine Kopie; es findet nicht sein Interesse.[530] Ein weiteres Bild besitzt Louise Ahus in Neubrandenburg – »Gräber gefallener Freiheitskrieger« – »eine Art Harzlandschaft«, wie Lichtwark zunächst meint. Zwar will die Besitzerin vorläufig nicht verkaufen, Lichtwark kann es dennoch 1908 für die Kunsthalle erwerben. Anhand der Inschriften identifiziert er die Gräber als einen Friedhof für die Gefallenen von 1814.[531] Auf der Suche nach Friedrichs Dresdner »Augustusbrücke« wird Lichtwark von den Bechlys nach Berlin verwiesen.[532] Bei den dortigen gleichnamigen Buchhändlern findet er den ihm bisher noch unbekannten »Hügel und Bruchacker bei Dresden«, daneben die Dresdner Elbbrücke bei Hochwasser, von der Brühlschen Terrasse aus gesehen, »grauer Abend mit gelben Streifen [...]. Whistlersch. Sehr zart und duftig. [...] Solche Bilder hat vorher und nachher niemand gemalt.«[533] Seit 1905 weiß er von diesem Bild bereits. Beides erwirbt er jedoch erst 1913 für die Kunsthalle. Im Februar 1913 ist Lichtwark in Dresden und sieht mit Friedrichs Augen die Elbbrücke. Er habe die Farbe und Stimmung von Dresden so gut getroffen wie Cézanne die heiße zitternde Sonne des Südens, schreibt Lichtwark an seine Kommission.[534]

Ein schon zuvor gesuchtes Bild findet er bei Ilse Bechly in Berlin-Wilmersdorf, ein Pendant zu dem Gemälde von Louise Ahus; gerne würde er beide wieder zusammenführen, was ihm jedoch nicht gelingt, denn dieses Bild, das »Felsental«, wird 1909

526 Vgl. Br. Kommission (1916), Bd. XVI: 1908, S. 16.

527 Vgl. Brief Alfred Lichtwark an Aubert, 11.12.1906, Oslo, NB, Brevsamling 32.

528 Vgl. Brief Alfred Lichtwark an Aubert, 1.1.1908, Oslo, NB, Brevsamling 32. Die Bilder sind nicht genauer bezeichnet.

529 Vgl. P4, 5.3.1907.

530 Vgl. Br. Kommission (1916), Bd. XVI: 1908, S. 20. – Best.Kat. Hamburg, 19. Jh., S. 47; WV Börsch-Supan / Jähnig XV, Ankauf 1951, Bemerkung: Zuschreibung zweifelhaft.

531 Vgl. Br. Kommission (1916), Bd. XVI: 1908, S. 20f. – Vgl. Best.Kat. Hamburg, 19. Jh., S. 47; WV Börsch-Supan / Jähnig 205. – Brief Alfred Lichtwark an Aubert, 25.4.1908, Oslo, NB, Brevsamling 32.

532 Vgl. Br. Kommission (1916), Bd. XVI: 1908, S. 20f. – In einem Brief vom 22.7.1907 an Aubert bittet Lichtwark diesen um die Adresse der Besitzer der »Elbbrücke«; Oslo, NB, Brevsamling 32.

533 Vgl. Br. Kommission (1916), Bd. XVI: 1908, S. 22, Zitate ebd. – Hügel und Bruchacker: Best.Kat. Hamburg, 19. Jh., S. 49; WV Börsch-Supan / Jähnig 321. – Augustusbrücke, 1931 in München verbrannt.

534 Vgl. Best.Kat. Hamburg, 19. Jh., S. 49; Leppien (1993), S. 52f. – Br. Kommission (1920), Bd. XX: 1912/13, S. 29.

von Gustav Pauli für die Kunsthalle Bremen erworben.[535] Bei Bechly erfährt Lichtwark, dass in Neubrandenburg eine Familie Brau lebt, mit entfernteren Nachfahren der Sippe, die ebenfalls noch Arbeiten besitzen könnte.[536] Anscheinend geht er dieser Spur jedoch nicht nach.

1909 entdeckt Lichtwark in Berlin einen »Hafen von Greifswald«. Die Besitzerin, ein Fräulein von Schmeling, verlangt 5.000 Mark. Lichtwark ist sich über das Bild jedoch nicht sicher. Er berät sich mit dem inzwischen pensionierten Generaldirektor Schöne, der es jedoch auch nicht recht einreihen kann und der Kopenhagener Zeit Friedrichs zuordnet. Für 3.000 Mark wird dieses Bild schließlich erworben.[537]

Durch die lange Auseinandersetzung mit Friedrichs Bildern hat sich Lichtwark ganz in seine Sujets eingefühlt. Als er im Februar 1908 zu einer Hochzeitsfeier der Familie Bronsart von Schellendorf nach Marienhof in Mecklenburg reist, beobachtet er dort die ihm so wohlbekannten Landschaftselemente aus Friedrichs Bildern, die Bodenformation und vor allem die markanten, einzeln stehenden Eichen, auch die Saatkrähen fehlen nicht. Ein solches Bild, das Motiv einer winterlichen Eiche, findet er in Penzlin 1909 durch Zufall. Durch ihre Äste sieht man das Meer und die Küste von Rügen. Lichtwark erbittet es zur Ansicht, die Kommission erwirbt es jedoch nicht.[538]

Im selben Jahr 1909 verpasst er bei einer alten Dame in Dresden ein Gemälde Friedrichs, das sie wenige Tage zuvor an einen Dresdner Sammler verkauft hat. Mit großem Spürsinn macht Lichtwark ihn ausfindig, es ist Dr. Friedrich Lahmann im Dresdner Stadtteil Weißer Hirsch, doch möchte dieser das Bild nicht verkaufen. Zum Trost schenkt er Lichtwark ein kleines Portrait des Malers Josef Wintergerst von Friedrich Overbeck.[539] Noch ein anderes bedeutendes Werk Friedrichs entgeht ihm, das »Ostragehege«. Zunächst kann er es bei seiner Besitzerin, Ella von Nostitz und Jänckendorf, im äußersten Winkel Sachsens nicht besichtigen, weil sie verreist ist, glaubt es dort jedoch sicher, da nach Auskunft des Museumsdirektors Karl Woermann die Dresdner Kommission keinen weiteren Friedrich ankaufen will. Dennoch erwirbt die Dresdner Sammlung es noch im selben Jahr. Über die verpasste Gelegenheit ist Lichtwark sehr unglücklich, tröstet sich jedoch damit, dass es ohnehin nach Dresden gehöre, und würdigt das Bild in einem Aufsatz als eines, das den Betrachter zum Träumen bringen könne.[540]

535 Vgl. Best.Kat. Bremen, Kunsthalle (1939), S. 54, WV Börsch-Supan / Jähnig 206, hier kein Hinweis auf die Provenienz.
536 Vgl. Br. Kommission (1916), Bd. XVI: 1908, S. 22f. – Pauline Brau bietet Lichtwark über ihren Vetter Harald Friedrich ein Bild an, an dem Lichtwark jedoch nicht interessiert ist, siehe Anm. 503.
537 Vgl. Br. Kommission (1917), Bd. XVII: 1909, S. 88, 98. – P5, 6.4.1909. – WV Börsch-Supan / Jähnig 284, Verlust 1931.
538 Vgl. Br. Kommission (1916), Bd. XVI: 1908, S. 35–37; 1909, S. 291f., »Rabenbaum (Kahler Baum an der Küste Rügens, Krähenhorst auf Rügen)«, WV Börsch-Supan / Jähnig 289, New York, Sammlung Hirschland.
539 Vgl. Brief Alfred Lichtwark an Prinz Eugen, 8.9.1909, Stockholm, PEW, Archiv. – Vermutlich »Wanderer am Meer«, WV Börsch-Supan / Jähnig 222, die Vorbesitzerin wäre demnach Clara Kuntze, Dresden; früher Gemäldegalerie Dresden, seit 1945 verschollen. – Zu Overbeck siehe Best.Kat. Hamburg, 19. Jh., S. 155.
540 Vgl. Br. Kommission (1918), Bd. XVIII: 1910, S. 306f. – Ausst.Kat. Friedrich (1974), S. 291, WV Börsch-Supan / Jähnig 399. – Alfred Lichtwark, Zu Karl Woermanns letzter Erwerbung, in: Mitteilungen aus den Sächsischen Kunstsammlungen 2, 1911, S. 91–94, Kayser (1977), Nr. 511.

Im März 1911 nennt Aubert Lichtwark mögliche neue Fundstellen für Gemälde des Künstlers, denen er nun nachgehen will.[541] Bei einem Fräulein Reimer in Berlin sieht er ein »wunderbares« großes Bild von Friedrich, das aber nicht zu haben ist, und bei der Gräfin Wedell in Groß-Zschocher bei Leipzig weitere Werke des Malers, aber klein und sehr dunkel.[542] In Dresden findet er neue Spuren von Friedrich und Carus. An seine Kommission schreibt er: »Noch ein paar Jahre möchte ich diese deutsche Sammlung der Vergessenen [...] entwickeln können, und dabei die Sammlung von Bildern aus Hamburg noch ausbauen dürfen.«[543] So setzt er seine Recherchen fort. In Putbus auf Rügen soll sich eines der schönsten Bilder Friedrichs befinden, doch in der Annahme, dass ihm keiner zuvorkomme, unterlässt er infolge der schlechten Zugverbindungen diese Reise.[544] In Stuttgart sieht er bei Emma Zeller, einer Nachkommin von Georg Andreas Reimer, sieben Bilder Friedrichs, darunter vier nicht sehr gut erhaltene Seestücke. Ein großes Bild von einer Kirchenruine mit Kirchhof und Leichenzug im Schnee bezeichnet er als »mächtig«. Von den kleinen Gemälden will sich die Besitzerin nicht trennen, eher von dem großen, das Lichtwark für die Kunsthalle reserviert. Die anderen seien das, was Carus »Erdlebenbilder« genannt habe: einfache Landschaften mit Tannen, Büschen und grauem Himmel.[545] Nichts davon kann er schließlich erwerben. Bei dem Dresdner Kunsthändler Arnold entdeckt Lichtwark zwei kleine Friedrich, die ihm gut, jedoch von zweifelhafter Echtheit erscheinen. Um diese von ihm so hochgeschätzte, »diese entscheidende Epoche für Deutschland, England, Dänemark und Frankreich« einmal angemessen zu präsentieren, wünscht er sich eine thematisch begrenzte Übersichtsausstellung: Koch, Reinhart, Friedrich, Dahl, Købke, Corot, Wasmann, »um nur einige große Männer zu nennen«. Die Hamburger Kunsthalle erscheint ihm dafür als der rechte Ort, doch kann er diese Ausstellung nicht mehr verwirklichen. Auch an dem Vorhaben, im Sommer 1913 wegen des »schönen Friedrich« nach Putbus zu fahren, hindert ihn bereits seine Krankheit. Das Bild, der »Chasseur im Walde«, wird nach dem Ersten Weltkrieg verkauft; Lichtwark hätte es vielleicht für die Kunsthalle gewinnen können.[546] Den »Hügel und Bruch-

541 Vgl. im Folgenden: Br. Kommission (1917), Bd. XVII: 1909, S. 227. – Br. Kommission (1919), Bd. XIX: 1911, S. 36, 39, 49, 73, 86, 112f., 98.

542 WV Börsch-Supan / Jähnig 317, »Hochgebirge/Schweizer Landschaft«. Vermutlich handelt es sich um dieses Bild, da kein anderes aus dem ehemaligen Besitz von Georg Andreas Reimer in Frage kommt. Dann würde allerdings das mit 1920 angegebene Datum des Rückkaufs durch die Enkelin Adelheid Reimer nicht stimmen können. – Bilder bei der Gräfin von Wedell: »Mondnacht am Ostseestrand«, »Mondnacht mit Schiffen auf der Ostsee«, WV Börsch-Supan / Jähnig 238, 239, heute Museum Georg Schäfer, Schweinfurt.

543 Br. Kommission (1919), Bd. XIX: 1911, S. 73.

544 Es handelt sich um den »Chasseur im Walde« im Besitz des Fürsten von Putbus, vermutlich Wilhelm Malte II., WV Börsch-Supan / Jähnig 207, heute deutscher Privatbesitz.

545 Seestücke: WV Börsch-Supan / Jähnig 234–237; »Erdlebenbilder«: WV Börsch-Supan / Jähnig 359, 360; bei dem für die Kunsthalle reservierten großen Bild kann es sich nur um den »Klosterfriedhof im Schnee« handeln, WV Börsch-Supan / Jähnig 238. Die Provenienz Emma Zeller ist hier nicht aufgeführt. 1912 geht das Bild als Geschenk an die Nationalgalerie. Es handelt sich um eines der Hauptwerke Friedrichs; Kriegsverlust.

546 Vgl. Br. Kommission (1920), Bd. XX: 1912/13, S. 421, 263. – WV Börsch-Supan / Jähnig 207.

acker bei Dresden« und die »Augustusbrücke« erwirbt er – wie schon erwähnt – noch 1913 von der Familie Bechly. Dieser Ankauf für 2.000 Mark wird erst unmittelbar nach Lichtwarks Tod von der Kommission genehmigt.[547] Die »Augustusbrücke in Dresden«, der »Hafen in Greifswald« sowie Runges Gruppenportrait »Wir Drei«, die zu den bedeutendsten Werken der Hamburger Kunsthalle aus dieser Epoche gehören, werden 1931 beim Brand des Münchner Glaspalastes vernichtet.

Von den durch Lichtwark erworbenen Gemälden Friedrichs zeigen drei Werke typische Motive aus dem Harz: die »Ziehenden Wolken«, ein Ausblick vom Brocken in die Vorharzlandschaft, »Frühschnee«, eine aufragende Tannenwand mit blau-weißem Himmel darüber, und das Felsenmotiv »Gräber gefallener Freiheitskrieger«. Ein weiteres hält er zunächst für eine Harzlandschaft, sie erweist sich später als »Berglandschaft in Böhmen«. Lichtwark sind diese Motive besonders geläufig, da er sich alljährlich durch Aufenthalte im Harz bei ausgiebigen Wanderungen erholt, so dass allein deshalb diese Landschaftsdarstellungen seiner eigenen Erlebniswelt nahestehen.[548] Auch die mecklenburgisch-vorpommersche Landschaft kennt er aus eigener Anschauung. Von allen deutschen Künstlern des 19. Jahrhunderts, deren Werke er für die Kunsthalle zu erwerben sucht, scheint Friedrich Lichtwark schließlich am meisten zu bedeuten.

Andreas Auberts Forschungen über Caspar David Friedrich sollen als erste Vereinsgabe des im März 1908 in Frankfurt gegründeten Deutschen Vereins für Kunstwissenschaft erscheinen, wie Lichtwark 1910 seiner Kommission mitteilt. Er selbst ist eines der Gründungsmitglieder und gibt seiner Freude Ausdruck, dass gerade dieses Werk die Reihe der Veröffentlichungen anführen wird. Doch stirbt der Autor im Jahr 1913 darüber hinweg. Erst 1915 wird das Werk aus seinem Nachlass bei Cassirer in Berlin publiziert. Es enthält zwanzig Abbildungen; allein acht der reproduzierten Werke verdankt die Hamburger Kunsthalle den Bemühungen Lichtwarks.[549]

VERSCHOLLENER HAMBURGER: WASMANN

Viel weniger Glück als bei der Suche nach Runges und Friedrichs Werken ist Lichtwark bei seinen Forschungen zu dem 1805 in Hamburg geborenen Maler Friedrich Wasmann vergönnt. Schon 1893 hat er für eine geringe Summe Teile des Nachlasses des Künstlers erworben, um die Bildnisse von 1820 bis 1830 herauszulösen, obwohl er das Material damals eigentlich nur für durchschnittlich hielt. Der anbietende Meraner Buchhändler habe ihm allerdings nicht mitgeteilt, dass der norwegische Künstler und

547 Vgl. P5, 31.1.1914. – Best.Kat. Hamburg, 19. Jh., S. 49.

548 Vgl. zu Friedrich im Harz: Zschoche (2000), S. 37–98, besonders S. 77f., 83f., 92f.

549 Vgl. Br. Kommission (1918), Bd. XVIII: 1910, S. 302. – Andreas Aubert, Caspar David Friedrich. »Gott, Freiheit, Vaterland«. Aus dem Nachlass des Verfassers herausgegeben im Auftrage des Deutschen Vereins für Kunstwissenschaft von G. J. Kern, Berlin: Cassirer, 1915. Kern teilt im Vorwort mit, Aubert habe nach zwanzig Jahren Studien gerade anfangen wollen zu schreiben, als er starb (S. III). – Zur Gründung des Deutschen Vereins für Kunstwissenschaft vgl. Br. Kommission (1916), Bd. XVI: 1908, S. 43–48.

Sammler Bernt Grönvold die besten Arbeiten bereits herausgesucht hat. Grönvold, der schon in den frühen neunziger Jahren nach Wasmann geforscht und dessen Bilder aufgekauft hat, bietet Lichtwark die Autobiographie des Künstlers für die *Liebhaberbibliothek der Gesellschaft Hamburgischer Kunstfreunde* an. Von Seidlitz erhält Lichtwark 1895 die ersten Druckbogen der von Grönvold als Herausgeber bearbeiteten Biographie über Wasmann; er leiht das Manuskript bei Grönvold aus, kommt jedoch zunächst aus Zeitgründen nicht zur Lektüre.[550] Er verfügt jedoch nicht über die nötigen finanziellen Mittel; es ist seine schwierigste Zeit, und die Buchproduktion droht wegen der Reproduktionen teuer zu werden. Wasmanns Autobiographie erscheint daher 1896 bei Bruckmann in München.[551]

Seit 1898 versucht er nun den bis dahin überschaubaren Besitz an Werken Wasmanns zu erweitern, denn dieser Maler stellt für ihn einen der wichtigsten Hamburger Künstler der ersten Hälfte des 19. Jahrhunderts dar. Fünf Bilder sind im alten Bestand der Kunsthalle bei seinem Amtsantritt bereits vorhanden.[552] 1898 beginnt Lichtwark auf eigene Faust mit der Suche nach weiteren Bildern Wasmanns. Er versucht bei einer Berliner Familie etwas zu finden, verfehlt die Besitzer jedoch.[553] Im Jahr darauf trifft er zum ersten Mal Grönvold in Berlin, informiert sich ausgiebig über Wasmann, besichtigt Grönvolds Sammlung und beginnt mit ihm über Ankäufe zu verhandeln. Lichtwark hat zur Vorbereitung sein Werk *Das Bildnis in Hamburg* geschickt; er will unbedingt »diese köstlichen Sachen« Wasmanns für die Hamburger Sammlung des 19. Jahrhunderts erringen. Grönvold besitzt die Studien, ein monumentales Bildnis von Mutter und Schwester des Künstlers, das Lichtwark besonders gefällt, sowie einige Landschaften. Mürbe sei Grönvold schon, schreibt Lichtwark seiner Kommission, aber er wolle infolge seiner Wohlhabenheit nicht verkaufen, sondern seine Sammlung dem Museum in Oslo vermachen. Immerhin erhält Lichtwark eine Bozener Adresse, wo er noch unbekannte Bildnisse aufzufinden hofft. Er denkt sogar daran, Grönvold die norwegischen Studien von Hermann Kauffmann im Tausch anzubieten, die er für die Kunsthalle als marginal, für Norwegen jedoch von Wert betrachtet, da der Künstler dort nicht ohne Spur geblieben sei.[554] Im Jahr darauf, 1900, ist Lichtwark wiederum bei Grönvold in Berlin und versucht erneut sein Glück. Dieser besitze die schönsten Wasmanns, schreibt er seiner Kommission, wolle jedoch noch immer nichts veräußern. Lichtwark beschließt, beim nächsten Aufenthalt in München einen Abstecher nach Meran, wo der Künstler lebte, zu unternehmen und dort nach weiteren Bildnissen und Zeichnungen zu suchen. Er verzichtet jedoch 1901 auf diese Reise in der Annahme, die Bilder nicht zu verpassen.[555] Die Kunsthal-

550 Brief Alfred Lichtwark an Olde, 16.10.1895, Schleswig, SHLM, NL Olde.

551 Vgl. Br. Kommission (1908), Bd. XIV: 1906, S. 26–28. – Jahresbericht [Bd. 16], 1902, S. 30. –Friedrich Wasmann, Ein deutsches Künstlerleben von ihm selbst geschildert, München: Bruckmann, 1896.

552 Vgl. dazu Best.Kat. Hamburg, 19. Jh., S. 223–228.

553 Vgl. Br. Kommission (1899), Bd. VI: 1898, S. 206, 213.

554 Vgl. Br. Kommission (1901), Bd. VII: 1899, S. 13, 20–22.

555 Br. Kommission (1901), Bd. VIII: 1900, S. 246, 248f.; (1902), Bd. IX: 1901, S. 191f.

le verdankt Grönvolds Vermittlung bereits einen Teil des zeichnerischen Nachlasses, und 1902 erwirbt Lichtwark mithilfe von Professor Weissenborns Gattin in Zerbst die Portraits des Pastors Hübbe und seiner Frau.[556] Im Jahresbericht von 1902 erklärt er es zur Aufgabe der Kunsthalle, Wasmann in die Galerie aufzunehmen: »Die Entdeckung Wasmanns beweist aufs neue, daß die Deutschen im neunzehnten Jahrhundert über der Beobachtung und Nachahmung des Auslandes unbeachtet gelassen haben, was an großen Dingen im eigenen Lande vor sich gegangen ist. Die deutsche Kunstgeschichte des neunzehnten Jahrhunderts ist deshalb in ihrem inneren Verlauf noch wenig bekannt. Sie muß ebenso gut noch neu durchforscht und entdeckt werden wie die des vierzehnten und fünfzehnten Jahrhunderts.«[557]

1903 trifft Lichtwark in Berlin Grönvold wiederum nicht an, entdeckt jedoch in der Alexandrinenstraße bei einem Fräulein Kayser eine schöne Bildniszeichnung von Wasmanns Frau und Mutter bei der Handarbeit, sowie ein größeres Bildnis in Öl von Wasmanns Frau unter Bäumen mit dem ältesten Sohn und der ältesten Tochter. Beides erhält er als Geschenk, das Portrait gegen eine Kopie. Weitere Bilder, die er auf Umwegen bei Emilie Georg in Zehlendorf findet, sind nicht erhältlich, weil die Dame darüber nicht verfügen kann. Sie verweist jedoch auf ihre Tante, eine Frau Wasmann in Hall bei Innsbruck, die noch einige Werke besitzen soll. Lichtwark will die Bilder bei Emilie Georg photographieren lassen. Im selben Jahr erwirbt er noch ein Portrait der jüngsten Tochter des Künstlers für 150 Mark.[558]

1904 endlich trifft Lichtwark Grönvold in Berlin an. Dieser hat in Meran viel Material über Wasmann gesammelt und arbeitet nun an einem Buch über den Künstler. Er führt Lichtwark seine neuen Erwerbungen vor, Bildnisse und Ölgemälde, dazu eine sehr schöne Studie zum »Sonntagmorgen in Tirol«, die Lichtwark 1906 erwirbt, doch kann er die Zeichnungen infolge einer Unpässlichkeit Grönvolds während dieses Aufenthaltes in Berlin nicht mehr besichtigen. Einige Wochen später kann Lichtwark bei Grönvold jedoch endlich die Zeichnungen und auch die Aufnahmen betrachten. Die Bildnisse von Hamburgern erscheinen ihm noch besser als diejenigen aus Tirol und wecken sein Bedauern über den mangelnden Rückhalt der Künstler in ihrer Vaterstadt: »Was haben wir verloren, daß Wasmann bei uns keinen Boden finden konnte. Seine Kunst, die sich nun begnügen mußte allerlei Kleinbürgern das Leben zu erhalten, hätte bei uns in der aristokratischen Zeit der Mitte des neunzehnten Jahrhunderts noch ganz andere Aufgaben gehabt als heute. In vielen Familien würden Bildnisse von ihm jetzt und künftig als Heiligtümer gehütet und würden zur Schaffung einer Familientradition beitragen. Was aus einem Talent dieser Stärke in England geworden

556 Vgl. Best.Kat. Hamburg, 19. Jh., S. 226.
557 Vgl. Br. Kommission (1904), Bd. X: 1902, S. 216. – Jahresbericht [Bd. 16], 1902, S. 30–32. – Best.Kat. Hamburg, 19. Jh., S. 226; das Bildnis der Frau Hübbe ist 1931 im Münchner Glaspalast verbrannt. Lichtwark gibt keine Erläuterung der näheren Umstände dieser Erwerbung.
558 Vgl. Br. Kommission (1904), Bd. XI: 1903, S. 21, 60, 65f. – P4, 25.4.1903. Die Kopie kostet 300–400 Mark. – Best.Kat. Hamburg, 19. Jh., S. 228. – Vgl. P4, 17.10.1903. – Best.Kat. Hamburg, 19. Jh., S. 228.

wäre, läßt sich nicht ausmalen. Es ist traurig, über diese deutschen Dinge nachzudenken. Wenn wir nicht vorbauen, wird es jeder kommenden Generation von Künstlern ebenso ergehen.«[559]

Anfang des Jahres 1906 lässt Lichtwark zwei Bilder Wasmanns aus Bozen kommen, darunter das einer gebeugten alten Frau, für das er »ein Vermögen opfern könnte.« Wasmanns Tochter hat der Kunsthalle verschiedene Bildnisse ihres Vaters verkauft und bietet nun eins seiner frühen Portraits an, das sie zur Ansicht sendet, es stellt die Schwester des Künstlers dar, Minna Wasmann. 1.000 Mark soll dafür den verarmt in einem Stift bei Innsbruck lebenden Töchtern des Künstlers gezahlt werden, ein hoher Preis, für den sie jedoch der Kunsthalle auch die übrigen Werke ihres Vaters überlassen wollen. Lichtwark begründet diesen Kauf nicht zuletzt mit dem Hinweis auf die Erwerbung der wertvollen Handzeichnungen und Landschaften, für die der Künstlerwitwe lediglich 1.000 Mark gezahlt worden seien; eine der Landschaften sei das Vielfache wert.[560] Grönvold besitzt inzwischen weitere Bilder des Künstlers, will jedoch nichts verkaufen, eher noch tauschen, besonders die 1903 erworbenen Landschaften in der Kunsthalle gegen Figurenbilder. Dazu ist Lichtwark jedoch nicht bereit.[561]

In den folgenden Jahren findet Lichtwark weitere Arbeiten von Wasmann in Privatbesitz. 1909 folgt er den Spuren der Familie nach Stade, wo er bei einem Fabrikbesitzer Wasmann drei Portraits findet: die Bildnisse der Eltern und eine Miniatur der Großmutter des Besitzers. Dieser verlangt für jedes Bild 10.000 Mark, weil Hamburg an dem Künstler so viel gutzumachen habe. Lichtwark weist diese Forderung zurück mit dem Argument, Wasmann habe den Kampf in Hamburg gar nicht aufgenommen, sei schließlich nach Meran gegangen und zum Katholizismus übergetreten.[562] Er wird in Stade weiterverwiesen zu einer Frau Worgitza nach Mohrin in Mecklenburg, die ein sehr schönes Bildnis des Großvaters und einige kleinere Bilder besitzen soll. Am 24. August 1909 ist er bei Frau Dr. Wasmann in Jena. Sie besitzt unter anderem einen Meraner Weinhüter von etwa 1830, ein Genrebild von etwa 1840 und einen Greis mit Enkel auf dem Schoß von etwa 1850. Für zwei Bilder verlangt sie 6.000 Mark, während Lichtwark ein Gebot von 1.500 für angemessen hält. Die Besitzerin reduziert ihre Forderung auf 5.000 Mark und eine Kopie, will die Bilder auch nach Hamburg senden, doch kommt es nicht mehr zu einer Erwerbung.[563] 1910 besichtigt Lichtwark in England bei Johann Schröder in Herne Hill zwei Bilder Wasmanns, die er zwar für gut, aber für nicht ebenso fein wie die kleinen hält, für die so hohe Preise verlangt werden.[564] Von einer Erwerbung sieht er deshalb ab.

559 Vgl. Br. Kommission (1905), Bd. XII: 1904, S. 55–58, Zitat S. 76.
560 Vgl. P4, 6.2.1906.
561 Vgl. Br. Kommission (1908), Bd. XIV: 1906, S. 12, 69f. – Best.Kat. Hamburg, 19. Jh., S. 223.
562 Vgl. Br. Kommission (1917), Bd. XVII: 1909, S. 221f., 261, 240. – Vgl. Best.Kat. Hamburg, 19. Jh., S. 223–228; nach 1906 wird von Lichtwark kein Werk Wasmanns mehr erworben, erst nach seinem Tod kommt es zu weiteren Ankäufen.
563 Lichtwark stellt keinen Antrag an die Kommission wegen der hohen Preise; vgl. P5, 14.9.1909.
564 Vgl. Br. Kommission (1918), Bd. XVIII: 1910, S. 140, 150.

Nach langen Jahren des Bemühens um einen Ankauf der Bilder Wasmanns aus der Sammlung Grönvold scheitert schließlich Lichtwarks Hoffnung. Grönvold ist ein kranker Mann, zudem ein schwieriger und unsteter Verhandlungspartner. Er ist auf einen Verkauf nicht angewiesen, da er wohlhabend verheiratet ist. Lichtwark weiß seit langem, dass das Problem schon in den neunziger Jahren, seinen schwierigsten Amtsjahren, entstanden ist. Grönvold habe sich beleidigt gefühlt, weil er die von ihm herausgegebene Autobiographie Wasmanns nicht in einer deutschen Kunstzeitschrift besprochen habe, schreibt Lichtwark 1906 seiner Kommission. Er bediene die Blätter prinzipiell nicht, hätte es jedoch getan, wenn er die Konsequenzen geahnt hätte. In seinen Bänden über das *Bildnis in Hamburg* hat Lichtwark Grönvold im Wasmann-Kapitel gewürdigt und habe es ihm auch zugesandt, doch das rechne nicht. Nun wolle Grönvold seine Wasmann-Kollektion statt der Kunsthalle einem nordischen Museum vermachen. Die Verstimmung sei aber schon älter. Grönvold habe ihm damals die Wasmann-Autobiographie für die *Liebhaberbibliothek* angeboten, für die Witwe aber 5.000 Mark gefordert, die Lichtwark weder zur Verfügung gehabt noch habe auftreiben können, denn es sei in der schlimmsten Zeit gewesen. Der Druck mit den Abbildungen wäre viel zu teuer geworden, habe bei Bruckmann für Grönvold 12.500 Mark gekostet. Grönvold habe damals eine Auswahl Handzeichnungen für 3.000 Mark angeboten, die Lichtwark ebenfalls nicht hatte. Nun sieht er ein, dass es ein großer Fehler war, das Buch nicht zu würdigen: Grönvold hätte es verdient, denn er habe eine große Tat getan und an der Witwe »in edelster Uneigennützigkeit« gehandelt. Auch habe er selbst damals die noch ungereinigten Ölstudien nicht recht erkannt und die Zeichnungen noch nicht so geschätzt wie später.[565] Inzwischen hat Grönvold nun seine mehr als vierzig Bilder umfassende Sammlung, die auch andere Bilder von hamburgischen Interesse enthält, etwa zwei »großartige« Bildnisse des jüngeren Rohden und ein halbes Dutzend Landschaften des älteren Rohden sowie mehrere Werke von Viktor Emil Janssen, darunter ein von Lichtwark gerade erst identifiziertes Selbstportrait, leihweise in die Berliner Nationalgalerie gegeben. Die geschlossene Präsentation beeindruckt Lichtwark tief. Er besitzt immerhin bei Grönvold das Vorkaufsrecht und vertritt die Meinung, hier dürften selbst große finanzielle Opfer nicht gescheut werden, da er die Bilder als »einen unerschöpflichen Schatz« betrachtet, besonders als Ergänzung der Bildnissammlung. Den Gedanken an eine Museumsgründung in Norwegen habe Grönvold inzwischen aufgegeben. 1912 berichtet Lichtwark noch über Verhandlungen mit Grönvold wegen weiteren Bildern von Wasmann, zunächst hat dieser das Vorkaufsrecht zwar eingeräumt, dann jedoch zurückgezogen. Danach hält Lichtwark weitere Gespräche für unmöglich. Ein einziges Bild von Wasmann kann er 1913 noch erwerben, die »Zenoburg in Tirol«. Pauli kauft 1914 ein »Schlafendes Mädchen« aus der Lichtwark-Stiftung, mit einer Zeichnung zusammen für 900 Mark, und später

565 Vgl. Br. Kommission (1908), Bd. XIV: 1906, S. 26–28.

noch weitere Werke des Künstlers. 1915 veröffentlicht Bernt Grönvold, der schwierige Verhandlungspartner, ein weiteres Mal Wasmanns Autobiographie im Insel Verlag.[566]

BERTRAM UND DIE AUSSTELLUNG VON 1905

»Darstellungen wie die von Bertram sind uns völlig unbekannt«, schreibt Lichtwark am 9. Januar 1905 an Prinz Eugen von Schweden. »Als Gott die Welt schafft, assistiert Christus in den Wolken (er war ja dabei, wie St. Johannes bezeugt). Den Erdball aber umschweben die Teufel. Das wussten wir bisher noch nicht. Ich denke mir, der Priester von St. Petri, der Bertram den Auftrag gab, muss ein Mystiker gewesen sein. Sonst hätte wohl niemand solche Ideen gehabt. [...] Ich bin dabei, das nothwendige Buch über ihn zu schreiben und habe mit dem letzten Frühjahr die Ausstellungen in Düsseldorf und Paris studirt, die mir wie gerufen kamen, war in Dijon, in einem Dutzend deutscher Städte und in Prag, um Zeitgenossen Bertrams zu suchen, habe aber nichts für uns erhebliches [sic] gefunden.«[567] Doch kommt Lichtwark nicht wie gewünscht voran; die erste Fassung vernichtet er, wie er Mitte März seinem Freund Wedderkop mitteilt. Er hofft, dass es nun besser wird, er habe Bertram unterschätzt. »Eine starke und gute Seele, ein Maler, wie wir nicht viele hatten, ein Mensch mit umfassender Liebe.« Er habe die Bilder an die Stelle des Francke gehängt, die Wirkung sei stärker. Die Franckes stünden darunter, ihm seien dadurch Dinge aufgegangen, die er nicht beachtet hatte. »Könnte ich sie ausdrücken! Aber die arme Sprache. Und wenn ich mir Mühe gebe, ist es noch schlimmer.« Im Kopf sei das Buch aber schon existent. Er freue sich, Leute, die es empfinden können, in den Saal zu führen. Die Wirkung des alten Goldes beeindruckt ihn: Bertram sei bei allem Realismus auch dekorativ wie byzantinischer Goldschmuck. Alles hebe sich als farbige Silhouette vom Goldton ab. Wenn er die Bilder Künstlern zeige, gingen ihnen die Augen über, stünden sie starr, auch Munch, der heute bei ihm gewesen sei.[568]

Die Publikation über Bertram drängt inzwischen sehr, nur drei Monate Zeit stehen noch zur Verfügung. Nun »stellt sich der Katzenjammer ein«, wie er an seine Kommission schreibt, denn ab dem 1. Oktober 1905 sollen die Bertram-Altäre in einer umfassenden Ausstellung zum ersten Mal öffentlich präsentiert werden. Alle Geselligkeiten hat Lichtwark deshalb gestrichen. Er muss den Text abschließen, ohne mit den Vorstudien fertig zu sein; das Buch ist bereits im Druck.[569] Anfangs hat er vor,

566 Vgl. Br. Kommission (1919), Bd. XIX: 1911, S. 91f., 125; (1920), Bd. XX: 1912/13, S. 9f.; Best.Kat. 19.Jh., S. 223, 226. Zu Janssen vgl. Br. Kommission (1908), Bd. XIV: 1906, S. 103f.; dieses Bild kommt erst 1928 in die Kunsthalle; vgl. Best.Kat. Hamburg, 19. Jh., S. 86. – P5, 5.12.1912, 11.3.1913, 10.10.1914. – Bernt Borchgrewink Grönvold, Friedrich Wasmann. Ein deutsches Künstlerleben von ihm selbst geschildert, Leipzig: Insel, 1915.
567 Brief Alfred Lichtwark an Prinz Eugen, 9.1.1905, Stockholm, PEW, Archiv.
568 Brief Alfred Lichtwark an Wedderkop, 18.3.1905, HKH, AdB 112.
569 Vgl. Br. Kommission (1908), Bd. XIII: 1905, S. 152, 174.

zwei kleine Bertram-Bände zu publizieren: Meister Bertram als Maler und Meister Bertram als Bildhauer. Den Bildhauer will er voranstellen, weil er ihn für unmittelbarer zugänglich hält.[570] Schließlich entsteht ein mehr als 400 Seiten umfassender Gesamtband über Meister Bertram, in den Lichtwark alle Kenntnisse und Vorstudien der vorausgegangenen Jahre verarbeitet. Die Averhoff-Stiftung finanziert ihn mit 4.000 Mark.[571] Dieses Buch erscheint nicht bei Cassirer in Berlin, sondern in der *Liebhaberbibliothek der Gesellschaft Hamburgischer Kunstfreunde*, da Lichtwark das Thema offensichtlich für ein ausschließlich hamburgisches hält und dabei weniger an einen Beitrag zur kunsthistorischen Forschung denkt. In seiner stets loyalen Art widmet er es der Verwaltung der Averhoff-Stiftung als Dank für die Finanzierung der Drucklegung.

Lichtwark behandelt in dieser Arbeit zunächst die Identifizierung Bertrams durch den Grabower Altar, die weiteren Entdeckungen und Zuschreibungen der Altäre aus dem Johanniskloster, aus Buxtehude und London und die unverhoffte Auffindung der fehlenden Flügel des Grabower Altars. In einem anschließenden Kapitel befasst er sich mit der Vermittlung dieser für den Laien gewöhnungsbedürftigen spätmittelalterlichen Kunst; handelt es sich doch um die ältesten Kunstwerke im Bestand der Kunsthalle. Er fährt mit der Vita des Künstlers fort und stellt den Inhalt der Urkunden dar, aus denen Bertrams Leben rekonstruierbar ist. Ein Verzeichnis der gesicherten und der zugeschriebenen Werke schließt er ebenso an sowie eine Aufstellung der von ihm auf Reisen besichtigten Werke, die er zu Bertram in Beziehung setzen kann. Des Weiteren diskutiert Lichtwark Bertrams künstlerische Herkunft. Weder im norddeutschen Raum, noch in Westfalen, Köln, Mittel- oder Süddeutschland hat er einen Hinweis auf den Ursprung von Bertrams Œuvre gefunden. Er kann ihn weder mit der niederländischen Tafelmalerei noch mit der französischen von Paris oder Avignon in Verbindung bringen. In der Prager Kunst unter Karl IV. findet Lichtwark einige äußerliche, sprachlich jedoch kaum fassbare Ähnlichkeiten. Italienische Anklänge erscheinen ihm nicht greifbar. Am ehesten entdeckt er noch Anflüge von Ähnlichkeit bei dem Altar des Melchior Broederlam in Dijon. Die spezialisierten Kollegen, mit denen er sich beraten hat, stehen wie er selbst vor einem Rätsel; die Forschung ist noch nicht weit genug gediehen. Lichtwark muss sich darauf beschränken, werkimmanent darzustellen, was sich von den Altären auf die künstlerische Persönlichkeit Bertrams schließen lässt. Auch im Vergleich zu den Werken Franckes arbeitet er die künstlerische Eigenart Bertrams heraus. Er betrachtet die Darstellung von Nebenmotiven wie Tier und Landschaft als Indiz großer persönlicher Freiheit des Künstlers und würdigt eigenständig verwendete Ausdruckmittel wie die optische Mischung, die er bereits mit dem modernen Begriff »Pointillismus« bezeichnet, sowie die Schraffuren. Dabei geht er auch auf die künstlerische Entwicklung Bertrams ein. Besonders ausführlich wid-

570 Vgl. Br. Kommission (1905), Bd. XII: 1904, S. 183. – Schiefler, LAZ, 22.3.1905, HH, SUB, HSS.
571 Vgl. Alfred Lichtwark, Meister Bertram, tätig in Hamburg 1367–1415, hrsg. für die Gesellschaft Hamburgischer Kunstfreunde von Alfred Lichtwark, Hamburg 1905; Kayser (1977), Nr. 405, 471.

met er sich dem beginnenden Naturalismus in Bertrams Darstellungsweise, behandelt einzelne Aspekte wie Gebärdensprache, Individualisierung der Figuren, Einzelformen, Landschaft und Tiere, Architektur und Interieurs, ferner die Farbe, das Licht und die Anlage des Bildraumes. Schließlich wendet er sich Bertrams Einfluss auf die Werke in den Kirchen von Doberan und Wismar zu und hofft auf weitere Forschungsbeiträge. Seine frühere Vermutung, Bertram sei Franckes Lehrer gewesen, ist ihm nun durch die genauere Untersuchung zweifelhaft geworden. In Bertram sieht er den großen Bahnbrecher, in Francke den begabten Erben. Im zweiten, reich mit Photographien illustrierten Teil des Buches stellt Lichtwark dann Bertrams Werke detailliert vor.

Jahre später, 1909, hat Lichtwark noch ein bemerkenswertes Erlebnis im Zusammenhang mit Bertrams Arbeiten. In einem Brief an Kalckreuth erwähnt er, sich stets gewundert zu haben, dass er den berühmten Altar des Meisters Wilhelm als Hauptaltar des ehemaligen Hamburger Doms nicht mit Bertram und Francke in Verbindung bringen konnte. Nun hat sich das Werk bei einer Restaurierung als Fälschung von 1860 herausgestellt. Unter der Malerei kommen ganz altertümliche Werke zum Vorschein, die mit Bertrams Arbeiten zeitgleich enstanden sind und sie nun in neuem Licht erscheinen lassen: »Dieser und sein Werk«, schreibt Lichtwark an seine Kommission, »schnellt nun mit einem Male zu einer entwicklungsgeschichtlich ganz einzigen Bedeutung hervor.«[572] Doch schon lange zuvor ist Lichtwark durch seine genaue Betrachtung dieser frühen Hamburger Kunstwerke von deren Bedeutung fest überzeugt.

Mit dem Erscheinen des Buches zu Bertram und der Präsentation des kostbaren und ungewöhnlichen neuen Besitzes der Kunsthalle ist für Lichtwark ein bedeutendes Arbeitsthema der vergangenen Jahre abgeschlossen. Intern hat es bereits Anerkennung erlangt: Bürgermeister Burchard als Kommissionsvorsitzender würdigt zu Beginn des Jahres 1905 Lichtwarks Verdienste um die Erwerbung der Altäre und die damit verbundenen Schwierigkeiten bei den Verhandlungen mit den Behörden sehr wohl und spricht ihm vor der Kommission förmlich seinen Dank dafür aus.[573]

Im Vorwort des Buches über Bertram rechtfertigt Lichtwark seinen Entschluss, es trotz der Unvollständigkeit seiner Studien unter dem Druck der bevorstehenden ersten Vorstellung der Bertram-Altäre veröffentlicht zu haben. Denn die große Ausstellung von 1905 dient nicht nur der Einführung der Werke Meister Bertrams, sondern auch der Präsentation aller von Lichtwark gesammelten hamburgischen und deutschen Werke des 19. Jahrhunderts anlässlich der bevorstehenden Auswahl für die Jahrhundertausstellung. Pünktlich zum Altphilologentag in Hamburg am 1. Oktober 1905 eröffnet Lichtwark also seine große Schau, in der die im Makart-Saal gehängte Sammlung von Bildern aus Hamburg einen wichtigen Teil darstellt.[574] Sie läuft auch

572 Vgl. Br. Kalckreuth, S. 217. – Br. Kommission (1917), Bd. XVII: 1909, S. 5.
573 Vgl. P4, 18.1.1905.
574 Erst im August 1905 genehmigt die Kommission Lichtwarks Plan dieser großen Ausstellung; vgl. P4, 8.8.1905, also viel zu spät für die umfangreichen Vorbereitungen einschließlich Katalog.

noch während des dritten Kunsterziehungstages, der vom 13. bis zum 15. Oktober in Hamburg stattfindet. Liebermann, so schreibt er dem Künstler, soll eine eigene Wand für seine Bilder erhalten mit dem Petersen-Portrait in der Mitte, rechts davon sollen das kurz zuvor fertiggestellte Berger-Portrait und links das geplante Bildnis Strebels Platz finden. Dazwischen will er Liebermanns Landschaften hängen, das Polobild und »Jacobs Terrasse«. Anfang September kommt Liebermann nach Hamburg, um das Strebel-Portrait zu malen und die Mitglieder des Professorenkonvents kennenzulernen;[575] so erfüllen sich Lichtwarks Wünsche zeitlich passend zur Ausstellung. Als motivisches Gegenstück zu Liebermanns »Bürgermeister Petersen« enthält die Ausstellung das 1905 von Max Slevogt gemalte Portrait des Bürgermeisters William Henry O'Swald, bestimmt für die Sammlung von Bildern aus Hamburg und ebenfalls von Sir Alfred Beit gestiftet.[576] »Ich wollte, Sie hätten den Triumpf [sic] ungesehen mit genießen können«, berichtet Lichtwark Liebermann von der Ausstellungseröffnung. »Es ist wirklich etwas ganz neues [sic], das Publikum in schwarzen Massen vor Bildnissen zu sehen wie früher vor Knaus. Sollte es einen Fortschritt geben?« Die jungen Künstler stünden flüsternd vor Liebermanns Bildern und lehnten Slevogt rundweg ab; das sei ihm eine liebe Erfahrung, denn er hätte gedacht, Slevogt würde die Jugend blenden.[577]

Am 1. Oktober 1905 hält Lichtwark (Abb. 42) eine Rede in der öffentlichen Sitzung des Altphilologentages, in der er die Intention seiner Ausstellung noch einmal verbal formuliert. Als Titel wählt er »Künstlerische Bildung auf örtlicher und volklicher Grundlage«[578] und hier führt er unmissverständlich aus, dass die Zeiten der klassischen Bildung und der Klassizismen nun unwiederbringlich vorbei seien.

So ist die große Ausstellung letztlich auch als seine Leistungsschau zu werten, denn er zeigt zum ersten Mal sein bisheriges Werk als Museumsdirektor vollständig und öffentlich. Er nutzt die erstmalige Präsentation der Altarwerke Bertrams als Anlass, breitet dabei aber zugleich auch seine Schätze für die Auswahl hinsichtlich der Jahrhundertausstellung aus. Sein Jahrhundert, das 19., steht im Vordergrund: die bisher noch kaum entdeckte und gewürdigte Phase des Realismus und Naturalismus bis hin zur sezessionistischen Kunst. Diese Gewichtung wird durch das Thema seiner Eröffnungsrede evident; denn er thematisiert nicht etwa die Entdeckung der Altäre, sondern spricht über »Das Problem einer Galerie neuerer Meister«, über die Schwierigkeit der Auswahl, die Gefahr des Irrtums, die Probleme mit der retardierenden Kommission, die beschränkten Mittel, die Verantwortlichkeit des Museumsdirektors im Gegensatz zur Freiheit des privaten Sammlers. Er erläutert und verteidigt seine drei Sammlungen, die regionale, die deutsche des 19. Jahrhunderts und die zeitgenössische mit den Bildern aus Hamburg. Letztere verteidigt er prophylaktisch mit dem hamburgischen Charakter: Ausstellungskunst oder ähnlich beziehungslose

575 Vgl. Br. Lichtwark-Liebermann, S. 206, 209f.
576 Vgl. Best.Kat. Hamburg, 20. Jh., S. 121.
577 Vgl. Br. Lichtwark-Liebermann, S. 213.
578 Erstveröffentlichung in: Jb. GHK, 11. Jg., 1905, S. 87–105, Kayser (1977), Nr. 415; hier: AL, Schriften, Bd. I, S. 27–30.

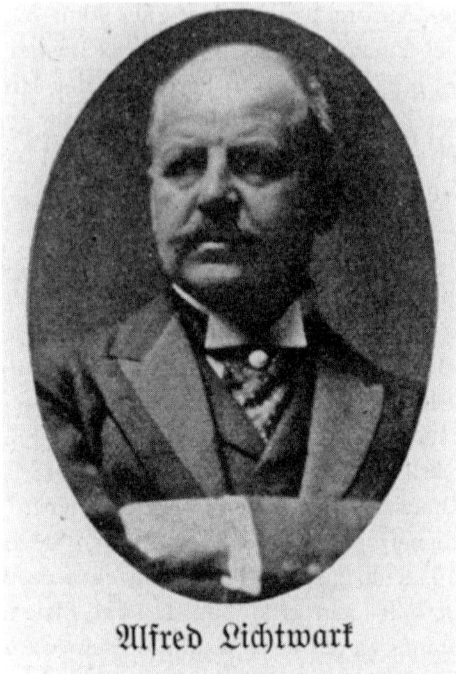

Abb. 42 Alfred Lichtwark, um 1905,
Aufnahme: unbekannt

Werke habe er nicht erworben. Selbst bei einem künstlerischen Fehlschlag bliebe auf diese Weise der lokalhistorische Wert bestehen.[579]

Zu dieser bedeutenden Ausstellung gehört auch ein vollständiger Katalog, der Auskunft gibt über den beeindruckenden Umfang von Lichtwarks Sammeltätigkeit.[580] Die gesamte Kunsthalle ist ausgeräumt und die Bilder sind, soweit nötig, magaziniert, erstmalig und noch vor Ablauf der Sperrfrist auch die Schwabe-Sammlung. Lichtwark nutzt dazu die Gelegenheit nach einer Heizungserneuerung und Renovierung.[581] Der alte Bestand aus der Zeit vor 1887 ist weitgehend ausgeschlossen, nur in die Sammlung zur Geschichte der Malerei in Hamburg sind davon Werke aufgenommen, denn die aus seiner Sicht wichtigsten befanden sich damals im Depot oder der »Todtenkammer«. In allen Räumen zeigt Lichtwark sein spezielles Programm. Im Erdgeschoss ist die holländische Abteilung des 17. Jahrhunderts zu sehen, die größtenteils aus den

579 Veröffentlichung in: Jb. GHK, 11. Jg., 1905, S. 67–76, Kayser (1977), Nr. 419.
580 Vgl. hier und im Folgenden: Ausst.Kat. Zur Einführung der Werke Meister Bertrams, tätig zu Hamburg 1367–1415. Ausstellung der seit 1888 angelegten Sammlung zur Geschichte der Malerei in Hamburg vom 14.–18. Jahrhundert, Sammlung hamburgischer Meister des 19. Jahrhunderts, Sammlung von Bildern aus Hamburg sowie der Ergänzungen der Sammlung holländischer Meister und moderner Meister, Hamburg: Lütcke & Wulff, 1905.
581 Vgl. Hofmann / Osterwold (1970), S. 37.

Bildern der Sammlung Wesselhoeft besteht, darunter aber auch der schon 1891 von Alfred Beit geschenkte »Mann mit dem Heringsfass«, damals Frans Hals zugeschrieben. Ebenfalls im Erdgeschoss befinden sich die Meister des 19. Jahrhunderts, darunter auch lebende. Hier lässt sich die Aktualität der Sammlungspolitik Lichtwarks nachvollziehen: versammelt sind unter anderem das »Palmenhaus« von Carl Blechen, fünf Gemälde von Böcklin, ein Catel aus dem Depot, ein Feuerbach, vier Bilder von Caspar David Friedrich, Anton Graff mit dem Bildnis Oeser, zwei Werke von Viggo Johansen, die sieben Gemälde von Max Klinger, sämtlich von den Kunstfreunden von 1870 geschenkt, Joseph Anton Koch, drei Leibl, alles Erwerbungen, zwei Lenbach, sieben Liebermann, fünf davon aus der Heerup-Stiftung, zehn Melbye als Vermächtnisse, nicht weniger als sechs Menzel, zum Teil Geschenke der Kunstfreunde von 1870, die auch das Stillleben von Monet schenkten. Ferner sind vertreten Overbeck, Rethel, Richter, Schleich, Schuch mit zwei Stillleben, die beiden Werke von Segantini, ein 1903 erworbener Spitzweg, ein vom Kunstverein schon 1887 geschenkter Steinle, vier Thoma, einer davon aus Zinsen angekauft, einer als Geschenk von Ernst Juhl, drei aus dem Warburg-Vermächtnis angekaufte Landschaften von Trübner, nicht weniger als fünf Waldmüller, davon vier aus Staatsmitteln, einer aus den Zinsen des Heine-Legats finanziert; zwei Zügel, einer als Geschenk des Kunstvereins und der andere aus dem Vermächtnis Popert erworben.[582] Daneben finden sich in dieser Ausstellungsabteilung auch weniger wichtige konservative Künstler: Achenbach, Alt, Burger, Kröner, Maris, Munkácsy, Neher und Voltz.

Im ersten Stock präsentiert Lichtwark die drei von ihm neu angelegten Sammlungen, für die, wie er betont, kaum Staatsmittel verwandt worden sind. Die Sammlung zur Geschichte der Malerei in Hamburg füllt etwa ein Drittel der Räumlichkeiten.[583] Die drei Altäre Bertrams, der aus Grabow zurückerworbene ehemalige Hochaltar von St. Petri sowie die als Leihgabe gewonnenen Altäre aus Buxtehude und dem Kloster St. Johannis in Hamburg-Harvestehude bilden den mächtigen Auftakt dieser Abteilung, dazu kommen die zehn Bilder Meister Franckes und die Werke vieler kleinerer Meister. Unter ihnen stechen siebzehn Bilder von Balthasar Denner, zwanzig von Matthias Scheits, 29 von Heinrich Wilhelm Tischbein, davon drei aus dem Depot und 23 als Geschenk von Charlotte Ziegler, besonders hervor; neun Bilder von Franz Werner Tamm, sieben von Dominicus van der Smissen, fünf von David Kindt und als großartiges Stillleben das Trompe-l'œil eines gemalten Kleinodienschrankes von Johann Georg Hainz, ein Geschenk von Pius Warburg, ergänzen neben vielen unbekannt gebliebenen Kleinmeistern die Zusammenstellung. Manches in dieser Abteilung konnte Lichtwark aus der Schweriner und der Kasseler Galerie erwerben oder tauschen, während seine Versuche, alte Hamburger Kunst von Meister Francke, Galli und Speckter aus Leipzig zurückzuholen, bislang fehlschlugen und im selben Jahr mit

582 Vgl. Ausst.Kat. Geschichte der Malerei in Hamburg (1905), S. 39–58 (wie Anm. 580).
583 Vgl. ebd., S. 63–95.

einem glatten Nein beschieden werden, was Lichtwark jedoch immer noch nicht zum Aufgeben bewegt.[584] Der Maler Johann Georg Stuhr wird durch die Erwerbungen aus Schwerin und Kassel überhaupt erst sichtbar, nachdem Lichtwark eines seiner Bilder aus der Todtenkammer erlöst hat. In dieser Abteilung der Ausstellung finden sich allein drei Geschenke des Kommissionsvorsitzenden Senator Möring sowie zahlreiche andere Gaben und Vermächtnisse. Einige wenige Miniaturen vervollständigen diese Präsentation der älteren Hamburger Kunst.

Die 1895 von Lichtwark eröffnete Abteilung der Hamburger Kunst des 19. Jahrhunderts belegt in dieser Ausstellung ein weiteres Drittel der Räumlichkeiten. Hier sind die jungen Hamburger der Biedermeierzeit versammelt. Schließlich ist in diesem Geschoss auch die Lichtwark besonders am Herzen liegende Sammlung von Bildern aus Hamburg zu finden.

Der Katalog dokumentiert schwarz auf weiß: Das gesamte Haus ist voller Geschenke, Stiftungen und Nachlässe, auch die Ankäufe wurden vielfach aus den Zinsen von Stiftungen getätigt und nur ein geringer Teil der ausgestellten Bilder wurde mithilfe von Staatsmitteln erworben. Der Einführung Bertrams zu Ehren habe er alle Erwerbungen ausgestellt, die er seit 1888 getätigt habe, schreibt Lichtwark an Prinz Eugen.[585] Doch fürchtet er um den Erfolg seiner Leistungsschau nach nahezu zwanzig Jahren Arbeit. »Die Ausstellung als ganzes [sic]«, schreibt er in einem Brief vom 2. Oktober 1905 an Liebermann, »scheint allerlei böses Blut zu machen. Ich höre schon die faulen Eier klatschen.«[586] Doch die Presse reagiert eher milde. Henry Cohn bespricht im *Hamburgischen Correspondenten* die Ausstellung in mehreren Folgen ausführlich, die modernen Werke verständnisvoll und druckt sogar Lichtwarks Eröffnungsrede vollständig ab.[587]

Im Zusammenhang mit seiner Entdeckung Bertrams hegt Lichtwark bereits den Plan einer großen Ausstellung der »deutschen Primitiven« in Berlin, lässt aber noch nichts verlauten, um die Jahrhundertausstellung nicht zu gefährden.[588] Außerdem ist er überhäuft mit Arbeit: In den letzten zwölf Monaten hat er über die Yachtfahrt und den Bertram geschrieben, einen Band *Briefe an die Kommission* gedruckt, einen Essayband zusammengestellt und gänzlich überarbeitet. Von vier älteren Büchern hat er den Text für neue Auflagen revidiert und zum Teil erweitert, den Jahresbericht von

584 Vgl. Br. Kommission (1908), Bd. XIII: 1905, S. 29f., 129.

585 Vgl. Brief Alfred Lichtwark an Prinz Eugen, 15.10.1905, Stockholm, PEW, Archiv.

586 Br. Lichtwark-Liebermann, S. 213.

587 Vgl. C. R., Neueröffnung der Hamburger Kunsthalle, in: Hamburgischer Correspondent, 2.10.1905; H. E. Wallsee, Die geschichtliche Ausstellung der Kunsthalle in Hamburg, Teile I und II, in: Hamburger Nachrichten, 2.10.1905; Henry Cohn, Die Kunsthalle in Hamburg. Eine Monographie von Henry Cohn, 1. Die moderne Medaille, in: Zeitung für Literatur, Kunst und Wissenschaft, Beilage des Hamburgischen Correspondenten, 6.8.1905; Henry Cohn, Die Kunsthalle zu Hamburg. Eine Monographie von Henry Cohn, 2. Moderne Maler, in: Zeitung für Literatur, Kunst und Wissenschaft, Beilage zum Hamburgischen Correspondenten, 26.11.1905 (StA HH, A 521, ZAS Kunsthalle, Bd. I).

588 Vgl. Br. Kommission (1908), Bd. XIII: 1905, S. 252, 195.

1905 und den Katalog für die Ausstellung von 1905 verfasst. Dafür habe er auf alle Einladungen zu Diners verzichtet, was ihm hoffentlich nicht übel genommen werde; aber er denkt nicht ohne Schrecken daran, wieder zwei- bis dreimal die Woche ausgehen zu müssen.[589]

Sir Alfred Beit, der großzügige Mäzen, schenkt der Kunsthalle zu Weihnachten ein Damenportrait des Lübecker Barockmalers Gottfried Kneller, nachdem Lichtwark den Künstler kurz zuvor, während einer Besichtigung der Werke Meister Bertrams und anderer Hamburger, als Desiderat für die Sammlung erwähnt hat.[590] Kurze Zeit später erscheint Beit auch selbst, um seine Gabe vor Ort zu besichtigen. Dabei berichtet er von einem Besuch bei Kaiser Wilhelm II., der sich bei dieser Gelegenheit nach Lichtwark erkundigt habe. »Kennen Sie meinen Freund Lichtwark?«, habe ihn der Kaiser gefragt, und als Beit bejaht habe, fortgesetzt: »Mir ist er noch zu wild.«[591] Das kaiserliche Urteil ist also milder geworden – vielleicht ist auch dies eine Entwicklung im Zusammenhang mit dem Großprojekt der Jahrhundertausstellung.

Lichtwarks große Leistungsschau präsentiert nicht nur den gewaltigen Zuwachs der Sammlungen, sondern zeitigt Nachwirkungen. Das Kommissionsmitglied Albert Wolffson, ebenfalls Mitglied der Gesellschaft Hamburgischer Kunstfreunde, regt die Diskussion um einen dringlich gewordenen An- oder Neubau an; alle Kommissionsmitglieder befürworten nun den Erweiterungsbau so bald wie möglich. Lichtwark erhält den Auftrag, Vorschläge zu erarbeiten.[592]

DIE JAHRHUNDERTAUSSTELLUNG

Vorbereitungen

Ganz unverhofft tritt bei dem schon verloren geglaubten Projekt der sogenannten Revisionsausstellung eine neue Wendung ein. Tschudi benachrichtigt Lichtwark im Juli 1904 brieflich, der Kunstschriftsteller und Kunsthändler Julius Meier-Graefe sei in Berlin eingetroffen. Seine 1899 begründete, auf den Jugendstil spezialisierte Kunsthandlung »La Maison Moderne« in Paris musste er wegen mangelnder Rentabilität schon 1903 aufgeben. Nun hat er Tschudi über seinen Plan einer eigenen Revisionsausstellung der deutschen Kunst des 19. Jahrhunderts informiert; Tschudi sei Meier-Graefes Vorhaben sehr unangenehm, teilt Lichtwark seiner Kommission mit. »Mir auch. Aber wenn erstmal der rechte Zeitpunkt versäumt ist.« Lichtwark kennt Meier-Graefe durch die gemeinsame Arbeit am *Pan* seit 1895 und hält ihn für einen

589 Vgl. Br. Kommission (1908), Bd. XIII: 1905, S. 177f. –Zu Lichtwarks Veröffentlichungen des Jahres 1905 vgl. Kayser (1977), S. 74–77. – Zur Yachtfahrt siehe das Kapitel »Verzweiflung« in Teil 4.

590 Vgl. Br. Kommission (1908), Bd. XIII: 1905, S. 289f., 300.

591 Br. Kommission (1908), Bd. XIII: 1905, S. 300. »Das wäre doch nicht so schlimm, habe Herr Beit gemeint, allein die Liebermann, die die Kunsthalle hat.«

592 Vgl. P4, 12.12.1905. – Zu Wolffson vgl. Jb. GHK, 12. Jg., 1906, S. 115, Mitgliederverzeichnis.

tüchtigen Kunstschriftsteller.[593] Von Lichtwarks langjährigen Bemühungen um die Verwirklichung einer solchen Ausstellung scheint Meier-Graefe jedoch nichts zu wissen. Er möchte den Plan noch geheim halten, zieht wohl auch zunächst die Nationalgalerie nicht als Ausstellungslokal in Erwägung. Lichtwark ist überzeugt davon, dass Tschudi einst aus Interesselosigkeit das Vorhaben scheitern ließ, nun jedoch durch Meier-Graefes Initiative und aus Angst um seine berufliche Reputation in Zugzwang gerät. Schon Ende August finden in Berlin neue Beratungen über das Ausstellungsprojekt statt. Tschudi will die Nationalgalerie zur Verfügung stellen und hat bereits die ministerielle Zustimmung eingeholt. Man einigt sich auf Bilder und Zeichnungen als Exponate, höchstens etwas Kleinplastik soll hinzukommen. Zwei Komitees werden umgehend gebildet, die Arbeitsleitung haben Lichtwark, Tschudi und Seidlitz inne. Meier-Graefe muss mit dem Amt eines besoldeten Sekretärs vorlieb nehmen, was Lichtwark leid tut, denn er schätzt ihn, »weil er eine sonderbare und sehr seltene Mischung von einer Art Leichtsinn und absoluter Rechtschaffenheit darstellt.«[594] Der Arbeitsausschuss, eines der beiden Komitees, soll aus den Leitern der deutschen Museen bestehen, als Hamburger sind auch Justus Brinckmann und Aby Warburg einbezogen.[595] Das Komitee der Förderer, das wesentlich aus Sammlern bestehen und die Garantiesumme zeichnen soll, steht nun noch aus. Eduard Arnhold, der Berliner Kohlenmagnat, Impressionistensammler und Mäzen der Ankäufe Tschudis, sichert zunächst die Finanzierung. Auf 70.000 Mark werden die Kosten der Ausstellung geschätzt. Gemessen am großen Erfolg der gleichzeitig in München laufenden Schwind-Ausstellung mit täglich 400 Mark Einnahmen sieht Lichtwark allerdings kein finanzielles Risiko.[596] Dreißig Förderer in ganz Deutschland zeichnen schließlich Teile des Garantiefonds; Lichtwark gewinnt in Hamburg allein sechs solche Förderer: Dr. Gustav Moritz Adolf Aufschläger, den Generaldirektor der Dynamit AG; die Bankiers und Kunstsammler Theodor E. Behrens und Henry P. Newman; den Bankier Max von Schinckel sowie die Reeder und Kaufleute Edmund J. A. Siemers und Adolph Woermann. Mit der privaten Finanzierung wird die Ausstellung nun für München tragbar, überdies soll sie auch dort komplett gezeigt werden.

Im Oktober bekommt Lichtwark jedoch in München von Minister von Wehner zu hören, man könne keine Ausstellung zeigen, die in Berlin bereits zu sehen gewesen sei.[597] Lichtwark hofft auf einen Vergleich, da er nach dem Scheitern der Pläne für die Berliner Revisionsausstellung noch in München die Vorbereitungen für eine bayrische retrospektive Ausstellung im Sommer 1906 unterstützt. Beide Veranstaltungen könnten sich gegenseitig komplettieren. Psychologisch geschickt und diplomatisch

593 Vgl. hier und im Folgenden: Br. Kommission (1905), Bd. XII: 1904, S. 152. – Ausst.Kat. Kunst ins Leben (1986), S. 135. – Beneke (1999), S. 84f.
594 Vgl. Br. Kommission (1908), Bd. XIII: 1905, S. 3, Zitat S. 298.
595 Vgl. Jahresbericht [Bd. 20], 1906, S. 9.
596 Vgl. ebd. und Br. Kommission (1905), Bd. XII: 1904, S. 180f. – Beneke (1999), S. 85–105, 314f.
597 Vgl. hier und im Folgenden: Br. Kommission (1905), Bd. XII: 1904, S. 208–215.

legt er dar, wie die beiden Ausstellungen in Berlin und München als Varianten einer Veranstaltung mit norddeutschem und süddeutschem Schwerpunkt gestaltet werden könnten, wie München als künstlerisches und Künstler aus ganz Deutschland anziehendes Zentrum besonders eindrucksvoll zum Jubiläum des Königshauses dargestellt werden könnte. Ohne München, so stellt Lichtwark als Hamburger und damit in der Konkurrenz zwischen Preußen und Bayern Unbeteiligter dar, könnte das »Gemeinsamdeutsche« nicht betont werden, und die Stoßwirkung der Ausstellung »hätte nicht ein Viertel der Kraft, wenn die Einheit aufgehoben wäre«, zumal »der Zwiespalt [...] in der Sache nicht begründet läge.« Von Wehner zieht sich hinter Formalitäten zurück, die Lichtwark weiterhin abweisen; er verweigert auch seine Einwilligung, Lichtwarks Münchner Kollegen, den Direktor der Pinakotheken Franz von Reber in das engere Arbeitskomitee der Berliner Revisionsausstellung zu entsenden. Um den Minister mit einem Entgegenkommen günstig zu stimmen, gibt Lichtwark vor seiner Verabschiedung noch den Hinweis auf ein königlich-bayrisches Historienbild von Kobell im Weimarer Museum mit dem Vorschlag, es durch einen Tausch zu gewinnen, was von Wehner sich eifrig notiert. Andere von ihm vorgeschlagene Gemäldetauschaktionen haben die Münchner bereits durchgeführt.

So verlässt Lichtwark den Minister ohne Verhandlungsergebnis und in gedrückter Stimmung. Ohnehin erscheint ihm die Zeitspanne bis zum Winter 1905/06 für die Vorbereitung der Ausstellung viel zu knapp bemessen, und die Museumsleute noch rasch in das Ausstellungsthema einzuarbeiten, hält er für fast unmöglich. Er selbst hat auf seiner Herbstreise nach München den Museumsbestand in Köln, Kassel, Schleißheim, in der Münchner Alten Pinakothek und im Armeemuseum im Hinblick auf die Ausstellung erneut gesichtet. Die Vorstellung, mit den in Unkenntnis befindlichen jeweiligen Vertretern der Lokalkomitees vor den Bildern zu beraten, lässt ihn verzweifeln und hat ihm schon schlaflose Nächte bereitet. So kommt seiner Meinung nach nur eine gemeinsame Einführung für alle Beteiligten in Frage.[598]

Am 20. Oktober 1904 berichtet Lichtwark aus Berlin von weiteren Konferenzen mit Schöne und Tschudi; außerdem scheint sich nun in der Frage der Münchner Beteiligung an der Jahrhundertausstellung doch etwas zu bewegen. Auf einem Spaziergang mit seinem langjährigen Münchner Kollegen Franz von Reber legt Lichtwark ihm die Ausstellungspläne detailliert dar. Von Reber spricht sich dafür aus, doch kann er ohne die Einwilligung des Ministers nicht dem Komitee beitreten.[599] Schließlich wird der Plan, die Ausstellung auch in München zu zeigen, aufgegeben.[600]

Im Herbst 1905 absolviert Lichtwark eine mehrwöchige Rundreise für die Jahrhundertausstellung.[601] Sie beginnt in Hannover, wo das Ergebnis kläglich ausfällt: ein einziges Bild, das er in einer Stadt mit einer den ganzen Norden beherrschenden Bau-

598 Vgl. ebd., S. 213f.
599 Vgl. ebd., S. 237.
600 Vgl. Br. Kommission (1908), Bd. XIII: 1905, S. 71, 92.
601 Vgl. hier und im Folgenden: ebd., S. 181–195.

akademie für brauchbar befindet; Lichtwark wundert es nun nicht mehr, dass die Architekten so sind, wie man sie kenne. Aber Hannover nimmt er sich noch einmal zum Studium der alten Kunst als Reiseziel vor. Noch am gleichen Tag kann er nach Kassel weiterreisen. Dort findet er mehr potentielle Exponate als vermutet, sowohl in Privatbesitz als auch in der öffentlichen Sammlung. Direktor Eisenmann kennt er schon seit seiner Berliner Zeit, als er mit ihm korrespondierte, nun lernt er ihn zum ersten Mal auch persönlich kennen. In dem neuen Museumsbau interessiert ihn besonders die Wandbespannung: die Hängung der Holländer des 17. Jahrhunderts auf grauer Wand gefällt ihm; in Hamburg kann er es leider nicht versuchen, da er die Wände streichen lassen müsste, und alle versuchsweise gestrichenen Grautöne sahen scheußlich aus.[602]

Auch in Frankfurt recherchiert er für die Jahrhundertausstellung und besichtigt dann im Städelschen Institut Justis neue Hängung, die seine Zustimmung findet. Nach Justis Weggang werde es nicht leicht fallen, einen adäquaten Nachfolger für ihn zu finden. »Ein Mann dieser Art«, so schildert Lichtwark, der diese Situation seit vielen Jahren nur zu gut selbst kennt, seiner Kommission, »müßte es auf sich zu nehmen imstande sein, daß er jahrelang von denen, auf deren Urteil er Wert legen müßte, über die Achsel angesehen würde, und er müßte das Risiko laufen können, schließlich doch keinen Erfolg zu haben und sich bestenfalls einen guten Abschluß zu sichern.«[603]

Anschließend lässt sich Lichtwark für mehrere Tage in Darmstadt nieder, um nicht mehrfach das Hotel wechseln zu müssen. In Mannheim findet er Feuerbachs »Medea« für die Ausstellung, in Mainz hingegen nichts, auch in Privatbesitz soll nach Auskunft der »Autoritäten« gar nichts vorhanden sein – weder aus der »ganzen langen Spanne von 1775 bis 1875« noch Modernes oder Altes. »Deutsche Kultur«, kommentiert Lichtwark lakonisch diesen Sachverhalt. Dagegen stört er sich an der »wahnsinnigen Protzigkeit und allerlei widerlichen Menschen«, unter die er auch ein halbes Dutzend Geheimer Bauräte rechnet, die beim Frühstück in seinem Hotel »einen Höllenlärm mit Tellern und Messern und ihrem Einbrüllen auf die Kellner« verursachen und damit wieder einmal sein Urteil über die ungeschliffenen Deutschen bestätigen.[604]

Als ein unvergessliches Erlebnis gestaltet sich die Besichtigung von Stift Neuburg bei Heidelberg, wo er mit Geduld und Diplomatie bei dem Freiherrn von Bernus dessen beste Bilder für die Jahrhundertausstellung loseist. In Karlsruhe besucht er Trübner, der noch die schönsten Dinge besitzt und für ein Museum »mit sich reden lassen« würde. »Ob sich jetzt in Hamburg ein Dutzend wohlhabende Leute fänden«, schreibt Lichtwark an die Kommission, »die für einen solchen Zweck die Mittel aufbrächten? Wir könnten uns mit einem Schlage abrunden.« Er will in Hamburg versuchen, ob für Trübner »das Eis jetzt zu brechen« sei, in den nächsten Jahren lasse sich noch man-

602 In einem Brief an Marcel von Wedderkop vom 22.11.1904 moniert Lichtwark die Wandstoffe der niederländischen Kabinette im Kaiser-Friedrich-Museum, dem heutigen Bode-Museum. Er schlägt dafür ein »feines Grau« vor; vgl. HKH, AdB 112.
603 Ebd., S. 187.
604 Vgl. ebd., S. 189.

ches nachholen.[605] Die Galerie in Stuttgart findet Lichtwark »im kläglichsten Zustande« vor. In dem einzigen hellen Saal würden »die fürchterlichsten modernen Bilder« hängen, Feuerbachs »Gastmahl« habe man in einem Nebenraum schlecht platziert, und die kostbaren Stillleben von Chardin, »die allein eine Reise nach Stuttgart wert sind«, befinden sich in dem dunklen Kellerraum des Saals der Alten.[606] Weiter reist Lichtwark nach Freiburg; dort hat man sogar eine Ausstellung zur Vorbereitung der Jahrhundertausstellung aufgebaut, aber vor Lichtwarks Auge hält keines der Werke stand. Am Rande besucht er dort noch Marie Meyer, die ihm seit langem bekannte Besitzerin von fünf Böcklin-Bildern, und ihren Adoptivsohn, den Ethnologen Professor Ernst Grosse, diesmal, um dessen Sammlung chinesischer Bronzen, Porzellane und altjapanischer Lacke zu sehen, »die schwerlich ihresgleichen in Europa hat.«[607]

In Basel begeistert sich Lichtwark für das Wiedersehen mit Werken Böcklins auf schwarzer Wandbespannung und Gemälden von Holbein, die neun oder zehn ausgestellten Werke von Conrad Witz kannte er noch nicht.[608] Sie erinnern ihn wieder an seine Idee zu einer Ausstellung von altdeutscher Kunst, die diese Phase deutschen Kunstschaffens erschließen helfen soll. Vom Museumsbau ist er enttäuscht: »Die Stadt besitzt Schätze höchsten Ranges und hat nur eine Art Stall dafür eingerichtet.« Auf der Weiterreise in der Schweiz werden die Impressionen »fast zu üppig«. Obwohl Lichtwark auf eine anstrengende Reise eingestellt ist, erreicht er fast die Grenze seiner Belastbarkeit. Er trifft unterwegs Bekannte, sieht Museumseinrichtungen, ist tief beeindruckt vom Stadtbild Solothurns und sinnt angesichts dieser Eindrücke über romanisches und germanisches Wesen nach: »Monumentalität und Krausheit, Pathos und Humor, Symmetrie und scheinbarer Zufall, Größe mit sehr wenig Gedanken, Enge mit tausend Einfällen, Rücksichtslosigkeit gegen Raum und Zeit, organisches Wachstum, das alles Gegebene als Gesetz hinnimmt, hochmütiger Pomp und behagliches Gehenlassen – so stehen hier unvermittelt das romanische und das germanische Wesen nebeneinander.«[609] Auch für Basel stellt Lichtwark noch das Überwiegen deutscher Stilelemente fest; es erfüllt ihn mit Zufriedenheit, wenn er den deutschen Einfluss konstatieren kann.

Die Recherche in der Schweiz bringt jedoch kaum brauchbare Ergebnisse. Die zur Vorbereitung von Berlin aus versandten Briefe haben nichts bewirkt, haben entwe-

605 Ebd., S. 194. – Friedrich Alexander Freiherr von Bernus (1838–1908). Es handelt sich um folgende Bilder: Gerhard v. Kügelgen, Brustbild Goethes, 1810, sowie Philipp Veit, Bildnis der Freifrau von Bernus, 1838, vgl. Ausst.Kat. Jahrhundertausstellung (1906), S. XLVII, LII.

606 Vgl. ebd., S. 194f.

607 Vgl. Br. Kommission (1908), Bd. XIII: 1905, S. 195; zu Marie Meyer ausführlich Br. Kommission (1896), Bd. III: 1894/95, S. 200f. – Marie Meyer besaß von Böcklin: Selbstbildnis mit Weinglas, 1885, WV Andree 394, heute Nationalgalerie Berlin; Hochzeitsreise, um 1890, WV Andree 415, heute Städel, Frankfurt/M.; Mariensage, 1890, WV Andree 424, heute verschollen; Die Freiheit, 1891, WV Andree 429, heute Nationalgalerie Berlin; Bildnis Marie Meyer mit Ernst Grosse, 1893, WV Andree 436, heute verschollen. Zu Marie Meyer vgl. www.w-ch-klose.de/html/bocklin.html.

608 Zum Schweizer Teil dieser Reise vgl. Br. Kommission (1908), Bd. XIII: 1905, S. 195–245.

609 Vgl. ebd., S. 202.

der nicht »die schlagenden Argumente gebraucht« oder »die falschen Leute begrüßt«. Lichtwark hat bessere Erfahrungen mit persönlichen Gesprächen gewonnen und steht nun vor einer schwierigen Situation: »Alles ist hier in Aufruhr gegeneinander und gegen uns.«[610] Eine ganze Woche verbringt Lichtwark noch in der Schweiz, zwar hört und sieht er viel Neues und Attraktives, doch muss er häufig bis spät in die Nacht Kollegen und Aufsichtsräten Rede und Antwort stehen. Die Schwierigkeiten sind erheblich; mit Ausnahme von Aarau haben alle Museen im Vorfeld die Beschickung der Jahrhundertausstellung abgelehnt, und da die ablehnenden Beschlüsse ordnungsgemäß verfasst sind, ist eine Revision schwierig. Die Gründe sind sehr verschieden, aus Lichtwarks Perspektive aber immer kleinlich. Sein Verhandlungsgeschick bewährt sich jedoch auch in dieser Angelegenheit. Er betont, die Ausstellung habe als geschäftliches Unternehmen gar kein Interesse an der Einbeziehung der Schweiz, da das Material schon in Deutschland kaum zu bewältigen sei; aus der Hamburger Kunsthalle seien allein 160 Bilder ausgewählt. Er stellt die Einbeziehung der Schweiz und Österreichs als Entgegenkommen der Organisatoren dar, Österreich wie auch Dänemark, Norwegen und Schweden hätten Leihgaben zugesagt. Die Absicht der Ausstellung sei es, die bisherige Einschätzung der deutschen, österreichischen und schweizerischen Kunst als der französischen Kunst nachrangig zu berichtigen; nun müsse die Schweiz selber entscheiden, ob sie für die Neubewertung der eigenen Kunst eine gute Gelegenheit annehmen wolle. Mit dieser Taktik erreicht er eine Wiederaufnahme der Verhandlungen; nur das Museum in Basel kann angeblich nicht neu verhandeln. »Überall«, schreibt Lichtwark an seine Kommission, »werde ich in Dinge hineingezogen, und muß mich sehr vorsichtig benehmen, um nicht ins Fettnäpfchen zu treten. Das beste ist immer, man stellt sich über die Sache und weist auf die großen und dauernden Interessen.«[611]

Am Rande dieser Reise interessiert ihn auch die Arbeitsweise der Keller-Stiftung, die mit jährlich 100.000 Schweizer Franken Werke verstorbener Künstler ankauft. Man klage überall, damit sei nicht genützt und wolle diese Mittel für die zeitgenössische Kunst aufwenden. Hier ist Lichtwark in seinem Element: Wenn daraus ein Unterstützungsfonds würde, wäre den Museen gar nicht gedient; überdies würden Städte, Vereine und Kunstfreunde der Stiftung die Sache überlassen und die Hände in den Schoß legen. Statt Förderung entstünde Lähmung. Man solle froh sein, diese schönen Mittel für die Werke der Vergangenheit zur Verfügung zu haben und im übrigen, statt auf den Ausstellungen teure und gleichgültige Dinge zu erwerben, nach seiner – Lichtwarks – Methode an lebende Künstler wie Hodler, Welti und Buri Aufträge vergeben. »Für einen Bruchteil der vergeudeten Mittel könnten sie jeden Tag die allerschönsten Dinge haben.«[612] Dieser Vorschlag sei mit Interesse gehört worden; die Künstler sähen die Vorteile als erste ein.

610 Ebd., S. 203.
611 Ebd., S. 209.
612 Ebd., S. 210.

Lichtwark fährt nach Aarau, Winterthur, St. Gallen und Zürich. St. Gallen interessiert ihn als Stadt am meisten. Dort findet er auch Portraits von Tanner und Reinhart, die ihn besonders beeindrucken, weil sie »ehrlich die Wahrheit« sagen. In Bern, der nächsten Station, hat Lichtwark schon allmählich Schwierigkeiten mit der Differenzierung seiner Erinnerungen. In den Diskussionen mit konservativen Kollegen muss auch er seine künstlerischen Definitionen neu formulieren. Seine heute noch akzeptable Definition des Begriffes »Verfallszeit« etwa wird bei dieser Gelegenheit deutlich: »Bisher nennt man Verfallzeit alle Epochen, für die man sich gerade nicht interessiert. In meinem kurzen Leben habe ich alle Jahrhunderte vom sechzehnten ab nacheinander unter diesem Hut gesehen. Will man das Wort gebrauchen, so muß man es auf die Zeit akademischer Übung beschränken, die auf eine schaffende Generation folgt. Es ist Verfall, wenn eine Formel sich durchsetzt und Richtung wird. Jede Zeit ist auf einigen Gebieten Verfallzeit.«[613]

In Bern gönnt er sich einen Ruhetag zur Besichtigung der Stadt und ist tief beeindruckt von dem einheitlichen, geschlossenen Stadtbild. Am nächsten Tag sucht er Bundesrat Forrer auf, stellt überrascht dessen Deutschfreundlichkeit fest und erhält die bereitwillige Zustimmung zur Beteiligung der Schweiz an der Berliner Ausstellung. Er selbst setzt in aller Eile vor seiner Abreise noch eine Eingabe für Forrer auf: So viel bereitwilliges Entgegenkommen hätte er beim Bundesrat nicht erwartet.

In Fribourg überschlägt er einen Zug, doch ist dort die Ausbeute für die Jahrhundertausstellung nur gering. Auch in Genf, das ihm schön, aber auch langweilig erscheint, findet er im Musée Rath keine geeigneten Werke. Bilder von Adam Toepffer und Jacques Laurens Agasse gefallen ihm; sonst findet er die Schweizer »ohne Eigenart bis auf Hodler«. Dort betreibt er wiederum Studien alter Kunst. Inzwischen fühlt er sich von der Rundreise »etwas abgespannt« und gesteht sich ein, Genf als Stadt wohl nicht die rechte Aufmerksamkeit widmen zu können. Lausanne überschlägt er ganz und findet schließlich in Neuchâtel ein großes Portrait von Friedrich Georg Weitsch sowie eine Reihe von Bildern von Leopold Robert, denen er aber doch die Hamburger Künstler Oldach und Speckter vorzieht. Am nächsten Tag besichtigt er auf der Durchreise noch eine eigens veranstaltete Ausstellung aus Privatbesitz in Basel, entdeckt darin ein Lehrstück an Stilretardierung und trifft Professor Daniel Burckhardt, der sich mit alter Kunst beschäftigt und Lichtwarks Studien über Bertram zustimmt. Lichtwark ist überzeugt: Die nächsten Jahre werden eine der anziehendsten Zeiten der Forschung werden, überall werde »die Schaufel angesetzt, die verschüttete nordische Frührenaissance um 1400 auszugraben. Die Kunsthalle muß nun mitten drin bleiben, namentlich auch, was die Skulptur anbelangt.« Auch wenn sie nicht mitmachte, so würde sie doch in der Forschung »als einer der wenigen festen Punkte stehen bleiben für die ganze wichtige Epoche.«[614] Ähnliches gelte für das 19. Jahrhundert: In dieser

613 Ebd., S. 215.
614 Ebd., S. 244. – Die Stilretardierung betrifft das Bild eines ungenannten Künstlers, der es 1886 als Seitenstück zu einem Gemälde von 1813 gemalt hat, woraus Lichtwark den Schluss zieht, bruchstückhaft erhaltener alter Kunst gegenüber Vorsicht walten zu lassen; vgl. ebd., S. 243.

höchst interessanten Ausstellung in Basel fehlen, wie er feststellt, ebenfalls Erscheinungen wie die Hamburger Runge, Oldach, Speckter, Wasmann und Milde. Nebenbei besichtigt Lichtwark in Basel die bereits leicht modernden und abblätternden Fresken Böcklins im Gartenhaus des Sammlers Hans Sarasin-Thurneysen.[615]

Die nächste Station ist Straßburg, wo sich jedoch nichts für die Ausstellung finden lässt, da keine bescheidene bürgerliche Kunst vorhanden war.[616] Lichtwark besucht dort die neue, von Bode geschaffene Gemäldegalerie, die »in einzelnen guten und manchen ausgezeichneten Beispielen die ganze Kunstgeschichte erläutert.« Von dem Direktor des Museums, Dr. Seybold, dem Konservator Binder und dem Restaurator, einem gelernten Buchbinder, ist Lichtwark sehr beeindruckt, ebenso vom Kupferstichkabinett, mit dem er sich bei nächster Gelegenheit noch eingehender beschäftigen möchte. Auch seinen eigenen Restaurator möchte er zur Weiterbildung nach Straßburg entsenden. Von diesen drei Menschen und ihrer Hingabe an die Sammlung nehme er einen unvergesslichen Eindruck mit, schreibt er an seine Kommission. Die »unakademische Art«, wie sie auf die »praktische Brauchbarkeit« abzielen würden, imponiert ihm sehr.

In Stuttgart trifft Lichtwark mit Professor Heinrich Weizsäcker, unterstützt von Kalckreuth, die Auswahl für die Ausstellung.[617] Aus Staats- und Privatbesitz stammen mehr als zwanzig Bilder, die meisten völlig unbekannt. Aber, so stellt er wieder einmal zufrieden fest, gegen die besten Werke in Hamburg kämen sie qualitativ nicht auf. Für seine Studien über Bertram betrachtet er hier noch den Ehinger Altar, der auf etwa 1480 datiert wird, zu früh, meint Lichtwark, der im übrigen das Werk für eine große Entdeckung hält und niederländisch-rheinische Elemente wie auch Bellinis Einfluss festzustellen glaubt. Der Altar stammt von einem noch unbekannten Künstler, von dem bisher kein anderes Werk nachgewiesen sei. Mit seiner Datierung behält Lichtwark Recht, sie wird heute auf etwa 1515/20 angesetzt.[618]

Mitte November ist Lichtwark dann in München, wo er mit Tschudi zusammentreffen will.[619] Vor dessen Ankunft hat er noch Gelegenheit, mit Franz von Reber in der Alten Pinakothek Vergleiche zu Bertram zu ziehen. Wie so oft stellt Lichtwark die Überlegenheit der Kunst Bertrams fest, insbesondere seine koloristische Leistung. »Immer wieder«, schreibt er in diesem Zusammenhang an seine Kommission, »komme ich auf den Plan einer großen Ausstellung der deutschen Primitiven in Berlin. Bisher habe ich, um die Jahrhundertausstellung nicht zu gefährden – man könnte erschrecken –, nichts davon gesagt. Aber gemacht werden muß es einmal.«[620]

615 Vgl. zu den Fresken: WV Andree (1998), S. 313–315.
616 Vgl. Br. Kommission (1908), Bd. XIII: 1905, S. 245–249.
617 Vgl. ebd., S. 250f.
618 Der wiedervereinigte Ehinger Altar des Ulmer Bildhauers Nikolaus Weckmann (um 1481–1526) befindet sich heute im Dominikanermuseum Rottweil, wo die Schreinfiguren und der rechte Seitenflügel als Teil der Sammlung des Dekans Dr. Johann Georg Martin Dursch bereits seit 1851 vorhanden sind. 2007 wurde vom Zweckverband Oberschwäbische Elektrizitätswerke die in Vorder- und Rückseite geteilte linke Altartafel erworben und 2011 nach der Restaurierung als Leihgabe zur Verfügung gestellt; vgl. Ehinger Altar (2011).
619 Vgl. hier und im Folgenden: Br. Kommission (1908), Bd. XIII: 1905, S. 252–269.
620 Ebd., S. 252.

Neben seinen Recherchen nutzt er die Zeit zum Besuch von Ausstellungen zeitgenössischer Kunst, die ihm wiederum außerordentlich missfallen. Als Mitglied des bayrischen Abgeordnetenhauses würde er den Antrag einbringen, dass von lebenden Künstlern aus Staatsmitteln nichts mehr erworben werden dürfte. Den in München ansässigen Maler Fritz von Uhde sucht Lichtwark wegen eines geplanten Auftrages auf; er soll die Eltern des Physikers Heinrich Hertz für die Sammlung von Bildern aus Hamburg malen. Diesmal besteht die berechtigte Hoffnung, dass der Künstler auch kommt. Schließlich besichtigt Lichtwark noch das neue Münchner Rathaus, das ihm bei seiner tiefen Abneigung gegen den Historismus »schrecklich« erscheint: »Der arme Platz. Die armen Augen, die das aushalten müssen. Der Traum eines Wahnsinnigen, die Tat eines Schmucktollen, das Werk eines Wandscheuen. [...] Aber schließlich, kann man von Architekten Dinge verlangen, die unsere allgemeine Bildung nicht hat? Wir sind nun einmal ein Volk von Protzen.« Er korrigiert sich jedoch: »ein Geschlecht von Protzen«, denn es gebe bereits eine Jugend, »der im Angesicht dieser Selbstprangerung die Schamröte ins Antlitz steigt«.[621]

Mit Tschudi berät sich Lichtwark in München und ringt für die Jahrhundertausstellung um eine Reihe Bilder von Kobell, die dort nicht geschätzt werden. Wiederum wirkt er in München als neutrale Person, weil man dort nicht versteht, dass so sehr auf der Beteiligung bestimmter Werke bestanden wird. Anders als Tschudi vermag Lichtwark den Münchnern vor Augen zu führen, wie viel Mühe man sich in Berlin gibt, um die bayrische Kunst würdig zur Geltung zu bringen, während doch Berlin auch allein glänzen könnte. Lichtwarks Mut und Charisma, seinen Beziehungen und seiner Diplomatie ist es schließlich zu verdanken, dass der Münchner Beitrag zur Jahrhundertausstellung gelingt. Die Urenkelin Kobells sowie ein anderer Nachfahre, Oberst Kobell, mit dem Lichtwark sich vorzüglich verständigt, leihen aus ihrem privaten Besitz einige Werke her, ebenso der Maler Otto Seitz und mit Direktor Pallmann bespricht er die »Prinzipien einer Auswahl aus dem unendlich reichen Schatz Handzeichnungen« aus der Sammlung der Stadt München. Er besucht Franz Defregger wegen seiner frühen Aquarelle und spricht wegen eines Gemäldes des jung verstorbenen, gänzlich unbekannten Hamburger Malers Viktor Emil Janssen bei der Finanzrätin Dahl vor, die ihr Bild bisher nicht verkaufen wollte und nun doch ihre Bereitschaft dazu signalisiert. Es ist das nazarenisch beeinflusste Gemälde »Der gute Hirt« von etwa 1833, das nunmehr in die Kunsthalle gelangt.[622]

Während Tschudi nach Österreich weiterreist, wendet sich Lichtwark noch nach Nürnberg; er ist bereits mehr als einen Monat unterwegs und beginnt Ermüdungserscheinungen zu zeigen.[623] Auch die Nürnberger Administration gewinnt er, obwohl

621 Ebd., S. 254f. – Der Bau des von dem deutsch-österreichischen Architekten Georg von Hauberrisser (1841–1922) entworfenen Münchner Rathauses wurde 1867 begonnen und in seinen letzten Abschnitten 1903 fertiggestellt.
622 Vgl. Best.Kat. Hamburg, 19. Jh., S. 86.
623 Vgl. hier und im Folgenden: Br. Kommission (1908), Bd. XIII: 1905, S. 269–281.

zuvor abgelehnt wurde, für die Teilnahme an der Jahrhundertausstellung. Am nächsten Tag überzeugt er in einem zähen Ringen Baron Franckenstein, der ebenfalls schon schriftlich abgelehnt hat, Schwinds »Aschenbrödel« auszuleihen, das Lichtwark als das wichtigste Werk Schwinds für die Ausstellung erachtet. Dringend wünscht er sich, dieses Bild für die Hamburger Sammlung zu gewinnen. Er fährt nun noch einmal nach München zurück, um die schwierige Versendung des großen Werkes von Schwind zu regeln. Geheimrat von Reber will alles selbst organisieren, Lichtwark ist ihm dankbar für die stetige Hilfsbereitschaft. In Dresden verhandelt er dann noch mit Seidlitz wichtige Fragen zur Ausstellung. Er wird sich im Dezember persönlich an der Hängung beteiligen müssen, wenn alles rechtzeitig fertig werden soll.

Mit Seidlitz spricht sich Lichtwark auch über Schönes Demission aus, nachdem er zuvor seine Einschätzung der Lage brieflich seiner Kommission dargelegt hat. In den Berliner Museumsverhältnissen kennt Lichtwark sich hervorragend aus. Ihm tut Schönes Rücktritt ganz besonders leid, denn er schätzt ihn und seine Verdienste außerordentlich hoch. Ihm wie auch Seidlitz ist klar, dass Schöne einen Feind hatte, der nun den sich mit Händen und Füßen sträubenden Wilhelm Bode in die Position des Generaldirektors drängen will. Namen nennt Lichtwark nicht. »Was hinter der Szene spielt, ist so greulich, daß ich gar nicht daran denken mag«, schreibt er an seine Kommission. Zu gleicher Zeit tritt er in Dresden in Verhandlung um Bilder von Caspar David Friedrich und Johann Clausen Dahl aus einer Sammlung, die unter der Hand verkauft werden soll. Sogar seinem Freund Seidlitz gegenüber bewahrt er darüber auf Wunsch des Besitzers Stillschweigen.

Nun, am Ende dieser großen Reise durch Süddeutschland und die Schweiz, die er anfangs auf zwei Wochen angesetzt hat und wegen weiterer Wünsche aus Berlin verlängern musste, empfindet Lichtwark große Zufriedenheit. Die Wochen, in denen er die widerstrebendsten Leihgeber für die Ausstellung gewinnen konnte, waren doch bei aller Hast und Mühsal eine sehr anregende Zeit.

Es bleiben noch Lübeck, Kiel und Schwerin für eine weitere Reise Anfang Dezember.[624] Im Naturhistorischen Museum in Lübeck findet er von dem Hamburger Maler Julius Milde Aquarelle von Insekten, wie er sie von einem europäischen Künstler noch nie gesehen hat. Sofort leitet er Schritte ein, das Aquarellbüchlein mit den vierhundert bis fünfhundert Käferdarstellungen, die ihm wie Schmuckstücke erscheinen, für die Kunsthalle zu erwerben. In Schwerin erfährt er, dass der Tempziner Altar, den er im Zuge seiner Studien zu Bertram besichtigt hat, in das dortige Museum gebracht werden soll und der Restaurator Hauser, der auch die Hamburger Altäre restauriert hat, ihn im Gegensatz zu Lichtwark für ein Werk von Bertram selbst hält. Dem Direktor Steinmann schlägt Lichtwark beim Gang durch das Museum vor, einen Saal mit der Lichtwark so verhassten Ausstellungskunst für die schönen mittelalterlichen Bilder und Skulpturen zu räumen. »Das gäbe die reichste Sammlung in Norddeutsch-

624 Vgl. hier und im Folgenden: ebd., S. 285–287.

land neben der Lübecker. Hätten sie Bertram und Francke noch«, die Lichtwark ja einige Jahre zuvor nach Hamburg geholt hat, »wäre es einfach das hanseatische Museum.«[625]

Lichtwark ist sehr in Eile, auch die Korrekturen für das *Jahrbuch der Gesellschaft Hamburgischer Kunstfreunde* müssen noch vor Weihnachten rechtzeitig erledigt werden, so dass er auf einen Besuch beim Herzog von Mecklenburg auf Schloss Wiligrad verzichtet. Er sucht jedoch den Grafen Bernstorff auf Wotersen auf, um dessen Portraitgalerie im Hinblick auf die Jahrhundertausstellung zu besichtigen. Das 19. Jahrhundert ist allerdings am lückenhaftesten vertreten. Für Hamburg könnten ein von Lichtwark als Scheits identifiziertes Portrait und ein Damenbildnis von Jens Juel infrage kommen. Er ist sicher, dass nach der Jahrhundertausstellung die Preise für deutsche Kunst in die Höhe schnellen werden, und überlegt, bereits im Vorfeld auf dieser Reise Käufe festzumachen und dafür in Hamburg rechtzeitig noch einige Mittel einzuwerben. Tschudi wird zunächst im Vorteil sein, da er über einen großen Etat verfügt; das Geld »fließt ihm in Strömen zu.«[626] Trotzdem gelingen Lichtwark in diesem Jahr allein drei wichtige Ankäufe von Bildern Caspar David Friedrichs: der »Sturzacker« von etwa 1830, »Das brennende Neubrandenburg« von etwa 1834 und vor allem das große »Eismeer« von etwa 1823/24. Damit besitzt die Hamburger Kunsthalle nun bereits fünf Bilder dieses von Lichtwark wiederentdeckten deutschen Romantikers, und er bleibt auch in den folgenden Jahren auf der Suche nach dem Nachlass.[627]

Die Vorbereitung der Jahrhundertausstellung bindet seine ganze Kraft, so dass er zu seinem Bedauern auch eine Anfrage der Universität Jena um Vorträge absagen muss.[628] Am 30. Oktober hat sich Tschudi wegen der Ausgestaltung der Räume an Behrens gewandt, der bereits eine Woche später seine Entwürfe vorlegt. Sicherlich ist die Wahl auf Behrens nicht ohne wärmste Empfehlung Lichtwarks gefallen, dessen Aufmerksamkeit ja bereits seit Jahren der Tätigkeit dieses Künstlers gilt. Die fertigen Ausstellungsräume gefallen Lichtwark ausnehmend: »[...] sehr einfach und sehr geschmackvoll eingerichtet. Wenn wir einmal neu bauen, müßte er unsere Innenräume ausstatten.« Auch die auf der Jahrhundertausstellung verwendeten neoklassizistischen Möbel von Behrens dürften Lichtwarks Geschmack vollkommen treffen, da er immer wieder die Vorbildhaftigkeit der Möbelepoche um 1800, von Klassizismus und vor allem Biedermeier, betont.

Fast 190 Bilder gehen aus der Hamburger Kunsthalle in die Jahrhundertausstellung nach Berlin, ausgewählt von Seidlitz und Tschudi; rund 250 Handzeichnungen hat Lichtwark selbst zusammengestellt. Es ist das größte Kontingent eines einzelnen

625 Ebd., S. 286f.

626 Vgl. ebd., S. 274; hier berichtet Lichtwark, dass Tschudi 100.000 Mark in Aussicht gestellt wurden, wenn er dem Spender dazu verhelfen würde, seinen Namen ohne Taufe ändern zu können, was Tschudi durch »inständiges Werben« auch gelungen sei.

627 Vgl. Best.Kat. Hamburg, 19. Jh., S. 48–50. – Siehe das Kapitel »Die Suche nach den Hauptmeistern der Romantik: Caspar David Friedrich« in Teil 4.

628 Vgl. hier und im Folgenden: Ausst.Kat. Kunst ins Leben (1986), S. 138. – Br. Kommission (1908), Bd. XIII: 1905, S. 291–294, 296f. – Beneke (1999), S. 106ff.

Leihgebers in dieser Ausstellung. Insgesamt ist so viel Material zusammengekommen, dass selbst Lichtwark die Augen übergehen: »Die Übersicht über die Bilder, die jetzt schon da sind, bestätigt meine Vermutungen, daß es überall von Talenten voll gesessen hat. Auch in Deutschland ist das neunzehnte Jahrhundert eine Epoche von unerhörtem Talent. Ein halbes Dutz ganz neue große Namen lernte ich heute kennen. Tschudi waren sie auch unbekannt gewesen.«[629] Für die Bilder der Kunsthalle wählt Lichtwark Säle, die mit der Wiener Abteilung räumlich korrespondieren, dazu noch ein Kabinett für »unser feinstes in kleinem Format«. Damit ist er sehr zufrieden, denn auf diese Weise ergibt sich eine gute Ausgewogenheit der Raumverteilung. Keine andere deutsche Kunststadt als Hamburg könne ein Gegengewicht zu Wien bieten.

Zum Jahresende 1905 fährt Lichtwark selbst nach Berlin, um bei der Hängung anwesend zu sein. Der Hängeplan ist jedoch wegen der sehr unterschiedlichen Formate nicht einfach. Ungeheuer viele Exponate sind nun zusammengekommen; darüber muss neu beraten werden, um Entbehrliches auszuscheiden. Und da die Aufseher der Nationalgalerie offensichtlich nicht entsprechend gut geschult sind, will Lichtwark den Kastellan der Kunsthalle beim Aufbau mit einsetzen. Zur Eröffnung wird er nach Berlin fahren, dann jedoch, wie es seine Art ist, »dem Trubel entweichen«, um später zum Studium der Bilder zurückzukehren.[630] In der Neujahrsnacht entwirft er einen neuen Hängeplan und korrigiert die Katalogfahnen. Er bemängelt, dass die Besitzer jeweils beim Bild aufgeführt sind und nicht am Ende des Kataloges, wie er es vorgeschlagen hatte, um den Privatbesitz zu schützen – eine Korrektur, die er gegen Seidlitz und Tschudi schließlich doch nicht mehr durchsetzen kann.[631] Er fürchtet die Preissteigerung, wenn der Kunsthandel aus den Privatsammlungen ankauft und die Museen dabei das Nachsehen haben; deshalb möchte er noch vor der Eröffnung wegen der für die Kunsthalle interessanten Werke verhandeln und hofft auf Privatmittel und ein »Extraordinarium« vom Hamburger Staat. Mit Spannung wartet er auf die Kleinskulptur, vor allem wegen der Werke Schadows und Rauchs, in der Hoffnung, gute Bronzegüsse zu bekommen, die mit einem Schlage eine abgeschlossene kleine Sammlung ergeben könnten. Seiner Kommission legt er am 4. Januar 1906 in einem offiziellen Schreiben Sinn und Zweck der Jahrhundertausstellung dar, betont auch durchaus seine Rolle bei der Entstehung der Ausstellungsidee und hebt den Anteil der Hamburger Bilder hervor: 120 Werke aus der Sammlung Hamburgischer Meister, aus den übrigen Sammlungen der Kunsthalle mehr als 60, insgesamt etwa 190 Bilder kommen allein aus Hamburg, aus Berlin und München dagegen jeweils 60, aus Dresden nur 30: »Wir dürfen darin wohl eine Rechtfertigung der in Hamburg verfolgten Grundsätze begrüßen.«[632]

629 Br. Kommission (1908), Bd. XIII: 1905, S. 294.
630 Vgl. ebd., S. 302; Kastellan ist von 1886 bis 1905 Carl Heinrich Christian Samtleben, ab dem Jahr 1906 Helmuth Heinrich Theodor Schulz; vgl. Hamburgisches Staatshandbuch, amtliche Ausgabe, Abteilung VII, Hamburg: Lütcke & Wulff, 1886ff. Der Begriff Kastellan meint den Aufsichtsbeamten eines öffentlichen Gebäudes.
631 Vgl. hier und im Folgenden: Br. Kommission (1908), Bd. XIV: 1906, S. 3–24. – Aus der damals üblichen Angabe der Besitzer ergibt sich allerdings ein Vorteil für die heutige Provenienzforschung.
632 Br. Kommission (1908), Bd. XIV: 1906, S. 17.

Die Zeit drängt, Behrens ist mit der Wandgestaltung Anfang Januar noch nicht fertig. Trotz rigorosem Ausscheiden von Material fürchtet Lichtwark die Zeitnot, zumal die Hilfskräfte ungeschult sind. Doch verlaufen die Vorbereitungen schneller als vermutet, am 11. Januar kann er abreisen. Der Erfolg der Ausstellung werde nun in der Wertsteigerung vieler verschollener deutscher Meister liegen und weitere Werke würden ans Licht kommen. Deshalb müssten die Museen rechtzeitig zugreifen. So bittet Lichtwark vertraulich um einen speziellen Ankaufsetat von etwa 200.000 Mark; es würde genügen, die deutsche Sammlung in der Kunsthalle mit einem Schlage auf den Rang zu erheben, den sie für die Hamburger Kunst schon besitze. Er schließt mit dem Wunsch, die Sammlung vergessener hamburgischer Meister, die seit 1890 fast ohne Inanspruchnahme von Staatsmitteln zustande gekommen und sehr hoch zu bewerten sei, möge indirekt dazu führen, dass auch die allgemeine deutsche Sammlung der Hamburger Kunsthalle einen ähnlichen Rang erreiche.[633]

Die Handzeichnungen der Hamburger Kunsthalle werden sehr bewundert; vor allem aber ist Lichtwark von der Wirkung des großen »Eismeer«-Bildes von Friedrich auf der weißen Ausstellungswand begeistert und schätzt die Friedrich-Kabinette als das »Frappanteste« dieser Ausstellung ein. Drei Bilder gehören seinem Kollegen Andreas Aubert in Oslo, eins davon, eine Felswand mit Höhle »[...] hat alle Realität eines Courbet [...] und alle Phantastik Böcklins und alle Romantik Schwinds und dazu die eigene Mystik des Meisters.« Das weckt Lichtwarks Begehrlichkeit: »Er darf es nicht wiederbekommen.«[634]

Lichtwarks Erfahrungen mit der Vorbereitung der Jahrhundertausstellung schlagen sich in diesem reichen Jahr 1905 in einem Aufsatz im ersten Band der neuen Zeitschrift *Museumskunde* nieder. Darin plädiert er für das Sammeln regionaler Kunst in den Museen, wo zumeist bisher in dieser Hinsicht noch gar nichts getan wurde, außer in Frankfurt am Main. Man könne auf diese Weise in den Städten gar nichts über die lokale Kunst erfahren, klagt Lichtwark, er hofft jedoch, die Jahrhundertausstellung werde auf diesem Gebiet einen neuen Anstoß geben.[635]

Die Ausstellung und ihr Ertrag

Am 24. Januar 1906 wird die Jahrhundertausstellung in Anwesenheit des preußischen Kronprinzen als Protektor, vom Minister begleitet, eröffnet. Der Katalog ist nur in wenigen Exemplaren fertiggestellt. Franz von Reber hält die Eröffnungsansprache, als Mitglied des Vorstandes ist er dazu von Lichtwark, Tschudi und Seidlitz gebeten worden – eine diplomatische Geste gegenüber Bayern.[636] Trotz anderslautenden Bit-

633 Vgl. ebd., S. 20.
634 Vgl. ebd., S. 4, 26, 28. – »Felsenschlucht«, vgl. Ausst.Kat. Friedrich (1974), S. 240, heute Kiel, Stiftung Pommern, WV Börsch-Supan / Jähnig 277.
635 Vgl. Alfred Lichtwark, Das Nächstliegende, in: Museumskunde I, 1905, S. 40–43.
636 Vgl. Beneke (1999), S. 101f. – Br. Kommission (1908), Bd. XIV: 1906, S. 25f., 30f., 35.

ten der Betroffenen gedenkt er Tschudis und Lichtwarks in besonderem Maße, dankt dem Kaiser für die Unterstützung und betont die Funktion der Ausstellung als nationales Unternehmen zur Rehabilitation der deutschen Kunst des 19. Jahrhunderts, insbesondere der ersten Jahrhunderthälfte, in der Öffentlichkeit. Die deutsche Kunst sei derjenigen ihrer Nachbarländer ebenbürtig, lautet seine Botschaft. Lichtwark hat diese Überzeugung schon seit vielen Jahren vertreten, und nun wird mit dieser Ausstellung der Beweis endlich angetreten.

Mit der Eröffnung verbindet sich für Lichtwark aber auch eine tiefe Enttäuschung. Alle deutschen Staaten und alle Nachbarvölker haben zur Ausstellung beigetragen; sie ist so eingerichtet, dass sie den Staat nichts kostet. Zahllose deutsche Forscher von Ruf sind gekommen, wie auch Aubert aus Oslo. Reber und alle andern hätten abreisen müssen, schreibt Lichtwark seiner Kommission, ohne dass sich irgendjemand um sie gekümmert hätte, weder der Kronprinz noch der Minister. Zur Vorbesichtigung der Ausstellung des Kaiser-Friedrich-Museums-Vereins sei der Kaiser gegangen statt zur Eröffnung der Jahrhundertausstellung und habe bei dieser Gelegenheit im Kunstsalon Schulte das Bild »Ran an den Feind« von Willy Stöwer erworben.[637] Das Verhalten der Berliner Gastgeber ist Lichtwark außerordentlich peinlich. »Ich kann nicht sagen, wie mich diese Verachtung einer großen Sache schmerzt. [...] Ich habe mich vor den Herren aus der Fremde, die wir um ihre Schätze angegangen sind, geschämt, daß es so gleichgültig aufgezogen war. Es hat ihnen niemand gedankt, daß sie gekommen waren und mitgearbeitet hatten. Das wäre in München oder in Hamburg anders aufgezogen gewesen. [...] Und dabei habe ich mich auf dieses Werk lange Jahre gefreut. Ich wollte, ich hätte keinen Handschlag dafür getan.«[638]

Diese Enttäuschung sitzt umso tiefer, als die Jahrhundertausstellung zu den wichtigsten Projekten in Lichtwarks bisheriger Berufslaufbahn gehört. Vergleichbar den von ihm vorgeschlagenen regionalen Themenheften der Zeitschrift *Pan* dient sie zugleich der Darstellung regionaler Besonderheiten im Sinne der föderalen Struktur und gemeinsamen kulturellen Grundlagen im Deutschen Reich. Sie stellt einen Gipfelpunkt seines kulturpolitischen Denkens und Handelns dar und beweist sein Engagement beim Auffinden und Zusammentragen von Werken wichtiger Künstler dieser Epoche. Wäre nicht seine Überzeugung von der Notwendigkeit dieser Ausstellung derart stark gewesen, hätte er wohl kaum den Nachdruck und die Beharrlichkeit aufbringen können, über so viele Jahre und trotz diverser Rückschläge an diesem Projekt festzuhalten. Dass Tschudi es nicht zum Scheitern bringen konnte, verdankt sich schließlich nur einem Zufall: Meier-Graefes Rückkehr aus Paris und dessen eigener Projektidee. Niemals aber versucht Lichtwark, sich selbst als Initiator der Ausstellung in den Vordergrund zu stellen. Seine immensen Vorleistungen an detaillierter

637 Willy Stöwer (1864–1931), ein Schiffsingenieur, als Marinemaler Autodidakt, illustrierte u.a. das Prachtwerk *Deutsche Flottenmanöver* (Braunschweig 1900) und andere Werke die deutsche Kriegsflotte betreffend; vgl. WBIS.

638 Br. Kommission (1908), Bd. XIV: 1906, S. 31.

Forschung und Kenntnis der Materie sind nur im engsten Kreis der Beteiligten bekannt. In diesem Kreis ist Lichtwark aber auch derjenige, der die Wiederentdeckung der »kleinen« Meister, der »kleinen« Gattungen und »kleinen« Themen am ehesten leisten kann. Aus einfachen Verhältnissen stammend, in einem problematischen Milieu aufgewachsen, auf einem ungewöhnlichen Bildungsweg in seine Position gelangt, müssen ihm zwangsläufig der bürgerliche Realismus und die bürgerlichen und kleinbürgerlichen Themen der Kunst des 19. Jahrhunderts näherstehen als den aus dem Adel stammenden Kollegen wie Seidlitz und Tschudi oder den Großbürgern Bode und Pauli. Lichtwark ist sich sicher über die Bedeutung der Kunst des 19. Jahrhunderts. An Marie von Bunsen schreibt er kurz vor der Ausstellungseröffnung hellsichtig: »Was nun die Kunst des neunzehnten Jahrhunderts anlangt, so hege ich die feste Überzeugung, daß man sie in Zukunft einmal sehr lieb haben wird, lieber als die des achtzehnten, lieber als das meiste des sechzehnten und selbst des siebzehnten – Rembrandt immer ausgenommen. Ich glaube, daß allerlei Schwächen weniger empfunden werden als von uns, und daß vieles, was wir als Schwächen empfinden, nur in unserem Unvermögen liegt.«[639]

Nach der Eröffnungsveranstaltung ist Lichtwark erschöpft, reagiert mit tiefer Niedergeschlagenheit und zieht alles in Zweifel, auch seine eigene Leistung. Sogar der rasche positive Bescheid auf seine Eingabe um Mittel für Ankäufe aus der Jahrhundertausstellung richtet ihn nicht auf, auch wenn er ihn mit Rührung und Dankbarkeit als »tröstliches Vertrauensvotum« begrüßt. »Es ist nicht leicht gewesen, so weit zu kommen. Hätten wir es zu Anfang der neunziger Jahre gehabt!«, schreibt er an seine Kommission. »Aber so darf man nicht rechnen. Für eine Regierung ist der Fall der Kunsthalle sehr lehrreich. Hätte man 1886 einen Mann berufen, der sich schon ausgewiesen als Leiter einer Sammlung, der als Autorität gekommen wäre, die Entwicklung des Instituts hätte andere Straßen einschlagen können und andere Ziele erreicht.«[640] Im Anschluss an die Eröffnung der Ausstellung besucht Lichtwark seine alten Berliner Freunde, Lessing, der ihm »einen sehr zu Herzen gehenden Brief« zu seinem Buch über Meister Bertram geschrieben, und Schöne, der seinen Rücktritt noch nicht verkraftet habe, und vor allem Jessen, um den Neubau und die Einrichtung der Bibliothek zu besichtigen im Hinblick auf einen Neubau der Hamburger Kunsthalle, der ihm zu dieser Zeit bereits dringend notwendig erscheint.[641]

Die Hamburger Bilder reüssieren auf der Ausstellung. Hofmarschall Albert von Seckendorff macht Lichtwark Komplimente: Wenn man bei einem schönen Bild nachschlage, gehöre es der Hamburger Kunsthalle; auch die guten Rahmen der Hamburger Bilder würden allgemein auffallen.[642] Und in der Ausstellung der Handzeichnungen, die etwas später eröffnet wird, machen sich die Hamburger Blätter nach Lichtwarks

639 Hentzen (1958), S. 11f.
640 Br. Kommission (1908), Bd. XIV: 1906, S. 32.
641 Vgl. ebd., S. 33. Der erwähnte Brief Lessings hat sich anscheinend nicht erhalten.
642 Vgl. ebd., S. 36.

Meinung »köstlich«.[643] Die Berliner Künstler jedoch sind unzufrieden und fühlen sich ausgeschlossen; soweit sie mitgearbeitet haben, wie Grönvold und Franz Hoffmann-Fallersleben, sind sie schließlich in den Arbeitsausschuss berufen worden. Lichtwark ist enttäuscht. Berlin hält er doch eigentlich für einen schlechten Ort für solche Unternehmungen. »Niemand freut sich an dem, was da ist. Niemand vermag sich hinzugeben. Jeder versucht sich wichtig zu machen, indem er eine Miene aufsetzt, als hätte er schon alles gekannt, oder indem er auf Lücken und Fehler aufmerksam macht, wirkliche und eingebildete. Die Leute verderben sich selber den Spaß, oder vielmehr sie vergnügen sich mit allen Schlechtigkeiten, die sie in ihrer Seele haben. Es ist eine Gesellschaft, die allen Trieben und Lastern des Hasses und des Neides frönt.«[644] Es ist eben dasjenige Verhalten, das Lichtwark schon seit Beginn seiner Laufbahn in Hamburg dem Publikum vorhält: das Kritteln und Kritisieren, das sich nicht einlassen will, stets die eigenen Maßstäbe anlegt und jeden Kunstgenuss verhindert.

Lichtwark besucht die Jahrhundertausstellung auch gemeinsam mit Prinz Eugen von Schweden und empfindet es als besondere Freude, mit »diesem feinfühlenden Menschen« Kunstwerke zu betrachten.[645] Wie alle Skandinavier habe er ein Herz für die Hamburger; der Funke springe unmittelbar über. Auch die neue Berliner Architektur besichtigt er mit dem Prinzen, hat dieser sich doch zwischen 1903 und 1905 in Stockholm von dem bedeutenden schwedischen Jugendstilarchitekten Ferdinand Boberg seine eigene Villa Waldemarsudde bauen lassen.[646]

Die Kritiken speziell zur Hamburger Abteilung der Jahrhundertausstellung veröffentlicht Lichtwark im *Jahrbuch der Gesellschaft Hamburgischer Kunstfreunde*; sie stellen überwiegend eine Bestätigung seiner langjährigen Sammlungspolitik dar. Hans Mackowsky rezensiert in der renommierten Zeitschrift *Kunst und Künstler* den Katalog der Jahrhundertausstellung unter dem Titel *Tschudi, ein Jahrhundert deutscher Kunst*, wobei er vor allem Tschudis Beteiligung herausstreicht. Er bezeichnet die »kleinbürgerliche Geschlossenheit Hamburgs und das romantische Dresden mit Caspar David Friedrich im Mittelpunkt« als »einen unverlierbaren Zuwachs zu der bisher gültigen heiligen Trias Düsseldorf, München, Berlin«.[647] Diese Aussage ist sachlich ohne Frage richtig, doch wird sie der großen Forscherleistung Lichtwarks hinsichtlich der Kunst des 19. Jahrhunderts in keiner Weise gerecht. Auch sind sich die Kritiker nicht immer einig über die neu- oder wiederentdeckten Künstler des 19. Jahrhunderts. »Heilbuth schwärmt für Friedrich«, schreibt Lichtwark im April 1906 an seine Kommission, »Rosenhagen macht schlechte Witze über ihn.« Runge werde sehr kontrovers beurteilt: »Der Maler Corinth nennt Runge genial. Heilbuth konstruiert ihn als einen Schüler Louis Davids. Er hat gelesen oder gehört, daß ein Schüler Davids, Eckersberg, die Ko-

643 Vgl. ebd., S. 43.
644 Ebd., S. 42.
645 Vgl. ebd., S. 104.
646 Siehe dazu das Kapitel »Noch einmal: Stockholm« in Teil 5.
647 Vgl. Mackowsky (1905/06), S. 490.

penhagener Akademie reorganisiert hat. Mit einem Schlage war ihm Runge klar: ein schwacher Nachklang Davids.« Runge sei jedoch schon sechs Jahre zuvor gestorben. »Wenn man Heilbuths Aufsatz liest, kann man sich dem Eindruck nicht entziehen, daß es ihm eine Herzensfreude ist, nachweisen zu können, daß auch Runge nur ein Echo der Franzosen ist. Die Franzosen selber finden nichts in ihm, was sie an David erinnert. Mir sagte Raffaelli einmal, als er Runge bei uns entdeckte: Nous n'avons pas eu ça.«[648] Auch über Oldach und Ruths würden die Meinungen auseinandergehen. »Im ganzen kommen die Hamburger nicht gut weg. Es hat offenbar verstimmt, daß sie einen so breiten Raum einnehmen.« Lichtwark räumt ein, dass andere deutsche Kunstzentren weniger gut in der Ausstellung vertreten seien. »Aber die ganze Sache hätte ein anderes Gesicht bekommen, wenn man in Dresden, Frankfurt, Düsseldorf und München in derselben Weise gesammelt hätte wie bei uns.« Besonders bedauert er, »mit welcher Wollust alles, was deutsch ist, herabgedrückt wird, und wie auf der anderen Seite jeder irgend nachweisbare oder nur wahrscheinliche Einfluß des Auslandes immer als Rettung erscheint. Wir haben nie aus uns selber etwas gekonnt, es gibt für uns kein Heil als im Anschluß an Paris, London oder Kopenhagen.« Bisher hätten die Skandinavier, etwa Emil Hannover in Kopenhagen, Andreas Aubert und Bernt Grönvold in Oslo, »das unbefangenste und sachlichste Urteil.«[649]

Lichtwark lässt es nicht bei diesem Einsatz für die Kunst des 19. Jahrhunderts bewenden. In der Kunsthalle sammelt er weiterhin für diese Abteilung und setzt sich auch im Germanischen Nationalmuseum Nürnberg für die Rezeption der Kunst des 19. Jahrhunderts ein. 1910 schlägt er dort die Gründung einer Galerie vor, »die in geschlossenen Typenreihen« einen Überblick über die gesamte Entwicklung vom 15. bis zum 19. Jahrhundert ermöglicht.[650]

Als Ertrag aus der großen Ausstellung gewinnt Lichtwark einen bemerkenswerten Zuwachs an Werken für die Abteilung des 19. Jahrhunderts. Im Januar 1906 beantragt die Kommission auf seinen Vorschlag hin bei der Bürgerschaft 150.000 Mark speziell für diese Ankäufe, die Finanzdeputation gesteht sogar 200.000 Mark zu. Lichtwark will sich mit Tschudi wegen ihrer jeweiligen Auswahl verständigen, dann sollen die Kommissionsmitglieder Albert Wolffson und Ascan Lutterroth in Berlin die vorgeschlagenen Bilder besichtigen.[651]

Ein Herzenswunsch Lichtwarks erfüllt sich bei den Erwerbungen aus der Jahrhundertausstellung nicht: Von Moritz von Schwinds »Aschenbrödel«-Zyklus will sich der Besitzer, Freiherr von Frankenstein in Ullstadt bei Nürnberg, auch gegen das hohe Gebot von 200.000 Mark nicht trennen. Lichtwark lernte das Werk bereits 1904 in der Einzelausstellung des Künstlers in München kennen und hält es neben

648 Br. Kommission (1908), Bd. XIV: 1906, S. 91f. Lichtwark irrt hier mit seiner Argumentation: David (1748–1825) war eine Generation älter als Runge (1777–1810). – Französisch für: Wir haben so etwas nicht gehabt.
649 Ebd., S. 91–93.
650 Vgl. Deneke / Kahsnitz (1978), S. 194.
651 Vgl. P4, 13.1., 6.2.1906.

den »Sieben Raben« für dessen bestes. Auch die Mitglieder seiner Kommission hat er von der Notwendigkeit dieser Erwerbung überzeugen können. Doch der Besitzer ist jung und reich; er hängt an den Bildern und sieht keinen Grund zu verkaufen. Lichtwark konnte sie zwar mühevoll als Leihgabe für die Jahrhundertausstellung gewinnen, bei den Ankaufsverhandlungen jedoch scheitert er.[652] Wohl aber kann er Schwinds unvollendete Leinwand mit den Portraits der fünf ältesten Kinder des Malers Schnorr von Carolsfeld für 15.000 Mark ankaufen, ein Gemälde, das vorzüglich in seine Sammlung realistischer Portraits passt.[653]

Mit Tschudi verabredet Lichtwark, sich über die jeweiligen Ankäufe aus der Jahrhundertausstellung zu verständigen, doch entwickeln sich beider Interessen wieder einmal konkurrierend. Lichtwark empfindet Tschudis Verhalten als unfair und enttäuschend. Noch verfolgt er die Vorstellung, die Erwerbungen gemeinsam zu tätigen und hinterher aufzuteilen, doch erweist sich dieser Weg als unmöglich. Tschudi stehen hohe Summen zur Verfügung, allein für Ankäufe von Werken des im Vorjahr verstorbenen Menzel hat er über eine Million Mark beantragt.[654] Daher nimmt er alle qualitätvollen Werke in Beschlag und vertritt den Standpunkt, es komme nicht so sehr darauf an, dass die Hamburger Kunsthalle gute Bilder hätte; die Nationalgalerie hingegen habe bei ihrem repräsentativen Charakter immer Anrecht auf das Beste. Lichtwark, dem überdies seine vergleichsweise geringen zur Verfügung stehenden Mittel unangenehm sind, versucht Tschudi an die Gemeinsamkeit des Ausstellungsunternehmens zu erinnern; nun müssten sie auch die gleichen Chancen haben. Beide kämpfen vor allem um Leibls »Drei Frauen in der Kirche« aus der Sammlung Schön in Worms, ein Bild, das der Kaiser drei Jahre zuvor für die Nationalgalerie schon einmal abgelehnt hat. Eigentlich ist Lichtwark mehr an einem anderen Gemälde Leibls interessiert, dem Portrait des Bürgermeisters Klein, das nur 40.000 Mark kostet im Gegensatz zu den »Kirchenfrauen« mit 130.000 Mark. Doch entscheidet er sich für letzteres, weil es durch das Sujet und die Feinmalerei das Publikum vermutlich stärker beeindrucken wird. Tschudi hingegen will es für die Nationalgalerie erkämpfen, um sie zu einem Leibl-Museum auszubauen. Er versucht nun die Erwerbung erneut durchzusetzen; die Witwe Tina Schön gibt ihm das Bild an die Hand. Geheimrat Friedrich Schmidt-Ott vom Ministerium für geistliche, Unterrichts- und Medizinal-Angelegenheiten, der auf Wunsch des Kaisers Mitglied im Vorstand der Jahrhundertausstellung ist, versucht zunächst noch, zwischen Hamburg und Berlin zu vermitteln: Das Gemälde soll nach Hamburg gehen, Lichtwark dafür andere Interessen

652 Vgl. P4, 1.3.1906. – Br. Kommission (1908), Bd. XIII: 1905, S. 278f. – Schwinds »Aschenbrödel-Zyklus« (Gesamtmaß 151,5 × 480 cm) befindet sich als Leihgabe der Bundesrepublik Deutschland in der Neuen Pinakothek, München. Provenienz: bis 1942 im Besitz des damaligen Freiherrn von Ullstadt-Frankenstein, dann über die Galerie Haberstock für das geplante Museum in Linz vom Reich erworben, von 1954 an Leihgabe der Treuhandverwaltung für Kulturgut, seit 1966 Bundesleihgabe; vgl. Freyberger (2009), S. 652. – Best.Kat. München, Neue Pinakothek München, S. 464f.

653 Vgl. Best.Kat. Hamburg, 19. Jh., S. 193.

654 Lichtwark über Tschudis günstige Position in Berlin: »Unermeßliche Mittel vom Staat und von Privatleuten« für Ankäufe, schöne Bilder, anregende Menschen um sich. Er sei in der glücklichsten Lage, habe ein unwiderstehliches Programm: deutsche Kunst des 19. Jahrhunderts; vgl. Br. Kommission (1908), Bd. XIII: 1905, S. 39f.

zugunsten Tschudis aufgeben oder ihm Menzels »Gendarmenmarkt«, die 1902 erworbene »Aufbahrung der Gefallenen der Märzrevolution in Berlin« aus der Kunsthalle für 40.000 Mark überlassen. Trotz der aussichtslosen Lage – einstige Ablehnung des Bildes durch den Kaiser und hoher Preis – beharrt Tschudi weiterhin auf einem Ankauf, sieht jedoch schließlich von der Erwerbung ab. Ende April verzichtet er endgültig und ohne Bedingungen auf die »Kirchenfrauen«. So setzt Lichtwark seinen Wunsch schließlich durch, mithilfe von Schmidt-Ott, der wohl weniger auf Seiten Lichtwarks steht als dass er eine erneute Ablehnung des Bildes durch den Kaiser befürchtet. Das Portrait des Bürgermeisters Klein, ein Gemälde von monumentaler Einfachheit, in rauem Pinselduktus ausgeführt, erwirbt Tschudi nun für die Nationalgalerie. »Ich muß ihm das Zeugnis geben«, schreibt Lichtwark nach den wochenlangen Verhandlungen an seine Kommission, »daß er sich bis zum äußersten gewehrt hat. Und mir werde ich es anrechnen, daß ich es vermieden habe, mich mit ihm bei dieser Gelegenheit zu überwerfen.«[655] Die Besitzerin Tina Schön-Renz als Witwe von Julius Schön in Worms bestätigt auf Lichtwarks Anfrage den geforderten Preis von 112.000 Mark; der Ankauf kommt damit zustande. Von Liebermann erfährt Lichtwark die tragische Entstehungsgeschichte des Bildes und den großen Verlust, den Leibl mit ihm erlitt.[656] Die Erwerbung einer Atelierstudie und des Kopfes eines alten Mannes von Leibl werden allerdings von seiner Kommission abgelehnt.[657]

Weitaus weniger dramatisch geht es bei den anderen Erwerbungen aus dem Centenarfonds zu: für Hans Thomas »Elternhaus« werden 8.000 und für seine »Hühner« 5.000 Mark bewilligt. Für Trübner stehen 6.000 Mark aus dem Fonds zur Verfügung, Lichtwark erwirbt die »Fasanen«.[658] Auch Ankäufe älterer Kunst des 19. Jahrhunderts erfolgen in diesem Zusammenhang. Das »Bad der Diana« von Hans von Marées wird ebenso aus dem Fonds angekauft wie sein »Kopf eines bärtigen Mannes«, der 1.200 Mark kostet.[659]

Ferner werden drei kleine Landschaften mit italienischen Motiven von Heinrich Reinhold für zusammen 1.500 Mark bewilligt sowie zwei Landschaften von Karl Bennewitz von Löfen für 1.500 bis 2.000 Mark, wovon Lichtwark aber letztlich nur eine

655 Vgl. Br. Kommission (1908), Bd. XIV: 1906, S. 34, 47, 61–63, 68f., 75f., 79–81, 93, 95f., 105, 107 (Zitat); P4, 1.5.1906. – Best.Kat. Hamburg, 19. Jh., S. 112f. – Zu Schmidt-Ott vgl. Beneke (1999), S. 91.

656 Vgl. Br. Kommission (1908), Bd. XIV: 1906, S. 75f. In vierjähriger Arbeit entsteht das Bild unter größten Schwierigkeiten; Lenbach, dem es durch seine Feinmalerei imponieren soll, ignoriert es. 100.000 Mark will Leibl nun dafür erzielen. Der Pariser Kunsthändler Goupil verspricht, nach München zu kommen. Inzwischen bietet der Sammler Julius Schön in Worms 60.000 Mark; Goupil reist zwar tatsächlich an, verzichtet jedoch. Leibl verkauft nun formlos an Schön bei einem Kauftrunk in der »Allotria«, erhält aber am Tag darauf einen Brief, in dem Schön den Kauf rückgängig macht, Lenbach und Gabriel von Seidl haben ihm abgeraten. Liebermann versucht zu helfen und lässt es der Nationalgalerie anbieten. Leibl reduziert seine Forderung auf 12.000 Mark, nahezu auf den Betrag des Modellgeldes. Vier Jahre zuvor schon wollte Tschudi es für 40.000 Mark erwerben, doch untersagte der Kaiser den Ankauf. Schließlich kauft es Schön für lediglich 25.000 Mark.

657 Vgl. P4, 7.7.1906.

658 Vgl. ebd.; P4, 14.8.1906. – Best.Kat. Hamburg, 19. Jh., S. 209, 213.

659 Vgl. P4, 14.8.1906, hier ist allerdings von einem »Urteil des Paris«, angeboten von Bayersdorfer für 2.500 Mark, die Rede. – P4, 8.12.1906. – Best.Kat. Hamburg, 19. Jh., S. 131.

erwirbt.[660] Die bedeutendsten Ankäufe von Landschaftsbildern aus der Jahrhundertausstellung sind die beiden Harzmotive »Ziehende Wolken« und »Frühschnee« von Friedrich, außerdem Handzeichnungen des Künstlers. Von Wilhelm von Kobell werden drei Landschaften und ein Soldatenmotiv erworben, ferner die »Schwertlilien« von Otto Scholderer. Außerdem kauft Lichtwark Handzeichnungen von Carl Blechen sowie Ferdinand und Wilhelm von Kobell an.[661]

Im Rahmen eines gemeinsamen Ausstellungsbesuches äußert Bürgermeister Burchard die Idee, von Johann Gottfried Schadows Prinzessinnenstandbild einen Abguss für die Kunsthalle zu erwerben. Nach Lichtwarks Ansicht sollte es jedoch kein Bronzeguss sein, der zu dunkel wäre, er zieht eine mattierte Vergoldung der Oberfläche vor. Tschudi ist bereit, den Abguss vom Original anfertigen zu lassen, falls der Hofmarschall ihn verweigern sollte. Von Schadow werden insgesamt 33 Bronzekopien angekauft, darunter die Einzelbüsten der Prinzessinnen und der Königin Luise sowie von Goethe, dazu zahlreiche Statuetten und Reliefs. [662]

Als besonderen Glücksfall betrachtet Lichtwark, weitere Bronzeabgüsse von einer Reihe der ausgestellten Skulpturen erwerben zu können, mehrheitlich nach den Originalmodellen, darunter die Portraitbüsten von Moses Mendelssohn und Hans Joachim von Zieten von Jan Pieter Tassaert, drei Bronzen von Christian Daniel Rauch, unter anderem »Goethe im Hausrock« und die Portraits von Schadow und Tieck, sechs Tierbronzen von Ernst von Hayn und ein Portrait der Rahel Varnhagen als Bronzerelief von Christian Friedrich Tieck.[663] Damit ist die zur Verfügung stehende Summe noch nicht ganz ausgeschöpft. Weitere 8.590 Mark für Ankäufe aus der Jahrhundertausstellung werden 1909 gewährt.[664]

DIE HITTFELDER KOLONIE

Als eines der noch unerschlossenen Landschaftsgebiete, die eine Erholung vom Getriebe der Großstadt ebenso ermöglichen wie ein besonderes Naturerlebnis, rückt die Lüneburger Heide um 1900 ins Blickfeld. Damit beginnt die erste Ansiedlung von wohlhabenden Hamburgern südlich der Elbe bei Hittfeld. Die Entdeckung des Dorfes Worpswede durch die Künstler, allen voran Fritz Mackensen, etwa fünfzehn Jahre zuvor, speiste sich aus dem gleichen eskapistischen Geist. Rainer Maria Rilkes Aufsatz *Worpswede* erscheint 1903, etwa zeitgleich mit der neuen Hamburger Tendenz zur Stadtflucht. Im Jahr darauf veröffentlicht Richard Linde ein Buch über die Lünebur-

660 Vgl. P4, 14.8.1906; Best.Kat. Hamburg, 19. Jh., S. 164f. – P4, 14.8.1906; Best.Kat. Hamburg, 19. Jh., S. 12.
661 Vgl. Jahresbericht [Bd. 20], 1906, S. 9. – Best.Kat. Hamburg, 19. Jh., S. 49f., 102f., 191, 209, 213.
662 Vgl. Br. Kommission (1908), Bd. XIV: 1906, S. 78, 85. – Jahresbericht [Bd. 20], 1906, S. 47–49. – Best.Kat. Hamburg, Dritte Dimension, S. 368–395.
663 Vgl. Jahresbericht [Bd. 20], 1906, S. 9f. – Best.Kat. Hamburg, Dritte Dimension, S. 425–427 (Tassaert), 340–345 (Rauch), 202–204 (Hayn), S. 427 (Tieck).
664 Vgl. Jahresbericht [Bd. 20], 1906, S. 10. – P5, 18.2.1909. Im Jahresbericht [Bd. 23], 1909, sind die Erwerbungen aus diesem Nachtrag nicht ausgewiesen.

ger Heide, das Lichtwark 1904 im *Jahrbuch der Gesellschaft Hamburgischer Kunstfreunde* rezensiert.[665]

Lichtwark selbst profitiert von der Entscheidung seines Freundes, des Baumeisters Wilhelm Daniel Vivié, der sich schon 1900 bei Hittfeld im Sunder ein Haus gebaut hat. Vivié errichtet 1904 in der Nachbarschaft für Lichtwark ein winziges Holzgebäude als Wochenendhaus im Mietverhältnis, mit Balkon und »himmlischer Aussicht« am Hang des Sunderbergs gelegen.[666] »[...] wohl nicht größer als fünf Meter im Geviert«, beschreibt Liebermann das kleine Gebäude, »aber ein Meisterwerk in der Ausnutzung des Raumes wie in der Anordnung der Räume: in der Mitte das Speisezimmer, flankiert von je einem Schlafzimmer, und hinter dem Speisezimmer eine Küche, in der der eiserne Herd mit Gasheizung gerade Platz hatte.«[667] Von Hamburg aus lässt sich dieser Rückzugsort mit der Bahn bis zum Bahnhof Emmelnstedt und einem Fußweg erreichen. Anfangs erscheint Lichtwark diese Reise von jeweils zwei Stunden zur Kunsthalle und zurück beschwerlich.[668] Bald jedoch werden ihm das Sunderhöfchen, wie es liebevoll in der Familie genannt wird, und die Landschaft der Umgebung ein immer angenehmerer Platz zum Ausruhen (Abb. 43). »Wir sind nun in der Heide beheimatet«, schreibt er im Juni 1904 an Kalckreuth. »Ich breche jeden Morgen gleich nach sieben auf und bin gegen fünf zurück. Aber die Morgen und Abende sind köstlich draußen. Das wäre auch eine Landschaft für Dich.«[669]

1905 beendet Kalckreuth seine sechsjährige Tätigkeit an der Stuttgarter Akademie, seit 1900 als deren Direktor, um in den Hamburger Raum überzusiedeln.[670] Diese Entscheidung fällt nicht zuletzt in der Hoffnung, als Konsequenz seiner zahlreichen in der Kunsthalle vorhandenen Werke ein größeres Publikum und auch Abnehmer für seine Kunst zu finden. Gerade weil diese Übersiedlung für ihn selbst und die Hamburger Region kulturell eine große Bereicherung bedeutet, fühlt sich Lichtwark zur Offenheit verpflichtet. Gewissenhaft legt er dem Freund seine Bedenken dar, Kalckreuth jedoch beharrt auf seinem Plan. So beginnt Lichtwark im Juli 1906 in Kalckreuths Auftrag mit der Suche zunächst nach einem Rittergut, schließlich nach einem Grundstück. Volksdorf gefällt ihm gut, doch hat dort bereits die Bodenspekulation eingesetzt, so dass er in seiner

665 Vgl. R. M. Rilke, Worpswede. Fritz Mackensen, Otto Modersohn, Fritz Overbeck, Hans am Ende, Heinrich Vogeler, Bielefeld, Leipzig: Velhagen & Klasing, 1903. – Alfred Lichtwark, Professor Lindes Lüneburger Heide, in: Jb. GHK, 10. Jg., 1904, S. 75f; Kayser (1977), Nr. 401.

666 Br. Kalckreuth, S. 75, 123. Gegenüber der Gräfin Kalckreuth äußert sich Lichtwark hier allerdings begeistert, er würde am liebsten ganz hinausziehen, könne es aber seinen Damen nicht zumuten. – Das winzige Holzhaus besteht heute noch als Nebengebäude zu einer größeren Anlage des CVJM. Innen scheint es umgebaut worden zu sein, denn zum Balkon hin liegt ein ungeteiltes Wohnzimmer über die gesamte Breite, daneben auf der Längsseite ein Schlafzimmer und im Anbau die Küche. Seit vielen Jahren wird es von einer Einzelperson bewohnt und befindet sich in gutem Zustand. Besichtigung durch die Verfasserin im April 2005 (Dank an die Bewohnerin für die Möglichkeit der Besichtigung).

667 Liebermann (1978, Lichtwark), S. 120.

668 Vgl. Schiefler, LAZ, 24.6.1904, unpaginiert, HH, SUB, HSS.

669 Br. Kalckreuth, S. 129.

670 Vgl. Maltzahn-Redling / Howoldt (2005), S. 52.

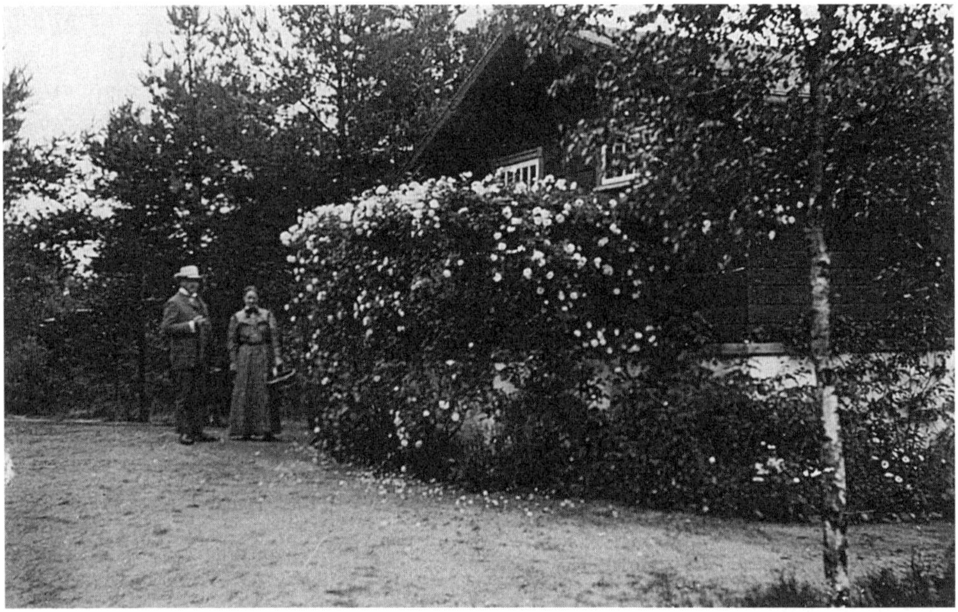

Abb. 43 Alfred und Marianne Lichtwark vor dem Sunderhöfchen, um 1910, Aufnahme: unbekannt

Begeisterung für die Heide bei Hittfeld dem Freund zu dieser Gegend rät.[671] Am 1. August 1906 gibt Kalckreuth Order, ein von Lichtwark vorgeschlagenes Heidegrundstück im benachbarten Eddelsen für ihn zu erwerben: »[...] wenn Du nicht abgeneigt bist, mich in der Nähe zu haben, so überlasse mir alle Verantwortung für diesen Schritt, die ich ja so wie so stets tragen muß und fühle Dich vollkommen frei von aller Schuld, wenn er mißglücken sollte. Übrigens schlägst Du die Bedenken meiner Frau zu hoch an. Sie wird sich doch alles in allem sehr freuen. Sie ist langsam in ihrem Entschlusse. Die Kinder werden ihr bald Freude daran machen. Für mich ist es kein Risiko, ich will meine Miethe ›kapitalisiren‹. Da gewinne ich dabei noch bedeutend. Ob ich mal was mehr oder weniger verdiene, ich werde halt arbeiten, die würdigste Art so langsam alt zu werden, was doch auch mal in Aussicht steht. Also bitte, Liebster, laß Deine Minne springen und erwirb mir den braunen Hügel auf dem unser eigenes Haus stehen soll. Jetzt ist Eile nöthig und voller Ernst ist es mir.«[672] Am selben Tag, nachdem er noch den Ort Buchholz besichtigt und verworfen hat, berichtet Lichtwark dem Freund, bewegt von der Aussicht auf seine zukünftige Nähe, von dem auf Plattdeutsch, »der niedersächsischen Heldensprache«, getätigten Kauf. Über sechs Morgen Heideland dicht bei Eddelsen gehören nun Kalckreuth. Für einen Hausentwurf hat Lichtwark zunächst den an der Stuttgarter Hoch-

671 Vgl. hier und im Folgenden: Br. Kalckreuth, S. 173–183. – Schiefler, LAZ, 27.7.1906, o.P., HH, SUB, HSS. – Über die Details der Kaufhandlung berichtet Lichtwark am 18. und 24.9.1906 Liebermann; vgl. Br. Lichtwark-Liebermann, S. 227, 230.

672 Brief Kalckreuth an Alfred Lichtwark, 1.8.1906, München, BSB, Kalckreuthiana II.B.1 Lichtwark, Alfred.

schule lehrenden Architekten Theodor Fischer im Sinn, fürchtet jedoch, dieser werde Architektur schaffen wollen, was Lichtwark angesichts des Bauplatzes für unpassend hält. So wird das Gelände durch seine Vermittlung von dem jungen Architekten Carl Gustav Bensel, dem Schwiegersohn Viviés, mit einem zeitgemäßen, schlichten Wohnhaus bebaut. Lichtwark selbst entwickelt Ideen für die Lage und Gestaltung von Haus und vor allem Grundstück des Freundes. Einheimische Pflanzen schweben ihm vor, ein Hain von Vogelbeeren und Birken, eine Hecke aus Bergahorn und eine ungedeckte Terrasse in einem Birkenhain mit schöner Aussicht. Lichtwark ist hingerissen von diesem Fleck Heide: »Wir waren einen Abend wieder auf dem Hügel, es war unbeschreiblich.«[673]

Der 28jährige Bensel, zu dieser Zeit noch als Regierungsbaumeister im Dienst der Reichsbahn, entwirft ein zeittypisches Jugendstilgebäude in Hanglage nach Kalckreuths Wünschen mit integriertem Atelier.[674] Als Baumeister kann Vivié dabei beratend tätig werden, aber auch Lichtwark nimmt Einfluss auf die Gestaltung, nicht zuletzt durch Kalckreuths Bitte um seinen Rat.[675]

Mitten in diese Lichtwark stark beschäftigende und beglückende Planungsphase des Hauses Kalckreuth fällt die bestürzende Nachricht vom Selbstmord des begabten Sohnes Wolf von Kalckreuth, der bereits als junger Dichter und Übersetzer hervorgetreten ist und sich als Rekrut aus Abscheu vor dem militärischen Milieu im Oktober 1906 erschießt.[676] Lichtwark, der stets an den Kindern seiner Freunde – den »babies«[677] – lebhaften Anteil nimmt, sie liebevoll grüßen lässt, ihnen Briefe schreibt und von allen wiederum Zuneigung erfährt, erlebt hier nun zum zweiten Mal in kurzer Zeit, wie ein enger Freund seinen Sohn verliert; drei Monate zuvor verstarb an einer Krankheit Wolf Mannhardts vierjähriger Sohn Wulf.[678] Auch für ihn ist es ein unfassbares Geschehen, umso mehr, als sich die alternden, ehe- und kinderlosen Geschwister Lichtwark zunehmend einsam fühlen. Kurz nach dem Tod des jungen Mannes schreibt Lichtwark an den Vater: »Ich lese Wolf, und mir kommen die Tränen.«[679]

673 Vgl. Br. Kalckreuth, S. 180f.
674 Vgl. StA HH, Best.Verz. 621-2 Bensel. Carl Gustav Bensel (1878–1949) studierte von 1897 bis 1902 an den Technischen Hochschulen Berlin, München und Dresden; er war anschließend Mitarbeiter der Eisenbahndirektion Köln von 1905 bis 1910, von 1910 an selbständiger Architekt in Düsseldorf. Auf Lichtwarks Anregung beteiligte er sich erfolgreich am Wettbewerb um Hamburger Geschäftshäuser in der Mönckebergstraße. Er baute beispielsweise 1911/12 das Südseehaus, 1912/13 das Warenhaus Karstadt. Der Bauunternehmer Franz Bach beauftragte Bensel mit der Fassadengestaltung seiner Geschäftshausbauten, so dass er 1913 als selbständiger Architekt nach Hamburg übersiedelte; vgl. Feuß (1994), S. 146; www.architekten-portrait.de/carl_gustav_bensel. Für das Haus Kalckreuth sind im Nachlass im StA HH keine Unterlagen mehr vorhanden. Bensel war seit 1906 verheiratet mit Marianne Lichtwarks Patenkind Marianne Vivié; vgl. Br. Kalckreuth, S. 183, Anm. 300. – Zu Kalckreuths Haus und Garten vgl. Howoldt (2005), S. 40–50.
675 Vgl. Br. Kalckreuth, S. 182f. – Briefe Kalckreuth an Alfred Lichtwark, August 1906, München, BSB, Kalckreuthiana II.B.1 Lichtwark, Alfred.
676 Vgl. Brief Kalckreuth an Alfred Lichtwark, 11.10.1906, München, BSB, Kalckreuthiana II.B.1 Lichtwark, Alfred. – Br. Kalckreuth, S. 183f.
677 Vgl. z.B. Br. Kalckreuth, S. 128.
678 Vgl. Br. Mannhardt, S. 69, Anm. 7.
679 Vgl. Br. Kalckreuth, S. 190f., Zitat S. 190; die näheren Umstände dieses Todes sind beschrieben in Br. Lichtwark-Liebermann, S. 243. Am 8.12.1906 berichtet Lichtwark Liebermann von der gemeinsamen Suche nach einer Grabstätte für Wolf von Kalckreuth auf dem Hittfelder Friedhof; vgl. ebd. – Schon 1901 schreibt Kalckreuth

Mit Kalckreuths Übersiedlung nach Eddelsen wird die Freundschaft noch intensiver. Zwischen Lichtwarks Sunderhöfchen und Kalckreuths Anwesen liegt ein Fußweg von nur fünfzehn Minuten. Der Bau kommt voran; Kalckreuth lenkt sich vom Verlust des Sohnes mit Arbeit ab. Lichtwark berichtet ihm zum Trost von den Erfolgen seiner Bilder: In der Berliner Nationalgalerie hängt das große Gemälde »Klein Oels« an einem prominenten Platz, und in der Hamburger Kunsthalle trifft das von Sir Alfred Beit gestiftete Selbstbildnis Kalckreuths ein, das Lichtwark infolge seiner natürlichen Darstellung als Beweis erscheint, dass Kalckreuth zum Bildnismaler nicht nur berufen, sondern auserwählt sei. Auch Liebermann halte es für eine seiner besten Arbeiten.[680] Zudem erhält die Kunsthalle im Dezember 1906 eines von Kalckreuths Elbbildern als Geschenk der Kommissionsmitglieder Bürgermeister Burchard und Senator Predöhl für die Sammlung von Bildern aus Hamburg, »Kreuzende Ewer vor Finkenwärder« aus dem Jahre 1905, einen Blick auf die Elbe vom Restaurant Jacob in Nienstädten aus gesehen.[681]

Besondere Freude hat Lichtwark an Kalckreuths Gartenplänen, die er brieflich ausgiebig darlegt. Er gestaltet hier als Berater eine große architektonische Gartenanlage, wie er sie schon seit langer Zeit favorisiert (Abb. 44), plädiert für Schönheit und Funktionalität und bedenkt viele ästhetische und praktische Details.[682] In der Tradition der regionalen Bauerngärten entsteht ein einfaches System aus rechtwinkligem Wegekreuz mit vier Rasenquadraten und integrierten Rabatten vor dem oberen Wohngeschoss, ein blühender Wohngarten mit Springbrunnen befindet sich im Zentrum. Auf der gegenüberliegenden, zweigeschossigen Seite des in Hanglage befindlichen Hauses liegt der von einer langen, parallel zum Haus verlaufenden Achse durchzogene Nutzgarten für Gemüse, Obst und Blumen. Die Achse des Ziergartens setzt sich durch die Symmetrieachse des Hauses in den Nutzgarten fort. Ein großes Wasserbecken und ein Tennisplatz bieten Spiel- und Sportmöglichkeiten. Lichtwark schwärmt von der Anlage und ihrer Einbettung in die umgebende Landschaft des Hügelgeländes mit den

an Lichtwark, er glaube, dass sein Glück nicht mehr lange dauern könne, er müsse den Göttern opfern; Brief Kalckreuth an Alfred Lichtwark, 27.11.1901, BSB München, HSS, Kalckreuthiana II.B.1 Lichtwark, Alfred. – Ein Exlibris für Marianne Vivié von Wolf Graf Kalckreuth befindet sich im Nachlass Wolf von Kalckreuth, München, BSB, HSS, Kalckreuthiana III.E.6. – Im Zusammenhang mit Wolf von Kalckreuths und Wulf Mannhardts Tod sowie einem Reitunfall von Waldemar Bodenstedt, Mariannes Lichtwarks jüngstem Zögling in der Berliner Zeit, schreibt Lichtwark an Kalckreuth: »Das sind nun unsere Kinder mit. Aber es ist doch nur ein Zusehen, dass wir sie lieb haben. Wir sind nun daran gewöhnt und haben uns darin gefunden und sehen, daß wir nicht verknöchern in der Einsamkeit. Marianne hatte früher den Wunsch, ein Kind anzunehmen. Ich hätte, wenn auch nur aus Rücksicht auf sie, zugestimmt, um ihr Leben reicher zu machen. Sie hat es nun aufgegeben. Frauen sind darin anders als wir, wenn ich generalisieren darf. Ich fühle eher mit denen, die ihr Herz an Tiere hängen, wenn sie sonst keine Verwendung dafür haben. Das Leben liegt schwer auf uns allen, wenn wir daran denken. Besser nicht grübeln. Oder doch, und dann auf die Formel hinaus, mit der die Engländer sich die Bürde vom schmerzhaftesten Druck zu befreien suchen. Be thankful. Denke an das, was Du immer noch Dein nennen darfst und was Du nie verlieren kannst.« Br. Kalckreuth, S. 191f.

680 Vgl. Br. Kalckreuth, S. 184f. – Best.Kat. Hamburg, 19. Jh., S. 91.

681 Vgl. Br. Kalckreuth, S. 193. – Jahresbericht [Bd. 20], 1906, S. 35, nicht im Best.Kat. Hamburg, 19. Jh.

682 Vgl. Br. Kalckreuth, S. 194–197.

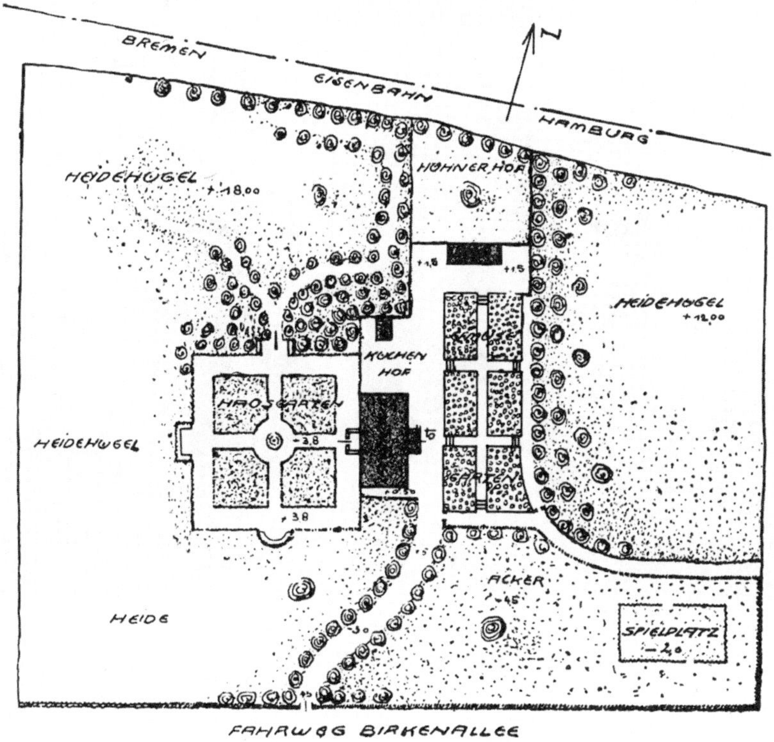

Abb. 44 Carl Bensel, Lageplan von Haus und Garten Kalckreuth

»köstlichen langgezogenen Linien, die dieser Gegend den Charakter geben.«[683] Die Konzeption sei meisterlich in die kuppige Moränenlandschaft mit immerhin fünfzehn Metern Höhenunterschied eingefügt; Form, Raum und Funktion seien hervorragend gestaltet, lautet das heutige fachmännische Urteil über Kalckreuths Garten.[684]

Lichtwark und Kalckreuth (Abb. 45) bilden in der Erinnerung des Hamburger Oberbaudirektors Fritz Schumacher die beiden Pole der »elliptisch konstruierten« Hittfelder Kolonie: »Dieses Hittfeld war im Sommer der merkwürdige kleine Mittelpunkt einer ganzen Kolonie kulturell interessierter Familien. Überaus behagliche Sommersitze waren hier entstanden, alle aber gruppierten sie sich um ein winzig kleines Wochenendhäuschen, in dem Lichtwark mit seiner Schwester wohnte. Eigentlich war es nur ein einfacher Schuppen, das Schlafzimmer so klein, daß man meinte, der große Mann ginge gar nicht hinein, der Wohnraum wie eine koffermäßig aufgeteilte

683 Br. Lichtwark-Liebermann, S. 259. – Vgl. Howoldt (2005), S. 46 (Gartenplan).
684 Die Rekonstruktion des Gartenplans wurde im Rahmen seiner Dissertation von Helmut Klausch durchgeführt, vgl. Klausch (1971), S. 59–65 und Abb. 33–36. Vgl. dazu auch als neueste Veröffentlichung Howoldt (2005), S. 41–50. Die dort abgebildeten Ansichten und Pläne Bensels (S. 45f.) finden sich bei Klausch nicht.

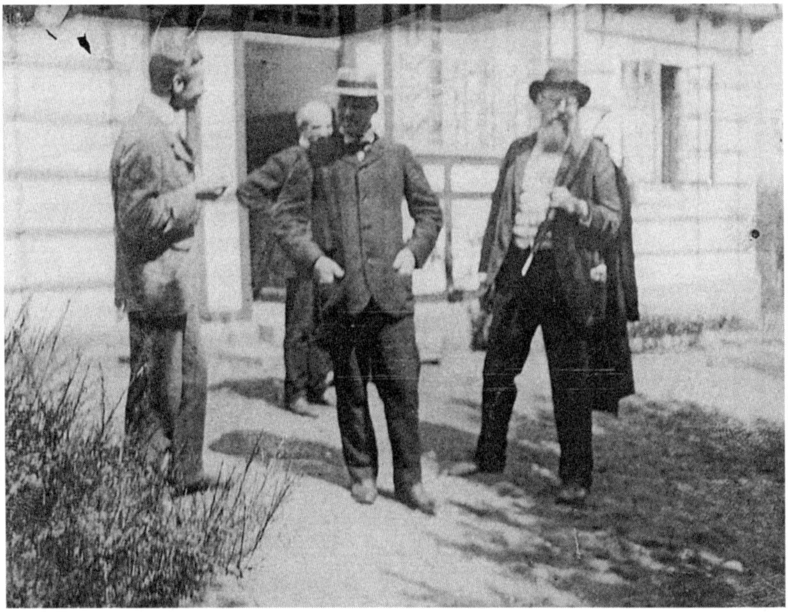

Abb. 45 Alfred Lichtwark (Mitte), Leopold von Kalckreuth (rechts), Ernst Bacmeister und Wilhelm Daniel Vivié vor Viviés Haus im Sunder, um 1911, Aufnahme: unbekannt

Kajüte. Ohne Garten, aber von Blumen umrankt, stand es da im Walde. Niemand kennt Lichtwark, der ihn nicht hier gesehen hat. Der Mann, über dessen ausgesuchte Eleganz man stutzte, wenn man ihn nur in Hamburg erlebte, lief hier in saloppem Anzug und mit einem Strohhut, der ein ehrfurchtgebietendes Alter verriet, glückselig zwischen seinen Büschen und Bäumen herum, kannte jede Pflanze und suchte Beeren für sein Abendessen.«[685] Bei dem erwähnten Strohhut dürfte es sich um jenen schönen und preiswerten Panamahut handeln, den Lichtwark in seiner glücklichen Berliner Zeit 1883 in einem Anfall von Übermut erwarb.[686]

Die Kolonie umfasst eine ganze Reihe von Hamburger Stadtflüchtern. Neben Lichtwarks winzigem Sunderhöfchen befindet sich das Haus der Schauspielerin Adele Doré, in Emmelndorf bei Hittfeld besitzt Eduard Grimm, Hauptpastor an der Nicolaikirche, ein Landhaus. Der Kaufmann Victor Köhnk, dessen Tochter Marianne das letzte einer ganzen Reihe Patenkinder von Marianne Lichtwark wird, lässt sich in Tötensen ein Jugendstilhaus bauen. Und als weiteres Mitglied dieses Kreises erwähnt Schumacher den großen Kaufherrn Henry P. Newman. Er und die Seinen »lebten zwischen den besten Werken der neuzeitlichen französischen und deutschen Kunst. Am reizvollsten aber zeigte sich ihr Lebensstil auf ihrem Landsitz in der Heide bei

685 Vgl. Schumacher (1935), S. 316f.
686 Vgl. Br. Familie, S. 409.

Hittfeld.«[687] Sogar der ursprünglich ganz dem Historismus verschriebene Hamburger Architekt Martin Haller errichtet noch 1912 für sich in Emmelndorf ein Landhaus im von Lichtwark propagierten, nunmehr aktuellen Heimatstil, ein bescheidenes holzverschaltes Sommerhaus mit Sprossenfenstern, Klappläden und Wasser aus der Zisterne.[688]

Die Kolonie ist gesellig: Von der Landbevölkerung neugierig beäugte nächtliche Spukfeste werden veranstaltet, Kalckreuth bereitet seine berühmte Feuerzangenbowle, und ein beliebter Treffpunkt der Kolonie ist das Gasthaus Sehlmann in Klecken.[689] Er portraitiert 1908 und 1909 die Wirtstochter Alma; 1908, im Jahr vor ihrem Tode, Lichtwarks Mutter auf dem Freisitz des Sunderhöfchens (Abb. 48), ferner die Schauspielerin Adele Doré in einer heute verschollenen Zeichnung und 1914 Cara, die Gattin des Kaufmanns Viktor Köhnk.[690] Auch junge Künstler interessieren sich für die Gegend. Kalckreuths Stuttgarter Schüler Wilhelm Wulff siedelt sich aus Anhänglichkeit in unmittelbarer Nähe an, und ein junger Malerfreund Lichtwarks namens Walter Schimmelpfeng lebt mit einem Herrn Volker in einem geräumigen schönen Haus mit großem Atelier am Höhenweg bei Tötensen. Die größte Wand ist bedeckt von dem riesigen Gemälde einiger Reiter auf lebensgroßen Pferden, ins Meer hineinreitend, das der verständnisvolle Lichtwark mit der Bemerkung, Jugend wolle sich austoben, kommentiert. Beide Maler tragen zur Hittfelder Festkultur mit ihrem sommerlichen Margeritenfest bei.[691]

Kalckreuths Garten stellt nicht das einzige Beispiel für Lichtwarks gestalterische Tätigkeit in der Hittfelder Kolonie dar. Schon einige Jahre zuvor hat er sich über einen Garten in der Heide Gedanken gemacht. Als Garten- und Pflanzenliebhaber gefällt ihm die Heidelandschaft mit dem »neugierigen Boden« ganz besonders; sie motiviert ihn zu einem seiner überraschendsten Aufsätze voll unkonventioneller Ideen, betitelt *Der Heidegarten*.[692] Von Kind an ist er begeistert von wilden Blumen, für deren Schönheit er wiederholt eine Lanze zu brechen versucht. Die erste Ausgabe seiner Aufsätze zum Thema Blumenkultur ist bereits 1894 erschienen.[693] 1896 erfolgt ein Vorabdruck des Ka-

687 Zu Doré: mündliche Auskunft des Ehepaares Kröger sen., Hittfeld, im Oktober 1995. – Zu Grimm: vgl. Br. Mannhardt, S. 72f. Eduard Grimm (1848 Jena – 1932 Emmelndorf bei Hamburg), Hauptpastor an der Nicolaikirche; vgl. bautz.de/bbkl/g/grimm_e_r.shtml. – Zu Köhnk: mündliche Auskunft seiner Tochter Marianne Louis, Hamburg, im August 2000. – Zu Newman: vgl. Schumacher (1935), S. 316.

688 Vgl. Ausst.Kat. Haller (1997), S. 42.

689 Vgl. Br. Mannhardt, S. 72f., 74f.

690 Zu den Portraits von Sehlmann: vgl. Best.Kat. Hamburg, 19. Jh., S. 92, WV Brachert 244, 250; Helene Lichtwark: Best.Kat. Hamburg, 19. Jh., S. 91, WV Brachert 243; Doré: Br. Mannhardt, S. 72; Cara Köhnk: mündlich von Marianne Louis, Hamburg, August 2000, WV Brachert V, 35.

691 Vgl. zu Wulff: Br. Kalckreuth, S. 208, Anm. 351. Die Kunsthalle besitzt von Wulff die Bilder »Durch zwei Fenster in den Garten« (»Gartenhaus auf dem Lande«) und »Detlev von Liliencron«, »Blaue und weiße Hainliebe« ist als Kriegsverlust festgestellt; vgl. Best.Kat. Hamburg, 20. Jh., S. 137, Ausst.Kat. Bilder aus Hamburg (2002), S. 110f. – Zu Schimmelpfeng: Brief Maria Schmidt-Matthaei an Carl Schellenberg, 8.9.1955, StA HH, 622-1, Familie Schellenberg, A 77/7.

692 AL, Heidegarten; Kayser (1977), Nr. 389.

693 AL, Makartbouquet und Blumenstrauß; Kayser (1977), Nr. 192.

pitels »Wilde Blumen« im *Jahrbuch der Gesellschaft Hamburgischer Kunstfreunde* und in der *Neuen Deutschen Rundschau. Blumenkultus. Wilde Blumen* ist eine Anthologie betitelt, die 1897 bei Kühtmann in Dresden erscheint. Dem *Wilden Garten* widmet er ein Plädoyer im *Jahrbuch der Gesellschaft Hamburgischer Kunstfreunde* 1898, und seine Neigung zur Schlichtheit und zur einfachen Form hat auch in seinen Aufsätzen über den Wiesenklee und die wilde Rose als Heckenpflanze im *Jahrbuch der Gesellschaft* von 1900 ihren Niederschlag gefunden.[694] Diese Einzelbetrachtungen führt Lichtwark nun zusammen angesichts der Gestaltungsaufgabe eines Gartens für einen Jugendfreund in der Heide. Unter dem Titel *Der Heidegarten* erscheint dieser Aufsatz 1904 in der sezessionistischen Kunstzeitschrift *Kunst und Künstler*.[695] Vor allen Dingen möchte er dem Freund die üblichen Elemente des englischen Gartens wie Rasen, Teich, Büsche und die ihm so sehr verhassten Schlängelwege schon allein aus praktischen Gründen ausreden. Stattdessen schlägt er dem Freund eine unkonventionelle, pflanzensoziologisch stimmige architektonische Gestaltung entsprechend der lokalen Flora vor. Wacholder, Ginster, Rainfarn, Thymian und die typischen Blütenpflanzen des trockenen Heidebodens empfiehlt er für die Flächen, als deren Umfriedung eine undurchdringliche Hecke aus wilden Rosen. Doch wie es ihm oft bei seinen unkonventionellen Ideen geht: Der Freund lehnt ab. Im Gegensatz zu Lichtwark kann er sich eine solche Gartengestaltung nicht vorstellen und verharrt trotz der immensen Kosten bei seinen konservativen Wünschen. Auch anderweitig stößt Lichtwark mit der Idee des Heidegartens nicht auf Gegenliebe. Professor Zacharias etwa, der Direktor des Botanischen Gartens, macht auf einer Gesellschaft bei Gustav Schiefler Stimmung gegen Lichtwark: Immer wolle dieser den anderen seinen Geschmack aufdrängen.[696] Zacharias als Fachmann kennt entweder die neuen Tendenzen in der Gartengestaltung noch nicht oder hält nichts davon. Lichtwarks aufgeschlossener Freund Henry P. Newman hingegen folgt ihm nicht nur als Sammler; er lässt auch sein um 1905 gegenüber von Lichtwarks Sunderhöfchen auf der anderen Hangseite erbautes Anwesen Sunderberg mit einem regelmäßigen und großflächig terrassierten Garten anlegen. Dessen Formgebung deutet auf Lichtwarks modernes Konzept hin, das wie in Max Liebermanns Garten eine große Terrasse mit seitlichen Treppen, gerade Wege und weite, ungestörte Rasenflächen aufweist.[697] Im selben Jahr lässt sich noch einmal jemand aus seinem Bekanntenkreis von Lichtwarks Ideen inspirieren. Der etwa gleichaltrige Herzog Johann Albrecht von Mecklenburg, den er seit der Erwerbung des Grabower Altars persönlich kennt und dessen Gastfreundschaft er gelegentlich genießt, erzählt Lichtwark von seinem Plan, bei der Gartengestaltung seines neuen Forsthauses den Vorstellungen vom Heidegarten zu folgen.[698]

694 Kayser (1977), Nr. 239, 240, 243, 288, 323, 324.
695 AL, Heidegarten; Kayser (1977), Nr. 389.
696 Vgl. Schiefler, LAZ, 9.2.1904, S. 301.
697 Vgl. Busold (2001), S. 52f. und Abb. S. 53; zur Anlage des Gartens haben sich keine Quellen erhalten, doch nimmt Stefanie Busold den Einfluss Lichtwarks mit Sicherheit an; mündliche Auskunft am 19.4.2005.
698 Vgl. Br. Kommission (1908), Bd. XIII: 1905, S. 41.

Vermutlich kennt Lichtwark das revolutionäre Werk über den wilden Garten von William Robinson, in erster Auflage 1870, in vierter Auflage 1894 erschienen. Seine Aufsätze zum Thema des wilden Gartens und der Wildblumen erleben 1907 bei Cassirer eine zweite erweiterte Auflage der Anthologie als Volksausgabe in seiner Reihe *Die Grundlagen der künstlerischen Bildung* und werden 1917 in die zweibändige Ausgabe seiner *Schriften* aufgenommen.[699]

Kalckreuths Nähe stabilisiert Lichtwarks Leben in den folgenden Jahren nicht nur in privater Hinsicht. Auf seine Bitte hin wird der Künstler, immerhin Präsident des Deutschen Künstlerbundes, im Jahre 1910 Mitglied des Hamburger Kunstvereins und als solches Delegierter in der Verwaltungskommission der Kunsthalle, 1912 für eine weitere Amtszeit.[700] Damit gewinnt Lichtwark, wenn auch erst spät, für seinen Kurs der Moderne, die in Hamburg sogenannte neue Richtung, verlässliche Unterstützung.

699 Kayser (1977), Nr. 438, 556. – Siehe dazu auch das Kapitel »›Blumencultus‹« in Teil 2.
700 Vgl. P5, 12.7.1910, 13.8.1912. – Br. Kalckreuth, S. 243, Lichtwark bittet ihn hier um »das Opfer, einzutreten«.

5. AM ZENITH

»Für denjenigen, der das autoritative Ansehen kannte, das Lichtwark im übrigen Deutschland genoß, war es eine völlig unverständliche Überraschung, zu erleben, wie kritisch man ihm in Hamburg, abgesehen von einem kleinen Kreis bedingungsloser Verehrer, gegenüberstand. In kaum einer Gesellschaft entging ich einem Gespräch, das der Abneigung galt, die man seinen bevorzugten Künstlern, insbesondere Liebermann, aber sogar Kalckreuth, Trübner und Slevogt, entgegenbrachte. Ja, im ›Kunstverein‹ erlebte ich eine vorsintflutliche Angriffsrede, die Herr Wichmann, der Chef der bekannten Schokoladenfabrik, im Namen des ›Idealen‹ und ›wahrhaft Schönen‹ gegen ihn schleuderte. [...] War Lichtwark so in der öffentlichen Meinung Hamburgs selbst auf seinem eigensten Gebiet umstritten, so war er es noch weit mehr in seinen allgemeinen Kulturbestrebungen, sobald sie sich auf Hamburger Fragen bezogen [...].«

Fritz Schumacher, *Stufen des Lebens*[1]

»Weder Wilhelm Riehl noch Heinrich von Treitschke standen so scharf umrissen im Lichte der Popularität wie in den Jahren um 1900 Alfred Lichtwark und Karl Lamprecht. Der Direktor des Münchner Nationalmuseums und der berühmte Berliner Historiker, beide vorzügliche Rhetoren und Pädagogen, waren selbst in ihren besten Tagen nicht von der verständnisvollen Teilnahme begleitet, die den Leiter der Hamburger Kunsthalle und den vielbefehdeten Leipziger Geschichtsforscher empfing. Es ist verwegen, aber es läßt sich rechtfertigen, das Jahrzehnt 1900–1910 mit der Überschrift ›Lamprecht und Lichtwark‹ zu versehen, zum mindesten diesem Kapitel einen wichtigen Platz im Mittelpunkte einer kulturgeschichtlichen Betrachtung jener Zeit anzuweisen.«

Hermann Uhde-Bernays, Alfred Lichtwark[2]

SAMMELN III: KANN – DIE »PARISER SACHE, DIE MICH UNSAGBAR HIN UND HER WIRFT«[3]

Schon 1898 besucht Lichtwark bei seinem Parisaufenthalt die Sammlung des Bankiers Rodolphe Kann mit ihren »köstlichen Rembrandts«, die »ersten Ranges« seien, mehr als ein Dutzend, meist aus den fünfziger und sechziger Jahren, »wo der Künstler sich zu einem ganz eigenen Gefühl für äussere Schönheit durchgezwungen hatte, die doch nicht banal ist.«[4] Lichtwark erwähnt hier das »märchenhaft schöne« Bildnis der Hendrike Jagers und ihres Sohnes, eine Handwaschung sowie einen Philosophen, der die Hand auf eine Büste Homers legt. Er begeistert sich besonders für das »unerhörte« Portrait der Giovanna Tornabuoni von Ghirlandaio und nennt außerdem ausgesuchte Werke von Rubens, einige van Dyck, Goyen, Hals, Hobbema, Ruisdael, Vermeer, Wouwermann [sic] und Fragonard. Dazu besitze Kann die seltensten Möbel und Bronzen des 18. Jahrhunderts, wie kein deutsches Museum sie vorzuweisen habe. »Wie Herr Kann müssten wir sammeln können«, schreibt Lichtwark an seine Kommission, »immer auf dem Platze sein, nur das allerbeste zulassen.« Aber das könne man nur in London oder Paris, wo für viel Geld immer noch alles zu haben sei. Kann, der aus Frankfurt stamme und dessen Schwester mit dem Sammler Martin Bromberg in Hamburg verheiratet sei, pendele für seine Kunstkäufe zwischen diesen beiden Städten hin und her.

Lichtwark ist demnach vorbereitet, als die Sammlung Rodolphe Kann aus dessen Nachlass zum Verkauf steht. Im Januar 1906 informiert er seine Kommission, »mit Schmerz« erfahren zu haben, dass die Erben ein ungeheures Angebot von einem Konsortium von Kunsthändlern erhalten hätten und es wohl annehmen würden. Nun gehe alles nach Amerika, befürchtet er; es sei kein Gedanke daran, auch nur eines der Bilder zu erlangen.[5] Im Juni hört Lichtwark von Bode, dass Pierpont Morgan wohl die Sammlung Kann erwerben werde und zusätzlich die auf 15 Millionen – vermutlich Francs – geschätzte des Bruders Maurice Kann; das ergebe für das Metropolitan Museum in New York einen Zuwachs von zwanzig Rembrandts. »In solchen Momenten«, kommentiert Lichtwark gegenüber seiner Kommission, »fragt man sich: Warum haben wir in Europa keine Morgans? Warum kann ein Staat, um sich eine Galerie höchsten Ranges zu schaffen, nicht eine in hundert Jahren zu amortisierende Anleihe machen? Selbst wenn solche Sammlung ein wenig überzahlt würde.« Der Nachwelt für derartige Ankäufe eine Last aufzuerlegen, sei immer zu verantworten. Aber selbst Preußen werde dazu nicht zu bewegen sein.[6]

Im Juni des Jahres greift Lichtwark das Thema wieder auf. Es lässt ihm keine Ruhe, dass zwanzig Rembrandts und einige hundert der schönsten alten Italiener und Nie-

1 Schumacher (1935), S. 293.
2 Uhde-Bernays (1948, Lichtwark), S. 133.
3 Br. Kalckreuth, S. 206.
4 Vgl. hier und im Folgenden: Br. Kommission (1899), Bd. VI: 1898, S. 102–105. – Zu Bromberg vgl. Luckhardt (2001, Kleines Lexikon), S. 218.
5 Vgl. Br. Kommission (1908), Bd. XIV: 1906, S. 28.
6 Vgl. ebd., S. 137f.

derländer, dazu erlesenstes Kunstgewerbe, schlagartig Europa verlassen sollen. »Ich frage mich: ist es absolut ausgeschlossen, eine Formel zu finden, die einem Staate wie Hamburg ermöglicht, diese einmal im Lauf seiner Entwicklung sich bietende Chance auszunutzen? Gibt es keine Form der Anleihe, die die Last auf eine lange Reihe von Jahren verteilt? Würde unser Finanzwesen einen fühlbaren Druck empfinden müssen? Käme selbst ein leiser Druck in Betracht, wenn es sich um die Erringung einer Position handelt, die ein so ungeheurer Kunstbesitz Hamburg für alle Zeiten sichern würde? Zwanzig Rembrandts! Mit den besten unserer Ruysdaels zusammen zwei Dutzend Hauptbilder des Meisters. Überhaupt mit einigen hundert guter, zum Teil ausgezeichneter Niederländer, die wir haben, eine der ersten niederländischen Sammlungen der Welt.« Es verleihe Hamburg ein starkes politisches Gewicht, könnte man sich zu solcher Tat aufraffen: »Hamburg rettet Europa, das im Begriff steht, ausgeplündert zu werden, das kostbarste Gut.« Dies sei die Sicht von außen; nach innen würden der Stolz und die Freude wirken, die Generationen auf ein höheres Niveau des Selbstbewusstseins und des Daseins überhaupt erheben. Mit Leidenschaft schließt Lichtwark diesen Brief an seine Kommission: »Würde dafür mein Leben gefordert, ich gäbe es sofort.«[7]

Die Sammlungen der Brüder Rodolphe und Maurice Kann beschäftigen Lichtwark noch viele Monate. Am 22. März 1907 schreibt er an seinen Freund Kalckreuth, die »Pariser Sache« werfe ihn unsagbar hin und her. Er sei beschäftigt mit Besuchen, Promemorium, Briefen, Telegrammen. »Man will nicht und möchte, wie mir scheint, lieber alles unter der Hand als offiziell entscheiden. Aber es soll klipp und klar offiziell nein werden, damit mein Gewissen seine Ruhe hat.« Er beschließt sogar, kurzfristig nach Paris zu fahren, obwohl er die Angelegenheit eigentlich schon für aussichtslos hält. »Ich komme mir vor wie ein ohnmächtiger Gefangener. Aber auch das muß getragen werden. Das war ja vorauszusehen, aber es hält schwer zu resignieren.«[8]

Am 7. April 1907 schreibt Lichtwark an seine Familie aus Paris, er habe die Sammlung Kann besichtigt. »Ich bin ganz hin. Herr Kann verfügt noch frei darüber. Er denke, er gibt es mir an die Hand. Freilich haben wir ja kaum eine Hoffnung.«[9] Dennoch setzt er alle Hebel in Bewegung. Sir Alfred Beit hat ihm mündlich seine Unterstützung in Aussicht gestellt, stirbt jedoch darüber hinweg. Lichtwark hat eine ausführliche Denkschrift verfasst, in der er auf den Inhalt der Sammlung eingeht, vor allem aber mit größter Eindringlichkeit die Argumente für den Ankauf der Sammlung darlegt.[10] Er würdigt das sehr große finanzielle Opfer, das zu bringen sei, und nennt im Folgenden die Argumente für den Ankauf: die Erlesenheit der Meisterwer-

7 Vgl. Br. Kommission (1908), Bd. XIV: 1906, S. 145f.

8 Br. Kalckreuth, S. 206f. – Lichtwarks Aussagen zur Sammlung Kann beziehen sich anscheinend stets auf die Sammlung von Rodolphe Kann, es handelt sich jedoch um zwei Sammlungen, die beide von dem Kunsthändler Joseph Duveen erworben werden. Siehe dazu im Folgenden.

9 Br. Familie, S. 756.

10 Vgl. hier und im Folgenden: Br. Kommission (1908), Bd. XV: 1907, S. 155–182, Denkschrift über die Erwerbung der Sammlung Kann. Hier geht es um die Sammlung von Rodolphe Kann.

ke der Sammlung Kann; die kulturelle Verarmung Hamburgs durch die Zerstreuung und Vernichtung alter Kunstwerke und Sammlungen, den akuellen Stand der Sammlungen in der Kunsthalle, der jedoch der Stellung Hamburgs im Deutschen Reich noch nicht entspreche, die Bedeutung der »Lebensgemeinschaft« mit hochrangigen Kunstwerken, den Ankauf als große politische Tat und den Ruhm, ein Dutzend Rembrandts ersten Ranges zu besitzen; das Ansehen der Stadt durch den Besitz ethischer und kultureller Werte; die Bedeutung eines solchen Besitzes für den Tourismus; die ästhetische Bildung durch Kunstwerke – insgesamt legt er im weitesten Sinne die politischen und wirtschaftlichen Auswirkungen dieser Erwerbung dar. Außerdem geht Lichtwark mit Argumenten vor, die die Konkurrenz zu Berlin thematisieren und dem Hamburger Bürgersinn indirekt schmeicheln. Die Folgen innerhalb der Stadt seien überhaupt nicht zu berechnen. Sie wären in Hamburg stärker wirksam als in Berlin, weil hier jeder Zuwachs an öffentlichem Kunstbesitz viel unmittelbarer empfunden werde als in der übersättigten Reichshauptstadt. Der Entschluss zu dieser finanziellen Aufwendung werde bei jedem einzelnen Hamburger das Selbstwertgefühl steigern und ihn dadurch zu einem engagierteren und opferwilligeren Bürger machen. Lichtwark betont die Bedeutung kultureller Werte für Lebensfreude und Bildung, den bleibenden Anteil am Edelsten, das die Welt besitze. Er weist auf die bisher erzielten großen Fortschritte der künstlerischen Bildung der Bevölkerung und die Entwicklung des Interesses in allen Schichten hin, so dass die Kunst der Bildung des heranwachsenden Geschlechts bereits ihren besonderen Charakter verleihe. Ein hohes Glück würde im Besitz dieser Sammlung liegen, meint Lichtwark mit seiner idealistischen Auffassung, sie würde das Dasein in Hamburg lebenswerter machen. Es gebe kaum eine andere Möglichkeit, Glück zu kaufen, als durch Kunstwerke erlesenster Art und »kein Opfer, das im Bereich der Möglichkeit liegt«, erscheine zu groß »angesichts der politischen und wirtschaftlichen, kulturellen und ethischen Werte«, die mit dem Besitz dieser Sammlung verbunden wären. Sodann beschreibt er ausführlich, was diese Sammlung von rund 150 Gemälden enthält:[11] allein elf Rembrandts, vier Bildnisse von Frans Hals, eines der Hauptwerke von Vermeer, viele bedeutende holländische Genre-, Landschafts- und Stilllebenmaler des 17. Jahrhunderts, Gemälde von Rubens, van Dyck und anderen flämischen Zeitgenossen; ferner Niederländer des 15. Jahrhunderts wie Rogier van der Weyden, Dierick Bouts, Hans Memling und andere, die bedeutenden französischen und italienischen Meister des 18. Jahrhunderts, Italiener der Renaissance wie Ghirlandaio, Giovanni Bellini und Benozzo Gozzoli; an Spaniern allerdings nur Velásquez, El Greco und Goya; von den Engländern lediglich Gainsborough und nur zwei deutsche Künstler, Bernhard Strigel und Martin Schaffner. Damit sind viele der bedeutendsten Künstler Europas vertreten. »Wenn der Kunsthalle unbeschränkte Mittel zur Verfügung ständen«, schließt Lichtwark diese Darstellung,

11 Es ist der Stand von 1907 wiedergegeben; spätere Abschreibungen sind nicht berücksichtigt, da es sich um die Lichtwark vorliegende Bewertung handelt. Lichtwark unterscheidet nicht präzise zwischen den beiden Sammlungen Kann.

»wenn die Direktion ihren Sitz auf die großen Märkte von London und Paris verlegen könnte, wenn sie ein Menschalter lang die günstigsten Chancen hätte, so würde sie, vom Bedürfnis der Kunsthalle ausgehend, keinen höheren Wunsch haben können, als einen Zuwachs von den Umfange und der Zusammensetzung der Sammlung Kann zu erwerben.« Aber dieses Ziel zu erreichen, gehe über menschliches Vermögen. Allein die Rembrandts zusammenzutragen, sei ein Ding der Unmöglichkeit.[12] Anschließend legt er dar, wie sich dieser Schatz in den Bestand der Kunsthalle eingliedern würde und welch positive Wirkung er auf die Bevölkerung haben könnte; damit hofft er auf einen Ansporn, weitere Privatmittel für den Ausbau der Sammlungen zu erhalten. Zum Abschluss versucht er mögliche Einwände zu entkräften. Er thematisiert die Raumfrage, der Anbau ist ohnehin schon beschlossen; er geht noch einmal auf die Impulse wirtschaftlicher Art, den Wertzuwachs und volkswirtschaftlichen Nutzen ein und vergleicht mit anderen deutschen Museen. Die Berliner Nationalgalerie mit ihren hohen laufenden Mitteln und bedeutenden Zuwendungen von privater Seite, die Münchner und Frankfurter Sammlungen und die wohlhabende Bevölkerung in Bürgerstädten wie Köln, Leipzig und Magdeburg, die intelligent sammelnden Museen wie Mannheim und Bremen stellt er als bedeutende Konkurrenz für neue Ankäufe vor. Dringlich und ganz in Lichtwarks Sinne wird sein Promemoria unterstützt von den Kollegen Adolph Goldschmidt, der als gebürtiger Hamburger in Halle Kunstgeschichte lehrt, von Woldemar von Seidlitz und dem aus Hamburger Kaufmannspatriziat stammenden Karl Woermann, beide in Dresden ansässig. Letzterer schließt sein Gutachten: »Meiner reichen Vaterstadt Hamburg fehlt es sicher nicht an den Mitteln, den Weg, der gerade zum Ziel führt, zu gehen. Es kommt also nur auf ihren Willen an, sich eine Gemäldegalerie ersten Ranges zu verschaffen; und dieser Wille m u ß meines Erachtens aus dem richtigen Verständnis kommen [...].« Und dafür habe Lichtwark alles Nötige getan.[13]

Am 12. Juli 1907 notiert Gustav Schiefler in sein Tagebuch, Lichtwark sei verdrießlich über den Verlauf seines Ankaufsversuches der Sammlung Kann. Der Testamentsvollstrecker habe ihm die Sammlung für 15 Millionen an die Hand gegeben. Doch Senator Burchard als Kommissionvorsitzender habe keinen Mut bewiesen und Bürgermeister Mönckeberg nicht gewollt und es Lichtwark anscheinend sogar übel genommen, trotz seines ablehnenden Vorvotums im Senat den Antrag überhaupt eingereicht zu haben. Lichtwark begeistere sich für die herrlichen Rembrandts der Sammlung und ihre potentielle Bedeutung für Hamburg. Mönckeberg jedoch vertrete stets einen kulturfeindlichen Standpunkt.[14]

Zu diesem Zeitpunkt scheint der Verbleib der Sammlung noch nicht endgültig entschieden, noch hat Lichtwark Hoffnung. Ludwig Justi, der sich als Direktor des Frankfurter Städel bereits um die Sammlung Kann bemüht hat, hält Lichtwark ge-

12 Br. Kommission (1908), Bd. XV: 1907, S. 167.
13 Ebd., S. 182.
14 Vgl. Schiefler, LAZ, 12.7.1907, o.P., HH, SU, HSS.

genüber einen Preis von 30 Millionen für nicht zu teuer.[15] Im Gespräch mit Bode erfährt Lichtwark dann Ende Juli, dass der holländisch-englische Händler Joseph Duveen angeblich die Sammlung von Rodolphe Kann für 21 Millionen Francs erworben und noch vor Abschluss des Kaufgeschäfts mit immensem Gewinn weiterverkauft hat. Morgan habe allein für das Bildnis der Giovanna Tornabuoni eine Million gezahlt. Lichtwark hört bei dieser Gelegenheit, dass Bode durch das Geschäftsgebaren von Kann junior ebenso getäuscht worden sei wie er selbst, da Kann ihnen beiden noch nach Abschluss des Verkaufs Listen und Photographien geschickt habe. Ein neuer amerikanischer Sammler namens Altmann sei im Spiel, schreibt Lichtwark an seine Kommission, ein gebürtiger Hamburger; er werde ihm schreiben.[16] Von dem Münchner Kunsthändler Böhler erfährt er später, die Sammlung sei spottbillig gewesen, weil Kann sich zu einem Versprechen habe verleiten lassen. Die große Gelegenheit für Hamburg ist damit verpasst. Der Kunsthändler Joseph Duveen erwirbt die Sammlung Rodolphe Kann schließlich für 920.000 englische Pfund, die des Maurice Kann kurz darauf für drei Millionen US-Dollar.[17]

Im Oktober 1907 besucht Lichtwark auf seiner Englandreise zum Studium der Museen auch den Kunsthändler Joseph Duveen, »der die Sammlung Kann besitzt.« Duveen führt ihn selbst durch seine exquisit ausgestatteten Räume. In der Darstellung dieses Besuches gegenüber seiner Kommission erlaubt sich Lichtwark keinen Ausfall; seine Selbstbeherrschung macht ihn zum guten Verlierer.[18] Am 18. November 1907 schreibt er an den mit ihm befreundeten Literaturwissenschaftler Berthold Litzmann, nach einem sehr unruhigen Jahr komme er nun wieder zur Besinnung. Sein Kampf um die Sammlung Kann sei misslungen. »Ich werde es nie verwinden, daß es mißglückt ist. Hier war alles fertig, sogar alle Drucksachen für Senat und Bürgerschaft. Ein Jahr verlorener Arbeit.«[19] Werner von Melle gesteht Lichtwark seinen »tiefen Schmerz« über das Misslingen dieses Ankaufs. Sir Alfred Beit habe sich bereit erklärt, einen Teil der Summe zu übernehmen, jedoch abgelehnt, das Ganze zu stiften; durch dessen Tod sei diese Lösung des finanziellen Problems hinfällig geworden. Er müsse sich nun damit trösten, dass immerhin eine solche Frage in Hamburg habe »ernsthaft diskutiert« werden können.[20] Dieser Misserfolg gehört zu Lichtwarks großen Enttäuschungen dieser Jahre.

15 Br. Kommission (1908), Bd. XV: 1907, S. 55.

16 Vgl. ebd., S. 60–62. – Die Listen und Photographien könnten sich auf die Sammlung von Maurice Kann bezogen haben, die etwas später verkauft wurde.

17 Vgl. Br. Familie, S. 756, Anm. 772. – Zu Duveens Ankauf vgl. Secrest (2005), S. 71.

18 Vgl. Br. Kommission (1908), Bd. XV: 1907, S. 143. – Behrman (1960), S. 35f.; Duveen hatte im Jahr 1906 bereits die Sammlung des Berliners Oskar Hainauer erworben, die Lichtwark aus seinen Berliner Jahren kannte. Später stellte sich heraus, dass diese drei Sammlungen zum Grundbestand des Geschäftes von Duveen wurden; vgl. ebd.

19 Brief Alfred Lichtwark an Litzmann, 18.11.07, HH, SUB, HSS, LA 81.

20 Vgl. Brief Alfred Lichtwark an von Melle, 10.5.1909, HH, SUB, HSS, NvM: HG: Lichtwark, Alfred. – Beit stirbt am 16. Juli 1906, als Lichtwark den Ankauf bereits plant; vgl. Albrecht (2011), S. 124.

KLINGERS BRAHMS-DENKMAL

Noch zu Lebzeiten wurde der 1833 in Hamburg geborene Komponist Johannes Brahms durch eine Büste des Wiener Bildhauers Victor Tilgner geehrt, die 1892 zur Eröffnung des Skulpturensaals in der Kunsthalle Aufstellung fand; Friedrich Freiherr von Westenholz stiftete diese einzige zeitgenössische Büste von Brahms. In dessen Todesjahr 1897 ergeht nun durch Hamburger Bürger ein Aufruf zur Errichtung eines Denkmals für den Komponisten, der bereits seit 1889 Ehrenbürger der Hansestadt ist.[21] Im März 1900 stehen für diesen Zweck 40.000 Mark zur Verfügung, und man hofft auf eine weitere Erhöhung des Fonds. Der Leitung des Komitees zur Errichtung dieses Denkmals gehört als einziger Kunstsachverständiger Alfred Lichtwark an; Bürgermeister Mönckeberg amtiert als Ehrenpräsident, der Musikschriftsteller Professor Joseph Sittard als erster Vorsitzender, der Kunstsammler Theodor E. Behrens als Schatzmeister. Im erweiterten Komitee finden sich viele klingende Hamburger Namen. Für das Werk ist bereits ein Aufstellungsort in Aussicht genommen: in den Anlagen der Ringstraße, gegenüber der Behörde für Krankenversicherung. Bau- und Finanzdeputation zeigen sich mit diesem Vorschlag einverstanden. Während in der Kunsthalle bereits einige ohne Wettbewerb eingegangene Entwürfe ausgestellt sind, melden sich am 3. Januar 1901 mehrere Hamburger Bildhauer im *Hamburgischen Correspondenten* zu Wort. Sie fühlen sich zurückgesetzt und wollen in Hamburg von ihrer Kunst leben können. Am 8. Mai lädt Lichtwark seinen Freund Leopold von Kalckreuth für die Zeit seines Aufenthalts in Hamburg ein, dem Denkmalkomitee beizutreten; Kalckreuth ist gerade mit einem Auftrag für die Kunsthalle beschäftigt. Außerdem sollen der Bildhauer Rudolf Siemering, der Architekt des Reichstages, Paul Wallot, und aus Hamburg Dr. Theodor August Bieber, der Begründer des Gesangvereins Euthymia, sowie Professor Richard Carl Friedrich Barth als Leiter der Philharmonischen Konzerte und der Singakademie, der Maler Julius Rehder und Lichtwark selbst teilnehmen.[22] Am 12. Mai des Jahres werden die Entwürfe in den *Hamburger Nachrichten* beschrieben; allesamt sind sie von narrativer Art und stellen Brahms mehr oder weniger sentimental als sinnenden Komponisten dar. Als Urheber dieser in der Kunsthalle ausgestellten Werke werden Xaver Arnold, Karl Hans Bernewitz, Arthur Boué, Hermann Cornils, Otto Dobbertin, Paul Duyffke, Carl Garbers, Bruno Kruse, Leo Leinweber, Harro Magnussen, Walter Schmarje, Richard Thiele und Walter Zehle genannt. Das Komitee spricht sich für den naturalistischen Entwurf des Berliner Bildhauers Reinhold Felderhoff aus, eines Schülers von Fritz Schaper und Reinhold Begas; sein Entwurf fehlt allerdings in der Ausstellung, weil Felderhoff ihn vorübergehend zurückgezogen hat. Zwar erkennt das Komitee die Arbeit Felderhoffs als die »beste Lösung des Bildnißproblems« an, verlangt jedoch Änderungen

21 Vgl. hier und im Folgenden: StA HH, 111-1 Senat, Cl. VII Lit. Fc No. 21 Vol. 19; Brahms-Denkmal. Acta, betr. das Gesuch des Ausführungs-Komitees für die Errichtung eines Brahms-Denkmals in Hamburg. – Plagemann (1986), S. 124–128. – Gayk (2011), S. 209–219.

und einen neuen Entwurf. Doch schließlich kommt es unter anderem aus Mangel an Mitteln nicht zu einem Auftrag.[23] Gleichzeitig nimmt das Komitee bereits Kontakt zu Max Klinger auf, der sich im Sommer des Jahres in Paris mit einer Brahms-Büste und dem Abguss der Maske des Komponisten beschäftigt. Im September fragt Bieber bei Klinger an, ob dieser den Denkmalauftrag übernehmen würde; im Oktober folgt eine offizielle Anfrage, und im Sommer 1902 beginnen die Verhandlungen zwischen Künstler und Komitee über Material, Zeitplan, Kosten und Aufstellungsort.[24] Erst am 18. Oktober 1904 melden die *Hamburger Nachrichten* die ein halbes Jahr zuvor erfolgte Vergabe des Auftrages an Max Klinger.

Die Wahl dieses Künstlers dürfte vor allem Lichtwarks Werk sein; denn sein Kontakt zu Klinger besteht nun schon zwei Jahrzehnte. Seit 1881 verfolgt er dessen Arbeit, 1885 hat er als ersten Text über den Künstler für das Berliner Feuilleton *Klinger als Wandmaler* geschrieben,[25] hat freundschaftliche Verbindung zu ihm gehalten und früh seine Graphik für das Kupferstichkabinett der Kunsthalle erworben. Damals setzte der musikbegeisterte Klinger Brahms bereits ein Denkmal mit den 1890 begonnenen, 1893 abgeschlossenen »Brahms-Phantasien«, die Lichtwark im Jahr darauf in die moderne graphische Sammlung der Kunsthalle integriert. 1902 veranlasst er den Verein von Kunstfreunden von 1870, der Kunsthalle mehrere Bilder aus dem Vestibül der Villa Albers in Berlin-Steglitz zu schenken, die er 1885 in seinem Artikel gewürdigt hat.[26]

1902 lernt Lichtwark Klingers Beethoven-Denkmal kennen. Von diesem Werk ist er so begeistert, dass er es für den Ausgangspunkt einer neuen Denkmalkunst hält. Es scheint ihm aus einem seelischen Bedürfnis, nicht durch einen Auftrag entstanden zu sein. Das entrückte Antlitz Beethovens vergleicht er mit Auguste Rodins Skulptur von Victor Hugo; er analysiert jedoch nicht, sondern urteilt intuitiv vom Erlebnis her. Klingers Beethoven wirke auf ihn wie ein Gedicht. Die Nacktheit lasse die Gestalt zeitlos wirken. Seiner Kommission gegenüber äußert sich Lichtwark sehr ausführlich und empathisch darüber.[27] So liegt es nahe, dass er diesen Künstler auch für das Brahms-Denkmal in Betracht zieht, zumal er dessen Skulpturen aus farbigem Steinmaterial seit Anbeginn sehr schätzt und die »Salome« für die Kunsthalle nicht gewinnen konnte. Das Ansehen Klingers um diese Zeit[28] dürfte seine Durchsetzung beim Komitee erleichtert haben, verstärkt durch die Tatsache, dass er sich für die Musik von Brahms begeistert und dem Komponisten insbesondere nach einer persönlichen

22 Vgl. Br. Kalckreuth, S. 89.
23 Vgl. zu Felderhoffs Entwurf auch Hofmann (2002).
24 Vgl. hier und im Folgenden: Kossmann (2009), o.P.
25 Kayser (1977), Nr. 142.
26 Vgl. Best.Kat. Hamburg, 19. Jh., S. 99–101.
27 Vgl. Br. Kommission (1904), Bd. X: 1902, S. 143–149. – Brief Alfred Lichtwark an Woldemar von Seidlitz, in: Jahrbuch für Bildende Kunst, 2. Jg., Berlin 1903, S. 41f. – Zum Modell des Beethoven-Denkmals vgl. Gayk (2011), S. 85–96.
28 Siehe dazu die Ovationen für Klinger bei der Gründung des Deutschen Künstlerbundes 1903, von denen Lichtwark berichtet; vgl. Br. Kommission (1904), Bd. XI: 1903, S. 210.

Begegnung viele Jahre lang freundschaftlich verbunden war. Er eignet ihm auch mehrere seiner Werke zu, beginnend 1880 mit den »Radierten Skizzen«, deren Zueignung der Verleger jedoch verweigert. Brahms wiederum widmet im Gegenzug dem musikalischen Klinger als Dank für die »Brahms-Phantasien« seine »Vier ernsten Gesänge für eine Baßstimme«.[29]

Im November 1902 entscheidet sich die Standortfrage des Brahms-Denkmals, indem die Stifterin der geplanten Musikhalle, Sophie als Witwe von Carl Heinrich Laeisz, ihr Einverständnis zur dortigen Aufstellung des Werkes erklärt.[30] Ein Jahr später, im Dezember 1903, hat Klinger das Modell für das Brahms-Denkmal bereits fertiggestellt. Ihm ist jedoch unbehaglich bei dem Gedanken an eine Aufstellung in der Laeiszhalle, er fürchtet, ein Denkmal für den ebenfalls in Hamburg geborenen Felix Mendelssohn-Bartholdy könnte als Gegenstück dort Platz finden.[31] Bald darauf, im Februar 1904, reist Klinger nach Hamburg und erhält offiziell den Auftrag; auch die Gefahr eines Gegenstückes ist nun abgewendet.[32] Lichtwark, aufmerksamer und fürsorglicher Gastgeber, will Klinger mehr bieten als die Sitzungen, möchte mit ihm nach Lübeck und ins Theater, um die Schauspielerin Adele Doré zu sehen, womöglich auch mit der unausgesprochenen Absicht, Klinger für ein Portrait von ihr zu interessieren.[33] Zu dieser Zeit hat Lichtwark aber auch den vertraulichen Auftrag, bei Klinger vorzufühlen, ob er bereit sei, mit Hildebrand und anderen Bildhauern an einem Wettbewerb um ein Denkmal Theodor Mommsens in Berlin teilzunehmen. Im Frühjahr 1904 fährt Klinger nach Italien und findet schließlich in Stravezza bei Carrara einen passenden Marmorblock für das geplante Hamburger Werk.[34]

Am 3. Juni 1908 wird die von dem Reeder-Ehepaar Laeisz gestiftete Hamburger Musikhalle ohne das Brahms-Denkmal eröffnet, Klinger kann den Termin wegen Arbeitsüberlastung und Krankheit nicht einhalten. Im Mai hat Lichtwark Klinger in seinem Atelier in Leipzig besucht, um nach dem Fortgang der Arbeit zu sehen, und erlebt die Skulptur als sehr imposant.[35] Vor der Aufstellung in Hamburg wird das Werk noch im Januar 1909 in der Berliner Sezession gezeigt, wo es jedoch missfällt. Karl Scheffler

29 Vgl. Mehnert (1992), S. 56–64.

30 Zur Musikhalle vgl. Hamburg Lexikon (2002), S. 336. Der Bau wurde 1904–1908 ausgeführt.

31 Vgl. Br. Kommission (1904), Bd. XI: 1903, S. 225.

32 1910 allerdings werden Büsten von Mendelssohn-Bartholdy und Schumann von Carl Seffner sowie von Peter Tschaikowsky und Beethoven aufgestellt; vgl. Plagemann (1986), S. 127f.

33 Gustav Schiefler vermerkt in seinen Aufzeichnungen vom Februar/März 1904, Lichtwark mit Klinger und dessen Lebensgefährtin, der Schriftstellerin Elsa Asenjieff, in einer Loge des Schauspielhauses gesehen zu haben. Lichtwark berichtet ihm außerdem vom Zusammensein mit Klinger anlässlich des zu schaffenden Brahms-Denkmals für die Musikhalle und erwähnt dabei, Frau Asenjieff, die ein Kind von Klinger habe, ihn jedoch nicht heiraten wolle, sei so aufgeputzt gewesen, dass man sie nicht mit den Hamburger Damen zusammenbringen könne; die Gräfin Kalckreuth soll sogar gesagt haben, das vertrüge sich nicht mit ihrer Erziehung. Der liberale Schiefler hält Lichtwark für altmodisch und vertritt die Ansicht, es hinge eigentlich eher von ihrer Persönlichkeit ab, ob man sie zu den Damen führen könne; vgl. Schiefler, LAZ, 27.2.–1.3.1904, S. 309f., HH, SUB, HSS.

34 Vgl. Briefe Alfred Lichtwark an Klinger 14.1., 28.1., 14.2., 16.2., 22.2.1904, HKH, AdB 1. – Hamburger Nachrichten, 22.10.1904, in: StA HH, 111-1 Senat, Cl. VII Lit. Fc No. 21 Vol. 19, Brahms-Denkmal.

35 Vgl. Br. Kommission (1916), Bd. XVI: 1908, S. 85.

kolportiert in der Zeitschrift *Kunst und Künstler* die Meinung der Sezessionisten, das Werk sei schlecht: In peinlicher Verlegenheit hätten »die Gastgeber die mächtige Marmormasse« angestarrt, und trotz »aufrichtiger Verehrung« des Künstlers komme man nicht über die Einwände eines kritischen Nein hinweg.[36] Wenige Wochen vor der Enthüllung in Hamburg sieht Lichtwark das Brahms-Denkmal in einer Ausstellung in Dresden und bewertet es als Werk eines Genies.[37]

Am 7. Mai 1909 wird das Monument endlich an seinem Bestimmungsort enthüllt. Lichtwark schreibt darüber an Liebermann, das Brahms-Denkmal wirke bei Abendlicht am Platz seiner Bestimmung besser als an jedem anderen Ort, an dem er es gesehen habe.[38] Klinger hat sein Erscheinen bei den Feierlichkeiten von einem kleinen Rahmen abhängig gemacht. Beim abendlichen Festmahl des Denkmalkomitees im Uhlenhorster Fährhaus hält Lichtwark die Ansprache.[39] Darin gibt er einen Rückblick auf seine lange Bekanntschaft mit dem Künstler und vor allem die Anregungen, die er dem Diskurs mit Klinger in den gemeinsamen Berliner Jahren verdankte. Gelesen hatte er Rezensionen von Klingers frühem Werk bereits 1878, noch bevor sich seine eigene Laufbahn endgültig entschieden hatte. Als beide sich persönlich kennenlernten, führten sie Diskussionen über noch nicht akzeptierte Künstler wie Arnold Böcklin, Adolph Menzel und die französischen Impressionisten der Berliner Sammlung Bernstein. Klinger interessierte sich bereits für Goyas damals in Deutschland noch kaum bekannte Druckgraphik, und in ihm fand Lichtwark einen »Glaubensgenossen« für Schongauer, Dürer und Rembrandt. Lichtwark staunte schon damals, wie viele alte und neue Meister der fast fünf Jahre jüngere Künstler in sich verarbeitet hatte; bei keinem anderen Künstler, bei überhaupt keinem ihm damals bekannten Menschen habe der Umfang der Anteilnahme, Erkenntnis und Verarbeitung so weit gereicht wie bei Klinger. Lichtwark erlebte mit Staunen dessen druckgraphische Produktion mit ihren breitgefächerten Themen, die als Anregung für andere Künstler wirkte. Auch dass sich die Kupferstichkabinette der lebenden Kunst zugewandt hätten, schreibt er schließlich Klingers Graphik zu. Die Verwendung von Schrift in Klingers Titeln habe seinen Sinn für Typographie geschärft und ihn zur Antiqua hingeführt, die er seither in den von ihm verfassten und betreuten Publikationen verwendet. Von Klinger als einem Kenner auf diesem Gebiet habe er damals die Empfehlung zur Beschäftigung mit der modernen französischen Literatur erhalten, mit Flaubert, Zola und Maupassant. Auch von dessen früher, kaum verstandener Malerei berichtet Lichtwark, von dem »Überfall« in der Berliner Nationalgalerie, vom »Abend« und natürlich den Werken in der Villa Albers in Steglitz.[40] Er würdigt Klinger als verhinderten Wandmaler,

36 Vgl. Gallwitz (1992), S. 65.
37 Vgl. Br. Kommission (1917), Bd. XVII: 1909, S. 70, 77.
38 Vgl. Br. Lichtwark-Liebermann, S. 302.
39 Vgl. Alfred Lichtwark, Ansprache an Max Klinger, in: Jb. GHK, 15. Jg., 1909, S. 79–86; Kayser (1977), Nr. 460; hier und im Folgenden: AL, Hamburgische Aufsätze, S. 112–121; Kayser (1977), Nr. 557.
40 Spaziergänger (Der Überfall), 1878, Berlin, Nationalgalerie; vgl. Best.Kat. Nationalgalerie, S. 203f. – »Abend«: vermutlich Die Blaue Stunde, 1890, Leipzig, Museum der bildenden Künste. – Zur Villa Albers siehe das Kapitel »Berlin als Paradies: Menschen« in Teil 1.

dem keine Räume zur Verfügung gestanden hätten, berichtet von seinem Besuch in Klingers Atelier in Rom im Jahr 1888, von seiner Liebe zur Musik und schließlich von der Hinwendung des Malers zur farbigen Skulptur, und erwähnt dabei die »Salome«, für deren Erwerbung er Anfang der neunziger Jahre keine Mittel habe erlangen können. Lichtwark versäumt auch nicht, von der Begegnung mit Klingers Mutter in Leipzig und ihrer Gartenleidenschaft zu erzählen und schließlich von der überwältigenden Ehrung Klingers durch die jüngeren Kollegen bei der Gründung des Deutschen Künstlerbundes in Weimar 1903. Von seinen Plänen, Klinger einen eigenen Raum im geplanten Neubau der Kunsthalle zu widmen, verrät Lichtwark hier allerdings noch nichts. Erst Ende August 1909 besucht er den Künstler in seinem Weinberghäuschen in Großjena bei Naumburg, um über diese Idee ausführlich zu sprechen.[41] Doch wird der Kunsthallenneubau erst 1919 unter seinem Nachfolger Gustav Pauli eingeweiht. Zu einem Saal mit Arbeiten von Klinger kommt es nicht.

Hamburg erhält mit dem Brahms-Denkmal endlich ein großes Werk dieses Künstlers als einem der bedeutendsten deutschen Bildhauer seiner Zeit. Die Hamburger Kaufleute sind allerdings, wie Gustav Schiefler auf einer Gesellschaft erfährt, anderer Ansicht. In ihrer Gegnerschaft zu Lichtwark geben sie ihm die Schuld an diesem von ihnen wenig geschätzten Denkmal des Komponisten.[42] Lichtwark ist bei diesem Werk vor allem an Klinger, weniger an Brahms gelegen, dessen Musik er im Gegensatz zu Händel, Mozart, Beethoven und besonders Bach offenbar nicht sehr schätzt.[43]

KÜNSTLERWIRKLICHKEIT

Mitte Mai 1909 ist Lichtwark in Stuttgart, wo im Auktionshaus Gutekunst »die letzten Kämpfe um die Sammlung Lanna gefochten wurden«, wie Lichtwark (Abb. 46) an Prinz Eugen von Schweden schreibt. Die Preise für alte Graphik sind gewaltig gestiegen und fordern nun einen Etat, den bisher kaum ein Museum zur Verfügung habe. Lichtwark fühlt sich bedrückt angesichts dieser Entwicklung. Ein Holzschnitt von Cranach bringt es in der Auktion auf 9.000 Mark, Dürers »Hieronymus« erzielt 27.000 Mark; das Berliner Kupferstichkabinett zahlt für eine talergroße Radierung von Hans Baldung Grien 8.300 Mark. »Wir sind gewohnt, dass solche Dinge hoch bezahlt werden. Aber dies übersteigt doch alle Begriffe. [...] Ist das Wirthschaft? Ist das Politik? Wenn ich diese Verschwendung sehe, packt mich ein Hass auf alle Historie. Erst das Leben. Erst die eigene Produktion der Zeit, die ganz auf unwirklichem Boden steht: von der Unwirklichkeit der Akademie zur Unwirklichkeit der Ateliers, zur Unwirklichkeit der Ausstellung, durch die Unwirklichkeit des Kunsthandels über die

41 Vgl. Brief Alfred Lichtwark an Klinger, 10.7.09, HKH, AdB 1. – Br. Kommission (1917), Bd. XVII: 1909, S. 243, 245–249. – Zum Neubau siehe das Kapitel »Der Neubau der Kunsthalle« in Teil 5.

42 Vgl. Schiefler, LAZ, 6.12.1910, o.P., HH, SUB, HSS.

43 Vgl. Pauli (1924), S. 43. – Zu Bach vgl. Br. Kommission (1917), Bd. XVII: 1909, S. 199.

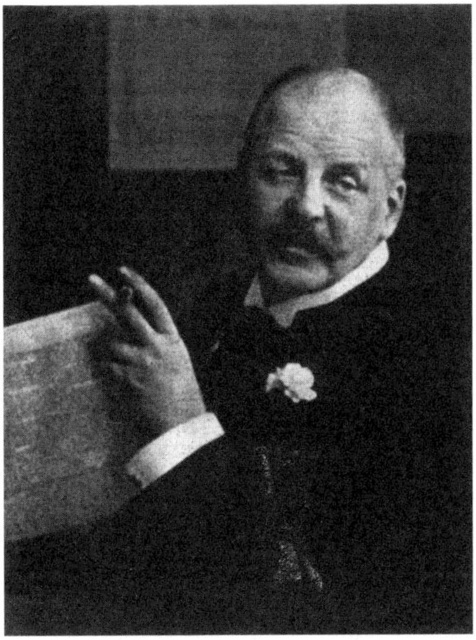

Abb. 46 Alfred Lichtwark, um 1909, Aufnahme: Hermann Widensohler

Unwirklichkeit der literarischen Kritik in die Unwirklichkeit des Museums. Das ist in Wahrheit ein circulus vitiosus von Unwirklichkeiten.«[44]

Das Thema der mangelnden sozialen Einbindung des Künstlers und der daraus resultierenden Künstlerarmut beschäftigt Lichtwark immer wieder; das Erlebnis dieser Auktion scheint besonders aktualisierend zu wirken. Seine Tischrede in einer Künstlergesellschaft im selben Jahr nutzt er als Anlass, um seine schon lange gehegten und bereits auch formulierten Gedanken zur schwierigen Situation des Künstlers in der modernen Gesellschaft ausführlich darzulegen. Daraus entsteht ein Aufsatz für das *Jahrbuch der Gesellschaft Hamburgischer Kunstfreunde* von 1909.[45] Es sei »eine Art Notschrei«, erklärt er seinem Freund Kalckreuth in einem Brief vom 11. Dezember des Jahres: »Wir haben zu viele Genies, Genies zu Zehntausenden. Warum geht es denn den ringenden Künstlern so schlecht? Im letzten Grunde, weil sie das Leben nicht meistern wollen. Sie warten auf das Wunder. Mit fünfzig haben sie nicht mehr Wirklichkeit unter den Füßen als mit fünfundzwanzig.« Bei der Nieder-

44 Brief Alfred Lichtwark an Prinz Eugen, 25.5.1909, Stockholm, PEW, Archiv.

45 Vgl. hier und im Folgenden: Alfred Lichtwark, Der junge Künstler und die Wirklichkeit, in: Jb. GHK, 15. Jg., 1909, S. 43–73; Kayser (1977), Nr. 462; hier in: AL, Schriften, Bd. II, S. 121–160; Kayser (1977), Nr. 556. Diese Rede hielt Lichtwark vermutlich in Stuttgart, vgl. dazu Br. Kommission (1917), Bd. XVII: 1909, S. 112f., 120f., 132–134.

schrift habe er nicht an den einen unter Zehntausenden gedacht, der zum Schaffen bestimmt sei – wie er eben auch Kalckreuth sieht, der sich quäle und ringe –, sondern an die Masse, die sich in die Kunst verirrt habe und sich gar nicht oder nur ein bisschen quäle, zweifle und ringe.[46] Mit diesen Gedanken knüpft Lichtwark an das ihn seit langem beschäftigende Thema der besseren sozialen Integration des Künstlers an, wobei er die Relation von staatlicher Investition in die Künstlerausbildung und deren volkswirtschaftlichen Ertrag ebenfalls bedenkt. Mit einem Aufsatz, betitelt *Die Kunst im preußischen Etat*, 1896 in den *Studien* veröffentlicht, beginnt seine Auseinandersetzung mit diesem Themenkomplex;[47] in diesem Aufsatz von 1909 findet der Gedankengang jedoch erst seine endgültige Formulierung. Es geht ihm darin um das Schicksal, die Lebens- und Berufschancen des »Talents«, jener vielen Künstler, die nicht bahnbrechend, verändernd oder revolutionierend wirken, sondern durch »eine erkennbare Leichtigkeit der Nachahmung und Wiederholung vorhandener Kunst« zu charakterisieren sind und damit, modern formuliert, zur sogenannten mittleren Kultur gerechnet werden müssen.[48] Ihr Talent betrachtet er eher als einen Fluch. Es sei ein Irrtum, dass diese Künstler ihr Talent als Wirklichkeit betrachtet hätten. Im Folgenden beschreibt er eine Art künstlerische Scheinwelt: Mit dem Glauben an ihr Talent, das Lichtwark jedoch als Unwirklichkeit bezeichnet, träten unzählige der jungen Künstler in eine Welt der Unwirklichkeiten. Die erste sei die Akademie, in der nur Studien angefertigt würden und eine zusammenfassende künstlerische Arbeit nicht in Angriff genommen würde. Die einzige zur Synthese zwingende Aufgabe, das Bildnis, würde nicht angepackt. Es könne die Farbe und jedes Licht- und Raumproblem einbeziehen, doch die Hauptsache bliebe »der erschöpfende Ausdruck, die innere Gewalt, die Monumentalität der Menschendarstellung.« Der Zustand der Bildnismalerei seiner Zeit offenbare das Fehlen »einer tüchtigen, ehrbaren, leistungsfähigen Niveaukunst«. Der typische junge Künstler neige dazu, die künstlerischen Mittel zu überschätzen, in ihnen geradezu Ziel und Zweck der Kunst zu erblicken. Auch das gehöre zu den Unwirklichkeiten, in denen er lebe. Lichtwark ergänzt seine Kritik um den Vorwurf, die jungen Künstler nähmen Ambiente und Requisiten zu wichtig, würden hingegen die anatomische Richtigkeit vernachlässigen. Mit diesem Gedanken offenbart er sein Verhaftetsein in der traditionellen Kunst. Da er keine Namen nennt, bleibt unklar, ob er hier tatsächlich künstlerische Mängel betrachtet oder die Entwicklung autonomer künstlerischer Mittel nicht mehr nachvollziehen kann; möglicherweise vermag er in dieser Hinsicht nicht zu differenzieren.

Daher findet Lichtwark eine Ausstellung der besten Bildnisphotographien von Amateuren anziehender als Bildnisse junger Künstler; hier werde unendlich viel

46 Br. Kalckreuth, S. 232.

47 Vgl. AL, Studien, Bd. II, S. 104–113; Kayser (1977), Nr. 212. Dieser Aufsatz lässt sich nicht direkt auf einen Feuilletonartikel der Berliner Jahre zurückführen; vgl. Kayser (1977), Nr. 1–166, Lichtwark scheint ihn für die *Studien* aufgearbeitet zu haben.

48 Zur mittleren Kultur vgl. Eco (1984), S. 71. Eco bezeichnet dieses Kulturniveau als »midcult«; vgl. dazu auch Junge (1989), S. 16f.

sorgfältiger studiert, komponiert und gestaltet. Auch ihr Geschmack sei ausgeprägter als bei den jungen Künstlern: Geschmack sei der selbstverständliche Ausdruck höchster persönlicher Kultur, und das Talent habe kein Recht, geschmacklos zu sein. Auch an dieser Stelle dürfte Lichtwark die neue, provokante Geschmackskultur der Avantgarde verkennen. Dass der Auftraggeber eines Bildnisses Ähnlichkeit und eine dekorative Funktion des Werkes erwartet, dass er schließlich von den künstlerischen Mitteln zugunsten der Wiedererkennbarkeit möglichst wenig abgelenkt werden will, akzeptiert Lichtwark als »gesundes Gefühl«. Der Künstler soll sich der Aufgabe unterordnen. Die Übernahme von Ausdrucksmitteln führender Künstler betrachtet er im Übrigen als Eigentumsvergehen. Die Ausdrucksmittel seien der persönliche Besitz jeder Begabung, jeder habe die Form seiner Äußerung selbst zu schaffen. Nachahmung lässt er nur zu Studienzwecken zu. Dieser Aufsatz dient Lichtwark offensichtlich auch dazu, sich mit den neuen Entwicklungen auseinanderzusetzen: Jeder junge Künstler fühle sich geblendet von dem »strahlenden Licht neuer Erkenntnis, wenn ihm ein älterer Genosse zum ersten Mal die tiefe Weisheit übermittelt, daß eine gut gemalte Rübe besser sei als eine schlecht gemalte Madonna.«[49] Lichtwark erklärt sich damit nicht einverstanden; es heiße nichts weiter, als dass ein gut gemaltes Bild besser sei als ein schlecht gemaltes; der Vergleich von Rübe und Madonna lasse den Satz nur pittoresker, aber nicht weniger trivial erscheinen. Was an der Rübe geleistet werde, verlange der kleine Finger der Madonna auch, für ihn im Übrigen »ein tausendmal höherer, weil aller Willkür, allem Zufall entrückter Organismus.« Wenn ein junger Künstler sich überlege, was an Talent, Können, Tatkraft und Kultur dazugehöre, um eine Madonna gut zu malen, werde er gefeit sein gegen die »Stillebenästhetik«, die das Sujet für belanglos erkläre. Über einen Vergleich zur Literatur will er seine These stützen: welche Art von Literatur entstünde, wenn der Dichter mit den Ausdruckmitteln beginnen würde. Je mehr er sich auf den Stoff konzentriere, desto sicherer und rascher fände er dann seine Formulierung. Lichtwark verkennt also offensichtlich die fortschreitende Autonomie der künstlerischen Mittel in der beginnenden Moderne.

Als nächstes rechnet Lichtwark mit dem Begriff der »Kunststadt« ab, die auch zu den konstatierten Unwirklichkeiten gehöre. Es ist ihm eine »entsetzliche Vorstellung«, dass es eigene Kunststädte gebe, die die Vorstellung eines abgeschlossenen, von der Wirklichkeit abgetrennten akademischen Lebens befördere. Für Lichtwark ist jede Stadt, die den Namen verdient, eine Kunststadt – seit vielen Jahren bemüht er sich schließlich, Hamburg als Kunststadt zu etablieren. Der von der Akademie zurückkehrende weltfremde junge Künstler beziehe nun aus Mangel an gut beleuchteten Räumen – ein Seitenhieb auf die Architektur und ihre Unfähigkeit zur Lichtregie

49 Hier und im Folgenden: AL, Der junge Künstler und die Wirklichkeit, S. 129. Vgl. dazu Liebermanns Aufsatz *Die Phantasie in der Malerei*; vgl. Liebermann (1978, Phantasie), S. 32f. Liebermann zitiert zwar den allgemein bekannten Satz, der »bereits zum eisernen Bestand der modernen Ästhetik« gehöre ebenso wie Lichtwark, erläutert dann aber seinen eigenen Standpunkt: »Die gut gemalte Rübe ist ebenso gut wie die gut gemalte Madonna. Wohlgemerkt als rein malerisches Produkt, denn, [...] es fällt mir beileibe nicht ein, zwei ästhetisch so ungleichwertige Gegenstände miteinander vergleichen zu wollen.«

– ein Atelier, das Lichtwark ebenfalls zu den Unwirklichkeiten zählt. Das Atelier sei jedoch nicht nur Werkstatt, sondern erscheint ihm wie ein ideologischer Ort, von dem aus der Künstler glaubt, die Welt aus den Angeln heben zu können, während er doch nur selbst aus den Angeln der Wirklichkeit gehoben werde. »Was dem Maler wenn er in seine Heimat zurückkehrt, von dem Jugendrausch der akademischen Lehrzeit übrigbleibt, ist das Atelier, dessen vier Wände für ihn ein Stück des akademischen Paradieses einhegen. Für seinen Anschluß an die wirkliche Welt ist diese zauberhafte Unwirklichkeit des Ateliers ein dauerndes Hindernis.« Durch die Arbeit im Atelier leide das Urteil des Künstlers über Dinge und Menschen der Umwelt.[50]

Pointiert benennt Lichtwark die Kluft zwischen Künstler und Leben, Künstler und Publikum in der Feststellung der »Unwirklichkeit der zehntausend Begabungen«, der »Unwirklichkeit des akademischen Unterrichts«, der »Unwirklichkeit des Künstlerlebens in der Kunststadt« und der »Unwirklichkeit des Atelierdaseins«, die alle zusammen »den Künstler aus dem Boden der wirklichen Welt, in der und für die er schaffen soll, herausgerissen« habe. Auf diese Weise könnten die notwendigen Beziehungen zwischen dem Produzenten und dem Konsumenten nicht entwickelt werden, weil sie nicht einmal als Anlage vorhanden seien und höchstens als Ausnahme aufträten. Ausstellungen gegenüber soll sich der junge Künstler ablehnend verhalten, empfiehlt Lichtwark; sie nützten ihm nichts und seien nur ein Hindernis zwischen ihm und dem Publikum. Es werde bereits durch die Ausstellungen befriedigt, jedes Bedürfnis über sie hinaus werde abgetötet. Er bedenkt den Aufwand, den sie für den Künstler bedeuten, und das Publikum sei umso weniger geneigt zu kaufen, je ernster die Arbeiten seien. Dass der Künstler dann nur noch auf die Ausstellungen fixiert ist, erscheint Lichtwark als Abweg; den Verzicht auf diese Art von Öffentlichkeit betrachtet er als Erleichterung für den Künstler. So könne man sich seiner Arbeit widmen und sich seine Abnehmer selber suchen. Diesen Weg glaubt er sicherer als denjenigen über Ausstellungen. Der Künstler soll sich einen Kreis von Auftraggebern schaffen und »auch an die einfachste Aufgabe sein Äußerstes setzen«. Er soll den unmittelbaren Kontakt mit seinen Abnehmern pflegen; wenn er »als Handwerker, der er ist«, sich eine Kundschaft suchte, würde er »Einsicht in tausend Möglichkeiten bekommen, die ihm jetzt nicht dämmern.« In den Ausstellungen sei nur höchst selten ein Werk vorhanden, das mit irgendeinem Stück Wirklichkeit zu tun habe. Es sei vielleicht der schlimmste Fluch der Ausstellungen und des Kunsthandels, dass sie den Wunsch nach direktem Kontakt mit dem Publikum beim Künstler ersticken würden. Zu der wiederherzustellenden Wirklichkeit gehöre auch eine vernünftige Grundlage der Preisbildung. Die Zustände seiner Zeit erscheinen Lichtwark schmachvoll, die Forderungen der jungen Künstler viel zu hoch, fraglich auch, welche Preise sie schließlich akzeptieren. Er mahnt eine realistische Einstellung und Bescheidenheit an. Zwei- bis dreitausend Mark Jahreseinkommen hält er für einen unverheirateten jungen Künstler in den ersten Jahren

50 AL, Der junge Künstler und die Wirklichkeit, S. 132.

für auskömmlich. Auch den Standpunkt des Käufers bedenkt er, wenn dieser für das Werk eines jungen Künstlers nur eine geringe Ausgabe tätigen will. »Es kann nicht verlangt werden, daß er für die Erwartungen und Hoffnungen, die der junge Künstler in seine Zukunft setzt, mit bezahlt.« Nach seinen Erfahrungen dürfte es einem jungen Künstler im Deutschland seiner Zeit nicht schwerfallen, durch ernsthaftes Arbeiten das Interesse eines durchaus aufnahmefähigen Publikums zu wecken. Mit steigender Nachfrage dürften sich auch die Preise erhöhen. Dann würden Ausstellungsmöglichkeiten entstehen, und er könne seine Preise selbst festsetzen. Der Kunst aber würde nach Lichtwarks Vorstellung eine sehr breite, aber wirtschaftlich wertvolle Schicht des Volkes wieder zugänglich, die jetzt nur Surrogate konsumiere.

Auch Kunsthandel und Kunstkritik gehören für Lichtwark zu den Unwirklichkeiten. Zunächst wirft er einen Blick auf die historische Situation. Der adlige Auftraggeber oder Käufer habe noch direkten Kontakt zum Künstler gehabt. Nun aber habe sich der Kunsthandel entwickelt und vom dienenden Vermittler als Patron der Künstler zum Herrn aufgeworfen. Er reguliert die Ausstellungsmöglichkeiten und berät das geschmacklich unsichere Publikum. In diesem Zusammenhang wünscht sich Lichtwark mit seinem starken Interesse an kunstsoziologischen Aspekten eine Geschichte des Kunsthandels, der sich aufspalte in »die Diener des populären Geschmacks« und »die eigentlichen Führer [...] mit natürlichem Instinkt« für die dauernden – »anerkannten und unerkannten« – Werte wie Fritz Gurlitt und Hermann Paechter in Berlin. Gurlitt setzte sich schon früh für Böcklin, Thoma, Hildebrand und Klinger ein; Paechter vertrat Menzel und schließlich Liebermann, zeigte zuerst die französischen Impressionisten und am Anfang der 1890er Jahre auch Manet und Cézanne. Lichtwark beweist an dieser Stelle seine genaue Kenntnis des Kunsthandels auch in Paris, er würdigt die bedeutende Rolle etwa Durand-Ruels, der schon Werke der noch verkannten Impressionisten besaß. Er stellt das Problem noch einmal besonders heraus: Während der Staat ungeheure Summen für Schulen, Akademien, festangestellte Künstler, Stipendien und die Ausbildung der modernen Galerien ausgegeben habe, Summen, die niemals zuvor für die Kunst zur Verfügung standen, seien die eigentlichen künstlerischen Werte dem Kunsthandel überantwortet worden. Es könne nicht nur in Frankreich, sondern ebenso in Deutschland vorkommen, dass der persönliche Geschmack des Kunsthändlers mehr bedeute als Staat, Akademie, das staatliche Schulwesen, auch die Presse und »einfach die Entwicklung einer ganzen Generation« bestimme. Diese Situation, in der der Kunsthandel nach Belieben als Sklavenhalter auftrete, erscheint Lichtwark jedenfalls nicht als Wirklichkeit.[51] Ebenso wenig gesteht er auch der Kunstkritik zu, auch wenn sie durch gute Leute in den letzten Jahren auf ein höheres Niveau gehoben worden sei. Lichtwark weist hier auf die Autorität des gedruckten Wortes hin. Die Ausstellungen seien ebenfalls den Weg in die Unwirklichkeit gegangen: Die Qualität sei stetig abgesunken; so viel gleichgültiges Zeug

51 Vgl. ebd., S. 140–142.

befinde sich in den Ausstellungen und den überfüllten Zeitschriften, man wundere sich, woher das entsprechende Publikum käme und was die Käufer eigentlich noch interessiere.

Schließlich behandelt Lichtwark noch die Museen, die er in ihrem momentanen Zustand lediglich als Provisorien betrachtet. Im 19. Jahrhundert seien sie Nachahmungen der fürstlichen Sammlungen gewesen, das Volk habe weder ein Bedürfnis nach ihnen gehabt noch sie eigenständig schaffen können. Bisher habe kein Museum auf dem Gebiet der lebenden Kunst dieselbe Macht erlangen können wie Wilhelm Bode sie für die alte erworben habe. Es ließe sich allerdings vorstellen, dass sie Anschluss an die lebende Kunst suchten, indem sie als Vertreter des Staates mit Aufgaben an die Künstler herantreten würden und mit dem Besten der künstlerischen Produktion auf Liebhaber und Sammler einwirkten. Seine eigenen Bemühungen auf diesem Gebiet erwähnt er dabei nicht. Doch die Organisation der Museen scheint ihm zu schwerfällig, und für die »ringende Kunst« will er die Museen noch nicht dauerhaft in Betracht ziehen. Das setze die Museen an Bedeutung für die lebende Kunst noch weit unter den Kunsthandel: »Sie sollen ihr Wirkungsgebiet erst noch finden.«[52]

Als nächstes behandelt Lichtwark den Aspekt des Kunstexportes. Es hat sich gerade eine Gesellschaft für deutsche Kunst im Ausland gebildet, die er als einen »Verein zur Hebung des Exports deutscher Kunst« interpretiert. Damit kommt er auf eines seiner wichtigen Themen zu sprechen. Er hält die Förderung des Kunstexportes für einen falschen Ansatz, da das Ausland Kunst von minderer Qualität genügend selbst produziere. Zuerst müsste das Ansehen der Kunst im Inland gefördert werden. »Trotz der sehr hohen Preise, die die Werke unserer führenden Künstler erzielen, gilt im Herzen sehr vieler Künstler und Kunstfreunde alle deutsche Kunst nicht für voll.«[53] Lichtwark plädiert dafür, zunächst einmal den Wert der eigenen Kunst würdigen zu lernen und sich abzugewöhnen, »gute deutsche Kunst« mit dem Namen des entsprechenden französischen Typus zu bezeichnen. Die eigene Kunst soll überhaupt erst einmal Anerkennung finden. Den Kunstexport ankurbeln zu wollen, hält Lichtwark geradezu für Hochverrat. In Deutschland habe man das Glück gehabt, dass die Engländer und Amerikaner die herausragenden deutschen Werke des 19. Jahrhunderts nicht eher als die Deutschen selbst erkannten. Hätten sie von 1880 bis 1900 mit Umsicht in Deutschland gekauft, dann hätten sie das Beste aus der deutschen Produktion für wenige hunderttausend Mark an sich bringen können. Zum Vergleich verweist er auf das Schicksal der Schule von Barbizon und des französischen Impressionismus, die in französischen Museen kaum zu finden seien, dafür aber in amerikanischen Museen und Privatsammlungen. Die Amerikaner hätten die hochwertigsten Arbeiten zu lächerlichen Preisen an sich gebracht, während Frankreich dadurch ein ungeheures Kapital verloren habe. Frankreich habe nationale Kraft abgegeben, Amerika sie für seine eigene Produktion wie auch für seine Erkenntnis gewonnen. »Wo ständen wir,

52 Ebd., S. 144.
53 Ebd., S. 145.

wenn wir die besten Friedrich, Menzel, Böcklin, Leibl, Thoma, Schwind, Feuerbach an Amerika abgegeben hätten? Das Meisterwerk eines großen Malers oder Bildhauers bedeutet für sein Volk so viel wie das des großen Musikers oder Dichters. [...] Denn wie die höchste Kunst ein Erzeugnis des Gesamtvolkes ist, wirkt sie auf dies Volk unmittelbar mit gestaltender Kraft zurück.« Ironisch schlägt Lichtwark vor, den Verein zum Export deutscher Kunst zu bekehren und ihn zur Gesellschaft für deutsche Kunst im Inland umzutaufen. Kunst an sich könne man nicht pflegen; die Gesellschaft sollte stattdessen versuchen, neue Grundlagen für ein menschenwürdiges Dasein der Künstler zu schaffen. »Was geht uns das Ausland an?«, erklärt Lichtwark stolz. »Wir wollen so gute und so selbständige Kunst machen, daß es bewundernd zu uns kommt. Dann soll es höflich willkommen sein. Zu irgendeiner Stunde ihm unsere Kunst anbieten, geht gegen unsere Ehre.«[54]

Als Steigerung der bisherigen Ausführungen betrachtet er die Situation noch aus der Sicht der Künstler, die darunter litten und nicht mehr gewohnt seien, mit irgendeiner Wirklichkeit zu rechnen. Sie würden sich als Märtyrer fühlen und Staat wie auch Publikum die Schuld an ihrer Misere geben, vom Staat womöglich noch Versorgung fordern, womit sie den Boden der Realität endgültig verlören. Hier formuliert Lichtwark krass und mitleidlos: »Wäre der Künstler nicht durchweg bei aller Klugheit so schrecklich unintelligent, so müßte er von selbst erkennen, wie die Wirklichkeit beschaffen ist. An keiner Stelle besteht die geringste Verpflichtung gegen ihn. Niemand wünscht sein Dasein, nach seinen Werken trägt niemand Begehr, niemand wartet, niemand freut sich darauf. Nicht einen unter Tausend kennt sein Volk mit Namen, nicht einem unter Tausend blüht das Glück, daß jedes neue Werk mit Jubel oder Haß begrüßt wird.«[55]

Im Schlusskapitel dieses langen Aufsatzes entwickelt Lichtwark einen Lösungsvorschlag für die desaströse Situation der jungen Künstler. Helfen könnten sie sich nur selber, indem sie sich entschlossen der Wirklichkeit stellten. Der junge Künstler sei nun einmal in zehntausend Fällen nicht ein einziges Mal der »Ausnahmemensch«, für den er sich selbst halte. Er habe keinerlei Anspruch zu stellen, sondern sich einzuordnen, sein Leben praktisch und nüchtern zu führen wie jeder andere Bürger. Am besten sehe er sich als Handwerker an – die Zehntausend seien nicht mehr als das – und suche sich Kundschaft. Er soll in die schlichteste Aufgabe alle Hingebung und Energie investieren, habe er damit Erfolg, so sei die Freiheit errungen. Man müsse nach den Bedürfnissen der Zeit fragen, die die Landschaftsstudie gewiss nicht mehr brauche, es gebe in den letzten dreißig Jahren ausreichend davon. Die Zehntausend sollten sich einem anderen Stoff zuwenden; er rät zum Bildnis, da er dort deutlich wachsendes Interesse wahrzunehmen glaubt, das er als »Gesundung« interpretiert. Nun weist er aber doch auf seine Bemühungen um das Bildnis in Hamburg und die Sammlungen in der Kunsthalle hin, auf die ältere Bildnismalerei und die des 19. Jahrhunderts, auch die französischen Medaillen und Plaketten, schließlich auf die

54 Ebd., S. 148.
55 Ebd.

Bildnisse in der Sammlung von Bildern aus Hamburg mit ihren zeitgenössischen Versionen dieser Gattung. Wenn es gelinge, die Galerie in diese Richtung auszubauen, werde allein schon das Portrait ihr Rang und Charakter verleihen. Das Wichtigste stellt für ihn wie immer der Anschluss an die zeitgenössische Kunst dar. Lichtwark spricht auch andere am Bildnis orientierte Aktivitäten an, etwa in der Graphik und Plastik, und erwähnt seine beiden Bände über die Geschichte des Bildnisses in Hamburg. An den Bereich der Amateurphotographie denkt er ebenfalls, an die Erfolge der Ausstellungen in der Kunsthalle und ihre Auswirkung auf die Berufsphotografen. Doch die neue Bildnisphotographie als Kohle- oder Gummidruck ohne Retusche sei derart kostspielig, dass die Kunst in Form der Druckgraphik wieder in Konkurrenz treten könne. Der junge Künstler müsse sich heute schon anstrengen, wenn er »in Auffassung und Kultur« mit dem Photographen konkurrieren wolle: »Und das ist gut so.« Lichtwark berichtet von den graphischen Portraits der Gesellschaft Hamburgischer Kunstfreunde, räumt auch weniger gelungene Beispiele ein, äußert jedoch Optimismus, dass das Publikum geneigt sei, die graphischen Techniken pflegen zu helfen, »wenn der Künstler es fertig bringt, die Herzen zu gewinnen durch die Kraft der Charakteristik, die künstlerische Macht des Ausdrucks und die Kultur der Auffassung und Ausführung.« Der Künstler soll sich dabei vor Geschmacklosigkeiten hüten; diese Forderung sei dringend nötig angesichts der Durchschnittsleistung der deutschen Bildnismalerei: »Der vornehmste Geschmack hat eben nur das eine sichere Kennzeichen, daß man ihn nicht bemerkt.«[56]

Wie 1893 die Photographen müssten aber die jungen Künstler beim Bildnis ganz von vorne anfangen; die Mittel der Landschaftsmalerei könnten nicht einfach übertragen werden. Selbst erfahrene Portraitmaler wie Liebermann und Kalckreuth hätten in zahlreichen Zeichnungen ihre großen Bildnisse vorbereitet. Der junge Künstler werde jedoch merken, wie viel rascher solche konkreten Studien ihn nach vorne brächten als beliebige Studienköpfe. Denn er müsse die Bildform für jedes Individuum neu schaffen; alte Bildformen könnten nicht wie eine Schablone gebraucht werden. Und wenn er mit der Arbeit an der Leinwand beginne, müsse die neue Form bis in alle Einzelheiten feststehen. Der junge Künstler müsse auch die Überempfindlichkeit gegenüber den Wünschen des Auftraggebers ablegen; unerfüllbare oder törichte Ansprüche soll er mit Humor – »der besten Wehr und Waffe der Welt« – zurückweisen. Aber oft würden solche Wünsche eine Bereicherung und Vertiefung für das Werk bedeuten. »Der Künstler schafft heute allein. Von den Gedanken und Empfindungen des ganzen Volkes geht nichts oder sehr wenig in sein Werk über, die ungeheure Kraftquelle des allgemeinen Empfindens verläuft neben dem Künstler im Sande oder kommt überhaupt nicht ans Licht, und auch die Liebe und Freude, die Einsicht und der gute Wille der für die Kunst begabten, die nicht ausüben, kommen dem Künstler nicht zu gut. Das ist vielleicht sein und der Kunst schwerster Verlust.«[57] Der Künstler sei sich dessen jedoch selten bewusst, halte im Gegenteil den heutigen Zustand für den gesetz-

56 Ebd., S. 155.
57 Ebd., S. 157.

mäßigen und sei eher geneigt, nützliche Forderung als ungehörige Einmischung zu betrachten und zurückzuweisen.

Beim Publikum glaubt Lichtwark nun auch ein Bedürfnis nach dem Bildnis wachsen zu sehen, als Beweis dafür betrachtet er die Hinwendung zum unretuschierten photographischen Portrait. Die Gewöhnung an die Wahrheit in der Photographie könne die Basis darstellen für eine Gewöhnung an die Wahrheit in der Kunst. Dass die »Führer zum neuen deutschen Bildnis«, Liebermann und Kalckreuth, bereits Popularität errungen hätten, betrachtet er als Hinweis auf die Richtung, »die der Wind eingeschlagen hat.« Er nennt es eine »wundervolle Aufgabe, das deutsche Bildnis zu schaffen«, und sie betreffe nicht nur die Künstler. »Es ist ein Glückslos für jeden, dem es seine Kraft und seine Mittel gestatten, mitzuarbeiten, der deutschen Kunst dies unermeßliche und fast unbestellte Reich der Wirklichkeit wiederzuerobern.«[58] Der Auftraggeber soll sich nicht nur etwa als Gönner und Zuschauer des Künstlers verstehen, er soll an sich selbst arbeiten, damit er die Wahrheit lieben und ertragen lernt. Wenn es wieder eine Blüte des deutschen Bildnisses geben solle, dann müsse er das Portrait lieben lernen und »ein williger, einsichtiger, opferbereiter Mitarbeiter des Künstlers« werden. Die neue deutsche Bildnismalerei zu schaffen, darin sieht Lichtwark die höchste Aufgabe seiner Generation, sie sei nicht mehr Wunsch und Hoffnung, sondern tatsächlich im Entstehen begriffen; Liebermann und Kalckreuth stünden nicht mehr allein. Er betrachtet es sogar als Vorteil, dass es keine deutsche Tradition der Bildniskunst gebe; aus Frankreich oder England soll man keine Vorbilder importieren. Diese Leistung müsse man in Deutschland allein erbringen. Die Hamburger Künstler könnten noch im deutschen Bildnis des 19. Jahrhunderts eine »Seelenstärkung« finden, hier nennt er als Beispiele die Monumentalität Runges, aber auch die Intimität Oldachs, Wasmanns, der Brüder Speckter, außerdem Krüger, Menzel und Waldmüller. »Das Bildnis ist einer der Punkte, an denen angesetzt werden muß, wenn die siebenundneunzig Unwirklichkeiten, in denen der Künstler lebt, um ihn in ihr Nichts zusammensinken sollen.«[59]

Bei seinem als Realismus getarnten Idealismus und seiner vehmenten Propaganda für das Portrait ignoriert Lichtwark, dass seinen eigenen Versuchen, dem Hamburger Publikum den privaten Bildnisauftrag nahezubringen, nur wenig Erfolg beschieden ist: Seine Klagen über das Scheitern der Graphikedition der Gesellschaft Hamburgischer Kunstfreunde und die Unverkäuflichkeit seines zweibändigen Portraitwerks scheint er verdrängt zu haben, ebenso die zumeist vergeblichen Versuche, wohlhabende Bürger zu privaten Portraitaufträgen zu bewegen.

Schon 1906 schreibt Lichtwark an Liebermann, die jungen Künstler sollten nur Figuren, bloß keine Landschaften malen, höchstens zum Vergnügen: »Der Mensch muß eine Generation wieder ein und alles sein.« Junge Maler sollen sich Kundschaft als Bildnismaler suchen, Modelle seien keine Menschen mehr. Wenn die Künstler das

58 Ebd., S. 158.
59 Ebd., S. 160.

meisterten, hätten sie Erfolg und wären in wenigen Jahren unabhängig. Dann könnten sie die Einmischung anderer ablehnen.[60]

Lichtwark sendet an Liebermann das Jahrbuch von 1909 mit dem Aufsatz, und der Freund geht ausführlich und ernsthaft darauf ein. Fast allen Thesen Lichtwarks stimmt er zu. Auch er betrachtet das Portrait als grundlegende Aufgabe. Er folgt Lichtwark ebenso bei dessen kritischer Einstellung zur Photographie: Durch sie »haben wir sehn gelernt, aber künstlerisch zu sehn, verlernt.« Liebermann ist ebenso vehement gegen die Akademien eingestellt, betrachtet seine eigene Ausbildung in Weimar als verlorene Zeit und würde Fachschulen zur Ausbildung von Handwerkern begrüßen; die Begabtesten könnten dann immer noch Künstler werden: »Der Staat spart Millionen u[nd] – was wichtiger – erlöst uns vom Künstlerproletariat.« Nur in einem Punkt widerspricht er Lichtwark, nämlich »daß die Überschätzung der künstlerischen Mittel ein Irrthum des Künstlers sei.«[61]

Die Diskussion um die Effizienz der Künstlerausbildung intensiviert sich jedoch erst nach 1916. In diesem Jahr veröffentlicht Wilhelm von Bode einen Aufsatz zu diesem Thema in der *Woche* vom 1. April.[62] Er erreicht eine breitere Leserschaft als Lichtwark mit seinem Aufsatz in dem einem vergleichsweise kleinen Hamburger Kreis gewidmeten *Jahrbuch der Gesellschaft Hamburgischer Kunstfreunde*. Durch die 1917 bei Cassirer in Auswahl erscheinenden Schriften Lichtwarks gewinnen seine Gedanken und Themen schließlich eine größere Öffentlichkeit, denn im zweiten Band ist dieser Aufsatz über den jungen Künstler und die Wirklichkeit enthalten. Außerdem erfährt der Text im selben Jahr einen Wiederabdruck in der Zeitschrift *Kunst und Künstler*.[63] Ebenfalls 1917 lässt Lichtwarks Freund Woldemar von Seidlitz zahlreiche gesammelte Meinungen von Fachleuten über eine Reorganisation der Studienordnung für Künstler bei Seemann in Leipzig als schmales Buch erscheinen, betitelt *Die Zukunft der Vorbildung unserer Künstler*.[64] Hier wird das Problem der mangelnden sozialen Eingliederung der Künstler ausführlich thematisiert.

Als Walter Gropius im Jahre 1919 das Staatliche Bauhaus in Weimar gründet, reagiert er auf diese aktuelle Diskussion, indem er für die Studierenden eine parallel zu absolvierende Handwerker- und Künstlerausbildung vorsieht und zu gleichzeitigem Abschluss führen lässt.[65] Er dürfte Lichtwarks Aufsatz gekannt haben, entweder aus der zwei Jahre zuvor erschienenen Anthologie von Lichtwarks *Schriften* oder aus der Zeitschrift *Kunst und Künstler*. Das Thema ist nach wie vor aktuell, doch bleibt Gropius' im Bauhaus praktizierte Lösung ein singulärer Versuch in Deutschland, dieses Problem zu bewältigen.

60 Br. Lichtwark-Liebermann, S. 246f.
61 Vgl. Br. Lichtwark-Liebermann, S. 326f.
62 Vgl. Seidlitz (1917), S. 5f.
63 AL, Schriften, Bd. II, S. 121–160; Kayser (1977), Nr. 556. – Kunst und Künstler, 16. Jg., 1917/18, S. 91–107; Kayser (1977), Nr. 559.
64 Vgl. Seidlitz (1917).
65 Vgl. Wingler (1975), S. 40f.

Lichtwarks eigene Jugenderfahrung von Armut und sein mitfühlendes Wesen werden vielfach in seinen Bemühungen deutlich, jungen Künstlern zu Aufträgen und Förderung zu verhelfen, verdankt er doch selbst uneigennütziger Förderung seine Position und seinen sozialen Status. Als die reiche Hamburger Kauffrau Dora Klöpper, die Schwiegermutter seines Freundes Wolf Mannhardt, ihm 1909, im Jahr der Entstehung dieses Aufsatzes, für seine Künstler-Nothilfekasse 1.000 Mark spendet, schreibt er in seinem Dankesbrief: »Ich bin ganz beschämt, aber ich freue mich von Herzen. Nun kann ich allerlei Pläne ausführen, die sonst nicht steigen können. Ich werde versuchen, diese Mittel nicht als directe Unterstützung sondern im Sinn von Aufgaben zu verwenden. Wenige ahnen, wie groß die Noth ist und wie schwer in Hamburg der Kampf für den Künstler, nicht nur für den jungen. Die Mehrzahl ist bei uns mit vierzig noch nicht so weit, daß sie auf einen Monat das Brot haben. Man kann nicht einmal sagen, von der Hand in den Mund, denn die Hand ist leer. Der Jammer ist, daß sie die praktische handwerkermäßige Grundlage verloren haben, sie haben keine Kundschaft. Sie wissen nicht einmal, dass sie sie brauchen, und dass sie alles aufbieten müßten, sie zu erlangen. Vielleicht gelingt es bei einigen noch durch geeignete Aufträge. Könnte man ihnen nur etwas praktische Vernunft einflößen und ihnen den Größenwahn entwinden. Liebermann spottete einmal, wer einen Stuhl gezeichnet hätte, bekäme sofort den Größenwahn. Aber das gilt nicht nur für den Künstler, der ins Kunsthandwerk abschwenkt, sondern für jeden, der ein Stilleben gemalt hat.« Seine Kasse werde nun stattlich, er bekomme von der Waldorf Astoria Company den Überschuss der Eintrittsgelder der Plakatausstellung und habe wegen der großen Not sein Honorar als Juror des Wettbewerbs ebenfalls gespendet.[66]

LICHTWARKS KÜNSTLERHILFE

Es sind nicht nur die jungen Hamburger Künstler, um deren Fortkommen Lichtwark sich bemüht, etwa durch die Vermittlung ihrer Bilder an spendable und generöse Kaufleute, die willens sind, auch Werke unbekannter Künstler zu erwerben. Lichtwark muss die Sammlung von Bildern aus Hamburg aus Privatmitteln aufbauen und für viele andere Objekte, die er für die Kunsthalle wünscht, Zuwendungen einwerben. Gustav Schiefler beobachtet ihn im Jahre 1900 auf einem Ausflug in einer Gesellschaft des Kaufmanns Richard Krogmann und fragt sich später in seinem Tagebuch, ob Lichtwark dieses Niveau genüge. Zunächst glaubt er, Lichtwark, der in allen Sätteln des Lebens zu sitzen wisse, suche hier Entspannung, doch hellsichtig erkennt er, der selbst vergebens um Lichtwarks private Zuwendung wirbt, seine Eifersucht. Schließlich weiß Schiefler Lichtwark stets auf der Jagd nach Sponsoren, die vielleicht gerade infolge eines guten Geschäftes in Geberlaune sind. »Er sagte gelegentlich, er dürfe seine Abende nur opfern, wenn dabei etwas für die Kunsthalle herauszuschlagen sei.«[67]

66 Br. Mannhardt, S. 81f. – Zu den Juroren des Plakatwettbewerbs gehört auch Liebermann.
67 Vgl. Schiefler, LAZ, 9.5.1900, S. 107f., HH, SUB, HSS.

Lichtwark will jedoch nicht nur den bildenden Künstlern, sondern allen »Geistesarbeitern« helfen, wie Schiefler schon im Jahr zuvor notiert. Unermüdlich sei er auf solche Unterstützung bedacht. Im Nachlass eines Kunstfreundes hat er eine Anzahl »liebenswürdiger Katzenzeichnungen« Otto Speckters gefunden, dazu soll Gustav Falke für ein Bändchen der *Liebhaberbibliothek* gegen Honorar Verse schreiben. Es werde Lichtwark nicht schwerfallen, dafür die Mittel zusammenzubringen.[68] Tatsächlich erscheint 1900 wie geplant das Bändchen *Otto Speckters Katzenbuch* mit Gedichten von Gustav Falke und einem Vorwort Lichtwarks mit einer zweiten Auflage noch im selben Jahr.[69] Doch schon zuvor erhält der chronisch an Geldsorgen leidende Dichter Detlev von Liliencron pekuniäre Unterstützung durch eine Vereinbarung zwischen Lichtwark, Theodor Fontane und Richard Dehmel, unterzeichnet in Altona zwischen dem 16. und 22. April 1897. Es soll im April 1897 ein Aufruf für die Sammlung einer Ehrengabe erlassen werden, um Liliencron seine wirtschaftliche Lage zu erleichtern. Zunächst sollen ihm die Mittel zur Verfügung gestellt werden, deren er zur Tilgung seiner 7.600 Mark Schulden bedarf, davon soll der Berliner Verleger Rudolf Mosse als Treuhänder 3.000 Mark erhalten. Ferner sind bei einem entsprechenden Ergebnis der Sammlung 2.000 Mark zur Einrichtung eines Haushaltes geplant. Kassenführer ist Konsul Leopold Auerbach, Berlin.[70] Liliencron seinerseits verpflichtet sich, die Gelder nicht anderweitig zu verwenden. Einen eventuellen Überschuss hält Auerbach in Verwahrung, über dessen Verwendung soll später einvernehmlich entschieden werden.[71] Eine anschließende Presseinformation enthält die Darstellung des Aufrufs für die Spende an Liliencron zu seinem 55. Geburtstag zwecks Beseitigung seiner wirtschaftlichen Notlage, unterzeichnet von Leopold Auerbach, Hermann Bahr, Wilhelm Bode, Eberhard von Bodenhausen, Arnold Böcklin, Richard Dehmel, Marie von Ebner-Eschenbach, Theodor Fontane, Ernst Moritz Geyger, Klaus Groth, Gerhart Hauptmann, Karl von der Heydt, Harry Graf Kessler, Max Klinger, Alfred Lichtwark, Max Liebermann, Rudolf Maison, Adolf Oberländer, Paul Raabe, Emanuel Reicher, Woldemar von Seidlitz, Richard Strauß, Hans Thoma und Fritz von Uhde. Die Mehrzahl der Unterzeichneten gehört zum Umkreis der Zeitschrift *Pan*. Die Hauptsammelstelle befindet sich bei Konsul Auerbach, Berlin W., Taubenstraße 20. Die Aktion soll Liliencron, der wie kaum ein anderer Dichter deutsche Lebenslust und Tatkraft in seinen Werken ausgedrückt habe, ein verbittertes Alter ersparen und sein ferneres Schaffen erleichtern.[72] Wenn nicht so viel zusammenkomme, schreibt Lichtwark an Dehmel, scheine ihm eine Leibrente das Gegebene zu sein. Liliencron habe seine kleine Hauptmannspension und nun vermutlich auch geringe Einnahmen aus seinen Schriften, die sich infolge des Aufrufs, der doch manchem bewusstmachen werde, dass er den Dichter nicht recht kennt, wohl ein wenig steigern würden. Kämen noch ein paar

68 Vgl. Schiefler, LAZ, November 1899, S. 77, HH, SUB, HSS.
69 Kayser (1977), Nr. 327.
70 Auerbach ist der erste Ehemann von Ida Dehmel; vgl. dazu Wegner (2000).
71 Vgl. das Dokument der schriftlichen Vereinbarung, DA Br Ss 65, HH, SUB, HSS.
72 Auf der Pressemitteilung der Liliencron-Stiftung, als Korrekturbogen deklariert, DA 289, 12.3.1897.

hundert Mark aus anderen Einkünften und die hoffentlich sparsame und herrschende Hausfrau hinzu, so sei der Not dauernd gewehrt. Sollte die Summe beträchtlicher werden, was Lichtwark kaum zu hoffen wagt, so schlägt er vor, sie auf die Tochter zu übertragen und Liliencron nur die Nutznießung zu lassen. Man solle jedoch nicht gleich zu Anfang das Spendenverzeichnis offen legen, denn wenn die wohlhabenden Bankiers nur 200 Mark zeichneten, würden die übrigen kaum mehr ausgeben. »Hier wird ein heftiger Kampf gegen das Neue gekämpft. Das ganze Banausenthum fühlt sich bedroht und erhebt sich wie ein Mann. Die junge Kunst soll unter die Füße. Möge es hier gehen wie überall, daß die Feinde der Entwicklung gegen ihren Willen die Förderer werden. Von Berlin spielen die Drähte mit.«[73]

Der Erfolg dieser Sammelaktion bleibt weit hinter den Erwartungen zurück. Lichtwark, der in dem Aufruf bei seinem Namen die Titel gestrichen haben will, sie seien ihm zuwider, wundert das klägliche Resultat kaum. Es entspreche dem Bildungsstand des deutschen Volkes. Lebte die Marlitt[74] in Bedrängnis, würde man sich um die Ehre der Hilfeleistung streiten. Wäre Liliencron Journalist, der ganze Clan würde aufstehen wie ein Mann. Sie würden wohl Alternativen ersinnen müssen, alle literarischen Gesellschaften etwa müssten Winterabende mit guten Vorlesern veranstalten. In Berlin will er die Angelegenheit mit Dehmel besprechen. Direkt um Zuwendungen für Liliencron zu bitten, hält Lichtwark für aussichtlos. Ein Versuch, die Summe innerhalb der Hamburger Gesellschaft aufzubringen, würde scheitern, da man gleich vermuten würde, dass sie natürlich für einen Modernen bestimmt sei. »Nein, das hasse ich viel zu sehr, um da vor meinem Gewissen u.s.w.« [75]

Lichtwark schlägt deshalb Dehmel vertraulich ein Buch über Liliencron vor, da der Dichter noch so unbekannt sei, ein Geschenkbuch, Geburtstagsbuch, Weihnachtsbuch oder ähnliches; es müsste ziemlich umfangreich werden, aber nur zwei Mark kosten, mit Beiträgen von Dehmel, Hauptmann, Ompteda, Fontane, dem Literaturhistoriker Berthold Litzmann. Einer soll Liliencrons Vita umreißen, andere einzelne seiner Werke besprechen. Der Band müsse nach einem Konzept ausgearbeitet werden und amüsant sein, dabei »so kräftig und tief wie möglich«, mit Vignetten von Max Klinger und einem Kupferstich von Franz Stuck – und der ganze Erlös soll Liliencron zufließen. »Es müßte ein Buch werden, das wie eine Bombe ins Gewissen platzt.«[76] Doch scheint es zu dieser Rettungsaktion nicht gekommen zu sein. Nach dreißigjährigem Kampf ist Liliencron 1899 schließlich bis auf 400 Mark schuldenfrei; er bittet Lichtwark, noch einen Gönner zu suchen für diese Restschuld.[77]

73 Brief Alfred Lichtwark an Dehmel, 10.4.1897, DA 288, HH, SUB, HSS.
74 E. Marlitt, Pseudonym der Schriftstellerin Eugenie John (1825–1887), erfolgreiche deutsche Verfasserin von Populärromanen, veröffentlichte in der *Gartenlaube*.
75 Brief Alfred Lichtwark an Dehmel, 12.3.1897, DA 289, auf der Pressemitteilung der Liliencron-Stiftung, als Korrekturbogen deklariert; Brief Alfred Lichtwark an Dehmel, 4.3.1898, DA 294, HH, SUB, HSS.
76 Brief Alfred Lichtwark an Dehmel, 4.3.1898, DA 294; Brief Alfred Lichtwark an Dehmel, 22.6.1897, DA 292, HH, SUB, HSS.
77 Brief Liliencron an Alfred Lichtwark, 6.7.1899, HKH, AdB 76.

Obwohl Lichtwark stets bereit ist, gezielt zu helfen, versagte er sich, als einige Jahre zuvor Dehmels Frau Ida sich an ihn mit der Bitte um ein Geldgeschenk für Liliencron wendet. »Ich finde es reizend von Ihnen, daß Sie so vorsorglich für Liliencron mitraten und ihm durch möglichst viele Hundertmarkscheine eine frohe Stunde an seinem Geburtstag bereiten wollen.« Auch dass keine Bedingung an die Gabe geknüpft sei, erscheint ihm »sehr menschlich gedacht. Bei aller Zustimmung zu Ihrem Plan muß ich Sie jedoch bitten, mich als Beitragenden auszuschließen. Was ich übrig habe – viel ist es nicht – gehört der Noth.«[78] Erst an der gemeinschaftlichen Hilfsaktion beteiligt er sich.

Not sieht Lichtwark bei den Hamburger Künstlern häufig. Sie wenden sich auch mit Hilferufen an ihn, der wiederum Bilder zu vermitteln versucht und sich dabei auch an seine Freunde wendet. 1908 etwa fragt er brieflich bei Wolf Mannhardt an, ob dieser nicht jemanden kenne, der helfen könne und möge. »Von dem Elend hat man keine Ahnung, wenn man nicht mit Künstlern zusammenkommt. In dieser Woche ist das der dritte Fall, der an mich kommt. [...] Bei unseren einheimischen Künstlern gehts jahraus jahrein ebenso. Die Lage ist so traurig, dass man kaum Freude daran hat, wenn man helfen kann, denn es ist immer nur eins von tausend Löchern gestopft.«[79] Lichtwarks Möglichkeiten der Künstlerhilfe sind jedoch eingeschränkt. 1907 erbittet er anscheinend vergeblich von seiner Kommission 300 Mark für den Ankauf eines Selbstportraits eines Hamburger Malers namens Fuchs, der durch eine Augenkrankheit in große Bedrängnis gekommen sei.[80] Im Jahr darauf erwirbt er aus Mildtätigkeit das Gemälde »Mühlenbach« von Karl Oderich, denn der Künstler ist krank. Die Kommission bewilligt dafür 400 Mark.[81] Der junge Hamburger Fritz Friedrich malt 1909 ein Portrait seiner Mutter als Auftrag von Lichtwark, der bei dieser Aufgabe auf große Motivation und ein besonderes Gelingen hofft. Die Kommission akzeptiert es als Schenkung einer Kunstfreundin, wahrscheinlich von Dora Klöpper, die Lichtwark am Jahresende weitere 2.000 Mark zur Verfügung stellt.[82] 1910 präsentiert Lichtwark erfolgreich seiner Kommission das sehr realistische Bild »Arbeitslose« des Kalckreuth-Schülers Rudolf Zeller, ebenfalls als Geschenk von Dora Klöpper. Lichtwark erteilt ihm außerdem den Auftrag für ein Portrait seiner Mutter, die er in seiner Mittellosigkeit zusätzlich unterstützen muss. 1912 kommt dieses Bild in die Sammlung von Bildern aus Hamburg.[83] Mithilfe eines Geschenks einer ungenannten Kunstfreundin kauft Lichtwark 1911 auch ein Selbstbildnis des 25jährigen Hamburgers Ary Bergen an, eines Vetters mütterlicherseits von Alma Mahler und Stiefneffen von Carl Moll, der ihn brieflich um die Förderung des jungen

78 Brief Alfred Lichtwark an »Frau Dr. Dehmel« [Ida Dehmel], 19.1.1904, DA 305, HH, SUB, HSS.

79 Br. Mannhardt, S. 71.

80 Vgl. P4, 5.3.1907; das Bild ist nicht im Bestandsverzeichnis aufgeführt.

81 Vgl. P5, 12.9.1908. – Best.Kat. Hamburg, 19. Jh., S. 150.

82 Vgl. P5, 28.12.1909. – Best.Kat. Hamburg, 20. Jh., S. 42. – Vgl. Br. Mannhardt, S. 87.

83 Vgl. P5, 19.3.1910, Best.Kat. Hamburg, 20. Jh., S. 138. – Br. Mannhardt, S. 85f. – Ausst.Kat. Bilder aus Hamburg (2002), S. 117.

Mannes gebeten hat.[84] Und im selben Jahr erwirbt er von dem 29jährigen Ernst Odefey, der zu dieser Zeit Meisterschüler in Weimar ist, ein Selbstportrait zunächst auf eigene Kosten, bis ein anonymer Kunstfreund das Bild 1912 der Kunsthalle stiftet.[85]

Nur selten jedoch werden der Kunsthalle Spenden speziell für Ankäufe im Sinne Lichtwarks zugewendet. So erbt die Kunsthalle 1904 1.000 Mark aus dem Vermächtnis von Johanna Maria Charlotte Hirsch für ein Bild eines bedürftigen jungen Hamburger Künstlers.[86] Ohne inhaltliche Bestimmung erhält die Kunsthalle 1909 aus dem Nachlass des Malers Karl Theodor Averberg nahezu 17.000 Mark. 5.000 Mark kommen im Jahre 1910 aus dem Testament von Louis Rosenfeld für die Anschaffung eines Bildes eines Hamburger Künstlers. Der Archäologe August Kalkmann, ein Bruder Ernst Kalkmanns, hinterlässt der Kunsthalle im selben Jahr 1.000 Mark. Ernst Rose, Bergedorf, schenkt im Jahr 1911 20.000 Mark mit der Bedingung, dass die drei Prozent Zinsen für Bilder Hamburger Künstler verwendet werden und er ungenannt bleibt.[87] Mehrfach erhält Lichtwark Spenden für seine Künstlerhilfe von Dora Klöpper. 1910 kann er von den bereits erwähnten 2.000 Mark einem jungen Holzbildhauer ein Honorar zahlen. Sein Freund Seidlitz hat ihn auf den als Meister in einer Hamburger Möbelfabrik arbeitenden Künstler aufmerksam gemacht. Bei diesem Josef Höffler bestellt Lichtwark für die Kunsthalle trotz zunächst noch ungesicherter Finanzierung 1908 die Portraitbüste des Grafen Götzen, 1909 die Büste Carl Hagenbecks sowie eine Figurengruppe von Hagenbeck mit zwei Löwen.[88] 1912 dankt er noch einmal Dora Klöpper für eine »kostbare«, allerdings nicht näher bezeichnete Gabe.[89] Gemessen an der Wohlhabenheit solcher Hamburger Kaufleute, die Lichtwark aus Freundschaft unterstützen, sind diese Spenden vergleichsweise gering, doch sind nur wenige Menschen in dieser großen und reichen Stadt bereit, überhaupt etwas für die Kunsthalle und Lichtwarks Sammlungen zu stiften. Auch seine Anregung, privat ein Werk in Auftrag zu geben, wird nur selten aufgegriffen.

Dora Klöppers Sohn Adolf, der sich von 1911 bis 1913 als ein Frühwerk von Fritz Höger in der Mönckebergstraße ein modernes Geschäftshaus bauen lässt, wird von Lichtwark 1911 erneut zu einem Auftrag motiviert durch das Argument, er würde sich ein Verdienst um Hamburg erwerben. Nach Peter Behrens, der im Vorgänger-

84 Vgl. Best.Kat. Hamburg, 20. Jh., S. 151. – Brief Moll an Alfred Lichtwark, 29.9., o.J. [1911], HKH, AdB 76. – Alma Mahlers Mutter Anna war eine geborene Bergen aus Hamburg, siehe das Kapitel »Hamburg und Wien« in Teil 4. Ary Bergen (1886–1950) war der Sohn ihres älteren Bruders Ary und reüssierte als Maler in Hamburg nach 1933. Er studierte von 1906–1908 durch Vermittlung Lichtwarks bei Arthur Siebelist, von 1910–1912 in Wien und von 1912–1914 in Paris; vgl. Kruglewsky-Anders (1975), S. 7. Eine Studie über Bergen liegt bisher nicht vor (mündliche Mitteilung seiner Enkelin, Ise Möck, geborene Bergen, Bruchwedel bei Uelzen, im September 2003).

85 Vgl. Br. Kommission (1919), Bd. XIX: 1911, S. 65. – Best.Kat. Hamburg, 20. Jh., S. 99, hier als Portrait des Malers Linde bezeichnet. – Ausst.Kat. Bilder aus Hamburg (2002), S. 116.

86 Vgl. P4, 3.12.1904.

87 Zu Averberg vgl. P5, 6.4.1909 (16.778,11 Mark). – P5, 19.3., 24.11.1910, 14.2., 3.6.1911.

88 Vgl. Br. Mannhardt, S. 87f. – Best.Kat. Hamburg, Dritte Dimension, S. 217f.

89 Vgl. Br. Mannhardt, S. 128.

geschäftshaus Klöppers am Rödingsmarkt tätig wurde, empfiehlt Lichtwark diesmal einen Auftrag für Bauplastik an den Bildhauer August Gaul.[90] Lichtwark ist es auch, der über Liebermann Klöppers Auftrag an den von ihm hoch geschätzten Gaul vermittelt.[91] 1913 schließlich werden die Plastiken installiert, eine bronzene Schafgruppe, die auf das Metier des Auftraggebers – den Wollhandel – verweist, ferner die übrige steinerne Bauskulptur: die Elefanten mit Obelisken als Hinweis auf die internationalen Handelsverbindungen, die Schweinereliefs als Reminiszenz an den dortigen ehemaligen Schweinemarkt und die figürlichen Schlusssteine, vor allem aber auch der bronzene Merkur, der überall, auch beim Auftraggeber, sofort auf Ablehnung stößt. Als Gegenstück zu den Schafen fungiert eine Gruppe Heidschnucken, Tiere, für die Lichtwark sich seit 1901 interessiert, schließlich umso mehr, als er selbst in der Heide ansässig geworden ist.[92] Anlässlich einer Reise nach Undeloh auf der Suche nach früher Hamburger Malerei entdeckt Lichtwark in einem Gasthof eine Heidestudie von Carl Schuch aus dem Jahr 1876, die als Auslöser für einen Auftrag an Heinrich Zügel im Jahr darauf dient. Zügel malt 1902 für die Sammlung von Bildern aus Hamburg ein Heidemotiv mit Schnuckenherde, gestiftet von der Familie Westphal. Womöglich liegt hier schon die Anregung für Gauls Schnuckengruppe am Klöpperhaus.[93]

Wären Lichtwarks Kenntnisse der zeitgenössischen Kunst und seine Verbindungen zu Künstlern von potentiellen Hamburger Förderern, etwa dem Beispiel Adolph Klöppers folgend, häufiger genutzt worden, könnte die Hansestadt ein bedeutender Ort der Kunst um 1900 sein, von möglichen späteren Kriegsverlusten einmal abgesehen. Gemessen am Reichtum und an der wirtschaftlichen Bedeutung der Stadt ist das Ergebnis der unablässigen Bemühungen Lichtwarks als kümmerlich zu bezeichnen.

90 Vgl. Hieke (1940), S. 37, 45ff., 51–59. Heinrich Adolph Klöpper, geboren 1869, wurde 1894 Mitinhaber des rapide wachsenden Großhandels von Garnen und übernahm 1907 die Führung des Hauses.

91 Gaul macht seine Beteiligung vom Architekten abhängig; dieser soll mit ihm zusammenarbeiten und die Bildhauerarbeit nicht nur als Dekoration auffassen. Höger ist zur Zusammenarbeit bereit; seine Entwürfe gefallen Gaul; vgl. Br. Kommission (1919), Bd. XIX: 1911, S. 123f.

92 Die Presse beurteilt den »Merkur« als zu wenig antikisch und bezeichnet ihn als »einen mauschelnden Hethiter«. Er wurde wegen seines angeblich jüdischen Aussehens 1942 demontiert und gelangte in die Sammlung Paul Geipel nach Dresden. 1949 wurde er von Geipel auf Anregung von Carl Georg Heise der HKH geschenkt; vgl. Best.Kat. Hamburg, Dritte Dimension, S. 178. Lichtwark schreibt an Gaul am 21.11.1911, er habe mit dem allergrößten Vergnügen die neuen Pläne für das Klöpperhaus gesehen; vgl. Ausst.Kat. Gaul (1999), S. 196, zu Gauls Reliefs ebd., S. 197. – WV Gabler 174 a–c, Heidschnucken- und Schafgruppe, am originalen Standort erhalten; WV Gabler 174 d–f, Schweinegruppen nach links und rechts, Schweinefamilie, am originalen Standort erhalten.

93 Vgl. Br. Kommission (1902), Bd. IX: 1901, S. 153. – Best.Kat. Hamburg, 19. Jh., S. 232.

SAMMELN IV: SAMMLER, AUFTRAGGEBER UND MÄZENE IM SINNE LICHTWARKS

Acht »Glitza-Blätter« gibt die Gesellschaft Hamburgischer Kunstfreunde zwischen 1895 und 1899 heraus, durchweg Arbeiten der Künstler des Hamburgischen Künstlerclubs. Ein letztes aus diesem Fonds, radiert von Franz Nölken, folgt noch 1915. Ein einziges »Westenholz-Blatt« von Ernst Eitner erscheint 1902. Die Serie der graphischen Portraits beginnt 1898 mit dem Bildnis der Schriftstellerin Elise Averdieck und erfährt ab 1906 eine Fortsetzung mit weiteren zehn Blättern von überwiegend Hamburger Künstlern, jedoch sind auch Max Liebermann mit einem Portrait Justus Brinckmanns, Peter Behrens mit einem Holzschnitt eines Portraits von Richard Dehmel und Hans Olde mit einem Bildnis des Dichters Detlev von Liliencron beteiligt. Es erscheinen insgesamt lediglich zwanzig Blätter in der Edition der Gesellschaft Hamburgischer Kunstfreunde im Laufe von zwanzig Jahren für ihre etwa 150 mindestens gutsituierten, wenn nicht wohlhabenden oder sogar reichen bürgerlichen Mitglieder.[94]

Ähnlich steht es mit dem Sammeln von Gemälden, abgesehen von den alteingesessenen Hamburger Sammlern alter Kunst wie dem Kaufmann und Konsul Eduard Friedrich Weber, dem Bankier Eduard Ludewig Behrens und seinem fortschrittlicheren Sohn, dem Bankier Theodor E. Behrens, aus dessen Sammlung unter anderem Manets »Nana« und Cézannes »Quai de Bercy« 1924 als Ankäufe in die Kunsthalle gelangen.[95] Es sind also nur wenige Hamburger Bürger, die auf Lichtwarks Forderung nach kultureller Teilnahme unmittelbar reagieren. Allen voran steht sein Freund Ernst Kalkmann, der schon 1898 die Ausstellung hamburgischer Kunst im Kunstverein mit zahlreichen Leihgaben aus seinem Besitz beschickt. Als weiterer Sammler unter dem Einfluss Lichtwarks ist sein Freund Hugo Steffens zu nennen. Er beginnt ebenfalls schon früh mit dem Sammeln von Bildern der jungen Hamburger und beauftragt 1896 Arthur Illies mit der Innendekoration seines Hauses.[96] Lichtwarks Nachbar Henry B. Simms sammelt nicht nur Gemälde, Arthur Illies unterrichtet auch dessen Ehefrau in der Technik der Radierung, und Simms erteilt ihm Aufträge für großflächige Wandgemälde im Treppenhaus seiner neu erbauten Villa. Simms folgt Lichtwark in der Wahl seiner zeitgenössischen Künstler. Er besitzt Werke von Hodler, darunter den »Holzfäller«, von Alfred Sisley, Gustave Courbet, Theodor von Brockhusen, insgesamt vierzehn Werke von Lovis Corinth, darunter die später von der Kunsthalle erworbene, 1910 gemalte Terrasse von Simms Anwesen in Klobenstein mit dem Portrait von Simms und seinen Kindern, außerdem ein weiteres

94 Vgl. Junge (1989), S. 148.

95 Zur Sammlung Weber siehe das Kapitel »Sammeln VI: Schröder – Weber – Carstanjen – Friedmann« in Teil 6. – Zu E. L. Behrens siehe das Kapitel »Jubiläum, neue Pläne und Generationenwechsel« in Teil 3. – Vgl. zu Manet und Cézanne Best.Kat. Hamburg, 19. Jh., S. 23, WV Rouart / Wildenstein 256; S. 130, WV Rewald 293, datiert 1876–1878. – Vgl. Ring (2010), Bd. 2, S. 165–175.

96 Siehe dazu auch das Kapitel »Hamburgische Kunst« in Teil 3.

Portrait von Simms, damit zwei Bilder, die noch vor Lichtwarks eigenem Auftrag an Corinth entstehen. Ferner befinden sich in seiner Sammlung je ein Bild von Slevogt und Liebermann, mehrere frühe Beckmann, Werke von Albert Lamm, Walter Püttner, Max Feldbauer, Max Eichler, Josef Damberger, Christian Landenberger, Philipp Klein, Friedrich Eckenfelder, Richard Pietzsch, Thomas Theodor Heine, Franz Stuck, Hugo von Habermann, darunter ein Portrait von Simms und zwei Bildnisse seiner Gattin Gertrud, von Fritz von Uhde, ein Gebhardt, drei Trübner, mehrere Landschaften von Richard Kaiser, Karl Haider und Leopold von Kalckreuth, Gustav Schönleber, Hans Thoma, ein Otto Greiner, vier Plastiken von Georg Kolbe, Werke von Edvard Munch und modernen Franzosen wie Auguste Herbin, Maurice Denis, Édouard Vuillard, Pablo Picasso und Henri Matisse. Simms beschließt jedoch, keine weiteren Franzosen zu sammeln, er schreibt im Textteil des Buches über seine Sammlung: »Die Innerlichkeit deutscher Auffassung darf man bei diesen Franzosen nicht suchen – es sind Malereien, die sich nur an das sinnliche Auge wenden, diesem aber auch wunderbare Farbengenüsse in so unglaublicher Fülle und Kühnheit vorführen, daß man über die Technik und das Können, die sie auf diese Art zustande brachten, staunen muß.« Im Familienkreis wirkt sich Simms Einfluss weiter aus: Sein Schwager, der Kaufmann Albert Kaumann, lässt sich ebenfalls 1910 von Corinth portraitieren.[97]

Ein anderer Förderer im Sinne Lichtwarks ist der Jurist und Schriftsteller Carl Mönckeberg; er beauftragt Arthur Illies 1901 mit der Buchgestaltung für die Veröffentlichung seiner drei Stücke zum 25jährigen Senatsjubiläum seines Vaters und 1903 mit dem Entwurf der Inneneinrichtung seiner Wohnung.[98] Für Lichtwarks Freund Wolf Mannhardt entwirft, wie bereits dargestellt, Peter Behrens Möbel, und dessen Schwager Adolph Klöpper vergibt Aufträge an August Gaul für sein neues Kontorhaus in der Mönckebergstraße.[99]

Andere Sammler erwerben Bilder, die bei Aufenthalten von Künstlern in der Hansestadt als Auswahl für die Sammlung von Bildern aus Hamburg entstehen, jedoch ähnlich wie im Falle Kalckreuths im Jahre 1894 von der Verwaltungskommission nicht zum Ankauf genehmigt werden, nicht finanzierbar sind oder von Lichtwark nicht ausgewählt werden. Als ein solches Beispiel darf Max Slevogts Gemälde »Fleet am Hopfenmarkt in Hamburg« betrachtet werden, 1905 etwa gleichzeitig mit dem Portrait des Bürgermeisters William Henry O'Swald gemalt, das für die Hamburger Portraitgalerie in Lichtwarks Auftrag entsteht. Oscar Troplowitz, der Besitzer der Firma Beiersdorf, erwirbt es für seine Sammlung, und aus seinem Vermächtnis gelangt es 1920 in die Kunsthalle. Zwei weitere Hamburger Motive, die zur selben Zeit gemal-

97 Simms (1910), S. 79, 97, Bildteil. – Vgl. Lott-Reschke (2001). – Corinth, Der Klobenstein (Terrasse in Klobenstein), Best.Kat. Hamburg, 20. Jh., S. 22, WV Berend-Corinth 430; Corinth, Bildnis Henry Simms, in: Ausst.Kat. Private Schätze (2001), Abb. S. 123, WV Berend-Corinth 432, heute in Dortmund. – Zu Kaumann vgl. Luckhardt (2001, Kleines Lexikon), S. 232, Abb. in Ausst.Kat. Private Schätze (2001), S. 122, WV Berend-Corinth 431, Privatbesitz, Leihgabe in der HKH.

98 Vgl. Illies (1981), S. 111f. – Meyer-Tönnesmann (1985), S. 58.

99 Siehe das Kapitel »Lichtwarks Künstlerhilfe« in Teil 5.

te Ansicht der Landungsbrücke auf der Uhlenhorst, heute in der Nationalgalerie in Prag, und die »Segelboote auf der Alster am Abend«, heute in der Berliner Nationalgalerie, finden hingegen vor Ort offensichtlich keinen Käufer. Dabei bleibt es unklar, ob diese beiden Bilder in Lichtwarks Auftrag entstanden sind.[100]

Das in Lichtwarks Schriften immer wieder geäußerte Primat der Bildnisaufgabe stößt jedoch auf wenig Interesse. Die moderneren Portraits der Sammlung von Bildern aus Hamburg haben keineswegs die Akzeptanz des Publikums gefunden, und nur wenige seiner Freunde folgen seinem Vorschlag der Auftragsvergabe. Mehrere Versuche, private Aufträge begüterter Hamburger an Künstler zu vermitteln, etwa an Kalckreuth, scheitern aus verschiedenen Gründen, nur Lichtwarks Freund Henry P. Newman geht darauf ein. 1910 lässt er seine 42jährige Frau Maria, geborene von Düring, von Liebermann portraitieren; die Bestellung datiert aber schon mehrere Jahre zurück, weshalb Liebermann den Preis von 10.000 auf 6.000 Mark senkt. Lichtwark gibt dem Künstler zur Einführung eine Charakteristik, die Liebermann als »eminent« bezeichnet: »Sie ist eine sehr reizvolle Mischung aus Mädchen- und Matronenhaftigkeit. Man kann sich in sie verschießen und könnte Mutter zu ihr sagen, wenn es einmal ernst wird.«[101] Die Portraits der Familie Simms von Corinth scheinen dagegen ohne Lichtwarks Vermittlung entstanden zu sein.

Auch die Portraitgraphik der Gesellschaft Hamburgischer Kunstfreunde erweist sich, ebenso wie die anderen Blätter dieser Edition, als relativer Misserfolg; wirkliche neue Graphiksammlungen entstehen daraus nicht. Nur einzelne ernsthafte Graphiksammler, etwa Gustav Schiefler, Richard Robinow, der 1931 ein Verzeichnis der graphischen Arbeiten Franz Nölkens veröffentlicht, und das Ehepaar Paul und Martha Rauert, sind in Hamburg ansässig. Sie alle tendieren zur avantgardistischen Kunst und gehören auch als passive Mitglieder der Künstlergemeinschaft Die Brücke an. Ebenso modern eingestellt ist die promovierte Kunsthistorikerin Rosa Schapire, ebenfalls ein frühes passives Mitglied der Brücke. Angeregt durch Schieflers Nolde-Blätter, hält sie 1907 die Einführungsrede für des Künstlers erste Hamburger Ausstellung in der Galerie Commeter. Lichtwark fühlt sich allein schon durch das Hörensagen über diesen Vortrag von Noldes Kunst abgestoßen und will für die Kunsthalle nichts erwerben.[102] Die Kunstentwicklung zur Autonomie der künstlerischen Mittel, zur persönlichen Aussage der Künstler auch um den Preis von akzeptierter Einsamkeit und Erfolglosigkeit, vermag Lichtwark weder zu erkennen noch nachzuvollziehen. Auch Schiefler kann ihm Nolde und Munch nicht wirklich näherbringen. Für dessen Vorschlag, die von ihm verehrte Schauspielerin Adele Doré für die Edition der Gesellschaft Ham-

100 Vgl. Ausst.Kat. Private Schätze (2001), S. 264, Abb. S. 115. – Best.Kat. Hamburg, 20. Jh., S. 120f. – Vgl. Ausst.Kat. Slevogt (1992), S. 442, Abb. 64; Ausst.Kat. Hamburger Ansichten (2009), S. 112; Ausst.Kat. Berliner Impressionismus (2006), S. 68.

101 Vgl. Br. Lichtwark-Liebermann, S. 345, 340.

102 Vgl. Jähner (1984), S. 53, weitere Hamburger Mitglieder sind verzeichnet, u.a. A. Kaumann, die jedoch nicht alle als Sammler hervorgetreten sind. – Zu Schapire vgl. Bruhns (1992), S. 269–282; Ausst.Kat. Schapire (2009). – Zu Schapires Vortrag vgl. Schiefler, LAZ, 24.1.1908, o.P., HH, SUB, HSS.

burgischer Kunstfreunde von Edvard Munch radieren zu lassen, kann Lichtwark sich nicht erwärmen. Schiefler, ärgerlich über sich selbst, muss sich schließlich mit Lichtwarks abweichender Bewertung des von ihm geschätzten Künstlers abfinden.[103]

Lichtwark vermag trotz ständiger Bemühungen die materialistisch eingestellte Lebensweise der bürgerlichen Hamburger Gesellschaft, auf die er mit seinem Programm doch zielt, nicht zu verändern. Der angestrebte Aufbau eines hamburgischen Mäzenatentums ist trotz der Wohlhabenheit der Bevölkerung nicht möglich. Von geradezu spätrömischer Üppigkeit seien die Diners der Hamburger Kaufleute gewesen, erinnert sich der Hamburger Stadtbaumeister Fritz Schumacher, in der Kunst seien sie jedoch kaum bis zu Gabriel Max und Franz von Defregger vorgedrungen.[104] Auch wenn Liebermann sich nicht zuletzt durch Lichtwark zum bedeutenden Portraitmaler entwickelt und Kalckreuth mit Portraits seinen Unterhalt verdient, so ist doch mit ihnen allmählich eine Zäsur in der Tradition dieser Gattung erreicht. Auch seitens der Künstler sinkt das Interesse. Das bürgerliche Portrait hat seit der Mitte des 19. Jahrhunderts einen Aufstieg erfahren, mit der Avantgarde beginnt sein Niedergang. Für die Expressionisten, mit deren Ausdruckskunst sich Lichtwark nicht mehr recht anfreunden kann, ist das Portrait ein Bildanlass wie andere Motive auch. Doch um deren Rezeption steht es nicht besser. Wie in anderen Städten gibt es Sammler zeitgenössischer Kunst in Hamburg; sie sammeln jedoch unabhängig von Lichtwarks Wirken. Insgesamt gesehen gelingt es ihm trotz allen Anstrengungen nicht, einen Kreis großer Sammler um die Kunsthalle zu scharen, wie etwa Bode und Tschudi in Berlin die reichen Mäzene im Hinblick auf mögliche Legate an die Museen bei ihren Sammlungen beraten, versorgen und auch lenken. Lichtwark hat selbst in seinen Berliner Jahren die Sammlungen Hainauer und Brose gesehen. Bode berät seit den 1880er Jahren fast alle reichen Berliner Sammler, darunter auch die Baumwollgroßhändler James und Eduard Simon, den Rentier Marcus Kappel, den Bankier Leopold Koppel, den Kohlemagnaten Oscar Huldschinsky und den Immobilienbesitzer Richard von Kaufmann, meist konservative jüdische Bürger und in ihrer Unerfahrenheit zunächst auf Bodes Unterstützung angewiesen. Mit der Zeit entwickeln sie sich jedoch zu Kennern und agieren mehr oder weniger unabhängig.[105] Im Jahr 1900 schildert Lichtwark seiner Kommission voller Bewunderung die Situation in Berlin: Was Bode erreicht habe, grenze an ein Wunder. Er sei ein richtiger Kunsthändler und pflege die Sammler und Stifter; ungeheure Summen seien durch seine Hände gegangen; er habe auch zugesetzt, sei aber ein wohlhabender Mann. Tschudi betrachtet er als Bodes Erben. Im Keller der Nationalgalerie habe er eine Art Lager mit Kunstgegenständen für die Kunstfreunde. Er habe einen festen Stamm sehr spendabler Freunde, fast ausschließlich Israeliten. »Und von dem Misstrauen und der albernen und hämischen Maulwurfskritik, an der sich bei uns die Kreise ergötzen, deren Pflicht es wäre, sich zu bilden und mit zu helfen, ist in der Berliner Gesellschaft Bode und

103 Vgl. Schiefler, LAZ, 29.3.1905, HH, SUB, HSS.
104 Vgl. Schumacher (1935), S. 315.
105 Vgl. Matthes (2001), S. 15–19.

Tschudi gegenüber keine Rede.« Lichtwark mildert diese Kritik jedoch, er sei mit der Sache, die er vertritt, ja noch nicht »durch«; aber auch, wenn sich die allgemeine Stimmung ändere, würde er in Hamburg wegen der grundsätzlich anderen ökonomischen Verhältnisse solche Pläne nicht zur Ausführung bringen können. Die Mittel lägen beim Kaufmann fester als beim Bankier, das Barvermögen sei geringer, die Arbeitsleistung zeitintensiver, so dass die wohlhabenden Männer sich nicht so eingehend mit künstlerischen Dingen beschäftigen könnten wie in Berlin. Der Bankier sei nachmittags und frühmorgens frei wie ein Staatsbeamter in den Berliner Ministerien. Und wenn er sich in Gesellschaft gegen die Männer der Wissenschaft behaupten wolle, sei die Kenntnis der Kunst ein ausgezeichnetes Mittel – am Rande nutzt Lichtwark wieder einmal die Gelegenheit zu einer Spitze gegen die Ablehnung einer Hamburger Universität. Viele neue Sammlungen seien in Berlin auf diese Weise entstanden.[106] Bode und Tschudi vermitteln auch dem Sammler Eduard Arnhold Bilder, der seine Ankäufe außerdem im Berliner Kunsthandel tätigt. Arnhold wird schließlich zu einem wichtigen Förderer der modernen Sammlungspolitik Tschudis für die Nationalgalerie und unterstützt dessen Erwerbungen im Rahmen der sogenannten Tschudi-Affäre 1908 mit 100.000 Mark, auf deren Rückzahlung er 1922 großzügig verzichtet. Zahlreiche Schenkungen Arnholds gehen zwischen 1896 und 1922 an verschiedene Berliner Museen, vor allem aber an die Nationalgalerie; mit seiner Hilfe erwirbt Tschudi bereits 1896 Manets Gemälde »Im Wintergarten« für 22.000 Francs. Tschudi wiederum vermittelt Arnhold den ersten Monet für 10.000 Francs beziehungsweise 8.080 Mark. Neben den damals modernen Franzosen wie Cézanne, Corot, Courbet, Daubigny, Degas, Manet, Monet, Pissarro, Renoir, Sisley, Vallotton und der Amerikanerin Mary Cassatt gehen in dessen Sammlung vor allem deutsche Naturalisten und Impressionisten ein: Corinth, Habermann, von Hofmann, Kalckreuth, Kardorff, Klinger, Kuehl, Leibl, Leistikow, Liebermann, Lenbach, Menzel, Slevogt, Thoma, Trübner, Uhde, Ury, Hugo Vogel, aber auch Böcklin, Feuerbach, Hodler, Krøyer, Marées, Orlik, Stuck, Whistler sowie schließlich van Gogh, außerdem eine ganze Reihe Bilder von älteren Künstlern wie Constable, Fyt, Gainsborough, Goya, Goyen, Greuze, Guardi, Heda und anderen weniger bedeutenden Malern. Unter den dreidimensionalen Werken befinden sich neben anderen zwei Arbeiten von August Gaul, vier von Louis Tuaillon und eine Büste von Hildebrand.[107] Lichtwark hat Kontakt zu Arnhold, profitiert jedoch nicht von dessen Großzügigkeit, obwohl er ihn bei der Belichtung seines Galeriegebäudes berät; die Gattin Johanna Arnhold stiftet als Hamburgerin der Kunsthalle lediglich eine Statuette von Tuaillon.[108]

Von dem mit Bode befreundeten und ebenfalls von ihm beratenen Sammler Sir Alfred Beit profitiert jedoch auch Lichtwark. 1901 hat er den nahezu gleichaltrigen schwerreichen Diamantenhändler, einen gebürtigen Hamburger aus zum Protestan-

106 Vgl. Br. Kommission (1901), Bd. VIII: 1900, S. 146–150.
107 Vgl. Dorrmann (2002), S. 121ff. und Anhang A–C.
108 Vgl. ebd., S. 142, siehe auch das Kapitel »Der Neubau der Kunsthalle« in Teil 5. – Manet, Im Wintergarten, WV Rouart / Wildenstein 289. – Zu Tuaillon vgl. Best.Kat. Hamburg, Dritte Dimension, S. 430.

tismus konvertierter jüdischer Kaufmannsfamilie, in London in seinem Haus in der Park Lane besucht und darüber seiner Kommission berichtet. Er besichtigt dort dessen Sammlung alter Kunst, deren Renommee er für vollkommen gerechtfertigt hält: Hobbema, Metsu, Murillo, Rembrandt, Reynolds, Ruysdael und andere maßgebende Künstler sind vertreten. Beits Haus sei von einem englischen Architekten gebaut, von einem französischen Inneneinrichter gestaltet, mit einem Wintergarten und Garten der Firma Jürgens in Hamburg ausgestattet; der Komplex stelle eine der Sehenswürdigkeiten des modernen London dar, schreibt Lichtwark seiner Kommission.[109] 1904 gibt Wilhelm Bode den Katalog der Sammlung Beit heraus.[110]

Obwohl Beit persönlich der alten Kunst zugeneigt ist, vermag Lichtwark ihn für seine Pläne zu gewinnen. Als Geschenke von Lichtwarks wichtigstem Mäzen gelangen insgesamt achtzehn Bilder in die Kunsthalle.[111] Thomas Herbsts Alstervedute »Am Steg bei der Rabenstraße« stellt Beits erste Schenkung an die Kunsthalle im Jahre 1890 dar. Vier Werke alter Malerei, davon drei Genrebilder von Matthias Scheits und ein Stillleben von Andreas Scheits, überwiegend von Bode vermittelt, stiftet Beit im Jahre 1894 durch eine Zuwendung von 5.000 Mark.[112] Nach einer Pause folgen im Jahre 1901, sicherlich im Zusammenhang mit Lichtwarks Besuch in London zu betrachten, Fritz von Uhdes »Kinderstube« und Paul Kaysers »Bauernstube am Sonntag«. Anscheinend aber erst 1905 kann Lichtwark Beit für die Hamburger Portraits gewinnen: In diesem Jahr schenkt er Liebermanns Portraits von Berger und Strebel, die Bildnisse der Bürgermeister William Henry O'Swald von Max Slevogt und Johann Georg Mönckeberg von Wilhelm Trübner sowie Walter Geffkens Portrait der Stifterin der Hamburger Musikhalle, Sophie Christine Laeisz. Im Jahr darauf folgen Liebermanns Professorenkonvent, Kalckreuths Selbstbildnis und Uhdes Doppelportrait des Senators Gustav Hertz mit seiner Gattin. Offensichtlich ist Beit so sehr von Lichtwarks Leistungen überzeugt, dass er im selben Jahr versucht, ihn dem Kaiser vorzustellen.[113] Aus Beits Stiftung kann Lichtwark 1908 noch Kalckreuths Bildnis des Oberlandesgerichtspräsidenten Sieveking und 1911 die erste Fassung des Portraits Edmund Siemers von Bernhard Pankok finanzieren. Vor allem also für die Sammlung von Bildern aus Hamburg stellt Beit immer wieder Mittel zur Verfügung.

109 Vgl. Br. Kommission (1902), Bd. IX: 1901, S. 114. – Zu Beit vgl. Wiese (1967), S. 48; Albrecht (2011).

110 Vgl. Bode (1904); Bode (1997), Bd. I. Bode ist seit Jahren mit Beit befreundet und hat dessen Interesse für die alte Kunst anregen und ihn beim Sammeln mit Rat und Tat unterstützen können. Für den Inhalt und Charakter von Beits Kunstbesitz ist Bode teilweise mitverantwortlich. Der Katalog umfasst die Werke folgender Künstler in Abbildungen: Veronese, Murillo, Rembrandt, Maes, Metsu, Steen, Adriaen van Ostade, Isaac van Ostade, Salomon van Ruysdael, Jacob van Ruisdael, Aert van der Neer, Jan van de Cappelle, Hobbema, Jan van der Heyden, Philips Wouwerman, Rubens, Hals, David Teniers, Greuze, Nattier, Joshua Reynolds, Gainsborough, Thomas Romney, John Hoppner; Bronzen von Antonio Pollaiuolo, Jacopo Sansovino, Andrea Riccio u.a., fünf Tierbronzen von Antoine Louis Barye, außerdem italienische Majoliken, italienische und französische Bronzen sowie Kunstgewerbe; vgl. Bode (1904), S. 53ff.

111 Vgl. zu Beits Stiftungen: Best.Kat. Hamburg, Alte Meister, S. 239, 141–144, von Bode vermittelt: Nr. 265, 252, 253. – Best.Kat. Hamburg, 19. Jh., S. 259, 216, 78, 121, 215, 122, 91, 217. – Best.Kat. Hamburg, 20. Jh., S. 169, 63, 43, 121, 100.

112 Vgl. P3, 22.5.1894.

113 Vgl. Br. Kommission (1908), Bd. XIII: 1905, S. 300.

Abgesehen von diesem großzügigen Mäzen findet Lichtwark in seiner gesamten Amtszeit keinen weiteren dauerhaft interessierten Stifter. Wohl aber gibt es einmalige Zuwendungen. Für die Sammlung von Bildern aus Hamburg schenken je ein Bild: Theodor Willinck, die Etatsrätin Donner, Marie Woermann, Jacob Pini, Henry Schmid, Ebba Tesdorpf, Jacob Nordheim, A. F. C. Hanssen, Familie Merck, Moritz Warburg, Marie Oppenheim, Betty Rée, Robert Eduard Loesener, Generalkonsul Eduard Behrens, die Brüder Eduard und Theodor E. Behrens, Albert Wolffson, Familie Westphal, Bürgermeister Burchard und Senator Predöhl, je zwei Bilder stammen von Senator Hachmann aus dem Vermächtnis des Ehepaares Fintel und Luise Bohlen. Martin Bromberg und Frau tätigen mit Liebermanns »Abend am Uhlenhorster Fährhaus« und den sieben dazugehörigen Pastellstudien die umfangreichste Einzelstiftung. Anonyme Kunstfreunde und -freundinnen, daher möglicherweise auch identische Personen, schenken insgesamt 39 Werke. Gruppen, Vereine und andere Körperschaften stiften neun Bilder, bleiben also eher zurückhaltend. Der Hamburger Kunstverein spendet insgesamt zehn Bilder, er schiebt die Sammlung zwar an, zieht sich dann aber weitgehend zurück. Dreimal wird der Verein von Kunstfreunden von 1870 aktiv. Viele Werke erwirbt Lichtwark aus Legaten und Vermächtnissen oder aus gemischten Beiträgen, und nach 1912 schließlich steht ihm durch eine Sammelspende von Freunden ein eigener Fonds zur Verfügung. Staatsmittel finden hier jedenfalls kaum Verwendung.[114] Angesichts der mehr als 25jährigen Amtszeit Lichtwarks und der vielen alteingesessenen wohlhabenden und reichen Familien in Hamburg muss die Reaktion auf dessen Aufruf zum Mäzenatentum jedoch eher als mäßiger, wenn nicht als Misserfolg betrachtet werden.

SAMMELN V: DER SAMMLER

Sammeln bedeutet für Lichtwark, geistige Kräfte zu bewahren und damit zur Identitätsbildung beizutragen, was er in Hamburg bei seiner Suche nach der lokalen Kunstgeschichte immer wieder bitter vermisst. Als er 1908 im Dresdner Kupferstichkabinett die Sammlung von Cichorius mit Handzeichnungen von Dahl, Ehrhardt, Friedrich, Fohr, Heinrich, Rottmann und den Nazarenern sieht, schreibt er an seine Kommission: »Wo wäre das alles geblieben, wenn der feinsinnige Sammler es nicht gerettet hätte.«[115]

1911 hält er auf Einladung des Kollegen Paul Clemen in Bonn die Eröffnungsrede zu einer Ausstellung aus Privatbesitz, die er zu einem Aufsatz für das *Jahrbuch der Gesellschaft Hamburgischer Kunstfreunde* von 1911 ausarbeitet und 1912 noch einmal in der Zeitschrift *Kunst und Künstler* veröffentlicht. Im selben Jahr erscheint die-

114 Vgl. Ausst.Kat. Bilder aus Hamburg (2002), S. 91–118.
115 Br. Kommission (1916), Bd. XVI: 1908, S. 118.

ser Aufsatz auch in der Hamburger pädagogischen Zeitschrift *Der Säemann*.[116] Lichtwark beginnt mit dem ihm neutral erscheinenden volkwirtschaftlichen Standpunkt. Damit wendet er sich als erstes der monetären Bewertung des Kunstwerks zu. Als »Akkumulator subtilster Art« bewahre es »die gewaltige Lebensenergie und künstlerische Sonderart eines ganz großen Menschen«;[117] so müsse sich niemand wundern, dass ein Hauptwerk mit einer Millionensumme bewertet werde. Der Marktwert eines Kunstwerks höchsten Ranges überrage die Werte aller anderen Erzeugnisse eines Volkes. Lichtwark sieht den höchsten Wert eines Kunstwerkes jedoch in seiner Wirkung im Rahmen der Kulturgeschichte. Was die großen Künstler schaffen, sei vom gesamten Geist eines Volkes getragen und wirke wiederum darauf zurück: »Daß ein Volk die Werke seiner großen Maler und Bildhauer im Besitz behält, ist deshalb eine nationale Daseinsfrage.«[118] Verluste drohen etwa bei verspäteter Anerkennung großer Künstler. In Menzels siebzigsten Lebensjahr habe noch kein deutsches Museum ein Bild von ihm besessen. So könne über lange Zeit der höchste Besitz eines Volkes vollkommen ungesichert sein. Er führt als Beispiel die französischen Impressionisten an, deren Bilder nach Amerika, England und Deutschland verstreut seien, da die eigenen Landsleute zu spät ihren Wert und ihre Bedeutung erkannten. Lichtwark selbst profitiert mehrfach davon und erwirbt Bilder von Monet, Manet, Sisley und Renoir. Dass die lebende Kunst als Exportware betrachtet wird, beklagt er somit als Gefahr für jede nationale Kultur. Damit begründet er »die rein mechanische Wichtigkeit« des privaten Sammlers »im Haushalt des Volkes«: »Er ist der Mörissee, der in schlechten Zeiten das befruchtende Element aufbewahrt, das große Reservoir für die Zukunft.«[119] Diese Erfahrung hat er nicht zuletzt bei seiner Suche nach den Werken Caspar David Friedrichs gewonnen. Der Privatsammler werde sich aber nicht auf die nationale Kultur beschränken, sondern auch die wertvollsten Kunstgüter aus dem Bereich der Nachbarvölker ins Land ziehen, wie das Sammlerehepaar Bernstein bereits im Berlin der 1880er Jahre oder Liebermann mit seiner Impressionistensammlung. Dass aus den Privatsammlungen mit moderner Kunst viel später einmal die von den Nationalsozialisten leergeräumten deutschen Museen wieder aufgebaut würden, kann Lichtwark nicht ahnen, es bestätigt jedoch seine These. Im Vergleich zur ausgedehnten Sammeltätigkeit des deutschen Adels im 17. und 18. Jahrhundert mit den daraus resultierenden reichen Museen wertet er die mangelnde Sammeltätigkeit des bürgerlichen 19. Jahrhunderts als völliges Versagen. Vieles aus dem Besitz des Adels und städtischen Patriziats sei zu billigen Preisen ins Ausland abgewandert: »Kein Luxus oder

116 Vgl. Brief Alfred Lichtwark an Clemen, 18.12.1910, Nürnberg, GNM, DKA, NL Clemen, IC-13. – Alfred Lichtwark, Der Sammler, in: Jb. GHK, 17. Jg., 1911, S. 5–20; Kayser (1977), Nr. 507; Kunst und Künstler, 10. Jg., 1911/12, S. 229–249, 281–291; Kayser (1977), Nr. 533; Der Säemann, 3. Jg., 1912, S. 216f.; Kayser (1977), Nr. 534; mehrfach wieder abgedruckt, u.a. in: AL, Schriften, Bd. I, S. 72–92; Kayser (1977), Nr. 566, zuletzt in Schaar (1991), S. 166–186. Hier zitiert nach dem letztgenannten Abdruck.
117 Schaar (1991), S. 167.
118 Ebd., S. 168.
119 Ebd., S. 169.

Laster ist so kostspielig wie Dummheit und Kulturlosigkeit.«[120] Er beklagt die trotz des Vorhandenseins großer finanzieller Mittel versäumten Möglichkeiten als Folge fehlender künstlerischer Bildung des Bürgertums. Die Engländer hingegen erscheinen ihm als Vorbild durch ihre Ansammlungen kostbarsten Besitzes aus aller Welt.

Als nächster Aspekt folgt das Sammeln als Tätigkeit des Sichtens, die Kennerschaft des privaten Sammlers, der damit Erhebliches für die Kultur leiste. Im täglichen Umgang mit den künstlerischen Objekten steigere sich die Fähigkeit, Werte zu erkennen. Für Deutschland sei diese bewahrende und sichtende Arbeit besonders wichtig, da die deutsche Kunst »heute noch das dunkelste Gebiet der Kunstgeschichte«[121] bilde. Sammler deutscher Kunst, das hat er bei der Vorbereitung der Jahrhundertausstellung erfahren, seien sehr selten; die deutsche werde immer noch als Kunst zweiter Klasse behandelt. Insbesondere beklagt Lichtwark die Vernachlässigung der deutschen Kunst des 19. Jahrhunderts, doch sammele bisher auch noch kein Museum deutsche Kunst des 17. und 18. Jahrhunderts. Hier fordert er neue Aktivität als »nationale Notwendigkeit«.[122] Für noch brisanter hält er den Umgang mit der lebenden Kunst. »Wir dürfen nicht behaupten, daß unser Volk ein inniges Verhältnis zu seinen Künstlern hätte. Wie groß würde die Zahl derer sein, die etwas entbehrten, wenn mit einem Schlage die Maler und Bildhauer ihre Arbeit einstellten? Die Mittel für alles Große sind reichlicher und stetiger vorhanden als jemals. Aber es sind kaum die ersten Anzeichen zu spüren, daß das Volk sich anschickt, wieder mit seinen großen Künstlern zu leben.«[123]

In diesem Plädoyer führt er schließlich alle seine Argumente für die Sammeltätigkeit zusammen. Für ihn stellt das Sammeln eine »Bildungsfrage höchsten Ranges« dar: »Ich stehe nicht an, mich zu dem Glauben zu bekennen, daß für den Nichtkünstler eine wirkliche künstlerische Bildung ohne die Gymnastik der Sammeltätigkeit nicht denkbar ist.«[124] Sein gedankenreicher, resümierender Aufsatz gipfelt in der idealistischen Feststellung, Sammeln und Stiften ermögliche es dem Besitzbürgertum, die höchste Form der Bildung zu erreichen, dadurch andere Bildungsdefizite auszugleichen und sich auf diese Weise auf die gleiche Stufe mit dem Bildungsbürgertum zu stellen. Das Sammeln beinhalte außerdem die Möglichkeit, einen wirtschaftlich bedingten Aufstieg gesellschaftlich zu sanktionieren: »In Deutschland muß sich der Reichtum darauf besinnen, daß er etwas zu leisten hat, um sich zu rechtfertigen.«[125] Und oft genug lernt Lichtwark bei seiner Suche nach Bildern die rettende und bewahrende Funktion des Privatbesitzes kennen, bei seiner Suche nach Bildern der Ham-

120 Ebd., S. 170.
121 Ebd., S. 171.
122 Ebd., S. 174.
123 Ebd., S. 175.
124 Ebd., S. 183.
125 Ebd., S. 179.

burger Kunstproduktion ebenso wie aus dem 19. Jahrhundert. Dabei unterscheidet er nicht nach deutscher oder ausländischer Kunst, beide bedeuten ihm hohe und höchste geistige Energie im Lande, so dass er vom Export solcher Kunstgüter dringend abrät. Wie stets ist ihm vor allem an der lebenden Kunst und der Verringerung der Kluft zwischen Künstler und Gesellschaft gelegen. Den Sammler in Form eines Auftraggebers glaubt er als neuen Typus zu erkennen.

Als psychologische Motive für das Sammeln stellt er einen ganzen Katalog zusammen: Neben dem Sammeln als statusabhängige gesellschaftliche Verpflichtung nennt er Ehrgeiz, Eitelkeit und nicht zuletzt Spekulation, die jedoch gute Sachkenntnisse erfordere. Er bezeichnet das Sammeln als Lebenspolitik in Form des Rettens und Bewahrens, als Lebensergänzung und Selbsterziehung, was allerdings selten vorkomme, und schließlich den Sammler aus Leidenschaft, der sich dem Künstler oder Forscher annähere. Gustav Schiefler mag ihm hier vor Augen gestanden haben. Der passionierte Sammler erlebe eine solche Bereicherung des ganzen Daseins, »daß der Sammler, der es ernst nimmt, zu den glücklichsten Menschen gehört.«[126] Auch der sammelnde Beamte fehlt nicht in seinem Überblick, der Museumsmann, dem eine kontrollierende Kommission beigeordnet ist, die ihn behindern oder ihn gewähren lassen kann. Von diesem Problem könnte Lichtwark eigene Erfahrungen berichten, verzichtet jedoch auf weitere Ausführungen. Dem sammelnden Künstler mit seinem intensiven Verhältnis zum Kunstwerk widmet er die Schlussworte: »Er wird es lebhafter genießen und heftiger begehren als der Nichtkünstler.« Reynolds, Makart, Lenbach und Liebermann erwähnt er hier namentlich, besonders hebt er letzteren hervor, dessen Sammlung französischer Impressionisten, Graphik von Daumier sowie »wundervolle Werke älterer Berliner Meister und japanischer Erzeugnisse« er jedem Museumsmann empfiehlt, um »seine Empfindung für Qualität [zu] stärken« und den Charakter des »Gewachsenen« zu studieren.[127] Lichtwark schließt mit der Würdigung der Persönlichkeitsveränderung des Sammlers als »freudiger Mensch« mit wachsendem Weltverständnis, als Hüter nationaler Schätze, als unentbehrlicher Rezipient allen künstlerischen Schaffens, der »die Kraft des Künstlers, die sich in tausend Kultur- und Wirtschaftswerte umsetzt, auf das ganze Volk überleiten hilft.«[128] In diesem Plädoyer für das Sammeln führt Lichtwark seine Erfahrungen und Kenntnisse zu einer Art Arbeitsbericht und einem Vermächtnis zu Lebzeiten zusammen. Es stellt wohl den ersten modernen kunstsoziologisch und -psychologisch argumentierenden Text über die Bedeutung der Sammeltätigkeit dar.

126 Ebd., S. 182.
127 Ebd., S. 185f.
128 Ebd., S. 186.

NOCH EINMAL: STOCKHOLM

Im Juni 1909 wird in Stockholm die »Konst- och industrieutstellningen« als erste Kunst- und Industrieausstellung in Schweden eröffnet mit Prinz Eugen als Ehrenpräsidenten des Ausstellungskomitees. Lichtwark ist von Eugen nach Waldemarsudde als Gast geladen. Verschiedentlich begegnet er dabei auch anderen Mitgliedern der königlichen Familie. Kalckreuth, von den schwedischen Künstlern stark beachtet, kann der an ihn gerichteten Einladung nicht folgen.[129]

Lichtwark verbringt mehr als zwei Wochen in Schweden; vom 2. bis zum 17. Juni weilt er in Stockholm, anschließend reist er über Kopenhagen zurück. Die Tage bei Prinz Eugen sind derart dicht mit Programm gefüllt, dass er seine üblichen Berichte an die Kommission nur unregelmäßig abzufassen vermag und vieles erst aus der Erinnerung formuliert. Über die Ausstellung selbst berichtet Lichtwark nur wenig, die Anlage der Ausstellungsgebäude umreißt er aus Zeitmangel lediglich.[130] Er begegnet dem Architekten Hermann Muthesius als Vertreter Preußens und einzigem Landsmann sowie dem englischen Künstler Walter Crane beim Festdiner, drängt diesen zu einem Toast auf die Gastgeber und bringt selbst einen Toast auf den Architekten der Ausstellungsgebäude, Ferdinand Boberg, aus.

Von Boberg, dem führenden schwedischen Architekten der Epoche, der alle Gebäude der Ausstellung konzipiert hat, stammt auch der Entwurf für das Palais Waldemarsudde, eine große wohnliche, der Sonne geöffnete Villa, in der Lichtwark im oberen Stockwerk großzügig untergebracht ist.[131] Er schildert detailliert die Räume und die behagliche, zugleich aber auch dezent repräsentative Atmosphäre des Hauses, dessen Lage am Wasser und die Auffassungen des Prinzen, der Aufwand scheut und die gewachsene Umgebung, sogar die Industriebauten gegenüber von Waldemarsudde, erhalten wissen will. Über die Konservierung der ursprünglichen Landschaft mit ihren Felsformationen, die für neue gartenbauliche Gestaltungen in Stockholm gesprengt und eliminiert werden sollen, sind sich Lichtwark und der Prinz einig. Beide plädieren für die Erhaltung des Typischen und Gewachsenen; in diesem Sinne hat der Prinz auch den zu Waldemarsudde gehörigen Park gestaltet, wobei er die alten Bauten auf der Halbinsel unangetastet lassen will. Lichtwark bewundert den gartengestalterischen Geschmack Prinz Eugens, der auf der unteren Terrasse eine naturhafte Blumenpartie hat anlegen lassen, Lichtwarks »Lieblingsfleck«: »[...] ein großes Steinmeer von abgeschliffenen Felsen, in deren Löchern, Falten und Schüsseln der Prinz ganze Familien bunter Blumen angesiedelt hat, ganz wie sie wachsen mögen, in großen Flecken, weiß und roth und lila und blau und gelb und rosa. Das Grau der ruhigen Steinmassen

129 Vgl. Br. Kommission (1917), Bd. XVII: 1909, S. 166–211, zu Kalckreuth S. 155f. – Zu den Ausstellungsgebäuden vgl. Walton (1994), S. 71–77.
130 Vgl. Br. Kommission (1917), Bd. XVII: 1909, S. 150f.
131 Zu Waldemarsudde vgl. ebd., S. 145–147, 202–208. – Walton (1994), S. 198–202.

vermittelt alles. Hier könnte der Stadtgärtner lernen, wie er's machen müsste. Das Geheimniß ist auch hier wieder: Die Massen zusammenhalten.«[132]

Die Parkgestaltung Stockholms hingegen zeugt von den üblichen Fehlern, die ungünstig gestalteten Wege, die Zersprengung der natürlichen Felsen, die Anpflanzung von Koniferen missfallen ihm. Die Gartentechniker würden nur nach Rezept vorgehen und die Natur nicht studieren, kritisiert Lichtwark und rät dem neuen Gartendirektor, die Gelände aufmerksam zu durchwandern und an Ort und Stelle die Wege abzustecken. Er stünde der Kunst zu fern, meint Lichtwark gegenüber seiner Kommission, ein Stockholmer Künstler müsste den Gartenplan für den völlig banalisierten Kungsträdgarden ausarbeiten. Prinz Eugen stimmt Lichtwarks Vorschlägen zu.[133] Zu Schiff und vor allem in Prinz Eugens Auto lernt Lichtwark die Umgebung nicht nur bei Tag, sondern auch in den hellen Mittsommernächten kennen; als Natur- und Landschaftsliebhaber ist er begeistert von den ungewöhnlichen Eindrücken.[134]

Prinz Eugens Sammlung, neben eigenen Arbeiten an den Wänden seiner Residenz präsentiert, umfasst vor allem Werke der zeitgenössischen schwedischen Künstler, die einen modernen Nationalstil zwischen Naturalismus und Impressionismus vertreten und zu denen er selber gehört. »[...] köstliche Dinge der jüngern und jüngsten schwedischen Schule, Zorn, Nordström, Kreuzer [Kreuger], Liljefors, Norrmann [Normann], Josephson, Björck, Richard Bergh, Larsson, Jansson u.s.w.«, zählt Lichtwark hier auf.[135] Für diese Sammlung plant Boberg ein Galeriegebäude neben dem Palais mit einem durch Laternenlicht erhellten Mittelsaal, eine Belichtung, wie Lichtwark sie bevorzugt. Dieser Entwurf wird in der folgenden Zeit verwirklicht.[136]

Die Stockholmer Museen besucht Lichtwark allein oder in Begleitung Prinz Eugens, der ihn auch in verschiedene Ateliers führt. Anders Zorn und Bruno Liljefors, einst Revolutionäre, seien nun zu Akademikern gereift, berichtet er, die Königliche Galerie erwerbe ihre Werke und hänge sie einzeln auf ganze Wände. Die Bilder der jungen Künstler erscheinen Lichtwark wie so oft von fraglicher Qualität. Ob man

132 Br. Kommission (1917), Bd. XVII: 1909, S. 208f. – Siehe zum Thema »Massen zusammenhalten« das Kapitel »Monumentalität: Die Massen zusammenhalten« in Teil 5. – Nach anderer Version soll der Garten in Waldemarsudde nach Vorschlägen und Plänen von Lichtwark angelegt sein; vgl. Ring (2010), Bd. 1, S. 368, Anm. 55, Ring gibt hier keine Quelle an, und ebd., S. 404. 1924 schreibt Pauli, der Garten sei noch schöner geworden, wie würde sich Lichtwark freuen, könnte er ihn wiedersehen; vgl. ebd., S. 523. 1925 ist Pauli noch einmal in Waldemarsudde zu Gast, er beschreibt das Palais und den Garten, denkt dabei wiederum an Lichtwark, wie er sich freuen würde, wenn er es sehen könnte; vgl. ebd., S. 554–556.

133 Vgl. Br. Kommission (1917), Bd. XVII: 1909, S. 161–163.

134 Vgl. z.B. ebd., S. 187, 190.

135 Ebd., S. 207f. – Zu den Künstlern vgl. Ausst.Kat. Sprache der Seele. Schwedische Landschaftsmalerei um 1900, Mittelrheinmuseum Koblenz, Kunsthalle zu Kiel, 1995.

136 Der Mittelteil des Galeriegebäudes wird durch Laternenlicht erhellt; vgl. Walton (1994), S. 202. – Im Juni 1921 berichtet Pauli seiner Kommission von seinem Besuch zusammen mit Prinz Eugen bei dem Kunstschriftsteller und -sammler Klas Fåhraeus in Stockholm, dessen Galerie im Hauptraum ebenfalls hoch gelegenes Seitenlicht aufweist, also Laternenlicht entsprechend Lichtwarks Bevorzugung; vgl. Ring (2010), Bd. 1, S. 376f. Vermutlich geht auch diese Konstruktion auf dessen Einfluss zurück. Zum Thema Laternenlicht siehe das Kapitel »Der Neubau der Kunsthalle« in Teil 5.

Künstler unter 35 Jahren überhaupt zum Nachwuchs rechnen dürfe, fragt er rhetorisch. »Die Jugend zählt nur als Möglichkeit, und einer vom Tausend erhebt sich daraus als Nachwuchs.«[137] Noch würden die Nachwuchskünstler offiziell abgelehnt. Der Maler Eugène Jansson erscheint ihm als der stärkste; Prinz Eugen führt ihn in dessen Atelier, nachdem er in der Sammlung Ernest Thiel ein großes Bild mit männlichen Aktfiguren gesehen hat, das ihn »als Kraft und Eindringlichkeit aufs höchste« frappiert.[138] Die Galeriekommission in Stockholm habe eines dieser Werke abgewiesen, berichtet er, im Gegensatz zum Museum in Göteborg, dem modernsten Museum des Landes. In Schweden, »wo der Sport eine neue Gewöhnung geschaffen« habe, bemerke niemand die völlige Nacktheit, die Ablehnung habe wohl damit nichts zu tun, meint Lichtwark, und beziehe sich wohl eher auf die Malweise der Bilder. Auch Janssons Kollegen Nils Kreuger und Karl Nordström hinterlassen einen nachhaltigen Eindruck bei Lichtwark.[139] Es ist Prinz Eugens Künstlergeneration, die sich dem schwedischen Naturalismus, Impressionismus und frühen Expressionismus, seltener auch dem Symbolismus zugewandt hat. Ebendiese Künstler findet Lichtwark auch in der Sammlung des Bankiers Ernest Thiel, der bedeutendsten Kollektion zeitgenössischer Kunst in Schweden. Er nennt auch hier Bergh, Fjaestad, Jansson, Larsson, Liljefors, Munch, Nordström, Normann und Zorn. Thiel hat sich 1905 ebenfalls eine Residenz von Boberg bauen lassen, speziell für die Unterbringung seiner Sammlung konzipiert in Anlehnung an das Wiener Haus der Sezession von Joseph Maria Olbrich.[140] Dieses Gebäude besichtigt Lichtwark nun ebenfalls.

Ein weiteres Werk Bobergs, die von ihm umgebaute Villa des Bildhauers Johan Niclas Byström, die von Prinz Carl und seiner Familie bewohnt wird, betritt Lichtwark als Gast der königlichen Familie. Zwar kritisiert er die »ungeheure Verschwendung prachtvollen italienischen Marmors überall«, doch die Räume findet er »ungemein geschmackvoll und behaglich.« Und von der Anmut Prinzessin Ingeborgs, einer gebürtigen Dänin, zeigt er sich bezaubert.[141] Schließlich führt Prinz Eugen Lichtwark in Bobergs Privathaus am Eingang des Stockholmer Tiergartens. Hier lernt er auch dessen Frau Anna, eine Tochter des Architekten Fredrik Wilhelm Scholander, kennen. Sie ist Dichterin, Musikerin und Malerin und verursacht mit ihrer künstlerischen Tätigkeit und emanzipierten Lebensweise Lichtwark Unbehagen. In einer auf französisch geführten Unterhaltung drückt er seine Befürchtung über den Verlust der weiblichen Eigenart aus; man werde die Frauen nicht mehr lieben, sie würden nur

137 Br. Kommission (1917), Bd. XVII: 1909, S. 154.
138 Eugène Jansson (1862–1915) befasst sich nach 1904, nachdem das Thema der blauen Landschaft für ihn ausgereizt ist, mit dem männlichen Akt und Athletenkörper. Zur Olympiade 1912 zeigt er diese Bilder einem breiteren Publikum; vgl. www.musee-orsay.fr/de/veranstaltungen/ausstellungen/im-musee-dorsay/ausstellungen-im-musee-dorsay.
139 Vgl. Br. Kommission (1917), Bd. XVII: 1909, S. 154f. – Lichtwark schreibt Krengen statt Kreuger, es könnte sich auch um einen Druckfehler handeln.
140 Vgl. Walton (1994), S. 203f.
141 Vgl. ebd., S. 208–210. – Br. Kommission (1917), Bd. XVII: 1909, S. 189f., 157, 165.

noch Kameraden der Männer sein, glaubt er. Das genüge ihr, antwortet Anna Boberg. Lichtwark kommentiert diese Begegnung mit der Frauenemanzipation in zeittypischer Weise: »Die Sündflut des Ueberweibes muß kommen und ein Noah muß das alte Leben retten.«[142]

Während Lichtwarks Aufenthalt trifft bei Prinz Eugen ein originalgroßer Guss von Rodins »Penseur« ein. Lichtwark schlägt einen Standort für dessen Aufstellung auf der Ecke der oberen Terrasse vor, der ihm als einzig geeignete erscheint: »Dort kommt das Motiv des sinnend über den Abgrund Gebeugten so gut heraus wie bei der Aufstellung vorm Pantheon. Der Prinz ließ ihn dort erst einmal zur Probe aufstellen, und er macht sich vorzüglich, namentlich natürlich von der untern Terrasse«, schreibt Lichtwark an seine Kommission (Abb. 47).[143] Heute jedoch ist die Bronzeplastik auf der Terrassenecke mit dem Profil zum Gebäude hin orientiert; Lichtwarks Vorschlag erscheint wesentlich interessanter, da dem Betrachter vom Hause aus gesehen eine Rückenfigur zugemutet wird.

Auch für andere Fragen wird Lichtwark als Berater herangezogen, wie bei der Aufstellung des Bronzeabgusses des Heiligen Göran, des Drachentöters Georg, in dieser Zeit dem Lübecker Bildhauer Bernt Notke lediglich zugeschrieben. Das in Holz geschnitzte Original befindet sich in der Großen Kirche; dort ist neben dem Georg zu Pferde die betende Prinzessin platziert, die um sein Leben fürchtet. Der soeben von privater Seite gestiftete Bronzeguss soll nun auf einem Platz in der Altstadt auf einem zwei Meter hohen Sockel über einem steilen Abhang von sieben Metern aufgestellt werden, die Prinzessin ist dabei so weit an den Rand gerückt, dass der Zusammenhang verlorenzugehen droht. Lichtwark rät dem Prinzen, der allerdings die geplante Aufstellung bereits genehmigt hat, zu einem niedrigeren Sockel, einer sinnvolleren Positionierung des Reiters quer auf der Rampe und der Prinzessinnenfigur in der Mitte des Platzes. Isak Gustav Clason, der Architekt des Nordischen Museums, unterstützt Lichtwarks Vorschlag. Ersteres wird tatsächlich auch umgesetzt, die Prinzessinnenfigur jedoch mit Abstand an den Platzrand gerückt.[144] Die Anordnung in der Platzmitte erscheint wohl doch zu kühn für die Epoche. Mit Interesse nimmt Lichtwark auch die Äußerungen von nationaler Rückbesinnung und Heimatbewegung in Schweden wahr. Auf der Ausstellung meint er mehr schwedisches Leben zu spüren als bei seinem Aufenthalt im Jahre 1897; die Trennung von Norwegen scheine das schwedische Volk aufgerüttelt zu haben. Skansen, das Freiluftmuseum, und das Nordische Museum, beides Werke von Artur Hazelius, besucht Lichtwark ebenfalls. Eine Volkstanzgruppe von jungen Leuten, die ein auf den Faröern entdecktes Tanzlied von Siegfrieds Kampf mit dem Lindwurm singen, beeindruckt ihn in einer hellen Sommernacht in Skansen.[145]

142 Ebd., S. 201f.
143 Ebd., S. 208.
144 Vgl. ebd., S. 160f., 201. – Zustand der Aufstellung im Sommer 2010, die Sockelhöhe beträgt heute etwa vier Meter.
145 Vgl. ebd., S. 153, 179f.

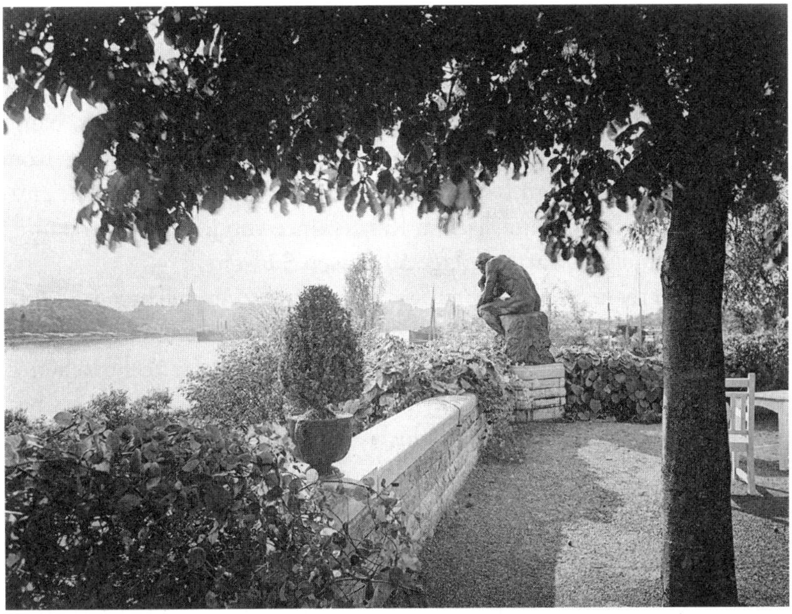

Abb. 47 Stockholm, Waldemarsudde mit dem »Denker« von Rodin, undatiert, Aufnahme: Ernst Sandau

Auf Ausflügen erkundet Lichtwark Uppsala, wo er in der Universität einen Raum mit Laternenlicht entdeckt, ferner das Linné-Haus in Hammarby, das Schloss der Bjelke in Salsta, Schloss Gripsholm und das Schloss von Naeseby mit den Sammlungen alter und neuer Kunst. Kurz vor seiner Abreise aus Stockholm berichtet er seiner Kommission von einem ausführlichen Interview mit der Tageszeitung *Aftonbladet*. Schon im ersten Ausstellungsbericht in der Ausgabe vom 5. Juni 1909 ist sein Toast auf Ferdinand und Anna Boberg erwähnt. Das Interview jedoch scheint nicht mehr veröffentlicht worden zu sein.[146]

Seine Rückreise führt ihn über Göteborg, Lund, Malmö und Kopenhagen. In Göteborg studiert er die zeitgenössische schwedische Kunst noch eingehender als in Stockholm, da die dortige Museumskommission in einem Maße zeitgenössische Kunst ankauft, das er in Deutschland für undenkbar hält. In Lund versucht er vergebens, Informationen zum Thema Meister Bertram zu sammeln, und Malmös neues Museum findet kaum sein Interesse. Viel »anständige und zum Theil sehr gute moderne Architektur« stellt er fest: »Boberg aus Stockholm, Nyrup [Nyrop] aus Kopenhagen, Messel und Jung-Berlin lassen sich leicht erkennen.«[147]

Zwei Tage macht Lichtwark noch in Kopenhagen Station. Er besucht den Neubau der Glyptothek, den er wie auch die neue Aufstellung der Sammlung als scheußlich

146 Vgl. ebd., S. 167. – Presse Ausstellung Stockholm (1909).
147 Vgl. Br. Kommission (1917), Bd. XVII: 1909, S. 164, 183–189, 168f., 155, 171–173, 163.

bezeichnet, und erfreut sich wieder an Thorwaldsens Museum, wo ihn die Kollektion deutscher Landschafter des frühen 19. Jahrhunderts begeistert: Kein deutsches Museum besitze sie so hochwertig und vollständig. Die Jahrhundertausstellung, so wird ihm bewusst, hat seinen Blick geschärft. Im Kunstgewerbemuseum und im Nationalmuseum sucht er vergebens Ähnlichkeiten mit Meister Bertram, und in der Königlichen Galerie entdeckt er allerlei ihm bisher Unbekanntes. Schließlich besucht er noch den neuen Rathausbau im Stil der nordischen Renaissance von Martin Nyrop und begrüßt die gelungene regelmäßige Gartenanlage an dessen Südseite.[148]

Lichtwarks Interesse gehört trotz der Suche nach Vergleichen zu Meister Bertram vor allem der Kunst und Architektur der Jahrhundertwende, der beginnenden Moderne, den Zeitgenossen und dem Fortschritt, auch in der technischen Entwicklung. Das in Schweden bereits allgegenwärtige Telefon weiß er zwar als bequem zu schätzen, findet die ständige Störung jedoch enervierend. Vor allem erstaunt ihn die Gleichzeitigkeit der Entwicklung. Angesichts der Ausschmückung der Stockholmer Schulbauten mit großen Ölgemälden zeitgenössischer einheimischer Künstler, wie es auch in Hamburg beim Paulsen-Stift durch Paul Kayser geschehen ist, schreibt er: »Merkwürdig, wie dieselben Dinge überall zur selben Zeit reif werden.«[149]

Dieser ereignisreiche Schwedenaufenthalt gehört zu Lichtwarks eindrucksvollsten Reisen; er plant, die Eindrücke und neuen Kenntnisse für kommende Vorlesungen über Stockholm und Kopenhagen zu verwerten. »Ich habe unglaublich viel gesehen, erfahren und erlebt«, schreibt er an seine Kommission. »Es würde für Monate genügen.«[150] Und in seinem Neujahrsbrief von 1910 an den Prinzen gedenkt er noch einmal »dankend der schönen Zeit von Waldemarsudde [...], die zu dem köstlichsten gehört, was mir das Leben geboten hat.«[151]

Im März 1912 kommt Prinz Eugen noch einmal nach Hamburg zur Besichtigung der im Kontext des Kunsthallenneubaus errichteten Baubude mit der Erprobung der von Lichtwark favorisierten Belichtung, wohl im Zusammenhang mit dem Bau seiner eigenen Galerie. Bei der Betrachtung der Neuerwerbungen im Saal der modernen Franzosen und Deutschen habe er »große Augen« gemacht, schreibt Lichtwark seiner Kommission. Bei dieser Gelegenheit lädt Eugen ihn nach Stockholm zu den Olympischen Spielen ein. Eine letzte Begegnung von Lichtwark und Prinz Eugen findet im Dezember 1912 in Paris statt, ein zufälliges Zusammentreffen anlässlich der Auktion Rouart, das Lichtwark durch die gemeinsamen Besuche in den Museen und Sammlungen viel Freude bereitet.[152]

148 Vgl. ebd., S. 191–197.
149 Ebd., S. 215.
150 Ebd., S. 157f.
151 Brief Alfred Lichtwark an Prinz Eugen, 1.1.1910, Stockholm, PEW, Archiv.
152 Vgl. Br. Kommission (1920), Bd. XX: 1912/13, S. 63–66. – Ebd., S. 314. – Zur Baubude siehe das Kapitel »Der Neubau der Kunsthalle« in Teil 5. – Olympische Sommerspiele, Stockholm 1912. – Zur Auktion Rouart siehe das Kapitel »Französische Kunst« in Teil 6. – Brief Alfred Lichtwark an Prinz Eugen, 16.12.1912, Stockholm, PEW, Archiv.

VERLUSTE

1903 stirbt Lichtwarks väterlicher Freund und Förderer Carl Kall, der ihm das Studium ermöglichte; Lichtwark hält seine Grabrede.[153] In den folgenden Jahren, zwischen 1906 und 1909, treffen ihn weitere Todesfälle empfindlich, beruflich wie privat. Im Juli 1906 stirbt 53jährig sein wichtigster Mäzen Sir Alfred Beit. Sein früher Tod bedeutet für Lichtwarks Pläne eine Katastrophe. »Das ist ein schwerer Schlag für mich«, schreibt er an Kalckreuth. »Nach Jahren war es mir gelungen, ihn zu interessieren gerade für die Dinge, deren man sich bedient hatte, ihn gegen mich einzunehmen. Er hatte mir zunächst für die Bilder aus Hamburg eine verhältnismäßig bescheidene Summe abgeschrieben (kaum ein Viertel der 200 000 Mark, von denen die Presse sprach), er hatte sich besonders für Dich erwärmt und das große Elbbild und die Gruppe der neun Ältesten der Handelskammer so gut wie in Aussicht gestellt. Ich bin persönlich sicher, daß er es getan hätte. Nun ist alles in die Ferne geschoben. Ich muß ganz andere Kombinationen machen und weiß noch entfernt nicht, ob und wann ich damit starten kann. Und was sonst alles so nebenbei hätte ausgeführt werden können, ist nun mit einem Schlage dahin. Hier in Hamburg ist der Haß noch zu groß. Beits Testament soll alt sein, höre ich. Also auch da nichts zu erwarten. Seine Galerie geht nach Berlin ans Museum. Der Kaiser soll sich, einem Gerücht nach, dafür vor einem Jahr ins Mittel legt haben. Ich habe versucht, Beit mündlich und schriftlich nahezulegen, daß seine Bilder bei uns einen ganz anderen Rang einnehmen und einem höhern Zweck dienen würden, als wenn er sie zu der Masse schlüge. Es ist ein Jammer. Ich mag gar nicht daran denken. Das hat mich aus dem Konzept gebracht.«[154]

Zum Tode seines Förderers und Mentors Julius Lessing im März 1908 ist offensichtlich keine Äußerung Lichtwarks überliefert,[155] doch muss ihm dieser Verlust sehr nahegehen, da er allen seinen Förderern gegenüber tiefe Dankbarkeit empfindet. Lessing und seinem anderen wichtigen Mentor Justus Brinckmann widmet er 1898 seine zweibändige Publikation *Das Bildnis in Hamburg*. Als Reaktion auf sein Buch über Meister Bertram erhält Lichtwark von Lessing einen ihm »sehr zu Herzen gehenden Brief«, und zum 25jährigen Jubiläum des gemeinsam erlebten Einzugs in den Neubau des Berliner Gewerbemuseums, am 21. November 1906, besucht Lichtwark Lessing, den er »leider sehr kümmerlich« vorfindet.[156]

Das langjährige, überaus harmonische und enge Zusammenleben der Familie Lichtwark, in dem der Bruder Hans allerdings eine Nebenrolle zu spielen scheint und

153 Siehe zu Kall das Kapitel »Der Weg hinaus« in Teil 1.
154 Br. Kalckreuth, S. 174f. und Anm. 286, 288.
155 Aus Lichtwarks Briefen geht nicht hervor, dass er sich zu dieser Zeit zur Beerdigung Lessings, der am 14. März 1908 verstarb, in Berlin aufhielt, er könnte jedoch für einen eintägigen Aufenthalt dort gewesen sein, da er sich zu dieser Zeit nicht auf einer größeren Reise befand. Gerade zu dieser Zeit war er stark mit der Tschudi-Affäre beschäftigt; vgl. Br. Lichtwark-Liebermann, S. 271–280.
156 Vgl. Br. Kommission (1908), Bd. XIV: 1906, S. 33, 227. Dieser Brief Lessings an Lichtwark scheint nicht erhalten zu sein.

nur selten erwähnt wird, erfährt 1909 eine tiefe Erschütterung. Diese Gemeinschaft besteht vor allem in Lichtwarks Beisammensein mit seinen »Damen«, die auch stets von seinen Freunden mit Grüßen bedacht werden. Während Lichtwark am Schreibtisch arbeitet oder Briefe schreibt, pflegen ihm Mutter und Schwester in seinem Zimmer häufig Gesellschaft zu leisten.[157] Auch die Sommerfrische im Harz verbringt er am liebsten mit ihnen und nahen Freunden; in fremder Gesellschaft mag er nicht sein und allein würde er dort doch nur arbeiten.[158]

Seit dem Sommer 1907 kränkelt Lichtwarks Mutter und leidet unter Gallenkoliken,[159] ihr Gesamtzustand ist aber noch stabil. Im Oktober 1908, im Jahr vor ihrem Ableben, portraitiert Kalckreuth die 79jährige mit dem herben, markanten Gesicht auf dem Balkon des Sunderhöfchens als Geschenk an Lichtwarks Schwester Marianne; doch möchte er das Bild trotz des privaten Charakters auch auf einigen Ausstellungen zeigen dürfen (Abb. 48). Liebermann hält dieses Portrait für Kalckreuths bestes, den Bildnissen von Marie Zacharias noch überlegen.[160]

Im Sommer 1909 folgt Lichtwark zwar der Einladung von Prinz Eugen nach Schweden, traut sich jedoch kaum noch auf diese Reise aus Sorge um seine nunmehr achtzigjährige Mutter. Tatsächlich steht ihr Tod kurz bevor; Helene Lichtwark stirbt nach längerer Krankheit am 29. September 1909. Schon seit Beginn des Jahres 1909 steht es schlecht um sie; ihr Zustand ist wechselhaft. Von Ahnungen geplagt, schreibt Lichtwark von seiner Schwedenreise seinem Freund Mannhardt: »Es mag bei einem, der viel erlebt hat, der notwendige Rückschlag sein, der in gehobenen Augenblicken die zweite dunkle Stimme des Daseins als Begleitung mit ertönen läßt.«[161] Der Arzt verschreibt Medizin, die sie nicht nimmt; Geschenke und Aufmerksamkeiten der Freunde ihres Sohnes muntern sie auf, und die vom Sohn aus Schweden mitgebrachte Brosche legt sie gleich an. In den folgenden Monaten verschlechtert sich ihr Zustand. Falsche Diagnosen, schädliche Therapien und Morphium seien die Ursache, wie Lichtwark schließlich vom letzten behandelnden Arzt erfährt.[162] Dem befreundeten Literaturwissenschafter Berthold Litzmann schreibt Lichtwark am Todestag seiner Mutter: »Sie hat die Ruhe und das relative Glück der letzten Jahre durch die Qual der letzten Monate – drei Diagnosen, drei Kuren, eine vierte richtige Diagnose und Kur einer an sich harmlosen Krankheit kam zu spät – theuer bezahlen müssen. Wir werden sie sehr schwer entbehren.«[163] Bei der Bestattung am 3. Oktober 1909 geben sich auch offizielle Vertreter des Hamburger Staates die Ehre: Bürgermeister Burchard als Vorsitzender der Kommission, die Senatoren Predöhl und

157 Br. Lichtwark-Liebermann, S. 253.
158 Vgl. Br. Kommission (1902), Bd. IX: 1901, S. 169.
159 Vgl. Br. Lichtwark-Liebermann, S. 270.
160 Brief Kalckreuth an Alfred Lichtwark, 10.10.1908, München, BSB, HSS, Kalckreuthiana II. – Br. Lichtwark-Liebermann, S. 291. – Best.Kat. Hamburg, 19. Jh., S. 91. – Br. Kalckreuth, S. 213.
161 Br. Mannhardt, S. 80.
162 Vgl. Br. Kalckreuth, S. 229–231 und Anm. 397. – Br. Lichtwark-Liebermann, S. 309. – Br. Mannhardt, S. 79–81, Zitat S. 80.
163 Brief Alfred Lichtwark an Litzmann, 29.11.1909, HH, SUB, HSS, LA 82.

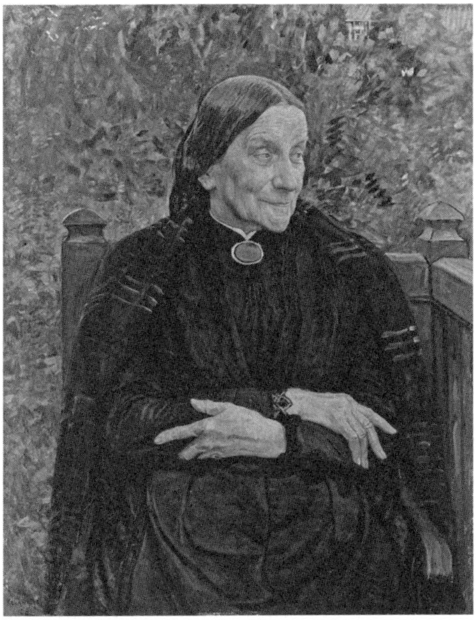

Abb. 48 Leopold von Kalckreuth, Portrait Helene Lichtwark, 1908, Öl auf Leinwand, Hamburger Kunsthalle

von Melle, ferner sind Graf und Gräfin von Götzen sowie Mitglieder der Hamburger Künstlerschaft anwesend. Hauptpastor Grimm hält die Trauerandacht.[164] Der Tod seiner über alles geliebten Mutter trifft Lichtwark nicht unerwartet, aber tief. Ohnehin zeigen sich seit einiger Zeit Zustände von Niedergeschlagenheit. Er erlebt nun eine nachhaltige Veränderung seiner seit zwanzig Jahren stabilen persönlichen Umgebung, in der Mutter und Schwester ihn hingebungsvoll umsorgten.[165] Nach dem in aller Stille verbrachten Weihnachtsfest, an dem die Geschwister vermeiden, sich im Gespräch der Mutter zu erinnern, gesteht er seinem Freund Mannhardt am Silvestertag 1909: »Wir kommen nun in das Alter, wo man nichts oder kaum noch etwas zu hoffen und zu gewinnen hat und nur noch bittet und wünscht für das, was man noch besitzt. Auf das Glück habe ich längst verzichtet, soweit es nicht in der Gesundheit und der Lebensstimmung der Menschen liegt, die mir die liebsten sind, der wenigen.« Dazu gehört seit jeher seine Schwester Marianne, die sich mit der Pflege der Mutter gesundheitlich übernommen hat und trotz einer Erholungsreise nach Südtirol mit dem Bruder im November 1909 weiterhin kränkelt. Doch ist bei Lichtwark noch Lebenskraft vorhanden, die Kämpfer-

164 Hamburger Nachrichten, Nr. 467, II. Morgenausgabe, 3.10.1909, in: StA HH, ZAS, A 761.
165 Lichtwarks Freund Fritz Bronsart von Schellendorf betrachtet diese Lebenssituation Lichtwarks als ein derart ideales Heim, wie es nur wenigen beschieden sei; vgl. Brief Bronsart an Alfred Lichtwark, 16.10.1898, HKH, AdB 76.

natur scheint immer noch leicht entflammbar, denn angesichts der Wahl Mannhardts in die Bürgerschaft fährt er im selben Brief fort: »Es könnte mich fast verlocken, selber in die Ortspolitik einzusteigen.«[166]

Auf den Tod der Mutter reagiert Lichtwark mit dem Aufsatz *Ein Menschenleben*, der im *Jahrbuch der Gesellschaft Hamburgischer Kunstfreunde* von 1909 erscheint und die historische Spanne thematisiert, die ein Mensch in seinem Leben beobachten und miterleben kann, nicht zuletzt hinsichtlich des technisch-zivilisatorischen Fortschritts.[167]

Der Tod der Mutter ist nicht der einzige private Verlust dieser Jahre. Lichtwarks mütterliche Freundin Marie Zacharias, neben Gustav Schiefler das für ihn wichtigste Mitglied der Gesellschaft Hamburgischer Kunstfreunde, ist schon zwei Jahre zuvor, am 13. Februar 1907, fast 79jährig an den Folgen einer Lungenentzündung verstorben. Als Gründungsmitglied und langjährige Ehrenvorsitzende der Gesellschaft Hamburgischer Kunstfreunde trug sie zum *Jahrbuch der Gesellschaft* zahlreiche graphische Arbeiten und Texte bei. Sie nahm stets lebhaften Anteil an Lichtwarks Tätigkeit und seinen Projekten, reiste gelegentlich mit ihm und seiner Schwester zu Besichtigungen; sie beriet und betreute für die Gesellschaft Hamburgischer Kunstfreunde mit großem Engagement das Vasenprojekt. Ihr selbst entworfenes Sommerhaus in Bockswiese im Harz stand auch Lichtwark und seinen Angehörigen offen. Er bewunderte die einfache, funktionale Konstruktion und stellte daran fest, dass die Frauen bei der Umgestaltung der Hausbaukunst Besonderes leisten würden.[168]

Eine ungewöhnliche, temperamentvolle und begabte Frau sei sie gewesen, aristokratisch in Gesinnung und Gebaren, so schildert sie Pastor Cordes bei der Begräbnisfeier, selbst immer noch werdend und lernend, von großer Natürlichkeit, mit ausgeprägter Neigung für das Feine, Geistreiche, Ästhetische.[169] Liebermann würdigt sie als »exceptionelle Persönlichkeit«, für ihn war sie ein »integrirender Teil Hamburgs«.[170] Auch von der Reedersgattin Mary Sloman, einem Mitglied der Gesellschaft Hamburgischer Kunstfreunde, wird in dieser Weise an Marie Zacharias erinnert. Die »beliebte Präsidentin [...] war eine talentvolle, kluge, witzige und weitblickende Frau. Trotz ihres Alters setzte sie sich mit Leib und Seele für die moderne Malerei ein. Sie hatte von Anfang an die Bedeutung Lichtwarks erkannt. Sie und Henry P. Newman haben

166 Br. Mannhardt, S. 83.

167 Kayser (1977), Nr. 465, später zweimal wiederveröffentlicht unter dem Titel *Was ein Menschenleben umspannt*, Kayser (1977), Nr. 528, 556, vgl. AL, Schriften, Bd. II, S. 301f. Die Frage, was in ein Menschenleben hineinpasst, stellt sich Lichtwark schon 1905 durch den Kontakt mit dem damals 87jährigen Freiherrn Friedrich von Grundherr, der ebenfalls dem Verwaltungsrat des Germanischen Nationalmuseums Nürnberg angehört: »Was geht in ein Menschenleben hinein. Es hat Menschen gegeben, deren Augen Friedrich den Großen, Napoleon und Wilhelm den Ersten in Berlin einziehen sahen nach seinen letzten Siegen.« Vgl. Br. Kommission (1908), Bd. XIII: 1905, S. 125. – Für die Lebensdaten von F. Freiherrn Grundherr danke ich Christian Vogel, Germanisches Nationalmuseum, Nürnberg. Grundherr war Mitglied des Verwaltungsrates von 1875–1906.

168 Vgl. Br. Kommission (1904), Bd. XI: 1903, S. 160f. – In einem Brief an Lichtwark und seine Schwester Marianne vom 22. März 1912 berichtet Elisabeth Prinzessin Reuss aus Bockswiese, dass das kleine Wiesenhaus von Marie Zacharias zu einem Sommerbierlokal herabgesunken sei (StA HH, 731-4, Briefsammlung, Lichtwark).

169 Vgl. Bake / Reimers (1997), S. 139.

170 Vgl. Br. Lichtwark-Liebermann, S. 257.

ihn gestützt. Sie war die eifrigste im Kreise älterer und jüngerer Damen, denen der neue Direktor der Hamburger Kunsthalle zum Führer wurde. Diese treue Anhängerschar hat Lichtwark entschädigt für die heftigen Anfeindungen, denen er durch Vertreter der alten Richtung ausgesetzt war. Leider gehörten auch mein Vater und mein Schwiegervater dazu.«[171]

Mehrfach in seinem Leben erhält Lichtwark mütterliche Förderung: von seiner eigenen Mutter, an der er lebenslang liebevoll hängt, von Emma Bernheim während seiner Zeit als Hauslehrer ihrer Tochter, von den Gattinnen der Museums- und Ministerialbeamten in den Berliner Jahren, und so auch von Marie Zacharias. Lichtwark empfindet Trauer über diesen großen Verlust eines stets verständnisvollen und ihn unterstützenden Menschen seiner nahen Umgebung: »Uns fällt es schwer, wieder zurechtzufinden«, schreibt er seinem Freund Gustav Pauli, »wo wir das freudige Miterleben dieser seltenen Natur entbehren müssen, die durch jede Berührung die Dinge und das Geschehen kostbarer machte.«[172] Im *Jahrbuch der Gesellschaft Hamburgischer Kunstfreunde* würdigt Lichtwark Marie Zacharias in einem Nachruf.[173] Ohne sie und die ihr eigene Begeisterungsfähigkeit wären sein Leben in Hamburg und seine Aufenthalte in der Sommerfrische des Harzes um manche Freude ärmer gewesen. Auch Kalckreuth schreibt mitfühlend an Lichtwark zum Tod dieser für seinen Kreis so bedeutenden Frau, »eine Insel der Glückseligen« sei ihnen untergegangen: »Denn da war etwas von einer Heiterkeit und Freundschaft und Temperament, was einem nicht erlaubte an das Traurige im Leben zu denken wo man immer geborgen war.« Alles an ihr sei Jugend und Leben gewesen.[174]

1910 erkrankt auch Lichtwarks Schwester Marianne schwer und muss sich einer Blinddarmoperation unterziehen.[175] Diese Bedrohung seiner letzten Stütze bringt Lichtwark in große Schwierigkeiten. »Es liegt schwer auf mir«, schreibt er an Kalckreuth. »Es ist nicht Schwarzseherei. Ich habe immer gefürchtet, daß etwas Schweres kommen würde. Die Schmerzen sind groß. Komme nicht herein. Ich halte es nicht aus. Ich will sehen, ob ich mich drin finden kann. Vielleicht geht's über meine Kraft. Du weißt, was Marianne für mich bedeutet.«[176]

Marianne erholt sich und bleibt ihm erhalten; sie begleitet ihn als Gefährtin in seinen letzten Jahren. Er schätzt ihre Kompetenz in praktischen Dingen und hört auch auf sie als energische Hamburger Hausfrau, als sie ihm vom Kauf eines kostbaren Ahornmobiliars mit Jacarandaeinlagen des Architekten Alexis de Chateauneuf für die Kunsthalle abrät. Die »Scheuerfrauen« würden damit nicht zurechtkommen. »Es

171 Sloman (1957), S. 39f.
172 Br. Pauli, S. 47.
173 Alfred Lichtwark, In Erinnerung an die erste Präsidentin der Gesellschaft Hamburgischer Kunstfreunde Frau Marie Zacharias geborene Langhans. 1828–1907, in: Jb. GHK, 13. Jg., 1907, nach dem Titelblatt; Kayser (1977), Nr. 443.
174 Brief Kalckreuth an Alfred Lichtwark, 19.2.1907, München, BSB, HSS, Kalckreuthiana II.
175 Vgl. Brief Alfred Lichtwark an Moll, 4.7.1911, HKH, AdB 178. Zunächst wurde Krebs vermutet.
176 Br. Kalckreuth, S. 241.

wäre so schön gewesen, diese prächtigen und originellen Werke des grossen Chateauneuf zu besitzen, und wollen wir die Langeweile vermeiden, die durch charakterlos eingerichtete Säle mit Bildern erzeugt wird, werden wir jeden Saal mit andern und eigenartigen Möbeln ausstatten müssen. Ein Wandtisch thut schon Wunder an Wohnlichkeit.« Doch »seufzend« fügt er sich »der höhern Einsicht«[177] – einer kleinbürgerlichen Auffassung.

Auch der Tod seines Freundes aus der Berliner Zeit, des Archäologen Otto Puchstein, im Jahre 1911 erschüttert ihn. Puchstein sei von Freiburg nach Berlin berufen worden und habe den Verhältnissen – »Bosheit und Quertreiberei« – trotz seiner Klugheit, Tatkraft und Menschenkenntnis zwar äußerlich, doch psychisch nicht standzuhalten vermocht.[178] Wie sehr auch Lichtwark durch die langjährigen Anfeindungen strapaziert wird, offenbart sich wenige Jahre später. Noch bleibt ihm ein kleiner Kreis von Freunden, die ihn und sein Lebenswerk anerkennen und wertschätzen.

GÄRTEN

1905 endlich wird Lichtwark als ein Vorreiter der sich nun durchsetzenden architektonischen Gartengestaltung gewürdigt.[179] Der Kongress der deutschen Landschaftsgärtner hat ihm das Protokoll seiner letzten Sitzung übersandt und kündigt die daraus entstehende Publikation an. Als Beginn ihres Rückzuges, schreibt Lichtwark seiner Kommission, würden sie bereits ihre bisherige Praxis der landschaftlichen Gartenform verteidigen und die Fortgeschrittensten erklärten nun, dass Paul Schultze-Naumburg, Hermann Muthesius und er selbst eher als Bundesgenossen zu betrachten seien.[180] Vornehm nennt er sich selbst zuletzt, obwohl er am Anfang stehen müsste. Er hat die-

177 Br. Kommission (1902), Bd. IX: 1901, S. 97f. – Zum Großreinemachen im Hamburger Haushalt vgl. Sloman (1957), S. 53f. Dabei wurden alle Schränke und Kommoden ausgeseift und alles durch spezialisierte »Scheuerfrauen« gründlich gereinigt, dabei aber auch manches beschädigt.

178 Vgl. Br. Kommission (1919), Bd. XIX: 1911, S. 59.

179 Vgl. hier und im Folgenden: Br. Kommission (1908), Bd. XIII: 1905, S. 290f.

180 Zu Muthesius vgl. Schneider (2000). Im Teil 6 seines Bandes referiert Schneider die Literatur zur Hausgartenreform in Deutschland (S. 207ff.). Demnach macht Marie Luise Gothein bereits 1914 in ihrer *Geschichte der Gartenkunst* auf Lichtwarks frühe Kritik am landschaftlichen Gartenstil aufmerksam (S. 210), sie nennt jedoch nur dessen Aufsatz *Makartbouquet und Blumenstrauß* aus dem *Hamburger Weihnachtsbuch* von 1892, nicht aber den Feuilletonartikel *Moderne Gartenkunst* in der *Gegenwart* im Jahr 1885, der unbekannt geblieben zu sein scheint; Kayser (1977), Nr. 183, 144. Spätere Erwähnungen Lichtwarks in der Reformgartenliteratur referiert Schneider (2000) auf S. 215, 217, 219f., 223, 225–228. Schon vor den Schriften von Schultze-Naumburg, Lichtwark, Avenarius und Muthesius haben sich jedoch einzelne Personen innerhalb des Vereins deutscher Gartenkünstler (VdG) gegen eine einseitige stilistische Ausrichtung des Vereins ausgesprochen (S. 229), wobei Schneider immer noch von Lichtwarks Aufsatz von 1892 ausgeht. Der Erfurter Gartendirektor Otto Linne plädiert 1907 dafür, Lichtwarks, Schultze-Naumburgs und Muthesius' Mahnungen ernst zu nehmen, kann sich selbst jedoch nicht zur Rückkehr zum formalen Garten entschließen (S. 251). Der Gartenarchitekt Reinhold Hoemann, zeitweise im Vorstand des VdG, begrüßt die Kritik der Vorgenannten, lehnt aber ebenfalls einen Wechsel zum von ihnen propagierten Stil ab (S. 252). Lichtwark, Avenarius, Schultze-Naumburg und Muthesius können mit ihrer stilistischen Kritik im VdG keine Anhänger gewinnen (S. 254). Ihre Vorstellungen stoßen noch bis 1904/05 bei den deutschen Gartenkünstlern auf Ablehnung (S. 308).

se Anerkennung nicht nötig, weiß um seine Leistung und sich im Recht. Auf diesen Umschwung reagiert er ironisch und etwas verächtlich: »Als ich 1892 im Makartbouquet den ersten Vorstoß machte, dem dann Schultze-Naumburg und Muthesius folgten, hätte ich nicht geahnt, daß die träge Materie der Fachverbissenheit so bald in Fluß kommen könnte.« Er gilt nun als Experte für den architektonischen Garten, wird konsultiert und kontaktiert. So berichtet er 1906, der führende Gartenkünstler Professor Willy Lange wolle mit ihm einen literarischen Plan beraten, die Gründung einer Zeitschrift *Haus und Garten*. Er könne sich jedoch nur »platonisch« beteiligen, werde sich dennoch sehr dafür interessieren und auch bei der Ausarbeitung des Programms beteiligen.[181] Lichtwark hat im Jahr zuvor seine verstreuten Aufsätze, einiges bisher Ungedruckte und neu Verfasste zu einem Band zusammengestellt, der 1905 bei Cassirer in Berlin als zweite Auflage von *Makartbouquet und Blumenstrauß* herauskommt. 1907 erscheint dann die zweite, gegenüber 1897 erweiterte Auflage seiner Aufsätze *Blumenkultus. Wilde Blumen*, und 1909 folgen die *Park- und Gartenstudien*, die sich vorrangig dem Problem des Hamburger Stadtparks widmen.[182]

In der Praxis wird Lichtwark erstmalig um 1895 tätig. Zu dieser Zeit legt sein Freund Kalkmann seinen neuen vergrößerten Garten nach Lichtwarks Vorschlägen an, und Heinrich Adolph Klöpper, der Schwager seines Freundes Wolf Mannhardt, lässt offensichtlich 1904/05 nach Lichtwarks Vorschlägen seinen Garten in Hamburg-Volksdorf gestalten. 1906 wird Lichtwark bei der Gestaltung der Gartenanlage seines Freundes Kalckreuth in Eddelsen tätig. 1907 baut sich einer der führenden Hamburger Reformpädagogen, Heinrich Wolgast, ein Haus in Hamburg-Borstel und legt seinen Garten entsprechend Lichtwarks Rat an.[183] In Hamburg dürften noch weitere Gärten von Lichtwarks Schriften oder persönlichen Vorschlägen beeinflusst worden sein. Auch sein kleiner Aufsatz über die *Terrassengärten in Harvestehude*, der 1912 im *Jahrbuch der Gesellschaft Hamburgischer Kunstfreunde* erscheint, berichtet von ersten Erfolgen. Hier verwirft er die sich schlängelnden Wege des landschaftlichen Gartenstils zugunsten einer Terrassierung der zur Außenalster hin steil abfallenden Grundstücke wegen der besseren Nutzbarkeit der Gärten.[184] Auch Prinz Eugen von Schweden lässt nach Lichtwarks Ideen sein Gartengelände von Waldemarsudde in

181 Vgl. Br. Kommission (1908), Bd. XIV: 1906, S. 224, 228.

182 Vgl. Kayser (1977), Nr. 404, 438, 458. Es ist kaum zu glauben, dass Lichtwark die zweite Auflage des »Makartbouquets« noch zwischen dem 22. Dezember und dem Jahresende 1905 publiziert hat; andererseits wäre es für ihn nicht untypisch, dass er die Arbeit als kleine Weihnachtsfreude in den Feiertagen erledigt und das Buch tatsächlich noch vor Jahresende in Druck geht.

183 Typisch sind eine große Rasenfläche, begleitet durch einen langen seitlichen Weg, ähnlich wie bei Liebermanns Garten, hier jedoch als Sichtachse zur Terrassentür; ein Obst- und Nutzgarten schließen sich auf dem langgestreckten Grundstück an. Dieser Garten ist unverändert geblieben und wird noch von Wolgasts hochbetagter Enkelin gepflegt. Für diese Mitteilung vom Sommer 2011 danke ich Ulrich Luckhardt.

184 Vgl. Alfred Lichtwark, Terrassengärten in Harvestehude, in: Jb. GHK, 18. Jg., 1912, S. 27–30, Kayser (1977), Nr. 539; Wiederabdruck in: Hamburgische Aufsätze, S. 173–175, Kayser (1977), Nr. 557. – Lichtwark gestaltet auch den Garten seines Freundes Max Predöhl am Harvestehuder Weg 20 und entwirft die Esszimmermöbel; vgl. Wiese (1967), S. 34.

Stockholm anlegen und äußert sich darüber bei der Begegnung in Paris 1912 sehr zufrieden.[185]

Die bedeutendsten Gärten nach Lichtwarks Entwurf sind diejenigen von Kalckreuth und Liebermann. 1909 erwirbt Max Liebermann in der Villenkolonie Alsen am Wannsee ein 7.000 Quadratmeter großes Grundstück und lässt sich von dem Architekten Paul Baumgarten, dem ehemaligen Meisterschüler Alfred Messels und Leiter seines Büros, ein Landhaus entwerfen.[186] Durch seine Neigung zum hamburgischen Umland, in dem sich anzusiedeln er 1903 einmal überlegt hat,[187] wird das Godeffroysche Landhaus in Hamburg-Nienstedten zum Vorbild für diese Villa. Das von 1789 bis 1792 von dem dänischen Architekten Christian Frederik Hansen erbaute Haus hat Liebermann schon 1902 in einem Pastell festgehalten. In Anlehnung an dieses Gebäude wird die seeabgewandte Fassade der Villa Liebermann gestaltet, während die Gartenseite der ebenfalls in Nienstedten gelegenen klassizistischen Villa Wesselhoeft nachempfunden ist. Auf diese Weise holt sich Liebermann hamburgisches Flair an den Wannsee; Lichtwark verhilft ihm außerdem zu hamburgischen Möbeln, die er aus dem sogenannten Wriedtschen Haus, ebendieser ehemaligen Godeffroy-Villa, erwerben kann und die durch Kopien ergänzt werden.[188] Liebermann schätzt Lichtwarks Kenntnisse in Möbel- und Einrichtungsfragen und hält ihn für den kompetentesten Ratgeber auf diesem Gebiet, so dass er auch dessen Unterstützung bei der Aussteuer seiner Tochter Käthe erbittet.[189]

Mit großem Engagement ist Lichtwark Liebermann auf dessen Wunsch hin bei der Anlage des langgestreckten Gartengrundstückes am Wannsee behilflich. Liebermann entwickelte schon um 1890 bei einer gemeinsamen Besichtigung von Bauernhäusern und -gärten in den Marschlanden bei Hamburg den Wunsch, sich eines Tages einen architektonisch gestalteten Garten zu schaffen.[190] Wohl wissend um die Gartenleidenschaft seines Freundes, erbittet er nun dessen Rat. Lichtwark, erklärter Verfechter des architektonisch gestalteten Gartens und Feind der »Schlängelwege« des nach seiner Ansicht degenerierten englischen Gartenstils, reist am 16. November 1909 nach Berlin zu einer ersten Besprechung. In einer vorläufigen brieflichen Skizze hat Liebermann seine Vorstellung von einer weiten, unverstellten Rasenfläche zwischen Haus und See einerseits und einem regelmäßig angelegten Blumen- und Gemüsegar-

185 Zu Kalkmann vgl. Illies (1981), S. 74. – Zu Klöpper vgl. Lange (2008), S. 218. – Zu Kalckreuth siehe das Kapitel »Die Hittfelder Kolonie« in Teil 4. – Zu Prinz Eugen vgl. Klausch (1971), S. 109f. – Br. Kommission (1920), Bd. XX: 1912/13, S. 319. – Zu den Gärten von Kalkmann und Prinz Eugen sind anscheinend keine Pläne überliefert.

186 Vgl. hier und im Folgenden: Eckert (1997), S. 196f.

187 Vgl. Br. Lichtwark-Liebermann, S. 153. – 1907 verbringt Liebermann die Pfingsttage mit seiner Familie im Parkhotel Teufelsbrück in Klein Flottbek bei Hamburg; vgl. Br. Lichtwark-Liebermann, S. 267.

188 Vgl. Br. Lichtwark-Liebermann, S. 334f., 337. – Br. Kommission (1908), Bd. XIV: 1906, S. 228. – Zum Godeffroyschen Landhaus vgl. Howoldt / Baur (1994), S. 63.

189 Vgl. Br. Lichtwark-Liebermann, S. 236f., 239, 244.

190 Vgl. AL, Makartbouquet und Blumenstrauß, (2)1905, S. 44. – Lichtwark fuhr mehrfach mit Liebermann in die Umgebung Hamburgs; vgl. Liebermann (1978, Lichtwark), S. 120.

ten oberhalb des Hauses notiert. Die gartengestalterische Zusammenarbeit zwischen Liebermann und Lichtwark hat durchaus eine Vorgeschichte, indem beide zusammen mit Paul Schultze-Naumburg im Jahr zuvor, 1908, in der Jury des Berliner Nordparks im Wedding, des sogenannten Schillerparks, tätig waren und demnach mit Fragen der aktuellen Gartenkunst vertraut sind. Beim Schillerpark entschied sich die Jury für einen modernen Volkspark, in dem den Bedürfnissen der Erholung durch Sport und Spiel Rechnung getragen ist.[191] Die Korrespondenz mit Lichtwark übernimmt teilweise Liebermanns Tochter Käthe;[192] viele Details werden jedoch erst gemeinsam vor Ort entschieden. Lichtwark empfindet große Freude und Entspannung bei dieser gartenplanerischen Tätigkeit.[193]

Den Auftrag für die Ausführung des Liebermann-Gartens erhält Albert Brodersen, Teilhaber der bekannten Berliner Gartenbaufirma Körner & Brodersen. Der originale Gartenplan ist heute allerdings nicht mehr auffindbar. Die Vereinfachung der von Liebermann ursprünglich halbkreisförmig gewünschten Terrasse an der Seeseite des Hauses in die strenge Form einer rechteckigen, unbepflanzten Fläche in Gebäudebreite dürfte auf Lichtwark zurückgehen, wie er auch die Treppengestaltung von der Terrasse abwärts beeinflusst. Wie stets präferiert Lichtwark die große ungestörte Fläche des Rasens. Schon im selben Frühjahr hat er das von Messel erbaute Haus Richard Schönes besichtigt und angesichts der Gartengestaltung zustimmend festgestellt: »Der Garten hat nur einen Weg an der Hecke entlang und wirkt deshalb so groß wie möglich.«[194]

Am deutlichsten ist Lichtwarks gestalterische Handschrift in den drei Sondergärten festzustellen. Sie flankieren die große, sanft abfallende Rasenfläche in Richtung Wannsee auf der linken Seite. Hier variiert er in modernisierter Art verschiedene Kompositionstypen, die sämtlich auf die Grundform des symmetrischen Bauerngartens verweisen. Für einen davon empfiehlt er Sammetrasen und Staudenbeete, insbesondere Malven. Er stellt sich monumentale Vasen, betonte Zentren, nach oben geöffnete Lauben und ein spiegelndes Wasserbecken vor,[195] lauter Elemente eines modern und zugleich auch neobarock empfundenen Gartens im kleinen Format (Abb. 49). An der Aufstellung der Bronze eines Fischotters von August Gaul, einem Geschenk Liebermanns an seine Frau, hat Lichtwark ebenfalls Anteil. Er schlägt vor, den besten Platz mithilfe einer Attrappe zu bestimmen.[196] Außerdem berät er Liebermann bei der Platzierung eines Werkes von Rodin. Seit 1900 besitzt der Maler in seiner Sammlung bereits Rodins Büste von Falguière; am 19. Oktober 1911 ordert er einen Bronzeguss des »Ehernen Zeitalters«. Lichtwark stellt sich die Plastik am Ende des Birkenwegs

191 Vgl. Widmayer (1997), S. 160–163.
192 Vgl. Br. Lichtwark-Liebermann, S. 316f., 323, 329–331.
193 Vgl. ebd., S. 318f., 321–323, 398.
194 Br. Kommission (1917), Bd. XVII: 1909, S. 99.
195 Vgl. Br. Lichtwark-Liebermann, S. 317, 323f.
196 Vgl. ebd., S. 322. – Gabler (1999), S. 55. – Ausst.Kat. Gaul (1999), S. 192f. – WV Gabler 150.

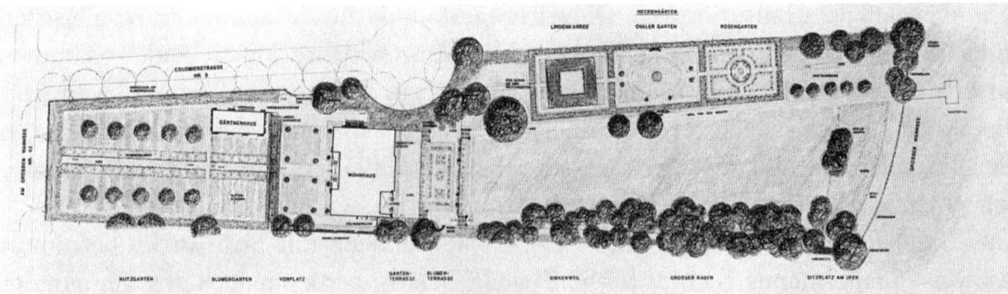

Abb. 49 Reinald Eckert, Rekonstruktionsplan für Max Liebermanns Garten am Wannsee, 1994

als Silhouette gegen das Wasser vor; nirgends werde das Werk so herrlich aufgestellt sein, schreibt er an Liebermann. Doch diese Erwerbung erfolgt nicht.[197] Auch die Hochhecke vor der seeabgewandten Eingangsfassade dürfte durch einen Vorschlag Lichtwarks entstanden sein, ebenso folgt die Pflanzung von Frühblühern am Weg durch das Birkenwäldchen seiner Idee. Besonders ausgiebige Überlegungen stellt er im Zusammenhang mit der Ufergestaltung an. Für das Ende der Heckengärten schlägt er einen durch eine Brücke verbundenen Seepavillon mit Bootsanleger vor, damit der lange Weg längs der drei Heckengärten zu einem Ziel führt. Noch Ende 1911 skizziert er Alternativen für die Ausgestaltung der »Piazetta« am See. Keiner dieser Vorschläge wird verwirklicht.[198]

Auf Liebermanns Grundstück entsteht die erste konsequente Umsetzung der Vorstellung Lichtwarks vom modernen Garten in Berlin.[199] Sein Entwurf wird einstimmig als »eminent gelungen« gelobt und wirkt mustergültig; auch andere Bewohner der sogenannten Colonie Alsen lassen sich von Lichtwark beraten. Das Ehepaar Dr. Franz und Margarete Oppenheim, Liebermanns unmittelbare Nachbarn, erwerben 1911 für ihr Grundstück ebenfalls ein Werk von August Gaul, den Pinguinbrunnen. Oppenheim, im gleichen Alter wie Lichtwark, ist Chemiker und Begründer der Firma Agfa in Wolfen, später Vorstandsmitglied der IG-Farben. Spätestens 1911 lernt Lichtwark bei Liebermann die Oppenheims kennen. Ihre großzügige, schlichte, klar gegliederte Villa mit Krüppelwalmdach und der Garten sind 1907 von Alfred Messel entworfen worden.[200] Ein Gartenplan und eine Aufnahme von 1907 zeigen wie beim Landhaus Liebermann eine große ungeteilte Rasenfläche als »pleasure ground«

197 Vgl. Keisch (1979), S. 24, 32. – Br. Lichtwark-Liebermann, S. 389f.
198 Vgl. ebd., S. 323f., 329–331, 399–402.
199 Der Berliner Gartenarchitekt Reinald Eckert entwickelte 1994 den Rekonstruktionsplan für den über Jahrzehnte vernachlässigten Garten Liebermanns im Rahmen eines Gutachtens für das Landesdenkmalamt Berlin; vgl. Eckert (1997). Die Ausführung erfolgt in den Jahren 2003–2006, der bisher noch fehlende, etwa vier Meter breite Streifen wird voraussichtlich im kommenden Jahr ergänzt werden. Für diese Mitteilungen im August 2012 danke ich Reinald Eckert.
200 Vgl. Behrendt (1998), Abb. S. 115, 117; der Garten wurde ebenfalls von der Firma Willy Lange angelegt. – Zur Villa Oppenheim Habel (2009), S. 757–764.

und eine Terrasse in Hausbreite.[201] Doch bleibt nach Lichtwarks Ansicht noch viel zu tun, wobei er den Oppenheims beratend zur Seite steht, insbesondere bei der Gartenanlage. Brieflich legt er detailliert seine Vorstellungen nieder; der Architekt Paul Baumgarten soll die Veränderungen ausführen. Oppenheims müssen jedoch nicht erst für moderne Gestaltungsideen gewonnen werden. Vor allem Oppenheims Ehefrau Margarete sammelt moderne Kunst; sie besitzt Werke von Hodler, Leistikow, Liebermann, Purrmann, van Gogh, Manet, vor allem aber Cézanne und gilt als die wichtigste Sammlerin dieses Künstlers in Deutschland. Doch sind es ihre Bilder van Goghs, die Lichtwark besonders gefallen.[202]

1908 kümmert sich Lichtwark anlässlich eines Vortrages in Cuxhaven auch um das dortige Brockes-Denkmal, das bislang aus einer Gipsbüste von Arthur Boué besteht, die unter einem Holzdach aufgestellt ist. Es soll durch eine Bronze ersetzt werden, ist jedoch bereits zu verwittert für einen Abguss und muss nach Lichtwarks Meinung durch eine angemessenere Lösung ersetzt werden. Dazu schlägt er eine etwas überlebensgroße Büste auf einfachem Sockel und eine adäquate architektonische Gartenanlage als Umgebung vor, Taxushecken, die Büste in einer ausgeschorenen Nische und eine jahreszeitlich passende, monatlich wechselnde Bepflanzung. Diese Lösung soll den Cuxhavener Gartenfreunden dauernde Anregung bieten. Lichtwark informiert darüber brieflich nicht nur seine Kommission, sondern auch den zuständigen Senator Werner von Melle, dem er seine kleine Skizze sendet.[203]

Etwa parallel mit dem Garten Liebermanns entsteht im Jahre 1909 ein weiterer Villengarten unter Lichtwarks Einfluss, diesmal in Darmstadt. Alfred Messel, gebürtiger Darmstädter, baut hier als sein letztes Werk für den Direktor der Großherzoglichen Sammlungen, den Juristen Paul Ostermann von Roth, eine Villa im spätklassizistischen Stil. Auch den Museumsbau entwirft Messel; die Einweihung, bei der Lichtwark anwesend ist, erfolgt im November 1906. Ostermann lässt sich nach Lichtwarks eigener Aussage den Plan der etwa 4.000 Quadratmeter umfassenden Gartenanlage von ihm entwerfen, wobei eine bestimmte Ähnlichkeit mit Liebermanns Garten auffällt. Die Treppenwangen sind in beiden Fällen vergleichbar, und die architektonisch klare, großflächige Gliederung von Terrassen-, Weg- und Rasenflächen, den Stützmauern sowie der abgetrennte Nutzgarten entsprechen genau Lichtwarks Vorstellungen. Der Baumbestand ist bis heute erhalten, die Terrasse jedoch zerstört (Abb. 50).[204]

201 Vgl. Cepl (2010), S. 146–151. Der Garten, hier als das »eigentliche Herz der Anlage« bezeichnet, ist heute nicht mehr erhalten. – Vgl. auch Lange (1912), S. 24–34, zum Garten Oppenheim ohne Nennung des Besitzers. Tafel V zeigt anscheinend eine Partie des Gartens von Liebermann.

202 Vgl. Gabler (1999), S. 55.– Br. Lichtwark-Liebermann, S. 346. – Br. Kommission (1919), Bd. XIX: 1911, S. 85, 125. – Präffke (1986), S. 226.

203 Vgl. Br. Kommission (1916), Bd. XVI: 1908, S. 57f. – Brief Alfred Lichtwark an von Melle, 28.4.1908, HH, SUB, HSS, NvM: HG: Lichtwark, Alfred.

204 Vgl. Br. Kommission (1908), Bd. XIV: 1906, S. 236–240. – Br. Kommission (1916), Bd. XVI: 1908, S. 168. – Br. Kommission (1918), Bd. XVIII: 1910, S. 222f. – Der Baumeister, Juli 1909, Abb. S. 112. Das Gebäude beherbergte bisher das Institut für Neue Technische Form e.V., Darmstadt, Eugen-Bracht-Weg 6. Für dieses Material danke ich Günter Fries, Magistrat der Wissenschaftsstadt Darmstadt, Denkmalschutz. – Vgl. dazu auch Behrendt

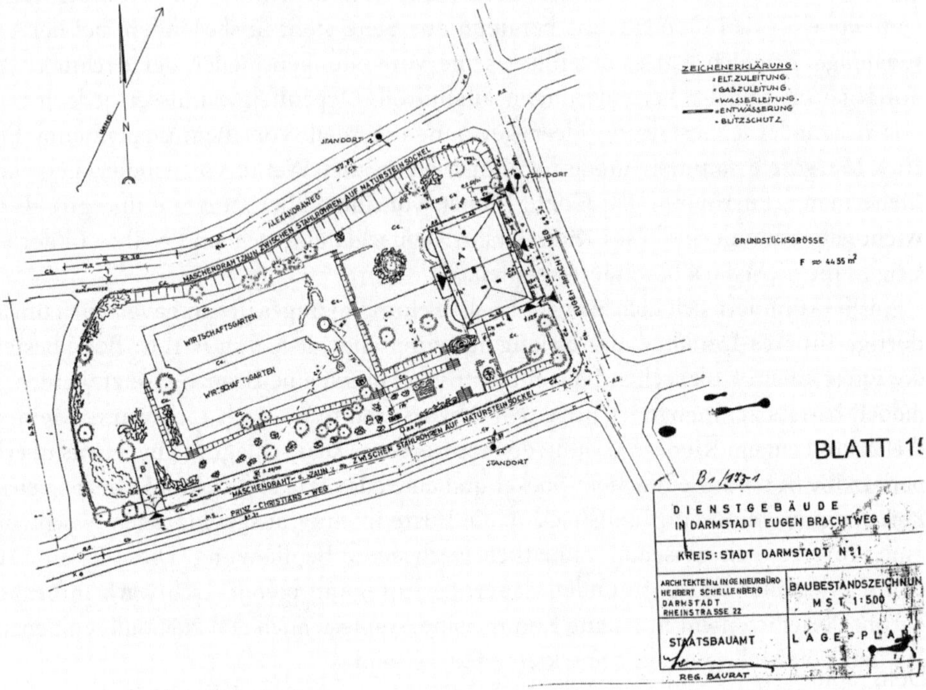

Abb. 50 Rekonstruktionsplan für den Garten der Villa Ostermann von Roth, Darmstadt, undatiert

Auch bei der Neugestaltung der Rheinpromenade von Bad Godesberg wird Lichtwark 1909 als Berater hinzugezogen. Die drei vorliegenden Entwürfe namhafter Landschaftsgärtner erscheinen ihm ungeeignet, da sie eine gleichmäßige, den Bestand vernachlässigende Gestaltung vorsehen. Er hingegen rät zu abwechslungsreichen, am Ort orientierten gärtnerischen und architektonischen Lösungen unter Erhaltung der schlichten alten Mauern, ferner zu Vielseitigkeit und zur Einbeziehung der Anlieger. Max Läuger nennt er dem Bürgermeister als geeigneten Künstler für die Gestaltung wichtiger Partien. Den Gedanken an Kopien antiker Statuen verwirft er zugunsten der Aufstellung moderner Originale und empfiehlt, dafür eine dreiköpfige Kommission zu bilden, darunter seinen Bonner Kollegen Paul Clemen. Am liebsten würde er

(1998), Abb. S. 119, 121. – Ein undatierter Gartenplan aus der Zeit nach dem Zweiten Weltkrieg ist in den Akten des Instituts erhalten, vermutlich handelt es sich um den Entwurf einer Rekonstruktion. Mein Versuch, das auf dem Plan verzeichnete Ingenieurbüro Herbert Schellenberg aufzufinden, verlief ergebnislos, es dürfte nicht mehr bestehen. Für eine Kopie danke ich Klaus Crößmann, Darmstadt, Institut für Neue Technische Form. – Die Bauakten von Gebäuden in Darmstadt zählen zu den Kriegsverlusten von Stadt- und Staatsarchiv. Für ihre Auskünfte danke ich Eva Haberkorn, Hessisches Staatsarchiv Darmstadt (Mitteilung vom 15.5.2003) und Wenzel Bratner, Landesamt für Denkmalpflege Hessen (Brief vom 20.1.2004). – Meine weiteren Recherchen zum Nachlass von Paul Ostermann von Roth zeitigten bisher kein Ergebnis. – Zur Villa Ostermann von Roth vgl. Habel (2009), S. 764–768; Habel (2010), S. 182–189.

die Leitung selbst übernehmen, kann aber zu seinem Bedauern an solche Tätigkeit nicht denken.[205] 1912 reist Lichtwark nach Antwerpen, wo er ein Gutachten über neue Parkanlagen zugesagt hat. Vermutlich handelt es sich um den Nachtegalenpark, der durch 1910 angekaufte Grünflächen aus Adelsbesitz gebildet werden soll.[206]

Lichtwarks Kompetenz in Gartenfragen spricht sich offensichtlich herum, denn auch Wilhelm Trübner erbittet 1912 bei Lichtwarks Besuch in Karlsruhe Ratschläge für seinen Garten.[207] In Hamburg setzt der Gartenarchitekt Jacob Ochs mit seinem Atelier Lichtwarks reformerischen Gestaltungsansatz fort. Mit 25 Jahren macht er sich 1896 dort selbständig; sein bekanntester Mitarbeiter ist Leberecht Migge, der das Unternehmen von 1904 bis zum Ersten Weltkrieg maßgeblich prägt. Das Atelier gestaltet zahlreiche private und öffentliche Gärten und Parkanlagen in Hamburg und in der weiteren Umgebung Norddeutschlands, außerdem in Berlin – unter anderem für die AEG in Zusammenarbeit mit Peter Behrens als Architekt – in Potsdam, Dresden-Hellerau, Leipzig, Riesa und vielen anderen Orten Deutschlands, sogar einen Stadtpark in Königsfeld in Österreich.[208] Der architektonische Gartenstil setzt sich in dieser Zeit endgültig durch.

HAMBURG IM WANDEL

Dem rapiden städtebaulichen und gesellschaftlichen Wandel, dem Hamburg als bedeutendste Hafenstadt des Reiches und zweitgrößte Stadt Deutschlands im ausgehenden 19. und frühen 20. Jahrhundert unterliegt, begegnet Lichtwark mit leidenschaftlichem Engagement für seine Vaterstadt. Hamburg könnte die schönste Stadt der Welt sein, vertritt er als patriotische Meinung und Ansporn für die Politiker, wo immer sich die Gelegenheit dazu ergibt. Ähnlich hat sich bereits Gottfried Semper im Vorwort zu seiner Schrift über die Polychromie der antiken Architektur und Plastik hinsichtlich seiner Vaterstadt geäußert: »Es könnte ein nordisches Venedig, ein Genua sein, wenn der Gemeinsinn es dazu erwecken wollte, indem er dem Aufwande der Bürger eine grossartige Richtung gäbe.« Lichtwark muss diesen Text gekannt haben, da er sich selbst immer wieder in diesem Sinne äußert, wie Semper vom »Bedürfniss« spricht und die Gedanken Sempers in seiner Studienzeit aktuell waren.[209]

Häufig formuliert Lichtwark in Form von Vergleichen seine Kritik in den Briefen an seine Kommission. Die Leute in Antwerpen, schreibt er 1892, hätten ihre Stadt lieb; sie würden sie schön und herrlich zu gestalten suchen durch Prachtbauten und

205 Vgl. Br. Kommission (1917), Bd. XVII: 1909, S. 272–274.
206 Vgl. Brief Alfred Lichtwark an Frau Siemers, 25.2.1912, HH, SUB, HSS, LA 148–149. Wegen dieser Reise sagt Lichtwark eine Einladung von Siemers ab. Er will um den 24. März herum abreisen; keine Erwähnung in Br. Kommission (1920), Bd. XX: 1912/13.
207 Vgl. Br. Kommission (1920), Bd. XX: 1912/13, S. 183.
208 Vgl. Husen / Grunert (1999), S. 54–80, Verzeichnis der ausgeführten Gärten und Projekte, ebd., S. 76–80.
209 Vgl. Br. Kommission (1896), Bd. III: 1894/95, S. 305. – Semper (1834), Zitat: S. XIV, zit. bei Zeitler (1976), S. 13; Semper (1834), S. VIII: »Nur Einen Herrn kennt die Kunst, das Bedürfniss.«

Denkmäler großer Antwerpener. Sogar der hier zu Vermögen gekommene Fremde drücke seine Zugehörigkeit durch Stiftungen aus, während in Hamburg die großen Vermögen nach dem Tod des Erblassers in die Provinz zurückflössen. »Ich kann nicht anders«, schreibt er, »ich muss Alles als Hamburger ansehen und empfinden. Was könnte Hamburg sein, wenn die Hamburger ihrer Liebe zur Vaterstadt thatkräftigen Ausdruck geben wollten? Daran trägt der Staat, der sich nicht ausdrückt, die Hauptschuld. Wie grossartig steht Leipzig da, wie dicht schliessen sich die mächtigen Stiftungen nicht nur zum Wohl, sondern auch zur Freude der ganzen Bevölkerung an einander. Opfermuth haben unsere Landsleute gewiss, aber sie fassen die Wohlthätigkeit im alten ängstlichen Sinn der Heilung des Uebels. Wenn wir es dahin bringen könnten, die unermüdliche Wohlthätigkeit in die Bahnen der Fürsorge, der Vorsorge zu lenken, so wäre schon viel gebessert. Immer wieder müsste der Staat die Directive geben. Bildung und Einsicht sind bei uns nicht mächtig genug, deshalb werden Millionen und über Millionen für Verband und Heftpflaster ausgegeben, ohne dass damit nur eine vorübergehende Heilung erzielt würde.«[210] Kurz darauf formuliert er eine ähnliche Aussage an die Kommission anlässlich seines Besuches in Köln: »Als Hamburger kann ich mich des wehmütigen Gefühls nicht erwehren, wenn ich sehe, wie man überall nach Gediegenheit, Geschmack und Kunst ringt, und wie bei uns Alles zurückgeblieben ist. Ich habe früher nicht so begriffen, wie es kam, dass man mitleidig lächelte, wenn von Hamburg die Rede war. Und Hamburg könnte ein Riese sein, Hamburg könnte voranleuchten. Die Schuld liegt zunächst am Staat. Ist es zu rechtfertigen, wenn ein Vater seinen Kindern eine gute Erziehung vorenthält, um ein paar Thaler baar weniger auszugeben? Nicht anders liegt es, wenn der Staat nur für die Elementarbildung sorgt und die höhere Bildung, schliesslich die einzig productive, ausser Augen lässt, namentlich die Erziehung der Talente. Ich komme vom Standpunkt der Kunst zu denselben Forderungen einer vernünftigen Direction der ökonomischen Zustände, zu der von jeder andern Fachseite jeder andere kommen muss. – Nicht sparen ist das erste, sondern erwerben und erwerbsfähig machen. – Aber wir kaufen Chinin statt den Sumpf auszutrocknen.«[211]

Im folgenden Jahr schreibt Lichtwark aus Paris, an Hamburg möge er gar nicht denken. Er kritisiert die Fabriken hinter der Uhlenhorst, die Gleichgültigkeit gegen die einfachsten Maßnahmen, eine bewohnbare Stadt zu sichern – es laufe ihm kalt über den Rücken: Fabrikviertel mitten in der Stadt – wo hätte man sich ein Gewässer wie die Alster ruinieren lassen wie in Hamburg? Und wie sähen die neuen Viertel aus?[212] An anderer Stelle formuliert er provokant: »Wenn sich bei uns nur jeder, der in Culturfragen mit zu entscheiden hat, einmal fragen wollte, wie weit die eigene Bildung ihm ein Recht dazu verleiht.«[213] Er bewundert Aschaffenburg und verleiht seinem Zorn ungehemmten

210 Br. Kommission (1896), Bd. I: 1891/92, S. 208f.
211 Ebd., S. 218f.
212 Vgl. Br. Kommission (1896), Bd. II: 1893, S. 135f.
213 Br. Kommission (1896), Bd. I: 1891/92, S. 220.

Ausdruck: »In Stiftungen, Schulen, Akademien, wundervollen Anlagen und Parks geniesst sie [die kleine Stadt] noch heute die Wohlthaten kühner und weitsichtiger Verwalter, die in der Ausführung grosser Pläne nicht durch die kleinlichen Bedenken und den aktiven und passiven Widerstand einer blöden Masse mitentscheidender Individuen von ungenügender Bildung, ohne guten Willen und mit dafür umso kräftiger entwickeltem, kleinlichem und kurzsichtigem Eigennutz gehemmt waren.«[214]

In einem Brief aus München von 1895 findet sich eine derartige Kritik: »Wie ich dort [auf dem Bogenhausener Plateau] stand und mir fiel Hamburg ein, wo das Alsterthal zum Fabrikviertel preisgegeben, wo bisher der Privatspekulation die Führung der Strassenzüge überlassen wurde, da stieg der heisse Wunsch in mir auf, es möchte doch nicht zu spät sein, bei dem grossen Plan der Stadtregulierung und Erweiterung einen Theil der natürlichen Schönheit unserer Stadt zu erhalten, die die schönste der Welt sein könnte. Und ich dachte mir, wenn doch im Senat das Interesse für die künstlerische Gestalt Hamburgs lebendig würde, wenn der Senat versuchen möchte, bei seinen neuen Bauten zu verlangen, sie sollten Hamburgisch aussehen, wie die Münchner Münchnerisch bauen, das könnte uns aus der Misere und Kläglichkeit unserer architektonischen Zustände heraushelfen, die zum Himmel schreien. Ein grosser Zug kann nur von oben kommen, kann nicht durch die Masse gegeben werden. Und warum sollte der Senat nicht auch in künstlerischen Dingen wirklich regieren? Die Zeit ist doch vorüber, wo man sich als Ideal der Regierung die blosse Verwaltung dachte, mit einem unpersönlichen, unbeweglichen, undefinirbaren Etwas an der Spitze, da nun einmal die Natur der Dinge einen Kopf verlangt.«[215]

1898 äußert er sich in einem Brief aus Paris über die Nachteile einer demokratischen Regierung.[216] Und noch 1906 kritisiert er gegenüber seiner Kommission mit sehr deutlichen Worten die Hamburger Zustände. Der Staat sei zwar mit den Ausgaben für die niedere Bildung belastet, räumt er ein, doch was für die höheren Interessen ausgegeben werde, komme doch nicht nur einem kleinen Kreise zugute. »Es ist wirklich die höchste Zeit, daß Senat und Bürgerschaft und unsere besitzenden Klassen diesen Problemen energisch auf den Leib rücken. Was haben die ungebildeten Generationen, die dem heutigen Hamburg ihr Gepräge aufgedrückt haben, aus der herrlichen Stadt gemacht? Und was droht uns, wenn es so weitergeht? Ich habe jetzt in Berlin und Dresden wieder beklemmend empfunden, wie wir zurückgeblieben sind, wo wir mit denselben Mitteln hätten ein Beispiel geben können. Freilich ist es mit der Entwicklung der Sammlungen nicht getan. Wir brauchen auf allen Gebieten der Produktion schaffende und schöpferische Naturen in Hamburg.«[217] 1909 heißt es in Lichtwarks Brief an die Kommission aus Leipzig, wo fast die gesamte alte Stadt um- und neu gebaut wird, als Hamburger sähe er dies mit Wehmut: Scheußlichkeiten, wie

214 Br. Kommission (1899), Bd. VI: 1898, S. 70.
215 Br. Kommission (1896), Bd. III: 1894/95, S. 305.
216 Vgl. Br. Kommission (1899), Bd. VI: 1898, S. 93.
217 Br. Kommission (1908), Bd. XIV: 1906, S. 204f.

sie in Hamburg an den wichtigsten Punkten – »Binnenalster!« – geduldet würden, kämen dort gar nicht vor.[218]

Am Beispiel der Darmstädter Stadtkrone und Künstlerkolonie hat Lichtwark bei seiner Reise 1901 eindrucksvoll erlebt, was der Geschmack eines regierenden Fürsten bewirken kann.[219] In drastischen Worten schreibt er im Juni 1912 an seine Kommission: »Was wäre Hamburg, wenn es den gestaltenden Willen eines Fürsten oder die gestaltende Phantasie einer kultivirten Oberschicht gekannt, wenn es nur immer geschont hätte, was an guten Ansätzen da war? Wir müssen nun alles daran setzen, für die Zukunft die Organe des Staates und der Verwaltung mit dem Willen und der Einsicht auszustatten, die zum Umbau und Aufbau der Stadt gehören.«[220]

Viele Jahre lang gehört Lichtwark dem Club von 1894 an, der durch Dr. jur. Carl Petersen, den Enkel des kurz zuvor verstorbenen Bürgermeisters Petersen, ins Leben gerufen wurde.[221] In allmonatlicher Zusammenkunft im Gebäude der Patriotischen Gesellschaft werden bis 1908 die sozialen Probleme Hamburgs von fähigen Köpfen diskutiert. Lichtwark gehört als Mitbegründer des Clubs dazu; er hält verschiedene Vorträge in diesem Rahmen. Wichtig ist ihm dabei die Thematisierung moderner Großstadtproblematik, die zu praktischer Umsetzung und Modernisierung des urbanen Lebens beitragen kann. Doch als ein junger Mann, der Sohn eines Altonaer Staatsanwalts, im Jahr 1901 eine kulturelle Erbauungsgesellschaft gründen will, von Aby Warburg als »Seelenpuff« bezeichnet, verweigert Lichtwark seine Teilnahme.[222]

Die wohl von ihm selbst angeregte Gründung der hamburgischen Wochenzeitschrift *Der Lotse* durch den 27jährigen Juristen und Schriftsteller Dr. Carl Mönckeberg und den 31jährigen Rechtsanwalt Dr. Siegfried Heckscher im Jahre 1900 erfüllt Lichtwark mit Hoffnung. Schon 1896 hat er eine hamburgische Monatsschrift erwogen und nach einem Mann gesucht, der sie redigieren könnte. Unter dem Titel *Wünsche* veröffentlicht er, ähnlich wie seinerzeit für den *Pan*, ein aus seiner Sicht ideales Programm für das neue Periodikum, das er als ein wegweisendes Organ für die Diskussion der Probleme der rasch wachsenden Großstadt begrüßt.[223] Für Hamburg mit seinen nunmehr fast eine Million Einwohnern hält er eine solche Zeitschrift als Plattform für das »Studium der modernen Stadt« für unerlässlich. Hier sollen nach

218 Br. Kommission (1917), Bd. XVII: 1909, S. 237.
219 Vgl. Br. Kommission (1902), Bd. IX: 1901, S.197–217.
220 Br. Kommission (1920), Bd. XX: 1912/13, S. 177.
221 Nachdem Petersen zum Bürgermeister gewählt worden war, zog er sich aus dem Club zurück und dieser zerfiel. 1908 löste sich der Club endgültig auf, sein Vermögen wurde auf Lichtwarks Antrag an die Patriotische Gesellschaft zugunsten der *Hamburgischen Hausbibliothek* überwiesen; vgl. Br. Mannhardt, S. 66, Anm. 3.
222 Vgl. Schiefler, LAZ, 12.10.1901, S. 134f., HH, SUB, HSS.
223 Vgl. hier und im Folgenden: Alfred Lichtwark, Wünsche, in: Der Lotse. Hamburgische Wochenschrift für deutsche Kultur, 1. Jg., 1900/01, S. 3–7; Kayser (1977), Nr. 325; Wiederabdruck in: AL, Hamburgische Aufsätze, S. 52–58; Kayser (1977), Nr. 557. – Zum *Lotsen* vgl. Pieler (1994), S. 40–75. – »Seit Jahren habe ich immer wieder nach einem Manne ausgeschaut, der eine Hamburgische Monatsschrift redigiren könnte und mit Director Brinckmann, zufällig auch mit Pastor von Broecker, eingehende Berathungen darüber gepflogen. Wir brauchen in Hamburg ein Denkorgan in anderm Sinne als die Tagesblätter es sein können.« Br. Kommission (1899), Bd. IV: 1896, S. 49.

seiner Vorstellung aktuelle Fragen der Stadtentwicklung und der Stadtverwaltung diskutiert, sollen Berichte aus Forschung und Kulturleben veröffentlicht werden. Von Hamburg aus soll die Zeitschrift weit ins Reich wirken bis hinein in die anderen modernen Länder; sie müsse umgekehrt auch zeigen, was in den »übrigen germanischen Ländern geschieht, Nordamerika, Südafrika und Australien eingeschlossen.« Diese neue hamburgische Wochenschrift für deutsche Kultur soll »tausend willige Kräfte mit sich ziehen«, »den Hecht im Karpfenteich machen, nicht nur für Hamburg, sondern weckend, lockend und stärkend« weit über Hamburgs Stadtgrenzen hinaus. Ein »Organ zum Studium des Städtelebens« wünscht er sich, mit Berichten über Leben und Verwaltung in anderen Städten, englischen, amerikanischen, holländischen, belgischen und französischen. An seine Kommission schreibt Lichtwark über den *Lotsen*: »Wenn doch die Herren, die in Hamburg die Verantwortung haben, sich einmal umsehen wollten, wie es in der Welt hergeht. Hoffentlich wird der ›Lotse‹ einige Ströme sachlicher Kritik in unser Leben leiten. Es ist uns wirklich nöthig, dass wir diese Dinge nicht vergessen. Auf ähnliche Weise kann noch an vielen andern Orten von Hamburg aus das deutsche Leben neu organisirt werden. Wir müssen nur wollen und uns die Einsicht verschaffen.«[224] In seinem Artikel *Wünsche* erwähnt Lichtwark auch das drängende Problem des Stadtparks als großstädtisches Erholungsgebiet. Damit dürfte das Erscheinen eines Artikels des bekannten österreichischen Architekten Camillo Sitte mit dem Titel *Großstadtgrün* im ersten Jahrgang des *Lotsen*[225] auf Lichtwarks Einfluss und persönliche Bekanntschaft mit dem Verfasser zurückzuführen sein. Sitte behandelt die wichtige stadthygienische und soziale Funktion großer städtischer Anlagen, für die Lichtwark sich schon jahrelang mit seiner Forderung nach einem Stadtpark einsetzt.

Insgesamt vier Beiträge verfasst Lichtwark für den *Lotsen*, der nicht einmal ganz zwei Jahre überdauert. Nach den *Wünschen* erscheinen im ersten Jahrgang 1900/01 die Aufsätze *Der Dilettantismus im In- und Auslande* sowie *Bildniskunst und Bildnisphotographie*, letzterer im Rahmen der Ausstellung von Amateurphotographien in der Kunsthalle. Im ersten Jahrgang erscheint auch sein Beitrag *Neue Bahnen*. Damit äußert sich Lichtwark über seine eigenen dringlichen Anliegen für Hamburgs Kulturleben. 1902 nimmt er diese drei Texte in seine bei Cassirer erscheinende Anthologie *Aus der Praxis* mit auf.[226] Für den zweiten Jahrgang des *Lotsen* wird Lichtwark nicht mehr tätig. Die liberale, eher noch nach links tendierende Richtung der Zeitschrift muss ihm bei seinem Misstrauen gegenüber der Sozialdemokratie missfallen. Peinlich berührt fühlt er sich auch von Mönckebergs emotional aufgeladener öffentlicher Auseinandersetzung mit dem Vorsitzenden des Vereins zur Hebung der Öffentlichen Sittlichkeit, Justus Pape. Wegen eines erotischen Gedichtes von Mönckeberg über eine

224 Brief Alfred Lichtwark an Wedderkop, 10.4.1900, HKH, AdB 112. – Br. Kommission (1901), Bd. VIII: 1900, S. 143f.
225 Vgl. Sitte (1900).
226 Kayser (1977), Nr. 307, 309, 325, 335, 340.

Tochter aus vornehmen Hause gerät Hamburg in helle Aufregung. Lichtwark lehnt derartiges Schriftgut im *Lotsen* aus sittlichen Gründen ab: Ein solches Blatt müsse im Hause ohne Bedenken ausliegen können.[227]

Die Sorge um eine optimale Entwicklung Hamburgs zu einer modernen Großstadt treibt Lichtwark zeitweise so sehr um, dass er keine Zeit auf kunstwissenschaftliche Arbeiten verwenden möchte. »Ich habe den grossen Kampf um den Hamburger Park vor mir, habe den Neubau des Museums und bin von aller literarischen Arbeit degoûtiert«, schreibt er 1908 an Andreas Aubert.[228] Es hat jedoch in den Jahren zuvor auch eine deutliche Verschiebung seiner Interessen zur Architektur hin stattgefunden. Wenn er Zeit hätte, so äußert sich Lichtwark gegenüber seiner Kommission 1905, würde er ein Buch über die Stadt als Organismus schreiben, eine Idee, auf die er 1907 noch einmal zurückkommt. Wenn er frei arbeiten könnte, formuliert er selbstbewusst, würde er ein Werk verfassen über »die besonderen Eigenheiten der monumental fühlenden Stadtorganismen Europas (und Amerikas, denn dort gibt es auch welche)«, als Handbuch für die Stadtregierungen zur Förderung des Problembewusstseins.[229] 1909 nimmt er an den Verhandlungen über den Gesetzentwurf gegen die Verunstaltung des Stadt- und Landschaftsbildes im hamburgischen Staatsgebiet teil,[230] für ihn ein hochaktuelles Thema. Auch für das hamburgische Cuxhaven kritisiert Lichtwark die gedankenlose Stadtentwicklung, die er auf die Hilflosigkeit der Verwaltung zurückführt. Die funktionalen Neubauten wie Kasernen und die Garnisonkirche lobt er für ihre Sachlichkeit und künstlerische Qualität, den rücksichtslosen Umgang mit der alten Substanz kann er allerdings nicht nachvollziehen. Hamburg habe doch ein Interesse am Gedeihen des Badeortes.[231] Ihn plagt die stete Sorge, dass Hamburg im Historismus und in veralteten kulturellen und städtebaulichen Entscheidungen steckenbleibt, die Modernisierung und damit den Anschluss verpasst: »Hätten wir einen Mann wie Bruno Paul in Hamburg«, schreibt er 1906. »Unsere Zukunft wird davon abhängen, ob wir auf all diesen Gebieten Männer von Potenz nach Hamburg zu ziehen und an uns zu fesseln vermögen.«[232]

Lichtwark setzt sich demnach nicht nur eine optimale Entwicklung der Stadt ein, er denkt auch denkmalpflegerisch und beklagt die ständigen Abrisse historischer Gebäude als Folge der raschen urbanen Entwicklung. Seit seiner Kindheit kennt er als Flaneur die Gebäude und Details seiner Vaterstadt. Schmerzhaft erlebt er die Abrisse und damit das zunehmende Verschwinden des alten Stadtbildes. Im Zusammenhang mit dem Zollanschluss Hamburgs und dem Bau von Freihafen und Speicherstadt wurden zwischen 1883 und der Eröffnung 1888 großflächige Gebiete des alten Hamburg zerstört,

227 Vgl. dazu auch Schiefler (1985), S. 262.
228 Brief Alfred Lichtwark an Aubert, 21.9.1908, Oslo, NB, Brevsamling 32.
229 Vgl. Br. Kommission (1908), Bd. XIII: 1905, S. 231. – Br. Kommission (1908), Bd. XV: 1907, S. 198.
230 Vgl. P5, 6.4.1909.
231 Br. Kommission (1917), Bd. XVII: 1909, S. 92. – Cuxhaven, bestehend aus mehreren eingemeindeten Dörfern und dem Amt Ritzebüttel, war von 1395–1937 hamburgisches Staatsgebiet und das erste Seebad an der deutschen Nordseeküste; vgl. Hoffmann 1986, S. 274–279.
232 Br. Kommission (1908), Bd. XIV: 1906, S. 208.

umgestaltet und neu bebaut. Lichtwark erlebt diese Veränderung als tiefen, verlustreichen Eingriff in das Stadtbild. Federführend ist der Oberingenieur der Baudeputation Franz Andreas Meyer, der am Polytechnikum Hannover bei Conrad Wilhelm Hase studiert hat und die Hannoversche Schule damit auch in Hamburg etabliert. Seinen Protest bekundet Lichtwark durch Fernbleiben von den Feierlichkeiten der Eröffnung des Freihafens durch die entsprechende Terminierung seiner Italienreise.[233]

Als Lichtwark 1904 seinem Freund Max Klinger ein Stück charakteristischer hamburgischer Architektur zeigen will, führt er seinen Gast an das Admiralsfleet »zu der schönen Ecke mit dem Schifferwitwenhaus und dem Turm des alten Rathauses. Dort kann man noch erkennen, wie die alte heimische Backsteinarchitektur wirkt, denn die Fensterrahmen sind noch weiß gestrichen. Als wir auf die Brücke kamen, krampfte sich mir das Herz zusammen. Auch dies letzte ist nun dahin, das Marinegebäude, das ich noch nicht gesehen hatte, ist ein solcher Faustschlag in diese alte hamburgische Herrlichkeit hinein, daß Worte nicht ausreichen um die Untat zu benennen, wie sie es verdient. Und das tut die Stadt Hamburg selbst«, schreibt er an seinen Kommissionsvorsitzenden Bürgermeister Heinrich Burchard, »tut es 1904, wo seit zwanzig Jahren von Einheimischen und Auswärtigen auf die Zerstörung des künstlerischen Charakters der Stadt mit Fingern gezeigt wird, und nachdem die öffentlichen Bauten und Anlagen von Katastrophe zu Katastrophe geführt haben.«[234] Als »Freie und Abrißstadt Hamburg« soll Lichtwark, verbittert über die Verluste, seine Vaterstadt bezeichnet haben.[235] Er ist stolz auf Marie Zacharias und Ebba Tesdorpf, die das alte Hamburg in Architektur- und Interieurzeichnungen festgehalten haben; in vielen Jahrgängen des *Jahrbuchs der Gesellschaft Hamburgischer Kunstfreunde* sind sie veröffentlicht.[236] 1909 bedient er sich eines moderneren Mediums und beantragt 2.000 Mark für das Kunsthallenbudget von 1910 bis 1912 zum Ankauf von Photographien aus Hamburgs Landschaft und Volksleben.[237] Der Abriss historischer Gebäude und die Zerstörung gewachsener Strukturen erbosen ihn jedoch nicht nur in Hamburg, er hält solche Veränderungen allgemein für Frevel und schreibt angesichts des Abrisses des alten Theaters in Kassel: »Diese heutigen Stadtverwaltungen, diese Ingenieure, diese Spekulanten. Es ist genau wie mit unserer Mönckebergstraße, mit dem Schaarmarkt und mit der Alsterregulirung. Wann wird ein Rächer kommen?«[238]

233 Vgl. den Bildband *Vom Brook zur Speicherstadt* (2010) mit Aufnahmen verschiedener Photographen, vor allem Georg Koppmann (1842–1909) und Friedrich Stumper (1844–1913) sowie Zeichnungen von Ebba Tesdorpf. – Zu Meyer siehe auch das Kapitel »Erste Reisen: England – Kopenhagen – Italien« in Teil 2.

234 Br. Kommission (1905), Bd. XII: 1904, S. 47.

235 Mündliche Mitteilung von Helmut R. Leppien, Oktober 1998; dieser Ausspruch Lichtwarks ist vermutlich nur mündlich überliefert.

236 In Dresden seien es auch Dilettanten gewesen, die Alt-Dresden dargestellt hätten, keine Künstler und auch keine Photographen; vgl. Br. Kommission (1899), Bd. VI: 1898, S. 231. – Marie Zacharias beschreibt in ihren Erinnerungen das Leben in Hamburg bis zum großen Brand von 1842. Zu den Veränderungen durch Abriss heißt es hier: »Das ›unhistorische‹ Hamburg war aber zu allen Zeiten bereit, die Spuren seiner Vorväter mit der größten Kaltblütigkeit zu verwischen, und dachte sich nichts dabei.« Zacharias (1954), S. 100.

237 Vgl. P5, 14.9.1909.

238 Br. Kommission (1918), Bd. XVIII: 1910, S. 35.

Die städtebaulichen Veränderungen thematisiert er auch in seinem 1911 im *Jahrbuch der Gesellschaft Hamburgischer Kunstfreunde* erschienenen Aufsatz über den hamburgischen Städtebau im 19. Jahrhundert.[239] Er gliedert die lokale Architekturgeschichte in drei Phasen: die erste, traditionell bestimmte Epoche der gewachsenen Stadt bis zum großen Brand von 1842, als zweite den spätklassizistischen einheitlichen Wiederaufbau als große städtebauliche Leistung und die dritte, die in Anlehnung an die »Gothiker« der ihm verhassten hannoverschen Schule des Conrad Wilhelm Hase nach erneutem Abriss historistische Bauten errichtet und dafür bereits Gebäude der zweiten Phase wieder vernichtet hat. Er würdigt die einheitliche architektonische Fassung der Binnenalster nach dem Brand, die Schönheit der Kleinen Alster, die Wassertreppen, die klaren, schlichten Ufergestaltungen mit Wiesen und geschorenen Linden. Er kritisiert alle »zwecklose, störende, romantische Dekoration«, die Auflösung großer ruhiger Flächen bei Architektur und Platzgestaltung und prangert sie als unzureichende, unkünstlerische Gestaltung des Ingenieurwesens der letzten vierzig Jahre an, wo doch ein Künstler hätte tätig werden sollen. Deshalb plädiert er dafür, diese städtebaulichen Aufgaben an den Hochbau zurückzugeben, wo »die künstlerische Befähigung zu ihrer Beherrschung innewohnt«, denn hier weiß er den seit 1909 in Hamburg tätigen Stadtbaumeister Fritz Schumacher am Werk.

Lichtwarks andere große Sorge hinsichtlich der Entwicklung Hamburgs gilt der Bildung. Schon in seinem Aufsatz über Hamburg im *Pan* 1896/97 wünscht er sich, Hamburg möge in Kultur, Bildung und Wissenschaft eine vergleichbare nationale Führungsrolle erreichen wie in der Ökonomie.[240] Es werde zu viel für die niedere Bildung getan und zu wenig für die höhere, kritisiert er. Die *Hamburgische Hausbibliothek* ist seine Erfindung, die beteiligten Volksschullehrer dienen als ausführende Kräfte, Verstärker und Multiplikatoren. Vor allem jedoch setzt sich Lichtwark für die Gründung einer Universität ein, die nach jahrelangen Diskussionen erst 1919 erfolgt. Einen Meilenstein dieser Entwicklung stellt die Gründung der Hamburgischen Wissenschaftlichen Stiftung dar, die 1907 auf Betreiben Senator von Melles gegründet wird. Lichtwark gehört zu den unbedingten Befürwortern der Universität; er dankt von Melle brieflich für die Einladung zum ersten öffentlichen Festakt der neuen Stiftung, an dem er jedoch wegen seiner Englandreise mit Erbe nicht teilnehmen kann. Das Volk von Hamburg ahne noch gar nicht, wie viel Zukunft in dieser Stiftung liege. Wer es nachvollziehen könne, erkenne wenigstens einen Bruchteil des Segens, den die Stiftung bringen werde. Er schließt in »aufrichtiger Verehrung«.[241] Mit der Gründung der Stiftung gewinnt Lichtwark Zuversicht. Er fühle sich durch von Melle bestätigt und getröstet über Nichterreichtes; verglichen mit anderen

239 Vgl. hier und im Folgenden: Alfred Lichtwark, Der hamburgische Städtebau im neunzehnten Jahrhundert, in: AL, Hamburgische Aufsätze, S. 157–166; Kayser (1977), Nr. 557; Erstveröffentlichung in: Hamburgischer Correspondent 181, 1911, Morgenausgabe Nr. 548, 27.10. und Nr. 550, 28.10.1911; Kayser (1977), Nr. 500; zu weiteren Abdrucken, teilweise in Auszügen, siehe Kayser (1977), Nr. 508, 557, 567b. – Vgl. dazu Plagemann (1984), Abb. 14–18. – Wiese (1967), Abb. S. 106–110.

240 Alfred Lichtwark, Hamburg, in: Pan, 2. Jg., 1896/97, S. 313–324, Kayser (1977), Nr. 254; Wiederabdruck in: AL, Hamburg. Niedersachsen, Dresden: Kühtmann, 1897, Kayser (1977), Nr. 244.

241 Vgl. Hamburg Lexikon (2002), S. 214. Auf die neu eingerichtete Stiftungsprofessur für Geschichte wird der Historiker Erich Marcks berufen, der in der Folge zu Lichtwarks Freundeskreis gehört. – Brief Alfred Lichtwark

Kollegen im Reich, mit ihren Erfolgen und Misserfolgen, könne er sich zufrieden fühlen, schreibt er an von Melle im Oktober 1908. Für Hamburg sehe er nun ganz anders in die Zukunft als früher; er hofft, das große Werk werde »in demselben Geist fortwirken«. Die Diskussionen sind jedoch noch nicht beendet. Auf einer Akademikerversammlung zu diesem Thema äußert sich Lichtwark am 24. November 1911, unter tosendem Beifall der Befürworter einer Universitätsgründung, nur mit einem einzigen Satz: »Der kostspieligste Luxus, den sich der einzelne und der Staat leisten kann, ist Beschränktheit und Unwissenheit!«[242] Kurz zuvor, im Juli des Jahres, hat Lichtwark von Melle zum zwanzigjährigen Amtsjubiläum und zu dessen großer Wirksamkeit und Erfolgen gratuliert und seiner Hoffnung Ausdruck gegeben, dies alles würde einen Anstoß für die Entwicklung des Hamburgers zum Großstädter bedeuten: »großherzig, weitblickend, tiefbohrend, also das Gegentheil von aller kirchthurmlichen Engherzigkeit, Kurzsichtigkeit und Oberflächlichkeit«, und für die Zukunft prophezeit er ihm eine Dankbarkeit, die jetzt nur wenige empfänden. Im Oktober dankt er für von Melles Brief zu seinem eigenen Jubiläum, alles werde darauf ankommen, dass dessen Pläne zur Ausführung kämen, alles Einzelne werde dann in einem großen Organismus zusammenwirken. Von Melle sei der Mann des Schicksals in Hamburg, und durch sein Werk würden Geschick und Entwicklung des Ganzen bestimmt.[243]

Von Melle, knapp zwei Jahre später Bürgermeister von Hamburg und Lichtwark stets zugetan, sendet diesem am 1. Januar 1912 streng vertraulich den Entwurf des Senatsantrages, betreffend die Universitätsfrage, und weiht ihn in die weiteren Planungen ein.[244]

VORSCHLÄGE FÜR EINE ALSTERSTADT

Lichtwarks Ruf in Architekturfragen hat sich mit den Jahren derart gefestigt, dass 1908 eine Einladung vom Kultusministerium in Berlin an ihn ergeht, im Herbst an der Königlichen Technischen Hochschule zu Berlin in einem Kurs über Städtebau ein Kapitel zu übernehmen. Er hält dort am 20. November des Jahres zwei Vorträge, einen davon zweistündig über das Eindringen von Gartenbaugedanken in den Städtebau, der in einem von der Hochschule herausgegebenen Werk über den Städtebau publiziert werden soll.[245]

an von Melle, 19.9.1907, HH, SUB, HSS, NvM: HG: Lichtwark, Alfred. – Zur Englandreise siehe das Kapitel »Der Neubau der Kunsthalle« in Teil 5.

242 Brief Alfred Lichtwark an von Melle, 10.10.1908, HH; SUB, HSS, NvM: HG: Lichtwark, Alfred. – Schiefler (1985), S. 377.

243 Briefe Lichtwark an von Melle, 17.7., 2.10.1911, HH, SUB, HSS, NvM: HG: Lichtwark, Alfred.

244 Vgl. Briefe von Melle an Alfred Lichtwark, 1.1.1912, 21.12.1913, HKH, AdB 13.

245 Vgl. Br. Kommission (1916), Bd. XVI: 1908, S. 82, 207–209. – Nicht bei Kayser (1977). Lichtwark scheint die beiden Vorträge nicht für den Druck ausgearbeitet zu haben. Sie sind nicht enthalten in der Publikation der veröffentlichten Vortragsreihe: Städtebauliche Vorträge aus dem Seminar für Städtebau an der Königlichen Technischen Hochschule zu Berlin, hrsg. von Joseph Brix und Felix Genzmer, Bd. I, Berlin: Ernst & Sohn, 1908. Auch in den folgenden Bänden ist kein Text von Lichtwark enthalten. Wohl aber sind 1908 Tafeln zu den Vorträgen erschienen, betitelt *Der Städtebau*; Kayser (1977), Nr. 451a.

Als hamburgischer Patriot mischt sich Lichtwark auch engagiert in die städtebaulichen Planungen des nördlichen Weichbildes ein.[246] 1910 steht eine Regulierung des Alsterlaufes zwischen Eppendorf und Fuhlsbüttel bevor, in einer Gegend, die ihm aus seiner frühen Kindheit bekannt sein dürfte. »Das neue Jahr beginnt für mich mit einem grossen Kampf«, schreibt er am 1. Januar 1910 an Prinz Eugen von Schweden. »Unsere Ingenieure haben im Alsterthal eine neue Gartenstadt projectirt. Der Fluss windet sich in Schlangenform hindurch, Kanäle nach allen Richtungen leiten das Wasser durch alle Gartengelände. Das könnte sehr schön werden. Aber die Ingenieure haben nach dem Modell und den Plänen, die ich sah, etwas so wahnsinnig geschmackloses [sic] daraus gemacht, dass es nicht zu ertragen ist. Leider hat der Senat das Project schon angenommen. Nun kommt es ans Parlament. Ich habe dem Präsidenten des Senats schon angezeigt, dass ich alles thun würde, was in meiner Kraft steht, um das Project zu Fall zu bringen. Es muss auf eine allgemeine deutsche Concurrenz hinaus. Mit den Mitteln läßt sich etwas Grosses schaffen. Das Project soll 8 Millionen kosten.«[247] Dem Hamburger, der seine Stadt liebt, so führt er im *Jahrbuch der Gesellschaft Hamburgischer Kunstfreunde* von 1910 aus, sei es ein Genuss, sich auszumalen, was dort Schönes entstehen könne. Er kritisiert die Vernachlässigung der städtebaulichen Gestaltung in Hamburg und verweist zugleich auf Lübeck und die Ausgestaltung von Travemünde, während Hamburg Cuxhaven in einen erschreckenden Zustand habe fallen lassen. Der Abwanderung hamburgischer Steuerzahler auf preußisches Gebiet müsse durch die Stadtgestaltung entgegengewirkt werden; insofern handele es sich nicht eigentlich um ein ästhetisches, sondern ein wirtschaftliches Problem.

Lichtwark schlägt vor, in dem zur Debatte stehenden Gebiet mit der Alsterregulierung zugleich eine Wohnstadt zu planen, womit der Staat sich ein erhebliches Verdienst erwerben könne. Zunächst legt er die problematische Ausgangslage der Stadtplaner dar, die Pläne erstellen sollen, ohne genaue funktionale Vorgaben zu kennen, etwa wie ein Architekt, der ein Haus planen soll ohne Kenntnis des Grundstückes sowie der Bedürfnisse und Wünsche des Auftraggebers. Ob in diesem neuen Stadtgebiet nun Fabriken, Reihenhäuser, Wohnhöfe oder Etagenhäuser stehen sollen, müsse in der Planung noch vor dem Straßennetz feststehen, mahnt Lichtwark an. Daher gelte es zunächst, die Organisation des Gebiets vorzunehmen. Er bedenkt Größe und Art der Wohnbebauung, Spielplätze und -wiesen, Kirchen, Schulen, Schwimm- und Bücherhalle und ihre repräsentativen Standorte. Auch die Form der kanalisierten Alster will er im Voraus festgelegt wissen, ob der Kanal etwa verschiedentlich schlauchartig erweitert oder durch ein großes Becken gestaltet werden soll. Für die Planung der Anlage sieht er primär die praktischen Erwägungen, die Funktion, als entscheidend an; die Form soll sich daraus ergeben. Schlauchartige Erweiterungen hält er für unpraktisch, ja für geradezu gefährlich beim Bootfahren wegen der Dampfer und lang-

246 Vgl. hier und im Folgenden: Jb. GHK, 16. Jg., 1910, S. 35–44; Kayser (1977), Nr. 472; zit. nach Alfred Lichtwark, Eine Alsterstadt, in: AL, Hamburgische Aufsätze, S. 135–143; Kayser (1977), Nr. 557.
247 Vgl. Brief Alfred Lichtwark an Prinz Eugen, 1.1.1910, Stockholm, PEW, Archiv.

weilig infolge der eintönigen Ufer. Er plädiert für ein großes Becken in zentraler Lage, in dem Bootsvergnügen und Dampferlinie getrennte Bereiche einnehmen, mit einem schönen Restaurant, Wassertreppen, Bootshäusern und -vermietung. Hier siedelt er in Gedanken auch Kirchen, Schulen und andere öffentliche Gebäude als funktionsgerechtes Zentrum an. Hinsichtlich der Gestaltung plädiert Lichtwark für die schlichte Monumentalität der Uferanlagen des klassischen Hamburger Städtebaus um 1850, einen Spätklassizismus, wie er nach dem großen Brand entstand. Er denkt dabei an die Kais und Wassertreppen am Jungfernstieg und der Kleinen Alster und wie stets an architektonische Lösungen im Gegensatz zum Naturalismus im englischen Stil, den er seit jeher abgelehnt hat. Dem amerikanischen Vorbild folgend wären nach Lichtwarks Vorstellung die jeweiligen Endpunkte, Stadtpark und Borsteler Jäger, durch eine Parkstraße zu verbinden. Stets berücksichtigt er auch die Erholungs- und Zerstreuungsmöglichkeiten für die Großstadtbewohner und möchte die Wasserbecken mit abendlichem Bootskorso wie beim Uhlenhorster Fährhaus nun in ganz Hamburg verbreiten, er denkt an Spielwiesen, Sportmöglichkeiten und Erholungsplätze. Ein solches Stadtzentrum versteht er nicht etwa als künstlerischen Luxus; den Vororten würden bisher die Zentren fehlen, wo sich von selbst alles Leben sammele. Daher seien sie ungefüge Massen geworden, ohne Selbstbewusstsein, ohne Mut zur Verteidigung ihrer Rechte und Interessen trotz der Bürgervereine. Lichtwark rät auch, die Planung eines neuen städtischen Zentrums als Anlass zu einer Überprüfung der Baugesetze zu nehmen. Der Bauwich, die einzuhaltenden Abstände, müsse fallen, stattdessen sollten die Häuser in möglichst große und unzerschnittene Gärten platziert werden; er verweist hier auf die Ausführungen von Schultze-Naumburg. Außerdem schlägt er ein hierarchisiertes Straßensystem vor, vielleicht sogar kleine Fußwege an den Häusern. Damit beweist er seine Kenntnis des neuen Bebauungsprojektes für das Tempelhofer Feld in Berlin und argumentiert dabei wiederum unter wirtschaftlichen Gesichtspunkten; von der »Schönheit einer reichgegliederten Stadt« will er dabei noch gar nicht sprechen.[248] Auch bei dieser Alsterstadt zieht er einen Wettbewerb in Betracht, dessen Erfolg allerdings von der Jury abhänge: Bestehe sie aus Anhängern der alten Richtung, dann würden sich auch nur die Alten beteiligen und umgekehrt; eine Mischung aus Alt und Neu sei jedoch gänzlich zum Scheitern verurteilt, da jeweils die entscheidenden Vertreter fernblieben, so dass nur die »Kompromißler« Aussicht auf Erfolg hätten, und damit sei das Ergebnis entschieden. Bei der Jury schlössen sich die Gegensätze aus. Doch die Entscheidung für das Alte hält er für besser als einen Kompromisskurs. Er selbst steht jedoch auf Seiten der fortschrittlichen Richtung. Von den Regierungen und Magistraten fordert er den Mut, sich trotz der Gefahr von Angriffen für das Neue zu entscheiden. »Ein wohlbekannter Spruch sagt, daß in Kunstfragen immer die Minorität recht hat.«[249] Er ermahnt den Volksvertreter, nicht

248 Alfred Lichtwark, Eine Alsterstadt, in: AL, Hamburgische Aufsätze, S. 141; Kayser (1977), Nr. 557.
249 Ebd., S. 142.

nach eigenem Geschmack zu planen; man könne erwarten, dass er sich über den Stand der Entwicklung unterrichte, um sich dann auch gegen sein Gefühl für die »in praktischem wie in künstlerischem Sinne zukunftsreiche monumentale Gestaltung« zu entscheiden – er könne gar nicht anders, wenn er ohne Vorurteil prüfe.

Hamburg habe es seit 1870 nicht verstanden, mit der von den Vorfahren ererbten Schönheit der Stadt hauszuhalten. Viele Bauwerke seien unrettbar verloren, andere könnten unter großen Opfern noch gerettet werden. Was jedoch von nun an neu gebaut werde, »sollte in großem Zug auf eine Einheit der Erscheinung hinausgeführt werden«. Noch immer könne Hamburg zu einer der schönsten Städte der Welt gestaltet werden. Das Alsterwohngebiet zwischen Fuhlsbüttel, dem Stadtpark und dem Borsteler Jäger könne eine Stadtanlage von sehr großer Schönheit werden. Er schließt mit den Worten: »Wir wollen nicht bloß schöner, wir wollen unsere künftigen Städte vor allen Dingen praktischer, wohnlicher, behaglicher, gesünder bauen als bisher.«

»Wenn wir die Alsterstadt bauen«, schreibt er 1910 an seine Kommission, »müßte der Staat die Bebauung im großen Stil anfassen. Hier könnte für Deutschland – zunächst für Norddeutschland – das moderne Straßenhaus geschaffen werden. In einer besonderen Bauordnung für dies Gebiet müßten alle offenbaren Dummheiten und Ungehörigkeiten verboten werden. Die Oeffentlichkeit hat ein Recht dazu. Bei sich zu Hause kann jeder so roh und barbarisch leben, wie es ihm gefällt und seiner Bildung entspricht. Aber wenn er baut, steht es für alle da, auch für die, die einen besseren Geschmack jetzt haben und später haben werden. [...] Ich zittere, daß wir die Chance, die die Alsterstadt bietet, verlieren könnten. [...] Wir haben da ein Gebiet, von dem aus unser ganzer Stadtkörper gesund gemacht werden kann.«[250]

Immerhin wird Lichtwark vom Ausschuss für die Alsterregulierung als Sachverständiger gehört. Ihm erscheine diese Frage als das gegenwärtig wichtigste Thema in Hamburg, begründet er eine in diesem Zusammenhang stehende Terminabsage gegenüber der Dichtergattin Ida Dehmel, »der Punkt, von dem die ganze Baufrage in Hamburg ins Rollen gebracht werden soll.«[251]

Bei der Planung strebt er aber auch eine Dezentralisierung an, bei der neue Stadtregionen relative Autonomie erhalten sollen. So schreibt er 1910 an seine Kommission: »Wer Städtebau treiben will, muß Leben verpflanzen und Leben gestalten. Gebilde, die auf dem Papier entstanden sind, nimmt das Leben nachher nicht an, wenn es sie nicht umzugestalten vermag. Und darin liegt in Hamburg die Ursache sehr vieler Uebel: das Leben kann sich nicht selbst gestalten, weil es sich seiner nicht bewußt werden kann, und wäre es einmal soweit, man ließe es nicht, denn wir haben Behörden und Beamte, die von einem Punkt aus alles versorgen (oder verkümmern lassen, je nachdem), und die einzelnen Vororte haben keine Organisation, die sie instand setzte, ihre eigenen Interessen wahrzunehmen.«[252]

250 Br. Kommission (1918), Bd. XVIII: 1910, S. 163f.
251 Brief Alfred Lichtwark an Ida Dehmel, 12.5.1910, HH, SUB, HSS, DA 307.
252 Br. Kommission (1918), Bd. XVIII: 1910, S. 169f.

Bedingt durch sein starkes Interesse an Architektur hat sich Lichtwark bereits lange vor dem Aufsatz über die Alsterstadt mit Städteplanung befasst. Auf seiner Englandreise mit Bauinspektor Albert Erbe im September 1907 besichtigen beide die erste, schon 1888 entstandene und inzwischen berühmte Gartenstadt Port Sunlight bei Liverpool. Von den Häusern ist Lichtwark zwar enttäuscht, da er eine koloristische Meisterleistung erwartet und nur koloristische Minderwertigkeit vorgefunden hat. Doch hält er die Anlage in ihrer Gesamtheit für einen »ungeheuren Fortschritt« und wünscht sich, die bei der Hamburger Stadterweiterung beteiligten Bauherren und die Bauverwaltung hätten sie sich angesehen; auch die Bauschule könnte hier lernen, wie man es machen und wie man es nicht machen müsse.[253] Die ältesten, von Norman Shaw gestalteten Gebäude erscheinen ihm zu dekorativ und dabei historistisch durchgebildet: Schnitzwerk und Butzenscheiben ließen sie wie Pastorenhäuser wirken, für Arbeiterwohnungen seien sie nicht schlicht genug: »Hier sollte jeder Prunk vermieden sein.« Auch die verwendeten Materialien sind ihm zu vielfältig und für die Luftverschmutzung ungeeignet; als ideal betrachtet er, dass die Bewohner ihr Haus selbst frisch halten könnten. Gärten fehlen zugunsten öffentlicher Anlagen, wodurch nach Lichtwarks Meinung den Bewohnern ein Stück Glück verlorengeht. Dennoch hält er Norman Shaws Bauten in ihrer Anlage immer noch für vorbildhaft; sie könnten allen Stadterweiterern Deutschlands und auch Hamburgs als Denkanstoß dienen. Aber sie seien »durch und durch mit Romantik getränkt«, wo es sich doch um Sachlichkeit handeln müsse. Lichtwarks Vorstellung von einem Arbeiterhaus ist pragmatisch: beständiges, haltbares Material, hier der Backstein, bei sparsamer Verwendung, Schmutzbeständigkeit, passende Farben bei Tür und Fensterrahmen sowie die Möglichkeit zur eigenhändigen Renovierung fordert er. Das Haus solle für den Bewohner da sein, nicht umgekehrt.[254] Port Sunlight sei ein Theater, das »zu sehr mit dekorativen Mitteln spielt, die weit über das wirtschaftliche und ästhetische Leistungsvermögen des Arbeiters, für den diese Häuser gebaut werden, hinausstrebt und hinausgeht.« Die »ganz bescheidenen Kleinstadt- und Landhäuser« in Cambridge hält er für einen natürlicheren Ausgangspunkt. Als Fazit seiner Beobachtungen fordert er für den Arbeiter wie für den Bürger ein Haus, das einen Typus darstellt. »Die individuelle Leistung darf erst da anfangen, wo eine hohe Stufe wirtschaftlicher Kraft dem Individuum neue und eigene Bedürfnisse aufzwingt oder wo eine sehr hohe Stufe persönliche Kultur aus dem Nichts des gleichgültigen, wertlosen Stoffes ein Kunstwerk zuläßt.« Es sei eins der Symptome des herrschenden chaotischen Zustandes, dass ein Meister wie Norman Shaw Arbeiterhäuser entwerfe; er solle das Haus eines Edelmannes bauen. Das bauliche »Bedürfnis der kleinen Existenzen« hingegen müsse nach Lichtwarks Vorstellung »vom Maurermeister befriedigt werden.«[255]

253 Br. Kommission (1908), Bd. XV: 1907, S. 107f.
254 Vgl. hier und im Folgenden: ebd., S. 114–119.
255 Vgl. ebd., S. 137f., Zitat S. 138.

In Darmstadt sieht Lichtwark im Jahr darauf, 1908, im Zusammenhang mit der Ausstellung auf der Mathildenhöhe eine Kolonie von Arbeiterhäusern, die der regionalen dörflichen und kleinstädtischen Tradition folgt und ihn dadurch überzeugt. Doch fürchtet er, dass der Arbeiter gegenüber der hier vorliegenden schlichten Zweckmäßigkeit doch immer »eine schäbige Nachahmung der Bourgeoiseinrichtung« vorziehen werde, um nicht als Arbeiter eingestuft zu werden. Diese Arbeiterhäuser würden hingegen den mittleren Ständen, die mit geringem Einkommen in der Gartenstadt oder auf dem Lande leben möchten, die meiste Anregung bieten, für den Arbeiter hingegen seien sie zu »artistisch«.[256] So verfolgt Lichtwark detailliert und höchst interessiert die Entwicklung städtebaulicher Planungen. Doch obwohl er Riemerschmid und Muthesius persönlich kennt und relativ häufig nach Dresden reist, scheint er in der etwa zeitgleich mit den Planungen der Alsterkanalisierung entstehenden Gartenstadt Hellerau nie gewesen zu sein.

Mit seinen Überlegungen und Forderungen folgt er jedoch deutlich erkennbar dem Gedankengut Camillo Sittes, dessen bahnbrechendes Buch *Der Städtebau nach seinen künstlerischen Grundsätzen* er wohl seit seinem ersten Erscheinen im Mai 1889 kennt. So übernimmt er Sittes Überlegungen zur Gestaltung von markanten Zentren im Stadtbild durch seine Forderung nach entsprechender Durchgestaltung der neuen Stadtgebiete ebenso wie dessen Anregung, für die Stadtplanung ein Programm zu entwickeln, dem Erhebungen über Bevölkerung, Bedarfsermittlung für die öffentlichen Gebäude sowie Angaben über Terrain und Klima zugrundeliegen.[257] Lichtwark geht es um das ästhetische und funktionale Problem, das er für die Hamburger als ökonomisches aufbereitet, und ebenso um die sozialen Aspekte.

Lichtwark beschäftigt sich in dieser Zeit sehr intensiv und ausdauernd mit dem städtebaulichen Thema des Alstertals, »wo vieles hinter den Kulissen spielt«, wie er am 1. November 1911 seinem Freund Mannhardt schreibt.[258] In einem Brief vom darauf folgenden Tag spricht er vom Kampf um das Alsterregulierungsprojekt, das der Tiefbau ausgearbeitet habe und das in Wirklichkeit den Kern einer neuen Stadt am Alsteroberlauf bedeutet. Es sei vom praktischen und künstlerischen Standpunkt aus derart schlecht konzipiert, dass er dem Regierenden angezeigt habe, er würde alles ihm Mögliche tun, um die Senatsvorlage in der Bürgerschaft zu Fall zu bringen. Er habe mit den Führern aller Parteien gesprochen, es sei jedoch nur zu einem Ausschuss gekommen, und in diesem Ausschuss erhalte die Partei, die auf die Interessen der Grundbesitzer Rücksicht nimmt, eine knappe Majorität für den Senat. Nun stehe die Beratung im Plenum bevor. Es sei eine existentielle Frage für die Entwicklung der Stadt. Leider seien die Gutachten zu spät herausgekommen, um noch wirksam zu werden, besonders sein eigenes nicht, das die Frage vom Grundsätzlichen her betrachte. »Was nützt es, daß ich die Presse auf meiner Seite habe? In unseren Städten

256 Vgl. Br. Kommission (1916), Bd. XVI: 1908, S. 164f.
257 Zu Sittes städtebaulichem Konzept und dessen Auswirkungen vgl. Kieß (1991), S. 393–395.
258 Vgl. Br. Mannhardt, S. 101.

herrscht wie im Bauerndorf des Mittelalters der Grundbesitz noch unumschränkt, wenn auch so stark befehdet. Schwere Tage, die wohl mit meiner Niederlage abschließen werden.«[259]

Am 29. Oktober 1911 legt er im *Hamburgischen Correspondenten* mit einem weiteren Aufsatz zum Thema Alsterstadt nach, der auch in das *Jahrbuch der Gesellschaft Hamburgischen Kunstfreunde* von 1911 übernommen wird. Dort erscheint er unter dem Titel *Städtebau* zusammen mit den Aufsätzen *Die drei Entwicklungsphasen des hamburgischen Städtebaus* und *Der hamburgische Städtebau im 19. Jahrhundert.*[260] Die Planungen haben sich inzwischen konkretisiert, keineswegs jedoch im modernen Sinne. Lichtwark moniert, dass die Planung die Art der Bebauung noch offenlässt, und fordert genaue Überlegungen über die Formen der Besiedlung ein. Etagenhäuser, Villen oder kleinbürgerliche Einzelhäuser würden unterschiedliche Straßenbreiten verlangen. Auch wenn die Bebauungspläne für das Borsteler Gelände und das Eppendorfer Moor schon festlägen, plädiert er wiederum dringend für eine Gesamtplanung des Alstertals. Dabei wiederholt er nachdrücklich die Kernpunkte: Zentrumsbildung, öffentliche Gebäude als Akzentuierung, großzügige Lösungen bei den Grün- und Wasserflächen. Lebensräume sollen entstehen. Seinem dringenden Wunsch zufolge soll Hamburgs Stadtentwicklung Anschluss an die moderne Stadtplanung gewinnen.

Erst 1914 beginnen unter Oberbaudirektor Fritz Schumacher die Arbeiten an der Alsterkanalisierung. Ein übergreifendes, städtebaulich geplantes Zentrum, wie Lichtwark es sich vorgestellt hat, wird jedoch nicht verwirklicht. Die Planung der ersten Hamburger Stadterweiterungen und Gartenstädte erlebt er nicht mehr; sie entstehen erst nach 1916. Schumacher entwirft 1911 den Bebauungsplan für Hamburg-Horn, 1916 bis 1919 den Dulsberg und 1919 bis 1921 die Gartenstadt Langenhorn. Lichtwarks Appell, sich an die Spitze der Entwicklung zu begeben, »ein Werk zu schaffen, auf das Hamburg und Deutschland mit Stolz blicken«,[261] verhallt, wie von ihm vorausgesehen, ungehört. Seine Intervention wirkt sogar kontraproduktiv, indem Schumacher nun »in zähem, zeitraubendem zwischenbehördlichem Ringen seine Ideen durchsetzen« muss; das Projekt bleibt nach dem Ersten Weltkrieg in einer partiellen Verwirklichung stecken.

259 Brief Alfred Lichtwark an Karl von Heigel, 2.11.1911, HKH, AdB 64.
260 Kayser (1977), Nr. 495, 508.
261 Vgl. Hipp (1992), S. 151–183. – Alfred Lichtwark, Die Alsterkanalisierung, zit. nach AL, Hamburgische Aufsätze, S. 175; Kayser (1977), Nr. 557. – Burkhardt (2006), S. 112f.

DER HAMBURGER STADTPARK

Es dürfte nicht nur Lichtwarks engagiertes Interesse an einer optimalen Entwicklung Hamburgs zu einer schönen und funktionierenden modernen Großstadt sein, das ihn zu seiner beharrlichen Beschäftigung mit dem Thema Stadtpark motiviert, auch die Erinnerung an die eigene ärmliche Kindheit spielt hier sicherlich eine Rolle. Vermutlich war er selbst eines jener Kinder des Volkes, die, wie er 1909 schildert, bäuchlings mit ihren Kaninchen auf der Wiese der Moorweide lagen und mit den Fußspitzen auf den Boden klopften.[262] An Prinz Eugen von Schweden schreibt er im Dezember 1908: »Man will die übliche englische Landschaft künstlich herstellen. Vorläufig stehe ich mit meiner Ansicht noch ziemlich allein, wenn ich vorschlage, dass man flache weite Wiesen zum Spielen als Hauptbestandtheil des Parks ansehen soll.«[263] Lichtwark geht also auch hier wieder vom konkreten Bedürfnis aus. Neu ist die Forderung nach einem Erholungspark für die Großstadt allerdings nicht. Die Idee des Volksparks als Erholungsort geht auf den Kieler Professor für Ästhetik und Philosophie Christian Cay Lorenz Hirschfeld zurück, der schon 1779 bis 1785 eine richtungsweisende *Theorie der Gartenkunst* verfasste und darin den Volkspark als wichtiges Bedürfnis der Stadtbewohner propagierte. Der Begründer des 1857 entworfenen und hauptsächlich in den Jahren 1858 bis 1866 ausgeführten Central Parks in New York, Frederick Law Olmsted, übernahm Hirschfelds Gedankengut.[264]

Als zu Anfang der 1890er Jahre der Gedanke an einen Stadtpark aufkommt, besitzt Hamburg in Relation zur Einwohnerzahl nur wenige Grünflächen für die Erholung der Bevölkerung, vor allem für die Bewohner der ärmeren Viertel. Die Parkfrage beschäftigt Lichtwark schon lange vor dem Beginn der Planungen. Bereits im April 1894 studiert er die Berliner Parks und Grünanlagen für ein Referat im kurz zuvor gegründeten Club von 1894, einem von ihm mitbegründeten Diskussionsforum interessierter Hamburger Bürger. Dort opponiert ein junger Anwalt, man habe ja das Terrain der alten Friedhöfe, wo jeder sich ergehen könne. Schieflers Kommentar dazu lautet: »Hier klaffte wieder einmal der Abgrund zwischen der Höhe seines [Lichtwarks] Standpunktes und den Niederungen, in denen die Mehrheit umherirrte.«[265]

Seit 1840 gehe die Berliner Stadtverwaltung »nach einem grossen und kühnen Plane« vor, teilt Lichtwark seiner Kommission mit, und das Ergebnis seiner Studie habe etwas Beschämendes für Hamburg.[266] Wo immer er reist, besichtigt er Gärten und Parkanlagen. 1894 besucht er die in einen Stadtpark verwandelten ehemaligen Schlossgärten und den Hofgarten in Düsseldorf, 1897 den Wiener Prater, den

262 Vgl. Alfred Lichtwark, Das Problem des Hamburger Stadtparks, Wiederabdruck in: AL, Park- und Gartenstudien, S. 67f.; Kayser (1977), Nr. 455, 458.

263 Vgl. Brief Alfred Lichtwark an Prinz Eugen, 15.12.1908, Stockholm, PEW, Archiv.

264 Vgl. Kirchner (2002), S. 144–149.

265 Vgl. Schiefler, LAZ, Mai 1894, S. 1, HH, SUB, HSS.

266 Vgl. Br. Kommission (1896), Bd. III: 1894/95, S. 34f.

Schlossgarten von Ansbach und die Gärten und Parks von Stockholm, den Schlosspark von Drottningholm und den Tiergarten im dänischen Seebad Rungsted.[267] Stets denkt er dabei an die Situation in Hamburg, der reichen zweitgrößten Stadt Deutschlands. Anlässlich seines Aufenthalts im Stockholmer Tiergarten schreibt er über die Notwendigkeit eines Hamburger Stadtparks an den Vorsitzenden seiner Kommission provozierend: »Der Hamburger fragt sich, ob seine Vaterstadt, wenn nicht ein großer Stadtpark geschaffen wird, auf die Dauer bewohnbar bleibt.«[268]

In Paris erlebt Lichtwark die großen Rasenflächen des Parks von Vincennes »wie Zimmer bewohnt«. Angesichts dieses bunten Sonntagstreibens mit auf Petroleumöfen kochenden Frauen und spielenden, musizierenden und tanzenden jungen Leuten berichtet er, solche Anlagen gebe es rund um Paris überall, denn überall hätten die Könige Schlösser und Parks hinterlassen, »und wo sie fehlen, hat man nach ihrem Vorbild neue geschaffen wie die Buttes Chaumont. Was haben wir? Man sollte wünschen, dass wir auch einmal einen König gehabt hätten.«[269] Das muss seinem Adressaten, einem Hamburger Senator, ketzerisch im Ohr klingen und soll es auch; doch mildert Lichtwark seine Aussage ab und spornt zugleich an: »Es wäre ein Ideal, wenn Jeder, der in den Senat gewählt wird, und der die Kraft in sich fühlt, productive Arbeit zu thun, sich ein besonderes Ziel steckte und mit Beharrlichkeit, wenn auch erst im Laufe der Jahre, erreichte. Ein Senator kann bei uns alles machen, was er will. Wo er sich an die Spitze stellt, folgt man ihm. Es ist eigentlich sonderbar, dass dieses ganz unerschöpfliche Kapital, das in dem Vertrauen und der Verehrung liegt, bisher noch nicht als Kraftquelle verwendet worden ist.« Diplomatisch hebt er abschließend Hamburgs Sonderstellung hervor: In den anderen deutschen Bürgerstädten, Leipzig, Frankfurt, Bremen und Lübeck, sei dies nach seiner Kenntnis nicht vorhanden.[270]

Lichtwark zeigt sich wieder einmal als erklärter Gegner des englischen Gartenstils, obwohl ihm andererseits der Landschaftspark von Wörlitz gefällt.[271] Dieser Stil gewöhne den Menschen den behaglichen Aufenthalt im Freien ab, schreibt er bereits 1897 aus Stockholm an seine Kommission, nur die traurigsten Gestalten würden es in solchen Parks aushalten, während der strenge architektonische Stil die Aufstellung sehr vieler Bänke erlaube. Er ist beeindruckt vom Leben in den Stockholmer Anlagen bis weit in die Nacht hinein, auch im dortigen Tiergarten lagern die Familien mit ihrem Petroleumofen und ihren Picknickutensilien auf dem Rasen. Hier kommt ihn »etwas wie Zorn« an, dass die weniger bemittelte Hamburger Bevölkerung »durch einen kurzsichtigen Staat in die Wirthschaften getrieben« werde.[272]

267 Vgl. ebd., S. 224, 228f. – Br. Kommission (1899), Bd. V: 1897, S. 57, 98, 199f., 204f., 218f., 239.
268 Ebd., S. 199f. – Vgl. auch Klausch (1971), S. 78–99.
269 Br. Kommission (1899), Bd. VI: 1898, S. 92f.
270 Ebd., S. 93f.
271 Zu Wörlitz vgl. Br. Kommission (1916), Bd. XVI: 1908, S. 100–102.
272 Br. Kommission (1899), Bd. V: 1897, S. 195, 204.

Die regelmäßigen Barockgärten hingegen erregen überall Lichtwarks Aufmerksamkeit. 1898 studiert er die regelmäßige Anlage und ihre Perspektive in Chantilly, die Tuilerien in Paris und den Garten von Versailles. Auf dem Rückweg besichtigt er die berühmten Rheinanlagen in Form einer Allee in Koblenz und im selbem Jahr den Schlosspark von Ludwigslust.[273] In Dresden findet er ebenfalls 1898 den ehemaligen Großen Garten als Stadtpark vor, der den Dresdnern dient wie der Tiergarten den Berlinern, doch mit den Vorzügen der regelmäßigen Anlage. Angesichts der starken Belebung, der sich sonnenden alten Leute auf den Bänken, der Reiter und Radler empfindet Lichtwark angesichts der »Armuth in Hamburg« etwas wie Neid.[274] Noch einmal betont er gegenüber seiner Kommission die Erfahrung, »wie viel wohliger und wohnlicher grosse regelmäßige Parks nach der Art des Grossen Gartens sind.« Dresden, so schreibt er, tue ganz außerordentlich viel für die Gewinnung großer Parkanlagen, die er im Einzelnen auch aufzählt, nicht ohne Bedauern, dass die neuen Anlagen stets im englischen Stil gestaltet würden. Auch hier liegt der Vergleich mit der Hamburger Situation nahe. Ihm sei ganz schwül geworden, als Bürgermeister Versmann ihm kurz zuvor von seinem vergeblichen Bemühen berichtet habe, Unterstützung für einen Parkplan zu finden. Er habe das sogenannte Sierichsche Terrain zu einem Park umgestalten wollen, dafür bereits einen privaten Spender gewonnen und sei trotzdem überall auf Ablehnung gestoßen. »Furchtbar«, kommentiert Lichtwark und möchte am liebsten den Hamburgern einmal vor Augen führen, was andere deutsche Großstädte für das Anlegen von Parks aufwenden. Er denkt dabei an die *Liebhaberbibliothek der Gesellschaft Hamburgischer Kunstfreunde* und schriebe den Text auch selbst, finde dafür jedoch keine Zeit.[275] In Paris führt er im Jahr 1900 die beiden Hamburger Landsleute Bauinspektor Ohlshausen und Reinicke in die architektonische Gartenanlage von St. Cloud und überzeugt sie von der Großartigkeit dieses Raumkunstwerks, während er den Bois de Boulogne mit seinen gewundenen Wegen, kleinen Teichen und »lahmen Perspectiven« »nicht ausstehen kann« und »kleinlich, langweilig und in höherem Sinne raumlos« findet. Eine große Perspektive wie in St. Cloud wünscht er sich auch für einen zukünftigen Hamburger Park.[276]

Aufmerksam verfolgt Lichtwark nun die weitere Entwicklung der Parkplanung in Hamburg. Schon als um 1900 das Borsteler Wäldchen mit den benachbarten Äckern, bereits in Staatsbesitz, als Standort für den Park diskutiert wird, äußert er den Wunsch, hier möge ein großer Künstler einen Raum schaffen, »so schön und lieblich, daß man sich drin gehoben und glücklich fühlen könnte.«[277] Hannover-Herrenhausen hingegen erscheint ihm eintönig und erfindungsarm.[278]

273 Vgl. Br. Kommission (1899), Bd. VI: 1898, S. 118f., 130, 138f., 141, 185, 200f., 207.
274 Ebd., S. 238f.
275 Ebd., S. 246f.
276 Br. Kommission (1901), Bd. VIII: 1900, S. 174.
277 Ebd., S. 114; zit. bei Klausch (1971), S. 78.
278 Vgl. Br. Kommission (1904), Bd. XI: 1903, S. 69f.

Lichtwarks Interesse an Gärten und Parks vertieft sich mit fortschreitendem Alter. 1903 widmet er sich auf der Städteausstellung in Berlin diesem Thema intensiv und gewinnt »die tiefere Einsicht in die vollständige Hilflosigkeit der deutschen Gartenkunst«. Überall handelt es sich um Parks im landschaftlichen Stil, die nur für »unbehagliches, rastloses und zweckloses Umherlaufen gedacht« sind. Sie lassen seines Erachtens die Absicht vermissen, Raumbilder zu schaffen und Raum zu gestalten. Am Modell des neuen Ringparks in Würzburg werden ihm die »Armseligkeit der Mittel, die Abwesenheit von Gedanken und künstlerischem Willen« besonders deutlich.[279] Als Gegenbeispiel betrachtet er den Würzburger Residenzgarten, wo ein ungünstiges Grundstück durch die architektonische Gartenanlage eindrucksvoll und monumental wirke.[280]

In seiner Ablehnung des landschaftlichen Gartenstils ist Lichtwark geradezu dogmatisch. Gleichwertig neben der gartenkünstlerischen steht für ihn die soziale Aufgabe, die ihm nur im architektonischen Garten möglich erscheint,[281] für den er sich nunmehr seit fast zwei Jahrzehnten einsetzt. Erst zu Beginn des 20. Jahrhunderts folgt ihm eine Reihe junger Architekten und Künstler mit ihren praktischen Arbeiten nach. Schon am 23. Juli 1902 wendet sich Lichtwark vorsorglich in einem Brief an den Bausenator Max Predöhl und legt seine Erwägungen dar: Die entscheidenden Behörden sollen von der neuen Tendenz zu strengeren Formen in der Landschaftsgartengestaltung und den Nachteilen der landschaftlichen Form Kenntnis nehmen.[282] Die regelmäßige Anlage könne vielfältiger gegliedert werden, biete einer weitaus größeren Zahl von Besuchern bequemen Aufenthalt, außerdem den beim Hamburger Klima wichtigen Windschutz, beschränke das Dieben Unterschlupf gewährende Gebüsch, lasse eine Reduktion des Aufsichtspersonals zu, ermögliche die vorübergehende Sperrung einzelner Teile und biete Architektur und Kunstwerken »organischen« Anschluss, der im englischen Garten ausgeschlossen sei. Er plädiert für einen Wettbewerb, in dem auch Architekten, Maler und Bildhauer zugelassen sein sollten, und befürwortet alternativ den Auftrag an einen großen Künstler wie den Bildhauer Adolf von Hildebrand oder den Architekten Paul Wallot, die gemeinsam mit dem Hamburger Oberingenieur Sperber die Pläne erarbeiten sollten. Eine vergleichende Studie über deutsche Parks und ihre Einrichtungen sei ihm nicht bekannt, ebenso wenig ein deutscher Parkspezialist. Hier könnte sich seine Kenntnis des von Joseph Paxton angelegten Sydenham Parks auswirken, denn er spricht bereits von den notwendigen Bauten und Anlagen in dem »bewohnbaren Park«: Sport- und Kinderspielplätzen, überdachten Hallen und Wandelgängen, Restaurants und Blumengärten – so würde sich eine regelmäßige Anlage von selbst ergeben. Nach seiner Überzeugung könne eine landschaftliche Anlage nicht den Bruchteil an Lebensfreude bieten wie ein Park, dessen Einrichtungen die praktischen und ästhetischen Bedürfnisse berücksichtige.

279 Vgl. ebd., S. 145.
280 Vgl. ebd., S. 146–148.
281 Vgl. Schumacher (1928), S. 9.
282 Vgl. hier und im Folgenden: Goecke (1991), S. 76–81.

Besonders auf die Bedeutung der Rasenflächen weist er in der Folge immer wieder hin. Die Wiese betrachtet er als Ausgangspunkt: »Was wir brauchen, muß von der Wiese ausgehen, nicht vom Lauben- oder Heckengang.«[283] Auch auf die Notwendigkeit einer Bedürfnisstudie geht er 1904 in einer Sitzung der Gesellschaft Hamburgischer Kunstfreunde ein.[284]

Als 1904 in Hamburg nach langen Diskussionen um den Standort das Projekt Gestalt annimmt, zieht die aus den Senatoren O'Swald, Lappenberg, Roscher, Predöhl und von Melle bestehende Senatskommission vier Gutachter als Berater hinzu, neben dem Oberingenieur Vermehren und Wilhelm Cordes, dem Leiter des Ohlsdorfer Friedhofs, auch Justus Brinckmann und Lichtwark.[285] Diese Gutachter entwickeln ein Programm und präsentieren eine Reihe von Entwürfen. Das Programm sieht vor, auf eine Einfriedung des Parks zu verzichten, eine Ringstraße mit Villen und weitläufigen Vorgärten, ein Wegenetz von Fahr-, Rad- und Reitwegen sowie mit der Alster verbundene Gewässer und verschiedene Restaurationsgebäude anzulegen. Überwiegend folgen die Gutachter Lichtwarks Vorschlag, den Park für alle Schichten der Bevölkerung zu planen, als Verfechter der architektonischen Anlage wird er von Brinckmann unterstützt. Zur Erlangung eines optimalen Entwurfs vertritt Lichtwark die Forderung nach einem uneingeschränkten Wettbewerb, an dem sich neben Gartenfachleuten auch Künstler beteiligen können. Park und Gebäude sollen von einer Hand gestaltet werden.

Cordes und Vermehren unterbreiten im Februar/März 1904 Vorentwürfe, doch erhebt Lichtwark, dessen vorrangiges Ziel ein Wettbewerb ist, Einspruch.[286] Als der für die künstlerischen Fragen zuständige Gutachter lobt er jedoch am Entwurf von Cordes die weite Perspektive und die von Alleen begrenzten Rasenspielplätze. Stets um die Monumentalität großer Flächen bemüht, bemängelt er am Entwurf von Vermehren das Fehlen einer großen einheitlichen Raumwirkung in der Wiesen- und Teichzone. An Kalckreuth schreibt Lichtwark am 16. April 1905, er beginne seinen Einsatz für »die Anlage des Stadtparks mit Sitzungen, Berichten und Kämpfen«.[287] Im Monat zuvor hat er einen eigenen Entwurf des Mitteltraktes einschließlich Erläuterungen präsentiert. Das breitgelagerte Hauptrestaurant verlegt er im Gegensatz zu Cordes und Vermehren an den Hangfuß auf der Ostseite des Parks, um dem Besucher einen weiten Blick über einen regelmäßig geformten Teich bis hin zum Wasserturm an der Westseite zu ermöglichen. Als Vorbilder benennt er die architektonischen Gärten von St. Cloud bei

283 Vgl. Br. Kommission (1918), Bd. XVIII: 1910, S. 162, 171f., Zitat S. 85. – 1912 bekräftigt Lichtwark noch einmal seine Auffassung von der Notwendigkeit der Spiel- und Sportwiese durch die kurze, prägnante Schilderung eines Reiseeindrucks aus Düsseldorf. Dort sieht er einerseits die höchstens mit wenigen Stadtstreichern belebte, ansonsten jedoch menschenleere Parkanlage im aufwendigen alten Stil, andererseits die im Sonnenlicht liegenden, mit Menschen dichtgefüllten Rheinauen gegenüber in Oberkassel. Hier sieht er seine Forderung nach Freizeitflächen bestätigt, möglichst mit Umkleideräumen und Duschbad; vgl. Alfred Lichtwark, Romantik und Wirklichkeit, in: Jb. GHK, 18. Jg., 1912, S. 13f.

284 Vgl. Schiefler, LAZ, 27.1.1904, S. 296, HH, SUB, HSS.

285 Vgl. Goecke (1991), S. 84–88.

286 Vgl. ebd., S. 89–94 und Abb. S. 246.

287 Vgl. Br. Kalckreuth, S. 149.

Paris und Wilhelmshöhe bei Kassel, also barocke Anlagen. Die große, zwischen Wasserturm und Hauptrestaurant eingespannte Perspektive wird durch eine runde und zwei rechteckige, von Baumreihen begrenzte Terrassen strukturiert, die wiederum durch langgestreckte, von Baumreihen begrenzte Rasenstücke verbunden sind. Am Fuß des Wasserturms plant er ein Café. Die beiden westlichen Ecken betont er durch kleine Pavillons, verbunden mit einer statuengeschmückten Balustrade im barocken Stil. Dort sieht er einen reichen Blumengarten als »salon de verdure« vor. Er übernimmt auch Details aus den Entwürfen von Cordes und Vermehren wie Fahrstraßen, Radwege, Spiel- und Sportplätze. Für die Planung von farbig blühenden Gehölzen und Stauden wünscht sich Lichtwark einen Menschen mit entwickeltem Farbgefühl, etwa einen Maler. Sein Entwurf ist wie auch diejenigen von Cordes und Vermehren durch einen hohen Anteil nutzbarer Flächen gekennzeichnet. Die Spiel- und Sportmöglichkeiten sind bei ihm allerdings am ausgeprägtesten und bedienen alle Altersgruppen und sozialen Schichten. In seiner Skizze bleibt Lichtwark jedoch bescheiden: er stellt darin lediglich die große Achse und ihre wichtigen Kreuzungspunkte dar.[288]

Lichtwark und Brinckmann, beide seit vielen Jahren denkmalpflegerisch engagiert, regen an, historische Bauernhäuser als einfache ländliche Gasthäuser in den Park aufzunehmen.[289] So schlägt Lichtwark nach einem gemeinsamen Besuch des Volksmuseums im dänischen Lyngby mit Brinckmann in zwei Reisebriefen die Errichtung von typischen Bauernhäusern der Marschen im Park vor. Darin liegt auch eine Aufwertung der heimatlichen Tradition und eine romantische Verklärung bäuerlicher Lebensformen, wie sie Lichtwark in seiner Kindheit selbst noch erlebt hat. Dies korrespondiert mit seinem Eintreten für eine Wiederentdeckung der traditionellen Form des regionalen Bauerngartens, der neben dem Barockgarten eine wichtige Quelle für seine Vorstellung von der Erneuerung der deutschen Gartenkunst bildet.

Auch die Bepflanzung überdenkt Lichtwark bereits früh; Redder, beidseitig von Buschwerk begleitete Wege, sollen als Wind-, Staub- und Sonnenschutz um die Rasenplätze herum angelegt werden, dazu heimische Flora, etwa ein Birkenhain mit »Bickbeeren«[290] als Bodendecker darunter, Wacholder, Vogelbeeren als Farbelement und Blumenwiesen. Der Stadtpark soll auch ein vorbildliches Rosarium erhalten: »Es ist wirklich höchste Zeit, daß wir im Hamburger Park einmal zeigen, wie solche Dinge gelöst werden müssen.«[291]

Die Querelen um den Stadtpark ziehen sich jedoch jahrelang hin. Die Uneinigkeit der Beteiligten und die zögerliche Arbeitsweise der politischen Gremien bewirken, dass erst im Februar 1908 die Ausschreibung des Wettbewerbs erfolgt.[292] In seiner

288 Vgl. StA HH, 111-1 Senat Cl.VII Lit.Fh Nr. 2 Vol. 1 Conv. I. – 1910 schreibt Lichtwark aus London noch einmal begeistert über den Regent Park mit seinem Long Walk und den Wiesen; vgl. Br. Kommission (1918), Bd. XVIII: 1910, S. 162, 171f.
289 Vgl. Goecke (1991), S. 94–96.
290 Norddeutsch für: Heidelbeeren.
291 Vgl. Schiefler, LAZ, 27.1.1904, S. 296f., HH, SUB, HSS. – Br. Kommission (1917), Bd. XVII: 1909, S. 297.
292 Vgl. Goecke (1991), S. 103–116.

Sorge um eine angemessene Beteiligung bietet Lichtwark sogar Adolf von Hildebrand brieflich die Zusendung der Unterlagen an.[293]

Lichtwark und Brinckmann sollen zunächst vom Preisgericht ausgeschlossen werden, doch gehören beide schließlich neben Baudirektor Zimmermann und Oberingenieur Sperber sowie Cordes der Jury an. Als weitere Mitglieder werden neben anderen der Architekt Friedrich von Thiersch aus München und der Frankfurter Gartendirektor Karl Heicke berufen.[294] Die Wettbewerbsbestimmungen folgen im Wesentlichen Lichtwarks Vorstellungen von der Funktion und Gestaltung des Parks. 66 Entwürfe werden eingereicht, 23 davon als nicht gelungen oder nicht den Bestimmungen entsprechend ausgesondert. Acht Entwürfe gelangen schließlich in die Endausscheidung. Entgegen seiner sonstigen Praxis stellt Lichtwark die Wettbewerbsbeiträge diesmal nicht in der Kunsthalle aus.[295] Er selbst favorisiert den Entwurf von Max Läuger, dem Architekten und Lehrer für Zeichnen und Formen an der Kunstgewerbeschule und Technischen Hochschule in Karlsruhe, der zu den bedeutendsten Verfechtern der neuen gartenkünstlerischen Bestrebungen gehört und bereits 1907 mit Gartenanlagen in Mannheim, 1908 mit der Gönneranlage in Baden-Baden und einem Wettbewerbsentwurf für den Osterholzer Friedhof bei Bremen hervorgetreten ist. Hier wird die Gartengestaltung unter dem Aspekt der Raumgestaltung behandelt.

Der gesamte Wettbewerb mit seinen Ergebnissen spiegelt die engagiert ausgetragenen Richtungskämpfe wider; Lichtwark steht aber keineswegs allein mit seiner Propagierung der architektonischen Parkanlage. Als der Wettbewerb schließlich ohne konkretes Ergebnis endet, tritt er noch einmal nachdrücklich für seine Auffassung ein und formuliert sie in einem Vortrag am 2. November 1908 im Verein für Kunst und Wissenschaft, den er unmittelbar darauf ausgearbeitet unter dem Titel *Das Problem des Hamburger Stadtparks* im *Jahrbuch der Gesellschaft Hamburgischer Kunstfreunde* und noch einmal 1909 zusammen mit dem *Heidegarten* bei Cassirer veröffentlicht.[296] In einem Brief an den Bausenator Max Predöhl geht er speziell auf die regelmäßige Gestaltung des Teichs und seine Anbindung an die Alstergewässer ein; er schlägt wuchtige, mit Balustraden und Pavillons bestückte Kaimauern und breite, flache Ufertreppen vor. Für diesen Teich erhofft er sich einen Bootskorso wie auf der Außenalster am Uhlenhorster Fährhaus. Bronzeplastiken und Sandsteinskulpturen als Freilichtmuseum schweben ihm ebenfalls vor.

293 Brief Alfred Lichtwark an Hildebrand, 11.3.1908, München, BSB, HSS, Ana 550.

294 Heicke entwarf den von 1907–1911 angelegten Frankfurter Ostpark, der ausgedehnte Wiesenflächen für Spiel und Sport aufweist. Der erste Entwurf stammt bereits aus dem Jahr 1902. Vgl. Informationsblatt 100 Jahre Ostpark – Jubiläum eines Volksparks – Vergangenheit, hrsg. von der Stadt Frankfurt am Main, Dezernat X, Text von Barbara Vogt, 2011. Für dieses Material danke ich Annette Glowania, Frankfurt/M. Hier wird der Ostpark als der modernste Volkspark seiner Zeit bezeichnet. In seinem Aufsatz *Der Garten unter dem Einfluß neuzeitlicher Kunstbestrebungen* (1908) nennt Heicke Muthesius und Schultze-Naumburg als Vorkämpfer der architektonischen Gartengestaltung, nicht aber Lichtwark (S. 189f.).

295 Zu den preisgekrönten Entwürfen vgl. Goecke (1991), S. 116–138.

296 Vgl. hier und im Folgenden: ebd., S. 138–149; Kayser (1977), Nr. 455, 458.

Das Stadtparkproblem entwickelt sich geradezu zur Glaubensfrage, wird doch hier zum ersten Mal in Deutschland um ein derartig großes Projekt gerungen. Woermann warnt, in einer Generation könne der Geschmack sich schon wieder ändern, findet jedoch Lichtwarks Plan des neuen oder vielmehr alten Gartengeschmacks interessant und dessen Tätigkeit »überaus anregend«. Er gesteht unumwunden zu, dass man über den englischen Garten hinausmüsse. Aber er möchte doch warnen, einen alten Akademismus sofort durch einen noch älteren zu ersetzen. Wer zu Platzschwindel neige, wie er selbst, werde aus einem Park mit langen geraden Linien regelrecht vertrieben, aber darin, dass die Natur stilisiert werden müsse, seien sie ganz einer Meinung.[297] Unterstützung erfährt Lichtwark auch durch den Architekten Hermann Muthesius und den Kunstschriftsteller Ferdinand Avenarius, den Begründer der Zeitschrift *Der Kunstwart*, beide Vertreter der Reformbewegung. Lichtwark lehnt Avenarius' Intervention als zu gefährlich ab, eine Diskussion in der Presse hält er nicht für dienlich. Muthesius als Mitbegründer des Deutschen Werkbundes wird hingegen von Lichtwark gebeten, dem Präses der Baudeputation seine Auffassung darzulegen. In seiner Stadtpark-Veröffentlichung, in der Lichtwark die wesentlichen Punkte seines Briefes von 1902 wieder aufgreift, formuliert er resümierend die Notwendigkeit eines Parks zum Aufenthalt, nicht nur zum bloßen Spazierengehen, sondern für die gesamte Bevölkerung für jede Jahreszeit zur Gesunderhaltung von Leib und Seele. Die Gestaltung müsse sich nach dem Zweck ausrichten, und darin müsse man in Hamburg ganz von vorn anfangen, weil kein Vorbild dafür existiere. Er empfiehlt zugleich die Errichtung eines großen Ausstellungsgebäudes am Rande des Parks, das er seit vielen Jahren für Hamburg fordert, sowie die Ausstattung mit Skulpturen und die Gründung eines Parkvereins, der die Finanzmittel dafür aufbringen soll. Als Namen schlägt Lichtwark »Alsterpark« vor. Fritz Encke, seit 1903 Gartendirektor in Köln und einer der jüngeren und progressiven Gartenarchitekten, lobt Lichtwarks Veröffentlichung: »Die Abhandlung von Alfred Lichtwark über das Problem des Hamburger Stadtparks ist so überzeugend, daß man, am Schluß angelangt, alles unterschreiben möchte. Wenn ich in Einzelheiten eine andere Ansicht habe, so ändert dies nichts an meiner rückhaltlosen Zustimmung zu Lichtwarks Behandlung des Parkproblems. Ja, manche seiner Gedanken habe ich ganz ähnlich ausgesprochen oder zu verwirklichen versucht.«[298]

Lichtwark und andere Anhänger der neuen Gartenkunst wie Avenarius, Muthesius, Encke und der Hamburger Gartenarchitekt Leberecht Migge halten den Ausgang des Wettbewerbs für unbefriedigend; sie wollen mit der Ausführung einen hervorragenden Künstler betrauen oder einen begrenzten Wettbewerb ausschreiben. Die Gegner der neuen Gartenkunst, wie der Hamburger Oberingenieur Sperber, befürworten nach wie vor eine landschaftliche Anlage. Eine Lösung ergibt sich erst nach 1909 mit der Berufung des Architekten Professor Dr.-Ing. Fritz Schumacher zum Hamburger

297 Brief Woermann an Alfred Lichtwark, 6.3.1909, HKH, AdB 76.
298 Vgl. Wiegand (1977), S. 90; zit. bei Goecke (1991), S. 143.

Stadtbaudirektor.[299] Er nimmt den Ruf nach Hamburg nicht zuletzt wegen der Aufgabe des Stadtparks an und legt einen gemeinsam mit Sperber, der noch 1909 in einem Vortrag gegen Lichtwark mobilisiert hat, erarbeiteten Entwurf dafür vor. Als Mitbegründer des Deutschen Werkbundes vertritt er die Seite der Reformer. Durch ihn erhält Lichtwarks Position endlich Unterstützung. »Wir bekommen einen neuen Baudirector«, schreibt er am 30. Mai 1909 an Prinz Eugen, »er ist ein Künstler, Prof. Schumacher von der Hochschule in Dresden, und es ist alle Hoffnung, dass er den Park gestalten wird in dem Sinn, für den ich eintrete. Ich werde ihm helfen, wo und wie ich kann. Nun kann noch manches gut werden. Ich freue mich schon auf die neuen Probleme: Das Luft- und Lichtbad in künstlerischer Fassung, grosse Schwimmbäder im Freien und in der Halle mit allen Möglichkeiten der Gymnastik. Dazu kommt der Kampf gegen den Alkohol.«[300]

Schumachers Entwurf knüpft an die von der Jury des Wettbewerbs zur Beachtung empfohlenen Aspekte an; seine Gestaltung enthält alle Vorschläge und Forderungen Lichtwarks, dessen Weitblick damit bestätigt wird.[301] Die Gestaltung des Parkteichs, die Anstellung eines Hamburger Gartendirektors und die Gründung eines Parkvereins werden in der Folgezeit Wirklichkeit. 1910 wird Schumachers Entwurf von der Hamburger Bürgerschaft einstimmig genehmigt. Obwohl Lichtwark diesen Entwurf als Kompromiss bezeichnet, überwiegen doch in der Gesamtgestaltung die von ihm vorgeschlagenen Grundzüge.[302] Schumacher entwirft den Park und die Gebäude entsprechend Lichtwarks Forderung, alles solle in einer Hand liegen; auch die von ihm geforderten Spiel- und Sportplätze, die Restaurants und Gaststätten entstehen ganz in seinem Sinne, sogar die Milchwirtschaft wird einem regional typischen Bauernhaus mit Obstgarten und geschorener Hecke nachempfunden. Zugunsten der Einheitlichkeit der Gesamtanlage wird auf originale historische Gebäude verzichtet. Baubeginn ist im Juli 1910, die Freigabe erfolgt schließlich im Jahre 1914; Lichtwark erlebt sie nicht mehr.

Alfred Lichtwark gehört demnach nicht nur zu den Initiatoren des Hamburger Stadtparks, auch an der Gestaltung dieses frühen modernen Parks in Deutschland hat er wesentlich mitgewirkt. Die Realisierung des von ihm so engagiert mitgetragenen Projektes findet noch zu seinen Lebzeiten statt, auch wenn erst in späteren Jahren die regelmäßige Ausformung von Mittelwiese, Planschbeckenbereich, Stadion und Son-

299 Vgl. Goecke (1991), S. 149–158. – Schumacher (1935), S. 288. – Br. Kommission (1917), Bd. XVII: 1909, S. 41.
300 Brief Alfred Lichtwark an Prinz Eugen, 30.5.1909, Stockholm, PEW, Archiv.
301 Vgl. Fritz Schumachers Gesamtplan zum Stadtpark Hamburg, in: Ausst.Kat. Schumacher, Reformkultur (1994), S. 21. – Sicherlich nicht ohne Lichtwarks Drängen habe Schumacher bei seinem Amtsantritt volle Souveränität für seine Gestaltung des Stadtparks vereinbaren können und damit die ernst zu nehmende Gegnerschaft Sperbers auf sich gezogen. Er habe ein »Freiluftvolkshaus« mit zahlreichen »grünen Zimmern«, eine »kunstvolle Verknüpfung von Aufenthalts- und Bewegungsräumen« geschaffen. In alten Luftaufnahmen werde dies deutlich. Die Gesellschaftsbauten und Funktionsräume wurden allerdings im Zweiten Weltkrieg weitgehend zerstört und werden erst seit einigen Jahren zaghaft wieder rekonstruiert; vgl. Burkhardt (2006), S. 112. Der hohe Anteil Lichtwarks am Entwurf des Stadtparks wird hier allerdings nicht deutlich.
302 Vgl. dazu Schumacher (1928).

dergärten erfolgt. Das Freilichtmuseum entsteht ebenfalls erst mit den Jahren, doch erlebt er noch die Stiftung des Pinguinbrunnens von August Gaul und einiger anderer Werke.[303] Wie weit er bei dieser Stiftung Einfluss genommen hat, lässt sich nicht nachweisen. Im August 1911 sieht er den im selben Jahr für den Garten von Franz Oppermann am Berliner Wannsee geschaffenen Pinguinbrunnen.[304] Dort wird sein Wunsch nach einem ähnlichen Werk Gauls für den Hamburger Stadtpark geweckt worden sein. Ein Brunnen mit oktogonalem Muschelkalkbecken und sechs bronzenen Pinguinen wird 1912 als eines der ersten Kunstwerke des Parks von Edmund Luttropp gestiftet, jedoch erst 1914 bis 1920 von Gaul ausgeführt.[305]

Fritz Schumacher hat nicht weniger als Lichtwark gegen den hamburgischen Konservatismus zu kämpfen. In seiner Autobiographie teilt er unumwunden mit: »Das Gefühl einer großen Einsamkeit wird wohl jeder bekommen, der in Hamburg künstlerisch schafft.«[306] Diese geistige Einsamkeit habe er oft nur schwer ertragen. Lichtwark weiß darum aus eigener Erfahrung und sucht Schumacher durch anteilnehmende Briefe zu bestärken. Als reichsweit berühmter Mann ist Lichtwark natürlich Schumacher längst ein Begriff; in Hamburg erlebt er nun dessen allgemeine Ablehnung: »Für denjenigen, der das autoritative Ansehen kannte, das Lichtwark im übrigen Deutschland genoß, war es eine völlig unverständliche Überraschung, zu erleben, wie kritisch man ihm in Hamburg, abgesehen von einem kleinen Kreis bedingungsloser Verehrer, gegenüberstand. In kaum einer Gesellschaft entging ich dem Gespräch, das der Abneigung galt, die man seinen bevorzugten Künstlern, insbesondere Liebermann, aber sogar Kalckreuth, Trübner und Slevogt, entgegenbrachte.« So erfährt Schumacher in seinen Kämpfen um die Durchsetzung seiner Vorstellungen, dass es taktisch kaum Törichteres gibt, als sich auf Lichtwark zu berufen, da dieser »in der öffentlichen Meinung Hamburgs selbst auf seinem eigensten Gebiet umstritten« sei, »noch weit mehr in seinen allgemeinen Kulturbestrebungen, sobald sie sich auf Hamburger Fragen bezogen, wie die Innenausstattung des Rathauses, den Stadtpark oder die ›Alsterstadt‹.« Denn Lichtwark sei trotz taktischen Geschicks durch sein heftiges Temperament häufig undiplomatisch: Er bringe solche Fragen mit einer »entsprechenden Dosis direkter oder indirekter Kritik der verantwortlichen Stellen« in breiter Öffentlichkeit vor, bemerkt Schumacher. Dadurch fühlen sich diese Stellen bloßgestellt und halten als Reaktion verstärkt an ihrer Meinung fest. Schumacher hingegen arbeitet im Stillen an der Durchsetzung seiner Pläne und erringt damit schließlich den gewünschten Erfolg.

303 Vgl. Goecke (1991), S. 170. Gaul befasste sich mit dem Thema Pinguin seit 1910. – Vgl. Ausst.Kat. Gaul (1999), S. 195, Nr. 51–53, S. 71f.
304 Vgl. Br. Kommission (1919), Bd. XIX: 1911, S. 125.
305 Vgl. Goecke (1991), S. 171f. – Ausst.Kat. Gaul (1999), S. 195, Nr. 51. – WV Gabler 199, auch Gabler hält eine Vermittlung von Lichtwark für denkbar.
306 Vgl. hier und im Folgenden: Schumacher (1935), S. 293f., 309f., 312.

DER NEUBAU DER KUNSTHALLE

Mit der großen Ausstellung im Herbst 1905 erreicht Lichtwark nicht nur eine Übersicht über die Schätze, die er für die Jahrhundertausstellung anbietet, er präsentiert auch eine eindrucksvolle Darlegung seiner gesamten Sammeltätigkeit. Seine Leistung wird nun in einer großen Zusammenschau sichtbar, und die Folgen bleiben nicht aus. An diesem Punkt beginnt eine neue Etappe seines Wirkens.

Ende des Jahres 1905 wird als Konsequenz dieser Ausstellung in der Kommission der Wunsch laut, die von Lichtwark geschaffene Sammlung möge ständig in ihrer Gesamtheit zu sehen sein, was bisher noch durch die Verpflichtung zur Dauerpräsentation der Sammlung Schwabe verhindert wird. In diesem Zusammenhang kommt der Gedanke an einen Erweiterungsbau für die Kunsthalle in der Kommission auf. Seit Jahren habe er auf dieses Ziel hingearbeitet, schreibt Lichtwark am 24. Dezember 1905 an Liebermann, und sei überrascht, dass der Antrag so bald aus der Mitte der Kommission gestellt worden sei. Liebermanns Wand in der Kunsthalle habe auch damit zu tun.[307] Ludwig Justi, Tschudis Nachfolger als Direktor der Berliner Nationalgalerie, berichtet, Lichtwark habe die Kunsthalle im Hinblick auf den geplanten Neubau möglichst wirr gehalten,[308] doch dürfte dessen ständige Bemühung um eine optimale Hängung und Wirkung besonders seiner bevorzugten Werke ein derart strategisches Verhalten eher verboten haben. Im Deutschen Reich gilt Lichtwark schon jahrelang als Spezialist für Museum und Museumsbau; seine Vorträge auf dem Mannheimer Museumskongress 1903 sind Beleg für seine Anerkennung als der größte deutsche Fachmann auf diesem Gebiet.[309]

Nach dem Beschluss zur Errichtung eines Neubaus kommt die Planung bereits wenige Wochen später, im Januar 1906, in Gang.[310] Bürgermeister Burchard als Vorsitzender der Kunsthallenkommission teilt Lichtwark mit, dass Staatsbaurat Erbe ihm als Architekt zur Seite gestellt werde. Der sechzehn Jahre jüngere Albert Erbe kommt Lichtwark durchaus gelegen, hat er sich doch selbst für den heimatgebundenen Stil bei öffentlichen Bauten ausgesprochen. Zudem wünscht Lichtwark hier keinen Wettbewerb, um ungestört eigene Pläne verwirklichen zu können, auch wenn er zunächst noch keine feste Vorstellung von diesem Neubau hat. Doch bereits im ersten Anlauf umreißt er in der Sitzung im Dezember 1905 eine Idee: »Das Gegebene wäre, hinter der jetzigen Kunsthalle ein würdiges aber schlichtes Gebäude zu errichten, das im ersten Stock in gut beleuchteten Seitenlichträumen die Sammlung alter Hamburgischer Meister, die Hamburger des 19. Jahrhunderts und die Sammlung von Bildern aus Hamburg aufzunehmen hätte. Mit dem jetzigen – inwendig umzubauenden Museum

307 Vgl. Br. Lichtwark-Liebermann, S. 215.
308 Vgl. Justi (2000), Bd. 1, S. 165.
309 Vgl. ebd., S. 326; zur Zeit der Abfassung von Justis Lebenserinnerungen (vor 1957) besitzt Lichtwark diese Geltung immer noch.
310 Dieses Kapitel bezieht sich, soweit nicht anders belegt, auf Schilling (1997), S. 61–77.

wäre dies Gebäude durch eine Brücke zu verbinden.« Daraufhin erklärt sich die Kommission einstimmig für Lichtwarks Anträge und beauftragt ihn mit der Vorbereitung eines Promemoria.[311]

Vor allem dürfte Lichtwark die immer noch übliche Planungsmethode von der Fassade her befürchten, während er selbst in seinen Aufsätzen zur Architektur in der Mitte der 1890er Jahre schon eine vom Grundriss ausgehende Planung gefordert hat. Auch Entwürfe im Stil der Berliner oder Hannoverschen Architekturschule des Wilhelm Conrad Hase will er vermeiden. Seinen Anspruch, ein Künstler müsse die ganze innere Ausstattung leiten,[312] kann er jedoch nicht durchsetzen: Peter Behrens vermag er für die Inneneinrichtung des Neubaus nicht zu gewinnen.

In seiner 1906 abgefassten Denkschrift über die *Notwendigkeit eines Anbaus an die Kunsthalle* fordert Lichtwark neben den Ausstellungsräumen einen Lesesaal, einen großen Vortragssaal und ausreichende Nebenräume für die Museumstechnik; später kommen weitere Ideen wie kleine Vortrags- und Studienräume sowie Künstlerateliers hinzu. Nach ersten gemeinsam skizzierten Ideen im Februar 1906 legt Erbe im April den ersten Entwurf vor. Er stellt weniger eine völlig durchgearbeitete Raumstruktur als eine locker an den Altbau angebundene Addition von Raumfolgen in Form von zwei hintereinander angeordneten L-förmigen Grundrissen mit Innenhöfen dar. Zweifellos basiert der Entwurf auf der Funktion der Gebäudeteile; in welcher Weise Lichtwark daran beteiligt ist, lässt sich nicht klären.

Der Fortgang der Planung gerät ins Stocken, weil für Lichtwark überraschend ein Entwurf der konservativen Art auftaucht, den er am 19. Dezember 1906 zur Einsicht erhält. Nach einem Senatsbeschluss vom 21. Mai 1906, der alternative Lösungen für das Projekt empfiehlt, hat der konservative Baudirektor Zimmermann einen eigenen Entwurf der Baudeputation erarbeitet. Lichtwark hat jedoch gerade Zimmermann von den Planungen ausschließen wollen, weil dieser bereits Urheber der stilgetreuen ersten Erweiterung der Kunsthalle im Jahre 1884 war. Nun plant Zimmermann einen an die Fassade im Stil der Neorenaissance angepassten dreiflügeligen Bau nach dem Prinzip des alten Grundriss-Schemas zur Alsterseite hin sowie eine halbkreisförmige, apsisartige Folge von Kabinetten auf der Bahnhofseite, beide mit großen Innenhöfen zum Altbau. Lichtwark hält diesen Entwurf für indiskutabel und beklagt den Zeitverlust, denn die Erfahrungen im Museumsbau seit 1860 sollen nicht unberücksichtigt bleiben. Seinem Freund Kalckreuth schreibt er im Januar 1907, die Pläne Zimmermanns seien ohne sein Wissen erstellt worden, auf einer Grundlage, die er verpönt habe. Die Sitzung am Vortag habe ihn wahnsinnig geärgert; der nunmehr uralte Zimmermann habe seit dreißig Jahren jeglichem architektonischen Fortschritt in Hamburg im Wege gestanden; ob vielleicht der Architekt Theodor Fischer einen Ruf nach Hamburg annehmen würde.[313] Fischer, einer der modernen Architekten dieser

311 Br. Lichtwark-Liebermann, S. 215.
312 Vgl. ebd., S. 215.
313 Vgl. Br. Kalckreuth, S. 202.

Epoche, lehrt zu dieser Zeit in Stuttgart Entwerfen, wobei er sich wiederum auf Camillo Sittes Veröffentlichung *Der Städtebau nach seinen künstlerischen Grundsätzen* stützt,[314] die, wie bereits dargelegt, auch Lichtwarks architektonische Vorstellungen beträchtlich beeinflusst.

Im Frühjahr 1907 können Lichtwark und Erbe ihre Arbeit wieder aufnehmen; im Juli sind die Raumfolgen provisorisch durchgebildet. Eine geplante Erweiterung der Ernst-Merck-Straße beschränkt jedoch den Bauplatz nach der Bahnhofseite hin, so dass für den Grundriss eine intensivere Ausnutzung des Bauplatzes durch Verdichtung der Raumstruktur geboten ist. Die Fassadendetails sollen jedoch erst nach der Bestimmung von Höhe und Belichtung der Räume festgelegt werden.

Insbesondere der Belichtung gilt Lichtwarks intensives Interesse. Lange schon ist er Gegner des Ober- und Befürworter des Laternenlichts, zumal ein Erlebnis in seiner Berliner Zeit bei der Einweihung des Kunstgewerbemuseums nachhaltig auf ihn wirkte. Die Glasbedeckung über dem Innenhof zerbrach bei diesem feierlichen Anlass unter dem Gewicht eines neugierig darüber gekrochenen Polizisten, wobei glücklicherweise nur leichte Verletzungen im Publikum entstanden, und im Herbst 1881 stürzte das große Glasdach bei einem Sturm ein. Im Herbst 1905 erlebt er in Straßburg ein von Hagel zertrümmertes Oberlicht, dessen Splitter viele Bilder beschädigten. Sechs Stürze durch das Oberlicht der Berliner Sezession ereigneten sich beim Fensterputzen.[315] Lichtwark hat damit genügend gehört und selbst erlebt, um Glasdächer zu fürchten. Er favorisiert hingegen das hohe Seiten- oder Laternenlicht, das er seit seiner Studienzeit vom alten Bibliotheksbau in Wolfenbüttel kennt. Ausdrücklich hat er sich bereits 1898 in seinem Aufsatz *Realistische Architektur* im dritten Jahrgang des *Pan* für diese Form der Belichtung ausgesprochen.[316] Das Oberlicht bringe alles Zarte um, schreibt er 1905 seiner Kommission.[317]

314 Vgl. Schickel (1992), S. 55–67.

315 Vgl. Zeromski (1924), S. 36f. und Br. Familie, S. 210. – Straßburg: ebd., S. 752. – Berlin: Br. Kommission (1916), Bd. XVI: 1908, S. 191f.

316 Vgl. Br. Kommission (1904), Bd. X: 1902, S.17. – Br. Kommission (1908), Bd. XV: 1907, S. 131. – Vgl. den Wiederabdruck in: AL, Schriften, Bd. I, S. 271. – Hohes Seiten- oder Laternenlicht meint einen auf das Dach gesetzten Kasten, dessen Seitenwände verglast sind, oder eine Laterne, also einen zylindrischen Aufbau auf einer Kuppel, die ringsum verglast ist. Es entsteht eine ähnliche Lichtwirkung wie beim basilikalen Licht, das in der Basilika durch Fenster im Obergaden einfällt. Lichtwark will auf jeden Fall eine Verglasung nach oben, das Oberlicht, vermeiden und meint, das hohe Seitenlicht würde den Raum besser ausleuchten. – Die alte Bibliothek in Wolfenbüttel diente als Vorbild für die Anna Amalia Bibliothek in Weimar, da Anna Amalia eine braunschweigische Prinzessin war. Der Hamburger Stadtbaumeister Fritz Schumacher entwarf erste Pläne für die Bibliothek Warburg, die der Architekt Gerhard Langmaack (1898–1986) weiterführte; auch hier entstand ein ovaler Lesesaal, der über Lichtwarks Plädoyer letztlich auf das Wolfenbütteler Vorbild zurückzugehen scheint; vgl. Pflugmacher (2001), S. 222, Anm. 869, in der Druckfassung eliminiert. Lichtwark erkennt selbst den Zusammenhang zwischen der Wolfenbütteler und der Weimarer Bibliothek, er weiß jedoch nicht, dass Anna Amalia das Wolfenbütteler Vorbild auf Weimar übertrug; vgl. Br. Kommission (1904), Bd. XI: 1903, S. 197f. – Das Licht in der Wolfenbütteler Bibliotheksrotunde sei viel gelobt worden, es habe dem Interieur ein strahlendes Aussehen verliehen; vgl. Raabe (1992), S. 61.

317 Vgl. Br. Kommission (1908), Bd. XIII: 1905, S. 117.

Für seine Studienreise mit Erbe im Oktober 1907 verzichtet Lichtwark sogar auf die Anwesenheit bei der Gründung des Deutschen Werkbundes. Ohnehin werden dort Ziele angestrebt, die er schon seit Jahrzehnten postuliert hat. Im Frühjahr 1907 hat der Architekt Hermann Muthesius in einer Rede in der Handelshochschule an die deutsche Industrie appelliert, die Produktion minderwertiger Ware einzustellen. Sie würde dann nicht nur moralisch handeln, sondern auch gute Gewinne einstreichen und gleichzeitig den Ruf des Deutschen Reiches an den Auslandsmärkten verbessern. Statt die eigenen Erzeugnisse dem Geschmack und den Gewohnheiten des Auslands anzupassen, sollten die deutschen Produzenten lieber im Sinne jener Erfolge weiterstreben, die von der deutschen Abteilung der Ausstellung von St. Louis 1904 errungen worden seien. Dann würden sie eines Tages den guten Geschmack diktieren und dabei reich werden. Neben dem finanziellen Gewinn und der Macht lockt auch die Befreiung vom Geschmacksdiktat der Franzosen, die in Mode und Gestaltung immer noch tonangebend seien.[318] Muthesius legt damit Zusammenhänge dar, die Lichtwark schon früher, nämlich bereits in seinen Berliner Feuilletons, seinen drei Programmen und vielen Einzelschriften thematisiert hat: keine Nachahmung, sondern Eigenständigkeit. Diese Devise bildet die Grundlage seines gesamten kulturpolitischen und pädagogischen Denkens, und dazu will er als Multiplikator in der Tradition Gottfried Sempers auch den Konsumenten erziehen. Muthesius ist damit als relativ später Rezipient dieser Entwicklung zu betrachten, und somit vermag die Gründung des Werkbundes durch den fast zehn Jahre Jüngeren Lichtwark wohl nicht mehr sonderlich zu beeindrucken. Überdies besitzt die Planung des Neubaus für Lichtwark offensichtlich höchste Priorität.

Schon im August 1907 hält sich Lichtwark mit Erbe in München auf, wo sie im neuen Ausstellungshaus des Kunsthändlers Böhler einige Säle mit Laternenlicht vorfinden. Sie gefallen ihnen ungemein und der Hausherr lobt die Belichtung sehr.[319] Ende September setzen beide ihre Studienreise durch Deutschland, England und Belgien fort. Ihre Erfahrungen und Studienergebnisse legen sie noch im selben Jahr in einem gemeinsam verfassten und abgezeichneten Bericht vor, mit Schnittzeichnungen, Grundrissen sowie Analysen von Raumfolgen, Lichtverhältnissen, architektonischer Belichtung und auch Haustechnik.[320] Diese Darstellung berücksichtigt im ersten Teil unter anderem die Kunsthalle Bremen; das Wallraf-Richartz-Museum in Köln; die Kunsthalle, den Neubau des Kunstvereins, die Städtische Kunsthalle sowie den Kunstpalast in Düsseldorf; die Gemäldegalerie in Kassel; das Städelsche Kunstinstitut in Frankfurt am Main; das Museum in Darmstadt; die Städtische Kunsthalle Mannheim;[321] die Alte

318 Zum Werkbund vgl. Campbell (1981), S. 21; sie legt hier als Quelle zugrunde: Julius Posener, Anfänge des Funktionalismus: Von Arts and Crafts zum Deutschen Werkbund, Berlin u.a.: Ullstein 1964, S. 176–186. – Vgl. auch Ausst.Kat. Werkbund (1975), S. 39–50. Lichtwarks Priorität wurde bisher nicht festgestellt.

319 Vgl. Br. Kommission (1908), Bd. XV: 1907, S. 83.

320 Vgl. hier und im Folgenden: Alfred Lichtwark / Albert Erbe, Bericht über die Reise zum Studium von Museen, Typoskript, September/Oktober 1907, Archiv HKH.

321 Außerdem ist ein von Erbe verfasster Exkurs über die Gartenbauausstellung in Mannheim enthalten; vgl. ebd., S. 1–13. Neue architektonische Bestrebungen würden meist von Künstlern und Architekten stammen, zehn Jahre zuvor wären sie wohl noch nicht möglich gewesen, eigentliche Gartentechniker fehlen fast ganz. Der

und die Neue Pinakothek, das Nationalmuseum, das Alte Nationalmuseum, die Glyptothek sowie das bereits erwähnte Ausstellungshaus des Bilderhändlers und Antiquars Julius Böhler in München. Der zweite Teil enthält den Bericht über die Reise zum Studium von Museen in England, Paris, Brüssel und Antwerpen. Er beginnt noch mit dem Museum in Münster und befasst sich dann mit der National Gallery, dem Royal Museum of Science and Art (Schottisches Nationalmuseum), der Scottish National Portrait Gallery in Edinburgh; den Art Galleries in Glasgow; der Walker Fine Art Gallery in Liverpool; der City Art Gallery, der Whiteworth Gallery und dem Queens Park Museum in Manchester; der Art Gallery in Birmingham; dem Museum in Bristol; der Art Gallery in Bath; den University Galleries in Oxford; dem Fitzwilliam Museum in Cambridge; schließlich der National Portrait Gallery, Somerset House, der Wallace Collection, der Royal Academy, der National Gallery, dem British Museum, der Tate Gallery, dem South Kensington Museum, dem India Museum, dem Natural History Museum und Christie's Auktionshaus in London. In Paris besuchen sie das Petit und das Grand Palais des Beaux Arts, den Louvre, das Pantheon, das Musée de Cluny, das Musée du Luxembourg sowie Versailles; in Antwerpen besichtigen sie das Museum der Künste sowie das Musée Plantin und schließlich in Brüssel die Alte Galerie sowie die Galerie moderner Meister.

Nur einmal stoßen die Reisenden im Ausland auf das Laternenlicht: in Christie's Auktionshaus. Die Studie kommt zu dem Schluss, dass auch für Hamburg das reine Laternenlicht die günstigste Beleuchtung bieten würde; es nähere sich dem Seitenlicht, bei dem fast alle Bilder gemalt worden seien,[322] und ähnele dem natürlichen Licht im Freien sehr viel mehr als das Oberlicht aus flacher Glasdecke. Ästhetische Vorzüge hinsichtlich der Fülle und der Qualität des Lichtes stehen im Vordergrund, daneben werden die praktischen Vorteile benannt: flache Oberlichter seien gefährlich, da Arbeiter beim Reinigen durchbrechen könnten, im Winter seien sie schwierig vom Schnee zu befreien, da sonst vollständige Dunkelheit entstünde, Laternenlicht hingegen leicht zu reinigen durch einen Umgang. Es sei auch seltener nötig, da Schmutz nicht auf einer Stelle liegen bleibe. Deshalb sei die Bewirtschaftung billiger, biete besseren Schutz gegen Funkenflug bei Bränden, bessere Abblendmöglichkeiten gegen Sonnenlicht und bliebe dicht gegen Regengüsse infolge der senkrechten Stellung der Scheiben. Beide haben diese Laternen zu verschiedenen Tageszeiten und bei unterschiedlichen Lichtverhältnissen beobachtet, und der Saal mit der älteren Konstruktion erschien stets als der besser belichtete.[323] Als weitere gute Lösungen befinden sie das

Hausgarten von Schultze-Naumburg sei weniger konsequent durchdacht als der Bauerngarten der Marsch, aber immerhin auf praktische Nutzung und Bewohnbarkeit zugeschnitten. Eine zweite Gruppe von Gärten weise Abstraktion auf und sei am Hause nicht denkbar. Weitere Teile der Ausstellung stammen von Hermann Billing und Max Laeuger, ferner sei ein japanischer Garten vorhanden, ein von der Gartenbaufirma Goos und Könemann angelegter traditioneller Garten im englischen Stil nehme schon Bezug auf die neue architektonische Form. Der Mannheimer Friedrichplatz sei schon sechs Jahre zuvor im neuen architektonischen Stil angelegt worden.

322 Siehe z.B. das Portrait von Caspar David Friedrich in seinem Atelier von Georg Friedrich Kersting, 1811 (Best.Kat. Hamburg, 19. Jh., S. 98).

323 Vgl. Lichtwark / Erbe (1907), wie Anm. 320.

quergestellte Oberlicht, Licht aus durchbrochener Decke und Licht aus einer in senkrechten Streifen durchbrochenen Kuppel.[324] Von den deutschen Museen bevorzugt Lichtwark insbesondere Leo von Klenzes Alte Pinakothek in München aufgrund der Raumabmessungen der Säle und der relativ kleinen Oberlichtöffnungen, die als indirekte Lichtquelle wirken würden. Die als vornehm empfundene Wirkung von hohem Seitenlicht findet Lichtwark ebenfalls in der Münchner Glyptothek vor. Außerordentlich starken Eindruck hinterlässt bei beiden der 1907 soeben fertiggestellte Museumsbau der Städtischen Kunsthalle des Architekten Hermann Billing in Mannheim. Der schlichte, fast fensterlose, kastenförmige Bau überzeugt sie; erst später betrachten sie den Bau hinsichtlich der Ausstellungsfunktionen kritischer. Einfluss auf die Hamburger Planung dürfte die Mannheimer Kunsthalle sowohl hinsichtlich der Kuppel als auch der Treppenanlagen gehabt haben. Im Oktober 1907 beginnt jedenfalls die eigentliche Planungsarbeit für den Neubau, wobei die Erfahrungen und Eindrücke der gemeinsamen Reise einbezogen werden. Lichtwarks umfangreiche Korrespondenz mit Erbe dokumentiert, dass alle wichtigen architektonischen Merkmale des Neubaus auf ihn selbst zurückgehen. Seine Grundrisskonzeption beinhaltet einen äußeren Umgang von Kabinetten und einen inneren von Oberlichtsälen mit Lichtkästen. Erbe plant zunächst noch eine Vorfahrt auf der Bahnhofseite, die dem Kuppelbau mit hoher Laterne ein barockes Gepräge verleiht.[325] Ein Tonnengewölbe lehnt Lichtwark hingegen als zu historisierend ab. Die Fassade wünscht er einheitlich und ruhig. Andererseits soll der Besucher durch die sich steigernde Raumwirkung vom Vestibül über die Treppenhalle bis zum Ehrensaal beeindruckt werden. Noch sind die einzelnen Partien des Baus uneinheitlich geplant, auch in der farbigen Gestaltung: Lichtwark träumt von violetten Marmorsäulen, vergoldeten Kapitellen und einer vergoldeten Kuppel. Roter Werkstein soll die Verbindung zum Altbau herstellen, auch wenn die endgültige Entscheidung über das Material erst bei der Ausführung des Baus fallen soll. Noch 1909 liegt in den Plänen die repräsentative Eingangsfassade zum Bahnhof hin orientiert mit einem weiteren kleinen tempelartigen Eingang am Glockengießerwall, wo Lichtwark aus funktionalen Gründen einen Windfang verwirklicht sehen möchte.

Am 11. Dezember 1908 befindet der Senat die vorliegenden Pläne als gelungen, abgesehen von dem monumental wirkenden Eingang, den er sich schlichter wünscht. Zugleich beschließt er jedoch aufgrund der Budgetverhältnisse die Aussetzung des Projektes bis zu einem unbestimmten Zeitpunkt. Diese Planungspause kommt Lichtwark gelegen und bedeutet die Chance zur Klärung verschiedener Probleme. Vestibül und Treppenhaus erscheinen ihm relativ zu groß; außerdem erwägt er einen Vorhof mit Pergolen und Säulenhallen an der Schauseite. Die Kuppel über dem Eingangsbereich, für die er einen elliptischen Grundriss vorgeschlagen hat, sei außerdem zu »zopfig«.

324 Vgl. ebd., S. 100f.
325 Vgl. Schilling (1997), S. 66, Abb. oben.

Lichtwark tendiert stark zum Nutzbau, während Erbe als konventionell ausgebildeter Architekt, der in diesen Jahren gleichzeitig das Museum für Völkerkunde errichtet, auf tradierte Architekturmuster setzt. Für Risalite und andere tradierte Elemente zeigt Lichtwark gemäß seinem Motto, die Massen zugunsten einer Gewinnung von Monumentalität, eben Großflächigkeit, zusammenzuhalten, weniger Verständnis. Auf das Laternen- und hohe Oberlicht in den Lichtkästen setzt er in Hamburg die Priorität; die Laternen sollen nach seiner Vorstellung dem Betrachter die Gebäudefunktion erläutern.

Mit Fritz Schumachers Antritt als neuer Baudirektor Hamburgs im Jahr 1909 ändert sich zunächst an der Planungssituation nichts. Im Juni reisen Lichtwark und Erbe nach Kopenhagen zum Studium des Thorwaldsen-Museums des dänischen Architekten Michael Gottlieb Bindesböll, eine Unternehmung, die ohne Wirkung bleibt. Auf den 31. August 1909 datiert Erbe seine nun endgültig ausgearbeiteten Zeichnungen, den Grundriss und die Ansicht der neuen Kunsthalle. Auch wenn Lichtwark durch Anordnung und Material die Funktion der Lichtkästen verdeutlicht sehen möchte, so erweckt die Kuppel-Fassade zur Ernst-Merck-Straße immer noch den neobarocken Eindruck von Repräsentationsarchitektur und kontrastiert mit der schlichteren Fassade zum Glockengießerwall.

In der Bürgerschaftssitzung vom 8. Dezember 1909 wird der Antrag des Senats zwar nicht abgelehnt, jedoch an einen Ausschuss überwiesen. Neue Schwierigkeiten stellen sich ein. So wird die Unterbringung des Kunstvereins in der Kunsthalle verlangt, und ein Antrag von 25 namhaften Hamburger Künstlern und Architekten, darunter Illies, Siebelist sowie Lundt & Kallmorgen, an den bürgerschaftlichen Ausschuss fordert einen völligen Neubau auf einem geeigneten Bauplatz. Vorgeschlagene Standorte im Botanischen Garten und am Dammtor lehnt Lichtwark, der Verzögerungen fürchtet, ab. Schumacher verteidigt zudem den geplanten Neubau mit städtebaulichen Argumenten: Durch derartige monumentale Bauten sei ein geschlossenes Stadtbild zu erzielen, zudem dürfe der Blick nicht auf das Schienennetz der hinter dem Bau verlaufenden Bahnlinie freigegeben werden. Mit diesen Argumenten gibt sich der Ausschuss zwar zufrieden, verlangt jedoch eine stärker architektonisch ausgestaltete Verbindung zum Altbau, die neue Entwurfsdetails nach sich zieht. Noch vor der endgültigen Verabschiedung des Entwurfs eröffnet der Architekt Carl Gustav Bensel, der Schwiegersohn von Lichtwarks Freund Wilhelm Daniel Vivié und der von Lichtwark empfohlene Architekt des Hauses Kalckreuth, eine weitere Diskussion. Er schlägt am 31. März 1911 in der *Deutschen Bauzeitung* vor, die neue Kunsthalle gegenüber der alten an der Binnenalster zu errichten und plädiert für einen Wettbewerb. Lichtwark, entsetzt und von den Widerständen strapaziert, kündigt für den Fall des Scheiterns seiner Pläne seinen Rücktritt an. Auch der wohl eher scherzhaft gemeinte Vorschlag des Architekten Martin Haller, die Raumnot der Kunsthalle durch bewegliche Wände zu beseitigen, dürfte Lichtwark weniger amüsiert als enerviert haben.[326] Schon im Dezember 1910

326 Vgl. Ausst.Kat. Haller (1997), S. 74f. und Anm. 69.

hat er sich gegenüber dem Bonner Kollegen Paul Clemen Luft gemacht: Die Situation werde ihn womöglich innerhalb eines Jahres zwingen, eine letzte Entscheidung zu treffen. Dies vertraulich: Er sehe der Sache mit Ruhe entgegen, denn er fühle sich noch jung genug, »um in einen anderen Sattel zu springen. Einer muß in die Bresche. Wir leben in Hamburg in einer reaktionären Anarchie. Unsere Verfassung hat die Formen, die für einen mittelalterlichen Kleinstaat passen. Da kann es kommen, daß bei allseitig gutem Willen doch der Mechanismus einmal mächtiger wird als die gute Absicht aller und jedes Einzelnen. Dazu mündlich einmal mehr. Es handelt sich um eine Kleinigkeit, Ausbau oder Neubau.«[327]

Am 29. Mai 1911 wird Lichtwarks und Erbes Entwurf von der Bürgerschaft endlich genehmigt, mit 56 zu 55 Stimmen.[328] Auf von Melles Gratulation reagiert Lichtwark ehrlich: Bei Ablehnung hätte er umgehend Demission eingereicht, nicht aus Verletztheit oder als Schachzug, sondern ernstlich und endgültig, mit der Überzeugung, sein Nachfolger würde es besser haben: »Es ist eine alte Erfahrung, daß neue Leute bei den Hamburgern Glück haben.« Zudem führt er das Beispiel von Ludwig Justi an, der in Frankfurt in vergleichbarer Situation ebenfalls zurückgetreten sei.[329]

In der *Neuen Hamburger Zeitung* vom Tag der Entscheidung fordert Anton Lindner, unzufrieden mit dem Plan, einen Entwurf von Peter Behrens.[330] Auch Lichtwark ist noch immer nicht ganz zufrieden; ständig arbeitet er an dem Projekt und verändert die Raumfunktionen. Zudem hat die Bürgerschaft die Bedingung gestellt, den Kunstverein im Neubau unterzubringen, wodurch der Grundriss erneut verändert werden muss. Auf Anregung Liebermanns übernimmt Lichtwark das Fenstermotiv der Seitenflucht auch für die repräsentative Fassade auf der Bahnhofseite. Die runde, barockisierende Kuppel erinnert ihn unangenehm an ein Grabmal; am liebsten würde er sie eliminieren, hält jedoch aus Gründen des Gebäudevolumens an ihr fest. Die Lösung dieser Probleme bringt eine weitere Studienreise nach Kopenhagen im September 1911. Diese Reise unternimmt er mit Erbe und dessen Mitarbeiter Wilkening, der von Anbeginn an den Neubauplänen beteiligt ist.[331] In Wilkening findet Lichtwark zu seiner Freude einen verständnisvollen und künstlerisch denkenden Mitarbeiter; er ist jünger als Erbe und zielt weniger auf das Akademische. Lichtwark überzeugt Erbe in Kopenhagen nicht nur von den in Hamburg einstmals traditionellen außen angeschlagenen Zargenfenstern, die dort überall noch zu finden sind; er besichtigt auch bei künstlicher Beleuchtung die Sammlung Hirschsprung und ist dieser Möglichkeit zunächst nicht abgeneigt, bemerkt jedoch bei erneutem Besuch bei Tageslicht die Mängel des künstlichen Lichts. Im Dom von Roskilde studieren die Reisenden die überzeugende Wirkung des hohen Seitenlichts und erkennen auf dem Rückweg in einem

327 Brief Alfred Lichtwark an Clemen, 18.12.1910, Nürnberg, GNM, DKA, NL Clemen, I,C-13.
328 Vgl. Schiefler, LAZ, 22.5.1911, HH, SUB, HSS.
329 Briefe Alfred Lichtwark an von Melle, 31.5., 2.5. [Juni] 1911, HH, SUB, HSS, NvM: HG: Lichtwark, Alfred.
330 Anton Lindner, Der Kampf um die Kunsthalle, Neue Hamburger Zeitung, 29.5.1911, StA HH, A 521, Zeitungsausschnitte Kunsthalle, Bd. II.
331 Vgl. hier und im Folgenden: Br. Kommission (1919), Bd. XIX: 1911, S. 141–167.

unberührten Fischerdorf, »daß Monumentalität nichts mit Dimension, Größe nichts mit Ausdehnung zu thun hat, und daß alle Wirkung auf den Verhältnissen beruht.«[332]

Die Galerie Hirschsprung stellt für Lichtwark das Ideal eines Sammlungsbaus dar: klein, bescheiden, ohne repräsentatives Treppenhaus, von der Straße durch einen hübschen und mäßig breiten Vorgarten getrennt. Man gehe ohne jegliche Anstrengung ein und aus. Das sei die praktische Lösung für die Museen kleiner Städte und koste wenig. Solch einen Museumsbau wünscht sich Lichtwark für ein Museum zur Geschichte der Malerei in Hamburg. Der endgültige Schritt in der Planung der Kunsthalle gelingt Lichtwark mit Wilkening jedoch erst nach Erbes frühzeitiger Abreise. Während sie im Nationalmuseum und in der neuen Glyptothek negative Beispiele für den Museumsbau ausmachen, überzeugt sie das Seitenlicht in Bindesbölls Thorwaldsen-Museum. Von größter Wirkung erweist sich eine Ausstellung von Originalentwürfen des Architekten Christian Frederik Hansen. Lichtwarks Plädoyer für eine »große ruhige Gesamtwirkung« aufgrund der »Beschränkung des Details« erhält durch diese Konfrontation mit den Werken Bindesbölls und vor allem Hansens wichtige Unterstützung. Dessen Schlosskapelle mit ihrer Kuppel und ihrem eindrucksvollen, »über die Maßen schönen« Innenraum überzeugt beide; die riesigen Ausmaße in Erbes Entwurf, die Lichtwark schon zuvor nicht gefielen, werden nun endgültig aufgegeben. Außerdem verwirft er die Fenster unterhalb der Kuppel, da sich das Zenithlicht in Hansens Kuppel wesentlich günstiger auswirkt. Obwohl Lichtwark den Klassizismus als Historismus im Allgemeinen ablehnt, erlebt er hier einen tiefen Eindruck: Er fühlt sich erinnert an Schinkels Rotunde des Alten Museums in Berlin, die er aus seiner Studienzeit gut kennt, und an die Wirkung des Pantheons, die ihn auf seiner Romreise 1888 so stark beeindruckt hat. Auf der Rückfahrt ändert Lichtwark gemeinsam mit Wilkening auch das Treppenhaus des Neubaus in eine bescheidenere Proportion, die sich auf die Raumfolge überzeugend auswirkt. Nach ihrer Rückkehr beginnt die Arbeit an einem neuen Modell mit niedrigerer Kuppel und Opaion. Lichtwark erkennt dabei die einheitlichere und monumentalere Wirkung der Fassade trotz der niedrigeren Kuppel und würde gerne auch die historisierenden Säulen der Apsis in einfache Stelen ändern. Doch erscheint ihm diese Reduktion zu kühn und unausführbar. Wie weit er sich jedoch zur Funktionalität bekennt, beweist eine Aussage vom Juni 1912 in einem Brief an seine Kommission. In Baden, Württemberg, Bayern und Hessen sieht er »überall sehr gute Fabrikgebäude«, die er »durchweg künstlerisch viel besser als Villen und Zinshäuser« bewertet. »Es scheint also auch hier der Weg zur Gesundung wie so oft im Völkerleben über ein Grenzgebiet zu gehen.«[333]

An dieser Stelle endet Lichtwarks fast unumschränkter Einfluss auf die äußere Gestaltung des Neubaus. Erbe, der gleichzeitig mit der Planung des Neubaus der Kunsthalle auch das aufwendige Hamburger Museum für Völkerkunde projektiert,

332 Ebd., S. 145.
333 Br. Kommission (1920), Bd. XX: 1912/13, S. 184.

scheidet zum Jahresende 1911 aus. 1908 hatte er sich für die Position des Hamburger Baudirektors und Leiters des Hochbauamtes beworben, gegen Fritz Schumacher jedoch verloren, obwohl er die Stelle nach der Pensionierung des Baudirektors Zimmermann zunächst vertretungsweise innehat. Nachdem er vom 1. November 1909 bis zum Jahresende 1911 als Schumachers Untergebener tätig ist und ihm im Mai 1911 von der Technischen Hochschule Berlin der Titel des Dr.-Ing. mit Auszeichnung verliehen worden ist, geht er zum 1. Januar 1912 als Technischer Beigeordneter für den Hochbau nach Essen. Hamburg verdankt Erbe qualitätvolle Bauten, die seiner Intention entsprechend auf althamburgischen Traditionen fußen und stilistisch wie auch klimatisch der Stadt angemessen geplant sind – eine gute Voraussetzung für die Zusammenarbeit mit dem gleichgesinnten Lichtwark.[334]

Zu dessen Erleichterung übernimmt der Architekt Brunke die Nachfolge und Schumacher selbst die Innengestaltung. Während der Senat die erneute Umgestaltung nach Billigung des Entwurfs durch die Bürgerschaft intern verantwortet, beginnen die Fundamentierungsarbeiten. Zur Erprobung der Belichtung wird eine Baubude errichtet, die in der Form und den Maßen einem geplanten Oberlichtsaal mit Kastenlicht und zwei Räumen mit hohem Seitenlicht entspricht. Die Belichtung erweist sich als hell und natürlich, auch an dunklen Tagen. Der Lichtwark freundschaftlich zugetane Maler Prinz Eugen von Schweden bestätigt sie bei der Erprobung an Gemälden als bestes Atelierlicht. Diese Baubude findet Anerkennung als Beispiel für Museumsbelichtung und zieht viele Besucher an. Karl Koetschau, der mit Bode als Generaldirektor der Berliner Museen anreist, beurteilt Lichtwarks Leistung als vorbildlich, auch Bode spendet Beifall.[335] Richard Graul, der Direktor des Kunstgewerbemuseums in Leipzig, studiert die Proberäume und erhält von Lichtwark leihweise dessen Reisestudien. Lichtwark rät ihm zudem von einem Wettbewerb ab.[336]

In diesen Jahren wird Lichtwark im Zusammenhang mit den Neubauten verschiedener Museen konsultiert. Ende 1908 wendet sich Paul Ganz, der Direktor des Kunstmuseums in Basel, an Lichtwark, um ihn für die Jury eines Wettbewerbes um den dortigen Museumsneubau zu gewinnen. Beide kennen sich durch die Verhandlungen hinsichtlich der Jahrhundertausstellung im Herbst 1905. Lichtwark reist im Februar 1909 nach Basel und bereitet mit dem Architekten Theodor Fischer die Ausschreibung vor. Zuvor sendet er vertraulich seinen Bericht über die Studienreise mit Erbe und weist brieflich auf die besonderen Probleme hin: die Bedeutung des Grundrisses vor

334 Zu Erbe vgl. Mosel (2006), S. 80–95. – Erbes weitere Tätigkeit in Essen steht unter keinem guten Stern. Mit Beginn des Ersten Weltkrieges bricht sein Schaffen abrupt ab, er erkrankt schwer und stirbt 1922 53jährig in Essen.
335 Bode kommt im August 1912 mit Koetschau und besichtigt die Baubude mit dem neuen Oberlicht, das ihm sehr gefällt; er habe den Tag gewählt, um seinem Jubiläum zu entgehen, schreibt Lichtwark; vgl. Br. Kommission (1920), Bd. XX: 1912/13, S. 223. In Bodes Erinnerungen heißt es über den von Lichtwark geplanten Neubau hoffnungsvoll: »Was er [Lichtwark] in einem Vierteljahrhundert in dem alten, unfreundlichen Bau an althamburger und modernen Kunstwerken in reicher Zahl aufgestapelt hat, wird hoffentlich bald in einem Neubau, der von ihm entworfen und zum Teil schon ausgeführt ist, zu günstiger Wirkung kommen.« Bode (1997), Bd. I, S. 238.
336 Vgl. Schilling (1997), S. 74.

der Fassadengestaltung, die auf Zuwachs geplante Größe, die Belichtung sowie die Bequemlichkeit der Treppenanlage. Am 10. Februar hält er in Basel einen einführenden Vortrag zum Thema Museumsplanung. Er nimmt wesentlichen Einfluss auf das Bauprogramm, einen ruhig und in seinem Sinne monumental wirkenden Nutzbau mit hohem Seiten- und Laternenlicht, das hier trotz der Bedenken Fischers festgeschrieben wird. Fischer ist uneins mit Lichtwark über das Laternenlicht, während er dessen Untersuchungen zum hohen Seitenlicht begrüßt und diese Art der Belichtung beim Landesmuseum in Kassel und Kunstgebäude in Stuttgart auch anwendet. 1910 berät Lichtwark den Direktor Johannes Boehlau hinsichtlich des Neubaus in Kassel; vor allem vertritt er das breite Fenster statt des hohen klassizistischen. Fischer nimmt die Anregungen sofort auf.[337]

Im Juli 1909 wird der Wettbewerb für den Neubau eines Kunstmuseums auf der Basler Elisabethenhöhe ausgeschrieben. Ein Jahr später, im Februar 1910, findet in Basel die dreitägige Jurysitzung statt. Zu den Juroren gehören Lichtwark, Fischer, der Berliner Baurat Ludwig Hoffmann und der Münchner Architekt Friedrich von Thiersch. Seiner Kommission berichtet Lichtwark darüber lediglich von seinen Gesprächen mit Hoffmann und den Berliner Verhältnissen. Die Uneinigkeit der Jury und Unklarheit über den Bauplatz führen zu einem weiteren Wettbewerb 1913/14, der wiederum ohne klares Ergebnis verläuft. Erst 1936 wird das Museum nach Plänen von Paul Bonatz und Rudolf Christ nach vierjähriger Bauzeit fertiggestellt. Auffallend sind an diesem Bau die vier Dachaufbauten für das basilikale Licht wie auch beim Neubau der Hamburger Kunsthalle.[338] 1952 veröffentlicht der Direktor des Basler Museums, Georg Schmidt, seine Erfahrungen mit diesem Bau. Als falsch bezeichnet er die Planung nach genauen Angaben des Konservators für eine bestimmte Hängung, die aber jeder neue Direktor nach eigenen Vorstellungen wieder verändern wolle. Deshalb sollten auch starre Raumgrößen vermieden und frei teilbare Räume mit Fensterbändern gebaut werden. Hier kommt bereits die Erfahrung mit der Bauhausarchitektur und der Fortschritt im Museumsbau zum Tragen. Schmidt hält außerdem das immer noch hochgeschätzte Laternenlicht für das ungünstigste, sogar nach rechnerischem Beweis, da es dem Sonnenstand ausgesetzt sei und Licht- und Schattenseiten produziere.[339] Dieser Aspekt mag beim häufig bedeckten Hamburger Himmel eine geringere Rolle gespielt haben als in sonnigeren Gegenden.

1910 diskutiert Lichtwark mit dem Berliner Stadtbaurat Ludwig Hoffmann Museumsbaufragen. Hoffmann muss als Nachfolger des 1909 verstorbenen Alfred Messel

337 Zum Hessischen Landesmuseum, erbaut zwischen 1910 und 1913, vgl. Nerdinger (1988), S. 244–246, besonders Abb. S. 246; zum Kunstgebäude Stuttgart, erbaut von 1909 bis 1913, vgl. ebd., S. 255–258; zum Wettbewerb Kunstmuseum Basel, 1910/11, vgl. ebd., S. 260f. – Br. Kommission (1918), Bd. XVIII: 1910, S. 33f.

338 Vgl. 13 Briefe Alfred Lichtwark an Paul Ganz, 17.12.1908 bis 1.6.1909, Zentralbibliothek Zürich, Nachlass Paul Ganz. – Br. Kommission (1917), Bd. XVII: 1909, S. 51–58. – Br. Kommission (1918), Bd. XVIII: 1910, S. 47–52. – Preiß (1993), S. 309f., Abb. S. 315. – Meier (1986), S. 19.

339 Vgl. Schmidt (1952), S. 117f.

den Entwurf des Pergamonmuseums weiterführen.[340] Beim Thema Belichtung bringt Lichtwark seine eigenen Studien ein und warnt vor gekreuztem Licht, nach seiner Beobachtung »frißt [es] die Bilder leer«, die dann wie Öldrucke aussähen. »Es kommt mir vor, als ob die Architekten das Licht für eine Materie von der Art einer Flüssigkeit halten. Läßt man sie durch ein beliebiges Loch einfließen, füllt sie den ganzen Raum. [...] Wir können nicht mißtrauisch genug gegen die Einsicht der Architekten sein. Sie lernen das ABC nicht.«[341] Er berät außerdem die Museumsdirektoren Theodor Volbehr, Magdeburg, Edwin Redslob, Erfurt, und Walter Riezler in Stettin sowie den Direktor des Kunstgewerbemuseums Leipzig, Richard Graul, und Museumsbaukommissionen aus Dresden und Göteborg.[342]

1912 wirkt Lichtwark auch als Juror beim Wettbewerb für den Anbau des Städels in Frankfurt am Main mit.[343] Im Februar 1913 kommt der Architekt Bruno Schmitz im Zusammenhang mit seiner Planung für das Reiss-Museum in Mannheim nach Hamburg; sein Entwurf zeigt deutliche Anlehnungen an den Hamburger Kunsthallenneubau, wird jedoch nicht ausgeführt. Zur selben Zeit wendet sich der Herzog von Alba aus Madrid wegen des Neubaus eines Museums durch Valerian von Loga an Lichtwark. Der hannoversche Stadtdirektor Heinrich Tramm, den Lichtwark im selben Monat bei dem Kunsthändler Karl Haberstock in Berlin trifft und der sich engagiert für den Ausbau einer Gemäldegalerie in Hannover einsetzt, will ebenfalls Lichtwark mit den Bauplänen konsultieren.[344]

Lichtwark ist überzeugt, in zehn Jahren werde man kein Museum mehr anders bauen. Laternenlicht empfiehlt er auch für die Privatgalerie des Geheimrats Arnhold in Berlin, die Messels Schüler Paul Baumgarten ausführt,[345] sowie für die Kunsthandlung Cassirer. Anfragen hinsichtlich der Belichtung erreichen ihn auch aus Arnheim, von der Stadtbibliothek Zürich und dem Kunstverein Winterthur. Er gilt als Kapazität, und angesichts der Oberlichtkonstruktion im neuen Leipziger Bahnhof denkt Lichtwark 1912 daran, endlich seine Studien über das Oberlicht zu veröffentlichen. So erscheint im *Jahrbuch der Gesellschaft Hamburgischer Kunstfreunde* von 1912 sein Aufsatz mit dem Titel *Die Beleuchtung der Innenräume*. Darin plädiert er resümierend für das Laternenlicht, wobei er noch einmal seinen Eindruck von der alten Wolfenbütteler Bibliothek auferstehen lässt, gegen das Oberlicht argumentiert und seine Suche nach der richtigen Belichtung rekapituliert.[346]

Nach Lichtwarks Tod plant Erbe die Veröffentlichung der Studienreise zum Thema Belichtung von Museumsräumen im Alleingang, wird jedoch durch eine schwe-

340 Hoffmann erwähnt davon in seinen *Lebenserinnerungen* nichts. Noch vor seinem Staatsexamen beteiligt er sich 1884 am Wettbewerb um die Bebauung der Museumsinsel; Hoffmann (1996), S. 57f.
341 Br. Kommission (1918), Bd. XVIII: 1910, S. 47–49, Zitat S. 48f.
342 Vgl. Schilling (1997), S. 74.
343 Vgl. Br. Kommission (1920), Bd. XX: 1912/13, S. 195.
344 Vgl. ebd., S. 353f.
345 Vgl. Dorrmann (2002), S. 40. – Br. Kommission (1920), Bd. XX: 1912/13, S. 217f.
346 Vgl. ebd., S. 226. – Alfred Lichtwark, Die Beleuchtung der Innenräume, in: Jb. GHK, 18. Jg., 1912, S. 53–62; Kayser (1977), Nr. 519.

re Erkrankung daran gehindert. Sein Vorwort datiert aus dem Jahr 1916, das Buch erscheint, durch die Zeitumstände verzögert, erst 1923 in Leipzig bei Hiersemann unter dem Titel *Belichtung von Gemäldegalerien. Eine Reisestudie von Albert Erbe †. Architekten, Dr. ing. und Beigeordneten der Stadt Essen*, mit der Widmung: »In dankbarer Erinnerung an Alfred Lichtwark«. Im Vorwort verweist Erbe auf die gemeinsame Reise mit Lichtwark zum Studium der Belichtung und erwähnt die zunächst bestehende Absicht einer gemeinsamen Veröffentlichung, die durch Lichtwarks Tod zunichte gemacht worden sei. Daher sei er nun gezwungen, dieses Studienmaterial allein vorzulegen, denn er möchte das Ergebnis auch für weitere architektonische Ausführungen nutzbar machen.[347] Der Neubau des Museums Folkwang in Essen, 1929 eingeweiht, erhält ebenfalls Laternenlicht;[348] die Veröffentlichung der Belichtungsstudien von Lichtwark und Erbe dürfte auch hier eine maßgebliche Rolle gespielt haben, zumal vor Ort an der Wirkungsstätte Erbes.

Doch auch andere Aspekte der Innengestaltung erscheinen beim Hamburger Neubau modern. Um die Verkehrswege zu beruhigen, entwickelt Lichtwark bereits 1905 eine Lösung, indem er bei der Enfilade zwei an den Seiten liegende Durchgänge zum Nachbarraum vorsieht und das dazwischen liegende Wandfeld als Ausstellungsfläche erhält. Das von ihm missbilligte Durchlaufen der Räume erscheint ihm dadurch nicht mehr so naheliegend.[349] Als Fußbodenbelag sieht er das funktionale Linoleum vor und erörtert infolge von zwei Diebstählen den Einbau einer Alarmanlage.[350]

Lichtwarks Ruf als wichtigster deutscher Experte für Museumsbauten bleibt lange Zeit bestehen.[351] Schumacher gestaltet nach Lichtwarks Tod den Eingang am Glockengießerwall als Portikus gegenüber dem von Lichtwark gewünschten bescheideneren Windfang. Auch den Lesesaal entwirft er, nicht ohne Anlehnungen an Peter Behrens, sowie die Rotunde. Im Übrigen hält er den Bau so sachlich wie möglich durch die Wahl des nüchtern wirkenden fränkischen Muschelkalks für die Fassaden.

Lichtwarks letzte Veränderungen am Entwurf der Kunsthalle bringen einerseits größere Nähe zum Neoklassizismus der Jahrhundertwende, andererseits aber auch eine stärkere Abstraktion. Schon lange lehnt er die historisierende Formensprache ab. Seine Hinwendung zur lokalen Tradition des einfachen Hauses beinhaltet ebenso eine gewisse Abstraktion wie sein jahrzehntelanges Plädoyer für die Reduktion des Ornaments. »Aufwand bewirkt immer das Gegentheil der Absicht«, schreibt er 1911 aus Kopenhagen an seine Kommission,[352] ganz im Sinne des schon Mitte der 1890er Jahre in anderem Zusammenhang geäußerten »Weniger ist mehr«.[353] Demnach kann

347 Vgl. Erbe (1923).
348 Vgl. Preiß (2010), bes. S. 163f.
349 Vgl. Br. Kommission (1908), Bd. XIII: 1905, S. 117.
350 Vgl. Br. Kommission (1920), Bd. XX: 1912/13, S. 402. – Br. Kommission (1919), Bd. XIX: 1911, S. 49. – 1910 wird eine sehr kleine Bronze von Anne Marie Carl-Nielsen gestohlen, zuvor schon eine kleine »Natura« von Schadow, vermutlich vom selben Dieb; vgl. Br. Kommission (1918), Bd. XVIII: 1910, S. 148.
351 Vgl. Justi (2000), Bd. 1, S. 326.
352 Br. Kommission (1919), Bd. XIX: 1911, S. 146.
353 Siehe dazu das Kapitel »Amateurphotographie« in Teil 2, Anm. 632.

er auch mit dem Entwurf des Architekten German Bestelmeyer für die Ergänzungsbauten des Germanischen Nationalmuseums in Nürnberg wohl kaum einverstanden gewesen sein. 1913, in seinem letzten Lebensjahr, gehört Lichtwark neben Wilhelm von Bode und Hans Stegmann, dem Direktor des Bayerischen Nationalmuseums in München, zur dortigen Kommission. Er erklärt in einer Resolution einen Erweiterungsbau für unaufschiebbar, befindet jedoch die bisherigen Entwürfe von Gustav von Bezold und Friedrich von Thiersch als ungeeignet. Bestelmeyer entwirft nun diesen Erweiterungsbau der Gemäldegalerie im italianisierenden Neorenaissancestil und eine antikisierende Eingangshalle mit Säulen und Thermenfenster. Sein Plan wird erst nach Lichtwarks Tod im Juni 1914 gebilligt.[354]

Bei der Besichtigung des neuen Museums in Genf im November 1912 fühlt sich Lichtwark bestätigt und belehrt: »Es ist im Prinzip ganz nach meinem Geschmack. Gar kein Marmor, gar keine Erinnerung an Protzencafés oder Warenhäuser, schöne Treppen und Hallen aus Kalkstein ganz ohne Schmuck. Aber eine Raumfülle, wie wir sie nicht kennen werden. [...] Unsere Architekten müssen dies Museum sehen!«[355] Gemäß dieser Auffassung reduziert er den Aufwand bei seinen Planungen für die Kunsthalle immer mehr, bis zuletzt ein Bau entsteht, dessen Fassade zum Glockengießerwall wesentlich nüchterner erscheint als die Fassade mit dem Kuppelbau auf der Bahnhofseite (Abb. 51). Dieser Zwiespalt ist Anlass für eine Kritik Karl Schefflers, der darin ein »ärgerliches Gemisch« von repräsentativer und Nutzarchitektur sieht. Lichtwark jedoch ist sich dieses Problems durchaus bewusst. Er erkennt seinen Standpunkt und seine Rolle in der architektonischen Entwicklung zwischen Repräsentation und Funktionalismus nicht zuletzt durch seine stete und intensive Beschäftigung mit der Architektur seiner Zeit. Selbstkritisch schreibt er an Karl Scheffler schon 1907: »Mein Nachfolger mag auf mich sehen wie der Held der die Festung nimmt auf den, der in der Bresche geblieben ist.«[356]

Lichtwarks Freund und Nachfolger Gustav Pauli steht dem repräsentativen Charakter des Neubaus ebenfalls kritisch gegenüber. Er bewirkt überdies, dass von dem geplanten Wandelgang mit Pavillon entlang der Bahnlinie sowie dem Skulpturengarten an der Bahnhofseite Abstand genommen wird. Bei der Einweihung am 30. Mai 1919 verzichtet er auf jegliche Kritik an der architektonischen Leistung, würdigt jedoch loyal die kulturpolitische Bedeutung des Vorgängers und Freundes.

Für die Präsentation der Sammlung stellt Lichtwark sich etwas Ungewöhnliches vor: Seine bevorzugten Künstler, Kalckreuth, Klinger, Liebermann, dazu noch Hodler, sollen für die neuen Säle Auftragswerke in situ schaffen. Wie zuvor Adel und Kirche würde er damit als Auftraggeber wirken. Gerahmte Bilder sollen eine rhythmische Einheit bilden. Seine Sujets sind jedoch konventionell: die vier Jahreszeiten als Ham-

354 Vgl. Thiersch (1961), S. 58, 76–79. – Deneke / Kahsnitz (1978), S. 56, 473f.
355 Br. Kalckreuth, S. 267. – Das Musée d'Art et d'Histoire wurde 1903–1910 von dem Genfer Architekten Marc Camoletti (1857–1940) erbaut; vgl. Lapaire (1991), S. 10–12.
356 Brief Alfred Lichtwark an Scheffler, 22.12.1907, zit. bei Schilling (1997), S. 76.

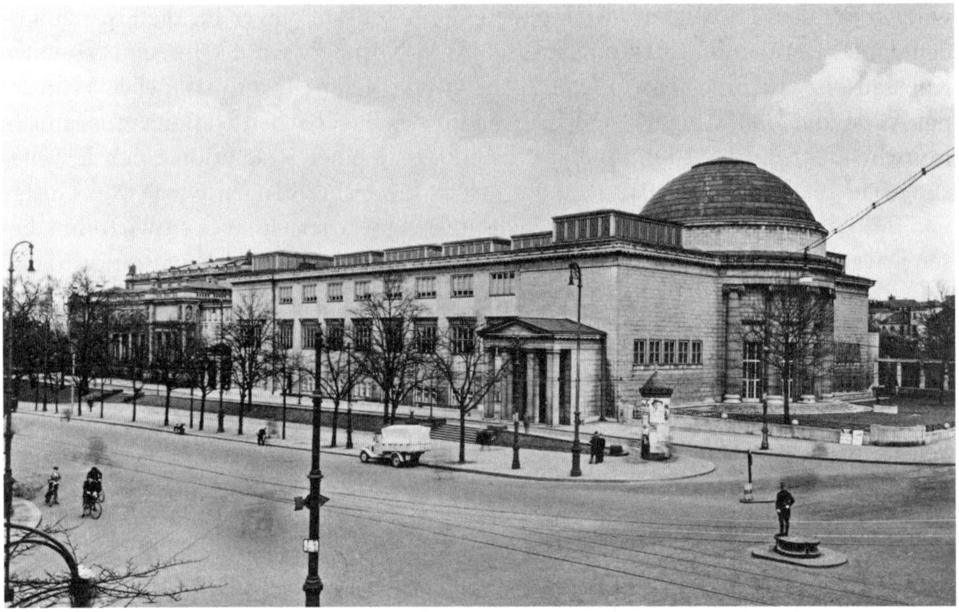

Abb. 51 Hamburger Kunsthalle, Neubau, Schrägansicht, Aufnahme: unbekannt

burger Landschaften, die zwölf Monate in besonderer Komposition. Diese zyklischen Bildformen, so glaubt er, würden dadurch wieder belebt und umso lebendiger, als »sie mit dem realen Gehalt einer bestimmten Gegend« gefüllt würden.[357] Einzelne Künstler im Museum ganze Räume gestalten zu lassen, stellt hingegen eine Neuheit dar. Diesen Gedanken setzt später Alexander Dorner als Museumsdirektor in Hannover fort, wo er El Lissitzky das sogenannte Abstrakte Kabinett einrichten lässt und auch für Moholy-Nagy einen Raum vorsieht, der aber nicht zur Ausführung kommt.[358]

Spezielle Räume für Wechselausstellungen sind in der Kunsthallenplanung jedoch nicht vorgesehen. Seit 1891 hat Lichtwark dafür ein separates Gebäude gefordert und 1897 im Jahresbericht kritisiert, dass die zweite Stadt im Reich noch kein Ausstellungsgebäude besitzt. 1910 schreibt er an seine Kommission angesichts des Frankfurter Ausstellungsgebäudes provozierend: »Sollen wir warten, bis die Friedhöfe aufgetheilt werden? Das wäre in der Existenz unserer Stadt der letzte Moment, ein leistungsfähiges Ausstellungsgebäude auf gutgelegenem Gelände zu errichten.« Zugleich schlägt er vor, den Kunstverein, der sich überlebt habe, zu einem Verein für ein Ausstellungsgebäude umzuwidmen, außerdem verfasst er 1911 ein Promemoria zu diesem Thema.[359] Carl Gustav Bensel, der Architekt des Hauses Kalckreuth, ent-

357 Vgl. Br. Kommission (1917), Bd. XVII: 1909, S. 243.

358 Vgl. Flacke (1992), S. 53–57.

359 Vgl. z.B. Br. Kommission (1918), Bd. XVIII: 1910, S. 221. – Jahresbericht [Bd. 11], 1897, S. 27. –Alfred Lichtwark, Über die Notwendigkeit der Errichtung eines Kunstausstellungsgebäudes in Hamburg, Manuskript (Entwurf), 1911, StA HH, 731-1 Handschriftensammlung, 672.

wirft schließlich 1914, nach Lichtwarks Tod, ein Ausstellungsgebäude und gewinnt den dafür ausgelobten Wettbewerb. Eine offensichtlich neu gegründete Gesellschaft Kunstausstellung mbH führte schon zuvor mit Lichtwark Verhandlungen wegen einer Ausstellung der Entwürfe für ein Ausstellungsgebäude und erhielt seine Zustimmung.[360] Der Erste Weltkrieg vereitelt schließlich auch dieses Projekt.

MONUMENTALITÄT: DIE MASSEN ZUSAMMENHALTEN

Lichtwarks Begriff von Monumentalität hat nichts mit dem Monument, dem Denkmal, gemein.[361] Seit seiner Berliner Zeit und dem Feuilleton *Billige Möbel* kritisiert er die Ornamentsucht und plädiert für die große, ungestörte Form. Seine Aufsätze zur Architektur in den 1890er Jahren thematisieren die Rückkehr zum einfachen, aus der bäuerlichen Tradition sich erneuernden Haus, und der Grundriss soll sich an den Funktionen, nicht an der Fassade orientieren. Auch der Entwurf des Kunsthallenneubaus ist unter dieser Prämisse zu betrachten; abgesehen von der Fassade der Bahnhofsseite, die vereinfachte Relikte von Repräsentationsarchitektur enthält, besitzt das Gebäude die Form eines schlichten Quaders mit wenigen Zugeständnissen an historisierende Elemente. 1909, während der Planungsphase des Neubaus, veröffentlicht Lichtwark einen kurzen Aufsatz im *Jahrbuch der Gesellschaft Hamburgischer Kunstfreunde*, betitelt: *Die Massen zusammenhalten*.[362] Anlass zu diesem Text ist ein Gespräch mit jungen Architekten über einen Neubau, der ihm nicht gefällt, den die Fachleute jedoch wegen der Auflösung der Baumassen loben. Diese Begegnung führt zu einer Klärung seiner eigenen Vorstellungen. Er habe es immer als oberstes Gesetz betrachtet, die Massen zusammenzuhalten, um Monumentalität zu bewirken, sie gehöre sich »für die Hütte wie für den Palast, für den Gemüsegarten wie für den Königspark«. Nun erkennt er auch die Auflösung der Masse als an den Hochschulen gelehrtes Stilprinzip, die Überladung des Baukörpers mit Risaliten, »mit überflüssigen Türmchen, Giebelchen, Fensterchen, Erkerchen«. Die geschlossene Fläche des Daches und eine ruhige Dachlinie würden die jungen Architekten kaum mehr kennen. Auch in den Gärten und öffentlichen Anlagen versteht er nun, »was mir von jeher so widerwärtig war, die Platzscheu, die jede Einfachheit, Ruhe und Größe abweist«, die die Rasenflächen durch überflüssige Wege aufteile und alles mit Gebüschen und Beeten »überladen« müsse. Der Grundsatz der Auflösung habe die ganze Backsteinarchitektur zugrundegerichtet, dabei seien in Hamburg die »edelsten Vorbilder der Backsteinmonumentalität in den Bauten des achtzehnten Jahrhunderts« vorhanden. Hier prangert Lichtwark wieder die Hannoversche Schule an, »die nach ihrem Heros Hase genannte Hasik (ein glückliches Wort, denn Gotik, was sie vorgibt, ist sie nicht).« Er verweist als Beispiel auf den Unterbau des Turms der Michaeliskirche: »Da

360 Vgl. P5, 4.4.1914.
361 Vgl. dazu auch Schilling (2006), S. 234.
362 Kayser (1977), Nr. 464; Wiederabdruck in: AL, Schriften, Bd. I, S. 164f.

sind einmal die Massen zusammengehalten!« Nachdrücklich empfiehlt er allen, die bauen oder einen Garten anlegen wollen, die Massen zusammenzuhalten.

Lichtwark greift also gedanklich zurück auf frühere Epochen mit monumentalem Stil und will mit dem zukünftigen daran anknüpfen; die ganz neue, in der Entstehung begriffene Architektur gibt ihm darin Recht. Peter Behrens' AEG-Turbinenhalle in Berlin, gleichzeitig mit Lichtwarks Text 1909 entstanden, kennt er wahrscheinlich gar nicht, zumindest nicht bei Abfassung dieses Aufsatzes, und Walter Gropius' Fagus-Werke in Alfeld datieren bereits ins Jahr 1911. Die Richtung der Entwicklung spürt Lichtwark jedenfalls genau. Den Begriff »Monumentalität« überträgt er auch auf die Stadtplanung und denkt an die Abfassung eines Buches über »die besonderen Eigenheiten der monumental fühlenden Stadtorganismen« Europas und Amerikas.[363] In gleicher Weise bevorzugt Lichtwark die große, ungestörte Fläche bei Garten- und Parkanlagen. Liebermanns und Ostermanns Garten weisen sie auf, ebenso andere Anlagen, zu denen sein Rat beigetragen hat. 1904 schwärmt er von der neuen Bremer Promenade entlang der Weser, einer einfachen, endlosen Linie mit Plattenbelag, begehbar bei jedem Wetter und so breit, dass acht Personen nebeneinander Platz finden. Auch hier spart er nicht an einem Seitenhieb auf die hannoverschen Architekten, die etwas Vergleichbares nicht zustandebringen könnten.[364]

1910 veröffentlicht Lichtwark im *Jahrbuch der Gesellschaft Hamburgischer Kunstfreunde* einen einschlägigen Text zur Neugestaltung des Vorlandes von Harvestehude an der Außenalster, eines breiten Uferstreifens, der in öffentlichen Besitz übergehen und als Parkanlage gestaltet werden soll.[365] Der Landschaftsgärtner der in Hamburg herrschenden Schule würde hier große Erdbewegungen anstellen, kleine Hügel, Teiche und Verbindungskanäle mit Brücken anlegen, das Gelände durch Schlängelwege zerteilen, mit Büschen und Baumgruppen den Blick in die Ferne versperren und die Uferlinie durch kleine Buchten, Halbinseln und kleine Inseln verändern. Auch Schmiedeeisen würde er anbringen, womit Lichtwark auf die Parkanlagen des Oberingenieurs Franz Andreas Meyer anspielt, der zuvor auch andere Uferanlagen der Außenalster im Geschmack seiner Zeit gestaltete. Im Folgenden imaginiert er, was ein großer Künstler wohl schaffen würde, dem diese »großartige Aufgabe« anvertraut werden könnte – den Hamburg jedoch nicht besitze. Er würde sich erinnern, dass das Gelände ursprünglich eine Wiese gewesen sei und würde es als Folge von Wiesenflächen gestalten, die ruhige Uferlinie, höchstens von einem Weg begleitet, belassen, vielleicht einen Landungsplatz mit schlichter Treppe und nur wenige Verbindungswege anlegen. Dem Ingenieurwesen will er keinen Vorwurf machen, es habe nach dem herrschenden Geschmack gestaltet. Doch schon sieht er den Geschmack sich bei der jungen Generation wandeln, nun wolle

363 Br. Kommission (1908), Bd. XV: 1907, S. 198. Siehe dazu auch das Kapitel »Hamburg im Wandel« in Teil 5.
364 Vgl. Br. Kommission (1905), Bd. XII: 1904, S. 45f.
365 Vgl. hier und im Folgenden: Alfred Lichtwark, Das Vorland von Harvestehude, in: Jb. GHK, 16. Jg., 1910, Kayser (1977), Nr. 488; Wiederabdruck in: Schiefler (1917), S. 133–135, Kayser (1977), Nr. 557. – Hesse (1993), S. 135–158.

man den Künstler an der Arbeit sehen. Der Stadtpark hat in dieser Zeit jedoch Vorrang; daher bleibt eine endgültige Entscheidung über das Vorland von Harvestehude jahrzehntelang aus, nicht zuletzt, weil über die verschiedenen Vorschläge keine Einigung erzielt wird. Erst lange nach der Zerstörung Hamburgs im Zweiten Weltkrieg, die auch das Vorland in Mitleidenschaft zieht und verkommen zurücklässt, gestaltet 1953 der Hamburger Gartenarchitekt Gustav Lüttge für die Internationale Gartenschau das Gebiet zum Alsterpark, ganz in Lichtwarks Sinne mit großzügigen Rasenflächen, im architektonischen Stil angelegten Wegen, Ruhezonen und einem Skulpturengarten. Lichtwarks Andenken ist zu dieser Zeit noch lebendig in Hamburg, der Mythos noch nicht erloschen; und Lüttge als Hamburger kennt Lichtwarks einschlägige Schriften. Die Gartenkunst dieser Zeit entwickelt einen Stil, der seinen Vorstellungen und Vorlieben entspricht, insbesondere die große, ungestörte Rasenfläche und die langen, geraden Wege.[366]

Aber auch bei Details bevorzugt Lichtwark die einfachen Formen, die ungefüllten Blüten der Wildblumen bewirbt er in seinen Aufsätzen, und die ungefüllten Rosen bewundert er 1910 in Hampton Court. Beim Schmuck gefallen ihm schon 1891 die Cabochons weit besser als facettierte Steine, und die japanische und chinesische Keramik mit ihrer schlichten Formgebung und den Laufglasuren erregt im selben Jahr sein Interesse. Bei den Möbeln ist es die schlichte Machart des frühen 19. Jahrhunderts, die seinem Formempfinden entspricht; sie könne als Vorbild für die neue Gestaltung dienen.[367] Als Neobiedermeier kehrt sie um 1900 wieder.

Ihre Abstraktion – »Verzichtleistung auf Details« – schätzt er auch 1891 bei den Buddha-Statuen im Trocadéro in Paris und vergleicht zu den frühgriechischen Bildnissen: »Alle Achtung!« So ist die Forderung nach Verzicht auf Dekoration, nach Monumentalität als oberstem Wert schon früh vorhanden und nicht erst eine mit den Jahren entwickelte Präferenz. Später formuliert er zuweilen in anderem Wortlaut, meint jedoch stets dasselbe Prinzip. Über die Zeit der Dekoration sei man hinaus, alles soll einen praktischen Zweck haben, schreibt er 1897 an seine Kommission. 1911 verwendet er den Ausdruck »im Gefühl neuer Sachlichkeit« für eine historische Phase der Stilbereinigung.[368] In dieser Stilvorstellung kündigt sich die Moderne an.

366 Vgl. Hesse (1993), Abb. S. 148f. – Zum Gartenstil der Nachkriegszeit vgl. z.B. Reich (1966), mit Aufnahmen u.a. von Thomas Lüttge. Gustav Lüttge soll die Schriften Lichtwarks gekannt haben; für diese Mitteilung im Dezember 2011 danke ich Thomas Lüttge, dem Sohn von Gustav Lüttge.

367 Zusammengefasst in: Alfred Lichtwark, Blumenkultus. Wilde Blumen, Berlin: Cassirer, (2)1907; Kayser (1977), Nr. 438. – Br. Kommission (1918), Bd. XVIII: 1910, S. 151. – Cabochon: Br. Kommission (1896), Bd. I: 1891/92, S. 35. – Alfred Lichtwark, Der Schmuck, in: Kunst und Künstler, 1. Jg., S. 23–26; Kayser (1977), Nr. 359. – Keramik: Br. Kommission (1896), Bd. I: 1891/92, S. 25. – Möbel: Alfred Lichtwark, Innenräume und Hausrat am Anfang des XIX. Jahrhunderts, in: Jb. GHK, 9. Jg., 1903, S. 87f.; Kayser (1977), Nr. 376. Zu seinem Bedauern sei in Hamburg soviel davon verlorengegangen.

368 Vgl. Br. Kommission (1896), Bd. I: 1891/92, S. 30f., 93. – Siehe dazu Anm. 632 in Teil 2. – Br. Kommission (1899), Bd. V: 1897, S. 196. – Br. Kommission (1919), Bd. XIX, S. 58.

DER WETTBEWERB UM DAS BISMARCK-NATIONALDENKMAL IN BINGERBRÜCK

Vom 23. bis zum 26. Januar 1911 ist Lichtwark im Düsseldorfer Kunstpalast beschäftigt mit der »Bismarckkonkurrenz«, die schon Mitte September 1909 ausgeschrieben wurde und bis November 1910, angelockt durch die üppigen Preisgelder und einen Etatumfang von 1,8 Millionen Mark, 379 Entwürfe gezeitigt hat.[369] Zum ersten Mal hat Lichtwark als erfahrener Juror den Vorsitz inne, ein in seinen Augen undankbares und deshalb nur widerstrebend übernommenes Amt, denn er vertritt die Ansicht, ein Vorsitzender sollte vor der Abstimmung nicht in den Verdacht der Parteilichkeit kommen. Das Preisgericht besteht unter anderem aus dem Bonner Provinzialkonservator Paul Clemen; dem Berliner Kunsthistoriker Max Dessoir; dem Magdeburger Museumsdirektor Theodor Volbehr; den Architekten Theodor Fischer, München, Ludwig Hoffmann und Hermann Muthesius, Berlin, sowie Fritz Schumacher, Hamburg. Als bildende Künstler sind die Bildhauer August Gaul und Louis Tuaillon, ferner die Maler Ludwig Dill und Leopold von Kalckreuth vertreten. Ein weiteres Jurymitglied ist Walther Rathenau, vermutlich aufgrund seiner Prominenz und seiner Erfahrung als Kunstsammler. Anfangs gehören der Jury außerdem der Direktor der Dresdner Skulpturensammlung, Georg Treu, als Experte für Bildhauerei sowie die Künstler Max Klinger und Franz von Stuck an. Lichtwark wird neben dem Vorsitz auch die redaktionelle Bearbeitung des Protokolls übertragen.[370]

Von Anfang an vertritt er die Ansicht, für den vorgesehenen Ort eigne sich nur ein architektonisches Denkmal: »Noch einmal eine Einzelfigur wie die Germania oder unser Bismarck wäre zuviel.«[371] Fünfzehn Preise und fünf Ankäufe sind zu verteilen, 379 eingegangene Entwürfe zu begutachten, die Mehrzahl »reiner Bombast«. »Auf die bescheidene Höhe am schmalen Fluss im hügeligen Gelände hatten sie Thürme bis zu neunzig Meter, die Thermen des Caracalla, das Colosseum, gewaltige Dome, ganze Stadtanlagen mit mächtigen Stadien geplant«, teilt er seiner Kommission lakonisch mit.[372] »Neunzig Meter bedeutet dreimal die Höhe des Berliner Schlosses. Schon ein Kuppelbau von dreißig Metern in dieser zierlichen Umgebung erschien angetan, die ganze Landschaft zu sprengen.«[373]

Lichtwark ist froh über die zuvor erfolgte Ortsbegehung der Jury auf der als Standort ausgewählten Elisenhöhe bei Bingerbrück (Abb. 52). Die Größe der dort befindlichen Schutzhütte betrachtet er auch für das zukünftige Denkmal als angemessen, um die Landschaft zu beherrschen, ohne sie jedoch zu erdrücken.[374] Die Ent-

369 Vgl. hier und im Folgenden: Br. Kommission (1919), Bd. XIX: 1911, S. 10–12. – Dorrmann (1994), S. 99–108. – Rathenau / Lichtwark (1912), S. 7–14. – Schmid (1911).

370 Vgl. Schmid (1911), S. 19f.

371 Br. Kommission (1917), Bd. XVII: 1909, S. 94.

372 Br. Kommission (1919), Bd. XIX: 1911, S. 11. – Zum Wettbewerb vgl. Schmid (1911), S. 17ff.

373 Rathenau / Lichtwark (1912), S. 9.

374 Zur Elisenhöhe vgl. Schmid (1911), Abb. 1–4.

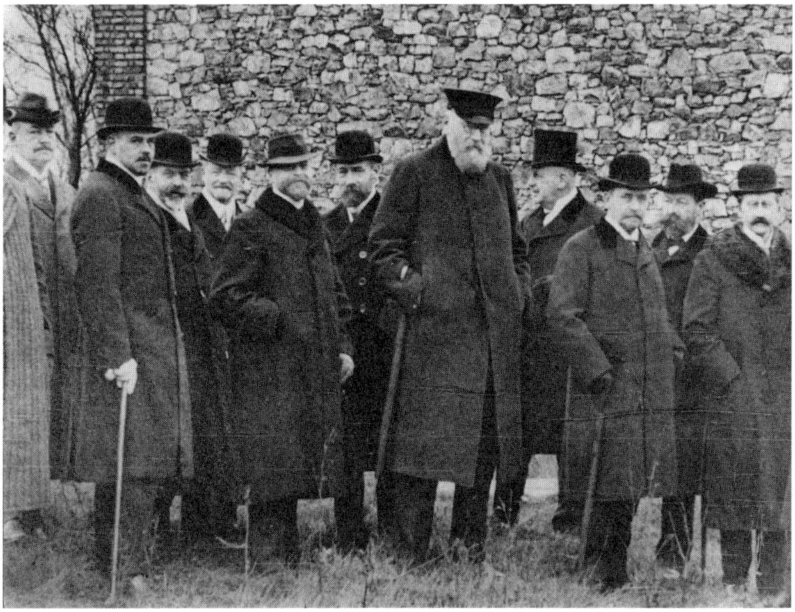

Abb. 52 Die Jury des Wettbewerbs für das Bismarck-Denkmal auf der Elisenhöhe bei Bingen, 1911, Aufnahme: unbekannt (Lichtwark 4. von rechts)

scheidung gestaltet sich schwierig; erst am vierten Tag einigt sich die Jury einstimmig auf den Preisträger des mit 20.000 Mark dotierten ersten Preises, den »bescheidensten Entwurf« der »Siegfried Dolmen«. Es handelt sich um eine ringförmige Pfeileranlage des an der Technischen Hochschule Dresden lehrenden Architekten German Bestelmeyer, kombiniert mit einer neun Meter hoch geplanten Bronzeplastik des Münchner Bildhauers Hermann Hahn. Sie stellt einen fast spielerisch-unbeschwert wirkenden schwertprüfenden Jung-Siegfried dar;[375] Lichtwark erscheint er als »der uralte menschgewordene Sonnengott – wie dieser Steinkreis ein Sonnentempel war, Siegfried, in dessen Charakter unser Volk alle seine Ideale hinein gedichtet hat.« Er ist zufrieden mit dieser Wahl. In diesem schlichten Werk sieht er »Urältestes und Gegenwärtiges« »mit allem Zukünftigen« verschmolzen. Vom Rhein aus werde man »in diesem durchsichtigen Stelenkreis, der wie eine Krone auf dem Berg sitzt, die dunkle Gestalt ragen sehen.« Rathenau habe so köstliche Worte über das Werk gesprochen, dass alle Künstler ergriffen gewesen seien. »Diese Entscheidung stellt die endliche Absage gegen alle Verstiegenheit, allen Schwulst und Prunk in unserem Denkmalswesen dar. Ich erwarte eine endlose Discussion, aber ich hoffe eine Klärung davon«, schreibt er an seine Kommission.[376] Er betrachtet die Wahl der Jury jedoch auch von der praktischen Seite. Gegenüber den ihm furchtbar erscheinenden »Thermen, Are-

375 Vgl. Volwahsen (1987), S. 362f.
376 Br. Kommission (1919), Bd. XIX: 1911, S. 15.

nen, Stadien« und anderen Entwürfen werde die Erhaltung dieses Denkmals dem Kreis Bingen als Besitzer die geringsten Kosten aufbürden.[377]

Bismarck ist in diesem Werk symbolisiert durch eine ungewöhnlich unheroisch wirkende Hauptfigur des Nibelungenmythos. Die Verknüpfung von Bismarck und Siegfried fand seit 1885 in der Dichtung bereits mehrfach statt. So erscheint der Kanzler zum einen als der wiedergeborene mythische Held, der aus den deutschen Kleinstaaten das Deutsche Reich als ein unbesiegbares Schwert geschmiedet hat, zum anderen in der im 19. Jahrhundert entstandenen Verbindung Siegfrieds mit dem Hermannmythos als ein wiederkehrender Retter vor der Romanisierung. Die Handlung der Schwertprüfung wurde somit als Sinnbild einer stets bedrohten Position Deutschlands verstanden. Dieses modern-neoklassizistische, unpathetische architektonische Denkmal von rund fünfzig Metern Durchmesser mit der zwar neun Meter hoch geplanten, doch eher versteckt mit vier Linden im Inneren angeordneten Figur Siegfrieds stellt ein Novum unter den zahlreichen Bismarck-Denkmälern dar, denn die Darstellung Bismarcks taucht hier lediglich als Bildnisrelief über dem Eingang auf. In einem relativ frühen Stadium dieser patriotischen Aktion, im Januar 1909, hat sich Walther Rathenau, Zeit seines Lebens ein Verehrer Bismarcks, bereits für ein Denkmal engagiert; im April 1909 avanciert er zum Stellvertreter der Preisrichter, 1911 schließlich rückt er in die eigentliche Jury vor und wird Leiter der Diskussion. »Was er sagte«, erläutert Lichtwark seiner Kommission, »fiel sofort ins Gewicht, und alle waren einmütig in der Bewunderung. Man of business und an Geist, Auffassung, Bildung, Ausdrucksfähigkeit nicht nur der Gedanken, sondern der Empfindung, ich muß es sagen, allen überlegen. Wachsen solche Männer bei uns, mußte ich mich fragen. Ich wollte, einer der Feinde der Bildung [d.h. der Gegner einer Hamburger Universität] hätte dabei gestanden und diesen Geschäftsmann beobachtet.«[378]

Das Votum der Jury wird nach Lichtwarks Einschätzung auf wenig Verständnis stoßen, er rechnet mit einem Aufruhr in der Presse. Der Entscheidungsausschuss, der das letzte Wort über die Ausführung hat, fordert denn auch im Juni des Jahres 1911 die prämierten Künstler Bestelmeyer und Hahn zu einer Überarbeitung ihres Entwurfes auf, wobei die Person Bismarcks deutlicher herausgestellt werden soll. Diese Veränderung findet jedoch keinen Rückhalt in der Jury; sie besteht auf dem ersten Preis für die bereits prämierte Fassung. Damit beginnt das Ringen um eine endgültige Entscheidung erneut.

Die Gegenpartei, nun aber auch Mitglieder der Jury, darunter Max Dessoir, Fritz Schumacher und Hermann Muthesius, favorisieren den Entwurf des in Düsseldorf lehrenden Architekten Wilhelm Kreis, der nun stetig an Boden gewinnt. Kreis entwarf einen historisierenden Zentralbau, eine Kuppelhalle, für die er selbst das Pantheon in Rom, das Theoderich-Grabmal in Ravenna und das apulische Castel del Monte als Vorbilder anführte. Hugo Lederer, der Schöpfer des von Lichtwark heftig abgelehnten Hambur-

377 Vgl. Br. Kommission (1919), Bd. XIX: 1911, S. 14f. – Schmid (1911), S. 23 sowie Fig. 1 und 2.
378 Ebd., S. 15f.

ger Bismarck-Denkmals, ist als Bildhauer vorgesehen.[379] Infolge seiner Abneigung gegen Sentimentalität und Pathos vermag Lichtwark diesen Entwurf nicht zu akzeptieren.

Eine Intrige zeichnet sich ab. Im ersten Durchgang des Wettbewerbs ist der Entwurf von Kreis und Lederer weder prämiert noch im zweiten Durchgang von der Jury als Grundlage für die Ausführung empfohlen worden. Nun jedoch wird das Gerücht verbreitet, es hätte sich beim ersten Wettbewerb nicht eigentlich um eine Preisverleihung, sondern um eine Art Zensur gehandelt.[380] Ende November 1911 finden wiederum Sitzungen der Jury in Köln statt, wo rund zwanzig umgearbeitete Entwürfe zu begutachten sind. Lichtwark fällt nun die Aufgabe zu, das Gesamtvotum für Bestelmeyer und Hahn beim großen Ausschuss zu vertreten: »Keine angenehme Sache, denn der ist im Herzen für Kreis.«[381] Über seine Sicht der Ereignisse von Anfang Dezember 1911 berichtet Lichtwark seiner Kommission ebenso ausführlich wie empört.[382] Die Niederlage der Jury hat er vorausgesehen, nicht nur, weil man am Rhein mit der Entscheidung für Bestelmeyer und Hahn nicht einverstanden war: »Die Jury, die dem allgemein herrschenden Drang auf das Kolossale eine Absage gegeben, indem sie das Angemessene, Maßvolle und symbolisch Bedeutungsreiche vorgezogen, wurde als eine Versammlung von Idioten behandelt.« Am Rhein habe man sich von vornherein einen »Riesenbau von Kreis« gewünscht, der sich in Düsseldorf als Lehrer großer Beliebtheit erfreue. Seine ersten Entwürfe hatten eine Höhe von 65 Metern bei einem Hügel von 120 Metern. Für Kreis seien dessen Freunde, der Museumsdirektor Clemen, sein Vorgesetzter Muthesius und Schumacher eingetreten; Berlins Baurat Ludwig Hoffmann – Lichtwarks Bekannter aus der Berliner Zeit – sei allerdings der erbittertste Gegner von Kreis gewesen. Es gehe allerdings weniger um Kreis als Person als um die von ihm vertretene künstlerische Richtung, die man nicht unterdrückt sehen wolle. Lichtwark, ohnehin nicht konfliktscheu, stellt in seiner Empörung die Verwicklungen und Manipulationen um den ersten Preis des Wettbewerbs unverhohlen dar. Kreis reduziert nun seinen Entwurf zunächst auf 45, dann auf 32 Meter Höhe; Lederers Figur sei »ein Götterbild mit Bismarcks Kopf in photographischer Treue auf einem Körper im Panzer, mit reicher Drapierung und dem Schwert Karls des Großen. Den Laien gefiel es sehr, die Künstler schlugen drei Kreuze.«[383] Alle Künstler der Jury drücken sich vor der folgenden Entscheidungssitzung und übertragen Lichtwark ihre Vertretung. Rathenau versucht zur Rettung des Bestelmeyer-Hahn-Entwurfs noch einen Vermittlungsvorschlag, doch die Jury hält ihn für überflüssig. In den folgenden Sitzungen geht es hoch her: »Es war wohl das tollste, was man erleben konnte an Protokollkünsten, an Beschlußinterpretationen, an zweideutigen Antworten auf klare Anfragen. Es war alles aufgeboten, die Träger der Stimmen, die sich gegen Kreis aussprechen könnten, am Kommen zu verhindern, und es waren, um

379 Vgl. ebd., Fig. 11–13.
380 Vgl. Rathenau / Lichtwark (1912) S. 7.
381 Vgl. Br. Kommission (1919), Bd. XIX: 1911, S. 187–189.
382 Vgl. hier und im Folgenden: ebd., S. 203–211. – Dorrmann (1994), S. 105.
383 Br. Kommission (1919), Bd. XIX: 1911, S. 206.

Stimmen zu haben, die unwahrscheinlichsten Menschen herangeschleift.«[384] Rathenau, der erst fernbleiben wollte, erscheint nun doch. Clemen versucht eigenmächtig telegraphisch zu manipulieren, nämlich den ersten Preisträger Hahn, der keine Aussicht auf Zuschlag habe, zur Mitarbeit am Kreis-Projekt zu gewinnen, was Hahn seinerseits an Lichtwark telegraphiert. Die Protokolle der vergangenen Sitzungen sind unvollständig, Rathenau greift an und analysiert die Situation. Doch er und Lichtwark kämpfen vergeblich. »[...] es war durch Mißverständnisse oder aus Absicht alles geschehen, was dazu führen konnte, die möglichen Gegner von Kreis fernzuhalten. So war denn – was übrigens von vorneherein feststand – umsonst, was Rathenau und ich für Hahn und ebenso vergeblich, was wir gegen Kreis vorbrachten.«[385] Die Befürworter des Kreis-Entwurfs trafen sich am Tag zuvor bereits heimlich in geschlossener Sitzung. Zwölf Stunden dauert schließlich das Ringen um die endgültige Entscheidung. Lichtwark bewundert Rathenaus Standrede, die nicht mehr vom Projekt handelte, sondern den Preisrichtern »(Förster, Kapläne, Juristen u.s.w. nebenbei)« die Bedeutung ihres Handelns zu erklären versucht: dass sie ihr Urteil »dem Spruch der glänzendsten Jury [entgegensetzten], die seit Menschengedenken zusammengetreten wäre mit Kalckreuth, Klinger, Stuck, Tuaillon, Floßmann, Gaul, die einmüthig für den abgelehnten und ebenso einmüthig gegen den in Aussicht genommenen Entwurf gestimmt hätten.«[386] Er habe große Freude gehabt, schreibt Lichtwark seiner Kommission über Rathenaus Rede, an dessen Mannhaftigkeit und Aufrichtigkeit; es sei noch ein glorioses Schauspiel der Überlegenheit und Sicherheit hinzugekommen, »der Urbanität, die die deutlichsten Wahrheiten sagt, ohne zu beleidigen, der Abschattungskraft, die ihm gestattet, genausoviel zu sagen, wie er will und das andere, was er nicht sagen will, blitzartig zu suggerieren.« Lichtwarks neidlose Anerkennung spricht sich aus in seinem abschließenden Satz: »Die Bewunderung ist doch das erhebendste Erlebniß.« Er verstehe ja, warum man am Rhein etwas Gewaltiges haben wolle, wie die Wirkung des Eiffelturms, es solle die Volksseele erregt werden, wie immer wieder ins Gefecht geführt worden sei. Dennoch hofft er, dass dieses das letzte der deutschen Großdenkmäler werde. Die Eindrücke verfolgen Lichtwark bis nach Hamburg mit der Empfindung, etwas Belastendes erlebt zu haben.[387]

Rathenau und Lichtwark verteidigen noch einmal die erste Wahl der Jury in ihrer 1912 veröffentlichten Schrift mit dem Titel *Der rheinische Bismarck*.[388] Darin weist Lichtwark insbesondere noch einmal auf die Originalität der Hahnschen Jünglingsfigur und ihre nationale Bedeutung hin. »Die Gestalt selbst aber führt leichter auf Bismarck als auf Siegfried. Wie dieser junge Deutsche dasteht, drückt er Bismarck unmittelbarer aus als alle Photographien in Stein und Erz und alle peinvoll stilisierten Götzenbilder, die seine Züge tragen. Denn der Gestus des Schwertprüfens weist auf die Schicksalsstellung des deutschen Volkes hin, des einzigen, das keinen Tag mehr sein Dasein haben

384 Ebd., S. 207.
385 Ebd., S. 208.
386 Ebd., S. 209.
387 Ebd., S. 210.
388 Rathenau / Lichtwark (1912); Kayser (1977), Nr. 516.

wird, wenn es vergißt, die Waffen scharf zu halten, und Bismarck ist es, der es den Deutschen bewiesen hat, daß sie so ruhig dastehen können wie dieser Jüngling, wenn sie, wie er, unablässig die Schneide prüfen.«[389] Lichtwark ist kein Militarist und hat selbst nie gedient; aus seinen Worten spricht die allgemeine Auffassung. Offiziere sind für ihn körperlich und geistig gebildete, tapfere Männer. Seine Gedanken transportieren den Geist der Zeit und stehen in der Tradition der »Wacht am Rhein«.[390] Die »Bismarckkonkurrenz« verläuft schließlich im Sande, keiner der Entwürfe wird je verwirklicht, das Projekt vom Ersten Weltkrieg begraben.

Unter den Einsendungen des Wettbewerbs befinden sich auch Entwürfe junger, später berühmter Architekten: von Walter Gropius, Hans Poelzig sowie den Brüdern Ludwig Mies van der Rohe und Ewald Mies. Der 24jährige Ludwig Mies, einige Jahre zuvor zeitweilig Assistent bei Peter Behrens in Berlin, hat einen monumentalen, zugleich schlichten neoklassizistischen architektonischen Entwurf eingereicht, »Deutschlands Dank« betitelt. Sein Bruder Ewald entwarf dafür eine Bronzeplastik Bismarcks. Die Jury beurteilt ihn als »schlicht und äußerst eindrucksvoll«, jedoch nicht finanzierbar wegen des gewaltigen Sockels, den die Geländeformation erfordert.[391] Auch Lichtwark dürfte dieser Entwurf in seiner monumentalen architektonischen Schlichtheit und Konsequenz gefallen haben, er äußert sich jedoch nicht dazu. Entfernt erinnert das Äußere des weitgehend von Lichtwark geplanten Neubaus der Hamburger Kunsthalle, abgesehen von der Kuppel, an diese Großform mit Exedra, doch ist der Grundriss der neuen Kunsthalle bereits zwei Jahre früher entstanden.[392]

KOLLEGEN

Brinckmann und Warburg

Am 30. September 1902 begeht Lichtwarks ehemaliger Mentor, sein langjähriger Kollege und Freund Justus Brinckmann das 25jährige Jubiläum des von ihm begründeten und geleiteten Museums für Kunst und Gewerbe (Abb. 53).[393] Die Vorbereitungen beginnen früh; Lessing und Lichtwark planen eine Publikation; etwa dreißig Fachleute aller Lebensalter schließen sich zusammen, um ihm durch ein gemeinsames Werk ihre Glückwünsche zu übermitteln. Lichtwark schlägt vor, einen handlichen Führer durch die Ausstellungen zu verfassen, die Einleitung soll er selbst schreiben.[394]

389 Ebd., S. 10f.
390 Siehe dazu das Kapitel »Kunsterziehung IV: Der erste Kunsterziehungstag 1901« in Teil 4. – Bekanntes deutsches Lied aus dem 19. Jahrhundert mit dem Status einer Nationalhymne.
391 Vgl. Riley / Bergdoll (2001), S. 158f., Abb. S. 160f.
392 Vgl. Schmid (1911), Fig. 77; in dieser Ansicht über die Längsachse ist die Ähnlichkeit mit der Grundform des Neubaus der Hamburger Kunsthalle weniger offensichtlich.
393 Vgl. hier und im Folgenden: Hamburger Nachrichten, Dienstag, 30.9.1902, Abendausgabe, in: StA HH, 622-1 Brinckmann, D8.
394 Vgl. Br. Kommission (1902), Bd. IX: 1901, S. 333.

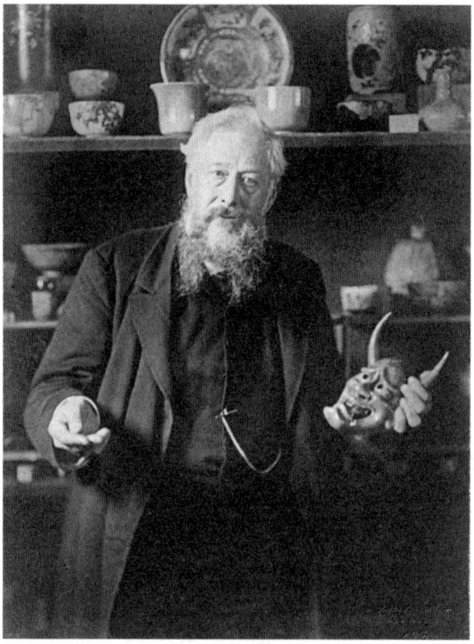

Abb. 53 Justus Brinckmann, 1915,
Aufnahme: Rudolph Dührkoop

Als anwesend bei der Jubiläumsfeier meldet die Presse alles, was in Hamburg Rang und Namen hat, dazu viele auswärtige Gäste: Bürgermeister Hachmann, die Senatoren Hertz, Holthusen, Kähler, O'Swald, Refardt, Traun sowie von Melle, letzterer als Repräsentant des Senats in der Oberschulbehörde; aus dem Vorstand der Bürgerschaft Präsident Siegmund Hinrichsen, Vizepräsident Tesdorpf; ferner bekannte Hamburger Persönlichkeiten: Lichtwark, an erster Stelle genannt, weitere Professoren, Richard Stettiner als Brinckmanns Assistent, Lessing und Jessen aus Berlin, weitere Kollegen von Kunstgewerbemuseen, darunter Richard Graul aus Leipzig, andere sogar aus Skandinavien; ferner Gustav Pauli aus Bremen und Karl Ernst Osthaus aus Hagen. Für die Ergänzung der Sammlungen erhält Brinckmann Geldgeschenke in Höhe von mehr als 10.000 Mark vom Senat und außerdem 15.000 Mark von Freunden und Gönnern des Museums.

In seiner Erwiderung auf die Ansprachen von Bürgermeister Hachmann und Senator von Melle dankt Brinckmann und bemerkt, nicht ohne dabei Semper zu zitieren, die öffentlichen Sammlungen seien die wahren Lehrer eines freien Volkes. Lichtwark als nächster Redner würdigt Brinckmanns Leistung: Aus der Anonymität der vielen Arbeitenden würden Einzelne mit ihrem Lebenswerk herausragen, die Namen blieben in Erinnerung und die späteren Geschlechter würden mit Dankbarkeit auf sie zurückblicken. Die Verwaltung der Kunsthalle – wie er es unpersönlich zu formulieren pflegt – habe es für ihre Pflicht gehalten, von dem äußeren Wesen des Gefeierten ein Portrait aufzubewahren, und deshalb dem zeitgerecht 1901 geschaffenen Bildnis Brinckmanns von Leopold von Kalckreuth einen Ehrenplatz eingeräumt.[395] Lessing überreicht die Jubiläumsgabe, ein Werk über Brinckmann und das Museum, zu dessen Herausgabe sich 42 Direktoren und Wissenschaftler vereinigt haben, der Druck wurde vom Hamburger Senat finanziert.[396] Lichtwark hat die Laudatio darin verfasst, eine ausführliche und einfühlsame Biographie des Jubilars mit einer allgemein gehaltenen Einleitung, die einen neuen Menschentypus schildert. Er stellt Brinckmann als eine Pioniernatur vor, gekennzeichnet durch eine frühe Intuition für Bedeutung, Richtung und Ziele der neuen Strömungen, worauf auch das Unverständnis der traditionellen Fachleute zurückzuführen sei, und ein unbändiges, eigenwilliges Streben nach Selbständigkeit und Unabhängigkeit. Die bestimmenden Kräfte seines Wesens seien Willenskraft, Instinkt, Intuition, scharfe Sinneswerkzeuge, hohe Belastbarkeit, Heiterkeit, Gelassenheit und unfehlbare Sicherheit. Sein Lebensweg verlaufe im Zickzack, der Drang nach eigenständiger Arbeit kennzeichne ihn bereits als Schüler, ebenso Unbeirrbarkeit, Selbstvertrauen sowie Flexibilität und andauernde Jugendlichkeit bis ins hohe Alter. Er sei keine Gelehrtennatur, sammle kein Wissen, sondern zeige Interesse für neue Entwicklungen, lerne nur durch eigene Anschauung und Erkenntnis und dazu passende Inhalte und Ereignisse auf der Grundlage seiner Fähigkeit zu transferierendem Denken. Nur selbstgewählte Aufgaben seien ihm möglich. Er gehöre zu den »Trieb- und Willensmenschen«.[397] An diese allgemeine Darstellung des Typus schließt Lichtwark die ausführliche Biographie Brinckmanns an.

Lichtwarks Aufsatz wird von dem Journalisten Heinrich E. Wallsee sofort in beträchtlichen Teilen als Selbstportrait identifiziert.[398] Dieser Vergleich liegt nahe, wenn auch in Hamburg Lichtwarks Jugend im Detail nicht allgemein bekannt ist. Beide verlieren früh den Vater und werden von einer starken Mutter erzogen; beide entwickeln bereits in jungen Jahren besondere Interessen, erleben Förderung durch andere Personen und erteilen Privatunterricht. Beide ergreifen zunächst einen anderen Beruf und finden erst spät zu ihrer endgültigen Tätigkeit. Lichtwark sind noch weitere solcher Männer begegnet, die eine neue Richtung oder einen neuen Beruf begründet haben, Lessing und Bode gehören ebenso dazu wie Anton Springer. Nietzsche hat diesen Typus in seinem *Zarathustra* mit einem bereits zitierten Aphorismus bedacht, von der Zeitschrift *Pan* im Oktoberheft des zweiten Jahrgangs gedruckt und damit sicherlich auch Lichtwark bekannt, vielleicht hat er ihn sogar im Sinn während der Abfassung des Brinckmann-Textes: »Krumm gehn grosse Menschen und Ströme, / krumm, aber zu ihrem Ziele: / das ist ihr bester Mut, / sie fürchten sich vor krummen Wegen nicht.«[399]

395 Vgl. Best.Kat. Hamburg, 19. Jh., S. 90. Das Bild wurde 1901 aus dem Warburg-Legat angekauft.
396 Das Hamburgische Museum für Kunst und Gewerbe, dargestellt zur Feier des 25jährigen Bestehens, Hamburg 1902; Kayser (1977), Nr. 355; hier zit. nach der Ausgabe: Alfred Lichtwark, Justus Brinckmann in seiner Zeit, Hamburg: Christians, 1978.
397 Vgl. ebd., S. 7–11.
398 Vgl. H. E. W. [Wallsee], Justus Brinckmann und Alfred Lichtwark, unbezeichneter Zeitungsausschnitt, in: STA HH, 622-1 Brinckmann, D 8.
399 Vgl. Mundt (1995). – Nietzsche in: Pan, 2. Jg., 1896/97, Heft 2, S. 85. Siehe dazu auch das Kapitel »›Eine neue deutsche Bombenkunstzeitschrift‹: Pan: Lichtwarks Mitarbeit« in Teil 3.

Im Oktober 1902 schreibt Lichtwark an Ulrich von Wilamowitz-Moellendorff über die Brinckmann-Biographie, sie »sollte der Familie und den Behörden ins Gedächtniß rufen, um was für einen Menschen das Spiel ging, die einzelnen Abhandlungen [sollten] jeden Zweifel an seiner Bedeutung niederschmettern. Denn, sonderbar genug, in Hamburg selbst weiß man am wenigsten von seiner Bedeutung. Zu meiner großen Freude ist die Wirkung nicht ausgeblieben. Die Familie hat sich bekehrt, die Behörden haben sich zurückgewandt. Bei allem haben wir es besonders Herrn Senator von Melle zu verdanken, daß alle Klippen umsteuert wurden. Er hat sich von Anfang an keinen Moment beirren lassen. Hätte ich das Wesen eines Verstorbenen zu schildern gehabt, wäre ich mit schärferen Strichen dreingefahren. Der Mann ist viel interessanter und zusammengesetzter als ich andeuten durfte. In Hamburg, wo man das weiß, liest man, wie Sie erraten haben, die Biographie mit dem Genuß des Wissenden, der nach Bedürfniß und Vermögen hinein und herausdeutet.«[400] Damit spielt er auf Brinckmanns Privatleben an, das in Hamburger Kreisen diskutiert wird.[401] Brinckmann selbst äußert brieflich zu Lichtwarks Anfrage, ob er noch Nachträge für seine Biographie wünsche, sein Bedauern, dass Lichtwark als sein Biograph seinen zwei Ehefrauen nicht offiziell danken und ihnen damit gerecht werden könne, denn das Beste, das er geworden sei und getan habe, verdanke er diesen beiden Frauen, die ihm ihr Leben schenkten; das wolle er doch noch sagen und nur Lichtwark allein.[402] Schiefler berichtet in seinen Aufzeichnungen, die Abfassung der Biographie habe Lichtwark große Freude bereitet, dem es vorkomme, als ob Brinckmanns Entwicklung »ausgerechnet« gewesen sei, stets sei im richtigen Augenblick das für ihn Erforderliche eingetroffen.[403]

Das Verhältnis zwischen ehemaligem Mentor und Schützling entwickelt sich im Laufe der Jahrzehnte zu einer respektvollen Freundschaft, in der jeder den Bereich des anderen achtet. »Das Verhältnis Brinckmanns und Lichtwarks zueinander war gut und freundschaftlich; es beruhte auf gegenseitiger verstehender Anerkennung. [...] und wer nach Lichtwarks Tod Gelegenheit hatte, mit dem älteren Freunde zu sprechen, empfand mit Rührung den Schmerz, mit welchem dieser dem vor ihm dahingegangenen Jüngeren nachtrauerte.«[404] »Ein schöneres Denkmal als jene Jubiläumsschrift«, kommentiert Schiefler Lichtwarks Würdigung, »konnte ein Jüngerer dem Älteren, dem früheren Meister, niemals setzen, und als dieser Jüngere dem Älteren im Tode um ein Jahr vorausgegangen war, fand man wohl wenige, denen das allzufrühe Hinscheiden Lichtwarks näher zu Herzen gegangen wäre, als Brinckmann. Beiden wurde der Grabhügel genau am Ende der Epoche geschaufelt, die das Gepräge ihres Geistes trägt.«[405]

400 Brief Alfred Lichtwark an Wilamowitz-Moellendorff, 19.10.1902, Göttingen, SUB, HSS, Cod. Ms. Wilamowitz 805.
401 Vgl. Schiefler (1985), S. 72, 157, 588. Demnach hat Brinckmann bereits während seiner zweiten Ehe Kinder mit seiner zukünftigen dritten Frau, der Künstlerin Henriette Hahn.
402 Vgl. Brief Brinckmann an Alfred Lichtwark, 10.9.1902, HKH, AdB 76.
403 Vgl. Schiefler, LAZ, 1.8.1902, S. 185f., HH, SUB, HSS.
404 Schiefler (1985), S. 70.
405 Schiefler (1978), S. 96; Wiederabdruck aus: Kunstverein Hamburg (Hrsg.), Hamburger Kalender 1920, S. 99–103, Zitat S. 103.

Schiefler berichtet jedoch auch von einer latenten gegenseitigen Eifersucht hinsichtlich des Publikums, wie kaum anders zu erwarten bei zwei derart selbstbewussten Persönlichkeiten. Seinen Dank für Brinckmanns Förderung und seine Freundschaft drückt Lichtwark jedoch nicht nur mit der Biographie zu dessen Jubiläum, sondern schon 1898 mit der Widmung seines zweibändigen Werkes *Das Bildnis in Hamburg* an Brinckmann und Lessing aus.[406]

Kühl hingegen ist das Verhältnis von Lichtwark und Aby Warburg zu nennen; zu verschieden sind die beiden Kunstfachleute orientiert. Warburg kennt Lichtwark recht gut, seine Beziehung zu ihm ist jedoch ambivalent, und er billigt dessen Auftreten in der Öffentlichkeit nicht. »Wenn er nur nicht so eitel wäre, eine Suppe, die er nicht angesetzt hat, schmeckt ihm nicht und wenn sie noch so gut gekocht ist«, schreibt Warburg 1908 an Bode. Am ehesten berühren sich der vierzehn Jahre jüngere Warburg und Lichtwark in ihrer Neigung zum Impressionismus und Realismus. Warburg verkehrt in Liebermanns Haus in Berlin und speist häufig bei ihm; auch mit Leistikow steht er in Verbindung.[407] 1897 heiratet Warburg nach zehnjähriger Bekanntschaft die Malerin und Bildhauerin Mary Hertz, eine Tochter des Senators Gustav Hertz und Schwester des bereits 1894 verstorbenen Physikers Heinrich Hertz. Ihre Schwester Melanie wird 1902 die Ehefrau von Paul Kayser, einem Mitglied des Hamburgischen Künstlerclubs, dessen Schülerin sie vorher war.[408] So lernt Warburg durch seine verwandtschaftlichen Beziehungen die Probleme der jungen Hamburger Künstler ganz aus der Nähe kennen. Daraus resultiert auch sein Theaterstück zur Silvesterfeier 1896/97. Ein konservativer Onkel, der sich viel auf seine Kennerschaft einbildet und die moderne Kunst verabscheut, und ein junges Paar prallen darin aufeinander. Der junge Mann ist ein impressionistischer Maler, die junge Frau stammt aus reicher Familie.[409] In diesem Stück spiegelt sich nicht nur die familiäre Situation, sondern Warburg exemplifiziert hier alle Probleme der Kunstrezeption seiner Zeit in Hamburg – Lichtwarks tägliches Brot.

Vor allem aber ist Warburg, was Lichtwark niemals sein wollte: ein Gelehrter. Gleichwohl sehnt er sich paradoxerweise nach einer öffentlichen Wirksamkeit, wie Lichtwark sie besitzt. Zudem betreffen seine Forschungen die italienische Renaissancekunst, ein Gebiet, das Lichtwark kaum interessiert. 1899 erhält Warburg die Gelegenheit zu einer Reihe von Vorträgen über Leonardo da Vinci in der Kunsthalle, die gut besucht sind, dürften sie doch den Publikumswünschen und der Reputation der Familie Warburg entsprochen haben. Warburgs Ansicht, dass Lichtwark als Modernist Italien hasse, ist sicherlich übertrieben, seine Schwerpunkte liegen jedoch völlig

406 Kayser (1977), Nr. 267.

407 Zitat: Warburg-Briefe, WI: BKB II: Nr. 289, Brief Warburg an Bode, 23.1.1908, zit. bei Brosius (1997), S. 107, Anm. 39. – Vgl. Gombrich (1981), S. 28, 125.

408 Vgl. ebd., S. 65, 80, 128. – Meyer-Tönnesmann (1985), S. 61. – Zu Mary Hertz, verheiratete Warburg, vgl. Haug (2006).

409 Vgl. Gombrich (1981), S. 125–128.

anders. Anschließend bietet Warburg an, eine Hinterlassenschaft italienischer Gemälde zu katalogisieren. Lichtwark ist von dieser Idee wenig angetan, dennoch bereit, eine feste Stelle für ihn zu beantragen. Diese Option scheitert jedoch an Warburgs Bedingung einer lockeren Verbindung, in der er seine florentinischen Forschungen je nach Belieben fortsetzen könnte. Warburgs Vorschlag, in Hamburg eine »kulturhistorische Station« zu errichten, kann Lichtwark ebenfalls nicht folgen.[410]

Ihre differierenden Auffassungen zeigen sich auch in der Bewertung des Hamburger Bismarck-Denkmals, das Lichtwark grundsätzlich ablehnt. Warburg hingegen ist begeistert, er notiert über diesen Bismarck in sein Tagebuch: »einfach grandios, plastisch und doch visionär überragend«. In der Abwesenheit der üblichen Denkmalsbanalitäten, wie der Kombination von Realismus bei der Hauptfigur und Idealismus im Beiwerk, sieht Warburg bereits die Qualität bestätigt. Dennoch treffen sich beide in ihrer Bevorzugung des Monumentalen und in der Ablehnung des Gefälligen; Warburg vergleicht dabei mit der italienischen Renaissance: »Es war eben damals nicht anders als heute: Das liebenswürdig Vermittelnde wurde dem pathetisch Eindrucksvollen vorgezogen, die Lutteröthe nahmen die Stelle ein, wo Segantini sitzen sollte [...]«.[411]

So treffen sich beide in einigen Punkten, bei anderen herrscht Verständnislosigkeit; die unterschiedliche Herkunft und Sozialisation spielen dabei sicherlich keine unbedeutende Rolle. Warburg als Bankierssohn, gut versorgt seinen Neigungen nachgehend, und Lichtwark, mithilfe von Mentoren und Förderern in den Mittelstand aufgestiegen und in seine Position gelangt, können ihre Sichtweise nicht zur Deckung bringen. Schiefler berichtet in seinem Tagebuch von einer erregten Aussprache beider in Lichtwarks Direktorenzimmer, nachdem sie in schwere Differenzen geraten seien.[412]

Berlin

Zu den für Lichtwarks Museumstätigkeit besonders wichtigen Persönlichkeiten im Deutschen Reich gehören die Kollegen in Berlin und Dresden (Abb. 54). Allen voran steht Wilhelm von Bode mit seiner unleugbar großen Autorität. Sieben Jahre älter als Lichtwark ist er schon in dessen Berliner Jahren eine bewunderte Figur der Museumswelt. Aus großbürgerlichem Hause stammend, erscheinen sein Lebensstil und seine Einrichtung mit bürgerlichen Möbeln des 18. Jahrhunderts Lichtwark bemerkenswert und mustergültig. Als Bode seine Feuilletons lobt, ist eine wichtige Hürde in seiner sozialen und fachlichen Akzeptanz genommen.[413] Auch in den Jahren nach seinem Hamburger Amtsantritt findet Lichtwark bei Bode Rückhalt und Unterstützung. 1891 bittet er ihn auch um eine Referenz für seine Denkschrift an den Senat,

410 Vgl. ebd., S. 28, 133f., 179. – Lichtwark erwähnt Warburgs Vorträge im Jahresbericht [Bd. 13], 1899 nicht.
411 Gombrich (1981), S. 196.
412 Vgl. Schiefler, LAZ, 13.10.1905, o.P., HH, SUB, HSS.
413 Siehe das Kapitel »Berlin als Paradies« in Teil 1.

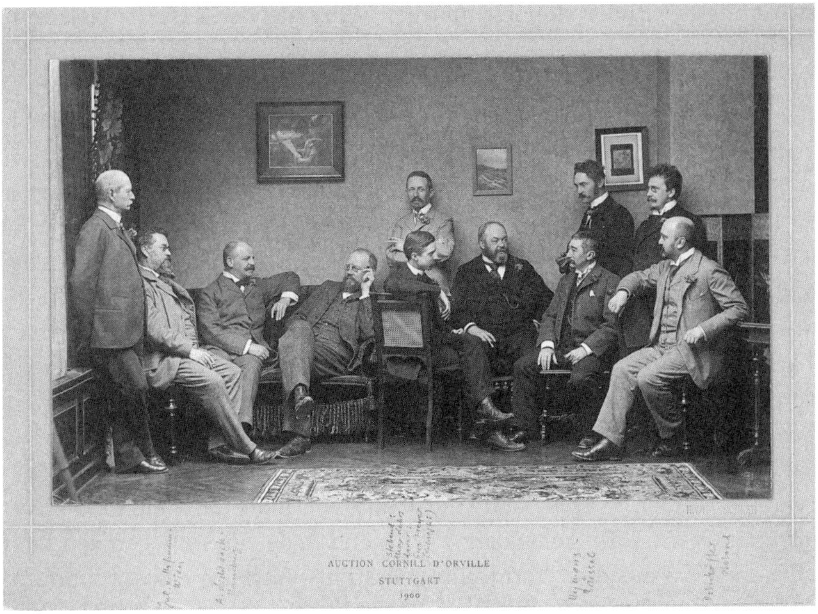

Abb. 54 Elf Herren auf Stühlen und Sofas, Stuttgart, 1909, Aufnahme: Hermann Widensohler (von links: Seidlitz, Hofmann, Lichtwark, Tschudi)

mit der er die Finanzlage der Kunsthalle aufzubessern hofft.[414] Bode schätzt einerseits Lichtwarks Pläne, denn er referiert im selben Jahr in der Berliner Kunsthistorischen Gesellschaft über dessen Wirken, möchte ihn jedoch wegen seiner museumspädagogischen Aktivitäten andererseits 1896 nicht als Nachfolger Max Jordans im Direktorat der Nationalgalerie sehen.[415] Bode schlägt Lichtwark den sich als Meilenstein erweisenden Kauf des ersten Gemäldes von Liebermann für die Kunsthalle vor, der »Netzflickerinnen«, und rät gleichzeitig dem Maler, jeden gebotenen Preis zu akzeptieren.[416]

Mit Bode bespricht Lichtwark 1896 seine Pläne für den Ausbau der Sammlung alter Meister durch Portraits, Genrebilder und Stillleben als Gattungen, die in Hamburg bisher nur schwach vertreten seien, in denen er jedoch die Stärke der holländischen Malerei sieht; die Preise sind zu dieser Zeit noch immer nicht sehr hoch, besonders bei Männerportraits mit Charakterköpfen und guten Stillleben.[417] Bode schätzt für Lichtwark bei Bedarf den Wert von Kunstwerken, erstellt ein Gutachten für den Ankauf der Galerie Hudtwalcker-Wesselhoeft und leistet erfolgreich Unterstützung bei

414 Vgl. Briefe Alfred Lichtwark an Bode, 22.7.1891; am 27.7.1891 bedankt er sich für Bodes Zeilen, die soviel Positives und Anregendes enthalten würden; der Senat werde Augen machen; Berlin, SMB-ZA, NL Bode, 3309.
415 Siehe das Kapitel »›Sauerteig für das schwere Brot. Anregungscentrum, Wartthurm und die neuen Ideen.‹« in Teil 2.
416 Siehe das Kapitel »Lichtwarks neue Sammlungspolitik: Der Sprung in die Moderne« in Teil 2.
417 Vgl. Br. Kommission (1899), Bd. IV: 1896, S. 112.

der Gewinnung der Bilder alter Hamburger Maler aus der Kasseler Galerie und der Altäre.[418] Ihm klagt Lichtwark sein Leid über die stockenden und schließlich ergebnislosen Verhandlungen mit den Museen in Braunschweig und Leipzig um den Verkauf von Bildern älterer hamburgischer Künstler wie Balthasar Denner, Meister Francke und Erwin Speckter. Gelegentlich bittet er Bode, für ihn ein in einer Auktion angebotenes Bild zu begutachten, und erfährt wichtige Neuigkeiten und Informationen über die im Kunsthandel tätigen Persönlichkeiten.[419] Bode berät Lichtwark auch bei Verträgen, zum Beispiel mit dem Bruckmann Verlag, München, hinsichtlich eines Gesamtkataloges, von dem dieser jedoch schließlich Abstand nahm.[420] Mehrfach macht er Lichtwark auf Werke hamburgischer Meister in anderen Museen oder im Kunsthandel aufmerksam. So verständigt er ihn 1893, als er alte Hamburger Gemälde von besonderer Schönheit im Harz und auf Gut Langenstein bei Halberstadt entdeckt, Stillleben von Hinrich Stravius und Andreas Scheits sowie zwei Bauernstücke von Matthias Scheits; die Bilder können unter anderem mithilfe des Mäzens Sir Alfred Beit erworben werden.[421] 1897 kauft Lichtwark von Bode das Genrebild »Der Brief« von Quiringh Gerritsz. Brekelenkam; 1902 bietet Bode ein Stillleben von Jan Fyt an, das Lichtwark 1903 aus dem Vermächtnis des Pius Warburg erwirbt, und im selben Jahr entdeckt er im Depot des Berliner Museums eine kleine »Lucrezia« des Hamburger Malers Franz Timmermann, das Lichtwark 1904 erwerben kann.[422] Drei Jahre nach Lichtwarks Tod, 1917, bedauert Bode gegenüber Pauli, dass er Lichtwark eine Reihe von altdeutschen Bildern vermittelt habe.[423]

Bode und Lichtwark sind verschiedentlich auch gemeinsam tätig. Seit 1895 gehören beide der Verwaltungskommission des Germanischen Nationalmuseums in Nürnberg an, wo sie noch im Mai 1913 zusammen in der Neubaukommission wirken.[424] Von 1895 bis 1900 sitzen beide im Verwaltungsrat der *Pan*-Genossenschaft. Als 1897 das Hamburg-Heft des *Pan* erscheint, äußert Bode seine Anerkennung für die von Lichtwark geförderten jungen Hamburger Künstler.[425] Mit Erscheinen der

418 Lichtwark verhandelt im Januar 1898 mit Bode über den Schweriner Francke-Altar, dieser billigt den Plan durchaus und erklärt Franckes »Christus als Schmerzensmann« für das bedeutendste deutsche Bild der Epoche, schöner und tiefer als alle Kölner Werke; vgl. Br. Kommission (1899), Bd. VI: 1898, S. 3, 5. Bode fungiert auch als Gutachter für den Ankauf des Francke-Altars; vgl. ebd., S. 20.

419 Vgl. Br. Kommission (1902), Bd. IX: 1901, S. 135f. Lichtwark bespricht mit Bode sein Vorgehen in London und Braunschweig; vgl. ebd., S. 222, 315.

420 Vgl. P3, 2.7.1895.

421 Vgl. Br. Kommission (1896), Bd. II: 1893, S. 230, 302. – Best.Kat. Hamburg, Alte Meister, S. 141, 143f., 153.

422 Vgl. Briefe Alfred Lichtwark an Bode aus den Jahren 1890/91, Berlin, SMB-ZA, NL Bode, 3309. – Zu Brekelenkam: Br. Kommission (1899), Bd. V: 1897, S. 262; Best.Kat. Hamburg, Alte Meister, S. 37. – Zu Fyt: Brief Alfred Lichtwark an Bode, 10.7.1902, Berlin, SMB-ZA, NL Bode, 3309; Best.Kat. Hamburg, Alte Meister, S. 68. – Zu Bodes privaten Kunsterwerbungen vgl. z.B. Br. Kommission (1896), Bd. I: 1891/92, S. 43, 79. – Zu Timmermann: vgl. Br. Kommission (1904), Bd. X: 1902; Best.Kat. Hamburg, Alte Meister, S. 161.

423 Vgl. Ring (2010), Bd. 1, S. 194f. Ein Grund für dieses Bedauern ist nicht angegeben, möglicherweise hätte Bode die Bilder lieber in Berlin gesehen.

424 Siehe das Kapitel »Jubiläum, neue Pläne und Generationenwechsel« in Teil 3. – Vgl. Br. Kommission (1920), Bd. XX: 1912/13, S. 390.

425 Vgl. Br. Kommission (1899), Bd. V: 1897, S. 3, 8. – Br. Kommission (1899), Bd. VI: 1898, S. 253.

neuen Zeitschrift der sezessionistischen Kunst, *Kunst und Künstler*, im Jahre 1902, schlägt Bode vor, mit Lichtwark und Tschudi zusammen ein Zirkular zu veröffentlichen, um eine Luxusausgabe des Blattes zu ermöglichen.[426] 1907 bereiten beide die im März 1908 in Frankfurt am Main erfolgende Gründung einer Vereinigung der deutschsprachigen Kunsthistoriker vor. Lichtwark spielt eine wesentliche Rolle bei der Beratung über die Satzung und wird in den Vorstand gewählt. Es gelingt ihm, einen ihm sehr bedenklich erscheinenden Passus zu verhindern, der die Einführung der Kunstgeschichte als Schulfach und die Prüfung der Oberlehrer in Kunstgeschichte vorsieht. Die kunsthistorischen Kenntnisse der Schüler will er ja gerade nicht forcieren, vielmehr soll Kunstanschauung trainiert werden. Außerdem wird er von den Schweizer Kollegen zur Vermittlung aufgefordert, sie wollen nicht als deutsche Provinz behandelt werden. Lichtwark gibt ihnen Recht: Es dürfe nicht so aussehen, als ob mit Schweizer Geld deutsche Publikationen finanziert würden.[427]

Lichtwark bewundert rückhaltlos Bodes Leistungen und erkennt dessen Kompetenz an: »Wenig oder nichts von Alledem würde nach Berlin seinen Weg gefunden haben«, schreibt er an seine Kommission, »wenn er es nicht mitgebracht hätte, oder wenn nicht in seiner Schule die wenigen selbstständigen Sammler sich gebildet hätten. Zu allen seinen Gaben hat Bode auch die des Händlers. Wenn er unterwegs ist, kauft er alles, was ihm gut scheint, sicher dass es ihm in Berlin ein Sammler oder dass es ihm in der Provinz ein deutsches Museum abnimmt. Mich hat immer nur gewundert, wie er durch alle die Rechnerei durchfindet.« Bode habe den Kunstmarkt für die alte Kunst in Berlin überhaupt erst geschaffen.[428] Er lobt auch die von Bode aufgebaute Galerie in Straßburg,[429] steht ihm jedoch keineswegs kritiklos gegenüber. Angesichts des »Simson« von Rembrandt im Frankfurter Städel begreift er nicht, warum Bode dieses Bild nicht erworben hat. Die Autoritätshörigkeit in Deutschland sei jetzt so groß, schreibt er seiner Kommission, dass Bode mit einem Stirnrunzeln ein Werk Rembrandts um seinen Ruf bringen könne. »Niemand kann Bode höher einschätzen als ich. Wenn Bode geurteilt hat, weiß man, daß ein Mann von der vielseitigsten und intensivsten Fähigkeit gesprochen hat. Aber von da bis zur Unfehlbarkeit dehnt sich noch eine weite Strecke.«[430] Andererseits fühlt er sich in seiner eigenen Auffassung bestätigt, als Bode als Generaldirektor bei der Planung des Kasseler Museumsneubaus 1906 den Saal für die Gipsabgüsse nach antiken Skulpturen streicht.[431]

Lichtwark schätzt auch Liebermanns Portrait von Bode und hätte es gerne für Hamburg. Besonders gefällt ihm die erste, noch nicht übermalte Fassung; später zieht er die

426 Vgl. Br. Kommission (1904), Bd. X: 1902, S. 192.
427 Vgl. Br. Kommission (1916), Bd. XVI: 1908, S. 16, 44–46; zum Integrationsproblem der Schweizer Kollegen vgl. auch Brief Alfred Lichtwark an Bode, 11.3.1908, Berlin, SMB-ZA, NL Bode, 3309.
428 Br. Kommission (1899), Bd. VI: 1898, S. 60; (1908); Bd. XIV: 1906, S. 190.
429 Vgl. Br. Kommission (1908), Bd. XIII: 1905, S. 246.
430 Frankfurt habe das Bild für 350.000 Mark gekauft, 80.000 seien noch ungedeckt; Lichtwark hält dennoch die Entscheidung für richtig; vgl. ebd., S. 116.
431 Vgl. Br. Kommission (1908), Bd. XIV: 1906, S. 239f.

dazugehörige Skizze in ihrer Eindringlichkeit und Frische vor.[432] Bei seinen Aufenthalten in Berlin besucht er Bode regelmäßig, auch zu Hause an dessen Krankenlager. Wirkliche Freundschaft jedoch entwickelt sich zwischen Lichtwark und Bode nicht. An Richard Dehmel schreibt Lichtwark im Jahre 1897, er werde beobachtet haben, dass zwischen ihm und Bode persönliche Beziehungen kaum bestünden. »Aber ich halte ihn sehr hoch als eigenartige Kraft.«[433] Diese Haltung ändert sich auch später nicht.

Als Bode 1905 zum Generaldirektor der Berliner Museen avanciert, verhält sich Lichtwark distanziert. Er glaubt ihn nicht gut beraten, die Nachfolge Schönes anzutreten, und bezweifelt ein gerechtes Verhalten Bodes gegenüber den anderen Abteilungen. Zudem hält er dessen prekären Gesundheitszustand für problematisch und mag auch das ständige Schimpfen nicht, das sich ein Mann um die Sechzig nicht mehr abgewöhnen könne. Doch täte es ihm leid, falls Bode als volkstümlicher Mann nur vorgeschoben wäre und eigentlich ein anderer im Hintergrund agierte. Bode seinerseits habe sich mit Händen und Füßen gesträubt, sehe die Stelle als Provisorium an und behalte die Direktion der Gemäldegalerie. Was hinter der Szene spiele, sei so »greulich«, dass er nicht daran denken möge, deutet Lichtwark an, gibt jedoch keine nähere Erklärung dazu.[434] Als Bode Tschudi 1909 sein Vertrauen entzieht und ihn in der sogenannten Tschudi-Affäre zu Fall bringt, kann Lichtwark trotz allem Mitgefühl für Tschudi auch Bodes Position verstehen.[435] Bode wisse alles über die Kollegen, vor allem ihre Sünden und Fehler, schreibt er an seine Kommission, und als diskrete und empathische Natur findet Lichtwark, es könne einem schlecht dabei werden, wenn man Bode lange zuhöre.[436] Bis zum Ende seines Lebens bleibt er Bode gegenüber loyal, erkennt dessen Autorität rückhaltlos an, fühlt sich ihm verpflichtet und unternimmt nichts hinter dessen Rücken.[437]

Mit Bodes langjährigem Assistenten Max Friedländer hat Lichtwark nur gelegentlich zu tun, insbesondere als Bodes Vertreter während dessen Krankheitszeiten, als es Werke wie etwa die Altäre, die Lichtwark anzukaufen gedenkt, zu begutachten gilt.

Dem nur ein Jahr älteren Kollegen Hugo von Tschudi begegnet Lichtwark mit den Jahren immer kühler. In der gemeinsamen Berliner Zeit hat er mit Tschudi als Bodes Assistenten nur wenig Kontakt. Als Tschudi 1896 die Direktorenstelle der Nationalgalerie antritt, versucht Lichtwark lange Zeit vergebens, ihn für die Jahrhundertausstellung zu gewinnen.[438] Tschudis Unentschlossenheit bewirkt die jahrelange Verzögerung

432 Vgl. Br. Kommission (1905), Bd. XII: 1904, S. 242; (1908), Bd. XIII: 1905, S. 176. – Liebermann, Portrait Bode, WV Eberle 1904/13, 1904/14.

433 Vgl. Brief Alfred Lichtwark an Dehmel, 8.3.1897, HH, SUB, HSS, DA 286.

434 Vgl. Br. Kommission (1908), Bd. XIII: 1905, S. 271–273, 280f. Die Hintergründe deutet Lichtwark hier nur vage an. – Auch Pauli gegenüber erwähnt Lichtwark kritisch die »Schimpf- und Reclameseite«; vgl. Br. Pauli, S. 58.

435 Vgl. Br. Kommission (1916), Bd. XVI: 1908, S. 72–74.

436 Vgl. Br. Kommission (1920), Bd. XX: 1912/13, S. 421.

437 Vgl. ebd., S. 142.

438 1897 schreibt Lichtwark über Tschudi: »Wenn ich mit ihm zusammen bin, ist es mir in 5 Minuten nicht mehr der Mühe wert, den Mund aufzumachen.« Brief Alfred Lichtwark an Wedderkop, undatiert, 1897, zit. bei Gebhard (1947), S. 269; nicht in HKH, AdB 112. Auch Bode kritisiert Tschudi; Schöne gegenüber äußert er sich

dieses Lichtwark so sehr am Herzen liegenden Projektes. Auch Lichtwarks Interesse an der Bildung des Kunstpublikums teilt Tschudi nicht. Aus Schweizer Uradel stammend, hat er sich Bildung und Lebenschancen nicht erkämpfen müssen; Kunst- und Museumspädagogik tangieren ihn nicht.[439] Uneingeschränkt bewundert Lichtwark Tschudis Erwerbungen moderner Kunst, vor allem der französischen Impressionisten für die Nationalgalerie, erkennt aber auch dessen Ausbau der Sammlung deutscher Kunst des 19. Jahrhunderts an. Tschudi müsse die Impressionisten in das Obergeschoss und damit an einen weniger günstigen Platz hängen, berichtet er 1899 seiner Kommission bedauernd und betont zugleich, er habe sich große Verdienste erworben mit den Bildern Böcklins, Menzels, Blechens und vieler anderer deutscher Künstler.[440] Obgleich er selbst die französischen Impressionisten schätzt und schon in der Mitte der 1890er Jahre gerne auch für Hamburg erwerben würde, so sieht er doch für die Nationalgalerie vor allem den Auftrag des Sammelns und Bewahrens der nationalen Kunstproduktion des weitgehend noch unberücksichtigten 19. Jahrhunderts, wobei ihm die Jahrhundertausstellung unerlässlich erscheint. Tschudi habe ein schönes Stillleben von Cézanne gekauft, teilt Lichtwark seinem Freund Kalckreuth 1904 mit, lieber aber wäre es ihm, Tschudi stiege energisch in die deutsche Kunst des 19. Jahrhunderts ein: »Was gibt es da zu denken und zu raten!«[441] Als Tschudi sich bei der Erwerbung wichtiger Werke der deutschen Romantik, des Elternbildes von Runge und noch einmal bei Caspar David Friedrich unkollegial und rücksichtslos verhält, kühlt sich Lichtwarks Verhältnis zu ihm merklich ab; er schreibt ihm ein »deutliches Wort« über seine »Fechtweise«.[442] Im Dezember 1906, nach der Jahrhundertausstellung, als von Tschudis Nationalgalerie geschwärmt wird, hält Lichtwark dessen Souveränität für »fest stabilisirt«. Nun könne man ihn nur noch durch Beförderung beseitigen.[443] Tschudi gebärdet sich gelegentlich arrogant, weil Lichtwark weitaus weniger Mittel für Ankäufe zur Verfügung hat. Aber Lichtwark weiß: »Tschudi schwimmt im Gelde oder in Schulden.«[444] Letzteres stellt sich nach dessen Tod heraus. Mit seinem Gerechtigkeitssinn steht Lichtwark jedoch auf Tschudis Seite, als dieser 1908 beim Kaiser in Ungnade fällt. Er nimmt lebhaften Anteil am Geschehen und mag Bodes Rolle als Vorgesetzter, der einen Untergebe-

brieflich über Tschudis Charakter und die schlimmen Erfahrungen, die er mit ihm zum Teil in seinem eigenen Hause gemacht hatte. »Dies vornehme Nichtstun und sich Beschäftigen nach dem eigenen Amüsement und das Sichhinwegsetzen über jede Rücksicht auf Dienst und Vorgesetzte kann ich jetzt noch weniger ertragen als früher.« Tschudi habe jedoch echt künstlerischen Sinn und Interesse für die moderne Kunst; vgl. Pallat (1959), S. 330, Brief Bode an Schöne, 26.9.1895, zit. ebd., S. 252.

439 In Tschudis Vortrag zum Kaisergeburtstag 1899 heißt es: »Der wahren Kunst wird damit [Kunsterziehung durch die Schule und die öffentlichen Sammlungen] schwerlich viel geholfen. Hier handelt es sich nicht um die Menge, sondern um die Wenigen, die fähig sind, das Beste zu empfinden. Es handelt sich nicht darum, die grosse Masse der Künstler zu beglücken, sondern die Besten unter ihnen zu fördern.« Tschudi (1899), S. 24.

440 Vgl. Br. Kommission (1901), Bd. VII: 1899, S. 155.

441 Br. Kalckreuth, S. 115.

442 Vgl. Br. Kommission (1918), Bd. XVIII: 1910, S. 85f.

443 Vgl. Br. Lichtwark-Liebermann, S. 245.

444 Vgl. Br. Kommission (1918), Bd. XVIII: 1910, S. 67, 72.

nen opfert, anfangs keinen Glauben schenken. Nur Schiefler gegenüber äußert er sich genauer über die Zusammenhänge. Tschudi habe 400.000 Mark für den Ankauf von französischen impressionistischen Bildern erbeten, die der Kaiser ihm zugesagt habe. Nun habe Tschudi über die laufende englische Ausstellung gesagt, wenn der Hof sich ebenso wie für diese auch für die Jahrhundertausstellung interessiert hätte, würde es dort kein finanzielles Defizit gegeben haben. Aus Ärger darüber habe der Kaiser die Zusage der Mittel zurückgenommen. Bode gegenüber habe der Kaiser gesagt, er habe ihn entlassen. Bode sei Tschudi nicht wohlgesonnen, und deshalb habe er ihn vielleicht nicht halten wollen. Tschudi und Geheimrat Schmidt würden voraussichtlich gehen. Es sei angeregt worden, Lichtwark solle sich mit Kalckreuth, Liebermann und Gesinnungsgenossen für Tschudi aussprechen, aber sein Kommissionsvorsitzender, Bürgermeister Burchard, sei gegen eine offizielle Intervention gewesen. Dann sei ein Dank für Tschudis Leistungen in Form einer an ihn gerichteten Adresse erwogen worden. Lichtwark habe sich an einzelne Gelehrte von Universitäten um Unterzeichnung gewandt, Wolffson, ein Mitglied der Verwaltungskommission, habe Bedenken geäußert, es könne wie ein Gewissenszwang aussehen. Daraufhin habe Lichtwark seine Aufforderung telegraphisch zurückgezogen, übrigens auch keine Antworten erhalten.[445] Lichtwark sieht alle Indizien auf Bode deuten, der Tschudi opfere, statt ihm zur Seite zu stehen. Bode müsse in Tschudi einen gefährlichen Konkurrenten erkannt haben, als die von ihm selbst aufgebauten und betreuten Sammler und Mäzene wie Eduard Arnhold sich durch Tschudis Engagement der neuen Kunst zuwendeten und ihre erheblichen Mittel dort investierten.[446] 1908 gibt Lichtwark gegenüber seiner Kommission eine genauere Darstellung des Vorfalls, wobei er Tschudis Handeln loyalerweise nicht als eigenmächtig oder vorwegnehmend bezeichnet. Er bekennt jedoch sein Verständnis für Bode, Tschudi nicht gegen den Kaiser verteidigt zu haben: »Ich kann einen Standpunkt des Generaldirectors begreifen, der, um das ganze vor der Sündflut oder dem Chaos, das mit einem Cavalier als Generaldirector hereinbrechen würde, zu retten, einen Abtheilungsdirektor opfert. Die Zeit, wo unter einem Hofmann alles drunter und drüber ging, liegt gar nicht so weit zurück. Aber Tschudi meint, eine mannhafte Darlegung Bodes hätte Erfolg gehabt. Worin er sich, glaube ich, täuscht.«[447]

Auch im Zusammenhang mit der Neuordnung der bayrischen Museen bezeichnet Lichtwark Tschudi als »Schuft«, der als Direktor der Staatlichen Galerien die anderen bayrischen Institutionen rücksichtslos übervorteile, indem er das Beste für die Hauptstadt abziehe. Als Mitglied der Verwaltungskommission des Germanischen Nationalmuseums setzt Lichtwark sich kräftig gegen Tschudi zur Wehr.[448] Viel später erfährt

445 Vgl. Schiefler, LAZ, 16.3.1908, o.P., HH, SUB, HSS.
446 Vgl. Br. Kalckreuth, S. 220; zu Arnhold vgl. Dorrmann (2002), S. 26ff.
447 Vgl. Br. Kommission (1916), Bd. XVI: 1908, S. 72f.
448 Vgl. Br. Kommission (1918), Bd. XVIII: 1910, S. 88–93. – Eine neutrale Darstellung des Vorgangs findet sich bei Deneke / Kahsnitz (1978), S. 600. – 1910 lobt Lichtwark Tschudis Neugestaltung der Alten Pinakothek, er wüsste wenige zu nennen, »die das Ganze so gut gemacht haben würden wie Tschudi und vielleicht nur einen, der es in einigen Punkten besser gemacht hätte, das ist Justi.« Br. Kommission (1918), Bd. XVIII: 1910, S. 232.

Lichtwark von Liebermann, der seinerseits diese Information von dem Kunsthistoriker Karl Voll aus München erhalten hat, Tschudi sei nur durch den Tod davor bewahrt worden, wegen seiner Ankaufspolitik auch seine Stelle in München aufgeben zu müssen. »Jetzt tobt der Kampf um seine Leiche fort.«[449] Lichtwark denkt anfangs an einen Nachruf auf Tschudi, verzichtet jedoch darauf und will nur in der Gesellschaft Hamburgischer Kunstfreunde ein paar Worte über ihn sprechen. Liebermanns Gedächtnisrede[450] gefällt ihm zwar sehr, er selbst jedoch wisse zuviel und andererseits nicht genug, und Tschudi werde es vielleicht nicht gern gesehen haben, wenn er einen offiziellen Nachruf übernähme. Bei aller Zurückhaltung beurteilt Lichtwark Tschudis Wirken und Leistung doch einfühlsam und gerecht: »Tschudi trat an die Welt mit der Vorstellung heran, alles gehöre ihm und sei für ihn da, und er war eher erstaunt als unwillig, wenn sich irgend wer oder irgend was ihm entzog. [...] Er hat das deutsche Museumswesen einen starken Wurf vorangebracht, indem er die Ziele der Nationalgalerie und der Pinakothek in eine höchst erkennbare Zone vorrückte. Das wird man ihm nie vergessen, denn dadurch hat er auf die gesamten Zustände gewirkt.«[451]

Auch zu den übrigen Berliner Kollegen hält Lichtwark Kontakt, besucht sie bei seinen Aufenthalten in der Stadt und nimmt Anteil an ihrer Tätigkeit. Wie kaum ein anderer in Deutschland kennt er die Berliner Museumsverhältnisse.[452] Eine besondere Rolle spielt dabei für ihn auch Richard Schöne, nicht zuletzt durch dessen förderndes Wohlwollen und den großen Altersunterschied von zwölf Jahren. Seit seinen Anfängen in Berlin im Jahre 1880 ist ihm Schöne als Generaldirektor bekannt; die Wertschätzung beruht auf Gegenseitigkeit. »Von auswärtigen Museumsleitern war der Direktor der Hamburger Kunsthalle, Alfred Lichtwark, im Schöneschen Hause oftmals Gast. Er hatte dort schon in den Jahren 1881 bis 1886 verkehrt, als er zunächst als Praktikant, dann als Bibliothekar am Kunstgewerbemuseum und zeitweise auch am Kupferstichkabinett beschäftigt war. Seine gelösten und dabei sicheren Umgangsformen im Verein mit der Gabe, über Dinge von Bedeutung meist auf grund eigener Beobachtungen und Erlebnisse fesselnd zu plaudern, hatten ihm damals viel Sympathien erworben. Schöne schätzte an ihm besonders den hellen Verstand, das sichere Urteil und die Unternehmungslust. Sehr hoch bewertete er später Lichtwarks Leistungen als Direktor der Hamburger Kunsthalle, die er zu einer vorbildlichen Pflegestätte heimatlicher Kunst alter und neuer Zeit entwickelte, und sein erfolgreiches Wirken als Anreger und Verbreiter künstlerischer Kultur. Was Lichtwark als Kunsterzieher erstrebte, entsprach in vielem Schönes eigenen Zielen, so die Ausschöpfung

449 Vgl. Br. Lichtwark-Liebermann, S. 425. – Br. Kommission (1919), Bd. XIX: 1911, S. 199. Lichtwark berichtet hier von seinem Gespräch mit Liebermann über Tschudis Biographie. »Das Gerücht, daß er sich in München vor derselben Situation sah wie hier in Berlin, beruht auf Wahrheit. Stuck, Hildebrand u. a. hatten eine mächtige Action in Vorbereitung, Hildebrand dabei, sein ältester und intimster Freund. Aber für's Schriftliche ist das Alles zu weitläufig.«

450 Vgl. Liebermann (1978, Tschudi).

451 Br. Kommission (1919), Bd. XIX: 1911, S. 184f.

452 Vgl. Pallat (1959), S. 338.

des bildenden Wertes der Kunstmuseen, die Hebung des Zeichenunterrichtes an den Schulen, die Steigerung der Ansprüche an das Kunsthandwerk.«[453] Auch im Interesse für die deutsche Kunst des 19. Jahrhunderts und der eigenen Zeit treffen sich Lichtwark und Schöne.[454] Als Schöne nach 25jähriger Tätigkeit als Generaldirektor im Jahre 1905 resigniert zurücktritt, fühlt Lichtwark mit ihm und würdigt seine Verdienste. Die Amtsniederlegung Schönes bereitet ihm großen Kummer. »Wir verlieren alle dadurch«, schreibt er im November 1905 an seine Kommission. »Die Berliner Ereignisse, die so bedeutend sind, daß niemand darauf zu achten scheint, liegen auf mir wie eine körperliche Last. Ich habe kaum Zeitungen gesehen, weiß deshalb nicht, was die öffentliche Meinung sagt. Vermutlich nichts. Hier rächt sich Schönes übergroße Zurückhaltung. Das deutsche Volk ahnt gar nicht, was alles mit diesem Manne gefallen ist. Er hat der Presse nie zu reden gegeben. Sie hat ihn immer nur erwähnt. Wo er der Leiter und Anreger war, erschien er der Öffentlichkeit als Zuschauer. Tatsächlich steckt er hinter allem, was an den Museen geschah. Und er war nicht nur der Diplomat, der die Wege wies oder ebnete, er wurde bei allen großen und den meisten kleinen Dingen als Ratgeber herangezogen, denn in allen Fächern hatte sein Scharfsinn und sein Urteilsvermögen die Oberhand. Seine Kraft und Einsicht steckten als Feder im großen Getriebe der preußischen Museumsangelegenheiten.«[455] Die Beziehung zwischen Schöne und Lichtwark ist so persönlich und freundschaftlich beschaffen, dass Schöne ihm bald nach seinem Rücktritt »in einem ergreifenden Brief« seinen Gram über die Ereignisse anvertraut.[456] Im März 1909 berichtet Lichtwark seiner Kommission noch von seiner Besichtigung der von Alfred Messel entworfenen Villa Schöne. Die Schlichtheit des Anwesens entspricht ganz seinen eigenen Vorstellungen: »Es ist ungefähr das, was ich den Hamburgern wünschen möchte.« Das Haus sei in weißgefugtem Backstein erbaut, der Garten besitze nur einen Weg an der Hecke entlang und wirke deshalb weitläufig.[457] Es erscheint, als hätten Bauherr und Architekt Lichtwarks gestalterische Gedanken Realität werden lassen.

Zu dem Direktor des Berliner Kupferstichkabinetts, Friedrich Lippmann, hält Lichtwark Kontakt, seit er als Student jahrelang in Lippmanns Bereich und unter dessen Anleitung arbeitete. Über Lippmann schreibt Lichtwark 1893 an seine Kommission: »Er gehört zu den wenigen, die in Berlin die Augen offen haben.«[458] Das Berliner Kupferstichkabinett bleibt seine Bezugs- und Vergleichsgröße für den Ausbau der Hamburger Graphiksammlung. Lippmann, der sich überwiegend mit alter Kunst befasst, überlässt Lichtwark nach einigen schwierigen Verhandlungen 1891 ein Skizzenbuch von Jacob Weyer gegen eine entsprechende finanzielle Entschädigung.[459]

453 Ebd., S. 350.
454 Schöne sammelte Material für eine Erforschung der deutschen Kunst seit dem Ende des 18. Jahrhunderts und interessierte sich zeitlebens für die zeitgenössische Kunst; vgl. ebd., S. 21f., 366f.
455 Br. Kommission (1908), Bd. XIII: 1905, S. 270f.
456 Vgl. Br. Kommission (1908), Bd. XIV: 1906, S. 4.
457 Vgl. Br. Kommission (1917), Bd. XVII: 1909, S. 99; Behrendt (1998), Abb. Landhaus Schöne, S. 113.
458 Br. Kommission (1896), Bd. II: 1893, S.7f.

Er informiert sich jedoch bei Lichtwark über die moderne französische Farbgraphik und lässt sich von ihm eine Auswahl zur Ansicht schicken, die ihn staunen macht, auch über die Preise. Zwar leidet er unter Geldmangel, erbittet von Lichtwark aber Informationen und Adressen in Paris, um dort ebenfalls zu ordern.[460] Lippmann und Bode seien »amerikatoll«, schreibt Lichtwark 1894; Lippmann habe aus Chicago eine Sammlung moderner amerikanischer Holzschnitte mitgebracht. Dafür kann Lichtwark sich nicht begeistern. Er bezweifelt auch den Gedanken, die jungen Künstler, Architekten und Kunstgewerbler zum Studium dorthin zu senden, will sich zwar zunächst die Kollektion amerikanischer Holzschnitte für Hamburg einmal ausleihen, schließlich dann doch lieber an den Präsidenten der Xylographengesellschaft in New York schreiben und direkt Kontakt aufnehmen.[461] Auch die Bildnisgraphik von bedeutenden Männern der Gegenwart plane Lippmann jetzt zu fördern, als erstes soll Ernst Moritz Geyger das Portrait Mommsens stechen, berichtete Lichtwark, stolz über den Hamburger Einfluss auf Berlin, und im Redaktionsausschuss des *Pan* will Lippmann zu Lichtwarks Freude die Qualitätssicherung der Reproduktionen übernehmen.[462] Anlässlich des hundertjährigen Jubiläums der Lithographie plant Lippmann, den Berliner Bestand aufzuarbeiten, Lichtwark empfiehlt ihm dazu als Spezialisten Dr. E. Zimmermann, einen jungen Hamburger, der gerade eine Lithographieausstellung für das Gewerbemuseum konzipiert. Und 1900 holt Lippmann sich bei Lichtwark Rat für den Aufbau einer modernen Kupferstich- und Lithographiesammlung, er hat reichliche Mittel zur Verfügung und erwirbt nun auch Blätter moderner Künstler.[463] So gibt es zwar immer wieder gegenseitige Anregungen, Lichtwark bekennt jedoch, immer mit Lippmann auf »Kriegsfuß« gestanden zu haben; beide sind schließlich auch Konkurrenten bei den Versteigerungen von Gutekunst in Stuttgart. Und was Lippmann nicht gut genug erscheint, will auch Lichtwark nicht erwerben. Anlässlich Lippmanns Jubiläums im Jahre 1900 kommt von Lichtwark der Vorschlag zu einer Darstellung des Berliner Kupferstichkabinetts, ihm wird die Einleitung über Lippmanns Wirken übertragen.[464] Als Lippmann 1903 stirbt, schreibt Lichtwark, auch aus seinem Leben scheide ein Mensch, der es leerer lasse, es bleibe nichts als das Gefühl von Freundschaft.[465]

459 Vgl. Br. Kommission (1896), Bd. I: 1891/92, S. 77, 79, 235.
460 Vgl. Br. Kommission (1896), Bd. II: 1893, S. 5, 7f., 40, 249; Br. Kommission (1896), Bd. III: 1894/95, S. 48.
461 Vgl. ebd., S. 20, 40, 54, 56f.
462 Vgl. ebd., S. 39, 123.
463 Vgl. Br. Kommission (1899), Bd. IV: 1896, S. 111; (1901), Bd. VIII: 1900, S. 146; (1902), Bd. IX: 1901, S. 337.
464 Nicht bei Kayser (1977). Meine Recherchen blieben bisher ergebnislos.
465 Vgl. Br. Kommission (1901), Bd. VII: 1899, S. 72f., 80; (1901), Bd. VIII: 1900, S. 243; (1904), Bd. XI: 1903, S. 196, 200f.

Dresden und andernorts

Seit den Berliner Jahren sind Lichtwark und Woldemar von Seidlitz einander freundschaftlich verbunden, Kontakt und Austausch sind rege, die Interessen gleichen sich. Seidlitz ist Lippmanns Assistent, als Lichtwark in das Berliner Kupferstichkabinett eintritt. Bereits 1885 wird Seidlitz nach Dresden berufen und 35jährig als »Vortragender Rat am Generaldirektorium der Königlichen Sammlungen für Wissenschaft und Kunst« zum ranghöchsten Beamten in Sachsen ernannt. Seidlitz gehört zu den wenigen Kollegen, die am Portrait, an der Kunst des 19. Jahrhunderts, an Rembrandt-Radierungen, am japanischen Farbholzschnitt und vor allem an der zeitgenössischen Kunst, dem Sezessionismus und Impressionismus, Interesse zeigen.[466] Manche ihrer Themengebiete ähneln sich auffallend: Seidlitz gibt von 1884 bis 1890 ein umfangreiches Portraitwerk heraus; 1897 erscheint seine aus zwei Vorträgen kombinierte Publikation über die Entwicklung der modernen Malerei, in der er auch auf Lichtwarks erste einschlägige Forschung *Herrmann Kauffmann und die Kunst in Hamburg von 1800–1850* verweist. Er stellt sich in dieser Schrift als Kenner der Materie bis hin zu den französischen Impressionisten dar. 1900 veröffentlicht er ein Buch über Farbengebung. Beide, Lichtwark und Seidlitz, arbeiten verschiedentlich bei wichtigen Projekten zusammen: in der Redaktion des *Pan*, beim ersten Kunsterziehungstag in Dresden und bei der Vorbereitung der Jahrhundertausstellung. Von 1902 an sind beide Mitglieder des Verwaltungsrates des Germanischen Nationalmuseums in Nürnberg.[467] Wie Lichtwark thematisiert Seidlitz hinsichtlich der Moderne die Problematik der Rezeption des Ungewohnten, der Abschreckung durch das Neue, deren Überwindung noch lange Zeit in Anspruch nehmen werde. Die modernen Galerien seien Schatzkammern für alle höchsten und eigenartigsten zeitgenössischen Schöpfungen auf dem Gebiete der Kunst und der Genuss sei kein leichter und bequemer. Dazu zitiert er Goethe, dass eigentlich alles, was nicht gefalle, das Rechte sei, ein Paradoxon. Und er formuliert noch eingehender mit einem Zitat der Gebrüder Goncourt: Das Schöne sei das, was die Nähmamsell und das Stubenmädchen als scheußlich empfänden.[468]

Auch mit Karl Woermann (Abb. 59), den Lichtwark bereits in seiner Berliner Zeit kennenlernt und der seine Berufung nach Hamburg wesentlich beeinflusst, wenn nicht initiiert hat, hält Lichtwark weiterhin Kontakt. Mit Woermanns Eintritt in die Dresdner Gemäldegalerie im Jahre 1882 gelangt dort zum ersten Mal ein Fachgelehrter in das Direktorat. Der Sohn eines Hamburger Großkaufmanns studierte wie Bode und Brinckmann zunächst Jura, bevor er sich der Kunst zuwandte. Obwohl auch an moderner Kunst interessiert, beschäftigt sich Woermann doch eher mit antiker und

466 Metzler Kunsthistoriker Lexikon (1999), S. 382–384.
467 Seidlitz (1884–1890). – Seidlitz (1897, Malerei), S. 14. – Seidlitz (1900). – Siehe die entsprechenden Kapitel: »Berlin als Paradies« in Teil 1, »›Eine neue deutsche Bombenkunstzeitschrift‹: Pan« in Teil 3, »Kunsterziehung IV: Der erste Kunsterziehungstag 1901« in Teil 4 und »Die Jahrhundertausstellung« in Teil 4. – Seidlitz gehört dem Verwaltungsrat des GNM Nürnberg von 1902–1922 an; vgl. Deneke / Kahsnitz (1978), S. 1036.
468 Vgl. Seidlitz (1897, Malerei), S. 20.

alter Kunst, da er neben der Kunstgeschichte auch Archäologie studiert hat.[469] Beide Kollegen konkurrieren auf faire Art gelegentlich um Bilder, vor allem von Caspar David Friedrich.[470]

Max Lehrs, Lippmanns Assistent in Lichtwarks Berliner Zeit, wird 1886 wie Lichtwark bei Anton Springer in Leipzig promoviert. 1883 geht er als Assistent nach Dresden, wird 1895 Direktor des Dresdner Kupferstichkabinetts und bleibt dort mit einer Unterbrechung von 1905 bis 1908, als er noch einmal in Berlin tätig ist.[471] Beide stehen in freundschaftlichem Kontakt und Austausch; Lichtwark informiert sich gern einmal über Lehrs' Ankäufe moderner Graphik, ein gemeinsames Interesse. 1898 treffen die beiden Kollegen auf der Reise nach Stuttgart zu einer Auktion bei Gutekunst im Zug zusammen und besichtigen Gelnhausen, wobei Lichtwark mit der Beschreibung der noch unrestaurierten Ruine des Palastes Kaisers Rotbarts eines seiner ansprechenden Feuilletons liefert.[472] Zwei Photographien von Hermann Widensohler aus den Jahren 1895 und 1900 im Nachlass Lehrs stellen Lichtwark und Lehrs mit weiteren Kollegen anlässlich von Auktionen bei Gutekunst als Gruppenbild dar (Abb. 54, 55).[473] 1897 spricht sich Lichtwark in einem Brief an Lehrs einmal deutlich aus: »Lieber Freund«, schreibt er, will ihm verschiedene Drucke und Bücher senden – dann folgt das Bekenntnis: »Wenn ich nur machen könnte, was ich wollte. Aber die tausend Ketten.«[474]

Der Direktor der Dresdner Skulpturensammlung seit 1882, Georg Treu, regt Lichtwark bereits in Berlin zur Beschäftigung mit der farbigen Skulptur an. Auch mit ihm steht Lichtwark im Austausch; so erfährt er, dass Treu Probleme mit den großen französischen Medailleuren und Bildhauern hat; er erhält von ihnen lediglich Gipsabgüsse und ist erstaunt über Lichtwarks Ergebnisse.[475] Beide treffen in der Jury für das Hamburger Bismarck-Denkmal zusammen, 1911 noch einmal in der Jury für das Bismarck-Denkmal bei Bingen.[476]

469 Metzler Kunsthistoriker Lexikon (1999), S. 488–490.
470 Siehe das Kapitel »Die Suche nach den Hauptmeistern der Romantik: Caspar David Friedrich« in Teil 4.
471 Vgl. Lichtwarks Einträge in Lehrs Gästebuch »Grand Hotel Lehrs« ab 1883 sind humoristisch, so bezeichnet er am Freitag, dem 29. August 1884, seinen Stand als »Museumsmöbel« und in der Rubrik »Beschwerden« notiert er: »dass einem der Abschied so schwer gemacht wird«; am 22. August 1903 »zu viel Bowle«; vgl. Gästebuch Lehrs, München, BSB, HSS, NL Lehrs, Ana 538.
472 Vgl. Br. Kommission (1899), Bd. VI: 1898, S. 38–44. »Wenn man auf die Idee käme, das köstliche Werk zu restauriren, so wäre aller Zauber verjagt. Niemand könnte mehr glauben an das, was er sähe. Es würde sein, wie die Kaiserpfalz in Goslar, so sah es gewiss einmal n i c h t aus. Die Gestalt des Sagenkaisers wird einem in diesem Palast unheimlich lebendig. Es ist, als hätte man einen Tag lang sein Leben mitgelebt.« (S. 43).
473 Zum Gruppenbild von 1895 (München, BSB, HSS, NL Lehrs, Ana 538) vgl. Br. Kommission (1896), Bd. III: 1894/95, S. 191, 197. – 11 Herren auf Stühlen und Sofas anlässlich der Auktion Sammlung Heinrich Anton Cornill-d'Orville (1790–1875), Berater und Direktor des Städel in Frankfurt/M., 14./15.5.1900, G. Gutekunst und F. C. A. Prestel, Stuttgart. Prägestempel unten rechts unter dem Photo auf dem Passepartout in Blockschrift-Versalien: H:WIDENSOHLER (BSB München, HSS, NL Lehrs, Ana 538).
474 Brief Alfred Lichtwark an Lehrs, 23.11.1897, BSB München, HSS, NL Lehrs, Ana 538.
475 Zu Treu vgl. das Kapitel »Erwerbungen II: Ankäufe für die Skulpturensammlung« in Teil 2. – Br. Kommission (1896), Bd. I: 1891/92, S. 60.
476 Siehe dazu die Kapitel »Denkmäler für Hamburg und Bremen« in Teil 4 und »Der Wettbewerb um das Bismarck-Nationaldenkmal in Bingerbrück« in Teil 5.

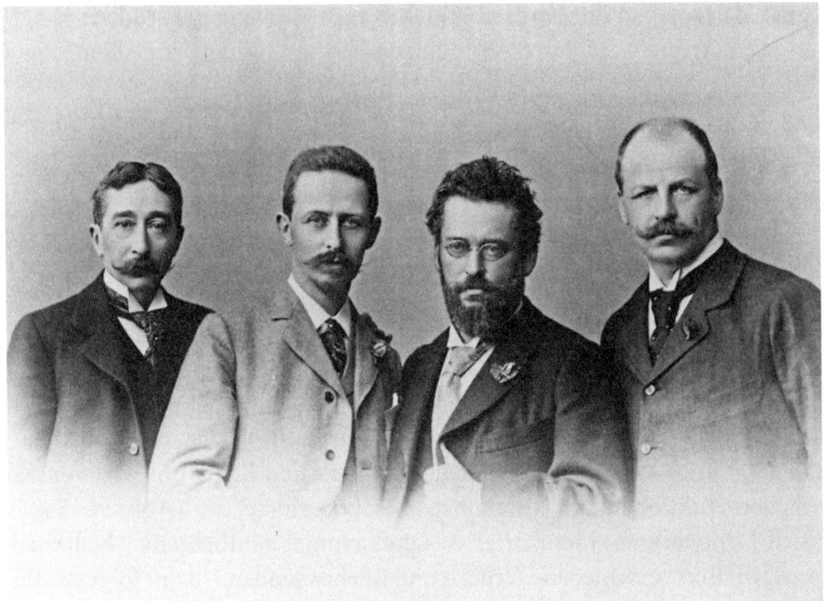

Abb. 55 Henri Hymans, Max Lehrs, Julius Hofmann und Alfred Lichtwark, 1895, Aufnahme: Hermann Widensohler

Einflussreich wirkt Lichtwark auf die jüngeren Kunsthistoriker. Heinrich Weizsäcker, zehn Jahre jünger als Lichtwark, von 1891 an Henry Thodes Nachfolger am Städelschen Kunstinstitut in Frankfurt, hat ähnliche Probleme wie Lichtwark bei seinen Plänen zur Erwerbung der wichtigen zeitgenössischen Künstler; auch dort glaubt man dem jungen Direktor weniger als den Kunsthändlern. Auch dort sind die konservativen Kräfte stark und verhindern nicht nur den Ankauf von Menzels »Ballsouper«, sondern lehnen prinzipiell alles Zeitgenössische ab. 1900 soll Lichtwark auf Weizsäckers Einladung hin einen Vortrag halten, er gibt als Thema »Die künstlerische und sociale Function des Bildnisses« an, verkürzt auf »Das Bildnis in der lebenden Kunst«. Gleichzeitig bittet Lichtwark vertraulich, die Einladung möglichst zu verhindern, vor allem die Zeitungen nicht zu benachrichtigen; offensichtlich ist er an Vorträgen nicht sehr interessiert. Im Januar 1901 hält er jedoch seinen Vortrag und einen zweiten vor »Realschulmännern« über »Die künstlerische Bildung auf örtlicher Grundlage«. 1900 ist Weizsäcker noch an den Beratungen für die Jahrhundertausstellung beteiligt, die dann allerdings stagnieren; 1904 nimmt er einen Ruf an die Technische Hochschule Stuttgart an. Noch in Frankfurt richtet er, Lichtwarks Beispiel bei der Wiederentdeckung der lokalen Kunstgeschichte folgend, Kabinette mit Frankfurter Künstlern aus alten Beständen und Ankäufen ein, in Stuttgart veröffentlicht er dann seine Forschungen zur Frankfurter Malerei des 19. Jahrhunderts. 1904, als Weizsäcker nach Stuttgart übersiedelt, berichtet Lichtwark, Weizsäcker habe nicht viel ausrichten können, er habe all die schönen Dinge aufgezählt, die das Städel hätte haben können, wenn seine Vorschläge nicht zurückgewiesen worden wären. »Im Ganzen haben wir in derselben Zeit mehr erreicht, trotz aller Anfeindung, aller Gleichgültigkeit und aller Abneigung, Opfer zu bringen, die sich als unüberwindlich herausgestellt hat.«[477]

Theodor Volbehr, gleichaltrig mit Weizsäcker, gestaltet in Magdeburg die Sammlungen des Kunstgewerbevereins, aus denen 1906 das Kaiser-Friedrich-Museum, das spätere Kulturhistorische Museum, hervorgeht. 1908 besucht Lichtwark das nun im Neubau eingerichtete Museum. In der Gemäldesammlung findet er, was ihn selbst am stärksten interessiert, Menzel, Böcklin, Liebermann, Corinth, die Sezessionisten. 1912 fügt Volbehr dann seiner Sammlung Werke von van Gogh und Cézanne hinzu, die Lichtwark zwar auch schätzt, jedoch aus Gründen mangelnder Mittel und Unterstützung nicht erwerben kann. Offensichtlich gibt es in Magdeburg weniger Widerstand gegen die Moderne als in Hamburg. Volbehr folgt dem Bildungsgedanken Lichtwarks, er hörte dessen Vorträge 1903 bei der Mannheimer Tagung »Die Museen als Volksbildungsstätten« und zitiert daraus in seinem Aufsatz *Die Museumsführung*. Noch ein weiteres Mal zitiert er einen Schlüsselsatz Lichtwarks, hier aus dessen Antrittsrede von 1886: Den Topos vom Museum, das nicht dastehen und warten, sondern aktiv zur künstlerischen Erziehung des Volkes beitragen will. Auch zu der erstmalig von Lichtwark propagierten lokalen Bezogenheit der Sammlungen bekennt er sich.[478]

Den sechzehn Jahre jüngeren Karl Koetschau kennt und schätzt Lichtwark ebenfalls. Das Weimarer Museum, das Koetschau seit 1906 leitet, sei durch ihn zu einem der anziehendsten in Deutschland geworden, während es vor nicht allzu langer Zeit noch eine Rumpelkammer gewesen sei. 1909 besichtigt Lichtwark das Museum und auch das von Koetschau neu gestaltete Gartenhaus Goethes. Koetschau habe die Maler des 19. Jahrhunderts, Menzel, Schwind, Kersting und Friedrich, neu gehängt und müsse nun das bisher Versäumte bei Begas, Böcklin, Lenbach und den bedeutenden Weimarer Künstlern nachholen.[479]

Auf Lichtwark, der ihm die Richtung gewiesen habe, bezieht sich Fritz Wichert, 26 Jahre jünger und damit schon der folgenden Generation angehörend. Seit 1909 an der Kunsthalle Mannheim als Direktor tätig, wendet er sich nicht mehr wie sein Vorbild an das bürgerliche Publikum, sondern ist bestrebt, die kunstfernen Gesellschaftsschichten zu gewinnen. Wichert bezeichnet sich als mit Lichtwark eng befreundet, an ihm habe er sich bei der Schaffung des »Freien Bundes« orientiert. Schon in seiner Assistentenzeit am Frankfurter Städel versucht er um 1908 eine Graphikedition nach dem Vorbild der Gesellschaft Hamburgischer Kunstfreunde herauszugeben, um lokale Künstler und Publikum zusammenzubringen, eine Unternehmung, die allerdings am Widerstand der Künstler scheitert. Im industriell geprägten Mannheim, wo er seit 1909 das Amt des Museumsdirektors innehat, versucht nun der Freie Bund zur

477 Vgl. Br. Kommission (1896), Bd. II: 1893, S. 103; (1901), Bd. VIII: 1900, S. 141; (1902), Bd. IX: 1901, S. 4–7, 37f.; (1905), Bd. XII: 1904, S. 9f., Zitat S. 10. – Dibbern (1974), S. 50–53.
478 Vgl. Junge-Gent (2006), S. 129–144.
479 Vgl. Br. Kommission (1908), Bd. XIV: 1906, S. 206; (1917), Bd. XVII: 1909, S. 250f., 252f.

Einbürgerung der bildenden Kunst in Mannheim den »Willen zur Kunst« in die Bevölkerung zu tragen. Das Volk soll Kunstwerke besitzen, deshalb versucht Wichert die Sammeltätigkeit anzuregen. Sein Konzept bezieht sich jedoch nicht auf eine gleichzeitige Entwicklung der lokalen Kunstszene. Er erwirbt aus Mitteln des Freien Bundes Kunstwerke, die durch Verlosungen zu einem Zehntel des Ankaufspreises erworben werden können. Die erste Veranstaltung findet im Oktober 1913 statt, die letzte 1924. Wicherts Konzept ist damit moderner als das von Lichtwark. Es bezieht sich auf eine Massengesellschaft und kommt den Bildungsbedürfnissen der Arbeiterschaft entgegen. Vorlesungen als Akademie für jedermann hält er seit 1911.[480] Lichtwark würdigt Wicherts Leistung: Er sei der einzige deutsche Museumsdirektor, dessen Verein 5.000 Mitglieder angehören, und brieflich spricht er ihm sein Kompliment aus. »Glück auf! Ich habe mit Staunen und Bewunderung Ihr Programm gelesen. Möge Ihnen die Kraft beschieden sein, diese großen Pläne auszuführen. Das Zeug dazu haben Sie. Es ist ein Trost für mich, daß ich der jungen Generation, die nun an der Arbeit ist, noch zusehen darf. Wie herrlich, daß ein Wille da ist, der Sie trägt. Das hat uns gefehlt und fehlt uns noch. Was hätten wir machen können, wäre die Stunde uns schon günstig gewesen. Nicht ohne Bitterkeit denken wir an verlorene Jahre der Rodung. Ich muß nun bald einmal zu Ihnen kommen, um zu sehen, wie Sie's machen. Hoffentlich bin ich noch nicht zu eingerostet, um von der Jugend lernen zu können. Bei der Lektüre Ihrer Kundgebung hätte ich Sie gerne zur Seite gehabt, um Ihnen Satz für Satz zu sagen, wie mich Ihr kühnes Vorgehen und Ihre Umsicht freut [...].«[481] 1912 besucht Lichtwark die Mannheimer Kunsthalle und ist von Wicherts Franzosensaal begeistert: Manets »Erschießung des Kaisers Maximilian« gegenüber dem Eingang, Bildnisse von Cézanne und Daumier, Delacroix, Renoir und anderes; er könne es, mit 150.000 Mark jährlich und »Extraordinarien«. Lichtwark selbst hat hingegen nur 100.000 Mark Etat zur Verfügung.[482]

24 Jahre jünger als Lichtwark ist Ludwig Justi, der 1904 als Nachfolger von Weizsäcker nach Frankfurt an das Städelsche Kunstinstitut berufen wird und nur ein Jahr dort bleibt. Lichtwark schätzt ihn sehr und besucht ihn häufig in der Nationalgalerie, wo er von 1909 an als Nachfolger Tschudis amtiert. Lichtwark kann sich Justi als Nachfolger in Hamburg vorstellen, wo er wegen der Widerstände bald seinen Posten verlas-

480 Vgl. Howoldt (1982), S. 19, 38–44, 48f.
481 Brief Alfred Lichtwark an Wichert, 31.1.1912, Kunsthalle Mannheim, Archiv, zit. bei Howoldt, S. 42.
482 Vgl. Br. Kommission (1920), Bd. XX:, S. 204f. – Die Mannheimer Kunsthalle besaß an französischer Kunst im Jahr 1912: Manet, Erschießung des Kaisers Maximilian, WV Rouart / Wildenstein 127; Courbet, Pferd im Walde/La chasse au renard, WV Courthion 330; Delacroix, Türkischer Frauenraub; Monet, Dorfstraße in der Normandie/La rue de la Bavarolle, WV Wildenstein 34, 1911 von Cassirer erworben; van Gogh, Rosen und Sonnenblumen, WV Faille 250, WV Feilchenfeldt, S. 50; Renoir, Stillleben mit Pfingstrosen; Cézanne, Raucher mit aufgestütztem Arm/Mann mit Pfeife, WV Rewald 756; Corot, Kleiner Wagen in den Dünen; Pissarro, Brücke/Pontoise, WV Pissarro / Durand-Ruel Snollaerts 401, beides erworben 1912; vgl. Kern (1989), S. 210. – Kunsthalle Mannheim Meisterwerke (1995). – Lichtwark berichtet Pauli am 22. März 1908, sein Antrag auf Erhöhung des Etats auf 100.000 Mark sei in der Bürgerschaft ohne Debatte durchgegangen; vgl. Br. Pauli, S. 50.

sen will. Justi bezeichnet in seiner Denkschrift von 1912 Lichtwarks Portraitsammlung als »die zweite bedeutende und bewusste Portraitsammlung unserer Zeit«: »Alfred Lichtwark, der zuerst die verschiedenen Aufgaben eines modernen Museums klar erkannte und mit ebensoviel Geduld als Energie durchzuführen suchte, hat auch auf diesem Gebiet einen neuen und schöpferischen Gedanken verwirklicht. Er fand, dass bei der formlosen Art des öffentlichen Lebens unserer Zeit an Stelle des großen Figurenbildes der Renaissance und der Pariser Historienmalerei etwas anderes treten müsse: das Bildnis und die Bildnisgruppe, wie einst in Holland. Deshalb ließ er hochgestellte oder bedeutende Hamburger Persönlichkeiten durch hervorragende deutsche Maler portraitieren, durchweg aus Mitteln, die von Kunstfreunden gestiftet wurden, so daß der Ankaufsfonds des Museums dafür nicht beansprucht zu werden brauchte. So entstand eine große moderne Bildnisgalerie, die ihm viel Ärger und Angriffe eingetragen hat, die jedoch mit wachsender Distanz immer mehr als ein wertvolles und einzigartiges Dokument unserer Zeit erkannt werden wird.«[483] Justi glaubt jedoch nicht an eine Übertragbarkeit dieses Systems auf die geplante nationale Portraitgalerie in Berlin. In Hamburg werde in absehbarer Zeit allein der künstlerische Wert wirksam sein, »es handelt sich eben durchaus um ein künstlerisches Dokument; und außerdem um einen zeitlich begrenzten Querschnitt: das retrospektive Moment fehlt. Endlich ist die Sammlung auf Hamburg beschränkt.« Er verweist jedoch hier schon auf die Aufhebung der lokalen Begrenzung, die Lichtwark mit seinen letzten Aufträgen anstrebt. Die nationale Portraitgalerie in Berlin werde also von vorneherein unter anderen Voraussetzungen anzulegen sein.[484]

Der jüngste Kollege, den Lichtwark bereits als Brinckmanns Assistenten kennengelernt hat, ist der 28 Jahre jüngere Max Sauerlandt, der 1908 nach Halle berufen wird. Lichtwark besucht das Museum, zu seinem Bedauern in Sauerlandts Abwesenheit, im März 1911. »Man spürt schon den neuen und jungen Herrn«, schreibt er an seine Kommission. »Ein Freilichtbildniß von Slevogt, ein Blumenstück von Kardorff, ein Stilleben von Schuch, Skulpturen von Haller, Skizzen von Liebermann.« Am stärksten erscheint ihm eine große Landschaftsskizze von Klinger.[485] Zwei Jahre später wird sich Sauerlandt den Expressionisten und dem Ankauf von Noldes »Abendmahl« und »Blumengarten mit Figuren« zuwenden. Auch hier bleiben die kunstpolitischen Auseinandersetzungen nicht aus; Sauerlandt macht sein Verbleiben in Halle vom Gelingen dieses Ankaufs abhängig. Lichtwark kann dem Eintreten für Noldes Expressionismus nicht mehr folgen, gesteht dem viel jüngeren Sauerlandt jedoch die Entscheidung für die neue Kunst zu. »Jede Jugend hat es eigentlich beneidenswerth«, schreibt er ihm als Antwort auf die Übersendung seines Jahresberichts 1909. »Wir Alten haben getastet,

483 Justi (1913), S. 69f.
484 Ebd., S. 71. – Zu den letzten Portraitaufträgen siehe Teil 6.
485 Br. Kommission (1919), Bd. XIX: 1911, S. 59. – Zu Sauerlandt vgl. Hünecke (1992), S. 261–268. – Zu Nolde siehe das Kapitel »Avantgarde: Expressionismus« in Teil 6. – Klinger, Nemi, um 1890, Halle/S., Moritzburg, erworben 1908; vgl. Ausst.Kat. Klinger (1992), S. 352f.

die Jugend geht ihren Weg im Licht.« Er lobt Kobell, Sperl, Trübner, Schuch; der Text des Jahresberichts werde wirken. Und 1911 schreibt er rückblickend: »Die Zeit der Brutalität der Kämpfe ist ja wohl noch nicht überall vorüber, aber doch im letzten Viertel. Von dem, was die ältere Generation der Museumsleute durch zu machen hatte, weiß die jüngere kaum aus vager Ueberlieferung. Ich erinnere mich noch sehr lebhaft, dass es selbst auf dem Gebiet der alten Kunst, als Brinckmann einsetzte, noch nicht ohne Gewalttätigkeit zuging. Was sich Brinckmann in den Zeitungen sagen lassen mußte von denen, dies besser wissen, spottet jeder Vorstellung. Man sollte es eigentlich einmal wieder ausgraben, um den heutigen Besserwissern einen Spiegel vorzuhalten. Doch schließlich, wozu? Nichts ist stärker als die Kraft dessen, der seinen Weg geht. Der Hund bellte, die Karawane geht vorüber, sagt der Araber.«[486]

Kein Kollege, aber doch ein Sammler mit eigenem Museum ist der Hagener Karl Ernst Osthaus, 22 Jahre jünger als Lichtwark und damit Sauerlandts Altersgenosse. Er kann nach Belieben über seine Ankäufe entscheiden und sammelt schon sehr früh Impressionisten, Nachimpressionisten und Expressionisten. Lichtwark besucht im Jahr 1910 sein Museum, »Folkwang« genannt, und sein von Henry van de Velde errichtetes Wohnhaus in Hagen, wobei er van de Veldes Arbeit teils akzeptiert, teils kritisiert und zu dem Schluss kommt, jeder beliebige Architekt hätte es wohl schlimmer gemacht. Manches findet er nicht funktional genug, anderes ist ihm zu dekorativ. Lichtwark besichtigt auch das umliegende neue Baugebiet am Stirnband mit den Bauten von Behrens, Riemerschmid, Lauweriks und van de Velde. Osthaus besitzt ein Bildnis von Peter Behrens, gemalt von Emil Rudolf Weiß, das ihm sehr gefällt; er hofft, dass Osthaus es später einmal der Kunsthalle überlassen wird, was jedoch nicht geschieht.[487] Osthaus habe »wohl unter dem Einfluß van de Veldes« alle »Modernsten« gesammelt, »Rodin, Minne, Maillol, von Gogh [sic], Gauguin, Manet, Monet und von Deutschen Rohlfs, Nauen, Nolde«, dazu dekorative Kunst, Asiatica, Persien »und alles moderne [sic]«. Auf die Sammlung von Malerei geht er kaum näher ein, viel stärker interessieren ihn die Architektur und die städtebauliche Anlage. Zu seinem Bedauern ist Osthaus auf Reisen in Griechenland, dessen Sekretär August Kuth führt ihn und berichtet Osthaus anschließend brieflich darüber. Lichtwark habe sich geäußert wie ein Volksschullehrer vom Dürerbund, schreibt er und verkehrt dabei Ursache und Wirkung.[488] Offensichtlich weiß er nicht, dass Lichtwark mit seinen kulturpolitischen und kunstpädagogischen Bemühungen nicht nur die Volksschullehrer stark beeinflusst hat, sondern auch als ein Vorläufer der kulturreformatorischen Bewegung von *Kunstwart* und Dürerbund gelten muss.[489]

486 Briefe Alfred Lichtwark an Sauerlandt, 25.10.1909, 18.9.1911, HH, SUB, HSS, M 2b, 12, 14. – Zu Noldes Bildern: Abendmahl, 1909, WV Urban 316; Blumengarten mit Figuren, 1908, WV Urban 282.

487 E. R. Weiß, Bildnis Peter Behrens, heute Museum Folkwang, Essen; vgl. Stark (1994), S. 169, Abb. S. 69.

488 Vgl. Br. Kommission (1918), Bd. XVIII: 1910, S. 207–212, Zitat S. 208. – Zum Kunstbesitz von Osthaus vgl. Hesse-Frielinghaus (1971), S. 137–180. – Brief Kuth an Osthaus, 17.10.1910, Karl Ernst Osthaus-Museum, Hagen, Archiv, P 473/12.

489 Vgl. dazu Gerhard Kratzsch, Kunstwart und Dürerbund. Ein Beitrag zur Geschichte der Gebildeten im Zeitalter des Imperialismus, Göttingen: Vandenhoeck und Ruprecht, 1969. Lichtwark war nicht Mitglied des Dürerbundes.

Im Jahr darauf wendet sich Osthaus an Lichtwark um Unterstützung. In einem maschinenschriftlichen Brief erbittet er ein kurzes Urteil über den Haupteingang des neuen Hagener Stadttheaters mit vier Figuren von Milly Steger, die Gegenstand einer Verleumdungskampagne der Bevölkerung geworden sind. Osthaus sucht »einige Urteile aus sachverständigem Munde« für den Fall, dass die Figuren entfernt werden sollen, Lichtwarks Reputation im Deutschen Reich macht ihn zum geeigneten Adressaten für dieses Anliegen.[490]

Freund und Kollege: Pauli

Den intensivsten kollegialen Kontakt pflegt Lichtwark mit Gustav Pauli (Abb. 70). Nach ihrer Begegnung auf dem ersten Kunsterziehungstag in Dresden 1901 entwickelt sich eine rege Korrespondenz und bei gleichen Interessen ein stetiger Austausch. Pauli bekennt zu Lichtwarks Amtsjubiläum seine Orientierung an Lichtwarks Vorbild; Lichtwark tauscht Fachliches mit Pauli aus, gesteht aber auch offen seine beruflichen Enttäuschungen und äußert den Wunsch nach häufigerer Gesellschaft des befreundeten Kollegen und seiner Familie.[491]

Im Juli 1909 erklärt sich Lichtwark nach einem Besuch in Bremen über die »moderne Galerie« des aufgeschlossenen Freundes »freudig überrascht«.[492] Angesichts dieser Sammlung könnte ihn auch Neid überkommen, denn viele seiner Wünsche sieht er bei dem Freund verwirklicht. Neid jedoch ist dem selbstbewussten Lichtwark, der seine Situation in Hamburg realistisch sieht, offensichtlich fremd. Früh sind bereits die Worpsweder in die Bremer Sammlung eingezogen: von Mackensen wurden 1895 und 1904 Genrebilder und von Modersohn 1895 eine Landschaft geschenkt, 1899 eine Landschaft von Carl Vinnen erworben.[493] Eine »Schafherde in der Lüneburger Heide« von Heinrich von Zügel kommt 1900 in die Sammlung; 1901 kauft Pauli die »Augustusbrücke in Dresden« von Gotthardt Kuehl und im selben Jahr ein Portrait des Dichters Klaus Groth von Hans Olde. 1903 gelangen Degas' »Tänzerin« als Geschenk von Alfred Walter Heymel in die Bremer Kunsthalle sowie ein Hafenbild des in Karlsruhe lehrenden Carlos Grethe. 1905 erwirbt Pauli Courbets »Brandungswelle« und Carl Schuchs »Stillleben mit Ente«, unterstützt von der Kulenkamp-Stiftung. Monets Portrait der Camille im gestreiften Seidenkleid, das 50.000 Mark kostet, kommt 1906 mithilfe des Galerie-Vereins in die Sammlung, ferner Leibls »Bildnisstudie einer Dame«. Im selben Jahr schenkt der Galerie-Verein Heinrich Vogelers Doppelportrait »Erster Sommer«. 1907 endlich kann

490 Brief Osthaus an Alfred Lichtwark, 13.10.1911, Karl Ernst Osthaus-Museum, Hagen, Archiv, P 390/6.
491 Br. Pauli, S. 18. – Zu Paulis Bremer Zeit vgl. Salzmann (1992), S. 235–242. – Hansen (2009), S. 15–23.
492 Vgl. Br. Pauli, S. 54f.
493 Vgl. zu allen im Folgenden genannten Bildern: Best.Kat. Bremen, Kunsthalle (1913); Mackensen: S. 64f.; Modersohn: S. 69; Vinnen: S. 88; Zügel, S. 91; Kuehl: S. 59; Olde: S. 72; Degas: S. 45; Grethe: S. 52; Courbet: S. 44f.; Schuch, S. 80; Monet: 69f.; Leibl: S. 60; Vogeler: S. 88; Liebermann: S. 63; Thoma: S. 85; Trübner: S. 86f.; Corinth: S. 44; Habermann: S. 53; Kalckreuth: S. 56f.; Modersohn-Becker: S. 69; Manet: S. 65; Gauguin: S. 51, Friedrich: S. 50.

Pauli für 16.000 Mark Liebermanns »Proveniershuis in Haarlem« erwerben, nachdem der Maler über den Bremer Sammler Johann Georg Wolde mit dessen Portrait in Bremen vergleichsweise spät eingeführt worden ist. Im Jahr darauf schenkt Bertha Biermann, die ebenfalls ihr Portrait bei Liebermann bestellt, auf Paulis Wunsch dessen »Kuhhirtin« aus der laufenden Großen Kunstausstellung. Das Bild kostet 30.000 Mark, ein Mehrfaches der Preise, die Liebermann für seine Bilder in Hamburg fordert.[494] Reiche Zuwächse bringt ebendieses Jahr 1908: eine Schwarzwaldlandschaft von Thoma, ein Damenbildnis und ein Architekturmotiv von Trübner, von dem das Museum bereits zwei Gemälde besitzt, das Portrait des Dichters Peter Hille von Corinth, ein Stillleben und ein Genrebild von Hugo von Habermann sowie ein »Sommer« betiteltes Gemälde von Kalckreuth, von dem schon zwei Bilder vorhanden sind. Der Galerie-Verein stiftet 1908 ein Stillleben von Paula Modersohn-Becker, ein weiteres erwirbt Pauli noch im selben Jahr. Ebenfalls 1908 wird Manets »Bildnis des Dichters Astruc« angekauft. Und 1910, im Jahr nach Lichtwarks Besuch, wird von Johann Georg Wolde ein Stillleben von Gauguin geschenkt werden. Pauli sammelt aber auch Werke des 19. Jahrhunderts, unter anderem erwirbt er 1909 Caspar David Friedrichs »Felsental«.[495]

Ebenso reichhaltig bestückt ist die Sammlung zeitgenössischer Skulptur.[496] Franz von Stucks Bronzen »Athlet«, »Verwundeter Kentaur« und »Amazone« werden 1900 von der Vereinigung von Freunden der Kunsthalle gestiftet, 1903 schenkt Paulis Vater dazu noch Stucks »Tänzerin«. Hermann Hahns Bronze »Eva« wird 1901 von der Vereinigung von Freunden der Kunsthalle gestiftet, Georg Wrbas Bronzen »Europa« und »Diana« 1903. Tuaillons Bronze »Amazone« kommt 1904 als Geschenk von Geheimrat Arnhold, Berlin, in die Sammlung, drei Tierbronzen von August Gaul werden 1904/05 geschenkt, eine von einem ungenannt bleibenden Kunstfreund, zwei von der Vereinigung. 1905 werden wiederum zwei Geschenke von Privatleuten eingegliedert, George Minnes »Schlauchträger« und Rudolf Maisons Marmorportrait von John Harjes. 1906 folgt eine »Weibliche Figur« von Artur Volkmann, ebenfalls von privater Seite. Vier Werke kommen 1908 dazu, ein bronzener »Bogenschütze« von Ernst Moritz Geyger, die Kalksteinskulptur »Jüngling« von Wilhelm Gerstel und die Bronzen »Junges Weib« und »Schreitender Jüngling« von Georg Kolbe, alle als Geschenk der Vereinigung von Kunstfreunden. 1909 folgt Ernst Barlachs »Schäfer im Sturm«, gestiftet von dem Bremer Maler und Mäzen Leopold Biermann, dessen Mutter im Vorjahr Liebermanns »Kuhhirtin« von 1890/94 gespendet hat. Als Besonderheit in diesem Skulpturenbe-

494 Vgl. Hansen (2009), S. 17f. – Monet, Camille, WV Wildenstein 65; Liebermann: Proveniershuis, WV Eberle 1907/13, Kuhhirtin, WV Eberle 1891/5, Johann Georg Wolde, WV Eberle 1907/47, Bertha Biermann, WV Eberle 1908/2. – Zu den Preisen der Bilder vgl. Ausst.Kat. Van Gogh: Felder (2002), S. 212f.

495 Manet, Bildnis Astruc, WV Rouart / Wildenstein 92, hier: erworben 1909. – Friedrich, Felsental; WV Börsch-Supan / Jähnig 206.

496 Vgl. zu den folgenden Werken: Best.Kat. Bremen, Kunsthalle (1913); Stuck: S. 132f.; Hahn: S. 106; Wrba: S. 136; Tuaillon: S. 134f.; Gaul: S. 102f.; Minne: S. 119; Maison: S. 118; Volkmann: S. 135; Geyger: S. 103f.; Gerstel: S. 103; Kolbe: 113f.; Barlach: S. 93; Rodin: S. 122f.; Maillol: S. 118; Gauguin: S. 102; Meunier: hier nicht verzeichnet, siehe Best.Kat. Bremen, Kunsthalle, Skulpturen (1993), S. 333f.

stand ragen Werke der französischen Bildhauerei heraus, vor allem Rodins »Ehernes Zeitalter« und dessen Büste des Bildhauers Jules Dalou, von der Vereinigung 1905 und 1909 geschenkt, sowie drei verkleinerte Figuren der »Bürger von Calais«, ein Geschenk des Galerie-Vereins von 1906. Im selben Jahr wird das »Sitzende Mädchen« von Aristide Maillol von der Vereinigung von Kunstfreunden gestiftet, und 1910 folgen ein »Sitzendes Mädchen« sowie ein »Stehendes Mädchen« des Künstlers als Geschenke des Freiherrn von Westenholz, Hamburg. 1908 schenkt Alfred Walter von Heymel Gauguins bronzene Maske einer Tahitianerin. Außerdem besitzt die Kunsthalle seit 1901 den »Metzger« des Belgiers Constantin Meunier, gestiftet von der Vereinigung von Freunden der Kunsthalle.[497] Pauli folgt Lichtwarks Beispiel auch bei der Anschaffung von überwiegend französischen Medaillen. Lichtwark hat als Erster in Deutschland die Entwicklung der modernen Medaillenkunst verfolgt und auf sie aufmerksam gemacht; er wertet die Medaille als Kunstwerk, nicht als Münze. Pauli erwirbt für die Bremer Kunsthalle zwischen 1902 und 1910 eine Reihe von französischen Medaillen oder lässt sie der Kunsthalle schenken und schreibt 1908 auch einen Aufsatz über den neuen Bestand.[498]

Offensichtlich kann Pauli in Bremen leichter Ankäufe sezessionistischer und impressionistischer Kunst durchsetzen und dabei auf großzügigere Stifter und Unterstützer bauen. Dabei dürfte eine entscheidende Rolle spielen, dass er und seine Frau Magdalena, geborene Melchers, der Bremer Oberschicht angehören. Paulis Vater, Dr. jur. Alfred Pauli, ist Mitglied der Bürgerschaft und amtiert mehrfach als Bremer Bürgermeister. Der Kunstverein, die Vereinigung von Freunden der Kunsthalle und der Galerie-Verein versammeln wohlhabende Mitglieder aus ebenjener gesellschaftlichen Schicht, gemeinsam gestalten sie den Kunstbesitz in ihrer Stadt. Dass Pauli später angesichts dieser günstigen Bedingungen nicht an einem Amtswechsel interessiert ist, erscheint plausibel.

Aber auch in Bremen kommt es zu Problemen mit konservativen Gegnern, nachdem Pauli 1911 für 30.000 Mark das »Mohnblumenfeld« von van Gogh erworben hat.[499] Im Frühjahr 1912 wird dann die Ausstellung des Deutschen Künstlerbundes angegriffen, die in der Kunsthalle stattfindet. »Immer dieselbe Sache: Kalckreuth, Liebermann, Klinger machen den Bremern als Juroren eine schöne Ausstellung. Die Bremer Philister sind der Meinung, sie müssten das besser wissen«, berichtet Lichtwark seiner Kommission. Die Opposition formiert sich. Am 29. März 1912 hält Pauli auf Einladung des Kunst-

497 Vgl. zu allen genannten Werken auch Best.Kat. Bremen, Kunsthalle (1939). – Kunsthalle Bremen, Meisterwerke (1998). – Diese Zusammenstellung erhebt keinen Anspruch auf Vollständigkeit. – Zu dem Bremer Mäzen Leopold Biermann vgl. Pauli (1936), S. 226f.
498 Vgl. zu den Medaillen und Plaketten: Best.Kat. Bremen, Kunsthalle (1913), S. 93ff. bzw. Best.Kat. Bremen, Kunsthalle (1939), S. 189–193. – Gustav Pauli, Die Sammlung der Medaillen und Plaketten in der Kunsthalle, in: Jb. der bremischen Sammlungen, 1. Jg., 1. Halbbd., 1908.
499 WV Faille 581, WV Feilchenfeldt, S. 206. – Siehe dazu auch das Kapitel »Avantgarde: Cézanne und van Gogh« in Teil 6.

vereinsvorstands einen Vortrag mit dem Titel »Die Aufgaben des modernen Kunstmuseums«, der als Verteidigung gegenüber Dr. Theodor Alt dient, einem Mannheimer Rechtsanwalt und über Ästhetik schriftstellernden Gegner der modernen Kunst, den Paulis Feinde zu Vorträgen nach Bremen eingeladen haben. Der Vortragsabend verläuft turbulent; Lichtwark, der entsprechend Paulis Wunsch in die Diskussion einbezogen werden soll, lehnt dies jedoch schon vorher ab. Pauli müsse allein damit fertig werden, schon der Schein von Hilfe würde seine Position nur schwächen. Aber er ist anwesend, und zum Schluss gönnt er sich, halb umgewendet zu einem der gegnerischen Initiatoren – zornig oder kühl – eine Invektive: »Sie sind ein Quatschkopf«. Gegen Pauli laufen zudem Intrigen, um gegnerische Vertreter im Vorstand des die Kunsthalle tragenden Kunstvereins zu etablieren. Lichtwark bezeichnet die Vorgänge als »Kesseltreiben« und rät zu Ruhe und Kontinuität. Hinter Pauli liege »eine geschlossene Leistung von zwölf Jahren«; der Fall erscheint ihm daher anders geartet als sein eigener schwieriger Anfang in Hamburg.[500] Liebermann berichtet er am 2. April brieflich von Paulis Triumph, seine Rede sei glänzend gewesen, er sei mit Jubel überschüttet worden; er, Lichtwark, habe seine helle Freude an ihm gehabt und ihn sehr bewundert. Die Gegner hätten sich zu einem Verein zu Paulis Bekämpfung zusammengeschlossen: »Tout comme chez nous. Da brodelt, braut und giftet es sich auch so weiter.«[501]

Paulis Vortrag bereitet Lichtwark in gedruckter Form die gleiche Freude wie beim Hören, wie er im April an den Freund und Kollegen schreibt. Manches habe er sogar erst jetzt genossen, »so das starke Wort, daß dem Mannheimer Dilettanten die Bremer keine Rechenschaft schuldig seien. Das sitzt, bei Alt – und hoffentlich auch bei den Bremern. [...] Deine Mitbürger werden das nun aufmerksamer lesen als wenn Du es Ihnen [sic] in akademischem Gleichmuth auseinandersetztest. Es klingen Schwerter, da spitzt Alles die Ohren, da wacht Leidenschaft auf. Laß Dich's nicht gereuen, daß es so gekommen. Dies Gewitter ist fruchtbar, weil Dein Glockenläuten seine verderbliche Kraft gebrochen hat.«[502]

Es folgt jedoch ein Beleidigungsprozess von Alt gegen Pauli, der am 28. Oktober des Jahres verhandelt wird. Alt habe auch in Mannheim dem Direktor das Leben sauer gemacht, schreibt Lichtwark an seine Kommission, und seine Angriffe erst eingestellt, als er deren Vergeblichkeit erkannt habe. Paulis Gegner hätten in Bremen einen Bund gegründet und Alt zu zwei Vorträgen eingeladen, so dass sich Pauli durch seinen Vortrag zur Verteidigung genötigt gesehen habe. Er sei dabei sehr scharf, aber nicht beleidigend gewesen. Alt habe von Bremern Briefe über Paulis Vortrag erhalten und daraufhin Klage erhoben. Lichtwark fungiert in diesem Prozess neben Kalckreuth und Klinger als Zeuge und lobt Paulis Verhalten im Prozessverlauf als ganz ausgezeichnet. Der Richter sei offensichtlich voreingenommen gewesen, zumal sich Alt als »sehr

500 Vgl. Br. Kommission (1920), Bd. XX: 1912/13, S. 67–72, Zitat S. 71. – Pauli (1936), S. 235f., Zitat S. 236.
501 Br. Lichtwark-Liebermann, S. 597. Französisch für: alles wie bei uns. – Diese hasserfüllte Agitation kommt Pauli besonders ungelegen wegen einer Eingabe um die Erhöhung des Staatszuschusses; vgl. Brief Pauli an Alfred Lichtwark, 12.3.1912, HKH, AdB 76.
502 Br. Pauli, S. 79f.

gewandter Jongleur« gezeigt habe. Der Prozess endet mit einem Freispruch Paulis, zu dem die Schöffen, ein Metzger und ein anderer Handwerker, zusammen mit dem Referendar den Richter erst hätten überzeugen müssen. »Das Verfahren hat mich sehr angewidert«, empört sich Lichtwark, der Ankläger habe hoch oben auf gleicher Ebene mit den Richtern gesessen, der Angeklagte, seine Verteidiger und Zeugen hätten zu ihm aufsehen, und der freigesprochene Angeklagte hätte sich als einziger für den Urteilsspruch erheben müssen. »Ich fasse es nicht, daß sich das deutsche Volk solche Benachtheiligungen und Demütigungen von seiner Justiz gefallen läßt.« Auch Liebermann gegenüber äußert er sich zornig über diese Form von »Schwächung« des Angeklagten, der Kläger hingegen habe sich als »Lamm« dargestellt. Der Richter sei »ängstlich« erschienen, »in Bremen Pauli zu seinem Recht kommen zu lassen.« Noch am 10. November sinnt er in einem Brief an Liebermann auf eine Art Rache: »Ich wäre im Interesse von Wichert und Pauli dafür, dem Unschuldslamm das öffentlich erklärt, es habe niemanden angegriffen im Gegentheil, es hat immer nur fördern wollen, die Maske herabzureißen. Aber es müßte dann auch wirklich mit Eclat und endgültig geschehen. Sonst soll man es lieber lassen.« Er hat jedoch Zweifel, ob »die Materie« ausreicht und will mit Kalckreuth als weiterem Zeugen und Vorsitzendem des Künstlerbundes darüber sprechen.[503]

Pauli gehört zu den wenigen Vertrauten, bei denen sich Lichtwark frei und ungezwungen aussprechen kann über Museums- und Privatangelegenheiten, gegen Lebensende auch über seinen Gesundheitszustand.

EHRUNGEN: 25JÄHRIGES DIENSTJUBILÄUM UND 60. GEBURTSTAG

Am 1. Oktober 1911 begeht Lichtwark sein 25jähriges Dienstjubiläum. Lebenslang allen Aufhebens um seine Person abgeneigt, begibt er sich zu dieser Zeit auf eine kurze Reise mit seiner Schwester. Schon Anfang September kündigt er seinem Freund Wolf Mannhardt an, zum Ende des Monats »ausreißen« zu wollen, es sei vielleicht undankbar gegenüber lieben Freunden, doch sei seine Abneigung so stark, dass er sich in Hamburg nicht halten könne. Wohin, wisse er noch nicht, vielleicht in den Harz, vielleicht auf einen Sprung nach Dresden. Der gemeinsame Freund Magnus von Wedderkop müsse seinen Besuch aufschieben, denn mit den Freunden und den Klöppers möchte Lichtwark einen »stillvergnügten Abend« verbringen: »Mit Euch zu feiern, dass ich nach Hamburg gekommen bin, hat Sinn und Verstand für mich.«[504]

503 Br. Kommission (1920), Bd. XX: 1912/13, S. 284–286, Zitat S. 286. – Br. Lichtwark-Liebermann, S. 435, 437. – Alt bringt seine Klage auf dem Instanzenweg bis vor das hanseatische Oberlandesgericht und wird zweimal abgewiesen; vgl. Pauli (1936), S. 236.

504 Br. Mannhardt, S. 94f. – Mannhardt berichtet, Lichtwark habe sich »größeren Gastereien« mehr und mehr entzogen, seine Neigung habe einer »verfeinerten und vergeistigten Geselligkeit« gehört, »von der die guten äußeren Umgangsformen untrennbar sind. Er selbst war stets von ausgesuchter weltmännischer Urbanität« (Wolf Mannhardt, Alfred Lichtwark zu seinem 80. Geburtstag, unbezeichneter Zeitungsausschnitt, 14.11.1932, HKH, AdB 98).

Am eigentlichen Jubiläumstag gesteht Lichtwark Mannhardt aus Bad Harzburg in einem weiteren Brief, es sei ein kritischer Tag für ihn gewesen, zugleich aber auch, wie glücklich ihn dessen lieber Brief gemacht habe. »Deine Gesinnung kenne ich seit vielen Jahren und habe es immer als eins meiner grossen Lebensgüter empfunden, dass ich Deine und danach auch die Freundschaft Deiner lieben Frau besitze. Es an einem solchen kritischen Tage zu hören und zu fühlen, scheucht die tristen Gedanken, mit denen der Alternde an solchen Aussichtspunkten den Blick rückwärts sendet. Er selber sieht an solchem Tage nur die Umwege, Irrwege und Holzwege, die er gegangen ist; in der Lebenslandschaft, die er von der hohen Warte überschaut, markieren sie sich ihm deutlicher als die Strecken Richtwege, die er gefunden oder benutzt hat. Das Glück, das Du mir ankündigst, kommt mir vor als ein Aufsteigen der Barometernadel am trüben Tag. Es verheißt gut Wetter und Sonne auf dem Gebiet, das bisher mit Stürmen, Hagel, Nachtfrösten, Wurmfraß und allen anderen Feinden des Landbauers geplagt war. Ich weiß, der Boden ist fruchtbar, das Klima nicht schlecht und für mancherlei Frucht wohl geeignet. Was gefehlt hat, war die Sonne der Gunst. Ihr habt mir gut Wetter gemacht als rechte Hexenmeister.« Und er fährt fort: »Lieber Wolf, wir wollen nun sehen, was sich in den nächsten Jahren für die Sammlung von Bildern aus Hamburg noch schaffen läßt, damit, wenn das neue Museum seine Thore öffnet, ein Stück Großdeutschen Lebens in Hamburg seinen Einzug hält. Dann sollen die Hamburger sehen, dass es ein Gebiet giebt, auf dem das Glück käuflich ist – freilich auch da nur dem, der die innere Bereitschaft zum Genuß hat.«[505]

Das »käufliche Glück« wird ihm überreicht in Gestalt eines Geldgeschenkes: Zu seinem Dienstjubiläum erhält er eine Spende von 65.000 Mark von seinen Freunden zum Ankauf von Bildern entsprechend seinen Vorstellungen, und wie er feststellt, sind auch seine »drei vier heftigsten Feinde« unter den Spendern.[506] Wolf Mannhardt ist Anreger und Organisator dieser Aktion; der ahnungslose Lichtwark wird von diesem großzügigen Betrag völlig überrascht.

Zahlreich sind die Artikel und feuilletonistischen Ehrungen des Jubilars. Magnus von Wedderkop würdigt ihn mit einem langen Artikel in den *Hamburger Nachrichten* vom 1. Oktober 1911, Fritz von Borstel und Heinrich Wolgast als Vertreter der Hamburger Reformpädagogen ehren ihn in der *Hamburgischen Zeitschrift für Heimatkultur*; andere kleine Artikel erscheinen als lokale Veröffentlichungen.[507] Reichsweit bedeutsam ist Karl Schefflers Beitrag; er widmet Lichtwark und der Hamburger Kunsthalle einen achtzehnseitigen Artikel in der Zeitschrift *Kunst und Künstler*.[508] Die hamburgische Regierung bewilligt ihrem Museumsdirektor, der noch bis zur Einstellung des Kunsthistorikers Dr. Hans Börger als Assistenten im Jahre 1908 allein tätig war, ohne Debatte in der Bürgerschaft einstimmig zum Jubiläum »eine persönliche

505 Br. Mannhardt, S. 97f.
506 Vgl. hier und im Folgenden: Br. Mannhardt, S. 94f. – Br. Pauli, S. 74.
507 Vgl. Kayser (1977), Nr. 642–646, 648, 649.
508 Vgl. Kayser (1977), Nr. 647.

pensionsfähige Gehaltszulage von 6.000 Mark.«[509] Durch einen »mannhaften Zuruf« von Melles fühlt sich Lichtwark »beglückt«, er hoffe, wenn das Geschick ihm noch einige Jahre Kraft und Gunst beschere, dass auch breitere Schichten an den wachsenden Sammlungen erkennen könnten, was von Melle schon den Keimen angemerkt habe. Keime seien es jetzt noch, aber er hoffe, dass sie sich durchsetzten gegen alle Unbill und Ungunst des äußerlichen Wetters und ihre Wurzeln ausbreiten, jedenfalls so weit, dass sie selbst aus ungünstigem Erdreich noch genügend Nahrung saugen könnten, um es zu kräftigem Wuchs und ansehnlicher Erscheinung zu bringen.[510]

Lichtwark ist überrascht und beeindruckt von der starken Reaktion auf sein Amtsjubiläum, zugleich wird jedoch auch seine tiefe Resignation erkennbar. Dabei wirkt sicherlich immer noch der Tod seiner Mutter nach. Am 12. Oktober 1911 schreibt er seiner Verwaltungskommission von der Reise: »Ich habe unterwegs so viele Briefe und Artikel bekommen, daß ich ganz starr bin. Aber man darf sich über die guten Dinge, die einem gesagt werden, keiner Täuschung hingeben. Es ist doch schließlich omelette soufflée als ein freundlicher Nachtisch. Man ißt sie mit Vergnügen, soweit die Zutaten sauber und die Zubereitung gut ist. Aber man weiß, es ist kein Braten, und das Mahl ist aus.«[511]

Lichtwarks Resignation besteht unabhängig von der zu diesem Anlass zum Ausdruck kommenden Verehrung und Hochschätzung durch viele Menschen. »Ich bin 25 Jahre im Amt«, schreibt er am Neujahrstag 1912 an Prinz Eugen von Schweden. »Aber mit dem Jubiläum hätte es Zeit gehabt. Denn die ersten zehn Jahre sind in rein äusserlichen Kämpfen ganz verloren gegangen. Ich konnte für die spätere Entwicklung nur den Grund legen.« Und auch nach mehr als zwei Jahrzehnten beurteilt Lichtwark die Lage kaum besser. Im selben Brief fährt er fort: »Ich hatte gehofft, mit den Jahren mich für meine eigentlichen Interessen freier machen zu können, und die Arbeit wächst und die Kämpfe drängen sich dichter und dichter.«[512]

Unter den Gratulationen befindet sich auch ein sehr persönlicher Brief seines Freundes Gustav Pauli vom 29. September 1911, der Lichtwarks Wirken von außen ganz anders und strahlend positiv betrachtet: »Du blickst auf ein Vierteljahrhundert einer ungewöhnlich gesegneten Wirksamkeit zurück. Nicht nur hast Du aus geringen Anfängen eines der bedeutendsten und anregendsten modernen Museen gemacht. Du hast unser ganzes deutsches Kulturleben angeregt – in einem weiteren Sinne als es bisher dem Gelehrten, wie wir ihn kannten, möglich war. Und das konntest Du, weil Du in Deiner eigenen Persönlichkeit den traditionellen Typus des Gelehrten überwunden und zu etwas menschli-

509 Vgl. Br. Kalckreuth, S. 257f., Anm. 476. – P5, 10.8.1911. – Zu Börger vgl. P5, 20.11.1907, 8.2.1908. – Mein Versuch, über Börger, der zuletzt in Bückeburg lebte, und seinen Nachlass etwas zu erfahren, verlief ergebnislos. Börger hat seine Erinnerung an Lichtwark in einem Rundfunkvortrag niedergelegt, der am 19. Dezember 1932 im Hamburger Rundfunk gesendet wurde; vgl. Hans Börger, Alfred Lichtwark, der Museumsmann, Typoskript, SUB Bremen, BA 5811.

510 Brief Alfred Lichtwark an von Melle, 2.10.1911, HH, SUB, HSS, NvM: HG: Lichtwark, Alfred.

511 Br. Kommission (1919), Bd. XIX: 1911, S. 175.

512 Brief Alfred Lichtwark an Prinz Eugen, 1.1.1912, Stockholm, PEW, Archiv.

chem [sic], zum Träger einer ganzen Kultur erhoben hast. Doch alles das sagt Dir nichts neues [sic]. Viele andere haben es Dir so oder so gesagt, abgesehen davon, daß Du es selber wissen mußt.« Und über ihre Freundschaft fährt Pauli fort: »Deine Freundschaft ist eines der wertvollsten Besitztümer meines Lebens.« Als Lichtwark ihm erstmals in Dresden seine freundschaftliche Gesinnung und Anerkennung gezeigt habe, da habe er sich wie durch einen hohen Orden geehrt gefühlt, obwohl er von Orden nicht viel halte. »Du weißt«, bekennt Pauli dem Freund, »daß ich bei vielem, was ich tue, im Stillen an Dich denke und mich frage, was Du wohl sagen würdest. Wenn ich dann denke, daß ich es Dir recht gemacht habe, so weiß ich, daß ich es überhaupt recht gemacht habe.«[513]

Lichtwark dankt Pauli in der ihm eigenen ebenso loyalen wie charmanten Art am 8. Oktober aus Bad Harzburg. Sein Brief habe ihn sehr beglückt als Zeichen seiner Freundschaft, »die ich zu meinen großen Gütern rechne, und sehr beschämt, weil Du mir soviel [sic] vorgiebst, daß ich es in meinem Alter nicht mehr einholen kann. Aber einerlei, ich bin Dir auch für das Zuviel dankbar.«[514]

Leopold von Kalckreuth schreibt am 1. Oktober aus Eddelsen: »Ich will nicht in den Fehler verfallen, Dir ein Loblied auf Dich selbst zu singen. Aber es ist in mir, das Loblied und die Freude darüber, daß ganz Deutschland es ebenso empfindet (das Deutschland was wir meinen). Wenn es nicht unbescheiden ist, möchte ich Dir lieber mit meiner Kunst sagen, wie hoch Du mir stehst und da habe ich mich Dir selbst gemalt.« Und dieses Selbstportrait Kalckreuths soll Lichtwark in sein Schlafzimmer hängen, wo nur er es sehe.[515]

Überraschend erhält Lichtwark auch einen Brief von Ludwig Justi, Tschudis Nachfolger als Direktor der Berliner Nationalgalerie. Er hat von Lichtwarks Jubiläum aus der Presse erfahren und schreibt ihm nun: »Ich verehre Sie als den bedeutendsten und gedankenreichsten und klarsten Kopf unter den Museumsmenschen, verbeuge mich nicht nur vor dem, was Sie erreicht haben, sondern ebenso vor diesem Ihrem klaren Denken und freien echten Empfinden das hinter den Erfolgen steht; ich weiss dass die besten Ideen mit denen wir Museumsmenschen heute wirtschaften als mit einem selbstverständlichen Besitz, dass die Ihnen zu verdanken sind. Ich sage dies nicht wie man zu einem festlichen Anlass etwas sagt, das man sich mühsam zusammensucht, sondern dies Bewusstsein und diese Dankbarkeit Ihnen gegenüber sind ständig vorhanden, und alltäglich, zu zahllosen Anlässen stellt sich diese Gedankenreihe ein. Dabei ist es das Schöne, dass man Ihnen gegenüber persönlich gar nicht die Scheu zu haben braucht wie man sie sonst vor Männern hat, denen man, denen die Nation so viel verdankt. Das ist etwas ungewöhnliches und köstliches. Im übrigen denke ich nicht retrospektiv an Ihre vergangenen 25 Jahre, sondern freue mich darauf was nun kommt. Ihr Sie hochverehrender und dankbarer Ludwig Justi«.[516]

513 Brief Pauli an Alfred Lichtwark, 29.9.1911, HKH, AdB 76.
514 Br. Pauli, S. 74f.
515 Brief Kalckreuth an Alfred Lichtwark, 1.10.1911, München, BSB, Kalckreuthiana II.B.1 Lichtwark, Alfred. – Kalckreuth, Selbstbildnis mit gelbem Hut, 1911, WV Brachert V, 27.
516 Brief Justi an Alfred Lichtwark, 6.10.1911, HKH, AdB 76.

In ähnlicher Weise bringt auch der nun in Berlin tätige Karl Koetschau seinen Glückwunsch und seine Verehrung zum Ausdruck. Auch er ist durch die Presse aufmerksam geworden und fügt seinen guten Wünschen »ein Wort wärmsten Dankes« dafür hinzu, »daß Sie uns allen als kluger und feiner Wegweiser vorangeschritten sind. Ich werde Ihnen nicht sagen, was Ihnen wahrscheinlich in diesen Tagen bis zum Überdruß immer wieder gesagt worden ist. Aber ich möchte Ihnen sagen, was mir immer besonders an Ihnen gefallen hat: Sie haben kein totes Wissen mit sich herumgeschleppt, sondern aus allem, was Sie aus der Geschichte lernten, den Nutzen für die Gegenwart herausgeholt; Sie haben dadurch dazu beigetragen, daß die Kultur früherer Zeiten lebendig weiter wirken [sic] kann, und dadurch wieder an das Beste uns herangebracht, was man einem Volke wünschen kann, an den Zusammenhang mit seiner Überlieferung. Sie sehen, ich fasse Sie mehr als Historiker, wie vielleicht die anderen es tun, die in Ihnen den ›modernen Mann‹ verehren. Aber ich glaube, daß man nur so Ihr ›modernes‹ Wirken in seinen Wurzeln fassen und in seinen Zielen verstehen kann. Nicht daß Sie ein Kunstfreund, ein Kunstförderer und in Gottes Namen, da das Wort ja doch nicht zu vermeiden sein dürfte, auch ein ›Kunsterzieher‹ sind, freut mich an Ihnen, sondern daß Sie im tiefen Sinne des Wortes ein Kunsthistoriker sind, das war mir immer am liebsten. Und wirkliche Kunsthistoriker gibt es viel weniger, als die Nachschlagebücher angeben, denn alle die Formalisten und Attributzler, alle die Ästhetiker und wieder die Urkundensieber sind viel weniger Kunsthistoriker als die, die begriffen haben, daß die Kunst der feinste Niederschlag der Kultur eines Volkes ist. Dazu müssen sie freilich frühzeitig über die Grenzpfähle des Faches hinausgeschritten und sich im breiten Leben fleißig nach allen Seiten umgesehen haben.«[517]

Lichtwarks favorisierter Künstler Max Liebermann schreibt ihm zum 25jährigen Amtsjubiläum: »Ihr Staatsoberhaupt [Bürgermeister Heinrich Burchard, den Liebermann zu dieser Zeit portraitiert] schwört auf Sie. [...] Aber an innerlicher Anerkennung haben Sie es weiter gebracht: Sie sind der Magister Germaniae geworden. Auf vielen Gebieten denkt Deutschland Ihre Gedanken, deren viele Gemeingut der Nation geworden sind. [...] Ich aber darf mich auch als Ihr Freund fühlen und ich möchte Ihnen auszudrücken versuchen, was ich Ihnen zu danken u[nd] zu verdanken habe. Uns're Bekanntschaft währt nun beinahe so lange wie Ihre Thätigkeit als Direktor der Kunsthalle und in den 23 Jahren ist Ihre Freundschaft für mich nie wankend geworden, obgleich sie oft auf eine harte Probe gestellt wurde. Sie haben meinetwegen Schlimmes erdulden müssen, ja, Sie haben meinetwegen Ihre Stellung auf's Spiel gesetzt. In schweren Zeiten haben Sie stets zu mir gehalten: Sie haben an meine Kunst wie kein Anderer [sic] geglaubt. Ich wäre der undankbarste der Menschen, wenn ich das je vergessen würde. Aber Sie haben mehr, viel mehr für mich gethan, indem Sie als Erstes [sic] mir Aufgaben zuwiesen, an denen sich mein Talent entwickeln konnte. Ohne Sie hätte ich wohl kaum Bildnisse außer ein paar Gelegenheitsportraits gemalt.

517 Vgl. Brief Koetschau an Alfred Lichtwark, 5.10.1911, HKH, AdB 76.

Und was haben Sie wegen des Petersen-Porträts erdulden müssen: Sie haben mich treu ge- und be-schützt. Es ist mir unmöglich, in Worte meinen Dank für all' das, was Sie für mich gethan haben, zu fassen: hoffentlich sprechen meine Arbeiten in der Kunsthalle – und welches Museum wäre mehr das Werk ihres Leiters als das Hamburger? – eine verständlichere Sprache und künden von der Verehrung und Freundschaft, die ich für Sie hege.« [518]

Das Jubiläum, stellt Lichtwark schließlich in einem Brief an den Münchner Geheimrat Karl von Heigel fest, habe einen ganz anderen Verlauf genommen, als er habe ahnen können. Nun könne er mit festerer Zuversicht an die vor ihm liegende Arbeit gehen. Er habe sich überzeugen müssen, auch in Hamburg Freunde zu besitzen, die er nicht gekannt oder nicht richtig eingeschätzt habe.[519] Denn mit der Freundesgabe und dem Ehrengehalt, das die Bürgerschaft ihm einstimmig zugesprochen, folgt nun endlich die Anerkennung in Hamburg der des Deutschen Reiches. Als äußeres Zeichen seiner bedeutenden Position im nationalen Kunstleben wird Lichtwark im August vor seinem Amtsjubiläum der Königlich Preußische Kronenorden dritter Klasse verliehen, der ihn allerdings erst im November erreicht.[520] Bode mag hier seine Hand im Spiel gehabt haben.

Im Nachklang zu seinem 25jährigen Amtsjubiläum bringt Lichtwark am 1. Januar 1912 dem Vorsitzenden seiner Verwaltungskommission, Bürgermeister Burchard, seinen Dank zum Ausdruck. Hat er sich zuvor des Öfteren resigniert über seine berufliche Situation geäußert, so wird hier nun eine mildere Stimmung deutlich, ein gerechterer, wohl auch realistischerer Sinn für die Möglichkeiten und Grenzen seiner Tätigkeit und das Verhalten der Verwaltungskommission. »Daß ich zu diesem herzlichen Dankgefühl die triftigste Ursache habe, würde mich, wenn ich es aus der eigenen Erfahrung nicht begreifen könnte, das Schicksal meiner Kollegen aus den anderen deutschen Museen lehren. Herr von Reber hat ein langes Leben hindurch wesentlich nur als Kustos, das heißt als Bewahrer, nicht als Bildner gewirkt, weil seine ersten großen Pläne vereitelt wurden. Henry Thode hat aus Frankfurt weichen müssen, weil er ein gedeihliches Verhältnis zu seiner vorgesetzten Behörde nicht erreichen konnte. Sein Nachfolger Justi hat sich nach glänzendem Auftakt gezwungen, die Kabinettsfrage zu stellen, und sie wurde in feindlichem Sinn entschieden, sodaß er die Folgerung zog. Erst sein Nachfolger hat eine Stellung, wie sie ihm gebührt, aber nur, weil Adickes [der Frankfurter Oberbürgermeister] eingegriffen hat. Karl Woermann hat weder in der Ausbildung der modernen Galerie noch in der Reorganisation der Sammlungen und durch den nothwendigen Umbau der Galerie seine Pläne durchsetzen können, weil der oberste Chef jegliche Mittel versagte, auch die einer kostenlos zu bestreitenden Neuerwerbung der Ankaufskommission. Herr von Seidlitz ist viele Jah-

518 Kern (1986), S. 155. – Br. Lichtwark-Liebermann, S. 393f.

519 Brief Alfred Lichtwark an Heigel, 2.11.11, HKH, AdB 64.

520 Vgl. Urkunde der Generalkommission in Angelegenheiten der Königlich Preußischen Orden, datiert 21.8.1911, und Schreiben der Senatskommission für die Reichs- und auswärtigen Angelegenheiten, datiert 18.11.1911, FKL.

re hindurch kalt gestellt [sic] worden und hat auf sein Abschiedsgesuch den Bescheid erhalten, er sei noch nicht in dem Alter. Aldenhoven sagte mir in bitterer Stunde, er hätte selber schon längst kein Ehrgefühl mehr im Dienst, aber leider hätte sein Magen es noch. Hätte Tschudi einen wohlwollenden und tapferen Chef gehabt, wäre in Berlin die Lage nicht bis zur Unhaltbarkeit gediehen, davon bin ich überzeugt, denn Tschudi ließ sich zureden. Von tausend anderen Dingen will ich schweigen, auch von Schöne. Es ist mir auch bewußt, daß viele Schwierigkeiten, die in meinem Charakter liegen, für die meisten meiner Kollegen nicht vorhanden waren. Daß ich in meinem Amte habe aushalten können, danke ich Ihnen. Die Versuchung, auf ein anderes Feld der Thätigkeit überzugehen, ist mehr als einmal an mich herangetreten. Dies drängt es mich heute mit dem Gefühl des herzlichsten Dankes auszusprechen.«[521]

Burchard, den Lichtwark zwar auch nicht immer entschlossen genug fand und den Liebermann 1911 für die Sammlung von Bildern aus Hamburg, finanziert aus der Stiftung zu Lichtwarks Amtsjubiläum, noch portraitiert, stirbt nur neun Monate nach diesem bewegenden Dankesbrief Lichtwarks am 6. September 1912. Rund zwölf Jahre hatte er den Vorsitz der Kommission inne. Trübe Tage folgen für Lichtwark. An Pauli, der in einem vorangegangenen Brief diesen Verlust angesprochen haben muss, schreibt er: »Es ist so, wie Du es ansiehst. Niemand weiß jetzt, wie so manche Dinge werden sollen, auch, was die Kunsthalle anlangt. Persönlich verliere ich mehr als irgend einer [sic] außerhalb der nächsten Familie.«[522] Denn die Zusammenarbeit war auch von Burchards Seite vertrauensvoll. Liebermann berichtet von einer Äußerung Burchards, er habe als Präses der Kommission Lichtwarks Ankaufswünschen auch dann zugestimmt, wenn ihm persönlich das gewünschte Werk nicht gefallen habe.[523]

Wegen einer Bildnisbüste Burchards für die Vorhalle der Michaeliskirche tritt Lichtwark 1913 mit dem Bildhauer Adolf von Hildebrand in Kontakt; und Ernst Juhl widmet dem Andenken Burchards eine photographische Mappe mit Motiven aus Hamburg, ganz in Lichtwarks Sinne.[524] Gegen Burchards Nachfolger als Präses, Max Predöhl, dürfte Lichtwark kaum Einwände gehabt haben. Mit den Predöhls soll er befreundet gewesen sein; er soll auch den großen Garten zu dessen von Martin Haller umgebauten Villa Harvestehuder Weg 20 gestaltet und die Esszimmermöbel entworfen haben.[525]

521 Brief Alfred Lichtwark an Burchard, 1.1.1912, HKH, AdB 124.
522 Br. Pauli, S. 80.
523 Vgl. Liebermann (1978, Lichtwark), S. 122.
524 Vgl. Br. Kommission (1920), Bd. XX: 1912/13, S. 262. – Zur Bildnisbüste von Burchard siehe auch das Kapitel »Krankheit und Tod« in Teil 6. – E. Juhl, Hamburg. Land und Leute der Niederelbe, Hamburg: Boysen & Maasch, 1912. Die Mappe enthält neunzig Aufnahmen, bis auf wenige Blätter von A. Bruhn (außerdem: Bl. 1: Aufnahme Buchard von Rudolph Dührkoop, 1909; Bl. 7, 36, 65, 66, 67: Rudolph Dührkoop; Bl. 44, 45 Minya Diéz-Dührkoop; Bl. 2: Die alten St. Pauli Landungsbrücken von Major Böhmer, 1893; Bl. 77: Th. u. O. Hofmeister. Die Aufnahmen sind überwiegend zwischen 1908 und 1912 entstanden). Für den Hinweis auf diese Mappe danke ich Ulrich Luckhardt.
525 Vgl. Ausst.Kat. Haller (1997), S. 41.

Den Spendern des Jubiläumsgeschenks dankt Lichtwark mit einer kleinen gedruckten Schrift, in der er seine Verwendungsabsicht darlegt.[526] Er will dieses Geldgeschenk der ihm wichtigsten Sammlung, den modernen Bildern aus Hamburg, widmen und knüpft an seine Dankesworte einige Überlegungen zur Bedeutung dieses Projektes. Wenn bereits dreißig Jahre zuvor die herausragenden deutschen Maler für Aufträge nach Hamburg eingeladen worden wären, dann könnte nun eine Sammlung von etwa 300 Bildern vorhanden sein, in denen die bedeutenden Persönlichkeiten ebenso dargestellt wären wie Ansichten des »herrlichen Hamburg der fünfziger und sechziger Jahre«, »das jetzt nur noch in der Erinnerung lebt und nicht im Kunstwerk«. Auch die Künstler dafür sieht er rückblickend genau: »Wir hätten von Menzel die Innenräume der Michaelis- und der Katharinenkirche, hätten Schiffswerften und Stapelläufe, das Volksleben in allen für Hamburg charakteristischen Formen und hätten die Bildnisse denkwürdiger Menschen, von denen es heute nur Photographien gibt.« Schwind, der frühe Knaus, Trübner, Leibl und dessen Kreis stehen ihm vor Augen; für alle imaginiert er eine ihrem Schaffen adäquate Aufgabe; alle wären gekommen, und ihre Werke seien zu Lebzeiten noch erschwinglich gewesen. Bisher habe noch jede Generation ihre eigene und neue Kunst hervorgebracht, und es sei eine Art Lähmungserscheinung, die von einem verkehrten und übermäßigen Betrieb der Geschichte ausgehe, dass das Vertrauen in die Gegenwart und Zukunft geschwächt sei. »Der tiefste Pegelstand der Selbstschätzung war vielleicht in meiner Jugend erreicht, wo mir von ältern [sic] Fachgenossen die Beschäftigung mit der lebenden Kunst als unwürdig verwiesen wurde. Wie lange hat es gedauert, bis wir uns eingestanden haben, daß ein Künstler der Gegenwart so bedeutend sein könnte wie der irgend einer [sic] Vergangenheit. Ich weiß den Tag, wo mir plötzlich diese Erkenntnis aufgegangen ist. Unserer Art gemäß haben wir es früher von den Franzosen als von unsern eigenen Meistern geglaubt. Haben wir diese Wahrheit erkannt, so folgt daraus, daß eine Galerie nichts Besseres tun kann, als mit den großen Meistern ihrer Zeit in engster Gemeinschaft zu leben.«[527]

Im Anschluss an diese Auswahl bedeutender Künstler verteidigt er seine Praxis der Auftragsvergabe; man sei der Aufträge zwar entwöhnt, doch seien die meisten Werke bis ins 19. Jahrhundert noch auf diese Weise entstanden. Lichtwark verbindet hier ausdrücklich sein Vorgehen mit dem Hinweis auf die freie Wahl der Künstler beim Motiv. Zudem müssen die Vorschläge mit Rücksicht auf die Eigenart der Künstler erfolgen; dazu gehöre eben, dass der Sammlungsleiter die großen Künstler genau kenne, und wenn der Künstler sich nicht angeregt fühle, würde er ablehnen. Selbst wenn ein Drittel der auf diese Weise entstandenen Werke Fehlschläge wären, was Lichtwark sehr übertrieben findet, würde der größere gelungene Teil den Versuch immer noch lohnen, auch wirtschaftlich. Die Zweifler hätten Recht, wenn die

526 Vgl. Kunsthalle zu Hamburg, Dezember 1911 [Alfred Lichtwark, Dank an die Stifter, o.P., 6 S.], HKH, AdB; nicht bei Kayser (1977).
527 Ebd., [S. 3f.].

Künstler ihre Bedenken teilen würden, was jedoch nicht der Fall sei. Dabei betont er, dass sie nicht aus finanziellen Gründen nach Hamburg kämen. Er habe infolge ihres Entgegenkommens die Sammlung mit sehr geringen Mitteln aufbauen können. Und er sei immer wieder Zeuge gewesen, mit welcher Hingebung und Selbstlosigkeit die großen Meister ans Werk gegangen seien. Eine Bestätigung seines Vorgehens sieht er im Verhalten anderer Museumsleiter. Frankfurt und Halle hätten in demselben Sinne bei den großen Künstlern für ihre Galerien Bildnisse bestellt, andere hätten Bildnisse erworben. Lichtwark formuliert nun seine Hoffnung, durch diese Stiftung die Sammlung durch einige ganz hervorragende Werke auszubauen und schließt mit dem Satz: »Daß mir diese Möglichkeit am Tage meines Jubiläums eröffnet wurde, hat mich mit dem Gefühl tiefer Dankbarkeit erfüllt.«

Bereits 1910 wird Lichtwark von seinem Verleger Bruno Cassirer der Plan unterbreitet, zum Jubiläum ein »Bilderbuch« über die Kunsthalle zu veröffentlichen. Lichtwark soll den Text dazu verfassen und ein Teil der Einnahmen für die Kunsthalle verwendet werden. Er würde sich freuen, schreibt Cassirer, wenn er auf diese Weise der Kunsthalle, Lichtwark und dessen Lebenswerk neue Freunde gewinnen könne, da er ihn, wie er in einem späteren Brief bekennt, aufrichtig verehre. Hier spricht er auch von weiteren Bänden, wobei unklar bleibt, ob es sich um den zunächst geäußerten Plan des Bildbandes oder mehrere Teile einer Gesamtausgabe handelt. Der geplante erste von drei Bänden soll die Hamburger Kunst vorstellen, 200 bis 250 Abbildungen sind vorgesehen. Auch das Honorar steht fest, Lichtwark soll bei Erscheinen 1.000 Mark und je Exemplar 1,50 Mark erhalten. Ob er jedoch die gewünschte Bildauswahl und einen einleitenden Text erarbeitet, lässt sich nicht feststellen. Die Publikation kommt jedenfalls nicht zustande.[528]

Ein Jahr später, Anfang November 1912, reist Lichtwark mit seiner Schwester Marianne in die Schweiz, um dem Trubel um seinen 60. Geburtstag zu entgehen. Die Tage verbringt er in Vevey im traditionsreichen Hotel »Des Trois Couronnes«.[529] In der Gemäldegalerie in Genf interessieren ihn vor allem die »bescheidenen Leute« aus dem 18. und vom Anfang des 19. Jahrhunderts. Die Kunstgeschichte wisse eigentlich noch nicht, dass neben den Schweizer Dichtern und Schriftstellern, die in Frankreich das neue Naturgefühl geweckt hätten, etwa Rousseau und Haller, auch Maler von »derselben Unabhängigkeit und Frische« stünden. »Hat einer außer Dir«, schreibt er an seinen Freund Kalckreuth, »soviel [sic] Gefühl für den Winter gehabt wie der alte Töpffer?«[530] Es ist also wiederum und immer noch der biedermeierliche Realismus, der es Lichtwark angetan hat, und den er durch eigenes Erleben aus der Kindheit und Jugend verstehen und nachvollziehen kann.

528 Vgl. Briefe Bruno Cassirer an Alfred Lichtwark, 7.4.1910, 20.11., 25.11.1911, 24.1.1912, HKH, AdB 44.
529 Zur Reise vgl. Br. Kommission (1920), Bd. XX: 1912/13, S. 289–297. – Br. Mannhardt, S. 126f. – Der amerikanische Schriftsteller Henry James, Zeitgenosse von Lichtwark, lässt seine 1879 veröffentlichte Erzählung *Daisy Miller* u.a. in diesem renommierten Hotel spielen (Frankfurt/M., Leipzig: Insel, 2001).
530 Vgl. Br. Kalckreuth, S. 266–268, Zitat S. 268, gemeint ist Adam Töpffer (1766–1847).

Aber auch das Museumsgebäude gefällt Lichtwark ausnehmend gut in seiner Schlichtheit, ohne Marmor und Ornamentik, bei großer Raumfülle. Die Hamburger Architekten müssten dieses Museum im Hinblick auf den Neubau der Kunsthalle sehen. Dort trifft er die Entscheidung für ein Treppenhaus in Stein statt in Marmor. »Dies war für mich die wichtigste Erfahrung in Genf.«[531]

Trotz der interessanten Reiseeindrücke fühlt sich Lichtwark niedergeschlagen angesichts seines nahenden Geburtstages. »Meine Stimmung ist elend«, bekennt er Kalckreuth am 10. November 1912. »Plötzlich fällt mir ein, Rückblicke und Abrechnungen anzustellen, und ich fühle den Druck alles dessen, was ich falsch gemacht oder versäumt habe.«[532] Doch die Resignation lässt sich durch freundschaftlichen Zuspruch überwinden. Von Melles Telegramm habe ihm aus der »Stimmung von Rückblicken auf alles unerreicht gebliebene [sic] [...] kräftig geholfen, da heraus zu kommen«, schreibt er in seinem Dankesbrief. »Man soll nur vorwärts schauen.«[533] Sein Freund Erich Marcks, Mitglied des Professorenkonvents der Wissenschaftlichen Anstalten, spricht in seinem Gratulationsbrief von der »vielen, vielen gütigen Liebe, die Sie erwiesen haben u. die Ihr Wesen ist.« Marcks dankt ihm dafür, dass er etwas davon kennengelernt habe und mitempfinde und mitbesitze. Er nennt Lichtwark einen Praeceptor Hammoniae, »der da doch viel mehr erreicht hat, als er manchmal zugibt, wenngleich noch lange nicht alles, was er gewollt! Und der Praeceptor Germaniae auch.« Seine Lebensarbeit sei noch im Gange; was er bisher gewollt und geleistet habe, strahle sehr weit aus. Und der Schriftsteller Lichtwark bleibe, von allem Kampf des Kämpfers abgesehen, »in sich selber ein Schmuck unserer Tage und unseres Volkes«.[534]

FAHREN UND FLIEGEN

Der »fliegende Traum«, das ist für Lichtwark eine Autotour mit Prinz Eugen von Schweden in dessen Benz, Baujahr 1906 (Abb. 56). Anfang Oktober 1907 erreicht Lichtwark auf seiner Reise mit dem Architekten Albert Erbe in Paris eine Einladung des Prinzen zu einer Autofahrt durch Nord- und Mitteldeutschland. So hat er vom 19. bis zum 22. Oktober Gelegenheit, den Bruder des regierenden schwedischen Königs und seinen Adjutanten vier Tage lang von Hamburg nach Cochem an der Mosel zu begleiten.[535] Lichtwark kennt den Prinzen, der auf dem Weg nach Paris ist, nun

531 Vgl. Br. Kalckreuth, S. 267f. – Br. Kommission (1920), Bd. XX: 1912/13, S. 291. – Siehe auch das Kapitel »Der Neubau der Kunsthalle« in Teil 5.

532 Br. Kalckreuth, S. 268.

533 Brief Alfred Lichtwark an von Melle, 16.11.1912, HH, SUB, HSS, NvM: HG: Lichtwark, Alfred.

534 Brief Marcks an Alfred Lichtwark,13.11.1912, HKH, AdB 76.

535 Vgl. hier und im Folgenden: Alfred Lichtwark, Ein Stück Deutschland vom Kraftwagen aus, in: AL, Schriften, Bd. II, S. 308–364; Neuauflage: Alfred Lichtwark, Von Hamburg bis zur Mosel. Ein Stück Deutschland vom Kraftwagen aus (1907), Wienhausen: Saucke, 2001. – Br. Kommission (1908), Bd. XV: 1907, S. 152–154. – Vgl. Brief Alfred Lichtwark an Prinz Eugen, 7.10.1907, Stockholm, PEW, Archiv.

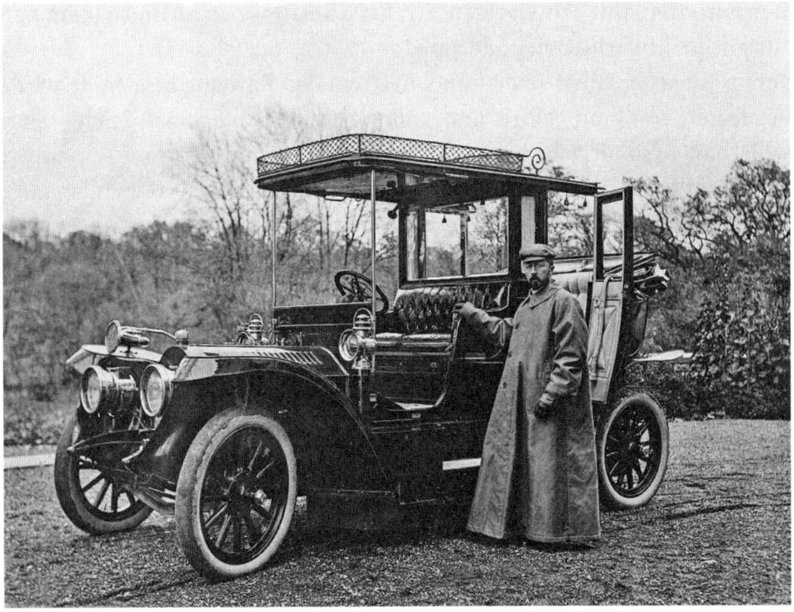

Abb. 56 Prinz Eugen mit seiner ersten Limousine, 1906, Aufnahme: C. G. Rosenberg

schon einige Jahre; sein erster Brief an ihn datiert von 1903, als Reaktion auf dessen Besuch in der Hamburger Kunsthalle.[536] Prinz Eugen hat den Wunsch nach einer solchen Fahrt durch die deutsche Landschaft schon früher einmal geäußert, doch bot sich bisher nicht die Gelegenheit dazu. Am Vortag der Reise zeigt Lichtwark dem hohen schwedischen Gast und dessen Begleiter, dem Husarenmajor Baron Lehusen, die Sammlungen der Kunsthalle und führt ihn abends mit seinem Freund Kalckreuth zusammen, nicht wie zunächst vorgesehen in seine eigene Wohnung, wo Influenza herrscht, sondern in das Hotel »Atlantik« im Nobelrestaurant »Pfordte«. Die beiden Künstler sind sich sympathisch, wie Lichtwark schon vermutet hat und nun mit großer Freude bestätigt findet: etwa gleichaltrig, mit ähnlicher künstlerischer Zielsetzung und beide von adligem Lebensstil.

Gemeinsam bricht man am frühen Samstagmorgen auf. Sehenswürdigkeiten sind nur punktuell eingeplant, die Reise soll vor allem ein Bild vom Typus deutscher Landschaften und Orte ergeben, als hätte man Vergleichbares dreißigmal übereinander photographiert, wie Lichtwark es formuliert. Die Temperamente, Interessen und Erfahrungen der drei Reisenden ergänzen sich, so dass harmonisches Einvernehmen und eine behagliche Reisestimmung entstehen, die Lichtwark diese Fahrt zu einem unvergesslichen Erlebnis werden lassen. Seine Begeisterung für das moderne Leben, für Bewegung und zugleich für einen eleganten, gehobenen Lebensstil findet hier reiche Nahrung. In sportlicher Fairness werden regelmäßig die Plätze getauscht,

536 Vgl. Brief Alfred Lichtwark an Prinz Eugen, 10.12.1903, Stockholm, PEW, Archiv.

und dem erfahrenen, mit schwierigen Straßen, Rechtsverkehr und Tieren vertrauten Chauffeur gilt Lichtwarks Bewunderung.

Der erste Reisetag führt über Lüneburg, wo das Rathaus besichtigt wird, Uelzen und Celle, dessen von Frans Floris und seinen Schülern ausgemalte Schlosskapelle die Reisegesellschaft besonders beeindruckt, weiter nach Hannover mit seinen von Lichtwark als öde und barbarisch empfundenen Vorstädten und dem reizvollen alten Stadtkern bis Hildesheim, wo bei Mondlicht noch Stadt und Kirchen betrachtet werden und am nächsten Morgen bei Tageslicht alles noch einmal. Von dort zieht es die Reisegesellschaft nach Braunschweig, weniger der pittoresken alten Residenzstadt wegen als vielmehr zur Besichtigung des Museums mit seiner bedeutenden Sammlung und dabei vor allem zu Rembrandts Familienbild, das Lichtwark als eines der schönsten Rembrandt-Gemälde in einer deutschen Galerie gilt: »Solange man in seinem Bann steht, hält man es für das schönste. Die Farbe ist hier eine edle Materie geworden von der Schönheit der Edelsteine und Blumenblätter. Wer Augen hat zu fühlen, wird durch die rein materielle Wirkung einer gespachtelten Fläche berückt. Und doch hat diese letzte, reifste Kunst Rembrandts, die durch eine Welt von seinen Anfängen geschieden ist, nichts Preziöses, denn die Mittel stehen dienend zur Verfügung der höchsten Kraft des Ausdrucks. Ich weiß kein Stilleben in der Welt, das an rein malerischer Pracht und Stimmung diesem Himmelswunder nahekäme. Aber in der Stillebenschönheit ist sein Inhalt nicht erschöpft. Es ist nicht Darstellung von Fleisch, Blumen, Stoffen und Geschmeide, sondern Menschendarstellung im Stil und aus der Fülle der ganz Großen.«[537]

Von Braunschweig geht es weiter nach Wolfenbüttel. Dort muss Lichtwark enttäuscht das für ihn Schönste dieser Stadt vermissen: Die alte Bibliothek, ein Bau mit ovalem, zentral gelegenem, durch basilikales Licht beleuchtetem Lesesaal, wurde seit seinem ersten Besuch abgebrochen.[538] Dieser Lesesaal, der gleichartig beleuchtete Börsensaal in Hamburg und das Bauernzimmer der Hamburger Marsch haben ihm einstmals die Augen dafür geöffnet, »daß für die Ausbildung des Innenraumes neben der Poesie der architektonischen Verhältnisse die Poesie des Lichtes das Hauptaugenmerk des Baumeisters sein sollte. Unsere Zeit hat hier von Grund aus neu aufzubauen.« Daher würde ihn interessieren, ob an einer deutschen Akademie oder Bauschule ein Kolleg über die Belichtung von Innenräumen gelesen wird. Lichtwarks intensive Fähigkeit und besondere Begabung, Architektur zu beobachten und zu erleben, beweist sich nicht nur an diesem Lichtproblem, auch der Wolfenbütteler Haustypus ist ihm schon früher aufgefallen. Er sei nach fränkischer Art traufständig, und den eigentümlichen Fassadenrhythmus mit vielfältigen Erkerbildungen kenne er aus keiner anderen deutschen Stadt. Bei aller Einfachheit der Mittel liege etwas sehr Vornehmes in diesen Fassaden, stellt Lichtwark fest, und greift damit das Thema Einfachheit auf, das ihn immer wieder beschäftigt.

537 Alfred Lichtwark, Ein Stück Deutschland vom Kraftwagen aus, in: AL, Schriften, Bd. II, S. 325.

538 Der 1705–1713 vom Landbaumeister des Herzogtums Braunschweig-Wolfenbüttel Hermann Korb (1656–1735) errichtete Bau wurde 1887 abgebrochen; vgl. Ausst.Kat. Korb (2006), S. 228–233.

Die Reise geht an der Ruine Hardenberg vorbei über Northeim und Göttingen in Richtung Hessen. Am Abend erreicht die Reisegesellschaft Hannoversch-Münden, das noch bei Mondschein besichtigt wird. Lichtwark schildert seinen Eindruck der nächtlichen Stadt wie mit dem Blick zeitgenössischer Maler betrachtet, wie Otto Ubbelohdes Illustrationen der Grimmschen Märchen: großflächig-monumental und von starken Helligkeitskontrasten belebt. Er beobachtet intensiv den lokalen Haustypus, ein hohes Giebelhaus mit drei Stockwerken und originaler Fensterbildung, ein Gebäude von geschlossener Wirkung. Am dritten Morgen erfolgt der Aufbruch in aller Frühe, ohne dass eine erneute Besichtigung bei Tageslicht den romantischen Eindruck von Münden verwischt hätte. Kassel ist nach kurzer Fahrt erreicht. Lichtwark trennt die alte, ihm deutsch erscheinende Stadt von dem neuen, regelmäßig angelegten und etwas romanisch wirkenden fürstlichen Teil des 18. Jahrhunderts. Lichtwark und Prinz Eugen sind jedoch wegen der Bilder Rembrandts gekommen. In der Galerie ist der Prinz zunächst von den beiden Bildnissen des Frans Hals fasziniert. Unter den Rembrandts fesselt ihn vor allem der »Segen Jakobs«. Die Kasseler Galerie besitzt für Lichtwark das günstigste Licht und die bestmöglich abgemessenen Säle, die ihm bekannt sind, und gehört für sein Verständnis zu den am besten gehängten: man fühle, dass der Direktor mit Muße und Behagen und über lange Zeiträume hinweg optimierend seines Amtes gewaltet habe. Die Rembrandts freilich wünschen sie sich dichter beieinander und aller fremden Gesellschaft entrückt, doch können sie mit dem Direktor nicht darüber sprechen. Lichtwark kennt ihn seit seiner Berliner Zeit[539] – Eisenmann werde es versucht haben. Rembrandts »Segen Jakobs« vertrage überhaupt keine Nachbarn; das Bild leide auch unter dem ungenügenden Rahmen und dem Ton der Tapete. »Diese äußerlichen Dinge verdienen weit allgemeiner Beachtung, als ihnen bisher zuteil geworden ist. Nicht die Hälfte aller Museen hat bisher für ihre Pflegebefohlenen angemessen zu sorgen vermocht. Das ist zu höflich ausgedrückt. Warum es nicht aussprechen: vielleicht noch kein einziges. Rahmen und Wandtton sind gut, wenn man sie nicht spürt. Beim Segen Jakobs fühlt man beide. Der Rahmen, eine schmale Goldleiste, frißt das Bild leer. Er könnte bei einem anderen Bilde genau das Notwendige sein. Hier ist er zu flau. Das Bild hat viele große summarisch behandelte Flächen. Der Meister hat sich in der Angabe der Einzelheiten auf das Notwendigste beschränkt. Er wird mit der zusammenhaltenden Kraft der Umrahmung gerechnet haben. Hier aber läßt die Goldleiste aus. Sie ist so schwach, daß das Bild über sie hinwegquillt.« Die türkisfarbene Tapete ergebe mit dem Gelb und Rot des Bildes eine Buntheit, die Rembrandt schwerlich gutheißen würde. Prinz Eugen isoliert das Bild mit einem Rahmen der Hände vor den Augen von der Wand, Lichtwark tut es ihm gleich; das Gemälde scheint ihm nun »mit einem Schlage anders instrumentiert«: »Es hatte Klang, Fülle und Sattheit der Töne, die sofort wieder matt wurden, wenn Goldrahmen und Tapete wieder in Wirkung traten. Wir entschieden uns, eine Probe

539 Vgl. Briefe Alfred Lichtwark an Oskar Eisenmann, HH, SUB, HSS, LA 91–110, die Briefe datieren ab 1882.

mit einem dunklen Rahmen in edlem Holz (nur nicht Eiche!) und einen weißen oder grauen Wandton zu empfehlen.«

Lichtwark und Prinz Eugen sprechen ausführlich über die beiden so kurz nacheinander betrachteten Gemälde Rembrandts, das etwa zehn Jahre nach dem Braunschweiger Familienbild entstandene Werk Rembrandts in Kassel und das am Tag zuvor »genossene« und noch frisch im Gedächtnis haftende Braunschweiger Werk, »dessen mäßigerer Inhalt die üppigste Entfaltung der Stillebenkünste erlaubte.« Als Verehrer der Kunst Liebermanns und der Impressionisten ist Lichtwark insbesondere von Rembrandts Spätwerk begeistert: »Wer sich von der Stillebenästhetik unserer Tage, die den Stoff als etwas Gleichgültiges ausgeben möchte, bedrängt fühlt und an den Lebenden keinen Leitstern finden oder anerkennen kann, der mag sich bei der Kunst Rembrandts über die letzten Dinge Aufschluß holen. Wenn er wissen will, was der Stoff für den Einsatz eines Teils oder aller Kräfte des Künstlers bedeutet, so gehe er einige Dutzend der Hauptwerke des Meisters mit der Anfrage durch: was hat die Natur des Stoffes vom Meister gefordert?« Die zeitgenössischen Motive – die »Stoffe« – würden nur einseitige Ansprüche erheben; doch die Antwort, die Rembrandts Werke erteilen würden, habe heute »bündige Kraft«: »Denn es gibt kaum einen Meister, vor dem sich heute mit gleicher Inbrunst alle beugen.«

Wie Lichtwark ist auch Prinz Eugen ein Blumen- und Gartenliebhaber und hofft, in Paris noch den in den letzten Jahren nach neuen Grundsätzen angelegten Blumengarten des Jardin du Luxembourg in Blüte zu sehen. Lichtwark hat ihn erst kurz zuvor besucht und kann den Prinzen beruhigen. Der gemeinsame Besuch der Kasseler Museumsanlagen veranlasst ihn zu einer Betrachtung der Bauerngärten der Marsch, die immer noch Vorbildcharakter für ihn besitzen: »Auch in der Gartenkunst müssen wir beim ABC wieder anfangen, genau wie auf allen anderen Gebieten der schmückenden Künste.«

Die Architektur des Fridericianums bereitet den Reisenden Spaß: die repräsentative Platzfassade und die völlig abweichend gestaltete Hofseite ebenso wie der alte gotische, nun antikisierend angepasste Torturm mit dem originalen Torbogen, gegenüber alte Bürgerhäuser. Während sie auf die Öffnung des Museums warten, haben sie Zeit, sich zu vergnügen »über die heitere Verbindung von klassischem Ernst, verklebter Romantik und klein- und großbürgerlicher Wohlanständigkeit und Behaglichkeit der Baugesinnung und über die malerische Herrlichkeit, die aus all dem Miteinander, Durcheinander und Gegeneinander entstanden ist.«

Lichtwark fühlt sich durch den Besuch in Kassel besonders zu einer städtebaulichen Betrachtung animiert. Das regelmäßig gebaute, vom Rokoko bis zum Empire entstandene fürstliche Kassel sieht er nun mit neuen Augen, ebenso wie er einige Zeit zuvor erst seine Vorurteile über die aus derselben Epoche stammenden städtebaulichen Strukturen von Mannheim und Karlsruhe revidiert hat. Er selbst rekrutierte diese Vorurteile aus der mündlichen Überlieferung und kennt ihren Ursprung nicht einmal. Erst die dritte Generation pflege mit solchen Vorurteilen aufzuräumen, sie würden von selber zerfallen. So hat Lichtwark schon in den achtziger Jahren selbst zur Vorhut derer gehört, die mit dem englischen Landschaftsgarten gebrochen haben, und sich vehement für die architektonische Gartengestaltung eingesetzt, die nun inzwischen eine breitere Basis besitzt. Er befindet sich unter denjenigen, die schon früh für sich den Barock zu rehabilitieren beginnen, in der Malerei wie in der Baukunst. Wie genau und rational er die Stadtentwicklung nachvollzieht, lässt sich am Beispiel Kassels nachvollziehen: Wer von Wilhelmshöhe her die Stadt betrete, würde von der modernen Stadt der letzten dreißig Jahre kommend die des absoluten Fürstentums besuchen und schließlich hinabgelangen zur Bürgerstadt des Mittelalters und damit »die lebhafte Empfindung von den drei Kulturschichten erhalten, die er durchschritten [hat]«. An kaum einem anderen Ort seien diese Kulturschichten so scharf gesondert. Denn Kassel habe sich nicht in Jahresringen entwickelt, sondern in eine einzige Richtung ausgedehnt.

Von Kassel aus wird am Nachmittag, nach einer Fahrt durch die typische, vulkanisch geprägte Landschaft, Marburg erreicht. Der Besuch des Schlosses mit dem Archiv, wo Urkunden von König Pippin und Karl dem Großen ausgestellt sind, und der Blick auf die Terrassenstadt vom Schlossberg hinab bilden den Auftakt der Besichtigung, bei der Lichtwark sich gestört fühlt durch die neuen, ihm viel zu hoch erscheinenden Mietshäuser. Darüber stimmt er wieder einmal seine stete Klage an: Ob es zuviel verlangt sei, dass eine Stadt sich nicht nur verwalten, sondern auch regieren solle, und einen Hauptaugenmerk der Stadtregierung müsse die Sorge für eine gesunde und harmonische Entwicklung des »Stadtleibes« bilden. Sein Sinn für die pittoreske Schönheit der Stadt beweist sich in der Schilderung ihrer Struktur und ihres Helldunkels in der einbrechenden Dämmerung sowie bei der monumentalisierenden Wirkung des Mondlichts.

Am nächsten Morgen wird die Elisabethkirche aufgesucht; man erschrickt vor der Verwüstung durch die angeblich stilgetreue Restaurierung, die Lichtwarks Unmut hervorruft: Die Farbe erscheint ihm barbarisch und beklemmend; sollte es sich wirklich um die originale handeln, so hätte er es für besser gehalten, eine neue Farbgestaltung im Geschmack der eigenen Zeit zu schaffen. Die Entwicklung des Farbensinns stellt schon lange eines seiner wichtigen Anliegen dar. Es bedrückt ihn, und sicherlich umso mehr in Gesellschaft eines Malers, dass die jungen Architekten immer noch durch historisierende Studien ihren Farbensinn entwickeln sollen. Soweit seine Beobachtung reicht, würden sie dabei niemals das Farbgefühl der gebildeten Gesellschaft der Gegenwart erreichen: »Es herrscht im Gegenteil immer noch ein schroffer Gegensatz zwischen dem Geschmack der Mehrzahl der Architekten und dem nach natürlichen Gesetzen unbeirrt von irgendwelchem Akademismus sich stetig umgestaltenden Empfinden der europäischen Kulturwelt. Ja, viele Architekten selbst der jüngeren Generation leugnen schlankweg, daß dies Farbengefühl der gebildeten Gesellschaft, das unabhängig seinen Weg geht, überhaupt vorhanden ist. Natürlich nur, weil sie dafür blind sind.« Er, Lichtwark, würde einem jungen Architekten, der aus den Quellen des derzeitigen Farbgefühls schöpfen wolle, raten, die Herrenmodegeschäfte und Schaufenster der Putzmacherinnen in London und Paris anzusehen, diejenigen in London schätzt er noch höherwertiger ein. Im Rokoko habe der Farbensinn noch Innenräume und

Kleidung gleichermaßen bestimmt, seither sei die Mode ihren eigenen Weg gegangen. »Nun sind wir dahin gekommen, daß ein Strumpfladen in Old Bondstreet künstlerisch höher steht als die Ausmalung aller Bahnhöfe, Museen, Justizpaläste, Ministerien und Schlösser unserer Zeit, die ich kenne.«

Durch das neblige Lahntal und die Stadt Gießen geht die Fahrt weiter nach Wetzlar, wo der Dom zu Lichtwarks Bedauern gerade restauriert wird und, wie den schwedischen Besuchern bekannt ist, Goethes Schritte den Boden geweiht hätten, weiter über Braunfels und danach durch einsame endlose Alleen nach Weilburg an der Lahn. Stadtberg und Schloss werden besichtigt und genossen; die Schlosskirche mit ihrer Fürstenloge im Stil des Rokoko vermittelt Lichtwark mehr vom Wesen des absoluten Fürstentums als sogar die Königsloge von Versailles. Die Terrassen des Schlossberges weisen jedoch wiederum die von Lichtwark strikt abgelehnten englischen Gärten auf. Dass diese Generation von Gärtnern noch jung sei und auf Jahre hinaus mit dieser Gestaltungsform die Städte bestimmen werde, betrübt ihn sehr.

Die prachtvollen Lindenalleen »mit berückenden Ausblicken« setzen sich fort bis Limburg, dessen Dom die Reisenden tief beeindruckt. Lichtwarks Vorliebe für das Monumentale findet hier besondere Nahrung: »[...] Monumentalität ist nichts als Verhältnis. Ein einziges großes Zinshaus in der Nähe würde die ganze Harmonie vernichten.« Das kühl gestaltete Innere allerdings, das er auf die Restaurierung zurückführt, stößt ihn ab. Ehrenbreitstein und das belebte Koblenz sind noch zu überwinden, schließlich führt die Reise durch die Vorberge der Eifel – »ein Land von heroischen Formen«. »Die letzte Strecke sanken wir durch enge Waldtäler nach der Mosel hinab.« Cochem, wo Lichtwark am nächsten Morgen die Rückreise antritt, wird bei Dämmerung erreicht. Angesichts des Städtchens im Mondlicht wirft der Künstler die Frage auf, ob sich das Motiv wohl malen ließe, ohne süßlich zu werden. »Und wieder kamen wir auf die unergründliche Frage nach dem Verhältnis des Künstlers zu seinem Stoff. Wie kommt es, daß unser Geschlecht so viel Schönheit in der Welt genießen und nur einen begrenzten Ausschnitt davon so darstellen kann, daß es Kunst wird?« Und wie eng begrenzt sei »der Ausschnitt der Motive aus all diesem Reichtum, mit denen dem Künstler unserer Tage große Kunst zu machen erlaubt ist oder die sich der große Künstler heute erlaubt, wie man es nehmen will. Sind wir nicht beinahe verwundert, wenn ein hervorragender deutscher Künstler eine Landschaft malt, die mehr als einen engen Ausschnitt eines bescheidenen Stückes Natur umfaßt?«

Lichtwark liebt sportliche und körperliche Anstrengung, besonders als Dauerleistung; sie gewährt ihm Erholung. In der hessischen Landschaft nun lernt er die Leidenschaft für die rasche Fahrt begreifen, »die den Kraftfahrer hinreißt« – ihm ist, als hätte er »die Frische und Lebensfreudigkeit der Kindheit zurückerlangt.« An die rasche Fahrt in der Eisenbahn oder mit dem Gespann fühlt er sich nicht erinnert, und obwohl das Automobil eine geringere Geschwindigkeit als der D-Zug erreicht, empfindet er die Bewegung stärker als im Zug. Das Auto verbinde die Schnelligkeit der Eisenbahn mit der Unabhängigkeit des Fußwanderns, sinniert er, die Haltepunkte seien nicht festgelegt und die Eindrücke Panoramen. Dazu genießt er die Luftmassage durch den Fahrtwind und die erhöhte Atemtätigkeit. Am nächsten erscheint ihm das Fahrgefühl dem im Motorboot; und besonders bemerkenswert sei, dass man »bei diesem jubelnden Gefühl des Befreitseins, des Losgelöstseins, des Fliegens«, »beim raschen Flug im Auto und mitten im Genuß der Bewegung doch alles umher beobachtet und blitzschnell in sich aufnimmt und daß diese Eindrücke haften.« Die deutschen Provinzen, die sie »durchflogen«, waren Lichtwark durchaus zuvor schon wohlbekannt. Doch vermittelt die rasche Fahrt ihm ganz neue Vorstellungen, nie vorher habe er in so kurzer Zeit solche berauschende Fülle schöner Bilder in sich aufgenommen. »Ich habe das Gefühl, als ob die Bilder, die sich mir auf dieser Fahrt eingeprägt, festere Umrisse und stärkere Leuchtkraft hätten als fast alle anderen, die meine Seele von dem Schauspiel dieser Welt aufbewahrt.«

Dazu gehört vor allem auch die Vielfalt der deutschen Städte, durch die die Reise geführt hat, jede mit einem eigenen Gesicht. Ganz patriotisch vergleicht Lichtwark mit den auf seiner Englandreise im Monat zuvor wahrgenommenen Eindrücken, und dieser Vergleich fällt zugunsten Deutschlands aus. »[...] welche Eintönigkeit und welche Trostlosigkeit in der Erscheinung der zahllosen Handels- und Fabrikstädte.« Nur Oxford und Cambridge, Edinburgh und Bath besäßen außer London ein eigenes Gepräge.

Aufgrund seiner eidetischen Veranlagung genießt Lichtwark diese Fahrt mit Prinz Eugen schließlich doppelt: »Ich habe von allen Straßen, die wir gefahren sind, von allen Städten, die wir durchkreuzt haben, so deutliche Erinnerungsbilder, daß ich in Gedanken die ganze Fahrt vor mir aufrollen kann.« Das tut er dann auch mit Feder und Papier. Für das *Jahrbuch der Gesellschaft Hamburgischer Kunstfreunde* 1907 hält er das denkwürdige Ereignis dieser Autoreise fest. Es ist ein meisterhaftes Feuilleton über Landschaften und Orte, Architektur und Kunstwerke, und nicht zuletzt über das kameradschaftliche, sportliche Miteinander auf dem Fahrzeug und das sinnliche Erlebnis des Autofahrens, über das er philosophiert.[540] Den Text des Aufsatzes lässt Lichtwark in vier Exemplaren als Buch drucken, als Dank an den Prinzen, seinen Adjutanten, für die Kunsthalle und sich selbst.

Am 26. Oktober 1907 schreibt Lichtwark an den Prinzen über das Erlebnis dieser Fahrt: »[...] auf der Heimfahrt ist mir erst eigentlich zum Bewusstsein gekommen, was ich auf der Fahrt genossen habe, und es stieg ein Gefühl in mir auf, als müsste ich das Glück durch eine dunkle Stunde erkaufen. Als der Zug in den Bahnhof einlief, erwartete ich, meine Schwester mit ernstem Gesicht auf dem Perron zu sehen. Aber da mich niemand erwartete, flog die Wolke davon. [...] Und seitdem lebe ich bei aller Arbeit in oder über den vier Tagen im Auto. Es ist, als sähe ich alles im Sonnenschein unter mir liegen. Aber das schönste ist mir Weilburg mit seinen Alléen und den Waldthälern im Purpur des Herbstes geblieben. Wenn ich zur Reise zurückkehre, sehe ich immer wieder zuerst die Baumgänge gelb und bronzen gegen den Nebel mit gelben Blättern auf dem grauen Weg, alles in Gold gegen Silber.« Als sensibler Betrachter sieht er ein

540 Vgl. dazu auch Attilio Brilli, Das rasende Leben. Die Anfänge des Reisens mit dem Automobil, Berlin: Wagenbach, 1999.

impressionistisches Bild vor seinem inneren Auge, »und so wird der fliegende Traum einiger sommerlicher Herbsttage in mir nachwirken [...].«[541]

Fünf Jahre später wird das Erlebnis des Dahinfliegens im Automobil noch übertroffen. Am 29. August 1912 ist dem fast Sechzigjährigen noch das Erlebnis einer Luftreise vergönnt.[542] Auf Einladung von Edmund J. A. Siemers nimmt er als einer von neunzehn Passagieren an einer siebenstündigen Fahrt mit dem Zeppelin »Hansa« teil, die Herzog Johann Albrecht von Mecklenburg veranstaltet. Von Hamburg aus verläuft die Reise entsprechend der Windrichtung nach Braunschweig, dessen Regent der Herzog zu dieser Zeit ist. Lichtwark kennt das Herzogspaar nun schon seit einigen Jahren, war mehrfach auf das Schloss Wiligrad am Schweriner See eingeladen, und es sind auch allerlei schriftliche Grüße ausgetauscht worden.[543] Das Erlebnis dieser Luftfahrt verarbeitet Lichtwark ebenfalls in einem Aufsatz für das *Jahrbuch der Gesellschaft Hamburgischer Kunstfreunde* 1912;[544] er beschreibt nicht nur die Route, sondern schildert auch das sinnliche Erlebnis dieser Zeppelinfahrt.

Höchst angeregt rekapituliert er den technischen Fortschritt, insbesondere den der Fortbewegung und der Beleuchtung, den er im Laufe der Jahrzehnte miterlebt hat. Zum ersten und einzigen Mal äußert er sich hier öffentlich, nunmehr fast sechzig Jahre alt, in einem Text über seine Kindheit, wohl nicht zuletzt, weil die Sicht auf sein Heimatdorf Reitbrook Anlass zu verschiedenen Kindheitserinnerungen gibt. Vom Talglicht, das seine Kinderlektüre erhellte, und dem »Trankräusel« der Dienstboten über die Petroleumlampe und die Gasbeleuchtung bis zum elektrischen Licht sinnt er über die technische Entwicklung nach; vom Sommerschlitten auf den ungepflasterten Landwegen über die Eisenbahnfahrt mit der Dampflokomotive, vom Segelbootfahren auf der Elbe bis zum Dampfer, zur »pfeilschnellen« Dampfbarkasse und den Rennjachten in der Art der »Hamburg«, auf der Lichtwark 1904 mitreiste. Auch die Autoreise mit Prinz Eugen erwähnt er; ungeheuer viel Genuss habe er durch diese neuen Arten der Fortbewegung erfahren, und ein »ganz fremdartiges Glücksgefühl« beim Aufstieg im Fesselballon, der die Empfindung vermittele, die Erde falle hinab: »Man

541 Brief Alfred Lichtwark an Prinz Eugen, 26.10.1907; zur Buchausgabe vgl. Brief Alfred Lichtwark an Prinz Eugen, 29.12.1907, Stockholm, PEW, Archiv. Am 1.1.1912 bittet Lichtwark den Prinzen, ihm eine Buchausgabe widmen zu dürfen, zu der ihn sein Verleger Cassirer seit einem Jahr dränge, doch kommt es nur zu einem Abdruck im *Jahrbuch der Gesellschaft Hamburgischer Kunstfreunde* 1907 und zu einer Übersetzung der Passagen über Hildesheim, Braunschweig und Kassel ins Schwedische; vgl. ebd. – Kayser (1977), Nr. 447, 454.

542 Vgl. Alfred Lichtwark, Hansa, in: AL, Schriften, Bd. II, S. 365–377. – Lichtwark dankt Siemers für die Einladung; er findet es »riesig liebenswürdig«, dass dieser ihn ins Luftschiff mitnehmen wolle (Brief Alfred Lichtwark an Siemers, 19.8.1912, HH, SUB, HSS, LA 152). Die Reise findet mit dem Luftschiff LZ 13 statt, Start ist um 8.10 Uhr morgens in Hamburg, die Landung um 14.53 Uhr ebendort. Die Führung hat Dr. Hugo Eckener. Die neunzehn Passagiere sind im Fahrtbericht nicht namentlich genannt. Für die schriftliche Auskunft vom 2.4.2001 aus dem Fahrtbericht im Archiv des Zeppelin Museums, Friedrichshafen, danke ich Barbara Waibel. – Siemers war 1911 Mitbegründer der Hamburger Luftschiffhallen GmbH, eines Vorläufers des Hamburger Flughafens.

543 Vgl. Briefe und Karten des Großherzogs und der Großherzogin an Alfred Lichtwark, HKH, AdB 76.

544 Alfred Lichtwark, Mit der »Hansa« nach Braunschweig, in: Jb. GHK, 18. Jg., 1912, S. 35–48; Kayser (1977), Nr. 529.

faßte sich an die Brust und fragte sich, wo gerät sie hin.«[545] Der Zeppelin mit der einer Straßenbahn ähnlichen Kabine vermittelt ihm ein schwimmendes Fahrgefühl wie auf einem Schiff, ein Gefühl tiefen Behagens. Die aus Aluminium bestehende Kabine habe ein Künstler entworfen, Professor Bernhard Pankok, der im Jahr zuvor und auch 1912 für die Sammlung von Bildern aus Hamburg den Kaufmann und Reeder Edmund J. A. Siemers portraitiert.[546] Graf Zeppelin und seine Ingenieure hätten die konstruktiven und künstlerischen Vorschläge Pankoks ohne Weiteres akzeptiert – ein Beispiel für die von Lichtwark oft beschworene Bedeutung der modernen Künstler als Designer.

Lichtwark genießt den Flug über die Außenalster, die von unten winkenden Hamburger Freunde, die Sicht auf die reichen Kulturen der Marschlande, die aus den Häusern laufenden und das Luftschiff bestaunenden Menschen, die aufgeregten und fliehenden Tiere. Die Fahrt geht über Winsen, Bardowieck, Lüneburg, Uelzen und Celle, dann über fast unbewohntes, unbebautes Heideland und Gifhorn. Schließlich kommt Braunschweig mit seinen schönen Türmen in Sicht; die Bewohner grüßen ihren Regenten im niedrig über der Stadt schwebenden Zeppelin von den Straßen und Dächern mit Winken und Jubelrufen. Nach zweimaligem Kreisen über der Stadt führt der Rückweg schließlich auch über Buxtehude, wo Lichtwark der schwierigen Verhandlungen um den Bertram-Altar gedenkt, denn noch steht die Ruine des einige Jahre zuvor abgebrannten Rathauses, in dem sich der Altar ursprünglich befand. Nur er, meint Lichtwark, habe damals die Bedeutung des Werkes erkannt, das vorher wohl kein Kunsthistoriker gesehen habe. Nun aber, wo die Altäre in der Kunsthalle vereinigt seien, habe ein neues Studium »dieser so lange vernachlässigten Provinz der deutschen Kunst« begonnen, und aus Wien, Paris, London und Skandinavien kämen die Forscher in die Kunsthalle, um diese einzigartigen Werke zu studieren. Auch die jungen Maler hätten entdeckt, dass Bertram und Francke »zu ihnen reden« und »ihnen heute noch in den Nöten ihres Gewissens beistehen können.« »Wie müßte uns zumute sein, wenn in diesem Bertramsaal der Buxtehuder Altar jetzt fehlte und mit dem alten Rathaus in Flammen aufgegangen wäre.« Lichtwark gedenkt in Dankbarkeit Richard Schönes, Wilhelm von Bodes und der anderen Beteiligten, die ihn bei der Gewinnung des Buxtehuder Altars für die Kunsthalle unterstützt haben.[547]

Auch die Fahrt mit dem Zeppelin hinterlässt ihm einen tiefen Eindruck; er habe sie mit allen Sinnen genossen, wundere sich jedoch nicht: »Wir haben«, schließt er optimistisch seine Schilderung, »die Erfindung des Grafen Zeppelin nun als etwas so Selbstverständliches und wohl bald Unentbehrliches im Besitz wie Eisenbahn, Dampfschiff und Telegraph.«[548] Darin offenbart sich noch einmal sehr typisch der moderne, realistische und fortschrittliche Lichtwark.

545 Alfred Lichtwark, Hansa, in: AL, Schriften, Bd. II, S. 369.
546 Vgl. Best.Kat. Hamburg, 20. Jh., S. 100. – Siehe dazu das Kapitel »Ankäufe 1907–1913: Portraits« in Teil 6.
547 Vgl. Alfred Lichtwark, Hansa, in: AL, Schriften, Bd. II, S. 375f.
548 Vgl. ebd., S. 377.

6. BILDER ÜBER BILDER

»[…] die Bilder und Bildnisse aus Hamburg sind so unpopulär bei den Menschen, die die Mittel haben, daß nach jedem Vorstoß die Quellen vertrocknen. Ich habe mir tausendmal gesagt, wenn sie nicht wollen, wirfs hin. In dreißig Jahren, wenn du nicht mehr da bist, werden die Nachkommen ja sehen, was sich hätte erreichen lassen. Aber ich kanns nicht lassen. […] Unsere Gesellschaft ist genauso gesonnen wie die Berliner Hofkreise. Sehen Sie, ob Sie vom Kaiser und seiner Umgebung für Bildnisse von Liebermann, Corinth, Kalckreuth, Trübner Mittel bekommen!«

Brief Alfred Lichtwark an Lovis Corinth, 21. Februar 1911[1]

AVANTGARDE

Cézanne und van Gogh

Mehrfach ist Lichtwark als konservativ und nationalistisch bezeichnet worden, doch bedarf es hier einer genaueren Differenzierung. Mit den dem Impressionismus noch nahestehenden Künstlern hat er keinerlei Schwierigkeiten; dazu gehören vor allem Paul Cézanne und Vincent van Gogh.

Im August 1900 erwähnt er in einem Brief an seine Kommission zum ersten Mal den Namen Cézanne. Bei Cassirer in Berlin sieht er Bilder des Künstlers, und die rasant gestiegenen Preise versetzen ihn in Erstaunen. Zwei Jahre zuvor sei er noch umsonst zu haben gewesen, nun liege ein kleines Stillleben bei 5.000 Mark.[2] Lichtwark verfolgt also die Entwicklung aufmerksam, auch wenn er von einer Erwerbung nicht spricht. Doch schon seit 1897 besitzt die Berliner Nationalgalerie Cézannes »Mühle an der Couleuvre bei Pontoise« als erstes Bild des Künstlers in einem Museum überhaupt, eine Stiftung des Kaufmanns Wilhelm Staudt.[3] Dieses Gemälde kennt Lichtwark seitdem mit Sicherheit, wenn er es in seinen Briefen an die Kommission auch nicht erwähnt.

In der Ausstellung der Berliner Sezession 1908 stellt Lichtwark ironisch fest, dass die »Götter« Manet, Monet, Sisley und Degas mittlerweile entthront seien, nur einige alte Leute von dreißig Jahren würden noch heimlich zu ihnen beten. Die neuen »Götter« seien Hodler, van Gogh und Cézanne. »Man weiht ihnen nur ein Opfer«, spottet er, »sich selbst, einige bis zum Selbstmord.«[4] Aber Cézannes Malerei lehnt er keineswegs ab. Im November desselben Jahres sieht er bei Cassirer eine »sehr schöne Landschaft« des Künstlers; von einem Erwerbungsinteresse schreibt er seiner Kommission allerdings auch in diesem Zusammenhang nichts.[5]

Von nun an gehört der 1906 verstorbene Cézanne für ihn zu den selbstverständlich akzeptierten Künstlern. Weniger schätzt er, der stets Originalität fordert, die Nachahmer. Im Herbstsalon sieht er in Berlin im Januar 1909 »nur leichte Varianten des Typus Cézanne, viertausend, fünftausend Cézannes, dazwischen einige andere Typen, die an van Gogh und Renoir erinnern. Alles andere, was sich in der französischen Kunst begeben hat, ist für die Jugend ausgelöscht. Ich weiß nicht, ob jemals seit Michelangelo ein Künstler solche Verheerungen angerichtet hat wie Cézanne. Er hat sie alle krank gemacht. Wer nach Paris kommt, ist ihm verfallen, und wer nicht hinkommt, zu dem kommt er durch Mauern und Wälle und über Gräben und Ströme.«[6]

1 Hentzen (1961), S. 133.
2 Vgl. Br. Kommission (1901), Bd. VIII: 1900, S. 152.
3 Vgl. Best.Kat. Berlin, Nationalgalerie, S. 86f., »Le moulin sur la Couleuvre à Pontoise«, WV Rewald 483. – Vgl. Br. Kommission, S. 6, 33, 164, 259, 269, hier spricht Lichtwark von Tschudis Neuerwerbungen französischer Impressionisten, die geteilte Aufnahme in Berlin gefunden haben, nennt Cézanne aber namentlich nicht.
4 Br. Kommission (1916), Bd. XVI: 1908, S. 70.
5 Vgl. ebd., S. 206.
6 Vgl. Br. Kommission (1917), Bd. XVII: 1909, S. 9f.

Im Jahr darauf, 1910, gefällt ihm in Berlin wiederum ein Bild Cézannes, das er als sehr fein bezeichnet.[7] Und 1911 besucht er in München die Ausstellung der Sammlung Nemes mit ihren acht Grecos, mit Tintoretto, Rubens, Cézanne, Manet und anderen Künstlern: »Die ganze Entwicklung der modernen Kunst unter dem Gesichtswinkel des Impressionismus gesehen.« Die Grecos seien eine Reise wert, befindet er, die »Stilllebenseite« unerhört schön.[8] Lichtwark interessiert sich für den Zusammenhang von Auffassung und Malweise, für Grecos Einfluss, und steht damit ganz im Kontext der Rezeption des rauen Stils als Anreger des Impressionismus und der frühen Moderne. Neben Greco hätten die französischen Impressionisten einen schweren Stand, schreibt er nach dem zweiten Besuch der Ausstellung, und hält es für lehrreich, Corot, Cézanne und Manet in diesem Kontext zu betrachten. 1912 sieht er bei Cassirer »einige gute Landschaften« von Cézanne und ein mächtiges Bildnis, das er aber für unverkäuflich hält. Die Preise sind hoch und steigen weiter durch die Nachfrage der jungen deutschen Museumsdirektoren. Nur die Deutschen würden »cette merde« kaufen, habe der Kunsthändler Vollard zu Liebermann gesagt.[9] Fritz Wichert gehört zu diesen Direktoren: In der von ihm geleiteten Mannheimer Kunsthalle bewundert Lichtwark zwei Bildnisse von Cézanne und Daumier und weiß nicht zu entscheiden, welches ihm stärker erscheint.[10] Im Januar 1913 sieht er bei Cassirer die Sammlung Reber aus (Wuppertal-) Barmen mit mehr als fünfzig Bildern, darunter sechs Cézannes: »Das Ganze noch ungleich, aber höchst wichtig zu kennen.«[11] In Bremen besucht er im Februar desselben Jahres das von Rudolf Alexander Schröder eingerichtete Haus von Adele Wolde am Contrescarpe, »das feinste an moderner Bremer Wohnkultur« mit Bildern von Delacroix, Monet, Cézanne, Manet, van Gogh und anderen Künstlern.[12]

Cézanne ist bei den Liebhabern einer kultivierten Moderne bereits eingebürgert; im Juli 1912 lässt auch Lichtwark von Cassirer ein Stillleben Cézannes zur Ansicht kommen.[13] Hier denkt er vermutlich zum ersten Mal an einen Ankauf, der jedoch nicht erfolgt. Doch die Preise steigen erheblich: Auf der Pariser Auktion Rouart im Dezember 1912 geht ein Gauguin auf über 30.000, ein kleiner Cézanne auf mehr als 18.000, Lichtwark nennt keine Währung, vermutlich handelt es sich um Francs.[14]

7 Vgl. Br. Kommission (1918), Bd. XVIII: 1910, S. 247

8 Vgl. hier und im Folgenden: Br. Kommission (1919), Bd. XIX: 1911, S. 99, 114.

9 Vgl. Br. Kommission (1920), Bd. XX: 1912/13, S. 86, 279. – Französisch für: diese Scheiße.

10 Vgl. ebd., S. 204. – Siehe dazu das Kapitel »Kollegen: Dresden und andernorts« in Teil 5.

11 Vgl. Br. Kommission (1920), Bd. XX: 1912/13, S. 340. – Im Catalogue raisonné sind für die Sammlung Gottlieb Friedrich Reber insgesamt 29 Werke von Cézanne verzeichnet; vgl. WV Rewald, Bd. 1, S. 578.

12 Vgl. Br. Kommission (1920), Bd. XX: 1912/13, S. 360f. – Johann Georg (1845–1911) und Adele Wolde (1852–1932), ein wichtiges Bremer Sammlerpaar, erwarben unter dem Einfluss von Julius Meier-Graefe und Gustav Pauli parallel zur Bremer Kunsthalle u.a. moderne französische Kunst. Van Goghs »Blumenstrauß« und Manets »Studienkopf eines vollbärtigen Mannes« wurden später als Fälschungen erkannt. Cézanne, Jas de Bouffan, als nicht identifizierbar angegeben; vgl. Hansen (2001), S. 195–202 und 207f. sowie Ausst.Kat. Wolde mit Abbildungen. WV Rewald verzeichnet Nr. 716, La pleine de Bellevue / Les terres rouges, 1890–1892, als Besitz von Adele Wolde. – Zu den Woldes vgl. auch Pauli (1936), S. 228f.

13 Vgl. Br. Kommission (1920), Bd. XX: 1912/13, S. 218.

14 Vgl. ebd., S. 313, 321.

Dass Cézanne die »heiße zitternde Sonne des Südens« so gut getroffen habe wie Caspar David Friedrich die Farbe und Stimmung in Dresden, erkennt Lichtwark ohne Einschränkung an;[15] doch nun erwartet er von den jungen Künstlern, ihre eigenen Landschaften ebenso treffend zu malen. Cézanne erscheint ihm, wie bereits erwähnt, als der große Verführer der Jugend. So plädiert er vehement dafür, dass sie sich die künstlerischen Mittel selbst erarbeiten und nicht von anderen Künstlern übernehmen. Auch Matisse erscheint ihm als Adept, »dem Gift erlegen, das der tote Cézanne jetzt verbreitet.« Wenn er die jungen Leute, wie er 1910 an Liebermann schreibt, die Mittel von Cézanne verwenden sehe, ehe sie etwas Rechtes gelernt hätten, dann dächte er an Cicero und die Lateinschüler. Ihm falle dazu als Erlösung die Antwort Goethes ein, die dieser einem Jüngling auf die Frage gab, wie Exzellenz es angefangen hätten, einen derart schönen Stil zu schreiben. Goethe antwortete, er habe die Dinge auf sich wirken lassen.[16] Lichtwark fordert Authentizität; die jungen Künstler sollen sich durch das eigene Naturstudium bilden, weder Stile übernehmen noch Vorbildern nacheifern.

Auch Vincent van Goghs Werken kann Lichtwark durchaus folgen, obwohl er sie 1901 in der Ausstellung der Berliner Sezession noch nicht ausdrücklich bemerkt.[17] Gustav Schiefler wird 1904 durch den Dichter Richard Dehmel auf van Gogh aufmerksam. Dehmel empfiehlt ihm, im Zuge seiner geplanten Hollandreise auch die Witwe Theo van Goghs aufzusuchen und sich den Nachlass des Künstlers zeigen zu lassen. Dieser Besuch wird zum wichtigsten Ereignis der Reise, die mit der Besichtigung der Bilder von Gauguin, Munch und van Gogh in Karl Ernst Osthaus' Museum Folkwang in Hagen beginnt. Johanna Cohen-Gosschalk-Bonger, Theo van Goghs Witwe, empfängt nicht nur den Besucher sehr bereitwillig, sondern verspricht eine Anzahl der Bilder für eine Ausstellung in Hamburg zur Verfügung zu stellen. Als Schiefler für die Gesellschaft Hamburgischer Kunstfreunde eine Van-Gogh-Ausstellung in der Galerie Commeter in Hamburg plant, stellt sich Lichtwark dem Vorhaben zunächst entgegen mit dem Argument, die jungen Hamburger Künstler sollten nicht in ihrer Entwicklung gestört werden. Im Sommer 1904 freundet er sich jedoch mit dem Gedanken an eine Van-Gogh-Ausstellung an.[18]

Johanna Cohen-Gosschalk-Bonger spielt bei den folgenden Verhandlungen Schiefler und einen weiteren Interessenten, die Galerie Cassirer mit ihrem Kunstsalon auf dem Hamburger Jungfernstieg, gegeneinander aus. Cassirer ist schon seit Jahren an van Goghs Werken interessiert und gehört zu den frühen Rezipienten und Vermittlern von dessen Kunst. Offensichtlich hat er den Ehrgeiz, sich das Prestige dieser Ausstellung nicht von einem Unbekannten nehmen zu lassen. Schiefler ist es jedoch nicht um einen Wettbewerb zu tun, ihm kommt es lediglich darauf an, dass diese

15 Vgl. ebd., S. 29.
16 Vgl. Br. Kalckreuth, S. 216. – Br. Lichtwark-Liebermann, S. 328.
17 Vgl. Woesthoff (1996), S. 223.
18 Vgl. Schiefler, LAZ, 11.10.1904, HH, SUB, HSS. Dieser Eintrag ist gestrichen. – Woesthoff (1996), S. 223–233.

Ausstellung zuerst in Hamburg gezeigt wird. Cassirer gewinnt diese Konkurrenz: Am 16. September 1905 eröffnet er seine Schau mit 54 Werken van Goghs, ein bedeutsames Ereignis vor allem für die Hamburger Künstler.[19] Lichtwark erwirbt für die Kunsthalle bei dieser Gelegenheit nichts; ob er es in Betracht zieht, lässt sich nicht feststellen.[20] Schiefler hingegen kauft im September 1905 bei Johanna Cohen-Gosschalk-Bonger zwei Gemälde van Goghs, einen »Blumengarten« und »La Roubine du Roi«, beide von 1888, und stellt sich damit in die Reihe der Avantgardesammler. »La Roubine du Roi« soll sich laut Catalogue raisonné von J.-B. de la Faille zunächst leihweise in der Hamburger Kunsthalle befunden haben.[21]

Lichtwark ist zu dieser Zeit stark beschäftigt mit der Vorbereitung der Jahrhundertausstellung, aber auch mit seinem Buch über Meister Bertram[22] und der großen Ausstellung, die im Herbst 1905 in der gesamten Kunsthalle gezeigt wird und seine Leistungsschau darstellt. So mag seine ausbleibende Reaktion auf Zeitmangel, sicherlich aber auch auf Zweifel an der Akzeptanz der Kommission zurückzuführen sein, denn sein Verhalten bedeutet nicht, dass er eine Erwerbung ausschließt. Im März 1906 sieht er einen »herrlichen Garten von van Gogh« in Berlin bei Cassirer und spekuliert im Stillen auf ihn, wie er seiner Kommission gesteht. Sehr wahrscheinlich handelt es sich dabei um »Das Mohnblumenfeld« von 1889, das Pauli 1911 für die Kunsthalle Bremen erwirbt. Doch wird dieses Werk vom Prinzen von Wagram seiner bereits bestehenden Van-Gogh-Sammlung hinzugefügt, bevor Lichtwark verhandeln kann.[23] Ein von Tschudi 1907 für die Nationalgalerie angekauftes Selbstbildnis van Goghs fin-

19 Cassirer gibt diese Ausstellung an die Galerie Brakl und Thannhauser in München weiter; vgl. Lüttichau (1992), S. 299. – Vgl. Feilchenfeldt (2009), S. 317, demnach wird diese Ausstellung vom 28. Oktober bis 11. November 1905 in der Galerie Ernst Arnold, Dresden gezeigt. Zur Hamburger Ausstellung vgl. Feilchenfeldt (1988), S. 62f., 145.

20 Vgl. Jahresbericht [Bd. 19], 1905; Lichtwark erwirbt auch nichts für das Kupferstichkabinett; vgl. ebd., S. 44.

21 Vgl. Woesthoff (1996), S. 223–233. – Van Gogh, »Blumengarten«, WV Faille 430; WV Feilchenfeldt, S. 154 (»Blühender Garten«), gibt Schiefler als Käufer im September 1905 an, entsprechend dem Kassenbuch von Johanna van Gogh-Bonger. Schiefler, der nach dem Ersten Weltkrieg einen beträchtlichen Teil seines Vermögens verliert, verkauft den »Blumengarten« 1918 an die Kunsthandlung Commeter, Hamburg; »La roubine du Roi«, WV Faille 427, WV Feilchenfeldt, S. 152, wird 1924 von Paul Cassirer für seine Frau Tilla Durieux erworben; vgl. Woesthoff (1996), S. 232, laut WV Feilchenfeldt jedoch erst 1928, nachdem das Bild zunächst im Besitz von Martin Gerson, Berlin, war.

22 Alfred Lichtwark, Meister Bertram, tätig in Hamburg 1367–1415, Hamburg: Lütcke & Wulff, 1905 (Hamburgische Liebhaberbibliothek).

23 Vgl. Br. Kommission (1908), Bd. XIV: 1906, S. 71. – Alexandre Louis Philippe Marie Berthier (1883–1918), vierter Prinz von Wagram, ist im WV Faille nicht als Besitzer verzeichnet, wohl aber bei Feilchenfeldt (2009). Hier finden sich unter den 22 Van-Gogh-Gemälden, die sich in Berthiers Besitz befanden, vier im Februar/März 1906 von Cassirer erworbene, die Lichtwark gemeint haben könnte: »Das Liebespaar« (S. 164, WV Faille 485), »Der Baum« (S. 167, WV Faille 573), »Das Mohnblumenfeld« (S. 206, WV Faille 581) und »Blühende Kastanienbäume« (S. 252, WV Faille 751). Doch nur »Das Mohnblumenfeld« (heute Kunsthalle Bremen) lässt sich als »herrlicher Garten« betrachten, es befand sich 1905 in der Hamburger Van-Gogh-Ausstellung im Kunstsalon Cassirer und wurde, noch immer in Cassirers Besitz, 1906 in der Galerie Miethke in Wien angeboten. Berthier erwarb es anschließend im März 1906 bei Cassirer, später ging das Bild an diesen zurück; vgl. Feilchenfeldt (2009), S. 206. – Ausstellung van Gogh vom 25. Oktober bis zum 20. November 1910, 52 Gemälde; vgl. Feilchenfeldt (2009), S. 318.

det ebenfalls Lichtwarks Anerkennung, und die Bilder des Künstlers in der Ausstellung der Berliner Sezession desselben Jahres erscheinen ihm »riesig stark«.[24] Im Oktober 1910 sieht er in Berlin eine Ausstellung mit Werken van Goghs, die ihm zu seinem großen Interesse eine deutliche Vorstellung von dessen Anfängen ermöglicht.[25]

Lichtwark lernt nach und nach auch die Werke des Künstlers in deutschen Privatsammlungen kennen. Als eines der »feinsten« erscheint ihm das 1903 von Tschudi erworbene Gemälde »Blick auf Arles«, das dieser bis zu seinem Tod 1911 in seinem privaten Bestand behält.[26] Margarete Oppenheim in Berlin besitzt einige der schönsten Van-Gogh-Bilder, die Lichtwark kennt;[27] im Oktober 1910 besichtigt er das Museum Folkwang mit der Sammlung Osthaus in Hagen mit Werken unter anderem von van Gogh, Gauguin, Manet und Monet,[28] und im Dezember desselben Jahres besucht er die Sammlungen Rothermundt und Schmitz in Dresden, die neben einer beträchtlichen Anzahl französischer Impressionisten ebenfalls Werke von Gauguin und van Gogh enthalten.[29]

24 Vgl. Br. Kommission (1908), Bd. XV: 1907, S. 32, 54. – Tschudi erwarb 1907 das »Selbstbildnis Gauguin gewidmet«, 1888, WV Faille 476, Feilchenfeldt, S. 103, hier angegeben als in München erworben. – Feilchenfeldt zufolge waren neun Bilder in Tschudis Privatbesitz.

25 Vgl. Br. Kommission (1918), Bd. XVIII: 1910, S. 247.

26 Vgl. Ausst.Kat. Manet bis van Gogh (1996), S. 132f., Abb. 45, WV Faille 516, WV Feilchenfeldt, S. 176. – Br. Kommission (1920), Bd. XX: 1912/13, S. 411.

27 Margarete Oppenheim besitzt: Coin du parc de l'hôpital, 1889, WV Faille 609, WV Feilchenfeldt S. 205; Les roses blanches, 1890, WV Faille 682, Feilchenfeldt, S. 185; Bord de rivière, la Grenouillère, WV Faille 798, WV Feilchenfeldt, S. 185. Messel entwarf im Landhaus Oppenheim eigens eine Galerie für diese Sammlung; vgl. Cepl (2010), S. 146–151.

28 Vgl. Br. Kommission (1918), Bd. XVIII: 1910, S. 208: »Dann sammelte er – wohl unter dem Einfluss van de Veldes – alle Modernsten, Rodin, Minne, Maillol, von Gogh [sic], Gauguin, Manet, Monet und von Deutschen Rohlfs, Nauen, Nolde.« Seiner Kommission berichtet er jedoch ausführlicher nur über die Architektur am »Stirnband«, Osthaus' Hohenhof und die beiden fertiggestellten Villen von Peter Behrens; vgl. ebd., S. 210–212. Folgende Bilder hat Lichtwark neben Werken von anderen modernen Künstlern im Museum Folkwang in Hagen gesehen: van Gogh, Die Ernte, erworben 1902, WV Faille 619, WV Feilchenfeldt, S. 213, heute Museum Folkwang, Essen; van Gogh, Portrait Armand Roulin, 1888, WV Faille 492, WV Feilchenfeldt, S. 106, erworben 1903, heute Museum Folkwang, Essen; van Gogh, Der erste Schritt, 1890, WV Faille 668, WV Feilchenfeldt, S. 198; Der Gang zur Arbeit, 1890, WV Faille 684, WV Feilchenfeldt, S. 194; Die Olivenbäume, erworben 1905, WV Faille 712, WV Feilchenfeldt, S. 210; van Gogh, Garten des Hospitals, 1889, WV Faille 660, WV Feilchenfeldt, S. 226, erworben 1905, heute Museum Folkwang, Essen. Gauguin, Tangsammlerinnen, 1889, erworben 1903, heute Museum Folkwang, Essen; Gauguin, Haere pape, 1892, erworben 1903; Gauguin, Ta Matete, 1892, erworben 1903; Gauguin, Die Welle, 1891, erworben 1903; Gauguin, Contes barbares, 1902, erworben 1903/04, heute Museum Folkwang, Essen; Gauguin, Reiter am Strand, 1902, erworben 1904, heute Museum Folkwang, Essen; Gauguin, Mädchen mit Fächer, 1902, erworben 1904. Osthaus war der erste deutsche Sammler, der Bilder von Gauguin erwarb; vgl. Hesse-Frielinghaus (1971), S. 139f., 142–147, zu Osthaus Besitz an moderner Kunst vgl. ebd., S. 137–180.

29 Vgl. Br. Kommission (1919), Bd. XIX: 1911, S. 85. – Br. Kommission (1918), Bd. XVIII: 1910, S. 208, 303. – Vgl. zur Sammlung Schmitz auch Biedermann (2001), S. 209–234. – Sammlung Oskar Schmitz: Die Brücke von Langlois, 1888, WV Faille 571, WV Feilchenfeldt, S. 137; Die Siesta, 1890, WV Faille 686, WV Feilchenfeldt, S. 195. Sammlung Adolph Rothermundt: Stockrosen, 1886, WV Faille 235, WV Feilchenfeldt, S. 53; Besonnter Rasen, 1888, WV Faille 428, WV Feilchenfeldt, S. 153; Steinbruch bei St. Rémy, 1889, WV Feilchenfeldt, S. 223.

Von besonderer Bedeutung ist für Lichtwark »Das Mohnblumenfeld«. Er kenne es lange vor Paulis Erwerbung; es habe ihm immer gut gefallen »als ein Bild von großer Pracht der grün [sic], sehr edler Raumwirkung und energischem Vortrag.« Von allen Van-Gogh-Bildern sei es vielleicht das am wenigsten schwierige.[30] Pauli gerät mit dem Ankauf dieses Bildes zu einem Preis von 30.000 Mark stark in die öffentliche Kritik. Anlässlich dieser Erwerbung mobilisiert der Worpsweder Maler Carl Vinnen 1911 die deutschen Künstler in einem Aufruf gegen Pauli als Protest gegen die Erwerbung ausländischer Kunst für deutsche Museen. Noch vor dem Erscheinen von Vinnens Broschüre mit dem gesammelten Protest deutscher Künstler erbittet die Frankfurter Zeitung eine Stellungnahme der progressiven deutschen Museumsdirektoren. Lichtwark reagiert diplomatisch, seine Aussage entspricht jedoch seiner eigenen Praxis. Kunstwerke, schreibt er, würden zu den höchsten Gütern gehören, die ein Volk erzeuge, denn »sie enthalten die Lebenskraft der mächtigsten Vertreter der Volksart in einem Brennpunkt gesammelt und strömen sie wieder aus. Wir haben Ursache, zu trauern über jedes bedeutende deutsche Kunstwerk, das ins Ausland geht. Es ist verlorene Kraft. Wir haben Ursache, uns zu beglückwünschen bei jedem bedeutenden ausländischen Kunstwerk, das in unsere Museen gelangt. Es ist gewonnene Kraft. Den deutschen Museen erwächst die Pflicht, so viele bedeutende Werke deutscher Meister den Fährlichkeiten des Privatbesitzes zu entziehen, wie sie vermögen, und so viele bedeutende Werke ausländischer Kunst zu erwerben, wie ihre Mittel es gestatten.« Ihm sei kein deutsches Museum bekannt, das über dem Ankauf ausländischer Kunst die deutsche zu vernachlässigen beabsichtige; ausländische Kunst bedeute in dieser Zeit fast ausschließlich französische Kunst.[31]

Es sei ihm nötig erschienen, schreibt Lichtwark an Pauli, einmal in Erinnerung zu rufen, um was es sich handele.[32] Einem Museumsdirektor, der einerseits selbst seit mehr als zehn Jahren französische und andere ausländische Kunst für die Hamburger Kunsthalle erwirbt und sich andererseits seit seinem Amtsantritt ebensoviel für die Wiederentdeckung der alten und älteren und die Förderung der zeitgenössischen deutschen Kunst engagiert hat, kann diese Diskussion wohl nur borniert erscheinen.

Expressionismus

Zwiespältiger steht Lichtwark dem frühen Expressionismus gegenüber. Als Gustav Schiefler im Dezember 1903 die große Graphikausstellung der Gesellschaft Hamburgischer Kunstfreunde in der Kunsthalle organisiert, kann er Lichtwark nur schwer dazu bewegen, die erotischen Blätter von Edvard Munch zu dulden. An dieser Stelle

30 Vgl. Br. Kommission (1919), Bd. XIX: 1911, S. 3. – WV Faille 581, WV Feilchenfeldt, S. 206.
31 Vgl. Kampf um die Kunst (1911), S. 27. – Zu Vinnens Protest vgl. Pauli (1936), S. 232–234.
32 Vgl. Br. Pauli, S. 72, 79 und Anm. 2. – Das Ereignis wurde zum Anlass einer umfangreichen Ausstellung in der Bremer Kunsthalle 2002/03; vgl. Ausst.Kat. Van Gogh: Felder (2002), darin: Nierhoff (2002), S. 148–153.

offenbart sich die zunehmende Entfremdung zwischen den beiden Männern, bedingt durch Schieflers immer stärkere Hinwendung zu avantgardistischen Künstlern wie Munch und Nolde, denn Schieflers Kompetenz als Sammler und Forscher zeitgenössischer Kunst steigt rapide. Besonders der Kontakt zu Munch intensiviert sich.[33] Doch bleibt Lichtwarks Verhältnis zu diesen jüngeren Künstlern durchaus ambivalent. Schon 1892 ist er an dem Munch-Skandal in Berlin interessiert und zieht bei verschiedenen Künstlern Erkundigungen ein, da er dessen Werke nicht mit eigenen Augen gesehen hat.[34] Die Bilder seien nicht wirklich schlecht, jedoch sehr ungleich; da Munch jedoch offiziell eingeladen gewesen sei, habe man ihn eigentlich auch nicht hinauswerfen können. 1893 sieht er Gemälde von Munch und August Strindberg in der Ausstellung der Berliner Freien Vereinigung und findet sie »ziemlich zahm«.[35] In der Frühjahrsausstellung 1897 zeigt Lichtwark auch zwei Graphikblätter des Künstlers, ein Selbstportrait und ein Portrait von August Strindberg. Im Jahr darauf sieht er in Berlin bei Keller & Reiner eine große Ausstellung von Munch, »dem vielverspotteten«. Die Mehrzahl der Lithographien erschließt sich ihm nicht, »ein Buch mit sieben Siegeln«, auch wenn er einzelne der radierten Bildnisse als »sehr fein« beurteilt.[36] Doch vermag er sich offensichtlich nur mit den realistischeren Werken Munchs anzufreunden, der Symbolismus hingegen steht ihm fern. 1902 scheinen ihm die Werke des jungen Dichter-Malers Emil Rudolf Weiss aus Karlsruhe, den er bisher nur als Buchausstatter kannte, von Blake und Munch beeinflusst zu sein: Sie würden ihm die Themata für »all das verrückte und überverrückte Zeug« liefern. Andererseits gefällt ihm im selben Jahr eine große Sommernacht von Munch in der Berliner Sezession sehr gut, auch andere seiner Bilder hinterlassen bei ihm einen starken Eindruck.[37] 1903 begegnet er Munchs Werken in der Berliner Sezession, ohne Anstoß zu nehmen, und 1905 äußert er sich über Munch sehr anerkennend.[38] Nur die erotischen Themen der Graphik in Schieflers Ausstellung sind es, die Lichtwarks energischen Widerstand auslösen, und somit handelt es sich hier wohl mehr um die Ablehnung des Sujets als die des Künstler.[39] Lichtwark mit seiner realistischen und durchaus auch utilitaristischen Weltsicht steht Munchs symbolistischen Werken fremd gegenüber, und die erotischen Motive müssen dem zurückgezogen lebenden Junggesellen unheimlich und gefährlich erscheinen. So schiebt er eine Altersgrenze vor, an der er nicht weiterkönne, obwohl er nur fünf Jahre älter ist als Schiefler.[40] Elf Jahre trennen

33 Vgl. Woesthoff (1996), S. 167–194.
34 Vgl. Br. Kommission (1896), Bd. I: 1891/92, S. 245.
35 Vgl. Br. Kommission (1896), Bd. II: 1893, S. 226.
36 Vgl. Br. Kommission (1899), Bd. VI: 1898, S. 32. – Ausst.Kat. Frühjahrsausstellung (1897), S. 39, Nr. 559, 560, je zu 30 Mark.
37 Vgl. Br. Kommission (1904), Bd. X: 1902, S. 34, 182f. – Munch, Sommernacht, WV Woll 536. Das Bild befand sich später im Besitz von Alma Mahler-Gropius-Werfel als Geschenk von Walter Gropius.
38 Vgl. Br. Kommission (1904), Bd. XI: 1903, S. 44. – Schiefler, LAZ, 10.3.1905, unpaginiert, HH, SUB, HSS.
39 Siehe das Kapitel »Sammeln II: Schieflers Graphikausstellung« in Teil 4. – Vgl. Woesthoff (1996), S. 194–197.
40 Vgl. Schiefler, LAZ, 20.1.1904, HH, SUB, HHS. – Woesthoff (1996), S. 196.

ihn allerdings von Munch, den er als Menschen sehr viel netter findet als die meisten seiner Werke; er habe etwas Faszinierendes, schreibt Lichtwark angesichts der Bilder bei Cassirer. Munch treffe es nicht immer, kommentiert er, aber wenn schon, dann den Nagel auf den Kopf. Auch die spezielle Maltechnik erschließt sich ihm: Munchs Bilder sähen nicht aus wie gemalt, sondern wie mit einer Flüssigkeit gewaschen.[41] Und im Juli 1912 befindet er auf der Sonderbund-Ausstellung in Köln die Präsentation der Werke Munchs als »einen Saal mit einer Reihe sehr starker Arbeiten«.[42] So verfolgt Lichtwark mit Interesse und unterschiedlicher Bewertung das Schaffen des Künstlers und verschließt sich neuen Eindrücken keineswegs. Schiefler allerdings ist Lichtwark in der Akzeptanz der Kunst Munchs weit voraus. 1907 erscheint sein Katalog der Graphik des Künstlers bis 1906, was Lichtwark ebenso wenig zu tangieren scheint wie zuvor Munchs Aufenthalt in Hamburg anlässlich eines Auftrages der Bankiersgattin Gerta Warburg, eines Mitgliedes der Gesellschaft Hamburgischer Kunstfreunde, deren älteste Tochter Ellen er 1905 portraitiert.[43] Anscheinend denkt Lichtwark weder zu dieser Zeit noch später an einen Auftrag für die Sammlung von Bildern aus Hamburg, vielleicht aber auch, weil er berechtigterweise diese Kunst seiner Kommission nicht nahebringen zu können glaubt.

Munchs stetige Beteiligung an den Ausstellungen der Berliner Sezession ist Lichtwark schließlich selbstverständlich. 1908 sieht er dort dann auch die jungen Maler, die in seinen Augen noch ein Gemisch aus Slevogt, Liebermann, Trübner, Courbet und Munch produzieren. Nur einer darunter erscheint ihm persönlicher als die anderen: Emil Nolde, der ein halbes Dutzend Bilder von Blumenbeeten zeigt.[44] Auch Nolde gehört zu den Schützlingen Gustav Schieflers.[45] Beide lernen sich 1906 über die Kunsthandlung Commeter kennen, die Schiefler den jungen Künstler empfiehlt. So entsteht eine lebenslange freundschaftliche Verbindung. Schiefler versucht umgehend und vergeblich, Lichtwark für einen Graphikauftrag an Nolde seitens der Gesellschaft Hamburgischer Kunstfreunde zu gewinnen. Doch das Interesse an Nolde in Hamburg wächst.[46] Luise Schiefler hält am 23. April 1907 im sogenannten Frauenclub, dem Hamburger Verein zur Förderung von Frauenbildung und Frauenstudium,

41 Vgl. Br. Kommission (1905), Bd. XII: 1904, S. 285.

42 Vgl. Br. Kommission (1920), Bd. XX: 1912/13, S. 209. – In der Sonderbund-Ausstellung 1912 in Köln waren 32 Bilder von Munch im Saal 20 zu sehen, weitgehend aus Privatbesitz, darunter von Walther Rathenau, Berlin, Herbert Esche, Chemnitz, Eberhard Grisebach, Jena, Felix Auerbach, Jena, Elisabeth Förster-Nietzsche, Weimar; vgl. Ausst.Kat. Sonderbund (1912), S. 67–69.

43 Vgl. Woesthoff (1996), S. 202–213. – Zum Portrait Ellen Warburg (1877–1945) vgl. Wenzel-Burchard (um 1982), S. 17, Abb. 7, heute Kunsthaus Zürich. Gerta Warburg schätzte auch den Bildhauer Ernst Barlach, der einen Stein für das Familiengrab Warburg auf dem Ohlsdorfer Friedhof schuf. Gerta Warburg modellierte selbst als Dilettantin; vgl. ebd., S. 17, 45f. Sie gehörte spätestens seit 1895, vermutlich jedoch seit deren Gründung der Gesellschaft Hamburgischer Kunstfreunde an; vgl. die Mitgliederverzeichnisse der Jahrbücher.

44 Vgl. Br. Kommission (1916), Bd. XVI: 1908, S. 14.

45 Vgl. hier und im Folgenden: Woesthoff (1996), S. 235–246.

46 Vgl. hier und im Folgenden: ebd., S. 243f. Woesthoffs Formulierungen über Lichtwarks Ablehnung Noldes erscheinen in dieser krassen Form nicht haltbar; vgl. ebd., S. 244. – Br. Lichtwark-Liebermann, S. 361.

einen Vortrag über graphische Techniken und führt dabei einige Nolde-Blätter vor. Zwei der Damen, die promovierte Kunsthistorikerin Rosa Schapire und die Sammlerin Martha Rauert, entdecken daraufhin ihre Begeisterung für Noldes Arbeiten. Schapire veröffentlicht Ende Juli 1907 während einer Ausstellung von Werken der Künstlergemeinschaft Brücke im Kunstsalon Clematis in der Zeitschrift *Hamburg* einen Artikel über Nolde. Schon zweimal zuvor waren dessen Arbeiten in Hamburg zu sehen: graphische Arbeiten im Kunstgewerbehaus Hulbe im September 1906, Gemälde und Graphik von Ende Mai 1907 an in der Galerie Commeter. Zwar reagieren die Mehrheit der Besucher und die Presse mit Unverständnis, doch langsam bildet sich eine kleine Nolde-Gemeinde in Hamburg, nicht zuletzt durch Schieflers Engagement für den Künstler. Im Oktober 1907 sind Noldes zu Gast bei Schieflers; der Künstler möchte Lichtwark und Brinckmann seine Arbeiten zeigen, trifft jedoch beide nicht an. Schiefler unternimmt für ihn im November 1907 einen weiteren Versuch, Lichtwark zu übezeugen. Diesmal betrachtet er Noldes Graphiken interessiert, die freie Verwendung der technischen Mittel erscheint ihm allerdings problematisch. Angesichts der Holzschnitte ist ihm unklar, ob es sich hier um einen Weg oder ein Ziel handelt. Er erkennt durchaus an, wie geschickt Nolde die Möglichkeiten des Umdruckverfahrens zu nutzen versteht, und sieht die expressive Nähe zu Munch. Damit lehnt er Noldes Kunst nicht völlig ab, sie bleibt ihm jedoch fremd. Trotz seiner Vorbehalte scheint er bereit, Nolde einen Auftrag für die Gesellschaft Hamburgischer Kunstfreunde zu erteilen, worüber der Künstler sehr erfreut ist, denn auch er empfindet Hamburg als reich an Motiven. Doch das Projekt scheitert. Im Januar 1908 hält Rosa Schapire einen überschwänglichen Vortrag über den Künstler; alle vorangegangene Kunst, einschließlich Rembrandt, sei nur eine Vorbereitung auf Nolde gewesen. Zwar ist Lichtwark selbst nicht anwesend, er erfährt aber über andere davon und fühlt sich dermaßen degoutiert, dass er nichts mehr von Nolde erwerben will; daher kommt es auch nicht zu dem angekündigten Auftrag. An Liebermann schreibt er im Dezember 1910, Noldes Kunst habe Reklame »durch hysterische Weiber«.[47] Schiefler allerdings arbeitet in seiner eigenen Weise für seinen Schützling: Als Lichtwark im November 1907 bei einer Sitzung der Gesellschaft Hamburgischer Kunstfreunde einmal abwesend ist, nutzt er die Gelegenheit zu einem Vortrag über Noldes Graphik.[48]

Lichtwark entzieht sich sowohl dem Künstler als auch der Werbung Schieflers. Auch wenn er gleichzeitig angesichts der Blumenbilder Nolde durchaus Entwicklung und Qualität zuerkennt, so zieht er die Grenze bei den Figurenbildern und religiösen Themen. Für sie bringt er kein Verständnis mehr auf; er verkennt Noldes freien Umgang mit der Radiertechnik als Unvermögen. Als der Künstler im Sommer 1908 radierte Alstermotive mit Booten und Schwänen im Hinblick auf die Gesellschaft Ham-

47 Br. Lichtwark-Liebermann, S. 361. – 1905 lernt Lichtwark Rosa Schapire kennen, die sich aus Heidelberg kommend in Hamburg niedergelassen hat. Er zeigt ihr die Altäre Bertrams und wirkt ihr gegenüber etwas reserviert; vgl. Schiefler, LAZ, 10.3.1905, HH, SUB, HSS.
48 Vgl. Schiefler, LAZ, 27.11.1907, HH, SUB, HSS.

burgischer Kunstfreunde anbietet, zieht Lichtwark sich aus der Affäre. Eine direkte Konfrontation scheuend, sendet er seine Absage an Schiefler, der sie an den Künstler weiterleiten soll. Er fürchtet, die Publikation dieser Blätter werde dem Erfolg der Graphikedition schädlich sein, den »Weg verlegen«. Er erklärt sich als nicht »schlankweg überzeugt«, habe sich aber Mühe gegeben, und verweist auf eine vage Zukunft, in der er seine Meinung vielleicht ändern könnte. Dennoch erwirbt er Ende 1909 drei Radierungen Noldes für die Kunsthalle, die »mildesten«, die zu finden gewesen seien, wie der Künstler Schiefler berichtet.[49]

Doch entwickelt sich dieser vermeintliche Fortschritt nicht. Als sich Nolde im Frühjahr 1910 anlässlich einer ersten großen und sehr erfolgreichen Ausstellung bei Commeter etwa sechs Wochen in Hamburg aufhält, entsteht eine beträchtliche Anzahl an Graphiken und einige Gemälde mit Hamburger Motiven, darunter auch Hafenmotive, die Lichtwark bisher so sehr favorisiert.[50] Die Ausstellung betrachtet er mit gemischten Gefühlen: Bei allem Figürlichen versage seine Aufnahmefähigkeit völlig, schreibt er an Kalckreuth. Einige der Blumenbilder gefallen ihm in der Farbe ausgezeichnet, aber wenn man in einem Sommer einen ganzen Saal voll davon male – das halte er jedoch für zuviel. Professor Graef aus Jena, Sabine Lepsius' Bruder, habe den Einführungsvortrag gehalten, den er nicht hören konnte, weil er selbst zu »predigen« hatte. Noldes Bilder erscheinen ihm viel zu sehr als Improvisation.[51] Ähnlich hat Lichtwark schon einmal in seiner Berliner Zeit über neue Kunst geurteilt, angesichts der Ausstellung der französischen Impressionisten der Sammlung Bernstein. Damals hatte er sein Leben vor sich und konnte seine Einstellung ändern, nun jedoch bleibt ihm kaum noch Zeit zur Revision.

Schieflers Werkverzeichnis der Graphik Noldes wird im Dezember 1911 veröffentlicht; Lichtwark reagiert darauf nicht uninteressiert, aber kühl. Er wertet seine Reaktion als ein Zeichen des Alters, erkennt seine Grenzen als erreicht. Der impulsive und emotionale Nolde dürfte dem überaus beherrschten Lichtwark jedoch auch als Typus nicht gelegen haben. Als Nolde im Winter 1910/11 die überalterten Strukturen der Berliner Sezession und die Person Liebermanns kritisiert, bezeichnet Lichtwark dies als »Bosheit und Fanatismus«.[52] Nolde ist für ihn eben auch ein Holsteiner, denen er grundsätzlich misstraut.[53] Noldes Graphik wäre in der Edition der Gesellschaft Hamburgischer Kunstfreunde wohl auch kein großer Erfolg beschieden gewesen.

Einige wenige Mitglieder der Gesellschaft, wie Gustav Schiefler, Rosa Schapire, Martha Rauert, Arthur Lippmann, Albert Kaumann, Frau A. Philippi und W. Hane, gehören zu

49 Alte Stadt, 1906, WV Schiefler / Mosel 40, Junge Frau, 1906; WV Schiefler / Mosel 22, Haus von Köppen, 1906, WV Schiefler / Mosel 55, und wohl später noch Hamburg, Freihafen, 1910, WV Schiefler / Mosel 137; vgl. Ring (2010), Bd. 1, S. 241, Anm. 2.

50 WV Urban verzeichnet sechs Ölbilder mit Motiven vom Hamburger Hafen aus dem Jahr 1910: 322–327.

51 Vgl. Br. Kalckreuth, S. 240f. – Zu Botho Graef vgl. Wahl (1992), S. 119–128.

52 Vgl. hier und im Folgenden: Woesthoff (1996), S. 246.

53 Vgl. Br. Liebermann, S. 262.– Br. Liebermann-Lichtwark, S. 359; Lichtwark vermutet hier, dass Nolde als echter Holsteiner klagen werde: »[...] echt holsteinisch, typisch für gewisse holsteinische Gemüther voll Haß und Fanatismus. Hebbel ist der gewaltigste, Langbehn gehört auch dazu, um die Reihe nicht noch zu verlängern.«

den ersten passiven Mitgliedern der Künstlergemeinschaft Brücke.[54] Diese kleine Gruppe von Sammlern hätte sich sicherlich für die Nolde-Blätter interessiert, wie überhaupt die Rezeption avantgardistischer Kunst vor 1910 bei einzelnen und viel jüngeren Personen liegt. Die ersten Bilder Noldes kommen erst 1913 in deutsche Museen, erworben von der nachfolgenden Generation. Max Sauerlandt, 28 Jahre jünger als Lichtwark, kauft das »Abendmahl« für das Museum in Halle, wo der ehemalige Mitarbeiter Brinckmanns seit 1908 als Direktor amtiert. »Nolde«, schreibt Lichtwark im Juni 1913 an Sauerlandt und legt dabei zugleich seine Auffassung von den Aufgaben des Museums dar, »– ich bin mit Nolde nicht so weit, dass ich ein Figurenbild von ihm kaufen würde. Da Sie Anschluß haben, sind Sie im Recht, nach Ihrer Ueberzeugung zu handeln. Daß die Kommission es Ihnen nicht leicht gemacht hat, glaube ich wohl. Wie das Bild wirken wird, muß sich zeigen. Gewinnt es Herzen, gut für das Museum und die weitere Entwicklung im Sinne Noldes. Stößt er ab, wenn auch nur auf zehn Jahre, hat das Museum nicht gut davon. Da Sie mich fragen: ich glaube, das Museum kann solchen Erscheinungen wie Nolde gegenüber warten. Wir stehen da aber vor der schwierigsten Frage der Galeriepolitik: Wie weit soll die Galerie Anschluß an das Leben suchen? Gestern – heute – morgen? So weit meine Erfahrung reicht, ist das Morgen bedenklich und das Heute sogar vielfach unsicher. Das Museum als Begriff ist ja wandelbar. Wenn es von der gesamten Stadt als Besitz und Genussmittel angesehen wird (soweit sind wir noch nicht), dann lässt sich denken, dass man sich für heute und selbst morgen breite Grenzen steckt und sich sagt: Was sich nicht bewährt, wird ausgeschieden. Ist die Galerie, wie heute noch, eine Auslese der Besten, dann vermag sie nicht Schritt zu halten und muß diese Aufgabe der Ausstellung ueberlassen. Ich bin zu alt: Nolde ist für mich ein dark horse.«[55]

Karl Ernst Osthaus, 22 Jahre jünger als Lichtwark, reiht »Die klugen und die törichten Jungfrauen« in sein Hagener Museum Folkwang ein, und der gleichaltrige Sammler Heinrich Kirchhoff in Wiesbaden erwirbt im selben Jahr Noldes »Maria Aegyptiaca« von 1912. Der Künstler hätte das Werk gerne im Besitz der Hamburger Kunsthalle gesehen, die es schließlich 1947 aus dieser Provenienz erwirbt.[56]

Nicht allein Nolde versucht Lichtwark für seine Kunst und die der Brücke zu gewinnen. Anfang des Jahres 1907 wendet sich auch Erich Heckel im Namen der Künstlergruppe an Lichtwark. Er bietet die Jahresmappe 1907 mit einem Holzschnitt von Cuno Amiet, einer Radierung von Nolde und einer Lithographie von Karl Schmidt-Rottluff an und versucht, Lichtwark als passives Mitglied zu werben. Dieser winkt höflich, aber kurz mit dem Hinweis ab, die Kunsthalle abonniere nicht auf

54 Vgl. Junge (1989), S. 153 und Anm. 989. – Zu dem Sammlerehepaar Rauert vgl. Ausst.Kat. Rauert (1999). – Vornamen sind nicht zu finden.

55 Vgl. Best.Kat. Hamburg, 20. Jh., S. 98f. – Brief Alfred Lichtwark an Sauerlandt, 15.6.1913, HH, SUB, HSS, M 2b, 15. – Zu Sauerlandt vgl. Hüneke (1992), S. 261–268. Siehe auch das Kapitel »Kollegen: Dresden und andernorts« in Teil 5.

56 Vgl. Haftmann (1958), S. 43. – Nolde teilt in seinen Erinnerungen mit, erst mit Hamburg habe etwas Interesse an seiner Kunst begonnen; vgl. Nolde (1967), S. 262. – Best.Kat. Hamburg, 20. Jh., S. 98, WV Urban 524. – Nolde, Die klugen und die törichten Jungfrauen, 1910, WV Urban 347.

Mappenwerke. Auf die passive Mitgliedschaft geht er gar nicht ein. Einige Monate später versucht Schmidt-Rottluff auf Anraten Schieflers, Lichtwark in der Kunsthalle aufzusuchen, trifft ihn jedoch nicht an und lädt ihn nun brieflich zur Ausstellung der Brücke im Hamburger Salon Clematis, Bleichenbrücke, ein. Zudem fügt er dem Schreiben zur Ansicht einige Lithographien bei, in der Hoffnung auf einen Ankauf durch die Kunsthalle. Auch in diesem Fall reagiert Lichtwark ebenfalls mit höflicher Kühle. Den Verzicht auf eine Erwerbung begründet er damit, dass die Mittel »durch andere Dispositionen festgelegt« seien.[57] Auch zu Pechsteins Kunst sei er noch nicht vorgedrungen, bekennt er 1912 anlässlich einer Ausstellung der Galerie Thannhauser in München, und werde wohl auch nicht mehr dahin gelangen.[58]

Im Jahr 1913 lehnt Lichtwark auch eine öffentliche Stellungnahme zu Kandinskys Kunst ab. Er will sich in die Angelegenheit nicht einmischen, die seiner Meinung nach die jungen Leute unter sich abmachen müssen. Hintergrund ist eine nicht nur ablehnende, sondern auch beleidigende Kritik an Kandinskys Schaffen durch den Feuilletonredakteur Kurt Küchler im *Hamburger Fremdenblatt*, woraufhin der *Sturm* in seinem dritten Jahrgang Stimmen für Kandinsky abdruckt. Während der Dichter Richard Dehmel sich beifällig äußert, Kalckreuth neutral und zurückhaltend bleibt, verweigert Lichtwark seine Meinung.[59] Offensichtlich kann er mit Kandinskys Kunst nichts anfangen.

Anfangs eher ablehnend äußert sich Lichtwark auch über den jungen Max Beckmann, der um diese Zeit seinen persönlichen Stil noch nicht ausgebildet hat. 1910 schreibt er nach Besichtigung der Berliner Sezessionsausstellung an seine Kommission, anschließend an die Klage, Meier-Graefe verführe die Jugend mit Cézanne und Greco: Typisch sei der junge Beckmann, der »von Größenwahn geschwollen jedes Jahr ein paar große Schinken auf die Ausstellung schickt, von denen man beim besten Willen nicht sagen kann, was sie sollen.« Diesmal allerdings zeige er ein tüchtiges Frauenbildnis, das noch nicht »rund« sei, aber doch beweise, wie notwendig die Berührung mit der Wirklichkeit sei. Man könne in Versuchung geraten, an eine Aufgabe für ihn zu denken, schreibt Lichtwark; er schreckt aber »auf absehbare Zeit« davor zurück und denkt eher an Bernhard Pankok, den er einmal mit einem Bildnis beauftragen müsse.[60] Im Januar 1913 sieht Lichtwark Beckmann schon mit anderen Augen. Nun ist der Künstler »um die dreißig« und hat eine große Sonderausstellung in der Berliner Sezession und eine Monographie vorzuweisen. »Wenns ihm nicht schadet,

57 Vgl. Brief Heckel an Alfred Lichtwark, undatiert, Alfred Lichtwark an Heckel, 29.3.1907, HKH, DK 85. – Brief Schmidt-Rottluff an Alfred Lichtwark, undatiert, Alfred Lichtwark an Schmidt-Rottluff, 3.7.1907, HKH, DK 87. Für den Hinweis auf diese Briefe und die Bereitstellung des Materials danke ich Ulrich Luckhardt, HKH.
58 Vgl. Br. Kommission (1920), Bd. XX: 1912/13, S. 170f.
59 Vgl. Der Sturm, März 1913, Nr. 150/151, S. 150f., und Nr. 152/153, S. 288, und April 1913, Nr. 154/155, S. 3, 5f. – Br. Lichtwark-Liebermann, S. 455f. – Auch andere Kunstpublizisten verstehen Kandinskys Bilder noch nicht. So schreibt Hakon (H. Kohn): »Bei Bock zeigte Kandinsky in siebzig Bildern seine verunglückte Entwicklung.« Hamburger Ausstellungen, in: Kunst und Künstler, 11. Jg., 1912/13, S. 381.
60 Vgl. Br. Kommission (1918), Bd. XVIII: 1910, S. 121f. – Zu Pankoks Portraits siehe das Kapitel »Ankäufe 1907–1913: Portraits« in Teil 6.

wird was aus ihm«, schreibt Lichtwark;[61] doch die gewaltige Entwicklung des jungen Künstlers kann er nicht mehr verfolgen. Kurz darauf erlebt er aber noch, wie Max Beckmann und sein Malerkollege Konrad Kardorff sowie Ludwig Justi sich für das soeben restaurierte Reiterbildnis von Renoir in der Kunsthalle begeistern und diese Erwerbung damit bestätigen.[62]

Beckmann erscheint ihm typisch für die Entwicklung der jungen Künstlergeneration, die sich keineswegs in Abgeschiedenheit vom Kunstgeschehen dem eigenen Weg widmet, wie es Lichtwark als Ideal vorschwebt. »Mir wird es sehr schwer«, schreibt er 1910 an seine Kommission, »mich mit dieser Jugend zu befreunden, die vom geborgten Kapital lebt. Ich würde mich nicht wundern, wenn eine ganze Schicht um die Ecke geht. Wohin wollen, wohin können sie? Mir scheint, sie müßten alle abbrechen und ganz neu anfangen. Aber geht das? Giebt das nicht blos wieder Mode statt Entfaltung?«[63] Als größten Verführer der Jugend betrachtet er Matisse. Im Januar 1909 besucht er dessen Ausstellung in Berlin.[64] Bisher kannte er den Künstler nur dem Namen nach, nun erlebt er den ersten Eindruck dieser Ausstellung als »sehr bedrückend«. »Alle jungen Deutschen in Paris kennen nur ihn. Wenn sie ihn nennen, sprechen sie sachte. Man meint, sie müßten ein Kreuz schlagen und sich tief verneigen.« Sammler seien auch schon gefolgt, in Moskau soll einer ein ganzes Lager mit seinen Werken besitzen, in Paris gelte es als Zeichen von Gesinnung, Matisse zu kaufen. In Deutschland wisse er nur von Emil Orlik, der ein Straßenbild und ein Stillleben besitze, die ihm allerdings gefallen. Lichtwark begreift jedoch, dass er selbst zu wenig Kontakt mit der jungen Generation in Paris pflegt und regelmäßig den Salon d'Automne studieren müsste. In Matisses frühen Bildern habe er zunächst Einflüsse anderer Künstler gesehen, von Cézanne, dann van Gogh und einen »schönen Renoir«, ein Stillleben, zu dem Rest habe er jedoch keinen Zugang. Besonders kritisiert er die anatomischen Abweichungen bei den Skulpturen. Genauso habe die Ausstellung zunächst auf Liebermann und Slevogt gewirkt. Als Reaktion auf die Anwesenheit des Künstlers in Person seien sie ihm mit einem Schlage alle verfallen. Leiden könnten sie die Bilder zwar immer noch nicht, hätten jedoch vor der Persönlichkeit einen Heidenrespekt. Denn Matisse habe ihnen wie ein Arzt auf den Kopf zugesagt, was sie quälte, im Allgemeinen sowie bei ihren Bildern, die er im Atelier sah. Immerhin hält sich Lichtwark den Weg offen: Die »zum Teil höchst ansehnlichen Actzeichnungen« betrachtet er als Beweis für mehr Können als »ein ausgesprochenes Talent für Farbe und Decoration.« »Ich kanns mir nicht vorstellen«, beschließt er für sich, »aber es ist

61 Br. Kommission (1920), Bd. XX: 1912/13, S. 342. – Zu Beckmann: Kaiser (1913). – Zum Reiterbildnis von Renoir siehe das Kapitel »Französische Kunst« in Teil 6.
62 Vgl. Br. Kommission (1920), Bd. XX: 1912/13, S. 348.
63 Br. Kommission (1918), Bd. XVIII: 1910, S. 121. – Zu dieser Zeit besitzt Henry B. Simms bereits ein Bild von Beckmann und beauftragt ihn 1913 auch mit einem Familienbild. Simms vermittelt außerdem einen Portraitauftrag seines Schwagers Albert Kaumann, dessen Tochter Jeanne ebenfalls 1913 von Beckmann portraitiert wird; vgl. Lott-Reschke (2001), S. 67. Lichtwark kennt mit Sicherheit Simms Sammlungskatalog; vgl. Simms (1910).
64 Vgl. hier und im Folgenden: Br. Kommission (1917), Bd. XVII: 1909, S. 9–11.

vielleicht nicht unmöglich, daß Matisse für die Franzosen einmal bedeuten wird, was für uns Marées war.«[65] So schwankt er zwischen subjektiver Betrachtung und objektivierender Distanz; und im Jahr darauf, 1910, stellt er in der Sonderbund-Ausstellung in Düsseldorf fest: »Eigentlich sind sie [die jungen Düsseldorfer des Sonderbundes] zahm, aber sie haben sich mit den Wildesten aus Paris zusammengetan und haben Rohlfs aus Hagen und Max Liebermann eingeladen.« Nach zwei Stunden Betrachtung nickt er vor Erschöpfung in einem der weichen Stühle ein: »Meine Generation muß sich schon sehr viel Mühe geben, um nicht die Flinte ins Korn zu werfen vor Matisse und seiner Schule.«[66] Lichtwark erkennt die Grenzen seiner Entwicklungsmöglichkeit deutlich, und er nimmt sie auch am alten Durand-Ruel wahr, als er 1912 in Paris erlebt, wie dieser alles ablehnt, was auf die Impressionisten folgt. Und er erfährt es an sich selbst, »wenn ich vor den Werken der Jüngsten stehe oder vor der letzten Entwicklungsphase der Männer in den Vierzigen [sic]. Bei Matisse zum Beispiel gefallen mir viele der früheren Arbeiten sehr gut, die letzten sind mir, von der Farbe abgesehen, verschlossen.«[67] Lichtwark steht aber keineswegs allein mit seinen Schwierigkeiten. In München etwa verzichtet seinem Bericht nach Dr. Heinz Braune, der nach Tschudis Tod dessen Hinterlassenschaft ordnet und eine Tschudi-Stiftung plant, auf die Aufnahme des Matisse-Bildes in die Schausammlung, was Lichtwark für richtig befindet.[68]

Der Besuch der Sonderbund-Ausstellung in Köln im Juli 1912 konfrontiert Lichtwark mit einer weiteren Erfahrung der eigenen Grenzen. Auch für den Laien werde durch diese Ausstellung augenscheinlich, schreibt Lichtwark an seine Kommission, »daß in ganz Europa die Jugend von e i n e m Willen erfüllt ist und in e i n e r Richtung marschiert. Wohin die Reise geht, kann sie selber nicht wissen, und ich weiß nicht, ob es jemand voraussehen kann.«[69] Ihm sei das Allermeiste noch ganz fremd; er wisse nicht, ob er irgendwo Anschluss gewinnen werde: »Jenseits einer gewissen Altersgrenze wird man sich bescheiden müssen, von solchen neuen Dingen nur die Anfänge noch begreifen zu können«, schreibt er ohne Zorn und ohne massive Ablehnung. Hingegen versucht er zu verstehen, erbittet sogar die Hilfe Jüngerer: »Da ist ein Saal mit Bildern des berühmten Picasso, der von der Jugend für das Genie der Genies erklärt wird. Seine früheren Bilder sind mir zugänglich. Die letzten bringe ich rein physiologisch nicht zusammen. Beim Mandolinspieler habe ich mir alle Mühe gegeben, die ich aufbringen konnte, und ich habe einige begeisterte junge Leute, Künstler, die da schwelgten, gebeten, mir zu helfen. Es nützte nichts, ich sah nur etwas wie ein Feld von wirr durcheinandergeworfenen Abschnitten eines ›puzzles‹ [...].«[70] Schon kurz zuvor hat Lichtwark

65 Ebd., S. 11.
66 Vgl. Br. Kommission (1918), Bd. XVIII: 1910, S. 205.
67 Vgl. Br. Kommission (1920), Bd. XX: 1912/13, S. 139.
68 Vgl. ebd., S. 167f.
69 Vgl. ebd., S. 209.
70 Vgl. ebd., S. 210. – Ausst.Kat. Sonderbund (1912), S. 41, Nr. 222, Mandolinenspieler, 1911, Besitzer Alfred Flechtheim. Ausgestellt sind in Saal 8 sechzehn Werke von Picasso aus den Jahren 1903 bis 1911, Nr. 209–224,

in Paris bei dem Kunsthändler Clovis Sagot Bilder von Picasso und Herbin gesehen, »ungefähr, was man die Futuristen nennt«. Picasso werde gesammelt und hoch bezahlt, Herbin von deutschen Museen erworben; man lache jedoch schon nicht mehr, berichtet er ohne weiteren persönlichen Kommentar.[71]

Lichtwark unterscheidet also durchaus nach einzelnen Werken eines Künstlers. Der »schöne Kokoschka« in Mannheim wirke stärker auf ihn als die ganze Sammlung von Bildern dieses Malers auf der Sonderbund-Ausstellung in Köln.[72] Seine Akzeptanz avantgardistischer Kunst ist ganz vom Einzelfall her bestimmt. Er erkennt seine Grenzen, versucht sie zu überwinden und ist dabei deutlich von einer pauschalen Ablehnung der beginnenden Klassischen Moderne entfernt. Wichtig für ihn bleibt jedoch die Wiedererkennbarkeit des Bildgegenstandes. So zitiert er 1904 gegenüber seinem Freund Mannhardt, etwas verkürzt, da im Zusammenhang mit Mannhardts kleinem Sohn geäußert, doch durchaus auf ihn selbst zutreffend: »Alle Kunst ist Wiedererkennen, oder besser aller Kunstgenuss ist Wiedererkennen, sagt Justi irgendwo, ich weiss nicht, ob ich richtig citire.« In der Tat zitiert Lichtwark vereinfacht, wo Justi ein Erkennen der künstlerischen Absicht gemeint hat, und diese Verkürzung kennzeichnet seine Beschränkung auf die Gegenständlichkeit.[73]

In diesem Sinne schätzt er Albert Weisgerber, den er als den Stärksten des Nachwuchses in der sezessionistischen Kunst betrachtet. Weisgerber gilt als gefeierter Nachwuchskünstler der Münchner Sezession; 1913 wird er 35jährig als Gründungsmitglied Präsident der Neuen Münchner Sezession, der unter anderen Alexej von Jawlensky, Paul Klee, Edwin Scharff und Max Unold angehören.[74] Lichtwark besucht ihn im Mai desselben Jahres in München und gewinnt ihn für einen Portraitauftrag. Adolf von Hildebrand zu malen, lehnt Weisgerber ab, erwärmt sich jedoch für ein Doppelportrait von Vater und Sohn Defregger. Lichtwark plant, eine Portraitgalerie bekannter deutscher Künstler zu beginnen, denkt er doch gleichzeitig an ein Gruppenportrait von Klinger, Liebermann und Kalckreuth als potentiellen Auftrag an Hodler. Zudem erteilt Lichtwark Weisgerber den Auftrag für ein Wandbild. Doch zur

fünf im Besitz von Alfred Flechtheim, zwei im Besitz von Edwin Suermondt, Aachen, eines im Besitz des Städtischen Museums Elberfeld, des heutigen Von der Heydt-Museums, Wuppertal; vgl. ebd., S. 40f. – Lichtwark kannte sicherlich die frühen Werke von Picasso im Besitz von Simms; vgl. Lott-Reschke (2001), S. 67f. – Vgl. auch Hurttig (2011).

71 Vgl. Br. Kommission (1920), Bd. XX: 1912/13, S. 126.

72 Vgl. ebd., S. 210. – Zu Kokoschka vgl. Ausst.Kat. Sonderbund (1912), S. 54f. Ausgestellt sind sechs Bilder: Verkündigung, Sposalizio, Portrait (Schauspieler), Stillleben (Besitzer Dr. Reichel, Wien), Weibliches Bildnis, Dents du Midi (Privatbesitz), alle Werke ohne Angabe des Entstehungsjahrs.

73 Br. Mannhardt, S. 60 und Anm. 7. Hier gibt Schellenberg als Herausgeber das Zitat richtig und unverkürzt wieder: »Nicht hinzudenken soll er [der Betrachter] dies und jenes, sondern seinen [des Künstlers] Gedanken fassen, wenn er es vermag; nicht mehr zu sehen glauben: das höchste, was er hoffen kann, ist, daß er wiedererkennt, was der Künstler geschaut hat.« Carl Justi, Winckelmann und seine Zeitgenossen, Leipzig: Vogel, (2)1898, Bd. III, S. 396. – Das Definieren von Gegenständen durch Erkennen oder Assoziieren stellt bei der visuellen Wahrnehmung eine biologische Notwendigkeit dar; die Wahrnehmung und Akzeptanz ungegenständlicher Kunst wird dadurch erschwert und muss durch Erfahrung und Lernen trainiert werden.

74 Vgl. Ausst.Kat. Weisgerber (1995), S. 42f.

Ausführung dieser Bilder kommt es nicht mehr. Die Hamburger Kunsthalle erhält hingegen als Geschenk des Weisgerber-Sammlers Henry B. Simms im Jahre 1918 das impressionistische, von Weisgerber um 1910 gemalte Portrait des Senators Dr. Hermann Schemmann.[75]

Mit Fortschreiten seiner Krankheit, die sich in dieser Zeit langsam bemerkbar macht,[76] wird Lichtwarks Ablehnung der neuen Strömungen noch offensichtlicher. Die Berliner Sezessionsausstellung von 1912 bleibt ihm völlig fremd; er ist fassungslos und kann sich kaum aufraffen, am nächsten Tag noch einmal hinzugehen.[77] Im Juni 1913 schreibt er angesichts der Jüngsten in der Berliner Sezession an seine Kommission, es werde ihm schwer, die Ausstellung so gut zu finden wie die Vorrede im Katalog. »In der Kunst geht einem das Neue so sehr gegen den Strich, daß man gar nicht möchte, es gefiele einem.«[78] Daraus klingen Müdigkeit, Kraftlosigkeit und Resignation. Lichtwark ist bereits von seiner tödlich verlaufenden Krankheit gezeichnet.

ANKÄUFE 1907–1913

Stillleben

Mit den Jahren lässt Lichtwarks anfänglich starkes Interesse an der Gattung des Stilllebens, das die Dilettanten anregen sollte, nach. Gelegentlich erwirbt er noch gute Ergänzungen zum Bestand der alten Kunst, etwa ein großes Bild mit Kuchenschale, Zuckerwerk, Krug und Gläsern von Johann Georg Hainz oder Hinz im Jahre 1906 sowie ein Fischstillleben von Abraham van Beyeren im Jahre 1908, dessen Preis mit 5.600 Mark noch erschwinglich ist. Im Jahr darauf fordert Cassirer für ein Stillleben desselben Malers schon 44.000 Mark; Lichtwark kann nur bis 30.000 bieten und muss verzichten.[79] Ein kleines Fruchtstück des gebürtigen Hamburgers Ernst Stuven oder Stüven, eines Schülers von Hainz, kann 1909 auf Lichtwarks Antrag für 1.000 Mark erworben werden, und die Schenkung eines Stilllebens von Jan Davidsz. de Heem wird 1910 von der Kommission akzeptiert.[80] Wichtiger sind Lichtwark die Stillleben der zeitgenössischen Malerei. Schon 1905, im Jahr vor dessen Ernennung zum Ritter, denkt er an ein Stillleben von dem Münchner Malerfürsten Franz von Stuck, eines, wie dieser es noch nicht gemalt habe, Fische, Muscheln, Blumen auf Marmor, schreibt er seinem Freund Magnus von Wedderkop über seine Pläne. Über Stucks Bereitschaft ist er sich aller-

75 Vgl. Br. Kommission (1920), Bd. XX: 1912/13, S. 162, 403, 407. – Best.Kat. Hamburg, 20. Jh., S. 132.

76 Siehe dazu das Kapitel »Krankheit und Tod« in Teil 7.

77 Br. Kommission (1920), Bd. XX: 1912/13, S. 85.

78 Ebd., S. 422.

79 Vgl. Best.Kat. Hamburg, Alte Meister, S. 75, Nr. 436. – P5, 11.7.1908; Best.Kat. Hamburg, Alte Meister, S. 32, Nr. 380. – P5, 28.12.1909.

80 Vgl. P5, 6.7.1909, Best.Kat. Hamburg, Alte Meister, S. 155, Nr. 526. – P5, 12.7.1910, nicht im Best.Kat. Hamburg, Alte Meister.

dings nicht sicher, es kommt auch nicht zu diesem Auftrag.[81] Im selben Jahr beschließt die Kommission die Erwerbung des »Stillebens mit Kasserolle und Wildente« von Carl Schuch aus dem Jahr 1885 für 1.500 Mark bei Schulte in Berlin, der außerdem ein großes Küchenstillleben des Künstlers für 5.000 und ein Stillleben mit Totenkopf für 1.000 Mark zur Auswahl schickt.[82] Im Jahr darauf gelingt der Ankauf von Otto Scholderers »Schwertlilien« von 1894 für 800 Mark, während von einem weiteren Stillleben von Schuch, angeboten von Schulte für 12.000 Mark, abgesehen wird.[83] 1908 bietet der Münchner Kunsthändler O. Hennes ein »Stillleben mit Feldblumenstrauß und Bibel« von Hans Thoma aus dem Jahr 1872 für 4.400 Mark an, das Lichtwark der kleinen Thoma-Sammlung durch Ankauf einfügen kann, nachdem im Jahr zuvor ein von Goldschmidt in Frankfurt angebotenes »Stillleben mit Papageientulpen« wegen der hohen Preisforderung von 8.000 Mark abgelehnt wurde. Er favorisiert das einfache Blumenmotiv; zwei stattlichere Blumenstücke des Malers in der Frankfurter Sammlung Holzmann, eins mit Kamillen, eins mit Mohn, gefallen ihm als arrangierte Sträuße weniger: »Unsers ist ein Erlebnis, der vom Spaziergang mitgebrachte Strauß, der, wie er gerade ist, das Malerauge gereizt hat.« Es ist der schlichte Thoma, den Lichtwark schätzt; die neuen Thoma-Säle mit Historienbildern in der Kunsthalle Karlsruhe, die er 1910 besichtigt, gefallen ihm hingegen nicht.[84]

Gleichzeitig erfolgt 1908 ein Angebot der Hamburger Kunsthandlung Commeter von zwei Stillleben Trübners zu je 12.000 Mark, die der Künstler entsprechend Lichtwarks Ersuchen auf je 4.500 Mark reduziert. Die Kommission stellt Lichtwark die Auswahl anheim, er entscheidet sich für das »Stillleben mit Äpfeln und Zinnkanne« von 1878.[85] Henri Fantin-Latour mit seinen Blumenstücken darf in der Sammlung nicht fehlen. Ein Bild für 8.000 Mark erscheint Lichtwark 1908 zu teuer, die Kommission möchte jedoch ankaufen, er soll verhandeln. Auf diese Weise kommt ein »Blumenkorb« von 1875 in die Sammlung (Abb. 57), während zwei weitere Angebote von Commeter, ein Stillleben zu 15.000 und ein weiteres zu 7.000 Mark zwar begutachtet, jedoch nicht erworben werden. Auch für ein Blumenstück des Künstlers, das im Jahr darauf von Schneider junior in Frankfurt für 7.000 Mark angeboten wird, stellt Lichtwark keinen Antrag.[86]

Stillleben seien in Hamburg gerade in Mode, schreibt Lichtwark 1910 an Liebermann, es gebe geradezu einen »run« auf gute Blumen- und Fruchtstücke, das erlebe man bei Landschaften gar nicht mehr.[87] Gut eingeführt und von Lichtwark geschätzt sind in Hamburg die Blumenbilder der Schwestern Helene und Molly Cramer; die

81 Vgl. Brief Alfred Lichtwark an Wedderkop, 18.3.1905, HKH, AdB 112.
82 Vgl. P4, 18.2.1905, Best.Kat. Hamburg, 19. Jh., S. 193.
83 Vgl. P4, 7.7.1906, Best.Kat. Hamburg, 19. Jh., S. 191.
84 Vgl. P5, 15.12.1908, Best.Kat. Hamburg, 19. Jh., S. 210; P4, 11.6.1907; Br. Kommission (1917), Bd. XVII: 1909, S. 103f.; (1918), Bd. XVIII: 1910, S. 42f.
85 Vgl. P5, 15.12.1908; Best.Kat. Hamburg, 19. Jh., S. 214.
86 Vgl. P5, 12.9.1908, 15.12.1908. – Best.Kat. Hamburg, 19. Jh., S. 42. – P5, 14.9.1909. – Im Werkverzeichnis nicht identifizierbar.
87 Vgl. Br. Lichtwark-Liebermann, S. 325.

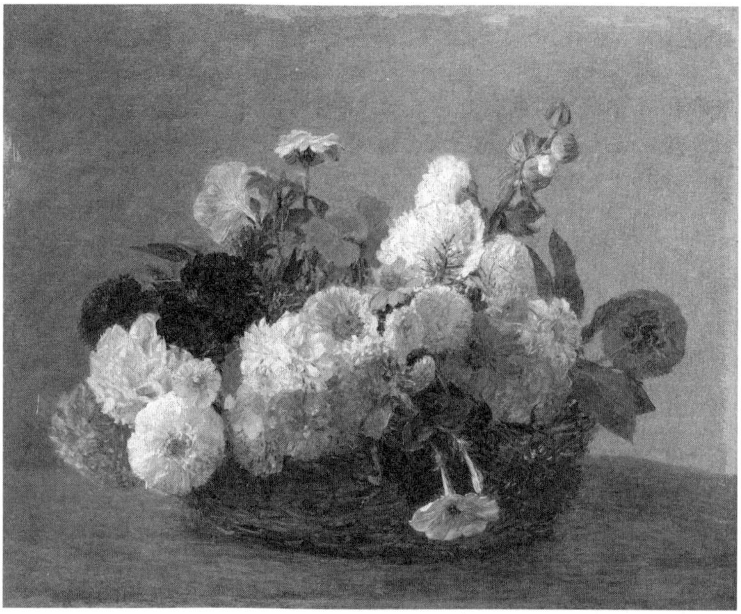

Abb. 57 Henri Fantin-Latour, Blumenkorb, 1875, Öl auf Leinwand, Hamburger Kunsthalle

Kunsthalle besitzt schon seit 1895 von beiden je eines als Geschenk einer anonymen Kunstfreundin, »Rosen und Levkojen« von Helene und »Stillleben mit Blumen in blauer Vase« von Molly Cramer.[88] Für ein Stillleben des langjährigen Kommissionsmitgliedes Ascan Lutteroth werden 1909 400 Mark bewilligt. Im selben Jahr erhält die Kunsthalle noch einen »Blumenstrauß« von Julius von Ehren als Geschenk eines Kunstfreundes und beantragt 1910 die Annahme eines Blumenstücks des 28jährigen Altonaer Malers Wilhelm Mann als Geschenk eines ungenannten Kunstfreundes, das wohl als Künstlerhilfe verstanden werden kann.[89] Ein Glanzstück der Stilllebenmalerei ist Gustave Courbets großes Gemälde »Blütenzweige und Blumen«, das 1909 von den Kunstfreunden von 1870 geschenkt wird.[90]

88 Vgl. Best.Kat. Hamburg, 19. Jh., S. 27. – Zu den Schwestern Cramer vgl. Luckhardt (2006).
89 Vgl. zu Lutterroth: P5, 28.12.1909; nicht im Best.Kat. Hamburg, 19. Jh. – Von Ehren: P5, 14.9., 28.12.1909; Best.Kat. Hamburg, 20. Jh., S. 32. – Mann: P5, 20.8.1910; Best.Kat. Hamburg, 20. Jh., S. 155.
90 Siehe dazu das Kapitel »Französische Kunst« in Teil 6. – WV Courthion 174.

Landschaften

Neben den Portraits spielt die Landschaft in Lichtwarks Sammeltätigkeit eine tragende Rolle. Allein an Gemälden wäre eine reiche Sonderausstellung der deutschen Landschaftsmalerei des 19. Jahrhunderts aus Lichtwarks bisherigen Erwerbungen möglich. Herausragend sind die Werke von Caspar David Friedrich; zwölf Bilder des Künstlers erwirbt Lichtwark zwischen 1904 und 1913.[91] Daneben ist ein großer Teil der Werke in der Sammlung von Bildern aus Hamburg ebenfalls dieser Gattung zugehörig.

Zwischen 1900 und 1912 gelangen nicht weniger als zwanzig Landschaftsbilder des aus Hamburg stammenden Landschafters Christian Morgenstern in die Kunsthalle, die zwei im alten Bestand bereits besitzt, zwei weitere aus dem Vermächtnis Bolten im Jahre 1900 und ein weiteres 1902 als Geschenk erhält. 1902 wird eine, 1905 dann neun Landschaften mit teils skandinavischen, teils deutsche Motiven erworben, meist kleine Formate und zu niedrigen Preisen. Weitere folgen 1908, 1909 und drei bayrische Motive noch 1912.[92] Neben diesen bescheideneren Landschaften von Morgenstern wirkt das Werk von Caspar David Friedrich erst recht grandios und bildet die beeindruckendste Gruppe von Landschaftsgemälden der Kunsthalle.

1911 fragt Lichtwark, nachdem er Bilder von Dahl aus Auberts Besitz in der Berliner Nationalgalerie gesehen hat, ob Aubert nicht geneigt wäre, sie einem deutschen Museum zu überlassen: »Da die Kunsthalle doch mit der Zeit das deutsche Museum wird, das die deutsche Landschaftsmalerei am umfassendsten darzustellen in der Lage ist, wären sie bei uns sehr gut am Platz, namentlich auch neben den Friedrich. Schade, dass Sie nicht gesehen haben, was wir jetzt schon besitzen an Koch (4), Rebell, Catell [Catel], Thöming, Reinhold, Olivier, Kobell, Bürkel, Waldmüller, Heinrich von Hess, Neher, Fries, Rottmann, Richter, Dahl, Friedrich u.s.w. Und da wir Ihnen eine Reihe herrlicher Friedrich danken, was läge näher als die Dahl-Ergänzung?« Eine »Nordische Landschaft« von Johan Christian Dahl gehört ebenfalls schon zum alten Bestand, drei Landschaften mit großem Himmel kann er 1910, ein »Schloss im Gebirge« 1913 ankaufen.[93]

1905 erwirbt Lichtwark eine Alpenlandschaft von Joseph Anton Koch, zwei Landschaften mit italienischen Motiven im Jahr 1909; von Joseph Rebell zwei italienische Landschaften 1910 und 1912; von Catel besitzt die Kunsthalle zwei italienische Motive aus altem Bestand. Heinrich Reinhold ist reichlich vertreten mit fast ausschließlich italienischen Landschaften, drei davon 1906, sieben im Jahre 1908 erworben, ein Motiv aus Kärnten noch 1910. Zwei italienische Landschaften von Heinrich Maria von Hess werden ebenfalls 1906 angekauft. Eine italienische und eine deutsche Landschaft von Ferdinand Olivier erwirbt Lichtwark im selben Jahr, Heinrich Bürkels Landschaf-

91 Siehe dazu das Kapitel »Die Suche nach den Hauptmeistern der Romantik: Caspar David Friedrich« in Teil 4.
92 Vgl. Best.Kat. Hamburg, 19. Jh., S. 143–145. – P4, 12.12.1905.
93 Brief Alfred Lichtwark an Aubert, 22.6.1911, Oslo, NB, Brevsamling 32. – Best.Kat. Hamburg, 19. Jh., S. 27f.

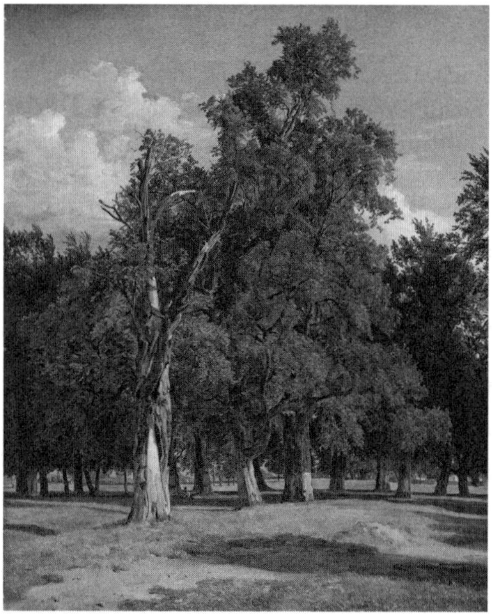

Abb. 58 Ferdinand Waldmüller, Ulmen im Prater, 1831, Öl auf Leinwand, Hamburger Kunsthalle

ten mit Genrestaffagen hingegen stammen aus dem Altbestand.[94] Herausragend sind zwei Waldstücke von Ferdinand Waldmüller, die Lichtwark 1905 über Carl Moll und die Galerie Miethke erhält (Abb. 58).[95] 1906 gelingt der Ankauf zweier Felsenlandschaften bei Sorrent von Heinrich Reinhold; vier Landschaften von Wilhelm von Kobell wählt Lichtwark aus sieben Bildern des Künstlers, die der Wiener Händler L. T. Neumann eingesandt hat, 3.000 Mark werden dafür bewilligt, zwei weitere erwirbt er 1910. 1908 folgen sieben kleine italienische Landschaftsstudien von Reinhold aus der Umgebung von Olevano und Civitella, eine weitere von Wilhelm Ahlborn für zusammen 1.200 Mark. Eine brandenburgische Baumlandschaft des Pferdemalers Carl Steffeck kommt 1909 hinzu.[96]

Von dem Münchner Maler Michael Neher sind eine Stadtvedute von Wasserburg aus dem Altbestand und ein italienisches Motiv als Vermächtnis von 1899 vorhanden; wichtiger erscheinen die Bilder von Friedrich Nerly, überwiegend aus Italien und

94 Vgl. Best.Kat. Hamburg, 19. Jh.: zu Koch, S. 103f.; Rebell: S. 162; Catel: S. 23; Reinhold: S. 164f.; Hess: S. 81f.; Olivier: S. 154; Kobell: S. 102f., für zwei Landschaften werden je 2.000 Mark bewilligt; P5, 10.8.1911; Bürkel: S. 19. – Zu Koch: Die »Landschaft bei Ronciglione« wird privat von Rat Dr. Blumenbach eingesandt, Lichtwark beantragt 4.000–5.000 Mark, die auch bewilligt werden; vgl. P5, 6.7.1909.

95 Vgl. zu Waldmüller, Waldinneres: P4, 28.1., 18.2., 6.6.1905, die Forderung lautet zunächst auf 4.000 Mark, gesenkt auf 3.500, die Kommission bietet lediglich 3.000, das Gebot wird akzeptiert.

96 Vgl. Best.Kat. Hamburg, 19. Jh., Reinhold: S. 164f.; Kobell: S. 102f.; Ahlborn: S. 4; Steffeck: S. 204. – P5, 20.11.1907 (Kobell), 11.7.1908 (Reinhold, Ahlborn).

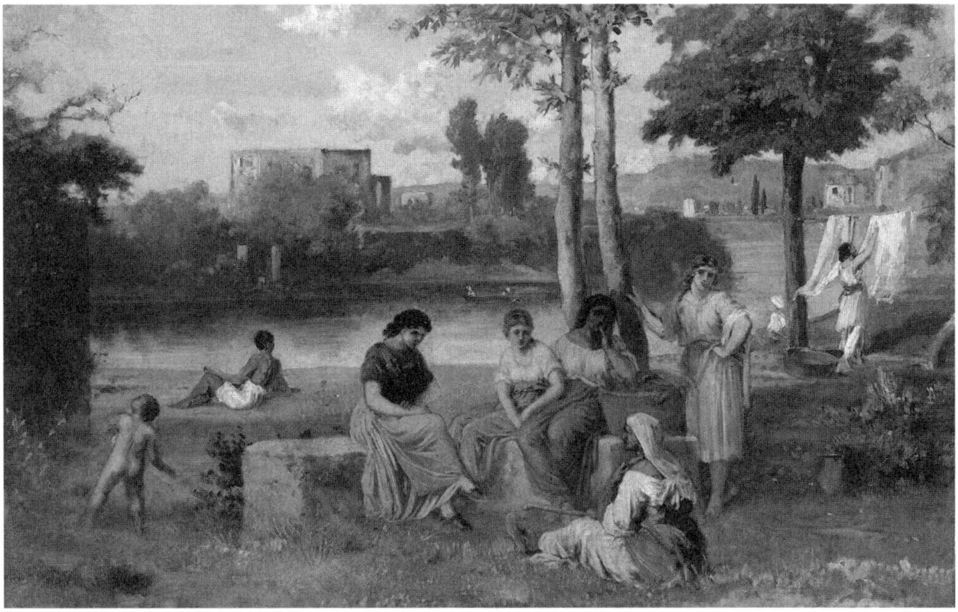

Abb. 59 Heinrich Dreber, Wäscherinnen am Tiber, 1864, Öl auf Leinwand, Hamburger Kunsthalle

meist Geschenke von Direktor Dr. Sommer, Münster, im Jahr 1911. Auch zwei Bilder von Carl Rottmann mit Motiven aus Korinth und Korfu gehören zum Altbestand. Eine frühe italienische Landschaft von Ludwig Richter bestellt Lichtwark in diesem Jahr ebenfalls zur Ansicht, anscheinend wird sie jedoch nicht erworben.[97]

Für zwei italienische Landschaften von Heinrich Dreber stellt die Kommission im August 1912 15.000 Mark in Aussicht, Lichtwark kann nur eine Photographie zeigen, denn eines der Bilder befindet sich in Italien im Besitz der Opernsängerin Mathilde Marchesi; er soll es in Como oder Zürich besichtigen. Dafür reist er tatsächlich nach Zürich, wo das bereits tagelang erwartete Bild aus Italien endlich eintrifft. Lichtwark will diese »Wäscherinnen am Tiber« ankaufen, »eines der schönsten und interessantesten Drebers« wegen »der Perspectiven auf Feuerbach, Böcklin und Marées« (Abb. 59). Mit der Besitzerin handelt er hart um den Preis: Für drei Bilder von Dreber und eine Auswahl der Zeichnungen fordert sie 15.000 Lire, begnügt sich jedoch schließlich mit den von Lichtwark gebotenen 8.000 Lire, etwa 6.000 Mark. Zwei Bilder werden angekauft, das dritte folgt als Geschenk der Hörerinnen Lichtwarks noch im März 1913. Im Oktober 1912 informiert er sich ausführlich bei Schöne, der einen Teil des Nachlasses von Dreber besitzt und als Spezialist gelten kann. Laut Schöne ist Dreber nicht von der französischen Malerei beeinflusst: »In ihm kommt aus dem Nazarener-

97 Vgl. Best.Kat. Hamburg, 19. Jh.: Neher: S. 147; Nerly: 147f.; Rottmann: S. 171. – Richter: Br. Kommission (1918), Bd. XVIII: 1910, S. 259.

tum eine originelle Blüte großer Malkultur ins Licht.« Natürlich hätten sie auch von dem »ewigen Problem« des französischen Einflusses gesprochen. »Das Beste«, betont Lichtwark hier noch einmal seine langjährige Erfahrung, »ist bei uns doch immer entstanden, wenn wir eigene Kräfte unabhängig entwickelt haben.«[98] In diesem Sinne will er noch gute frühe Bilder von Knaus erwerben, auch Landschaften aus Rom und Wiesbaden. Zusammen mit seinen bereits vorhandenen Werken würde Hamburg dann neben Berlin Knaus am besten vertreten können und hätte der Nationalgalerie noch die Landschaften voraus. Er habe das Vorkaufsrecht, die Familie möchte die Gemälde beisammen halten, mit Kalckreuth will er die Auswahl treffen. Es kommt von diesem Künstler jedoch kein Werk mehr hinzu.[99]

Lichtwarks Hörerinnen schenken noch zwei Bilder von deutschen Landschaftern, 1912 Heinrich Schilbachs »Blick von Schloss Heiligenberg auf die Rheinebene« aus dem Jahr 1846 und 1913 Johann Wilhelm Schirmers Landschaft mit der Staffage des barmherzigen Samariters.[100] 1913 kommt auch Blechens »Mühlental bei Amalfi«, ehemals Sammlung Kuhtz, Berlin, als Geschenk von Kunstfreunden in die Kunsthalle.[101]

Neben den vielen Zeugnissen der Italiensehnsucht deutscher Künstler des ausgehenden 18. und frühen 19. Jahrhunderts vernachlässigt Lichtwark auch die Abteilung der Hamburger Kunstgeschichte nicht. Der 1812 in Altona geborene Landschaftsmaler Louis Gurlitt stirbt 1897; durch ein Vermächtnis kommt 1906 ein kleines Bild in die Sammlung, die bis dahin nur eine italienische Landschaft des Künstlers aus altem Bestand besitzt. 1910 gelingt Lichtwark jedoch der stattliche Ankauf von acht Landschaftsbildern Gurlitts, darunter fünf skandinavische Motive. Um den Nachlass jedoch bemüht er sich noch 1913 vergebens. Mit dem ihm seit langem bekannten Sohn Ludwig Gurlitt verhandelt er anfangs um die Forderung von 60.000, später gesenkt auf 30.000 Mark, die jedoch auch nicht finanzierbar sind.[102] 1905 stirbt Valentin Ruths, dessen hochformatige Landschaftsstücke 1881 bis 1884 für das Treppenhaus des Altbaus entstanden sind; mit drei Aquarellen ist der Künstler schon 1889/90 einer der ersten Beiträger für die Sammlung von Bildern aus Hamburg. 1896 schenkt der Grundeigentümerverein zwei Veduten der alten Architektur am Hamburger Hafen, 1904 folgt als Geschenk die Vedute von St. Jacobi. Ruths hat der Kunsthalle und der Nationalgalerie das Vorkaufsrecht an seinem Nachlass eingeräumt; Lichtwark ergänzt nun die Hamburger Abteilung des 19. Jahrhunderts durch den Ankauf von

98 P5, 13.8.1912, 11.3.1913; Best.Kat. Hamburg, 19. Jh., S. 35. – Br. Kommission (1920), Bd. XX: 1912/13, S. 247–250, 275f.

99 Vgl. ebd., S. 143.

100 Vgl. P5, 11.3.1913; Best.Kat. Hamburg, 19. Jh., S. 186. – P5, 13.8.1912; Best.Kat. Hamburg, 19. Jh., S. 186.

101 Vgl. Best.Kat. Hamburg, 19. Jh., S. 12. – Zur Sammlung Kuhtz vgl. Fontane (1970), S. 538.

102 Vgl. Gurlitt (1914), S. 90. An die drei Jahre sei um den Nachlass verhandelt worden. Lichtwark »verehrte in ihm [Louis Gurlitt] ein letztes Stück lebendiger Hamburger Vergangenheit, für die er so warm empfand, verehrte ihn als den Nestor der Künstlerschaft, die zwischen 1810 und 1830 wie durch ein Wunder so reich aus dem heimatlichen Boden aufgeschossen war.« Lichtwark habe acht Farbenstudien erworben, es seien mit die besten Stücke des Nachlasses. – P5, 11.3.1913. – Best.Kat. Hamburg, 19. Jh., S. 90.

dreizehn meist kleinformatigen Landschaftsbildern, überwiegend Motive aus Heide und Wald.[103]

Von Jacob Gensler sind bereits einige hamburgische Motive durch Vermächtnisse im alten Bestand und spätere Geschenke vorhanden; Anna Brettschneider schenkt 1912 neun Bilder des Malers, davon sieben Landschaftsmotive aus der Region.[104] Diese Bildergruppe aus Hamburg und Umgebung aus der ersten Hälfte des 19. Jahrhunderts wird noch erweitert durch wenige Ergänzungen zum Bestand von Georg Haeselich; einige Ankäufe und Geschenke aus den 1890er Jahren sind bereits vorhanden. 1906 und 1909 erwirbt Lichtwark Landschaften hinzu, und Anna Brettschneider schenkt 1912 noch einen »Elbstrand« des Künstlers sowie eine Alstervedute von Hermann Carmiencke.[105] Ascan Lutteroth, langjähriges Mitglied der Verwaltungskommission der Kunsthalle, darf in der Sammlung nicht fehlen. 1890 wurde für die Sammlung von Bildern aus Hamburg ein Aquarell gekauft, Moritz Warburg hat 1891, Robert Eduard Loesener 1894 eine Gouache dazugeschenkt, 1898 wurde wiederum eine Gouache erworben, alles für die Bilder aus Hamburg. 1907, 1909 und 1911 kauft Lichtwark insgesamt acht Landschaften mit deutschen, Schweizer und italienischen Motiven, entstanden zwischen 1862 und 1872, eine weitere kommt als Geschenk hinzu.[106]

Landschaftsbilder aus der zweiten Hälfte des 19. Jahrhunderts erwirbt Lichtwark fortlaufend zum Aufbau der Sammlung deutscher Malerei, Böcklin inbegriffen, der die 1909 erworbene »Ansicht des Dorfes Tenniken« 1846 als Neunzehnjähriger malte.[107] Mit den Naturalisten Karl Buchholz und Theodor Hagen bringt Lichtwark zwischen 1906 und 1910 zwei Weimarer Landschafter in die Sammlung, Hagen malt schon 1905 gegen ein Honorar von 2.600 Mark, finanziert aus Marcus Nordheims Vermächtnis, die impressionistische Stadtvedute »Steckelhörnfleet« als Auftrag für die Sammlung von Bildern aus Hamburg.[108] Den 1896 entstandenen »Herbstabend« von Karl Haider erwirbt er 1909 von Heinemann in München für 10.000, Schuchs »Sägegrube« von 1876 im selben Jahr für 2.000, außerdem Gregor von Bochmanns kleinformatiges Bild »An der Wetterung« für bescheidene 750 Mark.[109] Die Karlsruher Landschaftsmalerei ist in Hamburg nicht vertreten; 1908 bietet zwar die Berliner Kunsthandlung Schulte ein Seestück von Gustav

103 Vgl. ebd., S. 179–184. – P4, 28.1.1905.

104 Vgl. Best.Kat. Hamburg, 19. Jh., S. 56–59.

105 Vgl. ebd., S. 71–72, 22.

106 Vgl. ebd., S. 126–128. – Zwei Motive aus dem Nahetal kosten zusammen 1.600 Mark; vgl. P5, 12.12.1911; Hütte am Chiemsee 1.200 Mark; vgl. Ausst.Kat. Van Gogh: Felder (2002), S. 219.

107 Vgl. Best.Kat. Hamburg, 19. Jh., S. 13. – P5, 29.5.1909, angeboten von Fleischmann, München, Forderung 11.500 Mark.

108 Vgl. Buchholz, Vorfrühling im Webicht bei Weimar, 1876, 1.200 Mark, und Letzter Schnee im Webicht bei Weimar, 1889, 2.000 Mark; vgl. P4, 8.12.1906, 5.3.1907; Ausst.Kat. Van Gogh: Felder (2002), S. 219, Best. Kat. Hamburg, 19. Jh., S. 18f. – Hagen: Sommertag im Park von Weimar, 4.000 Mark (P5, 12.7.1910); Best.Kat. Hamburg, 19. Jh., S. 73. – Ausst.Kat. Bilder aus Hamburg (2002), S. 106 und Abb. 42; Hagen, Steckelhörnfleet, P4, 28.1.1905, finanziert aus dem Vermächtnis Nordheim.

109 Vgl. Best.Kat. Hamburg, 19. Jh.: Haider: S. 73; Schuch: S. 193; Bochmann: S. 13. – Schuch: P5, 6.4.1909, anfängliche Forderung 3.000 Mark. Bochmann, Wiesenbach: P5, 6.4.1909. Haider: P5, 6.7.1909. – Zu den Preisen vgl. auch Ausst.Kat. Van Gogh: Felder (2002), S. 219.

Schönleber zum stattlichen Preis von 12.000 Mark an, Lichtwark beantragt jedoch keinen Ankauf.[110] Doch ein Worpsweder wird bedacht, Carl Vinnens »Dückdalben« von 1909 wird 1910 zur Ansicht in die Kunsthalle geschickt und noch vor dessen »Künstlerprotest« im darauffolgenden Jahr für 1.000 Mark aus dem Legat Kalkmann erworben. Als Cuxhavener Motiv passt das Bild auch in die Sammlung von Bildern aus Hamburg, ist jedoch nicht als Auftrag entstanden.[111] Ebenfalls 1910 bietet der Elberfelder Museumsverein, der Verein des heutigen Von der Heydt-Museums, eine »Norwegische Wassermühle« von Andreas Achenbach aus dem Jahr 1880 an, die auf Beschluss der Kommission für 1.200 Mark angekauft werden soll. Das Bild ist jedoch nicht mehr aktuell, wie andere Werke der Brüder Achenbach kommt auch dieses später als Vermächtnis in die Kunsthalle.[112] 1912 schließlich gelangen noch Feuerbachs »Terrainstudie aus den Caracalla-Thermen« für 12.000 und Trübners »Schloss Lichtenberg im Odenwald« für 10.000 Mark als Geschenke von Gustav Diederichsen in die Kunsthalle.[113] Mit Courbets und Sisleys Werken kommt schließlich Weltkunst in die Landschaftsabteilung.[114]

In der Sammlung von Bildern aus Hamburg treten die Landschaftsmotive nach 1900 langsam zurück, Portraits sind weit in der Überzahl. 1904 malt Ludwig von Hofmann sechs kleine Pastelle mit Hamburger Motiven, die aus dem Vermächtnis Stukenbrok erworben werden können. Eine eher unspezifische Waldlandschaft von Paul Müller-Kaempff kann aus dem Lüder-Testament angekauft werden. 1906 schenkt ein anonymer Kunstfreund zwei Binnenalstermotive des Dänen Laurits Tuxen; »Kreuzende Ewer vor Finkenwärder« malt Kalckreuth 1905 als Blick aus dem Gasthaus Jacob in Nienstedten; im folgenden Jahr wird das Bild von Bürgermeister Burchard und Senator Predöhl gestiftet. Vier konventionelle Landschaftsmotive aus der Region von Karl Oderich, Carl Rotte und Carl Schildt sowie die offensichtlich durch eine Photographie vorbereitete ungewöhnliche Komposition eines ländlichen Gartenhauses, gemalt von dem Kalckreuth-Schüler Wilhelm Wulff, folgen im Jahr 1907. Erst mit Lovis Corinths Elbmotiv »Blick auf den Köhlbrand« entsteht 1911 wieder ein herausragendes Hamburger Landschaftsgemälde. 1912 gelangen noch einige Landschaften von Julius von Ehren, Sophus Hansen, Arnold Hartleff, Ludwig von Hofmann, Arthur Illies, Walter von Ruckteschell, Friedrich Schaper und Gretchen Wohlwill in die Kunsthalle, bevor Pierre Bonnard und Édouard Vuillard 1913 großartige Beiträge zu Lichtwarks Sammlung dieser Gattung vorlegen. Die meisten dieser Werke werden durch die Spende eines anonymen Kunstfreundes erworben, bevor Lichtwark den zu seinem Amtsjubiläum gestifteten Betrag, die Lichtwark-Stiftung, zur Verfügung

110 Vgl. P5, 15.12.1908.

111 Vgl. Br. Kommission (1918), Bd. XVIII: 1910, S. 220. – P5, 14.2.1911. – Best.Kat. Hamburg, 20. Jh., S. 129.

112 Vgl. P5, 24.11.1910. – Best.Kat. Hamburg, 19. Jh., S. 2.

113 Vgl. Best.Kat. Hamburg, 19. Jh., Feuerbach: S. 44, Trübner: S. 215. – P5, 1.2., 13.8.1912. Zu den Preisen vgl. auch Ausst.Kat. Van Gogh: Felder (2002), S. 219.

114 Siehe dazu das Kapitel »Französische Kunst« in Teil 6.

hat.[115] Aber auch mit Trübner trifft er 1912 anlässlich eines Besuches in Karlsruhe eine Verabredung; der Künstler soll nach Hamburg kommen und eine Landschaft malen, die aus der Lichtwark-Stiftung finanziert werden soll. Lichtwark hat verschiedene Motive vorgeschlagen, Rohlfshagen, zwischen Hamburg und Lübeck gelegen, interessiert ihn am meisten, weil dort Bäume am Wasser stehen. Der zunächst ins Auge gefasste Termin des 1. Oktober 1912 wird jedoch nicht eingehalten. Im Mai 1913 will Lichtwark mit Trübner nach Ratzeburg und Mölln fahren, dort gebe es für ihn passende Motive, eigentlich schon fertig komponierte Bilder. Lichtwarks Krankheit setzt diesen Plänen ein Ende.[116]

Auch andere 1905 geäußerte Ideen sind nicht durchführbar: Kalckreuth sollte einen Park malen, Theodor Hagen Wälder und Felder in Hamburg und Schleswig-Holstein, der Münchner Anton von Stadler ein Heidemotiv; die Sammlung krankt jedoch am Mangel an finanziellen Mitteln. Lichtwark deutet seinerzeit einen »diffizilen Spender« an, es handelt sich um Alfred Beit, dessen Tod im Juli 1906 seine Hoffnungen vereitelt.[117]

Im weitesten Sinne zu den Landschaften können auch einige Naturmotive gezählt werden. 1909 akzeptiert die Kommission sowohl »Krokus« von Ernst Eitner als auch Wilhelm Wulffs »Weiße und blaue Hainliebe« als Geschenk einer ungenannten Kunstfreundin. Drei Landschaften mit Vögeln, »Einfallende Höckerschwäne und Rohrdommel« von 1909, »Eisvogel und Wasserläufer am Watt der Unterelbe« von 1910 sowie »Kampfläufer und Sandregenpfeifer« von 1911, gemalt von dem jungen Hamburger Friedrich Lissmann, werden 1911 von einem anonymen Kunstfreund gestiftet.[118]

115 Vgl. Ausst.Kat. Bilder aus Hamburg (2002), S. 104–118. – Best.Kat. Hamburg, 19. Jh.: Müller-Kaempf: S. 145; Tuxen: S. 215f.; Oderich, Mühlbach, S. 150; Schildt, Vorfrühling und Frühling, S. 186. – Best.Kat. Hamburg, 20. Jh.: von Ehren, Fähre bei Finkenwerder, S. 32; Hofmann, fünf Pastelle, ein weiteres: Verbleib unbekannt, S. 56f.; Wulff, Gartenhaus, S. 137; Hansen, Nordfriesische Kirche, S. 49f.; Hartleff, Dom, S. 153; Hofmann, Baurs Park, Elbufer, Elbstrand, S. 56f.; Illies, Einsames Haus, S. 59; Ruckteschell, Binnenalster, S. 110; Schaper, Regenwetter in Duhnen, S. 110f.; Wohlwill, Wirtshausgarten, S. 136. – Rotte, Sommermorgen bei Meckelfeld, Verbleib unbekannt. – P5, 2.3.1912. – Zu Wulff vgl. P5, 15.12.1908. – Zu Corinth siehe das Kapitel »Ankäufe 1907–1913: Dreigestirn: Slevogt – Liebermann – Corinth«, zu Bonnard und Vuillard das Kapitel »Französische Kunst« in Teil 6. – Ein ungenannter Kunstfreund stiftet 1912 eine »namhafte Summe« zum Ankauf von Bildern Hamburger Künstler; vgl. P5, 2.3.1912.

116 Vgl. Br. Kommission (1920), Bd. XX: 1912/13, S. 180, 413.

117 Vgl. Brief Alfred Lichtwark an Wedderkop, 10.2.1905, HKH, AdB 112. – Zu Beits Tod durch eine Herzerkrankung vgl. Albrecht (2011), S. 124f.

118 Vgl. zu Eitner: P5, 6.4.1909, 1943 in Berlin vernichtet; Wulff: P5, 6.4.1909, Best.Kat. Hamburg, 20. Jh., S. 137; Lissmann: P5, 12.12.1911, Best.Kat. Hamburg, 20. Jh., S. 79. – Ausst.Kat. Bilder aus Hamburg (2002), S. 111, 116.

Portraits

Lichtwarks jahrzehntelanges Interesse am Portrait beruht nicht nur auf der so oft propagierten Möglichkeit des Auftrages und damit der Verringerung der Kluft zwischen Künstler und Gesellschaft. Es ist ebenso die Idee der Darstellung eines Individuums, insbesondere des nicht durch den ererbten sozialen Stand bestimmten, sondern durch geistige und psychische Entwicklung sowie biographische Einflüsse geformten Habitus des Menschen, den Lichtwark im psychologischen Bildnis sucht. Portraits erwirbt er für alle Teilsammlungen der Kunsthalle, für die alte Kunst ebenso wie für die Hamburger Kunstgeschichte, die Sammlung der deutschen Malerei des 17. bis 19. Jahrhunderts oder die zeitgenössischen Bilder aus Hamburg. Zahlreiche Portraits insbesondere der jungen Hamburger Maler der ersten Hälfte des 19. Jahrhunderts gelangen als Vermächtnisse und Geschenke in die Kunsthalle, die Dargestellten sind Verwandte und Freunde der Maler, meist als Einzelportrait, gelegentlich auch kombiniert mit einem Interieur. Lichtwarks Suche nach dem Werk der frühen, noch unbeeinflussten jungen Hamburger Maler schlägt sich schon 1893 in seinem Buch über Hermann Kauffmann und dessen Generation und besonders in seinem zweibändigen Bildniswerk von 1898 nieder.[119] Parallel dazu sammelt er die zeitgenössischen Portraits im Rahmen der Sammlung von Bildern aus Hamburg, wenn auch verbunden mit Schwierigkeiten und Rückschlägen durch die Abneigung des Publikums gegenüber der zeitgenössischen Kunst. Im Juli 1912 besichtigt er mit Ludwig Justi die geplante neue Aufstellung der deutschen Bildnissammlung, die er bereits aus seinen Berliner Jahren kennt, in der Berliner Bauakademie und reist dann Mitte August nach Leipzig, um die dortige an die zweitausend Nummern umfassende Bildnisausstellung zu sehen. Neben den bekannten Portraitisten wie Graff kommen hier viele unbekanntere und »vergessene Tüchtigkeiten« ans Licht, die ihm nicht immer künstlerisch, oft aber kulturhistorisch interessant erscheinen. Er bedauert, sie nicht schon zur Zeit der Jahrhundertausstellung gekannt zu haben. Von Graff hat er in den Jahren zuvor, 1910 und 1911, insgesamt fünf Bildnisse erworben.[120] Er nutzt die Gelegenheit, im *Jahrbuch der Gesellschaft Hamburgischer Kunstfreunde* einen kurzen Text zu veröffentlichen, der auf diese Bildnisausstellung und ihre Grundlage eingeht: In Leipzig habe es eine Kunstakademie gegeben, und daraus folgernd plädiert er für eine Kunstschule in Hamburg. Am Leipziger Beispiel lasse sich erkennen, was eine »tüchtige Kunstschule (die gar kein großes Volumen zu haben braucht, eine oder zwei gut geleitete Aktklassen sind ziemlich alles, was unbedingt notwendig ist) für die städtische Kultur

119 Kayser (1977), Nr. 186, 267.

120 Vgl. Br. Kommission (1920), Bd. XX: 1912/13, S. 219, 225–229. – Graff: Bildnis des Generals Grafen Georg Detlov von Flemming, Bildnis der Schauspielerin Sophie Friederike Seyler, Bildnis einer älteren Dame, erworben 1910; Bildnis eines jungen Mannes, Damenbildnis, erworben 1911 aus den Zinsen der Averberg-Stiftung (Best. Kat. Hamburg, Alte Meister, S. 71–73). – Die geforderten Preise liegen bei 16.000 (Flemming), 7.500 (Damenbildnis), 7.500 (Seyler), bewilligt werden 12.000, 6.000 und 5.000 Mark, Lichtwark darf aber auch mehr ausgeben; vgl. P5, 28.12.1909. – P5, 11.4.1911.

bedeutet.«[121] Zu seiner Freude hat die Gattung des Bildnisses aber auch Konjunktur. Über die Ausstellung der Münchner Sezession im Mai 1913 schreibt er an seine Kommission: »Sehr erfreulich ist es zu beobachten, wie Alles um das Bildniß ringt.«[122] Damit legitimiert Lichtwark auch seine eigenen zahlreichen Ankäufe von Bildnissen, insbesondere nach 1900 und ganz auffallend in seinen letzten Jahren.

1907 erwirbt Lichtwark das Bildnis eines jungen Mannes von Wilhelm Trübner. Seit längerer Zeit schon hat er nach einem älteren Bildnis des Künstlers gesucht; die Frankfurter Kunsthandlung Goldschmidt verlangt 20.000, die Kommission genehmigt 15.000 Mark. Trübner, der schon länger seine frühen Bilder zurückkaufe, habe 10.000 geboten. Wegen eines Damenbildnisses von Wilhelm Steinhausen, das sich jedoch als unverkäuflich herausstellt, soll Lichtwark 1908 verhandeln. Im Jahr darauf gelingt der Ankauf des unvollendeten Familienbildes am Gartentisch und zweier Landschaften von Steinhausen. Im selben Jahr 1908 erwirbt er bei Cassirer Leibls unvollendetes Bildnis »Gräfin Rosine Treuberg« für 50.000 Mark; er erwähnt 1913 ein weiteres Bildnis der Gräfin, für das Cassirer erst 160.000 Mark, später 120.000, fordert. München und Wien sind interessiert, das Bild geht nach Wien; Wien kann jedoch nicht zahlen. Im Februar 1913 ist das Bild wieder erhältlich, Lichtwark lässt es umgehend in die Kunsthalle senden, ein Ankauf wird anscheinend jedoch nicht diskutiert. Im selben Jahr stellt er der Kommission einige angebotene Bildnisse von Ferdinand von Rayski vor, auf deren Ankauf er jedoch ohne Begründung verzichtet. Anlässlich der Marées-Ausstellung 1909 in München erwirbt er aus Privatbesitz dessen Portrait des Bildhauers Konrad Knoll; die erste Forderung lautet auf 16.000 Mark, nach Verhandlungen mit dem Besitzer erhält die Kunsthalle es für 6.000 Mark.[123] Im selben Jahr kommt Hugo von Habermanns Bildnis seines Bruders Gustav Joseph Karl von Habermann, eines königlich-bayrischen Kämmerers, für 4.000 Mark in die Sammlung. Ein inhaltlicher Zusammenhang mit Hamburg besteht nicht; der Ankauf dürfte in der Bekanntheit des Malers als Mitbegründer und zeitweiliger Präsident der Münchner Sezession begründet liegen. 1911 folgt ein frühes Damenbildnis des Künstlers zum Ankaufspreis von 1.500 Mark.[124] Lenbachs unvollendetes Bildnis des Architekten Gottfried Semper, das Lichtwark eigentlich durch die Verbindung zu Hamburg interessieren müsste, wird bei einem Preis von 9.000 Mark nicht von ihm zum Ankauf vorgeschlagen.[125] 1910 präsentiert Lichtwark drei Bildnisse des deutsch-

121 Alfred Lichtwark, Die Bildnisausstellung in Leipzig, in: Jb. GHK, 1912, S. 75–76, Kayser (1977), Nr. 520; Wiederabdruck in: AL, Hamburgische Aufsätze, S. 178–180, Kayser (1977), Nr. 557.

122 Br. Kommission (1920), Bd. XX: 1912/13, S. 406.

123 Zu Trübner: P5, 20.11.1907, Portrait Albert Weber, Best.Kat. Hamburg, 19. Jh. S. 214. – Steinhausen: P5, 15.12.1908, Best.Kat. Hamburg, 19. Jh., S. 205f. – Zu Leibl: P5, 11.7.1908, Best.Kat. 19. Jh., S. 112. – Br. Kommission (1920), Bd. XX: 1912/13, S. 277, 348. Nicht in P5. – Zu Rayski: P5, 12.9.1908. – Zu Marées: vgl. P5, 18.2.1909, Best.Kat. Hamburg, 19. Jh., S. 131; Ausst.Kat. Van Gogh, Felder (2002), S. 219.

124 Vgl. P5, 29.5.1909, Best.Kat. Hamburg, 19. Jh., S. 70. – P5, 10.8.1911.

125 Vgl. P5, 28.12.1909. – In einem Brief vom Juni 1909 bietet Lichtwark dem Künstler 3.500 Mark; vgl. Brief Alfred Lichtwark an Habermann, 1.6.1909, Museum im Kulturspeicher, Würzburg, Nachlass Habermann, HA 0738.

amerikanischen Malers Emanuel Leutze, des Urhebers des berühmten Historienbildes »Washington überquert den Delaware« von 1850. Lichtwark beantragt 4.000 Mark für das Bildnis des Majors Heinrich Lottner, 6.000 werden gefordert, 3.000 gezahlt.[126]

Aber auch die älteren Bildnisse bleiben für Lichtwark wichtig. 1908 verzichtet er allerdings wegen Mängeln auf ein Damenbildnis des englischen Portraitisten Thomas Lawrence, das 12.000 Mark kosten soll;[127] es hätte die englische Abteilung sonst erweitern können. Auch die alten Hamburger werden ergänzt. Ein Freiherr von Maltzahn hat drei Bilder Balthasar Denners eingesandt, die Kommission bewilligt Lichtwark 4.000 Mark für ein Bildnis der ersten Frau des Künstlers, das zusammen mit einem Knabenbildnis die umfangreiche Sammlung von Bildnissen Denners weiter komplettiert: neun Portraits sind im alten Bestand vorhanden, eines stammt aus der Sammlung Hudtwalcker-Wesselhoeft, je eines aus einer anderen Sammlung beziehungsweise einem Vermächtnis; das Portrait des Ratsherrn und Dichters Barthold Hinrich Brockes erwirbt Lichtwark 1902. Weitere 9.000 Mark werden für Handzeichnungen und Aquarelle Denners aus dem Besitz von Maltzahn bereitgestellt. Gleichzeitig kann er für ein von Schulte für 7.500 Mark angebotenes Damenbildnis von Johann Heinrich Tischbein eine Preisreduktion auf 7.000 erwirken. Für zwei Bildnisse von Jacob Tischbein werden 1911 noch einmal 1.500 bis 2.000 Mark angesetzt, die Bilder können schließlich 1921 aus dem Vorrat der Anschaffungen Lichtwarks in die Sammlung eingereiht werden. 1908 bewilligt die Kommission für drei Bildnisse von Dominicus van der Smissen, ein Herrenbildnis des zeitweilig in Hamburg tätigen Emanuel Ludwig Löhr und ein Bildnis von E. Vogel insgesamt 1.500 Mark, doch scheint nichts davon angekauft worden zu sein.[128]

1910 finden auch Lichtwarks Bemühungen um die in Braunschweig befindlichen Portraits hamburgischer Barockmaler ein Ende. Direktor Meier weigert sich nach wie vor, die erhofften Bilder zu veräußern, auch wenn Lichtwark versucht, ihm die Verwendung der auf diese Weise gewonnenen Mittel für Ankäufe moderner Kunst nahezulegen. Das Museum bringe ein mäßiges Opfer für ein sehr großes Gut und kaufe sich als Toter das Leben zurück, schreibt er im November 1910 an Meier. Hätten sie sich vor zehn Jahren geeinigt, dann hätte Meier nun eine Galerie mit neuem Gesicht und die Tradition des Fürstenhauses würde wieder aufgenommen. Im Übrigen empfiehlt er für das Museum einen Anbau; es habe nicht den Ruhm, den es verdiene. Lichtwark will dem Minister noch einmal schreiben; doch bleibt das Unternehmen erfolglos.[129]

126 Leutze (1816–1868) studierte in Düsseldorf bei Lessing und in München bei Cornelius und Kaulbach. – P5, 20.8., 24.11.1910, 14.2.1911.

127 Vgl. P5, 15.12.1908.

128 Zu Denner: P5, 28.12.1909; Best.Kat. Hamburg, Alte Meister, S. 47–51. – Zu J. H. Tischbein: P5, 28.12.1909; Best.Kat. Hamburg, Alte Meister, S. 162. – Zu J. Tischbein: P5, 10.8.1911; Best.Kat. Hamburg, Alte Meister, S. 167f., Nr. 543, 544. – P5. 8.2.1908. Zu Smissen: Best.Kat. Hamburg, Alte Meister, S. 146–148.

129 Vgl. Brief Alfred Lichtwark an Meier, 11.11.1910, Braunschweig, HAUM, Archiv 333. Siehe auch das Kapitel »Erwerbungen IV: Um 1900« in Teil 4. – Der Anbau erfolgte in den Jahren 2008–2011.

Von dem in der Mitte des 19. Jahrhunderts in Hamburg tätigen Hermann Steinfurth besitzt die Kunsthalle eine Reihe wichtiger Portraits zur Hamburger Kunstgeschichte und mehrere Selbstportraits, die als Geschenke schon im alten Bestand vorhanden sind oder später hinzukommen. 1895 hat der Ankauf eines Damenbildnisses stattgefunden, 1912 werden das Bildnis einer alten Dame von Steinfurth, außerdem zwei Bilder von Runge und eine Mappe mit Zeichnungen und Aquarellen für zusammen 10.000 bis 12.000 Mark aus dem Besitz des Künstlervereins erworben.[130] Julius Oldach ist einer der wichtigsten Hamburger Portraitisten des frühen 19. Jahrhunderts. Zusätzlich zu den drei aus dem Nachlass und sechs überwiegend in den 1890er Jahren als Geschenke in die Kunsthalle gelangten Bildern erwirbt Lichtwark 1910 vier hinzu, darunter ein Selbstbildnis des knapp zwanzigjährigen Malers. Die Verhandlungen gestalten sich langwierig und schwierig. 1909 werden die vier Bilder von einem Familienmitglied, einem Fräulein de Hase, geschenkt, wegen des beschränkten Verfügungsrechts der Dame dann jedoch nur leihweise überlassen. Anschließend werden 20.000 Mark verlangt, nachdem Tschudi für das letzte Bild der Familie 5.000 Mark geboten hat. Lichtwark fordert vom Staat, den Betrag aufzubringen, da die Bilder auf andere Weise nicht zu erlangen wären. Das Kommissionsmitglied Dr. Wolffson will mit Direktor Framhein, dem Sprecher der Familie, Rücksprache halten, der nun jedoch unter dem Eindruck, die Kunsthalle sehe die Forderung als unbilliges Verlangen, die vier Bilder nicht mehr verkaufen will. Lichtwark bemerkt dazu, die Familie habe die Werke auch Tschudi angeboten, doch Wolffson berichtet ergänzend, sie würde für 17.500 Mark verkaufen, wenn zwei Kopien geliefert würden. Die Kommission beschließt den Ankauf; die Werkgruppe der Portraits von Oldach umfasst damit zehn Bilder.[131]

Von besonderer Bedeutung sind für Lichtwark die von seinen zeitgenössischen Künstlern gemalten Portraits. Seine Pläne mit der Hamburger Bildnissammlung lassen sich trotz manchen Schwierigkeiten mit der Akzeptanz der Kalckreuth-Bilder im Jahr 1904 im Folgenden besser an. 1905 hat er Sir Alfred Beit als Mäzen gewonnen. Trübner soll Senator O'Swald lebensgroß sitzend malen, Stuck Bürgermeister Mönckeberg als dessen Seitenstück, und für Olde plane er Liliencron und Falke als sitzende Dreiviertelfigur, verrät Lichtwark seinem Freund Magnus von Wedderkop im Februar 1905. Der Plan einer großen Hamburger Portraitgalerie sei gesichert, weiht er kurz darauf auch Schiefler ein, Uhde habe er für die Herren der Handelskammer in Aussicht genommen, auch Trübner, Stuck und Anton von Stadler würden kommen.[132] Die hamburgische Portraitgalerie wird nach den von Beit gestifteten Bildnissen von Berger und Strebel und dem großen Auftrag des Professorenkonvents an Liebermann nun mit einer Reihe von Bildern fortgesetzt. Im Herbst 1906 begibt sich Fritz von Uhde

130 Vgl. P5, 10.2.1912; Steinfurth: Best.Kat. Hamburg, 19. Jh., S. 204f., Bildnis einer alten Dame, S. 205, hier als alter Bestand bezeichnet; Runge: Best.Kat. Hamburg, 19. Jh., S. 177, Die Freuden der Jagd, WV Traeger 432, S. 178, Arions Meerfahrt, WV Traeger 443, beides als Geschenke von Anna Brettschneider vermerkt.

131 Vgl. Best.Kat. Hamburg, 19. Jh., S. 150–153; P5, 6.7. 1909, 12.7.1910.

132 Vgl. Brief Alfred Lichtwark an Wedderkop, 10.2.1905, HKH, AdB 112. – Schiefler, LAZ, 10.3.1905, HH, SUB, HSS.

endlich nach Hamburg und malt die Eltern des jung verstorbenen Physikers Heinrich Hertz, den Senator Gustav Hertz und seine Frau, gewissermaßen stellvertretend für den bedeutenden Sohn. Die Ausführung des Portraits fällt Uhde sehr schwer; er hat das ungewohnte Licht bei den Sitzungen in der Glasveranda zu bewältigen, auch das gänzlich fremde Ehepaar motiviert ihn wenig.[133] Das Bild gefällt dennoch dem Künstler und auch Lichtwark sehr, wie er an Liebermann und Kalckreuth schreibt. »Erquickend unelegant.« Es wird aus der letzten Stiftung von Sir Alfred Beit zu dessen Lebzeiten erworben; sein Tod im Juli 1906 bedeutet für Lichtwarks Pläne einen entscheidenden Verlust.[134] Er muss auf die großen Vorhaben zunächst für nicht absehbare Zeit verzichten und sich auf kleinere Projekte umstellen.

1907 kommen ein Doppelportrait seiner Eltern von Friedrich Schaper in die Kunsthalle, außerdem, nach anfänglicher Ablehnung, 1909 das Portrait des Dichters Gustav Falke von Ernst Eitner; beide Bilder stellen Geschenke von ungenannten Kunstfreunden dar. Lichtwark hat den Versuch, die Hamburger Künstler für das Bildnis zu gewinnen, wieder aufgenommen, und die dabei entstehenden Bildnisse von bekannten Persönlichkeiten sollen der Kunsthalle zur Verfügung gestellt, gegebenenfalls später ins Museum für Hamburgische Geschichte überstellt werden. 1908 wird das Portrait des Landgerichtsdirektors Dr. Schrader von Julius von Ehren ebenfalls zunächst von der Kommission abgelehnt, gelangt jedoch noch im selben Jahr in die Portraitsammlung.[135]

Kalckreuth malt 1908 im Auftrag den Oberlandesgerichtspräsidenten Ernst Friedrich Sieveking als Einzelportrait, für das Lichtwark zunächst Leibl im Sinn hatte; aus der Beit-Stiftung kann der Ankauf noch finanziert werden. 1912 folgt als letzter Auftrag an den befreundeten Maler ein Bildnis des vier Jahre in Hamburg als Professor für Geschichte tätigen Erich Marcks, Lichtwarks Freund, der 1913 nach München wechselt. Dieses letzte Auftragsbild von Kalckreuth kann Lichtwark bereits aus der Stiftung zu seinem Amtsjubiläum bestreiten.[136]

Im Januar 1908 besucht Lichtwark die Ausstellung von John Singer Sargent in Frankfurt am Main, da er aufgrund der früheren Portraits des Künstlers die Absicht hegt, ihn für einen Auftrag nach Hamburg einzuladen. Nach der Ausstellungsbesich-

133 Vgl. Simms (1910), S. 65. – Zu den Liebermann-Portraits siehe das Kapitel »Neue Impulse: Liebermann« in Teil 4.

134 Vgl. Br. Lichtwark-Liebermann, S. 240. – Br. Kalckreuth, S. 186, 190 (Zitat). – Ausst.Kat. Bilder aus Hamburg (2002), S. 109. – Best.Kat. Hamburg, 19. Jh., S. 217. – Br. Kalckreuth, S. 174.

135 Vgl. zu Schaper: Best.Kat. Hamburg, 20. Jh., S. 111; zu Eitner: Best.Kat. Hamburg, 20. Jh., S. 34; P5, 11.7., 12.9.1908. – Ahlers-Hestermann: Best.Kat. Hamburg, 20. Jh., S. 3; P5, 12.9.1908.

136 Best.Kat. Hamburg, 19. Jh., S. 91f., WV Brachert 245, 288. – Ausst.Kat. Bilder aus Hamburg (2002), S. 116. – Lichtwark empfiehlt Kalckreuth 1909, den Kölner Domkapitular Schnütgen zu portraitierten; Lichtwark und Kalckreuth besuchen Schnütgen gemeinsam 1910, im selben Jahr malt Kalckreuth zwei Portraits des Domkapitulars und Sammlers (WV Brachert V, 21, 26). Lichtwark beschreibt Schnütgen wie ein fertiges Portrait, das er bereits vor Augen hat; vgl. Br. Kalckreuth, S. 232; Brief Alfred Lichtwark an Prinz Eugen, 1.1.1910, Stockholm, PEW, Archiv. 1912 übermittelt Lichtwark Kalckreuth die Anfrage Warburgs, ob er das Portrait des Kaisers für den Dampfer »Imperator« der Hamburg-Amerika-Linie malen wolle. Den Auftrag erhält schließlich Hans Olde; vgl. Br. Kalckreuth, S. 265. – Lichtwark nimmt 1912 an der Jungfernfahrt dieses damals größten Schiffes der Welt teil; siehe dazu das Kapitel »Krankheit und Tod« in Teil 7.

tigung sieht er allerdings ernüchtert davon ab. »Wahnsinnige Geschicklichkeit, die zu einer beklemmenden Oberflächlichkeit geführt hat«, schreibt er an seine Kommission. »Modemalerei auf ganz äußerliche Eleganz ausgehend mit affectirten Stellungen der Aristokratinnen von zwölf Kopflängen, Toilettenmalerei.« Bei den Männern konstatiert er »eine ganz ordinäre Farbe des Fleisches, aber wirklich ordinär«, bei einem alten Mann »glasige Verblasenheit«, das beste seien ein paar frühe Arbeiten. Hände könne er. »Was für ein anderer Kerl ist Liebermann. Der hat gar keine Geschicklichkeit, im Gegenteil. Aber er hat etwas zu sagen.«[137] Damit nimmt Lichtwark Abstand zu einem der international gefragtesten Modemaler seiner Zeit und beschränkt sich bewusst auf die deutschen Sezessionisten, die Hamburger und sogar förderungswürdige Nachwuchskünstler.

Im Zuge dieser Förderung junger Künstler betraut Lichtwark 1908 den 25jährigen Friedrich Ahlers-Hestermann mit einem Portrait des Professors Dr. Adolf Metz, Oberlehrer an der Gelehrtenschule des Johanneums, das als Geschenk von anonymen Kunstfreundinnen in die hamburgische Portraitgalerie aufgenommen wird. Im selben Jahr beantragt er den Ankauf einer Holzbüste des preußischen Gesandten in Hamburg, Gustav Adolf Graf von Götzen, von Josef Höffler sowie von dessen Holzgruppe »Carl Hagenbeck mit einem Löwen« für 600 beziehungsweise 2.000 Mark, außerdem einer Büste Hagenbecks. Senator Holthusen unterstützt Lichtwarks Antrag und verweist auf die Möglichkeit der Pflege der Holzskulptur in Hamburg, wenn Höffler die notwendige Unterstützung fände. 1909 kommen diese Werke in die Kunsthalle, gespendet von Dora Klöpper. Zu dieser Kategorie der Ankäufe von Arbeiten junger und jüngerer Künstler gehört auch das Portrait des Dichters Detlev von Liliencron, 1909 im Todesjahr des Dichters von dem 39jährigen Kalckreuth-Schüler Wilhelm Wulff gemalt, der seinem Lehrer nach Eddelsen gefolgt ist, ebenfalls das Geschenk eines ungenannten Kunstfreundes.[138] Um diese Zeit könnte Lichtwark auch einen Auftrag an den etwa 32jährigen Albert Weisgerber vergeben haben, einen von ihm und später auch von Pauli geschätzten Nachwuchskünstler, denn dieser malt das Portrait des Senators Dr. Schemmann in dessen Todesjahr 1910 oder kurz zuvor. Es gelangt erst 1918 als Geschenk von Lichtwarks Freund, dem Sammler Henry B. Simms, in die Kunsthalle.[139] Weisgerber ist vorgesehen für ein Bürgermeisterportrait von Max Predöhl;

137 Br. Kommission (1916), Bd. XVI: 1908, S. 4f. – Lichtwarks Urteil über John Singer Sargent ist treffend, dessen Bilder hätten tatsächlich nicht in die Hamburger Portraitsammlung gepasst; vgl. dazu WV Ormond / Kilmurray, z.B. Abb. 524, 525, 528.

138 Vgl. Best.Kat. Hamburg, 20. Jh., S. 3. – P5, 12.9.1908. – Ausst.Kat. Bilder aus Hamburg (2002), S. 110. – P5, 11.7., 12.9.1908, Best.Kat. Hamburg, 20. Jh., S. 111, 34, 3, 34, 32, 42, 137. – Best.Kat. Hamburg, Dritte Dimension, S. 217f. – Alternativ zu Wulffs Portrait von Liliencron stehen zwei weitere zur Auswahl, von Prof. J. Philipp und Sophus Creutz. Lichtwark plädiert für das Bild von Wulff (P5, 14.9.1909). – Zu Dora Klöppers Spende siehe auch das Kapitel »Lichtwarks Künstlerhilfe« in Teil 5.

139 Best.Kat. Hamburg, 20. Jh., S. 132. Lichtwark ist hier zwar nicht als Auftraggeber genannt, doch ist dieses Bild des Hamburger Senators noch zu seinen Lebzeiten entstanden. Aus dem Werkverzeichnis Weisgerbers ergibt sich kein Hinweis auf den Auftraggeber; vgl. Ishikawa-Franke (1978), S. 211, IF 200. – Am stärksten sei Weisgerbers Begabung für das Portrait gewesen, heißt es in einem Nachruf; vgl. Sauder (2006), S. 262. Auf der

der Dargestellte amtiert von 1900 bis 1915 als Mitglied der Verwaltungskommission und wird 1913 Burchards Nachfolger als Präses. Lichtwark stirbt darüber hinweg; Weisgerber fällt 1915 im Ersten Weltkrieg. Predöhl wird im selben Jahr als Auftrag Gustav Paulis von Kalckreuth gemalt.[140]

1910 gewinnt Lichtwark den renommierten Künstler, Architekten und Designer Bernhard Pankok für ein Portrait des Reeders und Mäzens Edmund J. A. Siemers, dem Hamburg das in den beiden Jahren zuvor errichtete Vorlesungsgebäude der Universität verdankt.[141] Er bereitet den Maler gleich entsprechend vor: Es wäre ihm eine große Freude, wenn Pankok geneigt wäre, »gelegentlich ein Bildniß für den Saal in unserem Museum zu malen, der wegen der Liebermann und Kalckreuth von der heimischen Presse wohl als die Schreckenskammer bezeichnet wird. Hoffentlich schreckt der Name und die Gesellschaft Sie nicht«, schreibt er am 10. Dezember 1910 und schildert Siemers im folgenden Brief am 17. Dezember als einen der führenden Kaufherren und großen Stifter – »leider nicht für uns, da er alles Moderne haßt, und wenn ich irgend etwas anrühre, ist es ›modern‹, ganz wie Midas mit seiner Kraft, alles, was er anfaßte, in Gold zu verwandeln, nur mit dem Unterschied, daß das Moderne hier nicht für Gold angesehen wird.«[142] Lichtwark erwähnt die Möglichkeit einer Darstellung von Siemers im folgenden Sommer auf dessen Landsitz, vielleicht im Garten mit Fernblick auf die Elbe, und empfiehlt wegen des rasch wechselnden Wetters, die Stimmung neutral zu halten. Auch die Möglichkeit von Aufträgen für Landschaftsbilder deutet er an. Pankok lässt auf sich warten, Lichtwark gerät mit Siemers in zeitliche Bedrängnis, dieser muss sogar eine Reise verschieben. Endlich, im September 1911, malt Pankok Siemers als Ganzfigur stehend in der Kunsthalle; das Honorar beträgt 3.000 Mark. Am 26. April 1912 bittet Lichtwark den Künstler um ein zweites Portrait von Siemers, Pankok wisse, wie sehr er das erste schätze. Nun denkt er an ein wesentlich kleineres, schlichteres Sitzbild. Siemers sei persönlich mit dem ersten Portrait ganz einverstanden gewesen. Aber nun komme die Familie und verleide es ihm, genau wie bei Liebermanns Bildnis von Bürgermeister Burchard. »Es handelt sich ja nicht um künstlerische Dinge. In die lassen wir uns nicht hineinreden. Aber hier spielen menschliche und politische Dinge hinein. Ich hatte es als eine Ehrung und Freude für den Dargestellten aufgefaßt, und nun droht es das Gegenteil zu werden, nur weil die Familie und Freunde diese Seite nicht verstehen. Da nun derselbe Mensch allerhand

Besitzung von Simms in Südtirol (Klobenstein) habe Weisgerber die schönsten Landschaften gemalt; vgl. ebd., S. 358. Der Künstler hat 1912 bei Cassirer eine Ausstellung; vgl. ebd., S. 358. Für den Wandauftrag wird hier das Jahr 1914 angegeben, Lichtwark muss den Auftrag jedoch bei seinem Besuch bei Weisgerber in München erteilt haben, wahrscheinlich für 1914; vgl. ebd., S. 358.

140 Vgl. Best.Kat. Hamburg, 20. Jh., S. 132. –Ring (2010), Bd. 1, S. 65, Anm. 139. – Best.Kat. Hamburg, 19. Jh., S. 93, WV Brachert V,42. – P5, 28.12.1915, WV Brachert 304. – Ausst.Kat. Bilder aus Hamburg (2002), S. 118.

141 Zum Vorlesungsgebäude: 1909–1911 von Distel und Grubitz entworfen; vgl. Hamburg Lexikon (2002), S. 497.

142 Vgl. hier und im Folgenden: Briefe Alfred Lichtwark an Pankok, 10.12., 17.12., 18.12.1910, 28.1., 2.6., 20.6., 10.8., 20.11.1911, 26.4.1912, Nürnberg, GNM, DKA, NL Pankok, I C-7. – Best.Kat. Hamburg, 20. Jh., S. 100. – Wessing (1988), S. 294–296, Nr. 165, 166. – Briefe Alfred Lichtwark an Pankok, 22.10.1912, 12.1., 22.1.1913, Nürnberg, GNM, DKA, NL Pankok, I C-7. – Ausst.Kat. Bilder aus Hamburg (2002), S. 114.

Aspecte bietet, müsste ich Sie eben fragen, ob Sie meinen, daß Sie Herrn Siemers neben diesem mehr dramatischen Wurf auch in einer schlichtern Form geben können und mögen. Dann können die beiden Bilder in die Galerie.« Außerdem will er Pankok gleich einmal »auf die Landschaft locken«. So entsteht im Oktober 1912 das Portrait von Siemers als Dreiviertelfigur sitzend, ebenfalls in der Kunsthalle ausgeführt. Die Finanzierung erfolgt 1911 aus der noch vorhandenen Beit-Stiftung, 1912 aus der Lichtwark-Stiftung. Das zweite Siemers-Portrait gefällt Lichtwark ganz ungemein: »Der Mann sitzt da, wie nur er sitzen kann, alles latente Energie«, schreibt er am 22. Oktober an Pankok. »Ist man lange mit dem Bildnis allein, kann einem das Grauen kommen. Der Kopf ist herrlich, wie er gerade anfängt altersreich zu werden, wie die Augenfarbe stumpfer wird und das Auge doch noch den alten energischen Blick hat. Dieser Mund! Und überhaupt. Ich bin sehr glücklich, daß wir es haben und behalten.« Er bewundert die Ausführung der Hände, das sei wirklich Fleisch und Knochen. Außerdem möchte er Pankoks Studien zum Bildnis Siemers für die Kunsthalle erwerben. Am 22. Januar 1913 berichtet er dem Maler, der zweite Siemers hänge neben Corinths »Walross« und mache sich ausgezeichnet. Der Bildhintergrund falle merkwürdigerweise gar nicht auf. Die Familie Siemers habe gewünscht, Lichtwark solle Herkomer einladen. Durch Zufall sei Herkomers Bildnis von Ruths neben Pankoks Siemers gehängt worden, es sei kein geeigneteres Licht als dort vorhanden gewesen. Keine Nachbarschaft würde die Qualitäten von Pankoks Bild besser hervorbringen.[143]

Etwa gleichzeitig, 1912, bringt Lichtwark den aus Hessen stammenden Maler Carl Bantzer, Professor an der Dresdner Akademie, zur Anschauung mit einem Portrait des Direktors des Dresdner Gemäldesammlung Karl Woermann, Sohn einer Hamburger Kaufmannsfamilie und Lichtwark als Kollege seit Jahrzehnten bekannt (Abb. 60). Das Bild kommt als Geschenk einer ungenannten Kunstfreundin in die Hamburger Portraitgalerie, der Künstler gibt noch zwei Studien dazu. Lichtwark konstatiert »schlagende Aehnlichkeit in Haltung und Ausdruck«: »Bantzer hat das Feinste gebannt, das sich erst dem Freund offenbart. Über der robusten, zähen Arbeitskraft liegt etwas wie ein leichter Schleier von Elegie, wie es der eigenartigen Verbindung des Lyrikers mit dem Forscher entspricht.«[144]

Lichtwarks Idee der Portraitgalerie greift auch in seinem weiteren Umkreis. 1912 wendet sich der ihm stets wohlgesonnene Werner von Melle brieflich an ihn mit dem Wunsch, im neuen Vorlesungsgebäude Bildnisse hamburgischer Gelehrter aufzuhängen; er würde auch Kopien akzeptieren. Lichtwark bietet an, eine Liste der ihm bekannten Originale anzulegen, er nennt Portraits von Busch, Lessing, Klopstock und Reimarus mit deren jeweiligen Standorten, teilweise auch in der Kunsthalle; für später empfiehlt er, Portraitaufträge an »tüchtige« Hamburger Künstler zu vergeben.[145]

143 Herkomer, Bildnis Ruths, 1900, Best.Kat. Hamburg, 19. Jh., S. 80.

144 Best.Kat. Hamburg, 19. Jh., S. 9; Ausst.Kat. Bilder aus Hamburg (2002), S. 114f. – Br. Kommission (1920), Bd. XX: 1912/13, S. 26.

145 Brief Alfred Lichtwark an von Melle, 16.4.1912, HH, SUB, HSS, NvM: HG: Lichtwark, Alfred.

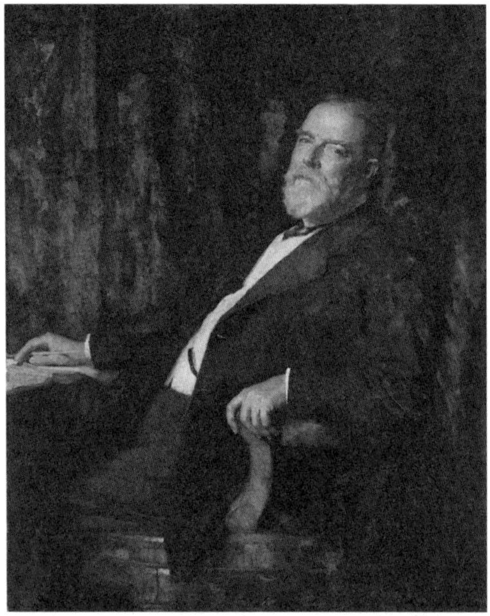

Abb. 60 Carl Bantzer, Portrait Karl Woermann, 1911, Öl auf Leinwand, Hamburger Kunsthalle

Liebermanns 1913 gemaltes Bildnis des Künstlers und Architekten Peter Behrens stellt ein Bindeglied zwischen Hamburg und Deutschland dar; mit einem gleichzeitig entstehenden anderen Portrait wird jedoch Lichtwarks Plan offensichtlich, die hamburgische Portraitgalerie zu einer modernen deutschen Bildnissammlung auszubauen, in der neben den bildenden Künstlern auch Architekten, Ingenieure und Dichter ihren Platz finden. In einem Brief an Werner von Melle offenbart er 1912 diesen Plan. Mit den neuen Portraits will er eine allgemeine deutsche Bildnissammlung von künstlerischem Rang schaffen, wie er es schon lange vorgehabt habe. Die Mittel dafür seien aber bisher nicht vorhanden gewesen. »Ich hoffe, wir werden damit einen solchen Vorsprung gewinnen, daß man uns nicht einholen kann. Der Oeffentlichkeit sage ich auch nichts davon.« Justi wolle in Berlin die Portraitgalerie in der Schinkelschen Bauakademie eröffnen und die Gattung weiter pflegen, aber er sei so eingeengt, dass er an die besten Künstler kaum herankomme, »und dann haben sie für diese sehr gemischte Sammlung auch nicht soviel Interesse wie für unsere, wo alle Besten miteinander ringen sollen«, vermutet Lichtwark.[146] Den Anfang hat er schon gemacht: Zugleich mit dem zweiten Siemers-Portrait von Pankok denkt er bereits an das nächste gemeinsame Projekt. Im Brief vom 22. Oktober 1912 erwähnt er die Idee eines ganzfigurigen Seitenstücks zum stehenden Siemers und will gleich an Graf Zeppelin schreiben, der sich kurz darauf auch einverstanden erklärt. Wenn Zeppelin selbst keinen Wunsch

146 Brief Lichtwark an von Melle, 16.11.1912, SUB HH, HSS, NvM: HG: Lichtwark, Alfred.

habe, könne Pankok wählen, ob er in Uniform oder dem Luftschifferanzug dargestellt werden solle. Es müsse nun ein Meisterwerk entstehen, das Pankoks und Zeppelins Ruhm verkünde. Außerdem stellt er sich Landschaften und Genrebilder vor, auch ein Motiv vom Elbstrand mit großen Figuren von Ballspielern, Läufern oder Badenden. Pankok müsse es sich mit dem Zeppelin-Bild nicht so schwer machen, es soll sich lediglich mit dem Siemers auf der Wand vertragen. Er hofft, dass es mit Zeppelin jetzt klappt: »Hat er einmal ja gesagt, hilft ihm nichts mehr. Sehen Sie nur, dass Sie ihn fassen. Nicht lange, so entwischt er Ihnen wieder«, schreibt Lichtwark am 4. Februar 1913 an den Künstler, der allerdings im Februar/März erkrankt, was die Fertigstellung des Portraits verzögert. Er denke viel an Pankoks Bilder, auch an ein Selbstbildnis für die Künstlergalerie. Auch er fühlt sich schlecht: Am 20. März bekennt er sich gegenüber Pankok als »sehr angeschlagen«. Zwar ist das Bild am 15. März bereits in Arbeit, doch folgt nun eine Pause bis Anfang Juli, als Lichtwark in seinem letzten Brief an den Künstler noch einmal anfragt, wie es mit dem »alten Herrn« stehe; mit 75 sei der Moment nicht mehr zu verpassen. Doch Pankoks Zeppelin-Portrait, dessen Entstehung auch mit Lichtwarks Fahrt im Luftschiff motiviert sein dürfte, wird erst nach seinem Tod im Januar 1914 beendet. Pankok berechnet nach Absprache mit der Kommission das gleiche Honorar wie für die Siemers-Portraits. Graf Zeppelin ist im Innern des Luftschiffes dargestellt, in der von Pankok entworfenen, aus Kostengründen jedoch nicht verwirklichten Inneneinrichtung der Fahrgastgondel in Aluminium-Leichtbauweise. Für die Hamburger hat Zeppelin selbst die Darstellung in Luftschifferuniform gewählt. Wegen seiner starken Farbigkeit wird das Bild als unharmonisch empfunden und kritisiert; als zu modern und nicht repräsentativ missfällt es auch der Familie des Dargestellten. Ein weiteres Portrait Zeppelins als Halbfigur entsteht 1913 noch vor dem Hamburger Bild, es bleibt jahrelang in Pankoks Besitz und befindet sich heute im Zeppelin Museum Friedrichshafen.[147]

Zu den Hamburger Dichterportraits von Dehmel, Liliencron und Falke kommt 1909 Thomas Darstellung des zu seiner Zeit bekannten Dichters Martin Greif und anlässlich der Verleihung des Nobelpreises Liebermanns Bildnis des fünfzigjährigen Gerhart Hauptmann aus dem Jahr 1913. Für dasselbe Jahr ist ein Portrait des Dichters Paul Heyse geplant, der 1910 als erster deutscher Autor den Literaturnobelpreis erhalten hat. Am 26. Mai 1913 informiert Lichtwark die Kommission darüber; der Auftrag entfällt durch seinen Tod.[148]

147 Briefe Alfred Lichtwark an Pankok, 22.10., 4.11.1912, 6.1., 12.1., 22.1., 4.2., 20.2., 2.3., 8.3., 15.3., 3.7.1913, Nürnberg, GNM, DKA, Nachlass Pankok, I C-7. – Wessing (1988), S. 84, 310f., Nr. 185. Zeppelin will für die Hamburger als Luftschiffer gemalt werden. – P5, 31.1.1914. – Best.Kat. Hamburg, 20. Jh., S. 101.

148 Vgl. zu Liebermann das Kapitel »Ankäufe 1907–1913: Dreigestirn: Slevogt – Liebermann – Corinth« in Teil 6. – Zu Thoma: Best.Kat. Hamburg, 19. Jh., S. 210. – Zu Habermann: Br. Kommission (1920), Bd. XX: 1912/13, S. 402. In einem Brief vom 23.12.1912 fragt Lichtwark, wie es mit ihren gemeinsamen Plänen stehe. Möglicherweise handelt es sich aber auch um das 1914 datierte Selbstportrait, das noch nach Lichtwarks Tod angekauft wird; vgl. Brief Alfred Lichtwark an Habermann, 23.12.1912, Museum im Kulturspeicher, Würzburg, NL Habermann, HA 0738. Im selben Brief bittet Lichtwark den Künstler, ihm ein nicht näher genanntes Bild zu senden, offensichtlich will er einen Spender dafür suchen. Falls ihm dieses nicht gelingt, will er das Bild rechtzeitig nach Dresden schicken.

Die Künstlergalerie: Selbstbildnisse und Künstlerportraits

Die mit Böcklins Selbstbildnis von 1873 und Thomas Doppelportrait mit seiner Frau Bonicella begonnene Reihe der Selbstdarstellungen der in der Kunsthalle vertretenen, vor allem zeitgenössischen Künstler wird nach der Jahrhundertausstellung fortgesetzt. 1906 stiftet Sir Alfred Beit das Selbstportrait Kalckreuths: Der Freund, von dem nun bereits dreizehn Bilder in der Kunsthalle versammelt sind, steht als Ganzfigur mit der Palette in der Linken in seinem Stuttgarter Atelier.[149]

Mit Thomas Selbstbildnis von 1871, das Lichtwark in der Frankfurter Thoma-Ausstellung sieht und 1909 für 15.000 Mark erwerben kann, sowie dem von Lichtwark gewünschten Selbstportrait Liebermanns, das erst 1910 fertiggestellt ist, wird diese Bildnisgruppe um zwei seiner wichtigsten lebenden Künstler bereichert. Zugleich ergänzt Lichtwark damit die umfangreichste Thoma-Sammlung in einem deutschen Museum.[150] Er wünscht sich außerdem ein Selbstbildnis von Otto Scholderer; wenige Monate darauf stellt er in der Kommission einen Antrag auf Ankauf zweier Selbstportraits des Künstlers für zusammen 5.500 Mark; die Kommission bewilligt jedoch nur 1.000 Mark für das kleinere Bild, einen malerischen Bildniskopf des etwa Dreißigjährigen von 1863, den er 1909 gleichzeitig mit dem Thoma-Bild aus dem Wacker-Legat erwerben kann.[151] Ebenfalls 1909 kauft Lichtwark ein kleines Selbstportrait Gabriel Schachingers zusammen mit einem größeren Portrait seines Vaters für 4.000 und 2.500 Mark von dem Münchner Händler Heinemann als Ergänzung der deutschen Abteilung des 19. Jahrhunderts.[152] Im Dezember des Jahres wird ihm ein Selbstbildnis des unter anderem in Hamburg tätigen Johann Heinrich Wilhelm Tischbein, für 800 Mark bei Prestel in Frankfurt am Main angeboten und bewilligt, das die Abteilung der älteren Hamburger Kunst ergänzt.[153] Im Sommer 1910 kommt mit den vier Bildern Julius Oldachs auch ein jugendliches Selbstbildnis in die Sammlung; im Herbst beantragt Lichtwark die Genehmigung der Schenkung eines Werkes aus dem Vermächtnis Hirsch; statt eines »Blumigen Feldweges« wählt er das »sehr ernste Selbstbildniß« des aus Altona gebürtigen Wilhelm Laage.[154] Auch die Mitglieder des Hamburgischen Künstlerclubs, deren Bilder Lichtwark vor allem um 1900

149 Best.Kat. Hamburg, 19. Jh., S. 91.

150 Vgl. Best.Kat. Hamburg, 19. Jh.: Kalckreuth: S. 91; Thoma: S. 209, 211. – P5, 14.9.1909. – Zu Liebermann siehe das Kapitel »Ankäufe 1907–1913: Dreigestirn: Slevogt – Liebermann – Corinth« in Teil 6. – Zur Thoma-Ausstellung 1909 in Frankfurt schreibt Lichtwark, er sei interessiert an einem schönen Selbstbildnis Thomas, das er gerne haben möchte, und einer italienischen Landschaft, die er zur Ansicht kommen lässt, sowie einem Bildnis des Dichters Martin Greif. Er rechnet sich wenig Chancen aus, will aber den Versuch unternehmen. »Gelingt die Erwerbung der Bilder, die ich im Auge habe, so wird unsere Reihe von Thoma-Bildern wirklich der Mühe werth sein. Schon jetzt ist sie die reichste, die ein deutsches Museum besitzt.« Auch das Portrait von Martin Greif kann er 1909 erwerben; Best.Kat. Hamburg, 19. Jh., S. 209f. – Lichtwark stellt der Kommission außerdem Thomas Bilder »Sorrent« (7.000 Mark), »Auf der Waldwiese« (5.500 Mark) und »Borromäische Inseln« (12.000 Mark) vor und beantragt die »Waldwiese«; vgl. P5, 14.9.1909. – Ausst.Kat.'Van Gogh: Felder, S. 219.

151 Vgl. Br. Kommission (1917), Bd. XVII: 1909, S. 255. – P5, 14.9.1909. – Best.Kat. Hamburg, 19. Jh., S. 191.

152 Vgl. P5, 29.5.1909. – Best.Kat. Hamburg, 19. Jh., S. 184.

153 Vgl. P5, 28.12.1909. – Best.Kat. Hamburg, Alte Meister, S. 163, hier als alter Bestand verzeichnet.

154 Vgl. P5, 24.11.1910, 14.2.1911. – Best.Kat. Hamburg, 19. Jh., S. 109. – Br. Kommission (1918), Bd. XVIII: 1910, S. 220. – Zu Oldach siehe das Kapitel »Ankäufe 1907–1913: Portraits« in Teil 6.

in der Kunsthalle gesammelt hat, dürfen in der Galerie der Selbstdarstellungen nicht fehlen. Ernst Eitners Selbstbildnis von 1911 kommt als Geschenk eines anonymen Kunstfreundes im Jahr 1912 in die Sammlung. Im Gegensatz zu diesem früh von Lichtwark geförderten Künstler sind die anderen Mitglieder des Hamburgischen Künstlerclubs mit Selbstdarstellungen in der Kunsthalle zu Lichtwarks Lebzeiten jedoch nicht vertreten. Paul Kaysers Selbstportrait wird erst nach Lichtwarks Tod 1915 erworben und Friedrich Schapers Selbstbildnis von 1894 kommt schließlich 1950 als Geschenk des 81jährigen Malers in die Kunsthalle. Selbstdarstellungen von Julius von Ehren, Arthur Illies und Julius Wohlers hingegen sind auch später nicht vorhanden. Arthur Siebelists Selbstbildnis mit seinen Schülern aus dem Jahr 1902, darunter auch Franz Nölken, besitzt die Kunsthalle als Ankauf aus dem Vermächtnis von Marcus Nordheim.[155]

In seiner Sorge um den Hamburger Künstlernachwuchs kümmert sich Lichtwark auch um Ary Bergen, den Neffen von Carl Molls Frau Anna, geborene Bergen. Durch die Spende einer anonymen Kunstfreundin kann er 1911 das Selbstbildnis des 25jährigen Malers erwerben, wohl eine eher privat motivierte Ankaufsentscheidung, da Moll ihm den jungen Mann ans Herz gelegt hat. In gleicher Weise gelangt 1912 Ernst Odefeys Selbstportrait in die Sammlung. Franz Nölkens »Selbstbildnis im Atelier« von 1904, eine beachtliche Gegenlichtkomposition des zwanzigjährigen Malers, hätte in diese Gruppe gut gepasst, doch wird schon 1905 Lichtwarks Antrag auf die private Stiftung eines Bildes des jungen Malers von der Kommission als für ihn nicht förderlich abgelehnt. Noch im Mai 1913 lobt Lichtwark Nölkens Bilder auf der Ausstellung des Deutschen Künstlerbundes in Mannheim, darunter ein Selbstbildnis.[156]

Den Höhepunkt der Selbstbildnissammlung bilden die Gemälde von Liebermann und Corinth.[157] In seinem letzten Lebensjahr trifft Lichtwark weitere Verabredungen mit Künstlern, die jedoch durch seinen Tod infrage gestellt werden. 1913 gibt er noch ein Selbstbildnis bei Hugo von Habermann in Auftrag, das als übernommene Verpflichtung der Verwaltungskommission im Jahr 1914 entsteht und 1915 aus dem Lüders-Testament angekauft wird. Hier liegt zwar kein direkter Bezug zu hamburgischen Themen vor, Habermann ist jedoch als wichtig erachteter Zeitgenosse in der Künstlergalerie erwünscht.[158] Etwa zur gleichen Zeit denkt Lichtwark an das bereits

155 Vgl. Best.Kat. Hamburg, 20. Jh.: Eitner: S. 34, Kayser: S. 63; Schaper: S. 110; Siebelist: S. 118. – P5, 12.12.1911.
156 Best.Kat. Hamburg, 20. Jh., S. 151 (Bergen), 99 (Odefey). – Ausst.Kat. Bilder aus Hamburg (2002), S. 116 (Odefey). Odefey war Student bei Olde und von Hofmann und wurde vermutlich von diesen empfohlen. – Zu Bergen vgl. Brief Moll an Alfred Lichtwark, 29.9. o.J. [1911], HKH, AdB 76. – Zu Nölken: Best.Kat. Hamburg, 20. Jh., S. 96; P4, 21.3.1905. Um welches Selbstbildnis es sich dabei handelt, ist nicht feststellbar, da kein alphabetischer Katalog, sondern nur ein kurzer Führer durch die Ausstellung vorliegt und die Selbstbildnisse lediglich pauschal behandelt sind; vgl. Ausst.Kat. Deutscher Künstlerbund (1913). – Siehe auch das Kapitel »Lichtwarks Künstlerhilfe« in Teil 5.
157 Vgl. Best.Kat. Hamburg, 19. Jh., S. 123; Best.Kat. Hamburg, 20. Jh., S. 24. Siehe dazu das Kapitel »Ankäufe 1907–1913: Dreigestirn: Slevogt – Liebermann – Corinth« in Teil 6.
158 Vgl. P5, 12.2.1914. Das Selbstbildnis und das Portrait Heyse zu je 8.000 Mark kommen hier zur Sprache, letzteres nicht in der HKH. – Best.Kat. Hamburg, 19. Jh., S. 71. – Ring (2010), Bd. 1, S. 64. – Die Übersendung des Selbstportraits erfolgt im Januar 1915, der Ankauf im Juli; vgl. P5, 26.1., 13.7.1915. – Das Bild erhält einen Ehrenplatz in der Ausstellung der Münchner Sezession 1915; vgl. Ring (2010), Bd. 1, S. 59, Anm. 102.

erwähnte Selbstportrait Hodlers mit Kalckreuth und Klinger.[159] Außerdem vergibt er einen Auftrag über ein Doppelbildnis mit Frau an Wilhelm Trübner, der nach Lichtwarks Tod anbietet, das Bild gegen ein anderes zu tauschen. In dieser Angelegenheit wendet sich der Künstler am 9. Juli 1915 an Pauli, doch ist der zunächst geforderte Preis für das ersatzweise angebotene Bild »Christus auf dem Grabe ruhend« mit 50.000 Mark zu hoch. Nach einigen Verhandlungen erfolgt dieser Ankauf für 40.000 Mark erst im Jahr 1917. Ein im Mai 1913 mit Trübner verabredetes Portrait von Hans Thoma, der bereits zugesagt hat, Modell zu sitzen, entfällt ebenso wie Weisgerbers Doppelportrait von Vater und Sohn Defregger.[160]

Die Reihe der in der Kunsthalle vorhandenen Künstlerportraits, vor allem aus dem 19. Jahrhundert, etwa von Günther Gensler, Hermann Kauffmann, Julius Oldach, Erwin Speckter und Hermann Steinfurth, wird 1909 bereichert durch das Bildnis des Malers Josef Wintergerst von Friedrich Overbeck, das Friedrich Lahmann Lichtwark als Trost für das verpasste Bild von Caspar David Friedrich schenkt. 1914 kommt noch ein von Friedrich Dürck gemaltes Portrait des 37jährigen Hamburger Malers Christian Ernst Bernhard Morgenstern als Geschenk des Sohnes, Professor Carl E. Morgenstern in Breslau, in die Kunsthalle, möglicherweise von Lichtwark vorbereitet für seine Künstlergalerie.[161]

Deutsche Ergänzungen

Lichtwarks ständiger Schwerpunkt, die deutsche Malerei des 19. Jahrhunderts zu entdecken und zu sichern, verliert auch in seinen letzten Amtsjahren nicht an Aktualität. Nach der Jahrhundertausstellung, die den Nachweis der Existenz einer eigenständigen deutschen Kunst erbracht hat und Lichtwark einige wichtige Ankäufe ermöglichte, setzt er die Erwerbungen zu diesem Sammelgebiet fort mit dem Ziel, möglichst alle wichtigen deutschen Maler in der Kunsthalle zu versammeln. 1908 kauft Lichtwark zwei Pferdebilder, 1855 von Liebermanns Lehrer Carl Steffeck gemalt, für je 6.000 Mark, von dem Berliner Pferdemaler Franz Krüger wird im selben Jahr das Pferdemotiv »Ein reitender Bote« erworben, dafür werden 1.000 Mark bewilligt. Lichtwark interessiert sich auch für ein Hundemotiv von Krüger, ebenfalls aus dem Jahr 1855, im Besitz eines Fräuleins Fitzau in Köthen sowie andere Bilder des Künstlers in Privatbesitz. Die »Hunde im Stall« – »Krügers Hunde«, für einen Pariser Salon gemalt, wofür Krüger ver-

159 Siehe dazu das Kapitel »Jugendstil für die Kunsthalle: Klimt und Hodler« in Teil 6.
160 Vgl. P5, 13.7.1915, 9.11.1916. – Ring (2010), Bd. 1, S. 58, Anm. 95. – Best.Kat. Hamburg, 19. Jh., S. 214. – Nach einigen Verhandlungen reduziert Trübner den Preis für »Christus auf dem Grabe ruhend« von 85.000 auf 40.000 Mark; 85.000 koste es, weil die Besitzerin diesen Preis fordere; vgl. Ring (2010), Bd. 1, S. 146–148. – Thoma-Portrait: Br. Kommission (1920), Bd. XX: 1912/13, S. 413. – Zu Weisgerber siehe das Kapitel »Avantgarde: Expressionismus« in Teil 6.
161 Vgl. Best.Kat. Hamburg, 19. Jh., S. 54f. (Gensler), 94 (Kauffmann), 197 (Speckter), 204f. (Steinfurth). – Zu Overbeck: siehe das Kapitel »Die Suche nach den Hauptmeistern der Romantik: Caspar David Friedrich« in Teil 4. – Dürck: Best.Kat. Hamburg, 19. Jh., S. 35.

geblich die Goldene Medaille erhofft habe – erwirbt er statt für die geforderten 10.000 für 8.900 Mark. Tiermotive stellen immer noch ein wichtiges Sujet dar: Ein bronzener Rabe des Münchner Tierbildhauers Ludwig Vordermayer wird im selben Jahr aus dem Legat Michahelles angekauft, nachdem sich ein großer Hahn des Künstlers schon seit 1906 in der Sammlung befindet.[162] 1908 bietet der Münchner Kunsthändler Heinemann ein Bild von Spitzweg an, »Touristen« von 1869, Schulte gleichzeitig zwei andere, »Einsiedler im Gebirge« und »Alter Herr auf der Terrasse«. Lichtwark beantragt alle drei, 6.500 für das erstere, für die beiden anderen 5.000 respektive 2.000 Mark, was die Kommission wunschgemäß bewilligt; ein erstes Bild des Künstlers, der »Sterndeuter«, befindet sich bereits seit 1903 im Bestand. Im selben Jahr wird Menzels Bildnis eines alten Herrn angeboten, Lichtwark beantragt jedoch nicht die Erwerbung.[163] Mehrere Offerten gibt es im Jahr 1909. Die Wiener Galerie Miethke sendet das Bild »Lesende alte Frau« von August von Pettenkofen zur Ansicht mit der Forderung über 8.000 Mark, das auf Lichtwarks Antrag bewilligt wird. Lichtwark lässt Blechens Bild von Schadows Atelier in Rom zur Ansicht kommen, das jedoch nicht erworben wird. Ebenso wird Overbecks »Christus und der Jüngling«, für das 7.000 Mark verlangt werden, zwar zum Ankauf beschlossen, jedoch infolge der Ablehnung des Vereins von Kunstfreunden von 1870 nicht angekauft. Von Marées werden sechs Bilder durch G. v. Marées angeboten: ein »Jüngling im Boot« für 6.000, »Fouragierende Soldaten« für 6.500, eine Szene aus den Freiheitskriegen für 5.000, »Husaren auf dem Marsch« für 3.000, »Bäume im Sturm« für 800 und eine Seelandschaft für 600 Mark, Lichtwark stellt keinen Antrag, nichts davon wird angekauft. Heinemann in München bietet eine »Kreuzschlagung« des Münchner Malers Johann von Schraudolph an, die auf Lichtwarks Antrag für 2.500 Mark erworben wird.[164] 1910 bestellt Lichtwark einen pompösen Feuerbach zur Ansicht, Nana in schwarzer Seide und mit Maske in der Hand, das »Bildnis einer Dame im Domino«, er stellt jedoch keinen Antrag.[165] Im November 1910 lässt er sich 50.000 Mark für die Auktion der Basler Sammlung Laroche-Ringwaldt bewilligen mit Bildern von Böhle, Böcklin, Zügel, Trübner, Stäbli und Lier, doch ist er bei der Vorbesichtigung enttäuscht und verzichtet aus den verschiedensten Gründen auf jegliche Erwerbung: mehrfach, weil die Kunsthalle schon zufriedenstellend oder hochwertiger versorgt ist, weil er einen Kollegen nicht schädigen will oder aber, wie im Falle Trübners, weil beim Künstler Vergleichbares günstiger zu erhalten ist, worüber er auch seinen Kollegen Ludwig Justi informiert.[166]

162 Zu Steffeck: P5, 15.12.1908, Best.Kat.Hamburg, 19. Jh., S. 203. – Zu Krüger: P5, 15.12.1908, 28.12.1909, Best.Kat. Hamburg, 19. Jh., S. 106; Br. Kommission (1917), Bd. XVII: 1909, S. 38f. – Vordermayer: Best.Kat. Hamburg, Dritte Dimension, S. 437.

163 Vgl. P5, 15.12.1908; Best.Kat. Hamburg, 19. Jh., S. 202. – Zu Menzel: P5, 14.3.1908.

164 Pettenkofen: P5, 6.7.1909; Best.Kat. Hamburg, 19. Jh., S. 158. – Blechen: Br. Kommission (1917), Bd. XVII: 1909, S. 80. – Overbeck: P5, 18.2., 6.4.1909. – Marées: P5, 14.9.09; Best.Kat. Hamburg, 19. Jh., S. 131f. – Schraudolph: P5, 28.12.1909; Best.Kat. Hamburg, 19. Jh., S. 192.

165 Br. Kommission (1918), Bd. XVIII: 1910, S. 78; P5, 12.7.1910; nicht im Best.Kat. Hamburg, 19. Jh., S. 43f.

166 P5, 24.11.1910; Br. Kommission (1918), Bd. XVIII: 1910, S. 267f., 272–274.

Der Menzel-Sammlung werden in diesen Jahren noch einige Werke hinzugefügt. Bei der Witwe des Sammlers Schön in Worms, die nun ihr letztes Menzel-Bild verkaufen will, reserviert Lichtwark im April 1909 »das Hoffest mit der wundervollen Figur des alten Kaisers im Mittelpunkt.« Er hält es für malerisch besser als das »Ballsouper«; es gebe eine Schilderung des Wesens des alten Herrn, die die Kunsthalle sonst nicht habe. »Alle Güte, alle Anmuth und Grazie, alle Ritterlichkeit drückt es aus.« Doch hofft Lichtwark vergebens auf das Bild. Im November 1909 präsentiert er der Kommission Aquarelle von Menzel und die »Zulus«, für 12.000 Mark angeboten von Schulte, und Fräulein Krigar-Menzel, die Nichte des Künstlers, hat noch einige Bilder zurückgehalten, darunter die »Wildenbude« von Paul Meyerheim. Im Dezember werden 10.000 Mark für Menzels Armeewerk bewilligt und die drei Bände anschließend erworben. Die »Zulus« werden im Februar 1911 aus Behrens' Testament finanziert, und für ein Bildnis des Bruders, eingesandt von einem Fräulein Rabl, Berlin, werden zwar 7.000 Mark genehmigt, das Bild jedoch nicht angekauft. Die »Schleiferei in der Schmiede zu Hofgastein« hingegen gelangt 1910 in die Sammlung. In den folgenden Jahren kommen weitere Werke hinzu. Für Gurlitts Einsendung des »Christus im Tempel« bewilligt die Kommission 40.000 statt der geforderten 45.000 Mark; der Ankauf für 33.000 Mark wird im April 1911 beschlossen. Das Bild stammt aus dem Besitz des Neffen des Künstlers, Otto Krigar-Menzel, Professor der Physik und Mathematik an der Technischen Hochschule Berlin. Im Juni des Jahres bewilligt die Kommission 24.000 Mark für Menzels Genrebild »Im Boudoir« zur Zahlung im April 1912. Im August 1911 bietet Cassirer für 25.000 Mark das Bild der »Schwester Emilie im Schlaf« an, die Erwerbung erfolgt 1912.[167]

Auch der Maler Fritz von Uhde ist weiterhin von Interesse. Die Kunsthalle besitzt bereits die »Kinderstube« von 1889 und das Doppelportrait Hertz, 1901 und 1906 gestiftet von Alfred Beit. 1909 stellt Arnhold ein Abendmahl von Uhde, das Lichtwark gerne in der Kunsthalle sähe, als Geschenk in Aussicht, schenkt es jedoch nicht. Im Februar 1913 sieht Lichtwark bei Haberstock das ebenfalls 1889 entstandene Genrebild »Das Bilderbuch«, auch dieses eine Darstellung der Töchter des Künstlers. Die Forderung beträgt 38.000 Mark, der Ankauf wird getätigt.[168]

1913 gelangen noch einmal drei Werke der Romantik in die Sammlung. Der Frankfurter Kunstverein bietet »Nixen tränken einen Hirsch« von Moritz von Schwind für 12.000 Mark an, der Ankauf wird genehmigt. Der Geheime Kommerzienrat Ferdinand C. Th. Heye schenkt Ludwig Richters »Genoveva«, die von Franz Meyer in

167 Menzel: Br. Kommission (1917), Bd. XVII: 1909, S. 103. – P5, 24.11., 28.12.1909, 14.2., 11.4., 3.6., 10.8.1911; Br. Kommission (1918), Bd. XVIII: 1910, S. 248f. – Brief Alfred Lichtwark an Prinz Eugen, 1.1.1910, Stockholm, PEW, Archiv. – Best.Kat. Hamburg, 19. Jh., S. 135–138. – Ausst.Kat. Van Gogh, Felder (2002), S. 219. – Im selben Jahr 1911 gelingt Lichtwark der Ankauf von Liebermanns »Christus im Tempel« als Gegenstück zu dem Motiv von Menzel; vgl. P5, 3.6.1911. Siehe dazu das Kapitel »Ankäufe 1907–1913: Dreigestirn: Slevogt – Liebermann – Corinth« in Teil 6.

168 Vgl. Br. Kommission (1917), Bd. XVII: 1909, S. 87. – Best.Kat. Hamburg, 19. Jh., S. 216f. – Br. Kommission (1920), Bd. XX: 1912/13, S. 354; P5, 11.3.1913.

Dresden für 16.000 Mark angeboten wird.[169] Im März des Jahres wird über mehrere Angebote entschieden: Fritz Gurlitt hat eine Skizze zum »Tod des Pietro Aretino« von Feuerbach für 22.000 Mark und ein Bildnis Falkes von Olde für 6.000 Mark geschickt, von Haberstock hat Lichtwark Trübners »Knabenbildnis mit Hund« für 70.000 Mark senden lassen. Für keines der drei Bilder stellt Lichtwark einen Antrag, obwohl er von dem Knabenbildnis mit einer Dogge, einem »Kapitalstück«, »ganz hingerissen« ist. »Hätten wir Geld«, schreibt er an seine Kommission. Dieses Bild und andere »schöne Dinge«, die er in Berlin gesehen hat, will er in der Kunsthalle ausstellen und die Kunstfreunde nach und nach einzeln davorstellen: »Vielleicht begeistert sich der eine oder andere.«[170] Doch es begeistert sich niemand.

Im Juni 1913 sendet der Lübecker Sammler Max Linde Böcklins »Andromeda« mit einer Preisforderung von 80.000 Mark zur Ansicht ein, Lichtwark stellt allerdings in dieser letzten Kommissionssitzung, an der er teilnimmt, keinen Antrag.[171] Vor allem jedoch ist Lichtwark an den Sezessionisten gelegen. »Es ist fast nichts gutes [sic] auf dem Markt«, schreibt er im Januar 1912 an seine Kommission. »Das Geld wird reichlicher, rarer werden die Kunstwerke.« Im Juni des Jahres konstatiert er noch einmal, das Material würde immer knapper.[172]

Dreigestirn: Slevogt – Liebermann – Corinth

Schon 1905 portraitiert Max Slevogt im Auftrag Lichtwarks den Bürgermeister William Henry O'Swald als Ganzfigur stehend in der Säulenhalle der Kunsthalle; Lichtwark finanziert das Bild aus einer Spende von Alfred Beit für die Hamburger Portraitsammlung. Slevogt malt während dieses Hamburger Aufenthaltes außerdem den »Anlegesteg am Uhlenhorster Fährhaus«, heute in Prag, und das »Fleet am Hopfenmarkt in Hamburg«. Dieses Bild wird von dem Sammler-Ehepaar Oscar und Gertrud Troplowitz erworben; wahrscheinlich fehlen Lichtwark die Mittel für einen Ankauf, denn Beits Spende ist ausschließlich für die Portraits bestimmt. Als Vermächtnis Troplowitz befindet es sich seit 1920 in der Kunsthalle. Auch für die ebenfalls 1905 entstandenen »Segelboote auf der Alster am Abend«, seit 1951 in der Berliner Nationalgalerie, dürfte Lichtwark ein Spender gefehlt haben. So bleibt Slevogt in der Kunsthalle vergleichsweise unterrepräsentiert. 1926 schenken die Freunde der Kunsthalle das zwei Jahre zuvor entstandene Bildnis von Gustav Pauli als Gegenstück zum Lichtwark-

169 Vgl. P5, 11.3.1913; Best.Kat. Hamburg, 19. Jh., S. 193 (Schwind), 166f. (Richter).

170 Vgl. P5, 11.3.1913; Best.Kat. Hamburg, 19. Jh., S. 51. – Br. Kommission (1920), Bd. XX: 1912/13, S. 353f. – Ein »Nixenfang« des dänischen Malers Lorens Frölich, gemalt in Dresden 1843, eingesandt von Franz Meyer, Dresden, kommt 1913 als Geschenk einer anonymen Kunstfreundin in die Sammlung und kann als Ergänzung der deutschen Romantik betrachtet werden; Best.Kat. Hamburg, 19. Jh., S. 51.

171 Vgl. P5, 18.6.1913. – WV Andree 351, Ruggiero befreit Angelika aus den Klauen des Drachens, 1898 von Linde erworben, wird 1913 an das Kunstmuseum Düsseldorf verkauft; 1945 entwendet, verschollen.

172 Br. Kommission (1920), Bd. XX: 1912/13, S. 20, 191.

Portrait von Kalckreuth. Ursprünglich hat Lichtwark jedoch noch andere Aufträge für Slevogt im Sinn, ein oder zwei noch nicht näher bestimmte Kniestücke und eventuell auch Landschaften, wie er 1905 seinem Freund Wedderkop verrät.[173]

In diesen Jahren kommt es zur Entstehung einiger der bedeutendsten Werke der Portraitsammlung. 1909 malt Liebermann den Politiker Friedrich Naumann als nach links gewandte Halbfigur mit Redegestus, weniger repräsentativ als verhalten agitatorisch wirkend. Lichtwark sieht es im selben Jahr in Liebermanns Atelier und findet es »wundervoll«, erwägt jedoch offensichtlich keine Erwerbung, obwohl Naumann in seiner Biographie durch seine Tätigkeit am Rauhen Haus eine Verbindung zu Hamburg aufweist.[174] Naumann teilt Lichtwarks Maxime, Kunst ins Leben zu bringen, auf modernere, stärker der Technik zugewandte Art; er steht politisch jedoch zu weit links, als dass dieser einen Ankauf wagen könnte. Das Bild kommt erst 1924 in der Ära Pauli in die Kunsthalle.[175]

Zur Abrundung der vorhandenen und weiterhin geplanten Werkgruppe Liebermanns wünscht Lichtwark auch ein Selbstbildnis des Künstlers; Liebermann unternimmt dazu mehrere Anläufe, vermag jedoch eine von Lichtwark vorgeschlagene, in der Kunsthalle begonnene Selbstdarstellung mittels zwei Spiegeln nicht zu vollenden. Bei nur einem Spiegel komme ein gespannter Ausdruck in das Bild, schreibt Lichtwark an seine Kommission, erst mit zwei Spiegeln sehe man sich »als Object und ganz als Fremden.« Lichtwark offenbart nun dem Künstler seinen Plan für einen Liebermann-Saal in der neuen Kunsthalle, in dem das Selbstportrait das gleichzeitig in Entstehung begriffene Alsterbild flankieren soll. Das ebenfalls von Lichtwark in Auftrag gegebene Portrait des Dichters Richard Dehmel plant er dazu als Gegenstück. Er hofft, dass dieser Liebermann-Saal in der Museumsgeschichte »eine besondere Art neuer musealer Monumentalität offenbaren wird, in Maßen, Farbenaccent und Rhythmus die Einheit einer von einem Willen beherrschten Wandgestaltung in loser Form.« Das sei seit Jahren sein heimliches Ideal. »Und wenn in der Entwicklung des Museumsgedankens von mir eine Spur bleibt, so wird sie, so glaube und hoffe ich, von diesem Gedanken kommen.« Zugleich soll dieser Saal Zeugnis ablegen von seiner Verehrung und Freundschaft für den Künstler. Liebermann antwortet darauf, er werde nicht aufhören, Lichtwark dankbar zu sein, »daß Sie mir Gelegenheit gegeben haben, mich im Portrait zu bestätigen, im Portrait, das heut zu Tags [sic] eigentlich das einzige Fach der Malerei ist, wofür ein Bedürfniß vorhanden ist.« Anfang Januar 1910 ist das Selbstbildnis nahezu fertiggestellt, wird jedoch vor seiner Aufnahme in die Kunsthalle im Herbst 1910 in der Ausstellung des Künstlerbundes in Darmstadt gezeigt. Lichtwark sieht es dort zum ersten Mal; er nimmt den melancholischen Ausdruck wahr und schreibt an den Künstler: »Mir steht es

173 Vgl. P4, 18.2.1905. – Best.Kat. Hamburg, 20. Jh., S. 121f. – Zu Troplowitz vgl. Claussen (2001), S. 58–61. – Luckhardt (2009), S. 15. – Ausst.Kat. Hamburger Ansichten (2009), S. 202f. – Vgl. Best.Kat. Berlin, Nationalgalerie (2001), S. 399. – Brief Alfred Lichtwark an Wedderkop, 10.2.1905, HKH, AdB 112.

174 Vgl. Deutsche Biographische Enzyklopädie, Bd. 7, München: Saur, 1998, S. 349.

175 Vgl. Ausst.Kat. Dreimal Deutschland (1981), S. 67f. – Br. Kommission (1917), Bd. XVII: 1909, S. 287f. – Best. Kat. Hamburg, 19. Jh., S. 123; WV Eberle 1909/28.

als ganz feste, monumentale Form vor Augen, unauslöschlich, unverrückbar. Ich halte es für eines Ihrer größten Werke: Merkwürdig, daß ich eine Begleitung in Moll höre, wenn dies Auge auf mir ruht. Es ist etwas darin, was in Goethes Kopf nur Schadow gepackt hat, Resignation.« Der Spiegel im Hintergrund, die Rückseite von Kopf und Schulter zeigend, kann als traditionelles Vanitassymbol gedeutet werden: Liebermann, nun 62jährig, hat die Präsidentschaft der Sezession an Corinth abgegeben; er gehört zur älteren Generation der Sezessionisten, während die jungen Maler wie Nolde als Avantgarde nachdrängen. An seine Kommission berichtet Lichtwark, auch Darmstadt habe das Bild für seine Galerie erwerben wollen. Er habe Liebermann schon vor Jahren gebeten, sich für die Kunsthalle zu portraitieren, es habe aber dem Künstler jedoch keines ganz gefallen, nur dieses letzte, das er, Lichtwark, liebe und bewundere. »Es hat die große schlichte Form, es hat im Ausdruck die Kraft und den Ernst und die gesammelte Ruhe und Selbstbeherrschung des reifen Mannesalters. Auch die Resignation, die keinem erspart bleibt. Im Ausdruck ein starker Gegensatz zu Dehmel, den wir auch bekommen. Ich hatte mir die beiden als Seitenstücke gedacht, dazwischen das Bild der Alster, das Liebermann jetzt in Arbeit hat. Dehmel sprühend, wie gerade noch gebändigt, Liebermann ganz ruhig und in sich geschlossen. Das wird später einmal eine besondere Monumentalität in unserer Sammlung geben, wenn diese Bildnisse die großen Accente auf den Wänden abgeben. Wir bekommen dadurch, was noch keine moderne Galerie hat, ein decoratives Gerüst.« Das Bild wird 1910 aus dem Vermächtnis Popert für 15.000 Mark erworben. In seiner Begeisterung veröffentlicht Lichtwark eine als Brief formulierte Würdigung des Werkes in der Zeitschrift *Kunst und Künstler*.[176]

Das gleichzeitig entstehende fulminante Bildnis des seit 1901 in Hamburg ansässigen bekannten Dichters Richard Dehmel stellt ein Glanzstück der hamburgischen Portraitgalerie dar (Abb. 61). Es wird ebenfalls 1910 für 3.000 Mark aus dem Lüders-Legat erworben: »Ich habe die ganze Zeit eine Art Andacht vor Ihrem Dehmelbild verrichtet alle Morgen, wenn ich zur Stadt kam«, schreibt Lichtwark am 18. September 1909 an Liebermann. »Das Bild kommt mir vor wie die Summe aller Ihrer Energie, Ihrer Erfahrung, Ihres Könnens, Ihrer Kunst, Ihrer Einsicht, und ich bin sehr glücklich, daß wir es haben sollen.« Die guten Freunde, denen Lichtwark es in seinem Glück schon gezeigt hat, seien begeistert, und es helfe auch, die Augen für den immer noch unverstandenen »Professorenkonvent« zu öffnen. Alle würden es bewundern.[177]

1910 entsteht auch Liebermanns Genrebild des abendlichen Bootskorsos am Uhlenhorster Fährhaus in drei Varianten. Im November des Jahres merkt Lichtwark zwei Details an, die Liebermann bei seiner Ausführung des Bildes am Wannsee nicht bedacht hat:

176 Vgl. Br. Kommission (1917), Bd. XVII: 1909, S. 288f. – Br. Lichtwark-Liebermann, S. 307f., 321, 342. – Br. Kommission (1918), Bd. XVIII: 1910, S. 219f. – Ausst.Kat. Dreimal Deutschland (1981), S. 66f. – P5, 24.11.1910; Best.Kat. Hamburg, 19. Jh., S. 123; WV Eberle 1910/3. – Ausst.Kat. Van Gogh: Felder (2002), S. 219. – Alfred Lichtwark, Ein Brief, in: Kunst und Künstler, 9. Jg., 1909/10, S. 117f.

177 Br. Lichtwark-Liebermann, S. 306f., 318. – P5, 24.11.1910. – Best.Kat. Hamburg, 19. Jh., S. 123; WV Eberle 1909/8.

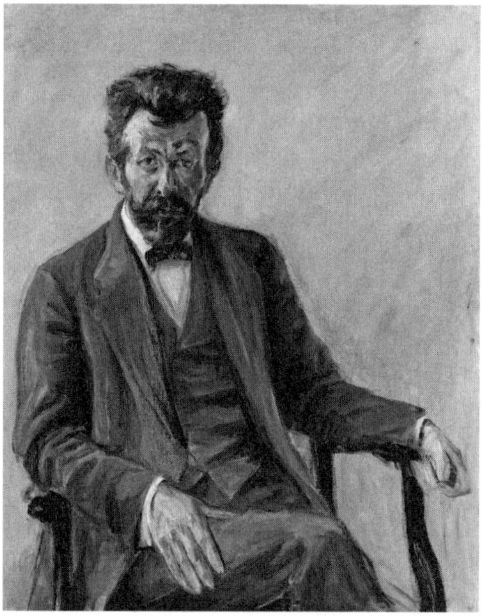

Abb. 61 Max Liebermann, Der Dichter Richard Dehmel, 1909, Öl auf Leinwand, Hamburger Kunsthalle

Die Damen tragen in Hamburg noch keine Strickjacken, und Korbstühle sind im Fährhausrestaurant nicht vorhanden. Lichtwark geht es dabei um eine sachliche Genauigkeit, die oberflächlicher Kritik des Publikums vorbeugen soll. Er erhält für die Kunsthalle zunächst die dritte Variante, die er 1911 gegen die zweite tauscht, außerdem die dazugehörige große Skizze und die sieben bereits im Sommer 1909 entstandenen Studien. Alle diese Bilder werden der Kunsthalle von Martin Bromberg geschenkt, der 15.000 Mark für die Sammlung von Bildern aus Hamburg spendet. Das Sujet ist Liebermann nach eigenem Bekenntnis schwergefallen: »[...] wen [mit Konsonantenverdoppelungszeichen] das Sprichwort wahr ist ›was lange währt, wird gut‹, mußte es mein bestes Bild sein. Hoffentlich merkt man ihm die Quälerei – es ist die IIIte Fassung – nicht allzu sehr an.« Die als misslungen betrachtete erste Fassung vernichtet der Künstler.[178]

Einige Jahre nach der endgültigen Beruhigung um das einst so angefeindete Portrait des Bürgermeisters Petersen vergibt Lichtwark 1911 noch einmal einen Auftrag für ein Bürgermeisterbildnis an Liebermann. Diesmal geht es um den Juristen Heinrich Burchard, seit 1885 Hamburger Senator, seit 1900 Präses der Kunsthallenkom-

178 Br. Lichtwark-Liebermann, S. 307, Anm. 432, S. 349, 352f. Die dritte Variante geht später nach Dresden, die große Skizze wird 1918 von Pauli gegen ein Bild vom Garten des Künstlers in Wannsee von 1918 (WV Eberle 1918/18) getauscht. – Best.Kat. Hamburg, 19. Jh., S. 124f.; WV Eberle 1910/12. – P5, 11.4.1911. – Ausst.Kat. Dreimal Deutschland (1981), S. 80. – Vgl. P5, 12.9.1908, Liebermann soll ein Seestück malen und die Restsumme für ein Hafenbild von Kalckreuth ausgegeben werden, das allerdings nicht entsteht.

mission und seit 1902 Bürgermeister. Burchard ist zudem ein großzügigerer Vorsitzender für den gleichaltrigen Lichtwark als sein Vorgänger und ihm durchaus gewogen, wenn auch nicht immer gleicher Meinung. Liebermann malt ihn als bürgerlich gekleidete, nach links sitzende Ganzfigur in seiner Wohnung vor einem angedeuteten profilierten Hintergrund. Da der vielbeschäftigte Burchard den Sitzungen nervös und ungeduldig gegenübersteht, nimmt Liebermann eine Photographie zu Hilfe, eine nicht unübliche Maßnahme, die er in seinen Schriften verteidigt. Burchard ist dargestellt als gelassener, souveräner Staatsmann. »Ihr Bildniß ist angekommen«, schreibt Lichtwark am 12. Dezember 1911 an den Künstler. »Ich bin voll Entzücken darüber und freue mich im Gedanken, es unsern Freunden zeigen zu können. So oft ich kann, springe ich hinauf, es zu genießen. Es ist wirklich, wenn möglich, eine ganz neue Note in Ihrer Kunst, das repräsentative Bildniß großer Form. Wie das sitzt! Und es wirkt aus der äußersten Ferne saalbeherrschend und aus der nächsten Nähe durch die Endgültigkeit und Schönheit der Ausdrucksmittel. Der Kopf könnte sofort vom Bildhauer modellirt werden wie nach der Natur. Der Firniß hat es famos herausgebracht. Es leuchtet und strahlt selbst an diesem dunkelen Tage. Man meint, es wäre aus einer besonderen und kostbaren Materie, gar nicht mit etwas bekanntem und üblichem [sic] gemalt. Jedesmal, wenn man wieder davor tritt, meint man, es zum ersten mal oder zum ersten mal [sic] richtig zu sehen. Doch darin unterscheidet es sich nicht von Ihren andern Bildern.« Das Bild wird aus der Lichtwark-Stiftung, dem Geschenk zum 25jährigen Amtsjubiläum, erworben; die Studien erhält die Kunsthalle als Geschenk des Künstlers. Lichtwark wählt einen alten Rahmen »in altem Gold, wie bestellt für dies vornehme Bild.«[179]

1912 berichtet Liebermann Lichtwark von einem Besuch des Hamburger Lehrers Henry E. Kohn, der den Künstler mit der Anfrage aufsucht, ob er den sozialdemokratischen Parteiführer August Bebel, der seit 1883 den ersten Hamburger Wahlkreis im Reichstag vertritt, für die Kunsthalle portraitieren wolle. Liebermann erkundigt sich vorsichtshalber bei Lichtwark nach der Richtigkeit, da Kohn vorgibt, mit diesem bereits gesprochen zu haben. Lichtwark, in Unkenntnis des Projektes, sieht darin »mehr als einen Haken«: »In welche Situation könnten wir kommen, wenn Sie zugesagt hätten und Herr Kohn hätte die Sache darauf in die Presse gebracht als fait accompli. Niemand würde für wahrscheinlich halten, daß ich nichts davon gewußt und ich käme in eine schiefe Stellung zur hamburgischen Regierung, die immer noch meine einzige Stütze ist.«[180]

Gerne würde Lichtwark Liebermann auch den Auftrag für ein Portrait des Sammlers und Wasmann-Forschers Bernt Grönvold zukommen lassen, als Pendant zum be-

179 Vgl. Best.Kat. Hamburg, 19. Jh., S. 124; WV Eberle 1911/35. – Ausst.Kat. Dreimal Deutschland (1981), S. 70. Hopp nimmt an, die Portraitphotographie Burchards sei entgegen Lichtwarks Meinung während und nicht nach der Arbeit am Bild aufgenommen worden; vgl. dazu Br. Kommission (1919), Bd. XIX: 1911, S. 184. – Br. Lichtwark-Liebermann, S. 397. – Br. Kommission (1919), Bd. XIX: 1911, S. 198.
180 Vgl. Br. Lichtwark-Liebermann, S. 425, 427. – Französisch für: vollendete Tatsache.

reits geplanten Portrait des Architekten Peter Behrens – auch wenn ihm die Sammlung Grönvold für die Kunsthalle nun doch entgangen ist und nach Bergen in Norwegen gehen soll. Obwohl Liebermann interessiert ist und Grönvold als einen schönen Mann gerne portraitieren würde, kommt es nicht dazu; im Winter 1912 malt er dann im Auftrag Lichtwarks für die Kunsthalle den Dichter Gerhart Hauptmann als Gegenstück zum Behrens-Portrait, beide als stehende Halbfigur. Das Werk ist hochaktuell: Im selben Jahr begeht der Dichter seinen 50. Geburtstag und wird mit dem Nobelpreis ausgezeichnet. Durch familiäre Beziehungen Hamburg verbunden, war Hauptmann vorübergehend auch in der Hansestadt ansässig. Lichtwark präsentiert dieses Bild erstmals in der Ausstellung der Neuerwerbungen im März 1913. »Das ist eine neue Art Monumentalität«, schreibt er an Liebermann, »[...] wie die Caricatur großen Stils (die ich jeder Monumentalmalerei gleichsetze – aus der Natur herausgerissen.« Für das Freundschaftshonorar von 6.000 Mark wird es aus der Lichtwark-Stiftung erworben.[181]

Alle diese Bilder entstehen bereits im Hinblick auf einen Liebermann-Saal in der neuen Kunsthalle; doch will Lichtwark nun auch eine Portraitgalerie bedeutender Zeitgenossen aufbauen. Zu dieser Zeit spricht er gegenüber Liebermann zum ersten Mal von einem Portrait des in die Gruppe der führenden Architekten und Formgestalter aufgestiegenen Peter Behrens, den er nun schon mehr als ein Jahrzehnt kennt. Behrens, seit 1907 leitender Architekt der AEG und Mitbegründer des Deutschen Werkbundes, baut zu dieser Zeit die Deutsche Botschaft in St. Petersburg; seine Turbinenhalle für die AEG steht bereits seit zwei Jahren.[182] Als berühmter Hamburger darf er in der Sammlung von Bildern aus Hamburg nicht fehlen. Der Maler tut sich nicht leicht mit dem Behrens-Portrait. Im Februar 1913 beginnt er mit der Arbeit. Er ist nicht zufrieden dabei, Behrens ist ihm zu schön. Daher ermutigt Lichtwark den Freund im März in zwei Briefen, er werde dem Bild einen Platz offen halten, und dass ihm das Gebären Schmerz bereite, gehöre zu seiner Begabung; er werde es zwingen: »[...] und sollten Sie den schönen Mann dabei ausdrücken. Schließlich gehört doch zu ihm, daß ers ist und daß er's weiß.«[183] »Donnerwetter, giebt das einen Saal Bildnisse von Ihnen«, schreibt er am 17. März 1913 in freudiger Erwartung an Liebermann. Doch kann Liebermann das Bild zu Lichtwarks Lebzeiten nicht mehr liefern.[184]

Lichtwark plant zunächst das Behrens-Portrait als Gegenstück zu einem Bildnis des Sammlers Bernt Grönvold, das er sich als Kniestück in Hut und Mantel vor einem

181 Vgl. Br. Liebermann, S. 299–301; Br. Lichtwark-Liebermann, S. 432; Grönvolds Portrait wird von Corinth gemalt und gelangt in die Kunsthalle Bremen. – Vgl. hier und im Folgenden: Ausst.Kat. Dreimal Deutschland (1981), S. 71f. – Br. Liebermann, S. 301, Anm. 3, Zitat S. 325f.; Br. Lichtwark-Liebermann, S. 457. – Best.Kat. Hamburg, 19. Jh., S. 125; WV Eberle 1912/43. – Br. Lichtwark-Liebermann, S. 457. – P5, 11.3.1913, 4.4.1914.

182 Zur Biographie Behrens vgl. Pfeifer (1990), S. 167.

183 Br. Lichtwark-Liebermann, S. 457, 461.

184 Ebd., S. 457. – Die Kommission beschließt die Annahme am 31. Januar 1914 und zahlt das von Lichtwark vereinbarte Honorar von 6.000 Mark im April desselben Jahres; vgl. P5, 31.1., 4.4.1914. – Best.Kat. Hamburg, 19. Jh., S. 125; WV Eberle 1913/15.

Straßenhintergrund vorstellt. Lichtwarks Vorstellung von dem zukünftigen Liebermann-Saal ist präzise auf stehende und sitzende Portraits ausgerichtet: die Sitzbilder von Burchard, Dehmel, Berger und Strebel sollen mit den stehenden Darstellungen von Behrens, Hauptmann und Grönvold kombiniert werden; Liebermanns Selbstportrait lässt Lichtwark dabei aus. Zu Grönvolds Portrait für Hamburg kommt es jedoch nicht; Corinth malt 1923 den alten Freund spontan wenige Wochen vor dessen Tod, Pauli erwirbt das Gemälde für die Kunsthalle Bremen.[185]

Im März 1912 äußert Lichtwark gegenüber Liebermann vertraulich den Plan, ihn mit einem Doppelportrait des Fürsten Bernhard von Bülow und dessen Gattin zu beauftragen, weil Bülow gebürtig und familiär mütterlicherseits aus Hamburg stammt und von 1900 bis 1909 als Reichskanzler amtierte.[186] Dabei mag auch Liebermanns 1907 in der Woche reproduzierte Kreidezeichnung von Bülow eine Rolle gespielt haben; sie beeindruckt das Publikum und bewirkt ein positives Echo in Hamburg: »Man scheint das Gefühl zu haben, man müßte mir einmal etwas Freundliches über Sie sagen«, schreibt er im November 1907 an den Künstler. Über diesen Plan stirbt Lichtwark jedoch hinweg; den Auftrag, allerdings als Einzelportrait, erteilt schließlich 1917 Gustav Pauli noch ganz im Sinne seines Vorgängers für die einstweilen noch fortgeführte Sammlung von Bildern aus Hamburg.[187]

1911 erwirbt Lichtwark zudem ein frühes Werk von Liebermann, das den Rahmen des übrigen Konvolutes sprengt und in der Biographie des Malers eine bedeutende und polarisierende Rolle einnimmt: »Christus im Tempel« von 1879 stammt aus dem Nachlass von Fritz von Uhde und stellt ein Gegenstück zu Menzels im selben Jahr erworbenen gleichen Motiv »Der zwölfjährige Jesus im Tempel« von 1851 dar.[188]

Vergleichsweise spät, erst 1910, malt Lovis Corinth zum ersten Mal in Hamburg. Lichtwark hat ihn lange zuvor schon beobachtet; erstmalig erwähnt er ihn 1897 in einem Brief an seine Kommission, nachdem er in Berlin bei Gurlitt eine Ausstellung des in München lebenden Künstlers gesehen hat: »Das ist ein starkes, etwas brutales Talent, das im Bildnis grosse Thaten tun könnte. Aber es sitzt auf fremdem Boden in München, lässt sich ganz seiner Natur entgegen von den Engländern in den Botticellismus verlocken und singt mit seiner Bassstimme Falsett.« Treffend charakterisiert

185 Vgl. Br. Lichtwark-Liebermann, S. 430f. – Ausst.Kat. Dreimal Deutschland (1981), S. 72. – Best.Kat. Hamburg, 19. Jh., S. 125. – WV Behrend-Corinth 893d.

186 Vgl. Ausst.Kat. Dreimal Deutschland (1981), S. 74f. – Br. Lichtwark-Liebermann, S. 449.

187 Vgl. Br. Lichtwark-Liebermann, S. 449, 451, 453, 267f. – Best.Kat. Hamburg, 19. Jh., S. 125, WV Eberle 1917/27.

188 Best.Kat. Hamburg, 19. Jh.: Liebermann: S. 117, WV Eberle 1979/3; Menzel: S. 136. – Dieses Bild bestimmte Liebermanns Karriere; entstanden in seiner Münchner Zeit, bewirkte es einen Skandal. Den Hofprediger Stoecker motivierte es zu antisemitischen Aussagen, der Klerus verlangte die Entfernung aus der Ausstellung und im Bayerischen Landtag wurde mehr als zwei Tage darüber debattiert. Die Künstlerkollegen allerdings, darunter Lenbach, und die Jury wie Kaulbach und Zügel, sowie die Bildhauer Gedon und Wegmüller, waren begeistert, das Bild sei das beste, das seit fünfzig Jahren in München gemalt worden sei. Lenbach als Präsident der Jury erklärte das Bild öffentlich als das beste der Ausstellung und verweigerte dessen Entfernung; es wurde als Kompromiss lediglich etwas höher gehängt. Liebermann gewann damit die Hochachtung der Kollegen und das Interesse des Prinzen Luitpold; vgl. Ostwald (1930), S. 128–134.

er im selben Jahr Corinths »Selbstportrait mit Skelett« von 1896: »[...] die Unerbittlichkeit, mit der er sein fettes Fleischergesicht mit den schlappen Falten unter dem Kinn herausgehauen hat, imponirt. Es ist eins der wenigen Bildnisse, die wirklich die Wahrheit auszusagen suchen.«[189] Solche Brutalität kann Lichtwark jedoch weder seiner Kommission noch dem Hamburger Publikum zumuten. Da er diplomatisch vorgehen muss, erscheint sein jahrelanges Zögern verständlich, obwohl Cassirer versucht, Slevogt, Corinth und ihre Nachfolger »in das Bett der Sammlung von Bildern aus Hamburg zu leiten.« Ulrich Hübner habe den Sommer über schon in Hamburg gemalt und großen pekuniären Erfolg gehabt.[190] Lichtwark lässt sich jedoch nicht vereinnahmen und nimmt selbst Kontakt mit den von ihm favorisierten Künstlern auf. Er beobachtet Corinths Arbeiten weiterhin: 1900 lobt er zwar die Malerei der Hüte und Ärmel in der Ausstellung bei Cassirer, ist jedoch von den Gesichtern noch nicht überzeugt; 1903 findet er die Theaterdekorationen zu »Pelleas und Melisande« zu theatralisch, akzeptiert aber nunmehr die Portraits des Pianisten Conrad Ansorge und des Dichters Peter Hille.[191] Mit den Landschaften von Corinth, Slevogt, Kardorff und anderen geht er ungnädig ins Gericht: 1904 beschuldigt er Cassirer, sie »in den Bann der Impressionisten« zu ziehen, auf diese Weise kämen falsche Monets dabei heraus.[192] Langsam jedoch sieht er sich in Corinths ungestümen Gestus hinein; 1908 bestaunt er »fast erschrocken« einen liegenden weiblichen Akt »von der allermateriellsten Wirkung des Fleisches«, wohl »Die Nacktheit«, heute im Niedersächsischen Landesmuseum Hannover, und die »abgrundhäßlichen«, karikaturhaften Typen eines Gruppenbildnisses aus Corinths Münchner Zeit, vermutlich »Die Logenbrüder« von 1898/99.[193] Noch im Jahr darauf steht Lichtwark den Bildern des Malers eher zwiespältig gegenüber. Seine »Bathseba« sei ein »Fleischmonstrum, aber Fleisch und wirklich Fleisch und dabei diesmal nicht undelikat.«[194] Offensichtlich will er einem Auftrag an Corinth jedoch nähertreten; im November 1909 ist er gespannt auf dessen Ausstellung in Berlin und enttäuscht von der mangelnden Konstanz seiner Auffassung und auch Brutalität: »Mir ist Corinth absolut problematisch. Persönlich ein kluger Mensch von großer Umgänglichkeit und von strotzender Kraft, der man das höchste zutraut. In seiner Kunst eine Zeitlang dies Höchste versprechend, namentlich in seinen besten Bildnissen, dem Ansorge (München), dem Hille (Bremen) und dem

189 Br. Kommission (1899), Bd. V: 1897, S. 15, 118. – WV Berend-Corinth 135/1896.

190 Br. Kommission (1904), Bd. X: 1902, S. 227. – 1909 malt Hübner ein Motiv im Hamburger Hafen, heute im Niedersächsischen Landesmuseum Hannover; vgl. Ausst.Kat. Hamburger Ansichten (2009), S. 200, Abb. S. 134.

191 Vgl. Br. Kommission (1901), Bd. VIII: 1900, S. 232; (1904), Bd. XI: 1903, S. 45, 230. – Echte / Feilchenfeldt, (2011), Bd. 1, S. 333–364. – WV Berend-Corinth (1992), Nr. 264/1903 (Ansorge). Zu Hille: Lichtwark nennt als Portraitierten in seinem Brief irrtümlich Peter Gast, dadurch ist das Bild im WV Berend-Corinth nicht identifizierbar; nach Lichtwarks Beschreibung handelt es sich um Peter Hille, WV Berend-Corinth 237.

192 Br. Kommission (1905), Bd. XII: 1904, S. 57.

193 Br. Kommission (1916), Bd. XVI: 1908, S. 14, WV Berend-Corinth 348/1908; dieser Akt war 1908 in der Berliner Sezession ausgestellt. – Die Logenbrüder: WV Berend-Corinth 164, sind zwar nicht als 1908 ausgestellt vermerkt, es kommt jedoch kein anderes Bild in Frage.

194 Br. Kommission (1917), Bd. XVII: 1909, S. 229, Bathseba: WV Berend-Corinth 349/1908.

Kerr. Dies ist noch zu haben.« Letzteres will er zur Ansicht kommen lassen, schon um es kennenzulernen. Er stellt es seiner Kommission jedoch nicht vor; möglicherweise ist er bereits zu einem eigenen Auftrag entschlossen.[195]

Anschauungsmaterial gibt es schließlich genügend vor Ort: Lichtwarks Sammler-Freund Henry B. Simms besitzt inzwischen vierzehn Gemälde des Künstlers, darunter das Portrait von ihm selbst mit seinen drei Kindern auf der Terrasse seines Sommerhauses in Klobenstein bei Bozen.[196] Nun betraut Lichtwark ihn als letzten der drei wichtigsten deutschen Impressionisten mit einem Portraitauftrag. Er soll den aus Hamburg stammenden und an der Berliner Universität lehrenden Historiker Eduard Meyer malen, der sich gleich einverstanden und »sehr vergnügt« über den Plan zeigt, wie Lichtwark seiner Kommission schreibt.[197] Meyer soll Corinth ein paar Mal einladen und verhindern, dass er sofort »loslegt«. Lichtwark begrüßt, dass Meyer gerade als Dekan amtiert, dadurch ergibt sich die Möglichkeit, die Dekanatsrobe als Kleidung zu nutzen, so dass Corinth sich für Farben und Falten interessieren werde. Lichtwark hat das Dekanatszimmer besichtigt und hält es als Atelier für gut geeignet; Meyer könnte am Fenster im Gegenlicht stehen, der hässliche Kiefernholzschreibtisch soll unbedingt entfernt werden.[198] Er hat also eingehende Vorbereitungen getroffen und Corinth darüber schon brieflich informiert. Aus diesem Briefwechsel lassen sich die Details der Entstehung der beiden Portraits detailliert nachvollziehen.[199] Lichtwark hat von Anfang an eine genaue Vorstellung von dem Bildnis Meyers in Dekanatsrobe im Gegenlicht vor dem Fenster, ein Manuskript in der Hand, als wolle er sich auf eine unmittelbar bevorstehende öffentliche Rede vorbereiten. Dank seinem visuellen Gedächtnis erinnert er den Raum mit präziser Vorstellung von der gewünschten Situation und Beleuchtung. Meyer jedoch bevorzugt für das Portrait eine private Darstellung in seiner Wohnung vor einer Bücherwand sitzend; das von Lichtwark gewünschte Motiv erscheint ihm zu offiziell.[200] Auch Corinth entscheidet sich gegen Lichtwarks Vorschlag. Wie dieser vorausgesehen hat, sind sich Maler und Modell sympathisch; das Bild entsteht zügig zwischen dem 15. Dezember 1910 und dem 10. Januar 1911.[201] Am 14. Februar stellt Lichtwark das Portrait seiner Kommission vor. »Sie war sehr erschrocken«, schreibt er an den Künstler, »hat es aber feierlich in Besitz genommen. Das wäre, als ich mein Amt antrat, noch nicht möglich gewesen. 1894 wurden auf Betrei-

195 Vgl. Br. Kommission (1917), Bd. XVII: 1909, S. 285f., WV Berend-Corinth 264/1903 (Ansorge), 237/1902 (Hille), 339/1907 (Kerr). Das Bildnis von Kerr ist nicht in P5, 1909, erwähnt. – Pauli erwarb 1908 als erstes Bild von Corinth das Portrait des Dichters Peter Hille für die Kunsthalle Bremen; vgl. Best.Kat. Bremen, Kunsthalle (1939), S. 34.

196 Vgl. Luckhardt (1997, Corinth), S. 20f. – Simms (1910), Bildteil. – Zu Simms vgl. auch Lott-Reschke (2001), S. 62–68. – Aus der Sammlung Simms werden 1941 von der Kunsthalle die Bilder »Mädchen mit Stier«, WV Berend-Corinth 231/1902, »Schwarze Schatten«, WV Berend-Corinth 255/1903, und »Der Klobenstein«, WV Berend-Corinth 430/1910, hier mit dem Titel »Terrasse in Klobenstein«, erworben; vgl. Best.Kat. Hamburg, 19. Jh., S. 21f.

197 Vgl. hier und im Folgenden: Hentzen (1961), S. 117–142, hier S. 119.

198 Vgl. Br. Kommission (1919), Bd. XIX: 1911, S. 68f. – Hentzen (1961), S. 120f.

199 Zum Briefwechsel vgl. ebd., S. 119–140.

200 Vgl. ebd., S. 124.

201 Vgl. WV Berend-Corinth 498/1911.

ben der Künstler [in der Kommission] vier Hafenbilder von Kalckreuth, die geschenkt werden sollten – Stifter hatte ich – abgewiesen, weil der Künstler, wie seine Kollegen ihr Urtheil begründeten, kein Marinemaler sei.« Lichtwark hat somit Fortschritte in der Akzeptanz seiner Auftragsvergabe erzielt, muss sich an das Bildnis allerdings selbst erst einmal gewöhnen: »Als ich Ihr Bild zuerst sah, prallte ich zurück. Es wirkte geradezu unheimlich. Von den Augen geht eine hypnotisierende Kraft aus. Dann lockte mich das Stück Malerei hinter dem Kopf an, sodaß ich längere Zeit alles übrige darüber vergaß. Dann mußte ich zu den phänomenalen Händen erst einmal Donnerwetter sagen, obwohl sie sich doch so zurückhalten. Da steckt etwas, das nicht nur Malerei ist.«[202] Um seine Wirkung zu prüfen, studiert Lichtwark das Bild an verschiedenen Orten in der Kunsthalle und bei wechselndem Licht. Corinth möge das Erschrecken der Kommission als Kompliment betrachten, ihm selbst sei es nicht besser ergangen. Das Werk habe etwas Überwältigendes und bringe eine ganz neue Note in die Bildnisreihe. »Ich fühle von Tag zu Tag mehr, daß Sie mit an der Arbeit sind, das deutsche Bildniß unserer Zeit in der neuen und gemäßen Form zu schaffen. Noch empfinde ich einiges an Wildheit. Aber das wird sich geben. Sie dürfen nicht erwarten, daß wir – ich rechne mich mit – unmittelbar Anschluß haben und am ersten Tag fühlen wie am zehnten.«[203] Gleich danach kommt er auf seine ursprüngliche Idee zurück und spricht von einem weiteren Auftrag an Corinth, für den er jedoch die Mittel noch beschaffen muss. Nun wünscht er sich sehr bestimmt doch noch das zuerst imaginierte Portrait Meyers und dazu eine Landschaft oder Marine, die dann zwischen den beiden Portraits Platz finden soll. Auch Meyer bittet er, die Mühe noch einmal auf sich zu nehmen. »Sie tun damit wirklich etwas für die Entwicklung eines unserer stärksten Talente, dem bisher zu selten der Boden einer Wirklichkeit bereitet war.« Bereits am 8. April meldet Corinth auch das zweite Bild als vollendet und in der Berliner Sezession hängend, als deren Präsident er zu dieser Zeit in der Nachfolge Liebermanns amtiert. Er fürchtet zwar die Reaktion der Kunsthallenkommission, ist jedoch zufrieden mit seinem Werk. »Ich selbst glaube ja nie was Besseres gemacht zu haben, aber noch nie ist wohl eine Person als Portrait gegen ein Fenster gestellt.«[204] Lichtwark betrachtet die Landschaft im Fenster, Opernhaus und Hedwigskirche gegenüber der Humboldt-Universität, als Meisterstück und dieses Bildnis Meyers als Corinths bestes. Damit sieht er sich in seiner Auftragsvergabe und seiner Absicht der Künstlerförderung bestätigt: »Solche Aufgaben sind nöthig auch für die Größten, weil hier ein Muß wirkt. Bei selbstgewählten Aufgaben sucht der Instinkt in erster Linie das absolut congeniale, das wesentlich die schon vorhandenen Kräfte ins Spiel setzt.«[205]

202 Hentzen (1961), S. 127.
203 Ebd., S. 131.
204 WV Berend-Corinth 499/1911. Auf Corinths Veranlassung durfte die Fensterscheibe nicht geputzt werden; vgl. WV Berend-Corinth, S. 129f.
205 Hentzen (1961), S. 125.

Lichtwark zeigt sich begeistert. »Corinths Ed. Meyer ist ganz famos geworden«, schreibt er an Liebermann; und an die Kommission: »Den stärksten [Erfolg] hat das zweite mit der herrlichen Landschaft. Frau Corinth erzählte mir, wie ihren Mann diese beiden Bilder erregt hätten. Er hätte während der Zeit, wo er sie malte, an nichts anderes gedacht und immer gebangt, ob sie auch gut genug würden. Nun, man sieht es diesen beiden Bildern auch an, daß der Künstler alles daran gesetzt hat, sich neben Liebermann und Kalckreuth in unserer Galerie zu halten, ganz abgesehen von dem Reiz der Aufgabe an sich. Nun kam hinzu, daß Corinth das erste Mal Präsident der Secession ist und naturgemäß den Wunsch hatte, sein Recht auf die Führerstellung und Nachfolge Liebermanns mit Glanz zu erweisen.«[206]

Schon beim Auftrag des zweiten Bildnisses von Meyer im Februar 1911 lädt Lichtwark Corinth nach Hamburg ein, dort nach Belieben zu malen, vielleicht einen Strand mit Badenden.[207] Im Sommer wählt Corinth als Motiv eine Elblandschaft: den weiten Blick aus einem Fenster im zweiten Stock des Hauses von Johannes Gurlitt in Altona, Palmaille 61, auf den Köhlbrand, einen Nebenarm der Elbe, und den Fluss mit gegenüberliegendem Ufer. Ihm gelingt damit eine lyrische Flusslandschaft, trotz der qualmenden Schornsteine in der Ferne – ein Ausschnitt aus einem Panorama. Lichtwark erwirbt das Werk für die Sammlung von Bildern aus Hamburg offensichtlich ohne Hindernisse mit Mitteln des Vermächtnisses von Marie Oppenheim. Unmittelbar zuvor hat Corinth sich bereits mit Hamburger Stadtlandschaften beschäftigt: Am 27. August malt er aus einem Fenster des Hotels Sanssouci am Neuen Jungfernstieg den Blick auf die Binnenalster, den »Kaisertag in Hamburg«, heute im Wallraf-Richartz-Museum in Köln, und am Tag darauf in Lichtwarks Auftrag die »Illumination auf der Alster«. Im selben Zeitraum entsteht außerdem der »Blick auf die Landungsbrücken«, den Simms seinem umfangreichen Besitz an Gemälden Corinths eingliedert. Bei diesem Aufenthalt in Hamburg portraitiert der Künstler auf eigenen Vorschlag Carl Hagenbeck mit dem beliebten Walross namens Pallas vor der Hintergrundlandschaft seines vier Jahre zuvor eröffneten Tierparks. Dieses Bild wird der Kunsthalle anonym von Kunstfreunden gestiftet.[208] Für die sehr expressive und abstrakte Auftragsarbeit »Illumination auf der Alster« hingegen findet Lichtwark offensichtlich keinen Stifter; womöglich wagt er auch keine Anfrage, weil er selbst von der skizzenhaften Malweise des Bildes nicht überzeugt ist.

Wie auch Liebermann setzt Corinth für seine Werke in der Kunsthalle extrem niedrige Preise an. Er betrachtet es als Ehre, für diese moderne Sammlung zu arbeiten. Das Portrait Meyers als Dekan erwirbt Lichtwark aus dem Lüders-Testament für

206 Br. Lichtwark-Liebermann, S. 363. – Br. Kommission (1919), Bd. XIX: 1911, S. 73.

207 Vgl. Hentzen (1961), S. 131.

208 Vgl. Best.Kat. Hamburg, 20. Jh., S. 23. – Ausst.Kat. Bilder aus Hamburg (2002), S. 113. – Zu Hagenbeck: Hamburg Lexikon (2002), S. 196. – Luckhardt (1997, Corinth), S. 31. – Hentzen (1961), S. 142. – P5, 12.12.1911. – Die Bildtitel folgen dem WV Berend-Corinth: 482/1911, 483/1911, 448b/1911, 489/1911, 450/1911. Die »Illumination« befindet sich heute in der HypoVereinsbank, München. – Ausst.Kat. Hamburger Ansichten (2009), S. 197.

3.500, eine Zeichnung und eine Ölskizze für 800 Mark, die erste Darstellung Meyers vor seiner Bücherwand wird von Kunstfreunden gestiftet. Für das Hagenbeck-Portrait erhält Corinth 4.000 Mark. Die Preise werden jedoch nach der Fertigstellung der weiteren Bilder Corinths für die Kunsthalle noch reguliert. Der Maler berechnet entgegenkommend für das Portrait Meyers als Dekan und die Landschaft nur je 2.500 Mark. Als Versicherungswerte gibt er jedoch für »Hagenbeck« 20.000 und den »Köhlbrand« 10.000 Mark an, die eigentlichen Preise, vergleichbar etwa mit Uhdes »Kinderstube«, die 1912 für 20.000 Mark erworben wird.[209] Die Honorare der Kunsthalle für diese Bilder bedeuten Corinth weit weniger als die damit verbundene Herausforderung und das Renommee. Nach seinem Schlaganfall im Dezember 1911 diktiert er seiner Frau Charlotte Berend-Corinth am Silvestertag einen Brief an Lichtwark. Darin bezeichnet er, besonders überzeugt von dem Portrait Hagenbecks, dieses als eine »bewunderungswürdige Arbeit an intensiver Auffassung und eine starke Probe menschlicher körperlicher Leistungskraft. Es ist keine Phrase – ich möchte Ihnen danken, daß Sie, hochverehrter Herr Professor mir durch Ihre Aufgaben es ermöglichten zu diesen Arbeiten zu gelangen.« Am 11. März 1912 schreibt er Lichtwark aus dem berühmten Hotel »Angst« in Bordighera, wo er Erholung sucht, und kündigt seine baldige Rückkehr nach Deutschland an. Er sei gewillt, weiter in Hamburg zu arbeiten, »Ihres Befehles gemäß«; die Preise für seine Bilder seien sehr gestiegen, doch deutet er sein Entgegenkommen an. Am 5. April bittet er in einem weiteren Brief, Lichtwark möge entscheiden, ob und wann er nach Hamburg kommen soll. Weitere Aufträge erteilt Lichtwark dem Künstler jedoch nicht, wohl aufgrund von Corinths gesundheitlicher Verfassung. Im Oktober 1912 berichtet er seiner Kommission, über das Befinden Corinths lauteten »die Nachrichten sehr unbestimmt und ungemüthlich«; wenn möglich wolle er ihn aufsuchen.[210]

Bereits am 23. April 1911 schreibt Lichtwark dem Künstler, er sei sehr neugierig auf dessen Selbstportrait mit schwarzem Hut und Stock;[211] er scheint also zu dieser Zeit schon nach einem Selbstportrait Corinths Ausschau zu halten. Ebenfalls 1911 malt Corinth sein »Selbstbildnis im Harnisch«,[212] das Lichtwark gekannt haben dürfte, da es noch im selben Jahr bei Gurlitt und 1912 in der Berliner Sezession sowie in der Kunstausstellung Dresden ausgestellt ist. Eine zweite Fassung von 1914 kommt im Entstehungsjahr nach Lichtwarks Tod als Geschenk von Otto Winter in die Kunsthalle und vervollständigt im Sinne des kurz zuvor Verstorbenen die Galerie der bedeutenden zeitgenössischen Maler (Abb. 62).[213] Dieses Bild ergänzt die Reihe von Selbstbildnissen und Künstlerportraits so auffällig, dass die Vermutung nahe-

209 Vgl. Br. Kommission (1918), Bd. XVIII: 1910, S. 274, 277. – P5, 14.2., 12.12.1911. – Hentzen (1961), S. 117–133, Zitate S. 127, 125. – Best.Kat. Hamburg, 20. Jh., S. 22f. – Ausst.Kat. Sammlung von Bildern aus Hamburg (1897), S. 112f.

210 Corinth (1979), S. 154, 157f., 159. – Br. Kommission (1920), Bd. XX: 1912/13, S. 272.

211 WV Berend-Corinth 486/1911.

212 WV Berend-Corinth 494/1911.

213 WV Berend-Corinth 494/1911.

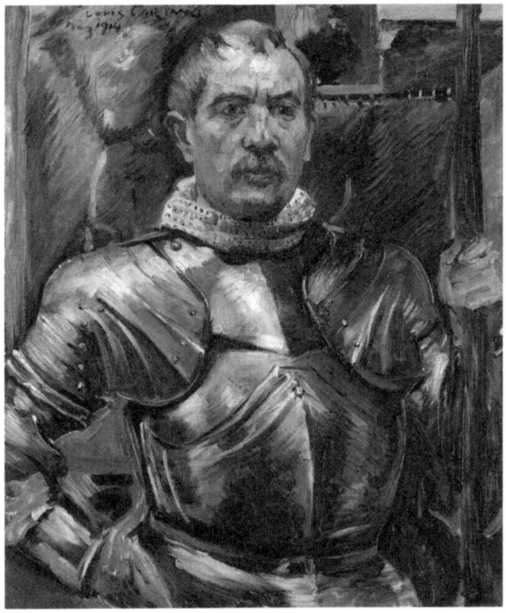

Abb. 62 Lovis Corinth, Selbstbildnis im Harnisch, 1914, Öl auf Leinwand, Hamburger Kunsthalle

liegt, Lichtwark könnte Corinth zu dieser Zweitfassung schon 1911 oder auch etwas später angeregt haben in der Hoffnung, einen Stifter dafür zu finden. Auch im Januar 1913 wäre anlässlich der großen Corinth-Ausstellung in Berlin die Gelegenheit zu einem solchen Auftrag gewesen.[214] 1915 schenkt Edmund J. A. Siemers noch ein weiteres Werk von Corinth mit hamburgischem Bezug, das Bildnis des 1865 in Hamburg geborenen Malers Otto Eckmann von 1897. Corinth malte es in der gemeinsamen Münchner Zeit, als beide eng befreundet waren. Eckmann, wie Corinth Mitbegründer der Münchner Sezession, gehört zu den Künstlern, die Lichtwark 1894 aus Mangel an finanziellen Möglichkeiten nicht wunschgemäß zur Anschauung bringen kann; darüber kommt es zu Unstimmigkeiten. Ein weiterer Versuch zu einem Ankauf erfolgte vor Eckmanns frühem Tod im Jahr 1902 nicht mehr. Er gestaltet jedoch Lichtwarks Bücher für den Verlag Cassirer.[215]

Während von Slevogt und Corinth vergleichsweise wenige Werke zu Lichtwarks Lebzeiten und auch erst spät in die Kunsthalle kommen, ist Liebermann mit seinem

214 Vgl. WV Berend-Corinth S. 118, Nr. 496. – Br. Kommission (1919), Bd. XIX: 1911, S. 73f. – Corinth (1979), S. 143. – Br. Kommission (1920), Bd. XX: 1912/13, S. 272, 342. – Best.Kat. Hamburg, 20. Jh., S. 24.

215 Vgl. Briefwechsel zwischen Lichtwark und Eckmann, 28.2., 2.3.1894, HKH, DK, Bd. 2. – Siehe auch die Kapitel »Lichtwarks neue Sammlungspolitik: Das Publikum ködern: Die Sammlung von Bildern aus Hamburg« in Teil 2 und »Architektur: Lichtwarks Architektur-Anthologie und der Verlag Cassirer« in Teil 3. – Best.Kat. Hamburg, 20. Jh., S. 21. – P5, 13.7.1915. – Zu Eckmann vgl. Savigny (1993), S. 13–18.

umfangreichen Konvolut Lichtwarks bevorzugter zeitgenössischer Künstler. Trotz heftigem Widerstand des Publikums hält er an dem Maler fest und setzt ihn schließlich durch. Liebermann malt aus Freundschaft für Hamburg – und zum Freundschaftspreis. Die Gewöhnung des Publikums an Liebermanns Bilder ist nicht zuletzt eine Frage der Zeit. 24 Jahre lang, von 1889 bis 1913 beauftragt Lichtwark ihn unbeirrt mit Portraits oder erwirbt andere seiner Gemälde. Im November 1911, einen Monat nach Lichtwarks 25jährigem Amtsjubiläum und passend zu seinem 59. Geburtstag, veröffentlicht Gustav Zeller im *Hamburgischen Correspondenten* eine ausführliche Würdigung der Werke Liebermanns in der Kunsthalle, mit einer Darstellung der Entwicklung des Künstlers und einer sachlichen Einschätzung der damaligen Verständnislosigkeit; man sei eben an die idealisierende Darstellung zum Beispiel Lenbachs gewöhnt gewesen.[216]

FRANZÖSISCHE KUNST

Bode und Koetschau, schreibt Lichtwark 1912 an seine Kommission, hätten bei der Besichtigung der Baubude in Hamburg bemerkt, die Kunsthalle besitze die beste moderne Galerie Deutschlands. Er weiß, dass es nun eilt mit den Ankäufen von deutschen Werken des 19. Jahrhunderts, das Material werde immer knapper und teurer.[217] Doch ist er ebenso an der Erwerbung französischer Kunst interessiert. »Wenn wir zusammenrechnen«, schreibt er im Dezember 1912 an die Kommission, »was wir aus älterm [sic] Besitz und durch Schröder und durch gelegentliche Erwerbungen zeigen können, so giebt das mit den besten Bildern aus Schwabe ein reiches Bouquet englischer, holländischer, vlämischer, dänischer und französischer Kunst des neunzehnten Jahrhunderts, an guten Dingen mehr, als irgend ein anderes deutsches Museum heute besitzt, mögen sie auch auf einzelnen Gebieten wie dem Impressionismus hie und da reicher sein und einige Matadore besitzen wie in Berlin, Mannheim, Bremen (das Portrait von Monet) und Frankfurt oder München. Diesen reichen Fonds gilt es jetzt, wo wir eine gute deutsche Galerie des 19. Jahrhunderts, eine gute Sammlung lebender Meister und die örtliche Sammlung ausgebildet haben, auszubauen. Es kostet freilich einen Entschluß. Aber ohne den geht es nicht ab. Bis zur Eröffnung des neuen Museums können wir noch immer die reichste Sammlung ausländischer, besonders französischer Kunst haben, wenn wir es wollen. Für die Meisterwerke ersten Ranges ist noch Zeit. Sie sind noch lange nicht so theuer wie die gleichwerthigen deutschen, und es ist mehr davon vorhanden.« Staat und Privatleute sollen zusammenstehen, und es müsse vermieden werden, zu zeigen, dass Geld und ein erkennbares Ziel vorhanden

216 Vgl. Gustav Zeller, Die Liebermann in der Hamburger Kunsthalle, in: Hamburgischer Correspondent, 12.11.1911, StA HH, A 521, ZAS Kunsthalle, Bd. II.

217 Br. Kommission (1920), Bd. XX: 1912/13, S. 223, 191. – Ein kleiner Kopf von Leibl steigt von 2.000 auf 150.000 Mark; vgl. ebd., S. 347; ein anderer Kopf von Leibl kostet bei Haberstock in Berlin 75.000 Mark, ein Bild der Töchter Uhdes 38.000 Mark; vgl. ebd., S. 354f.

seien, sonst würden die Preise in die Höhe schnellen. Er hat dazu ein Promemoria verfasst, das er drucken lassen will.[218]

Rodins Person und Œuvre ist ihm bereits seit 1891 geläufig, als erster deutscher Museumsdirektor sucht er den Künstler in Paris auf.[219] Doch erst im Oktober 1907 scheint er sich bei seinem Studienaufenthalt mit Erbe in Paris mit dem Gedanken an eine Erwerbung zu befassen. Er hat bereits brieflich wegen einer Reihe von Bronzen angefragt und günstige Auskunft erhalten.[220] Rodins »Penseur« sieht er in der Aufstellung vor dem Pantheon und findet seine Wirkung dort im Gegensatz zu früheren Ausstellungen »überwältigend«: »Wie der Denker nun dasitzt, vorübergebeugt, den Mund wie saugend auf die stützende Hand gepreßt, die Zehen in einer großen Anspannung aufgestützt, hängt er nicht mehr über den Sockel, wie auf den Ausstellungen, er neigt sich über einen tiefen Abgrund, in dem sich seine Blicke verlieren. Hier vor dem Pantheon hat er auf hohem Sockel die Unendlichkeit vor sich, die zu dieser Haltung und Gebärde gehört, um sie dem Gefühl unmittelbar zu erschließen. Jetzt ist die Einheit und das letzte an Inhalt da. Wenn wir den Penseur einmal erwerben, muß er auch ins Freie.« Es gelingt ihm, Rodin zu sprechen und eine Fülle neuer Arbeiten und Skizzen zu sehen. Rodin werde der Kunsthalle sehr entgegenkommen, schreibt Lichtwark. Nun möchte er den »Penseur« ebenfalls erwerben und ihn so schön aufstellen wie in Paris; auch Rodin sehe seine Arbeiten am liebsten im Freien.[221]

In einem Brief an den Künstler, schon am 12. Dezember 1904 in deutscher Sprache verfasst, schreibt Lichtwark, der »Penseur« sei leider nicht für die Kunsthalle bestimmt. »Ich bin noch dabei, die Mittel für eine ausgezeichnete Vertretung der Kunst des Meisters bei uns zu sammeln.«[222] Auf seiner Schwedenreise im Juni 1909 hilft er den von Prinz Eugen erworbenen und soeben eingetroffenen Guss des »Penseur« im Park von Waldemarsudde wirkungsvoll zu platzieren. Für die Hamburger Kunsthalle vermag er jedoch kein Werk des Künstlers zu erwerben.[223]

Französische Graphik sammelt Lichtwark schon seit vielen Jahren; 1907 werden ihm von der Kommission 6.000 Mark zum Ankauf einer Sammlung von Radierungen und Aquarellen von Felicien Rops aus dem Nachlass von Dr. Mohrmann bewilligt; schon 1896 erwarb er erstmalig graphische Werke dieses Künstlers.[224] Schwieriger hingegen ist die Lage beim Ankauf von Gemälden. 1904 hofft er, Courbets »Stein-

218 Ebd., S. 326f.
219 Vgl. Keisch (1979), S. 22.
220 Vgl. Br. Kommission (1908), Bd. XV: 1907, S. 188. – Anscheinend sind diese Briefe außer einem im Musée Rodin, Paris, nicht erhalten. Ich danke Véronique Mattiussi, Musée Rodin, für die Mitteilung vom 25.10.2002.
221 Vgl. Br. Kommission (1908), Bd. XV: 1907, S. 190f., Zitat S. 191, 196.
222 Archiv Musée Rodin, Paris; für das Zitat danke ich Véronique Mattiussi, Musée Rodin (Mitteilung vom 25.10.2002). Für den Hinweis auf diesen Brief danke ich Ina Gayk, Berlin. Der Inhalt des Briefes lässt sich nicht näher bestimmen.
223 Vgl. Keisch (1979), S. 29. Keisch zufolge erwirbt Lichtwark 1905 »Das eherne Zeitalter« als erstes von insgesamt sechs Werken Rodins. Hier liegt jedoch ein Irrtum vor; es handelt sich um Geschenke verschiedener Stifter für die Kunsthalle Bremen; vgl. Best.Kat. Bremen, Kunsthalle (1939), S. 182f.
224 Vgl. P4, 5.3.1907.

klopfer« für die Kunsthalle zu gewinnen, wenn die Dresdner Sammlungen sie nicht nähmen; Seidlitz habe sie auf einer Auktion preiswert gekauft. Es sei eine gute Kapitalanlage, von diesem Standpunkt aus würden es wohl auch die Hamburger verstehen. Dresden lässt sich die Gelegenheit jedoch nicht entgehen.[225] 1907 erwirbt der Verein von Kunstfreunden von 1870 Courbets »Winterlandschaft mit den Dents du Midi« als erstes Werk dieses Künstlers für die Hamburger Kunsthalle (Abb. 63).[226] Im Jahr zuvor, im März 1906, hat Lichtwark schon bei Cassirer in Berlin ein kleines »Waldinneres« des Künstlers gesehen, »das ich mir selber kaufen würde, wenn ich sammeln dürfte. 3.000 Mark. Man sieht, es ist immer noch Zeit Courbet zu kaufen.« Im April dieses Jahres sieht er neue Werke von Courbet, wiederum bei Cassirer, und schreibt an seine Kommission: »Wer jetzt Courbet kaufen könnte. Er ist immer noch erschwinglich, und gegen Menzel-Leibl billig.« Tschudi habe ein schönes Stillleben des Künstlers für 30.000 Mark gekauft, nur 10.000 Mark jedoch kostet die »Winterlandschaft«, das ist preiswert im Vergleich mit dem Blumenstillleben des Künstlers für ebenfalls 30.000 Mark, das der Verein von Kunstfreunden von 1870 der Kunsthalle zwei Jahre später, 1909, stiftet.[227] Im selben Jahr wird auf einer Auktion bei Helbing in München eines der zahlreichen Motive der »Welle« für 15.000 Mark angeboten; Lichtwark ist jedoch nicht interessiert, weil ihm die Echtheit zweifelhaft erscheint.[228] 1910 lässt er Courbets »Ringer« zur Ansicht kommen, das Bild wird jedoch nicht erworben; er stellt in der Kommissionssitzung auch keinen Antrag.[229] Schließlich kauft er 1913 bei Cassirer mit Mitteln aus dem Behrens-Legat Courbets großartige »Grotte der Loue« für nur 10.000 Mark an; der auffallend niedrige Preis dürfte dem wenig gefälligen Motiv geschuldet sein.[230]

Interessiert verfolgt Lichtwark auch andere französische Künstler dieser Epoche. 1909 sieht er bei Cassirer eine auf Renoir konzentrierte Ausstellung. »Einige Bilder mochte ich, die meisten waren meinem Gefühl ganz fremd.«[231] Im Jahr darauf zeigt Cassirer eine kleine Landschaft von Renoir, die Lichtwark derart gut gefällt, dass er sie nach Hamburg zur Ansicht erhalten möchte; sie wird jedoch gleichfalls nicht erworben.[232]

225 Vgl. Schiefler, LAZ, 4.5.1904, o.P., HH, SUB, HSS. – Courbets »Steinklopfer«, ehemals Dresden, Kriegsverlust, WV Courthion 95.
226 Vgl. P4, 5.3.1907. – Best.Kat. Hamburg, 19. Jh., S. 27. – Das Bild sollte später eventuell gegen einen weiblichen Akt von Courbet, der 12.000 Mark kostete, eingetauscht werden; vgl. P4, 5.3.1907. – WV Courthion 1021.
227 Vgl. Br. Kommission (1908), Bd. XIV: 1906, S. 71, 97. Zu Tschudi vgl. Paul (1993), S. 399f. – P5, 6.7.1909. – Best.Kat. Hamburg, 19. Jh., S. 26, WV Courthion 174. – Ladleif (2002), S. 219.
228 Vgl. P5, 6.7.1909. – Br. Kommission (1917), Bd. XVII: 1909, S. 117. – WV Courthion verzeichnet zahlreiche Wellenmotive, insbesondere für 1869/70, siehe Nr. 650–680, 682, 704, 734, 736–742, 754, 814–816, 818.
229 Vgl. Br. Kommission (1918), Bd. XVIII: 1910, S. 78; Lichtwark sieht von diesem Bild zunächst lediglich eine Photographie. – P5, 12.7.1910. – WV Courthion 136.
230 Vgl. zu den Ankäufen von Werken Courbets: Br. Kommission (1908), Bd. XIV: 1906, S. 70f., Zitat S. 71. – Best.Kat. Hamburg, 19. Jh., S. 26f., WV Courthion 375. – Br. Kommission (1908), Bd. XIV: 1906, S. 97. – Br. Kommission (1920), Bd. XX: 1912/13, S. 280. – P5, 11.3.1913. – Zu den Preisen vgl. auch Ladleif (2002), S. 219.
231 Br. Kommission (1917), Bd. XVII: 1909, S. 97.
232 Br. Kommission (1918), Bd. XVIII: 1910, S. 279.

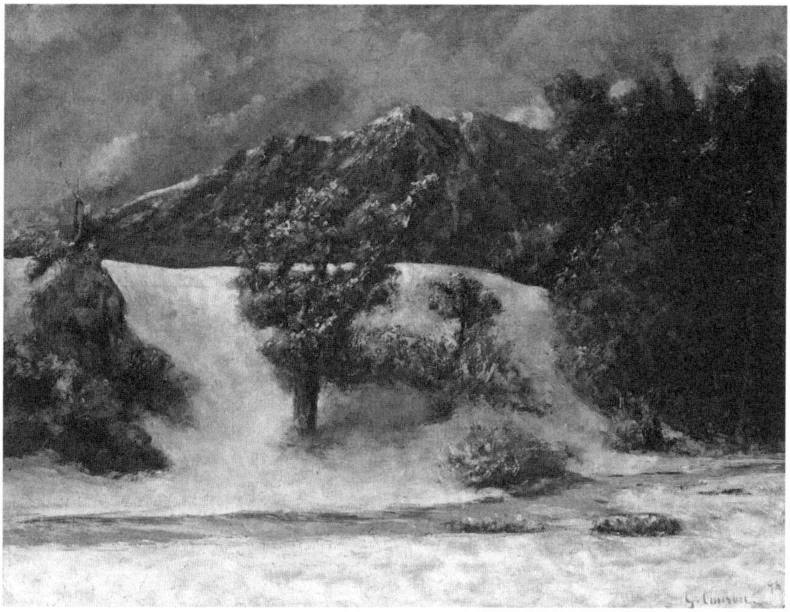

Abb. 63 Gustave Courbet, Winterlandschaft mit den Dents du Midi, 1876, Öl auf Leinwand, Hamburger Kunsthalle

Französische Kunst um jeden Preis befürwortet Lichtwark allerdings nicht. Als er 1910 eine »große französische Ausstellung von Courbet bis heut« in Elberfeld sieht, schreibt er an seine Kommission: »Einige gute Bilder. Das meiste aber doch Restbestände. Was sollen solche Ausstellungen? Sie dienen doch nur dazu, die Leute scheu und wirr zu machen. Sie haben noch nicht mal an alles gute Deutsche Anschluß. Wenn sie die neuesten Franzosen mit einem Sprunge erhaschen sollen, brechen sie sich das Genick. Was kommt dabei heraus? Affektation auf der einen Seite, auf der andern (ehrlichern) schroffe Ablehnung und ein Kind mit dem Bade ausschütten. Es soll doch bei u n s was wachsen.«[233]

Als erstes Bild von Édouard Manet erwirbt Lichtwark 1907 für 20.000 Mark das Bildnis des Schriftstellers Henri Rochefort von 1881 aus der Nachlassausstellung des Schauspielers Jean Baptiste Faure, die Cassirer in Berlin im September 1906 zeigt.[234] Er zieht den Rochefort dem »Bon Bock« von 1873, ein genrehaftes Portrait des Radierers und Lithographen Emile Bellot, für das 120.000 Mark verlangt werden, unabhängig vom geforderten Preis entschieden vor. Ihn reizt das reduzierte Portrait; und als zweites Bild Manets kauft Lichtwark im März 1910 ebenfalls bei Cassirer

233 Ebd., S. 32. – Elberfeld und Barmen waren bis 1929 selbständige Städte.
234 Vgl. Hoffmeister (1991), S. 98. – Best.Kat. Hamburg, 19. Jh., S. 130; WV Rouart / Wildenstein 366, hier: erworben 1909. – Br. Kommission (1908), Bd. XIV: 1906, S. 210. – Ladleif (2002), S. 219. – Cassirer fordert für den »Rochefort« zunächst 27.000, die Kommission bietet lediglich 20.000 Mark; vgl. P4, 5.3.1907.

das Bildnis des Schauspielers Faure als Hamlet von 1877 aus der Sammlung Auguste Pellerin an, ebenfalls für 20.000 Mark (Abb. 64).[235] Außerdem möchte er nun Manets ganzfiguriges Portrait des Künstlers Marcellin Desboutin erwerben, das er bereits 1906 bei Cassirer gesehen hat und ihm noch großartiger erscheint. In den neunziger Jahren hat er bei seiner Suche nach den Medaillen und der französischen Graphik den Künstler persönlich getroffen. Das Bildnis Desboutins wird durch den Verzicht des Sammlers Eduard Arnhold zunächst frei. So ordert Lichtwark es ebenfalls nach Hamburg zur Ansicht; es erscheint ihm als Höhepunkt der französischen Malerei, vergleichbar mit den 1906 erworbenen »Kirchenfrauen« Leibls, und diese wertet er als das »höchste Werk der malerischen Kultur Deutschlands«. Die »Stillebenschönheit« des gleichfalls zur Disposition stehenden »Frühstücks im Atelier« von Manet, das Tschudi für München zu erwerben beabsichtigt, würdigt Lichtwark besonders: »[...] ein wunderbares Bild, reine Malerei, reinste Augenweide ohne menschliche Tiefen oder Untiefen«. Die Portraits sind ihm jedoch wichtiger, vor allem der Desboutin. Hier sei ein Mensch »hingestellt leibhaftig und seelhaftig für alle Ewigkeit, der besondere nur in einer einzigen Generation solchergestalt mögliche Mensch. Bringen wir es fertig, diese beiden Bildnisse zu erringen, so haben wir mit dem Rochefort die drei besten Bildnisse Manets, die drei bedeutendsten Menschendarstellungen des französischen Impressionismus – neben den besten Leibl, Trübner, Thoma auf der deutschen Seite. Und wir verstärken die Hauptnote unserer Galerie, das Bildniß des neunzehnten Jahrhunderts um ein Gewaltiges.«[236] Für den Desboutin würde er sogar den Faure in einigen Jahren eintauschen. Die Erwerbung misslingt jedoch; Arnhold kauft das Bild schließlich zusammen mit Manets »Familie Monet im Garten« für insgesamt 300.000 Mark.[237] Monet hingegen scheint Lichtwark nicht weiter zu beschäftigen; als Liebermann probeweise 1910 in der Berliner Sezession seine Bilder zwischen die »allerzuckrigsten Monets« hängt, vergleicht Lichtwark ebendiese Werke Monets neben der »Herbigkeit« der Liebermann-Bilder mit »Bonbondosendeckeln«.[238]

Im Dezember 1912 reist Lichtwark nach Paris zur Versteigerung der Sammlung Rouart. »Ganz Paris war da und halb Deutschland«, schreibt er an seine Kommission; die Preise der französischen Kunst würden wesentlich von den deutschen Direktoren und Händlern bestimmt. Carl Einsteins Auktionsbericht nennt außer Lichtwark Lud-

235 Vgl. hier und im Folgenden: Br. Kommission (1918), Bd. XVIII: 1910, S. 67, 70–72. – Manet, Le bon bock, WV Rouart / Wildenstein 186, heute Museum of Art, Philadelphia. – Zur Ausstellung der Sammlung Auguste Pellerin bei Cassirer im März 1910 vgl. Hoffmeister (1991), S. 133f. – Für Manets »Faure als Hamlet«, WV Rouart / Wildenstein 256, angeboten bei Cassirer, werden von der Kommission 20.000 Mark bewilligt; Lichtwark führt außerdem ein Straßenbild von Manet für 60.000 Mark vor, jedoch ohne Antrag; vgl. P5, 19.3.1910. – Best. Kat. Hamburg, 19. Jh., S. 130. – Ladleif (2002), S. 219.

236 Vgl. Br. Kommission (1918), Bd. XVIII: 1910, S. 72, Manet, L'Artiste (Marcellin Desboutin), 1875, WV Rouart / Wildenstein 244, heute Museu de Arte Moderna, Sao Paulo. – Manet, Déjeuner dans l'atelier, 1868, WV Rouart / Wildenstein 227, heute München, Neue Pinakothek.

237 Vgl. Ausst.Kat. Manet (1983) S. 373. – Manet, La famille Monet au jardin, 1874, WV Rouart / Wildenstein 227.

238 Vgl. Br. Kommission (1918), Bd. XVIII: 1910, S. 76.

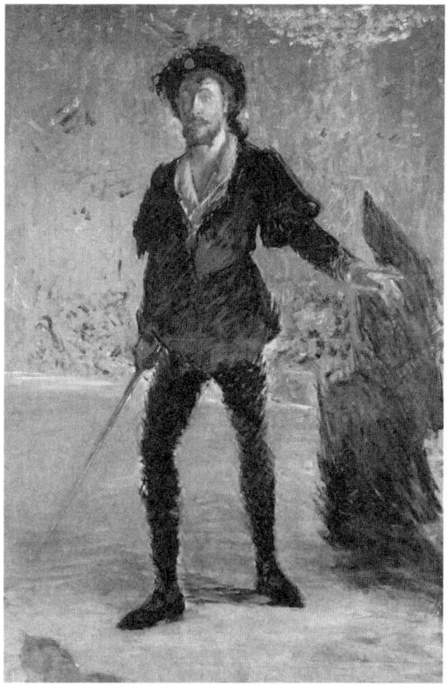

Abb. 64 Édouard Manet, Jean Baptiste Faure in der Oper »Hamlet« von Ambroise Thomas, 1875–1877, Öl auf Leinwand, Hamburger Kunsthalle

wig Justi, Berlin; Georg Swarzenski, Frankfurt am Main; Alfred Hagelstange, Köln; Fritz Wichert, Mannheim, und Richart Reiche, Wuppertal-Barmen.[239]

Der Louvre dürfe noch immer keine Impressionisten kaufen, schreibt Lichtwark 1913 an seine Kommission, Cassirer rechne es sich lautstark zum Ruhm, die französischen Bilder so teuer gemacht zu haben wie die deutschen, und Bode habe Tschudi von der ersten Stunde an vorgeworfen, dass er die Franzosen mit den damaligen Marktpreisen überbezahlt habe. Die Preise übersteigen auch hier Lichtwarks Erwartung;[240] vorsorglich hat er sich von seiner Kommission einen Kredit über 70.000 Mark

239 Vgl. hier und im Folgenden: Br. Kommission (1920), Bd. XX: 1912/13, S. 307–324. – Einstein (1912/13), S. 226.

240 Vgl. Br. Kommission (1920), Bd. XX: 1912/13, S. 307, 324. – Die Sensation des ersten Tages sind die Preise für Cézanne und Gauguin. Die »Baigneuses« von Cézanne kauft der amerikanische Sammler Albert C. Barnes, Philadelphia, für 18.000 Francs, »Cinq baigneuses«, WV Rewald 364; ein großer Gauguin erzielt 31.500, Cézannes »Frau und Kind«, Hortense Fiquet mit dem gemeinsamen Sohn als Säugling, 10.000 Francs, WV Rewald 216. Durand-Ruel erwirbt Degas' »Tänzerinnen an der Stange« für 435.000 Francs, den wohl höchsten Preis, der zu jener Zeit für ein Bild eines lebenden Künstlers bezahlt wird, Degas hat einmal 500 Francs für das Bild bekommen. Cassirer erwirbt für Lichtwark die »Reiterin« von Renoir, ohne Preisangabe, Manets »La leçon de musique«, Astruc und Frau, 1870, WV Rouart / Wildenstein 152, bringt 120.000 Francs, Manets »Sur la plage«, 1873, WV Rouart / Wildenstein 188, 92.000 Francs und ein Stillleben von Chardin 41.000 Francs; vgl. Einstein (1912/13), S. 227. – Der Kurs ist weiterhin stabil: 1 Franc entspricht 0,81 Mark.

bewilligen lassen. Er hat ein Auge auf ein großes Gemälde von Renoir geworfen: »Das Reiterbildnis von Renoir wirkt wie illuminiert auf der Wand. Das möchte ich haben.« Außerdem gefallen ihm einige Corots und ein Strandbild von Manet. Aus taktischen Gründen beschließt er, nicht selber zu bieten. Die Preise werden stark in die Höhe getrieben. Er hat sich auf einen kleinen Courbet konzentriert, der auf mehr als das Dreifache des normalen Preises steigt, so dass er verzichtet. Ein großes Doppelbildnis von Manet und »ein ernstes dunkles Waldstück« von Monet hätte er gerne erworben, doch auch hier muss er verzichten. Dafür ersteigert er verdeckt über Cassirer Renoirs Reiterbildnis von 1873 für insgesamt knapp 90.000 Mark, zunächst ohne Stifter und auf eigenes Risiko, in der Hoffnung, dass es die Kommission ebenso stark beeindrucken wird wie ihn selbst. Zu groß für eine Privatwohnung, während der Auktion durch eine grüne Tapete in der Wirkung geschwächt und in schmutzigem Zustand, wirke es nicht so gut wie bei Rouart. »Aber es ist ein herrliches Werk, das nach meiner Überzeugung neben den anderen monumentalen Bildern Renoirs steht.« Im März 1913 beschließt die Kommission dann, Renoirs Reiterbildnis aus dem Budget des Jahres 1913 anzukaufen.[241]

Der schöne dunkle Monet sei billig weggegangen, berichtet Lichtwark, doch kann er offensichtlich die Erwerbung eines zweiten Gemäldes nicht wagen; eine Studie von Étienne Moreau-Nélaton gefällt ihm auch besser. Außerdem möchte er zwei große Puvis de Chavannes kaufen, wozu es jedoch nicht kommt.[242] Zudem hat er ein »champ de blé« von Alfred Sisley zur Ansicht bestellt, weiß aber nicht, ob er es halten kann, da nun alle Kräfte in Hamburg auf die Gründung einer Universität konzentriert seien. Der Senat habe beschlossen, ein Kapital von 25 Millionen für den Unterhalt der zu gründenden Universität festzulegen, daher sei es schwer, Mittel für andere Ausgaben aufzutreiben, beklagt er die Lage gegenüber Prinz Eugen. Der Verein von Kunstfreunden von 1870 kommt hier zu Hilfe und schenkt der Kunsthalle 1913 für 18.000 Mark das gewünschte »Kornfeld bei Argenteuil« von Sisley.[243]

Begeistert von seiner Erwerbung des Reiterbildes von Renoir schreibt Lichtwark an den Künstler und erhält als Antwort einen »sehr netten Brief. Er freue sich, dass eins seiner importanten Werke in unsere Galerie käme. Sein Freund, der Ordonnanz-

241 Vgl. P5, 5.12.1912. – Br. Kommission (1920), Bd. XX: 1912/13, S. 308, 322f., Zitat S. 323 – Vgl. Br. Pauli, S. 85.– Br. Liebermann-Lichtwark, S. 445. – Ladleif (2002), S. 219. – P5, 11.3.1913. – Best.Kat. Hamburg, 19. Jh., S. 264. – Manet, Sur la plage, 1873, WV Rouart / Wildenstein 188, Paris, Jeu de Paume. – Manet, Portraits de Monsieur et Madame Auguste Manet, 1860, WV Rouart / Wildenstein 30, heutiger Standort unbekannt. – Monet, Le Pavé de Chailly dans la forêt de Fontainebleau, 1865, WV Wildenstein 57. – Lichtwark hätte das Reiterbildnis notfalls auch aus eigener Tasche bezahlt, erinnert sich Gurlitt an Lichtwarks Aussage; vgl. Gurlitt (1914), S. 90.

242 Vgl. Br. Kommission (1920), Bd. XX: 1912/13, S. 325.– Brief Alfred Lichtwark an Prinz Eugen, 16.12.1912, Stockholm, PEW, Archiv. – Ladleif (2002), S. 219. Die beiden erwähnten großen Bilder von Puvis de Chavannes sind nicht identifizierbar. Laut WV Brown Price befanden sich in der Sammlung Rouart nur zwei kleinere Aktbilder: 159, »Femme nue«, und 190, »L'espérance«, die beide schon vom Motiv her kaum infrage kommen.

243 Vgl. Brief Alfred Lichtwark an Prinz Eugen, 22.12.1912, Stockholm, PEW, Archiv. – P5, 11.3.1913. – Best. Kat. Hamburg, 19. Jh., S. 195.

offizier des Generals du Barail, hatte ihm einen Salon der Ecole militaire zur Verfügung gestellt und ihm erlaubt, in der Manege Pferde im Galopp zu studieren. Seine Studien habe er leider alle verloren. Ebenso die aus dem Bois de Boulogne. Die Reiterin ist Frau Darras.« Lichtwark äußert zwar die Absicht, Renoir zu besuchen,[244] seine schließlich zum Tode führende Krankheit verhindert jedoch diese Reise.

Das auch von Liebermann bewunderte Reiterbild wird anschließend in Berlin restauriert. Lichtwark besichtigt es in seiner Freude am 1. Februar zusammen mit Justi, Kardorff und Beckmann. Justi, in Paris nicht sehr angetan, sei »starr« gewesen, Kardorff und Beckmann »brannten lichterloh vor Begeisterung«, berichtet er seiner Kommission. Er versucht ergänzend auch die vorbereitenden Arbeiten von Renoir zu erwerben, die der Künstler jedoch nicht mehr auffinden kann.[245] »Zu Ostern will ich den Renoir ausstellen von einer Corona schöner Dinge begleitet«, vertraut Lichtwark am 23. Februar 1913 Liebermann an. »Aber das wird nur wieder Futter für die Böswilligkeit sein. Es heißt schon, in Paris lacht man, daß ich den Renoir gekauft habe. Was kriegt man für'n dickes Fell. Das hat sein gutes [sic], aber bleibt nicht ohne seinen Nachteil, denn man muß für Alles zahlen, für eine gewisse Schmerzlosigkeit mit demselbem Quantum Freudlosigkeit.«[246]

Es gelingt ihm auch, einen Delacroix zugeschriebenen Entwurf für das Deckenbild in der Galerie d'Apollon im Louvre für die Kunsthalle zu gewinnen, »ein ganz wunderbares Stück Farbe«, mit 5.000 Mark Preisforderung »unverständlich wohlfeil«, wie er an Pauli schreibt. Zwar hat er wenig Hoffnung, es erwerben zu können, doch wird dieses mittlerweile Delacroix' Assistenten Pierre Andrieu zugeschriebene Werk von einer Kunstfreundin geschenkt.[247]

Offensichtlich beabsichtigt Lichtwark, im Anschluss an Renoirs großes Reiterbild den Bestand an französischer Malerei weiter auszubauen. Dass der junge Albert Marquet infolge seiner in Paris entstandenen Bekanntschaft mit Franz Nölken 1909 in Hamburg Hafenmotive malt und zeichnet, entgeht Lichtwark zwar nicht, da der Künstler durch die briefliche Vermittlung des Kunsthallendirektors von der Polizeibehörde eine Malgenehmigung erhält, doch kommt es nicht zu einer persönlichen Begegnung. Auch Auguste Herbin, der als Gast von Henry B. Simms in Hamburg arbeitet, lernt er nicht kennen.[248] Anlässlich eines Besuches von Félix Fénéon, dem früheren Sekretär der *Revue blanche*, in der Kunsthalle, erfährt er hingegen dessen Einschätzung, dass Pierre Bonnard und Édouard Vuillard an einem Beitrag für die Sammlung von Bildern aus Hamburg interessiert sein könnten.[249] Bilder Bonnards hat Lichtwark Ende 1910 bei Cassirer gesehen, ohne dass er an eine Erwerbung gedacht oder persönliches

244 Br. Kommission (1920), Bd. XX: 1912/13, S. 342.
245 Ebd., S. 348. – Vgl. Kern (1989), S. 204.
246 Vgl. Br. Lichtwark-Liebermann, S. 444f., Zitat S. 447.
247 Br. Pauli, S. 78, 9.3.1912. – Best.Kat. Hamburg, 19. Jh., S. 7.
248 Vgl. Meyer-Tönnesmann (1985), S. 281–284. – Hurttig (2011), S. 8, 11, 19–26.
249 Vgl. hier und im Folgenden: Briefe Alfred Lichtwark an Bonnard, 4.1., 25.2.1913, Briefe Alfred Lichtwark an Vuillard, 5.1., 18.1., 8.2., 25.2., 22.4., 31.5.1913, HKH, AdB 168. – Vgl. Sutton (1967), S. 97–110.

Gefallen formuliert hätte. Aber der Preis eines kleinen Gemäldes von Degas liegt um diese Zeit bereits bei 125.000 Mark;[250] Lichtwark könnte sich also allein aufgrund der Kosten an einen jüngeren Maler wenden. Eine große Landschaft von Vuillard, »Herbst vor Paris«, kennt er aus dem Privathaus von Karl Ernst Osthaus in Hagen, das er im Oktober 1910 besucht hat.[251] Damit sind ihm beide Künstler geläufig, als er sich am 4. und 5. Januar 1913 brieflich an sie wendet. In tadellosem Französisch informiert er sie über seine nun schon zweihundert Werke umfassende Sammlung von Bildern aus Hamburg und das zugrunde liegende Konzept und lädt sie ein, ein Portrait sowie Landschaften und Motive aus dem Stadtleben darzustellen. Um sein grundsätzliches Interesse an französischer Kunst zu dokumentieren, zählt er den Besitz der Kunsthalle auf: Werke von Manet und Monet, Delacroix, Courbet, Corot, Daubigny, Dupré, Fantin-Latour, Alexandre Descamps, Meissonnier, Félix Ziem etc. Er wirkt offensichtlich überzeugend, vielleicht rät Fénéon außerdem auch zu, denn beide Künstler erklären sich umgehend bereit. Das Ereignis beschäftigt Lichtwark; er denkt darüber nach, welche Auswahl an Motiven er ihnen zeigen könnte und bereitet sie auf Hamburg vor. Keine Residenzstadt wie Paris sei es, sondern seit mehr als tausend Jahren eine freie Stadt; Hamburg besitze keine Palais, Parks, große Plätze oder Avenuen, erinnere eher an große englische Provinzstädte. In der Kunst besitze es keine Tradition, da eine Akademie fehle, und die außerhalb ausgebildeten Architekten hätten ein uneinheitliches Stadtbild bewirkt. Das moderne, explosive Leben habe die mittelalterlichen Sakralbauten und Renaissancekirchen zerstört, und mit der Architektur seien auch die Spuren eines nicht unbedeutenden Kunstlebens verschwunden, nur die Altäre habe er mit Glück retten können. Den Bedürfnissen des Tages habe man die Vergangenheit geopfert, den Hafen zerstört, wo sich das Patrizierquartier des 17. Jahrhunderts befand, auch die Wiesen an den großen Wasserbecken und die Viertel des 18. Jahrhunderts; man habe den Lauf der Elbe verlegt und eine Hügelkette entstehen lassen, um sich gegen die Gefahren des Dreißigjährigen Krieges zu schützen. Trotz alledem würden sie eine sehr schöne Stadt vorfinden in ihrer modernen Hässlichkeit. Er freue sich darauf, ihnen alles zu zeigen. Und einer der Freunde Lichtwarks wünsche sich von Bonnard ein Portrait von seiner Frau mit den fünf Kindern, vielleicht in seinem Park am Elbufer.

Die beiden Maler treffen am 10. Juni 1913 in Hamburg ein. Lichtwark bringt sie im vierten Stock des Hotels »Atlantik« unter. Hielten sie bei einem Zwischenaufenthalt in Köln Licht und Luft in Deutschland für nicht darstellbar, so sind sie von der Atmosphäre in Hamburg und vom Anblick der Alster, von der Regatta, dem Lampionkorso beim Kaiserjubiläum und den Abenden im Fährhaus umso begeisterter.[252] Von einem kurzen, eher enttäuschenden Ausflug nach Berlin kommen sie wie in einen Landauf-

250 Vgl. Br. Kommission (1918), Bd. XVIII: 1910, S. 290.

251 Vgl. ebd., S. 211. – Osthaus besaß von Édouard Vuillard das Ölgemälde Herbst vor Paris, 270 × 250 cm, heute Los Angeles County Museum; WV Salomon / Cogeval VI-103: A Walk in the Vineyard, 1900. Erworben 1908 für 1.800 Franc, etwa 1.440 Mark, hing es im Damenzimmer der Villa Hohenhof; vgl. Hesse-Frielinghaus (1971), S. 137, 150, 522.

252 Vgl. Br. Kommission (1920), Bd. XX: 1912/13, S. 427–429.

enthalt zurück. Die Sammlungen hatten sie zwar beeindruckt, doch die Stadt mit den verlassenen Dekorationen zum Kaiserjubiläum missfiel ihnen gründlich. Nur Potsdam und der Wannsee entzückten sie.[253]

Im Hamburg entsteht Bonnards Portrait des Zoologen und Naturwissenschaftlers Professor Franz Ludwig Stuhlmann, der seit 1908 als erster Direktor des Colonialinstituts, des heutigen Weltwirtschaftsarchivs, in Hamburg amtiert. Vuillard portraitiert den Senator Eduard Wilhelm Ludwig Heinrich Roscher, ein langjähriges Mitglied der Finanzdeputation, im Alter von 75 Jahren.[254] Soweit die Pflichtaufgabe, erst bei der Kür erreichen beide Maler ihre volle Qualität. In Bonnards »Abend am Uhlenhorster Fährhaus« und »Lampionkorso auf der Außenalster«, ebenso in Vuillards »Blick auf die Binnenalster« und den kleinen Pastellen mit bescheidenen Motiven von Wasser und Booten auf der Außenalster schlägt sich ihr Erleben der Stadt nieder. Lichtwark kann nun alles Entstandene von der Spende zu seinem Amtsjubiläum erwerben;[255] der finanziellen Sorge ist er enthoben. Die beiden Maler fordern tatsächlich keine überhöhten Preise. Die beiden Portraits kosten jeweils 10.000 Mark, die Alstermotive nur 3.000, Vuillards »Blick auf die Binnenalster« 4.000 Mark (Abb. 65).[256] Lichtwark erhofft sich eine Fortsetzung dieses Kontaktes, er kann gar nicht glauben, dass die beiden französischen Maler in Hamburg waren, und imaginiert sie schon im Saal der modernen Franzosen des neuen Kunsthallenbaus.[257] Auf Bonnard hat das Hamburgerlebnis merkliche Wirkung. Ein weiteres Bild mit hamburgischem Motiv, eine »Regatta« mit Blick über die Außenalster nach Harvestehude aus dem Jahr 1913, ist entweder aus dem Gedächtnis oder nach Skizzen ausgeführt. Ein Gartenmotiv mit Konversation steht diesem Werk stilistisch nahe und könnte somit auch durch den Hamburger Aufenthalt angeregt worden sein.[258] Lichtwark erwähnt beide Werke in seiner Korrespondenz nicht; vermutlich weiß er nichts von ihrer Existenz. Bonnard erreicht in diesen Bildern einen freien, fast expressiven Ausdruck; er könnte die Radierungen Noldes in der Kunsthalle kennengelernt haben.[259] Vuillard mag zu seinen Pastellen von Lichtwark ermutigt und zudem durch Liebermanns 1910 entstandenen Pastelle mit Alstermotiven in der Kunsthalle angeregt worden sein; die Ähnlichkeiten sind offensichtlich.[260] Der erfolgreiche Hamburgaufenthalt motiviert die Beteiligten zu weiteren Plänen; die beiden Künstler wollen im folgenden Sommer wiederkom-

253 Vgl. ebd. – Sutton (1967), S. 107.
254 Vgl. Best.Kat. Hamburg, 20. Jh., S. 15–17, 130–132.
255 Vgl. ebd.
256 Vgl. Ladleif (2002), S. 218f.
257 Vgl. Brief Alfred Lichtwark an Bonnard, 2.7.1913, HKH, AdB 168.
258 Vgl. Sutton (1967), S. 108f.
259 Siehe das Kapitel »Avantgarde: Expressionismus« in Teil 6.
260 Vgl. Sutton (1967), S. 108f.; der Sammler Martin Bromberg und seine Frau, eine Verwandte des Pariser Sammlers Rodolphe Kann, schenken 1910 der Kunsthalle Liebermanns »Abend am Uhlenhorster Fährhaus«, das in Lichtwarks Auftrag entstand, und die drei dazugehörigen Pastellstudien, vgl. Luckhardt (2001, Kleines Lexikon), S. 218. – Best.Kat. Hamburg, 19. Jh., S. 124.

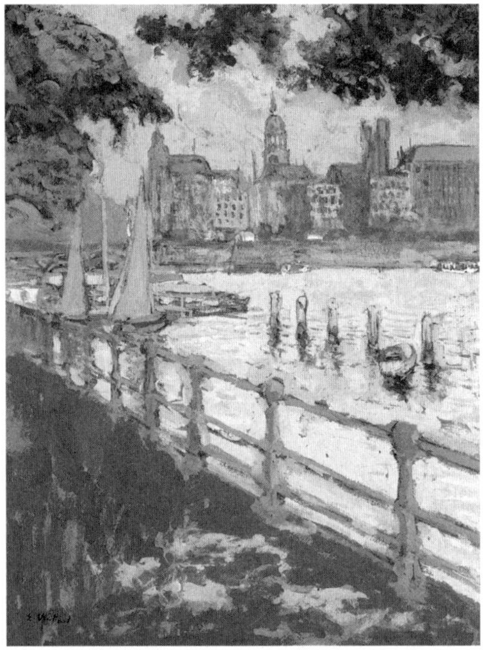

Abb. 65 Édouard Vuillard, Blick auf die Binnenalster, 1913, Gouache auf Pappe, Hamburger Kunsthalle

men. Auch Weiterungen sind möglich: Moritz Warburg, Aby Warburgs Bruder, erwägt ein Familienportrait als Auftrag an Bonnard oder Vuillard.[261] Bei der Finanzierung der Aufträge an Bonnard und Vuillard dürfte Lichtwark in Vorleistung getreten sein, denn den Ankauf der Bilder für 22.000 Mark aus der Lichtwark-Stiftung beschließt die Kommission erst am 31. Januar 1914, zwei Wochen nach Lichtwarks Tod.[262]

Lichtwark habe für bedeutende Franzosen, die damals billig zu erwerben gewesen seien, keine Neigung gehabt, kritisiert der Hamburger Feuilletonist Hans W. Fischer, ohne nähere Angaben zu den damit gemeinten Künstlern zu machen.[263] Womöglich denkt er an die damalige Avantgarde wie Picasso, Matisse und die übrigen Fauves, die Lichtwark zu dieser Zeit zwar schon kennt, in seine Ankaufsabsichten jedoch nicht einbezieht.

261 Vgl. Hurttig (2011), S. 38f.
262 Vgl. P5, 31.1.1914.
263 Vgl. Fischer (1998), S. 85.

JUGENDSTIL FÜR DIE KUNSTHALLE: KLIMT UND HODLER

Um die gleiche Zeit versucht Lichtwark, zwei arrivierte Künstler der Jahrhundertwende für Aufträge zu gewinnen: Gustav Klimt und Ferdinand Hodler. Dabei hat er genaue Vorstellungen von den Werken der beiden Maler und welche Aufgaben in Hamburg zu ihrer Eigenart passen könnten.

Im Rahmen seiner Bemühungen, auch ausländische Künstler für die Sammlung von Bildern aus Hamburg zu gewinnen, wendet sich Lichtwark 1909 an Gustav Klimt.[264] Seit 1905 kennt er ihn näher; bei der Künstlerbundausstellung in Berlin hat Klimt ebenso wie Hodler einen eigenen Saal mit einer Reihe seiner Frauenbildnisse, die Lichtwark bewundert: »[...] die moderne Frau so feinfühlig erfaßt, so nobel, so reizvoll, so ganz natürlich und ohne Affektation«, wie kein anderer es ausdrücken könne.[265] Schon zu dieser Zeit vertritt er die Auffassung, es habe wohl noch niemand den Charme der modernen Dame, insbesondere der Wienerin, so dargestellt wie er.[266]

Der Künstler, zehn Jahre jünger als Lichtwark, einer der bedeutendsten Vertreter des Jugendstils in Europa, ist in seinen ornamental stilisierten Frauengestalten keineswegs unumstritten, aber gerade um diese geht es Lichtwark mit seinem Wunsch nach einem Beitrag zur Portraitsammlung der Hamburger Kunsthalle. Am 19. August 1909 sieht er eines der Bildnisse Klimts in der Ausstellung der Berliner Sezession, »die bei aller Raffinirtheit des Decorativen so wundervoll das weibliche Wesen treffen. Auch an ihn müßten wir einmal denken«, schreibt er an seine Kommission[267] und sendet schon wenige Tage später, am 31. August, dem Künstler ein Exemplar des Kataloges der Sammlung von Bildern aus Hamburg: »In dieser Sammlung muß ich ein Frauenbildniß von Ihnen haben und womöglich das Bildniß eines Mannes als Seitenstück.« Bei ausreichenden finanziellen Mitteln wünscht er sich eine wandfüllende Dreiergruppe der beiden Bildnisse mit einer Landschaft in deren Mitte. Er denkt dabei an die von ihm hochverehrte Schauspielerin Adele Doré, zudem eine Österreicherin, als Judith, Mariamne oder Rhodope.[268] Klimts Kollegen Carl Moll und Koloman Moser würden die Doré kennen, erklärt er; er meine, »der wundervolle Mensch« würde Klimt interessieren. Zugleich fragt er nach dessen Bedingungen, da er sich die Mittel für diese Aufträge erst bei seinen Freunden beschaffen muss. Zwei Monate später sendet Lichtwark Klimt erneut einen Brief mit der Anfrage, ob der Künstler zu einer Reise nach Hamburg bereit sei. Er betont noch einmal die Bedeutung und Begabung der Schauspielerin Doré und schlägt sie als lebensgroßes Portrait in einer ihrer großen Rollen vor: »Mir schwant, es müßte Ihnen liegen und müßte Ihnen auch Freude

264 Vgl. Thurmann (1986), S. 161f. – Erst 1911 erscheint in der Zeitschrift *Die Kunst für Alle* eine Reproduktion von Klimts Bildnis der Emilie Flöge; vgl. Kunst für Alle, 27. Jg., 15.11.1911, vor S. 77.

265 Vgl. Br. Kommission (1908), Bd. XIII: 1905, S. 89, 95–98, Zitat S. 97.

266 Vgl. Schiefler, LAZ, 29.6.1905, o.P., HH, SUB, HSS.

267 Br. Kommission (1917), Bd. XVII: 1909, S. 229.

268 Vgl. Br. Alfred Lichtwark an Adele Doré, in: Hamburgisches Jahrbuch für Theater und Musik, 1941, S. 188–206; Kayser (1977), Nr. 611.

machen. Fragen Sie nur Molls oder Mosers nach der Erscheinung.« Und wenn er zusage und einmal in Hamburg sei, hoffe er, ihm auch allerlei zu zeigen, was ihm Spaß bereiten könnte. Noch einmal weist er auf die Notwendigkeit der Mittelbeschaffung hin, allerdings vergebens, denn Klimt antwortet nicht. Daher versucht Lichtwark im Februar 1910 noch einmal einen Vorstoß über den Maler Carl Moll, mit dem er schon seit 1898 korrespondiert.[269] Ihm gegenüber formuliert er nun auch noch weitere Pläne; er denkt außerdem an die Schauspielerin Franziska Ellmenreich, ihre Darstellung als Klytämnestra in Hofmannsthals gleichnamigen Stück, im griechischen Kostüm mit Perlen und Steinen beladen, und die Doré als Judith, orientalisch, oder beide nach den Wünschen des Künstlers kostümiert. Als neutralen Mittelpunkt – damit Monumentalität als Wandschmuck im höchsten Sinne entstehe – plant er eine Landschaft nach Klimts Wahl: Nordsee, Ostsee, Waldsee, Düne, Watt, Moor oder Heide. Moll soll vermitteln, was er auch tut, obwohl er selbst als Maler vielleicht auch erwartet hätte, von Lichtwark einen Auftrag zu erhalten. Offensichtlich erfährt Lichtwark von ihm Klimts Forderung; er will in der Kunsthalle ein behagliches Atelier einrichten und hofft auf ein Gelingen. Die Landschaft erscheint ihm sehr wichtig, ob sie Klimt zusagen werde, wisse er natürlich nicht.[270] Doch schon zwei Monate später wird über das Projekt in anderer Weise entschieden. Die Bürgerschaft hat den von Lichtwark formulierten Antrag auf einen Anbau an die Kunsthalle abgelehnt und will an einer ganz anderen Stelle neu bauen, an »einem Platz außerhalb der bewohnten Welt«, wie er im April 1910 an Moll schreibt. Nun fordern seine Geldgeber von ihm, sich bis zu dieser Entscheidung des Sammelns zu enthalten. Er müsse ihnen Recht geben und ohne Geld mit der Einladung warten.[271] Doch offensichtlich nimmt Lichtwark den Plan nicht wieder auf, auch wenn sich die finanzielle Lage in den folgenden Jahren bessert. Sein Versuch, diesen bedeutenden Künstler mit einem Auftrag zu betrauen, scheitert. In einem Brief vom 16. Oktober 1912 an seine Kommission erwähnt Lichtwark im Zusammenhang mit einer Dresdner Ausstellung Klimt zum letzten Mal; von den ausgestellten Künstlern hinterlässt jedoch Hodler bei ihm den stärksten Eindruck.[272]

Seinen Aufenthalt in Vevey anlässlich seines 60. Geburtstages im November 1912 nutzt Lichtwark zu einem Besuch bei Ferdinand Hodler in Genf. Er möchte auf sein Anliegen zurückkommen, den Maler für einen eigenen Saal im Neubau der Kunsthalle zu gewinnen.[273] In Berlin begeistert ihn im Sommer 1909 Hodlers großes Bild für Jena, der »Jenenser Student im Aufbruch«.[274] Auch die kleinen Landschaften des Künstlers gefallen ihm; am liebsten möchte er ihn jedoch persönlich nach Hamburg einladen: »Er muß ins Große gehen können. Ich würde mir denken, das Watt von

269 Vgl. Brief Alfred Lichtwark an Moll, 9.2.1910, HKH, AdB 178.
270 Vgl. Brief Alfred Lichtwark an Moll, 14.2.1910, HKH, AdB 178.
271 Vgl. Brief Alfred Lichtwark an Moll, 25.4.1910, HKH, AdB 178.
272 Vgl. Br. Kommission (1920), Bd. XX: 1912/13, S. 262.
273 Vgl. hier und im Folgenden: Thurmann (1986), S. 158–166. – Br. Kalckreuth, S. 270, Anm. 510.
274 Brief Alfred Lichtwark an Prinz Eugen, 8.9.1909, Stockholm, PEW, Archiv. – Das Bild befindet sich heute in der Staatsgalerie Stuttgart.

Neuwerk läge ihm mit dem gewaltigen Himmel und dem graubunten phantastischen Land, das sich in klarer Gliederung bis zur Silhouette von Neuwerk hinschiebt.« Damit hat er nun einen passenden Künstler für das Wattmotiv gefunden, das er 1908 in Cuxhaven als impressionistisches Farbenspiel erlebt hat: »Wer malt uns das?« Auf der Berliner Großen Kunstausstellung 1909 erschüttert ihn Hodlers Kunst geradezu; er hofft dringend, die Mittel zu einem Auftrag aufbringen zu können. »Das könnte unserer Sammlung von Bildern aus Hamburg einen neuen Zug ins Große geben: an zwei Saalwänden einander gegenüber große Landschaften, eingefaßt von je zwei großen Bildnissen oder Volkstypen.«[275] Auch für Klinger sieht Lichtwark einen speziellen Saal vor, in dem die Bilder eine rhythmische Einheit bilden sollen.[276] Am 2. September 1909 schreibt Lichtwark Hodler zum ersten Mal und legt ihm seine Vorstellung von einer Kunsthalle dar, in der den führenden Meistern jeweils ein ganzer Saal gewidmet ist; er spricht von Liebermann und Kalckreuth und seiner Hoffnung, auf diese Weise das übliche Museumsschema vermeiden zu können. Hodler reagiert darauf erfreut. Lichtwark schlägt ihm vor, einen Saal von 10 × 12 Metern mit seinen Bildern zu gestalten und nennt ihm dafür eine Reihe von Motiven: in der Mitte eine große Landschaft, flankiert von zwei Bildnissen oder Hamburger Typen als ganzfigurige Gegenstücke. Wiederum spricht er vom Wattenmeer bei Ebbe; infolge seiner interessierten Farbwahrnehmung schildert er den samtgrauen Schlick, grüne Algenwiesen und rötliche Muschelbänke, weiß oder blau reflektierende Wasseradern. Er erwähnt den Hafen, die welligen Heideflächen und die Buchenwälder des Sachsenwaldes, die Marschinseln mit ihren Eigentümlichkeiten. Als Figuren schweben ihm »Typen alter Volksschichten« vor, Ratsherr, Kaufmann, Fischer, Schiffer, Lotse – das wiederum erscheint durch die Rezeption holländischer Genremalerei des 17. Jahrhunderts bedingt zu sein und ist eher kleinbürgerlich gedacht, während die Landschaftsmotive, vor allem die Wattenmeermotive, in Anbetracht der Gemälde Hodlers von Schweizer Seen sehr naheliegen. Der Künstler antwortet prompt, er zeigt sich erfreut und animiert von Lichtwarks Ideen. Wie gewünscht, teilt er auch gleich seine Preisvorstellung mit: 50.000 Mark soll die Gestaltung einer Wand mit drei Bildern kosten. Doch Lichtwark verfügt, wie er umgehend antwortet, über die nötige Summe noch nicht, vorläufig sei alles noch eine Wunschvorstellung. Wenn der Betrag beisammen ist, will er Hodler einladen und sehen, welche Motive er wählt. 1910 erscheint ihm Hodlers »Auserwählter«, eingebaut in Osthaus' »Hohenhof« in Hagen, als eines der schönsten Bilder in dessen Sammlung, und im Jahr darauf berichtet Lichtwark seiner Kommission brieflich, ein großes Bild von Hodler von dem Berliner Kunsthändler Gurlitt zur Ansicht nach Hamburg geordert zu haben.[277]

275 Br. Kommission (1917), Bd. XVII: 1909, S. 228, 232. – Br. Kommission (1916), Bd. XVI: 1908, S. 133f.
276 Siehe dazu das Kapitel »Klingers Brahms-Denkmal« in Teil 5.
277 Vgl. Thurmann (1986), S. 162f. – Br. Kommission (1918), Bd. XVIII: 1910, S. 211. – WV Bätschmann / Müller 427–431, entstanden um 1911, ermöglichen eine Vorstellung von Lichtwarks Idee einer Landschaftsdarstellung vom Wattenmeer. Eine reine Streifenkomposition mit hohem Abstraktionsgrad stellt das Bild »Landschaftlicher Formenrhythmus (Genfersee)« von 1909 dar, Öl auf Leinwand, 48 × 64 cm, Aargauer Kunsthaus, Aarau.

Allerdings ruht der Plan, Hodlers Werke in die Kunsthalle zu bringen, bis zum November 1912, als Lichtwark seinen Aufenthalt in Vevey nutzt, um den Künstler, der gerade an seinem großen Historienbild für das Neue Rathaus in Hannover arbeitet, in Genf aufzusuchen.[278] Vermutlich wirkt eine Hodler-Ausstellung in der Galerie Commeter als direkter Anlass zu dieser Reise; gezeigt werden Landschaften vom Thuner See sowie Portraits, darunter auch Bilder aus der Hamburger Privatsammlung Jerôme Friedmann.[279] Kurz vor dieser Reise, im Oktober 1912, sieht Lichtwark auch Werke von Hodler in Dresden und zeigt sich von dessen Monumentalmalerei, vor allem zwei Dioramen, stark beeindruckt.[280] Inzwischen habe er nun auch, wie er seiner Kommission über den Besuch bei Hodler mitteilt, die erforderlichen Mittel bereit. Das erste Bild, das er am 16. November bestellt, soll ein ganzfiguriges Selbstbildnis werden, das zweite Vorhaben hält er gegenüber der Kommission noch geheim. Aber dem Künstler offenbart er seinen Plan am 31. Dezember 1912 in einem Brief: Er soll Liebermann als Seitenstück zu seinem eigenen Selbstbildnis portraitieren. Dieser sei hocherfreut und lade ihn dazu in seine Villa am Wannsee ein. Und über einen weiteren Plan hat er mit Hodler schon während seines Besuches gesprochen: ein Doppelbildnis von Kalckreuth und Klinger. Dazu wiederum bittet Kalckreuth die beiden Kollegen in sein Haus nach Eddelsen – oder sie würden alle drei als Gäste der Kunsthalle an die See fahren. Er denke es sich wundervoll, schreibt Lichtwark an Hodler, wenn er für eine deutsche Galerie sich selbst und die größten deutschen Künstler male.[281] Lichtwarks Idee scheint sich damit zu konkretisieren. Für das Frühjahr 1913 ist Hodlers Ankunft in Hamburg terminiert. Am 3. Juli 1913 fragt Lichtwark noch einmal brieflich nach: »[...] was machen unsere schönen Pläne?«[282] Die akut zunehmenden Beschwerden seiner Magenerkrankung verhindern jedoch alles Weitere. Die Verwirklichung seiner Vorhaben hätte einen beachtlichen Zuwachs von Kunst der Jahrhundertwende in der Hamburger Kunsthalle bedeutet, denn Lichtwark beweist einen ausgezeichneten Blick für die Übertragbarkeit der Seemotive Hodlers auf die Wattenmeerlandschaft, und ebenso überzeugend erscheint die Wahl Hodlers für ein Künstlergruppenportrait.

Lichtwark könnte das Bild ausgestellt gesehen haben. Die Nähe zur Wattenmeerlandschaft ist verblüffend. Siehe auch Ausst.Kat. Hodler (2003), Abb. S. 69, »Thuner See mit Stockhornkette«, 1910, S. 77, »Genfer See von Chexbres aus«, 1904. Das Portrait von Mathias Morhardt, 1911, veranschaulicht, wie die Portraits hätten aussehen können; vgl. Ausst.Kat. Hodler (1990), S. 94f. – Br. Kommission (1919), Bd. XIX: 1911, S. 47. – P5, 1911, in den Protokollen der Kommissionssitzungen dieses Jahres ist das Bild jedoch nicht erwähnt.

278 Hodler, »Einmütigkeit«, Wandgemälde im Neuen Rathaus Hannover, 1913. Es zeigt das Bekenntnis der Bürgerschaft zur Reformation unter ihrem Führer Dietrich Arnsborg auf dem Marktplatz im Jahre 1533.

279 Vgl. Kunst und Künstler, 10. Jg., 1911/12, Ausstellungsberichte, S. 469 (Hakon). – Zu Friedmann vgl. Luckhardt (2001, Kleines Lexikon), S. 223f. Siehe auch das Kapitel »Sammeln VI: Schröder – Weber – Carstanjen – Friedmann« in Teil 6.

280 Vgl. Br. Kommission (1920), Bd. XX: 1912/13, S. 262.

281 Vgl. Thurmann (1986), S. 165. – Brief Alfred Lichtwark an von Melle, 16.11.1912, HH, SUB, HSS, NvM: HG: Lichtwark, Alfred. Hier teilt er mit, Hodler habe seinem gesamten Plan zugestimmt.

282 Thurmann (1986), S. 165.

SAMMELN VI: SCHRÖDER – WEBER – CARSTANJEN – FRIEDMANN

Sammlung Schröder

1910 erhält die Kunsthalle zum zweiten Mal die Sammlung eines in England lebenden Hamburgers als Geschenk.[283] Im Mai dieses Jahres unternimmt Lichtwark deshalb seine vierte Englandreise, dieses Mal zum Wohnsitz des bei Windsor ansässigen, kurz zuvor verstorbenen Hamburger Kaufmannssohns und Bankiers Baron Sir John Henry Schröder. Dessen Kunstsammlung soll nun der Kunsthalle seiner Vaterstadt zufallen, 63 Gemälde, sieben Bildwerke des gänzlich unbekannten Eduard Müller und eine Marmorbüste, die zu dieser Zeit noch als das Werk eines unbekannten italienischen Bildhauers des 17. Jahrhunderts betrachtet wird. Über seinen ersten Eindruck von der Sammlung schreibt Lichtwark an seine Kommission: »Ich bin erstaunt, wie viele ausgezeichnete Dinge sie enthält, die zugleich unsere Sammlungen aufs erfreulichste ergänzen.«[284] Schröder sammelte kontinentale Malerei, keine englische, an der Lichtwark zur Ergänzung der Schwabe-Stiftung unter Umständen gelegen hätte.[285] In dieser Sammlung nun finden sich überwiegend Werke aus der Mitte des 19. Jahrhunderts, die weder den von Lichtwark so hoch geschätzten Strömungen des Naturalismus oder Realismus angehören noch Beziehungen zur künstlerischen Erneuerung aufweisen. Es handelt sich fast ausnahmslos um brillant gemalte, narrative Publikumskunst: Historienbilder, modernes und historisches Genre, Tierstücke und Landschaften. Andreas Achenbach, Ludwig Knaus, Carl Friedrich Lessing, Adolph Menzel, Teutwart Schmitson und Adolf Schreyer sind die vertretenen deutschen Maler, hinzu kommen der Wiener August Pettenkofen und der deutsch-englische Künstler Hubert von Herkomer, der auf Einladung Lichtwarks bereits 1900 den Maler Valentin Ruths für die Sammlung von Bildern aus Hamburg portraitiert hat.[286] Der in Düsseldorf ausgebildete Norweger Hans Frederik Gude ist mit einer Landschaft vetreten. Als weitere bekannte Künstler ihrer Zeit enthält die Sammlung Schröder sechs Werke des Franzosen Ernest Meissonier, darunter das damals berühmte »Portrait des Sergeanten«, zwei historische Portraits von Paul Delaroche, drei Tierstücke der hoch geschätzten Rosa Bonheur, je zwei Werke der Franzosen Charles Louis Müller, Louis Gallait und Jean-Léon Gérôme sowie drei von Édouard Frère. Die Schule von Barbizon ist vertreten mit drei Werken von Constant Troyon, ferner je einem Bild von Daubigny, Dupré und Corot; letzteres, eine atmosphärische, an Samuel van Ruysdael erinnernde Flusslandschaft mit Fährmann, dürfte Lichtwark als erstes Bild dieses Künstlers in der Kunsthalle besonders wichtig gewesen sein. Im weiteren Sinne zu den Malern von Barbizon zählt auch der Ungar Mihály Munkáscsy mit einer Luxemburger Landschaft im Abendlicht. Belgische und holländische Maler sind ebenfalls vertreten, vor allem der seinerzeit sehr populäre Lawrence Alma-Tadema

283 Vgl. die Mitteilung des Vermächtnisses Schröder, P5, 12.7.1910.
284 Br. Kommission (1918), Bd. XVIII: 1910, S. 101.
285 Zu diesem Abschnitt vgl. Ausst.Kat. Ein Hamburger sammelt in London, Hamburg 1984.
286 Vgl. Best.Kat. Hamburg, 19. Jh., S. 80. – Ausst.Kat. Bilder aus Hamburg (2002), S. 101.

mit antikisierenden Motiven. Lichtwark, der gerade in diesen Jahren nicht nur an Liebermann Portraitaufträge vergibt, sondern auch den Bestand an französischer Malerei durch Werke von Courbet, Renoir und Manet erweitert, scheint jedoch von der eher konträren Ergänzung des Bestandes an Kunst des 19. Jahrhunderts durchaus erfreut. Seiner Kommission gegenüber hebt er die Werke von Knaus hervor, der nun mit sieben Bildern in der Kunsthalle vertreten ist, auch eine »Schmiede« Menzels von 1881 ist explizit erwähnt. Schreyer und Schmitson, Alma-Tadema und Meissonier sowie die Maler der Schule von Barbizon erscheinen ihm ebenfalls nennenswert. In einem Brief an Liebermann spricht er von »[...] drei Schmitson, vier Knaus aus der frühen Zeit, Hendrik Leys, Corot, Daubigny, Troyon, sechs Meissonier, darunter den peintre d'enseignes und le portrait du Sergeant u.s.w. In mehr als einer Beziehung ist es eine Ausfüllung von Lücken und eine Verstärkung von Kräften bei uns.« Kalckreuth gegenüber zählt er die Künstler noch ausführlicher auf. Beide Male erwähnt er jedoch den Menzel nicht.[287] Die Skulpturen von Schröders Schützling Eduard Müller allerdings würde er am liebsten gar nicht erst mitnehmen; in seiner Konzilianz gesteht er ihnen dennoch Liebenswürdigkeit »im Sinne der Zeit der Entstehung« zu. Sein Bericht lässt jedoch einen Hinweis auf die dem 17. Jahrhundert zugeordnete Marmorbüste vermissen; als italienisches und kirchliches Werk interessiert sie ihn womöglich nicht sonderlich. In der Sitzung am 3. Juni 1911 unterrichtet Lichtwark seine Kommission von seinen Besprechungen mit Schröders Erben in England wegen der Skulpturen, die von ihnen für wenig museumsgeeignet befunden worden sind mit Ausnahme der italienischen Marmorbüste. Die anderen sollen am angestammten Platz verbleiben. Lichtwark teilt mit, er habe die Marmore nur wegen der Besichtigung durch die Kommission mitgebracht, die Rücksendekosten würde die Familie tragen. Diese Geste erscheint großzügig, denn die Transportkosten sind beträchtlich: 12.882,80 Mark sind allein für den Transport der Sammlung Schröder nach Hamburg angesetzt.[288] Die unbeachtete Marmorbüste erweist sich später als das kostbarste Werk der Sammlung Schröder; 1984 wird sie als ein Frühwerk des Bildhauers Giovanni Lorenzo Bernini identifiziert, ein Portrait des Kardinals Alessandro Damasceni-Peretti-Montalto von etwa 1622.[289]

Keines der Werke dieser Sammlung erfährt auch nur ein Wort der Beanstandung; zu allen kommentiert Lichtwark Bedeutung und Stellenwert für die Kunsthalle, auch gegenüber seinen Freunden Liebermann und Kalckreuth äußert er sich völlig neutral. Er betont die entgegenkommende Aufnahme seiner Person durch den Neffen des Erblassers und die großzügige Lösung für die Zahlung der erhobenen Erbschaftssteuer von 25 Prozent des Schätzwertes aus dem Nachlass Schröders. Lichtwark regt außerdem die Bildung eines Fonds zum Ausbau der Sammlung an, was der Neffe beim Bruder des Erblassers als Miterben befürworten will. Dieser Fonds wird schließlich doch nicht ver-

287 Br. Lichtwark-Liebermann, S. 343. – Br. Kalckreuth, S. 248.

288 Vgl. P5, 3.6., 24.11.1910.

289 Vgl. Ergänzungsblatt zum Ausst.Kat. Ein Hamburger sammelt in London, Hamburg 1984. – WV Wittkower (2008), S. 301, Nr. 81 (7) äußert Zweifel an der Echtheit.

wirklicht. Obwohl die Familie keinerlei Bedingung stellt, plädiert Lichtwark selbst für eine geschlossene Aufstellung der Sammlung in der Kunsthalle. Damit allerdings setzt er ein deutliches Zeichen, indem er die Verantwortung für die Auswahl und Qualität der Bilder von sich weist. Der Kommission erklärt er es als Verdienst des Sammlers, sich von England aus zu den damals bedeutendsten deutschen Künstlern bekannt zu haben, und gesteht der Sammlung einen geschlossenen Charakter zu. »Das Ganze ist eine wirkliche Bereicherung unseres Museums«, schreibt er diplomatisch an seine Kommission, »wenn auch der Geschmack sich von einigen der Hauptmeister gegenwärtig abgewandt hat oder ihnen doch kühler gegenüber steht. Aber ein Museum hat es ja zum Glück nicht mit dem Tagesgeschmack zu thun.«[290] Mit einem Satz distanziert er sich aber dennoch: »Aber wir können ja keinen Wechsel auf die Zukunft ausstellen.«[291]

Wie bereits bei früheren Gelegenheiten formuliert Lichtwark seine Reiseeindrücke in einem Beitrag für das *Jahrbuch der Gesellschaft Hamburgischer Kunstfreunde* 1910. Er schildert »The Dell«, Baron Schröders Landsitz, als unaufwendigen, praktischen und behaglichen englischen Wohnbau, umgeben von Garten und Gewächshäusern, wo er großzügig als Gast aufgenommen worden ist.[292] Wieder einmal ist es das englische Vorbild an Lebensart, das er seinem engeren Kreis präsentiert.

Sammlung Weber

Im Jahr darauf, 1911, geht es um eine große Hamburger Sammlung, die Lichtwark bereits seit Beginn seines Studiums kennt. Der Hamburger Großkaufmann Konsul Eduard Friedrich Weber hat sie seit 1864 zusammengetragen und 1889 dafür eigens einen Anbau an sein Wohnhaus errichten lassen, so dass die Präsentation einen fast museumsartigen Charakter besitzt. Webers Neffe Karl Woermann, der Direktor der Dresdner Gemäldegalerie, hat ein schlichtes wissenschaftliches Verzeichnis der Sammlung erarbeitet, dessen zweite, stark vermehrte Auflage 1907, in Webers Todesjahr, erscheint.[293] Diese Galerie ist zu ihrer Zeit singulär unter den deutschen Privatsammlungen; entsprechend groß ist das Aufsehen, als der Bestand an alter Kunst im Februar 1912 schließlich im Berliner Auktionshaus Rudolph Lepke zur Versteigerung gelangt. Die Bilder des 19. Jahrhunderts dagegen werden von den Erben zurückgehalten. Die Familie erhofft sich vom Hamburger Staat ein eigenes Museum für die Sammlung,[294] was aber zumindest offiziell nirgends zur Sprache kommt.

290 Br. Kommission (1918), Bd. XVIII: 1910, S. 106.
291 Ebd., S. 104.
292 Kayser (1977), Nr. 476. – Vgl. auch Br. Kommission (1918), Bd. XVIII: 1910, S. 174–181.
293 Karl Woermann, Wissenschaftliches Verzeichnis der älteren Gemälde der Galerie Weber in Hamburg, zweite, stark vermehrte, verbesserte Auflage, Dresden 1907. Das Exemplar in der HKH enthält Lichtwarks Notizen über Erhaltungszustand, Preisangaben und Bewertungen. – Die Dissertation von Carla Schmincke (2004) konnte leider nicht mehr herangezogen werden. Für den Hinweis danke ich Ulrich Luckhardt, HKH.
294 Vgl. Auctionskatalog der Galerie Weber Hamburg, Rudolph Lepke's Kunst-Auctions-Haus, Berlin 1912, Sonnabend, 17. bis Montag, 19. Februar 1912 Ausstellung, Dienstag, 20. bis Donnerstag, 22. Februar 1912 Ver-

Die Sammlung Weber enthält Kölner und oberdeutsche Meister, zahlreiche Werke flämischer und holländischer Malerei, wobei kaum ein berühmter Name fehlt, einige Spanier und eine Reihe von Italienern des 14., 15. und 16. Jahrhunderts. Viele Zuschreibungen sind allerdings unsicher oder werden von Woermann angezweifelt.

Während die Hamburger Öffentlichkeit von Lichtwark die vollständige Erwerbung dieser Sammlung erwartet, ist dieser keineswegs gewillt, die Kunsthalle mit weniger wichtigen oder zweifelhaften Werken zu belasten. Schon 1908 beginnt die Diskussion um die Sammlung Weber. Lichtwark hält es zwar für wünschenswert, die Sammlung in Hamburg zu halten, betrachtet es jedoch nicht als Aufgabe der Kunsthalle, dafür beim Senat um den Ankauf einzukommen. Daher verzichtet die Kommission auf einen Antrag. Lichtwark will den Marktwert zunächst gemeinsam mit einem Experten überprüfen und schlägt dazu Max Friedländer vor. Das Ergebnis dieser Schätzung liegt bei 1.600.000 Mark, doch kommen für die Kunsthalle höchstens fünfzig bis sechzig Bilder in Betracht, die aus der Sammlung nicht herauszulösen sind.[295] In seiner Entscheidung wird Lichtwark außerdem bestärkt durch die Kollegen Adolph Goldschmidt und Justus Brinckmann, mit denen er die Sammlung besichtigt. Da beide gebürtige Hamburger sind, ist von ihnen ein loyales Urteil zu erwarten. Lichtwark teilt die Ergebnisse dieser beiden Besichtigungen dem Präses seiner Kommission, Bürgermeister Burchard, brieflich mit. Dreißig bis vierzig Bilder hält Goldschmidt für wichtig für die Kunsthalle, das Übrige sei ganz außerordentlich schwierig zu verkaufen. Den geforderten Preis von drei Millionen Mark für den Besitz dieser ausgewählten Bilder halten beide für indiskutabel. Goldschmidt bezeichnet genau die auf Lichtwarks Wunschliste aufgeführten Werke, so dass Lichtwark sich abgesichert fühlt und damit eine der größten deutschen Autoritäten dieses Gebietes auf seiner Seite weiß. Ebenso geht er mit Justus Brinckmann die Sammlung detailliert durch und erfährt auch hier eine Bestätigung seiner Entscheidungen. Brinckmann befürchtet erhebliche finanzielle Verluste beim Abstoßen der nicht notwendigen Bilder.[296] Der Frankfurter Kollege Georg Swarzenski, Ludwig Justi in Berlin und der Nachfolger Woermanns in Dresden, Hans Posse, teilen ebenfalls Lichtwarks Ansicht, wie er seiner Kommission versichert. Am 20. Januar 1912 schreibt er an Liebermann: »Friedländers Auffassung ist auch die meine. Deshalb habe ich die Sammlung (360 Bilder) nicht als Ganzes erworben, obwohl der Preis, den sie auf der Auktion erzielen wird, höher ist, als der von mir verlangte. Aber es sind einige Bilder darunter, die ich für Hamburg erhalten möchte dafür brauche ich schwer zu beschaffendes Geld, ich kann aber die erschwerenden Umstände nicht verbergen. Wer giebt, muß wissen, wie die Dinge liegen.«[297]

steigerung. Das Exemplar in der SUB HH enthält anonyme handschriftliche Einträge der erzielten Preise. – Ebd., Vorwort von Max J. Friedländer, S. I–III. Der Gesamterlös der Auktion betrug 4.390.510 Mark. – Brief Alfred Lichtwark an Burchard, 28.12.1911, HKH, AdB 124. Die Familie schätzt den Erlös der Versteigerung auf 4 Millionen Mark, vgl. ebd.

295 Vgl. P5, 8.2., 14.3.1908. – Zur Diskussion um die Ablehnung des kompletten Ankaufs der Sammlung Weber vgl. P5, 9.12.1911.

296 Vgl. Br. Kommission (1920), Bd. XX: 1912/13, S. 3–5. – P5, 28.3.1908.

297 Br. Lichtwark-Liebermann, S. 412.

Aus diesen Gründen erwirbt er die 360 Bilder umfassende Sammlung Weber trotz ihrem lokalen Bezug nicht als Ganzes, sondern ersteigert 1912 lediglich eine Reihe von Werken, wofür er einen persönlichen Kredit in Höhe von 150.000 Mark beim Bankhaus Warburg gegen Verpfändung seines Einkommens und Vermögens aufnimmt. Seinen Ankaufsetat überschreitet er um 100.000 Mark; die Finanzierung der ersteigerten Bilder gelingt ihm schließlich nachträglich aus Staatsmitteln und Geschenken von Privatseite.[298]

Über den Verlauf der Auktion gibt Lichtwark seinem Kommissionsvorsitzenden brieflich einen reportageähnlichen brieflichen Bericht unter Einbeziehung der Gespräche am Rande und Beratungen mit Spezialisten. So befindet Professor von Loga, der beste Kenner spanischer Malerei, den Weberschen Velásquez und eine kleine Maja von Goya nicht für echt; er halte es sogar für möglich, dass sich eine »starke Ernüchterung« einstelle und die Familie noch nicht zwei Millionen bekommen werde. Die großen deutschen Museen möchten nicht kaufen, auch Budapest nicht, nur Weimar und Wiesbaden würden anwesend sein. Der Kollege Karl Koetschau weiß, dass der Kunsthändler Duveen aus London einen amerikanischen Auftrag für den Mantegna hat, möglicherweise ohne Limit. Und Alfred Krupp war bei Koetschau mit der Frage, wie man die Amerikaner bei dieser Auktion aus dem Felde schlagen könne; er will die Werke unbedingt im Lande halten. Koetschau, der von den Angriffen auf Lichtwark gehört habe, bestätige ebenfalls dessen Ansicht und biete an, die Angelegenheit in der Presse klarzustellen, was Lichtwark jedoch ablehnt. Auch Swarzenski und Justi teilen unbeirrt Lichtwarks Meinung, »der Vortheil, den der sichere Besitz von drei vier Bildern höheren Ranges gebracht, hätte das Opfer an Geld und Ueberlastung der Sammlung mit minderer Qualität nicht aufgewogen.«[299]

Bei der Besichtigung des ausgestellten Auktionsgutes hat Lichtwark durch das ungünstige Licht und die unvorteilhafte Hängung der Bilder den Eindruck, er befinde sich in einem Museumsmagazin.[300] Da er die Werke jedoch seit langem kennt, weiß er die Wirkung einzuschätzen und erwartet deshalb einen großen Ertrag der Auktion für die Familie, fürchtet daraus resultierend ein ungünstiges Ergebnis für die Kunsthalle. Seine Versuche, bei den Bankiers Warburg mäzenatische Zuwendungen zu erreichen und die Gattin des Berliner Sammlers Eduard Arnhold als gebürtige Hamburgerin zur Stiftung des Mantegna-Bildes zu bewegen, scheitern. Johanna Arnhold möchte stattdessen eine große Statuette von Tuaillon nach seinem antikisierenden Bremer Reiterstandbild Kaiser Friedrichs III. stiften, was tatsächlich im selben Jahr geschieht. »Das habe ich dankend angenommen mit innerem Seufzen«, lautet Lichtwarks Kommentar.[301]

298 Die Kommission beschließt einen Antrag auf 750.000 Mark für Ankäufe aus der Sammlung Weber, Lichtwark soll die Begründung erarbeiten. Dieser Betrag wird 1912 bewilligt; vgl. P5, 12.12.1911, 10.2.1912. – Br. Kommission (1920), Bd. XX: 1912/13, S. 25, 27, 46. – Br. Lichtwark-Liebermann, S. 412. – Brief Alfred Lichtwark an Pechel, 11.3.1912, Bundesarchiv Koblenz, N 1160, Rudolf Pechel, Bd. 85. – Ausst.Kat. Geschenke und Erwerbungen (1912), hier sind auch die Stifter angegeben.
299 Vgl. Br. Kommission (1920), Bd. XX: 1912/13, S. 9–13, 24f.
300 Vgl. hier und im Folgenden: ebd., S. 21f., 24f., 30f., 35–39, 42–50.
301 Vgl. ebd., S. 22. – Best.Kat. Hamburg, Dritte Dimension, S. 430.

Auf der Auktion bietet Lichtwark nicht selbst. Er beauftragt vorab den Sammler mittelalterlicher Skulpturen und japanischer Kunst Fritz Schwartz sowie Koetschau und verabredet mit ihnen Zeichen. Genauere Untersuchungen einiger Bilder lassen ihn nun schon im Vorfeld von verschiedenen Werken absehen; beispielsweise verzichtet er auf die Bildnisse von Hans von Kulmbach. Einen kleinen Guardi hält er nicht für echt, ebensowenig ein Frauenportrait von Rubens. Ein Bildnis der Infantin Maria Teresa von Velásquez wird einmütig als Kopie eingeschätzt. Bei den Niederländern bangt ihm vor der Konkurrenz der reichen Amerikaner. Aber gerade hier ist Lichtwark erfolgreich und erwirbt fast alles Gewünschte. Nur eine Flusslandschaft von Samuel van Ruysdael entgeht ihm durch ein Missverständnis im Kontakt mit seinem Bieter. Das ihm wichtigste Gebot gibt Lichtwark auf Rembrandts kleinen »Simeon im Tempel« ab, den er zur Begrenzung der Kosten jedoch nicht direkt ersteigert, sondern dem Kunsthändler Sedlmayer aus Paris überlässt und nach der Auktion mithilfe einer Provision von 20.000 Mark von ihm erwirbt. Vieles bleibt zu seinem Erstaunen weit unter seiner anfänglichen Schätzung; davon profitiert er, so dass er mehr als 100.000 Mark nicht zuletzt auch durch das Abkommen mit Sedlmayer einspart. Auf diese Weise kommt er mit seinen disponiblen Mitteln aus, glaubt Fehlendes leicht ergänzen zu können und hätte schließlich auf Kredit sogar einiges mehr erwerben können. Dennoch verlässt er die Auktion zufrieden. Die großen Ausgaben verteilt er auf die zur Verfügung stehenden Staatsmittel, die kleineren Bilder auf den noch ungedeckten Posten, für den er zunächst mit seinem persönlichen Besitz bürgt und die Stifter noch suchen muss.[302]

Lichtwark erwirbt an altdeutscher Malerei sechs Werke: eine kleine Madonna von Dürer für 7.000 Mark, je ein Portrait von Martin Schaffner, Ludger tom Ring und Hans Muelich sowie zwei religiöse Motive von Hans Holbein d.Ä. und Hans Burgkmair.[303] Niederländische und holländische Werke bilden den größten Anteil. Er ersteigert fünf Stillleben zur Verstärkung dieser Gattung in der Kunsthalle, darunter ein Willem Kalf zugeschriebenes Frühstücksstillleben, einen Daniel Seghers, einen zugeschriebenen van Son und ein Gemälde von Willem van Aelst, letzteres als Geschenk von Oscar Troplowitz. Wert legt er auch auf den weiteren Ausbau des Bestandes an Kircheninterieurs, da die Kunsthalle hier bereits einige besitzt: fünf Werke unter anderem von Gerard Houckgeest, als Geschenk der Godeffroy-Familien-Stiftung, Pieter Saenredam, ein Geschenk von Ernst Zeyn, und Emanuel de Witte kommen hinzu. Beeinflusst wird diese Entscheidung womöglich auch durch das zwei Jahre zuvor erschienene Werk über niederländische Architekturmalerei von Hans Jantzen, einem

302 Vgl. Br. Kommission (1920), Bd. XX: 1912/13, S. 53. – Rembrandt, Simeon im Tempel, Best.Kat. Hamburg, Alte Meister, S. 129.

303 Vgl. Best.Kat. Hamburg, Alte Meister: Dürer, Maria mit dem Kinde, S. 54; Schaffner, Grabtafel des Stuttgarter Bürgermeisters Sebastian Welling, S. 139f.; tom Ring, Bildnis der Mette (Mathildis) von Münchhausen, S. 130; Muelich, Bildnis eines Münchner Patriziers, S. 118; Holbein d.Ä., Darstellung Christi im Tempel, S. 81; ein zweiter Holbein ist nicht verzeichnet; Burgkmair, Christus am Ölberg, S. 39.

Schüler Adolph Goldschmidts, das den bis dahin gering geschätzten Kircheninterieurs Bedeutung verleiht.[304]

Einige Landschaften und mehrere Genreszenen erwirbt er, darunter ein Bild von Jan Steen für 41.000 Mark, außerdem ein Pferdeportrait von Paulus Potter, das ihm besondere Freude bereitet durch die hippologische Expertise des Arztes A. de Chapeaurouge und Kalckreuths Begeisterung, die den Entschluss zu dieser Erwerbung überhaupt erst auslöst. Rembrandts damals als »Darstellung Christi im Tempel« betiteltes Gemälde bildet mit einem Preis von 225.000 Mark den Höhepunkt der Erwerbungen aus der Sammlung Weber. Motivisch passend kommt noch ein »Jesus im Tempel«, damals Barend Fabritius, heute Gerbrand von den Eeckhout zugeschrieben, für 19.000 Mark hinzu, so dass Lichtwark dieses Motiv zum Vergleich mit den Bildern von Menzel und Liebermann hängen kann. Einen Holbein mit der das Jesuskind im Tempel präsentierenden Maria erwirbt Lichtwark ebenfalls aus der Sammlung Weber.[305]

An einer Reihe von Bildern scheint Lichtwark nicht interessiert, weil Entsprechendes im Bestand der Kunsthalle bereits vorhanden ist, entweder aus dem alten Bestand vor seinem Amtsantritt oder aus der Sammlung Hudtwalcker-Wesselhoeft. Dazu gehören je ein Stillleben von Willem Claesz. Heda, Pieter Claesz und Jan Davidsz. de Heem; je zwei Landschaften von Jan van Goyen, Jacob van Ruisdael und Aert van der Neer; je ein Genrestück von Gabriel Metsu und Pieter de Hooch. Auch Frans Hals erwirbt er nicht: An die Echtheit der angebotenen zwei männlichen Bildnisse scheint niemand zu glauben. Als der Hammer bei 195.000 Mark gefallen sei, habe das ganze Auditorium gelacht, schreibt Lichtwark; wie beim Mantegna komme den Bildern offensichtlich der übertriebene Preis zugute. Ein Doppelportrait von Zwillingskindern von J. G. Cuyp lässt er schließlich doch fahren, sie sind ihm zu hübsch. An diese Erwerbung mag er zunächst im Hinblick auf die Kinderportraits von Runge gedacht haben. Merkwürdigerweise jedoch erwähnt er trotz seines grundsätzlichen Interesses an der Gattung Landschaft die beiden angebotenen Landschaftsbilder von Meindert Hobbema gar nicht.[306]

Lichtwark hat also gewichtige Gründe und die Bestärkung durch seine Kollegen, auf die komplette Sammlung Weber entgegen der allgemeinen Erwartungen verzichtet zu haben. Liebermann gegenüber antizipiert er die zu erwartenden Argumente: »Warum hat der Director uns die herrliche Sammlung Weber entgehen lassen? An dem winzigen Theil, den er für schweres Geld erworben hat, sieht man, wie groß der

304 Lichtwark berichtet, dass die Godeffroy Familien Fideikommis-Stiftung für den Ankauf eines Kircheninterieurs von Houckgeest aus der Weber-Auktion 28.350 Mark bewilligt habe; vgl. P5, 13.8.1912. – Hans Jantzen, Das niederländische Architekturbild, Halle/S.: Kaemmerer, 1908. – Best.Kat. Hamburg, Alte Meister: Kalf (nicht enthalten), van Son (zugeschrieben), Stillleben, S. 149; Seghers, Steinrelief in Blumen, S. 146; Aelst, Jagdbeute; Houckgeest, Innenansicht der Nieuwe Kerk zu Delft, S. 83; Saenredam, Das Innere der ehemaligen Marienkirche zu Utrecht; de Witte, Innenansicht der Nieuwe Kerk in Delft, heute nicht mehr als eigenhändig anerkannt.

305 Best.Kat. Hamburg, Alte Meister: Potter, Grauschimmel, S. 125; Rembrandt, nicht im Best.Kat.; Eeckhout, Jesusknabe im Tempel, S. 56f.; Holbein, Darstellung Christi im Tempel, S. 81.

306 Vgl. Auctionskatalog der Galerie Weber Hamburg, Rudolph Lepke's Kunst-Auctions-Haus, Berlin 1912, S. 134f.

Fehler ist, den er in blinder Verachtung der alten Meister und in wahnsinniger Anbetung der Modernen begangen hat. U.s.w.«[307] Nach dem Eintreffen der erworbenen Bilder in Hamburg schreibt er an Kalckreuth: »Hier wird nun bald der Spektakel losgehen, daß ich nicht die ganze Sammlung Weber gekauft habe.«[308] Tatsächlich setzt die Kritik unmittelbar ein. Am 13. September 1912 beschwert sich ein sogenannter »Kunstfreund« in einem Leserbrief in den *Hamburger Nachrichten* über dauernd geschlossene Säle in der Kunsthalle und dass die bereits seit zwei Wochen gehängten Neuerwerbungen aus der Sammlung Weber noch nicht zu sehen seien. Die Sammlung wäre für zweieinhalb Millionen zu haben gewesen, davon wolle er aber schweigen. Lieber hält er Lichtwark dessen Versäumnisse vor: keine Italiener, keinen van Dyck, keinen Murillo; Rembrandts »Tobias« aus der Hamburger Sammlung Emden habe Lichtwark nicht erkannt, der von Bode für das Kaiser-Wilhelm-Museum für 1.000 Mark erworben worden sei, die inzwischen für 300.000 Mark nach Amerika abgewanderte »Ehebrecherin vor Christus« habe er ebenfalls nicht erkannt. Diese Beispiele könnten noch beliebig vermehrt werden. Dass von der Sammlung Weber schließlich doch noch manches wertvolle Werk habe gerettet werden können, sei dem Druck der öffentlichen Meinung zuzuschreiben.[309] Lichtwark ist sich längst bewusst, es dem Publikum niemals rechtmachen zu können; 1913 schreibt er an Liebermann: »Man ist sehr unglücklich, daß ich nicht die ganze Sammlung Weber gekauft habe. Hätte ichs gethan, wäre das Geschrei laut gewesen.«[310] Noch 1923 wird er dafür von dem Journalisten Hans W. Fischer in dessen *Hamburger Kulturbilderbogen 1909–1922* kritisiert: »Lichtwark versäumte ein glänzendes Erwerbsgeschäft: den Ankauf der Galerie des verstorbenen Konsuls Weber. Als er eine Reihe Stücke aus dem Nachlass ersteigerte, mußte er dafür die Summe zahlen, für die er beinahe die ganze Galerie hätte haben können, wenn er nur rechtzeitig zugegriffen hätte; aber in Hamburg, der Kaufmannsstadt, wurde kaum eine Stimme gegen dieses unkaufmännische Gebaren laut. Denn man wußte: hier hatte Lichtwark ein Prinzip verteidigt; er mißbilligte die Sammlung als Ganzes und wollte nicht durch Übernahme des Gesamtbestandes den Rang der Kunsthalle mindern. Der Verlust war gerechtfertigt, weil er zur Vermeidung eines größeren Verlustes ausdrücklich gewollt war.«[311] In diesem merkwürdig gewundenen Kommentar, der mit einer Anklage beginnt und mit einer Verteidigung Lichtwarks endet, dürfte dem Leser jedoch vor allem die Kritik am Anfang in Erinnerung geblieben sein.

307 Br. Lichtwark-Liebermann, S. 426f.
308 Br. Kalckreuth, S. 261.
309 Vgl. Hamburger Nachrichten, 13.9.1912, Kunsthalle, in: StA HH, A 521, ZAS II.
310 Br. Lichtwark-Liebermann, S. 447.
311 Fischer (1998), S. 85.

Sammlung Carstanjen

Im selben Jahr 1910 berichtet Lichtwark seiner Kommission, die Sammlung Carstanjen, »eine köstliche Privatgalerie«, als Leihgabe mit eigenem Saal im Kaiser-Friedrich-Museum in Berlin, gehe nach München, was ihm zunächst wie ein Racheakt Tschudis an Bode erscheint. Dies entspricht jedoch nicht den Tatsachen, denn Bode hat seinerseits den Vertrag gekündigt, und da Tschudi mit den Erben befreundet ist, hätten sich die Erben mit dem Wunsch, die Sammlung nach München zu verleihen, an Tschudi gewandt; der bayrische Staat zahle die Prämie. Im Februar 1912 erfährt er, dass die Familie Carstanjen zwar verkaufen, wegen der Wertsteigerung aber noch abwarten wolle. Die Sammlung von fünfzig Gemälden vor allem holländischer Barockmalerei, in der zweiten Hälfte des 19. Jahrhunderts von dem Industriellen und Unternehmer Adolf von Carstanjen zusammengetragen, wäre für die bereits bestehende Hamburger Sammlung eine großartige Ergänzung. Es bleibt jedoch unklar, ob sich Lichtwark um den Erwerb dieser Bilder bemüht. Pauli bedauert 1930 in einem Brief an die Kommission, dass sich die Verhandlungen Lichtwarks zerschlagen hätten. 1936 kauft die Stadt Köln die Sammlung ihres langjährigen Bürgers für 2,2 Millionen Mark an.[312]

Sammlung Friedmann

Ende Oktober 1912 wird eine weitere Hamburger Kunstsammlung bei Lepke in Berlin versteigert, die Kollektion des Immobilienmaklers Jerôme Friedmann aus Hochkamp bei Hamburg. Anfang Juni sucht Friedmann Lichtwark in der Kunsthalle auf, um ihm seinen Entschluss zur Veräußerung mitzuteilen. Er will Hamburg krankheitsbedingt verlassen und sich im Süden ansiedeln.[313] Lichtwark besichtigt daraufhin die ihm bereits bekannte Sammlung von etwa 150 Gemälden, von denen neunzig zur Versteigerung gelangen sollen. Zwar räumt er im Bericht an seine Kommission ein, die Sammlung sei interessant, doch will er sie nicht als Ganzes erwerben und würde sie auch nicht als Geschenk annehmen, obwohl sie auf den Wert einer halben Million Mark geschätzt worden sein soll. Bei den Künstlern der Düsseldorfer Schule winkt er ohnehin ab. Einige für die Kunsthalle infrage kommende Künstler nennt er jedoch in seinem Brief: Hodler, Trübner, Liebermann, Kalckreuth, Courbet. Einen Corot hält er für unecht. Amiet und die jüngsten Künstler der Sammlung versteht er nicht, diese ganze Gruppe habe »für ein Museum noch kaum Interesse.« Daher entfällt für ihn die Erwerbung der kompletten Sammlung. »In zehn Jahren hätte die Sammlung gut sein können«, lautet sein Kommentar. Eine Beteiligung an der Auktion sieht er abhängig von wenigen Werken, dem Kalckreuth, dem

312 Vgl. Br. Kommission (1918), Bd. XVIII: 1910, S. 232f. – Br. Kommission (1920), Bd. XX: 1912/13, S. 31. – Ring (2010), Bd. 1, S. 813f. – Ausst.Kat. Sonderschau der Sammlung Carstanjen, Wallraf-Richartz-Museum, Köln, 1998. – Ebd., S. 28.

313 Vgl. im Folgenden: Br. Kommission (1920), Bd. XX: 1912/13, S. 151–153. – Luckhardt (2001, Kleines Lexikon), S. 223f. – Hakon (1912/13), S. 67–70.

Courbet, einem Schmidt-Reutte. Der Hamburger Journalist E. Hakon berichtet über die bevorstehende Auktion in der Zeitschrift *Kunst und Künstler* und erwähnt unter den Künstlern einige, die Lichtwark eigentlich auch hätte interessieren müssen: Corinth, Habermann, Pissarro, Stuck, Thoma, Uhde und Zügel. Die jungen, nach Lichtwarks Ansicht noch nicht museumsreifen Künstler beherbergt Friedmann, wie Lichtwark weiß, in eigenen Ateliers gelegentlich unentgeltlich. Diese jüngsten Werke der Sammlung stammen laut Hakon von Cuno Amiet, Karl Schmidt-Rottluff, Emil Rudolf Weiss, Karl Hofer und Max Clarenbach. Lichtwark hingegen nennt nicht einmal ihre Namen, für ihn sind sie wohl als junge Künstler, wie er an anderer Stelle sagt, »Hemdenmätze«, die ihn nichts angehen.[314] Hakon äußert zwar die Hoffnung, es möge Lichtwark gelingen, wie bei der Sammlung Weber die Hauptwerke als Ergänzung für die Kunsthalle zu erwerben. Dieser bleibt jedoch kühl: »Es ist ja unbequem«, beendet er seinen Brief an die Kommission, »daß wieder eine Hamburger Sammlung zerstreut wird. Aber wir haben in diesem Fall nur zu beklagen, daß Herr Friedmann nicht weiter gesammelt und seine Sammlung auf ein höheres Niveau gebracht hat.« Die avantgardistischen Werke der jungen Künstler scheinen für ihn pauschal das Niveau der ganzen Kollektion zu mindern. Damit erlischt sein Interesse. Überdies dürften die privaten Zuwendungen dieses Jahres wie auch die Staatsmittel durch die Erwerbungen aus der Sammlung Weber erschöpft gewesen sein.[315]

314 »Wen gehen die Studien der Hemdenmätze etwas an?« Alfred Lichtwark, Der junge Künstler und die Wirklichkeit, in: AL, Schriften, Bd. II, S. 136, Kayser (1977), Nr. 556.

315 Da von 1909 an keine Jahresberichte mehr vorliegen, sind hier Aussagen kaum möglich.

7. LEBENSENDE UND REZEPTION

»Lichtwark wurde in weiten Kreisen als der Prophet angesehen, dessen Aussprüche in jeder Frage mit Spannung erwartet wurden, und das Wort von dem Propheten, der nichts in seiner Vaterstadt gilt, fand wenigstens auf ihn keine Anwendung.«

Karl Woermann, *Lebenserinnerungen eines Achtzigjährigen*[1]

»Als er gestorben war, schrieb Carl Mönckeberg, er sei dreißigmal so viel wert gewesen als Senat und Bürgerschaft zusammen.«

Gustav Schiefler, *Hamburgische Kulturgeschichte*[2]

KRANKHEIT UND TOD

»Wir leben mit der Illusion, wir wären etwas, und dann kommt das Schicksal und redet uns mit Mücke oder Fliege an«, schreibt Lichtwark im Mai 1913 in seinem Kondolenzbrief an die Witwe seines befreundeten Kollegen Andreas Aubert, von dessen Krankheit und Leiden er bis dahin nichts erfahren hat.[3] Im Bewusstsein, wie viel er Auberts Forschungen verdankt, veröffentlicht Lichtwark einen Nachruf in der Zeitschrift *Kunst und Künstler*.[4] Vielleicht ahnt er zu diesem Zeitpunkt bereits eine eigene schwerwiegende Erkrankung, auch wenn er die Symptome nicht ernst nimmt. Schon 1909 ist er magenkrank und muss Diät halten, denkt jedoch lediglich an eine Magenverstimmung. Das unregelmäßige Leben habe seinen Magen wieder in Unordnung gebracht, schreibt Lichtwark im selben Monat an seine Kommission.[5]

Ein aufregendes Jahr 1912 liegt hinter ihm. Einiger Ärger im Zuge der Ablehnung moderner Kunst hat sich ereignet, auch wenn es ihn nicht unmittelbar betrifft: Im Frühjahr findet in Bremen der Kampf gegen die moderne Kunst in der Kunsthalle mit Anklage gegen Pauli statt; Lichtwark ist als Zeuge geladen, als Freund beschäftigen ihn die Ereignisse ebenso.[6]

Anfang September desselben Jahres stirbt Bürgermeister Burchard, Mitglied der Verwaltungskommission seit 1887, Vorsitzender seit 1900 und Lichtwarks Stütze. Seinen 60. Geburtstag verbringt Lichtwark im November mit seiner Schwester Marianne in Vevey am Genfer See, wo beide im »Hôtel des Trois Couronnes« wohnen und sich durch lange Spaziergänge erholen. In diesen Tagen plagt er sich mit dem Gedanken an eine Klage, die der Künstlerbund gegen Alt erheben könnte wegen Beleidigung der Vereinigung und Kalckreuths als ihrem Vorsitzenden. Zudem verfehlt er

1 Woermann (1924, Bd. 2), S. 41.
2 Schiefler (1985), S. 63.
3 Vgl. Brief Alfred Lichtwark an Frau [Martha] Aubert, 17.5.1913, UB Oslo, Brevsamling 32.
4 Vgl. Alfred Lichtwark, Andreas Aubert †, in: Kunst und Künstler, 11. Jg., 1912/13, S. 475. »Es war für uns die Zeit der ersten Entdeckungen in der deutschen Kunst des 19. Jahrhunderts«, schreibt Lichtwark in diesem Nachruf. »Die jüngere Generation hat keine Ahnung von der Wirrsal, aus der wir uns herauszuarbeiten hatten. War das etwas, oder war das nichts, was wir scheu und heimlich zu lieben begannen? Ich erinnere mich, dass ich mich vor Bildern wie den Bildnissen Oldachs und Mildes, die mir gefielen, obwohl manche Kenner und Künstler, auf deren Urteil ich gab, die Achseln zuckten, ganz mechanisch gefragt habe: wäre das holländisch und siebzehntes Jahrhundert, würden wir es nicht ausgezeichnet finden? Wer solch eine Zeit (oder gerade diese Zeit) nicht durchgemacht hat kann sich keine Vorstellung davon machen, wie das plötzliche Auftauchen Auberts auf mich wirkte. Er kannte die Franzosen so gut wie die, die über alles Deutsche zu lächeln pflegten, kannte sie besser als die meisten, und nahm das Deutsche so ernst wie das Französische und liebte es fast noch mehr. Aubert war der erste vom Typus der skandinavischen Forscher, der mir begegnete. Sie waren damals weiter als wir, denn sie hatten sich schon wieder durchgerungen zur Erkenntnis ihrer eigenen Kunst und liebten sie wieder, ohne sie mit französischen Namen zu nennen. Einer nach dem andern, Emil Hannover, Karl Madson, Pietro Krohn hat mir nachher die Herzstärkung seiner Teilnahme an den Werten der deutschen Künstler gebracht, lange Zeit ehe in Deutschland eine neue Generation die Mitarbeit übernahm. Aubert fühlte ich mich ganz besonders verpflichtet, weil er der erste war.«
5 Vgl. Brief Alfred Lichtwark an Rudolf Pechel, 2.11.1909, Bundesarchiv Koblenz, N 1160, Rudolf Pechel, Bd. 85. – Br. Kommission (1920), Bd. XX: 1912/13, S. 415, 31.5.1913.
6 Siehe dazu das Kapitel »Kollegen: Freund und Kollege: Pauli« in Teil 5.

in Genf Hodler, mit dem er eigentlich über eine Arbeit für die Kunsthalle verhandeln will. Auch sein 60. Geburtstag stimmt ihn melancholisch, Resignation und Selbstkritik, aber auch Dankbarkeit für seine Freundschaften bewegen ihn.[7] Im August 1912 lehnt er es ab, zum Kunsthistorischen Kongress nach Rom zu reisen, womöglich fühlt er sich bereits unwohl. Im Herbst treten dann die ersten gravierenden Symptome seiner schweren Krankheit auf, die er immer noch als Magenverstimmung betrachtet. Sein Arzt Dr. Max Nonne kann nichts feststellen und verordnet lediglich Diät.[8]

Seine schier unerschöpfliche Vitalität hat Lichtwark zeitlebens kaum Anlass zur Sorge um seine Gesundheit gegeben. Abgesehen von einer Handverletzung durch einen Sturz vom Fahrrad im Jahre 1897, die er stoisch ignoriert, und Erkältungen hat er niemals ernste Erkrankungen erfahren. Seit Jahrzehnten sucht er Erholung durch Wandern und Bewegung, wo immer es möglich ist, besonders bei seinen sommerlichen Harzaufenthalten und bevorzugt in der Gesellschaft von Familie und Freunden. Eine Wanderung von 20 Kilometern ohne Pause bewältigt der 58jährige 1910 mit seiner Schwester im frühwinterlichen Harz ohne Schwierigkeiten. Den neuen, noch elitären Radsport betreibt er schon früh ebenfalls zusammen mit Marianne. Auch die Augen sucht er zur Vermeidung einer Lesebrille möglichst lange zu trainieren.[9] Auf Kalckreuths Portrait von 1912 wirkt er kraftvoll; seine Krankheit ist im Gesamtzustand noch nicht erkennbar (Umschlagabbildung), doch wird sie 1913 bereits sichtbar (Abb. 66). Er geht seiner Tätigkeit unverändert nach, verfolgt konsequent seine Anliegen und kämpft weiterhin für die Verschönerung Hamburgs. Am 25. Februar 1913 fragt er bei dem Münchner Bildhauer Adolf von Hildebrand im Namen des entsprechenden Komitees an, ob dieser willens sei, den Entwurf für ein Burchard-Denkmal für die Turmhalle der Michaeliskirche zu schaffen; es stünden 40.000 Mark für das Werk zur Verfügung. Im Herbst zuvor hat Hildebrand mit dem Hinweis auf andere Aufgaben abgelehnt und auch einem persönlichen Besuch Lichtwarks standgehalten. Endlich soll der Künstler nun für eine größere Arbeit in Hamburg herangezogen werden – Lichtwarks Wunsch seit Jahrzehnten. Es entsteht eine Bronzetafel mit einer Portraitbüste Burchards in Amtstracht, die in einer Nische an einem schräggestellten Außenpfeiler der Michaeliskirche angebracht ist.[10]

7 Br. Kalckreuth, S. 267f. und Anm. 507. – Br. Pauli, S. 82.

8 Lichtwark will nicht zum Kunsthistorischen Kongress nach Rom fahren, ist aber von Warburg, der die Anregung gegeben hat, dringend darum gebeten worden, da eine Beteiligung Deutschlands wünschenswert sei; Lichtwarks Assistent Börger soll aber auch nicht als Vertreter reisen; vgl. P5, 13.8.1912. – Vgl. Br. Mannhardt, S. 135.

9 Lichtwark erwähnt mehrfach heftige Erkältungen in seinen Briefen, z.B. Br. Familie, S. 21, Briefe Alfred Lichtwark an Bode, 17.2.1890, 22.2.1891, Berlin, SMB-ZA, NL Bode, 3309; Br. Kommission 1894/95, S. 366; zur Handverletzung vgl. Br. Kommission (1899), Bd. V: 1897, S. 252, Zeromski (1924), S. 122; Radsport: vgl. Zeromski (1924), S. 88; Wanderungen: z.B. Br. Kommission (1899), Bd. VI: 1898, S. 45, (1908), Bd. XIII: 1905, S. 112f., (1919), Bd. XIX: 1910, S. 259; Brille: vgl. Brief Alfred Lichtwark an Aubert, 23.11.1909, Oslo, NB, Brevsamling 32.

10 Vgl. Brief Alfred Lichtwark an Hildebrand, 25.2.1913, BSB München, HSS, Ana 550. – Br. Kommission (1920), Bd. XX: 1912/13, S. 261f., 270. Burchard war Kirchspielherr während des Wiederaufbaus der Kirche nach dem Brand im Jahre 1906; vgl. Hipp (1990), S. 206. – Esche-Braunfels (1993), S. 348, Abb. 533.

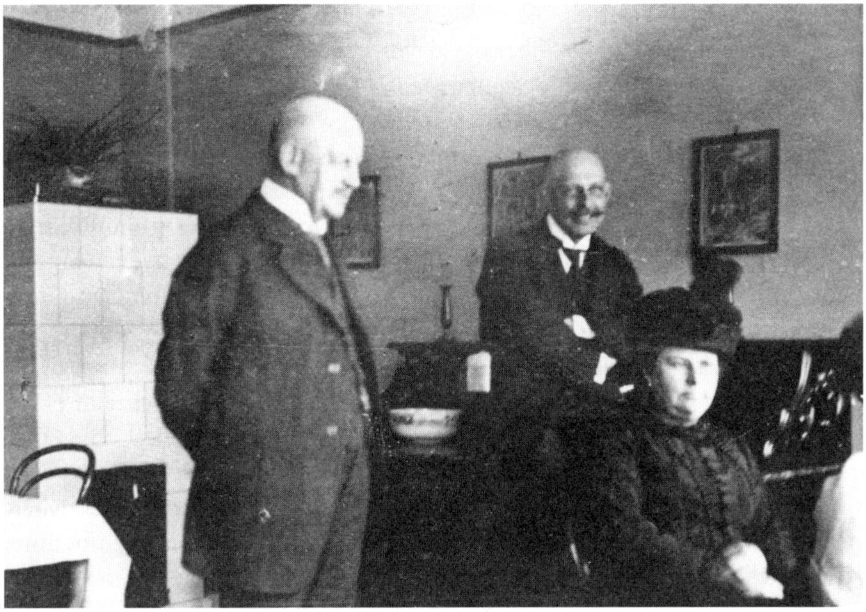

Abb. 66 Alfred Lichtwark mit Henry P. und Maria Newman im Gasthof Sehlmann, Tötensen, 1913, Aufnahme: unbekannt

Mit Liebermann diskutiert Lichtwark im Februar/März 1913 dessen Text *Die Phantasie in der Malerei* und nimmt deutlichen Einfluss auf die Ausarbeitung.[11] Langsam bessert sich zwar sein Befinden wieder, jedoch nicht dauerhaft. Am 23. Juni schreibt er an Pauli, es gehe ihm nicht sonderlich gut, der Magen wolle nicht so rasch wie er, er müsse einmal ausspannen.[12] Und seiner Kommission teilt er einen Tag später mit, er müsse seinen Plan der Suche nach weiteren Bildern von Friedrich aufgeben, die Hotelkost des letzten Berlinaufenthalts habe ihn wieder zurückgeworfen. Doch will er, sobald er frei ist, etwas Gründliches unternehmen, um das Übel loszuwerden. Eine Woche später schlägt er nach reiflicher Überlegung Edward Robinson, nun Direktor des Metropolitan Museums in New York und zu Besuch in der Kunsthalle, seine Bitte ab, dort im Winter vier Vorträge über »Museums Extension« zu halten.[13] Im März zeigt die Kunsthalle eine Ausstellung zur Erinnerung an die Befreiungskriege mit Portraits, Lithographien von Menzel, Zeichnungen von Runge und Caspar David Friedrichs »Gräber gefallener Freiheitskrieger«, und im selbem Monat sind die Geschenke und Neuerwerbungen der letzten Zeit zu sehen.[14] Lichtwark ist außerdem beteiligt an der Erarbeitung einer Retrospektive der deutschen Kunst zwischen dem Ende des Drei-

11 Br. Lichtwark-Liebermann, S. 445, 448–462.
12 Vgl. Brief an Hedwig Klöpper, 21.3.1913, in: Br. Mannhardt, S. 135. – Br. Pauli, S. 87.
13 Br. Kommission (1920), Bd. XX: 1912/13, S. 422. – Ebd., S. 425.
14 Vgl. Hamburgischer Correspondent, 23.3.1913, 21.3.1913, StA HH, A 521, ZAS Kunsthalle Bd. II.

ßigjährigen Krieges und der napoleonischen Zeit, die, ähnlich der Jahrhundertausstellung von 1906, einen Überblick über das davor liegende Jahrhundert vermitteln soll. Sie findet schließlich von Mai bis September 1914 im Residenzschloss von Darmstadt statt, Veranstalter ist der Großherzog Ernst Ludwig von Hessen und bei Rhein, federführend Georg Biermann.[15] Lichtwark erlebt die Ausstellung nicht mehr.

Ende Juni 1913 reist Lichtwark mit Bonnard und Vuillard nach Berlin und Potsdam, muss jedoch nach zwei Tagen aus gesundheitlichen Gründen die Reise abbrechen.[16] Zwei Wochen später nimmt er noch an der Jungfernfahrt des weltgrößten Dampfers »Imperator« in Anwesenheit des Kaisers teil, »malgré moi«, wie er an Liebermann schreibt, da er sich der Begegnung mit dem Kaiser nicht entziehen will. Er genießt die Reise mit vielen alten Bekannten, darunter Adolf Harnack und Walther Rathenau. Er habe sehr gut gespeist, wie für ihn zubereitet, schreibt er an seine Schwester, Kaviar und Toast, Kalbsbries, Creme von Hühnerfleisch und eine sehr schöne legierte Suppe: »Mir ist wieder, als fehlte mir nichts.«[17] Doch wenige Wochen nach seiner Rückkehr muss Lichtwark sich einer Magenoperation unterziehen, die von den Ärzten verharmlost wird, wie seinem Brief an Liebermann zu entnehmen ist. Er rechnet jedoch durchaus auch mit einem ungünstigen Ausgang, denn er beendet den Brief: »Sollte es einen Abschluß geben, möchte ich Ihnen und den lieben Ihrigen noch aussprechen, daß ich unsere Freundschaft zu dem Köstlichsten rechne, was ich erlebt habe.«[18] Auch gegenüber Pauli ist er offen: »Mir gehts madig«, schreibt er am 12. Juli 1913. »Ende nächster Woche muß ich mich einer Operation unterziehen, eine Magensache, die früher nicht erkannt worden ist. Krebs ist es nicht, schwört der Specialist.«[19] Doch der Ernst der Situation muss ihm bewusst sein, denn er bestellt zuvor noch sein Haus. An seinen Bruder Hans richtet er am selben Tag einen Brief mit testamentarischen Verfügungen für den Fall seines Todes:

Mein lieber Hans,
du findest in diesem Paket, sollte mir etwas zustoßen, alles, was du brauchst.
Im Scheckbuch habe ich einen Scheck über M. 3000 ausgefüllt, den ich dich bitte, gleich einzulösen, wenn er nöthig werden sollte.
Herr Bürgermeister Dr. Predöhl hat mir zugesichert, daß er in angemessener Form für Marianne eine Pension erwirken will. Wenn das eintritt, denke ich mir, daß mein Nachlaß in seinen Zinsen eine Zubuße [?] geben wird. Braucht Ihr ihn nicht anzugreifen, möchte ich, daß Ihr eine Marianne Lichtwark Stiftung daraus machtet. Doch steht das ganz bei Euch. Haltet Ihr es für besser, könnt Ihr die ganze Summe sofort auf Leibrenten geben.
In der Kunsthalle liegen noch rund 150 Exemplare vom Portraitwerk, die mir gehören, und die Ihr sofort verkaufen könnt.

Mit herzlichem Gruß
Dein Alfred[20]

Zwar übersteht Lichtwark die schwere Operation und wird bereits nach zwei Wochen aus der Klinik entlassen, doch ereilt ihn unmittelbar im Anschluss eine Lungenentzündung mit schwerer Herzaffektion, so dass er sich tagelang in größter Lebensgefahr befindet.[21] Sogar die Presse berichtet über seine Erkrankung. Biermann bringt in seiner Kunstzeitschrift *Der Cicerone* einen kurzen Artikel mit Genesungswünschen und betont Lichtwarks Unersetzlichkeit: »Lichtwark muß leben, weil es die Logik verlangt.« Die jüngere Generation blicke fast ausnahmslos zu ihm als Vorbild auf museal-künstlerischem Gebiet auf.[22] Der junge Mannheimer Kollege Fritz Wichert, der an Lichtwark mit ergebener Zuneigung hängt, wendet sich daraufhin bestürzt an Marianne in der Hoffnung, die Meldung sei übertrieben, die Krankheit doch nicht so schwer, »weil alles andere zu denken furchtbar ist.«[23]

»Heldenhaft« habe sich Lichtwark während seiner Leidenszeit benommen, erinnert sich sein Arzt Dr. Max Nonne, und darum gebeten, dass seine Schwester nicht den Ernst der Lage erführe. Um deren Beruhigung und Beschwichtigung habe sich alles mehr gedreht »als um den Helden selbst«.[24] Dass Genesung solch eine schwere Arbeit sei, habe er nicht gedacht, schreibt Lichtwark am 20. Oktober an von Melle. »[...] wenn der Weg vom Sopha zum Schreibtisch, wie bei mir noch vor sechs Wochen, eine Tagesleistung ausmacht, wenn eine Unterschrift das Blut in den Kopf treibt, so wundert man sich sehr, daß man wieder wagen darf, zwei Stunden ohne Rast zu spazieren und einen Brief zu schreiben. Das Schreiben ist am langsamsten gegangen und am schwersten gefallen.«[25]

Für die zahlreichen Genesungswünsche bedankt sich Lichtwark aus Meran, wo er in Gesellschaft seiner Schwester Erholung sucht, mit einer gedruckten Karte.[26] Auf der Rückreise besucht er am 17. November 1913 noch einmal Max Liebermann in Berlin.

15 Vgl. Ausst.Kat. Deutsche Kunst (1914).
16 Vgl. Br. Lichtwark-Liebermann, S. 464f.
17 Br. Familie, S. 759f., Zitat S. 760. – Br. Lichtwark-Liebermann, S. 467. – Zum Dampfer »Imperator« vgl. Plagemann (1984), S. 64–68.
18 Br. Lichtwark-Liebermann, S. 467f.
19 Br. Pauli, S. 89.
20 Vgl. Brief Alfred Lichtwark an Hans Lichtwark, 12.7.1913, StA HH, 731-4, Briefsammlung, Lichtwark.
21 Vgl. Brief Marianne Lichtwark an Prinz Eugen, 14.8.1913, Stockholm, PEW, Archiv.
22 Vgl. B.[Biermann] (1913), S. 624.
23 Brief Wichert an Marianne Lichtwark, 6.8.1913, HKH, DK.
24 Aus den bisher noch nicht veröffentlichten Erinnerungen von Max Nonne, Typoskript, 3 S., StA HH, 622-1, Familie Schellenberg, A 49. Lichtwark habe ihn wegen »nervöser Schwäche« konsultiert, er habe eine beginnende Anämie und Abmagerung festgestellt und ihn durch Dr. Schmilinsky untersuchen lassen, der die von Nonne gefürchtete Diagnose gestellt habe.
25 Brief Alfred Lichtwark an von Melle, 20.10.1913, SUB HH, HSS, NvM: HG: Lichtwark, Alfred.
26 Gedruckte Karte, Bundesarchiv Koblenz, N 1160, Rudolf Pechel, Band 85: Meran / Mitte November 1913 Nach langer Krankheit und langsamer Genesung darf ich mich anschicken / meine Tätigkeit wieder aufzunehmen / Ich habe in dieser schweren Zeit so viele Zeichen von Teilnahme und Freundschaft erhalten / dass es mir zu meinem schmerzlichen Bedauern unmöglich ist / dem einzelnen zu danken. Die Güte meiner Freunde / die mich so unsagbar verwöhnt haben / wird mir / hoffe ich / gestatten / dass ich auf diesem Wege ihnen ausspreche / wie mir ihre Teilnahme wohlgetan hat und welche Herzstärkung sie mir gewesen ist. Alfred Lichtwark.

Er zeigt sich von vollendeter Selbstbeherrschung; Liebermann berichtet rückblickend, in seinem Leben niemanden kennengelernt zu haben, der sich mehr in der Gewalt gehabt habe als Lichtwark. Der Kranke erscheint dem Künstler noch derart stark, dass dieser an der Diagnose der Ärzte, die ihren Patienten bereits aufgegeben haben, zu zweifeln beginnt.[27] Doch glaubt Lichtwark selbst wohl zu dieser Zeit immer noch an eine Heilung. Er beginne nun wieder dem Leben ins Gesicht zu schauen, schreibt er an Karl Koetschau, als er noch einmal in die Kunsthalle zurückkehrt.[28] Auch Gustav Pauli glaubt bislang an die Genesung des Freundes; zeitweilig habe er wahrhaftig Angst um ihn gehabt, schreibt er ihm am 4. Dezember 1913.[29] Aber am 11. Dezember sagt Lichtwark mit dem »lebhaftesten Bedauern« eine literarische Mitarbeit ab, um die er von Franz Goerke, dem Direktor der Berliner Volksbildungs-Gesellschaft Urania gebeten worden ist.[30]

Die Erkrankung schreitet rasch fort, ohne dass Lichtwark selbst den wahren Zustand erkennt oder wahrhaben will. Betreut wird er nun von seinem seit zwanzig Jahren in Freundschaft verbundenen Arzt Dr. Metz.[31] Am 14. Dezember gilt der erste Besuch, den er wieder wahrnehmen darf, Werner von Melle, um diesem zur Bürgermeisterwahl zu gratulieren, und mit dessen neuer Mitgliedschaft in der Kunsthallenkommission erfüllt sich außerdem »ein alter Wunsch« Lichtwarks. Zugleich aber meldet er einen leichten Rückschlag, er habe sich nach dem erneuten Dienstantritt wohl etwas zuviel zugemutet. Auch sprechen müsse man erst wieder lernen.[32] Er sei der Menschen so entwöhnt, dass er das Sprechen wie Gehen und Schreiben erst wieder üben müsse, schreibt er am 15. Dezember gleichermaßen an die von ihm verehrte Schauspielerin Adele Doré. Er sei wohl zu rasch vorgegangen und müsse nun einen leichten Rückschlag überwinden.[33] Auch Erich Marcks ahnt das Ende noch nicht; zu Weihnachten sendet er seine besten Wünsche und schließt: »Leben Sie wohl, Sie Gütiger Lieber Getreuer. Wenn wir Ihnen Alles zur Weihnacht aufbauen könnten, was wir Ihnen verdanken, das gäbe eine volle Stube.«[34]

An Liebermann schreibt Lichtwark am ersten Weihnachtstag 1913 »in einem Zustand tiefer Depression« und dankt für »den wunderbaren Wein«, der ihn »wohl herausreißen« solle. »Wie sehne ich mich danach, Ihnen wieder gegenüberzusitzen in Berlin oder in Wannsee.« Das werde so bald nicht möglich sein. Die Ärzte hätten

27 Vgl. Liebermann (1978, Lichtwark), S. 117.

28 Vgl. Koetschau (1914a), S. 55.

29 Brief Pauli an Alfred Lichtwark, 4.12.1913, HKH, AdB 76.

30 Vgl. Brief Alfred Lichtwark an Goerke, 11.12.1913, Berlin, Staatsbibliothek, HSS, Slg. Darmstaedter, 2i 1896: Lichtwark, Alfred. Es geht vermutlich um die geplante Publikation *Geweihte Stätten*, unter Mitwirkung namhafter Photographen herausgegeben von Prof. Franz Goerke, Direktor der Urania in Berlin, Berlin: Vita Deutsches Verlagshaus, 1914. Es handelt sich um eine Sammlung von Photographien von deutschen Dichter- und Künstlerhäusern sowie -gräbern u.a. mit Text.

31 Hier und im Folgenden vgl. Wiepking (1960), S. 34, als mündliche Mitteilung von Ilse Metz, der Tochter des Arztes Dr. Metz.

32 Vgl. Brief Alfred Lichtwark an von Melle, 15.12.19013, HH, SUB, HSS, NvM: HG: Lichtwark, Alfred.

33 Vgl. Br. Doré, S. 206.

34 Brief Marcks an Alfred Lichtwark, 23.12.13, HKH, AdB 76.

seinen Zustand als einen Rückschlag bezeichnet; er soll das Angebot seines Freundes Newman annehmen und sich in dessen Hittfelder Haus erholen.[35]

Am Silvestertag des Jahres 1913 verfasst Lichtwark in zarter, kraftloser Schrift einen Kondolenzbrief an Prinz Eugen von Schweden anlässlich des Todes von dessen Mutter Sophia, einer gebürtigen Prinzessin von Nassau. Unverhüllt teilt er über seinen Zustand mit: »Es geht mir schlecht. Der Nervenschoc, der mir längst prophezeit war, ist gekommen, und es wird nur langsam bergauf gehen.«[36] Doch ist er sich wohl inzwischen bewusst, unmittelbar vor seinem Lebensende zu stehen. Pauli berichtet, Kalckreuth habe Lichtwark seinen letzten Besuch am Neujahrstag 1914 abgestattet; dieser sei ihm erschreckend abgemagert entgegengekommen und habe ihm schweigend die Hand gedrückt, um sich dann mit einem kurzen Abschiedswort sogleich wieder zu entfernen. Am 2. Januar 1914 schreibt Lichtwark pflichtbewusst an Justi, um ihm den bevorstehenden Aufenthalt des schwedischen Malers Oscar Björck in Berlin wegen der deutschen Ausstellung in Malmö anzukündigen, und bittet, ihn zusammen mit dem Sammler Eduard Arnhold aufzusuchen. Und ob er einige gute Menzel loseisen könne, fragt er an. Seine Schrift wirkt hier zwar noch nicht ganz so kraftvoll wie früher, ist jedoch wieder stärker geworden und zeigt die typischen steigenden Zeilen.[37]

Am 13. Januar 1914 gegen Mitternacht wird Lichtwark von seinem Leiden erlöst. Sein Freund Franz Ferdinand Eiffe, der ihn am Sterbetag noch aufgesucht hat, benachrichtigt am nächsten Morgen telefonisch die beiden Regierenden Bürgermeister, die Kunsthalle sowie die Presse und übernimmt die Organisation der Beisetzung.[38]

SPÄTE EHREN

Die Trauerfeier für Alfred Lichtwark findet am 17. Januar 1914 im Krematorium Ohlsdorf statt; der Raum ist überfüllt mit mehr als dreihundert Personen. Nach dem Bericht in der Abendausgabe des *Hamburgischen Correspondenten* desselben Tages waren anwesend:[39] die Bürgermeister Predöhl und von Melle, die Senatoren Brandt, Diestel, Sthamer und Schröder, Syndikus Buehl, der Präsident der Bürgerschaft Schön, der Preußische Gesandte Kammerherr von Bülow, mehrere Direktoren und wissenschaftliche Beamte der Hamburger Museen – Justus Brinckmann, Richard Stettiner und der Gründungsdirektor des Museums für Hamburgische Geschichte, Otto Lauffer; als Freunde Leopold von Kalckreuth und Franz Ferdinand Eiffe, der die Honneurs übernommen hat; Landgerichtsdirektor Gustav Schiefler; Mitglieder der Kommis-

35 Br. Lichtwark-Liebermann, S. 473.
36 Vgl. Brief Alfred Lichtwark an Prinz Eugen, 31.12.1913, Stockholm, PEW, Archiv.
37 Vgl. Pauli (1936), S. 241. – Brief Alfred Lichtwark an Justi, 2.1.1914, Berlin-Brandenburgische Akademie der Wissenschaften, NL Justi. – Br. Kalckreuth, S. 275, Ausstellung in Malmö.
38 Vgl. Eiffe (1935), HH, SUB, S. 188f.
39 Vgl. hier und im Folgenden: Hamburgischer Correspondent, Nr. 30, 17.1.1914, Abend Ausgabe, StA HH, A 761. – Eiffe (1935), S. 188f.

sion für die Verwaltung der Kunsthalle; Edmund J. A. Siemers; Landgerichtspräsident Dr. Engel; Vertreter von Museen, Galerien und Kunstvereinigungen wie Ludwig Justi, Berlin; Gustav Pauli, Bremen; Fritz Wichert, Mannheim; Emil Waldmann, Bremen; Woldemar von Seidlitz, Dresden; ferner Max Liebermann, der Bildhauer August Gaul, der Galerist Paul Cassirer sowie der Maler Paul Bach, der einen Kranz der Berliner Sezession niederlegt. Eine große Zahl von Kränzen sind gebracht worden, unter anderem vom Germanischen Nationalmuseum Nürnberg, dem Deutschen Künstlerbund, der Lehrervereinigung zur Pflege der Künstlerischen Bildung, auch von Prinz Eugen und Prinzessin Reuss. Das Orgelvorspiel aus der Matthäuspassion, das Adagio in cis-Moll von Bach sowie Händels Trauermarsch aus »Saul« umrahmen die Trauerfeier.

Senior Dr. Rudolf Eduard Grimm, Lichtwarks Freund und Nachbar in Hittfeld, führt in seiner Ansprache aus, es sei fraglich, ob Lichtwark woanders geworden wäre, was er in Hamburg geworden sei. Woldemar von Seidlitz als Lichtwarks langjähriger Freund bezeichnet ihn in seiner Rede als den glücklichsten Menschen, den er gekannt habe. Liebermann, so erinnert sich Max Nonne, habe eine intelligente Rede abgelesen, »nur das Hirn, nicht das Herz tangierend.« Gustav Schiefler fällt unangenehm auf, dass niemand von der Hamburger Regierung offiziell das Wort ergreift.[40]

Die Kondolenzliste verzeichnet neben Verwandten und persönlichen Freunden, neben Hamburger Künstlern und wenigen Offiziellen zahlreiche Persönlichkeiten aus der deutschen Kulturwelt. Von zwei Söhnen der Familie Bodenstedt, die nach dem Tod ihres Vaters Lichtwarks Mündel waren, haben sich die Kondolenzbriefe erhalten. Der freundschaftliche Kontakt der Lichtwarks zur Familie Bodenstedt hat sich über die ganzen Jahrzehnte uneingeschränkt fortgesetzt. Noch 1905 besucht Lichtwark die Tochter Elsa, verheiratete Esche, nach der Geburt ihres dritten Kindes, trifft dort auch ihre Mutter an und hört teilnahmsvoll von allen anderen Familienmitgliedern, wie sie ihren Weg gehen.[41] Friedrich Bodenstedt, der Lichtwarks persönliche Bibliothek erbt, schreibt an Marianne: »Nun ist für unseren lieben Alfred die Erlösung gekommen und für uns, die wir uns ihm so nahe fühlten, die fürchterliche Gewißheit daß wir sein von Liebe und Güte erfülltes Auge nicht mehr sehen daß wir ihm nicht mehr die Hand drücken und ihm für Alles danken können was er in uneigennütziger Freundschaft für uns empfunden hat. Wir hatten keinen besseren Freund als ihn. Der Verlust ist für uns so wie für Euch unersetzlich ich kenne keinen Trost und kann mich nur resigniert dem Willen des hartherzigen Schicksals beugen. Seid herzlich umarmt mit dem Gefühl aufrichtigen Mitleidens.« Waldemar, der Jüngste der fünf Kinder, schreibt: »Ich kann Dir garnicht sagen, was ich empfunden habe, als Hanna mir die schreckliche Nachricht telegraphierte. Wenn Du

40 Zu Grimm vgl. Br. Mannhardt, S. 73, Anm. 4. – Aus den bisher noch nicht veröffentlichten Erinnerungen von Max Nonne, Typoskript, 3 S., StA HH, 622-1, Familie Schellenberg, A 49. – Vgl. Schiefler (1985), S. 519; Schiefler hat seine Eindrücke von Lichtwarks Leichenfeier in einem Gedicht formuliert. Es beginnt mit dem Vers »Lichtwark der Löwe war tot.« und endet mit »Hat denn am Sarge, so hab ich gefragt, / Keiner aus Hamburg gesprochen?« 1915 spricht an Brinckmanns Sarg Bürgermeister von Melle, was bei Lichtwarks Tod noch unmöglich erschienen sei; ebd., S. 523.

41 Vgl. Br. Familie, S. 751f.

diese Zeilen bekommst, meine geliebte Marianne, ist unser guter lieber Alfred nicht mehr unter und bei Euch und ich weiß was Ihr an ihm verliert, seit ich die Liebe kenne, mit der Ihr ihn umfaßt habt. Am ersten Neujahrstag waren wir alle schon unruhig, weil eine Nachricht mit einem erhofften Aufschwung ausblieb, und Furcht Euer Alfred sei noch so sehr geschwächt, trotz allem hat es uns alle erst so mächtig gepackt und einen gewaltsamen Ruck gegeben. Ein Stück, ein besonders liebes Stück unserer Familie – zu der Ihr ja gehört – ist uns weggerissen und durch nichts zu ersetzen. Es ist mir ganz besonders schmerzlich gewesen, daß es mir leider ganz unmöglich war, unserem geliebten Alfred die letzte Ehre zu erweisen, ich habe so häufig an ihn und Euch denken müssen.«[42] »Es ist mir unmöglich, Worte zu finden für das, was ich diese Tage empfinde«, schreibt Max Klinger in seinem Kondolenzbrief an Marianne Lichtwark. »Ihr herrlicher Bruder – an den geistige Bande stärker fesselten, als Blutesbande [sic], wie betraure ich sein Hingehen, den ich so lange kannte und dem ich Freund sein durfte. [...] er war ein Schöpfer, der Todtgeglaubten neues Leben geben konnte und diese Dinge werden Ihnen immer mit Seinen Augen entgegen schauen und mit Seinen Worten zu Ihnen reden.«[43]

Es folgen zahlreiche Gedächtnisfeiern.[44] Am 3. Februar als erste die der Gesellschaft Hamburgischer Kunstfreunde, ausgerichtet von Gustav Schiefler; am 15. Februar die des Hamburger Künstlervereins; Anfang März gedenken die Pädagogen Lichtwarks, namentlich die Gesellschaft der Freunde des vaterländischen Schul- und Erziehungswesens, die Hamburger Lehrerschaft, die Lehrervereinigung für die Pflege der künstlerischen Bildung und der Verein Hamburger Volksschullehrerinnen. Carl Götze hält eine Ansprache, die Schiefler als die beste aller Trauerreden auf Lichtwark bezeichnet. Teile dieser Rede werden in den *Hamburger Nachrichten* vom 9. März, der gesamte Text in der pädagogischen Zeitschrift *Der Säemann* veröffentlicht.[45] Götze bezieht sich in seinem Nachruf neben dem biographischen und pädagogischen Aspekt insbesondere auf den in Lichtwarks Persönlichkeit erkennbaren »Typus des neuen Menschen«, den dieser selbst in seinem Text auf Brinckmann schildert. Er ist wohl der erste, der die bereits erwähnte Interpretation des vergleichbaren Werdegangs veröffentlicht,[46] das »Wesen der Vorhutnaturen«, deren Entwicklung sich im Verborgenen vollzieht und mit allen Fähigkeiten plötzlich da ist: Sie wüchsen »den neuen Aufgaben, die jedem Volke mit der Eroberung neuer Lebensgebiete gestellt werden«, entgegen, »um sie zu bewältigen.« Diese Vorhutnaturen allein würden das Gefühl für die Entwicklung und die neuen Strömungen besitzen, wenn sonst noch

42 Brief F. Bodenstedt an Marianne Lichtwark, 14.1.1914, Brief W. Bodenstedt an Marianne Lichtwark, 16.1.1914; Archiv der Verfasserin. – Schellenberg bemühte sich 1945 um eine Rückgewinnung der Bibliothek Lichtwarks für die Kunsthalle, vgl. StA HH, 622-1, Familie Schellenberg, A 4. – Zur Familie Bodenstedt siehe das Kapitel »Berlin als Paradies: Menschen« in Teil 1.

43 Brief Klinger an Marianne Lichtwark, 17.1.1914, ehemals FKL, Verbleib unbekannt, Kopie im Archiv der Verfasserin.

44 Vgl. hier und im Folgenden: StA HH, A 761. Teile von Götzes Rede sind abgedruckt in: Hamburger Nachrichten, Nr. 114, Abendausgabe, 9.3.1914.

45 Vgl. Götze (1914, Lichtwark). – Hamburger Nachrichten, Nr. 114, 9.3.1914, Abendausgabe.

46 Siehe dazu das Kapitel »Kollegen: Brinckmann und Warburg« in Teil 5.

niemand etwas davon verspüre; diese »Pioniernaturen« seien durch ihre Intuition, ihren Instinkt und ihre Witterung »Wegbahner, Schöpfer und Führer.« Und der Wille organisiere alle diese Fähigkeiten als »zentrale Kraft«. »Auf Entfaltung und Bildung der Kräfte kommt alles an«, formuliert Götze, »auf Menschen, die Ideen und Energien entwickeln, die den Idealismus der Jugend nähren, weil Ideen in ihnen kämpfen und leuchten. Wir dürfen uns nicht mehr mit der Erziehung der Masse und des Durchschnitts begnügen. Die Erzieher müssen Führer sein.« Diese führenden Kräfte sollen kulturell erzogen sein, Qualität vermitteln, vorausschauen und flexibel agieren können. Götze umreißt damit einen Typus, der in einem demokratischen System verantwortungsbewusst zu handeln und zu entscheiden versteht und damit den Typus des zukünftigen Deutschen darstellt, wie ihn sich Lichtwark gewünscht und selbst verwirklicht hat. »Alfred Lichtwark war eine politische Begabung. Nicht nur die Natur des Gewordenen zu begreifen, wird ihm stets zu neuer Aufgabe – seine politische Kraft weist ihn darauf, die Qualität des Werdenden oder des schon Entstandenen vorurteilslos zu erkennen und anzuerkennen, auch wo es der Gewöhnung widerstreitet.« Er ehrt Lichtwark dafür, dieses Ideal in Vornehmheit gelebt zu haben.[47]

Die Rede im Hamburger Künstlerverein am 15. Februar hält der Architekt Hugo Häring. Mit Pathos spricht der 31jährige Häring für die Hamburger Künstler und gedenkt vor allem Lichtwarks Fürsorge und Förderung. »Unzählbare Begriffe unserer jungen künstlerischen Kultur nahmen von ihm ihren Ausgang oder führten zu ihm zurück. Nur eine große Leidenschaft konnte ein solches Werk errichten, nur eine große Leidenschaft konnte die Geduld haben, seine kühnen Gedanken zum Sieg zu führen durch all die Widerwärtigkeiten und stummen Widerstände, die sich lähmend auf die arbeitsamen Arme legen.« Häring würdigt Lichtwarks lebenslanges Durchhalten gegen alle Angriffe, den Neid und die »Alltäglichkeit, die seine Ziele, seine Arbeit lächerlich machen wollten.« Er betrachtet Lichtwarks »nordelbische Bodenständigkeit«, sein Verhältnis zur Authentizität der Kunst, seine Entdeckung der realistischen Hamburger Kunst des 19. Jahrhunderts. Einen Hauptpunkt bildet Lichtwarks Unterstützung, Ermutigung und Förderung der regionalen Künstler, denen er geholfen habe, den Weg zu sich selbst zu finden. »Es hieß in vielem ganz von vorn anfangen. Er half und bestärkte sie in allem und machte ihnen Hoffnung auf Erfolg und ebnete ihnen die Wege zu ihm und versagte auch seine Hilfe nicht, als ihre Wege nach Brot gingen. Als die Erfolge kamen, da teilte er mit ihnen auch ihre Freude um diese Erfolge; und während er langsam war mit seinem Urteil und bedächtig, um nicht Unrecht zu tun, kam seine Freude aus einem offenen Herzen [...]. War er unterwegs auf einer seiner vielen Reisen, und gingen seine Gedanken in die Heimat zurück zu einem seiner Freunde, sei es, daß er ein Bild von ihnen sah, das in der Fremde ausgestellt war, sei es, daß irgendein anderes Bild ihm neue Anschauungen über ihre Kunst gab, so beeilte er sich, ihnen dies zu schreiben, daß er an ihnen wieder eine Freude erlebt hätte, das er ihr Bild wieder gesehen hätte, das hier so gut hinge und das sich neben

47 Vgl. Götze (1914, Lichtwark).

den anderen gut mache, knüpfte allerlei Gedanken und Betrachtungen an dieses Bild, wie der Erfolg doch schließlich die Mühe lohne, und fand immer viele herzliche Worte der Zustimmung und Aufmunterung, die den Menschen von heute so schwer aus der Feder fließen. Wenn man sich erinnert, daß es damals wohl keinen Leiter eines öffentlichen Museums gab, der persönlichen Anteil an der werdenden Kunst nahm, der sich nicht für zu gebildet hielt, mit jungen Künstlern zu debattieren und ihre täglichen Sorgen mit ihnen zu teilen, so versteht man erst die Größe dieses Vorgehens. Er war der Künstlerschaft ein mutiger Führer im Kampf um die neue Kunst und ein zuverlässiger Freund in all ihren geistigen Nöten und wirtschaftlichen Sorgen. Er führte ihnen auch die Aufmerksamkeit der Sammler und der anderen Freunde der Kunst zu, die sich seiner Kennerschaft anvertrauten, die ihnen empfahl, die Bilder dieser jungen Künstler zu erwerben, um ein Werk zu fördern, zu dem die Hilfe vieler nötig war. Denn auch die Sammler und Freunde der Kunst suchte er seinen Zielen zu gewinnen, damit sie seine Arbeit ergänzten und erweiterten.« Häring erwähnt auch Lichtwarks Förderung der Dilettanten, seine Betonung der Bedeutung und Entwicklung des Anschauungsvermögens sowie den außerordentlichen Einfluss, den Lichtwark damit auf weite Kreise ausübte. »Wie der Umfang seines Erziehungswerks anwuchs, so mehrte sich auch das Material, das er zu ihm heranzog. Es war klar, daß er nicht Halt machen konnte bei den Bildern und den Skulpturen, denn dieselben Gesetze, die er an ihnen erkannte, waren auch in den anderen Werken der Kunst, in den Werken der Architektur, in der Kunst des Städtebaus und in der Kunst des Gartenbaus.«

Was Langbehn als schwärmerischer Geist in einem »einzigen schweren Griff« an sich zu reißen suchte, habe Lichtwark »auf den Boden eines ruhig arbeitenden Willens gesetzt«, führt Häring aus und verwendet für Lichtwarks Lebenswerk die Metapher des starken, sicher und stetig wachsenden Baumes. Er habe weit mehr geleistet, als sein Amt von ihm verlangen konnte, an das man nur die Hoffnungen habe knüpfen dürfen, die ein einfacher Mensch zu erfüllen imstande sei. Lichtwark habe das Volk erst erziehen müssen, sich der Kunst wieder zu nähern, und dazu habe er sich an den Handelssinn seines Volkes gewandt mit dem Argument, dass im industriellen Wettkampf dasjenige Volk am besten abschneiden werde, »über dessen Produkte die größte Anzahl erzogener Augen« richte. Zu seinen großen Verdiensten gehöre, dass er dem Staatswesen die Wichtigkeit der Kunst für die Regierung vorgestellt habe. Darunter firmiert für Häring auch Lichtwarks Sammlung moderner Kunst für Hamburg, die ein Bild gebe von der Kraft Hamburgs wie auch ein Bild von der Kraft »dieses großen Mannes«. »Er hatte das Herz seines Volkes und seinen aristokratischen Geist«, schließt Häring pathetisch. Es sei beinahe natürlich, dass er auch die Fähigkeiten gehabt habe, sich zu verwirklichen, aber es sei die Gnade eines gütigen Schicksals, dass er einem Volk angehört habe, das ihn am notwendigsten brauchte. Häring prophezeit in seinen letzten Satz, Lichtwark sei zwar tot, doch sein Name und Werk würden weiterleben.[48]

48 Hugo Häring, Lichtwark, in: Hamburgischer Correspondent, Nr. 86, 17.2.1914, S. 2; Kayser (1977), Nr. 669. Häring lebte nach seinem Studium bei Theodor Fischer in Stuttgart und Fritz Schumacher in Dresden von 1904–1914 als freier Architekt in Hamburg.

Als letzte Ehrung folgt am 13. März, ausgerichtet von Franz Ferdinand Eiffe im Großen Saal der Musikhalle die Gedenkfeier der Kommission für die Verwaltung der Kunsthalle mit reicher musikalischer Umrahmung. Alfred Sittard spielt Bachs Fantasie und Fuge c-Moll und das Benedictum für Orgel von Max Reger; der Hamburger Lehrer-Gesangverein trägt die Melodie »O Isis und Osiris« von Mozart sowie einen eigens von Johannes Glaeser für Lichtwark auf die Melodie von Beethovens *Opferlied* geschaffenen Text vor. Außerdem kommt das *Gebet um Erleuchtung* von Richard Dehmel zum Vortrag.[49] Die umfangreiche Rede hält der mit Lichtwark seit langen Jahren befreundete Historiker Erich Marcks, Professor bei der Hamburger Wissenschaftlichen Stiftung und dem Kolonialinstitut.[50]

Die Einäscherung Lichtwarks findet am 17. Januar 1914 statt; der Senat beschließt die Beisetzung auf dem Ehrenfriedhof Ohlsdorf. Im selben Jahr entwirft Fritz Schumacher ein zweieinhalb Meter hohes Monument für Lichtwarks Grab auf dem Althamburgischen Gedächtnisfriedhof in Hamburg-Ohlsdorf, einen schlichten Pfeiler aus Muschelkalk auf quadratischem Grundriss. Im offenen oberen Teil befindet sich die freistehende Urne als kannelierte Säulentrommel (Abb. 67).[51] Das Werk zitiert das Formenvokabular des Kunsthallenneubaus durch die reduziert neoklassizistischen Elemente, den Farbton des Steins und die ähnlich nüchterne Schlichtheit. Im Juni 1916 meldet die Friedhofsverwaltung die Fertigstellung der Grabstätte, doch die Genehmigung zur Ausführung des Grabmonuments wird erst im November 1916 erteilt.[52] Schon im September 1916 ist die Presse auf die anscheinend in Vergessenheit geratene Urne mit der Asche Lichtwarks aufmerksam geworden, doch mit deren Beisetzung lässt sich die Regierung aus nicht mehr zu ermittelnden Gründen Zeit bis zum Oktober 1917.[53] Der Ausbruch des Ersten Weltkrieges mag zu dieser Verzögerung beigetragen haben. Zur Erinnerung an Lichtwark reproduziert Kalckreuth im Auftrag der Kommission das Portrait nach seinem Gemälde von 1912 als Radierung,[54] und Frau Konsul von Kahler schlägt vor, im Neubau der Kunsthalle einen Erinnerungsraum an Lichtwark mit den Möbeln seines Direktorzimmers einzurichten.

49 Vgl. Eiffe (1935), S. 143.

50 Vgl. Marcks (1914), S. 7–61, mit einem Verzeichnis der Schriften Lichtwarks nach S. 61; Kayser (1977), Nr. 680. – Zur Planung der Ehrenfeier vgl. P5, 31.1.1914; Marcks erhält 400 Mark Honorar, 300 Exemplare der gedruckten Rede sollen für je eine Mark erworben werden; vgl. P5, 12.2.1914.

51 Einäscherung am 17.1.1914, 9 1/2 Uhr Krematorium Ohlsdorf; vgl. StA HH, Hochschulwesen-, Dozenten- und Personalakten, IV 618, Bl. 4. – Grell (1914), S. 61, nicht bei Kayser (1977). – P5, 31.1.1914. – Vgl. Ehrung Alfred Lichtwarks, Zeitungsausschnitt ohne Quellenangabe, 20.1.1914, mit dem Vorschlag, Lichtwark auf dem Ehrenfriedhof in Ohlsdorf einen Platz zu gewähren, HKH, AdB 98, Persönliches. Zu Schumachers Grabmonument mit den Maßen 250 × 95 × 95 cm vgl. Leisner u.a. (1990) Bd. 2, S. 116, Nr. 750.

52 Lichtwarks Geschwister, Senior Grimm als langjähriger Freund und dazu bereite Herren der Kommission sollen an der Beisetzung teilnehmen. Pauli soll erfragen, ob die Stätte fertig hergerichtet sei; vgl. P5, 29.6.1916. – P5, 9.11.1916. – Die Kosten von 2.350 Mark werden aus dem Kunsthallenetat beglichen; vgl. P5, 28.11.1916.

53 Vgl. Den Manen Alfred Lichtwarcks [sic], in: General-Anzeiger für Hamburg-Altona, 12.9.1916. – Die Beisetzung der Urne Lichtwarks erfolgte am 12.10.1917 in der Grabanlage P6,2 des Althamburgischen Gedächtnisfriedhofs. Ich danke Lutz Rehkopf, Hamburger Friedhöfe, Schreiben vom 5.7.1999, für diese Information.

54 Das Honorar dafür beträgt 3.000 M; vgl. P5, 13.7.1915. – P5, 28.12.1915.

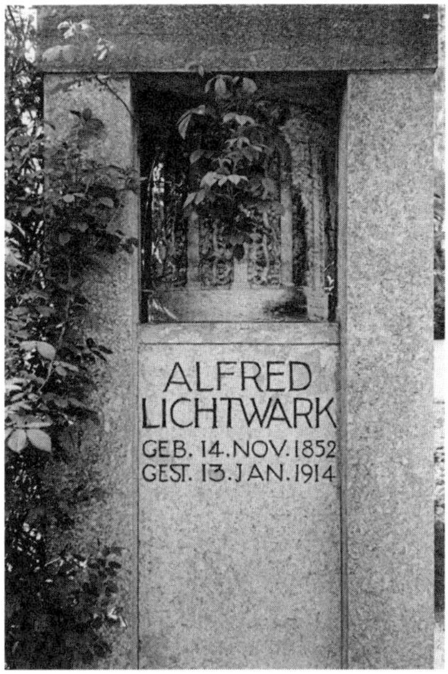

Abb. 67 Fritz Schumachers Grabmal für Lichtwark auf dem Ehrenfriedhof Hamburg-Ohlsdorf, 1999, Aufnahme: Autorin

Marianne Lichtwark als unversorgt zurückbleibende Schwester, die Lichtwark jahrzehntelang den Haushalt geführt hat, erhält auf Lebenszeit eine Ehrenpension von 4.000 Mark jährlich, die in Hamburg neidisch diskutiert wird.[55] In der Inflationszeit der zwanziger Jahre verwendet sich Gustav Pauli mehrfach für eine Erhöhung ihrer Pension, die derjenigen der Dichterwitwen Falke, Bossdorf und Stavenhagen angepasst wird.[56] Am 18. November 1931 stirbt Marianne Lichtwark einen Monat nach ihrem Bruder Hans, der am 11. Oktober voranging. Beide lebten mit der unverheirateten Tochter der befreundeten Familie Kalkmann, Johanne, zusammen, die sie betreute (Abb. 68). Die ältere Halbschwester Dorette Lichtwark beerbt sie und stirbt schließlich 1935 94jährig als letzte der Familie ohne Nachfahren im Stift Salem (Abb. 69). Als Erben setzt sie in ihrem am 18. Dezember 1931 abgefassten Testament Johanne Kalkmann, Hanna Bacmeister, geborene Vivié, Emma Vivié und Marianne Bensel, geborene Vivié, ein. Lichtwarks Bibliothek fällt an Friedrich Bodenstedt junior.[57]

55 Vgl. Schiefler (1985), S. 292.
56 Vgl. P5, 31.1., 12.2.1914. – Vgl. Ehrenzuwendung an die Schwester Alfred Lichtwarks, in: Hamburgischer Correspondent, Nr. 64, Morgenausgabe, 5.2.1914, StA HH, A 761. – Schiefler (1985), S. 292. – StA HH, 361-5 II, P d 25, Marianne Lichtwark Ehrenpension, Bll. 1, 11, 14, 16–18, 21f.
57 Vgl. Amtgericht HH, 72 VI L 85/33; Lichtwarks Freund Oberlandesgerichtsrat Wolf Mannhardt ist Bevollmächtigter; Dorette hat ihm und Johanne Kalkmann Vollmacht erteilt, sie in allen Erbschaftangelegenheiten zu vertreten. Ihr Testament vom 18.12.1931 wird am 25.1.1937 eröffnet; AZ T 1608/31, Abschrift im Nachlass

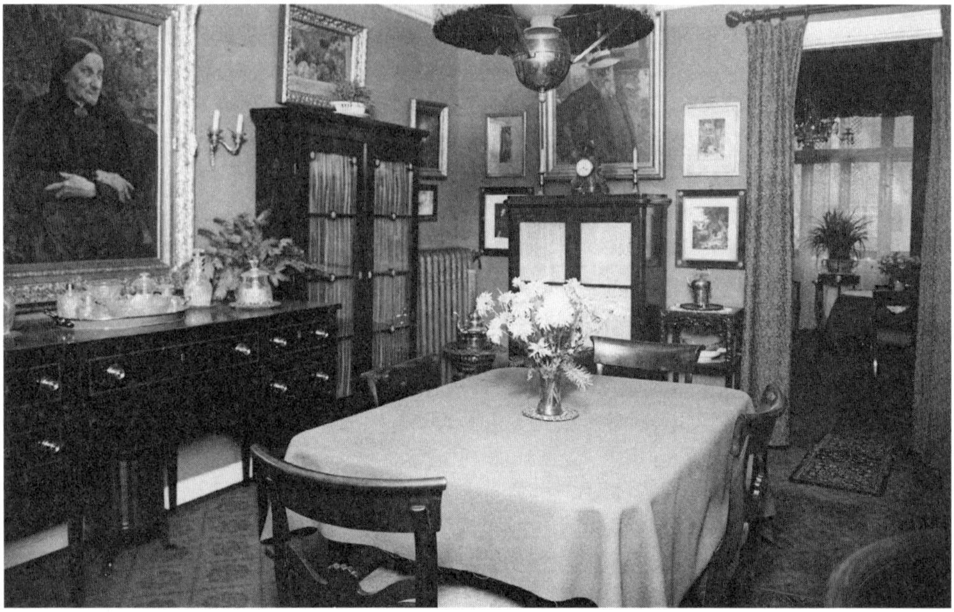

Abb. 68 Marianne Lichtwarks Esszimmer, um 1931, Aufnahme: unbekannt

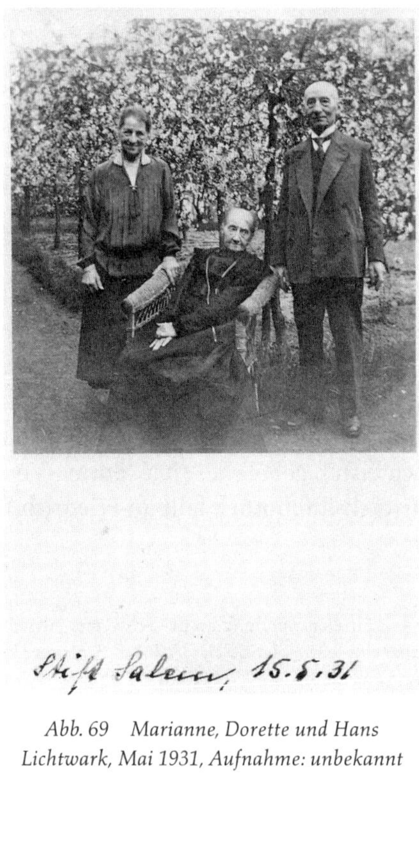

Abb. 69 Marianne, Dorette und Hans Lichtwark, Mai 1931, Aufnahme: unbekannt

NACHRUFE

Lichtwarks Tod wird im ganzen Deutschen Reich wahrgenommen, an die fünfzig Nachrufe sind in Kaysers Bibliographie zu Lichtwark verzeichnet. Viele weitere Artikel erscheinen im Laufe des Jahres 1914. Max Liebermann würdigt Lichtwarks Wirken ausführlich und einfühlsam in seinem Nachruf in der Berliner Zeitung *Der Tag* vom 24. Januar 1914, dem er Lichtwarks Ausspruch »Talent ist Charakter« voranstellt.[58] Er selbst hat besonders von Lichtwarks Kennerschaft und Beharrlichkeit profitiert; Lichtwarks Aufträge haben ihn nicht nur allgemein gefördert, auch seinen Aufstieg zum bedeutendsten deutschen Portraitmaler seiner Generation verdankt er nicht zuletzt den Aufträgen für die Hamburger Kunsthalle. In seinem Nachruf konzentriert er sich auf Lichtwarks Persönlichkeit. Er würdigt die Harmonie von Charakter und Fähigkeiten dieses Mannes, sein Streben nach Kultur als Ideal seines Lebens; seine Begabung als Erzieher, das hohe Maß seiner Selbsterziehung und Selbstbeherrschung und sein ausgeglichenes Wesen, das ihm die Loyalität seiner Untergebenen sicherte. Er spricht über die ruhige Klarheit der Äußerungen und Handlungen Lichtwarks und die Regelmäßigkeit seiner Lebensführung, keinen Schwank, keine Anekdote aus Lichtwarks Leben wüsste er zu erzählen.

Liebermann nennt Lichtwarks Publikationen Bekenntnisschriften, sie seien wie Briefe, mit denen man sich seine Gefühle und Schmerzen vom Herzen schreibe; sie gäben über den eher verschlossenen als mitteilsamen Mann eher Auskunft als die äußeren Geschehnisse seines Lebens. Auch als Hamburger Patrioten thematisiert er Lichtwark, als einen Mann, der seine geliebte Heimat bis in den letzten Winkel gekannt habe. Er wertet die Akzentuierung des spezifisch Hamburgischen als größten Vorzug der von Lichtwark aufgebauten Sammlungen und betont dazu die Gleichwertigkeit dieser Sammlung deutscher Kunst des 19. Jahrhunderts mit der Berliner Nationalgalerie. Und nur der Tod habe ihn am weiteren Ausbau der Sammlung französischer Kunst gehindert. Lichtwark habe ihm oft gesagt, dass er besser hätte Architekt werden sollen, und so, wie bei einem guten Bauwerk das Innere des Gebäudes an der Fassade ablesbar sei, so komme in seinen Schriften sein Charakter deutlich zum Vorschein als phrasenloser, sachlicher, unpathetischer und klarer Stil. Sein Zorn werde zu einem »an Schiller gemahnenden Pathos«, während er seine Überzeugungen mit »lessingscher Schärfe« formuliert habe. Liebermann betont die Vielseitigkeit der Schriften Lichtwarks, die alle von der Anschauung, nicht von Theorien ausgehen.

Schellenberg, StA HH, Familie Schellenberg, A 55. Siehe auch das Kapitel »Auf schwankendem Grund: Familie und Kindheit« in Teil 1, Anm. 46; Schellenberg gibt als Todesjahr Dorette Lichtwarks 1935 an; vgl. Br. Familie, S. 84, Anm. 84. – Das Stift Salem, Hamburg, Pagenfelder Straße 9, soll von Salomon Heine für seine Angestellten eingerichtet worden sein. – Zum Verbleib von Lichtwarks Bibliothek: StA, HH, A 622-1, Familie Schellenberg, A 4. Nur sehr vereinzelt tauchen im Internet-Antiquariatshandel Bücher mit Widmung des Autors an Lichtwark auf, z.B. Karl Graf Lanckoronski, Rund um die Erde 1888–89. Geschautes und Erdachtes, Stuttgart: Cotta, 1891, mit eigenhändiger Widmung des Verfassers »Seinem berühmten Gesinnungsgenossen in künstlerischen Dingen Herrn Dr. Alfred Lichtwark ...«, 2011 angeboten im Antiquariat Sebastian Schuck, Bremen; Karl Scheffler, Paris, Leipzig: Insel, 1908, mit eigenhändiger Widmung an Alfred Lichtwark (im Besitz der Verfasserin).

58 Kayser (1977), Nr. 676; vgl. Liebermann (1978, Lichtwark), S. 116–123.

Ein anderer Aspekt dieser Persönlichkeitsschilderung betrifft den Geschmack. Liebermann erzählt von Lichtwarks Einführung in die regionalen kulinarischen Genüsse, von gemeinsamen Besuchen ländlicher Wirtshäuser, von Lichtwarks Neigung zur Verfeinerung des Geschmacks als ein Moment des Luxuriösen, im Leben wie in der Kunst. »Neben Meister Bertram oder Francke konnte er für einen Manet oder Degas schwärmen, wie er das größte Vergnügen an der Lektüre Guy de Maupassants oder Anatole Frances fand. Er war ein ästhetischer Feinschmecker auch in der Kunst, aber er war der größte Gegner des Snobismus in der Ästhetik, denn er war kerngesund in seinen Anschauungen. Wäre auch sonst sein ungeheurer Einfluß auf die zeitgenössische Kultur denkbar! Seine Überzeugungen waren nicht gemacht, sie waren echt, denn sie waren erlebt. Er war nicht nur Erzieher, er war auch Künstler.« Liebermann verweist auf Lichtwarks Reiseschilderung *Eine Sommerfahrt auf der Yacht Hamburg*, im Grunde ein einfaches Tagebuch, doch aus jeder Zeile spreche das warme Herz Lichtwarks, seine Menschen- und Naturliebe. Liebermann erwähnt auch Lichtwarks Humor und seine Freude am Anekdotischen, etwa die Einführung seines Lehrers Herman Grimm in die Radierungen Rembrandts.[59]

In Lichtwarks Leben habe es viele Kriegsjahre gegeben, die bekanntlich doppelt zählen würden, dennoch sei er immer Optimist geblieben. Mit dieser Aussage geht Liebermann auf die schweren Kämpfe ein, die Lichtwark durchzustehen hatte, bevor er schließlich der »unbestrittene Richter in allen ästhetischen Fragen« geworden und ihm als Anerkennung zu seinem Amtsjubiläum ein Ehrengehalt zugesprochen worden sei. Bürgermeister Burchard als Präses der Kommission habe Liebermann gegenüber sein uneingeschränktes Vertrauen zu Lichtwark bekannt, der sich leider dieser Wertschätzung nicht lange habe erfreuen dürfen. In kaum mehr als einem Jahr habe ihn seine Krankheit dahingerafft. Liebermann schließt seinen Nachruf versöhnlich: »Wohl dürfen wir über den frühzeitigen Verlust des seltenen Mannes trauern, aber in den herben Schmerz mischt sich die Freude über sein köstliches Leben. Seine Stadt dürfte stolz auf ihn sein, aber er nicht minder auf seine Stadt, die ihm vertraute. Nur in der freien Reichsstadt Hamburg konnte er vollbringen, was er vollbracht hat. Zu größerem Ruhme Hamburgs ist Alfred Lichtwark Praeceptor Germaniae geworden!« Trotz seiner zahlreichen Bilder in der Kunsthalle besucht Liebermann Hamburg nach Lichtwarks Tod nie wieder.[60]

Ferdinand Avenarius veröffentlicht im *Kunstwart*, Oskar Bie in der *Neuen Rundschau*, Georg Biermann in der *Illustrirten Zeitung*, Leipzig, und zusammen mit Hans

59 Siehe dazu das Kapitel »Berlin als Paradies: Karriere« in Teil 1.

60 Vgl. Ring (2010), Bd. 1, S. 715f. Auch Paulis Einladung, sich die Neuordnung der Kunsthalle anzusehen, lockte Liebermann nicht nach Hamburg. Nach eigener Aussage reiste er nicht mehr, sondern pendelte nur noch zwischen seinen beiden Wohnsitzen in Berlin und am Wannsee. In der Erinnerung kühlt sich offensichtlich Liebermanns Verhältnis zu Lichtwark ab. Pauli berichtet seiner Kommission im Dezember 1923: »Zu meiner grossen Ueberraschung hatte er auch gegen Lichtwark einiges einzuwenden. Namentlich kann er ihm seinen Antisemitismus nicht verzeihen. Er meinte, sie hätten sich gegenseitig zwar sehr geschätzt, aber nicht geliebt.« Ring (2010), Bd. 1, S. 475. Zu einem – fraglichen – Antisemitismus Lichtwarks siehe das Kapitel »Hamburgische Kunst: ... und Freunde« in Teil 3, Anm. 439.

Friedeberger im *Cicerone*, Adolph Goldschmidt in *Kunst und Künstler*, E. Hakon in *Reclams Universum*, Karl Koetschau in der *Museumskunde*, Karl Scheffler in der *Österreichischen Rundschau*, Valentin Scherer in der *Internationalen Monatsschrift für Wissenschaft, Kunst und Technik*, Werner von der Schulenburg in der *Hamburgischen Monatsschrift*, Woldemar von Seidlitz in der *Kunstchronik*, Wilhelm Waetzoldt in den *Geisteswissenschaften*, Heinrich Egon Wallsee in der *Kunst*, ferner erscheinen Nachrufe in *Deutsche Kunst und Dekoration* und *Daheim*. Auch die Pädagogen veröffentlichen Nachrufe: Fritz von Borstel, Carl Götze, Jakob Löwenberg und Heinrich Wolgast in der *Pädagogischen Reform* und weitere Autoren in anderen pädagogischen Zeitschriften deutschlandweit. Richard Muther druckt seine Erinnerungen an Lichtwark, betitelt *Makart-Bukett und Blumenstrauß* im dritten Band seiner Aufsätze bei Ladyschnikow in Berlin im selben Jahr. Der Historiker Erich Marcks würdigt als Freund Lichtwarks in *Velhagen & Klasings Monatsheften* dessen Lebenswerk in den Hauptzügen, er betont, Lichtwark sei kein Gelehrter gewesen, eher ein Künstler, der die Kunsthalle und sein Lebenswerk durch sein Charisma, seine starke Individualität und Leidenschaft geprägt habe.[61]

Am intensivsten ist die Reaktion naturgemäß in Hamburg selbst. Die *Hamburgische Zeitschrift für Heimatkultur* widmet seinem Andenken das Februarheft 1914. Hier kommen mehrere Autoren zu Wort und beleuchten die verschiedenen Facetten seines Schaffens. Fritz von Borstel schreibt für die Hamburger Lehrer über Lichtwarks pädagogisches Wirken, Dr.-Ing. Brandt über Lichtwarks Bedeutung für die Architektur, Ernst Paulsen über Lichtwarks Einfluss auf den Städtebau. Ernst Eitner ergreift das Wort für die Hamburger Künstler; Heinrich Merck würdigt Lichtwarks Bemühungen um den Dilettantismus; Gustav Schiefler schildert unabhängig von seiner inzwischen erfolgten Distanzierung loyal Lichtwarks Persönlichkeit. Carl Mönckeberg, einst Lichtwarks Hoffungsträger als lokal orientierter Publizist, legt ausführlich Lichtwarks kulturpolitisches Denken und Wirken dar, nicht ohne an die Hamburger Regierung ein deutliches Wort über ihre Versäumnisse zu richten. Und Karl Koetschau sowie R. Rößger erinnern noch einmal nach Jahresfrist an Lichtwark, ersterer im *Repertorium für Kunstwissenschaft*, letzterer in der *Leipziger Lehrerzeitung*.[62]

Schon am Tag nach Lichtwarks Tod bringt Mönckeberg einen Nachruf, betitelt *Lichtwark, der Politiker*, in der Abendausgabe der *Neuen Hamburger Zeitung*.[63] Am Vortag, Lichtwarks Todestag, hat die Abendausgabe in Kenntnis seiner unheilbaren Krankheit noch eine Beilage über ihn veröffentlicht, als Gruß und um ihm eine Freude zu bereiten, um ihm zu zeigen, dass seine Gedanken von der nächsten Generation aufgegriffen und weitergetragen werden. Lichtwark habe am Sieg seines Geistes nicht gezweifelt, schreibt Mönckeberg, die Zeiten, »in denen die Stadt der Kollek-

61 Vgl. Marcks (1922), S. 77–90.

62 Vgl. Kayser (1977), Nr. 651–704.

63 Vgl. hier und im Folgenden: Kayser (1977), Nr. [681a], hier: Wiederabdruck in: Mönckeberg (1917b), S. 72–74; Kayser (1977), Nr. 706.

tivregierung, der Mehrheitsbeschlüsse und Massenabstimmungen diesen Einzelnen nicht hätten aufkommen lassen wollen«, hätten schon weit hinter ihm gelegen. Dann blickt er auf die allmähliche Akzeptanz von Lichtwarks Bemühungen zurück: »Zuerst hieß es, Lichtwark verstände nichts von Gemälden, er sei ein unbrauchbarer Galeriedirektor. Später war er als Galeriedirektor abgestempelt und galt für einen dreisten Dilettanten und Pfuscher, wenn er über Kunstgewerbe, Architektur, Gartenkunst und Städtebau schrieb. Am Ende lüftete sich das trübe Mißverständnis, und man erkannte, was seine Anhänger längst eingesehen: daß er in der Zeit des Spezialistentums kein Spezialist, in der Zeit der krassen Wirtschaftspolitik ein Kulturpolitiker, in der Zeit des Zollanschlusses und der Weltverbindungen ein Wächter althamburgischer Schätze und ein Gärtner heimatlicher Pflanzungen war.« Lichtwark sei oft als der große Hamburger Bildungsminister bezeichnet worden, mit einem genialen Instinkt für seine öffentliche Tätigkeit, die vom ersten Tag an auf das Ganze zu wirken gesucht und verstanden habe. Ihm sei sofort klar gewesen, dass die Leitung der Kunsthalle ihm als Einzelnen eine weiter und tiefer greifende Macht und Einflussnahme verlieh als sie in Hamburg irgendein Beamter oder Senator besitze. Als eine wirkliche Ministernatur habe er es sich angelegen sein lassen, die Regierenden zu leiten, ihnen mit der Überlegenheit seiner umfassenden Bildung und seiner ruhigen Beobachtungsgabe die Details der täglichen Routine in frischem und neuem Lichte zu zeigen und Vorhänge aufzuziehen, mit denen die Gewohnheit jede freiere Aussicht zu verhüllen pflege. Weil er nicht früh genug Glauben gefunden habe, sei ihm vieles missglückt, anderes habe er aber auch schnell und leicht durchgesetzt, wie es anderswo auch seinen berühmtesten Kollegen niemals gelungen wäre. Vertrauensvolle Männer der Verwaltung – Burchard, Predöhl, Holthusen, Wolffson, von Melle[64] – hätten, auch wenn ihnen der Wert seiner Ratschläge nicht immer gleich einleuchtete, den Weltruhm und die hamburgische Gesinnung ihres fähigsten Beamten hochgeschätzt und als sorglich zu hütendes Kapital in die hamburgische Bilanz eingestellt.

»Wir feiern in Lichtwark keinen Mann, der sich niemals geirrt hätte«, fährt Mönckeberg fort. Die von ihm zuerst aufgezeigten Probleme der Kunst- und Kulturpolitik hätten Lichtwark manchmal zu Experimenten und Fehlschlägen geführt, unter denen diejenigen am meisten gelitten hätten, denen eigentlich hätte geholfen werden sollen. Dies ist als eine Anspielung auf die lokalen Künstler zu verstehen, denen Lichtwark zum Bleiben in Hamburg riet. Dass er ein Vierteljahrhundert in Hamburg gewirkt habe, möge für einzelne Talente ein vernichtendes Schicksal gewesen sein, habe aber doch für Hamburg als blühende Großstadt einen Segen bedeutet. Nicht die einzelne Tat oder die zeitliche Richtigkeit seiner Absichten kennzeichne die Größe dieses Mannes, sondern die goethische Weltsicht und die Kombination von künstlerischer und wissenschaftlicher Begabung mit ihrer Konzentration auf die rasante Entwick-

64 Burchard und Predöhl als Bürgermeister und Mitglieder der Verwaltungskommission der Kunsthalle, Holthusen als Senator und Schwiegervater des Sammlers moderner Kunst Max Linde in Lübeck, Wolffson als Senator und Graphiksammler, von Melle als Senator und Verfechter des Universitätsgedankens.

lung der Weltstadt Hamburg. Mönckeberg schließt: »Wenn sich hier schließlich etwas Gutes gestaltet; wenn wir der Barbarei entgehen; hamburgische Kultur erringen statt eines wilden, schnöden, gleichgültigen Amerikanismus; wenn wir dem Reiche die unersetzlichen Werte unseres Stammes und unserer Landschaft retten und unsere Existenzberechtigung als Bundesstaat durch die Echtheit und Tüchtigkeit eines gebildeten Charakters erweisen: so geschieht das in Lichtwarks Geiste und wäre ein Glück, das wir ohne ihn vielleicht auf ewig verfehlt hätten.«

In der *Hamburgischen Zeitschrift für Heimatkultur* geht Mönckeberg noch einmal auf Lichtwarks politische Leistungen ein.[65] Hier versucht er zu beweisen, dass Lichtwark von Anfang an weniger Pädagoge als Politiker gewesen sei und alle Facetten seiner Tätigkeit als Teile eines ebenso einfachen wie originalen politischen Planes zu betrachten seien. Er vertritt die Ansicht, mit Lichtwark sei ein ganz moderner und bei aller Berühmtheit nahezu erfolglos gebliebener Politiker dahingegangen, und fürchtet, dessen posthume Lobredner wüssten nicht genau, was sie täten. Andernfalls würde aus dieser Zustimmung der Anbruch einer neuen Epoche erkennbar. Lichtwark habe mit der Harmlosigkeit eines Kindes oder eines Genies von Anbeginn alle Parteimeinungen beiseite geschoben und sei von der für ihn selbstverständlichen Wahrheit ausgegangen, die Entwicklung der modernen Großstadt stelle dem Bürger heute die grundlegenden politischen Aufgaben. Er habe in seinem auf das Gesunde, Echte, Einfache und Gediegene gerichteten Sinn jeden hereinberechenden Reichtum als gefährliche Versuchung zu Barbarei und Protzentum gesehen. Das Talent hingegen erschien ihm als die wertvollste Basis der Volkswirtschaft. Große Künstler sollten in Hamburgs Stadtentwicklung und Stadtbild Werte schaffen. Kultur war ihm Erziehung, das heißt, zur Sitte ausgebildete Gewöhnung an Qualität. So habe Lichtwark es den Regierenden als Pflicht auferlegt, das Land durch Erziehung des Volkes auf die höchste Stufe wirtschaftlicher Macht zu heben, die es überhaupt erreichen könne. Das Gedeihen der Industrie und des Handwerks sei ihm eine Staatsfrage gewesen. Mönckeberg gibt in diesem Kontext noch einmal Lichtwarks Auffassung von der politischen Dimension der Konsumentenerziehung wieder und würdigt die vielen praktischen Ratschläge in dessen Schriften. Von ihnen aus sei alles zu verstehen, was Lichtwark unternommen habe. »Kein Zweifel, Lichtwarks Programme enthalten eine derartige Fülle neuer, reifer, unendlich ergiebiger Gedanken, daß man die Staatsweisheit des Mannes, der sie vor dreißig Jahren mit schlichter Eindringlichkeit verkündet, schlechterdings nicht überschätzen kann, und wenn man ihm zehnmal in den Einzelheiten seiner Galerieverwaltung kleinere Irrtümer und selbst große Mißgriffe nachzuweisen versucht.« Wer ihn heute noch hypermodern schelte, schreibt Mönckeberg, ahne nichts von ihm. Man habe ihm zu seinen Ideen nichts dazugegeben: »Wir haben ihm die Mittel nicht bewilligt, den ganz rationellen, ganz praktischen, ganz und gar auf Hamburgs höchsten Nutzen kalkulierten Plan auszuführen. Lichtwark wurde auch hier geschätzt,

65 Vgl. den Wiederabdruck in: Mönckeberg (1917b), S. 75–81; Kayser (1977), Nr. 706.

weil er anderswo berühmt war. Wir zahlten ihm bis vor drei Jahren das Gehalt eines Regierungsrats, erfüllten einige seiner Wünsche für die Kunsthalle und legten im übrigen seine politischen Gutachten zu den Akten [...]. So wurde schließlich alles, was er trotz einer im Kernpunkt versagenden, wenn auch noch so wohlmeinenden Regierung in drei Jahrzehnten ausrichten konnte, [...] zu einer Reihe literarischer Glanzleistungen [...] und zu einer Kette privater Versuche mit unzulänglichen Mitteln. Was er im Kreise der hamburgischen Kunstfreunde, unter den Lehrern und Schülern unserer Schulen, als Gründer des Debattierklubs und der Gesellschaft zur Förderung der Amateurphotographie, als Anstifter, Berater und Mitarbeiter so mancher vielversprechend ans Licht getretenen Zeitschriften, was er überall da, wo er sonst noch die zaubernde Hand im Spiel hatte, im Lauf der Jahre geleistet hat, ist wahrlich groß und viel gewesen; aber man kann nicht ausdenken, wieviel mehr er hätte wirken können, wenn der Senat seine privaten Bemühungen, statt sie nur zu dulden und zuweilen verständnisvoll gutzuheißen, in klarer Erkenntnis ihrer Fruchtbarkeit amtlich aufgenommen und unsere staatliche Kulturpolitik unter den Namen Lichtwark gestellt hätte. [...] Lichtwark wünschte sich zeitlebens einen regierenden Staat, und er wußte warum.« Eine weise Reform könne vielleicht seine Ideen verwirklichen, so lange müsse die Bürgerschaft stück- und brockenweise erzwingen, was eigentlich als planvolles Ganzes entstehen müsste. Lichtwark habe als wissenschaftliche Basis für die großen hamburgischen Regierungsvorlagen die ständige Beobachtung der modernen Großstadt und das intensive Studium der Stadtkultur aller Zeiten gefordert. Anfangs habe er noch gehofft, in der Kunsthalle dieses Material sammeln und von dort aus beherrschen zu können. Dann schien ihm die Zeitschrift *Der Lotse* dazu berufen. Nun müsse jedoch der Senat selbst die Organe schaffen, etwa ein Ministerium für Städtekultur oder ein Forschungsinstitut für moderne Kommunalpolitik, mit einem Mann an der Spitze, der nach Lichtwarks Vorbild die ganze Welt bereise mit dem einen Gedanken, was er den Hamburgern mitbringen könne.

Wilhelm von Bode äußert sich nicht; von den Berliner Kollegen ergreift nur Karl Koetschau das Wort. Er würdigt Lichtwark in der Zeitschrift *Museumskunde* als Unersetzlichen und Unentbehrlichen. Deutschland sei nicht reich an Männern wie ihm, so dass man seiner führenden Hand weiter bedürfe. »Man sagt, daß jede Lücke ausgefüllt werden könne. Von Dutzendmenschen mag man es auch glauben. Aber wenn einer so stark sein eigenes Leben gelebt hat wie Lichtwark, so klar mit dessen Strahlen das Leben seiner Nation beleuchtet, so innig es mit dessen Feuer durchwärmt, dann ist es wahrhaftig keine schnell herbeigeholte und leicht ausgesprochene Phrase, wenn man von einem Unersetzlichen spricht.« Koetschau ehrt in Lichtwark eine Persönlichkeit, die Kultur besessen und sich selbst geformt habe, bis er seines Werkes würdig gewesen sei, und dieses Werk nur schaffen wollte, um seinem Volk neben dem materiellen Gewinn den Blick für die Schönheit dieser Welt zu öffnen und zu schärfen. Denn er habe gewusst, dass zum Glück seines Volkes nicht nur der kurzfristige Erfolg gehöre, sondern ebenso die Vergeistigung, die Verinnerlichung des Lebens, Gesittung und Bildung. Lichtwark sei zu so starker Wirkung befähigt gewesen, weil sein Blick immer auf das Ganze, niemals nur auf ein Spezialisteneckchen gerichtet gewesen sei. Seine Arbeit sei nicht lebensfremd, sondern lebensfreudig gewesen und habe wesensverwandte Naturen sofort zu williger Gefolgschaft bewogen, aber auch wesensfremde in ihren Bann gezwungen. »Was ist nicht alles heute uns vertraut, woran man vor etwa 20 Jahren noch achtlos oder scheu vorbeiging, wenn man es nicht gar bekämpfte.« Diese Entwicklung schreibt Koetschau Lichtwark zugute. Er habe mit dem starken Glauben an seine Aufgabe und der Kraft seines Wortes die Geister aufgerüttelt, ihnen zu eigenem Denken und eigener Sprache verholfen. Er gibt Lichtwarks Charisma, seine Überzeugungskraft durch milde Worte, die ihm eigene weltmännische Form als Gründe für seine Wirkung an: »[...] gerade deshalb hörte man so allgemein und so gern auf ihn, frug man nach seiner Meinung über Fragen der Kunst, noch ehe er selbst es für nötig befunden hatte, sich zu äußern, wollte man von ihm geführt sein.« Seine kunstpädagogische, tief ins Leben eingreifende und weit über den Bereich des Museums hinaus wirksame Arbeit habe ihn unter den Museumsleuten zu einem besonderen Typus gemacht. Jeder, der die Kunst liebt, wisse, was ihm die Hamburger Kunsthalle bedeute; so beredt wie sie spreche bislang kein anderes Museum den Wert des Lokalen für das Allgemeine aus. Lichtwark sei nicht genug zu danken, dass er den Mut zu diesem Nächstliegenden gestärkt habe.

Koetschau betont Lichtwarks führende Position auf dem Gebiet des Museumswesens und wünscht dringend, Hamburg möge sich entschließen, seine Studien zur Gestaltung und Belichtung der Museumsräume zum Nutzen aller Kollegen zu veröffentlichen. Er würde dann auch auf dem Gebiet der Museumsfachliteratur an die erste Stelle rücken.[66]

Im Jahr darauf, 1915, bedenkt Koetschau noch einmal den Kunsthistoriker Lichtwark, auch wenn dieser die Bezeichnung für sich abgelehnt habe.[67] Mit seinem klaren Verständnis für Entwicklungen habe er gar nicht anders denn als Historiker arbeiten können. Nur ein Historiker habe etwa über deutsche Königstädte schreiben können. Der deutlichste Beweis für Lichtwarks Tätigkeit als Kunsthistoriker aber sei die Hamburger Kunsthalle, vor allem hinsichtlich dessen, was er für das 19. Jahrhundert und als der eigentliche Urheber der Jahrhundertausstellung geleistet habe. Der Umstand, dass er dabei zuerst für Hamburg gesorgt habe, ändere an dieser Meinung nichts, sondern stärke sie vielmehr. Die gute methodische Basis belege, wie aus der Durchführung eines Beispiels die Gesetzmäßigkeit in der allgemeinen Entwicklung zu erkennen sei. Nicht immer seien es die Schriften allein, aus denen der Wert einer Disziplin zu bemessen sei, am wenigsten die der Kunstgeschichte. Koetschau verweist überdies auf den von ihm als schwierig bezeichneten Stoff des Ornamentstichs der

66 Vgl. Koetschau (1914a), S. 55–57; Kayser (1977), Nr. 675; *Das Nächstliegende* ist der Titel eines Aufsatzes, den Lichtwark 1905 für die Zeitschrift *Museumskunde* verfasste; 1. Jg., 1905, S. 40–43; Kayser (1977), Nr. 418. Koetschau amtiert nach einem Zerwürfnis mit Bode seit 1913 als Direktor der Städtischen Kunstsammlungen Düsseldorf; vgl. Bode (1997), Bd. II, S. 322.
67 Hier und im Folgenden vgl. Koetschau (1915), S. 54f.

Frührenaissance, den Lichtwark in seiner Dissertation bearbeitet habe. Meister Bertram und Meister Francke allerdings werde die künftige Forschung sicherlich eine andere Stellung im Zusammenhang mit der Kunst ihrer Zeit anweisen. Ihre Frische und der Enthusiasmus jedoch würden auch diesen »lebenswarmen« Büchern ihren Platz sichern. Doch stärker als seine Schriften, prophezeit Koetschau, würde Lichtwarks kunsthistorische Arbeit in seinem Museum weiterwirken. In dieser Qualität habe sie eben nur ein Kunsthistoriker leisten können.

Adolph Goldschmidt würdigt in seinem Nachruf in der Zeitschrift *Kunst und Künstler* Lichtwarks Bedeutung für die hamburgische Kunstgeschichte, seine Erwerbungen aus hamburgischen Privatsammlungen und sein Wirken für die Hebung der Kultur in Deutschland, vor allem jedoch die Verknüpfung seiner Vaterstadt mit der modernen Malerei durch Aufträge an zeitgenössische Künstler. Auf diese Weise entstehe der Eindruck, als habe Hamburg bedeutende Maler besessen, die es in Wirklichkeit nicht habe, »als hätte die Blüte der deutschen Künstlerschaft um die Wende vom neunzehnten zum zwanzigsten Jahrhundert Hamburg zu einem Hauptsitz ihrer Wirksamkeit gewählt. Damit hat Lichtwark seiner Heimat ein köstliches Denkmal kunstfördernder Energie gesetzt.« Ein Kunsthistoriker im traditionellen Sinne habe Lichtwark nicht sein wollen, das Attribuieren habe ihm wenig bedeutet, wenn es nicht zugleich Qualitätsbestimmung gewesen sei. Stattdessen dürfte es für ihn keine größere Befriedigung gegeben haben als den Betrachtern die Schönheitswerte zu vermitteln; darin habe er ein sehr eindringliches Lehrtalent besessen. In knapper und sachlicher Darstellung sei er bei Unerfahrenen vom Inhalt ausgegangen, beim Kenner von den Qualitäten; er habe am liebsten »ad oculos« demonstriert, das erkenne man sowohl an seinen Schriften als auch seinen Studienreisen etwa mit den Architekten zu Stätten, wo die Wirkung direkt erlebt werden konnte. Goldschmidt würdigt Lichtwark auch als kultivierten Menschen, als Freund, als Vorbild und Berater der Jüngeren und als Briefschreiber. »Über alles, was er sah und erlebte, suchte er sich klar zu werden, ihm einen Ausdruck, eine bestimmte Form zu geben, und es auf diese Weise festzuhalten.« Seine tagebuchartigen Briefe an die Kommission bewertet Goldschmidt als ein unschätzbares Kulturdokument, da er überall in künstlerischen Kreisen freudige Aufnahme gefunden habe. Man habe empfunden, dass er richtig bewerte und der Reflex all dieser Menschen trete dem Leser in diesen Briefen entgegen. Auf den großen Erfolg seiner Vorträge geht Goldschmidt außerdem noch ein, auch die Arbeiter und die Frauen hätten ihm stundenlang mit gespannter Aufmerksamkeit zugehört, wenn er in großer Versammlung die Holzschnitte des Holbeinschen Totentanzes besprochen habe. »Lichtwark ist dahingegangen«, schließt Goldschmidt seinen Nachruf, »wie einer, der arbeitet und sucht und sammelt und schafft für ein großes Fest und nicht dabei sein kann, wenn es gefeiert wird. Dieses Fest wird man begehen, wenn die Neubauten der Hamburger Kunsthalle vollendet sein werden und man ausbreiten kann, was jetzt aneinandergedrängt ist, wenn man aus den Magazinen wieder hervorholen kann, was vorläufig beiseitegestellt werden musste und was oft, kaum angeschafft, aus Raummangel wieder verschwand, wenn man das richtige Licht für die Hauptwerke und die geschlossenen Raumgruppen für die einzelnen Kunstgebiete besitzen wird, dann wird ein wehmütiges Staunen die Besucher ergreifen und die Freude am Geschaffenen beherrschen, dann wird man in überwältigender Fülle sehen, was Lichtwark seiner Vaterstadt geschenkt hat. Dass ihm diese Ernte nicht gereift ist, erscheint als das Tragische an seinem Ende, er selbst aber wird gefühlt haben, dass die Arbeit, das Wichtigste zu bergen, gethan war.«[68]

Im *Cicerone* erscheint ein zweiteiliger Nachruf. Man werde Zeit brauchen, sich daran zu gewöhnen, dass dieser Unermüdliche jetzt ruhe, dass er nicht mehr in allen Kulturfragen warnend oder beratend seine Stimme erheben werde, schreibt Hans Friedeberger im ersten Abschnitt; denn dieser Mann, der die erste und einzigartige Galerie der Moderne geschaffen habe, sei viel mehr als ein vortrefflicher und erfolgreicher Museumsdirektor gewesen. Alles was er für die Kunst, für die Gestaltung des Stadtbildes, die Kultur überhaupt geleistet habe, sei aus den Tiefen einer selbstlosen, ehrfürchtigen Persönlichkeit gekommen. Er habe unermüdlich andere Menschen und Zustände bilden dürfen, weil er selbst nichts Kleines und Unfertiges geduldet habe, und Wahrheit und Sachlichkeit fordern, weil er selbst diesen Forderungen nachgekommen sei. Hier sei der Impressionismus zu einer Weltanschauung geworden: Lichtwark habe mit dessen Durchsetzung seinem eigenen Wesen zum Siege verholfen. Friedeberger spricht anschließend von der schwierigen Verwirklichung seiner Ideen und der dazu notwendigen Energie, Liebenswürdigkeit und bezwingenden Reinheit seines Wesens, schließlich vom tragischen Zeitpunkt seines Todes angesichts des noch unfertigen Neubaus. Man werde seiner und seines Werkes mit Ehrfurcht gedenken, diejenigen jedoch, die ihm nähertreten durften, mit herzlicher Liebe. Georg Biermann betont im zweiten Teil dieses Nachrufs Lichtwarks beispiellose Tatkraft, seine Bereitschaft zu Rat und Unterstützung, nicht zuletzt bei der neuen Jahrhundertausstellung der Kunst des 17. und 18. Jahrhunderts in Darmstadt. Lichtwark sei der Erste gewesen, der dem großherzoglichen Unternehmen mit der ihm eigenen Großzügigkeit seine ganze Sympathie und Welterfahrung geschenkt habe. Sicher sei die Trauer überall da gemeinsam, wo der Name Lichtwark Ausdruck eines Kulturbegriffes gewesen sei und Adel der Persönlichkeit versinnbildlicht habe. Das Gefühl, etwas Unersetzliches mit ihm verloren zu haben, zwinge zu stummer Resignation und Einkehr.[69]

In Ludwig Gurlitts *Erinnerungen* schließlich wird Lichtwarks Charisma besonders deutlich: Er habe in seinem Leben von nur wenigen Menschen den Eindruck einer Persönlichkeit erhalten wie von Lichtwark. Schon dessen äußere Erscheinung habe etwas Imponierendes gehabt, den Ausdruck von »Kraft, Ruhe und Sicherheit«. Sein Kopf sei mit den Jahren immer ausdrucksvoller geworden, »wie aus Eichenholz geschnitzt«. »Mit dem gut bäurischen, niedersächsischen Typus, dessen selbstsicheres Wesen niemand lästig wird, aber sich auch nicht von dem Platz verdrängen lässt, auf den Geburt und Neigung ihn stellt, vertrug sich aufs beste seine freie, weltmännische

68 Goldschmidt (1913/14), S. 242; Kayser (1977), Nr. 667.
69 Friedeberger / Biermann (1914), S. 59; Kayser (1977), Nr. 663.

Art, sein oft schalkhaftes Lächeln und sein liebevoll forschender Blick. Er hatte Freude an den Menschen und lockte durch seine teilnehmende Art das Beste aus ihnen heraus. Ich bin ihm niemals begegnet, ohne eine geistige Erfrischung verspürt zu haben, die von seinem ganzen Wesen ausströmte. Er hatte es nicht nötig, sich künstlich in Ansehen zu setzen, weil er innere Autorität hatte. Das sah ein jeder mit dem ersten Blicke: da war ruhige, auf sich selbst gestellte Kraft. Der Mann brauchte sich nicht durch Titel und Papiere zu legitimieren.«[70]

Anlässlich Lichtwarks 80. Geburtstags 1932 erinnert sich Wolf Mannhardt: »Solche Männer erleben notwendig das Schicksal, daß sie zu ihren Lebzeiten, weil ihrer Zeit vorauseilend und eine noch unbekannte Zukunft vorwegnehmend, in ihrem Wirken vielfach verkannt und angefeindet werden, und daß ihr Ruhm erst dann ersteht, wenn ihre Gedanken und Bestrebungen Allgemeingut geworden sind. Und so ist es auch Lichtwark ergangen, der noch bei seinem Tode (14. Januar 1914) eine viel umstrittene Persönlichkeit, und nicht zum mindesten gerade in Hamburg, war.«[71]

DER NACHFOLGER: GUSTAV PAULI

Verbittert äußert sich Lichtwark 1905 über die Situation, die sein Nachfolger eines Tages vorfinden werde, im Gegensatz zu seinen eigenen als beschränkt empfundenen Möglichkeiten. »Wie sehne ich mich danach«, schreibt er an Aubert, »gleich Ihnen einmal Italien geniessen zu können. Aber ich bin ein Sclave. Das muß ich aus meinem Leben streichen. Bei den Zuständen, die ich in Hamburg vorfand, hiess es für mich: in die Bresche. Ueber meinen Leib werden die nachdringenden [sic] die Festung erstürmen.«[72] Und Liebermann gegenüber vermutet er im April 1911: »Mein Nachfolger wird es gut haben, denn das ganze große Kapital von Haß, das die Gebildeten angehäuft haben, wird sich bei seinem ersten Tritt auf Hamburger Gebiet in Liebe verwandeln.«[73] Die Ereignisse nach seinem Tod bestätigen Lichtwarks Prognose.

Schiefler berichtet, zuletzt seien nur noch Fritz Wichert von der Kunsthalle Mannheim und Gustav Pauli (Abb. 70) im Gespräch für Lichtwarks Nachfolge gewesen; Pauli habe erst nach längerem Schwanken den Ruf angenommen. Pauli selbst schildert den Vorgang in seinen *Erinnerungen*: »Dem Hamburger Abgesandten, der mir im amtlichen Auftrag die Berufung überbrachte, erteilte ich eine abschlägige Antwort. Dieselbe wiederholte ich meinem verehrten Kollegen Justus Brinckmann, der am nächsten Tage erschien, und zum drittenmal dem Bürgermeister Predöhl, der mir als Vorsitzender der Verwaltung der Kunsthalle verlockende Eröffnungen über die zur Verfügung stehenden Anschaffungsmittel machte. Tags darauf kam als vierter

70 Gurlitt (1914), S. 89.

71 Mannhardt, Zeitungsausschnitt ohne Quellenangabe, 14.11.1932, HKH, AdB 98.

72 Brief Alfred Lichtwark an Aubert, 20.4.1905, UB Oslo, Brevsamling 32.

73 Br. Lichtwark-Liebermann, S. 367, 2.4.1911.

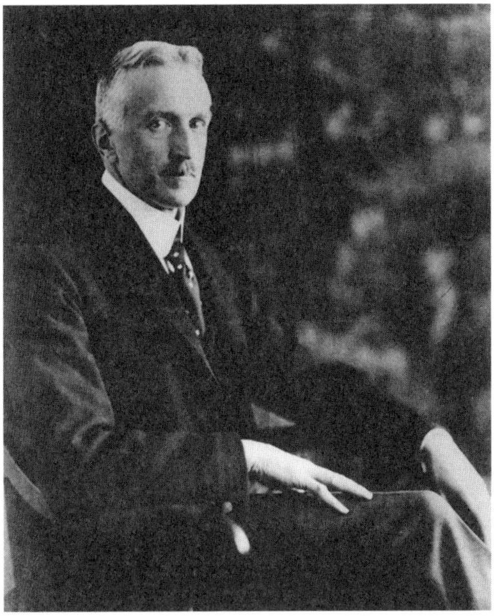

Abb. 70 Gustav Pauli, undatiert, Aufnahme: unbekannt

Abgesandter Kalckreuth, um mir auseinanderzusetzen, daß ich als Freund Lichtwarks und mit seinen Absichten vertraut, geradezu verpflichtet wäre, mich seines Vermächtnisses anzunehmen, das eben jetzt, im engen Raum der alten Kunsthalle zusammengedrängt, während der größere Erweiterungsbau seiner Vollendung entgegenginge, sich in einem kritischen Zustand des Überganges befände. Da nahm ich an.«[74]

Wie Lichtwark vorausgesehen hat, wird Pauli in freudiger Erwartung empfangen. Schiefler überliefert als Reaktion auf Paulis Antrittsrede am 1. April 1914 den Ausspruch des Kupferstichsammlers Hansing: »Der gibt uns Anregung, das hatten wir nötig.«[75]

Der 48jährige Gustav Pauli bringt einen anderen Status in sein Amt mit als seinerzeit Lichtwark.[76] Seit fünfzehn Jahren leitet er die Bremer Kunsthalle, genießt einen entsprechenden Ruf als Fachmann und gehört großbürgerlichen Kreisen an. Sein Vater amtiert seit langem als Bremer Senator, zeitweise auch als Bürgermeister, und seine Frau Magdalena, geborene Melchers, stammt aus der reichen Bremer Kaufmannschaft. Pauli besitzt damit beste Voraussetzungen, in die Hamburger Gesellschaft aufgenommen zu werden. Hinzu kommt sein diplomatisches Geschick; schon bald gehört er zu einem wöchentlich tagenden Kreis von Kulturschaffenden, an dem neben Aby Warburg und Erwin Panofsky als erstem Professor der Kunstgeschichte

74 Schiefler (1985), S. 520. – Pauli (1936), S. 241f.
75 Zu Paulis Dienstantritt vgl. P5, 12.2.1914. – Schiefler (1985), S. 292.
76 Vgl. im Folgenden als grundlegende Quellen: Pauli (1936), S. 338–378. – Christ (1997), S. 78–100. – Zu Paulis Bremer Zeit vgl. Salzmann (1992), S. 235–242. – Zu Paulis Amtsantritt siehe auch Ring (2010), Bd. 2, S. 48–57.

an der Hamburger Universität auch Leopold von Kalckreuth und Fritz Schumacher teilnehmen. Pauli empfindet nicht patriotisch wie Lichtwark und beschränkt seine Tätigkeit auf die Kunsthalle; in kulturelle Diskussionen außerhalb des Museums mischt er sich nicht ein. Sein Temperament ist weniger leidenschaftlich und sein Verhandlungsgeschick ausgeprägter. Seiner Erfahrung nach ist es leichter, »in vertraulichen Besprechungen das Wünschenswerte vorzubereiten, als es in öffentlichen Kundgebungen oder programmatischen Schriften zu verlangen, da keine Regierung es gern sieht, sich vorschreiben zu lassen, was sie tun soll.«[77]

Pauli, der Lichtwark lange und gut gekannt hat, bemüht sich einerseits, dessen Tätigkeit in gemilderter Weise fortzusetzen, andererseits bisher Versäumtes aufzuarbeiten. Die seiner Meinung nach von Lichtwark vernachlässigte Verwaltung der Kunsthalle betrachtet er nachsichtig; dieser habe Wichtiges geleistet, abgesehen davon, »daß die rasche Vermehrung der Sammlungen eine schier unglaubliche Überfüllung des alten Kunsthallenbaus herbeigeführt hatte, in der es für manche unerläßlichen Arbeiten an Raum gebrach.« Zur Aufarbeitung dieser Rückstände erhält Pauli sofort die erforderlichen Hilfskräfte bewilligt, er stellt die Doktoren Bella Martens, Carl Georg Heise, Victor Dirksen und Peter Hirschfeld als Assistenten ein.[78] Lichtwark hingegen musste bis zum Eintritt Hans Börgers in den Dienst der Kunsthalle im Jahr 1909 das Arbeitsaufkommen allein bewältigen.

Pauli will die Kunsthalle weniger als Museum der lokalen Kunstgeschichte fortführen als vielmehr zum Museum einer Weltstadt entwickeln. Die Pionierarbeit, wie er sie in Bremen leisten musste, hat ihm Lichtwark in Hamburg bereits abgenommen. Pauli kritisiert vor allem die Versäumnisse seines Vorgängers bei der Erwerbung der französischen Impressionisten, die wenigen Beispiele würden diese bedeutende Richtung nicht hinreichend veranschaulichen.[79] Er führt die Ankäufe nun weiter in die Moderne; 1918 plant er für den Neubau einen Expressionistensaal und erwirbt bis 1920 insgesamt 23 nachimpressionistische Werke. Bilder von Malern der Brücke kommen auch als Geschenke hinzu. Mit dem Nachfolger Brinckmanns, Max Sauerlandt, einem erklärten Verfechter expressionistischer Kunst, hält er guten Kontakt, der sich später allerdings durch Paulis konservative Entwicklung abkühlt.[80] Lichtwarks Ankäufe von Bildern Liebermanns setzt Pauli mit weiteren Werken fort, wovon allerdings die Portraits von Peter Behrens und des Fürsten Bülow noch zu Lichtwarks Lebzeiten mit dem Künstler abgesprochen waren. Zusätzlich kommen ein Bild vom Wannseegarten als Tausch gegen die große Skizze vom Bootskorso beim Uhlenhorster Fährhaus und das Portrait von Ferdinand Sauerbruch in die Sammlung.[81] 1915 malt Kalckreuth den Bürgermeister Max Predöhl, seit 1913 als Burchards Nachfolger

77 Pauli (1936), S. 189f.
78 Ebd., Zitat S. 338f., 340.
79 Vgl. Ring (2010), Bd. 1, S. 165.
80 Vgl. Christ (1997), Bd. 2, S. 82. – Zu Sauerlandt vgl. Hüneke (1992), S. 261–268.
81 Vgl. Best.Kat. Hamburg, 19. Jh., S. 125f.

Präses der Kommission, für die Portraitgalerie, auch dieses Bild wird von Pauli in Auftrag gegeben.[82] Die Reihe der Hamburger Landschaften hingegen scheint Pauli nicht fortgesetzt zu haben. Der »Reesendamm in Hamburg« von Götz von Seckendorff, erworben 1920, lässt sich nicht als Auftrag verifizieren.[83] Auch Lichtwarks Pflege der Hamburger Künstler fühlt sich Pauli durchaus verpflichtet. Er nutzt die selbst geschaffene Freiheit, bei Ankäufen von Zeichnungen und Drucken bis 500 Mark ohne Kommissionsentscheid handeln zu können. Juryfreie Ausstellungen zwischen 1919 und 1926 dienen der Künstlerhilfe.[84]

Im Gegensatz zu Lichtwark, der vor allem das Bürgertum erreichen wollte, erweitert Pauli die Zielgruppe seines Wirkens; er möchte alle Schichten der Bevölkerung gewinnen. Das Gelehrtenmuseum entwickele sich zum Volksmuseum, schreibt er in seinem Aufsatz *Das Kunstmuseum der Zukunft* und verweist dabei auf Lichtwarks Vorarbeit. Als dieser sich »werbend und erläuternd« an das Publikum, besonders die Jugend, wandte, habe »die Kunsthistorikerzunft« ihn belächelt, nun aber stehe eine »bunte Menge« ratlos in den Museen »in einem dumpfen Verlangen nach Erbauung«. Pauli will jedoch nicht »durch Belehrung den Kunstgenuß« ersetzen, sondern den »hilflos willigen Beschauer« zu selbsttätigem Betrachten anleiten.[85] Anders als in Bremen erweist sich der Zugang zur Arbeiterschaft in Hamburg jedoch als schwierig. Erst einige Jahre nach dem Ersten Weltkrieg hat er damit Erfolg. Seine Vorträge werden im Laufe der Jahre derart zahlreich besucht, dass sie wiederholt werden müssen. Mit der Gründung der Universität im Jahre 1919 und der Berufung Erwin Panofskys als Professor für Kunstgeschichte wird das kunsthistorische Seminar in die Kunsthalle verlegt. Nach der Auflösung der Gesellschaft Hamburgischer Kunstfreunde 1923[86] gründet Pauli seinen eigenen Museumsverein, die bis heute bestehende Vereinigung der Freunde der Kunsthalle. Sie schenkt 1926 das zwei Jahre zuvor von Max Slevogt gemalte Portrait Paulis zu dessen 60. Geburtstag für die Hamburger Portraitgalerie. In Format und Auffassung der Figur handelt es sich dabei um ein Pendant zu dem Portrait des sechzigjährigen Lichtwark von Kalckreuth.[87]

Bereits 1914 wird in der Verwaltungskommission der Beschluss gefasst, die noch nicht gedruckten Reisebriefe Lichtwarks zu veröffentlichen, angesichts ihres hohen kulturellen Wertes in derselben Ausführung und in einer Auflage von hundert Exemplaren, wovon allerdings nur jeweils zwanzig gebunden werden, die restlichen hingegen zu Geschenkzwecken in Reserve bleiben sollen. Als Verlag steht Wester-

82 Vgl. Best.Kat. Hamburg, 19. Jh., S. 93.
83 Vgl. Best.Kat. Hamburg, 20. Jh., S. 116. Ich danke Karl von Wolff, Hannover, einem Neffen des Künstlers, für seine telefonische Auskunft im Februar 2010. Demnach hatte Seckendorff verwandschaftliche Kontakte in Hamburg, durch die er sich oft dort aufhielt. Außerdem war er 1908 gleichzeitig mit Franz Nölken in Paris, wodurch die beiden jungen Künstler sich gekannt haben dürften; zu Nölken vgl. Best.Kat. Hamburg, 20. Jh., S. 96f.
84 Vgl. Christ (1997), S. 88.
85 Vgl. Pauli (1919, Kunstmuseum), S. 7f.
86 Vgl. Junge (1989), S. 148.
87 Vgl. Best.Kat. Hamburg, 20. Jh., S. 122. – Pauli (1936), S. 293.

mann zur Diskussion, die Bände erscheinen aber schließlich wie zuvor bei Lütcke & Wulff in Hamburg. Bei dieser Veröffentlichung entstehen juristische Probleme, bei denen Lichtwarks Freund Mannhardt für Marianne Lichtwarks Rechte eintritt. Nach Ansicht der Kommission handelt es sich jedoch lediglich um Akten, so dass keine Autorenrechte vorlägen; als literarische Produkte betrachtet, sind die Briefe jedoch sehr wohl mit Autorenrechten verbunden, die Marianne als Alleinerbin besitzt. Sie verzichtet offensichtlich auf diese Einnahme zugunsten der Sache.[88]

Pauli ediert zwischen 1916 und 1920 Lichtwarks noch unveröffentlichte Briefe an die Kommission der Jahre 1908 bis 1913 und gibt 1923 eine zweibändige Auswahl aus den zwanzig Bänden mit Briefen an die Kommission heraus, 1924 in zweiter Auflage, ergänzt durch eine lange Einführung mit dem schlichten Titel *Alfred Lichtwark*.[89] Hier setzt er dem Freund und Vorgänger ein ebenso sachliches wie loyales Denkmal. Die äußere Biographie bleibt notgedrungen rudimentär, da Lichtwark über seine Kindheit und Jugend kaum sprach, die privaten Briefe nicht veröffentlicht und die seither aufgefundenen Quellen noch nicht bekannt waren. So findet sich auch hier die Aussage, Lichtwark stamme von Johann Sebastian Bach ab, was die Vermutung bestätigt, dass Lichtwark selbst davon überzeugt war. Bezeichnenderweise beginnt Pauli seinen Text mit einer Schilderung von Lichtwarks charismatischer, harmonischer Persönlichkeit, einer Persönlichkeit hohen Ranges, seinem heiteren Temperament, der Vornehmheit seines Wesens, seiner Neidlosigkeit, seinem Selbstbewusstsein und seiner bejahenden Art. Er zeichnet den Freund als Typus von schwerem Körperbau und starker Konstitution, dabei von leichter und rascher Bewegung und von vollendeter Selbstbeherrschung. Pauli betont seine große Begabung, die Neigung zu pragmatischer Tätigkeit und die Abneigung gegen trockenes Gelehrtentum, wobei er hinsichtlich der wenigen kunsthistorischen Forschungsarbeiten Lichtwarks, seiner Dissertation und des Buches über Bertram, bedauernd erwähnt, zu welch bedeutendem Forscher er sich hätte entwickeln können. Er bedenkt Lichtwarks pädagogisches, im Grunde aber doch politisches Wirken, den Aufbau der Sammlungen, die großen Wiederentdeckungen hamburgischer und deutscher Künstler und nicht zuletzt dessen Eintreten für die Kunst seiner eigenen Zeit, besonders für Liebermann und Menzel. Auch die Sorge um die städtebauliche Entwicklung Hamburgs und die entscheidende Mitwirkung am Neubau der Kunsthalle bleiben nicht unerwähnt. Lichtwarks authentische Bildung, durch Sehen, Schauen und Reisen entstanden, sein einfacher, rascher, treffsicherer, impressionistischer Schreibstil stellen weitere Aspekte dieser Schilderung dar, die insbesondere die Veröffentlichung aus den Briefen an die Kommission rechtfertigen. Pauli betont die »eigentümliche persönlich gefärbte Objektivität« der Briefe und Lichtwarks hohen Rang als Briefautor. Dieses wertvolle Quellenmaterial verlange nach einer Gesamtausgabe, die jedoch aus Kostengründen nicht verwirklicht

88 Vgl. P5, 16.7.1914, 26.1.1915, 29.6.1916.
89 Hier und im Folgenden vgl. Kayser (1977), Nr. 589. – Pauli (1924), Bd. 1, S. 5–70; Kayser (1977), Nr. 600, 602.

werden könne. Von Person und Haltung des Schreibenden sprächen aus Lichtwarks Briefen »[...] eine innere Güte, die viel lieber ja als nein sagt, und in aller weltmännischen Leichtigkeit der mahnende Ernst und die Gläubigkeit des Schaffenden.«[90]

So bleibt der große Vorgänger für Pauli stets präsent, auch wenn seine eigenen Entscheidungen über dessen Werk hinausgehen: »Bisweilen habe ich mich damals gefragt, was wohl Lichtwark [...] zu dem veränderten Betriebe sagen würde, denn wirklich war alles anders geworden. Dennoch glaubte ich in solchen Augenblicken mich seines Einverständnisses getrösten zu dürfen. Gehörte es doch zu seinen Vorzügen, daß er sich der Zeitlichkeit seiner Unternehmungen wohl bewußt war. Nicht der also ehrt das Andenken eines solchen Mannes, der sich abquält, ihn nachzuahmen, sondern der fortbaut auf den Grundlagen, die er gelegt hat. Und dies wenigstens glaube ich getan zu haben.«[91]

HEISES KRITIK

Anlässlich der Wiedereröffnung der Kunsthalle 1919 erscheint in der Zeitschrift *Kunstchronik und Kunstmarkt* ein zweiteiliger Aufsatz von Paulis 29jährigem Mitarbeiter Carl Georg Heise, betitelt *Das Erbe Lichtwarks*.[92] Heise, ein Hamburger Kaufmannssohn, behandelt in seiner 1915 abgeschlossenen Dissertation zur Entwicklungsgeschichte der norddeutschen Malerei des 15. Jahrhunderts insbesondere Hamburg und Meister Francke; er dürfte Lichtwark schon länger vorher gekannt haben.[93] Seit 1916 als Mitarbeiter in der Kunsthalle tätig, lässt er in seinem Aufsatz zwar Respekt gegenüber Lichtwarks Leistung erkennen, er sieht aus größerer Distanz jedoch auch die Lücken und Unterlassungen in dessen Wirken. Die Raumfolge mit der Malerei des 19. Jahrhunderts erscheint ihm als »erstaunlich großartige«, nicht vollständig, aber durch »eine große Fülle hervorragender Beispiele verdeutlicht.« Die Nazarener allerdings betrachtet er als unterrepräsentiert. Einen Saal mit Leibl, Thoma und Trübner sowie einigen Courbets hebt er als ein Glanzstück des Museums hervor. Er verteidigt die häufig beanstandete Überbetonung von Werken Kalckreuths und Liebermanns und hält sie für gerechtfertigt, wenn es sich um Meisterwerke handele. Diese von Lichtwark besonders geschätzten Künstler gäben der Kunsthalle Haltung und Eigenart. Dagegen vermisst er eine angemessene Vertretung von Corinth und Slevogt. Auch den französischen Impressionismus sowie van Gogh und Cézanne sähe er gerne umfangreicher vertreten. Offensichtlich hat er keine Kenntnis von Lichtwarks Interesse an diesen Künstlern, vermutet aber, Lichtwark hätte »mit seinem fast nie versagenden diplomatischen Geschick« das Fehlende noch zu beschaffen

90 Pauli (1924, Bd. 1), S. 70.
91 Pauli (1936), S. 341f.
92 Vg. hier und im Folgenden: Heise (1918/19), S. 857–864.
93 Zu Heise vgl. Metzler Kunsthistoriker Lexikon, S. 166–169.

vermocht. Dabei formuliert er die Hoffnung auf die Sammlung Theodor F. Behrens, eine der schönsten in Deutschland, aus der sich viele Werke zwischen 1919 und 1924 als Leihgabe in der Kunsthalle befinden. Tatsächlich werden 1924 eine Reihe davon angekauft: Cézannes »Am Quai de Bercy«, Corinths »Nach dem Bade« und Manets »Nana«.[94] Lichtwarks Probleme mit Nolde und Marquet, das Fehlen von Cézanne bis Picasso, Henri Rousseau, Munch und Hodler, auch von Paula Modersohn-Becker spricht Heise sachlich an. Er weiß jedoch offensichtlich nichts von Lichtwarks ständigem Ringen um sein Verständnis für diese Künstler und seinem Versuch, Hodler für einen Auftrag zu gewinnen. Heise lobt auch die Sammlungen der Alten Meister und der holländischen Malerei des 17. Jahrhunderts, wobei er die Großen vermisst, die durchschnittliche Qualität und die »Perlen der Qualitätsmalerei« jedoch würdigt. Auch den gescheiterten Versuch, die Sammlung Kann zu erwerben, erwähnt er. Als ausgezeichnete Abteilung lobt er die deutsche Malerei des 18. Jahrhunderts. Die französische Medaillensammlung schätzt er nicht, er vermisst die deutschen Arbeiten von Hildebrand, Hahn, Elkan und anderen, und in der Skulpturensammlung finden lediglich einige gute Stücke von Gaul und die Nachgüsse der Bronzen von Schadow seinen Beifall. Auch hier fehlen Heise die Informationen über Lichtwarks Bemühungen. Seine Beurteilung entspricht dem noch heute gültigen Kanon, doch vermag eine genauere Betrachtung der qualitativ minderen Werke den Blick des Betrachters für den Zeitgeist der Epoche zusätzlich zu schärfen und die Besonderheit der Großen noch deutlicher hervorzuheben.

Den weitgehend von Lichtwark geplanten Neubau, der bei Abfassung des Textes noch nicht fertig eingerichtet ist, betrachtet Heise in erheblichen Teilen kritisch, bezeichnet die Gleichförmigkeit der Raumfolgen als »ermüdend«, moniert die »peinliche Platzverschwendung bei Vorhalle und kahl-repräsentativem Treppenhaus«, die äußere Gestaltung erscheint ihm unschön und die Angliederung an den Altbau zu unvermittelt. Er begreift anscheinend nicht, dass er im modernsten Museumsbau Deutschlands tätig ist. Doch lobt er die vortreffliche Belichtung des bis dahin noch wenig verwendeten Kastenoberlichts, das kurz zuvor, Lichtwark folgend, auch in der Schweiz bei mehreren Museumsbauten verwendet worden sei.

Unumwunden kritisch jedoch nennt Heise Lichtwarks Versäumnisse bei der Eingliederung, Inventarisierung und wissenschaftlichen Aufarbeitung seiner zahlreichen Erwerbungen, die den Nachfolger und seine Mitarbeiter für lange Zeit noch beschäftigen würden. So werde, schließt er, »der Schatten des Großen [...] leise behindernd auch noch auf den nächsten Arbeitsjahren ruhen.«[95]

94 Vgl. Luckhardt (2001, Behrens), S. 39–43. – Best.Kat. Hamburg, 19. Jh., S. 23, 130; Best.Kat. Hamburg, 20. Jh., S. 22. – Ring (2010), Bd. 2, S. 165–175. – Cézanne: WV Rewald 293; Corinth: WV Berend-Corinth 312b; Manet: WV Rouart / Wildenstein 259.

95 Heise (1918/19), S. 864; Kayser (1977), Nr. 711.

NACHLEBEN

Im August 1915 schreibt Carl Mönckeberg an Lichtwarks Freund Wolf Mannhardt einen Brief aus dem Felde. Er befindet sich in einem Offizierkorps hoher Stäbe, wo er viele kultivierte und gebildete Männer kennengelernt hat. Harry Graf Kessler ist Ordonnanzoffizier bei einem dieser Korps, als Einziger weiß er um Lichtwark und dessen Lebenswerk. Die andern kennen kaum vom Hörensagen den Namen; deshalb bittet Mönckeberg Mannhardt um die Zusendung einer kleinen Auswahl von Lichtwarks Publikationen: »Sie werden auch bedenken, dass Lichtwark für den intelligenten Offizier vielleicht da am reizvollsten ist, wo er gar nicht als Gemäldegalleriedirektor [sic] und ganz nur als Kulturmensch und Weltmann spricht.« Mönckeberg fragt auch nach Mannhardts Auswahl aus Lichtwarks Schriften, die sich folglich zur dieser Zeit schon in Planung oder Arbeit befindet. Wenige Wochen später bedankt er sich für die Sendung und schildert, wie begeisternd die verschiedenen Texte auf die Offiziere gewirkt hätten. Er selbst habe mit einigem Abstand die Aufsätze wieder durchgeblättert und Folgendes festgestellt: »Leute, die ihn nicht kannten, hatten mich früher manchmal mit der Behauptung geärgert, man merkte Lichtwarks Kulturpredigten den Autodidakten, den self-made man, den emporgekommenen Volksschullehrer an. Es finden sich nun unleugbar erheiternde Stellen, die das zu bestätigen scheinen. In der Sommerfahrt berührt die Unterstreichung und lobende Hervorhebung gewisser Kleidungs- und Manierenfragen und die oft etwas gewichtige Philosophie des Komforts den dabei ›Hergekommenen‹ manchmal komisch. Ein alter Kulturmensch würde nicht viel Wesens davon machen. Aber, aber, aber! ich habe ein dreifaches aber. Erstens wollte Lichtwark bewusst erzieherisch wirken. Er sah und sprach es deutlich genug aus, dass auch die herrschenden zum Tonangeben geborenen Klassen, statt ein gutes Beispiel zu geben, in Deutschland tief in der Barbarei drin staken. Zweitens wendete er sich immer auch an die unteren Schichten des Volkes, deren Bildbarkeit er sehr viel höher einschätzte als die der oberen. ›Der sozialdemokratische Arbeiter von heute ist der gebildete Mann der Zeit in 20 Jahren.‹ Diesem Publikum musste er über die Äusserlichkeiten eines gepflegten Daseins natürlich vieles sagen, was unsereinem missverständlich klingt. Drittens ist es auch ganz in der Ordnung, wenn bei einem wahrhaftigen, niemals posierenden oder affektirten Schriftsteller wie Lichtwark, der wirkliche Tatbestand zum Vorschein kommt. Es war dumm von mir, mich darüber zu ärgern, wenn kluge Leute etwas ganz Richtiges aus Lichtwarks Schriften herauswittern. Nur spricht diese Beobachtung weder gegen den Verfasser, noch gegen sein Werk, noch gegen die darin vertretene Sache. Wer aus Wahlverwandtschaft, als Entdecker oder Eroberer ein neues Gebiet betritt, beurtheilt und schildert es viel frischer, als die Eingeborenen, Eingesessenen. Er bemerkt den Sinn und den Wert der Sitten, die dem geborenen Aristokraten zu natürlich geworden sind, als dass er darüber viel nachdenken oder gar reden möchte. Den Aristokraten verlangt auch meist gar nicht danach, die Formen seines Lebens, durch die er sich auszeichnet und abhebt, lehrhaft verbreitet und verallgemeinert zu sehen. Im Gegensatz dazu war und blieb Lichtwark immer ein Mann des Volkes. Die Bevorzugten sollten das gute Beispiel geben, die andern ihm nacheifern. Er selbst spielte den Vermittler. Der Zweck war Veredelung des Ganzen, Erziehung möglichst Vieler. Schliesslich noch eins. Man darf auch nicht allzu bereit aus dem Studium und die [sic] lehrhafte Verbreitung des guten Tons (im weitesten Begriff) auf den homo novus schliessen. Gerade die genialsten Forscher studieren das scheinbar Fraglose. Sie ergründen die Theorie dessen, was den Meisten als Praxis und Funktion in Fleisch und Blut übergegangen ist und ihnen kein Problem bietet. Das ist ja der einzige Weg, es mitzuteilen und literarisch zu überliefern.«[96]

Mannhardt gibt im Herbst 1917 eine zweibändige Auswahl aus Lichtwarks *Schriften* heraus, die Marianne Lichtwark ihm anvertraut hat. »Es wurde aufgenommen, was an Programmwerken und an einzelnen Werbeschriften über Dilettantismus, Städte-, Haus- und Gartenbau, Bildniskunst, Museumsbau und -politik besonders kennzeichnend war. An dem Bilde durften Proben von Lichtwarks Bedeutung als Kunstgelehrter und als Meister der literarischen Form nicht fehlen«, schreibt Mannhardt in seinem Vorwort.[97] Die beiden Bände erscheinen wie bisher bei Cassirer in Berlin, gestaltet von Emil Rudolf Weiß mit einer Jugendstilvignette auf dem Titel, jedoch nicht in der von Lichtwark geschätzten Antiqua, sondern in Fraktur gedruckt. In seinem 22seitigen Vorwort geht Karl Scheffler neben einer zwangsläufig rudimentären Biographie vor allem auf Lichtwarks charismatische Persönlichkeit ein.[98] Er bezeichnet ihn als eine der unspezifisch hochbegabten Führernaturen, die erst spät und autodidaktisch zu ihrer Lebensaufgabe finden, als den Typus des »in langen Lehr- und Wanderjahren sich emporbildenden Wilhelm Meister« im goetheschen Sinne, einen der nur in Deutschland so häufigen »durch die Täler und über die Höhen dahinreitenden Lebenswanderern«, »die von der Natur vorbestimmt sind, Meister zu heißen. Meister ihrer selbst und darum Meister des Lebens.« So sei Goethe selbst gewesen, ebenso Brinckmann und noch reiner im Typus Lichtwark, »weil er weniger Fachmann war, weniger einseitig, freier, weltmännischer und resonanzfähiger.« Scheffler stellt dann noch einmal deutlicher Lichtwarks Aufstieg dar: »Lichtwark verkörpert den Typus des von unten nach oben Strebenden, des von Ehrgeiz – aber vom Ehrgeiz zur Leistung – ganz Erfüllten. Dieser Typus ist im Deutschland des 19. Jahrhunderts

96 Briefe Mönckeberg an Mannhardt, 23.8., 14.10.1915, StA HH, 622-1, Familie Schellenberg, A 59.
97 Kayser (1977), Nr. 556. – AL, Schriften, Bd. I, S. Vf. – Max Liebermann schreibt in seinem Dankesbrief für den Erhalt der beiden Bände am 25.6.1918 an Marianne Lichtwark: »[...] obgleich ich sie alle kannte, macht es mir doch ein sehr großes Vergnügen, sie wieder zu lesen. Es ist das Schmerzliche des Alters, seine Freunde sterben zu sehen. Man fühlt sich allein in seiner Generation, mit der man gekämpft und gesiegt hat. Als ich die Schriften Ihres Bruders wieder las, war mir, als ob er spräche, als ob ich ihm antworten, manchmal widersprechen müßte. Neben der Klarheit und Ruhe, mit denen er seine Gedanken vorträgt, liegt der Hauptreiz in seinen Schriften darin, daß der ganze Mensch dahinter steht, sein Talent war sein Charakter (was Ihr Bruder selbst für eines hielt).« Er betont die auch nach 25 Jahren noch andauernde Aktualität: »Vieles ist in den eisernen Bestand uns're Ästhetik übergegangen [...]. So lebt Ihr Bruder in seinen Schriften fort.« Ehemals FKL, heutiger Standort unbekannt, Kopie aus dem FKL im Archiv der Verfasserin.
98 Scheffler (1917), S. VII–XXVIII; Kayser (1977), Nr. 556.

nicht selten. Selten aber ist er so rein, so geistig, so siegreich und mit so glücklich gemischten Kräften anzutreffen. In Lichtwark spricht sich der Wille einer ganzen Volksschicht aus, emporzusteigen und geistig zu werden.« Er sieht den »mächtigen Willen«, in der Nation ein neues Bürgertum zu schaffen, es zum Selbstbewusstsein zu erziehen und regierungsfähig zu machen. Die Ausführenden dieses Willens seien ebenjene »Wilhelm-Meister-Naturen«, alle »Veredler, Vertiefer, Erzieher. Lichtwarks Mission scheint, so im Rückblick betrachtet, darin bestanden zu haben, das deutsche Bürgertum neu zu kultivieren.« Die breite Wirksamkeit Lichtwarks in Hamburg auf die aufstrebenden Lehrer und Teile des Kleinbürgertums wie Volksbildungsvereine gibt Scheffler Recht. Autodidaktisch gebildet, von bürgerlicher Gesinnung, »alles Unordentlich, Formlose und Unstetige« ablehnend, erscheint Lichtwark Scheffler als lebendes Beispiel des »Praeceptor Germaniae«, wie Liebermann ihn bereits im Nachruf titulierte. »Der Selbsterzieher, der zum Erzieher wird«, das sei das Wesenhafte Lichtwarks, ein Mann, »der aus den Niederungen herkam, mit allen Instinkten nach oben strebte und in dem nicht die kleinste gemeine Ader war.« Er habe auf seine Zeit vor allem deshalb besonders gewirkt, weil er ihr voraus, jedoch nicht allzuweit voraus gewesen sei.[99]

Siebzehn Jahre jünger als Lichtwark vermag Scheffler dessen Aufstieg nicht zuletzt deshalb so treffend nachzuvollziehen, weil er selbst als Sohn eines Hamburger Malermeisters und mit eigener Ausbildung in diesem Handwerk, anschließend einen langen Aufstieg absolviert. Er besucht die Berliner Kunstgewerbeschule und wendet sich autodidaktisch der Kunstgeschichte und Kunstpublizistik zu. Nach anfänglicher Ablehnung des Impressionismus befasst er sich mit der Kunst Liebermanns und veröffentlicht 1906 ein erfolgreiches Buch über ihn. Im selben Jahr wird Scheffler von Bruno Cassirer zum Chefredakteur der dem Sezessionismus verschriebenen Zeitschrift *Kunst und Künstler* berufen; die avantgardistische Kunst der Klassischen Moderne lehnt er ab.[100] So gehört Scheffler selbst zu dieser von ihm benannten, ins Bürgertum aufsteigenden Schicht und projiziert auf Lichtwark ein eigenes Problem mit der Behauptung, dessen »Natur« habe der Impressionismus »ziemlich fern« gelegen. Wohl aber räumt er ein, Lichtwark habe dennoch »die beste Sammlung von Bildern Liebermanns in Deutschland zusammengebracht« und »die neueren Meister konsequenter und erfolgreicher gesammelt als irgendein anderer.«[101] Damit wird er gerade einem Hauptanliegen Lichtwarks nicht gerecht; ihm dürften jedoch dessen Pläne und gescheiterten Versuche auf diesem Gebiet größtenteils unbekannt geblieben sein. Im 16. Jahrgang 1917/18 der Zeitschrift *Kunst und Künstler* druckt Scheffler noch einmal Lichtwarks Aufsatz *Der junge Künstler und die Wirklichkeit*, was zur Belebung der

99 Ebd., S. VII–XI.
100 Zur Biographie Schefflers vgl. WBIS. – Lichtwark berichtet 1912 seiner Kommission, Scheffler, der eine Biographie Liebermanns schreibe, habe ihn um Briefe des Künstlers gebeten; da müsse er erst Liebermanns Einverständnis erfragen; Br. Kommission (1920), Bd. XX: 1912/13, S. 14.
101 Scheffler (1917), S. XXI.

Diskussion zum Thema des Künstlerelends wesentlich beigetragen haben dürfte.[102] Scheffler attestiert Lichtwark, besonders »hellhörig in die Zeit hineingehorcht« zu haben, bezeichnet ihn als »Kunstbürgermeister seiner Vaterstadt«, als Erscheinung wie ein »Minister der gesamten deutschen Kunstkultur« und zitiert dazu Schiller: »Der seltene [seltne] Mann will seltenes Vertrauen, gebt ihm den Raum, das Ziel wird er sich setzen.« In Lichtwarks Schriften, auf die er zuletzt eingeht, lebe der Geist des Fortschrittes, »aber auch der charaktervolle Wille, alles historisch Gewordene von Wert erhalten und zu pflegen. Lichtwark war fortschrittlich, wie es nur der aufgeklärte Konservative sein kann; er gehört zu jenen pietätvollen Neuerern, von denen man wünscht: möchte das deutsche Volk sie immerfort aus seinem Schoß hervorbringen!« Er schließt mit dem Wunsch, »die persönliche Vornehmheit dieses seltenen Mannes« möge als Vorbild der Jugend wirken und sich derart »zur Vornehmheit des ganzen deutschen Volkes [...] erweitern.«[103]

1917, im Jahr des Erscheinens von Lichtwarks zweibändigen *Auswahl seiner Schriften*, gibt Gustav Schiefler eine Reihe von Aufsätzen aus den *Jahrbüchern der Gesellschaft Hamburgischer Kunstfreunde* als Anthologie unter dem Titel *Hamburgische Aufsätze* heraus. Der Band erscheint in der von Lichtwark initiierten *Hamburgischen Hausbibliothek* im Verlag Alfred Janssen mit einer Auflage von 5.000 Exemplaren, mit 1.800 Mark finanziert von Lichtwarks Freund, dem Kaufmann Hermann Tietgens.[104] In den folgenden Jahren und Jahrzehnten erscheinen nur noch vereinzelte Wiederabdrucke. 1924 bis 1927 veröffentlicht der *Hamburger Heimatkalender* jährlich einen Text,[105] gelegentlich werden Aufsätze in Zeitschriften abgedruckt, darunter mehrfach Texte zur Kunsterziehung oder zum Thema Sammeln, seltener zur Kunst oder Architektur. Der Hamburger Pädagoge Julius Gebhard gibt 1930 eine Anthologie mit dem Titel *Das Bild des Deutschen* heraus, die unter anderem den berühmten Vortrag *Die Kunst in der Schule* enthält; sie wird 1962 noch einmal aufgelegt. 1966 folgen die beiden letzten kunstpädagogischen Wiederabdrucke, *Der Deutsche der Zukunft* und *Die Kunst in der Schule* in einer Anthologie der Reihe *Klinckhardts pädagogische Quellentexte*. Zu den Texten, die bei entsprechender Gelegenheit in Erinnerung kommen, gehört der Jubiläumsaufsatz für Justus Brinckmann von 1902, der 1978 einen Wiederabdruck erfährt.[106] Späte Wiederentdeckungen, nun schon unter historischem Blickwinkel, folgen erst ab den 1990er Jahren. 1991 ediert Eckhard Schaar als langjähriger Kustos der Hamburger Kunsthalle eine Taschenbuch-Anthologie unter dem Titel *Die Erziehung des Auges* im Fischer Verlag. Eine Neuausgabe der architekto-

102 Kayser (1977), Nr. 559. Siehe dazu das Kapitel »Künstlerwirklichkeit« in Teil 5.

103 Vgl. Scheffler (1917), S. XXI–XXVIII. – Schiller, Die Piccolomini, I. Akt, 4. Auftritt. Vgl. Schillers sämtliche Werke. Säkularausgabe in 16 Bänden, mit Einleitung und Anmerkungen von Jakob Minor, Bd. 5, Wallenstein, Stuttgart, Berlin: Cotta, 1905, S. 82.

104 Kayser (1977), Nr. 557. – Zu Tietgens vgl. Schiefler (1985), S. 59.

105 Kayser (1977), Nr. 567a, 567b, 568a, 568b, 568c.

106 Seit 1917, nach der zweibändigen Auswahl von Lichtwarks *Schriften*, erscheinen 37 Wiederabdrucke; Kayser (1977), Nr. 558–588a.

nischen Schriften Lichtwarks als Reprint der zweiten Auflage von *Palastfenster und Flügeltür* erscheint im Jahr 2000 bei Gebrüder Mann in Berlin mit einem Nachwort von Manfred F. Fischer; hier kann Lichtwark als Architekturtheoretiker wiederentdeckt werden. Als Liebhaberausgabe wie auch als Beitrag zur Geschichte des Reisens veröffentlicht der Verlag Hellmut Saucke in Wienhausen 2001 die bibliophil gestaltete Neuausgabe von Lichtwarks Reiseschilderung *Ein Stück Deutschland vom Kraftwagen aus.*[107] Seine Rede zum Amtsantritt, *Die Aufgaben der Kunsthalle,* ist wieder abgedruckt in dem Sammelband *Museumsgeschichte: kommentierte Quellentexte,* 2010 herausgegeben von Kristina Kratz-Kessemeier.

Besonders in der Notzeit des Ersten Weltkrieges und in den zwanziger Jahren leisten verschiedene Hamburger Graphikeditionen Künstlerhilfe und stehen damit in der praktischen Nachfolge Lichtwarks. »Hamburger Köpfe« ist eine Graphikfolge der Künstlernothilfe betitelt. Bei gleicher Blattgröße umfasst die Serie mindestens die Portraits des langjährigen sozialdemokratischen Bürgerschaftsmitglieds Otto Stolten von Ernst Eitner, 1915; des Bankiers Max von Schinckel von Julius von Ehren, 1915; des Senators August Lattmann von Friedrich Schaper und des Senators Gottfried Holthusen von Arthur Siebelist, ebenfalls 1915; des Hauptpastors an der Michaeliskirche August Wilhelm Hunzinger von Julius Wohlers, um 1915; von Otto Brandis von Paul Kayser; des Musikdirektors Siegmund von Hausegger von Friedrich Ahlers-Hestermann.[108] Auch Kalckreuths Radierung nach seinem Lichtwark-Portrait von 1912 könnte 1915 für die Serie der »Hamburger Köpfe« entstanden sein (Abb. 71). 1917 radiert Kalckreuth noch ein Portrait von Fritz Schumacher. Die Graphikedition der Lehrer und schließlich die von dem Lehrer Johannes Böse gegründete Griffelkunst-Vereinigung Hamburg-Langenhorn folgen primär Lichtwarks Gedankengut der ästhetischen Erziehung und Selbstbildung durch das Sammeln, wenn sie auch durch die Einbeziehung der Hamburger Künstler zu deren Förderung beitragen wollen.[109]

Nach dem Ende des Ersten Weltkrieges, zu Beginn der zwanziger Jahre, wird Lichtwark in Hamburg zu einem Mythos (Abb. 72).[110] Dabei spielen die von Mannhardt und Schiefler herausgegebenen Schriften und Aufsätze sowie die beiden 1923 von Pauli edierten Bände der *Reisebriefe* eine wichtige Rolle. 1924 erscheint die ers-

107 Nicht mehr bei Kayser.

108 Für diese Angaben danke ich dem Graphik-Antiquariat Karsten Müller, Hamburg; Mitteilung vom 27.1.2012.

109 Vgl. Junge (1989), S. 159–170, 170–255. – Schumacher (1935), S. 317. – Siehe dazu das Kapitel »Kunsterziehung II: Lichtwark und die Hamburger Lehrer« in Teil 3.

110 Sogar ein Fährschiff im Hamburger Hafen wird nach Lichtwark benannt. 1928 in der Stülckenwerft in Hamburg gebaut (Baunummer 652, Stapellauf am 22.5.1928), wird es am 31.5.1928 der HADAG übergeben. Als Fährschiff für den Hamburger Hafen konzipiert, sinkt es infolge eines schiffstechnisch falschen Einsatzbefehls der britischen Besatzung am 24.2.1946 durch ein tragisches Unglück, von 110 Passagieren überleben nur neun. Am 11.3.1946 gehoben und repariert, 1957/58 umgebaut, wird es als »Castelo« in Lissabon eingesetzt und nach 1990 umbenannt in »Vistadouro« Es ist als Flussfahrt- und Restaurantschiff noch zwischen Porto und Régua im Einsatz; vgl. www.cuxpedia.de/index.php/Lichtwark_(Schiff); www.pousada.com/cruises.

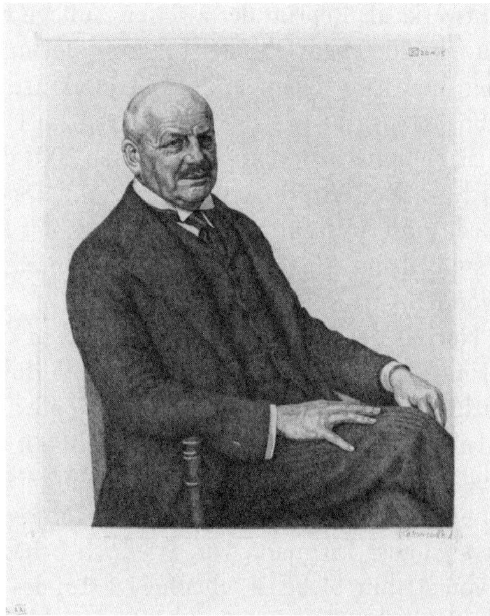

Abb. 71 Leopold von Kalckreuth, Alfred Lichtwark, Radierung, 1915, Hamburger Kunsthalle

te Biographie Lichtwarks, in jahrelanger Vorbereitung verfasst von der Hamburger Oberlehrerin Anna von Zeromski. Sie war in den 1890er Jahren mit ihrer Klasse des Paulsen-Stifts beteiligt an Lichtwarks Demonstrationen von Kunstbetrachtungen mit Schülerinnen, zudem seit 1912 Mitglied der Gesellschaft Hamburgischer Kunstfreunde; sie kannte und verehrte ihn. Für dieses schwärmerisch-pathetische Portrait sammelte sie nicht nur Material aus den veröffentlichten Briefen an die Kommission, sondern auch aus vielen seinerzeit noch unveröffentlichten Briefen. Sie befragte neben Lichtwarks Geschwistern zahlreiche noch lebende Personen seines Umfeldes mündlich und schriftlich. In ihrem Buch schildert sie Lichtwark als Kunsthallendirektor und soweit wie möglich als Privatperson. Ihre sorgfältigen Recherchen und ihre Zeitzeugenschaft verleihen dem Buch durchaus dauerhaften Wert als Quelle zu Lichtwarks Persönlichkeit (Abb. 73). 1925 veröffentlicht Carl Mönckeberg anonym im *Hamburger Fremdenblatt* unter dem Titel *Lichtwark als Meister und Freund. Aus seinen Briefen an einen zwanzig Jahre jüngeren Freund* Auszüge aus Lichtwarks Briefen.[111]

Insbesondere die Hamburger Lehrerschaft trägt zur Konzentration des Mythos Lichtwark auf den pädagogischen Sektor bei. Theodor Blinckmann würdigt dessen Anteil an der ästhetischen Erziehung in seinem 1930 erschienenen Buch *Die öffentliche Volksschule in Hamburg* ausführlich durch die Darstellung Lichtwarks als

111 Vgl. Kiyonaga (2008), S. 237.

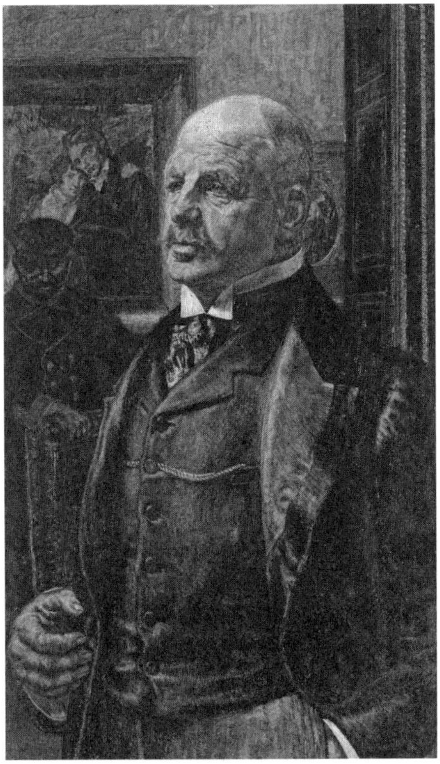

Abb. 72 Arthur Illies, Alfred Lichtwark vor dem Bild »Wir Drei« von Philipp Otto Runge, 1917, Öl auf Leinwand, Hamburger Kunsthalle

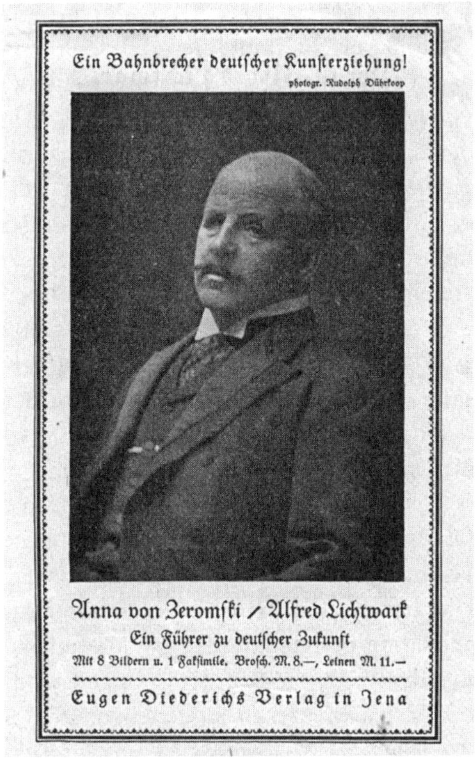

Abb. 73 Werbeprospekt für die Lichtwark-Biographie von Anna von Zeromski, 1924

Anreger und Führer der aufgeschlossenen Lehrerschaft. »Wer Lichtwarks Schriften, besonders auch seine Briefe gelesen hat, der weiß, wie er, ausgehend von der Kunst, alle Kulturprobleme zu erfassen wußte; der weiß aber auch, wie er mit des Herzens warmer Sprache den Leser in den Bann seiner Persönlichkeit zu ziehen weiß. Wieviel mehr wußte er, der auch in seinem Äußern, in seiner Haltung und seiner Sprache sein Innenleben verkörperte, seine Hörer in seine Gedanken- und Gefühlswelt einzuspannen, so daß Wolgast sagen konnte: ›Lichtwark ist mir und vielen anderen zu einem Lebensereignis ersten Ranges geworden. Es war an diesem Mann etwas, das vom allerersten Augenblick an nicht los ließ.‹« Blinckmann würdigt Lichtwarks Bemühungen um einen Ausgleich der einseitigen Wissensvermittlung durch Ausbildung des Anschauungs- und Empfindungsvermögens als Folge der ästhetischen Erziehung. Er erwähnt Lichtwarks Schriften, seine Briefe und Vorträge, die persönlichen Gespräche und Begegnungen. Lichtwark habe den Lehrern den Blick für den Kulturzustand des deutschen Volkes geöffnet, mit den Lehrern zusammen neue Wege für Unterricht und Erziehung gesucht und auf die Besserung von Ansehen und Status des Lehrers gedrungen. Er habe die hamburgischen Volksschullehrer als einen wichtigen Kulturfaktor betrachtet, ihrer Arbeit durch seinen Einfluss und sein eigenes Ansehen Verständnis verschafft und sie auf das sehr fruchtbare Arbeitsfeld der Kunst gedrängt, das damit zum Ansatzpunkt der pädagogischen Erneuerung werden konnte. Blinckmann verweist hier auf Lichtwarks Vortrag »Der Deutsche der Zukunft« und speziell auf den darin enthaltenen Aspekt der Sicherung der nationalen Zukunft durch die Festigung der nationalen Kultur. Doch erst die Lehrer hätten die praktische Umsetzung geleistet durch die Entwicklung der künstlerischen Erziehung in drei Stufen: »Erziehung hin zur Kunst, Erziehung durch die Kunst, Erziehung im Geiste der Kunst«. Ausführlich würdigt er die Tätigkeit und Erfolge der Hamburger Reformpädagogen und nennt als führende Köpfe Carl Götze, Heinrich Wolgast, Otto Ernst und Fritz von Borstel.[112] Durch die Bedeutung der Hamburger Reformpädagogik als ins gesamte Deutsche Reich ausgreifende Erneuerungsbewegung im Bereich der Bildung verschiebt sich Lichtwarks Nachruhm stark auf den pädagogischen Sektor, er wird für die Kunstpädagogik völlig vereinnahmt.

Die wichtigste staatliche Reformschule Hamburgs entsteht bereits 1920 als Oberschule im Stadtteil Winterhude. Sie erhält 1921 den programmatischen Namen »Lichtwarkschule« und 1925 ein von Fritz Schumacher entworfenes Gebäude im Hamburger Backsteinstil. Mit starkem kulturellen Schwerpunkt praktiziert sie Koedukation in demokratischem, konfessionsfreiem Unterricht ohne Lehrplanbindung mit dem Ziel, die Schüler zu eigenständigen, verantwortungsvollen und freiheitsbewussten Menschen zu erziehen. 1933 wird der Schulleiter Heinrich Landahl von den Nationalsozialisten abgesetzt und das progressive Schulkonzept unterbunden; schließlich folgt 1937 die Auflösung der Schule.[113]

Die Betonung des kunstpädagogischen Aspekts in Lichtwarks Wirken überlagert die anderen mindestens ebenso wichtigen Facetten seiner Tätigkeit. So reduziert Wilhelm Waetzold 1932 in seinem Essay *Trilogie der Museumsleidenschaft (Bode – Tschudi – Lichtwark)* letzteren vor allem auf seine museumspädagogische Zielsetzung im Gegensatz zu Bode als Herrscherpersönlichkeit und Tschudi als noblem Kenner.[114] Die Entwicklung nach 1945 allerdings gibt Lichtwark insofern recht, als sich die museumspädagogische Erschließung seit etwa 1968 als eigenes Fach durchgesetzt hat und ein Museum ohne diesen Aspekt des außerschulischen Lernortes seither nicht mehr zeitgemäß ist.[115] Hentzen stellt noch 1985 insbesondere die pädagogische Natur von Lichtwarks Wirken heraus.[116] In zwei Arbeiten zu Lichtwark wird jedoch dessen kulturpolitisches Denken über das pädagogische gestellt: zuerst in der 1976 erschienenen Dissertation von Edgar Beckers, 2008 noch einmal von Nobumasa Kiyonaga in seiner Dissertation *Kunsterziehung als Kulturpolitik*.[117]

112 Vgl. Blinckmann (1930), S. 173–180; Kayser (1977), Nr. 741.
113 Vgl. Hamburg Lexikon (2002), S. 303.
114 Waetzoldt (1932), S. 5–12.
115 Vgl. z.B. Spickernagel / Walbe (1976).
116 Vgl. Hentzen (1985), S. 468.
117 Siehe dazu auch das folgende Kapitel »Forschungen«.

Der bereits vor dem Ersten Weltkrieg konzipierte Band *Museen als Bildungsstätten*, der 1919 vom Deutschen Museumsbund herausgegeben wird, eine Anthologie einschlägiger Aufsätze der modernen deutschen Museumsleiter, erscheint als ein Meilenstein der Museumsentwicklung, die von Lichtwark in den Jahrzehnten seiner Tätigkeit stark befördert worden und nun bereits Geschichte geworden ist. Die Rezeption vollzieht sich jedoch nicht kontinuierlich. Obwohl Lichtwark stets die Pflege der zeitgenössischen Kunst empfiehlt, wird dennoch im 1908 von ihm mitbegründeten Verein für Kunstwissenschaft immer wieder zugunsten Bodes Konzept der Pflege der älteren Kunst entschieden, 1965 einigt man sich dort lediglich auf die vorsichtige Einbeziehung der Klassischen Moderne.[118]

Steht Lichtwarks Name in den zwanziger Jahren noch für Progressivität, so wandelt sich das Bild nach dem Zweiten Weltkrieg. Nun wird mit dem Namen Lichtwark das Eintreten für traditionelle hamburgische Werte, insbesondere beim Wiederaufbau der kriegszerstörten Stadt, assoziiert. Eine »Erneuerung Hamburgs im Geiste Lichtwarks« gibt Bürgermeister Max Brauer in seiner Rede am 22. November 1947 im Kaisersaal des Hamburger Rathauses als Devise aus. »Die Rede des Bürgermeisters war ein an alle Hamburger gerichteter Aufruf, ihre Aufmerksamkeit über die materiellen Tagessorgen und Bedrängnisse hinweg wieder dem Gemeinwesen und den geistigen und sittlichen Verpflichtungen zuzuwenden, die sich aus der Zugehörigkeit zur Gesamtheit der Bürgerschaft der Stadt ergeben.« Wie Lichtwark fordert Brauer die Beteiligung und das Verantwortungsbewusstsein des Einzelnen bei diesem Wiederaufbau sowie die Strukturierung der Gesamtaufgabe in Teilaufgaben und eine Gliederung der Organisation nach Unterausschüssen in den Stadtteilen, die zu dem von Fachausschüssen beratenen Hauptausschuss zusammenwachsen. Dabei sollen alle bestehenden kulturellen, sportlichen und erzieherischen Vereinigungen und Institutionen ihren Möglichkeiten entsprechend mitwirken. So werden nach Brauers Vorschlag in den sieben Hamburger Bezirken sogenannte Lichtwark-Ausschüsse eingerichtet.[119]

Beim Wiederaufbau der Neustadt um die Michaeliskirche und den Großneumarkt entsteht mit der Peterstraße eine Museumsstraße, in der verschiedene Relikte alter hamburgischer Steinarchitektur verbaut werden. Bauherr dieser zwischen 1966 und 1982 entstandenen Traditionsinsel ist die Alfred Toepfer Stiftung F.V.S., die diese Gebäude um den Kern des ursprünglich zum Abriss vorgesehenen, nunmehr aber einbezogenen und renovierten Beylingstifts herum errichtet. Es handelt sich dabei um Nachbauten verlorener Gebäude in der Katharinen-, der Gröningerstraße und im Grimm, die ein großbürgerliches Ambiente vortäuschen, das hier, im ehemaligen Gängeviertel, niemals existiert hat.[120] In diesem Bezirk ist auch ein Saal entstanden, der zur Erinnerung Lichtwarks Namen trägt und damit die Beziehung zur hamburgischen Tradition demonstriert. Ein bewusster Bezug zu Lichtwarks Kindheitsjahren in diesem Stadtviertel, etwa im nahe gelegenen Rademachergang, ist hingegen wohl

118 Vgl. Kauffmann (1996), S. 21.
119 Vgl. Sonderdruck Erneuerung Hamburgs im Geiste Lichtwarks, Hamburg: Auerdruck, 8 S., 1947, Zitat S. 1.
120 Vgl. Hamburg Lexikon (2002), S. 372.

kaum gemeint. Es wäre denkbar gewesen, Lichtwark im Zuge dieser nach dem Kriege neu geschaffenen Straßen eine solche zu widmen; seinen Namen trägt hingegen eine kurze Straße im bürgerlichen, vornehmeren Stadtteil Eppendorf.

Eine 1948 begründete Kulturzeitschrift, vom Hamburg-Bergedorfer Lichtwark-Ausschuss herausgegeben, heute *Lichtwark-Heft* betitelt, hat sich von anfangs monatlicher Erscheinungsweise auf eine jährliche Ausgabe zur Adventszeit umgestellt. Hier und im Lichtwark-Preis, einem 1951 erstmals vergebenen Kunstpreis, der zur Zeit mit 10.000 Euro dotiert ist und durch das Lichtwark-Stipendium von 5.000 Euro ergänzt und etwa alle drei Jahre verliehen wird, soll Lichtwarks Kulturschaffen nachhaltig geehrt werden. Zahlreiche bekannte deutsche Künstler wurden mit diesem Preis zwischen 1952 und 2010 ausgezeichnet, angefangen mit Oskar Kokoschka, über Ernst Wilhelm Nay, Rolf Nesch, Max Ernst, Otto Dix, Joseph Beuys, Sigmar Polke bis hin zu Thomas Schütte und Olaf Metzel. 1972 wurde die Lichtwark-Gesellschaft e.V. gegründet, die Kunst und Künstler in Hamburg fördert, Ausstellungen veranstaltet, Stipendien verleiht und Diskussionen veranstaltet. Mit ihrer Tätigkeit möchte sie die Bürger der Hansestadt anregen, sich aktiv mit der regionalen Kunst auseinanderzusetzen.[121]

Lichtwarks Rolle bei der Etablierung der modernen Kunst des Deutschen Kaiserreichs ist von der Forschung lange Zeit nahezu unbeachtet geblieben. Nachdem die Rezeption der Klassischen Moderne als Folge der vorangegangenen Verfemung durch die Nationalsozialisten die der sezessionistischen Kunst überlagert oder sie sogar verdrängt hatte, wandten sich Ausstellungstätigkeit und Forschung diesen Künstlern erst relativ spät und auch nur in geringerem Umfang zu. Was Lichtwark ankaufte oder hätte ankaufen wollen, wurde eher gemessen an seinem Verständnis für die Avantgarde der Klassischen Moderne, die jedoch erst auf den Plan trat, als er bereits im sechsten Lebensjahrzehnt stand. Sein Tod verhinderte die Ausgestaltung des Neubaus der Kunsthalle gemäß seiner Intention, die Künstler seiner eigenen Generation und auch einige der etwas jüngeren zu präsentieren. Sein Nachfolger Pauli vermochte dann schon den Abstand zu den Avantgardisten besser zu überwinden.

»Lichtwarks Unterstützung sicherte – außerhalb seiner Vaterstadt – einem jeden Unternehmen die Anteilnahme der Besten; sein Name war von dem größten Gewicht; bei allen auf deutsches Geistesleben und Bildungsstreben abzielenden Veranstaltungen war er der gesuchte Redner, soweit es sich um Erörterung ernster sachlicher Fragen handelte, und seine Schriften werden noch lange Zeit eine Fundgrube von Wahrheiten für alle die bleiben, welche ein starkes und kultiviertes Deutschtum fördern wollen«, schreibt Gustav Schiefler um 1920 in seiner *Hamburgischen Kulturgeschichte*.[122] Erst nach dem Abklingen des Mythos beginnt die Forschung.

121 Zum Lichtwark-Heft: Als letzte Ausgabe erschien bisher Nr. 75 im Jahr 2010. Für diese Mitteilung im August 2012 danke ich Horst Brüers, Verlag HB-Werbung, Hamburg-Bergedorf. – Zum Lichtwark-Preis: www.kulturpreise.de/web/preise_info.php?preisd_id=2297. – www.lichtwarkgesellschaft.de.
122 Schiefler (1985), S. 66f.

FORSCHUNGEN[123]

Während seiner Amtszeit als kommissarischer Direktor der Kunsthalle beginnt Carl Schellenberg mit den Vorarbeiten zu einer Lichtwark-Biographie. Zunächst gibt er jedoch Lichtwarks Briefe in kommentierten Ausgaben heraus: 1946 erscheinen die Briefe an Gustav Pauli, 1947 die Briefe an Max Liebermann; 1952 folgen aus Anlass von Lichtwarks 100. Geburtstag die Briefe an Wolf Mannhardt, 1957 dann die Briefe an Leopold Graf Kalckreuth und zuletzt die Briefe an die Familie. Außerdem sammelt er Material, das sich heute in seinem Nachlass im Staatsarchiv Hamburg befindet, unter anderem aus weiteren unveröffentlichten Briefen im Archiv der Kunsthalle. Seine Frau Marie erarbeitet ein unveröffentlichtes Register zu Lichtwarks zwanzig Bänden *Briefen an die Kommission für die Verwaltung der Kunsthalle*. Es wird später durch Gisela Hopp überarbeitet und ergänzt, bedarf jedoch weiterer Bearbeitung.[124] Etwa gleichzeitig veröffentlicht die Hamburger Heimatforscherin Henny Wiepking ihre Erinnerungen und Kenntnisse: *Alfred Lichtwarks Frühzeit*, 1958, *Aus Alfred Lichtwark Frühzeit*, 1959, und das Typoskript *Unbekanntes über Alfred Lichtwark*, 1962. Über Marianne Lichtwark schreibt sie 1960. Zum 50. Todestag Lichtwarks 1964 widmet sich der Photographiehistoriker Fritz Kempe dem Thema *Alfred Lichtwark und die Photographie*. Alfred Hentzen, Direktor der Kunsthalle von 1955 bis 1969, gibt 1960 Lichtwarks Briefwechsel mit Rainer Maria Rilke heraus. In den späten 1960er Jahren fällt ein genauerer Blick auf Lichtwarks kunstpädagogisches Wirken: An der Pädagogischen Hochschule Oldenburg, heute Carl-von-Ossietzky-Universität, werden am Lehrstuhl des bekannten Kunstpädagogen Reinhard Pfennig zwei Examensarbeiten über Lichtwark verfasst. Gudrun Koltermann versucht 1967 in ihrer Studie *Langbehn und Lichtwark. Ein Vergleich ihrer Theorien unter dem Aspekt der Kunsterziehung und der politischen Ideologie* erstmalig eine Differenzierung der beiden üblicherweise zusammen genannten Kulturpolitiker; 1968 stellt Brigitte Wallrabenstein *Alfred Lichtwark als Vertreter der Kunsterziehungsbewegung* dar. 1975 veröffentlicht Irene Below einen Aufsatz mit dem Titel *Probleme der ›Werkbetrachtung‹ – Lichtwark und die Folgen*, der Lichtwarks Übungen in der Kunstbetrachtung analysiert. Im folgenden Jahr befasst sich Edgar Beckers in seiner Dissertation mit Lichtwark in seiner *Studie zum Selbstverständnis der Reformpädagogik*. Eine umfangreiche Bibliographie der Schriften Lichtwarks, seiner Briefe und der Veröffentlichungen über Lichtwark, ergänzt durch den Aufsatz *Lichtwark und der ›Pan‹* sowie seine Briefe an Liliencron und Dehmel im Zusammenhang mit dem *Pan*, zusammengestellt von Werner Kayser, erscheint 1977. Es folgen zwei Arbeiten zum Thema Lichtwark und die Kunsthalle, 1978 von Renate Fritz als *Untersuchung zum Thema Museum und Öffentlichkeit* und 1980 von Margrit Dibbern, *Entwicklung der*

123 Siehe zu den hier im Folgenden genannten Veröffentlichungen den Anhang. Die Zusammenstellung erhebt nicht den Anspruch auf Vollständigkeit, es handelt sich hier vorrangig um solche Arbeiten, die sich explizit oder in wesentlichen Teilen mit Lichtwark befassen.

124 Siehe dazu das Verzeichnis von Lichtwarks Schriften im Anhang. – StA HH, Familie Schellenberg, 622-1. – Das Register befindet sich als Typoskript in der Bibliothek der HKH.

Sammlungen und Neubau. 1982 erscheint Roman-Martin Deppners Magisterarbeit über Lichtwarks *Bedeutung für die methodisch gesteuerte Betrachtung von Bildwerken.* Carsten Meyer-Tönnesmanns Studie über den *Hamburgischen Künstlerclub von 1897,* seine 1985 in Buchform veröffentlichte Dissertation, beschäftigt sich auch ausführlich mit Lichtwarks Eintreten für die jungen Hamburger Künstler. Die Breite und Vielfalt von Lichtwarks Kunstbegriff erarbeitet Hans Präffke in seiner 1986 erschienenen Dissertation. Er nennt hier außerdem zwei amerikanische Forschungsarbeiten: *An Analysis of The Writings of Alfred Lichtwark as they apply to the City and Civic Improvement,* geschrieben an der Philosophischen Fakultät der Columbia University, 1961, von Alice Fisher sowie eine seinerzeit noch in Entstehung begriffene Dissertation von Marion Fishel Desmukh, 1975 veröffentlicht unter dem Titel *Gutter Art: German naturalist and impressionist painting and politics, 1870–1911,* ebenfalls an der Columbia University.[125] 1986 veranstaltet die Hamburger Kunsthalle aus Anlass des hundertjährigen Jubiläums von Lichtwarks Amtsantritt eine umfangreiche Ausstellung mit dem Titel »Kunst ins Leben«. Die zwölf Katalogbeiträge präsentieren Forschungsergebnisse zu verschiedenen Aspekten von Lichtwarks Tätigkeit.[126] 1989 legt Josef Kern seine Dissertation zur Rezeption des Impressionismus im Wilhelminischen Deutschland vor. Im selben Jahr erscheint die Dissertation der Verfasserin über *Die Verbreitung von Künstlergraphik seit 1870 und die Griffelkunst-Vereinigung Hamburg-Langenhorn* mit einer ausführlichen Darstellung von Lichtwarks Bemühungen um das Sammeln von Graphik in Hamburg.[127] Ebenfalls 1989 veröffentlicht Werner Kayser einen Aufsatz über *Lichtwark und die Buchkunst.* Eine Untersuchung zur Geschichte der Museumspädagogik legt Gerhard Kaldewey 1990 vor. Es folgt 1991 die französische Dissertation von Roger Niemann über die kulturelle und pädagogische Erneuerung Hamburgs zwischen 1886 und 1914. Im Jahr darauf befasst sich Michaela Uhde-Hamer in ihrer Kieler Magisterarbeit mit der künstlerischen Frauenbildung in Hamburg zur Zeit Lichtwarks. Eine weitere Arbeit zum Dilettantismusbegriff Lichtwarks entsteht 1993 als Examensarbeit an der Universität Oldenburg, vorgelegt von Cornelia Dedekind. Garlef von Borstel untersucht in seiner wirtschaftswissenschaftlichen Diplomarbeit 1994 das *Mäzenatentum der hamburgischen Kaufmannschaft am Beispiel der Hamburger Kunsthalle.* Im selben Jahr veröffentlicht Carolyn Helen Kay *Educating the Bourgeoisie,* eine Studie über Lichtwarks Erziehung der Hamburger Bürger zu Kunstfreunden mit dem Schwerpunkt auf der Gesellschaft Hamburger Kunstfreunde, 1998 erscheint eine weitere Ausgabe. Eine Geschichte der Hamburger Kunsthalle ist in dem umfangreichen Band *Die Hamburger Kunsthalle. Bauten und Bilder* dargelegt, 1997 herausgegeben von Uwe M. Schneede und Helmut R. Leppien mit Beiträgen über Lichtwark von Volker Plagemann und Helmut R. Leppien, zum Neubau von Jörg Schilling.

125 Vgl. Präffke (1986), S. IX (Vorwort).

126 Darunter auch eine erste Veröffentlichung der Verfasserin zum Thema Lichtwark und Kunstsammeln; Junge (1986).

127 Das Thema wird noch einmal resümiert in: Junge (1993).

Birgit Pflugmachers Dissertation erarbeitet den Briefwechsel von Lichtwark und Liebermann, 2001 legt sie das Typoskript und eine elektronische Ausgabe vor, 2003 die Buchausgabe. Mit Lichtwarks Wirken für die Amateurphotographie beschäftigt sich die 2001 erschienene französische Diplomarbeit von Christian Joschke, Paris; seine Mannheimer Doktorarbeit *Les yeux de la nation*, publiziert 2005, erweitert das Thema auf *Amateurphotographie und Gesellschaft in der Wilhelminischen Zeit*. Die Ausstellung »Alfred Lichtwarks ›Sammlung von Bildern aus Hamburg‹« wird mit ausführlichem Katalog von Ulrich Luckhardt als Kurator zu Lichtwarks 150. Geburtstag 2002 veranstaltet.[128] Sebastian Unglaub befasst sich 2006 mit Lichtwark als Kunstkritiker in seiner Berliner Staatsexamensarbeit. Im selben Jahr untersucht Ulrike Wolff-Thomsen unter anderem die Verbindung von Willy Grétor und Lichtwark. Zwei kleinere Studien legt die Verfasserin als Ergänzung zu dem vorliegenden Buch vor, 2006 *Lichtwark und Volbehr* anlässlich des hundertjährigen Jubiläums des Kulturhistorischen Museums Magdeburg, 2007 *Max Klinger und Alfred Lichtwark – Ein Beitrag zur Klinger-Rezeption um 1900*. Gleichzeitig veröffentlicht Petra Roettig im Katalog der Klinger-Ausstellung in Hamburg und Leipzig ihren Beitrag *Zeit und Ruhm – Max Klinger und Alfred Lichtwark*. Ebenfalls 2007 befasst sich Johanna Mahnkopf in ihrer Hamburger Magisterarbeit mit Lichtwarks Ankauf der Sammlung Hudtwalcker-Wesselhoeft. 2008 folgt die Veröffentlichung von Nobumasa Kiyonagas Hamburger Dissertation *Kunsterziehung als Kulturpolitik* und 2009 dessen Beitrag über Lichtwarks Kunstbetrachtungsunterricht in der Anthologie *Kunst, Pädagogik, Forschung*. 2011 legt er noch den Aufsatz *Der Kulturreformer Alfred Lichtwark und Japan* vor. 2010 erscheint Martin-Roman Deppners Studie zu *Lichtwark als Wegbereiter der Erlebnispädagogik*. Marcus Andrew Hurttig wirft einen intensiven Blick auf den Aufenthalt der französischen Künstler Albert Marquet, August Herbin, Pierre Bonnard und Édouard Vuillard in Hamburg, herausgegeben von der Hamburger Kunsthalle im Jahr 2011.

Lichtwarks Rolle als Architektur- und Gartentheoretiker der beginnenden Moderne und bei der Entwicklung des modernen Designs ist hingegen wenig beachtet worden. Helmut Klausch befasst sich als pensionierter Gartendirektor der Stadt Essen 1971 in seiner hannoverschen Dissertation mit Lichtwarks *Beiträgen zu einer neuen Gartenkunst in seiner Zeit*. Hein Köster widmet ihm einen Aufsatz in dem 1989 in Dresden erschienenen Sammelband *Das Schicksal der Dinge*. Lichtwarks Schriften zur Architektur sind im Jahr 2000 als Reprint bei Gebrüder Mann, Berlin, erschienen. Seine Rolle bei der Entstehung des modernen Museumsbaus ist behandelt in der Habilitation von Achim Preiß zum Thema *Wilhelm Kreis und der Museumsbau in der ersten Hälfte des 20. Jahrhunderts*, 1992.

128 Am Abend der Ausstellungseröffnung, am 9. Dezember 2002 um 22.20 Uhr, sendete das Dritte Fernsehprogramm des Norddeutschen Rundfunks den Film »Lichtwark – Die Kunst und die Banausen« von Victoria von Flemming; Fernseharchiv des Norddeutschen Rundfunks, Nr. 44623/11.

EINE IMAGINÄRE KUNSTHALLE

»Dieser [der Kommission] gegenüber gibt es nur ein Mittel: es muß nicht allein veröffentlicht werden, was erworben wird, sondern auch eine Liste der abgelehnten Kunstwerke«, schreibt Lichtwark im Februar 1896 an den Kritiker Hans Rosenhagen, und im Jahr darauf formuliert er gegenüber demselben Adressaten offen seine Enttäuschung über die Rückständigkeit seiner Kommission: »Mir sinkt manchmal der Muth. Wenn ich es allein zu machen hätte und keinen Menschen zu fragen brauchte, würde es glaube ich, besser werden, oder wenn überhaupt nur ein einzelner zu entscheiden hätte. Aber die Kommission.« 1904 mahnt Lichtwark den Kommissionsvorsitzenden Senator Burchard sehr direkt: »Die ersten Freunde aber müssen in der Kommission sitzen. Wenn die Kommission nicht überzeugt werden kann, ist alle Mühe umsonst. [...] Ist die Kommission überzeugt, wird sie auch die Verantwortung übernehmen.« Viel später, am 21. Februar 1911, schreibt Lichtwark rückblickend an Lovis Corinth: »Als ich die wesentlich höheren Honorare zahlen konnte, hatte ich einen Stifter [Alfred Beit], dem ich die Sache unterbreitete, und der dann bewilligte. Der ist leider nicht mehr da. Und die Bilder und Bildnisse aus Hamburg sind so unpopulär bei den Menschen, die die Mittel haben, daß nach jedem Vorstoß die Quellen vertrocknen. Ich habe mir tausendmal gesagt, wenn sie nicht wollen, wirfs hin. In dreißig Jahren, wenn du nicht mehr da bist, werden die Nachkommen ja sehen, was sich hätte erreichen lassen!«[129] Von Lichtwark gewünschte Erwerbungen für die Kunsthalle werden aus unterschiedlichen Gründen nicht verwirklicht, oft fehlen die finanziellen Möglichkeiten, andere Sammlungen konkurrieren und häufig vermag sich die Kommission nicht zu entschließen.[130]

Die Ergänzung der durch die Schwabe-Galerie entstandenen englischen Abteilung, für die Lichtwark an die Präraffaeliten denkt, kommt niemals zustande. Während seiner Italienreise wird das Angebot eines Gemäldes von Johann Heinrich Tischbein von der Kommission abgelehnt.[131] Zwei Aquarelle von Menzel, »Kriegscontribution« und »Vorbereitungen zur Reise«, außerdem das Ölbild »Auf dem Hofball« werden 1889 von der Kommission zurückgewiesen, wobei Behrens den Ankauf eines der Bilder noch befürwortet. Im selben Jahr bietet Durand-Ruel ein großformatiges Bild von Courbet an, »Le retour du marché«, doch zu dieser Zeit ist gar nicht an einen Erwerb zu denken. 1891 sieht die Kommission vom Ankauf der von Gurlitt angebotenen »Kinderprozession« von Uhde ab. Die beiden von Lichtwark vorgeschlagenen Stillleben von Eugeen Joors und Floris Verster werden 1893 abgelehnt. 1894 weist die Kommission einen von Paechter für 35.200 Mark angebotenen Böcklin zurück, weil

129 Briefe Alfred Lichtwark an Rosenhagen, 12.2.1896, 2.2.1897, München, BSB, HSS, Rosenhageniana II,1. Lichtwark, Alfred. – Br. Kommission (1905), Bd. XII: 1904, S. 266. Hier geht es um den Ankauf der drei Bildnisse der Marie Zacharias von Kalckreuth, siehe dazu das Kapitel »Neue Impulse: Kalckreuth« in Teil 4. – Hentzen (1961), S. 133; Kayser (1977), Nr. 620.

130 Zum Teil handelt es sich hier um Zusammenfassungen und Wiederholungen aus früheren Kapiteln.

131 Vgl. P2, 2.10.1888.

das Bild nur als Photographie vorliegt und nicht zur Ansicht versendet werden kann. In derselben Sitzung wird ein Strandmotiv von der Elbe des Hamburgers Otto Eckmann refüsiert. Behrens stellt der Versammlung eine Gouache von Menzel vor, ein Kircheninterieur, das er spenden will; Schulte fordert 16.000 Mark, die Kommission bietet jedoch nur 12.000, so dass der Ankauf entfällt. Ebenfalls 1894 werden zwei Vorschläge Lichtwarks abgelehnt, Oldes »Ernte« für 6.000 Mark und »Zur Zeit der Weinernte« von Bastien-Lepage, letzteres allein schon aufgrund des Preises von 24.000 Mark. Klingers »Blaue Stunde« entgeht der Kunsthalle, weil der geforderte Preis nicht gezahlt werden kann oder soll, seine »Salome« bleibt ein Wunsch Lichtwarks. Auch zum Auftrag, eine Hamburger Landschaft zu malen, kommt es später nicht. Der Ankauf eines Werkes von Rodin ist angesichts der Lage in Hamburg nach der Cholera-Epidemie nicht denkbar.[132] Lichtwarks Bemühung um den Erwerb von Böcklins »Triton und Nereide« aus dem Besitz von Sussmann-Hellborn und des »Centaurs in der Schmiede« verläuft ergebnislos. Auch die »Apokalyptischen Reiter« werden nicht erworben. Im selben Jahr lehnt die Kommission den Ankauf eines Aquarells von Böcklin, eine »Flora«-Studie zu einem Glasfenster, für 15.000 Mark von Schneider angeboten, ab.[133] 1895 zögert die Kommission bei der Annahme der Schenkungen von Oldes Bildnis der Elise Averdieck und der Hafenbilder von Kalckreuth, es wird kein definitiver Beschluss herbeigeführt. Immerhin gelangen die Bilder einige Jahre später in die Sammlung. Bei Trübners »Kartoffelfeld« scheitern 1896 offensichtlich die Verhandlungen. Von Segantinis »Le due madri« sieht Lichtwark unmittelbar ab; das Bild ist zu groß für die Kunsthalle. 1898 gehen zwei Bilder von Degas, eine »Büglerin« und »Chevaux de Course« an Durand-Ruel zurück; ohne Spender werden sie in den Kommissionssitzungen gar nicht erst verhandelt.[134] An der Portraitsammlung des Grafen Schack zeigt die Kommission kein Interesse.

»Der Urlauber« von Spitzweg wird von der Kommission abgelehnt; das Gebot von 1.800 statt der geforderten 2.800 Mark auf Spitzwegs »In der Schlucht« wird von Heinemann nicht akzeptiert. 1902 möchte Lichtwark aus dem Vermächtnis von Antoine-Feill sieben alte Meister ankaufen, darunter zwei Bilder von Balthasar Denner für 2.000 Mark, einen vermeintlichen Rubens und sechs Bilder aus dem 19. Jahrhundert, unter anderem ein Gruppenbildnis von Menzel für 1.500 Mark, scheitert jedoch an der Bedingung einer dauerhaften Hängung. Ein Ankauf aus dem Nachlass des Ham-

132 Zu Menzel: P2, 22.6.1889. – Courbet: vgl. Kern (1989), S. 203, WV Courthion 100. – Uhde: P2, 8.10.1891. – Joors / Verster: P3, 16.5.1893. Bei diesem Termin werden auch Radierungen von Köpping für 600 Mark abgelehnt. – Böcklin: P3, 28.2.1894. – Eckmann: P3, 28.2.1894. – Menzel: P3, 22.3.1894. – Olde / Bastien Lepage: P3, 24.3.1894. – Zu Klinger siehe die Kapitel »Die Frühjahrausstellungen« in Teil 2 und »Klingers Brahms-Denkmal« in Teil 5. – Zu Rodin siehe das Kapitel »Erwerbungen II: Ankäufe für die Skulpturensammlung« in Teil 2.

133 Zu Böcklin: P3, 22.5., 14.6.1894, 13.4., 13.7.1897. – WV Andree 294 (verschollen), 408, heute Budapest; Die apokalyptischen Reiter, heute Der Krieg, Dresden, WV Andree 457: siehe das Kapitel »Reisen: Berlin – Dresden – Stockholm – Kopenhagen« in Teil 3.

134 Zu Olde und Kalckreuth: P3, 29.1.1895. – Trübner: P3, 22.1.1896. – Zu Segantini siehe das Kapitel »Erwerbungen III: Sezessionisten und andere Erwerbungen« in Teil 3. – Zu Renoir vgl. Kern (1989), S. 203; nicht in P3, 1897 und 1898.

burger Nazareners Carl Koch verläuft 1903 im Sande. Für das Gemälde »Nach dem Regen« von Hans Thoma, 1903 von Heinemann für 10.000 Mark angeboten, interessiert sich offensichtlich niemand. Zwei weitere Werke von Thoma, »Papageientulpen«, eine Offerte von Goldschmidt für 8.000 Mark, und »Dame am Waldbach«, von Gurlitt eingesandt, werden abgelehnt, letzteres dann aber doch 1909 noch angekauft. Die Stiftung eines Bildes von Franz Nölken, den Lichtwark sehr schätzt, wird 1905 von der Kommission verweigert. Im Jahr darauf misslingt der Erwerb von Schwinds »Aschenbrödel-Zyklus«, weil der Besitzer nicht zum Verkauf bereit ist. Ein Interieur von Defregger, eine Atelierstudie und der Kopf eines alten Mannes von Leibl werden 1906 abgelehnt.[135] Im Jahr darauf reagiert die Kommission auf zwei von Lichtwark vorgestellte kleine Bilder von Caspar David Friedrich keineswegs mit einem Ankaufswunsch. Das »Hünengrab im Schnee« und das »Ostraugehege« von Friedrich, wichtige Bilder, die Lichtwark sich erhofft, erwirbt Dresden. Bei einem 1908 für 10.000 Mark angebotenen Bildnis eines alten Herrn von Menzel beantragt Lichtwark aus unbekannten Gründen keine Erwerbung.[136] Ein Stillleben von Renoir geht 1909 an Cassirer zurück, es wird in der Kommission nicht verhandelt. 1910 zeigt er ein Straßenmotiv von Manet, das 60.000 Mark kosten soll, und »Die Ringer« von Courbet, ebenfalls beide ohne seinen Antrag. Mangelnde Resonanz in der Versammlung, wohl auch die Aussichtslosigkeit, einen Spender dafür zu finden, mögen ihn davon abhalten. Auch Courbets »Steinklopfer« gelangt nicht in die Kunsthalle. Auf Manets »Fliederstrauß« aus dem Besitz von Felicie Bernstein richtet sich Lichtwarks Hoffnung vergebens; die Nationalgalerie erbt es nach ihrem Tod. 1911 kann er für das von Cassirer zur Ansicht bestellte Bild »Knabe in blauer Jacke« von Cézanne keinen Spender finden, und im selben Jahr sendet er der Münchner Kunsthandlung Zimmermann ein Bild von Courbet und eines von Toulouse-Lautrec zurück. Beide Gemälde sind im Protokoll der Kommissionssitzungen nicht vermerkt. Über ein 1912 von Cassirer zur Ansicht bestelltes Stillleben Cézannes wird offensichtlich nicht verhandelt.[137] Ebenfalls 1912 lässt Lichtwark aus Paris zwei große Bilder von Puvis de Chavannes zur Ansicht kommen, hat jedoch kaum Hoffnung, die geforderte hohe Summe dafür aufbringen zu können; im Protokoll der Kommissionssitzung werden sie gleichfalls nicht erwähnt. Etwa zeitgleich interessiert er sich in Paris sehr für Leibls Bildnis der Frau Gedon aus dem Besitz

135 Sammlung Schack: P3, 29.3.1898. – Spitzweg: P4, 29.6., 17.8.1901. – Sammlung Antoine-Feill: P4, 5.7.1902. – Nachlass Koch: P4, 25.4.1903. – Thoma: P4, 17.10.1903, P4, 5.3., 11.6.1907; Best.Kat. Hamburg, 19. Jh., S. 210. – Nölken: P4, 21.5.1905. – Schwind: P4, 1.3.1906. – Defregger / Leibl: P4, 7.7.1906.

136 Siehe dazu das Kapitel »Die Suche nach den Hauptmeistern der Romantik: Caspar David Friedrich« in Teil 4. – Menzel: P5, 14.3.1908.

137 Renoir: vgl. Kern (1989), S. 203. – Manet: P5, 19.3.1910. – Courbet: P5, 12.7.1910; WV Courthion 136, 95. Cassirer kann nach eigener Aussage die »Ringer« von Courbet, die 52.000 Mark kosten sollen, nicht verkaufen, weil sie so altmodisch seien; vgl. Kern (1989), S. 203. – Zu Manets »Fliederstrauß« siehe die Kapitel »Die Frühjahrausstellungen« in Teil 2 und »Französische Kunst« in Teil 6. – Cézanne, Courbet, Toulouse-Lautrec: vgl. Kern (1989), S. 203; WV Rewald 826: Paysan en blouse bleue, um 1897. – Cézanne: Br. Kommission (1920), Bd. XX: 1912/13, S. 218 (17.7.1912), im WV Rewald nicht zu identifizieren, da für die Kunsthandlung Cassirer zahlreiche Stillleben verzeichnet sind. – Br. Kommission (1920), Bd. XX: 1912/13, S. 23, 66.

der Marquise Carcano, glaubt jedoch zunächst an eine nur eingeschränkte Wirkung neben dem Portrait der Gräfin Treuberg und den »Kirchenfrauen« in der Kunsthalle. Zudem wird von der Besitzerin anfangs ein Auktionsergebnis von einer halben Million Mark erwartet, das sich jedoch letztlich auf 180.000 Mark beläuft. Beim Anblick des gereinigten Bildes in der Münchner Pinakothek muss Lichtwark zwar seinen Eindruck korrigieren, hat es jedoch für Hamburg nicht ernstlich erwägen können.[138] Auch zu dem Ankauf eines Werkes von Hodler kommt es nicht. Zwar lässt Lichtwark 1911 ein großes Bild von der Kunsthandlung Gurlitt zur Ansicht senden, doch präsentiert er es der Kommission anscheinend nicht; und obwohl die finanziellen Mittel vorhanden sind, entstehen die geplanten Portraits – das Selbstbildnis, das Portrait von Liebermann und das Doppelportrait von Kalckreuth und Klinger – ebensowenig.[139]

Die Sammlung von Bildern aus Hamburg entwickelt sich mangels Mitteln keineswegs in der von Lichtwark gewünschten Weise. Liebermann malt weder ein Bild vom Rennplatz noch ein Sportbild von der Alster, die von Lichtwark erhofften Sponsoren, der Rennclub und der Alsterclub, werden vermutlich nicht tätig. Ein Portrait Theodor Mommsens scheitert an dessen Weigerung, Modell zu sitzen. Ebenfalls nicht durchführbar ist die Idee, Menzel den Rödingsmarkt malen zu lassen.[140] 1902 erhält Lichtwark die Genehmigung, mit Jean-François Raffaelli wegen eines Auftrages zu verhandeln, das Projekt verläuft ergebnislos.[141] Undenkbar erscheint es, Monet für ein Bild des Hamburger Hafens zu gewinnen.[142] Der Kontakt zu Trübner mit seinen hochpreisigen Bildern entsteht zu spät, erst als die Spende zu Lichtwarks Amtsjubiläum neue Aufträge ermöglicht hätte. Ebenso steht es mit den geplanten Bildern von Hodler und Klimt. Lichtwarks Lebensende naht, als die Erfüllung seiner Bilderwünsche in greifbarere Nähe als je zuvor rückt. So bleibt die Sammlung von Bildern aus Hamburg ein Torso und deutlich unter dem geplanten Niveau.

Lichtwarks Hamburg hätte bei ausreichenden Geldmitteln und der Einsicht von Kommission, Regierung und Bürgern anders ausgesehen. Die besten Künstler seiner eigenen Zeit wären mit Werken in der Kunsthalle vertreten, historisch wertvolle Gebäude erhalten und städtebauliche Projekte bedeutenden Künstlern und Architekten wie Hildebrand und Behrens anvertraut worden. Fritz Schumacher kommt 1909 als Stadtbaurat, als Retter und Unterstützer seiner Pläne und Ansichten gerade noch zur rechten Zeit.

138 Vgl. ebd., zu Puvis de Chavannes: S. 308, 316, 317, 325, 329, nicht in P5, 1912 und 1913; Briefe Alfred Lichtwark an Prinz Eugen, 16.12., 22.12.1912, Stockholm, PEW, Archiv. – Zu Leibl: S. 109, 124f., 131, 134–136, 148, 392.

139 Vgl. Br. Kommission (1919), Bd. XIX: 1911, S. 47. Siehe dazu das Kapitel »Jugendstil für die Kunsthalle: Klimt und Hodler« in Teil 6.

140 Siehe dazu die Kapitel »Lichtwark neue Sammlungspolitik: Das Publikum ködern: Die Sammlung von Bildern aus Hamburg«, »Liebermanns Petersen-Portrait als Beginn einer Portraitgalerie« in Teil 2 und »Erwerbungen III: Die Menzel-Sammlung« in Teil 3.

141 Vgl. P4, 15.3.1902.

142 Vgl. Br. Kommission (1905), Bd. XII: 1904, S. 251.

Allerdings fällt Lichtwarks Amtszeit in eine schwierige und komplexe Phase der urbanen und technischen Modernisierung, die durch große Bauaufgaben die finanziellen Ressourcen strapaziert. Dem Bau des Freihafens und der Speicherstadt sowie der Elbbrücke folgt der Neubau des Rathauses und der Abriss des Gängeviertels zwischen Hauptbahnhof und Rathausplatz, verbunden mit dem Bau der Mönckebergstraße und des Kontorhaus-Viertels. Nach der letzten Cholera-Epidemie wird durch den Bau des Filtrierwerks Kaltehofe die Wasserversorgung modernisiert. Nach vierjähriger Bauzeit wird 1906 der Hauptbahnhof eingeweiht. Die Einführung der allgemeinen Schulpflicht und das Bevölkerungswachstum bewirken einen steigenden Bedarf an Schulbauten. Parallel zum Neubau der Kunsthalle entsteht das ebenfalls von Albert Erbe entworfene Museum für Völkerkunde.[143] Lichtwark spricht sich zwar immer wieder für die Modernisierung aus, aber geplant und gründlich, wie am Beispiel der Alsterstadt ersichtlich. Zugleich geht es ihm um die Erhaltung der gewachsenen, historisch wertvollen Bausubstanz, die ebenso wie die Sammlung zur lokalen Kunstgeschichte zu einer kulturellen Identitätsbildung Hamburgs beiträgt.

EPILOG: LICHTWARKS TENDENZ ZUR MODERNE

Gustav Schieflers Bemerkung, Lichtwark und Brinckmann seien genau zu dem Zeitpunkt gestorben, als ihre Epoche zu Ende ging,[144] muss inzwischen differenzierter betrachtet werden. Es finden sich bei Lichtwark viele Ansätze, die erst in der folgenden Zeit wirksam geworden sind. In ihm bündeln sich Kräfte der Modernisierung.

Als Museumsmann interessiert er sich früh für das Publikum; kunstsoziologische Aspekte wirken in seinem Denken und Handeln, das im Grunde politisch und von der patriotischen Sorge um die Zukunft des deutschen Volkes motiviert ist. Die Förderung der ästhetischen Bildung des Bürgertums soll über den Anspruch an die handwerkliche und industrielle Produktion deren Niveau und damit die deutsche Wettbewerbfähigkeit fördern – eine Zielsetzung, die Lichtwark zwar nicht erfunden hat, als einflussreicher Multiplikator jedoch verbreitet. Mit der Gründung des Deutschen Werkbundes, der Lichtwark sich entzieht, konstituiert sich dieses Bestreben in Deutschland höchst wirksam; die Bemühungen um die gute moderne Form bestimmen das gesamte 20. Jahrhundert, noch einmal verstärkt nach der nationalsozialistischen Ära mit ihrer reaktionären Haltung. Indem Lichtwark das Publikum durch seine Veranstaltungen und die unter seinem Einfluss gegründeten Gesellschaften an sein Museum zu binden sucht, gestaltet er dieses zu einem Lernort zu einer Zeit, als institutionell organisierte Weiterbildungsmöglichkeiten noch nicht vorhanden sind.

143 Vgl. z.B. Hamburg Lexikon (2002), S. 168 (Freihafen); S. 444f. (Speicherstadt); S. 108f. (Citybildung); S. 106 (Cholera); S. 232f. (Hauptbahnhof); S. 426f. (Schulwesen); S. 207f. (Museum für Völkerkunde).

144 Vgl. Schiefler (1978), S. 96. – Auch Scheffler (1946), S. 246, vertritt diese Ansicht: »Hinterher [nach Lichtwarks Tod] war es, als hätte er vor dem Ausbruch des Krieges sterben wollen, der seine Welt in Frage gestellt hat.«

In diesen Zusammenhang gehört auch sein Einsatz für qualitätvolle und preiswerte Bücher. Lichtwarks kulturpolitisches und daraus resultierend pädagogisches Denken ist den anderen deutschen Museumsleuten seiner Generation fremd, es wird von Bode und Tschudi herablassend betrachtet. Tschudis Ausführungen anlässlich des Kaisergeburtstags 1899, durch die Genussfähigkeit des Einzelnen werde der Kunst nicht geholfen, auf die wenigen Kenner komme es an,[145] richten sich indirekt auch gegen Lichtwark und diejenigen, die von der Wirkung ästhetischer Bildung überzeugt sind. Erst die folgende Generation, etwa Pauli, Wichert und Justi, verehrt ihn dafür. Lichtwark denkt grundsätzlich demokratisch, auch wenn er sich gelegentlich für seine Vaterstadt einen regierenden Fürsten mit anspruchsvollem künstlerischem Geschmack wünscht. Vor allem jedoch fordert er für das Gemeinwesen vorausschauende fähige Fachleute mit Kenntnissen auf dem neuesten Stand.

Zur Förderung des Publikums zählt auch Lichtwarks psychologisch bemerkenswerte Überlegung, wie dem zum Konservatismus neigenden Großteil der Museumsbesucher über die Wiedererkennbarkeit des Motivs ein Zugang zur zeitgenössischen Hochkunst ermöglicht werden könnte. Komplementär fördert er die Künstler durch Aufträge, was antiquiert und eigenbrötlerisch, zumindest ungewöhnlich erscheinen mag. Er bietet ihnen dadurch nicht nur finanzielle Unterstützung, soweit es ihm bei seinen begrenzten Mitteln möglich ist, er begünstigt auch, besonders im Falle Liebermanns, ihre Entwicklung.

Lichtwarks Herkunft und sein Werdegang lassen ihm vermutlich mehr Freiheit als eine bürgerliche Sozialisation. Er muss sich vom Ideal des Klassischen nicht abwenden, es ist ihm gar nicht erst nahegebracht worden. Was mangelnde Sicherheit bedeuten mag, bietet auch Freiheit. Lichtwark kann als Positivist gelten, ihn interessieren die Naturwissenschaften und die technische Entwicklung, was nicht zuletzt bei der Planung des Kunsthallenneubaus deutlich wird. Die Abkehr vom klassischen und akademischen Ideal bedeutet eine Hinwendung zu Realismus und Naturalismus. Esoterik, Symbolismus und Mystizismus liegen ihm hingegen nicht. Seine Recherchen zur Kunst des 19. Jahrhunderts und der Aufbau der entsprechenden Sammlung begründen seine wesentliche Beteiligung an der Entstehung des heute noch gültigen Kanons dieser Kunstepoche, wenn auch in letzter Zeit ein neues Interesse für deren vernachlässigte Phänomene zu bemerken ist. Die deutsche Kunst des 19. Jahrhunderts erwirbt er für die Kunsthalle zur rechten Zeit.[146] Er gehört zu den Entdeckern und Wiederentdeckern wichtiger deutscher Künstler und fordert schon 1896 eine Revisionsausstellung der Kunst dieses soeben ablaufenden Säkulums. Wie Tschudi erwirbt er die moderne Kunst des französischen Impressionismus, nur sind seine finanziellen

145 Vgl. Tschudi (1899), S. 24.

146 Pauli schreibt 1916 an seine Kommission angesichts einer Ausstellung älterer deutscher Kunst des 19. Jahrhunderts bei Gurlitt in Berlin: »Lichtwark hätte hier triumphieren können, denn der Gedanke, den er mit einer solchen Sammlung gegen Ende des Jahrhunderts aufgebracht hatte, breitet sich nun aus. Allein Hamburg hat anscheinend die Sahne von dem noch Verfügbaren abgeschöpft. Was jetzt auf solchen Ausstellungen erscheint, sind zusammengefegte Reste.« Ring (2010), Bd. 1, S. 114.

Möglichkeiten in Hamburg beschränkter als seine Wünsche, so dass er nur wenig davon verwirklichen kann. In der Sammlung zeitgenössischer Kunst fördert er den weitgehend noch verpönten Naturalismus und Realismus; den ausklingenden Spätklassizismus lehnt er ebenso ab wie die Salon- und Historienmalerei. Er ist der Erste, der lokale Kunstgeschichte erforscht und lokale Kunst sammelt.[147]

Dem »neuen Typus der deutschen Kunstforscher«, wie er formuliert, gehört damit auch er selbst an. Sie hätten ihren Ruf im Zusammenhang mit alter Kunst erworben, führt er aus, sind aber der neuen Kunst zugewandt und treten dafür in ihrem Museum ein. Während seines Studiums habe man noch nicht an eine moderne Kunst geglaubt.[148] Die Auflösung der Form im Impressionismus, das Ephemere, ist ihm nachvollziehbar und entspricht seinem Empfinden. Er schätzt Sport und Bewegung, ist Radfahrer und Wanderer, Genießer hoher Fahrgeschwindigkeiten, beweglich und rasch, sogar seine Handschrift erscheint eilig. Seine Haltung ist affirmativ; die destruktiven Tendenzen der Avantgardekunst, des Expressionismus und Kubismus, kann er trotz aller Bemühung nur in Ansätzen und im Einzelfall begreifen. Er akzeptiert seine Grenze, denn er weiß um den Gang der Entwicklung. So schreibt er schon im Jahresbericht 1895: »Wer mit der Masse die grosse Heerstraße wandert, hat es bequemer, aber es wird ihm nicht angerechnet. In der Musik, der Litteratur, der bildenden Kunst, der Wissenschaft, der Politik ist es immer nur auf die angekommen, die sich – und damit den andern – eine neue Bahn gebrochen haben, und der Vorgang ist immer derselbe. Sobald es bemerkt wird, dass einer den Weg verlässt, den alle wandeln und der bequem breit und festgetreten ist, erhebt sich der Widerspruch. Lässt sich der Kühne nicht beirren, so wirkt sein Beispiel. Erst folgen die, die nach ihm am meisten Muth haben und die Unbequemlichkeiten des neuen Pfades und das Geschrei im Rücken nicht scheuen. Dann, nachdem der Pfad durch sie geebnet ist, schliessen sich viele an und am Ende schwenkt die ganze Masse beruhigt ein, hat den alten Weg ganz vergessen und behandelt jeden, der von der neuen Allerweltsstrasse abweicht, genau wie den, der sie zuerst auf diesen nunmehr breit getretenen Weg geführt hat. Verdienst im höchsten Sinne haben immer nur die Bahnbrecher und wenn man discutirt, sollte man nur von ihnen als den notwendigen Künstlern reden, nicht von denen, die ihnen nachfolgen, und die man als Richtung bezeichnet.«[149]

Auf der sezessionistischen Kunst – der Moderne seiner Generation – liegt sein Hauptaugenmerk. Es sind diejenigen Künstler, die neben den französischen Impressionisten von der 1898 gegründeten Berliner Galerie Cassirer bevorzugt vertreten werden.[150] Auf diesem Gebiet hätte Lichtwark weitaus mehr bewegen und für die Kunsthalle erreichen können, wenn seine Kommission, in der er lediglich eine Stim-

147 »[...] was der [Lichtwark] für Hamburg geleistet hat und noch leistet, sollte Einer für Berlin leisten. Der Fall Tschudi hat gezeigt, wie absolut nötig die Gründung einer Berliner Galerie ist«, schreibt Liebermann am 16.8.1909 an Fritz Stahl nach der Tschudi-Affäre; Liebermann (1994), S. 36.

148 Alfred Lichtwark, Rundschau, in: Pan, 2. Jg., 1896/97, S. 134–137; Kayser (1977), Nr. 214. Er meint hier die Dresdner Kollegen, gehört jedoch selbst zu diesem Typus.

149 Jahresbericht [Bd. 9], 1895, S. 53f.

150 Vgl. Echte / Feilchenfeldt (2011).

me von sieben hat, eine tolerantere, offenere, vielleicht sogar motivierendere Einstellung bewiesen hätte. Seine Wirkungsmöglichkeiten werden aber auch durch taktische Überlegungen begrenzt; er kann nicht allein nach eigenen Vorstellungen entscheiden. Stets muss er pragmatisch und diplomatisch vorgehen. Eine Überforderung des überwiegend konservativen Publikums schlägt sich kontraproduktiv nieder, gegen die Widerstände ist das Neue nur langsam und mit Umsicht zu etablieren. Das verständnislose Publikum zu überfordern, hätte ihm weitere Gegnerschaft eingetragen und damit auch den ohnehin begrenzten finanziellen Spielraum noch stärker beschnitten, denn die potentiellen Förderer und Spender stehen seinen Wünschen lange Zeit reserviert gegenüber. Spenden von 1.000 Mark muss er demütig und mit Kotau entgegennehmen im Bewusstsein, dass die reichen Hamburger bedenkenlos Tausende allein für ein Diner ausgeben.[151] Das eher geringe Vertrauen, das in seine Kompetenz gesetzt wird, hätte er mit Gewaltaktionen und Konfrontationen des Publikums vollends verspielt. Dass er als Museumsdirektor nicht wie ein Privatsammler handeln kann, ist ihm spätestens nach der Affäre um Liebermanns Portrait des Bürgermeisters Petersen bewusst. Sein Leben erscheint als eine Art Gratwanderung: Er lebt wie ein »Klausner«,[152] muss aber an Diners teilnehmen, um Mäzene zu gewinnen und Kontakte zu pflegen, hat andererseits jedoch nur wenige Freunde. Er trägt die Verantwortung für seine Angehörigen, vermag sich dadurch beruflich kaum zu verändern, wird in Hamburg lange Zeit bekämpft, verachtet, geschmäht und ist zugleich als einer der bekanntesten Männer seines Fachs und der progressivsten Museumsleute im Reich anerkannt (Abb. 74). Sein lange Jahre anhaltendes Gefühl der Erfolglosigkeit, sogar des Scheiterns lässt sich erst im Vergleich zu seinen Plänen ganz ermessen.

Lichtwarks Pragmatismus zeigt sich auch in seiner Vorliebe für Einfachheit und Funktionalität und seiner Abkehr vom Historismus und Ornament, unter anderem begründet in seinen Jugenderfahrungen mit handwerklichen Möbeln und Gerät, wenn auch noch nicht in letzter Konsequenz. Der wesentlich durch seine Auffassung bestimmte Neubau, der modernste Museumsbau vor dem Ersten Weltkrieg,[153] zeigt deutlich die Entwicklungsstufe an, die er dabei erreicht. Nach seiner Vorstellung

151 Vgl. Alfred Lichtwark, Die Kunst in der Schule, in: AL, Schriften, Bd. I, S. 38; Kayser (1977), Nr. 556.
152 Brief Alfred Lichtwark an Clemen, 21.2.1904; Nürnberg, GNM, DKA, NL Clemen, I,C-13. Lichtwark berichtet hier von einer geselligen Runde »bis drei oder halb vier bei stündlich jünger werdender Gesellschaft. So etwas ist für mich immer eine Reise in ein anderes Jahrzehnt meines Lebens, denn hier hause ich wie ein Klausner.«
153 »Mit der Hamburger Kunsthalle handelt es sich um den modernsten Museumsbau, der vor dem 1. Weltkrieg entstand, sowohl in der Bauauffassung wie in seiner Funktionsorientierung. Mit dem Bewußtsein, eine neue, künstlerisch anspruchsvolle Formensprache entwickelt zu haben, verzichtete man auf einen gestalterischen Kontext zum benachbarten Altbau. Die Orientierung des Neubaus auf den Hauptbahnhof erfolgte mit Bedacht und in Respekt vor einer modernen, mobilen Gesellschaft; der enge räumliche Zusammenhang von Kunsthalle und Bahnhofshalle wurde als gegenseitige Ergänzung zweier Monumente des Fortschritts und der Bequemlichkeit verstanden. In beiden Fällen war die repräsentative Qualität der Architektur abhängig von dem Inhalt; das heißt, die Kunsthalle systematisiert die Kunstbetrachtung, wie der Bahnhof den Schienenverkehr systematisiert. Da die Kunstbetrachtung nicht wirklich zu systematisieren ist, schon gar nicht nur durch die Architektur, fand der von Lichtwark eingeforderte Purismus seine eigentlich Begründung nicht in der Funktionalität, sondern im Pathos der Funktionalität.« Preiß (1993), S. 88f.

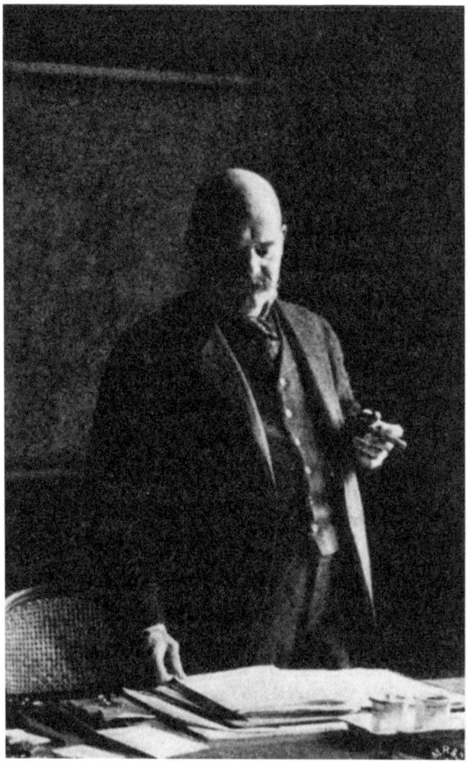

Abb. 74 Alfred Lichtwark, undatiert, Aufnahme: Baronin Merck, Hamburg

sollen sich Architektur, Stadtplanung und Gartengestaltung durch pragmatische, klima- und gebrauchstauglich durchgestaltete, sparsame Lösungen auszeichnen. Dieses Anliegen entspricht weitsichtig dem beginnenden Massenzeitalter; auch darin werden sein zukunftsorientiertes Denken, seine Sorge um die Gesundheit und Wohlfahrt der Bevölkerung erkennbar. Seine Bedeutung für die Entwicklung der Reformarchitektur, der architektonischen Gartengestaltung, für die Bereinigung des Möbel- und Objektdesigns von historisierenden Elementen und seine Forderung nach Betonung der Funktionalität wird noch über lange Zeit kaum wahrgenommen, da sein Ruf als Kunstpädagoge bis in die 1960er Jahre hinein einseitig das Bild seines Wirkens bestimmt. Besonders sein Einfluss auf die Entstehung der modernen Architektur müsste noch eingehender untersucht werden.[154] Sein nachdrücklicher, resoluter Einsatz für die

154 »Sein [Lichtwarks] Feldzug für die ›Sachlichkeit‹ setzte noch früher ein als der von Muthesius. In den Vorträgen, die er zwischen 1896 und 1899 herausgab und die voll vom Lobe Englands sind, forderte er praktische, unverzierte Möbel und glatte, leichte Formen, [...] sachliche Schönheit, weite horizontale Fenster, volles Licht und frische Blumen in den Räumen.« Nikolaus Pevsner, Wegbereiter moderner Formgebung. Von Morris bis Gropius, Hamburg 1957, S. 26; zit. bei Klausch (1971), S. 6f.

als richtig und notwendig erkannten Entscheidungen und Projekte beweist politischen Mut. Mehrfach wird seine antimonarchistische Tendenz und die Neigung zu unabhängigem Handeln deutlich, nicht nur bei der symbolhaften Aufstellung des Heinrich-Heine-Denkmals von Lederer im Treppenhaus der Kunsthalle im Jahr 1913.[155]

In den 1920er Jahren wird Lichtwarks Name Synonym für reformerisches Denken im Kulturbereich. Seiner Flexibilität und Offenheit, seiner Modernität trägt die Namensgebung der Lichtwarkschule als Reformschule Rechnung. Dem lange Zeit anhaltenden Unverständnis gegenüber seinem Denken und Wirken folgt nach seinem Tod die Wendung zur Verehrung, sogar zum Mythos. Die Anerkennung, die ihm schon lange im Deutschen Reich entgegengebracht wird, hat schließlich auch Hamburg erreicht.

Karl Scheffler würdigt Lichtwark in seinen Erinnerungen mit Worten, die auch heute noch ihre Gültigkeit besitzen: »Das Herrschende in Lichtwark war ein unbedingt guter Wille. Dieser gab ihm Ehrfurcht vor dem Gewordenen und dem Werdenden, gab seinem enthusiastischen Naturell ein natürliches Pathos und vertiefte das Lehrhafte so, dass der Hamburger schließlich ein Magister aller Deutschen war. Er war seiner Zeit stets voraus, doch nie so weit, dass er nicht hätte eingeholt werden können.«[156]

155 Im Wilhelminischen Reich durfte Heine unausgesprochen kein öffentliches Denkmal gesetzt werden. Lederers Heine-Denkmal, 1906 initiiert durch Alfred Kerr und die Literarische Gesellschaft in Hamburg, entstand von 1911–1913. Die Aufstellung in der Kunsthalle muss zumindest die Duldung der Kommission erfahren haben; vgl. Plagemann (1986), S. 123f.
156 Scheffler (1946), S. 246.

ANHANG

NACHWORT UND DANKSAGUNG

Der jahrzehntelang anhaltende Ruhm Alfred Lichtwarks war in den späten 1960er und frühen 1970er Jahren bereits abgeklungen. Lichtwark war für Studenten nicht mehr Thema und noch keine historische Figur, aktuelle Forschungen lagen zu dieser Zeit noch nicht vor. Die Anregung, eine kunsthistorische Biographie Alfred Lichtwarks zu erarbeiten, verdanke ich meinem Doktorvater Peter Springer. Nach Abschluss meiner Dissertation 1987 schlug er mir eine solche Forschungsarbeit vor; offenbar war meine Beschäftigung mit Lichtwarks Bemühungen um das Sammeln als besonderer thematischer Schwerpunkt erkennbar geworden. Es waren vor allem Lichtwarks Briefe, von denen eine große Faszination ausging und deren Qualität und Quantität eine ausführliche Erforschung wünschenswert erscheinen ließen. Nicht nur die Briefe an die Verwaltungskommission der Kunsthalle, auch diejenigen an Leopold von Kalckreuth, Max Liebermann, Gustav Pauli und andere Kollegen erwiesen sich als eine Einführung in die Interna dieser kunsthistorischen Epoche.

Zwar bestand mein Interesse am Thema Lichtwark weiterhin uneingeschränkt, doch wusste ich bereits, dass die Quellenlage einerseits wohl ergiebig, andererseits aber differenziert und damit langwierig zu erschließen wäre. Zwei anderen größeren Forschungsarbeiten gab ich zunächst noch in den 1990er Jahren den Vorzug und richtete mich auf Lichtwarks 150. Geburtstag im Jahre 2002 aus. Infolge der reichen Quellenlage ließ sich dieser Termin jedoch nicht einhalten, wenn ich auf eine intensivere Erschließung der Quellen, vor allem der zahlreichen Briefe, nicht verzichten wollte. Hinzu kamen die beruflichen und privaten Forderungen des Tages und die langjährige ehrenamtliche, arbeitsreiche Leitung eines kleinen, aber sehr aktiven Kunstvereins. Auf diese Weise zog sich die Entstehung der vorliegenden Monographie über viele Jahre hin, und der 1998 begonnene Text nahm stetig an Umfang zu. Durch die lange Bearbeitungszeit wurden manche Teilthemen von der Forschung eingeholt. Diese speziellen Arbeiten habe ich zumindest am Rande oder durch Verweise einbezogen.

Gelegentliche Wiederholungen, Zusammenfassungen und Rückblicke sollen die Lektüre des umfangreichen Textes erleichtern.

Immer noch fehlt jedoch die Erschließung der Direktorenkorrespondenz Lichtwarks mit mehr als 70 Faszikeln im Archiv der Hamburger Kunsthalle, deren systematische Durchsicht sich nicht gleichzeitig mit der Erarbeitung des vorliegenden Textes verbinden ließ. Hier wird noch manches ergänzende Detail zu finden sein. Zwar kann meine Darstellung durch entsprechende Funde auch modifiziert werden, ich bin jedoch überzeugt, dass die in dieser Arbeit dargestellte Haltung Lichtwarks zur europäischen Moderne seiner Zeit auch nach der Erschließung der noch unbearbeiteten Quellen erkennbar bleibt – eher noch verstärkt sichtbar wird. Ich hoffe jedoch, dass meine Untersuchung bereits den Eindruck eines nationalistischen Lichtwark, der bei manchen Autoren anklingt, relativiert. Hätte Lichtwark entsprechend seinen Wünschen und Plänen handeln können, würde die Internationalität seiner Zielsetzungen noch deutlicher hervortreten. Seine Briefe an die Kommission sind oftmals voller Interesse und Bewunderung für die kulturellen Leistungen anderer Völker. Er trat ehrgeizig für sein Vaterland ein, um den politisch bedingten kulturellen Rückstand aufzuholen; die Verwirklichung dieses Wunsches wird aus der nachfolgenden kunst- und architekturhistorischen Entwicklung Deutschlands erkennbar.

Eine derart umfangreiche Arbeit kann kaum ohne die Unterstützung durch die speziellen Kenntnisse anderer zustande kommen. Für ihre Auskünfte, Beratung, Überlassung von Materialien, Beschaffung und Genehmigung von Abbildungen schulde ich vielen Personen meinen herzlichen Dank:

Roland Bernheim, Anklam; Elke Blauert, Vera Bodad, Joachim Brand, Birgit Bucher, Reinald Eckert, Sonja Edelmann, Ina Gayk, Petra Gebeschus, Jörn Grabowski, Anne Dorte Krause, Christine Kühn, Stephan Kurr, Marlies Kuschmann, Martina Landmann, Kathi Roennebeck, Christian Wolsdorff, Jürgen Zimmer, alle in Berlin; Bernhard Geil, Bad Bergzabern; Matthias Schmandt, Bingen; Maureen Melton, Boston; Daniela Hoffmann, Braunschweig; Pierre van der Pol, Breda; Martin Fimpel, Bückeburg; Tanja Borghardt, Dorothee Hansen, Bremen; Klaus Crößmann, Eckhart G. Franz, Günter Fries, Darmstadt; Christian Dittrich, Andreas Pischel, Juliane Wolschina, alle in Dresden; Birgit Kurr, Erlangen; Annette Glowania, Frankfurt am Main; Cecilia Lengefeld, Frederiksberg/Dänemark; Jana Hampel, Barbara Waibel, Friedrichshafen; Andrea Sinzel, Hagen; Wolfgang Büche, Halle; Cornelia Bacmeister (†), Horst Brüers, Stefanie Busold, Harald Dubau, Oliver Duddeck, Angela Graf, Christian Hahn, Heino Hauschildt, Joachim Hiltmann, Sabine Hinrichs-Bruhn, Gunter Hirt, Andrea Joosten, Gerd Käckenmester, Susanne Liebelt, Marianne Louis (†), Carsten Meyer-Tönnesmann, Karsten Müller, Birgit Pflugmacher, Lutz Rehkopf, Petra Roettig, Jörg Schilling, Roland Schöne, Jürgen Sielemann, Marion Sommer, Sylvia Steckmest, Kirsten Sturm, Anne-Gabriele Ther, Ursula Trieloff, alle in Hamburg; Hinrich Bronsart von Schellendorf, Karl von Wolff, Hannover; Manfred Boetzkes, Hildesheim; Karin Bolenius, Johann Ralf Beines, Heidrun Edelmann, Hans-Peter Ullmann, alle in Köln; Karlheinz Kärgling, Magdeburg; Heidrun Fink, Marbach; Nino Nodia, Rita Schäfer, beide in München; Janet I. Wasserman, New York; Rosemarie und Wilhelm Wiepking (†), Neustadt am Rübenberge; Juliane Hamisch, Birgit Joos, Matthias Nuding, Christian Vogel, alle in Nürnberg; Klaus-Peter Müller, Oldenburg; Christian Joschke, Catherine Krahmer, Véronique Mattiussi, alle in Paris; Marianne Foerster (†), Potsdam-Bornim; Richard Sahmkow jun. (†), Reinbek; Thomas Gädeke, Schleswig; Gerhard Graulich, Schwerin; Michael Mahlberg, Semlow/Mecklenburg; Anna Jansson, Catrin Lundeberg, Anneli Päivinen, Ulrika Wingård, alle in Stockholm; Heike von der Horst, Jens Kräubig, beide in Stuttgart; Rainald Franz, Juliane Mikoletzky, beide in Wien; Hellmut Saucke, Wienhausen; Wenzel Bratner, Wiesbaden; Henrike Holsing, Würzburg; Christoph Eggenberger, Marianne Feilchenfeldt (†), Yvonne Voegeli, alle in Zürich.

Gunther Lichtwarck, Rüti/Schweiz, erlaubte die ausführliche Einsichtnahme in die in seinem Besitz befindlichen Dokumente der Familie Lichtwark, die inzwischen in das Archiv der Hamburger Kunsthalle übergegangen sind. Cornelia Bacmeister (†) kopierte mir Photographien und Archivalien aus ihrem von der Familie Vivié ererbten Familienbesitz.

Heidelies Wittig, Staatsarchiv Hamburg, hat mein Forschungsprojekt, besonders im Anfangsstadium, engagiert betreut. Gabriele Joeckel, Herzog August Bibliothek, Wolfenbüttel, erfüllte meine zahlreichen Fernleihwünsche auch bei schwierigen Recherchen. Volker Braun, Dresden, ermöglichte die Einsicht in das Manuskript der Liebermann-Briefe schon vor dem Erscheinen von Band 1. Klaus Finke, Firma Finke und Freunde in Braunschweig, leistete großzügige und kompetente Unterstützung bei informationstechnologischen Problemen, die das Manuskript zeitweise stark gefährdeten und die Weiterarbeit verzögerten. Peter Montag, Hannover, erklärte sich in uneigennütziger Weise zum Lesen des Rohmanuskripts bereit. Ihnen allen gilt mein herzlicher Dank. Peter Springer danke ich nicht nur für die Anregung zu dieser Forschungsarbeit, sondern auch für seine Anteilnahme und Ermutigung.

Ulrich Luckhardt, langjähriger Kustos an der Hamburger Kunsthalle, unterstützte meine Recherchen in der Kunsthalle mit wichtigen Hinweisen und vermittelte die Veröffentlichung in der vorliegenden Form. Ich danke ihm dafür sehr herzlich. Ute Haug sei Dank für ihre Auskünfte aus dem Archiv der Kunsthalle und ihre organisatorische Unterstützung. Ich bedauere sehr, dass Helmut R. Leppien (†), der die Anfänge dieser Forschungsarbeit mit Interesse verfolgte, deren Abschluss nicht mehr erlebt hat.

Der Kunsthalle Hamburg als Herausgeberin und der HERMANN REEMTSMA STIFTUNG als großzügige Mäzenin der Drucklegung dieser Forschungsarbeit, die lange Jahre nur als ein privates Projekt bestand, möchte ich meinen herzlichen Dank aussprechen. Dem Deutschen Kunstverlag, Stephanie Ecker als Geschäftsführerin und vor allem Jasmin Fröhlich als engagierter Lektorin gilt mein Dank für die Veröffentlichung dieser Arbeit.

Und schließlich danke ich Helmut Junge, meinem Mann, für sein stetiges verständnisvolles Interesse an diesem Projekt und die intensiven, klärenden Gespräche. Ihm sei dieses Buch gewidmet.

ABKÜRZUNGEN

AdB = Archiv der Bibliothek, Hamburger Kunsthalle
AL = Alfred Lichtwark, bezieht sich auf »Texte von Alfred Lichtwark – Schriften« im Anhang der vorliegenden Publikation
Ausst.Kat. = Ausstellungskatalog
Best.Kat. = Bestandskatalog
Br. = Brief, bezieht sich auf »Texte von Alfred Lichtwark – Briefe« im Anhang der vorliegenden Publikation
BSB München = Bayerische Staatsbibliothek München
(D) = Durchschlag / Nasskopie (z.B. bei Briefen)
DA = Dehmel-Archiv
DK = Lichtwarks Direktorenkorrespondenz, Archiv der Hamburger Kunsthalle
DKA = Deutsches Kunstarchiv, Germanisches Nationalmuseum, Nürnberg
DLAM = Deutsches Literatur-Archiv Marbach
FKL = Familienkonvolut Lichtwark: Familiendokumente in Privatbesitz
GHK = Gesellschaft Hamburgischer Kunstfreunde
HH = Hansestadt Hamburg
HKH = Hamburger Kunsthalle
HSS = Handschriftensammlung
Jb. = Jahrbuch
Jb. BK = Jahrbuch für Bildende Kunst
Jb. GHK = Jahrbuch der Gesellschaft Hamburgischer Kunstfreunde
LA = Literaturarchiv
MAK Wien = Museum für Angewandte Kunst, Wien
PEW = Prins Eugens Waldemarsudde, Stockholm
SMB-ZA = Staatliche Museen Preußischer Kulturbesitz, Zentralarchiv
P2, P3, P4, P5 = Protokolle der Sitzungen der Kommission zur Verwaltung der Kunsthalle, in: Staatsarchiv Hamburg 364-2/1, Kunsthalle III 2, Bd. 2 – 5, Protokolle
Schiefler, LAZ = Gustav Schiefler, Lichtwark-Aufzeichnungen, K 1b, Staats- und Universitätsbibliothek Hamburg Carl von Ossietzky, Handschriftensammlung
SHLM, Schleswig = Schleswig-Holsteinisches Landesmuseum, Schloss Gottorf, Schleswig
Slg. = Sammlung
SMB = Staatliche Museen Berlin
SUB = Staats- und Universitätsbibliothek
StA HH = Staatsarchiv Hamburg
WBIS =World Biographical Information System
WV = Werkverzeichnis
UB = Universitätsbibliothek
ZAS = Zeitungsausschnittsammlung, Staatsarchiv Hamburg

LITERATURVERZEICHNIS

Archivalien und ungedruckte Quellen

Hamburg

Hamburger Kunsthalle

Archiv der Bibliothek (AdB)

1 Lichtwark und Klinger, Briefwechsel 1893 – 1911
2a Lichtwark: Manuskripte 1895 – 1902
2b Lichtwark: verschiedene Manuskripte
3a – c Briefe an Lichtwark von deutschen Absendern und französischen Medailleuren, 1893
8a – b Pauli Materialsammlung und Notizen, 1 Brief an Lichtwark, 7.7.1911
40 Briefe von Lichtwark an Uhde-Bernays
44 Briefe Cassirer an Lichtwark sowie Verlagsvertrag
57 Marianne Lichtwark – Mannhardt, Mannhardt – Cassirer, Briefwechsel betr. Auswahlbände
64 Briefe von Lichtwark an Prof. Dr. von Heigel, München
70 Briefe von Lichtwark an Landrichter Crasemann
76 Briefe verschiedener Absender an Lichtwark
82 Briefe von Lichtwark an Ernst Bernheim und Emma Bernheim
97 Privatbriefe von Lichtwark an verschiedene Adressaten. (Brauneck, F. F. Eiffe, Mannhardt, Dora Klöpper, Mönckeberg, Max Nonne, Henry P. und Maria Newman, Frau Hugo Steffens)
98 Persönliches
107 Briefwechsel Lichtwark mit Prof. Harald Friedrich betr. Erwerbung v. Werken Friedrichs, 1905
109 Lichtwark/Erbe, Bericht über die Reise zum Studium von Museen
112 12 Briefe von Lichtwark an Marcel von Wedderkop, 1897 – 1905, 1912
120 Unbekanntes über Lichtwark, gesammelt von Henny Wiepking
123 Briefe von Richard Dehmel an Lichtwark, 1896 – 1910
124 Briefe von Lichtwark an die Kommission, nicht gedruckte Originalbriefe aus d. J. 1893 – 1912, 1 Kasten
125 Briefe von Lichtwark an Wolf Mannhardt, sämtlich veröffentlicht, dabei zwei Briefe von Carl Mönckeberg an Mannhardt aus dem Felde
129 7 Briefe von Lichtwark an Martin Haller
165 Friedrich Carl Lichtwark, 7 unveröffentlichte Briefe an Fritz Burmeister, 1851 – 1860
166 Briefe von Lichtwark an Max Lehrs, 1888 – 1913
178 30 Briefe von Lichtwark an Carl Moll, 1898 – 1912
219 Stiftung an Lichtwark am 1.10.1911 von Antonie Amsinck u.a. nebst Dank von Lichtwark
220 Lichtwark von Mitgliedern der Gesellschaft Hamburgischer Kunstfreunde zum

25jährigen Amtsjubiläum, 1. Oktober 1911, Hamburg 1911
230 Marianne Lichtwark an Pauli, 1 Brief
249 Ruth Adler Lichtwark, 1 Brief an Helmut R. Leppien, 25.1.1984
262 Briefe von Lichtwark an Hans Börger, Manuskript des Rundfunkvortrags von Börger aus dem Jahr 1932
269 Möring, Ferdinand, betr. Schwabe Büste
270 69 Briefe von Lichtwark an Ernst Eitner
o. Nr. Korrespondenz Lichtwark-Tschudi-Seeck wegen C. D. Friedrich

B 4532

117-001 Die Direktorenstelle (Schaffung und Besetzung) (A 231-802)

Direktoren-Korrespondenz: Bände 1 – 6, 11

Museum für Kunst und Gewerbe

1 Brief Julius Lessing an Justus Brinckmann, 21.4.1881, Archiv, o. Sig.
Kloth, Dorothea: Ernst Juhl. Pionier der deutschen Kunstfotografie. Biographie und Bibliographie, Prüfungsarbeit der Hamburger Bibliotheksschule, Typoskript, 1965 (Bibliothek MKG, Hamburg)

Staatsarchiv Hamburg

Literatur:

125 Jahre Schule Laeiszstraße, hrsg. von der Schule Laeiszstraße, [Hamburg: Schule Laeiszstraße,] 1987
Circus in Hamburg, hrsg. von der Sektion Hamburg der Gesellschaft der Circusfreunde e.V. (GCD) aus Anlaß ihres 25jährigen Bestehens, Hamburg 1982
Götze, Carl: Erinnerungen, bearbeitet von Werner Mohrdieck, 2 Bde., Maschinenschrift, (Hamburg 1944)
Schwietert, Karl: Streiflichter über Allermöhe und Reitbrook (Reitbrook 1964)

Quellen:

Borstel, Garlef von: Die hamburgische Kaufmannschaft und ihr Mäzenatentum. Untersucht am Beispiel der Hamburger Kunsthalle zur Zeit ihres Direktors Alfred Lichtwark 1886 – 1914, Maschinenschrift, Hamburg 1994, Diplomarbeit Wirtschaftswissenschaften, Universität Hamburg (731-1 Handschriftensammlung, 2423)
Kempe, Fritz: Alfred Lichtwark und die Photographie. Zum 50. Todestag am 13. Januar 1964 (A 761/40, Kapsel 1); veröffentlicht in: ders., Vor der Camera. Zur Geschichte der Photographie in Hamburg, Hamburg: Christians, 1976, S. 99 – 104, sowie in: Fotoprisma, 1.1.1964, S. 16ff.
Lichtwark, Alfred: Über die Notwendigkeit der Errichtung eines Kunstausstellungsgebäudes in Hamburg, Manuskript (Entwurf), 1911 (731-1 Handschriftensammlung, 672)
Tschierschke, Katharina: Die Hamburger Ausstellung »Das Kind als Künstler« 1898 im Spiegel der lokalen Presseberichterstattung, Maschinenschrift , Hamburg 1996, Staatsexamensarbeit, Universität Hamburg (731-1 Handschriftensammlung, 2745)
Wiepking, Henny: Unbekanntes über Alfred Lichtwark, Maschinenschrift, 1962 (731-1 Handschriftensammlung, 614)
111-1 Senat, Cl. VII Lit. A a Nr. 2 Vol. 8 o fasc. 13 a Nr. 111 (Senatsdrucksache vom 30.6.1888)
111-1 Senat, Cl. VII Lit. Fc No. 21 Vol. 19 (Brahms-Denkmal. Acta, betr. das Gesuch des Ausführungs-Komitees für die Errichtung eines Brahms-Denkmals in Hamburg, um Hergabe eines Platzes für das Denkmal in den Wallanlagen gegenüber dem Gebäude der Behörde für Krankenversicherung an der Ringstraße, genehmigt. 1-5 1900, Adj. Zeitungsausschnitte 6 1901/04)
111-1 Senat, Cl. VII Lit. H e Nr. 6 Vol. 23 (Kunsthalle 1886 [u.a. Anstellung des Directors])
111-1 Senat Cl. VII Lit. H e Nr. 6 Vol. 24 (Auszug aus dem Protocolle der Verwaltung der Kunsthalle, 29. Juni 1886)
111-1 Senat, Cl. VII Lit. H e Nr. 6 Vol. 25 (Protokoll der 1. Sitzung der Senats- und Bürger-

schaftscommission zur Prüfung und Ausführung der Pläne für den Erweiterungsbau der Kunsthalle, Hamburg, den 13.3.1884)
111-1 Senat, Cl. VII Lit. H e Nr. 6 Vol. 27 (Ankauf der Sammlung Hudtwalcker-Wesselhöft 1888 [Gemälde der Niederländischen Schule des 16. und 17. Jahrhunderts])
111-1 Senat, Cl. VII Lit. H e Nr. 6 Vol. 29 (Anstellung eines Restaurators 1887 – 1889)
111-1 Senat, Cl. VII Lit. H e Nr. 6 Vol. 30 (Bauliche Aufwendungen für die Kunsthalle 1889 – 1890)
111-1 Senat, Cl. VII Lit. F h Nr. 2 Vol. 1 Conv. I
111-1 Senat, Cl. VI Nr. 8 b Vol. 7 fasc. I Inv. 41
361-2 II Oberschulbehörde II (Höheres Schulwesen), B 230 Nr. 1 (Allgemeine Schulakte 1876 – 1908)
361-5 II Hochschulwesen II, Pd 25 (Ehrenpension Marianne Lichtwark 1922 – 1931)
362-2/20 Lichtwarkschule
362-6/8 Israelitische Freischule (Anton-Rée-Realschule),
I c 14 (Aufnahmeverzeichnis 1864 – 1865)
I c 15 (Aufnahmeverzeichnis 1865 – 1866)
B 4 (Aufnahmebücher 1861 – 1868)
364-2/1 Kunsthalle, III 2 bis 5 (Protokolle)
364-2/1 Kunsthalle, III 7a (Vorbereitungsunterlagen für die Sitzungen der Kommission für die Verwaltung der Kunsthalle von der Hand Senator Mörings)
364-2/1 Kunsthalle, III 8 (Handakte Prof. Lichtwark)
364-2/1 Kunsthalle, III 10 (Kommissionsmitglieder)
364-2/1 Kunsthalle, III 11 (An- und Verkäufe von Gemälden)
364-2/1, Kunsthalle, III 31a (Erwerbungen von Kunstwerken)
364-2/1 Kunsthalle, III 31 b (Zeitungsausschnitte zur Kunsthalle und deren Tätigkeit)
364-2/1 Kunsthalle, III 31c (Schwabe-Stiftung und Schwabe-Ehrung, Drucksache für die Senatssitzung Nr. 124)
364-2/1 Kunsthalle, III 31 d (Bewerbungen, Entlassungsgesuche und Korrespondenzen von und mit Angestellten der Kunsthalle, auch: A. Lichtwark)
364-2/1 Kunsthalle, III 31f (Mitteilungen über Sonderausstellungen)
411-2 Patronat St. Pauli
522-1 Jüdische Gemeinden, 773 a (Testament von Salomon Heine vom 4.12.1844)
614-1/56 Gesellschaft Hamburgischer Kunstfreunde, 1 (Protokollbuch)
622-1/65 Familie Lorenz-Meyer, C IX c 2
622-1/169 Familie Brinckmann
622-1/165 Familie Eiffe, G 3 Band 2 (Briefe von Alfred und Marianne Lichtwark (Abschriften, Maschinenschrift) 1897 – 1915 aus dem Bestand der Heinrich-Hertz-Schule)
622-1/222 Familie Schellenberg
731-4 Briefsammlung (div. Signaturen und Hinweise auf andere Bestände)
731-5 Autographensammlung, 9 Mappe 61 (Lichtwark)
741-2 Genealogische Sammlungen 1, Bach
741-2 Genealogische Sammlungen 1, Bernheim
741-2 Genealogische Sammlungen 1, Kall
741-2 Genealogische Sammlungen 1, Lichtwark
741-2 Genealogische Sammlungen 1, Steffens
741-2 Genealogische Sammlungen 1, Vivié
741-2 Genealogische Sammlungen 1, Zipperling
Zeitungsausschnitt-Sammlung, ZAS A 521 Kunsthalle Band I
Zeitungsausschnitt-Sammlung, ZAS A 521 Kunsthalle, Band II
Zeitungsausschnitt-Sammlung, ZAS A 558 Schule Laeiszstraße
Zeitungsausschnitt-Sammlung, ZAS A 760 Kalkmann, Ernst
Zeitungsausschnitt-Sammlung, ZAS A 761 Lichtwark, Alfred
413-3/9 Landschaft und Gemeinde Reitbrook
361-6 Hochschulwesen, Dozenten- und Personalakten, IV 618 (Alfred Lichtwark)

Staats- und Universitätsbibliothek Carl von Ossietzky

Handschriftensammlung:

Briefe von Alfred Lichtwark an:

Arnthal, Herrn
1 Brief, 12.3.1905, Literaturarchiv 117
Bayersdorfer, Adolph
19 Briefe, 1890 – 1906, Literaturarchiv 123 – 142
Behrmann, Georg, Senior
1 Brief, 2.1.1900, Literaturarchiv 1

Böhmer, A., Hauptmann
1 Brief, 18.11.1894, Literaturarchiv 14/15
Dehmel, Richard
23 Briefe, 1896–1909; 2 Briefe, 1 Telegramm an Ida Dehmel, DA Br L 281–307
Ernst, Otto
25 Briefe, 1892–1907, Nachlaß Otto Ernst 15–34
Eisenmann, Oskar
20 Briefe, 1882–1906, Literaturarchiv 91–110
Falke, Gustav
4 Briefe, 1908, Nachlaß Falke
Janssen, Alfred
15 Briefe, L 40 (1911) und L 118–132 (1900–1908),1 Visitenkarte von Lichtwark, Nachlaß A. Janssen
Kessler, Harry Graf
1 Brief, 1.4.1903, Literaturarchiv 143
Litzmann, Berthold
50 Briefe, 1895–1911, Literaturarchiv 35–87, 88
Litzmann, Walter
1 Brief, 10.5.1904, Literaturarchiv 89–90
Melle, Werner von
44 Briefe, 1890–1913, 1 Telegramm, 2 Briefe, 1 gedruckte Karte von Marianne Lichtwark, 1914, NvM:HG:Lichtwark, Alfred, 41–85
Müller-Walde, Dr., München, (G. Hirths Kunstverlag)
1 Brief , 23.4.1889, Literaturarchiv 121/122
Mutzenbecher, Franz Matthias
3 Briefe, 1904, Literaturarchiv 16–18
N. N.
3 Briefe an ein Fräulein, 1890, Literaturarchiv 118–120
Oppeln-Bronikowski, Friedrich von
1 Brief , 28.11.05, Literaturarchiv 111
Sauerlandt, an Max
6 Briefe, 1906–1913, M 2b, 10–15
Schiff, Olga
2 Briefe an Frau Julius Schiff,1896, Literaturarchiv 115–116
Schiefler, Gustav
12 Briefe, 1892–1895, NGS:B:1:1893–1895
Schölermann, Wilhelm
3 Briefe, 1902, 1910, Literaturarchiv 112
Siemers, Edmund
4 Briefe, 2 Briefe an Frau Siemers, 1907–1913, Literaturarchiv, 144–155
Westenholz, Julie von, Baronin
12 Briefe, 1887–1897, Literaturarchiv 2–12, 19
Westenholz, Carl Friedrich Ludwig von, Baron (hier irrtümlich bezeichnet: Albert W. von Westenholz)
13 Briefe, 1888–1905, Literaturarchiv 13, 21–34

Briefe an Alfred Lichtwark von:

Litzmann, Berthold
30 Briefe, 13 Postkarten, 1 Telegramm, Literaturarchiv

Andere Archivalien:

Gustav Schiefler, Lichtwark-Aufzeichnungen, 1894–1912, NGS:Acb:2:1-441
Vereinbarung zwischen Detlev von Liliencron, Alfred Lichtwark, Theodor Fontane und Richard Dehmel, in Altona a/Elbe unterzeichnet zwischen dem 16. 4. und 22.4.1897, Dehmel-Archiv, DA Br Ss 65
Eiffe, Franz Ferdinand
Das Leben eines Hamburger Kaufmanns. Lebenserinnerungen, Typoskript, Hamburg 1935 (SUB HH)

Andere Archive

Briefe von Lichtwark an

Ackerknecht, Erwin
1 Brief, 1912, Marbach, Deutsches Literaturarchiv, A: Ackerknecht
Aubert, Andreas
55 Briefe, 1 Brief an Frau Aubert, Oslo, Universitätsbibliothek, Brevsamling 32
Bierbaum, Otto Julius
25 Briefe, Marbach, Deutsches Literaturarchiv, A: Flaischlen/Pan
Blumenreich, Paul
1 Brief, 24.4.1902, Staatsbibliothek, Berlin, Handschriftensammlung, Nachlass 141, Slg. Adam: Lichtwark, Alfred
Bode, Wilhelm von
116 Briefe und Karten, Berlin, Staatliche Museen Berlin, Zentralarchiv (SMB-ZA), NL Bode, 3309
[Bode, Wilhelm von], Generaldirector
1 Brief, 7.3.1906, Berlin, Staatsbibliothek, Handschriftensammlung, NL 495, Sammlung Karg, Bl. 93
Bodenhausen, Eberhard von
29 Briefe, 1895–1905, Marbach, Deutsches Literaturarchiv, 57.6346
[Bronsart von Schellendorf,] Fritz
1 Brief, 1909, Berlin, Humboldt-Universität, Bibliothek, Handschriftensammlung
Busse, Carl
2 Briefe, 12.1., 17.1.1899, Berlin, Staatsbibliothek, Handschriftensammlung, Nachlass Busse: Lichtwark, Alfred
Clemen, Paul
12 Briefe, 1904–1911, Nürnberg, Germanisches Nationalmuseum, Deutsches Kunstarchiv, Nachlass Clemen, Paul, I, C-13
Donath, Adolph
1 Brief, 6.4.1908, Berlin, Staatsbibliothek, Handschriftensammlung, Sammlung Darmstaedter, 2i 1896: Lichtwark, Alfred
Ehlers, Ernst
4 Briefe, 1 Karte, Göttingen, Staats- und Universitätsbibliothek, Cod. Ms. E. Ehlers 1117
Ehrenberg, Prof. Dr.
1 Brief, 14.3.1901, Berlin, Staatsbibliothek, Handschriftensammlung, Sammlung Darmstaedter, 2i 1896: Lichtwark, Alfred
Eugen, Prinz von Schweden
23 Briefe an Prinz Eugen von Schweden, 1 Briefkonzept Prinz Eugen an Lichtwark, Stockholm, Museum Prins Eugens Waldemarsudde, Brevarkivet
Flaischlen, Caesar
12 Briefe, Marbach, Deutsches Literaturarchiv, A: Flaischlen/Pan
Fulda, Ludwig
1 Brief, Frankfurt/M., Freies Deutsches Hochstift, Frankfurter Goethe-Museum, II 23170-71
Furtwängler, Adolf
3 Briefe, Berlin, Deutsches Archäologisches Institut, Archiv
Ganz, Paul
13 Briefe, Zürich, Zentralbibliothek, Handschriftensammlung, Nachlass Paul Ganz
Goerke, Franz
4 Briefe, 10.12.1900, 22.5.1901, 24.1.1913, 11.12.1913, Berlin, Staatsbibliothek, Handschriftensammlung, Sammlung Darmstaedter, 2i 1896: Lichtwark, Alfred
Goldschmidt, Adolph
39 Briefe, Basel, Universitätsbibliothek, Handschriftensammlung, 110–149
Habermann, Hugo von
5 Briefe, 1909–1912, Würzburg, Museum im Kulturspeicher, Nachlass Habermann, HA 0738
Hancke, Franz
1 Brief, 21.3.1901, Wien, Österreichische Nationalbibliothek, Handschriftensammlung, 462/43-1
Hart, Julius
2 Briefe, 2.10., 24.10.1901, Dortmund, Stadtbibliothek, Handschriftensammlung
Heymel, Alfred Walter von
2 Briefe, 22.6.1911, 21.11.1912, Marbach, Deutsches Literaturarchiv, A: Heymel
Hildebrand, Adolf von
2 Briefe, 11.3.1908, 25.2.1913, München, Bayerische Staatsbibliothek, Handschriftensammlung, Ana 550

Hollaender, Felix
1 Brief, 1910, Marbach, Deutsches Literaturarchiv, A: Hollaender
Justi, Ludwig
13 Briefe, 1 Telegramm der Kunsthalle, Berlin, Berlin-Brandenburgische Akademie der Wissenschaften, Akademiearchiv, Nachlass Justi
Kallmorgen, Friedrich
1 Brief, 25.4.1910, Karlsruhe, Badische Landesbibliothek, Handschriftensammlung, K 2663
Kessler, Harry Graf
36 Briefe, Marbach, Deutsches Literaturarchiv, A: Kessler
Kippenberg, Anton,
1 Brief, Marbach, Deutsches Literaturarchiv, A: Kippenberg
Klinger, Max
3 Briefe, Naumburg/Saale, Stadtarchiv, Archiv Nr. 79-81
Koldewey, Robert
6 Briefe, Berlin, Staatsbibliothek, Handschriftensammlung, Nachlass Koldewey: Lichtwark, Alfred
Kristen, Kristen
1 Brief , 3.12.1910, Nürnberg, Stadtbibliothek, Handschriftensammlung, Autogr. 1670
Krøyer, Peder Severin
2 Briefe, Kopenhagen, Sammlung Hirschsprung
Lahmann, D. F. (Franz)
1 Postkarte, 21.8.1909, München, Bayerische Staatsbibliothek, Autogr. Lichtwark, Alfred
[Lanckoronski-Brzezie, Karl Graf]
1 Brief an eine unbenannte Excellenz, Wien, Österreichische Nationalbibliothek, 614/15-1
Laubmann, Georg von
2 Briefe, 1898, 1904, München, Bayerische Staatsbibliothek, Handschriftensammlung, Laubmanniana III. Lichtwark, Alfred
Lehrs, Max
1 Brief, 23.11.1897, München, Bayerische Staatsbibliothek, Handschriftensammlung, Nachlass Lehrs, Ana 538
Lepsius, Sabine
1 Brief, 2.1.1900, München, Bayerische Staatsbibliothek, Handschriftensammlung, Autographensammlung 74/2544, Autogr. Lichtwark, Alfred
Liliencron, Detlev von
1 Telegramm, Kiel, Schleswig-Holsteinische Landesbibliothek, Liliencron-Nachlass, Cb 34.52; 2,36
1 Brief, Kiel, Schleswig-Holsteinische Landesbibliothek, Liliencron-Nachlass 50/1957
Luschan, Felix von
4 Briefe, 1889 – 1912, Berlin, Staatsbibliothek, Handschriftensammlung, Nachlass Luschan: Lichtwark, Alfred
Meier, Paul Jonas
4 Briefe, Braunschweig, Herzog Anton Ulrich-Museum, Archiv 333, 1 Brief, Archiv neu 63
Meyer, Wilhelm
2 Briefe, Göttingen, Staats- und Universitätsbibliothek, Handschriftensammlung, Cod. Ms. W. Meyer III, 50 A – B
[Moll, Carl]
1 Brief, 6.5.1904, Alma Mahler-Werfel-Archives, Annenberg Rare Book & Manuscript Library, University of Pennsylvania, Philadelphia PA 19104-6206
Mommsen, Theodor
9 Briefe, 1883 – 1884, Staatsbibliothek Berlin, Handschriftensammlung, Nachlass Mommsen: Lichtwark, Alfred
Münchner Künstlergenossenschaft
1 Brief an einen unbekannten Adressaten, Wien, Österreichische Nationalbibliothek, Handschriftensammlung, 462/43-2
Muthesius, Hermann
5 Briefe, 1902 – 1908, Berlin, Museum der Dinge, Werkbundarchiv
Neisser, Frau [Toni]
1 Brief, 10.12.1901, Berlin, Staatsbibliothek, Handschriftensammlung, Sammlung Darmstaedter, 2i 1896: Lichtwark, Alfred
Olde, Hans
63 Briefe, 2 Postkarten, 1893 – 1911, Schleswig, Schleswig-Holsteinisches Landesmuseum, Archiv, Nachlass Olde
Ortmann, Viktor
2 Briefe, 19.10., 11.12.1898, München, Bayerische Staatsbibliothek, Handschriftensammlung, Autographensammlung 79/1608, Autogr. Lichtwark, Alfred
Osthaus, Karl Ernst
1 Brief, Hagen, Karl Ernst Osthaus Museum, Archiv, P 399/1

Pankok, Bernhard
28 Briefe, 1910 – 1913, Nürnberg, Germanisches Nationalmuseum, Autographensammlung, Deutsches Kunstarchiv, Nachlass Pankok, I, C-7

Pechel, Rudolf
3 Briefe, 1 gedruckte Karte, Bundesarchiv Koblenz, N 1160, Pechel, Band 85

Puchstein, Otto (und Koldewey, Robert)
1 Brief, 15.2.1893, Berlin, Staatsbibliothek, Handschriftensammlung, Nachlass Koldewey: Lichtwark, Alfred

Riegel, Herman
1 Brief, 18.5.1897, Herzog Anton Ulrich-Museum, Braunschweig, Archiv neu 300

Rosenhagen, Hans
14 Briefe, 1896 – 1898, 1911, München, Bayerische Staatsbibliothek, Handschriftensammlung, Rosenhageniana II, 1. Lichtwark, Alfred

Schaalach, Dr.
1 Brief, 19.4.1898, Privatbesitz

Schmidt-Pecht, Ehepaar
1 Brief, Konstanz, Stadtarchiv, Nachlass Schmidt-Pecht

Schultz, Alwin, 1 Brief, 19.12.1897, Nürnberg, Germanisches Nationalmuseum, Deutsches Kunstarchiv, Nachlass Schultz, Alwin, I, C-187

Seidel, Heinrich
1 Brief, 1901, Marbach, Deutsches Literaturarchiv, A: Seidel

Servaes, Franz
4 Briefe, Wien, Österreichische Nationalbibliothek, Handschriftensammlung, 1253/72-1–4

Thielmann, Max Freiherr von
1 Brief, 3.11.1899, Berlin, Staatsbibliothek, Handschriftensammlung, Sammlung Darmstaedter, 2i 1867: Lichtwark, Alfred

Treitschke, Heinrich von
2 Briefe, 16.11., 19.11.1895, Berlin, Staatsbibliothek, Handschriftensammlung, Nachlass Treitschke: Lichtwark, Alfred.

Unbekannt
1 Brief, 20.6.1908, 1 S., 1 Beilage (2 S. Biographie), Wien, Österreichische Nationalbibliothek, 462/43-2

Unbekannt (Frau)
1 Brief, 18.11.1898, Braunschweig, Versandantiquariat Elisabeth Maczulat (2003)

Unbekannt (Frau)
1 Brief, 11.2.1894, Karlsruhe, Badische Landesbibliothek, K 3074

Vogel, Julius
2 Briefe, 1911, München, Bayerische Staatsbibliothek, Handschriftensammlung, Ana 510.I Lichtwark, Alfred

Waldorf-Astoria Compagnie, Hamburg,
1 Brief, 19.5.1909, Stuttgart, Staatsarchiv

Wilamowitz-Moellendorff, Ulrich von
3 Briefe, Göttingen, Staats- und Universitätsbibliothek, Cod. Ms. Wilamowitz 805

Briefe an Lichtwark

(nach Verfasser)

Bodenhausen, Eberhard von
25 Briefe, Marbach, Deutsches Literaturarchiv, A: Bodenhausen

Heymel, Alfred Walter von
1 Brief, 18.5.1911, Marbach, Deutsches Literaturarchiv, A: Heymel

Kalckreuth, Leopold von
30 Briefe, München, Bayerische Staatsbibliothek, Kalckreuthiana II.B.1 Lichtwark, Alfred

Kunowski, Lothar von
1 Briefentwurf, 24.4.1901, Nürnberg, Germanisches Nationalmuseum, Deutsches Kunstarchiv, NL Kunowski, I, C-28

Meier, Paul Jonas
1 Brief, Braunschweig, Herzog Anton Ulrich-Museum, Archiv neu 63

Osthaus, Karl Ernst
1 Brief, 13.10.1911 Hagen, Karl Ernst Osthaus Museum, Archiv, P 390/6

Andere Briefe

(nach Verfasser an andere Adressaten)

Bodenstedt, Friedrich
1 Brief an Marianne Lichtwark, 14.1.1914, Privatbesitz

Bodenstedt, Waldemar
1 Brief an Marianne Lichtwark, 16.1.1914, Privatbesitz

Kalckreuth, Leopold von
1 Brief an Carl Moll, 16.3.1918, München,

Bayerische Staatsbibliothek, Handschriftensammlung, Cgm 8318
Klinger, Max
1 Brief an Marianne Lichtwark, 17.1.1914, Verbleib unbekannt, Kopie des Erstbesitzers im Archiv der Autorin
Kuth, August
1 Brief an Karl Ernst Osthaus, 17.10.1910, Hagen, Karl-Ernst-Osthaus-Museum, Archiv, P 473/12
Lessing, Julius
1 Brief an Justus Brinckmann, 21.4.1881, Hamburg, Museum für Kunst und Gewerbe, Archiv
Lichtwark, Helene
1 Brief an [Hanna?] Vivié, Kopie aus Nachlass Bacmeister, Privatbesitz
Lichtwark, Marianne
1 Brief an Leopold von Kalckreuth, 2.3.1914, München, Bayerische Staatsbibliothek, Autographensammlung, Kalckreuthiana II.B.2 Lichtwark, Marianne
Liebermann, Max
1 Brief an Leopold von Kalckreuth, 11.10.1903, München, Bayerische Staatsbibliothek, Handschriftensammlung, Kalckreuthiana II.B.2 Liebermann, Max
Liebermann, Max
1 Brief an Marianne Lichtwark, 25. 6. 1918, Verbleib unbekannt, Kopie des Erstbesitzers im Archiv der Autorin

Weitere Archivalien

Börger, Hans
Alfred Lichtwark, der Museumsmann. Vortrag im Hamburger Rundfunk, 1932, Typoskript, Bremen, Staats- und Universitätsbibliothek, BA 5811
Kalckreuth, Wolf von
Exlibris für Marianne Vivié, Nachlass Wolf Kalckreuth, München, Bayerische Staatsbibliothek, München, Handschriftensammlung, Kalckreuthiana III.E.6
Lehrs, Max
Gästebuch »Grand Hotel Lehrs«, ab 1883, München, Bayerische Staatsbibliothek, Autographensammlung, Nachlass Lehrs, Ana 538
Lichtwark, Alfred
Albumblatt für Paul Heyse, München, Bayerische Staatbibliothek, Autographensammlung, Heyse-Archiv V.103a, Bl. 172
Lichtwark-Familienkonvolut, bisher Privatbesitz, seit Sommer 2012 im Besitz der Hamburger Kunsthalle
Lichtwark, Marianna Alwine Johanna, Testament, Amtsgericht Hamburg, 72 VI L 112/33
Nachlass Bacmeister, Cornelia, 2003 aufgelöst
Nachlass Burmeister, Fritz, Privatbesitz
Nachlass Wiepking, Henny, Privatbesitz, aufgelöst
Sahmkow, Richard
Resümee aus dem Tagebuch von Fritz Burmeister unter Einarbeitung und Transkription der sieben Briefe von Friedrich Carl Lichtwark, die sich heute im Archiv der HKH befinden, 1965, Typoskript, Archiv der Autorin
Vereinbarung zwischen Detlev von Liliencron, Alfred Lichtwark, Theodor Fontane und Richard Dehmel, in Altona a/Elbe unterzeichnet zwischen dem 16. und 22. April 1897, Hamburg, SUB, Dehmel-Archiv, DA Br Ss 65

Texte von Alfred Lichtwark

Vgl. dazu: Kayser, Werner
Alfred Lichtwark, Hamburg: Christians, 1977
(Hamburger Bibliographien, Bd. 19)

Briefe

Br. Doré
Briefe Alfred Lichtwarks an Adele Doré, aus dem in der »Theatersammlung der Hansestadt Hamburg« befindlichen Doré-Milan-Nachlaß, in: Hamburgisches Jahrbuch für Theater und Musik, 1941, S. 188 – 206

Br. Familie
Briefe an seine Familie, hrsg. von Carl Schellenberg, Hamburg: Christians, 1972

Br. Kalckreuth
Briefe an Leopold Graf Kalckreuth, hrsg. von Carl Schellenberg, Hamburg: Wegner, 1957

Br. Kommission
Briefe an die Commission/Kommission für die Verwaltung der Kunsthalle, 1891 – 1913, 20 Bde., Bd. 16 – 20 hrsg. von Gustav Pauli, Hamburg: Lütcke & Wulff, 1896 – 1920

Br. Lichtwark-Liebermann
Der Briefwechsel zwischen Alfred Lichtwark und Max Liebermann, bearbeitet und mit einer Einleitung hrsg. von Birgit Pflugmacher, Hildesheim, Zürich, New York: Olms, 2003 (Studien zur Kunstgeschichte, Bd. 146)

Br. Liebermann
Briefe an Max Liebermann, hrsg. von Carl Schellenberg, Hamburg: Trautmann, 1947

Br. Liliencron / Dehmel
Alfred Lichtwark und der »Pan«. Briefe Alfred Lichtwarks an Detlev von Liliencron und an Richard Dehmel, hrsg. und erläutert von Werner Kayser, in: ders., Alfred Lichtwark, Hamburg: Christians, 1977, S. 15 – 30

Br. Mannhardt
Briefe an Wolf Mannhardt, hrsg. von Carl Schellenberg, Hamburg: Petermann, 1952

Br. Pauli
Briefe an Gustav Pauli, hrsg. von Carl Schellenberg, Hamburg: Trautmann, 1946

Reisebriefe I / II
Briefe an die Kommission für die Verwaltung der Kunsthalle, hrsg. von Gustav Pauli, 2 Bde., Hamburg: Westermann, (2)1924

Schriften – AL

Amateurphotograph und Natur
Der Amateur-Photograph und die Natur. Vortrag des Directors Prof. Dr. Lichtwark in der Kunsthalle, Sonderdruck aus dem »Hamb. Correspondenten« am 22. Oktober 1893 (Kunsthalle); Kayser (1977), Nr. 187

Amateurphotographie
Die Bedeutung der Amateurphotographie, in: Hamburgischer Korrespondent, 15.10.1893, Kayser (1977), Nr. 189
Wiederabdruck in: Alfred Lichtwark. Erziehung des Auges. Ausgewählte Schriften, hrsg. von Eckhard Schaar, Frankfurt/M.: Fischer, 1991

Anleitung zum Genuß der Kunstwerke
Die Anleitung zum Genuß der Kunstwerke, in: Kunsterziehung. Ergebnisse und Anregungen des Kunsterziehungstages in Dresden am 28. und 29. September 1901, Leipzig: Voigtländer, 1902, S. 183 – 199

Aubert
Andreas Aubert †, in: Kunst und Künstler, 11. Jg., 1912/13, S. 475

Aufleben des Dilettantismus
Das Aufleben des Dilettantismus, in: Das Bild des Deutschen, eingeleitet von Julius Gebhard, Weinheim/Bergstr.: Beltz, (2)1962, S. 22 – 40

Ausstellung in der Akademie
Die Ausstellung in der Akademie, Teil II, in: Die Gegenwart, 1883, S. 332 – 334

Beleuchtung der Innenräume
Die Beleuchtung der Innenräume, in: Jahrbuch der Gesellschaft Hamburgischer Kunstfreunde, 18. Jg., 1912, S. 53 – 62

Bertram
Meister Bertram, tätig in Hamburg 1367 – 1415, Hamburg: Lütcke & Wulff, 1905 (Hamburgische Liebhaberbibliothek)

Bildnis in Hamburg
Das Bildnis in Hamburg, 2 Bde., Hamburg: Verlags-Anstalt und Druckerei A.-G., 1898

Bildnisausstellung Leipzig
Die Bildnisausstellung in Leipzig, in: Jahrbuch der Gesellschaft Hamburgischer Kunstfreunde, 18. Jg., 1912, S. 75 – 76

Bildnismalerei und Amateurphotographie
Bildnismalerei und Amateurphotographie. Vortrag in der Gesellschaft zur Förderung der Amateurphotographie 1896, in: Jahrbuch der Gesellschaft Hamburgischer Kunstfreunde und der Gesellschaft zur Förderung der Amateurphotographie, 2. Jg., 1896, S. 70 – 73

Billige Einrichtungen
Billige Einrichtungen, in: ders., Studien. Berliner Aufsätze, 2 Bde., Hamburg: Lütcke & Wulff, 1896 (Hamburgische Liebhaberbibliothek, hrsg. von der Gesellschaft Hamburgischer Kunstfreunde), Bd. II, S. 83 – 93

Blechen
Carl Blechen, in: ders., Studien. Berliner Aufsätze, 2 Bde., Hamburg: Lütcke & Wulff, 1896 (Hamburgische Liebhaberbibliothek, hrsg. von der Gesellschaft Hamburgischer Kunstfreunde), Bd. II, S. 134 – 150

Blumenkultus
Blumenkultus. Wilde Blumen, Volksausgabe, Berlin: Cassirer, (2)1907

Böcklin
Böcklin. Notizen aus den Jahren 1883 – 85, in: ders., Studien. Berliner Aufsätze, 2 Bde., Hamburg: Lütcke & Wulff, 1896 (Hamburgische Liebhaberbibliothek, hrsg. von der Gesellschaft Hamburgischer Kunstfreunde), Bd. II, S. 151 – 181

Boecklin-Ausstellungen
Die Boecklin-Ausstellungen in Berlin und Hamburg, in: Pan, 4. Jg., 1898, Heft 1, S. 49 – 54

Breitfenster und Hecke
Einleitung, in: Lorenz-Meyer, Eduard Lorenz / Janda, Emil (Hrsg.): Breitfenster und Hecke. Ein Bilderbuch alter hamburgischer Häuser und Gärten, Hamburg: Commeter, 1906, S. 7 – 24
Wiederabdruck (Auszug) in: Hamburgische Aufsätze, Vorwort von Gustav Schiefler, Hamburg: Janssen, 1917, S. 108 – 112 (Hamburgische Hausbibliothek)

Brinckmann
Justus Brinckmann, in: Justus Brinckmann in seiner Zeit, Hamburg: Christians, 1978, S. 7 – 73
Erstveröffentlichung in: Das Hamburgische Museum für Kunst und Gewerbe, dargestellt zur Feier des 25jährigen Bestehens, Hamburg: Museum für Kunst und Gewerbe, 1902, S. 1 – 67
Bucheinband
Der Bucheinband, in: Zeitschrift für Bücherfreunde, 1. Jg., 1897/98, S. 13 – 14
Das Nächstliegende
Das Nächstliegende, in: Museumskunde I, 1905, S. 40 – 43
Der Deutsche der Zukunft
Der Deutsche der Zukunft, in: Kunsterziehung. Ergebnisse und Anregungen des Kunsterziehungstages in Dresden am 28. und 29. September 1901, Leipzig: Voigtländer, 1902, S. 39 – 57
Wiederabdruck in: Der Deutsche der Zukunft, Berlin: Cassirer, 1905, S. 1 – 25
Wiederabdruck in: W. Mannhardt, Alfred Lichtwark. Eine Auswahl seiner Schriften, Bd. I, Berlin: Cassirer, 1917, S. 3 – 18
Wiederabdruck in: Alfred Lichtwark. Erziehung des Auges, Ausgewählte Schriften, hrsg. von Eckhard Schaar, Frankfurt/M.: Fischer, 1991, S. 120 – 138
Der junge Künstler und die Wirklichkeit
Der junge Künstler und die Wirklichkeit, in: Jahrbuch der Gesellschaft Hamburgischer Kunstfreunde, 15. Jg., 1909, S. 43 – 73
Wiederabdruck in: Alfred Lichtwark. Eine Auswahl seiner Schriften, besorgt von Dr. Wolf Mannhardt, mit einer Einleitung von Karl Scheffler, 2 Bde., Berlin: Cassirer, 1917, Bd. II, S. 121 – 160
Der Sammler
Der Sammler, in: Alfred Lichtwark. Erziehung des Auges. Ausgewählte Schriften, hrsg. von Eckhard Schaar, Frankfurt/M.: Fischer, 1991, S. 166 – 186
Erstveröffentlichung in: Kunst und Künstler, 10. Jg., 1911/12, S. 229 – 242, 281 – 291
Wiederabdruck in: Alfred Lichtwark. Eine Auswahl seiner Schriften, Bd. I, S. 72 – 92
Deutsche Kunst
Deutsche Kunst, in: Die Kunst für Alle, 15. Jg., 1899/1900, S. 441 – 449
Dilettantismus und Volkskunst:
Dilettantismus und Volkskunst, in: Jahrbuch der Gesellschaft Hamburgischer Kunstfreunde und der Gesellschaft zur Förderung der Amateurphotographie, 2. Jg., 1896, S. 53 – 55
Drei Programme
Drei Programme, Berlin: Cassirer, (2)1902
Ein japanisches Märchen
Ein japanisches Märchen, in: Die Gegenwart, Nr. 25, 1884, S. 299f.
Entwicklung des Pan
Die Entwickelung des Pan, in: Pan, 1. Jg., 1895, Heft 3, S. 173f.
Erziehung des Auges
Alfred Lichtwark. Erziehung des Auges. Ausgewählte Schriften, hrsg. von Eckhard Schaar, Frankfurt/M.: Fischer, 1991
Erziehung des Volkes
Erziehung des Volkes auf dem Gebiet der bildenden Kunst. Leitsätze, in: Schriften der Centralstelle für Arbeiter-Wohlfahrtseinrichtungen (Berlin), 18, 1902, S. 86 – 88
Farbige Skulptur
Farbige Skulptur, in: ders., Studien. Berliner Aufsätze, 2 Bde., Hamburg: Lütcke & Wulff, 1896 (Hamburgische Liebhaberbibliothek, hrsg. von der Gesellschaft Hamburgischer Kunstfreunde), Bd. I, S. 87 – 131
Festdecoration
Eine Festdecoration, in: ders., Studien. Berliner Aufsätze, 2 Bde., Hamburg: Lütcke & Wulff, 1896 (Hamburgische Liebhaberbibliothek, hrsg. von der Gesellschaft Hamburgischer Kunstfreunde),Bd. II, S. 218 – 223
Gedenkblatt
Ein Gedenkblatt von Max Klinger, in: Nationalzeitung, Morgenausgabe 37, 1884, Nr. 233, 18.4.1884
Geschichte der Bildnismalerei
Die Geschichte der Bildnismalerei, in: Der Kunstwart, 9. Jg., 1895/96, S. 17 – 20
Hamburg. Niedersachsen, Dresden: Kühtmann, 1897
Hamburgische Aufsätze
Hamburgische Aufsätze, Vorwort von Gustav Schiefler, Hamburg: Janssen, 1917 (Hamburgische Hausbibliothek)

Hamburgische Kunst
Hamburgische Kunst. Nach einem Vortrage über die Frühjahrsausstellung von 1898 hrsg. vom Kunstverein, Hamburg: o.V., 1898
Hamburger Liebhaberbibliothek
Die Hamburger Liebhaberbibliothek, in: Jahrbuch der Gesellschaft Hamburgischer Kunstfreunde, 2. Jg., 1897, S. 39 – 42
Hansa
Mit der »Hansa« nach Braunschweig, in: Alfred Lichtwark. Eine Auswahl seiner Schriften, besorgt von Dr. Wolf Mannhardt, mit einer Einleitung von Karl Scheffler, 2 Bde., Berlin: Cassirer, 1917, Bd. II, S. 365 – 377
Haus und Heimat
Haus und Heimat, in: Alfred Lichtwark. Eine Auswahl seiner Schriften, besorgt von Dr. Wolf Mannhardt, mit einer Einleitung von Karl Scheffler, 2 Bde., Berlin: Cassirer, 1917, Bd. I, S. 294 – 299
Haustüren
Haustüren, in: Alfred Lichtwark. Eine Auswahl seiner Schriften, besorgt von Dr. Wolf Mannhardt, mit einer Einleitung von Karl Scheffler, 2 Bde., Berlin: Cassirer, 1917, Bd. I, S. 299 – 301; Kayser (1977), Nr. 556
Erstveröffentlichung: ders., Hausthüren, in: Jahrbuch der Gesellschaft Hamburgischer Kunstfreunde, 5. Jg., 1899, S. 75 – 77
Heidegarten
Der Heidegarten, in: Kunst und Künstler, 2. Jg., 1903/04, S. 127 – 132, 182 – 186
Heimatliche Kunst
Eine heimatliche Kunst, in: Neue Deutsche Rundschau (Die neue Rundschau), 7. Jg., 1896, S. 172 – 179
Hildebrand
Adolf Hildebrand, in: ders., Studien. Berliner Aufsätze, 2 Bde., Hamburg: Lütcke & Wulff, 1896 (Hamburgische Liebhaberbibliothek, hrsg. von der Gesellschaft Hamburgischer Kunstfreunde), Bd. II, S. 202 – 208
Impressionisten
Die Pariser Impressionisten in Gurlitts Kunstsalon, in: Die Gegenwart, 24, 1883, S. 400f.
Indische Kunst
Indische Kunst, in: ders., Studien. Berliner Aufsätze, 2 Bde., Hamburg: Lütcke & Wulff, 1896 (Hamburgische Liebhaberbibliothek, hrsg. von der Gesellschaft Hamburgischer Kunstfreunde), Bd. I, S. 9 – 42
Wiederabdruck in: Alfred Lichtwark. Erziehung des Auges. Ausgewählte Schriften, hrsg. von Eckhard Schaar, Frankfurt/M.: Fischer, 1991, 29 – 36
Japanische Gemäldesammlung
Eine japanische Gemäldesammlung, in: ders., Studien. Berliner Aufsätze, 2 Bde., Hamburg: Lütcke & Wulff, 1896 (Hamburgische Liebhaberbibliothek, hrsg. von der Gesellschaft Hamburgischer Kunstfreunde), Bd. I, S. 43 – 56
Klinger
Max Klinger als Wandmaler, in: ders., Studien. Berliner Aufsätze, 2 Bde., Hamburg: Lütcke & Wulff, 1896 (Hamburgische Liebhaberbibliothek, hrsg. von der Gesellschaft Hamburgischer Kunstfreunde), Bd. II, S. 209 – 218
Königsstädte
Deutsche Königsstädte. Berlin – Potsdam – Dresden – München – Stuttgart, Dresden: Kühtmann, 1898
Kraftwagen
Ein Stück Deutschland vom Kraftwagen aus, in: Alfred Lichtwark. Eine Auswahl seiner Schriften, besorgt von Dr. Wolf Mannhardt, mit einer Einleitung von Karl Scheffler, 2 Bde., Berlin: Cassirer, 1917, Bd. II, S. 308 – 364
Erstveröffentlichung in: Jahrbuch der Gesellschaft Hamburgischer Kunstfreunde, 13. Jg., 1907, S. 1 – 64; Reprint: Wienhausen: Saucke, 2001
Künstlerische Erziehung
Künstlerische Erziehung, in: Die Zukunft, 21. Jg., 1897, S. 34 – 39
Kunst im preußischen Etat
Die Kunst im preußischen Etat, in: ders., Studien. Berliner Aufsätze, hrsg. von der Gesellschaft Hamburgischer Kunstfreunde, 2 Bde., Hamburg: Lütcke & Wulff, 1896/97 (Hamburgische Liebhaberbibliothek), Bd. II, S. 104 – 113
Wiederabdruck in: Alfred Lichtwark. Erziehung des Auges. Ausgewählte Schriften, hrsg. von Eckhard Schaar, Frankfurt/M.: Fischer, 1991, S. 37 – 42
Kunstgeschichte und Kunstanschauung
Kunstgeschichte und Kunstanschauung, in: Verhandlungen der 45. Versammlung

deutscher Philologen und Schulmänner in Bremen vom 26. bis 29. September 1899, Leipzig: Teubner, 1900, S. 69 – 73

Kunstschaffen und Kunstbesitz
Kunstschaffen und Kunstbesitz, in: Jahrbuch der Gesellschaft Hamburgischer Kunstfreunde, 10. Jg., 1904, S. 91 – 101

Makartbouquet und Blumenstrauß
Makartbouquet und Blumenstrauss, Berlin: Cassirer, (2)1905
Erstveröffentlichung in: Hamburger Weihnachtsbuch, Hamburg: Meißner, 1892
Wiederabdruck als separater Band: München: Verlagsanstalt für Kunst und Wissenschaft, 1894
Wiederabdruck in: Alfred Lichtwark. Erziehung des Auges, Ausgewählte Schriften, hrsg. von Eckhard Schaar, Frankfurt/M.: Fischer, 1991, S. 59 – 72

Meister Bertram
Meister Bertram. Festrede bei der Jubelfeier des Germanischen Museums, in: ders., Der Deutsche der Zukunft, Berlin: Cassirer, 1905, S. 65 – 87

Meister Francke
Meister Francke. 1424, Hamburg: Kunsthalle, 1899

Menschenleben
Was ein Menschenleben umspannt, in: Alfred Lichtwark. Eine Auswahl seiner Schriften, besorgt von Dr. Wolf Mannhardt, mit einer Einleitung von Karl Scheffler, 2 Bde., Berlin: Cassirer, 1917, Bd. II, S. 301f.

Menzel
Adolph Menzel, in: ders., Studien. Berliner Aufsätze, 2 Bde., Hamburg: Lütcke & Wulff, 1896 (Hamburgische Liebhaberbibliothek, hrsg. von der Gesellschaft Hamburgischer Kunstfreunde), Bd. II, S. 186 – 193, 194 – 201

Menzels Gensdarmenmarkt
Menzels Aufbahrung auf dem Gensdarmenmarkt 1848 und Friedrich der Große in Lissa »Bonsoir Messieurs«. Erworben 1902, Hamburg: Lütcke & Wulff, 1902

Moderne Gartenkunst
Moderne Gartenkunst, in: Die Gegenwart, 28, 1885, S. 326 – 328

Museen als Bildungsstätten
Museen als Bildungsstätten, Vortrag auf dem Mannheimer Museumstag 21./22. September 1903, Wiederabdruck in: Alfred Lichtwark. Eine Auswahl seiner Schriften, besorgt von Dr. Wolf Mannhardt, mit einer Einleitung von Karl Scheffler, 2 Bde., Berlin: Cassirer, 1917, Bd. II, S. 185 – 189

Musik und bildende Kunst
Musik und bildende Kunst, in: ders., Studien. Berliner Aufsätze, 2 Bde., Hamburg: Lütcke & Wulff, 1896 (Hamburgische Liebhaberbibliothek, hrsg. von der Gesellschaft Hamburgischer Kunstfreunde), Bd. I, S. 1 – 3, 4 – 5

Nachahmung
Nachahmung, in: Jahrbuch der Gesellschaft Hamburgischer Kunstfreunde, 9. Jg., 1903, S. 97f.

Nationen und ihre Vertreter
Die Nationen und ihre Vertreter auf der Hamburger Ausstellung 1893, in: ders., Die Bedeutung der Amateurphotographie, hrsg. auf Anregung des Hamburger Amateur-Photographenvereins, Halle/Saale: Knapp, 1894, S. 29 – 64

Organisation
Zur Organisation der Hamburger Kunsthalle. Die Aufgaben der Kunsthalle. Die Kunst in der Schule, Hamburg: Meißner, 1887

Palastfenster und Flügeltür
Palastfenster und Flügeltür, in: Alfred Lichtwark. Eine Auswahl seiner Schriften, besorgt von Dr. Wolf Mannhardt, mit einer Einleitung von Karl Scheffler, 2 Bde., Berlin: Cassirer, 1917, Bd. I, S. 227 – 351
Erstveröffentlichung in: Pan, 2. Jg.,1896/97, S. 57 – 60; Kayser (1977), Nr. 235; dritte Auflage: Berlin: Cassirer, 1905

Park- und Gartenstudien
Park- und Gartenstudien. Die Probleme des Hamburger Stadtparks. Der Heidegarten. Berlin: Cassirer, 1909

Privatdrucke, in: Katalog der IV. Jahresausstellung der Gesellschaft Hamburgischer Kunstfreunde, 1898, S. 9 – 14

Publikum
Publikum, in: ders., Studien. Berliner Aufsätze, 2 Bde., Hamburg: Lütcke & Wulff, 1896 (Hamburgische Liebhaberbibliothek, hrsg. von der Gesellschaft Hamburgischer Kunstfreunde), Bd. I, S. 6 – 8

Rembrandt und die holländische Kunst
Rembrandt und die holländische Kunst, in: ders., Studien. Berliner Aufsätze, 2 Bde., Hamburg: Lütcke & Wulff, 1896 (Hamburgische Liebhaberbibliothek, hrsg. von der Gesellschaft Hamburgischer Kunstfreunde), Bd. II, S. 114–133
Rococomöbel
Rococomöbel, in: ders., Studien. Berliner Aufsätze, 2 Bde., Hamburg: Lütcke & Wulff, 1896 (Hamburgische Liebhaberbibliothek, hrsg. von der Gesellschaft Hamburgischer Kunstfreunde), Bd. II, S. 74–82
Sammlung Hirschsprung
Bemerkung zu dem Aufsatz über die Sammlung Hirschsprung, in: Kunst und Künstler, 1. Jg., 1902/03, S. 219
Schmuck
Der Schmuck, in: Kunst und Künstler, 1. Jg., 1902/03, S. 23–26
Schongauer, Dürer, Rembrandt
Schongauer, Dürer, Rembrandt. Stiche und Radierungen. In heliographischer Nachbildung nach Originalen des Königlichen Kupferstichkabinetts zu Berlin. Mit begleitendem Text von Julius Janitsch und Alfred Lichtwark, Berlin: Grote, 1885/86
Schriften
Alfred Lichtwark. Eine Auswahl seiner Schriften, besorgt von Dr. Wolf Mannhardt, mit einer Einleitung von Karl Scheffler, 2 Bde., Berlin: Cassirer, 1917
Seele und Kunstwerk
Die Seele und das Kunstwerk, in: Alfred Lichtwark. Eine Auswahl seiner Schriften, besorgt von Dr. Wolf Mannhardt, mit einer Einleitung von Karl Scheffler, 2 Bde., Berlin: Cassirer, 1917, Bd. I, S. 62–71
Erstveröffentlichung in: ders., Die Seele und das Kunstwerk. Ein Nachwort zu Boecklins 70. Geburtstag, in: Die Zukunft 21, 1897, S. 192–198
Wiederabdruck in: ders., Die Seele und das Kunstwerk. Boecklinstudien, Berlin: Cassirer, 1899
Wiederabdruck in: ders., Seele und Kunstwerk. Boecklin-Studien, Berlin: Cassirer, (4)1911, S. 13–29
Selbsterziehung
Selbsterziehung, in: Jahrbuch der Gesellschaft Hamburgischer Kunstfreunde und der Gesellschaft zur Förderung der Amateurphotographie, 2. Jg., 1896, S. 50–52
Sommerfahrt
Eine Sommerfahrt auf der Jacht Hamburg, in: Alfred Lichtwark. Eine Auswahl seiner Schriften, besorgt von Dr. Wolf Mannhardt, mit einer Einleitung von Karl Scheffler, 2 Bde., Berlin: Cassirer, 1917, Bd. II, S. 378–450
Erstveröffentlichung: Eine Sommerfahrt auf der Yacht Hamburg, Hamburg: Lütcke & Wulff, 1904 (Hamburgische Liebhaber-Bibliothek)
Studien
Studien, hrsg. von der Gesellschaft Hamburgischer Kunstfreunde, 2 Bde., Hamburg: Lütcke & Wulff, 1896/97 (Hamburgische Liebhaberbibliothek)
Theorie und Historie
Theorie und Historie (1896), in: ders., Palastfenster und Flügeltür, Berlin: Cassirer, (3)1905 (Die Grundlagen der künstlerischen Bildung)
Übungen
Übungen in der Betrachtung von Kunstwerken. Nach Versuchen mit einer Schulklasse hrsg. von der Lehrervereinigung zur Pflege der künstlerischen Bildung, Hamburg: Lütcke & Wulff, (1)1897
Urteil über Böcklin
Das Urtheil über Boecklin, in: Die Zukunft 22, 1898, S. 245–251
Wiederabdruck in: ders., Die Seele und das Kunstwerk. Boecklinstudien, Berlin: Cassirer, 1899
Umgang mit Kunstwerken
Vom Umgang mit Kunstwerken, in: Die Kunst, 54. Jg., 1938/39, S. 159f.
Vorwort Photographie
Vorwort, in: Fritz Matthies-Masuren, Künstlerische Photographie. Entwicklung und Einfluß in Deutschland, Berlin: Marquardt, 1907, S. 2f.; Kayser (1977), Nr. 450
Wandlungen
Wandlungen (1894), in: ders., Palastfenster und Flügeltür, Berlin: Cassirer, (3)1905 (Die Grundlagen der künstlerischen Bildung)
Weltausstellung
Die Antwerpener Weltausstellung, in: Die Gegenwart, Nr. 28, 1885, S. 266–268, 282–285

Wiedererweckung der Medaille
Die Wiedererweckung der Medaille, in: Pan, 1. Jg., 1895/96, S. 34–39
Wiedererweckung der Medaille (1897)
Die Wiedererweckung der Medaille, Dresden: Kühtmann, 1897
Wilde Blumen
Blumenkultus. Wilde Blumen, Volksausgabe, Berlin: Cassirer, (2)1907
Erstveröffentlichung: Wilde Blumen, in: Hamburger Weihnachtsbuch, Hamburg: Meißner, 1892, S. 25–29
Wiederabdruck in: ders., Makartbouquet und Blumenstrauß, München: Verlagsanstalt für Kunst und Wissenschaft, 1894
Wiederabdruck in: Jahrbuch der Gesellschaft Hamburgischer Kunstfreunde, 2. Jg., 1896, S. 11–16
Wiederabdruck in: ders., Makartbouquet und Blumenstrauß, Berlin: Cassirer, (2)1905 (Die Grundlagen der künstlerischen Bildung)
Wiederabdruck in: Alfred Lichtwark. Eine Auswahl seiner Schriften, besorgt von Dr. Wolf Mannhardt, mit einer Einleitung von Karl Scheffler, 2 Bde., Berlin: Cassirer, 1917, Bd. II, S. 73–81
Der wilde Garten
Der wilde Garten, in: Jahrbuch der Gesellschaft Hamburgischer Kunstfreunde, 4. Jg., 1898, S. 46–47

Allgemeine Literatur

Adam (1993)
Adam, Hubertus: »Deutschsprechung«. Nietzscherezeption in der bildenden Kunst zwischen Nationalismus und Nationalsozialismus, Diss., Heidelberg 1993

Ahlers-Hestermann (1939)
Ahlers-Hestermann, Friedrich: Thomas Herbst. Ein Malerleben von 1848 bis 1915, Hamburg: Trautmann, o.J. [1939]

Ahlers-Hestermann (1949)
Ahlers-Hestermann, Friedrich: Pause vor dem dritten Akt, Hamburg: Mann, 1949

Albrecht (2011)
Albrecht, Henning: Alfred Beit. Hamburger und Diamantenkönig, Hamburg: Hamburg University, 2011

Althaus (2001)
Althaus, Thomas (Hrsg.): Kleinbürger. Zur Kulturgeschichte des begrenzten Bewußtseins, Tübingen: Attempto, 2001

Arcangeli / Gozzoli (1973)
Arcangeli, Francesco / Gozzoli, Maria Cristina: Das Gesamtwerk von Segantini, Luzern, Stuttgart, Wien: Kunstkreis, 1973

Asche (1992)
Asche, Kurt: Peter Behrens und die Oldenburger Ausstellung 1905. Entwürfe, Bauten, Gebrauchsgraphik, mit einem einleitenden Beitrag von Stanford Anderson und einem Exkurs über das Bismarckdenkmal, Berlin: Mann, 1992

Aubert (1893)
Aubert, Andreas: Professor Dahl. Et stykke av aarhundredets kunst- og kulturhistorie, Kristiania: Aschehoug & Co., 1893

Aubert (1909)
Aubert, Andreas: Runge und die Romantik, Berlin: Cassirer, 1909

Aubert (1915)
Aubert, Andreas: Caspar David Friedrich. »Gott, Freiheit, Vaterland«. Aus dem Nachlaß des Verfassers hrsg. im Auftrage des Deutschen Vereins für Kunstwissenshaft von G. J. Kern, Berlin: Cassirer, 1915

Auctionskatalog Weber (1912)
Auctionskatalog der Galerie Weber Hamburg, Rudolph Lepke's Kunst-Auctions-Haus, Berlin 1912

Avenarius (1913/14)
Avenarius, Ferdinand: Alfred Lichtwark †, in: Kunstwart, 27. Jg., 1913/14, S. 231f.

Bätschmann / Eisenmann / Gloor (1987)
Bätschmann, Oskar / Eisenman, Stephen F. / Lukas Gloor: Ferdinand Hodler. Landschaften, Zürich: VerlagsHausZürich, 1987

Bahr (2007, Lichtwark)
Bahr, Hermann: Alfred Lichtwark, in: ders., Secession, hrsg. von Claus Pias, Weimar: VDG, 2007, S. 186 – 195

Bahr (2007, Secession)
Bahr, Hermann: Secession, hrsg. von Claus Pias, Weimar: VDG, 2007

Bake / Reimers (1997)
Bake, Rita / Reimers, Brita: Stadt der toten Frauen. Der Hamburger Friedhof Ohlsdorf in 127 Frauenportraits, Hamburg: Landeszentrale für politische Bildung, 1997

Bartning (1929)
Bartning, Ludwig: Paul Schultze-Naumburg. Ein Pionier deutscher Kulturarbeit. Ein Bild seines Wirkens und seiner Bedeutung für die kulturelle Entwicklung der letzten Jahrzehnte, München: Callwey, 1929

Bastek (2001)
Bastek, Alexander: Die Sammlung Erdwin und Antonie Amsinck, in: Ausst.Kat. Private Schätze. Über das Sammeln von Kunst in Hamburg bis 1933, hrsg. von Ulrich Luckhardt und Uwe M. Schneede, Hamburg: Christians, 2001, S. 46 – 51

Bauski (1913)
Bauski, Hermann: Breslau und Umgebung mit Einschluß des Zobten, Berlin: Goldschmidt, 1913 (Griebens Reiseführer, Bd. 169)

Beckers (1976)
Beckers, Edgar: Das Beispiel Alfred Lichtwark. Eine Studie zum Selbstverständnis der Reformpädagogik, Diss., Köln 1976

Behrendt (1998)
Behrendt, Walter Curt: Alfred Messel, mit einer einleitenden Betrachtung von Karl Scheffler und einem Nachwort zur Neuausgabe von Fritz Neumeyer, o.J. [1911], Neuausgabe Berlin: Mann, 1998

Behrman (1960)
Behrman, S. N.: Duveen und die Millionäre. Zur Soziologie des Kunsthandels in Amerika, o.O. [Reinbek bei Hamburg]: Rowohlt, rde 108, 1960

Below (1975)
Below, Irene: Lichtwark und die Folgen, in: dies. (Hrsg.), Kunstwissenschaft und Kunstvermittlung, Gießen: Anabas, 1975, S. 83 – 135

Bellut (1980)
Bellut, Marita: Die Sammlung von Bildern aus Hamburg, Magisterarbeit, 2 Bde., Typoskript, Freiburg/Br. 1980

Beneke (1999)
Beneke, Sabine: Im Blick der Moderne. »Die Jahrhundertausstellung deutscher Kunst (1775 – 1875)« in der Berliner Nationalgalerie 1906, Berlin: Bostelmann & Siebenhaar, 1999

Berger (1999, August Gaul)
Berger, Ursel: August Gaul – Biographie, in: Der Tierbildhauer August Gaul, hrsg. von Ursel Berger, Berlin, Hamburg, Hanau 1999/2000, Berlin: Nicolai, 1999, S. 13 – 26

Berger (1999, Gauls Begabung)
Berger, Ursel: »Gauls Begabung verlangt nach monumentalen Aufgaben«, in: Der Tierbildhauer August Gaul, hrsg. von Ursel Berger, Berlin, Hamburg, Hanau 1999/2000, Berlin: Nicolai, 1999, S. 27 – 45

Berliner Adressbuch 1880
Berliner Adreß-Buch für das Jahr 1880, hrsg. unter Mitwirkung von H. Schwabe, Berlin 1880

Betthausen / Feist / Fork (1999)
Betthausen, Peter / Feist, Peter H. / Fork, Christiane: Metzler Kunsthistoriker Lexikon. Zweihundert Porträts deutschsprachiger Autoren aus vier Jahrhunderten, Stuttgart, Weimar: Metzler, 1999

Beutler (1997)
Beutler, Christian: Meister Bertram. Der Hochaltar von St. Petri. Christliche Allegorie als protestantisches Ärgernis, Frankfurt/M.: Fischer, 1984, (5)1997

Beyer / Burdorf (1999)
Beyer, Andreas / Burdorf, Dieter: Jugendstil und Kulturkritik. Zur Literatur und Kunst um 1900, Heidelberg: Universitätsverlag Winter, 1999

Bezzola / Lang / Müller (2003)
Bezzola, Tobia / Lang, Paul / Müller, Paul (Hrsg.): Ferdinand Hodler. Landschaften, Zürich: Scheidegger & Spiess, 2003

Bie (1895)
[Bie, Oscar:] Eine künstlerische Organisation, in: Neue deutsche Rundschau, 6. Jg., 1895, S. 194f.

Bie (1906)
Bie, Oscar: Meister Francke, in: Neue deutsche Rundschau, 17. Jg., 1906, S. 1407f.

Biedermann (2001)
Biedermann, Heike: Die Sammlungen Adolf Rothermundt und Oscar Schmitz in Dresden, in: Die Moderne und ihre Sammler. Französische Kunst in deutschem Privatbesitz vom Kaiserreich zur Weimarer

Republik, hrsg. von Andrea Pophanken und Felix Billeter, Berlin: Akademie Verlag, 2001 (Passagen/Passages, Deutsches Forum für Kunstgeschichte/Centre allemand d'histoire de l'art, Bd. 3), S. 209 – 234

Bierbaum (1895)
Bierbaum, Otto Julius: Drei Recepte, in: Die Zeit (Wien), 5. Jg., 1895/96, Nr. 57, 2.11.1895, S. 74f.

Biermann (1911)
Biermann, Georg: Die Konkurrenz zum Bismarck-Nationaldenkmal, in: Cicerone, 3. Jg., 1911, S. 134 – 137

Biermann (1913)
B. [Biermann, Georg]: Alfred Lichtwark, in: Cicerone, 5. Jg., 1913, S. 624

Biermann (1917)
Biermann, W. Ed.: Wilhelm Roscher. Zur hundertsten Wiederkehr seines Geburtstages, Sonderdruck aus »Bausteine«, Monatsblatt für Innere Mission, 1917, Nr. 592/93

Billeter (2001)
Billeter, Felix: Zwischen Kunstgeschichte und Industriemanagement. Eberhard von Bodenhausen als Sammler neoimpressionistischer Malerei, in: Pophanken, Andrea / Billeter, Felix (Hrsg.), Die Moderne und ihre Sammler. Französische Kunst in deutschem Privatbesitz vom Kaiserreich zur Weimarer Republik, Berlin: Akademie Verlag, 2001 (Passagen/Passages, Deutsches Forum für Kunstgeschichte/Centre allemand d'histoire de l'art, Bd. 3), S. 125 – 147

Bimler (1915)
Bimler, Kurt: August Kiß. Ein Bildhauer aus Oberschlesien, Kattowitz: Böhm, 1915

Bißwurm (1993)
Bißwurm, Ingrid: Das druckgraphische Werk von Peter Halm (1854 – 1923), Lörrach: Selbstverlag, 1993

Bitze (1969)
Bitze, Hermann: Goethe über den Dilettantismus, Bern 1969 (Europäische Hochschulschriften, Reihe 1, Bd. 16)

Blinckmann (1930)
Blinckmann, Theodor: Die öffentliche Volksschule in Hamburg in ihrer geschichtlichen Entwicklung, hrsg. und verlegt von der Gesellschaft der Freunde des vaterländischen Schul- und Erziehungswesens in Hamburg, Hamburg: in Kommission bei Paul Hartung Verlag, 1930

Bode (1871)
Bode, Wilhelm: Frans Hals und seine Schule. Ein Betrag zu einer kritischen Behandlung der holländischen Malerei als Doctordissertation bei der Königl. Sächs. Universität zu Leipzig eingereicht von W. Bode, Leipzig: Seemann, 1871

Bode (1881)
Bode, Wilhelm: Rembrandts früheste Thätigkeit. Der Künstler in seiner Vaterstadt Leiden, Wien: Gesellschaft für vervielfältigende Kunst, 1881

Bode (1883)
Bode, Wilhelm: Studien zur Geschichte der holländischen Malerei, Braunschweig: Vieweg, 1883

Bode (1888)
Bode, Wilhelm: Bilderlese aus kleineren Gemäldesammlungen in Deutschland und Österreich, Wien: Gesellschaft für vervielfältigende Kunst, 1888

Bode (1888, Wesselhoeft)
Bode, Wilhelm: Die Gemäldesammlung des Herrn Johannes Wesselhoeft in Hamburg (1885), in: ders., Bilderlese aus kleineren Gemäldesammlungen in Deutschland und Österreich, Wien: Gesellschaft für vervielfältigende Kunst, 1888

Bode (1900)
Bode, Wilhelm: La Galerie de Tableaux de M. Rodolphe Kann à Paris, 100 Héliogravures, Texte par Wilhelm Bode, traduction par Auguste Marguillier, Vienne: Société des Arts Graphiques, 1900

Bode (1904)
Bode, Wilhelm: Die Kunstsammlungen des Herrn Alfred Beit in seinem Stadthause in Park Lane zu London, Berlin: o.V., 1904

Bode (1907, Kann)
Bode, Wilhelm von: Catalogue de la collection Rodolphe Kann, T. 1.2., Paris 1907

Bode (1907, Liebermann)
Bode, Wilhelm: Max Liebermann zu seinem sechzigsten Geburtstag, in: Kunst und Künstler, 5. Jg., 1906/07, S. 381 – 392

Bode (1907, Verein)
Bode, Wilhelm von: Der Deutsche Verein für Kunstwissenschaft, in: Internationale

Monatsschrift für Wissenschaft, Kunst und Technik, Berlin 1907, 1. Sp. 15 – 22
Bode (1922)
Bode, Wilhelm von: Fünfzig Jahre Museumsarbeit, Bielefeld, Leipzig: Velhagen & Klasing, 1922
Bode (1997)
Bode, Wilhelm von: Mein Leben, hrsg. von Thomas Gaethgens und Barbara Paul, 2 Bde., I. Textband, II. Kommentarband, Berlin: Nicolai, 1997
Bodenhausen (1896/97, Buch)
Bodenhausen, Eberhard von: Das englische Buch, in: Pan, 2. Jg., 1896/97, Heft 4, S. 337 – 340
Bodenhausen (1896/97, Kunst)
Bodenhausen, Eberhard von: Englische Kunst im Hause, in: Pan, 2. Jg., 1896/97, Heft 4, S. 329 – 336
Bodenhausen (1897/98)
Bodenhausen, Eberhard von: Henry van de Velde, in: Pan, 3. Jg., 1897/98, Heft 2, S. 121f.
Bodenhausen-Degener (1955)
Bodenhausen-Degener, Dora von: Eberhard von Bodenhausen. Ein Leben für Kunst und Wissenschaft, Düsseldorf, Köln: Diederichs, 1955
Bodenstedt (1888)
Bodenstedt, Friedrich von: Erinnerungen aus meinem Leben, 2 Bde., Berlin: Allgemeiner Verein für Deutsche Literatur, 1888
Bollenbeck (1999)
Bollenbeck, Georg: Tradition, Avantgarde, Reaktion. Deutsche Kontroversen um die kulturelle Moderne 1880 – 1945, Frankfurt/M.: Fischer, 1999
Boose (1999)
Boose, Irene: Stil als Lebensform. Adolf Loos in seinen Schriften, in: Beyer, Andreas / Burdorf, Dieter, Jugendstil und Kulturkritik. Zur Literatur und Kunst um 1900, Heidelberg: Universitätsverlag C. Winter, 1999, S. 213 – 230
Borrmann (1989)
Borrmann, Norbert: Paul Schultze-Naumburg 1869 – 1949. Maler. Publizist. Architekt. Vom Kulturreformer der Jahrhundertwende zum Kulturpolitiker im Dritten Reich, mit einem Geleitwort von Julius Posener, Essen: Bacht, 1989
Borstel (1994)
Borstel, Garlef von: Die hamburgische Kaufmannschaft und ihr Mäzenatentum. Untersucht am Beispiel der Hamburger Kunsthalle zur Zeit ihres Direktors Alfred Lichtwark 1886 – 1914, Diplomarbeit Wirtschaftswissenschaften, Universität Hamburg, Typoskript, 1994 (Staatsarchiv Hamburg, 731-1 Handschriftensammlung, 2423)
Brachert (1958)
Brachert, Adelheid: Leopold Graf von Kalckreuth (1855 – 1928), 2 Bde., Diss., Typoskript, Tübingen 1958 (Hamburger Kunsthalle, Bibliothek)
Bracker (1984)
Bracker, Jürgen: Dampfer Imperator, das reisige Friedensschiff, in: Plagemann, Volker (Hrsg.), Industriekultur in Hamburg. Des Deutschen Reiches Tor zur Welt, München: Beck, 1984, S. 64 – 68
Brandes (1901)
Brandes, Georg: Moderne Geister. Literarische Bildnisse aus dem XIX. Jahrhundert, Frankfurt/M.: Rütten & Loening, (4)1901 (Erstauflage Oktober 1882)
Brandes (1901, Andersen)
Brandes, Georg: Hans Christian Andersen, in: ders., Moderne Geister. Literarische Bildnisse aus dem XIX. Jahrhundert, Frankfurt/M.: Rütten & Loening, (4)1901, S. 274 – 332
Brandes (1901, Heyse)
Brandes, Georg: Paul Heyse, in: ders., Moderne Geister. Literarische Bildnisse aus dem XIX. Jahrhundert, Frankfurt/M.: Rütten & Loening, (4)1901, S. 1 – 56
Braun / Engel (2010)
Braun, Harry / Engel, Dorothee: Vom Brook zur Speicherstadt, Erfurt: Sutton, 2010
Brilli (1999)
Brilli, Attilio: Das rasende Leben. Die Anfänge des Reisens mit dem Automobil, Berlin: Wagenbach, 1999
Bringmann (1987)
Bringmann, Michael: Deutsch-Römische Kunst im Spiegel der zeitgenössischen Kritik, in: Ausst.Kat. »In uns selbst liegt Italien«. Die Kunst der Deutsch-Römer, hrsg. von Christoph Heilmann, Bayerische Staatsgemäldesammlungen und Ausstel-

lungsleitung Haus der Kunst München e.V., München: Hirmer, 1987, S. 146 – 156
Brix / Genzmer (1908)
Brix, Joseph / Genzmer, Felix (Hrsg.): Städtebauliche Vorträge aus dem Seminar für Städtebau an der Königlichen Technischen Hochschule zu Berlin, hrsg. von Joseph Brix und Felix Genzmer, Bd. I, Berlin: Ernst & Sohn, 1908
Brosius (1997)
Brosius, Christiane: Kunst als Denkraum. Zum Bildungsbegriff von Aby Warburg, Pfaffenweiler: Centaurus-Verl.-Ges., 1997 (Kunstgeschichte, Bd. 3)
Bruhns (1992)
Bruhns, Maike: Rosa Schapire und der Frauenbund zur Förderung deutscher bildenden Kunst, in: Junge, Henrike (Hrsg.), Avantgarde und Publikum. Zur Rezeption avantgardistischer Kunst in Deutschland 1905 – 1933, Köln, Weimar, Wien: Böhlau, 1992, S. 269 – 282
Brummer / Lengefeld (1998)
Brummer, Hans Henrik / Lengefeld, Cecilia: En glömd relation. Norden och Tyksland ved sekelskrifted, Stockholm: Prins Eugens Waldemarsudde / Carlsson Bokförlag, 1998
Brush (1996)
Brush, Kathryn: The Shaping of Art History. Wilhelm Vöge, Adolph Goldschmidt and the Study of Medieval Art, Cambridge: University Press, 1996
Buddensieg (2002)
Buddensieg, Tilman: Nietzsches Italien. Städte, Gärten und Paläste, Berlin: Wagenbach, 2002
Bunsen (1929)
Bunsen, Marie von: Die Welt, in der ich lebte. Erinnerungen aus glücklichen Jahren, 1860 – 1912, Leipzig: Koehler & Amelang, 1929
Burkhardt (2006)
Burkhardt, Hans-Günther: Fritz Schumacher (1869 – 1947) in Hamburg, in: Schädel, Dieter (Hrsg.), »Wie das Kunstwerk Hamburg entstand« – Von Wimmel bis Schumacher. Hamburger Stadtbaumeister, Hamburg: Dölling und Galitz, 2006, S. 96 – 117
Busch (1937)
Busch, Harald: Friedrich Wasmann, der Nazarener, in: Die Kunst für Alle, 52. Jg., 1937, S. 105 – 112
Buschhoff (2003)
Buschhoff, Anne: Modersohn, in: Ausst. Kat. Rilke. Worpswede. Eine Ausstellung als Phantasie über ein Buch, Kunsthalle Bremen, hrsg. von Wulf Herzogenrath, Bremen: Hauschildt, 2003, S. 156 – 173
Busold (2001)
Busold, Stefanie: »Echte Freude an schönen Bildern«. Der Sammler Henry P. Newman, in: Ausst.Kat. Private Schätze. Über das Sammeln von Kunst in Hamburg bis 1933, Hamburg: Christians, 2001, S. 52 – 57
Busse (1977)
Busse, Joachim: Internationales Handbuch aller Maler und Bildhauer des 19. Jahrhunderts (Busse-Verzeichnis), Wiesbaden: Busse, 1977
C. D. Friedrich (1897/98)
N. N.: Caspar David Friedrich, in: Pan, 3. Jg., 1897/98, Heft 3, S. 111
Calov (1969)
Calov, Gudrun: Museen und Sammler des 19. Jahrhunderts in Deutschland, Berlin: De Gruyter, 1969
Campbell (1981)
Campbell, Joan: Der Deutsche Werkbund 1907 – 1934, Stuttgart: Klett-Cotta, 1981
Cassirer (1919)
Cassirer, Else (Hrsg.): Künstlerbriefe aus dem neunzehnten Jahrhundert, Berlin: Cassirer, 1919
Cepl (2010)
Cepl, Jasper: Landhaus Oppenheim, in: Gärtner, Artur / Habel, Rober / Nägelke, Hans-Dieter, Alfred Messel. Ein Führer zu seinen Bauten, Kiel: Ludwig, 2010 (Schriften des Architekturmuseums der Technischen Universität Berlin, 1), S. 146 – 151
Charteris (1896/97)
Charteris, A.: Zeitgenössische englische Novellisten, in: Pan, 2. Jg., 1896/97, 4. Heft, S. 341ff.
Christ (1997)
Christ, Oktavia: Vom Erbe Lichtwarks zum »Museum einer Weltstadt«: die Hamburger Kunsthalle unter Gustav Pauli, in: Schneede, Uwe M. / Leppien, Helmut R., Die Hamburger Kunsthalle, Leipzig: Seemann, 1997, S. 78 – 100

Claussen (2001)
Claussen, Christine: »Es gibt auch unter den Lebenden Meister...«. Der Unternehmer Oscar Troplowitz auf dem Weg in die Moderne, in: Ausst.Kat. Private Schätze. Über das Sammeln von Kunst in Hamburg bis 1933, hrsg. von Ulrich Luckhardt und Uwe M. Schneede, Hamburger Kunsthalle, Hamburg: Christians, 2001, S. 58–61

Corinth (1912/13)
Corinth, Lovis: Wilhelm Trübner, in: Kunst und Künstler, 11. Jg., 1912/13, S. 452–463

Corinth (1979)
Corinth, Thomas (Hrsg.): Lovis Corinth. Eine Dokumentation, zusammengestellt und erläutert von Thomas Corinth, Tübingen: Wasmuth, 1979

Curtius (1950)
Curtius, Ludwig: Deutsche und antike Welt, Stuttgart: Deutsche Verlagsanstalt, 1950

Dangers (1955)
Dangers, Robert: Alfred Lichtwark war der erste Leiter..., in: Weltkunst, 1955, Heft 1, S. 7

Dedekind (1993)
Dedekind, Cornelia: Der Dilettantismusbegriff bei Alfred Lichtwark und seine Bedeutung für die ästhetische Erziehung, Prüfungsarbeit, Carl von Ossietzky-Universität Oldenburg, 1993

Dehmel (1909)
Dehmel, Richard: Talent und Rasse, in: ders., Gesammelte Werke, Bd. 8, Berlin: Fischer, 1909

Dehmel (1923)
Dehmel, Richard: Ausgewählte Briefe aus den Jahren 1902 bis 1920, Berlin: Fischer, 1923

Deneke / Kahsnitz (1978)
Deneke, Bernward / Kahsnitz, Rainer (Hrsg.): Das Germanische Nationalmuseum Nürnberg 1852–1977. Beiträge zu seiner Geschichte, München-Berlin: Deutscher Kunstverlag, 1978

Denkschrift Gewerbeverein (1927)
Denkschrift zum 60jährigen Stiftungsfest des Hamburger Gewerbe-Vereins von 1867 e.V., o.O. [Hamburg]: o.V., 1927

Deppner (1982)
Deppner, Martin-Roman: Alfred Lichtwarks Bedeutung für die methodisch gesteuerte Betrachtung von Bildwerken, Magisterarbeit, Typoskript, Hamburg 1982

Deppner (1992)
Deppner, Martin-Roman: Alfred Lichtwark – Flaneur aus Reitbrook, in: Stephan, Inge / Winter, Hans-Gerd, »Heil über dir, Hammonia«. Hamburg im 19. Jahrhundert. Kultur, Geschichte, Politik, Hamburg: Dölling und Galitz, 1992, S. 233–264

Deppner (1995)
Deppner, Martin: Kunstwerkbetrachtung in virtueller Zeit. Zur Aktualität Alfred Lichtwarks, in: BDK-Mitteilungen, Heft 2, 1995, S. 26–30

Deppner (2010)
Deppner, Martin-Roman: Authentizität des Erlebnisses. Studien zu Alfred Lichtwark als Wegbereiter der Erlebnispädagogik, Lüneburg: Verlag Ed. Erlebnispädagogik, 2010 (Wegbereiter der Erlebnispädagogik, Heft 61)

Dessoir (1947)
Dessoir, Max: Buch der Erinnerung, Stuttgart: Enke, (2)1947

Dibbern (1974)
Dibbern, Margit (Hrsg.): Frankfurter Kunst und Leben um die Jahrhundertwende. Aus den Briefen von Alfred Lichtwark, Frankfurt/M.: Druckerei Johannes Weisbecker, 1974

Dibbern (1980)
Dibbern, Margit: Die Hamburger Kunsthalle unter Alfred Lichtwark (1852–1914). Entwicklung der Sammlungen und Neubau, Diss., Hamburg 1980, Darmstadt: Copy shop, 1980

Dickel (2011)
Dickel, Christina: Max Liebermann (1847–1935), in: Ausst.Kat. Max Liebermann. Wegbereiter der Moderne, Köln: DuMont, 2011, S. 195–209

Diers (1991)
Diers, Michael: Warburg aus Briefen. Kommentare zu den Kopierbüchern der Jahre 1905–1918, Weinheim: VCH, Acta Humaniora, 1991 (Schriften des Warburg-Archivs im Kunstgeschichtlichen Seminar der Universität Hamburg, Bd. 2)

Distel (1989)
Distel, Anne: Les collectionneurs des impressionistes. Amateurs et marchands, Düdingen, Guin (Suisse): Editions Trio, 1989

Döry (1978)
Döry, Ludwig: Medaillen und Plaketten des Jugendstils aus dem Roemer-Pelizaeus Museum in Hildesheim, Hildesheim: Bernward, 1978

Dorrmann (1994)
Dorrmann, Michael: »Wenn Bismarck wiederkäme«. Kunst, Ideologie und Rathenaus Engagement für ein Bismarck-National-Denkmal, in: Ausst.Kat. Die Extreme berühren sich. Walther Rathenau 1867 – 1922, Deutsches Historisches Museum Berlin, Berlin: Argon, o.J. [1994], S. 99 – 108

Dorrmann (2001)
Dorrmann, Michael: »Unser bedeutendster und glücklichster Sammler von neuen Bildern.« Die Entstehung und Präsentation der Sammlung Arnhold in Berlin, in: Pophanken, Andrea / Billeter, Felix (Hrsg.), Die Moderne und ihre Sammler. Französische Kunst in deutschen Privatbesitz vom Kaiserreich zur Weimarer Republik, Berlin: Akademie Verlag, 2001 (Passagen/Passages, Deutsches Forum für Kunstgeschichte/Centre allemand d'histoire de l'art, Bd. 3), S. 23 – 41

Dorrmann (2002)
Dorrmann, Michael: Eduard Arnhold (1849 – 1925). Eine biographische Studie zu Unternehmer- und Mäzenatentum im deutschen Kaiserreich, Berlin: Akademie, 2002

Downar (2002)
Downar, Maja: Die Sammlung von Bildern aus Hamburg 1889 – 1913, in: Ausst.Kat. Alfred Lichtwarks »Sammlung von Bildern aus Hamburg«, hrsg. von Ulrich Luckhardt und Uwe M. Schneede, Hamburger Kunsthalle, Hamburg: Ellert & Richter, 2002, S. 91 – 118

Dülberg (1906)
Dülberg, Franz: Die deutsche Jahrhundertausstellung Berlin 1906, in: Zeitschrift für Bildende Kunst, N.F., 17. Jg., 1906, S. 161 – 178, 197 – 212, 231 – 244, 293 – 314

E. (1906)
E., H.: Lichtwark, Alfred, Der Deutsche der Zukunft, in: Literarisches Zentralblatt, Nr. 32, 4. 8. 1906, S. 1115

Echte / Feilchenfeldt (2011)
Echte, Bernhard / Feilchenfeldt, Walter: Kunstsalon Bruno & Paul Cassirer. Die Ausstellungen 1898 – 1901, Wädenswil: Nimbus, 2011

Eckel (1996)
Eckel, Susanne: Das frühe schriftstellerische Werk des Wiener Architekten Adolf Loos, mit einem kritisch kommentierten Schriften- und Vortragsverzeichnis, Diss., Heidelberg 1996

Eckert (1997)
Eckert, Reinald: Ein Künstlergarten – Der Landsitz Max Liebermanns am Großen Wannsee in Berlin, in: Die Gartenkunst, 9. Jg., 1/1997, Worms: Wernersche Verlagsgesellschaft, S. 195 – 212

Eco (1984)
Eco, Umberto: Apokalyptiker und Intergrierte. Zur kritischen Kritik der Massenkultur, Frankfurt/M.: Fischer, 1984

Eder (1991)
Eder, Irene: Friedrich Kallmorgen 1856 – 1924. Monographie und Werkverzeichnis der Gemälde und Druckgraphik, hrsg. von Hans Knab, Karlsruhe: Harsch, 1991

Ehinger Altar (2011)
Wiedervereinigt. Der Ehinger Altar im Dominikanermuseum Rottweil, Faltblatt, hrsg. vom Dominikanermuseum Rottweil, o.V., o.P., 2011

Eiffe (1935)
Eiffe, Franz Ferdinand: Das Leben eines Hamburger Kaufmanns. Lebenserinnerungen, Typoskript, Hamburg 1935 (SUB Hamburg)

Einstein (1912/13)
Einstein, Carl: Die Sammlung Rouart, in: Kunst und Künstler, 11. Jg., 1912/13, S. 224 – 227

Eitner (2004)
Eitner, Ernst: Mein Weg zur Kunst, in: Leppien, Helmut / Meyer-Tönnesmann, Carsten / Ther, Anne-Gabriele, Ernst Eitner 1867 – 1955. Ein norddeutscher Impressionist, Fischerhude: Atelier im Bauernhaus, 2004, S. 72 – 74

Erbe (1923)
Erbe, Albert: Belichtung von Gemäldegalerien. Eine Reisestudie von Albert Erbe (†), Architekten, Dr. ing. und Beigeordneten der Stadt Essen, Leipzig: Hiersemann, 1923

Erdberg (1904)
Erdberg, Robert von: Die englischen Volksmuseen, insbesondere das »Manchester Art Museum«, in: Die Museen als Volksbildungsstätten. Ergebnisse der 12. Konferenz der Centralstelle für Arbeiter-Wohlfahrtseinrichtungen, Berlin: Heymann, 1904 (Schriften der Centralstelle für Arbeiter-Wohlfahrtseinrichtungen, Nr. 25), S. 86 – 92

Ernst (1896/97)
Ernst, Otto: Die Kunst und die Massen, in: Pan, 2. Jg., 1896/97, Heft 4, S. 309 – 312
Die Erziehung des Volkes (1900) auf den Gebieten der Kunst und Wissenschaft. Vorberichte und Verhandlungen der IX. Konferenz vom 23. und 24. April 1900 in Berlin, Berlin 1900 (Schriften der Centralstelle für Arbeiterwohlfahrts-Einrichtungen, Nr. 18)

Esche-Braunfels (1993)
Esche-Braunfels, Sigrid: Adolf von Hildebrand, Berlin: Deutscher Verlag für Kunstwissenschaft, 1993

Evans (1991)
Evans, Richard J.: Tod in Hamburg, Reinbek: Rowohlt, (3)1991

Ewald (1876)
Ewald, Arnold: Farbenbewegung. Kulturgeschichtliche Untersuchungen: erste Abteilung Gelb, Berlin: Weidmann, 1876

Fabiankowitsch (2000)
Fabiankowitsch, Gabriele: Das Vermittlungsprogramm des K. K. Österreichischen Museums für Kunst und Industrie, in: Noever, Peter (Hrsg.), Kunst und Industrie. Die Anfänge des Museums für Angewandte Kunst in Wien, Ostfildern-Ruit: Hatje Cantz, 2000, S. 175 – 192

Feilchenfeldt (1985)
Feilchenfeldt, Konrad: Julius Lessing, in: Neue Deutsche Biographie, Bd. 14, Berlin: Duncker & Humblot, 1985, S. 350

Feilchenfeldt (1988)
Feilchenfeldt, Walter: Vincent van Gogh & Paul Cassirer, Berlin. The reception of van Gogh in Germany from 1901 to 1914, Zwolle: Waanders, 1988

Feilchenfeldt (2006)
Feilchenfeldt, Konrad: Briefe von Paul Cassirer und seinem Team. Aus der Werkstatt einer entstehenden Briefausgabe mit einer Auswahl von Briefen, in: Feilchenfeldt, Rahel E. / Raff, Thomas (Hrsg.), Ein Fest der Künste. Paul Cassirer. Der Kunsthändler als Verleger, München: Beck, (3)2006, S. 363 – 381

Feilchenfeldt / Brandis (2002)
Feilchenfeldt, Rahel E. / Brandis, Markus: Paul Cassirer Verlag. Eine kommentierte Bibliographie, München: Saur, 2002

Feilchenfeldt / Raff (2006)
Feilchenfeldt, Rahel E. / Raff, Thomas (Hrsg.): Ein Fest der Künste. Paul Cassirer. Der Kunsthändler als Verleger, München: Beck, (3)2006

Feldkamp (2002)
Feldkamp, Michael F.: Regentenlisten und Stammtafeln zur Geschichte Europas, Stuttgart: Reclam, 2002

Festschrift Wien (1873)
Das Kaiserlich Königliche Oesterreichische Museum und die Kunstgewerbeschule. Festschrift bei Gelegenheit der Weltausstellung in Wien, Mai 1873, Wien 1873

Feuß (1994)
Feuß, Axel: Carl Gustav Bensel, in: Saur Allgemeines Künstlerlexikon, Bd. 9, München, Leipzig: Saur, 1994, S. 146

Fischer / Ladewig-Winters (2005)
Fischer, Erica / Ladwig-Winters, Simone: Die Wertheims. Geschichte einer Familie, Berlin: Rowohlt, (2)2005

Fischer (1998)
Fischer, Hans W.: Hamburger Kulturbilderbogen. Eine Kulturgeschichte 1909 – 1922, neu herausgegeben und kommentiert von Kai-Uwe Scholz, Matthias Mainholz und Rüdiger Schütt, Hamburg: Dölling und Galitz, 1998 (Schriftenreihe der Hamburgischen Kulturstiftung, Bd. 8)

Flacke (1992)
Flacke, Monika: Alexander Dorner, in: Junge, Henrike (Hrsg.), Avantgarde und Publikum. Zur Rezeption avantgardistischer Kunst in Deutschland 1905 – 1933, Köln, Weimar, Wien: Böhlau, 1992, S. 51 – 58

Föhl (1999)
Föhl, Thomas: Kunstpolitik und Lebensentwurf. Das Neue Weimar im Spiegel der Beziehungen zwischen Henry van de Velde und Harry Graf Kessler, in: Ausst.Kat. Aufstieg und Fall der Moderne, Kunstsamm-

lungen zu Weimar, Ostfildern: Hatje Cantz 1999, S. 60 – 89

Foerster / Rostin (2001)
Foerster, Eva / Rostin, Gerhard: Ein Garten der Erinnerung. Leben und Wirken von Karl Foerster – dem großen Garten-Poeten und Staudenzüchter, Hamburg: L- und H-Verlag, (4)2001

Fontane (1970)
Fontane, Theodor: Karl Blechen, in: ders., Aufsätze zur Bildenden Kunst, erster Teil, München: Nymphenburger Verlagshandlung, 1970, S. 520 – 547

Fraenger (1972)
Fraenger, Wilhelm: Jörg Ratgeb: ein Maler und Märtyrer aus dem Bauernkrieg, Dresden: Verlag der Kunst, 1972

Frank (1987)
Frank, Kurt: Tradition und Traditionsverständnis. Untersuchungen zur Architektur um 1900, Stuttgart: Karl Krämer, 1987 (IGMA Dissertationen, 15)

Frenssen (2005)
Frenssen, Birte: »Bilder, die in Greifswalds Häusern gehangen haben...«. Zur Provenienz des Gemäldes »Zum Licht aufsteigende Frau« von Caspar David Friedrich, in: Caspar David Friedrich, Zum Licht aufsteigende Frau, hrsg. von der Kulturstiftung der Länder in Verbindung mit der Stiftung Pommersches Landesmuseum, Greifswald 2005, S. 9 – 22

Frenssen / Börsch-Supan (2005)
Frenssen, Birte / Börsch-Supan, Helmut: Friedrich, Caspar David. Zum Licht aufsteigende Frau, Texte von Birte Frenssen und Helmut Börsch-Supan, hrsg. von der Kulturstiftung der Länder in Verbindung mit der Stiftung Pommersches Landesmuseum, Greifswald 2005 (Patrimonia, 302)

Freyberger (2009)
Freyberger, Regina: Märchenbilder – Bildermärchen. Illustrationen zu Grimms Märchen 1819 – 1945. Über einen vergessenen Bereich deutscher Kunst, Oberhausen: Athena, 2009 (Artificium. Schriften zur Kunst und Kunstvermittlung, Bd. 31)

Freytag (1892)
Freytag, Gustav: Anton Springer als Historiker und Journalist, in: Anton Springer, Aus meinem Leben, Berlin: Grote, 1892, S. 347 – 357

Friedeberger (1914)
Friedeberger, Hans: Die Jahrhundert-Ausstellung deutscher Kunst 1650 – 1800 im Residenzschloß zu Darmstadt, in: Cicerone, 6. Jg., 1914, Teil I: S. 471 – 486, Teil II: S. 495 – 511

Friedeberger / Biermann (1914)
Friedeberger, Hans / Biermann, Georg: Alfred Lichtwark †, in: Cicerone, 6. Jg., 1914, S. 59

Fritz (1978)
Fritz, Renate: Die Hamburger Kunsthalle unter Alfred Lichtwark. Eine Untersuchung zum Thema »Museum und Öffentlichkeit«, Magisterarbeit, Frankfurt/M., 1978

Fuchs (1907)
Fuchs, Georg: Deutsche Form. Betrachtungen über die Berliner Jahrhundertausstellung und die Münchner Retrospektive, Leipzig: Müller, 1907

Gabler (1999)
Gabler, Josephine: »Ein Meister unter Meistern«. August Gaul in den großen Privatsammlungen seiner Zeit, in: Ausst.Kat. Der Tierbildhauer August Gaul, Berlin, Hamburg, Hanau 1999/2000, Berlin: Nicolai, 1999, S. 46 – 60

Gaedechens (1854)
Gaedechens, Oscar Cipriano u.a.: Hamburgisches Künstler-Lexikon, 2 Bde., Hamburg: Hoffmann und Campe, 1854

Gaedechens (1880)
Gaedechens, C. F.: Historische Topographie der Freien und Hansestadt und ihrer nächsten Umgebung von der Entstehung bis auf die Gegenwart, Hamburg: W. Manke Söhne, (2)1880

Gaehtgens (1993a)
Gaehtgens, Thomas W.: Wilhelm von Bode und seine Sammler, in: Die Berliner Museumsinsel im Deutschen Kaiserreich. Zur Kulturpolitik der Museen in der Wilhelminischen Epoche, München: Deutscher Kunstverlag, 1993, S. 11 – 28

Gaehtgens (1993b)
Gaethgens, Thomas W.: Wilhelm von Bode und seine Sammler, in: Mai, Ekkehard / Paret, Peter (Hrsg.), Sammler, Stifter & Museen. Kunstförderung in Deutschland im

19. und 20. Jahrhundert, Köln, Weimar, Wien: Böhlau, 1993, S. 153 – 172
Gärtner / Habel / Nägelke (2010)
Gärtner, Artur / Habel, Robert / Nägelke, Hans-Dieter: Alfred Messel. Ein Führer zu seinen Bauten, Kiel: Ludwig, 2010 (Schriften des Architekturmuseums der Technischen Universität Berlin, 1)
Gallwitz (1992)
Gallwitz, Klaus: »... die wahrste Ausgeburt der Gegenwart«, in: Ausst.Kat. Max Klinger, Städelsches Kunstinstitut u.a., Leipzig: Ed. Leipzig, 1992
Gayk (2011)
Gayk, Ina: Max Klinger als Bildhauer. Unter Berücksichtigung des zeitgenössischen französischen Kunstgeschehens, Hamburg: Dr. Kovac, 2011
Gebhard (1947)
Gebhard, Julius: Alfred Lichtwark und die Kunsterziehungsbewegung in Hamburg, Hamburg: Hoffmann und Campe, 1947
Gebhard (1962)
Das Bild des Deutschen, eingel. von Julius Gebhard, Weinheim/Bergstr.: Beltz, (2)1962
Germann (2009)
Germann, Georg: Zeittafel zu Heinrich von Geymüller, in: Ausst.Kat. Heinrich von Geymüller (1839 – 1909). Architekturforscher und Architekturzeichner, Basel: Reinhardt, 2009, S. 150 – 160
Geschichte Oldenburg (1996)
Geschichte der Stadt Oldenburg, hrsg. von der Stadt Oldenburg, mit Beiträgen von Christoph Reinders-Düselder u.a., 2 Bde., Oldenburg: Isensee, 1996
Goecke (1980)
Goecke, Michael: Vorgeschichte und Entstehung des Stadtparks in Hamburg-Winterhude und seine Bedeutung für das Hamburger Stadtgrün, Diss., Technische Universität Hannover 1980
Goecke (1991)
Goecke, Michael: Der Hamburger Stadtpark als Gartendenkmal – Vorbereitung und Planung des Hamburger Stadtparks, in: Die Gartenkunst, 1991, Heft 2, S. 235 – 245
Goerke (1914)
Goerke, Franz: Geweihte Stätten, unter Mitwirkung namhafter Photographen hrsg. von Prof. Franz Goerke, Direktor der Urania in Berlin, Berlin: Vita Deutsches Verlagshaus, 1914
Götze (1914, Lichtwark)
Götze, Carl: Alfred Lichtwark, in: Der Säemann, Monatsschrift für Jugendbildung und Jugendkunde, Bd. 5, 1914, S. 81 – 86
Götze (1944, Erinnerungen)
Götze, Carl: Erinnerungen, bearbeitet von Werner Mohrdieck, 3 Bde., Typoskript, o.J. [1944] (Staatsarchiv Hamburg)
Goldschmidt (1913/14)
Goldschmidt, Adolph: Alfred Lichtwark †, in: Kunst und Künstler, 12. Jg., 1913/14, S. 241 – 242
Gombrich (1981)
Gombrich, Ernst H.: Aby Warburg: eine intellektuelle Biographie, Hamburg: Europäische Verlagsanstalt, 1981
Gramberg (1952)
Gramberg, Werner: Die Medaillen- und Plakettensammlung der Kunsthalle. Geschichte der Sammlung. Arbeitsbericht und Neuerwerbungen 1948/50, in: Jahrbuch der Hamburger Kunstsammlungen, Bd. 2, Hamburg 1952
Grandien (2005)
Grandien, Bo: Schweden zu Carl Larssons Zeit, in: Ausst.Kat. Carl Larsson. Ein schwedisches Märchen, München, Kunsthalle der Hypo-Stiftung, München: Hirmer, 2005. S. 61 – 77
Grell (1914)
Grell, G. Henry: Alfred Lichtwark und das Hamburger Kunstleben, in: Neudeutsche Bauzeitung, 10, 1914, S. 61 – 63
Grieben Hamburg (1910/11)
Kleiner Führer durch Hamburg. Griebens Reiseführer, Bd. 73, Berlin: Goldschmidt, 1910 – 1911
Grönvold (1915)
Grönvold, Bernt: Friedrich Wasmann. Ein deutsches Künstlerleben von ihm selbst geschildert, Leipzig: Insel, 1915
Grossmann (1988)
Grossmann, Georg Ulrich: Hannover und das südliche Niedersachsen. Geschichte, Kunst und Landschaft zwischen Harz und Weser, Braunschweig und Göttingen, Köln: DuMont, 1988

Gründungsprotokoll Künstlerbund (1988)
Gründungsprotokoll des Deutschen Künstlerbundes (Sitzungen der Sezessionisten), Weimar, 15. und 16. Dezember 1903, in: Ausst.Kat. Deutscher Künstlerbund, 36. Jahresausstellung 1988, Stuttgart 1988, S. 27 – 33

Grupp (1995)
Grupp, Peter: Harrry Graf Kessler, 1868 – 1937. Eine Biographie, München: Beck, 1995

Guratzsch (1998)
Guratzsch, Herwig (Hrsg.): Maximilian Speck von Sternburg. Ein Europäer der Goethezeit als Kunstsammler. Eine Publikation der Maximilian Speck von Sternburg Stiftung, Leipzig: Seemann, 1998

Gurlitt (1900)
Gurlitt, Cornelius: Die deutsche Kunst des 19. Jahrhunderts. Ihre Ziele und Thaten, Berlin: Georg Bondi, (2)1900

Gurlitt (1914)
Gurlitt, Ludwig: Persönliche Erinnerungen an Lichtwark, in: Pädagogische Reform, 38. Jg., 1914, Nr. 7, S. 89 – 90

Habel (2009)
Habel, Robert: Alfred Messels Wertheimbauten in Berlin. Der Beginn der modernen Architektur in Deutschland, mit einem Verzeichnis zu Messels Werken, Berlin: Mann, 2009

Habel (2010)
Habel, Robert: Villa Ostermann von Roth, in: Gärtner, Artur / Habel, Robert / Nägelke, Hans-Dieter, Alfred Messel. Ein Führer zu seinen Bauten, Kiel: Ludwig, 2010 (Schriften des Architekturmuseums der Technischen Universität Berlin, 1), S. 182 – 189

Häring (1914)
Häring, Hugo: Lichtwark. Gedächtnisrede, gehalten am 15. Februar 1914 bei der Feier des Hamburger Künstlervereins, in: Hamburgischer Correspondent, Nr. 86, 17.2.1914, S. 2 (www.adk.de/hugohaering)

Haftmann (1958)
Haftmann, Werner: Emil Nolde, Köln: DuMont, 1958

Hakon (1912/13)
Hakon, E.: Sammlung Friedmann-Hamburg, in: Kunst und Künstler, 11. Jg., 1912/13, S. 67 – 70

Hamburg Lexikon (2002)
Hamburg Lexikon, hrsg. von Franklin Kopitzsch und Daniel Tilgner, Hamburg: Zeise, (2)2000

Hamburger Bildnisse (1983)
Hamburger Bildnisse aus Kunst und Kultur, Hamburg: Elsbeth Weichmann Ges. & Patriotische Gesellschaft, 1983

Hamburgische Biographie (2001)
Hamburgische Biographie: Personenlexikon, hrsg. von Frank Kopitzsch und Dirk Brietzke, 5 Bde., Hamburg: Christians, 2001

Hancke (1914)
Hancke, Erich: Max Liebermann. Sein Leben und sein Werk, Berlin: Cassirer, 1914

Hannmann (2006)
Hannmann, Eckart: Carl Ludwig Wimmel (1786 – 1845). Hamburgs erster Baudirektor, in: Schädel, Dieter (Hrsg.), »Wie das Kunstwerk Hamburg entstand« – Von Wimmel bis Schumacher. Hamburger Stadtbaumeister, Hamburg: Dölling und Galitz, 2006, S. 24 – 45

Hansen (2001)
Hansen, Dorothee: »... die solide Modernität«. Bremer Sammler nach der Jahrhundertwende: Heymel, Biermann, Wolde, in: Pophanken, Andrea/Billeter, Felix (Hrsg.), Die Moderne und ihre Sammler. Französische Kunst in deutschen Privatbesitz vom Kaiserreich zur Weimarer Republik, Berlin: Akademie Verlag, 2001 (PassagenPassages, Deutsches Forum für Kunstgeschichte/Centre allemand d'histoire de l'art, Bd. 3), S. 185 – 208

Hansen (2009)
Hansen, Dorothee: »Bremen muss sich ergeben«. Gustav Pauli und der Einzug Max Liebermanns in Bremer Sammlungen, in: Ausst.Kat. Die Papageienallee am Wannsee. Die Liebermann-Sammlung der Kunsthalle Bremen zu Gast, Berlin: Max-Liebermann-Gesellschaft, 2009, S. 15 – 23

Harbeck (1930)
Harbeck, Hans: Das Buch von Hamburg, München: Piper, 1930

Haug (2005)
Haug, Ute: Provenienzforschung. Die Hamburger Kunsthalle und der Kunsthändler Karl Haberstock in Berlin, in: Anzeiger des

Germanischen Nationalmuseums, Nürnberg: Germanisches Nationalmuseum, 2005, S. 57–76
Haug (2006)
Haug, Ute: Mary Warburg geb. Hertz – Künstlerin der Avantgarde?, in: Ausst.Kat. Künstlerinnen der Avantgarde in Hamburg zwischen 1890 und 1933, Bd. 1, Bremen: Hachmannedition, 2006, S. 29–49
Hauschildt (2002)
Hauschildt, Stephanie: Meister Bertram. Der Petri-Altar, mit einem Beitrag von Sebastian Giesen, Hamburg: Kunsthalle, 2002
Heicke (1908)
Heicke, Carl: Der Garten unter dem Einfluß neuzeitlicher Kunstbestrebungen, in: Westermanns Monatshefte, Nr. 620, Mai 1908, S. 189–204
Heidemann (1998)
Heidemann, Martin: Medaillenkunst in Deutschland von 1895 bis 1914, Berlin: Deutsche Gesellschaft für Medaillenkunst in Verbindung mit den Staatlichen Museen zu Berlin Münzkabinett, 2 Bde., Berlin: Mann, 1998
Heise (1918/19)
Heise, Carl Georg: Das Erbe Lichtwarks. Betrachtungen zur Eröffnung des Neubaus der Hamburger Kunsthalle, in: Kunstchronik und Kunstmarkt, N.F., 30, 1918/19, S. 785–791, 857–864
Hentzen (1960)
Hentzen, Alfred: Ein Briefwechsel zwischen Rainer Maria Rilke und Alfred Lichtwark, in: Jahrbuch der Hamburger Kunstsammlungen, Bd. 5, 1960, S. 69–86
Hentzen (1958)
Hentzen, Alfred (Hrsg.): Ein unveröffentlichter Brief von Alfred Lichtwark (Brief an Marie von Bunsen vom 4.1.1906), in: Jahrbuch der Hamburger Kunstsammlungen, 3. Jg., 1958, S. 9–12
Hentzen (1961)
Hentzen, Alfred: Die Entstehung der Bildnisse des Historikers Eduard Meyer von Lovis Corinth in der Hamburger Kunsthalle. Dargestellt anhand der Briefe von Alfred Lichtwark, Lovis Corinth und Eduard Meyer, in: Jahrbuch der Hamburger Kunstsammlungen, Bd. 6, 1961, S. 117–142
Hentzen (1985)
Hentzen, Alfred: Alfred Lichtwark, in: Neue Deutsche Biographie, Bd. 14, Berlin: Dunkker und Humblot, 1985, S. 467–469
Henze (1974)
Henze, Gisela: Der Pan. Geschichte und Profil einer Zeitschrift der Jahrhundertwende, Diss., Freiburg/Br. 1974
Hering (2003)
Hering, Rainer: Konstruierte Nation: der Alldeutsche Verband 1890–1939, Hamburg: Christians, 2003
Hesse (1993)
Hesse, Frank Pieter: Der Alsterpark. Geschichte und Gestalt. Zum Tode von Gustav Lüttge vor 25 Jahren, in: Die Gartenkunst, 5. Jg., 1993, S. 135–158
Hesse-Frielinghaus (1971)
Hesse-Frielinghaus, Herta: Karl Ernst Osthaus. Leben und Werk, Recklinghausen: Bongers, 1971
Heyden (1909)
Heyden, Wilhelm: Die Mitglieder der Hamburger Bürgerschaft 1859–1862. Festschrift zum 6. Dezember 1909, Hamburg: Herold, 1909
Heyden (1994)
Heyden, Thomas: Biedermeier als Erzieher. Studien zum Neubiedermeier in Raumkunst und Architektur 1896–1910, Weimar: VDG, 1994
Hieke (1940)
Hieke, Ernst: Wm. Klöpper A.-G. Hamburg (1840–1940). Kurzer Rückblick auf die Geschichte der Firma, Festgabe überreicht anläßlich der 100. Wiederkehr des Gründungstages am 16. März 1940, Hamburg 1940
Hinz (1970)
Hinz, Berthold: Der Bamberger Reiter, in: Warnke, Martin, Das Kunstwerk zwischen Wissenschaft und Weltanschauung, Gütersloh: Bertelsmann, 1970, S. 26–47
Hipp (1982)
Hipp, Hermann: Das Rathaus der Freien und Hansestadt Hamburg, in: Mai, Ekkehard u.a., Das Rathaus im Kaiserreich. Kunstpolitische Aspekte einer Bauaufgabe des 19. Jahrhunderts, Berlin: Mann, 1982, S. 179–230

Hipp (1984)
Hipp, Hermann: Industrieansiedlung in Barmbek: Die New-York Hamburger Gummi-Waaren Compagnie, in: Plagemann, Volker (Hrsg.), Industriekultur in Hamburg. Des Deutschen Reiches Tor zur Welt, München: Beck, 1984, S. 81–83

Hipp (1990)
Hipp, Hermann: Freie und Hansestadt Hamburg. Geschichte, Kultur und Stadtbaukunst an Elbe und Alster, Köln: DuMont, (2)1990

Hipp (1992)
Hipp, Hermann: Fritz Schumachers Hamburg: Die reformierte Großstadt, in: Lampugnani, Vittorio Magnago / Schneider, Romana (Hrsg.), Moderne Architektur in Deutschland 1900 bis 1950. Reform und Tradition, Stuttgart: Hatje, 1992, S. 151–183

Hirsh (1981)
Hirsh, Sharon L.: Ferdinand Hodler, München: Prestel, 1981

Hochreiter (1994)
Hochreiter, Walter: Vom Musentempel zum Lernort. Zur Sozialgeschichte deutscher Museen 1800–1914, Darmstadt: Wissenschaftliche Buchgesellschaft, 1994

Hoffmann (1984)
Hoffmann, Paul Theodor: Der große Brand, in: Plagemann, Volker (Hrsg.), Industriekultur in Hamburg. Des Deutschen Reiches Tor zur Welt, München: Beck, 1984, S. 21–23

Hoffmann (1986)
Hoffmann, Hans-Christoph: Bremen, Bremerhaven und das nördliche Niedersachsen. Kultur, Geschichte, Landschaft zwischen Unterweser und Elbe, Köln: DuMont, 1986

Hoffmann (1996)
Hoffmann, Ludwig: Lebenserinnerungen eines Architekten, bearbeitet und aus dem Nachlaß hrsg. von Wolfgang Schäche, Berlin: Mann, (2)1996

Hoffmeister (1991)
Hoffmeister, Titia: Der Berliner Kunsthändler Paul Cassirer. Seine Verdienste um die Förderung der Künste und um wichtige Erwerbungen der Museen, Diss., Typoskript, Martin-Luther-Universität Halle-Wittenberg 1991

Hofmann (1974)
Hofmann, Werner (Hrsg.): C. D. Friedrich und die deutsche Nachwelt, Frankfurt/M.: Suhrkamp, (2)1974

Hofmann (2002)
Hofmann, Kurt: Ein Brahms-Denkmal für Hamburg? Zur Geschichte des Modells von Reinhold Felderhoff, in: Brahms-Studien, Veröffentlichungen der Johannes-Brahms-Gesellschaft, Bd. 13, Tutzing 2002, S. 117–127

Hofmann / Osterwold (1970)
Hofmann, Werner/Osterwold, Tilman: Gustav Christian Schwabe. Ein Geschmack wird untersucht. Die G. C. Schwabe Stiftung, Hamburg: Christians, 1970

Hohl (1981, Lenbach)
Hohl, Hanna: Lenbach, Lichtwark und die Reichsgründer, in: Ausst.Kat. Dreimal Deutschland. Lenbach. Liebermann. Kollwitz, Hamburg: Kunsthalle, 1981, S. 47–49

Hohl (1981, Liebermann)
Hohl, Hanna: Liebermann, Lichtwark und die »Bilder aus Hamburg«, in: Ausst.Kat. Dreimal Deutschland. Lenbach. Liebermann. Kollwitz, Hamburg: Kunsthalle, 1981, S. 56–82

Holler (1997)
Holler, Wolfgang: Woldemar von Seidlitz – Wissenschaftler, Staatsbeamter, Sammler und Förderer der Kunst, in: Dresdner Hefte 49, Sammler und Mäzene in Dresden, 15. Jg., Heft 1, 1997, S. 24–29

Hopp (1986)
Hopp, Gisela: Lichtwark und Frankreich, in: Ausst.Kat. Kunst ins Leben. Alfred Lichtwarks Wirken für die Kunsthalle und Hamburg von 1886 bis 1914, Hamburg: Kunsthalle, 1986, S. 47–64

Hopp (1996)
Hopp, Gisela: Tschudis Wirken aus der Sicht Alfred Lichtwarks, in: Ausst.Kat. Manet bis van Gogh. Hugo von Tschudi und der Kampf um die Moderne, Berlin, München 1996/97, München: Prestel, 1996, S. 274–281

Howoldt (1982)
Howoldt, Jenns Eric: Der Freie Bund zur Einbürgerung der bildenden Kunst in Mannheim. Kommunale Kunstpolitik einer

Industriestadt am Beispiel der »Mannheimer Bewegung«, Frankfurt/M., Bern: Lang, 1982

Howoldt / Baur (1994)
Howoldt, Jenns Eric / Baur, Andreas: Max Liebermann in Hamburg. Landschaften zwischen Alster und Elbe 1890–1910, Hamburg: Kunsthalle, 1994

Howoldt (2005)
Howoldt, Jenns E.: »Wie köstlich liegt Dein Haus...«, in: Maltzahn-Redling, Jacqueline / Howoldt, Jenns E., Leopold von Kalckreuth. Poetischer Realist, Hamburg: Kunsthalle, 2005, S. 40–50

Hüneke (1992)
Hüneke, Andreas: Von der Verantwortung des Museumsdirektors – Max Sauerlandt, in: Junge, Henrike (Hrsg.), Avantgarde und Publikum. Zur Rezeption avantgardistischer Kunst in Deutschland 1905–1933, Köln, Weimar, Wien: Böhlau, 1992, S. 261–268.

Husen / Grunert (1999)
Husen, Britta von / Grunert, Heino: Der Gartenarchitekt Jakob Ochs (1871–1927) und sein Atelier, in: Die Gartenkunst, 11. Jg., Heft 1, 1999, S. 54–80

Hurttig (2011)
Hurttig, Marcus Andrew: »Die Franzosen kommen!« Albert Marquet, Auguste Herbin, Pierre Bonnard und Édouard Vuillard in Hamburg, Hamburg: Kunsthalle, 2011

Illies (1981)
Illies, Arthur: Aus Tagebuch und Werk, hrsg. von Kurt Illies, Hamburg: Christians, 1981

Imiela (1968)
Imiela, Hans-Jürgen: Max Slevogt. Eine Monographie, Karlsruhe: G. Braun, 1968

Isaacs (1985)
Isaacs, Reginald R.: Walter Gropius, 3 Bde., Bd. I: Der Mensch und sein Werk, Frankfurt/M., Berlin, Wien: Ullstein, 1985

Ishikawa-Franke (1978)
Ishikawa-Franke, Saskia: Albert Weisgerber. Leben und Werk. Gemälde, Saarbrücken: Institut für Landeskunde des Saarlandes, 1978 (Veröffentlichungen des Instituts für Landeskunde des Saarlandes, Bd. 26)

Jähner (1984)
Jähner, Horst: Künstlergruppe Brücke. Geschichte einer Gemeinschaft und das Lebenswerk ihrer Repräsentaten, Berlin: Henschel, 1984

Jb. Bildende Kunst
Jahrbuch der bildenden Kunst, hrsg. von Willy Pastor, 5. Jahrgang, 1906/07, Berlin: Fischer & Franke, 1906

Jb. GHK
Jahrbuch der Gesellschaft Hamburgischer Kunstfreunde, Jg. 1–18, Hamburg: Lütcke & Wulff, 1895–1912

Jahresberichte der Kunsthalle zu Hamburg
Jahresbericht der Kunsthalle zu Hamburg, 1886/87–1909, 23 Bde., Hamburg: Lütcke & Wulff, 1888–1911

Janitschek (1892)
Janitschek, Hubert: Anton Springer als Kunsthistoriker, in: Anton Springer, Aus meinem Leben, Berlin: Grote, 1892, S. 358–382

Jantzen (1910)
Jantzen, Hans: Das niederländische Architekturbild, Leipzig: Klinkhardt & Biermann, 1910

Jarck / Scheel (1996)
Jarck, Horst Rüdiger / Scheel, Günter: Braunschweigisches Biographisches Lexikon, 19. und 20. Jahrhundert, Hannover: Hahn, 1996

Jenkins (1997)
Jenkins, Jennifer L.: Provincial Modernity. Culture, Politics and Local Identity in Hamburg 1885–1918, Michigan: Selbstverlag, 1997

Jensen (1978)
Jensen, Jens Christian: Philipp Otto Runge. Leben und Werk, Köln: DuMont, (2)1978

Jess (1959)
Jess, Henning (Hrsg.): Hamburg. Das Bild einer Stadt, wiedergegeben von Hans Leip und fünfunddreißig Fotografen, Hamburg: Hoffmann und Campe, (3)1959

Joachimides (2001)
Joachimides, Alexis: Die Museumsreformbewegung in Deutschland und die Entstehung des modernen Museums 1880–1940, Dresden: Verlag der Kunst, 2001

Jochmann (1986)
Jochmann, Werner: Hamburg. Geschichte der Stadt und ihrer Bewohner, Bd. 2: Vom Kaiserreich bis zur Gegenwart, Hamburg: Hoffmann und Campe, 1986

Jochum-Bohrmann (1990)
Jochum-Bohrmann, Ilonka: Hugo Lederer. Ein deutschnationaler Bildhauer des 20. Jahrhunderts, Frankfurt/M., Bern, New York, Paris: Lang, 1990 (Europäische Hochschulschriften, Bd. 109)

Joerissen (1979)
Joerissen, Peter: Kunsterziehung und Kunstwissenschaft im wilhelminischen Deutschland 1871–1918, Köln, Wien: Böhlau, 1979 (Dissertationen zur Kunstgeschichte, Bd. 10)

Joschke (2001)
Joschke, Christian: La photographie amateur au miroir de l'institution. L'example d'Alfred Lichtwark, Hambourg 1886–1914; mémoire présenté en vue de l'obtention du Diplôme d'Études approfondies de l'École des hautes études en sciences sociales, Paris: École des hautes études en sciences sociales, 2001

Joschke (2005)
Joschke, Christian: Les yeux de la nation: photographie amateur et société dans l'Allemagne de Guillaume II; Diss., Mannheim, 2005

Juhl (1912)
Juhl, Ernst (Hrsg.): Hamburg. Land und Leute der Niederelbe, Hamburg: Boysen & Maasch, 1912

Junge (1986)
Junge, Henrike: In Hamburg verlegte Künstlergraphik, in: Ausst.Kat. Kunst ins Leben. Alfred Lichtwarks Wirken für die Kunsthalle und Hamburg von 1886 bis 1914, Hamburg: Kunsthalle, 1986, S. 93–103, 184f.

Junge (1989)
Junge, Henrike: Wohlfeile Kunst. Die Verbreitung von Künstlergraphik seit 1870 und die Griffelkunst-Vereinigung Hamburg-Langenhorn, Mainz: Zabern, 1989

Junge (1992)
Junge, Henrike: Avantgarde und Publikum. Zur Rezeption avantgardistischer Kunst in Deutschland 1905–1933, Köln, Weimar, Wien: Böhlau, 1992

Junge (1993)
Junge, Henrike: Alfred Lichtwark und die »Gymnastik der Sammeltätigkeit«, in: Mai, Ekkehard / Paret, Peter (Hrsg.), Sammler, Stifter und Museen. Kunstförderung in Deutschland im 19. und 20. Jahrhundert, Köln, Weimar, Wien: Böhlau, 1993, S. 202–214

Junge-Gent (2001)
Junge-Gent, Henrike: »Gute Kunst« an die Wände!, in: Thomas Althaus (Hrsg.), Kleinbürger. Zur Kulturgeschichte des begrenzten Bewußtseins, Tübingen: Attempto, 2001, S. 197–219

Junge-Gent (2006)
Junge-Gent, Henrike: Lichtwark und Volbehr, in: 100 Jahre Kulturhistorisches Museum Magdeburg, Magdeburg: Magdeburger Museen, Kulturhistorisches Museum, 2006, S. 129–144

Junge-Gent (2008)
Junge-Gent, Henrike: Klinger und Lichtwark – Ein Beitrag zur Klinger-Rezeption um 1900, in: Max Klinger. Wege zur Neubewertung, Leipzig: Plöttner, 2008 (Schriften des Freundeskreises Max Klinger, Bd. 1), S. 148–162

Junge-Gent (2011)
Junge-Gent, Henrike: Alfred Lichtwark und seine Ideen zur Kunstvermittlung, Typoskript, 2000 (Vortrag im Dezember 2000 in der Bauhaus-Universität Weimar; Vortrag im November 2002 in der Hamburger Kunsthalle [überarbeitete Fassung]; Vortrag im Juli 2011 in der Universität Siegen)

Justi (1913)
Justi, Ludwig: Der Ausbau der Nationalgalerie: Zwei Denkschriften, Berlin: Bard, 1913

Justi (2000)
Justi, Ludwig: Werden – Wirken – Wissen, aus dem Nachlaß hrsg. von Thomas W. Gaethgens und Kurt Winkler, 2 Bde., Berlin: Nicolai, 2000

K. (1906)
K., G.: Zu der Radierung von Hermann Struck nach Max Liebermann, in: Zeitschrift für Bildende Kunst, N.F., 17. Jg., 1906, S. 314

Kaiser (1913)
Kaiser, Hans: Max Beckmann, Berlin: Cassirer, 1913

Kaldewei (1990)
Kaldewei, Gerhard: Museumspädagogik und Reformpädagogische Bewegung 1900–1933. Eine historisch-systematische

Untersuchung zur Identifikation und Legitimation der Museumpädagogik, Diss., Frankfurt/M. u.a.: Lang, 1990

Kalkschmidt (1901)
Kalkschmidt, Eugen: Angewandte Kunst im Lichtbilde, in: Kunstwart, 14. Jg., 1901, Heft 22, S. 385–392

Kampf (1994/95)
Kampf, Indina: »Ein enormes Ärgernis« oder: Die Anarchie in der Malerei. Edvard Munch und die deutsche Kritik 1892–1902, in: Ausst.Kat. Munch und Deutschland, Hamburger Kunsthalle u.a., 1994/95, Stuttgart: Hatje, 1994, S. 82–90

Kampf (1996)
Kampf, Indina: »Der glückliche Mensch«. Gustav Schiefler (1857–1935). Sammler, Dilettant und Kunstfreund, Hamburg: Verein für Hamburgische Geschichte, 1996

Kampf um die Kunst (1911)
Im Kampf um die Kunst. Die Antwort auf den »Protest deutscher Künstler«; mit Beiträgen deutscher Künstler, Galerieleiter, Sammler und Schriftsteller, München: Piper, 1911

Kauffmann (1996)
Kauffmann, Georg: Wilhelm Bode, das Florentiner Institut und der Deutsche Verein für Kunstwissenschaft, in: Jahrbuch der Berliner Museen, Bd. 38, 1996, Beiheft, S. 15–22

Kay (1994)
Kay, Carolyn Helen: Educating The Bourgoisie. Alfred Lichtwark and Modern Art in Hamburg, Diss., Ann Arbor: UMI 1994

Kay (2002)
Kay, Carolyn: Art and The German Bourgeoisie. Alfred Lichtwark and Modern Painting in Hamburg 1886–1914, Toronto, Buffalo, London: University of Toronto Press, 2002

Kayser (1977)
Kayser, Werner: Alfred Lichtwark, Bibliographie, Hamburg: Christians, 1977 (Hamburger Bibliographien, Bd. 19)

Kayser (1986)
Kayser, Werner: Alfred Lichtwark und die Buchkunst, in: Philobiblon, 30. Jg., 1986, Heft 1–4, S. 301–321

Keisch (1979)
Keisch, Claude: Rodin und Deutschland. Fragmente einer Chronologie, in: Auguste Rodin. Plastik, Zeichnungen, Graphik, Berlin/DDR: Staatliche Museen, o.J. [1979], S. 22–34

Kemp (1989)
Kemp, Wolfgang: Die Kunst des Schweigens, in: Thomas Koebner (Hrsg.), Laokoon und kein Ende: Der Wettstreit der Künste, München: Ed. Text + Kritik, 1989, S. 96–117

Kempe (1976, Lichtwark)
Kempe, Fritz: Alfred Lichtwark und die Photographie, in: ders., Vor der Camera. Zur Geschichte der Photographie in Hamburg, Hamburg: Christians, 1976, S. 99–104

Kempe (1976, Photographie)
Kempe, Fritz: Vor der Camera. Zur Geschichte der Photographie in Hamburg, Hamburg: Christians, 1976

Kempe (1977)
Kempe, Fritz: Photographie zwischen Daguerreotypie und Kunstphotographie, bearbeitet von Fritz Kempe, Hamburg: Museum für Kunst und Gewerbe, 1977 (Bilderhefte des Museums für Kunst und Gewerbe Hamburg, 14)

Kempe (1981)
Kempe, Fritz: Retusche, Stimmung, Wirklichkeit, in: Zurück in die Zukunft. Kunst und Gesellschaft 1900 bis 1914, Freie Akademie der Künste, Hamburg, Berlin: Froelich und Kaufmann, 1981, S. 18–31

Kern (1986)
Kern, Sepp [Josef]: Liebermann schreibt an Lichtwark, in: Ausst.Kat. Kunst ins Leben. Alfred Lichtwarks Wirken für die Kunsthalle und Hamburg von 1886 bis 1914, Hamburg: Kunsthalle, 1986, S. 151–157

Kern (1989)
Kern, Josef: Die Rezeption des Impressionismus im Wilhelminischen Deutschland. Studien zur Kunst- und Kulturgeschichte des Kaiserreichs, Würzburg: Königshausen & Neumann, 1989

Kessler (1988)
Kessler, Harry Graf: Gesichter und Zeiten. Erinnerungen, Frankfurt/M.: Fischer, 1988

Kessler (2004), Bd. 2
Kessler, Harry Graf: Das Tagebuch, Zweiter Band, 1892–1897, hrsg. von Günter Rie-

derer und Jörg Schuster, Stuttgart: Cotta, 2004

Kessler (2004), Bd. 3
Kessler, Harry Graf: Das Tagebuch, Dritter Band, 1897–1905, hrsg. von Carina Schäfer und Gabriele Biedermann, Stuttgart: Cotta, 2004

Kessler (2005)
Kessler, Harry Graf: Das Tagebuch, Vierter Band, 1906–1914, hrsg. von Jörg Schuster, Stuttgart: Cotta, 2005

Ketelsen (1999)
Ketelsen, Thomas: Gemalter Bildersturm um 1600? Gillis Coignet in Hamburg, in: Ausst.Kat. Goldgrund und Himmelslicht. Die Kunst des Mittelalters in Hamburg, Hamburg: Dölling und Galitz, 1999

Kieß (1991)
Kieß, Walter: Urbanismus im Industriezeitalter. Von der klassizistischen Stadt zur Garden City, Berlin: Ernst & Sohn Verlag für Architektur und technische Wissenschaften, 1991

Kirchner (2002)
Kirchner, Franziska: Der Central Park in New York und der Einfluß der deutschen Gartentheorie und -praxis auf seine Gestaltung, Worms: Wernersche Verlagsgesellschaft, 2002

Kiyonaga (2008)
Kiyonaga, Nobumasa: Alfred Lichtwark. Kunsterziehung als Kulturpolitik, München: kopaed, 2008 (Kontext Kunstpädagogik, Bd. 17)

Kiyonaga (2009)
Kiyonaga, Nobumasa: Alfred Lichtwarks Kunstbetrachtungsunterricht, in: Meyer, Torsten / Sabisch, Andrea (Hrsg.), Kunst, Pädagogik, Forschung: aktuelle Zugänge und Perspektiven, Bielefeld: Transcript-Verlag, 2009, S. 123–136

Kiyonaga (2011)
Kiyonaga, Nobumasa: Der Kulturreformer Alfred Lichtwark und Japan, [Osaka: Pädagogische Hochschule,] 2011

Klaiber (1981)
Klaiber, Hans: Bernhard Pankok – Ein Lebensbild, Stuttgart: Staatliche Akademie der bildenden Künste, 1981

Klausch (1971)
Klausch, Helmut: Beiträge Alfred Lichtwarks zu einer neuen Gartenkunst in seiner Zeit, Diss., Technische Universität Hannover, 1971

Klebs (2010)
Klebs, Jürgen: Das Nationaldenkmal für Kaiser Wilhelm I., in: Ausst.Kat. Begas. Monumente für das Kaiserreich. Eine Ausstellung zum 100. Todestag von Reinhold Begas (1831–1911), Berlin, Deutsches Historisches Museum, Dresden: Sandstein, 2010, S. 89–101

Klinckworth (1924)
Klinckworth, Peter: Lichtwark als Erzieher. Zum Gedächtnis seines Todestages, 13. Januar 1914, in: Hamburger Lehrerzeitung, Nr. 3, 1924, S. 17–22

Klinger (1924)
Klinger, Max: Briefe aus den Jahren 1874 bis 1919, hrsg. von Hans Wolfgang Singer, Leipzig: Seemann, 1924

Klinger (1985)
Klinger, Max: Malerei und Zeichnung. Tagebuchaufzeichnungen und Briefe, hrsg. von Anneliese Hübscher, Leipzig: Reclam, (2)1985

Klinger (1998)
Klinger, Max: Max Klinger. Plastische Meisterwerke, mit einer Einführung von Andreas Priever, Berlin: Seemann, 1998

Klossowski (1900)
Klossowski, Erich: Alfred Lichtwark, in: Die Zeit (Wien), Nr. 276, 13. Januar 1900, S. 22–24

Kloth (1965)
Kloth, Dorothea: Ernst Juhl. Pionier der deutschen Kunstfotografie. Biographie und Bibliographie, Prüfungsarbeit der Hamburger Bibliotheksschule, Typoskript, 1965 (Hamburg, Museum für Kunst und Gewerbe, Bibliothek)

Koella (1999)
Koella, Rudolf (Hrsg.): Ferdinand Hodler, München: Hirmer, 1999

Köster (1989)
Köster, Hein: Alfred Lichtwark, in: Lüder, Dagmar (Hrsg.), Das Schicksal der Dinge, Dresden: VEB Verlag der Kunst, 1989, S. 46–55

Koetschau (1914)
Koetschau, Karl: Alfred Lichtwark zum Gedächtnis, in: Museumskunde, 10. Jg., 1914, S. 55–57

Koetschau (1915)
Koetschau, Karl: Alfred Lichtwark. † 13. Januar 1914, in: Repertorium für Kunstwissenschaft, 37. Jg., 1915, S. 54f.

Kohn (1912)
Kohn, Henry: Eine Hamburger Privat-Galerie. Sammlung Kalkmann, Hamm, in: Hamburger Fremdenblatt, Nr. 33, 9.2.1912

Kokkelink / Lemke-Kokkelink (1998)
Kokkelink, Günther / Lemke-Kokkelink, Monika: Baukunst in Norddeutschland. Architektur und Kunsthandwerk der Hannoverschen Schule 1850 – 1900, Hannover: Schlütersche, 1998

Koller (1989)
Koller, Gabriele: Die Bücher aus der Bibliothek von Adolf Loos, in: Ausst.Kat. Adolf Loos, Graphische Sammlung Albertina, Wien, Wien: Graphische Sammlung Albertina, 1989, S. 299 – 306

Koltermann (1967)
Koltermann, Gudrun: Langbehn und Lichtwark. Ein Vergleich ihrer Theorien unter dem Aspekt der Kunsterziehung und der politischen Ideologie, schriftliche Hausarbeit zur ersten Lehrerprüfung, Typoskript, Pädagogische Hochschule Oldenburg, 1967 (Carl von Ossietzky-Universität, Oldenburg, Bibliothek)

Konerding (1984)
Konerding, Volker: Natürlicher Schmuck und schönste Zierde: Die Alster, in: Plagemann, Volker (Hrsg.), Industriekultur in Hamburg. Des Deutschen Reiches Tor zur Welt, München: Beck, 1984, S. 24 – 27

Kostka (1999)
Kostka, Alexandre: »Darin irrt Nietzsche. Der große Stil nicht notwendig hart.« Harry Graf Kessler, Friedrich Nietzsche und die Kunst in Weimar, in: Ausst.Kat. Aufstieg und Fall der Moderne, Kunstsammlungen zu Weimar, Ostfildern: Hatje Cantz, 1999, S. 42 – 58

Kossmann (2009)
Kossmann, Joachim: »...brillant aufgestellt...«. Max Klingers Brahms Denkmal für Hamburg. 1909 – 2009, Hamburg: Johannes-Brahms-Gesellschaft, 2009 (mit Zeittafel zur Geschichte des Hamburger Brahms-Denkmals)

Krahmer (1995)
Krahmer, Catherine: Die Zeitschrift Pan und das Ausland (1894 – 1895), in: Jahrbuch der Deutschen Schillergesellschaft 39, 1995, S. 267 – 292

Krahmer (1996)
Krahmer, Catherine: Meier-Graefes Weg zur Kunst, in: Hofmannsthal. Jahrbuch zur Europäischen Moderne, Bd. 4, 1996, Freiburg/Br.: Rombach, S. 169 – 226

Krahmer (2002)
Krahmer, Catherine (Hrsg.): Julius Meier-Graefe. Kunst ist nicht für die Kunstgeschichte da. Briefe und Dokumente, 77. Veröffentlichung der deutschen Akademie für Sprache und Dichtung, Göttingen: Wallstein, (2) 2002

Kratz-Kessemeier u.a. (2010)
Kratz-Kessemeier, Kristina / Meyer, Andrea / Savoy, Bénédicte: Museumsgeschichte. Kommentierte Quellentexte 1750 – 1950, Berlin: Reimer, 2010

Kretschmer (1999)
Kretschmer, Winfried: Geschichte der Weltausstellungen, Frankfurt/M.: Campus, 1999

Krosigk (1995)
Krosigk, Klaus von: Der Berliner Villen- und Landhausgarten in der Zeit zwischen 1900 und dem Ersten Weltkrieg, in: Die Gartenkunst, 1995, Heft 2, S. 210ff.

Krüher (1984)
Krüger, Günter: Der Deutsche Verein für Kunstwissenschaft und seine Aufgabe im Dienste der Geschichte, in: Zeitschrift des Deutschen Vereins für Kunstwissenschaft, Bd. 38, 1984, S. 86ff.

Kruglewsky-Anders (1975)
Kruglewsky-Anders, Lieselotte (Hrsg.): 50 Jahre Griffelkunst-Vereinigung. Kunstpädagogik im Geiste Lichtwarks, Hamburg: Edition Griffelkunst, o.J. [1975]

Kruse / Leppien (1986)
Kruse, Margret / Leppien, Helmut R.: Von der Amateurphotographie zur Kunstphotographie, in: Ausst.Kat. Kunst ins Leben. Alfred Lichtwarks Wirken für die Kunsthalle und Hamburg von 1886 bis 1914, Hamburg: Kunsthalle, 1986, S. 105 – 122

Kügelgen (1984)
Kügelgen, Wilhelm von: Jugenderinnerungen eines alten Mannes, Zürich: Manesse, (2)1984

Künstlerische Organisation (1895)
N. N.: Eine künstlerische Organisation, in: Neue deutsche Rundschau, 6. Jg., 1895, S. 194f.

Kuhrau (2005)
Kuhrau, Sven: Der Kunstsammler im Kaiserreich. Kunst und Repräsentation in der Berliner Sammlerkultur, Kiel: Ludwig, 2005

Kultermann (1990)
Kultermann, Udo: Geschichte der Kunstgeschichte. Der Weg einer Wissenschaft, München: Prestel, 1990

Kulturdenkmäler Darmstadt (1994)
Kulturdenkmäler in Hessen. Stadt Darmstadt, hrsg. vom Landesamt für Denkmalpflege Hessen in Zusammenarbeit mit dem Magistrat der Stadt Darmstadt – Denkmalschutzbehörde, Braunschweig: Vieweg, 1994

Kunsterziehung (1902)
Kunsterziehung. Ergebnisse und Anregungen des Kunsterziehungstages in Dresden am 28. und 29. September 1901, Leipzig: Voigtländer, 1902

Kunsterziehung (1929)
Kunsterziehung. Ergebnisse und Anregungen der Kunsterziehungstage in Dresden, Weimar und Hamburg; in Auswahl, Leipzig: Voigtländer, 1929

Kunsthalle Bremen Meisterwerke (1998)
Kunsthalle Bremen / Der Kunstverein in Bremen (Hrsg.): Meisterwerke. Bd. I: Gemälde, Skulpturen und neue Medien; Bd. II: Aquarelle, Pastelle und Zeichnungen, Bremen: Hauschildt, 1998

Kunsthalle Mannheim Meisterwerke (1995)
Städtische Kunsthalle Mannheim. Meisterwerke der Gemäldesammlung, Einführung von Manfred Fath, Texte von Katharina Sykora, Heidelberg: Edition Braus, 1995

Ladleif (2002)
Ladleif, Christiane: Die Hamburger Kunsthalle, in: Ausst.Kat. Van Gogh: Felder, Kunsthalle Bremen, Ostfildern-Ruit: Hatje Cantz, 2002, S. 218f.

Lampugnani (1983)
Lampugnani, Vittorio Magnago (Hrsg.): Hatje Lexikon der Architektur des 20. Jahrhunderts, Stuttgart: Hatje, 1983

Lampugnani / Schneider (1992)
Lampugnani, Vittorio Magnago / Schneider, Romana (Hrsg.): Moderne Architektur in Deutschland 1900 bis 1950. Reform und Tradition, Stuttgart: Hatje, 1992

Langbehn (1922)
[Langbehn, Julius]: Rembrandt als Erzieher. Von einem Deutschen, 50. – 55. Auflage, autorisierte Neuausgabe, Leipzig: C. L. Hirschfeld, 1922

Lange (2010)
Lange, Konrad von: Über die Wandfarbe in Bildergalerien (1904), in: Kratz-Kessemeier, Kristina, u.a. (Hrsg.), Museumsgeschichte. Kommentierte Quellentexte 1750 – 1950, Berlin: Reimer, 2010, S. 125 – 130

Lange (1912)
Lange, Willy: Gartengestaltung der Neuzeit, unter Mitwirkung von Otto Stahn, Leipzig: Weber, (3)1912

Lange (2008)
Lange, Ralf: Architektur in Hamburg. Der große Architekturführer. Über 1000 Bauten in Einzeldarstellungen, Hamburg: Junius, 2008

Langwitz (1993)
Langwitz, Annette: »Das Haus des Dichters«. Richard Dehmel in Blankenese, Magisterarbeit, Typoskript, Hamburg 1993

Lankheit (1976)
Lankheit, Klaus: Gottfried Semper und die Weltausstellung London 1851, in: Gottfried Semper und die Mitte des 19. Jahrhunderts. Symposion vom 2. – 6. Dezember 1974, veranstaltet durch das Institut für Geschichte und Theorie der Architektur an der Eidgenössischen Technischen Hochschule Zürich, Basel, Stuttgart: Birkhäuser, 1976, S. 23 – 47

Lapaire (1991)
Lapaire, Claude: Musée d'art et histoire Genf, Genf: Banque Paribas, 1991 (Museen der Schweiz, Bd. 1)

Lappenberg (1864)
Lappenberg, Johann Martin: Beiträge zur älteren Kunstgeschichte Hamburgs, Hamburg: Meißner, 1864

Leach (1971)
Leach, Bernard: Das Töpferbuch, Bonn: Hörnemann, 1971

Lehnert (1998)
Lehnert, Uta: Der Kaiser und die Siegesallee, Berlin: Reimer, 1998

Lehrervereinigung: Kalckreuth (1910)
Lehrervereinigung zur Pflege der künstlerischen Bildung (Hrsg.): Leopold Graf Kalckreuth, mit einem Geleitwort von Alexander Troll, Mainz: Scholz, 1910

Lehrs (1896/97)
Lehrs, Max: Die Kunst des Steindrucks, in: Pan, 2. Jg., 1896/97, Heft 3, S. 233–235

Lehrs (1917/18)
Lehrs, Max: Alfred Lichtwarks Briefe, in: Zeitschrift für Bildende Kunst, 53, N.F. 29, 1917/18, S. 147–153

Leip (1931)
Leip, Hans: Von Großstadt, Hansischem Geist, Grüngürtel, Schule und guten Wohnungen in Hamburg, Hamburg: Oberschulbehörde, 1931

Leip (1969)
Leip, Hans: Aber die Liebe. Aus der Westwindkartei des Herrn Toppendrall, Hamburg: Verlag Die Brigantine, 1969

Leisching (1903)
Leisching, Julius: Gottfried Semper und die Museen, in: Mitteilungen des mährischen Gewerbe-Museums, Nr. 24, Dezember 1903, S. 185–192

Leisner u.a. (1990)
Leisner, Barbara / Schulze, Heiko K. L. / Thormann, Ellen: Der Hamburger Hauptfriedhof Ohlsdorf. Geschichte und Grabmäler, bearbeitet von Andreas von Rauch, 2 Bde., Hamburg: Christians, 1990

Lengefeld (1994)
Lengefeld, Cecilia: Ett föredöme för modern konst, in: Konsthistorik Tidskrift, LXIII, Heft 3–4, 1994, S. 155–172

Lengefeld (1998)
Lengefeld, Cecilia: Tavlor till Hamburg, in: Brummer, Hans Henrik / Lengefeld, Cecilia (Red.), En Glömd Relation. Norden och Tyskland vid sekelskiftet, Prins Eugens Waldemarsudde, Stockholm: Carlsson, 1998, S. 161–173

Lengefeld (2000)
Lengefeld, Cecilia: Im Dienst der Kunst – Prinz Eugen vermittelt zwischen Deutschland und Schweden, in: Bernd Henningsen (Hrsg.), Kunst zwischen den Kulturen (Wahlverwandtschaft – der Norden und Deutschland, Bd. 4), Berlin: Spitz, 2000, S. 143–156

Lengefeld (2000, Zorn)
Lengefeld, Cecilia: Zorn. Resor, konst och kommers i Tyskland, Stockholm: Carlssons, 2000

Lengefeld (2004)
Lengefeld, Cecilia: Anders Zorn. Eine Künstlerkarriere in Deutschland, Berlin: Reimer, 2004

Lengefeld, Cecilia (2006)
Prins Eugen und Alfred Lichtwark. Ein schwedisch-deutscher Dialog, in: Eugen. Ein Prinz malt Schweden, Ernst Barlach Haus, Hamburg – Stiftung Hermann F. Reemtsma, Bielefeld: Kerber, 2006, S. 55–75

Lengefeld (2012)
Lengefeld, Cecilia: Anders Zorn und Max Liebermann. Eine Freundschaft im Zeichen des Impressionismus, in: Ausst.Kat. Der schwedische Impressionist Anders Zorn (1860–1920), Lübeck, Museum Behnhaus Drägerhaus, Petersberg: Imhof Verlag, 2012, S. 131–145

Lenman (1989)
Lenman, Robin: Painters, Patronage and The Art Market in Germany 1850–1914, in: Past & Present, Nr. 123, 1989

Leppien (1992, Francke)
Leppien, Helmut R.: Meister Francke in der Hamburger Kunsthalle, Stuttgart: Hatje, 1992

Leppien (1992, Thomas-Altar)
Leppien, Helmut R.: Der Thomas-Altar von Meister Francke in der Hamburger Kunsthalle, Hamburg: Kunsthalle, 1992

Leppien (1993)
Leppien, Helmut R.: Caspar David Friedrich in der Hamburger Kunsthalle, Stuttgart: Hatje, 1993

Leppien (1997, Künstlerclub)
Leppien, Helmut R.: Aus Beobachtung und Farbe entsteht Malerei. Die Kunst des Künstlerclubs, in: Ausst.Kat. Der Hamburgi-

sche Künstlerclub von 1897. Hundert Jahre danach, Hamburger Kunsthalle, Fischerhude: Verlag im Bauernhaus, 1997, S. 73–79

Leppien (1997, Lichtwark)
Leppien, Helmut R.: Alfred Lichtwark, der erste Direktor der Kunsthalle, in: Schneede, Uwe M. / Leppien, Helmut R., Die Hamburger Kunsthalle, Leipzig: Seemann, 1997, S. 40–60

Leppien u.a. (2004)
Leppien, Helmut / Meyer-Tönnesmann, Carsten / Ther, Anne-Gabriele: Ernst Eitner 1867–1955. Ein norddeutscher Impressionist, Fischerhude: Atelier im Bauernhaus, 2004, S. 72–74

Lessing (1887)
L., J. [Lessing, Julius]: Aus den Hamburger Kunstsammlungen, Nationalzeitung, Berlin, 14.10.1887

Lichtenberg (1976)
Lichtenberg, Georg Christoph: Aphorismen, hrsg. und mit einem Nachwort versehen von Kurt Batt, Frankfurt/M., Leipzig: Insel, 1976 (insel taschenbuch, 165)

Liebermann (1978, Degas)
Liebermann, Max: Degas, in: ders., Die Phantasie in der Malerei. Ausgewählte Reden und Schriften, Frankfurt/M.: Fischer, 1978, S. 55–63

Liebermann (1978, Kalckreuth)
Liebermann, Max: Kalckreuth-Ausstellung, in: ders., Die Phantasie in der Malerei. Ausgewählte Reden und Schriften, Frankfurt/M.: Fischer, 1978, S. 259–263

Liebermann (1978, Lichtwark)
Liebermann, Max: Alfred Lichtwark, in: ders., Die Phantasie in der Malerei. Ausgewählte Reden und Schriften, Frankfurt/M.: Fischer, 1978, S. 116–123 (Wiederabdruck des Nachrufs in *Der Tag*, 1914)

Liebermann (1978, Phantasie)
Liebermann, Max: Die Phantasie in der Malerei. Ausgewählte Reden und Schriften, Frankfurt/M.: Fischer, 1978, S. 23–54

Liebermann (1978, Thode)
Liebermann, Max: Der Fall Thode, in: ders., Die Phantasie in der Malerei. Ausgewählte Reden und Schriften, Frankfurt/M.: Fischer, 1978, S. 159–164

Liebermann (1978, Tschudi)
Liebermann, Max: Hugo von Tschudi, in: ders., Die Phantasie in der Malerei. Ausgewählte Reden und Schriften, Frankfurt/M.: Fischer, 1978, S. 110–116

Liebermann (1994)
Liebermann, Max: Briefe, Korrespondenzen 5, Stuttgart: Hatje, 1994

Liebermann-Br.
Liebermann, Max: Briefe, zusammengetragen, komm. und hrsg. von Ernst Braun. Bd. 1: 1869–1895, Baden-Baden: Deutscher Wiss.-Verlag (DWV), 2011 (Schriftenreihe der Max-Liebermann-Gesellschaft Berlin e.V., hrsg. von Martin Faass, Bd. 1)

Lindemeier (2009)
Lindemeier, Stefanie: Studien zur Restaurierungsgeschichte mittelalterlicher Gewölbe- und Wandmalereien im Gebiet des heutigen Niedersachsen – Darstellung von historischen Methoden, Techniken und Materialien, Diss., Hochschule für Bildende Künste, Dresden 2009 (www.hfbk-dresden.de/fileadmin/alle/downloads/Restaurierung/Dissertationlindemeier_neu.pdf)

Litzmann (1923)
Litzmann, Berthold: Im alten Deutschland. Erinnerungen eines Sechzigjährigen, Berlin: Grote, 1923

Lohse (1986)
Lohse, Bernhard: Behrmann, Hunzinger, Schöffel – Hauptpastoren an St. Michaelis (1880–1954). Drei Charaktere und ein Amt, in: Diether Haas (Hrsg.), Der Turm, Hamburgs Michel – Gestalt und Geschichte, Hamburg: Verein Michaelitica an St. Michaelis zu Hamburg e.V., 1986, S. 96–133

Loos (1983)
Loos, Adolf: Die Frau und das Haus, in: ders., Die Potemkinsche Stadt. Verschollene Schriften 1897–1933, hrsg. von Adolf Opel, Wien: Prachner, 1983, S. 69–74

Lorenz-Meyer / Janda (1906)
Lorenz-Meyer, Eduard L. / Janda, E.: Breitfenster und Hecke. Ein Bilderbuch alter Hamburgischer Häuser und Gärten, zusammengestellt von Ed. L. Lorenz-Meyer und Baumeister E. Janda, Einleitung von Alfred Lichtwark, Hamburg: Gesellschaft Hamburgischer Kunstfreunde, 1906

Lott-Reschke (2001)
Lott-Reschke, Dagmar: »Du holde Kunst, ich danke dir«. Henry B. Simms – Kaufmann und Sammler, in: Ausst.Kat. Private Schätze. Über das Sammeln von Kunst in Hamburg bis 1933, hrsg. von Ulrich Luckhardt und Uwe M. Schneede, Hamburger Kunsthalle, Hamburg: Christians, 2001, S. 62 – 68

Losse (1999)
Losse, Vera: Die französische Medaillen- und Plakettenkunst zur Zeit der Art Nouveau, in: Ulmer, Renate (Hrsg.), Art Nouveau. Symbolismus und Jugendstil in Frankreich, Stuttgart, New York: Arnoldsche, 1999, S. 77 – 88

Lott-Reschke (2001)
Lott-Reschke, Dagmar: »Du holde Kunst, ich danke dir. Henry B. Simms – Kaufmann und Sammler, in: Ausst.Kat. Private Schätze. Über das Sammeln von Kunst in Hamburg bis 1933, hrsg. von Ulrich Luckhardt und Uwe M. Schneede, Hamburger Kunsthalle, Hamburg: Christians Verlag, 2001, S. 62 – 68

Luckhardt (1994)
Luckhardt, Ulrich: »...diese der edlen Kunst gewidmeten Hallen«. Zur Geschichte der Hamburger Kunsthalle, Hamburg: Kunsthalle, 1994

Luckhardt (1997, Corinth)
Luckhardt, Ulrich: Lovis Corinth und die Hamburger Kunsthalle, Stuttgart: Hatje, 1997

Luckhardt (1997, Sammeln)
Luckhardt, Ulrich: Vom privaten zum öffentlichen Sammeln, in: Schneede, Uwe M. / Leppien, Helmut R., Die Hamburger Kunsthalle, Leipzig: Seemann, 1997, S. 20 – 24

Luckhardt (2001, Behrens)
Luckhardt, Ulrich: Eduard L. Behrens und Theodor E. Behrens. Sammeln moderner Kunst in zwei Generationen, in: Ausst.Kat. Private Schätze. Über das Sammeln von Kunst in Hamburg bis 1933, Hamburg: Christians, 2001, S. 35 – 43

Luckhardt (2001, Kleines Lexikon)
Luckhardt, Ulrich: Kleines Lexikon der Hamburger Sammler, in: Ausst.Kat. Private Schätze. Über das Sammeln von Kunst in Hamburg bis 1933, hrsg. von Ulrich Luckhardt und Uwe M. Schneede, Hamburg: Christians, 2001, S. 214 – 253

Luckhardt (2003)
Luckhardt, Ulrich: »Ächte unverválschte Hodler«. Der Museumsdirektor, der Maler und die Stadt, in: Ausst.Kat. Ferdinand Hodler zum 150. Geburtstag. Gemälde aus Schweizer Sammlungen, Hamburg: Ernst Barlach Haus, 2003, S. 25 – 29

Luckhardt (2004)
Luckhardt, Jochen (Hrsg.): Das Herzog Anton Ulrich-Museum und seine Sammlungen. 1578 – 1754 – 2004, München: Hirmer, 2004

Luckhardt (2004, Corinth)
Luckhardt, Ulrich: »... doch glaubt man seinen Gesichtern nicht«. Lovis Corinth und Alfred Lichtwark, eine schwierige Beziehung, in: Ausst.Kat. Ich, Lovis Corinth. Die Selbstbildnisse, Ostfildern-Ruit: Hatje-Cantz, 2004, S. 55 – 58

Luckhardt (2006)
Luckhardt, Ulrich: »Eine ganz neue Welt öffnete sich dem Herzen« – Die Hamburger Blumenmalerinnen Helene und Molly Cramer und ihr Förderer Alfred Lichtwark, in: Ausst.Kat. Künstlerinnen der Avantgarde in Hamburg zwischen 1890 und 1933, Bd. 1, Bremen: Hachmannedition, 2006, S. 13 – 28

Luckhardt (2009)
Luckhardt, Ulrich: »...zum Ruhme Hamburgs« – Alfred Lichtwarks Sammlung von Bildern aus Hamburg und die Künstler aus Deutschland, in: Ausst.Kat. Hamburger Ansichten. Maler sehen die Stadt, Köln: Wienand, 2009, S. 12 – 18

Lüttichau (1992)
Lüttichau, Mario von: Die moderne Galerie Thannhauser in München, in: Junge, Henrike (Hrsg.), Avantgarde und Publikum. Zur Rezeption avantgardistischer Kunst in Deutschland 1905 – 1933, Köln, Weimar, Wien: Böhlau, 1992, S. 299 – 306

Lullies / Schiering (1988)
Lullies, Reinhard / Schiering, Wolfgang (Hrsg.): Archäologenbildnisse. Portraits und Kurzbiographien von Klassischen Archäologen deutscher Sprache, Mainz: Zabern, 1988

Lux (1907)
Lux, Joseph August: Der »Deutsche Werkbund«, in: Kunstwart, 21. Jg., 2. Novemberheft, 1907, S. 270 – 272
Lyra-Wex (1987)
Lyra-Wex, Marianne: Der Deutsche Künstlerbund. Die Jahre vor dem Ersten Weltkrieg, in: Ausst.Kat. Deutscher Künstlerbund, 35. Jahresausstellung, Bremen 1987, S. 192ff.
Lyra-Wex (1988)
Lyra-Wex, Marianne: Die Gründung des Deutschen Künstlerbundes, in: Ausst.Kat. Deutscher Künstlerbund, 36. Jahresausstellung 1988, Stuttgart 1988, S. 27 – 33
M. (1908)
M., F. S.: A. Lichtwark: »Vom Arbeitsfeld des Dilettantismus« und »Blumenkultus; Wilde Blumen«. Volksausgaben, Bruno Cassirer, Berlin 1907, in: Kunstgewerbeblatt, N.F., 19, 1908, S. 138 – 139
Mackowsky (1905/06)
Mackowsky, Hans: Tschudi, ein Jahrhundert deutscher Kunst, in: Kunst und Künstler, 4. Jg., 1905/06, S. 489f.
März (1999)
März, Roland: Porträt eines Weltmannes. Edvard Munch malt Harry Graf Kessler in Weimar, in: Ausst.Kat. Aufstieg und Fall der Moderne, Kunstsammlungen zu Weimar, Ostfildern: Hatje Cantz, 1999, S. 182 – 193
Mahler-Werfel (1997)
Mahler-Werfel, Alma: Tagebuch-Suiten 1898 – 1902, hrsg. von Antony Beaumont und Susanne Rode-Breymann, Frankfurt/M.: Fischer, 1997
Mahnkopf (2007)
Mahnkopf, Johanna: Erwerbspolitik unter Alfred Lichtwark. Der Ankauf der Sammlung Hudtwalcker-Wesselhoeft und ihr Einfluß auf die Sammlungsentwicklung der Hamburger Kunsthalle, Magisterarbeit, Universität Hamburg, 2007
Mai (2004)
Mai, Ekkehard: Hermann Freihold Plüddemann. Maler und Illustrator zwischen Spätromantik und Historismus (1809 – 1868). Ein Werkverzeichnis, Köln: Böhlau, 2004
Makus (1999)
Makus, Horst: Keramik – Episoden, Entwicklungen und Eindrücke, in: Ulmer, Renate (Hrsg.), Art Nouveau. Symbolismus und Jugendstil in Frankreich, Stuttgart, New York: Arnoldsche, 1999, S. 167 – 200
Maltzahn-Reding (2005)
Maltzahn-Redling, Jacqueline: Leopold von Kalckreuth. Eine Wiederentdeckung, in: Maltzahn-Redling, Jacqueline / Howoldt, Jenns E., Leopold von Kalckreuth. Poetischer Realist, Hamburg: Kunsthalle, 2005, S. 7 – 38
Maltzahn-Reding / Howoldt (2005)
Maltzahn-Redling, Jacqueline / Howoldt, Jens E.: Leopold von Kalckreuth. Poetischer Realist, Hamburg: Kunsthalle, 2005
Marcks (1914)
Marcks, Erich: Alfred Lichtwark und sein Lebenswerk, Leipzig: Quelle & Meyer, 1914
Marcks (1922)
Marcks, Erich: Alfred Lichtwark, in: Männer und Zeiten. Aufsätze und Reden zur neueren Geschichte, Bd. II, Leipzig: Quelle & Meyer, (6)1922, S. 75 – 90
Martens (1927)
Martens, Bella: Meister Francke, Hamburg: Friederichsen, 1927
Matthes (2001)
Matthes, Olaf: Bode – Tschudi – Lichtwark, in: Ausst.Kat. Private Schätze. Über das Sammeln von Kunst in Hamburg bis 1933, hrsg. von Ulrich Luckhardt und Uwe M. Schneede, Hamburger Kunsthalle, Hamburg: Christians, 2001, S. 15 – 21
Matthies-Masuren (1907)
Matthies-Masuren, Fritz: Künstlerische Photographie. Entwicklung und Einfluß in Deutschland, Vorwort und Einleitung von Alfred Lichtwark, Berlin: Marquardt, 1907
Mehnert (1992)
Mehnert, Karl-Heinz: Max Klinger und Johannes Brahms. Begegnungen und Briefe, in: Ausst.Kat. Max Klinger, Städelsches Kunstinstitut u.a., Leipzig: Ed. Leipzig, 1992
Meier (1986)
Meier, Nikolaus: Die Stadt Basel den Werken der Kunst. Konzepte und Entwürfe für das Kunstmuseum Basel 1906 – 1932, Basel: Merian, 1986

Meier-Graefe (2002)
Meier-Graefe, Julius: Kunst ist nicht für die Kunstgeschichte da. Briefe und Dokumente, hrsg. und kommentiert von Catherine Krahmer unter Mitwirkung von Ingrid Grüninger, Göttingen: Wallstein, (2)2002 (77. Veröffentlichung der Deutschen Akademie für Sprache und Dichtung)

Melhop (1895)
Melhop, Wilhelm: Historische Topographie der Freien und Hansestadt Hamburg von 1880 – 1895, Hamburg: Manke, 1895

Melle (1923)
Melle, Werner von: Dreißig Jahre Hamburger Wissenschaft 1891 – 1921. Rückblicke und persönliche Erinnerungen, Hamburg: Broschek, 1923

Melle (1928)
Melle, Werner von: Jugenderinnerungen, Hamburg, Braunschweig, Berlin: Westermann, o.J. [1928]

Menzel (1907)
Menzel, Th.: Festschrift in Veranlassung des 40-jährigen Bestehens des Hamburger Gewerbe-Vereins, begründet durch die Hamburgische Gesellschaft zur Beförderung der Künste und nützlichen Gewerbe, 1867 – 1907, Hamburg: Lührs, 1907

Menzel (2009)
Menzel, Adolph: Briefe, 4 Bde., hrsg. von Claude Keisch und Marie Ursula Riemann-Reyher, Berlin: Deutscher Kunstverlag, 2009 (Deutscher Verein für Kunstwissenschaft. Quellen zur deutschen Kunstgeschichte vom Klassizismus bis zur Gegenwart, Bd. 6)

Metzler Kunsthistoriker Lexikon:
Metzler Kunsthistoriker Lexikon. Zweihundert Portraits deutschsprachiger Autoren aus vier Jahrhunderten von Peter Betthausen, Peter H. Feist und Christiane Fork unter Mitarbeit von Karin Rührdanz und Jürgen Zimmer, Stuttgart, Weimar: Metzler, 1999

Meyer (1913)
Meyer, Johannes: Hamburger Bildnisse, mit einem begleitenden Text von Dr. Johannes Meyer, Vorwort von Alfred Lichtwark, hrsg. vom Kunstverein in Hamburg, Hamburg: Meissner, 1913

Meyer (1991)
Meyer, Theo: Nietzsche. Kunstauffassung und Lebensbegriff, Tübingen: Francke, 1991

Meyer-Tönnesmann (1985)
Meyer-Tönnesmann, Carsten: Der Hamburgische Künstlerclub von 1897, Hamburg: Christians, 1985

Meyer-Tönnesmann (1997)
Meyer-Tönnesmann, Carsten: »Meine Herren, malen Sie hamburgische Landschaft!«. Der Hamburgische Künstlerclub von 1897 und Alfred Lichtwark, in: Ausst.Kat. Der Hamburgische Künstlerclub von 1897, Hundert Jahre danach, Hamburger Kunsthalle, Fischerhude: Verlag im Bauernhaus, 1997, S. 7 – 16

Michael (1898)
Michael, Joseph: Protest Hamburger Künstler gegen Prof. Alfred Lichtwark's Vortrag über »Hamburgische Kunst« gelegentlich der Frühjahrsausstellung von 1898, Berlin: Walther, 1898

Moeller (1989)
Moeller, Gisela: Peter Behrens und die Reform des Hausgartens, in: Rheinische Heimatpflege, 26. Jg., N.F., 1989, S. 241 – 255

Moeller (1991)
Moeller, Gisela: Peter Behrens in Düsseldorf. Die Jahre von 1903 bis 1907, Weinheim: VCH, 1991

Moeller (1950)
Moeller, Kurt Detlev: Ein Pionier der historischen Methode. Zur Erinnerung an Ernst Bernheim, in: Hamburgische Geschichts- und Heimatblätter, hrsg. vom Vorstand des Vereins für Hamburgische Geschichte, 13. Jg., Nr. 4, Juli 1950, S. 121 – 125

Moeller (2002)
Moeller, Gisela: Der Neptunbrunnen von Reinhold Begas in Berlin, in: Jahrbuch der Berliner Museen, Bd. 44, Berlin: Mann, 2002, S. 129 – 165.

Mönckeberg (1914, Lichtwark)
Mönckeberg, Carl: Lichtwark, der Politiker. (Zum Gedächtnis Alfred Lichtwarks), in: Hamburgische Zeitschrift für Heimatkultur, 6. Jg., 1914, Februar, S. 2 – 4

Mönckeberg (1917a)
Mönckeberg, Carl: Hamburg vor und nach dem Kriege. Hanseatische Studien, Stutt-

gart, Berlin: Deutsche Verlags-Anstalt, 1917

Mönckeberg (1917b)
Mönckeberg, Carl: Hamburg ohne Lichtwark, in: ders., Hamburg vor und nach dem Kriege. Hanseatische Studien, Stuttgart, Berlin: Deutsche Verlags-Anstalt, 1917, S. 72 – 74

Mönninger (1998)
Mönninger, Michael: Vom Ornament zum Nationalkunstwerk. Die Kunst- und Architekturtheorie Camillo Sittes, Braunschweig: Vieweg, 1998

Mosel (2006)
Mosel, Wiebke Annkatrin: Albert Erbe (1868 – 1922). Zehn Jahre Stadtbaumeister im Hamburger Hochbauamt, in: Schädel, Dieter (Hrsg.), »Wie das Kunstwerk Hamburg entstand« – Von Wimmel bis Schumacher. Hamburger Stadtbaumeister, Hamburg: Dölling und Galitz, 2006, S. 80 – 95

Müller (1905)
Müller, Arthur Konrad: Alfred Lichtwark, in: Nord und Süd, 29. Jg., Bd. 114, 1905, S. 183 – 193

Mundt (1990)
Mundt, Barbara: Handarbeit und Massenware. Julius Lessing vor dem Problem des Industrial Design, in: Festschrift für Peter Bloch zum 11. Juli 1990, hrsg. von Hartmut Krohm und Christian Theuerkauff, Mainz: Zabern, 1990, S. 383 – 390

Mundt (1995)
Mundt, Barbara: Julius Lessing und Justus Brinckmann, in: Jahrbuch des Museums für Kunst und Gewerbe Hamburg, Bd. 14, 1995, S. 97 – 102

Museen als Volksbildungsstätten
Die Museen als Volksbildungsstätten. Ergebnisse der 12. Konferenz der Centralstelle für Arbeiter-Wohlfahrtseinrichtungen, Berlin: Heymann, 1904 (Schriften der Centralstelle für Arbeiter-Wohlfahrtseinrichtungen, Nr. 25)

Muthesius (1975)
Muthesius, Hermann: Die Bedeutung des Kunstgewerbes. Vortrag, Handelshochschule Berlin, 1907, in: Zwischen Kunst und Industrie. Der Deutsche Werkbund, München: Neue Sammlung, 1975, S. 39 – 50

Muther (1887/88)
Muther, Richard: Die internationale Kunstausstellung in München, in: Zeitschrift für Bildende Kunst, 23. Jg., 1887/88, I: S. 284 – 292, II: S. 308 – 314, III: S. 329 – 339

Muther (1895)
Muther, Richard: Makartbouquet und Blumenstrauss, in: Neue deutsche Rundschau, Heft 2, 6. Jg. 1895, S. 192 – 194

Muther (1900)
Muther, Richard: Studien und Kritiken, Bd. I, Wien: Wiener Verlag, (3)1900

Muther (1914, Bd. 2)
Muther, Richard: Geschmacksverbildung, in: ders., Aufsätze über bildende Kunst, 3 Bde., Bd. 2: Betrachtungen und Eindrücke, Berlin: Ladyschinkow, 1914, S. 139 – 144

Muther (1914, Bd. 3)
Muther, Richard: Bayersdorfer, in: ders., Aufsätze über bildende Kunst, 3 Bde., Bd. 3: Bücher und Reisen, Berlin: Ladyschinkow, 1914, S. 95 – 100

Muther (1893/94)
Muther, Richard: Geschichte der Malerei im XIX. Jahrhundert, 3 Bde., München: Hirth, 1893/94

Mutzenbecher (1968)
Mutzenbecher, Heinrich: Unsere Eltern inmitten ihrer Hamburger Umwelt, 1883 – 1913. Erinnerungen und Aufzeichnungen eines Achtzigjährigen, Hamburg: Privatdruck, 1968

Muysers (2001)
Muysers, Carola: Das bürgerliche Portrait im Wandel. Bildnisfunktionen und -auffassungen in der deutschen Moderne 1860 – 1900, Hildesheim: Olms, 2001

Naumann (1964)
Naumann, Friedrich: Das Bismarckdenkmal in Hamburg, in: ders., Werke, Bd. 6, Köln, Opladen 1964, S. 98f.

Neidhardt (1997)
Neidhardt, Hans Joachim: Deutsche Malerei des 19. Jahrhunderts, Leipzig: Seemann, 1997

Nerdinger (1988)
Nerdinger, Winfried: Theodor Fischer. Architekt und Städtebauer, Berlin: Ernst & Sohn, 1988

Nerdinger / Mai (1994)
Nerdinger, Winfried / Mai, Ekkehard (Hrsg.): Wilhelm Kreis. Architekt zwischen Kaiserreich und Demokratie 1873–1955, München, Berlin: Klinckhardt und Biermann, 1994

Neteler (1995)
Neteler, Theo: Verleger und Herrenreiter. Das ruhelose Leben des Alfred Walter Heymel, Göttingen: Edition Paperkorn, 1995

Neumann (1896)
Neumann, Carl: Der Kampf um die Neue Kunst, Berlin: Walther, 1896

Niemann (1991)
Niemann, Roger: Le renouveau culturel et pédagogique à Hambourg de 1886 à 1914. Alfred Lichtwark et ses contemporains, 2 Bde., Lille: Universität Lille, 1991

Nierhoff (2002)
Nierhoff, Barbara: Der Künstlerstreit 1911 – eine Chronologie, in: Ausst.Kat. Van Gogh: Felder. Das Mohnfeld und der Künstlerstreit, Ostfildern-Ruit: Hatje Cantz, 2002, S. 148–153

Nissen (1922)
Nissen, Benedikt Momme: Einführung zur Neuausgabe, in: [Langbehn, Julius,] Rembrandt als Erzieher. Von einem Deutschen, 50.–55. Auflage, autorisierte Neuausgabe, Leipzig: Hirschfeld, 1922

Nissen (1926)
Nissen, Benedikt Momme: Der Rembrandtdeutsche Julius Langbehn, Freiburg/Br.: Herder & Co., (2)1926

Nohl (1959)
Nohl, Hermann: Ludwig Pallat, in: Pallat, Ludwig, Richard Schöne. Generaldirektor der Königlichen Museen zu Berlin. Ein Beitrag zur Geschichte der preußischen Kunstverwaltung 1872–1905, hrsg. von Paul Ortwin Rave, Berlin: De Gruyter, 1959, S. 395–397

Nolde (1967)
Nolde, Emil: Jahre der Kämpfe (1902–1914), Köln: DuMont, (3)1967

Oesert (1993)
Oesert, Sybille: Die Realisierung des Erweiterungsbaus der Hamburger Kunsthalle, Typoskript, Magisterabeit, Universität Hamburg, 1993

Oettermann (1980)
Oettermann, Stephan: Das Panorama. Die Geschichte eines Massenmediums, Frankfurt/M.: Syndikat, 1980

Osborn (1994)
Osborn, Max: Berlin 1870–1929. Der Aufstieg zur Weltstadt, Berlin: Mann, 1994

Ostwald (1930)
Ostwald, Hans: Das Liebermann-Buch, Berlin: Franke, 1930

Otto (1993)
Otto, Gunter: Das Reformwerk Justus Brinckmanns. Vortrag gehalten anläßlich des Justus Brinckmann Symposions zum 150. Geburtstag des Gründers des Museums für Kunst und Gewerbe Hamburg, 20.–23. Mai 1993, Hamburg: o.V., o.J. (Sonderdruck, Museum für Kunst und Gewerbe, 1993)

Pallat (1959)
Pallat, Ludwig: Richard Schöne. Generaldirektor der königlichen Museen zu Berlin. Ein Beitrag zur Geschichte der preußischen Kunstverwaltung 1872–1905, hrsg. von Paul Ortwin Rave, Berlin: De Gruyter, 1959

Paret (1981)
Paret, Peter: Die Berliner Sezession. Moderne Kunst und ihre Feinde im kaiserlichen Deutschland, Berlin 1981

Paret (1981, Tschudi)
Paret, Peter: The Tschudi-Affair, in: Journal of Modern History, 53. Jg., Nr. 4, Dezember 1981, S. 589–618

Parker (1904)
Parker, Gill: Das Ruskin-Museum in Sheffield. Ein Museum für die Bildung des Volkes, in: Die Museen als Volksbildungsstätten. Ergebnisse der 12. Konferenz der Centralstelle für Arbeiter-Wohlfahrtseinrichtungen, Berlin: Heymann, 1904 (Schriften der Centralstelle für Arbeiter-Wohlfahrtseinrichtungen, Nr. 25), S. 71–85

Paul (1988)
Paul, Barbara: Drei Sammlungen französischer impressionistischer Kunst im kaiserlichen Berlin – Bernstein, Liebermann, Arnhold, in: Zeitschrift des Deutschen Vereins für Kunstwissenschaft, Sammler der frühen Moderne, Bd. 42, Heft 3, 1988, S. 11–30

Paul (1993)
Paul, Barbara: Hugo von Tschudi und die moderne französische Kunst im Deutschen Kaiserreich, Mainz: Zabern (Berliner Schriften zur Kunst, Bd. 4), 1993
Paul (1994)
Paul, Barbara: Internationaler Naturalismus und skandinavische Kunst. Zur Aufnahme skandinavischer Malerei in Deutschland in den 1890er Jahren, in: Konsthistorisk Tidskrift, LXIII, Heft 2, 1994, S. 79–101
Pauli (1908)
Pauli, Gustav: Die Sammlung der Medaillen und Plaketten in der Kunsthalle, in: Jahrbuch der bremischen Sammlungen, 1. Jg., 1. Halbbd., 1908
Pauli (1912)
Pauli, Gustav: Die Aufgaben eines modernen Kunstmuseums, öffentlicher Vortrag gehalten am 29. März 1912 im Casino zu Bremen, Bremen: Leuwer, 1912
Pauli (1914/15)
Pauli, Gustav: Justus Brinckmann, in: Kunst und Künstler, 13. Jg., 1914/15, S. 376
Pauli (1917)
Pauli, Gustav: Der Verein von Kunstfreunden von 1870, in: Die literarische Gesellschaft 3, 1917, S. 231–236
Pauli (1919, Kunstmuseum)
Pauli, Gustav: Das Kunstmuseum der Zukunft, in: Die Kunstmuseen und das deutsche Volk, hrsg. vom Deutschen Museumsbund, München: Kurt Wolff, 1919, S. 3–19
Pauli (1919, Lehraufgabe)
Pauli, Gustav: Die Lehraufgabe der Kunsthalle, in: Hamburgische Zeitschrift für Heimatkultur, 1919, Heft 1/2, S. 1ff.
Pauli (1922/23)
Pauli, Gustav: Lichtwarks Briefe an die Kommission für die Verwaltung der Hamburger Kunsthalle, in: Kunst und Künstler, 21. Jg., 1922/23, S. 13ff., 48ff.
Pauli (1924)
Pauli, Gustav: Alfred Lichtwark, in: Reisebriefe. Briefe an die Kommission für die Verwaltung der Kunsthalle, in Auswahl mit einer Einleitung hrsg. von Gustav Pauli, 2 Bde., Bd. 1, Hamburg: Westermann, (2)1924, S. 5–70
Pauli (1925)
Pauli, Gustav: Lichtwark, Alfred Danger, in: Deutsches Biographisches Jahrbuch, Überleitungsbd. I, 1914–1916, Berlin, Leipzig 1925, S. 65
Pauli (1936)
Pauli, Gustav: Erinnerungen aus sieben Jahrzehnten, Tübingen: Wunderlich, (6)1936
Pecht (1877/79)
Pecht, Friedrich: Deutsche Künstler des neunzehnten Jahrhunderts, 2 Bde., Nördlingen: Beck, 1877/79
Pecht (1894)
Pecht, Friedrich: Aus meiner Zeit. Lebenserinnerungen, 2 Bde., München: Verlagsanstalt für Kunst und Wissenschaft, 1894
Perlen der Kunsthalle (1888)
Perlen der Kunsthalle, 20 Photographien, Hamburg: Döring, 1888
Peters (2000)
Peters, Dorothea: »Photographie als Lehr- und Genussmittel«. Zur frühen Kunstreproduktion durch Fotografien. Wilhelm Bode und die Photographische Kunstanstalt Adolphe Braun in Dornach, in: Fotogeschichte, Heft 75, 2000, S. 3–32
Pevsner (1971)
Pevsner, Nikolaus: Der Beginn der modernen Architektur und des Design, Köln: DuMont, 1971
Pfeifer (1990)
Pfeifer, Hans-Georg (Hrsg.): Peter Behrens. »Wer aber will sagen, was Schönheit sei?« Grafik, Produktgestaltung, Architektur, Düsseldorf: Beton-Verlag, 1990
Pfingsthorn (1928)
Pfingsthorn, Carl: Eine obersächsische Familie Bach in Hamburg, in: Zeitschrift der Zentralstelle für Niedersächsische Familiengeschichte, 10. Jg., Nr. 12, Dezember 1928, S. 217–219.
Pflugmacher (2001)
Pflugmacher, Birgit: Max Liebermann. Sein Briefwechsel mit Alfred Lichtwark, Diss., Typoskript, Hamburg 2001 (Hamburger Kunsthalle, Bibliothek)
Pieler (1994)
Pieler, Peter-Hubertus: »Mit uns zieht die neue Zeit«. Der Verleger Alfred Janßen und die Reformbewegung, Herzberg: Bautz, 1994

Plagemann (1984)
Plagemann, Volker (Hrsg.): Industriekultur in Hamburg. Des Deutschen Reiches Tor zur Welt, München: Beck, 1984

Plagemann (1986)
Plagemann, Volker: »Vaterstadt, Vaterland, schütz Dich Gott mit starker Hand«. Denkmäler in Hamburg, Hamburg: Christians, 1986

Plagemann (1995)
Plagemann, Volker: Kunstgeschichte der Stadt Hamburg, Hamburg: Junius, 1995

Plagemann (1997)
Plagemann, Volker: »Wir wollen nicht ein Museum, das dasteht und wartet«. Lichtwark als Kulturpolitiker, in: Schneede, Uwe M. / Leppien, Helmut R., Die Hamburger Kunsthalle, Leipzig: Seemann, 1997, S. 38 – 39

Platte (1967)
Platte, Hans: 150 Jahre Kunstverein in Hamburg, 1817 – 1967, Hamburg: o.V., 1967 (Schriften des Kunstvereins in Hamburg)

Ploder (1998)
Ploder, Josef: Heinrich von Geymüller und die Architekturzeichnung, Werk, Wirkung und Nachlaß eines Renaissance-Forschers, Wien, Köln, Weimar: Böhlau, 1998

Pophanken (1995)
Pophanken, Andrea: Graf Schack als Kunstsammler. Private Kunstförderung in München (1857 – 1874), München: Scaneg, 1995 (Beiträge zur Kunstwissenschaft, Bd. 60)

Pophanken / Billeter (2001)
Pophanken, Andrea / Billeter, Felix (Hrsg.): Die Moderne und ihre Sammler. Französische Kunst in deutschen Privatbesitz vom Kaiserreich zur Weimarer Republik, Berlin: Akademie Verlag, 2001 (Passagen/Passages, Deutsches Forum für Kunstgeschichte/Centre allemand d'histoire de l'art, Bd. 3)

Popowski (2006)
Popowski, Matthias von: Franz Andreas Meyer (1837 – 1901). Oberingenieur und Leiter des Ingenieurswesens von 1872 – 1901, in: Schädel, Dieter (Hrsg.), »Wie das Kunstwerk Hamburg entstand« – Von Wimmel bis Schumacher. Hamburger Stadtbaumeister, Hamburg: Dölling und Galitz, 2006, S. 64 – 79

Poppendieck (1992)
Poppendieck, Hans-Helmut: Der erste Museums-Bauerngarten, in: Die Gartenkunst, 4. Jg., 1992, Heft 1, S. 79 – 99

Poppendieck (2006)
Poppendieck, Hans-Helmut: Phalaenopsis schilleriana und das Hamburger Orchideenfieber des 19. Jahrhunderts, in: Ausst.Kat. Die unaufhörliche Gartenlust. Hamburgs Gartenkultur von Barock bis ins 20. Jahrhundert, Museum für Hamburgische Geschichte, Ostfildern: Hatje Cantz, 2006, S. 218 – 227

Präffke (1986)
Präffke, Hans: Der Kunstbegriff Alfred Lichtwarks, Diss., Hildesheim: Olms, 1986

Preiß (1993)
Preiß, Achim: Das Museum und seine Architektur. Wilhelm Kreis und der Museumsbau in der ersten Hälfte des 20. Jahrhunderts, Alfter: Verlag und Datenbank für Geisteswissenschaften, 1993

Preiß (2010)
Preiß, Achim: Der neue Bau des Museum Folkwang 1929, in: »Das schönste Museum der Welt«. Museum Folkwang bis 1933, Göttingen: Steidl, 2010 (Folkwang Texte, Bd. I), S. 157 – 172

Presse Ausstellung Stockholm (1909)
Utställningens främande hedersgäster, in: Aftonbladet, Stockholm, 5. Juni 1909 (Archiv Kungliga Biblioteket, Stockholm)

Pucks (1992, Kollmann)
Pucks, Stefan: Albert Kollmann – Ein Leben für die Kunst, in: Junge, Henrike (Hrsg.), Avantgarde und Publikum. Zur Rezeption avantgardistischer Kunst in Deutschland 1905 – 1933, Köln, Weimar, Wien: Böhlau, 1992, S. 199 – 205

Pucks (1992, Rathenau)
Pucks, Stefan: Walther Rathenau als Kunstsammler, in: Junge, Henrike (Hrsg.), Avantgarde und Publikum. Zur Rezeption avantgardistischer Kunst in Deutschland 1905 – 1933, Köln, Weimar, Wien: Böhlau, 1992, S. 253 – 259

Raabe (1992)
Raabe, Paul: Bibliosibirsk oder Mitten in Deutschland. Jahre in Wolfenbüttel, Zürich: Arche, 1992

Rathenau / Lichtwark (1912)
Rathenau, Walther / Lichtwark, Alfred: Der rheinische Bismarck, Berlin: Fischer, 1912
Rave (1940)
Rave, Paul Ortwin: Karl Blechen. Leben, Würdigungen, Werk, Berlin: Deutscher Verein für Kunstwissenschaft, 1940
Reich (1966)
Reich, Alfred: Gärten, die wir lieben, München: Bruckmann, 1966
Reising (1976)
Reising, Gert: Kunst, Industrie und Gesellschaft. Gottfried Semper in England, in: Gottfried Semper und die Mitte des 19. Jahrhunderts: Symposion vom 2.–6. Dezember 1974, veranstaltet durch das Institut für Geschichte und Theorie der Architektur an der Eidgenössischen Technischen Hochschule Zürich, Basel, Stuttgart: Birkhäuser, 1976, S. 49–66
Reising (ca. 1984)
Reising, Gert: Das Museum als Öffentlichkeitsform und Bildungsträger bürgerlicher Kultur, unter besonderer Berücksichtigung der Entwicklungsgeschichte des South Kensington Museums in London, Diss., Darmstadt: Roether, o.J. [ca. 1984] (Darmstädter Beiträge zur Kulturgeschichte, 1)
Reitsam / Valentien (1996)
Reitsam, Charlotte / Valentien, Christoph: Alfred Lichtwark, in: Garten und Landschaft, 2/1996, Bd. 106, S. 37–40
Reuther (2011)
Reuther, Silke: Ernst Georg Harzen. Kunsthändler, Sammler und Begründer der Hamburger Kunsthalle, Berlin, München: Deutscher Kunstverlag, 2011
Riesman (1958)
Riesman, David: Die einsame Masse. Eine Untersuchung der Wandlungen des amerikanischen Charakters, Hamburg: Rowohlt, 1958
Riley / Bergdoll (2001)
Riley, Terence / Bergdoll, Barry: Mies in Berlin. Ludwig Mies van der Rohe. Die Berliner Jahre 1907–1938, München, London, New York: Prestel, 2001
Rilke (1996)
Rilke, Rainer Maria: Worpswede, in: ders., Werke, kommentierte Ausgabe in vier Bänden, Bd. 4, Frankfurt/M., Leipzig: Insel, 1996, S. 305–400
Ring (2010)
Ring, Christian: Gustav Pauli und die Hamburger Kunsthalle, 2 Bde., Berlin, München: Deutscher Kunstverlag, 2010 (Forschungen zur Geschichte der Hamburger Kunsthalle, Bd. I)
Robinson (1894)
Robinson, William: The Wild Garden or the Naturalization and Natural Grouping of Hardy Exotic Plants; with a Chapter on the Garden of British Wild Flowers, London: Murray, (4)1894
Röhl (2002)
Röhl, John C. G.: Kaiser, Hof und Staat. Wilhelm II. und die deutsche Politik, München: Beck, 2002
Roettig (2007)
Roettig, Petra: Zeit und Ruhm – Max Klinger und Alfred Lichtwark, in: Ausst.Kat. Eine Liebe. Max Klinger und die Folgen, Bielefeld, Leipzig: Kerber, 2007, S. 62–66
Rosenberg (1901)
Rosenberg, Adolf: Prell, Bielefeld, Leipzig: Velhagen und Klasing, 1901 (Künstler-Monographien, 53)
Roth (1995)
Roth, Fedor: Adolf Loos und die Idee des Ökonomischen, Wien: Deuticke, 1995
Rott (2009)
Rott, Herbert W.: Sammlung Schack. Katalog der ausgestellten Werke, hrsg. von den Bayerischen Staatsgemäldesammlungen, München, Ostfildern: Hatje Cantz, 2009
Rump (1912)
Rump, Ernst: Lexikon der bildenden Künstler Hamburgs, Altonas und der näheren Umgebung, Hamburg: o.V., 1912 (Reprint Hamburg: Könnecke, 1980)
Salzmann (1992)
Salzmann, Siegfried: Gustav Pauli und das moderne Kunstmuseum, in: Junge, Henrike (Hrsg.), Avantgarde und Publikum. Zur Rezeption avantgardistischer Kunst in Deutschland 1905–1933, Köln, Weimar, Wien: Böhlau, 1992, S. 235–242
Sarkowski (1999)
Sarkowski, Heinz: Der Insel-Verlag 1899–1999, Frankfurt, Leipzig: Insel, 1999

Sauder (2006)
Sauder, Gerhard (Hrsg.): Ich male wie ein Wilder. Albert Weisgerber in Briefen und Dokumenten, Blieskastel: Gollenstein, 2006
Savigny (1993)
Savigny, Brigitte von: Otto Eckmann (1885 – 1902). Graphiker und Kunsthandwerker, Diss., Universität Freiburg, 1993
Schaar (1991)
Schaar, Eckhard (Hrsg.): Alfred Lichtwark. Erziehung des Auges. Ausgewählte Schriften, Frankfurt/M.: Fischer, 1991
Schachel (1989)
Schachel, Roland L.: Aufgaben einer Loos-Biographie, in: Ausst.Kat. Adolf Loos, Graphische Sammlung Albertina, Wien, Wien: Graphische Sammlung Albertina, 1989, S. 15 – 40
Schadendorf (1975)
Schadendorf, Wulf: Beiträge zur Rezeption der Kunst des 19. und 20. Jahrhunderts, München: Prestel, 1975
Schädel (2006)
Schädel, Dieter (Hrsg.): »Wie das Kunstwerk Hamburg entstand« – Von Wimmel bis Schumacher. Hamburger Stadtbaumeister, Hamburg: Dölling und Galitz, 2006, S. 46 – 63
Schädel (2006, Zimmermann)
Schädel, Dieter: Carl Johann Christian Zimmermann (1831 – 1911). 36 Jahre Leiter des Hamburger Hochbauamtes, in: Schädel, Dieter (Hrsg.), »Wie das Kunstwerk Hamburg entstand« – Von Wimmel bis Schumacher. Hamburger Stadtbaumeister, Hamburg: Dölling und Galitz, 2006, S. 46 – 63
Schaefer (1905/06)
Schaefer, Karl: Nordwestdeutsche Kunstausstellung Oldenburg 1905, in: Deutsche Kunst und Dekoration, 17. Jg., 1905/06, S. 1 – 21, Bildteil S. 22 – 68
Scheffler (1904)
Scheffler, Karl: Die moderne Malerei und Plastik, Berlin: Simion, 1904
Scheffler (1906)
Scheffler, Karl: Max Liebermann, München: Piper, 1906
Scheffler (1906/07)
Scheffler, Karl: Das junge Deutschland, in: Kunst und Künstler, 5. Jg., 1906/07, S. 105 – 122
Scheffler (1907)
Scheffler, Karl: Portraitstudien von Liebermann, in: Kunst und Künstler, 5. Jg., 1907, S. 74 – 78
Scheffler (1909)
Scheffler, Karl: Idealisten, Berlin: Fischer, 1909
Scheffler (1910/11)
Scheffler, Karl: Alfred Lichtwark und die Hamburger Kunsthalle, in: Kunst und Künstler, 10. Jg., 1911/12, S. 3 – 20
Scheffler (1912/13)
Scheffler, Karl: Deutsche Museen moderner Kunst, III. Die Bremer Kunsthalle, in: Kunst und Künstler, 11. Jg., 1912/13, S. 85 – 103
Scheffler (1912/13, Tessenow)
Scheffler, Karl: Heinrich Tessenow, in: Kunst und Künstler, 11. Jg., 1912/13, S. 41 – 53
Scheffler (1917)
Scheffler, Karl: Alfred Lichtwark, in: Alfred Lichtwark. Eine Auswahl seiner Schriften, besorgt von Dr. Wolf Mannhardt, mit einer Einleitung von Karl Scheffler, 2 Bde., Berlin: Cassirer, 1917, Bd. I, S. VII – XXVIII
Scheffler (1920)
Scheffler, Karl: Leben, Kunst und Staat. Gesammelte Essays, Leipzig: Insel, (2)1920
Scheffler (1946)
Scheffler, Karl: Die fetten und die mageren Jahre, Leipzig, München: List, 1946
Schellenberg (1954)
Schellenberg, Carl: Kunstgelehrte und Kenner aus Hamburg, in: Hamburgische Geschichts- und Heimatblätter, 15. Jg., April 1954, Nr. 1, S. 235 – 239
Schellenberg (1955)
Schellenberg, Carl: Justus Brinckmann, in: Neue Deutsche Biographie, Bd. 2, Berlin: Duncker & Humblot, 1955, S. 614f.
Schellenberg (1975)
Schellenberg, Carl: Das alte Hamburg. Eine Geschichte der Stadtentwicklung und Baukunst, dargestellt in Gemälden, Zeichnungen, Stichen und Photos zeitgenössischer Künstler, Hamburg: Christians, 1975
Schickel (1992)
Schickel, Gabriele: Theodor Fischer als Lehrer der Avantgarde, in: Lampugnani, Vittorio Magnago / Schneider, Romana (Hrsg.), Moderne Architektur in Deutschland 1900

bis 1950. Reform und Tradition, Stuttgart: Hatje, 1992, S. 55–67
Schiefler (1897)
Schiefler, Gustav: Die Bewegung gegen die neue Richtung in der Kunst, in: Jahrbuch der Gesellschaft Hamburgischer Kunstfreunde, 5. Jg., 1897, S. 30–36
Schiefler (1898, Landschaft)
Schiefler, Gustav: Die hamburgische Landschaft als Kulturelement, in: Jahrbuch der Gesellschaft Hamburgischer Kunstfreunde, Bd. 4, 1898, S. 31–37
Schiefler (1898, Pan)
Schiefler, Gustav: Der Hamburger Pan. Ein Gespräch zwischen Künstler und Kunstfreund im Restaurant, in: Jahrbuch der Gesellschaft Hamburgischer Kunstfreunde, 4. Jg., 1898, S. 9–15
Schiefler (1899)
Schiefler, Gustav: Hamburgische Kulturaufgaben, Hamburg: Janssen, 1899
Schiefler (1902)
Schiefler, Gustav: Der Kaiser, die neue Kultur und die deutschen Einzelstaaten, Hamburg: Janssen, 1902
Schiefler (1905)
Schiefler, Gustav: Verzeichnis des graphischen Werkes neuerer Hamburgischer Künstler bis 1904, Hamburg: Lütcke & Wulff, 1905
Schiefler (1908)
Schiefler, Gustav: Die Hamburger Kunsthalle, in: Zeitschrift für Bildende Kunst, 19. Jg., 1908, S. 73
Schiefler (1917)
Schiefler, Gustav: Alfred Lichtwark und die Hamburgische Hausbibliothek, in: Die Literarische Gesellschaft, hrsg. von der Literarischen Gesellschaft zu Hamburg, 3. Jg., Heft 7, 1917, S. 217–228
Schiefler (1919)
Schiefler, Gustav: Alfred Lichtwark und Justus Brinckmann, in: Hamburger Kalender 1920, Hamburg: Hartung, 1919, S. 99–103
Schiefler (1978)
Schiefler, Gustav: Lichtwark und Brinckmann, in: Alfred Lichtwark, Justus Brinckmann in seiner Zeit, mit Beiträgen von Erich Lüth und Gustav Schiefler, Hamburg: Christians, 1978 (Veröffentlichung der Lichtwark Stiftung Hamburg, Bd. 18), S. 92–96
Schiefler (1985)
Schiefler, Gustav: Eine Hamburgische Kulturgeschichte 1890–1920. Beobachtungen eines Zeitgenossen, bearbeitet von Gerhard Ahrens, Hans Wilhelm Eckhardt und Renate Hauschildt-Thiessen, Hamburg: Verein für Hamburgische Geschichte, 1985
Schilling (1997)
Schilling, Jörg: »Monumentalität der Wahrheit«. Lichtwark und der Neubau von 1906–1919, in: Schneede, Uwe M. / Leppien, Helmut R., Die Hamburger Kunsthalle, Leipzig: Seemann, 1997, S. 61–77
Schilling (2006)
Schilling, Jörg: »Distanz halten«: das Hamburger Bismarckdenkmal und die Monumentalität der Moderne, Göttingen: Wallstein, 2006
Schleinitz (1993)
Schleinitz, Rotraud: Richard Muther – ein provokativer Kunstschriftsteller zur Zeit der Münchner Sezession, Hildesheim: Olms, 1993
Schlie (2002)
Schlie, Ulrich: Die Nation erinnert sich. Die Denkmäler der Deutschen, München: Beck, 2002
Schlünder (1973)
Schlünder, Inge: Die deutschen Künstler-Steinzeichnungen und die kunstpädagogische Reformbewegung in der Wilhelminischen Ära, Bern, Frankfurt/M.: Lang, 1973 (Europäische Hochschulschriften: Reihe 22, Soziologie, Bd. 8)
Schmid (1911)
Schmid, Max: Hundert Entwürfe aus dem Wettbewerb für das Bismarck-National-Denkmal auf der Elisenhöhe bei Bingerbrück, hrsg. im Auftrage der Denkmals-Ausschüsse, Düsseldorf: Düsseldorfer Verlags-Anstalt, 1911
Schmidt (1952)
Schmidt, Georg: Erfahrungen im neuen Baseler Kunstmuseum, in: Bauen + Wohnen, 1952, Heft 3, S. 117f.
Schmidt-DuMont (1989)
Schmidt-DuMont, Geralde (Hrsg.): Das Kinderbuch in Hamburg um 1900.

Lichtwark, Wolgast und Dehmel und der Umkreis der Kunsterziehungsbewegung. Ausstellung anläßlich des 100jährigen Bestehens des Jugendschriftenausschusses der GEW, Hamburg, 20. Januar bis 25. Februar 1989, Hamburg: o.V., 1989

Schmidt-Ott (1952)
Schmidt-Ott, Friedrich: Erlebtes und Erstrebtes, 1860–1950, Wiesbaden: Steiner, 1952

Schmincke, Carla (2004)
Sammler in Hamburg. Der Kaufmann und Kunstfreund Konsul Eduard Friedrich Weber (1830–1907), Diss., Universität Hamburg, 2004

Schneede (1997)
Schneede, Uwe M. / Leppien, Helmut R.: Die Hamburger Kunsthalle, Leipzig: Seemann, 1997

Schneider (2000)
Schneider, Uwe: Hermann Muthesius und die Reformdiskusssion in der Gartenarchitektur des frühen 20. Jahrhunderts, Worms: Wernersche Verlagsgesellschaft, 2000 (Grüne Reihe. Quellen und Forschungen zur Gartenkunst, hrsg. von Ferdinand Werner, Bd. 21)

Schoell-Glass (2008)
Schoell-Glass, Charlotte / Sears, Elizabeth: Verzetteln als Methode. Der humanistische Ikonologe William S. Heckscher (1904–1999), Berlin: Akademie Verlag, 2008

Schönberger (1967)
Schönberger, Arno: Julius Lessing zum Gedächtnis, in: Berliner Museen, Berichte aus den ehemaligen preußischen Kunstsammlungen, N.F., 17, 1967, S. 26–28

Schreiber (2000)
Schreiber, Monika: Robert Münzel (1859–1917). Leben, Werk und Wirken des Klassischen Philologen und Hamburger Bibliothekdirektors, Göttingen: Duehrkohp & Radicke, 2000

Schuchard (1979)
Schuchard, Jutta: Carl Schäfer (1844–1908). Leben und Werk des Architekten der Neugotik, München: Prestel, 1979

Schug (1964)
Schug, Bert: Valentin Ruths. Ein hamburgischer Landschaftsmaler des neunzehnten Jahrhunderts, in: Jahrbuch der Hamburger Kunstsammlungen, Bd. 9, 1964, S. 75–113

Schule Laeiszstraße (1987)
125 Jahre Schule Laeiszstraße, hrsg. von der Schule Laeiszstraße, [Hamburg: Schule Laeiszstraße,] 1987 (Staatsarchiv, Hamburg)

Schulte-Wülwer (1997)
Schulte-Wülwer, Ulrich / Hedinger, Bernd (Hrsg.): Louis Gurlitt. 1812–1897. Portraits europäischer Landschaften in Gemälden und Zeichnungen, München: Hirmer, 1997

Schulten (2009)
Schulten, Anne: Eros des Nordens. Rezeption und Vermittlung skandinavischer Kunst im Kontext der Zeitschrift Pan, Frankfurt/M. u.a.: Lang, 2009

Schultz (1888)
Schultz, J. Theodor: Die Gemälde der Schwabe-Stiftung in der Hamburger Kunsthalle. Erste größere Sammlung englischer Oelbilder auf dem Continent, in Verbindung mit Werken von ausgewählten deutschen, französischen und belgischen Meistern. Ein historisch-kritischer Gang, Hamburg: Boysen, 1888

Schumacher (1928)
Schumacher, Fritz: Ein Volkspark, dargestellt am Hamburger Stadtpark, München: Callwey, 1928

Schumacher (1935)
Schumacher, Fritz: Stufen des Lebens. Erinnerungen eines Baumeisters, Stuttgart, Berlin: Deutsche Verlagsanstalt, 1935

Schweiger (1998)
Schweiger, Werner J.: Kunsthandel zwischen Sezession und Erstem Weltkrieg, in: ders., »Damit Wien einen ernsten Kunstsalon besitze«. Eine kleine Geschichte der Galerie Miethke unter besonderer Berücksichtigung von Carl Moll als Organisator, in: Belvedere, Wien, 4. Jg., Heft 2, 1998, S. 64–85 (www.kunstarchiv.at/doc/005.html)

Schwietert (1964)
Schwietert, Karl: Streiflichter über Allermöhe und Reitbrook, Reitbrook[: Selbstverlag, 1964] (Staatsarchiv Hamburg, A 640/294)

Secrest (2005)
Secrest, Meryle: Duveen. A Life in Art, Chicago: University of Chicago Press, 2005

Seemann (1998)
Seemann, Birgit-Katharina: Stadt, Bürgertum und Kultur. Kulturelle Entwicklung

und Kulturpolitik in Hamburg von 1839 bis 1933 am Beispiel des Museumswesens, Husum: Matthiesen, 1998
Seidlitz (1884 – 1890)
Seidlitz, Woldemar von: Allgemeines historisches Portraitwerk, München: Verlagsanstalt für Kunst und Wissenschaft, 1884 – 1890
Seidlitz (1892)
Seidlitz, Woldemar von: Anton Springer, in: Zeitschrift für Bildende Kunst, N.F., 3. Jg., 1892, S. 1 – 6, 25 – 31
Seidlitz (1895, Liebermann 1)
Seidlitz, Woldemar von: Max Liebermann, Berlin: Hermann Walther, 1895
Seidlitz (1895, Liebermann 2)
Seidlitz, Woldemar von: Max Liebermann, Sonderabdruck aus den Preußischen Jahrbüchern, hrsg. von Hans Delbrück, Bd. 82, Heft 1, Berlin: Walther, 1895, S. 56 – 70
Seidlitz (1895, Rembrandt)
Seidlitz, Woldemar von: Kritisches Verzeichnis der Radierungen Rembrandts, Leipzig: Seemann, 1895
Seidlitz (1896/97)
Seidlitz, Woldemar von: Hamburger Privatsammlungen, in: Pan, 2. Jg., 1896/97, Heft 3, S. 297 – 298
Seilditz (1897, Malerei)
Seidlitz, Woldemar von: Die Entwickelung der modernen Malerei, Hamburg: Richter, 1897
Seidlitz (1897, Farbenholzschnitt)
Seidlitz, Woldemar von: Geschichte des japanischen Farbenholzschnittes, Dresden: Kühtmann, 1897
Seidlitz (1900)
Seidlitz, Woldemar von: Über Farbengebung, Stuttgart, Berlin: Spemann, 1900
Seidlitz (1901)
Seidlitz, Woldemar von: Die Kunst auf der Pariser Weltausstellung, Leipzig: Seemann, 1901
Seidlitz (1902)
Seidlitz, Woldemar von: Der Wandschmuck. Referat am ersten Kunsterziehungstag, Leipzig: Voigtländer, 1902
Seidlitz (1904)
Seidlitz, Woldemar von: Die Fürsorge für die Kunst, o.O.: o.V., o.J. [handschriftlich datiert 1904] (Hamburger Kunsthalle, Bibliothek)
Seidlitz (1906)
Seidlitz, Woldemar von: Führer durch die deutsche Jahrhundert-Ausstellung Berlin 1906, München: Bruckmann, 1906
Seidlitz (1917)
Seidlitz, Woldemar von: Die Zukunft der Vorbildung unserer Künstler. Aussprüche von Künstlern und Kunstfreunden, Leipzig: Seemann, 1917
Sembach / Schulte (1992)
Sembach, Klaus-Jürgen / Schulte, Birgit (Hrsg.): Henry van de Velde. Ein europäischer Künstler seiner Zeit, Ausst.Kat. Karl Ernst Osthaus-Museum, Hagen u.a., Köln: Wienand, 1992
Semper (1834)
Semper, Gottfried: Vorläufige Bemerkungen über bemalte Architectur und Plastik bei den Alten, Altona: Hammerich, 1834
Semper (1966)
Semper, Gottfried: Wissenschaft, Industrie und Kunst, Neue Bauhausbücher, hrsg. von Hans M. Wingler, Mainz, Berlin: Kupferberg, 1966
Semper Symposion Zürich:
Gottfried Semper und die Mitte des 19. Jahrhunderts. Symposion vom 2. – 6. Dezember 1974, veranstaltet durch das Institut für Geschichte und Theorie der Architektur an der Eidgenössischen Technischen Hochschule Zürich, Basel, Stuttgart: Birkhäuser, 1976
Servaes (1902)
Servaes, Franz: Giovanni Segantini. Sein Leben und sein Werk, Wien: Gerlach, 1902
Sheehan (2002)
Sheehan, James J.: Geschichte der deutschen Kunstmuseen. Von der fürstlichen Kunstkammer zur modernen Sammlung, München: Beck, 2002
Simms (1910)
Simms, Henry: Meine Bilder und einige Aufzeichnungen wie meine Sammlung entstand, Hamburg: o.V., 1910
Simon (1978)
Simon, Hans-Ulrich (Hrsg.): Eberhard von Bodenhausen. Harry Graf Kessler. Ein Briefwechsel 1894 – 1918, Marbach/N.: o.V., 1978 (Marbacher Schriften, 16)

Singer (1922)
Singer, Hans Wolfgang: Briefe von Max Klinger aus den Jahren 1874 – 1918, Leipzig: Seemann, 1922

Sitte (1900)
Sitte, Camillo: Grossstadtgrün, in: Der Lotse. Hamburgische Wochenschrift für deutsche Kultur, 1. Jg., 1900, S. 139 – 140, 225 – 232

Sitte (1998)
Sitte, Camillo: Der Städtebau nach seinen künstlerischen Grundsätzen, vermehrt um »Grossstadtgrün«, Reprint der 4. Auflage von 1909, Braunschweig, Wiesbaden: Vieweg, 1983; unveränderter Nachdruck des Reprints Braunschweig, Wiesbaden: Vieweg, 1998

Sitzungsbericht Kunstgeschichtliche Gesellschaft (1891)
Sitzungsbericht VIII, 1891, in: Sitzungsberichte, Kunstgeschichtliche Gesellschaft zu Berlin, 1891, S. 42 – 46

Sloman (1957)
Sloman, Mary Albers-Schönberg: Erinnerungen, Hamburg: Gesellschaft der Bücherfreunde, 1957

Sørensen (2002)
Sørensen, Bengt Algot: Der skandinavische Kontext der Zeitschrift »PAN«, in: Akten des X. Internationalen Germanistenkongresses Wien 2000: »Zeitenwende – Die Germanistik auf dem Weg vom 20. ins 21. Jahrhundert«, Bd. 12, Bern u.a.: Lang, 2002

Spielmann (1991)
Spielmann, Heinz: Hans Olde und die deutsche Freilichtmalerei im Kontext der deutschen Malerei um 1900, in: Ausst.Kat. Hans Olde und die Freilichtmalerei in Norddeutschland, Cismar 1991, S. 8 – 21

Spickernagel / Walbe (1976)
Spickernagel, Ellen / Walbe, Brigitte: Das Museum. Lernort contra Musentempel, Gießen: Anabas, 1976

Springer (1855)
Springer, Anton: Handbuch der Kunstgeschichte, Stuttgart: Rieger, 1855

Springer (1881)
Springer, Anton: Geschichte der bildenden Künste im neunzehnten Jahrhundert, Leipzig: Brockhaus, (2)1881

Springer (1892)
Springer, Anton: Aus meinem Leben, Berlin: Grote, 1892

Stange (1934)
Stange, Hans: Die St. Jacobi Kirchenschule und ihre Lehrer, Hamburg: Christians, 1934

Stark (1994)
Stark, Barbara: Emil Rudolf Weiß. 1875 – 1942. Monographie und Katalog seines Werkes, hrsg. von der Stadt Lahr, Lahr: Kaufmann, 1994

Stephan (1996)
Stephan, Bärbel: Sächsische Bildhauerkunst: Johannes Schilling, 1828 – 1910, Berlin: Verlag für Bauwesen, 1996

Stephan / Winter (1992)
Stephan, Inge / Winter, Hans Gerd (Hrsg.): »Heil über dir, Hammonia!« Hamburg im 19. Jahrhundert. Kultur, Geschichte, Politik, Hamburg: Dölling und Galitz, 1992

Stielau (1976)
Stielau, Adelheid: Kunst und Künstler im Blickfeld der satirischen Zeitschriften »Fliegende Blätter« und »Punch«. Untersuchungen zur Wirkungsgeschichte der bildenden Kunst in der zweiten Hälfte des neunzehnten Jahrhunderts, Phil. Diss., Aachen, 1976

Streiter-Buscher (2010)
Streiter-Buscher, Heide: Die nichtvollendete Biographie. Fontanes Karl-Blechen-Fragment, in: Berbig, Roland (Hrsg.), Fontane als Biograph, Berlin: de Gruyter, 2010 (Schriften der Fontane-Gesellschaft, Bd. 7), S. 133 – 172

Studemund-Halévy (2011)
Studemund-Halévy, Michael: Im jüdischen Hamburg. Ein Stadtführer von A bis Z, Hamburg: Dölling und Galitz, 2011

Stückelberger (1996)
Stückelberger, Johannes: Rembrandt und die Moderne, München: Fink, 1996

Sturm (1991)
Sturm, Eva: Konservierte Welt. Museum und Musealisierung, Berlin: Reimer, 1991

Sutton (1967)
Sutton, Denys: Bonnard und Vuillard in Hamburg, in: Jahrbuch der Hamburger Kunstsammlungen, Bd. 12, 1967, S. 97 – 110

Syamken (1994)
Syamken, Georg: Alfred Lichtwarks Schadow-Rezeption, in: Ausst.Kat. Johann Gott-

fried Schadow und die Kunst seiner Zeit, Köln: DuMont, 1994, S. 157 – 160

Teeuwisse (1986)
Teeuwisse, Nicolaas: Vom Salon zur Sezession. Berliner Kunstleben zwischen Tradition und Aufbruch zur Moderne 1871 – 1900, Berlin: Dt. Verlag für Kunstwissenschaft, 1986

Tessenow (1906)
Tessenow, Heinrich: Das Bauerndorf im hannoverschen Wendland, in: Leipziger Bauzeitung, Nr. 11, 13.3.1906, S. 85 – 88

Tessenow (1982)
Tessenow, Heinrich: Geschriebenes. Gedanken eines Baumeisters, hrsg. von Otto Kindt, Braunschweig, Wiesbaden: Vieweg, 1982

Thiersch (1961)
Thiersch, Heinz: German Bestelmeyer. Sein Leben und Wirken für die Baukunst, München: Callwey, 1961

Thoma (1928)
Thoma, Hans: Briefwechsel mit Henry Thode, hrsg. von Jos. Aug. Beringer, Leipzig: Koehler & Amelang, 1928

Thurmann (1986)
Thurmann, Peter: Lichtwark schreibt an Hodler, Klimt und Klinger, in: Ausst.Kat. Kunst ins Leben. Alfred Lichtwarks Wirken für die Kunsthalle und Hamburg von 1886 bis 1914, Hamburg: Kunsthalle, 1986, S. 158 – 166

Treu (1897/98)
Treu, Georg: Constantin Meunier, in: Pan, 3. Jg., 1897/98, Heft 2, S. 123 – 130

Treu (1902)
Treu, Georg: Die preisgekrönten Entwürfe zum Bismarck-Denkmal für Hamburg, Hamburg: Strumper, 1902

Treu (1914)
Treu, Georg (Hrsg.): Carl und Felicie Bernstein. Erinnerungen ihrer Freunde, Dresden: Buchdruck der Baensch-Stiftung, 1914

Tschierschke (1998)
Tschierschke, Katharina: Die Hamburger Ausstellung »Das Kind als Künstler« 1898 im Spiegel der lokalen Presseberichterstattung, Typoskript, Staatsexamensarbeit, Universität Hamburg, 1998 (Staatsarchiv Hamburg, 731-1, Handschriftensammlung 2745)

Tschudi (1896/97)
Tschudi, Hugo von: Adolph Menzel, in: Pan, 2. Jg., 1896/97, Heft 1, Mai 1896, S. 41 – 44

Tschudi (1899)
Tschudi, Hugo von: Rede zur Feier des Allerhöchsten Geburtstages Seiner Majestät des Kaisers und Königs am 27. Januar 1899 in der öffentlichen Sitzung der Königlichen Akademie der Künste, Berlin: Mittler, 1899

Uhde-Bernays (1948, Grimm)
Uhde-Bernays, Hermann: Herman Grimm, in: ders., Mittler und Meister. Aufsätze und Studien, München: Leibniz, 1948, S. 68 – 101

Uhde-Bernays (1948, Lichtwark)
Uhde-Bernays, Hermann: Alfred Lichtwark, in: ders., Mittler und Meister. Aufsätze und Studien, München: Leibniz, 1948, S. 130 – 141

Uhde-Hamer (1993)
Uhde-Hamer, Michaela: Erziehung zum Dilettantismus. Künstlerische Frauenbildung in Hamburg zur Zeit Alfred Lichtwarks, Magisterarbeit, Universität Kiel, 1993

Ulferts (1993)
Ulferts, Gert-Dieter: Tuaillon (1862 – 1919). Berliner Bildhauerei zwischen Tradition und Moderne, Berlin: Mann, 1993

Ullrich (2003)
Ullrich, Wolfgang: Vor dem Fürsten. Kunstbetrachtung als Frage der Moral, in: ders., Tiefer hängen. Über den Umgang mit der Kunst, Berlin: Wagenbach, 2003, S. 13 – 32

Ullrich (2009)
Ullrich, Wolfgang: Raffinierte Kunst. Übung vor Reproduktionen, Berlin: Wagenbach, 2009

Ulmer (1999)
Ulmer, Renate (Hrsg.): Art Nouveau. Symbolismus und Jugendstil in Frankreich, Stuttgart, New York: Arnoldsche, 1999

Velde (1986)
Velde, Henry van de: Geschichte meines Lebens, München: Piper, (2)1986

Vieregg (1991)
Vieregg, Hildegard: Vorgeschichte der Museumspädagogik, dargestellt an der Museumsentwicklung in den Städten Berlin, Dresden, München und Hamburg bis zum Beginn der Weimarer Republik, Diss., Münster, Hamburg: LIT, 1991

Volbehr (1907)
Volbehr, Theodor: Führer durch das Kaiser Friedrich Museum der Stadt Magdeburg, sechstes bis zehntes Tausend, Magdeburg: Kaiser Friedrich Museum, 1907

Voll (1912/13)
Voll, Karl: Adolf Oberländer, in: Kunst und Künstler, 11. Jg., 1912/13, S. 341 – 349

Volwahsen (1987)
Volwahsen, Andrea: Der Bildhauer Hermann Hahn (1868 – 1945), Diss., München: tuduv, 1987

Vomm (1979)
Vomm, Wolfgang: Reiterstandbilder des 19. und frühen 20. Jahrhunderts in Deutschland, Bd. 2: Ortsalphabetischer Katalog, Diss., Bergisch Gladbach: o.V., 1979

Voss (1909)
Voss, Hermann (Hrsg.): August Kalkmanns nachgelassenes Werk, Hamburg: Lütcke & Wulff, 1909 (mit einem Vorwort von Alfred Lichtwark)

Waal (2011)
Waal, Edmund de: Der Hase mit den Bernsteinaugen. Das verborgene Erbe der Familie Ephrussi, Wien: Zsolnay, 2011

Waentig (1909)
Waentig, Heinrich: Wirtschaft und Kunst. Eine Untersuchung über Geschichte und Theorie der modernen Kunstgewerbebewegung, Jena: Gustav Fischer, 1909

Waetzoldt (1932)
Waetzoldt, Wilhelm: Trilogie der Museumsleidenschaft (Bode – Tschudi – Lichtwark), in: Zeitschrift für Kunstgeschichte, N.F., 1. Jg., 1932, S. 5 – 12

Wagner-Douglas (1997)
Wagner-Douglas, Immo: Der Wannseegarten, in: Ausst.Kat. Max Liebermann. Jahrhundertwende, Berlin, Alte Nationalgalerie, hrsg. von Angelika Wesenberg, o.O. [Berlin]: Ars Nicolai, 1997, S. 277 – 304

Wahl (1992)
Wahl, Volker: Botho Graef, der »leidenschaftliche Wortführer der Jenaer Intellektuellen«, in: Junge, Henrike (Hrsg.), Avantgarde und Publikum. Zur Rezeption avantgardistischer Kunst in Deutschland 1905 – 1933, Köln, Weimar, Wien: Böhlau, 1992, S. 119 – 128

Wallrabenstein (1968)
Wallrabenstein, Brigitte: Alfred Lichtwark als Vertreter der Kunsterziehungsbewegung, Examensarbeit, Pädagogische Hochschule Oldenburg 1968 (Carl von Ossietzky-Universität Oldenburg, Bibliothek)

Wallsee (1906)
Wallsee, H.[Heinrich] E.: Hamburg, in: Jahrbuch der bildenden Kunst, 1906/07, Berlin: Fischer & Franke, 1906

Walton (1994)
Walton, Ann Thorson: Ferdinand Boberg – Architect. The Complete Work, Cambridge (Mass.): The MIT Press, 1994

Wangerin (1976)
Wangerin, Gerda: Heinrich Tessenow – seine Tätigkeit als Stadtplaner, Architekt und Möbelgestalter, in: Wangerin, Gerda / Weiss, Gerhard, Heinrich Tessenow. Ein Baumeister. 1876 – 1950. Leben, Lehre, Werk, hrsg. von der Heinrich-Tessenow-Gesellschaft mit einem Vorwort von Wilhelm Hofmann und einem Beitrag von Steen Eiler Rasmussen, Essen: Bacht, 1976, S. 11 – 77

Wangerin / Weiss (1976)
Wangerin, Gerda / Weiss, Gerhard: Heinrich Tessenow. Ein Baumeister. 1876 – 1950. Leben, Lehre, Werk, hrsg. von der Heinrich-Tessenow-Gesellschaft mit einem Vorwort von Wilhelm Hofmann und einem Beitrag von Steen Eiler Rasmussen, Essen: Bacht, 1976

Warburg (1896/97)
Warburg, Aby: Amerikanische Chapbooks, in: Pan, 2. Jg., 1896/97, Heft 4, S. 123 – 125

Warburg (1988)
Warburg, Aby: Schlangenritual, Berlin: Wagenbach, 1988

Watson (1961)
Watson, Bruce A.: Kunst, Künstler und soziale Kontrolle, Köln, Opladen: Westdeutscher Verlag, 1961

Wedderkop (1896/97)
Wedderkop, Magnus von: Karl Friedrich von Rumohr. 1775 – 1865, in: Pan, 2. Jg., 1896/97, Heft 4, S. 292 – 296

Wegner (2000)
Wegner, Matthias: Aber die Liebe. Der Lebenstraum der Ida Dehmel, München: Claassen, 2000

Wehlte-Höschele (1988)
Wehlte-Höschele, Martina: Der Eklat um die Weltausstellung in St. Louis 1904. Zur Vorgeschichte des deutschen Künstlerbundes, in: Ausst.Kat. Deutscher Künstlerbund, 36. Jahresausstellung 1988, Stuttgart 1988, S. 21–26

Weihrauch (1901)
Weihrauch, Gustav: Bilder aus Hamburg, in: Versuche und Ergebnisse der Lehrervereinigung für die Pflege der künstlerischen Bildung in Hamburg, Hamburg: Janssen, 1901

Weidauer (1996)
Weidauer, Astrid: Berliner Panoramen der Kaiserzeit, Berlin: Mann, 1996

Weisberg (1986)
Weisberg, Gabriel P.: Art Nouveau Bing. Paris Style 1900, New York: Abrams, 1986

Weiss (1976)
Weiss, Gerhard: Der Wohnungsbau Heinrich Tessenows. Eine baugeschichtliche und soziologische Untersuchung zum Wohnungsbau des 20. Jahrhunderts, in: Wangerin, Gerda / Weiss, Gerhard, Heinrich Tessenow. Ein Baumeister. 1876–1950. Leben, Lehre, Werk, hrsg. von der Heinrich-Tessenow-Gesellschaft mit einem Vorwort von Wilhelm Hofmann und einem Beitrag von Steen Eiler Rasmussen, Essen: Bacht, 1976, S. 80–147

Weltge-Wortmann (1979)
Weltge-Wortmann, Sigrid: Die ersten Maler in Worpswede, Worpswede: Worpsweder Verlag, 1979

Wendland (1905)
Wendland, Hans: A. Lichtwark. Eine Sommerfahrt auf der Yacht Hamburg / A. Lichtwark. Der Deutsche der Zukunft. Rezension, in: Monatshefte der kunstwissenschaftlichen Literatur 1/1905, S. 266f.

Wenzel-Burchard (um 1982)
Wenzel-Burchard, Gertrud: Granny. Gerta Warburg und die Ihren. Hamburger Schicksale, berichtet von Gertrud Wenzel-Burchard, Hamburg: Christians, o.J. [um 1982]

Wesenberg (1995)
Wesenberg, Angelika: Holland als bürgerliche Vision. Bode und Liebermann, in: Ausst.Kat. Wilhelm von Bode als Zeitgenosse der Kunst, Nationalgalerie Berlin, Berlin: Nationalgalerie, 1995, S. 43–53

Wessing (1988)
Wessing, Gudrun: Bernhard Pankok als Porträtmaler, Münster: Coppenrath, 1988

Wiborg (1994)
Wiborg, Susanne: Salomon Heine. Hamburgs Rothschild, Heinrichs Onkel, Hamburg: Christians, 1994

Widmayer (1997)
Widmayer, Daniel: Der klassische Volkspark in Berlin, in: Die Gartenkunst, 9. Jg., Heft 1, 1997, S. 135–179

Wiegand (1977)
Wiegand, Heinz: Entwicklung des Stadtgrüns in Deutschland zwischen 1890 und 1925 am Beispiel der Arbeiten Fritz Enckes, Geschichte des Stadtgrüns, Bd. II, Berlin, Hannover: o.V., o.J. [1977]

Wiepking (1958)
Wiepking, Henny: Alfred Lichtwarks Frühzeit, 1958, in: Lichtwark, Nr. 17, 1958, S. 22–23

Wiepking (1960)
Wiepking, Henny: Aus Alfred Lichtwarks Frühzeit, in: Lichtwark, Sonderausgabe, Nr. 19, 1960, S. 22f.

Wiepking (1960, Marianne Lichtwark)
Wiepking, Henny: Marianne Lichtwark (1857–1932), in: Lichtwark, Sonderausgabe Nr. 21, Dezember 1960, S. 34

Wiepking (1969)
Wiepking, Henny: Uhlenhorst in vier Jahrhunderten. Geschichten und Bilder erzählt und gesammelt von Henny Wiepking, Hamburg: Dammtor Verlag, o.J. [1969]

Wiepking, Unbekanntes
Wiepking, Henny: Unbekanntes über Alfred Lichtwark, Typoskript, Hamburg, Staatsarchiv, 731-1 Handschriftensammlung, 614

Wiese (1967)
Wiese, Eberhard von: Hamburg. Menschen – Schicksale, Frankfurt/M., Berlin: Ullstein, 1967

Wilhelm (1987)
Wilhelm, Karin: Der Wettbewerb zum Bismarck-National-Denkmal in Bingerbrück (1901–1912). Ein Beitrag zum Problem der Monumentalität, in: Kritische Berichte, 1987, Heft 2, S. 32–47

Wingler (1966)
Wingler, Hans M. (Hrsg.): Gottfried Semper. Wissenschaft, Industrie und Kunst und andere Schriften über Architektur, Kunsthandwerk und Kunstunterricht, Mainz: o.V. [Kupferberg], 1966

Wingler (1975)
Wingler, Hans M.: Das Bauhaus. Weimar, Dessau, Berlin 1919–1933 und die Nachfolge in Chicago seit 1937, Bramsche: Rasch, (3)1975

Woermann (1907)
Woermann, Karl: Wissenschaftliches Verzeichnis der älteren Gemälde der Galerie Weber in Hamburg, Dresden: o.V., (2)1907

Woermann (1924)
Woermann, Karl: Lebenserinnerungen eines Achtzigjährigen, 2 Bde., Leipzig: Bibliographisches Institut, 1924

Woesthoff (1996)
Woesthoff, Indina: Der »glückliche Mensch«. Gustav Schiefler (1857–1935). Sammler, Dilettant und Kunstfreund, Hamburg: Verein für Hamburgische Geschichte, 1996

Wolbert (1974)
Wolbert, Klaus: »Deutsche Innerlichkeit«. Die Wiederentdeckung im deutschen Imperialismus, in: Hofmann, Werner (Hrsg.), C. D. Friedrich und die deutsche Nachwelt, Frankfurt/M.: Suhrkamp, (2)1974, S. 34–55

Wolf-Czapek (1908)
Wolf-Czapek, K. W.: R. Dührkoop und die Neugestaltung der Bildnisphotographie. Zur Feier des 25jährigen Bestehens seiner Werkstatt dargestellt von K. W. Wolf-Czapek, Berlin, mit einem Begleitwort von Professor Emmerich, Direktor der Lehr- und Versuchsanstalt vor Photographie, München, Berlin: Otto v. Holten, 1908

Wolff-Thomsen (2006)
Wolff-Thomsen, Ulrike: Willy Gretor (1868–1923). Seine Rolle im Kunstbetrieb und Kunsthandel um 1900, Kiel: Ludwig, 2006 (Schleswig-Holsteinische Schriften zur Kunstgeschichte, Bd. 11)

Wolgast / Knoll (1986)
Biographisches Handwörterbuch der Erwachsenenbildung: Erwachsenenbildner des 19. und 20. Jahrhunderts, hrsg. von Günther Wolgast, Joachim H. Knoll, Stuttgart, Bonn: Burg-Verlag, 1986

Woolford u.a. (2007)
Woolford, John / Karlin, Daniel / Phelau, Joseph (Hrsg.): The Poems of Browning, Vol. III, 1847–1861, Harlow u.a.: Pearson, 2007

Württembergischer Kunstverein (1977)
150 Jahre Württembergischer Kunstverein Stuttgart 1827–1977, hrsg. vom Württembergischen Kunstverein, Stuttgart: Württembergischer Kunstverein, 1977

Zacharias (1905)
Zacharias, Marie: Unsere Blumenvasen, in: Jahrbuch der Gesellschaft Hamburgischer Kunstfreunde, 11. Jg., 1905, S. 79–86

Zacharias (1954)
Zacharias, Marie: Familien-, Stadt- und Kindergeschichten, Hamburg: Gesellschaft der Bücherfreunde, 1954

Zbikowski (1998)
Zbikowski, Dörte: Das alte Treppenhaus in der Hamburger Kunsthalle, Hamburg: Kunsthalle, 1998

Zeitler (1976)
Zeitler, Rudolf: Sempers Gedanken über Baukunst und Gesellschaft in seiner ersten Schrift: ›Vorläufige Bemerkungen über bemalte Architektur und Plastik bei den Alten.‹ 1834, in: Gottfried Semper und die Mitte des 19. Jahrhunderts. Symposion vom 2.–6. Dezember 1974, veranstaltet durch das Institut für Geschichte und Theorie der Architektur an der Eidgenössischen Technischen Hochschule Zürich, Basel, Stuttgart: Birkhäuser, 1976, S. 12–22

Zeromski (1924)
Zeromski, Anna von: Alfred Lichtwark – ein Führer zur deutschen Zukunft, Jena: Diederichs, 1924

Zimmermann (1896)
Zimmermann, E.: Geschichte der Lithographie in Hamburg. Festschrift zur Säkular-Feier der Erfindung der Lithographie in Hamburg, Juli 1896, herausgegeben vom Ausschuss für die Ausstellung und Festschrift und in dessen Auftrage verfasst, Hamburg: Selbstverlag für die Säkular-Feier, 1896

Zschoche (2000)
Zschoche, Herrmann: Caspar David Friedrich im Harz, Amsterdam, Dresden: Verlag der Kunst, 2000

Kataloge

Ausstellungskataloge – Ausst.Kat.

Als Hamburg nobel war (1974)
Als Hamburg nobel war. Widersprüche einer Zeit, Text: Renate Lengwenus / Martin Peters, Hamburg: o.V., o.J. [1974]

Amateurphotographie (1898)
Sechste Internationale Ausstellung von Kunst-Photographien in der Kunsthalle zu Hamburg, 1898, hrsg. von der Gesellschaft zur Förderung der Amateur-Photographie, Hamburg: Verlagsanstalt und Druckerei A.G., 1898

Aufstieg und Fall der Moderne (1999)
Aufstieg und Fall der Moderne, hrsg. von Rolf Bothe und Thomas Föhl, Kunstsammlungen zu Weimar, Ostfildern: Hatje Cantz, 1999

Begas (2010)
Begas. Monumente für das Kaiserreich. Eine Ausstellung zum 100. Todestag von Reinhold Begas (1831–1911), Berlin, Deutsches Historisches Museum, Dresden: Sandstein, 2010

Behrens (1980)
Peter Behrens und Nürnberg, Geschmackswandel in Deutschland: Historismus, Jugendstil und die Anfänge der Industrieform, Germanisches Nationalmuseum, Nürnberg, München: Prestel, 1980

Behrens (1992/93)
Peter Behrens und Oldenburg. Dokumente deutscher Kunst, Oldenburger Kunstverein, Oldenburg: Isensee, 1992/93

Berliner Impressionismus (2006)
Berliner Impressionismus. Werke der Berliner Secession aus der Nationalgalerie, hrsg. von Angelika Wesenberg, Berlin: Nationalgalerie u.a., 2006

Bilder aus Hamburg (2002)
Alfred Lichtwarks »Sammlung von Bildern aus Hamburg«, hrsg. von Ulrich Luckhardt und Uwe M. Schneede, Hamburger Kunsthalle, Hamburg: Ellert & Richter, 2002

Bildniskunst (1904)
Bildniskunst. Einführung in die neuen Erwerbungen des Jahres 1904, Hamburg: Hamburger Kunsthalle, 1904

Blau (1996)
Pleinair. Die Landschaftsmalerin Tina Blau (1845–1916), hrsg. von Tobias Natter, Wien: Jüdisches Museum, 1996

Bode (1995/96)
Wilhelm von Bode als Zeitgenosse der Kunst: zum 150. Geburtstag, Berlin, Nationalgalerie, Berlin: Staatliche Museen zu Berlin, 1995

Böcklin (1977)
Arnold Böcklin (1927–1901). Gemälde, Zeichnungen, Plastiken, Kunstmuseum Basel, Basel u.a.: Schwabe, 1977

Böcklin (2001)
Arnold Böcklin. Basel, Öffentliche Kunstsammlung, München, Bayerische Staatsgemäldesammlungen, Heidelberg: Edition Braus, 2001

Carstanjen (1998)
Sonderschau der Sammlung Carstanjen, Köln: Wallraf-Richartz-Museum, 1998

Corinth (2004)
Ich, Lovis Corinth. Die Selbstbildnisse, Hamburger Kunsthalle, Ostfildern-Ruit: Hatje-Cantz, 2004

Corinth (2008)
Lovis Corinth und die Geburt der Moderne, Paris, Musée d'Orsay; Leipzig, Museum der Bildenden Künste; Regensburg, Kunstforum Ostdeutsche Galerie, Bielefeld: Kerber, 2008

Deutsch-Römer (1987)
»In uns selbst liegt Italien«. Die Kunst der Deutsch-Römer, hrsg. von Christoph Heilmann, Bayerische Staatsgemäldesammlungen und Ausstellungsleitung Haus der Kunst München e.V., München: Hirmer, 1987

Deutsche Kunst (1914)
Deutsche Kunst von 1650–1800. Retrospektive Ausstellung veranstaltet von S. K. Hoheit dem Großherzog von Hessen und bei Rhein im Residenzschloß zu Darmstadt, Mai–September 1914

Deutscher Künstlerbund (1913)
Ausstellung des Deutschen Künstlerbundes, Kurzer Führer durch die Ausstellung, Mannheim: Mannheimer Aktiendruckerei, 1913

Deutscher Künstlerbund (1988)
Deutscher Künstlerbund, 36. Jahresausstellung, Stuttgart 1988, Berlin: Deutscher Künstlerbund e.V., 1988

Dreimal Deutschland (1981)
Dreimal Deutschland. Lenbach. Liebermann. Kollwitz, Hamburg: Hamburger Kunsthalle, 1981

Dubois (2005)
Paul Dubois (1829–1905). Itinéraire de la création, sculptures, peintures, dessins, Nogent-sur-Seine (Aube): Musée Paul Dubois-Alfred Boucher, 2005

Eugen (2006)
Eugen. Ein Prinz malt Schweden, Ernst Barlach Haus, Hamburg – Stiftung Hermann F. Reemtsma, Bielefeld: Kerber, 2006

Exposition Paris (1898)
Exposition Société Nationale des Beaux-Arts, Paris. Catalogue Illustré des ouvrages de peinture, sculpture et gravure: exposés au Champ-de Mars le 1er Mai 1898/Exposition nationale des Beaux Arts, 1.5.–30.6.1898, Paris: Bernard, 1898

Farbenschau (1902)
Farbenschau im Kaiser Wilhelm-Museum zu Krefeld. Farbstoffe und Färberei, Farbenspiele in der Natur, Künstlerische Farbenwahl, Krefeld: Hohn, 1902

Französische Plastik (2007)
elegant //expressiv. Von Houdon bis Rodin. Französische Plastik des 19. Jahrhunderts, Staatliche Kunsthalle Karlsruhe, Heidelberg: Kehrer, 2007

Friedrich (1974)
Caspar David Friedrich, Hamburger Kunsthalle, München: Prestel, 1974

Friedrich (2006)
Caspar David Friedrich. Die Erfindung der Romantik, Museum Folkwang, Essen, Hamburger Kunsthalle, München: Hirmer, 2006

Frühjahrsausstellung (1894)
Führer der grossen Kunstausstellung des Kunst-Vereins in der Kunsthalle, Hamburg: Hamburger Kunsthalle, 1894

Frühjahrsausstellung (1895)
Führer der Grossen Kunstausstellung des Kunst-Vereins in der Kunsthalle, März–April 1895, Hamburg: Grefe & Tiedemann, 1895

Frühjahrsausstellung (1897)
Grosse Kunstausstellung des Kunst-Vereins in der Kunsthalle, März–April 1897, Hamburg: Grefe & Tiedemann, 1897

Frühjahrsausstellung (1898)
Frühjahrs-Ausstellung des Kunst-Vereins Hamburg, Hamburger Kunsthalle, Hamburg: o.V., 1898

Frühjahrsausstellung (1903)
Grosse Kunstausstellung des Kunstvereins in der Kunsthalle, Hamburg: Kunstverein, 1903

Galerie Miethke (2003)
Die Galerie Miethke. Eine Kunsthandlung im Zentrum der Moderne, hrsg. von Tobias Natter, Wien, Jüdisches Museum, Wien: Jüdisches Museum, 2003

Gaul (1999)
Der Tierbildhauer August Gaul, hrsg. von Ursel Berger, Georg-Kolbe-Museum, Berlin;

Ernst-Barlach-Haus, Hamburg; Museen der Stadt Hanau, Berlin: Nicolai, 1999

Geschenke und Erwerbungen (1906)
Verzeichnis der Geschenke und Erwerbungen des Jahres 1906, Hamburger Kunsthalle, Hamburg: Lütcke & Wulff, 1906

Geschenke und Erwerbungen (1912)
Führer durch die Ausstellung der Geschenke und Erwerbungen 1912, Hamburger Kunsthalle, Hamburg: Lütcke & Wulff, 1912

Geschichte der Malerei in Hamburg (1905)
Zur Einführung der Werke Meister Bertrams, tätig zu Hamburg 1367–1415. Ausstellung der seit 1888 angelegten Sammlung zur Geschichte der Malerei in Hamburg vom 14.–18. Jahrhundert, Sammlung hamburgischer Meister des 19. Jahrhunderts, Sammlung von Bildern aus Hamburg sowie der Ergänzungen der Sammlung holländischer Meister und moderner Meister, Hamburg: Lütcke & Wulff, 1905

Goldgrund und Himmelslicht (1999)
Goldgrund und Himmelslicht. Die Kunst des Mittelalters in Hamburg, Hamburg: Hamburger Kunsthalle, Hamburg: Dölling und Galitz, 1999

Graphische Ausstellung GHK (1903/04)
Graphische Ausstellung 1903/04 der Gesellschaft Hamburgischer Kunstfreunde, Hamburg: Lütcke & Wulff, 1903.

Haller (1997)
Martin Haller. Leben und Werk. 1835–1925, hrsg. von Martin Hornborstel und David Klemm, Museum für Kunst und Gewerbe, Hamburg, Hamburg: Dölling und Galitz, 1997 (Schriftenreihe des Hamburgischen Architekturarchivs)

Hamburger Ansichten (2009)
Hamburger Ansichten. Maler sehen die Stadt, Hamburger Kunsthalle, Köln: Wienand, 2009

Hamburger Gartenlust (2006)
Die unaufhörliche Gartenlust, Hamburgs Gartenkultur von Barock bis ins 20. Jahrhundert, Museum für Hamburgische Geschichte, Ostfildern: Hatje Cantz, 2006

Hamburger Malerei im Biedermeier (1996)
Mit klarem Blick. Hamburger Malerei im Biedermeier, Hamburger Kunsthalle, Hamburg u.a.: Junius, 1996

Hamburgische Künstler (1904)
Ausstellung von Gemälden und Zeichnungen Hamburgischer Künstler von 1424 bis 1880, Hamburger Kunsthalle, Hamburg: Lütcke & Wulff, 1904

Hamburgischer Künstlerclub (1997)
Der Hamburgische Künstlerclub von 1897. Hundert Jahre danach, Hamburger Kunsthalle, Fischerhude: Verlag im Bauernhaus, 1997

Handzeichnungen deutscher Künstler (1896)
Handzeichnungen deutscher Künstler, Ausstellung veranstaltet vom Kunstverein, Hamburg: Hamburger Kunsthalle, 1896

Hansen (2000)
C. F. Hansen. In Hamburg, Altona und den Elbvororten. Ein dänischer Architekt des Klassizismus, Hamburg, Jenisch-Haus, München, Berlin: Deutscher Kunstverlag, 2000

Hodler (1990)
Ferdinand Hodler, Collection Adda et Max Schmidheiny, Musée Jenisch, Vevey, Zürich: Institut Suisse pour l'étude de l'art, 1990

Hodler (2003)
Ferdiand Hodler zum 150. Geburtstag: Gemälde aus Schweizer Sammlungen, Ernst Barlach-Haus, Stiftung Hermann F. Reemtsma, Hamburg, Galerie der Stadt Stuttgart, Hamburg: Ernst Barlach-Haus, 2003

Jahrhundertausstellung (1906)
Ausstellung deutscher Kunst aus der Zeit von 1775–1875 in der königlichen Nationalgalerie, Berlin 1906, hrsg. vom Vorstand der Jahrhundertausstellung, Text von Hugo von Tschudi, München: Bruckmann, 1906

Kalckreuth (2005)
Leopold von Kalckreuth. Poetischer Realist, von Jacqueline Maltzahn-Redling und Jenns Eric Howoldt, Hamburg: Hamburger Kunsthalle, 2005

Das Kind als Künstler. Ausstellung von freien Kinderzeichnungen in der Kunsthalle zu Hamburg, 1898

Klinger (1984)
Max Klinger. Wege zum Gesamtkunstwerk, Hildesheim, Roemer-Pelizaeus-Museum, Mainz: Zabern, 1984

Klinger (1992)
Max Klinger. 1857–1920, Frankfurt/M., Städelsches Kunstinstitut; Wuppertal, Von der Heydt-Museum, Leipzig: Ed. Leipzig, 1992

Klinger (1996)
Max Klinger, mostra e catalogo a cura di Beatrice Buscaroli Fabbri, Ferrara, Palazzo dei Diamanti, Ferrara: Ferrara Arte, 1996
Klinger (2007a)
Eine Liebe. Max Klinger und die Folgen, Leipzig, Museum der bildenden Künste; Hamburger Kunsthalle, Bielefeld, Leipzig: Kerber, 2007
Klinger (2007b)
Max Klinger. Auf der Suche nach dem neuen Menschen, hrsg. von Conny Dietrich und Ina Gayk, Berlin, Georg-Kolbe-Museum, Leipzig: Seemann, 2007
Korb (2006)
Hermann Korb und seine Zeit. Barockes Bauen im Fürstentum Braunschweig-Wolfenbüttel, Begleitband zu gleichnamigen Ausstellung des Museums im Schloss Wolfenbüttel und des Fachgebiets Baugeschichte der Technischen Universität Braunschweig im Museum im Schloss Wolfenbüttel vom 23. September bis 19. November 2006, hrsg. vom Museum im Schloss Wolfenbüttel, Fachgebiet Baugeschichte der TU Braunschweig, Braunschweig: Appelhans, 2006
Kuehl (1993)
Gotthardt Kuehl 1850–1915, hrsg. von Gerhard Gerkens / Horst Zimmermann, Dresden, Staatliche Kunstsammlungen; Lübeck, Museum für Kunst und Kulturgeschichte, Leipzig: Seemann, 1993
Künstlerinnen der Avantgarde (2006)
Künstlerinnen der Avantgarde in Hamburg zwischen 1890 und 1933, Bd. 1, hrsg. von der Hamburger Kunsthalle, Bremen: Hachmannedition, 2006
Kunst ins Leben (1986)
Kunst ins Leben. Alfred Lichtwarks Wirken für die Kunsthalle und Hamburg von 1886–1914, Hamburger Kunsthalle, Hamburg: Kunsthalle, 1986
Kunstphotographie (1989)
Kunstphotographie um 1900. Die Sammlung Ernst Juhl, Hamburg: Museum für Kunst und Gewerbe, 1989
Larsson (2005)
Carl Larsson. Ein schwedisches Märchen, München, Kunsthalle der Hypo-Stiftung, München: Hirmer, 2005
Liebermann (1979)
Max Liebermann in seiner Zeit, Berlin, Nationalgalerie; München, Haus der Kunst; Berlin: Nationalgalerie, 1979
Liebermann (1997)
Max Liebermann. Jahrhundertwende, hrsg. von Angelika Wesenberg, Berlin: Alte Nationalgalerie, Ars Nicolai, 1997
Liebermann Realist (1997)
Der Realist und die Phantasie, Hamburger Kunsthalle; Frankfurt/M., Städelsches Kunstinstitut; Leipzig, Museum der bildenden Künste; Hamburg: Dölling und Galitz, 1997
Liebermann (2001)
Im Streit um die Moderne. Max Liebermann. Der Kaiser. Die Nationalgalerie, hrsg. von Angelika Wesenberg und Ruth Langenberg, Berlin, Max-Liebermann-Haus, Berlin: Staatliche Musen zu Berlin – Preußischer Kulturbesitz und Nicolaische Verlagsbuchhandlung GmbH, 2001
Liebermann (2004)
Im Garten von Max Liebermann, hrsg. von Jenns E. Howoldt, Hamburger Kunsthalle; Berlin, Alte Nationalgalerie, Berlin: Nicolai, 2004
Liebermann (2009)
Die Papageienallee am Wannsee. Die Liebermann-Sammlung der Kunsthalle Bremen zu Gast, Berlin, Liebermann-Villa am Wannsee, Berlin: Max-Liebermann-Gesellschaft, 2009
Liebermann (2011)
Max Liebermann. Wegbereiter der Moderne, Bonn, Kunst- und Ausstellungshalle der Bundesrepublik Deutschland; Hamburger Kunsthalle, Köln: DuMont, 2011
Loos (1989)
Adolf Loos. 1870–1933, Wien, Graphische Sammlung Albertina, Historisches Museum der Stadt Wien, Wien: Graphische Sammlung Albertina, 1989
Manet (1983)
Manet. 1832–1883, Paris, Grand Palais; New York, Metropolitan Museum of Art, New York: Metropolitan Museum, 1983
Manet bis van Gogh (1996)
Manet bis van Gogh. Hugo von Tschudi und der Kampf um die Moderne, Berlin, Nationalgalerie; München, Neue Pinakothek, München: Prestel, 1996

Menzel (1981)
Adolph Menzel. Realist – Historist – Maler des Hofes. Gemälde, Gouachen, Aquarelle, Zeichnungen und Druckgraphik, Bremen, Kunsthalle; Lübeck, Museum für Kunst und Kulturgeschichte; Schweinfurt, Altes Rathaus; Augsburg, Städtische Kunstsammlungen, Schweinfurt: Sammlung Georg Schäfer, 1981

Munch (1994)
Munch und Deutschland, München, Hypo-Kulturstiftung; Hamburger Kunsthalle; Berlin, Nationalgalerie, Stuttgart: Hatje, 1994

Munch (2003)
Edvard Munch und Lübeck, Lübeck, Museum für Kunst und Kulturgeschichte der Hansestadt Lübeck, Lübeck: Museum für Kunst und Kulturgeschichte, 2003

Muthesius (1978)
Hermann Muthesius. 1861 – 1927, Berlin: Akademie der Künste, 1978 (Akademie-Katalog, 117)

Neue Secession (2011)
Liebermanns Gegner. Die Neue Secession in Berlin und der Expressionismus, Berlin, Liebermann-Haus; Schleswig, Schleswig-Holsteinisches Landesmuseum, Köln: Wienand, 2011

Olde (1995)
Hans Olde 1895 – 1987: Eine Werkschau zum 100. Geburtstag. Eine Ausstellung des Museums Langes Tannen, Uetersen, hrsg. von Desirée Gudmundsson, Kiel: Nieswand, 1995

Ornament und Architektur (2007)
Das Schöne am Nützlichen. Ornament und Architektur, Berlin, Kunstbibliothek, Berlin: Staatliche Museen zu Berlin, Stiftung Preußischer Kulturbesitz, 2007

Präraffaeliten (2004)
Natur als Vision. Meisterwerke der englischen Präraffaeliten, Berlin, Altes Museum, Berlin u.a.: SMB-DuMont, 2004

Prinz Eugen (1984)
Prinz Eugen (1865 – 1947). Gemälde, Graphik, Stadtmuseum Düsseldorf, Düsseldorf: Stadtmuseum, 1984

Prinz Eugen (2006)
Eugen: ein Prinz malt Schweden, Ernst Barlach Haus, Hamburg, Bielefeld u.a.: Kerber, 2006

Private Schätze (2001)
Private Schätze. Über das Sammeln von Kunst in Hamburg bis 1933, hrsg. von Ulrich Luckhardt und Uwe M. Schneede, Hamburger Kunsthalle, Hamburg: Christians Verlag, 2001

Rathenau (1992)
Die Extreme berühren sich. Walther Rathenau 1867 – 1922, Berlin, Deutsches Historisches Museum, Berlin: Argon, 1992

Rauert (1999)
Nolde, Schmidt-Rottluff und ihre Freunde. Die Sammlung Martha und Paul Rauert, Hamburg, 1905 – 1958, Hamburg, Ernst Barlach Haus, Stiftung Hermann F. Reemtsma, Hamburg: Ernst Barlach Haus, 1999

Realistische Kunst (1973)
Mit Kamera, Pinsel und Spritzpistole. Realistische Kunst in unserer Zeit, Kunsthalle Recklinghausen, 27. Ruhrfestspiele, Recklinghausen: Bongers, 1973

Rheinische Expressionisten (1993)
Die Rheinischen Expressionisten 1913. Der Schock der Moderne in Bonn, Bonn, August-Macke-Haus, Bonn: August-Macke-Haus, 1993

Richter (2004)
Ludwig Richter – Der Maler. Ausstellung zum 200. Geburtstag, Dresden, Staatliche Kunstsammlungen; München, Bayerische Staatsgemäldesammlungen, München, Berlin: Deutscher Kunstverlag, 2004

Riemerschmid (1983)
Richard Riemerschmid. Vom Jugendstil zum Werkbund. München, Stadtmuseum; Nürnberg, Germanisches Nationalmuseum, München: Prestel, 1983

Rilke (2003)
Rilke. Worpswede, Kunsthalle Bremen, Bremen: Hauschild, 2003

Rodin (1979)
Auguste Rodin. Plastik, Zeichnungen, Graphik, Berlin/DDR: Staatliche Museen Berlin, Ost, Staatliche Museen DDR, Abt. Öffentlichkeitsarbeit: o.J. [1979]

Rouart (2004)
Au cœur de l'impressionisme. La famille Rouart, Paris: Musée de la vie romantique, 2004

Runge (1977)
Runge in seiner Zeit, Hamburger Kunsthalle, München: Prestel, 1977
Runge (2002)
Familientreffen. Philipp Otto Runge zum 225. Geburtstag, Hamburg: Hamburger Kunsthalle, 2002
Runge (2010)
Kosmos Runge. Der Morgen der Romantik, Hamburger Kunsthalle, Kunsthalle der Hypo-Kulturstiftung, München, München: Hirmer, 2010
Sammlung Schröder (1984)
Ein Hamburger sammelt in London. Die Freiherr J. H. von Schröder-Stiftung 1910, hrsg. von Helmut R. Leppien, Hamburg: Hamburger Kunsthalle, 1984
Sammlung von Bildern aus Hamburg (1897)
Die Sammlung von Bildern aus Hamburg, begründet 1889, Hamburger Kunsthalle, Hamburg: Lütcke & Wulff, 1897
Schaper (2000)
Fritz Schaper. Die Wiederentdeckung des Denkmals, Goch, Museum für Kunst und Kulturgeschichte, Goch: Museum für Kunst und Kulturgeschichte, 2000
Schapire (2009)
Rosa. Eigenartig grün. Rosa Schapire und die Expressionisten, Hamburg: Museum für Kunst und Gewerbe, Ostfildern: Hatje Cantz, 2009
Schumacher (1994)
Fritz Schumacher. Reformkultur und Moderne, Hamburg, Deichtorhallen, Stuttgart: Hatje, 1994
Schwedische Landschaftsmalerei (1995)
Sprache der Seele. Schwedische Landschaftsmalerei um 1900, Koblenz, Mittelrhein-Museum; Kiel, Kunsthalle zu Kiel, Koblenz u.a.: 1995
Segantini (2011)
Segantini, Basel-Riehen, Fondation Beyeler, Stuttgart: Hatje Cantz, 2011
Slevogt (1992)
Max Slevogt. Gemälde, Aquarelle, Zeichnungen, Saarbrücken, Saarland Museum Saarbrücken; Mainz, Landesmuseum, Stuttgart: Hatje, 1992
Slevogt (2005)
Max Slevogt – Die Berliner Jahre, hrsg. von Sabine Fehlemann, Wuppertal, Von-der-Heydt-Museum; Berlin, Max-Liebermann-Haus, Köln: Wienand, 2005
Sonderbund (1912)
Sonderbund. Internationale Ausstellung des Sonderbundes Westdeutscher Kunstfreunde und Künstler zu Cöln, Städtische Ausstellungshalle am Aachener Tor, 25. Mai – 30. September 1912, Cöln a. Rhein: DuMont-Schauberg, 1912
Trübner (1995)
Wilhelm Trübner 1851 – 1917, hrsg. von Jörn Bahns, Heidelberg, Kurpfälzisches Museum; München, Kunsthalle der Hypo-Kulturstiftung, Heidelberg: Edition Braus, o.J. [1995]
Uhde (1998)
Fritz von Uhde. Vom Realismus zum Impressionismus. Eine Wiederentdeckung, Bremen: Kunsthalle, 1998
Van de Velde (1992)
Henry van de Velde. Ein europäischer Künstler seiner Zeit, hrsg. von Klaus-Jürgen Sembach und Birgit Schulte, Karl Ernst Osthaus-Museum, Hagen u.a., Köln: Wienand, 1992
Van Gogh: Felder (2002)
Van Gogh: Felder, Kunsthalle Bremen, Ostfildern-Ruit: Hatje-Cantz, 2002
Vorbild Holland (2002)
Vorbild Holland. Genre und Landschaft im 19. Jahrhundert, aus den Beständen des Kunstmuseums, präsentiert von Bernd Wolfgang Lindemann und Claudia Santucci, Basel, Kunstmuseum, Basel: Kunstmuseum, 2002
Weisgerber (1995)
Albert Weisgerber, hrsg. von Meinrad Maria Grewenig, Speyer, Historisches Museum der Pfalz; Saarbrücken, Saarland Museum, Stuttgart: Hatje, 1995
Weltausstellung Paris (1900)
Weltausstellung in Paris 1900. Amtlicher Katalog der Ausstellung des Deutschen Reichs, Berlin: Selbstverlag des Reichskommissariats, 1900
Weltausstellung St. Louis (1904)
Weltausstellung St. Louis 1904. Amtlicher Katalog der Ausstellung des Deutschen Reichs, hrsg. vom Reichskommissar Lewald, Berlin: Stilke, 1904

Werkbund (1975)
Zwischen Kunst und Industrie. Der Deutsche Werkbund, München, Neue Sammlung; Berlin, Internationales Design-Zentrum u.a., München: Neue Sammlung, 1975

Wiedereröffnung (1890)
Zur Wieder-Eröffnung am 23. Dezember 1890, Hamburger Kunsthalle, München: Verlagsanstalt für Kunst und Wissenschaft, vorm. Fr. Bruckmann, 1890

Wolde (2003)
Johann Georg Wolde und Adele Wolde – ein Bremer Sammlerpaar, hrsg. von Dorothee Hansen, Bremen: Kunsthalle Bremen, 2003

Zorn (2012)
Der schwedische Impressionist Anders Zorn (1860 – 1920), Lübeck, Museum Behnhaus Drägerhaus, Petersberg: Imhof, 2012

Bestandskataloge – Best.Kat.

Berlin, Nationalgalerie (2001)
Nationalgalerie Berlin. Das XIX. Jahrhundert. Katalog der ausgestellten Werke, hrsg. von Angelika Wesenberg und Eve Förschl, Leipzig: Seemann, 2001

Braunschweig, Herzog Anton Ulrich-Museum (1989)
Herzog Anton Ulrich-Museum. Die deutschen Gemälde des 17. und 18. Jahrhunderts sowie die englischen und skandinavischen Werke. Kritisches Verzeichnis mit Abbildungen aller Gemälde, bearbeitet von Joachim Jacoby mit Beiträgen von Anette Michels, Braunschweig: Herzog Anton Ulrich-Museum, 1989

Bremen, Kunsthalle (1913)
Katalog der Gemälde und Bildhauerwerke in der Kunsthalle zu Bremen, Bremen: Leuwer, (2)1913

Bremen, Kunsthalle (1939)
Katalog der Kunsthalle Bremen, Gemälde und Bildhauerwerke, hrsg. von Emil Waldmann, Bremen 1939

Bremen, Kunsthalle (1975)
Katalog der Medaillen und Plaketten in der Kunsthalle Bremen, Bremen: Kunstverein, 1975

Bremen, Kunsthalle, Skulpturen (1993)
Katalog der Skulpturen in der Kunsthalle Bremen, Bremen: Kunsthalle, 1993

Dresden, Gemäldegalerie
Gemäldegalerie Dresden, Neue Meister. 19. und 20. Jahrhundert. Bestandskatalog und Verzeichnis der beschlagnahmten, vernichteten und vermißten Gemälde, Staatliche Kunstsammlungen Dresden 1987

Hamburg, 19. Jh.
Die Gemälde des 19. Jahrhunderts in der Hamburger Kunsthalle, bearbeitet von Jenns Eric Howoldt und Andreas Baur, Hamburg: Hamburger Kunsthalle 1993

Hamburg, 20. Jh.
Katalog der Meister des 20. Jahrhunderts in der Hamburger Kunsthalle, bearbeitet von Helga Hofmann und Janni Müller-Hauck, Hamburg 1969

Hamburg (1905)
Zur Einführung der Werke Meister Bertrams, tätig zu Hamburg 1367 – 1415. Ausstellung der seit 1888 angelegten Sammlung zur Geschichte der Malerei in Hamburg vom 14. – 18. Jahrhundert, Sammlung hamburgischer Meister des 19. Jahrhunderts, Sammlung von Bildern aus Hamburg sowie der Ergänzungen der Sammlung holländischer Meister und moderner Meister, Hamburg: Kunsthalle 1905

Hamburg (1907)
Übersicht der zurzeit ausgestellten Gemälde und Bildwerke, Hamburg: Lütcke & Wulff, 1907

Hamburg, Alte Meister
Hamburg: Kunsthalle zu Hamburg. Katalog der Alten Meister der Hamburger Kunsthalle, Hamburg: Kunsthalle, (5)1966

Hamburg, Dritte Dimension
Die dritte Dimension. Plastiken, Konstruktionen, Objekte. Bestandskatalog der Skulpturenabteilung der Hamburger Kunsthalle, bearbeitet von Georg Syamken, Hamburg 1988

Hamburg, Medaillen und Plaketten
Medaillen und Plaketten: Katalog der Medaillen und Plaketten des 19. und 20. Jahrhunderts im französischen und deutschen Sprachraum in der Hamburger Kunsthalle, bearbeitet von Sunhild Salaschek, Hamburg 1980

Hamburg, Neuere Meister (1897)
Alfred Lichtwark: Verzeichniss der Gemälde neuerer Meister. Geschichte und Organisation der Kunsthalle, Hamburg: Kunsthalle, 1897

Hamburg, Neuere Meister (1901)
Verzeichnis der Gemälde neuerer Meister in der Kunsthalle. Geschichte und Organisation der Kunsthalle, Hamburg 1897, (2)1901

Hamburg, Neuere Meister (1910)
Katalog der neueren Meister, Hamburg: Kunsthalle, 1910

Leipzig, Klinger
Max Klinger. Bestandskatalog der Bildwerke, Gemälde und Zeichnungen im Museum der bildenden Künste Leipzig, hrsg. von Herwig Guratzsch, Leipzig: Seemann, 1995

Magdeburg (1907)
Volbehr, Theodor, Führer durch das Kaiser Friedrich Museum der Stadt Magdeburg, sechstes bis zehntes Tausend, Magdeburg 1907

München, Neue Pinakothek
Gemäldekataloge, Bd. V, Spätromantik und Realismus, Bayerische Gemäldesammlungen, Neue Pinakothek, München, bearbeitet von Barbara Eschenburg u.a., München: Hirmer, 1984

München, Sammlung Schack
Sammlung Schack. Katalog der ausgestellten Werke, bearbeitet von Herbert W. Rott, hrsg. von den Bayerischen Staatsgemäldesammlungen, München, Ostfildern: Hatje Cantz, 2009

Paris, Musée Rodin
Marbres de Rodin. Collection du musée, catalogue etabli par Nicole Barbier, conservateur au musée Rodin, Edition du Musée Rodin, 1987

Schleswig, Landesmuseum
Hans Olde und die Freilichtmalerei in Norddeutschland. Bestandskatalog des Schleswig-Holsteinischen Landesmuseums, Kloster Cismar, bearbeitet von Gabriele Bremer, Schleswig: Schleswig-Holsteinisches Landesmuseum, 1991

Weimar, Großherzogliches Museum
Katalog des Großherzoglichen Museums zu Weimar, bearbeitet von W. Hermens, Weimar (7)1913

Werkverzeichnisse – WV

Adriani
Adriani, Götz: Toulouse-Lautrec. Das gesamte graphische Werk, Köln: DuMont, 1976
Andree
Andree, Rolf: Arnold Böcklin. Die Gemälde, Basel: Reinhardt u.a., (2)1998 (Œuvrekataloge Schweizer Künstler, 6)
Aubrun
Aubrun, Marie-Madeleine: Jules Bastien-Lepage (1848 – 1884). Catalogue raisonné de l'œuvre, Nantes: Chiffoleau, 1985
Bätschmann / Müller
Bätschmann, Oskar / Müller, Paul: Ferdinand Hodler. Catalogue raisonné der Gemälde. Die Landschaften, 2 Bde., Zürich: Schweizerisches Institut für Kunstwissenschaft, 2008
Berend-Corinth
Berend-Corinth, Charlotte: Lovis Corinth. Die Gemälde. Werkverzeichnis, verfaßt von Charlotte Berend-Corinth. Neu bearbeitet von Béatrice Hernad, mit einer Einführung von Hans-Jürgen Imiela, München: Bruckmann, 1992
Bißwurm
Bißwurm, Ingrid: Das druckgraphische Werk von Peter Halm (1854 – 1923), Lörrach: Selbstverlag, 1993
Börsch-Supan
Börsch-Supan, Helmut: Caspar David Friedrich. Werkverzeichnis, Frankfurt/M., Berlin, Wien: Ullstein, 1980
Brachert
Brachert, Adelheid: Leopold Graf von Kalckreuth (1855 – 1928), 2 Bde., Diss., Typoskript, Tübingen 1958 (Hamburg, Kunsthalle, Bibliothek)
Brown Price
Brown Price, Aimée: Pierre Puvis de Chavannes, 2 Bde., New Haven, London: Yale University Press, 2010
Couthion
Courthion, Pierre: Tout l'œuvre peint de Courbet, Paris: Flammarion, 1987
Daguerre de Hureaux
Daguerre de Hureaux, Alain: Delacroix. Das Gesamtwerk, Stuttgart, Zürich: Belser, 1994
Eberle
Eberle, Matthias: Max Liebermann 1847 – 1935. Werkverzeichnis der Gemälde und Ölstudien, 2 Bde., München: Hirmer, 1995
Eder
Eder, Irene: Friedrich Kallmorgen 1856 – 1924. Monographie und Werkverzeichnis der Gemälde und Druckgraphik, hrsg. von Hans Knab, Karlsruhe: Harsch, 1991
Faille
Faille, J.-B. de la: L'œuvre de Vincent van Gogh, catalogue raisonné, 4 Bde., Paris, Brüssel: van Oest, 1928

Fantin-Latour
Fantin-Latour, Henri: Catalogue de l'œuvre complet de Fantin-Latour, Amsterdam, New York: B. M. Israel & da Capo Press, 1969 (Reprint von 1911)

Feilchenfeldt
Feilchenfeldt, Walter: Vincent van Gogh. Die Gemälde 1886 – 1890. Händler, Sammler, Ausstellungen. Die frühen Provenienzen, Wädenswil: Nimbus, 2009

Feilchenfeldt / Brandis (2002)
Feilchenfeldt, Rahel E. / Brandis, Markus: Paul Cassirer Verlag. Eine kommentierte Bibliographie, München: Saur, 2002

Gabler
Gabler, Josephine: August Gaul. Das Werkverzeichnis der Skulpturen, Berlin: Jaron, 2007

Gozzoli
Arcangeli, Francesco / Gozzoli, Maria Cristina: Das Gesamtwerk von Segantini, Luzern, Stuttgart, Wien: Kunstkreis, 1973

Kayser
Kayser, Werner: Alfred Lichtwark, Hamburger Bibliographien, Bd. 19, Hamburg: Christians, 1977

Mai
Mai, Ekkehard: Hermann Freihold Plüddemann. Maler und Illustrator zwischen Spätromantik und Historismus (1809 – 1868). Ein Werkverzeichnis, Köln: Böhlau, 2004

Ormond / Kilmurray
Ormond, Richard / Kilmurray, Elaine: John Singer Sargent. The Latter Portraits, Complete Paintings, Bd. III, New Haven, London: Yale University Press, 2003

Pissarro / Durand-Ruel Snollaerts
Pissarro, Joachim / Durand-Ruel Snollaerts, Claire: Pissarro. Critical Catalogue of Paintings, 3 Bde., Mailand: Wildenstein Institute Publications, 2005

Quinsac
Quinsac, Annie-Paule: Segantini. Catalogo generale, 2 Bde., Mailand: Electa, 1982

Rewald
Rewald, John: The Paintings of Paul Cézanne. A Catalogue raisonné, 2 Bde., New York: Abrams, 1996

Rouart / Wildenstein
Rouart, Denis / Wildenstein, Daniel: Edouard Manet. Catalogue raisonné, 2 Bde., Lausanne, Paris: La Bibliothèque des Arts, 1975

Salomon / Cogeval
Salomon, Antoine / Cogeval, Guy: Vuillard. The Inexhaustible Glance. Critical Catalogue of Paintings and Pastels, 3 Bde., Mailand: Wildenstein Institute, 2003

Schiefler / Mosel
Schiefler, Gustav: Emil Nolde. Das graphische Werk. Die Radierungen, neubearbeitet, ergänzt und mit Abbildungen versehen von Christel Mosel, Köln: DuMont, 1966

Schneiderman
Schneiderman, Richard S.: A Catalogue Raisonné of the Prints of Sir Francis Seymour Haden, London: Garton, 1983

Traeger
Traeger, Jörg: Philipp Otto Runge und sein Werk. Monographie und kritischer Katalog, München: Prestel, 1975

Urban
Urban, Martin: Emil Nolde. Werkverzeichnis der Gemälde, Bd. 1: 1895 – 1914, München: Beck, 1987

Waldmann
Waldmann, Emil: Wilhelm Leibl. Eine Darstellung seiner Kunst. Gesamtverzeichnis seiner Gemälde, Berlin: Cassirer, 1930

Walton
Walton, Ann Thorson: Ferdinand Boberg – Architect. The Complete Work, Cambridge (Mass.): MIT Press, 1994

Wildenstein, Bd. V
Wildenstein, Daniel: Claude Monet, Catalogue raisonné, Bd. V, Supplément aux peintures, dessins, pastels, Index, Lausanne: Wildenstein Institute, 1991

Wildenstein
Wildenstein, Daniel: Monet oder der Triumph des Impressionismus, 4 Bde., Köln: Taschen / Wildenstein Institute, 1996 (Werkverzeichnis, Bd. II – IV)

Wingler
Wingler, Hans Maria, Oskar Kokoschka. Das Werk des Malers, Salzburg: Welz, 1956

Wittkower
Wittkower, Rudolf: Bernini. The Sculptor of The Roman Baroque, London: Phaidon, 2008 (4. Reprint)

Woll
Woll, Gerd: Edvard Munch. Complete Paintings, Catalogue raisonné, 5 Bde., London: Thames & Hudson u.a., 2009

Woll, Graphik
Woll, Gerd: Edvard Munch. Werkverzeichnis der Graphik, München: Beck, 2001

PERSONENREGISTER

B

D

H

I

J

K

L

M

N

O

P

Q

R

S

T

W

Z

ABBILDUNGSNACHWEIS

Umschlag: © Hamburger Kunsthalle / bpk
Aufnahme: Elke Walford

Teil 1

Abb. 1: Archiv der Autorin
Abb. 2: © Hamburger Kunsthalle / bpk
Aufnahme: Christoph Irrgang
Abb. 3: © Hamburger Kunsthalle / bpk
Aufnahme: Elke Walford
Abb. 4: Hamburger Schulmuseum
Abb. 5: Archiv Hamburger Kunsthalle
Abb. 6: Archiv Hamburger Kunsthalle
Abb. 7: Privatbesitz
Abb. 8: Staatsarchiv Hamburg
Abb. 9: Staatsarchiv Hamburg
Abb. 10: Landesbibliothek Oldenburg
Abb. 11: bpk, Berlin
Abb. 12: Archiv Hamburger Kunsthalle
Abb. 13 a+b: Archiv Hamburger Kunsthalle
Abb. 14: Archiv Hamburger Kunsthalle
Abb. 15: Staatsarchiv Hamburg
Abb. 16: Archiv der Autorin

Teil 2

Abb. 17: Archiv Hamburger Kunsthalle
Abb. 18: © Hamburger Kunsthalle / bpk
Aufnahme: Christoph Irrgang
Abb. 19: © Hamburger Kunsthalle / bpk
Aufnahme: Elke Walford
Abb. 20: © Hamburger Kunsthalle / bpk
Aufnahme: Elke Walford
Abb. 21: Archiv Hamburger Kunsthalle
Abb. 22: © Hamburger Kunsthalle / bpk
Aufnahme: Elke Walford
Abb. 23: © Hamburger Kunsthalle / bpk
Aufnahme: Elke Walford
Abb. 24: © Hamburger Kunsthalle / bpk
Aufnahme: Christoph Irrgang
Abb. 25: © Hamburger Kunsthalle / bpk
Aufnahme: Christoph Irrgang
Abb. 26: Archiv Hamburger Kunsthalle

Teil 3

Abb. 27: © Hamburger Kunsthalle / bpk
Aufnahme: Christoph Irrgang
Abb. 28: © Hamburger Kunsthalle / bpk
Aufnahme: Elke Walford
Abb. 29: © Hamburger Kunsthalle / bpk
Aufnahme: Elke Walford
Abb. 30: © Hamburger Kunsthalle / bpk
Aufnahme: Elke Walford
Abb. 31: Privatbesitz
Abb. 32: Privatbesitz
Abb. 33: Archiv Hamburger Kunsthalle

Teil 4

Abb. 34: © Hamburger Kunsthalle / bpk
Aufnahme: Elke Walford

Abb. 35: © Hamburger Kunsthalle / bpk Aufnahme: Elke Walford
Abb. 36: ullstein bild, Berlin
Abb. 37: Archiv Hamburger Kunsthalle
Abb. 38: © Hamburger Kunsthalle / bpk Aufnahme: Elke Walford
Abb. 39: Archiv Hamburger Kunsthalle
Abb. 40: © Hamburger Kunsthalle / bpk Aufnahme: Elke Walford
Abb. 41: © Hamburger Kunsthalle / bpk Aufnahme: Elke Walford
Abb. 42: Kungliga Biblioteket, Stockholm
Abb. 43: Archiv der Autorin
Abb. 44: Baurundschau, Sonderheft 1914
Abb. 45: Archiv der Autorin

Teil 5

Abb. 46: Kunstbibliothek Berlin
Abb. 47: Stockholm, Prins Eugens Waldemarsudde
Abb. 48: © Hamburger Kunsthalle / bpk Aufnahme: Elke Walford
Abb. 49: Reinald Eckert, Landschaftsarchitekt, Berlin
Abb. 50: Institut für Neue Technische Form e.V., Darmstadt
Abb. 51: Archiv Hamburger Kunsthalle
Abb. 52: Museum am Strom, Bingen
Abb. 53: Museum für Kunst und Gewerbe, Hamburg
Abb. 54: Bayerische Staatsbibliothek, München, Handschriftensammlung, Nachlass Lehrs, Ana 538
Abb. 55: Bayerische Staatsbibliothek, München, Handschriftensammlung, Nachlass Lehrs, Ana 538
Abb. 56: Stockholm, Prins Eugens Waldemarsudde

Teil 6

Abb. 57: © Hamburger Kunsthalle / bpk Aufnahme: Elke Walford
Abb. 58: © Hamburger Kunsthalle / bpk Aufnahme: Elke Walford
Abb. 59: © Hamburger Kunsthalle / bpk Aufnahme: Elke Walford
Abb. 60: © Hamburger Kunsthalle / bpk Aufnahme: Elke Walford
Abb. 61: © Hamburger Kunsthalle / bpk Aufnahme: Elke Walford
Abb. 62: © Hamburger Kunsthalle / bpk Aufnahme: Elke Walford
Abb. 63: © Hamburger Kunsthalle / bpk Aufnahme: Elke Walford
Abb. 64: © Hamburger Kunsthalle / bpk Aufnahme: Elke Walford
Abb. 65: © Hamburger Kunsthalle / bpk Aufnahme: Elke Walford

Teil 7

Abb. 66: Privatbesitz
Abb. 67: Archiv der Autorin
Abb. 68: Privatbesitz
Abb. 69: Privatbesitz
Abb. 70: Kunsthalle Bremen / Der Kunstverein zu Bremen
Abb. 71: © Hamburger Kunsthalle / bpk Aufnahme: Christoph Irrgang
Abb. 72: © Hamburger Kunsthalle / bpk Aufnahme: Elke Walford
Abb. 73: Archiv der Autorin
Abb. 74: Archiv Hamburger Kunsthalle

Möglicherweise ist es nicht in allen Fällen gelungen, die Herkunft und Urheberschaft aller Abbildungen zu klären. Berechtigte Ansprüche werden bei entsprechendem Nachweis im Rahmen der üblichen Honorarvereinbarungen abgegolten.